DEUTSCH-PERSISCHES WÖRTERBUCH

von
Dr. AMIR ASCHRAF ARYANPOUR

unter Mitwirkung von
SEMIRA ARYANPOUR
HAMIDEH JAFARI
MEHRAN SAMAWATI
MOHAMMAD ABDOLMOHAMMADZADEH

Fors Bücher

فهرست اختصارات

Adj.	Adjektiv	صفت
Adv.	Adverb	قید
Akk.	Akkusativ	مفعول بی‌واسطه
Art.	Artikel	حرف تعریف
Dat.	Dativ	مفعول باواسطه
F.	Femininum	مؤنث
Fut.	Futur(um)	زمان آینده
Gen.	Genitiv	حالت اضافه، حالت مضاف‌الیه
Imp.	Imperativ	امر
Inf.	Infinitiv	مصدر
Interj.	Interjektion	حرف ندا، حرف تعجب
Konj.	Konjunktion	حرف ربط
M.	Maskulinum	مذکر
N.	Neutrum	خنثی
P.	Präteritum	گذشته مطلق
Pass	Passiv	مجهول
Pl.	Plural	جمع
PP.	Perfekt	گذشته نقلی
Präs.	Präsens	زمان حال
Pron.	Pronomen	ضمیر
Präp.	Präposition	حرف اضافه
/	und	و (حرف عطف)
V.	Verb(um)	فعل
Vi.	Verb intransitiv	فعل لازم
Vr.	Verb reflexiv	فعل انعکاسی
Vt.	Verb transitiv	فعل متعدی
Zahlw.	Zahlwort	عدد

A

A, das; -, - ۱. آ (حرفِ اولِ الفبای آلمانی) ۲. (موسیقی) نت لا
das A u. O مهم‌ترین چیز
von A bis Z از اول تا آخر، تماماً
Wer A sagt, muß auch B sagen. کار را که کرد، آن که تمام کرد.
A-Dur (موسیقی) لا بزرگ
a-Moll (موسیقی) لا کوچک
à *Präp.* دانه‌ای
20 Stück à 5 DM بیست عدد، دانه‌ای پنج مارک
Aal, der; -(e)s, -e مارماهی
aalen *Vi., Vr.* ۱. مارماهی گرفتن ۲. تنبلی کردن، دراز کشیدن و استراحت کردن، آسودن
aalglatt *Adj.* ۱. لیز، لغزنده، لغزان ۲. غیرقابل اعتماد
Aar, der; -(e)s, -e عقاب
Aas, das; -es, -e/ Äser ۱. لاشه، مردار ۲. آدم فرومایه
aasen *Vi.* تلف کردن، هدر دادن، اسراف کردن، ولخرجی کردن
mit etwas **aasen** چیزی را هدر دادن
Aasgeier, der; -s, - ۱. کرکس، لاشخور ۲. آدم حریص
ab *Adv., Präp.* ۱. از ۲. پایین
ab heute از امروز
ab und zu گاهی، بعضی اوقات
auf und ab بالا و پایین، زیر و زبر، فراز و نشیب
Ab wann? از کی؟
weit ab بسیار دور
ab Berlin از برلن
von jetzt ab از این به بعد
Hut ab! ای والله! آفرین! بارک‌الله!
abänderlich *Adj.* تغییرپذیر، قابل تغییر
abändern *Vt.* ۱. تغییر دادن، تبدیل کردن، دگرگون کردن ۲. اصلاح کردن (لایحه، قانون) ۳. تخفیف دادن (مجازات)
Abänderung, die; -, -en ۱. تغییر، دگرگونی، ۲. اصلاح (لایحه، قانون) ۳. تخفیف (مجازات)
Abänderungsantrag, der; -(e)s, - لایحهٔ اصلاحیه (قانون)

abarbeiten *Vt., Vr.* ۱. تسویه حساب کردن، به‌ازای بدهی کارکردن ۲. (خود) را خسته کردن، زیاد کار کردن
abgearbeitet فرسوده، پوسیده، از کار افتاده
Abart, die; -, -en ۱. گوناگونی، تنوع، اختلاف ۲. نوع متفاوت و غیر عادی
abarten *Vi.* ۱. تغییر یافتن، اختلاف پیدا کردن ۲. رو به انحطاط گذاشتن، تنزل یافتن
abartig *Adj.* ۱. نابهنجار، ناجور ۲. (از لحاظ جنسی) منحرف
Abbau, der; -(e)s, -ten ۱. پیاده کردن (ماشین‌آلات) ۲. استخراج (معدن) ۳. کاهش، تقلیل (قیمت، کارکنان) ۴. اخراج (از خدمت) ۵. (شیمی) تجزیه
abbauen *Vt., Vi.* ۱. خراب کردن (ساختمان) ۲. پیاده کردن (ماشین‌آلات) ۳. استخراج کردن ۴. اخراج کردن ۵. کاهش دادن (کارکنان)، پایین آوردن (قیمت) ۶. (شیمی) تجزیه کردن ۷. تقلیل یافتن (نیرو)
abbeißen *Vt.* با دندان کندن، گاز زدن و جدا کردن
abbeizen *Vt.* با محلولِ شیمیایی پاک کردن
abbekommen *Vt., Vi.* ۱. از (مجازات) فرار کردن، از (مجازات) گریختن ۲. به‌دست آوردن، دریافت کردن ۳. مجازات شدن ۴. آسیب دیدن
seinen Teil abbekommen سهم عادلانه خود را گرفتن
etwas **abbekommen** مجروح شدن، آسیب دیدن چیزی
abberufen *Vt.* ۱. احضار کردن، فراخواندن ۲. اجابت کردن (دعوت حق)
Abberufung, die; -, -en ۱. احضار، فراخوانی ۲. فوت
abbestellen *Vt.* سفارش (چیزی) را پس گرفتن، قطعِ اشتراک کردن، قطع آبونمان کردن
Abbestellung, die; -, -en فسخ، پس‌گیری (سفارش)، قطع اشتراک، قطع آبونمان
abbetteln *Vt.* با سماجت و چاپلوسی به دست آوردن، با گدایی کسب کردن
jemanden etwas **abbetteln** با سماجت و چاپلوسی چیزی را از کسی گرفتن
abbezahlen *Vt.* به اقساط پرداختن
abbiegen *Vi., Vt.* ۱. تغییرِ مسیر دادن، (رانندگی) دور زدن ۲. منشعب شدن (خیابان) ۳. خم‌کردن (حلبی، سیم) ۴. منحرف کردن (فکر، توجه)، برگرداندن (بحث)

Abbild 2

eine Sache abbiegen چیزی را دفع کردن

nach rechts abbiegen به طرف راست پیچیدن

Abbild, das; -(e)s, -er ۱. تصویر (شخص، چیز) ۲. رونوشت ۳. شباهت

abbilden *Vt.* ۱. نمایش دادن، تصویر کردن ۲. قالب گرفتن ۳. کپی کردن

Abbildung, die; -, -en ۱. نمایش ۲. تصویر، تجسم

abbinden *Vt., Vi.* ۱. جدا کردن، باز کردن ۲. (برای جلوگیری از خونریزی) بستن (رگ) ۳. سفت شدن (سیمان)

Abbitte, die; -, -n پوزش، عذرخواهی، استغفار

bei jemandem **wegen** etwas **Abbitte tun** از کسی به خاطر چیزی عذرخواهی کردن

abblasen *Vt.* ۱. خارج کردن (گاز، بخار) ۲. قطع کردن ۳. لغو کردن (جلسه، برنامه، اعتصاب)

abblättern *Vi., Vr.* ۱. پوست انداختن (درخت) ۲. پوسته‌پوسته شدن (رنگ، گچ) ۳. برگ ریختن

abblenden *Vt., Vi.* ۱. جلوی نور را گرفتن، تاریک کردن ۲. کوچک کردن (دیافراگم دوربین) ۳. به‌طور تدریجی محو کردن (صدا، تصویر) ۴. از نور پایین استفاده کردن (وسیلهٔ نقلیه)

Abblendlicht, das; -(e)s, -er نور پایین (وسیلهٔ نقلیه)

abblitzen *Vi.* ۱. موفق نشدن، به نتیجه نرسیدن ۲. دَک کردن

jemanden **abblitzen lassen** به کسی توجه نکردن

abblocken *Vt.* به بن‌بست کشاندن (مذاکرات)

abbrausen *Vt., Vi.* ۱. (با آب پخش‌کن) آب پاشیدن ۲. دوش گرفتن ۳. با شتاب و سر و صدا دور شدن

abbrechen *Vt., Vi.* ۱. قطع کردن، متوقف کردن ۲. تخریب کردن (ساختمان) ۳. برهم زدن (اردوگاه) ۴. ناگهان به (کاری) خاتمه دادن ۵. قطع شدن، متوقف شدن

alle Brücken hinter sich abbrechen تمام پل‌ها را پشت سر خود خراب کردن، راه بازگشت را ناممکن ساختن

Abbrechung, die; - ۱. قطع، توقف ۲. تخریب

abbremsen *Vt., Vi.* ۱. آهسته کردن ۲. ترمز کردن

abbrennen *Vt., Vi.* ۱. به‌تدریج سوزاندن ۲. آتش‌بازی کردن ۳. آهسته سوختن ۴. (با آتش) ویران شدن

Abbreviation, die; -, -en اختصار

Abbreviatur, der; -s, -en علامت اختصاری

abbrevieren *Vt.* مختصر کردن، خلاصه کردن

abbringen *Vt.* ۱. منحرف کردن؛ منصرف کردن، برگرداندن ۲. دلسرد کردن؛ بازداشتن

jemanden **von seiner Meinung abbringen** رأی کسی را زدن، نظر کسی را برگرداندن

jemanden **von einem Thema abbringen** توجه کسی را به موضوع دیگری کشاندن

vom (rechten) Wege abbringen گمراه کردن

sich nicht abbringen lassen von etwas در کاری پافشاری کردن، در عقیدهٔ خود پابرجا ماندن

Davon lasse ich mich nicht abbringen. از حرفم برنمی‌گردم.

abbröckeln *Vt., Vi.* ۱. خرد کردن، تکه‌تکه کردن ۲. خرد شدن، ریزریز شدن ۳. به‌تدریج افتادن، تکه‌تکه ریختن

Abbruch, der; -(e)s, ⸚e ۱. قطع، شکستگی، گسستگی (روابط) ۲. تخریب، ویران‌سازی (خانه) ۳. آسیب، صدمه

auf Abbruch verkaufen به شرط تخریب فروختن (خانه)

Abbruch tun زیان رساندن، صدمه زدن

Abbruch erleiden زیان دیدن، صدمه خوردن

abbrühen *Vt.* ۱. با آب جوش کندن (پرِ پرندگان، پشم جانوران) ۲. نیم پز کردن

abbuchen *Vt.* ۱. از حساب برداشتن ۲. به‌حسابِ هزینه گذاشتن

abbürsten *Vt.* با ماهوت پاک‌کن تمیز کردن

abbüßen *Vt.* ۱. کفارهٔ (چیزی) را دادن، جبران کردن ۲. به پایان رساندن (محکومیت)

seine Strafzeit abbüßen ایام زندان راگذراندن

Abbüßung, die; -, -en ۱. کفاره، جبران ۲. گذراندن (محکومیت)

Abc, das; - الفبا، حروف تهجّی

Abc-Buch, das; -(e)s, ⸚er کتاب ابتدایی، کِتاب الفبا، کتاب اول دبستان

abchecken *Vt.* ۱. در (نوشته) نشانهٔ وارسی گذاشتن، علامت زدن ۲. کنترل کردن

Abc-Schütze, der; -n, -n نوآموز، ابجدخوان، شاگرد کلاس اول دبستان

ABC-Waffen, die / *Pl.* سلاحهای اتمی، بیولوژیکی و شیمیایی

abdachen *Vt., Vr.* ۱. شیب دادن، سرازیر کردن، کج کردن ۲. به طور مایل پایین آمدن

Abdachung, die; -, -en سرازیری، شیب

abdämmen *Vt.* سد بستن، مانع ایجاد کردن

Abdämmung, die; -, -en سدبندی، سد، بند

abdampfen *Vi., Vt.* ۱. بخار شدن، تبخیر شدن ۲. تبدیل به بخار کردن، تبخیر کردن ۳. حرکت کردن، به راه افتادن، عزیمت کردن (فرد، قطار)

Abdampfung, die; -, -en تبخیر

3 **Abendsonne**

abdanken *Vt., Vi.* ۱. از (کاری) استعفا دادن، از (مقام) کناره‌گیری کردن ۲. معزول کردن، برکنار کردن ۳. خلع شدن، برکنار شدن

Abdankung, die; -, -en ۱. استعفا؛ کناره‌گیری (از مقام) ۲. خلع

abdecken *Vt., Vi.* ۱. از (چیزی) پرده برداشتن، کشف کردن، باز کردن ۲. سقف برداشتن (خانه) ۳. از روی میز (سفره) را برچیدن ۴. سرپوش گذاشتن (گناه) ۵. پوست کندن (حیوانات) ۶. (فوتبال، شطرنج) مواظب طرف بودن ۷. رویهٔ محافظ گذاشتن

Abdecker, der; -s, - (کهنه) سلّاخ

Abdeckerei, die; -, -en سلّاخ‌خانه

abdichten *Vt.* درزگیری کردن، غیر قابل نفوذ کردن، آب‌بندی کردن، بتونه کردن، برای (چیزی) واشر گذاشتن

Abdichtung, die; -, -en درزگیری، شکاف‌گیری، واشرگذاری

abdienen *Vt.* دین (خود) را با کار ادا کردن

seine Zeit abdienen

دورهٔ خدمت وظیفهٔ خود را انجام دادن

abdrängen *Vt.* هل دادن، به اجبار راندن

abdrehen *Vt., Vi* ۱. باز کردن (پیچ) ۲. بستن (شیرآب، گاز) ۳. قطع کردن (جریان برق) ۴. تغییر مسیر دادن (کشتی، هواپیما)

abdrosseln *Vt.* ۱. مسدود کردن، از حرکت بازداشتن، مانع شدن ۲. خفه کردن، خاموش کردن ۳. از (چیزی) کم کردن، از (چیزی) کاستن

Abdruck, der; -(e)s, -e/⸚e ۱. چاپ، طبع ۲. تجدید چاپ ۳. نمونه غلط‌گیری ۴. نقش، اثر (انگشت) ۵. (ریخته‌گری) قالب

der Fingerabdruck اثر انگشت

abdrucken *Vt.* چاپ کردن، طبع کردن

wieder abdrucken دوباره چاپ کردن

abdrücken *Vt.* ۱. فشردن، فشار دادن، عصاره (چیزی) را گرفتن ۲. از (چیزی) قالب‌گیری کردن ۳. شلیک کردن، ماشه کشیدن ۴. در آغوش گرفتن، بغل کردن

jemandem **das Herz abdrücken** دل کسی را شکستن

sich abdrücken ردِ پا برجای گذاشتن

abdunkeln *Vt.* تاریک کردن، تیره کردن (رنگ)

abdüsen *Vi.* ۱. خلاص شدن، رهایی یافتن ۲. پرواز کردن، بلند شدن (هواپیما)

abebben *Vi.* ۱. فروکشیدن، پس رفتن (جزر) ۲. ضعیف شدن، کاهش یافتن ۳. خوابیدن (سر و صدا)

abend *Adv.* سرشب، شامگاه، غروب

Abend, der; -s, -e سرشب، شامگاه، غروب

des Abends شب هنگام

Man soll den Tag nicht vor dem Abend loben.

جوجه را آخر پاییز می‌شمارند.

Es ist noch nicht aller Tage Abend.

از این ستون به آن ستون فرج است.

Abendandacht, die; -, -en نماز شب، دعای شب

Abendanzug, der; -(e)s, ⸚e لباس شب، لباس شب نشینی (مردانه)

Abendblatt, das; -(e)s, ⸚er روزنامهٔ عصر

Abendbrot, das; -(e)s, -e شام، خوراک سرد شب

Abenddämmerung, die; -, -en شفق، هوای گرگ و میش، غروب آفتاب

Abendessen, das; -s, - شام

abendfüllend *Adj.* طولانی

Abendgesellschaft, die; -, -en شب‌نشینی، مهمانی شب

Abendgymnasium, das; -s, -sien دبیرستان شبانه

Abendkasse, die; -, -n گیشهٔ شبانهٔ فروش بلیت

Abendkleid, das; -(e)s, -er لباس شب‌نشینی (زن)

Abendkurs(us), der; -kurses, -kurse کلاس شبانه، مدرسهٔ شبانه، آموزشگاه شبانه

Abendland, das; -(e)s, ⸚er مغرب زمین، غرب، باختر

Abendländer, der; -s, - اهل مغرب زمین، ساکن مغرب زمین، غربی، فرنگی، باخترنشین

Abendländerin, die; -, -nen اهل مغرب زمین، ساکن مغرب زمین، غربی، فرنگی، باخترنشین (زن)

abendländisch *Adj.* (مربوط به) غرب، غربی، باختری

abendlich *Adj.* شبانه، عصرانه، شامگاه

Abendmahl, das; -(e)s, -e ۱. (در کلیسا) مراسم مذهبی شامگاهی ۲. آخرین شام (حضرت عیسی با حواریون)

Abendmahlswein, der; -(e)s, -e

(در مراسم مذهبی شامگاهی در کلیسا) جام شراب

Abendrot, das; -s شفق، سرخی افق هنگامِ غروب آفتاب

Abendröte, die; -, -n شفق، سرخی افق هنگامِ غروب آفتاب

abends *Adv.* سرشب‌ها، شامگاهان

Abendschule, die; -, -n مدرسهٔ شبانه، آموزشگاه شبانه

Abendsonne, die; -, -n آفتاب شامگاهی، آفتاب غروب

Abendstern, der; -(e)s, -e ستارهٔ زهره (اولین ستارهٔ قابل رؤیت)
Abendzeit, die; -, -en شبانگاه، شب هنگام
Abendzeitung, die; -, -en روزنامهٔ عصر
Abenteuer, das; -s, - حادثه، ماجرا، سرگذشت خطرناک
abenteuerlich *Adj.* پرحادثه، پرماجرا، مخاطره‌آمیز، ماجراجویانه
Abenteuerlichkeit, die; -, -en ماجراجویی
Abenteuerlust, die; -, ⸗e میل به حادثه‌جویی، روحیهٔ ماجراجویی
abenteuern *Vi.* ماجراجویی کردن
Abenteuerspielplatz, der; -es, ⸗e (برای پرورش ابتکارات) (نوعی) زمین بازی کودکان
Abenteurer, der; -s, - مخاطره‌طلب، حادثه‌جو، ماجراجو
Abenteurerin, die; -, -nen مخاطره‌طلب، حادثه‌جو، ماجراجو (زن)
Abenteurerleben, das; -s, - زندگیِ پرحادثه
ein Abenteurerleben fuhren زندگی پرحادثه‌ای راگذراندن
aber[1] *Adv.* دوباره، باز، بار دیگر
tausend und aber tausend هزاران هزار
aber[2] *Konj.* ۱. اما، اگر، ولی ۲. واقعاً، راستی ۳. البته
nun aber ولی حالا
Aber nein! راستی!
Aber, aber! سخت نگیر!
oder aber وگرنه، در غیر این صورت
aber doch / dennoch با این حال، با وجود این، ولی
Das ist aber schön. این واقعاً قشنگ است.
Aber ja! البته که بلی!
Aber, das; -s, - شرط و شروط، اما و اگر
Es ist ein Aber dabei. این کار یک اما دارد.
Er hat immer (ein Wenn und) ein Aber. هیچ‌وقت بی (اگر و) اما کار نمی‌کند.
Aberglaube, der; -bens خرافات، موهوم‌پرستی، کهنه‌پرستی
abergläubisch *Adj.* خرافاتی، موهوم‌پرست، کهنه‌پرست
aberkennen *Vt.* محروم کردن، سلب کردن، معزول کردن
jemandem etwas **aberkennen** کسی را از چیزی محروم کردن
Aberkennung, die; -, -en (حقوق) سلب، عزل؛ تحریم
abermalig *Adj.* مکرر، به دفعات
abermals *Adv.* دوباره، بازهم، یک بار دیگر
abernten *Vt.* درو کردن، خرمن برداشتن، جمع‌آوری کردن (محصول)
Aberwitz, der; -es, - ۱. جنون، دیوانگی ۲. ابلهی، حماقت
aberwitzig *Adj.* ۱. دیوانه، مجنون ۲. ابله، احمق
abessen *Vt.* تا ته خوردن (غذا)
abfackeln *Vt.* سوزاندن و از بین بردن (گاز)
abfahren *Vi., Vt.* ۱. (با وسیلهٔ نقلیه زمینی) حرکت کردن، به راه افتادن، عزیمت کردن ۲. (با اسکی) سرازیر شدن، پایین آمدن ۳. از میان برداشتن، رفع کردن ۴. کهنه شدن، فرسوده شدن ۵. گشت زدن (پلیس) ۶. طی کردن (مسافت، فاصله)
jemanden **abfahren lassen** کسی را تحویل نگرفتن، باکسی به سردی برخورد کردن، باکسی به درشتی برخورد کردن
Ich bin total auf Maria abgefahren. شیفتهٔ ماریا شده‌ام.
Ihm wurde ein Bein abgefahren. او در تصادم یک پای خود را از دست داد.
Abfahrt, die; -, -en ۱. حرکت، عزیمت (وسیلهٔ نقلیهٔ زمینی) ۲. (اسکی) حرکت سرازیری
bei Abfahrt des Zuges هنگام حرکت قطار
Abfahrtslauf, der; -(e)s, ⸗e مسابقهٔ اسکی در سرازیری
Abfahrtsläufer, der; -s, - اسکی‌باز (در مسابقهٔ حرکت در سرازیری)
Abfall, der; (e)s, ⸗e ۱. برگ‌ریزی ۲. کاهش، نقصان ۳. سرازیری، شیب، دامنه ۴. ترک عقیده، ترک آئین ۵. (به دلایل سیاسی و اجتماعی) به وطن بازنگشتن ۶. ارتداد ۷. (برق) افت جریان ۸. فرق آشکار ۹. آشغال، خاکروبه ۱۰. اجزای زاید حیوان (ذبح شده)
Abfalleimer, der; -s, - سطل آشغال، زباله‌دان
abfallen *Vi.* ۱. به زمین افتادن، ریختن (برگ) ۲. سرازیر شدن، شیب پیدا کردن ۳. از دین برگشتن ۴. (به دلایل سیاسی و اجتماعی) به کشور (خود) بازنگشتن ۵. افت پیدا کردن (جریان برق) ۶. لاغر شدن ۷. باقی ماندن ۸. نتیجه گرفتن ۹. ضایع شدن، به‌طور کامل پوسیدن
Etwas fällt dabei für ihn ab. سودی عایدش خواهد شد.
abfallend *Adj.* سرازیر، شیب‌دار
Abfallhaufen, der; -s, - کپهٔ آشغال
abfällig *Adj.* خفت‌آور، تحقیرآمیز، ناپسند
abfällig über jemanden **sprechen** پشت سر کسی بدگفتن

5 **Abgang**

abflauen *Vi.* ۱. فرونشستن (شدت باد، سر و صدا) ۲. کم شدن (علاقه) ۳. پایین آمدن (قیمت)

abfliegen *Vi., Vt.* ۱. شروع به پرواز کردن، بلند شدن (هواپیما) ۲. در حال پرواز گشت زدن (منطقه)

abfließen *Vi.* ۱. جاری شدن و تمام شدن ۲. خالی شدن (ظرف از مایعات)

Abfluß, der; -flusses, -flüsse ۱. تخلیه (مایعات) ۲. کاهش (نیروی کار، سرمایه)

Abflußgraben, der; -s, ⸚ کانال فاضلاب

Abflußstelle, die; -, -n محل خروج (گاز، مایعات)

abfordern *Vt.* از (کسی) خواستن، از (کسی) مطالبه کردن

abformen *Vt.* ۱. قالب گرفتن، قالب‌گیری کردن ۲. از (کسی / چیزی) تقلید کردن ۳. الگوبرداری کردن

abfragen *Vt.* از (کسی / چیزی) پرسیدن، به‌طور شفاهی آزمودن

einem Schüler die Grammatik abfragen از دانش‌آموزی دستور زبان پرسیدن

abfressen *Vt.* پاک جویدن

abfrieren *Vi.* سرمازده شدن، دچار سرمازدگی شدن

Abfuhr, die; -, -en ۱. دورسازی ۲. رد، پس‌زنی ۳. (شمشیربازی) ازکار اندازی

abführen *Vt., Vi.* ۱. از صحنه خارج کردن، دور کردن ۲. پرداخت کردن (پول، مالیات) ۳. توقیف کردن ۴. لینت دادن، تخلیهٔ روده را آسان کردن

jemanden **vom (rechten) Wege abführen** کسی را از راه (راست) منحرف کردن

abführend *Adj.* ملیّن، کارکن

Abführmittel, das; -s, - مسهل، کارکن

Abfüllanlage, die; -, -n دستگاه مخصوص پرکردنِ مایعات در بطری

abfüllen *Vt.* پر کردن، در بطری ریختن، از ظرف بزرگ در ظرف کوچک ریختن (مایع)

jemanden **abfüllen** کسی را مست کردن

abfüttern *Vt.* ۱. علف دادن، چراندن ۲. آستر دوختن

Abgabe, die; -, -n ۱. تحویل (جنس) ۲. رأی‌دهی ۳. پرداخت حقوق گمرکی ۴. مالیات، اعانهٔ اجتماعی ۵. (ورزش) پاس‌کاری ۶. فروش ۷. (فیزیک) انتشار ۸. (برق) بازده

abgabenfrei *Adj.* معاف از مالیات، مالیات بخشوده؛ بدون عوارض گمرکی

abgabepflichtig *Adj.* مشمول مالیات، شامل عوارض گمرکی

Abgang, der; -(e)s, ⸚e ۱. حرکت، عزیمت، ترک

abfällig urteilen über دربارهٔ (کسی) قضاوت بد کردن

Abfallprodukt, das; -(e)s, -e فراوردهٔ زاید، مواد زاید

Abfallverwertung die; -, -en بازیافت مواد، استفادهٔ مجدد از مواد زاید

abfangen *Vt.* ۱. ربودن، به چنگ آوردن، قاپیدن ۲. (نظامی) مانع ایجاد کردن، جلوگیری کردن ۳. از فشار ضربه کاستن (ماشین‌آلات) ۴. (معدن، معماری) شمع زدن، پایه زدن ۵. کشتن و زخم زدن ۶. موازی سطح زمین پرواز کردن (هواپیما) ۷. کنترل کردن

abfärben *Vi.* ۱. رنگ پس دادن ۲. لک شدن

auf jemanden **abfärben** روی کسی تأثیر گذاشتن

abfassen *Vt.* ۱. تدوین کردن، تألیف کردن، تصنیف کردن، نگاشتن ۲. تهیه کردن (پیش‌نویس قرارداد) ۳. به‌دست آوردن، با دست گرفتن، قاپیدن ۴. دستگیر کردن

Abfassung, die; -, -en ۱. تصنیف، تألیف ۲. تهیه و تنظیم پیش‌نویس

abfedern *Vt.* ۱. به کمک فنر گرفتن (ضربه) ۲. فنر گذاشتن

abfeiern *Vt.* جشن گرفتن

abfeilen *Vt.* سوهان کشیدن، ساییدن

abfertigen *Vt.* ۱. ارسال کردن (کالا) ۲. روانه کردن (مسافر) ۳. آماده کردن (وسیلهٔ نقلیه برای حرکت) ۴. از سر باز کردن، دست به سر کردن ۵. راه انداختن (مشتری)

jemanden **kurz abfertigen** کسی را از سر باز کردن

Abfertigung, die; -, -en ۱. اعزام، ارسال ۲. (در گمرک) ترخیص کالا

Abfertigungsschalter, der; -s, - باجهٔ روانه کردن بار / مسافر

Abfertigungsstelle, die; -, -n ادارهٔ ترخیص بار / مسافر

abfeuern *Vt.* شلیک کردن، آتش کردن (اسلحه)

abfinden *Vt., Vr.* ۱. راضی کردن، قانع کردن ۲. خسارت (کسی / چیزی) را دادن، تسویه کردن (حساب) ۳. جبران کردن، تاوان (چیزی) را دادن ۴. ساختن، با (چیزی) کنار آمدن

sich mit seinem los abfinden خود را به دست سرنوشت سپردن

sich mit einer unangenehmen (Person/Sache) **abfinden** (شخص/ چیز) نامطلوبی را تحمل کردن

Abfindung, die; -, -en ۱. رضایت، سازش، مصالحه ۲. تسویه حساب ۳. جبران غرامت، پرداخت خسارت

Abfindungssumme, die; -, -n تاوان، غرامت

abflachen *Vt.* مسطح کردن، هموار کردن

Abflachung, die; -, -en تسطیح، هموار ی

۲. (تئاتر) خروج از صحنه ۳. کناره‌گیری ۴. خاتمهٔ تحصیل (مدرسه)، فراغت از تحصیل (دانشگاه) ۵. فروش (کالا) ۶. زیان، خسارت ۷. کمبود، کاستی ۸. (پزشکی) تخلیه، دفع ۹. آشغال، تفاله

abgängig *Adj.* گم؛ ناقص؛ غایب

Abgangsprüfung, die; -, -en امتحان نهایی

Abgangszeugnis, das; -nisses, -nisse مدرک دیپلم دبیرستان

Abgas, das; -es, -e دود اگزوز

Abgasentgiftungsanlage, die; -, - n دستگاه زدایش آلودگی هوا

Abgaskatalysator, der; -s, -en کاتالیزاتور، دستگاه پالایش دود اگزوز

Abgastest, der; -(e)s, -s • آزمایشِ میزان دود اگزوز

abgeben *Vt., Vr., Vi.* ۱. تحویل دادن، تسلیم کردن، دادن ۲. عرضه کردن ۳. فروختن ۴. صادر کردن (بیانیه) ۵. سپردن (بار) ۶. بخشی از (چیزی) را به (کسی) دادن ۷. اظهار عقیده کردن ۸. شلیک کردن ۹. (ورزش) پاس دادن

Können Sie mir eine Zigarette abgeben?

ممکن است یک سیگار به من بدهید؟

sich abgeben mit etwas خود را به چیزی مشغول کردن

sich abgeben mit jemandem باکسی حشر و نشر داشتن

Du willst mir nie was abgeben!

هیچ‌وقت خیر تو به من نمی‌رسد!

abgebrannt *Adj.* مفلس، بی‌پول، آسمان جل

Wir sind völlig abgebrannt. آه در بساط نداریم.

abgebrüht *Adj.* بی‌احساس، بی‌عاطفه، سنگدل؛ سرسخت

abgedroschen *Adj.* مبتذل، پیش پا افتاده، کهنه

abgefahren *Adj.* ۱. [تایر اتومبیل] فرسوده، ساییده شده ۲. تاس، بی‌مو

abgefeimt *Adj.* حیله‌گر، نیرنگ‌باز، مکار

abgegriffen *Adj.* ۱. کهنه، مستعمل ۲. [سکه] ساییده شده

abgehackt *Adj.* [سخن گفتن] بریده بریده، منقطع، ناروان

abgehärtet *Adj.* مقاوم، سخت، سفت

abgehen *Vi., Vt.* ۱. به راه افتادن، عازم شدن، حرکت کردن (کشتی، قطار) ۲. بازنشسته شدن، از (کار) کناره‌گیری کردن ۳. فارغ التحصیل شدن ۴. افتادن (دکمه) ۵. منشعب شدن (جاده) ۶. کم شدن، کسر شدن ۷. از صحنه تئاتر خارج شدن ۸. مردن، درگذشتن ۹. به فروش رفتن (کالا) ۱۰. با قدم اندازه گرفتن

reißend abgehen سر دست بردن، به‌سرعت به فروش رفتن

abgehen von einem Vorhaben تغییر عقیده دادن

vom (rechten) Wege abgehen

از راه (راست) منحرف شدن

Davon kann ich nicht abgehen.

در این مورد تغییر عقیده نخواهم داد.

Er geht mir sehr ab. جای او خیلی خالی است.

Ihm geht nichts ab. او کم و کسری ندارد.

gut abgehen به نتیجهٔ مطلوب رسیدن

sich etwas **abgehen lassen**

چیزی را از خود دریغ داشتن

abgekämpft *Adj.* خسته و کوفته، زهوار در رفته، از پای درآمده

abgeklärt *Adj., pp.* ۱. باتجربه، آبدیده، سرد و گرم چشیده ۲. [شخصیت] بالغ، پخته ۳. [قضاوت] مستقل، بی‌طرف ۴. صیغهٔ فعل گذشتهٔ نقلی از مصدر abklären

abgelegen *Adj.* ۱. دورافتاده، پرت ۲. منزوی، تنها

abgelten *Vt.* تسویه کردن (حساب)، ادا کردن (قرض)، پرداختن (بدهی)؛ تاوان (چیزی) را دادن

abgemessen *Adj.* ۱. سنجیده، متناسب ۲. [سخنرانی] رسمی و خشک

abgeneigt *Adj.* بی‌میل، بیزار

jemandem **abgeneigt sein** از کسی بیزار بودن

Abgeneigtheit, die; - بی‌میلی، بیزاری

abgenutzt *Adj.* کهنه، مندرس، کارکرده

Abgeordnete, der/die; -n, -n نمایندهٔ پارلمان، وکیل مجلس، عضو مجلس

ein Abgeordneter یک نماینده، نماینده‌ای

abgepakt *Adj.* بسته‌بندی شده

abgerissen *Adj.* ۱. [لباس] پاره، کهنه، ژنده، نخ‌نما، رفته ۲. [شخص] بی‌چیز، ندار، از کار افتاده ۳. [زبان، سَبک] پراکنده، بی‌ربط، نامربوط، بی‌انسجام

Abgesandte, der/die; -n, -n ۱. فرستاده، پیک، پیام‌آور ۲. نماینده، مأمور سیاسی، سفیر ۳. مأمور مخفی، جاسوس

abgeschieden *Adj.* ۱. منزوی، تنها، گوشه نشین ۲. مرده، متوفی، درگذشته، از بین رفته

Abgeschiedenheit, die; - تنهایی، انزوا، گوشه‌نشینی

abgeschlossen *Adj.* ۱. منزوی، گوشه نشین ۲. [خانه، ماشین‌آلات] کامل، با تمام وسایل ۳. [کار] پایان‌یافته، تمام شده

Abgeschlossenheit, die; -, -en انزوا، تنهایی، گوشه نشینی

abgeschmackt *Adj.* ۱. بی‌مزه، بی‌نمک ۲. بی‌معنی، ناشایست، مزخرف

7 **abhanden**

abgesehen (von) *Adv.* گذشته از، صرف‌نظر از، جدا از، غیر از، به جز

abgespannt *Adj.* خسته، کوفته، از پا درآمده، بی‌رمق

abgestanden *Adj.* ۱. کهنه، مانده، شب مانده، بیات ۲. بی‌محتوا ۳. بی‌مزه

abgestorben *Adj.* ۱. بی‌حس، کرخت ۲. بی‌تفاوت، بی‌حال

gänzlich abgestorben مرده

abgestumpft *Adj.* ۱. کند، بی‌حس ۲. بی‌تفاوت، بی‌علاقه

abgetan *Adj.* انجام شده، تمام شده

abgewinnen *Vt.* به دست آوردن

jemandem etwas **abgewinnen**
چیزی را با زرنگی و دوز و کلک به دست آوردن

(einer Sache) **Geschmack abgewinnen**
(در کاری) ذوق و سلیقه به دست آوردن

abgewirtschaftet *Adj.* ۱. ورشکسته ۲. از کار افتاده ۳. خراب، ویران

abgewöhnen *Vt.* ترک عادت کردن

jemandem etwas **abgewöhnen** کسی را ترک عادت دادن

sich etwas **abgewöhnen** عادتی را کنار گذاشتن، از عادتی دست کشیدن

abgezehrt *Adj.* لاغر، نزار، بی‌قوت

abgießen *Vt.* ۱. دور ریختن، بیرون ریختن (مایعات) ۲. قالب گرفتن

Abglanz, der; -es انعکاس، بازتاب

schwacher Abglanz انعکاس ضعیف، انعکاس کمرنگ

abgleichen *Vt.* ۱. برابر کردن، میزان کردن، مساوی کردن ۲. تسویه کردن (حساب)

abgleiten *Vi.* لغزیدن، سر خوردن، لیز خوردن

Vorwürfe gleiten von ihm ab. گوش شنوا ندارد.
از یک گوش می‌گیرد و از گوش دیگر در می‌کند.

abglitschen *Vi.* لغزیدن، سر خوردن، لیز خوردن

Abgott, der; -(e)s, ⸚er بت، صنم، معبود

Abgötterei, die; -, -en بت‌پرستی

mit jemandem **Abgötterei treiben** از کسی بت ساختن، کسی را به حد پرستش دوست داشتن

abgöttisch *Adj.* بت‌پرست

abgöttisch lieben مثل بت پرستیدن

abgraben *Vt.* کندن، حفر کردن

jemandem **das Wasser abgraben**
زندگی کسی را به خطر انداختن، زیر پای کسی را خالی کردن

abgrämen *Vr.* غم و غصه خوردن، غصهٔ (کسی) را خوردن

abgrasen *Vt.* ۱. پاک چریدن ۲. کاملاً جستجو کردن، زیر پا گذاشتن (منطقه)

abgrenzen *Vt.* ۱. (با خط) جدا کردن، (با خط) نشان گذاشتن ۲. تعیین حدود (چیزی) را کردن، محدود کردن، حدود (چیزی) را معین کردن ۳. معنی کردن

Abgrenzung, die; -, -en ۱. تعیین حدود؛ تعیین مرز؛ علامت‌گذاری ۲. معنی

Abgrund, der; -(e)s, ⸚e گودال عمیق، پرتگاه، ورطه

abgründig *Adj.* ۱. پیچیده، معماگونه ۲. بسیار عمیق

abgründiger Haß نفرت عمیق

abgrundtief *Adj.* بسیار عمیق، بی‌پایان، ژرف

abgucken *Vt.* دزدکی نگاه کردن

jemandem etwas **abgucken** سبک کسی را تقلید کردن؛ از روی پهلو دستی نوشتن

Abguß, der; -gusses, -güsse قالب، قالب‌گیری، ریختگی

abhaben *Vt.* برداشتن (کلاه، عینک)

etwas **abhaben von** در چیزی شرکت کردن، از چیزی سهم بردن

abhacken *Vt.* ۱. (با تبر) بریدن، قطع کردن ۲. حرف (کسی) را قطع کردن

abhaken *Vt.* ۱. از قلاب جدا کردن ۲. علامت گذاشتن، نشانه‌گذاری کردن (فهرست)

abhalftern *Vt., Vi.* ۱. دهنه برداشتن، لگام برداشتن (اسب) ۲. (از خدمت) منفصل کردن، اخراج کردن

abhalten *Vt.* ۱. مانع (کسی / چیزی) شدن، بازداشتن، جلوی (کسی / چیزی) را گرفتن ۲. از (خود) دور کردن ۳. برگزار کردن (جشن)، تشکیل دادن (جلسه) ۴. سرپا گرفتن (کودک)

vom Lande abhalten عازم شدن، به سمتی حرکت کردن

jemanden **von der Arbeit abhalten**
مانع کارِ کسی شدن

eine Sitzung abhalten جلسه‌ای تشکیل دادن

Abhaltung, die; -, -en ۱. برگزاری (جشن)، جشن‌گیری، تشکیل (جلسه) ۲. جلوگیری، ممانعت

eine Abhaltung haben کار دیگری در پیش داشتن

abhandeln *Vt.* ۱. چانه زدن ۲. به‌طور پایه‌ای مورد بحث قرار دادن (موضوع)

jemandem etwas **abhandeln**
چیزی را با چانه زدن از کسی خریدن

Abhandlung, die; -, -en ۱. رساله، مقاله ۲. سخنرانی علمی ۳. تز، پایان‌نامه

abhanden *Adv.* گم شده، از دست رفته

abhanden kommen گم شدن، از دست رفتن، مفقود شدن

Abhang, der; -(e)s, ¨-e شیب، سرازیری، سطحِ مایل، دامنه (کوه)

abhängen *Vt., Vi.* ۱. برداشتن و کندن (تصویر) ۲. جدا کردن (قلاب)، باز کردن (واگن) ۳. رد (خود) را گم کردن، سر (کسی) را به طاق کوبیدن، از شرّ (مزاحمی) خلاص شدن ۴. تابع بودن، مربوط بودن، وابسته بودن

abhängen von بستگی داشتن به، تابع (چیزی) بودن

Es hängt davon ab, ob ... بستگی به این دارد که ...

abhängig *Adj.* وابسته، تابع، منوط

von jemandem **abhängig sein** به کسی متکی بودن

Abhängigkeit, die; -, -en وابستگی، تعلق، تابعیت

abhärmen *Vr.* خودخوری کردن، از غم و غصه فرسودن

sich abhärmen über غم (چیزی / کسی) را خوردن

abgehärmt تکیده، نزار

abhärten *Vt.* به سختی خو دادن، مقاوم ساختن

Abhärtung, die; - عادت به سختی، استقامت

abhaspeln *Vt.* ۱. از قرقره باز کردن (نخ) ۲. با شتاب و روان خواندن (اسامی، تاریخ)، مثل فرفره خواندن

abhauen *Vt., Vi.* ۱. بریدن، قطع کردن ۲. (تند و مخفیانه) فرار کردن، جیم شدن، به چاک زدن، در رفتن

abhäuten *Vt.* پوست (چیزی) را کندن

abheben *Vt., Vi., Vr.* ۱. بلند کردن، برداشتن ۲. برداشت کردن (پول از بانک) ۳. بر زدن (ورق) ۴. نمایان داشتن، تو چشم خوردن (فرق) ۵. به پرواز درآمدن، بلند شدن (هواپیما) ۶. (خود) را نشان دادن (رنگ)

sich vom Hintergrund abheben با متن تضاد داشتن (رنگ)

auf etwas **abheben** چیزی را خاطرنشان کردن

Abhebung, die; -, -en برداشت (از حساب بانکی)

abheften *Vt.* بایگانی کردن، در پرونده گذاشتن، سنجاق کردن (نوشته)

abheilen *Vi.* کاملاً درمان شدن، بهبود کامل یافتن

abhelfen *Vi.* ۱. کمک کردن، چاره‌جویی کردن؛ جبران کردن ۲. برطرف کردن، اصلاح کردن، رفع کردن

einem Mangel abhelfen کمبودی را برطرف کردن، نقصی را برطرف کردن

abhetzen *Vt., Vr.* ۱. به ستوه آوردن، عاجز کردن، زیاد خسته کردن ۲. تمام قوای (خود) را به کار بردن، جان کندن ۳. بیش از حد دواندن، زیاد تازاندن (اسب، شکار)

sich abhetzen از نفس افتادن، به ستوه آمدن؛ از پا درآمدن؛ عجله و شتاب کردن

Abhilfe, die; - ۱. کمک، یاری ۲. درمان، علاج، چاره‌جویی ۳. جبران

Abhilfe schaffen مشکلی را برطرف کردن، اصلاح کردن

abhold *Adj.* بدخواه، مخالف؛ متنفر، بیزار، بی‌میل

abholen *Vt.* ۱. رفتن و آوردن ۲. به استقبال (کسی) رفتن ۳. دستگیر کردن و بردن

abholen lassen (کسی) را برای آوردن (کسی / چیزی) فرستادن

jemanden **von der Bahn abholen** کسی را از ایستگاه راه آهن آوردن

Abholung, die; -, -en استقبال، رفت و آورد

abholzen *Vt.* بریدن (درختان جنگل)، صاف کردن (جنگل)

abhorchen *Vt.* ۱. استراق سمع کردن، پنهانی گوش دادن ۲. (با گوشی پزشکی) معاینه کردن

Abhöranlage, die; -, -n وسیلهٔ استراق سمع، اسباب گوش دادن محرمانه، میکروفن مخفی

abhören *Vt.* ۱. از (کسی) درس پرسیدن ۲. دزدکی گوش دادن، (با هدف جاسوسی) استراق سمع کردن ۳. با گوشی پزشکی (کسی) را معاینه کردن

Abhörskandal, der; -s, -e رسوایی ناشی از استراق سمع

abirren *Vi.* ۱. خطا رفتن، راه گم کردن ۲. از موضوع پرت شدن

Abitur, das; -s, -e امتحان نهایی دبیرستان

Abiturient, der; -en, -en ۱. دانش آموز سال آخر دبیرستان ۲. دیپلمه

Abiturientin, die; -, -nen ۱. دانش‌آموز سال آخر دبیرستان (زن) ۲. دیپلمه (زن)

abjagen *Vt., Vr.* ۱. از (چیزی) زیاد سواری گرفتن، بیش از حد تازاندن (اسب) ۲. (خود) را خسته کردن

jemandem etwas **abjagen** چیزی را با زحمت از کسی گرفتن

abkanzeln *Vt.* به شدت سرزنش کردن، سخت ملامت کردن

abkapseln *Vt., Vr.* گوشه گیری کردن

abkarten *Vt.* سازش کردن، پنهانی توافق کردن، توطئه چیدن

abgekartete Sache ساخت و پاخت، تبانی، توطئه‌چینی

abkaufen *Vt.* ۱. از (کسی) خریدن ۲. باور نکردن

Diese Geschichte kauft dir niemand ab. این داستان خریداری ندارد.

Abkehr, die; - ترک، کناره گیری، انصراف

abkehren *Vt.* ۱. از (کسی / چیزی) اجتناب کردن، از (کسی / چیزی) روی گرداندن ۲. ترک کردن، از (چیزی) دست برداشتن ۳. جارو کردن، تمیز کردن

9 Ablage

abklappern *Vt.* ۱. در به در دنبال (کسی / چیزی) گشتن، پرسان‌پرسان در جستجوی (کسی / چیزی) بودن ۲. برای فروش (چیزی) خانه به خانه رفتن

abklären *Vt., Vr.* ۱. روشن کردن، توضیح دادن، ۲. صاف کردن، تصفیه کردن (مایعات) ۳. صاف شدن، تصفیه شدن (مایعات)

Abklärung, die; -, -en ۱. روشنی، وضوح ۲. استقلال اندیشه

Abklatsch, der; -(e)s, -e ۱. تقلید، کپی‌برداری؛ شبیه‌سازی ۲. کلیشه ۳. نمونهٔ چاپ

abklatschen *Vt.* تقلید کردن، شبیه‌سازی کردن؛ از (چیزی) کپی‌برداری کردن

abklemmen *Vt.* ۱. با گیره بستن ۲. قطع کردن، خاتمه دادن (کسب، مذاکره، روابط)

abklingen *Vi.* ۱. رو به خاموشی گذاردن ۲. محو شدن، کم شدن ۳. از شدتِ بیماری کاسته شدن

abklopfen *Vt., Vi.* ۱. زدن، به (چیزی) ضربه زدن، کوبیدن ۲. با زدن انگشت (چیزی) را آزمودن ۳. گرد و خاک (چیزی) را گرفتن، تکان دادن و تمیز کردن (لباس) ۴. (به وسیلهٔ ضربه زدن) معاینه کردن ۵. موسیقی را قطع کردن

abknabbern *Vt.* ذره ذره خوردن (تنقلات)

abknallen *Vt.* ۱. بی‌رحمانه با گلوله کشتن ۲. بی‌هدف شلیک کردن

abknappen *Vt.* به (خود) روا نداشتن، از (کسی) مضایقه داشتن، از (خود) دریغ داشتن

sich etwas abknappen چیزی را از خود مضایقه کردن

abknapsen *Vt.* به (خود) روا نداشتن، از (کسی) مضایقه داشتن، از (خود) دریغ داشتن

sich etwas abknapsen چیزی را از خود مضایقه کردن

abknicken *Vt., Vi.* ۱. خم کردن و شکستن، خم کردن و جدا کردن ۲. پیچ خوردن (جاده)

abknöpfen *Vt.* ۱. دکمهٔ (چیزی) را کندن ۲. از (کسی) باج‌سبیل گرفتن

jemandem etwas **abknöpfen** چیزی را از کسی به زور گرفتن

abknutschen *Vt.* گرم و طولانی بوسیدن

abkochen *Vt., Vi.* ۱. جوشاندن ۲. (بر اثر جوشاندن) عصاره‌گیری کردن ۳. (از طریق جوشاندن) میکروب‌زدایی کردن ۴. در فضای باز غذا پختن

abkommandieren *Vt.* ۱. اعزام کردن؛ به (کسی) مأموریت دادن ۲. به واحد نظامی فرستادن

Abkomme, der; -n, -n فرزند، خلف، اولاد، زاده

abkommen *Vi.* ۱. ناخواسته از مسیر دور شدن ۲. منحرف شدن ۳. به هدف خوردن (تیر) ۴. بلند شدن (هواپیما) ۵. صرف‌نظر کردن، دست برداشتن ۶. لاغر شدن

vom Wege abkommen از راه منحرف شدن

von etwas **abkommen** از چیزی دست کشیدن

abkommen von einer Ansicht تغییر عقیده دادن

abkommen von einem Thema از موضوع پرت شدن

von einem Verfahren abkommen از روندی دور شدن

gut abkommen (ورزش) شروع خوبی داشتن

Er kann nicht abkommen. وجود او ضروری است.

Abkommen, das; -s, - پیمان، قرارداد، معاهده، توافق، عهدنامه، پیمان‌نامه

abkömmlich *Adj.* غیر لازم، صرف‌نظرکردنی، غیر ضروری

Er ist nicht abkömmlich. وجودش لازم است.

Abkömmling, der; -s, -e ۱. فرزند، خلف، اولاد، زاده ۲. (شیمی) مشتق

abkoppeln *Vt.* جدا کردن، منفصل کردن

sich abkoppeln von etwas خود را از چیزی جدا کردن

abkratzen *Vt., Vi.* ۱. تراشیدن، پاک کردن، زدودن ۲. تلف شدن، مردن، سقط شدن

Kratz ab! بزن به چاک!گم شو!

abkriegen *Vt.* ۱. از (چیزی) سهم بردن، به دست آوردن، از (چیزی) نصیب بردن ۲. خوردن (کتک)

abkühlen *Vt., Vi., Vr.* ۱. خنک کردن، سرد کردن ۲. خنک شدن، سرد شدن ۳. فرو نشستن (هیجان)

Abkühlung, die; -, -en خنکی، سردی

Abkunft, die; -, ⸚e اصل، نسب، تبار، منشأ

abkürzen *Vt.* ۱. کوتاه کردن، مختصر کردن، خلاصه کردن ۲. میان‌بر زدن ۳. (ریاضی) ساده کردن

Abkürzung, die; -, -en ۱. خلاصه، اختصار، مخفف؛ ایجاز ۲. میان‌بر

Abkürzungsverzeichnis, das; -nisses, -nisse فهرست اختصارات

Abkürzungszeichen, das; -s, - نشانهٔ اختصاری، علامت اختصاری

abküssen *Vt.* غرق بوسه کردن، عاشقانه بوسیدن، گرم و طولانی بوسیدن

abladen *Vt., Vi.* ۱. تخلیه کردن، خالی کردن (بار، آشغال) ۲. درد دل کردن

bei jemandem **abladen** پیش کسی درد دل کردن

Abladeplatz, der; -es, ⸚e ۱. محل تخلیه بار، بارانداز ۲. آشغالدانی، محل تخلیهٔ آشغال

Ablage, die; -, -n ۱. بایگانی ۲. انبار ۳. رخت‌کن

ablagern *Vt., Vi.* ۱. ذخیره کردن، اندوختن، انبار کردن ۲. ته‌نشین شدن، نشست کردن ۳. جا افتادن (شراب)

ablagern lassen کهنه شدن (شراب)

abgelagert انبار شده، انباری

Ablagerung, die; -, -en ۱. ته نشست، رسوب ۲. جا افتادگی شراب

Ablaß, der; -lasses, -lässe ۱. عفو، گذشت، چشم‌پوشی (گناه) ۲. کاهش قیمت ۳. محل خروج، مجرای خروج، در رو (مایعات)

Ablaßbrief, der; -(e)s, -e عفونامه، بخشش‌نامه

Ablaßventil, das; -s, -e دریچهٔ تخلیه

ablassen *Vt., Vi.* ۱. خالی کردن، تخلیه کردن (مایعات) ۲. حرکت دادن، به راه انداختن (قطار) ۳. فروختن ۴. تخفیف دادن ۵. دست کشیدن، منصرف شدن؛ ترک کردن

vom Preis ablassen از قیمت کاستن

Ablation, die; -, -en ۱. قطع عضو ۲. آب شدن (برف و یخ)

Ablativ, der; -s, -e (زبان) مفعول به، مفعول عنه، مفعول منه

Ablauf, der; -(e)s, -läufe ۱. جریان، روند ۲. انقضا، خاتمه (قرارداد) ۳. محل خروج (مایعات) ۴. (تجارت) سررسید، موعد پرداخت ۵. نقطهٔ شروع، آغازگاه

nach Ablauf von بعد از انقضای، در پایانِ

ablaufen *Vi., Vt., Vr.* ۱. جاری شدن، بیرون زدن (مایعات) ۲. سرآمدن، منقضی شدن (مهلت، قرارداد) ۳. (تجارت) رسیدن موعد پرداخت ۴. (ورزش) شروع کردن ۵. از کار افتادن (ساعت) ۶. خالی کردن، کشیدن (مایعات) ۷. سرزنش کردن ۸. به آب انداختن (کشتی) ۹. (خود) را خسته کردن

ablaufen lassen تخلیه کردن (مایعات)

gut ablaufen خوب به پایان رسیدن، خوب برگزار شدن

Schuhe ablaufen کفش کهنه کردن

sich die Beine nach etwas **ablaufen** برای دستیابی به چیزی دوندگی و تلاش کردن

die Stadt ablaufen برای یافتن (چیزی / کسی) شهر را زیر پا گذاشتن

Ablaut, der; (e)s, -e (در ریشهٔ کلمه) تغییرِ با قاعدهٔ حرفِ صدادار

ablauten *Vi.* (در ریشهٔ کلمه، هنگام تصریف) تغییر دادن با قاعدهٔ حرفِ صدادار

Ableben, das; -s مرگ، وفات، درگذشت

ablecken *Vt.* خوب لیسیدن، پاک لیسیدن

ablegen *Vt., Vi.* ۱. کنار گذاشتن ۲. لباس کندن ۳. دور انداختن ۴. ول کردن، ترک کردن (عادت) ۵. در پرونده گذاشتن، بایگانی کردن ۶. اقرار کردن ۷. سوگند یاد کردن، قسم خوردن ۸. امتحان دادن ۹. جدا شدن (کشتی از بندر)

Bitte legen Sie ab! لطفاً لباس خود را درآورید!

eine Prüfung ablegen امتحان دادن

Ableger, der; -s, - ۱. قلمه، نهال، نورسته ۲. فرزند، نوباوه ۳. (تجارت) شعبه

ablehnen *Vt.* ۱. نپذیرفتن، از (چیزی) امتناع کردن؛ انکار کردن، تکذیب کردن ۲. رد کردن (نمایشنامه)

mit Dank ablehnen ضمن تشکر رد کردن

Ablehnung, die; -, -en رد، امتناع (جواب)

ableisten *Vt.* ۱. خدمت کردن، ادای وظیفه کردن ۲. انجام دادن (خدمت سربازی)

ableiten *Vt., Vr.* ۱. منحرف کردن ۲. تغییر مسیر دادن (رودخانه) ۳. خارج کردن، زه‌کشی کردن (آب) ۴. (دستور زبان، ریاضیات) مشتق گرفتن ۵. (برق) انشعاب دادن، تغییر جهت دادن ۶. نتیجه دادن ۷. مشتق شدن

Ableitung, die; -, -en ۱. (برق) انحراف، انشعاب ۲. (دستور زبان، ریاضیات) اشتقاق، مشتق‌گیری ۳. استنتاجِ استقرایی، نتیجه‌گیری

Ableitungssilbe, die; -, -n (زبان‌شناسی) وند، هجای اشتقاقی (پسوند یا پیشوندی که به تنهایی معنای خاصی نداشته باشد، مانند -*ver* و -*ung*)

ablenken *Vt., Vi.* ۱. منحرف کردن، پرت کردن (حواس، توجه) ۲. (از مسیری معین) گمراه کردن ۳. از (کسی) به (دیگری) شک بردن ۴. دفع کردن (ضربه) ۵. از (هدف / برنامه) دور کردن ۶. موضوع صحبت را عوض کردن

Ablenkung, die; -, -en انحراف، تغییرمسیر

Ablenkungsmanöver, das; -s, - مانور برای انحرافِ توجه دشمن

ablesen *Vt.* ۱. چیدن، گردآوردن (میوه) ۲. از رو خواندن ۳. خواندن (درجه حرارت، فشار) ۴. از چهرهٔ (کسی) خواندن (احساسات، تمایلات)

Ablesung, die; -, -en روخوانی

ableuchten *Vt.* (با چراغ دستی) جستجو کردن

ableugnen *Vt.* انکار کردن، رد کردن، تکذیب کردن، نفی کردن

Ableugnung, die; -, -en انکار، رد، تکذیب، نفی

ablichten *Vt.* فتوکپی کردن

Ablichtung, die; -, -en فتوکپی

abliefern *Vt.* تحویل دادن، تسلیم کردن، رساندن

Ablieferung, die; -, -en تحویل، تسلیم

Ablieferungssoll, das; -(s), -(e) (کشاورزی) مقدار محصول تحویلی

13 abrücken

abqualifizieren *Vt.* ۱. پایین آوردن (آبرو، ارزش) ۲. تو سرِ (مال) زدن

abquetschen *Vt.* له کردن، فشردن، چلاندن و جدا کردن

sich ein paar Tränen abquetschen چند قطره اشک ریختن

abrackern *Vr.* زحمت کشیدن، کار سنگین کردن، جان مفت کندن

sich für jemanden **abrackern** برای کسی خرحمّالی کردن

abrahmen *Vt.* خامه گرفتن، سرشیر گرفتن

abrasieren *Vt.* ۱. از ته تراشیدن (موی سر، ریش) ۲. به کلی خراب کردن، با خاک یکسان کردن (ساختمان)

abraten *Vi.* منصرف کردن

jemandem **von** etwas **abraten** رأی کسی را زدن، کسی را از انجام دادن کاری منصرف کردن

Abraum, der; -(e)s ۱. آشغال ۲. زبالهٔ معدنی، مواد زاید معدنی

abräumen *Vt.* برچیدن، جمع کردن (سفره)

den Tisch abräumen سفره را جمع کردن

Abraumsalze, die / *Pl.* نمک‌های / املاح پتاسیم

abreagieren *Vt., Vr.* عصبانیت (خود) را فرو نشاندن، خشم (خود) را فرو نشاندن، دق‌دلی درآوردن

seinen Ärger an anderen abreagieren دق‌دلی خود را سر دیگری خالی کردن

abrechnen *Vi., Vt.* ۱. تصفیه حساب کردن ۲. کسر کردن، کاستن، کم کردن

mit jemandem **abrechnen** (از لحاظ مالی / اخلاقی) با کسی تصفیه حساب کردن

abgerechnet صرف‌نظر (از)، قطع‌نظر (از)

Abrechnung, die; -, -en ۱. تصفیه حساب ۲. کسر، کاهش

Die Stunde der Abrechnung wird kommen. ساعت انتقام فرا خواهد رسید.

auf Abrechnung علی‌الحساب

Abrechnung halten حساب را موازنه کردن، با کسی تصفیه حساب کردن

Abrechnungstag, der; -(e)s, -e ۱. روز حسابرسی ۲. روز قیامت

Abrechnungsverkehr, der; -(e)s نقل و انتقال بانکی

Abrede, die; - ۱. توافق، قرار، وعده ۲. انکار، تکذیب

in Abrede stellen انکار کردن، تکذیب کردن

abreden *Vt.* ۱. با (کسی) قرار گذاشتن ۲. از (چیزی) منصرف کردن، بازداشتن

jemandem (**von** etwas) **abreden** کسی را (از چیزی) منصرف کردن

abreiben *Vt.* ۱. مالیدن، ساییدن ۲. پاک کردن، زدودن ۳. (با حوله) خشک کردن ۴. ماساژ دادن، مشت و مال دادن ۵. رنده کردن ۶. کتک زدن

Abreibung, die; -, -en ۱. سایش و مالش ۲. ماساژ، مشت و مال ۳. کتک

Abreise, die; -, -n (در مسافرت) حرکت، عزیمت

abreisen *Vi.* حرکت کردن، عزیمت کردن، عازم سفر شدن

abreißen *Vt., Vi.* ۱. پاره کردن، کهنه کردن (لباس) ۲. تخریب کردن، کوبیدن (بنا) ۳. قطع کردن، گسستن (روابط) ۴. جدا شدن، کنده شدن (دکمه) ۵. قطع شدن (برق)

Die Arbeit reißt nicht ab. کار تمامی ندارد.

den Kontakt nicht abreißen lassen تماس را قطع نکردن، رابطه را حفظ کردن

Abreißkalender, der; -s, - تقویمی که برگ‌هایش جداشدنی است

Abreiß(notiz)block, der; -(e)s, ⸚e دفترچهٔ یادداشتی که برگ‌های آن قابل جدا شدن است

abreiten *Vi., Vt.* ۱. سواره رفتن ۲. از (جایی) سواره گذشتن، سواره پیمودن ۳. با اسب‌سواری زیاد (خود) را خسته کردن

abrennen *Vr.* (خود) را با دویدن خسته کردن

abrichten *Vt.* ۱. تربیت کردن، دست‌آموز کردن (حیوانات) ۲. رام کردن (اسب) ۳. تراشیدن (سنگ، چوب)

Abrichter, der; -s, - مربی حیوانات، تربیت‌کنندهٔ حیوانات

Abrichtung, die; -, -en تربیت، دست‌آموزی، رام‌سازی

abriegeln *Vt.* ۱. قفل کردن، چفت کردن، بستن، کلون کردن (در) ۲. مسدود کردن، بستن (خیابان)

abringen *Vt.* با سماجت و زور از (کسی) گرفتن

Abriß, der; -risses, -risse ۱. اجمال، اختصار ۲. خلاصه (کتاب) ۳. بریده، تکه‌پاره شده (ته بلیت) ۴. انهدام، تخریب، ویران‌سازی (ساختمان)

abrollen *Vi., Vt.* ۱. باز شدن (کلاف نخ، فنر) ۲. راه افتادن، حرکت کردن (قطار) ۳. (روی چرخ) غلتیدن، غلت خوردن ۴. واتابیدن ۵. رخ دادن ۶. کوک (چیزی) را باز کردن

abrücken *Vt., Vi.* ۱. جا به جا کردن، دور کردن ۲. تخلیه کردن (سربازان) ۳. (از حزب) کناره‌گیری کردن، (از شخص) فاصله گرفتن ۴. جابجا شدن

von jemandem **abrücken** از کسی فاصله گرفتن

Abruf 14

Abruf, der; (e)s, -e ۱. احضار ۲. عزل ۳. مطالبه ۴. برداشت (از حساب)
auf Abruf عندالمطالبه
Geld auf Abruf برداشتِ پول
abrufbar *Adj.* ۱. آمادهٔ احضار، فراخواندنی ۲. بازیافتنی
abrufen *Vt.* ۱. احضار کردن، خواستن، طلبیدن ۲. برکنار کردن ۳. اعلام کردن (برنامه حرکت قطار) ۴. بازیافتن (داده‌ها در کامپیوتر) ۵. از (حساب بانکی) برداشت کردن ۶. لبیک گفتن (دعوت حق)
abrunden *Vt.* ۱. تیزی (گوشه‌های چیزی) را گرفتن ۲. سرراست کردن، کامل کردن (رقم، مبلغ) ۳. تندی (چیزی) را گرفتن، تلخی (طعم چیزی) را گرفتن
abgerunder گرد شده، کامل و سرراست (رقم، مبلغ)
abrupfen *Vt.* از ریشه کندن (گل، علف، مو، پر)
abrupt *Adj.* ناگهانی، بدون مقدمه
abrüsten *Vt., Vi.* ۱. برداشتن و از هم بازکردن (داربست) ۲. خلع سلاح کردن، کم / محدود کردن (تسلیحات) ۳. خلع سلاح شدن
Abrüstung, die; -, -en خلع سلاح؛ کاهش تسلیحات
Abrüstungskonferenz, die; -, -en کنفرانس خلع سلاح
Abrüstungsverhandlungen, die / *Pl.* مذاکرات خلع سلاح
abrutschen *Vi.* ۱. لغزیدن، لیز خوردن، سر خوردن ۲. تعادل را از دست دادن، یکور شدن (هواپیما) ۳. (از نظر اخلاقی) رو به تباهی گذاشتن
absäbeln *Vt.* ناشیانه بریدن، غیر ماهرانه قطع کردن
absacken *Vi., Vt.* ۱. فرو رفتن، نشست کردن (زمین) ۲. کم کردن (ارتفاع پرواز هواپیما) ۳. غرق شدن (کشتی) ۴. پایین آمدن (فشار خون) ۵. پر کردن (کیسه)
Absage, die; -, -n ۱. جواب رد، عدم پذیرش ۲. لغو (دعوت)، ترک وعده ۳. امتناع، خودداری ۴. (رادیو، تلویزیون) اعلام ختم برنامه
absagen *Vi., Vt.* ۱. قول (خود) را پس گرفتن، عذر خواستن ۲. بی‌اعتبار کردن ۳. رد کردن ۴. (از برگزاری مراسم) جلوگیری کردن ۵. ترک کردن (الکل)
absägen *Vt.* ۱. اره کردن، با اره قطع کردن ۲. از کار برکنار کردن، به خدمتِ (کسی) خاتمه دادن
absahnen *Vt., Vi.* ۱. (از شیر) خامه گرفتن ۲. مفت به چنگ آوردن، آسان به‌دست آوردن ۳. بدون زحمت به سود کلان رسیدن
absatteln *Vt.* از گرده اسب برداشتن (زین)
Absatz, der; -es, ⸚e ۱. قطع ۲. وقت استراحت ۳. (موسیقی) سکوت ۴. فروش ۵. بازار فروش ۶. (نوشته) بخش، بند، پاراگراف ۷. پاشنه کفش ۸. (ساختمان) پاگرد پله
in Absätzen به‌طور متناوب، بلافاصله
guten Absatz finden خوب فروش کردن، سر ضرب به فروش رفتن
absatzfähig *Adj.* قابل فروش، فروش‌رفتنی
Absatzgebiet, das; -(e)s, -e قلمرو فروش
Absatzkrise, die; -, -n بحران فروش
Absatzmarkt, der; -(e)s, ⸚e بازار فروش
Absatzmöglichkeit, die; -, -en امکان فروش
Absatzsteigerung, die; -, -en افزایش فروش
Absatzstockung, die; -, -en رکود فروش، کسادی بازار
absaugen *Vt.* ۱. مکیدن و تخلیه کردن (بخار، گاز، مایع) ۲. با جاروبرقی تمیز کردن
abschaben *Vt.* ساییدن؛ پاک کردن، زدودن؛ خراشیدن (مواد زاید)
den Rost abschaben زنگ زدودن
Schab ab! برو گمشو! راحتم بذار!
abgeschabt کهنه، ژنده، نخ‌نما
Abschabsel, das; -s, - خرده تراش
abschaffen *Vt., Vr.* ۱. برطرف کردن، از بین بردن ۲. لغو کردن، منسوخ کردن، باطل کردن (قانون) ۳. اخراج کردن ۴. تا آخرین رمق کارکردن
Abschaffung, die; -, -en لغو، برطرف‌سازی، رفع، نسخ
abschälen *Vt., Vr.* ۱. پوست کندن ۲. پوست انداختن
die Rinde eines Baumes abschälen پوست درختی را کندن
abschalten *Vt., Vi.* ۱. خاموش کردن (چراغ)، قطع کردن (برق) ۲. تمدد اعصاب کردن، رفع خستگی کردن، استراحت کردن ۳. (در سخنرانی) توجه نکردن، تمرکز نداشتن
Er hat abgeschaltet. حواس او جای دیگری است.
Abschaltung, die; -, -en قطع برق
abschätzen *Vt.* ۱. تخمین زدن، برآورد کردن، ارزیابی کردن، روی (چیزی) قیمت گذاشتن، ارزش‌گذاری کردن ۲. مالیات بر (چیزی) گذاشتن
Abschätzer, der; -s, - مقوّم، ارزیاب، تخمین‌زننده
abschätzig *Adj.* تحقیرآمیز، حقارت‌بار، توهین‌آمیز
Abschätzung, die; -, -en تخمین، تقویم، تعیین قیمت، ارزیابی، برآورد (قیمت)، ارزش‌گذاری
Abschaum, der; -(e)s ۱. (روی مایعات جوشان و فلزات مذاب) کف ۲. اراذل و اوباش

abschlägig

abscheiden *Vt., Vi.* ۱. جدا کردن، تفکیک کردن ۲. (پزشکی) ترشح کردن ۳. (شیمی) رسوب کردن، ته‌نشین کردن ۴. دار فانی را وداع گفتن، رخت بربستن
sich abscheiden   ته‌نشین شدن
abscheren *Vt.* ۱. قیچی کردن، تراشیدن، کاملاً چیدن، از ته زدن (مو، پشم)
Abscheu *der/die; -s* ۱. تنفر، اکراه، انزجار، نفرت، بیزاری ۲. ترس، وحشت
Abscheu haben vor / gegen   تنفر داشتن از، بیزار بودن از
abscheuern *Vt.* ۱. ساییدن و پاک کردن ۲. کهنه کردن (لباس) ۳. خراشیدن (پوست)
Der Kragen hat sich abgescheuert.
   یقهٔ لباس ساییده شده است.
ein abgescheuerter Kragen   یقهٔ رفته
abscheulich *Adj.* ۱. زشت، کریه، قبیح، نفرت‌انگیز ۲. سخت، شدید
Abscheulichkeit, *die; -, -en* زشتی، کراهت، نفرت، قباحت
abschicken *Vt.* ۱. فرستادن، روانه کردن، ارسال کردن ۲. پست کردن
Abschiebehaft, *die; -* بازداشت (تا زمان برگرداندن به کشور خود)
abschieben *Vt., Vi.* ۱. جابه‌جا کردن؛ هل دادن ۲. بیرون کردن، اخراج کردن (خارجی از کشور) ۳. (نظامی) تخلیه کردن ۴. از دست (کسی) خلاص شدن
Schieb ab!   بزن به چاک!
jemanden in eine andere Abteilung abschieben
   کسی را برخلاف میلش به قسمت دیگری فرستادن، تنزل مقام دادن
Er versucht immer, die Verantwortung andere auf abzuschieben.
   او همیشه تلاش می‌کند مسئولیت را به گردن دیگری بیندازد.
Abschiebung, *die; -, -en* اخراج
Abschied, *der; -(e)s, -e* ۱. عزیمت، حرکت ۲. وداع، خداحافظی، تودیع ۳. عزل، اخراج، انفصال (خدمت) ۴. (نظامی) تخلیه ۵. کناره‌گیری، استعفا
seinen Abschied erhalten/bekommen
   (از کار) اخراج شدن، برکنار شدن
seinen Abschied nehmen
   از خدمت کناره‌گیری کردن، استعفا کردن
jemandem den Abschied geben
   کسی را اخراج کردن، کسی را بیرون کردن
abschiednehmen *Vt.* با (کسی) وداع کردن، از (کسی) خداحافظی کردن

Abschiednehmen, *das; -s, -* وداع، خداحافظی
   بدرود
Abschiedsbesuch, *der; -(e)s, -e* دیدار خداحافظی
Abschiedsbrief, *der; -(e)s, -e* نامهٔ خداحافظی، وداع‌نامه
Abschiedsfeier, *die; -, -n* جشن خداحافظی، مراسم تودیع
Abschiedsgesuch, *das; -(e)s, -e*
   درخواست کناره‌گیری (از کار)
Abschiedskuß, *der; -kusses, -küsse* بوسهٔ وداع
Abschiedsrede, *die; -, -n* نطق خداحافظی
Abschiedsschmerz, *der; -es, -e* درد جدایی
Abschiedsszene, *die; -, -n* صحنهٔ وداع
abschießen *Vt.* ۱. (بر اثر شلیک گلوله) از دست دادن (عضو) ۲. شلیک کردن، انداختن، خالی کردن (تیر) ۳. رها کردن (تیر از کمان) ۴. پرتاب کردن (موشک) ۵. کشتن، شکار کردن (حیوانات) ۶. با شلیک گلوله سرنگون کردن (هواپیما) ۷. اخراج کردن، بیرون کردن (کارمند) ۸. سؤال‌پیچ کردن
abschilfern *Vi.* پوسته‌پوسته شدن (پوست بدن)
abschinden *Vt., Vr.* ۱. به بیگاری گرفتن ۲. زحمت کشیدن، کار سنگین کردن، جان مفت کندن
Abschirmdienst, *der; -es, -e*
   (ارتش) سازمان ضد اطلاعات (در مقابل اشعه، تابش و عوامل خارجی)
abschirmen *Vt.* محافظت کردن، حفظ کردن
abschirren *Vt.* از (حیوان) زین و برگ برداشتن، از (حیوان) یراق برداشتن
abschlachten *Vt.* ۱. ذبح کردن، سلاخی کردن ۲. قتل‌عام کردن، وحشیانه کشتار کردن
Abschlag, *der; -(e)s, -̈e* ۱. کاهش ارزش (سهام) ۲. تخفیف، کاهش (قیمت) ۳. مساعده ۴. پرتاب توپ به وسیلهٔ دروازه‌بان ۵. قطع درخت
auf Abschlag   قسطی
abschlagen *Vt., Vi.* ۱. با ضربه قطع کردن، بریدن (درخت، سر) ۲. رد کردن، نپذیرفتن (خواهش) ۳. دفع کردن، عقب زدن (حمله) ۴. باز کردن، پیاده کردن (داربست) ۵. برچیدن (خیمه) ۶. شوت کردن (توپ توسط دروازه‌بان) ۷. (ورزش) سایر دوندگان را به فاصلهٔ زیاد پشت سر گذاشتن
jemandem etwas abschlagen
   چیزی را از کسی دریغ کردن
abschlägig *Adj.*   منفی
abschlägige Antwort   جواب منفی، جواب رد

Abschlagszahlung 16

abschlägig bescheiden رد کردن، نپذیرفتن

Abschlagszahlung, die; -, -en قسط

auf Abschlagszahlung به اقساط

abschleifen *Vt.* ۱. تیز کردن (چاقو) ۲. ساییدن، صیقل دادن، پرداخت کردن ۳. تراش دادن (سنگ قیمتی)

sich abschleifen عادت بدی را ترک کردن

den Rost abschleifen زنگ (چیزی) را ساییدن و بردن

Abschleppdienst, der; -es, -e خدمات یدک‌کشی (مؤسسه‌ای که کارش کشیدن یا بکسل کردن وسایل نقلیه است)

abschleppen *Vi., Vt.* ۱. یدک کشیدن، بکسل کردن ۲. (برای روابط جنسی) بلند کردن

sich abschleppen خود را با حمل بار سنگین خسته کردن

jemanden **abschleppen**

(برای روابطِ جنسی) کسی را بلند کردن

Das Mädchen hat einen jungen Mann abgeschleppt!

دختر خانم پسر جوانی را بلند کرد!

Abschleppöse, die; -, -n ۱. سیم بکسل، ۲. حلقه / گیرهٔ سر

Abschleppseil, das; -(e)s, -e سیم بکسل

Abschleppwagen, der; -s - ماشین یدک‌کش (مجهز به جرثقیل)

abschließen *Vt., Vi., Vr.* ۱. بستن، قفل کردن ۲. درزگیری کردن، منفذ (چیزی) را گرفتن ۳. انجام دادن، سر و سامان دادن، تمام کردن ۴. به (چیزی) خاتمه دادن، به (چیزی) پایان دادن ۵. از (چیزی) نتیجه گرفتن ۶. بستن، منعقد کردن (قرارداد، حساب بانکی، صورت حساب) ۷. در قرنطینه نگه داشتن ۸. منزوی شدن، از اجتماع کناره گرفتن ۹. تمام شدن، پایان یافتن

mit jemandem **abschließen** با کسی قطع ارتباط کردن

einen Handel abschließen قرارداد تجارتی بستن، معامله کردن

einen Vergleich mit einem Gläubiger abschließen

با بستگان کنار آمدن؛ با طلبکار به توافق رسیدن

mit dem Leben abgeschlossen haben

از زندگی سیر شدن، دست از زندگی برداشتن

Ich habe mit allem abgeschlossen.

من با همه قطع رابطه کرده‌ام. گوشه عزلت گزیده‌ام.

abschließend *Adj., Adv.* سرانجام، در پایان

Abschluß, der; -schlusses, -schlüsse ۱. پایان، خاتمه ۲. انجام، اتمام ۳. انعقاد ۴. معامله، فروش، داد و ستد

zum Abschluß در پایان

Abschlußzeugnis, das; -nisses, -nisse کارنامه

abschmecken *Vt.* مزه کردن، چشیدن

Abschlußprüfung, die; -, -en امتحان نهایی

abschmelzen *Vt., Vi.* ۱. آب کردن، ذوب کردن، گداختن ۲. آب شدن، ذوب شدن

abschmieren *Vt., Vi.* ۱. با خط بد نوشتن، ناخوانا نوشتن، خرچنگ قورباغه نوشتن ۲. روغن زدن، گریس‌کاری کردن ۳. کتک زدن ۴. (عامیانه) سقوط کردن (هواپیما)

jemanden **abschmieren** کسی را کتک زدن

Abschmierpresse, die; -, -n تلمبهٔ روغن‌کاری، پمپ گریس‌کاری

abschminken *Vt.* پاک کردن (آرایش، بزک)

sich etwas **abschminken**

چیزی را از سر خود بیرون کردن

Das kannst du dir gleich abschminken.

فکرش را نکن. حرفش را نزن. فراموشش کن.

abschmirgeln *Vt.* سنباده زدن، صاف کردن

abschnallen *Vt., Vi.* ۱. باز کردن (سگک کمربند) ۲. (عامیانه) خسته شدن

abschneiden *Vt., Vi., Vr.* ۱. قطع کردن ۲. چیدن، قیچی کردن، کوتاه کردن (مو) ۳. میان‌بر زدن ۴. ارتباط را قطع کردن، ارتباط را با سد بستن

jemandem **die Ehre abschneiden** آبروی کسی را بردن، به حیثیت کسی لطمه زدن

jemandem **die Möglichkeit abschneiden**

به کسی امکان ندادن

jemandem **das Wort abschneiden**

از ادامهٔ سخن کسی جلوگیری کردن، جلوی حرف کسی را گرفتن

gut / schlecht abschneiden نتیجهٔ خوب / بد گرفتن، خوب / بد از آب درآمدن

bei einer Prüfung gut abschneiden

در امتحان نتیجهٔ خوب گرفتن

Abschneiden, das; -s, - اجرا، کارکرد

Abschnitt, der; -(e)s, -e ۱. برش، تکه، جزیی از کل ۲. (ریاضی) قطعه ۳. (نظامی) قسمتی از جبهه، منطقهٔ عملیاتی ۴. (تجارت) سهام ۵. ته قبض، ته چک ۶. فصل، بخش (کتاب) ۷. پاراگراف ۸. منزلگاه بین راه، بخشی از سفر ۹. برهه، مرحله، دوره

der Abschnitt eines Kreises قطعه‌ای از یک دایره

abschnüren *Vt.* ۱. محکم با نخ بستن ۲. بستن و قطع کردن (جریان) ۳. (به وسیله نیروی نظامی) مسدود کردن (مسیر)

das Blut abschnüren مسیر جریان خون را بستن

jemandem **die Luft abschnüren**

جلوی نفس کسی را گرفتن، کسی را خفه کردن

abschnurren *Vi.* از لحاظ مکانیکی به پایان رسیدن، متوقف شدن (ساعت)

17 **Abschweifung**

abschöpfen *Vt.* ۱. خامهٔ (چیزی) را گرفتن، سرشیر (چیزی) را گرفتن، کف (چیزی) را گرفتن ۲. برگزیدن، گلچین کردن
den Rahm abschöpfen خامه/ سرشیر گرفتن
abschrägen *Vt.* شیب‌دار کردن، سرازیر کردن، شیب دادن، انحنا دادن
abschrauben *Vt.* باز کردن (پیچ)
abschrecken *Vt., Vi.* ۱. ترساندن و دور کردن، فرار دادن، گریزاندن، رماندن، بازداشتن ۲. یکباره سرد کردن (فلز گداخته، تخم‌مرغ پخته) ۳. ترسیدن، وحشت کردن
jemanden **abschrecken von**
کسی را از انجام دادن کاری هراساندن
abschreckend *Adj.* بازدارنده، مانع‌شونده
abschreckend häßlich تنفرآور، زننده
abschreckendes Beispiel نمونهٔ عبرت‌انگیز
Abschreckung, die; -, -en منع، بازداری؛ هشدار، اخطار
Abschreckungsmittel, das; -s, - وسیلهٔ ترساندن
Abschreckungsstrategie, die; -, -n
روش فریب دادن و ترساندن دشمن
abschreiben *Vt., Vi.* ۱. رونویسی کردن، از (چیزی) رونوشت برداشتن ۲. کاستن، کسر کردن (مبلغ) ۳. (در مدرسه) از روی دست (کسی) نوشتن، تقلب کردن ۴. به‌طور کتبی رد کردن (دعوت، موعد قرار) ۵. دزدی ادبی کردن، آثار فکری دیگران را به (خود) نسبت دادن ۶. مصرف شدن، تمام شدن (مداد، خودکار) ۷. فرسوده شدن
aus der Handschrift abschreiben
از روی دستنویس رونویسی کردن
von einem andern abschreiben
از روی دست دیگری نگاه کردن
Er ist bei mir abschreiben. دور او را خط کشیدم.
با او دیگر کاری ندارم.
Abschreiber, der; -s, - نسخه‌بردار، رونوشت‌بردار، دزد ادبی
Abschreibung, die; -, -en ۱. نسخه‌برداری، رونویسی ۲. استهلاک، کاهش قیمت
Abschreibungskünstler, der; -s, -
(عامیانه) متقلب مالیاتی
abschreiten *Vi.* ۱. با قدم اندازه گرفتن ۲. سان دیدن
die Ehrenkompanie abschreiten
از گارد احترام سان دیدن
die Front abschreiten از جبهه بازدید کردن

Abschrift, die; -, -en رونوشت، نسخه، کپی
saubere Abschrift (نسخه) پاکنویس
beglaubigte Abschrift رونوشت تأئید شده،
نسخهٔ گواهی شده
abschriftlich *Adj., Adv.* ۱. رونویس شده، کپی شده ۲. به عنوان رونوشت، نسخهٔ دوم
abschrubben *Vt.* ۱. ساییدن و تمیز کردن ۲. کثافت را زدودن ۳. (عامیانه) پیمودن، پشت سر گذاشتن
Ich schrubbe mich/mir den Rücken mit einer Bürste ab. با برس پشت خود را تمیز می‌کنم.
Heute habe ich 500 km. abgeschrubbt.
امروز پانصد کیلومتر را زیر پا گذاشتم.
abschuften *Vr.* جان کندن، کار سخت کردن، مثل خر کار کردن
abschuppen *Vt., Vr.* ۱. پولک (ماهی) را کندن ۲. پوسته‌پوسته شدن (پوست بدن) ۳. شوره ریختن
abschürfen *Vt.* خراشیدن، به‌طورِ سطحی مجروح کردن
sich die Haut abschürfen
پوست خود را خراشیدن و زخمی کردن
Abschürfung, die; -, -en خراش، خراشیدگی، جراحت سطحی
Abschuß, der; -schusses, -schüsse ۱. شلیک، تیراندازی ۲. پرتاب (موشک، اژدر) ۳. شلیک و سرنگونی (هواپیما) ۴. ازکارافتادگی (تانک)
abschüssig *Adj.* سراشیب، سرازیر، دارای شیب تند
Abschußrampe, die; -, -n سکوی پرتاب موشک
abschütteln *Vt.* ۱. تکاندن و زدودن ۲. از شر (چیزی/کسی) خلاص شدن
Ich schüttelte den Schnee vom Mantel ab.
برف پالتو را تکاندم.
den Staub von den Kleidern abschütteln
گرد از لباس تکاندن
abschwächen *Vt., Vr.* ۱. ضعیف کردن، سست کردن ۲. از استهلاک (چیزی) کاستن ۳. تخفیف دادن، سبک کردن ۴. ضعیف شدن، سست شدن، کم شدن ۵. تخفیف یافتن، سبک شدن ۶. ملایم شدن
abschweifen *Vi., Vt.* ۱. منحرف شدن، از مسیر دور شدن، بیراهه رفتن ۲. از موضوع پرت شدن، در حاشیه رفتن ۳. با ارّه سرکج بریدن
vom Thema abschweifen از موضوع اصلی خارج شدن
Schweife nicht ab! حاشیه نروا!
Abschweifung, die; -, -en ۱. انحراف؛ گریز ۲. خروج از موضوع، حاشیه روی

abschwenken 18

abschwenken *Vi., Vt.* ۱. تغییر جهت دادن، خط سیر (خود) را عوض کردن ۲. تغییر نظر دادن ۳. (با آب) پاک کردن
von der Straße abschwenken تغییر مسیر دادن
von seiner Ansicht abschwenken نظر خود را تغییر دادن
abschwören *Vi.* ۱. (برای ترک کاری) سوگند خوردن ۲. تکذیب کردن، انکار کردن؛ از عقیدهٔ (خود) دست برداشتن
absegeln *Vi.* با کشتی / قایق بادبانی عزیمت کردن
absegnen *Vt.* با اجرای طرحی موافقت کردن
absehbar *Adj.* قابل تصور، قابل پیش‌بینی
in absehbarer Zeit در آیندهٔ نزدیک / قابل پیش‌بینی، در کوتاه مدت
nicht absehbar غیر قابل پیش‌بینی، پیش‌بینی‌ناپذیر
absehen *Vt., Vi.* ۱. مراقب (چیزی) بودن، مواظب (چیزی) بودن، پاییدن ۲. (در مدرسه) از روی دست (کسی) نوشتن ۳. پیش‌بینی کردن، از پیش دانستن، آینده‌نگری کردن ۴. صرف‌نظر کردن، چشم‌پوشی کردن
jemandem etwas **absehen** چیزی را از کسی یاد گرفتن
jemandem etwas **an den Augen absehen** چیزی را از چشم کسی خواندن
Es ist kein Ende abzusehen. پایان کار معلوم نیست.
es auf etwas / jemanden **abgesehen haben** به چیزی / کسی چشم داشتن
absehen von صرف‌نظر کردن از، اجتناب کردن از
abgesehen sein auf متوجه بودن، معطوف بودن
Das war auf mich abgesehen. اشاره‌اش به من بود. منظور او من بودم.
abseifen *Vt.* صابون زدن، با (آب و) صابون شستن
jemandem **den Rücken abseifen** پشت کسی را صابون زدن
abseihen *Vt.* از صافی رد کردن
abseilen *Vt., Vr.* ۱. (کوه‌نوردی) با طناب پایین فرستادن، با کمک طناب پایین آوردن ۲. بی‌سر و صدا رفتن
absein *Vi.* ۱. خسته بودن ۲. دور بودن ۳. غایب بودن
sich absein یواشکی بیرون رفتن، بدونِ جلب توجه دیگران جایی را ترک کردن
Der Knopf ist ab. دکمه افتاده است.
Ich bin ganz ab. حسابی خسته‌ام.
Die Farbe ist ab. رنگ‌پریده است.
abseitig *Adj.* منزوی، تنها
abseits *Präp., Adv.* ۱. دور، جدا، کنار، مجزا، جداگانه ۲. جدا از، گذشته از، صرف‌نظر از
abseits vom Wege دور از جاده
abseits stehen (از دیگران) کناره‌گیری کردن

Abseits, das; -, - (فوتبال) آف‌ساید
Abseitstor, das; -(e)s, -e (فوتبال) گُل آف‌ساید
absenden *Vt.* ۱. فرستادن، ارسال کردن، روانه کردن ۲. پست کردن ۳. رساندن
Absender, der; -s, - ۱. فرستنده ۲. نشانی فرستنده
Absenderin, die; -, -nen ۱. فرستنده (زن) ۲. نشانی فرستنده (زن)
Absendung, die; -, -en ارسال، اعزام
absengen *Vt.* سوزاندن و زدودن (کرک مرغ، پشم کله‌پاچه)
Absenker, der; -s, - شاخهٔ خوابانده، قلمه
abservieren *Vt.* میز را از (ظرف‌های کثیف) خالی کردن
absetzbar *Adj.* ۱. قابل فروش، فروش‌رفتنی ۲. [مبلغ] کم‌کردنی، کسرشدنی ۳. [کارمند] قابل انفصال، عزل‌شدنی
absetzen *Vt., Vr., Vi.* ۱. پایین گذاشتن (چمدان، بار) ۲. برداشتن (کلاه، عینک) ۳. ته‌نشین شدن، رسوب کردن ۴. عزل کردن، برکنار کردن (کارمند)، خلع کردن (شاه) ۵. فرود آمدن، نشستن (هواپیما) ۶. پیاده کردن (مسافر، چترباز) ۷. کم کردن، کسر کردن (مبلغ) ۸. لغو کردن (قرار ملاقات) ۹. تفکیک کردن، فاصله دادن (کلمات) ۱۰. فروختن، عمده‌فروشی کردن ۱۱. (از مکانی) جیم‌شدن، پنهانی رفتن ۱۲. سر سطر آوردن (ماشین تحریر) ۱۳. حذف کردن ۱۴. مکث کردن، توقف کوتاه کردن، استراحت کردن
der Tagesordnung absetzen از دستور جلسه حذف کردن
vom Spielplan absetzen از برنامهٔ نمایش حذف کردن
einen Betrag von der Steuer absetzen مبلغی را مشمول مالیات کردن
Es wird etwas absetzen. مشکلی پیش خواهد آمد. این کار دردسر دارد.
Absetzung, die; -, -en ۱. خلع، عزل ۲. ته‌نشین، رسوب ۳. اخراج، انفصال ۴. لغو قرار ملاقات ۵. حذف از دستور جلسه
absichern *Vt.* ۱. (در برابر سوانح) محافظت کردن ۲. تأمین کردن
Absicht, die; -, -en ۱. قصد، منظور، نیت ۲. هدف، مقصود
böse Absicht نیت بد
in der Absicht zu به قصد، به منظور، به نیت
Absichten haben auf (عامیانه) قصد ازدواج با (کسی) را داشتن
sich mit der Absichten tragen خیالی در سر داشتن، در فکر (چیزی) بودن

Absprache

absichtlich *Adj.* قصدی، عمدی، تعمّدی، آگاهانه، از روی عمد
Er hat das absichtlich getan.
او آن کار را از روی عمد کرد.
Absichtserklärung, die; -, -en بیان هدف، اعلام منظور
absichtslos *Adj.* غیر عمدی، ناآگاهانه
absinken *Vi.* ته‌نشین شدن، فرو رفتن
absitzen *Vi., Vt.* ۱. (از اسب، دوچرخه، موتورسیکلت) پیاده شدن، پایین آمدن ۲. برخلاف میل در (جایی) وقت گذراندن ۳. به سر بردن (ایام حبس)، گذراندن (دوران زندان)
von jemandem absitzen دور کسی نشستن
absolut *Adj., Adv.* ۱. مطلق، کامل، محض، بدون شرط ۲. به‌طور مطلق، کاملاً
absolut nicht به هیچ‌وجه
absolute Mehrheit اکثریت مطلق آرا
Absolution, die; -, -en ۱. تبرئه ۲. آمرزش، عفو، بخشش
jemandem die Absolution erteilen کسی را تبرئه کردن
Absolutismus, der; - مطلق‌گرایی، مطلق‌آئینی، نظام استبداد مطلقه
Absolvent, der; -en, -en فارغ‌التحصیل (دبیرستان، دانشگاه، دورهٔ آموزشی)
Absolventin, die; -, -nen فارغ‌التحصیل (دبیرستان، دانشگاه، دورهٔ آموزشی) (زن)
absolvieren *Vt.* ۱. بخشیدن، عفو کردن، آمرزیدن (گناه) ۲. از (دانشگاه، مدرسه عالی) فارغ‌التحصیل شدن ۳. با موفقیت به پایان رساندن (دورهٔ دبیرستان) ۴. در (امتحان) قبول شدن
absonderlich *Adj.* ۱. مخصوص، ویژه ۲. عجیب و غریب، غیر عادی
ein absonderlicher Mensch آدم عجیب و غریب
absondern *Vt., Vr.* ۱. جدا کردن، سوا کردن، تفکیک کردن ۲. جدا نگاه داشتن (بیمار از دیگران) ۳. ترشح کردن، تراوش کردن ۴. کناره‌گیری کردن، منزوی شدن، در برج عاج نشستن
Absonderung, die; -, -en ۱. جدایی، تفکیک ۲. جدا نگهداری (بیمار از دیگران)، قرنطینه ۳. انزوا، کناره‌گیری، گوشه‌نشینی ۴. ترشح، تراوش
absorbieren *Vt.* جذب کردن، مکیدن
jemanden absorbieren کسی را کاملاً به خود جلب کردن
Der Filter absorbiert die Strahlung.
صافی/فیلتر اشعه را جذب می‌کند.

abspalten *Vt., Vr.* ۱. از هم جدا کردن، تفکیک کردن ۲. (شیمی) تجزیه شدن، تفکیک شدن ۳. منشعب شدن (احزاب)
Eine Minderheit hat sich von der Partei abgespaltet.
اقلیتی از حزب انشعاب پیدا کرد.
abspannen *Vt.* ۱. از (گاری) باز کردن (حیوان بارکش) ۲. زین و برگ برداشتن (حیوان بارکش) ۳. با طناب/سیم بستن و مهار کردن (دکل برق) ۴. از (هیجان) کاستن، کم کردن (تنش)
die Pferde vom Karren abspannen
اسب‌ها را از گاری باز کردن
Abspannung, die; -, - ۱. خستگی روحی و جسمی، از نفس افتادگی ۲. کاهش هیجان
absparen *Vt.* با قناعت پس‌انداز کردن
sich etwas vom Munde absparen
از غذای خود زدن و پس‌انداز کردن
abspecken *Vt.* کم کردن (وزن)، لاغر کردن
abspeisen *Vi., Vt.* ۱. از غذا خوردن دست کشیدن ۲. خوراک دادن، غذا دادن ۳. به (کسی) قالب کردن (جنس بنجل) ۴. به (کسی) تحویل دادن (حرف مفت و تو خالی)
abspenstig *Adj.* بی‌وفا، بی‌عاطفه، نمک به حرام
abspenstig machen دوست دختر/دوست/مشتری کسی را از چنگش درآوردن، قُر زدن
abspenstig werden ترک کردن، بی‌وفایی کردن
absperren *Vt.* ۱. قفل کردن، بستن ۲. مسدود کردن (خیابان) ۳. محاصره کردن (پلیس) ۴. بستن (شیر آب، شیر گاز) ۵. قطع کردن (برق، تلفن)
sich absperren در را به روی خود بستن، منزوی شدن
Absperrgitter, das; -s, - (برای جلوگیری از ازدحام مردم) نردهٔ موقت، مانع موقت
Absperrhahn, der; -(e)s, ̈-e شیر قطع و وصل
Absperrung, die; -, -en ۱. قفل کردن ۲. سد معبر ۳. محاصره ۴. بستن شیر (آب، گاز) ۵. انزوا ۶. قطع (برق، تلفن)
abspiegeln *Vt., Vr.* ۱. منعکس کردن ۲. بازتابیدن
Abspieg(e)lung, die; -, -en انعکاس، بازتاب
abspielen *Vt., Vi., Vr.* ۱. صفحه گذاشتن، نوار گذاشتن ۲. از روی نت نواختن ۳. کهنه کردن، فرسوده کردن (بر اثر استعمال) ۴. (فوتبال) پاس دادن
sich abspielen رخ دادن، واقع شدن، به وقوع پیوستن
absplittern *Vt., Vi.* ۱. خرد کردن، شکاندن، تراشه کردن ۲. خرد شدن، شکستن، تراشه شدن
Absprache, die; -, -n قرار، توافق

absprechen 20

eine geheime Absprache treffen
قول و قرار پنهانی گذاشتن

absprechen *Vt., Vi.* ۱. انکار کردن، رد کردن، منکر (چیزی) بودن ۲. قرار گذاشتن، توافق کردن ۳. فاقد (چیزی) بودن

jemandem **Kenntnisse und Fähigkeiten absprechen** منکر قابلیت و دانش کسی بودن

jemandem **das Recht absprechen** منکر حق کسی بودن

absprechend *Adj.* ۱. منکر، مخالف ۲. نامساعد، نامطلوب، خوارساز

abspringen *Vt.* ۱. پایین جستن، فرو جستن، پایین آمدن ۲. از (هواپیما) با چتر نجات پریدن ۳. ور آمدن (رنگ، لعاب) ۴. ناگهان رها کردن (موضوع) ۵. از (حزبی) کناره‌گیری کردن

mit Fallschirm aus einem Flugzeug abspringen
با چتر نجات از هواپیما پایین پریدن

von einem fahrenden Fahrzeug abspringen
از یک وسیلهٔ نقلیه در حالِ حرکت به پایین جستن

abspringen (von einem Thema)
(از موضوعی) منحرف شدن

Absprung, der; -(e)s, ⸚e ۱. پرش، جهش، فرودآیی ۲. (فیزیک) بازتابش ۳. (ورزش) پرش

Absprungbalken, der; -s, - تختهٔ پرش

abspulen *Vt.* ۱. واپیچاندن، واتابیدن (نخ) ۲. (از قرقره و مانند آن) باز کردن

abspülen *Vt.* ۱. آب کشیدن، شستن ۲. شستن (ظرف)

abstammen *Vi.* ۱. (دستور زبان) مشتق شدن، ریشه گرفتن ۲. سرچشمه گرفتن

von jemandem **abstammen** از نسل کسی بودن

Der Mensch soll vom Affen abstammen.
انسان بایستی از نسل میمون باشد.

Abstammung, die; -, -en ۱. نژاد، اصل و نسب، شجره، منشاء، خاستگاه ۲. (دستور زبان) اشتقاق

deutsche Abstammung آلمانی‌نسب، از نژاد آلمانی

Abstammungslehre, die; -, -n نظریهٔ تکامل، تئوری تکامل

Abstand, der; -(e)s, ⸚e ۱. فاصله، بُعد (مکانی، زمانی) ۲. مسافت ۳. وقفه، مکث ۴. فرق، تفاوت

Abstand nehmen von دست کشیدن از؛ فاصله گرفتن از

Abstand halten / wahren (رانندگی) فاصله را حفظ کردن، فاصله نگه داشتن

mit Abstand gewinnen (ورزش) با اختلاف زیاد برنده شدن

abstatten *Vt.* ۱. تهیه و ارسال کردن (گزارش) ۲. به (کسی) سر زدن ۳. از (کسی) سپاسگزاری کردن

jemandem **einen Besuch abstatten** به کسی سر زدن، به دیدار کسی رفتن

jemandem **seinen Dank abstatten**
از کسی سپاسگزاری کردن

einen Bericht abstatten گزارشی را تهیه و ارسال کردن

abstauben *Vt.* ۱. گردگیری کردن، گرد و غبارِ (جایی) را روبیدن ۲. (عامیانه) کش رفتن، دزدی کردن، بلند کردن؛ تیغ زدن ۳. (عامیانه) فحش دادن، ناسزا گفتن

abstechen *Vt., Vi.* ۱. قسمتی از (چیزی) را بریدن و جدا کردن ۲. کشتن، ذبح کردن ۳. با (چاقو، قمه) زخم زدن ۴. تضاد داشتن، تمایز داشتن

den Gegner abstechen بر حریف غلبه کردن

Die beiden Farben stechen sehr von einander ab.
دو رنگ از یکدیگر به خوبی متمایزند.

Abstecher, der; -s, - گردش کوتاه، گشت

einen Abstecher machen در حین سفر سری هم به جای دیگری زدن

abstecken *Vt.* ۱. از گیسو برداشتن (سنجاق) ۲. اندازه کردن، پرو کردن ۳. ترسیم کردن (طرح کلی، زیربنای ساختمان) ۴. با خط / میخ / چوب تعیین کردن (حدود زمین)

ein Kleid abstecken با استفاده از سوزن لباسی را اندازه کردن

abstehen *Vi.* ۱. فاصله داشتن ۲. برجسته و برآمده بودن (پیشانی، گوش) ۳. صرف‌نظر کردن، منصرف شدن، دست برداشتن ۴. زیاد ماندن، از مزه افتادن (آبجو، چای) ۵. مردن (ماهی)

Der Schrank steht zu weit von der Wand ab.
کمد از دیوار فاصلهٔ زیادی دارد.

Das Wasser ist abgestanden. آب مانده است.

sich die Beine abstehen مدت زیادی به اجبار سر پا ایستادن

abstehend *Adj.* جلوآمده، پیش‌آمده، برجسته، بیرون‌زده

absteifen *Vt.* ۱. آهار زدن (لباس) ۲. (در ساختمان) شمع زدن

Absteige, die; -, -n مسافرخانهٔ سر راه، اتاق ارزان قیمت

absteigen *Vi.* ۱. (از وسایل نقلیه، اسب) پایین آمدن، فرود آمدن، نزول کردن ۲. پیاده شدن ۳. (در مسافرخانه بین راه) به‌طور موقت منزل کردن ۴. (ورزش) تنزل کردن، از رده خارج شدن

Absteigequartier, das; -s, -e منزلگاه موقت، مسافرخانهٔ سرراه

Absteiger, der; -s, - (ورزش) تیم خارج از رده

abstellen *Vt.* ۱. کنار گذاشتن، پایین گذاشتن ۲. خاموش کردن (چراغ، رادیو، موتور) ۳. قطع کردن (تلفن، آب، زنگ ساعت) ۴. پارک کردن (وسیلهٔ نقلیه) ۵. از میان بردن، پایان دادن (به وضع ناجور) ۶. (نظامی) اعزام کردن

auf etwas **abstellen** چیزی را به حساب آوردن، رعایت چیزی را کردن

Darauf abgestellt sein, zu ... با در نظر گرفتنِ ...

Abstellgleis, das; -s, - خط آهنی که روی آن قطار پارک می‌شود

Abstellraum, der; -(e)s, -räume انباری

Abstelltisch, der; -es, -e (برای توزیع غذا) میز چرخدار

abstempeln *Vt.* ۱. مهر زدن ۲. انگ زدن

jemanden **zum Verbrecher abstempeln** به کسی انگ جنایتکار زدن

absteppen *Vt.* کوک زدن (لباس)

absterben *Vi.* ۱. مردن ۲. منقرض شدن ۳. خواب رفتن، بی‌حس شدن، کرخ شدن (عضو) ۴. از بین رفتن (بافت) ۵. ضعیف شدن، از کار افتادن (موتور)

Abstieg, der; -(e)s, -e ۱. سراشیب، سرازیری ۲. افول، افت، انحطاط ۳. (ورزش) خروج از رده

abstiegsbedroht *Adj.* (ورزش) در خطر سقوط، خارج شدن از رده

abstimmen *Vi., Vt.* ۱. رأی دادن ۲. هماهنگ کردن، تطبیق دادن، موزون کردن ۳. میزان کردن (موج رادیو) ۴. موازنه کردن، تراز کردن (حساب)

Abstimmen lassen über به رأی گذاشتن

Abstimmung, die; -, -en ۱. رأی‌دهی ۲. ورقهٔ رأی ۳. تنظیم (طول موج) ۴. هماهنگی، انطباق

Abstimmungsregler, der; -s, - وسیلهٔ تنظیم و کنترل موج رادیو

abstinent *Adj.* ۱. پرهیزکار، خویشتندار، قانع ۲. مخالف میگساری و روابط جنسی

Abstinenz, die; -, -en ۱. پرهیزکاری، خویشتنداری، قناعت ۲. چشم‌پوشی از میگساری و روابط جنسی

Abstinenzler, der; -s, - مخالف میگساری و روابط جنسی

Abstinenzlerin, die; -, -nen مخالف میگساری و روابط جنسی (زن)

abstoppen *Vt., Vi.* ۱. ایست کردن، توقف کردن ۲. ایست دادن، متوقف ساختن (پلیس) ۳. (ورزش، موسیقی) وقت گرفتن، با کرونومتر زمان را اندازه گرفتن

Abstoß, der; -es, ¨-e (فوتبال) ضربهٔ کاشته از محوطهٔ جریمه

abstoßen *Vt., Vi.* ۱. از خود راندن ۲. (فیزیک) دفع کردن ۳. (پزشکی) پس زدن (بافت پیوند شده) ۴. زیر قیمت فروختن، ارزان فروختن، حراج کردن (کالا، سهام) ۵. از دروازه به وسط میدان آوردن (توپ) ۶. ادا کردن (قرض) ۷. فرسودن، ساییدن، کهنه کردن ۸. ساحل را ترک کردن، عزیمت کردن (کشتی) ۹. پوست انداختن (مار) ۱۰. آسیب دیدن، زخمی شدن (اشیا)

Die Schlange stoßt ihre alte Haut ab. مار پوست می‌اندازد.

sich abstoßen خسته و کوفته شدن، فرسوده شدن

seine Waren billig abstoßen اجناسِ خود را به قیمت ارزان فروختن

abstoßend *Adj.* دافع، زننده، نفرت‌آور

Abstoßung, die; -, -en دفع، رد

abstottern *Vt.* به تدریج پرداخت کردن (قسط)

abstrahieren *Vi., Vt.* ۱. انتزاع کردن، تجرید کردن، تعمیم دادن ۲. کسر کردن ۳. از (چیزی) صرف‌نظر کردن، از (چیزی) چشم‌پوشی کردن

abstrahlen *Vt.* ۱. با شن‌پاش پاک کردن (زنگ فلزات) ۲. انتشار دادن، منتشر کردن، پخش کردن (اشعه، گرما)

Die Sonne strahlt Wärme ab. خورشید گرما پخش می‌کند.

abstrakt *Adj.* [نقاشی] مجرد، انتزاعی، غیر ملموس، آبستره

Abstraktion, die; -, -en تجرید، انتزاع، مفهوم‌سازی، مفهوم کلی

Abstraktum, das; -s, -ta (دستور زبان) اسم معنی

abstreichen *Vi., Vt.* ۱. حذف کردن، قلم زدن ۲. نشانهٔ وارسی گذاشتن، (برای کنترل) علامت گذاشتن ۳. به چرم کشیدن و تیز کردن (تیغ ریش‌تراشی) ۴. ساییدن و پاک کردن (ته کفش) ۵. کف گرفتن ۶. جستجو کردن، گشتن

Die Polizisten mit Spühlhunden strichen das Gelände ab. پلیس با سگ منطقه را جستجو کرد.

die Asche von der Zigarre abstreichen خاکستر سیگار را گرفتن

abstreifen *Vt., Vi.* ۱. درآوردن، کندن (لباس، کفش) ۲. افتادن (شاخ)، انداختن (پوست) ۳. ترک کردن (عادت) ۴. پاک کردن (ته کفش) ۵. گشت زدن، جستجو کردن

Die Schlange streift die Haut ab. مار پوست می‌اندازد.

abstreiten *Vt.* ۱. حاشا کردن، انکار کردن، تکذیب کردن ۲. اعتراض کردن، جدل کردن

jemandem **das Recht abstreiten** حق کسی را پامال کردن

Abstrich 22

Abstrich, der; -(e)s, -e ۱. خط فاصله به طرف پایین ۲. کاهش، کسر، حذف (از مبلغ) ۳. نمونه‌برداری (از لوزه‌ها و رحم)

einen Abstrich machen نمونه برداشتن

Abstriche machen müssen بسنده کردن، قناعت کردن؛ از ادعا و هدف‌های خود کاستن

abstufen *Vt.* ۱. درجه‌بندی کردن، طبقه‌بندی کردن ۲. به مراحل مختلف تقسیم کردن ۳. (کشاورزی) کرت‌بندی پله‌ای کردن ۴. (نقاشی) سایه‌دار کردن

Abstufung, die; -, -en ۱. درجه‌بندی، طبقه‌بندی ۲. سایه، سایه‌رنگ ۳. (کشاورزی) کرت‌بندی پلکانی

abstumpfen *Vt., Vi.* ۱. کند کردن، از تیزی (چیزی) کاستن ۲. بی‌حس کردن ۳. ضعیف شدن، کم‌حس شدن (حواس پنجگانه) ۴. بی‌حس شدن ۵. بی‌تفاوت شدن، کند شدن

sich abstumpfen کم شدن (شدت احساس)

Die Not hat ihn abgestumpft. فقر و تنگدستی او را بی‌تفاوت کرده است.

Absturz, der; -es, ¨-e ۱. سقوطِ ناگهانی ۲. سانحهٔ هوایی ۳. شیبِ تند، پرتگاهِ عمیق

Beim Absturz des Flugzeugs kamen 20 Menschen ums Leben. بر اثر سقوط هواپیما بیست نفر جان خود را از دست دادند.

abstürzen *Vi.* ۱. پایین پرت شدن ۲. ناگهان سقوط کردن ۳. سرنگون شدن (هواپیما) ۴. شیب تند پیدا کردن

Er stürzte beim klettern ab. او هنگام صعود به پایین پرت شد.

abstützen *Vt., Vr.* ۱. از (چیزی) پشتیبانی کردن، تقویت کردن ۲. (معماری) شمع زدن، پایه زدن ۳. تکیه دادن

Ich stützte mich von der Wand ab. من به دیوار تکیه دادم.

absuchen *Vt.* ۱. در به در دنبال (چیزی) گشتن ۲. (منطقه‌ای) را جزء به جزء گشتن

Absud der; -(e)s, -e جوشانده؛ عصاره گیری، عرق‌گیری

absurd *Adj.* ۱. پوچ، بی‌معنی، مهمل، مزخرف، نامعقول ۲. احمقانه

Absurde, das; -, - پوچی، بیهودگی، نامربوطی؛ چرند و پرند

Absurdität, die; -, -en پوچی، بیهودگی، نامربوطی؛ چرند و پرند

Abszeß, der / das; -szesses, -szesse دمل، آبسه

Abt, der; -(e)s, ¨-e مدیرِ صومعه، رئیس دیر

abtakeln *Vt.* از هم باز کردن، پیاده کردن

ein Schiff abtakeln دکل و بادبان کشتی را پیاده کردن

jemanden **abtakeln** کسی را از پستش برکنار کردن

abtasten *Vt.* ۱. (با لمس کردن) معاینه کردن ۲. (در مورد پلیس) بازدید بدنی کردن ۳. (با دستگاه الکترونیکی) ضبط و کنترل کردن ۴. خوب وارسی کردن ۵. (بوکس) سنجیدن، ارزیابی کردن (حریف) ۶. (به طور کامل) آزمایش کردن

abtauen *Vt., Vi.* ۱. آب کردن (یخ، برف) ۲. آب شدن (یخ، برف)

Die Fenster sind abgetaut. یخ پنجره‌ها آب شده است.

Abtei, die; -, -en دیر، صومعه

Abteil, das; -(e)s, -e ۱. کوپهٔ قطار ۲. قسمت، بخش

abteilen *Vt.* مجزا کردن، تقسیم کردن، جدا کردن

durch eine Wand abteilen دیوار کشیدن، تیغه کشیدن

Abteilung, die; -, -en ۱. (در اداره) دایره، شعبه ۲. (در بیمارستان) بخش ۳. (در فروشگاه) قسمت ۴. (در ارتش) دسته، جوخه ۵. (در ارتش) گردان ۶. گروه (کارگران) ۷. تیغه، دیواره ۸. قفسه

chirurgische Abteilung بخش جراحی

Abteilungsleiter, der; -s, - رئیس بخش

abtelegraphieren *Vi.* تلگرافی لغو کردن

abtippen *Vt.* تایپ کردن، با ماشین تحریر نوشتن

Äbtissin, die; -, -nen رئیسهٔ دیر، مدیرهٔ صومعه

abtönen *Vt.* ۱. تغییر رنگ مختصر دادن، رنگ (چیزی) را کمی عوض کردن؛ به رنگ دلخواه درآوردن ۲. (نقاشی) سایه‌دار کردن

Abtönung, die; -, -en تغییر رنگ مختصر؛ اختلاف درجهٔ رنگ

abtöten *Vt.* ۱. کشتن، به قتل رساندن ۲. کشتن، بی‌حس کردن (عصب دندان)

Abtrag, der; -(e)s, ¨-e ۱. خسارت، اذیت، صدمه ۲. نقصان، کاهش

jemandem **Abtrag tun** به کسی آسیب رساندن، به کسی خسارت وارد کردن

abtragen *Vt., Vr.* ۱. از میان برداشتن، هموار کردن (تپه) ۲. خراب کردن، ویران کردن (ساختمان) ۳. کهنه کردن (لباس) ۴. به تدریج پرداختن، کم‌کم پس دادن (قرض) ۵. کشان کشان بردن

die Speisen abtragen سفره / میز را برچیدن

abträglich *Adj.* ۱. آسیب‌رسان، مضر، خسارت‌آمیز، زیان‌آور ۲. [انتقاد] غیر سازنده، منفی

Abtragung, die; -, -en ۱. هموارسازی (تپه) ۲. تخریب (بنا) ۳. پرداخت به اقساط ۴. حمل با زحمت

Abtransport, der; -(e)s, -e حمل و نقل، ترابری

abtransportieren *Vt.* حمل و نقل کردن

abtreiben *Vt., Vi.* ۱. راندن، پس راندن ۲. خسته و فرسوده کردن (اسب)، از (چارپایان) کار زیاد کشیدن ۳. سقط جنین کردن، کورتاژ کردن، بچه انداختن ۴. از مسیر دور افتادن، رانده شدن

Das Boot treibt ab. قایق از مسیر منحرف می‌شود.

Würmer abtreiben کرم دفع کردن

Abtreibung, die; -, -en (پزشکی، جنایی) سقط جنین، بچه‌اندازی، کورتاژ

eine Abtreibung machen lassen کورتاژ کردن، بچه انداختن

Abtreibungsklinik, die; -, -en درمانگاه مخصوص کورتاژ

abtrennen *Vt., Vr.* ۱. از هم جدا کردن، سوا کردن، بریدن، قطع کردن ۲. شکافتن، چاک دادن ۳. کندن (دکمه)

Abtrennung, die; -, -en جداسازی، قطع، جدایی

abtreten *Vt., Vi.* ۱. کهنه کردن (کفش) ۲. واگذار کردن، در اختیار (کسی) گذاشتن، تحویل دادن (منطقه) ۳. انتقال دادن، واگذاشتن (مالکیت، حق) ۴. از (کار) کناره‌گیری کردن، استعفا کردن ۵. از (صحنهٔ نمایش) بیرون رفتن ۶. کهنه شدن (کفش) ۷. ساییده شدن (پله)

sich die Füße abtreten ته کفش خود را (روی پادری) پاک کردن

Abtreter, der; -s, - ۱. واگذارکننده، انتقال‌دهنده ۲. پادری، کفش پاک کن (جلوی در منزل)

Abtretung, die; -, -en واگذاری، تسلیم؛ انتقال

Abtritt, der; -(e)s, -e ۱. استعفا، کناره‌گیری ۲. خروج از صحنه ۳. (عامیانه) مرگ ۴. مستراح، مبال

abtrocknen *Vt., Vi.* ۱. خشک کردن ۲. خشک شدن

abtröpfeln *Vi.* چکیدن، چکه کردن، قطره‌قطره ریختن

abtropfen *Vi.* چکیدن، چکه کردن، قطره‌قطره ریختن

abtrudeln *Vi.* ۱. در حال چرخش سقوط کردن (هواپیما) ۲. (عامیانه) فلنگ را بستن، جیم شدن

abtrünnig *Adj.* ۱. بی‌وفا، پیمان‌شکن ۲. سرکش، شورشی ۳. (سیاسی، مذهبی) مرتد

abtrünnig werden (سیاسی، مذهبی) خائن و مرتد شدن

Abtrünnige, der/die; -n, -n (سیاسی، مذهبی) شخص مرتد

Abtrünnigkeit, die; -, -en ارتداد، ترک آئین، پیمان‌شکنی، بی‌وفایی

abtun *Vt.* ۱. درآوردن (لباس)، برداشتن (عینک) ۲. کشتن (جانوران) ۳. انجام دادن، تمام کردن، سر و سامان دادن، خاتمه دادن ۴. رد کردن، نپذیرفتن، کنار گذاشتن ۵. ترک کردن (عادت)

ein Tier abtun حیوانی را کشتن

Mißbrauch abtun به سوءاستفاده خاتمه دادن

abtupfen *Vt.* ۱. پاک کردن (زخم) ۲. (با دستمال/کهنه) خشک کردن

sich die nasse Stirn abtupfen عرق پیشانی خود را (با دستمال) خشک کردن

Ich werde die Wunde mit Watte abtupfen. زخم را با پنبه خشک می‌کنم.

aburteilen *Vt.* محکوم کردن، حکم محکومیت (کسی) را صادر کردن

über eine Angelegenheit aburteilen قضیه‌ای را محکوم کردن

abverdienen *Vt.* (قرضی) را با کار جبران کردن

abverlangen *Vt.* از (کسی) خواستن، از (کسی) مطالبه کردن

jemandem etwas **abverlangen** از کسی چیزی را مطالبه کردن

abwägen *Vt.* ۱. وزن کردن ۲. سنجیدن، سبک سنگین کردن؛ تأمل کردن

abwälzen *Vt.* ۱. به پایین غلتاندن ۲. به دوش (دیگری) انداختن (کار، بار)

die Schuld von sich abwälzen خود را از اتهام وارهانیدن، اتهام را از خود دور کردن

die Schuld auf jemanden **abwälzen** تقصیر را به گردن کسی گذاشتن

die Verantwortung auf einen andern abwälzen مسئولیت را به دیگری سپردن

abwandelbar *Adj.* (دستور زبان) قابل تصریف، صرف‌پذیر

abwandeln *Vt.* ۱. تغییر دادن، عوض کردن، دگرگون کردن، تبدیل کردن ۲. (دستور زبان) صرف کردن

abwandern *Vi.* ۱. مهاجرت کردن، کوچ کردن، از جایی به جای دیگر نقل‌مکان کردن ۲. رانده شدن، جابه‌جا شدن ۳. عوض کردن (باشگاه ورزشی، محل کار)

Die Bevölkerung wandert vom Lande in die Städte ab. روستاییان از روستا به شهر مهاجرت می‌کنند.

Abwanderung, die; -, -en ۱. مهاجرت، کوچ، جابه‌جایی ۲. فرارِ مغزها ۳. انتقال سرمایه به خارج

Abwandlung, die; -, -en ۱. تغییر و تبدیل، دگرگونی؛ جرح و تعدیل ۲. (زبان‌شناسی) صرف، تصریف

Abwärme, die; - گرمای تلف شده

abwarten *Vt., Vi.* ۱. انتظار (کسی/چیزی) را کشیدن، منتظر (کسی/چیزی) بودن، برای (کسی/چیزی) صبر کردن ۲. منتظر فرصت شدن

abwärts 24

Warten Sie ab, bis ich zurückkomme.

صبر کنید تا من برگردم.

Abwarten! دست نگه دار! صبر داشته باش!

Das bleibt abzuwarten. گر صبر کنی ز غوره حلوا سازی. صبر کن ببین چه پیش می‌آید.

abwartende Haltung حالت انتظار

abwärts *Adv.* رو به پایین، به طرف پایین، سرازیر

Mit ihm geht's abwärts. وضع او رو به خرابی است.

Es geht abwärts mit ihm lange, er wird nicht mehr leben. او به زودی رفتنی است. وضع سلامت او وخیم است.

Damit geht es abwärts. وضع رو به وخامت است.

abwärtsgehen *Vi.* تنزل کردن، بدتر شدن

Abwärtstrend, der; -s, -s سیر نزولی

Abwasch, der; -, -(e)s ۱. شستشو ۲. ظرف‌شویی ۳. ظرف مصرف شده

alles in einem Abwasch erledigen

(عامیانه) کاری را یکباره تمام کردن

den Abwasch machen ظرف‌ها را شستن

abwaschen *Vt.* ۱. شستن، شستشو کردن؛ آب کشیدن (ظرف) ۲. پاک کردن (لکهٔ ننگ)

Abwaschwasser, das; -s, -wässer آبی که در آن ظرف شسته باشند

Abwasser, das; -s, ⸚ فاضلاب، گنداب، هرزآب

Abwasserkanal, der; -(e)s, ⸚e مجرای فاضلاب، گنداب رو

abwassern *Vi.* از روی آب بلند شدن (هواپیما)

abwechseln *Vt., Vi.* ۱. به نوبت انجام دادن ۲. تغییر دادن، (به‌تناوب) عوض کردن ۳. فرق داشتن، متنوع بودن

sich mit jemandem **abwechseln**

با کسی به نوبت کار کردن

Sie wechselten (sich) bei der Arbeit ab.

آنها کار را به نوبت انجام دادند.

abwechselnd *Adj.* ۱. متغیر، متناوب ۲. به نوبت، یک در میان

Abwechs(e)lung, die; -, -en ۱. تغییر، تبدیل ۲. تناوب، یک در میانی ۳. اختلاف، دگرگونی، گوناگونی، تنوع

Abwechs(e)lung bringen in تنوع دادن به، تنوع ایجاد کردن در، از یکنواختی درآوردن

zur Abwechs(e)lung برای تنوع، از روی تنوع

abwechs(e)lungsarm *Adj.* یکنواخت، خسته کننده، بی‌تنوع، یک‌آهنگ، کسالت‌آور

abwechs(e)lungsreich *Adj.* ۱. متنوع، گوناگون ۲. پرحادثه

abwechs(e)lungsweise *Adv.* بطور متناوب، نوبتی، باتنوع، به نوبت

Abweg, der; -(e)s, -e ۱. بیراهه، کژراهه ۲. انحراف، گمراهی

auf Abwege geraten از راه راست منحرف شدن، کژراهه رفتن، عمل خلاف اخلاق انجام دادن

abwegig *Adj.* ۱. نادرست، اشتباه ۲. ناجور، بی‌معنی، نابجا، نامربوط، بی‌ربط ۳. غیر واقعی، عجیب و غریب

Abwehr, die; - ۱. دفاع، محافظت ۲. دفع حمله، دورسازی ۳. پیشگیری، جلوگیری ۴. مقاومت ۵. طفره

Abwehrdienst, der; -es, -e ادارهٔ ضد جاسوسی

abwehren *Vt., Vi.* ۱. دفع کردن (حمله)، از (کسی/چیزی) دفاع کردن، از (خود) دور کردن؛ طفره رفتن ۲. پس راندن، پس زدن ۳. نپذیرفتن، طرد کردن ۴. مانع شدن، جلوگیری کردن

Abwehrmaßnahme, die; -, -n اقدام دفاعی

Abwehrmechanismus, der; -, -men مکانیزم دفاعی

Abwehrreaktion, die; -, -nen واکنش دفاعی

Abwehrspieler, der; -s, - بازیکن خط دفاعی

Abwehrstoff, der; -(e)s, -e پادتن

abweichen *Vi., Vt.* ۱. منحرف شدن، از مسیر خارج شدن، انحراف پیدا کردن ۲. فرق داشتن، اختلاف داشتن ۳. منحرف شدن (عقربهٔ مغناطیس) ۴. خیساندن و کندن (برچسب)

von der Wahrheit abweichen

(مجازی) از حقیقت دور شدن

das Etikett von der Flasche abweichen

برچسب بطری را خیساندن و کندن

Abweichung, die; -, -en ۱. انحراف ۲. فرق، تفاوت، اختلاف ۳. تباین، انشعاب ۴. (در عقربهٔ مغناطیس) زاویهٔ انحراف

abweisen *Vt.* (حقوق) قبول نکردن، نپذیرفتن، طرد کردن؛ از (چیزی) امتناع کردن؛ از (خود) راندن؛ رد کردن، اجابت نکردن

einen Bettler abweisen گدایی را از خود راندن

einen Angriff abweisen حمله را دفع کردن

abweisend *Adj.* غیر دوستانه، سرد

Abweisung, die; -, -en رد، امتناع، دفع، منع، پس‌زنی، از خود رانی

abwenden *Vt.* از (چیزی) دست کشیدن، از (چیزی) کنار کشیدن، از (چیزی) برگشتن، از (چیزی) روی گردانیدن، از (چیزی) اجتناب کردن

abziehen

den Blick abwenden	نگاه را (به سوی دیگر) برگرداندن
den Kopf abwenden	سر را (به سوی دیگر) برگرداندن
sich von jemandem / einem Vorhaben abwenden	از کسی / فکری دوری جستن
Gefahr abwenden	رفع خطر کردن
sich abwenden	روی برتافتن، رو گرداندن
abwendig *Adj.*	بی‌وفا، بی‌عاطفه؛ نمک به حرام
Abwendung, die; -	روی‌گردانی؛ بازداری؛ اجتناب
abwerben *Vt.*	با پیشنهاد بهتر به همکاری دعوت کردن، تطمیع کردن، قُر زدن
Arbeitskräfte abwerben	نیروی کار را با پیشنهاد بهتر جلب کردن
abwerfen *Vt., Vi.*	۱. دور انداختن ۲. به پایین انداختن، فرو ریختن (بمب) ۳. به زمین زدن (اسب) ۴. انداختن (برگ درخت، شاخ گوزن، پوست مار) ۵. (ورق‌بازی) از ورق بهتری استفاده کردن ۶. سود داشتن، منفعت داشتن

Die Flugzeuge warfen Bomben auf die Stadt ab.
هواپیماها روی شهر بمب انداختند.
Das Pferd warf den Reiter ab.
اسب، سوارکار را زمین زد.
Das Geschäft wirft viel ab.
کسب و کار عایدی خوبی دارد.

abwerten *Vt.*	۱. از ارزش (چیزی) کاستن ۲. از اعتبار انداختن
eine Währung abwerten	از ارزش پول کاستن
Abwertung, die; -, -en	کاهش ارزش، کاهش اعتبار
abwesend *Adj.*	۱. غایب ۲. حواس‌پرت، پریشان فکر، دل مشغول
Abwesende, der / die; -n, -n	غایب
Abwesenheit, die; -, -en	۱. غیبت ۲. حواس‌پرتی، پریشان فکری
durch Abwesenheit glänzen	(بر اثر عدم حضور) جلب توجه کردن
abwickeln *Vt., Vi.*	۱. باز کردن (کلاف نخ، قرقره) ۲. از پیچ باز کردن، واپیچیدن ۳. با (کسی) تسویه حساب کردن ۴. اجرا کردن، انجام دادن، معامله کردن ۵. سر و سامان دادن، به (چیزی) رسیدگی کردن ۶. منحل شدن (شرکت)
eine Veranstaltung abwickeln	برنامه‌ای را پیاده کردن، برنامه‌ای را اجرا کردن
Abwicklung, die; -, -en	۱. معامله، داد و ستد ۲. انجام کارهای تجاری ۳. انحلال (شرکت)
abwiegen *Vt.*	وزن کردن، کشیدن؛ سنجیدن
abwinken *Vt.*	(با اشاره / حرکت دست) رد کردن، نپذیرفتن
abwirtschaften *Vt., Vi.*	۱. ورشکست کردن ۲. (بر اثر مدیریت غلط) ورشکست شدن
abwischen *Vt.*	پاک کردن، تمیز کردن؛ گردگیری کردن
abwöhnen *Vt.*	ترک کردن (عادت)
abwracken *Vt.*	از هم تفکیک کردن (قسمت‌های کشتی شکسته)
Abwurf, der; -(e)s, ̈-e	پرتاب
abwürgen *Vt.*	۱. گلوی (کسی) را فشردن، خفه کردن ۲. اشتباهی خاموش کردن (موتور)
abzahlen *Vt.*	پرداخت کردن (اقساط)
abzählen *Vt.*	۱. شمردن، حساب کردن ۲. یکی یکی شمردن ۳. شمردن و کنار گذاشتن

Das kann man sich an den Fingern abzählen.
این را با انگشت دست هم می‌توان شمرد. فهمش ساده است.
Das kannst du dir doch an fünf Fingern abzählen.
این موضوع ساده و قابل فهم است.

Abzahlung, die; -, -en	پرداخت، تأدیه (قسط)
etwas auf Abzahlung kaufen	چیزی را به اقساط خریدن
auf Abzahlung	پرداخت قسطی، پرداخت به اقساط
Abzählung, die; -, -en	شمارش، محاسبه
Abzahlungsgeschäft, das; -(e)s, -e	معاملهٔ قسطی
Abzahlungskauf, der; -(e)s, ̈-e	خرید قسطی
abzapfen *Vt.*	کشیدن، بیرون کشیدن (خون)
jemandem Blut abzapfen	از کسی خون گرفتن، کسی را حجامت کردن
abzäumen *Vt.*	افسار برداشتن
abzäunen *Vt.*	با حصار جدا کردن، با پرچین جدا کردن
abzehren *Vt.*	لاغر شدن، نحیف شدن، ضعیف شدن
Abzehrung, die; -, -en	۱. لاغری، نزاری ۲. تحلیل قوا
Abzeichen, das; -s, -	علامت، نشان؛ علامت‌گذاری، نشانه‌گذاری
abzeichnen *Vt., Vr.*	۱. نقش کردن، طرح کردن، نقاشی کردن ۲. کپی کردن ۳. متلاطم شدن ۴. برجسته بودن
sich abzeichnen	واضح شدن، آشکار شدن
Abzeichnung, die; -, -en	نقش، تصویر، طرح
Abziehbild, das; -es, -er	عکس برگردان، تصویر انتقال‌پذیر
abziehen *Vi., Vt.*	۱. عقب نشستن، عقب‌نشینی کردن ۲. برداشتن (کلاه) ۳. پرت کردن (حواس) ۴. کم کردن، تفریق کردن، کاستن (مبلغ، حاصل جمع) ۵. عوض کردن (ملافه) ۶. در بطری ریختن (مشروب) ۷. مقاومت کردن

abzielen 26

(با وجود مشکلات) به کار خود ادامه دادن ۸. تکثیر کردن ۹. چاپ کردن (عکس) ۱۰. انتقال دادن (تصویر) ۱۱. به چرم کشیدن و تیز کردن (تیغ ریش‌تراشی) ۱۲. رنده کردن ۱۳. بیرون آوردن (کلید) ۱۴. رسوب (شراب) را گرفتن، آشغال (شراب) را گرفتن ۱۵. پوست کندن (حیوانات) ۱۶. (نظامی) پس زدن ۱۷. کشیدن (ماشهٔ اسلحه)

einem Tier das Fell abziehen پوست حیوانی را کندن

seine Hand von jemandem **abziehen** دست از مزاحمتِ کسی برداشتن

abzielen *Vi.* ۱. عازم شدن ۲. قصد داشتن

abzielen auf عزیمت کردن به

Worauf zielen Sie ab? مقصود شما چیست؟

abzirkeln *Vt.* ۱. با پرگار اندازهٔ دقیق (چیزی) را گرفتن ۲. با دقت محدود کردن، مختصر کردن

Abzug, der; -(e)s, ⸚e ۱. خروج، عزیمت ۲. مجرای خروج (آب) ۳. تراوش (دود) ۴. ماشه (اسلحه) ۵. کسر، تفریق ۶. تخفیف، تقلیل، کاهش ۷. چاپ (عکس) ۸. نمونهٔ چاپی ۹. نسخهٔ تکثیر شده

nach Abzug der Kosten بعد از کسر مخارج، خرج در رفته

in Abzug bringen کسر کردن، کم کردن

abzüglich *Präp.* کمتر، کوچکتر

Abzugsbogen, der; -s, - نمونهٔ چاپی

Abzugsbügel, der; -s, - ماشهٔ اسلحه

abzugsfähig *Adj.* کسرپذیر

Abzugsgraben, der; -s, ⸚ آبگذر، خندق

Abzugshaube, die; -, -n لولهٔ دودکش

Abzugsrohr, das; -(e)s, -e لولهٔ فاضلاب

abzupfen *Vt.* کندن، چیدن

abzwacken *Vt.* از چنگِ (کسی) درآوردن

Abzweigdose, die; -, -n جعبهٔ انشعاب

abzweigen *Vt., Vi.* ۱. پنهانی کنار گذاشتن ۲. منشعب کردن، به (چیزی) انشعاب دادن ۳. منشعب شدن

Abzweigstelle, die; -, -n محلِ انشعاب

Abzweigung, die; -, -en ۱. انشعاب ۲. شاخه، شعبه ۳. دوراهی

abzwicken *Vt.* کندن؛ کوتاه کردن

etwas **mit der Zange abzwicken** چیزی را با گازانبر کندن

a cappella *Adv.* همسرایی بی‌ساز، آواز بدون همراهی ساز

A-cappella-Chor, der; -(e)s, ⸚e همسرایان بی‌ساز، گروه آواز بدون همراهی ساز

ach *Interj.* آه، آخ، افسوس، حیف، دریغ، وای

Ach so! عجب! که اینطور! آهان!

Ach was! برو بابا! حرفشو نزن!

Ach nein! نه بابا!

Ach du Armer! بیچاره! طفلکی!

Ach, das; -s, -(s) آخ (فریاد درد)

mit Ach und Krach با هزار زحمت، به سختی، با زور و زاری

mit Weh und Ach با آه و واه

Achat, der; -(e)s, -e عقیق (نوعی سنگ قیمتی)

Achse, die; -, -n محور (چرخ)

per Achse توسط وسیلهٔ نقلیهٔ زمینی

auf der Achse در حرکت

viel auf der Achse sein زیاد سفر کردن

Achsel, die; -, -n شانه، دوش، بغل

über die Achsel ansehen به کسی بی‌اعتنایی کردن

auf die leichte Achsel ansehen به چیزی اهمیت ندادن

mit den Achseln zucken شانه‌های خود را بالا انداختن، شانه بالا انداختن

Er zuckte mit den Achseln. شانه‌هایش را بالا انداخت.

Achselhöhle, die; -, -n زیر بغل

Achselklappe, die; -, -n سر دوشی، پاگون

Achselnagel, der; -s, ⸚ میخ محور (چرخ)

Achselzucken, das; -s (به نشانهٔ شک و بی‌اطلاعی) شانه بالا انداختن

acht *Zahlw.* هشت

heute in acht Tagen هشت روز دیگر

vor acht Tagen هشت روز پیش

all acht Tage هر هشت روز یک‌بار

Acht [1], die; -, -en ۱. شمارهٔ هشت، عدد هشت ۲. توجه، دقت؛ ملاحظه؛ احتیاط؛ مواظبت

in Acht nehmen احتیاط کردن

sich in Acht nehmen مواظبِ خود بودن

außer Acht lassen توجه نکردن، نادیده گرفتن

Nimm dich in Acht! مواظب باش!

Acht [2], die; -, - حکم تحریم؛ تبعید، نفی‌بلد

Achtbar *Adj.* قابل احترام، محترم

Achtbarkeit, die; - احترام، حرمت

acht- *Adj.* هشتم، هشتمی، هشتمین

der achte Tag روز هشتم

Achteck, das; -(e)s, -e هشت گوشه، هشت ضلعی

achteckig *Adj.* هشت ضلعی، هشت گوشه‌ای

Achtel, das; -s, - یک هشتم

Achtelnote, die; -, -n (موسیقی) نُت چنگ

Achtelpause, die; -, -n (موسیقی) سکوت چنگ

Achteltakt, der; -(e)s, -e (موسیقی) ضرب یک‌هشتم

achten *Vt., Vi.*	۱. به (کسی/چیزی) احترام گذاشتن، به (کسی/چیزی) حرمت گذاشتن ۲. به (کسی/چیزی) توجه کردن، به (کسی/چیزی) توجه داشتن ۳. مواظبت کردن، مراقبت کردن
das Gesetz achten	قانون را رعایت کردن
Achte auf meine Worte!	مواظب حرف‌های من باش!
ächten *Vt.*	۱. ممنوع کردن؛ تحریم کردن؛ غیر قانونی اعلام کردن ۲. از (حقوق اجتماعی و سیاسی) محروم کردن ۳. تحقیر کردن، پست شمردن
achtens *Adv.*	هشتم، هشتمین
achter *Adv.*	در پشت، در عقب
Achter, der; -s, -	قایق هشت پارویی
Achterbahn, die; -, -en	(در شهربازی) ترن هوایی
Achterdeck, das; -(e)s, -e/-s	عقب کشتی
achterlei *Adj.*	هشت نوع، هشت جور
Achtersteven, der; -s, -	تیر عمودی عقب کشتی
achtfach *Adj.*	هشت برابر
achtgeben *Vi.*	مواظب بودن، مراقب بودن، توجه کردن؛ برحذر بودن
Gib acht!	مواظب باش! بپا! برحذر باش!
achtgeben auf	مواظب بودن
auf jemanden achtgeben	مراقب کسی بودن، مواظب کسی بودن
achthundert *Zahlw.*	هشتصد
achtjährig *Adj.*	هشت ساله
achtlos *Adj.*	بی‌احتیاط؛ بی‌دقت، بی‌توجه؛ غافل
Achtlosigkeit, die; -	بی‌احتیاطی؛ بی‌دقتی؛ بی‌توجهی؛ غفلت
achtmal *Adv.*	هشت دفعه، هشت مرتبه
Achtminutentakt, der; -(e)s, -e	(در تلفن) محدودیت هشت دقیقه‌ای
achtsam *Adj.*	بااحتیاط؛ بادقت، هشیار
Achtsamkeit, die; -	احتیاط‌کاری؛ دقت، هشیاری
achtsäulig *Adj.*	[ساختمان] هشت ستونی
achtsilbig *Adj.*	[شعر] هشت هجایی
achtspaltig *Adj.*	[مقاله] هشت ستونی
Achtstundentag, der; -(e)s, -e	روزی هشت ساعت (کار)
achtstündig *Adj.*	هشت ساعته
achttägig *Adj.*	هشت روزه
achtteilig *Adj.*	هشت جزئی
Achtung, die; -	۱. توجه؛ دقت؛ رعایت؛ هشدار، اخطار ۲. احترام؛ التفات؛ حرمت
Achtung!	(نظامی) مواظب باش! خبردار!
Achtung Stufe!	توجه پلکان!
Achtung Lebensgefahr!	توجه خطر مرگ!
aus Achtung vor jemandem	از سر احترام به کسی
Achtung vor dem Gesetz	رعایت قانون
sich Achtung verschaffen	احترام دیگران را جلب کردن
achtungsvoll *Adj., Adv.*	قابل احترام، بااحترام، محترمانه
Ächtung, die; -, -en	سلب حقوق، محرومیت از حقوق؛ تبعید
achtzehn *Zahlw.*	هیجده
achtzehnt- *Adj.*	هیجدهم، هیجدهمین
Achtzehntel, das; -s, -	یک هیجدهم
achtzig *Zahlw.*	هشتاد
achtziger *Adj.*	هشتادم
in der achtziger Jahren	در سال‌های هشتادم
Achtziger, der; -s, -	(پیرمرد) هشتاد ساله
achtzigjährig *Adj.*	هشتاد ساله
achtzigst- *Adj.*	هشتادم
Achtzylinder, der; -s, -	موتور هشت سیلندر
ächzen *Vi.*	ناله کردن، نالیدن، شکایت کردن
Ächzer, der; -s, -	ناله، شکایت
Acker, der; -s, ∺	۱. کشتزار، مزرعه ۲. جریب
Ackerbau, der; -(e)s, -	زراعت، کشاورزی
Ackerbauer, der; -s, -n	زارع، کشاورز
Ackerboden, der; -s, -	زمین قابل کشت، خاک زراعتی
Ackergaul, der; -(e)s, -gäule	اسب بارکش، اسب کشاورزی، یابو
Ackergerät, das; -(e)s, -e	ابزار کشاورزی
Ackerland, das; -(e)s, -	زمین قابل کشت، زمین کشاورزی
ackern *Vt., Vi.*	۱. شخم زدن، روی (زمین) زراعت کردن، روی (زمین) کشاورزی کردن ۲. جان کندن، زحمت کشیدن
A.D. = *Anno Domini*	بعد از میلاد مسیح
Adagio, das; -s, -s	(موسیقی) آداجیو، حرکت آهسته
Adam, der	آدم
Adam und Eva	آدم و حوا
Adamsapfel, der; -s, ∺	سیب آدم، برآمدگی حلقوم، غدۀ درقی
Adamskostüm, das; -s, -e	لخت مادرزاد
adäquat *Adj.*	مناسب
addieren *Vt.*	جمع کردن، به هم اضافه کردن، به هم افزودن، جمع بستن، جمع زدن

Addiermaschine, die; -, -n ماشین جمع‌زنی، ماشین حساب
Addition, die; -, -en (ریاضی) جمع، افزایش، اضافه
ade *Interj.* خداحافظ، خدانگهدار، الوداع
jemandem **ade sagen** با کسی خداحافظی کردن
Adel, der; -s ۱. نجابت، اشرافیت، اصالت خانوادگی ۲. اعیان، اشراف
ad(e)lig *Adj.* نجیب، شریف، اصیل
Ad(e)lige, der/die; -, -n نجیب‌زاده
Ad(e)lige(r), der; -n, -n نجیب‌زاده
die Ad(e)ligen نجبا، نجیب‌زادگان
adeln *Vt.* به مقام اشرافیت ارتقا دادن، در زمرهٔ اشراف در آوردن
Adelsbrief, der; -(e)s, -e حکم اشرافیت
Adelskrone, die; -, -n نیم تاج
Adelsprädikat, das; -(e)s, -e درجهٔ اشرافیت، عنوان اشرافیت
Adelsstand, der; -(e)s, ⸚e نجابت، اشرافیت، اصالت خانوادگی
jemanden **in den Adelsstand erheben** کسی را در جرگهٔ اشراف وارد کردن
Adelsstolz, der; -(e)s تکبر اشرافی
Ader, die; -n, -n ۱. رگ، شریان ۲. رگه
jemanden **zur Ader lassen** از کسی پول تلکه کردن، از کسی خون گرفتن
eine leichte Ader haben بی‌خیال بودن، بی‌رگ بودن
Äderchen, das; -s, - مویرگ، رگ کوچک
Aderlaß, der; -lasses, -lässe حجامت، رگ‌زنی، فَصد
ädern *Vt.* رگه رگه کردن، رگه‌دار کردن
Äderung, die; -, -en رگه
Adhäsion, die; -, -en چسبندگی
adieu *Interj.* خداحافظ، الوداع، بدرود
Adieu, das; -s, -s خداحافظی، تودیع، وداع
Adjektiv, das; -s, -e (دستور زبان) صفت
adjektivisch *Adj.* صفتی
adjustieren *Vt.* تنظیم کردن، تعدیل کردن
Adjutant, der; -en, -en آجودان؛ یار، کمک، یاور
Adler, der; -s, - عقاب
Adlerauge, das; -s, -n تیزبین، تیزنظر
Adleraugen haben تیزبین بودن
Adlerhorst, der; -(e)s, -e آشیانهٔ عقاب
Adlerjunge, der; -n, -n جوجه عقاب
Adlernase, die; -, -n بینی عقابی، بینی نوک برگشته
Adlernest, das; -es, -er آشیانهٔ عقاب

adlig *Adj.* اشرافی، جزو طبقهٔ اشراف
Ad(e)lige, der/die; -n, -n نجیب‌زاده
Administration, die; -, -en اداره، حکومت، دستگاه اداری
administrativ *Adj.* اداری، اجرایی
Admiral, der; -s, -e دریا سالار
Admiralität, die; -, -en ادارهٔ نیروی دریایی
Admiralstab, der; -(e)s, ⸚e ستاد نیروی دریایی
Adonis, der; -, -/-se مرد جوان و زیبا
adoptieren *Vt.* به فرزندی قبول کردن
Adoption, die; -, -en فرزندخواندگی
Adoptiveltern, die/*Pl.* پدر و مادرخوانده
Adoptivkind, das; -(e)s, -er فرزندخوانده
Adoptivmutter, die; -, ⸚ مادرخوانده
Adoptivvater, der; -s, ⸚ پدرخوانده
Adressant, der; -en, -en فرستنده (نامه)
Adressat, der; -en, -en گیرنده (نامه)
Adreßbuch, das; -(e)s, ⸚er نشانی نامه
Adresse, die; -, -n نشانی، آدرس؛ عنوان
falsche Adresse نشانی غلط
an die falsche Adresse geraten به آدرس عوضی مراجعه کردن
Adressenkartei, die; -, -en صورت نشانی‌ها
Adreß-Etikett, das; -(e), -e برچسب نشانی
adressieren *Vt.* ۱. نشانی (چیزی) را نوشتن ۲. به عنوان (کسی) فرستادن (نامه)
falsch adressieren نشانی غلط دادن
Adressiermaschine, die; -, -n ماشین آدرس‌زنی
adrett *Adj.* مرتب، تمیز، با ظاهری آراسته
adsorbieren *Vt.* جذب سطحی کردن (گاز)
A-Dur, das; - (موسیقی) لا بزرگ
A-Dur-Tonleiter, die; -, -n (موسیقی) گام لا بزرگ
Advent, der; -(e)s, -e ۱. ظهور ۲. هر یک از چهار یکشنبه پیش از میلاد مسیح
Adventist, der; -en, -en فرقه‌ای از مسیحیان
Adventssonntag, der; -s, -e هریک از چهار یکشنبه پیش از میلاد مسیح
Adverb, das; -s, -bien (دستور زبان) قید
adverbial *Adj.* قیدی
Adverbialsatz, der; -es, ⸚e جملهٔ قیدی
Advokat, der; -en, -en وکیل مدافع
Aerobic, das; -s ورزش اروبیک
Aerodynamik, die; - (فیزیک) آیرودینامیک (علم حرکت اجسام در گاز و هوا)

Aerogramm, das; -(e)s, -e کاغذ (مخصوص) پست هوایی
Aerostatik, die; - علم توازن گاز
Affäre, die; -, -n ۱. اتفاق (ناخوشایند) ۲. رسوایی، ماجرای عشقی
sich aus der Affäre ziehen گلیم خود را از آب در آوردن
Äffchen, das; -s, - میمون کوچک
Affe, der; -n, -n میمون، بوزینه، عنتر
Affekt, der; -(e)s, - ۱. شور، آشفتگی، هیجان ۲. هوا و هوس
Affekthandlung, die; -, -en عمل پرهیجان
affektieren *Vr.* وانمود کردن، غیر طبیعی رفتار کردن
affektiert *Adj.* مصنوعی، غیر طبیعی، تصنعی
affen *Vr.* وانمود کردن، غیر طبیعی رفتار کردن
äffen *Vt.* از (کسی) تقلید کردن، ادای (کسی) را درآوردن
affenartig *Adj.* میمون‌وار، مانند میمون
mit affenartiger Geschwindigkeit با سرعت برق‌آسا
Affenliebe, die; - عشق مفرط
Affenschande, die; -, -n رسوایی آشکار
Affentheater, das; -s, - کار پرجنجال و مسخره
Affenweibchen, das; -s, - میمون ماده
affig *Adj.* چرند، احمقانه
Äffin, die; -, -nen میمون ماده
Affinität, die; -, -en (شیمی) میل ترکیبی، جاذبه شیمیایی، کشش
Affirmation, die; -, -en اثبات، تصدیق
affirmativ *Adj.* مثبت، تصدیق‌آمیز
äffisch *Adj.* میمون‌وار، مانند میمون
Affix, das; -es, -e ۱. افزایش، ضمیمه ۲. (زبان‌شناسی) پیشوند
Affront, der; -(e)s, -s اهانت، توهین
Afghane, der; -n, -n افغانی
afghanisch *Adj.* افغانی
Afghanistan, das افغانستان
Afrika, das آفریقا
Afrikaner, der; -s, - آفریقایی
Afrikanerin, die; -, -nen آفریقایی (زن)
afrikanisch *Adj.* آفریقایی
After, der; -s, - سوراخ مقعد
Afterkritik, die; -, -en انتقاد افترا آمیز
Aftermieter, der; -s, - مستاجر دست دوم
Aftermieterin, die; -, -nen مستاجر دست دوم (زن)
Afterrede, die; -, -n تهمت، افترا
afterreden *Vi.* تهمت زدن

AG = *Aktiengesellschaft*, die; -, -en شرکت سهامی
ägäisch *Adj.* (مربوط به) دریای اژه
das Ägäische Meer دریای اژه
Agent, der; -en, -en ۱. عامل، نماینده، کارگزار ۲. جاسوس ۳. مدیر برنامه (هنری)
Agentenring, der; -(e)s, -e حلقهٔ جاسوسی
Agentin, die; -, -nen ۱. عامل، نماینده، کارگزار ۲. جاسوس (زن)
Agentur, die; -, -en نمایندگی، کارگزاری، آژانس
Aggregat, das; -(e)s, -e ۱. تراکم، انبوه، مجموع ۲. تودهٔ جامد (از مخلوط چند ماده مختلف فیزیکی) ۳. مجموعه (چندین دستگاه مختلف)
Aggregatzustand, der; -es, ⸚e حالت‌های مختلف ماده (مثل جامد، مایع، گاز)
Aggression, die; -, -en تجاوز، تهاجم، تخطی
Aggressionskrieg, der, -(e)s, -e جنگِ تهاجمی
aggressiv *Adj.* متجاوز، مهاجم، پرخاشگر، تجاوزطلب
Aggressivbündnis, das; -nisses, -nisse اتحاد تهاجمی
Aggressivität, die; -, -en ۱. تهاجم، تجاوز، تخطی ۲. رفتار ستیزه‌جویانه
Aggressor, der; -s, -en تجاوزکار، مهاجم، متجاوز
Ägide, die; - حمایت
unter der Ägide von تحت حمایتِ
agieren *Vi.* به کار انداختن، کارکردن، فعالیت داشتن
agil *Adj.* چابک، زرنگ، فرز
Agilität, die; - چابک، زرنگ، فرز
Agiotage, die; -, -n صرافی، دلالی؛ سفته‌بازی
Agitation, die; -, -en (سیاسی) آشوبگری، تحریک، آشفتگی
Agitator, der; -s, -en آشوبگر، محرک، تحریک‌کننده
agitatorisch *Adj.* محرکانه، آشوبگرانه
agitieren *Vi.* آشوب کردن، تحریک کردن؛ فعالیت سیاسی کردن، تبلیغات سیاسی انجام دادن
Agraffe, die; -, -n سگک، قلاب، گیره
Agrarier, der; -s, - زمین‌دار، کشاورز، زارع
agrarisch *Adj.* زراعتی، کشاورزی
Agrarminister, der; -s, - وزیر کشاورزی
Agrarpolitik, die; -, -en سیاست کشاورزی
Agrarreform, die; -, -en اصلاحات اراضی
Agrarstaat der; -(e)s مملکت کشاورزی
Agrarwesen, das; -s, - امور کشاورزی
Agrarwissenschaft, die; -, -en علم کشاورزی
Agreement, das; -s, -s توافق، سازش

Agrikultur, die; -, -en کشاورزی
Agronomie, die; - رشتهٔ کشاورزی
Ägypten, das مصر
Ägypter, der; -s, - مصری
Ägypterin, die; -, -nen مصری (زن)
ägyptisch *Adj.* مصری
Ägyptologe, der; -n, -n مصرشناس
Ägyptologie, die; - مصرشناسی
ah *Interj.* آه، افسوس، آخ
aha *Interj.* آها، آها فهمیدم
Ahle, die; -, -n درفش، سوراخ‌کن
Ahn, der; -(e)s / -en, -en جد، نیا
ahnden *Vt.* ۱. تلافی کردن، انتقام (چیزی) را گرفتن ۲. مجازات کردن، تنبیه کردن، کیفر دادن
Ahndung, die; -, -en ۱. تلافی، انتقام ۲. مجازات، تنبیه، کیفر
Ahne, die; -, -n جده
Ahne, der; -n, -n جد، نیا
ähneln *Vi.* شباهت داشتن، شبیه بودن
Er ähnelt seinem Vater. او شبیه پدرش است.
ahnen *Vt., Vi.* ۱. حدس زدن، بو بردن ۲. حس کردن؛ خیال کردن
Ich habe es doch geahnt, daß... حدس زده‌ام که ...
Mir ahnt, daß... قلبم گواهی می‌دهد که ...
Ahnentafel, die; -, -n شجره‌نامه
ähnlich *Adj.* شبیه، همانند، نظیر، مشابه، مانند
Ähnlichkeit, die; -, -en شباهت، همانندی، تشابه
Ähnlichkeit haben mit شباهت داشتن به
Ahnung, die; -, -en ۱. اطلاع، خبر ۲. حدس؛ حس، خیال
keine Ahnung haben کاملاً بی‌خبر بودن
Ich habe keine Ahnung. روحم خبر ندارد.
ahnungslos *Adj.* بی‌خبر، بی‌اطلاع
Ahnungslosigkeit, die; - بی‌خبری، بی‌اطلاعی
Ahorn, der; -s, -e افرا، چوب افرا، درخت افرا
Ähre, die; -, -n خوشه، سنبله
Ährenlese, die; -, -n خوشه‌چینی
Ährenleser, der; -s, - خوشه‌چین
AIDS ایدز (بیماری کمبود ایمنی اکتسابی)
Airbus, der; -ses, -se ایرباس (نوعی هواپیمای مسافربری)
Air-Conditioning, das; -s, -s تهویه
Ais, das; -, - (موسیقی) لا دیز
Ajatollah, der; -(s), -s آیت‌الله
Akademie, die; -, -n آکادمی، فرهنگستان، دانشکده
die iranische Akademie فرهنگستان ایران
Akademie der schönen Künste دانشکدهٔ هنرهای زیبا
Akademiker, der; -s, - دانشگاه‌دیده، فرهیخته
akademisch *Adj.* فرهنگستانی، دانشگاهی
Akazie, die; -, -n اقاقیا
Akazienbaum, der; -(e)s, -bäume درخت اقاقیا
Akklamation, die; -, -en تحسین، تشویق
akklamieren *Vt.* تحسین کردن، تشویق کردن
Akklimatisation, die; -, -en سازش، خوگیری
akklimatisieren *Vr.* با اوضاع تازهٔ جوّی خو گرفتن
Akklimatisierung, die; -, -en سازش با اوضاع تازهٔ جوی
Akkord, der; -(e)s, -e ۱. (موسیقی) آکورد، هماهنگی؛ توافق، سازگاری ۲. مصالحه، مقاطعه
Akkordarbeit, die; -, -en مقاطعه‌کاری
Akkordarbeiter, der; -s, - مقاطعه‌کار
Akkordarbeiterin, die; -, -nen مقاطعه‌کار (زن)
Akkordeon, das; -s, -s آکوردئون
akkordieren *Vr.* ۱. مقاطعه‌کاری کردن ۲. هماهنگی داشتن، توافق داشتن
Akkordlohn, der; -(e)s, ⸚e اجرت مقاطعه‌کاری
akkreditieren *Vt.* ۱. به (کسی) اعتبار دادن، به (کسی) اختیار دادن، معتبر ساختن ۲. تأئید کردن، تصدیق کردن، توصیه کردن
Akkreditiv, das; -s, -e اعتبارنامه
Akkumulation, die; -, -en جمع‌آوری، ذخیره، انباشتگی
Akkumulator, der; -s, -en (برق) انباره
akkumulieren *Vt.* جمع‌آوری کردن، ذخیره کردن، انباشتن
akkurat *Adj.* درست، دقیق، صحیح
Akkuratesse, die; - دقت، درستی، صحت
Akkusativ, der; -s, -e (دستور زبان) حالت مفعولِ بی‌واسطه
Akkusativobjekt, das; -s, -e (دستور زبان) مفعول صریح
Akne, die; -, -n جوش جوانی
Akontozahlung, die; -, -en پیش‌قسط، پیش‌پرداخت
Akquisiteur, der; -s, -e دلال مشتری
Akribie, die; - دقت زیاد، وسواس، باریک‌بینی
akribisch *Adj.* خیلی دقیق، وسواسی، باریک‌بین
Akrobat, der; -en, -en بندباز
Akrobatik, die; - بندبازی

31 Alaunerde

Akrobatin, die; -, -nen بندباز (زن)
akrobatisch *Adj.* بندبازی
Akt, der; -(e)s, -e/-en ۱. عمل، اقدام ۲. (در صحنهٔ نمایش) پرده ۳. سند ۴. (نقاشی) مرد برهنه، زن برهنه
zweite Szene des ersten Aktes صحنهٔ دوم از پردهٔ اول (نمایش)
Akte, die; -, -n سند، پرونده
Aktendeckel, der; -s, - پوشه
Aktenklammer, die; -, -n گیرهٔ کاغذ
Aktenmappe, die; -, -n پوشهٔ اسناد، پرونده
Aktenmensch, der; -es, -er آدم مقرراتی، آدم اداری
Aktennotiz, die; -, -en یادداشت، تذکاریه
Aktenordner, der; -s, - پرونده
Aktentasche, die; -, -n کیف اسناد
Aktenzeichen, das; -s شمارهٔ پرونده
Akteur, der; -s, -e هنرپیشه، بازیگر، نقش‌آفرین
Aktie, die; -, -n سهم، سهام
Aktienbesitzer, der; -s, - سهام‌دار
Aktiengesellschaft, die; -, -en شرکت سهامیِ تضامنی، شرکت سهامی با مسئولیت نامحدود
Aktieninhaber, der; -s, - صاحب سهام، سهام‌دار
Aktieninhaberin, die; -, -nen صاحب سهام، سهام‌دار (زن)
Aktienkapital, das; -(e)s, -e سرمایهٔ اصلی، موجودی
Aktienunternehmen, das; -s, - شرکت سهامی
Aktion, die; -, -en عمل، رفتار، اقدام، کنش
militärische Aktionen عملیات نظامی
Aktionär, der; -s, -e سهام‌دار
Aktionärin, die; -, -nen سهام‌دار (زن)
Aktionärsversammlung, die; -, -en مجمع عمومی سهام‌داران
Aktionsfeld, das; -(e), -er میدان فعالیت
Aktionsradius, der; -, -dien تیررس، برد
Aktiv, das; -s, -e/-s (دستور زبان) فعل معلوم، معلوم
aktiv *Adj.* کاری، ساعی، جدی، فعال
Aktiva, die / *Pl.* سرمایه، موجودی (صندوق)
aktivieren *Vt.* به کار انداختن، فعال کردن
Aktivierung, die; -, -en تحریک، فعالیت
Aktivismus, der; - تحریک
Aktivist, der; -en, -en (شخص) با تحرک
Aktivität, die; -, -en فعالیت، جدیت، پرکاری؛ کارآمدی

Aktmalerei, die; -, -en نقاشی از بدن برهنه
aktualisieren *Vt.* باب روز کردن، روزپسند کردن
Aktualität, die; -, -en مطلب باب روز، امر تازه
Aktuar, der; -s, -e آمارگیر، محاسب
aktuell *Adj.* مناسب زمان، باب روز
Aktzeichnung, die; -, -en نقاشی بدن برهنه
akupunktieren *Vt.* با سوزن سوراخ کردن، در (چیزی) سوزن فرو کردن، از طریق طب سوزنی مداوا کردن
Akupunktur, die; -, -en طب سوزنی
Akustik, die; - آکوستیک، صوت‌شناسی، آواشناسی
akustisch *Adj.* (مربوط به) آواشناسی
akut *Adj.* [بیماری] حاد، تند
Akzelerator, der; -s, -en دستگاه شتاب‌دهنده (ضربان قلب)
Akzent, der; -(e)s, -e آکسان، تکیهٔ صدا، لهجه؛ آهنگ؛ لحن
Akzentstelle, die; -, -n جای تکیه، تکیه‌گاه صدا
akzentuieren *Vt.* با تکیه تلفظ کردن؛ بر (چیزی) تأکید کردن
Akzentuierung, die; -, -en تکیهٔ صدا، تأکید
Akzept, das; -(e)s, -e پذیرش، قبولی
akzeptabel *Adj.* قابل قبول، پذیرفتنی
Akzeptant, der; -en, -en پذیرنده، قبول‌کننده
Akzeptation, die; -, -en قبول، پذیرش
akzeptieren *Vt.* پذیرفتن، قبول کردن
Akzeptierung, die; -en پذیرش، قبول
Akzeptor, der; -s, -en دریافت‌کننده
Akzeß, der; -zesses, -zesse ورود، اجازهٔ دخول
Akzise, die; -, -n مالیات، عوارض
Alabaster, der; -s, - مرمر سفید
Alarm, der; -s, -e اخطار، اعلام خطر، آژیر
Alarmanlage, die; -, -n دستگاه آژیر
Alarmbereitschaft, die; - حالت آماده باش
Alarmglocke, die; -, -n زنگ خطر
alarmieren *Vt.* اعلام کردن (خطر)، به (کسی) هشدار دادن؛ باخبر کردن
alarmierend *Adj.* [خطر] تهدیدکننده
Alarmzone, die; -, -n منطقهٔ خطر
Alarmzustand, der; -es, - حالت خطر
Alaska, das آلاسکا
Alaun, der; -s, -e (شیمی) زاج سفید
Alaunerde, die; -, -n خاک زاجی، خاک دارای زاج سفید

Alaunstein 32

Alaunstein, der; -(e)s, -e سنگ زاج
Albaner, der; -s, - آلبانیایی
Albanerin, die; -, -nen آلبانیایی (زن)
Albanien, das آلبانی
albanisch *Adj.* آلبانیایی
Alberei, die; -, -en ۱. ابلهی، حماقت ۲. بچگی، بی‌مزگی، لوس‌بازی
albern *Adj.* ۱. ابله، احمق ۲. بی‌مزه، لوس
alberner Scherz شوخی بی‌مزه
Sei nicht albern! خودت را لوس نکن!
Albernheit, die; -, -en ۱. ابلهی، حماقت ۲. بی‌مزگی، لوس‌بازی؛ بچگی
Albinismus, der; - زال‌گرایی، زال‌تنی
Albino, der; -s, -s زال (کسی که از آغاز تولد پوست و موی سفید دارد)
Album, das; -s, -ben آلبوم
das Photoalbum آلبوم عکس
Alchimie, die; -, - کیمیا، کیمیاگری، کیمیاشناسی
Alchimist, der; -en, -en کیمیاگر، کیمیاشناس
alchimistisch *Adj.* کیمیایی
Alge, die; -, -n جلبک، آلگ، خزهٔ دریایی
Algebren, die; - (ریاضی) جبر
Algebraist, der; -en (ریاضی) جبردان
algebraisch *Adj.* (ریاضی) جبری
Algerien, das (کشور) الجزایر
Algerier, der; -s, - الجزایری، الجزیره‌ای
Algerierin, die; -, -nen الجزایری، الجزیره‌ای (زن)
algerisch *Adj.* الجزایری
Algier, das (شهر) الجزایر
Alibi, das; -s, -s ۱. بهانه، عذر موجه ۲. اثبات عدم حضور در محل ارتکاب جرم
Alibibeweis, der; -es, -e اثبات عدم حضور در محل ارتکاب جرم
Aliment, das; -(e)s, -e قوت، غذا، رزق
Alimente, die / *Pl.* خرجی، نفقه
Alimentenklage, die; -, -n ادعای نفقه
alimentieren *Vt.* خرجی دادن، نفقه دادن
Alkali, das; -s, -en (شیمی) قلیا
alkalisch *Adj.* (شیمی) قلیایی
Alkohol, der; -s, -e الکل
alkoholarm *Adj.* کم الکل
alkoholfrei *Adj.* بدون الکل، غیر الکلی
Alkoholika, die / *Pl.* نوشابه‌های الکلی، مسکرات
Alkoholiker, der; -s, - الکلی، میخواره
Alkoholikerin, die; -, -nen الکلی، میخواره (زن)
alkoholisch *Adj.* الکلی، الکل‌دار
alkoholisieren *Vt.* الکلی کردن، با الکل آمیختن
Alkoholismus, der; - مشروب‌خوری، الکل‌خوری
Alkoholmesser, der; -s, - الکل‌سنج
Alkoholsteuer, die; -, -n مالیات نوشابه‌های الکلی
Alkoholsucht, die; -, ¨-e میخوارگی، میخواری
alkoholsüchtig *Adj.* میخواره، میخوار
Alkoholverbot, das; -(e)s, -e تحریم الکل، منع مسکرات
Alkoholvergiftung, die; -, -n مسمومیت الکلی
all *Adj.* همه، تمام، کلیه، همگی
vor allem قبل از هر چیز
in aller Eile با شتاب هرچه بیشتر
in aller Öffentlichkeit در ملاءعام
in aller Ruhe با آرامش خاطر
Aller Anfang ist schwer. شروع هر کاری مشکل است.
All, das; -s کیهان، عالم، گیتی، جهان هستی، کائنات
allabendlich *Adj.* همه شب، هر شب
allbekannt *Adj.* سرشناس، مشهور
alle *Adj., Adv.* تمام، همه
alle beide هر دو
alle zwei Tage هر دو روز یک بار
auf alle Fälle در هر صورت
Allee, die; -, -n خیابانِ مشجّر
Allegorie, die; -, -n مثل، تمثیل؛ استعاره، کنایه
Allegoriker, der; -s, - مثل‌نویس، تمثیل‌نویس؛ استعاره‌پرداز، کنایه‌پرداز
allegorisch *Adj.* تمثیلی، استعاره‌ای، کنایه‌ای
allegorisieren *Vt.* به مثل درآوردن، بر (چیزی) تمثیل نوشتن؛ کنایه‌دار کردن؛ با استعاره گفتن
Allegretto, das; -s, -s / -tti (موسیقی) آلگرتو، حرکت نیمه تند
Allegro, das; -s, -s (موسیقی) آلگرو، حرکت تند
allein *Adj., Adv., Konj.* ۱. تنها، تک، منفرد ۲. به تنهایی ۳. فقط، اما، ولی
ganz allein کاملاً تنها، تک و تنها
einzig und allein فقط و فقط، صرفاً
Laßt mich allein. مرا به حال خود بگذارید.
alleines Haus خانهٔ متروک
Alleinberechtigung, die; -, -en حق انحصاری، انحصار
Alleinbesitz, der; -es -e مالکیت مطلق
Alleinherrschaft, die; -, - حکومت مطلقه

33 **alliieren**

Alleinherrscher, der; -s, - حاکم مطلق
Alleinherrscherin, die; -, -nen حاکم مطلق (زن)
alleinig *Adj.* یکتا، یگانه، منحصر به فرد
Alleininhaber, der; -s, - مالک منحصر به فرد
Alleininhaberin, die; -, -nen مالک منحصر به فرد (زن)
Alleinsein, das; -s تنهایی، انزوا، انفراد
alleinstehend *Adj.* ۱. مجرد، بی‌همسر ۲. تنها، بی‌کس ۳. متروک
ein alleinstehendes Haus یک خانهٔ متروک
Alleinstehende, der/die; -n, -n مجرد، بی‌همسر
Alleinvertreter, der; -s, - نمایندهٔ انحصاری
allemal *Adv.* ۱. همیشه، برای همیشه، همواره، دائماً ۲. در هر صورت
ein für allemal یک بار برای همیشه
allenfalls *Adv.* در صورت لزوم
allenfalls mit Gewalt در صورت لزوم به زور
Das reicht allenfalls für zwei Personen. حداکثر برای دونفر کفایت می‌کند.
allenthalben *Adv.* هرجا، همه‌جا
allerart *Adj.* از همه نوع
allerbest *Adj.* بهتر از همه، از همه بهتر
allerdings *Adv.* ۱. بدون شک، در هر صورت، به‌راستی، البته ۲. با این وجود، در مقابل ۳. واقعاً، یقیناً، حقیقتاً ۴. معلوم، مسلم، واضح
Allerdings habe ich das gewußt. البته که این را می‌دانستم.
allererst *Adj.* جلوتر از همه، اول از همه
Allergie, die -, -n آلرژی، حساسیت
Allergiker, der; -s, - کسی که نسبت به چیزی حساسیت دارد
allergisch *Adj.* حساس
auf etwas **allergisch reagieren** در مقابل چیزی حساسیت نشان دادن
allerhand *Adj.* همه‌قسم، همه‌جور، همه‌نوع؛ انواع و اقسام
Allerheiligen(fest), das; -(e)s, -e عید اولیا (یک عید مذهب کاتولیک)
allerhöchst *Adj.* حداکثر؛ بلندترین؛ بالاترین
allerlei *Adj.* جورواجور، مختلف
allerletzt *Adj.* آخرین، واپسین
allerliebst *Adj.* محبوب‌ترین، عزیزترین
allermeist *Adj.* بیش از همه، از همه بیشتر
allernächst *Adj.* از همه نزدیک‌تر، نزدیک‌ترین

allerneu(e)st *Adj.* از همه تازه‌تر، تازه‌ترین
allerorten *Adv.* همه‌جا
Allerschaffer, der; -s, - همه‌آفرین، خالق هر چیز
Allerseelen, das ۱. (در ایران باستان) جشن فروردگان ۲. روز استغاثهٔ ارواح (یک عید مذهب کاتولیک)
allerseits *Adv.* از هر طرف، از هر سو
allerwärts *Adv.* همه‌جا
Allerweltskerl, der; -(e)s, -e همه فن حریف
alles *Adj.* همه، همه‌چیز
Das ist alles. همه‌اش همین است.
Alles möglich! هر چیزی ممکنه!
Alles Gute! موفق باشی!
alles in allem روی هم رفته
jemanden **über alles lieben** به کسی بی‌اندازه علاقمند بودن
allesamt *Adv.* همه باهم، همگی
Allesbesserwisser, der; -s ۱. همه‌چیزدان ۲. پرمدعا
Allesfresser, der; -s, - (حیوان) همه چیز خور
Alleskleber, der; -s, - چسب همه کاره
Alleskönner, der; -s, - همه‌توان
Alleswisser, der; -s, - همه‌چیزدان
allezeit *Adv.* همه‌وقت، همیشه، دائماً
Allgegenwart, die; - حضور پیوسته، حضور در همه‌جا
allgegenwärtig *Adj.* همه‌جا حاضر
allgemein *Adj., Adv.* ۱. عمومی، معمولی، همگانی، کلی، جامع ۲. معمولاً، کلاً، عموماً
im allgemeinen به‌طور کلی، معمولاً
allgemeine Meinung افکار عمومی
Allgemeinbildung, die; -, - معلومات عمومی
allgemeingültig *Adj.* معتبر (برای همه)
Allgemeingut, das; -(e)s, ¨-er مال عمومی
Allgemeinheit, die; -, -en کلیت، عمومیت
Allgemeinmedizin, die; -, -en پزشکی عمومی
Allgemeinübel, das; -s, - بلای اجتماعی
allgemeinverständlich *Adj.* همه‌فهم، عوام‌فهم
Allgemeinwohl, das; -s رفاه عمومی، آسایش عمومی
Allgewalt, die; -, -en قدرت مطلق، همه‌توانی
allgewaltig *Adj.* قادر مطلق، همه‌توان
Allheilmittel, das; -s, - دوای هر درد
Allianz, die; -, -en اتحاد، اتفاق؛ پیمان
Alligator, der; -s, -en سوسمار آبی، تمساح
alliieren *Vr., Vt.* ۱. متحد شدن، هم‌پیمان شدن ۲. متحد کردن، هم‌پیمان کردن

Alliierte, der/die; -n, -n متحد، هم‌پیمان، متفق
die Alliierten متفقین
alljährlich *Adj., Adv.* همه‌ساله، سال به سال
Allmacht, die; -, ¨-e قدرت مطلق
allmächtig *Adj.* قادر مطلق، قادر متعال
Allmächtige, der; -n خداوند، قادر مطلق
allmählich *Adj., Adv.* به تدریج، به آهستگی، کم‌کم، رفته‌رفته
allmonatlich *Adj., Adv.* همه‌ماهه، ماهانه
allnächtlich *Adj., Adv.* همه‌شب، شبانه
Allopath, der; -en, -en پزشک معتقد به دارو درمانی
Allopathie, die; - (پزشکی) درمان دارویی
allopathisch *Adj.* (مربوط به) دارودرمانی
Allroundman, der; -s, -men مرد همه کاره
Allroundsportler, der; -s, - ورزشکار مسلط به چند نوع ورزش
allseitig *Adj.* همه جانبه، از هر جهت، از هرسو
allsogleich *Adv.* بی درنگ، بلافاصله
Alltag, der; -(e)s, -e ۱. روز معمولی، روز هفته ۲. زندگی روزمره
alltäglich *Adj.* همه روزه، هر روزه، روزمره
Alltäglichkeit, die; -, -en ۱. همیشگی ۲. پیش‌پا افتادگی، ابتذال
alltags *Adv.* روزهای هفته
Alltagssprache, die; - سخن روز، گفتگوی هر روزه، حرف معمولی
Allüren, die / *Pl.* قر و ادا، اطوار و اخلاق شخصی
allwissend *Adj.* همه چیز دان
Allwissenheit, die; - همه چیز دانی
allwöchentlich *Adj., Adv.* هر هفته، هفتگی
allzeit *Adv.* همه‌وقت، همیشه، دائماً
allzu *Adv.* زیاده از حد، بسیار
allzumal *Adv.* تماماً، همه، همگی
Allzweckreiniger, der; -s, - مادهٔ مخصوص (برای انواع) نظافت
Alm, die; -, -en چراگاه، مرتع
Almanach, der; -s, -e سالنامه، تقویم (مصور)
Almosen, das; -s, - صدقه، خیرات
Almosenbüchse, die; -, -n صندوق مساکین
Almosenempfänger, der; -s, - صدقه‌خور
almosengeben *Vt.* به (کسی) صدقه دادن
Almosengeben, das; -s احسان، تصدق
Almosengeber, der; -s, - صدقه‌دهنده
Almosenpfleger, der; -s, - مأمور تقسیم خیرات

Aloe, die; -, -n عود
Aloeholz, das; -es, ¨-er چوب عود
Alp, der; -(es), -e کابوس، بختک
Alpaka, das; -s, -s آلپاکا (شتر بی‌کوهان پشم بلند امریکای جنوبی)
Alpen, die / *Pl.* کوه‌های آلپ
Alpenjäger, der; -s, - شکارچی کوهستان
Alpenveilchen, das; -s, - (گل) پنجه مریم، سیکلمه
Alpenvorland, das; -(e)s, - دامنهٔ کوه‌های آلپ
Alpha, das; -(s), -s آلفا (حرف اول الفبای یونانی)
Alphabet, das; -(e)s, -e حروف الفبا
alphabetisch *Adj.* الفبایی، به ترتیب حروف الفبا
alphabetisieren *Vt.* به ترتیب الفبا نوشتن، الفبایی کردن
Alphastrahlen, die / *Pl.* اشعهٔ آلفا
Alphorn, das; -(e)s, ¨-er کرنا (ساز بادی چوبی مخصوص کوه‌های آلپ)
alpin *Adj.* آلپی، (وابسته به) کوه آلپ
Alpinismus, der; - کوه‌نوردی، کوه‌پیمایی
Alpinist, der; -en, -en کوه‌نورد، کوه‌پیما
Alpinistin, die; -, -nen کوه‌نورد، کوه‌پیما (زن)
Alpinum, das; -s, -nen مجموعهٔ گل و گیاه آلپ
Älpler, der; -s, - کوه‌نشین، ساکن کوهستان آلپ
Alprücken, das; -s, - کابوس، بختک
Alptraum, der; -(e)s, -träume خواب آشفته، خواب پریشان، کابوس
Alraun, der; -(e)s, -e (گل) مِهرگیاه، مردم‌گیاه
Alraune, die; -, -n (گل) مِهرگیاه، مردم‌گیاه
als *Konj., Adv.* ۱. وقتی‌که، هنگامی‌که ۲. از ۳. به عنوان، به شکل، به رسم، به جای، مثل ۴. به جز، مگر ۵. همیشه
Das ist nichts anders als Unsinn. این چیزی جز حرف بیهوده نیست.
Er ist heute ganz anders als sonst. او امروز مثل همیشه نیست.
als ob انگار که
Er ist älter als ich. او از من مسن‌تر است.
als Andenken به رسم یادگار
alsbald *Adv.* به زودی، بلافاصله، بی‌درنگ، فوراً
alsbaldig *Adj.* فوری، زود
alsdann *Adv.* بعد، آنگاه، پس از این
also *Konj., Adv.* ۱. بنابراین، پس، در نتیجه، از این جهت، از این‌رو، از این قرار ۲. این‌طور، این‌گونه
Also gut! باشه! موافقم!
Also los! راه بیفت! برویم!

alt *Adj.* ۱. کهن، باستانی، قدیمی ۲. پیر، مسن، سالخورده ۳. کهنه؛ بیات؛ مستعمل ۴. باسابقه، مجرب، باتجربه
- **altes Brot** نانِ بیات
- **ein alter Mitarbeiter** یک همکار باسابقه
- **alt werden** پیر شدن
- **alte Bücher** کتاب‌های دست دوم
- **Wie alt sind Sie?** چند سال دارید؟
- **mein älterer Bruder** برادر بزرگ‌ترم
- **Das alte Lied!** همان قصهٔ همیشگی!
- **altes Testament** تورات

Alt, der; -(e)s, -e آلتو (صدای بم زن)
Altan, der; -s, -e شاه‌نشین
Altar, der; -s, ¨-e ۱. محراب ۲. قربانگاه
altbacken *Adj.* ۱. [نان] بیات، مانده، شب‌مانده ۲. کهنه، دِمُده
Altbau, der; -(e)s, -ten ساختمان قدیمی
Altbauwohnung, die; -, -en منزل قدیمی
altbekannt *Adj.* (از قدیم) معروف
altbewährt *Adj.* آزموده؛ خوش‌سابقه
Altbundespräsident, der; -en, -en رئیس‌جمهور پیشین، جمهورسالار پیشین
altdeutsch *Adj.* آلمانی باستان، آلمانی قرون وسطی
Alte[1]**,** das; -n ۱. پیری ۲. عمر، سن ۳. قدمت
Alte[2]**,** der; -n, -n ۱. رئیس، کارفرما، ارباب ۲. پیرمرد، ریش‌سفید
Alte[3]**,** die; -n, -n پیرزن
Alteisen, das; -s, - آهن قراضه
Alten, die / *Pl.* ۱. پیران، نیاکان، اجداد ۲. (کنایه) یونانیان و رومیان
Altenheim, das; -(e)s, -e خانهٔ سالمندان
Altenteil, das; -(e)s, -e سهم بازنشستگی
Alter, das; -s, - ۱. سن، عمر ۲. پیری، سالخوردگی ۳. زمان، دوره، عصر ۴. قدمت، کهنگی
- **im Alter von** در سنِ
- **das Mittelalter** قرون وسطی
- **Er ist in meinem Alter.** او هم‌سنّ من است.

älter *Adj.* ۱. بزرگ‌تر، پیرتر ۲. کهنه‌تر، قدیم‌تر
altern *Vi., Vt.* ۱. پیر شدن، کهنه شدن ۲. پیر کردن، کهنه کردن
alternativ *Adj.* ۱. به تناوب، یک درمیان ۲. انتخابی
Alternative, die; -, -n ۱. جانشین ۲. حق انتخاب، امکان انتخاب
alternieren *Vi.* یک درمیان آمدن، به تناوب انجام شدن
alternierend *Adj.* متناوب، یک درمیان
alters *Adv.* در قدیم، در پیش، سابقاً
Altersgenosse, der; -n, -n هم‌سن، هم‌سال
Altersgenossin, die; -, -nen هم‌سن، هم‌سال (زن)
Altersgrenze, die; -, -n سن بازنشستگی
Altersgruppe, die; -, -n گروه سنی
Altersheim, das; -(e)s, -e خانهٔ سالمندان
Altersklasse, die; -, -n گروه سنی
Altersrente, die; -, -n حقوق بازنشستگی
altersschwach *Adj.* سالخورده، فرسوده
Altersschwäche, die; -, -n ضعف پیری
Altersversorgung, die; -, -en تأمین معاش پیران
Alterszeichen, das; -s, - نشان پیری
Altertum, das; -s, ¨-er عهد عتیق، روزگار باستان، زمان قدیم
Altertümelei, die; -, -en کهنه‌پرستی
altertümeln *Vi.* کهنه پرستیدن
Altertümer, die / *Pl.* اشیای عتیقه
altertümlich *Adj.* باستانی، کهن؛ کهنه؛ عتیقه
Altertümlichkeit, die; -, -en کهنگی
Altertumsforscher, der; -s, - باستان‌شناس
Altertumskunde, die; -, -n باستان‌شناسی
Alterung, die; -, -en پیری، کهنگی
ältest *Adj.* ۱. پیرترین ۲. قدیمی‌ترین
Älteste, der / die; -n, -n ارشد، مهتر، ریش‌سفید
altfränkisch *Adj.* کهنه، از مدافتاده؛ اُمُّل
altgedient *Adj.* پرتجربه، کارآزموده
altgewohnt *Adj.* مرسوم، معمول
Altgold, das; -(e)s طلای قدیمی
Althändler, der; -s, - کهنه‌فروش، عتیقه‌فروش
althergebracht *Adj.* رایج، متداول، روایت شده
Altherrenmannschaft, die; -, -en (ورزش) گروه سالمندان
althochdeutsch *Adj.* آلمانی رسمی قدیم
Altistin, die; -, -nen خوانندهٔ آلتو (زن)
altjüngferlich *Adj.* عجیب و غریب، حیرت‌انگیز
altklug *Adj.* زودرس، پیش‌رس
ältlich *Adj.* فرسوده، کهنه
Altmaterial, das; -s, -lien جنس بنجل
Altmeister, der; -s, - استاد، استادکار؛ کهنه کار
Altmetall, das; -s, -e فلزِ قراضه
altmodisch *Adj.* ۱. از مد افتاده، دِمُده، غیر متداول ۲. کهنه‌پرست
altnordisch *Adj.* (زبان) اسکاندیناویایی قدیم

Altpapier, das; -s, - کاغذ باطله
Altphilologe, der; -n, -n متخصص در زبان‌های کهن
Altphilologie, die; -, -n علم زبان‌های کهن
Altphilologin, die; -, -nen متخصص در زبان‌های کهن (زن)
Altruismus, der; - ازخودگذشتگی، نوع‌دوستی
Altruist, der; -en, -en ازخودگذشته، نوع‌دوست
altruistisch *Adj.* ازخودگذشتگی، نوع‌دوستانه
altsprachlich *Adj.* (مربوط به) زبان‌های کهن
Altstadt, die; -, ¨-e ۱. بخش قدیمی یک شهر ۲. شهر قدیمی
Altstimme, die; -, -n آلتو (صدای بم زن)
alttestamentarisch *Adj.* طبق تورات
alttestamentlich *Adj.* (مربوط به) تورات
altüberliefert *Adj.* سینه به سینه منتقل شده
altväterisch *Adj.* از مد افتاده، قدیمی، غیر متداول، کهنه
altvertraut *Adj.* آشنای قدیمی
Altvordern, die / *Pl.* پیشینیان
Altwaren, die / *Pl.* اشیاء مستعمل
Altwarenhandel, der; -s, ¨ کهنه‌فروشی، عتیقه‌فروشی
Altwarenhändler, der; -s, - کهنه‌فروش، عتیقه‌فروش
Altwasser, das; -s, - / ¨ آبراه قدیمی
Alufolie, die; -, -n ورقهٔ بسیار نازک آلومینیومی، زرورق آلومینیومی، آلومینیوم فویل
Aluminium, das; -s (فلز) آلومینیوم
Aluminiumfolie, die; -, -n ورقهٔ بسیار نازکِ آلومینیومی، زرورق آلومینیومی، آلومینیوم فویل
am = *an + dem* ۱. در ۲. به تاریخ، در تاریخ ۳. در هر حال
  am Telefon پای تلفن
  am Montag روز دوشنبه
  am 12. März به تاریخ دوازدهم مارس
  am Ende در پایان
  Er ist am Schreiben. او سرگرم نوشتن است.
Amalgam, das; -s, -e ملقمه (فلز آمیخته با جیوه)
amalgamieren *Vt.* ملقمه کردن
Amaryllis, die; -, -llen گل نرگس
Amateur, der; -s, -e آماتور، تفنّن‌کار، غیر حرفه‌ای
Amateurphotograph, der; -en, -en عکاس تفنّنی، عکاس غیر حرفه‌ای
Amateursportler, der; -s, - ورزشکار تفنّنی، ورزشکار غیر حرفه‌ای
Amazone, die; -, -n ۱. (در اساطیر یونان) زن اسب سوار و جنگجو ۲. رود آمازون
Ambassadeur, der; -s, -e سفیر، فرستاده
Ambition, die; -, -en جاه‌طلبی، بلندپروازی
ambitioniert *Adj.* جاه‌طلب، بلندپرواز
ambitiös *Adj.* جاه‌طلب، بلندپرواز
Amboß, der; -bosses, -bosse سندان
Ambra, die; -, -s عنبر
ambraduftend *Adj.* عنبر بوی
Ambrosia, die; - غذای بهشتی، مائدهٔ بهشتی
ambrosisch *Adj.* بسیار مطبوع
ambulant *Adj.* سرپایی
  ambulante Behandlung مداوای سرپایی
Ambulanz, die; -, -en ۱. آمبولانس ۲. درمانگاه سرپایی
ambulatorisch *Adj.* سرپایی
Ambulatorium, das; -s, -rien درمانگاه سرپایی
Ameise, die; -, -n مورچه، مور
Ameisenbär, der; -en, -en مورچه‌خور
Ameisenfresser, der; -s, - مورچه‌خور
Ameisenhaufen, der; -s, - انبوه مورچه
Ameisennest, das; -es, -er لانهٔ مورچه
Ameisenplage, die; -, -n آفت مورچه
Ameisensäure, die; -, - (شیمی) جوهر مورچه، اسید فورمیک
amen *Interj.* آمین، انشاءالله
Amerika, das (قاره) امریکا
Amerikaner, der; -s, - امریکایی
Amerikanerin, die; -, -nen امریکایی (زن)
amerikanisch *Adj.* امریکایی
amerikanisieren *Vt.* امریکا مآب کردن، به صورت امریکایی درآوردن
Amerikanismus, der; -, -men امریکامآبی، امریکاگرایی
Amerikanistik, die; -, -en / -en امریکاشناسی، متخصص زبان‌شناسی امریکایی
Amethyst, der; -(e)s, -e لعل کبود
Amme, die; -, -n دایه
Ammenmärchen, das; -s, - داستان بچگانه
Ammoniak, das; -s آمونیاک
Ammoniaklösung, die; -, -en محلول آمونیاک
Ammoniaksalz, das; -es, -e نشادر
Amnesie, die; -, -n ضعف حافظه، فراموشی، نسیان
Amnestie, die; -, -n بخشودگی همگانی، عفو عمومی

amnestieren *Vt.* شامل بخشودگی همگانی کردن، شامل عفو عمومی کردن

Amok, der; -s جنون آنی با تمایل به آدم‌کشی و خرابکاری

Amok laufen به جنون آنی مبتلا شدن، عنان اختیار را از کف دادن

Amokläufer, der; -s, - کسی که دچار جنون آنی شود و دست به آدم کشی زند

a-Moll, das; -, - (موسیقی) لا کوچک

a-Moll-Tonleiter, die; -, -n (موسیقی) گام لا کوچک

Amor, der; -s, - ۱. عشق (جنسی) ۲. (در روم باستان) الههٔ عشق

amoralisch *Adj.* عاشقانه، عاشق‌پیشه

amorph *Adj.* بی‌ریخت

Amortisation, die; -, -en استهلاک (سرمایه)

amortisierbar *Adj.* [سرمایه] قابل استهلاک

amortisieren *Vt.* به دیگری واگذار کردن، مستهلک کردن (سرمایه)

Ampel, die; -, -n چراغ راهنمایی

Ampere, das; -(s), - آمپر (واحد شدت جریان برق)

Amperemeter, das; -s, - (فیزیک) آمپرسنج

Amperestunde, die; -, -n (واحد) آمپر در ساعت

Ampfer, der; -s ریواس، ترشک

Amphibie, die; -, -n جانور دوزیست، ذوحیاتین

Amphibienfahrzeug, das; -(e)s, -e- خودرو آبی ـ خاکی

Amphitheater, das; -s, - آمفی‌تئاتر

Ampulle, die; -, -n ۱. آمپول ۲. بطری کوچک، شیشهٔ خیلی کوچک

Amputation, die; -, -en (پزشکی) قطع اندام، قطع عضو، اندام‌بری

amputieren *Vt.* بریدن، قطع کردن (اندام)

Amputierte, der/die; -n, -n اندام بریده

Amsel, die; -, -n (پرنده) طُرقه، توکا

Amt, das; -(e)s, ¨-er ۱. اداره ۲. شغل، کار ۳. سمت، مقام، منصب، تصدی

das Postamt ادارهٔ پست

amtieren *Vi.* کار اداری انجام دادن، وظیفهٔ اداری داشتن؛ خدمت دولتی کردن

amtlich *Adj.* رسمی؛ دولتی؛ اداری

Amtmann, der; -(e)s, ¨-er کارمندِ عالی رتبه؛ نمایندهٔ دولت

Amtsalter, das; -s, - سنّ استخدام

Amtsanmaßung, die; -, -en سوءاستفاده از قدرت

Amtsantritt, der; -(e)s, -e شروع به کار دولتی، آغاز خدمت

Amtsarzt, der; -es, ¨-e پزشک رسمی

Amtsbefugnis, die; -, -se اختیارات دولتی

Amtsbeleidigung, die; -, -en توهین به اولیای امور

Amtsbereich, der; -(e)s, -e حوزهٔ اداری، قلمرو اداری

Amtsbewerber, der; -s, - داوطلب خدمت

Amtsbezirk, der; -(e)s, -e حوزهٔ اداری، قلمرو اداری

Amtsblatt, das; -(e)s, ¨-er روزنامهٔ رسمی؛ بولتن دولتی

Amtsbruder, der; -s, ¨- همکار، هم‌قطار

Amtsdauer, die; - مدت خدمت، دورهٔ خدمت

Amtsdiener, der; -s, - پیشخدمت اداره

Amtseid, der; -(e)s, -e سوگند اداری

Amtsenthebung, die; -, -en انفصال از خدمت

Amtsführung, die; - تشکیلات اداری

Amtsgeheimnis, das; -ses اسرار اداری

Amtsgericht, das; -(e)s, -e دادگاه شهرستان

Amtsgerichtsrat, der; -(e)s, ¨-e قاضی دادگاه شهرستان

Amtsgewalt, die; -, -en مسئولیت اداری

Amtshandlung, die; -, -en کارکرد اداری

Amtshilfe, die; -, -n کمک حقوقی اداره

Amtskasse, die; -, -n صندوق اداره

Amtskleid, das; -(e)s, -er لباس اداری

Amtsmiene, die; -, -n قیافهٔ رسمی

Amtsmißbrauch, der; -(e), -bräuche سوءاستفاده از قدرت

amtsmüde *Adj.* خسته از کار

Amtsniederlegung, die; -, -en کناره‌گیری از خدمت اداری

Amtsperson, die; -, -en شخصیت اداری

Amtspflicht, die; -, -en وظیفهٔ اداری

Amtsrichter, der; -s, - قاضی دادگاه شهرستان

Amtsschimmel, der; -s, - اداره‌گری، اداره‌مآبی؛ تشریفات اداری

Amtssiegel, das; -s, - مهر رسمی

Amtssitz, der; -es, -e مقّر وظیفه

Amtssprache, die; -, -n زبان رسمی

Amtsstelle, die; -, -n مقام اداری

Amtsstellung, die; -, -en مقام، سمت، درجه

Amtsstube, die; -, -n اتاق دفتر، اتاق اداره

Amtsstunden 38

Amtsstunden, die / *Pl.* ساعات اداری
Amtstätigkeit, die; -, -en فعالیت اداری
amtstracht, die; -, -en لباسِ اداری
Amtsträger, der; -s, - صاحب منصب؛ مأمور اداره
Amtsunfähigkeit, die; -, -en عدم شایستگی اداری
Amtsunterschlagung, die; -, -en اختلاس
Amtsverleihung, die; -, -en اعطای منصب
Amtsverletzung, die; -, -en بدرفتاری در اداره
Amtsverrichtung, die; -, -en اجرای کار اداری
Amtsverwalter, der; -s, - رئیس اداره
Amtsvorgänger, der; -s, - متصدی قبلی اداره
Amtsvormund, der; -(e)s, -e سرپرست اداری، قیم اداری
Amtsvormundschaft, die; -, -en سرپرستی اداری، قیمومت اداری
Amtsvorsteher, der; -s, - رئیس اداره
Amtsweg, der; -(e)s, -e سلسله مراتب
Amtszeit, die; -, -en دوران خدمت، مدت خدمت
Amtszimmer, das; -s, - اتاق دفتر
Amulett, das; -(e)s, -e طلسم
amüsant *Adj.* لذت‌بخش؛ سرگرم‌کننده، تفریح‌آمیز
Amüsement, das; -s, -s تفریح، سرگرمی
amüsieren *Vr., Vt.* ۱. سرگرم بودن؛ خوش گذشتن، تفریح کردن ۲. از (چیزی) لذت بردن
an *Präp., Adv.* ۱. در، نزدِ، کنارِ، پیشِ ۲. به، به طرفِ، به‌سوی ۳. به سببِ، به علتِ
von heute an از امروز به بعد
an sich در حقیقت
an die Arbeit gehen سرِکار رفتن
Das Licht ist an. چراغ روشن است.
Du bist an der Reihe. نوبت توست.
Ich habe eine Bitte an Sie. از شما خواهشی دارم.
an einer unheilbaren Krankheit sterben به‌علت یک بیماری لاعلاج مردن
Anachronismus, der; -, -men خطای تاریخی، اشتباه در تاریخ واقعه
anachronistisch *Adj.* دارای خطای تاریخی، (مربوط به) اشتباه تاریخ
anaerob *Adj.* غیر هوازی
Anagramm, das; -s, -e قلب، تحریف
analog *Adj.* مانند، مشابه، مطابق، نظیر
Analogie, die; -, -gien تطابق، تشابه، قیاس، نسبت
Analogieschluß, der; -schlusses, -schlusse استدلال از طریق قیاس، استدلال بر اساس شباهت
Analphabet, der; -en, -en بی‌سواد، عامی
Analphabetentum, das; -s بی‌سوادی
Analysator, der; -s, -en تجزیه کننده، تحلیل‌کننده
Analyse, die; -, -n آنالیز، تجزیه، تحلیل، موشکافی
analysieren *Vt.* تجزیه کردن، تحلیل کردن
Analysis, die; - تجزیه، تحلیل، موشکافی
Analytik, die; - علم تجزیه و تحلیل، فلسفهٔ تحلیلی
Analytiker, der; -s, - تحلیل‌گر، کاوش‌گر
analytisch *Adj.* تحلیلی، تجزیه‌ای
die analytische Geometrie هندسهٔ تحلیلی
Anämie, die; -, -n (بیماری) کم‌خونی
anämisch *Adj.* کم‌خون، مبتلا به بیماری کم‌خونی
Ananas, die; -, - / -se آناناس
Anarchie, die; -, -n هرج و مرج، بی‌قانونی، آشوب، آنارشی
Anarchismus, der; - هرج و مرج‌طلبی، آشوب‌طلبی، آنارشیسم
Anarchist, der; -en, -en آنارشیست، هرج و مرج‌طلب، آشوب‌گرای
Anarchistin, die; -, -nen آنارشیست، هرج و مرج‌طلب، آشوب‌گرای (زن)
anarchistisch *Adj.* هرج و مرج‌طلبانه، آشوب‌گرایانه، آنارشیستی
Anästhesie, die; -, -n بیهوشی، بی‌حسی
anästhesieren *Vt.* بیهوش کردن، بی‌حس کردن
Anästhesist, der; -en, -en متخصص بیهوشی
Anästhesistin, die; -, -nen متخصص بیهوشی (زن)
Anatom, der; -en, -en تشریح‌گر، کالبدشناس، تشریح‌کننده
Anatomie, die; -, -n آناتومی، (علم) تشریح، کالبدشناسی
anatomisch *Adj.* از دید کالبدشناسی، از نظر (علم) تشریح
anbahnen *Vt.* آماده کردن، فراهم آوردن؛ آغاز کردن؛ راه را برای (کسی) باز کردن
Anbau, der; -(e)s, -e / -ten ۱. کشاورزی، کشت و کار، فلاحت ۲. ساختمان
anbauen *Vt.* ۱. زراعت کردن، کاشتن ۲. ساختن
Anbauer, der; -s, - زارع، کشت‌کننده
anbaufähig *Adj.* قابل کشت
Anbaufläche, die; -, -n سطح کشت
anbefehlen *Vt.* به (کَسی) فرمان دادن، به (کَسی) حکم کردن
Anbeginn, der; -(e)s آغاز، شروع، ابتدا

anbehalten *Vt.* بر تن کردن، به تن نگه داشتن (لباس)
anbei *Adv.* به پیوست، به ضمیمه
  anbei schicke ich Ihnen به پیوست برای شما می‌فرستم
anbeißen *Vt., Vi.* دندان زدن، گاز گرفتن
anbelangen *Vt.* به (کسی / چیزی) مربوط بودن، به (کسی / چیزی) ربط داشتن
anbellen *Vt.* پارس کردن
anbequemen *Vr.* وفق دادن، تطبیق دادن
  sich anbequemen خود را وفق دادن
anberaumen *Vt.* تعیین کردن (هدف، وقت)
Anberaumung, die; -, -en تعیین وقت / هدف
anbeten *Vt.* پرستیدن، عبادت کردن
Anbeter, der; -s, - پرستنده
Anbeterin, die; -, -nen پرستنده (زن)
Anbetracht, der; -(e)s توجه، نظر، ملاحظه
  in Anbetracht mit با توجه به، نظر به، به ملاحظهٔ
anbetreffen *Vt.* مربوط بودن
  Was dich anbetrifft ... آنچه به تو مربوط است ...
anbetteln *Vt.* گدایی کردن، با سماجت خواستن
Anbetung, die; -, -en ستایش
anbetungswürdig *Adj.* شایان ستایش
anbieten *Vt., Vr.* ۱. در معرض نظر قرار دادن ۲. عرضه کردن، تقدیم کردن ۳. پیشنهاد کردن
Anbieter, der; -s, - عرضه کننده، تهیه کننده؛ کارپرداز
anbinden *Vt., Vi.* ۱. بستن، گره زدن ۲. دعوا کردن
  mit jemandem **anbinden** با کسی دعوا کردن
anblasen *Vt.* به (چیزی) فوت کردن، به (چیزی) دمیدن
Anblick, der; -(e)s, -e ۱. نظر، نگاه ۲. چشم‌انداز، منظره، دیدگاه، تماشاگه
  beim Anblick با مشاهدهٔ
  beim ersten Anblick در نگاه اول
anblicken *Vt.* به (چیزی) نگاه کردن، تماشا کردن، به (چیزی) توجه کردن
anbraten *Vt.* سرخ کردن، تفت دادن
anbrechen *Vt., Vi.* ۱. باز کردن، شروع کردن ۲. سر زدن (خورشید، روز) ۳. خم کردن (شاخه) ۴. شروع شدن
anbrennen *Vi., Vt.* ۱. ته گرفتن، سوختن (غذا) ۲. سوزاندن
anbringen *Vt.* ۱. نصب کردن، برقرار کردن ۲. آوردن ۳. فروختن، آب کردن (جنس) ۴. گفتن، نقل کردن، اظهار کردن
Anbruch, der; -(e)s, ¨-e ۱. آغاز، شروع ۲. شب‌هنگام
anbrüchig *Adj.* [چوب] پوسیده

anbrüllen *Vt.* فریاد بر سر (کسی) کشیدن، به (کسی) فحاشی کردن
anbrüten *Vt.* روی تخم نشستنِ (پرندگان)
Andacht, die; -, -en عبادت، دعا
andächtig *Adj.* پارسامنش، مذهبی
Andachtsort, der; -(e)s, -e عبادتگاه؛ مسجد؛ معبد
Andante, das; -s, -s (موسیقی) آندانت (حرکت ملایم و سنگین)
Andantino, das; -s, -s / -ni (موسیقی) آندانتینو (حرکت سریع‌تر از آندانت)
andauern *Vi.* طول کشیدن، ادامه داشتن، دوام داشتن
andauernd *Adj.* دائم، متوالی، پیاپی، پیوسته
Andenken, das; -s, - یادبود، یادگاری؛ ره‌آورد
ander *Adj., Pron.* دیگر، سایر، غیر
  Ich bin anderer Meinung. من طور دیگری فکر می‌کنم.
Andere, der; -n, -n دیگری
  ein Anderer یکی دیگر
  die Anderen دیگران، سایرین، بقیه
ander- *Adj., Pron.* دیگر، سایر، غیر
  alles andere هر چیز دیگر
  etwas anderes چیزی دیگر
  nicht anderes هیچ چیز دیگر
andererseits *Adv.* از طرف دیگر
ändern *Vt., Vr.* ۱. تغییر دادن، عوض کردن، تبدیل کردن ۲. تغییر یافتن، عوض شدن
  seine Meinung ändern عقیدهٔ خود را تغییر دادن
  Das Wetter ändert sich. هوا تغییر می‌کند.
andernfalls *Adv.* در غیر این صورت، وگرنه
andernorts *Adv.* در جاهای دیگر
andernteils *Adv.* از طرف دیگر
anders *Adj., Adv.* جور دیگر، به‌ترتیبی دیگر؛ دگرگونه، مختلف، متفاوت
  jemand anders کسی دیگر
  niemand anders هیچ کس دیگر
  Ich kann nicht anders. کار دیگری از دستم بر نمی‌آید.
andersartig *Adj.* دیگرگون، جور دیگر
andersdenkend *Adj.* دگراندیش
anderseits *Adv.* از طرف دیگر
andersgeartet *Adj.* متمایز، متفاوت
andersgläubig *Adj.* دارای دین دیگر، دیگر دین
anderswie *Adv.* نوع دیگر، جور دیگر
anderswo *Adv.* در جایی دیگر
anderswoher *Adv.* از جای دیگر
anderswohin *Adv.* به جای دیگر

anderthalb 40

anderthalb *Zahlw.* یک و نیم
anderthalbfach *Zahlw.* یک و نیم برابر
anderthalbmal *Zahlw.* یک و نیم برابر
Änderung, die; -, -en تغییر، تبدیل
anderwärts *Adv.* در جای دیگر، به جای دیگر
anderweitig *Adj., Adv.* از سوی دیگر، به گونه دیگر
andeuten *Vt., Vr.* ۱. به (کسی / چیزی) اشاره کردن؛ به (کسی) کنایه زدن؛ به (کسی) فهماندن؛ به (کسی) نشان دادن ۲. معلوم شدن
Andeutung, die; -, -en اشاره؛ کنایه
andeutungsweise *Adv.* به اشاره، به کنایه، تلویحاً
Andrang, der; -(e)s فشار؛ هجوم، ازدحام
andrängen *Vi., Vr.* فشار آوردن؛ زور دادن، ازدحام کردن
andrängend *Adj.* متراکم
andrehen *Vt.* ۱. وصل کردن (برق)، باز کردن (گاز)، روشن کردن (موتور) ۲. به (کسی) قالب کردن
androhen *Vt.* به (چیزی) تهدید کردن
Androhung, die; -, -en تهدید
Andruck, der; -(e)s, -e اولین نمونهٔ چاپی
andrucken *Vi.* شروع به چاپ کردن، چاپ کردن
andrücken *Vt., Vr.* ۱. فشار دادن ۲. به خود فشردن
aneifern *Vt.* ۱. تحریک کردن، برانگیختن ۲. تشویق کردن
aneignen *Vt.* ۱. تصاحب کردن، تصرف کردن ۲. فراگرفتن
Aneignung, der; -, -en ۱. تصاحب، تصرف ۲. فراگیری
aneinander *Adv.* باهم، کنار هم
aneinandergeraten *Vi.* باهم درگیر شدن
aneinanderreihen *Vt.* پشت سر هم قرار دادن
Anekdote, die; -, -n لطیفه، حکایت خوشمزه، متل
Anekdotenerzähler, der; -s, - لطیفه گو
anekdotisch *Adj.* داستانی؛ روایتی، نقلی
anekeln *Vt.* بیزار کردن، متنفر ساختن، مشمئز کردن
Anemometer, das; -s, - بادسنج
Anemone, die; -, -n (گل) شقایق
anempfehlen *Vt.* سفارش کردن، توصیه کردن
anerbieten *Vr.* تقدیم کردن، پیشکش کردن، اهدا کردن
Anerbieten, das; -s, -en تقدیم، پیشکش
anerkannt *Adj.* تأئید شده، تصدیق شده، به رسمیت شناخته شده؛ قابل قبول
anerkanntermaßen *Adv.* از قرار معلوم
anerkennen *Vt.* ۱. به رسمیت شناختن، قبول کردن، تأئید کردن ۲. تقدیر کردن، تمجید کردن، ستودن
Anerkenntnis, das; -nisses, -nisse اعتراف، اقرار
Anerkennung, die; -, -en ۱. قبول، تأئید، پذیرش ۲. تقدیر، ستایش، تمجید
anerziehen *Vt.* تربیت کردن، بار آوردن
anfachen *Vt.* روشن کردن؛ دمیدن؛ افروختن (آتش)
anfahren *Vi., Vt.* ۱. شروع به حرکت کردن، راه افتادن ۲. تصادم کردن ۳. با خشونت حرف زدن ۴. (در معدن) پایین رفتن ۵. (با ماشین) حمل کردن
Anfahrt, die; -, -en ۱. مسافرت ۲. ورود ۳. راه ورودی
Anfahrtskraft, die; -, ⸚e نیروی محرکه
Anfall, der; -(e)s, ⸚e ۱. حمله، هجوم ۲. حاصل، نتیجه ۳. بروز ناگهانی (بیماری)
anfallen *Vt., Vi.* ۱. به (کسی) حمله کردن، به (کسی) هجوم آوردن ۲. نتیجه دادن، ناشی شدن ۳. تشکیل شدن، به وجود آمدن
Das Tier hat ihn angefallen. حیوان به او حمله کرد.
anfällig *Adj.* کم بنیه، ضعیف‌المزاج، مستعد بیماری
Anfälligkeit, die; - استعدادِ ابتلا به بیماری
Anfang, der; -(e)s, ⸚e آغاز، ابتدا، شروع، اول
am Anfang در ابتدا، در آغاز
von Anfang an از همان ابتدا
von Anfang bis Ende از اول تا آخر
Anfang Mai اوایل ماه مه
Aller Anfang ist schwer. شروع هر کاری مشکل است.
anfangen *Vt., Vi.* ۱. آغاز کردن، شروع کردن ۲. آغاز شدن، شروع شدن
mit etwas **anfangen** چیزی را شروع کردن
bei einer Firma anfangen در یک شرکت شروع به کار کردن
Anfänger, der; -s, - مبتدی، تازه کار
Anfängerin, die; -, -nen مبتدی، تازه کار (زن)
anfänglich *Adj., Adv.* ۱. اولیه، ابتدایی ۲. در ابتدا، در آغاز، در اول
anfangs *Adv., Präp.* ۱. در ابتدا، در آغاز، در اول ۲. اوایل
Anfangs ging alles gut. در آغاز همه‌چیز به خوشی گذشت.
anfangs dieses Jahres اوایل سال جاری
Anfangsbedingung, die; -, -en شرط مقدماتی
Anfangsbuchstabe, der; -n, -n حرف اول (کلمه)
Anfangsgründe, die / *Pl.* مقدمات هر چیز، مراحل اولیه، اصول
Anfangskapital, das; -(e)s, -e سرمایهٔ اولیه
Anfangspunkt, der; -(e)s, -e نقطهٔ آغازین

Anfangsunterricht, der; -(e)s درس مقدماتی
Anfangsvers, der; -es, -e بیت اول
anfassen *Vt., Vi., Vr.* ۱. دست زدن، لمس کردن ۲. کمک کردن ، گوشهٔ کار را گرفتن
jemanden **hart anfassen** باکسی با خشونت رفتار کردن
Ihm gluckt alles was er anfaßt. او در هر کاری موفق می‌شود.
Nicht anfassen! دست نزنید!
anfaulen *Vi.* شروع به پوسیدن کردن، شروع به گندیدن کردن
anfechtbar *Adj.* قابل اعتراض
anfechten *Vt.* ۱. به (چیزی) اعتراض کردن، رد کردن، انکار کردن ۲. در (چیزی) تردید کردن
Anfechtung, der; -, -en ۱. اعتراض، رد، انکار ۲. تردید
anfeinden *Vt.* دشمنی کردن، عداوت کردن؛ بدخواهی کردن
Anfeindung, die; -, -en دشمنی، عداوت؛ بدخواهی
anfertigen *Vt.* ساختن، درست کردن، تهیه کردن، عمل آوردن
Anfertigung, die; -, -en ساخت، تهیه
anfeuchten *Vt.* تر کردن، خیس کردن، مرطوب ساختن
Anfeuchtung, die; -, -en تری، رطوبت
anfeuern *Vt.* ۱. تحریک کردن، برانگیختن ۲. روشن کردن (آتش)
Anfeuerung, die; -, -en ۱. تحریک، برانگیزی ۲. آتش‌افروزی
anflehen *Vt.* التماس کردن، به لابه خواستن
jemanden **um Hilfe anflehen** از کسی تقاضای کمک کردن
Anflehung, die; -, -en التماس، عجز و لابه
anflicken *Vt.* ۱. وصله کردن، بند زدن، رفو کردن ۲. پشت سر (کسی) حرف زدن، غیبت (کسی) را کردن
anfliegen *Vi., Vt.* ۱. (بر فراز جایی) پرواز کردن ۲. (پروازکنان به جایی) رسیدن ۳. بدون زحمت به‌دست آوردن
Anflug, der; -(e)s, ⸚e پرواز (برای مقصدی معین)
Die Maschine ist im Anflug. هواپیما آمادهٔ پرواز است.
anfordern *Vt.* مطالبه کردن، درخواست کردن
Anforderung, die; -, -en مطالبه، درخواست
Anfrage, die; -, -n ۱. سؤال، پرسش ۲. (در مجلس) استیضاح
anfragen *Vi.* ۱. سؤال کردن، پرسیدن ۲. استیضاح کردن
anfressen *Vt.* ۱. گاز زدن، جویدن ۲. خوردن، زنگ زدن (فلزات)

anfreunden *Vr.* دوست شدن، رفاقت کردن
anfrieren *Vi.* یخ بستن
anfügen *Vt.* پیوست کردن، ضمیمه کردن
Anfügung, die; -, -en پیوست، ضمیمه
anfühlen *Vt., Vr.* ۱. لمس کردن، به (چیزی) دست زدن ۲. لمس کردن
Anfuhr, die; -, -en نقل، حمل
anführen *Vt.* ۱. هدایت کردن، رهبری کردن، راهنمایی کردن ۲. ذکر کردن، یادآور شدن ۳. نقل‌قول کردن
Grund für etwas **anführen** برای چیزی دلیل آوردن
Anführer, der; -s, - پیشوا، سردسته، رهبر
Anführerin, die; -, -nen پیشوا، سردسته، رهبر (زن)
Anführung, die; -, -en ۱. هدایت، راهنمایی، رهبری ۲. نقل‌قول
Anführungsstrich, der; -(e)s, -e علامت نقل‌قول
Anführungszeichen, das; -s, - علامت نقل‌قول
anfüllen *Vt.* پر کردن، انباشتن
Anfüllung, die; - پری، انباشتگی
Angabe, die; -, -n ۱. بیان، اظهار، اطلاع ۲. ادعا، گزاف‌گویی ۳. (ورزش) ضربهٔ اول
Angaben über etwas **haben** اطلاعات راجع به چیزی داشتن
angaffen *Vt.* به (کسی) خیره نگریستن
angähnen *Vt.* رو به (کسی) خمیازه کشیدن
angängig *Adj.* ممکن، شدنی، مجاز، امکان‌پذیر
angebaut *Adj.* آباد، معمور
angeben *Vt., Vi.* ۱. اظهار کردن، بیان کردن ۲. لو دادن ۳. پز دادن، خودنمایی کردن، لاف‌زدن ۴. ادعا کردن ۵. (ورزش) ضربه اول را زدن
Angeber, der; -s, - لاف‌زن، خودنما
Angeberei, die; -, -en لاف‌زنی، خودنمایی
angeberisch *Adj.* خودنما؛ پرمدعا؛ لاف‌زن
Angebinde, das; -s, - هدیه، تحفه، پیشکشی
angeblich *Adj., Adv.* ۱. فرضی، غیر واقعی ۲. از قرار
Er ist angeblich Musiker. ظاهراً او موسیقی‌دان است.
angeboren *Adj.* فطری، مادرزاد
Angebot, das; -(e)s, -e پیشنهاد، عرضه
Angebot und Nachfrage عرضه و تقاضا
ein Angebot machen پیشنهادی دادن
Angebotspreis, der; -es, -e قیمت پیشنهادی
angebracht *Adj.* مناسب، مقتضی؛ معقول، بجا
Dieser Ton ist hier nicht angebracht. این آهنگ مناسب اینجا نیست.
angedeihen *Vt.* اعطا کردن، بخشیدن

angegossen 42

angegossen *Adj.* درست؛ اندازه، قالب
Der Anzug sitzt wie angegossen.
لباس کاملاً برازنده است.
angegriffen *Adj.* کسل، رنجور، گرفته
sich etwas angegriffen führen احساس کسالت کردن
Angegriffenheit, die; - کسالت، رنجوری
angeheiratet *Adj.* [خویشی، خویشاوند] سببی
angeheitert *Adj.* سرخوش، سرحال، سرمست، شنگول
angehen *Vi., Vt.* ۱. شروع شدن ۲. قابل قبول بودن، قابل تحمل بودن ۳. گندیدن، فاسدشدن ۴. روشن شدن (آتش) ۵. مبارزه کردن ۶. مربوط بودن ۷. روییدن، ریشه دوانیدن ۸. به (کاری) مبادرت کردن
Das geht dich nichts an! به تو مربوط نیست!
angehend *Adj.* ۱. در حال تکامل ۲. تازه‌کار
ein angehender Künstler یک هنرمند مبتدی
angehören *Vi.* متعلق بودن، اختصاص داشتن، وابسته بودن، مربوط بودن
angehörig *Adj.* متعلق، وابسته، مربوط
Angehörige, der / die; -n, -n ۱. قوم و خویش، خویشاوند نزدیک ۲. عضو (شرکت)
Angehörigen, die / *Pl.* خویشاوندان نزدیک
Angeklagte, der / die; -n, -n متهم، مدعی علیه
angeknackst *Adj.* آسیب‌دیده
Angel, die; -, -n ۱. قلاب ماهی‌گیری ۲. پاشنهٔ در
Angeld, das; -(e)s, -er بیعانه؛ مساعده
angelegen *Adj.* مهم، موردتوجه
Angelegenheit, die; -, -en کار، موضوع، امر، قضیه
Kümmre dich um deine eigenen Angelegenheiten.
سرت توی کار خودت باشد.
angelegentlich *Adj., Adv.* جدی، مصرانه
Angelhaken, der; -s, - قلاب ماهی‌گیری
Angelleine, die; -, - ریسمان ماهی‌گیری
angeln *Vt., Vi.* ۱. با قلاب گرفتن (ماهی) ۲. با قلاب ماهی گرفتن، ماهی‌گیری کردن
Sie hat sich einen Mann geangelt.
او مردی را به تور زده است.
Angeln, das; -s صید ماهی (با قلاب)
angeloben *Vt.* قول (چیزی) را دادن، با (کسی) عهد کردن، سوگند (چیزی) یاد کردن
Angelöbnis, das; - قول، عهد، ادای سوگند
Angelpunkt, der; -(e)s, -e ۱. نقطهٔ عطف ۲. کانون، محور
Angelschein, der; -(e)s, -e جواز ماهی‌گیری

angemessen *Adj.* مناسب، مطابق، متناسب
angemessener Preis قیمت عادلانه
angenehm *Adj.* مطبوع، گوارا؛ دلپذیر، پسندیده، خوشایند
Angenehme Ruhe! خوب بخوابی!
angenommen *Adj.* ۱. پذیرفته، قابل قبول ۲. به فرض، فرضاً
Angenommen, daß... به فرض اینکه ...
angepaßt *Adj.* (با اوضاع و احوال) سازگار
Anger, der; -s, - چمن، مرتع
angeregt *Adj., Adv.* جالب، پُرهیجان، پرحرارت
angeschlagen *Adj.* از حال رفته، خسته
Angeschuldigte, der / die; -n, -n متهم، مظنون، مدعی‌علیه
angesehen *Adj.* محترم، معتبر؛ متشخص؛ سرشناس
Angesicht, das; -(e)s, -e(r) چهره، صورت، رو، سیما
angesichts *Präp.* ۱. با توجه به، به لحاظِ، نظر به، در قبالِ ۲. هنگام
angestammt *Adj.* اجدادی، موروثی
Angestellte, der / die; -n, -n کارمند
angetrunken *Adj.* نیمه مست
angewandt *Adj.* عملی، شدنی
angewiesen *Adj.* تابع، وابسته، محتاج
Ich bin auf seine Hilfe angewiesen.
به کمک او محتاجم.
angewöhnen *Vr., Vt.* ۱. عادت کردن، معتاد شدن ۲. عادت دادن، معتاد کردن
Angewohnheit, die; -, -en عادت، اعتیاد
angewurzelt *Adj.* میخکوب، برجای مانده
angezeigt *Adj.* پسندیده؛ قابل توصیه
Angina, die; -, -nen آنژین، گلودرد
Angina pectoris, die; -, - درد سینه، درد قلب
angleichen *Vt.* برابر کردن، منطبق کردن
Angleichung, die; -, -en تطابق، برابری
Angler, der; -s, - ماهی‌گیر (با قلاب)
angliedern *Vt.* ۱. الحاق کردن، ضمیمه کردن ۲. چسباندن
Angliederung, die; - الحاق، ضمیمه
anglikanisch *Adj.* آنگلیکن، (مربوط به) کلیسای انگلیس
anglisieren *Vt.* انگلیسی کردن، پذیرفتن (رسوم انگلیسی)
Anglist, der; -en, -en ۱. انگلیس‌شناس ۲. انگلیس‌گرا
Anglistik, die; - (رشتهٔ) زبان و ادبیات انگلیسی

43 **anheimfallen**

anglophil *Adj.* آنگلوفیل، انگلیس‌دوست
anglotzen *Vt.* به (چیزی) خیره شدن
Angorakatze, die; -, -n گربهٔ بُراق
angreifen *Vt.* ۱. به (کسی) حمله کردن، به (کسی) یورش بردن، به (کسی) هجوم آوردن ۲. گرفتن، قاپیدن ۳. خسته کردن ۴. خراب کردن ۵. لمس کردن ۶. ضایع کردن، خوردن (توسط اسید)
angreifend *Adj.* مهاجم
Angreifer, der; -s, - مهاجم؛ تجاوزکار
angrenzen *Vi.* مجاور بودن، هم‌جوار بودن
angrenzend *Adj.* مجاور، هم‌جوار
Angriff, der; -(e)s, -e حمله، هجوم، یورش، تجاوز
etwas **in Angriff nehmen** کاری را شروع کردن، به کاری دست زدن
angriffsbereit *Adj.* آمادهٔ حمله
Angriffskrieg, der; -(e)s, -e جنگ تهاجمی
angriffslustig *Adj.* پرخاشگر، ستیزه‌جو
Angriffspolitik, die; -, -en سیاست تهاجمی
Angriffspunkt, der; -(e)s, -e هدف حمله
Angriffsspieler, der; -s, - فوروارد، بازیکن خط حمله
Angst, die; -, ¨-e ترس، وحشت، بیم، هراس
Angst haben ترس داشتن، ترسیدن
von jemandem **Angst haben** از کسی ترسیدن
angst *Adj.* وحشت‌زده، ناآرام
Mir ist angst! می‌ترسم!
Angsthase, der; -n, -n ترسو، بزدل
ängstigen *Vt., Vr.* ۱. ترساندن، وحشت‌زده کردن، متوحش کردن ۲. ترسیدن، وحشت کردن
ängstlich *Adj.* ترسو، بزدل؛ مشوش، وحشت‌زده، ناآرام
Ängstlichkeit, die; - ترس؛ دلواپسی، اضطراب، نگرانی
Angstmacher, der; -s, - کسی که ایجاد وحشتِ بی‌مورد کند
Angstschweiß, der; -es, -e عرقِ ترس
angstvoll *Adj.* ترسناک، وحشتناک
angucken *Vt.* نگاه کردن، تماشا کردن
angurten *Vr.* (در اتومبیل و هواپیما) کمربند ایمنی (خود) را بستن
anhaben *Vt.* در بر داشتن، به تن داشتن (لباس)
anhaften *Vi.* چسبیدن؛ متصل بودن، بند شدن
anhaftend *Adj.* چسبنده
anhaken *Vt.* ۱. علامت (چیزی) گذاشتن ۲. به قلاب آویزان کردن

Anhalt, der; -(e)s, -e کمک، پشتیبانی
anhalten *Vt., Vr., Vi.* ۱. نگه داشتن، متوقف کردن ۲. محکم گرفتن ۳. توقف کردن، از حرکت بازماندن ۴. ادامه داشتن، دوام یافتن
anhaltend *Adj.* پیوسته، دائم، مداوم
Anhalter, der; -s, - کسی که در راه دست نگه دارد و رایگان سوار اتومبیلی شود، رایگان‌سوار، اتواستاپ زن
per Anhalter fahren مسافتی را با نگه داشتن وسیلهٔ نقلیه دیگران رفتن، اتواستاپ زدن
Anhaltspunkt, der; -(e)s, -e تکیه‌گاه، نقطهٔ اتکا
anhand *Präp.* با کمکِ، به وسیلهٔ، با استفاده از
Anhang, der; -(e)s, -e ۱. ضمیمه، الحاق، پیوست ۲. طرفدار، پیرو
anhangen *Vi.* ۱. طرفدار بودن، پیرو بودن ۲. پیوستن
anhängen *Vt., Vi.* ۱. به (چیزی) آویزان کردن، به (چیزی) آویختن ۲. به (چیزی) پیرایه بستن ۳. از (کسی) بدگویی کردن ۴. علاقه داشتن
Anhänger, der; -s, - ۱. (در مورد مکتب مذهبی/سیاسی) طرفدار، پیرو، هوادار ۲. گردن‌بند ۳. تریلر، یدک‌کش (اتومبیل) ۴. کارت چمدان
Anhängerin, die; -, -nen طرفدار، پیرو، هوادار (زن)
anhängig *Adj.* معلق، معوق، پا در هوا
anhänglich *Adj.* باعاطفه، علاقه‌مند، وفادار
Anhänglichkeit, die; - عاطفه، علاقه، دلبستگی، وفاداری
Anhängsel, das; -s, - ۱. دنباله، پیوست، ضمیمه ۲. آویزهٔ کوچک، گردن‌بند
anhangsweise *Adv.* به ضمیمه، به پیوست
Anhauch, der; -(e)s دم، نفس
anhauchen *Vt.* ۱. به (چیزی) دمیدن ۲. به (کسی) بد و بیراه گفتن
anhäufen *Vt., Vr.* ۱. توده کردن، انباشتن، اندوختن، گرد کردن، روی هم جمع کردن ۲. بیشتر شدن، جمع شدن، انباشته شدن
Anhäufung, die; -, -en توده، تراکم، انبوهی، انباشتگی
anheben *Vt., Vi.* ۱. کمی بلند کردن ۲. افزایش دادن، بالا بردن (قیمت) ۳. آغاز کردن، شروع کردن
anheften *Vt.* ۱. سنجاق کردن ۲. کوک زدن ۳. ضمیمه کردن، پیوستن
anheimeln *Vt.* ۱. برای (کسی) بوی وطن دادن ۲. برای (کسی) مأنوس بودن
anheimelnd *Adj.* خودمانی، صمیمانه
anheimfallen *Vi.* نصیب شدن، قسمت شدن

anheimgeben *Vt.* واگذار کردن، سپردن
anheimstellen *Vt.* واگذار کردن، سپردن
anheischig *Adj., Adv.* متعهد، ملزم
anheizen *Vt.* تشدید کردن، شدیدتر کردن
anherrschen *Vt.* به (کسی) آمرانه دستور دادن
anheuern *Vt.* (در کشتی) اجیر کردن، استخدام کردن
Anhieb, der; -(e)s, -e (شمشیربازی) اولین ضربه
auf Anhieb در بدو کار، از همان اول
anhimmeln *Vt.* پرستیدن، ستودن، به (کسی) عشق ورزیدن
Anhöhe, die; -, -n بلندی، ارتفاع؛ تپهٔ کوتاه
anhören *Vt., Vr.* ۱. به (کسی) گوش دادن، استماع کردن ۲. به گوش رسیدن
Hören Sie mich an! به من گوش بدهید!
Anhörung, die; -, -en استماع (نطق)
Anilin, das; -s (شیمی) آنیلین (نوعی مادهٔ سمی)
Anilinfarbe, die; -, -n رنگ آنیلینی
animalisch *Adj.* حیوانی، غریزی
animieren *Vt.* تحریک کردن، برانگیختن، وادار کردن
animierend *Adj.* محرک
animiert *Adj.* سرخوش، سرزنده
Animiertheit, die; - سرزندگی، سرخوشی
Animismus, der; - اعتقاد به روح، جان‌گرایی، همزادگرایی
Animosität, die; -, -en دشمنی، عداوت، خصومت، کین
Anis, der; -es, -e (گیاه) رازیانه، بادیان
anjagen *Vt.* با شتاب به (شکار) نزدیک شدن
anjochen *Vt.* یوغ زدن، یوغ کردن (اسب)
ankämpfen *Vi.* ۱. مبارزه کردن ۲. مقاومت کردن، پایداری کردن
Ankauf, der; -(e)s, -käufe خرید، خریداری، ابتیاع
ankaufen *Vt.* خریدن، خریداری کردن
Anker, der; -s, - لنگر
Ankerkette, die; -, -n زنجیر لنگر
ankern *Vi.* لنگر انداختن
Ankerplatz, der; -es, ⸚e لنگرگاه
Ankeruhr, die; -, -en ساعت لنگردار
anketten *Vt.* زنجیر کردن، با زنجیر بستن
Anklage, die; -, -n اتهام؛ شکایت
Anklageakt, der; -(e)s, -e پروندهٔ اتهام
Anklagebank, die; -, ⸚e جایگاه متهم، کرسی اتهام
Anklagegrund, der; -(e)s, ⸚e دلیل اتهام
anklagen *Vt.* به (کسی) تهمت زدن، متهم کردن
Anklagepunkt, der; -(e)s, -e موضوع اتهام
Ankläger, der; -s, - شاکی، مدعی، دادخواه، خواهان
Anklagerede, die; -, -n نطق شاکی
Anklägerin, die; -, -nen شاکی، مدعی، دادخواه، خواهان (زن)
anklägerisch *Adj.* شکایت‌آمیز
Anklageschrift, die; -, -en کیفرخواست، ادعانامه
Anklagezustand, der; -es, ⸚e موقعیت ادعانامه
anklammern *Vt., Vr.* ۱. با گیره محکم کردن (رخت) ۲. محکم گرفتن
sich an den Sattel anklammern خود را به زین چسباندن
Anklang, der; -(e)s, ⸚e ۱. شباهتِ صدا، مطابقهٔ صوت ۲. هماهنگی
ankleben *Vt., Vi.* ۱. چسباندن، متصل کردن ۲. چسبیده بودن، متصل بودن
Zettel ankleben verboten. چسباندن ورقه ممنوع است.
ankleiden *Vt.* لباس (کسی) را پوشاندن، لباس تن (کسی) کردن
Ankleideraum, der; -(e)s, -räume اتاقِ رخت‌کن
Ankleidezimmer, das; -s, - اتاقِ رخت‌کن
anklingeln *Vi., Vt.* به (کسی) تلفن زدن، به (کسی) زنگ زدن
anklingen *Vi., Vt.* ۱. شروع به تلفن کردن ۲. یادآوری کردن، به یاد (کسی) آوردن
Das Gedicht klingt an Goethe an. شعر ما را به یاد گوته می‌اندازد.
anknipsen *Vt.* روشن کردن (چراغ برق)
anklopfen *Vi.* ۱. زدن، در زدن، دق‌الباب کردن ۲. استدعا کردن
an die Türe anklopfen به در کوبیدن، در زدن
anknöpfen *Vt.* با دکمه زدن، با دکمه وصل کردن
anknoten *Vt.* گره زدن
anknüpfen *Vt.* ۱. بستن، وصل کردن ۲. باز کردن (سر صحبت) ۳. برقرار کردن (رابطه)
Anknüpfung, die; -, -en اتصال، وصل
Anknüpfungspunkt, der; -(e)s, -s نقطهٔ اتصال
ankommen *Vi.* ۱. وارد شدن، رسیدن، آمدن ۲. نزدیک شدن ۳. استخدام شدن ۴. به سرنوشت سپردن ۵. بستگی داشتن ۶. موردپسند واقع شدن ۷. با ارزش بودن ۸. موفقیت به دست آوردن
pünktlich ankommen سروقت رسیدن
Das kommt darauf an ... بستگی دارد به ...
Ankömmling, der; -(e)s, -e ۱. نوزاد ۲. تازه‌وارد

45 **anliegend**

ankotzen *Vt.* ۱. حال (کسی) را به هم زدن ۲. از (کسی) متنفر بودن

Das kotzt mich an! حالم را بهم می‌زند!

ankreiden *Vt.* ۱. با گچ علامت گذاشتن ۲. به دل گرفتن

ankreuzen *Vt.* علامت گذاشتن، علامت زدن

ankündigen *Vt.* (از پیش) اعلام کردن، خبر دادن

Ankündigung, die; -, -en اطلاعیه، اعلامیه، اعلام؛ یادآوری؛ خبر

Ankunft, die; -, ⸚e ورود

Ankunft und Abfahrt der Züge ورود و حرکت قطارها

ankuppeln *Vt.* وصل کردن، به‌هم پیوستن

ankurbeln *Vt.* بـه حرکت درآوردن (اتومـبیل)؛ هندل زدن

anlächeln *Vt.* به (کسی) لبخند زدن

anlachen *Vt.* ۱. به روی (کسی) خندیدن، خنده‌کنان به (کسی) نگاه کردن ۲. از (کسی) دلبری کردن

Das Stück Kuchen lacht mich an. آن شیرینی به من چشمک می‌زند.

Anlage, die; -, -n ۱. سرمایه؛ سرمایه‌گذاری ۲. باغچه‌بندی، گل‌کاری ۳. احداث، تشکیل ۴. نهاد، سرشت، خوی، خلق ۵. ضمیمه، پیوست ۶. استعداد ۷. تأسیسات

in der Anlage به پیوست

Anlagekapital, das; -(e), -e سرمایهٔ اصلی

anlagern *Vt.* جمع‌آوری کردن، انباشتن

Anlagerung, die; -, -en جمع‌آوری، انباشت

Anlagewert, der; -(e)s, -e ارزش سرمایه

anlanden *Vt., Vi.* ۱. از (کشتی) پیاده شدن ۲. پیاده شدن

Anlandung, die; -, -en (از کشتی) پیاده شدن

anlangen *Vi., Vt.* ۱. رسیدن، وارد شدن ۲. راجع به (چیزی) بودن، مربوط به (چیزی) بودن

Anlaß, der; -lasses, -lasse سبب، علت، موجب؛ مناسبت

aus diesem Anlaß به این علت

anlassen *Vt., Vr.* ۱. به راه انداختن، روشن کردن (موتور) ۲. آب دادن (فلز) ۳. چراغ را روشن گذاشتن

die Hunde gegen jemanden **anlassen** سگ‌ها را به جان کسی انداختن

Anlasser, der; -s, - استارت (اتومبیل)، عامل راه‌اندازی (موتور)

anläßlich *Präp.* به مناسبتِ؛ به سببِ، به علتِ

Anlauf, die; -(e)s, -läufe جهش، جنبش، دورخیز، راه‌اندازی

einen Anlauf nehmen zum Springen برای پرش دورخیز کردن

anlaufen *Vi., Vt.* ۱. به کار افتادن، به حرکت در آمدن ۲. دورخیز کردن، شروع به حرکت کردن ۳. تیره و تار شدن ۴. رنگ گرفتن ۵. زیاد شدن (قرض) ۶. به ساحل بردن (کشتی)

Anlaufzeit, die; -, -en زمانِ به حرکت درآمدن

Anlaut, der; -(e)s, -e حرف اول، صدای آغازی

anlauten *Vi.* شروع شدن (کلمه)

Das Wort lautet mit "i" an. کلمه با حرف "ای" شروع می‌شود.

anläuten *Vi., Vt.* به (کسی) تلفن کردن

anlegen *Vt., Vi., Vr.* ۱. در (جایی) سرمایه‌گذاری کردن ۲. ساختن، ایجاد کردن ۳. پانسمان کردن ۴. پوشیدن ۵. تکیه دادن، لمیدن ۶. پهلو گرفتن (کشتی) ۷. سر دعوا داشتن

Anlegeplatz, der; -es, ⸚e لنگرگاه

Anlegestelle, die; -, -n لنگرگاه

Anlegung, die; - ۱. تشکیل؛ تهیه؛ تنظیم؛ ایجاد ۲. سرمایه‌گذاری

Anlehen, das; -s قرض، وام

anlehnen *Vt., Vr.* ۱. به (جایی) تکیه دادن ۲. پیش کردن (در و پنجره) ۳. سر مشق قرار دادن ۴. لم دادن، لمیدن

Nicht anlehnen! تکیه ندهید!

Anlehnung, die; -, -en تکیه، لم

Anleihe, die; -, -n ۱. قرض، وام ۲. اقتباس

eine Anleihe bei jemandem **machen** از کسی قرض گرفتن

anleimen *Vt.* چسباندن

anleinen *Vt.* قلاده بستن (حیوان)

anleiten *Vt.* هدایت کردن، راهنمایی کردن

Anleitung, die; -, -en هدایت، راهنمایی، ارشاد

Anlernberuf, der; -(e)s, -e شغل تخصصی، شغل کارشناسی

anlernen *Vt.* به (کسی) تعلیم دادن، به (کسی) یاد دادن، به (کسی) آموزش دادن

Anlernling, der; -s, -e شاگرد، کارآموز

Anlernzeit, die; -, -en مدت یادگیری

anliefern *Vt.* تحویل دادن

anliegen *Vi.* ۱. مجاور بودن، در همسایگی قرار داشتن ۲. پیوست بودن ۳. تقاضا کردن ۴. جهتی را در پیش داشتن ۵. به تن چسبیدن (لباس)

Anliegen, das; -s, - نیاز؛ خواهش، تمنا، خواسته

Ich habe ein Anliegen an Sie. تقاضایی از شما دارم.

anliegend *Adj.* ۱. مجاور، همسایه ۲. پیوست، ضمیمه

Anlieger, der; -s, - ۱. همسایهٔ دیوار به دیوار ۲. مالک خانه

Nur für Anlieger frei. فقط برای ساکنان آزاد است.

Anliegerstaat, der; -es, -en کشور همسایه

anloben *Vt.* ستودن، مدح کردن

anlocken *Vt.* تطمیع کردن، اغوا کردن، به‌تور انداختن، جلب کردن

Anlockung, die; -, -en تطمیع، اغوا

anlöten *Vt.* لحیم کردن

anlügen *Vt.* به (کسی) دروغ گفتن

anmachen *Vt.* ۱. نصب کردن، محکم کردن ۲. روشن کردن ۳. آماده کردن ۴. تحریک کردن ۵. به حرکت درآوردن ۶. پختن

anmahnen *Vt.* تهدید کردن، به (کسی) اخطار کردن

anmalen *Vt.* رنگ زدن، نقاشی کردن

Anmarsch, der; -(e)s پیشروی

anmarschieren *Vi.* پیشروی کردن، جلو رفتن

anmaßen *Vr.* ادعا کردن

anmaßend *Adj.* پرمدعا، متکبر، مغرور

Anmaßung, die; -, -en تکبر، غرور بی‌جا

Anmeldeformular, das; -s, -e برگهٔ مشخصات، فرم چاپی، پرسش‌نامه

anmelden *Vt., Vr.* معرفی کردن، به (کسی) اطلاع دادن، به (کسی) خبر دادن، به (کسی) آگهی دادن

Anmeldung, die; -, -en معرفی؛ اطلاع، خبر

anmerken *Vt.* ۱. در حاشیه گفتن ۲. مشاهده کردن ۳. علامت زدن

Anmerkung, die; -, -en ۱. علامت ۲. اخطار؛ تبصره؛ جملهٔ معترضه؛ تذکر ۳. پانویس

anmessen *Vt.* اندازه گرفتن، اندازه‌گیری کردن

anmieten *Vt.* کرایه کردن

anmontieren *Vt.* مونتاژ کردن، نصب کردن

anmustern *Vt., Vi.* ۱. گرفتن (سرباز) ۲. به سربازی رفتن

Anmut, die; - ملاحت، ناز، افسون، فریبندگی

anmuten *Vt.* روی (کسی) تاثیر گذاشتن

anmutig *Adj.* ملیح، نازدار، افسونگر، فریبا

annageln *Vt.* به (چیزی) میخ زدن، با میخ محکم کردن

annähen *Vt.* دوختن

annähern *Vt., Vr.* ۱. نزدیک کردن ۲. نزدیک شدن

annähernd *Adv.* به طور تقریب، تقریباً، حدوداً

Annäherung, die; -, -en ۱. نزدیکی ۲. تعادل

Annäherungsversuche, die / *Pl.* سعی در نزدیکی و تماس

annäherungsweise *Adv.* به طور تقریب

Annäherungswert, der; -(e)s قیمت تقریبی

Annahme, die; -, -n ۱. پذیرش، قبولی ۲. عقیده، فرضیه

Annahme unter Vorbehalt پذیرش مشروط

annahmebereit *Adj.* مستعد قبول، پذیرا

Annahmeschluß, der; -schlusses, -schlüsse خاتمهٔ پذیرش

Annahmeverweigerung, die; -, -en امتناع از پذیرش، رد

Annahmeverzug, der; -(e)s, ⸚e تأخیر پذیرش

Annalen, die / *Pl.* سالنامه، وقایع‌نامه

Annalistik, die; - وقایع‌نگاری، وقایع‌شناسی

annehmbar *Adj.* قابل قبول، پذیرفتنی

annehmen *Vt., Vr.* ۱. پذیرفتن، قبول کردن ۲. به (چیزی) عادت کردن ۳. تأئید کردن ۴. فرض کردن، تصور کردن ۵. بغل کردن (بچه) ۶. مواظب (کسی) بودن

mit Dank annehmen با امتنان پذیرفتن

Nehmen wir an ... فرض می‌کنیم ...

annehmlich *Adj.* مطبوع؛ سازگار؛ راحت

Annehmlichkeit, die; -, -en لذت؛ راحتی؛ سازگاری

annektieren *Vt.* ۱. تصرف کردن، غصب کردن ۲. ضمیمه کردن

Annexion, die; -, -en ۱. غصب، تصرف ۲. ضمیمه

Annonce, die; -, -n آگهی، اعلان

Annoncenbüro, das; -s, -s دفتر آگهی

annoncieren *Vt.* آگهی دادن، آگهی کردن

annuel *Adj.* یک ساله

annullieren *Vt.* فسخ کردن، لغو کردن، باطل کردن

Anullierung, die; -, -en فسخ، لغو

Anode, die; -, -n (فیزیک) آنود، الکترودِ مثبت

anöden *Vt.* حوصلهٔ (کسی) را سر بردن

anomal *Adj.* غیرعادی، نابهنجار

Anomalie, die; -, -n بی‌نظمی، بی‌قاعدگی، نابهنجاری

anonym *Adj.* بی‌نام، ناشناس؛ مخفی

anonymer Brief نامهٔ بی‌امضا

Anonymität, die; - بی‌نامی، گمنامی، ناشناسی

Anorak, der; -s, -s آنوراک (نوعی تن‌پوش ضد باد و باران)

anordnen *Vt.* ۱. مرتب کردن، ردیف کردن ۲. به (کسی) فرمان دادن، به (کسی) دستور دادن

Anordnung, die; -, -en ۱. ترتیب، تنظیم ۲. فرمان، دستور

anorganisch *Adj.* ۱. (شیمی) غیر آلی، معدنی ۲. سازمان‌نیافته

anormal *Adj.* غیر عادی، نابهنجار
anpacken *Vt.* گرفتن؛ قاپیدن؛ به‌چنگ آوردن
anpassen *Vt., Vr.* ۱. تطبیق دادن، وفق دادن، جور کردن ۲. مناسب بودن، مطابقت کردن
Anpassung, die; -, -en تطبیق، توافق، سازش، مطابقت
anpassungsfähig *Adj.* قابل تطبیق، سازگار، انطباق‌پذیر
Anpassungsfähigkeit, die; -, -en قابلیت سازش، سازگاری
anpeilen *Vt.* نشانه رفتن، هدف قرار دادن
anpfeifen *Vi., Vt.* ۱. سوت شروع بازی را زدن ۲. توبیخ کردن
Anpfiff, der; -(e)s, -e ۱. سوت (شروع بازی) ۲. توبیخ، سرزنش
anpflanzen *Vt.* کاشتن، کشت کردن، زراعت کردن
Anpflanzung, die; -, -en کشت، زراعت
anpinseln *Vt.* رنگ کردن، رنگ زدن
anpöbeln *Vt.* حرف رکیک به (کسی) زدن، به (کسی) فحش دادن
anpochen *Vi.* به در کوبیدن
Anprall, der; -(e)s, -e تصادم، برخورد شدید
anprallen *Vi.* تصادم کردن
anprangern *Vt.* رسوا کردن، بی‌آبرو کردن
Anprangerung, die; -, -en رسوایی، بی‌آبرویی
anpreisen *Vt.* از (چیزی) تعریف کردن، ستودن؛ توصیه کردن
Anpreisung, die; -, -en تعریف، توصیف
anpressen *Vt.* فشار دادن
Anprobe, die; -, -n آزمایش، امتحان؛ پرو (لباس)
anprobieren *Vt.* آزمایش کردن، امتحان کردن، پرو کردن (لباس)
anpumpen *Vt.* قرض گرفتن، قرض خواستن، قرض کردن
anquatschen *Vt.* چرند گفتن، بی‌ملاحظه گفتن
Anrainer, der; -s, - ۱. همسایهٔ دیوار به دیوار ۲. مالک زمین مجاور
Anrainerstaat, der; -es, -en کشور همسایه، کشور هم‌جوار
anraten *Vt.* ۱. به (کسی) پند دادن ۲. به (کسی) توصیه کردن
Anraten, der; -s ۱. پند ۲. توصیه
Anratung, die; - ۱. پند ۲. توصیه
anrauchen *Vt.* پک اول زدن (سیگار)
anräuchen *Vt.* دودی کردن (گوشت)
anrechnen *Vt.* ۱. به حساب آوردن، در حساب منظور کردن، پای کسی حساب کردن ۲. از (کسی) قدردانی کردن
Anrechnung, die; -, -en ۱. محاسبه ۲. قدردانی
Anrecht, das; -(e)s, -e حق، استحقاق
Anrede, die; -, -n خطاب، عنوان، مقام
Anredeform, die; -, -en نوع خطاب
anreden *Vt.* به (کسی) خطاب کردن، مخاطب قرار دادن
anregen *Vt.* تحریک کردن، برانگیختن؛ تشویق کردن
anregend *Adj.* محرک، انگیزنده
Anregung, die; -, -en تحریک؛ انگیزه؛ تهییج
Anregungsmittel, das; -s, - داروی محرک
anreichern *Vt.* ۱. غنی کردن، دولتمند کردن ۲. جمع کردن
Anreicherung, die; -, -en ۱. اغنا، توانگری، دولتمندی ۲. جمع‌آوری
anreihen *Vt., Vr.* ۱. ردیف کردن ۲. پشت سر هم آمدن
Ein Unglück reihte sich ans andere. بدبختی یکی بعد از دیگری آمد.
anreisen *Vi.* (در سفر) به مقصد رسیدن
anreißen *Vt.* ۱. پاره کردن، شکاف دادن ۲. از (چیزی) شروع به استفاده کردن ۳. مرتعش کردن (سیم) ۴. برای (کسی) بازارگرمی کردن، جلب کردن (مشتری) ۵. خط‌کشی کردن ۶. به راه انداختن (موتور) ۷. روشن کردن (کبریت)
Anreißer, der; -s, - مشتری جلب کن
Anreiz, der; -(e)s, -e ۱. تحریک؛ جذب ۲. تشویق
anreizen *Vt.* ۱. تحریک کردن، تشویق کردن ۲. جذب کردن
anrempeln *Vt.* ۱. با (کسی) گلاویز شدن ۲. به (کسی) تنه زدن
anrennen *Vt.* تصادم کردن، به هم خوردن
Anrichte, die; -, -n قفسه، میز (مخصوص سرو کردن غذا)
anrichten *Vt.* ۱. تهیه کردن، حاضر کردن ۲. آماده کردن (غذا) ۳. چیدن (سفره)
Das Essen ist angerichtet. غذا حاضر است.
Was hast du wieder alles angerichtet? باز چه دسته گلی به آب دادی؟
anrüchig *Adj.* بدنام، بی‌اعتبار، بی‌آبرو
Anrüchigkeit, die; -, -en بدنامی، بی‌آبرویی
anrücken *Vi., Vt.* ۱. نزدیک شدن، جلو رفتن ۲. حرکت دادن

Anrücken 48

Anrücken, das; -s حرکت، پیشرفت
anrudern *Vi.* پارو زدن
Anruf, der; -(e)s, -e مکالمهٔ تلفنی، گفت‌وگوی تلفنی
anrufen *Vt.* ۱. به (کسی) تلفن زدن، به (کسی) زنگ زدن ۲. از (کسی) یاری خواستن
jemanden **anrufen** به کسی تلفن زدن
ein Gericht anrufen از دادگاه تقاضای کمک کردن
Anrufer, der; -s, - تلفن‌کننده
Anrufung, die; -, -en یاری، کمک
anrühren *Vt.* ۱. دست زدن، لمس کردن ۲. مخلوط کردن، هم زدن، آماده کردن (خمیر، رنگ)
Bitte nicht anrühren! لطفاً دست نزنید!
Er rührt keinen Alkohol an. او لب به الکل نمی‌زند.
Anrühren, das; -s لمس
ans = *an + das*
Ansage, die; -, -n پیام، اطلاعیه، اعلان
ansagen *Vt.* اعلام کردن (برنامه)، به اطلاع (کسی) رسانیدن، به (کسی) خبر دادن
jemandem **den Kampf ansagen** به کسی اعلان جنگ دادن
Ansager, der; -s, - (در رادیو و تلویزیون) گوینده
Ansagerin, die; -, -nen (در رادیو و تلویزیون) گویندهٔ زن
ansammeln *Vt., Vi.* ۱. جمع کردن، انباشتن، فراهم آوردن ۲. جمع شدن، انباشته شدن
Ansammlung, die; -, -en جمع‌آوری، تجمع؛ تراکم، انباشت
ansässig *Adj.* ساکن، مقیم
Ansässige, der/die; -n, -n ساکن، مقیم
Ansässigkeit, die; - اقامت، سکونت
Ansatz, der; -es, ⸚e ۱. قمیش (جزئی از سازِ بادی که به دهان می‌گذارند) ۲. شروع ۳. رسوب ۴. پاشنه (کفش) ۵. برآورد
Ansatzpunkt, der; -(e)s, -e نقطهٔ شروع
Ansatzstück, das; -(e)s, -e قطعهٔ اضافی
ansäuern *Vt.* ۱. (شیمی) اسیدی کردن ۲. ترش کردن (خمیر)
ansaufen *Vr.* مست کردن
ansaugen *Vt.* مکیدن، جذب کردن، به خود کشیدن
anschaffen *Vt.* ۱. به دست آوردن، فراهم کردن، تهیه کردن ۲. خریدن ۳. به (کسی) دستور دادن
Anschaffung, die; -, -en ۱. تهیه، کسب ۲. خرید ۳. دستور
Anschaffungskosten, die/*Pl.* مخارج تهیه
Anschaffungspreis, der; -es, -e بهای تهیه
Anschaffungswert, der; -(e)s, -e ارزش تهیه
anschalten *Vt.* روشن کردن (موتور، چراغ)
anschauen *Vt.* تماشا کردن، به (کسی/چیزی) نگریستن
anschaulich *Adj.* واضح، آشکار؛ قابل تجسم
Anschaulichkeit, die; -, -en وضوح، آشکاری
Anschauung, die; -, -en ۱. عقیده، اعتقاد ۲. تصور، نظر، مشاهده
Anschauungsvermögen, das; -s, - قدرت تجسم
Anschein, der; -(e)s, -e نمود، ظاهر، صورتِ ظاهر
anscheinend *Adv.* ظاهراً، از قرار معلوم
anscheißen *Vt.* ۱. به (کسی) دروغ گفتن ۲. به (کسی) فحاشی کردن ۳. فریب دادن ۴. مزاحم (کسی) شدن
anschicken *Vr.* شروع کردن، دست به کاری زدن؛ برای کاری آماده شدن
anschieben *Vt.* جابه‌جا کردن، هل دادن
anschielen *Vt.* به (کسی) زیر چشمی نگاه کردن
anschießen *Vi., Vt.* ۱. به (کسی/چیزی) تیر زدن؛ به (کسی/چیزی) تیر خوردن ۲. از (کسی) انتقاد کردن ۳. به سرعت رسیدن
anschirren *Vt.* یراق زدن، دهنه گذاشتن (اسب)
Anschlag, der; -(e)s, ⸚e ۱. اعلان، آگهی دیواری ۲. سوءقصد، توطئهٔ قتل ۳. گیر، مانع ۴. تخمین (قیمت) ۵. انگشت‌گذاری (پیانو)
Anschlagbrett, das; -(e)s, -er تختهٔ اعلانات، تختهٔ آگهی‌ها
anschlagen *Vt., Vi.* ۱. چسباندن، نصب کردن (آگهی دیواری) ۲. به (کسی) سوءقصد کردن ۳. انگشت‌گذاری کردن (پیانو) ۴. تخمین زدن، برآورد کردن (قیمت) ۵. اثر داشتن ۶. پارس کردن (سگ)
anschlägig *Adj.* ماهر، کارکشته
Anschlagsäule, die; -, -n ستون اعلانات
Anschlagzettel, der; -s, - ورقهٔ اعلان
anschleichen *Vi., Vr.* پاورچین پاورچین نزدیک شدن
anschleppen *Vt.* به زحمت (باری) را کشیدن
anschließen *Vt., Vi.* ۱. ارتباط دادن، وصل کردن ۲. ضمیمه کردن، ملحق کردن ۳. ملحق شدن، متصل شدن
anschließend *Adv.* پس از آن، در پی آن، سپس، بعداً
Anschluß, der; -schlusses, -schlüsse اتصال، ارتباط (تلفنی)، انشعاب
Kein Anschluß unter dieser Nummer. این شماره (تلفن) به جایی وصل نیست.
in Anschluß an بلافاصله بعد از

49 Ansicht

Die Strecke hat Anschluß an die Hauptbahn. راه به جاده اصلی منتهی می‌شود.

Anschlußarbeiten, die / *Pl.* کارهای اضافی

Anschlußflug, der; -(e)s, ⸚e ادامهٔ پرواز (با هواپیمای دیگر)

Anschlußgebühr, die; -, -en مخارج اضافی

Anschlußkabel, das; -s, - سیم اتصال

Anschlußrohr, das; -(e)s, -e لولهٔ اتصال

Anschlußstation, die; -, -en ایستگاه بین راه

anschmieden *Vt.* جوش دادن، متصل کردن

anschmiegen *Vr., Vt.* ۱. جا گرفتن، منزل کردن ۲. چسباندن ۳. در بر کردن (لباس)

Das Kind schmiegte sich sein Gesicht an die Mutter an. بچه صورت خود را به مادرش چسباند.

anschmiegsam *Adj.* باعاطفه؛ نازدار؛ لطیف

Anschmiegsamkeit, die; - عاطفه؛ ناز؛ لطف

anschmieren *Vt., Vr.* ۱. به (چیزی) روغن زدن، به (چیزی) روغن مالیدن ۲. کلاه سرِ (کسی) گذاشتن ۳. فشار آوردن

anschnallen *Vt.* (در اتومبیل، هواپیما) کمربند بستن، کمربند ایمنی بستن

Hast du dich angeschnallt? کمربند (ایمنی) خود را بسته‌ای؟

Anschnallgurt, der; -(e)s, -e (در اتومبیل، هواپیما) کمربند ایمنی

anschnauben *Vt.* به (کسی) توپیدن، به (کسی) تشر زدن، سر (کسی) داد زدن

anschnauzen *Vt.* به (کسی) توپیدن، به (کسی) تشر زدن، سر (کسی) داد زدن

anschneiden *Vt.* ۱. بریدن (نان) ۲. شروع کردن (صحبت)، مطرح کردن (سؤال)

Anschnitt, der; -(e)s, -e تکه، برش (نان)

anschnüren *Vt.* با ریسمان بستن

Anschovis, die; -, - ماهی آنشوا؛ ماهی کولی

anschrauben *Vt.* با پیچ محکم کردن

anschreiben *Vt.* ۱. به (کسی) نامه نوشتن ۲. به نامه اضافه کردن ۳. به حساب (کسی) نوشتن

anschreien *Vt.* سرِ (کسی) فریاد زدن

Anschrift, die; -, -en نشانی، آدرس

anschuldigen *Vt.* مقصر دانستن، متهم کردن، به (کسی) تهمت زدن

Anschuldigung, die; -, -en اتهام، تهمت

anschüren *Vt.* ۱.گیراندن، مشتعل کردن (آتش) ۲. تحریک کردن

anschwärzen *Vt.* ۱. سیاه کردن ۲. آبروی (کسی) را بردن

Anschwärzung, die; -, -en اتهام، افترا، تهمت

anschweißen *Vt.* ۱. جوش دادن ۲.زخمی کردن (شکار)

anschwellen *Vi., Vt.* ۱. توسعه یافتن، زیاد شدن ۲. ورم کردن، نفخ کردن، باد کردن ۳. به‌تدریج بلند شدن (صدا)

Anschwellung, die; -, -en ۱. توسعه، افزایش ۲. نفخ، ورم

anschwemmen *Vt.* به ساحل آوردن، به ساحل انداختن

Anschwemmung, die; -, -en دریاآوردگی

anschwindeln *Vt.* سر (کسی) کلاه گذاشتن، به (کسی) کلک زدن، فریب دادن

ansegeln *Vi., Vt.* ۱. پاروزنان رسیدن ۲. بادبانی کردن (قایق)

ansehen *Vt.* ۱. نگاه کردن، تماشا کردن؛ بررسی کردن ۲. تشخیص دادن، فهمیدن

Ich möchte mir den Patient ansehen. مایلم بیمار را معاینه کنم.

Sieh (mal) einer an! عجب! باورکردنی نیست!

Ansehen, das; -s آبرو، اعتبار، حیثیت، وجهه

jemanden **nur vom Ansehen kennen** کسی را فقط از ظاهر شناختن

ansehnlich *Adj.* ۱. مهم؛ موثر، نافذ؛ شایان توجه ۲. خوش‌نما ۳. خوش‌قیافه

Ansehnlichkeit, die; - اهمیت، اعتبار

Ansehung, die; - ملاحظه، رعایت

anseilen *Vt.* با طناب بستن؛ به طناب آویزان شدن

ansengen *Vt.* به طور سطحی سوزاندن

ansetzen *Vi., Vt., Vr.* ۱. به کار افتادن، به حرکت درآمدن ۲. خیز گرفتن ۳. چسبیدن، گیر کردن ۴. چاق شدن ۵. جوانه زدن ۶. بسط دادن، افزودن ۷. آماده کردن (خوراک) ۸. قطعی کردن ۹. شروع کردن (کار) ۱۰. چسباندن، متصل کردن ۱۱. مخلوط کردن ۱۲. کمین کردن ۱۳. پهلو گرفتن (کشتی)

zum Reden ansetzen شروع به صحبت کردن

Ansetzung, die; -, -en ۱. درخواست ۲. افزایش ۳. تهیه، تدارک ۴. توسعه، بسط ۵. مظنه (قیمت)

Ansicht, die; -, -en ۱. منظره، چشم‌انداز، دورنما ۲. نظر، عقیده

meiner Ansicht nach به عقیدهٔ من

Ich bin der Ansicht, daß... معتقدم که ...

ansichtig 50

ansichtig *Adj.* نظاره کنان
jemands **ansichtig werden** کسی را نظاره کردن
Ansichtspostkarte, die; -, -n کارت پستال (مصوّر)
ansiedeln *Vr., Vt.* ۱. مقیم شدن، ساکن شدن ۲. مقیم کردن، ساکن کردن، اسکان دادن
Ansiedler, der; -s, - مقیم، مهاجر
Ansied(e)lung, die; -, -en اقامتگاه، مهاجرنشین
ansinnen *Vi.* توقع بی‌جا داشتن، پیشنهاد غیرعملی دادن
Ansinnen, das; -s, - توقع بی‌جا، پیشنهاد غیر عملی
ansonsten *Adv.* در غیر این صورت، وگرنه
anspannen *Vt.* محکم کشیدن، به (چیزی) زور وارد آوردن
Anspannung, die; - زور ورزی؛ تنش
anspeien *Vt.* تف انداختن
Anspiel, das; -s, -e ۱. بازی ۲. کنایه، متلک
anspielen *Vi., Vt.* ۱. شروع به بازی کردن ۲. گوشه زدن، کنایه زدن ۳. شروع کردن (نوازندگی)
anspielend *Adj.* کنایه‌زنان
Anspielung, die; -, -en ۱. بازی ۲. کنایه، متلک
anspinnen *Vt., Vr.* ۱. بافتن، ریسیدن ۲. شروع به صحبت کردن
anspitzen *Vt.* ۱. تیز کردن (نوک مداد) ۲. تشویق کردن، برانگیختن
Ansporn, der; -(e)s تشویق، ترغیب
anspornen *Vt.* ۱. تشویق کردن، برانگیختن ۲. مهمیز زدن، رکاب زدن (اسب)
Anspornung, die; -, -en تشویق، ترغیب
Ansprache, die; -, -n خطابه، نطق، سخنرانی
eine Ansprache halten سخنرانی کردن
ansprechen *Vt., Vi.* ۱. مخاطب قرار دادن ۲. پسندیدن ۳. واکنش نشان دادن ۴. مؤثر بودن
ansprechend *Adj.* پسندیده، جاذب
ansprengen *Vi.* اسب‌تازان وارد شدن
anspringen *Vt., Vi.* ۱. به طرف (کسی) پریدن، به طرف (کسی) جستن، به طرف (کسی) جهیدن ۲. به کار افتادن، به حرکت درآمدن؛ روشن شدن
Der Motor springt nicht an. موتور روشن نمی‌شود.
anspritzen *Vt., Vi* ۱. (آب) پاشیدن، نم زدن ۲. ترشح کردن
Anspruch, der; -(e)s, ⸚e ادعا، حق؛ حق‌طلبی
auf etwas **Anspruch haben** نسبت به چیزی حق داشتن
Ich bin augenblicklich sehr in Anspruch genommen. فعلاً سرم خیلی شلوغ است.
anspruchlos *Adj.* قانع، فروتن، کم‌توقع
Anspruchlosigkeit, die; - قناعت، فروتنی
anspruchsvoll *Adj.* بلندپرواز، زیاده‌طلب؛ پُرمدعا، خودنما
anspucken *Vt.* به (کسی/چیزی) تف انداختن
anspülen *Vt., Vi.* ۱. به ساحل آوردن؛ به ساحل انداختن ۲. به ساحل آمدن
anstacheln *Vt.* تحریک کردن، تهییج کردن، برانگیختن
Anstachelung, die; -, -en تحریک، تهییج
Anstalt, die; -, -en ۱. سازمان، مؤسسه ۲. آموزشگاه ۳. تیمارستان ۴. تهیه، تدارک، تجهیز
Anstalten, die / *Pl.* تجهیزات، تدارکات
Anstalten treffen تدارک دیدن
Anstand, der; -(e)s, ⸚e ۱. ادب، حسن اخلاق، رفتار خوب ۲. لیاقت، شایستگی ۳. کمینگاه
anständig *Adj.* مؤدب؛ محترم، نجیب، درست، صادق؛ منصف؛ شایسته
Sei anständig ! مؤدب باش!
anständig behandeln منصفانه رفتار کردن
Anständigkeit, die; -, -en لیاقت، شایستگی، روش پسندیده
Anstandsbesuch, der; -(e)s, -e دیدار رسمی
Anstandsdame, die; -, -n ندیمه، همدم
Anstandsformen, die / *Pl.* آداب معاشرت
Anstandsgefühl, das; -(e)s, -e احساس لیاقت
anstandshalber *Adv.* از لحاظ ادب و نزاکت
anstandslos *Adv.* بی‌تردید، بی‌درنگ
anstandswidrig *Adj.* خلافِ ادب، ناشایست
anstarren *Vt.* به (کسی/چیزی) خیره نگریستن، به (کسی/چیزی) زل زل نگاه کردن
anstatt *Präp., Konj.* در عوضِ، به جای
Anstatt seiner kam sein Freund. به جای او دوستش آمد.
anstaunen *Vt.* با تعجب تماشا کردن
anstechen *Vt.* با زحمت سوراخ کردن
anstecken *Vt., Vr.* ۱. سنجاق کردن، وصل کردن، محکم کردن ۲. سرایت دادن، منتقل کردن (بیماری) ۳. آتش زدن، سوزاندن، روشن کردن ۴. سرایت کردن، منتقل شدن (بیماری)
die Kerze anstecken شمع را روشن کردن
eine Zigarette anstecken یک سیگار آتش زدن
Die Cholera hat sie angesteckt. وبا به آنها سرایت کرد.
ansteckend *Adj.* [بیماری] واگیر، مسری
ansteckende Krankheit بیماری واگیر
Anstecknadel, die; -, -n سنجاق سینه

51 **Anthropologe**

Ansteckung, die; -, -en سرایت، واگیری، انتقال (بیماری)
Ansteckungsgefahr, die; -, -en خطر واگیری، خطر سرایت
anstehen *Vi.* ۱. ایستادن، برپا بودن ۲. صف بستن، داخل صف بودن ۳. تأخیر داشتن ۴. مناسب بودن، شایسته بودن ۵. در پیش بودن
Anstehen, das; -s ۱. تأخیر ۲. تأمل، درنگ
ansteigen *Vi.* افزایش یافتن، بالا رفتن، ترقی کردن، صعود کردن (قیمت)
Ansteigen, das; -s ترقی، صعود (قیمت)
ansteigend *Adj.* ۱. سربالا ۲. [قیمت] رو به ترقی
anstelle *Präp.* به جای، به عوضِ
anstellen *Vr., Vt.* ۱. صف بستن، داخل صف شدن ۲. به راه انداختن ۳. استخدام کردن ۴. واداشتن، برانگیختن ۵. به عمل آوردن ۶. به خرج دادن (مهارت) ۷. روشن کردن (شوفاژ، رادیو)
Was hast du da wieder angestellt? دوباره چه دسته گلی به آب دادی؟
Stell dich nicht so an! خودت را لوس نکن!
anstellig *Adj.* ماهر، زرنگ
Anstelligkeit, die; - مهارت، زرنگی
Anstellung, die; -, -en استخدام، انتصاب ۲. مقام، منصب، شغل
Anstellungsvertrag, der; -(e)s, ⸚e قرارداد استخدام
ansteuern *Vt.* ۱. راندن، هدایت کردن ۲. هدفی را برگزیدن
Anstich, der; -(e)s, -e سوراخ (بشکه)
Anstieg, der; -(e)s, -e ۱. صعود، سربالایی، فراز ۲. ازدیاد، فزونی
der Anstiegwinkel زاویهٔ صعود
anstiften *Vt.* ۱. وادار کردن، تحریک کردن، برانگیختن ۲. سبب (چیزی) شدن
Anstifter, der; -s, - مسبب، محرک
Anstiftung, die; -, -en تحریک، تهییج، تحریض
anstimmen *Vt., Vi.* ۱. آواز خواندن ۲. به صدا درآوردن (ساز) ۳. ندا دادن
Anstoß, der; -es, ⸚e ۱. ضربه (توپ) ۲. تحریک، تهییج ۳. باعث، سبب
anstoßen *Vt., Vi* ۱. هل دادن، به (کسی) تنه زدن ۲. ضربه زدن (توپ) ۳. مجاور (چیزی) بودن ۴. رنجاندن ۵. به سلامتی (کسی) نوشیدن ۶. تصادم کردن، به هم زدن
Er stoßt (mit der Zunge) an. زبانش می‌گیرد.

anstoßend *Adj.* ۱. هم‌جوار، مجاور؛ متصل ۲. مهاجم، متجاوز
anstoßerregend *Adj.* زننده، اهانت‌آمیز
anstößig *Adj.* زننده، اهانت‌آمیز
Anstößigkeit, die; -, -en ناشایستگی، عدم نزاکت
anstrahlen *Vt.* ۱. بر (کسی / چیزی) نور افکندن ۲. با خوشحالی نگریستن
anstreben *Vt.* ۱. سعی کردن، تقلا کردن ۲. طلبیدن، طالب (چیزی) بودن
anstreichen *Vt.* ۱. رنگ زدن، نقاشی کردن (ساختمان) ۲. علامت گذاشتن ۳. روشن کردن، زدن (کبریت)
Anstreicher, der; -s, - رنگرز، نقاش (ساختمان)
anstreifen *Vt.* مختصر لمس کردن
anstrengen *Vr.* کوشش کردن، سعی کردن، جدیّت کردن، تقلا کردن
anstrengend *Adj.* پرزحمت، طاقت‌فرسا
Anstrengung, die; -, -en جدّ و جهد، زحمت، تلاش؛ کوشش، تقلا
Anstrich, der; -s, -e رنگ‌کاری، رنگ‌آمیزی، نقاشی (ساختمان)
anstücken *Vt.* به‌هم چسباندن، وصل کردن (دو چیز)
Ansturm, der; -(e)s, ⸚e حمله، تهاجم، یورش، تجاوز
anstürmen *Vi.* حمله کردن، هجوم آوردن، یورش بردن
ansuchen *Vt.* طلب کردن، درخواست کردن
Ansuchen, das; -s, - درخواست، تقاضا
Antarktis, die; - قطب جنوب، جنوبگان
antarktisch *Adj.* قطب جنوبی، جنوبگانی
der antarktisches Ozean اقیانوس منجمد جنوبی
antasten *Vt.* دست زدن، لمس کردن
Anteil, der; -s, -e سهم، قسمت
Wie hoch ist mein Anteil an den Kosten? سهم من از مخارج چقدر است؟
anteillos *Adj.* بی‌سهم
Anteilnahme, die; - ۱. اشتراک ۲. همدردی، دلسوزی
Anteilschein, der; -(e)s, -e سند، سندِ سهم
antelefonieren *Vt.* به (کسی) تلفن زدن
Antenne, die; -, -n آنتن
Antennenmast, der; -es, -e دکل آنتن، میلهٔ آنتن
Anthologie, die; -, -n (در موردِ آثار ادبی) گلچین، جُنگ
Anthrazit, der; -(e)s, -e زغال‌سنگ خالص
anthrazitfarben *Adj.* خاکستری تیره
Anthropogeographie, die; - جغرافیای انسانی
Anthropologe, der; -n, -n مردم‌شناس، انسان‌شناس

Anthropologie, die; - مردم‌شناسی، انسان‌شناسی
anthropologisch *Adj.* (مربوط به) مردم‌شناسی، (مربوط به) انسان‌شناسی
anti- ضدِ، مخالفِ
Antialkoholiker, der; -s, - مخالف نوشیدن مشروبات الکلی
antiautoritär *Adj.* ضد قدرت
Antibabypille, die; -, -n قرص ضد بارداری
Antibiotikum, das; -s, -ka آنتی‌بیوتیک
antichambrieren *Vi.* ۱. کرنش کردن ۲. پشت در اتاق انتظار کشیدن
Antifaschismus, der; - ضد فاشیسم
Antifaschist, der; -en, -en ضد فاشیست
antifaschistisch *Adj.* ضد فاشیستی
Antigen, das; -s, -e پادتن‌ساز
antijüdisch *Adj.* ضد یهود
antik *Adj.* کهنه، باستانی، قدیمی، عتیق
Antike, die; -, -(n) ۱. عهد عتیق ۲. عتیقه‌جات
Antikengesetz, das; -es, -e قانون حفظ آثار عتیقه
Antikenhändler, der; -s, - عتیقه‌فروش
Antikenverwaltung, die; -, -en ادارهٔ باستان‌شناسی
Antikkenner, der; -s, - ۱. باستان‌شناس ۲. عتیقه‌شناس
Antikolonialismus, der; - استعمارستیزی، مبارزه با استعمار، ضد استعماری
Antikonzeption, die; -, -en ضد بارداری
Antikörper, der; -s, - پادتن
Antilope, die; -, -n بز کوهی
Antimilitarismus, der; - ضد نظامی‌گری
Antimon, das; -s سنگ سرمه
Antinomie, die; -, -n تناقص، تنافی
Antipathie, die; -, -n نفرت، تنفر، انزجار؛ ناسازگاری
Antiphon, die; -, -en (موسیقی) سرود برگردان
antippen *Vt., Vi.* ۱. با سرانگشت به (کسی) زدن، لمس کردن ۲. سنجیدن (زمینه) ۳. اشاره‌ای مختصر به (نکته‌ای) کردن
Antiqua, die; - خط لاتین
Antiquar, der; -s, -e ۱. فروشندهٔ کتاب‌های عتیقه ۲. عتیقه‌شناس
Antiquariat, das; -(e)s, -e فروشگاه کتاب‌های عتیقه
antiquarisch *Adj.* قدیمی، عتیقه
Antiquität, die; -, -en اشیای عتیقه
Antiquitätenhändler, der; -s, - عتیقه‌فروش
Antiquitätenhandlung, die; -, -en عتیقه‌فروشی
Antiquitätenladen, der; -s, ⸚ عتیقه‌فروشی
Antisemit, der; -en, -en ضد یهود، مخالف نژادِ سامی
antisemitisch *Adj.* ضد یهود، ضد سامی
Antisemitismus, der; - یهودستیزی، سامی‌ستیزی
Antiseptikum, das; -s, -ka مادهٔ جلوگیری‌کننده از نمو میکروب، مادهٔ ضدعفونی‌کننده
antiseptisch *Adj.* ضدعفونی
Antithese, die; -, -n آنتی‌تز، تضاد، تالی، تقابل، برابر نهاده
antithetisch *Adj.* متضاد، برابر نهاد
Antitoxin, das; -(e)s, -e پادزهر، مادهٔ ضد سم
Antlitz, das; -es, -e چهره، صورت، قیافه
Antrag, der; -(e)s, ⸚e ۱. درخواست، تقاضا، پیشنهاد ۲. خواستگاری
einen Antrag stellen درخواست دادن
antragen *Vt.* پیشنهاد کردن؛ درخواست دادن
Antragsformular, das; -s, -e برگه درخواست کتبی، تقاضانامه
Antragsteller, der; -s, - پیشنهاددهنده؛ تقاضاکننده، درخواست‌کننده
antreffen *Vt.* ۱. ملاقات کردن ۲. با (کسی / چیزی) برخورد کردن
antreiben *Vt.* ۱. راندن ۲. به (کاری) تشویق کردن ۳. به حرکت درآوردن، راه انداختن
antreten *Vt., Vi.* ۱. شروع به (کار) کردن ۲. رفتن (سفر) ۳. صف بستن ۴. ملحق شدن
eine Erbschaft antreten ارثیه‌ای را تصرف کردن
Antrieb, der; -(e)s, -e محرک، انگیزه، حرکت (موتور)
Antriebskraft, die; -, ⸚e نیروی محرکه
Antriebswelle, die; -, -n میل‌گاردان (اتومبیل)
antrinken *Vt.* شروع به نوشیدن (چیزی) کردن
Antritt, der; -(e)s, -e ۱. شروع، ورود ۲. گام نخستین
Antrittsvorlesung, die; -, -en درسِ افتتاحیه (نخستین درس دانشگاهی استاد)
antun *Vt.* ۱. کردن، انجام دادن ۲. پوشیدن (لباس)
jemandem **Schaden antun** به کسی ضرر زدن
Ich habe Angst, daß er sich etwas antut. می‌ترسم بلایی به سر خودش بیاورد.
Antwort, die; -, -en جواب، پاسخ
antworten *Vt.* جواب دادن، پاسخ دادن، در جواب (کسی / چیزی) گفتن
auf eine Frage antworten به پرسشی جواب دادن
antwortlich *Adj.* در پاسخ، جواباً

53 **anzeigen**

Antwortschreiben, das; -s, - جوابِ نامه، پاسخِ نامه

anvertrauen *Vt.* ۱. به (کسی) سپردن ۲. به (کسی) اعتماد داشتن، به (کسی) اطمینان کردن ۳. با (کسی) در میان گذاشتن (راز)

anverwandt *Adj.* منسوب، خویشاوند

Anverwandte, der/die; -n, -n خویشاوند، قوم و خویش

anvisieren *Vt.* نشانه گرفتن

Anwachs, der; - اضافه، افزایش، رشد

anwachsen *Vi.* ۱. اضافه شدن، افزایش یافتن ۲. متصل شدن ۳. ریشه دواندن

Anwachsen, das; -s, - اضافه، افزایش، رشد

anwachsend *Adj.* روزافزون

Anwachsung, die; -, -en اضافه، افزایش، رشد

Anwalt, der; -(e)s, ¨-e ۱. وکیل، وکیل دادگستری ۲. نماینده، جانشین

Anwältin, die; -, -nen وکیل، وکیل دادگستری (زن)

Anwaltsbüro, das; -s, -s دفتر وکالت

Anwaltschaft, die; -, -en ۱. وکالت ۲. دادگستری

Anwaltsgebühr, die; -, -en حق‌الوکاله

Anwaltskammer, die; -, -n کانون وکلا

Anwaltsprozeß, der; -prozesses, -prozesse وکیل محاکمه

Anwaltszwang, der; -(e)s وکیل تسخیری، وکیل اجباری

anwandeln *Vt.* تغییر حالت دادن

Anwand(e)lung, die; -, -en تغییر حالت

anwärmen *Vt.* (خود) را کمی گرم کردن

Anwärter, der; -s, - (برای کسب مقام) داوطلب، نامزد

Anwartschaft, die; -, -en (برای کسب مقام) داوطلبی، نامزدی

anwehen *Vt.* به (کسی) باد وزیدن

Anwehung, die; - بادزدگی

anweisen *Vt.* ۱. معین کردن ۲. حواله کردن ۳. دستور دادن

Anweisung, die; -, -en ۱. تعیین ۲. حواله ۳. دستور کار

anwendbar *Adj.* قابل استعمال، عملی، شدنی

Anwendbarkeit, die; - قابلیت استعمال

anwenden *Vt.* استعمال کردن، به کار بردن، اعمال کردن، به کار بستن

Anwendung, die; -, -en استعمال، اعمال، کاربرد، کاررفت، دستورالعمل

Anwendung finden به کار رفتن

Anwendungsart, die; -, -en طرزِ استعمال، روشِ کاربرد

Anwendungsbereich, der; -(e)s, -e حوزهٔ مصرف، حوزهٔ کاربرد

Anwendungsweise, die; -, -n طرزاستعمال، روش کاربرد

anwerben *Vt.* ۱. استخدام کردن ۲. گرفتن (سرباز)، (به خدمت) فراخواندن

Anwerbung, die; -, -en ۱. استخدام ۲. سربازگیری، فراخوانی

anwerfen *Vt.* به راه انداختن، به حرکت درآوردن (موتور)

Anwesen, das; -s, - ملک، املاک

anwesend *Adj.* حاضر

Anwesenheit, die; - حضور

Anwesenheitsliste, die; -, -n صورت حضور و غیاب، صورت نام خوانی

anwidern *Vt.* بیزار کردن، متنفر ساختن؛ موجب تنفر (کسی) شدن

Anwohner, der; -s, - همسایهٔ دیوار به دیوار

Anwuchs, der; -es, -wüchse نمو، رشد

Anwurf, der; -(e)s, ¨-e ۱. توهین، اتهام؛ رنجش، برخوردگی ۲. پرتاب (توپ، گلوله) ۳. اولین حرکت (موتور)

anwurzeln *Vi., Vr.* ریشه زدن، ریشه درآوردن

Anzahl, die; - تعداد، مقدار، عدد

anzahlen *Vt.* بیعانه دادن؛ مساعده دادن؛ پیش‌قسط دادن

Anzahlung, die; -, -en بیعانه؛ مساعده؛ پیش‌قسط

eine Anzahlung machen پیش‌قسط دادن

anzapfen *Vt.* ۱. سوراخ کردن ۲. از (برق، تلفن، آب) استفادهٔ غیر مجاز کردن ۳. قرض کردن ۴. از (کسی) بازجویی کردن

Anzeichen, das; -s, - علامت، نشانه، نشان

anzeichnen *Vt.* علامت زدن، نشانه‌گذاری کردن

Anzeige, die; -, -n ۱. اعلان، آگهی، خبر، اطلاعیه ۲. نشانه، نشانگر (بیماری) ۳. اعلام جرم، افشاگری

eine Anzeige bei der Zeitung aufgeben آگهی به روزنامه دادن

die Todesanzeige خبر درگذشت

anzeigen *Vt.* ۱. به (کسی) اطلاع دادن، به (کسی) خبر دادن ۲. آگهی کردن ۳. علیه (کسی) اعلام جرم کردن؛ علیه (کسی) افشاگری کردن ۴. نشان دادن

öffentlich anzeigen به اطلاع عموم رساندن

wegen Diebstahls anzeigen به کسی تهمت دزدی زدن

Anzeigenblatt 54

Meine Uhr zeigt auch die Sekunden an.
ساعت من ثانیه را هم نشان می دهد.
Anzeigenblatt, das; -(e)s, ⸚er روزنامهٔ مخصوص اعلانات
Anzeigenteil, der; -(e)s, -e بخش آگهی (روزنامه)
Anzeiger, der; -s, - نشان‌دهنده؛ عقربه؛ درجه
anzetteln *Vt.* ۱. طرح (چیزی) را ریختن، نقشهٔ (چیزی) را کشیدن ۲. توطئه (چیزی) را چیدن
Anzettelung, die; -, -en ۱. طرح‌ریزی ۲. توطئه‌چینی
anziehen *Vt., Vi.* ۱. جلب کردن، جذب کردن، مجذوب کردن ۲. پوشیدن (لباس) ۳. پا کردن (کفش) ۴. کشیدن (کابل) ۵. افزایش یافتن (قیمت) ۶. نزدیک شدن
von jemandem **angezogen werden** مجذوب کسی شدن
ein neues Kleid anziehen لباس نو پوشیدن
anziehend *Adj.* جذاب، دلربا، جالب‌توجه، گیرا
Anziehung, die; -, -en جذب، جلب، کشش
Anziehnungskraft, die; -, ⸚e قوهٔ جاذبه، نیروی ربایش
Anzug, die; -(e)s, ⸚e ۱. لباس، کت و شلوار (مردانه) ۲. نزدیکی (زمان) ۳. (شطرنج) حرکت اول
den Anzug anziehen کت و شلوار پوشیدن
in Anzug sein نزدیک بودن
anzüglich *Adj.* پرمعنی؛ طعنه‌آمیز، کنایه‌دار؛ دوپهلو
Anzüglichkeit, die; -, -en طعنه؛ متلک، کنایه‌گویی
anzünden *Vt.* روشن کردن، آتش زدن؛ سوزاندن
Feuer anzünden آتش روشن کردن
ein Streichholz anzünden کبریتی را آتش زدن
Anzünder, der; -s, - فندک، آتش‌زنه
anzweifeln *Vt.* به (کسی / چیزی) شک داشتن، به (کسی / چیزی) تردید داشتن
apart *Adj.* برگزیده، دلپسند؛ انگشت‌نما؛ دلپذیر
Apartheid, die; - (در آفریقای جنوبی) آپارتاید، تبعیض نژادی
Apartment, das; -s, -s آپارتمان
Apathie, die; -, -n بی‌علاقگی، بی‌تفاوتی، خونسردی
apathisch *Adj.* بی‌علاقه، بی‌تفاوت، خونسرد
Aperitif, der; -s, -e / -s (برای قبل از غذا) مشروب اشتهاآور
Apfel, der; -s, ⸚ سیب
Apfelbaum, der; -(e)s, -bäume درخت سیب
Apfelkern, der; -(e)s, -e دانهٔ سیب
Apfelmus, das; -es پورهٔ سیب
Apfelsaft, der; -(e)s, ⸚e آب سیب
Apfelsäure, die; -, -n جوهرِ سیب
Apfelschale, die; -, -n پوستِ سیب
Apfelschimmel, der; -s, - اسب ابرش، اسب خال‌خال
Apfelsine, die; -, -n پرتقال
Apfelsinenschale, die; -, -n پوست پرتقال؛ خلال پرتقال
Apfelsinenscheibe, die; -, -n قاچ پرتقال
Apfeltorte, die; -, -n شیرینی سیب
Apfelwein, der; -s, -e شراب سیب
Aphorismus, der; -, -men کلام موجز، کلمهٔ قصار
Apollo, der; -s, -s آپولون (خدای شعر و موسیقی در یونان باستان)
Apologet, der; -en, -en ۱. مدافع ۲. مدافعه‌نویس، نویسندهٔ رسالهٔ دفاعی
apologetisch *Adj.* دفاعی، پوزش‌آمیز
Apologie, die; -, -n ۱. دفاع ۲. دفاعیه
Apostasie, die; -, -n ترک دین، ترک عقیدهٔ مذهبی
Apostat, der; -en, -en از دین برگشته، مرتد
Apostel, der; -s, - رسول، فرستاده، حواری
Apostroph, der; -s, -e آپوستروف (علامت حذف حرف یا بخشی از کلمه)
apostrophieren *Vt.* آپوستروف گذاشتن
Apotheke, die; -, -n داروخانه
Apotheker, der; -s, - داروساز، داروفروش
Apothekergewerbe, das; -(e)s, -e داروسازی
Apparat, der; -(e)s, -e دستگاه، اسباب، لوازم
Wer ist am Apparat? (در تلفن) جنابعالی؟ اسم شریف؟
Bleiben Sie am Apparat! گوشی را نگه دارید!
das Fernsehapparat دستگاه تلویزیون
Apparatur, die; -, -en دستگاه، اسباب، لوازم
Appartement, das; -s, -s آپارتمان
Appartementhaus, das; -es, -häuser مجتمع آپارتمانی
Appell, der; -s, -e ۱. درخواست، التماس ۲. فراخوانی، دعوت ۳. استیناف
Appellation, die; -, -en استیناف
Appellationsgericht, das; -(e)s, -e دادگاه تجدید نظر، دادگاه استیناف
Appellationsgerichtshof, der; -(e)s, ⸚e دادگاه تجدید نظر، دادگاه استیناف
Appellative, das; -s, -e (دستور زبان) اسم عام
appellierbar *Adj.* قابل استیناف
appellieren *Vi.* ۱. فراخواندن ۲. استیناف دادن

Appendix, der; -es, -e ضمیمه، ملحقات (آخر کتاب)
Appetit, der; -(e)s, -e اشتها
Guten Appetit! (در موقع غذا خوردن) نوش جان!
jemandem **den Appetit verderben** اشتهای کسی را کور کردن
appetitanregend *Adj.* محرک اشتها، اشتهاآور
Appetithappen, der; -s, - لقمهٔ اشتهاآور
appetitlich *Adj.* لذیذ، محرک، اشتهاآور
appetitlos *Adj.* بی‌اشتها
Appetitlosigkeit, die; - بی‌اشتهایی
Appetitzügler, der; -s, - اشتهابر، اشتهاکُش
applaudieren *Vi.* دست زدن، کف زدن؛ تحسین کردن؛ هورا کشیدن؛ آفرین گفتن
Applaus, der; -es, -e تحسین؛ آفرین؛ هورا
apport *Interj.* (به سگ) برو بیار، پیدا کن بیار
apportieren *Vi., Vt.* ۱. رفتن و آوردن (سگ) ۲. رفتن و (چیزی) را آوردن
Apposition, die; -, -en (دستور زبان) عطف بیان، حالت بدل
Appreteur, der, -s, -e آهارزنی
appretieren *Vt.* آهار زدن
appretiert *Adj.* آهاردار، آهارزده
Appretur, die; -, -en آهارزنی، آهار
Approbation, die; -, -en مجوز (دولتی) طبابت، مجوز (دولتی) داروسازی
approbieren *Vt.* به (کسی) اجازهٔ طبابت دادن، به (کسی) اجازهٔ داروسازی دادن
Approximation, die; -, -en تقریب، تخمین
approximativ *Adj.* تقریبی، تخمینی
Aprikose, die; -, -n زردآلو
Aprikosenbaum, der; -(e)s, -bäume درخت زردآلو
April, der; -(s), -e ماه آوریل
jemanden **in den April schicken** کسی را با حرف دروغ دست انداختن
Aprilscherz, der; -es, -e شوخی آوریل
Aprilwetter, das; -s, - هوای متغیر
apropos *Adv.* راستی، به علاوه، و اما
Aqua destillata, das; -, - آب مقطر
Aquädukt, der; -(e)s, -e آبراه
Aquarell, das; -s, -e نقاشی آبرنگ
Aquarellfarbe, die; -, -n آبرنگ
aquarellieren *Vi.* آبرنگ زدن
Aquarellmaler, der; -s, - نقاش آبرنگ‌کار، آبرنگ‌نگار
Aquarellmalerei, die; -, -en نقاشی آبرنگ، آبرنگ‌کاری
Aquarium, das; -s, -rien آکواریوم، ماهی‌خانه
Äquator, der; -s, -oren خط استوا
äquatorial *Adj.* استوایی، (مربوط به) خط استوا
Äquivalent, das; -(e)s, -e معادل، برابر؛ هم‌ارزش، هم‌بها
Äquivalenz, die; -, -en برابری، تعادل
Ar, das; -s, -e صد مترمربع
Ära, die; -, Ären عصر، عهد، دوران
Araber, der; -s, - عرب، تازی
Araberhengst, der; -es, -e اسب عربی
Araberin, die; -, -nen عرب، تازی (زن)
Arabeske, die; -, -n اسلیمی (نقوش شاخ و برگی گردان و درهم تابیده)
Arabien, das عربستان (سعودی)
arabisch *Adj.* عربی، تازی
Arabische, das; -n زبان عربی
arabisieren *Vt.* عرب کردن، مُعرّب کردن
arabisiert *Adj.* عرب شده، مُعرّب
Arabist, der; -en, -en عرب‌شناس
Arabistik, die; - عرب‌شناسی
Arbeit, die; -, -en ۱. کار، شغل ۲. زحمت، کوشش ۳. مقاله ۴. پایان نامه
die Doktorarbeit تز دکترا
an die Arbeit gehen سر کار رفتن
Arbeit suchen (به) دنبال کار گشتن
die Arbeit aufgeben دست از کار کشیدن
arbeiten *Vi., Vr., Vt.* ۱. کار کردن، فعالیت کردن، کوشش کردن ۲. فعال بودن ۳. زحمت کشیدن ۴. انجام دادن، کردن (کار)
schwer arbeiten سخت کار کردن
Arbeiter, der; -s, - کارگر
der Facharbeiter کارگر آزموده
Arbeiterbewegung, die; -, - جنبش کارگری
Arbeitergewerkschaft, die; -, -en سندیکای کارگران
Arbeiterin, die; -, -nen کارگر (زن)
Arbeiterklasse, die; - طبقهٔ کارگر
Arbeiterpartei, die; -, -en حزب کارگر
Arbeiterrat, der; -(e)s, ⸚e شورای کارگران
Arbeiterschaft, die; - کارگران، طبقهٔ کارگر
Arbeiterschutz, der; -es حمایت از کارگر
Arbeiterstand, der; -(e)s, ⸚e طبقهٔ کارگر
Arbeitgeber, der; -s, - کارفرما، صاحب‌کار

Arbeitnehmer 56

Arbeitnehmer, der; -s, - مستخدم، کارگر؛ کارمند
arbeitsam *Adj.* جدی، کاری، زحمتکش، فعال
Arbeitsamkeit, die; - جدّ و جهد، فعالیت
Arbeitsamt, das; -(e)s, ⸚er ادارهٔ کار
Arbeitsanzug, der; -(e)s, ⸚e لباس کار
Arbitsbedingungen, die / *Pl.* شرایط کار
Arbeitsbewertung, die; -, -en ارزیابی کار
Arbeitsbiene, die; -, -n ۱. زنبور (عسل) کارگر ۲. کارگر فعال
Arbeitsdienst, der; -es, -e بیگاری
Arbeitseinkommen, das; -s, - درآمد حاصل از کار
Arbeitseinstellung, die; -, -en تعطیل کار، اعتصاب
Arbeitserlaubnis, die; -, -se اجازهٔ کار
arbeitsfähig *Adj.* قادر به کار
Arbeitsgericht, das; -(e)s, -e دادگاه اداری
Arbeitshaus, das; -es, -häuser ۱. کارگاه ۲. ندامتگاه
Arbeitskamerad, der; -en, -en همکار
Arbeitskleidung, die; -, -en لباس کار
Arbeitskollege, der; -n, -n همکار
Arbeitskraft, die; -, ⸚e نیروی کار
Arbeitsleistung, die; -, -en قدرت کار، عملکرد
Arbeitslohn, der; -(e)s, ⸚e مزد، اجرت کار
arbeitslos *Adj.* بیکار، بدون شغل
arbeitslos sein بیکار بودن
Arbeitslose, der / die; -n, -n بیکار، بدون شغل
Arbeitslosenunterstützung, die; -, -en حمایت از بیکاران
Arbeitslosenversicherung, die; - بیمهٔ بیکاری
Arbeitslosigkeit, die; - بیکاری
Arbeitsmarkt, der; -(e)s, ⸚e بازار کار
Arbeitsmedizin, die; -, -en کار پزشکی، پزشکیِ کار
Arbeitsminister, der; -s, - وزیر کار
Arbeitsministerium, das; -s, -rien وزارت کار
Arbeitsniederlegung, die; -, -n تعطیل کار، اعتصاب
Arbeitspädagogik, die; -, -en کارآموزی
Arbeitspferd, das; -(e)s, -e ۱. اسب زحمتکش ۲. آدم کاری
Arbeitsplan, der; -(e)s, ⸚e نقشهٔ کار، طرح کار
Arbeitsplatz, der; -es, ⸚e محل کار
Arbeitspraxis, die; -, -en سابقهٔ کار
Arbeitsprogramm, das; -s, -e برنامهٔ کار
Arbeitsschicht, die; -, -en شیفت کار
Arbeitsstelle, die; -, -n محل کار
Arbeitsstunde, die; -, -n ساعت کار
Arbeitstag, der; -(e)s, -e روزکار
Arbeitsteilung, die; -, -en تقسیم کار
Arbeitstier, das; -(e)s, -e ۱. حیوان زحمتکش ۲. شخص کاری
arbeitsunfähig *Adj.* از کار افتاده، بیمارِ کار
Arbeitsunfähigkeit, die; -, -en از کار افتادگی
Arbeitsunfall, der; -(e)s, ⸚e سانحهٔ کاری، حادثهٔ کار
Arbeitsverhältnisse, die / *Pl.* روابط کاری، قوانین کاری
Arbeitsverlangsamungsstreik, der; -e, -(e)s اعتصاب آرام کاری
Arbeitsvermittlung, die; -, -en (بنگاه) کاریابی
Arbeitsvertrag, der; -(e)s, ⸚e قرارداد کار
Arbeitsvorgang, der; -(e)s, ⸚e روش کار
Arbeitsweise, die; -, -n روش کار
Arbeitszeit, die; -(e)s, -e ساعت کار
Arbeitszeug, das; -(e)s, - ابزار کار
Arbeitszimmer, das; -s, - اتاق کار، دفتر
archaisch *Adj.* کهنه، باستانی؛ منسوخ
Archäologe, der; -n, -n باستان‌شناس
Archäologie, die; - باستان‌شناسی
archäologisch *Adj.* (مربوط به) باستان‌شناسی
Arche, die; -, -n ۱. کشتی قابل سکونت ۲. کشتی نوح ۳. صندوق
Archipel, der; -s, -e مجمع‌الجزایر
Architekt, der; -en, -en آرشیتکت، مهندس معمار
architektonisch *Adj.* (مربوط به) معماری
Architektur, die; -, -en (هنر) معماری
Archiv, das; -s, -e آرشیو، بایگانی، محل نگهداری اسناد و مدارک
Archivar, der; -s, -e بایگان، مأمور ضبط اسناد
archivieren *Vt.* بایگانی کردن
Areal, das; -s, -e فضا؛ مساحت، سطح
Arena, die; -, -nen ۱. (در روم باستان) میدان مسابقه ۲. گود کشتی‌گیری ۳. محوطه سیرک
arg *Adj., Adv.* ۱. شرور، پلید، بد ۲. زیاد، بسیار
Es ist mir arg, daß... بسیار متأسفم که ...
Sein Zustand ist ärger denn je. حالش بدتر از سابق است.
Der Koffer ist arg schwer. چمدان خیلی سنگین است.

57 **Armenpflege**

Arg, das; -s شرارت، پلیدی، بدی
Argentinien, das آرژانتین
Argentinier, der; -s, - آرژانتینی
Argentinierin, die; -, -nen آرژانتینی (زن)
argentinisch *Adj.* آرژانتینی
Ärger, der; -s ۱. خشم، غیظ، عصبانیت ۲. گرفتاری، دردسر؛ ناراحتی
seinen Ärger an jemandem **auslassen** دق‌دلی خود را سر کسی خالی کردن
ärgerlich *Adj.* خشمگین، غضبناک، عصبانی؛ ناراحت
Ärgerlichkeit, die; -, -en خشم، غیظ، عصبانیت
ärgern *Vt., Vr.* ۱. عصبانی کردن؛ رنجاندن، ناراحت کردن ۲. به خشم آمدن، عصبانی شدن، متغیر شدن
Ich habe mich sehr über dich geärgert. از دست تو خیلی عصبانی شده‌ام.
Ärgernis, das; -nisses, -nisse رسوایی، ننگ، افتضاح
Arglist, die; - مکر، حیله، فریب
arglistig *Adj.* حیله‌گر، مکار، فریبکار
arglos *Adj.* بی‌حیله، بی‌مکر، بی‌شیله‌پیله، ساده
Arglosigkeit, die; - بی‌مکری، سادگی
Argument, das; -(e)s, -e دلیل، برهان
Argumentation, die; -, -en استدلال، برهان‌آوری، توجیه
argumentieren *Vi.* استدلال کردن، برهان آوردن، توجیه کردن
Argumentum, das; - استدلال، برهان
Argwohn, der; -s سوءظن، بدگمانی، شک
argwöhnen *Vt.* به (کسی / چیزی) سوءظن داشتن، به (کسی / چیزی) بدگمان بودن، به (کسی / چیزی) شک داشتن
argwöhnisch *Adj.* بدگمان، ظنین، مشکوک
arid *Adj.* خشک، بایر، بی‌حاصل
Aridität, die; - خشکی، بایری، بی‌حاصلی
Arie, die; -, -n (در اپرا) آریا، آواز تنها
Arier, der; -s, - آریایی، از نژاد آریا
Arierin, die; -, -nen آریایی، از نژاد آریا (زن)
arisch *Adj.* آریایی
Aristokrat, der; -en, -en اشراف‌زاده، نژاده
Aristokratie, die; -, -n اشرافیت، نژاده سالاری
aristokratisch *Adj.* اشرافی
Arithmetik, die; -, -en (علم) حساب
Arithmetiker, der; -s, - حسابدان
arithmetisch *Adj.* حسابی، (مربوط به) حساب
Arkade, die; -, -n گذرگاه طاق‌دار
Arktis, die; - منطقهٔ قطب شمال، شمالگان
arktisch *Adj.* (مربوط به) قطب شمال، شمالگانی
arm *Adj.* فقیر، بیچاره، ندار، تنگدست، تهی‌دست، مستمند
Du armes Kind! طفلکی!
Arm, der; -(e)s, -e ۱. بازو، دست ۲. آستین ۳. شاخه، شعبه ۴. دسته (صندلی)
Arm in Arm بازو به بازو
sich den Arm brechen دست خود را شکستن
den Arm heben دست بلند کردن
jemanden **in den Arme nehmen** کسی را در آغوش گرفتن
jemanden **auf den Arm nehmen** کسی را دست انداختن
Armatur, die; -, -en ۱. تجهیزات، سلاح ۲. میلهٔ فلزی
Armaturenbrett, das; -(e)s, -en داشبُرد (اتومبیل)
Armband, das; -(e)s, ¨-er دست‌بند، النگو
Armbanduhr, die; -, -en ساعت‌مچی
Armbinde, die; -, -n بازوبند، مچ‌بند
Armbruch, der; -(e)s, ¨-e شکستگی بازو
Armbrust, die; -, ¨-e کمان زنبورکی، کمان پولادی
Arme, der/die; -n, -n (آدم) بیچاره، (آدم) بدبخت
Armee, die; -, -n قشون، ارتش، سپاه، لشکر
Armeeführer, der; -s, - سرکردهٔ قشون، سپه‌سالار
Armeekorps, das; -, - سپاه
Ärmel, der; -s, - آستین
etwas **aus dem Ärmel schütteln** چیزی را بدون زحمت تهیه کردن
Ärmelaufschlag, der; -(e)s, ¨-e سرآستین، سردست
ärm(e)lig *Adj.* آستین دار
kurz ärm(e)lig آستین کوتاه
Ärmelkanal, der; -(e)s, - دریای مانش
Ärmelloch, das; -(e)s, ¨-er ۱. جادکمه‌ای ۲. حلقه آستین
ärmellos *Adj.* بی‌آستین
Armen, die / *Pl.* فقرا، تنگدستان
Armenanstalt, die; -, -n نوانخانه
Armenhaus, das; -es, -häuser خانهٔ مستمندان
Armenhilfe, die; -, -n کمک به مستمندان
Armenien, das ارمنستان
Armenier, der; -s, - ارمنی
armenisch *Adj.* ارمنی
Armenkasse, die; -, - صندوق مستمندان، صندوق‌صدقه
Armenkind, das; -(e)s, -er کودک مستمند
Armenpflege, die; -, - مراقبت از مستمندان

Armenpfleger, der; -s, - حامی بینوایان
Armenrecht, das; -(e)s, - حقوق بی‌بضاعتان
Armenspende, die; -, -n ۱. تصدق، صدقه ۲. زکوة
Armensteuer, die; -, -n زکوة
Armenunterstützung, die; -, -en حمایت از مستمندان
Armenviertel, das; -s, - محلهٔ فقیرنشین
Armesünder, der; -s, - محکوم به مرگ
Armesündergesicht, das; -(e)s, -er چهرهٔ وحشت‌زده، قیافهٔ رنگ‌باخته
armieren *Vt.* مجهز کردن، مسلح کردن
Armierung, die; -, -en تجهیز
Armlehne, die; -, -n دستهٔ صندلی راحتی
Armleuchter, der; -s, - ۱. چلچراغ، شمعدان چندشاخه ۲. (ناسزا) کون‌گشاد
ärmlich *Adj.* فقیرانه، مستمندانه
Ärmlichkeit, die; - فقر، تنگدستی
armselig *Adj.* ۱. مسکین، فقیر، مستمند، دردمند، بینوا ۲. ناچیز، کم
Armseligkeit, die; -, -en بیچارگی، بدبختی، فقر
Armsessel, der; -s, - صندلی دسته‌دار
Armut, die; - فقر؛ بیچارگی، تنگدستی، بینوایی، بی‌چیزی
Armutszeugnis, das; -nises, -nise گـواهی مستمندی
sich ein Armutszeugnis ausstellen بی‌لیاقتی خود را نشان دادن
Armvoll, der; -, - (یک) بغل، (یک) بسته، بغل پر
Aroma, das; -s, -s عطر، بو، رایحهٔ مطبوع
aromatisch *Adj.* معطر، خوش عطر، خوشبو
aromatisieren *Vt.* معطر کردن، خوشبو کردن
Arrak, der; -s, -s عرق
Arrangement, das; -s, -s ترتیب، تنظیم، تطابق
arrangieren *Vt., Vr.* ۱. ترتیب دادن، تنظیم کردن ۱. تطابق دادن
Arrest, der; - (e)s, -e توقیف، بازداشت
Arrestant, der; -en, -en (آدم) بازداشتی
Arrestation, die; -, -en بازداشت، توقیف
Arrestbefehl, der; -s, -e حکم توقیف
Arrestbruch, der; -(e)s, ¨-e رفع توقیف
Arrestlokal, das; - بازداشتگاه
arretieren *Vt.* توقیف کردن، بازداشت کردن
Arretierung, die; -, -en توقیف، دستگیری
arrivieren *Vi.* موفقیت داشتن، به مقام رسیدن
arrogant *Adj.* گستاخ؛ متکبر، مغرور، از خود راضی
Arroganz, die; -, -en گستاخی؛ تکبر، غرور، خودبینی
Arsch, der; -es, ¨-e کون، مقعد، نشیمنگاه
Arschbacke, die; -, -n کپل، سرین
Arschloch, das; -(e)s, ¨-er ۱. سوراخ کون ۲. (ناسزا) کون‌گشاد
Arsen, das; -s آرسنیک، زرنیخ
Arsenal, das; -s, -e قورخانه، زرّادخانه، انبار اسلحه
Art, die; -, -en ۱. طرز، شیوه، طریقه ۲. نوع، قِسم، جور ۳. خلق، طبع، سرشت، فطرت
auf diese Art und Weise به این منوال، به این نحو
auf seine Art به اسلوب خودش
Bücher aller Art همه نوع کتاب
arten *Vi.* شباهت داشتن، شبیه بودن
Arterhaltung, die; -, -en تولید مثل، بقای نوع
Arterie, die; -, -n شریان، سرخرگ
arteriell *Adj.* شریانی، سرخرگی
Arterienverkalkung, die; -, -en تصلب شرایین
Artgenosse, der; -n, -n هم‌نوع، هم‌جنس، هم‌تیره
Arthritis, die; -, Arthritiden آرتروز، ورم مفصل
artig *Adj.* حرف‌شنو، مؤدب، سر به راه؛ مرتب
-artig از نوعِ، از جنسِ
Artigkeit, die; -, -en ادب، حرف‌شنوی، سر به راهی
Artikel, der; -s, - ۱. (دستور زبان) حرف تعریف ۲. متاع، جنس، کالا ۳. مقاله، نوشتار ۴. ماده (قانون)
Artikulation, die; -, -en تأکید، بیان، تلفظ (شمرده)
artikulieren *Vt., Vr.* ۱. تأکید کردن؛ تفهیم کردن؛ شمرده تلفظ کردن، شمرده بیان کردن ۲. بیان شدن، روشن شدن، واضح شدن
artikuliert *Adj.* شمرده
Artillerie, die; -, -n توپخانه
Artilleriebeschuß, der; -schusses توپ‌اندازی
Artillerist, der; -en, -en توپچی
Artischocke, die; -, -n کنگر فرنگی
Artist, der; -en, -en آرتیست، هنرپیشه، صنعتگر؛ هنرمند
Artistin, die; -, -nen آرتیست، هنرپیشه، صنعتگر؛ هنرمند (زن)
artistisch *Adj.* هنرمندانه
Arznei, die; -, -en دارو، دوا
die Arznei einnehmen دارو خوردن
Arzneikunde, die; -, -n داروشناسی، داروسازی
Arzneikunst, die; -, ¨-e داروشناسی، داروسازی
Arzneilehre, die; -, -n داروشناسی

Arzneimittel, das; -s, - دارو، دوا
Arzneimittellehre, die; -, -n داروسازی
Arzneipflanze, die گیاهان طبی
Arzneitrank, der; -(e)s, ⸚e شربت طبی
Arzneiware, die; -, -n کالای دارویی
Arzt, der; -es, ⸚e پزشک، طبیب، دکتر
der Facharzt پزشک متخصص
praktischer Arzt پزشک عمومی
den Arzt holen پی دکتر رفتن
zum Arzt gehen پیش دکتر رفتن
den Arzt rufen lassen طبیب را خبر کردن
den Arzt konsultieren با پزشک مشورت کردن
Ärztekammer, die; -, -n نظام پزشکی، کانون پزشکان
Ärzteschaft, die; - جامعهٔ پزشکان
Arzthelferin, die; -, -nen دستیار پزشک (زن)
Ärztin, die; -, -nen پزشک، طبیب، دکتر (زن)
ärztlich *Adj.* طبی، پزشکی
ärztliches Zeugnis گواهی پزشکی
ärztliche Hilfe کمک‌های پزشکی
Arzttun, das; -s پزشکی، طبابت
As[1], das; -ses, -se ۱. (بازی ورق) آس، تک‌خال ۲. بهترین ورزشکار
As[2], das; -, - (موسیقی) لا کوچک
Asbest, der; -es, -e پنبهٔ نسوز
Asche, die; -, -n خاکستر
Aschenbahn, die; -, -en (ورزش) محل خط کشی شده
Aschenbecher, der; -s, - زیرسیگاری
Aschenbrödel, das; -, - (در افسانه‌ها) دختر خاکسترنشین
Aschenputtel, das; -s, - (در افسانه‌ها) دختر خاکسترنشین
Ascher, der; -s, - زیرسیگاری
Aschermittwoch, der; -s, -e چهارشنبه پس از کارناوال (روز آغاز روزهٔ کاتولیک‌ها)
aschfahl *Adj.* رنگ‌پریده
aschgrau *Adj.* خاکستری رنگ
äsen *Vi.* چریدن
Asiat, der; -en, -en آسیایی
Asiatin, die; -, -nen آسیایی (زن)
asiatisch *Adj.* آسیایی
Asien, das; - آسیا
Askese, die; - ریاضت، پرهیز
Asket, der; -en, -en مرتاض، ریاضت‌کش
Asketentum, das; - ریاضت کشی، پرهیزکاری
Asketin, die; -, -nen مرتاض، ریاضت‌کش (زن)
asketisch *Adj.* ریاضت‌کشی، پرهیزکاری
asozial *Adj.* جامعه‌ستیز
Aspekt, der; -(e)s, -e جنبه، نقطه‌نظر، دیدگاه، وجهٔ
Asphalt, der; -(e)s, -e آسفالت
asphaltieren *Vt.* آسفالت کردن
Asphaltierung, die; - آسفالت‌کاری
aß *P.* صیغهٔ فعل گذشتهٔ مطلق از مصدر essen
Assel, die; -, -n خرخاکی
Assessor, der; -s, -en قاضی‌یار
Assimilation, die; -, -en تجانس، تشابه، همانندی
assimilieren *Vt.* هم‌جنس کردن، همانند کردن؛ یکی کردن
Assistent, der; -en, -en ۱. دستیار، کمک ۲. استادیار
Assistenz, die; -, -en دستیاری، مساعدت
Assistenzarzt, der; -es, ⸚e آسیستان، پزشک دستیار
assistieren *Vi.* دستیاری کردن، کمک کردن
Assonanz, die; -, -en (شعر) شباهت اصوات، سجع
Assortiment, das; -(e)s, -e انبار کالا، انواع جنس
Assoziation, die; -, -en ۱. تداعی معانی ۲. اتحاد، پیوند
assoziativ *Adj.* مربوط، پیوسته
assoziieren *Vt., Vr.* ۱. پیوند دادن، متحد کردن ۲. تداعی معانی کردن
Ast, der; -es, ⸚e شاخه (درخت)
sich einen Ast lachen از خنده روده‌بر شدن
asten *Vi.* سریع و نفس‌زنان دویدن
Aster, die; -, -n گل مینا
Ästhet, der; -en, -en زیبایی‌شناس، دوستدار زیبایی
Ästhetik, die; -, -en زیبایی‌شناسی، جمال‌پرستی
Ästhetiker, der; -s, - زیبایی‌شناس
ästhetisch *Adj.* زیبا، قشنگ؛ (مربوط به) زیبایی‌شناسی
Asthma, das; -s آسم، تنگی نفس
Asthmatiker, der; -s, - مبتلا به تنگی نفس
Asthmatikerin, die; -, -nen مبتلا به تنگی نفس (زن)
asthmatisch *Adj.* نفس‌تنگی
astig *Adj.* پرشاخه، شاخه‌دار
ästig *Adj.* پرشاخه، شاخه‌دار
astreich *Adj.* پرشاخه
Astrolabium, das; -s, -bien اصطرلاب

Astrologe 60

Astrologe, der; -n, -n ۱. ستاره‌خوان، ستاره‌شمار
۲. طالع‌بین
Astrologie, die; -, -n ۱. ستاره‌خوانی، ستاره‌شماری
۲. طالع‌بینی
astrologisch *Adj.* ۱. (مربوط به) ستاره‌خوانی
۲. (مربوط به) طالع‌بینی
Astronaut, der; -en, -en فضانورد
Astronom, der; -en, -en منجّم، اخترشناس
Astronomie, die; - نجوم، اخترشناسی، علم هیئت
astronomisch *Adj.* نجومی
Asyl, das; -s, -e پناه، پناهگاه، گریزگاه
jemandem **Asyl gewähren** کسی را پناه دادن
politisches Asyl پناهندگی سیاسی
um Asyl bitten تقاضای پناهندگی کردن
Asylant, der; -en, -en پناهنده، پناه‌جو
Asylbewerber, der; -s درخواست‌کننده پناهندگی
Asylrecht, das; -(e)s, -e حق پناهندگی
Asylrecht in Anspruch nehmen
از حقوق پناهندگی استفاده کردن
Asymmetrie, die; -, -n عدم تقارن
asymmetrisch *Adj.* غیر متقارن، بی‌تناسب
Aszendent, der, -en, -en پیشینیان، نیاکان
ataktisch *Adj.* نامنظم
Atavismus, der; -, -men اصل‌گرایی، نیاکان‌گرایی
Atelier, das; -s, -s آتلیه، کارگاه، هنرگاه
Atem, der; -s نفس، دم
den Atem anhalten نفس را حبس کردن
außer Atem از نفس افتاده
Ich bin außer Atem. نفسم بریده است.
atemberaubend *Adj.* نفس‌گیر؛ هیجان‌انگیز، مهیج
Atembeschwerden, die / *Pl.* نفس‌تنگی
Atemholen, das; -s تنفس، استنشاق
atemlos *Adj.* بی‌نفس، از نفس‌افتاده، نفس‌بریده
Atemlosigkeit, die; - بی‌نفسی
Atemnot, die; - نفس‌تنگی
Atempause, die; -, -n مکث؛ تنفس کوتاه
atemraubend *Adj.* مهیج، نفس‌گیر، باهیجان،
هیجان‌انگیز
Atemwege, die / *Pl.* مجاری تنفسی
Atemzug, der; -es, -̈e دم، نفس؛ تنفس
Atheismus, der; - الحاد، خداناشناسی، خداناگرایی
Atheist, der; -en, -en ملحد، خداناشناس، خداناگرای
Atheistin, die; -, -nen ملحد، خداناشناس،
خداناگرای (زن)

atheistisch *Adj.* الحادی، خداناشناسانه، خداناگرایانه
Äther, der; -s ۱. اتر، اثیر (داروی بیهوش‌کننده)
۲. هوای پهنهٔ آسمان
ätherisch *Adj.* اتری، اثیری
Ätherwellen, die / *Pl.* امواج اتری
Äthiopien, das اتیوپی، حبشه
Äthiopier, der; -s, - اهل کشور اتیوپی، اتیوپیایی
äthiopisch *Adj.* اتیوپیایی
Athlet, der; -en, -en ورزشکار
Athletik, die; - زورآزمایی، مسابقهٔ ورزشی
Athletin, die; -, -nen ورزشکار (زن)
athletisch *Adj.* ورزشی، پهلوانی
Atlantik, der; -s اقیانوس اطلس
Atlantis, die; - اتلانتیس (قاره‌ای که به قولی به دریا
فرو رفته است)
atlantisch *Adj.* (مربوط به) اقیانوس اطلس
Atlas, der; - / Atlasses, Atlasse ۱. اطلس، جهان‌نما
۲. پارچهٔ اطلس
atmen *Vi., Vt.* تنفس کردن، نفس کشیدن
tief atmen نفس عمیق کشیدن
Atmen, das; -s تنفس، استنشاق
Atmosphäre, die; -, -n اتمسفر، جو، هوا
atmosphärisch *Adj.* جوی، هوایی
Atmung, die; -, -en تنفس، استنشاق
Atmungsorgan, das; -s, -e دستگاه تنفس
Atoll, das; -s, -e جزیرهٔ مرجانی
Atom, das; -s, -e اتم، ذره، هسته؛ جوهر فرد
Atomantrieb, der; -(e)s, -e نیروی اتمی
atomar *Adj.* اتمی، ذره‌ای
Atombatterie, die; -, -n باتری اتمی
Atombau, der; -(e)s, -e ساختمان اتم
Atombindung, die; -, -en پیوند اتمی
Atombombe, die; -, -n بمب اتمی
Atomenergie, die; -, - انرژی هسته‌ای
Atomfabrik, die; -, -en کارخانهٔ اتمی
Atomforscher, der; -s, - دانشمند اتم‌شناس
Atomforschung, die; -, -en تحقیق اتمی
Atomgesetz, das; -es, -e قانون اتمی
Atomgewicht, das; -(e)s, -e وزن اتمی
Atomindustrie, die; -, -n صنایع اتمی
Atomkern, der; -(e)s, -e هستهٔ اتم
Atomkonferenz, die; -, -en کنفرانس اتمی
Atomkraft, die; -, - نیروی هسته‌ای
Atomkraftwerk, das; -(e)s, -e نیروگاه هسته‌ای

Atomkrieg, der; -(e)s, -e جنگ هسته‌ای
Atommeiler, der; -s, - نیروگاه هسته‌ای
Atomphysik, die; - فیزیک اتمی
Atomreaktor, der; -s, -en نیروگاه اتمی
Atomspaltung, die; -, -en شکستن هستهٔ اتم
Atomsprengkopf, der; -(e)s, ⸚e جنگ‌افزار هسته‌ای
Atomstaub, der; -(e)s خاکستر اتمی
Atomstrahl, der; -(e)s, -es اشعهٔ اتمی
Atom-U-Boot, das; -(e)s, -e زیردریایی اتمی
Atomuhr, die; -, -en ساعت اتمی
Atomversuch, der; -(e)s, -e آزمایش هسته‌ای
Atomwaffe, die; -, -en جنگ‌افزار هسته‌ای
Atomwaffenlager, das; -s, - / ⸚ انبار سلاح هسته‌ای
Atomwaffensperrvertrag, der; -(e)s, ⸚e قرارداد جلوگیری از تکثیر سلاح هسته‌ای
Atomwissenschaft, die; -, -en دانش اتمی، اتم‌شناسی، دانش هسته‌ای
Atomzeitalter, das; -s قرن اتم، دوران اتمی
Atomzerfall, der; -es تجزیهٔ اتم
Atrophie, die; - لاغری، نزاری
atrophisch *Adj.* لاغر، نزار
ätsch *Interj.* دلت بسوزه
Attaché, der; -s, -s وابسته
attachieren *Vt.* پیوستن، ملحق شدن
Attacke, die; -, -n یورش، حمله، هجوم
attackieren *Vt.* یورش بردن، حمله کردن، هجوم آوردن
Attentat, das; -(e)s, -e سوءقصد
ein Attentat auf jemanden **üben** به کسی سوءقصد کردن
Attentäter, der; -s, - سوءقصدکننده
Attest, das; -es, -e گواهی، تصدیق
ärztliches Attest گواهی پزشکی
attestieren *Vt.* گواهی کردن، تصدیق کردن
Attraktion, die; -, -en ۱. (قوه) جاذبه، کشش ۲. نمایش بسیار جالب
attraktiv *Adj.* جذاب، زیبا، دلربا
Attrappe, die; -, -n شبه، شبیه
Attribut, das; -(e)s, -e ۱. علامت مشخصه ۲. (دستور زبان) وجه اسنادی
attributiv *Adj.* وضعی، نسبی، اسنادی
atypisch *Adj.* نابهنجار، غیر طبیعی
atzen *Vi., Vt.* ۱. خوردن (حیوانات) ۲. خوراندن، خوراک دادن (حیوانات)

ätzen *Vt., Vi.* ۱. خوردن (فلز) ۲. خورده شدن (فلز)
ätzend *Adj.* [فلز] خورده شده
Ätzkunst, die; -, ⸚e هنر سیاه‌قلم، کنده‌کاری
Ätzstoff, der; -(e)s, -e مادّهٔ خورنده (فلز)
Atzung, die; -, -en تغذیه (حیوانات)
Ätzung, die; -, -en فلزخوردگی
Ätzungwasser, das; -s, - تیزاب
au *Interj.* آه، آخ
Aubergine, die; -, -n بادمجان
auch *Konj., Adv.* ۱. هم، نیز، همچنین ۲. حتی ۳. واقعاً، به راستی
sowohl Männer als auch Frauen هم مردان و هم زنان
auch diesesmal حتی این دفعه
Ich auch nicht. من هم نه.
Das ist aber auch Wahr. این واقعاً حقیقت دارد.
Audienz, die; -, -en شرفیابی
Audiometer, das; -s, - دستگاه سنجش قوهٔ شنوایی
Auditorium, das; -s, -rien ۱. تالار سخنرانی ۲. حضار، مستمعان
Aue, die; -, -n مرغزار، چمنزار
Auerhahn, der; -(e)s, ⸚e خروس وحشی (جنگلی)
Auerhenne, die; -, -n مرغ وحشی (جنگلی)
Auerochs, der; -en, -en گاو وحشی
auf *Präp., Adv., Konj., Interj.* ۱. روی، بالای، برفراز ۲. به، در، بر، توی ۳. باز ۴. بلند، برپا ۵. براثر، برطبق، بنابر ۶. به مدت
Auf! پاشو! راه بیفت! بلند شو! برویم! به پیش!
auf und ab بالا و پایین؛ پس و پیش؛ پستی و بلندی
auf deutsch به (زبان) آلمانی
auf einmal ناگهان، یکباره
bis auf weiteres تا اطلاع ثانوی
Bist du schon auf? بیدار شدی؟
Augen auf! مواظب باش!
auf der ganzen Welt در تمام دنیا
auf dem Wasser schwimmen روی آب شنا کردن
auf zwei Jahre به مدت دو سال
aufachten *Vt.* به (چیزی) توجه کردن
aufarberiten *Vt.* کار مانده را تمام کردن
aufatmen *Vi.* ۱. نفس تازه کردن ۲. نفس راحت کشیدن، از ناراحتی و نگرانی رهایی یافتن
aufbahren *Vt.* در تابوت گذاشتن (جسد)
Aufbau, der; -s, -ten ۱. ساخت، ساختمان ۲. نصب ۳. تشکیلات، سازمان

aufbauen 62

aufbauen *Vt., Vr.* ۱. سازمان دادن، ساختن، بنا کردن ۲. نصب کردن ۳. بازسازی کردن ۴. تشکیل شدن
aufbauend *Adj.* سودمند، مفید
aufbäumen *Vi., Vt., Vr.* ۱. یاغی شدن ۲. سرکشی کردن، تمرد کردن
Das Pferd bäumt sich auf. اسب سرکشی می‌کند.
aufbauschen *Vt.* اغراق کردن، مبالغه کردن، افراط کردن
Aufbauschung, die; - اغراق، مبالغه، افراط
aufbegehren *Vi.* مخالفت کردن، اعتراض کردن
aufbehalten *Vt.* روی سر نگه داشتن (کلاه)
aufbeißen *Vt.* با دندان باز کردن (گردو)
aufbekommen *Vt.* ۱. به زور باز کردن ۲. درس داشتن
aufbereiten *Vt.* آماده کردن
aufbessern *Vt.* ۱. بهتر کردن، تصحیح کردن ۲. اضافه کردن، افزایش دادن
Aufbesserung, die; -, -en ۱. اصلاح، تصحیح ۲. اضافه، افزایش
aufbewahren *Vt.* محفوظ نگاه داشتن، حفظ کردن، از (چیزی) نگهداری کردن
Aufbewahrer, der; -s, - امانت‌دار؛ حافظ
Aufbewahrung, die; - ۱. نگهداری، حفظ ۲. محل محافظت
Aufbewahrungsort, der; -(e)s, -e محل محافظت؛ مخزن امانت
aufbieten *Vt.* ۱. احضار کردن ۲. جمع کردن ۳. اعلان کردن (ازدواج)
Aufbietung, die; - ۱. احضار ۲. جمع‌آوری ۳. اعلان (ازدواج)
aufbinden *Vt.* ۱. به بالا بستن ۲. بند باز کردن
aufblähen *Vt.* ۱. نفخ کردن، باد کردن، ورم کردن ۲. زیاد بالا بردن (قیمت)
Aufblähung, die; -, -en ۱. نفخ، باد، ورم ۲. تورم (اقتصادی)
aufblasen *Vt., Vr.* ۱. باد کردن (بادکنک)؛ پف کردن؛ نفخ کردن، ورم کردن ۲. مغرور بودن
ein aufgeblasener Bursche جوانک مغرور
aufbleiben *Vt.* ۱. باز ماندن (در) ۲. بیدار ماندن
Aufbleiben, das; -s بیداری، شب‌زنده‌داری
aufblicken *Vi.* ۱. به بالا نگاه کردن ۲. احترام گذاشتن
zum Himmel aufblicken به آسمان نگریستن
aufblitzen *Vt., Vi.* ۱. برق زدن، ناگهان شعله‌ور شدن ۲. برق‌آسا به خاطر آمدن
Da blitzte es in mir auf. برق‌آسا فکری به خاطرم رسید.
aufblühen *Vi.* ۱. شکوفه کردن ۲. رونق گرفتن (کسب) ۳. ترقی کردن
aufbohren *Vt.* حفاری کردن، سوراخ کردن
aufbrauchen *Vt.* کاملاً مصرف کردن، تمام کردن
aufbrausen *Vi.* ۱. جوشیدن، جوش آمدن، گازدار شدن (مشروبات) ۲. برآشفتن، به هیجان آمدن
aufbrausend *Adj.* ۱. گازدار ۲. جوشی، تندخو
aufbrechen *Vt., Vi.* ۱. به زور باز کردن ۲. شکافتن ۳. شکفتن (غنچه) ۴. عازم شدن، روانه شدن، به راه افتادن
Die Wunde ist wieder aufgebrochen. زخم دوباره باز شد.
Die Knospen brechen auf. غنچه‌ها شکوفا می‌شوند.
aufbringen *Vt.* ۱. به زحمت باز کردن (قفل) ۲. عصبانی کردن ۳. تهیه کردن، فراهم کردن ۴. متوقف کردن (کشتی) ۵. تصرف کردن
Aufbruch, der; -(e)s, ⸚e حرکت، عزیمت
aufbrühen *Vt.* دم کردن (چای)
aufbügeln *Vt.* اتو کردن
aufbürden *Vt.* زیر فشار قرار دادن؛ برای (کسی) مزاحمت ایجاد کردن، به (کسی) تحمیل کردن
Aufbürdung, die; -, -n مزاحمت، تحمیل
aufbürsten *Vt.* ماهوت پاک‌کن زدن
aufdecken *Vi., Vt.* ۱. سفره پهن کردن، میز چیدن ۲. کشف کردن، برملا کردن، رو کردن، آشکار کردن، افشاگری کردن
Aufdeckung, die; -, -en ۱. میزچینی، سفره‌چینی ۲. کشف، افشا
aufdrängen *Vt., Vr.* ۱. مداخله کردن، فضولی کردن ۲. تغییر جهت دادن ۳. سرحال بودن ۴. سرعت گرفتن ۵. تحمیل کردن، مجبور کردن ۶. باعث زحمت شدن
aufdrehen *Vt., Vi.* ۱. باز کردن (شیر آب، شیر گاز) ۲. کوک کردن ۳. تغییر جهت دادن ۴. سرحال بودن ۵. سرعت گرفتن ۶. به جریان انداختن
Du bist ja heute abend so aufgedreht! امشب حسابی سر حالی!
aufdringen *Vi., Vt., Vr.* ۱. مداخله کردن، فضولی کردن ۲. مزاحم (کسی) شدن
aufdringlich *Adj.* مزاحم، فضول؛ سمج
Aufdringlichkeit, die; -, -en مزاحمت، فضولی؛ سماجت
Aufdruck, der; -(e)s, -e ۱. نقش، مهر، اثر ۲. نرخ اضافی، اضافه‌بها
aufdrucken *Vt.* مهر زدن، منقوش کردن

aufdrücken *Vt., Vi.* ۱. فشار دادن ۲. با فشار باز کردن ۳. اثر گذاشتن ۴. با فشار نوشتن
aufeinander *Adv.* روی هم، پشت سر هم
Aufeinanderfolge, die; -, -n توالی
aufeinanderfolgen *Vi.* دنبال هم آمدن، پشت سر هم آمدن
aufeinanderfolgend *Adj.* متوالی، پی در پی، پیاپی، پشت سرهم
aufeinanderlegen *Vt.* روی هم قرار دادن
aufeinanderliegen *Vi.* روی هم قرار داشتن
aufeinanderprallen *Vi.* به شدت با هم تصادم کردن
Aufenthalt, der; -(e)s, -e ۱. توقف، اقامت ۲. مکث، تأخیر
Aufenthaltsdauer, die; - مدت اقامت
Aufenthaltserlaubnis, die; -, -nisse اجازهٔ اقامت
Aufenthaltsgenehmigung, die; -, -en اجازهٔ اقامت
Aufenthaltsort, der; -(e)s, -e محل اقامت
Aufenthaltsraum, der; -(e)s, -räume اقامتگاه
Aufenthaltsvisum, das; -s, -visa ویزای اقامت
auferlegen *Vt.* ۱. تحمیل کردن، به عهده (کسی) واگذاشتن ۲. موظف کردن
jemandem **hohe Steuern auferlegen** به کسی مالیات‌های سنگین بستن
Auferlegung, die; - ۱. تحمیل ۲. وظیفه
auferstehen *Vi.* ۱. جان گرفتن، از مرگ جستن ۲. دوباره زنده شدن (در روز رستاخیز)
Auferstehung, die; -, -en ۱. رهایی از مرگ ۲. قیام، رستاخیز
auferwecken *Vt.* زنده کردن، احیا کردن
Auferweckung, die; -, -en احیا
auferziehen *Vt.* تربیت کردن
Auferziehung, die; -, -en تربیت
aufessen *Vt.* تا ته خوردن
auffädeln *Vt.* نخ کردن
auffahren *Vt., Vi.* ۱. آماده کردن ۲. بالا رفتن، صعود کردن ۳. به هم خوردن، تصادم کردن (اتومبیل) ۴. به گل نشستن (کشتی) ۵. از جا پریدن ۶. خشمگین شدن
Sie ist aus dem Schlaf aufgefahren. از خواب پرید.
Das Schiff ist auf eine Sandbank aufgefahren. کشتی در ساحلِ سنگی به گل نشست.
auffahrend *Adj.* تندخو، آتشی مزاج
Auffahrt, die; -, -en صعود، عروج
auffallen *Vi.* جلب‌نظر کردن، توی چشم خوردن، چشمگیر بودن، جالب‌توجه بودن
auffallend *Adj.* در خور توجه، چشمگیر، جالب
auffällig *Adj.* در خور توجه، چشمگیر، جالب
auffangen *Vt.* ۱. بُل گرفتن (توپ) ۲. خنثی کردن، دفع کردن ۳. جذب کردن ۴. جلوگیری کردن
Ich habe nur einige Wörter aus seinem Gespräch aufgefangen. فقط برخی از حرف‌های او برایم قابل درک بود.
auffärben *Vt.* از نو رنگ زدن
auffassbar *Adj.* قابل درک
Auffassbarkeit, die; - قابلیت درک
auffassen *Vt.* درک کردن، فهمیدن، دریافتن
Er kann es nicht auffassen. حالیش نمی‌شود.
Auffassung, die; -, -en ۱. درک، فهم؛ تصور ۲. عقیده، نظر
nach meiner Auffassung به عقیدهٔ من
Auffassungsgabe, die; -, -n فراست، ادراک
Auffassungskraft, die; -, ¨-e نیروی ادراک
Auffassungsvermögen, das; -s, - نیروی ادراک
auffindbar *Adj.* قابل کشف، یافتنی، پیداشدنی
auffinden *Vt.* کشف کردن، پیدا کردن، یافتن
Auffindung, die; -, -en کشف، اکتشاف
auffischen *Vt.* از آب گرفتن
aufflackern *Vi.* ۱. با شعلهٔ نامنظم سوختن ۲. شروع شدن
aufflammen *Vi.* مشتعل شدن، زبانه کشیدن، شعله‌ور شدن
auffliegen *Vi.* ۱.(به بالا) پرواز کردن (بادبادک) ۲. ناگهانی باز شدن (در/پنجره)
Aufflug, der; -(e)s, ¨-e پرواز به بالا، صعود
auffordern *Vt.* ۱. دعوت کردن، طلبیدن، خواستن ۲. خواهش کردن
Aufforderung, die; -, -e ۱. دعوت، درخواست، طلب ۲. خواهش
aufforsten *Vt.* مشجر کردن، به جنگل تبدیل کردن
Aufforstung, die; -, -en احداث جنگل، جنگل‌کاری
auffressen *Vt.* ۱. بلعیدن، حریصانه خوردن ۲. (در مورد حیوانات) تا ته خوردن
Die Arbeit frißt mich auf. از زیادی کار جانم به لب رسیده است.
auffrischen *Vt., Vr.* ۱. تر و تازه کردن ۲. احیا کردن ۳. به خاطرآوردن ۴. به شدت وزیدن (باد)
Der Wind frischt auf. باد به شدت می‌وزد.
Auffrischung, die; -, -en احیا، تجدید

aufführen 64

aufführen *Vt., Vr.* ۱. بنا کردن، ساختن ۲. اجرا کردن، نمایش دادن ۳. ذکر کردن، ثبت کردن ۴. رفتار کردن

Dein Name ist in der Liste nicht aufgeführt. اسم تو در لیست ثبت نشده است.

Aufführung, die; -, -en ۱. ساختمان، بنا ۲. اجرا، نمایش ۳. رفتار، سلوک ۴. ذکر

Aufführungsrecht, das; -(e)s, -e اجازه نمایش

auffüllen *Vt.* پر کردن، مملو کردن

auffüttern *Vt.* خوراندن (حیوانات)

Aufgabe, die; -, -n ۱. وظیفه، تکلیف، کار ۲. درس، تمرین، مشق، تکلیف مدرسه ۳. واگذاری، تحویل، تسلیم ۴. ترک

Es ist keine leichte Aufgabe. کار آسانی نیست.

eine Aufgabe lösen مسئله‌ای را حل کردن

seine Schulaufgaben machen تکالیف مدرسه خود را انجام دادن

aufgabeln *Vt.* ۱. با چنگال گرفتن ۲. با چنگ به دست آوردن ۳. ناگهان ملاقات کردن

Wo hat er dieses Mädchen aufgegabelt? کجا با این دختر آشنا شد؟

Aufgabenbereich, der; -(e)s, -e حدود وظایف

Aufgabenbuch, das; -(e)s, ⸚er کتاب تمرین، تکلیف درسی

Aufgabenheft, das; -(e)s, -e دفتر تمرین

Aufgabenkreis, der; -es, -e حدود وظایف

Aufgabenzeit, die; -, -en زمان لازم برای انجام تکالیف

Aufgang, der; -(e)s, ⸚e ۱. طلوع ۲. پله ۳. راه سربالا

auf den Aufgang des Mondes warten منتظر طلوع ماه شدن

aufgeben *Vt., Vi.* ۱. سپردن، دادن ۲. قطع امید کردن، صرف‌نظر کردن؛ کوتاه آمدن؛ منصرف شدن ۳. پست کردن؛ تحویل دادن ۴. از ادامه بازی دست کشیدن

den Kampf aufgeben تسلیم شدن

ein Telegramm aufgeben تلگراف زدن

Ich habe die Hoffnung aufgegeben. من قطع امید کرده‌ام.

aufgeblasen *Adj.* ۱. بادکرده، ورم کرده ۲. مغرور، متکبر، خودخواه

Aufgeblasenheit, die; - غرور، تکبر

Aufgebot, das; -(e)s, -e ۱. آگهی، اعلان رسمی ۲. جمع‌آوری قشون ۳. اعلام ازدواج

aufgebracht *Adj.* خشمگین، عصبانی

aufgedreht *Adj.* عجول، شتاب‌زده

aufgedunsen *Adj.* پف‌کرده، بادکرده، متورم

Aufgedunsenheit, die; - پف، پف‌کردگی

aufgehen *Vi.* ۱. حل شدن ۲. باز شدن ۳. سرزدن، طلوع کردن، برآمدن ۴. فهمیدن ۵. درست در آمدن (حساب) ۶. مستحیل شدن ۷. ورآمدن (خمیر) ۸. شروع شدن

Der Teig geht auf. خمیر ور می‌آید.

Der Vorhang geht auf. پرده (نمایش) بالا می‌رود.

aufgeklärt *Adj.* ۱. روشن‌بین، روشن‌فکر ۲. چشم و گوش باز

Aufgeklärtheit, die; - روشن‌بینی، روشن‌فکری

aufgeknöpft *Adj.* در دسترس؛ مهربان؛ خوش‌برخورد

aufgekratzt *Adj.* سرزنده، سرحال، خوشحال

Aufgeld, das; -(e)s, -er ۱. اضافه‌بها ۲. بیعانه ۳. پیش‌قسط

aufgelegt *Adj.* ۱. متمایل، مایل، مهیا ۲. اخلاق (خوب / بد)

aufgelöst *Adj.* ۱. حل شده ۲. [مو] پریشان، ژولیده

aufgeräumt *Adj.* ۱. منظم، مرتب ۲. سرحال، خوشحال، سرزنده

Aufgeräumtheit, die; - ۱. نظم ۲. خوشحالی، مسرت

aufgeregt *Adj.* خشمناک، عصبانی؛ هیجان‌زده

Aufgeregtheit, die; - خشم، عصبانیت؛ هیجان

aufgeschlossen *Adj.* ۱. با دید وسیع ۲. خوش‌فکر، روشن‌بین

Aufgeschlossenheit, die; - خوش فکری

aufgeschmissen *Adj.* درمانده؛ معطل

aufgeschoben *Adj.* معوّق

aufgeschossen *Adj.* ۱. بلند قد، باریک ۲. قد کشیده

aufgeschwemmt *Adj.* ورم کرده، باد کرده

aufgeweckt *Adj.* ۱. زیرک، هشیار ۲. سرزنده، بیدار

Aufgewecktheit, die; - ۱. زیرکی، هشیاری ۲. بیداری

aufgeworfen *Adj.* ۱. برجسته، پهن، کلفت ۲. انباشته ۳. بالا کشیده ۴. مطرح

Er hat aufgeworfene Lippen. لب‌های او کلفت است.

aufgießen *Vt.* ۱. آب جوش ریختن ۲. دم کردن

aufgliedern *Vt.* تقسیم به جزء کردن؛ طبقه‌بندی کردن

Aufgliederung, die; -, -en تفکیک، طبقه‌بندی، دسته‌بندی

aufgraben *Vt.* ۱. کندن، حفر کردن ۲. شخم زدن

aufgreifen *Vt.* ۱. گرفتن، دستگیر کردن (دزد) ۲. پذیرفتن (پیشنهاد مفید)

aufgrund *Präp.* بنا بر، برمبنای، براساسِ، طبقِ

65 **aufkleben**

Aufguß, der; -gusses, -güsse جوشانده، (چای) دم‌کرده

aufhaben *Vt., Vi.* ۱. عینک زدن ۲. بر سر داشتن (کلاه) ۳. کار زیاد داشتن ۴. باز نگاه داشتن (پنجره) ۵. تمام کردن ۶. باز بودن

Hast du die Suppe schon auf? سوپت را تمام کردی؟

Die Läden haben noch auf. مغازه‌ها هنوز بازند.

aufhacken *Vt.* با کلنگ باز کردن

aufhaken *Vt.* باز کردن (گیره، قلاب)

aufhalsen *Vt.* گردن (کسی) گذاشتن، به (کسی) تحمیل کردن

Diese Arbeit lasse ich mir nicht aufhalsen. زیر بار این کار نمی‌روم.

aufhalten *Vt., Vr.* ۱. از (کاری) باز داشتن ۲. باز کردن، باز نگه داشتن ۳. متوقف کردن، بند آوردن (خون) ۴. اقامت داشتن، ماندن ۵. از (کسی) شکایت کردن

sich an einem Ort aufhalten در جایی اقامت گزیدن

Ich will Sie nicht länger aufhalten. نمی‌خواهم بیش از این شما را معطل کنم.

aufhängen *Vt., Vr.* ۱. آویختن، آویزان کردن ۲. به (کسی) قالب کردن؛ کلاه سر (کسی) گذاشتن ۳. (خود) را حلق‌آویز کردن ، خودکشی کردن

Aufhänger, der; -s, - قلاب، جارختی؛ بند داخل یقه لباس (برای آویزان کردن)

Aufhängung, die; -, -en آویزان کردن

aufhäufen *Vt.* روی هم گذاشتن، انباشتن، جمع کردن، ذخیره کردن

Aufhäufung, die; - انباشتگی، جمع‌آوری، ذخیره

aufheben *Vt.* ۱. بلند کردن، برداشتن ۲. پایان دادن ۳. لغو کردن، فسخ کردن، منحل کردن ۴. نگهداری کردن، حفظ کردن ۵. خنثی کردن

Er hob die Sitzung auf. جلسه را منحل کرد.

Den Versicherungsschein mußt du gut aufheben. ورقهٔ بیمه را باید خوب حفظ کنی.

Aufhebung, die; -, -en ۱. لغو، رفع، فسخ ۲. نگهداری

aufheitern *Vt., Vr.* ۱. به (کسی) خوشی دادن، به (کسی) لذت دادن، خشنود ساختن، شاد کردن ۲. شاد شدن ۳. صاف شدن (آسمان)، باز شدن (هوا)

aufheiternd *Adj.* نشاط‌انگیز

Aufheiterung, die; -, -en تفریح، نشاط، خوشی

aufhelfen *Vi., Vr.* ۱. کمک گرفتن ۲. به (کسی) مساعدت کردن

aufhellen *Vt., Vr.* ۱. روشن کردن، واضح کردن (موضوع) ۲. روشن شدن، واضح شدن ۳. صاف شدن (آسمان)

aufhetzen *Vt.* برانگیختن، تحریک کردن، شوراندن

Aufhetzer, der; -s, - محرک، شورش‌طلب، تحریک‌کننده

Aufhetzung, die; -, -en تحریک، شورش

aufheulen *Vt.* ناله و شیون کردن

aufholen *Vt., Vi.* ۱. جبران کردن ۲. (ورزش) (خود) را به حریف رساندن

aufholzen *Vt.* قطع کردن (درخت)

aufhorchen *Vt.* ۱. گوش فرا دادن ۲. توجه کردن

aufhören *Vi.* ۱. قطع کردن، بس کردن، تمام کردن، دست برداشتن، دست کشیدن ۲. قطع شدن، تمام شدن

Hör auf! ساکت شو! بس کن!

Er hörte mit seiner Rede auf. او به نطقش خاتمه داد.

aufjagen *Vt.* ۱. رماندن، رم دادن (شکار) ۲. از جا پراندن

jemanden **aus dem Schlaf aufjagen** کسی را از خواب پراندن

aufjauchzen *Vi.* فریاد شادی کشیدن

Aufkauf, der; -s, -käufe ۱. خرید عمده، معاملهٔ تجاری بزرگ ۲. احتکار

aufkaufen *Vt.* ۱. خرید عمده کردن ۲. احتکار کردن

Aufkäufer, der; -s, - ۱. خریدار عمده ۲. محتکر

aufkeimen *Vi.* جوانه زدن

aufklappbar *Adj.* تاشو

aufklappen *Vt.* از یک طرف باز کردن (کتاب، چمدان)

aufklaren *Vi., Vt.* ۱. باز شدن، روشن شدن (هوا) ۲. مرتب کردن

aufklären *Vt., Vr.* ۱. روشن کردن، واضح کردن، پرده از (چیزی) برداشتن ۲. چشم و گوش (کسی) را باز کردن ۳. روشن شدن، واضح شدن

Der Mord wurde aufgeklärt. پرده از معمای قتل برداشته شد.

Aufklärer, der; -s, - روشنفکر؛ روشنگر

Aufklärerin, die; -, -nen روشنفکر؛ روشنگر (زن)

Aufklärung, die; -, -en ۱. توضیح، آگاهی ۲. اکتشاف، شناسایی ۳. روشنفکری، معرفت

Aufklärungsflieger, der; -s, - خلبان اکتشافی

Aufklärungsflug, der; -(e)s, ⸚e پرواز اکتشافی

Aufklärungsflugzeug, das; -es, -e هواپیمای اکتشافی، هواپیمای شناسایی‌کننده

Aufklärungspflicht, die; -, -en وظیفهٔ روشنگری

Aufklärungszeit, die; -, -en عصر اکتشاف

aufkleben *Vt.* روی (چیزی) چسباندن

Aufkleber, der; -s, - برچسب، اتیکت
aufklingen *Vi.* شروع به نواختن کردن
aufklinken *Vt.* باز کردن (در)
aufklopfen *Vt.* به (چیزی) زدن، به (در) کوبیدن
aufknacken *Vt.* ۱. شکستن (گردو) ۲. به زور باز کردن (صندوق) ۳. ترکاندن
aufknöpfen *Vt.* باز کردن (دکمه)
aufknoten *Vt.* باز کردن (گره)
aufknüpfen *Vt.* ۱. باز کردن (گره) ۲. (به) دار زدن
aufkochen *Vi., Vt.* ۱. دوباره پختن، دوباره جوشاندن ۲. به جوش آمدن، جوشیدن
aufkommen *Vi.* ۱. برخاستن ۲. بهبود یافتن ۳. حریف شدن ۴. تقبل کردن، به عهده گرفتن ۵. رسیدن ۶. به وجود آمدن، رواج یافتن ۷. معمول شدن

Ich werde für den Schaden aufkommen.
من مخارج خسارت را به عهده خواهم گرفت.

Aufkommen, das; -s, - ۱. ظهور ۲. درآمد (مالیاتی) ۳. بهبودی
aufkratzen *Vt.* خاراندن، زخم کردن
aufkrempeln *Vt.* بالا زدن (آستین)
aufkreuzen *Vi.* ناگهان ظهور کردن، سرزده آمدن
Aufkreuzen, das; -s ظهور ناگهانی
aufkriegen *Vt.* موفق به باز کردن شدن
aufkündigen *Vt.* فسخ کردن (قرارداد)، از خدمت مرخص کردن

jemandem **die Freundschaft aufkündigen**
به دوستی با کسی خاتمه دادن

Aufkündigung, die; -, -en فسخ (قرارداد)؛ انفصال (از خدمت)
auflachen *Vt.* زیر خنده زدن، کوتاه خندیدن
aufladen *Vt.* ۱. بار زدن، بار کردن ۲. پر کردن (برق، باتری) ۳. بر دوش (کسی) نهادن (بار)
Aufladen, das; -s بارگیری
Auflader, der; -s, - بارکننده
Auflage, die; -, -n ۱. وضع عوارض، مالیات‌بندی ۲. شرط ۳. تیراژ ۴. طبع، چاپ ۵. روکش ۶. مسئولیت؛ تکلیف؛ وظیفه

die zweite Auflage چاپ دوم

Auflager, das; -s, - یاتاقان
Auflagerplatte, die; -, -n صفحه یاتاقان
auflassen *Vt., Vr.* ۱. باز گذاشتن ۲. نگه داشتن (کت، کلاه) ۳. دست از کار کشیدن، خواباندن (کار) ۴. انتقال دادن ۵. بیدار نگه داشتن ۶. به خود بالیدن
Auflasser, der; -s, - انتقال‌دهنده
Auflassung, die; -, -en انتقال، واگذاری
auflauern *Vt.* کمین کردن، در کمین (کسی) نشستن
Auflauf, der; -(e)s, -läufe ۱. ازدحام، اغتشاش ۲. سوفله (نوعی غذا)
auflaufen *Vt., Vi.* ۱. پیش رفتن ۲. ورم کردن ۳. بالا گرفتن (مد) ۴. بالا رفتن، افزایش یافتن (بهره، عوارض) ۵. به گل نشستن (کشتی) ۶. جوانه زدن (گل / گیاه) ۷. زخمی شدن، مجروح شدن
aufleben *Vi.* ۱. نشاط یافتن، جان تازه گرفتن ۲. (اقتصاد) احیا شدن
auflecken *Vt.* لیسیدن
auflegen *Vt.* ۱. گذاشتن، قرار دادن ۲. تجدید چاپ کردن، از نو نشر کردن ۳. عرضه کردن ۴. قطع کردن (مکالمهٔ تلفنی)

den Hörer auflegen گوشی (تلفن) راگذاشتن

Aufleger, der; -s, - گذارنده، قراردهنده
Aufleger, die; -s, - زیرانداز
auflehnen *Vt., Vr.* ۱. تکیه کردن ۲. نافرمانی کردن، مقاومت کردن، یاغی شدن
Auflehnung, die; -, -en نافرمانی، عصیان، مقاومت
auflesen *Vt.* ۱. برچیدن، جمع کردن، خوشه‌چینی کردن ۲. بلند کردن (دختر)
aufleuchten *Vi.* درخشیدن، تابیدن، روشن شدن، برق زدن
auflichten *Vt., Vr.* ۱. روشن کردن ۲. باز شدن (هوا)
aufliefern *Vt.* تحویل دادن، پست کردن
aufliegen *Vi., Vr.* ۱. به (چیزی) تکیه کردن ۲. عرضه شدن، در بساط بودن ۳. از کار افتادن (کشتی) ۴. (بر اثر بیماری طولانی) زخم شدن

Ich habe mir den Rücken aufgelegen
پشتم (براثر خوابیدن زیاد) زخم شده است.

auflisten *Vt.* در یک لیست ردیف کردن
auflockern *Vt., Vr.* ۱. شل کردن، نرم کردن ۲. دلپذیر کردن ۳. باز شدن (هوا)
Auflockerung, die; -, -en ۱. تسهیل ۲. نرمش
auflodern *Vi.* مشتعل شدن، شعله زدن، شعله کشیدن
auflodernd *Adj.* شعله‌دار، شعله‌ور
auflösbar *Adj.* حل‌شدنی
Auflösbarkeit, die; - قابلیت انحلال
auflösen *Vt., Vr.* ۱. حل کردن (معما) ۲. بستن، خاتمه دادن (حساب جاری) ۳. منحل کردن ۴. حل شدن ۵. منحل شدن
Auflösung, die; -, -en ۱. حل، فسخ، انحلال ۲. (موسیقی) حل آکورد ۳. حل معما

67 **aufraffen**

Auflösungszeichen, das; -s, - (موسیقی) علامت بکار

aufmachen *Vt., Vr.* ۱. گشودن، باز کردن، افتتاح کردن ۲. سر و صورت دادن، تنظیم کردن، ترکیب کردن ۳. بلند شدن، برخاستن ۴. حرکت کردن، راه افتادن ۵. (خود) را آرایش کردن

Aufmachung, die; -, -en ۱. افتتاح ۲. ترکیب ۳. صفحه‌بندی (کتاب) ۴. گریم، بزک، آرایش

aufmalen *Vt.* روی (چیزی) رنگ زدن

Aufmarsch, der; -es, ⸚e ۱. صف‌آرایی، لشکرکشی؛ رژه ۲. راه‌پیمایی

aufmarschieren *Vi.* حرکت کردن؛ سان دادن، رژه رفتن

aufmerken *Vi.* توجه کردن، دقت کردن

aufmerksam *Adj.* ۱. متوجه، مراقب؛ دقیق؛ مواظب، هشیار ۲. مؤدب

aufmerksam machen توجه کسی را جلب کردن

Aufmerksamkeit, die; -, -en ۱. دقت، توجه؛ مراقبت؛ هشیاری ۲. ادب ۳. هدیهٔ ناقابل

aufmöbeln *Vt.* دل و جرأت دادن، نشاط بخشیدن

aufmucken *Vi.* تن به کاری ندادن، مقاومت کردن، اعتراض کردن

aufmuntern *Vt.* ۱. تشویق کردن ۲. نشاط بخشیدن، سر حال آوردن، مسرور کردن

aufmunternd *Adj.* ۱. نشاط‌انگیز، فرح‌بخش ۲. تشویق‌کننده

Aufmunterung, die; -, -en تشویق، دل و جرأت

aufmüpfig *Adj.* معترض؛ مقاوم؛ مخالف

aufnähen *Vt.* روی (چیزی) دوختن

Aufnahme, die; -, -n ۱. عکس‌برداری ۲. ضبط (صدا) ۳. عکس، تصویر ۴. پذیرش، قبول

Aufnahmen machen عکس گرفتن؛ ضبط کردن (صدا)

aufnahmefähig *Adj.* قابل پذیرش، قابل قبول؛ قابل درک؛ پذیرا

Ich bin nicht aufnahmefähig. حضور ذهن ندارم.

Aufnahmefähigkeit, die; - قابلیت پذیرش؛ قابلیت درک

Aufnahmegebühr, die; -, -en ورودیه

Aufnahmeprüfung, die; -, -en امتحان ورودی

aufnehmen *Vt., Vr.* ۱. عکس گرفتن ۲. ضبط کردن (صدا) ۳. پذیرفتن، پذیرا شدن ۴. قرض کردن ۵. صورت‌مجلس کردن ۶. از روی زمین برداشتن ۷. جا دادن ۸. از نو شروع کردن ۹. اعتبار مالی گرفتن ۱۰. حریف شدن

bei der Bank einen Kredit aufnehmen از بانک اعتبار گرفتن

jemanden **mit offenen Armen aufnehmen** کسی را با آغوش باز پذیرفتن

diplomatische Beziehungen aufnehmen روابط سیاسی برقرار کردن

aufnötigen *Vt.* به (کسی) تحمیل کردن

aufopfern *Vt., Vr.* ۱. قربانی کردن، فداکاری کردن ۲. (خود) را فدا کردن

aufopfernd *Adj.* جان‌نثار، فدایی

Aufopferung, die; -, -en قربانی، فداکاری

aufpacken *Vt.* بار کردن (بسته‌بندی)

aufpassen *Vi., Vt.* ۱. دقت داشتن، مراقب بودن، مواظب بودن، توجه داشتن ۲. آزمودن ۳. مراقبت کردن، مواظبت کردن

Paß auf! مواظب باش! بپا!

auf jemanden **aufpassen** مواظب کسی بودن

Aufpasser, der; -s, - مراقب، ناظر

aufpeitschen *Vt.* ۱. برانگیختن، به هیجان آوردن، تحریک کردن ۲. شلاق زدن

aufpflanzen *Vt.* ۱. کاشتن، غرس کردن، نشاندن (درخت) ۲. مقابل (کسی) ایستادن

Aufpflanzung, die; - غرس درخت

aufpicken *Vt.* ۱. با منقار جمع کردن ۲. نوک زدن

aufplatzen *Vi.* ۱. ترکیدن، یکباره باز شدن (زخم) ۲. به سختی تصادم کردن

aufpolieren *Vt.* برق انداختن، پرداخت کردن

aufpolstern *Vt.* از نو لایه‌گذاری کردن

aufprägen *Vt.* منقوش ساختن

Aufprall, der; -(e)s, -e تصادم سخت، برخورد شدید

aufprallen *Vi.* به سختی تصادم کردن، شدیداً برخورد کردن

Aufpreis, der; -es, -e اضافه‌بها

aufprobieren *Vt.* آزمایش کردن (کلاه، عینک)

aufpumpen *Vt.* باد کردن، تلمبه زدن

aufputschen *Vt., Vr.* ۱. شورانیدن، به شورش واداشتن ۲. به وجد آمدن ۳. (به‌وسیله داروهای محرک) قدرت را افزایش دادن

Aufputz, der; -es زینت، تزئین، آرایش

aufputzen *Vt.* ۱. تزئین کردن، آرایش دادن، آراستن ۲. تمیز کردن

aufquellen *Vi., Vt.* ۱. متورم شدن ۲. پف کردن، باد کردن

aufraffen *Vt., Vr.* ۱. فوری جمع کردن ۲. به زحمت بلند شدن ۳. به (خود) آمدن، تصمیم گرفتن

aufragen 68

aufragen *Vi.* ۱. سر به فلک کشیدن ۲. بالا گرفتن
aufragend *Adj.* سر به فلک کشیده
aufrauchen *Vt.* تا ته کشیدن (سیگار)
aufrauhen *Vt.* زبر کردن
aufräumen *Vt., Vi.* ۱. جمع و جور کردن، مرتب کردن، منظم کردن ۲. برطرف کردن (وضع نامساعد)
Aufräumung, die; - نظم، ترتیب
Aufräumungsarbeit, die; -, -en تمیزکاری
aufrechnen *Vt., Vi.* ۱. تسویه‌حساب کردن ۲. موازنه کردن (سود و زیان) ۳. به حساب گذاشتن
Aufrechnung, die; -, -en ۱. تسویه حساب ۲. موازنه (سود و زیان)
aufrecht *Adj.* ۱. راست، مستقیم ۲. قائم، سرپا ۳. درستکار، صدیق
aufrechterhalten *Vt.* حفظ کردن، نگاهداری کردن
Aufrechterhaltung, die; -, -(en) حفظ، نگاهداری
aufreden *Vt.* با چرب‌زبانی به (کسی) فروختن
aufregen *Vt., Vi.* ۱. به هیجان آوردن، برانگیختن، عصبانی کردن، تحریک کردن ۲. به هیجان آمدن، عصبی شدن
Reg dich nicht auf! جوش نزن!
aufregend *Adj.* هیجان‌انگیز، مهیج
Aufregung, die; -, -en هیجان، آشفتگی، غضب، تحریک
aufreiben *Vt., Vr.* ۱. مالیدن، ساییدن؛ خراشیدن (پوست بدن) ۲. تلف کردن ۳. قوای (خود) را مصرف کردن
aufreibend *Adj.* خسته‌کننده، جانفرسا
aufreihen *Vt.* ردیف کردن
Aufreihung, die; - ردیف
aufreißen *Vt., Vi.* ۱. کندن، پاره کردن، به زور باز کردن ۲. پاره شدن، شکاف خوردن، به زور باز شدن
aufreizen *Vt.* تحریک کردن، برانگیختن، به هیجان آوردن
aufreizend *Adj.* محرک، فتنه‌انگیز، هیجان‌انگیز
Aufreizung, die; -, -en تحریک، انگیزش
aufrichten *Vt., Vr.* ۱. بلند کردن، برافراشتن، راست کردن ۲. نصب کردن ۳. تسلی دادن، دلگرم کردن ۴. بلند شدن، قد راست کردن ۵. تسلی یافتن
seinen Kopf aufrichten سر خود را بلند کردن
aufrichtig *Adj.* راست، درست، صادق، یکرنگ؛ رک
aufrichtig danken از صمیم قلب تشکر کردن
Aufrichtigkeit, die; -, -en راستی، درستی، صداقت، یکرنگی
Aufrichtung, die; - ۱. نصب ۲. تقویت روحی، تسلی

aufriegeln *Vt.* باز کردن (چفت)
Aufriß, der; -risses, -risse نمای رویی (ساختمان)، طرح عمارت
aufrollen *Vi., Vt., Vr.* ۱. از کلاف باز کردن ۲. لوله کردن، کلاف کردن (نخ) ۳. مطرح کردن (موضوع) ۴. مورد حمله قرار دادن ۵. بالا زدن (آستین)
aufrücken *Vt.* پیشرفت کردن، ترقی کردن، ارتقا یافتن، احراز کردن (مقام بالاتر) ۲. پر کردن (جای خالی)
Er ist zum Abteilungsleiter aufgerückt.
او به سرپرستی بخش انتخاب شد.
Aufruf, der; -(e)s, -e اعلام، اخطار؛ دعوت، فراخوانی
aufrufen *Vt.* دعوت کردن، احضار کردن؛ اعلام کردن
jemanden **als Zeugen aufrufen** کسی را شاهد گرفتن
Aufruhr, der; -(e)s, -e طغیان، بلوا، آشوب، شورش؛ نافرمانی، عصیان، سرپیچی
aufrühren *Vt.* ۱. به هم زدن، برانگیختن، شورش کردن ۲. به یاد آوردن، به خاطر آوردن
Aufrührer, der; -s, - سرکش، شورش‌طلب، انقلابی، شورشی
Aufrührerin, die; -, -nen سرکش، شورش‌طلب، انقلابی، شورشی (زن)
aufrührerisch *Adj.* شورشی، گردنکش، انقلابی
aufrunden *Vt., Vi.* ۱. روند کردن (عدد) ۲. سبقت گرفتن، پیشی یافتن
aufrüsten *Vt., Vi.* ۱. مسلح کردن ۲. مسلح شدن
Aufrüstung, die; -, -en تسلیح، تجهیز
aufrütteln *Vt.* تکان دادن و بیدار کردن
aufsagen *Vt.* ۱. از برخواندن (شعر) ۲. به هم زدن، باطل کردن، پایان دادن (دوستی)
aufs = *auf+ das*
Aufsagung, die; -, -en ۱. از برخوانی (شعر) ۲. قطع (دوستی)
aufsammeln *Vt.* جمع‌آوری کردن، جمع کردن
aufsässig *Adj.* سرکش، عاصی؛ سرسخت، لجوج
Aufsässigkeit, die; -, -en سرکشی، عصیان؛ سرسختی، لجاجت
Aufsatz, der; -es, ⸚e ۱. نقش تزئینی وسط میز ۲. مقاله؛ انشا
Aufsatzthema, das; -s, -men موضوع انشا؛ عنوان مقاله
aufsaugen *Vt.* مکیدن، جذب کردن
aufsaugend *Adj.* کِشنده؛ مکنده
Aufsaugung, die; - جذب، کشش

aufscharren *Vt.* کندن، چال کردن

aufschauen *Vt.* به طرف بالا نگاه کردن

aufscheuchen *Vt.* رم دادن، ترساندن (حیوان)

aufscheuern *Vt.* ۱. خراش دادن، مالش دادن (پوست) ۲. پاک کردن، شستن

aufschichten *Vt.* روی هم چیدن، روی هم انباشتن

Aufschichtung, die; -, -en روی هم‌چینی، انباشتگی

aufschieben *Vt.* ۱. هل دادن، پس زدن ۲. با هل دادن باز کردن ۳. به تأخیر انداختن، موکول به آینده کردن

eine Reise aufschieben سفری را به تعویق انداختن

Aufschiebung, die; -, -en تأخیر، تعویق

aufschießen *Vi., Vt.* ۱. زود سبز شدن، زود رشد کردن (گیاه) ۲. کلاف کردن (نخ)

Aufschlag, der; -(e)s, -̈e ۱. ضربه ۲. اضافه‌بها ۳. سجاف، برگردان، سر آستین ۴. (با توپ) زدن سِرو

Aufschlagball, der; -(e)s, -̈e (در بازی با توپ) سِرو

aufschlagen *Vt., Vi.* ۱. شکستن و باز کردن (تخم‌مرغ، گردو) ۲. باز کردن (کتاب، دفتر) ۳. مجروح کردن ۴. چادر زدن ۵. سجاف گرفتن، تو دادن ۶. گران شدن، افزایش یافتن (قیمت) ۷. صدمه دیدن ۸. (با توپ) سِرو زدن ۹. شعله زدن

das Zelt aufschlagen چادر زدن

den Preis aufschlagen بر قیمت افزودن

Aufschläger, der; -s, - (تنیس) سِروزننده

aufschlecken *Vt.* لیسیدن

aufschließen *Vt., Vi.* ۱. (با کلید) گشودن (قفل) ۲. راه باز کردن ۳. ارتقا یافتن، ترقی کردن ۴. اظهار صمیمیت کردن

aufschlitzen *Vt.* شکافتن، پاره کردن، چاک دادن

jemandem **den Bauch aufschlitzen** شکم کسی را سفره کردن

Aufschluß, der; -schlusses, -schlüsse اطلاع، آگاهی

jemandem **Aufschluß geben** کسی را آگاه ساختن

aufschlüsseln *Vt.* ۱. طبقه‌بندی کردن، تقسیم به جزء کردن ۲. کشف کردن (رمز)

aufschlußreich *Adj.* اطلاع بخش، آگاه کننده، آموزنده

aufschmieren *Vt.* مالیدن

aufschnallen *Vt.* ۱. بند (چیزی) را باز کردن ۲. محکم کردن، سفت کردن

aufschnappen *Vt., Vi.* ۱. قاپیدن ۲. سر از کار (کسی) در آوردن ۳. پریدن (قفل / چفت)

Der Hund schnappte ein Stück Fleisch auf.

سگ تکه گوشتی را قاپید.

aufschneiden *Vt., Vi.* ۱. باز کردن، بریدن ۲. لاف زدن، گزاف گفتن

die Melone aufschneiden هندوانه را قاچ کردن

Aufschneider, der; -s, - لاف‌زن، گزاف‌گو

Aufschneiderei, die; -, -en لاف‌زنی، گزافه‌گویی

Aufschnitt, der; -(e)s ۱. برش، بریدگی ۲. (انواع) کالباس بریده شده

ein Teller mit kaltem Aufschnitt

بشقاب با کالباس بریده شده

aufschnüren *Vt.* بسته‌بندی را باز کردن، بند (چیزی) را گشودن

aufschrauben *Vt.* ۱. پیچ (چیزی) را باز کردن ۲. پیچ دادن، پیچاندن

aufschrecken *Vi., Vt.* ۱. ترسیدن، وحشت کردن، از جا پریدن، رم کردن ۲. ترساندن، رم دادن، وحشت‌زده کردن

Aufschrei, die; -(e)s, -e فریاد کوتاه، فریاد ناگهانی

aufschreiben *Vt.* ۱. یادداشت کردن، ثبت کردن ۲. به حساب (کسی) نوشتن ۳. جریمه کردن

Er wurde vom Polizisten aufgeschrieben.

پلیس او را جریمه کرد.

aufschreien *Vt.* فریاد زدن، جیغ کشیدن

Aufschrift, die; -, -en نوشته؛ عنوان، برچسب

Aufschub, der; -(e)s, -̈e مهلت؛ معطلی، تأخیر، تعویق

ohne Aufschub بدون معطلی

aufschürfen *Vt.* خراشیدن، ساییدن

aufschütteln *Vt.* تکاندن، تکان دادن

aufschütten *Vt.* ۱. ریختن، روی هم ریختن ۲. خاکریزی کردن

Erde zum Damm aufschütten

(برای سدسازی) خاکریزی کردن

Aufschüttung, die; -, -en خاکریزی

aufschwatzen *Vt.* با چرب‌زبانی به (کسی) فروختن

aufschwellen *Vt., Vi.* ۱. باد کردن ۲. باد شدن ۳. بیشتر شدن

aufschwemmen *Vt.* بیمار گونه چاق کردن

aufschwingen *Vt., Vi., Vr.* ۱. بلندپروازی کردن ۲. اوج گرفتن، بالا رفتن، صعود کردن

Aufschwung, der; -e(s), -̈e ۱. بلندپروازی ۲. اوج، صعود، جهش ۳. رونق، ترقی (اقتصادی)

aufsehen *Vi.* ۱. به بالا نگریستن ۲. به دیدهٔ تحسین نگریستن

Aufsehen 70

Aufsehen, das; -s ۱. هشیاری، دقت ۲. جنبش، حرکت، فعالیت
aufsehenerregend *Adj.* جالب توجه، مهیج، شورانگیز
Aufseher, der; -s, - مباشر، متولی؛ ناظر، سرپرست
Aufseherin, die; -, -nen مباشر، متولی؛ ناظر، سرپرست (زن)
aufsein *Vi.* ۱. باز بودن (پنجره) ۲. از خواب برخاستن
aufsetzen *Vt., Vi., Vr.* ۱. روی (چیزی) گذاشتن ۲. انشا نوشتن ۳. وصله کردن ۴. شاخ درآوردن (حیوان) ۵. در حالت درازکش نشستن، بلند شدن و نشستن
den Hut aufsetzen کلاه بر سر گذاشتن
Aufsetzung, die; - مقاله؛ تألیف؛ انشا
Aufsicht, die; -, -en ۱. نظارت، رسیدگی؛ تفتیش ۲. ناظر، مراقب
unter ärzliche Aufsicht تحت نظارت پزشکی
Aufsichtsbeamte, der; -n, -n مأمور رسیدگی، ناظر، بازرس
Aufsichtsbehörde, die; -, -n ادارهٔ نظارت
Aufsichtsdame, die; -, -n مأمور رسیدگی، ناظر، بازرس (زن)
Aufsichtsführende, der/die; -n, -n سرپرست، ناظر
Aufsichtsführung, die; -, -en سرپرستی، نظارت
Aufsichtsherr, der; -n(-en), -en مأمور رسیدگی، ناظر، بازرس
Aufsichtspflicht, die; -, - وظیفهٔ نظارت
Aufsichtsrat, der; -(e)s, ⸚e شورای نظارت
aufsitzen *Vt., Vi.* ۱. راست نشستن ۲. سوار شدن (اسب، دوچرخه) ۳. شب بیدار ماندن ۴. به دام افتادن ۵. سر وعده نیامدن ۶. پهلو گرفتن (کشتی)
aufspalten *Vt., Vr.* ۱. شکاف دادن، شکافتن، از هم جدا کردن ۲. منشعب کردن
Aufspaltung, die; -, -en شکاف، انشعاب
aufspannen *Vt.* ۱. کشیدن (سیم، طناب) ۲. باز کردن (چتر) ۳. سیم انداختن
Saiten auf die Laute aufspannen عود را سیم انداختن
aufsparen *Vt.* کنار گذاشتن، پس‌انداز کردن، ذخیره کردن
aufspeichern *Vt.* انباشتن، ذخیره کردن، انبار کردن
Aufspeicherung, die; -, -en انبار، ذخیره، پس‌انداز
aufspeisen *Vt.* تا ته خوردن، تمام خوردن
aufsperren *Vt.* ۱. زیاد باز کردن ۲. با کلید باز کردن
Mund und Nase aufsperren (با دهان باز) متحیرانه نگاه کردن
aufspielen *Vt., Vr.* ۱. برای (کسی) ساز زدن ۲. لاف زدن، پز دادن
aufspießen *Vt.* به سیخ کشیدن
aufsplittern *Vt.* شکافتن، از هم جدا کردن، منشعب کردن
Aufsplitterung, die; -, -en شکاف، انشعاب
aufsprengen *Vt.* ترکاندن، منفجر ساختن
aufspringen *Vi.* ۱. به طرف بالا جهیدن، بالا جستن (توپ) ۲. ناگهان باز شدن (غنچه، در) ۳. ترک خوردن، شکاف برداشتن، خشکی زدن (پوست)
Da sprang die Tür auf. یک مرتبه در باز شد.
aufsprudeln *Vi.* جوشیدن، غلغل کردن
aufspulen *Vt.* کلاف کردن، گلوله کردن، دور قرقره پیچیدن (نخ)
aufspüren *Vt.* ردیابی کردن، راه یافتن، با جستجو یافتن، دنبال کردن
aufstacheln *Vt.* تحریک کردن، برانگیختن، به هیجان آوردن
aufstampfen *Vi.* پا کوبیدن، پا به زمین زدن
Aufstand, der; -(e)s, ⸚e شورش، قیام، عصیان
bewaffneter Aufstand قیام مسلحانه
aufständisch *Adj.* شورشی، انقلابی
Aufständische, der/die; -n, -n شورشی، قیام‌کننده
aufstapeln *Vt.* انبار کردن، روی هم قرار دادن، انباشته کردن
aufstauen *Vt.* بند آوردن، مسدود کردن (آب)
aufstechen *Vt.* ۱. سوراخ کردن ۲. نیشتر زدن
aufstecken *Vt.* ۱. (با سنجاق) نصب کردن ۲. بالای سر جمع کردن (مو) ۳. منصرف شدن، دست از (چیزی) برداشتن ۴. آگاهی دادن
aufstehen *Vi.* ۱. بلند شدن، برخاستن ۲. باز بودن ۳. بهبود یافتن ۴. قیام کردن، مخالفت کردن ۵. بیدار شدن
Aufstehen! بلند شوید! بیدار شوید!
aufsteigen *Vi.* ۱. بالا رفتن، صعود کردن، اوج گرفتن (هواپیما) ۲. سوار شدن (اسب) ۳. ارتقا یافتن، ترقی کردن، پیشرفت کردن
die aufsteigende Tonleiter (موسیقی) گام بالا رونده
Aufsteigen, das; -s صعود، عروج
Aufsteiger, der; -s, - ترقی‌کننده
aufstellen *Vt., Vi.* ۱. برپا کردن، ایستاندن ۲. آراستن، مرتب کردن ۳. نصب کردن ۴. در جای معینی قرار دادن ۵. بر سر راه ایستادن ۶. داوطلب (مقامی) شدن ۷. ارائه دادن
einen Rekord aufstellen رکورد شکستن

Aufstellung, die; -, -en ۱. برپایی، برقراری ۲. آرایش ۳. نصب، کارگذاری ۴. بنا، تأسیس
aufstemmen *Vt., Vr.* ۱. به زور باز کردن، به زور بلند کردن ۲. به (چیزی) تکیه کردن
Aufstieg, der; -(e)s, -e ۱. صعود، ۲. ترقی ۳. پلکان، راه سربالا
Aufstieg und Abstieg صعود و نزول
aufstöbern *Vt.* ۱. رد (کسی) را پیدا کردن ۲. رم دادن (شکار)
aufstocken *Vt., Vi.* ۱. یک طبقه به خانه اضافه کردن ۲. افزایش دادن (سرمایه)
aufstören *Vt.* ۱. مزاحم (کسی) شدن ۲. رم دادن (شکار)
Aufstoß, der; -es, ⸗e تصادم
aufstoßen *Vt., Vi., Vr.* ۱. به شدت باز کردن (در) ۲. تصادم کردن، برخورد کردن ۳. برای (کسی) اتفاق افتادن ۴. آروغ زدن ۵. (بر اثر تصادم) مجروح شدن
Aufstoßen, das; -s, - آروغ
aufstreben *Vi.* ۱. ترقی کردن، پیشرفت کردن ۲. سر به آسمان کشیدن
aufstrebend *Adj.* روبه ترقی، در حال پیشرفت
aufstreichen *Vt.* پخش کردن، مالیدن (روی نان)
aufstreuen *Vt.* ریختن، پاشیدن
Aufstrich, der; -(e)s, -e قاتق
aufstülpen *Vt.* ۱. به سر گذاشتن (کلاه) ۲. بالا زدن (آستین)
aufstützen *Vt.* به (میز) تکیه دادن
aufsuchen *Vt.* ۱. پیش (کسی) رفتن، به ملاقات (کسی) رفتن، از (کسی) دیدن کردن ۲. دنبال (چیزی) گشتن
den Arzt aufsuchen نزد پزشک رفتن
auftakeln *Vt., Vr.* ۱. مجهز کردن ۲. غلیظ آرایش کردن
Auftakt, der; -(e)s, -e ۱. (موسیقی) ضربِ بالا (ضربهٔ ناقص چوب رهبر ارکستر بلافاصله قبل از اجرای اثر) ۲. شروع، آغاز
auftanken *Vi., Vt.* ۱. بنزین زدن، بنزین‌گیری کردن ۲. پر کردن (مخزن ذخیره)
auftauchen *Vi.* ظاهر شدن، سر رسیدن، پیدا شدن
auftauen *Vi., Vt.* ۱. آب شدن (یخ) ۲. آب کردن (یخ)
aufteiln *Vt.* قسمت کردن، تفکیک کردن، جدا کردن
Aufteilung, die; -, -en تقسیم، تفکیک
auftischen *Vt., Vi.* ۱. چیدن (سفره)، روی میز گذاشتن (غذا) ۲. تعارف کردن
Ich lasse mir keine Lugen auftischen.
حرف‌های دروغ را نمی‌پذیرم.

Auftrag, der; -(e)s, ⸗e ۱. دستور، سفارش ۲. مأموریت، نمایندگی
im Auftrag از طرفِ، به سفارشِ
auftragen *Vt., Vi.* ۱. چیدن (سفره) ۲. مالیدن، رنگ زدن (پماد، رنگ) ۳. کهنه کردن (لباس) ۴. سفارش دادن ۵. مأموریت دادن
Das Essen ist aufgetragen. غذا آماده است.
Auftraggeber, der; -s, - ۱. سفارش‌دهنده، مشتری ۲. کارفرما
Auftragsbestand, der; -(e)s, ⸗e جنس موجود سفارشی
Auftragsbestätigung, die; -, -en تأئید سفارش
Auftragsbuch, das; -(e)s, ⸗er دفتر سفارش
Auftragserteilung, die; -, -en قرارداد، کنترات
Auftragsformular, das; -s, -e سفارش‌نامه
auftragsgemäß *Adj.* مطابق سفارش
auftreffen *Vi.* برخورد کردن
auftreiben *Vi., Vr.* ۱. به هوا رفتن (برگ) ۲. رم دادن (حیوان) ۳. باد کردن ۴. فراهم کردن، تهیه کردن (پول)
Geld auftreiben پول تهیه کردن
Auftreibung, die; - تهیه (پول)
auftrennen *Vt.* از هم جدا کردن؛ شکافتن (بافتنی، درز)
auftreten *Vt., Vi.* ۱. باز کردن و داخل شدن ۲. پا گذاشتن ۳. در صحنهٔ نمایش ظاهر شدن ۴. رفتار کردن، سلوک کردن ۵. اتفاق افتادن ۶. بروز کردن (بیماری)
als Zeuge vor Gericht auftreten
به عنوان شاهد در دادگاه حضور یافتن
Auftreten, das; -s ۱. ظهور ۲. اتفاق، رویداد ۳. شیوع، انتشار (مرض) ۴. رفتار ۵. هنرنمایی
Auftrieb, der; -(e)s, -e ۱. (فیزیک) فشار آب بر اشیای شناور ۲. بالابری ۳. تشویق ۴. حمل و نقل حیوان برای فروش
Auftritt, der; -(e)s, -e ۱. ورود (به صحنهٔ نمایش) ۲. ظهور ۳. مشاجره
auftrocknen *Vt., Vi.* ۱. خشک کردن، با کهنه پاک کردن ۲. خشک شدن، خشکیدن
auftun *Vt., Vr.* ۱. باز کردن ۲. کشف کردن، پیدا کردن ۳. باز شدن
Neue Läden haben sich aufgetan.
مغازه‌های جدیدی باز شده‌اند.
Tun die Augen auf! مواظب باش! بپا!
auftürmen *Vt.* روی هم انباشتن
aufwachen *Vi.* از خواب بیدار شدن

aufwachsen 72

aufwachsen *Vi.* بزرگ شدن، رشد کردن، نمو کردن
aufwallen *Vi.* ۱. به جوش آمدن، به هیجان آمدن ۲. خروشیدن (دریا)
Der Zorn wallte in ihm auf. او به خشم آمد.
Aufwallung, die; -, -en ۱. هیجان ۲. جوش و خروش
Aufwand, der; -(e)s, ¨-e ۱. خرج، هزینه ۲. وفور، فراوانی
Aufwand an Zeit وقت زیادی
aufwärmen *Vt.* ۱. (ورزش) (خود) را گرم کردن ۲. دوباره مطرح کردن، مجدداً به خاطر آوردن ۳. دوباره گرم کردن (غذا)
Aufwartefrau, die; -, -en کلفت، خدمتکار (زن)
aufwarten *Vi.* ۱. خدمت (کسی) را کردن، پیشخدمتی کردن ۲. به ملاقات (کسی) رفتن
bei Tisch aufwarten غذا را سِرو کردن
Aufwärter, der; -s, - پیشخدمت، نوکر
Aufwärterin, die; -, -nen کلفت، خدمتکار (زن)
aufwärts *Adv.* ۱. به بالا، به طرف بالا، رو به بالا، به پیش ۲. رو به خوبی
aufwärtsgehen *Vi.* بهتر شدن، بهبود یافتن
Aufwartung, die; -, -en ۱. خدمت، ملازمت ۲. ملاقات
Aufwasch, der; -(e)s, - ظرف شسته
Aufwaschbecken, das; -s, - لگن ظرف‌شویی
aufwaschen *Vt.* ظرف شستن
Aufwäscher, der; -s, - ظرف‌شوی
Aufwaschfrau, die; -, -en ظرف‌شوی (زن)
Aufwaschtisch, der; -es, -e میز مخصوص ظرف‌شویی
Aufwaschtuch, das; -(e)s, -e دستمال ظرف‌شویی
aufwecken *Vt.* بیدار کردن
Aufweichen *Vt., Vi.* ۱. نرم کردن، شل کردن ۲. نرم شدن، شل شدن
Aufweichung, die; -, -en ۱. نرمی ۲. شلی
aufweinen *Vi.* هق‌هق گریستن
aufweisen *Vt.* ۱. نشان دادن، ارائه دادن ۲. دارا بودن، داشتن
aufweiten *Vi.* گشاد کردن، عریض کردن
aufwenden *Vt.* ۱. خرج کردن ۲. مصرف کردن، به کار بردن
aufwendig *Adj.* ۱. پرخرج ۲. پرمصرف
Aufwendung, die; -, -en ۱. خرج ۲. مصرف
aufwerfen *Vt.* ۱. بالا انداختن، بالا بردن ۲. مطرح کردن، مورد بحث قرار دادن ۳. روی هم انباشتن

aufwerten *Vt.* به (چیزی) ارزش دادن، به ارزش (چیزی) افزودن
Aufwertung, die; -, -en افزایش ارزش، تعیین ارزش
aufwickeln *Vt., Vr.* ۱. پیچیدن (نخ)، گلوله کردن ۲. باز کردن (لفاف)
aufwiegeln *Vt.* تحریک کردن، انگیزانیدن، شوراندن
aufwiegen *Vt.* موازنه کردن، به حالت تعادل درآوردن
Aufwiegler, der; -s, - محرک، مفتّن، شورش‌طلب
Aufwieglerin, die; -, -nen محرک، مفتّن، شورش‌طلب (زن)
aufwieglerisch *Adj.* فتنه‌انگیز
aufwieg(e)lung, die; -, -en تحریک، فتنه‌انگیزی
Aufwind, die; -(e)s, -e باد در جهت بالا
aufwinden *Vt.* ۱. با باد بسته شدن ۲. بالا بردن، بلند کردن (دست) ۳. از آب در آوردن (لنگر)
aufwirbeln *Vt., Vi.* ۱. گرد و خاک هواکردن ۲. چرخاندن، چرخ دادن ۳. چرخیدن، چرخ خوردن ۴. گرد و غبار شدن
aufwischen *Vt.* پاک کردن، گردگیری کردن
aufwölben *Vt., Vr.* برجسته ساختن، محدّب کردن
Aufwölbung, die; - برجستگی، تحدّب
Aufwuchs, der; -es, ¨-e تبار، نسب
aufwühlen *Vt.* ۱. برگرداندن، زیر و رو کردن (خاک) ۲. متلاطم کردن (امواج) ۳. تازه کردن (درد)
aufwühlend *Adj.* مهیج؛ متأثرکننده
aufzählen *Vt.* شمردن، یکی‌یکی شمردن
Aufzählung, die; -, -en شمارش
aufzäumen *Vt.* افسار کردن، دهنه زدن (اسب)
Aufzäumung, die; - افسارزنی، دهنه‌زنی (اسب)
aufzehren *Vt., Vi.* ۱. مصرف کردن (پول) ۲. تمام خوردن
Aufzehrung, die; -, -en ۱. مصرف (پول) ۲. تمام‌خوری
aufzeichnen *Vt.* ۱. نقش کردن، طرح ریختن ۲. یادداشت کردن ۳. ضبط کردن (برنامه)
Aufzeichnung, die; -, -en ۱. نقش، طرح ۲. یادداشت ۳. ضبط
aufzeigen *Vt.* ۱. نشان دادن، آشکار کردن، ارائه کردن ۲. سرکلاس اجازهٔ (کاری) را گرفتن
Aufzeigung, die; - نشان، آشکاری، ارائه
aufziehen *Vt., Vi., Vr.* ۱. بالا بردن، بالا کشیدن ۲. تربیت کردن، پرورش دادن (کودک) ۳. کوک کردن ۴. دست انداختن، مسخره کردن ۵. روی (چیزی) چسباندن ۶. به راه انداختن ۷. نزدیک شدن (رگبار) ۸. باز شدن (هوا)
den Vorhang aufziehen پرده را کنار زدن

Aufzucht, die; -, -en پرورش (حیوانات / گیاهان)
Aufzug, der; -s, ⸚e ۱. بالابر، آسانسور ۲. سر و وضع (لباس) ۳. (در نمایش) پرده ۴. نمایش، تماشا
In einem solchen Aufzug kannst du dich nirgends sehen lassen. با این سر و وضع نمی‌توانی جایی آفتابی شوی.
aufzwängen *Vt.* به (کاری) مجبور کردن
aufzwingen *Vt.* به (کاری) مجبور کردن
Augapfel, der; -s, ⸚ تخم چشم، مردمک چشم
Auge, das; -s, -n ۱. چشم؛ نظر، دید ۲. لکه ۳. سوراخ ۴. پنجره گرد
im Auge behalten زیرنظر داشتن
mit bloßen Auge با چشم غیرمسلح (بدون عینک یا دوربین)
unter vier Augen به طور خصوصی
Mir wurde schwarz vor den Augen. چشمانم سیاهی رفت.
große Augen machen هاج و واج ماندن، تعجب کردن
ein Auge zudrücken به روی خود نیاوردن، اغماض کردن
äugeln *Vi., Vt.* ۱. چشمک زدن، با چشم غمزه کردن، نظربازی کردن ۲. پیوند زدن (گیاه)
Äugeln, das; -s چشمک، غمزهٔ چشم، نظربازی
äugelnd *Adj.* چشمک زن، نظرباز، غمزه‌زن
augen *Vt.* زیرچشمی نگاه کردن
äugen *Vt.* زیرچشمی نگاه کردن
Augenarzt, der; -es, ⸚e چشم‌پزشک
Augenbank, die; -, -en بانک چشم
Augenblick, der; -(e)s, -e دم، لحظه، آن
im Augenblick در حال حاضر، فعلاً
Einen Augenblick, bitte! لطفاً یک لحظه (صبر کنید)!
Er wird jeden Augenblick hier sein. هر لحظه ممکن است پیدایش شود.
augenblicklich *Adj., Adv.* ۱. در حال حاضر، فعلاً ۲. همین حالا، فوری، آنی ۳. فوراً، آناً ۴. کنونی، فعلی ۵. گذرا، موقت
Augenblickserfolg, der; -(e)s, -e موفقیت زودگذر
Augenbraue, die; -, -n ابرو
Augenbrauenstift, der; -(e)s, -e مداد ابرو
Augenbutter, die; - ریم چشم
Augendiener, der; -s, - متملق، چاپلوس
Augendienerei, die; -, -en تملق، چاپلوسی
Augenentzündung, die; -, -en آماس چشم
augenfällig *Adj.* واضح، آشکار، نمایان، مرئی
Augenfreude, die; -, -n حظِ بصر
Augenglas, das; -es, ⸚er ۱. عینک ۲. دوربین
Augenheilkunde, die; -, -n چشم‌پزشکی
Augenhöhle, die; -, -n حدقهٔ چشم، کاسهٔ چشم
Augenklinik, die; -, -en بخش چشم؛ درمانگاه چشم
augenkrank *Adj.* مبتلا به چشم درد
Augenkrankheit, die; -, -en بیماری چشم
Augenleiden, das; -s, - دردِ چشم
Augenlicht, das; -(e)s نور چشم، دید، بینایی
Augenlid, das; -(e)s, -er پلک چشم
Augenlidentzündung, die; -, -en ورم پلک چشم
Augenlust, die; -, ⸚e حـظِ بصر
Augenmaß, das; -es تخمین نظری، اندازه‌گیری با دید
Augenmerk, das; -(e)s, -e توجه، دقت
Augennerv, der; -s, -en عصب چشم
Augensalbe, die; -, -n روغن چشم، پماد چشم
Augenschein, der; -(e)s, - ۱. نظر شخصی ۲. وضع ظاهر
augenscheinlich *Adj.* در واقع، از قرار معلوم، ظاهراً
Augenscheinlichkeit, die; - وضوح، آشکاری
Augenschirm, der; -(e)s, -e سایهٔ چشم
Augenschmerz, der; -es, -en چشم درد
Augenschminke, die; -, -n سرمه
Augenspiegel, der; -s, - آینهٔ چشم‌پزشکی
Augenspiel, das; -(e)s, -e حرکت چشم
Augenstern, der; -(e)s, -e مردمک چشم
Augentäuschung, die; -, -en خطای باصره
Augentropfen, der; -s, - قطرهٔ چشم
Augenweide, die; -, - حظِ بصر
Augenweite, die; -, -n چشم‌رس
Augenwimper, die; -, -n مژه
Augenwink, der; -(e)s, -e چشمک
Augenwinkel, der; -s, - گوشهٔ چشم
Augenwischerei, die; -, -en کلاهبرداری، تقلب
Augenzahn, der; -(e)s, ⸚e دندان انیاب، دندان نیش
Augenzeuge, der; -n, -n شاهد عینی
Augenzeuge bei einem Unfall sein شاهد عینی در یک تصادم بودن
Augenzeugnis, das; -nisses, -nisse گواهی عینی
Augenzwinkern, das; -s چشمک
August, der; -(e)s / -, -e ماه اوت
Auktion, die; -, -en حراج؛ مزایده
Auktionator, der; -s, -en حراج‌کننده
auktionieren *Vt.* حراج کردن؛ به مزایده گذاشتن
Auktionsgebot, das; -(e)s, -e پیشنهاد مزایده
Auktionslokal, das; -(e)s, -e محل حراج
Aula, die; -, -len / -s تالار سخنرانی، تالار کنفرانس

Auripigment 74

Auripigment, das; -(e)s زرنیخ
aus *Präp., Adv.* ۱. از، از توی، از میانِ، از راهِ، از روی ۲. بر اثرِ ۳. تمام ۴. از جنسِ
- **Der Unterricht ist aus.** درس تمام شد.
- **Von mir aus.** از نظر من مانعی ندارد.
- **bestehend aus...** مرکّب از...
- **Es ist aus.** تمام شد.
- **aus Versehen** اشتباهاً
- **aus Haß** از روی تنفر
- **Aus welchem Grund?** به چه دلیل؟

Aus, das; - ۱. (ورزش) خارج ۲. (ورزش) پایان
ausarbeiten *Vt.* ۱. تمام کردن، تنظیم کردن، تکمیل کردن ۲. سر و صورت دادن ۳. فعالیت بدنی کردن
Ausarbeitung, die; -, -en ۱. تکمیل؛ تنظیم؛ تدارک ۲. فعالیت بدنی
ausarten *Vi.* خراب شدن، فاسد شدن، تغییر ماهیت دادن، رو به انحطاط گذاشتن
Ausartung, die; -, -en خرابی، فساد، تغییر ماهیت
ausatmen *Vt.* نفس بیرون دادن، دم بـرآوردن، باز دمیدن
Ausatmen, das; -s بازدم
Ausatmung, die; -, -en بازدم
ausbaden *Vt.* جور (کسی) را کشیدن
ausbaggern *Vt.* لاروبی کردن
Ausbaggerung, die; -, -en لاروبی
ausbalancieren *Vt.* موازنه کردن، میزان کردن، بر قرار کردن (تعادل)
ausbalanciert *Adj.* متعادل
Ausbalanciernug, die; -, -en موازنه، تعدیل، تعادل
Ausbau, der; -s, -ten ۱. تکمیل ساختمان، توسعه ۲. پیاده کردن (موتور)
ausbauchen *Vt.* شکم دادن، برآمدگی پیدا کردن
Ausbauchung, die; -, -en برآمدگی
ausbauen *Vt.* ۱. تکمیل کردن (ساختمان) ۲. پیاده کردن (موتور)
ausbedingen *Vt.* قید کردن، شرط قائل شدن، مشروط کردن
Ausbedingung, die; - قید، شرط
ausbessern *Vt.* ۱. تعمیر کردن، ترمیم کردن، اصلاح کردن، مرمت کردن ۲. رفو کردن
Ausbesserung, die; -, -en ۱. تعمیر، ترمیم، اصلاح ۲. رفو
ausbesserungsfähig *Adj.* قابل اصلاح، تعمیربردار
Ausbeute, die; -, -n فایده، منفعت؛ حاصل، بهره، نتیجه
ausbeuteln *Vt.* ۱. مغبون کردن، کلاه سر (کسی) گذاشتن، از (کسی) بهره‌کشی کردن ۲. استثمار کردن
ausbeuten *Vt.* ۱. فایده بردن، بهره‌برداری کردن ۲. استخراج کردن ۳. استثمار کردن
Ausbeuter, der; -s, - ۱. فایده‌کننده ۲. استخراج‌کننده ۳. استثمارکننده، استثمارگر
Ausbeuterei, die; - استثمار
Ausbeutung, die; -, -en ۱. فایده ۲. استخراج، بهره‌برداری ۳. استثمار
- **Ausbeutung des Bodens** بهره‌برداری از زمین

ausbezahlen *Vt.* پرداختن، تأدیه کردن
ausbiegen *Vt., Vi.* ۱. خم کردن ۲. خم شدن
ausbieten *Vt.* عرضه کردن
ausbilden *Vt., Vr.* ۱. آموزش دادن، تعلیم دادن، پرورش دادن ۲. توسعه یافتن
Ausbilder, der; -s, - مربی، تعلیم‌دهنده
Ausbildung, die; -, -en ۱. آموزش، تعلیم، تربیت، پرورش ۲. توسعه
Ausbildungslehrgang, der; -(e), ⸚e دورهٔ آموزشی
ausbitten *Vt.* خواهش کردن، درخواست کردن
ausblasen *Vt.* با فوت خاموش کردن
- jemandem **das Lebenslicht ausblasen** چراغ زندگی کسی را خاموش کردن

ausbleiben *Vi.* دور ماندن، غایب بودن، ظاهر نشدن
- **Die Atem blieb aus.** تنفس قطع شد.

Ausbleiben, das; -s عدم حضور، غیبت
ausbleichen *Vt., Vi.* ۱. بی‌رنگ کردن ۲. بی‌رنگ شدن، رنگ زدودن
ausblenden *Vi.* کم‌نور شدن، بی‌نور شدن، کم‌کم محو شدن (صفحهٔ تلویزیون)
Ausblick, der; -s, -e چشم‌انداز، دورنما، نظر، نگاه
ausblicken *Vi.* ۱. نگاه کردن ۲. چشم به‌راه بودن
- *Die Frau blickte nach ihrem Mann aus.* زن چشم به‌راه شوهرش بود.

ausblühen *Vt., Vi.* ۱. شکوفه ریختن، پژمردن ۲. شوره کردن
Ausblühung, die; -, -en شکوفه‌ریزی
ausbluten *Vi.* ۱. خونریزی کردن ۲. از خونریزی مردن
ausbohren *Vt.* با مته سوراخ کردن
Ausbohrer, der; -s, - سوراخ‌کننده (با مته)
Ausbohrung, die; - سوراخ ایجاد شده به وسیلهٔ مته

75 **ausdrücken**

ausbooten *Vt., Vi.* ۱. از کشتی پیاده کردن ۲. از کار برکنار کردن ۳. از کشتی پیاده شدن
Ausbootung, die; -, -en ترک کشتی
ausborgen *Vt.* ۱. قرض کردن، وام گرفتن ۲. قرض دادن
ausbraten *Vi., Vt.* ۱. سرخ شدن، کباب شدن ۲. سرخ کردن، کباب کردن
ausbrechen *Vt., Vi.* ۱. بریدن، کندن ۲. فرار کردن، از (زندان) گریختن ۳. شروع کردن ۴. منحرف شدن ۵. ظاهر شدن، از (جایی) بیرون آمدن ۶. به راه (خود) رفتن ۷. استفراغ کردن ۸. اتفاق افتادن، به وقوع پیوستن ۹. فعال شدن (کوه آتشفشان) ۱۰. دچار حالت احساسی ناگهانی شدن

aus dem Gefängnis ausbrechen از زندان فرار کردن
in Tränen ausbrechen به گریه افتادن
Die Menge brach in Jubel aus.
جمعیت ناگهان ابراز احساسات کرد.

Ausbrecher, der; -s, - فراری (از زندان / قفس)
ausbreiten *Vt., Vr.* ۱. گسترش دادن، توسعه دادن، انتشار دادن، پهن کردن ۲. به اطراف دراز کردن (بازوان) ۳. گسترش یافتن، توسعه یافتن، پهن شدن ۴. دراز کشیدن
Ausbreitung, die; -, -en گسترش، توسعه، انتشار، اشاعه
Ausbreitungszentrum, das; -s, -tren مرکز پخش
ausbrennen *Vt., Vi.* ۱. کاملاً سوزاندن ۲. سوختن و خاموش شدن، تماماً سوختن
ausbringen *Vt.* به سلامتی (کسی) باده نوشیدن
Ausbringung, die; -, -en باده‌نوشی به سلامتی کسی
Ausbruch, der; -(e)s, ⸚e ۱. شیوع، وقوع، بروز، ظهور (ناگهانی) ۲. فرار (از زندان) ۳. وجد، خلسه ۴. انفجار، فوران
ausbrüten *Vt., Vi.* ۱. از تخم درآوردن (جوجه) ۲. طرح‌ریزی کردن ۳. جوجه بیرون آمدن، به جوجه تبدیل شدن
Ausbrütung, die; - جوجه‌کشی
ausbuchen *Vt.* پر بودن، جای خالی نداشتن (هتل، وسیلهٔ نقلیه)
ausbügeln *Vt.* ۱. با اتو برطرف کردن (چین و چروک لباس) ۲. برطرف کردن (نواقص)
ausbuhen *Vt.* هو کردن
Ausbund, der; -(e)s, -e/⸚e سرمشق، نمونه
ausbürgern *Vt.* ترک تابعیت دادن، از تابعیت خارج کردن
Ausbürgerung, die; -n, -en ترک تابعیت

ausbürsten *Vt.* ماهوت پاک‌کن زدن، با برس تمیز کردن
Ausdauer, die; - استقامت، پشتکار، مقاومت، طاقت، پایداری
ausdauern *Vt., Vi.* ۱. تحمل کردن ۲. استقامت کردن، مقاومت کردن، طاقت آوردن
ausdauernd *Adj.* بااستقامت، باثبات، پُرطاقت، مقاوم، با پشتکار
ausdehnbar *Adj.* قابل توسعه، قابل تمدید
Ausdehnbarkeit, die; -, -en قابلیت توسعه، قابلیت تمدید
ausdehnen *Vt., Vr.* ۱. بسط دادن، توسعه دادن؛ تمدید کردن؛ گسترش دادن ۲. توسعه یافتن، گسترش یافتن
Ausdehnung, die; -, -en بسط، توسعه؛ تمدید؛ گسترش
ausdehnungsfähig *Adj.* قابل انبساط
Ausdehnungsfähigkeit, die; -, -en قابلیت انبساط
Ausdehnungskoeffizient, der; -en, -en (فیزیک) ضریب انبساط
Ausdehnungsvermögen, das; -s, - قابلیت انبساط
ausdenkbar *Adj.* قابل تصور
ausdenken *Vt.* ۱. فکر کردن، تدبیر کردن؛ طرح کردن، طرح‌ریزی کردن ۲. در نظر گرفتن
ausdeuten *Vt.* معنی کردن، تشریح کردن، تفسیر کردن، تعبیر کردن، توضیح دادن
Ausdeutung, die; -, -en معنی، تفسیر، تعبیر، توضیح، تشریح
ausdienen *Vi.* وظیفهٔ (خود) را انجام دادن

Der Mantel hat nun ausgedient.
پالتو غیر قابل استفاده است.

ausdorren *Vi.* خشک شدن، خشکیدن
ausdörren *Vt., Vi.* ۱. خشک کردن، خشکانیدن ۲. خشک شدن، خشکیدن
ausdrehen *Vt.* پیچاندن و قطع کردن (آب، گاز، برق)
ausdreschen *Vt.* خرمن‌کوبی کردن
Ausdruck, der; -(e)s, ⸚e ۱. بیان، گفتار ۲. طرز کلام، شیوهٔ بیان ۳. لفظ ۴. اصطلاح؛ عبارت؛ تعبیر ۵. نشانه، اثر

etwas zum Ausdruck bringen چیزی را بیان کردن
der Fachausdruck اصطلاح فنی؛ اصطلاح علمی

ausdrucken *Vt.* چاپ کردن، طبع کردن
ausdrücken *Vt., Vr.* ۱. بیان کردن ۲. فشردن، چلاندن ۳. اظهارنظر کردن

ausdrücklich 76

jemandem **sein Beileid ausdrücken**
به کسی تسلیت گفتن
den Saft einer Orange ausdrücken
آب پرتقال را گرفتن
ausdrücklich *Adj., Adv.* ۱. صریح، واضح، مؤکّد، روشن ۲. صراحتاً، صریحاً، مؤکداً
Ich habe ausdrücklich gesagt, daß...
صریحاً گفتم که ...
Ausdrücklichkeit, die; - صراحت، وضوح، روشنی
ausdruckslos *Adj.* بی‌حالت، بی‌معنی، بی‌روح
Ausdruckslosigkeit, die; - بی‌حالتی، بی‌روحی
Ausdrucksmittel, das; -s, - وسیلهٔ بیان
ausdrucksvoll *Adj.* پُرمعنی، مؤثر
Ausdrucksweise, die; -, -n طرز کلام، شکل بیان، نحوهٔ اظهار
ausdunsten *Vt., Vi.* ۱. بو دادن ۲. عرق کردن
ausdünsten *Vt., Vi.* ۱. بو دادن ۲. عرق کردن
Ausdunstung, die; -, -en ترشح عرق (از بدن)؛ بوی عرق
Ausdünstung, die; -, -en ترشح عرق (از بدن)؛ بوی عرق
auseinander *Adv.* ۱. از هم، از یکدیگر ۲. جدا، سوا، مجزا
auseinanderbrechen *Vt.* از هم گسستن
auseinanderbringen *Vt.* از هم جدا کردن، از هم سوا کردن
auseinanderfahren *Vi.* از هم جدا شدن
auseinanderfallen *Vi.* از هم جدا شدن، خرد شدن
auseinanderfeilen *Vt.* با سوهان بریدن و جدا کردن
auseinanderfliegen *Vi.* ۱. جدا از هم پریدن ۲. منفجر شدن
auseinandergehen *Vi.* ۱. از هم جدا شدن، از هم سوا شدن ۲. با هم مخالف شدن، اختلاف داشتن ۳. تکه پاره شدن، چند شاخه شدن (شرکت) ۴. چاق شدن
Unser Meinungen gehen stark auseinander.
عقاید ما کاملاً با هم تفاوت دارند.
auseinanderhalten *Vt.* ۱. از هم تشخیص دادن، از هم باز شناختن ۲. از هم جدا نگه داشتن
auseinanderjagen *Vt.* پراکنده کردن، متفرق کردن
auseinanderkommen *Vi.* از هم جدا شدن
auseinanderlegen *Vt.* از هم جدا گذاشتن، از هم جدا کردن
auseinandermanövrieren *Vt.* از هم جدا کردن، از هم سوا کردن
auseinandernehmen از هم جدا کردن، پیاده کردن (موتور)
auseinanderreißen *Vt.* از هم شکافتن، پاره کردن
auseinandersägen *Vt.* با اره دوتا کردن
auseinandersetzen *Vt., Vr.* ۱. توضیح دادن، تشریح کردن ۲. حلاجی کردن (موضوع) ۳. سازش کردن، رفع اختلاف کردن
Auseinandersetzung, die; -, -en ۱. توضیح، تشریح ۲. نزاع، مناقشه ۳. برخورد نظامی
auseinanderspringen *Vi.* ۱. از هم جدا شدن ۲. ترکیدن
auseinandertreiben *Vt., Vi.* ۱. از هم جدا کردن ۲. از هم جدا شدن
auseinandertun *Vt.* از هم جدا گذاشتن، از هم جدا کردن
auseinanderziehen *Vt., Vi.* ۱. از هم کشیدن؛ از هم سوا کردن، از هم باز کردن ۲. از هم سوا شدن
auserkiesen *Vt.* انتخاب کردن، برگزیدن
auserkoren *Adj.* برگزیده، منتخب
auserlesen[1] *Vt.* برگزیدن، انتخاب کردن
auserlesen[2] *Adj.* برگزیده، ممتاز، عالی
ausersehen *Vt.* انتخاب کردن، برگزیدن
auserwählen *Vt.* انتخاب کردن، برگزیدن
auserwählt *Adj.* برگزیده، منتخب
Auserwähltheit, die; - برگزیدگی
ausessen *Vt.* تا ته خوردن، همهٔ (چیزی) را خوردن
ausfädeln *Vt.* از سوزن بیرون کشیدن (نخ)
ausfahren *Vi., Vt.* ۱. سواره رفتن، سواره گردش کردن ۲. (با وسیلهٔ نقلیه) به گردش بردن ۳. ترک کردن، خارج شدن ۴. خراب کردن (راه) ۵. با سرعت سواری کردن ۶. حرکت سریع کردن ۷. به (جایی) رساندن
Ausfahrt, die; -, -en خروج، راه خروجی (وسیلهٔ نقلیه)
Ausfahrt frei lassen! جلوی در / پل توقف نکنید!
Ausfahrtsignal, das; -s, -e علامت خروجی (وسیلهٔ نقلیه)
Ausfahrtsschild, das; -s, -er
تابلوی خروج از جاده
Ausfall, der; -(e)s, ⸚e ۱. قطع، حذف ۲. ریزش (برگ، موی سر) ۳. نقصان، ضرر ۴. نتیجه، حاصل ۵. هجوم، حمله
ausfallen *Vt., Vi.* ۱. حذف شدن، قطع شدن ۲. ریختن (برگ، موی سر) ۳. حمله بردن، هجوم آوردن ۴. نتیجه دادن ۵. باطل شدن، منتفی شدن ۶. از کار افتادن

77 **Ausgang**

Der Motor ist ausgefallen. موتور از کار افتاده است.

Mir fallen die Haare aus. موهایم می‌ریزند.

Wie ist das Spiel ausgefallen? نتیجه بازی چه بود؟

ausfällen *Vt.* رسوب دادن، ته‌نشین کردن

ausfallend *Adj.* متجاوز؛ پرخاشگر؛ گستاخ، وقیح

ausfällig *Adj.* متجاوز؛ پرخاشگر؛ گستاخ، وقیح

Ausfallstraße, die; -, -n جادهٔ اصلی، شاهراه

ausfasern *Vt., Vi.* ۱. نخ نخ کردن (پارچه) ۲. ریش ریش شدن (پارچه)

ausfechten *Vt.* ۱. به (نزاع) خاتمه دادن ۲. تا نتیجهٔ قطعی (کاری) را دنبال کردن

ausfegen *Vt.* جارو کردن

Ausfeger, der; -s, - جارو

ausfeilen *Vt.* ۱. سوهان زدن، با سوهان صاف کردن ۲. به دقت تنظیم کردن

ausfertigen *Vt.* ۱. تنظیم کردن ۲. صادر کردن (سند، گذرنامه)

Ausfertigung, die; -, -en تنظیم، صدور (سند، گذرنامه)

ausfinden *Vt.* پیدا کردن، کشف کردن، یافتن

ausfindig *Adv.* کشف

jemanden **ausfindig machen** کسی را (بعد از جستجو) یافتن

ausflicken *Vt.* وصله کردن، تعمیر کردن، رفو کردن

ausfliegen *Vi.* ۱. (با هواپیما) از منطقه‌ای دور شدن ۲. گردش رفتن ۳. از لانه پریدن (پرندگان)

ausfließen *Vi.* جاری شدن، سر رفتن (مایعات)

ausflippen *Vi.* ۱. به عرف معمول جامعه بی‌اعتنا بودن ۲. تسلط بر اعصاب (خود) را از دست دادن

Ausflucht, die; -, ⸚e بهانه، عذر؛ گریز، راه فرار

Ausflug, der; -(e)s, ⸚e گردش، پیک‌نیک، سفر کوتاه

einen Ausflug machen پیک‌نیک رفتن

Ausflügler, der; -s, - گردش‌کننده، پیک‌نیک رونده

Ausfluglokal, das; -s, -e گردشگاه

Ausfluß, der; -flusses, -flüsse ۱. راه آب ۲. ترشح ۳. نشست ۴. تراوش (فکری)

Ausflußöffnung, die; -, -e مجرای خروج (مایع)

ausfolgen *Vt.* تحویل دادن، تسلیم کردن

ausforschen *Vt.* رسیدگی کردن، تحقیق کردن

Ausforschung, die; -, -en رسیدگی، تحقیق

ausfragen *Vt.* ۱. پرسیدن، جویا شدن ۲. بازجویی کردن

Ausfrager, der; -s, - پی‌گرد، مأمور بازجویی

Ausfragerei, die; -, -en بازجویی

ausfransen *Vi.* ساییدن، ریش ریش شدن (پارچه)

ausfressen *Vt., Vi.* ۱. تا ته خوردن ۲. دسته‌گل به آب دادن، مرتکب عمل خلاف شدن

ausfrieren *Vi.* کاملاً منجمد شدن

Ausfuhr, die; -, -n صدور (به خارج)، صادرات

Ausfuhrartikel, der; -s, - کالای صادراتی

ausführbar *Adj.* قابل صدور

Ausführbarkeit, die; - قابلیت صدور

ausführen *Vt.* ۱. صادر کردن، به خارج حمل کردن ۲. اجرا کردن، انجام دادن

Ausfuhrerlaubnis, die; -, -nisse پروانهٔ صدور، اجازهٔ صدور

Ausfuhrhandel, der; -s, ⸚ تجارت صادرات

Ausfuhrhändler, der; -s, - صادرکننده

Ausfuhrkontingent, das; -(e)s, -e سهمیهٔ صادرات

ausführlich *Adj., Adv.* ۱. مشروح، مفصل ۲. به تفصیل

Ausführlichkeit, die; -, -en تفصیل، تفاصیل، جزئیات، ریزه‌کاری‌ها

Ausfuhrlizenz, die; -, -en پروانهٔ صدور

Ausführung, die; -, -en ۱. صدور ۲. اجرا، طرزکار ۳. انجام ۴. طرح ۵. توضیح، تعریف، شرح

Ausführungsart, die; -, -en طرز عمل

Ausführungsbefehl, der; -s, -e دستورالعمل

Ausführungsverordnung, die; -, -en آئین‌نامه

Ausführungsweise, die; -, -en طرز عمل

Ausfuhrverbot, das; -(e)s, -e ممنوعیت صدور

Ausfuhrware, die; -, -n کالای صادراتی

Ausfuhrzoll, der; -(e)s, ⸚e گمرک صادرات، عوارض گمرکی

ausfüllen *Vt.* پر کردن (دندان)، تکمیل کردن (پرسش‌نامه)

ausgefüllt mit Beton با بتون / سیمان پر شده

seine Zeit mit etwas **ausfüllen** وقت خود را با چیزی پر کردن

Ausfüllung, die; -, -en اشغال، تکمیل

ausfüttern *Vt.* ۱. آستر کردن (لباس) ۲. تیمار کردن

ausgefüttertes Vieh حیوان تیمار شده

Ausgabe, die; -n, -n ۱. تحویل، توزیع ۲. هزینه، مخارج ۳. انتشار، چاپ

Ausgabenbeleg, der; -(e)s, -e سند خرج

Ausgang, der; -(e)s, ⸚e ۱. دررو، در خروجی، محل خروج ۲. آخر، عاقبت، پایان ۳. نتیجه، حاصل ۴. گردش

der Notausgang خروج اضطراری، درِ فرار

Kein Ausgang! این در خروجی نیست!

Ausgangspunkt 78

Ausgangspunkt, der; -(e)s, -e نقطهٔ شروع، مبدأ، منشأ
ausgeben *Vt., Vi.* ۱. خرج کردن ۲. توزیع کردن، پخش کردن ۳. ابلاغ کردن (دستور) ۴. صادر کردن ۵. فایده داشتن
ausgebildet *Adj.* آموزش‌دیده
ausgebreitet *Adj.* پهناور، وسیع
ausgebucht *Adj.* [قطار، هواپیما] پر، بدون جای خالی
Ausgeburt, die; -, -en آفریده، زاده، مخلوق؛ مصنوع
ausgefallen *Adj.* غیرعادی، دور از ذهن، عجیب و غریب
ausgeglichen *Adj.* معتدل؛ موزون، متعادل
Ausgeglichenheit, die; - اعتدال، میانه‌روی
Ausgehanzug, der; -(e)s, ⸚e (در ارتش) لباس مهمانی (سربازان)
ausgehen *Vi., Vr.* ۱. بیرون رفتن، از منزل خارج شدن ۲. تمام شدن، خاتمه یافتن ۳. رنگ دادن ۴. کم‌رنگ شدن ۵. ریختن (مو) ۶. بی‌نور شدن، خاموش شدن ۷. نتیجه داشتن ۸. تلاش کردن ۹. سازش کردن
ausgehungert *Adj.* ۱. گرسنه ۲. شیفته
ausgekocht *Adj.* ۱. پخته ۲. ماهر، همه فن حریف
ausgelassen *Adj.* شاد، شاداب، بشاش، سرحال
Ausgelassenheit, die; -, -en شادی، شادابی، نشاط
ausgemacht *Adj.* ۱. خاموش شده ۲. قرار شده، مسلم، قطعی، حتمی، مقرر

Das war nicht ausgemacht. قرار این نبود.

ausgemergelt *Adj.* بی‌رمق، بی‌حال
ausgenommen *Präp., Konj.* ۱. به استثناء، غیر از، به جز ۲. مگر آنکه، جز اینکه
ausgeprägt *Adj.* مشخص، برجسته، مخصوص
ausgerechnet *Adv.* درست، در همان حال

ausgerechnet heute درست همین امروز

ausgeschlossen *Adj., Interj.* غیر ممکن، محال

Ausgeschlossen! محال است!

ausgeschnitten *Adj.* [لباس] یقه‌باز، دِکُلته
ausgeschrieben *Adj.* اعلام شده، مشخص

Er hat eine ausgeschriebene Handschrift. او دستخط مشخصی دارد.

ausgesprochen *Adj., Adv.* واضح، علنی

eine ausgesprochene Lüge دروغ محض

ausgestalten *Vt.* تکمیل کردن، وسعت دادن
Ausgestaltung, die; -, -en تکمیل، توسعه
ausgestellt *Adj.* صادر شده

ausgestellt am 19. 2. تاریخ صدور ۱۹ فوریه

ausgesucht *Adj.* برگزیده، انتخاب شده، گلچین
ausgewachsen *Adj.* رشد کرده، تکامل یافته
ausgewogen *Adj.* سنجیده، موزون؛ منصفانه
Ausgewogenheit, die; - سنجیدگی، اعتدال
ausgezeichnet *Adj.* برجسته، ممتاز، عالی، خیلی خوب
ausgiebig *Adj.* کافی؛ فراوان، وافر
Ausgiebigkeit, die; - کفایت؛ فراوانی، وفور
ausgießen *Vt.* بیرون ریختن، دور ریختن (آب)
Ausgießung, die; -, -en ۱. ریزش، ریختن (آب) ۲. ریختگی
ausglätten *Vt.* صاف کردن (برجستگی)
Ausgleich, der; -s, -e ۱. تساوی، توازن ۲. جبران، تلافی
ausgleichen *Vt., Vr.* ۱. برابر کردن، توازن برقرار کردن ۲. جبران کردن ۳. متعادل شدن
Ausgleichung, die; -, -en موازنه، تساوی
ausgleiten *Vi.* لیز خوردن، لغزیدن، سر خوردن
Ausgleiten, das; -s لغزش
ausglitschen *Vi.* لیز خوردن، لغزیدن، سر خوردن
ausgraben *Vt.* حفاری کردن، کندن؛ از زیر خاک بیرون آوردن
Ausgräber, der; -s, - حفار
Ausgrabung, die; -, -en حفر، کاوش، حفاری
ausgreifen *Vi.* قدم بلند برداشتن، تند راه رفتن (اسب)
ausgrenzen *Vt.* ۱. محدود کردن ۲. رد کردن
ausgrübeln *Vt.* ۱. فکر کردن، تدبیر کردن، طرح کردن، طرح‌ریزی کردن ۲. در نظر گرفتن
Ausguck, der; -(e)s, -e منظر، دیدگاه
ausgucken *Vi.* نگاه کردن
Ausguß, der; -gusses, -güsse ۱. راه آب ۲. دهنهٔ لوله ۳. لگن دستشویی
aushaben *Vt., Vi.* ۱. تمام کردن ۲. تمام شدن
aushacken *Vt.* (با تیشه) بریدن، کندن، تراشیدن
aushaken *Vt.* از قلاب باز کردن
aushalten *Vt., Vi.* ۱. تحمل کردن، مقاومت کردن، تاب آوردن، طاقت آوردن، شکیبایی کردن ۲. تحمل داشتن، ثابت‌قدم ماندن

Ich halte es nicht mehr aus. دیگر تحملش را ندارم.

aushandeln *Vt.* توافق کردن، به توافق رسیدن
aushändigen *Vt.* تحویل دادن، تسلیم کردن، دادن
Aushändigung, die; -, -en تحویل، تسلیم
Aushang, der; -(e)s, ⸚e اعلان، آگهی
Aushängebogen, der; -s, -/⸚ اولین نمونهٔ چاپ

aushängen *Vt., Vi., Vr.* ۱. آویزان کردن، نصب کردن (آگهی) ۲. آویزان بودن (آگهی) ۳. (بر اثر آویزان بودن) صاف شدن ۴. در رفتن (مفصل)

Das Kleid hat sich ausgehängt.

لباس بر اثر آویزان بودن صاف شد.

Aushängeschild, das; -(e)s, -er تابلو

ausharren *Vt.* طاقت آوردن، استقامت داشتن

Ausharren, das; -s طاقت، تحمل

aushauchen *Vt.* نفس کشیدن، دم برآوردن

aushauen *Vt.* کندن، تراشیدن، حکاکی کردن

aushäusig *Adj.* فراری (از خانه)

ausheben *Vt., Vr.* ۱. کندن، حفر کردن، خاکبرداری کردن ۲. آویزان کردن، نصب کردن ۳. از لولا در آوردن (در) ۴. به سربازی بردن ۵. در رفتن (مفصل)

Aushebung, die; -, -en ۱. سربازگیری، خدمت سربازی

aushecken *Vt.* ۱. اندیشیدن، تدبیر کردن ۲. طرح‌ریزی کردن ۳. هاشور زدن (نقشه)

ausheilen *Vt., Vi.* ۱. درمان کامل کردن ۲. درمان شدن

Ausheilung, die; -, -en درمان کامل، بهبود

aushelfen *Vi.* مساعدت کردن، کمک کردن، یاری کردن

Aushilfe, die; -, -n کمک موقت، یاری

Aushilfskraft, die; -, ⸚e نیروی کمکی

aushöhlen *Vt.* ۱. حفر کردن، از خاک در آوردن ۲. از رمق انداختن ۳. ساییدن، فرساییدن

Aushöhlung, die; -, -en حفاری

ausholen *Vi., Vt.* ۱. دست‌ها را از هم گشودن ۲. در داستان به گذشته اشاره کردن ۳. از (کسی) بازجویی کردن

ausholzen *Vt.* تراشیدن (درخت، شاخه درخت)

aushorchen *Vt.* تحقیق کردن، از (کسی) حرف درآوردن، سؤال‌پیچ کردن

Aushorcher, der; -s, - مأمور تحقیق

aushungern *Vt.* گرسنگی دادن

aushusten *Vt.* با سرفه بیرون دادن (خلط)

ausixen *Vt.* (با ماشین تحریر) حذف کردن

ausjäten *Vt.* چیدن، وجین کردن، از ریشه درآوردن

auskälten *Vt., Vi.* ۱. کاملاً سرد کردن ۲. کاملاً سرد شدن

auskämmen *Vt.* شانه زدن، با شانه تمیز کردن (موی سر)

auskämpfen *Vi., Vt.* ۱. به نزاع خاتمه دادن ۲. تا نتیجه قطعی (کاری) را دنبال کردن

auskaufen *Vt.* خریدن (تمام اجناس دکان)، خالی کردن (مغازه)

auskehlen *Vt.* توی (چیزی) را خالی کردن، گود کردن

Auskehlung, die; -, -en گودی

auskehren *Vt.* جارو کردن

auskennen *Vr.* شناختن، مطلع بودن، بلد بودن، وارد بودن

Hier kenne ich mich nicht aus.

از این‌جا سر در نمی‌آورم.

auskernen *Vt.* گرفتن (هستهٔ میوه)

ausklagen *Vi., Vr., Vt.* ۱. نفی بلد شدن ۲. شکایت (خود) را تمام کردن ۳. با (کسی) درد دل کردن

ausklammern *Vt.* جدا نگاه داشتن

Ausklang, der; -(e)s, ⸚e ۱. خاتمه، سرانجام (داستان) ۲. (موسیقی) نت آخر

ausklauben *Vt.* دست‌چین کردن

auskleben *Vt.* چسباندن

auskleiden *Vt., Vr.* ۱. لباس (کسی) را درآوردن، لخت کردن ۲. پوشاندن، روکش کردن (دیوار) ۳. برهنه شدن

Auskleideraum, der; -(e)s, -räume (اتاق) رخت‌کن

ausklingen *Vi.* به پایان رسیدن، تمام شدن

ausklinken *Vt.* جدا کردن (ضامن در)

ausklopfen *Vt.* (به منظور گردگیری) کوبیدن، کوفتن

ausklügeln *Vt.* هوش به‌کار بردن، تدبیر کردن، طرح‌ریزی کردن

auskneifen *Vt.* فرار کردن، در رفتن، گریختن، ور مالیدن

ausknobeln *Vt.* ۱. شیر یا خط انداختن ۲. هوش به کار بردن

auskochen *Vt.* ۱. کاملاً پختن ۲. (با جوشاندن) ضدعفونی کردن، سترون کردن

auskommen *Vi.* ۱. کفایت کردن ۲. سازش کردن، کنار آمدن ۳. بیرون آمدن

Damit kann ich auskommen.

همین‌قدر برای من کفایت می‌کند.

Er kommt mit seinen Nachbarn gut aus.

او با همسایگان خود به خوبی کنار می‌آید.

Ihm kommt nichts aus. او جان به عزراییل نمی‌دهد.

Auskommen, das; -s ۱. هزینهٔ زندگی ۲. هم‌زیستی ۳. کفایت ۴. سازش

auskömmlich *Adj.* کافی، به قدر کفایت، بسنده

auskosten *Vt.* لذت کافی بردن

auskotzen *Vt.* بالا آوردن، استفراغ کردن

auskramen *Vt.* ۱. به هم زدن ۲. به یاد آودن

Wir haben alte Erinnerungen ausgekramt.

ما خاطرات گذشته را به یاد آوردیم.

auskratzen *Vt., Vi.* خراشیدن؛ تراشیدن؛ با ناخن کندن
auskreuzen *Vt.* خط زدن، علامت گذاشتن
auskriechen *Vi.* از تخم بیرون آمدن (جوجه)
auskugeln *Vt.* در رفتن (مفصل)
Auskugeln, das; -s در رفتگی
auskühlen *Vi., Vt.* ۱. کاملاً سرد شدن ۲. کاملاً سرد کردن
auskultieren *Vt.* با گوشی پزشکی معاینه کردن
auskundschaften *Vt.* تجسس کردن، از کار (کسی) سر درآوردن
Auskundschafter, der; -s, - جاسوس
Auskundschaftung, die; -, -en تجسس، جاسوسی
Auskunft, die; -, ⸚e خبر، اطلاع، راهنمایی، اطلاعات
jemandem **Auskünfte erteilen** به کسی اطلاعات دادن
Auskunftei, die; -, -en دفتر تجسس، دفتر تحقیق
Auskunftsmittel, das; -s, - وسیلهٔ خبرگیری
Auskunftsstelle, die; -, -n دفتر اطلاعات، خبرگزاری
auskuppeln *Vt., Vi.* ۱. جدا کردن، منفصل کردن ۲. کلاچ اتومبیل را ول کردن
auskurieren *Vt.* علاج کردن، بهبود کامل دادن
auslachen *Vt., Vr.* دست انداختن، به ریش (کسی) خندیدن
jemanden **auslachen** به کسی خندیدن
ausladen *Vt.* ۱. خالی کردن، تخلیه کردن (بار) ۲. پیش آمدن ۳. دعوت از (کسی) را پس گرفتن
ausladend *Adj.* برجسته، پیش‌آمده
Ausladung, die; -, -en ۱. باراندازی، تخلیه ۲. پیش آمدگی ۳. پس‌گیری دعوت
Auslage, die; -, -en ۱. هزینه ۲. بساط (مغازه)، اجناس ۳. (ورزش) حرکت دفاعی ۴. ویترین (مغازه)
Auslagekästchen, das; -s, - ویترین
Ausland, das; -(e)s, ⸚er خارج، خارجه، کشور خارجی، کشور بیگانه
im Ausland در خارج از کشور
ins Ausland gehen به خارج رفتن
Ausländer, der; -s, - بیگانه، اجنبی، خارجی
Ausländerin, die; -, -nen بیگانه، اجنبی، خارجی (زن)
ausländerfeindlich *Adj.* ضد خارجی، دشمن بیگانگان
Ausländerfeindlichkeit, die; -, -en ضدیت با خارجی، دشمنی با بیگانگان
Ausländerhaß, der; -hasses نفرت از خارجی
ausländisch *Adj.* خارجی، بیگانه
Auslandsaufenthalt, der; -(e)s, -e اقامت در خارج از کشور
Auslandsbeziehungen, die / *Pl.* روابط خارجی
Auslandsflug, der; -e(s), ⸚e پرواز به خارج از کشور، پرواز خارجی
Auslandsgespräch, das; -(e)s, -e تلفن به خارج
Auslandsgüter, die / *Pl.* کالای خارجی
Auslandsreise, die; -, -n سفر به خارج
Auslandswährung, die; -, -en ارز خارجی
auslangen *Vi.* کافی بودن، کفایت کردن
Auslaß, der; -lasses, -lässe مخرج، منفذ
auslassen *Vt., Vr.* ۱. از قلم انداختن، ول کردن، به (کسی / چیزی) توجه نکردن ۲. باز کردن (راه آب) ۳. شکافتن (درز) ۴. داغ کردن (روغن) ۵. عقیدهٔ (خود) را گفتن، اظهارنظر کردن ۶. آب شدن (کره) ۷. روشن نکردن ۸. از (چیزی) صرف‌نظر کردن ۹. خشم (خود) را بروز دادن
sein Ärger an jemanden **auslassen** دق دل خود را سر کسی خالی کردن
Auslassung, die; -, -en ۱. از قلم افتادگی، حذف، فروگذاری ۲. توضیح، تفسیر
Auslassungszeichen, das; -s, - (علامت) آپوستروف
auslasten *Vi.* (تا حد توانایی) بار کشیدن
Auslauf, der; -(e)s, -läufe ۱. راه آب، مجرای خروج آب ۲. محل گردش ۳. جای بازی
auslaufen *Vi., Vr.* ۱. خالی شدن، نشست کردن ۲. جاری شدن ۳. تمام شدن، پایان یافتن ۴. از بندر خارج شدن (کشتی) ۵. ریشه دواندن ۶. رنگ پس دادن ۷. (به نتیجه) منتهی شدن ۸. تا آخرین رمق دویدن
Die Straße läuft in einem Park aus. خیابان به یک پارک منتهی می‌شود.
Ausläufer, der; -s, - ۱. پیک ۲. انتها، دنباله، دامنه ۳. انشعاب، شاخه
auslaugen *Vt.* استخراج کردن، بیرون کشیدن
Auslaut, der; -(e)s, -e آخرین حرف صدادار کلمه
auslauten *Vi.* پایان یافتن، منتهی شدن
Das Wort "Gabel" lautet auf "L" aus. لغت «چنگال» به حرف «ل» ختم می‌شود.
ausläuten *Vi., Vt.* ۱. تمام شدن (صدای ناقوس) ۲. زدن (زنگ)، نواختن (ناقوس)
ausleben *Vr., Vi.* با خوشی زیستن، با عیش و عشرت به سر بردن

auslecken *Vt.*	تا ته لیسیدن
ausleeren *Vt.*	خالی کردن، تخلیه کردن
Ausleerung, die; -, -en	تخلیه
auslegen *Vt.*	۱. گستردن، پهن کردن ۲. فرش کردن، پوشاندن ۳. قرض دادن ۴. خرج کردن، برداشت کردن ۵. تفسیر کردن، تعبیر کردن ۶. به نمایش گذاشتن
Ausleger, der; -s, -	۱. تفسیرکننده، مفسر ۲. تیر دکل کشتی ۳. پاروگیر قایق
Auslegerboot, das; -(e)s, -e	قایق پاروگیردار
Auslegung, die; -, -en	۱. گسترش ۲. قرض ۳. خرج ۴. مطالعه، قرائت ۵. تفسیر، تعبیر، برداشت
ausleiden *Vi.*	از درد خلاص شدن، مردن
ausleiern *Vt.*	هرز شدن (پیچ)
Ausleihe, die; -, -n	(در کتابخانهٔ عمومی) بخش امانت کتاب، محل تحویل کتاب به مشتری
ausleihen *Vt.*	۱. عاریه دادن، قرض دادن ۲. عاریه گرفتن، قرض گرفتن
jemandem ausleihen	به کسی قرض دادن
von jemandem ausleihen	از کسی قرض گرفتن
auslernen *Vi.*	۱. همه را یاد گرفتن ۲. تحصیلات (خود) را تمام کردن، دورهٔ آموزشی را به پایان رساندن
ein ausgelernter Schreiner	یک نجار دوره دیده
Auslese, die; -, -n	انتخاب، گلچین، دست‌چین
auslesen *Vt.*	۱. انتخاب کردن، گلچین کردن، دست‌چین کردن ۲. تا پایان خواندن
Ausleseprinzip, das; -s, -ien	اصل انتخاب، گزینش
ausliefern *Vt.*	تحویل دادن (جنس)
Auslieferung, die; -, -en	تحویل (جنس)
ausliegen *Vi.*	به نمایش گذاشتن، در معرض نمایش گذاشتن
ausloben *Vt.*	برای (کسی) انعام معلوم کردن، برای (کسی) جایزه تعیین کردن
Auslobung, die; -, -en	جایزه، انعام
auslöffeln *Vt.*	۱. با قاشق خوردن و تمام کردن ۲. جور (کسی) را کشیدن
auslosbar *Adj.*	قابل قرعه‌کشی
auslösbar *Adj.*	قابل خرید
auslöschen *Vt., Vi.*	۱. خاموش کردن (چراغ) ۲. فرو نشاندن (آتش) ۳. محو کردن (نوشته) ۴. کشتن ۵. خاموش شدن، فرو نشستن (آتش)
auslosen *Vt.*	قرعه کشیدن، قرعه‌کشی کردن، بخت‌آزمایی کردن
auslösen *Vt.*	۱. (با پرداخت پول) آزاد کردن ۲. باز خریدن ۳. به کار انداختن ۴. کشیدن (ماشه اسلحه) ۵. از گرو درآوردن ۶. باعث (چیزی) شدن، موجب (چیزی) شدن
Auslöser, der; -s, -	۱. ماشه (اسلحه) ۲. دکمه (دوربین عکاسی)
Auslosung, die; -, -en	قرعه‌کشی، بخت‌آزمایی
Auslösung, die; -, -en	۱. بازخرید ۲. حق تفکیک ۳. استرداد گرو
ausloten *Vt.*	۱. عمق‌یابی کردن ۲. دقیقاً بررسی کردن
auslüften *Vt.*	هوا دادن، باد دادن، تهویه کردن
Auslüftung, die; -, -n	تهویه، تجدید هوا
auslugen *Vi.*	زل زل نگاه کردن
ausmachen *Vt., Vi.*	۱. خاموش کردن (چراغ، آتش) ۲. بی‌سبوس کردن (حبوبات) ۳. تشکیل دادن، درست کردن ۴. زحمت داشتن ۵. شناسایی کردن ۶. قرار گذاشتن ۷. اهمیت داشتن، ارزش داشتن ۸. بیرون کشیدن
Das macht nichts aus!	عیبی ندارد! مهم نیست!
Wenn es Ihnen nichts ausmacht.	اگر برایتان امکان دارد.
Das war nicht ausgemacht.	قرار بر این نبود.
ausmahlen *Vt.*	کاملاً آرد کردن، آسیاب کردن
ausmalen *Vt.*	۱. نقاشی کردن (ساختمان) ۲. رنگ زدن، رنگ‌آمیزی کردن ۳. مجسم کردن، متصوّر ساختن
Ausmarsch, der; -es, -̈e	۱. گردش، سفر ۲. حرکت به صف
ausmarschieren *Vi.*	به صف حرکت کردن، دنبال هم به راه افتادن
Ausmaß, das; -es, -e	مقدار، مقیاس، درجه، اندازه
in großem Ausmaß	به مقدار زیاد
ausmauern *Vt.*	بنّایی کردن
ausmergeln *Vt.*	لاغر کردن، نزار کردن، بی‌قوت کردن
Ausmergelung, die; -	لاغری، نزاری، بی‌قوتی
ausmerzen *Vt.*	۱. از بیخ کندن، ریشه‌کن کردن، کندن و دور انداختن ۲. محو کردن، پاک کردن
Ausmerzung, die; -, -en	قلع و قمع، ریشه‌کنی
ausmessen *Vt.*	اندازه گرفتن، مسّاحی کردن، اندازه‌گیری کردن
Ausmessung, die; -, -en	اندازه‌گیری، مسّاحی
ausmisten *Vt.*	۱. تمیز کردن، از کثافت پاک کردن (طویله) ۲. مرتب و منظم کردن
ausmitteln *Vt.*	برای (چیزی) چاره اندیشیدن، برای (چیزی) راه حل پیدا کردن
ausmünden *Vi.*	منتهی شدن
Die Straße mündet in einem Park aus.	
خیابان به یک پارک منتهی می‌شود.	

ausmustern *Vt.* ۱. مرخص کردن، از خدمت معاف کردن ۲. دست‌چین کردن
Ausmusterung, die; -, -en معافیت (از خدمت نظام وظیفه) ۲. دست‌چین
Ausnahme, die; -, -en استثنا
 mit Ausnahme von به استثنای، به جز
 eine Ausnahme machen استثنا قائل شدن
Ausnahmefall, der; -(e)s, ⸚e مورد استثنایی
Ausnahmegesetz, das; -es, -e قانون استثنا، قانون مستثنائات
Ausnahmesituation, die; -, -en موقعیت استثنایی
Ausnahmezustand, der; -es, ⸚e ۱. حالت استثنایی، شرایط غیر عادی ۲. حکومت‌نظامی
ausnahmslos *Adj., Adv.* بدون استثنا، عموماً
ausnahmsweise *Adv.* به طور استثنا، استثنائاً
ausnehmen *Vt., Vr.* ۱. بیرون آوردن ۲. استثنا گذاشتن، مستثنی کردن ۳. معاف کردن ۴. بازجویی کردن ۵. استخراج کردن ۶. (خود) را متمایز از دیگران نشان دادن
ausnehmend *Adj., Adv.* بی‌اندازه، بی‌نهایت، خیلی زیاد، خارق‌العاده
ausnutzen *Vt.* از (فرصت) استفاده کامل کردن، مورد استفاده قرار دادن
ausnützen *Vt.* از (فرصت) استفاده کامل کردن، مورد استفاده قرار دادن
Ausnutzung, die; -, -en استفاده کامل (از فرصت)
Ausnützung, die; -, -en استفاده کامل (از فرصت)
auspacken *Vt.* ۱. باز کردن (چمدان)، گشودن (بسته‌بندی) ۲. علنی کردن ۳. فاش کردن (راز)، باز کردن (سفرهٔ دل)
auspeitschen *Vt.* شلاق زدن
auspfänden *Vt.* توقیف کردن، گرو گرفتن (اموال)
Auspfändung, die; - توقیف، گروکشی
auspfeifen *Vt.* ۱. سوت کشیدن ۲. (در نمایش) هو کردن، تحقیر کردن
auspflanzen *Vt.* نشا کردن
auspichen *Vt.* قیراندود کردن
ausplaudern *Vt., Vi.* ۱. فاش کردن، لو دادن ۲. وراجی کردن، سخنان بیهوده گفتن ۳. درد دل کردن
ausplündern *Vt.* تاراج کردن، غارت کردن
auspolstern *Vt.* پر کردن (تشک)؛ برای (چیزی) لایی گذاشتن
Auspolsterung, die; -, -en تشک‌دوزی؛ لایی‌گذاری
ausposaunen *Vt.* ۱. با شیپور اعلام کردن ۲. به همه گفتن
auspowern *Vt.* استثمار کردن
ausprägen *Vt., Vr.* ۱. ضرب زدن، زدن (سکه) ۲. (خود) را نشان دادن، نمایان شدن
Ausprägung, die; -, -en علامت مشخصه
auspressen *Vt.* ۱. فشردن (میوه)، گرفتن (آب‌میوه) ۲. سؤال‌پیچ کردن
 jemanden **auspressen** کسی را سؤال‌پیچ کردن
Auspresser der; -s, - (دستگاه) آب‌میوه‌گیری
Auspressung, die; - فشرده
ausprobieren *Vt.* امتحان کردن، آزمایش کردن، آزمودن
ausprobiert *Adj.* مجرب، کارآزموده
Auspuff, der; -(e)s, ⸚e ۱. تخلیه ۲. اگزوز
Auspuffgas, das, -es, -e گاز اگزوز
Auspuffrohr, das; -(e)s, -e لولهٔ تخلیه، لوله اگزوز (اتومبیل)
auspumpen *Vt.* با تلمبه خالی کردن
auspusten *Vt.* با فوت خاموش کردن (چراغ نفتی)
ausputzen *Vt.* ۱. تمیز کردن ۲. آراستن
Ausputzer, der; -s, - جاروکش، رفتگر
ausquartieren *Vt.* از محل سکونت(خود) بیرون‌کردن
Ausquartierung, die; -, -en اخراج از محل سکونت
ausquatschen *Vt.* ۱. گفتن (سخنان بیهوده) ۲. فاش کردن، برملا کردن (راز)
ausquetschen *Vt.* ۱. چلاندن، آبلمبو کردن، له کردن ۲. از (کسی) اقرار گرفتن
 jemanden **ausquetschen** کسی را زیر فشار قرار دادن
ausradieren *Vt.* با مدادپاک‌کن پاک کردن
ausrangieren *Vt.* دور انداختن، کنار گذاشتن، از رده خارج کردن
ausrasieren *Vt.* از ته تراشیدن
ausrauben *Vt.* تاراج کردن، غارت کردن
ausräuchern *Vt.* دود دادن، ضدعفونی کردن
Ausräucherung, die; -, -en ضدعفونی با دود
ausraufen *Vt.* به زور درآوردن، به زور بیرون کشیدن (پر، مو)
ausräumen *Vt.* تخلیه کردن
ausrechnen *Vt.* حساب کردن، شمردن
Ausrechnung, die; -, -en محاسبه
ausrecken *Vt.* بلند کردن، دراز کردن (دست)
Ausrede, die; -, -n بهانه، عذر
 nach einer Ausrede suchen دنبال بهانه گشتن
 Das sind faule Ausreden. اینها همه بهانه است.

ausreden *Vi., Vt., Vr.* ۱. تا آخر حرف زدن، سخن را تمام کردن ۲. رأی (کسی) را زدن ۳. حرف دل (خود) را زدن

Laß mich doch ausreden. بگذار حرفم تمام شود.

ausreiben *Vt.* مالیدن و پاک کردن، زدودن (لکه)

ausreichen *Vi.* کافی بودن، کفایت کردن، بسنده بودن

ausreichend *Adj.* به قدر کفایت، کافی، بسنده

Ausreise, die; -, -n مسافرت (به خارج از کشور)، خروج از کشور

Ausreiseerlaubnis, die; -, -nisse اجازهٔ خروج از کشور

Ausreisegenehmigung, die; -, -en اجازهٔ خروج از کشور

ausreisen *Vi.* از کشور خارج شدن، به خارج از کشور مسافرت کردن

Ausreisevisum, das; -s, -visa روادید خروج

ausreißen *Vt., Vi.* ۱. از جا کندن، بیرون کشیدن ۲. درز پیدا کردن ۳. (از زندان) در رفتن، فرار کردن، گریختن ۴. کنده شدن

Ausreißer, der; -s, - فراری

ausreiten *Vi.* اسب‌سواری کردن

ausrenken *Vt.* در رفتن (مفصل)

Ausrenkung, die; -, -en در رفتگی

ausreuten *Vt.* از ریشه در آوردن (گیاه)

ausrichten *Vt.* ۱. ردیف کردن، مرتب کردن، میزان کردن ۲. انجام دادن، برگزار کردن ۳. بر (چیزی) اثر کردن ۴. ابلاغ کردن (سلام) ۵. پرداختن (مبلغ)

Die Medizin hat nichts ausgerichtet.

دوا هیچ فایده‌ای نداشت.

Ich werde es ihm ausrichten.

این پیغام را به او خواهم رساند.

Da kann man nichts ausrichten. چاره‌ای نیست.

Ausrichtung, die; - ۱. ردیف ۲. انجام ۳. اثر ۴. ابلاغ ۵. پرداخت

ausringen *Vt.* چلاندن (حوله تر)

Ausritt, die; -(e)s, -e اسب‌سواری

ausroden *Vt.* از ریشه درآوردن (گیاه)

Ausrodung, die; -, -en ریشه‌کنی (گیاه)

ausrollen *Vt., Vi.* ۱. از حرکت باز ماندن (چرخ هواپیما) ۲.پهن کردن (قالی)

ausrotten *Vt.* ۱. قلع و قمع کردن (دشمن) ۲. ریشه‌کن کردن (گیاه)

Ausrottung, die; - ۱. قلع و قمع (دشمن) ۲. ریشه‌کنی (گیاه)

ausrücken *Vt., Vi.* ۱. از (چیزی) فرار کردن ۲. عزیمت کردن، به راه افتادن

Ausruf, der; -s, -e فریاد، بانگ، ندا، جار

ausrufen *Vt.* فریاد زدن، بانگ زدن، ندا دادن، جار زدن

Ausrufer, der; -s, - جارچی، منادی

Ausrufewort, das; -(e)s / -er, ⸚e (دستور زبان) حرف ندا

Ausrufezeichen, das; -s, - علامت تعجب، علامت ندا

Ausrufung, die; -, -en فریاد، بانگ، ندا، جار

Ausrufungssatz, der; -es, ⸚e (دستور زبان) جمله ندا

Ausrufungswort, das; -(e)s, -e / ⸚er (دستور زبان) حرف ندا

Ausrufungszeichen, das; -s, - علامت تعجب، علامت ندا

ausruhen *Vi., Vr.* استراحت کردن، رفع خستگی کردن

ausrupfen *Vt.* پر کندن

ausrüsten *Vt.* مجهز کردن، مسلح کردن، تجهیز کردن

Ausrüstung, die; -, -en تسلیح، تجهیز

ausrutschen *Vi.* لیز خوردن، لغزیدن، سرخوردن

Ausrutscher, der; -s, - ۱. لغزش ۲. رفتار خلاف ادب عمومی ۳. (ورزش) شکست غیر منتظره

Aussaat, die; -, -en ۱. بذر، تخم؛ بذرافشانی ۲. اشاعه، انتشار

aussäen *Vt.* ۱. بذر (چیزی) را کاشتن، کاشتن ۲. اشاعه دادن، منتشر کردن

Der Bauer sät im Herbst den Weizen aus.

کشاورز در پاییز گندم می‌کارد.

Aussage, die; -, -n اظهار، گواهی، شهادت، بیان

eine Aussage machen گواهی دادن

eine Aussage verweigen از دادن شهادت امتناع کردن

nach seiner eigenen Aussage طبق اظهار خودش

Aussagefrom, die; -, -en (دستور زبان) حالت خبری

aussagen *Vi., Vt.* ۱. گواهی دادن، شهادت دادن ۲. اظهار کردن

unter Eid aussagen با سوگند شهادت دادن

Aussagesatz, der; -es, ⸚e (دستور زبان) جمله خبری

Aussageverweigerung, die; -, -en امتناع از بیان (شهادت)

Aussatz, der; -es جذام، خوره

aussätzig *Adj.* جذامی، مبتلا به جذام

Aussätzige, der / die; -n, -n بیمار جذامی

Aussätzigkeit, die; - ابتلا به جذام، جذام‌زدگی

aussaufen 84

aussaufen *Vt.* (در مورد حیوانات) سر کشیدن، تا ته آشامیدن

aussaugen *Vt.* ۱. مکیدن (زخم) ۲. تهی کردن، تخلیه کردن ۳. از (چیزی) سوءاستفاده کردن

Aussauger, der; -s, - آلت مکنده

Aussaugung, die; - ۱. مکش ۲. تخلیه، خروج

ausschaben *Vt.* ۱. تراشیدن و درآوردن ۲. (از رحم) نمونه برداشتن

Ausschabung, die; -, -en ۱. تراش ۲. کورتاژ

ausschachten *Vt.* خاکبرداری کردن، حفر کردن

Ausschachtung, die; -, -en خاکبرداری، حفر

Ausschachtungsarbeiten, die / *Pl.* عملیات خاکبرداری

ausschälen *Vt.* پوست کندن

ausschalten *Vt.* ۱. کنار زدن، برطرف کردن، رفع کردن ۲. قطع کردن (جریان برق)، خاموش کردن (چراغ) ۳. از کار انداختن (موتور)

Ausschalter, der; -s, - کلید (قطع و وصل) برق

Ausschaltung, die; -, -en قطع جریان برق

Ausschank, der; -(e)s, ⸚e میخانه، بار

ausscharren *Vt.* از خاک در آوردن، حفاری کردن

Ausschau, die; - تماشا، نظاره

ausschauen *Vt.* ۱. نظاره کردن، تماشا کردن ۲. به نظر آمدن

Ausscheid, der; -(e)s, -e دور نهایی مسابقه

ausscheiden *Vt., Vi.* ۱. حذف کردن ۲. دور انداختن ۳. ترشح کردن ۴. کناره‌گیری کردن ۵. مرخص شدن ۶. (از باشگاه) خارج شدن ۷. (ورزش) حذف شدن

Ausscheidung, die; -, -en ۱. حذف ۲. دوراندازی ۳. ترشح ۴. کناره‌گیری

Ausscheidungskampf, der; -(e)s, ⸚e مسابقهٔ حذفی

Ausscheidungsspiel, das; -(e)s, -e بازی حذفی

ausschelten *Vt.* سرزنش کردن، به (کسی) بد و بیراه گفتن

ausschenken *Vt.* ۱. فروختن (مشروب) ۲. ریختن (نوشیدنی)

ausscheren *Vi.* ۱. تغییر جهت دادن، از مسیر خارج شدن ۲. عقب‌نشینی کردن

ausschicken *Vt.* به بیرون فرستادن، دنبال کاری فرستادن

ausschießen *Vt., Vi.* ۱. به (چیزی) تیر زدن ۲. برای چاپ آماده کردن ۳. مسابقهٔ تیراندازی دادن ۴. بی‌رنگ شدن

ausschiffen *Vt., Vr.* ۱. از کشتی تخلیه کردن ۲. از کشتی پیاده شدن

Ausschiffung, die; -, -en تخلیهٔ کشتی، خروج از کشتی

ausschildern *Vt.* به وسیلهٔ تابلوی راهنمایی مشخص کردن، علامت‌گذاری کردن (خیابان)

Ausschilderung, die; -, -en علامت‌گذاری (خیابان)

ausschimpfen *Vt.* به (کسی) فحش دادن، با (کسی) بدزبانی کردن

ausschirren *Vt.* برداشتن (زین اسب)

ausschlachten *Vt.* ۱. درآوردن (دل و روده حیوان) ۲. اوراق کردن (اتومبیل) ۳. بهره‌برداری کردن

ausschlafen *Vi., Vr., Vt.* ۱. خواب کافی کردن، سیر خواب شدن ۲. با خواب برطرف کردن

Hast du ausgeschlafen? به اندازهٔ کافی خوابیدی؟

Ausschlag, der; -(e)s, ⸚e ۱. جوانه ۲. انحراف (عقربهٔ مغناطیسی) ۳. (روی پوست) جوش

ausschlagen *Vt., Vi.* ۱. زدن و انداختن، از پا درآوردن ۲. روکش کردن ۳. رد کردن (دعوت) ۴. تا آخر زدن (زنگ کلیسا) ۵. لگد زدن (اسب) ۶. امتناع کردن، چشم پوشیدن ۷. منحرف کردن ۸. نوسان داشتن (پاندول) ۹. جوانه زدن

ausschlaggebend *Adj.* قاطع، قطعی، تعیین‌کننده

ausschließen *Vt.* ۱. در به روی (کسی) بستن ۲. از (ورزش / امتحان) محروم کردن

ausschließlich *Adj., Adv., Präp.* ۱. منحصر به فرد ۲. فقط، منحصراً، استثنائاً ۳. به غیر از، به جز

Ausschließlichkeit, die; -, -en انحصار، استثنا

Ausschließung, die; -, -en تحریم، ممانعت، جلوگیری

ausschlüpfen *Vi.* از تخم بیرون آمدن

Ausschluß, der; -schlusses, -schlüsse ۱. تحریم، محروم‌سازی، منع، جلوگیری ۲. اخراج، کنارگذاری

mit Ausschluß von به‌جز، به استثنای

Ausschlußfrist, die; -, -en انقضای مهلت

ausschmelzen *Vt.* ذوب کردن، گداختن (فلز)

ausschmieren *Vt.* (قیر) اندود کردن

ausschmücken *Vt.* تزئین کردن، آراستن، آرایش کردن

Ausschmückung, die; -, -en زینت، آرایش، تزئین

ausschnauben *Vi., Vr.* بینی را پاک کردن، فین کردن

ausschneiden *Vt.* بریدن و درآوردن

ausschnitzen *Vt.* تراشیدن، کندن، کنده‌کاری کردن

Ausschnitt, der; -(e)s, -e ۱. برش، بریدگی، قسمت بریده شده ۲. جزئی از شیء

ausschöpfen *Vt.* ۱. خالی کردن (آب) ۲. از (امکانات) استفادهٔ کامل کردن
ausschreiben *Vt.* ۱. آماده کردن ۲. به طور کامل نوشتن، به‌تفصیل نوشتن ۳. اعلان کردن، به اطلاع عموم رساندن
Ausschreibung, die; -, -en ۱. آگهی، اعلان ۲. دعوت به مسابقه
ausschreien *Vt.* فریاد زدن، بانگ برآوردن
Ausschreier, der; -s, - جارچی، منادی
ausschreiten *Vi.* ۱. قدم بلند برداشتن ۲. از حد خود تجاوز کردن
Ausschreitung, die; -, -en تجاوز، تخطی، زیاده‌روی
Ausschuß, der; -schusses, -schüsse ۱. جنس بنجل ۲. کمیته، هیئت، کمیسیون
Ausschußware, die; -, -n جنس بنجل، کالای خراب
ausschütteln *Vt.* تکاندن، تکان دادن
ausschütten *Vt.* ۱. بیرون ریختن ۲. از (ظرف) خالی کردن ۳. تقسیم کردن
sich ausschütten vor Lachen از خنده روده‌بر شدن
sein Herz ausschütten درد دل کردن
Ausschüttung, die; -, -en توزیع، تقسیم (سود، بهره)
ausschwärmen *Vi.* ۱. به طور جمعی حرکت کردن ۲. از هم جدا شدن، پراکنده شدن
ausschwatzen *Vt.* پُر گفتن
ausschwefeln *Vt.* با دود گوگرد ضدعفونی کردن
Ausschwefelung, die; - ضدعفونی با دود گوگرد
ausschweifen *Vt., Vi.* ۱. از انحنا درآوردن، صاف کردن ۲. افراط کردن ۳. عیاشی کردن، هرزگی کردن
ausschweifend *Adj.* ۱. مفرط، به حد افراط ۲. هرزه، عیاش، فاسد
Ausschweifungen, die / *Pl.* ۱. افراط در لذات ۲. عیاشی، هرزگی، فسق و فجور
ausschweigen *Vr.* سکوت کردن، لب فرو بستن
ausschwemmen *Vt.* با آب روان پاک کردن
ausschwenken *Vt., Vi.* ۱. تاب دادن (دست) ۲. تغییر مسیر دادن
ausschwitzen *Vi., Vt.* ۱. عرق کردن ۲. تراوش کردن، ترشح کردن؛ پس دادن (رطوبت)
Ausschwitzung, die; -, -en تراوش، ترشح
aussegeln *Vi.* با کشتی بادبانی سفر کردن
aussehen *Vi.* به نظر آمدن، به نظر رسیدن
Er sieht krank aus. به نظر بیمار می‌آید.
Es sieht nach Regen aus. انگار می‌خواهد باران ببارد.
Das Haus sieht von außen nicht schön aus. نمای خارجی ساختمان قشنگ نیست.
gut aussehen خوب به نظر آمدن
Aussehen, das; -s وضع ظاهر، منظر
aussein *Vi.* ۱. بیرون بودن، نبودن ۲. تمام شدن (آتش)، خاموش شدن (چراغ)
Es ist aus mit ihm. کارش زار است.
außen *Adv.* ۱. بیرون، خارج ۲. در بیرون، در خارج
von außen از خارج، از بیرون
Das Fenster ist nach außen zu öffnen. پنجره به بیرون باز می‌شود.
Außenamt, das; -(e)s, ⸚er وزارت خارجه
Außenansicht, die; -, -en منظره، نمای خارجی، نمای بیرونی
Außenbezirk, der; -(e)s, -e حومهٔ شهر
Außenbordmotor, der; -s, -en قایقی که موتور به آن سوار کنند
aussenden *Vt.* اعزام کردن، بیرون فرستادن، روانه کردن
Aussendung, die; -, -en اعزام، ارسال
Außenfläche, die; -, -n سطح خارجی
Außenhandel, der; -s, ⸚ بازرگانی خارجی
Außenhandelsmonopol, das; -s, -e انحصار بازرگانی خارجی
Außenhandelsstatistik, die; -, -en آمار بازرگانی خارجی
Außenhof, der; -(e)s, ⸚e حیاط بیرونی
Außenminister, der; -s, - وزیر امور خارجه
Außenministerium, das; -s, -rien وزارت امور خارجه
Außenpolitik, die; -, -en سیاست خارجی
Außenposten, der, -s, - پیشقراول
Außenseite, die; -, -n قسمت خارجی، نمای بیرونی (ساختمان)
Er zeigt stets eine freundliche Außenseite. او اغلب تظاهر به دوستی می‌کند.
Außenseiter, der; -s, - مرد منزوی، گوشه‌گیر
Außensohle, die; -, -n تخت کفش
Außenspiegel, der; -s, - آینهٔ بیرونی (اتومبیل)
Außenstände, die / *Pl.* مطالبات، حقوق معوقه
Außenwand, die; -, ⸚e دیوار بیرونی
Außenwelt, die; -, -en دنیای خارج

Außenwerk, das; -(e)s, -e قسمت خارجی (ساختمان)
Außenwinkel, der; -s, - زاویهٔ خارجی
Außenwirtschaft, die; - اقتصاد خارجی
außer *Präp., Konj.* ۱. غیر از، به جز، بدونِ، سوای، به استثنای ۲. به شرطی که، مگر این که
Ich bin außer Atem. نفسم بریده است.
außer der Reihe خارج از نوبت
Die Maschine ist außer Betrieb. دستگاه کار نمی‌کند.
außer acht lassen توجه نکردن، ندیده گرفتن
außer sich sein بسیار عصبانی بودن
Ich komme, außer wenn es regnet. من خواهم آمد، مگر این که باران ببارد.
außeramtlich *Adj.* غیر رسمی
außerdem *Adv.* علاوه بر این، به علاوه، وانگهی، از آن گذشته
äußere *Adj.* بیرونی، خارجی، ظاهری
Äußere, das; -n وضع ظاهری، ظاهر
außerehelich *Adj.* حرامزاده، غیر عقدی، غیر مشروع
Außerehelichkeit, die; - حرامزادگی
außereuropäisch *Adj.* غیر اروپایی
außergerichtlich *Adj.* خارج از راه دادگاه، غیر قانونی
außergewöhnlich *Adj.* غیر عادی، استثنایی، فوق‌العاده
außerhalb *Präp., Adv.* بیرون، خارج (از شهر)، خارج از محدوده
außeriranisch *Adj.* غیر ایرانی، انیران
außerirdisch *Adj.* غیر زمینی
äußerlich *Adj., Adv.* بیرونی، خارجی، صوری، ظاهری
Äußerlichkeit, die; -, -en ظاهر، نمود
äußern *Vt., Vr.* ۱. اظهار داشتن، بر زبان آوردن، ادا کردن ۲. نشان دادن، ظاهر شدن
Gefühle äußern احساسات خود را بیان کردن
Die Krankheit äußert sich durch höhes Fieber. بیماری خود را با تب زیاد نشان می‌دهد.
außerordentlich *Adj.* ۱. غیر عادی، ویژه، خارق‌العاده ۲. عظیم، بسیار بزرگ
außerplanmäßig *Adj.* خارج از برنامه
äußerst *Adj., Adv.* ۱. دورترین ۲. بی‌نهایت، بی‌اندازه، فوق‌العاده
im äußersten Fall در نهایت
außerstande *Adj.* ناتوان، عاجز
Äußerste, das; -n نهایت، به غایت، حداکثر
äußerstenfalls *Adv.* حداکثر، در نهایت

Äußerung, die; -, -en ۱. اظهار، ابراز، بیان ۲. تظاهر
außerweltlich *Adj.* روحانی
aussetzen *Vt., Vi.* ۱. در معرض خطر قرار دادن ۲. پیاده کردن ۳. پایین آوردن ۴. سر راه گذاشتن (بچه) ۵. معلوم کردن (جایزه) ۶. به تعویق انداختن ۷. انتقاد کردن، ایراد گرفتن ۸. قطع شدن ۹. از کار افتادن (موتور)
ein Kind aussetzen بچه‌ای را سر راه گذاشتن
jemanden **einer Gefahr aussetzen** کسی را در معرض خطر قرار دادن
Auf seinen Kopf sind 5000 DM ausgesetzt. برای سرش پنج هزار مارک جایزه گذاشته‌اند.
Aussetzung, die; -, -en ۱. تعویق، تأخیر ۲. قطع ۳. انتقاد، ایراد ۴. تعیین (جایزه)
Aussicht, die; -, -en ۱. منظر، چشم‌انداز، دیدگاه ۲. امید، امکان، چشم‌داشت
in Aussicht nehmen در نظر گرفتن
aussichtslos *Adj.* بی‌امید، بی‌آینده، درمانده، نومیدکننده
Aussichtslosigkeit, die; - بی‌امیدی، درماندگی
Aussichtsplatz, der; -es, ¨-e دیدگاه
aussichtsreich *Adj.* امیدبخش
Aussichtsturm, der; -(e)s, ¨-e برج دیدبانی
aussichtsvoll *Adj.* امیدبخش
aussieben *Vt.* الک کردن، دست‌چین کردن
aussiedeln *Vt.* مجبور به ترک محل سکونت کردن
Aussiedler, der; -s, - مهاجر
aussinnen *Vt.* ۱. اندیشیدن، تصور کردن ۲. ساختن
aussitzen *Vt.* در انتظار (وضع بهتری) نشستن، منتظر (چیزی) شدن
aussöhnen *Vt., Vr.* ۱. آشتی دادن، صلح دادن ۲. آشتی کردن
Aussöhnung, die; -, -en آشتی، صلح
aussondern *Vt.* جدا کردن، سوا کردن
Aussonderung, die; -, -en جداسازی، سواکاری
aussortieren *Vt.* جور کردن، دسته کردن، سوا کردن
ausspähen *Vt., Vi.* مراقب بودن، زیرنظر داشتن
Ausspähung, die; -, -en مراقبت
ausspannen *Vt., Vi.* ۱. از تا باز کردن ۲. آویزان کردن ۳. از کالسکه باز کردن (اسب) ۴. دوست (کسی) را از دست او درآوردن ۵. استراحت کردن
Ausspannung, die; -, -en ۱. از تا باز کردگی ۲. استراحت
aussparen *Vt.* برای (چیزی) جای خالی گذاشتن
ausspeien *Vt.* تف کردن، آب دهان انداختن

aussperren *Vt.*	۱. در را به روی (کسی) بستن ۲. بازداشتن از (کار)
Aussperrung, die; -,-en	۱. تحریم، منع ورود ۲. بازداشتن (از کاری)
Aussperrungsrecht, das; -(e)s, -e	حق ممانعت از ورود
ausspielen *Vt., Vi.*	۱. (ورق‌بازی) شروع کردن ۲. (ورق‌بازی) نوبتِ (کسی) بودن ۳. نفوذ (خود) را از دست دادن
ausspinnen *Vt.*	بسط دادن (مطلب)
ausspionieren *Vt.*	با جاسوسی کشف کردن
Aussprache, die; -,-n	۱. تلفظ ۲. بیان، ادا
die deutsche Aussprache	تلفظ آلمانی
Ausspracheübung, die; -,-en	تمرین تلفظ
aussprechbar *Adj.*	قابل تلفظ
aussprechen *Vt., Vi., Vr.*	۱. تلفظ کردن ۲. اظهار داشتن، ادا کردن ۳. تا آخر صحبت کردن ۴. عقیدهٔ (خود) را بر زبان آوردن ۵. درد دل کردن
ausspreizen *Vt.*	از هم باز کردن
aussprengen *Vt.*	منتشر کردن، شایع کردن
ausspritzen *Vt., Vi.*	۱. بیرون دادن، پراندن ۲. به بیرون پاشیدن ۳. خارج شدن، جستن
den Eiter aus der Wunde ausspritzen	چرک را از زخم بیرون کردن
Ausspruch, der; -(e)s, ⸚e	گفته، کلام، اظهار، کلمهٔ قصار
ausspucken *Vt.*	تف کردن، آب دهان انداختن
ausspülen *Vt.*	شستن (ظرف)، با شستن تمیز کردن
ausspüren *Vt.*	۱. کشف کردن ۲. رد (کسی) را گرفتن
ausstaffieren *Vt.*	تجهیز کردن، آرایش کردن
Ausstaffierung, die; -,-en	تجهیز، آرایش
Ausstand, der; -(e)s, ⸚e	اعتصاب، دست از کار کشیدن
in den Ausstand treten	دست از کار کشیدن
ausständig *Adj.*	در حال اعتصاب
ausstatten *Vt.*	۱. تجهیز کردن، آراستن، مجهز کردن ۲. جهیز دادن
Ausstattung, die; -,-en	۱. تجهیز، آرایش، تزئین ۲. جهیزیه
ausstauben *Vt.*	گردگیری کردن
ausstäuben *Vt.*	گردگیری کردن
ausstäupen *Vt.*	کتک زدن
ausstechen *Vt.*	۱. با شیءِ تیز جدا کردن و بیرون آوردن ۲. مغلوب کردن ۳. سوراخ کردن
ausstecken *Vt.*	۱. اندازه‌گیری کردن ۲. خط کشی کردن (میدان ورزش)
ausstehen *Vt., Vi.*	۱. تحمل کردن ۲. عقب افتادن (قرض) ۳. وصول نشدن (پول) ۴. کم داشتن، فاقد بودن
Ich kann ihn nicht ausstehen.	چشم دیدنش را ندارم.
aussteigen *Vi.*	۱. (از وسیلهٔ نقلیه) پایین آمدن، پیاده شدن ۲. همکاری نکردن
Ich steige aus.	پیاده می‌شوم.
Er will aus dem Unternehmen aussteigen.	او دیگر مایل به همکاری نیست.
Aussteiger, der; -s, -	مرد لاابالی، (آدم) بی‌بند و بار
ausstellen *Vt.*	۱. نمایش دادن، به نمایش گذاشتن ۲. صادر کردن (گذرنامه) ۳. حواله کردن ۴. ایراد گرفتن
ausgestellt sein	در معرض نمایش بودن
Aussteller, der; -s, -	۱. نمایش‌دهنده ۲. صادرکننده ۳. حواله کننده
Ausstellung, die; -,-en	۱. نمایش، نمایشگاه ۲. صدور (گذرنامه)
Ausstellungsdatum, das; -s, -ta/-ten	تاریخ صدور
Ausstellungsgebäude, das; -s, -	محل نمایشگاه
Ausstellungsgelände, das; -s, -	محل نمایشگاه
aussterben *Vi.*	۱. مردن، از بین رفتن (حیوانات) ۲. خالی از سکنه شدن (آبادی)
Aussterben, das; -s	مرگ، از بین رفتگی (حیوانات)
Aussteuer, die; -,-en	جهیزیه (عروس)
aussteuern *Vt.*	۱. به (کسی) جهیز دادن ۲. میزان کردن (رادیو) ۳. سلب کردن (حق بیمه)
Ausstieg, der; -(e)s, -e	در خروجی (وسیلهٔ نقلیه)
ausstopfen *Vt.*	پُر کردن، به (چیزی) لایی انداختن، آستر کردن
Ausstoß, der; -es, ⸚e	۱. تولید؛ بازده؛ ظرفیت ۲. پرتاب
ausstoßen *Vt.*	۱. بیرون کردن، از (خود) راندن، طرد کردن ۲. حذف کردن ۳. پرتاب کردن ۴. ادا کردن
Ausstoßung, die; -,-en	۱. اخراج، طرد ۲. حذف ۳. ادا
ausstrahlen *Vt., Vi.*	۱. نور افکندن، پرتو افکندن، درخشیدن ۲. (از رادیو) پخش کردن ۳. پخش شدن
Ausstrahlung, die; -,-en	پرتو، تشعشع، درخشش
ausstreckbar *Adj.*	صاف‌کردنی، شق‌کردنی
ausstrecken *Vt., Vr.*	۱. صاف کردن، راست کردن، دراز کردن (دست، پا)، شق کردن ۲. دراز کشیدن، خستگی در کردن

ausstreichen 88

ausstreichen *Vt.* ۱. خط زدن، خط کشیدن، قلم زدن ۲. صاف کردن، پاک کردن
Ausstreichung, die; - خط‌کشی، قلم‌زدگی
ausstreuen *Vt.* ۱. ریختن، افشاندن، پاشیدن ۲. پخش کردن، پهن کردن
Ausstreuung, die; -, -en پخش
ausströmen *Vt., Vi.* ۱. بیرون ریختن، جاری ساختن ۲. جاری شدن، جریان داشتن
Ausströmen, das; -s جریان، انتشار
Ausströmung, die; -, -en جریان، انتشار
ausstudieren *Vt., Vi.* ۱. عمیقاً بررسی کردن ۲. فارغ‌التحصیل شدن؛ فرهیختن
ausstudiert *Adj.* فرهیخته؛ فارغ‌التحصیل
aussuchen *Vt.* برگزیدن، انتخاب کردن، دست‌چین کردن
Austausch, der; -(e)s مبادله، تعویض، رد و بدل
austauschbar *Adj.* قابل مبادله، عوض کردنی
austauschfähig *Adj.* قابل مبادله، عوض کردنی
austauschen *Vt.* مبادله کردن، عوض کردن

mit jemandem **seine Meinung austauschen** با کسی تبادل نظر کردن

Austauschprofessor, der; -s, -en استاد مبادله‌ای
Austauschstudent, der; -en, -en دانشجوی مبادله‌ای
austeilen *Vt.* توزیع کردن، تقسیم کردن، پخش کردن
Austeiler, der; -s, - توزیع‌کننده، تقسیم‌کننده
Austeilung, die; -, -en توزیع، تقسیم
Auster, die; -, -n صدفِ خوراکی
Austernbank, die; -, ⸚e بستر صدف
Austernfang, der; -(e)s, ⸚e صید صدف
Austernfischerei, die; -, -en صید صدف
Austernkorb, der; -(e)s, ⸚e سبد حمل صدف
Austernzucht, die; - پرورش صدف
austilgbar *Adj.* قابل انهدام، محوشدنی
austilgen *Vt.* نابود کردن، منهدم کردن، برانداختن
Austilgung, die; - انهدام، محو، نابودی
austoben *Vt., Vr.* ۱. تخفیف دادن (خشم) ۲. خالی کردن (غیظ)
Austrag, der; -(e)s, ⸚e اجرا، انجام، برگزاری
austragen *Vt.* ۱. برگزار کردن ۲. توزیع کردن ۳. به مرحلهٔ نهایی رساندن (مسابقه) ۴. به ثمر رساندن (بارداری) ۵. فیصله دادن (دعوا)
Austräger, der; -s, - مُوزِّع، توزیع‌کننده
Austrägerin, die; -, -nen مُوزِّع، توزیع‌کننده (زن)
Australien, das (قاره) استرالیا
Australier, der; -s, - استرالیایی
Australierin, die; -, -nen استرالیایی (زن)
australisch *Adj.* استرالیایی
austrauen *Vi.* به سوگواری خاتمه دادن، از عزا در آمدن
austreiben *Vt.* ۱. بیرون کردن، اخراج کردن ۲. ترک عادت دادن ۳. به چرا بردن
Austreibung, die; -, -en ۱. اخراج ۲. ترک عادت
austreten *Vi., Vt.* ۱. خارج شدن ۲. لبریز شدن ۳. به دستشویی رفتن ۴. کناره‌گیری کردن ۵. ساییدن (کفش) ۶. گام برداشتن، راه رفتن ۷. خاموش کردن
austricksen *Vt.* حقه زدن، فریب دادن
austrinken *Vt.* سر کشیدن، تا ته نوشیدن
Austritt, der; -es, -e ۱. خروج، خروجی ۲. کناره‌گیری ۳. دستشویی ۴. بالکن
austrocknen *Vt., Vi.* ۱. کاملاً خشک کردن ۲. کاملاً خشک شدن
austrommeln *Vi., Vt.* با صدای طبل اعلام کردن
austrompeten *Vi., Vt.* با صدای شیپور اعلام کردن
austüfteln *Vt.* تدبیر کردن
austun *Vt.* برداشتن؛ بیرون آوردن، خارج کردن
ausüben *Vt.* ۱. عمل کردن، به‌کار بردن، انجام دادن ۲. تمرین کردن

etwas **als Beruf ausüben** کاری را پیشهٔ خود ساختن
eine Pflicht ausüben وظیفه‌ای را انجام دادن

ausübend *Adj.* مجری، عامل
Ausübung, die; -, -en اجرا، عمل
Ausverkauf, der; -(e)s, -käufe حراج، فروش به قیمت نازل، فروش فوق‌العاده
ausverkaufen *Vt.* ۱. به قیمت نازل فروختن، حراج کردن ۲. تا آخر فروختن
auswachsen *Vi., Vr.* رشد زیاد کردن، بسیار روییدن
auswägen *Vt.* کشیدن، سبک و سنگین کردن
Auswahl, die; -, -en انتخاب، گزینش، گلچین
auswählen *Vt.* انتخاب کردن، برگزیدن، گلچین کردن
auswalzen *Vt.* ۱. ورقه کردن (فلز) ۲. پهن کردن (خمیر) ۳. بررسی کردن، در (چیزی) غور کردن
Auswanderer, der; -s, - مهاجر
Auswanderin, die; -, -nen مهاجر (زن)
auswandern *Vt.* ترک وطن کردن، مهاجرت کردن
Auswanderung, die; -, -en ترک وطن، مهاجرت
auswärtig *Adj.* خارجی، بیرونی، بیگانه

auswärtiges Amt وزارت امور خارجه

auswärts *Adv.* در بیرون، در خارج

auswaschen *Vt., Vr.* ۱. شستن و لکه‌گیری کردن ۲. بی‌رنگ و رو شدن (بر اثر شستن)
auswässern *Vt.* خیساندن
auswechselbar *Adj.* عوض کردنی
auswechseln *Vt.* ۱. جابه‌جا کردن، عوض کردن ۲. مبادله کردن، داد و ستد کردن
Auswechselung, die; -, -en معاوضه، تعویض، مبادله
Ausweg, der; -(e)s, -e گریز، چاره، راه چاره، مصلحت
Es gibt keinen anderen Ausweg. راه چاره‌ای وجود ندارد.
ausweglos *Adj.* بن‌بست، بی‌نتیجه، بی‌فایده
Ausweglosigkeit, die; - بی‌فایدگی، بی‌نتیجگی
ausweichen *Vi.* ۱. جا خالی کردن، طفره رفتن؛ دفع کردن ۲. اجتناب کردن
einer Gefahr ausweichen از خطر گذشتن
ausweichend *Adj.* سربالا، انحرافی
eine ausweichende Antwort geben جواب سربالا دادن
Ausweichung, die; - انحراف
ausweiden *Vt.* بیرون آوردن (دل و رودهٔ حیوان)
ausweinen *Vt., Vi.* ۱. گریهٔ بسیار کردن ۲. از گریه دست کشیدن
Ausweis, der; -es, -e شناسنامه، ورقهٔ هویت، کارت شناسایی، گواهی
der Personalausweis شناسنامه
der Studentenausweis کارت دانشجویی
ausweisen *Vr., Vt.* ۱. هویت (خود) را ثابت کردن ۲. تبعید کردن، از کشور اخراج کردن
Ausweiskarte, die; -, -n کارت شناسایی، شناسنامه، ورقهٔ هویت
Ausweispapiere, die / *Pl.* مدارک هویت
Ausweisung, die; -, -en طرد، اخراج، تبعید
Ausweisungsbefehl, der; -s, -e حکم اخراج
ausweiten *Vt., Vr.* ۱. گشاد کردن، عریض کردن ۲. گسترش یافتن، گشاد شدن
Ausweitung, die; -, -en ۱. توسعه ۲. گسترش
auswendig *Adj., Adv.* ۱. خارجی، بیرونی، ظاهری ۲. از بر، از حفظ
auswendig lernen از بر کردن، از حفظ یادگرفتن
auswerfen *Vt.* ۱. بیرون ریختن، بیرون انداختن ۲. قی کردن ۳. لنگر انداختن
auswerten *Vt.* ۱. قیمت‌گذاری کردن، ارزیابی کردن ۲. از (چیزی) استفاده کردن ۳. حساب کردن
Auswertung, die; -, -en ۱. قیمت‌گذاری، ارزیابی ۲. استفاده ۳. محاسبه
auswetzen *Vt.* ۱. تیز کردن ۲. جبران کردن (اشتباه)
auswickeln *Vt.* واپیچیدن، باز کردن (بسته‌بندی)
ein Kind auswickeln قنداق بچه‌ای را باز کردن
auswiegen *Vt.* وزن کردن، سبک و سنگین کردن، سنجیدن
auswinden *Vt.* فشردن، چلاندن (لباس تر)
auswintern *Vi., Vt.* ۱. سرما زدن ۲. پشت سر گذاشتن (سرما)
auswirken *Vi., Vt., Vr.* ۱. اثر داشتن ۲. تأثیر کردن ۳. نتیجه دادن
sich negativ auswirken تأثیر منفی کردن
Auswirkung, die; -, -en تأثیر، نتیجه، اثر
auswischen *Vt., Vi.* ۱. تمیز کردن، زدودن ۲. پاک کردن (تخته سیاه) ۳. فرار کردن
jemandem **eins auswischen** به کسی بد کردن
auswittern *Vt.* (بر اثر تحولات جوی) به (چیزی) آسیب رساندن
auswringen *Vt.* فشردن، چلاندن (لباس تر)
Auswuchs, der; -es, ⸚e ۱. برآمدگی، غده، گوشت زیادی ۲. انحراف
auswuchten *Vt.* بالانس کردن (تایر اتومبیل)
Auswurf, der; -(e)s, ⸚e ۱. خلط (سینه) ۲. فوران (مواد آتش‌فشان) ۳. مدفوع
auswürfeln *Vt.* ۱. برای (کاری) تاس ریختن ۲. برای (چیزی) پشک انداختن
auswurzeln *Vt.* از ریشه درآوردن، ریشه‌کن کردن
auszacken *Vt.* کنگره‌دار کردن، دندانه دندانه کردن
Auszackung, die; - کنگره، دندانه دندانه
auszahlen *Vt.* پرداختن، تأدیه کردن
auszählen *Vt.* شمردن، حساب کردن
Auszahlung, die; -, -en پرداخت، تأدیه
Auszählung, die; -, -en شمارش، حساب، آمار
auszahnen *Vt.* کنگره‌دار کردن، دندانه دندانه کردن
auszanken *Vt.* سرزنش کردن، توبیخ کردن
auszehren *Vi.* (بر اثر بیماری) تحلیل رفتن، تکیده شدن
Auszehrung, die; -, -en (بر اثر بیماری) تحلیل، تکیدگی
auszeichnen *Vt.* ۱. قیمت گذاشتن ۲. علامت گذاشتن، نشان گذاشتن ۳. به (کسی) امتیاز دادن، بزرگ داشتن، از (کسی) تجلیل کردن
Auszeichnung, die; -, -en ۱. قیمت‌گذاری ۲. امتیاز ۳. نشان، مدال
ausziehbar *Adj.* کشویی، کشیدنی، قابل کشیدن

ausziehen *Vt., Vi., Vr.* ۱. کشیدن، از هم بیرون کشیدن ۲. لباس کندن ۳. برهنه کردن، لخت کردن ۴. چکیده کردن (کتاب، مقاله) ۵. اسباب‌کشی کردن، نقل‌مکان کردن، کوچ کردن ۶. لخت شدن، برهنه شدن

sich ausziehen لباس خود را کندن

Er ist schon lange ausgezogen.

خیلی وقت است اسباب‌کشی کرده.

Ausziehleiter, die; -, -en نردبان کشویی، نردبان تاشو

Ausziehtisch der; -es, -e میز کشویی، میز بازشو

auszischen *Vt.* ۱. هیس کردن ۲. (در نمایش) برای (چیزی) سوت زدن

Auszug, der; -(e)s, ¨-e ۱. اسباب‌کشی، کوچ ۲. چکیده؛ چکیده‌نویسی ۳. عصاره؛ عصاره‌گیری

auszugsweise *Adv.* به طور خلاصه، اجمالاً

einen Bericht auszugsweise wiedergeben

به طور خلاصه گزارش دادن

auszupfen *Vt.* کندن، درآوردن، بیرون کشیدن

autark *Adj.* مستقل، خودبسنده، خودبسا

Autarkie, die; -, -n استقلال، خودبسندگی، خودبسایی

authentisch *Adj.* مستند، موثق؛ صحیح، درست

Authentizität, die; - سندیت، اصالت؛ صحت

Auto, das; -s, -s اتومبیل، ماشین، خودرو

Auto fahren اتومبیل راندن

Autoausstellung, die; -, -en نمایشگاه اتومبیل

Autobahn, die; -, -en اتوبان، بزرگراه، شاهراه

Autobahnausfahrt, die; -, -en خروجی اتوبان

Autobahnkreuz, das; -es, -e تقاطع دو اتوبان

Autobahnnetz, das; -es, -e شبکهٔ شاهراه، شبکهٔ اتوبان

Autobesitzer, der; -s, - مالک اتومبیل

Autobiographie, die; -, -n زندگی‌نامه خود، خودنگاری، خودنگارش

Autobus, der; -ses, -se اتوبوس

Autobushaltestelle, die; -, -n ایستگاه اتوبوس

Autobuslinie, die; -, -n خط اتوبوس‌رانی

autochthon *Adj.* بومی، محلی

Autochthone, der/die; -, -n بومی، محلی

Autodidakt, der; -en, -en خودآموز، خودآموخته

autodidaktisch *Adj.* خودآموزی، خودآموختگی

Autodiebstahl, der; -(e)s, -e اتومبیل دزدی

Autoersatzteile, der/die/*Pl.* لوازم یدکی اتومبیل

Autofabrik, die; -, -en کارخانهٔ اتومبیل‌سازی

Autofahren, das; -s اتومبیل‌رانی

Autofahrer, der; -s, - رانندهٔ اتومبیل، شوفر

Autofriedhof, der; -(e)s, ¨-e قبرستان اتومبیل، انبار ماشین‌های اسقاط

Autogramm, das; -s, -e امضای شخصی (از افراد برجسته)

Autograph, das; -s, -(e)n نسخهٔ خطی، دستخط

Autohersteller, der; -s, - اتومبیل‌ساز

Autokino, das; -s سینمای مخصوص اتومبیل سواران

Autokrat, der; -en, -en سلطان مستبد، حاکم مطلق

Autokratie, die; -, -n حکومت مطلق

autokratisch *Adj.* استبدادی، مطلق

Automat, der; -en, -en دستگاه خودکار، اتومات

Automatik, die; -, -en دستگاه خودکار، دستگاه اتوماتیک

Automation, die; - دستگاه تنظیم خودکار

automatisch *Adj.* اتوماتیک، خودکار

automatisieren *Vt.* اتوماتیک کردن

Automatismus, der; -, -men خودکاری

Automechaniker, der; -s, - مکانیک اتومبیل

Automobil, das; -s, - اتومبیل، خودرو

Automobilindustrie, die; -, -n

صنعت اتومبیل‌سازی

autonom *Adj.* مستقل، خودمختار

Autonomie, die; -, -n استقلال، خودمختاری

Autonummer, die; -, -n شمارهٔ اتومبیل

Autoöl, das; -(e)s, -e روغن ماشین

Autopsie, die; -, -n (پزشکی) کالبدشکافی

Autor, der; -s, -en مؤلف، نویسنده، مصنف

Autoradio, das; -s, -s رادیوی اتومبیل

Autorenhonorar, das; -s, -e حق التألیف، حق نگارش

Autoreifen, der; -s, - لاستیک اتومبیل

Autorennen, das; -s, - مسابقهٔ اتومبیل‌رانی

Autoreparaturwerkstatt, die; -, -stätten

تعمیرگاه اتومبیل

Autorin, die; -, -nen مؤلف، نویسنده، مصنف (زن)

Autorisation, die; -, -en اجازه، اختیار، مأموریت

autorisieren *Vt.* به (کسی) اجازه دادن، به (کسی) اختیار دادن، به (کسی) مأموریت دادن

Autorisierung, die; - اجازه، اختیار، مأموریت

autoritär *Adj.* استبدادی، زورگو

Autorität, die; -, -en ۱. قدرت، نفوذ، اقتدار، شهرت و اعتبار ۲. صاحب‌نظر

Autoritätsmißbrauch, der; -(e)s, -bräuche	سوءاستفاده از قدرت
Autorrecht, das; -(e)s, -e	حق مؤلف
Autorschaft, die; -, -en	نویسندگی، تألیف، تصنیف
Autoschalter, der; -s, -	دندهٔ اتومبیل
Autoschlosser, der; -s, -	مکانیک اتومبیل
Autosport, der; -s, -	ورزش اتومبیل‌رانی
Autostraße, die; -, -n	جادهٔ ماشین‌رو
Autosuggestion, die; -, -en	تلقین به نفس
Autotelephon, das; -s, -e	تلفن اتومبیل
Autounfall, der; -(e)s, ⸚e	حادثهٔ اتومبیل، سانحهٔ رانندگی
Autoverkehr, der; -(e)s	ترافیک اتومبیل
Autoverleih, der; -(e)s, -e	کرایهٔ اتومبیل
Autovermietung, die; -, -en	کرایهٔ اتومبیل
Autoversicherung, die; -, -en	بیمهٔ اتومبیل
Autowerkstatt, die; -, -stätten	تعمیرگاه اتومبیل
Autozubehör, das; -(e)s, -e	لوازم یدکی اتومبیل
Avance, die; -, -n	آوانس، امتیاز، ارفاق
jemandem **Avancen machen**	به کسی آوانس دادن
Avantage, die; -, -n	آوانتاژ، امتیاز، ارفاق
Avantgarde, die; -, -n	پیشرو، پیشگام، پیشاهنگ
Avantgardist, der; -en, -en	پیشرو، پیشگام، پیشاهنگ
Avers, der; -es, -e	روی سکه، روی (هر چیزی)
Aversion, die; -, -en	بیزاری، نفرت، انزجار
Aviatik, die; -	هوانوردی
Aviatiker, der; -s, -	هوانورد
Avis, der; -es, -e	اطلاع، آگاهی، خبر
avisieren Vt.	اطلاع دادن، آگاهانیدن، خبر دادن
Awesta, das	اوستا (کتاب مقدس زردشتیان)
Awestaalphabet, das; -s, -e	الفبای اوستا
Awestaschrift, die; -, -en	خط اوستایی
awestisch Adj.	اوستایی
axial Adj.	محوری، محورمانند
axillar Adj.	بغلی، زیر بغلی
Axiom, das; -s, -e	قضیهٔ بدیهی، اصل کلی
axiomatisch Adj.	بدیهی
Axt, die; -, ⸚e	تبر، تیشه
Axtgriff, der; -(e)s, -e	دستهٔ تبر
Azalee, die; -, -n	گل آزاله
Azalie, die; -, -n	گل آزاله
Azeton, das; -s	استون
Azur, der; -s	لاجورد
azurblau Adj.	[رنگ] لاجوردی، آبی لاجوردی

B

B, das; - ۱. بِ (حرف دوم الفبای آلمانی) ۲. (موسیقی) نُت سی‌بمل
Wer A sagt, muß auch B sagen. کار را که کرد، آنکه تمام کرد.
B - Dur (موسیقی) سی بمل بزرگ
b - Moll (موسیقی) سی بمل کوچک
babbeln *Vt., Vi.* ۱. گفتن (چرت و پرت) ۲. قان و قون کردن (نوزاد) ۳. گپ زدن؛ چرت و پرت گفتن، ور زدن، پرگویی کردن
Baby, das; -s, -s نوزاد، کودک شیرخوار
Babyartikel, der; -s, - پوشاک و لوازمِ کودک شیرخوار
Babyausstattung, die; -, -en لوازم نوزاد (شامل تخت و غیره)
Babylon, (das) شهر بابل (پایتخت کلده)
Babysitter, der; -s, - پرستار بچه، بچه نگهدار
Bacchanal, das; -s, -e/-lien ۱. جشن بزرگداشتِ خدای شراب ۲. میگساری، شراب‌خواری و عیاشی
Bacchant, der; -en, -en میگسار، باده‌پرست
Bacchantin, die; -, -nen میگسار، باده‌پرست (زن)
bacchantisch *Adj.* ۱. (وابسته به) باکوس، (وابسته به) خدای شراب ۲. مستانه، عیاشانه
Bach, der; -(e)s, ¨-e جوی، جویبار، نهر
Bachbinse, die; -, -n نی؛ بوریا
Bache, die; -, -n ماده خوک وحشی جوان، گراز مادهٔ دو/سه ساله
Bacher, der; -s, - خوک نر وحشی جوان، گراز نر دو/سه ساله
Bachforelle, die; -, -n ماهی قزل‌آلای جویبار
Bächlein, das; -s, - جوی کوچک، نهر باریک
Bachstelze, die; -, -n دم جنبانک، دم لرزانک
Bachweide, die; -, -n بید سبدی، بید (مخصوص) سبدبافی
back *Adv.* پشت، عقب
Back, die; -, -en ۱. قسمت جلوی عرشه کشتی ۲. (برای هم‌غذایی در عرشه کشتی) میز مشترک ۳. (نوعی) کاسه
Back, der; -s, -s (فوتبال) بک، مدافع
Backbord, das/der; -(e)s, -e سمت چپ کشتی
Bäckchen, das; -s, - (در بچه‌ها) گونه، لپ
Backe, die; -, -n ۱. گونه، لپ ۲. کپل، کفل
mit vollen Backen kauen دو لپی جویدن، لپ‌لپ خوردن
backen *Vt., Vi.* ۱. پختن (نان، شیرینی، خشت)، سرخ کردن ۲. به هم چسبیدن ۳. نانوایی کردن
Kuchen backen کیک پختن
frisch gebackenes Brot نان تازه از تنور درآمده
Backenbart, der; -(e)s, ¨-e ریش زیرِ گونه، پا زلفی بلند
Backenknochen, der; -s, - استخوان گونه، استخوان صورت
Backenmuskel, der; -s, -n ماهیچهٔ گونه
Backenschlag, der; -(e)s, ¨-e سیلی
Backenstreich, der; -(e)s, -e سیلی
Backenzahn, der; -(e)s, ¨-e دندان آسیاب
Bäcker, der; -s, - نانوا، خباز، نان‌پز
Bäckerei, die; -, -en نانوایی
Bäckergeselle, der; -n, -n دستیار نانوا، شاگرد نانوا
Bäckerin, die; -, -nen نانوا، خباز، نان‌پز (زن)
Bäckerladen, der; -s, ¨- دکان نانوایی
Bäckerlehrling, der; -s, -e شاگرد نانوا
Bäckermeister, der; -s, - شاطر، اوستای نانوایی
backfertig *Adj.* آماده برای پختن (در تنور)
Backfisch, der; -es, -s ۱. ماهی بریان ۲. دختر نوجوان و نادان
Backform, die; -, -en قالب کیک
Backgammon, das; -s, - s تخته نرد، نرد
Backhänchen, das; -s, - جوجهٔ بریان
Backhefe, die; -, -n خمیر ترش، خمیر مایه
Backhuhn, das; -(e)s, ¨-er مرغ بریان، مرغ سوخاری
Backkohle, die; -, -n زغال قالبی
Backmulde, die; -, -n تغار خمیر
Backobst, das; -es خشکبار
Backofen, der; -s, ¨- تنور، فر، اجاق خوراک‌پزی
Backpfeife, die; -, -n سیلی
Backpflaume, die; -, -n آلو خشک
Backpulver, das; -s, - پودر خمیر، پودر خمیرمایه، گرد نان‌پزی

Backstein, der; -(e)s, -e آجر
Backteig, der; -(e)s, -e خمیر نان‌پزی
Backtrog, der; -(e)s, ⸚e تغار خمیر
Backwaren, die / *Pl.* انواع شیرینی
Backwerk, das; -(e)s, -e انواع نان شیرینی
Backzahn, der; -(e)s, ⸚e دندان آسیاب
Bad, das; -(e)s, ⸚er ۱. حمام، گرمابه ۲. استخر؛ استخر آب معدنی
ein Bad nehmen استحمام کردن
Badeanstalt, die; -, -en حمام عمومی؛ استخر عمومی
Badeanzug, der; -(e)s, ⸚e لباس شنا
Badearzt, der; -es, ⸚e پزشک متخصص درمان با آب معدنی
Badediener, der; -s, - کارگر حمام، دلاک
Badefrau, die; -, -en دلاک، خدمتکار حمام؛ خدمتکار استخر (زن)
Badegast, der; -(e)s, ⸚e مشتری استخر؛ مشتری حمام طبی، مشتری حمام آب معدنی
Badehose, die; -, -n شلوار شنا، مایو
Badekabine, die; -, -n اتاقک استخر / حمام، رخت‌کن
Badekappe, die; -, -n کلاه شنا
Badekur, die; -, -n دورهٔ درمان با آب معدنی
Bademantel, der; -s, ⸚ (برای استخر و حمام) حولهٔ پوشیدنی
Bademattе, die; -, -n پادری جلوی حمام
Bademeister, der; -s, - نجات غریق
Bademeisterin, die; -, -nen نجات غریق (زن)
Bademütze, die; -, -en کلاه شنا
baden *Vi., Vt.* ۱. استحمام کردن، حمام گرفتن، شنا کردن ۲. آب‌تنی کردن ۳. شستن، حمام کردن
Er war naß wie eine gebadete Maus. مثل موش آب‌کشیده خیس بود.
Baden, das; -s ۱. استحمام ۲. آب‌تنی
Badende, der / die; -n, -n آب‌تنی‌کننده
Badeofen, der; -s, ⸚ تون حمام، تنور حمام
Badeort, der; -(e)s, -e ۱. محل حمام‌های معدنی ۲. ده / شهر کنار دریا
Bader, der; -s, - ۱. سلمانی ده ۲. اوستای حمام
Badesaison, die; -, -s فصل شنا
Badeschuhe, die / *Pl.* کفش استحمام
Badestrand, der; -(e)s, -s ساحل دریا، پلاژ
Badestube, die; -, -n کابین استخر، رخت‌کن
Badetuch, das; -(e)s, ⸚er / - حولهٔ حمام
Badewanne, die; -, -n وان حمام
Badewärter, der; -s, - (مأمور) نجات غریق
Badewasser, das; -s, - آب حمام
Badezelle, die; -, -n اتاقک استخر؛ حمام؛ رخت‌کن
Badezeug, das; -(e)s, -e لوازم استحمام
Badezimmer, das; -s, - اتاق حمام
Badminton, das; - (بازی) بدمینتون
baff *Adj.* شگفت‌زده، مات، مبهوت
Bagage, die; -, -n توشهٔ سفر، بار سفر
Bagatelle, die; -, -n ۱. چیز جزئی، چیز اندک، چیز ناقابل ۲. قطعهٔ کوتاه موسیقی
bagatellisieren *Vt.* کوچک کردن، دست کم گرفتن، پیش پا افتاده تلقی کردن
Bagatellschaden, der; -s, ⸚ خسارت جزئی، زیان اندک
Bagger, der; -s, - ماشین لایروبی، ماشین خاک‌برداری
Baggereimer, der; -s, - سطل لایروبی
Baggerführer, der; -s, - هدایت‌کنندهٔ ماشین لایروبی
Baggerlöffel, der; -s, - کج بیل خاک‌برداری
Baggermaschine, die; -, -n ماشین لایروبی، ماشین خاک‌برداری
baggern *Vt., Vi.* ۱. گود کردن، کندن (زمین) ۲. لایروبی کردن، خاک‌برداری کردن، حفاری کردن
Baggerschiff, das; -(e)s, -e کشتی لایروبی
Bagpipe, der; -, -s (ساز) نی‌انبان
Baguette, die; -, -n (نان) باگت
bähen *Vt., Vi.* ۱. گرم کردن؛ برشته کردن ۲. بع‌بع کردن
Bahn, die; -, -en ۱. راه، مسیر، جاده ۲. راه‌آهن، خط‌آهن ۳. سواره‌رو خیابان
mit der Bahn fahren با قطار رفتن
Bahn frei! راه را باز کنید!
Bahnangestellte, der; -n, -n کارمند راه‌آهن
Bahnanlagen, die / *Pl.* تأسیسات راه‌آهن
Bahnanschluß, der; -schlusses, -schlüsse اتصال راه‌آهن
Bahnarbeiter, der; -s, - کارگر راه‌آهن
Bahnbau, der; -(e)s, -e ساختمان راه‌آهن
Bahnbeamte, der; -n, -n کارمند راه‌آهن
bahnbrechend *Adj.* پیشگام، پیشقدم، پیشرو
Bahnbrecher, der; -s, - پیشگام، پیشقدم، پیشرو
Bahndamm, der; -(e)s, ⸚e برجستگی خاکی زیرِ ریل
bahnen *Vt.* باز کردن، ساختن (راه)
jemandem **den Weg (zum Ziel) bahnen** راه کسی را (برای رسیدن به هدف) هموارکردن
Bahnfahrt, die; -, -en سفر با راه‌آهن

Bahnfracht 94

Bahnfracht, die; -, -en باربری با راه‌آهن
Bahnfrachttarif, der; -s, -e تعرفهٔ گمرکی باربری با راه‌آهن
Bahngleis, das; -s, - ریل راه‌آهن، خط‌آهن
Bahnhof, der; -(e)s, ¨-e ایستگاه راه‌آهن
Bahnhofshalle, die; -, -n تالار ایستگاه راه‌آهن
Bahnhofsinspektor, der; -s, -en بازرس ایستگاه راه‌آهن
Bahnhofsschließfach, das; -(e)s, ¨-er (در ایستگاه راه‌آهن) صندوق نگهداری چمدان یا وسایل دیگر
Bahnhofsvorsteher, der; -s, - رئیس ایستگاه راه‌آهن
Bahnhofswirtschaft, die; -, -en رستوران ایستگاه راه‌آهن
Bahnkörper, der; -s, - جادهٔ راه‌آهن، ریل و سکویی که زیر آن قرار دارد
Bahnlieferung, die; -, -en حمل کالا به وسیلهٔ راه‌آهن
Bahnlinie, die; -, -n خط‌آهن، ریل
Bahnmaterial, das; -s, -lien افزار راه‌آهن
Bahnnetz, das; -es, -e شبکهٔ راه‌آهن
Bahnpolizei, die; -, -en پلیس راه‌آهن
Bahnpost, die; -, -en پست راه‌آهن
Bahnpostamt, das; -(e)s, ¨-er ادارهٔ پست راه‌آهن
Bahnhofsrestaurant, das; -s, -s رستوران راه‌آهن
Bahnschranke, die; -, -n نرده، مانع عبور راه‌آهن
Bahnschwelle, die; -, -n ۱. قطعات فلزی / چوبی میان ریل و تراورس ۲. پلهٔ محل ورود به قطار
Bahnsteig, der; -(e)s, -e سکوی ایستگاه راه‌آهن
Bahnsteigkarte, die; -, -n بلیت ورود به سکوی راه‌آهن
Bahnsteigsperre, die; -, -n نرده / مانع عبور سکوی راه‌آهن
Bahnstrecke, die; -, -n مسیر راه‌آهن
Bahntransport, der; -(e)s, -e حمل و نقل به وسیلهٔ راه‌آهن
Bahnüberführung, die; -, -en پل هوایی راه‌آهن
Bahnübergang, der; -(e)s, ¨-e محل تقاطع جاده / خیابان با ریل
Bahnunterführung, die; -, -en مسیر راه‌آهن در زیر جادهٔ دیگر
Bahnverbindung, die; -, -en ارتباط با راه‌آهن
Bahnverkehr, der; -(e)s وسیلهٔ نقلیهٔ ریل‌دار
Bahnversand, der; -(e)s ارسال به وسیلهٔ راه‌آهن
Bahnwärter, der; -s, - نگهبان راه‌آهن
Bahre, die; -, -n (برای حمل بیمار، زخمی، مرده) برانکار، تخت روان
von der Wiege bis zur Bahre ز گهواره تا گور
Bahrtuch, das; -(e)s, ¨-er کفن
Bai, die; -, -en خلیج کوچک
Baiser, das; -s, -s (نوعی) شیرینی میوه‌دار که روی آن سفیدهٔ تخم‌مرغ و شکر می‌گذارند
Baisse, die; -, -n تنزیل قیمت، کسادی بازار
Bajazzo, der; s, -s آدم مسخره، آدم مقلد؛ دلقک
Bajonett, das; -(e)s, -e سرنیزه
Bake, die; -, -n ۱. علامت راهنمایی در دریا، راهنمای شناور ۲. علامت راهنمایی در مسیر راه‌آهن
Bakkalaureat, das; -(e)s, -e لیسانس، کارشناسی
Bakkalaureus, der; -, -rei لیسانسیه، کارشناس
Bakschisch, das; -es, -e بخشش، انعام، صدقه
Bakterie, die; -, -n باکتری، میکروب
bakteriell *Adj.* (مربوط به) باکتری
Bakterienforschung, die; -, -en باکتری‌شناسی
Bakterienkrieg, der; -(e)s, -e جنگ میکروبی
Bakterienkultur, die; -, -en کشت میکروبی
bakterientötend *Adj.* ضدباکتری، باکتری‌کش
Bakteriologe, der; -n, -n باکتری‌شناس
Bakteriologin, die; -, -nen باکتری‌شناس (زن)
Bakteriologie, die; - باکتری‌شناسی
Bakterium, das; -s, -rien باکتری
bakterizid *Adj.* ضد باکتری، باکتری کش
Balalaika, die; -, -s/-ken بالالایکا (نوعی ساز زهی روسی)
Balance[1], die; -, -n بالانس، موازنه، تراز، توازن، تعادل
Balance[2], das; -s, -s بالانس (نوعی حرکت در باله)
Balanceakt, der; -(e)s, -e عمل توازن و تعادل
balancieren *Vi., Vt.* ۱. موازنه کردن ۲. هم‌سنگ کردن، تعادل (چیزی) را حفظ کردن
Balancierstange, die; -, -n (در سیرک و بندبازی) میلهٔ توازن
bald *Adv.* ۱. زود، به‌زودی، عنقریب ۲. تقریباً، قریباً
so bald wie möglich هر چه زودتر (بهتر)
bald darauf کمی پس از آن
Auf bald! تا بعد!
Baldachin, der; -s, -e ۱. آسمانه (روی تخت)، سایبان، تاق‌نما ۲. سقف محافظ
baldig *Adj.* به زودی، عنقریب

baldigst *Adv.* خیلی زود، هرچه زودتر
baldmöglichst *Adv.* خیلی زود، هرچه زودتر
Baldrian, der; -s, -e سنبل کوهی، سنبل‌الطیب (نوعی گیاه طبی)
Balg, der; -(e)s, ⁻e ۱. چرم فانوسی شکل ۲. انبان، خیک، مشک ۳. دم آهنگری ۴. بچهٔ شیطان
Balgdrüse, die; -, -n غدهٔ لنفی (روی زبان)
balgen *Vr.* گلاویز شدن، سرشاخ شدن
Balgerei, die; -, -en کشمکش، تقلا
Balken, der; -s, - تیر چوبی، تیر بنا، الوار
Balkendecke, die; -, -n سقف چوبی
Balkengerüst, das; -(e)s, -e چوب‌بست، داربست، تخته‌بندی
Balkenwaage, die; -, -n قپان، ترازو
Balkon, der; -s, -e/-s ۱. بالکن، ایوان، مهتابی ۲. (در تئاتر) لژ بالا
Ball, der; -(e)s, ⁻e ۱. توپ، گوی ۲. مجلس رقص
auf den Ball gehen به مجلس رقص رفتن
mit dem Ball spielen با توپ بازی کردن
Ballade, die; -, -n ۱. قصیده، داستان منظوم ۲. بالاد (قطعه آوازی که با رقص همراه می‌شود)
Ballast, der; -(e)s, -e ۱. بار، سنگینی ۲. سنگ‌ریزه، خرده سنگ
ballen *Vt., Vr.* ۱. گلوله کردن ۲. گره کردن (مشت) ۳. گلوله شدن، به شکل توپ درآمدن ۴. توپ‌بازی کردن
Schnee ballen گلولهٔ برفی درست کردن
Ballen, der; -s, - ۱. عدل، لنگه؛ بقچه؛ بسته ۲. برآمدگی بالشتک مانندِ کف دست و پا
ballenweise *Adv.* عدل‌وار، لنگه لنگه، طاقه‌وار
Ballerina, die; -, -nen رقاصهٔ باله، بالرینا، بالرین (زن)
ballern *Vi., Vt.* ۱. صدای بلند درآوردن ۲. شلیک بلند و پی در پی کردن ۳. محکم به هم زدن
Ballett, das; -(e)s, -e باله (رقص)
Ballettmeister, der; -, -s هنرآموز باله
Ballettänzer, der; -s, - رقاص باله
Ballettänzerin, die; -, -nen رقاصهٔ باله، بالرین، بالرینا (زن)
ballförmig *Adj.* گلوله مانند، کروی، به شکل توپ
Ballführung, die; -, -en (فوتبال) هدایت توپ، دریبل
Ballholz, das; -es, ⁻er گوی چوبین
Ballistik, die; - پرتاب‌شناسی (علم حرکت اجسام پرتاب و شلیک شونده)
ballistisch *Adj.* (مربوط به) پرتاب‌شناسی
Balljunge, der; -n, -n (تنیس) توپ جمع‌کن
Ballkleid, das; -(e)s, -er لباس رقص
Ballkönigin, die; -, -nen ملکهٔ رقص
Ballkünstler, der; -s, - کسی که بر توپ تسلطِ مطلق دارد
Ballnacht, die; -, ⁻e شب‌نشینی همراه با رقص
Ballon, der; -s, -s ۱. بالون ۲. بادکنک ۳. قُرابه، تُنگ شکم‌دار
Ballonaufstieg, der; -(e)s, -e صعود بالون
Ballonfahrer, der; -s, - بالونچی
Ballonfahrt, die; -, -en مسافرت با بالون
Ballonführer, der; -s, - بالونچی
Ballonkorb, der; -(e)s, ⁻e اتاقک بالون
Ballotage, die; -, -n رأی مخفی (با گلوله‌های سیاه و سفید)
ballotieren *Vi.* (با گلوله‌های سیاه و سفید) رأیِ مخفی دادن
Ballsaal, der; -(e)s, -säle تالار رقص
Ballschuhe, die / *Pl.* کفش رقص
Ballspiel, das, -(e)s, -e توپ بازی
Ballspielen, das; -s توپ‌بازی
Ballung, die; -, -en تمرکز، تراکم، ازدحام، انبوهی
Ballungsgebiet, das; -(e)s, -e منطقهٔ تراکم
Ballungsraum, der; -(e)s, ⁻e محل تراکم
Ballungszentrum, das; -s, -tren مراکز تراکم
Ballwechsel, der; -s, - رد و بدل کردن توپ
Balneologie, die; - علم استحمام درمانی
Balsaholz, das; -es, ⁻er (نوعی) چوب سبک و قابل استفاده
Balsam, der; -(e)s, -e ۱. بلسم، بلسان، مرهم گیاهی (ترکیب طبیعی از صمغ و روغن گیاهی) ۲. گل حنا
balsamieren *Vt.* ۱. مرهم به (زخم) گذاشتن ۲. تسلی دادن
balsamisch *Adj.* ۱. آرام‌بخش ۲. خوشبو
Baltikum, das; -s ۱. دریای بالتیک ۲. کشورهای بالتیک
baltisch *Adj.* (وابسته به) منطقهٔ بالتیک
Balustrade, die; -, -n طارمی، نرده
Balz, die; -, -en جفت‌گیری پرندگان
balzen *Vi.* جفت‌گیری کردن (پرندگان)
Bambus, der; -ses, -se خیزران، نی هندی
Bambusrohr, das; -(e)s, -e عصای خیزران، ساقهٔ خیزران
Bambusvorhang, der; -(e)s, ⁻e پردهٔ خیزران
Bammel, der; -s ترس، اضطراب، دلهره
Ich habe einen Bammel. من دلهره دارم.

bammeln 96

bammeln *Vi.* آویزان بودن
banal *Adj.* پیش پا افتاده، بی‌اهمیت، بدون محتوا، مبتذل
Banalität, die; -, -en پیش پا افتادگی، ابتذال
Banane, die; -, -n موز
Bananenbaum, der; -(e)s, ⸚e درخت موز
Bananenschale, die; -, -n پوست موز
Bananenstecker, der; -s, - (نوعی) پریز برق
Banause, der; -n, -n بی‌فرهنگ، بی‌ذوق
Banausentum, das; -s بی‌فرهنگی، بی‌ذوقی
banausisch *Adj.* بی‌فرهنگ، بی‌ذوق
Band[1], das; -(e)s, ⸚er ۱. ریسمان، بند، نوار ۲. پیوند، رابطه ۳. بند (اسارت) ۴. نوار (ضبط صوت و ویدئو)
die Bande des Blute صله رحم
die Bande der Freundschaft رشتهٔ دوستی
jemandes **Stimme auf Band aufnehmen** صدای کسی را در نوار ضبط کردن
am laufenden Band پشت سر هم
Band[2], der; -(e)s, ⸚e جلد، نسخه (کتاب)
Band[3], die; -, -s دستهٔ نوازندگان، ارکستر رقص
band *P.* صیغهٔ فعل گذشتهٔ مطلق از مصدر binden
Bandage, die; -, -n بانداژ، پانسمان، نواز زخم‌بندی، زخم‌بند
bandagieren *Vt.* نوارپیچ کردن، پانسمان کردن، بستن، باندپیچی کردن
Bandagist, der; -en, -en زخم‌بند
Bandaufnahme, die; -, -n ضبط نوار
Bändchen, das; -s, - نوار کوچک
Bande, die; -, -n ۱. دسته، گروه، جمعیت ۲. دستهٔ راهزنان، دستهٔ اشرار
Bandeisen, das; -s, - تسمهٔ آهنی
Bandenchef, der; -s, - رئیس راهزنان
Bandenführer, der; -s, -s رهبر راهزنان
Bandenkrieg, der; -(e)s, -e جنگ راهزنی
bändern *Vt.* خط‌خطی کردن، هاشور زدن
Banderole, die; -, -n باندرول، برچسب مالیاتی؛ اعلامیهٔ تبلیغاتی
Bänderriß, der; -risses, -risse پارگی تاندون، پارگی رباط
Bandgerät, das; -(e)s, -e ضبط صوت
bändigen *Vt.* رام کردن، دست‌آموز کردن، مطیع کردن
Bändiger, der; -s, - رام‌کننده
Bändigerin, die; -, -nen رام‌کننده (زن)
Bändigung, die; -, -en دست‌آموزی، اطاعت
Bandit, der; -en, -en راهزن، دزد سر گردنه، سارق مسلح

Bandmaß, das; -es, -e نوار متر
Bandscheibe, die; -, -n غضروف بین‌دنده‌ای، غضروف بین مهره‌های کمر
Bandwurm, der; -(e)s, ⸚er کرم کدو
Bandwurmmittel, das; -s, - داروی ضد کرم کدو
Bangbuxe, die; -, -n ترسو، بزدل
bang(e) *Adj.* ترسو، بزدل
jemandem **bange machen** کسی را تهدید کردن، کسی را ترساندن
Mir ist bange. می‌ترسم. دلواپسم.
Bange machen gilt nicht. سنگ بزرگ علامت نزدن است.
Bangemacher, der; -s, - ایجادکنندهٔ رعب و هراس در مردم
bangen *Vi., Vr.* دلواپس بودن، ترس داشتن، مضطرب بودن
Bangigkeit, die; -, -en دلواپسی، ترس، اضطراب، نگرانی
bänglich *Adj.* دلواپس، مضطرب، نگران، ناآرام
Banjo, das; -s, -s بانجو (نوعی ساز زهی شبیه تار)
Banjospieler, der; -s, - نوازندهٔ بانجو
Bank[1], die; -, ⸚e ۱. نیمکت ۲. (در نجاری) میز کار ۳. لایه (سنگی)
etwas **auf die lange Bank schieben** کاری را خیلی به تأخیر انداختن
durch die Bank بدون استثنا
Bank[2], die; -, -en بانک
ein Konto bei der Bank eröffnen در بانک حساب باز کردن
Bankaktie, die; -, -n سهام بانک
Bankangestellte, der; -n, -n کارمند بانک
Bankanweisung, die; -, -en حوالهٔ بانک، برات بانکی
Bankausweis, der; -es, -e گزارش علنی وضعیت بانکی
Bankbeamte, der; -n, -n کارمند بانک
Bankbruch, der; -(e)s, -e ورشکستگی
Bankbuch, das; -(e)s, ⸚e دفتر حساب بانک، دفترچهٔ بانکی
Bänkchen, das; -s, - نیمکت کوچک
Bankdepot, das; -s, - سپردهٔ بانکی
Bankdirektor, der; -s, -en رئیس بانک
Bankdiskont, der; -(e)s, -e تخفیف بانکی
Bankeinlage, die; -, -n سپردهٔ بانکی
Bänkellied, das; -(e)s, -er (نوعی) آواز کوچه و بازار

Bänkelsänger, der; -s, - آوازخوان دوره‌گرد
Bankert, der; -s, -e حرامزاده، ولدزنا
Bankerott, der; -(e)s, -e ورشکستگی، افلاس، فقدان توانایی پرداخت
Bankerott machen ورشکست شدن
bankerott *Adj.* ورشکسته، مفلس
sich für bankerott erklären اعلام ورشکستگی کردن
Bankerotterklärung, die; -, -en اعلام ورشکستگی
Bankerotteur, der; -s, -s ورشکسته، مفلس
bankerottieren *Vi.* ورشکست کردن
Bankett, das; -(e)s, -e ۱. مهمانی، ضیافت ۲. پیاده‌رو
Bankfach, das; -(e)s بانکداری
bankfähig *Adj.* قابل حواله، قابل معامله، قابل نقل و انتقال بانکی
Bankfiliale, die; -, -n شعبهٔ بانک
Bankgeheimnis, das; -nisses, -nisse اسرار بانکی
Bankgeschäft, das; -(e)s, -e فعالیت مالی، داد و ستد (بانکی)
Bankguthaben, das; -s موجودی بانک، تتمه حساب، طلب از بانک
Bankhalter, der; -s, - (در قمار) بانکدار، صاحب بانک
Bankier, der; -s, -s بانکدار، صاحب بانک
Bankkapital, das; -(e)s, -e سرمایهٔ بانک
Bankkaufmann, der; -(e)s, -leute متخصص در امور بانکداری
Bankkonto, das; -s, -ten حساب بانکی
Bankkredit, der; -(e)s, -e اعتبار بانکی
Bankleitzahl, die; -, -en کد بانکی، شمارهٔ بانک
Banknote, die; -, -n اسکناس
Bankpräsident, der; -en, - en رئیس بانک
Bankprovision, die; -, -en حق‌العمل بانکی
Bankraub, der; -(e)s, -e دستبرد به بانک، بانک‌زنی
Bankrott, der; -(e)s, -e ورشکستگی، افلاس، فقدان توانایی پرداخت
Bankrott machen ورشکست شدن
bankrott *Adj.* ورشکسته، مفلس
Bankrotterklärung, die; -, -en اعلام ورشکستگی
Bankrotteur, der; -s, -s ورشکسته، مفلس
bankrottieren *Vi.* ورشکست شدن
Banksatz, der; -es, -e نرخ بانکی
Bankscheck, der; -en, -en چک بانکی
Bankschulden, die / *Pl.* بدهی بانکی
Bankspesen, die / *Pl.* هزینه و مخارج بانکی
Banküberfall, der; -es, ⸚e دستبرد به بانک
Bankverkehr, der; -(e)s نقل و انتقال تجاری از طریق بانک
Bankvollmacht, die; -, ⸚e وکالت رسمی جهت امور بانکی
Bankvorstand, der; -(e)s, ⸚e مدیریت بانک
Bankwechsel, der; -s, - سفتهٔ بانکی، اوراق بانکی
Bankwelt, die; -, -en بانک جهانی
Bankwerte, die / *Pl.* سهام بانک
Bankwesen, das; -s کار بانکی، بانکداری
Bankzinsen, die / *Pl.* ربح بانکی
Bann, der; -(e)s, -e ۱. تحریم، تکفیر ۲. طلسم، افسون، نیروی جادویی
den Bann brechen طلسم را شکستن
Bannbrief, der; -(e)s, -e حکم تحریم، حکم تکفیر
bannen *Vt.* ۱. تکفیر کردن، تحریم کردن، طرد کردن ۲. سحر کردن، افسون کردن
Banner, das; -s, - پرچم، بیرق، عَلَم
Banner[2], der; -s, - ۱. قسم‌دهنده ۲. جادوگر
Bannerträger, der; -s, - پرچم‌دار
Bannfluch, der; -(e)s, ⸚e تکفیر، لعنت، طرد (از کلیسا)
Bannkreis, der; -ses, -se محدوده شهر
Bannmeile, die; -, -n خط سرحدی، مرز
Bannstrahl, der; -(e)s, -en تکفیر، لعنت
Bannware, die; -, -n اجناس قاچاق
Bantamgewicht, das, -(e)s, -e (ورزش) خروس وزن
Bantamgewichtler, der, -s, - ورزشکار خروس وزن
Baptist, der; -en, -en تعمیددهنده (بزرگسالان)
bar *Adj., Adv.* ۱. نقد ۲. خالص، پاک، لخت، بی‌پوشاک ۳. تهی از، فاقدِ
bares Geld پول نقد
barer Unsinn مزخرفات
bar bezahlen نقد پرداختن
heilbar قابل درمان
-bar *Adj.* قابلِ
Bar, die; -, -s بار، نوشگاه، میکده، میخانه
Bär, der; -en, -en ۱. خرس ۲. دب (کوچک / بزرگ) ۳. قصهٔ دروغی
jemandem **einen Bären aufbinden** چیزهای غیرواقعی برای کسی حکایت کردن، چیزی را به کسی قبولاندن

Baracke, die; -, -n کلبهٔ چوبی، کومه، کاشانه، آلونک
Barackenlager, das; -s, -/ ⸚ کلبه‌نشینی، زندگی در کلبه
Barackensiedlung, die; -, -en منطقه‌ای که از کلبه‌های کوچک تشکیل شده است
Barauszahlung, die; -, -en پرداخت نقدی
Barbar, der; -en, -en ۱. بربر، وحشی، ۲. بی‌رحم ۳. بی‌فرهنگ
Barbarei, die; -, -en بربریت، وحشی‌گری
Barbarentum, der; - بربریت، وحشی‌گری
barbarisch *Adj., Adv.* ۱. وحشی، بی‌فرهنگ، بی‌رحم ۲. وحشیانه
Barbe, die; -, -n (نوعی) ماهی ریش‌دار
bärbeißig *Adj.* خشن، زمخت؛ بدخلق، ترشرو، غرغرو، عبوس
Barbestand, der; -(e)s, ⸚e ذخیرهٔ نقدی
Barbetrag, der; -(e)s, -träge وجه نقد، نقدینه
Barbier, der; -s, -e سلمانی، آرایشگر
barbieren *Vt.* ریش (کسی) را تراشیدن، سلمانی کردن
jemanden **über den Löffel barbieren** کلاه کسی را برداشتن، کسی راگول زدن
Barbieren, das; -s, - ریش تراشی
Barbiermesser, das; -s, - تیغ سلمانی، تیغ ریش‌تراشی
Barbiersalon, der; -s, -s سالن آرایشگاه، سالن سلمانی
Barbierstube, die; -, -n آرایشگاه، سلمانی
Barbiton, das; -s, -s بربط (نوعی ساز زهی قدیمی شبیه به عود)
Bärchen, das; -s, - بچه خرس
Bardame, die; -, -n ساقی (زنی که در میخانه کار می‌کند)
Barde, der; -n, -n رامشگر؛ مطرب دوره‌گرد؛ شاعر
Bareinnahme, die; -n, -n دریافت نقدی، دریافت پول نقد
Bärendienst, der; -es, -e دوستی خاله خرسه
jemandem **einen Bärendienst leisten** با کسی دوستی خاله خرسه کردن
Bärenfell, das; -(e)s, -e پوست خرس
Bärenführer, der; -s, - مربی خرس (در سیرک)
bärenhaft *Adj.* خرس‌گونه
Bärenhaut, die; -, ⸚e تن‌پروری، تنبلی
auf der Bärenhaut liegen تن‌پروری کردن
Bärenhöhle, die; -, -n لانهٔ خرس
Bärenhunger, der; -s گرسنگی شدید
einen Bärenhunger haben خیلی گرسنه بودن
Bärenjäger, der; -s, - شکارچی خرس
Bärenjunge, das; -n, -n توله خرس، بچه خرس
bärenmäßig *Adj.* خرس‌وار
Bärenmütze, die; -, -n کلاه پوستی، کلاه‌پوست خرس
bärenstark *Adj.* خیلی قوی
Barett, das; -(e)s, -e (کلاه) بِره
barfuß *Adj.* پابرهنه
barfüßig *Adv.* با پای برهنه
barg *P.* صیغهٔ فعل گذشتهٔ مطلق از مصدر bergen
Bargeld, das; -(e)s, -er پول نقد
bargeldlos *Adj., Adv.* غیرنقدی (به وسیلهٔ چک و غیره)
Bargeschäft, das; -(e)s, -e معامله و تجارت نقدی
barhäuptig *Adj., Adv.* سر برهنه
Barhocker, der; -s, - چهارپایهٔ مخصوص پشت بار
Bärin, die; -, -nen خرس ماده
Bariton, der; -s, -e ۱. باریتون (صدای متوسط مرد) ۲. بخش آوازی باریتون
Baritonsänger, der; -s, - خوانندهٔ باریتون
Barium, das; -s باریم، عنصر شیمیایی
Barkauf, der; -(e)s, ⸚e معاملهٔ نقدی
Barke, die; -, -n کرجی، قایق کوچک
Barkredit, der; -(e)s, -e اعتبار نقدی
Bärme, die; - ۱. خمیرمایه ۲. کف آبجو
barmen *Vi.* ۱. شکایت کردن ۲. ناله و زاری کردن
barmherzig *Adj.* مهربان، رئوف، بخشنده، رحیم
Gott ist barmherzig. خدا رحیم است.
Barmherzigkeit, die; -, -en مهربانی، شفقت، رحمت
Barmittel, das; -s, - پول نقد
barock *Adj.* ۱. بی‌تناسب، بی‌قواره، بی‌قاعده، ناموزون ۲. (وابسته به) سبک باروک
Barock, der/das; -s باروک (شیوهٔ هنری اواخر سدهٔ شانزدهم تا میانهٔ سدهٔ هیجدهم)
Barockstil, der; -(e)s, - سبک باروک (سبک بی‌تناسب و بی‌قاعده در هنرهای معماری، نقاشی، پیکره‌سازی و موسیقی)
Barometer, das; -s, - بارومتر، هواسنج
Barometersäule, die; -, -n ستون هواسنج
Barometerstand, der; -(e)s, ⸚e وضعیت درجهٔ فشار هوا
barometrisch *Adj.* (مربوط به) درجهٔ فشار هوا
Baron, der; -s, -e بارون (عنوان اشرافی)
Baronin, die; -, -nen بارونس (عنوان اشرافی زن)

Barpreis, die; -e نقد، قیمت نقد

Barre, die; -, -n ۱. میله (آهنی) ۲. سد، حصار، راه‌بند

Barren, der; -s, - ۱. شمش (طلا / نقره)
۲. (ورزش) میلهٔ پارالل

barrenförmig *Adj.* به شکل شمش (طلا / نقره)

Barrengold, das; -(e)s شمش طلا

Barriere, die; -, -n سد، حصار، مانع، راه‌بند

Barrikade, die; -, -n سنگربندی موقت، مانع خیابانی (به عنوان سنگر)

barrikadieren *Vt.* جلوی (جایی) سنگر بستن، سد کردن

Barsch, der; -es, -e/⸚e (نوعی) ماهی خاردار و استخوانی

barsch *Adj.* خشن، زمخت، غیر دوستانه

Barschaft, die; -, -en نقدینه، پول نقد

Barscheck, der; -(e)s, -e/-s چک نقد

Barschheit, die; -, -en خشونت، زمختی، برخورد غیر دوستانه

Bart, der; -(e)s, ⸚e ۱. ریش ۲. زبانهٔ کلید

jemandem **um den Bart gehen** مجیز کسی راگفتن

sich einen Bart wachsen lassen ریش گذاشتن

jemandem **den Bart schneiden** ریش کسی را تراشیدن

Der Bart ist ab! کار از کار گذشته!

Barthaar, das; -(e)s, -e موی ریش

bärtig *Adj.* ریشو، ریش‌دار

bartlos *Adj.* بدون ریش

Bartnelke, die; -, -n (نوعی) گل میخک

Barverkauf, der; -(e)s, ⸚e فروش نقدی

Barverlust, der; -(e)s, -e ضرر نقدی

Barvermögen, das; -s, - دارایی نقدی

Barzahlung, das; -, -en پرداخت نقدی

Basalt, der; -(e)s, -e بازالت (نوعی سنگ چخماق یا سنگ سیاه آتش‌فشانی)

Basar, der; -(e)s, -e بازار، مرکز تجارت

basarpersisch *Adj.* فارسی بازاری

Basarsprache, die; -, -n زبان بازاری

Basarware, die; -, -n کالای بازاری

Base, die; -, -n ۱. (شیمی) باز، قلیا ۲. دخترعمو، دختردایی، دخترخاله، دخترعمه

Baseball, der; -s (ورزش) بیس‌بال

basieren *Vi.* ۱. پی‌ریزی کردن، بنیاد نهادن
۲. متکی بودن

Seine Behauptungen basieren auf Wahrheit.
ادعاهای او بر واقعیت متکی است.

Basilienkraut, das; -(e)s, ⸚er ریحان

Basis, die; -, Basen ۱. اساس، پایه، بنیان، اصل
۲. پایگاه، قرارگاه

die Basis des Dreiecks قاعدهٔ مثلث

auf einer festen Basis ruhen بر پایهٔ محکمی متکی بودن

basisch *Adj.* (شیمی) قلیایی، بازی

Basketball, der; -s (ورزش) بسکتبال

Baß, der; Basses, Bässe ۱. باس (صدای بم مرد)
۲. بخش آوازی باس

Baßbalken, der; -s, - خرک ویلن

Baßbariton, der; -s, -e باس باریتون (صدای ما بین باس و باریتون)

Baßgeige, die; -, -n کنترباس (بزرگترین ساز زهی)

Bassin, das; -s, -s (نوعی) لگن؛ حوض؛ استخر شنا

Bassist, der; -en, -en ۱. آوازخوان باس
۲. نوازندهٔ کنترباس

Baßklarinette, die; -, -n کلارینت باس (ساز بادی چوبی که از کلارنیت معمولی کمی بزرگ‌تر است)

Baßsaite, die; -, -n سیم بم

Baßsänger, der; -s, - آوازخوان باس

Baßschlüssel, der; -s, - (موسیقی) کلید فا

Baßstimme, die; -, -n ۱. صدای باس (صدای بم مرد)
۲. بخش آوازی باس

Baßtrompete, die; -, -n ترومپت باس (ساز بادی مسی که از ترومپت معمولی بم‌تر است)

Bast, der; -(e)s, -e (نوعی) الیاف گیاهی، پوست لیفی درخت

basta *Interj.* کافی، بس

Bastard, der; -(e)s, -e ۱. حرامزاده، تخم حرام
۲. دو رگه

Bastardfeile, die; -, -n سوهان دوطرفه

bastardieren *Vt., Vi.* ۱. مخلوط کردن
۲. گیاه پیوندی بار آوردن، پیوند زدن

Bastardierung, die; - پیوندزنی (گیاه)

Bastardpflanze, die; -, -n گیاه پیوندی

Bastardrasse, die; -, -n نژاد دورگه

Bastardschrift, die; -, -en کلمه‌ای که اجزای آن از زبان‌های مختلف تشکیل شده باشد

Bastei, die; -, -n سنگر و استحکامات قلعه، برج و بارو

Bastelarbeit, die; - سرگرمی، مشغولیات، کار ذوقی، کاردستی

Bastelei, die; -, -en سرگرمی، مشغولیات، کار ذوقی، کاردستی

basteln *Vt., Vi.* ۱. سرهم کردن، درست کردن (وسایل بازی) ۲. کاردستی کردن
Er hat sich einen Radioapparat gebastelt. او یک دستگاه رادیو ساخت.
Bastelraum, der; -(e)s, -räume (در مدرسه) اتاق کاردستی
Bastelzimmer, das; -s, - (در مدرسه) اتاق کاردستی
Bastion, die; -, -en سنگر و استحکامات قلعه، برج و بارو
Bastler, der; -s, - علاقمند به کارهای دستی
Bastlerin, die; -, -nen علاقمند به کارهای دستی (زن)
Bastseide, die; -, -n ابریشم خام
bat *P.* صیغهٔ فعل گذشتهٔ مطلق از مصدر bitten
Bataille, die; -, -n جنگ، نبرد
Bataillon, das; -s, -e گردان
Bataillonskommandeur, der; -s, -e فرمانده گردان
Batate, die; -, -n (نوعی) سیب‌زمینی شیرین
Batik, der; -s, -en / die; -, -en طراحی روی پارچه
batiken *Vt.* روی پارچه طراحی کردن
Batist, der; -es, -e (نوعی) پارچهٔ لطیف
Batterie, die; -, -n ۱. باتری، قوه، پیل ۲. آتشبار، عرادهٔ توپ ۳. دسته، گروه
Batterieelement, das; -(e)s, -e پیل باتری
Batterieempfänger, der; -s, - گیرندهٔ باتری
Batteriekohle, die; -, -n زغال باتری
Batterieladegerät, das; -(e)s, -e دستگاه شارژ باتری
Batterieprüfer, der; -s, - وسیلهٔ آزمایش باتری
Batzen, der; -s, - ۱. (نوعی) سکهٔ قدیمی ۲. دَلَمه، لخته (خون)
Bau, der; -(e)s, -e ۱. ساختمان، بنا، عمارت ۲. طرح، نقشه
auf dem Bau arbeiten کار ساختمانی کردن
im Bau در حال ساختمان
Bauakademie, die; -, -n مدرسهٔ معماری
Bauamt, das; -(e)s, -ämter ادارهٔ ساختمان
Bauanschlag, der; -(e)s, ⸚e برآورد هزینهٔ ساختمان
Bauarbeit, die; -s, - در حال ساختمان
Bauarbeiter, der; -s, - کارگر ساختمانی، عمله
Bauart, die; -, -en سبک بنا، سبک معماری
Bauaufseher, der; -s, - مباشر ساختمان
Bauauftrag, der; -(e)s, ⸚e مقاطعهٔ ساختمان
Baubehörde, die; -, -n ادارهٔ ساختمان
Baubeschreibung, die; -, -en ذکر مشخصات ساختمان
Baubewilligung, die; -, -en جواز ساختمان
Bauch, der; -(e)s, Bäuche شکم، بطن
sich auf den Bauch legen روی شکم دراز کشیدن
Er redete mir ein Loch in den Bauch! سرم را برد!
Bauchatmung, die; -, -en تنفس شکمی
Bauchbinde, die; -, -n شکم‌بند
Bauchdecke, die; -, -n پوشش شکم
bauchen *Vr., Vt.* ۱. باد کردن، متورم شدن ۲. با آب قلیا شستن
Bauchfell, das; -(e)s, -e پردهٔ صفاق
Bauchfellentzündung, die; -, -en ورم صفاق، التهاب صفاق
Bauchgrimmen, das; -s, - دل‌درد
Bauchgurt, der; -(e)s, -e شکم‌بند
Bauchhöhle, die; -, -n حفرهٔ شکم
bauchig *Adj.* برآمده، شکم‌دار
Bauchlandung, die; -, -en فرود اجباریِ هواپیما بر روی شکم و بدون استفاده از چرخ‌ها
Bäuchlein, das; -s, - شکمچه، شکم کوچک
Bauchmuskel, der; -s, -n ماهیچهٔ شکم
Bauchnabel, der; -s, ⸚ ناف
bauchreden *Vi.* ۱. شکمی حرف زدن ۲. بدون حرکت لب‌ها سخن گفتن
Bauchredner, der; -s, - ۱. کسی که از روی شکم حرف می‌زند ۲. کسی که بدون حرکت لب‌ها سخن می‌گوید
Bauchschmerz, der; -es, -en درد شکم
Bauchspeicheldrüse, die; -, -n لوزالمعده، پانکراس
Bauchtanz, der; -es, ⸚e رقص شکم
Bauchtänzerin, die; -, -nen اجراکنندهٔ رقص شکم
Bauchung, die; -, -en برآمدگی، قوس
Bauchwand, die; -, ⸚e پوشش شکم
Bauchweh, das; -(e)s درد شکم
Baudenkmal, das; -(e)s, ⸚er / -e بنای یادبود
Bauelement, das; -(e)s, -e مصالح ساختمانی
bauen *Vt.* ساختن، بنا کردن
einen Unfall bauen تصادم کردن
Bauentwurf, der; -(e)s, ⸚e نقشهٔ ساختمان
Bauer[1]**,** der; -n / -s, -n ۱. روستایی، زارع، دهقان، کشاورز ۲. (شطرنج) مهرهٔ پیاده ۳. (ورق‌بازی) سرباز
Bauer[2]**,** das / der; -s, - قفس پرنده
Bäuerchen, das; -s, - بچهٔ روستایی

Bäuerin, die; -, -nen روستایی، زارع، دهقان، کشاورز (زن)
bäuerlich *Adj.* روستایی، دهاتی، دهقانی
Bauernbrot, das; -(e)s, -e نان مخصوص روستا، نان دهاتی
Bauernbursche, der; -n, -n پسر روستایی، روستازاده
Bauerndasein, das; -s زندگی روستایی
Bauerndirne, die; -, -n دختر روستایی، روستازاده
Bauernfänger, der; -s, - عوام‌فریب، کلاهبردار، شیّاد
Bauernfängerei, die; -, -en عوام‌فریبی، کلاهبرداری
Bauernfrau, die; -, -en زن دهقان، زن زارع
Bauerngut, das; -(e)s, ¨-er ملک
Bauerngutbesitzer, der; -s, - مالک دِه
Bauernhaus, das; -es, -häuser خانهٔ رعیتی، خانهٔ روستایی
Bauernhof, der; -(e)s, ¨-e خانهٔ روستایی، ساختمان دهقانی
Bauernhütte, die; -, -n کلبهٔ روستایی
Bauernmagd, die; -, ¨-e خدمتکار روستایی، کلفت روستایی
Bauernschaft, die; -, -en روستاییان، دهقانان
Bauernstand, der; -(e)s, - صنف دهقانان، طبقهٔ روستایی
Bauerntracht, die; -, -en لباس روستایی
Bauerntum, das; -s جامعهٔ روستایی
Bauernverband, der; -(e)s, ¨-e اتحادیهٔ دهقانان
Baufach, das; -(e)s, ¨-er رشتهٔ ساختمان
Baufachschule, die; -, -n مدرسهٔ حرفه‌ای ساختمان
baufällig *Adj.* [خانه] مخروبه، ویرانه، کلنگی
Baufälligkeit, die; -, -en خرابی ساختمان
Baufirma, die; -, -men بنگاه ساختمانی، شرکت ساختمانی
Bauführer, der; -s, - ناظر ساختمان
Baugelände, das; -s, - کارگاه ساختمانی، منطقهٔ قابل ساختمان
Baugenehmigung, die; -, -en اجازهٔ ساختمان
Baugenossenschaft, die; -, -en شرکت ساختمانی
Baugerüst, das; -(e)s, -e چوب‌بست ساختمان، داربست ساختمان
Baugeschäft, das; -(e)s, -e خرید و فروش ساختمان
Baugeschichte, die; -, -n تاریخ ساختمان

Baugesellschaft, die; -, -en شرکت ساختمانی
Baugewerbe, das; -(e)s, -e مجتمع ساختمانی
Baugrube, die; -, -n حفاری ساختمان
Bauhandwerker, der; -s, - کارگر ساختمانی
Bauherr, der; -n / -en, -en مالک ساختمان
Bauhof, der; -(e)s, ¨-e انبار وسایل ساختمانی
Bauholz, das; -es, - چوب و الوار ساختمان
Bauhütte, die; -, -n محل اقامت کارگران ساختمانی؛ محل نگهداری وسایل ساختمانی
Bauhypothek, die; -, -en رهن ساختمان
Bauingenieur, der; -s, -e مهندس ساختمان
Baujahr, das; -(e)s, -e سالِ بنا
Baukasten, der; -s, ¨- جعبهٔ خانه‌سازی (اسباب‌بازی کودکانه)
Baukörper, der; -s, - بدنهٔ ساختمان
Baukosten, die / *Pl.* هزینهٔ ساختمان
Baukostenvoranschlag, der; -(e)s, ¨-e پیش‌بینی هزینهٔ ساختمان
Baukran, der; -(e)s, -en / -e جرثقیل ساختمان
Baukredit, der; -(e)s, -e اعتبار ساختمانی
Baukunst, die; - (هنر) معماری
Baukünstler, der; -s, - (هنرمند) معمار
Bauleiter, der; -s, - سرپرست ساختمان، مسئول بنا
Bauleitung, die; -, -en سرپرستی ساختمان، مسئولیت بنا
baulich *Adj.* (وابسته به) معماری
Baum, der; -(e)s, ¨-e درخت
auf einen Baum klettern از درختی بالا رفتن
Er sieht den Wald vor lauter Bäumen nicht.
او بسیاری از جزئیات را می‌بیند، ولی به اصل مطلب توجه ندارد.
Baumallee, die; -, -n خیابان مشجر
baumartig *Adj.* درخت‌وار، درخت‌گونه
Baumast, der; -es, -e شاخهٔ درخت
Baumaterial, das; -s, -lien مصالح ساختمان
Baumblüte, die; -, -n شکوفهٔ درخت
die Zeit der Baumblüte فصل شکوفه
Bäumchen, das; -s, - درخت کوچک
Das Bäumchen biegt sich, doch der Baum nicht mehr.
چوب تر را چنان که خواهی پیچ
نشود خشک جز به آتش راست
Bäumefällen, das; -s قطع اشجار
Baumeister, der; -s, - معمار ساختمان، استاد بنا
Baumfrucht, die; -, ¨-e میوهٔ درخت
baumeln *Vi.* ۱. آویزان بودن ۲. تکان خوردن، جنبیدن

baumelnd *Adj.* آویزان
bäumen *Vr.* روی دوپا بلند شدن (اسب)
Baumfraß, der; -es, -e (درگیاه) بیماری خشکی، بادزدگی
Baumgarten, der; -s, ⸚ درختستان، درخت‌زار، باغ مشجر
Baumgärtner, der; -s, - متخصص قلمه کاری، درخت‌شناس، درخت‌نشان
Baumgrille, die; -, -n جیرجیرک
Baumharz, das; -es, -e رزین، صمغ، انگم
Baumhecke, die; -, -n پَرچین، چپر
Baumkrone, die; -, -n نوک درخت
Baumkultur, die; -, -en درختکاری
Baumkunde, die; -, -n درخت‌شناسی
Baumläufer, der; -s, - پیچک درخت، گیاه پیچنده و بالا رونده
Baumlaus, die; -e, -läuse شتهٔ درخت
baumlos *Adj.* بی‌درخت
Baumobst, das; -es میوهٔ درخت
Baumpflanzung, die; -, -en درختکاری
baumreich *Adj.* پُردرخت، مشجر
Baumrinde, die; -, -n پوست درخت
Baumsäge, die; -, -n ارهٔ شاخه‌زنی
Baumschere, die; -, -n قیچی باغبانی
Baumschule, die; -, -n آموزشگاه درختکاری؛ محل پرورش نهال
Baumstamm, der; -(e)s, ⸚e تنهٔ درخت
baumstark *Adj.* قوی، نیرومند
Baumstumpf, der; -(e)s, ⸚e کندهٔ درخت
Baumuster, das; -s, - نقشهٔ ساختمان
Baumwollanbau, der; -(e)s, -e پنبه کاری
Baumwollarbeiter, der; -s, - پنبه کار
Baumwolle, die; - پنبه، نخ
baumwollkämmen *Vi.* پنبه زدن
baumwollen *Adj.* پنبه‌ای، نخی
Baumwollfaser, die; -, -n رشتهٔ نخ، تار نخ
Baumwollfeld, das; -(e)s, -er پنبه‌زار
Baumwollgarn, das; -(e)s, -e پنبه‌زار
Baumwollgewebe, das; -s, - ۱. کارخانهٔ ریسندگی ۲. منسوجات
Baumwollkämmer, der; -s, - پنبه‌زن، حلاّج
Baumwollkrempelei, die; -, -en پنبه‌زنی
Baumwollkrempler, der; -s, - پنبه‌زن، حلاّج
Baumwollpflanze, die; -, -n بوتهٔ پنبه

Baumwollpflanzer, der; -s, - کشتکار پنبه، پنبه کار، صاحب مزرعهٔ پنبه
Baumwollpflanzung, die; -, -en پنبه کاری
Baumwollplantage, die; -, -n پنبه‌زار
Baumwollsaat, die; -, -en تخم پنبه، پنبه‌دانه
Baumwollsamen, der; -s, - تخم پنبه، پنبه‌دانه
Baumwollsamt, der; -(e)s, -e مخمل نخی
Baumwollschote, die; -, -n غوزه
Baumwollspinner, der; -s, - پنبه‌ریس
Baumwollspinnerei, die; -, -en پنبه‌ریسی
Baumwollstaude, die; -, -n بوتهٔ پنبه
Baumwollstoff, der; -(e)s, -e پارچهٔ نخی
Baumwollstrauch, der; -(e)s, -sträucher بوتهٔ پنبه
Baumwollwaren, die / *Pl.* کالای پنبه‌ای
Baumwurzel, die; -, -n ریشهٔ درخت
Baumzucht, die; -, ⸚er درختکاری، غرس اشجار، درخت‌نشانی
Baumzüchter, der; -s, - متخصص قلمه کاری، درخت‌نشان
Baumzweig, der; -(e)s, -e ترکه، شاخهٔ کوچک (درخت)
Baunummer, die; -, -n شمارهٔ ساختمان
Bauordnung, die; -, -en آئین‌نامهٔ ساختمان
Bauplan, der; -(e)s, ⸚e نقشهٔ ساختمان
Bauplatz, der; -es, ⸚e کارگاه ساختمانی
Bauprogramm, das; -s, -e برنامهٔ ساختمان
Bauprojekt, das; -(e)s, -e پروژهٔ ساختمان
baureif *Adj.* [ساختمان] توسعه‌یافته
Baureihe, die; -, -n مجموعهٔ ساختمانی
bäurisch *Adj.* روستایی، روستایی‌وار، زمخت
Baurіß, der; -risses, -risse نقشهٔ ساختمان
Bausch, der; -es, - ۱. بالشتک، کلاف ۲. چین (لباس)
in Bausch und Bogen یکجا، روی هم، کلاً، بدون توجه به جزئیات
bauschen *Vt., Vr.* ۱. باد کردن ۲. متورم شدن، شکم پیدا کردن، برجسته شدن، پف کردن
bauschig *Adj.* باد کرده، متورم؛ نفخ کرده
Bauschule, die; -, -n آموزشگاه ساختمانی
Bauschüler, der; -s, - دانشجوی آموزشگاه ساختمانی
Bauschutt, der; -(e)s ضایعات ساختمانی
bausparen *Vi.* (برای تهیه مسکن) پس‌انداز کردن
Bausparer, der; -s, - کسی که برای تهیه مسکن پس‌انداز می‌کند

103 **Beanstandung**

Bausparerin, die; -, -nen کسی که برای تهیه مسکن پس‌انداز می‌کند (زن)
Bausparkasse, die; -, -n صندوق پس‌انداز مسکن
Bausparvertrag, der; -(e)s, ¨-e قرارداد پس‌انداز مسکن
Baustein, der; -(e)s, -e سنگ بنا
Baustelle, die; -, -n کارگاه ساختمانی، محل ساختمان، محل بنا
Baustil, der; -(e)s, -e سبک ساختمان، سبک بنا، روش معماری
Baustoff, der; -(e)s, -e مصالح ساختمانی
Bautätigkeit, die; - فعالیت ساختمانی
Bautechnik, die; -, -en مهندس ساختمان
Bautechniker, der; -s, - کارشناس ساختمان، کارشناس بنا
Bauten, die / *Pl.* ابنیه، بنا
Bauträger, der; -s, - خانه ساز، سازندهٔ بنا
Bautrupp, der; -s, -s گروه ساختمانی
Bauunternehmer, der; -s, - مقاطعه‌کار ساختمان
Bauvertrag, der; -(e)s, ¨-e قرارداد ساختمان
Bauvorhaben, das; -s, - طرح ساختمانی
Bauvorschrift, die; -, -en آئین‌نامه ساختمان
Bauweise, die; -, -n سبک بنا، طرح ساختمان
Bauwerk, das; -(e)s, -e بنا، عمارت، ساختمان
Bauwesen, das; -s, - امور ساختمانی، رشتهٔ ساختمان
Bauzeichnung, die; -, -en نقشه‌کشی ساختمان
Bazar, der; -(e)s, -e بازار
Bazille, die; -, -n باسیل
(تعدادی باکتری میله‌ای شکل که تولید بیماری‌های مسری می‌کند)
Bazillenangst, die; -, -e ترس از باسیل‌ها، میکروب‌ترسی
bazillenförmig *Adj.* باسیل‌وار، باسیل‌مانند
Bazillenherd, der; -(e)s, -e کانون باسیل، مرکز اصلی بیماری
Bazillenträger, der; -s, - حامل باسیل، حامل میکروب
Bazillus, der; -, -llen باسیل
(تعدادی باکتری میله‌ای شکل که تولید بیماری‌های مسری می‌کند)
BBC, die; - رادیو بی بی سی (فرستندهٔ رادیویی انگلیس)
B-Dur, das; - (موسیقی) سی بمل بزرگ
beabsichtigen *Vt.* قصد (کاری) را داشتن، نیت (کاری) را داشتن، تصمیم (کاری) را داشتن، خیال (کاری) را داشتن، درصدد (کاری) بودن
Ich beabsichtigte Morgen zu kommen.
قصد داشتم فردا بیایم.
Was beabsichtigen Sie damit?
منظورتان از این کار چیست؟
beabsichtigt *Adj.* عمدی، قصدی، ارادی
beachten *Vt.* ۱. ملاحظه کردن، به (چیزی) توجه کردن، به (چیزی) دقت کردن ۲. رعایت کردن، مراعات کردن
die Gesetze beachten قوانین را رعایت کردن
beachtenswert *Adj.* قابل توجه، شایان دقت، مهم
beachtlich *Adj.* قابل توجه، شایان دقت، مهم
Beachtung, die; -, -en ملاحظه، مراعات؛ توجه، دقت
beackern *Vt.* کشت کردن، زراعت کردن، کاشتن
Beackerung, die; -, -en کشت، زراعت
Beamte, der; -n, -n کارمند (رسمی) دولت
Beamtenbeleidigung, die; -, -en توهین به مأمور دولت
Beamtenbestechung, die; -, -en تطمیع مأمور دولت
Beamtenlaufbahn, die; -, -en سال‌های کارمندی، دورهٔ خدمت اداری
Beamtenschaft, die; - کارمندی، دستگاه اداری
Beamtentum, das; -s کارمندی، دستگاه اداری
Beamtenverein, der; -e اتحادیهٔ کارمندان دولت
Beamtin, die; -, -nen کارمند (رسمی) دولت (زن)
beängstigen *Vt.* ترساندن، مضطرب کردن
beängstigend *Adj.* ترسناک، هراس‌انگیز، وحشت‌انگیز
Beängstigung, die; -, -en ترس، هراس، وحشت، اضطراب
beanspruchen *Vt.* ادعا کردن، مطالبه کردن، خواستن، طلب کردن
Wir beanspruchen nicht ohne Irrtum zu sein.
ما ادعا نمی‌کنیم که خالی از اشتباهیم.
Ich bin zur Zeit stark beansprucht.
فعلاً سرم خیلی شلوغ است.
Beanspruchung, die; -, -en ادعا، مطالبه، درخواست، طلب
beanstanden *Vt.* به (چیزی) اعتراض کردن، از (چیزی) ایراد گرفتن، از (چیزی) انتقاد کردن، از (چیزی) شکایت کردن
Es gab nichts zu beanstanden. ایرادی در کار نبود.
Beanstandung, die; -, -en اعتراض، انتقاد، ایراد، شکایت

beantragen *Vt.*	درخواست کردن، پیشنهاد کردن، تقاضا کردن
Beantragung, die; -,-en	درخواست، پیشنهاد، تقاضا
beantwortbar *Adj.*	مسئول، جوابگو
beantworten *Vt.*	به (کسی / چیزی) جواب دادن، پاسخ (کسی / چیزی) را دادن
eine Frage beantworten	به سؤالی جواب دادن
Beantwortung, die; -,-en	جواب، پاسخ
Beantwortungsschreiben, das; -s,-	نامهٔ جوابیه
bearbeitbar *Adj.*	عملی، کارکردنی
bearbeiten *Vt.*	روی (چیزی) کار کردن، ساختن
seine Aufgabe bearbeiten	روی درس خود کار کردن
Bearbeiter, der; -s,-	عمل‌کننده
Bearbeiterin, die; -,-nen	عمل‌کننده (زن)
Bearbeitung, die; -,-en	کار، شغل، وظیفه، کارکرد
Bearbeitungsgebühr, die; -,-en	اجرت کار، کارمزد
Bearbeitungskosten, die / Pl.	هزینهٔ کار
Bearbeitungsplan, der; -(e)s,-e	برنامهٔ کار
Bearbeitungsverfahren, das; -s,-	روش کار
beargwöhnen *Vt.*	به (کسی / چیزی) سوءظن داشتن، به (کسی / چیزی) مظنون بودن، به (کسی / چیزی) مشکوک بودن، به (کسی / چیزی) بدگمان بودن
jemanden beargwöhnen	به کسی مظنون بودن
beargwöhnt *Adj.*	مظنون، مشکوک
Beargwöhnung, die; -,-en	سوءظن، شک، شبهه
beatmen *Vt.*	به (کسی) تنفس مصنوعی دادن
Beatmung, die; -,-en	تنفس مصنوعی
beaufsichtigen *Vt.*	به (چیزی) نظارت کردن، به (چیزی) رسیدگی کردن، بررسی کردن، کنترل کردن
Beaufsichtigung, die; -,-en	نظارت، رسیدگی، بررسی، کنترل
beauftragen *Vt.*	به (کسی) مأموریت دادن، مأمور کردن، گماشتن
jemanden mit etwas beauftragen	کسی را مأمور چیزی کردن
Beauftragte, der; -n,-n	مأمور، نماینده
Beauftragung, die; -,-en	مأموریت، نمایندگی
bebauen *Vt.*	۱. کاشتن، کشت کردن، زراعت کردن ۲. ساختن، آباد کردن، بنا کردن
bebaut *Adj.*	۱. آباد، معمور ۲. کشت شده
Bebauung, die; -,-en	۱. زراعت، کشت ۲. آبادی
Bebauungsplan, der; -(e)s,-e	برنامهٔ آبادانی
beben *Vi.*	لرزیدن، مرتعش شدن، به لرزه درآمدن
Die Erde bebte.	زمین لرزید. زلزله آمد.
Er bebte vor Wut.	از خشم می‌لرزید.
Beben, das; -s,-	۱. لرز، لرزه، ارتعاش ۲. زلزله، زمین‌لرزه
bebend *Adj.*	لرزان، مرتعش
bebildern *Vt.*	با عکس آراستن، مصور کردن
bebildert *Adj.*	مصور، عکس‌دار
bebrillt *Adj.*	عینکی
Becher, der; -s,-	جام، قدح، پیاله، فنجان
becherförmig *Adj.*	(به شکل) جام، (به شکل) فنجان
bechern *Vi.*	مست کردن، میگساری کردن، به حد افراط نوشیدن
Becken, das; -s,-	۱. لگن، تشتک ۲. ماهی‌تابه ۳. حوض، برکه ۴. لگن خاصره ۵. سنج، سیمبال (نوعی ساز ضربی)
Beckenbruch, der; -(e)s, ̈-e	شکستگی لگن خاصره
Beckenknochen, der; -s,-	استخوان لگن خاصره
bedachen *Vt.*	مسقف کردن، سقف‌دار کردن، برای (جایی) سقف ساختن
bedacht *Adj.*	باملاحظه، بااحتیاط، بافکر، ملاحظه‌کار
Bedacht, der; -(e)s	۱. اندیشه، تفکر، پروا ۲. تأمل، ملاحظه، توجه
Bedachte, der / die; -n,-n	وظیفه‌خوار، میراث‌بر، بهره‌بردار
bedächtig *Adj.*	بادقت، بااحتیاط، محتاط، ملاحظه‌کار، هشیار
Bedächtigkeit, die; -	احتیاط، احتیاط‌کاری، تأمل، فرصت، هشیاری
bedachtsam *Adj.*	باملاحظه، بااحتیاط، بافکر، ملاحظه‌کار
Bedachtsamkeit, die; -	احتیاط، احتیاط‌کاری، هشیاری
Bedachung, die; -,-en	۱. سقف، بام ۲. سقف‌بندی، بام‌زنی
bedanken *Vr.*	تشکر کردن، سپاسگزاری کردن
sich bei jemandem für etwas bedanken	از کسی برای چیزی تشکر کردن
Bedarf, der; -(e)s,-e	نیازمندی، احتیاج، حاجت؛ ضرورت
den Bedarf decken	رفع نیازمندی کردن
bei Bedarf	در صورت لزوم
Bedarfsartikel, der; -s,-	کالای ضروری
Bedarfsfall, der; -(e)s,-e	در صورت لزوم

105 **Bedingung**

Bedarfsgruppe, die; -, -n مصرف‌کننده
Bedarfsträger, der; -s, - مصرف‌کننده
bedauerlich *Adj.* جای تأسف، مایهٔ دلسوزی؛ رقت‌انگیز، اسفناک، تأسف‌انگیز
Es ist bedauerlich, daß... جای تأسف است که ...
bedauerlicherweise *Adv.* متأسفانه، بدبختانه، با کمال تأسف
bedauern *Vt., Vi.* ۱. با (کسی) همدردی کردن، از (چیزی) اظهار تأسف کردن ۲. افسوس خوردن؛ دلسوزی کردن
Ich bedauere sehr, daß... بسیار متأسفم که ...
Bedauern, das; -s پشیمانی، افسوس، تأسف، همدردی، دلسوزی
bedauernswert *Adj.* رقت‌انگیز، رقت‌بار، اسفناک، جای تأسف، مایهٔ دلسوزی
bedauernswürdig *Adj.* رقت‌انگیز، رقت‌بار، اسفناک، جای تأسف، مایهٔ دلسوزی
bedecken *Vt.* ۱. پوشاندن، مستور کردن ۲. جلد کردن
Schnee bedeckt die Erde. برف زمین را می‌پوشاند.
bedeckt *Adj.* ۱. پوشیده ۲. مستور ۳. ابری
Der Himmel ist bedeckt. آسمان گرفته است.
آسمان ابری است.
Bedeckung, die; -, -en پوشش، سرپوش، جلد
bedenken *Vt.* به (چیزی) فکر کردن، به (چیزی) اندیشیدن، خیال کردن، گمان کردن، پنداشتن
sich bedenken تفکر کردن، اندیشیدن
Bedenken, das; -s, - فکر، اندیشه، خیال، گمان، پندار
Ohne Bedenken stimmte er zu. او بلافاصله موافقت کرد.
bedenkenlos *Adj.* بی‌درنگ، بی‌تردید، بدون تأمل
Bedenkenlosigkeit, die; -, -en بی‌درنگی؛ بی‌تردیدی، عدم تأمل
bedenklich *Adj.* ۱. مشکوک، قابل‌تأمل ۲. بحرانی؛ انتقادی؛ وخیم، پُرمخاطره
Bedenklichkeit, die; -, -en ۱. تردید، نگرانی ۲. ناپایداری، تزلزل، بحران
Bedenkzeit, die; - مهلت، فرصت، فرجه، زمان تأمل
bedeuten *Vt.* معنی دادن، بر (چیزی) دلالت کردن، حاکی از (چیزی) بودن
Was soll das bedeuten? منظور از این کار چیست؟
bedeutend *Adj., Adv.* ۱. مهم، عمده، برجسته، قابل توجه ۲. بسیار
Er hat sich in letzter Zeit bedeutend verbessert.
او این اواخر خودش را حسابی اصلاح کرده است.
bedeutsam *Adj.* با معنی، پُر اهمیت، مهم

Bedeutsamkeit, die; -, -en اهمیت، اعتبار
Bedeutung, die; - ۱. معنی، مفهوم، مقصود ۲. اهمیت، اعتبار
Nichts von Bedeutung. چیز مهمی نیست.
bedeutungsgleich *Adj.* هم‌معنی، مترادف
Bedeutungsgleichheit, die; -, -en ترادف
bedeutungsleer *Adj.* تهی، خالی؛ بی‌معنی
Bedeutungslehre, die; - علم معانی
bedeutungslos *Adj.* ناچیز، بی‌اهمیت، غیرقابل توجه، بی‌معنی
Bedeutungslosigkeit, die; -, -en ناچیزی، بی‌اهمیتی
bedeutungsvoll *Adj.* بامعنی، مهم، پراهمیت
bedienen *Vt., Vr., Vi.* ۱. به (کسی) خدمت کردن ۲. کار کردن، عمل کردن ۳. از (خود) پذیرایی کردن ۴. از (چیزی) استفاده کردن ۵. (ورق بازی) از خال بازی شده دادن ۶. خدمت کردن؛ پذیرایی کردن
Bedienen Sie sich! بفرمایید! از خودتان پذیرایی کنید!
Bedienstete(r), der/die; -n, -n کارمند دولت
Bediente(r), der/die; -n, -n نوکر، پیشخدمت، خدمتکار
Bedienung, die; -, -en ۱. خدمت، ملازمت، عملکرد، کنترل ۲. (در رستوران) سرویس ۳. فروشنده؛ گارسون
Bedienungsanleitung, die; -, -en دستورالعمل کنترل
Bedienungsgeld, das; -(e)s, -er انعام
Bedienungshebel, der; -s, - اهرم کنترل
Bedienungsknopf, der; -(e)s, ⸚e دکمهٔ کنترل
Bedienungsmann, der; -(e)s, ⸚er کنترل‌کننده، عمل‌کننده
Bedienungspult, das; (e)s, -e میز کنترل
Bedienungsstand, der; -(e)s, ⸚e ایستگاه کنترل
Bedienungsvorschrift, die; -, -en مقررات کنترل
bedingen *Vt.* شرط کردن، تصریح کردن، مقرر کردن
bedingt *Adj., Adv.* ۱. مشروط، شرطی، مقید ۲. به طریق مشروط، به‌طور مقید
bedingt sein durch... بستگی داشتن به ...
Bedingtheit, die; -, -en حالت / کیفیت مشروط، محدودیت
Bedingung, die; -, -en شرط، قید
unter einer Bedingung به یک شرط
Unter welchen Bedingungen? تحت چه شرایطی؟
unter der Bedingung, daß... به شرطی که ... ،
مشروط براینکه ...

Bedingungsform, die; -, -en	(دستور زبان) وجه شرطی
bedingungslos *Adj.*	بلا شرط، بدون شرط
Bedingungssatz, der; -es, -e	(دستور زبان) جملهٔ شرطی
bedingungsweise *Adv.*	مشروط، باشرط، از روی شرط
bedrängen *Vt.*	زیر فشار قرار دادن، عاجز کردن، به ستوه آوردن، آزردن
die Bauern bedrängen	دست تعدی به رعایا دراز کردن
Bedränger, der; -s, -	ظالم، ستمکار، بیدادگر
Bedrängnis, die; -, -es	تنگی، مضیقه، ضرورت
in Bedrängnis sein	در مضیقه بودن
Bedrängte, der; -n, -n	مظلوم، ستمدیده
Bedrängung, die; -, -en	فشار، ظلم، جور، تعدی
bedrohen *Vt.*	تهدید کردن، ترساندن، ارعاب کردن
jemanden mit einer Waffe bedrohen	کسی را با اسلحه تهدید کردن
bedrohlich *Adj.*	تهدیدآمیز
Bedrohung, die; -, -en	تهدید
bedrucken *Vt.*	چاپ کردن
bedrücken *Vt.*	به (کسی) ستم کردن، به (کسی) ظلم کردن، به (کسی) جور کردن، به (کسی) تعدی کردن، در مضیقه گذاشتن، زیر فشار قرار دادن
Etwas bedrückt mich.	چیزی ناراحتم می‌کند.
bedrückend *Adj.*	ناراحت‌کننده، دلتنگ‌کننده، خفقان‌آور
Bedrücker, der; -s, -	ستمکار، ظالم، بیدادگر
Bedrückerin, die; -, -nen	ستمکار، ظالم، بیدادگر (زن)
bedrückt *Adj.*	افسرده، پریشان، دلتنگ، غمگین
Bedrücktheit, die; -	افسردگی، پریشانی، دلمردگی، دلتنگی
Bedrückung, die; -, -en	افسردگی، پریشانی، دلمردگی، دلتنگی
Beduine, der; -n, -n	بدوی، بادیه‌نشین
beduinisch *Adj.*	بدوی
bedungen *PP., Adj.*	۱. صیغهٔ فعل گذشتهٔ نقلی از مصدر bedingen ۲. مشروط
bedürfen *Vt.*	به (چیزی) احتیاج داشتن، نیازمند (چیزی) بودن، لازم داشتن، محتاج (چیزی) بودن
Sie bedürft unsere Hilfe.	او به کمک ما نیاز دارد.
Bedürfnis, das; -nisses, -nisse	احتیاج، نیاز، نیازمندی، حاجت
Bedürfnis nach etwas	نیاز به چیزی
sein Bedürfnis verrichten	قضای حاجت کردن
Bedürfnisanstalt, die; -, -en	مستراح عمومی
bedürfnislos *Adj.*	بی‌نیاز
Bedürfnislosigkeit, die; -, -en	بی‌نیازی، عدم احتیاج
bedürftig *Adj.*	نیازمند، محتاج
Bedürftigkeit, die; -	نیازمندی، احتیاج
Beefsteak, das; -s, -s	بیفتک
beehren *Vt.*	احترام کردن، به (کسی) احترام گذاشتن، محترم شمردن؛ مفتخر کردن
Wann werden Sie uns beehren?	کی به ما افتخار خواهید داد؟
Beehrung, die; -, -en	احترام، عزت، افتخار
beeiden *Vt.*	قسم خوردن (که)، سوگند یاد کردن (که)
falsch beeiden	قسم دروغ خوردن
beeidigen *Vt.*	قسم خوردن (که)، سوگند یاد کردن (که)
Beeidigung, die; -, -en	قسم، سوگند
Beeidung, die; -, -en	قسم، سوگند
beeifern *Vr.*	کوشش کردن، سعی کردن، زحمت کشیدن
beeilen *Vr.*	شتاب کردن، عجله کردن، شتافتن
Beeil dich!	عجله کن!
Beeilung, die; -, -en	شتاب، عجله، تندی، سرعت
beeindruckbar *Adj.*	تأثیرپذیر، قابل تأثیر، اثر گذارنده
beeindrucken *Vt.*	تحت تأثیر قرار دادن، بر (کسی / چیزی) اثر گذاشتن، بر (کسی / چیزی) تأثیر کردن
Ich bin von ihrer Kunst sehr beeindruckt.	شدیداً تحت تأثیر هنر او قرار گرفتم.
beeindruckend *Adj.*	مؤثر
beeindruckt *Adj.*	متأثر، تأثیرپذیر
Ich war von der Nachricht beeindruckt.	تحت تأثیر خبر قرار گرفتم.
Beeindruckung, die; -, -en	تأثیر، تأثر
beeinflußbar *Adj.*	تأثیرپذیر، مستعد پذیرش
Beeinflußbarkeit, die; -	تأثیرپذیری
beeinflussen *Vt.*	بر (کسی / چیزی) تأثیر گذاشتن، بر (کسی) اعمال نفوذ کردن، زیر نفوذ قرار دادن
jemanden beeinflussen	برکسی تأثیرگذاشتن
Beeinflussung, die; -, -en	نفوذ، تأثیر
beeinträchtigen *Vt.*	به (کسی / چیزی) صدمه زدن، به (کسی / چیزی) لطمه زدن، به (کسی / چیزی) زیان رساندن، به (کسی / چیزی) آسیب رساندن
den Frieden beeinträchtigen	مخل آسایش بودن

107 **Befehlsstand**

Beeinträchtigung, die; -, -en صدمه، لطمه، زیان، آسیب
beendigen Vt. به پایان رساندن، تمام کردن، به (چیزی) خاتمه دادن، به (چیزی) پایان دادن
beendiget Adj. تمام شده، خاتمه یافته
Beendigung, die; -, -en پایان، خاتمه، آخر
beengen Vt. باریک کردن، تنگ کردن، محدود کردن
Beengung, die; -, -en باریکی، تنگی، محدودیت
beerben Vt. از (کسی) ارث بردن، وارث (کسی) شدن
jemanden **beerben** از کسی ارث بردن
seinen Vater beerben وارث پدر خود شدن
beerdigen Vt. به‌خاک سپردن، دفن کردن
Beerdigung, die; -, -en دفن، خاکسپاری
Beerdigungsanstalt, die; -, -en مؤسسه خاکسپاری، مؤسسهٔ کفن و دفن
Beerdigungsfeier, die; -, -n مراسم دفن، مراسم تشییع جنازه
Beerdigungsinstitut, das; -(e)s, -e مؤسسهٔ خاکسپاری، مؤسسهٔ کفن و دفن
Beerdigungskosten, die / Pl. مخارج خاکسپاری، مخارج کفن و دفن
Beerdigungsunternehmer, der; -s, - متصدی خاکسپاری، متصدی کفن و دفن
Beere, die; -, -n ۱. دانه، حبه ۲. توت
beerenfressend Adj. ۱. دانه خوار ۲. توت خوار
Beerenobst, das; -es میوهٔ توت
Beerensaft, der; -(e)s, ⸚e عصارهٔ توت، آب توت
Beet, das; -(e)s, -e ۱. باغچه ۲. بستر، رختخواب
beeten Vt. ۱. مرزبندی کردن (باغچه) ۲. در بستر قرار دادن
befähigen Vt. قادر ساختن، به (کسی) توانایی دادن، برای (کسی) وسیله فراهم کردن
Seine Kenntnisse befähigen ihn zu dieser Arbeit.
معلوماتش او را قادر به انجام این کار می‌کند.
befähigt Adj. قادر؛ شایسته، قابل
Befähigung, die; -, -en استعداد، قابلیت، صلاحیت، شایستگی
Befähigungsnachweis, der; -es, -e گواهی استعداد
befahl P. صیغهٔ فعل گذشتهٔ مطلق از مصدر befehlen
befahrbar Adj. اتومبیل‌رو، کشتی‌رو، قابل عبور با وسایل نقلیه
befahren[1] Vt. با (وسیلهٔ نقلیه) رفتن، با (اتومبیل / کشتی) عبور کردن
den Kanal befahren از نهر عبور کردن
befahren[2] Adj. پُر رفت و آمد
Befall, der; -s ۱. حمله، هجوم ۲. آفت، بیماری، بلا
befallen[1] Vt. ۱. به (کسی) حمله کردن، به (کسی) هجوم آوردن ۲. دچار کردن، مبتلا کردن، گرفتار کردن
befallen[2] Adj. مبتلا، گرفتار
Befallenheit, die; -, -en ابتلا، گرفتاری
befangen Adj. ۱. متعصب؛ مغرض، غرض‌ورز ۲. خجالتی، کمرو، محجوب
Befangenheit, die; -, -en ۱. تعصب؛ غرض‌ورزی ۲. کمرویی، حجب
befassen Vr., Vt. ۱. دست به (کاری) زدن، به (کاری) پرداختن، در (کاری) شرکت کردن ۲. مشغول کردن، سرگرم کردن، به کار گماشتن
befehden Vt. با (کسی) زد و خورد کردن، با (کسی) جنگ کردن، به مبارزه طلبیدن
Befehl, der; -s, -e فرمان، حکم، امر، دستور
Zu Befehl! اطاعت می‌شود! چشم!
unter dem Befehl von تحت فرماندهی
den Befehl erlassen حکم صادر کردن
befehlen Vt. به (کسی) فرمان دادن، به (کسی) حکم کردن، به (کسی) امر کردن، به (کسی) دستور دادن
Wie Sie befehlen! هر طور بفرمایید!
befehlend Adj. آمرانه، قطعی، بی‌چون و چرا، تحکم‌آمیز
befehlerisch Adj. آمرانه، قطعی، بی‌چون و چرا، تحکم‌آمیز
befehligen Vt. ۱. به (کسی) فرمان دادن ۲. بر (کسی) فرماندهی کردن
Befehlsausgabe, die; -n, -n صدور حکم
Befehlsbereich, der; -(e)s, -e محدودهٔ حکم، محدودهٔ فرمان
Befehlsempfang, der; -(e)s, ⸚e دریافت حکم، اعلام وصول فرمان
Befehlsempfänger, der; -s, - دریافت‌کنندهٔ حکم، وصول‌کنندهٔ فرمان
Befehlsform, die; -, -en (دستور زبان) وجه امری، صیغهٔ امر
befehlsgemäß Adj. طبق دستور
Befehlsgewalt, die; -, -en قدرت فرمانروایی
Befehlshaber, der; -s, - فرمانده
befehlshaberisch Adj. آمرانه، قطعی، مصرانه، تحکم‌آمیز
Befehlssatz, der; -es, ⸚e (دستور زبان) جملهٔ امری
Befehlsstand, der; -(e)s, ⸚e مرکز فرماندهی

Befehlsstelle, die; -, -n مرکز فرماندهی
Befehlston, der; -es, - لحن آمرانه
Befehlsübermittlung, die; -, -en ابلاغ حکم
Befehlsverweigerer, der; -s, - متمرد
Befehlsverweigerung, die; -, -en تمرد، سرپیچی، نافرمانی
Befehlswagen, der; -s, - اتومبیل فرماندهی
befehlswidrig *Adj., Adv.* مغایر دستور
Befehlszentrale, die; -, -n مرکز فرماندهی
befestigen *Vt.* ۱. محکم کردن، سفت کردن ۲. استوار کردن، نصب کردن، کار گذاشتن ۳. سنگربندی کردن، محصور کردن
die Freundschaft zu jemandem **befestigen** با کسی پیمان دوستی بستن
befestigt *Adj.* ۱. مستحکم، استوار ۲. محصور
Befestigung, die; -, -en ۱. محکم‌کاری، استحکام ۲. سنگربندی ۳. برج و بارو ۴. نصب
Befestigungsanlage, die; -, -n برج و بارو، حصار
Befestigungslinie, die; -, -n خط استحکامات
Befestigungswerk, das; -(e)s, -e برج و بارو، حصار
Befestigungsschraube, die; -, -n پیچ محکم
befeuchten *Vt.* مرطوب کردن، تر کردن، خیساندن
Befeuchtung, die; -, -en رطوبت، تری، نم
befeuern *Vt.* ۱. هدایت کردن؛ (با چراغ) راهنمایی کردن ۲. افروختن (آتش) ۳. به وجد آوردن
Befeuerung, die; -, -en ۱. هدایت، راهنمایی ۲. آتش‌افروزی ۳. به وجدآوری
befiedern *Vt.* با پَر پوشاندن، با پَر آراستن
befiedert *Adj.* پردار، پوشیده از پر
Befiederung, die; -, -en پر، پر و بال
befiehl صیغهٔ فعل امر از مصدر befehlen
befinden *Vt., Vi., Vr.* ۱. تشخیص دادن ۲. داوری کردن، قضاوت کردن ۳. بودن، وجود داشتن
Wie befinden Sie sich? حالتان چطور است؟
über etwas **befinden** در امری قضاوت کردن
sich in Aufbau befinden در دست ساختمان بودن
sich auf Reisen befinden در مسافرت بودن
Befinden, das; -s ۱. وضع مزاجی، سلامتی، تندرستی ۲. حالت، چگونگی ۳. نظریه، عقیده ۴. عزم
nach meinem Befinden به عقیدهٔ من
befindlich *Adj.* موجود، حاضر
befingern *Vt.* به (چیزی) انگشت زدن

beflaggen *Vt.* پرچم زدن، بر (فراز) جایی پرچم افراشتن، با پرچم تزئین کردن
beflaggt *Adj.* پرچم‌دار، پرچم‌زده، دارای پرچم
Beflaggung, die; -, -en تزئین با پرچم
beflecken *Vt.* ۱. لکه‌دار کردن، آلودن ۲. بی‌آبرو کردن، بی‌حرمت ساختن
den Heiligen beflecken مکان مقدس را نجس کردن
befleckt *Adj.* ۱. لکه‌دار، آلوده ۲. بی‌آبرو
Befleckung, die; -, -en ۱. آلودگی، ناپاکی ۲. بی‌آبرویی، بی‌حرمتی
befleißigen *Vr.* کوشش کردن، سعی کردن، زحمت کشیدن
beflissen *Adj.* ساعی، کوشا، زحمتکش
Beflissene, der; -n, -n ساعی، کوشا، زحمتکش
Beflissenheit, die; - سعی، کوشش، زحمت
beflügeln *Vt.* ۱. به (کسی) پر و بال دادن، به وجد و سرور آوردن ۲. تند کردن ۳. تشویق کردن
befluten *Vi.* طغیان کردن (آب)
befohlen *PP.* صیغهٔ فعل گذشتهٔ نقلی از مصدر befehlen
befolgen *Vt.* از (چیزی) پیروی کردن، از (چیزی) متابعت کردن، رعایت کردن
das Gesetz befolgen از قانون پیروی کردن
Befolgung, die; -, -en پیروی، متابعت، رعایت
Beförderer, der; -s, - حمل‌کننده
befördern *Vt.* ۱. حمل کردن، نقل و انتقال دادن ۲. ترفیع دادن، ارتقا دادن ۳. تسریع کردن
Beförderung, die; -, -en ۱. حمل، نقل و انتقال ۲. ترفیع، ارتقا ۳. شتاب، تسریع
Beförderungsart, die; -, -en نحوهٔ نقل و انتقال
Beförderungsbedingungen, die / *Pl.* شرایط نقل و انتقال
Beförderungsdienst, der; -es, -e سرویس حمل و نقل
Beförderungsgebühr, die; -, -en هزینهٔ باربری، مخارج پستی
Beförderungskosten, die / *Pl.* هزینهٔ باربری، کرایه حمل
Beförderungsliste, die; -, -n فهرست ترفیعات
Beförderungsmittel, das; -s, - وسیلهٔ انتقال، عامل حمل و نقل
Beförderungsschein, der; -(e)s, -e بارنامه
befrachten *Vt.* ۱. بار کردن، بار زدن، بارگیری کردن ۲. کرایه دادن، اجاره دادن

Befrachter, der; -s, - ۱. فرستنده (کالا)
۲. بارکننده (کشتی) ۳. اجاره کننده (کشتی)

Befrachtung, die; -, -en ۱. بارگیری (کشتی)
۲. اجاره (کشتی)

Befrachtungsvertrag, der; -(e)s, =e
قرارداد اجارهٔ کشتی

befragen *Vt., Vr.* ۱. از (کسی) پرسیدن، از (کسی) سؤال کردن ۲. سراغ گرفتن، جویا شدن، تحقیق کردن

Ich muß mich erst befragen. اول باید تحقیق کنم.

Befragte, der; -s, - سؤال‌کننده، تحقیق‌کننده

Befragung, die; -, -en پرسش، سؤال، گفتگو، تحقیق، بازجویی

befreien *Vt., Vr.* ۱. آزاد کردن، رها کردن، رهانیدن ۲. معاف کردن ۳. رها شدن، آزاد شدن

befreiend *Adj.* آزاد شده، رها

Befreier, der; -s, - آزادکننده، رهایی‌دهنده

Befreierin, die; -, -nen آزادکننده، رهایی‌دهنده (زن)

befreit *Adj.* آزاد شده

Befreiung, die; -, -en ۱. آزادی، رهایی، نجات
۲. معافیت

Befreiungsbewegung, die; -, -en
جنبش رهایی‌بخش

Befreiungskrieg, der; -(e)s, -e جنگ آزادی‌بخش

befremden *Vt.* متحیر کردن، سردرگم کردن، گمراه کردن، به حیرت انداختن، متعجب کردن

Sein Verhalten befremdet mich.
رفتارش برایم تعجب‌آور است.

Befremden, das; -s تعجب، شگفتی، حیرت

befremdend *Adj.* شگفت‌آور، حیرت‌انگیز، عجیب

befremdlich *Adj.* شگفت‌آور، حیرت‌انگیز، عجیب

Befremdung, die; - تعجب، شگفتی، حیرت

befreunden *Vr.* ۱. دوست شدن ۲. عادت کردن

sich mit jemandem **befreunden** با کسی دوست شدن

Ich werde mich wohl damit befreunden müßen.
باید به آن عادت کنم.

befreundet *Adj.* دوستانه، موافق، مساعد

befrieden *Vt.* آرام کردن، تسکین دادن؛ فرونشاندن

befriedigen *Vt.* راضی کردن، خشنود ساختن، قانع کردن، ارضا کردن

die Schuld befriedigen دین خود را ادا کردن

befriedigend *Adj.* رضایت‌بخش، قانع‌کننده، ارضا کننده

befriedigenderweise *Adv.* به طور رضایت‌بخش

befriedigt *Adj.* راضی، قانع، خشنود

Befriedigung, die; -, -en رضایت، خشنودی؛ لذت

Befriedung, die; -, -en آرامش، تسکین

befristen *Vt.* ۱. محدود کردن (وقت)، برای (چیزی) مهلت قائل شدن ۲. حدود (چیزی) را تعیین کردن

befristet *Adj.* محدود، مشروط، مقید؛ مهلت‌دار

Befristung, die; -, -en مهلت، محدودیت (وقت)

befruchten *Vt.* بارور کردن، آبستن کردن، باردار کردن

befruchtend *Adj.* باردار، آبستن

Befruchtung, die; -, -en باروری، تلقیح، لقاح، جفت‌گیری

Befruchtungsprozeß, der; -zesses, -zesse
عمل لقاح

befugen *Vt.* به (کسی) اجازه دادن، به (کسی) اختیار دادن، به (کسی) امکان دادن

befugt sein zu etwas اجازه کاری را داشتن

Befugnis, die; -, -nisse اجازه، اختیار، امکان

befugt *Adj.* مجاز، مختار

befühlen *Vt.* لمس کردن، دست زدن

mit der Hand etwas **befühlen**
چیزی را با دست لمس کردن

Befund, der; -(e)s, -e ۱. نتیجه، حاصل (تحقیق)
۲. (پزشکی) نتیجهٔ آزمایش ۳. کیفیت، چگونگی

Der Befund war negativ. نتیجهٔ آزمایش منفی بود.

befürchten *Vt.* از (چیزی) ترسیدن، بیم (چیزی) را داشتن، نگران (چیزی) بودن

Es steht zu befürchten, daß... بیم آن است که ...

Befürchtung, die; -, -en ترس، بیم، هراس، نگرانی

befürworten *Vt.* ۱. به (کسی) توصیه کردن، به (کسی) سفارش کردن ۲. از (کسی) طرفداری کردن، از (کسی) حمایت کردن، تأئید کردن

Befürworter, der; -s, - حامی، طرفدار، مدافع

Befürworterin, die; -, -nen حامی، طرفدار، مدافع (زن)

Befürwortung, die; -, -en ۱. توصیه، سفارش
۲. طرفداری، حمایت، تأئید

begaben *Vt.* ۱. مستعد کردن ۲. بخشیدن، اعطا کردن

begabt *Adj.* بااستعداد، باذوق، باقریحه

Begabung, die; -, -en استعداد، ذوق، قریحه

Begabungslosigkeit, die; -, -en بی‌استعدادی

Begängnis, das; -nisses, -nisse
مراسم تشییع جنازه و دفن

begann *P.* beginnen صیغهٔ فعل گذشتهٔ مطلق از مصدر

begatten *Vt., Vr.* ۱. با (کسی) جماع کردن، با (کسی) مقاربت کردن ۲. جفت شدن

Begattung 110

Begattung, die; -, -en جماع، مقاربت، جفت‌گیری
Begattungsorgan, das; -s, -e آلت تناسلی
begebbar *Adj.* قابل انتقال، انتقال‌پذیر
Begebbarkeit, die; -, -en انتقال‌پذیری
begeben *Vr.* ۱. اتفاق افتادن، رخ دادن، روی دادن، واقع شدن ۲. سر کار رفتن
sich auf die Reise begeben عازم سفر شدن
sich in Gefahr begeben خود را به خطر انداختن
Begebenheit, die; -, -en واقعه، حادثه، پیشامد، اتفاق، رویداد
Begebnis, das; -nisses, -nisse واقعه، حادثه، پیشامد، رویداد، اتفاق
Begebung, die; -, -en واقعه، حادثه، پیشامد، رویداد، اتفاق
begegnen *Vi.* برخورد کردن، مواجه شدن، رو به رو شدن
jemandem **begegnen** با کسی برخورد کردن
Begegnis, das; -nisses -nisse حادثه، واقعه، رویداد
Begegnung, die; -, -en برخورد، دیدار، ملاقات، مواجهه
begehen *Vt.* ۱. در (جایی) راه رفتن، در (جایی) پیاده‌روی کردن ۲. در (مراسمی) شرکت کردن ۳. انجام دادن
einen Fehler begehen اشتباه کردن
eine Sünde begehen مرتکب گناه شدن
Begehr, der/das; -s, -e خواهش، میل، آرزو، اشتیاق
begehren *Vt., Vi.* ۱. خواستن، میل به (چیزی) کردن، آرزو کردن ۲. طمع کردن
Man kann nicht alles haben was das Herz begehrt.
انسان نمی‌تواند هرچه را که دلش می‌خواهد، داشته باشد.
Begehren, das; -s, - خواهش، میل، آرزو، اشتیاق
begehrenswert *Adj.* مطلوب، مرغوب، پسندیده، خواستنی
begehrlich *Adj.* مایل، طالب، خواهان، خواستار
Begehrlichkeit, die; -, -en میل، طلب، اشتیاق
begehrt *Adj.* مطلوب، مرغوب، پسندیده، خواستنی
Begehung, die; -, -en ۱. پیاده‌روی ۲. برگزاری (جشن) ۳. بازرسی، بازدید، معاینه
begeistern *Vt., Vr.* ۱. به (چیزی) روح بخشیدن، به وجد آوردن، بر سر شوق آوردن، احساسات (کسی) را برانگیختن ۲. به وجد آمدن، سر شوق آمدن
sich begeistern für etwas فریفتهٔ چیزی شدن
begeistert *Adj.* مجذوب، محظوظ، به وجد آمده، شیفته
Begeisterung, die; -, -en وجد، لذت، شوق، جذبه، شور، اشتیاق
begeisterungsfähig *Adj.* تأثیرپذیر
Begeisterungssturm, der; -(e)s, ⸚e توفان احساسات
Begier, die; - ۱. حرص، طمع، آز ۲. میل، اشتیاق، آرزو
Begierde, die; -, -n ۱. حرص، طمع، آز ۲. میل، اشتیاق، آرزو
begierig *Adj.* ۱. حریص، طماع، آزمند ۲. مایل، مشتاق، آرزومند
begierig nach etwas مشتاق چیزی
begießen *Vt.* ۱. آب دادن، آب‌پاشی کردن ۲. (همراه با باده‌نوشی) جشن گرفتن
sich die Nase begießen تا خرخره مشروب خوردن
beging *P.* begehen صیغهٔ فعل گذشتهٔ مطلق از مصدر
Beginn, der; -(e)s آغاز، ابتدا، شروع
zu Beginn در آغاز، در ابتدا
Beginn der Vorstellung شروع نمایش
beginnen *Vt., Vi.* ۱. آغاز کردن، شروع کردن ۲. آغاز شدن، شروع شدن
mit einer Arbeit beginnen کاری را شروع کردن
Er begann zu sprechen. شروع کرد به حرف زدن.
Der Unterricht hat begonnen. درس شروع شد.
Beginnen, das; -s ۱. تعهد، تقبل، عهده‌داری ۲. شروع، آغاز
beglaubigen *Vt.* تصدیق کردن، گواهی کردن، تأئید کردن
beglaubigt *Adj.* معتبر، مجاز؛ تصدیق شده، گواهی شده
Beglaubigung, die; -, -en تصدیق، گواهی، تأئید (امضا)
Beglaubigungsschreiben, das; -s, - اعتبارنامه، استوارنامه
begleichen *Vt.* تسویه کردن (حساب)، به (حساب) واریز کردن
sein Rechnung begleichen حساب خود را تسویه کردن
Begleichung, die; - واریز، تسویه (حساب)
Begleitadresse, die; -, -n بارنامهٔ پستی، ورقهٔ گمرگی
Begleitbrief, der; -(e)s, -e نامهٔ پیوست
begleiten *Vt.* همراهی کردن، بدرقه کردن، مشایعت کردن
jemanden **nach Hause begleiten**
کسی را تا منزل مشایعت کردن

111 **Begriffsvermögen**

Er begleitete den Sänger auf dem Klavier.
او خواننده را با پیانو همراهی کرد.
Begleiter, der; -s, - ۱. همراه، همدم، مصاحب ۲. همراهی‌کننده (پیانو)
Begleiterin, die; -, -nen ۱. همراه، همدم، مصاحب (زن) ۲. همراهی‌کننده پیانو (زن)
Begleiterscheinung, die; -, -en ۱. همراهی، ملازمت ۲. همراه، ملازم
Begleitfahrzeug, das; -(e)s, -e اتومبیل محافظ، اتومبیل اسکورت
Begleitflugzeug, das; -(e)s, -e هواپیمای محافظ، هواپیمای اسکورت
Begleitinstrument, das; -(e)s, -e ساز همراهی‌کننده
Begleitjäger, der; -s, - هواپیمای شکاری محافظ، هواپیمای شکاری اسکورت
Begleitmannschaft, die; -, -en گارد محافظ
Begleitmusik, die; - موسیقی متن
Begleitschein, der; -(e)s, -e بارنامه، ورقهٔ گمرکی
Begleitschiff, das; -(e)s, -e کشتی اسکورت
Begleitschreiben, das; -s, - نامهٔ پیوست
Begleitstimme, die; -, -n (در موسیقی چند صدایی) صدای فرعی، صدای دوم
Begleitumstand, der; -(e)s, ⸚e همراهی، ملازمت
Begleitung, die; -, -en همراهی، بدرقه، مشایعت
in Begleitung von در مشایعتِ، همراه با
beglücken *Vt.* خوشحال کردن، به (کسی) لذت دادن
beglückend *Adj.* دلپذیر، خوشی‌آور، لذت‌بخش
beglückt *Adj.* خوشبخت، سعادتمند
Beglückung, die; -, -en خوشبختی، سعادت
beglückwünschen *Vt.* به (کسی) تبریک گفتن، به (کسی) شادباش گفتن
zu jemandem **Erfolg beglückwünschen**
توفیق کسی را تبریک گفتن
Beglückwünschung, die; -, -en تبریک، تهنیت، شادباش
begnaden *Vt.* مستعد ساختن، آماده کردن
jemanden **begnaden mit**
کسی را (برای کاری) مستعد ساختن
begnadet *Adj.* مستعد، مبتکر، با استعداد
begnadigen *Vt.* عفو کردن، بخشیدن، از خطای (کسی) گذشتن
Begnadigung, die; -, -en عفو، بخشایش؛ بخشودگی
Begnadigungsgesuch, das; -(e)s, -e
درخواست بخشش، تقاضای عفو

Begnadung, die; -, -en توفیق، استعداد
begnügen *Vr.* اکتفا کردن، بسنده کردن؛ راضی کردن، متقاعد ساختن، قانع کردن
Begonie, die; -, -n گل بگونیا
begonnen *PP.* صیغهٔ فعل گذشتهٔ نقلی از مصدر beginnen
begraben *Vt.* ۱. به‌خاک سپردن، دفن کردن ۲. برای همیشه از دست دادن
jemanden **lebendig begraben**
کسی را زنده به‌گور کردن
Begräbnis, das; -nisses, -nisse خاک‌سپاری، دفن
Begräbnisplatz, der; -es, ⸚e محل خاک‌سپاری
Begräbnisschein, der; -(e)s, -e جواز دفن
Begräbnisstätte, die; -, -n محل خاک‌سپاری
begradigen *Vt.* درست کردن، مرتب کردن
begreifbar *Adj.* قابل فهم، فهمیدنی
begreifen *Vt.* ۱. فهمیدن، ملتفت شدن، دریافتن، درک کردن ۲. لمس کردن
Ich habe begriffen! فهمیدم! حالیم شد!
Begreifen, das; -s فهم، درک
begreiflich *Adj.* قابل فهم، فهمیدنی
begreiflicherweise *Adv.* از روی منطق، منطقاً
begrenzbar *Adj.* محدودشدنی، محدود کردنی
begrenzen *Vt.* محدود کردن، مشروط کردن
die Kosten begrenzen مخارج را محدود کردن
Begrenzer, der; -s, - محدودکننده (جریان برق)
begrenzt *Adj.* محدود، مشروط
Meine Zeit ist begrenzt. وقتم محدود است.
Begrenztheit, die; -, -en محدودیت
Begrenzung, die; -, -en حدود
Begrenzungslicht, das; -(e)s, -er / -e نور محدود
Begriff, der; -(e)s, -e ۱. معنی، مفهوم ۲. تصور
im Begriff sein در صدد بودن
einen Begriff von der Sache geben
شرحی از چیزی دادن
begriff *P.* صیغهٔ فعل گذشتهٔ مطلق از مصدر begreifen
begrifflich *Adj.* ۱. مفهومی ۲. تصوری، فکری، ذهنی
Begriffsbestimmung, die; -, -en تعریف، تشریح
Begriffsinhalt, der; -(e)s, -e محتوای مفهوم، محتوای تصور
begriffsstutzig *Adj.* کودن، کندذهن، احمق
Begriffsstutzigkeit, die; -, -en کودنی، کندذهنی، کم‌فهمی
Begriffsvermögen, das; -s, - نیروی ادراک

Begriffsverwechselung, die; -, -en اختلاط افکار
Begriffsverwirrung, die; -, -en اختلاط افکار
begründen *Vt.* ۱. تأسیس کردن، دایر کردن ۲. اثبات کردن، برای (چیزی) دلیل آوردن، استدلال کردن
seine Behauptungen begründen ادعای خود را ثابت کردن
Begründer, der; -s, - مؤسس، بانی، پایه‌گذار
Begründerin, die; -, -nen مؤسس، بانی، پایه‌گذار (زن)
begründet *Adj.* مستدل
Begründung, die; -, -en پایه، اساس، شالوده، پی‌ریزی، استدلال
begrünen *Vr.* سبز شدن
Die Bäume begrünen sich im Frühling. درختان در بهار سبز می‌شوند.
begrüßen *Vt.* به (کسی) سلام کردن، به (کسی) تهنیت گفتن، به (کسی) خیرمقدم گفتن، به (کسی) خوشامد گفتن
jemanden **begrüßen** به کسی خوشامد گفتن
Begrüßung, die; -, -en درود، سلام، تهنیت، خیرمقدم
Begrüßungsansprache, die; -, -n خیرمقدم‌گویی
Begrüßungsfeier, die; -, -n مراسم تهنیت‌گویی
Begrüßungsformel, die; -, -n سلام، درود، تهنیت
Begrüßungsschüsse, die / *Pl.* شلیک توپ (در مراسم رسمی)
Begrüßungswort, das; -(e)s, -e خیرمقدم
begünstigen *Vt.* ترجیح دادن، به (چیزی) برتری دادن، به (چیزی) امتیاز دادن
jemanden **vor den andern begünstigen** کسی را بر دیگران ترجیح دادن
Begünstigung, die; -, -en برتری، ترجیح، امتیاز
begutachten *Vt.* به (چیزی) رأی دادن، نظر خود را در مورد (چیزی) گفتن
Begutachter, der; -s, - کارشناس؛ خبره
Begutachtung, die; -, -en نظردهی، ارزیابی
begütert *Adj.* ثروتمند، مالدار
begütigen *Vt.* آرام کردن، ساکت کردن، تسکین دادن؛ فرو نشاندن
begütigend *Adj.* آرام‌بخش
behaaren *Vr.* مو درآوردن، مودار شدن
behaart *Adj.* مودار، پرمو
behäbig *Adj.* آرام، ملایم؛ متین، موقر
Behäbigkeit, die; - آرامش، ملایمت؛ متانت، وقار
behaftet *Adj.* دچار، گرفتار، مبتلا
mit etwas **behaftet sein** گرفتار چیزی بودن
behagen *Vi.* پسند آمدن، خوش آمدن، لذت بردن
Es behagte ihm nicht. به مذاقش خوش نیامد.
Behagen, das; -s راحتی، آسایش، لذت
behaglich *Adj.* راحت، آسوده، آسوده‌خاطر، دلپذیر
Behaglichkeit, die; -, -en راحتی، آسودگی، رضایت
behalten *Vt.* نگه داشتن، حفظ کردن؛ از (چیزی) نگهداری کردن
Behalte das für dich. پیش خودت بماند.
etwas **im Auge behalten** چیزی را مد نظر داشتن
etwas **für sich behalten** چیزی را برای خود نگه داشتن
Behälter, der; -s, - ظرف، جعبه، مخزن
Behälterinhalt, der; -(e)s, -e گنجایش ظرف
Behälterwagen, der; -s, - تانکر، (خودرو) نفتکش
Behältnis, das; -nisses, -nisse ظرف، جعبه، مخزن
behämmert *Adj.* دیوانه، مفتون
behandeln *Vt.* ۱. رفتار کردن، عمل کردن ۲. معامله کردن ۳. درمان کردن، مداوا کردن، معالجه کردن
anständig behandeln منصفانه رفتار کردن
einen Kranken behandeln بیماری را درمان کردن
Behandlung, die; -, -en ۱. درمان، مداوا، معالجه ۲. رفتار، عمل ۳. معامله
Behandlungsmethode, die; -, -n روش درمان، شیوهٔ مداوا
Behandlungsweise, die; -, -n روش درمان، شیوهٔ مداوا
Behandlungszimmer, das; -s, - درمانگاه
Behang, der; -(e)s, ¨-e آویز
behängen *Vt.* آویختن، آویزان کردن
beharren *Vi.* پشتکار داشتن، استقامت به خرج دادن، پافشاری کردن، ایستادگی کردن
auf seiner Meinung beharren در عقیدهٔ خود پافشاری کردن
beharrlich *Adj.* با استقامت، ثابت‌قدم، باپشتکار
Beharrlichkeit, die; - پشتکار، استقامت، ایستادگی؛ پافشاری
Beharrung, die; -, -en پشتکار، استقامت، ایستادگی؛ پافشاری
behauchen *Vt.* ۱. تنفس کردن ۲. (زبان‌شناسی) با دمِش تلفظ کردن، دمیده تلفظ کردن
behauen *Vt.* بریدن، قطع کردن، انداختن (درخت)
behaupten *Vt., Vr.* ۱. ادعا کردن، اظهار داشتن، مدعی بودن ۲. اثبات کردن ۳. ایستادگی کردن
sich behaupten نظر خود را اثبات کردن

Behauptung, die; -, -en ۱. ادعا، اظهار ۲. ایستادگی ۳. اثبات

behausen *Vt.* جا دادن، منزل دادن

Behausung, die; -, -en جا، منزل، مسکن

beheben *Vt.* ۱. (از بانک) برداشتن (پول) ۲. رفع کردن، برطرف کردن، تعمیر کردن

den Mangel beheben نقیصه را رفع کردن

die Gefahr beheben خطر را برطرف کردن

Behebung, die; -, -en رفع، اِزاله؛ تعمیر

beheimatet *Adj.* مقیم، ساکن

beheizbar *Adj.* گرم‌شدنی

beheizen *Vt.* گرم کردن

Behelf, der; -(e)s, -e چاره (موقت)

behelfen *Vr.* (موقتاً) چاره کردن

Behelfsbrücke, die; -, -n پل موقت

Behelfsheim, das; -(e)s, -e منزل موقت

Behelfskonstruktion, die; -, -en طرح مقدماتی

Behelfslösung, die; -, -en چارهٔ موقت

behelfsmäßig *Adj., Adv.* ۱. موقت، اضطراری، زودگذر ۲. به طور موقت

behelfsweise *Adv.* موقت، اضطراری، زودگذر

behelligen *Vt.* به (کسی) زحمت دادن، به (کسی) دردسر دادن، مخل آسایش (کسی) شدن

Ich möchte Sie nicht weiter behelligen. بیش از این مایل به زحمت شما نیستم.

Behelligung, die; -, -en زحمت، دردسر، مزاحمت

behend(e) *Adj.* چابک، چالاک، تردست، زرنگ، ماهر، فرز

Behendigkeit, die; - چابکی، چالاکی، تردستی، زرنگی، مهارت

beherbergen *Vt.* جا دادن، منزل دادن

jemanden **beherbergen** به کسی جا دادن

Beherbergung, die; -, -en جا، منزل، مسکن

beherrschen *Vt.* ۱. بر (کسی/جایی) حکومت کردن، بر (کسی/جایی) فرمانروایی کردن، بر (کسی/جایی) حکمرانی کردن ۲. بر (کسی/چیزی) تسلط داشتن، بر (کسی/چیزی) مسلط بودن ۳. مهار کردن

eine Sprache beherrschen بر زبانی مسلط بودن

jemanden **beherrschen** بر کسی تسلط داشتن

beherrschend *Adj.* مسلط، حکمفرما

Beherrscher, der; -s, - حکمران، فرمانروا، صاحب اختیار

Beherrscherin, die; -, -nen حکمران، فرمانروا، صاحب اختیار (زن)

beherrscht *Adj.* خوددار، ملایم، آرام، خونسرد

Beherrschtheit, die; - تسلط، استیلا

Beherrschung, die; -, -en تسلط، حکمرانی، فرمانروایی، استیلا

beherzigen *Vt.* ۱. با جان و دل پذیرفتن ۲. به حرف (کسی) گوش دادن

den Rat des Lehrers beherzigen نصیحت معلم را آویزهٔ گوش کردن

beherzigenswert *Adj.* شایان پیروی، شایان تقلید

beherzt *Adj.* دلیر، رشید، پُردل، باجرأت

Beherztheit, die; - دلیری، رشادت، پُردلی، شجاعت

behexen *Vt.* افسون کردن، مسحور کردن، سحر کردن

behext *Adj.* افسون شده، مسحور

Behexung, die; -, -en افسون، سحر، جادو

behielt *P.* behalten صیغهٔ فعل گذشتهٔ مطلق از مصدر

behilflich *Adj.* مفید، مساعد، مؤثر

Kann ich Ihnen behilflich sein? می‌توانم به شما کمک کنم؟

Behilflichkeit, die; -, -en کمک، مساعدت

behindern *Vt.* مانع (کسی/چیزی) شدن، از (کسی/چیزی) جلوگیری کردن، بازداشتن

Behinderter, der/die; -n, -n معلول، جانباز

Behinderung, die; -, -en ممانعت، جلوگیری

behorchen *Vt.* ۱. استراق‌سمع کردن ۲. با گوشی معاینه کردن

Behörde, die; -, -n ۱. مقام مسئول، مقام رسمی ۲. اداره

die zuständigen Behörden اولیای امور، مقامات مسئول

Behördenweg, der; -(e)s, -e راه قانونی، مجرای رسمی

behördlich *Adj., Adv.* ۱. اداری، رسمی ۲. به‌طور رسمی، رسماً

Behuf, der; -(e)s, -e مقصد، مقصود، منظور

zu diesem Behuf به این منظور

behüten *Vt.* حفظ کردن، حمایت کردن، پاسداری کردن، نگهبانی کردن

Gott behüte Sie. خدا شما را حفظ کند.

Behüter, der; -s, - حافظ، حامی، نگهبان

Behüterin, die; -, -nen حافظ، حامی، نگهبان (زن)

behutsam *Adj.* محتاط، مواظب، هشیار

Behutsamkeit, die; - احتیاط، مواظبت، هشیاری

Behütung, die; -, -en حفظ، حمایت، پاسداری، نگهبانی

bei *Präp.* نزدِ، پیشِ، پهلوی، کنارِ، نزدیکِ

beibehalten

bei der Arbeit	سرِ کار
bie uns zu Hause	در خانهٔ ما، در وطن ما
Alles beim alten.	همه‌چیز مثل سابق است.
beibehalten Vt.	نگاه داشتن، از (چیزی) نگهداری کردن، حفظ کردن
Beibehaltung, die; -, -en	نگهداری، حفظ
Beiblatt, das; -(e)s, ≔er	ضمیمه، متمم، صفحهٔ جداگانه (روزنامه)
Beiboot, das; -es, -e	۱. قایق تفریحی ۲. قایق یدکی
beibringen Vt.	۱. تهیه کردن، تدارک دیدن، تولید کردن ۲. یاد دادن، تعلیم دادن
die Urkunden beibringen	اسناد را ارائه دادن
Beibringung, die; -, -en	تولید، عمل‌آوری، تدارک
Beichte, die; -, -n	اقرار، اعتراف (به گناه)
jemandem die Beichte annehmen	از کسی اقرارگرفتن
beichten Vt., Vi.	اقرار کردن، اعتراف کردن (به گناه)
Beichtgeheimnis, das; -nisses, -nisse	اسرار اعتراف مذهبی
Beichthörer, der; -s, -	(در کلیسا) اعتراف گیرنده
Beichtiger, der; -s, -	(در کلیسا) اعتراف گیرنده
Beichtkind, das; -(e)s, -er	(در کلیسا) اعتراف‌کننده، توبه‌کار
Beichtling, der; -s, -e	(در کلیسا) اعتراف‌کننده، توبه‌کار
Beichtstuhl, der; -(e)s, ≔e	(در کلیسا) کرسی اعتراف، جایگاه اعتراف
Beichtvater, der; -s, -	(در کلیسا) اعتراف گیرنده
beidarmig Adj.	(ورزش) دو دستی، با دو دست
beidäugig Adj.	دو چشمی، با دو چشم
beidbeinig Adj.	(ورزش) دوپایی، با دو پا
beide Adj.	هر دو، هر دو نفر، هر دو تا
alle beide	هر دو آنها، هر دو نفر
auf beiden Seiten	از هر دو طرف
keiner von beiden	هیچ یک از آن دو نفر
die letzten beiden	دو تای آخر
beidemal Adv.	هر دو دفعه
beiderlei Adj.	از هر دو نوع
beiderseitig Adj., Adv.	۱. [دوستی] دوطرفه ۲. از دو طرف، متقابلاً
beiderseits Präp., Adv.	از دو جانب، از دو طرف؛ از طرفِ هر دو
beides Zahlw.	هر دو تا
Beidhänder, der; -s, -	ذوالیمینین (کسی که هر دو دست به خوبی در فرمان او باشد)

beidhändig Adj.	استفاده‌کننده از هر دو دست
beieinander Adv.	با هم، با همدیگر
beieinanderbleiben Vi.	با هم ماندن، پیش هم ماندن
Beifahrer, der; -s, -	کمک راننده، وردست راننده
Beifahrerin, die; -, -nen	کمک راننده، وردست راننده (زن)
Beifall, der; -(e)s	تحسین، تمجید، تشویق
jemandem für etwas Beifall zollen	کارِ کسی را تحسین کردن
beifällig Adj., Adv.	مساعد، مطلوب، دلپذیر، موافق
Beifallklatschen, das; -s	کف‌زنی، تحسین، هلهله، هورا
Beifallklatscher, der; -s, -	تحسین‌کننده، کف زننده
Beifallsäußerungen, die/Pl.	اظهارات تحسین‌آمیز
Beifallspender, der; -s, -	تحسین‌کننده، کف‌زننده
Beifallsruf, der; -(e)s, -e	فریاد تحسین، صدای آفرین، هورا
Beifallssturm, der; -(e)s, ≔e	ابراز احساسات فوق‌العاده
Beifilm, der; -s, -e	فیلم کوتاه
beifolgend Adj.	ضمیمه، پیوست
beifügen Vt.	افزودن، اضافه کردن، ضمیمه کردن
Beifügung, die; -, -en	۱. افزایش، اضافه، ضمیمه ۲. (دستور زبان) وجه اسنادی
Beigabe, die; -, -n	۱. ضمیمه، اضافه، اضافی ۲. خیرات
beige Adj.	۱. به رنگ طبیعی ۲. به رنگ بژ، بژ
beigeben Vt., Vr.	۱. اضافه کردن، ضمیمه کردن، افزودن ۲. تسلیم شدن
beigen Vt.	روی هم چیدن، روی هم انباشتن
beigeordnet Adj.	نماینده، جانشین، قائم‌مقام
Beigeordnete, der/die; -n, -n	نماینده، جانشین، قائم‌مقام
Beigeschmack, der; -(e)s, ≔e	طعم مخصوص
beigesellen Vt.	۱. پیوند زدن ۲. همراهی کردن
Beihilfe, die; -, -n	کمک، مساعدت، یاری، دستیاری، معاونت
beikommen Vi.	۱. رسیدن، نزدیک شدن ۲. چیره شدن، مسلط شدن ۳. متوجه شدن
Beil, das; -(e)s, -e	تبر، تیشه، تبرزین
Beilage, die; -, -n	۱. اضافه، ضمیمه، متمم ۲. چاشنی، مخلفات غذا
die Beilage der Zeitung	ضمیمهٔ روزنامه
Beilager, das; -s, -	جماع، آمیزش، نزدیکی

beiläufig *Adj., Adv.* ۱. اتفاقی، تصادفی ۲. اتفاقاً، تلویحاً، تصادفاً، به‌طورضمنی
beilegen *Vt.* ۱. اضافه کردن، پیوست کردن، ضمیمه کردن ۲. نسبت دادن ۳. برطرف کردن، از بین بردن
Meinungsverschiedenheiten beilegen اختلاف عقیده را از بین بردن
jemandem **Eigenschaften beilegen** صفاتی را به کسی نسبت دادن
Beilegscheibe, die; -, -n (در چاپخانه) واشر، فاصله پرکن
Beilegung, die; -, -en ۱. اضافه، اضافی، ضمیمه ۲. تصفیه
beileibe *Adv.* به هیچ وجه، ابداً، هرگز، به هیچ عنوان
Beileid, das; -(e)s تسلیت، همدردی، اظهار تأسف
Mein Beileid. تسلیت عرض می‌کنم.
Beileidsbesuch, der; -(e)s, -e دیدار به منظور تسلیت / همدردی
Beileidsbrief, der; -(e)s, -e نامهٔ تسلیت
Beileidskarte, die; -, -n کارت تسلیت
Beileidsschreiben, das; -s, - نامهٔ تسلیت
Beileidstelegramm, das; -s, -e تلگراف تسلیت
beiliegen *Vi.* ضمیمه بودن، پیوست بودن؛ در جوف قرار داشتن
beiliegend *Adj.* ۱. ضمیمه، پیوست ۲. به پیوست
Beiliegend übersende ich Ihnen... به پیوست برای شما می‌فرستم ...
beim = *bei + dem*
beimengen *Vt.* آمیختن، مخلوط کردن، قاطی کردن، به هم پیوستن
Beimengung, die; -, -en اختلاط، آمیختگی، ترکیب
beimessen *Vt.* به حساب (کسی) گذاشتن
beimischen *Vt.* آمیختن، مخلوط کردن، به هم پیوستن، قاطی کردن
Beimischung, die; -, -en اختلاط، آمیختگی، ترکیب
Bein, das; -s, -e ۱. ساق پا ۲. پایه (میز، صندلی) ۳. استخوان
das Bein brechen شکستن پا
jemandem **Beine machen** کسی را به کاری واداشتن
mit einem Bein im Grabe stehen لب گور بودن
auf den Beinen sein در حرکت بودن
beinah(e) *Adv.* تقریباً، قریباً
Er wäre beinah hingefallen. نزدیک بود بیفتد.
Beinahunfall, der; -(e)s, ¨-e تصادف قریب‌الوقوع
Beiname, der; -ns, -n لقب، عنوان، تخلص، کنیه

Beinamputation, die; -, -en (پزشکی) قطع پا
Beinarbeit, die; - (مشت‌زنی) رقص پا، (کُشتی) کار پا
Beinbruch, der; -(e)s, ¨-e شکستگی پا
Beinfäule, die; - پوسیدگی استخوان
Beinfeile, die; -, -n سوهان جراحی، استخوان تراش
Beinfraß, der; -es, -e پوسیدگی استخوان
Beingriff, der; -(e)s, -e (کشتی) فن پا
beinhalten *Vt.* محتوی (چیزی) بودن، دارا بودن، شامل (چیزی) بودن
Beinhaus, das; -es, ¨-er محل امانت گذاردنِ استخوان مرده
Beinkleid, das; -(e)s, -er شلوار
Beinling, der; -s, -e ساق پا
Beinprothese, die; -, -n پای مصنوعی
Beinschere, die; -, -n (کشتی) فن قیچی
Beinschützer, der; -s, - بالشتک، تامپون
Beinverkürzung, die; -, en کوتاه کردن ساق پا
beiordnen *Vt.* ۱. هماهنگ کردن، موزون کردن ۲. متصل کردن ۳. تعیین کردن، تخصیص دادن
Beiordnung, die; -, -en ۱. هماهنگی، توازن، تناسب ۲. تعیین، تخصیص
Beipferd, das; -(e)s, -e اسب یدک
beipflichten *Vi.* موافقت کردن، موافق بودن، حق دادن
Beipflichtung, die; - موافقت، توافق
Beiprogramm, das; -s, -e برنامهٔ الحاقی
Beiramfest, das; -(e)s, -e عید قربان
Beirat, der; -(e)s, ¨-e ۱. مشاور، مستشار ۲. هیئت مشاوران
beirren *Vt.* مشوش کردن، مختل کردن؛ منحرف کردن
Beirrung, die; - تشویش، اختلال؛ انحراف
beisammen *Adv.* با هم، بایکدیگر
Beisammensein, das; -s باهم بودن
beisammensitzen *Vi.* باهم نشستن
Beisatz, der; -es, ¨-e عطف بیان، کلمه وصفی، بدل
beischaffen *Vt.* به دست آوردن، تحصیل کردن
Beischlaf, der; -(e)s مقاربت، جماع، هم‌آغوشی
beischlafen *Vi.* مقاربت کردن، جماع کردن، هم‌آغوشی کردن، هم‌خوابی کردن
Beischläfer, der; -s, - هم‌بستر، جفت
Beischläferin, die; -, -nen هم‌بستر، جفت (زن)
beischließen *Vt.* ضمیمه کردن، به پیوست فرستادن
Beischluß, der; -schlusses, -schlüsse پیوست، ضمیمه

beischreiben 116

beischreiben *Vt.* در حاشیه نوشتن، تفسیر کردن
Beischrift, die; -, -en حاشیه‌نویسی، تفسیر
Beisein, das; -s حضور، پیشگاه، محضر
im Beisein der Eltern در حضور والدین
beiseite *Adv.* کنار، دور، جدا، جداگانه
Spaß beiseite! از شوخی گذشته! بی‌شوخی!
Geld beiseite legen پول پس‌انداز کردن
beiseite gehen کنار رفتن
beisetzen *Vt.* ۱. به خاک سپردن، دفن کردن ۲. اضافه کردن
Beisetzung, die; -, -en دفن، خاک‌سپاری
beisitzen *Vi.* مشاوره کردن
Beisitzer, der; -s, - معاون، مشاور
Beispiel, das; -s, -e ۱. مثال، نمونه ۲. سرمشق
zum Beispiel برای نمونه، مثلاً، فی‌المثل
ein Beispiel geben مثال زدن، سرمشق بودن
Nimm dir ein Beispiel an deinem Bruder! از برادرت سرمشق بگیر!
beispielgebend *Adj.* به طور نمونه، نمونه‌وار
beispielhaft *Adj.* به طور نمونه، نمونه‌وار
beispielhalber *Adv.* مثلاً، فی‌المثل، برای مثال
beispiellos *Adj.* بی‌نظیر، بی‌مانند، بی‌مثال، بی‌سابقه
Beispiellosigkeit, die; -, -en بی‌سابقگی، بی‌نظیری
Beispielsatz, der; -es, ⸚e جملهٔ نمونه
beispielsweise *Adv.* مثلاً، فی‌المثل، برای مثال
beispringen *Vi.* کمک کردن، به کمک رفتن
beißen *Vi., Vt., Vr.* ۱. سوزاندن (ادویهٔ تند) ۲. گاز زدن، گاز گرفتن، (به دندان) گزیدن ۳. مطابقت نداشتن، تناسب نداشتن
Die Farben beißen sich. رنگ‌ها باهم متناسب نیستند.
Pfeffer beißt auf der Zunge. فلفل زبان را می‌سوزاند.
in den Apfel beißen سیب را گاز زدن
in den sauren Apfel beißen به کاری ناگوار تن دادن
ins Gras beißen نفس آخر را کشیدن، مردن
beißend *Adj.* گزنده، نیش زننده، سوزآور، تند
Beißkorb, der; -(e)s, ⸚e پوزه‌بند
Beißzahn, der; -(e)s, ⸚e دندان پیشین
Beißzange, die; -, -n گازانبر
Beistand, der; -(e)s, ⸚e ۱. کمک، مساعدت، یاوری، تعاون، همکاری ۲. یاری‌کننده
Beistandspakt, der; -(e)s, -e پیمان همکاری
beistehen *Vi.* کمک کردن، مساعدت کردن، یاری کردن، همکاری کردن
Beistehende, der; -n, -n تماشاچی، تماشاگر
Beisteuer, die; -, -n کمک، همکاری، تعاون
beisteuern *Vi.* کمک کردن، همکاری کردن
beistimmen *Vi.* راضی شدن، موافقت کردن، رضایت دادن
Beistimmung, die; -, -en رضایت، موافقت
Beistrich, der; -(e)s, -e ویرگول، واوک، کاما
Beitrag, der; -(e)s, ⸚e ۱. سهم، حصه ۲. کمک، همکاری، امداد ۳. مقاله
beitragen *Vi., Vt.* ۱. سهم دادن، اعانه دادن ۲. به (کسی) کمک کردن، با (کسی) همکاری کردن، با (کسی) تشریک مساعی کردن
beitragsfrei *Adj.* معاف از پرداخت سهمیه
beitragspflichtig *Adj.* مشمول پرداخت سهمیه
Beitragspflichtige, der; -n, -n ۱. کمک‌کننده ۲. سهمیهٔ پرداخت‌کننده
beitreibbar *Adj.* بهبودپذیر، اصلاح‌شدنی
beitreiben *Vt.* وصول کردن، جمع کردن
Beitreibung, die; -, -en وصول، جمع‌آوری
beitreten *Vi.* ۱. موافقت کردن، موافق بودن، رضایت دادن ۲. شرکت کردن، پیوستن، عضو شدن
einem Verein beitreten عضو انجمنی شدن
Beitritt, der; -(e)s, -e ۱. موافقت، رضایت ۲. شرکت، عضویت
Beitrittsbedingungen, die / *Pl.* شرایط عضویت
Beitrittserklärung, die; -, -en اعلام عضویت
Beitrittsgebühr, die; -, -en حق عضویت
Beitrittsgesuch, das; -(e)s, -e درخواست عضویت
Beiwagen, der; -s, - اتاقک یدک (موتورسیکلت)
Beiwagenfahrer, der; -s, - مسافر اتاقک یدک (موتورسیکلت)
Beiwerk, das; -s, -e ۱. لوازم یدکی ۲. نوشتهٔ بی‌اهمیت
Beiwert, der; -(e)s, -e ضریب، عامل مشترک
beiwohnen *Vi.* ۱. حاضر بودن، حاضر شدن، حضور داشتن ۲. باهم زندگی کردن
einer Sitzung beiwohnen در جلسه‌ای حضور به‌هم رسانیدن
Beiwohnung, die; -, -en ۱. حضور ۲. زندگی مشترک
Beiwort, das; -(e)s, ⸚er ۱. لقب، عنوان ۲. (دستور زبان) صفت
beizählen *Vt.* شمردن، حساب کردن
Beize, die; -, -n ۱. (شیمی) زنگ‌زدگی، خوردگی ۲. پوسیدگی (چوب) ۳. (رنگرزی) مادهٔ ثابت‌کننده ۴. شکار با باز
beizeiten *Adv.* به‌موقع، سروقت، به‌زودی

beizen *Vt.* ۱. (شیمی) خوردن، باعث زنگ‌زدگی (چیزی) شدن ۲. پوساندن (چوب) ۳. با باز شکار کردن
beizend *Adj.* فاسدکننده، تباه‌کننده
beiziehen *Vt.* از (کسی) کمک خواستن
Beizvogel, der; -s, ⸚ پرندهٔ شکاری، باز
bejahen *Vt.* تصدیق کردن، به (چیزی) بلی گفتن، به (چیزی) جواب مثبت دادن
eine Frage bejahen به پرسشی پاسخ مثبت دادن
bejahend *Adj., Adv.* ۱. مثبت، تصدیق‌آمیز ۲. به صورت مثبت
bejahrt *Adj.* مسن، سالخورده، سالمند
Bejahrtheit, die; - سالخوردگی، پیری، سالمندی
Bejahung, die; -, -en جواب مثبت؛ اظهار قطعی
bejammern *Vt.* برای (کسی) سوگواری کردن، برای (کسی) زاری کردن، برای (کسی) عزاداری کردن
bejammernswert *Adj.* رقت‌انگیز، اسفناک
bejammernswürdig *Adj.* رقت‌انگیز، اسفناک
Bejammerung, die; - سوگواری، عزاداری، زاری
bejubeln *Vt.* شادی کردن، وجد کردن
bekämpfen *Vt.* جنگ کردن، مبارزه کردن، مقابله کردن
eine Krankheit bekämpfen با بیماری مقابله کردن
Bekämpfung, die; -, -en جنگ، مبارزه، مقابله
bekannt *Adj.* معروف، سرشناس، مشهور، شناخته شده، آشنا
mit jemandem **bekannt sein** با کسی آشنا بودن
Ich möchte mit ihm bekannt werden. مایلم با او آشنا شوم.
Es ist bekannt, daß... معروف است که ...
Bekannte, der/die; -n, -n آشنا، دوست، شناس
ein Bekannter von mir یکی از آشنایان من
Bekanntenkreis, der; -es, -e دوستان، آشنایان
bekanntermaßen *Adv.* از قرار معلوم
Bekanntgabe, die; -, -n اعلام، اعلان، گزارش، اطلاع
bekanntgeben *Vt.* اعلام کردن، گزارش دادن، انتشار دادن، به اطلاع عموم رساندن
Bekanntheit, die; -, -en معروفیت، شهرت
bekanntlich *Adv.* از قرار معلوم
bekanntmachen *Vt.* ۱. آشنا کردن، معرفی کردن ۲. اعلان کردن، فاش کردن، افشا کردن
Bekanntmachung, die; -, -en اعلان، آگهی، اطلاعیه
Bekanntschaft, die; -, -en ۱. آشنایی، شناسایی؛ معرفت ۲. آشنایان (در جمع)
jemandes **Bekanntschaft machen** با کسی آشنا شدن
mit etwas **Bekanntschaft machen** با مشکلی رو به رو شدن
bekanntwerden *Vi.* ۱. آشنا شدن ۲. مشهور شدن
bekehren *Vt., Vr.* ۱. مذهب (کسی) را تغییر دادن، (کسی) را به دین تازه ارشاد کردن ۲. دین تازه‌ای را پذیرفتن
jemanden **zum Glauben bekehren** کسی را به دینی متمایل کردن
Bekehrer, der; -s, - جدیدالایمان، تازه کیش
Bekehrerin, die; -, -nen جدیدالایمان، تازه‌کیش (زن)
Bekehrte, der/die; -n, -n جدیدالایمان، تازه کیش
Bekehrung, die; -, -en تغییر دین، ارشاد به کیش تازه
Bekehrungssucht, die; -, ⸚e تبلیغ دینی
bekennen *Vt.* به (چیزی) اقرار کردن، به (چیزی) اعتراف کردن
Ich bekenne meinen Irrtum. من به اشتباه خود اذعان دارم.
seinen Fehler bekennen به اشتباه خود اعتراف کردن
sich schuldig bekennen به تقصیر خود اعتراف کردن
Bekenner, der; -s, - اقرارکننده، اعتراف‌کننده، معترف
Bekenntnis, das; -nisses, -nisse ۱. اقرار، اعتراف، شهادت ۲. دین، آئین
beklagen *Vt., Vr.* ۱. برای (چیزی) دلسوزی کردن، برای (چیزی) اظهار تأسف کردن، بابت (چیزی) افسوس خوردن ۲. اعتراض کردن، شکایت کردن
Ich beklage, daß... افسوس می‌خورم که ...
Es ist sehr zu beklagen, daß... جای تأسف زیاد است که...
Sie können sich nicht beklagen. شما حق اعتراض ندارید.
beklagenswert *Adj.* تأسف‌آور، رقت‌انگیز
beklagt *Adj.* مدافع، خوانده
Beklagte, der/die; -n, -n مدافع، مدعی‌علیه، خوانده، متهم
beklatschen *Vt.* ۱. کف زدن، دست زدن، آفرین گفتن، ستودن، تحسین کردن ۲. دربارهٔ (چیزی) سخن‌چینی کردن، در مورد (چیزی) وراجی کردن
bekleben *Vt.* چسب زدن، چسباندن
bekleckern *Vt.* لکه‌دار کردن، لکه انداختن، آلوده کردن، چرکین کردن
beklecksen *Vt.* لکه‌دار کردن، لکه انداختن، آلوده کردن، چرکین کردن
bekleiden *Vt.* ۱. پوشیدن، در بر کردن (لباس) ۲. لباس پوشاندن ۳. با پارچه آراستن ۴. به (کسی) منصب دادن

Bekleidung

eine Stellung bekleiden — مقامى را به عهده داشتن
Sie war nur leicht bekleidet.
او لباس نازك به تن داشت.
sich bekleiden mit — ملبس بودن به
Bekleidung, die; -, -en — ۱. پوشش، پوشاك، لباس، جامه ۲. اعطاى منصب
Bekleidungsartikel, der; -s, - — لوازم خياطى
Bekleidungsgegenstände, die / Pl. — لوازم خياطى
Bekleidungsindustrie, die; -, -n — صنعت دوخت لباس
Bekleidungsvorschrift, die; -, -en — مقررات دوخت لباس
beklemmen Vt. — ۱. به (كسى) فشار آوردن، ۲. در مضيقه قرار دادن ۳. خفه كردن
beklemmend Adj. — خفقان‌آور، خفه كننده؛ دلهره‌آور
Beklemmung, die; -, -en — فشار، فشردگى؛ دلواپسى، نگرانى، دلتنگى
beklommen Adj. — دلواپس، نگران، مضطرب، پريشان‌خيال
Beklommenheit, die; - — دلواپسى، نگرانى، اضطراب، پريشان‌خيالى
beklopfen Vt. — كوبيدن، زدن
Der Arzt beklopfte meine Brust. (به قصد معاينه)
پزشك به سينه‌ام ضربه زد.
bekloppt Adj. — خل، ديوانه، احمق، ابله
beknackt Adj. — خل، ديوانه، احمق، ابله
beknien Vt. — به (كسى) التماس كردن
Er bekniet mich ihm Geld zu leihen.
به من التماس مى‌كند كه به او پول قرض بدهم.
bekochen Vt. — براى (كسى) پختن
bekommen Vt., Vi. — ۱. دريافت كردن، گرفتن، به دست آوردن ۲. سازگار بودن، موافق بودن ۳. گرفتار شدن ۴. مفيد بودن
Das Buch ist nicht mehr zu bekommen.
اين كتاب ديگر پيدا نمى‌شود.
Krankheit bekommen — مبتلا به مرض شدن
Sie hat ein Kind bekommen. — او يك بچه زاييده است.
Die Kur ist ihm gut bekommen.
دورهٔ معالجه براى او مفيد است.
bekömmlich Adj. — سودمند، مفيد، نافع، سازگار، گوارا
Bekömmlichkeit, die; - — سودمندى، سازگارى، فايده
beköstigen Vt. — به (كسى) غذا دادن، از (كسى) پذيرايى كردن

Beköstigung, die; -, -en — غذا، خوراك؛ پذيرايى
bekräftigen Vt. — ۱. تصديق كردن، تأئيد كردن، اثبات كردن ۲. به كار گماشتن، به كار بردن
Äußerungen bekräftigen
اظهارات (كسى) را تأئيد كردن
bekräftigend Adj. — تصديق شده، تأئيد شده
Bekräftigung, die; -, -en — تصديق، تأئيد، اثبات
bekränzen Vt. — به (كسى/چيزى) تاج گل زدن
bekreuzen Vt. — صليب كشيدن
bekreuzigen Vr. — صليب كشيدن
bekriegen Vt. — با (كسى) جنگ كردن، به (جايى) لشكركشى كردن
bekritteln Vt. — از (كسى) انتقاد كردن، از (كسى) عيب‌جويى كردن، خطاى (كسى) را گرفتن
Bekrittelung, die; -, -en — انتقاد، عيب‌جويى، خطاگيرى
bekritzeln Vt. — خط‌خطى كردن، ناخوانا نوشتن
bekümmern Vt., Vr. — ۱. آزردن، پريشان كردن، غصه دادن ۲. مواظب بودن، متوجه بودن
Er bekümmert sich nicht um meine Worte.
او به نصايح من توجه نمى‌كند.
Was bekümmerst dich? — چته؟ چرا پريشانى؟
sich um jemanden bekümmern — مواظب كسى بودن
Bekümmernis, die; -, -nisse — پريشانى، غصه، اندوه
bekümmert Adj. — آزرده، دلتنگ، پريشان، نگران
bekunden Vt., Vr. — ۱. اظهار داشتن؛ شرح دادن، توضيح دادن ۲. گواهى كردن ۳. آشكار شدن، ظاهر شدن
Bekundung, die; -, -en — اظهار؛ شرح، توضيح
belächeln Vt. — به (كسى/چيزى) لبخند (تمسخر) زدن
belachen Vt. — به (كسى/چيزى) خنديدن
beladen Vt. — بار كردن، بار زدن
Belag, der; -(e)s, ̈-e — ۱. پوشش، رويه، روكش ۲. كف (زمين) ۳. پشت آينه
Belag auf der Zunge — بار زبان
der Brotbelag — قاتق نان
Belagerer, der; -s, -e — محاصره كننده
belagern Vt. — محاصره كردن، احاطه كردن، محصور كردن
Belagerte, der; -n, -n — محاصره شده، محصور
Belagerung, die; -, -en — محاصره، احاطه
Belagerungszustand, der; -es, ̈-e — كيفيت محاصره
Belang, der; -(e)s, -e — ۱. موضوع، مطلب ۲. اهميت، اعتبار

119 **beleidigen**

Nichts von Belang! چیز مهمی نیست!

Es ist für mich von Belang. برایم اهمیت دارد.

belangbar *Adj.* قابل رسیدگی

belangen *Vt.* ۱. تعقیب کردن، از (کسی) بازخواست کردن، تحت تعقیب قرار دادن ۲. مربوط بودن

was mich belangt... آنچه به من مربوط می‌شود ...

belanglos *Adj.* بی‌اهمیت، ناچیز؛ نامربوط

Belanglosigkeit, die; -, -en بی‌اهمیتی، ناچیزی؛ نامربوطی

belangreich *Adj.* بااهمیت، مهم، پرمعنی، مؤثر

Belangung, die; -, -en پیگرد، تعقیب

belangvoll *Adj.* بااهمیت، مهم، پُرمعنی، مؤثر

belassen *Vt.* واگذار کردن، به حال خود گذاشتن، ترک کردن، ول کردن

alles beim alten belassen همه چیز را به حال سابق گذاشتن

belasten *Vt.* ۱. بار کردن، پر کردن، سنگین کردن ۲. گرو گذاشتن، رهن دادن ۳. متهم کردن، مقصر قلمداد کردن؛ زیر فشار قرار دادن ۴. بدهکار کردن

Diese Arbeit belastet mich. این کار سربار من شده است.

Er ist mit schwerer Schuld belastet. او زیر بار قرض زیادی رفته است.

belastend *Adj.* خستگی‌آور، کسل‌کننده

belastet *Adj.* گرفتار، مشغول

belästigen *Vt.* مزاحم (کسی) شدن، به (کسی) زحمت دادن، به (کسی) آزار رساندن، به (کسی) متعرض شدن

Belästigung, die; -, -en مزاحمت، آزار، تعرض، زحمت

Belastung, die; -, -en بار، فشار، تحمیل

Belastungsfähigheit, die; -, -en گنجایش بار

Belastungsgrenze, die; -, -n حداکثر گنجایش بار

belauben *Vr.* برگ دادن، برگ‌دار شدن

belaubt *Adj.* برگ‌دار، پربرگ

Belaubung, die; - برگ‌داری، پربرگی

belauern *Vt.* مراقب (کسی) بودن، پاییدن

Belauf, der; -(e)s, ⸚e مبلغ، مقدار، میزان

belaufen *Vr.* بالغ شدن، رسیدن

Die Kosten belaufen sich auf 300 Mark. مخارج بالغ بر سیصد مارک می‌شود.

belauschen *Vt.* پنهانی گوش دادن، استراق‌سمع کردن

jemanden **belauschen** به سخنان کسی مخفیانه گوش دادن

beleben *Vt., Vr.* ۱. به (کسی) زندگی بخشیدن، به (کسی) شور بیشتر بخشیدن، به (کسی) نیروی تازه دادن ۲. روح تازه گرفتن

belebend *Adj.* جان‌بخش، حیات‌بخش

Beleber, der; -s, - احیاکننده

belebt *Adj.* ۱. سرزنده، با روح، جاندار ۲. پر رفت و آمد، شلوغ

Belebtheit, die; - ۱. زنده‌دلی، جانداری؛ جان‌بخشی ۲. شلوغی

Belebung, die; -, -en ۱. زنده‌دلی، جانداری؛ جان‌بخشی ۲. شلوغی

Belebungsmittel, das; -s, - داروی رفع خستگی

belecken *Vt.* لیسیدن، لیس زدن

Beleg, der; -(e)s, -e سند، مدرک، سابقه، پیشینه

belegbar *Adj.* قابل اثبات، قابل رسیدگی

belegen *Vt.* ۱. پوشاندن، فرش کردن ۲. اشغال کردن، گرفتن ۳. رزرو کردن (جا)، گرفتن ۴. ثابت کردن ۵. با (حیوان) جفت کردن

einen Tisch belegen میز را رزرو کردن

Was haben Sie in diesem Semester belegt? در این ترم تحصیلی چه درس‌هایی را انتخاب کرده‌اید؟

Im Hotel sind alle Zimmer belegt. همه اتاق‌های هتل پر است.

Belegexemplar, das; -s, -e ۱. رونوشت سند ۲. نمونهٔ چاپی

Belegschaft, die; -, -en کارکنان، کارمندان، پرسنل

Belegschein, der; -(e)s, -e سند، مدرک، قبض رسید

Belegstelle, die; -, -n محل مراجعه

Belegstück, das; -(e)s, -e مدرک، سند

belegt *Adj.* ۱. [صدا] گرفته ۲. [زبان] باردار ۳. اشغال شده

belegtes Brot mit Käse ساندویچ پنیر

Seine Zunge ist belegt. زبانش بار دارد.

Belegheit, die; -, -en ۱. گرفتگی (صدا) ۲. بارداشتن (زبان) ۳. اشغال، تصرف ۴. ذخیره

Belegung, die; -, -en ۱. گرفتگی (صدا) ۲. بار داشتن (زبان) ۳. اشغال، تصرف ۴. ذخیره

belehrbar *Adj.* قابل آموختن

belehren *Vt.* به (کسی) درس دادن، به (کسی) تعلیم دادن، به (کسی) آموزش دادن

jemanden **belehren** به کسی تعلیم دادن

belehrend *Adj.* آموزنده

Belehrung, die; -, -en آموزش، تعلیم

beleibt *Adj.* فربه، چاق، تنومند

Beleibtheit, die; -, -en فربهی، چاقی، تنومندی

beleidigen *Vt.* به (کسی) توهین کردن، به (کسی) اهانت کردن، به (کسی) بی‌احترامی کردن؛ رنجاندن

Seine Worte beleidigten mich. حرف‌هایش مرا رنجاند.

Bist du beleidigt? دلخور شدی؟

beleidigend *Adj.* توهین‌آور، اهانت‌آمیز، برخورنده

Beleidiger, der; -s, - توهین‌کننده

Beleidigerin, die; -, -nen توهین‌کننده (زن)

Beleidigung, die; -, -en توهین، اهانت، بی‌احترامی، بی‌حرمتی

Beleidigungsklage, die; -, -n اقامهٔ دعوا به خاطر توهین

beleihen *Vt.* دادن، بخشیدن، واگذار کردن

Beleihung, die; -, -en واگذاری

belemmern *Vt.* مزاحم (کسی) شدن، به (کسی) زحمت دادن، به (کسی) آزار رساندن؛ به (کسی) متعرض شدن

belemmert *Adj.* ۱. بدبخت، تیره‌روز ۲. افسرده، دل‌شکسته

belesen *Adj.* باسواد، بافرهنگ

Belesenheit, die; - سواد، فرهنگ

beleuchten *Vt.* روشن کردن، به (جایی) روشنایی دادن، روی (چیزی) نور انداختن

Beleuchter, der; -s, - ۱. (در نمایش) نورپرداز، مسئول نور ۲. متخصص برق

Beleuchtung, die; -, -en نور، روشنایی

Beleuchtungsanlage, die; -, -en تأسیسات روشنایی

Beleuchtungskörper, der; -s, - چراغ، لامپ

Beleuchtungsmesser, der; -s, - روشنایی‌سنج

Beleuchtungsmittel, das; -s, - مادهٔ روشنایی‌بخش

Beleuchtungstechnik, die; -, -en مهندسی برق

Belgien, das بلژیک

Belgier, der; -s, - بلژیکی

Belgierin, die; -, -nen بلژیکی (زن)

belgisch *Adj.* بلژیکی، (مربوط به) بلژیک

belichten *Vt.* (عکاسی) به (جایی) روشنایی دادن، به (جایی) نور دادن

Belichtung, die; -, -en نوردهی

Belichtungsdauer, die; - مدت نوردهی

Belichtungsmesser, der; -s, - نورسنج

Belichtungstabelle, die; -, -n جدول نوردهی

Belichtungszeit, die; -, -en زمان نوردهی

belieben *Vt., Vi.* ۱. اختیار کردن، انتخاب کردن، خواستن ۲. مورد پسند واقع شدن

Belieben, das; -s اختیار، انتخاب، میل

beliebig *Adj., Adv.* ۱. اختیاری، دلخواه، مجاز ۲. به اندازه دلخواه

beliebt *Adj.* محبوب، مطلوب؛ مرغوب؛ دوست‌داشتنی

Beliebtheit, die; - محبوبیت، مطلوبیت؛ مرغوبیت

Beliefer, der; -s, - تحویل‌دهنده، کارپرداز

beliefern *Vt.* تحویل دادن

Belieferung, die; -, -en تحویل

bellen *Vi.* پارس کردن، عوعو کردن

Hunde, die viel bellen, beißen nicht! سگی که پارس می‌کند، گاز نمی‌گیرد! سنگ بزرگ علامت نزدن است!

Bellen, das; -s عوعو، پارس

Belletrist, der; -en, -en ادیب، نویسنده

Belletristik, die; - ادبیات

belletristisch *Adj.* ادبی

belobigen *Vt.* مدح کردن، تحسین کردن، ستودن

Belobigung, die; -, -en مدح، تحسین، ستایش

Belob(ig)ungsschreiben, das; -s, - تقریظ نامه

belohnen *Vt.* به (کسی) پاداش دادن، اجر (کسی) را دادن، مزد (کسی) را دادن، به (کسی) انعام دادن

Sie belohnte ihn gut. انعام خوبی به او داد.

Belohnung, die; -, -en پاداش، اجر، مزد، انعام

belüften *Vt.* تهویه کردن، هوا دادن؛ عوض کردن (هوا)

Belüftung, die; - تهویه، تجدید هوا

Belüftungsanlage, die; -, -n دستگاه تهویه، هواکش

belügen *Vt.* به (کسی) دروغ گفتن

jemanden **belügen** به کسی دروغ گفتن

belustigen *Vt., Vr.* ۱. سرگرم کردن، مشغول کردن ۲. مسخره کردن، دست انداختن

sich über jemanden **belustigen** به ریش کسی خندیدن

belustigend *Adj.* سرگرم‌کننده

belustigt *Adj.* سرگرم، مشغول

Belustigung, die; -, -en سرگرمی، تفریح، مشغولیت

Belvedere, das; -(s), -s مهتابی، کلاه‌فرنگی

bemächtigen *Vr.* تصاحب کردن، تصرف کردن؛ چیره شدن، مستولی شدن

sich der Herrschaft bemächtigen سلطنت را غصب کردن

Bemächtigung, die; - تصرف، دستیابی، اشغال

bemäkeln *Vt.* از (کسی) خرده‌گیری کردن، از (کسی) عیب‌جویی کردن، از (کسی) ایراد گرفتن، از (کسی) انتقاد کردن

Bemäkelung, die; -, -en خرده‌گیری، عیب‌جویی، ایراد

bemalen *Vt., Vr.* ۱. رنگ زدن، نقاشی کردن ۲. آرایش غلیظ کردن

121 **Benefizvorstellung**

die Wand bemalen دیوار را رنگ زدن

Bemalung, die; -, -en رنگ‌کاری، نقاشی

bemängeln *Vt.* از (کسی) انتقاد کردن، از (کسی) عیب‌جویی کردن، از (کسی) ایراد گرفتن

Bemängelung, die; -, -en انتقاد، عیب‌جویی، ایراد

bemannen *Vt.* با نفرات تجهیز کردن، کارگر گرفتن (کشتی)

das Schiff bemannen کشتی را با نفرات آماده کردن

bemannt *Adj.* مجهز

Bemannung, die; -, -en تجهیز کشتی (با نفرات)

bemänteln *Vt.* پنهان کردن، پرده‌پوشی کردن، مخفی نگاه داشتن

Bemäntelung, die; -, -en پنهانی، پرده‌پوشی

bemaßen *Vt.* اندازه گرفتن

bemeistern *Vt.* در (چیزی) استاد شدن، در (چیزی) ماهر شدن، از عهدهٔ (کاری) برآمدن، در (چیزی) موفق شدن

die Sprache bemeistern در زبان مهارت پیدا کردن

Bemeisterung, die; - استادی، مهارت، توفیق

bemerkbar *Adj.* قابل‌توجه، قابل‌ملاحظه، جالب‌توجه، محسوس

Bemerkbarkeit, die; -, -en وضوح، محسوس بودن

bemerken *Vt.* ۱. ملاحظه کردن، مشاهده کردن ۲. در مورد (کسی/چیزی) اظهارنظر کردن، تذکر دادن ۳. متوجه (کسی/چیزی) شدن، ملتفت شدن

Ich habe ihn dort nicht bemerkt. در آنجا متوجه او نشدم.

bemerkenswert *Adj.* قابل‌توجه، قابل‌ملاحظه، جالب‌توجه، محسوس

Bemerkung, die; -, -en ۱. ملاحظه، مشاهده ۲. اظهارنظر

bemessen[1] *Vt.* اندازه گرفتن، برآورد کردن، سنجیدن

bemessen[2] *Adj.* ۱. سنجیده، منظم، شمرده ۲. محدود

Miene Zeit ist bemessen. وقتم محدود است.

Bemessung, die; -, -en اندازه، بُعد، وسعت، حجم

bemitleiden *Vt.* برای (کسی) دلسوزی کردن، به (کسی) ترحم کردن

bemitleidenswert *Adj.* قابل ترحم، رقت‌بار

bemittelt *Adj.* ثروتمند، پولدار، مرفه

Bemme die; -, -n نان روغنی

bemogeln *Vt.* فریب دادن، گول زدن، کلاه سر (کسی) گذاشتن

bemühen *Vt., Vr.* ۱. به (کسی) زحمت دادن، مزاحم (کسی) شدن ۲. سعی کردن، کوشش کردن، تلاش کردن؛ تقلا کردن

Ich möchte Sie nicht bemühen.

راضی به زحمت شما نیستم.

Darf ich Sie noch einmal bemühen?

اجازه هست یک‌بار دیگر به شما زحمت بدهم؟

Bemühen, das; -, -en ۱. سعی، تلاش، کوشش ۲. زحمت، مزاحمت

Bemühung, die; -, -en ۱. سعی، تلاش، کوشش ۲. زحمت، مزاحمت

bemüßigt *Adj.* مجبور، مکلف

bemustern *Vt.* نمونه‌برداری کردن

Bemusterung, die; - نمونه‌برداری

bemuttern *Vt.* در حق (کسی) مادری کردن

benachbart *Adj.* هم‌جوار، مجاور، دیوار به دیوار، همسایه

benachrichtigen *Vt.* به (کسی) خبر دادن، به (کسی) اطلاع دادن، آگاه کردن

Ich wurde benachrichtigt über...

اطلاع حاصل کردم که ...

Benachrichtigung, die; -, -en اطلاع، خبر، آگاهی

benachteiligen *Vt.* ۱. ضرر زدن، خسارت وارد آوردن ۲. به (کسی) آزار رساندن، اذیت کردن ۳. برای (کسی) تبعیض قائل شدن، برای (کسی) فرق گذاشتن

Benachteiligung, die; -, -en ۱. ضرر، خسارت ۲. آزار، اذیت ۳. تبعیض

benageln *Vt.* میخ زدن، میخ‌کوبی کردن

benagen *Vt.* جویدن

benamsen *Vt.* نامیدن، به نام صدا کردن

benässen *Vt.* تر کردن، نم‌دار کردن، مرطوب کردن

benebeln *Vt.* ۱. با مه پوشاندن، مه‌آلود کردن ۲. سرمست کردن، گیج کردن

Der Wein hatte ihm die Sinne benebelt.

شراب عقل از سرش برد.

benebelt *Adj.* سرمست، سرخوش، گیج

benedeien *Vt.* به (کسی) برکت دادن، به (کسی) دعای خیر کردن

Benediktiner, der; -s, - راهب فرقهٔ بندیکت

Benediktinerorden, der; -s, - فرقهٔ راهبان بندیکت

benedizieren *Vt.* به (کسی) دعای خیر کردن

Benefiz, das; -es, -e ۱. اعانه، احسان ۲. درآمد کشیش

Benefiziant, der; -en, -en ۱. اعانه‌گیر ۲. کشیش حقوق‌بگیر

Benefizvorstellung, die; -, -en

نمایش برای جمع‌آوری اعانه

benehmen 122

benehmen Vr., Vt. ۱. رفتار کردن، سلوک کردن ۲. برداشتن، گرفتن

sich anständig benehmen ادب داشتن

sich gut benehmen درست سلوک کردن

Benimm dich! مؤدب باش! سنگین باش!

Er hat sich unmöglich benommen. او رفتا، زننده‌ای داشت.

Benehmen, das; -s رفتار، سلوک

beneiden Vt. به (کسی) حسادت کردن، به (کسی) رشک بردن

jemanden um etwas beneiden غبطه چیزی را خوردن

beneidenswert Adj. حسد برانگیز، رشک‌آور

Beneluxstaaten, die / Pl. کشورهای بلژیک، هلند و لوکزامبورگ

benennen Vt. نامیدن، نام دادن، اسم گذاشتن

jemanden als Zeugen benennen کسی را شاهد گرفتن

Benennung, die; -, -en نام‌گذاری

benetzen Vt. خیس کردن، تر کردن، مرطوب کردن

Bengale, der; -n, -n اهل بنگال، بنگالی

Bengali, das, -(s) زبان بنگالی

Bengalin, die; -, -nen اهل بنگال، بنگالی (زن)

bengalisch Adj. بنگالی، (مربوط به) بنگال

Bengel der; -s, - نابکار، رذل، پست‌فطرت

benommen Adj. ۱. بی‌حس، کرخ ۲. گیج، متحیر

Benommenheit, die; -, -en ۱. بی‌حسی، کرخی ۲. گیجی، تحیر

benoten Vt. ۱. علامت گذاشتن ۲. به (چیزی) نمره دادن

einen Aufsatz benoten به انشایی نمره دادن

benötigen Vt. به (چیزی) احتیاج داشتن، لازم داشتن، به (چیزی) نیاز داشتن

etwas benötigen به چیزی احتیاج داشتن

benötigt Adj. لازم، واجب، ضروری

Benotung, die; -, -en ۱. علامت‌گذاری ۲. نمره‌دهی

benutzbar Adj. قابل استفاده

benutzen Vt. به کار بردن، از (چیزی) استفاده کردن، استعمال کردن، مصرف کردن

die Gelegenheit benutzen فرصت را غنیمت شمردن

den Zug benutzen از قطار استفاده کردن

benützen Vt. به کار بردن، از (چیزی) استفاده کردن، استعمال کردن، مصرف کردن

Benutzer, der; -s, - مصرف‌کننده، استعمال‌کننده

Benutzung, die; - استعمال، مصرف، استفاده

Benutzungsgebühr, die; -, -n هزینهٔ مصرف

Benutzungsrecht, das; -(e)s, -e حق مصرف

benzen Vi. خواهش کردن

Benzin, das; -s, -e بنزین

Benzinbehälter, der; -s, - باک بنزین، مخزن بنزین

Benzinkanister, der; -s, - حلب بنزین

Benzinmotor, der; -s, -en موتور بنزینی

Benzinpreis, der; -es, -e بهای بنزین

Benzinstandanzeiger, der; -s, - عقربهٔ بنزین

Benzintank, der; -(e)s, -e مخزن بنزین

Benzinuhr, die; -, -en عقربهٔ بنزین

Benzinverbrach, der; -(e)s مصرف بنزین

Benzinwagen, der; -s, - (اتومبیل) نفتکش

beobachten Vt. مشاهده کردن، ملاحظه کردن، زیر نظر گرفتن، از (کسی / چیزی) مراقبت کردن

jemanden heimlich beobachten کسی را دزدکی پاییدن

Beobachter, der; -s, - ناظر، شاهد، مراقب

Beobachterin, die; -, -nen ناظر، شاهد، مراقب (زن)

Beobachtung, die; -, -n مشاهده، ملاحظه، مراقبت

Beobachtungsfernrohr, das; -(e)s, -e دوربین دیدبانی؛ دوربین نجومی

Beobachtungsflugzeug, das; -es, -e هواپیمای دیدبانی

Beobachtungsgabe, die; - حس بینایی

Beobachtungsposten, der; -s, - پست دیدبانی

Beobachtungsstation, die; -, -n رصدخانه

beordern Vt. دستور دادن، امر کردن

jemanden zu etwas beordern کسی را مأمور کاری کردن

Beorderung, die; -, -en دستور، امر

bepacken Vt. بار کردن، بار زدن

Bepackung, die; - باربندی

bepflanzen Vt. کاشتن، نهال (چیزی) را زدن، کشت و زرع کردن

den Garten mit Bäumen bepflanzen باغ را مشجر کردن

bepflanzt Adj. مشجر، کاشته

Bepflanzung, die; -, -en کشت، کشت و زرع، نهال‌زنی

bepflastern Vt. ۱. صاف کردن ۲. سنگ‌فرش کردن ۳. مشمع انداختن، ضماد انداختن

bepinseln Vt. با قلم‌مو رنگ زدن

bepudern Vt. ۱. پودر زدن ۲. گرد مالیدن

bequatschen Vt. در مورد (چیزی) وراجی کردن، در مورد (چیزی) چرند گفتن

123 **Bereisung**

bequem *Adj., Adv.* ۱. راحت، آسان، بدون زحمت، مناسب ۲. به آسانی، به راحتی

Machen Sie sich bequem! بفرمایید راحت باشید!

bequemen *Vt., Vr.* ۱. تصمیم گرفتن ۲. راحت کردن، سبک کردن، آسوده کردن

Bequemlichkeit, die; -, -en ۱. تصمیم‌گیری ۲. راحتی، آسانی، سهولت، آسایش، آسودگی

berappen *Vt.* تمام و کمال پرداختن

beraten *Vt., Vi., Vr.* ۱. به (کسی) نصیحت کردن؛ با (کسی) مشورت کردن؛ به (کسی) توصیه کردن، راهنمایی کردن ۲. پند دادن؛ نظریه دادن

sich mit jemandem **beraten** با کسی مشورت کردن

beratend *Adj.* مشورت‌کننده، شورکننده

Berater, der; -s, - مستشار، مشاور

Beraterin der; -, -nen مستشار، مشاور (زن)

beratschlagen *Vi.* شور کردن، مشورت کردن

Beratung, die; -, -en شور، مشورت، مشاوره، کنکاش، مذاکره

Beratungsstelle, die; -, -n ۱. ادارهٔ مستشاری ۲. مرکز اطلاعات

Beratungszimmer, das; -s, - اتاق مشاوره

berauben *Vt.* ۱. غارت کردن، لخت کردن، چاپیدن ۲. محروم کردن

jemanden **des Vermögens berauben** کسی را از هستی محروم کردن

Beraubung, die; -, -en ۱. غارت، سرقت، دزدی، چپاول ۲. محروم کردن

berauschen *Vt., Vr.* ۱. سرمست کردن، مست کردن ۲. مست شدن، سرمست شدن، از خود بی‌خود شدن

Der Wein hatte ihn berauscht. شراب او را مست کرده بود.

sich an etwas **berauschen** از چیزی سرمست شدن

berauschend *Adj.* مست‌کننده، سکرآور

berauscht *Adj.* مست، سرمست

Berauschtheit, die; - مستی

Berberitze, die; -, -n زرشک

berechenbar *Adj.* حساب کردنی

berechnen *Vt.* حساب کردن، محاسبه کردن، برآورد کردن

berechnend *Adj.* حساب شده، برآورد شده

Berechnung, die; -, -en حساب، محاسبه، برآورد

Berechnungstabelle, die; -, -n جدول محاسبه

berechtigen *Vt.* به (کسی) اجازه دادن، به (کسی) حق دادن، به (کسی) اختیار دادن، مجاز کردن

Ich bin nicht berechtigt, Sie herein zulassen. اجازه ندارم شما را راه بدهم.

berechtigt *Adj.* ۱. مجاز، بلیغ، محق، مستحق ۲. مستدل، موجه

Berechtigte, der; -s, - مجاز، محق، مستحق

berechtigterweise *Adv.* به طور مشروع، به صورت قانونی

Berechtigung, die; -, -en اجازه، حق، اختیار، صلاحیت

Berechtigungsschein, der; -(e)s, -e پروانه، جواز

bereden *Vt., Vr.* ۱. وادار کردن، ترغیب کردن ۲. مذاکره کردن، گفت و گو کردن، بحث کردن؛ مشورت کردن

beredsam *Adj.* سخن‌پرداز، سخن‌شناس، صاحب سخن، بلیغ، فصیح

Beredsamkeit, die; - فصاحت، بلاغت، سخنوری، سخن‌پردازی

beredt *Adj.* فصیح، بلیغ، سخن‌پرداز، سخنور

beregnen *Vt.* با (باران مصنوعی) آبیاری کردن، آب دادن

Bereich, der; -(e)s, -e حوزه، دایره، منطقه، محیط، محدوده

Bereich der Sprache قلمرو زبان

in meinem Bereich در حوزهٔ من

bereichern *Vt., Vr.* ۱. توانگر کردن، دولتمند کردن ۲. افتخار کسب کردن

sich unrechtmäßig bereichern ثروت خود را از راه نامشروع به دست آوردن

Bereicherung, die; -, -en ۱. توانگری، دولتمندی ۲. افتخار

Die neue Konzertreihe ist eine Bereicherung für unsere Stadt. کنسرت‌های اخیر باعث افتخار شهر ماست.

Bereicherungsabsicht, die; -, -en قصد مال‌اندوزی

bereifen *Vt.* ۱. به (چیزی) لاستیک انداختن ۲. با برف و شبنم پوشاندن

bereift *Adj.* یخ‌زده، منجمد

Bereifung, die; -, -en ۱. لاستیک‌اندازی ۲. پوشیدگی از برف و شبنم

bereinigen *Vt.* مرتب کردن، سر و صورت دادن

Bereinigung, die; - ترتیب، نظم

bereisen *Vt.* در (جایی) مسافرت کردن، در (جایی) سیاحت کردن، گشتن

Bereisung, die; -, -en مسافرت، سیاحت، گشت و گذار

bereit *Adj.* حاضر، آماده، مهیا
sich bereit machen آماده شدن
bereit sein آماده بودن
Bist du bereit? آماده‌ای؟
bereiten *Vt., Vr.* ۱. حاضر کردن، آماده کردن، مهیا کردن ۲. خوشحال کردن ۳. انجام دادن؛ موجب (چیزی) شدن ۴. حاضر شدن، آماده شدن
jemandem **eine Freude bereiten** کسی را خوشحال کردن
einen Empfang bereiten مورد استقبال قرار گرفتن
sich zum Sterben bereiten آماده مرگ شدن
bereithalten *Vt.* آماده نگه داشتن
bereitlegen *Vt.* آماده کردن
bereitliegen *Vi.* آماده بودن
bereitmachen *Vt.* آماده کردن
bereits *Adv.* ۱. پیش از این، قبلاً، سابقاً ۲. به این زودی، هم اکنون ۳. دیگر ۴. همان
Bereitschaft, die; -, -en آمادگی، تدارک
Bereitschaftsarzt, der; -es, ⸚e پزشک کشیک
Bereitschaftsdienst, der; -es, -e آمادگی، (خدمت) کشیک
Bereitschaftspolizei, die; -, -en پلیس گشت
Bereitsein, das; -s آمادگی، آماده‌باش
bereitstehen *Vi.* آماده بودن، حاضر بودن
bereitstellen *Vt.* آماده کردن، حاضر کردن
Bereitstellung, die; -, -en آمادگی
Bereitstellungsraum, der; -(e)s, ⸚e محل تدارک، محل آمادگی
Bereitung, die; -, -en تهیه، تدارک
bereitwillig *Adj.* مایل، راضی؛ حاضر، آماده، مهیا
Bereitwilligkeit, die; - میل، رضایت، آمادگی؛ حضور
berennen *Vt.* به (جایی) حمله کردن، به (جایی) یورش بردن
bereuen *Vt.* از (چیزی) پشیمان شدن، افسوس (چیزی) را خوردن
Das wirst du noch bereuen. پشیمان خواهی شد.
Berg, der; -(e)s, -e ۱. کوه، کوهستان، ناحیهٔ کوهستانی ۲. معدن ۳. تودهٔ بزرگ، مقدار بسیار زیاد
einen Berg besteigen از کوهی بالا رفتن
am Fuß des Berges در دامنهٔ کوه
über alle Berge sein به جای امن رسیدن
goldene Berge versprechen وعده سر خرمن دادن
bergab *Adv.* سرازیر، سراشیب
Es geht finanziell bergab mit ihm. وضع مالی او روز به روز بدتر می‌شود.
Bergabhang, der; -(e)s, ⸚e دامنه (کوه)
bergabwärts *Adv.* سرازیر، سراشیب، (از کوه) به پایین
Bergakademie, die; -, -n دانشکدهٔ معدن‌شناسی
Bergamt, das; -(e)s, ⸚er ادارهٔ معادن
bergan *Adv.* سربالا، رو به بالا
Bergarbeiter, der; -s, - کارگر معدن
bergartig *Adj.* کوه‌مانند، کوه‌پیکر
bergauf *Adv.* سربالا، رو به بالا، (از کوه) به بالا
bergaufwärts *Adv.* سربالا، رو به بالا، (از کوه) به بالا
Bergbahn, die; -, -en راه‌آهن کوهستانی
Bergbau, der; -(e)s, - استخراج معدن
Bergbauingenieur, der; -s, -e مهندس معدن
Bergbesteigung, die; -, -en کوه‌پیمایی
Bergbewohner, der; -s, - کوه‌نشین، ساکن کوهستان
Bergbewohnerin, die; -, -nen کوه‌نشین، ساکن کوهستان (زن)
bergehoch *Adj.* مرتفع، به بلندی کوه
bergen *Vt.* ۱. نجات دادن، پناه دادن ۲. مخفی کردن، پنهان کردن ۳. همراه (کسی / چیزی) بودن، همراه داشتن
Bergfach, das; -(e)s, ⸚er (رشتهٔ) معدن‌شناسی
Bergfahrt, die; -, -en اتومبیل‌رانی در کوهستان
Bergführer, der; -s, - راهنمای کوه
Berggesetz, das; -es, -e قانون معدن
Berggipfel, der; -s, - قلهٔ کوه
Berghang, der; -(e)s, ⸚e دامنهٔ کوه
Berghochschule, die; -, -n دانشکدهٔ معدن‌شناسی
Berghütte, die; -, -n پناهگاه کوهستانی
bergig *Adj.* کوهستانی
Bergingenieur, der; -s, -e مهندس معدن
Bergkamm, der; -(e)s, ⸚e قلهٔ کوه
Bergkette, die; -, -n سلسله جبال
Bergknappe, der; -n, -n معدنچی
Bergkrankheit, die; -, -en کوه‌گرفتگی
Bergkristall, der; -s, -e بلور کوهی
Bergkunde, die; -, -n ۱. کوه‌شناسی ۲. معدن‌شناسی
Bergland, das; -(e)s, ⸚er کشور کوهستانی
Bergleute, die / *Pl.* معدنچیان
Bergmann, der; -(e)s, ⸚er معدنچی، معدن‌کار
Bergmassiv, das; -s, -e تنهٔ کوه، بدنهٔ کوه
Bergpaß, der; -passes, -pässe گردنه
Bergpfad, der; -(e)s, -e جادهٔ کوهستانی، راه چاپاررو

Bergrecht, das; -(e)s, -e قانون معدن
Bergrennen, das; -s مسابقهٔ اتومبیل‌رانی در کوهستان
Bergrettungsdienst, der; -es, -e مؤسسهٔ کمک به سوانح کوه‌نوردی
Bergrücken, der; -s, - پشت کوه
Bergrutsch, der; -es, -e ریزش کوه
Bergsalz, das; -es, -e نمک کوه
Bergschuh, der; -(e)s, -e کفش کوه، کفش کوه‌نوردی
Bergschule, die; -, -n مدرسهٔ معدن‌شناسی
Bergspitze, die; -, -n قلهٔ کوه
Bergsport, der; -(e)s کوه‌نوردی
Bergsteigen, das; -s کوه‌نوردی
Bergsteiger, der; -s, - کوه‌نورد
Bergsteigerei, die; -, -en کوه‌نوردی
Bergsteigerin, die; -, -nen کوه‌نورد (زن)
Bergstiefel, der; -s, - پوتین کوه‌نوردی
Bergstock, der; -(e)s, ¨-e عصای کوه‌نوردی
Bergstraße, die; -, -n جادهٔ کوهستانی
Bergsturz, der; -es, ¨-e ریزش کوه
Bergtour, die; -, -en گردش در کوهستان
Berg-und-Tal-Bahn, die; -, -en راه‌آهن کوهستان
Bergung, die; -, -en نجات، خلاصی، رهایی (از کوه)
Bergungsarbeiten, die / *Pl.* عملیات نجات
Bergungsdampfer, der; -s, - کشتی نجات
Bergungsdienst, der; -es, -e سرویس نجات
Bergungsfahrzeug, das; -(e)s, -e وسیلهٔ نقلیهٔ نجات
Bergungskommando, das; -s, -s کماندوی نجات
Bergungsmannschaft, die; -, -en گروه نجات
Bergungsschiff, das; -(e)s, -e کشتی نجات
Bergungsschlepper, der; -s, - یدک‌کش نجات
Bergvolk, das; -(e)s, ¨-er کوه‌نشین
Bergwand, die; -, ¨-e دیوارهٔ کوه، جدارهٔ کوه
Bergwanderung, die; -, -en گردش در کوهستان
bergwärts *Adv.* سر بالا، روبه بالا، (از کوه) به بالا
Bergwelt, die; -, -en کوهستان
Bergwerk, das; -(e)s, -e معدن
Bergwerksaktie, die; -, -n سهم معدن، سهام معدن
Bergwerksgesellschaft, die; -, -en شرکت معادن
Bergwesen, das; -s, - معدن‌شناسی، امور معادن
Bergziege, die; -, -n بز کوهی
Bergzug, der; -es, ¨-e سلسله جبال

Beriberi, die; - بری‌بری (بیماری کمبود ویتامین B)
Bericht, der; -(e)s, -e گزارش، خبر
berichten *Vt.* گزارش دادن، خبر دادن، اطلاع دادن
Man berichtet, daß... روایت می‌کنند که ...
Berichterstatter, der; -s, - خبرنگار، گزارشگر
Berichterstatterin, die; -, -nen خبرنگار، گزارشگر (زن)
Brichterstattung, die; - خبرنگاری
berichtigen *Vt.* اصلاح کردن، تصحیح کردن، درست کردن
die Rechnung berichtigen تسویه‌حساب کردن
Berichtigung, die; -, -en اصلاح، تصحیح، رفع
Berichtsjahr, das; -(e)s, -e سال گزارش
beriechen *Vt.* ۱. بو (چیزی) دادن، رایحهٔ (چیزی) داشتن ۲. بو کردن
berieseln *Vt.* آب دادن، آبیاری کردن، مرطوب کردن، تر کردن
Berieselung, die; -, -en آبیاری، شستشو؛ رطوبت‌دادگی
Berieselungsanlage, die; -, -n گندزدایی (به وسیلهٔ شستشو)
beritten *Adj.* سواره
Berliner, der; -s, - ۱. برلنی ۲. (نوعی) شیرینی
Berme, die; -, -n هرّهٔ خاکریز، فاصلهٔ میان خاکریز و گود خاک‌برداری
Bernstein, der; -(e)s (سنگ) کهربا
bernsteinern *Adj.* کهربایی
bernsteinfarben *Adj.* کهربایی رنگ
Bernsteinkette, die; -, -n گردن‌بند کهربا
Berserker, der; -s, - دیوانه، شوریده، آشفته
berserkerhaft *Adj.* دیوانه، شوریده، آشفته
bersten *Vi.* ترکیدن، منفجر شدن
Bersten, das; -s انفجار
berüchtigt *Adj.* بدنام، رسوا، انگشت‌نما
berücken *Vt.* فریفتن، جذب کردن
berückend *Adj.* فریبنده، دل‌فریب، جذاب
berücksichtigen *Vt.* ملاحظه (کسی / چیزی) را کردن، درنظر گرفتن، رعایت (کسی / چیزی) را کردن، مورد مطالعه قرار دادن
jemanden **berücksichtigen** رعایت کسی را کردن
berücksichtigenswert *Adj.* قابل ملاحظه
Berücksichtigung, die; -, -en ملاحظه، رسیدگی؛ توجه، دقت
Beruf, der; -(e)s, -e شغل، حرفه، پیشه، کسب

berufen

Was sind Sie von Beruf?	شغل شما چیست؟
einen Beruf ergreifen	شغلی را انتخاب کردن
seinen Beruf aufgeben	از شغل خود استعفا کردن
einen Beruf ausüben	به حرفه‌ای اشتغال داشتن

berufen¹ *Vt., Vr.* ۱. احضار کردن، دعوت کردن ۲. مأمور کردن، منصوب کردن ۳. استیناف دادن، درخواست کردن ۴. رجوع کردن، گماشتن

sich auf seine Unschuld berufen
اقرار به بی‌گناهی خود کردن

Viele sind berufen, aber wenige sind auserwählt.
خیلی‌ها مراجعه کردند، اما تعداد کمی انتخاب شدند.

berufen² *Adj.* مناسب، شایسته، لایق، برگزیده، مؤثر

beruflich *Adj., Adv.* ۱. شغلی، حرفه‌ای، (مربوط به) شغل ۲. از لحاظ شغلی، از نظر حرفه‌ای

Berufsausbildung, die; -, -en آموزش حرفه‌ای
Berufsauslese, die; -, -n گزینش حرفه‌ای
Berufsaussichten, die / Pl. پیش‌بینی حرفه‌ای، دورنمای شغلی
Berufsbeamte, der; -n, -n کارمند رسمی دولت
Berufsbeamtentum, das; -s دستگاه اداری
berufsbedingt *Adj.* شغلی، حرفه‌ای
Berufsberater, der; -s, - مشاور شغلی، راهنمای حرفه‌ای
Berufsberatung, die; -, -en مشورت شغلی، راهنمایی حرفه‌ای
Berufsberatungsstelle, die; -, -en ادارهٔ راهنمایی حرفه‌ای
Berufsbezeichnung, die; -, -en شرح مشاغل، عنوان شغلی
Berufsboxer, der; -s, - مشت‌زن حرفه‌ای
Berufsdiplomat, der; -en -en سیاستمدار حرفه‌ای
Berufsehre, die; -, -n شرافت شغلی
Berufseignung, die; -, -en شایستگی شغلی
Berufsfachschule, die; -, -n آموزشگاه حرفه‌ای
Berufsfahrer, der; -s, - رانندهٔ حرفه‌ای
Berufsgeheimnis, das; -nisses, -nisse اسرار شغلی
Berufsgenossenschaft, die; -, -en اتحادیهٔ صنفی
Berufsgruppe, die; -, -n طبقه‌بندی مشاغل
Berufsheer, das; -(e)s, -e سپاه حرفه‌ای
Berufskamerad, der; -en, -en همکار
Berufskleidung, die; -, -en لباس خدمت
Berufskrankenkasse, die; -, -n بیمهٔ کارمندان دولت

Berufskrankheit, die; -, -en بیماری شغلی، بیماری ناشی از کار
Berufsleben, das; -s, - زندگی کاری، زندگی شغلی
berufslos *Adj.* بیکار
berufsmäßig *Adj.* حرفه‌ای، شغلی
Berufsmusiker, der; -s, - موسیقیدان حرفه‌ای
Berufsoffizier, der; -s, -e افسر حرفه‌ای
Berufsrichter, der; -s, - قاضی حرفه‌ای
Berufsschule, die; -, -n آموزشگاه حرفه‌ای
Berufssoldat, der; -en, -en سرباز حرفه‌ای
Berufsspieler, der; -s, - ۱. قمارباز حرفه‌ای ۲. ورزشکار حرفه‌ای
Berufssportler, der; -s, - ورزشکار حرفه‌ای
Berufssprache, die; -, -n زبان حرفه‌ای، زبان فنی
Berufsstand, der; -(e)s, ¨-e پیشه، حرفه، شغل، کار
berufstätig *Adj.* شاغل
Berufstätigkeit, die; -, -en پیشه، حرفه، شغل، کار
berufsunfähig *Adj.* ناتوان، عاجز، از کار افتاده
Berufsunfähigkeit, die; -, -en ناتوانی، عجز، از کار افتادگی
Berufsverband, der; -(e)s, ¨-e اتحادیه صنفی
Berufsverbot, das; -(e)s, -e ممنوعیت کار، تحریم پیشه
Berufsverbrecher, der; -s, - جنایتکار حرفه‌ای
Berufsverkehr, der; -(e)s ساعت شلوغی ترافیک
Berufsvertretung, die; -, -en اتحادیهٔ صنفی
Berufswahl, die; - انتخاب شغل
Berufswettkampf, der; -(e)s, ¨-e رقابت شغلی
Berufsziel, das; -(e)s, -e هدف شغلی
Berufszweig, der; -(e)s, -e رشتهٔ حرفه‌ای، شاخهٔ شغلی

Berufung, die; -, -en ۱. احضار، دعوت؛ انتصاب ۲. استیناف، تمیز

unter Berufung auf با مراجعه به
die Berufung auf das Gesetz مراجعه به قانون

Berufungsantrag, der; -(e)s, ¨-e درخواست استیناف
Berufungsbeklagte, der / die; -n, -n پژوهش‌خوانده، مدعی‌علیه
Berufungseinlegung, die; -, -en پژوهش‌خواهی، استیناف
Berufungsgericht, das, -(e)s, ¨-e دادگاه تجدیدنظر، محکمهٔ استیناف
Berufungsinstanz, die; -, -en دادگاه تجدیدنظر، محکمهٔ استیناف

Berufungsklage, die; -, -n استیناف
Berufungskläger, der; -s, - پژوهش‌خواه، مدعی
Berufungsklägerin, die; -, -en پژوهش‌خواه، مدعی (زن)
Berufungsrecht, das; -(e)s, -e حق استیناف
Berufungsrichter, der; -s, - قاضی استیناف
Berufungsurteil, das; -s, -e رأی دادگاه استیناف
Berufungsverfahren, das; -s, - دادخواهی
beruhen *Vi.* متکی بودن، وابسته بودن، مربوط بودن
Seine Behauptungen beruhen auf Wahrheit. ادعاهای او بر اساس واقعیت است.
beruhigen *Vt., Vr.* ۱. آرام کردن، ساکت کردن، تسلی دادن، تسکین دادن ۲. آرام شدن، آرامش یافتن، تسکین یافتن
Beruhigen Sie sich! آرام باشید!
beruhigend *Adj.* آرامش‌بخش، مسکن
Beruhigung, die; -, -en آرامش، تسکین، تسلی
Beruhigungsmittel, das; -s, - داروی مسکن، داروی آرامش‌بخش
Beruhigungspille, die; -, -n قرص آرام‌بخش
Beruhigungstabelle, die; -, -n قرص آرام‌بخش
berühmt *Adj.* معروف، مشهور، سرشناس
berühmtberüchtigt *Adj.* بدنام، رسوا، انگشت‌نما، زبانزد همه
Berühmtheit, die; -, -en شهرت، معروفیت
berührbar *Adj.* قابل لمس
Berührbarkeit, die; -, -en قابلیت لمس
berühren *Vt.* ۱. لمس کردن، دست زدن، تماس حاصل کردن ۲. روی (کسی) اثر گذاشتن، روی (کسی) تأثیر گذاشتن
Bitte nicht berühren! لطفاً دست نزنید!
Das berührt mich nicht! این به من مربوط نیست!
Berühren, das; -s لمس، تماس
berührt *Adj.* دست‌خورده، لمس شده؛ متأثر
Berührung, die; -, -en لمس، تماس
mit jemandem **in Berührung bleiben** با کسی تماس داشتن
Berührungsebene, die; -, -n سطح تماس
Berührungsfläche, die; -, -n سطح تماس
Berührungslinie, die; -, -n خط مماس
Berührungspunkt, der; -(e)s, -e نقطهٔ تماس
Beryll, der; -s, -e یاقوت کبود، زبرجد
Beryllium, das; -s, - (فلز) برلیوم
besäen *Vt.* افشاندن، کاشتن (بذر)
besagen *Vt.* حاکی از (چیزی) بودن، دلالت بر (چیزی) کردن، معنی دادن
Es besagt, daß... دلالت می‌کند بر اینکه ...
besagt *Adj.* مذکور، از پیش گفته شده، نامبرده
besaiten *Vt.* زه انداختن، زه‌دار کردن، سیم انداختن (ساز)
den Bogen besaiten زه به کمان انداختن
besaitet *Adj.* سیم‌دار
besamen *Vt.* تلقیح کردن، آبستن کردن، باردار کردن
Besamung, die; -, -en تخم‌ریزی، تلقیح
Besan, der; -s, -e دکل عقبی کشتی
besänftigen *Vt.* آرام کردن، تسکین دادن؛ تخفیف دادن، فرو نشاندن (خشم)
sich besänftigen آرام شدن
besänftigend *Adj.* آرام‌کننده، تسکین‌دهنده
Besänftigung, die; -, -en آرامش، تسکین، تخفیف
Besanmast, der; -es, -e/-en دکل عقبی کشتی
Besatz, der; -es, ⸚e حاشیه، سجاف (لباس)
Besatzer, der; -s,- اشغالگر
Besatzung, die; -, -en ۱. سرنشین (کشتی / هواپیما) ۲. اشغال، تصرف ۳. نیروهای اشغالگر
Besatzungsarmee, die; -, -n ارتش اشغالگر
Besatzungsheer, das; -(e)s, -e ارتش اشغالگر
Besatzungskosten, die / *Pl.* هزینهٔ نیروی اشغالگر
Besatzungsmacht, die; -e, ⸚e دولت اشغالگر
Besatzungsstreitkräfte, die / *Pl.* نیروی اشغالگر
Besatzungszone, die; -, -n منطقهٔ اشغالی
besaufen *Vr.* مست کردن، بدمستی کردن
beschädigen *Vt.* به (چیزی) ضرر زدن، به (چیزی) خسارت وارد آوردن، به (چیزی) زیان رساندن
beschädigt *Adj.* آسیب‌دیده، معیوب
Beschädigung, die; -, -en ضرر، خسارت، زیان
beschaffen [1] *Vt.* تهیه کردن، تأمین کردن، آماده کردن
Es ist nicht zu beschaffen. تهیه کردنی نیست.
beschaffen [2] *Adj.* تهیه شده، تأمین شده
Die Sache ist so beschaffen, daß... این شیء طوری درست شده که ...
Beschaffenheit, die; -, -en کیفیت، چگونگی، حالت، ماهیت
Beschaffung, die; -, -en تهیه، تدارک، تأمین
Beschaffungsamt, das; -(e)s, ⸚er مرکز تهیه و تدارک
Beschaffungskosten, die / *Pl.* مخارج تهیه و تدارک

Beschaffungsstelle 128

Beschaffungsstelle, die; -, -n
مـرکز تهیه و تدارک

beschäftigen *Vt., Vr.* ۱. مشغول کردن، سرگرم کردن، استخدام کردن ۲. اشتغال ورزیدن، سرگرم شدن

sich mit etwas beschäftigen به چیزی پرداختن، مشغول چیزی بودن

Ich bin sehr beschäftigt. خیلی کار دارم. سرم خیلی شلوغ است.

beschäftigt *Adj.* سرگرم، گرفتار، مشغول

beschäftigt sein مشغول بودن، کار داشتن

Beschäftigte, der / die; -n, -n کارمند

Beschäftigtenstand, der; -(e)s, ⸚e موقعیت شغلی

Beschäftigung, die; -, -en ۱. مشغولیت، سرگرمی ۲. اشتغال، کار، خدمت

beschäftigungslos *Adj.* بیکار، بی‌مصرف، عاطل

Beschäftigungslosigkeit, die; -, -en بیکاری، عدم اشتغال

Beschäftigungsnachweis, der; -es, -e
مدرک استخدام

Beschäftigungsniveau, das; -s, -s سطح اشتغال

Beschäftigungstherapie, die; -, -n کار درمانی

Beschäftigungsverhältnis, das; -nisses, -nisse
رابطهٔ شغلی

beschälen *Vt.* با (حیوان) جفت‌گیری کردن، با (اسب) جفت کردن

Beschäler, der; -s, - اسب مخصوص جفت‌گیری

beschämen *Vt.* شرمنده کردن، خجالت دادن

beschämend *Adj.* خجالت‌آور، شرم‌آور

beschämt *Adj.* شرمسار، خجل

Beschämung, die; -, -en شرمندگی، خجالت

beschatten *Vt.* ۱. بر (چیزی) سایه افکندن، سایه‌دار کردن ۲. رد پای (کسی) را گرفتن، مراقب (کسی) بودن

beschattet *Adj.* سایه‌دار

Beschattung, die; -, -en ۱. سایه‌زنی ۲. ردگیری، مراقبت

Beschau, die; - بازرسی، تفتیش، بازدید، معاینه

beschauen *Vt.* ۱. نگاه کردن، تماشا کردن ۲. معاینه کردن؛ تفتیش کردن

Beschauer, der; -s, - تماشاگر، بیننده، ناظر

Beschauerin, die; -, -nen تماشاگر، بیننده، ناظر (زن)

beschaulich *Adj.* آرام، آسوده، راحت

Beschaulichkeit, die; - آرامش، آسودگی، راحتی

Bescheid, der; -(e)s, -e خبر، اطلاع، پیام، پاسخ

jemandem **Bescheid geben** به کسی اطلاع دادن

Bescheid wissen آگاه بودن

Bescheid wissen von etwas خبر داشتن از چیزی

Ich weiß hier Bescheid. اینجا را خوب‌می‌شناسم.

Bitte sagen Sie mir Bescheid. لطفاً به من خبر بدهید.

bescheiden[1] *Vt., Vr.* ۱. به (کسی) اطلاع دادن، آگاه کردن، به (کسی) اعلام کردن ۲. احضار کردن ۳. اکتفا کردن، بسنده کردن

sich mit wenigem bescheiden به کم اکتفا کردن

jemanden **zu sich bescheiden** کسی را احضار کردن

bescheiden[2] *Adj.* فروتن، افتاده، بی‌تکلّف، متواضع؛ قانع

Bescheidenheit, die; -, -en فروتنی، تواضع، بی‌تکلّفی؛ قناعت

Bescheidung, die; - ۱. اطلاع، آگاهی، اعلام ۲. احضار

bescheinen *Vt.* روشن کردن، منوّر کردن

bescheinigen *Vt.* تصدیق کردن، به (چیزی) گواهی کردن، تأئید کردن

bescheinigt *Adj.* تصدیق شده، گواهی شده

Bescheinigung, die; -, -en تصدیق، گواهی، تأئیدیه

bescheißen *Vt.* فریب دادن، گول زدن، به (کسی) کلک زدن

beschenken *Vt.* به (کسی) پیشکش کردن، به (کسی) هدیه دادن، به (کسی) بخشیدن

dem Diener zu Neujahr beschenken
به نوکر عیدی دادن

bescheren *Vt., Vi.* (در کریسمس) هدیه دادن، عیدی دادن

Bescherung, die; -, -en (در کریسمس) (مراسم) هدیه دادن، (مراسم) عیدی دادن

bescheuert *Adj.* ابله، خل، دیوانه

beschichten *Vt.* روکش کردن، با (لایه‌ای) پوشاندن

beschicken *Vt.* ۱. مرتب کردن، منظم کردن ۲. فرستادن ۳. پر کردن؛ روشن کردن (تنور، کوره)

Beschickung, die; -, -en ۱. ترتیب، نظم ۲. ارسال ۳. روشن کردن (تنور / کوره)

beschießen *Vt.* به (کسی) تیر انداختن، به تیر بستن

jemanden **beschießen** کسی را تیرباران کردن

Beschießung, die; -, -en تیراندازی

beschiffen *Vt.* با کشتی پیمودن، با کشتی طی کردن

beschildern *Vt.* علامت‌گذاری کردن (جاده)

Beschilderung, die; -, -en علامت‌گذاری (جاده)

129 beschränken

beschimpfen *Vt.* به (کسی) فحش دادن، به (کسی) ناسزا گفتن، به (کسی) دشنام دادن، به (کسی) اهانت کردن

Beschimpfung, die; -, -en فحش، ناسزا، دشنام

beschirmen *Vt.* از (کسی) دفاع کردن؛ از (کسی) حمایت کردن؛ از (چیزی) محافظت کردن

vor Gefahr beschirmen از خطر محافظت کردن

Beschirmer, der; -s, - مدافع، حامی

Beschirmung, die; -, -en دفاع، حمایت

beschissen *Adj.* خراب، فاسد

eine beschissene Situation یک موقعیت بد

beschlafen *Vt.* ۱. با (کسی) هم‌آغوشی کردن ۲. شب را با (فکری) سر کردن

Beschlag, der; -(e)s, ⸚e ۱. روکش فلزی ۲. نعل ۳. بخار گرفتگی ۴. مصادره، ضبط

beschlagen[1] *Vt., Vi.* ۱. روکش فلزی کردن ۲. نعل کردن ۳. یراق‌کوبی کردن ۴. بخار گرفتن

beschlagen[2] *Adj.* مطلع، خبره، بااطلاع

in einer Wissenschaft beschlagen sein در علمی تبحر داشتن

Beschlagenheit, die; - اطلاعات، خبرگی، معلومات

Beschlagnahme, die; -, -n توقیف، ضبط، مصادره

beschlagnahmen *Vt.* توقیف کردن، ضبط کردن، مصادره کردن

beschleichen *Vt.* ۱. غافلگیر کردن ۲. بر (کسی) مستولی شدن ۳. کمین (چیزی) را کردن

Furcht beschlich ihn. ترس بر او مستولی شد.

beschleunigen *Vt.* در (کاری) شتاب کردن، تسریع کردن، تند کردن

den Schritt beschleunigen قدم را تند کردن

beschleunigend *Adj.* شتاب‌زده

Beschleuniger, der; -s, - شتاب‌دهنده، تسریع‌کننده

beschleunigt *Adj.* شتاب‌زده

Beschleunigung, die; -, -en شتاب، سرعت عمل، تسریع

Beschleunigungskraft, die; -, ⸚e نیروی شتاب

Beschleunigungsmesser, der; -s, - شتاب‌سنج

Beschleunigungsmoment, das; -(e)s, -e زمان شتاب

Beschleunigungsvermögen, das; -s قدرت شتاب

beschließen *Vt.* ۱. تصمیم به (چیزی) گرفتن ۲. تمام کردن، به پایان رساندن

Es wurde beschlossen, daß... تصمیم بر این گرفته شد که ...

beschlossen *Adj.* موافق، هم‌عقیده، هم‌داستان

Beschluß, der; -schlusses, -schlüsse ۱. تصمیم، عزم؛ حکم، رأی؛ قرار ۲. خاتمه

beschlußfähig *Adj.* قابل اخذ تصمیم

Beschlußfähigkeit, die; - قابلیت اخذ تصمیم

Beschlußfassung, die; -, -en تصمیم‌گیری

beschlußunfähig *Adj.* ناتوان از اخذ تصمیم

beschmieren *Vt.* آلودن، آلوده کردن، کثیف کردن

sich beschmieren خود را کثیف کردن

beschmutzen *Vt.* کثیف کردن، لکه‌دار کردن

beschmutzt *Adj.* آلوده، لکه‌دار، کثیف

Beschmutzung, die; -, -en آلودگی، کثافت

Beschneidemaschine, die; -, -n ماشینِ تراش، دستگاهِ برش

beschneiden *Vt.* ۱. ختنه کردن ۲. بریدن، قطع کردن ۳. محدود کردن

jemandem **den Bart beschneiden** ریش کسی را تراشیدن

den Baum beschneiden درخت را هرس کردن

Beschneidung, die; -, -en ۱. ختنه ۲. برش، قطع ۳. محدودیت

Beschneidungsfeier, die; -, -n ختنه سوران

beschneien *Vt.* با برف پوشاندن

beschneit *Adj.* برفی، پوشیده از برف

beschnitten *Adj.* ختنه شده

Beschnittene, der; -n, -n کودکی که ختنه شده

beschnüffeln *Vt.* ۱. بو کشیدن ۲. مراقب (کسی) بودن

beschnuppern *Vt.* ۱. بو کشیدن ۲. مراقب (کسی) بودن

beschönigen *Vt.* در (کاری) تزویر کردن، با تظاهر پوشاندن، پرده‌پوشی کردن

beschönigend *Adj.* تزویر، پرده‌پوشی

Beschönigung, die; -, -en تسکین موقت، تخفیف

beschottern *Vt.* ۱. روی (چیزی) شن پاشیدن، شن‌ریزی کردن ۲. سنگفرش کردن

Beschotterung, die; -, -en ۱. شن‌پاشی، شن‌ریزی ۲. سنگفرش

beschränkbar *Adj.* محدود، محدودیت‌پذیر

beschränken *Vt., Vr.* ۱. محدود کردن، منحصر کردن ۲. قناعت کردن

sich beschränken auf خود را محدود کردن به

jemandem **seine Rechte beschränken** اختیارات کسی را محدود کردن

sich auf etwas **beschränken** به چیزی اکتفا کردن

beschränkt *Adj.* ۱. محدود، منحصر ۲. کودن، کم‌فهم

Beschränktheit, die; -, -en ۱. محدودیت، انحصار ۲. کودنی، کم‌فهمی

Beschränkung, die; -, -en محدودیت، انحصار، کاهش

beschreiben *Vt.* توصیف کردن، وصف کردن، شرح دادن، تشریح کردن، تعریف کردن

Beschreibe, wie er besiegt wurde! تعریف کن که چطور او مغلوب شد!

beschreibend *Adj.* توصیفی، تشریحی، وصفی

Beschreibung, die; -, -en توصیف، تشریح، وصف

beschreiten *Vt.* پا به (جایی) گذاشتن، داخل (جایی) شدن، بر (جایی) قدم نهادن

Beschreite diesen Weg nicht! از این راه مرو!

den Rechtsweg beschreiten ادعای حق کردن

beschriften *Vt.* با حروف علامت گذاشتن، با حروف نوشتن

Beschriftung, die; -, -en حروف‌گذاری، حروف‌بندی

beschuht *Adj.* کفش‌دار، کفش‌پوشیده

beschuldigen *Vt.* متهم کردن، به (کسی) تهمت زدن

jemanden **einer Verfehlung beschuldigen** خطایی را به کسی نسبت دادن

beschuldigend *Adj.* تهمت‌آمیز

Beschuldigte, der/die; -n, -n متهم، مظنون

Beschuldigung, die; -, -en اتهام

beschummeln *Vt., Vi.* ۱. فریب دادن، گول زدن ۲. فریب خوردن، گول خوردن

Beschuß, der; -schusses گلوله‌باران، توپ‌اندازی

die Stadt unter Beschuß nehmen شهر را به گلوله بستن

beschütten *Vt.* روی (کسی) پاشیدن، روی (کسی) ریختن

jemanden **mit Suppe beschütten** سوپ روی کسی ریختن

beschützen *Vt.* از (کسی/چیزی) حمایت کردن، از (کسی/چیزی) نگهداری کردن، از (کسی/چیزی) محافظت کردن

Beschützer, der; -s, - حامی، محافظ، مدافع

Beschützerin, die; -, -nen حامی، محافظ، مدافع (زن)

beschützt *Adj.* محفوظ

Beschützung, die; -, -en حمایت، نگهداری، محافظت

beschwatzen *Vt.* در مورد (چیزی) پرحرفی کردن؛ (با پرحرفی) متقاعد ساختن

den Kunden beschwatzen برای مشتری بازارگرمی کردن

Beschwer, die/das; -/-(e)s شکوه، شکایت

Beschwerde, die; -n, -n ۱. دادخواست، عرض‌حال، شکوه، شکایت ۲. سختی، مشقت، ناراحتی

Wo haben Sie Beschwerden? کجای شما درد می‌کند؟

Beschwerdeausschuß, der; -schusses, -schüsse کمیتهٔ رسیدگی به شکایات

Beschwerdebuch, das; -(e)s, ¨-er دفتر ثبت شکایات

beschwerdeführend *Adj.* پژوهش‌خواه

Beschwerdeführer, der; -s, - شاکی

Beschwerdeführerin, die; -, -nen شاکی (زن)

Beschwerdepunkt, der; -(e)s, -e موضوع شکایت

Beschwerderecht, das; -(e)s, -e حق شکایت

Beschwerdeschrift, die; -, -en شکایت

Beschwerdeverfahren, das; -s, - پژوهش‌خواهی

Beschwerdeweg, der; -(e)s, -e امکان شکایت

Der Beschwerdeweg steht Ihnen offen. راه شکایت به رویتان باز است.

beschweren *Vt., Vr.* ۱. بار کردن، به (کسی) تحمیل کردن ۲. (از نظر روحی) خسته کردن، به (کسی) فشار آوردن ۳. شکوه کردن، شکایت کردن

jemanden **mit einer schlimmen Nachricht beschweren** کسی را با خبر ناگوار آزردن

beschwerlich *Adj.* پُر زحمت، دشوار، خسته کننده، سخت

Beschwerlichkeit, die; -, -en سختی، دشواری، خستگی

Beschwernis, die; -nisses, -nisse شکوه، شکایت، سختی، مشقت، ناراحتی

beschwert *Adj.* آزرده، محنت‌زده، غمگین، ستمدیده

Beschwerung, die; -, -en ۱. بار، محموله ۲. بارگیری

beschwichtigen *Vt.* آرام کردن، ساکت کردن، تسکین دادن، نرم کردن

beschwichtigend *Adj.* تسکین‌بخش، آرام‌بخش

Beschwichtigung, die; -, -en آرامش، تسلی، تسکین، نرمش

Beschwichtigungspolitik, die; -, -en سیاست سازش

beschwindeln *Vt.* گول زدن، فریب دادن

131 Besitz

beschwingen *Vt.* ۱. به (کسی) روح دادن، به (کسی) زندگی بخشیدن ۲. پَردار کردن
Die Musik beschwingt mich. موسیقی به من روح می‌بخشد.
beschwingt *Adj.* ۱. با روح، سرزنده ۲. پَردار، بال‌دار
Beschwingtheit, die; -, -en ۱. با روحی، سرزندگی ۲. پَرداری، بال‌داری
beschwipsen *Vr.* کمی مست کردن
beschwipst *Adj.* شوخ، سردماغ؛ سرمست، سرخوش
Beschwipstheit, die; -, -en سرمستی، سرخوشی
beschwören *Vt.* ۱. سوگند (چیزی) یاد کردن، به (چیزی) قسم دادن ۲. جادو کردن ۳. به (کسی) التماس کردن، به (کسی) عجز و لابه کردن
jemanden **beschwören** به کسی التماس کردن
Ich beschwöre dich: sage die Wahrheit! تو را به خدا حقیقت را بگو!
beschwörend *Adj.* التماس‌آمیز
Beschwörer, der; -s, - ۱. قسم‌دهنده ۲. جادوگر ۳. التماس‌کننده
Beschwörung, die; -, -en ۱. سوگند، قسم ۲. سحر، جادو ۳. التماس، عجز و لابه
beseelen *Vt.* به (کسی) روح دادن، به (کسی) زندگی بخشیدن
beseelt *Adj.* با روح، جاندار
Beseelung, die; -, -en روح‌پروری، جان‌بخشی
besehen *Vt.* دیدن، با دقت نگاه کردن؛ از نظر گذراندن
beseitigen *Vt.* برطرف کردن، رفع کردن، از بین بردن
den Mundgeruch beseitigen بوی دهان را رفع کردن
Beseitigung, die; -, -en رفع، دفع، محو
beseligen *Vt.* سعادتمند کردن، خوشبخت کردن
beseligend *Adj.* سعادتمند، خوشبخت
beseligt *Adj.* سعادتمند، خوشبخت
Beseligung, die; -, -en سعادت، خوشبختی
Besen, der; -s, - جارو، جاروب
Besenbinder, der; -s, - جاروساز، جاروبند
Besenstiel, der; -(e)s, - دستهٔ جارو
besessen *Adj.* ۱. جنی ۲. مفتون، مجذوب؛ دیوانه
Besessene, der; -n, -n ۱. دیوانه، مجنون ۲. عصبانی
Besessenheit, die; -, -en ۱. جنون، دیوانگی ۲. جذبه
besetzen *Vt.* ۱. اشغال کردن، تصرف کردن، تسخیر کردن، گرفتن ۲. آراستن ۳. (در نمایش) واگذار کردن
strategische Punkte besetzen نقاط سوق‌الجیشی را اشغال کردن

besetzt *Adj.* [تلفن] اشغال؛ پر؛ گرفته؛ رزرو
Meine Zeit ist besetzt. وقت من پر است.
Der Zug war voll besetzt. قطار کاملاً پر بود.
Alle Plätze waren besetzt. همه جاها اشغال بودند.
Besetztzeichen, das; -s, - بوق اشغال (تلفن)
Besetzung, die; -, -en ۱. اشغال، تصرف، تسخیر ۲. آراستگی، آرایش ۳. (تئاتر) تقسیم نقش‌ها (بین بازیگران) ۴. (تئاتر) بازیگران
besichtigen *Vt.* ۱. تماشا کردن، از (چیزی) بازدید کردن، از (چیزی) دیدن کردن ۲. معاینه کردن، بازرسی کردن
Besichtigung, die; -, -en ۱. تماشا، بازدید، دیدن ۲. معاینه، بازرسی
besiedeln *Vt.* ۱. در (جایی) تشکیل مستعمره دادن، در (مستعمره) ساکن شدن ۲. در (جایی) شهرک جدید ساختن
besiedelt *Adj.* آباد، مسکون
Besiedelung, die; -, -en ۱. تشکیل مستعمره ۲. شهرک‌سازی
Besiedelungsdichte, die; -,(-n) تراکم جمعیت
besiegbar *Adj.* مغلوب‌شدنی
besiegeln *Vt.* ۱. مهر و موم کردن، مهر زدن ۲. تأئید (قطعی) کردن
besiegen *Vt.* فتح کردن، بر (کسی / چیزی) غلبه کردن، بر (کسی / چیزی) پیروز شدن، مغلوب کردن
seine Feinde besiegen بر دشمنان خود غالب شدن
das Land besiegen کشور را فتح کردن
Besieger, der; -s, - فاتح، غالب
Besiegte, der/die; -n, -n مغلوب، بازنده
Besiegung, die; -, -en فتح، غلبه
besingen *Vt.* مدیحهٔ (کسی / چیزی) را گفتن؛ نیایش کردن؛ ستودن
besinnen *Vr.* فکر کردن، اندیشیدن، به خاطر آوردن، به یاد آوردن
sich auf etwas **besinnen** چیزی را به یاد آوردن
Besinnen, das; -s تفکر، اندیشه
besinnlich *Adj.* متفکر، اندیشمند
Besinnlichkeit, die; - تفکر، اندیشه
Besinnung, die; - تفکر، اندیشه
die Besinnung verlieren هوش و حواس را از دست دادن، بیهوش شدن
besinnungslos *Adj.* بیهوش
Besinnungslosigkeit, die; -, -en بیهوشی
Besitz, der; -es, -e ۱. دارایی، مال؛ مالکیت ۲. تصرف، تسلط، تملک

besitzen 132

in Besitz nehmen تصرف کردن، در تملک درآوردن
Es ist in meinem Besitz. در تصرف من است.
besitzen *Vt.* دارا بودن، داشتن، مالک (چیزی) بودن، متصرف بودن
besitzend *Adj.* مال‌دار، متصرف
Besitzer, der; -s, - مالک، صاحب مال
Besitzerin, die; -, -nen مالک، صاحب مال (زن)
Besitzergreifung, die; -, -en تصرف، تصاحب، اشغال
Besitzinstinkt, der; -(e)s, -e غریزهٔ مالکیت
Besitzklage, die; -, -n دعوی مالکیت
besitzlos *Adj.* بدون مالک، بی‌صاحب
Besitznahme, die; -, -n تصرف، تصاحب، اشغال
Besitzrecht, das; -(e)s, -e حق مالکیت
Besitzstand, der; -(e)s, ⸚e دارایی، مال؛ مالکیت
Besitztitel, der; -s, - حق مالکیت
Besitztum, das; -s, ⸚er دارایی، مال؛ مالکیت
Besitzübertragung, die; -, -en انتقال مالکیت
Besitzung, die; -, -en دارایی، مال؛ مالکیت
Besitzurkunde, die; -, -n سند مالکیت
besoffen *Adj.* مست
Besoffenheit, die; - مستی، بدمستی
besohlen *Vt.* تخت انداختن (کفش)
besolden *Vt.* به (کسی) حقوق دادن، به (کسی) اجرت دادن، حقوق (کسی) را پرداختن
gut besolden اجرت خوبی دادن
besoldet *Adj.* حقوق بگیر
Besoldung, die; -, -en حقوق، مواجب، اجرت
Besoldungsgruppe, die; -, -n طبقه‌بندی اجرت
Besoldungsstufe, die; -, -n درجه‌بندی حقوق
besonder *Adj.* ۱. مخصوص، ویژه، خاص ۲. جدا، مجزا
Besonderheit, die; -, -en خصوصیت، ویژگی
besonders *Adv.* ۱. به‌ویژه، به‌خصوص، مخصوصاً ۲. قبل از هر چیز
Nichts besonders. چیز مهمی نیست.
besonnen *Adj.* محتاط، ملاحظه کار، بااحتیاط
Besonnenheit, die; - احتیاط کاری، ملاحظه کاری
besonnt *Adj.* آفتابی، آفتاب‌رو، روشن
besorgen *Vt.* ۱. تهیه کردن، حاضر کردن، فراهم کردن، مهیا کردن ۲. نگران (کسی / چیزی) بودن، دلواپس (کسی / چیزی) بودن
Geschäft besorgen کاری را اداره کردن
Besorgnis, die; -, -nisse دلواپسی، نگرانی، اضطراب، مواظبت
besorgniserregend *Adj.* مایهٔ هراس
Sein Zustand ist besorgniserregend. وضع او وخیم است.
besorgt *Adj.* دلواپس، نگران، مضطرب، بیمناک
um jemandes **Gesundheit besorgt sein** نگران سلامت کسی بودن
Besorgtheit, die; - دلواپسی، نگرانی، اضطراب
Besorgung, die; -, -en ۱. تهیه، خرید ۲. مواظبت
Besorgungen machen تهیه دیدن
bespannen *Vt.* ۱. سیم انداختن، زه‌دار کردن (ساز) ۲. رویه کردن (پارچه) ۳. به گاری بستن (اسب)
ein Musikinstrument mit Saiten bespannen به یک آلت موسیقی سیم انداختن
den Wagen mit Pferden bespannen اسب را به گاری بستن
Bespannung, die; -, -en ۱. سیم‌کشی، زه‌کشی ۲. (پارچه) رویه‌کشی
bespeien *Vt.* به (چیزی) تف انداختن، به (چیزی) آب دهان انداختن
bespiegeln *Vt.* ۱. در آینه تماشا کردن ۲. تحسین کردن، پسند کردن ۳. با آینه منعکس کردن
bespielen *Vt.* ۱. ضبط کردن ۲. نمایش دادن، نقش (کسی / چیزی) را بازی کردن
bespitzeln *Vt.* جاسوسی (کسی) را کردن، مراقب (کسی) بودن
jemanden **bespitzeln** جاسوسی کسی را کردن
bespötteln *Vt.* مسخره کردن، استهزا کردن، دست انداختن
Bespöttelung, die; -, -en تمسخر، استهزا
besprechen *Vt.* در مورد (چیزی) مذاکره کردن، در مورد (چیزی) گفت‌وگو کردن، در مورد (چیزی) مشورت کردن ۲. از (چیزی) انتقاد کردن ۳. ضبط کردن (نوار) ۴. طلسم کردن، جادو کردن
sich mit jemandem **besprechen** با کسی مشورت کردن
das Buch in der Zeitschrift besprechen از کتاب در مجله انتقاد کردن
Besprecher, der; -s, - ناقد، بازبین‌گر
Besprecherin, die; -, -nen ناقد، بازبین‌گر (زن)
Besprechung, die; -, -en ۱. گفت‌وگو، مذاکره، مشورت ۲. انتقاد ۳. ضبط (نوار) ۴. طلسم، جادو
wirtschaftliche Besprechungen مذاکرات اقتصادی
Besprechungszimmer, das; -s, - اتاق کنفرانس، محل مذاکره
besprengen *Vt.* پاشیدن، افشاندن، ترشح کردن (آب)

bespritzen *Vt.* پاشیدن، افشاندن، ترشح کردن (آب)

bespucken *Vt.* به (کسی) تف انداختن، به (کسی) تف کردن

bespülen *Vt.* شستن، شستشو دادن

besser *Adj., Adv.* بهتر، خوب‌تر

Das ist besser als nichts. کاچی بهتر از هیچی است.

Desto besser! چه بهتر!

Um so besser! چه بهتر از این!

immer besser روز به روز بهتر

Besser gesagt.. بهتر بگویم..

bessern *Vt., Vr.* ۱. اصلاح کردن، بهتر کردن، درست کردن ۲. بهتر شدن، اصلاح شدن

Besserung, die; -, -en اصلاح، بهبودی

Ich wünsche Ihnen gute Besserung. برای شما آرزوی بهبودی می‌کنم.

Besserungsanstalt, die; -, -en پرورشگاه، دارالتأدیب، ندامتگاه

besserungsfähig *Adj.* قابل اصلاح، تربیت‌پذیر

Besserungshaus, das; -es, -häuser پرورشگاه، دارالتأدیب، ندامتگاه

Besserungsstrafe, die; -, -n مجازات تأدیبی

Besserwisser, der; -s, - خودنما، پرمدعا

Besserwisserei, die; -, -en خودنمایی، پُرمدعایی

best *Adj.* بهترین

am besten بهترین

Das gefällt mir am besten. این از همه بیشتر مورد پسند من است.

jemanden **zum besten haben** کسی را دست انداختن

bestallen *Vt.* استخدام کردن، منصوب کردن، مأمور کردن

Bestallung, die; -, -en انتصاب

Bestallungsurkunde, die; -, -n حکم انتصاب

Bestand, der; -(e)s, ¨-e ۱. دوام، بقا، ماندگاری ۲. ذخیره، موجودی

Bestand oder Untergang بقا یا فنا

bestanden *Adj.* کامیاب، موفق، پیروز

beständig *Adj., Adv.* ۱. پایدار، ثابت، مقاوم ۲. مداوم، پی در پی

Es hat heute beständig geregnet. امروز باران به طور مداوم بارید.

Beständigkeit, die; - پایداری، دوام، ثبات، مقاومت

Bestandsaufnahme, die; -, -en صورت‌برداری از موجودی

Bestandsliste, die; -, -n فهرست موجودی

Bestandsmeldung, die; -, -en گزارش موجودی

Bestandsverzeichnis, das; -nisses, -nisse صورت موجودی

Bestandteil, der; -(e)s, -e جزء، بخش، قطعه

bestärken *Vt.* ۱. تقویت کردن، نیرومند کردن، قوی کردن ۲. تأئید کردن، تصدیق کردن

jemanden **in seinen Ansichten bestärken** عقاید کسی را تأئید کردن

Bestärkung, die; -, -en ۱. تقویت ۲. تأئید، تصدیق

bestätigen *Vt., Vr.* ۱. تأئید کردن، تصدیق کردن ۲. گواهی کردن، تثبیت کردن

jemandem **schriftlich den Empfang einer Sache bestätigen** رسید چیزی را کتباً به کسی اطلاع دادن

bestätiger Scheck چک تضمین شده

Bestätigung, die; -, -en تأئید، تصدیق، گواهی

amtliche Bestätigung گواهی رسمی

Bestätigungsschreiben, das; -s تأئیدیه، گواهی‌نامه

bestatten *Vt.* دفن کردن، به خاک سپردن

Bestattung, die; -, -en دفن، خاک‌سپاری

Bestattungsfeier, die; -, -n مراسم خاک‌سپاری

Bestattungsinstitut, das; -(e)s, -e شرکت خاک‌سپاری

Bestattungsunternehmen, das; -s, - شرکت خاک‌سپاری

bestauben *Vt.* گرد و خاکی کردن

bestaubte Kleider لباس گرد و خاکی شده

bestäuben *Vt.* ۱. با گرده‌افشانی بارور کردن ۲. گرد (چیزی) پاشیدن، با (چیزی) پوشاندن

die Pflanzen bestäuben نباتات را سم‌پاشی کردن

Bestäubung, die; -, -en ۱. گرده‌پاشی، گرده‌افشانی ۲. گردپاشی

bestaunen *Vt.* شگفت‌زده نگاه کردن، به (کسی / چیزی) با تعجب نگاه کردن

bestaunenswert *Adj.* متحیر، مبهوت، سردرگم

Beste, der/die/das; - بهترین

Er tut sein Bestes. حداکثر کوشش خود را می‌کند.

jemanden **zum Besten haben** کسی را دست انداختن

bestechen *Vt., Vi.* ۱. به (کسی) رشوه دادن ۲. مجذوب کردن، توجه را به خود جلب کردن

jemanden **bestechen** به کسی رشوه دادن، سبیل کسی را چرب کردن

bestechend *Adj.* فریبنده، جذاب؛ مؤثر

bestechlich *Adj.* رشوه‌گیر، رشوه‌خوار

Bestechlichkeit, die; - رشوه‌گیری، رشوه‌خواری

Bestechung 134

Bestechung, die; -, -en رشوه، رشوه‌گیری
Bestechungsaffäre, die; -, -n ماجرای رشوه‌گیری، امر ارتشاء
Bestechungsgeld, das; -(e)s, -er رشوهٔ پولی
Bestechungsgeschenk, das; -(e)s, -e رشوهٔ غیر نقدی
Bestechungsversuch, der; -(e)s, -e قصد رشوه‌گیری
Besteck, das; -(e)s, -e قاشق و چنگال و کارد
bestecken *Vt.* نصب کردن، الصاق کردن
besteckt *Adj.* نصب شده، الصاق شده
bestehen *Vi., Vt.* ۱. وجود داشتن، موجود بودن ۲. ترکیب شدن، تشکیل شدن ۳. پافشاری کردن، اصرار ورزیدن ۴. در (امتحان) قبول شدن
auf seinem Recht bestehen روی حق خود ایستادگی کردن
eine Prüfung bestehen در امتحانی قبول شدن
Es besteht keine Gefahr. خطری ندارد.
Die Schwierigkeit besteht darin, daß... اشکال در اینجاست که ...
Bestehen, das; -s ۱. وجود، برقراری ۲. کامیابی، توفیق
das Bestehen der Prüfung پذیرش در امتحان
bestehend *Adj.* موجود، دایر، متداول، رایج
bestehlen *Vt.* از (کسی) دزدی کردن، دزدیدن
besteigbar *Adj.* قابل صعود
besteigen *Vt.* ۱. از (کوه) بالا رفتن، صعود کردن ۲. سوار (چیزی) شدن ۳. بر (چیزی) جلوس کردن
ein Pferd besteigen سوار اسب شدن
Besteigung, die; -, -en ۱. صعود ۲. فراز، روی ۳. جلوس
bestellbar *Adj.* ۱. قابل سفارش ۲. قابل تحویل ۳. قابل کشت
bestellen *Vt.* ۱. سفارش دادن ۲. دنبال (کسی) فرستادن ۳. تحویل دادن، رساندن ۴. کاشتن، کشت کردن ۵. تعیین کردن ۶. ایجاد کردن ۷. رزرو کردن ۸. رساندن (پیغام)
die Ware bestellen جنس را سفارش دادن
2 Plätze bestellen دو جا / صندلی رزرو کردن
eine Nachricht bestellen خبری را رساندن
schöne Grüße bestellen سلام‌های صمیمانه رساندن
Besteller, der; -s, - ۱. سفارش‌دهنده ۲. تحویل‌دهنده
Bestellformular, das; -s, -e ورقهٔ سفارش، صورت درخواست جنس
Bestellgebühr, die; -, -en هزینهٔ سفارش
Bestellgeld, das; -(e)s, -er هزینهٔ سفارش
Bestelliste, die; -, -n صورت سفارش
Bestellnummer, die; -, -n شمارهٔ سفارش
Bestellschein, der; -(e)s, -e ورقهٔ سفارش، صورت درخواست جنس
Bestellung, die; -, -en ۱. درخواست، سفارش ۲. مأموریت ۳. تحویل ۴. کشت و زرع ۵. تعیین، تشخیص ۶. پیغام
Bestellung des Einkommens تعیین مالیات، ارزیابی مالیاتی
Bestellzettel, der; -s, - ورقهٔ سفارش، صورت درخواست جنس
bestenfalls *Adv.* به بهترین وجه، بسیار خوب
bestens *Adv.* به بهترین وجه، بسیار خوب
Es ist alles bestens. همه چیز درست است.
Ich danke bestens. خیلی متشکرم.
besteuern *Vt.* به (چیزی) مالیات بستن، برای (چیزی) مالیات وضع کردن، از (چیزی) مالیات گرفتن
Besteuerung, die; -, -en مالیات‌بندی، وضع مالیات، مالیات‌گیری
Besteuerungsgrenze, die; -, -n حداکثر مالیات
bestialisch *Adj.* ۱. حیوانی ۲. وحشیانه، بی‌رحمانه
Bestialität, die; -, -en ۱. حیوانیت، جانورخویی ۲. وحشی‌گری، بی‌رحمی
Bestie, die; -, -n ۱. جانور وحشی ۲. انسان بی‌رحم
bestimmbar *Adj.* قابل تعیین، قابل توصیف
Bestimmbarkeit, die; -, -en قابلیت تعیین، قابلیت توصیف
bestimmen *Vt., Vi.* ۱. تعیین کردن ۲. مقرر کردن ۳. نصب کردن، استوار کردن ۴. فرمان دادن
jemanden **bestimmen** etwas **zu tun** کسی را وادار به کاری کردن
Er bestimmte ihn zum Erben. او را وارث خود کرد.
Er bestimmte ihn zu seinem Leibarzt. او را پزشک مخصوص خود کرد.
Artikel 4 des Gesetzes bestimmt, daß... مادّهٔ چهار قانون مقرر می‌کند که...
bestimmend *Adj.* تعیین‌کننده، قاطع
bestimmt *Adj., Adv.* ۱. معلوم، مسلم، حتمی، قطعی ۲. [حرف تعریف] معین، مشخص ۳. حتماً، مسلماً، مطمئناً، بی‌تردید
Er kommt bestimmt. حتماً می‌آید.
Bestimmtheit, die; -, -en صراحت، قاطعیت، وضوح

Bestimmung, die; -, -en ۱. تعیین ۲. فرمان، حکم ۳. نصب ۴. مقصد ۵. تهیه، تدارک
Bestimmungshafen, der; -s, ⸚ بندر مقصد
Bestimmungsland, das; -(e)s, ⸚er کشور مقصد
Bestimmungsort, der/das; -(e)s, -e مقصد، شهر مقصد
Bestleistung, die; -, -en بهترین اجرا، بالاترین بازده
bestmöglich *Adj.* به بهترین وجه ممکن
bestrafen *Vt.* مجازات کردن، تنبیه کردن، جریمه کردن
jemanden **schwer bestrafen** کسی را سخت مجازات کردن
Bestrafung, die; -, -en مجازات، تنبیه
bestrahlen *Vt.* ۱. به (چیزی) برق دادن، به (چیزی) برق گذاشتن ۲. به (چیزی) اشعه دادن، به (چیزی) پرتو انداختن
Bestrahlung, die; -, -en ۱. پرتو درمانی، پرتوافکنی، معالجه با برق ۲. تشعشع
Bestrahlungslampe, die; -, -n چراغ پرتودرمانی
Bestrahlungstherapie, die; -, -n رادیوتراپی
bestreben *Vt.* کوشیدن (که)، در (کاری) کوشش کردن، در (کاری) سعی کردن، تلاش کردن (که)
Bestreben, das; -s کوشش، سعی، تلاش
bestrebt *Adj.* کوشنده، ساعی، کوشا
Bestrebung, die; -, -en کوشش، سعی، تلاش
bestreichen *Vt.* ۱. مالیدن، چرب کردن، با (چیزی) اندودن ۲. پخش کردن، گستردن
das Brot mit Butter bestreichen کره را روی نان مالیدن
Bestreichung, die; - ۱. مالیدن، اندود کردن ۲. پخش، گسترش
bestreiken *Vt.* برعلیه (کسی) اعتصاب کردن، برای (چیزی) اعتصاب کردن
bestreikt *Adj.* در حال اعتصاب
Bestreikung, die; -, -en اعتصاب
bestreitbar *Adj.* ۱. قابل انکار ۲. قابل اعتراض ۳. قابل پرداخت
bestreiten *Vt.* ۱. انکار کردن، منکر (چیزی) شدن ۲. بر سر (چیزی) مناقشه کردن، بر سر (چیزی) نزاع کردن ۳. پرداختن ۴. تأمین کردن (مخارج)
Das bestreite ich gar nicht. اصلاً منکر آن نیستم.
seinen Unterhalt bestreiten معاش خود را تأمین کردن
der Echtheit der Urkunde bestreiten منکر صحت سند بودن
Bestreitung, die; -, -en ۱. انکار ۲. مناقشه، نزاع ۳. پرداخت ۴. تأمین
bestreuen *Vt.* پاشیدن، ریختن، افشاندن
etwas **mit Zucker bestreuen** روی چیزی شکر ریختن
Bestreuung, die; - پاشیدن
bestricken *Vt.* فریفتن، مجذوب کردن، از (کسی) دلربایی کردن، به دام انداختن
bestrickend *Adj.* فریبنده، دلفریب
Bestseller, der; -s, - پرفروش‌ترین کتاب
bestücken *Vt.* مجهز کردن، مسلح کردن
Bestückung, die; -, -en تجهیز، تسلیح
bestuhlen *Vt.* در (جایی) صندلی چیدن
bestürmen *Vt.* به (چیزی) حمله کردن، به (چیزی) هجوم آوردن، به (چیزی) یورش بردن
das Fort bestürmen به قلعه هجوم آوردن
jemanden **mit Fragen bestürmen** کسی را سؤال‌پیچ کردن
Bestürmung, die; -, -n حمله، هجوم، یورش
bestürzen *Vt.* ترساندن، وحشت‌زده کردن، هراسان کردن
bestürzend *Adj.* وحشتناک، ترسناک
bestürzt *Adj.* وحشت‌زده، مضطرب
Bestürzung, die; -, -en ترس، وحشت، هراس
Bestzeit, die; -, -en رکورد، بهترین زمان (مسابقه)
Besuch, der; -(e)s, -e ۱. مهمان ۲. دیدار، ملاقات، بازدید؛ عیادت
Besuch haben مهمان داشتن
jemandem **einen Besuch machen** از کسی دیدن کردن
besuchen *Vt.* از (کسی) دیدن کردن، ملاقات کردن، با (کسی) دید و بازدید کردن؛ از (کسی) عیادت کردن
das Theater besuchen به تئاتر رفتن
einen Kranken besuchen به عیادت بیماری رفتن
Besuch mich einmal. سری به من بزن.
Besucher, der; -s, - عیادت‌کننده؛ ملاقات‌کننده؛ مراجعه کننده
Besucherin, die; -, -nen عیادت‌کننده؛ ملاقات‌کننده؛ مراجعه کننده (زن)
Besucherzahl, die; -, -en تعداد مراجعان
Besuchskarte, die; -, -en کارت ویزیت
Besuchstag, der; -(e)s, -e روز ملاقات
Besuchszimmer, das; -s, - اتاق پذیرایی، اتاق مهمانی
besudeln *Vt.* آلوده کردن، چرک کردن، لکه‌دار کردن، کثیف کردن
jemandes **guten Namen besundeln** نام کسی را لکه‌دار کردن

besudelt 136

besudelt *Adj.* آلوده، چرک، کثیف، لکه‌دار
Beta, das; -(s), -s بتا (حرف دوم الفبای یونانی)
betagt *Adj.* سالمند، سالخورده، پیر، مسن
Betagtheit, die; -, -en سالمندی، سالخوردگی، پیری
betasten *Vt.* لمس کردن، به (چیزی) دست زدن
Betastung, die; - لمس
betätigen *Vt., Vr.* ۱. به کار انداختن، به فعالیت واداشتن ۲. کار کردن، (خود) را مشغول کردن
sich im Haushalt betätigen خود را با خانه‌داری مشغول کردن
Betätigung, die; -, -en کار، فعالیت؛ به‌کار اندازی
Betätigungsfeld, das; -(e)s, -er حوزهٔ فعالیت
Betätigungsschalter, der; -s, - سویچ عمل‌کننده
betäuben *Vt.* بی‌حس‌کردن، بیهوش‌کردن، گیج‌کردن، کرخ‌کردن
einen Zahn betäuben دندانی را بی‌حس کردن
betäubend *Adj.* بی‌حس‌کننده، گیج‌کننده، بیهوش‌کننده
betäubt *Adj.* بی‌حس، گیج، بیهوش
Betäubung, die; -, -en بی‌حسی، گیجی، بیهوشی
im Zustand der Betäubung در حالت اغما
Betäubungsmittel, das; -s, - مادّهٔ مخدر؛ داروی بیهوشی، مادّهٔ هوش‌بر
betauen *Vt.* با شبنم پوشاندن
betaut *Adj.* شبنم‌زده، مرطوب
Betbruder, der; -s, ⸚ خشکه مقدس، اُمُل
Bete, die; -, -n چغندر
beteiligen *Vt., Vr.* ۱. سهیم کردن، شرکت دادن، شریک کردن ۲. شرکت کردن، شریک شدن
sich beteiligen an شرکت کردن در
beteiligt *Adj.* شریک، سهیم
an etwas **beteiligt sein** در چیزی سهیم بودن
Beteiligte, der/die; -n, -n شرکت‌کننده، شریک، سهام‌دار، هم‌دست
Beteiligung, die; -, -en شرکت، همکاری، هم‌دستی
Beteiligungsquote, die; -, -n سهم، حصه
beten *Vi.* دعا کردن، نماز خواندن
für jemanden **beten** در حق کسی دعا کردن
Beten, das; -s دعاگویی، نمازخوانی، عبادت
Betende, der; -n, -n دعاخوان، نمازگزار
Beter, der; -s, - دعاخوان، نمازگزار
Beterin, die; -, -nen دعاخوان، نمازگزار (زن)
beteuern *Vt.* ۱. سوگند (چیزی) یاد کردن، به (چیزی) قسم خوردن ۲. به (کسی) اطمینان دادن، تضمین کردن
Ich beteuere, daß.. سوگند یاد می‌کنم که ...
Beteuerung, die; -, -en ۱. سوگند، قسم ۲. اطمینان، تضمین
betexten *Vt.* متن‌دار کردن
Bethaus, das; -es, -häuser مسجد؛ معبد؛ نمازخانه
betiteln *Vt.* برای (کسی / چیزی) اسم و عنوان گذاشتن، به (کسی / چیزی) لقب دادن، نامیدن
Wie betiteln Sie ihn? چه لقبی به او می‌دهید؟
Betitelung, die; -, -en عنوان گذاری، لقب
Beton, der; -s, -s بتون؛ شفته؛ آهک
betonen *Vt.* روی (چیزی) تأکید کردن، روی (چیزی) تکیه کردن، با قوت تلفظ کردن
Wie betonen Sie dieses Wort? روی این لغت چطور تکیه می‌کنید؟
betonieren *Vt.* بتون زدن، بتون‌کاری کردن، شفته ریختن
Betonieren, das; -s بتون‌کاری، شفته‌ریزی
Betonierung, die; -, -en بتون‌کاری، شفته‌ریزی
betont *Adj., Adv.* ۱. تکیه شده، تأکید شده ۲. با تأکید، با قوت
Betonung, die; -, -en تکیهٔ کلام، تکیهٔ صدا، آکسان
Betonungsstelle, die; -, -n جای تکیهٔ کلام
Betonungszeichen, das; -s, - علامت تکیهٔ کلام
betören *Vt.* گول زدن، فریفتن
betörend *Adj.* فریبنده، دلفریب
Betörer, der; -s, - حیله گر، نیرنگ‌باز
betört *Adj.* شیفته، فریفته
Betörung, die; -, -en گول، فریب، نیرنگ
Betplatz, der; -es, ⸚e نمازخانه، محل نماز
Betracht, der; -(e)s ملاحظه، توجه، نظر
in diesem Betracht از این نظر
Das kommt nicht in Betracht. این مسئله مورد بحث نیست.
betrachten *Vt.* ملاحظه کردن، برانداز کردن؛ درنظر گرفتن؛ مشاهده کردن؛ نظاره کردن
Ich betrachte ihn als einen fähigen Mann. او را مرد لایقی می‌دانم.
Betrachter, der; -s, - بیننده، تماشاکننده، ناظر
Betrachterin, die; -, -nen بیننده، تماشاکننده، ناظر (زن)
beträchtlich *Adj.* ۱. قابل‌ملاحظه، معتبر، مهم ۲. خیلی، به مراتب
eine beträchtliche Summe مبلغ قابل ملاحظه
Beträchtlichkeit, die; -, -en اهمیت، اعتبار

Betrachtung, die; -, -en ملاحظه، مشاهده، نظاره
Betrag, der; -(e)s, ⸚e مبلغ، مقدار
betragen *Vt., Vr.* ۱. سر زدن، بالغ شدن، رسیدن ۲. رفتار کردن، سلوک کردن
Sein Gewicht beträgt 60 Kilo. وزنش بالغ بر شصت کیلوگرم است.
Betrag dich anständig! مواظب رفتارت باش!
Betragen, das; -s رفتار، سلوک
betrauen *Vt.* ۱. واگذار کردن، سپردن ۲. به (کسی) مأموریت دادن، گماشتن
einem mit etwas **betrauen** چیزی را به کسی سپردن
beträufeln *Vt.* قطره قطره چکاندن
beträufen *Vt.* قطره قطره چکاندن
betraut *Adj.* منصوب، مأمور
Betrauung, die; - ۱. واگذاری ۲. مأموریت
betrauern *Vt.* برای (کسی / چیزی) سوگواری کردن، برای (کسی / چیزی) ماتم گرفتن، برای (کسی / چیزی) عزاداری کردن
den Toten betrauern برای مرده سوگواری کردن
Betreff, der; -(e)s, -e ۱. رجوع، مراجعه، بازگشت، عطف ۲. محتوا، موضوع
in diesem Betreff عطف به
betreffen *Vt.* ۱. غافلگیر کردن ۲. مربوط شدن ۳. گرفتار شدن
Dieses Gesetz betrifft Sie nicht. این قانون شامل شما نمی‌شود.
Was mich betrifft. آنچه به من مربوط می‌شود.
betreffend *Adj.* ۱. مربوط، راجع، متعلق ۲. در خصوصِ، دربارهٔ
Betreffende, der/die; -n, -n شخص مورد نظر، فلانی، فلان کس
betreiben *Vt.* ۱. مشغول (کاری) بودن ۲. اداره کردن ۳. اجرا کردن، انجام دادن ۴. پیگیری کردن، دنبال کردن
ein Handwerk betreiben حرفه‌ای داشتن
ein Geschäft betreiben کاسبی کردن
Betreiben, das; -s ۱. اشتغال ۲. اداره ۳. کار، فعالیت ۴. پیگیری، تعقیب
Betreibung, die; -, -en کار، فعالیت، اشتغال، حرکت
betreten[1] *Vt.* داخل (جایی) شدن، وارد (جایی) شدن، به (جایی) پاگذاشتن، به (جایی) قدم گذاشتن
Betreten verboten! ورود ممنوع!
Bitte den Rasen nicht betreten! خواهش می‌کنم داخل چمن نشوید!
betreten[2] *Adj.* شرمسار، شرمنده، خجل

Betreten, das; -s ورود، دخول
betreuen *Vt.* از (کسی) پرستاری کردن، از (کسی) مراقبت کردن، از (کسی) مواظبت کردن
jemanden **betreuen** از کسی مراقبت کردن
Betreuer, der; -s, - مراقب، پرستار
Betreuerin, die; -, -nen مراقب، پرستار (زن)
Betreuung, die; - پرستاری، مراقبت، مواظبت
Betreuungsstelle, die; -, -n مؤسسهٔ خیریه
Betrieb, der; -(e)s, -e ۱. کار، فعالیت، اشتغال ۲. کارخانه، کارگاه، مؤسسه ۳. رفت و آمد، آمد و شد
außer Betrieb خارج از سرویس، از کار افتاده
in Betrieb setzen راه انداختن
Auf der Straße war viel Betrieb. در خیابان رفت و آمد زیاد بود.
Betriebsabrechnung, die; -, -en تسویه‌حساب کارخانه
betriebsam *Adj.* پرکار، فعال، کوشا
Betriebsamkeit, die; - پرکاری، فعالیت
Betriebsangehörige, der/die; -n, -n کارمند مؤسسه
Betriebsanlage, die; -, -n تأسیسات، ماشین‌آلات (کارخانه)
Betriebsanleitung, die; -, -en روش کار مؤسسه
Betriebsarzt, der; -(e)s, ⸚e پزشک کارخانه
Betriebsausflug, der; -(e)s, ⸚e گردش اداری
Betriebsausgabe, die; -n, -n هزینهٔ مؤسسه
Betriebsausschuß, der; -schusses, -schüsse شورای کارکنان مؤسسه
Betriebsbedingungen, die/*Pl.* شرایط مؤسسه
Betriebsberater, der; -s, - مشاور مؤسسه
Betriebsbuchführung, die; -, -en حسابداری مؤسسه
Betriebsdaten, die/*Pl.* سوابق مؤسسه
Betriebsdirektor, der; -s, -en رئیس کارخانه
Betriebseinnahmen, die/*Pl.* درآمد کارخانه
Betriebseinrichtung, die; -, -en تجهیزات کارخانه
Betriebseinschränkung, die; -, -en صرفه‌جویی کارخانه
Betriebseinstellung, die; -, -en استخدام مؤسسه
betriebsfähig *Adj.* قابل استفاده، سودمند
Betriebsferien, die/*Pl.* تعطیلات مؤسسه
Betriebsfest, das; -(e)s, -e ضیافت مؤسسه
Betriebsführer, der; -s, - مدیر کارخانه

Betriebsführung, die; -, -en مدیریت کارخانه
Betriebsgeheimnis, das; -nisses, -nisse اسرار مؤسسه
Betriebsgewinn, der; -(e)s, -e منافع کارخانه
Betriebshandwerker, der; -s, - افزارمند، پیشه‌ور
Betriebsingenieur, der; -s, -e مهندس کارخانه
Betriebskapital, das; -(e)s, -e سرمایهٔ مؤسسه
Betriebskosten, die / *Pl.* مخارج کارخانه
Betribsleiter, der; -s, - مدیر کارخانه
Betriebsleitung, die; -, -en مدیریت کارخانه
Betriebsmaterial, das; -s, -ien وسایل مورد نیاز مؤسسه
Betriebsordnung, die; -, -en مقررات کارخانه
Betriebspersonal, das; -s کارمند، کارگر
Betriebsrat, der; -(e)s, ¨-e شورای کارکنان مؤسسه
Betriebsschließung, die; -, -en بستن کارخانه، تعطیل کارخانه
betriebssicher *Adj.* ایمن
Betriebssicherheit, die; -, -en ایمنی
Betriebsstillegung, die; -, -en بستن کارخانه، تعطیل کارخانه
Betriebsstoff, der; -(e)s, -e سوخت، مادهٔ مورد نیاز کارخانه
Betriebsstörung, die; -, -en اختلال در کار
Betriebsstunde, die; -, -n ساعات کار
Betriebsunfall, der; -(e)s, ¨-e صدمهٔ کاری، حادثه در ضمن کار
Betriebsverhältnisse, die / *Pl.* شرایط کاری
Betriebsversammlung, die; -, -en مجمع عمومی کارخانه
Betriebswirtschaft, die; -, -en اقتصاد کارخانه
Betriebswirtschaftslehre, die; -, -n علم مدیریت
Betriebszustand, der; -es, ¨-e کیفیت کارخانه
Betriebszweig, der; -(e)s, -e شعبهٔ کارخانه
betrinken *Vr.* (خود) را مست کردن
betroffen *Adj.* دچار، مبتلا، متأثر، مضطرب
von Krankheit betroffen مبتلا به مرض، دچار مرض
Betroffenheit, die; - بهت، تشویش، تأثر، اضطراب
betrüben *Vt.* غمگین کردن، افسرده کردن، غصه‌دار کردن
betrüblich *Adj.* افسرده، غمگین، اندوهگین، نژند
Betrübnis, die; -, -nisse اندوه، غم، غصه، حزن
betrübt *Adj.* اندوهناک، دلتنگ، محنت‌زده
Betrübung, die; - افسردگی، دلتنگی
Betrug, der; -(e)s, ¨-e فریب، حیله، مکر، کلاهبرداری، نیرنگ
betrügen *Vt., Vi.* ۱. فریب دادن، کلاهبرداری کردن ۲. حیله کردن، گول زدن
jemanden **um** etwas **betrügen** سر کسی کلاه گذاشتن
sich von jemandem **betrügen lassen** گول کسی را خوردن
Betrüger, der; -s, - متقلب، کلاهبردار، شیاد
Betrügerei, die; -, -en تقلب، کلاهبرداری، حقه‌بازی، شیادی
Betrügerin, die; -, -en متقلب، کلاهبردار، شیاد (زن)
betrügerisch *Adj.* فریبنده، متقلبانه، حیله‌گرانه
betrunken *Adj.* مست
sinnlos betrunken مست لایعقل
Betrunkene, der / die; -n, -n مست
Betrunkenheit, die; - مستی
Betsaal, der; -(e)s, -säle نمازخانه
Betschwester, die; -, -n زن مقدس، زن پارسا
Betstuhl, der; -(e)s, ¨-e نیمکت دعا
Bett, das; -es, -en ۱. بستر، رختخواب، تختخواب ۲. بستر (رودخانه)
zu Bett gehen به رختخواب رفتن
einen Fluß in ein neues Bett leiten بستر رودخانه‌ای را عوض کردن
Bettag, der; -(e)s, -e روز عبادت
Bettbezug, der; -(e)s, ¨-e ملافه، رویهٔ تشک
Bettchen, das; -s, - رختخواب کوچک
Bettcouch, die; -, -es کاناپهٔ تخت‌شو
Bettdecke, die; -, -n ۱. لحاف ۲. روتختی
Bettel, der; -s آشغال، زباله، چیز بی‌ارزش
bettelarm *Adj.* بی‌چیز، گدا، فقیر
Bettelarmut, die; - فقر، مسکنت
Bettelbrief, der; -(e)s, -e تقاضای کتبی برای گرفتن پول
Bettelbrot, das; -(e)s, -e نان گدایی
Bettelbruder, der; -s, - گدا
Betteldasein, das; -s زندگی گداوار
Bettelei, die; -, -en گدایی
Bettelfrau, die; -, -en گدا (زن)
Bettelgeld, das; -(e)s, -er پول گدایی، صدقه
bettelhaft *Adj.* گداصفت
Bettelhaftigkeit, die; - گداصفتی
Betteljunge, der; -n, -n پسربچهٔ گدا

Bettelkinder, die / *Pl.* بچه‌های گدا
Bettelkram, der; -(e)s, ¨-e گدابازی
Bettelleben, das; -s, - زندگی گدایانه
Bettelleute, die / *Pl.* گدایان
Bettelmann, der; -, -leute گدا
betteln *Vi.* ۱. گدایی کردن ۲. التماس کردن
Bettelsack, der; -(e)s, ¨-e کیسهٔ گدایی
Bettelstab, der; -(e)s, ¨-e ۱. عصای گدا ۲. فقیرسازی
jemanden **an den Bettelstab bringen** باعث فقر کسی شدن
Bettelstand, der; -(e)s, ¨-e صنف گدا، طبقهٔ گدایان
Bettelvolk, das; -(e)s, ¨-er گدایان
betten *Vt.* ۱. خواباندن ۲. تختخواب (کسی) را مرتب کردن
Betteppich, der; -s, -e فرش نمازگزاری
Bettflasche, die; -, -n بطری آب‌گرم
Bettgemeinschaft, die; -, -en هم‌خوابگی
Bettgenosse, der; -n, -n هم‌خواب، هم‌بستر
Bettgestell, das; -(e)s, -e تختخواب
Betthimmel, der; -s, - سایبان (روی تختخواب)
Bettjacke, die; -, -n لباس خواب
Bettkammer, die; -, -n اتاق خواب
Bettkissen, das; -s, - بالش، نازبالش
bettlägerig *Adj.* بستری
Bettler, der; -s, - گدا
bettlerhaft *Adj.* گداصفت
Bettlerin, die; -, -nen گدا (زن)
Bettlerkind, das; -(e)s, -er گدازاده
Bettlerkleid, das; -(e)s, -er جامهٔ وصله‌خورده
Bettlerleben, das; -s, - زندگی گدایی
Bettlerstolz, der; -(e)s غرور گدایی
Bettlertum, das; -s گدایی، فقر
Bettlerwesen, das; -s, - گدایی، فقر
Bettnässer, der; -s, - شاشو (در رختخواب)
Bettstatt, die; - تختخواب
Bettstelle, die; -, -n خوابگاه، بستر
Bettuch, das; -(e)s, -e ملافه، رویهٔ تشک
Bettung, die; -, -en ۱. لوازم رختخواب ۲. بستر (رودخانه) ۳. سکو (راه‌آهن)
Bettvorhang, der; -(e)s, ¨-e پردهٔ دور تختخواب
Bettvorleger, der; -s, - پاتختی، قالیچهٔ پای تختخواب
Bettwanze, die; -, -n ساس
Bettwäsche, die; - لوازم رختخواب
Bettzeug, das; -(e)s, -e لوازم رختخواب
betupfen *Vt.* ۱. لکه‌دار کردن ۲. نوازش کردن ۳. لمس کردن
Betzeit, die; -, -en وقت نماز
Beuche, die; -, -n آب‌قلیا
beuchen *Vt.* با آب‌قلیا شستن
beugbar *Adj.* قابل انعطاف، قابل انحنا، نرم
Beugbarkeit, die; - قابلیت انعطاف، قابلیت انحنا، نرمش
Beuge, die; -, -n خمیدگی، پیچ، پیچیدگی
Beugemuskel, der; -s, -n ماهیچهٔ تا شونده، عضلهٔ خم شونده
beugen *Vt., Vr.* ۱. خم کردن، تا کردن، پیچاندن ۲. خم شدن، دولا شدن ۳. تواضع کردن، مطیع شدن
Beuger, der; -s, - ماهیچهٔ تا شونده، عضلهٔ خم شونده
beugsam *Adj.* قابل انعطاف، قابل انحنا، نرم
Beugung, die; -, -en انحنا، خمیدگی، پیچ
Beugungswinkel, der; -s, - زاویهٔ شکست، زاویهٔ انحراف
Beule, die; -, -n ورم، آماس، دمل، غده، برآمدگی
Sein Körper hat Beulen bekommen. بدنش جوش زده است.
Beulenpest, die; - طاعون خیارکی
beunruhigen *Vt., Vr.* ۱. نگران کردن، مضطرب کردن ۲. نگران بودن، مضطرب بودن
Beunruhigen Sie sich nicht! نگران نباشید!
beunruhigend *Adj.* نگران‌کننده، مضطرب‌کننده
beunruhigt *Adj.* نگران، مضطرب، ناراحت
Beunruhigung, die; -, -en نگرانی، اضطراب، تشویش
beurkunden *Vt.* ۱. به (چیزی) گواهی دادن، به (چیزی) شهادت دادن ۲. تصدیق کردن ۳. به (چیزی) رسمیت دادن
beurkundet *Adj.* مستند، قانونی، تصدیق شده
Beurkundung, die; -, -en ۱. گواهی، شهادت، تصدیق ۲. رسمیت، سندیت
beurlauben *Vt., Vr.* ۱. به (کسی) مرخصی دادن، مرخص کردن ۲. مرخصی گرفتن، مرخص شدن
beurlaubt *Adj.* مرخص شده
Beurlaubung, die; -, -en مرخصی
beurteilbar *Adj.* قابل قضاوت، قابل داوری
beurteilen *Vt.* ۱. در مورد (چیزی) قضاوت کردن، در مورد (چیزی) داوری کردن، در مورد (چیزی) اظهارنظر کردن ۲. از (چیزی) انتقاد کردن
jemanden **beurteilen** در مورد کسی قضاوت کردن

Beurteiler 140

Beurteiler, der; -s, - قضاوت‌کننده، داوری‌کننده

Beurteilung, die; -, -en قضاوت، داوری، اظهارنظر

Beute, die; -, -n ۱. طعمه، صید، شکار ۲. غنیمت، تاراج ۳. پول مسروقه، جنس مسروقه

arm am Beute sein بی‌پول بودن

in den Beute greifen سر کیسه را شل کردن

Beutegut, das; -(e)s, ⸚er مال مسروقه، غنیمت

Beutel, der; -s, - کیسه؛ توبره؛ جوال؛ خورجین (کوچک)

der Geldbeutel کیف پول، کیسهٔ پول

beutelig *Adj.* کیسه‌دار، کیسه‌ای شکل

beutelförmig *Adj.* کیسه‌دار، کیسه‌ای شکل

Beutelmacher, der; -s, - کیسه‌باف

beuteln *Vt.* ۱. الک کردن (آرد) ۲. چین دادن (لباس)

Beutelnetz, das; -es, -e کیسهٔ توری

Beutelschneider, der; -s, - جیب‌بُر

Beutelschneiderei, die; -, -en جیب‌بری

Beuteltier, das; -(e)s, - حیوان کیسه‌دار

Beuteltiere, die / *Pl.* (حیوان) کیسه‌داران

Beutezug, der; -es, ⸚e تاخت‌وتاز، تاراج

Beutler, der; -s, - کیسه‌باف

bevölkern *Vt.* آباد کردن، مسکون کردن، پرجمعیت کردن

bevölkert *Adj.* آباد، مسکون، پرجمعیت

Bevölkerung, die; -, -en اهالی، ساکنان، نفوس، مردم

Bevölkerungsdichte, die; -, (-n) تراکم جمعیت

Bevölkerungsdruck, der; -(e)s, -e / ⸚e فشار جمعیت

Bevölkerungsexplosion, die; -, -en انفجار جمعیت

Bevölkerungskunde, die; -, -n جمعیت‌شناسی

Bevölkerungslehre, die; -, -n جمعیت‌شناسی

Bevölkerungspolitik, die; -, -en سیاست تنظیم جمعیت

Bevölkerungsschicht, die; -, -en طبقهٔ مردم

Bevölkerungsstand, der; -(e)s, ⸚e میزان جمعیت

Bevölkerungsstatistik, die; -, -en آمار، سرشماری

Bevölkerungsstruktur, die; -, -en ساخت و ترکیب جمعیت

Bevölkerungsüberschuß, der; -schusses, -schüsse جمعیت اضافی

Bevölkerungszahl, die; -, -en تعداد جمعیت

Bevölkerungszunahme, die; -, -en افزایش جمعیت

Bevölkerungszuwachs, der; -es افزایش جمعیت

bevollmächtigen *Vt.* به (کسی) وکالت دادن، به (کسی) اختیار تام دادن

den Rechtsanwalt bevollmächtigen به وکیل اختیار تام دادن

bevollmächtigt *Adj.* دارای اختیار مطلق

Bevollmächtigte, der / die; -n, -n وکیل، نماینده

Bevollmächtigung, die; -, -en وکالت

Bevollmächtigungsschreiben, das; -s, - وکالت‌نامه

bevor *Konj.* پیش از اینکه، قبل از اینکه

Rede nicht, bevor man dich fragt! تا نپرسند مگو!

bevormunden *Vt.* قیم ساختن

bevormundet *Adj.* تحت قیمومت، دارای قیم

Bevormundung, die; -, -en قیمومت

bevorraten *Vt.* انبار کردن، ذخیره کردن

Bevorratung, die; -, -en ذخیره

bevorrecht(ig)en *Vt.* به (کسی) امتیاز دادن؛ برتری دادن، ترجیح دادن

bevorrechtigt *Adj.* دارای امتیاز

Bevorrecht(ig)ung, die; -, -en امتیاز؛ برتری، ترجیح

bevorstehen *Vi.* در پیش بودن، در شرف وقوع بودن، قریب‌الوقوع بودن

Bevorstehen, das; -s نزدیکی وقوع

bevorstehend *Adj.* قریب‌الوقوع

bevorteilen *Vt.* امتیاز دادن، برتری دادن، ترجیح دادن، برای (کسی) تبعیض قائل شدن

bevorworten *Vt.* برای (چیزی) مقدمه نوشتن، برای (چیزی) پیشگفتار نوشتن

bevorzugen *Vt.* امتیاز دادن، برتری دادن، ترجیح دادن، برای (کسی) تبعیض قائل شدن

seinen Freund vor den anderen bevorzugen دوست خود را بر دیگران ترجیح دادن

jemanden **ungerecht bevorzugen** برای کسی تبعیض قائل شدن

bevorzugt *Adj.* ممتاز، مطلوب، طرف توجه

Bevorzugung, die; -, -en امتیاز، برتری، ترجیح

bewachen *Vt.* از (کسی) محافظت کردن، مراقب (کسی / چیزی) بودن، از (کسی) مراقبت کردن، از (کسی) نگهبانی کردن، پاییدن

jemanden **bewachen** کسی را پاییدن، مراقب کسی بودن

Bewacher, der; -s, - محافظ، مراقب، نگهبان

141 **bewegungslos**

bewachsen *Vt.* با (گیاه) پوشاندن، سبز کردن
Die Laube war ganz von Rosen bewachst.
آلاچیق از گل‌های سرخ پوشیده شده بود.
Bewachung, die; -, -en محافظت؛ مراقبت؛ نگهبانی؛ پاسبانی
Bewachungsfahrzeug, das; -(e)s, -e اسکورت موتوری، وسیلهٔ نقلیهٔ محافظ
bewaffnen *Vt.* مسلح کردن، مجهز کردن
bewaffnet *Adj.* مسلح
Bewaffnung, die; -, -en جنگ‌افزار
Bewahranstalt, die; -, -en مهدکودک
bewahren *Vt.* ۱. حفظ کردن ۲. نگاه داشتن، از (چیزی) نگهداری کردن
die Ruhe bewahren آرامش را حفظ کردن
sich vor Kälte bewahren
خود را در برابر سرما حفظ کردن
das Land vor dem Feinden bewahren
کشور را در مقابل دشمن حفظ کردن
bewähren *Vr.* از عهدهٔ آزمایش برآمدن، پذیرفته شدن، جا افتادن
sich nicht bewähren از عهده آزمایش برنیامدن
wenn sich diese Vermutung bewährt...
اگر این حدس به‌جا باشد ...
Bewahrer, der; -s, - محافظ، نگهبان
Bewahrerin, die; -, -nen محافظ، نگهبان (زن)
bewahrheiten *Vr.* ۱. اثبات کردن ۲. رسیدگی کردن، تحقیق کردن
bewährt *Adj.* آزموده، آزموده شده، در محک آزمایش قرار گرفته
Bewährtheit, die; - آزمایش، تحقیق، بازرسی، بازجویی
Bewahrung, die; - حفظ، نگهداری
Bewährung, die; -, -en تجربه، آزمایش، آزمودگی
Bewährungsfrist, die; -, -en دورهٔ آزمایش
bewalden *Vt., Vr.* ۱. با درخت پوشاندن ۲. از درخت پوشیده شدن
bewaldet *Adj.* پردرخت، پوشیده از درخت
Bewaldung, die; -, -en احداث جنگل
bewältigen *Vt.* بر (چیزی) غلبه کردن، مطیع کردن، بر (چیزی) تسلط یافتن
jemanden **bewältigen** بر کسی دست یافتن، کسی را مغلوب کردن
die Hindernisse bewältigen موانع را برطرف کردن
Bewältigung, die; -, -en غلبه، تسلط

bewandert *Adj.* آزموده، ورزیده، باتجربه، ماهر
Bewandertheit, die; - معلومات، دانش، تجربه، مهارت
Bewandtnis, die; -, -nisse حال، وضع، کیفیت
Was hat das für eine Bewandtnis?
قضیه از چه قرار است؟
bewässerbar *Adj.* قابل آبیاری
bewässern *Vt.* آبیاری کردن، آب دادن
Der Fluß bewässert den Garten.
رودخانه باغ را آبیاری می‌کند.
Bewässerung, die; -, -en آبیاری
Bewässerungsanlage, die; -, -n تأسیسات آبیاری
bewässerungsfähig *Adj.* قابل آبیاری
Bewässerungsgraben, der; -s, ¨ جوی آب، نهر
Bewässerungskanal, der; -(e)s, ¨e قنات
Bewässerungsrecht, das; -(e)s, -e حقابه، حق استفاده از آبیاری
bewegbar *Adj.* قابل حرکت، جنبان، متحرک
bewegen *Vt., Vr.* ۱. حرکت دادن، تکان دادن ۲. تحریک کردن، ترغیب کردن، وادار کردن، برانگیختن ۳. حرکت کردن، تکان خوردن
jemanden **dazu bewegen** کسی را به کاری واداشتن
sich bewegen حرکت کردن، تکان خوردن
zum Bleiben bewegen به ماندن ترغیب کردن
bewegend *Adj.* محرک؛ مؤثر؛ تکان‌دهنده
Beweggrund, der; -(e)s, ¨e علت، سبب، دلیل، انگیزه
Bewegkraft, die; -, ¨e قوهٔ محرکه
beweglich *Adj.* متحرک، جنبان، قادر به حرکت
Beweglichkeit, die; - تحرک، جنبندگی، حرکت‌پذیری
bewegt *Adj.* ۱. متحرک، جنبان ۲. ناآرام، متأثرکننده
Bewegtheit, die; - ۱. جنبندگی، تحرک ۲. تأثر، هیجان
Bewegung, die; -, -en ۱. حرکت، جنبش، تکان ۲. شور، هیجان
in Bewegung setzen به جنبش درآوردن
Bewegungsenergie, die; - انرژی جنبشی
bewegunsfähig *Adj.* قادر به حرکت
Bewegunsfähigkeit, die, -, -en تحرک، پویایی
Bewegungsfreiheit, die; - آزادی تحرک
Bewegungskraft, die; -, ¨e نیروی جنبشی
Bewegungslehre, die; -, -n نظریهٔ جنبش و تحرک
bewegungslos *Adj.* فاقد حرکت، بی‌حرکت

Bewegungslosigkeit

Bewegungslosigkeit, die; -	فقدان حرکت، بی‌جنبشی، بی‌حرکتی
Bewegungsstudie, die; -, -n	مطالعهٔ حرکت و جنبش
Bewegungstherapie, die; -, -n	درمان به وسیلهٔ حرکت
bewegungsunfähig Adj.	از حرکت بازمانده، از جنبش افتاده
bewehren Vt.	مسلح کردن، مجهز کردن
beweiben Vr.	زن گرفتن، متأهل شدن
beweibt Adj.	متأهل، زن‌دار
beweinen Vt.	در عزای (کسی) گریستن
Beweinung, die; -, -en	سوگواری، عزاداری
Beweis, der; -es, -e	۱. دلیل، برهان ۲. مدرک، نشانه، علامت
den Beweis für etwas bringen	برای چیزی دلیل آوردن
eine Fähigkeit unter Beweis stellen	لیاقت (در کاری) را ثابت کردن
Beweisaufnahme, die; -, -n	ارائهٔ مدارک
beweisbar Adj.	مستند، مدلل، برهان‌مند
Beweisbarkeit, die; -	برهان‌مندی
beweisen Vt.	اثبات کردن، برای (چیزی) دلیل آوردن، استدلال کردن
Er hat seine Aufrichtigkeit oft bewiesen.	او صداقت خود را بارها به‌اثبات رسانده است.
beweisend Adj.	مستند، مدلل
Beweisfrist, die; -, -en	مهلت گردآوری دلایل
Beweisführung, die; -, -en	استدلال، اثبات
Beweisgrund, der; -(e)s, ̈-e	دلیل، برهان، مدرک
Beweiskette, die; -, -n	سلسلهٔ دلایل
Beweiskraft, die; -	قوهٔ استدلال، قدرت اثبات، قوهٔ متکی بر مدرک
Beweismaterial, das; -s, -lien	دلیل، مدرک
Beweismittel, das; -s, -	مدرک، دلیل، وسیلهٔ اثبات
Beweisstück, das; -(e)s, -e	مدرک، برهان
Beweisurkunde, die; -, -n	مدرک، سند
Beweiswürdigung, die; -, -en	اعتبار مدارک
bewenden Vi.	راضی شدن، رضایت دادن
Bewenden, das; -s	رضایت
bewerben Vt., Vr.	۱. خواستار شدن، درخواست کردن ۲. داوطلب شدن
um etwas bewerben	طالب چیزی بودن
sich um ein Mädchen bewerben	از دختری خواستگاری کردن

Bewerber, der; -s, -	داوطلب، خواستار، طالب، درخواست‌کننده، متقاضی، خواستگار
Bewerberin, die; -, -nen	داوطلب، خواستار، طالب، درخواست‌کننده، متقاضی، خواستگار (زن)
Bewerbung, die; -, -en	۱. درخواست، تقاضا ۲. مسابقه ۳. خواستگاری
Bewerbungsschreiben, das; -s, -	درخواست کتبی، تقاضانامه
bewerfen Vt.	۱. انداختن، پرت کردن ۲. گچ زدن، به (چیزی) گچ مالیدن
bewerkstelligen Vt.	انجام دادن، اجرا کردن، به عمل آوردن (کار مشکل)
Bewerkstelligung, die; -, -en	انجام، اجرا، عمل
bewerten Vt.	تخمین زدن، ارزیابی کردن، برآورد کردن، قیمت گذاشتن
Man soll Menschen nicht nach ihren Äußeren bewerten.	مردم را نمی‌توان از ظاهرشان شناخت.
Bewertung, die; -, -en	تخمین، ارزیابی، برآورد، سنجش
bewiesen Adj.	ثابت شده، به اثبات رسیده، مدلل
bewilligen Vt.	۱. بخشیدن، دادن ۲. پذیرفتن ۳. با (چیزی) موافقت کردن، تصویب کردن، اجازهٔ (چیزی) را دادن
jemandem einen Rabatt bewilligen	به کسی تخفیف دادن
jemandem eine Gehaltserhöhung bewilligen	با اضافه حقوق کسی موافقت کردن
Bewilligung, die; -, -en	۱. بخشش ۲. پذیرش ۳. موافقت، تصویب
Bewilligungsschreiben, das; -s, -	۱. اجازه‌نامه ۲. تصویب‌نامه
bewillkommen Vt.	به (کسی) خوشامد گفتن، به (کسی) تعارف کردن، به (کسی) تبریک گفتن
Bewillkommung, die; -, -en	خوشامدگویی، تعارف، تبریک
bewirken Vt.	۱. موجب (چیزی) شدن، باعث (چیزی) شدن، سبب (چیزی) شدن ۲. اجرا کردن، به (چیزی) عمل کردن، انجام دادن عمل آورنده، فاعل، مسبب
Bewirker, der; -s, -	عمل آورنده، فاعل، مسبب
bewirten Vt.	از (کسی) پذیرایی کردن، مهمان کردن
bewirtschaften Vt.	۱. کاشتن، کشت کردن ۲. اداره کردن
Bewirtschaftung, die; -, -en	۱. کشت ۲. اداره
Bewirtung, die; -, -en	پذیرایی، مهمانی

bewitzeln *Vt.* مسخره کردن، دست انداختن
bewog *P.* صیغهٔ فعل گذشتهٔ مطلق از مصدر bewegen
bewogen *PP.* صیغهٔ فعل گذشتهٔ نقلی از مصدر bewegen
bewohnbar *Adj.* قابل سکونت
Bewohnbarkeit, die; - قابلیت سکونت
bewohnen *Vt.* ساکن (جایی) شدن، مقیم (جایی) شدن، در (جایی) سکونت کردن
Dieses Haus ist nicht zu bewohnen. این خانه قابل سکونت نیست.
Bewohner, der; -s, - ساکن، مقیم
die Bewohner der Stadt اهالی شهر
Bewohnerin, die; -, -nen ساکن، مقیم (زن)
Bewohnerschaft, die; -, -en ساکنان
bewohnt *Adj.* مسکون، آباد
Bewohnung, die; - سکونت
bewölken *Vr.* ۱. ابری شدن، از ابر پوشیده شدن ۲. خشمناک شدن
Der Himmel bewölkte sich rasch. آسمان به سرعت ابری شد.
bewölkt *Adj.* ابری، تیره، گرفته
bewölkter Himmel آسمان پوشیده از ابر
Bewölkung, die; -, -en پوشیدگی از ابر، تیرگی، گرفتگی (هوا)
Bewunderer, der; -s, - ستایش‌گر، تحسین‌کننده، مداح
Bewunderin, die; -, nen ستایش‌گر، تحسین‌کننده، مداح (زن)
bewundern *Vt.* ۱. تحسین کردن، ستایش کردن ۲. متحیر کردن، متعجب کردن
Ich bewunderte ihn. او را تحسین کردم.
Es ist zu bewundern. جای تعجب است.
bewunderswert *Adj.* ۱. قابل تحسین، قابل ستایش ۲. شگفت‌انگیز
bewunderswürdig *Adj.* ۱. قابل تحسین، قابل ستایش ۲. شگفت‌انگیز
Bewunderung, die; -, -en ۱. تحسین، ستایش ۲. شگفتی
bewurzeln *Vi.* ریشه زدن
bewußt *Adj.* هشیار، آگاه، دانسته، بهوش
Der Fall ist mir bewußt. آن قضیه برای من روشن است.
Ich habe die Tat bewußt getan. آن کار را دانسته انجام دادم.
Bewußtheit, die; - هشیاری، آگاهی
bewußtlos *Adj.* بیهوش، ناآگاه
Bewußtlosigkeit, die; - بیهوشی، ناآگاهی
Bewußtsein, das; -s ۱. هشیاری، آگاهی ۲. ضمیر خودآگاه
das Bewußtsein verlieren از هوش رفتن
Bewußtseinsinhalt, der; -(e)s, -e آگاهی
Bewußtseinsstörung, die; -, -en اختلال آگاهی
Bewußtseinsstrom, der; -(e)s, ⸚e جریان آگاهی
bezahlbar *Adj.* قابل پرداخت
Bezahlbarkeit, die; - قابلیت پرداخت
bezahlen *Vt.* پرداختن، پرداخت کردن، دادن
teuer bezahlen گران تمام شدن
die Darlehen bezahlen قرض را ادا کردن
Bezahler, der; -s, - پرداخت‌کننده
Bezahlerin, die; - nen پرداخت‌کننده (زن)
bezahlt *Adj.* پرداخت شده
Bezahlung, die; -, -en پرداخت، تأدیه
die Bezahlung der Rechnung تسویهٔ حساب
gegen Bezahlung در مقابل پرداخت پول
bezähmbar *Adj.* رام‌شدنی
bezähmen *Vt., Vr.* ۱. رام کردن، مطیع کردن ۲. از (چیزی) جلوگیری کردن، مهار کردن ۳. بر (خود) مسلط شدن
Bezähmung, die; - ۱. رام‌شدنی ۲. جلوگیری، مهار
bezaubern *Vt.* جادو کردن، افسون کردن، مفتون کردن، شیفته کردن
bezaubernd *Adj.* فریبنده، دلفریب، افسونگر، دلربا
bezaubert *Adj.* مسحور، شیفته، افسون شده
Bezauberung, die; -, -en جادو، افسون، شیفتگی
bezechen *Vr.* مست کردن
bezeichnen *Vt.* ۱. علامت گذاشتن، نشان کردن، مشخص کردن ۲. بر (چیزی) دلالت کردن ۳. نامیدن، اسم گذاشتن
mit dem Finger bezeichnen با انگشت نشان دادن
bezeichnend *Adj.* نمونه، شاخص، بیانگر
bezeichnet *Adj.* نمونه، شاخص، بیانگر
Bezeichnung, die; -, -en ۱. علامت‌گذاری، نشان ۲. نام‌گذاری
bezeigen *Vt., Vr.* ۱. اظهار کردن، ابراز کردن، بیان کردن، ادا کردن ۲. نشان دادن
seine Mitleid bezeigen اظهار همدردی کردن
Bezeigung, die; -, -en اظهار، ابراز، بیان، ادا
bezeugen *Vt.* بر (چیزی) شهادت دادن، بر (چیزی) گواهی دادن، تصدیق کردن
Mein Herz bezeugt. قلب من گواهی می‌دهد.

Bezeugung 144

Bezeugung, die; -, -en شهادت، گواهی، تصدیق
die Bezeugung durch zwei Personen گواهی دو نفر
bezichtigen *Vt.* به (کسی) تهمت زدن، متهم کردن، به (کسی) نسبت دادن
Er wurde bezichtigt den Diebstahl begangen zu haben. او متهم به دزدی شد.
bezichtigt *Adj.* تهمت‌زده
Bezichtigung, die; -, -en تهمت، اتهام
beziehbar *Adj.* ۱. قابل مراجعه ۲. قابل دستیابی ۳. قابل سکونت
beziehen *Vt., Vr.* ۱. به (کسی) نسبت دادن ۲. پوشاندن، روکش کردن ۳. عوض کردن (منزل) ۴. فراهم کردن ۵. دریافت کردن ۶. سیم بستن (ساز) ۷. از ابر پوشیده شدن ۸. مراجعه کردن، استناد کردن
Ich beziehe mich auf die Einleitung des Buches. من به مقدمه کتاب استناد می‌کنم.
Beziehen Sie sich auf mich. به من مراجعه کنید.
von jemandem **Geld beziehen** از کسی پول گرفتن
die Laute mit Saiten beziehen عود را سیم انداختن
beziehend *Adj.* راجع به، مربوط به
Bezieher, der; -s, - ۱. مشترک (نشریه) ۲. خریدار
Bezieherin, die; -, -nen ۱. مشترک (نشریه) ۲. خریدار (زن)
Beziehung, die; -, -en ۱. رابطه، پیوند، مناسبت ۲. نظر، جهت
in dieser Beziehung از این لحاظ
in jeder Beziehung از هر جهت
Er hat die Stelle durch Beziehungen bekommen. او این کار را با پارتی‌بازی به‌دست آورده است.
intime Beziehungen mit jemandem **haben** با کسی رابطه نزدیک (جنسی) داشتن
beziehungslos *Adj.* بی‌ربط، نامربوط
beziehungsreich *Adj.* معنی‌دار، کنایه‌دار
Beziehungssatz, der; -es, ⸚e (دستور زبان) جملهٔ نسبی
beziehungsvoll *Adj.* معنی‌دار، کنایه‌دار
beziehungsweise *Konj.* یا، یعنی، که، به عبارت دیگر
Ich werde zwei Karten bestellen, beziehungsweise drei, wenn dein Freund auch mitkommen will. من دو بلیت رزرو خواهم کرد، یا شاید سه تا، در صورتی که دوست تو هم بیاید.
Beziehungswort, das; -(e)s, -e/⸚er ۱. مرجع ۲. کلمهٔ نسبی

beziffern *Vt., Vr.* ۱. شماره‌گذاری کردن ۲. تخمین زدن، برآورد کردن، ارزیابی کردن
Wir bezifferten sie auf tausend Mann. آنها را یک هزار نفر تخمین زدیم.
beziffert *Adj.* دارای شماره، رقم‌دار
Bezifferung, die; -, -en ۱. شماره‌گذاری ۲. تخمین، برآورد، ارزیابی
Bezirk, der; -(e)s, -e ناحیه، حوزه، بخش، منطقه، محله
Bezirksgericht, das; -(e)s, -e دادگاه بخش
Bezirksnotariat, das; -(e)s, -e دفتر اسناد رسمی بخش
Bezirksvorsteher, der; -s, - بخشدار
Bezogene, der; -n, -n طرف حواله، دادگاه بخش
Bezug, der; -(e)s, ⸚e ۱. ملافه، روکش ۲. وابستگی، ارتباط ۳. تهیه، به دست‌آوری
Bezug nehmend auf Ihr Schreiben ... عطف به نامهٔ شما ...
Bezüge, die / *Pl.* حقوق، مواجب، مقرری، درآمد
seine Bezüge erhöhen حقوق کسی را اضافه کردن
bezüglich *Adj., Präp.* ۱. منسوب، متعلق، مربوط ۲. مربوط به، راجع به، در خصوصِ، دربارهٔ
bezüglich Ihres Schreiben ... عطف به نامهٔ شما ...
Bezugnahme, die; -, -n مراجعه، عطف، ارجاع، اسناد
Unter Bezugnahme auf Ihren Brief... عطف به نامهٔ شما ...
Bezugsbedingungen, die / *Pl.* ۱. شرایط اشتراک ۲. شرایط تحویل
bezugsfertig *Adj.* [منزل] حاضر و آماده
Bezugspreis, der; -es, -e بهای اشتراک (نشریه)
Bezugsquelle, die; -, -n منبع تهیه
Bezugsschein, der; -(e)s, -e کوپن، ورقهٔ جیره
Bezugswert, der; -(e)s, -e ارزش تهیه
Bezugswort, das; -(e)s, -e مقدمه
bezwecken *Vt.* ۱. در نظر گرفتن ۲. منظور داشتن، قصد (چیزی) را داشتن
Was bezweckst du mit dieser Frage? منظور تو از این سؤال چیست؟
bezweifeln *Vt.* شک داشتن، تردید داشتن
etwas **bezweifeln** به چیزی شک کردن
Bezweif(e)lung, die; - شک، تردید
bezwingbar *Adj.* مغلوب‌شدنی، رام‌شدنی
bezwingen *Vt.* ۱. مغلوب کردن، مطیع کردن، رام کردن ۲. بر (کسی) چیره شدن، بر (کسی) غالب شدن
seine Feinde bezwingen بر دشمنان خود غالب شدن

Bezwinger, der; -s, -	مطیع‌کننده، رام‌کننده؛ چیره، فاتح
Bezwingerin, die; -, -nen	مطیع‌کننده، رام‌کننده؛ چیره، فاتح (زن)
Bezwingung, die; -, -en	غلبه، چیرگی
bezwungen Adj.	مغلوب، شکست خورده
bibbern Vi.	لرزیدن
vor Kälte bibbern	از سرما لرزیدن
Bibel, die; -, -n	کتاب مقدس (شامل انجیل و تورات)
Bibelausleger, der; -s	مفسر کتاب مقدس
Bibelauslegung, die; -, -en	تفسیر کتاب مقدس
Bibelforscher, der; -s, -	محقق کتاب مقدس
Bibelkenner, der; -, -n	تورات‌شناس، انجیل‌شناس
Bibelkunde, die; -, -n	شناخت کتاب مقدس
Bibelstil, der; -(e)s, -e	سبک کتاب مقدس
Bibeltext, der; -es -e	متن کتاب مقدس
Bibelwahrsagung, die; -	استخاره با کتاب مقدس
Biber, der; -s, -	بیدستر، بَبَر (نوعی حیوان جونده)
Biberpelz, der; -es, -e	پوست بیدستر
Bibliograph, der; -en, -en	کتاب‌شناس
Bibliographie, die; -, -n	۱. کتاب‌شناسی
	۲. فهرست کتاب‌ها
bibliographisch Adj.	(مربوط به) کتاب‌شناسی
Bibliomane, der; -n, -n	کتاب‌دوست
Bibliomanie, die; -	جنون کتاب‌دوستی
Bibliophile, der; -n, -n	کتاب‌دوست
Bibliothek, die; -, -en	کتابخانه
öffentliche Bibliothek	کتابخانهٔ عمومی
Bibliothekar, der; -s, -e	کتابدار
Bibliothekarin, die; -nen	کتابدار (زن)
bibliothekarisch Adj.	کتابخانه‌ای
Bibliothekswesen, das; -s, -	فن کتابداری
Bibliothekswissenschaft, die; -, -en	علم کتابداری
biblisch Adj.	(مربوط به) کتاب مقدس، (مربوط به) تورات، (مربوط به) انجیل
bieder Adj.	۱. نجیب، شریف ۲. امین، درستکار، قابل اعتماد
Biederkeit, die; -, -en	نجابت، شرافت، امانت، درستکاری
Biedermann, der; -(e)s, ⸚er	نجیب، شریف، امین، درست
biegbar Adj.	قابل انحنا، خم کردنی، خم‌شدنی
Biege, die; -, -n	خمیدگی، انحنا، منحنی
eine Biege drehen	دور زدن، پرسه زدن

biegen Vt., Vr.	۱. خم کردن، کج کردن، به (چیزی) انحنا دادن، تا کردن ۲. (با وسیلهٔ نقلیه) پیچیدن ۳. (دستورزبان) صرف کردن ۴. خم شدن
biegsam Adj.	قابل انحنا، خم کردنی، خم‌شدنی، انعطاف‌پذیر
Biegsamkeit, die; -	قابلیت انحنا، قابلیت انعطاف
Biegung, die; -, -en	۱. خمیدگی، انحنا، کجی ۲. تغییر مسیر، پیچ (با وسیلهٔ نقلیه) ۳. (دستورزبان) تصریف
Biene, die; -, -n	زنبور عسل
Bienenfresser, der; -s, -	مرغ زنبورخوار
Bienenhaus, das; -es, -häuser	کندو
Bienenhoing, der; -s	عسل طبیعی
Bienenkönigin, die; -, -nen	ملکهٔ زنبور عسل
Bienenkorb, der; -(e)s, ⸚e	کندو
Bienenstand, der; -(e)s, ⸚e	کندو
Bienenstich, der; -(e)s, -e	نیش زنبور
Bienenstock, der; -(e)s, ⸚e	کندو
Bienenvater, der; -s, -	پرورش‌دهندهٔ زنبور عسل
Bienenwabe, die; -, -n	شانهٔ عسل، آرایش شش‌گوش کندو
Bienenwachs, das; -es	موم عسل
Bienenweisel, der; -s, -	ملکهٔ زنبور عسل
Bienenzucht, die; -	پرورش زنبور عسل
Bienenzüchter, der; -s, -	پرورش‌دهندهٔ زنبور عسل
Biennale, die; -, -n	دوسالانه، بی‌ینال (جشنواره‌ای هنری که دو سال یک‌بار برگزار می‌شود)
Bier, das; -(e)s, -e	آبجو
etwas wie sauer Bier anbieten	از چیز بنجلی تعریف کردن
Das ist mein Bier.	این موضوع به من مربوط است.
Bierbankgespräch, das; -(e)s, -e	حرف بی‌سر و ته
Bierbaß, der; -basses, -bässe	صدای خیلی بم
Bierbrauer, der; -s, -	آبجوساز
Bierbrauerei, die; -, -en	آبجوسازی
Bierfaß, das; -fasses, -fässer	بشکهٔ آبجو
Bierflasche, die; -, -n	بطری آبجو
Bierglas, das; -es, ⸚er	لیوان آبجو
Bierhefe, die; -, -n	مخمر آبجو
Bierkanne, die; -, -n	آبجوخوری بزرگ
Bierkrug, der; -(e)s, ⸚e	آبجوخوری بزرگ
Bierlokal, das; -(e)s, -e	آبجوفروشی
Bierschaum, der; -(e)s, -schäume	کف آبجو
Bierstube, die; -, -n	آبجوفروشی
Bierwirt, der; -(e)s, -e	آبجوفروش

Bierwirtschaft 146

Bierwirtschaft, die; -, -en آبجوفروشی
Bierzeitung, die; -, -en روزنامهٔ فکاهی
Biese, die; -, -n حاشیه‌دوزی، توگذاری
Biest, das; -(e)s, -er ۱. جانور وحشی ۲. آدم وحشی، غول بی‌شاخ و دم
bieten *Vt., Vr.* ۱. عرضه کردن، ارائه دادن، تقدیم کردن ۲. در اختیار گذاردن ۳. پیشنهاد کردن ۴. پیش آمدن ۵. نشان دادن
Das lasse ich mir nicht bieten. اجازه چنین کاری را نمی‌دهم.
eine Belohnung bieten پیشنهاد پاداش دادن
bifokal *Adj.* [عدسی] دارای دو کانون، دو کانونی
Bigamie, die; -, -n دو همسری
Bigamist, der; -en, -en مرد دو زنه
Bigamistin, die; -, -nen زن دو شوهره
bigamisch *Adj.* دو همسره
bigott *Adj.* متعصب، سرسخت
Bigotterie, die; -, -n تعصب، سرسختی (در عقیده)
Bijouterie, die; -, -n جواهرفروشی
Bijoutier, der; -s, -s جواهرفروش
Bikini, der; -s, -s بیکینی، مایوی دو تکه
Bilanz, die; -, -en بیلان، ترازنامه، جمع‌بندی، موازنه (دخل و خرج)
Bilanz von zwei Jahren ترازنامه دو ساله
die Bilanz ziehen بیلان بستن
Bilanzauszug, der; -(e)s, ⸚e خلاصه ترازنامه
Bilanzbuch, das; -(e)s, ⸚er دفتر کل ترازنامه
Bilanzbuchhaltung, die; -, -en دفترداری ترازنامه
bilanzieren *Vt., Vi.* ۱. تهیه کردن (ترازنامه) ۲. موازنه کردن
Bilanzjahr, das; -(e)s, -e سال مالی
Bilanzprüfung, die; -s, -e ممیزی ترازنامه، بازرسی ترازنامه
Bilanzwert, der; -(e)s, -e ارزش ترازنامه
bilateral *Adj.* دوجانبه، دوطرفه
Bild, das; -(e)s, -er ۱. عکس، تصویر ۲. تابلوی نقاشی ۳. پرده (نمایش) ۴. منظره، چشم‌انداز ۵. تصور، تجسم
im Bild sein در جریان امر بودن
Ich bin im Bilde. موضوع برایم روشن است.
sich ein Bild von etwas machen چیزی را در ذهن خود مجسم کردن
ein lebendiges Bild geben شرح زنده جریانی را دادن
Bildarchiv, das; -s, -e آرشیو عکس
Bildausfall, der; -(e)s, ⸚e خاموشی تصویر در تلویزیون
Bildausschnitt, der; -(e)s, -e بخشی از تصویر، پیکر پاره
Bildbericht, der; -(e)s, -e گزارش مصور
Bildberichterstatter, der; -s, - خبرنگار عکاس
Bildschreibung, die; -, -en توصیف عکس
Bildchen, das; -s, - عکس کوچک
bilden *Vt., Vr.* ۱. تشکیل دادن، ساختن، ایجاد کردن، به وجود آوردن ۲. کسب کردن (معلومات) ۳. تعلیم دادن، آموزش دادن ۴. تشکیل شدن، به وجود آمدن
ein gebildeter Mensch شخص تحصیل‌کرده
bildend *Adj.* ۱. تعلیم‌دهنده ۲. تشکیل‌دهنده
Bilderanbeter, der; -s, - تصویرپرست، عاشق تابلوی نقاشی
Bilderanbetung, die; - تصویرپرستی، صورت‌پرستی
Bilderbibel, die; -, -n انجیل مصور
Bilderbogen, der; -s, - ورقهٔ مصور
Bilderbuch, das; -(e)s, ⸚er کتاب مصور
Bildergalerie, die; -, -n نمایشگاه نقاشی، نگارخانه
Bildergeschichte, die; -, -n داستان مصور
Bilderhandel, der; -s, ⸚ تابلوفروشی
Bilderhändler, der; -s, - تابلوفروش
Bilderkenner, der; -s, - تابلوشناس، نقاشی‌شناس
Bilderkult, der; -(e)s, -e تصویرپرستی، صورت‌پرستی
Bilderrahmen, der; -s, - قاب‌عکس
Bilderrätsel, das; -s, - داستان مصور، معمای مصور
bilderreich *Adj.* پرتصویر
Bilderschrift, die; -, -en خط تصویری، تصویرنگاری
Bildersprache, die; -, -n زبان تصویری
Bildersturm, der; -(e)s, ⸚e تصویرستیزی، مخالفت با تصویرپرستی
Bilderstürmer, der; -s, - تصویرپرست، عاشق تابلوی نقاشی
Bilderverehrung, die; -, -en تصویرپرستی، صورت‌پرستی
Bildfläche, die; -, -n ۱. صحنه ۲. پردهٔ سینما ۳. دیدگاه
auf der Bildfläche erscheinen بر روی صحنه ظاهر شدن
Bildfunk, der; -(e)s تلگراف تصویری
Bildgießer, der; -s, - ۱. پیکرساز ۲. ریخته‌گر
Bildhauer, der; -s, - مجسمه‌ساز، تندیس‌ساز
Bildhauerei, die; -, -en مجسمه‌سازی، تندیس‌سازی، پیکرسازی
Bildhauerkunst, die; - هنر مجسمه‌سازی، هنر تندیس‌سازی

bildhauern *Vi.* مجسمه ساختن، تندیس ساختن
Bildhauerwerkstatt, die; -, ⸚e
کارگاه مجسمه‌سازی
bildhübsch *Adj.* بسیار زیبا، خیلی قشنگ
Bildkarte, die; -, -n ۱. نقشهٔ مصور
۲. ورق بازی عکس‌دار
bildlich *Adj.* تصویری، رمزی، مجازی
Bildmaterial, das; -s, -lien عکس، تصویر، نقاشی
Bildner, der; -s, - پیکرساز، مجسمه‌ساز، نقاش
Bildnerei, die; -, -en هنرهای تجسمی
Bildnis, das; -nisses, -nisse صورت، تصویر، نقش، عکس
Bildpostkarte, die; -, -n کارت پستال مصور
Bildreportage, die; -, -n گزارش مصور
bildsam *Adj.* قالب‌پذیر، نرم، شکل‌پذیر
Bildsäule, die; -, -n تندیس ستونی
(ستون حجاری‌شده به صورت مجسمهٔ تمام قد)
Bildschirm, der; -(e)s, -e صفحهٔ تلویزیون
Bildschnitzer, der; -s, - مجسمه‌ساز، پیکرتراش، تندیس‌ساز
Bildschnitzerei, die; -, -en مجسمه‌سازی، پیکرسازی، تندیس‌سازی
bildschön *Adj.* بسیار زیبا، خیلی قشنگ
Bildsendung, die; -, -en انتقال تصویر
Bildstörung, die; -, -en اختلال در تصویر (تلویزیون)
Bildtelegrafie, die; -, -n انتقال تصویر از دور
Bildtelegramm, das; -s, -e تلگراف تصویری
Bildteppich, der; -s, -e قالیچهٔ نقش‌دار
Bildtonkamera, die; -, -s
دوربین فیلمبرداری همراه با ضبط صدا
Bildübertragung, die; -, -en انتقال تصویر
Bildung, die; -, -en ۱. تشکیل، ترکیب، تأسیس
۲. تعلیم، فرهنگ، تربیت، آموزش ۳. شکل، فرم، حالت
die Bildung der neuen Regierung
تشکیل حکومت تازه
die Allgemeinbildung معلومات عمومی
Bildungsanstalt, die; -, -en آموزشگاه، مؤسسهٔ فرهنگی
Bildungsdrang, der; -(e)s شوق به آموزش
Bildungseifer, der; -s شوق به آموزش
bildungsfähig *Adj.* آموزش‌پذیر
Bildungsgang, der; -(e)s, ⸚e شیوهٔ آموزش
Bildungsgeschichte, die; -, -n تاریخ فرهنگ
Bildungsgetue, das; -s اظهار فضل
Bildungsgut, das; -(e)s, ⸚er سرمایهٔ فرهنگی
Bildungshöhe, die; -, -n سطح فرهنگ و معلومات
Bildungsleben, das; -s, - زندگی فرهنگی، زندگی آموزشی
bildungslos *Adj.* بی‌فرهنگ
Bildungslosigkeit, die; - بی‌فرهنگی
Bildungsniveau, das; -s, -s سطح فرهنگ و معلومات
Bildungsstand, der; -(e)s, - پایگاه فرهنگی
Bildungsstreben, das; -s فرهنگ‌پژوهی
Bildungsweg, der; -(e)s, -e راه آموزشی، سیر فرهنگ
Bildungswelt, die; -, -en جهان فرهنگ
Bildungszustand, der; -es, ⸚e وضع فرهنگی
Bildweite, die; -, -n
(فیزیک) فاصله تصویر تا مرکز کانون
Bildwerk, das; -(e)s, -e تابلو نقاشی، تصویر، نقش، مجسمه
Bildwörterbuch, das; -(e)s, ⸚er فرهنگ مصور
Bildzeitung, die; -, -en روزنامهٔ مصور
bilinear *Adj.* وابسته به دو خط مستقیم
Billard, das; -(e)s, -e (بازی) بیلیارد
Billardkugel, die; -, -n توپ بیلیارد
Billardloch, das; -(e)s, ⸚er سوراخ میز بیلیارد
Billardspiel, das; -(e)s, -e بازی بیلیارد
Billardspieler, der; -s, - بیلیاردباز
Billardstock, der; -(e)s, ⸚e چوب بیلیارد
Billardtisch, der; -es, -e میز بیلیارد
Billardzimmer, das; -s, - اتاق بیلیارد
Billett, das; -(e)s, -e ۱. بلیت ۲. پته، برگه
Billettausgabe, die; -, -n محل فروش بلیت
Billettschalter, der; -s, - باجهٔ بلیت‌فروشی
Billettverkauf, der; -(e)s, -käufe فروش بلیت
Billiarde, die; -, -n بیلیارد، هزار بیلیون
billig *Adj.* ۱. ارزان، کم‌خرج، کم‌بها ۲. عادل، منصفانه، دوست
billigen *Vt.* تصویب کردن، تصدیق کردن، تأیید کردن، با (چیزی) موافقت کردن
billigermaßen *Adv.* از روی انصاف، انصافاً، حقاً
billigerweise *Adv.* از روی انصاف، انصافاً، حقاً
Billigkeit, die; - ۱. ارزانی، کم‌بهایی ۲. عدالت، انصاف، درستی
Billigung, die; -, -en تصویب، تصدیق، تأئید، موافقت
Billion, die; -, -en بیلیون
Bimbam, das; -s (زبان کودکانه) دنگ و دونگ

Bimetall 148

Bimetall, das; -s, -e دوفلزی، دو فلز به هم پیوسته
Bimetallismus, der; - سیستم پول دو فلزی، سیستم پول طلا و نقره
Bimmel, die; -, -n زنگوله، زنگ کوچک
bimmeln *Vi.* زنگ زدن، طنین انداختن
bimsen *Vt.* ۱. سنگ‌پا زدن ۲. به (کسی) مشقِ نظامی دادن ۳. به (کسی) آزار رساندن، کتک زدن ۴. با شتاب یاد گرفتن ۵. صدا (چیزی) را درآوردن
Bimsstein, der; -(e)s, - سنگ‌پا
bin صیغهٔ مضارع اول شخص مفرد از مصدر sein
binär *Adj.* دوتایی، جفتی، مضاعف
Binde, die; -, -n ۱. نوار، باند، بند ۲. نوار بهداشتی
Bindebogen, der; -s, - (موسیقی) علامت خط اتصال
Bindegewebe, das; -s, - بافت پیوندی، بافت هم‌بند
Bindegewebeentzündung, die; -, -en آماس بافت پیوندی
Bindeglied, das; -(e)s, -er ۱. عضو رابط ۲. واسطه، رابطه
Bindehautentzündung, die; -, -en ورم ملتحمه
Bindemittel, das; -s, - ملات؛ مادّهٔ چسبنده
binden *Vt., Vr.* ۱. بستن، وصل کردن، پیوند دادن، گره زدن ۲. جلد کردن (کتاب)، صحافی کردن ۳. متعهد شدن، مقید شدن ۴. (خود) را موظف کردن
die Krawatte binden کراوات بستن
jemandem etwas **auf die Seele binden** با اصرار و ابرام چیزی را از کسی خواستن
Binden, das; -s ۱. وصل، ربط ۲. صحافی ۳. گره
bindend *Adj.* الزام‌آور، اجباری
Binder, der; -s, - کراوات؛ پاپیون
Binderei, die; -, -en ۱. صحافی ۲. دسته گل‌سازی
Bindestrich, der; -(e)s, -e (دستور زبان) خط ربط، خط اتصال
Bindewort, das; -(e)s, -e (دستور زبان) حرف ربط
Bindezeichen, das; -s, - (موسیقی) علامت خط اتصال
Bindfaden, der; -s, ⸚ نخ بسته‌بندی، ریسمان
Bindung, die; -, -en اتصال، پیوستگی، پیوند، ربط
bindungslos *Adj.* بی‌قید، آزاد
binnen *Präp.* در ظرفِ، در حینِ، در مدتِ، هنگامِ، در طولِ
binnen eine Woche در ظرف یک هفته
Binnenfischerei, die; -, -en ماهی‌گیری داخلی
Binnengewässer, das; -s, - آب‌های داخلی
Binnenhafen, der; -s, ⸚ بندر داخلی، بندر درون مرزی
Binnenhandel, der; -s, ⸚ تجارت داخلی
Binnenland, das; -(e)s, ⸚er ۱. کشوری که به دریا راه ندارد ۲. داخل کشور
Binnenländer, der; -s ساکن داخل کشور
binnenländisch *Adj.* داخلی
Binnenmarkt, der; -(e)s, ⸚e بازار داخلی
Binnenmeer, das; -(e)s, -e دریای داخلی، دریای محدود (دریایی که فقط از راه تنگه به اقیانوس مربوط است)
Binnenschiffahrt, die; -, -en کشتی‌رانی داخلی
Binnensee, der; -s, -n دریاچهٔ داخلی
Binnentarif, der; -s, -e تعرفهٔ داخلی
Binnenverkehr, der; -(e)s ارتباط داخلی، رفت و آمد در داخل کشور
Binnenwasserstraße, die; -, -n راه‌های آبی داخلی
Binnenzoll, der; -(e)s, ⸚e گمرک داخلی
binokular *Adj.* [دوربین] دوچشمی
Binom, das; -s, -e (ریاضیات) دوجمله‌ای
binomisch *Adj.* (ریاضیات) دوجمله‌ای
Binse, die; -, -n جگن، خیزران، نی حصیر
in die Binsen gehen از دست رفتن
Binsenkorb, der; -(e)s, ⸚e سبد جگنی، سبد حصیری
Binsenwahrheit, die; -, -en حقیقت مسلم
Binsenweisheit, die; -, -en حقیقت مسلم
binsig *Adj.* جگنی، حصیری
Biochemie, die; - بیوشیمی، شیمی حیاتی
Biochemiker, der; -s, - متخصص بیوشیمی، متخصص شیمی حیاتی
biochemisch *Adj.* (مربوط به) بیوشیمی، (مربوط به) شیمی حیاتی
Biograph, der; -en, -en شرح حال نویس، تذکره نویس
Biographie, die; -, -n بیوگرافی، زیست‌نامه، زندگی‌نامه، شرح حال، تذکره
biographisch *Adj.* زیست‌نامه، (مربوط به) شرح‌حال
Biologe, der; -n, -n زیست‌شناس
Biologie, die; - زیست‌شناسی، بیولوژی
Biologin, die; -, -nen زیست‌شناس (زن)
biologisch *Adj.* (مربوط به) زیست‌شناسی
Biophysik, die; - فیزیک موجودات زنده
Biosphäre, die; - قسمت قابل سکونت کرهٔ زمین
biotisch *Adj.* حیاتی
bipolar *Adj.* دوقطبی

149 **bittflehend**

Birke, die; -, -n درخت غوش
Birkenholz, das; -es, ¨-er چوب درخت غوش
Birkhahn, der; -(e)s, ¨-e خروس کولی سیاه
Birkhuhn, das; -(e)s, ¨-er مرغ کولی سیاه
Birnbaum, der; -(e)s, -bäume درخت گلابی
Birne, die; -, -n ۱. گلابی ۲. لامپ
Birnenernte, die; -, -n محصول گلابی
Birnenholz, das; -es, ¨-er چوب گلابی
birnenformig *Adj.* گلابی شکل
Birnquitte, die; -, -n (میوه) به
bis *Präp., Konj.* ۱. تا، الی، حتی ۲. تا اینکه، تا زمانی که، تا موقعی که
Bis Morgen! (موقع خداحافظی) تا فردا!
Bis dann! تا بعد!
bis dahin تا آن‌وقت، تا آنجا
bis jetzt تاکنون، تا حالا، تا به حال
von Morgen bis Abend از صبح تا شب
Bis auf den letzten Platz besetzt war.
همهٔ صندلی‌ها اشغال شده بود.
Ich warte, bis er kommt. صبر می‌کنم تا وقتی که او بیاید.
Bisam, der; -s, -e ۱. مشک ۲. بوی مشک
Bisamratte, die; -, -n موش آبی
Bischof, der; -s, ¨-e ۱. اسقف ۲. (شطرنج) مهرهٔ فیل
bischöflich *Adj.* اسقفی
Bischofsamt, das; -(e)s, ¨-er مقام اسقفی
Bischofssitz, der; -es, -e اسقف‌نشین، مقر اسقف
Bischofsstab, der; -(e)s, ¨-e عصای اسقفی
bisexuell *Adj.* دوجنسی، دارای خصوصیات دو جنسِ نر و ماده
bisher *Adv.* تاکنون، تا حالا، تا این زمان، تا به حال
bisherig *Adj.* پیش از این، سابق بر این
Biskuit, das; -(e)s, -e بیسکویت
bislang *Adv.* تا کنون، تا حالا، تا این زمان، تا به حال
Biß, der; Bisses, Bisse گاز، گزش، نیش
biß *P.* صیغهٔ فعل گذشتهٔ مطلق از مصدر beißen
bißchen *Zahlw.* کمی، اندکی، قدری
ein bißchen مقداری، یک کمی
bissel *Adj.* کمی، اندکی، قدری
Bissen, der; -s, - تکه، لقمه
Mir blieb der Bissen im Hals stecken.
از ترس و وحشت خشکم زد.
bissenweise *Adv.* تکه تکه، لقمه لقمه
bissig *Adj.* ۱. گازگیر، گیرا، نیش‌دار ۲. گوشه‌دار
ein bissiger Hund سگ گازگیر
eine bissige Kritik انتقاد کنایه‌دار
Bissigkeit, die; -, -en ۱. گازگیری، گیرایی، نیش‌داری ۲. گوشه‌داری
Bißstelle, die; -, -n محل گاز، جای فشار دندان
Bißwunde, die; -, -n زخم گاز، گازگرفتگی
bist صیغهٔ مضارع دوم شخص مفرد از مصدر sein
Bistum, das; -(e)s, ¨-er قلمرو اسقف
bisweilen *Adv.* گاه‌گاهی، گاه به گاه، گاهی، بعضی اوقات
Bittbrief, der; -(e)s, -e تقاضانامه
Bitte, die; -, -n خواهش، تمنا، تقاضا، استدعا، درخواست
Ich habe eine Bitte an dich. از تو خواهشی دارم.
bitte *Adv.* ۱. لطفاً، بی‌زحمت ۲. بفرمایید ۳. خواهش می‌کنم
Wie bitte? چی گفتین؟
bitten *Vt.* ۱. خواهش کردن، تمنا کردن، درخواست کردن، التماس کردن ۲. دعوت کردن
eine Dame zum Tanz bitten
از خانمی دعوت به رقص کردن
jemanden **um** etwas **bitten**
از کسی چیزی را درخواست کردن
Ich bitte um Verzeihung! معذرت می‌خواهم! ببخشید!
Bitten, das; -s خواهش، تمنا، تقاضا
Bitter, der; -s, - خواهش‌کننده، درخواست‌کننده
bitter *Adj., Adv.* تلخ، سخت، ناگوار
Es ist bitter kalt. خیلی سرد است.
bitteram *Adj.* بسیار فقیر، ندار
bitterböse *Adj.* بسیار شرور، آتشی، خشمناک
Bittererde, die; -, -n تباشیر، منیزی
bitterernst *Adj.* خیلی جدی
Bittergurke, die; -, -n حنظل
bitterkalt *Adj.* بسیار سرد
Bitterkeit, die; -, -en تلخی، مرارت، سختی
bitterlich *Adj., Adv.* ۱. تلخی، ۲. به تلخی
bitterlich weinen به تلخی گریستن
Bitternis, die; -, -se تلخی، مرارت، سختی
Bittersalz, das; -es, -e (شیمی) سولفات منیزی
bittersüß *Adj.* تلخ و شیرین
Bitterwasser, das; -s, - / ¨- آب معدنی (دارای سولفات منیزی)
Bitterwein, der; -s, -e شراب تلخ
bitterwenig *Adj.* کمتر از کم، بسیار کم
Bittflehen, das; -s تضرع، التماس، استدعا
bittflehend *Adj.* از روی عجز و لابه

Bittflehende, der; -n, -n التماس‌کننده
Bittgebet, das; -(e)s, -e دعای خیر
Bittgesuch, das; -(e)s, -e تقاضانامه، درخواست، عرض‌حال
bittschön *Adv.* ۱. خواهش می‌کنم ۲. بفرمایید
Bittschrift, die; -, -en تقاضانامه، درخواست، عرض‌حال
Bittsteller, der; -s, - تقاضا کننده، درخواست‌کننده
bittweise *Adv.* درخواست کنان، تقاضا کنان
Bitumen, das; -s, -mina قیر
bitumieren *Vt.* قیراندود کردن
Biwak, das; -s, -e اردوی موقت
biwakieren *Vi.* اردوی موقت زدن
bizarr *Adj.* خارق‌العاده، شگفت‌آور، غیر عادی
Bizarrheit, die; - شگفتی
Bizeps, der; -es, -e عضلهٔ دوسر
Blabla, das; - حرف / حرف‌های پوچ و بی‌محتوا، چرت و پرت
blähen *Vt., Vi., Vr.* ۱. متورم کردن، متورم ساختن ۲. باد کردن، نفخ کردن، ورم کردن ۳. (خود) را مهم جلوه دادن
Was blähst du dich so? به چیت می‌نازی؟
blähend *Adj.* بادآور، نفاخ
Blähung, die; -, -en نفخ، بادشکم
blamabel *Adj.* شرم‌آور
Blamage, die; -, -n شرمساری، رسوایی، آبروریزی
blamieren *Vt., Vr.* ۱. شرمسار کردن، شرمنده کردن، رسوا کردن، بی‌آبرو کردن ۲. شرمسار شدن
sich vor jemandem **blamieren** پیش کسی خوار شدن
Du hast mich schön blamiert! تو که آبروی مرا ریختی!
blamiert *Adj.* رسوا، سرشکسته
blank *Adj.* ۱. براق، صیقلی ۲. لخت، بی‌پول
Jetzt bin ich aber blank! پولم ته کشید!
blänken *Vt.* برق انداختن، صیقل دادن
Blankett, das; -(e)s, -e سند امضا شدهٔ بدون متن
Blankheit, die; - براقی، روشنی، صافی
blankieren *Vt.* از این دست به آن دست فروختن
Blanko, das; - ورقهٔ سفید، چک سفید، سفید مهر
blanko *Adv.* [سند] خالی، پرنشده
Blankoformular, das; -s, -e سند سفید امضا شده
Blankoscheck, der; -en, -en چک سفید امضا شده
Blankovollmacht, der; -, ⸚e وکالت نامحدود
Blankowechsel, der; -s, - برات سفید امضا شده
Bläschen, das; -s, - ۱. حباب کوچک ۲. تاول کوچک
bläschenförmig *Adj.* تاول‌دار
Blase, die; -, -n ۱. حباب ۲. تاول ۳. مثانه ۴. انبیق
Blasebalg, der; -(e)s, ⸚e دم (آهنگری)
blasen *Vt., Vi.* ۱. فوت کردن، دمیدن ۲. نواختن (ساز بادی) ۳. وزیدن (باد)
jemandem **den Marsch blasen** کسی را سخت سرزنش کردن
Blasen, das; -s ۱. دم، نفخه، فوت ۲. وزش
blasenartig *Adj.* ۱. حباب‌مانند ۲. تاول‌مانند
Blasenbruch, der; -(e)s, ⸚e فتق مثانه
Blasenentzündung, die; -, -en ورم مثانه
blasenförmig *Adj.* ۱. حباب‌مانند ۲. تاول‌مانند
Blasenschmerz, der; -es, -e درد مثانه
Blasenstein, der; -(e)s, -e سنگ مثانه
Bläser, der; -s, - ۱. (موسیقی) نوازندهٔ ساز بادی ۲. (شیشه‌سازی) فوت‌گر
blasiert *Adj.* متکبر، خودبین، پرمدعا
Blasiertheit, die; -, -en تکبر، خودبینی
blasig *Adj.* حباب‌دار
Blasinstrument, das; -(e)s, -e (موسیقی) ساز بادی
Blaskapelle, die; -, -n (موسیقی) ارکستر سازهای بادی
Blasmusik, die; - موسیقی سازهای بادی
Blasphemie, die; -, -n کفرگویی، بی‌احترامی به مقدسات
blasphemieren *Vi.* کفرگویی کردن، به مقدسات بی‌حرمتی کردن
blasphemisch *Adj.* کفرآمیز
Blasrohr, das; -(e)s, -e نی
blaß *Adj.* رنگ‌پریده، رنگ‌باخته، بی‌رنگ، رنگ و رورفته
Ich habe keine blasse Ahnung. کم‌ترین اطلاعی ندارم.
Er sah blaß aus. رنگش پریده بود.
blaßblau *Adj.* آبی روشن
Blässe, die; -, -n رنگ‌پریدگی، رنگ‌باختگی، بی‌رنگی
blaßgelb *Adj.* ۱. زرد کم‌رنگ ۲. رنگ‌پریده
bläßlich *Adj.* رنگ‌پریده، رنگ‌رفته، کم‌رنگ
bläst blasen صیغهٔ مضارع دوم شخص مفرد از مصدر
Blatt, das; -(e)s, ⸚er ۱. برگ ۲. ورق، ورقه (کاغذ) ۳. روزنامه ۴. تیغه (شمشیر) ۵. ورق بازی ۶. صفحه
ein Blatt Papier یک ورقه کاغذ
vom Blatt spielen از روی نُت نواختن
Das Blatt hat sich gewendet. ورق برگشت.
kein Blatt vor den Mund nehmen بی‌پرده حرف زدن
Blattader, die; -n, -n رگبرگ
Blättchen, das; -s, - ۱. برگ کوچک ۲. روزنامهٔ محلی

Blatter, die; -s, - جوش، دمل، کورک
Blätterfall, der; -(e)s, ¨-e برگ‌ریزان
blätterig *Adj.* ۱. پوشیده از برگ، پر برگ ۲. ورقه ورقه، برگ برگ ۳. برگ‌مانند
Blattern, die / *Pl.* آبله
blättern *Vi., Vt., Vr.* ۱. ورق خوردن (کتاب) ۲. ورقه ورقه کردن ۳. پوسته پوسته شدن
in einem Buch blättern کتابی را ورق زدن
Blatternarbe, die; -, -n جای آبله
blatternarbig *Adj.* آبله‌ای، آبله‌دار
Blättertabak, der; -(e)s, -e توتون ورقه ورقه
Blätterteig, der; -(e)s, -e خمیر ورقه ورقه
Blätterwald, der; -(e)s, - نشریات، روزنامه‌جات
Blätterwerk, das; -(e)s, -e شاخ و برگ
blattförmig *Adj.* برگ‌مانند
Blattgerippe, das; -s رگ به رگ
Blattgold, das; -(e)s ورقهٔ طلا
Blattgrün, das; -s کلروفیل، سبزینه
Blattgrund, der; -(e)s, ¨-e دمبرگ (گیاه)
Blattlaus, die; -, -läuse شته (درخت)
blattlos *Adj.* بی‌برگ
Blattmetall, das; -s, -e ورقهٔ فلز
Blattnerv, der; -s رگبرگ (گیاه)
Blattpflanze, die; -, -n گیاه برگ‌دار
blättrig *Adj.* ۱. برگ‌دار، پوشیده از برگ، برگ‌مانند ۲. ورقه ورقه، برگ‌برگ
Blattstiel, der; -(e)s, -e ساق برگ
Blattwerk, das; -(e)s, -e شاخ و برگ
blau *Adj.* ۱. آبی، نیلی، کبود ۲. مست
blau sein مست بودن
blau machen سرکار نرفتن
blaues Auge چشم آبی
dunkelblau آبی سیر
hellblau آبی روشن
Blau, das; -s, - ۱. رنگ آبی ۲. لکهٔ کبود
blauaügig *Adj.* چشم آبی، زاغ
Blaubart, der; -(e)s, ¨-e (افسانه) ریش‌آبی
Blaubeere, die; -, -n زغال‌اخته
Blaue, das; -, -n رنگ آبی
eine Fahrt ins Blaue سفری بی‌هدف
Bläue, die; - رنگ‌آمیزی آبی
die Bläue des Himmels آسمان لاجوردی
blauen *Vi.* آبی شدن
bläuen *Vt.* آبی کردن، به رنگ آبی درآوردن

Blaufuchs, der; -es, ¨-e ۱. روباه قطبی ۲. پوست روباه قطبی
blaugrau *Adj.* آبی مایل به خاکستری
blaugrün *Adj.* آبی مایل به سبز
Blaukohl, der; -(e)s کلم قرمز
Blaukraut, das; -(e)s, -kräuter کلم قرمز
bläulich *Adj.* مایل به آبی، نیل‌فام
Blaulicht, das; -(e)s, -er نور آبی
blaumachen *Vi.* سرکار نرفتن، ول گشتن
Blaupapier, das; -s, -e کاغذ کپیه
Blausäure, die; - اسید سیانیدریک
Blaustift, der; -(e)s, -e مداد آبی
Blaustrumpf, der; -(e)s, ¨-e زن فاضل (منسوب به جمعیت زنان جوراب آبی در سدهٔ هیجدهم)
Blazer, der; -s, - کت اسپرت
Blech, das; -(e)s, -e ۱. حلبی ۲. ورقهٔ نازک فلز ۳. حرف / حرف‌های پوچ و بی‌محتوا، چرت و پرت
Red nicht solches Blech! مزخرف نگو!
Blechbläser, die / *Pl.* (موسیقی) سازهای بادی برنجی
Blechbüchse, die; -, -n قوطی حلبی
Blechdose, die; -, -n قوطی حلبی
blechen *Vt., Vi.* پرداختن، مزد دادن
blechern *Adj.* حلبی، از جنس حلبی
Blecherzeugnisse, die / *Pl.* فراورده‌های حلبی
Blechgeschirr, das; -(e)s, -e ظرف حلبی، حلبی‌جات
Blechinstrument, das; -(e)s, -e (موسیقی) ساز بادی برنجی
Blechkanister, der; -s, - پیپ حلبی
Blechkanne, die; -, -n قوطی حلبی
Blechmusik, die; - موسیقی سازهای برنجی، موسیقی فانفار
Blechschaden, der; -s, - خسارت بدنه (اتومبیل)
Blechschere, die; -, -n قیچی فلزبری
Blechschmied, der; -(e)s, -e حلبی‌ساز
Blechschmiede, die; -, -n حلبی‌ساز
Blechtopf, der; -(e)s, ¨-e دیگ حلبی
Blechverkleidung, die; -, -en آهن‌کوبی، پوشش حلبی
Blechware, die; -, -n کالای حلبی، حلبی‌جات
blecken *Vt.* (در مورد سگ) نشان دادن (دندان)
die Zähne blecken دندان‌های خود را نشان دادن
Blei[1]**,** der; -(e)s, -e ماهی سیم
Blei[2]**,** das; -(e)s, -e ۱. سرب ۲. گلوله ۳. مداد ۴. شاقول

Bleiarbeit 152

Bleiarbeit, die; -, -en سرب‌کاری، سرب‌سازی
Bleiarbeiter, der; -s, - سرب‌کار
Bleibarren, der; -s, - شمش سرب
Bleibe, die; -, -n مسکن، محل سکونت
bleiben *Vi.* ۱. ماندن ۲. منزل کردن، اقامت کردن، توقف کردن ۳. استقامت کردن، دوام آوردن
zu Hause bleiben در خانه ماندن
bei seinem Worte bleiben سر حرف خود ایستادن
Bleiben Sie sitzen! لطفاً بلند نشوید!
Bleiben Sie am Apparat! پای تلفن بمانید! گوشی دستتان باشد!
Sein Brief blieb unbeantwortet. نامه‌اش بی جواب ماند.
Bleiben, das; -s توقف، مکث، ایست، سکون
bleibend *Adj.* ماندنی، ماندگار، برقرار
Laß das bleibend! ولش کن! به حال خودش بگذار!
bleibenlassen *Vt.* انجام ندادن، از (چیزی) دست کشیدن
Bleibenzin, das; -s, -e بنزین سرب‌دار
Bleibergwerk, das; -(e)s, -e معدن سرب
bleich *Adj.* کم‌رنگ، بی‌رنگ، رنگ‌پریده، رنگ‌باخته
Bleich, das; - کم‌رنگی، رنگ‌پریدگی، بی‌رنگی
Bleiche, die; -, -n ۱. محل سفیدکاری (لباس) ۲. رنگ‌پریدگی
bleichen *Vt., Vr., Vi.* ۱. سفید کردن، کم‌رنگ کردن، رنگ (چیزی) را بردن ۲. سفید شدن، کم‌رنگ شدن، بی‌رنگ شدن
Bleicher, der; -s, - ۱. رختشوی، گازر ۲. شراب قرمز
Bleicherei, die; -, -en کارخانه سفیدگری
Bleichheit, die; - کم‌رنگی، سفیدی
Bleichmittel, das; -s, - مادهٔ رنگ‌زدایی
Bleichsucht, die; -, ⸚e یرقان، زردی
bleichsüchtig *Adj.* یرقانی
bleiern *Adj.* سربی، سربی‌رنگ
Bleierz, das; -es, -e سنگ سرب
bleifarbig *Adj.* سربی‌رنگ، به رنگ سرب
bleifrei *Adj.* بدون سرب
Bleigewinnung, die; -, -en استخراج سرب
Bleigießer, der; -s, - سرب‌ریز، سرب‌کار
Bleigießerei, die; -, -en سرب‌ریزی، ریخته‌گری سرب
bleihaltig *Adj.* سُرب‌دار
Bleihütte, die; -, -n کارخانهٔ ذوب سرب
bleiig *Adj.* سربی
Bleikugel, die; -, -n گلولهٔ سربی، گوی سربی

Bleilot, das; -(e)s, -e شاقول
Bleimine, die; -, -n مغز مداد
Bleirohr, das; -(e)s, -e لولهٔ سربی
bleischwer *Adj.* به سنگینی سرب
Bleisoldat, der; -en, -en سرباز سربی (نوعی اسباب‌بازی)
Bleistift, der; -s, -e مداد
Bleistiftgummi, der/das; -s, -s مداد پاک‌کن
Bleistiftmine, die; -, -n مغز مداد
Bleistiftspitze, die; -, -n نوک مداد
Bleistiftskizze, die; -, -n طرح مدادی
Bleistiftspitzer, der; -s, - مدادتراش
Bleistiftzeichnung, die; -, -en طرح مدادی
Bleivergiftung, die; -, -en مسمومیت از سرب
Bleiweiß, das; -s سفیداب
Blende, die; -, -n ۱. چشم‌بند ۲. پرده، حجاب ۳. (عکاسی) دیافراگم ۴. سنگر
die Blende der Kamera دیافراگم دهانهٔ دوربین
blenden *Vt., Vi.* ۱. کور کردن، نابینا کردن ۲. چشم (کسی) را بستن ۳. خیره کردن، مفتون کردن ۴. (خود) را بزرگ جلوه دادن
Die Sonne blendet mich. آفتاب چشمم را می‌زند.
sich von jemandem **blenden lassen** فریب کسی را خوردن
Blenden, das; -s تابش، روشنایی، درخشندگی
blendend *Adj.* شگفت‌آور، خیره کننده، فریبنده، چشمگیر
Blender, der; -s, - نیرنگ‌باز، دسیسه‌باز
Blendlaterne, die; -, -n فانوس کم نور، چراغ مخصوص دزدی
Blendleder, das; -s, - چشم‌بند چرمی (اسب)
Blendling, der; -s, -e دورگه، دوتخمه
Blendrahmen, der; -s, - چارچوب بیرونی پنجره
Blendung, die; -, -en چشم را زدن، چشم‌زدگی
Blendwerk, das; -(e)s, -e نیرنگ، فریب، اغفال
Blesse, die; -, -n لکهٔ سفید روی پیشانی حیوانات
blessieren *Vt.* مجروح کردن، زخمی کردن
blessiert *Adj.* مجروح، زخمی
Blessur, die; -, -en زخم، جراحت
Bleuel, der; -s, - رخت‌کوب، چوب گازری
bleuen *Vt.* رخت کوبیدن
Blick, der; -(e)s, -e ۱. نگاه، نظر ۲. منظره، چشم‌انداز
auf einen Blick با یک نظر
auf den ersten Blick از نگاه اول

ein Blick in die Zukunft نگاهی به آینده
einen raschen Blick werfen نظر اجمالی انداختن
Soweit der Blick reicht ... تا چشم کار می‌کند ...
blicken *Vi., Vt.* ۱. نگاه کردن، نظر کردن، نگریستن ۲. مراقب (چیزی) بودن
in den Spiegel blicken در آینه نظر کردن
in die Zukunft blicken به آینده چشم دوختن
um sich blicken دور و بر خود را پاییدن
Blickfang, der; -(e)s, ⸚e شیء چشمگیر
Blickfeld, das; -(e)s, -er چشم‌انداز، میدان دید
Blickfeuer, das; -s, - چراغ چشمک‌زن
blicklos *Adj.* بدون منظره، بی‌چشم‌انداز
Blickpunkt, der; -(e)s, -e نقطه‌نظر، دیدگاه
Blickrichtung, die; -, -en خط دید، مسیر دید
Blickweite, die; -, -n چشم‌رس
Blickwinkel, der; -s, - زاویهٔ دید
blieb *P.* صیغهٔ فعل گذشتهٔ مطلق از مصدر bleiben
blies *P.* صیغهٔ فعل گذشتهٔ مطلق از مصدر blasen
blind *Adj.* ۱. کور، نابینا ۲. کم نور، تاریک ۳. مطلق، بی‌قید و شرط ۴. قاچاقی
auf einem Auge blind یک چشمی
blinder Alarm اعلام خطر عوضی
blinder Passagier مسافر قاچاقی
(مسافری که بی‌بلیت سوار یک وسیلهٔ نقلیه می‌شود)
Blinddarm, der; -(e)s, -s آپاندیس، روده کور
Blinddarmentzündung, die; -, -en بیماری آپاندیسیت
Blinddarmoperation, die; -, -en جراحی آپاندیس
Blinde, der/die; -n, -n کور، نابینا، روشندل
Blindekuh, die; -, ⸚e بازی چشم‌بسته
Blindenanstalt, die; -, -en سازمان حمایت از نابینایان
Blindenhund, der; -(e)s, -e سگ نابینایان
Blindenschrift, die; -, -en خط بریل، الفبای مخصوص نابینایان
blindergeben *Adj.* مطیع محض
blindfliegen *Vi.* پرواز کور کردن، پرواز بدون دید کردن
Blindflug, der; -(e)s, ⸚e پرواز کور، پرواز بدون دید
blindgeboren *Adj.* کور مادرزاد
Blindheit, die; - کوری، نابینایی
Blindlandung, die; -, -en فرود کور (هواپیما)
blindlings *Adv.* کورکورانه
Blindschleiche, die; -, -n مارمولک کور
blindschreiben *Vi.* چشم‌بسته تایپ کردن، با ده انگشت ماشین‌نویسی کردن
Blindschreiben, das; -s ماشین‌نویسی با چشم‌بسته
Blindspiel, das; -(e)s, - بازی شطرنج با چشم‌بسته
Blindversuch, der; -(e)s, -e آزمایش کور
blink *Adj.* براق، تمیز
blink und blank شسته و رفته
blinken *Vi.* ۱. برق زدن، درخشیدن، تابیدن ۲. چشمک زدن ۳. با چراغ علامت دادن
Die Sterne blinken. ستارگان چشمک می‌زنند.
Blinken, das; -s ۱. برق، درخشش، تابش ۲. چشمک ۳. علامت به وسیلهٔ چراغ
blinkend *Adj.* درخشان، تابان
die blinkende Sonne آفتاب تابان
Blinker, der; -s, - چراغ چشمک‌زن (اتومبیل)
blinkern *Vi.* ۱. برق زدن، درخشیدن، تابیدن ۲. چشمک زدن ۳. با چراغ علامت دادن
Blinkfeuer, das; -s, - ۱. چراغ چشمک‌زن ۲. فانوس دریایی
Blinkgerät, das; -(e)s, -e دستگاه مخابره با نور
Blinkleuchte, die; -, -n ۱. چراغ چشمک‌زن ۲. فانوس دریایی
Blinklicht, das; -(e)s, -er چراغ چشمک‌زن (اتومبیل) ۲. نور فلاش
Blinkzeichen, das; -s, - علامت چراغ راهنما
blinzeln *Vi.* چشمک زدن، چشم به هم زدن، با چشم اشاره کردن
Blinzeln, das; -s چشمک
Blitz, der; -es, -e برق، آذرخش، صاعقه
Blitz und Donne رعد و برق
wie der Blitz مثل برق، برق‌آسا
Er verschwand wie der Blitz. برقی غیبش زد.
Blitzableiter, der; -s,- برق‌گیر
blitzartig *Adj.* برق‌آسا، مثل برق
Blitzaufnahme, die; -, -n عکس‌برداری با فلاش
blitzdumm *Adj.* بسیار احمق
blitzen *Vt.* ۱. برق زدن، صاعقه زدن، (ناگهان) شعله‌ور شدن ۲. (عکاسی) فلاش زدن
Es blitzt. برق می‌زند.
Blitzen, das; -s ۱. برق، صاعقه، شعلهٔ ناگهانی ۲. (عکاسی) فلاش
Blitzer, der; -s, - (عکاسی) فلاش
Blitzgerät, das; -(e)s, -e (عکاسی) فلاش
Blitzgespräch, das; -(e)s, -e گفت‌وگوی کوتاه تلفنی

Blitzjunge, der; -n, -n پسر زرنگ
Blitzkerl, der; -(e)s, - پسر زرنگ
Blitzkrieg, der; -(e)s, -e جنگ برق‌آسا
Blitzlampe, die; -, -n (عکاسی) لامپ فلاش
Blitzlicht, das; -(e)s, -er نور فلاش عکاسی
Blitzlichtaufnahme, die; -, -n عکس‌برداری با فلاش
Blitzlichtbirne, die; -, -n (عکاسی) لامپ فلاش
Blitzreise, die; -, -n سفر کوتاه، سفر برق‌آسا
Blitzschaden, der; -s, ¨ خسارت برق‌زدگی
Blitzschlag, der; -(e)s, ¨e صاعقه
blitzschnell *Adj., Adv.* برق‌آسا، به سرعت برق
Blitzschutz, der; -es محافظت در مقابل رعد و برق
Blitzstart, der; -(e)s, -e/-s شروع رعد و برق
Blitzstrahl, der; -(e)s, -en (در رعد و برق) پرتو برق
Blitztelegramm, das; -s, -e تلگراف فوری
Block, der; -(e)s, ¨e ۱. تنه، کُنده، الوار ۲. گروه، دسته، اتحادیه ۳. دفترچهٔ یادداشت
 Ostblock بلوک شرق
 der Wohnblock مجتمع مسکونی
Blockade, die; -, -n ۱. راه‌بندان، سد راه ۲. محاصره (کشور)
Blockbuchstabe, der; -n(s), -n حرف بزرگ (لاتین)
blocken *Vt., Vi.* ۱. مانع (چیزی) شدن ۲. سد کردن، مانع شدن، بازداشتن
Blockflöte, die; -, -n (موسیقی) رکوردِر، نی‌لبک
blockfrei *Adj.* غیر متعهد
Blockhaus, das; -es, -häuser خانهٔ چوبی
Blockhütte, die; -, -n کلبهٔ چوبی
blockieren *Vt.* ۱. سد کردن، بند آوردن، بستن (راه) ۲. محاصره کردن
Blockierung, die; -, -en ۱. سد، بند ۲. محاصره
Blockschokolade, die; -, -n تختهٔ شکلات
Blockschrift, die; -, -en حروف بزرگ (لاتین)
blöd(e) *Adj.* ۱. احمق، ابله، بی‌عقل، نفهم ۲. کمرو، محجوب، خجالتی ۳. بی‌معنی ۴. ناخوشایند، خسته کننده
 ein blödes Buch یک کتاب خسته‌کننده
Blödel, der; -s, - احمق، جاهل، ابله
blödeln *Vi.* ۱. خود را به ساده‌لوحی زدن، ابلهی کردن، نادانی کردن ۲. چرت و پرت گفتن
Blödheit, die; -, -en نادانی، ابلهی، حماقت
 aus Blödheit از روی حماقت
Blödling, der; -s, -e احمق، ابله، نادان
Blödmann, der; -(e)s, ¨er احمق، ابله، نادان
Blödsinn, der; -(e)s, - ۱. دیوانگی، حماقت ۲. حرف چرند، سخن یاوه
 Blödsinn anrichten حماقت کردن
 Er redet Blödsinn. او چرند می‌گوید.
blödsinnig *Adj., Adv.* بی‌معنی، احمقانه، ابلهانه
Blödsinnige, der; -n, -n دیوانه، مجنون؛ کودن
blöken *Vi.* بع‌بع کردن
Blöken, das; -s بع‌بع
blond *Adj.* بلوند، بور، موطلایی
Blonde, die; -n, -n ۱. زن موطلایی، زن موبور ۲. آبجوی روشن
Blondhaar, das; -(e)s, - موی طلایی
blondhaarig *Adj.* موطلایی
Blondheit, die; - بوری
blondieren *Vt.* بور کردن
Blondine, die; -, -n ۱. زن موطلایی، زن موبور ۲. آبجوی روشن
bloß *Adj., Adv.* ۱. لخت، عریان، برهنه ۲. خالص، محض، منحصر ۳. به تنهایی، صرفاً، منحصراً
 mit bloßem Auge با چشم غیر مسلح
 mit bloßen Füßen با پاهای برهنه
 bloße Lüge دروغ محض
 Es ist bloß eine Lüge. دروغی بیش نیست.
Blöße, die; -, -n ۱. برهنگی، لختی، عریانی ۲. (ورزش) نقص در پوشش دفاعی
 dem Gegner eine Blöße bieten به حریف فرصت حمله دادن
bloßlegen *Vt.* لخت کردن، برهنه کردن، عریان کردن
bloßliegen *Vi.* لخت بودن، برهنه بودن، عریان بودن
bloßstellen *Vt.* رسوا کردن، آبروی (کسی) را ریختن، افشا کردن
 sich bloßstellen خود را رسوا کردن
Bloßstellung, die; -, -en رسوایی، آبروریزی
blubbern *Vi.* ۱. غُل‌غُل کردن ۲. حباب ایجاد کردن ۳. آه و ناله کردن ۴. غیرواضح سخن گفتن، نامفهوم حرف زدن
Bluff, der; -s, -s بلوف؛ توپ، تشر؛ لاف
bluffen *Vt., Vi.* ۱. لاف (چیزی) را زدن ۲. بلوف زدن؛ توپ و تشر زدن
blühen *Vi.* ۱. شکوفه دادن، گل کردن، شکفتن ۲. ترقی دادن، پیشرفت کردن، رونق داشتن
 Der Handel blüht. کسب و کار رونق دارد.
 Der Baum blüht. درخت شکوفه می‌دهد.

Blühen, das; -s, - ۱. گل‌کردگی، شکفتگی ۲. ترقی، پیشرفت
blühend *Adj.* ۱. شکوفه‌کنان، شکوفه‌دار، پرگل ۲. شکفته ۳. مترقی ۴. پررونق
blühende Stadt شهر آباد
Blümchen, das; -s, - ۱. گل کوچک ۲. خال کوچک پیشانی ۳. لکهٔ سفید روی پیشانی
Blume, die; -, -n ۱. گُل ۲. کف آبجو ۳. زیبایی، لطافت ۴. عطر شراب
Blumen gießen گل‌ها را آب دادن
etwas **durch die Blume sagen** در لفافه چیزی راگفتن
blümen *Vt.* گل بافتن، نقش گل کشیدن
Blumenausstellung, die; -, -en نمایشگاه گل
Blumenbeet, das; -(e)s, -e باغچه، گلزار
Blumenblatt, das; -(e)s, ⸚er گلبرگ، برگ گل
Blumenblättchen, das; -s, - پرگل
Blumenduft, der; -(e)s, ⸚e عطر گل
Blumenerde, die; -n خاک گل، خاک گلدان
Blumenfest, das; -(e)s, -e جشن گل، جشن گل‌ریزان
Blumenfrau, die; -, -en زن گل‌فروش
Blumenfreund, der; -(e)s, -e دوستدار گل
Blumengarten, der; -s, ⸚ باغ گل، گلستان
Blumengärtner, der; -s, - باغبان، گلکار
Blumengeschäft, das; -(e)s, -e گل‌فروشی
Blumenhändler, der; -s, - گل‌فروش
Blumenhändlerin, die; -, -nen گل‌فروش (زن)
Blumenhandlung, die; -, -en گل‌فروشی
Blumenkasten, der; -s, ⸚ جعبهٔ گل
Blumenkelch, der; -(e)s, -e کاسهٔ گل، حقهٔ گل، غلاف گل
Blumenkohl, der; -(e)s گل کلم
Blumenkranz, der; -es, ⸚e تاج گل
Blumenkrone, die; -, -n تاج گل
Blumenladen, der; -s, ⸚ گل‌فروشی
Blumenliebhaber, der; -s, - دوستدار گل
Blumenmacher, der; -s, - گل‌ساز (گل مصنوعی)
Blumenmädchen, das; -s, - دختر گل‌فروش
Blumenmotiv, das; -s, -e نقش گل
Blumenmuster, das; -s, - نقش گل
Blumenpflücken, das; -s گل چینی
blumenreich *Adj.* پُرگل
Blumenschale, die; -, -n کاسهٔ گل، جام گل
Blumenständer, der; -s, - ساقهٔ گل
Blumenstaub, der; -(e)s گرده، دانهٔ گرده، گرده‌افشانی
Blumenstengel, der; -s, - ساقهٔ گل
Blumenstickerei, die; -, -en گلدوزی
Blumenstiel, der; -(e)s, -e ساقهٔ گل
Blumenstock, der; -s, ⸚e (در گلدان) بوتهٔ گل
Blumenstrauch, der; -(e)s, -sträucher بوتهٔ گل
Blumenstrauß, der; -es, -sträuße دستهٔ گل
Blumentopf, der; -(e)s, ⸚e گلدان
Blumenuntersetzer, der; -s, - زیرگلدانی
Blumenvase, die; -, -n گلدان
Blumenzucht, die; - پرورش گل
Blumenzüchter, der; -s, - گل‌پرور، گلکار
Blumenzüchterin, die; -, -nen گل‌پرور، گلکار (زن)
Blumenzwiebel, die; -, -n پیاز گل
blumig *Adj.* ۱. گل‌دار، پُرگل ۲. معطر، دلنشین
Bluse, die; -, -n بلوز
Blut, das; -(e)s, -e ۱. خون ۲. اصل، نسب، نژاد ۳. روابط خویشاوندی
jemanden **bis aufs Blutärgern** خون کسی را بر اثر عصبانیت کثیف کردن
Er hat mich bis aufs Blut geschlagen. مرا به قصد کشت کتک زد.
Blut schwitzen به شدت ترسیدن
böses Blut machen فتنه برانگیختن
Das liegt mir im Blut. این توی خونم است.
Blut spenden خون دادن
blutabzapfen *Vt.* از (کسی) خون گرفتن
Blutader, die; -n, -n رگ خونی
Blutalkohol, der; -s, -e الکل خون
Blutanalyse, die; -, -en آزمایش خون، تجزیهٔ خون
Blutapfelsine, die; -, -n پرتقال تو سرخ، پرتقال خونی
blutarm *Adj.* ۱. کم‌خون ۲. بسیار فقیر
Blutarmut, die; - (بیماری) کم‌خونی
Blutbad, das; -(e)s, ⸚er حمام خون، خونریزی، قتل‌عام
Blutbahn, die; -, -en جریان خون
Blutbank, die; -, -en بانک خون، بانک جمع‌آوری خون
Blutbild, das; -es, -er شمارش گویچه‌های خون
blutbildend *Adj.* خون‌ساز
Blutbildung, die; -, -en تشکیل خون
Blutblase, die; -, -n خون زیر پوست، خون آکند
Blutdruck, der; -(e)s, - فشار خون

Blutdruckmesser, der; -, -n دستگاه فشار خون
Blutdrüse, die; -, -n غدهٔ خونی
Blutdurst, der; -(e)s خون‌آشامی، خونخواری
blutdürstig *Adj.* خون‌آشام، خونخوار
Blüte, die; -, -n ۱. شکوفه، گل‌دهی ۲. شکوفایی ۳. پول تقلبی
- **in der Blüte des Lebens** در بهار عمر
- **in der Blüte der Jugend** در عنفوان جوانی

Blutegel, der; -s, - زالو
Bluteiter, der; -s, - خونابه، چرک و خون
bluten *Vi.* ۱. خون آمدن، خون از دست دادن، خون جاری شدن ۲. خون ریختن، خونریزی کردن
- **Es blutet.** خون می‌آید.
- *Die Wunde blutet.* از زخم خون می‌آید.
- *Mir blutet die Nase.* از دماغم خون می‌آید.

Blütenblatt, das; -(e)s, ⸚er گلبرگ
blutend *Adj.* خون‌آلود، آغشته به خون، خونی
Blütendolde, die; -, -n آرایش چتری
Blütenfall, der; -(e)s, ⸚e شکوفه‌ریزان
Blütenhonig, der; -s, - عسل گل
Blütenkelch, der; -(e)s, -e کاسهٔ گل، حقهٔ گل
Blütenkelchblatt, das; -(e)s, ⸚er کاسبرگ
Blütenknospe, die; -, -n غنچهٔ گل
blütenlos *Adj.* بی‌شکوفه
Blütenpflanze, die; -, -n گیاه گل‌دار
Blütenstaub, der; -(e)s غبار گل، گردهٔ گل
Blütenstempel, der; -s, - مادگی گل
Blutentnahme, die; -, -n خون‌گیری
blütentragend *Adj.* گل‌دار، پرگل، پرشکوفه
blütenweiß *Adj.* سفید خالص
Bluter, der; -s, - (بیمار) هموفیلی، مبتلا به هموفیلی
Bluterguß, der; -gusses, -güsse خون‌مردگی
Bluterkrankheit, die; - (بیماری) هموفیلی
Blütezeit, die; -, -en ۱. موسم گل ۲. دوران شکوفایی ۳. عنفوان جوانی
Blutfarbstoff, der; -(e)s, -e مادّهٔ رنگی خون
Blutfleck, der; -(e)s, -e لکهٔ خون
Blutgefäß, das; -es, -e رگ خونی
Blutgeld, das; -(e)s, -er خون‌بها
Blutgerinnsel, das; -s, - لختهٔ خون
Blutgeschwür, das; -(e)s, -e دمل خونی
Blutgier, die; - خون‌آشامی، خونخواری
blutgierig *Adj.* خون‌آشام، خونخوار
Blutgruppe, die; -, -n گروه خونی
Blutgruppenbestimmung, die; -, -en تعیین گروه خونی
Bluthund, der; -(e)s, -e (نوعی) سگ شکاری که شامهٔ بسیار تیزی دارد
Bluthusten, der; -s سرفهٔ خونی
blutig *Adj.* خونی، خون‌آلود
- **blutige Hände** دست‌های خون‌آلود
- **blutiger Durchfall** اسهال خونی
- **blutige Tränen weinen** خون گریستن

Blutigel, der; -s, - زالو
blutjung *Adj.* نوجوان
Blutklumpen, der; -s, - لختهٔ خون
Blutkörperchen, das; -s, - گلبول خون
Blutkrankheit, die; -, -en بیماری خونی
Blutkrebs, der; -es; - سرطان خون
Blutkreislauf, der; -(e)s, -läufe دستگاه گردش خـون
blutleer *Adj.* بی‌خون، کم‌خون
Blutleere, die; - بی‌خونی، کم‌خونی
blutlos *Adj.* بی‌خون، کم‌خون
Blutlosigkeit, die; - بی‌خونی، کم‌خونی
Blutmangel, der; -s, ⸚ کم‌خونی
Blutorange, die; -, -n پرتقال تو سرخ، پرتقال خونی
Blutplasma, das; -s, -men پلاسمای خون
Blutprobe, die; -, -n آزمایش خون
Blutrache, die; - قصاص، انتقام خون
blutreinigend *Adj.* خون پالا
Blutreinigung, die; -, -en تصفیه خون
blutrot *Adj.* خون‌رنگ، به رنگ خون
blutrünstig *Adj.* خونخوار، خون‌آشام
Blutsauger, der; -s, - خونخوار، خون‌آشام
Blutsbruder, der; -s, - برادر همخون
Blutsbrüderschaft, die; -, -en برادرخواندگی
Blutschande, die; -, -n روابط جنسی با محارم
Blutschuld, die; - خونریزی ناحق
Blutserum, das; -s, -ra / -ren سرم خون
Blutsfreund, der; -(e)s, -e دوست همخون
Blutspender, der; -s, - خون‌دهنده، اهداکنندهٔ خون
blutspucken *Vi.* خون قی کردن
Blutspucken, das; -s خلط خونی، تف خونی، سرفهٔ خونی
Blutspur, die; -, -en اثر خون
blutstillend *Adj.* خون‌بند
Blutstillung, die; - خون‌بندی

157 Bodenschätze

Blutstropfen, der; -s, - قطرهٔ خون
Blutsturz, der; -es, ⸚e خونریزی شدید، خونریزی ناگهانی
blutsverwandt *Adj.* همخون
Blutsverwandte, der/die; -n, -n خویشاوند همخون
Blutsverwandtschaft, die; -, -en خویشاوندی همخونی
Bluttat, die; -, -en قتل، آدم‌کشی
Bluttransfusion, die; -, -en انتقال خون
bluttriefend *Adj.* خون‌چکان
blutüberströmt *Adj.* آغشته به خون
Blutübertragung, die; -, -en انتقال خون
Blutumlauf, der; -(e)s, -läufe جریان خون
Blutung, die; -, -en ۱. ریزش خون ۲. عادت ماهانه
blutunterlaufen *Adj.* خون‌گرفته، برافروخته
Blutuntersuchung, die; -, -en آزمایش خون، تجزیهٔ خون
Bluturteil, das; -s, -e حکم اعدام
blutvergießen *Vt., Vr.* ۱. کشتن ۲. خون ریختن
Blutvergießen, das; -s خونریزی
blutvergießend *Adj.* سفاک، بی‌رحم
Blutvergiftung, die; -, -en مسمومیت خونی
Blutverlust, der; -(e)s, -e خون‌رفتگی
Blutwelle, die; -, -n موج خون
Blutwurst, die; -, ⸚e (نوعی) کالباس، کالباس خونی
Blutzeuge, der; -n, -n شهید، فدایی
Blutzoll, der; -(e)s, ⸚e قصاص
Blutzucker, der; -s قند خون
Blutzuckerspiegel, der; -s, - میزان قند خون
b-Moll, das; - (موسیقی) سی بِمُل کوچک
Bö(e), die; -, -en تندباد، بوران، وزش شدید باد
Boa, die; -, -s مار بوآ
Bock, der; -(e)s, ⸚e ۱. بز نر ۲. خبط، سهو، اشتباه ۳. چهارپایه ۴. نشیمن درشکه‌چی ۵. (نوعی) آبجو ۶. (ورزش) خرک

den Bock zum Gärtner machen گوشت را به گربه سپردن

einen Bock schießen دچار اشتباه فاحش شدن

bockbeinig *Adj.* خودسر، سرسخت، لجوج
Bockbeinigkeit, die; - لجاجت، سرسختی، سرکشی
Bockbier, das; -(e)s, -e (نوعی) آبجوی قوی
Bockbierfest, das; -(e)s, -e جشن آبجوخوری
Böckchen, das; -s, - بزغاله
bocken *Vi.* ۱. جست و خیز کردن، جفتک انداختن ۲. لجبازی کردن، سرسختی کردن
bockig *Adj.* خودسر، سرسخت، لجوج
Bockigkeit, die; - لجاجت، سرسختی، خودسری
Bockleder, das; -s, - چرم بز
Bockleiter, der; -s, - نردبان دو طرفه
Bocksbart, der; -(e)s, ⸚e ریش بز؛ ریش بزی
bocksfüßig *Adj.* بزپا
Bockshorn, das; -(e)s, ⸚er شاخ بز

jemanden ins Bockshorn jagen lassen کسی را به ترس و وحشت انداختن

Bockwurst, die; -, ⸚e (نوعی) سوسیس
Bockshornklee, der; -s شنبلیله
Bockspringen, das; -s ۱. (بازی) جفتک چارکش ۲. (ورزش) پرش خرک
Bocksprung, der; -(e)s, ⸚e جست و خیز
Boden, der; -s, - ۱. خاک، زمین ۲. کف اتاق ۳. زیر شیروانی ۴. ته، بن ۵. ملک

zu Boden fallen زمین خوردن

den Feind zu Boden schlagen دشمن را مغلوب کردن

die Stadt dem Boden gleichmachen شهر را با خاک یکسان کردن

Bodenbelag, der; -(e)s, ⸚e پوشش زمین، کف‌پوش
Boden-Boden-Rakete, die; -, -n موشک زمین به زمین
Bodenertrag, der; -(e)s, ⸚e محصول زمین
Bodenfläche, die; -, -n سطح زمین
Bodengeschoß, das; -schosses, -schösse طبقهٔ زیر شیروانی، طبقهٔ فوقانی
Bodenhöhe, die; -, -n ارتفاع زمین
Bodenkammer, die; -, -n اتاقک زیر شیروانی
Bodenkredit, der; -(e)s, -e اعتبار ملکی
Bodenkultur, die; -, -en کشاورزی، زراعت
bodenlos *Adj.* ۱. نامحدود ۲. بی‌اساس، باورنکردنی، غیر قابل قبول
Boden-Luft-Rakete, die; -, -n موشک زمین به هوا
Bodenpersonal, das; -s کارکنان شرکت هواپیمایی در فرودگاه
Bodenreform, die; -, -en اصلاحات ارضی
Bodenriß, der; -risses, -risse ترک‌خوردگی زمین، شکاف زمین
Bodensatz, der; -(e)s, ⸚e ته‌نشین، رسوب
Bodenschätze, die / *Pl.* ذخایر زیرزمین

bodenständig 158

bodenständig *Adj.* بومی، اهلی
Bodenstation, die; -, -en ایستگاه زمینی (هواپیما)
Bodenstreitkräfte, die / *Pl.* نیروی زمینی
Bodenwelle, die; -, -n برآمدگی زمین، پشته
Bodybuilding, das; -s (ورزش) پرورش اندام
bog *P.* صیغهٔ فعل گذشتهٔ مطلق از مصدر biegen
Bogen, der; -s, - ۱. قوس، کمان، منحنی ۲. تاق ۳. آرشه (ویلن) ۴. ورق بزرگ (کاغذ)
Pfeil und Bogen تیر و کمان
große Bogen spucken لاف زدن، پز دادن
den Bogen heraushaben از چیزی خوب سر در آوردن
Bogenbrücke, die; -, -n پل قوس‌دار
Bogenfenster, das; -s, - پنجرهٔ قوس‌دار
bogenförmig *Adj.* قوسی، کمانی، قوس‌دار
Bogenführung, die; -, -en آرشه‌کشی (ویلن)
Bogengang, der; -(e)s, ⸚e گذرگاه تاق‌دار، بازار، تیمچه
Bogengewölbe, das; -es, -e گنبد هلالی، تاق‌نما
Bogengrad, der; -(e)s, -e درجهٔ انحنا
Bogenhaar, das; -(e)s, -e موی آرشه (ویلن)
Bogenlampe, die; -, -n لامپ قوسی
Bogenlänge, die; -, -n طول قوس
Bogenlinie, die; -, -n خط منحنی
Bogenmacher, das; -s, -e کمان‌ساز
Bogenmaß, das; -es, -e مقیاس قوسی
Bogenschießen, das; -s تیراندازی با تیر و کمان
Bogenschütze, der; -, -n تیرانداز، کمان‌دار
Bogensehne, die; -, -n زه کمان
Bogenstrich, der; -(e)s, -e آرشه‌کشی (ویلن)
Bogner, der; -s, - کمان‌ساز، کمانگر
Bohle, die; -, -n تختهٔ ضخیم، الوار
den Fußboden mit Bohlen belegen برای اتاق کف چوبی ساختن
bohlen *Vt.* برای (جایی) کف چوبی ساختن، تخته‌پوش کردن (اتاق)
Bohne, die; -, -n ۱. لوبیا ۲. میوهٔ قهوه، کاکائو
dicke Bohne باقلا
grüne Bohnen لوبیا سبز
weiße Bohnen لوبیا سفید
Bohnenkaffee, der; -s, -s قهوهٔ خالص
Bohnenkraut, das; -(e)s, -kräuter پونهٔ کوهی
Bohnenstange, die; -, -n ساقهٔ لوبیا
Bohnenstaude, die; -, -n بوتهٔ لوبیا
Bohnenstrauch, der; -(e)s, -sträucher بوتهٔ لوبیا
Bohnenstroh, das; -(e)s ابله، احمق
Dumm wie Bohnenstroh! نفهم مثل خر!
Bohner, der; -s, - جلاگر، پرداختگر
bohnern *Vt.* روغن زدن، جلا دادن، واکس زدن (کف چوبی اتاق)
Bohnerwachs, das; -es واکس کف اتاق
Bohrautomat, der; -en, -en متهٔ برقی، درل
bohren *Vt., Vi.* ۱. با (مته) سوارخ کردن ۲. کندن، حفر کردن ۳. چرخ کردن (دندان) ۴. به ستوه آوردن، موی دماغ شدن ۵. اصرار کردن، پافشاری کردن
einen Brunnen bohren چاهی را حفر کردن
mit dem Finger in der Nase bohren انگشت توی دماغ کردن
Bohrer, der; -s, - مته
Bohrgerät, das; -(e)s, -e مته، دستگاه حفاری
Bohrloch, das; -(e)s, ⸚er جای مته، سوراخ، حفره
Bohrmaschine, die; -, -n مته برقی، درل
Bohrmehl, das; -(e)s خرده‌تراش مته
Bohrstange, die; -, -n میل مته
Bohrturm, der; -(e)s, ⸚e برج حفاری
Bohrung, die; -, -en حفر، مته کاری، حفاری
Bohrwurm, der; -(e)s, ⸚er کرم چوب
böig *Adj.* طوفانی، پرباد
Boiler, der; -s, - ۱. آبگرمکن ۲. دیگ بخار
Boje, die; -, -n راهنمای شناور (جهت هدایت کشتی)
Bolero, der; -s, -s بولرو (نوعی رقص اسپانیولی یک نفره یا دو نفره)
Bolivianer, der; -s, - بولیویایی
bolivianisch *Adj.* بولیویایی
Bolivien, das (کشور) بولیوی
Bolle, die; -, -n ۱. پیاز (گل) ۲. غنچه ۳. پیمانه
Böller, der; -s, - (در مراسم تشریفاتی) توپ کوچک
böllern *Vi.* (در مراسم تشریفاتی) شلیک کردن توپ
Böllerschuß, der; -schusses, -schüsse (در مراسم تشریفاتی) تیراندازی با توپ کوچک
Bollwerk, das; -(e)s, -e سنگر، برج و بارو، حصار
bolschewisieren *Vt.* بلشویک کردن
Bolschewismus, der; - بلشویسم، اصول عقاید بلشویکی
Bolschewist, der; -en, -en بلشویک، معتقد به اصول بلشویکی
Bolschewistin, die; -, -nen بلشویک، معتقد به اصول بلشویکی (زن)
bolschewistisch *Adj.* بلشویکی

bolzen *Vt., Vi.* ۱. با (کسی) نزاع کردن ۲. خشن بازی کردن (فوتبال)
Bolzen, der; -s, - میل، میلهٔ کوتاه، تیرک
Bombardement, das; -s, -s بمباران، بمب‌اندازی
bombardieren *Vt.* بمباران کردن، در (جایی) بمب انداختن
Bombardierung, die; -, -en بمباران، بمب‌اندازی
Bombast, der; -es گزافه‌گویی؛ قلنبه‌گویی، مُغلَق‌نویسی
bombastisch *Adj.* قلنبه؛ گزافه؛ پُرآب و تاب
Bombe, die; -, -n بمب
wie eine Bombe einschlagen مثل بمب صدا کردن
Bombenabwurf, der; -(e)s, ¨-e بمب‌اندازی
Bombenangriff, der; -(e)s, -e حمله هوایی
Bombenanschlag, der; -(e)s, ¨-e سوءقصد با بمب، بمب‌گذاری
Bombenattentat, das; -(e)s, -e سوءقصد با بمب
Bombenerfolg, der; -(e)s, -e موفقیت فوق‌العاده
Bombenexplosion, die; -, -en انفجار بمب
bombenfest *Adj., Adv.* ۱. محفوظ از بمب ۲. خیلی محکم، خیلی مطمئن ۳. مطلقاً، قطعاً، از روی یقین
Bombenflugzeug, das; -es, -e هواپیمای بمب‌افکن
Bombengehalt, das; -(e)s, -e حقوق گزاف، درآمد زیاد
Bombenhitze, die; - گرمای طاقت‌فرسا
Bombenrolle, die; -, -n نقش ایده‌آل (نمایش)
Bombenschaden, der; -s, - خسارت بمباران
Bombenschütze, der; -, -n توپچی، بمب‌افکن
bombensicher *Adj.* بسیار مطمئن
Bombenwurf, der; -(e)s, ¨-e بمب‌اندازی
Bomber, der; -s, - هواپیمای بمب‌افکن
bombig *Adj.* عالی، بزرگ، عظیم
Bon, der; -s, -s ۱. بن، ژتون ۲. رسید، برات، کاغذخرید، صورت حساب
Bonbon, der/das; -s, -s آب‌نبات
Bonbonfabrik, die; -, -en کارخانهٔ آب‌نبات‌سازی
Bonmot, das; -s, -s کلام بامزه و پرمعنی
Bonus, der; -/-ses, -/-se/Boni انعام، جایزه، پرداخت اضافی
Bonze, der; -n, -n رئیس، کارفرما، ارباب، شخص مهم، شخص برجسته
Boogie-Woogie, der; -s, -s بوگی‌ووگی (نوعی رقص مدرن)
Boom, der; -s, -s ۱. غرش، غریو ۲. جهش اقتصادی، ازدیاد ناگهانی
Boot, das; -(e)s, -e قایق، کرجی، زورق، کشتی کوچک
Bootsbesatzung, die; -, -en سرنشین قایق
Bootsfahren, das; -s قایق‌رانی
Bootsfahrt, die; -, -en گردش با قایق
Bootsführer, der; -s, - قایق‌ران، کشتی‌ران
Bootshaus, das; -es, -häuser خانهٔ قایقی
Bootsmann, der; -(e)s, -leute ملوان
Bootsmannsmaat, der; -(e)s, -e خدمهٔ کشتی
Bootsrennen, das; -s مسابقهٔ قایق‌رانی
Bootsverleih, der; -(e)s, -e کرایهٔ قایق
Bootsvermietung, die; -, -en کرایهٔ قایق
Borax, der; -es (لحیم‌کاری) بوره
Bord[1], der; -(e)s, -e ۱. عرشهٔ کشتی ۲. داخل هواپیما ۳. حاشیه، لبه
an Bord gehen سوار کشتی شدن، سوار هواپیما شدن
von Bord gehen از کشتی پیاده شدن، از هواپیما پیاده شدن
Bord des Schiffes عرشهٔ کشتی
etwas **über Bord werfen** از چیزی به کلی منصرف شدن
Bord[2], das; -(e)s, -e ۱. تخته ۲. قفسه
Bordbuch, das; -(e)s, ¨-er جاکتابی
Bordell, das; -s, -e فاحشه‌خانه
Bordellviertel, das; -s, - محلهٔ فاحشه‌ها
bördeln *Vt.* لبه‌دار کردن، برگرداندن (لبه)
Bordflugzeug, das; -es, -e هواپیمای آبی
Bordingenieur, der; -s, -e مهندس پرواز
Bordkanone, die; -, -n توپ هواپیما، توپ کشتی
Bordkante, die; -, -n حاشیهٔ سنگی پیاده‌رو، جدول
Bordkapelle, die; -, -n دستهٔ نوازندگان کشتی
Bordkarte, die; -, -n کارت ورود به هواپیما
Bordmechaniker, der; -s, - مکانیسین کشتی، مکانیسین هواپیما
Bordpersonal, der; -s, - خدمهٔ هواپیما، خدمهٔ کشتی
Bordradar, das; -s, - رادار هواپیما
Bordschütze, der; -, -n توپچی هواپیما، توپچی کشتی
Bordschwelle, die; -, -n حاشیهٔ سنگی پیاده‌رو، جدول، جدول‌بندی
Bordstein, der; -(e)s, -e حاشیه سنگی پیاده‌رو، جدول، جدول‌بندی
Bordwaffen, die/*Pl.* سلاح هواپیما، سلاح کشتی
Borg, der; -(e)s قرض، وام

borgen *Vt., Vi.* ۱. قرض کردن، وام گرفتن ۲. قرض دادن، وام دادن

geborgte Kleider جامه‌های عاریتی

Borgen, das; -s قرض، وام

Borgen bringt Sorgen. بدهی دردسر دارد.

Borger, der; -s, - ۱. قرض‌گیرنده، بدهکار ۲. قرض‌دهنده، بستانکار

borgweise *Adv.* قرضی، به عنوان قرض

Borke, die; -, -n پوست (درخت)

Borkenkäfer, der; -s, - کرم چوب

borkig *Adj.* [درخت] زبر، پوسته‌پوسته

Born, der; -(e)s, -e چشمه، منبع، سرچشمه

borniert *Adj.* کوتاه‌نظر، کوته‌فکر، نظرتنگ

Borniertheit, die; -, -en کوتاه‌نظری، کوته‌فکری، نظرتنگی

Borsalbe, die; -, -n پماد بوریکی، وازلین بوریکی

Borsäure, die; -, -n اسید بوریک

Börse, die; -, -n ۱. بورس ۲. کیف پول

Börsenbericht, der; -(e)s, -e گزارش بورس (سهام و ارز)

Börsenblatt, das; -(e)s, ⸚er نشریهٔ مالی، نشریهٔ بورس

Börsenkurs, der; -es, -e نرخ بورس

Börsenmakler, der; -s, - دلال بورس

Börsenpapiere, die / *Pl.* سهام بورس

Börsenpreis, der; -es, -e نرخ بورس

Börsenspekulant, der; -en, -en بورس‌باز

Börsenspekulation, die; -, -en بورس‌بازی

Börsenspiel, das; -(e)s, -e بورس‌بازی

Börsensturz, der; -es, ⸚e سقوط بورس، تنزل بورس

Börsenzeitung, die; -, -en نشریهٔ مالی، نشریهٔ بورس

Borste, die; -, -n موی زبر، موی سیخ

borstenartig *Adj.* وزکرده، سیخ‌سیخی

Borstenbesen, der; -s, - جاروی زبر

Borstenvieh, das; -(e)s خوک

borstig *Adj.* وزکرده، سیخ‌سیخی

Borte, die; -, -n ۱. لبه، حاشیه ۲. یراق، سجاف

Bortensticker, der; -s, - یراق‌دوز، یراق‌باف

Bortenstickerei, die; -, -en یراق‌دوزی، یراق‌بافی

Borwasser, das; -s, - / ⸚ محلول اسید بوریک

bösartig *Adj.* ۱. بدجنس، بدخو، بدخلق، شرور، خطرناک ۲. [غده] بدخیم

Bösartigkeit, die; -, -en بدجنسی، بدخویی، بدخلقی

böschen *Vt.* سرازیر کردن، سراشیب کردن

Böschung, die; -, -en شیب، سرازیری

böse *Adj., Adv.* ۱. شریر، بدجنس، بداندیش، بدخواه، بد، مضر ۲. خشمگین، عصبانی ۳. به طور ناشایسته، به صورت بد

Bist du böse auf mich? از من دلخوری؟

böse werden عصبانی شدن

böser Wille نیت بد

Er hat es nicht böse gemeint. منظور بدی نداشت.

Böse[1], der; -n شریر، بدجنس؛ بداندیش، بدخواه

Böse[2], das; -n بدی، فساد، خرابی

Bösewicht, der; -(e)s, -e شریر، بدجنس؛ بداندیش، بدخواه

boshaft *Adj.* بدجنس، بدخو، بدخلق، شرور، خطرناک، کینه‌جو

Boshaftigkeit, die; -, -en بدجنسی، کینه‌جویی

Bosheit, die; -, -en شرارت، بدی، بدجنسی، بدخواهی

Boß, der; Bosses, Bosse رئیس، کارفرما، سردسته

bosseln *Vt., Vi.* ۱. تعمیر کردن، بند زدن ۲. مزاحم شدن، مصدع شدن ۳. بولینگ بازی کردن

bossieren *Vt.* برجسته کردن

bossiert *Adj.* دارای نقوش برجسته

böswillig *Adj., Adv.* بدخواهانه، دشمنانه، از روی سوءنیت

Böswilligkeit, die; -, -en بدخواهی، سوءنیت

bot *P.* صیغهٔ فعل گذشتهٔ مطلق از مصدر bieten

Botanik, die; - گیاه‌شناسی

Botaniker, der; -s, - گیاه‌شناس

botanisch *Adj.* (مربوط به) گیاه‌شناسی

botanisieren *Vi.* تحقیقات گیاه‌شناسی به عمل آوردن

Botanisiertrommel, die; -, -n جعبه‌ای که گیاه‌شناسان در آن نمونه جمع می‌کنند

Bote, der; -n, -n پیک، قاصد، پیام‌آور، فرستاده

Botenfrau, die; -, -en پیک، قاصد، پیام‌آور، فرستاده (زن)

Botengang, der; -(e)s, ⸚e مأموریت؛ سفارش، پیام

Botenjunge, der; -n, -n پیک

Botenlohn, der; -(e)s, ⸚e انعام پیک

Botin, die; -, -nen پیک، قاصد، پیام‌آور، فرستاده (زن)

botmäßig *Adj.* فرمان‌بردار، مطیع، تابع

Botmäßigkeit, die; -, -en فرمان‌برداری، اطاعت، تابعیت

jemanden **unter seine Botmäßigkeit bringen** کسی را مطیع خود کردن

Botschaft, die; -, -en ۱. سفارت، سفارتخانه ۲. پیام، خبر، سفارش
frohe Botschaft خبر خوش
Botschafter, der; -s, - سفیر
Botschafterin, die; -, -nen سفیر (زن)
Botschaftsgebäude, das; -s, - سفارتخانه
Botschaftsrat, der; -(e)s, ⸚e رایزن (سفارت)
Botschaftssekretär, der; -s, -e منشی سفارت
Böttcher, der; -s, - بشکه‌ساز، چلیک‌ساز
Bötcherei, die; -, -en بشکه‌سازی، چلیک‌سازی
Bottich, der; -es, -e تغار، خمرهٔ چوبی، لاک
Bouillon, die; -, -s ۱. (نوعی) آبگوشت ۲. محیط کشت (آزمایشگاه)
Boulevard, der; -s, -s بلوار، خیابان پهن درخت‌دار
Boulevardpresse, die; -, -n مطبوعات جنجالی
bourgeois *Adj.* بورژوا، سوداگر
Bourgeoisie, die; -, -n بورژوازی، طبقهٔ سوداگر
Boutique, die; -, -s / -n بوتیک
Bowle, die; -, -n ۱. کاسهٔ بزرگ، قدح ۲. پونچ (شراب مخلوط با میوه)
Bowling, das; -s, -s بازی بولینگ
Bowlingbahn, die; -, -en محل پرتاب توپ بولینگ
Bowlinghalle, die; -, -n سالن بازی بولینگ
Box, die; -, -en ۱. جعبه، قوطی، صندوق ۲. طویله اسب ۳. بلندگو
boxen *Vi., Vt.* ۱. بوکس‌بازی کردن، مشت‌زنی کردن ۲. علیه (کسی) بوکس‌بازی کردن
Boxen, das; -s بوکس‌بازی، مشت‌زنی
Boxer, der; -s, - ۱. مشت‌زن، بوکس‌باز ۲. (نوعی) سگ کوچک
Boxhandschuh, der; -(e)s, -e دستکش مشت‌زنی
Boxkampf, der; -(e)s, - مسابقهٔ مشت‌زنی، مسابقهٔ بوکس‌بازی
Boxkunst, die; -, ⸚e فن مشت‌زنی
Boxring, der; -(e)s, -e محوطهٔ مشت‌زنی
Boxsport, der; -(e)s (ورزش) مشت‌زنی
Boy, der; -s, -s ۱. پادوی هتل ۲. مرد جوان
Boykott, der; -(e)s, -e بایکوت، تحریم
boykottieren *Vt.* بایکوت کردن، تحریم کردن، منزوی ساختن
boykottiert *Adj.* تحریم شده
Boykottierung, die; -, -en بایکوت، تحریم
brabbeln *Vi.* یاوه گفتن، بی‌سر و ته حرف زدن
brach[1] *P.* brechen صیغهٔ فعل گذشتهٔ مطلق از مصدر
brach[2] *Adj.* خشک، بایر، بی‌کشت، لم‌یزرع
Brachacker, der; -s, ⸚ زمین لم‌یزرع، مزرعهٔ بایر
Brachfeld, das; -(e)s, -er زمین لم‌یزرع، مزرعهٔ بایر
Brachialgewalt, die; - ۱. زور بازو ۲. قوهٔ قهریه
Brachland, das; -(e)s, ⸚er زمین بایر، زمین لم‌یزرع، اراضی موات
brachlegen *Vt.* کشت نکردن (زمین)
brachliegen *Vi.* لم‌یزرع ماندن، زیر کشت نرفتن (زمین مزروعی)
brachte *P.* bringen صیغهٔ فعل گذشتهٔ مطلق از مصدر
Brachvogel, der; -s, - (نوعی) پرندهٔ پادراز
brackig *Adj.* ۱. شور ۲. بنجل، بی‌ارزش
Brackigkeit, die; -, -en شوری
Brackwasser, das; -s, - آب شور
Brahma, der برهما (خدای بزرگ هند باستان)
Brahmaglaube, der; -ns آئین برهمایی
brahmagläubig *Adj.* معتقد به برهما، برهماآئین
Brahmane, der; -n, -n برهمن (پیشوای روحانی آئین برهمایی)
brahmanisch *Adj.* برهمایی
Brahmanismus, der; - آئین برهمایی
Braillealphabet, das; -s, -e الفبای بریل، الفبای نابینایان
Brailleschrift, die; -, -en خط بریل، خط نابینایان
Bramarbas, der; -, -se لاف‌زن، گزافه‌گو
bramarbasieren *Vi.* لاف زدن، گزافه گفتن، بالیدن، فخر کردن
Bramsegel, das; -s, - یکی از بادبان‌های کشتی
Branche, die; -, -n شعبه، شاخه، رسته
Branchenverzeichnis, das; -nisses, -nisse فهرست پیشه‌وران؛ راهنمای نشانی / تلفن برحسب شغل
Brand, der; -es, ⸚e ۱. آتش، آتش‌سوزی، حریق، سوختگی ۲. قانقاریا ۳. زنگ نباتی ۴. تشنگی شدید ۵. سوخت
in Brand setzen آتش زدن
den Brand löschen آتش را خاموش کردن
ein Haus in Brand stecken خانه‌ای را آتش زدن
Brandbekämpfung, die; - اطفای حریق
Brandblase, die; -, -n تاول سوختگی
Brandbombe, die; -, -n بمب آتش‌زا
Brandbrief, der; -(e), -e ۱. نامهٔ تهدید به آتش‌سوزی ۲. درخواست کمک فوری
Branddirektor, der; -s, -en رئیس آتش‌نشانی
Brandeisen, das; -s, - آهن داغ

branden *Vi.*	موج زدن، متلاطم بودن (دریا)، از هم پاشیدن (امواج)
brandend *Adj.*	موج‌دار، متلاطم، ناآرام
Brandfackel, die; -, -n	مشعل
brandfest *Adj.*	نسوز
Brandflasche, die; -, -n	بطری آتش‌زا
Brandfleck, der; -(e)s, -e	سوختگی، اثر سوختگی
Brandgeruch, der; -(e)s, ⸚e	بوی سوختگی
brandgeschädigt *Adj.*	سوخته، خسارت دیده از آتش‌سوزی
brandheiß *Adj.*	بسیار گرم، داغ
Brandherd, der; -(e)s, -e	کانون حریق، منشاء آتش‌سوزی
brandig *Adj.*	۱. زنگ‌زده، فرسوده ۲. قانقاریایی، فاسد
Brandleger, der; -s, -	آتش‌افروز، ایجادکنندهٔ حریق، عامل حریق
Brandmal, das; -(e)s, -e	داغ، علامت سوختگی
Brandmalerei, die; -, -en	نقش‌اندازی بر چوب با آهن داغ
brandmarken *Vt.*	۱. داغ کردن، داغ زدن، لکه‌دار کردن ۲. رسوا کردن
Brandmarkung, die; -, -n	بدنام‌سازی، بدگویی
Brandopfer, das; -s, -	حریق‌زده، قربانی آتش‌سوزی
Brandrede, die; -, -n	نطق آتشین
Brandschaden, der; -s, ⸚	خسارت آتش‌سوزی
brandschatzen *Vt.*	۱. از (کسی) باج گرفتن ۲. غارت کردن، تاراج کردن
Brandschatzung, die; -, -en	۱. باج‌گیری ۲. غارت
Brandscheit, das; -(e)s, -er/-e	کپهٔ آتش
brandsicher *Adj.*	ایمن از حریق
Brandsohle, die; -, -n	کفی کفش
Brandstätte, die; -, -n	محل حریق
Brandstelle, die; -, -n	محل حریق
Brandstifter, der; -s, -	آتش‌افروز، عامل حریق
Brandstifterin, die; -, -nen	آتش‌افروز، عامل حریق (زن)
Brandstiftung, die; -, -en	آتش‌افروزی، حریق عمدی
Brandung, die; -, -en	موج بلند، خیزاب
Brandungswelle, die; -, -n	موج غلتان، موج خروشان
Brandursache, die; -, -n	علت آتش‌سوزی
Brandwunde, die; -, -n	زخم سوختگی
Brandzeichen, das; -s, -	داغ آتش

brannte *P.* brennen	صیغهٔ فعل گذشتهٔ مطلق از مصدر
Branntwein, der; -s, -e	کنیاک
Branntweinbrenner, der; -s, -	دستگاه تقطیر، دستگاه عرق‌کشی
Branntweinbrennerei, die; -, -en	کارخانهٔ تقطیر، کارخانه عرق‌کشی
Brasil, die; -, -(s)	(نوعی) سیگار
Brasilianer, der; -s, -	برزیلی
Brasilianerin, die; -, -nen	برزیلی (زن)
brasilianisch *Adj.*	برزیلی
Brasilien, das	برزیل
brät *P.* braten	صیغهٔ فعل گذشتهٔ مطلق از مصدر
Bratapfel, der; -s, ⸚	سیب تنوری
braten *Vt., Vi.*	۱. کباب کردن، سرخ کردن، برشته کردن ۲. کباب شدن، سرخ شدن، برشته شدن
Braten, der; -s, -	گوشت کبابی، کباب بریانی
den Braten riechen	خطری را به موقع حس کردن
Bratenfett, das; -(e)s, -e	روغن سرخ‌کردنی
Bratensoße, die; -, -n	سس کباب
Bratfisch, der; -es, -e	ماهی کبابی، ماهی سرخ کرده
Bratfleisch, das; -es	گوشت بریان، گوشت سرخ کرده
Brathähnchen, das; -s, -	جوجه کباب
Brathuhn, das; -(e)s, ⸚er	مرغ کبابی، مرغ سرخ شده
Bratkartoffeln, die/Pl.	سیب‌زمینی سرخ کرده
Bratkoch, der; -(e)s, ⸚e	کبابی، کباب‌پز
Bratofen, der; -s, ⸚	تنور، اجاق
Bratpfanne, die; -, -n	ماهی‌تابه
Bratröhre, die; -, -n	تنور، اجاق
Bratrost, der; -es, -e	کباب‌پز
Bratsche, die; -, -n	(موسیقی) ویلن آلتو، ویولا
Bratscher, der; -s, -	نوازندهٔ ویلن آلتو، ویولانواز
Bratschist, der; -en, -en	نوازندهٔ ویلن آلتو، ویولانواز
Bratschistin, die; -, -nen	نوازندهٔ ویلن آلتو، ویولا نواز (زن)
Bratspieß, der; -es, -e	سیخ کباب
Bratwurst, die; -, ⸚e	کالباس کبابی، سوسیس سرخ کرده
Bräu, das; -(e)s, -s	کارخانهٔ آبجوسازی
Brauch, der; -(e)s, Bräucher	۱. عادت، رسم، روش، آئین ۲. استعمال، کاربرد
alter Brauch	رسم قدیم
alte Bräuche	آداب و رسوم باستانی
brauchbar *Adj.*	قابل استفاده، مفید، سودمند

Brauchbarkeit, die; - قابلیت استفاده، سودمندی، مفید بودن
brauchen *Vt.* ۱. لازم داشتن، احتیاج داشتن، خواستن ۲. استعمال کردن، به کار بردن، استفاده کردن
Er braucht Geld. او پول لازم دارد.
Das ist der Mann, den ich brauche. این همان مردی است که من می‌خواستم.
Brauchtum, das; -s, ⸚er رسم، عادت، عرف
Braue, die; -, -n ابرو
die Brauen hochziehen ابرو بالا انداختن
die Brauen runzeln ابرو در هم کشیدن
brauen *Vi., Vt.* ۱. ابرو در هم کشیدن، گره بر ابرو زدن ۲. ساختن (آبجو)
Brauer, der; -s, - آبجوساز
Brauerei, die; -, -en آبجوسازی
Brauhaus, das; -es, -häuser کارخانهٔ آبجوسازی
Braumalz, das; -es, -e آبجوی ساخته شده از مالت
Braumeister, der; -s, - آبجوساز
braun *Adj.* ۱. قهوه‌ای ۲. برنزه
braune Augen چشمان قهوه‌ای
braunes Haar موی خرمایی
braun werden برنزه شدن
Braun, das; -s, - رنگ قهوه‌ای
braunäugig *Adj.* چشم میشی، چشم عسلی
Braunbär, der; -(e)s, -e خرس قهوه‌ای
braunbeizen *Vt.* قهوه‌ای کردن
Bräune, die; - ۱. رنگ قهوه‌ای ۲. خناق، گلودرد
Braune, der; -n, -n اسب کهر
bräunen *Vi., Vt.* ۱. قهوه‌ای شدن، برنزه شدن ۲. قهوه‌ای کردن، برنزه کردن
sich in der Sonne bräunen lassen خود را در آفتاب برنزه کردن
Brauner, der; -s, - اسب کهر
braungelb *Adj.* زرد مایل به قهوه‌ای
braunhaarig *Adj.* موخرمایی
Braunkohl, der; -(e)s (نوعی) کلم
Braunkohle, die; -, -n زغال‌سنگ چوب‌نما، زغال قهوه‌ای
bräunlich *Adj.* مایل به قهوه‌ای
Bräunung, die; -, -en سوختگی، آفتاب‌خوردگی
Braus, der; -es, - سر و صدا
in Saus und Braus جنب و جوش
Brause, die; -, -n ۱. آب‌پاش ۲. دوش ۳. نوشابهٔ گازدار
Brausebad, das; -(e)s, ⸚er دوش حمام
Brausekopf, der; -(e)s, ⸚e عجول، شتاب‌کار، جوشی
Brauselimonade, die; -, -n لیموناد گازدار
brausen *Vi., Vr.* ۱. غریدن، جوش و خروش کردن، سر و صدا کردن ۲. بـه سرعت حرکت کـردن ۳. دوش گرفتن
Brausen, das; -s ۱. غرش، جوش و خروش، سر و صدا ۲. دوش
brausend *Adj.* غران، جوشان، سر و صداکنان
Brausepulver, das; -s, - گرد جوشان، پودر مخصوص نوشابهٔ گازدار
Brausetablette, die; -, -n قرص جوشان
Brausewasser, das; -s, -/⸚ آبی که حاوی سود و مقداری اسید و یک نوع مشروب گازدار است
Brausewind, der; -(e)s, -e عجول، شتاب‌کار، جوشی
Braut, die; -, Bräute عروس
Brautausstattung, die; -, -en جهیز، جهیزیه
Brautbett, das; -es, -en حجله
Brauteinholung, die; - عروس‌بران
Brautführer, der; -s, - ساقدوش عروس
Brautgemach, das; -(e)s, ⸚er/-e حجله
Bräutigam, der; -s, -e داماد
Brautjungfer, die; -, -n ساقدوش عروس
Brautkammer, die; -, -n حجله
Brautkleid, das; -(e)s, -er لباس عروس
Brautkranz, der; -es, ⸚e تاج گل عروس
Brautleute, die / *Pl.* عروس و داماد
bräutlich *Adj.* عروس‌وار
Brautnacht, die; -, ⸚e شب عروسی، شب زفاف
Brautpaar, das; -(e)s, -e عروس و داماد
Brautpreis, der; -es, -e مهر، صداق، مهریه
Brautschatz, der; -es, ⸚e جهیز
Brautschau, die; - خواستگاری
auf die Brautschau gehen به خواستگاری رفتن
Brautschleier, der; -s, - روبند عروس، تور سر عروس
Brautsuche, die; - جستجوی همسر
Brautwerber, der; -s, - خواستگار
Brautwerbung, die; -, -en خواستگاری
Brautzug, der; -es, ⸚e عروس‌بران
brav *Adj.* ۱. رشید، شجاع، باکفایت ۲. مرتب، منظم ۳. مطیع، لایق، عاقل ۴. معقول، مؤدب ۵. ساده، بی‌آلایش
Bravheit, die; -, -en رشادت، شجاعت؛ کفایت
bravo *Interj.* آفرین، احسنت، مرحبا، به‌به، زنده‌باد
Bravoruf, der; -(e)s, -e فریاد آفرین

Bravour, die; -, -en ۱. دلیری، رشادت، شجاعت، مردانگی ۲. مهارت، توانایی

bravourös *Adj., Adv.* ۱. شجاع، دلیر ۲. تحسین برانگیز، استادانه، بسیار ماهرانه ۳. تابان، درخشان ۴. به طور درخشان

BRD = *Bundesrepublik Deutschland* جمهوری فدرال آلمان

Brechanfall, der; -(e)s, ⸚e دل به‌هم‌خوردگی

brechbar *Adj.* شکستنی، شکننده

Brechbarkeit, die; -, -en شکنندگی

Brechdurchfall, der; -(e)s, ⸚e بیماری قی و اسهال

Brecheisen, das; -s, - دیلم، اهرم

brechen *Vt., Vi., Vr.* ۱. شکستن (دست و پا، عهد و پیمان، قلب، نور، موج) ۲. خرد شدن ۳. استفراغ کردن ۴. از مسیر منحرف شدن

das Brot brechen نان را پاره کردن

sein Wort brechen نقض عهد کردن

den Arm brechen دست خود را شکستن

die Ehe brechen در زناشویی خیانت کردن

einen Streit vom Zaune brechen بی‌دلیل دعوا راه انداختن

Brechen, das; -s ۱. شکستگی، انکسار ۲. استفراغ

Brecher, der; -, -en ۱. له کننده، فشاردهنده، منگنه ۲. موج خروشان

Brechmittel, das; -s, - دوای استفراغ، داروی تهوع‌آور

Brechnuß, die; -, -nüsse کچُوله، جوزالقی

Brechpunkt, der; -(e)s, -e (فیزیک) نقطهٔ شکست نور

Brechreiz, der; -es, -e حالت تهوع

Brechruhr, die; - قی و اسهال

Brechstange, die; -, -n دیلم، میلهٔ آهنی، اهرم

Brechung, die; -, -en انکسار (نور)، شکستگی

Brechungsebene, die; -, -n صفحهٔ شکست (نور)

Brechungswinkel, der; -s, - زاویهٔ انکسار، گوشهٔ شکست (نور)

Brechzahl, die; -, -en ضریب انکسار، ضریب شکست (نور)

Brei, der; -(e)s, -e حریره، فرنی

Viele Köche verderben den Brei. آشپز که دو تا شد آش یا شور می‌شود یا بی‌نمک.

breiartig *Adj.* حریره‌مانند، رقیق، آبکی

breiig *Adj.* حریره‌مانند، رقیق، آبکی

breit *Adj., Adv.* ۱. پهن، عریض، گشاد ۲. وسیع، پهناور

breites Band نوار پهن

sein breites Wissen اطلاعات وسیع او

weit und breit تا چشم کار می‌کند

Wie breit ist die Straße? عرض خیابان چند متر است؟

Breitbeil, das; -(e)s, -e تیشهٔ پهن، تبر

breitblätt(e)rig *Adj.* پهن برگ

Breite, die; -, -n ۱. عرض، پهنا ۲. عرض جغرافیایی

in der Breite از عرض

in die Breite gehen چاق شدن

breiten *Vt.* پهن کردن، گستردن

Breitengrad, der; -(e)s, -e درجهٔ عرض جغرافیایی

Breitenkreis, der; -es, -e مدار جغرافیایی

Breitenwirkung, die; -, -en تأثیر عمومی

breitgesichtig *Adj.* پهن رخسار

Breithacke, die; -, -n کج بیل، کلنگ دوسر

breitliegend *Adj.* عریض، پهنادار

breitmachen *Vr.* ۱. جای زیادی را اشغال کردن ۲. پخش شدن (شایعه)

breitmäulig *Adj.* دهان‌گشاد

breitnasig *Adj.* بینی پهن

breitschult(e)rig *Adj.* چهارشانه

Breitschwert, das; -(e)s, -er شمشیرِ تیغه پهن، قداره

Breitspurbahn, die; -, -en فاصلهٔ بین دو خط راه‌آهن (معیار بین‌المللی)

Breitwandfilm, der; -s, -e فیلم سینه‌راما

bremsbar *Adj.* ترمزدار، ترمز کردنی

Bremse, die; -, -n ۱. ترمز ۲. خرمگس ۳. لَواشه، لَباشَه (اسب)

bremsen *Vt., Vi.* ۱. متوقف کردن، از حرکتِ (چیزی) جلوگیری کردن ۲. ترمز کردن، ایستادن، متوقف شدن (وسیلهٔ نقلیه)

Er ist nicht zu bremsen. نمی‌شود جلویش را گرفت.

Bremsen, das; -s ترمزکاری، جلوگیری از حرکت (وسیلهٔ نقلیه)

Bremser, der; -s, - ترمزکننده، ترمزبان

Bremsflüssigkeit, die; -, -en روغن ترمز

Bremsfußhebel, der; -s, - ترمزپایی

Bremsklotz, der; -es, ⸚e صفحهٔ ترمز

Bremskraft, die; -, ⸚e قدرت کار ترمز، کارکرد ترمز، نیروی ترمز

Bremsleistung, die; -, -en قدرت کار ترمز، کارکرد ترمز، نیروی ترمز

Bremsleuchte, die; -, -n چراغ ترمز

Bremslicht, das; -(e)s, -er چراغ ترمز

Bremsöl, das; -(e)s, -e روغن ترمز

Bremspedal, das; -s, -e پدال ترمز

Bremsprobe, die; -, -n آزمایش ترمز
Bremsscheibe, die; -, -n صفحه ترمز، دیسک ترمز
Bremsschuh, der; -(e)s, -e کفش ترمز (راه‌آهن)
Bremsspur, die; -, -en اثر ترمز
Bremstrommel, die; -, -n اثر ترمز
Bremsung, die; -, -en ترمزگیری
Bremsvorgang, der; -(e)s, ⸚e عمل ترمز، فعل و انفعال ترمز
Bremsvorrichtung, die; -, -en دستگاه ترمز
Bremsweg, der; -(e)s, -e خط ترمز
Bremswirkung, die; -, -en اثر ترمز، فعل و انفعال ترمز
Bremszylinder, der; -s, - سیلندر ترمز
brennbar *Adj.* سوختنی، آتش‌زا، قابل اشتعال
Brennbarkeit, die; -, -en قابلیت سوختن، قابلیت اشتعال
Brenneisen, das; -s, - ۱. (برای داغ کردن احشام) داغینه، آهن داغ ۲. فر زلف
brennen *Vi., Vt., Vr.* ۱. سوختن، شعله‌ور شدن، آتش گرفتن ۲. روشن بودن (چراغ) ۳. سوزاندن، آتش زدن، پختن (آجر)، گداختن (فلز) ۴. بودادن، برشته کردن (آجیل) ۵. تقطیر کردن (الکل) ۶. پیچیدن (مو)
Das Haus brennt. ساختمان آتش گرفته است.
Die Laterne brennt. فانوس روشن است.
Meine Wunde brennt. (جای) زخم من می‌سوزد.
auf etwas **brennen** شدیداً اشتیاق چیزی را داشتن
Die Arbeit brennt mir auf den Nägeln. کار خیلی فوری دارم.
Brennen, das; -s احتراق، اشتعال، سوزندگی
brennend *Adj.* مشتعل، سوزنده، سوزان، حاد
ein brennendes Problem یک مشکل حاد
Brenner, der; -s, - ۱. دستگاه تقطیر، عرق‌کش؛ آتشدان ۲. مشعل
Brennerei, die; -, -en محل تقطیر، عرق‌کشی
Brennessel, die; -, -n گزنه (گیاه)
Brennfläche, die; -, -n (فیزیک) سطح کانونی
Brennglas, das; -es, ⸚er عدسی محدب، ذره‌بین
Brennholz, das; -es, ⸚er هیزم
Brennkammer, die; -, -n محل احتراق، کوره
Brennmaterial, das; -s, -lien مادّهٔ سوختنی
Brennofen, der; -s, ⸚ کوره، اجاق
Brennöl, das; -(e)s, -e روغن سوختنی
Brennpunkt, der; -(e)s, -e کانون، مرکز (عدسی)
Brennspiegel, der; -s, - آینهٔ مقعر
Brennstelle, die; -, -n جای سوختگی
Brennstoff, der; -(e)s, -e مادّهٔ سوختنی
Brennweite, die; -, -n (فیزیک) فاصلهٔ کانونی
brenzlich *Adj.* ۱. سوخته، پخته ۲. بحرانی، وخیم، نگران‌کننده
brenzlig *Adj.* ۱. سوخته، پخته ۲. بحرانی، وخیم، نگران‌کننده
Bresche, die; -, -n شکاف، رخنه
Brett, das; -(e)s, -er ۱. تخته ۲. سینی ۳. صفحه
das Bücherbrett جاکتابی، قفسه کتاب
dickes Brett تختهٔ ضخیم
ein Brett vor dem Kopf haben کندذهن بودن
Brettchen, das; -s, - تختهٔ کوچک
Bretterbude, die; -, -n انبار چوبی، آلونک چوبی
Bretterdach, das; -s, ⸚er سقف چوبی
Bretterfüßboden, der; -s, - کف چوبی
brettern *Adj.* تخته‌ای، چوبی
Bretterverkleidung, die; -, -en روکش چوبی
Bretterwand, die; -, ⸚e دیوار چوبی
Bretterzaun, der; -(e)s, -zäune مَعجَر چوبی، حصار چوبی، نردهٔ چوبی
Brettsäge, die; -, -n ارهٔ چوبی
Brettschneider, der; -s, - نجار، تخته‌ساز
Brettspiel, das; -(e)s, -e بازی تخته نرد
Brettspieler, der; -s, - تخته‌باز، نرّاد
Brettstein, der; -(e)s, -e مهرهٔ (بازی) تخته نرد
Brezel, die; -, -n چوب شور، بیسکویت نمکی
Bridgespiel, das; -(e)s, -e (بازی) بریج
Bridgespieler, der; -s, - بریج‌باز
Brief, der; -(e), -e نامه، کاغذ، مراسله، مکتوب، نوشته
Briefe wechseln مکاتبه کردن
einfacher Brief نامهٔ عادی
eingeschriebener Brief نامهٔ سفارشی
einen Brief schreiben نامه‌ای نوشتن
einen Brief erhalten نامه‌ای دریافت کردن
Briefablage, die; -, -n بایگانی نامه
Briefaufschrift, die; -, -en نشانی روی پاکت
Briefbeschwerer, der; -s, - کاغذ نگه‌دار، وزنهٔ روی کاغذ (چیز سنگینی که روی اوراق روی میز می‌گذارند تا باد آنها را پراکنده نسازد)
Briefbogen, der; -s, - ورقهٔ کاغذ
Briefbombe, die; -, -n بمب پاکتی
Briefbote, der; -n, -n نامه‌رسان
Briefeinwurf, der; -es, ⸚e صندوق نامه، صندوق پست

Briefeschreiben 166

Briefeschreiben, das; -s نامه‌نگاری
Brieffach, das; -(e)s, ¨-er صندوق نامه
Brieffreundschaft, die; -, -en دوستی مکاتبه‌ای
Briefgebühr, die; -, -en حق پستی، بهای تمبر نامه
Briefgeheimnis, das; -nisses, -nisse اسرار پستی
Briefhypothek, die; -, -en رهن نامه
Briefkasten, der; -s, ¨ صندوق نامه، صندوق پست
Briefkopf, der; -(e)s, ¨-e سرنامه، عنوان چاپی بالای کاغذ
Briefkorb, der; -(e)s, ¨-e سبد نامه
Briefkuvert, das; -(e)s, -e پاکت نامه
brieflich *Adj., Adv.* ۱. به وسیلهٔ نامه، از طریق نامه، کتبی ۲. کتباً
Briefmappe, die; -, -n کیف، نامه‌دان
Briefmarke, die; -, -n تمبر
Briefmarken sammeln تمبر جمع کردن
Briefmarkenalbum, das; -s, -ben آلبوم تمبر
Briefmarkenhändler, der; -s, - فروشندهٔ تمبر
Briefmarkenkunde, die; - تمبرشناسی
Briefmarkensammler, der; -s, - تمبر جمع‌کن، کلکسیونر تمبر
Briefmarkensammlung, die; -, -en کلکسیون تمبر
Briefmarkenschalter, der; -s, - باجهٔ فروش تمبر
Briefmarkenserie, die; -, -n دورهٔ تمبر، سری تمبر
Brieföffner, der; -s, - پاکت بازکن
Briefordner, der; -s, - بایگانی نامه‌ها
Briefpapier, das; -s, -e کاغذ نامه‌نگاری
Briefporto, das; -s, -s اجرت پست، بهای تمبر، هزینهٔ پستی
Briefpost, die; -, -en ارسال نامه
Briefschalter, der; -s, - باجهٔ نامه
Briefschreiber, der; -s, - نامه‌نگار
Briefschulden, die / *Pl.* نامه‌های جواب‌دادنی
Briefsendung, die; -, -en ارسال نامه
Briefsteller, der; -s, - راهنمای نامه‌نگاری
Briefstil, der; -(e)s, -e سبک نامه‌نگاری
Brieftasche, die; -, -n کیف جیبی
Brieftaube, die; -, -n کبوتر نامه‌رسان
Brieftelegramm, das; -s, -e نامهٔ تلگرافی
Briefträger, der; -s, - نامه‌رسان، پستچی
Briefüberbringer, der; -s, - آورندهٔ نامه
Briefumschlag, der; -(e)s, ¨-e پاکت نامه
Briefverkehr, der; -(e)s مراسلات پستی

Briefwaage, die; -, -n ترازوی نامه
Briefwechsel, der; -s, - نامه‌نگاری، تبادل نامه، مکاتبه
in Briefwechsel mit jemandem **tretten** با کسی مکاتبه کردن
Briefzusteller, der; -s, - نامه‌رسان
Briefzustellung, die; -, -en نامه‌رسانی
Brigade, die; -, -n تیپ (ارتش)
Brigadier, der; -s, -s سرتیپ
Brigant, der; -en, -en راهزن، یاغی
Brigg, die; -, -s کشتی دو دکله
Brikett, das; -(e)s, -e بریکت، خاک زغال قالبی
brillant *Adj.* ۱. درخشان، تابان ۲. عالی، ممتاز
Brillant, der; -en, -en برلیان
Brillantine, die; -, -n روغن موی‌سر
Brillantring, der; -(e)s, -e انگشتر برلیان
Brillanz, die; - درخشندگی، تابش
Brille, die; -, -n ۱. عینک ۲. نشیمنگاه مستراح فرنگی
eine Brille tragen عینک زدن
alles durch eine Rosigebrille sehen به همه چیز خوشبین بودن
Brillenbügel, der; -s, - دستهٔ عینک
Brillenetui, das; -s, -s جاعینکی، جعبهٔ عینک
Brillenfutteral, das; -(e)s, -e جاعینکی، جعبهٔ عینک
Brillengestell, das; -(e)s, -e دوره عینک، قاب عینک
Brillengläser, die / *Pl.* شیشه‌های عینک
Brillenmacher, der; -s, - عینک‌ساز
Brillenrahmen, der; -s, - دوره عینک، قاب عینک
Brillenschlange, die; -, -n مار عینکی
Brillenträger, der; -s, - عینکی
brillieren *Vi.* درخشیدن
bringen *Vt.* ۱. آوردن ۲. بردن، حمل کردن ۳. موجب (چیزی) شدن
Opfer bringen قربانی کردن
Glück bringen موجب خوشبختی شدن
in Bewegung bringen موجب خوشبختی شدن
jemanden **um Hab und Gut bringen** کسی را از هستی ساقط کردن
Glück bringend خوش‌یمن
Bringer, der; -s, - ۱. آورنده ۲. بَرَنده، حامل
brisant *Adj.* ۱. مهم، جالب، حساس ۲. انفجاری، جنجال برانگیز
Brisanzmunition, die; -, -en مادهٔ منفجره

Brise, die; -, -n نسیم، وزش باد ملایم
Bröckchen, das; -s, - لقمهٔ کوچک، تکهٔ کوچک
bröck(e)lig *Adj.* خردشدنی، شکننده، ورقه ورقه، ترد
bröckeln *Vi., Vt.* ۱. خرد شدن، ورقه ورقه شدن ۲. خرد کردن، پوسته کردن
brocken *Vt.* ۱. تکه تکه کردن، خرد کردن ۲. جمع کردن ۳. چیدن
Brocken, der; -s, - خرده، ریزه، پاره، قطعه، تکه
brockenweise *Adv.* تکه تکه، دانه دانه
Bröckligkeit, die; - تکه‌شدنی، شکنندگی
Brodel, der; -s, - غُل‌غُل، جوش
brodeln *Vi.* غُل‌غُل کردن، جوشیدن
etwas **brodeln** چیزی را جوشاندن
Brodeln, das; -s غُل‌غُل، جوش
brodelnd *Adj.* پرجوش، جوشان
Brodem, der; -s, - دود، دم، بخار
Brokat, der; -(e)s, -e زری، زرباف، زربفت
Brokatell, der; -s, -e پارچهٔ زری‌نما
brokaten *Adj.* زربافته، گل‌دار
Brokatseide, die; -, -n زری، زرباف
Brokatstoff, der; -(e)s, -e پارچهٔ زری
Brokatstrickerei, die; -, -en زری‌دوزی
Brokatweber, der; -s, - زری‌باف
Brokkoli, die / *Pl.* (نوعی) گل کلم
Brom, das; -s عنصر بُرُم
Brombeere, die; -, -n تمشک سیاه
bromhaltig *Adj.* بُرم‌دار
Bromsäure, die; -, -n اسید بُرمیک
Bronchen, die; - نایژه، مجاری تنفس
bronchial *Adj.* نایژه‌ای، (مربوط به) نایژه
Bronchialkatarrh, der; -s, - آماس نایژه، التهاب برنش
Bronchitis, die; -, -iti آماس نایژه، التهاب برنش
bronchitisch *Adj.* نایژه‌ای
Bronze, die; -, -n برنز، مفرغ
Bronzefarbe, die; -, -n برنزی، رنگ برنز
Bronzegießerei, die; -, -en مفرغ‌کاری، ریخته‌گری
Bronzelack, der; -(e)s, -e لاک الکل برنزی
Bronzemedaille, die; -, -n مدال برنز
bronzen *Adj.* برنزی
Bronzezeit, die; - دوران مفرغ
bronzieren *Vt.* به رنگ برنز درآوردن
Brosam, der; -(e)s, -e خرده نان
Brosame, die; -, -n خرده نان
Brosche, die; -, -n سنجاق سینه، گل سینه
broschieren *Vt.* صحافی کردن، ته‌دوزی کردن (کتاب)
broschiert *Adj.* [کتاب] ته‌دوزی شده، صحافی شده
Broschierung, die; - ته‌دوزی، صحافی (کتاب)
Broschüre, die; -, -en بروشور، جزوه، رساله، نوشتهٔ چاپی کوچک
Brösel, der; -s, - خرده نان
bröseln *Vt., Vi.* ۱. ریز ریز کردن، خرد کردن ۲. خرد شدن
Brot, das; -(e)s, -e نان
Brot backen نان پختن
eine Scheibe Brot یک پاره نان
ungesäuertes Brot نان فطیر
Wes Brot ich ess', des Lied ich sing'. به خدمت آن کس درآیم که نانم دهد.
Brotaufstrich, der; -(e)s, -e قاتق نان
Brotbacken, das; -s نانوایی، نان‌پزی
Brotbäcker, der; -s, - نانوا، نان‌پز
Brotbäckerei, die; -, -en نانوایی، نان‌پزی
Brotbaum, der; -(e)s, -bäume درخت نان، میوهٔ درخت نان
Brotbelag, der; -(e)s, ⸚e قاتق نان
Brotbeutel, der; -s, - کیسهٔ نان
Brotblech, das; -(e)s, -e ساج، لگن نان‌پزی
Brötchen, das; -s, - بروتشن، نانک
Broterwerb, der; -(e)s, -e کسب نان، تحصیل نان
Brotfrucht, die; -, ⸚e غله
Brotgeber, der; -s, - نان‌دهنده، صاحب کار، کارفرما
Brotherr, der; -n / -en, -en نان‌دهنده، صاحب کار، کارفرما
Brotkarte, die; -, -n سهمیهٔ نان، جیرهٔ نان
Brotkorb, der; -(e)s, ⸚e سبد نان، زنبیل نان
jemandem **den Brotkorb höher hängen** سرکیسه را سفت کردن
Brotkrise, die; -, -n بحران نان
Brotkrume, die; -, -n خمیر نان، مغز نان
Brotkruste, die; -, -n قشر نان، پوست نان
Brotladen, der; -s, ⸚ نانوایی، دکان نانوایی
Brotlaib, der; -(e)s, -e قرص نان
brotlos *Adj.* ۱. بدون نان ۲. بیکار
brotlose Kunst کار بدون نان و آب
Brotmangel, der; -s, ⸚ کمبود نان

Brotmaschine, die; -, -n دستگاه نان‌پزی
Brotmesser, das; -s, - کارد نان‌بُری
Brotneid, der; -(e)s حسادت به معاش دیگران
Brotrinde, die; -, -n قشر نان، پوست نان
Brotscheibe, die; -, -n قرص نان، برش نان
Brotschneidemaschine, die; -, -n دستگاه نان‌بری
Brotschnitte, die; -, -en بریدهٔ نان
Brotschrift, die; -, -en خط چاپی، خط کتابی
Brotstück, das; -(e)s, -e پارهٔ نان، تکهٔ نان
Brotsuppe, die; -, -n سوپ نان
Brotteig, der; -(e)s, -e خمیر نان
Brotverdiener, der; -s, - نان‌آور
Brotverkauf, der; -(e)s, -käufe فروش نان
Brotverkäufer, der; -s, - نان‌فروش
Brotverkäuferin, die; -, -nen نان‌فروش (زن)
Brotzeit, die; -, -en غذای میان صبحانه و ناهار
brr *Interj.* ایست (صدای مخصوص برای متوقف کردنِ اسب و خر)
Bruch[1]**,** der/das; -(e)s, ¨-e مرداب، باتلاق
Bruch[2]**,** der; -(e)s, ¨-e ۱. شکستگی، پارگی، قطع ۲. نقض (قرارداد) ۳. فتق ۴. (ریاضی) بِرخه، کسر ۵. شاخه

Bruch der Freundschaft قطع دوستی
Bruch des Geheimnisses افشای راز
Dies Auto ist Bruch. این اتومبیل اسقاط است.
Ihre Ehe ist in die Brüche gegangen. آنها از هم طلاق گرفته‌اند.

Bruchband, das; -(e)s, ¨-er فتق بند
bruchfest *Adj.* نشکن
Bruchfläche, die; -, -n سطح شکستگی
Bruchgrenze, die; -, -n حد شکستگی
brüchig *Adj.* زودشکن، ترد
Bruchland, das; -(e)s, ¨-er زمین باتلاقی
bruchlanden *Vi.* فرود اجباری کردن (هواپیما)
Bruchlandung, die; -, -en فرود اجباری هواپیما
Bruchleiden, das; -s بیماری فتق
bruchlos *Adj.* بدون شکستگی، بدون ترک‌خوردگی، سالم
Bruchoperation, die; -, -en عمل فتق
Bruchrechnung, die; -, -en (ریاضی) کسر
Bruchstein, der; -(e)s, -e پاره سنگ
Bruchstelle, die; -, -n محل شکستگی
Bruchstrich, der; -(e)s, -e (ریاضی) خط کسری
Bruchstück, das; -(e)s, -e قطعه، تکه، جزء، خرده
bruchstückhaft *Adj., Adv.* ۱. ناقص، جزئی ۲. به‌طور ناقص، جزء جزء
Bruchteil, der/das; -(e)s, -e ۱. قطعه، تکه، جزء ۲. (ریاضی) کسر
Bruchzahl, die; -, -en (ریاضی) عدد کسری
Brücke, die; -, -n ۱. پل ۲. پل دندان عاریه ۳. (نوعی) قالیچه ۴. عرشهٔ کشتی

eine Brücke bauen پلی ساختن
jemandem **goldene Brücke bauen** به کسی بی‌اندازه کمک کردن
alle Brücke hinter sich abbrechen کاملاً قطع رابطه کردن

Brückenachse, die; -, -n محور پل
Brückenbau, der; -(e)s, -ten پل‌سازی
Brückenbauer, der; -s, - پل‌ساز
Brückenbogen, der; -s, - قوس پل
Brückengeländer, das; -s دیوارهٔ پل
Brückenkopf, der; -(e)s, ¨-e سرپل
Brückenpfeiler, der; -s, - ستون پل، پایهٔ پل
Brückenzoll, der; -(e)s, ¨-e عوارض پل
Bruder, der; -s, ¨- ۱. برادر ۲. هم‌مسلک، هم‌پیمان، همراه

Der Schlaf ist der Bruder des Todes. خواب برادر مرگ است.

Brüderchen, das; -s, - برادر کوچک
Brüdergemeinde, die; -, -n انجمن برادری، انجمن اخوت
Brüderlein, das; -s, - برادر کوچک
brüderlich *Adj.* برادرانه، برادروار

etwas **brüderlich teilen** چیزی را عادلانه تقسیم کردن

Brüderlichkeit, die; - برادری، اخوت
Bruderliebe, die; -, -n محبت برادری
bruderlos *Adj* بی‌برادر
Brudermord, der; -(e)s, -e برادرکشی
Brudermörder, der; -s, - برادرکش
Bruderschaft, die; -, -en برادری
Brüderschaft, die; -, -en برادری، دوستی، یگانگی
Brudervolk, das; -(e)s, ¨-er ملتِ برادر، ملتِ هم‌نژاد
Brühe, die; -, -n ۱. عصارهٔ گوشت، آبگوشت ۲. مایع مشمئزکننده
brühen *Vt.* ۱. جوشاندن ۲. روی (چیزی) آب جوش ریختن
brühheiß *Adj.* بسیار داغ، داغ داغ
Brühkartoffeln, die / *Pl.* سیب زمینی پخته با عصارهٔ گوشت

brühwarm *Adj.* گرماگرم، تازه تازه
brühwarm erzählen چیزی را فوراً و مفصلاً شرح دادن
brüllen *Vi., Vt.* ۱. غریدن، نعره کشیدن، فریاد زدن ۲. با فریاد گفتن
vor Lachen brüllen از خنده روده‌بر شدن
Brüllen, das; -s غرش، نعره، فریاد، خروش
brüllend *Adj.* غران، نعره‌زنان، خروشان
Brüller, der; -s, - غرنده، خروشنده
Brummbär, der; -en, -en آدم غرغرو
Brummbaß, der; -basses, -bässe ۱. (نوعی) کنترباس ۲. صدای بسیار بم
brummeln *Vi.* غرولند کردن، آهسته و نامفهوم سخن گفتن
brummen *Vt., Vr.* ۱. غرولند کردن ۲. زوزه کشیدن ۳. صدای بم درآوردن ۴. با غرولند گفتن
Mir brummt der Schädel. سرم گیج می‌رود.
Brummen, das; -s ۱. غرولند ۲. زوزه ۳. صدای بم
brummend *Adj.* غران، غرولندکنان
Brummer, der; -s, - ۱. آدم غرغرو ۲. خرمگس ۳. کامیون سنگین
brummig *Adj.* غرغرو، اوقات‌تلخ
Brummkreisel, der; -s, - صدای فرفره، صدای وزوز
brünett *Adj.* موخرمایی
Brünette, die; -, -n زن موخرمایی
Brunft, die; -, ¨-e گُشن، سرمستی، فَحل
brunften *Vi.* گُشن شدن، مست شهوت شدن، به فَحل آمدن
brunftig *Adj.* گُشنی، سرمست، به فَحل آمده، شهوانی
Brunftschrei, der; -(e)s, -e نعرهٔ مستی
Brunftzeit, die; -, -en دوران گُشن‌گیری، دوران جفت‌گیری
brünieren *Vt.* خرمایی رنگ کردن
Brunnen, der; -s, - ۱. چاه ۲. چشمه ۳. فواره ۴. آب معدنی
Brunnen reinigen چاه پاک کردن
Brunnenbauer, der; -n/-s, -n چاه‌کن، مقنی
Brunnenbecken, das; -s, - آبگیر
Brunnenbohrung, die; -, -en حفر چاه
Brunnengräber, der; -s, - چاه‌کن، مقنی
Brunnengrabung, die; -, -en حفر چاه
Brunnenhaus, das; -es, -häuser سقاخانه
Brunnenkresse, die; -, -n ترتیزک آبی، شاهی آبی
Brunnenkur, die; -, -en معالجه با آب معدنی
Brunnenrad, das; -(e)s, ¨-er چرخ چاه
Brunnenrand, der; -es, ¨-er لبهٔ چاه، دهانهٔ چاه
Brunnenreinigung, die; -, -en پاک کردن چاه
Brunnenröhre, die; -, -n لولهٔ (آب) چاه
Brunnenvergiftung, die; -, -en ۱. مسموم‌سازی آب چاه ۲. تهمت، بهتان
Brunnenwasser, das; -s, ¨- آب چشمه، آب چاه
Brunnenzimmer, das; -s, - حوضخانه
Brünnlein, das; -s, - ۱. چاه کوچک ۲. چشمهٔ آب باریک
Brunst, die; -, ¨-e شهوت، سرمستی، گُشن، فَحل
brunsten *Vi.* مست شهوت شدن، به فَحل آمدن، گُشن شدن
brünstig *Adj.* شهوانی، گُشنی، سرمست، به فَحل آمده
Brünstigkeit, die; -, -en حرارت مستی
Brunstschrei, der; -(e)s, -e نعرهٔ مستی
Brunstzeit, die; -, -en دوران گُشن‌گیری، دوران جفت‌گیری
brüsk *Adj.* ناهنجار، خشن
Brüskheit, die; -, -en ناهنجاری، خشونت
brüskieren *Vt.* به (کسی) توهین کردن، به (کسی) اهانت کردن
Brüskierung, die; -, -en توهین، اهانت
Brust, die; -, ¨-e ۱. سینه، پستان ۲. آغوش
sich an die Brust schlagen به سینه زدن
jemanden **an die Brust drücken** کسی را در آغوش گرفتن
die Brust nehmen پستان به دهان گرفتن
an die Brust saugen از پستان شیر خوردن
Brustbeere, die; -, -n عناب
Brustbeerenbaum, der; -(e)s, -bäume درخت عناب
Brustbein, das; -s, -e جناغ سینه، استخوان سینه
Brustbeklemmung, die; -, -en نفس‌تنگی
Brustbeschwerde, die; -, -n نفس‌تنگی
Brustbeutel, der; -s, - کیف پول
Brustbild, das; -es, -er عکس بالاتنه، تصویر نیم تنه
Brustbonbon, der/das; -s, -s قرص سینه
Brüstchen, das; -s, - ۱. سینهٔ کوچک ۲. پستانک
Brustdrüse, die; -, -n غدهٔ پستان
brüsten *Vr.* لاف زدن، بالیدن، فخر کردن
sich mit seiner Tapferkeit brüsten از شجاعت خود لاف زدن
Brustentzündung, die; -, -en آماس پستان، ورم سینه

Brustfell, das; -(e)s, -e پردهٔ جنب، غشای داخلی سینه
Brustfellentzündung, die; -, -en برسام، ذات‌الجنب
Brustflosse, die; -, -n بالهٔ سینه‌ای (ماهی)
Brustharnisch, der; -es, -e زره، جوشن
Brusthöhle, die; -, -n قفسهٔ سینه
Brustkasten, der; -s, ¨ قفسهٔ سینه
Brustkind, das; -(e)s, -er کودک شیرخوار
Brustkorb, der; -(e)s, ¨e قفسهٔ سینه
brustkrank *Adj.* مبتلا به سینه‌درد
Brustkrankheit, die; -, -en بیماری سینه
Brustkrebs, der; -es, -e سرطان پستان
Brustlatz, der; -es, ¨e پیش‌بند
Brustlehne, die; -, -n جان‌پناه، نرده
Brustleiden, das; -s, - بیماری سینه
Brustmuskel, der; -s, -n عضلهٔ سینه
Brustnadel, die; -, -n سنجاق سینه
Brustschlagen, das; -s سینه‌زنی
Brustschmerz, der; -es, -en سینه‌درد
Brustschwimmen *Vi.* شنای کرال سینه کردن
Brustschwimmen, das; -s (شنای) کرال سینه
Brustschwimmer, der; -s, - شناگر (شنای) کرال سینه
Bruststimme, die; -, -n صدای سینه، صدای ته گلو
Bruststück, das; -(e)s, -e ۱. (قصابی) گوشت سینه ۲. (جانورشناسی) قفسهٔ سینه
Brusttasche, die; -, -n جیب بغل
Brusttee, der; -s, -s مایع جوشانده (مخصوص سینه)
Brustton, der; -(e)s, ¨e صدای سینه، صدای ته گلو
Brustumfang, der; -(e)s, ¨e دور سینه
Brüstung, die; -, -en جان‌پناه، نرده
Brustwarze, die; -, -n نوک پستان
Brustwarzenentzündung, die; -, -en ورم نوک پستان
Brustwehr, die; -, -en جان‌پناه، نرده
Brustweite, die; -, -n دور سینه
Brut, die; -, -en تخم، نسل، نژاد، تبار
brutal *Adj.* وحشی، خشن، تندخو، بی‌رحم
Brutalität, die; -, -en وحشی‌گری، خشونت، بی‌رحمی
Brutanstalt, die; -, -en محل تخم‌گذاری (مرغ / ماهی)
Brutapparat, der; -(e)s, -e ماشین جوجه‌کشی
brüten *Vi.* ۱. روی تخم خوابیدن؛ تخم گذاشتن، تخم گذاشتن، کُرچ شدن ۲. در فکر فرو رفتن
Brüten, das; -s جوجه‌کشی
brütend *Adj.* ۱. [مرغ] کُرچ ۲. فکور
Bruthenne, die; -, -n مرغ کُرچ
Bruthitze, die; - گرمای شدید
brutig *Adj.* [مرغ] کُرچ
Brutkasten, der; -s, ¨ ۱. صندوق جوجه‌کشی ۲. محل نگهداری نوزاد نارس
Brutofen, der; -s, ¨ ماشین جوجه‌کشی، بخاری جوجه‌کشی
Brutstätte, die; -, -n محل جوجه‌کشی، محل تخم‌کشی
brutto *Adv.* ناخالص
Bruttoeinkommen, das; -s, - درآمد ناخالص
Bruttogewicht, das; -(e)s, -e وزن ناخالص
Bruttogewinn, der; -(e)s, -e سود ناخالص
Bruttolohn, der; -(e)s, ¨e حقوق ناخالص
Brutzeit, die; -, -en زمان جفت‌گیری، هنگام تخم‌گذاری
brutzeln *Vt., Vi.* ۱. بریان کردن، سرخ کردن ۲. بریان شدن، سرخ شدن ۳. صدای انفجار تولید کردن
Bub, der; -en, -en پسربچه
Bübchen, das; -s, - پسربچه، پسرک، جوانک
Bube, der; -n, -n ۱. پسربچه ۲. (ورق‌بازی) سرباز ۳. آدم رذل، آدم فرومایه
Bubenkopf, der; -(e)s, ¨e موی کوتاه؛ موی بافته
Bubenstreich, der; -(e)s, -e ولگردی، شیطنت، مردم‌آزاری
Bubenstück, das; -(e)s, -e عمل شر، کار ناپسند
Büberei, die; -, -en شرارت، شیطنت، رذالت
Bubi, der; -s, -s ۱. پسرک، آدم بی‌عرضه
Bubikopf, der; -(e)s, ¨e موی کوتاه؛ موی بافته
bübisch *Adj.* شیطنت‌آمیز
Büblein, das; -s, - پسربچهٔ کوچک
Buch, das; -(e)s, ¨er کتاب؛ دفتر؛ رساله؛ دفتر محاسبه
das Buch abschreiben از کتاب نسخه برداشتن
das antiquarische Buch کتاب دست دوم، کتاب قدیمی
wie es im Buche steht بی‌کم و کاست
ein Buch mit sieben Siegeln یک معمای بزرگ، چیز غیر قابل فهم
Buchabschnitt, der; -(e)s, -e بخشی از کتاب، فصل کتاب
Buchankündigung, die; -, -en آگهی چاپ کتاب
Buchanzeige, die; -, -n آگهی چاپ کتاب
Buchausstellung, die; -, -en نمایشگاه کتاب
Buchbesprechung, die; -, -en نقد کتاب

Buchbestellung, die; -, -en سفارش کتاب
Buchbinden, das; -s صحافی
Buchbinder, der; -s, - صحاف، جلدساز
Buchbinderei, die; -, -en صحافی
Buchdeckel, der; -s, - جلد کتاب
Buchdruck, der; -(e)s, - چاپ کتاب
Buchdrucker, der; -s, - چاپچی، چاپ‌کننده
Buchdruckerei, die; - چاپ، چاپخانه
Buchdruckereimaschine, die; -, -n ماشین چاپ
Buchdruckerkunst, die; - صنعت چاپ
Buchdruckermeister, der; -s, - استاد چاپ
Buchdruckerpresse, die; -, -n دستگاه چاپ
Buche, die; -, -n (درخت) آلِش
Buchecker, die; -, -n میوهٔ آلِش
Bucheckernöl, das; -(e)s, -e روغن آلِش
Bucheinband, der; -(e)s, ⸚e جلد کتاب
Büchelchen, das; -s, - کتاب کوچک، کتابچه
buchen[1] *Vt.* ۱. نوشتن، ثبت کردن، وارد دفتر کردن ۲. رزرو کردن، تأمین کردن (جا)
einen Platz im Flugzeug buchen یک جا در هواپیما رزرو کردن
buchen[2] *Adj.* از چوب آلِش
Buchenbestand, der; -(e)s, ⸚e تعداد آلِش موجود
Buchenhain, der; -(e)s, -e جنگل آلِش
Buchenscheit, das; -(e)s, -er / -e هیزم آلِش
Bücherabschluß, der; -schlusses, -schlüsse مفاصا حساب، ترازنامه سالانه
Bücherausdruck, der; -(e)s, ⸚e عبارت کتابی
Bücheraustausch, der; -(e)s مبادلهٔ کتاب
Bücherbestellung, die; -, -en سفارش کتاب
Bücherbinden, das; -s صحافی
Bücherbrett, das; -(e)s, -er جا کتابی، قفسهٔ کتاب
Bücherei, die; -, -en کتابخانه
Bücherfreund, der; -(e)s, -e دوستدار کتاب، کتاب‌دوست
Bücherhändler, der; -(e)s - کتاب‌فروش
Bücherkatalog, der; -s, -e فهرست کتاب‌ها
Bücherkenner, der; -s, - کتاب‌شناس
Bücherkiste, die; -, -n صندوق کتاب
Bücherkunde, die; -, -n کتاب‌شناسی
Bücherladen, der; -s, ⸚ کتاب‌فروشی
Bücherliebhaber, der; -s, - کتاب‌دوست، کتاب‌پرست
Bücherliste, die; -, -n فهرست کتاب
Büchermappe, die; -, -n کیف
Büchernarr, der; -en, -en کتاب‌پرست، دیوانهٔ کتاب
Bücherregal, das; -s, -e جا کتابی، قفسهٔ کتاب
Bücherreklame, die; -, -n تبلیغ کتاب
Bücherrevision, die; -, -en حسابداری، ممیزی حساب
Bücherrevisor, der; -s, -en حسابدار، ممیز حساب
Büchersammler, der; -s, - کتاب جمع‌کن، کتاب‌اندوز
Bücherschau, die; -, -en نمایشگاه کتاب
Bücherschrank, der; -(e)s, ⸚e جاکتابی، قفسهٔ کتاب
Bücherschreiber, der; -s, - نویسنده، مؤلف
Büchersprache, die; -, -n زبانِ کتابی، زبان لفظ قلم
Bücherstand, der; -(e)s, ⸚e قفسهٔ کتاب
Bücherständer, der; -s, - بساط کتاب‌فروشی
Bücherstapel, der; -s, - انبوه کتاب
Bücherstube, die; -, -n کتابخانه، قرائتخانه
Bücherverzeichnis, das; -nisses, -nisse فهرست کتاب
Bücherwurm, der; -(e)s, ⸚er ۱. کتاب‌دوست ۲. کرم کتاب
Bücherwut, die; - جنون کتاب
Buchfink, der; -en, -en سهره، سهرهٔ باغی
Buchforderung, die; -, -en مطالبهٔ کتاب
Buchformat, das; -(e)s, -e قطع کتاب
Buchführer, der; -s, - دفتردار، حسابدار
Buchführung, die; -, -en دفترداری، حسابداری، محاسبه
Buchgelehrsamkeit, die; - معلومات نظری
Buchgemeinschaft, die; -, -en قرائتخانه؛ انجمن دوستداران کتاب
Buchgewerbe, das; -(e)s, -e صنعت چاپ
Buchhalter, der; -s, - حسابدار، دفتردار
Buchhalterei, die; -, -en حسابداری، دفترداری
Buchhalterin, die; -, -nen حسابدار، دفتردار (زن)
Buchhaltung, die; -, -en حسابداری، دفترداری
Buchhandel, der; -s, - کتاب‌فروشی
Buchhändler, der; -s, - کتاب‌فروش
Buchhandlung, die; -, -en کتاب‌فروشی
Buchhülle, die; -, -n جلد کتاب، بسته‌بندی کتاب
Buchhypothek, die; -, -en رهن بدون سند

Buchillumination, die; -, -en تذهیب کتاب، آرایش کتاب
Buchillustration, die; -, -en تصویر کتاب
Buchkredit, die; -(e)s, -e اعتبار کتاب
Buchkritik, die; -, -en نقد کتاب
Buchkritiker, der; -s, - ناقد کتاب، بازبین‌گر
Buchkunst, die; -, ⸚e هنر تزئین کتاب، کتاب‌آرایی
Buchladen, der; -s, ⸚ کتاب‌فروشی
Büchlein, das; -s, - جزوه، دفترچه، رساله، کتاب کوچک
Buchmacher, der; -s, - ۱. (اسب‌دوانی) واسطهٔ شرط‌بندی ۲. کتاب‌نویس؛ صحاف
Buchmalerei, die; -, - تذهیب کتاب، نقاشی کتاب
Buchmesse, die; -, -n نمایشگاه کتاب
Buchpresse, die; -, -n چاپخانه، مطبعه
Buchprüfer, der; -s, - ذی‌حساب، حسابدار
Buchprüfung, die; -, -en رسیدگی، بازرسی، ممیزی
Buchreklame, die; -, -n تبلیغ کتاب
Buchrücken, der; -s, - جلد کتاب، پشت جلد
Buchsaldo, der; -s, -den موازنهٔ حساب
Buchsbaum, der; -(e)s, ⸚e شمشاد
Buchsbaumhecke, die; -, -n شمشادزار
Buchsbaumholz, das; -es, ⸚er چوب شمشاد
Buchschmuck, der; -(e)s, - e تزئین کتاب
Buchschnitt, der; -(e)s, -e برش کتاب
Buchschuld, die; -, -en بدهی کتاب
Buchse, die; -, -n پریز (برق)
Büchse, die; -, -n ۱. قوطی، جعبه ۲. تفنگ شکاری
Büchsenbier, das; -(e)s, -e قوطی آبجو
Büchsenfleisch, das; -es گوشت کنسرو شده، کنسرو گوشت
Büchsengemüse, das; -s, - سبزی کنسرو شده، کنسرو سبزی
Büchsenlicht, das; -(e)s, -er / -e شعلهٔ شلیک تفنگ شکاری
Büchsenmacher, der; -s, - اسلحه‌ساز
Büchsenmilch, die; - شیر کنسرو شده، قوطی شیر
Büchsenöffner, der; -s, - قوطی بازکن، دربازکن
Büchsenschmied, der; -(e)s, -e اسلحه‌ساز
Büchsenschuß, der; -schusses, -schüsse شلیک تیر
Büchsenwaren, die / *Pl.* مواد غذایی کنسرو شده
Büchslein, das; -s, - جعبهٔ کوچک
Buchsprache, die; -, -n زبانِ کتابی، زبان لفظ قلم

Buchstabe, der; -ns, -n حرف (الفبا)
Buchstabenfolge, die; - ترتیب حروف الفبا، ترتیب الفبایی
Buchstabengleichung, die; -, -en معادلهٔ جبری
Buchstabenrätsel, das; -s, - معمای لفظی
Buchstabenrechnung, die; - جبر و مقابله
Buchstabenschloß, das; -schlosses, -schlösser قفل الفبایی، قفل رمزی
Buchstabenversetzung, die; -, -en جابه‌جا کردن حروف، تحریف حروف
buchstabieren *Vt.* هجی کردن
Buchstabieren, das; -s هجی
buchstäblich *Adv.* کلمه به کلمه، حرف به حرف، دقیقاً، تحت‌اللفظی
eine Textstelle buchstäblich übersetzen متنی را تحت‌اللفظی ترجمه کردن
Bucht, die; -, -en ۱. خلیج ۲. خوکدانی
Buchtitel, der; -s, - عنوان کتاب
Buchumschlag, der; -(e)s, ⸚e بسته‌بندی کتاب، جلد کتاب
Buchung, die; -, -en ۱. ثبت در دفتر ۲. (در اتومبیل، کشتی و غیره) رزرو جا، تأمین جا
Buchungsbeleg, der; -(e)s, -e قبض رزرو جا
Buchungsfehler, der; -s, - اشتباه در رزرو جا
Buchungsformular, das; -s, -e فرم رزرو جا
Buchungsmaschine, die; -, -n دستگاه رزرو جا
Buchungsnummer, die; -, -n شمارهٔ رزرو جا
Buchungsstelle, die; -, -n حسابداری
Buchvoranzeige, die; -, -n آگهی قبل از چاپ کتاب
Buchwahrsagung, die; - فال کتاب
Buchwerbung, die; -, -en تبلیغ کتاب
Buchwissen, das; -s کتاب‌آموزی
Buchzeichen, das; -s, - نشانِ لای کتاب، چوب الف
Buckel, der; -s, - ۱. قوز، گوژ ۲. کوهان، برآمدگی
Steig mir den Buckel rauf! دست از سرم بردار!
buckelig *Adj.* ۱. گوژپشت، قوزی ۲. کوهان‌دار
Buckelige, der / die; -n, -n گوژپشت
buckeln *Vi., Vt.* ۱. قوز کردن ۲. برپشت حمل کردن
Buckelrind, das; -(e)s, -er گاو کوهان‌دار
bücken *Vr.* ۱. خم شدن، دولا شدن، تاشدن ۲. تعظیم کردن، کرنش کردن
Er bückte sich. دولا شد. خم شد.
in gebückter Haltung با پشت خمیده

173 **Bühnenkunst**

Bückling, der; -s, -e ۱. تعظیم، کرنش ۲. شاه‌ماهی (دودی)
buddeln *Vi.* کندن، کاوش کردن، زیر و رو کردن (خاک)؛ خاک‌بازی کردن
Buddha, der; -s, -s بودا
Buddhismus, der; - آئین بودایی
Buddhist, der; -en, -en بودایی
buddhistisch *Adj.* بودایی
Bude, die; -, -n دکه، کلبه، آلونک، اتاقک
Studenten Bude اتاق دانشجویی
hölzerne Bude دکهٔ چوبی
Budenbesitzer, der; -s, - صاحب دکه
Budget, das; -s, -s بودجه، موازنهٔ هزینه و درآمد
Budgetausschuß, der; -schusses, -schüsse هیئت بودجه
Budgetberatung, die; -, -en بحث بودجه
budgetieren *Vi.* بودجه‌بندی کردن
Budgetvorlage, die; -, -n لایحهٔ بودجه
Büfett, das; -(e)s, -e ۱. بوفه، پیشخوان ۲. قفسهٔ ظرف، اشکاف
kaltes Büfett غذای سرد
Büfettfräulein, das; -s پیشخدمت میخانه (زن)
Büfettier, der; -s, -s کافه‌چی؛ می فروش
Büffel, der; -s, - گاومیش
Büffelkuh, die; -, ⸚e گاومیش ماده
büffeln *Vi.* جان کندن، زحمت کشیدن؛ خرخوانی کردن
Büffelnstier, der; -(e)s, -e گاومیش نر
Buffet, das; -s, -s ۱. بوفه، پیشخوان ۲. قفسهٔ ظرف، اشکاف
Büffet, das; -s, -s ۱. بوفه، پیشخوان ۲. قفسهٔ ظرف، اشکاف
Büffler, der; -s, - شاگرد مدرسهٔ خرخوان
Bug, der; -(e)s, ⸚e ۱. گوشت سردست ۲. قسمت جلوی کشتی / هواپیما ۳. ستون حائل
Bügel, der; -s, - ۱. کمان ۲. چوب درختی ۳. دسته (عینک) ۴. رکاب
Bügelbrett, das; -(e)s, -er میز اتو
Bügeleisen, das; -s, - اتو
Bügelfalte, die; -, -n خط اتو
bügelfest *Adj.* [پارچه] اتوخور، خوش‌اتو
bügelfrei *Adj.* بدون اتو، بی‌نیاز از اتو، بشور و بپوش
Bügelmaschine, die; -, -n دستگاه اتوکشی
bügeln *Vt.* اتوکردن، اتو کشیدن
Bügelriemen, der; -s, - بند رکاب
Bügelsäge, die; -, -n اره آهن‌بری
Bugsierboot, das; -(e)s, -e کشتی یدک‌کش
Bugsierdampfer, der; -s, - کشتی (بخار) یدک‌کش
bugsieren *Vt.* با طناب به دنبال کشیدن
Bugsierleine, die; -, -n طناب بکُسل
Bugsiertrosse, die; -, -n طناب بکُسل
Bugspriet, das; -(e)s, -e تیر بلند بادبان جلوی کشتی
buh *Interj.* هو (فریاد اعتراض)
buhen *Vi.* هو کردن
Buhle[1]**,** der; -n, -n عاشق، خاطرخواه، شیفته
Buhle[2]**,** die; -, -n عاشق، خاطرخواه، شیفته (زن)
buhlen *Vi.* اظهار عشق کردن؛ عشق‌بازی کردن
Buhler, der; -s, - عاشق، خاطرخواه، شیفته
Buhlerei, die; -, -en عشق‌بازی؛ اشتیاق، شیفتگی
Buhlerin, die; -, -nen عاشق، خاطرخواه، شیفته (زن)
buhlerisch *Adj.* عشوه‌گر، طناز
Buhne, die; -, -n ۱. سد، مانع ۲. موج‌شکن
Bühne, die; -, -n ۱. صحنه (نمایش) ۲. سکو
auf der Bühne روی صحنه
hinter der Bühne پشت صحنه
zur Bühne gehen بازیگر نمایش شدن
ein Stück auf die Bühne bringen نمایشنامه‌ای را به روی صحنه آوردن
Bühnenanweisung, die; -, -en کارگردانی نمایش
Bühnenarbeiter, der; -s, - کارگر صحنه (نمایش)
Bühnenausstattung, die; -, -en صحنه‌آرایی، تزئین صحنه
Bühnenbild, das; -es, -er صحنه‌آرایی، تزئین صحنه
Bühnenbildner, der; -s, - صحنه‌آرا، دکورساز
Bühnenbildnerin, die; -, -nen صحنه‌آرا، دکورساز (زن)
Bühnenbuch, das; -(e)s, ⸚er نمایشنامه
Bühnendarsteller, der; -s, - بازیگر صحنه
Bühnendekoration, die; -, -en آرایش صحنه، تزئین صحنه
Bühnendichter, der; -s, - درام‌نویس، نمایشنامه‌نویس
Bühnendichtung, die; -, -en درام‌نویسی، نمایشنامه‌نویسی
Bühneneinrichtung, die; -, -en دکوراسیون صحنه، تزئین صحنه
bühnenfähig *Adj.* آمادهٔ نمایش، قابل نمایش
Bühnenfassung, die; -, -en متن نمایش، نمایشنامه
Bühnenkunst, die; -, ⸚e هنر بازیگری، هنر نمایش

Bühnenkünstler 174

Bühnenkünstler, der; -s, - هنرمند صحنه، بازیگر
Bühnenkünstlerin, die; -, -nen هنرمند صحنه، بازیگر (زن)
Bühnenlaufbahn, die; -, -en دورهٔ فعالیت هنری، سابقهٔ نمایشی
Bühnenleiter, der; -s, - مدیر صحنه
Bühnenmaler, der; -s, - نقاش صحنه، صحنه‌پرداز
Bühnenmalerei, die; -, -en صحنه‌آرایی، صحنه‌پردازی
Bühnenprobe, die; -, -n تمرین صحنه
Bühnenrecht, das; -(e)s, -e حق اجرای یک اثر نمایشی
bühnenreif *Adj.* قابل اجرا، آمادهٔ نمایش
Bühnensaal, der; -(e)s, -säle تالار نمایش
Bühnenschriftsteller, der; -s, - نمایشنامه‌نویس، نویسندهٔ نمایشنامه
Bühnenstück, das; -(e)s, -e نمایشنامه
bühnentechnisch *Adj.* نمایشی
Bühnenwerk, das; -(e)s, -e اثر نمایشی
Bühnenwirkung, die; -, -en تأثیر صحنه
Buhruf, der, -(e)s, -e فریاد اعتراض
buk *P.* صیغهٔ فعل گذشتهٔ مطلق از مصدر backen
Bukett, das; -(e)s, -e ۱. دسته گل ۲. عطر شراب
Bukolik, die; - ترانهٔ چوپانی
Bukoliker, der; -s, - سرایندهٔ ترانهٔ چوپانی
bukolisch *Adj.* چوپانی، شبانی
Bulette, die; -, -n کتلت، گوشت چرخ‌کردهٔ سرخ شده
Bulgare, der; -n, -n بلغاری
Bulgarien, das بلغارستان
Bulgarin, die; -, -nen بلغاری (زن)
bulgarisch *Adj.* بلغاری
Bullauge, das; -s, -n پنجرهٔ دایره‌ای شکل دو طرف بدنهٔ کشتی
Bulldogge, die; -, -n (سگ) بول‌داگ
Bulldozer, die; -, -s بولدوزر
Bulle[1], der; -n, -n ۱. گاونر ۲. مرد نیرومند ۳. (تحقیر) پلیس
Bulle[2], die; -, -n ۱. مهر فلزی ۲. سند مهر شده، فرمان
Bullenbeißer, der; -s, - ۱. (سگ) بول‌داگ ۲. آدم پاچه ورمالیده
Bullenhitze, die; -, -n گرمای زیاد
bullenstark *Adj.* بسیار نیرومند
bullern *Vi.* ۱. با غل غل جوشیدن (سماور)، جز جزکردن (بخاری) ۲. با سر و صدا فحاشی کردن

Bulletin, das; -s, -s بولتن، اطلاعیه، آگهی رسمی، بیانیه، اعلامیه
bullig *Adj.* تنومند، بسیار زورمند
bullös *Adj.* تاول‌دار
bum *Interj.* صدای بلند؛ صدای ضربه؛ صدای احتراق
Bumerang, der/das; -s, -e بومرنگ (چوبی که در پی پرتاب به سوی پرتاب‌کننده برمی‌گردد)
Bummel, der; -s, - گردش، گشت
auf den Bummel gehen گردش رفتن
einen Bummel durch die Stadt machen گشتی در شهر زدن
Bummelant, der; -en, -en کُندکار، اهمال‌کار، بی‌مبالات
Bummelei, die; -, -en کندکاری، اهمال‌کاری، بی‌مبالاتی
bummelig *Adj.* کندکار، اهمال‌کار، بی‌مبالات
bummeln *Vi.* قدم زدن، گردش کردن، پرسه زدن، ول گشتن، کاری انجام ندادن، بیهوده وقت گذراندن
durch die Straße(n) bummeln در خیابان پرسه زدن
Bummeln, das; -s گردش، پرسه‌زنی، ولگردی
Bummelstreik, der; -(e)s, -e اعتصاب کُندکاری، اعتصاب آرام‌کاری
Bummelzug, der; -es, ⸚e قطار کندرو
Bummler, der; -s, - تنبل، ولگرد، پرسه‌زن
bums *Interj.* صدای بلند؛ صدای ضربه؛ صدای احتراق
Bums, der; -es, -e صدای بلند، صدای ضربه، صدای احتراق
bumsen *Vi.* ۱. سر و صدا کردن، ضربهٔ محکم زدن، به‌هم خوردن، تصادم کردن ۲. گاییدن، کردن
Bumslandung, die; -, -en فرود پُرتکان (هواپیما)
Bumslokal, das; -s, -e کافهٔ بدنام
Bund[1], das; -(e)s, -e دسته (کلید / سبزی / گل)
Bund[2], der; -(e)s, ⸚e ۱. عهد، پیمان ۲. اتحادیه ۳. (موسیقی) پرده ۴. بند شلوار
Bündel, das; -s, - دسته، بسته، مشت
bündeln *Vt., Vi.* ۱. دسته کردن، بسته‌بندی کردن ۲. توطئه چیدن
Bündelung, die; -, -en ۱. دسته‌بندی، بسته‌بندی ۲. توطئه‌چینی
bündelweise *Adv.* دسته دسته
Bundesamt, das; -(e)s, ⸚er ادارهٔ مرکزی آلمان فدرال
Bundesanwalt, der; -(e)s, ⸚e دادستان کل آلمان فدرال
Bundesbahn, die; -, -en راه‌آهن سراسری آلمان

Bundesbank, die; - بانک آلمان فدرال
Bundesbehörde, die; -, -n اولیای امور آلمان فدرال
Bundesbürger, der; -s, - شهروند آلمان فدرال
Bundeseigentum, das; -(e)s, ¨-er دارایی آلمان فدرال
Bundesfinanzhof, der; -(e)s, ¨-e دادگاه مالی آلمان فدرال
Bundesgebiet, das; -(e)s, -e (سرزمین) جمهوری آلمان فدرال
Bundesgenosse, der; -n, -n متحد، متفق، هم‌پیمان
Bundesgenossenschaft, die; -, -en اتحاد، اتفاق
Bundesgericht, das; -(e)s, -e دادگاه آلمان فدرال
Bundesgerichtshof, der; -(e)s, ¨-e دیوان عالی آلمان فدرال
Bundesgrenzschutz, der; -es مرزبانی آلمان فدرال
Bundeshaus, das; -es, - مجلس نمایندگان آلمان فدرال
Bundeskanzler, der; -s, - صدراعظم فدرال (آلمان / اتریش)
Bundeskanzleramt, das; -(e)s, ¨-er نخست‌وزیری
Bundeskriminalamt, das; -(e)s, ¨-er اداره آگاهی آلمان فدرال
Bundesliga, die; -, -gen بازی‌های باشگاهی دسته اول آلمان فدرال
Bundesminister, der; -s, - وزیر آلمان فدرال
Bundespost, die; - پست آلمان فدرال
Bundespräsident, der; -en, -en رئیس‌جمهوری آلمان فدرال
Bundesrat, der; -(e)s, - مجلس نمایندگان ایالات (آلمان / اتریش)
Bundesrechnungshof, der; -(e)s, ¨-e دیوان عالی محاسبات آلمان فدرال
Bundesregierung, die; -, -en هیئت وزیران، حکومت آلمان فدرال
Bundesrepublik, die; - جمهوری فدرال
Bundesstaat, der; -(e)s, -en دولت آلمان فدرال
Bundesstraße, die; -, -n بزرگراه
Bundestag, der; -(e)s, - مجلس نمایندگان آلمان فدرال
Bundestagsabgeordnete, der; -n, -n نمایندهٔ مجلس نمایندگان آلمان فدرال
Bundestagspräsident, der/die; -en, -en رئیس مجلس نمایندگان آلمان فدرال
Bundestrainer, der; -s, - مربی تیم ملی (آلمان / اتریش)
bundestreu *Adj.* وفادار به جمهوری فدرال
Bundestreue, die; - وفاداری به جمهوری فدرال
Bundesverfassung, die; -, -en قانون اساسی فدرال
Bundesverfassungsgericht, das; -(e)s, - دیوان عالی جمهوری آلمان فدرال
Bundeswehr, die; - ارتش فدرال، نیروهای مسلح آلمان فدرال
bündig *Adj.* ۱. مختصر، مجمل ۲. قطعی، قاطع
kurz und bündig مختصر و مفید
Bündigkeit, die; - ۱. اختصار، اجمال ۲. قاطعیت، قطعیت
Bündner, der; -s, - هم‌پیمان، هم‌عهد
Bündnis, das; -nisses, -nisse معاهده، پیمان، هم‌پیمانی
miteinander ein Bündnis schließen با یکدیگر ائتلاف کردن
bündnisfrei *Adj.* بی‌طرف
Bündnispolitik, die; -, -en سیاست اتحاد و دوستی
Bündnistreue, die; - وفادار به اتحاد و هم‌پیمانی
Bündnisversprechen, das; -s, - وعدهٔ اتحاد
Bündnisvertrag, der; -(e)s, ¨-e پیمان اتحاد، عهدنامه
Bundweite, die; -, -n اندازهٔ دورکمر
Bungalow, der; -s, -s خانهٔ ییلاقی
Bunker, der; -s, - ۱. انبار زغال، جا زغالی ۲. پناهگاه ۳. زندان ۴. سوراخ بازی گلف
bunkerkohle, die; -, -n انبار زغال، جا زغالی
bunkern *Vt.* انبار کردن (زغال)
bunt *Adj.* رنگین، الوان، رنگارنگ
Das ist mir zu bunt! حوصله‌ام سررفته!
buntbemalt *Adj.* [نقاشی] رنگی
Buntdruck, der; -(e)s, -e/¨-e چاپ رنگی
Buntfilm, der; -s, -e فیلم رنگی
buntfleckig *Adj.* رنگارنگ
Buntheit, die; -, -en اختلاط رنگ
Buntmetall, das; -s, -e فلز سنگین رنگی
Buntpapier, das; -s, -e کاغذ رنگی
Buntphoto, das; -s, -s عکس رنگی
Buntphotographie, die; -, -n عکاسی رنگی
Buntstift, der; -(e)s, -e مواد رنگی
Buntstiftzeichnung, die; -, -en نقاشی با مداد رنگی
Bürde, die; -, -n ۱. بار، وزن، گنجایش ۲. غم، فشار روحی
Burg, die; -, -en قلعه، دژ، حصار، قصر

Burganlage 176

Burganlage, die; -, -n برج، بارو، خندق
Bürge, der; -n, -n ضامن، کفیل
bürgen *Vi.* ضمانت کردن، ضامن شدن، تضمین کردن، کفالت کردن
Ich bürge für ihn. من ضمانت او را می‌کنم.
Bürger, der; -s, - شهروند، شهرنشین، شهری
Bürgerin, die; -, -nen شهروند، شهرنشین، شهری (زن)
Bürgerinitiative, die; -, -n اتحاد مردم، همبستگی مردم
Bürgerkrieg, der; -(e)s, -e جنگ داخلی، جنگ میهنی
Bürgerkunde, die; -, -n علوم اجتماعی
bürgerlich *Adj.* شهری، مدنی، اجتماعی
bürgerliches Recht قانون مدنی
Bürgermeister, der; -s, - شهردار
Bürgermeisteramt, das; -(e)s, ⸚er شهرداری
Bürgerpark, der; -(e)s, -s پارک‌شهر
Bürgerpflicht, die; -, -en وظیفهٔ اجتماعی، وظیفهٔ شهروندی
Bürgerrecht, das; -(e)s, -e حقوق مدنی، حقوق شهروندی
Bürgerschaft, die; -, -en شهروند
Bürgersinn, der; -(e)s, -e روحیهٔ اجتماعی
Bürgerstand, der; -(e)s, ⸚e طبقهٔ شهرنشین، طبقهٔ شهروند
Bürgersteig, der; -(e)s, -e پیاده‌رو
Bürgertum, das; -s, - طبقهٔ متوسط، طبقهٔ عوام
Bürgerwehr, die; -, -en جنگجوی غیرنظامی، نیروی نظامی بومی
Burgflecken, der; -s, - حصار، دژ، قلعه
Burgfriede, der; -ns ۱. امنیت اجتماعی ۲. متارکهٔ جنگ
Burggraben, der; -s, ⸚ خندق
Burggraf, der; -en, -en فرماندهٔ قلعه، ساتراپ، کوتوال
Burggräfin, die; -, -nen بانوی حاکم قلعه
Burghauptmann, der; -(e)s, ⸚er فرماندهٔ قلعه، ساتراپ، کوتوال
Burgherr, der; -n / -en, -en صاحب قلعه
Burginsasse, der; -n, -n ساکن قلعه
Burgruine, die; -, -n قلعهٔ ویران
Bürgschaft, die; -, -en ضمانت، کفالت
für jemanden **eine Bürgschaft übernehmen** ضامن کسی شدن
Bürgschaftsschuldner, der; -s, - ضامن، کفیل
Bürgschaftssumme, die; -, -n وجه‌الضمان، مبلغ تکفل
Bürgschaftsurkunde, die; -, -n ضمانت‌نامه، وثیقه، تضمین‌نامه
Bürgschaftsvertrag, der; -(e)s, ⸚e ضمانت‌نامه، وثیقه، تضمین‌نامه
Burgverlies, das; -es, -e زندان قلعه، سیاهچال
Burgvogt, der; -(e)s, ⸚e فرماندهٔ قلعه، ساتراپ، کوتوال
Burgwarte, die; -, -n برج نگهبانی، برج دیده‌بانی، برج مراقبت
burlesk *Adj.* مسخره‌آمیز، مضحک
Burleske, der; -, -en ۱. مسخره، مضحکه ۲. (نوعی) نمایش مسخره‌آمیز
Büro, das; -s, -s اداره، دفتر کار
Büroangestellte, der / die; -n, -n کارمند دفتر، کارمند اداره
Büroarbeit, die; -, -en کار اداری، کار دفتری
Büroartikel, der; -s, - نوشت‌افزار دفتری
Bürobeamte, der; -n, -n کارمند دفتر، کارمند اداره
Bürochef, der; -s, -s رئیس اداره، رئیس دفتر
Bürodiener, der; -s, - مستخدم اداره، پیشخدمت دفتر
Büroeinrichtung, die; -, -en تجهیزات اداری، ساز و برگ اداری
Bürohaus, das; -(e)s, ⸚er ساختمان اداری
Bürohengst, der; -es, -e آدم پشت میز نشین
Büroklammer, die; -, -n گیرهٔ کاغذ
Bürokraft, die; -, ⸚e کارمند اداره
Bürokrat, der; -en, -en بوروکرات، دیوان‌سالار، مأمور اداری، اهل کاغذبازی
Bürokratie, die; -, -n بوروکراسی، دیوان‌سالاری، کاغذپرانی، کاغذبازی
bürokratisch *Adj.* دیوان‌سالارانه، (مربوط به) کاغذبازی، (مربوط به) کاغذپرانی
bürokratisieren *Vt.* رعایت (تشریفات اداری) را کردن
Bürokratismus, der; -, -men بوروکراسی، دیوان‌سالاری، کاغذپرانی، کاغذبازی
Büromappe, die; -, -n ۱. پرونده ۲. کیف
Büromensch, der; -en, -en کارمند اداره، کارمند دولت
Büropersonal, das; -s کارمند اداره، کارمند دولت
Büroschluß, der; -schlusses, -schlüsse تعطیل اداره
Bürostunde, die; -, -n ساعت اداری
Bürovorstand, der; -(e)s, ⸚e رئیس اداره، رئیس دفتر

177 **Bütte**

Bürovorsteher, der; -s, - رئیس اداره، رئیس دفتر
Bürowesen, das; -s, - امور اداری
Bürozeit, die; -, -en ساعت اداری
Bursch(e), der; -en, -en ۱. پسربچه، جوانک ۲. دانش‌آموز ۳. گماشته (ارتش) ۴. خدمتکار (هتل)
Bürschen, das; -s, - پسربچه، پسرک، جوانک
Bürschlein, das; -s, - پسربچه، پسرک، جوانک
burschikos *Adj.* گستاخ، جسور
Bürste, die; -, -n ۱. برس، ماهوت پاک‌کن ۲. فرچه ۳. مسواک ۴. قلم‌موی درشت
bürsten *Vt.* ۱. برس کشیدن، ماهوت پاک‌کن زدن ۲. مسواک زدن
Bürstenbinder, der; -s, - موبین ابزارساز
Bürstenbinderei, die; -, -en موبین افزارفروشی
Bürstenhandel, der; -s, ⸚ موبین افزارفروشی
Bürstenwaren, die / *Pl.* موبین کالا
Bürzel, der; -s, - دمگاه، دنبالچه (پرندگان)
Bus, der; -es, -e اتوبوس
mit dem Bus fahren با اتوبوس رفتن
Busch, der; -(e)s, ⸚e ۱. بوته ۲. بیشه، درخت‌زار ۳. دسته
auf den Busch klopfen با سؤال‌های محتاطانه به موضوع پی بردن
Büschel, das; -s, - ۱. دسته، بسته، مجموعه ۲. طره، کاکل (مو)
Buschhemd, das; -(e)s, -en پیراهن ورزشی
Buschholz, das; -es, ⸚er ۱. بیشه، جنگل ۲. چوب، هیزم
buschig *Adj.* پربوته، انبوه
Buschklepper, der; -s, - راهزن، دزد
Buschkohl, der; -(e)s کلم‌پیچ
Buschkohle, die; -, -n زغال چوب
Buschmann, der; -(e)s, ⸚er ۱. بوشمن (از نژاد کوتاه‌قدان جنوب افریقا) ۲. بیشه‌نشین، جنگلی
Buschmeister, der; -s, - (نوعی) مار بزرگ گزنده
Buschneger, der; -s, - شاه‌بلوط (اروپایی)
Buschwald, der; -(e)s, ⸚er درخت‌زار، بیشه
Buschweide, die; -, -n درخت بید
Buschwerk, das; -(e)s, - بوته‌زار
Buschwindröschen, das; -s, - گل شقایق نُعمانی
Busen, der; -s, - سینه، پستان
eine Schlange an seinem Busen nähren مار در آستین پروراندن
an seinen Busen drücken به سینه فشردن، در آغوش گرفتن
Busenfreund, der; -(e)s, -e دوست صمیمی
Busenfreundin, die; -, -nen دوست صمیمی (زن)
Busenfreundschaft, die; -, -en صمیمیت، دوستی
Busennadel, die; -, -n سنجاق سینه
Busfahrer, der; -s, - رانندهٔ اتومبیل
Busgesellschaft, die; -, -en شرکت اتوبوس‌رانی
Bushaltestelle, die; -, -n ایستگاه اتوبوس
Buslinie, die; -, -n خط اتوبوس
Bussard, der; -(e)s, -e (پرنده) سنقر
Buße, die; -, -n ۱. توبه؛ کفاره؛ ندامت، پشیمانی ۲. جریمه، غرامت
Buße für Sünden کفاره گناهان
die Geldbuße جریمهٔ نقدی
büßen *Vt., Vi.* ۱. کفاره (چیزی) را دادن ۲. توبه کردن ۳. جریمه دادن، غرامت دادن
Dafür müssen wir büßen. باید جورش را بکشیم.
Büßer, der; -s, - ۱. کفاره‌دهنده ۲. توبه‌کار ۳. جریمه‌دهنده
Büßerbank, die; -, ⸚e محل توبه
Büßergewand, das; -(e)s, ⸚er لباس ریاضت
Büßerhemd, das; -(e)s, -en جامهٔ توبه
Büßerin, die; -, -nen ۱. کفاره‌دهنده (زن) ۲. توبه‌کار ۳. جریمه‌دهنده (زن)
büßerisch *Adj.* توبه‌کار، نادم
Busserl, das; -s, - بوسهٔ کوچک
bußfertig *Adj.* توبه‌کار، توبه‌پذیر؛ ریاضت‌کش
Bußfertigkeit, die; - توبه‌کاری، ندامت، پشیمانی
Bußgebet, das; -(e)s, -e دعای توبه
Bußgeld, das; -(e)s, -er جریمه نقدی
Bußlied, das; -(e)s, -er مناجات
Bussole, die; -, -n قطب‌نما
Bußpredigt, die; -, -en موعظه برای تشویق مردم به توبه
Bußtag, der; -(e)s, -e روز توبه
Bußtun, das; -s توبه‌کاری، ریاضت‌کشی
Bußübung, die; -, -en ریاضت برای آمرزش گناهان
Büste, die; -, -n ۱. مجسمهٔ بالاتنهٔ انسان ۲. سینه، پستان
Büstenhalter, der; -s, - سینه‌بند، پستان‌بند، کرست
Busverkehr, der; -(e)s اتوبوس‌رانی
Butt, der; -(e)s, -e سفره ماهی
Bütte, die; -, -n ۱. تغار چوبی ۲. بشکه، خمرهٔ کوچک

Büttel, der; -s, - فراش، مستخدم
Büttenpapier, das; -s, -e کاغذ دست‌ساخت
Butter, die; - کَره
Es ist alles in Butter! همه چیز بر وفق مراد است!
Butterblume, die; -, -n گل آلاله
Butterbrot, das; -(e)s, -e نان و کره، حاضری، غذای ساده
für ein Butterbrot und ein Ei به قیمت ناچیز، بسیار ارزان
Butterdose, die; -, -n کره‌دان، جا کره‌ای
Buttererzeugung, die; -, -en کره‌سازی
Butterfaß, das; -fasses, -fässer ظرف چوبی بزرگ مخصوص کره‌سازی
Butterform, die; -, -en قالب کره‌سازی
Butterkeks, der/das; -, -e نان کره‌ای
Buttermesser, das; -s, - کارد کره‌خوری
Buttermilch, die; - دوغ
buttern *Vi.* کره گرفتن، کره ساختن، کره زدن
Buttern, das; -s, - کره‌گیری، کره‌سازی، کره‌زنی
Butterschnitte, die; -, -n نان و کره، حاضری، غذای ساده
Butterteig, der; -(e)s, -e خمیر کره‌دار
Butterteller, der; -s, - ظرف کره
butterweich *Adj.* خیلی نرم
Büttner, der; -s, - بشکه‌ساز، چلیک‌ساز
buttrig *Adj.* کره‌ای، کره‌دار
Butzemann, der; -(e)s, ⸚er لولو، مترسک
Butzen, der; -s, - ۱. تفاله ۲. هسته‌دان
Butzenscheibe, die; -, -n (نوعی) جام شیشه‌ای
Byzantiner, der; -s, - بیزانسی
Byzantinerin, die; -, -nen بیزانسی (زن)
byzantinisch *Adj.* بیزانسی
Byzantinismus, der; - بیزانس‌گرایی
Byzanz, das بیزانس، روم شرقی، استانبول

C

C, das; -, - ۱. تس (حرف سوم الفبای آلمانی)
۲. (موسیقی) نُت دو
C-Dur (موسیقی) دو بزرگ
c-Moll (موسیقی) دو کوچک
C-Schlüssel (موسیقی) کلید دو
ca. = *circa* تقریباً، حدوداً، درحدود
Cabaret, das; -s, -e کاباره، میکده
(میخانه‌ای که در آنجا رقص و موسیقی دایر است)
Cabrio(let), das; -s, -s درشکهٔ تک اسبه، کالسکهٔ نیم‌باز
Cadeau, das; -s, -s کادو، هدیه، پیشکش
Café, das; -s, -s کافه، قهوه‌خانه، چایخانه
ein gemütliches schöngelegenes Café یک کافهٔ دنج
Cafeteria, die; -, -s کافه تریا
Callgirl, das; -s, -s دختر تلفنی، دختر تن‌فروش
Calvin, der کالوین
(یکی از مصلحان بزرگ مسیحیت که بر ضد کاتولیک‌ها قیام کرد)
Calvinismus, der; - آئین کالوین، کالوین‌گرایی
Calvinist, der; -en, -en کالوینی
calvinistisch *Adj.* کالوینی
Camembert, der; -s, -s (نوعی) پنیر فرانسوی
(کپک‌دار و بودار)
Camp, das; -s, -s اردو، چادر، خیمه
campen *Vi.* اردو زدن، خیمه زدن
Camper, der; -s, - اردونشین، چادرنشین
Campher, der; -s کافور
Camping, das; -s, -s اردو، چادر؛ چادرزنی
Campingplatz, der; -es, ⸚e اردوگاه، خیمه گاه
Campus, der; -, - محوطهٔ دانشگاه، پردیس
Canaille, die; -, -n رذل، پست، لمپن، اوباش
Cancan, der; -s, -s کان‌کان (نوعی رقص زنانهٔ تند و شاد)
Cant, der; -s ریاکاری، تزویر
Cape, das; -s, -s پوشش بی‌آستین و بلند، شنل با کلاه
Capelle, die; -, -n ۱. کلیسای کوچک
۲. ارکستر مجلسی
Cappuccino, der; -(s), -s/-ni کاپوچینو
(نوعی قهوهٔ مخلوط با خامه و کاکائو)
Capriccio, das; -s, -s کاپریچیو
(نوعی موسیقی هوس‌انگیز)

Car, der; -s, -s اتومبیل؛ ارابه
Carabiniere, der; -(s), -ri (در ایتالیا) ژاندارم
Caravan, der; -s, -s ۱. کاروان، قافله ۲. کاراوان
(نوعی اتومبیل با جای خواب و لوازم اولیهٔ زندگی) ۳. وسیلهٔ نقلیهٔ سرپوشیده
Caritas, die; - ۱. نیکوکاری، احسان، دستگیری، کار خیر ۲. مؤسسهٔ خیریهٔ کلیسای کاتولیک آلمان
Caritasverband, der; -(e)s, ⸚e
مؤسسهٔ خیریهٔ کلیسای کاتولیک آلمان
caritativ *Adj.* نیکوکارانه، خیرخواهانه
Carte blanche, die; -, -s چک سفید، اختیارات نامحدود
Cartoon, der/das; -(s), -s کارتون (فیلم نقاشی شده)
Cäsar, der, -en, -en سزار، قیصر روم
catchen *Vi.* کشتی کَچ گرفتن
Catcher, der; -s, - کشتی‌گیر کَچ
Catchup, der/das; -(s), -s کچاپ، سس گوجه‌فرنگی
CDU = *Christlich - Demokratische Union*
حزب دمکرات مسیحی
C-Dur, das; - (موسیقی) دو بزرگ
C-Dur-Tonleiter, der; -s, - (موسیقی) گام دو بزرگ
Celesta, die; -, -s سلستا
(سازی است کوبه‌ای و شستی‌دار به شکل پیانو)
Cellist, der; -en, -en نوازندهٔ ویلنسل
Cellistin, die; -, -nen نوازندهٔ ویلنسل (زن)
Cello, das; -s, -s ویلنسل
Cellophan, das; -s, -e (کاغذ) سلوفان
Celsius (درجه) سانتی‌گراد، سلسیوس
Cembalist, der; -en, -en نوازندهٔ چمبالو
Cembalistin, die; -, -nen نوازندهٔ چمبالو (زن)
Cembalo, das; -s, -s/-li چمبالو، کلاوسن
(سازی است کوبه‌ای و زهی شبیه سنتور)
Center, das; -s, - مرکز
Ces, das; -, - (موسیقی) دوبِمل
Ces-Dur, das; - (موسیقی) دوبِمل بزرگ
Ceylon, das جزیرهٔ سیلان
Ceylonese, der; -n, -n سیلانی
ceylonesich *Adj.* سیلانی

Cha-Cha-Cha 180

Cha-Cha-Cha, der; -, -s چاچا (نوعی رقص تند)
Chagrinleder, das; -s, - چرمِ ساغری
Chairman, der; -, -men رئیس جلسه
Chaise, die; -, -n ۱. درشکهٔ تک اسبهٔ پست ۲. صندلی راحتی ۳. ماشین اوراق
Chaiselongue, die; -s, -n صندلی راحتی تخت‌مانند، (نوعی) نیمکت دراز
Chaldäa, das (کشور) کلده
Chaldäer, der; -s, - کلدانی
chaldäisch *Adj.* کلدانی
Chalet, das; -s, -s خانهٔ ییلاقی، کلبهٔ چوبی
Chalif, der; -en, -en خلیفه
Chalkochemigraphie, die; -, -n شیمی‌گرافی، حکاکی روی فلز (مس، برنج)
Chalkograph, der; -en, -en حکاک مس، گراورساز روی مس
Chalkographie, die; -, -n حکاکی مس
Chamäleon, das; -s, -s ۱. حِرباء، آفتاب‌پرست، سوسمار هفت‌رنگ ۲. آدم دمدمی مزاج
Chamois, das; -s ۱. بز کوهی ۲. چرم بسیار نرم و نازک زرد مایل به قهوه‌ای
Chamoisleder, das; -s, - جیر
Champagner, der; -s, - شامپانی (شراب گازدار)
Champignon, der; -s, -s (نوعی) قارچ خوراکی
Champion, der; -s, -s ۱. قهرمان، پهلوان ۲. برندهٔ مسابقه
Championat, das; -(e)s, -e پهلوانی، قهرمانی، برتری‌جویی
Chan, der; -s, -e ۱. (عنوان) خان ۲. کاروانسرا، رباط
Chance, die; -, -n ۱. شانس، بخت، اقبال ۲. فرصت، مجال
jemandem **eine Chance geben** به کسی امکان دادن، به کسی یک فرصت دادن
Die Chancen sind gleich. شانس و امکان برابری دارند.
Chancengleichheit, die; - برابری شانس
changieren *Vi.* تغییر کردن، تغییر یافتن
Chanson, das; -, -s شانسون، ترانه، تصنیف
Chansonette, die; -, -n تصنیف‌خوان، ترانه‌خوان (زن)
Chansonnier, der; -s, -s تصنیف‌خوان، ترانه‌خوان
Chaos, das; - آشفتگی، هرج و مرج، درهم‌ریختگی، بی‌نظمی شدید
chaotisch *Adj.* آشفته، بی‌نظم
Charakter, der; -s, -e ۱. خصلت، منش، شخصیت ۲. چگونگی، ویژگی
Er ist ein Mann von Charakter. آدم باشخصیتی است.
Charakteränderung, die; -, -en تغییر شخصیت
Charakteranlage, die; -, -n حالت، مَشرب، خو، مزاج
Charakterbild, das; -es, -er نمایش شخصیت
Charakterbildung, die; -, -en شخصیت‌سازی
Charakterdarsteller, der; -s, - هنرپیشهٔ شخصیت‌ساز
Charaktereigenschaft, die; -, -en صفت اختصاصی شخصیت، ویژگی شخصیت
Charakterfehler, der; -s, - ضعف شخصیت، نقص شخصیت
charakterfest *Adj.* متین، محکم، پابرجا، استوارمنش
Charakterfestigkeit, die; -, -en متانت، وقار و سنگینی، استوارمنشی
charakterisieren *Vt.* توصیف کردن؛ مشخص کردن
Charakterisierung, die; -, -en توصیف
Charakteristik, die; -, -en مختصات، مشخصات، ویژگی
Charakteristikum, das; -s, -ka نشان ویژه، صفت اختصاصی
charakteristisch *Adj.* مخصوص، ویژه، اختصاصی
charakteristischerweise *Adv.* به‌ویژه، به‌طور اختصاصی
Charakterkunde, die; -, -n مطالعهٔ شخصیت و سیرت، (علم) سیرت‌شناسی
charakterlich *Adj., Adv.* ۱. شخصی ۲. شخصاً
charakterlos *Adj.* بی‌شخصیت، بی‌منش، بی‌صفت، بی‌اخلاق
Charakterlosigkeit, die; -, -en بی‌شخصیتی، بی‌منشی، بی‌صفتی، بی‌اخلاقی
Charakterologie, die; -, -n شخصیت‌شناسی، منش‌شناسی
Charakterrolle, die; -, -n (در نمایش) نقش شخصیتی پیچیده و متضاد
Charakterschilderung, die; -, -en توصیف شخصیت نمایش
Charakterschwäche, die; -, -n ضعف شخصیت، سست عنصری
Charakterstärke, die; -, -n قدرت شخصیت، قدرتِ منش
Charakterstück, das; -(e)s, -e اثر نمایشی (که در آن به شخصیت بازیگران اهمیت زیادی داده می‌شود)
Charakterstudie, die; -, -n مطالعهٔ شخصیت و سیرت

181 **chemisch**

charaktervoll *Adj.* باشخصیت، منش‌مند
Charakterzug, der; -es, ¨-e نشان ویژه، علامت مخصوص
Charge, die; -, -n ۱. شارژ (باتری) ۲. مقام، منصب (دولتی) ۳. (نظامی) درجه ۴. (در نمایش) نقش کوچک شخصیتی
chargieren *Vi., Vt.* ۱. در ایفای نقش (خود) مبالغه کردن ۲. با لباس رسمی اداری ظاهر شدن ۳. بار کردن، پر کردن، شارژ کردن (باتری)
Chargierte, der; -n, -n ۱. مأمور، گماشته ۲. عضو هیئت رئیسهٔ اتحادیهٔ دانشجویان
Charisma, das; -s, -men/-ta موهبت الهی، خصلت ذاتی، فره، فر
charismatisch *Adj.* فرهمند، فرمند
Charité, die; -, -s ۱. احسان، نیکوکاری، کار خیر؛ صدقه ۲. بیمارستان
Charlatan, der; -s, -e شارلاتان، عوام‌فریب، حقه‌باز، متقلب
Charleston, der; -, -s چارلستون (نوعی رقص امریکایی)
charmant *Adj.* افسونگر، جذاب، دلربا، فریبنده
Charme, der; -s افسون، دلربایی، فریبندگی، جذبه
Charmeur, der; -s, -s افسونگر، فریبنده، دلفریب، جذاب
Charmeuse, die; - افسونگر، فریبنده، دلفریب، جذاب (زن)
charmieren *Vt.* افسون کردن، فریفتن، مجذوب کردن، مسحور کردن
Charta, die; -, -s فرمان، منشور؛ امتیازنامه؛ اجازه‌نامه؛ قرارداد بین‌المللی
Charter, der; -s, -s فرمان، منشور؛ امتیازنامه، اجازه‌نامه؛ قرارداد بین‌المللی
Charterflug, der; -(e)s, ¨-e پرواز دربست
Charterflugzeug, das; -(e)s, -e هواپیمای دربست
Chartermaschine, die; -, -n هواپیمای دربست
chartern *Vt.* دربست کرایه کردن (کشتی / هواپیما)
Chartervertrag, der; -(e)s, ¨-e پیمان اجارهٔ هواپیما / کشتی (به‌طور دربست)
Chassis, der/das; -, - ۱. شاسی (اتومبیل) ۲. چارچوب، قاب، چوب‌بندی، اسکلت
Chasuble, das; -s, -s لبادهٔ بلند بدون آستین
Chauffeur, der; -s, -e شوفر، رانندهٔ حرفه‌ای
Chauffeurgehilfe, der; -n, -n کمک راننده
chauffieren *Vi.* رانندگی کردن، حرفهٔ رانندگی داشتن

Chaussee, die; -, -n راه شوسه، جادهٔ سنگفرش
Chausseegeld, das; -(e)s, -er عوارض راه، عوارض جاده
Chausseewächter, der; -s, - راهبان، قراسواران
chaussieren *Vt.* سنگفرش کردن (جاده)
Chauvinismus, der; -, -men میهن‌پرستی افراطی، میهن‌پرستی تعصب‌آمیز
Chauvinist, der; -en, -en میهن‌دوست متعصب، خاک‌پرست
Chauvinistin, die; -, -nen میهن‌دوست متعصب، خاک‌پرست (زن)
chauvinistisch *Adj.* متعصبانه، خاک‌پرستانه
Check, der; -s, -s ۱. چک ۲. جلوگیری، ممانعت ۳. بازرسی
checken *Vt.* ۱. از (چیزی) جلوگیری کردن، از (چیزی) ممانعت کردن ۲. بازرسی کردن، کنترل کردن ۳. فهمیدن
Hast du endlich gecheckt, wie das funktioniert?
بالاخره از طرز کارش سر درآوردی؟
Chef, der; -s, -s رئیس، مدیر شرکت، کارفرما
Chefarzt, der; -es, ¨-e پزشک مسئول بخش / بیمارستان
Chefdelegierte, der; -n, -n رئیس هیئت نمایندگی
Chefdirigent, der; -en, -en رهبر ارکستر
Chefin, die; -, -nen رئیس، مدیر شرکت، کارفرما (زن)
Chefingenieur, der; -s, -e سرمهندس
Chefkoch, der; -(e)s, ¨-e سرآشپز
Chefkonstrukteur, der; -s, -e سرپرست طراحان بنا
Chefmanager, der; -s, - مدیر کل
Chefpilot, der; -en, -en سرخلبان، خلبان ارشد
Chefredakteur, der; -s, -e (در مطبوعات) سردبیر
Chefsekretärin, die; -, -nen منشی رئیس (زن)
Chemie, die; - شیمی
Chemiefaser, die; -, -n الیاف مصنوعی
Chemigraphie, die; - (با کمک مواد شیمیایی) گراورسازی
Chemikalien, die / *Pl.* مواد شیمیایی، فرآورده‌های شیمیایی
chemikalisch *Adj.* شیمیایی
Chemiker, der; -s, - شیمی‌دان
Chemikerin, die; -, -nen شیمی‌دان (زن)
Cheminée, das; -s, -s شومینه، بخاری دیواری؛ اجاق دیواری
chemisch *Adj.* شیمیایی
chemische Waffen اسلحه‌های شیمیایی

Chemisett, das; -(e)s, -s/-e پیش‌بند، پیش‌سینه
Chemotechniker, der; -s, - متخصص (فنی) شیمی
Chemotechnikerin, die; -, -nen متخصص (فنی) شیمی (زن)
Chemotherapie, die; -, -n شیمی‌درمانی (درمان به وسیلهٔ مواد شیمیایی)
Cherub, der; -s, -inen/-im کروب، کروبی، فرشتهٔ نورانی
chevaleresk *Adj.* دلیر، جوانمرد، فداکار
Chevreau, das; -s, -s شِورو، چرم بز
Chicorée, die; -/der; -s کاسنی
Chiffon, der; -s, -s شیفون، پارچهٔ نازک، حریر
Chiffre, die; -, -n ۱. رمز، حرف رمز ۲. رقم، عدد
Chiffrenummer, die; -, -n شمارهٔ رمز
Chiffreschrift, die; -, -en خط رمز، نوشتهٔ رمز
Chiffretelegramm, das; -s, -e تلگراف رمز
Chiffreur, der; -s, -e رمزنویس
chiffrieren *Vt.* به رمز درآوردن، به رمز کردن، به رمز نوشتن
Chiffriermaschine, die; -, -n ماشین رمز
Chiffrierschlüssel, der; -s, - کلید رمز
Chiffrierung, die; -, -en رمزنویسی
Chile, das (کشور) شیلی
Chilene, der; -n, -n شیلیایی
Chilenin, die; -, -nen شیلیایی (زن)
chilenisch *Adj.* شیلیایی
Chimäre, die; -, -n ۱. خیال واهی، پندار، وهم ۲. (بیولوژی) عضوی که از سلول‌های مختلف ساخته شده
China, das (کشور) چین
Chinabaum, der; -(e)s, ⸚e درخت گنه‌گنه
Chinakohl, der; -(e)s, - (نوعی) کلم
Chinakrepp, der; -s کرپ دوشین (نوعی پارچهٔ ابریشمی)
Chinarinde, die; -, -n پوست درخت گنه‌گنه
Chinchilla, die; -, -s ۱. چین‌چیلا (نوعی جانور جوندهٔ کوچک شبیه سنجاب که پوست لطیف دارد) ۲. پوست چین‌چیلا
Chinese, der; -s, -n چینی
Chinesenviertel, das; -s, - محلهٔ چینی‌ها
Chinesin, die; -, -nen چینی (زن)
chinesisch *Adj.* چینی
Chinin, das; -es گنه‌گنه
Chintz, der; -, -e چیت گلدار
Chip, der; -s, -s ۱. ژتون، مهره، پولک ۲. بُـن
Chips, die/*Pl.* سیب‌زمینی سرخ کرده، چیپس
Chiragra, das; -s نقرس مفصل دست و پا
Chiromant, der; -en, -en کف‌بین، پیشگو
Chiromantie, die; -, -n کف‌بینی، کف‌شناسی، پیشگویی
Chiropraktik, die; -, -en شکسته‌بندی
Chirurg, der; -en, -en جراح
Chirurgie, die; -, -n جراحی
chirurgisch *Adj.* (مربوط به) جراحی
chirurgische Abteilung بخش جراحی
Chlor, das; -s (شیمی) کلُر (گاز سبز مایل به زرد با بوی تند)
Chloral, das; -s ترکیبی روغنی از کلر (با بوی تند)
Chlorat, das; -(e)s, -e کلرات، نمک اسید کلریک
chloren *Vt.* با کلر ترکیب کردن، به (چیزی) کلر زدن
Chlorgas, das; -es, -e گاز کلر
Chlorid, das; -s, -e کلرید (ترکیب کلر با جسم بسیط دیگر)
chlorieren *Vt.* با کلر ترکیب کردن، به (چیزی) کلر زدن
chlorig *Adj.* کلردار
Chlorit, die; -s, -e نمک اسید کلریت
Chlorkalium, das; -s کلر پتاسیم
Chlorkalk, der; -(e)s کلر کلسیم
Chlorkalzium, das; -s کلر کلسیم
Chloroform, das; -s کلرفورم (مادهٔ بیهوش‌کننده)
chloroformieren *Vt.* به (چیزی) کلرفورم زدن
Chlorophyll, das; -s کلروفیل، سبزینه، مادهٔ سبز گیاه
Chlorose, die; -, -n ۱. (پزشکی) رنگ‌پریدگی بیمارگونه ۲. (نوعی) زنگ گیاهی
Chlorsäure, die; -, -n اسید کلریک
Chlorsäuresalz, das; -es, -e نمک اسید کلریک
Chlorsilber, das; -s کلرید نقره
Cholera, die; - (بیماری) وبا
Choleraepidemie, die; -, -n شیوع وبا، همه‌گیری وبا
Cholerakranke, der; -n, -n (بیماری) وبا
Choleraschutzimpfung, die; -, -en مایه‌کوبی وبا
Choleriker, der; -s, - صفراوی، تندخو، زودخشم
cholerisch *Adj.* صفراوی، تندخو، زودخشم
Cholesterin, das; -(e)s کلسترول (مادهٔ چربی خون)
Chor, der; -(e)s, ⸚e ۱. کُر، گروه آواز جمعی، گروه هم‌سرایی، گروه هم‌خوانان، هم‌سرایان ۲. آواز جمعی، هم‌سرایی، خَرازَه
Choral, der; -(e)s, ⸚e کورال، آواز دینی، آواز کلیسایی
Choraltar, der; -(e), ⸚e محل هم‌سرایی در کلیسا، جایگاه هم‌خوانان در کلیسا

183 **Chrysolith**

Choreograph, der; -en, -en طراح رقص، رقص‌آرا
Choreographie, die; -, -n طراحی رقص، رقص‌آرایی
Choreographin, die; -, -nen رقص‌آرایی، رقص‌آرا (زن)
Chorgesang, der; -(e)s, ⸚e سرود جمعی، هم‌سرایی
Chorgestühl, die / *Pl.* جایگاه ویژه هم‌سرایان
Chorist, der; -en, -en هم‌سرا
Choristin, die; -, -nen هم‌سرا (زن)
Chorknabe, der; -n, -n هم‌سرای پسر
Chorkonzert, das; -(e)s, -e کنسرت آواز جمعی
Chorleiter, der; -s, - رهبر هم‌سرایان
Chormusik, die; - موسیقی هم‌سرایی
Chornische, die; -, -n جایگاه ویژهٔ هم‌سرایان دُر کلیسا
Chorsänger, der; -s, - هم‌سرا
Chorsängerin, die; -nen هم‌سرا (زن)
Chorstuhl, der; -(e)s, ⸚e جایگاه ویژهٔ هم‌سرایان
Chorus, der; -, -se ۱. کُر، گروه آواز جمعی، گروه هم‌سرایی، گروه هم‌خوانان، هم‌سرایان ۲. آواز جمعی، هم‌سرایی، خَرازه
Chrestomathie, die; -, -n (در ادبیات) قطعهٔ منتخب، اثر برگزیده
Christ, der; -en, -en ۱. مسیح، عیسی مسیح ۲. مسیحی، عیسوی
Christabend, der; -s, -e شب عید نوئل، شب عید میلاد مسیح
Christbaum, der; -(e)s, ⸚e درخت نوئل، درخت کریسمس
Christbaumschmuck, der; -(e)s تزئین درخت نوئل
Christenglaube, der; -(n)s مسیحیت، آئین مسیحی
Christenheit, die; - مسیحیت، آئین مسیحی
Christenlehre, die; - تعلیم مسیحیت
Christentum, das; -(e)s مسیحیت، آئین مسیحی
Christfest, das; -(e)s, -e عید میلاد مسیح، عید نوئل
christianisieren *Vt.* مسیحی کردن، عیسوی کردن
Christianisierung, die; -, -en گرایش به مسیحیت، عیسوی‌سازی
Christi-Geburt, die; -, -en میلاد مسیح
  nach Christi - Geburt بعد از میلاد مسیح
  vor Christi - Geburt پیش از میلاد مسیح
Christin, die; -, -nen زن مسیحی
Christkind, das; -(e)s, - ۱. مسیح نوباوه ۲. (به زبان کودکان آلمانی) بابانوئل
christlich *Adj.* عیسوی، مسیحی

Christnacht, die; -, ⸚e شب عید نوئل
Christologie, die; -, -n مسیحیت‌شناسی
Christus, der مسیح، عیسی‌مسیح
  Jesus Christus عیسی‌مسیح
Chrom, das; -s (شیمی) کرُم
Chromatik, die; - ۱. (موسیقی) کروماتیک (گامی که از دوازده نیم پردهٔ پی‌درپی تشکیل شده است) ۲. رنگ‌شناسی
Chromatin, das; -s, -e کروماتین (مادهٔ رنگ‌پذیر هستهٔ سلول)
chromatisch *Adj.* ۱. براساس نیم پرده بالا رونده ۲. رنگی، (مربوط به) رنگ‌شناسی
chromgelb *Adj.* زرد کُرمی
Chromleder, das; -s, - چرم زردرنگ
Chromolithographie, die; -, -n لیتوگرافی رنگی، تهیهٔ عکس‌های رنگی
Chromosom, das; -s, -e کروموزوم (ترکیبی در هستهٔ سلول انسان و حیوان که منتقل‌کنندهٔ صفات ارثی است)
Chromosomenanordnung, die; -, -en ترکیب کروموزوم با مواد قلیایی
Chromosomenpaarung, die; -, -en ترکیب کروموزوم با مواد قلیایی
Chromsphäre, die; - گاز سوزان دور خورشید
Chromsäure, die; -, -n اسید کرُم
Chronik, die; -, -en ۱. گزارش وقایع به ترتیبِ تاریخ وقوع ۲. وقایع‌نامه، گزارش‌نامه
chronisch *Adj.* ۱. مزمن، کهنه، حاد، مانده، دیرینه ۲. دائم، همیشگی
  Sein Husten ist chronisch. سرفهٔ او مزمن است.
Chronist, der; -en, -en وقایع‌نگار، مورخ، تاریخ‌نویس
Chronogramm, das; -s, -e ماده تاریخ
Chronologe, der; -n, -n زمان‌شناس، تاریخ‌شمار
Chronologie, die; -, -n زمان‌شناسی، تاریخ‌شماری، تاریخ‌شناسی، (علم) ترتیب وقایع تاریخی
chronologisch *Adj.* زمان شناختنی، تاریخ شناختنی، ترتیب زمانی و تاریخی
Chronometer, das / der; -s, - کرونومتر، زمان‌سنج دقیق
Chronoskop, das; -s, -e وسیلهٔ اندازه‌گیری فواصل زمانی کوتاه
Chrysantheme, die; -, -n گل داودی
Chrysanthemun, das; -s, -themen گل داودی
Chrysoberyll, der; -s, -e یاقوت ازرق
Chrysolith, der; -s / -en, -e(n) زبرجد، یاقوت سبز

Chrysopras, der; -es, -e	عقیق سبز
Cicerone, der; -(s), -s/-ni	۱. راهنما
	۲. کتابچهٔ راهنمای گشت و سیاحت ۳. زیاده‌گو، حرّاف
Cinemascope, das; -	سینماسکوپ
circa Adv.	تقریباً، درحدود، حدوداً
Circulusvitiosus, der; -, -li/-si	دور باطل،
	دور تسلسل، حلقهٔ معیوب
Circus, der; -, -se	سیرک
Cis, das; -, -	(موسیقی) دو دیز
Citrusfrucht, die; -, ⸚e	مرکبات
City, die; -, -s	مرکز شهر
Clan, der; -s, -s	خاندان، طایفه، ایل، سلسله
Claque, die; -	(در نمایش) کف‌زنندگان مزدور
Clearing, das; -s, -s	نقل و انتقال بانکی، تسویه‌حساب
Clearinghaus, das; -, -es	مرکز نقل و انتقال بانکی
Clearingverkehr, der; -s	نقل و انتقال بانکی، تسویه‌حساب
Clematis, die; -, -	شقایق پیچ
Clinch, der; -(e)s	(در بوکس) گلاویزی
clinchen Vt.	(در بوکس) گلاویز شدن
Clip, der; -s, -s	گیرهٔ کاغذ
Clipper, der; -s, -	هواپیمای سریع‌السیر و دور پرواز
Clique, die; -, -n	۱. دسته، گروه، جرگه ۲. داد و ستد
Cliquewesen, das; -s, -	دسته‌بندی
Clog, der; -s, -s	دمپایی چوبی
Clou, der; -s, -s	نکتهٔ اصلی، لُب مطلب
Clown, der; -s, -s	دلقک؛ مقلد
clownhaft Adj.	مسخره‌آمیز، از روی شوخی
Club, der; -s, -s	باشگاه؛ مجمع، کانون، انجمن
c-Moll, das; -	(موسیقی) دو کوچک
c-Moll-Tonleiter, der; -s, -	(موسیقی) گام دو کوچک
Coach, der; -(s), -s	(ورزش) مربی، کوچ
coachen Vt.	مربی‌گری (تیمی) را کردن
Coca-Cola, das; -(s), -	کوکاکولا
Cockerspaniel, der; -s, -s	(نوعی) سگ شکاری اسپانیایی (اصل)
Cockpit, der; -s, -s	اتاق خلبان (هواپیما)
Cocktail, der; -s, -s	کوکتیل (نوشابهٔ الکلی مخلوط)
Cocktailkleid, das; -(e)s, -er	لباس شب
Cocktailparty, die; -, -s	مهمانی، شب‌نشینی
Coda, die; -, -s	(موسیقی) کُدا، دنباله، بخش پایانی اثر
Code, der; -s, -s	۱. کد، رمز، کلید، رمزنامه ۲. قانون‌نامه
Codeschlüssel, der; -s, -	کلید رمز
Codex, der; -es, -/-e	دست‌خط قدیمی، قانون‌نامه
Coeur, das; -(s), -(s)	۱. قلب ۲. (ورق‌بازی) دل
Coffein, das; -s, -	کافئین، جوهر قهوه
Cognac, der; -s, -s	کنیاک
Coiffeur, der; -s, -e	آرایشگر، سلمانی؛ دلاک
Coke, das; -(s), -s	کوکا
Cola, das; -(s), -	کوکا
Collaborateur, der; -s, -e	همدست، همکار
Collage, die; -, -n	۱. کولاژ (هنر اختلاط رنگ‌ها) ۲. نقاشی چسباندنی
College, das; -(s), -s	کالج، دانشکده، مدرسهٔ عالی
Collegium, das; -, -gia	۱. هیئت علمی/هنری ۲. همکاری هنری
Collie, der; -s, -s	(نوعی) سگ گلهٔ پشمالوی اسکاتلندی
Collier, das; -s, -s	گردن‌بند
Colt, der; -es, -e	کلت، سلاح کمری (نوعی تپانچهٔ خودکار)
Combo, die; -, -s	ارکستر کوچک جاز
Comeback, das; -(s), -s	بازگشت موفقیت‌آمیز و مجدد هنرمند/ورزشکار مشهور به صحنه
Comic, der; -s, -s	مجلهٔ مصور کارتونی
Commonwealth, das; -	کشورهای مشترک‌المنافع
Communiqué, das; -s, -s	اطلاعیه، اعلامیه، ابلاغ رسمی
Compagnie, die; -, -n	۱. کمپانی، شرکت ۲. گروهان
Composer, der; -s, -	آهنگ‌ساز
Computer, der; -s, -	کامپیوتر، رایانه، ماشین حساب‌گر، ماشین داده‌پرداز، شمارنده
Computerwissenschaft, die; -, -en	علم کامپیوتر، علم داده‌پردازی، انفورماتیک
Concierge, der/die; -, -s/-n	دربان، نگهبان، سرایدار
Conference, die; -, -n	کنفرانس، سخنرانی، اجتماع گروهی از متخصصان یک رشته
Conferencier, der; -s, -s	سخنران، ناطق
Contactlinse, die; -, -n	لنز، عینک نامرئی (عدسی نامرئی چشم)
Container, der; -s, -	۱. کانتینر (وسیلهٔ نقلیهٔ بزرگ برای حمل بار) ۲. ظرف، محتوا
contra Präp.	مخالفِ، در برابرِ، در مقابلِ
Convoi, der; -s, -s	۱. قطار، کاروان، قافله ۲. حرکت جمعی کشتی‌ها
cool Adj.	۱. خنک، سرد ۲. خونسرد، بی‌تفاوت
Cool Jazz, der; -, -	(نوعی) موسیقی جاز
Copilot, der; -en, -en	کمک خلبان
Co-produkt, das; -(e)s, -e	محصول مشترک

Copyright, das; -s, -s حق انتشار، حق طبع و نشر؛ حق تألیف
Cord, der; -(e)s, -e ۱. نخ، ریسمان، طناب ۲. مخمل کبریتی
Corn-flakes, die / *Pl.* کورن فلکس (نوعی خوراکی که از ذرت تهیه می‌شود)
Corps, das; -, - ۱. هیئت، گروه، صنف ۲. بدن، پیکر، کالبد، تن
das Corps de Ballet گروه باله
Corpus delicti, das; -, Corpora مدرک جرم، آلت جرم، وسیلهٔ ارتکاب جرم
Cottage, das; -, -s کلبه، خانهٔ روستایی
Cotton, der / das; -s پنبه، نخ، پارچهٔ نخی
Couch, die; -, -es نیمکت راحتی
Couleur, die; -, -s رنگ، لون
Coulomb, das; -s, - واحد بار الکتریکی
Counter, der; -s, - گیشه، پیشخوان
Coup, der; -s, -s ضربه، ضربت
Coupé, das; -s, -s ۱. کوپه، اتاق داخل ترن ۲. اتومبیل کورسی دو نفره
Couplet, das; -s, -s ترانه، دوبیتی
Coupon, der; -s, -s کوپن، جیره‌بندی
Cour, die; - ۱. احترام، بندگی ۲. پذیرایی، تشریفات
Courage, die; - دلیری، شجاعت، رشادت، پُردلی
couragiert *Adj.* دلیر، شجاع، رشید، پُردل
Courtage, die; -, -n پولِ دلالی، حق‌العمل
Courtoisie, die; -, -n ۱. ادب، تواضع ۲. رفتار پهلوانی
Cousin, der; -s, -s پسرعمو، پسردایی، پسرخاله، پسرعمه
Cousine, die; -, -n دخترعمو، دختردایی، دخترخاله، دخترعمه
Couvert, das; -(e)s, -e پاکت (مخصوص نامه)
Cowboy, der; -(s), -s گاوچران
Crackanlage, die; -, -n پالایشگاه نفت
Crackbenzin, das; -s, -e بنزین رقیق شده
Cracker, der; -s, -s ۱. (نوعی) شیرینی خشک ۲. ترقهٔ آتش‌بازی
Creme, die; -s, -s ۱. کرم صورت ۲. خامه، سرشیر ۳. عصاره، فشرده
cremefarben *Adj.* کرم‌رنگ، شیری‌رنگ
Cremetorte, die; -, -n نان شیرینی خامه‌ای
Crèpe de Chine, der; -, -s کرپ دوشین (نوعی پارچهٔ ابریشمی)
Crescendo, das; -s, -s (موسیقی) کرشندو (افزایش تدریجی صدا)
Crew die; -, -s خدمهٔ هواپیما؛ خدمهٔ کشتی
Crime, das; -s جنایت، تبهکاری، جرم
Croquette, die; -, -n (نوعی) کوفته
Csárdás, der; -s, -e چارداش (رقص ملی مجاری)
C-Schlüssel, der; -s, - (موسیقی) کلید دو
CSU = *Christlich - Soziale Union* حزب سوسیال مسیحی (آلمان)
cum *Präp.* (در زبان لاتین) با
Cumulus, der; -, -li / -se توده، کپه
Cup, der; -s, -s ۱. جام، فنجان، پیاله ۲. کاپ (جایزهٔ مسابقات که شبیه جام یا گلدان است)
Cupido, der; -s (در روم باستان) رب‌النوع عشق
Curriculum, das; -s, -la برنامهٔ تحصیلی، دورهٔ تحصیلی
Curriculum vitae, das; -, -la زیست‌نامه، زندگی‌نامه، شرح زندگی، شرح‌حال
Curry, der / das; -s, -s کاری، چاشنی هندی (نوعی ادویهٔ هندی)
Cymbal, der / das; -s, -e / -s سیمبال (سازی کلاویه‌دار از خانوادهٔ ارگ)
Cymbals, die / *Pl.* سنج (سازی است از دستهٔ کوبه‌ای‌ها، متشکل از دو قرص فلزی که آنها را برهم می‌کوبند)

D

D, das; -, - ۱. دِ (حرف چهارم الفبای آلمانی) ۲. (موسیقی) نُت ر

D-Dur (موسیقی) ر بزرگ

d-Moll (موسیقی) ر کوچک

da *Adv., Konj.* ۱. آنجا، اینجا ۲. در این وقت ۳. در این رابطه ۴. حاضر ۵. چون، چون‌که، نظر به این‌که، از آنجایی که

Da bin ich hier! من در اینجا هستم! آمدم!

Er ist da. او آنجاست.

Ist jemand da gewesen? کسی آنجا بود؟

hier und da اینجا و آنجا

Du da! آهای، با تو هستم!

der Mann da آن مرد

da unten در آن پایین

da drüben آنجا، در آنجا

Wieder da? باز هم آمدی؟

von da ab از آن وقت تا به حال

Wir sind da! رسیدیم!

Wer ist da? کیه؟

Nichts da! حرفشو نزن!

Da haben wir es! بفرما! خر بیار و باقلا بار کن!

Da haben Sie recht! حق باشماست!

Da bin ich ganz Ihrer Meinung. در این رابطه کاملاً با شما هم عقیده‌ام.

dabei *Adv.* ۱. نزد آن، نزدش، پهلویش ۲. در این کار، در آن موضوع، در این وضع، در آن حال ۳. به این جهت، به‌واسطهٔ این ۴. حاضر ۵. علاوه بر این، مع‌ذالک

dabei sein حاضر بودن، شاهد بودن

Ich war dabei. من آنجا (حاضر) بودم. من شاهد بودم.

Ich bin dabei. حاضرم. موافقم.

gerade dabei sein zu... در شُرف ... بودن

Was ist denn dabei? عیبش چیست؟ مانع این کار چیست؟

Das schlimmste dabei ist, daß... بدیش این است که ...

Er arbeitete und hörte dabei Radio. او ضمن کار رادیو هم گوش می‌داد.

dabeibleiben *Vi.* در عقیدهٔ (خود) مصر بودن، سر حرف / قول (خود) ایستادن، زیاد پافشاری کردن

Also es bleibt dabei... قرار شد که ...

dabeihaben *Vt.* همراه داشتن

Er hatte seine Freundin dabei. دوست دخترش همراهش بود.

dabeihalten *Vt.* پیش خود نگاه داشتن

dabeisein *Vi.* ۱. حاضر بودن، حضور داشتن، شرکت داشتن، سهیم بودن ۲. در صدد بودن، مشغول بودن

Schade, daß Sie nicht dabei waren! حیف که شما در آنجا حضور نداشتید! جای شما خالی بود!

Ich war gerade dabei mir eine Stelle zu suchen. در صدد یافتن شغلی بودم.

dabeisitzen *Vi.* حضور داشتن

Ich möchte bei eurer Besprechung dabeisitzen. مایلم در جلسهٔ شما حضور داشته باشم.

dabeistehen *Vi.* حاضر بودن، دم‌دست بودن

dableiben *Vi.* ماندن، سر جای خود ماندن، توقف کردن، بیرون نرفتن

Bleib da! همانجا باش!

da capo (موسیقی) از اول، از سر نو، تکرار

Dach, das; -s, ¨-er بـام، پشت‌بـام، سـقف (خانه)، شیروانی

das Haus unter Dach und Fach bringen خانه را مسقف کردن

eine Arbeit unter Dach und Fach bringen کاری را انجام دادن

mit jemandem **unter einem Dach wohnen** با کسی هم‌خانه بودن

Ein Sperling in der Hand ist besser als eine Taube auf dem Dach. سیلی نقد به از حلوای نسیه است.

Die Spatzen pfeifen es von allen Dächern. چیزی که همه می‌دانند. بر سر زبان‌هاست.

Dachantenne, die; -, -n آنتن هوایی

Dachbalken, der; -s, - تیر سقف، داربست (شیروانی)

Dachboden, der; -s, ¨ اتاق زیر شیروانی، انباری زیر شیروانی

Dachdecker, der; -s, - شیروانی‌کوب، سقف‌ساز

Dachdeckerei, die; - پشت‌بام‌سازی، شیروانی‌سازی

dachen *Vt.* سقف زدن، برای (چیزی) سقف ساختن

Dachfenster, das; -s, - دریچهٔ شیروانی، روزنهٔ بام

Dachfirst, der; -(e)s, -e نوک عمارت، خرپشته (شیروانی)
Dachforst, der; -es, -e مرتفع‌ترین نقطهٔ عمارت
Dachgarten, der; -s, ⸚ باغچهٔ روی بام
Dachgaupe, die; -, -n پنجرهٔ روی شیروانی
Dachgeschoß, das; -schosses, -schösse اتاق زیرشیروانی، طبقهٔ زیرشیروانی
Dachgesellschaft, die; -, -en شرکت کل، شرکت سهامی
Dachgewölbe, der; -s, - فضای خالی زیر سقف
Dachhaken, der; -s, - قلابی که از سقف آویزان است
Dachkammer, die; -, -n اتاق زیرشیروانی
Dachlatte, die; -, -n چوب شیروانی (که روی آن سفال می‌گذارند)، تختهٔ بام
Dachloch, das; -(e)s, ⸚er روزنهٔ پشت‌بام
Dachluke, die; -, -n پنجرهٔ (کوچک) شیروانی
Dachmoos, das; -es, -e خزهٔ پشت‌بام
Dachorganisation, die; -, -en شرکت کل
Dachpappe, die; -, -n عایق رطوبت سقف
Dachpfanne, die; -, -n (نوعی) سفال پشت‌بام
Dachrand, der; -es, ⸚er لب بام
Dachreiter, der; -s, - منارهٔ کوچک، برج کوچک (بام)
Dachrinne, die; -, -n ناودان
Dachroller, die; -s, - بام‌غلتان، غلتک
Dachs, der; -es, -e (جانور) گورکن
So ein junger Dachs! عجب جوان خامی!
Dachsattel, der; -s, ⸚ خرپشتهٔ شیروانی
Dachsbau, der; -(e)s, -e لانهٔ گورکن
Dachsbeil, das; -(e)s, -e تیشه
Dachschaden, der; -s, ⸚ خرابی سقف
Dachschiefer, der; -s, - لوحهٔ سنگی برای پوشش بام
Dachschindel, die; -, -n تکه‌های سنگی روی سقف
Dachshund, der; -(e)s, -e سگ (آلمانی) پاکوتاه و تنه‌دراز
Dachsparren, der; -s, - تیر سقف، لایه (شیروانی)
Dachstube, die; -, -n اتاق زیرشیروانی
Dachstuhl, der; -(e)s, ⸚e چوب‌بست پشت‌بام
Dachstuhlbau, der; -(e)s, -e چوب‌بست زیرشیروانی‌سازی
Dachtel, die; -, -n سیلی، توگوشی
Dachtraufe, die; -, -n پیش‌آمدگی لبهٔ بام
Dachwalze, die; -, -en بام‌غلتان، غلتک
Dachwerk, das; -(e)s, -e سقف‌سازی، سقف‌بندی
Dachziegel, der; -s, - سفال پشت‌بام

Dackel, der; -s, - سگ (آلمانی) پاکوتاه و تنه‌دراز
dadurch *Adv., Konj.* ۱. از توی آن، از وسط آن ۲. به وسیلهٔ آن، به این وسیله ۳. به موجب آن، از این طریق، در نتیجه، از آن میان
Dadurch, daß... به علت اینکه ...
Dadurch bin ich völlig verarmt. به این ترتیب دار و ندارم را به‌کلی از دست دادم.
dafür *Adv., Konj.* ۱. برای آن، به این جهت ۲. در عوض آن، به جای آن ۳. نظر به اینکه، به‌جای اینکه
Ich kann nichts dafür. تقصیر من نیست.
Dafür danke ich Ihnen. برای آن از شما متشکرم.
Wer ist dafür? کی موافقه؟
Das Kind kann nichts dafür. بچه تقصیری ندارد.
Er tut sich wichtig, dafür hat er aber auch leere Taschen! پز عالی، جیب خالی!
dafürhalten *Vi.* گمان داشتن، نظر داشتن، بر این عقیده بودن
Ich halte dafür, daß... عقیدهٔ من این است که ...
Dafürhalten, das; -s عقیده، نظر، رأی، گمان
dafürkönnen *Vt.* در (کاری) تقصیر داشتن، در (کاری) مقصر بودن
Er kann nichts dafür. تقصیر او نیست.
Dafür kann ich nichts. از من کاری ساخته نیست.
dagegen *Adv., Konj.* ۱. برخلاف آن، برضد آن، برعلیه آن ۲. ولی، ولیکن، از طرف دیگر
Ich bin dagegen. من مخالفم.
Ich habe nichts dagegen. مخالفتی با آن ندارم.
Wenn Sie nichts dagegen haben... اگر با آن مخالفتی ندارید ...
dagegensprechen *Vi.* مخالف (چیزی) بودن
Was spricht dagegen? چه مانعی دارد؟
daheim *Adv.* در خانه، در منزل، در وطن
unterwegs und daheim در سفر و حضر
daheim sein در خانه بودن
daher *Adv., Konj.* ۱. از آنجا، از این جهت ۲. از این رو، به این سبب ۳. بنابراین
Daher kommt es, daß... به این سبب است که ...
dahergehen *Vi.* سَلانه سَلانه به راه خود رفتن
daherkommen *Vi.* از راه رسیدن؛ نزدیک شدن
daherreden *Vi.* یاوه‌گویی کردن، مزخرف گفتن، بی‌فکر حرف زدن
daherum *Adv.* از این طرف، در آن حدود
daherunter *Adv.* از آن پایین
dahier *Adv.* اینجا، همین‌جا

dahin *Adv.* ۱. به آنجا، تا آنجا ۲. در این رابطه ۳. آن وقت ۴. گذشته، از دست رفته، مرده

Bis dahin müssen wir warten. تا آن زمان باید منتظر بمانیم.

jemandem **dahin bringen** کسی را ترغیب کردن

Ihre Jugendblüte ist dahin. از عنفوان جوانیش گذشته است.

dahinfahren *Vi.* ۱. دور شدن، رد شدن (ماشین) ۲. مردن، فوت کردن

Fahre dahin! بروگم شو!

dahinfliegen *Vi.* ۱. گذشتن، سپری شدن (زمان)، از دست رفتن (وقت) ۲. پرواز کردن

Die Jahre folgen dahin. سال‌ها سپری شد.

dahingeben *Vt.* از دست دادن

alles dahingeben همه چیز را از دست دادن

dahingegangen *Adj.* متوفی، مرحوم

dahingehen *Vi.* ۱. مردن، درگذشتن ۲. رفتن ۳. گذشتن، سپری شدن (زمان)

Die Jahre gingen dahin. سال‌ها سپری شد.

dahingestellt *Adj.* مشکوک، مبهم، مورد سؤال

Etwas bleibt dahingestellt. چیزی مشکوک به نظر می‌آید.

dahinreden *Vt.* بی‌فکر گفتن

dahinscheiden *Vi.* مردن، تلف شدن

dahinschießen *Vt.* به (کسی / چیزی) تیر انداختن، به (کسی / چیزی) تیراندازی کردن

Er schoß dahin. به آن طرف تیر انداخت.

dahinschwanken *Vi.* تلوتلو خوردن، مستانه راه رفتن

dahinschwinden *Vi.* از بین رفتن، تلف شدن (زمان)

dahinsiechen *Vi.* ۱. به تدریج مردن، تحلیل رفتن ۲. کاهش یافتن، کم شدن ۳. گذشتن (زمان)

dahinsinken *Vi.* زایل شدن، از میان رفتن

dahinstehen *Vi.* مشکوک بودن، نامعلوم بودن

Seine Rückkunft steht noch dahin. مراجعت او هنوز مشخص نیست.

dahinströmen *Vi.* جاری بودن، روان شدن

Dahinströmen, das; -s, - جریان

dahinströmend *Adj.* جاری، روان

dahinten *Adv.* در آن پشت، در عقب

dahinter *Adv.* در پشت آن، بعد از آن

Da steckt noch etwas dahinter. کاسه‌ای زیر نیم کاسه است.

Je weniger dahinter steckt, desto mehr Angabe. میمون هرچه زشت‌تر ادایش بیشتر.

Wer ist dahinter? پشت این پرده کیست؟

dahinterknien *Vr.* سعی کردن، تلاش کردن

Du muß dich schon dahinterknien, wenn du dein Studium schaffen willst. اگر می‌خواهی در تحصیلات خود موفق شوی، باید تلاش کنی.

dahinterkommen *Vi.* پی‌بردن، کشف کردن

Ich kann nicht dahinterkommen. از این کار سر در نمی‌آورم.

Endlich kam ich dahinter. بالاخره حالیم شد.

dahintermachen *Vr.* دست به‌کار شدن، شروع کردن

dahintersetzen *Vr.* دست به‌کار شدن، شروع کردن

dahinterstecken *Vi.* دلیل اصلی بودن

Da kann nur sie dahinter stecken. فقط او می‌تواند مسبب این کار باشد.

Dahlie, die; -, -n گل کوکب

Dakapo, das; -s, -s (موسیقی) از اول، از سرنو، تکرار

Dakaporuf, der; -(e)s, -e (در کنسرت) تقاضای تکرار

dalli *Adv.* زود باش، یاالله

damalig *Adj.* آن وقت، آن زمان، آن دوره

damals *Adv.* در آن زمان، در آن موقع

Damaskus, der (شهر) دمشق

Damast, der; -es, -e پارچهٔ دمشقی

Damasttischtuch, das; -(e)s, -e سفرهٔ نقش دمشقی

damasten *Adj.* دمشقی، شامی

Damaszener, der; -s, - دمشقی، شامی

Damaszenerarbeit, die; -, -en کارِ دمشقی

Damaszenerklinge, die; -, -n تیغ دمشقی

Damaszenerrose, die; -, -n گل سرخ دمشقی

damaszenisch *Adj.* دمشقی، شامی

damaszieren *Vt.* ۱. آب دادن (فلز) ۲. نقش دادن (پارچه)

damasziert *Adj.* ۱. [فلز] آبداده ۲. [پارچه] نقش‌دار

Dämchen, das; -s, - دوشیزه، دختر جوان

Dame, die; -, -n ۱. خانم، بانو ۲. (ورق‌بازی) بی‌بی ۳. (شطرنج) مهرهٔ وزیر

Meine Damen und Herren! خانم‌ها و آقایان!

Damebrett, das; -(e)s, -er (بازی) تخته‌نرد

Damenabteil, das; -(e)s, -e قسمت زنانه، بخش بانوان

Damenbad, das; -(e)s, ¨-er گرمابهٔ زنانه

Damenbinde, die; -, -n نواربهداشتی

Damenbrett, das; -(e)s, -er تختهٔ شطرنج

Damendoppel(spiel), das; -(e)s, -e (تنیس) بازی دو نفرهٔ زنان

Dameneinzel(spiel), das; -(e)s, -e
(تنیس) بازی یک نفرهٔ زنان
Damenfahrrad, das; -(e)s, ¨-er دوچرخهٔ زنانه
Damenfriseur, der; -s, -e آرایشگاه زنانه
Damengesellschaft, die; -, -en اجتماع زنانه، ضیافت زنانه، مجلس بانوان
damenhaft *Adj.* خانم‌وار، خانمانه، زنانه
Damenheld, der; -en, -en (مرد) تو دل‌برو، (مرد) خوش‌تیپ
Damenhut, der; -(e)s, ¨-e کلاه زنانه
Damenkleid, das; -(e)s, -er لباس زنانه
Damenmannschaft, die; -, -en تیم بانوان
Damenschneider, der; -s, - خیاط زنانه
Damenstrumpf, der; -(e)s, ¨-e جوراب زنانه
Damentasche, die; -, -n کیف زنانه
Damentoilette, die; -, -n مستراح زنانه، توالت بانوان
Damenuhr, die; -, -en ساعت زنانه
Damenunterwäsche, die; - لباس زیر زنانه
Damenwahl, die; - ۱. دعوت خانم‌ها از آقایان برای رقص ۲. انتخاب همسر
Damespiel, das; -(e)s, -e بازی دام
(نوعی بازی دونفره با مهره‌های سفید و سیاه)
Damhirsch, der; -es, -e گوزن زرد
damit *Adv., Konj.* ۱. به این وسیله، از این جهت ۲. برای اینکه، برای آنکه، به خاطر اینکه ۳. با آن
Schluß damit! بس کن!
Her damit! بده ببینم!
Paß auf damit du nicht fällst! بپا نیفتی!
Was meinen Sie damit? منظورتان (از این حرف) چیست؟
Aber damit ist es nichts. اما این نکته حقیقت ندارد.
dämlich *Adj.* جاهل، نادان؛ ساده‌لوح
Dämlichkeit, die; -, -en جهالت، حماقت، خریت
Damm, der; -(e)s, ¨-e ۱. سد، بند، مانع، سیل‌گیر، خاکریز ۲. سواره رو، (نوعی) خیابان
auf dem Damm sein تندرست و سرحال بودن
jemanden **wieder auf den Damm bringen**
کیف کسی را دوباره کوک کردن
Dammbruch, der; -(e)s, ¨-e شکستن سد، خراب شدن سد
dämmen *Vt.* سد کردن، مسدود کردن، بستن
Dämmer, der; -s شفق، فجر، تاریک روشن
dämmerig *Adj.* کم‌نور، تاریک روشن
Dämmerlicht, das; -(e)s هوای گرگ و میش، نور سپیده‌دم، روشنایی دم صبح / غروب
dämmern *Vi.* ۱. روشن شدن، طلوع کردن ۲. فرا رسیدن (فجر، شفق) ۳. کم‌نور شدن، غروب کردن
Dämmerschein, der; -(e)s, - هوای گرگ و میش
Dämmerstunde, die; -, -n ساعت طلوع آفتاب، ساعت غروب آفتاب
Dämmerung, die; -, -en ۱. صبحدم، سپیده‌دم ۲. شفق، (هوای) گرگ و میش ۳. شامگاه، غروب
dämmrig *Adj.* کم‌نور، تاریک روشن
Dammriß, der; -risses, -risse
(هنگام زایمان) پاره شدن فاصلهٔ میان مهبل و مقعد
Dämon, der; -s, -en دیو، شیطان، اهریمن، روح خبیث
Dämonenglaube, der; -ns, -n اعتقاد به دیو، دیوباوری
Dämonenverehrung, die; -, -en دیوپرستی، اهریمن‌پرستی
dämonisch *Adj.* دیوآسا، اهریمنی
Dämonologie, die; -, -n دیوشناسی، شیطان‌شناسی
Dampf, der; -es, ¨-e بخار
mit voll Dampf (در مورد کشتی) با حداکثر سرعت
Dampf hinter etwas **machen** کاری را تسریع کردن
dampfartig *Adj.* بخارمانند، به شکل بخار
Dampfbad, das; -(e)s, ¨-er حمام بخار
Dampfbetrieb, der; -(e)s, -e ماشین بخار
Dampfboot, das; -(e)s, -e کشتی بخار
Dampfbügeleisen, das; -s, - اتوی بخار
Dampfdruck, der; -(e)s, -e فشار بخار
Dampfdruckmesser, der; -s, - فشار بخارسنج
dampfen *Vi., Vt.* ۱. بخار شدن ۲. بخار کردن، بخار بیرون دادن
dämpfen *Vt.* ۱. بخار دادن؛ دم کردن، جوشاندن ۲. فرو نشاندن، ملایم کردن؛ تخفیف دادن؛ از (چیزی) کاستن
dampfend *Adj.* بخارکنان، بخاردار
Dampfer, der; -s, - کشتی بخار
Dämpfer, der; -s, - ۱. صداکم‌کن، صدا خفه‌کن ۲. (برای آلات موسیقی) سوردین
Man muß ihm einen Dämpfer aufsetzen.
باید گوشمالیش داد.
Dampferlinie, die; -, -n خط کشتیرانی
Dampfhammer, der; -s, ¨- چکش بخاری
Dampfheizung, die; -, -en دستگاه حرارتی با بخار، شوفاژ بخاری
dampfig *Adj.* بخاردار، پُر بخار
dämpfig *Adj.* ۱. شرجی، گرم و مرطوب ۲. نفس‌تنگ، تنگ‌نفس

Dämpfigkeit 190

Dämpfigkeit, die; -, -en نفس‌تنگی، تنگ‌نفسی
Dampfkessel, der; -s, - دیگ بخار
Dampfkraft, die; -, - نیروی بخار
Dampfkraftwerk, das; -(e)s, -e نیروگاه حرارتی با بخار
Dampfmaschine, die; -, -n ماشین بخار
Dampfmesser, der; -s, - بخارسنج
Dampfschiff, das; -(e)s, -e کشتی بخار
Dämpfung, die; -, -en ۱. تسکین، تخفیف، تضعیف ۲. خفگی (صدا)
Dampfwalze, die; -, -n ۱. غلتک بخاری ۲. زن چاق و چله
Dampfwolke, die; -, -n ابر بخار، ابر باران‌زا
Damwild, das; -(e)s (نوعی) گوزن وحشی
danach *Adv.* ۱. پس از آن، از آن به بعد، سپس، آنگاه ۲. برطبق آن، مطابق
Das Verlangen danach war stärker. توقع بعد از آن بیشتر شد.
Däne, der; -n, -n دانمارکی
daneben *Adv.* ۱. پهلو، نزد، نزدیک، کنار ۲. اضافه بر آن، غیر از این
gleich daneben درست نزدیک آن، چسبیده به آن
danebengehen *Vi.* خطا رفتن، به هدف نخوردن، اصابت نکردن
danebenliegen *Vi.* اشتباه کردن
Mit dieser Meinung liegst du dich sehr daneben. عقیده‌ات بسیار اشتباه است.
danebentreffen *Vt.* خطا رفتن، به هدف نخوردن، به (جایی) اصابت نکردن
Dänemark, das (کشور) دانمارک
danieder *Adv.* پایین، روی زمین
daniederliegen *Vi.* ۱. زمین‌گیر بودن، بیمار بودن ۲. راکد شدن، کساد شدن
Der Handel liegt danieder. کار و کاسبی کساد است.
Dänin, die; -, -nen دانمارکی (زن)
dänisch *Adj.* دانمارکی، (مربوط به) دانمارک
dank *Präp.* بر اثرِ، در نتیجهٔ، به وسیلهٔ؛ به یمنِ
Dank Ihrer Güte! از لطف شما!
Dank, der; -(e)s تشکر، سپاس، شکر، امتنان
Vielen Dank! خیلی متشکرم!
Gott sei Dank! خدا را شکر! الحمدالله! الهی شکر!
Vielen Dank für Ihr Kommen! مشرف فرمودید!
mit besten Dank باعرض تشکر
jemandem **Dank sagen** از کسی سپاسگزاری کردن
mit Dank annehmen با امتنان پذیرفتن
Dankadresse, die; -, -n پیام تشکر، تشکرنامه
dankbar *Adj.* ۱. سپاسگزار، شکرگزار، شاکر، ممنون، راضی، متشکر ۲. مفید، سودمند
jemandem **für seine Hilfe dankbar sein** از کمک کسی قدردانی کردن
Er war sehr dankbar. او کمال امتنان را داشت.
Dankbarkeit, die; - حق‌شناسی، شکرگزاری، قدردانی، سپاسگزاری
aus Dankbarkeit از روی حق‌شناسی
Dankbrief, der; -(e)s, -e نامهٔ تشکرآمیز
danken *Vi., Vt.* ۱. تشکر کردن، شکر کردن، سپاسگزاری کردن، ممنون بودن ۲. جبران کردن
Danke! متشکرم! ممنونم!
Danke schön! خیلی متشکرم! خیلی ممنونم!
Danke, nein! نه خیر، متشکرم!
Wie kann ich dir das jemals danken? چطور می‌توانم لطف تو را جبران کنم؟
Nichts zu danken! تشکر ندارد! قابلی ندارد!
Danke, gleichfalls! متشکرم، من هم همین‌طور!
jemandem **für** etwas **danken** از کسی برای چیزی تشکر کردن
dankend *Adv.* باتشکر، با اظهار سپاسگزاری
Ich habe Ihren Brief dankend erhalten. نامهٔ شما را باکمال خوشوقتی دریافت کردم.
Dankesbesuch, der; -(e)s, -e دیدار برای سپاسگزاری
Dankeschön, das; -s تشکر زیاد، سپاس بسیار
Dankespflicht, die; -, -en وظیفهٔ تشکر
Dankeswort, das; -(e)s, -e ادای تشکر
Dankeszeichen, das; -s, - نشانهٔ تشکر، علائم امتنان
Dankfest, das; -(e)s, -e جشن شکرگزاری
Dankgebet, das; -(e)s, -e دعای شکرگزاری
Dankgottesdienst, der; -es, -e سرود شکرگزاری، دعای شکرگزاری
Dankopfer, das; -s, - قربانی برای شکرگزاری
danksagen *Vi.* اظهار تشکر کردن
Danksagung, die; -, -en اظهار تشکر
Dankschreiben, das; -s, - نامهٔ تشکرآمیز
dann *Adv.* ۱. سپس، پس از این، بعد از این ۲. آن وقت، آنگاه ۳. بنابراین
Und dann? بعد چی (شد)؟ بعدش چی؟
dann und wann گاه و بیگاه، بعضی اوقات

dann und nur dann فقط و فقط
daran *Adv.* به آن، از آن، در آن، نزدیک به آن
Daran habe ich nicht gedacht. به این فکر نیفتاده‌ام.
Ich denke gar nicht daran. اصلاً فکرش را نمی‌کنم.
Daran ist kein Zweifel. در این (خصوص) شکی نیست.
Er hatte Krebs, und ist daran gestorben.
او سرطان داشت و بر اثر همین مرض درگذشت.
Man muß sich daran halten. باید دنبالش را گرفت.
Du bist jetzt daran. حالا نوبت توست.
Daran liegt es nicht. علتش این نیست.
Er ist nicht Schuld daran. تقصیر او نیست.
darangehen *Vi.* دست به کار شدن، مشغول کار شدن
Er ist daran gegangen. او دست به کار شد.
daranhalten *Vr.* عجله کردن
darankommen *Vi.* در نوبت بودن
daranmachen *Vr.* مشغول کاری شدن، دست به کاری زدن
daransetzen *Vt., Vr.* ۱. در خطر انداختن، ریسک کردن ۲. همه توان (خود) را به کار انداختن
sich an eine Arbeit daransetzen
همهٔ توان خود را در کاری صرف کردن
darauf *Adv.* ۱. روی آن، بالای آن ۲. از این به بعد، بعد از آن، پس از این ۳. درنتیجه، بنابراین
Lege das Buch darauf. کتاب را آن بالا بگذار.
Wie kommst du plötzlich darauf?
چطور ناگهان به این فکر افتادی؟
Verlassen Sie sich darauf. خاطرتان جمع باشد.
am Tage darauf روز بعد
gleich darauf بلافاصله بعداز آن
bald darauf کمی بعداز آن
darauffolgend *Adj.* بعدی، متعاقب
am darauffolgenden Tag روز بعد
daraufhin *Adv.* ۱. بعداز آن ۲. بنابراین ۳. به‌خاطر آن، بدان جهت ۴. بلافاصله
drauflegen *Vt.* روی آن قرار دادن
daraus *Adv.* از آن، از آنجا، از بیرون، بیرون از آن
Daraus folgt, daß... از آن نتیجه می‌شود که ...
Daraus wird nichts. از آن نتیجه‌ای حاصل نمی‌شود.
Mach dir nichts daraus! غصه نخور! بی‌خیال باش! قیدش را بزن!
darben *Vi.* ۱. نیاز داشتن، محتاج بودن، در مضیقه بودن، کم داشتن ۲. سختی کشیدن
darbieten *Vt.* ۱. تقدیم کردن، ارائه دادن، عرضه کردن ۲. نمایش دادن
etwas **zum Verkauf darbieten**
چیزی را برای فروش عرضه کردن
Darbietung, die; -, -en ۱. تقدیم، ارائه، عرضه ۲. نمایش هنری، برنامهٔ هنری
darbringen *Vt.* تقدیم کردن، هدیه کردن، پیشکش کردن؛ قربانی کردن
Darbringung, die; -, -en هدیه، تقدیم، پیشکش؛ قربانی
darein *Adv.* در داخل، توی، به داخل آن
dareinfinden *Vr.* سازش کردن، (خود) را تطبیق دادن
dareinfügen *Vr.* سازش کردن، (خود) را تطبیق دادن
dareingeben *Vt.* برای (چیزی) چانه زدن، ارزان خریدن
dareinmischen *Vr.* مداخله کردن، فضولی کردن، دخالت بی‌جا کردن
dareinreden *Vi.* ۱. مداخله کردن، فضولی کردن ۲. صحبت (کسی) را قطع کردن
dareinschicken *Vr.* سازش کردن، (خود) را تطبیق دادن
dareinsetzen *Vt.* به حرکت درآوردن، فعال کردن
dareinwilligen *Vi.* رضایت دادن، راضی شدن
Ich willige darein. من رضایت می‌دهم.
darin *Adv.* در آن، توی آن، در داخل آن
Ist etwas darin? چیزی توی آن است؟
darlegen *Vt.* ۱. اظهار کردن، بیان کردن، توضیح دادن ۲. شرح دادن، تشریح کردن
seine Meinung darlegen اظهار عقیده کردن
Ich erlaube mir ergebenst darzulegen, daß...
محترماً معروض می‌دارد که ...
Darlegung, die; -, -en ۱. اظهار، بیان، توضیح ۲. شرح، تشریح
Darlehen, das; -s, - وام، قرض، قرضه
Darlehensbank, die; -, -en بانک قرض‌دهنده
Darlehensbetrag, der; -(e)s, ⸚e میزان وام
Darlehensempfänger, der; -s, - وام‌گیرنده
Darlehensgeber, der; -s, - وام‌دهنده
Darlehenskasse, die; -, -n صندوق وام
Darlehensnehmer, der; -s, - وام‌گیرنده
Darlehensschuldner, der; -s, - بدهکار
Darlehenssumme, die; -, -n میزان وام
Darlehensvertrag, der; -(e)s, ⸚e قرارداد وام
Darlehenszins, der; -es, -en بهرهٔ وام
darleihen *Vt.* قرض دادن، وام دادن
Darm, der; -(e)s, ⸚e روده

Darmausgang 192

Darmausgang, der; -(e)s, ⸚e سوراخ مقعد
Darmblutung, die; -, -en خونریزی روده
Darmbruch, der; -(e)s, ⸚e فتق روده
Darmdrüse, die; -, -n غدهٔ روده‌ای
Darmentleerung, die; -, -en تخلیه روده
Darmentzundung, die; -, -en آماس روده، ورم روده
Darmfell, das; -(e)s, -e بخشی از پردهٔ صفاق که روده را در بر می‌گیرد
Darmgeschwür, das; -(e)s, -e زخم روده
Darmgrimmen, das; -s, - شکم‌درد، قولنج
Darmhaut, die; -, -häute پوست جدار روده
Darminfektion, die; -, -en عفونت روده
Darminhalt, der; -(e)s, -e محتویات روده
Darminnere, das; -n درون روده
Darmkatarrh, der; -s, -e اسهال، ترشح ناشی از عفونت روده
Darmkollern, das; -s, - قُرقُر شکم
Darmkrampf, der; -(e)s, ⸚e دل‌پیچه
Darmkrebs, der; -es, -e سرطان روده
Darmsaite, die; -, -n (در آلت موسیقی) زه روده، زهِ ساخته شده از روده
Darmspülung, die; -, -en شستشوی روده
Darmtätigkeit, die; - کار روده
Darmverschlingung, die; -, -en پیچ‌خوردگی روده
Darmverstimmung, die; -, -en به‌هم خوردن مزاج
Darmverstopfung, die; -, -en یبوست
Darmwand, die; -, ⸚e جدار روده
darnach *Adv.* از آن پس، بعداز آن، سپس
Darre, die; -, -n ۱. (برای انواع غله و میوه) تنور مخصوص خشک کردن، اجاق خشک‌کننده ۲. (نوعی) بیماری مخصوص حیوانات
darreichen *Vt.* تقدیم کردن، بخشیدن، دادن
darren *Vt.* خشک کردن
Darrhaus, das; -es, -häuser اجاق؛ تنور؛ فر
darstellbar *Adj.* قابل نمایش، قابل توصیف، توصیف‌کردنی
darstellen *Vt.* نمایش دادن، وصف کردن، نشان دادن، شرح دادن، تشریح کردن
Dies Bild stellt meinen Vater dar. این عکس پدرم را نشان می‌دهد.
die Eigenschaften (einer Sache) **darstellen** خصوصیات (چیزی) را مجسم کردن
ein modernes Stück darstellen نمایشنامهٔ نوینی را به معرض نمایش درآوردن
dargestellt نمایش داده شده، وصف شده، تشریح شده
darstellend *Adj.* توصیفی، ترسیمی، نمایشی
darstellende Geometrie هندسهٔ ترسیمی
darstellende Künste هنرهای نمایشی
Darsteller, der; -s, - بازیگر، هنرپیشه، اجراکننده
Darstellerin, die; -, -nen بازیگر، هنرپیشه، اجراکننده (زن)
darstellerisch *Adj.* نمایش، توصیفی
Darstellung, die; -, -en ۱. نمایش، شرح، وصف ۲. (شیمی) تهیه و تولید
graphische Darstellung نمودار گرافیکی، نمایش هندسی
dartun *Vt.* اثبات کردن، ثابت کردن
die Wahrheit einer Sache dartun حقیقت امری را ثابت کردن
Dies Wort tut dar, daß... این حرف می‌رساند که ...
Wie ich oben schon dargetan habe... همان‌طور که در بالا توضیح دادم ...
Dartun, das; -s, - اثبات
darüber *Adv.* ۱. از روی آن، بر فراز آن، بالای آن ۲. راجع به آن، دربارهٔ آن
Denken Sie gründlich darüber nach! در این‌باره بیندیشید!
Wir freuen uns darüber. از آن بابت خوشحالیم.
Ich werde später darüber sprechen. بعداً دربارهٔ آن (مطلب) صحبت خواهم کرد.
Ich bin darüber nicht im Bild. من در این مورد بی‌اطلاعم.
darüber hinaus گذشته از این
nichts darüber und nichts darunter نه کم و نه زیاد
Kinder von acht Jahren und darüber بچه‌های هشت ساله به بالا
darüber nachdenken دربارهٔ آن (موضوع) فکر کردن
darum *Adv.* ۱. دور این، گرد آن ۲. از این جهت، از آن سبب، به این دلیل، به این علت
Mach dir darum keine Sorgen! به خاطر آن نگران نباش!
Darum sorge ich mich, daß... از این می‌ترسم که ...
Wir sind darum gekommen, daß... ما به این نتیجه رسیده‌ایم که ...
darunter *Adv.* ۱. زیر این، آن پایین ۲. از آن جمله، منجمله، به انضمام
zwei Jahre und darunter کمتر از دو سال
Was verstehst du darunter? از این (مطلب) چه می‌فهمی؟

193 **dauern**

daruntersetzen *Vt.* زیر آن گذاشتن (امضا)

das *Art., Pron.* ۱. (حرف تعریف معین، جنس خنثی)
۲. (ضمیر نسبی) ۳. (ضمیر اشاره) این، آن، این را، آن را

dasein *Vi.* ۱. حاضر بودن، حضور داشتن ۲. وجود داشتن، زیستن، بودن

Ist ein Brief für mich da? آیا نامه‌ای برای من رسیده است؟

Ich bin gleich wieder da! الان برمی‌گردم!

Es ist kein Brot mehr da. نان (در خانه) نداریم.

Dasein, das; -s, -e هستی، وجود، حضور، بقا، موجودیت

der Kampf ums Dasein تنازع بقا

ins Dasein treten به وجود آمدن

Daseinsberechtigung, die; -, -en حق وجود، حق زیست

Daseinskampf, der; -(e)s, ⸚e تنازع بقا

daselbst *Adv.* همان‌جا، اینجا و آنجا

daß *Konj.* تا، که، چنانکه، به‌طوری که، تا اینکه

daß nicht مبادا

bis daß تا اینکه، تا وقتی که

Das Gerücht, daß... شایعهٔ این که ...

Die Behauptung, daß... ادعای این که ...

Ich war so müde, daß... آن چنان خسته بودم که ...

dasselbe *Pron.* همان، همین، عین آن، مثل آن

Mit Ihnen ist es immer dasselbe.
در مورد شما همیشه همین‌طور است.

dastehen *Vi.* ۱. آنجا بودن، ایستادن ۲. اعتبار داشتن، معتبر بودن

Du könntest mir helfen, anstatt nur dazustehen.
به‌جای این‌که بایستی و مرا نگاه کنی بیا کمکم کن.

Datei, die; -, -en مجموعهٔ داده‌ها، مجموعهٔ اطلاعات، انفورماتیک

Daten, die / *Pl.* ۱. تاریخ ۲. اطلاعات، داده‌ها، دانسته‌ها

Datenverarbeitung, die; -, -en
(کامپیوتر) پردازش داده‌ها

datieren *Vt., Vi.* ۱. برای (چیزی) تاریخ گذاشتن، زمان (چیزی) را تعیین کردن ۲. تاریخ داشتن

Datierung, die; -, -en تاریخ‌گذاری

Dativ, der; -s, -e (دستور زبان) (حالت) مفعول با واسطه، (حالت) مفعول غیر صریح

Dativobjekt, das; -(e)s, -e مفعول با واسطه

dato *Adv.* تاریخ روز، از امروز

bis dato تا این تاریخ

drei Monate dato سه ماه از امروز

Dattel, die; -, -n خرما، رطب

Dattelbaum, der; -(e)s, ⸚e درخت خرما، نخل

dattelfarben *Adj.* خرمایی‌رنگ

Dattelgarten, der; -s, ⸚ باغ درخت خرما، نخلستان

Dattelkern, der; -(e)s, -e هستهٔ خرما

Dattelpalme, die; -, -n درخت خرما، نخل

Dattelpflaume, die; -, -n خرمالو

Dattelpflaumenbaum, der; -(e)s, ⸚e
درخت خرمالو

Dattelregion, die; -, -en گرمسیر؛ منطقهٔ خرماخیز

Dattelschnaps, der; -es, ⸚e عرق خرما

Dattelsirup, der; -s, -e شیرهٔ خرما

Dattelwein, der; -s, -e شراب خرما

Datum, das; -s, -ta / -ten تاریخ

Welches Datum haben wir heute?
امروز چندم ماه است؟

Datumsangabe, die; -, -n ذکر تاریخ

Datumsvers, der; -es, -e مادهٔ تاریخ (ادبیات)

Daube, die; -, -n تختهٔ کمانی، تختهٔ بدنه (برای ساختن بشکه)

Dauer, die; -, -n طول زمان، دوام، بقا، مدت، استمرار

für die Dauer برای مدت زیادی

auf die Dauer von zwei Monaten برای مدت دو ماه

Daueraufenthalt, der; -(e)s, -e اقامت دائم

Dauerauftrag, der; -(e)s, ⸚e
اجازه بانک در برداشت و واریز حساب بانکی

Dauerausstellung, die; -, -en نمایشگاه دائم

Dauerbeschäftigung, die; -, -en
سرگرمی همیشگی؛ شغل دائم

Dauerehe, die; -, -n نکاح دائم، ازدواج

Dauerfleisch, das; -es گوشت کنسرو

Dauerflug, der; -(e)s, ⸚e پرواز یکسره، پرواز بی‌توقف

Dauergespräch, das; -(e)s, -e صحبت تمام‌نشدنی، صحبت مداوم، گفت‌وگوی بی‌پایان

dauerhaft *Adj.* بادوام، دائم، پایدار

Dauerhaftigkeit, die; - دوام، پایداری، ثبات، استمرار

Dauerkarte, die; -, -n بلیت مدت‌دار، آبونمان

Dauerkrise, die; -, -n بحران دائم

Dauerlauf, der; -(e)s, -läufe (ورزش) دو استقامت

Dauerlösung, die; -, -en حل قطعی

dauern *Vi., Vt.* ۱. طول کشیدن، دوام کردن
۲. باعث تأسف (کسی) شدن، متأثر کردن

Wie lange dauert die Reise? سفر چقدر طول می‌کشد؟

Es dauerte sehr lange. خیلی طول کشید.

Es wird nicht lange dauern. چندی نخواهد گذشت.

Es dauerte nicht lange, als... طولی نکشید که ...

Es dauerte nicht länger als eine Woche.
یک هفته بیشتر طول نکشید.
dauernd *Adj.* دائم، پیوسته، مدام، همیشگی، متوالی، متّصل
Sie weinte dauernd. مدام گریه می‌کرد.
für dauernd sich niederlassen
به طور دائم سکنی گزیدن
dauernde Bewegung حرکت دائم
Dauerwelle, die; -, -n فر شش ماهه
Dauerwirkung, die; -, -en تأثیر مداوم
Däumchen, das; -s, - (انگشت) شست
Daumen, der; -s, - (انگشت) شست
über den Daumen schätzen تخمین زدن
jemandem **den Daumen drücken**
برای کسی (که در وضع دشواری قرار دارد) آرزوی موفقیت کردن
Daumenabdruck, der; -(e)s, ⸚e اثر انگشت شست
Daumenlutscher, der; -s, -
بچه‌ای که انگشت شست خود را می‌مکد
Daumennagel, der; -s, ⸚ ناخن انگشت شست
Däumling, der; -s, -e ۱. (در دستکش) پوشش شست ۲. کوتوله
Daune, die; -, -n پر (نرم) غاز، پر (نرم) بوقلمون
Daunendecke, die; -, -n لحاف پر نرم
Daunenkissen, das; -s, - بالش پر نرم
davon *Adv.* از آن، راجع به آن، دربارهٔ آن
Davon weiß ich nichts. دربارهٔ آن چیزی نمی‌دانم.
Davon ist nicht die Rede. از آن حرفی نیست.
Wir haben nichts davon gehört.
دربارهٔ آن اطلاعاتی نداریم.
Abgesehen davon, daß... صرف‌نظر از این که ...
Es hängt davon ab, daß... بستگی به این دارد که ...
Was habe ich davon? فایده‌اش برایم چیست؟
Wir wollen auch etwas davon haben.
ما را هم از این نمد کلاهی است.
davonbleiben *Vi.* دوری جستن، دور نگه داشتن
davoneilen *Vi.* شتافتن، به‌سرعت خارج شدن، به عجله فرار کردن، به سرعت دور شدن
davonfahren *Vi.* با وسیلهٔ نقلیه رفتن
davongehen *Vi.* ۱. در رفتن ۲. مردن
davonjagen *Vi.* گریختن، به سرعت فرار کردن
davonkommen *Vi.* جان سالم بدر بردن، رهایی یافتن، خلاص شدن
davonlaufen *Vi.* فرار کردن، در رفتن
davonmachen *Vr.* یواشکی در رفتن، پنهانی و به‌طور ناگهانی ترک کردن
davonschleichen *Vr.* آهسته در رفتن، بی سر و صدا در رفتن
davonstehlen *Vr.* دزدکی رفتن
davonstreben *Vi.* دوری جستن
davontragen *Vt.* ۱. متحمل شدن، تحمل کردن ۲. ربودن؛ کشتن ۳. به‌دست آوردن
den Sieg davontragen پیروزی به‌دست آوردن
davor *Adv.* جلوی آن، قبل از آن، پیش از آن
in der Nacht davor شب قبل
Davor habe ich Angst, daß... از این می‌ترسم که ...
Davor hüte dich! برحذر باش!
davorlegen *Vt.* در پشت (چیزی) قرار دادن
davorliegen *Vi.* در پشت (چیزی) قرار داشتن
davorstehen *Vi.* در پشت (چیزی) قرار داشتن
davorstellen *Vt.* در پشت (چیزی) قرار دادن
dawider *Adv.* برخلاف آن، ضدآن
dawiderreden *Vi.* مخالفت کردن
dazu *Adv.* ۱. علاوه بر آن، به این جهت ۲. برای آن منظور ۳. برای آن، به آن
Dazu gehört nicht viel.
برای این کار شرایط خاصی لازم نیست.
Was sagen Sie dazu? نظر شما در این مورد چیست؟
Wie ist dazu gekommen, daß...?
چرا کار به اینجا کشید که...؟
Er ist dumm und (noch) frech dazu.
او هم احمق و هم گستاخ است.
dazugeben *Vt.* به آن افزودن، به آن اضافه کردن
dazugehören *Vi.* جزو آن بودن، متعلق به آن بودن
dazugehörig *Adj.* مربوط به آن، مربوطه
dazuhalten *Vr.* یک‌نفس کار کردن
dazukommen *Vi.* ۱. غیر مترقبه بودن، تصادفی روی دادن، ناگهان رخ دادن ۲. سرزده وارد شدن، حضور پیدا کردن ۳. به آن اضافه شدن
dazumal *Adv.* در قدیم، در آن زمان، پیشترها
dazuschreiben *Vt.* به (نوشتار) اضافه کردن
dazutun *Vt.* اضافه کردن، افزودن
dazwischen *Adv.* در بین آن، در آن میان، در وسط، در این فاصله
Dazwischen liegen fünf Jahre.
پنج سال از این ماجرا گذشته است.
dazwischenfahren *Vi.* ۱. مداخله کردن ۲. میان صحبت (کسی) دویدن

dazwischenkommen *Vi.* ۱. مداخله کردن، دخالت کردن ۲. در میان آمدن، پا در میانی کردن
Dazwischenkunft, die; - مداخله، دخالت
dazwischenliegen *Vi.* در آن میان واقع بودن، در آن میان واقع شدن
dazwischenliegend *Adj.* ۱. میانجی، واسطه ۲. میانجی‌گری ۳. میانه، وسط، فیمابین
dazwischenreden *Vi.* میان صحبت (کسی) دویدن
dazwischenschieben *Vt.* پا در میانی کردن
dazwischentreten *Vi.* میانجی شدن، پا در میانی کردن، مداخله کردن
dazwischenwerfen *Vr.* (خود) را در وسط انداختن
DB = *Deutsche Bundesbahn* راه‌آهن آلمان فدرال
DDR = *Deutsche Demokratische Republik* جمهوری دموکراتیک آلمان
DDT, das; - د.د.ت (نوعی حشره‌کش)
DDT Lösung, die; -, -en محلول د.د.ت
D-Dur, das (موسیقی) ر بزرگ
D-Dur-Tonleiter, die; -s, - (موسیقی) گام ر بزرگ
Dealer, der; -s, - دلال، واسطه
Debakel, das; -s, - شکست
Debatte, die; -, -n مذاکره، مباحثه، مناظره
debattieren *Vt., Vi.* ۱. با (کسی) مذاکره کردن، با (کسی) مباحثه کردن، با (کسی) مناظره کردن ۲. مذاکره کردن، مباحثه کردن، مناظره کردن
  über etwas **debattieren** راجع به چیزی مذاکره کردن
dabattierfreudig *Adj.* مایل به جر و بحث
Debattierklub, der; -s, -s باشگاه سخنرانی، باشگاه مناظره
Debet, das; -s, -s حساب بدهی، قرض
Debit, der; -(e)s فروش، مقدار فروش
Debitant, der; - کاسب، تاجر
debitieren *Vt.* ۱. فروختن ۲. به حساب (کسی) گذاشتن
Debitor, der; -s, -en مدیون، بدهکار
Debüt, das; -s, -s نخستین اجرا (نمایش)
Debütant, der; -en, -en بازیگر تازه‌کار
Debütantin, die; -, -nen بازیگر تازه‌کار (زن)
debütieren *Vi.* برای اولین بار هنرنمایی کردن
  in einer Sache debütieren در کاری قدم اول را برداشتن
dechiffrieren *Vt.* ۱. کشف کردن (رمز) ۲. به نظر اول خواندن (نت موسیقی)
Dechiffrierung, die; -, -en کشف رمز
Dechsel, die; -, -n تیشه
Deck, das; -(e)s, -e/-s عرشهٔ کشتی
Deckbett, das; -es, -en لحاف
Deckbezug, der; -(e)s, ⸚e روتختی؛ ملافه، رواندار
Deckblatt, das; -(e)s, ⸚er برگ رویی؛ پوشش رویی؛ ورق رویی
Decke, die; -, -n ۱. رواندار، لحاف، پتو؛ پوشش ۲. سطح، لایه ۳. تاق، سقف
  unter einer Decke stecken تبانی کردن، ساخت و پاخت کردن
  sich nach der Decke strecken خود را با وضع موجود تطبیق دادن
  Streck dich nach der Decke! پا را به اندازهٔ گلیم خود دراز کن!
Deckel, der; -s, - ۱. سرپوش، در (ظرف) ۲. پوشش کتاب
Deckelglas, das; -es, ⸚er لیوان دردار
deckellos *Adj.* بی‌سرپوش
deckeln *Vt.* ۱. روی (چیزی) سرپوش نهادن ۲. از (کسی) انتقاد کردن
decken *Vt., Vi.* ۱. پوشاندن، پوشش دادن ۲. پهن کردن، گستردن (سفره) ۳. تأمین کردن ۴. محافظت کردن ۵. جفت‌گیری کردن ۶. (ورزش) مراقب حریف بودن ۷. سفره را پهن کردن، سفره را انداختن، میز را چیدن
  den Schaden decken خسارت را تأمین کردن
  das Haus mit Ziegeln decken خانه را سفال‌پوش کردن
  Der Scheck ist nicht zu decken. این چک بی‌محل است.
  Der Schade ist nicht zu decken. این زیان جبران‌ناپذیر است.
  den Tisch decken سفره را پهن کردن، میز را چیدن
  Der Tisch ist gedeckt. سفره چیده شده است. غذا حاضر است.
Deckenbeleuchtung, die; -, -en چراغ سقف، نور سقف
Deckengemälde, das; -s, - سقف منقوش
Deckenlampe, die; -, -n چراغ سقف
Deckenleuchte, die; -, -n چراغ سقف
Deckenmacher, der; -s, - لحاف‌دوز
Deckenventilator, der; -s, ⸚en بادبزن سقفی، پنکهٔ سقفی
Deckfarbe, die; -, -n رنگ بدنه
Deckmantel, der; -s, ⸚ عبا، ردا؛ روپوش
Deckname, der; -ns, -n نام مستعار، تخلص
Deckoffizier, der; -s, -e افسر مأمور عرشهٔ کشتی

Deckung 196

Deckung, die; -, -en ۱. پوشش ۲. محافظت، پشتیبانی، حمایت
Deckung des Schadens جبران خسارت
Scheck ohne Deckung چک بی‌محل
den Scheck zur Deckung indossieren چک را برای تأمین اعتبار پشت‌نویسی کردن
Decrescendo, das; -s, -s (موسیقی) به تدریج ضعیف شدن صدا
dedizieren *Vt.* تقدیم کردن، اهدا کردن
Deduktion, die; -, -en استقرا، استنتاج، قیاس، نتیجه‌گیری
deduktiv *Adj.* استقرایی، قیاسی، از روی استنتاج
deduzierbar *Adj.* استنتاج‌پذیر، قابل استقرا
deduzieren *Vt.* استنتاج کردن، استقرا کردن، از (چیزی) نتیجه‌گیری کردن
Deduzierung, die; -, -en استنتاج، استقرا، قیاس، نتیجه‌گیری
Deern, die; -, -s دختر
de facto *Adv.* در واقع، در حقیقت
defekt *Adj.* ناقص، معیوب، خراب
Defekt, der; -(e)s, -e نقص، عیب، خرابی، کمبود
geistiger Defekt اختلال حواس
Der Wagen hat einen Defekt bekommen. اتومبیل عیب پیدا کرده است.
defektiv *Adj.* ناقص
defensiv *Adj.* دفاعی، تدافعی
Defensivbündnis, das; -nisses, -nisse پیمان دفاعی
Defensive, die; -, -n حالت دفاعی
Defensivstellung, die; -, -en حالت تدافعی
Defensivwaffen, die / *Pl.* اسلحهٔ دفاعی
Defilee, das; -s, -n ۱. تنگه، پرتگاه ۲. رژه، سان
defilieren *Vi.* رژه رفتن
definierbar *Adj.* قابل تعریف؛ قابل تشخیص
definieren *Vt.* تعریف کردن، بیان کردن، توضیح دادن
definiert *Adj.* مشخص، تصریح شده، معین
Definition, die; -, -en تعریف، توصیف، شرح
definitiv *Adj.* قطعی، قاطع، مشخص
Defizit, das; -s, -e ۱. کمبود، کسری (صندوق) ۲. نقص
Deflation, die; -, -en تقلیل اعتبار پولی، جلوگیری از تورم
Defloration, die; -, -en ازالهٔ بکارت، برداشتن دخترگی
deflorieren *Vt.* از (کسی) ازالهٔ بکارت کردن
Deflorierung, die; -, -en ازالهٔ بکارت، برداشتن دخترگی
Deformation, die; -, -en زشتی، کجی، عیب؛ تغییر شکل، تغییر فرم
deformieren *Vt.* از شکل اصلی خارج کردن، تغییر شکل دادن، تغییر فرم دادن
Deformierung, die; -, -en تغییر شکل، تغییر فرم
Defraudant, der; -en, -en اختلاس‌کننده، کلاهبردار
Defraudation, die; -, -en فریب، کلاهبرداری
defraudieren *Vt.* فریب دادن، از (کسی) کلاهبرداری کردن
deftig *Adj., Adv.* ۱. بااستعداد، کاری ۲. قوی، نیرومند ۳. آبدار
ein deftige Ohrfeige سیلی آبدار
Degen, der; -s, - ۱. پهلوان، قهرمان ۲. شمشیر؛ قمه
den Degen ziehen شمشیر از غلاف کشیدن
Degeneration, die; -, -en تغییر حالت تدریجی (به سوی انحطاط، تباهی، فساد)
degenerieren *Vi.* رو به زوال گذاشتن، به تدریج تغییر یافتن (به انحطاط، تباهی، فساد)
degeneriert *Adj.* فاسد، تغییرحالت یافته
Degenfechten, das; -s, - شمشیربازی
Degengefäß, das; -es, -e قبضهٔ شمشیر
Degengehenk, das; -(e)s, -e حمایل شمشیر، کمربند شمشیر
Degenklinge, die; -, -n تیغهٔ شمشیر
Degenkoppel, die; -, -n بند شمشیر
Degenscheide, die; -, -n غلاف شمشیر
Degenspitze, die; -, -n نوک شمشیر
degradieren *Vt.* ۱. رتبه (کسی) را تنزل دادن، مقام (کسی) را تنزل دادن ۲. از کیفیت (چیزی) کاستن
Degradierung, die; -, -en تنزل رتبه؛ خلع درجه
dehnbar *Adj.* قابل کشش، قابل انبساط، شکل‌پذیر
Dehnbarkeit, die; -, -en قابلیت کشش، قابلیت انبساط، شکل‌پذیری
dehnen *Vt., Vr.* ۱. بسط دادن، توسعه دادن؛ کشیدن (لاستیک، فنر) ۲. منبسط شدن، کِش آمدن ۲. ادامه یافتن
sich dehnen وسعت پیدا کردن، کِش آمدن
Der Weg dahin dehnt sich. راه تا آنجا امتداد پیدا می‌کند.
Dehnung, die; -, -en بسط؛ کشش؛ توسعه؛ ادامه
Dehnungszeichen, das; -s, - (دستور زبان) علامت مد، علامت کشیدگی صدا
Dehnvermögen, das; -s, - قابلیت انبساط، قابلیت کشش

Dehydration, die; -, -en آبگیری
dehydrieren *Vt.* آب (چیزی) را گرفتن، بی‌آب کردن (بدن انسان)
Dehydrierung, die; -, -en آبگیری، بی‌آب شدن
Deich, der; -(e)s -e (برای جلوگیری از سیل) سد، بند
Deichbruch, der; -(e)s ⸚e شکستگی سد
deichen *Vi.* سد ساختن
Deichhauptmann, der; -(e)s, -hauptleute مدیریت سد
Deichsel, die; -, -n ۱. مالبند (اسب) ۲. چوب، تیر، میله، بدنه
deichseln *Vt.* ۱. مالبند زدن (حیوان بارکش) ۲. از پیش بردن، موفق به انجام (کاری) شدن
Deichselriemen, der; -s, - تسمهٔ مالبند
Deichufer, das; -s, - کنارهٔ سد
Deichvorstand, der; -(e)s, ⸚e هیئت مدیرهٔ سد
dein *Pron.* (دستور زبان) مال تو، متعلق به تو (ضمیر ملکی مفرد مخاطب)

dein Bruder برادر تو

Dieser Kugelschreiber ist nicht dein. این خودکار مال تو نیست.

deiner *Pron.* (در پایانِ نامه) ارادتمند تو، مخلص (تو)
deinerseits *Adv.* از جانب تو، از طرف تو
deinesgleichen *Pron.* مانند تو، مثل تو
deinethalben *Adv.* به خاطر تو، برای تو
deinetwegen *Adv.* به خاطر تو، برای تو

Ich bin deinetwegen gekommen. من به خاطر تو آمده‌ام.

Deinige, der/die/das; -n, -n مال تو، از آن تو
deinige *Pron.* مال تو، از آن تو
Deismus, der; - خداپرستی، اعتقاد به وجود خدا، توحید
Deist, der; -, -en خداپرست، قائل به وجود خدا
deistisch *Adj.* (مربوط به) خداپرستی
Dekade, die; -, -n ده‌تایی، دهه
dekadent *Adj.* [فرهنگ] رو به زوال، رو به انحطاط، پست، خوار
Dekadenz, die; - زوال فرهنگی، انحطاط فرهنگی، گرایش به پستی، فساد
Dekagramm, das; -s, -e ده‌گرم، (سنگ ترازو) ده‌گرمی
Dekalog, der; -s ده‌گانه
Dekameter, das; -s, - دکامتر
Dekan, der; -s, -e رئیس دانشکده
Dekanat, das; -(e)s, -e دفتر رئیس دانشکده، حوزهٔ ریاست

dekatieren *Vt.* آهار دادن (پارچه، الیاف پشمی)؛ بخار دادن
Deklamation, die; -, -en دکلاماسیون، دکلمه
Deklamator, der; -es, -en سخن‌آرا، دکلمه کننده
deklamatorisch *Adj.* (مربوط به) سخن‌آرایی، (مربوط به) دکلمه
deklamieren *Vt.* دکلمه کردن، به‌طور موزون بیان کردن
Deklaration, die; -, -en اظهار، اعلان، بیان، اظهارنامه (رسمی)
deklarieren *Vt.* اظهار کردن، اعلان کردن، به‌طور رسمی بیان کردن
deklariert *Adj.* اظهار شده، اعلان شده
deklinabel *Adj.* (دستور زبان) قابل صرف
Deklination, die; -, -en ۱. (در مورد اسم، صفت، ضمیر) صرف ۲. (فیزیک) انحراف
deklinierbar *Adj.* (دستور زبان) قابل صرف
deklinieren *Vt.* (در مورد اسم، صفت، ضمیر) صرف کردن
Dekokt, das; -(e)s, -e (برای درمان) جوشانده، عصاره
Dekolleté, das; -s, -s دِکُلته (لباس زنانهٔ یقه باز)
dekolletieren *Vi.* لباس یقهٔ باز پوشیدن
Dekor, der; -s, -s دکور، آرایش صحنه، زینت، آذین
Dekorateur, der; -s, -e دکوراتور، آذین‌بند (تزئین‌کننده ساختمان)
Dekoration, die; -, -en دکوراسیون، تزئین، آرایش، صحنه‌سازی، آذین‌بندی
Dekorationsmaler, der; -s, - صحنه‌ساز، صحنه‌آرا
derkorativ *Adj.* تزئینی، آرایشی، زینتی
dekorieren *Vt.* تزئین کردن، آرایش دادن، زینت دادن، آذین دادن
Dekorum, das; -s ۱. ادب، آداب‌دانی ۲. شایستگی، تناسب
Dekret, das; -(e)s, -e حکم، فرمان، امریه، ابلاغ

ein Dekret erlassen حکم صادر کردن

dekretieren *Vt.* به (کسی) حکم کردن، به (کسی) فرمان دادن، به (کسی) امر کردن
Delegation, die; -, -en هیئت نمایندگی، هئیت اعزامی، نمایندگی
delegieren *Vt.* ۱. به (کسی) نمایندگی دادن، به (کسی) وکالت دادن ۲. به عنوان نماینده/هیئت نمایندگی اعزام داشتن
Delegierte, der; -, -n وکیل مجلس، نماینده
delikat *Adj.* ۱. بامزه، خوش‌طعم، لذیذ، خوشمزه ۲. محتاط، محافظه‌کار ۳. حساس، نازک‌بین

Der Salat schmeckt ganz delikat. سالاد بسیار خوشمزه است.

Delikatesse 198

Delikatesse, die; -, -n ۱. خوراک لذیذ، غذای مطبوع ۲. خوشمزگی، لطافت
Delikatessenhandlung, die; -, -en مغازهٔ اغذیه فروشی
Delikt, das; -(e)s, -e جرم، خلافکاری، بزه
Delinquent, der; -en, -en مقصر، گناهکار، مجرم
Delinquentin, die; -, -nen مقصر، گناهکار، مجرم (زن)
delirieren *Vi.* هذیان گفتن، پرت گفتن
Delirium, das; -s, -rien هذیان
Delirium tremens, das; -, - (در معتادان به الکل) حالت همراه با هیجان و اضطراب و لرز
Delle, die; -, -n ۱. تورفتگی، گودی، قُرشدگی ۲. دندانه
Delphin, der; -s, -e دلفین، خوک دریایی
Delphinarium, das; -s, -ien گل زبان در قفا
Delta, das; -(s), -s ۱. دلتا (چهارمین حرف الفبای یونانی) ۲. مصب (مثلثی‌شکل) رودخانه
deltaförmig *Adj.* مثلثی‌شکل، دلتامانند
dem *Art.* (حرف تعریف معین، حالت مفعول باواسطه در مفرد مذکر و خنثی)
Demagog(e), der; -gen, -gen عوام‌فریب، مردم‌فریب، هوچی
Demagogie, die; -, -n عوام‌فریبی، مردم‌فریبی
demagogisch *Adj.* عوام‌فریبانه، مردم‌فریبانه
Demarkation, die; -, -en (در سرحد و مرز) تعیین حدود، علامت‌گذاری
Demarkationslinie, die; -, -n خط مرزی، خط فاصل (میان دو کشور)
demarkieren *Vt.* تعیین حدود (جایی) را کردن
Demarkierung, die; -, -en تعیین حدود
demaskieren *Vt.* نقاب (چیزی) را برداشتن، برملا کردن
Demaskierung, die; -, -en نقاب‌برداری
Dementi, das; -s, -s تکذیب، انکار
dementieren *Vt.* تکذیب کردن، انکار کردن
eine Nachricht dementieren خبری را تکذیب کردن
dementsprechend *Adj.* مطابق آن، موافق آن، برحسب آن
demgegenüber *Adv.* در برابر این، در مقابل آن
demgemäß *Adv.* به موجب، برطبق
deminutiv *Adj.* خرد، کوچک؛ حقیر
Deminutiv, das; -s, -e اسم تصغیر
Deminutivform, die; -, -en حالت مصغر
Demission, die; -, -en استعفا، کناره‌گیری (وزیر، رژیم)
demissionieren *Vi.* استعفا کردن، دست از کار کشیدن، کناره‌گیری کردن (وزیر، رژیم)
demnach *Adv.* برحسب این، مطابق آن، بنابراین
demnächst *Adv.* به زودی، عنقریب، در آیندهٔ نزدیک
demobilisieren *Vt.* خلع سلاح کردن، از حالت بسیج جنگی خارج کردن، به حالت صلح درآوردن
Demobilisierung, die; -, -en خلع سلاح، رفع بسیج جنگی
Demograph, der; -en, -en جمعیت‌شناس، جمعیت‌نگار
Demographie, die; -, -n جمعیت‌شناسی، جمعیت‌نگاری
Demokrat, der; -en, -en دموکرات، خواهان مردم‌سالاری
Demokratie, die; -, -n دموکراسی، مردم‌سالاری
demokratisch *Adj.* دموکراتیک، مردم‌سالارانه
demokratisieren *Vt.* مردمی کردن، دموکراتیزه کردن
demolieren *Vt.* خراب کردن، منهدم کردن، ویران کردن
Demolierung, die; -, -en خرابی، انهدام، ویرانی
Demonstrant, der; -en, -en تظاهرکننده (سیاسی)، شرکت‌کننده در تظاهرات
Demonstrantin, die; -, -nen تظاهرکننده (سیاسی)، شرکت‌کننده در تظاهرات (زن)
Demonstration, die; -, -en ۱. تظاهرات، راهپیمایی (سیاسی)، دمونستراسیون ۲. نمایش، شرح، توضیح، توصیف
die Demonstration der Streitkräfte نمایش قوای نظامی
Demonstrationsrecht, das; -(e)s, -e حق تظاهرات
Demonstrationsverbot, das; -(e)s, -e ممنوعیت تظاهرات
Demonstrationszug, der; -es, ⸚e دستهٔ تظاهرکنندگان
demonstrativ *Adj.* ۱. صریح، واضح ۲. اشاره‌کننده ۳. نمایشی
Demonstrativpronomen, das; -s, - /-mina (دستور زبان) ضمیر اشاره
demonstrierbar *Adj.* قابل توضیح، قابل شرح
demonstrieren *Vt., Vi.* ۱. نمایش دادن، نشان دادن ۲. در تظاهرات شرکت کردن
Demonstrierung, die; -, -en ۱. نمایش ۲. شرح، بیان، توضیح، تشریح
Demontage, die; -, -n تفکیک، جداسازی (اجزای دستگاه)

demontieren *Vt.* مجزا کردن، سوا کردن، پیاده کردن (اجزای دستگاه)
demoralisieren *Vt.* ۱. اخلاق (کسی) را فاسد کردن ۲. روحیهٔ (کسی) را تضعیف کردن
das Heer demoralisieren ارتش را دلسرد کردن، روحیهٔ ارتش را تضعیف کردن
auf jemanden **demoralisierend wirken** در کسی تأثیر بد کردن
Demoralisierung, die; -, -en ۱. فسادِ اخلاق، بی‌اخلاقی ۲. یأس، ناامیدی، تضعیف روحیه
Demoskopie, die; -, -n بررسی عقیده، بررسی نظر
Demut, die; - تواضع، فروتنی، شکسته‌نفسی، اخلاص، افتادگی
demütig *Adj.* متواضع، فروتن
demütigen *Vi.* تواضع کردن، فروتنی کردن، شکسته‌نفسی کردن
Demütigung, die; -, -en تواضع، فروتنی
die Demütigung des Feindes تحقیر دشمن
demzufolge *Adv.* بر طبق این، برحسب این
den *Pron.* (حرف تعریف معین، حالت مفعول بی‌واسطه در مفرد مذکر)
denaturieren *Vt.* طبیعت / ماهیت (چیزی) را عوض کردن
Denaturierung, die; -, -en تغییر ماهیت
Dendrit, der; -en, -en دِندریت (شاخه‌های سلول عصبی که تحریکات را به سلول‌های عصبی می‌رسانند)
Denkapparat, der; -(e)s, -e دستگاه تفکر
Denkarbeit, die; -, -en کار فکری
Denkart, die; -, -en طرز فکر، نوع تفکر
denkbar *Adj.* قابل تصور، مفهوم، اندیشه‌پذیر، ممکن
Denkbarkeit, die; - قابلیت تفکر
denken *Vi., Vt.* ۱. فکر کردن، اندیشیدن، تصور کردن ۲. به یاد (کسی / چیزی) بودن
Erst denken und dann reden! اول اندیشه وانگهی گفتار!
Denken Sie mal! تصورش را بکنید! فکرش را بکنید!
Wo denken Sie hin! چه فکرها می‌کنید!
Ich denke gar nicht daran! اصلاً در فکرش نیستم!
Was denken Sie über dies Thema? دربارهٔ این موضوع چه فکر می‌کنید؟
denkend *Adj.* متفکر، فکور
Denker, der; -s, - اندیشمند، متفکر، فکور
denkerhirn, das; -(e)s, -e مغز متفکر
denkerisch *Adj.* فکری، روحی، معنوی
Denkerstirn, die; -, -en پیشانی بلند
denkfaul *Adj.* بی‌خیال، بی‌فکر؛ کندذهن
Denkfaulheit, die; -, -en بی‌فکری، بی‌خیالی؛ کندذهنی
Denkfreiheit, die; -, -en آزادی تفکر
Denkkraft, die; -, ⸚e قوهٔ ادراک، قدرت تفکر، نیروی تفکر
Denklehre, die; -, -n منطق
Denkmal, das; -s, ⸚er / -e یادگاری؛ اثر؛ مجسمه، تندیس؛ یادبود
Denkmalspflege, die; -, -n رسیدگی بـه آثار تاریخی
Denkmalsschutz, der; -es حفظ آثار تاریخی
Denkmünze, die; -, -n سکهٔ یادبود
Denkregion, die; -, -en زمینهٔ فکری، محدودهٔ فکری
Denkschrift, die; -, -en یادداشت، نامهٔ غیر رسمی؛ تذکاریه
Denksport, der; -(e)s بازی فکری
Denkspruch, der; -(e)s, ⸚e پند، اندرز، شعار
Denkstein, der; -(e)s, -e سنگ یادبود
Denktätigkeit, die; - فعالیت فکری
Denkungsart, die; -, -en طرز فکر، نوع تفکر
Denkvermögen, das; -s, - قوهٔ ادراک، قدرت تفکر
Denkweise, die; -, -n طرز فکر، نوع تفکر
denkwürdig *Adj.* قابل ذکر، شایان تأمل
Denkwürdigkeit, die; - قابلیت تفکر، شایستگی تذکار
Denkzeichen, das; -s, - علامت تذکر
Denkzeit, die; -, -en فرصت تفکر
Denkzettel, der; -s, - ۱. یادداشت یادآوری ۲. درس عبرت
Denkzwang, der; -(e)s تفکر الزامی
denn *Konj., Adv.* ۱. زیرا، زیرا که، چون ۲. دیگر، پس، آیا، مگر ۳. از، تا ۴. مگر اینکه، جزاینکه
Ist er denn hier? مگر او اینجاست؟
Wir blieben zu Hause, denn das Wetter war schlecht. ما در خانه ماندیم، چون هوا بد بود.
Wie heißt sie denn? پس اسم او چیه؟
dennoch *Adv.* با این همه، با وجود این، با وصف این
Denomination, die; -, -en ۱. مأمور، منصوب ۲. اجتماع مذهبی (در کلیسا)
Denominativ, das; -s, -e کلمهٔ مشتق از اسم / صفت
denominieren *Vt.* ۱. مأمور کردن، منصوب کردن ۲. نامیدن ۳. از (اسم) فعل ساختن

Dental(laut) 200

Dental(laut), der; -(e)s, -e (زبان‌شناسی) حرف دندانی (مثل حرف «ث» و حرف «ذ» عربی که برای تلفظ آنها باید زبان را پشت دندان قرار داد)
Dentist, der; -en, -en دندانساز
Dentistin, die; -, -nen دندانساز (زن)
Denunziant, der; -en, -en خبرچین، خبررسان
Denunziantentum, das; - خیانت، جاسوسی، دوبه‌هم‌زنی
Denunziantin, die; -, -nen خبرچین، خبررسان (زن)
Denunziation, die; -, -en بدگویی، تهمت، خبرچینی
denunzieren *Vt.* ۱. از (کسی) شکایت کردن (نزد پلیس) ۲. علیه (کسی) صحبت کردن، علیه (کسی) افشاگری کردن ۳. علناً محکوم کردن
Deo, das; -s, -s دئودورانت
Depesche, die; -, -n مخابرهٔ سریع، پیام فوری، تلگرام
Depeschenbote, der; -n, -n تلگرافچی، پیام‌رسان
depeschieren *Vt.* مخابره کردن، تلگراف زدن
deplaciert *Adj.* نامناسب، ناشایسته، نابجا
Deponent, der; -en, -en ودیعه‌دهنده (پول / جواهر)
Deponie, die; -, -n محل بزرگ جمع‌آوری آشغال
deponieren *Vt.* به ودیعه گذاشتن، به حساب گذاشتن، به امانت گذاشتن
deportieren *Vt.* به کشور خود پس فرستادن
Depositar, der; -s, -e امانت‌دار، امانت نگهدار
Depositen, die / *Pl.* سپرده، ذخیره، امانت
Depositenbank, die; -, -en بانک رهنی، بانک کارگشایی
Depositengeld, das; -(e)s, -er پول سپرده، وجه امانتی
Depositenkasse, die; -, -n صندوق سپرده
Depositenkonto, das; -s, -ten حساب سپرده
Depositum, das; -s, -sita / -siten ودیعه، امانتی، سپرده
Depot, das; -s, -s ۱. (در بانک) صندوق امانات ۲. انبار دولتی ۳. پیش پرداخت، ودیعه ۴. توقفگاه اتوبوس / تراموای شهر
Depp, der; -s, -e آدم احمق، ساده‌لوح
deppen *Vi.* فروتنی کردن
Depression, die; -, -en افسردگی، دلواپسی، بحران روحی
Depressionszustand, der; -es, ⸚e حالت افسردگی
depressiv *Adj.* افسرده، دلتنگ
deprimieren *Vt.* افسرده کردن، دلتنگ کردن، نومید کردن
deprimierend *Adj.* افسرده کننده، ملال‌آور، غم‌افزا
deprimiert *Adj.* افسرده، دلتنگ
Deprimiertheit, die; -, -en افسردگی
Deputat, das; -(e)s, -e سهم، حصه، کمک غیر نقدی
Deputation, die; -, -en هیئت نمایندگی
deputieren *Vt.* (برای شرکت در یک مجمع سیاسی) به (کسی) نمایندگی دادن، به (کسی) وکالت دادن
Deputierte, der / die; -n, -n نماینده، عضو هیئت نمایندگی
Deputiertenkammer, die; -, -n مجلس نمایندگان
der *Art., Pron.* ۱. (حرف تعریف معین، جنس مذکر) ۲. (ضمیر نسبی) ۳. (ضمیر اشاره)
derart *Adv.* ۱. به‌اندازه‌ای، به‌قدری، به‌حدی، طوری ۲. چنین، چنان
derartig *Adj., Adv.* ۱. چنین، چنان ۲. آن‌چنان، این‌جور، این‌گونه
derb *Adj.* ۱. خشن، غیر دوستانه ۲. محکم، سفت، سخت
Derbheit, die; -, -en ۱. خشونت ۲. سختی، سفتی، زبری
dereinst *Adv.* زمانی، وقتی، روزی، روزگاری، در آینده
dereinstig *Adj.* آینده، آتی
deren *Pron.* مال او، مال ایشان (ضمیر ملکی برای مونث و جمع)
die Summe mit deren Zinsen پول با تنزیل آن
die Frau deren Mann gestorben ist زنی که شوهرش مرده است
derenthalben *Adv.* ۱. از برای آن، از جهت آن ۲. به‌خاطر او، به‌خاطر ایشان
derentwegen *Adv.* ۱. از برای آن، از جهت آن ۲. به‌خاطر او، به‌خاطر ایشان
derentwillen *Adv.* ۱. از برای آن، از جهت آن ۲. به‌خاطر او، به‌خاطر ایشان
derer *Pron.* (ضمیر اشاره جمع در حالت مضاف و مضاف‌الیه)
Wir erinnern uns derer, die früher bei uns waren. ما کسانی را که سابقاً نزد ما بودند، به یاد می‌آوریم.
dergestalt *Adv.* به‌طرزی، به‌صورتی، به‌شکلی، به گونه‌ای
dergleichen *Pron., Adj.* مانند این، مثل آن، شبیه این، نظیر آن
und dergleichen و امثال آن، و نظایر آن، و غیره
Bücher und dergleichen کتاب و مانند آن
Es gibt nichts dergleichen. نظیرش وجود ندارد.
nichts dergleichen اصلاً و ابداً

Dergleichen gibt es viel auf dieser Welt.
نظایر آن در دنیا زیاد است.

Derivat, das; -s, -a/ -e — اشتقاق، کلمهٔ مشتق شده، مادهٔ مشتق شده

Derivativ, das; -s, -e — اشتقاقی، مشتق، فرعی

derivieren Vt. — مشتق شدن، ناشی شدن، اشتقاق یافتن

derjenige Pron. — (مذکر) آن که، آن کس، کسی که
Du bist also derjenige, der dafür verantwortlich ist.
تو همان کسی هستی که مسئولیت این کار را به عهده دارد.

dermaleinst Adv. — در آینده، در آتیه، روزی، روزگاری

dermaßen Adv. — به اندازه‌ای، به قدری، به حدی، طوری
Ich bin dermaßen erschrocken, daß...
آن‌قدر وحشت زده‌ام که ...

Dermatitis, die; -, -tiden — آماس پوستی

Dermatologe, der; -en, -en — متخصص پوست، متخصص بیماری‌های پوست

Dermatologie, die; - — دانش / شناخت بیماری‌های پوستی

dermatologisch Adj. — پوستی

derselbe Pron. — ۱. همان، همین، عین آن، یکسان، مشابه ۲. همان کس

derweil Konj., Adv. — ۱. در این بین، در آن میان، عجالتاً ۲. در حالی که، در موقعی که

Derwisch, der; -es, -e — درویش

derwischartig Adj. — درویش‌وار، درویشانه

Derwischgewand, das; -(e)s, -er — جامهٔ درویشی

Derwischkloster, das; -s, ⸚ — خانقاه

Derwischleben, das; -s, - — زندگی درویشی

Derwischschale, die; -, -n — کشکول درویشی

Derwischtum, das; - — درویشی، قلندری

derzeit Adv. — ۱. در این روزها، در آن روزها ۲. حالا، فعلاً

derzeitig Adj. — ۱. کنونی، فعلی ۲. آن زمانی
die derzeitige Finanzlage — وضع فعلی مالی

des Art. — (حرف تعریف مفرد مذکر و خنثی در حالتِ مضاف و مضاف‌الیه)

Des, das; -, - — (موسیقی) نُت ر بمل

Desaster, das; -, - — فلاکت، مصیبت، بدبختی

Deserteur, der; -s, -e — سرباز فراری (از خدمت نظام / جبهه)

desertieren Vi. — از خدمت نظام وظیفه فرار کردن؛ از جبهه فرار کردن

Desertion, die; -, -en — فرار از خدمت نظام وظیفه؛ فرار از جبهه

desgleichen Adv., Konj. — ۱. شبیه این، نظیر آن ۲. همچنین، هم‌چنان، همین‌طور
für mich desgleichen — برای من همین‌طور

deshalb Adv., Konj. — به این دلیل، به این سبب، به این علت، از این رو
eben deshalb — درست به همین دلیل

Design, das; -s, -s — ۱. طرح هنری، نگاره ۲. طرح مقدماتی، نقشهٔ کار

Designer, der; -s, - — نقش‌آفرین، طراح، هنرمند طرح‌پرداز

Designerin, die; -, -nen — نقش‌آفرین، طراح، هنرمند طرح‌پرداز (زن)

designieren Vt. — طرح‌ریزی کردن، نقشهٔ (چیزی) را کشیدن

desillusionieren Vt. — از خواب غفلت درآوردن، از اشتباه درآوردن

Desinfektion, die; -, -en — ضدعفونی، گندزدایی

Desinfektionsmittel, das; -s, - — مادهٔ ضدعفونی، مادهٔ گندزدا

desinfizieren Vt. — ضدعفونی کردن، گندزدایی کردن
das Haus mit DDT desinfizieren
خانه را با د.د.ت ضدعفونی کردن

desinfizierend Adj. — دافع عفونت، گندزدا

desinfiziert Adj. — ضدعفونی شده، گندزدایی شده

Desinfizierung, die; -, -en — ضدعفونی، گندزدایی

Desinteresse, das; -s, -n — بی‌علاقگی، بی‌تفاوتی، عدم علاقه

desinteressieren Vi. — بی‌علاقه شدن

desinteressiert Adj. — بی‌علاقه، بی‌میل

deskribieren Vt. — توصیف کردن

Deskription, die; -, -en — توصیف

deskriptiv Adj. — توصیفی، تشریحی

desolat Adj. — فلاکت‌بار، غم‌انگیز

Desorganisation, die; -, -en — بی‌نظمی، اختلال؛ انحلال

desorganisieren Vt. — بی‌نظم کردن، از نظم خارج کردن

desorganisiert Adj. — بی‌نظم شده؛ منحل؛ مختل

despektierlich Adj. — بی‌حرمت، فاقد احترام

Despot, der; -en, -en — حاکم مستبد، ستمگر، زورگو، ظالم

Despotie, die; -, -n — حکومت استبدادی، ستم، زورگویی، ظلم
ein mittelalterische Despotie
یک حکومت قرون وسطایی

Despotin, die; -, -nen حاکم مستبد، ستمگر، زورگو، ظالم (زن)

despotisch *Adj.* استبدادی، زورگویانه، ظالمانه

Despotismus, der; - سیستم استبدادی، حکومت مطلقه

dessen *Pron.* (ضمیر نسبی مفرد ملکی برای مذکر و خنثی) مال او، از آن او، که مال او

statt dessen به‌جای آن

Das Kind dessen Mutter krank ist...

بچه‌ای که مادرش مریض است ...

Mein Bruder und dessen Freund...

برادر من و دوستش ...

dessenthalben *Adv.* ۱. از برای آن، به جهت آن ۲. که از برای، که از بهرِ

dessentwegen *Adv.* ۱. از برای آن، به جهت آن ۲. که از برای، که از بهرِ

dessentwillen *Adv.* ۱. از برای آن، به جهت آن ۲. که از برای، که از بهرِ

dessenungeachtet *Adv.* بدون توجه به آن، گذشته از این

Dessert, das; -s, -s دسر

Dessertlöffel, der; -s, - قاشق مرباخوری، قاشق دسرخوری

Dessin, das; -s, -s نقشه، طرح

Destillat, das; -(e)s, -e مایع مقطر

Destillateur, der; -s, -e دستگاه تقطیر

Destillation, die; -, -en تقطیر، عصاره‌گیری

Destillierapparat, der; -(e)s, -e دستگاه تقطیر

destillierbar *Adj.* قابل تقطیر

destillieren *Vt.* تقطیر کردن

Destillierkammer, die; -, -n اتاقِ تقطیر

Destillierkolben, der; -s, -n قرع و انبیق

Destillierofen, der; -s, ¨- کورهٔ تقطیر

destilliert *Adj.* تقطیر شده، مقطر

destilliertes Wasser آب مقطر

Destillierung, die; - تقطیر، عصاره‌گیری

desto *Konj.* به‌همان اندازه، به‌همان قدر، چه، هر چه

Desto besser! چه بهتر!

Desto schlimmer! چه بدتر!

Je eher desto besser. هر چه زودتر بهتر.

destruieren *Vt.* منهدم کردن، نابود کردن

destruktiv *Adj.* منهدم‌کننده، نابودکننده

Destruktion, die; -, -en انهدام، تخریب

deswegen *Adv., Konj.* به این علت، از این جهت، از این‌رو، چون که، این است که

eben deswegen درست به همین علت

Detail, das; -s, -s جزئیات، مشخصات

Detailgeschäft, das; -(e)s, -e خرده‌فروشی

Detailhandel, der; -s, ¨- تجارت خرده‌فروشی

Detailhändler, der; -s, - تاجر خرده‌فروش

detaillieren *Vt.* به تفصیل شرح دادن، داخل جزئیات (موضوعی) شدن

detailliert *Adj.* به تفصیل، دقیق، مفصل

Detaillierung, die; - شرح مفصل

Detaillist, der; -en, -en خرده‌فروش

Detektiv, der; -s, -e کارآگاه، پلیس مخفی

Detektivbüro, das; -s, -s ادارهٔ آگاهی

Detektivgeschichte, die; -, -n داستان پلیسی

Detektivin, die; -, -nen کارآگاه، پلیس مخفی (زن)

Detektor, der; -s, -en دستگاه یابنده، دستگاه کشف‌کننده؛ موج‌یاب

Detektorempfang, der; -(e)s, ¨-e دریافت امواج برقی

Detektorempfänger, der; -s, - دریافت‌کننده امواج برقی

Determinate, die; -, -n تعیین‌کننده

determinieren *Vt.* تعیین کردن؛ محدود کردن

determiniert *Adj.* تعیین شده؛ محدود شده

Determinismus, der; - جبرگرایی، جبر آئینی

Determinist, der; -en, -en جبرگرا، جبر آئین

Detonation, die; -, -en ۱. انفجار ۲. (موسیقی) نادرست‌خوانی

detonieren *Vi.* ۱. (با صدای مهیب) منفجر شدن، ترکیدن ۲. (موسیقی) نادرست خواندن

Deut, der; -(e)s, -e/-s سکهٔ کم‌ارزش، پشیز، پول خرد

Es ist keinen Deut. دیناری ارزش ندارد.

Dafür würde ich keinen Deut geben.

برای آن ارزشی قائل نیستم.

Er ist keinen Deut besser als du.

او هیچ بهتر از تو نیست.

deutbar *Adj.* قابل تفسیر؛ قابل تغییر

Deutelei, die; -, -en افراط در تفسیر

deuteln *Vi.* ۱. موشکافی کردن ۲. تعبیر کردن، تفسیر کردن

An dieser Wahrheit kann man nicht deuteln.

این حقیقت را نمی‌شود طور دیگری تعبیر کرد.

deuten *Vt., Vi.* ۱. شرح دادن، تفسیر کردن، تعبیر کردن، تشریح کردن ۲. اشاره کردن، نشان دادن

jemandem **seine Träume deuten**

خواب‌های کسی را تعبیر کردن

etwas **schlecht deuten** چیزی را بد تفسیر کردن

Deuter, der; -s, - مفسّر، معبّر، شرح‌دهنده

deutlich *Adj.* واضح، آشکار، روشن، صریح، شمرده، مشخص

deutlich reden شمرده حرف زدن

Deutlichkeit, die; -, -en وضوح، روشنی، صراحت، شمردگی

deutsch *Adj.* آلمانی

auf deutsch به زبان آلمانی

auf gut deutsch به زبان ساده و همه فهم

mit jemandem **deutsch reden** باکسی صریح و بی‌پرده حرف زدن

deutsch sprechen آلمانی حرف زدن

Deutsch, das; -(s) زبان آلمانی

Ich lerne Deutsch. من آلمانی می‌خوانم.

Er versteht Deutsch. او آلمانی می‌فهمد.

deutschbürtig *Adj.* زادهٔ آلمان

Deutsche, der/die; -n, -n آلمانی، شهروند آلمان

wir Deutschen ما آلمانی‌ها

Deutschkenntnis, die; -, -nisse آشنایی با زبان آلمانی

Deutschkunde, die; -, -n رشتهٔ آلمان‌شناسی

Deutschland, das; - (کشور) آلمان

in Deutschland در آلمان

Deutschlandlied, das; -(e)s, - سرود ملی آلمان

Deutschlehrer, der; -s, - معلم زبان آلمانی

deutschsprachig *Adj.* آلمانی زبان

deutschsprechend *Adj.* آلمانی زبان

deutschstämmig *Adj.* آلمانی‌تبار، آلمانی‌الاصل

Deutschstunde, die; -, -n درس آلمانی

Deutschtum, das; -s ۱. آلمانی‌گری ۲. رسوم آلمانی

Deutschunterricht, der; -(e)s درس زبان آلمانی

Deutung, die; -, -en شرح، تفسیر، تعبیر؛ معنی

Deutung der Träume تعبیر رویاها

Devise, die; -, -n شعار، کلمهٔ قصار

Devisen, die/*Pl.* ارز، پول خارجی

Devisenbank, die; -, -en بانک ارز

Devisenhandel, der; -s, ⸚ تجارت ارز

Devisenkauf, der; -(e)s, -käufe خرید ارز

Devisenkommission, die; -, -en کمیسیون ارز

Devisenschmuggel, der; -s, - قاچاق ارز

Devisenverkauf, der; -(e)s, -käufe فروش ارز

devot *Adj.* مطیع؛ فروتن؛ سر به زیر

Devotheit, die; - اطاعت؛ فروتنی؛ سر به زیری

Dextrin, das; -s, -e ماده‌ای که در جریان تبدیلِ نشاسته به قند پدید می‌آید

Dezember, der; -(s), - (ماه) دسامبر

Dezennium, das; -s, -nien دورهٔ ده ساله، دهه

dezent *Adj.* شایسته، برازنده؛ خوشایند، دلنشین، خوش‌آهنگ

Eine dezente Musik erklang.

موسیقی دلنشینی به گوش می‌رسید.

Sie hatte sich dezent gekleidet.

او برازنده لباس پوشیده بود.

Dezentheit, die; - شایستگی، برازندگی

Dezentralisation, die; -, -en عدم تمرکز

dezentralisieren *Vt.* غیرمتمرکز کردن، از مرکزیت انداختن

Dezenz, die; - شایستگی، برازندگی

Dezernat, das; -(e)s, -e بخش، قسمت

dezidieren *Vi.* تصمیم گرفتن

dezidiert *Adj.* قاطع، قطعی، صریح، بی‌چون و چرا، مصمم

Dezigramm, das; -s, -e دسی‌گرم

Deziliter, der; -s, - دسی‌لیتر

dezimal *Adj.* اعشاری، ده‌دهی

Dezimalbruch, der; -(e)s, ⸚e کسر اعشاری

Dezimalrechnung, die; -, -en حساب اعشاری

Dezimalstelle, die; -, -n مرتبهٔ اعشاری

Dezimalsystem, das; -s, - روش اعشاری

Dezimalzahl, die; -, -en عدد اعشاری

Dezime, die; -, -n (موسیقی) دهمین نت گام دیاتونیک

Dezimeter, der/das; -s, - دسی‌متر

dezimieren *Vt.* ۱. اعشاری کردن، تبدیل به اعشار کردن ۲. کشتن

DGB = *Deutscher Gewerkschaftsbund* اتحادیهٔ سندیکاهای کارگری آلمان

dgl. = *dergleichen*

d.h. = *das heißt* یعنی

d.H. = *der Hedschra* تاریخ هجری

Dia, das; -s, -s اسلاید

Diabetes, der; - دیابت، بیماری قند

Diabetiker, der; -s, - (بیمار) دیابتی، (بیمار) مبتلا به بیماری قند

diabetisch *Adj.* ناشی از بیماری قند

diabolisch *Adj.* شیطانی

Diadem, das; -s, -e نیم‌تاج

Diagnose, die; -, -n تشخیص بیماری

eine falsche Diagnose یک تشخیص غلط

Diagnostik, die; - (دانش) تشخیص بیماری
Diagnostiker, der; -s, - تشخیص‌دهندهٔ بیماری، متخصص در تشخیص بیماری
diagnostisch *Adj.* (مربوط به) تشخیص بیماری
diagnostizieren *Vt.* تشخیص دادن (بیماری)
diagonal *Adj.* مورب، اریب، قطری
Diagonale, die; -, -n (ریاضی) قطر، وتر
Diagramm, das; -s, -e دیاگرام، نمودار، طرح
Diakon, der; -s/-en, -e/-en خادم کلیسای پروتستان
Diakonisse, die; -, -n خدمتکار کلیسای پروتستان (که در کار عیادت بیماران به کشیش خدمت می‌کند)
Diakonissin, die; -, -nen خدمتکار کلیسای پروتستان (که در کار عیادت بیماران به کشیش خدمت می‌کند) (زن)
Diakonus, der; -, -kone(n) خادم کلیسای پروتستان
Dialekt, der; -(e)s, -e لهجه، زبان محلی، گویش
dialektal *Adj.* لهجه‌ای، گویشی
Dialektforschung, die; -, -en لهجه‌شناسی، گویش‌شناسی
dialektfrei *Adj.* بدون لهجه
Dialektik, die; - دیالکتیک، (هنر) برهان‌جویی، اسلوب فلسفی
Dialektiker, der; -s, - دیالکتیک‌شناس
dialektisch *Adj.* دیالکتیکی، جدلی
Dialektkunde, die; -, -n لهجه‌شناسی، گویش‌شناسی، دانش گویش‌ها
Dialektologie, die; -, -n لهجه‌شناسی، گویش‌شناسی، دانش گویش‌ها
Dialog, der; -s, -e گفت و گو، صحبت، مکالمه، محاوره، گفت و شنود
dialogisch *Adj.* مکالمه‌ای، محاوره‌ای، گفت و گویی
Dialyse, die; -, -n تفکیک، پالایش
dialysieren *Vt.* تفکیک کردن، پالایش کردن
Diamant, der; -en, -en الماس
diamantartig *Adj.* الماس‌وار
Diamantengrube, die; -, -n معدن الماس
Diamantenhandel, der; -s, ⸚ تجارت الماس
Diamantenhändler, der; -s, - تاجر الماس
Diamantenhochzeit, die; -, -en هفتاد و پنجمین سالگرد ازدواج
Diamantenring, der; -(e)s, -e انگشتر الماس
Diamantenschneider, der; -s,- الماس‌تراش
Diamantenschneiderei, die; - الماس‌تراشی
Diamantensplitter, der; -s, - الماس ریز، خرده الماس
diamanthart *Adj.* به سختی الماس
Diamantwäscherei, die; -, -en الماس‌شویی
Diameter, der; -s, - قطر دایره؛ ضخامت
diametral *Adj.* (مربوط به) قُطر
Diana, die (در روم باستان) الههٔ شکار
diaphan *Adj.* شفاف
Diaphragma, das; -s, -men دیافراگم، حجاب حاجز (پرده‌ای که محوطهٔ قفسهٔ سینه را از محوطهٔ شکم جدا می‌کند)
Diapositiv, das; -(e)s, -e اسلاید
Diaprojektor, der; -s, -en پروژکتور اسلاید
Diarium, das; -s, -rien ۱. دفتر خاطرات روزانه ۲. دفتر چرک‌نویس
Diarrhoe, die; -, -n اسهال
Diarrhöe, die; -, -n اسهال
Diastase, die; -, -n دیاستاز (نوعی آنزیم گوارشی که نشاسته را به مالتوز تبدیل می‌کند)
Diastole, die; -, -n دیاستول (انبساط و اتساع قلب)
Diät, die; -, -en رژیم غذایی، غذای ساده، پرهیز غذایی
Diät halten رژیم گرفتن، رژیم داشتن، پرهیز کردن
diät *Adj., Adv.* ۱. طبق رژیم غذایی ۲. پرهیزانه
Diäten, die / *Pl.* حقوق وکلای مجلس
Diätetik, die; -, -en درمان با پرهیز، درمان با رژیم غذایی
diätetisch *Adj.* (مربوط به) رژیم غذایی، (مربوط به) پرهیز
Diätetiker, der; -s, - متخصص رژیم غذایی
Diätfehler, der; -s, - ناپرهیزی، بدغذایی
Diathermie, die; - دیاترمی (درمان با حرارت)
Diathese, die; -, -n زمینهٔ مزاجی، استعدادِ ابتلا به بیماری خاص
Diatonik, die; - (موسیقی) دیاتونیک (گامی که از پرده و نیم پرده‌های دیاتونیک تشکیل شده باشد)
Diätregel, die; -, -n راه‌های پرهیز
dich *Pron.* تو را (صیغهٔ مفعول به، ضمیر مخاطب مفرد)
dicht *Adj.* انبوه، متراکم، پرپشت، درهم، به هم فشرده، کیپ
die Tür dicht machen در را کیپ بستن
jemanden **dicht in seine Arme schließen** کسی را تنگ در آغوش گرفتن
Die Häuser stehen dicht beieinander. خانه‌ها پهلوی هم قرار گرفته‌اند.
dicht beieinander sitzen تنگ هم نشستن
dichter Wald جنگل پُردرخت، جنگل انبوه
dichtbehaart *Adj.* پُرمو

dichtbelaubt *Adj.* پُربرگ

dichtbewaldet *Adj.* پُردرخت، پُرجنگل

Dichte, die; -, -(n) انبوهی، تراکم، پرپشتی

dichten *Vt., Vi.* ۱. بستن؛ پُر کردن؛ کیپ کردن؛ قیراندود کردن؛ آب‌بندی کردن ۲. تصنیف کردن، سرودن ۳. شعر گفتن

Dichter, der; -s, - شاعر، سراینده؛ سخن‌سرا

Dichterbiographie, die; -, -n بیوگرافی شاعر، زندگی‌نامهٔ شاعر

Dichtergabe, die; -, -n قریحهٔ سرودن شعر، استعداد شعرسرایی

Dichtergeist, der; -es, -er روح شاعرانه

Dichtergenius, der; -, -nien نبوغ شاعرانه

Dichterin, die; -, -nen سرایندهٔ زن، شاعره

dichterisch *Adj.* شاعرانه

Dichterkönig, der; -(e)s, -e ملک‌الشعرا

Dichterlesung, die; -, -en شعرخوانی

Dichterling, der; -s, -e (آدم) شعرباف، شاعرنما، شاعر بندتنبانی

Dichtername, der; -ns, -n تخلص

Dichterpreis, der; -es, -e صلهٔ شاعر

Dichtertum, das; -s شاعری، سرایندگی

Dichterwettbewerb, der; -(e)s, -e مسابقهٔ شعرسرایی

Dichterwettkampf, der; -(e)s, ⸚e رقابت شعرسرایی

dichthalten *Vi.* فاش نکردن، نگفتن

Dichtheit, die; -, -en غلظت؛ ضخامت؛ محکمی؛ تراکم

Dichtigkeit, die; - غلظت؛ ضخامت؛ محکمی؛ تراکم

Dichtkunst, die; - فن شاعری، هنر سرایندگی

dichtmachen *Vt.* ۱. بستن، تعطیل کردن (کار، مغازه) ۲. آب‌بندی کردن، درزگیری کردن، غیر قابل نفوذ کردن ۳. (ورزش) محکم کردن (خط دفاعی)

Wann machen die Geschäfte am Samstag dicht? مغازه‌ها روز شنبه کی می‌بندند؟

Dichtung, die; -, -en ۱. فن شاعری، هنر سرایندگی ۲. اثر ادبی ۳. آب‌بندی، نفوذناپذیری ۴. واشر

Dichtungsmasse, die; -, -n آب‌بندی مرکب، مادّهٔ آب‌بندی

Dichtungsring, der; -(e)s, -e واشر آب‌بندی

Dichtungsscheibe, die; -, -n واشر آب‌بندی

Dichtwerk, das; -(e)s, -e شعر، منظومه

dick *Adj.* ۱. کلفت، ضخیم ۲. تنومند، چاق ۳. انبوه، فراوان ۴. غلیظ

dicker Baum درخت ستبر

ein dickes Fell haben پوست‌کلفت بودن، پوست کلفت داشتن

dicker Mann مرد چاق

dicke Luft هوای خفه

dicke Bohnen باقلا

dicke Suppe سوپ غلیظ

Sie sind dicke Freunde. آنها دوستان صمیمی هستند.

Er hat einen dicken Schädel. او خیلی لجباز است.

Er hat dicke Gelder. او پول زیادی دارد. او خرپول است.

Dickbauch, der; -(e)s, -bäuche (آدم) شکم‌گنده

dickbauchig *Adj.* شکم‌گنده

dickbäuchig *Adj.* شکم‌گنده

Dickbein, das; -s, -e (آدم) مچ پا کلفت

dickbeinig *Adj.* مچ پا کلفت

Dickdarm, der; -(e)s, ⸚e رودهٔ بزرگ

Dicke[1]**,** die; -, -n ۱. کلفتی، ضخامت ۲. غلظت

Dicke[2]**,** der; -, -n (آدم) شکم‌گنده

dicken *Vt.* غلیظ کردن

Dickfell, das; -(e)s, -e (آدم) پوست‌کلفت

dickfellig *Adj.* پوست‌کلفت، خونسرد

Dickfelligkeit, die; -, -en پوست‌کلفتی

dickflüssig *Adj.* [مایع] چسبناک، چسبنده؛ غلیظ

Dickflüssigkeit, die; -, -en چسبندگی؛ غلظت

Dickhäuter, der; -s, - جانور پوست‌کلفت

dickhäutig *Adj.* پوست‌کلفت، خونسرد

Dickicht, das; -(e)s, -e بیشه، درخت‌زار

Dickkopf, der; -(e)s, ⸚e (آدم) کله‌شق؛ کله‌خر؛ لجباز؛ خودسر

dickköpfig *Adj.* کله‌شق؛ کله‌خر؛ لجباز؛ خودسر

Dickköpfigkeit, die; -, -en لجاجت، لجبازی، خودسری

dickleibig *Adj.* فربه، تنومند، گوشتالو، شکم‌گنده

Dickleibigkeit, die; -, -en فربهی، تنومندی، چاقی

Dickmilch, die; - (نوعی) شیر پرچربی و ترش‌مزه

dicknasig *Adj.* دارای بینی پهن

Dickschädel, der; -s, - لجباز؛ خودسر؛ کله‌شق

dickschalig *Adj.* پوست‌کلفت

Dicktuer, der; -s, - (آدم) لاف‌زن

Dicktuerei, die; -, -en لاف‌زنی

dicktun *Vr.* لاف زدن، پز دادن، (خود) را بزرگ جلوه دادن

Dickwanst, der; -es, ⸚e شکم گنده؛ چاقالو

Didaktik, die; -, -en فن تعلیم، علم آموزش، تئوری آموزش

didaktisch

didaktisch *Adj.*	آموزشی، تعلیمی
die *Art., Pron.*	۱. (حرف تعریف معین، جنس مؤنث و جمع)
	۲. (ضمیر موصول، ضمیر نسبی و جمع)
Dieb, der; -(e)s, -e	دزد، سارق
Haltet den Dieb!	دزد را بگیرید!
Dieberei, die; -, -en	دزدی، سرقت
Diebesbande, die; -, -n	دستهٔ دزدان
Diebesgut, das; -(e)s, ̈-er	مال دزدی، کالای مسروقه
Diebeshelfer, der; -s, -	همدست دزد
Diebeshöhle, die; -, -n	پناهگاه دزد، مخفیگاه دزد
Diebesware, die; -, -n	مال دزدی، کالای مسروقه
Diebin, die; -, -nen	دزد، سارق (زن)
diebisch *Adj.*	دزدکی، دزدوار
Diebstahl, der; -(e)s, -e	دزدی، سرقت
Diebstahlgefahr, die; -, -en	خطر دزدی
Diebstahlverdacht, der; -(e)s	سوءظن به دزدی
diebstahlverdächtig *Adj.*	مظنون به دزدی
Diebstahlversicherung, die; -, -en	بیمهٔ دزدی
diejenige *Pron.*	(مؤنث) آن که، آن کس، کسی که
Diele, die; -, -n	۱. دالان، راهرو، دهلیز ۲. تختهٔ کف اتاق
die Eisdiele	بستنی‌فروشی
Dielektrikum, das; -s, -ken / -ka	مادهٔ عایق
dielektrisch *Adj.*	عایق
dielen *Vt.*	تخته‌بندی کردن، تخته‌فرش کردن (کف)
dienen *Vi.*	۱. خدمت کردن، کمک کردن،
	مأمور خدمت بودن ۲. به کار آمدن، مفید بودن ۳. خدمت زیر پرچم انجام دادن
dem Vaterland dienen	به وطن خدمت کردن
Womit kann ich Ihnen dienen?	چه خدمتی می‌توانم به شما بکنم؟
Diener, der; -s, -	نوکر، خدمتکار، خادم، مستخدم
Dienerin, die; -, -nen	کلفت، مستخدم، خدمتکار، خادم (زن)
dienern *Vi.*	تواضع کردن؛ تعظیم کردن
Dienerschaft, die; -, -en	ملازمان، خدمتکاران، مستخدمان
dienlich *Adj.*	مفید، به درد بخور
Dienst, der; -es, -e	۱. خدمت؛ استخدام ۲. کشیک ۳. سرویس
jemandem einen Dienst erweisen	به کسی خدمت کردن
im Dienst sein	مشغول خدمت بودن
Ich stehe ganz zu Ihren Diensten.	کاملاً در اختیار شما هستم.
Dienst haben	سر کار بودن
Dienstag, der; -(e)s, -e	سه‌شنبه
Dienstalter, das; -s	سابقهٔ خدمت
dienstälteste *Adj.*	با سابقه‌ترین
Dienstälteste, der; -n, -n	با سابقه‌ترین شخص
Dienstantritt, der; -(e)s, -e	ورود به خدمت
Dienstanzug, der; -(e)s, -züge	لباس کار
Dienstaufsicht, die; -	بازرسی بر کار، نظارت بر خدمت
Dienstaufsichtsbehörde, die; -, -n	ادارهٔ بازرسی، ادارهٔ رسیدگی به شکایات
Dienstauto, das; -s, -s	ماشین اداری
dienstbar *Adj.*	خدمتگزار، فرمانبردار، مطیع
Dienstbarkeit, die; -, -en	خدمتگزاری، فرمانبرداری
dienstbeflissen *Adj.*	حاضر به کار، آمادهٔ خدمت
Dienstbefreiung, die; -, -en	معافیت از خدمت
dienstbereit *Adj.*	حاضر به کار، آماده به خدمت
Dienstbereitschaft, die; -	کشیک
Dienstbote, der; -n, -n	خدمتکار، نوکر، خانه شاگرد
Dienstbotenvermittlung, die; -, -en	بنگاه کلفت و نوکریابی
Diensteid, der; -(e)s, -e	سوگند خدمت
Diensteifer, der; -s	دلسوزی در خدمت، میل به کار
diensteifrig *Adj.*	حاضر به کار، آماده به خدمت
Dienstentlassung, die; -, -en	اخراج از خدمت
dienstfähig *Adj.*	مستعد خدمت
Dienstfähigkeit, die; -, -en	قابلیت خدمت
dienstfertig *Adj.*	حاضر به کار، آمادهٔ خدمت
Dienstfertigkeit, die; -, -en	خوش‌خدمتی
dienstfrei *Adj.*	معاف از کار، آزاد از خدمت
dienstfreier Tag	روز تعطیلی
dienstfrei haben	معاف از کار بودن، از خدمت معاف بودن
Dienstgefälligkeit, die; -, -en	خوش‌خدمتی
Dienstgeheimnis, das; -nisses, -nisse	اطلاعات محرمانهٔ اداری
Dienstgeschäft, das; -(e)s, -e	کار اداری
Dienstgespräch, das; -(e)s, -e	گفت‌وگوی اداری
Dienstgrad, der; -(e)s, -e	درجه، خدمت، رتبه
Dienstherr, der; -(e)n, -en	کارفرما
Dienstherrschaft, die; -, -en	کارفرمایی
Dienstjahre, die / Pl.	زمان خدمت، سال‌های خدمت
Dienstleistung, die; -, -en	کار خدماتی؛ انجام وظیفه؛ همکاری
dienstlich *Adj.*	اداری، مأموریتی
Dienstmädchen, das; -s, -	کلفت، خدمتکار زن

207 **diffundieren**

dienstmädchenhaft *Adj.* کلفت‌وار
Dienstmann, der; -(e)s, ¨-er نوکر، خدمتکار مرد
Dienstmütze, die; -, -n کلاه خدمت
Dienstnehmer, der; -s, - مستخدم، خدمتکار، کارگر
Dienstobliegenheit, die; -, -en وظیفهٔ اداری، کار اداری، تکلیف اداری
Dienstpflicht, die; -, -en خدمت اجباری، خدمت نظام وظیفه
dienstpflichtig *Adj.* موظف به خدمت
Dienstpost, die; -, -en پست اداری
Dienstraum, der; -(e)s, -räume محل کار، جای کار
Dienstreise, die; -, -n سفر اداری، مسافرت شغلی
Dienstrock, der; -s لباس خدمت
Dienstschluß, der; -schlusses, -schlüsse پایان ساعت خدمت، تعطیل کار
Dienststelle, die; -, -n اداره، محل خدمت، محل کار
Dienststrafe, die; -, -n مجازات اداری
Dienststrafverfahren, das; -s, - محاکمهٔ اداری
Dienststunden, die / *Pl.* ساعات خدمت
diensttauglich *Adj.* قابل خدمت
Diensttauglichkeit, die; -, -en قابلیت خدمت
diensttuend *Adj.* خدمت‌کننده
dienstunfähig *Adj.* معاف از خدمت، ناتوان در انجام خدمت
Dienstunfähigkeit, die; -, -en معافیت از خدمت، ناتوانی در انجام خدمت
dienstuntauglich *Adj.* معاف
Dienstuntauglichkeit, die; -, -en معافیت، معافی
Dienstvergehen, das; -s, - جرم اداری، خلاف اداری
dienstverpflichtet *Adj.* موظف به خدمت
Dienstvertrag, der; -(e)s, ¨-e قرارداد استخدامی
Dienstvorschrift, die; -, -en مقررات خدمتی
Dienstwagen, der; -s, - اتومبیل خدمت
dienstwillig *Adj.* مایل به خدمت، کاری
Dienstwilligkeit, die; -, -en میل به خدمت
Dienstwohnung, die; -, -en خانهٔ اداری
Dienstzeit, die; -, -en ۱. زمان خدمت، مدت خدمت ۲. ساعت اداری
seine Dienstzeit abdienen دورهٔ خدمت سربازی را گذراندن
dies *Pron.* این، این چیز، همین چیز
dies und das این و آن
diesbezüglich *Adj., Adv.* مربوط به این، راجع به آن
diese *Pron.* این، این چنین، این یکی، این شخص
dieselbe *Pron.* ۱. (مونث) همان، همین، عین آن، یکسان، مشابه ۲. همان کس
Diesellokomotive, die; -, -n لکوموتیو دیزل
Dieselmotor, der; -s, -en موتور دیزل
Dieselöl, das; -(e)s, -e گازوئیل
dieser *Pron.* این، این چنین، این یکی، این شخص
Dieser Mann ist der Dieb. این مرد همان دزد است.
dieserhalb *Adv.* برای این که، از این رو، به این دلیل
diesfalls *Adv.* در این صورت، در این حال، در این مـورد
diesjährig *Adj.* از امسال، (مربوط به) امسال، امسالی
diesmal *Adv.* این دفعه، این‌بار
diesmalig *Adj.* این دفعه‌ای، این‌باری
diesseitig *Adj.* این طرفی، این سمتی
diesseits *Adv.* این طرف، این سو
Diesseits, das; - این دنیا، جهان فانی، دنیوی
Dietrich, der; -(e)s, -e شاه‌کلید
Die Wohnungstür war mit Dietrich geöffnet worden. در آپارتمان با شاه‌کلید باز شد.
dieweil *Konj., Adv.* ۱. از این جهت که، به این دلیل ۲. در حالی که ۳. در این میان
diffamieren *Vt.* به (کسی) تهمت زدن، رسوا کردن، بدنام کردن، به (کسی) افترا زدن، برملا کردن
Diffamierung, die; -, -en تهمت، رسوایی، افترا، بدگویی
Differential, das; -s, -e ۱. (در اتومبیل) دیفرانسیل ۲. (ریاضی) تفاضل
Differentialgetriebe, das; -s, - (جعبهٔ) دیفرانسیل
Differentialgleichung, die; -, -en معادلهٔ دیفرانسیل
Differentialgröße, die; -, -n مقدار دیفرانسیل
Differentialrechnung, die; -, -en حساب دیفرانسیل، حساب تفاضلی
Differenz, die; -, -en تفاوت، فرق، اختلاف‌نظر
differenzieren *Vt., Vi.* ۱. فرق گذاشتن، تفاوت گذاشتن ۲. تفاوت داشتن، اختلاف داشتن ۳. منشعب شدن
Differenzieren, das; -s, - تفاوت، فرق، اختلاف
differenziert *Adj.* ۱. متمایز، مختلف ۲. منشعب، مشتق
Differenzierung, die; -, -en ۱. فرق، تفاوت ۲. انشعاب
differieren *Vi.* فرق داشتن، تفاوت داشتن، اختلاف داشتن
diffundieren *Vt.* پخش کردن، انتشار دادن

diffus *Adj.* پراکنده، مبهم، ناروشن
diffuses Zeug حرف‌های بی‌ربط
Diffusion, die; -, -en پراکندگی، ابهام، ناروشنی
digital *Adj.* دیجیتالی، عددی، رقمی
Diktat, das; -(e)s, -e ۱. دیکته، املا ۲. امر صریح
Diktator, der; -s, -en دیکتاتور، حاکم مطلق، آدم مستبد، آدم خودرأی
diktatorisch *Adj.* دیکتاتوری، استبدادی، خودرأیی
Diktatpolitik, die; -, -en سیاست دستوری، سیاست دیکته شده
Diktatur, die; -, -en حکومت مطلق، حکومت دیکتاتوری
diktieren *Vt., Vi.* ۱. دیکته کردن ۲. امر کردن، دستور دادن
Dilemma, das; -s, -s مسئلهٔ غامض، وضع دشوار، سردرگمی
Dilettant, der; -en, -en دوستدار تفننی هنر/علوم
Dilettantin, die; -, -nen دوستدار تفننی هنر/علوم (زن)
dilettantisch *Adj.* از روی تفنن و ذوق
Dilettantismus, der; -, -men اقدام به کاری از روی تفنن
dilettieren *Vi.* دوستدار هنر بودن، دوستدار علم بودن
Dill, der; -(e)s, -e شوید
Dimension, die; -, -en اندازه، مقیاس، بُعد، شکل، قالب
dimensional *Adj.* بُعدی
dimer *Adj.* دو بخشی، دو قسمتی
diminuendo *Adv.* (موسیقی) کاهش تدریجی صدا
Diminutiv, das; -s, -e خرد، کوچک، حقیر
DIN = *Deutsche Industrie-Norm* استاندارد صنعتی آلمان
Diner, das; -s, -s ۱. ناهار؛ شام ۲. غذای تشریفاتی، غذای ضیافت‌گونه
eine Einladung zu einem offiziellen Diner besorgen دعوت برای شرکت در یک مهمانی رسمی به عمل آوردن
Ding, das; -(e)s, -e چیز، شیء، وسیله
vor allen Dingen قبل از هر چیز، در وهلهٔ اول
andere Dinge im Kopf haben خیالات دیگری در سر داشتن
nicht mit rechten Dingen zugeben کاری را به‌طور غیرمشروع انجام دادن، کاری را به‌طور غیرقانونی انجام دادن
dingen *Vt.* اجیر کردن؛ به خدمت گرفتن؛ استخدام کردن

dingfest *Adj.* دستگیری، توقیف
jemanden dingfest machen کسی را بازداشت کردن
dinglich *Adj.* عینی، (مربوط به) خود شیء
dinieren *Vi.* در یک ضیافت ناهار/شام رسمی شرکت کردن
Dinkel, der; -s, - (نوعی) گندم
Diözese, die; -, -n قلمرو رسمی اسقف، اسقف‌نشین
Diphtherie, die; -, -n دیفتری، خناق
Diphtheritis, die; -, -n دیفتری، خناق
Diphthong, der; -(e)s, -en, -en (زبان‌شناسی) مصوت مرکب
Diplom, das; -s, -e ۱. دانشنامه، گواهی‌نامه ۲. مدرک تحصیلی دانشگاهی
Diplomarbeit, die; -, -en رساله دانشگاهی، تز دانشگاهی
Diplomat, der; -en, -en دیپلمات، سیاستمدار، کارمند سیاسی
Diplomatenpaß, der; -passes, -pässe گذرنامهٔ سیاسی
Diplomatie, die; - دیپلماسی، سیاست، سیاستمداری
diplomatisch *Adj.* سیاسی، دیپلماتیک؛ مدبرانه
diplomatisches Korps هیئت نمایندگان سیاسی
diplomieren *Vt.* به (کسی) درجه دادن
Diplomingenieur, der; -s, -e مهندس فارغ‌التحصیل از دانشگاه، مهندس دانشگاه رفته
Diplomingenieurprüfung, die; -, -en امتحان اخذ درجهٔ مهندسی
Dipol, der; -s, -e دوقطبی
dir *Pron.* برایت، برای تو؛ به تو
direkt *Adj.* ۱. مستقیم، صریح، درست، راست، یکراست ۲. بدون واسطه
Wir wohnen direkt am Flughafen.
ما درست پهلوی فرودگاه زندگی می‌کنیم.
direkte Rede (دستور زبان) نقل قول مستقیم
Direktheit, die; -, -en صراحت، رک و راستی
Direktion, die; -, -en ۱. مدیریت، ریاست، رهبری ۲. هیئت مدیره
Direktive, die; -, -n اشاره، دستور، امریه
Direktor, der; -s, -en مدیر، رئیس، اداره کننده، سرپرست
Direktorat, das; -(e)s, -e ۱. مقام ریاست، مقام مدیریت، هیئت مدیره ۲. دفتر رئیس مؤسسه
Direktorin, die; -, -nen مدیر، رئیس، اداره کننده، سرپرست (زن)

Direktorium, das; -s, -rien هیئت مدیره، مدیریت
Direktrice, die; -, -n مدیره، خانم رئیس
Direktübertragung, die; -, -en پخش مستقیم، پخش زنده (برنامه)
Dirigent, der; -en, -en رهبر ارکستر
dirigieren *Vt.* رهبری کردن، هدایت کردن، اداره کردن (ارکستر)
Dirne, die; -, -n فاحشه، روسپی، (زن) هرجایی
Dirnenhaus, das; -es, ¨-er فاحشه‌خانه
Dirnentum, das; -s فاحشگی، فحشا، روسپی‌گری
Dis, das; -, - (موسیقی) نت رِ دیز
Disharmonie, die; -, -n عدم توافق، عدم هماهنگی، ناموزونی
disharmonisch *Adj.* ناهماهنگ، ناموزون، ناسازگار
Diskant, der; -(e)s, -e (موسیقی) صدای زیر، صدای سوپرانو
Diskantstimme, die; -, -n (موسیقی) صدای زیر، صدای سوپرانو
Diskont, der; -(e)s, -e تخفیف، تنزیل
Diskontgeschäft, das; -(e)s, -e معامله با تخفیف
diskontieren *Vt.* به (کسی) تخفیف دادن، به (کسی) تنزیل دادن
Diskontsatz, der; -es, ¨-e نرخ تنزیل
Diskothek, die; -, -en ۱. دیسکوتک ۲. صفحه‌خانه ۳. محل رقص (با موسیقی ضبط شده)
diskreditieren *Vt.* از اعتبار انداختن، بی‌اعتبار کردن
Diskrepanz, die; -, -en اختلاف، عدم تناسب، چندگونگی

eine Diskrepanz zwischen Theorie und Praxis feststellen عدم تناسب بین نظر و عمل پیدا کردن

diskrepieren *Vi.* اختلاف داشتن، متفاوت بودن، تناسب نداشتن
diskrepierend *Adj.* متباین، متفاوت
diskret *Adj.* بااحتیاط، ملاحظه کار؛ سِرّنگهدار

diskreter Mensch آدم ملاحظه کار

Diskretion, die; -, -en احتیاط، ملاحظه کاری؛ سِرّنگهداری
diskriminieren *Vt.* تمیز دادن؛ برای (کسی) فرق گذاشتن، برای (کسی) تبعیض قائل شدن
Diskriminierung, die; -, -en تمیز، تشخیص، فرق‌گذاری، تبعیض
Diskurs, der; -es, -e مذاکره، گفت وگو
diskursiv *Adj.* از راه مذاکره

Diskus, der; - / -ses, -ken / -se ۱. دیسک، صفحهٔ مدور ۲. غضروف بین دو مهره
Diskussion, die; -, -en بحث، مذاکره، مباحثه، گفت وگو

eine Thema zur Diskussion stellen موضوعی را به بحث گذاشتن

Diskussionsklub, der; -s, -s انجمن مباحثه و گفت وگو
Diskussionsredner, der; -s, - ناطق، سخنران، شرکت‌کننده در بحث
Diskuswerfen, das; -s, - (ورزش) پرتاب دیسک
Diskuswerfer, der; -s, - (ورزش) پرتاب‌کننده دیسک
diskutabel *Adj.* قابل بحث، قابل گفت وگو
diskutieren *Vt., Vi.* ۱. در مورد (چیزی) بحث کردن، در مورد (چیزی) گفت وگو کردن ۲. بحث کردن، گفت وگو کردن
Dispens, der; -es, -e معافی، معافیت
dispensierbar *Adj.* معاف کردنی
dispensieren *Vt.* معاف کردن، بخشیدن
Disponent, der; -en, -en کارمند (مؤسسه)
disponibel *Adj.* آماده، حاضر، مهیا
disponieren *Vi.* ۱. در اختیار داشتن ۲. مستعد بودن
disponiert *Adj.* مستعد، متمایل

Der Sänger ist heute nicht disponiert. آوازه‌خوان امروز مستعد خواندن نیست.

Disposition, die; -, -en ۱. حال، حالت، خو، مزاج ۲. ترتیب؛ تنظیم؛ اختیار
Disproportion, die; -, -en عدم تناسب
Disput, der; -(e)s, -e مشاجره، مجادله، جدل
Disputant, der; -en, -en مجادله کننده
Disputation, die; -, -en مشاجره، مجادله، جدل
disputieren *Vi.* مشاجره کردن، مجادله کردن، جدل کردن
Disputierkunst, die; -, ¨-e هنر جدل، هنر مجادله
Disqualifikation, die; -, -en سلب صلاحیت، سلب امتیاز، اخراج (از مسابقه)
disqualifizieren *Vt.* سلب صلاحیت کردن، مردود کردن، از مسابقه اخراج کردن
disqualifiziert *Adj.* سلب امتیاز شده، اخراج شده (از مسابقه)
Dissertation, die; -, -en پایان‌نامهٔ دانشگاهی، رسالهٔ دانشگاهی، مدرک دکتری
dissertieren *Vi.* پایان‌نامهٔ دانشگاهی نوشتن
Dissident, der; -en, -en دگراندیش
dissonant *Adj.* (موسیقی) ناموزون، نامطبوع

Dissonanz, die; -, -en ناموزونی، ناسازگاری، عدم هماهنگی
Distanz, die; -, -en مسافت، فاصله، دوری، بعد
distanzieren *Vt., Vr.* ۱. از (چیزی) فاصله گرفتن، از (چیزی) دور شدن، از (چیزی) دوری کردن ۲. (در مسابقه) پشت سر گذاشتن (حریفان)
Distel, die; -, -n خار، بوتهٔ خار، خسک
Distelacker, der; -s, ⸚ خارزار، خارستان
Distelblüte, die; -, -n گل‌بوتهٔ خار
Distelfeld, das; -(e)s, -er خارزار، خارستان
Distelfink, der; -en, -en (پرنده) سِهره
distinguiert *Adj.* ۱. برجسته، ممتاز ۲. متفاوت
Distinktion, die; -, -en امتیاز، برتری، رجحان
Distrikt, der; -(e)s, -e بخش، ناحیه، حوزه
Distriktgouverneur, der; -s, -e بخشدار
Disziplin, die; -s, - انضباط، دیسیپلین، نظم و ترتیب
Disziplinargericht, das; -(e)s, -e دادگاه انضباطی، دادگاه اداری
disziplinarisch *Adj.* انضباطی، تأدیبی
Disziplinarstrafe, die; -, -n تنبیه انضباطی
Disziplinarverfahren, das; -s, - محاکمهٔ اداری
disziplinieren *Vt.* وادار به رعایت نظم و ترتیب کردن، به نظم و ترتیب عادت دادن
diszipliniert *Adj.* منظم، وظیفه‌شناس، حرف‌شنو
disziplinlos *Adj.* بی‌نظم، بی‌انضباط
Disziplinlosigkeit, die; -, -en بی‌نظمی، خلافکاری، تمرد، نافرمانی
disziplinwidrig *Adj.* خلاف انتظام
Disziplinwidrigkeit, die; -, -en اخلال نظم
dito *Adv.* هم‌چنین، همین‌طور، همان، ایضاً
Ditozeichen, das; -s, - علامت ایضاً
Diva, die; -, Divas / Diven (در صحنه) هنرمند بسیار مشهور
divergent *Adj., Adv.* واگرا
Divergenz, die; -, -en تفاوت، اختلاف، تباین، واگرایی
divergieren *Vi.* اختلاف داشتن
divers *Adj.* متنوع، گوناگون، جورواجور
Diverse, das; - تنوع، گوناگونی
Diversion, die; -, -en تغییر مسیر، انحراف
Dividend, der; -en, -en (ریاضی) مقسوم
Dividende, die; -, -n بهره، سودِ سهام، سهم از منافع شرکت
dividierbar *Adj.* قابل تقسیم، بخش‌پذیر
dividieren *Vt.* (ریاضی) تقسیم کردن، بخش کردن

Division, die; -, -en ۱. (ریاضی) تقسیم، بخش ۲. لشکر
Divisionsgeneral, der; -s, -e سرلشکر
Divisor, der; -s, -en (ریاضی) مقسوم‌علیه
Diwan, der; -s, -e دیوان، نیمکت راحتی
DM = *Deutsche Mark* مارک (واحد پول سابق آلمان)
DMG = *Deutsche Morgenländische Gesellschaft* انجمن شرق‌شناسان آلمان
d-Moll, das; - (موسیقی) ر کوچک
doch *Konj., Adv.* ۱. آری، بلی، چرا ۲. با وجود این، با این همه، معذالک، مع‌هذا ۳. ای کاش، کاشکی
Komm doch! بیا دیگه!
Du bist doch kein Kind mehr! تو که دیگه بچه نیستی!
Ja doch! گفتم که بله!
Nicht doch! نکن (دیگه)!
Du weißt doch... می‌دانی که ...
Hätte ich sie doch nie gesehen! ای کاش هرگز او را ندیده بودم!
Das war doch nichts Neues. این که خبر تازه‌ای نبود.
Doch, ich komme! چرا، می‌آیم!
Docht, der; -(e)s, -e فتیله
Dochtlampe, die; -, -n چراغ فتیله‌دار
Dock, das; -(e)s, -s / -e تعمیرگاه کشتی
Dockarbeiter, der; -s, - کارگر تعمیرگاه کشتی
Docke, die; -, -n ۱. کلاف نخ ۲. (نوعی) عروسک
Dogge, die; -, -n (نوعی) سگ بزرگ
Dogma, das; -s, -men عقیدهٔ جزمی؛ عقیدهٔ دینی
Dogmatik, die; -, -en دگماتیک، جزمی
Dogmatiker, der; -s, - جزم‌اندیش
dogmatisch *Adj.* جزمی
Dogmatismus, der; - جزم‌گرایی
Dohle, die; -, -n زاغچه، کلاغ کوچک
Doktor, der; -s, -en ۱. دکتر، پزشک ۲. عنوان دکتری
Doktorarbeit, die; -, -en پایان‌نامهٔ دکتری، رسالهٔ دکتری
Doktorat, das; -(e)s, -e دکترا، درجهٔ دکتری
Doktordiplom, das; -s, -e دیپلم دکتری، گواهی‌نامهٔ دکتری
Doktordissertation, die; -, -en رسالهٔ دکتری، پایان‌نامهٔ دکتری
Doktorfrage, die; -, -n سؤال پیچیده
Doktorgrad, der; -(e)s, -e درجهٔ دکتری
Doktorin, die; -, -nen خانم دکتر
Doktorwürde, die; -, -n درجهٔ دانشگاهی، عنوان دکتری

Doktrin, die; -, -en	دکترین، اصول عقاید، نظریه
Doktrinär, der; -s, -e	صاحب مسلک، آئین‌آور
doktrinär *Adj.*	آئینی، مسلکی
Dokument, das; -(e)s, -e	سند، مدرک، پرونده، نوشته
Dokumentarbericht, der; -(e)s, -e	گزارش مستند
Dokumentarfilm, der; -s, -e	فیلم مستند
dokumentarisch *Adj.*	طبق سند، بر اساس مدرک، مستند
Dokumentation, die; -, -en	جمع‌آوری اسناد، گردآوری مدارک
dokumentieren *Vt.*	با مدرک / سند ثابت کردن
Dokumentierung, die; -, -en	اثبات به وسیلهٔ اسناد / مدارک
dolce *Adv.*	ملایم، گوش‌نواز، شیرین
Dolch, der; -(e)s, -e	(نوعی) خنجر؛ قمه؛ دشنه
dolchbewaffnet *Adj.*	مسلح به خنجر
Dolchmesser, das; -s, -	کارد (شبیه به خنجر)
Dolchstich, der; -(e)s, -e	نیش خنجر؛ زخم دشنه
Dolchstoß, der; -es, ⸚e	ضربهٔ خنجر
Dolchträger, der; -s, -	قمه‌بند
Dolchwunde, die; -, -n	زخم خنجر
Dolde, die; -, -n	(گیاه‌شناسی) آرایش چتری، گل آذین چتری
doldig *Adj.*	چتری، چتردار
Dollar, der; -s, -	دلار (واحد پول کشورهای امریکا، کانادا و استرالیا)
Dollarwährung, die; -, -en	ارزش پول بر اساس دلار
Dolle, die; -, -n	پاروگیر، ضامن پارو
Dolmetsch, der; -(e)s, -e	۱. مترجم ۲. سخنگو
dolmetschen *Vi.*	ترجمهٔ شفاهی کردن؛ تفسیر کردن، تعبیر کردن
Dolmetschen, das; -s, -	ترجمهٔ شفاهی؛ تفسیر، تعبیر
Dolmetscher, der; -s, -	مترجم شفاهی؛ مفسر
Dolmetscherin, die; -, -nen	مترجم شفاهی؛ مفسر (زن)
Dom, der; -(e)s, -e	۱. کلیسای جامع شهر ۲. کلیسای قرون وسطی ۳. گنبد، تاق
Domäne, die; -, -n	۱. زمین مزروعی (متعلق به دولت) ۲. قلمرو، حوزه
domartig *Adj.*	گنبدی، گنبدمانند
Domchor, der; -(e)s, ⸚e	گروه آوازخوانان (کلیسا)، هم‌سرایان
Domestik, der; -en, -en	نوکر، پیشخدمت
domestizieren *Vt.*	اهلی کردن (حیوانات وحشی)
domestiziert *Adj.*	اهلی؛ مأنوس
Domestizierung, die; -, -en	اهلیت، رام‌کردگی
dominant *Adj.*	مسلط، نافذ، حکم‌فرما
Dominante, die; -, -n	(موسیقی) دومینانت، نمایان (درجهٔ پنجم گام دیاتونیک)
dominieren *Vt.*	بر (کسی / چیزی) تسلط داشتن، بر (کسی / چیزی) نفوذ داشتن، بر (کسی / چیزی) مسلط بودن
dominierend *Adj.*	تحکم‌آمیز
Dominium, das; -s, -nien	سلطنت، قلمرو، ملک
Domino, der; -s, -s	۱. دومینو (نوعی بازی با تاس) ۲. شنل (مخصوص) اشخاص ماسک‌دار
Dominospiel, das; -(e)s, -e	بازی دومینو (نوعی بازی با تاس)
Dominostein, der; -(e)s, -e	مهرهٔ بازی دومینو
Domizil, das; -s, -e	اقامتگاه، مسکن، محل سکونت
domizilieren *Vt.*	۱. ساکن (جایی) بودن، مقیم (جایی) بودن ۲. رام کردن، اهلی کردن
Domizilierung, die; -, -en	اسکان
Dompfaff, der; -en, -en	(پرنده) فینچ، (نوعی) سهره
Dompteur, der; -s, -e	رام‌کننده حیوانات
Donner, der; -s, -	رعد، تندر، صاعقه
ein Donnerschlag	غرش رعد
die Stimme des Donners	صدای غرش رعد
donnerartig *Adj.*	رعدآسا
Donnerbüchse, die; -, -n	تفنگ قدیمی
Donnergepolter, das; -s	صدای رعدآسا
Donnergetöse, das; -s, -	صدای رعدآسا
Donnergrollen, das; -s, -	غرش رعدآسا
Donnerklang, der; -(e)s, ⸚e	صدای رعد
donnern *Vi.*	۱. غرش کردن، غریدن (رعد، آسمان) ۲. عربده کشیدن ۳. با صدای خیلی بلند صحبت کردن
Es donnert.	آسمان می‌غرد. رعد می‌غرد.
Donnern, das; -s, -	غرش
donnernd *Adj.*	غرنده
Donnerschlag, der; -(e)s, ⸚e	ضربت رعد، ضربهٔ صاعقه
Donnerstag, der; -(e)s, -e	(روز) پنج‌شنبه
Donnerstimme, die; -, -n	صدای رعد
Donnerwetter, das; -s, -	۱. آه، وای (کلام تعجب آمیخته با تحسین) ۲. آه، تف (کلام لعن و نفرین و برآشفتگی) ۳. طوفان (همراه با آذرخش و صاعقه) ۴. (در موقع خشم) لعنتی ۵. عصبانیت، فحش، ناسزاگویی
doof *Adj.*	احمق، کودن، خل
Doofheit, die; -, -en	حماقت، کودنی، خلی

dopen *Vt.* به (کسی) داروی محرک دادن، به (کسی) داروی مخدر دادن
sich dopen دوپینگ کردن
Doping, das; -s, -s دوپینگ، داروی محرک
Doppel, das; -s, - دو برابر، مضاعف، دو چندان، دوتایی
Doppeladler, der; -s, - (در افسانه‌ها) عقاب دو سر
Doppelagent, der; -en, -en جاسوس دو طرفه
Doppelagentin, die; -, -nen جاسوس دو طرفه (زن)
Doppelaxt, die; -, ⸚e کلنگ دو سر، تبرزین
Doppelbett, das; -es, -en تختخواب دو نفره
Doppelbettzimmer, das; -s, - اتاق دو تخته
Doppelbier, das; -(e)s, -e آبجوی قوی
Doppelblatt, das; -(e)s, ⸚er (نشریه) دو برگه
Doppelbogen, der; -s, - / ⸚ تاق دو قلو
Doppelbruch, der; -(e)s, ⸚e (ریاضی) کسر مضاعف
Doppeldecker, der; -s, - (نوعی) هواپیمای دو طبقه
Doppeldeckerbus, der; -busses, -busse اتوبوس دو طبقه
doppeldeutig *Adj.* دو پهلو، دارای دو معنی متفاوت
Doppelehe, die; -, -n مرد دو زنه؛ زن دو شوهره
Doppelfehler, der; -s, - غلط مضاعف
Doppelfenster, das; -s, - پنجرهٔ دو جداره، پنجرهٔ دو شیشه‌ای
Doppelflinte, die; -, -n تفنگ دولول
Doppelflöte, die; -, -n نی مضاعف؛ فلوت دو دهانه
Doppelgänger, der; -s, - بدل (مرد کاملاً شبیه به یک شخصیت معروف)
Doppelgängerin, die; -, -nen بدل (زن کاملاً شبیه به یک شخصیت معروف)
Doppelkinn, das; -(e)s, -e غبغب
Doppelkreuz, das; -es, -e ۱. صلیب مضاعف ۲. (موسیقی) دیزمکرر، دوبل‌دیز
Doppellaut, der; -(e)s, -e (زبان‌شناسی) مصوت مرکب؛ صامت مشدّد
Doppelmord, der; -(e)s, -e قتل دو نفر
doppeln *Vt.* دو برابر کردن، مضاعف کردن
Doppelname, der; -ns, -n اسم مرکب
Doppelpunkt, der; -(e)s, -e دو نقطه
Doppelrohr, das; -(e)s, -e لولهٔ مضاعف
doppelrohrig *Adj.* دو لوله‌ای
Doppelschreibung, die; -, -en دوباره‌نویسی، مکررنویسی
doppelseitig *Adj.* دوطرفه
Doppelsinn, der; -(e)s, -e معنی مضاعف
doppelsinnig *Adj.* دارای دو معنی
Doppelsohle, die; -, -n تخت کفش دولایی
Doppelspiel, das; -(e)s, -e ۱. بازی دو نفره (مثل تنیس، پینگ‌پنگ و غیره) ۲. دورویی، دورنگی
Doppelspieler, der; -s, - آدم دورو، ریاکار
doppelstöckig *Adj.* [ساختمان] دو طبقه
doppelt *Adj.* دو برابر، دو چندان، مکرر، مضاعف
Doppelteil, der / das; -(e)s, -e دو سهم، دو بخش
doppelteilig *Adj.* دو جزئی، دو قسمتی
Doppeltür, die; -, -en در مضاعف، دو در
doppeltürig *Adj.* دو دری، دو دره
Doppelzentner, der; -s, - یک‌صد کیلو
Doppelzimmer, das; -s, - اتاق دو تخته
doppelzüngig *Adj.* دورو، مزوّر
Doppelzüngigkeit, die; -, -en دورویی، تزویر
Dorf, das; -(e)s, ⸚er ده، دهکده، قریه، قصبه، روستا
Dorfbesitzer, der; -s, - ارباب، مالک ده
Dorfbevölkerung, die; -, -en اهالی ده، روستاییان
Dorfbewohner, der; -s, - ساکن ده، روستایی
Dörfchen, das; -s, - ده کوچک
Dorfeigentümer, der; -s, - ارباب، مالک ده
Dorfgemeinde, die; -, -n اهالی ده، روستاییان
Dorflein, das; -s, - ده کوچک
Dörfer, der; -s, - دهاتی، روستایی
Dorfleute, die / *Pl.* اهالی ده، روستاییان
dörflich *Adj.* دهاتی، روستایی
Dorfmädchen, das; -s, - دختر دهاتی
Dorfmanier, die; -, -en رسم دهاتی
Dorfsammlung, die; -, -en شورای اهالی ده
Dorfschaft, die; -, -en ده، دهکده، قریه، قصبه، روستا
Dorfschulze, der; -n, -n کدخدا
Dorfsprache, die; -, -n لهجهٔ دهاتی
Dorfvorstand, der; -(e)s, ⸚er کدخدا
Dormitorium, das; -s, -torien خوابگاه دیر، خوابگاه معبد
Dorn, der; -(e)s, -en تیغ، خار
Keine Rose ohne Dornen. هیچ گلی بی‌خار نیست.
jemandem **ein Dorn im Auge sein** خار چشم کسی بودن
Diese Sache ist mir ein Dorn im Auge. از این کار دلخور هستم.
Dornbusch, der; -es, ⸚e بوتهٔ تیغ‌دار، بوتهٔ خار
Dornenkrone, die; -, -n تاج خار

dornenlos *Adj.* بی‌خار
dornenreich *Adj.* خاردار، پُرخار
dornenvoll *Adj.* خاردار، پُرخار
dornig *Adj.* تیغدار، خاردار
Dornrose, die; -, -n گل‌سرخ خاردار
Dornstrauch, der; -(e)s, -sträucher بوتهٔ خاردار
dorren *Vi.* خشک شدن، پژمردن، خشکیدن
dörren *Vt.* خشک کردن، خشکاندن
Dörrgemüse, das; -s, - سبزی خشک
Dörrobst, das; -es خشکبار، میوهٔ خشک
Dörrpflaume, die; -, -n آلو خشک
Dorsch, der; -(e)s, -e (نوعی) ماهی روغن
dort *Adv.* آنجا، آن‌طرف، در آنجا، در آن مکان
Wer ist dort? کی صبحت می‌کند؟ شما کی هستید؟
dort in der Nähe در آن نزدیکی
dorther *Adv.* از آنجا، از آن مکان
dorthin *Adv.* به آنجا، به آن مکان
dortig *Adj.* آنجایی، (مربوط به) آنجا
Döschen, das; -s, - قوطی کوچک
Dose, die; -, -n ۱. قوطی، جعبه ۲. کنسرو
die Steckdose پریز برق
die Zuckerdose قندان
dösen *Vi.* ۱. چرت زدن، (سطحی و غیرعمیق) خوابیدن ۲. در رویا بودن، در فکر و خیال غرق بودن
Dosenöffner, der; -s, - در (قوطی) بازکن
dosieren *Vt.* اندازه گرفتن، پیمانه کردن
Dosierung, die; -, -en مقدار مصرف (دارو)
dösig *Adj.* چرتی، نیمه بیدار، خواب‌آلود
Dosis, die; -, -sen میزان معین، مقدار مصرف (دارو)
Döskopf, der; -(e)s, ⸚e آدم بی‌توجه
Dossier, das; -s, -s پرونده
dotieren *Vt.* وقف کردن، اختصاص دادن، هبه کردن، بخشیدن
Dotierung, die; -, -en وقف، هبه، بخشش
Dotter, der/das; -s, - زردهٔ تخم‌مرغ
Dotterblume, die; -, -n گل ختمی
doubeln *Vi.* (به عنوان بدل) ایفای نقش کردن
Double, das; -s, -s (در نمایش) بدل، جانشین
Dozent, der; -en, -en دانشیار دانشگاه
Dozentin, die; -, -nen دانشیار دانشگاه (زن)
dozieren *Vi.* (در دانشگاه) درس دادن، تدریس کردن
Dr. = *Doktor*
Drache, der; -n, -n ۱. اژدها ۲. (زن) پتیاره، عفریته، سلیطه

Drachen, der; -s, -s بادبادک
Drachenflieger, der; -s, - خلبان کایت، کایت‌سوار
Drachme, die; -, -n دراخما (واحد پول یونان)
Dragée, das; -s, - دراژه، قرص بزرگ (حبی که از یک قشر قندی پوشیده شده)
Dragon, der/das; -s ترخون
Draht, der; -(e)s, ⸚e ۱. سیم؛ مفتول نازک ۲. تلگراف ۳. ارتباط تلفنی
auf Draht sein هشیار بودن
etwas zu Draht machen چیزی را به شکل سیم درآوردن
Drahtanschrift, die; -, -en عنوان تلگرافی
Drahtantwort, die; -, -en پاسخ تلگرافی
Drahtbürste, die; -, -n قلم‌موی سیمی، ماهوت پاک‌کن سیمی
drahten *Vt.* به (کسی / چیزی) تلگراف زدن
Drahtfunk, der; -(e)s پخش رادیویی
Drahtgaze, die; -, -n تور سیمی
Drahtgeflecht, das; -(e)s, -e شبکهٔ سیمی
Drahtgitter, das; -s, - شبکهٔ سیمی، حصار سیمی
Drahthindernis, das; -nisses, -nisse مانع سیمی
drahtig *Adj.* سیمی، سیم‌مانند
Drahtknäuel, das/der; -s, - کلاف مفتول
Drahtkommode, die; -, -n (عامیانه) پیانو
drahtlos *Adj.* بی‌سیم
Drahtmeldung, die; -, -en گزارش تلگرافی
Drahtnachricht, die; -, -en خبر تلگرافی
Drahtnetz, das; -es, -e تور سیمی، شبکهٔ مفتولی
Drahtpuppe, die; -, -n عروسک خیمه‌شب‌بازی
Drahtsaite, die; -, -n (موسیقی) تار سیمی، زه مفتولی
Drahtschere, die; -, -n قیچی سیم‌بری
Drahtseil, das; -(e)s, -e طناب سیمی، کابل سیمی
Drahtseilbahn, die; -, -en قطار کابلی
Drahtstift, der; -(e)s, -e میخ سیمی
Drahtverhau, der/das; -(e)s, -e حصار سیمی
Drahtzaun, der; -(e)s, -zäune حصار سیمی
Drahtzieher, der; -s, - ۱. محرک، عامل اصلی ۲. سیم‌کش ۳. سیم‌ساز
Drahtzieherei, die; - ۱. سیم‌کشی ۲. سیم‌سازی
drakonisch *Adj.* سخت‌گیر
drall *Adj.* قوی، تنومند، چاق
Drall, der; -(e)s, -e ۱. چرخش ۲. خان (تفنگ) ۳. پیچ و تاب
Drama, das; -s, -men درام (نمایشنامهٔ تراژدی و متأثرکننده)

Dramatik — 214

Dramatik, die; - ۱. ادبیات نمایشی ۲. جریان هیجان برانگیز و جنجالی
Dramatiker, der; -s, - درامنویس، نمایشنامه‌نویس
Dramatikerin, die; -, -nen درامنویس، نمایشنامه‌نویس (زن)
dramatisch *Adj.* دراماتیک، متأثرکننده، هیجان‌انگیز
dramatisieren *Vt.* ۱. به شکل درام/داستان نمایشی درآوردن ۲. با آب و تاب نقل کردن
Dramaturg, der; -en, -en نمایشنامه‌نویس، متخصص در فن صحنه/نمایش
Dramaturgie, die; -, -n نمایشنامه‌نویسی
Dramentext, der; -es, -e متن نمایشنامه
dran *Adv.* به آن، از آن، نزدیک به آن، آنجا
    Er ist schlecht dran. او در وضع بدی است.
    Ich bin dran. نوبت من است.
Dränage, die; -, -n زهکشی
Drang, der; -(e)s, ⸚e فشار، بار، کشش؛ انگیزه
Drängelei, die; -, -en فشار، هجوم
drängeln *Vi., Vr.* فشار آوردن، هل دادن، تنه زدن، هجوم آوردن
    sich nach vorn drängeln به جلو فشار آوردن
drängen *Vi., Vr.* ۱. فشار آوردن، هل دادن، تنه زدن هجوم آوردن ۲. عجله کردن
    Nicht drängen! فشار نیاورید!
    Die Zeit drängt. وقت تنگ است.
    sich zu einer Arbeit drängen برای کاری بسیار تلاش کردن
Drängen, das; -s, - فشار، اصرار
Drangsal, die; -, -n مضیقه، زحمت، تنگی، فشار
    die Drangsal des Lebens فشار زندگی
drangsalieren *Vt.* به (کسی) آزار رساندن، اذیت کردن، به (کسی) ظلم کردن
drangvoll *Adj.* پرفشار
dranhalten *Vr.* عجله کردن
dranhängen *Vt.* وقت بیشتری صرف (چیزی) کردن
dränieren *Vt.* زهکشی کردن؛ زیرآب زدن
drankommen *Vi.* در نوبت بودن
dranmachen *Vr.* دست به (کاری) زدن
dransetzen *Vt., Vr.* ۱. در خطر انداختن ۲. همهٔ توان (خود) را به کار انداختن
Draperie, die; -, -n پرده، پارچهٔ پرده‌ای
drapieren *Vt.* پوشاندن، با پرده آراستن
Drasch, der; -s ۱. اضطراب، ناآرامی ۲. عجله
drastisch *Adj.* [دارو] مؤثر، قوی، شدید

drauf *Adv.* روی آن، بالای آن
Draufgabe, die; -, -n اضافه بها، پول اضافی
Draufgänger, der; -s, - (آدم) بی‌باک، بی‌پروا، نترس، جسور
draufgängerisch *Adj.* بی‌باک، بی‌پروا، نترس، جسور
Draufgängertum, das; -s بی‌باکی، بی‌پروایی، تهور، جسارت
draufgehen *Vi.* تلف شدن، از بین رفتن
drauflegen *Vt.* روی آن قرار دادن
drauflosgehen *Vi.* عجله کردن
Draufsicht, die; - منظره از بالا
draufzahlen *Vt.* اضافه پرداخت کردن
draußen *Adv.* ۱. در خارج، در بیرون ۲. از خارج، از بیرون ۳. به خارج، به بیرون ۴. خارج، بیرون
Drechselbank, die; -, ⸚e دستگاه خراطی، ماشین‌تراش تراشکاری
drechseln *Vt.* خراطی کردن، تراشکاری کردن
Drechsler, der; -s, - خراط، تراشکار
Drechslerarbeit, die; -, -en کار خراطی
Drechslerhandwerk, das; -(e)s, -e حرفهٔ خراطی
Dreck, der; -(e)s ۱. کثافت، گه ۲. گل، لجن
    jemanden wie den letzten Dreck behandeln با کسی رفتار بسیار زننده‌ای داشتن
    Das geht dich einen Dreck an! به تو فضولی نیامده!
Dreckarbeit, die; -, -en کثافت‌کاری
dreckig *Adj.* کثیف، آلوده
Drecksau, die; -, -säue/-sauen (دشنام) آدم کثیف، کثافت
Dreckschicht, die; -, -en کثافت
Dreckschwein, das; -(e)s, -e (دشنام) (آدم) کثیف، کثافت
Dreckskerl, der; -(e)s, -e آدم رذل
Dreckwasser, das; -s, -/-wässer آب کثیف، گنداب، فاضلاب
Dreckwetter, das; -s, - هوای آلوده
Dreh, der; -(e)s, -e چرخش، دَوَران، گردش
Drehachse, die; -, -n محور متحرک، محور گردان
Drehbank, die; -, ⸚e ماشین تراشکاری
drehbar *Adj.* چرخیدنی، دورانی، قابل چرخش
Drehbarkeit, die; - قابلیت چرخیدن
Drehbaß, der; -basses, -basse ارگ دستی
Drehbewegung, die; -, -en حرکت دَوَرانی
Drehbohrer, der; -s, - مته
Drehbrücke, die; -, -n پل متحرک

Drehbuch, das; -(e)s, ¨-er داستان فیلم، فیلم‌نامه، سناریو

Drehbuchautor, der; -s, -en فیلم‌نامه‌نویس، سناریونویس

Drehbühne, die; -, -n صحنه گردان

drehen *Vt., Vi.* ۱. چرخاندن، گرداندن، پیچاندن ۲. چرخیدن، گردیدن، پیچ خوردن

einen Film drehen فیلم ساختن

Zigaretten drehen سیگار پیچیدن

sich um seine Achse drehen دور محور خود گردیدن

Mir dreht sich alles. سرم گیج می‌خورد.

Drehen, das; -s, - گردش، دَوَران، چرخش

Dreher, der; -s, - تراشکار

Dreherei, die; - تراشکاری

Drehfeld, das; -(e)s, -er میدان دوّار

Drehgeschwindigkeit, die; -, -en سرعت دَوَرانی

Drehgestell, das; -(e)s, -e پایهٔ متحرک

Drehkondensator, der; -s, -en خازن متحرک

Drehkrankheit, die; -, -en (نوعی) سرگیجه در حیوانات (به ویژه در گوسفندان)

Drehkreuz, das; -es, -e درِ گردان، درِ متحرک

Drehleier, die; -, -n (نوعی) ساز زهی قدیمی

Drehleiter, die; -, -n نردبان متحرک

Drehorgel, die; -, -n ارگ دستی

Drehpunkt, der; -(e)s, -e تکیه گاه، نقطهٔ اتکا، محور اصلی

Drehrolle, die; -, -n دستگاه برق انداختن و صاف کردن (پارچه، کاغذ)

Drehscheibe, die; -, -n صفحهٔ متحرک

Drehsessel, der; -s, - صندلی گردان، نیمکت چرخان، نیمکت متحرک

Drehspieß, der; -es, -e (برای درست کردن کباب) سیخ گردان

Drehstrom, der; -(e)s, ¨-e جریان برق سه‌فاز

Drehstuhl, der; -(e)s, ¨-e صندلی گردان، صندلی متحرک، صندلی چرخان

Drehtür, die; -, -en درِ گردان

Drehung, die; -, -en چرخش، دَوَران، گردش، حرکت

Drehungsachse, die; -, -n محور چرخش، محور گردش

Drehgeschwindigkeit, die; -, -en سرعت گردش

Drehwinkel, der; -s, - زاویهٔ چرخش، زاویهٔ گردش

Drehzahl, die; -, -en تعداد دور

Drei, die; -, -en عدد سه، نمرهٔ سه

drei *Zahlw.* سه

nicht bis drei zählen können بسیار کودن بودن

Dreiachteltakt, der; -(e)s, -e (موسیقی) ضرب سه هشتم

dreiachsig *Adj.* دارای سه محور

dreiarmig *Adj.* [شمعدان] دارای سه بازو

dreibändig *Adj.* [کتاب] سه جلدی

dreibeinig *Adj.* سه پایه

Dreiblatt, das; -(e)s, ¨-er سه برگ

dreiblätt(e)rig *Adj.* سه برگی

Dreibund, der; -(e)s, ¨-e اتحاد مثلث، اتحاد بین سه کشور

dreidimensional *Adj.* سه بعدی، دارای سه بعد

Dreieck, das; -(e)s, -e مثلث، سه گوش

rechtwinkliges Dreieck مثلث قائم‌الزاویه

dreieckig *Adj.* سه گوشه، مثلثی‌شکل، (مربوط به) سه گوش

Dreiecksaufnahme, die; -, -n نقشه‌برداری به وسیلهٔ مثلثات

Dreiecksrechnung, die; -, -en محاسبهٔ مثلثاتی

Dreier, der; -s, - ۱. شمارهٔ سه ۲. سکهٔ قدیمی (معادل سه فینیگ)

Dreierkonferenz, die; -, -en کنفرانس سه‌گانه

dreierlei *Adj.* از سه نوع، از سه قسم

Dreiertakt, der; -(e)s, -e (موسیقی) سه ضربی

Dreiertreffen, das; -s, - ملاقات سه نفری

Dreiervertrag, der; -(e)s, ¨-e پیمان سه نفری

dreifach *Adj.* سه برابر، سه لا

Dreifach, das; -(e)s, ¨-er سه چندان، سه مقابل

Dreifaltigkeit, die; - سه‌تایی، تثلیث

Dreifaltigkeitsglaube, der; -ns اعتقاد به تثلیث / سه‌گانگی، سه‌تاپرستی

dreifarbig *Adj.* سه رنگ

Dreifuß, der; -s, ¨-e سه پایه

dreifüßig *Adj.* دارای سه پایه

dreihundert *Adj.* سیصد

dreihundertfach *Adj.* سیصد برابر

Dreihundertjahrfeier, die; -, -n جشن سیصدمین سال

dreihundertjährig *Adj.* سیصدساله

dreijährig *Adj.* سه‌ساله

Dreikantfeile, die; -, -n سوهان سه گوش

Dreikäsehoch, der; -s, -(s) نیم وجبی، بچه کوچولو

Dreiklang, der; -(e)s, ¨-e (موسیقی) آکورد سه صدایی

dreimal	
dreimal *Adv.*	سه برابر، سه بار، سه دفعه
dreimalig *Adj.*	سه دفعه‌ای
Dreimeilenzone, die; -, -n	(در حریم دریایی) منطقهٔ سه مایلی
dreimonatig *Adj.*	سه ماهه
dreimonatlich *Adj., Adv.*	۱. سه ماهه ۲. سه ماه یک‌بار
Dreimonatsfrist, die; -, -en	مدت سه ماهه
Dreimonatsrate, die; -, -n	قسط سه ماهه
dreimotorig *Adj.*	[هواپیما] سه موتوره
drein *Adv.*	در داخل، در توی
Dreingabe, die; -, -n	پیوست، متمم
dreinreden *Vi.*	مداخله کردن
dreinschauen *Vi.*	(با کنجکاوی) نگریستن
dreipaarig *Adj.*	سه جفتی
Dreiphasenstrom, der; -(e)s, ̈-e	برق سه فاز
dreiphasig *Adj.*	[برق] دارای سه فاز
Dreirad, das; -(e)s, ̈-er	سه‌چرخه
dreireihig *Adj.*	سه ردیفی
Dreisatz, der; -s, ̈-e	سه‌گان
dreiseitig *Adj.*	سه طرفه، سه پهلو، سه وجهی
dreisilbig *Adj.*	سه هجایی
Dreisitzer, der; -s, -	(قایق) سه نفری
dreispännig *Adj.*	[کالسکه] سه اسبه
Dreispitz, der; -es, -e	سه گوش
dreisprachig *Adj.*	سه زبانه
dreisprachiges Wörterbuch	فرهنگ سه زبانه
Dreisprung, der; -(e)s	پرش سه‌گام
dreißig *Zahlw.*	سی
Dreißig, die; -	شمارهٔ سی
Dreißiger, der; -s, -	مرد سی ساله
dreißigjährig *Adj.*	سی ساله
dreißigst- *Adj.*	سی‌ام
dreißigstel *Adj.*	یک سی‌ام
dreist *Adj.*	گستاخ، پررو، بی‌حیا
dreistellig *Adj.*	سه رقمی
Dreistigkeit, die; -, -en	گستاخی، پررویی، بی‌حیایی
dreistimmig *Adj.*	(موسیقی) سه صدایی
dreistufig *Adj.*	سه طبقه؛ سه درجه
Dreitagefieber, das; -s, -	تب سه روزه
dreitägig *Adj.*	سه روزه
Dreitakt, der; -(e)s, -e	(موسیقی) سه ضربی
Dreitaktmotor, der; -s, -en	موتور سه ضربه‌ای
dreitausend *Zahlw.*	سه هزار
Dreitausendjahresfeier, die; -, -n	جشن سه هزار ساله
dreiteilen *Vt.*	به سه قسمت تقسیم کردن، سه قسمت کردن
dreiteilig *Adj.*	سه قسمتی، سه بخشی
Dreiteilung, die; -, -en	تقسیم به سه قسمت
dreiviertel *Zahlw.*	سه چهارم
Dreiviertelstunde, die; -, -n	چهل و پنج دقیقه، سه ربع
Dreivierteltakt, der; -(e)s, -e	(موسیقی) میزان سه چهارم
Dreizack, der; -s, -e	سه شاخه
dreizackig *Adj.*	سه شاخه
Dreizahl, die; -, -en	عدد سه
dreizehn *Zahlw.*	سیزده
dreizehnt- *Adj.*	سیزدهم
Dreizeile, die; -, -n	سه بیتی
Dreizeiler, der; -s, -	سه بیتی
Drell, der; -(e)s, -e	۱. پارچهٔ نظامی، پارچهٔ برزنتی ۲. مته
Dresche, die; -, -n	۱. خرمن‌کوبی ۲. کتک‌کاری
dreschen *Vt.*	۱. کوبیدن (خرمن) ۲. کتک زدن
Dreschen, das; -s, -	خرمن‌کوبی
Drescher, der; -s, -	خرمن‌کوب
Drescherei, die; -	۱. خرمن‌کوبی ۲. کتک‌کاری
Dreschflegel, der; -s, -	خرمن‌کوب
Dreschmaschine, die; -, -n	خرمن‌کوب
Dreschschlitten, der; -s, -	چرخ خرمن‌کوبی
Dreschtenne, die; -, -n	خرمنگاه، محل خرمن‌کوبی
Dreß, der; Dresses, Dresse	(نوعی) لباس ورزش
Dresseur, der; -s, -e	رام‌کنندهٔ حیوانات، مربی حیوانات
dressieren *Vt.*	رام کردن، تربیت کردن (حیوانات)
Dressur, die; -, -en	تربیت (حیوان)
Dressurakt, der; -(e)s, -e	(در سیرک) نمایش حیوانات تربیت شده
Dressurpferd, das; -(e)s, -e	اسب تربیت شده
Dressurreiten, das; -s, -	سوارکاری
Dressurreiter, der; -s, -	سوارکار
dribbeln *Vi.*	دریبل کردن، توپ را با مهارت به جلو بردن
driften *Vi.*	(بر اثر باد) رانده شدن
Drill, der; -(e)s, -e	۱. پارچهٔ نظامی، پارچهٔ برزنتی ۲. مته
Drillbohrer, der; -s, -	مته دستی
drillen *Vt.*	۱. (نظامی) مشق دادن، تعلیم دادن ۲. مته کردن

Drilling, der; -s, -e ۱. سه قلو ۲. سه لول (نوعی تفنگ شکاری)
Drillingsblume, die; -, -n گل کاغذی
Drillmaschine, die; -, -n ماشین شخم‌زنی و بذرافشانی، ماشین بذرکاری
drin *Adv.* در داخل این، در توی آن، در آن
Wieviel Arbeit steckt drin? چقدر کار برداشته است؟
Da ist nichts drin. رضایت‌بخش نیست.
Das ist nicht drin. این جزوش نیست.
dringen *Vi.* ۱. نفوذ کردن، راه پیدا کردن؛ به زور داخل شدن، راه باز کردن، راه یافتن ۲. اصرار کردن، پا پی شدن
auf etwas **dringen** روی چیزی پافشاری کردن
dringend *Adj.* ۱. فوری، حتمی ۲. ضروری، واجب، مهم
Die Sache ist dringend. موضوع فوری است.
jemanden **dringend bitten** از کسی مصّرانه تقاضا کردن
dringendes Bedürfnis احتیاج مبرم
dringlich *Adj.* ۱. فوری، حتمی ۲. ضروری، واجب، مهم
Dringlichkeit, die; - ۱. فوریت ۲. ضرورت، نیاز شدید
Dringlichkeitsantrag, der; -(e)s, ⸚e درخواست رسیدگی فوری
Dringlichstufe, die; -, -n درجهٔ فوریت
Drink, der; -s, -s نوشیدنی الکلی
drinnen *Adv.* در توی آن، در داخل آن، در آن
dritt- *Adj.* سوم، سومی
zu dritt سه تایی، سه نفره
Dritte, der; -n, -n شخص ثالث
Drittel, das; -s, - یک سوم، ثلث
dritteln *Vt.* سه قسمت کردن، بخش بر سه کردن
Drittelung, die; - بخش بر سه
drittens *Adv.* سوم آنکه، ثالثاً
drittletzt- *Adj.* سومی از آخر، دو تا به آخر مانده
drittrangig *Adj.* درجه سه
DRK = *Deutsches Rotes Kreuz* صلیب سرخ آلمان
drob *Adv.* از آن جهت، از این بابت
droben *Adv.* در آن بالا، در آن بلندی
Droge, die; -, -n ۱. دارو، دوا، مُسکن، معجون ۲. مادهٔ مخدر
Drogenabhängige, der/die; -n, -n معتاد به مواد مخدر
Drogenabhängigkeit, die; - اعتیاد به مواد مخدر
Drogenhandel, der; -s, ⸚ فروش مواد مخدر، قاچاق
Drogenhändler, der; -s, - فروشندهٔ مواد مخدر، قاچاقچی مواد مخدر
Drogenhandlung, die; -, -en فروش مواد مخدر، قاچاق
Drogensucht, die; -, ⸚e اعتیاد به مواد مخدر
drogensüchtig *Adj.* معتاد به مواد مخدر
Drogenwaren, die / *Pl.* دواجات، مواد مخدر
Drogerie, die; -, -n دراگ‌استور (فروشگاه لوازم بهداشتی، زیبایی و غیره)
Drogist, der; -en, -en فروشندهٔ دراگ‌استور؛ داروفروش؛ داروساز
Drohbrief, der; -(e)s, -e نامهٔ تهدیدآمیز
drohen *Vi.* تهدید کردن، ترساندن
jemandem **drohen** کسی را تهدید کردن
Ein Gewitter droht. طوفانی در پیش است.
drohend *Adj.* تهدیدکننده، ترساننده، تهدیدآمیز
Drohne, die; -, -n ۱. زنبور عسل نر ۲. (آدم) بیکار، (آدم) تنبل ۳. مفت‌خور، سورچران
dröhnen *Vi.* ۱. غریدن، غرش کردن ۲. پیچیدن (صدا)
Mir dröhnt der Schädel! سرم درد می‌کند!
Dröhnen, das; -s, - غرش
dröhnend *Adj.* غرش‌کننده، غران
Drohung, die; -, -en تهدید
Drohwort, das; -s, -e سخن تهدیدآمیز
drollig *Adj.* ۱. مسخره، مضحک ۲. بانمک، شوخ
Drolligkeit, die; -, -en مسخرگی، بامزگی، مضحکی
Dromedar, das; -s, -e شتر یک کوهانه
Droschke, die; -, -n درشکه، کالسکه
Droschkenhalteplatz, der; -es, ⸚e ایستگاه درشکه / کالسکه
Droschkenkutscher, der; -s, - درشکه‌چی، کالسکه‌چی
Drossel, die; -, -n ۱. (پرنده) توکا ۲. (بیماری) برفک ۳. حلقوم ۴. (دریچهٔ) مانع
Drosselader, die; -n, -n رگِ گردن، شاهرگ
Drosselklappe, die; -, -n (نوعی) دریچهٔ تنظیم (بخار / بنزین)
drosseln *Vt.* ۱. سوخت (چیزی) را کم کردن ۲. جلوی (چیزی) را گرفتن، مانع شدن، مهار کردن
Drosselspule, die; -, -n سیم‌پیچ تنظیم برق
Drosselung, die; -, -en ممانعت، جلوگیری، مهار
Drosselventil, das; -s, -e دریچهٔ تنظیم
drüben *Adv.* در آن طرف، آن سمت، آن سو

drüber *Adv.* ۱. روی آن، بالای آن ۲. راجع به آن، در آن باره

Druck, der; -(e)s, -e / ¨-e ۱. فشار ۲. چاپ، طبع

auf jemanden **Druck ausüben** به کسی فشار وارد آوردن

Er spürte einen starken Druck im Magen.

او احساس فشار زیادی در معده‌اش کرد.

Druckarbeit, die; -, -en کارِ چاپی

Druckauftrag, der; -(e)s, ¨-e سفارش چاپ

Druckausgleich, der; -s, -e تعادل فشار

Druckbehälter, der; -s, - مخزن فشار

Druckbogen, der; -s, - / ¨- ورقهٔ چاپی

Druckbuchstabe, der; -ns, -n حروف کتابی، حروف چاپی

Drückeberger, der; -s, - آدم طفره‌رو، آدم طفره‌زن

Drückebergerei, die; -, -en طفره‌زنی

drückebergerisch *Adj.* طفره‌رو، طفره‌زن

drucken *Vt.* چاپ کردن، طبع کردن

drücken *Vt., Vi., Vr.* ۱. به (کسی / چیزی) فشار آوردن، فشار دادن، فشردن، له کردن ۲. طفره رفتن، شانه خالی کردن ۳. جیم شدن

den Knopf drücken دکمه را فشار دادن

sich vor der Arbeit drücken

از زیر کار شانه خالی کردن

jemanden **ans Herz drücken** کسی را در آغوش گرفتن

jemandem **die Hand drücken** دست کسی را فشردن

jemanden **an die Wand drücken**

کسی را به خاطر حفظ منافع خود از میدان به در کردن

Ich weiß, wo ihn der Schuh drückt.

می‌دانم که ناراحتی او از کجاست.

drückend *Adj.* فشاردهنده، زورآور، خفه کننده

Drucker, der; -s, - چاپچی، مطبعه‌چی، متصدی چاپ

Drücker, der; -s, - چِفت، دستگیره، دکمهٔ زنگ اخبار

Druckerarbeit, die; -, -en کار چاپی، کار مطبعه‌ای

Druckerei, die; -, -en چاپخانه، مطبعه، صنعت چاپ

Druckereibesitzer, der; -s, - صاحب چاپخانه

Druckerhöhung, die; -, -en ازدیاد فشار

Druckerlaubnis, die; -, -nisse اجازهٔ چاپ

Druckfahne, die; -, -n نمونهٔ ستونی و صفحه‌بندی نشده مطالب چاپی

Druckfarbe, die; -, -n رنگ چاپ

Druckfehler, der; -s, - غلط چاپی

Druckfehlerverzeichnis, das; -nisses, -nisse غلط‌نامه، فهرست غلط‌های کتاب

druckfertig *Adj.* آمادهٔ چاپ

druckfest *Adj.* فشارپذیر

Druckknopf, der; -(e)s, ¨-e (در زنگ اخبار، چراغ برق) تکمهٔ فشاری

Druckkosten, die / *Pl.* مخارج چاپ

Druckkraft, die; -, ¨-e نیروی فشار

Drucklegung, die; -, -en طبع، چاپ

Drucklehrling, der; -s, -e شاگرد چاپخانه

Druckluft, die; -, ¨-e هوای متراکم، هوای تحت فشار

Druckmaschine, die; -, -n ماشین چاپ

Druckmesser, der; -s, - فشارسنج

Druckmittel, das; -s, - وسیلهٔ اعمال فشار بر اشخاص

Druckpapier, das; -s, -e کاغذ چاپ

Druckpresse, die; -, -n ماشین چاپ

Druckprobe, die; -, -n نمونهٔ چاپ

Druckpumpe, die; -, -n تلمبهٔ فشاری

Drucksache, die; -, -n مطبوعات، نوشتهٔ چاپی

Druckschrift, der; -, -en ۱. نوشتهٔ چاپی ۲. خط چاپی

Druckschwärze, die; -, -n مرکب چاپ

Druckstock, der; -(e)s, ¨-e کلیشه، قالب

Druckstockherstellung, die; - قالب‌سازی، کلیشه‌سازی

Drucktype, die; -, -n حرف چاپی، حرف کتابی

Druckvermerk, der; -(e)s, -e یادداشت چاپی

Druckwalze, die; -, -en نورد / غلتک (مخصوص) دستگاه چاپ

Druckwelle, die; -, -n موج ضربه‌ای

Druckwerk, das; -(e)s, - اثر چاپ شده

Druckzone, die; -, -n منطقهٔ فشار

Drude, die; -, -n ساحره، روح شبگرد

drum *Adv.* از این جهت، از آن سبب، به این خاطر

mit allem, was drum und dran hängt

با همه چیزهایی که به آن تعلق دارد

drunten *Adv.* در آن زیر، آن پایین، زیر آن

drunter *Adv.* زیر این، آن پایین

Drüse, die; -, -n غدهٔ ترشحی

Drüsenentzündung, die; -, -en آماس غدد ترشحی

Drüsenschwellung, die; -, -en ورم غدد ترشحی

Dschungel, der; -s, - (نوعی) جنگل

du *Pron.* تو (ضمیر فاعلی دوم شخص مفرد)

Dual, der; -s, -e ۱. (دستور زبان) دو وجهی ۲. (دستور زبان) صیغهٔ تثنیه

Dualismus, der; - دوگانگی، دوتاپرستی، دوگرایی (اعتقاد به اینکه تن و خرد دو هستی جداگانه هستند)

Dualist, der; -en, -en دوتاپرست، دوگرا
dualistisch *Adj.* دوتاپرستانه، دوگرایانه
Dualsystem, das; -s, -e سیستم عددی دوگانه (متشکل از صفر و یک)
Dübel, der; -s, - میخ بی‌پرچ، رول پلاک
Dubleegold, das; -(e)s روکش طلا
Dublette, die; -, -n نسخهٔ دوم، نسخهٔ اضافی
ducken *Vt., Vr., Vi.* ۱. خم کردن، فرود آوردن (سر) ۲. فروتنی کردن ۳. خم شدن
Duckmäuser, der; -s, - دورو، آب‌زیرکاه
duckmäuserig *Adj.* همراه با دورویی، مزوّرانه
Dudelei, die; -, -en نوازندگی نی‌انبان
dudeln *Vi.* نی‌انبان زدن
Dudelsack, der; -(e)s, ¨-e نی‌انبان (نوعی ساز بادی شبیه مشک)
Duell, das; -s, -e دوئل، جنگ تن به تن
Duellant, der; -en, -en دوئل‌کننده
duellieren *Vr.* دوئل کردن، جنگ تن به تن کردن
Duett, das; -(e)s, -e (موسیقی) قطعهٔ (ساز / آواز) دو نفری
Duft, der; -(e)s, ¨-e بو، عطر، بوی خوش، رایحهٔ دل‌انگیز
dufte *Adj.* عالی، بسیار خوب
duften *Vi.* بوی خوب دادن، معطر بودن
duftend *Adj.* ۱. معطر، خوش بو ۲. نازک، لطیف، ظریف
Duftgarten, der; -s, ¨ بوستان، گلستان
duftig *Adj.* معطر، خوشبو
Duftkraut, das; -(e)s, -kräuter سبزی معطر
Duftsalbe, die; -, -n کرم خوشبو
Duftseife, die; -, -n صابون معطر
Duftstoff, der; -(e)s, -e مادهٔ معطر
dulden *Vt., Vi.* ۱. تحمل کردن، جایز شمردن ۲. مسامحه کردن، چشم‌پوشی کردن ۳. متحمل شدن
Ich dulde das nicht. تحمل آن را ندارم.
Dulden, das; -s, - صبر، بردباری، تحمل، شکیبایی
Dulder, der; -s, - آدم بردبار، شخص شکیبا
duldsam *Adj.* بردبار، شکیبا، صبور
Duldsamkeit, die; - بردباری، تحمل، شکیبایی
Duldung, die; -, -en چشم‌پوشی، تحمل، اغماض
dumm *Adj.* احمق، ابله، نادان، کودن
sich dumm stellen خود را به نادانی زدن
jemanden **für dumm verkaufen** کسی را احمق پنداشتن
dummes Zeug reden پرت و پلاگفتن
dummdreist *Adj.* گستاخ، پرمدعا
Dummdreistheit, die; -, -en گستاخی، پرمدعایی
Dumme, der/das (آدم) نفهم، ابله
der Dumme sein مغبون بودن
Dummejungenstreich, der; -(e)s, -e کار بچه‌گانه، بچه‌بازی
dummfrech *Adj.* گستاخ، پرمدعا
Dummheit, die; -, -en حماقت، خریت، نفهمی
eine Dummheit machen کار احمقانه‌ای کردن
Mache keine Dummheiten! حماقت نکن!
Dummkopf, der; -(e)s, ¨-e (آدم) نفهم، ابله، بی‌شعور، احمق
Dummtun, das; -s تجاهل، تغافل
dumpf *Adj.* خفه؛ گرفته؛ تیره؛ نمناک
Dumpfheit, die; - خفگی؛ گرفتگی؛ تیرگی؛ نم
dumpfig *Adj.* نمدار؛ خفه؛ گرفته
Dumpfigkeit, die; -, -en خفگی؛ گرفتگی
Düne, die; -, -n تپهٔ شنی
Dünenlandschaft, die; -, -en زمین شنی، ریگزار
Dung, der; -(e)s کود، پِهِن، فضله، تپاله، مدفوع حیوانات
Düngemittel, das; -s, - کود (شیمیایی)
düngen *Vt.* کود دادن
Dünger, der; -s, - کود، پِهِن، فضله، تپاله، مدفوع حیوانات
Dunggrube, die; -, -n چالهٔ کود
Dunghaufen, der; -s, - تپهٔ زباله، تودهٔ زباله
Düngung, die; -, -en کوددهی
Dunkel, das; -s, - تاریکی، ظلمت، تیرگی
dunkel *Adj.* ۱. تاریک، ظلمانی، تیره ۲. نامشروع، غیر قانونی ۳. [صدا] گرفته، خفه
Es ist dunkel. تاریک است.
Es wird dunkel. (دارد) تاریک می‌شود.
dunkle Geschäfte معاملات نامشروع و غیرقانونی
der dunkle Punkt نکتهٔ مبهم
Jetzt wird dunkel. حالا هوا تاریک می‌شود.
Dünkel, der; -s غرور، خودپسندی، تکبر
dunkelblau *Adj.* آبی پُر رنگ، آبی سیر، آبی تیره
dunkelblond *Adj.* خرمایی
dunkelbraun *Adj.* قهوه‌ای تیره
dunkelfarben *Adj.* تیره رنگ
dunkelfarbig *Adj.* تیره رنگ
dunkelgrau *Adj.* خاکستری تیره
dunkelgrün *Adj.* سبز تیره
Dunkelhaft, die; - زندان تاریک
dünkelhaft *Adj.* مغرور، متکبر، خودپسند
Dünkelhaftigkeit, die; - غرور، تکبر، خودپسندی
dunkelhäutig *Adj.* [شخص] سبزه، سبزه‌رو

Dunkelheit, die; -, -en تاریکی، تیرگی، ظلمت
Dunkelkammer, die; -, -n (عکاسی) تاریک‌خانه
Dunkelmann, der; -(e)s, ⸚er مرد مشکوک
dunkeln *Vi.* تاریک شدن، تیره و تار شدن
dunkelrot *Adj.* قرمز سیر، قرمز پررنگ
Dunkelzahl, die; -, -en تعداد نامعلوم، تعداد بی‌شمار
Dunkelziffer, die; -, -n تعداد نامعلوم، تعداد بی‌شمار
dünken *Vt., Vr.* ۱. به‌نظر (کسی) آمدن، به‌نظر (کسی) رسیدن ۲. (خود) را بالاتر از دیگران دانستن
dünn *Adj.* ۱. باریک، نازک، لاغر ۲. رقیق، شل ۳. [مو] کم‌پشت ۴. [چای] کم‌رنگ
dünnarmig *Adj.* دارای بازوی لاغر
Dünnbart, der; -(e)s, ⸚e (مرد) کوسه، (مرد) کم‌ریش
dünnbärtig *Adj.* کوسه، کم‌ریش
Dünnbrettbohrer, der; -s, - آدم از زیر کار دررو
Dünndarm, der; -(e)s, ⸚e رودهٔ باریک
Dünne, die; -, -n ۱. باریکی، لاغری، نازکی ۲. رقیقی، شلی ۳. کم‌پشتی (مو) ۴. کم‌رنگی (چای)
dünnflüssig *Adj.* رقیق؛ سیال
Dünnheit, die; - ۱. باریکی، لاغری، نازکی ۲. رقیقی، شلی ۳. کم‌پشتی
dünnmachen *Vt., Vr.* ۱. رقیق کردن ۲. یواشکی رفتن، جیم شدن
Dünnmann, der; -(e)s, ⸚er آدم کم‌مایه
Dünnung, die; -, -en تلاطم آب، موج پس از طوفان
Dunst, der; -s, ⸚e ۱. هوای مه‌آلود و تیره ۲. بخار (هوا)، مه خفیف
dunsten *Vi.* ۱. بخار شدن ۲. بخار دادن، بخار کردن
dünsten *Vi., Vt.* ۱. بخار دادن، بخار کردن ۲. با بخار پختن، دم کردن
dunstig *Adj.* بخارآلود، مه‌آلود
Dunstigkeit, die; - مه‌آلودگی، بخارآلودگی، تیرگی و گرفتگی
Dunstkreis, der; -es, -e جو؛ محیط زیست
Dünung, die; -, -en (بعد از طوفان در دریا) امواج آب
Duo, das; -s, -s (موسیقی) قطعهٔ (ساز / آواز) دونفری
Duodenum, das; -s, -na رودهٔ اثنی‌عشر
Duole, die; -, -n (موسیقی) دوله، دو بر سه
düpieren *Vt.* گول زدن، به (کسی) کلک زدن، اغفال کردن
Duplikat, das; -(e)s, -e المثنی، نسخهٔ دوم، رونوشت
duplizieren *Vt.* دو برابر کردن
Duplizität, die; -, -en تقارن (برخورد اتفاقی دو واقعهٔ یکسان در یک زمان)

Dur, das; -, - (موسیقی) بزرگ، ماژور
durch *Präp., Adv.* ۱. از توی، از میان، از وسط ۲. به وسیلهٔ، به واسطهٔ، به موجبِ، بر اثرِ ۳. از راه
Durch Zufall erfuhr ich davon. برحسب تصادف از آن جریان باخبر شدم.
durch und durch سراپا، سراسر، سرتاسر، کاملاً
durch und durch naß سر تا پا خیس
durch Fleiß با کار و کوشش
Es ist schon sechs Uhr durch. ساعت از شش گذشته است.
durchackern *Vt.* شخم زدن
durcharbeiten *Vt., Vr., Vi.* ۱. روی (چیزی) تمام و کمال کار کردن ۲. با تلاش زیاد بر (چیزی) چیره شدن ۳. بدون تنفس کار کردن، بی‌وقفه کار کردن
durchatmen *Vi.* نفس عمیق کشیدن
durchaus *Adv.* مسلماً، دقیقاً، حتماً، کاملاً، مطلقاً، به‌کلی، از هرجهت؛ با این همه، در هرحال، به هرصورت
durchaus nicht به هیچ‌وجه، ابداً
durchbacken *Vt.* برشته کردن، مغز پخت کردن (نان)
durchbeißen *Vt., Vr.* ۱. کاملاً گاز زدن، گاز گرفتن و کندن ۲. مشکلات را برطرف کردن و به مقصود رسیدن
durchbeuteln *Vt.* محکم تکان دادن
durchbiegen *Vt.* کاملاً خم کردن، به‌کلی کج کردن
Durchbiegung, die; -, -en خمیدگی، کج‌شدگی؛ تغییر مکان
durchbilden *Vt.* تربیت کامل کردن، پروردن
durchblasen *Vt.* فوت کردن، دمیدن
durchblättern *Vt.* ۱. (به‌طور سطحی) ورق زدن ۲. ورقه کردن
Durchblick, der; -(e)s, -e ۱. چشم‌انداز کوچک، دورنما ۲. آگاهی، وقوف
durchblicken *Vi.* ۱. (از میان چیزی) نگاه کردن ۲. تشخیص دادن، متوجه شدن، ارتباط مطالب را با یکدیگر درک کردن
durchbluten *Vt.* به (جایی) خون رساندن، به جریان انداختن (خون)
Durch kaltes Wasser wird der Körper besser durchblutet. آب سرد جریان خون را بهتر می‌کند.
durchblutet *Adj.* تغذیه به‌وسیلهٔ خون، دارای جریان خون
Durchblutung, die; -, -en جریان خون، گردش خون، خون‌رسانی

Durchblutungsstörung, die; -, -en	اختلال جریان خون
durchbohren Vt.	(بهوسیلۀ مته) سوراخ کردن، شکافتن
Durchbohrung, die; -, -en	سوراخ، شکاف
durchboxen Vt., Vr.	۱. به تصویب رساندن ۲. با تلاش و کوشش به مقصود رسیدن، موانع سر راه (خود) را از میان برداشتن
durchbraten Vt., Vi.	۱. برشته کردن، کاملاً سرخ کردن (گوشت) ۲. برشته شدن، کاملاً سرخ شدن (گوشت)
durchbrechen Vt., Vi.	۱. شکستن، دو نیم کردن ۲. باز کردن (راه)، از میان برداشتن (مانع) ۳. شکستن، به دو قطعه تقسیم شدن
Durchbrechung, die; -, -en	شکستگی، شکاف
durchbrennen Vi., Vt.	۱. (بر اثر سوختن) قطع شدن (فیوز برق) ۲. به کلی سوختن ۳. در رفتن، فرار کردن، جیم شدن ۴. (بهوسیلۀ آتش) دو قسمت کردن
durchbringen Vt.	۱. از (مهلکه) نجات دادن ۲. مخارج (کسی) را تأمین کردن
durchbrochen Adj.	سوراخ سوراخ، مشبک
Durchbruch, der; -(e)s, ⸚e	۱. شکستگی (سد) ۲. برش؛ شکستن (دندان) ۳. عبور (از مانع) ۴. شکاف
durchbuchstabieren Vt.	از اول تا آخر (کلمه) را هجی کردن، کامل هجی کردن
durchchecken Vt.	کاملاً معاینه کردن؛ به (چیزی) رسیدگی دقیق کردن
durchdacht Adj.	اندیشیده، معقول
durchdenken Vt.	روی (چیزی) کاملاً اندیشیدن، دقیقاً بررسی کردن
durchdrängen Vr.	راه (خود) را به زور باز کردن، با فشار عبور کردن
durchdrehen Vt., Vi.	۱. چرخ کردن، ماشین کردن (گوشت) ۲. گیج شدن، کنترل (خود) را از دست دادن
	Er ist völlig durchgedreht. او به کلی دیوانه شده است.
durchdringbar Adj.	قابل نفوذ، قابل سرایت
durchdringen Vi., Vt.	۱. از موانع عبور کردن و به مقصود رسیدن ۲. در (جایی) نفوذ کردن، در (جایی) رخنه کردن
durchdringend Adj.	نافذ، نفوذکننده
Durchdringung, die; -	نفوذ
durchdrücken Vt.	۱. فشار دادن ۲. به زور به دست آوردن
durchduften Vt.	عطرآگین کردن
durcheilen Vt.	از (جایی) به سرعت رد شدن، از (جایی) با عجله عبور کردن
durcheinander Adv.	درهم برهم، بی نظم، نامرتب، قاطی پاطی
	Ich bin ganz durcheinander. پاک گیج شده ام. حواسم کاملاً پرت است.
durcheinanderbringen Vt.	۱. درهم برهم کردن، قاطی کردن، به هم زدن، نامرتب کردن ۲. عصبی کردن، حواس (کسی) را پرت کردن
durcheinanderfahren Vi.	بی نظم رانندگی کردن
durcheinandergehen Vi.	دچار بی نظمی کامل شدن
durcheinandergeraten Vi.	زیر و رو شدن، درهم برهم شدن، شلوغ شدن
durcheinanderkommen Vi.	زیر و رو شدن، درهم برهم شدن، شلوغ شدن
durcheinanderlaufen Vi.	بی هدف به این سو و آن سو حرکت کردن
durcheinandermengen Vt.	به هم آمیختن، مغشوش کردن
durcheinanderreden Vi.	۱. یک زمان و باهم صحبت کردن ۲. درهم برهم و بی سر و ته حرف زدن
durcheinanderwerfen Vt.	به هم زدن، زیر و رو کردن، قاطی کردن
durcheinanderwirbeln Vt.	زیر و رو کردن، به هم ریختن
durchfahren Vi.	سواره گردش کردن، بی توقف عبور کردن، (با وسیلۀ نقلیه) گذر کردن
Durchfahrt, die; -, -en	۱. (با وسیلۀ نقلیه) عبور، گذر ۲. گذرگاه، دروازه، راه عبور
	Durchfahrt verboten! عبور ممنوع!
Durchfall, der; -(e)s, ⸚e	۱. شکم روش، اسهال ۲. عدم توفیق، ردی، رفوزگی
durchfallen Vi.	۱. افتادن، سقوط کردن ۲. (در امتحان) رد شدن، توفیق نیافتن، مردود شدن
durchfechten Vt., Vr.	۱. برای (چیزی) نبرد کردن، برای (چیزی) جنگیدن ۲. نبرد کردن
durchfeiern Vt.	جشن گرفتن
durchfetten Vt.	به (چیزی) چربی پس دادن
durchfeuchten Vt.	به (چیزی) رطوبت پس دادن، نمناک کردن
durchfinden Vr.	۱. راه (خود) را پیدا کردن ۲. حواس (خود) را روی مسئله ای متمرکز کردن
durchflechten Vt.	بافتن، درهم بافتن
durchfliegen Vt., Vi.	۱. بدون توقف در (جایی) پرواز کردن ۲. بدون توقف پرواز کردن

durchfließen 222

durchfließen *Vt., Vi.* ۱. از میان (چیزی) جاری شدن ۲. گذر کردن، رد شدن

Durchfluß, der; -flusses, -flüsse جریان

durchforschen *Vt.* در مورد (چیزی) اساسی تحقیق کردن، در مورد (چیزی) پایه‌ای رسیدگی کردن؛ کاملاً گشتن

Durchforschung, die; -, -en تحقیق اساسی، رسیدگی پایه‌ای

durchforsten *Vt.* قطع کردن (درخت جنگل)

Durchforstung, die; -, -en قطع درخت جنگل

durchfragen *Vi., Vr.* ۱. همه‌پرسی کردن ۲. نشانی پرسیدن

durchfressen *Vt., Vr.* ۱. سوراخ کردن، خوردن ۲. جویدن، یواش یواش خوردن

durchfrieren *Vi.* ۱. به‌کلی یخ زدن ۲. کاملاً سرد شدن

durchfroren *Adj.* یخ‌زده، یخ‌کرده

Durchfuhr, die; -, -en گذر، عبور

durchführbar *Adj.* امکان‌پذیر، قابل اجرا، عملی، ممکن

Durchführbarkeit, die; - قابلیت اقدام، قابلیت اجرا

durchführen *Vt.* اجرا کردن، انجام دادن، اعمال کردن، به (چیزی) تحقق بخشیدن

einen Beschluß durchführen تصمیمی را به اجرا درآوردن

Durchführung, die; -, -en اجرا، انجام، اعمال

Durchführungsarbeit, die; -, -en کار اجرایی

Durchführungsbestimmungen, die / *Pl.* مقررات اجرایی

Durchfuhrzoll, der; -(e)s, ⸚e عوارض گمرکی

durchfurchen *Vt.* شخم زدن؛ شیار کردن (زمین)

Durchgabe, die; -, -n ۱. انتقال، عبور، ارسال ۲. نقل و انتقال امواج رادیویی

Durchgang, der; -(e)s, ⸚e ۱. عبور، گذر ۲. گذرگاه، معبر، راهرو

Durchgänger, der; -s, - ۱. (آدم) فراری ۲. اسب سرکش

durchgängig *Adj.* رایج، معمولی، عمومی

Durchgangshandel, der; -s, ⸚ تجارت ترانزیت

Durchgangsverkehr, der; -(e)s رفت و آمد، ترابری

Durchgangswagon, der; -s, - قطار سریع‌السیر، ترن مستقیم (بدون توقف)

Durchgangszoll, der; -(e)s, ⸚e عوارض گمرکی، گمرک ترانزیت

Durchgangszug = *D-Zug*

durchgeben *Vt.* ۱. انتقال دادن، فرستادن ۲. اعلان کردن، انتشار کردن، خبر (چیزی) را دادن

die Nachricht durchgeben خبر را به دیگران انتقال دادن

durchgehen *Vi., Vt.* ۱. عبور کردن، گذر کردن، گذشتن ۲. فرار کردن، گریختن ۳. جلوگیری نکردن، مانع نشدن ۴. کنترل کردن، بررسی کردن، مرور کردن

Die Nässe ist durch die Jacke durchgegangen.
رطوبت به داخل کت نفوذ کرده است.

Das kann ich nicht durchgehen lassen.
این را نمی‌توانم تحمل کنم.

Ihm ist das Pferd durchgegangen.
اسب او رم کرد و رفت.

durchgehend *Adj.* یکسره، مستقیم، بی‌وقفه

durchgeistigt *Adj.* معنوی، روحانی

durchgeschwitzt *Adj.* خیس عرق

durchgießen *Vt.* صاف کردن، از صافی رد کردن

durchglühen *Vt., Vi.* ۱. سرخ کردن ۲. سرخ شدن

durchgreifen *Vi.* (به کاری) دست زدن، مسلط شدن

durchgreifend *Adj.* مؤثر، قطعی

durchhalten *Vi.* استقامت کردن، تاب آوردن، تحمل کردن، طاقت آوردن

Durchhaltevermögen, das -s, - نیروی استقامت، توان پایداری

durchhauen *Vt., Vr.* ۱. به شدت کتک زدن ۲. با تبر دو قسمت کردن ۳. راه (خود) را به زور باز کردن

durchhecheln *Vt.* پخش کردن (شایعه)

Durchhechelei, die; -, -en پخش شایعات بی‌اساس، شایعه پخش کردن

durchheizen *Vt.* دائماً گرم کردن

durchhelfen *Vi.* کمک کردن، اعانه دادن

durchhören *Vt.* موفق به شنیدن (چیزی) شدن

durchhungern *Vr.* گرسنگی کشیدن

durchirren *Vt.* در (جایی) بی‌هدف رفتن

durchkämmen *Vt.* (با وسواس) شانه کردن، شانه زدن

durchkämpfen *Vt.* با (کسی) جنگ کردن، با (کسی) نزاع کردن

durchkauen *Vt.* ۱. خوب جویدن، کاملاً جویدن ۲. با دقت بررسی کردن، مورد دقت زیاد قرار دادن

durchkochen *Vt.* مغزپخت کردن، کاملاً پختن

durchkommen *Vi.* ۱. از عهده برآمدن، کامیاب شدن، توفیق یافتن ۲. (در امتحان) قبول شدن ۳. (از بیماری) جان سالم به در بردن

Wird er durchkommen? آیا در امتحان قبول خواهد شد؟

223 durchregnen

Das Gesetz kommt trotzdem durch.
با وجود این قانون تصویب می‌شود.
bei der Wahl durchkommen در انتخابات پیروز شدن

durchkomponieren *Vt.* کامل ساختن (آهنگ)

durchkönnen *Vi.* عبور کردن

durchkreuzen *Vt.* ۱. روی (چیزی) ضربدر زدن، باطل کردن ۲. مانع (چیزی) شدن

Durchlaß, der; -lasses, -lässe ۱. دریچه، روزنه، سوراخ، مجرا ۲. اجازهٔ عبور

durchlassen *Vt., Vi.* ۱. به (کسی) راه دادن، به (کسی) اجازهٔ عبور دادن ۲. قابل نفوذ بودن
Der Vorhang läßt kein Licht durch.
نور از پرده عبور نمی‌کند.

durchlässig *Adj.* قابل‌نفوذ، نفوذپذیر

Durchlässigkeit, die; -, -en قابلیت نفوذ، نفوذپذیری

Durchlaucht, die; -, -en حضرت والا، عالی‌جناب (لقب اشرافی)

durchlaufen *Vi., Vt.* ۱. عبور کردن، رد شدن، بی‌توقف گذشتن ۲. (در حال دویدن) پشت سر گذاردن ۳. مدارج تحصیلی را تا انتها طی کردن ۴. بررسی دقیق کردن، مرور کردن ۵. بر اثر دویدن فرسوده کردن (کفش)
Der Kaffee ist noch nicht durch den Filter durchgelaufen. قهوه هنوز از صافی رد نشده است.

durchlaufend *Adj.* پیوسته، مداوم

Durchlauferhitzer, der; -s, - آبگرم‌کن

durchleben *Vt.* ۱. به‌سر بردن، زندگی کردن ۲. گذراندن (وقت) ۳. با دقایق و ظرایف (چیزی) آشنا شدن
schwere und bittere Jahre durchlaufen
سال‌ها مرارت و سختی کشیدن

durchleiden *Vt.* درد (چیزی) را کشیدن، رنج (چیزی) را کشیدن

durchlesen *Vt.* از اول تا آخر خواندن

durchleuchten *Vt.* ۱. کاملاً روشن کردن، بر (چیزی) پرتوافکنی کردن ۲. رادیوسکوپی کردن، با اشعه ایکس معاینه کردن

Durchleuchtung, die; -, -en معاینه با اشعهٔ ایکس، رادیوسکوپی

durchliegen *Vr.* بر اثر بستری بودن زخم شدن

durchlöchern *Vt.* سوراخ سوراخ کردن

Durchlöcherung, die; - سوراخ‌شدگی

durchlüften *Vt.* هوا دادن، تهویه کردن

Durchlüftung, die; -, -en تهویه

durchlügen *Vr.* با دروغ از پیش بردن

durchmachen *Vt.* ۱. تحمل کردن، متحمل (چیزی) شدن، در (چیزی) بردباری کردن، پشت سر گذاشتن ۲. (بدون استراحت و تا پایان) تکمیل کردن ۳. گذراندن (دورهٔ آموزشی)
eine Krankheit durchmachen
بیماری را تحمل کردن و پشت سر گذاشتن

Durchmarsch, der; -es, ¨-e عبور، گذر

durchmarschieren *Vi.* عبور کردن، گذر کردن

durchmengen *Vt.* خوب قاطی کردن

durchmessen *Vt.* ۱. کاملاً اندازه گرفتن؛ با قدم گز کردن ۲. پیمودن، طی کردن

Durchmesser, der; -s, - قطر، ضخامت

durchmischen *Vt.* ۱. بُر زدن ۲. مخلوط کردن

durchmustern *Vt.* تفتیش کردن، بازرسی کردن، به‌دقت معاینه کردن

durchnässen *Vt.* تر کردن، کاملاً خیس کردن
Ich bin völlig vom Regen durchnäßt.
من از باران کاملاً خیس شده‌ام.

durchnehmen *Vt.* ۱. در مورد (چیزی) بحث کردن، در مورد (چیزی) مذاکره کردن، در مورد (چیزی) گفت‌وگو کردن ۲. فرا گرفتن

durchnumerieren *Vt.* از اول تا آخر شماره‌گذاری کردن

durchpauken *Vt.* خوب خواندن، به‌طور اساسی یاد گرفتن (درس)

durchpausen *Vt.* از (چیزی) رونوشت برداشتن

Durchpausung, die; - سوادبرداری، رونوشت‌برداری

durchpeitschen *Vt.* ۱. تازیانه زدن، شلاق زدن ۲. در (کاری) شتاب کردن

durchproben *Vt.* یکی بعد از دیگری امتحان کردن

durchprobieren *Vt.* یکی بعد از دیگری امتحان کردن

durchprüfen *Vt.* امتحان کردن، آزمایش کردن

durchprügeln *Vt.* کتک جانانه زدن

durchqueren *Vt.* از (جایی) گذر کردن، از (جایی) عبور کردن، از (جایی) رد شدن، از میان (چیزی) گذشتن، از این سو به آن سو رفتن
einen Fluß durchqueren از یک رودخانه عبور کردن

Durchquerung, die; - عبور، گذر

durchrasen *Vt.* از (جایی) با سرعت عبور کردن
die Welt im Auto durchrasen
جهان را با اتومبیل زیر پا گذاشتن

durchrechnen *Vt.* کاملاً حساب کردن

durchregnen *Vi.* (باران از سقف) نفوذ کردن

Durchreise 224

Hier im Hause regnet es durch.
از سقف آب باران می‌چکد.
Wir sind ganz durch geregnet.
زیر باران خیس شدیم.
Durchreise, die; -, -n سفر عبوری، مسافرت ترانزیتی
Durchreisegenehmigung, die; -, -en اجازهٔ سفر، اجازهٔ عبور
durchreisen *Vt.* در (جایی) سیر و سیاحت کردن، در (جایی) سفر عبوری کردن
Durchreisende, der/die; -n, -n مسافر عبوری، مسافر ترانزیت
Durchreisevisum, das; -s, -visa روادید عبور، ویزای عبور
durchreißen *Vi., Vt.* ۱. دو قسمت شدن، پاره شدن ۲. (با پاره کردن) به دو بخش تقسیم کردن
durchreiten *Vi.* با اسب عبور کردن
durchretten *Vr.* جان سالم به در بردن
durchringen *Vr.* دربارهٔ مسئله‌ای تصمیم گرفتن
durchs = *durch + das*
Durchsage, die; -, -n پیام، اطلاعیه (رادیویی / تلویزیونی)
durchsagen *Vt.* (به وسیلهٔ رادیو، تلویزیون و غیره) به اطلاع رساندن
durchsägen *Vt.* با اره بریدن، با اره دو نیم کردن
durchsäuern *Vt.* کاملاً قوام آوردن (خمیر)، ترش کردن
Die Hefe säuert den Teig durch.
مایه خمیر را قوام می‌آورد.
Durchsäuerung, die; - تخمیر، ترشیدگی
durchschauen *Vt., Vi.* ۱. از توی (چیزی) نگاه کردن ۲. تشخیص دادن، فهمیدن
Ich kann ihn nicht durchschauen.
از کار او سر در نمی‌آورم.
durchschauern *Vi.* لرزیدن، به لرزه درآمدن
durchscheinen *Vi.* ۱. (به داخل) تابیدن ۲. با نور فراوان روشن کردن
durchscheinend *Adj.* شفاف، بدن‌نما
durchscheuern *Vt.* ساییدن، کهنه کردن (لباس، کفش)
durchschießen *Vi., Vt.* ۱. از میان (چیزی) تیراندازی کردن ۲. به (چیزی) تیراندازی کردن
durchschimmern *Vi.* نور کمی پخش کردن
durchschlafen *Vt.* یکسره خوابیدن، بدون وقفه خوابیدن
Ich habe 6 Stunden durchgeschlafen.
شش ساعت تمام خوابیده‌ام.

Durchschlag, der; -(e)s, ⸚e ۱. صافی، آبکش ۲. نسخهٔ دوم، رونوشت
durchschlagen *Vt., Vi., Vr.* ۱. در (کاری) موفق شدن از (کاری) نتیجه گرفتن ۲. قطع کردن، شکستن ۳. از صافی گذراندن ۴. سوختن (فیوز برق) ۵. سختی کشیدن؛ تلاش کردن
durchschlagend *Adj.* قاطع، قطعی، کامل، تام
Durchschlagpapier, das; -s, -e کاغذ کپیه، کاغذ کپی
Durchschlagskraft, die; - نیروی کوبندگی (گلولهٔ توپ)
durchschleichen *Vr.* از میان (چیزی) عبور کردن
durchschlüpfen *Vi.* لغزیدن؛ سریدن، لیز خوردن
durchschneiden *Vt.* بریدن، قطع کردن، دو نیم کردن
Durchschneidung, die; - بریدگی؛ قطع
Durchschnitt, der; -(e)s, -e ۱. حد وسط، مقدار متوسط، معدل، میانگین ۲. قطع، برش
im Durchschnitt به‌طور متوسط
über dem Durchschnitt بالاتر از حد متوسط
unter dem Durchschnitt پایین‌تر از حد متوسط
durchschnittlich *Adj., Adv.* ۱. متوسط، میانه، عادی، متداول ۲. به‌طور متوسط؛ روی هم رفته؛ معمولاً
Durchschnittsalter, das; -s حد متوسط سن
Durchschnittsbürger, der; -s, - شهروند معمولی
Durchschnittsergebnis, das; -nisses, -nisse میانگین
Durchschnittsgeschwindigkeit, die; -, -en حد متوسط سرعت
Durchschnittsmenge, die; -, -n مقدار متوسط
Durchschnittsnote, die; -, -n معدل، میانگین
Durchschnittspreis, der; -es, -e بهای میانگین، قیمت متوسط
Durchschnittsstärke, die; -, -n حد وسط نیرو
Durchschnittssumme, die; -, -n بهای میانگین، قیمت متوسط
Durchschnittstemperatur, die; -, -en حرارت متوسط
Durchschnittswert, der; -(e)s, -e ارزش متوسط
Durchschnittszahl, die; -, -en عدد میانگین
durchschreiten *Vt.* از وسط (جایی) عبور کردن
Durchschrift, die; -, -en رونویس، رونوشت
Durchschuß, der; -schusses, -schüsse ۱. عبور گلوله ۲. زخم گلوله ۳. فاصلهٔ سطرها؛ فاصله گذاری ۴. (نساجی) تار و پود

Durchschußblatt, das; -(e)s, ¨-er
(برای یادداشت‌برداری) کاغذ سفید لای اوراق کتاب
durchschwimmen *Vi., Vt.* ۱. با شنا عبور کردن، با شنا گذشتن ۲. با شنا از (جایی) گذشتن
durchschwitzen *Vt.* خیس عرق کردن
durchsegeln *Vi.* با کشتی بادی سفر کردن
durchsehen *Vi.* ۱. نگاه کردن ۲. وارسی کردن، کنترل کردن
durchseihen *Vt.* صاف کردن، تصفیه کردن
durchsetzbar *Adj.* قابل اجرا، امکان‌پذیر
durchsetzen *Vt., Vr.* ۱. از پیش بردن، به مرحلهٔ اجرا درآوردن ۲. برای (خود) جا باز کردن، تحت نفوذ (خود) قرار دادن؛ به مقصود (خود) رسیدن
Sein Wort setzte sich schließlich durch.
حرفش بالاخره بر کرسی نشست.
die Sache durchsetzen کار از پیش بردن
Durchsetzung, die; - نفوذ، راهیابی
Durchsicht, die; -, -en بررسی، تفتیش
durchsichtig *Adj.* شفاف، واضح، روشن
Das Glas ist durchsichtig. شیشه شفاف است.
Durchsichtigkeit, die; - شفافیت، روشنی، وضوح
durchsickern *Vi.* تراوش کردن، رخنه کردن، آب پس دادن
Durchsickern, das; -s, - تراوش، آب پس‌دهی
durchsieben *Vt.* سرند کردن، الک کردن
durchsiebt *Adj.* [سرند، الک، آبکش] سوراخ‌دار
durchspalten *Vt.* شکافتن، دو نیم کردن
durchspielen *Vt.* از اول تا آخر نواختن
durchspießen *Vt.* به سیخ کشیدن
durchsprechen *Vt.* راجع به (موضوعی) مذاکره کردن، راجع به (موضوعی) بحث کردن
durchstechen *Vi., Vt.* ۱. فرو کردن، فرو بردن (سوزن) ۲. حفر کردن، سوراخ کردن ۳. فریب دادن
Durchstecherei, die; -, -en فریب، حیله
durchstecken *Vt.* گذراندن، عبور دادن
durchstehen *Vt.* در برابر (چیزی) پایداری کردن، در برابر (چیزی) ایستادگی به خرج دادن، در برابر (چیزی) استقامت ورزیدن
Durchstich, der; -(e)s, -e ۱. ایجاد شکاف ۲. ایجاد تونل، ایجاد کانال
durchstöbern *Vt.* جستجو کردن، تفتیش کردن، گشتن
durchstoßen *Vi., Vt., Vr.* ۱. رسیدن، وارد شدن ۲. به‌زور راه باز کردن ۳. (بر اثر استعمال زیاد) سوراخ شدن ۴. سوراخ کردن ۵. از پیش پا برداشتن (مانع)
durchstreichen *Vt.* خط زدن، قلم کشیدن
Durchstreichung, die; - قلم‌خوردگی
durchstreifen *Vt.* ۱. در (جایی) پرسه زدن، در (جایی) بی‌هدف گشتن، در (جایی) سرگردان بودن ۲. کنترل کردن (منطقه)
durchströmen *Vi., Vt.* ۱. جاری شدن، جریان داشتن ۲. در (جایی) جاری شدن، در (جایی) جریان داشتن
durchstudieren *Vt.* به دقت مطالعه کردن
durchsuchen *Vt.* جستجو کردن، تفتیش کردن، گشتن، بازرسی کردن (چمدان، منزل)
Durchsuchung, die; -, -en جستجو، بازرسی، کاوش، تفتیش (چمدان، منزل)
Durchsuchungsbefehl, der; -s, -e
اجازهٔ رسمی برای تفتیش
durchtanzen *Vi.* بدون وقفه رقصیدن
durchtrainieren *Vt.* به (کسی) تمرین کافی دادن
durchtränken *Vt.* نمناک کردن، کاملاً خیس کردن
durchtrieben *Adj.* زیرک، ناقلا؛ حقه‌باز، آب‌زیرکاه، فریبکار
Durchtriebenheit, die; -, -en زیرکی، ناقلایی؛ حقه‌بازی، فریبکاری
durchtrocknen *Vt.* کاملاً خشک کردن
durchwachen *Vt.* بیدار ماندن، شب زنده‌داری کردن
durchwachsen *Vi.* روییدن، سبز شدن
durchwählen *Vi.* شماره گرفتن، تلفن زدن
durchwandern *Vt.* ۱. از (جایی) عبور کردن ۲. در (جایی) سیاحت کردن
durchwärmen *Vr., Vt.* ۱. به‌حد کافی گرم شدن ۲. به حد کافی گرم کردن
durchwaten *Vi., Vt.* ۱. به آب زدن، از آب عبور کردن ۲. از (جایی) گذر کردن
Durchwatung, die; - عبور (با پای برهنه) از رودخانه
durchweben *Vt.* بافتن، به هم بافتن
durchweg *Adv.* به‌طور کلی، بدون استثنا
durchwehen *Vi.* ۱. وزیدن، در اهتزاز بودن ۲. نفوذ کردن (باد)
durchweichen *Vt.* خیساندن، آب دادن، (با آب) نرم کردن
durchweinen *Vi.* گریه و زاری کردن
durchwinden *Vr.* به هم تابیدن، پیچیدن؛ خزیدن
durchwintern *Vi.* ۱. زمستان را به سر بردن ۲. زمستان را سپری کردن
durchwühlen *Vt.* ۱. در (جایی) جستجو کردن ۲. به هم زدن، درهم برهم کردن، زیر و رو کردن

durchzählen 226

durchzählen *Vt.* ۱. از اول تا آخر شمردن ۲. (در ارتش) به ترتیب شمردن
durchzechen *Vt.* (از شب تا صبح) میگساری کردن، شب زنده‌داری کردن
durchzeichnen *Vt.* نقشه‌برداری کردن، کپیه برداشتن
Durchzeichnung, die; -, -en نقشه‌برداری، کپیه‌برداری
durchziehen *Vt., Vi., Vr.* ۱. عبور دادن، گذر دادن ۲. عبور کردن، گذشتن ۳. تیر کشیدن (درد)
Diese Melodie durchzieht die ganze Oper. این آهنگ در سرتاسر اپرا پیچیده است.
durchzittern *Vt.* به لرزه درآوردن، به ارتعاش آوردن
Ein Gefühl der Seligkeit durchzitterte mein ganzes Wesen. احساس سعادت سراسر وجودم را به لرزه درآورد.
durchzucken *Vt.* ۱. زدن (برق) ۲. از (جایی) مثل برق رد شدن
Es durchzuckte mich. مثل برق به خاطرم رسید.
Durchzug, der; -(e)s, ⸚e ۱. گذر، عبور ۲. جریان هوا، کوران
der Durchzug der Karawanen عبور کاروان‌ها
Durchzug machen (اتاق را) تهویه کردن
durchzwängen *Vt., Vr.* ۱. مجبور کردن ۲. راه (خود) را به زور باز کردن
Durdreiklang, der; -(e)s, ⸚e (موسیقی) آکورد بزرگ سه صدایی
dürfen *Vi.* اجازه داشتن، مجاز بودن
Was darf es sein? (در فروشگاه) چی می‌خواستین؟
Darf ich gehen? اجازهٔ مرخصی می‌فرمایید؟
Darf ich Sie einladen? اجازه می‌فرمایید شما را دعوت کنم؟
dürftig *Adj.* ۱. بیچاره، فقیر، مسکین، نیازمند ۲. کم، بی‌ارزش، ناکافی، ناقص
Dürftigkeit, die; - بیچارگی، فقر؛ پریشانی؛ نیازمندی
dürr *Adj.* ۱. خشک، بایر، بی‌حاصل ۲. لاغر، باریک
Dürre, die; -, -n ۱. خشکی، بی‌حاصلی، خشکسالی ۲. لاغری، باریکی
Durst, der; -(e)s عطش، تشنگی
Hunger und Durst گرسنگی و تشنگی
Durst haben تشنه بودن
Ich habe Durst. من تشنه هستم.
dursten *Vi.* تشنه بودن، عطش داشتن، تشنگی کشیدن
dürsten *Vt.* تشنهٔ (چیزی) بودن
dürstend *Adj.* تشنه
dürstengepeinigt *Adj.* تشنه لب
dürstenig *Adj.* تشنه
Dürstenqual, die; -, -en عذاب تشنگی، سوزش عطش
dürstenstillend *Adj.* سیراب‌کننده، عطش‌گیر
Dürstentod, der; -(e)s, -e مرگ از تشنگی
durstig *Adj.* تشنه
Dur-ton, der; -es, -e (موسیقی) مد بزرگ، مایهٔ بزرگ
Durtonleiter, die; -, -n (موسیقی) گام بزرگ
Dusche, die; -, -n دوش، حمام سرپایی
eine Dusche nehmen دوش گرفتن
unter die Dusche gehen زیردوش رفتن
duschen *Vi., Vt.* ۱. دوش گرفتن ۲. زیر دوش گرفتن
Düse, die; -, -n ۱. سر لولهٔ آب، آب پخش‌کن فشاری ۲. جت
Dusel, der; -s, - ۱. سرگیجه، دَوَران سر ۲. حالت نیمه خواب، حالت نیمه مست ۳. (آدم) خوش‌شانس
Duselei, die; -, -en ۱. سرگیجه، دَوَران سر ۲. حالت نیمه خواب، حالت نیمه مست ۳. (آدم) خوش‌شانس
duselig *Adj.* ۱. گیج، خواب‌آلود، خمار ۲. پُر شانس
duseln *Vi.* خواب‌آلود بودن، خمار بودن
düsen *Vi.* ۱. با هواپیمای جت سفر کردن ۲. به سرعت حرکت کردن
Düsenantrieb, der; -(e)s, -e موتور جت
Düsenflugzeug, das; -(e)s, -e هواپیمای جت
Düsenjäger, der; -s, - (هواپیمای) جت شکاری
Düsenmaschine, die; -, -n هواپیمای جت
Düsentriebwerk, das; -(e)s, -e موتور جت
Düsenturbine, die; -, -n توربین جت
Dussel, der; -s, -s احمق، کودن، بی‌شعور
Dusselei, die; -, -en حماقت، خریت، کودنی
duss(e)lig *Adj.* احمق، کودن، بی‌شعور
Duss(e)ligkeit, die; -, -en حماقت، خریت، کودنی
duster *Adj.* تاریک، تیره، گرفته
düster *Adj.* ۱. تیره، تاریک، گرفته ۲. شوم ۳. غمگین، کسل‌کننده
Düsterheit, die; - تیرگی، تاریکی، گرفتگی
Düsterkeit, die; - تیرگی، تاریکی، گرفتگی
Düsternis, die; -, -nisse تیرگی، تاریکی، گرفتگی
Dutt, der; -(e)s, -e ۱. بالشتک؛ کلافه؛ چین (لباس) ۲. موی گره شده؛ گیسوی بافته
Dutzend, das; -s, -e دوجین، دوازده عدد
Dutzendmensch, der; -en, -en آدم معمولی، انسان متعارف
Dutzendware, die; -, -n کالای پیش‌پاافتاده، جنس متوسط

dutzendweise *Adv.* دوجین دوجین

Duzbruder, der; -s, ⸚ برادرخوانده؛ دوست همچون برادر، دوست صمیمی

Duzbrüderschaft, die; -, -en برادرخواندگی؛ صمیمیت

duzen *Vt.* به (کسی) تو خطاب کردن، به هم «تو» گفتن

Er duzt alle seine Leute.

او به همه آدم‌های خودی «تو» خطاب می‌کند.

Duzfreund, der; -(e)s, -e دوست صمیمی

Duzfreundin, die; -, -nen دوست صمیمی (زن)

Duzfuß, der; -es, ⸚e صیغهٔ برادری

mit jemandem **auf Dutzfuß stehen**

به کسی «تو» خطاب کردن

Dyade, die; -, -n دوگان، جفت

dyadisch *Adj.* دوگانی، جفتی

Dyn, das; -s, - دین (واحد نیرو)

Dynamik, die; - ۱. (فیزیک) دینامیک ۲. تحرک، جنبش

dynamisch *Adj.* پُرتحرک، پُرجنب و جوش، دینامیک

Dynamit, das; -(e)s دینامیت (نوعی مادهٔ منفجره)

Dynamo, der; -s, -s دینام، مولد برق

Dynamomaschine, die; -, -n دینام، ژنراتور

Dynastie, die; -, -n سلسله، دودمان

Dynastiebegründer, der; -s, - سرسلسله، مؤسس دودمان

dynastisch *Adj.* سلسله‌ای، دودمانی

Dysenterie, die; -, -n اسهال خونی

Dyspepsie, die; -, -n سوءهاضمه، اختلال گوارشی، بدی گوارش

Dyspnoe, die; - نفس تنگی

Dysurie, die; -, -n سوزش به هنگام ادرار

D-Zug, der; -(e)s, ⸚e قطار سریع‌السیر، قطار مستقیم (بدون توقف)

D-Zug-Zuschlag, der; -es, ⸚e اضافه پرداخت برای قطار سریع‌السیر

E

E, das; -, - ۱. اِ (حرف پنجم الفبای آلمانی)
۲. (موسیقی) نت می
E-Dur (موسیقی) می بزرگ
e-Moll (موسیقی) می کوچک
Eau de Cologne, die/das; - ادوکلن
Ebbe, die; -, -n جزر، پایین آمدن آب دریا
Ebbe und Flut جزر و مد
Mein Geldbeutel hat Ebbe. کیسهٔ پولم ته کشیده است.
Es ist Ebbe in der Kasse. کفگیر به ته دیگ خورده است.
ebben *Vi.* فروکش کردن، پایین آمدن، ته کشیدن
eben *Adj., Adv.* ۱. صاف، مسطح، هموار، هم‌سطح
۲. حالا، الساعه، هم‌اکنون، همین حالا ۳. دقیقاً همین‌طور است
Eben! همین‌طور است!
Er ist eben weggegangen. همین حالا رفت.
gerade eben همین حالا
gerade heute همین امروز
Gerade deshalb! درست به همین جهت!
Ebenbaum, der; -(e)s, -bäume درخت خرمالو
Ebenbild, das; -es, -er ۱. صورت، تصویر، پیکر
۲. شباهت، همانندی
jemandes **Ebenbild sein** عیناً شبیه کسی بودن
ebenbürtig *Adj.* همسان، هم‌پایه، هم‌رتبه، برابر
ein ebenbürtiger Freund دوست موافق
Ebenbürtigkeit, die; - هم‌پایگی، برابری
ebenda *Adv.* درست همان‌جا
ebendadurch *Adv.* درست به همین وسیله
ebendamals *Adv.* درست همان موقع
ebendarum *Konj.* درست به همین علت
ebenderselbe *Adj.* درست همین شخص
ebendeswegen *Adv.* درست به همین جهت
ebendiese *Adj.* درست همین
ebendort *Adv.* درست همان‌جا
ebendorthin *Adv.* درست به همان‌جا
Ebene, die; -, -n ۱. زمین هموار، دشت، فلات، هامون
۲. سطح، رویه؛ صفحه؛ تراز
auf einer Ebene در یک تراز
schliefe Ebenen سطح شیب‌دار
parallele Ebene سطوح متوازی
ebenerdig *Adj.* همکف
ebenfalls *Adv.* همین‌طور، هم، هم‌چنین، متقابلاً
Danke, ebenfalls! متشکرم، من هم همین‌طور!
Ebenheit, die; - صافی، همواری، برابری
Ebenholz, das; -es, ¨-er چوب آبنوس
Einlage aus Ebenholz روکش آبنوس
ebenieren *Vt.* با چوب آبنوس روکش کردن
ebenjene *Pron.* درست همان کس
ebenjenes *Pron.* درست همان چیز
Ebenmaß, das; -es تناسب، نظم
ebenmäßig *Adj.* متناسب، اندازه، منظم
ebenso *Adv.* همین‌طور، هم‌چنین، ایضاً، همان‌قدر
ebenso gut wie به همان خوبی که
ebenso viel wie همان‌قدر که
Sie schreiben ebenso schnell wie ich.
شما به تندی من می‌نویسید.
ebensogut *Adv.* به همان خوبی
ebensolange *Adv.* همین مدت
ebensoviel *Adv.* همان‌قدر، همان اندازه،
به همان زیادی
ebensoweit *Adv.* به همین دوری
ebensowenig *Adv.* به همین کمی
Eber, der; -s, - خوک نر، گراز نر
Eberjunge, der; -n, -n بچه خوک، بچه گراز
ebnen *Vt.* صاف کردن، هموار کردن، مسطح کردن (زمین)
jemandem **den Weg ebnen** راه کسی را هموار کردن،
مشکلات کسی را از میان برداشتن
Ebnung, die; -, -en تسطیح (جاده)
Echo, das; -s, -s اکو، انعکاس صوت، پژواک
Der Berg wirft das Echo zurück.
کوه صوت را منعکس می‌کند.
Echse, die; -, -n مارمولک، چِلپاسه؛ بزمجه
echt *Adj.* ۱. اصل، خالص ۲. ناب، اصیل ۳. واقعی، حقیقی
Das ist echt. خالص است.
echtes Porzellan چینی اصل
echte Farbe رنگ ثابت

echter Freund دوست واقعی
Echtheit, die; - ۱. اصالت، خلوص، پاکی ۲. واقعیت
Wir glauben nicht an die Echtheit seiner Gefühle.
ما معتقد به اصالت احساساتش نیستیم.
Eck, das; -(e)s, -e نبش، گوش، گوشه
Eckball, der; -(e)s, ¨-e (فوتبال) کرنر
Ecke, die; -, -n ۱. گوشه، کنج؛ نبش؛ پیچ (جاده) ۲. زاویه ۳. (فوتبال) کرنر
an der Ecke در نبش خیابان
in der Ecke در گوشه، در کنج
in der Ecke des Zimmers در کنج اتاق
um die Ecke biegen از خیابانی به خیابان دیگر پیچیدن
Er wohnt gleich um die Ecke.
او همین نزدیکی زندگی می‌کند.
Eckensteher, der; -s, - (آدم) عاطل و باطل، ولگرد، آسمان جل
Ecker, die; -, -n میوهٔ درخت بلوط
Eckfeile, die; -, -n سوهان سه گوش
Eckhaus, das; -es, -häuser خانهٔ سرنبش، خانهٔ نبشی، ساختمان نبشی
eckig *Adj.* ۱. گوشه‌دار، زاویه‌دار، نبش‌دار ۲. تیز ۳. نتراشیده ۴. خشک، انعطاف‌ناپذیر
Seine Bewegungen waren eckig.
حرکات او خشک و انعطاف‌ناپذیر بود.
Eckladen, der; -s, ¨- دکان سر نبش، مغازهٔ نبشی
Eckpfeiler, der; -s, - ستون سر نبش
Eckplatz, der; -es, ¨-e جای نبشی، جای سر نبش
Eckstein, der; -(e)s, -e ۱. سنگ تراشیده ۲. اصل، نقطهٔ اتکا ۳. (بازی ورق) خال خشت
Eckzahn, der; -(e)s, ¨-e دندان نیش
edel *Adj.* ۱. نجیب، اصیل، شریف ۲. ارزنده، ممتاز
edeles Pferd اسب اصیل
edeldenkend *Adj.* بزرگ‌منش، بزرگوار
Edelfalke, der; -n, -n شاهین، باز
Edelfrau, die; -, -en نجیب‌زاده (زن)
edelgesinnt *Adj.* بزرگ‌منش، بزرگوار
Edelgestein, das; -(e)s, -e سنگ قیمتی، جواهر
edelherzig *Adj.* بزرگ‌منش، بزرگوار
Edelhirsch, der; -es, -e گوزن اصیل
Edelholz, das; -es, ¨-er چوب کمیاب
Edelkastanie, die; -, -n شاه‌بلوط
Edelleute, die / *Pl.* اعیان، اشراف
Edelmann, der; -(e)s, ¨-er نجیب‌زاده، شریف، بزرگوار، نژاده

Edelmensch, der; -es, -er نجیب‌زاده، شریف، بزرگوار، نژاده
Edelmetall, das; -s, -e فلز قیمتی، فلز بهادار، فلز کمیاب
Edelmut, der; -(e)s بزرگ‌منشی، جوانمردی، اصالت، سخاوت
edelmütig *Adj.* بزرگ‌منش، جوانمرد، اصیل، سَخی
Edelpilzkäse, der; -s, - (نوعی) پنیر قارچ‌دار
Edelstahl, der; -(e)s, -e / ¨-e فولاد ضد زنگ
Edelstein, der; -(e)s, -e سنگ قیمتی، جواهر
edelsteinbesetzt *Adj.* مُرَصَّع، جواهرنشان
Edelsteinhandel, der; -s, ¨ جواهرفروشی
Edelsteinhändler, der; -s, - جواهرفروش
Edeltanne, die; -, -n کاج نقره‌ای
Edeltat, die; -, -en کارِ نیک
Edelweiß, das; -(es), -e گل توپی (گل وحشی کوهستان‌های مرتفع)
Eden, das; -s بهشت، فردوس، پردیس
edieren *Vt.* طبع کردن، چاپ کردن، نشر کردن
Edikt, das; -(e)s, -e فرمان، دستور، حکم؛ قانون
Edition, die; -, -en چاپ، نشر، طبع؛ ویرایش
Editor, der; -s, -en ناشر؛ ویرایشگر، ویراستار
Edle, der / die; -n, -n نجیب، شریف، اصیل
Efeu, der; -s عشقه، پیچ، پیچک
efeuumrank *Adj.* پیچک‌دار، پوشیده از عشقه
Effekt, der; -(e)s, -e اثر، نتیجه؛ مفهوم
Effekten, die / *Pl.* ۱. اثاثیه، اسباب، اموال منقول ۲. اسناد بهادار
Effektenbörse, die; -, -n بورس اوراق بهادار
Effektenhandel, der; -s, ¨ معاملهٔ اوراق بهادار
Effektenhändler, der; -s, - فروشندهٔ اوراق بهادار
Effektenmakler, der; -s, - دلال سهام
Effekthascher, der; -s, - شهرت‌طلب
Effekthascherei, die; -, -en شهرت‌طلبی، خودنمایی، لاف‌زنی
effektiv *Adj.* حقیقی، واقعی؛ مؤثر، نتیجه‌بخش
Er ist effektiv der beste. او واقعاً از همه بهتر است.
Effektivität, die; - تأثیر
effektvoll *Adj.* اثربخش، مؤثر، کاری
effizient *Adj.* سودمند، مؤثر
effizieren *Vt.* بر (چیزی) اثر کردن
EG = *Europäische Gemeinschaft* بازار مشترک اروپا
egal *Adj., Adv.* ۱. یکی، یکسان، برابر، مساوی ۲. بی‌تفاوت، علی‌السویه

egalisieren

Es ist mir egal.	برای من فرقی نمی‌کند.
	برایم علی‌السویه است.
egalisieren *Vt.*	برابر کردن
Egalität, die; -	بی‌تفاوتی، یکنواختی
Egel, der; -s, -	زالو
Egge, die; -, -n	خیش، گاوآهن؛ شن‌کش
eggen *Vt.*	خیش زدن، گاوآهن کشیدن؛
	با شن‌کش صاف کردن
Ego, das; -, -s	روان، نفس، خود، من
Egoismus, der; -, -men	خودپرستی، خودبینی،
	خودخواهی
Egoist, der; -en, -en	خودپرست، خودخواه، خودپسند
Egoistin, die; -, -nen	خودپرست، خودخواه،
	خودپسند (زن)
egoistisch *Adj.*	خودپرست، خودبین، خودخواهانه
Egozentrik, die; -	خودمداری
Egozentriker, der; -s, -	خودمدار
egozentrisch *Adj.*	خودمدارانه
eh(e) *Konj., Adv.*	۱. پیش از آنکه، قبل از اینکه،
تا وقتی که ۲. در هر حال، خواه ناخواه ۳. از پیش، از قدیم	
seit eh und je	از قدیم، از قدیم‌الایام
Das nützt eh nichts!	خواه ناخواه فایده‌ای ندارد!
Ehe, die; -, -n	زناشویی، ازدواج، عروسی
die Ehe schließen	ازدواج کردن
jemanden zur Ehe nehmen	
	کسی را به زنی / شوهری گرفتن
eine Ehe auflösen	طلاق دادن
Eheaufhebung, die; -	فسخ زناشویی
Ehebett, das; -es, -en	بستر زناشویی
ehebrechen *Vi.*	زنا کردن
Ehebrecher, der; -s, -	زناکار
Ehebrecherin, die; -, -nen	زناکار (زن)
ehebrecherisch *Adj.*	زناکار؛ زناکارانه
Ehebruch, der; -(e)s, ⸚e	زنا؛ زناکاری
Ehebund, der; -(e)s, ⸚e	عقد ازدواج
ehedem *Adv.*	سابقاً، قبلاً، در زمان گذشته
Ehedispens, der; -es, -e	اجازهٔ ازدواج
ehefähig *Adj.*	آمادهٔ ازدواج
Ehefrau, die; -, -en	همسر، عیال، زوجه، زن
Ehegatte, der; -n, -n	شوهر، زوج، همسر، مرد
Ehegattin, die; -, -nen	همسر، عیال، زوجه، زن
Ehegenehmigung, die; -, -en	اجازهٔ ازدواج
Eheglück, das; -(e)s	کامیابی زناشویی
Ehehindernis, das; -nisses, -nisse	مانع نکاح
Ehekrach, der; -(e)s, -e	مشاجرهٔ زناشویی
Eheleben, das; -s, -	زندگی زناشویی
Eheleute, die / *Pl.*	زن و شوهر
ehelich *Adj.*	عقدی، مشروع
eheliche Kinder	فرزندان مشروع
ehelichen *Vt.*	عقد کردن، عروسی کردن
Ehelichkeit, die; -	ازدواج، زناشویی
ehelos *Adj.*	عزب، مجرد، بی‌همسر
Ehelosigkeit, die; -	تجرد، بی‌همسری
ehemalig *Adj.*	سابق، پیشین، قبلی
mein ehemaliger Lehrer	معلم سابق من
ehemals *Adv.*	سابقاً، قبلاً
Ehemann, der; -(e)s, ⸚er	شوهر، زوج
Ehenichtigkeit, die; -, -en	بطلان ازدواج
Ehepaar, das; -(e)s, -e	زن و شوهر
Ehepartner, der; -s, -	زوج، همسر
eher *Adv.*	۱. زودتر، پیش از این، سابقاً ۲. بیشتر ۳. بلکه
je eher um so besser	هر چه زودتر بهتر
Eherecht, das; -(e)s, -e	حقوق زناشویی
ehereif *Adj.*	بالغ، قابل ازدواج، به سن ازدواج رسیده
Ehering, der; -(e)s, -e	حلقهٔ ازدواج
ehern *Adj.*	فلزی، آهنی
ehernes Zeitalter	عصر آهن
Ehescheidung, die; -, -en	طلاق
Ehescheidungshäufigkeit, die; -, -en	کثرت طلاق
Ehescheidungsklage, die; -, -n	درخواست طلاق
Ehescheidungsprozeß, der; -prozesses, -prozesse	محاکمهٔ طلاق
Ehescheidungsurteil, das; -s, -e	حکم طلاق
Eheschließung, die; -, -en	ازدواج، زناشویی، نکاح، تأهل
Ehestand, der; -(e)s, -	ازدواج، زناشویی، نکاح، تأهل
ehestens *Adv.*	پیش از همه
Ehestifter, der; -s, -	واسطهٔ ازدواج
Ehestifterin, die; -, -nen	واسطهٔ ازدواج (زن)
Ehestreit, der; -(e)s, -e	نزاع بین زن و شوهر
Ehestreitigkeit, die; -, -en	اختلاف زناشویی
Ehetrennung, die; -, -en	متارکه، جدایی
Eheurkunde, die; -, -n	قبالهٔ ازدواج
Eheverbindung, die; -, -en	ارتباط زناشویی
Eheverbot, das; -(e)s, -e	تحریم ازدواج
Eheverfehlung, die; -, -en	زناشویی ناکامیاب

Ehevermittler, der; -s, - دلال ازدواج
Ehevermittlerin, die; -, -nen دلال ازدواج (زن)
Ehevermittlung, die; -, -en دلالی ازدواج
Eheversprechen, das; -s, - وعدهٔ ازدواج
Ehevertrag, der; -(e)s, ⸚e عقدنامه
Ehezeit, die; -, -en دوران تأهل
Ehrabschneider, der; -s, - آبروریز
Ehrabschneiderei, die; - آبروریزی
ehrabschneiderisch *Adj.* آبروریزانه
Ehrabschneiderung, die; - هتک آبرو
ehrbar *Adj.* آبرودار، درستکار، پاکدامن، شریف
Ehrbarkeit, die; - آبرومندی، درستکاری، پاکدامنی، شرافتمندی
Ehrbegierde, die; -, -n جاه‌طلبی
ehrbegierig *Adj.* جاه‌طلب
Ehre, die; -, -n ۱. آبرو، ناموس، شرف، شرافت ۲. افتخار
zu Ehren von به افتخارِ
jemandem **die letzte Ehre erweisen** در تشییع جنازه کسی شرکت کردن
mit etwas **Ehre einlegen** کاری را به نحو شایسته انجام دادن
Es ist mir eine Ehre. باعث افتخار من است.
Bei meiner Ehre! به شرافتم قسم!
Mit wem habe ich die Ehre? افتخار ملاقات چه کسی را دارم؟
ehren *Vt.* ارج نهادن، به (کسی / چیزی) احترام گذاشتن، حرمت گذاشتن
ehrend *Adj.* احترام‌گذار
Ehrenamt, das; -(e)s, ⸚er شغل افتخاری، مقام افتخاری
ehrenamtlich *Adj.* افتخاری
Ehrenbesuch, der; -(e)s, -e دیدار رسمی، دیدار تشریفاتی
Ehrenbezeigung, die; -, -en ادای احترام
militärische Ehrenbezeigung ادای احترام نظامی
Ehrenbogen, der; -s, - / ⸚ طاق نصرت
Ehrenbürger, der; -s, - شهروند افتخاری
Er wurde zum Ehrenbürger der Stadt ernannt. به او لقب شهروند افتخاری داده شد.
Ehrendenkmal, das; -(e)s, -e بنای افتخار، مجسمهٔ افتخار
Ehrendoktor, der; -s, -en دکترای افتخاری
Ehrendoktorat, das; -(e)s, -e دکترای افتخاری
Ehrendoktorwürde, die; -, -n درجهٔ دکترای افتخاری
Ehrenempfang, der; -(e)s, ⸚e پذیرایی رسمی
Ehrenerklärung, die; -, -en عذرخواهی رسمی
Ehrengarde, die; -, -n گارد احترام
Ehrengast, der; -(e)s, ⸚e میهمان عالیقدر
Ehrengefolge, das; -s, - همراهان، ملتزمان
Ehrengeleit, das; -es, -e اسکورت رسمی
Ehrengeschenk, das; -(e)s, -e خلعت؛ هدیه
ehrenhaft *Adj.* شرافتمند، آبرومند، شریف
Ehrenhaftigkeit die; - شرافتمندی، آبرومندی
ehrenhalber *Adv.* افتخاری
Ehrenkarte, die; -, -n بلیت افتخاری
Ehrenkleid, das; -(e)s, -er خلعت
Ehrenkompanie, die; -, -n گروهان تشریفاتی
Ehrenkränkung, die; -, -en هتک حرمت، توهین
Ehrenkranz, der; -(e)s, ⸚e تاج افتخار
Ehrenkrone, die; -, -n تاج افتخار
Ehrenmann, der; -(e)s, ⸚er آدم شرافتمند
Ehrenmitglied, das; -(e)s, -er عضو افتخاری
Ehrenmitgliedschaft, die; - عضویت افتخاری
Ehrenplatz, der; -es, ⸚e جایگاه مخصوص
Ehrenpokal, der; -s, -e (ورزش) جام افتخار
Ehrenposten, der; -s, - پست افتخاری
Ehrenpräsident, der; -en, -en رئیس افتخاری
Ehrenpreis, der; -es, -e نشان افتخار
Ehrenrechte, die / *Pl.* حقوق مدنی
Ehrenrettung, die; -, -en دفاع از حیثیت، نجات حیثیت
ehrenrührig *Adj.* بی‌آبرویی
Ehrensache, die; -, -n وظیفهٔ وجدانی
Ehrensitz, der; -es, -e جایگاه مخصوص
Ehrentafel, die; -, -n لوحهٔ افتخار
Ehrenteppich, der; -s, -e فرش پذیرایی (فرشی که در موقع استقبال رسمی از کسی پهن می‌کنند)
Ehrentitel, der; -s, - لقب افتخاری
ehrenvoll *Adj.* پرافتخار، آبرومندانه، محترمانه
Ehrenvorsitzende, die / der; -n, -n رئیس افتخاری
Ehrenwache, die; -, -n گارد افتخار، گارد تشریفاتی
ehrenwert *Adj.* محترم، شریف، شرافتمند
Ehrenwort, das; -(e)s, -e قول شرف
Ehrenzeichen, das; -s, - نشان افتخار
ehrerbietig *Adj.* محترم، مؤدب، باادب
Ehrerbietung, die; - احترام، ادب، حرمت
Ehrfurcht, die; - احترام، ادب، حرمت

ehrfürchtig

ehrfürchtig *Adj., Adv.*	۱. بااحترام، باادب ۲. محترمانه، مؤدبانه
ehrfurchtsvoll *Adj.*	بااحترام، باادب
Ehrgefühl, das; -(e)s, -	وجدان، شرف، غیرت
Ehrgeiz, der; -es	جاه‌طلبی، شهرت‌طلبی، بلندپروازی
ehrgeizig *Adj.*	جاه‌طلب، شهرت‌طلب، بلندپرواز
Ehrgeizling, der; -s, -e	جاه‌طلب، شهرت‌طلب، بلندپرواز
ehrgeizlos *Adj.*	بی‌عرضه، بی‌حمیّت
Ehrgeizlosigkeit, die; -	بی‌عرضگی، بی‌حمیّتی
ehrlich *Adj., Adv.*	۱. درستکار، شرافتمند، راستگو، صادق، امین ۲. شرافتمندانه، صادقانه
Ehrlich!	راستی!
Ehrlich gesagt...	راستش را بخواهید ...
ehrlich in der Rede	رک‌گو
ehrlich und offen	بی‌غل و غش
Ehrlichkeit, die; -	درستکاری، راستگویی، صداقت، امانت
ehrlos *Adj.*	بی‌شرف، بی‌آبرو، بی‌ناموس
Ehrlose, der; -s, -	بی‌شرف، بی‌آبرو، بی‌ناموس
Ehrlosigkeit, die; -	بی‌شرفی، بی‌آبرویی، بی‌حرمتی
ehrsam *Adj.*	باشرف، پاکدامن، عفیف
Ehrsamkeit, die; -	شرافت، پاکدامنی، عفت
Ehrsucht, die; -, ¨e	جاه‌طلبی مفرط، بلندپروازی
ehrsüchtig *Adj.*	جاه‌طلب، بلندپرواز (مفرط)
Ehrung, die; -, -en	اکرام، تکریم، تجلیل، بزرگداشت
zur Ehrung des Dichters	به منظور بزرگداشت شاعر
ehrverletzend *Adj.*	موهن، توهین‌آمیز
Ehrverletzung, die; -, -en	توهین، اهانت
Ehrverlust, der; -(e)s, -	بی‌آبرویی
ehrwürdig *Adj.*	شایان احترام، شایستهٔ اکرام
Ehrwürdigkeit, die; -	احترام، اکرام، بزرگواری
Ei, das; -(e)s, -er	۱. تخم‌مرغ ۲. تخم، بیضه
das Rührei	خاگینه
das Spiegelei	نیمرو
gekochtes Ei	تخم‌مرغ آب‌پز
weiches Ei	تخم‌مرغ عسلی، تخم‌مرغ آب‌پز شل
hartes Ei	تخم‌مرغ پخته
ein Ei kochen	تخم‌مرغ پختن
Eier legen	تخم گذاشتن
wie ein rohes Ei behandeln	با (کسی) با احتیاط بسیار رفتار کردن
wie aus dem Ei geschält	تر و تمیز و خوش‌لباس بودن
Eibe, die; -, -n	درخت سرخدار، (نوعی) درخت سرو
Eibenholz, das; -(e)s, ¨er	چوب سرخدار
Eibisch, der; -es, -e	(نوعی) گل ختمی
Eibischgemüse, das; -s, -	بامیه
Eichapfel, der; -s, ¨	مازو، مازوج
Eichbaum, der; -(e)s, ¨e	درخت بلوط
Eiche, die; -, -n	بلوط
Eichel, die; -, -n	۱. میوهٔ درخت بلوط ۲. (بازی ورق) خال گشنیز
Eichelbrot, das; -(e)s, -e	نان بلوط
Eichelhäher, der; -s, -	کلاغ کاکلی، زاغ کبود
eichen¹ *Vt.*	۱. سنجیدن، میزان کردن ۲. عیار زدن، مدرج کردن
eichen² *Adj.*	از چوب بلوط
Eichen, das; -s	۱. تخم‌مرغ کوچک ۲. تخمک
Eichenblatt, das; -(e)s, ¨er	برگ بلوط
Eichenhain, der; -(e)s, -e	جنگل بلوط
Eichenlohe, die; -, -n	(رنگرزی) خمیر پوست بلوط
Eichenwald, der; -(e)s, ¨er	جنگل بلوط
Eichholz, das; -es, ¨er	چوب (درخت) بلوط
Eichhorn, das; -(e)s, ¨er	سنجاب، موش خرما
Eichhörnchen, das; -e, -	سنجاب، موش خرما
Eichkätzchen, das; -s, -	سنجاب کوچک، موش خرما کوچک
Eichkatze, die; -, -n	سنجاب، موش خرما
Eichklotz, der; -es, ¨e	کندهٔ چوب بلوط
Eichmaß, das; -es, -e	معیار، عیار
Eichstab, der; -(e)s, ¨e	چوب (مخصوص) سنجش، چوب اندازه‌گیری
Eichstrich, der; -(e)s, -e	خط میزان، خط درجه‌بندی
Eichung, die; -, -en	سنجش، درجه‌بندی، عیارزنی، میزان‌بندی
Eichwald, der; -(e)s, ¨er	جنگل بلوط
Eid, der; -(e)s, -e	سوگند، قسم، عهد، پیمان
unter Eid	به قید قسم
einen Eid ablegen	قسم خوردن
den Eid brechen	عهد شکستن
Eidam, der; -(e)s, -e	داماد
Eidbruch, der; -(e)s, ¨e	نقض قسم، عهدشکنی، سوگندشکنی
eidbrüchig *Adj.*	سوگندشکن
Eidechse, die; -, -n	چلپاسه، مارمولک؛ بزمجه
Eiderdaunen, die / *Pl.*	پر نرم مرغابی (شمال اروپا)
Eiderente, die; -, -n	(نوعی) مرغابی شمال اروپا (با پر لطیف)

233 **Eigennützigkeit**

Eidergans, die; -, ¨-e (نوعی) غاز شمال اروپا (با پر لطیف)
Eidesformel, die; -, -en قسم‌نامه، متن سوگند
Eidesleistung, die; -, -en مراسم تحلیف، مراسم سوگندخوری
eidesstattlich *Adj.* به قید سوگند، با قسم
eidestreu *Adj.* وفادار به سوگند
Eidestreue, die; - وفای به عهد، وفای به سوگند
Eidgenosse, der; -n, -n هم‌قسم، هم‌پیمان (عنوان شهروندان سوئیس)
Eidgenossenschaft, die; -, -en جمعیت هم‌پیمانان (عنوان رسمی کنفدراسیون سوئیس)
eidlich *Adj.* به قید سوگند، با قسم
Eidotter, der/das; -s, - زردهٔ تخم‌مرغ
Eierbecher, der; -s, - جاتخم‌مرغی
Eierbrikett, das; -(e)s, -e/-s زغال‌سنگ تخم‌مرغی شکل
Eierfrucht, die; - بادمجان
Eierhandgranate, die; -, -n نارنجک دستی تخم‌مرغی شکل
Eierkuchen, der; -s, - خاگینه
Eierlegen, das; -s تخم‌گذاری
Eierlikör, der; -s, -e لیکور تخم‌مرغ
Eierlöffel, der; -s, - قاشق تخم‌مرغ‌خوری
Eierschale, die; -, -n پوست تخم‌مرغ
Eierstock, der; -(e)s, ¨-e تخمدان
Eierstockentzündung, die; -, -en ورم تخمدان
Eifer, der; -s, - ۱. همت، سعی، کوشش ۲. تعصب؛ هیجان
religiöser Eifer تعصب مذهبی
Eiferer, der; -s, - ۱. متعصب، قشری ۲. کوشنده
eifern *Vi.* ۱. تعصب به خرج دادن، تندروی کردن ۲. جهد کردن، کوشیدن
Eifersucht, die; -, ¨-e حسد، حسادت، رشک
Eifersüchtelei, die; -, -en حسدورزی
eifersüchtig *Adj., Adv.* ۱.حسود ۲. با حسدورزی، باحسادت
auf jemanden **eifersüchtig sein** به کسی حسد ورزیدن
Ich bin eifersüchtig geworden. حسودیم شد.
Eiffelturm, der; -(e)s برج ایفل
eiformig *Adj.* تخم‌مرغی شکل، بیضی شکل
eifrig *Adj., Adv.* ۱. ساعی، جدی، زحمتکش، با حرارت ۲. مشتاقانه
Eigelb, das; -s, -e زردهٔ تخم‌مرغ
eigen *Adj.* ۱. خود، مخصوص به خود، مال خود، ویژه ۲. نکته‌گیر، ایرادگیر، مشکل‌پسند ۳. جداگانه، علیحده
auf deine eigenen kosten به خرج خودت
einen eigenen Wagen haben اتومبیلی از خود داشتن
mit eigenen Augen با چشم‌های خود
Er wollte es mit eigenen Augen sehen.
می‌خواست آنرا با چشمان خود ببیند.
Eigenart, die; -, -en ویژگی، خصوصیات
die Eigenart seiner Handschrift شیوهٔ خط او
eigenartig *Adj.* ۱. مخصوص، ویژه ۲. عجیب و غریب
Eigenartigkeit, die, - ۱. ویژگی ۲. غرابت
Eigenbedarf, der; -(e)s نیاز شخصی
Eigenbesitz, der; -es, -e ملک شخصی
Eigenbetrieb, der; -(e)s, -e مؤسسهٔ شخصی
Eigenbildung, die; -, -en خودساختگی
Eigenbrötelei, die; -, -en تنهایی، انفراد؛ گوشه‌گیری
Eigenbrötler, der; -s, - گوشه‌گیر، منزوی، خلوت‌دوست
eigenbrötlerisch *Adj.* گوشه‌گیر، منزوی
Eigengewicht, das; -(e)s, -e وزن خالص، وزن خشک؛ وزن دستگاه بدون بار
eigenhändig *Adj., Adv.* ۱. شخصی ۲. با دست خود، شخصاً
Eigenhaus, das; -es, -häuser خانهٔ شخصی
Eigenheim, das; -(e)s, -e خانهٔ شخصی
Eigenheit, die; -, -en ویژگی، خصوصیت
Eigenkapital, das; -(e)s, -e/-ien سرمایهٔ شخصی
eigenköpfig *Adj.* خودرأی، خیره‌سر، سرکش، لجباز
Eigenliebe, die; -, -n خودخواهی، خودپسندی، خودبینی
Eigenlob, das; -(e)s خودستایی
Eigenmacht, die; -, ¨-e خودسری، کار خودسرانه
eigenmächtig *Adj., Adv.* ۱. خودسر، خودسرانه ۲. سرخود، خودسرانه
Er hat eigenmächtig gehandelt.
او خودسرانه دست به این کار زده است.
Eigenmächtigkeit, die; -, -en خودسری
Eigenname, der; -ns, -n (دستور زبان) اسم خاص
Eigennamenverzeichnis, das; -nisses, -nisse فهرست اَعلام، نام‌نامه
Eigennutz, der; -es سودجویی، نفع شخصی
eigennützig *Adj.* خودبین، خودپرست؛ خودخواهانه
eigennützige Interesse verfolgen
دنبال هدف‌های شخصی بودن
Eigennützigkeit, die; - خودبینی، خودپرستی

eigens *Adv.* مخصوصاً، خصوصاً، صرفاً
eigens für dich خصوصاً برای تو
Eigenschaft, die; -, -en ویژگی، خصوصیت، خاصیت، صفت
gute Eigenschaften صفات خوب، صفات حسنه
chemische Eigenschaften خواص شیمیایی
Eigenschaftswort, das; -(e)s, -e (دستور زبان) صفت
Eigensinn, der; -(e)s, - خودسری، خیره‌سری، سرکشی، لجاجت
aus Eigensinn از روی لجاجت
eigensinnig *Adj.* خودرأی، خیره‌سر، لجباز، لجوج، متمرد، کله‌شق
Eigensinnig hielt er an seiner Meinung.
او در عقیده خود مصر بود.
Eigensinnigkeit, die; - خودسری، لجبازی، لجاجت، کله‌شقی
eigenständig *Adj.* آزاد، مستقل؛ بکر
eigenständige Gedanken افکار بکر
Eigenständigkeit, die; - آزادی، استقلال
Eigensucht, die; -, - خودخواهی، خودپرستی، خودپسندی
eigensüchtig *Adj.* خودخواه، خودپرست، خودپسند
eigentlich *Adj., Adv.* ۱. در اصل، در واقع، در حقیقت ۲. واقعی، اصلی، حقیقی ۳. اصلاً
Was willst du eigentlich? اصلاً چه می‌خواهی؟
Was ist eigentlich mit dir los? چته؟ چت شده؟
Was willst du eigentlich damit sagen?
حرف حسابت چیه؟
im eigentlichen Sinne des Wortes
به معنای واقعی کلمه
Eigentor, das; -(e)s, -e (فوتبال) گل خودی
Eigentum, das; -(e)s, ⸚er دارایی، مال، ملک، مستغلات
Das ist mein Eigentum. این دارایی/ ملک من است.
Verzicht aufs Eigentum چشم‌پوشی از مال
Eigentümer, der; -s, - مالک، صاحب ملک
der Eigentümer des Hauses صاحب خانه
Eigentümerin, die; -, -nen صاحب خانه (زن)
eigentümlich *Adj.* ۱. ملکی ۲. خاص، مخصوص، منحصر
etwas **eigentümlich besitzen** مالک چیزی بودن
Eigentümlichkeit, die; -, -en صفت ممیزه، نشان اختصاصی
die Eigentümlichkeiten خصوصیات

Eigentümsdelikt, das; -(e)s, -e تصرف عدوانی
Eigentumsrecht, das; -(e)s, -e حق مالکیت
Eigentümssteuer, die; -, -n مالیات مستغلات
Eigentümsübertragung, die; -, -en انتقال مالکیت
Eigentumswohnung, die; -, -en آپارتمان شخصی
eigenverantwortlich *Adj.* با مسئولیت شخصی
Eigenverbrauch, der; -(e)s مصرف شخصی
Eigenwille, der; -ns, -n ارادهٔ شخصی، خودکامی، خودسری
eigenwillig *Adj.* خودسر، خودکامه، لجباز، لجوج
Eigenwilligkeit, die; - ارادهٔ شخصی، خودکامی، خودسری
Eigenwohnung, die; -, -en منزل شخصی
eignen *Vi., Vr.* ۱. متعلق بودن ۲. لایق بودن، شایسته بودن، مستعد بودن ۳. مناسب بودن
für etwas **geeignet sein** برای کاری مناسب بودن
Eigner, der; -s, - مالک، صاحب
Eignung, die; -, -en قابلیت، شایستگی، لیاقت
die Eignung für ein Werk شایستگی انجام کاری
Eignungsprüfung, die; -, -en آزمون شایستگی، آزمایش لیاقت
Eignungstest, der; -(e)s, -e آزمون شایستگی، آزمایش لیاقت
Eihaut, die; -, -häute پوست نازک داخل تخم‌مرغ
Eiklar, das; -s, - سفیدهٔ تخم‌مرغ
Eiland, das; -(e)s, -e جزیرهٔ کوچک
Eilauftrag, der; -(e)s, ⸚e سفارش فوری
Eilbestellung, die; -, -en سفارش فوری
Eilbote, der; -n, -n پیک فوری، پست سریع
durch Eilbote با پست فوری
Eilbrief, der; -(e)s, -e نامهٔ فوری، پست سریع‌السیر
Eilbriefporto, das; -s, -s/ -ti عوارض پست سریع‌السیر، میزان تمبر پست فوری
Eile, die; - شتاب، عجله
in Eile به شتاب، با عجله
in aller Eile درکمال عجله، به شتاب تمام
in Eile sein عجله داشتن
Keine Eile! عجله‌ای درکار نیست!
Eileiter, der; -s, - لولهٔ تخمدان، مجرای تخمدان
eilen *Vi., Vr.* ۱. شتاب کردن، عجله کردن ۲. شتافتن، عجله داشتن
Es eilt. فوری است. دیر می‌شود.
Ich habe es eilig. عجله دارم. دیرم می‌شود.

sich beeilen شتافتن، عجله داشتن
Die Sache eilt. این مسئله ضروری است.
eilends *Adv.* باعجله، شتابان
eilfertig *Adj.* عجول؛ تند، فرز
Eilfertigkeit, die; -, -en شتاب، عجله
Eilfracht, die; -, -en ۱. بارکشی سریع‌السیر، ۲. کالای فوری
Eilgut, das; -(e)s, ⸚er ۱. بارکشی سریع‌السیر ۲. کالای فوری
Eilgüterzug, der; -es, ⸚e قطار باری سریع‌السیر
eilig *Adj.* فوری، سریع، باشتاب، باعجله، فوتی
Hast du es eilig? عجله داری؟
eiliger Brief نامهٔ فوری
eilige Antwort جواب فوری
Eilmarsch, der; -, -en قدم تند
Eilpferd, das: -(e)s, -e اسب تندرو
Eilpost, die; -, -en پست فوری
Eilsendung, die; -, -en پست فوری
Eilzug, der; -es, ⸚e قطار سریع‌السیر
Eilzustellung, die; -, -en تحویل فوری
Eimer, der; -s, - سطل، دلو
der Mülleimer سطل آشغال
Eimerchen, das; -s, - سطل کوچک
Eimergriff, der; -(e)s, -e دستهٔ سطل
Eimermacher, der; -s, - سطل‌ساز
eimerweise *Adv.* سطل‌سطل
ein *Adj., Adv., Pron., Zahlw.* یک، یکی (حرف تعریف نامعین)
einachsig *Adj.* یک محوری
Einakter, der; -s, - (نمایش) یک پرده‌ای
einander *Pron.* هم، همدیگر، یکدیگر
Sie helfen einander. آنها به هم کمک می‌کنند.
einarbeiten *Vt., Vr.* ۱. وارد کار کردن، آشنا به کار کردن ۲. به کار وارد شدن، آشنا به کار شدن
einarmig *Adj.* دارای یک بازو، یک بازویی، یک دستی
Einarmige, der; - (آدم) یک دست
einäschern *Vt.* ۱. آتش زدن، سوزاندن، خاکستر کردن ۲. سوزاندن و خاکستر کردن (جسد)
den Toten einäschern جسد را سوزاندن
Einäscherung, die; -, -en ۱. تبدیل شدن به خاکستر ۲. سوختن و به خاکستر تبدیل شدن (نعش)
einatmen *Vt., Vi.* ۱. کشیدن (نفس) ۲. نفس کشیدن، دم زدن، تنفس کردن، نفس فرو بردن
Einatmen, das; -s تنفس، استنشاق
Einatmung, die; -, -en تنفس، استنشاق

einäugig *Adj.* یک چشم، اَعْوَر
Einäugige, der; -n, -n یک چشمی
Unter den Blinden ist der Einäugige König.
در شهر کوران یک چشمی پادشاه است.
Einbahnstraße, die; -, -n خیابان یک طرفه
Einbahnverkehr, der; -(e)s عبور یک طرفه
einbalsamieren *Vt.* مومیایی کردن
Einbalsamierung, die; -, -en مومیایی
Einband, der; -(e)s, ⸚e جلد کتاب
Einbanddecke, die; -, -n جلد مقوایی کتاب
einbändig *Adj.* یک جلدی
Einbau, der; -s, -ten تأسیس، بنا، نصب
einbauen *Vt.* کار گذاشتن، نصب کردن
Einbauküche, die; -, -n آشپزخانهٔ از پیش ساخته
Einbaum, der; -(e)s, -bäume زورق
Einbauschrank, der; -(e)s, ⸚e گنجهٔ دیواری
einbedingen *Vt.* مشروط کردن، مقید کردن
einbegreifen *Vt.* شامل شدن، مشتمل شدن
einbegriffen *Adj.* منظور شده، محسوب شده
einbehalten *Vt.* گرویی نگاه داشتن، ضبط کردن
etwas **als Pfand einbehalten**
چیزی را به عنوان گرو نگاه داشتن
einbeinig *Adj.* یک‌پایی، یک‌پا
einbekennen *Vt.* به (چیزی) اقرار کردن، به (چیزی) اعتراف کردن
seine Niederlage einbekennen
به شکست خود اعتراف کردن
Einbekennung, die; -, -en اقرار، اعتراف
einbekommen *Vt.* دریافت کردن
einberechnen *Vt.* به حساب منظور کردن، به حساب آوردن
Einberechnung, die; - منظور در حساب
einberufen *Vt.* ۱. (برای شرکت در جلسه) دعوت کردن ۲. (برای خدمت سربازی) احضار کردن
die Reserve einberufen نیروی ذخیره را احضار کردن
die Sitzung einberufen
برای شرکت در جلسه دعوت کردن
Einberufung, die; -, -en ۱. دعوت، احضار ۲. بسیج
Einberufungsbefehl, der; -s, -e حکم احضار
Einberufungskommission, die; -, -en
کمیسیون سربازگیری
einbestellen *Vt.* به (کسی) مأموریت دادن
einbetteln *Vt.* با گدایی جمع کردن
einbetten *Vt.* خواباندن، در رختخواب گذاشتن

Einbettzimmer 236

Einbettzimmer, das; -s, - اتاق یک نفره، اتاق یک تختخوابه

einbeziehen *Vt.* شامل کردن، به‌حساب آوردن، ضمیمه کردن، اضافه کردن

einen Gast in eine Unterhaltung miteinbeziehen / einbeziehen مهمانی را در بحثی شرکت دادن

einbiegen *Vi., Vt.* ۱. به طرف داخل هدایت کردن، به طرف داخل خم کردن ۲. پیچیدن ۳. پیچاندن

in eine Nebenstraße einbiegen به خیابان فرعی پیچیدن

Nach rechts einbiegen ist verboten. گردش به راست ممنوع است.

Einbiegen, das; -s پیچش، گردش

einbilden *Vr.* ۱. تصور کردن، به (خود) تلقین کردن ۲. تفاخر کردن، نخوت داشتن، به (خود) نازیدن، تکبر ورزیدن

eine eingebildete Person آدم متکبر و از خود راضی

eingebildete Krankheit بیماری خیالی

Was bildet sich der Kerl eigentlich ein! جوانک چه خیالی در سر دارد!

Einbildung, die; -, -en ۱. وهم، خیال، تصور، تخیل ۲. خودپسندی، غرور، تکبر

in meiner Einbildung در تخیل من

Einbildungskraft, die; - قوهٔ تخیل، قدرت خیالبافی

einbinden *Vt.* ۱. بستن ۲. جلد کردن، صحافی کردن

das Buch in Leder einbinden کتاب را با چرم جلد کردن

Einbinden, das; -s صحافی، تجلید (کتاب)

einblasen *Vt.* ۱. دمیدن، فوت کردن ۲. درگوشی گفتن ۳. تلقین کردن

Einbläser, der; -s, - ۱. تلقین‌کننده ۲. (در نمایش) سوفلور

einblätt(e)rig *Adj.* یک برگی

einblenden *Vt.* (در رادیو، تلویزیون، سینما) به برنامه اضافه کردن

Diese Szene wurde auch hier eingeblendet. این صحنه در اینجا نیز منعکس شده است.

einbleuen *Vt.* ۱. به کاری واداشتن ۲. به زور به (کسی) تفهیم کردن

einem Kind das Rechnen einbleuen حساب را به زور به کودکی فهماندن

Einblick, der; -(e)s, -e ۱. نظر، بینش ۲. اطلاع، آگاهی ۳. بررسی (موضوعی)

Ich habe keinen Einblick in seine Verhältnisse. از کار او سر درنمی‌آورم.

einbögig *Adj.* [پل] یک طاقی، یک چشمه

einbohren *Vt., Vr.* سوراخ کردن، کندن

einbrechen *Vt., Vi.* ۱. شکستن، به‌زور باز کردن ۲. سرزده وارد شدن ۳. دستبرد زدن، دزدی کردن ۴. فرا رسیدن، شروع شدن ۵. فرو ریختن، فرو افتادن ۶. توفیق نیافتن

die Tür einbrechen در را شکستن

bei jemandem **einbrechen** به خانهٔ کسی دستبرد زدن

Die Nacht brach ein. شب فرا رسید.

Der Feind ist in unser Land eingebrochen. دشمن مملکت ما را اشغال کرد.

Einbrecher, der; -s, - دزد، سارق

Einbrenne, die; -, -n آرد سرخ کرده

einbrennen *Vt., Vi., Vr.* ۱. داغ زدن (حیوان) ۲. (بر اثر سوختن) تأثیر کردن ۳. (بر اثر سوختن) سبک شدن ۴. در خاطر ماندن

Das hat sich in mein Gedächtnis eingebrannt. این مطلب در خاطر من مانده است.

dem Vieh eine Eigentumsmarke einbrennen بر کفل حیوان داغ زدن

einbringen *Vt.* ۱. وارد کردن، تو بردن، داخل (جایی) بردن ۲. برای تصویب ارائه کردن ۳. جبران کردن ۴. داشتن (سود) ۵. با (خود) آوردن ۶. قلم زدن

die Ernte einbringen محصول را جمع کردن، محصول را به داخل (انبار) آوردن

die Summe einbringen وجه را وصول کردن

Das bringt nichts ein. تو این کار نان پیدا نمی‌شود.

Was bringt es mir ein? چی گیر من می‌آید؟

einen Antrag einbringen درخواستی تسلیم کردن

einbringlich *Adj.* مقرون به صرفه

Einbringung, die; -, -en ۱. حبس ۲. جهیز، ارائه

einbrocken *Vt.* ۱. خرد کردن، ترید کردن (نان) ۲. ایجاد کردن (اشکال)

die Brotschnittchen in die Suppe einbrocken برش‌های نان را در سوپ ریختن

sich eine schöne Suppe einbrocken دست زدن به کاری که عواقب وخیم دارد

Einbruch, der; -(e)s, ¨-e ۱. شکستگی، فروریختگی ۲. دخول، ورود (غیر مجاز) ۳. شروع، آغاز ۴. سرقت، دزدی (با داخل شدن به زور) ۵. شکست، عدم توفیق

Einbruch des Wassers نفوذ آب

Einbruch des Winters آغاز زمستان

einen Einbruch begehen به خانه (کسی) دستبرد زدن

einbuchten *Vt.* حبس کردن

einem

Einbuchtung, die; -, -en	۱. فرورفتگی ۲. خلیج ۳. دستگیری
einbürgern Vt., Vr.	۱. اهل محل کردن؛ به (کسی) حق تابعیت دادن ۲. رواج دادن ۳. تابع شدن، تبعه شدن ۴. عادت شدن، مرسوم شدن
sich einbürgern lassen	خود را تابع کشوری کردن
sich einbürgern	رواج یافتن
Einbürgerung, die; -, -en	قبول تابعیت؛ اعطای تابعیت
Einbuße, die; -, -n	ضرر، زیان، لطمه
finanzielle Einbuße	ضرر مالی
einbüßen Vt., Vi.	۱. در (چیزی) ضرر کردن، از دست دادن؛ گم کردن ۲. لطمه دیدن
eincremen Vt.	به (چیزی) کرم مالیدن
eindämmen Vt.	سد کردن، مسدود کردن، محدود کردن، محصور کردن
die Flut eindämmen	جلوی سیل راگرفتن
eindämmern Vi., Vt.	۱. چرت زدن ۲. خواباندن، خواب کردن
Eindämmung, die; -, -en	محدودیت؛ سدبندی
eindampfen Vt., Vi.	۱. تبخیر کردن ۲. تبخیر شدن
eindecken Vt., Vr.	۱. پوشاندن؛ جلد کردن ۲. ذخیره کردن
eindeichen Vt.	روی (چیزی) سد بستن، برای (چیزی) سد ساختن
Eindeichung, die; -, -en	سد، سدبندی، سدسازی
eindeutig Adj.	واضح، روشن، آشکار، صریح، رک
eindeutige Antwort	جواب صریح
Was eindeutig ist, bedarf keiner Erklärung.	چیزی که عیان است، چه حاجت به بیان است.
Eindeutigkeit, die; -, -en	صراحت، عدم ابهام، رکی
eindeutschen Vt.	آلمانی کردن، با زبان و فرهنگِ آلمانی تطبیق دادن
das Fremdwort eindeutschen	لغت خارجی را وارد زبان آلمانی کردن
Eindeutschung, die; -, -en	تبدیل به (زبان و فرهنگ) آلمانی
eindicken Vt.	۱. کلفت کردن؛ سفت کردن؛ ضخیم کردن؛ غلیظ کردن ۲. تمرکز دادن
die Suppe eindicken	سوپ را غلیظ کردن
Eindickung, die; -	تغلیظ؛ قوام
eindimensional Adj.	یک‌بعدی
eindrängen Vt., Vr.	۱. در (چیزی) مداخله کردن ۲. به زور وارد شدن

sich in die Gesellschaft eindrängen	خود را به زور در مجلسی جا دادن
eindrillen Vt.	توی کله (کسی) فرو کردن
eindringen Vi.	۱. (به داخل مکانی) نفوذ کردن، راه یافتن ۲. فشار آوردن ۳. به زور قبولاندن ۴. حمله کردن ۵. تجاوز کردن ۶. پی بردن، واقف شدن
auf jemanden eindringen	بر کسی فشار آوردن
in jemandes Geheimnisse eindringen	از اسرار کسی سر درآوردن
Das Wasser ist in die Mauer eingedrungen.	آب در دیوار نفوذ کرد.
Eindringen, das; -s	۱. نفوذ ۲. تجاوز
Eindringen in die Einzelheiten	رسیدگی به جزئیات
eindringlich Adj.	صریح، مؤثر، نافذ
jemanden um etwas eindringlich bitten	چیزی را از کسی مصراً خواستن
Eindringlichkeit, die; -	صراحت
Eindringling, der; -s, -e	۱. مزاحم، سرخر ۲. متجاوز، مهاجم
Eindruck, der; -(e)s, ⸚e	۱. اثر، تأثیر ۲. نمود، استنباط، برداشت
Eindruck des Fußes	اثر پا، جای پا
tiefer Eindruck	تأثیر عمیق
auf jemanden Eindruck machen	در ذهن کسی اثر گذاشتن
Ich habe den Eindruck, daß...	احساس می‌کنم که...
eindrucken Vt.	باسمه کردن، قلمکار کردن
eindrücken Vt.	۱. فشار آوردن و شکستن ۲. فشار آوردن و به داخل فرو بردن
das Siegel in den Ton eindrücken	مُهر را در گل فرو کردن
eindruckslos Adj.	بی‌تأثیر
eindrucksvoll Adj.	مؤثر، نافذ، گیرا
Er spricht sehr eindrucksvoll.	او خیلی مؤثر حرف می‌زند.
einebnen Vt.	هموار کردن، تسطیح کردن، صاف کردن
Einebnung, die; -, -en	تسطیح؛ تمهید
Einebnungsarbeiten, die/Pl.	عملیات تسطیح، (عملیات) جاده صاف کنی
Einehe, die; -, -n	یک زنی، تک زناشویی
eineiig Adj.	یک تخمه، تک تخمه
eineinhalb Adj.	یک و نیم
einem Art.	یک، به یکی (حرف تعریف نامعین در حالت مفعول باواسطه)

einen[1] *Art.* یک، یـکی را
(حرف تعریف نامعین در حالت مفعول بی‌واسطه)
einen[2] *Vt.* یکی کردن، متحد کردن، متفق کردن؛ متصل کردن
einengen *Vt.* محدود کردن، تنگ کردن
Einengung, die; -, -en محدودیت، تضییق
einer *Pron.* یکی، شخصی، کسی، فردی، آدمی، یک‌نفر
einer von uns یکی از ما
Einer, der; -s, - یک نفر، یک شخص
einerlei *Adj.* ۱. بی‌تفاوت، بی‌اهمیت ۲. مساوی، مشابه، یکنواخت، برابر، یکسان
von einerlei Farbe از یک نوع رنگ
Das ist mir einerlei. برای من علی‌السویه است.
einernten *Vt.* درو کردن، خرمن کردن
einerseits *Adv.* از یک طرف، از طرفی، از سویی، از جهتی
einesteils *Adv.* از یک طرف، از طرفی، از سویی، از جهتی
einexerzieren *Vt.* ۱. مشق (چیزی) کردن، تمرین دادن، ۲. تعلیم دادن
einfach *Adj., Adv.* ۱. ساده، سهل، آسان، قابل فهم ۲. [بلیت] یکسره
einfache Leute مردم عادی
einfaches Leben زندگی ساده، زندگی بی‌تجمل
einfaches Essen غذای ساده
Einfach, das; -(e)s, ⸚er (بلیت) یکسره
Einfachheit, die; - سادگی، آسانی، سهولت، بی‌تکلفی
einfädeln *Vt.* ۱. نخ کردن (سوزن) ۲. طرح‌ریزی کردن، تدبیر (چیزی) را کردن
einfahren *Vt., Vi., Vr.* ۱. (با وسیلهٔ نقلیه) داخل (جایی) کردن ۲. (با وسیلهٔ نقلیه) وارد (جایی) شدن ۳. (با وسیلهٔ نقلیه) داخل کـردن ۴. (هـنگام رانـدن بـه داخـل) آسـیب رساندن ۵. فرو رفتن ۶. معمول شدن، عادت شدن ۷. تمرین رانندگی کردن ۸. به وسیلهٔ نقلیه عادت کردن
Der Zug ist eingefahren. قطار وارد شد.
Einfahrt, die; -, -en ۱. محل ورود (وسیلهٔ نقلیه) ۲. ورود (با وسیلهٔ نقلیه)
Einfahrt verboten! ورود ممنوع!
Einfahrt freihalten! جلو در ورودی پارک نکنید!
Ein- und Ausfahrt ورود و خروج
Einfahrtssignal, das; -s, -e علامت ورود قطار (به ایستگاه راه‌آهن)
Einfall, der; -(e)s, ⸚e ۱. حملهٔ ناگهانی، تهاجم، هجوم، تاخت و تاز ۲. فکر، ابتکار، الهام
Das war ein guter Einfall. فکر بکری بود.
einfallen *Vi.* ۱. خراب شدن (خانه)، فرو ریختن (دیوار) ۲. (بر دشمن) هجوم آوردن ۳. سقوط کردن ۴. به یاد آوردن، به خاطر آوردن ۵. هم‌آواز شدن ۶. میان کـلام (کسی) دویدن ۷. داخل شدن (نور)
Es fällt mir ein. به یادم می‌آید.
Dies Gedicht ist mir eingefallen. این شعر به یادم آمد.
Gerade eben fällt mir ein, daß... همین حالا به خاطرم رسید که ...
Alle Glocken fielen ein. همه زنگ‌ها به صدا درآمدند.
einfallslos *Adj.* فاقد قریحه، بی‌ابتکار، بی‌ذوق
einfallsreich *Adj.* صاحب قریحه، با ابتکار، باذوق
Einfallswinkel, der; -s, - زاویهٔ برخورد، زاویهٔ تابش (نور)
Einfalt, die; - سادگی، ساده‌لوحی؛ سلامت نفس
einfältig *Adj.* ساده، ساده‌لوح، کم‌عقل، ابله
Einfältigkeit, die; - ساده‌لوحی، کم‌عقلی، بُله
Einfaltspinsel, der; -s, - ساده‌لوح، ابله
Einfamilienhaus, das; -es, -häuser خانهٔ کوچک (برای یک خانواده)
einfangen *Vt., Vr.* ۱. به چنگ آوردن؛ دستگیر کردن ۲. گرفتن
den Flüchtling einfangen فراری را دستگیر کردن
einfärben *Vt.* رنگ کردن
einfarbig *Adj.* یکرنگ
Einfarbigkeit, die; - یکرنگی
einfassen *Vt.* قاب گرفتن؛ محصور کردن، احاطه کردن
den Garten mit einer Mauer einfassen باغ را با دیوار محصور کردن
Einfassung, die; -, -en حاشیه، دوره، قاب
Einfassung der Brille دورهٔ عینک
einfetten *Vt.* روغن‌مالی کردن، روغن زدن، چرب کردن
Einfetten, das; -s روغن‌مالی
einfeuern *Vt.* روشن کردن
einfinden *Vr.* ۱. سر قرار حاضر شدن ۲. آمدن، حضور یافتن
sich pünktlich einfinden سر ساعت حاضر شدن
sich zum Spiele einfinden مهیای بازی شدن
einflechten *Vt.* وارد صحبت شدن
einfliegen *Vt.* ۱. با هواپیما رساندن (کالا، مسافر) ۲. به (جایی) پرواز کردن ۳. به کار انداختن (هواپیما)
einfließen *Vi.* (به داخل جایی) روان شدن، ریختن، جاری شدن
in den See einfließen به دریاچه ریختن

einflößen *Vt.* ۱. به (کسی) خوراندن، به خورد (کسی) دادن (دارو) ۲. به (کسی) تلقین کردن، برانگیختن

Respekt einflößen احترام برانگیختن

die Arznei einflößen دوا را به خورد (کسی) دادن

Einflößung, die; -, -en تلقین

Einflug, der; -(e)s, ⸚e فرود، نشست

Einfluß, der; -flusses, -flüsse ۱. تأثیر، نفوذ ۲. دهانه، مصب (رودخانه)

Einfluß ausüben تأثیر گذاشتن

Einflüsse der Umgebung تأثیرات محیط

auf jemanden **Einfluß haben** روی کسی نفوذ داشتن

Er ist ohne jeden Einfluß.

حنایش پیش کسی رنگ ندارد.

Einflußbereich, der; -(e)s, -e منطقهٔ نفوذ

Einflußfläche, die; -, -n سطح تأثیر

Einflußgebiet, das; -(e)s, -e منطقهٔ نفوذ

einflußlos *Adj.* بی‌نفوذ، بی‌تأثیر

einflußreich *Adj.* بانفوذ، نافذ، مؤثر

Einflußzone, die; -, -n منطقهٔ نفوذ

einflüstern *Vt., Vi.* ۱. تحریک کردن، به وسوسه انداختن ۲. در گوشی صحبت کردن

Einflüsterung, die; -, -en تحریک، وسوسه

auf Einflüsterung des Teufels به وسوسهٔ شیطان

einfordern *Vt.* ۱. مطالبه کردن ۲. ادعا کردن

die Schuld einfordern قرض را مطالبه کردن

Einforderung, die; -, -en ۱. مطالبه، طلب ۲. ادعا

einförmig *Adj.* یک‌شکل، یکنواخت، یکسان، یک‌جور

einförmige Musik موسیقی یکنواخت

einförmiges Leben زندگی یکنواخت

Einförmigkeit, die; -, -en یک‌شکلی، یکنواختی، یکسانی، یک‌جوری

einfressen *Vr.* خوردن، پوساندن، فاسد کردن (اسید، رنگ)

Der Rost hat sich tief ins Eisen eingefressen.

زنگ آهن را به کلی خورده است.

einfriedigen *Vt.* دور (جایی) حصار کشیدن، محصور کردن

Einfriedigung, die; -, -en حصار، نرده، چینه

einfrieren *Vi., Vt.* ۱. یخ زدن، یخ بستن، منجمد شدن ۲. در یخ نگاه داشتن، در جای سرد محافظت کردن، منجمد کردن ۳. معلق گذاشتن

Im Winter friert das Wasser ein.

در زمستان آب منجمد می‌شود.

einfügen *Vt., Vr.* ۱. گذاشتن، داخل کردن، جا دادن ۲. اضافه کردن، افزودن؛ سوار کردن ۳. (خود) را با محیط تطبیق دادن، همرنگ جماعت شدن

den Ausdruck ins Wörterbuch einfügen

اصطلاح را وارد فرهنگ کردن

Einfügung, die; -, -en اضافه، افزایش

einfühlen *Vr.* احساس کردن

Er kann sich nicht in meine Welt einfühlen.

او نمی‌تواند افکار و احساسات مرا بفهمد.

Einfühlung, die; - (احساس) دلسوزی، همدردی

Einfühlungsgabe, die; -, -n حس همدردی

Einfühlungsvermögen, das; -s, - همدردی، احساس دگریابی، همدلی

Einfuhr, die; -, -en واردات

Einfuhrartikel, der; -s, - کالای وارداتی

einführen *Vt.* ۱. وارد کردن، به بازار آوردن (کالا) ۲. آشنا کردن، معرفی کردن ۳. در (کاری) ابتکار کردن، بنیاد کردن ۴. معمول کردن ۵. داخل کردن، فروکردن

jemanden **bei seinen Freunden einführen**

کسی را با دوستان خود آشنا کردن

ein neues Gesetz einführen قانون تازه‌ای وضع کردن

Einführerlaubnis, die; -, -nisse جواز واردات

Einführgebühr, die; -, -en عوارض واردات

Einführgut, das; -(e)s, ⸚er کالای وارداتی

Einfuhrhafen, der; -s, ⸚ بندر ورودی

Einführhandel, der; -s, ⸚ تجارت واردات

Einführhändler, der; -s, -e واردکننده

Einfuhrkontingent, das; -(e)s, -e سهمیهٔ واردات

Einfuhrland, das; -(e)s, ⸚er کشور واردکننده (کالا)

Einführplatz, der; -es, ⸚e مرکز واردات

Einführung, die; -, -en ۱. ورود، دخول ۲. مقدمه، دیباچه، پیشگفتار

Einführung in die Geschichte مقدمهٔ تاریخ

Einführungskurs, der; -es, -e کلاس مقدماتی

Einführungsschreiben, das; -s معرفی‌نامه

Einfuhrverbot, das; -(e)s, -e منع واردات، ممنوعیت وارداتی

Einfuhrwaren, die / *Pl.* کالای وارداتی

Einfuhrzäpfchen, das; -s, - شیاف، شاف

Einfuhrzoll, der; -(e)s, ⸚e عوارض گمرکی واردات

einfüllen *Vt.* ۱. جا دادن، چپاندن ۲. پر کردن، توی (چیزی) ریختن

das Fleisch in die Konservendosen einfüllen

گوشت را توی قوطی کنسرو جا دادن

einfüßig *Adj.* ۱. یک پا ۲. یک پایه

Eingabe 240

Eingabe, die; -, -n ۱. درخواست، تقاضانامه، عریضه، شکایت‌نامه ۲. پیشنهاد، تلقین ۳. درون‌داد (رایانه)، اطلاعات داده شده (به رایانه)
jemandes Eingabe ablehnen درخواست کسی را رد کردن
Eingang, der; -(e)s, ⸚e ۱. مدخل، ورود، محل ورود، درِ ورودی ۲. سرآغاز، مقدمه ۳. رسید، دریافت، وصول
Eingang verboten! ورود ممنوع!
nach Eingang des Schreibens بعد از وصول نامه
eingängig *Adj.* قابل فهم، چشمگیر، ساده
eingangs *Adv., Präp.* در مقدمه، در اول، در سرآغاز
Wie eingangs erwähnt... همان‌طور که در مقدمه ذکر شد ...
Eingangsbuch, das; -(e)s, ⸚er دفتر واردات
Eingangsdatum, das; -s, -ta / -ten تاریخ وصول نامه (به وسیلهٔ پست)
Eingangshalle, die; -, -n تالار ورودی، سرسرا
Eingangstor, das; -(e)s, -e در ورودی
Eingangstür, die; -, -en در ورودی
Eingangsvers, der; -es, -e مَطلع، اولین بیت (شعر)
Eingangszoll, der; -(e)s, ⸚e گمرک ورودی
eingeben *Vt.* ۱. دادن ۲. پیشنهاد کردن ۳. نوشاندن، خوراندن (دارو) ۴. به (کسی) تلقین‌کردن
dem Kranken eine Arznei eingeben دارویی را به مریض خوراندن
eingebildet *Adj.* ۱. واهی، خیالی، موهوم ۲. مغرور، متکبر، ازخودراضی
eingebildeter Kranker بیمار خیالی
eingebildeter Jüngling جوان متکبر
Sei doch nicht so eingebildet! این قدر پز نده!
Eingebildetheit, die; - ۱. توهم، وهم، خیال ۲. غرور، تکبر، نخوت
Eingebildetsein, das; -s ۱. توهم، وهم، خیال ۲. غرور، تکبر، نخوت
eingeboren *Adj.* ۱. ارثی، مادرزادی ۲. بومی ۳. تنها
eingeborener Fehler نقص مادرزادی
Eingeborene, der; -n, -n بومی
Eingeborenenkunst, die; -, ⸚e هنر بومی
Eingeborenenreservat, das; -(e)s, -e مناطق معین جهت سکونت بومی‌ها
Eingeborenensprache, die; -, -n زبان بومی
Eingebung, die; -, -en الهام، وحی، تلقین
eine Eingebung des Teufels وسوسهٔ شیطان
eingebürgert *Adj.* ۱. رایج شده ۲. تابع (کشور) شده
eingedenk *Adj.* متفکر، اندیشناک
eingefallen *Adj.* لاغر، تکیده، نحیف
eingefleischt *Adj.* دیرینه، با پوست و گوشت (کسی) درهم آمیخته
eingefleischte Gewohnheit عادت دیرینه
eingefroren *Adj.* یخ‌زده
eingegangen *Adj.* رسیده، واصله، وارده
eingegangene Briefe نامه‌های رسیده
eingehen *Vi., Vt.* ۱. واصل شدن، رسیدن ۲. وارد شدن ۳. آب رفتن، تنگ شدن (پارچه) ۴. پژمردن، خشکیدن (گیاهان) ۵. از میان رفتن، تلف شدن (حیوانات) ۶. مراعات کردن ۷. موافقت کردن، پذیرفتن (پیشنهاد)
eine Verpflichtung eingehen متعهد شدن
auf die Einzelheiten eingehen وارد جزئیات شدن
auf einen Vorschlag eingehen پیشنهادی را پذیرفتن
ein Ehe eingehen ازدواج کردن
Den Brief ging ein. نامه وصول شد.
eingehend *Adj.* مشروح، دقیق، مفصل، جامع
Eingemachte, das; -n ترشی؛ مربا؛ کنسرو؛ پختهٔ میوه / سبزی به منظور نگهداری
eingemeinden *Vt.* (در بخشداری) (بخشی) را به (بخش) دیگر ملحق کردن
das Dorf der Benachbarten eingemeinden ده را ضمیمه شهر مجاور کردن
eingemeindet *Adj.* ملحق، ضمیمه
Eingemeindung, die; -, -en الحاق، انضمام، یکی‌سازی
eingenommen *Adj.* مایل، مجذوب، فریفته، شیفته
Eingenommenheit, die; - تمایل؛ مجذوبیت، فریفتگی، شیفتگی
eingesandt *Adj.* فرستاده شده، ارسال شده
eingeschlafen *Adj.* [پا] خواب‌رفته، کرخ
eingeschlossen *Adj.* مُقفَل، محصور، گرفتار
eingeschränkt *Adj.* محدود، مشروط
Eingeschränktheit, die; - محدودیت، تنگی، مضیقه
eingeschrieben *Adj.* ۱. نوشته شده ۲. سفارشی
eingeschriebener Brief نامهٔ سفارشی
eingesessen *Adj.* مقیم، ساکن
Eingesessene, der / die; -n, -n بومی، محلی
eingestandenermaßen *Adv.* بر طبق اعتراف
Eingeständnis, das; -nisses, -nisse اقرار، اعتراف
das Eingeständnis seiner Liebe اقرار به عشق خود
eingestehen *Vt.* اقرار کردن، اعتراف کردن
seinen Fehler eingestehen به خطای خود اعتراف کردن
eingestellt *Adj.* ۱. [ساعت] تنظیم شده ۲. استخدام شده

241 **einheimsen**

Ich bin im Moment nicht auf Besuch eingestellt eingesunken. در حال حاضر آمادگی پذیرفتن مهمان را ندارم.

eingetragen *Adj.* ثبت‌شده، به ثبت رسیده

eingetragene Firma موسسهٔ به ثبت رسیده

Eingeweide, das; -s, - دل و روده، امعاء و احشاء

Eingeweidebruch, der; -(e)s, ⸗e باد فتق

Eingeweidewurm, der; -(e)s, ⸗er کرم روده، کرم معده

Eingeweihte, der/die; -n, -n مرد/زن آگاه از اسرار و اطلاعات محرمانه

eingewöhnen *Vr.* ۱. عادت کردن، به (جایی) انس گرفتن ۲. (خود) را عادت دادن

sich irgendwo eingewöhnen به جایی عادت کردن

Eingewöhnung, die; - عادت، انس

eingezogen *Adj.* ۱. گوشه‌گیر، منزوی ۲. احضار شده ۳. مصادره شده

die Liste der Eingezogenen صورت مشمولان

eingezogen leben به عزلت زندگی کردن

Eingezogenheit, die; - گوشه‌گیری، انزوا

eingießen *Vt.* ریختن (چای، قهوه، شراب)

Darf ich Ihnen Wein eingießen? اجازه هست برای شما شراب بریزم؟

eingipsen *Vt.* گچ گرفتن

eingittern *Vt.* دور (جایی) نرده کشیدن، محصور کردن

den Garten eingittern باغ را محصور کردن

Einglas, das; -es, ⸗er عینک یک چشمی

eingleisig *Adj.* [راه‌آهن] یک خطی

eingliedern *Vt.* ۱. ضمیمه کردن، الحاق کردن ۲. تنظیم کردن، رده‌بندی کردن

Eingliederung, die; -, -en ۱. ضمیمه، الحاق ۲. تنظیم، رده‌بندی

Eingottglaube, der; -ns یکتاپرستی

eingraben *Vt., Vr.* ۱. در خاک کردن، زیر خاک دفن کردن، به خاک سپردن ۲. حکاکی کردن ۳. سنگر ساختن

eingravieren *Vt.* حکاکی کردن، قلم زدن، نقر کردن، کنده‌کاری کردن

das Schrift auf das Siegel eingravieren نوشته را در مهر نقر کردن

eingreifen *Vi.* ۱. مداخله کردن، تجاوز کردن ۲. با چنگ گرفتن

in jemandes **Angelegenheiten eingreifen** در امور کسی مداخله کردن

Eingriff, der; -(e)s, -e ۱. مداخله، تجاوز ۲. عمل جراحی

Eingriff in jemandes **Rechte** تجاوز به حقوق کسی

Einguß, der; -gusses, -güsse ۱. قالب ریخته گری ۲. قالب‌گیری (فلز)

einhacken *Vt.* با کلنگ کندن

einhaken *Vt., Vr., Vi.* ۱. گیر دادن ۲. چسباندن ۳. بازو به بازو رفتن ۴. صحبت (کسی) را قطع کردن

Das Liebespaar ging eingehakt. دو دلداده بازو به بازو می‌رفتند.

einhalb *Adj.* نیم، نصف

Einhalt, der; -(e)s, - توقف، مکث، جلوگیری

einhalten *Vt., Vi., Vr.* ۱. مراعات کردن، رعایت کردن ۲. قطع کردن ۳. به موقع انجام دادن ۴. مکث کردن، دست نگه داشتن

die Luft einhalten نفس را حبس کردن

die Vorschriften einhalten مقررات را رعایت کردن

sein Versprechen einhalten به قول خود وفا کردن

Einhalten, das; -s رعایت، پیروی

das Einhalten der Gesetze رعایت قوانین و مقررات

Einhaltung, die; - رعایت، پیروی

unter Einhaltung der Frist با رعایت مهلت

einhämmern *Vt.* به زور در کلهٔ (کسی) فرو کردن

einhandeln *Vt.* معامله کردن، داد و ستد کردن

Brot gegen Zigarette einhandeln نان را با سیگار معاوضه کردن

einhändig *Adj.* یک‌دستی

einhändig Klavier spielen یک‌دستی پیانو زدن

einhändigen *Vt.* تسلیم کردن، تحویل دادن

Einhändigung, die; - تسلیم، تحویل

einhängen *Vt., Vi.* ۱. آویزان کردن ۲. گذاشتن (گوشی تلفن)

einhängig *Adj.* مربوط، منسوب، متعلق

einhauchen *Vt.* به (چیزی) دمیدن

einhauen *Vt., Vi.* ۱. شکستن، خرد کردن ۲. کتک زدن ۳. (با ضربت) فرو کوفتن ۴. با ولع غذا خوردن

das Fenster einhauen پنجره را شکستن

einheben *Vt.* بلند کردن و آوردن

einheften *Vt.* منگنه کردن، (در پرونده) قلاب کردن

einhegen *Vt.* دور (جایی) حصار کشیدن، محصور کردن

den Garten einhegen باغ را (با نرده) محصور کردن

einheimisch *Adj.* بومی، محلی، وطنی

Einheimische, der/die; -n, -n بومی، محلی، اهل محل

einheimsen *Vt.* جمع کردن (محصول)

Einheimsen

Einheimsen, das; -s	جمع‌آوری (محصول)
Einheirat, die; -, -en	دستیابی به مقام (بر اثر وصلت)
einheiraten *Vi.*	(بر اثر وصلت با خانواده‌ای) به مقام و منصب رسیدن
Einheit, die; -, -en	۱. وحدت، یگانگی، اشتراک ۲. (ریاضی) واحد، یکان
absolute Einheit	وحدت مطلق
einheitlich *Adj.*	یک‌شکل، یکسان، یکنواخت، متحدالشکل
Einheitlichkeit, die; -, -en	یک‌شکلی، یکسانی، یکنواختی، یگانگی
Einheitsbekenntnis, das; -nisses, -nisse	توحید
Einheitsfront, die; -, -en	جبههٔ واحد
Einheitspartei, die; -, -en	حزب اتحاد
Einheitszeichen, das; -s, -	علامت اتحاد
einheizen *Vt., Vi.*	۱. گرم کردن ۲. آتش کردن ۳. هشدار دادن ۴. میخوارگی کردن
einhelfen *Vi.*	کمک کردن، مساعدت کردن
Einhelfer, der; -s, -	(در نمایش) سوفلور
einhellig *Adj.*	هماهنگ، هم‌صدا، یکدل، متفق‌القول
Alle Zeugen haben einhellig bahauptet, daß...	همه شاهدها متفق‌القول ادعا کردند که ...
Einhelligkeit, die; -	هماهنگی، هم‌آوازی، هم‌زبانی، توافق نظر
einhenkeln *Vr.*	بازو به بازو رفتن
einher *Adv.*	به داخل، به طرف داخل
einhergehen *Vi.*	۱. (به نحو خاصی) راه رفتن، قدم زدن ۲. شروع شدن
Stolz einhergehen	متکبرانه قدم زدن
einherschreiten *Vi.*	خرامیدن، موقرانه راه رفتن
einherschwanken *Vi.*	مستانه راه رفتن، تلوتلو خوردن
einhersprengen *Vi.*	با اسب به تاخت رفتن
einherstolzieren *Vi.*	با نخوت قدم زدن
einhöck(e)rig *Adj.*	[شتر] یک کوهانه
einholen *Vi., Vt.*	۱. از (کسی) سبقت گرفتن ۲. خرید کردن ۳. پایین آوردن، پایین کشیدن (پرچم، بادبان) ۴. پیشواز (کسی) رفتن، از (کسی) استقبال کردن ۵. خواستن ۶. به (کسی/چیزی) رسیدن ۷. درخواست (چیزی) کردن
die Flagge einholen	پرچم را پایین آوردن
den Sieger einholen	از فاتح استقبال کردن
die Erlaubnis einholen	اجازه گرفتن
Einholung, die; -	۱. خرید ۲. استقبال، پیشواز
Einhorn, das; -s, -hörner	(در افسانه‌ها) (گوزن/اسب) یک‌شاخ
einhüllen *Vt., Vr.*	پیچیدن، پوشاندن، در لفاف گذاشتن
sich warm einhüllen	خود را خوب پوشاندن
einhundert *Zahlw.*	یکصد
einig *Adj.*	۱. واحد، یکتا، یگانه ۲. متفق، متحد، موافق، هم‌عقیده
einige *Pron., Adj.*	۱. بعضی، برخی، چندنفری ۲. چند، چندتایی، مقداری
einige von uns	بعضی از ما‌ها
einige Leute	برخی از مردم
vor einiger Zeit	چندی پیش
einigen *Vt., Vr.*	۱. متحد کردن، متفق کردن ۲. توافق کردن، سازش کردن ۳. متحد شدن
Einigt euch!	با هم کنار بیایید!
einigermaßen *Adv.*	تا حدی، تا حدودی، تا اندازه‌ای، قدری
einiges *Adv.*	چیزی، قدری، اندکی
einiggehen *Vi.*	موافقت کردن، موافق بودن
Einigkeit, die; -, -en	یگانگی، وحدت، اتحاد، اتفاق نظر
Einigung, die; -, -en	سازش، توافق، تفاهم، موافقت
einimpfen *Vt.*	به (کسی) تزریق کردن، به (کسی) تلقیح کردن، مایه‌کوبی کردن
Einimpfung, die; -, -en	تزریق، تلقیح، مایه‌کوبی
einjagen *Vt.*	به وحشت انداختن، ترساندن
jemandem Schrecken einjagen	کسی را به وحشت انداختن
einjährig *Adj.*	یک ساله
Einjährige, der; -n, -n	بچهٔ یک ساله
einkalkulieren *Vt.*	در نظر گرفتن؛ حساب کردن؛ پیش‌بینی کردن
Alles ist einkalkuliert.	همه چیز حساب شده است.
einkapseln *Vt., Vr.*	۱. منزوی کردن ۲. منزوی شدن
einkassieren *Vt.*	دریافت کردن، از (کسی) پول گرفتن
Einkauf, der; -(e)s, -käufe	خرید
billiger Einkauf	خرید ارزان
einkaufen *Vt., Vi.*	۱. خریدن ۲. به خرید رفتن، خرید کردن
billig einkaufen	ارزان خرید کردن
einkaufen gehen	خرید رفتن
Einkaufen, das; -s	خرید
Einkäufer, der; -s, -s	خریدار
Einkaufsbummel, der; -s, -	خرید همراه با گردش

Einkaufskorb, der; -(e)s, ⸚e سبد خرید
Einkaufsliste, die; -, -n صورت خرید
Einkaufsnetz, das; -es, -e توری خرید
Einkaufspreis, der; -es, -e قیمت خرید
Einkaufstasche, die; -, -n کیف خرید
Einkaufswagen, der; -s, - (در فروشگاه‌ها) چرخ‌دستی خرید
Einkaufzentrum, das; -s, -tren مرکز خرید؛ سوپرمارکت؛ فروشگاه بزرگ
Einkehr, die; - ۱. اطراق ۲. به خود فرورفتگی
einkehren *Vi.* ۱. اطراق کردن ۲. به (خود) فرو رفتن
einkeilen *Vt.* ۱. گیر دادن ۲. به (چیزی) گوه گذاردن
einkellern *Vt.* (در انبار زیرزمینی) ذخیره کردن
einkerben *Vt.* شکافتن، شکاف دادن؛ فاق دادن
Einkerbung, die; -, -en شکاف، بریدگی
einkerkern *Vt.* زندانی کردن، حبس کردن
Einkerkerung, die; -, -en حبس، زندان
einkesseln *Vt.* محاصره کردن (دشمن)
einklagbar *Adj.* شکایت‌پذیر
einklagen *Vt.* از (کسی) شکایت کردن، بابت (چیزی) عرض حال دادن
einklammern *Vt.* در هلال گذاشتن، در پرانتز گذاشتن
Einklammerung, die; -, -en هلال، پرانتز
Einklang, der; -(e)s, ⸚e هماهنگی، هم‌نوایی، هم‌سازی، هم‌کوکی
im Einklang sein هم‌کوک بودن
im Einklang mit بر طبق، موافق با
einkleben *Vt.* چسباندن
einkleiden *Vt.* تن (کسی) کردن، لباس پوشاندن
Sie kleidete ihren Wunsch in eine Frage ein.
او آرزویش را در قالب یک سؤال مطرح کرد.
Einkleidung, die; -, -en لباس، پوشش
einklemmen *Vt.* ۱. فشردن، له کردن، چلاندن ۲. به (کسی / چیزی) گیر دادن
einknicken *Vt., Vi.* ۱. تا کردن ۲. تا شدن، پیچ خوردن
Ich habe mir den Fuß eingeknickt. پایم پیچ خورد.
einknoten *Vt.* گره زدن
einknüpfen *Vi.* قالی بافتن
einkochen *Vt., Vi.* ۱. غلیظ کردن، قوام آوردن ۲. غلیظ شدن
einkommen *Vi.* به دست آوردن، وصول کردن، عایدی داشتن
Einkommen, das; -s, - درآمد، عایدی، دخل
Welches Einkommen haben Sie jährlich?
سالی چند عایدی دارید؟
einkommensschwach *Adj.* کم‌درآمد
einkommenschwache Bevölkerungs schichten
طبقات کم‌درآمد جامعه
einkommensstark *Adj.* پُردرآمد
Einkommensteuer, die; -, -n مالیات بر درآمد
einkratzen *Vt., Vr.* ۱. کندن، خراشاندن ۲. خودشیرینی کردن
einkreisen *Vt.* ۱. احاطه کردن، محاصره کردن ۲. (با دایره) علامت زدن
Einkreisung, die; -, -en ۱. احاطه، محاصره ۲. علامت‌گذاری (با دایره)
einkremen *Vt.* روغن‌مالی کردن
Einkünfte, die / *Pl.* درآمد، مواجب، حقوق
einladen *Vt.* ۱. دعوت کردن ۲. بار زدن
jemanden **zum Kaffee einladen**
کسی را به قهوه دعوت کردن
einladend *Adj.* دعوت شده
Einladung, die; -, -en دعوت
eine Einladung folgen دعوت را پذیرفتن
einladungsgemäß *Adj., Präp.* بر طبقِ دعوت
Einladungskarte, die; -, -n کارت دعوت
Einladungsschreiben, das; -s, - دعوت‌نامه
Einlage, die; -, -n ۱. ضمیمه، پیوست ۲. (پارچه) لایی ۳. (در نمایش) برنامه اضافی ۴. سپرده، ودیعه ۵. قالب (کفش) ۶. (دندانپزشکی) مادهٔ پرکننده؛ پرکردگی ۷. ضمایم (سوپ)
Mein Zahn ist faul, ich muß mir eine Einlage machen lassen. دندانم کرم خوردگی دارد، باید پُرش کنم.
einlagern *Vt.* انبار کردن، ذخیره کردن، احتکار کردن
die Waren einlagern اجناس را انبار کردن
die Ernte einlagern خرمن را جمع کردن
Einlagerung, die; -, -en ذخیره، احتکار، انبار
Einlaß, der; -lasses, -lässe ۱. ورود، دخول ۲. مدخل، ورودی
Kein Einlaß für Kinder. ورود اطفال ممنوع است.
einlassen *Vt., Vr.* ۱. وارد کردن، راه دادن، پذیرفتن ۲. دست به (کاری) زدن ۳. وارد (چیزی) شدن ۴. مداخله کردن ۵. تماس برقرار کردن
Darauf will ich mich nicht einlassen.
نمی‌خواهم وارد این موضوع بشوم.
Wasser in den Eimer einlassen آب در سطل ریختن
sich in ein Gespräch einlassen وارد صحبت شدن، تن به مذاکره دادن

Einlassen 244

Einlassen, das; - ورود، دخول

Einlaßgebühr, die; -, -en ورودیه

Einlaßkarte, die; -, -n کارت ورودی

Einlassung, die; -, -en دفاعیه

Einlassungsfrist, die; -, -en حداقل مهلت قانونی برای جواب

Einlauf, der; -(e)s, -läufe ۱. ورود ۲. مصب، دهانه (نهر) ۳. تنقیه، اماله ۴. نامه رسیده

der Einlauf des Kanals دهانهٔ نهر

jemandem **einen Einlauf machen** کسی را تنقیه کردن

einlaufen *Vi., Vr., Vt.* ۱. داخل شدن، وارد شدن، رسیدن ۲. کوتاه شدن، آب رفتن (پارچه) ۳. جاری شدن (مایعات) ۴. (ورزش) (خود) را گرم کردن ۵. مزاحم شدن ۶. روان شدن ۷. کهنه کردن، مستعمل کردن (کفش)

Das Schiff lief in den Hafen ein. کشتی وارد بندر شد.

Der Stoff ist beim Waschen eingelaufen. پارچه موقع شستن آب رفته است.

einläuten *Vt.* زدن (زنگ شروع)، به وسیلهٔ زنگ اعلام کردن

einleben *Vr.* عادت کردن، سازش کردن، (با محیط جدید) انس گرفتن

sich in der Großstadt einleben به زندگی در شهر عادت کردن

Einlegearbeit, die; -, -en خاتم‌کاری، خاتم‌سازی، مرصع‌کاری

einlegen *Vt.* ۱. تو گذاشتن؛ داخل گذاشتن؛ کار گذاشتن ۲. در آب‌نمک / شکر خواباندن ۳. ادعای (چیزی) کردن ۴. به (کسی) توصیه کردن ۵. پرداختن (پول) ۶. آراستن (مو) ۷. خاتم‌کاری کردن ۸. جا دادن (برنامهٔ اضافی) ۹. به (کسی / چیزی) اعتراض کردن

Berufung einlegen استیناف دادن، تقاضای تجدیدنظر کردن

ein gutes Wort für jemanden **einlegen** توصیهٔ کسی را رد کردن

ein weiteres Musikstück (in das Programm) einlegen یک قطعه موسیقی اضافی (به برنامه) افزودن

Einleger, der; -s, - خاتم‌کار، مرصع‌کار

Einlegesohle, die; -, -n کفی (داخل) کفش، تو کف (کفش)

Einlegung, die; - درج، داخل‌گذاری

einleimen *Vt.* چسب‌کاری کردن

einleiten *Vt.* ۱. شروع کردن؛ افتتاح کردن ۲. کار گذاشتن، احداث کردن

jeden Satz mit einem bestimmten Wort einleiten هر جمله‌ای را با کلمهٔ معینی شروع کردن

eine Veranstaltung einleiten جلسه‌ای را افتتاح کردن

einleitend *Adj.* مقدماتی، افتتاحی

Einleitung, die; -, -en ۱. شروع، افتتاح (برنامه) ۲. دیباچه، سرآغاز، مقدمه، پیشگفتار (کتاب)

die Einleitung des Verfahrens gegen jemanden اقامهٔ دعوا علیه کسی

einlenken *Vt., Vi.* ۱. به داخل هدایت کردن ۲. کوتاه آمدن، دست از لجاجت برداشتن

einlernen *Vt.* به (کسی) آموختن؛ به (کسی) یاد دادن

etwas **mechanisch einlernen** چیزی را طوطی‌وار یادگرفتن

einlesen *Vr.* ۱. (در کتاب / نوشته) غرق شدن ۲. به خورد رایانه دادن

einleuchten *Vi.* ۱. روشن شدن، واضح شدن ۲. پی بردن، فهمیدن

Es leuchtet mir ein. می‌فهمم. حالیم می‌شود.

Es leuchtet ein, daß... بدیهی است که ...

einleuchtend *Adj.* آشکار، روشن، واضح، بدیهی

eine einleuchtende Antwort یک جواب قانع‌کننده

einliefern *Vt.* تحویل دادن، تسلیم کردن

jemanden **ins Krankenhaus einliefern** کسی را به بیمارستان تحویل دادن

Einlieferung, die; -, -en تحویل، تسلیم

Einlieferungsschein, der; -(e)s, -e قبض تحویل

einliegend *Adj.* به ضمیمه، به پیوست، در جوف

einlochen *Vt.* زندانی کردن، حبس کردن

einlogieren *Vt.* در (جایی) منزل کردن، در (جایی) بیتوته کردن

Sie logierten sich bei uns für eine Nacht ein. آنها یک شب در منزل ما ماندند.

einlösen *Vt.* ۱. به (وعده) وفا کردن ۲. پرداختن (سفته، بدهی) ۳. از گرو درآوردن

sein Wort einlösen به وعده خود وفا کردن

die Schuld einlösen قرض را پرداختن

Einlösung, die; -, -en ۱. ادای دین ۲. پرداخت (سفته، بدهی) ۳. استرداد گرو

einlullen *Vt.* ۱. برای (کسی) لالایی خواندن ۲. سر (کسی) را گرم کردن

einlullend *Adj.* ۱. [صدا] خواب‌آور ۲. کِیف‌دهنده

einmachen *Vt.* کنسرو کردن، کمپوت کردن؛ درست کردن (مربا، ترشی)

Obst einmachen از میوه مربا درست کردن

Fleisch einmachen گوشت را کنسرو کردن

Einmachglas, das; -es, ⸗er شیشهٔ مربا

Einmachzucker, der; -s, -	شکر (مخصوص) مرباپزی
einmahnen Vt.	۱. مطالبه کردن ۲. به (کسی) اخطار کردن
einmal Adv.	۱. یک‌بار، یک‌دفعه، یک‌مرتبه ۲. یک‌وقتی، یک روزی
auf einmal	یک‌دفعه، یک‌باره، ناگهان
Es war einmal...	یکی بود یکی نبود ...
einmal für alle	یک بار برای همیشه
einmal im Jahr	سالی یک بار
Hör einmal!	گوش کن (ببینم)!
Einmaleins, das; -	جدول ضرب
einmalig Adj., Adv.	۱. منحصر به فرد ۲. عالی، درجه‌یک، بی‌نظیر
Einmannbetrieb, der; -(e)s, -e	کارگاه یک نفره (بدون کارگر)
Einmannboot, das; -(e)s, -e	قایق یک نفره
Einmannwerk, das; -(e)s, -e	کار یک نفره
Einmarsch, der; -es, ̈-e	ورود، تصرف، تجاوز
einmarschieren Vi.	(به خاک دیگری) تجاوز کردن، وارد خاک دیگری شدن،
einmassieren Vt.	ماساژ دادن
Einmaster, der; -s, -	کشتی یک دکله
einmauern Vt.	۱. لای دیوار جا دادن، در دیوار پنهان کردن ۲. دور (جایی) دیوار کشیدن
einmeißeln Vt.	۱. تراشیدن (سنگ) ۲. حک کردن، قلم زدن
einmengen Vt., Vr.	۱. مخلوط کردن ۲. مداخله بیجا کردن
einmieten Vt., Vr.	۱. اجاره کردن، کرایه کردن ۲. منزل کردن
einmischen Vt., Vr.	۱. مخلوط کردن، آمیختن ۲. مداخله بیجا کردن
sich in alles einmischen	نخود هر آش شدن
Misch dich nicht ein!	فضولی نکن!
Er mischt sich in alles ein.	او به هر کاری کار دارد.
Einmischung, die; -, -en	مداخلهٔ بیجا، دخالت، فضولی
einmonatig Adj.	یک ماهه
einmonatlich Adj.	ماهی یک‌بار
einmotorig Adj.	[هواپیما] یک موتوره
einmotten Vt.	به (چیزی) ضد بید زدن، در مقابلِ بیدزدگی حفظ کردن
Einmottung, die; -	ضد بید، ضد بیدزدگی
einmünden Vi.	به رودخانه متصل شدن، به رودخانه ریختن
Einmündung, die; -, -en	۱. اتصال (به رودخانه)، ورود (به رودخانه) ۲. مصب، دهانه
einmütig Adj.	یکدل، یک جهت، هماهنگ، هم‌صدا، هم‌کلام
Einmütigkeit, die; -	یکدلی، یک‌جهتی، هماهنگی، هم‌صدایی، اتفاق آرا
einnähen Vt.	توگرفتن، دوخت گرفتن (لباس)
Einnahme, die; -, -n	۱. درآمد، دخل، عایدی ۲. فتح، تصرف ۳. استعمال، مصرف (دارو)
einnehmbar Adj.	۱. قابل وصول، دریافت کردنی ۲. قابل استعمال
einnehmen Vt.	۱. وصول کردن، دریافت کردن ۲. فتح کردن ۳. اشغال کردن ۴. خوردن، فرو دادن، مصرف کردن (دارو) ۵. بار زدن ۶. توجه (کسی) را به (خود) جلب کردن
Geld einnehmen	پول وصول کردن
die Arznei einnehmen	دارو خوردن
das fremde Land einnehmen	کشور بیگانه را تسخیر کردن
den ersten Platz einnehmen	مقام اول را داشتن
die Plätze einnehmen	جاها را اشغال کردن
einnehmend Adj., Adv.	جذاب، گیرنده، مقبول، فریبنده، گیرا
einnicken Vi.	چرت زدن
einnisten Vr.	۱. لانه کردن، آشیانه کردن ۲. جا خوش کردن، برخلاف میل صاحب خانه ماندن
Ihre Liebe nistete sich in meinem Herzen ein.	محبت او در دل من جایگزین شد.
Einöde, die; -, -n	محل غیر مسکون، جای متروک
Einödhof, der; -(e)s, ̈-e	مزرعهٔ دور افتاده
einohrig Adj.	(دارای) یک گوش
einölen Vt.	روغن‌کاری کردن، روغن مالیدن، به (چیزی) روغن زدن
das Rad einölen	به چرخ روغن زدن
einordnen Vt., Vr.	۱. مرتب کردن، به ترتیب گذاشتن، به ردیف چیدن ۲. در پرونده گذاشتن ۳. طبقه‌بندی کردن ۴. تمام کردن، کامل کردن ۵. مسیر (خود) را انتخاب کردن
sich der Allgemeinheit einordnen	هم‌رنگ جماعت شدن
Einordnung, die; -, -en	ترتیب، تنظیم، طبقه‌بندی
einpacken Vt., Vi.	۱. بار بستن، بسته‌بندی کردن، لفاف کردن ۲. توفیق نیافتن

Pack doch ein! بزن به چاک!

für die Reise einpacken بار سفر بستن

mit etwas **einpacken können** توان رقابت با چیزی را نداشتن

Einpackenpapier, das; -s, -e کاغذ بسته‌بندی

Einpackung, die; -, -en بسته‌بندی، لفاف

Einparteienstaat, der; -es, -en کشور یک حزبی

Einparteiensystem, das; -s, -e نظام یک حزبی

einpassen *Vt.* میزان کردن، مرتب کردن، منظم کردن؛ کار گذاشتن

Einpassung, die; -, -en سازش، تطابق، کارگذاری، میزان

einpauken *Vt.* به زور فراگرفتن، به زور در خاطر سپردن، توی کلهٔ (کسی) فرو کردن

Einpauken, das; -s تمرین، مشق

Einpauker, der; -s, - مربی، تمرین‌دهنده

Einpaukerei, die; - مشّاقی

einpeitschen *Vt.* به کمک شلاق یاد دادن

Einpfennigstück, das; -(e)s, -e سکهٔ یک فینیگی

einpflanzen *Vt.* ۱. کاشتن (درخت) ۲. (پزشکی) پیوند زدن

die Blume in den Topf einpflanzen گل را در گلدان نشاندن

Die Liebe zu dir ist mir eingepflanzt. محبت تو در دل من نشسته است.

Einpflanzung, die; -, -en ۱. کشت، غرس (درخت) ۲. (پزشکی) پیوند

einpfropfen *Vt.* با زحمت به (کسی) یاد دادن

einplanen *Vt.* در طرح آوردن، در برنامه پیش‌بینی کردن

Einplanung, die; -, -en پیش‌بینی (برنامه)

einpökeln *Vt.* نمک زدن، در نمک خواباندن

einpolig *Adj.* یک قطبی

einprägen *Vt., Vr.* ۱. نقش کردن، مهر زدن، منقوش کردن ۲. در ذهن جا دادن، به خاطر سپردن (مطلب) ۳. تأثیر کردن

die Inschrift ins Metall einprägen کتیبه را بر فلز نقش کردن

etwas **dem Gedächtnis einprägen** چیزی را در ذهن جا دادن

einprägsam *Adj.* مؤثر، دلنشین

einpressen *Vt.* نقش کردن، منگنه کردن

einprogrammieren *Vr.* برنامه‌ریزی کردن، به خورد رایانه دادن

einprügeln *Vt.* با تنبیه یاد دادن

einpudern *Vt.* به (کسی / چیزی) پودر زدن

einquartieren *Vt., Vr.* ۱. جا دادن، منزل دادن، مسکن دادن ۲. سکونت کردن، مستقر شدن

die Soldaten einquartieren سربازان را منزل دادن

Einquartierung, die; -, -en ۱. اسکان ۲. ساخلو ۳. سرباز مهمان

einrahmen *Vt.* قاب گرفتن، دور (چیزی) چارچوب گرفتن

einrammen *Vt.* با زور فرو بردن، به زور داخلِ (چیزی) کردن

einrasten *Vi.* (فنی) جا انداختن، جا زدن

einräumen *Vt.* ۱. جا دادن، مرتب کردن، مبلمان کردن ۲. به (کسی) امتیاز دادن ۳. پذیرفتن، قبول کردن

ein Platz einräumen محلی را تخلیه کردن

Einräumung, die; -, -en ۱. جمع‌آوری، تنظیم، جمع و جور ۲. امتیاز ۳. پذیرش

einrechnen *Vt.* به حساب واریز کردن

Einrede, die; -, -n اعتراض، ایراد، بهانه

einreden *Vt.* به (کسی) قبولاندن، قانع کردن، به (کسی) تلقین کردن

einregnen *Vi., Vr.* ۱. (بر اثر باران طولانی) از حرکت باز ماندن ۲. یک‌ریز باریدن، مدام باریدن

Einreibemittel, das; -s, - دوای مالیدنی

einreiben *Vt.* مالیدن (روغن، کرم)

Einreibung, die; -, -en مالش (روغن، کرم)

einreichen *Vt.* تحویل دادن، تسلیم کردن، تقدیم کردن (درخواست)

den Antrag einreichen تقاضانامه را تسلیم کردن

einen Vorschlag einreichen پیشنهادی را تسلیم کردن

Einreichung, die; -, -en تحویل، تسلیم، تقدیم

einreihen *Vt.* ردیف کردن، رج کردن

einreihig *Adj.* یک ردیف، یک صف، یک رج

Einreihung, die; -, -en دسته‌بندی، طبقه‌بندی، رج‌بندی

Einreise, die; -, -n مسافرت (به کشوری)، ورود (به یک مملکت بیگانه)

Einreiseerlaubnis, die; -, -nisse اجازهٔ ورود (به کشور)

Einreisegenehmigung, die; -, -en اجازهٔ ورود (به کشور)

einreisen *Vi.* (به کشوری) مسافرت کردن، وارد کشوری شدن

Einreisevisum, das; -s, -visa روادید ورود

einreißen *Vt., Vi.* ۱. بر هم زدن، به‌هم ریختن، خراب کردن ۲. پاره کردن، جر دادن ۳. پاره شدن ۴. عادت شدن

247 Einschätzung

das Haus einreißen خانه را منهدم کردن
den Stoff einreißen پارچه را دریدن
Das Buch ist hier eingerissen. کتاب پارگی دارد.
Einreißung, die; -, -en ۱. پارگی ۲. خرابی
einrenken *Vt.* ۱. شکسته‌بندی کردن، جا انداختن (مفصل) ۲. سر و سامان دادن، منظم کردن
Einrenken, das; -s شکسته‌بندی، جا انداختن
Einrenker, der; -s, - شکسته‌بند
einrennen *Vt.* ۱. مزاحم (کسی) شدن ۲. به (چیزی) برخوردن، خرد کردن
offene Türen einrennen درهای باز را شکستن
einrichten *Vt., Vr.* ۱. تنظیم کردن، ترتیب دادن ۲. مرتب کردن ۳. تأسیس کردن، دایر کردن ۴. مبله کردن، مسکون کردن ۵. (خود) را آماده کردن ۶. صرفه‌جویی کردن
ein Geschäft einrichten مغازه‌ای را دایر کردن
das Klavierstück für Orchester einrichten یک قطعهٔ موسیقی پیانو را برای ارکستر تنظیم کردن
schön eingerichtet با دکوراسیون خوب
Einrichtung, die; -, -en ۱. تنظیم، ترتیب ۲. تأسیس، بنا، نصب ۳. مبلمان، اثاثیه ۴. (در جمع) لوازم، تجهیزات
einritzen *Vt.* حکاکی کردن، کندن
einrollen *Vt., Vi.* ۱. لوله کردن، پیچیدن ۲. برچیدن، جمع کردن ۳. لوله شدن، جمع شدن
den Teppich einrollen فرش را لوله کردن
einrosten *Vi.* زنگ زدن، بر اثر زنگ‌زدگی خراب شدن
einrücken *Vt., Vi.* ۱. (در نشریه) گنجانیدن، درج کردن ۲. تصرف کردن ۳. توی دنده گذاشتن (اتومبیل) ۴. درج شدن ۵. سرباز شدن، (به خدمت وظیفه) احضار شدن
Morgen muß er einrücken. او باید فردا به سربازی برود.
die Anzeige in die Zeitung einrücken اعلامیه را در روزنامه درج کردن
Enrückung, die; -, -en ۱. درج ۲. سربازی، احضار
einrühren *Vt.* هم زدن، مخلوط کردن
eins *Zahlw., Adv.* (عدد) یک
Es ist halb eins. ساعت دوازده و نیم است.
Eins, die; -, -en شمارهٔ یک، عدد یک، نمرهٔ یک
einsacken *Vt., Vi.* ۱. در کیسه گذاشتن ۲. فرو رفتن، افتادن
einsäen *Vt.* بذر (چیزی) را پاشیدن
einsagen *Vi.* در گوشی حرف زدن، پچ‌پچ کردن
einsalben *Vt.* مرهم بر (چیزی) نهادن، روغن مالیدن، چرب کردن
Einsalbung, die; - روغن‌مالی، مرهم‌کاری
einsalzen *Vt.* نمک زدن، در نمک خواباندن

Einsalzung, die; -, -en نمک‌زنی
einsam *Adj.* ۱. تنها، منزوی، گوشه‌گیر، مهجور ۲. [محل] پرت، دور افتاده، متروک
einsame Straße جادهٔ خلوت
ein einsames Leben زندگی بی‌سر و صدا
sich einsam fühlen خود را تنها احساس کردن
Einsamkeit, die; -, -en ۱. تنهایی، انزوا؛ گوشه‌گیری ۲. دور افتادگی
Ich liebe die Einsamkeit. من تنهایی را دوست دارم.
Einsamkeitsgefühl, das; -(e)s, -e احساس تنهایی
einsammeln *Vt.* جمع کردن، گردآوری کردن، وصول کردن
Einsammler, der; -s, - جمع‌کننده، وصول‌کننده
Einsammlung, die; -, -en جمع‌آوری، وصول، گردآوری
einsargen *Vt.* در تابوت گذاشتن
Einsatz, der; -es, ¨-e ۱. یدکی؛ لایی؛ تویی ۲. تکه، وصله ۳. خدمت؛ فداکاری ۴. (قمار) مایهٔ بازی، سرمایه ۵. مأموریت ۶. شروع (قطعهٔ موسیقی)
einsatzbereit *Adj.* آمادهٔ کمک، آمادهٔ خدمت، فداکار
Einsatzbereitschaft, die; - آمادگی کمک، آمادگی خدمت، فداکاری
Einsatzblatt, das; -(e)s, ¨-er ورق اضافی (کتاب)
Einsatzgeld, das; -(e)s, -er (پول) مایهٔ بازی، سرمایه
Einsatzstück, das; -(e)s, -e قطعهٔ ضمیمه
Einsatzwagen, der; -s, - اتومبیل خدمت
einsäuern *Vt.* به (چیزی) خمیر مایه زدن
einsaugen *Vt.* مکیدن، در خود کشیدن، جذب کردن
Einsaugen, das; -s, - مکش، جذب
Einsaugung, die; -, -en مکش، جذب
einsäumen *Vt.* درز گرفتن، سجاف کردن، تو گذاشتن
einschalten *Vt., Vr.* ۱. روشن کردن (رادیو) ۲. توی دنده گذاشتن (اتومبیل) ۳. به کار انداختن (موتور) ۴. داخل کردن، درج کردن ۵. مداخله کردن، دخالت کردن ۶. وصل کردن، اتصال دادن (جریان برق)
den Motor einschalten موتور را روشن کردن
Einschaltung, die; -, -en ۱. اتصال ۲. مداخله
einschärfen *Vt.* تأکید کردن، در ذهن (کسی) جا دادن، توصیه کردن
Einschärfung, die; - تأکید، توصیه، اصرار
einschätzen *Vt.* تخمین زدن، ارزیابی کردن، برآورد کردن
Einschätzung, die; -, -en تخمین، ارزیابی، برآورد

einschenken *Vt.* ریختن (چای، مشروب)

Darf ich Ihnen Wein einschenken?

اجازه هست برایتان شراب بریزم؟

einscheren *Vt., Vi.* ۱. وارد مسیر اصلی کردن ۲. وارد مسیر اصلی شدن

einschicken *Vt.* فرستادن، ارسال داشتن

einschieben *Vt.* گنجاندن، داخل کردن، افزودن

etwas **in den Text einschieben** چیزی را در متن گنجاندن

Einschiebsel, das; -s, - درج، افزایش، اضافه

einschießen *Vr., Vt., Vi.* ۱. (خود) را آماده تیراندازی کردن ۲. میزان کردن (تفنگ) ۳. زدن (گل) ۴. به تنور زدن (نان) ۵. خرد کردن ۶. جا زدن، جا دادن، (لابه‌لای صفحه‌ها) کردن ۷. سرمایه‌گذاری کردن ۸. (ریسندگی) پود را در تار داخل کردن ۹. راه افتادن (شیر پستان)

einschiffen *Vt., Vr.* ۱. سوار کشتی کردن ۲. با کشتی سفر کردن

die Fracht einschiffen بار را به کشتی بردن

Einschiffung, die; -, -en حرکت با کشتی، حمل و نقل با کشتی

einschlafen *Vi.* به خواب رفتن، کرخت شدن (اندام)

Ich war eingeschlafen. خوابم برده بود.

Mein Bein ist eingeschlafen. پایم خواب رفته است.

Schlaf ein! بخواب!

Einschlafen, das; -s, - خواب‌رفتگی (اندام)

einschläfern *Vt.* ۱. خواباندن، خواب کردن ۲. از (کسی) رفع نگرانی کردن ۳. با دارو / بدون درد کشتن (حیوان)

Die Mutter schläfert das Kind ein.

مادر بچه را خواب می‌کند.

einschläfernd *Adj.* خواب‌آور

Einschläferung, die; -, -en خواب، خواب‌رفتگی

Einschläferungsmittel, das; -s, -

مادهٔ بیهوش‌کننده، داروی بیهوشی

Einschlag, der; -(e)s, ¨-e ۱. هدف، آماج ۲. پود، سجاف (پارچه) ۳. ضربه، فشار

Kette und Einschlag تار و پود

einschlagen *Vt., Vi.* ۱. کوبیدن (میخ) ۲. شکستن، خرد کردن، فرو کوبیدن (در، پنجره) ۳. در (چیزی) پیچیدن ۴. برگزیدن (جهت) ۵. توافق کردن، پذیرفتن ۶. تو گرفتن، کوتاه کردن ۷. کتک زدن ۸. موفق بودن ۹. کم‌رنگ شدن، رنگ پریده شدن ۱۰. اصابت کردن ۱۱. مثل بمب ترکیدن (شایعه، خبر)

einen neuen Weg einschlagen راه تازه‌ای را برگزیدن

Schlag auf ihn ein! کتکش بزن!

Der Blitz hat in den Baum eingeschlagen.

صاعقه به درخت اصابت کرد.

Diese Nachricht schlug bei uns wie eine Bombe ein.

این خبر در ما مثل بمب اثر کرد.

einschlägig *Adj.* مربوط، منسوب، لازم، موردنظر، اختصاصی

Einschlagmesser, das; -s, - (نساجی) کوبه، شانه

Einschlagpapier, das; -s, -e کاغذ لفاف

Einschlagstelle, die; -, -n محل اصابت (گلوله)، هدف، نشان

Einschlagtuch, das; -(e)s, - / ¨-er کرباس، پارچهٔ باربندی

einschleichen *Vr.* ۱. پنهانی داخل شدن، بی‌سر و صدا به داخل خزیدن ۲. بدون خبر رفتن ۳. عادت شدن

einschleppen *Vt.* ۱. به زور کشیدن ۲. همراه آوردن، وارد کردن ۳. بُکسل کردن

die Krankheit einschleppen بیماری را با خود آوردن

einschleusen *Vt.* ۱. از آبراه گذراندن (کشتی) ۲. پنهانی وارد کردن

einschließen *Vt.* ۱. حبس کردن ۲. به پیوست فرستادن (نامه) ۳. احاطه کردن ۴. شامل (چیزی) بودن، شامل (چیزی) شدن ۵. به حساب آوردن، در حساب منظور کردن

jemanden **im Zimmer einschließen**

کسی را در اتاق محبوس کردن

die Stadt einschließen شهر را محاصره کردن

alle Bedingungen einschließen شامل شرایط لازم بودن

einschließlich *Präp., Adv.* ۱. به انضمامِ، به اضافهٔ، به علاوهٔ ۲. متضمنِ

Das Museum ist bis einschließlich 2. März geschlossen. موزه تا آخر روز دوم ماه مارس بسته است.

Einschließung, die; -, -en ۱. حبس ۲. احاطه

einschlucken *Vt.* بلعیدن، قورت دادن

einschlummern *Vi.* چرت زدن

Einschluß, der; -schlusses, -schlüsse ۱. احاطه ۲. ضمیمه ۳. لکه، رگه

mit Einschluß von به ضمیمهٔ، به انضمامِ، شاملِ

einschmeicheln *Vr.* چاپلوسی کردن، خودشیرینی کردن

sich in die Gesellschaft einschmeicheln

خود را در مجلسی جا کردن

einschmeichelnd *Adj.* دلنشین، خوش‌زبان

Einschmeichelung, die; -, -en چاپلوسی، خودشیرینی

249 **einsetzen**

einschmelzen *Vi., Vt.* ۱. ذوب شدن ۲. ذوب کردن
einschmieren *Vt.* روغن‌مالی کردن، چرب کردن
einschmuggeln *Vt.* پنهانی وارد کردن، (به طور) قاچاق وارد کردن
einschnappen *Vi.* ۱. قفل شدن ۲. دلخور شدن، رنجیدن
einschneiden *Vt., Vi.* ۱. شکاف دادن، برش دادن، چاک دادن ۲. کنده‌کاری کردن، حکاکی کردن
seinen Namen in den Baum einschneiden اسم خود را بر تنه درخت کندن
Einschneiden, das; -s ۱. قطع، برش، شکاف ۲. کنده‌کاری
einschneidend *Adj.* قاطع، قطعی، برنده، مؤثر
einschneien *Vt., Vi.* ۱. از برف پوشیدن ۲. از برف پوشیده شدن، برف گرفتن
Das Haus ist völlig eingeschneit. خانه کاملاً از برف پوشیده شده است.
Einschnitt, der; -(e)s, -e برش، بریدگی، شکاف، چاک
einschnüren *Vt.* محکم بستن، سفت کردن، سخت کشیدن
einschränken *Vt., Vr.* ۱. محدود کردن، محصور کردن، از (چیزی) جلوگیری کردن ۲. تقلیل دادن، کاهش دادن ۳. صرفه‌جویی کردن
das Feuer einschränken آتش‌سوزی را مهار کردن
die Macht des Parlaments einschränken قدرت مجلس را محدود کردن
einschränkend *Adj.* محدودکننده، محصورکننده
Einschränkung, die; -, -en ۱. محدودیت، جلوگیری ۲. صرفه‌جویی، قناعت
einschrauben *Vt.* پیچاندن، پیچ دادن
Einschreibebrief, der; -(e)s, -e نامهٔ سفارشی
Einschreibebuch, das; -(e)s, ⸚er دفتر ارسال مراسلات
Einschreibegebühr, die; -, -en اجرت پستی نامه‌های سفارشی
einschreiben *Vt., Vr.* ۱. ثبت کردن، درج کردن، در (جایی) نام‌نویسی کردن ۲. سفارشی کردن (نامه)
den Brief einschreiben lassen نامه را سفارشی کردن
Einschreiben, das; -s, - نامهٔ سفارشی
Einschreibepäckchen, das; -s, - بستهٔ پستی سفارشی
Einschreibesendung, die; -, -en نامهٔ سفارشی
Einschreibung, die; -, -en ثبت‌نام، اسم‌نویسی
einschreiten *Vi.* ۱. دخالت کردن، مداخله کردن ۲. اقدام کردن
Einschreiten, das; -s ۱. دخالت، مداخله ۲. اقدام
einschrumpfen *Vi.* جمع شدن، مچاله شدن، آب رفتن؛ منقبض شدن
Einschrumpfung, die; -, -en جمع‌شدگی، آب‌رفتگی، انقباض
Einschub, der; -(e)s, ⸚e ۱. ضمیمه، درج ۲. کشویی
einschüchtern *Vt.* ترساندن، مرعوب کردن، از (کسی) زهرچشم گرفتن
Einschüchterung, die; -, -en زهرچشم، تهدید، ارعاب
einschulen *Vt.* (برای اولین بار) به مدرسه فرستادن
Einschulung, die; -, -en فرستادن به مدرسه (برای اولین بار)
Einschuß, der; -schusses, -schüsse ۱. محل اصابت گلوله ۲. پود (پارچه) ۳. مایه (پول)
einschütten *Vt.* ریختن
einschwärzen *Vt.* سیاه کردن، مرکبی کردن
einschwenken *Vi.* تغییر مسیر دادن
einsegnen *Vt.* برکت دادن؛ تقدیس کردن؛ برای (کسی) دعای خیر کردن
Einsegnung, die; -, -en برکت؛ تقدیس؛ دعای خیر
einsehen *Vt.* ۱. به داخل (چیزی) نگاه کردن ۲. فهمیدن، درک کردن، به (چیزی) پی بردن
den Sinn (einer Sache) einsehen به مقصود و معنای (چیزی) پی بردن
seinen Irrtum einsehen به اشتباه خود پی بردن
Einsehen, das; -s فهم، بصیرت، تفاهم
einseifen *Vt.* ۱. صابون زدن ۲. گول زدن، فریب دادن
Einseifung, die; - ۱. صابون مالی ۲. فریب
einseitig *Adj.* ۱. یک طرفه، یک جانبه، یکسره، از یک طرف ۲. محدود
Einseitigkeit, die; -, -en ۱. یک‌طرفی ۲. محدودیت
einsenden *Vt.* فرستادن، ارسال داشتن، رساندن
Einsender, der; -s, - فرستنده، ارسال‌کننده
Einsendeschluß, der; -schlusses, -schlüsse پایان مهلت ارسال
Einsendung, die; -, -en ارسال
einsenken *Vt., Vr.* ۱. (در آب/خاک) فرو کردن ۲. به خاطر سپردن
Einsenkung, die; -, -en فرورفتگی، گودی
Einser, der; -s, - یک، شمارهٔ یک، واحد
einsetzen *Vt., Vi., Vr.* ۱. نصب کردن، کار گذاشتن

Einsetzung 250

۲. مأمور کردن، به (کاری) گماشتن ۳. تلاش کردن، سعی کردن ۴. شروع شدن ۵. ریسک کردن، (خود) را به خطر انداختن

Nach der Rede setzt Musik ein.

بعد از سخنرانی موسیقی آغاز می‌شود.

zum Minister einsetzen به وزارت منصوب کردن

Er setzt sich nie ein. او هرگز تن به کار نمی‌دهد.

Einsetzung, die; -, -en ۱. نصب ۲. استخدام، مأموریت

Einsicht, die; -, -en ۱. ملاحظه، رویت ۲. فهم، عقل، ادراک، هوش، بصیرت

einsichtig *Adj.* ۱. فهمیدنی، روشن، واضح ۲. عاقل، بصیر، فهیم، صاحب‌نظر

Einsichtnahme, die; -, -n بررسی، بازدید، معاینه

einsichtslos *Adj.* نفهم، بی‌عقل، بی‌شعور

einsichtsvoll *Adj.* صاحب‌نظر، عاقل، بصیر

einsickern *Vi.* فرو رفتن، فروکش کردن (آب)

Einsiedel, der; -s, - گوشه‌نشین، منزوی، زاهد، مرتاض

Einsiedelei, die; -, -en گوشه‌نشینی، عزلت، انزوا

Einsiedler, der; -s, - گوشه‌نشین، منزوی، زاهد، مرتاض

Einsiedlerdasein, das; -s گوشه‌نشینی، عزلت، انزوا

einsiedlerisch *Adj.* گوشه‌نشین، منزوی، مجرد

Einsiedlerleben, das; -s, - خلوت‌گزینی

Einsiedlertum, das; -s خلوت‌گزینی

Einsilber, der; -s, - کلمهٔ یک هجایی

einsilbig *Adj.* ۱. یک هجایی، یک سیلابی ۲. کم‌حرف، کم‌سخن

Einsilbigkeit, die; -, -en ۱. کلمهٔ یک هجایی ۲. کم‌گویی، کم‌حرفی

Einsilbler, der; -s, - کلمهٔ یک هجایی

einsingen *Vr.* ۱. تمرین آواز کردن ۲. لالایی خواندن

einsinken *Vi.* فرو رفتن، در گودال افتادن

einsitzen *Vi.* ۱. از زیاد نشستن فرو رفتن، جا انداختن (مبل) ۲. زندانی بودن

Einsitzer, der; -s, - ۱. وسیلهٔ نقلیهٔ یک نفره ۲. زندانی

einsitzig *Adj.* یک نفره، انفرادی

einspannen *Vt.* ۱. از (کسی) کار کشیدن، از (کسی) سوءاستفاده کردن ۲. مهار کردن، افسار کردن ۳. جا کردن، گیر دادن

jemanden **für seine Zwecke einspannen**

از قابلیت کسی به نفع خود استفاده کردن

ein neues Blatt in die Schreibmaschine einspannen یک برگ کاغذ تازه در ماشین تحریر گذاشتن

Einspänner, der; -s, - ۱. درشکهٔ تک‌اسبه ۲. آدم مجرد، آدم تنها

einspännig *Adj.* ۱. [درشکه] تک اسبه ۲. مجرد

einsparen *Vt.* صرفه‌جویی کردن، پس‌انداز کردن

Einsparung, die; -, -en صرفه‌جویی، پس‌انداز

einspeichern *Vt.* (کامپیوتر) به حافظه سپردن

einsperren *Vt.* ۱. حبس کردن، زندانی کردن، دستگیر کردن ۲. در اتاق را به روی (کسی) بستن

den Dieb einsperren دزد را دستگیر کردن

Einsperrung, die; - حبس، زندان

einspielen *Vt., Vr.* ۱. موازنه کردن (ترازو) ۲. روی نوار ضبط کردن ۳. خرج و دخل کردن ۴. (برای شرکت در مسابقه) تمرین کردن ۵. (برای اجرای برنامه) تمرین کردن

Der Film hat die Unkosten eingespielt.

این فیلم مخارج خود را درآورده است.

einspinnen *Vt., Vr.* ۱. زندانی کردن، حبس کردن ۲. دور (خود) تنیدن

einsprachig *Adj.* یک زبانه

einsprechen *Vi.* ۱. میان صحبت دیگران دویدن ۲. با قاطعیت صحبت کردن ۳. اعتراض کردن

gegen ein Urteil einsprechen

علیه حکمی اعتراض کردن

einsprengen *Vt.* نمناک کردن، نم زدن (لباس)

einspringen *Vi., Vr.* ۱. جانشین شدن ۲. تمرین پرش کردن

einspritzen *Vt.* تزریق کردن

Einspritzung, die; -, -en تزریق

Einspruch, der; -(e)s, ¨-e اعتراض، ایراد، رد

Einspruch erheben فرجام‌خواهی کردن

Einspruchsrecht, das; -(e)s, -e حق اعتراض

einspurig *Adj.* [خیابان] یک راهه، یک خطه

einst *Adv.* ۱. وقتی، یک وقتی، زمانی، روزی، روزگاری ۲. در پیش، از قدیم، پیش از این، سابق بر این، سابقاً

einstampfen *Vt.* ۱. لگدمال کردن ۲. باطل کردن

Einstand, der; -(e)s, ¨-e ۱. (تنیس) برابر، مساوی

Einstandspreis, der; -es, -e قیمت خرید

einstechen *Vt.* ۱. در (چیزی) سوزن فرو کردن، سوراخ کردن ۲. نیش زدن، گزیدن

Einsteckalbum, das; -s, -ben آلبوم تمبر

einstecken *Vt.* ۱. (در جیب/کیف) جا دادن ۲. گرفتن (پول) ۳. غلاف کردن (شمشیر) ۴. پذیرفتن، تحمل کردن (انتقاد) ۵. خوردن و دم نزدن ۶. محبوس کردن ۷. در صندوق انداختن (کاغذ)

einstehen *Vi.* ضمانت کردن، ضامن شدن

Er steht für nichts ein. او ضمانت چیزی را قبول نمی‌کند.

einsteigen *Vi.* ۱. داخل شدن، سوار شدن (به وسیلهٔ نقلیه) ۲. وارد کاری شدن، در کاری شرکت کردن ۳. دستبرد زدن، به طور غیر قانونی وارد مکانی شدن

Bitte einsteigen! لطفاً سوار شوید!

in den Wagen einsteigen سوار اتومبیل شدن

Der Dieb ist ins Haus eingestiegen. دزد (از دیوار) وارد منزل شد.

Einsteiger, der; -s, - مبتدی، تازه‌کار

einstellbar *Adj.* قابل تنظیم

einstellen *Vt., Vr.* ۱. میزان کردن، تنظیم کردن ۲. به (چیزی) پایان دادن، قطع کردن (تولید، کار) ۳. استخدام کردن ۴. جا دادن، گذاشتن ۵. دست کشیدن ۶. روی دادن، اتفاق افتادن ۷. با دیگران سازگار شدن ۸. آمادگی داشتن ۹. حاضر شدن

den Wagen einstellen اتومبیل را توی گاراژ بردن

jemanden **im Büro einstellen** به کسی در اداره کار دادن

seine Arbeit einstellen کار خود را تعطیل کردن

Stell dich pünktlich ein! سر وقت حاضر باش!

Das Radio ist nicht richtig eingestellt. رادیو درست میزان نیست.

einstellig *Adj.* [عدد] یکان، یک رقمی

Einstellplatz, der; -es, ⸚e توقفگاه وسایل موتوری

Einstellung, die; -, -en ۱. تنظیم، میزان‌بندی ۲. استخدام ۳. تعطیل کار ۴. عقیدهٔ سیاسی، نظر سیاسی

Einstich, der; -(e)s, -e نیش، نیشتر

Einstichstelle, die; -, -n محل نیش؛ جای سوزن

einsticken *Vt.* گلدوزی کردن

Einstieg, der; -(e)s, -e ۱. دخول، ورود ۲. درِ ورودی ۳. مقدمه، شروع

einstig *Adj.* سابق، قدیم، دیرین، پیشین

einstimmen *Vi., Vt., Vr.* ۱. هم‌آواز شدن ۲. کوک کردن (ساز) ۳. آماده شدن ۴. با (کسی) هم‌رأی شدن

einstimmig *Adj.* ۱. هم‌آواز، هم‌کوک ۲. هم‌رأی، هم‌عقیده

Einstimmigkeit, die; - ۱. یک صدایی، هماهنگی ۲. اتفاق آرا، وحدت کلام

einstippen *Vt.* خیساندن، ترید کردن (نان)

einstmalig *Adj.* سابق، قدیم، دیرین

einstmals *Adv.* سابقاً، سابق بر این، پیش از این

einstöckig *Adj.* [ساختمان] یک طبقه

einstoßen *Vt.* فشار دادن، فرو بردن

einstrahlen *Vi.* تابیدن

Einstrahlung, die; -, -en تابش، تشعشع

einstreichen *Vt.* ۱. رنگ زدن، نقاشی کردن ۲. دریافت کردن، قبول کردن ۳. به جیب زدن (پول)، به نفع خود برداشتن

einstreuen *Vt.* ۱. جا دادن، انداختن (مزه) ۲. پاشیدن

einströmen *Vi.* جاری شدن، (به داخل) جریان یافتن

einstudieren *Vt.* ۱. تحصیل کردن، آموختن، فراگرفتن ۲. از حفظ کردن (نقش نمایشی)

Einstudierung, die; -, -en یادگیری، فراگیری

einstufen *Vt.* طبقه‌بندی کردن، درجه‌بندی کردن، تنظیم کردن

Einstufung, die; -, -en طبقه‌بندی، درجه‌بندی، تنظیم

einstündig *Adj.* یک ساعته

einstürmen *Vi.* حمله کردن، هجوم آوردن

Einsturz, der; -(e)s, ⸚e ۱. سقوط، انهدام، ریزش ۲. فروریختگی، ریزش آوار

einstürzen *Vi.* سقوط کردن، ریزش کردن، فرو ریختن، شکستن

Einsturzgefahr, die; - خطر ریزش، بیم خرابی

einstweilen *Adv.* ۱. موقتاً، فعلاً، عجالتاً ۲. در این ضمن، در این میان، ضمناً

einstweilig *Adj.* موقتی، زودگذر

eintägig *Adj.* یک روزه

Eintagsfliege, die; -, -n حشرهٔ یک روزه

eintanzen *Vr.* تمرین رقص کردن

eintauchen *Vt., Vi.* ۱. غوطه‌ور کردن، در آب فروبردن ۲. خیس کردن ۳. شیرجه رفتن، زیرآبی رفتن

Eintauchen, das; -s غوطه‌وری

Eintausch, der; -(e)s, - تعویض، مبادله، معاوضه

eintauschen *Vt.* تعویض کردن، مبادله کردن، معاوضه کردن

eintausend *Zahlw.* یک هزار

einteilen *Vt.* تقسیم کردن؛ تنظیم کردن؛ درجه‌بندی کردن

einteilig *Adj.* یک تکه

Einteilung, die; -, -en تقسیم‌بندی؛ تنظیم؛ توزیع؛ درجه‌بندی

Eintel, das; -s, - (ریاضی) یک‌یکم

eintönig *Adj.* یکنواخت، ملال‌انگیز، کسالت‌آور

Eintönigkeit, die; -, -en یکنواختی، ملال‌انگیزی، عدم تنوع

Eintopf, der; -s, - آش، آش شله‌قلمکار

Eintopfgericht, das; -(e)s, -e آش، آش شله‌قلمکار

Eintracht, die; - اتحاد، اتفاق، یگانگی، سازش

einträchtig *Adj.* یکدل، یک‌جهت، متحد، هم‌آهنگ

Eintrag, der; -(e)s, ⸚e ۱. ضبط، ثبت، یادداشت ۲. پود، اثر

eintragen *Vt.* ۱. وارد دفتر کردن، ثبت کردن، ضبط کردن ۲. درآوردن (پول)

einträglich *Adj.* پرفایده، پردرآمد، پرسود، مفید، سودمند

Einträglichkeit, die; - پرمنفعتی، سودمندی، سودبخشی

Eintragung, die; -, -en ثبت، ضبط، درج

Eintragungsdatum, das; -s, -ta/-ten تاریخ ثبت

Eintragungsheft, das; -(e)s, -e دفتر ثبت

Eintragungsjournal, das; -s, -e دفتر ثبت روز

eintrainieren *Vt.* ورزش دادن، تمرین دادن، تعلیم دادن

eintränken *Vt.* ۱. تر کردن، خیس کردن، خیساندن ۲. جبران کردن

Das werde ich dir einträanken. تلافی این کار را سرت درمی‌آورم.

einträufeln *Vt.* در (جایی) قطره چکاندن

eintreffen *Vi.* ۱. وارد شدن، حضور به‌هم رساندن، سر رسیدن ۲. درست درآمدن، انجام گرفتن، عملی شدن ۳. واصل شدن، وصول گردیدن

Das Buch ist bei mir eingetroffen. کتاب به دست من رسید.

Der Betrag ist eingetroffen. پول وصول شد.

Ihre Wahrsagung traf ein. پیشگویی شما درست درآمد.

eintreibbar *Adj.* قابل وصول، وصول کردنی

eintreiben *Vt.* ۱. جمع کردن (گله) ۲. وصول کردن، مطالبه کردن

das Geld eintreiben پول را وصول کردن

Eintreiber, der; -s, - وصول‌کننده، تحصیلدار

Eintreibung, die; -, -en وصول، اخذ، مطالبه

eintreten *Vt., Vi.* ۱. با لگد باز کردن ۲. از (کسی) حمایت کردن ۳. داخل شدن، وارد شدن، پا گذاشتن ۴. جا باز کردن (کفش) ۵. عضو شدن ۶. رخ دادن، اتفاق افتادن، به وقوع پیوستن

Treten Sie bitte ein! بفرمایید تو!

Der Tod traf unerwartet. مرگ ناگهانی به وقوع پیوست.

in den Verein eintreten عضو انجمن شدن

in eine Diskussion eintreten وارد بحثی شدن

Eintreten, das; -s ۱. ورود، دخول ۲. وقوع

eintrichtern *Vt.* به زور به کلهٔ (کسی) فرو کردن

jemandem etwas **eintrichtern** چیزی را برای کسی شیرفهم کردن

Eintritt, der; -s, -e ۱. ورود، دخول ۲. شروع، آغاز ۳. پذیرش، کسب عضویت ۴. ورودیه، حق ورودی

Eintritt verboten! ورود ممنوع!

Eintritt frei! ورود آزاد است!

Eintritt des Winters آغاز زمستان

Eintrittsgeld, das; -(e)s, -er ورودیه، حق عضویت

Eintrittskarte, die; -, -n بلیت ورودی

eine Eintrittskarte losen بلیت ورودی خریدن

eintrocknen *Vi., Vt.* ۱. خشک کردن ۲. خشک شدن، خشکیدن

eintröpfe(l)n *Vi., Vt.* ۱. قطره‌قطره ریختن ۲. چکاندن

eintrüben *Vr.* کدر شدن، تاریک شدن (هوا)

Eintrübung, die; -, -en کدر شدگی، تار شدگی، گرفتگی (هوا)

einüben *Vt.* ۱. تمرین کردن ۲. تمرین دادن

einverleiben *Vt.* یکی کردن، به‌هم پیوستن، متحد کردن؛ ضمیمه کردن

Einverleibung, die; -, -en یکی‌سازی، پیوستگی، اتحاد

Einvernahme, die; -, -n استنطاق، استفسار

einvernehmen *Vt.* با (کسی) سازش کردن، با (کسی) توافق کردن

Einvernehmen, das; -s سازش، توافق

einverstanden *Adv.* موافق، راضی، هم‌رأی

einverstanden sein mit موافق بودن با

Ich bin einverstanden. من موافقم.

Einverständnis, das; -nisses, -nisse رضایت، موافقت، تفاهم، قبولی، توافق

ohne mein Einverständnis بدون موافقت من

Einverständniserklärung, die; -, -en رضایت‌نامه

Einwaage, die; -, -n ۱. وزن خالص ۲. (شیمی) تعیین وزن

einwachsen *Vt., Vi.* ۱. واکس زدن ۲. روییدن، رشد کردن

Einwand, der; -(e)s, ⸚e اعتراض، مخالفت، ایراد

gegen jemanden **einen Einwand erheben** به کسی ایراد گرفتن

Einwanderer, der; -s, - مهاجر، کوچنده

einwandern *Vi.* مهاجرت کردن، کوچ کردن

Einwanderung, die; -, -en مهاجرت، کوچ

einwandfrei *Adj., Adv.* بی‌نقص، بی‌عیب، بدون ایراد، کامل، درست

einwärts *Adv.* به داخل، به تو

253 **Einzelergebnis**

einwechseln *Vt.* عوض کردن، تبدیل کردن، مبادله کردن

einwecken *Vt.* کنسرو کردن (میوه، سبزی)

einweichen *Vt.* خیساندن، نرم کردن، خیس کردن، در آب گذاشتن

Einweichung, die; -, -en خیسی، نرمی

einweihen *Vt.* ۱. تخصیص دادن ۲. افتتاح کردن ۳. در جریان (کاری) گذاردن

Ich werde ihn in unseren Plan einweihen.

او را در جریان نقشه‌هایمان خواهم گذاشت.

Einweihung, die; -, -en ۱. تخصیص ۲. افتتاح، مراسم افتتاح

einweisen *Vt.* ۱. گماشتن، منصوب کردن ۲. واگذار کردن، ارجاع کردن ۳. راهنمایی کردن

den Patienten ins Krankenhaus einweisen

بیمار را به بیمارستان انتقال دادن

Einweisung, die; -, -en ۱. انتصاب ۲. واگذاری ۳. راهنمایی

einwenden *Vt.* به (کسی / چیزی) اعتراض کردن، از (کسی / چیزی) ایراد گرفتن، از (کسی / چیزی) اشکال گرفتن

Ich habe nichts dagegen einzuwenden.

اعتراضی به این کار ندارم.

Was haben Sie dagegen einzuwenden?

چه ایرادی به این کار دارید؟

Einwendung, die; -, -en اعتراض، ایراد، اشکال

einwerfen *Vt.* ۱. (به داخل) انداختن، (به داخل) پرت کردن ۲. شکستن ۳. ایراد گرفتن، اعتراض کردن؛ گفتن

einen Brief in den Postkasten einwerfen

نامه‌ای را در صندوق پست انداختن

jemandem **die Fenster einwerfen**

پنجره‌های کسی را شکستن

einwickeln *Vt.* ۱. بسته‌بندی کردن ۲. در لفافه پیچیدن ۳. قنداق کردن ۴. گول زدن، اغفال کردن

die Ware in Papier einwickeln

کالایی را در کاغذ پیچیدن

Einwickeln, das; -s ۱. بسته‌بندی ۲. قنداق ۳. اغفال

Einwickelpapier, das; -s, -e کاغذ بسته‌بندی، لفاف بار پیچی

einwiegen *Vt.* جنباندن (گهواره)

einwilligen *Vi.* رضایت دادن، راضی شدن، موافقت کردن

Einwilligung, die; -, -en رضایت، موافقت، قبول

ohne seine Einwilligung بدون رضایت او

einwirken *Vi.* اثر کردن، تأثیر گذاشتن، نفوذ داشتن، مؤثر بودن

Einwirkung, die; -, -en اثر، تأثیر، نفوذ

einwöchig *Adj.* یک هفته‌ای

einwohnen *Vr.* به منزل تازه عادت کردن

Einwohner, der; -s, - ۱. ساکن، مقیم ۲. مستأجر

Einwohnerin, die; -, -nen ۱. ساکن، مقیم (زن) ۲. مستأجر (زن)

Einwohnermeldeamt, das; -(e)s, ¨-er

ادارهٔ ثبت نام ساکنان شهر

Einwohnerschaft, die; -, -en سکنه

Einwohnerzahl, die; -, -en (تعداد) جمعیت، تعداد نفوس

Einwurf, der; -es, ¨-e ۱. اعتراض، ایراد ۲. (در صندوق پست) جای انداختن نامه

einwurzeln *Vi., Vr.* ریشه دواندن، ریشه کردن

Einzahl, die; -, -en (دستور زبان) اسم مفرد، مفرد

einzahlbar *Adj.* قابل پرداخت

einzahlen *Vt.* پرداختن، تأدیه کردن، ادا کردن، واریز کردن، به حساب گذاشتن

das Geld auf ein Konto einzahlen

پولی را به حسابی واریز کردن

Einzahler, der; -s, - پرداخت‌کننده

Einzahlung, die; -, -en پرداخت، تأدیه، واریز

Einzahlungsbeleg, der; -(e)s, -e قبض بانکی (رسید پول)

Einzahlungsschalter, der; -s, - باجهٔ پرداخت

Einzahlungsschein, der; -(e)s, -e برگهٔ پرداخت

einzäunen *Vt.* دور (جایی) نرده کشیدن، دور (جایی) پرچین کشیدن، دور (جایی) حصار کشیدن، محصور کردن (زمین)

das Grundstück einzäunen ملک را نرده کشیدن

Einzäunung, die; -, -en نرده، پرچین، حصار، مَعجَر

einzeichnen *Vt.* ۱. ثبت کردن، وارد کردن ۲. نشان کردن، علامت‌گذاری کردن

Einzeichnung, die; -, -en ۱. ثبت ۲. نشانه گذاری، علامت‌گذاری

Einzel, das; -s, - (تنیس) انفرادی

Einzelausbildung, die; -, -en تربیت انفرادی (سرباز)

Einzelbad, das; -(e)s, ¨-er حمام تک نفره

Einzelbeschreibung, die; -, -en شرح تفصیلی

Einzelbett, das; -es, -en تختخواب یک نفره

Einzelergebnis, das; -nisses, -nisse

نتیجهٔ انفرادی (مسابقه)

Einzelexemplar, das; -s, -e تک شماره (روزنامه، مجله)
Einzelfahrkarte, die; -, -n بلیت یک نفره
Einzelfall, der; -(e)s, ⸚e حالت استثنایی
Einzelgänger, der; -s, - تک‌رو؛ گوشه‌نشین، کم معاشرت
Einzelgängerin, die; -, -nen تک‌رو؛ گوشه‌نشین، کم معاشرت (زن)
Einzelgängertum, das; -s تک‌روی؛ گوشه‌گیری
Einzelgebet, das; -(e)s, -e عبادت انفرادی
Einzelgrab, das; -(e)s, ⸚er مقبرهٔ شخصی
Einzelhaft, die; - حبس مجرد، حبس انفرادی
Einzelhandel, der; -s, ⸚ تک‌فروشی، خرده‌پایی، جزءفروشی
Einzelhändler, der; -, - دست‌فروش، جزءفروش
Einzelhandlung, die; -, -en عمل فردی
Einzelheit, die; -, -en جزء، جزو، تفصیل، قسمت
Einzelheiten, die / *Pl.* جزئیات، مشخصات، خصوصیات

in allen Einzelheiten با تمام جزئیات، به تفصیل تمام

Einzelkabine, die; -, -n کابین یک نفره (کشتی)
Einzelkampf, der; -(e)s, ⸚e نبرد یک‌تنه، جنگ تن به تن
Einzeller, der; -s, - جانور تک‌یاخته
einzellig *Adj.* تک‌یاخته‌ای
einzeln *Adj.* ۱. تک‌تک، یک‌یک، تنها، جداگانه ۲. فردی، مجرد، منفرد

Bitte einzeln eintreten! لطفاً تک‌تک وارد شوید!

Einzelnachfolge, die; -, -n جانشین منحصر به فرد
Einzelne[1], der / die; - هر فردی، هر شخصی
Einzelne[2], das; - یکایک، قلم به قلم، جزئیات

ins Einzelne gehen وارد جزئیات شدن

Einzelnummer, die; -, -n تک شماره
Einzelperson, die; -, -en یک فرد، فردی
Einzelspiel, das; -(e)s, -e بازی انفرادی
einzelstehend *Adj.* مجرد، عزب؛ غیر متأهل؛ بیوه
Einzelstück, das; -(e)s, -e قطعهٔ نمونه، تک‌جنس
Einzelteil, der / das; -(e)s, -e قطعهٔ جزء
Einzelverkauf, der; -(e)s, - تک‌فروشی، خرده‌فروشی
Einzelvers, der; -es, -e تک بیت
Einzelzahl, die; -, -en عدد فرد
Einzelzelle, die; -, -n سلول یک نفره (زندان)
Einzelzimmer, das; -s, - اتاق یک نفره
einzementieren *Vt.* سیمان گرفتن

einziehen *Vt., Vi.* ۱. به داخل کشیدن، پس کشیدن ۲. پایین آوردن (پرچم) ۳. استنشاق کردن ۴. جمع کردن، وصول کردن (مالیات) ۵. توقیف کردن، ضبط کردن ۶. ضرب کردن (سکه) ۷. (به خدمت وظیفه) احضار کردن ۸. اسباب‌کشی کردن (به منزل تازه) ۹. جذب کردن

die Luft einziehen هوا را استنشاق کردن
den Betrag einziehen پول را وصول کردن
jemanden zum Dienst einziehen کسی را به خدمت خواندن
ins neue Haus einziehen به خانهٔ تازه نقل‌مکان کردن

Einziehung, die; -, -en ۱. استنشاق ۲. وصول، جمع‌آوری ۳. مصادره ۴. احضار ۵. جذب
einzig *Adj., Adv.* ۱. تنها؛ یکتا، منحصر به فرد، یگانه ۲. بی‌نظیر، یگانه، بی‌همتا، تنها

mein einziger Sohn تنها پسر من
ein einziges Mal فقط یک بار
einziger Weg راه منحصر به فرد
einzig und allein فقط و فقط

einzigartig *Adj., Adv.* ۱. یگانه، یکتا، بی‌نظیر، منحصر به فرد ۲. به طرزی بی‌نظیر، به نحوی بی‌همتا
Einzigartigkeit, die; -, - یگانگی، یکتایی، بی‌نظیری
einzigst *Adj.* یکی یکدانه
Einzimmerwohnung, die; -, -en آپارتمان یک اتاقه
Einzug, der; -(e)s, ⸚e ۱. مصادره، ضبط ۲. ورود، دخول ۳. اسباب‌کشی

der Einzug des Frühlings فرارسیدن بهار
der Einzug in die neue Wohnung اسباب‌کشی به منزل نو

Einzugsermächtigung, die; -, -en اجازهٔ برداشت پول (از حساب بانکی)
Einzugsgebiet, das; -(e)s, -e منطقه، خطه
einzwängen *Vt.* به زور جا دادن، با فشار داخل کردن
Einzylindermaschine, die; -, -n موتور یک سیلندر
eirund *Adj.* بیضی شکل، تخم‌مرغی شکل
Eis, das; -es ۱. یخ، برودت ۲. بستنی

auf Eis legen مسکوت گذاشتن، بلااقدام گذاشتن
Das Eis ist gebrochen. رودربایستی از بین رفته است. روها به هم باز شده است.

E-is, das; - (موسیقی) می دیز
Eisanlage, die; -, -n یخچال؛ دستگاه یخ‌سازی
eisartig *Adj.* یخ‌مانند، یخی‌شکل
Eisbahn, die; -, -en زمین پاتیناژ، پیست پاتیناژ

Eisbär, der; -en, -en خرس قطبی، خرس سفید
Eisbein, das; -s, -e خوراک پاچهٔ خوک
Eisberg, der; -(e)s, -e کوه یخ، تودهٔ یخ شناور
Eisbeutel, der; -s, - کیسهٔ یخ
Eisblume, die; -, -n گل ناز
Eisbrecher, der; -s, - کشتی یخ‌شکن
Eisbude, die; -, -n دکهٔ بستنی‌فروشی
Eiscreme, die; - بستنی
Eisdiele, die; -, -n بستنی‌فروشی
Eisen, das; -s, - آهن
ein heißes Eisen یک موضوع پر دردسر و پیچیده
jemanden **zum alten Eisen werfen**
کسی را فرسوده و از کار افتاده تلقی کردن
mehrere Eisen im Feuer haben
امکانات متعددی را در نظر داشتن
Eisenabfall, der; -(e)s, ¨-e آهن قراضه، خرده آهن
Eisenader, die; -n, -n رگهٔ آهن
Eisenarbeit, die; -, -en آهن‌کاری
eisenarm *Adj.* کم آهن
eisenartig *Adj.* آهنی، مثل آهن
Eisenbahn, die; -, -en ۱. راه‌آهن، خط آهن ۲. قطار
mit der Eisenbahn با راه‌آهن
Eisenbahnabteil, das; -(e)s, -e کوپهٔ قطار
Eisenbahnarbeiter, der; -s, - کارگر راه‌آهن
Eisenbahnbau, der; -(e)s, -e ساختمان راه‌آهن
Eisenbahnbeamte, der; -n, -n کارمند راه‌آهن
Eisenbahnbrücke, die; -, -n پل راه‌آهن
Eisenbahndirektion, der; -, -en ادارهٔ راه‌آهن
Eisenbahner, der; -s, - کارمند راه‌آهن
Eisenbahnfähre, die; -, -n کشتی حمل قطار
Eisenbahnfahrplan, der; -(e)s, ¨-e
برنامهٔ حرکت قطارهای مسافری
Eisenbahnfahrt, die; -, -en مسافرت با راه‌آهن،
سفر با قطار
Eisenbahngesellschaft, die; -, -en
شرکت راه‌آهن
Eisenbahngleis, das; -s, - خط آهن، خط قطار
Eisenbahnknotenpunkt, der; -(e)s, -e
ایستگاه تقاطع راه‌آهن
Eisenbahnlinie, die; -, -n خط راه‌آهن
Eisenbahnnetz, das; -es, -e شبکهٔ راه‌آهن
Eisenbahnpolizei, die; -, -en پلیس راه‌آهن
Eisenbahnschiene, die; -, -n ریل (راه‌آهن)
Eisenbahnschranke, die; -, -n راه‌بند راه‌آهن
Eisenbahnschuppen, der; -s, - انبار راه‌آهن
Eisenbahnschwelle, die; -, -n تراورس
(زیر خطوط آهن)
Eisenbahnsignal, das; -s, -e علامت راه‌آهن
Eisenbahnstation, die; -, -en ایستگاه راه‌آهن
Eisenbahnstrecke, die; -, -n مسافت راه‌آهن
Eisenbahntunnel, der; -s, -s تونل راه‌آهن
Eisenbahnunfall, der; -(e)s, ¨-e سانحهٔ راه‌آهن،
تصادم راه‌آهن
Eisenbahnunglück, das; -(e)s, -e سانحهٔ راه‌آهن،
تصادم راه‌آهن
Eisenbahnverkehr, der; -(e)s آمد و رفت قطارها
Eisenbahnwagen, der; -s, - واگن راه‌آهن
Eisenbahnwerkstätte, die; -, -n تعمیرگاه راه‌آهن
Eisenbahnzug, der; -es, ¨-e قطار راه‌آهن، ترن
Eisenbarren, der; -s, - شمش آهن
Eisenbau, der; -(e)s, -e / -ten ساختمان آهنی
Eisenbergbau, der; -(e)s, -e استخراج آهن
Eisenbergwerk, das; -(e)s, -e معدن آهن
Eisenbeschlag, der; -(e)s, ¨-e پوشش آهنی
Eisenbeton, der; -s, -s بتون آرمه، بتون مسلح
Eisenblech, das; -(e)s, -e ورق آهن؛ حلبی
Eisenbohrer, der; -s, - (برای سوراخ کردن آهن) مته
Eisenbrücke, die; -, -n پل آهنی
Eisendraht, der; -(e)s, ¨-e سیم آهنی
Eisenerz, das; -es, -e سنگ آهن
Eisenfeilspäne, die / *Pl.* برادهٔ آهن
Eisengewicht, das; -(e)s, -e وزنهٔ آهنی
Eisengießer, der; -s, - ریخته‌گر آهن؛ چدن کار
Eisengießerei, die; -, -en کارخانهٔ ذوب آهن
Eisengitter, das; -s, - شبکهٔ آهنی، نردهٔ آهنی
Eisenguß, der; -gusses, - ریخته‌گری آهن؛ چدن‌ریزی
eisenhaltig *Adj.* آهن‌دار
Eisenhammer, der; -s, ¨ چکش آهنی، پتک
Eisenhandel, der; -s, ¨ تجارت آهن، آهن‌فروشی
Eisenhändler, der; -s, - تاجر آهن
Eisenhandlung, die; -, -en فروشگاه آهن‌آلات
eisenhart *Adj.* آهنین، به سختی آهن
Eisenhelm, der; -(e)s, -e کلاه‌خود آهنی
Eisenhütte, die; -, -n کورهٔ ذوب آهن، آهن‌گدازی
Eisenhüttenwerk, das; -(e)s, -e
کارخانهٔ ذوب آهن
Eisenindustrie, die; -, -n صنایع ذوب آهن
Eisenkeule, die; -, -n گرز آهنی

Eisenklumpen, der; -s, - آهن‌پاره
Eisenkram, der; -(e)s, ¨-e آهن‌آلات
Eisenkraut, das; -(e)s, -kräuter گل شاه‌پسند
Eisenlegierung, die; - آلیاژ آهن
Eisenmagnet, der; -(e)s, -(en) / -e آهن‌ربا، مغناطیس
Eisenmangel, das; -s, ¨- کمبود آهن (در بدن)
Eisenmast, der; -es, -e تیرآهن
Eisenoxyd, das; -(e)s, -e زنگ آهن، اکسید آهن
Eisenplatte, die; -, -n صفحهٔ آهنی
Eisenpräparat, das; -(e)s, -e داروی آهن‌دار
Eisenquelle, die; -, -n آب معدنی آهن‌دار
Eisenring, der; -(e)s, -e حلقهٔ آهنی
Eisenrost, der; -es زنگ آهن
Eisenschlacke, die; -, -n تفالهٔ آهن
Eisenschmied, der; -(e)s, -e آهنگر
Eisenschmiederei, die; - آهنگری
Eisenschrott, der; -(e)s, -e آهن قراضه
Eisenspäne, die / *Pl.* برادهٔ آهن؛ آهن‌پاره
Eisenstab, der; -(e)s, ¨-e تیرآهن، میل آهنی
Eisenstein, der; -(e)s, -e سنگ‌آهن
Eisenstück, das; -(e)s, -e قطعهٔ آهن
Eisensulfat, das; -(e)s, -e سولفات آهن، زاج سبز
Eisenvitriol, das; -s سولفات آهن، زاج سبز
Eisenwaren, die / *Pl.* اجناس آهنی، آهن‌آلات
Eisenwarenhandlung, die; -, -en فروشگاه لوازم آهنی
Eisenwarenindustrie, die; -, -n صنایع آهن
Eisenwerk, das; -(e)s, -e کارگاه آهنگری
Eisenzeit, die; -, -en عصر آهن
eisern *Adj.* آهنی، سخت
  eisernes Kreuz (نشان) صلیب آهنی
  eiserne Brücke پل آهنی
  eiserner Wille ارادهٔ آهنین
eiseskalt *Adj.* به سردی یخ، مثل یخ، سرد سرد
Eisfabrik, die; -, -en کارخانهٔ یخ‌سازی
Eisfach, das; -(e)s, ¨-er جایخی (داخل یخچال)
Eisfläche, die; -, -n قشر یخی، لایهٔ یخی
eisfrei *Adj.* بدون یخ
Eisfuchs, der; -es, ¨-e روباه قطبی
eisgekühlt *Adj.* خنک
eisglatt *Adj.* بسیار لیز
eisgrau *Adj.* رنگ‌پریده؛ از پیری سفید شده
Eishändler, der; -, - ۱. یخ‌فروش ۲. بستنی‌فروش

Eishauch, der; -(e)s نسیم بسیار سرد
Eisheiligen, die / *Pl.* سرمای گل سرخ، سرمای بهاری
Eishockey, das; -s (ورزش) هاکی روی یخ
Eishölle, die; -, -n زمهریر
Eishütte, die; -, -n خانهٔ برفی
eisig *Adj.* بسیار سرد، یخ‌دار
eiskalt *Adj.* به سردی یخ، مثل یخ، سرد سرد، تگرگی
Eiskiste, die; -, -n یخدان
Eiskrem, die; -, -s بستنی
Eiskunstlauf, der; -(e)s, -läufe (بازی) پاتیناژ، رقص روی یخ
Eiskunstläufer, der; -s, - هنرمند پاتیناژ، رقصنده روی یخ
Eislauf, der; -(e)s, -läufe پاتیناژ، یخ‌بازی
Eislaufen, das; -s, - پاتیناژ، یخ‌بازی
eislaufen *Vi.* روی یخ رقص کردن، پاتیناژ کردن
Eisläufer, der; -s, - پاتیناژباز، یخ‌باز
Eisläuferin, die; -, -nen پاتیناژباز، یخ‌باز (زن)
Eismann, der; -(e)s, ¨-er ۱. یخ‌فروش ۲. بستنی‌فروش
Eismaschine, die; -, -n یخچال؛ ماشین یخ‌سازی
Eismeer, das; -(e)s, -e اقیانوس منجمد شمالی؛ اقیانوس منجمد جنوبی
Eisprung, der; -(e)s, ¨-e تخمک‌گذاری
Eisschicht, die; -, -en قشر یخ، ورقهٔ یخ
Eisscholle, die; -, -n تودهٔ یخ شناور
Eisschrank, der; -(e)s, ¨-e یخچال
Eisverkäufer, der; -s, - ۱. یخ‌فروش ۲. بستنی‌فروش
Eisvogel, der; -s, ¨- مرغ ماهی‌خوار
Eiswaffel, die; -, -n نان بستنی
Eiswasser, das; -s, - آب‌یخ
Eiswind, der; -(e)s, -e سوز باد، سوزِ برف
Eiswürfel, der; -s, - یخ قالبی، یخ مکعب شکل
Eiszapfen, der; -s, - قندیل یخ
Eiszeit, die; -, -en دوران یخبندان، عصر یخ
Eiszone, die; -, -n منطقهٔ منجمده
eitel *Adj.* ۱. بیهوده، پوچ ۲. خودپسند، خودخواه، مغرور ۳. خالص
Eitelkeit, die; -, -en ۱. بیهودگی، پوچی ۲. خودپسندی، خودخواهی
Eiter, der; -s چرک، چرکاب
Eiterbeule, die; -, -n دمل، کورک، آبسه
Eiterbildung, die; -, -en تولید چرک
eiterig *Adj.* چرکی، چرک‌دار
eitern *Vi.* چرک کردن، چرکی شدن

257 **Elektrochirurgie**

eiternd *Adj.* چرکی، چرک‌زا
eiternde Wunde زخم چرکین
Eiterung, die; -, -en چرک
eit(e)rig *Adj.* چرکی، چرک‌دار
Eiweiß, das; -es, -e سفیدهٔ تخم‌مرغ، پروتئین
eiweißhaltig *Adj.* [ماده] سفیده‌دار، پروتئین‌دار
Eiweißmangel, der; -s, ⸚ کمبود پروتئین
eiweißreich *Adj.* محتوی مادهٔ سفیده‌ای / پروتئینی
Eiweißstoff, der; -(e)s, -e مادهٔ سفیده‌دار، مادهٔ پروتئینی
Eizelle, die; -, -n سلول تخم، یاختهٔ تخم، تخمک
Ejakulation, die; -, -en خروج منی، ریزش منی، انزال
ejakulieren *Vi.* انزال کردن، ریختن (منی)
ekel *Adj.* نفرت‌انگیز، اکراه‌آور، تهوع‌انگیز
Ekel[1], der; -s نفرت، بیزاری، انزجار، کراهت
vor etwas **einen Ekel haben** از چیزی نفرت داشتن
Ekel[2], das; -s, - آدم نفرت‌آور
ekelerregend *Adj.* تهوع‌آور، تنفرانگیز
ekelhaft *Adj.* تهوع‌آور، نفرت‌انگیز، زشت
ekeln *Vt., Vr.* ۱. در (کسی) حالت تهوع ایجاد کردن ۲. موجب تنفر (کسی) شدن ۳. نفرت داشتن
sich ekeln vor etwas از چیزی نفرت داشتن
Es ekelt mir vor ihm. او موجب نفرت من می‌شود.
EKG = *Elektrokardiogramm*
Eklat, der; -s, -s احساس، شور، جنبش
eklatant *Adj.* چشمگیر، تماشایی، برجسته
ein eklatantes Beispiel یک مثال بارز
ek(e)lig *Adj.* تهوع‌آور، نفرت‌انگیز، زشت
Eklipse, die; -, -n خسوف؛ کسوف
Ekliptik, die; -, -en مدار خورشید
Ekloge, die; -, -n آواز چوپانی
Ekstase, die; -, -n جذبه؛ وجد؛ خلسه، نشئه، مستی
in Ekstase geraten به حالت خلسه افتادن
ekstatisch *Adj.* خلسه‌آور؛ جذبه‌انگیز؛ در حال خلسه؛ در حال جذبه
Ekzem, das; -s, -e (بیماری) اِگزما
Elan, der; -s, -s شیفتگی، میل، رغبت
Elastik, das; -s, -s ۱. جنس قابل ارتجاع ۲. کش
elastisch *Adj.* قابل ارتجاع، انعطاف‌پذیر، فنردار؛ جهنده؛ خم‌شو، غیرشکننده
Elastizität, die; -, -en قابلیت ارتجاع، خاصیت فنری
Elch, der; -(e)s, -e گوزن قطبی
Eldorado, das; -s, -s سرزمین خیال‌انگیز

Elefant, der; -en, -en فیل، پیل
Er benimmt sich wie ein Elefant im Porzellanladen. او رفتار خشن، بی‌نزاکت و ناشیانه‌ای دارد.
Elefantenbaby, das; -s, -s بچه فیل
Elefantenbulle, der; -n, -n فیل نر
elefantenfüßig *Adj.* فیل پا
elefantenhaft *Adj.* پیل پیکر
Elefantenhaut, die; -, -häute پوست فیل
Elefantenhengst, der; -es, -e فیل نر
Elefantenhuf, der; -(e)s, -e سم فیل
Elefantenkuh, die; -, ⸚e فیل ماده
Elefantenreiten, das; -s, - فیل‌سواری
Elefantenreiter, der; -s, - فیل‌سوار
Elefantenrüssel, der; -s, - خرطوم فیل
Elefantenschildkröte, die; -, -n لاک‌پشت پیل‌نما
Elefantentreiber, der; -s, - فیلبان
Elefantentritt, der; -(e)s, -e قدم فیل
Elefantenwärter, der; -s, - فیلبان
Elefantenweibchen, das; -s, - ماده فیل
Elefantenzahn, der; -(e)s, ⸚e دندان فیل
elegant *Adj.* ظریف، باسلیقه، خوش‌پوش، شیک
Eleganz, die; - ظرافت، باسلیقگی، خوش‌پوشی، شیکی
Elegie, die; -, -n مرثیه، نوحه، تعزیه
Elegiker, der; -s, - مرثیه ساز، نوحه‌خوان، تعزیه‌ساز، تعزیه‌خوان
elegisch *Adj.* محزون، دل‌گداز
Elektrifikation, die; -, -en برق‌کشی
elektrifizieren *Vt.* برقی کردن
Elektrifizierung, die; - برق‌کشی
Elektriker, der; -s, - برقی، برقچی، برقکار، متخصص برق
elektrisch *Adj.* برقی، الکتریکی
elektrisieren *Vt.* برقی کردن؛ به (چیزی) برق دادن؛ از (چیزی) برق گرفتن
Elektrizität, die; -, -en الکتریسیته، برق، جریان برق
Elektrizitätsgesellschaft, die; -, -en شرکت برق
Elektrizitätswerk, das; -(e)s, - کارخانهٔ برق، نیروگاه برق
Elektrizitätszähler, der; -s, - کنتور برق
Elektroboot, das; -(e)s, -e قایق برقی
Elektrobus, der; -busses, -busse اتوبوس برقی
Elektrochemie, die; - الکتروشیمی، استفاده از برق در شیمی
Elektrochirurgie, die; -, -n جراحی الکتریکی

Elektrode, die; -, -n الکترود، قطب الکتریکی
Elektrodiagnostik, die; - استفاده از برق در تشخیص پزشکی
Elektrodynamik, die; - الکترودینامیک
Elektrogerät, das; -(e)s, -e دستگاه برقی
Elektroherd, der; -(e)s, -e اجاق برقی
Elektroindustrie, die; -, -n صنعت برق
Elektroingenieur, der; -s, -e مهندس برق
Elektrokardiogramm, das; -s, -e الکتروکاردیوگرام، دستگاه قلب‌نگار
Elektrokardiographie, die; -, -n الکتروکاردیوگرافی، قلب‌نگاری
Elektrolyse, die; -, -n الکترولیز، تجزیه الکتریکی
Elektrolyt, der; -s, - (شیمی) الکترولیت
Elektromagnet, der; -en, -en آهن‌ربای الکتریکی
Elektrometer, das; -s, - دستگاه اندازه‌گیری بار الکتریکی
Elektromobil, das; -s, -e اتومبیل برقی
Elektromotor, der; -s, -en دستگاه مولد برق
Elektron, das; -s, -en الکترون
Elektronenblitz, der; -es, -e فلاش الکترونی
Elektronen(ge)hirn, das; -s, -e مغز الکترونی
Elektronenmikroskop, das; -s, -e میکروسکوپ الکترونی
Elektronenorgel, die; -, -n ارگ الکترونی
Elektronenrechner, der; -s, - محاسب الکترونی، رایانهٔ الکترونی
Elektronenröhre, die; -, -n لامپ الکترونی
Elektroinik, die; -, -en الکترونیک، مبحث الکترونیک، علم الکترونیک
elektronisch *Adj.* الکترونیکی، الکترونیک
Elektroschock, der; -s, -s شوک الکتریکی، تکان الکتریکی
Elektrostatik, die; - مبحث الکتریسیته ساکن
Elektrotechnik, die; -, -en فن کاربرد برق
Elektrotechniker, der; -s, - مهندس برق
Elektrotherapie, die; -, -n برق درمانی
Element, das; -(e)s, -e ۱. عنصر، ماده ۲. اصل، اساس ۳. باتری، پیل الکتریکی
elementar *Adj.* ابتدایی، مقدماتی، پایه‌ای، اصولی، اصلی
Das gehört zu den elementarsten Pflichten.
این جزو وظایف اصلی محسوب می‌شود.
Elementarbuch, das; -(e)s, ⸚er کتاب ابتدایی
Elementargrammatik, die; -, -en دستور زبان مقدماتی
Elementarkenntnis, die; -, -nisse معلومات ابتدایی
Elementarklasse, die; -, -n کلاس ابتدایی
Elementarlehrer, der; -s, - آموزگار دبستان
Elementarschule, die; -, -n دبستان
Elementarschüler, der; -s, - محصل دبستان
Elementarstudien, die / *Pl.* تحصیلات ابتدایی
Elementarunterricht, der; -(e)s درس مقدماتی
Elen, der; -s, - گوزن قطبی
elend *Adj.* بدبخت، فقیر، بیچاره، مسکین، درمانده
ein elendes Leben führen زندگی فلاکت‌باری را گذراندن
Elend, das; -(e)s فلاکت، بدبختی، مصیبت، فقر، تنگدستی، درماندگی
ein langes Elend sein بسیار لاغر و دراز بودن
Elende[1], das; -s مخروبه، ده ویران
Elende[2], der; - ۱. بیچاره، فقیر، تهیدست ۲. ناجنس
Elendsviertel, das; -s, - محلهٔ فقیرنشین
Eleve, der; -n, -n شاگرد، کارآموز
Elevin, die; -, -nen شاگرد، کارآموز (زن)
elf *Zahlw.* یازده
Elf[1], die; -, -en عدد یازده، شمارهٔ یازده
Elf[2], der; -en, -en جن
Elfe, die; -, -n پری، حوری
Elfeck, das; -(e)s, -e یازده ضلعی، یازده گوشه
elfeckig *Adj.* یازده ضلعی، یازده گوشه‌ای
Elfenbein, das; -(e)s, -e عاج فیل، دندان فیل
elfenbeinfarben *Adj.* به رنگ عاج، عاج فام
Elfenbeinküste, die; -, -n (کشور) ساحل عاج
Elfenbeinschnitzer, der; -s, - عاج‌تراش
Elfenbeinschnitzerei, die; -, -en عاج کاری، عاج تراشی
elfenbeinweiß *Adj.* عاجگون، به سفیدی عاج
Elfer, der; -s, - ۱. (اتوبوس) خط یازده ۲. ضربهٔ پنالتی
elfmal *Adv.* یازده دفعه
Elfmeter, der; -s, - (فوتبال) پنالتی
Elfmeterschuß, der; -schusses, -schüsse ضربهٔ پنالتی
Elfmeterstoß, der; -es, ⸚e (فوتبال) ضربهٔ پنالتی
elfseitig *Adj.* یازده وجهی
elfstellig *Adj.* یازده رقمی
elft- *Adj.* یازدهم
Elftel, das; -s, - یک یازدهم
Elimination, die; -, -en حذف، جدایی، محو

eliminieren *Vt.* جدا کردن، حذف کردن، محو کردن، از بین بردن

die unbekannte Zahl eliminieren

عدد مجهول را حذف کردن

Eliminierung, die; -, -en حذف، محو، جدایی

Elision, die; -, -en حذف، ادغام (حروف)

elitär *Adj.* ممتاز، خاص، برگزیده

Elite, die; -, -n طبقهٔ ممتاز، خواص، برگزیدگان

Eliteklasse, die; -, -n طبقهٔ ممتاز

Elitemensch, der; -en, -en شخص ممتاز، آدم نخبه

Elitetruppe, die; -, -n سپاه برگزیده

Elixier, das; -s, -e کیمیا، اکسیر، عصاره

Ellbogen, der; -s, - / ⸚ آرنج

Ellbogengelenk, das; -(e)s, -e مفصل آرنج

Ellbogenstoß, der; -es, ⸚e ضربت آرنج

Elle, die; -, -n استخوان زند زیرین

Ellenbogen, der; -s, - / ⸚ آرنج

ellenlang *Adj.* بسیار دراز

Ellipse, die; -, -n ۱. جملهٔ ناقص، حذف کلمه ۲. بیضی

ellipsenförmig *Adj.* بیضی شکل

elliptisch *Adj.* ۱. محذوف، ناتمام ۲. بیضی شکل

Ellipsoid, das; -(e)s, -e جسم بیضی شکل

Eloge, die; -, -n تملق، مدح، تعریف

Eloquenz, die; - بلاغت، فصاحت، سخن‌دانی

Elster, die; -, -n زاغ، زاغچه

elterlich *Adj.* وابسته به پدر و مادر، پدر و مادرانه

Eltern die / *Pl.* پدر و مادر، والدین

Elternabend, der; -s, -e شب انجمن خانه و مدرسه

Elternbeirat, der; -(e)s, ⸚e نمایندگی اولیای شاگردان

Elternhaus, das; -es, -häuser خانهٔ پدری

elternlos *Adj.* یتیم، بی‌کس

Elternrat, der; -(e)s, ⸚e انجمن خانه و مدرسه

Emaille, die; -, -n ۱. مینا ۲. لعاب

Emaillearbeit, die; -, -en ۱. میناکاری ۲. لعاب‌کاری

Emaillearbeiter, der; -s, - ۱. میناکار ۲. لعاب‌کار

Emailleartikel, der; -s, - جنس لعابی

Emaillefarbe, die; -, -n رنگ لعابی

Emaillekrug, der; -(e)s, ⸚e پارچ لعابی

emaillen *Adj.* لعابی، مینایی

Emailleteller, der; -s, -e بشقاب لعابی

emaillieren *Vt.* ۱. لعاب دادن ۲. میناکاری کردن

Emanation, die; -, -en صدور، تجلی، بروز، فیضان

emanieren *Vi., Vt.* ۱. صادر شدن ۲. تجلی کردن، فیضان کردن

Emanze, die; -, -n (تحقیر و کنایه) زن مدار

Emanzipation, die; -, -en ۱. تساوی حقوق (زن و مرد) ۲. آزادشدگی، رهایی

emanzipieren *Vr.* آزاد کردن، رها ساختن، (از وابستگی) رهانیدن

emanzipiert *Adj.* آزاد، رها، مستقل، برابر

Emanzipiertheit, die; - آزادشدگی، رهایی

Embargo, das; -s, -s ۱. تحریم اقتصادی ۲. توقیف کشتی (در بندر)، ممانعت از حرکت کشتی

Emblem, das; -s, -e علامت، نشان، مظهر

Embolie, die; -, -n بسته شدن رگ به علت انعقاد خون، بستگی راه رگ

Embryo, der; -s, -s جنین، رویان

Embryologie, die; -, -n جنین شناسی، رویان شناسی

embryonal *Adj.* جنینی، رویانی

Embryonalentwicklung, die; -, -en تکامل جنینی

Embryonalzustand, der; -es, ⸚e حالت جنینی، حالت رویانی

emeritieren *Vt.* بازنشسته کردن؛ از خدمت معاف کردن

Emeritierung, die; -, -en معافیت از خدمت؛ بازنشستگی

Emigrant, der; -en, -en مهاجر، برون کوچ

Emigrantenkolonie die; -, -n مهاجرنشین، کوچگاه

Emigrantin, die; -, -nen مهاجر، برون کوچ (زن)

Emigration, die; -, -en مهاجرت، برون کوچی، جلای وطن

emigrieren *Vi.* مهاجرت کردن، کوچ کردن، جلای وطن کردن

Er ist in die Schweiz emigriert.

او به سوئیس مهاجرت کرده است.

eminent *Adj.* برجسته، بسیار مهم، عالیقدر

Eminenz, die; -, -en عالی‌جناب (لقب روحانیون عالیقدر)

Emirat, das; -(e)s, -e امارات عربی

Emissär, der; -s, -e قاصد، نماینده، مأمور اعزامی

Emission, die; -, -en ۱. انتشار، پخش (اشعه، امواج) ۲. نشر (اوراق قرضه)

emittieren *Vt.* صادر کردن، ساطع کردن (نور)

Emotion, die; -, -en احساسات، هیجان

emotional *Adj.* احساساتی، هیجانی، عاطفی

emotionell *Adj.* احساساتی، هیجانی، عاطفی

empfahl *P.*

صیغهٔ فعل گذشتهٔ مطلق از مصدر empfehlen

empfand 260

empfand *P.*
صیغهٔ فعل گذشتهٔ مطلق از مصدر empfinden
Empfang, der; -(e)s, ¨-e ۱. دریافت، قبول، پذیرش، وصول ۲. استقبال ۳. پذیرایی، ضیافت ۴. مهمانی رسمی
empfangen *Vt., Vi.* ۱. دریافت کردن، وصول کردن، پذیرفتن، قبول کردن ۲. از (کسی) استقبال کردن، از (کسی) پذیرایی کردن ۳. آبستن شدن
Empfänger, der; -s, - گیرنده، دریافت‌کننده
Empfängerabschnitt, der; -(e)s, -e قبض رسید دریافت‌کننده
Empfängerin, die; -, -nen گیرنده، دریافت‌کننده (زن)
empfänglich *Adj.* پذیرا، پذیرنده، مستعد، تأثیرپذیر
Empfänglichkeit, die; -, -en تأثیرپذیری، استعداد
Empfängnis, die; -, -se آبستنی، بارداری، حاملگی
empfängnisfähig *Adj.* زایا
empfängnisunfähig *Adj.* نازا
Empfängnisverhütung, die; -, -en جلوگیری از حاملگی
Empfängniszeit, die; -(e)s, -e دوران لقاح
Empfangsabend, der; -s, -e مجلس پذیرایی شبانه
Empfangsantenne, die; -, -n آنتن گیرنده
empfangsbereit *Adj.* آمادهٔ پذیرایی
Empfangsbescheinigung, die; -, -en قبض رسید
Empfangsbestätigung, die; -, -en تأئید وصول
Empfangsgerät, das; -(e)s, -e دستگاه گیرنده
Empfangshalle, die; -, -n تالار پذیرایی
Empfangsraum, der; -(e)s, -räume جای پذیرایی
Empfangsschein, der; -(e)s, -e قبض رسید
Empfangsstelle, die; -, -n محل دریافت، جای تحویل
Empfangstag, der; -(e)s, -e روز پذیرایی
Empfangsteppich, der; -s, -e فرشی که جلوی پای میهمان پهن می‌کنند
Empfangszeit, die; -, -en وقت پذیرایی
Empfangszimmer, das; -s, - اتاق پذیرایی
empfehlen *Vt., Vr.* ۱. سفارش کردن، توصیه کردن، تجویز کردن ۲. خداحافظی کردن ۳. به صلاح بودن
empfehlenswert *Adj.* قابل سفارش، قابل توصیه؛ مناسب
Empfehlung, die; -, -en ۱. سفارش، توصیه، تجویز ۲. عرض ارادت
Empfehlungsbrief, der; -(e)s, -e معرفی‌نامه، توصیه‌نامه
Empfehlungsschreiben, das; -s, - معرفی‌نامه، توصیه‌نامه
empfinden *Vt.* ۱. احساس کردن، حس کردن ۲. درک کردن، دریافتن
Freude empfinden احساس شادی کردن
Abscheu empfinden احساس نفرت کردن
Empfinden, das; -s ۱. احساس ۲. درک، دریافت
empfindlich *Adj.* ۱. حساس، زودرنج، احساساتی ۲. آمادهٔ ابتلا به بیماری
Empfindlichkeit, die; -, -en حساسیت، زودرنجی، رقت قلب
empfindsam *Adj.* حساس، احساساتی، زودرنج
Empfindsamkeit, die; -, -en حساسیت، زودرنجی، رقت قلب
Empfindung, die; -, -en احساس، حس، عاطفه
empfindungslos *Adj.* بی‌احساس، بی‌عاطفه
Empfindungslosigkeit, die; - عدم احساس، بی‌حسی
Empfindungsnerv, der; -s, -en عصب حسی
Empfindungsvermögen, das; -s, - قدرت احساس
empfindungsvoll *Adj.* پراحساس
empfohlen *Adj.* توصیه شده، سفارش شده
Emphase, die; -, -n تأکید (در کلام)، تلفظ با قوت
emphatisch *Adj.* مؤکد، مشدد، قطعی
Empirie, die; - تجربهٔ حسی، آزمون
Empiriker, der; -s, - آزموده، مجرب، آزمون‌دان، تجربه‌گرا
empirisch *Adj.* تجربی، آزمونی
Empirismus, der; - تجربه‌گرایی، آزمون‌گرایی
empor *Adv.* به طرف بالا، رو به بالا
emporarbeiten *Vr.* ترقی کردن، پیشرفت کردن
emporblicken *Vi.* به بالا نگاه کردن
Empore, die; -, -n ایوان، بالکن
empören *Vt., Vr.* ۱. برآشفته کردن، برانگیختن، خشمگین کردن ۲. شوریدن، عصیان کردن، قیام کردن، یاغی شدن
empörend *Adj.* تکان‌دهنده، موحش؛ تنفرآور، کراهت‌آور
Empörer, der; -s, - یاغی، عاصی، آشوب‌طلب، عصیان‌گر
empörerisch *Adj.* شورشی، یاغی، سرکش
emporfahren *Vi.* ۱. به طرف سربالایی راندن ۲. برآشفتن، به هیجان درآمدن

emporfliegen *Vi.* به طرف بالا پرواز کردن (پرنده)
emporführen *Vt.* بالا بردن، ترقی دادن
emporhalten *Vt.* بالا گرفتن، بالا نگاه داشتن
emporheben *Vt.* بلند کردن، بالا بردن، برافراشتن
emporhelfen *Vi.* کمک کردن، ترقی دادن
emporklettern *Vi.* صعود کردن، بالا رفتن
emporklimmen *Vi.* صعود کردن، بالا رفتن
emporkommen *Vi.* ۱. بالا آمدن، بلند شدن ۲. ترقی کردن، پیشرفت کردن
Emporkömmling, der; -s, -e نوکیسه، نوخاسته، تازه به دوران رسیده
emporlenken *Vt.* رو به بالا بردن
emporragen *Vi.* برجسته بودن، سر به فلک کشیدن
emporrecken *Vt.* به طرف بالا گرفتن (دست، گردن)
emporrichten *Vt.* بلند کردن، به طرف بالا گرفتن (دست، گردن)
emporschauen *Vi.* به بالا نگاه کردن
emporschnellen *Vi.* از جا پریدن، از جا برخاستن
emporschrecken *Vt.* به (کسی) دلهره دادن، ترساندن
emporspringen *Vi.* به بالا جستن، از جا پریدن
emporspritzen *Vi., Vt.* به بالا پاشیدن
empor sprudeln *Vt.* فوران کردن
emporsteigen *Vi.* صعود کردن، بالا رفتن
emporstreben *Vi.* تلاش کردن، قصد ترقی داشتن
empört *Adj.* برآشفته، خشمگین
emportauchen *Vi.* از زیر آب در آمدن
emportragen *Vt.* به بالا آوردن
emportreiben *Vi.* صعود کردن، اوج گرفتن
Empörung, die; -, -en ۱. شورش، اغتشاش، طغیان، قیام ۲. خشم، هیجان، غضب، اوقات تلخی
emporwachsen *Vi.* به بالا رستن
emporwerfen *Vt.* بالا انداختن
emporwirbeln *Vi.* گرد و خاک بلند کردن
emporziehen *Vt.* بالا کشیدن
emporzüngeln *Vi.* زبانه کشیدن (آتش)
Emse, die; -, -n مورچه
emsig *Adj.* ساعی، پرکار، فعال، زرنگ
Emsigkeit, die; - پشتکار، فعالیت، سعی، جد و جهد
emulgieren *Vt.* در (مایع) دیگر پخش کردن
Emulsion, die; -, -en شیرابه، عصاره
Endbetonung, die; -, -en تکیهٔ آخر (کلمه)
Endbetrag, der; -(e)s, ⸚e مبلغ کل
Endbuchstabe, der; -n, -n حرف آخر (کلمه)

Ende, das; -s, -n ۱. پایان، انتها، آخر ۲. اواخر
am Ende در پایان
zu Ende gehen به پایان رسیدن
ein Ende machen خاتمه دادن، فیصله دادن
Ende Dezember اواخر ماه دسامبر
das Ende vom Lied پایان نامطبوع کاری
Mein Geduld ist zu Ende. طاقتم طاق شده است.
Das dicke Ende kommt noch. ناراحتی سر آخر می‌آید. سرگنده‌اش زیر لحاف است.
Endeffekt, der; -(e)s, -e نتیجهٔ نهایی
Endemie, die; -, -n بیماری بومی
endemisch *Adj.* بومی
enden *Vt., Vi.* ۱. خاتمه دادن، پایان دادن، تمام کردن ۲. خاتمه یافتن، به پایان رسیدن، تمام شدن
Endergebnis, das; -nisses, -nisse نتیجهٔ نهایی
en détail *Adv.* به تفصیل
Endgeschwindigkeit, die; -, -en سرعت نهایی
endgültig *Adj., Adv.* ۱. نهایی، قطعی ۲. در نهایت، نهایتاً
endgültiges Urteil حکم نهایی
Endgültigkeit, die; -, -en قاطعیت، قطعیت
Endhaltestelle, die; -, -n ایستگاه آخر، آخر خط
endigen *Vt., Vi.* ۱. خاتمه دادن، پایان دادن، تمام کردن ۲. سر رسیدن، تمام شدن، پایان یافتن
Endivie, die; -, -n کاسنی فرنگی
Endiviensalat, der; -(e)s, -e سالاد کاسنی
Endkampf, der; -(e)s, ⸚e مبارزهٔ نهایی
endlich *Adj., Adv.* ۱. نهایی، قطعی، غایی ۲. عاقبت، بالاخره، دست آخر، سرانجام
Endlichkeit, die; -, -en محدودیت، پایان‌پذیری
endlos *Adj.* بی‌پایان، بی‌کران، بی‌انتها، نامحدود
Endlosigkeit, die; - بی‌پایانی، بی‌کرانی، بی‌انتهایی، نامحدودی
Endlösung, die; -, -en نتیجهٔ نهایی
Endogamie, die; -, -n ازدواج با خودی
endogen *Adj.* درون‌زا
Endoskop, das; -s, -e (پزشکی) آندوسکوپ
Endprodukt, das; -(e)s, -e محصول نهایی
Endpunkt, der; -(e)s, -e نقطهٔ نهایی
Endrunde, die; -, -n (ورزش) دور نهایی
Endsieg, der; -es, -e فتح نهایی
Endsilbe, die; -, -n هجای آخر (کلمه)
Endspiel, das; -(e)s, -e (ورزش) بازی نهایی، فینال
Endstadium, das; -s, -dien مرحلهٔ نهایی
Endstand, der; -(e)s, ⸚e نتیجهٔ نهایی (مسابقه)

Endstation, die; -, -en ایستگاه آخر، ته خط
Endsumme, die; -, -n حاصل جمع، مجموع
Endung, die; -, -en خاتمه (کلمه)
endungslos *Adj.* بی‌پسوند، بدون خاتمه
Endursache, die; -, -n علت نهایی، علت غایی
Endurteil, das; -s, -e حکم نهایی
Endverbraucher, der; -s, - مصرف‌کنندهٔ نهایی
Endvers, der; -es, -e بیت آخر
Endzeit, die; -, -en (ورزش) پایان (زمان) بازی
Endzweck, der; -(e)s, -e هدف نهایی
Energie, die; -, -n انرژی، کارمایه، نیرو
energiearm *Adj.* فاقد انرژی
Energieaustausch, der; -(e)s مبادلهٔ انرژی
Energieeinheit, die; -, -en واحد انرژی
energielos *Adj.* کم قوت، کم زور، کم انرژی
Energiequelle, die; -, -n منبع انرژی
Energieumwandlung, die; -, -en تبدیل انرژی
Energieverbrauch, der; -(e)s مصرف انرژی
Energieverbundnetz, das; -es, -e شبکهٔ انرژی
Energieversorgung, die; -, -en تأمین انرژی
Energiewirtschaft, die; -, -en
اقتصاد (تولید و مصرف) انرژی
Energiezufuhr, die; -, -en انرژی رسانی،
تأمین انرژی
energisch *Adj.* مصمم، جدی، قاطع
Enfant terrible, das; -s, -s بازیکن مشکل‌آفرین
eng *Adj.* ۱. تنگ، باریک ۲. نزدیک، صمیمی
Der Rock ist mir zu eng. دامن برایم خیلی تنگ است.
enge Freunde دوستان نزدیک
einen engen Horizont haben بینش همه جانبه نداشتن
Engagement, das; -s, -s ۱. تعهد، تکلیف، التزام
۲. استخدام، اشتغال به کار
engagieren *Vt., Vr.* ۱. متعهد کردن، ملزم کردن
۲. استخدام کردن، به کار گماشتن ۳. متعهد شدن
engagiert *Adj.* متعهد
engbefreundet *Adj.* [دوست] صمیمی
engbrüstig *Adj.* تنگ‌نفس
Engbrüstigkeit, die; - نفس‌تنگی
Enge, die; -, -n تنگی، تنگنا، مکان تنگ، مضیقه
jemanden **in die Enge treiben**
کسی را در تنگنا قرار دادن
Engel, der; -s, - فرشته، پری، حوری
der rettende Engel فرشتهٔ نجات
die Engel im Himmel singen hören از درد کلافه شدن

Engelchen, das; -s, - فرشتهٔ کوچولو
engelgleich *Adj.* فرشته‌خو، پری‌وش، پری‌رو
engelhaft *Adj.* فرشته‌خو، پری‌وش، پری‌رو
Engelmacherin, die; -, -nen بچه‌کش (زن)
engelrein *Adj.* بی‌غل و غش
Engelsbote, der; -n, -n جبرئیل
engelschön *Adj.* پری‌رو، پری‌وش
Engelsgeduld, die; - صبر ایوب
Engelsgesicht, das; -(e)s, -er(-e) پری‌چهر، پری‌رو
Engelsstimme, die; -, -n صوت داودی
Engelwurz, die; -, -en سنبل ختایی
engen *Vt.* ۱. تنگ کردن ۲. محدود کردن،
در تنگنا قرار دادن
Engerling, der; -s, -e (نوعی) کرم خاکی
Enggasse, die; -, -n کوچهٔ تنگ
engherzig *Adj.* تنگ‌نظر، بخیل
Engherzigkeit, die; - تنگ‌نظری، بخل
England, das انگلیس
Engländer, der; -s, - انگلیسی
Engländerin, die; -, -nen انگلیسی (زن)
englandfeindlich *Adj., Adv.* ضد انگلیسی،
دشمن انگلیس
englandfreundlich *Adj.* طرفدار انگلیس،
دوستدار انگلیس
englisch *Adj.* انگلیسی
die englische Sprache زبان انگلیسی
auf englisch به زبان انگلیسی
Englisch, das; -s زبان انگلیسی
Er kann Englisch. او انگلیسی بلد است.
Englischhorn, das; -(e)s, ¨-er کرآنگله
(نوعی ساز بادی چوبی در ارکستر سمفونیک)
englischsprachig *Adj.* انگلیسی زبان
Engpaß, der; -passes, -pässe معبر، تنگنا، راه باریک
en gros *Adv.* به طور کلی، به طور عمده
Engrospreis, der; -es, -e قیمت عمده‌فروشی
Engschlucht, die; -, -en تنگنا
Engstelle, die; -, -n جای تنگ، تنگه
engstirnig *Adj.* تنگ‌نظر، کوتاه‌بین
Engstirnigkeit, die; - تنگ‌نظری، کوتاه‌بینی
enharmonisch *Adj.* هماهنگ
Enkel, der; -s, - ۱. قوزک پا ۲. نوه، نواده (پسری)
Enkelin, die; -, -nen نوه، نواده (دختری)
Enkelkind, das; -(e)s, -er نوه
Enkelknochen, der; -s, - استخوان قوزک پا

Enkelsohn, der; -(e)s, ⸚ نوه، نواده (پسری)
Enkeltochter, die; -, ⸚ نوه، نواده (دختری)
Enkomion, das; -s, -mien مدیحه، قصیده
en masse *Adj.* فراوان، زیاد
enorm *Adj.* ۱. فوق‌العاده بزرگ، عظیم ۲. بیش از اندازه، بسیار
en passant *Adv.* درضمن، ضمناً
enragiert *Adj.* پرشور، خشمناک
Ensemble, das; -s, -s ۱. آنسامبل ۲. دسته جمعی ۳. ارکستر کوچک
entarten *Vi.* فاسد شدن، رو به انحطاط گذاشتن
entartet *Adj.* فاسد، منحط
Entartung, die; -, -en فساد، انحطاط، زوال
entäußern *Vr.* از (چیزی) صرف‌نظر کردن
entbehren *Vi., Vt.* ۱. فاقد بودن، محروم بودن ۲. از (چیزی) صرف‌نظر کردن، از (چیزی) چشم پوشیدن
Ich kann ihn nicht entbehren. نمی‌توانم از او صرف‌نظر کنم.
entbehrlich *Adj.* ۱. صرف‌نظر کردنی، معاف کردنی ۲. محروم
Entbehrung, die; -, -en ۱. فقدان، محرومیت ۲. مشقّت، سختی
entbehrungsreich *Adj.* پرمشقّت، سخت
entbieten *Vt.* ابلاغ کردن؛ گفتن، ادا کردن
entbinden *Vt., Vi.* ۱. رها کردن، آزاد کردن، معاف کردن ۲. زاییدن، وضع حمل کردن
Entbindung, die; -, -en ۱. رهایی، فراغت، معافی ۲. زایمان، وضع حمل
Entbindungsanstalt, die; -, -en زایشگاه
entblättern *Vt., Vr.* ۱. برگ (چیزی) را کندن، پرپر کردن ۲. برگ ریختن
entblättert *Adj.* بی‌برگ، عریان
entblößen *Vt.* برهنه کردن، لخت کردن، عریان کردن
entblößt *Adj.* برهنه، لخت، عریان
Entblößung, die; -, -en لختی، عریانی، برهنگی
entbrennen *Vi.* آتش گرفتن، مشتعل شدن، سوختن
in heißer Liebe entbrennen در آتش عشق سوختن
entdecken *Vt.* ۱. کشف کردن، پیدا کردن ۲. آشکار کردن، فاش کردن
Entdecker, der; -s, - کاشف، مکتشف، کشف‌کننده
Entdeckung, die; -, -en کشف، پیدایش، اکتشاف
Entdeckungsreise, die; -, -n سفر اکتشافی
Ente, die; -, -n ۱. مرغابی، اردک، بَط ۲. خبر دروغ، گزارش نادرست

entehren *Vt.* بی‌آبرو کردن، بی‌حرمت کردن، رسوا کردن
entehrend *Adj.* آبروریز، رسواکننده
Entehrer, der; -s, - بی‌آبروکننده، رسواکننده
entehrt *Adj.* رسوا، بی‌آبرو
Entehrung, die; -, -en بی‌آبرویی، بی‌احترامی، بی‌حرمتی
enteignen *Vt.* از (کسی) سلب مالکیت کردن، مصادره کردن، خلع ید کردن
Enteignung, die; -, -en سلب مالکیت، مصادره، خلع ید
enteilen *Vi.* گریختن، فرار کردن، در رفتن
enteisen *Vt.* آب کردن (یخ)، از حالت یخ‌زدگی در آوردن
Entenbraten, der; -s, - مرغابی بریان؛ اردک بریان
Entenei, das; -(e)s, -er تخم اردک
Entenhaus, das; -es, -häuser لانهٔ اردک
Entenjagd, die; -, -en شکار اردک، صید مرغابی
enterben *Vt.* از ارث محروم کردن
Enterbung, die; -, -en محرومیت از ارث
Enterbungsurkunde, die; -, -n سند محرومیت از ارث
Enterich, der; -(e)s, -e مرغابی نر؛ اردک نر
entern *Vt., Vi.* ۱. در وسط دریا تصاحب کردن (کشتی) ۲. از دکل کشتی بالا رفتن
entfachen *Vt.* مشتعل کردن، سوزاندن
Entfachung, die; -, -en اشتعال
entfahren *Vi.* بی‌اختیار حرفی زدن، کلمه‌ای ناخودآگاه از دهان خارج شدن
Ein Schimpfwort ist mir entfahren. بی‌اختیار فحشی از دهانم پرید.
entfallen *Vi.* ۱. افتادن ۲. حذف شدن ۳. از خاطر بردن ۴. سهم بردن
entfalten *Vt., Vr.* ۱. از هم باز کردن ۲. بسط دادن، توسعه دادن، گسترش دادن ۳. نشان دادن ۴. باز شدن (غنچه)
eine Mut entfalten از خود شهامت نشان دادن
Entfaltung, die; -, -en ۱. بسط، توسعه، گسترش ۲. تظاهر، جلوه
entfärben *Vr., Vt.* ۱. بی‌رنگ شدن، رنگ پریده شدن ۲. بی‌رنگ کردن
Entfärber, der; -s, - مادهٔ رنگ‌بر
Entfärbung, die; -, -en رنگ‌رفتگی، رنگ‌زدایی
Entfärbungsmittel, das; -s, - مادهٔ رنگ‌بر

entfernen *Vt., Vr.*	۱. دور کردن، جدا کردن ۲. برطرف کردن، از بین بردن ۳. دور شدن ۴. دوری کردن
entfernt *Adj.*	دور، دوردست، دورافتاده، بعید، بافاصله
zwei Kilometer entfernt	در دو کیلومتری
Entfernung, die; -, -en	۱. دوری، فاصله، مسافت، بعد ۲. عزل، ترک ۳. (پزشکی) عضوبرداری
aus der Entfernung	از (فاصلهٔ) دور
in einer Entfernung von	در فاصلهٔ، در مسافتی به اندازهٔ
Entfernungsmesser, der; -s, -	مسافت‌سنج
entfesseln *Vt.*	آزاد کردن، از بند رهاندن، خلاص کردن، رها کردن
Entfesselung, die; -, -en	رهایی از قید و بند
entfetten *Vt.*	۱. چربی (چیزی) را گرفتن ۲. لاغر کردن
Entfettung, die; -, -en	۱. عمل برداشتن چربی ۲. عمل لاغر کردن
Entfettungskur, die; -, -en	رژیم لاغری
entfeuchten *Vt.*	رطوبت (چیزی) را گرفتن
entflammen *Vt., Vi.*	۱. سوزاندن، مشتعل کردن، افروختن ۲. شعله‌ور شدن، آتش گرفتن
entflammt *Adj.*	برافروخته
entflechten *Vt.*	از هم جدا کردن، تفکیک کردن
Entflechtung, die; -, -en	از هم پاشیدگی
entflecken *Vt.*	لکه‌گیری کردن
entfleischen *Vt.*	گوشت را (از استخوان) جدا کردن
entfliehen *Vi.*	فرار کردن، گریختن، در رفتن
Der Gefangene ist entflohen.	زندانی فرار کرد.
entfließen *Vi.*	جاری شدن
Der Quelle entfließt süßes Wasser.	از چشمه آب شیرین جاری می‌شود.
entformen *Vt., Vi.*	۱. از شکل انداختن ۲. از شکل افتادن
Entformung, die; -	تغییر شکل
entfremden *Vt., Vi.*	۱. بیگانه کردن، بین (افراد) جدایی انداختن، بین (افراد) تفرقه انداختن ۲. بیگانه شدن
zwei Freunde einander entfremden	بین دو دوست تفرقه انداختن
Entfremdung, die; -, -en	جدایی، تفرقه، بیگانگی
entfrosten *Vt.*	ذوب کردن، باز کردن (یخ)
Entfroster, der; -s, -	وسیلهٔ ذوب کردن یخ
Entfrostung, die; -, -en	یخ‌زدایی، آب کردن یخ
entführen *Vt.*	ربودن، دزدیدن؛ به (کسی/چیزی) دستبرد زدن
das Kind entführen	بچه را دزدیدن
ein Flugzeug ins Ausland entführen	هواپیمایی را ربودن و به خارج بردن
Entführer, der; -s, -	رباینده، آدم‌ربا
Entführerin, die; -, -nen	رباینده، آدم‌ربا (زن)
Entführung, die; -, -en	دستبرد، سرقت، دزدی؛ آدم‌ربایی
die Flugzeugentführung	هواپیماربایی
entgegen *Adv., Präp.*	۱. مخالف، مقابل، ضد ۲. در مقابلِ، در قبالِ، در برابرِ ۳. بر خلافِ، بر ضدِ، بر علیه
entgegenarbeiten *Vi.*	عمل متقابل کردن، بر ضد (کسی/چیزی) کار کردن
entgegenbringen *Vt.*	(احساس خاصی) نسبت به (کسی) داشتن
entgegeneilen *Vi.*	به استقبال (کسی) شتافتن
entgegenfahren *Vi.*	۱. سواره به استقبال رفتن ۲. در جهت مخالف حرکت کردن
entgegengehen *Vi.*	۱. به پیشواز (کسی) رفتن ۲. از جهت مقابل به (چیزی) نزدیک شدن
einander entgegengehen	با هم مواجه شدن
Entgegengehen, das; -s, -	استقبال، پیشواز
entgegengesetzt *Adj.*	۱. مخالف، مقابل، متضاد، مغایر ۲. برعکس، برخلاف، خلاف
in der entgegengesetzten Richtung	در جهت مخالف
entgegenhalten *Vt.*	۱. از (چیزی) ایراد گرفتن ۲. با (چیزی) مقابله کردن
entgegenhandeln *Vi.*	خلاف میل (کسی) رفتار کردن
dem Gesetz entgegenhandeln	خلاف قانون رفتار کردن
entgegenkommen *Vi.*	۱. به استقبال (کسی) آمدن ۲. مساعدت کردن، کمک کردن
jemandem auf halben Wege entgegenkommen	با کسی کنار آمدن
Entgegenkommen, das; -s	اظهار لطف، مرحمت
entgegenkommend *Adj.*	بالطف، بامرحمت
entgegenlaufen *Vi.*	دوان‌دوان به استقبال (کسی) رفتن
Entgegennahme, die; -	قبول، دریافت
entgegennehmen *Vt.*	پذیرفتن، قبول کردن، دریافت کردن
entgegensehen *Vi.*	چشم‌انتظار بودن
dem Tode entgegensehen	مرگ را با آغوش باز پذیرفتن
entgegensein *Vi.*	مخالف بودن
entgegensetzen *Vt., Vi.*	۱. در مقابل (کسی) قرار دادن ۲. مخالفت کردن
Widerstand entgegensetzen	مقاومت کردن
entgegenstehen *Vi.*	مخالف بودن، در مقابل (کسی) قرار گرفتن
entgegenstellen *Vt.*	۱. در مقابل (چیزی) قرار دادن

entgegenstehen *Vi.* مخالف بودن، در مقابل (کسی) قرار گرفتن

entgegenstellen *Vt.* ۱. در مقابل (چیزی) قرار دادن ۲. از (کسی / چیزی) ایراد گرفتن، به (کسی / چیزی) اعتراض کردن

etwas jemandem **entgegenstellen** چیزی را در مقابل کسی قرار دادن

entgegenstrecken *Vt.* با دست‌های باز جلوی (کسی) را گرفتن

entgegentreten *Vi.* روبرو شدن، معارض شدن

dem Feinde entgegentreten به جنگ دشمن رفتن

entgegenwirken *Vi.* مخالفت کردن

entgegenziehen *Vi.* به طرف (چیزی) رفتن

entgegnen *Vi.* جواب دادن، پاسخ دادن

Entgegnung, die; -, -en جواب، پاسخ

entgehen *Vi.* ۱. فرار کردن، در رفتن، گریختن ۲. کوتاهی کردن، اهمال کردن، فرصتی را از دست دادن

einer Gefahr entgehen از خطر گذشتن

sich eine Gelegenheit entgehen lassen فرصت را از دست دادن

entgeistert *Adj.* ۱. بی‌روح ۲. غافلگیر، مات و مبهوت

Er sah mich entgeistert. مات و متحیر به من نگریست.

Entgelt, das / der; -(e)s, -e اجرت، مزد، پاداش

entgelten *Vt.* جبران کردن، تلافی کردن

entgeltlich *Adj.* پولی، غیرمجانی

entgiften *Vt.* رفع مسمومیت کردن، زهر (چیزی) را گرفتن

Entgiftung, die; -, -en رفع مسمومیت، دفع سم

entgleisen *Vi.* ۱. از خط خارج شدن (قطار) ۲. ترکِ خوی نیکو کردن ۳. از راه به‌در شدن

Entgleisung, die; -, -en ۱. خروج از خط‌آهن (قطار) ۲. لغزش

entgleiten *Vi.* ۱. لیز خوردن، لغزیدن ۲. رها شدن و افتادن

Die Kontrolle ist meinen Hände entglitten. کنترل از دستم خارج شده است.

entgräten *Vt.* گرفتن (تیغ ماهی)

enthaaren *Vt.* نوره کشیدن، ازالهٔ مو کردن، موهای زیادی (کسی) را از بین بردن، واجبی کشیدن

Enthaarung, die; -, -en ازالهٔ مو

Enthaarungsmittel, das; -s, - مادهٔ موبر، داروی ازالهٔ مو، واجبی

enthalten *Vr., Vt.* ۱. بودن، حاوی بودن، موجود بودن، در بر داشتن ۲. از (چیزی) خودداری کردن، انجام ندادن، از (چیزی) صرف‌نظر کردن، از (چیزی) اجتناب کردن

Diese Flasche enthält 1 Liter Wasser. این بطری محتوی یک لیتر آب است.

sich die Stimme enthalten رأی ممتنع دادن، از رأی دادن خودداری کردن

sich des Lachens enthalten جلوی خنده خود را گرفتن

enthaltend *Adj.* شامل، حاوی، محتوی، مشتمل بر

enthaltsam *Adj.* خویشتن‌دار، متواضع، قانع

Enthaltsamkeit, die; - خویشتن‌داری، تواضع، قناعت

Enthaltung, die; -, -en خودداری، پرهیز، امتناع

enthärten *Vt.* سبک کردن، نرم کردن

Enthärtung, die; -, -en سبکی، نرمی

enthaupten *Vt.* سر (کسی) را بریدن، گردن (کسی) را زدن، اعدام کردن

Enthauptung, die; -, -en گردن‌زنی، بریدن سر

enthäuten *Vt.* پوست کندن، از پوست درآوردن

Enthäutung, die; -, -en پوست‌کنی، پوست‌گیری

entheben *Vt.* ۱. تخفیف دادن، تسلی دادن ۲. عزل کردن، از کار برکنار کردن

jemanden **aller Sorgen entheben** غم و غصه کسی را تخفیف دادن

Enthebung, die; -, -en خلع، عزل؛ تعلیق

entheiligen *Vt.* نجس کردن، ناپاک کردن، بی‌حرمت کردن

Entheiligung, die; -, -en بی‌حرمتی، بی‌احترامی

enthemmen *Vt.* از قید رها کردن، بی‌پروا ساختن

Alkohol enthemmt den Menschen. الکل انسان را بی‌قید و بند می‌کند.

Enthemmung, die; -, -en بی‌قید و بندی، بی‌پروایی

enthüllen *Vt., Vr.* ۱. از (چیزی) پرده‌برداری کردن، از (چیزی) پرده برداشتن ۲. فاش کردن، آشکار کردن ۳. فاش شدن

Sein Geständnis hat alles enthüllt. اعتراف او پرده از همه معماها برداشت.

Enthüllung, die; -, -en ۱. پرده‌برداری ۲. افشا

enthülsen *Vt.* از پوست جدا کردن، پوست گرفتن

enthülst *Adj.* پوست گرفته، پوست کنده

Enthülsung, die; - پوست‌کنی

Enthusiasmus, der; - شور، شوق، حرارت، جذبه

Enthusiast, der; -en, -en پر شور، باحرارت

Enthusiastin, die; -, -nen پر شور، باحرارت (زن)

enthusiastisch *Adj.* پر شور، باحرارت، مجذوب

entichen *Vt.* از خود بی‌خود شدن

Entichung, die; - از خود بی‌خودشدگی
entjauchen *Vt.* دفع عفونت کردن
entjungfern *Vt.* ازالهٔ بکارت کردن، بـکارت (کسی) را بـرداشتن، دخترگی (کسی) را برداشتن
entjungfert *Adj.* بی‌بکارت، نادوشیزه، نادختر
Entjungferung, die; -, -en ازالهٔ بکارت
entkalken *Vt.* آهک (چیزی) را گرفتن، از آهک تصفیه کردن، آهک زدایی کردن
Entkalkung, die; -, -en آهک‌زدایی
Entkalkungsanlage, die; -, -n دستگاه آهک‌زدایی
entkeimen *Vt., Vi.* ۱. عقیم کردن، سترون کردن، نازا کردن ۲. جوانه زدن
entkernen *Vt.* هسته گرفتن (میوه)
entkernt *Adj.* بی‌هسته
Entkernungsanlage, die; -, -n دستگاه هسته‌گیری
entkleiden *Vt.* ۱. لباس کندن، لخت شدن ۲. برهنه کردن
jemandem **seines Amtes entkleiden** مقام کسی را از او گرفتن
Entkleidung, die; -, -en لختی، برهنگی
entknochen *Vt.* جدا کردن (استخوان)
entknoten *Vt.* گره (چیزی) را باز کردن
entkommen *Vi.* فرار کردن، گریختن، در رفتن، جان به‌در بردن
aus dem Gefängnis entkommen از زندان فرار کردن
entkorken *Vt.* چوب‌پنبهٔ (چیزی) را درآوردن
entkörnen *Vt.* دانهٔ (چیزی) را گرفتن
Entkörnungsmaschine, die; -, -n دستگاه دانه‌گیری
entkräften *Vt.* ضعیف کردن، سست کردن، بی‌قوت کردن
Entkräftung, die; -, -en سستی، ضعف
entkrampfen *Vt.* برطرف کردن (تشنج)، آرام کردن
Entkrampfung, die; -, -en رفع تشنج
entkuppeln *Vt.* جدا کردن، منفصل کردن
die Wagen entkuppeln واگن‌ها را از هم جدا کردن
Entkuppelung, die; - جدایی، انفصال، جداسازی
entladen *Vt., Vr.* ۱. خالی کردن، انداختن (بار) ۲. در آوردن (فشنگ) ۳. (فیزیک) تخلیه کردن ۴. خالی شدن (باتری)
Entladung, die; -, -en تخلیه، باراندازی
entlang *Präp., Adv.* ۱. در امتدادِ، در طولِ، در مسیرِ ۲. (به) جلو، (به) پیش
die Straße entlang در امتدادِ خیابان
entlarven *Vt.* از (چیزی) نقاب برداشتن، عیان ساختن، افشا کردن، از (چیزی) پرده برداشتن
einen Betrüger entlarven آدم شیادی را افشا کردن
Entlarvung, die; -, -en پرده‌دری، افشا، نقاب برداشتن
entlassen *Vt.* ۱. اخراج کردن، بیرون کردن، عزل کردن ۲. مرخص کردن، آزاد کردن
jemanden **aus der Haft entlassen** کسی را از زندان مرخص کردن
Entlassung, die; -, -en ۱. اخراج، عزل ۲. آزادی (از زندان)
Entlassungsfeier, die; -, -n جشن پایان خدمت
Entlassungszeugnis, das; -nisses, -nisse گواهی‌نامهٔ خاتمهٔ خدمت
entlasten *Vt.* ۱. بار (کسی) را کم کردن، کار (کسی) را سبک کردن ۲. از فشار بر (چیزی) کاستن ۳. تبرئه کردن
Entlastung, die; -, -en ۱. برداشت بار، تسهیل کار ۲. برائت، تبرئه
entlauben *Vt., Vr.* ۱. بی‌برگ کردن (درخت) ۲. برگ ریختن
Entlaubung, die; - برگ‌ریزان
entlaufen *Vi.* گریختن، فرار کردن، در رفتن
Die Katze ist uns entlaufen. گربه از منزل ما در رفته است.
entlausen *Vt.* شپش (کسی / چیزی) را گرفتن، شپش (کسی / چیزی) را زدودن
Entlausung, die; -, -en شپش‌گیری، شپش‌زدایی
Entlausungsmittel, das; -s, - داروی ضد شپش، شپش‌کش
entledigen *Vt., Vr.* ۱. از شر (کسی / چیزی) خلاص کردن ۲. معاف کردن ۳. انجام دادن
Er entledigte sich seines Auftrages mit großem Geschick. او مأموریت خود را با مهارت زیاد انجام داد.
Entledigung, die; - ۱. ایفا، اجرا ۲. انجام
entleeren *Vt., Vr.* ۱. بی‌محتوا ساختن ۲. خالی کردن، تخلیه کردن
Entleerung, die; -, -en تخلیه
entlegen *Adj.* دور، دوردست، دورافتاده، پرت
Entlegenheit, die; -, -en دوری، دوردستی، بعد
entlehnen *Vt.* ۱. اقتباس کردن ۲. قرض کردن، عاریه گرفتن، به امانت گرفتن
Entlehnung, die; -, -en ۱. اقتباس ۲. قرض، عاریه
Entlehnungsrecht, das; -(e)s, -e حق اقتباس
entleiben *Vt., Vr.* ۱. کشتن ۲. خودکشی کردن

entleihen *Vt.* قرض گرفتن، عاریه کردن
Ich habe mir das Buch aus der Bibliothek entliehen.
کتاب را از کتابخانه قرض گرفتم.
Entleiher, der; -s, - قرض گیرنده، عاریه کننده
entloben *Vr.* نامزدی را به‌هم زدن
Entlobung, die; -, -en به هم زدن نامزدی
entlocken *Vt.* بیرون کشیدن، از دهان (کسی) درآوردن
jemandem **ein Geheimnis entlocken**
رازی را از کسی بیرون کشیدن
entlohnen *Vt.* مزد (کسی) را دادن، دستمزد (کسی) را پرداختن، اجرت (کسی) را دادن
Entlohnung, die; -, -en دستمزد، اجرت، مزد
entlüften *Vt.* تهویه کردن، عوض کردن (هوا)
Entlüftung, die; -, -en تهویه
Entluftungshaube, die; -, -n هواکش
entmachten *Vt.* از قدرت انداختن، از (کسی) سلب اختیار کردن
Entmachtung, die; -, -en سلب اختیار، خلع قدرت
entmannen *Vt.* از مردی انداختن، اخته کردن، مقطوع‌النسل کردن
Entmannung, die; -, -en اختگی، خایه کشی
entmenschen *Vt.* از انسانیت دور کردن
entmenscht *Adj.* غیر انسانی
Entmenschung, die; - سلب انسانیت
entmieten *Vt.* از اجاره دادن (ملکی) خودداری کردن، اجاره ندادن
entmilitarisieren *Vt.* غیر نظامی کردن، از (کسی) خلع سلاح کردن، برچیدن (تأسیسات نظامی)
Entmilitarisierung, die; -, -en خلع سلاح
entminen *Vt.* پاک‌سازی کردن (میدان مین)
entmischen *Vt.* تجزیه کردن، از هم جدا کردن
entmündigen *Vt.* از (کسی) سلب صلاحیت کردن، اختیار حقوقی را از (کسی) سلب کردن
Entmündigung, die; -, -en سلب صلاحیت، سلب اختیار حقوقی
entmutigen *Vt.* دلسرد کردن، توی ذوق (کسی) زدن
Entmutigung, die; -, -en دلسردی، بی‌میلی
Entnahme, die; -, -n برداشت، اخذ
entnehmen *Vt.* ۱. از (جایی) برداشتن ۲. از حرف (کسی) برداشت کردن
entnerven *Vt.* ۱. عصبی کردن ۲. بی‌حس کردن
Entnervung, die; -, -en عصبانیت
entnommen *Adj.* برداشته، گرفته، مقتبس
Entomologe, der; -n, -n حشره‌شناس
Entomologie, die; -, -n حشره‌شناسی
entmologisch *Adj.* (مربوط به) حشره‌شناسی
entopisch *Adj.* محلی، (مربوط به) محل
entpflichten *Vt.* از خدمت معاف کردن، از تعهد آزاد کردن
Entpflichtung, die; -, -en معافیت از خدمت؛ تقاعد
entpuppen *Vr., Vt.* ۱. به شکلی خاص و متفاوت ظاهر شدن ۲. از پیله درآمدن (پروانه)
Er entpuppte sich als begabter Maler.
او خود را به عنوان یک نقاش ماهر جا زد.
entquellen *Vi.* از چشمه جاری شدن
Tränen entquellen ihren Augen.
اشک از چشمانش جاری شد.
entrahmen *Vt.* خامهٔ (چیزی) را گرفتن، چربی (چیزی) را گرفتن
entraten *Vi.* بی‌نیاز بودن
enträtseln *Vt., Vr.* ۱. حل کردن (معما)، سر از (چیزی) در آوردن ۲. به رمزی دست یافتن
Enträtselung, die; -, -en حل معما، کشف رمز
entrechten *Vt.* بی‌حق کردن، از (کسی) سلبِ حقوق کردن
Entrechtung, die; -, -en محرومیت از حقوق، سلب حق
Entree, das; -s, -s ۱. مدخل، جای ورود ۲. ورودیه ۳. پیش غذا ۴. پیش پرده
entreißen *Vt., Vr.* ۱. به زور گرفتن، از دست (کسی) ربودن ۲. نجات دادن ۳. (خود) را (با زور) آزاد کردن
jemanden **dem Elend entreißen**
کسی را از فلاکت نجات دادن
entrichten *Vt.* پرداختن، دادن، ادا کردن
Entrichtung, die; -, -en پرداخت، تأدیه
entrinden *Vt.* پوست کندن، پوست (چیزی) را کشیدن
Entrindung, die; -, -en پوست‌کنی
entrinnen *Vi.* ۱. فرار کردن، گریختن، در رفتن ۲. روان شدن
Entrinnen, das; -s فرار، گریز، خلاصی، رهایی
entrollen *Vt., Vi., Vr.* ۱. باز کردن (توپ پارچه) ۲. افراشتن (پرچم) ۳. بادبان گستردن ۴. ظاهر شدن، آشکار شدن
Entropie, die; -, -n (شیمی) آنتروپی، انرژی‌کاهی
entrosten *Vt.* از بین بردن (زنگ آهن)
entrücken *Vt., Vr.* ۱. ناپدید کردن، پنهان ساختن ۲. ناپدید شدن

Entrückung 268

Entrückung, die; -, -en ناپیدایی، گم شدن
entrümpeln *Vt.* خانه‌تکانی کردن
Entrümpelung, die; -, -en خانه‌تکانی
entrüsten *Vt., Vr.* ۱. عصبانی کردن، خشمگین کردن ۲. خشمگین شدن، از کوره در رفتن
Entrüstung, die; -, -en خشم، غضب
entsaften *Vt.* عصاره (چیزی) را گرفتن، آب (چیزی) را گرفتن، پالودن
Entsafter, der; -s, - دستگاه آب‌میوه‌گیری
Entsaftung, die; - عصاره‌گیری، شیره‌کشی
entsagen *Vi.* ۱. منصرف شدن ۲. صرف‌نظر کردن، (از حق خود) چشم پوشیدن
Entsagung, die; -, -en انصراف، کناره‌گیری، خودداری
entsalzen *Vt.* نمک (چیزی) را گرفتن
Entsalzung, die; -, -en نمک‌گیری
Entsalzungsanlage, die; -s, - دستگاه نمک‌گیری
Entsatz, der; -(e)s رهایی، خلاصی، نجات
Entsatzheer, das; -(e)s, -e لشکر کمکی
entsäuern *Vt.* ترشی (چیزی) را گرفتن
Entsäuerung, die; -, -en ترشی‌گیری
entschädigen *Vt.* جبران خسارت کردن، رفع ضرر کردن، تاوان دادن
Entschädigung, die; -, -en جبران خسارت، رفع ضرر، تاوان
Entschädigungssumme, die; -, -n مبلغ غرامت
entschalen *Vt.* پوست (چیزی) را کندن
Entschalung, die; - پوست‌کنی
entschärfen *Vt.* ۱. از اثر انداختن، بی‌خطر کردن، خنثی کردن (بمب) ۲. تعدیل کردن
Entschärfung, die; -, -en از اثر اندازی، بی‌خطرسازی (بمب)
Entscheid, der; -(e)s, -e ۱. حکم قطعی ۲. اطلاع، جواب، خبر
entscheiden *Vt., Vi., Vr.* ۱. حکم (چیزی) را دادن، رأی (چیزی) را دادن ۲. مقرر کردن، تعیین کردن ۳. تصمیم گرفتن

Damit war die Sache entschieden.
آن کار فیصله یافت.

sich für etwas entscheiden
تصمیم خود را در انتخاب چیزی گرفتن

entscheidend *Adj.* قاطع، قطعی، نهایی، تعیین‌کننده
Entscheidung, die; -, -en ۱. قضاوت؛ حکم قطعی ۲. تصمیم، رأی

eine Entscheidung treffen تصمیمی اتخاذ کردن
Die Entscheidung ist gefallen. تصمیم گرفته شده است.

Entscheidungsfreiheit, die; -, -en آزادی در تصمیم‌گیری
Entscheidungskampf, der; -(e)s, ⸚e مبارزهٔ نهایی
Entscheidungsschlacht, die; -, -en مبارزهٔ نهایی، جنگ نهایی
Entscheidungsspiel, das; -(e)s, -e مسابقهٔ نهایی، فینال
entschieden *Adj., Adv.* ۱. مسلم، قاطع، قطعی، مصمم، معلوم ۲. مسلماً، قطعاً، محققاً، یقیناً
Entschiedenheit, die; -, -en قاطعیت، قطعیت
entschlafen *Vi.* ۱. به خواب رفتن ۲. مردن، فوت کردن، به خواب ابدی فرو رفتن
entschlagen *Vr.* چشم پوشیدن، از (چیزی) دست شستن
entschleiern *Vt.* از (چیزی) نقاب برداشتن، از (چیزی) رفع حجاب کردن، از (چیزی) پرده‌برداری کردن، افشا کردن
Entschleierung, die; -, -en پرده‌برداری، رفع حجاب، افشا
entschließen *Vr.* تصمیم گرفتن، عزم کردن، مصمم شدن

Ich habe mich entschloßen. تصمیم را گرفته‌ام.
Dazu kann ich mich nicht entschließen.
در این مورد نمی‌توانم تصمیم بگیرم.

Entschließung, die; -, -en تصمیم، عزم، قصد
entschlossen *Adj.* مصمم، قاطع

entschlossen sein مصمم بودن

Entschlossenheit, die; - تصمیم قطعی، تدبیر، عزم
entschlüpfen *Vi.* فرار کردن، در رفتن
Entschluß, der; -schlusses, -schlüsse تصمیم، عزم، اراده، نیت

einen Entschluß fassen تصمیمی گرفتن

entschlüsseln *Vt.* رمز (چیزی) را کشف کردن، رمز (چیزی) را خواندن
Entschlüsselung, die; -, -en رمزخوانی، کشف رمز
Entschlußfassung, die; -, -en تصمیم‌گیری
Entschlußkraft, die; -, ⸚e نیروی تصمیم، قوهٔ تصمیم‌گیری
entschlußlos *Adj.* بی‌تصمیم، دودل
Entschlußlosigkeit, die; - بی‌تصمیمی، دودلی
entschuldbar *Adj.* قابل گذشت، بخشودنی

269 **Enttäuschung**

Entschuldbarkeit, die; - قابلیت گذشت و بخشودگی
entschuldigen *Vt.* ۱. عفو کردن، بخشودن، از سر تقصیر (کسی) گذشتن ۲. از (کسی) پوزش خواستن، از (کسی) عذر خواستن، از (کسی) معذرت خواستن
sich bei jemandem **entschuldigen** از کسی معذرت خواستن
Entschuldigung, die; -, -en ۱. عفو، بخشش ۲. پوزش، معذرت، عذرخواهی
Ich bitte um Entschuldigung. معذرت می‌خواهم.
Entschuldigungsschreiben, das; -s, - پوزش‌نامه
entschweben *Vi.* فرار کردن، در رفتن
entschwefeln *Vt.* از بین بردن (گوگرد)
entschweren *Vt.* آسان کردن
entschwinden *Vi.* ناپدید شدن، غیب شدن، محو شدن
Das Flugzeug entschwand in den Wolken. هواپیما در میان ابرها ناپدید شد.
entseelen *Vt.* بی‌جان کردن، جان (کسی) را ستادن
entseelt *Adj.* مرده، بی‌جان
entsenden *Vt.* فرستادن، اعزام کردن
Entsendung, die; -, -en اعزام، ارسال
entsetzen *Vt., Vr.* ۱. عزل کردن، برکنار کردن ۲. شکستن (محاصره) ۳. ترساندن ۴. وحشت کردن، از ترس از خود بی‌خود شدن
Ich war entsetzt. من ترسیده بودم.
Entsetzen, das; -s ترس، وحشت، هراس
entsetzlich *Adj., Adv.* ۱. ترس‌آور، مخوف، موحش، وحشتناک ۲. بسیار عظیم
Entsetzlichkeit, die; -, -en ۱. ترسناکی ۲. شقاوت
Entsetzung, die; -, -en ۱. عزل، برکناری ۲. شکستن محاصره
entseuchen *Vt.* ضدعفونی کردن
entsichern *Vt.* کشیدن (ضامن اسلحه)
entsiegeln *Vt.* مُهر از (چیزی) برگرفتن
Entsiegelung, die; -, -en مُهربرداری
entsinken *Vi.* افتادن؛ چکیدن
Der Mut entsank ihm. جرأتش را از دست داد.
entsinnen *Vr.* به یاد آوردن، به خاطر آوردن
entsittlichen *Vt.* اخلاق (کسی) را فاسد کردن
Entsittlichung, die; - فساد اخلاق
entsorgen *Vt.* پالودن (محیط زیست)
Entsorgung, die; -, -en پالایش (محیط زیست)
entspannen *Vt., Vr.* تمدد اعصاب کردن، استراحت کردن

Entspanntheit, die; - حالت انبساط، بی‌تنشی
Entspannung, die; -, -en تمدد اعصاب، تنش‌زدایی، استراحت
Entspannungspolitik, die; -, -en سیاست رفع تشنج، سیاست تنش‌زدایی
entspinnen *Vt., Vr.* ۱. توسعه دادن، بسط دادن ۲. به وجود آمدن، ناشی شدن ۳. شروع شدن
entsprechen *Vt.* مطابق (چیزی) بودن، برابر (چیزی) بودن، با (چیزی) مطابقت داشتن، با (چیزی) متناسب بودن
der Wahrheit entsprechen مطابق حقیقت بودن، با واقعیت مطابقت داشتن
Seine Behauptung entspricht nicht der Wahrheit. ادعای او با واقعیت مطابقت ندارد.
entsprechend *Adj., Adv.* ۱. مناسب، مطابق ۲. بر طبق، پیرو، برحسب، برابر
Entsprechung, die; -, -en تطبیق، مطابقت، تناسب
entsprießen *Vi.* جوانه زدن، سبز شدن
entspringen *Vi.* ۱. سرچشمه گرفتن ۲. گریختن، فرار کردن
Ein Löwe ist aus der Zirkus entspringen. شیری از سیرک گریخته است.
entstammen *Vi.* ریشه داشتن، اصل و نسب داشتن
entstanden *Adj.* ناشی، حاصل شده، به وجود آمده
entstauben *Vt.* گردگیری کردن
entstehen *Vi.* به وجود آمدن، تشکیل شدن، ناشی شدن، ایجاد شدن، حاصل شدن
Entstehen, das; -s پیدایش، بروز
Entstehung, die; -, -en پیدایش، بروز
Entstehungsgeschichte, die; -, -n تاریخ پیدایش بشر
entstellen *Vt.* ۱. از شکل اصلی خارج کردن، تغییر شکل دادن ۲. تحریف کردن
Entstellung, die; -, -en ۱. از شکل افتادگی، تغییر شکل ۲. تحریف
entstören *Vt.* پارازیت (رادیو) را رفع کردن
Entstörgerät, das; -(e)s, -e دستگاه رفع پارازیت
entstressen *Vt.* تمدد اعصاب کردن، رفع خستگی کردن
entströmen *Vi.* جاری شدن (مایعات)
enttäuschen *Vt.* مأیوس کردن، ناامید کردن
enttäuschend *Adj.* مأیوس‌کننده، ناامیدکننده
enttäuscht *Adj.* مأیوس، ناامید، دلسرد، سرخورده
Enttäuschung, die; -, -en یأس، ناامیدی، سرخوردگی

entthronen 270

entthronen *Vt.* از سلطنت خلع کردن، بی‌مقام کردن
Entthronung, die; -, -en خلع سلطنت، خلع مقام
entvölkern *Vt.* خالی از نفوس کردن، از آبادی انداختن
Entvölkerung, die; -, -en کاهش جمعیت، کاهش نفوس
entwachsen *Vi.* برتر شدن، بزرگ‌تر شدن
entwaffnen *Vt.* خلع سلاح کردن
Entwaffnung, die; -, -en خلع سلاح
entwalden *Vt.* قطع کردن، از بین بردن (درختان جنگل)
Entwaldung, die; -, -en انهدام جنگل، قطع درختان جنگل
entwarnen *Vi.* اعلام رفع خطر کردن
Entwarnung, die; -, -en اعلام رفع خطر
entwässern *Vt.* زه‌کشی کردن، زه کشیدن، خشک کردن، آب کشیدن
Entwässerung, die; -, -en زه‌کشی، آب‌کشی
Entwässerungsgraben, der; -s, - نهر؛ زِهاب
Entwässerungskanal, der; -(e)s, -kanäle نهر؛ زِهاب
entweder *Konj.* یا

Er ist entweder krank oder tot.

او یا مریض است یا مرده.

entweichen *Vi.* ۱. فرارکردن، گریختن ۲. خارج شدن (گاز، بخار)
Entweichen, das; -s فرار، گریز
entweihen *Vt.* به (کسی) بی‌حرمتی کردن، به (کسی) بی‌احترامی کردن
Entweihung, die; -, -en بی‌حرمتی، بی‌احترامی
entwenden *Vt.* از (کسی/جایی) دزدی کردن، به (کسی/جایی) دستبرد زدن، سرقت کردن
Entwendung, die; -, -en دزدی، دستبرد، سرقت
entwerfen *Vt.* طرح کردن، طراحی کردن، ترسیم کردن
Entwerfer, der; -s, - طراح
entwerten *Vt.* از قیمت انداختن، بی‌ارزش کردن؛ باطل کردن
Entwerter, der; -s, - دستگاه باطل‌کن
Entwertung, die; -, -en کاهش قیمت، باطل شدگی
entwickeln *Vt., Vr.* ۱. تشریح کردن، توصیف کردن (افکار، نقشه) ۲. توسعه دادن، ترقی دادن، رشد دادن ۳. ظاهر کردن (فیلم) ۴. توسعه یافتن، ترقی کردن، رشد کردن

einen Plan entwickeln نقشه‌ای را ارائه کردن

einen Film entwickeln فیلمی را ظاهر کردن

Entwickler, der; -s, - دوای ظاهر کردن فیلم، داروی ظهور
Entwicklung, die; -, -en ۱. توسعه، تکامل، تکوین، گسترش، رشد ۲. ظهور (فیلم)
Entwicklungsalter, das; -s سن رشد، سن بلوغ
Entwicklungsamt, das; -(e)s, ¨-er ادارهٔ ترویج
Entwicklungsbeschleunigung , die; -, -en سرعت تکامل
Entwicklungsgang, der; -(e)s, ¨-e سیر تکامل
Entwicklungsgeschichte, die; -, -n تاریخ تکامل
Entwicklungsgesetz, das; -es, -e قانون تکامل
Entwicklungshelfer, der; -s, - سپاه گسترش، سپاه ترویج
Entwicklungshilfe, die; -, -n کمک به کشورهای در حال رشد
Entwicklungsjahre, die / *Pl.* دوران بلوغ
Entwicklungsland, das; -(e)s, ¨-er کشور در حال رشد
Entwicklungsperiode, die; -, -n دورهٔ تحول و تکامل
Entwicklungsphase, die; -, -n مرحلهٔ تکامل
Entwicklungsprozeß, der; -prozesses فرایند تکامل، پویش تکامل
Entwicklungspsychologie, die; -, -n روان‌شناسی رشد
Entwicklungsstufe, die; -, -n مرحلهٔ تکامل
Entwicklungstheorie, die; -, -n نظریهٔ تکامل
Entwicklungsverlauf, der; -(e)s سیر تکامل، روند تکامل
Entwicklungsweg, der; -(e)s, -e راه تکامل
Entwicklungszeit, die; -, -en دورهٔ تکامل
Entwicklungszustand, der; -es, ¨-e چگونگی تکامل
entwinden *Vt.* به زور قاپیدن، به زور از (کسی) گرفتن

Er entwand ihm die Pistole.

اسلحه را به زور از دستش قاپید.

entwirren *Vt., Vr.* ۱. باز کردن، جدا کردن، رها کردن، از گیر در آوردن، حل کردن ۲. باز شدن، رها شدن
Entwirrung, die; -, -en حل؛ گشایش؛ جدایی
entwischen *Vi.* فرار کردن، در رفتن

Der Dieb ist der Polizei entwischt.

دزد از دست پلیس فرار کرد.

entwöhnen *Vt., Vr.* ۱. ترک عادت دادن ۲. ترک عادت کردن
Entwöhnung, die; -, -en ترک عادت

entwürdigen *Vt.*	بی‌حرمت کردن، بی‌آبرو کردن، رسوا کردن، به (کسی/چیزی) اهانت کردن
entwürdigend *Adj.*	تحقیرآمیز، اهانت‌آمیز، موهن
Entwürdigung, die; -, -en	بی‌حرمتی، بی‌آبرویی، رسوایی، اهانت
Entwurf, der; -(e)s, ⸚e	طرح، پیش‌نویس
entwurzeln *Vt.*	از ریشه درآوردن، ریشه‌کن ساختن
Entwurzlung, die; -, -en	ریشه‌کنی
entzaubern *Vt.*	از (کسی/چیزی) رفع جادو کردن، طلسم (چیزی) را شکستن
Entzauberung, die; -, -en	رفع جادو، شکستن طلسم
entzerren *Vt.*	۱. برابر کردن، مساوی کردن ۲. عیب (چیزی) را رفع کردن
entziehen *Vt., Vr.*	۱. محروم کردن؛ منع کردن ۲. سلب کردن، از (چیزی) خودداری کردن، مضایقه کردن ۳. گرفتن (خون) ۴. از زیر کار در رفتن، شانه خالی کردن تن در ندادن ۵. از نظر ناپدید شدن
sich der Verantwortung entziehen	از زیر بار مسئولیت شانه خالی کردن
sich einer Gefahr entziehen	از خطر جستن
Entziehung, die; -, -en	۱. منع، سلب ۲. بازگیری ۳. مضایقه ۴. طفره
Entziehungserscheinung, die; -, -en	اثر ترک اعتیاد
Entziehungskur, die; -, -en	درمان اعتیاد
entzifferbar *Adj.*	قابل خواندن؛ قابل حل
Entzifferer, der; -s, -	کاشف رمز
entziffern *Vt.*	۱. کشف رمز کردن، رمز (چیزی) را خواندن ۲. با زحمت (چیزی) را خواندن
Entzifferung, die; -, -en	کشف رمز، خواندن رمز
entzücken *Vt.*	محظوظ کردن، مشعوف کردن، از (چیزی) لذت دادن، مفتون ساختن، شیفته کردن
Entzücken, das; -s	حظ، وجد، شعف، نشاط، سرور
entzückend *Adj.*	فریبنده، دل‌ربا، جذاب، دل‌فریب
entzückt *Adj.*	مفتون، محظوظ، مشعوف
Entzücktheit, die; -	مجذوبیت
Entzug, der; -(e)s	۱. ضبط ۲. منع، محرومیت ۳. ترک عادت
entzündbar *Adj.*	قابل اشتعال، قابل سوختن، سوختنی
Entzündbarkeit, die; -	قابلیت اشتعال
entzünden *Vt., Vr.*	۱. سوزاندن، افروختن، مشتعل کردن ۲. سوختن، مشتعل شدن ۳. آماس کردن، متورم شدن (زخم)
entzündlich *Adj.*	۱. قابل اشتعال، قابل سوختن، سوختنی ۲. ملتهب، آماسیده
Entzündung, die; -, -en	۱. اشتعال، احتراق ۲. تورم، آماس، التهاب
entzwei *Adv.*	از هم جدا، دو تکه
entzweibrechen *Vt., Vi.*	۱. دو پاره ساختن، تکه تکه کردن، از هم جدا کردن ۲. دو پاره شدن، تکه‌تکه شدن، از هم جدا شدن
entzweien *Vt., Vr.*	۱. جدا کردن، (بین اشخاص) تفرقه انداختن، میانهٔ (دو نفر) را به‌هم زدن ۲. جدا شدن، رابطهٔ (خود) را به‌هم زدن
Sie haben sich wegen der Erbschaft entzweit.	آن‌ها رابطهٔ خود را سر ارث به‌هم زدند.
entzweigehen *Vi.*	از هم جدا شدن، تکه‌تکه شدن، دوپاره شدن، شکستن
entzweimachen *Vt.*	از هم جدا کردن، پاره کردن
entzweireißen *Vt.*	پاره کردن، دریدن
entzweischlagen *Vt.*	خرد کردن، شکستن، به‌هم زدن
entzweischneiden *Vt.*	بریدن، دو تکه کردن
Entzweiung, die; -, -en	۱. جدایی، انفصال ۲. تقسیم ۳. اختلاف، تفرقه، کدورت
Enzian, der; -(e)s, -e	(نوعی) گیاه کوهستانی
Enzyklopädie, die; -, -n	فرهنگ‌نامه، دائرةالمعارف
enzyklopädisch *Adj.*	جامع، دائرةالمعارفی
Enzyklopädist, der; -en, -en	فرهنگ‌نگار، مؤلف دائرةالمعارف
Enzym, das; -s, -e	(بیولوژی) آنزیم، دیاستاز
Enzymologie, die; -	آنزیم‌شناسی
Epaulette, die; -, -n	سردوشی، پاگون
ephemer *Adj.*	یک‌روزه، زودگذر، کم‌دوام
Epidemie, die; -, -n	اپیدمی، بیماری همه‌گیر
epidemisch *Adj.*	همه‌گیر، واگیر
epidermal *Adj.*	بشره‌ای، (مربوط به) قسمت سطحی پوست
Epidermis, die; -, -men	رو پوست، قسمت سطحی پوست
epigonal *Adj.*	تقلیدی
Epigone, der; -n, -n	مقلد
Epigonentum, das; -s	(هنر و ادبیات) تقلید، دنباله‌روی
Epigramm, das; -(e)s, -e	سخن نیش‌دار؛ قطعهٔ هجایی، شعر هجوآمیز
Epigrammatik, die; -s, -	۱. هجونویسی ۲. شعر کوتاه‌نویسی
Epigrammatiker, der; -s, -	هجانویس، هجونویس
epigrammatisch *Adj.*	هجوآمیز، هجایی؛ کوتاه و نیش‌دار

Epik, die; - شعر رزمی، شعر حماسی
Epiker, der; -s, - شاعر حماسی، حماسه‌سرا
Epikureer, der; -s, - ۱. اپیکورگرا ۲. خوش‌گذران، عیاش
epikureisch *Adj.* ۱. اپیکوری ۲. عیاش، خوش‌گذران
Epikurismus, der; - ۱. فلسفهٔ اپیکور ۲. لذت‌گرایی، سعادت‌گرایی
Epilepsie, die; -, -n (بیماری) غش، صرع، حمله
Epileptiker, der; -s, - مصروع، غشی، بیمار مبتلا به غش
epileptisch *Adj.* غشی، صرعی
Epilog, der; -(e)s, -e خاتمهٔ کلام، آخرین بخش شعر؛ آخرین بخش داستان
episch *Adj.* حماسی، رزمی
Episode, die; -, -n ۱. حادثهٔ زودگذر ۲. داستان فرعی؛ واقعهٔ ضمنی
episodisch *Adj.* موقتی، (مربوط به) یک دورهٔ کوتاه
Epistel, die; -, -n نامه، رساله، مکتوب
Epitaph, das; -(e)s, -e کتیبهٔ گور
Epitome, die; -, -n خلاصه (کتاب)، چکیده
epochal *Adj.* مهم، پرسر و صدا، تاریخی
Epoche, die; -, -n دوران (تاریخ)
epochemachend *Adj.* دوران‌ساز
Epos, das; -, Epen داستان منظوم؛ شعر رزمی
Equipage, die; -, -n ۱. آرایش، تجهیز ۲. کالسکهٔ تشریفاتی
equipieren *Vt.* تجهیز کردن، آراستن
Equipierung, die; -, -en تجهیز، تدارک، آرایش
er *Pron.* او، وی (ضمیر سوم شخص مفرد مذکر)
erachten *Vt.* پنداشتن، تفکر کردن؛ فرض کردن
Erachten, das; -s پندار، عقیده، نظر
erahnen *Vt.* از پیش دانستن، استنباط کردن
erarbeiten *Vt.* به دست آوردن، (با کوشش) کسب کردن
Erbadel, der; -s نجابت ارثی
Erbanfall, der; -(e)s, ⸚e ارث، میراث، وراثت
Erbanlage, die; -, -n ویژگی‌های مادرزادی، خصوصیات ارثی
Erbanteil, der; -s, -e سهم‌الارث
erbarmen *Vr., Vt.* ۱. رحم کردن، دلسوزی کردن، با (کسی) همدردی کردن ۲. دل (کسی) را به رحم آوردن، ترحم (کسی) را برانگیختن
Erbarmen, das; -s رحم، دلسوزی، ترحم
erbarmenswert *Adj.* قابل ترحم
Erbarmer, der; -s, - رحیم، بخشایش‌گر
erbärmlich *Adj.* قابل ترحم، بیچاره
Erbärmlichkeit, die; -, -en ترحم، بیچارگی؛ حقارت
Erbarmung, die; -, -en رحم، دلسوزی، ترحم
erbarmungslos *Adj.* بی‌رحم، ظالم
erbarmungsvoll *Adj.* رحیم، دلسوز
erbauen *Vt., Vr.* ۱. بنا کردن، ساختن ۲. تهذیب کردن ۳. شیفته شدن، به وجد آمدن
Erbauer, der; -s, - سازنده، بانی، مؤسس
erbaulich *Adj.* ۱. جذاب، روح‌افزا ۲. تهذیب‌کننده
Erbauung, die; -, -en ۱. بنا، ساختمان ۲. جذبه ۳. تهذیب
Erbaurecht, das; -(e)s, -e حق بنا
Erbbegräbnis, das; -nisses, -nisse مقبرهٔ خانوادگی
erbberechtigt *Adj.* وارث (حقوقی)
Erbe[1]**,** der; -n, -n وارث (مرد)
Erbe[2]**,** das; -s ارث، میراث، ماترک
erbeben *Vi.* لرزیدن، مرتعش شدن، تکان خوردن
Erbeben, das; -s زلزله، لرزش، ارتعاش
erbebend *Adj.* لرزنده، مرتعش، لرزان
Erbeigen, das; -s ملک موروثی
erben *Vt.* ارث بردن
Es ist nicht zu erben. چیزی عاید نمی‌شود.
erbenlos *Adj.* بدون ارث
erbetteln *Vt.* تکدی کردن، از راه گدایی به‌دست آوردن
erbeuten *Vt.* غارت کردن، به تاراج بردن، به غنیمت گرفتن
Erbeutung, die; - غارت، غنیمت، تاراج
erbfähig *Adj.* قابل ارث
Erbfähigkeit, die; -, -en قابلیت ارث
Erbfaktor, der; -s, -en (زیست‌شناسی) ژن، عامل وراثت
Erbfall, der; -(e)s, ⸚e وراثت
Erbfehler, der; -s, - عیبِ مادرزاد
Erbfeind, der; -(e)s, -e دشمنِ خونی
Erbfolge, die; -, -n وراثت
Erbfolger, der; -s, - وارث
Erbgang, der; -(e)s, ⸚e (زیست‌شناسی) انتقال ارثی
Erbgut, das; -(e)s, ⸚er میراث، ملک موروثی
erbieten *Vr.* ۱. به همکاری تن در دادن ۲. تقدیم کردن، تعارف کردن
Erbietung, die; - تقدیم، تعارف، پیشکش
Erbin, die; -, -nen وارث (زن)
erbitten *Vt.* از (کسی) خواهش کردن، از (کسی) تقاضا کردن

erbittern *Vt.* به خشم آوردن، عصبانی کردن، خشمگین کردن
erbittert *Adj.* سرسختانه، مصرانه، با تمام قوا
Erbitterung, die; -, -en خشم، عصبانیت
Erbkrankheit, die; -, -en مرض ارثی، بیماری موروثی
Erbland, das; -(e)s, ¨-er کشور موروثی؛ ملک پدری
erblassen *Vi.* ۱. رنگ باختن، رنگ‌پریده شدن، بی‌رنگ شدن ۲. مردن
Erblasser, der; -s, - ارث گذارنده
Erblassung, die; - رنگ‌پریدگی
erbleichen *Vi.* ۱. رنگ باختن، رنگ‌پریده شدن، بی‌رنگ شدن ۲. مردن
Erbleiden, das; -s بیماری ارثی
erblich *Adj.* ارثی، موروثی
erblicken *Vt.* به (کسی / چیزی) نگریستن، دیدن، چشم (کسی) به (چیزی) افتادن، مشاهده کردن
das Licht der Welt erblicken چشم به جهان گشودن
erblinden *Vi.* نابینا شدن، کور شدن، بینایی خود را از دست دادن
Erblindung, die; -, -en نابینایی، کوری
erblühen *Vi.* شکفتن، شکوفه دادن، پُرگل شدن
Erblühen, das; -s شکفتگی
erblühend *Adj.* شکوفا
Erbmasse, die; -, -n ۱. کلیهٔ صفات مادرزادی ۲. اموال موروثی
erborgen *Vt.* قرض گرفتن، عاریه کردن
Erborgung, die; - قرض‌گیری
erbosen *Vt., Vr.* ۱. خشمگین کردن ۲. غضبناک شدن ۳. قهر کردن
Erbprinz, der; -en, -en ولیعهد
erbrechen *Vt., Vi., Vr.* ۱. به زور باز کردن ۲. استفراغ کردن
Erbrechen, das; -s ۱. باز کردن به زور ۲. استفراغ
Erbrecht, das; -(e)s, -e حق ارث، حق توارث
erbringbar *Adj.* آوردنی، انجام دادنی، قابل عرضه
erbringen *Vt.* عرضه کردن، آوردن، ارائه کردن، نشان دادن
den Beweis erbringen دلیل آوردن، اثبات کردن
Erbschaft, die; -, -en میراث، ماترک، ارث
Erbschaftssteuer, die; -, -n مالیات بر ارث
Erbschein, der; -(e)s, -e وصیّت‌نامه
Erbschleicher, der; -s, - ارث‌خور، میراث‌خور، مال مرده‌خور
Erbschleicherei, die; -, -en ارث‌خوری
Erbse, die; -, -n نخود
erbsengroß *Adj.* به اندازهٔ یک نخود
Erbsensuppe, die; -, -n سوپ نخود
Erbsmehl, das; -(e)s آرد نخود، آرد نخودچی
Erbsohn, der; -(e)s, ¨-e پسر خلف، وارث (پسر)
Erbstück, das; -(e)s, -e ارثیه، میراث
Erbteil, der / das; -(e)s, -e سهم‌الارث
Erbtochter, die; -, ¨- دختر خلف، وارث (دختر)
erbunwürdig *Adj.* محروم از ارث
Erbunwürdigkeit, die; - محرومیت از ارث
Erbvertrag, der; -(e)s, ¨-e قرارداد (محضری) بین ورثه
Erbverzicht, der; -(e)s, -e چشم‌پوشی از میراث
Erdachse, die; -, -n محور زمین
erdacht *Adj.* ساختگی
Erdanziehung, die; -, -en جاذبهٔ زمین
Erdanziehungskraft, die; -, ¨-e نیروی جاذبهٔ زمین
Erdapfel, der; -s, ¨- سیب‌زمینی
Erdarbeit, die; -, -en خاک‌برداری، خاک‌ریزی
Erdarbeiter, der; -s, - خاک‌بردار، خاک‌کش
Erdatmosphäre, die; -, -n جوّ زمین
Erdbahn, die; -, -en مدار زمین، مسیر کرهٔ زمین
Erdball, der; -(e)s کرهٔ زمین
Erdbeben, das; -s, - زمین‌لرزه، زلزله
Erdbebengebiet, das; -(e)s, -e ناحیهٔ زلزله‌خیز
Erdbebengegend, die; -, -en ناحیهٔ زلزله‌خیز
erdbebengeschädigt *Adj.* زلزله‌زده
Erdbebenherd, der; -(e)s, -e کانون زلزله
Erdbebenkunde, die; -, -n زلزله‌شناسی
Erdbebenmesser, der; -s, - زلزله‌سنج
Erdbeere, die; -, -n توت‌فرنگی
Erdbeereis, das; -es بستنی توت‌فرنگی
Erdbeermarmelade, die; -, -n مربای توت‌فرنگی
Erdbeersaft, der; -(e)s, ¨-e شربت توت‌فرنگی
Erdbestattung, die; -, -en تدفین، خاکسپاری
Erdbevölkerung, die; -, -en جمعیّت کرهٔ زمین
Erdbewegung, die; -, -en ۱. حرکت کرهٔ زمین ۲. خاک‌برداری
Erdbewohner, der; -s, - ساکن کرهٔ زمین
Erdboden, der; -s, - خاک، زمین، کف زمین
dem Erdboden gleichmachen با خاک یکسان کردن
Erddurchmesser, der; -s, - قطر کرهٔ زمین
Erde, die; -, -n ۱. زمین، خاک ۲. کرهٔ زمین، جهان، دنیا

erden 274

jemanden **unter die Erde bringen** باعث مرگ کسی شدن
unter der Erde زیر خاک
auf die Erde fallen زمین خوردن
Die Erde bebte. زلزله آمد.
erden *Vt.* با زمین مربوط کردن (وسیلهٔ الکتریکی)
erdenkbar *Adj.* قابل تصور، قابل تفکر
erdenken *Vt.* ۱. تصور کردن ۲. اختراع کردن
erdenklich *Adj.* قابل تصور، قابل تفکر
Erdfarbe, die; -, -n رنگ خاکی
erdfarben *Adj.* خاکی رنگ
erdfarbig *Adj.* خاکی رنگ
Erdferne, die; -, -n دورترین فاصله از زمین
Erdgas, das; -es, -e گاز طبیعی
Erdgasleitung, die; -, -en لوله‌کشی گاز
erdgeboren *Adj.* خاکی، خاک‌زاد
Erdgeruch, der; -(e)s, ¨-e بوی خاک
Erdgeschichte, die; - تاریخ کرهٔ زمین
Erdgeschoß, das; -schosses, -schösse طبقهٔ همکف
Erdglobus, der; - / -busses, -ben / -busse کرهٔ زمین
Erdgrube, die; -, -n چاله، گودی
Erdgürtel, der; -s, - مدار زمین، کمربند زمین
Erdharz, das; -es, -e قیر
Erdhaufe(n), der; -s, -n تودهٔ خاک، تل خاک
Erdhöhle, die; -, -n زاغه، کوخ
Erdhügel, der; -s, - تپهٔ خاکی، تل خاک
Erdhülle, die; -, -n پوستهٔ کرهٔ زمین
erdichten *Vt.* از (خود) در آوردن، جعل کردن
Erdichtung, die; -, -en جعل؛ تصور؛ تخیل
erdig *Adj.* خاکی
Erdinnere, das; -n هستهٔ کرهٔ زمین، اندرون کرهٔ زمین
Erdkabel, das; -s, - کابل زمینی
Erdkarte, die; -, -n نقشهٔ زمین
Erdkern, der; -(e)s, -e هستهٔ کرهٔ زمین
Erdkreis, der; -es, -e کرهٔ زمین
Erdkruste, die; - پوستهٔ کرهٔ زمین
Erdkugel, die; -, -n کرهٔ زمین
Erdkunde, die; -, -n جغرافیا، جغرافی
Erdkundler, der; -s, - جغرافی‌دان
erdkundlich *Adj.* جغرافیایی
Erdleiter, der; -s, - سیم‌زمینی (تلگراف)
Erdleitung, die; -, -en اتصال با سیم زمین
Erdmagnetismus, der; -, -men مغناطیس کرهٔ زمین
Erdmantel der; -s, ¨- قشر کرهٔ زمین
Erdmasse, die; -, -n تودهٔ زمین، تودهٔ خاک
erdnah *Adj.* نزدیک به زمین
ein erdnaher Planet یک سیارهٔ نزدیک به زمین
Erdnuß, die; -, -nüsse بادام‌زمینی
Erdnußöl, das; -(e)s, -e روغن بادام‌زمینی
Erdoberfläche, die; -, -n سطح زمین، رویهٔ زمین
Erdöl, das; -(e)s, -e نفت خام، نفت سیاه
Erdölbohrung, die; -, -en حفاری چاه نفت
erdolchen *Vt.* با خنجر (کسی) را کشتن، به (کسی) خنجر زدن
Erdolchung, die; -, -en قتل با کارد، قتل با خنجر
Erdölfeld, das; -(e)s, -er حوزهٔ نفتی
Erdölgebiet, das; -(e)s, -e ناحیهٔ نفت‌خیز
Erdölgesellschaft, die; -, -en شرکت نفت
Erdölgewinnung, die; -, -en استخراج نفت
Erdölland, das; -(e)s, ¨-er کشور نفت‌خیز
Erdölprodukt, das; -(e)s, -e فراوردهٔ نفتی
Erdölproduktion, die; -, -en استخراج نفت
Erdölquelle, die; -, -n منبع نفت، چاه نفت
Erdölraffinerie, die; -, -n پالایشگاه نفت
Erdölreserve, die; -, -n ذخایر نفتی
Erdölrückstände, die / *Pl.* مازوت، مواد پس‌ماندهٔ نفت
Erdpech, das; -s قیر غلیظ
Erdpol, der; -s, -e قطب زمین
erdreisten *Vr.* جسارت کردن، گستاخی کردن، پررویی کردن
Wie können Sie sich erdreisten, mir das ins Gesicht zu sagen? چطور جرأت می‌کنید این را تو روی من بگویید؟
Erdrinde, die; -, -n پوستهٔ کرهٔ زمین
erdröhnen *Vi.* طنین انداختن
erdrosseln *Vt.* خفه کردن
Erdrosselung, die; -, -en اختناق، حلق‌آویزی
erdrücken *Vt.* له کردن؛ خفه کردن، با فشار کشتن
erdrückend *Adj.* خفه کننده؛ له کننده
Erdrutsch, der; -es ریزش خاک، افت زمین
Erdsatellit, der; -en, -en قمر مصنوعی، ماهواره
Erdschicht, die; -, -en طبقهٔ زمین، لایهٔ زمین
Erdspalte, die; -, -n شکاف زمین
Erdsturz, der; -es, ¨-e ریزش خاک، افت زمین
Erdteil, der / das; -(e)s, -e قاره
erdulden *Vt.* تحمل کردن، متحمل شدن
Erduldung, die; - تحمل
Erdumdrehung, die; -, -en حرکت وضعی زمین

Erdumfang, der; -(e)s, ⸚e پیرامون کرهٔ زمین
Erdumkreisung, die; -, -en گردش به دور زمین
Erdumlauf, der; -(e)s, -läufe حرکت انتقالی زمین
Erdumlaufbahn, die; -, -en مدار زمین
Erdung, die; -, -en اتصال (سیم برق) به زمین
Erdvolk, das; -(e)s, ⸚er ساکن کرهٔ زمین
erdwärts *Adv.* رو به زمین، به طرف زمین
Erdzone, die; -, -n منطقهٔ زمین
ereifern *Vr.* به هیجان آمدن، تعصب به خرج دادن، بر سر غیرت آمدن
ereignen *Vr.* رخ دادن، اتفاق افتادن، واقع شدن، پیش آمدن
Ereignis, das; -nisses, -nisse اتفاق، واقعه، حادثه، پیشامد، رویداد
ereignislos *Adj.* بدون حادثه، آرام
ereignisreich *Adj.* پرحادثه
ereilen *Vt.* شتابان به سراغ (کسی) آمدن
Der Tod hat ihn ereilt.
عفریت مرگ شتابان به سراغش آمد.
Eremit, der; -en, -en منزوی، گوشه‌نشین
Eremitage, die; -, -n گوشهٔ عزلت، خلوتگاه
ererben *Vt.* ارث بردن، وارث (چیزی) شدن
erfahren[1] *Vt.* ۱. شنیدن، اطلاع یافتن، خبر گرفتن ۲. تجربه کردن
erfahren[2] *Adj.* مجرب، آزموده، خبره، کارآزموده
Erfahrung, die; -, -en تجربه، آزمون
aus Erfahrung از روی تجربه
Das weiß ich aus eigener Erfahrung.
این را از تجربه شخصی خودم می‌دانم.
Er hat viel Erfahrung. او تجربه زیادی دارد.
erfahrungsgemäß *Adv.* بنابر تجربه، مبنی بر تجربه
erfahrungslos *Adj.* بی‌تجربه، ناآزموده
Erfahrungslosigkeit, die; - بی‌تجربگی، ناآزمودگی
erfahrungsmäßig *Adj.* مبنی بر تجربه
Erfahrungswissen, das; -s دانش تجربی
Erfahrungswissenschaft, die; -, -en
علم تجربی
erfassbar *Adj.* محسوس، قابل فهم
erfassen *Vt.* ۱. لمس کردن ۲. درک کردن، فهمیدن ۳. ثبت کردن، جمع‌آوری کردن ۴. بر (چیزی) غلبه کردن، بر (چیزی) مستولی شدن
Erfassen, das; -s ۱. لمس، درک ۲. ثبت، جمع‌آوری
Erfassung, die; -, -en ۱. لمس، درک ۲. ثبت، جمع‌آوری

erfinden *Vt.* ۱. اختراع کردن، ابداع کردن، ابتکار کردن، از (خود) در آوردن
Erfinder, der; -s, - مخترع، مبتکر، نوآور
Erfinderin, die; -, -nen مخترع، مبتکر، نوآور (زن)
erfinderisch *Adj.* با قریحه، با ابتکار
Erfindung, die; -, -en اختراع، ابتکار، ابداع
Erfindungsgabe, die; -, -n قریحهٔ اختراع، قوهٔ ابتکار
erfindungsreich *Adj.* پرابتکار، صاحب قریحه
erflehen *Vt.* به (کسی) التماس کردن، از (کسی) خواهش کردن، از (کسی) تقاضا کردن
Erfolg, der; -(e)s, -e موفقیت، توفیق، کامیابی
Viel Erfolg! موفق باشید!
Erfolg im Beruf haben موفقیت شغلی داشتن
erfolgen *Vi.* نتیجه دادن، به وقوع پیوستن، واقع شدن، صورت گرفتن، پیش آمدن
erfolglos *Adj.* ناموفق، بی‌نتیجه
Erfolglosigkeit, die; - عدم توفیق
erfolgreich *Adj.* موفق، کامیاب
erfolgversprechend *Adj.* امیدبخش
erforderlich *Adj.* لازم، ضروری، واجب
Erforderliche, das; - واجبات، چیز لازم و ضروری
erforderlichenfalls *Adv.* در صورت لزوم
erfordern *Vt.* لازم داشتن، نیاز داشتن، ایجاب کردن، اقتضا کردن، خواستن
Erfordernis, das; -nisses, -nisse احتیاج، ایجاب، اقتضا، ضرورت، شرط لازم
erforschen *Vt.* در مورد (چیزی) تحقیق کردن، در مورد (چیزی) پژوهش کردن، در مورد (چیزی) تتبع کردن
Erforscher, der; -s, - محقق، پژوهنده، پژوهشگر
erforschlich *Adj.* قابل تحقیق، قابل پژوهش
Erforschung, die; -, -en تحقیق، پژوهش، تتبع
erfragen *Vt.* سؤال کردن، پرسیدن، در مورد (چیزی) کسب اطلاع کردن
erfrechen *Vr.* جسارت کردن، فضولی کردن، زبان‌درازی کردن
erfreuen *Vt., Vr.* ۱. خوشحال کردن، خشنود کردن، شاد کردن ۲. خوشحال شدن
erfreulich *Adj.* خوشحال‌کننده، مسرت‌بخش، دلپسند، مفرح
erfreulicherweise *Adv.* خوشبختانه
erfreut *Adj.* خوشحال، خشنود
erfrieren *Vr.* یخ زدن، از سرما هلاک شدن
Erfrierung, die; -, -en یخ‌زدگی، سرمازدگی

erfrischen 276

erfrischen *Vt.* تر و تازه کردن، به (چیزی) نشاط بخشیدن، سر حال آوردن، خنک کردن
erfrischend *Adj.* تر و تازه، خنک
Erfrischung, die; -, -en ۱. تر و تازگی، خنکی ۲. نوشابهٔ خنک
erfroren *Adj.* یخ‌زده، سرمازده
erfüllbar *Adj.* قابل اجرا، اجراشدنی
Erfüllbarkeit, die; - قابلیت اجرا
erfüllen *Vt., Vr.* ۱. پر کردن ۲. انجام دادن (قول) ۳. به (چیزی) جامهٔ عمل پوشاندن، برآوردن (آرزو) ۴. برآورده شدن (آرزو)
einen Wunsch erfüllen آرزویی را برآورده کردن
erfüllt *Adj.* مملو، پر
Erfüllung, die; -, -en ادا، اجرا، انجام، تحقق
erfüllungsbereit *Adj.* آمادهٔ اجرا
erfunden *Adj.* من‌درآوردی، ساختگی
ergänzen *Vt.* ۱. تکمیل کردن، کامل کردن، تمام کردن ۲. ضمیمه کردن
ergänzend *Adj.* متمم، مکمل، ضمیمه
Ergänzung, die; -, -en تکمیل، اتمام، انجام
Ergänzungsband, der; -(e)s, ⸚e جلد متمم (کتاب)
Ergänzungsblatt, das; -(e)s, ⸚er ورقهٔ متمم
Ergänzungswinkel, der; -s, - زاویهٔ متمم
ergattern *Vt.* ربودن، قاپیدن؛ به حیله گرفتن؛ به چنگ آوردن
ergaunern *Vr.* با کلاهبرداری به‌دست آوردن
ergeben[1] *Vt., Vr.* ۱. ثابت کردن ۲. ناشی شدن، منتج شدن، نتیجه دادن ۳. تسلیم شدن
ergeben[2] *Adj.* متواضع، فروتن، مخلص، چاکر
Ergebene, der/die; -n, -n ارادتمند، مخلص، چاکر
Ihr Ergebener (در پایان نامه) ارادتمند شما
Ergebenheit, die; -, -en تواضع، بندگی، اخلاص، احترام
Ergebenheitsausdruck, der; -(e)s, ⸚e اظهار ارادت
ergebenst *Adj.* مخلص، دوستدار، چاکر
Ergebnis, das; -nisses, -nisse نتیجه، حاصل، ثمره
ergebnislos *Adj.* بی‌نتیجه، بی‌حاصل، بی‌ثمر
Ergebnislosigkeit, die; - بی‌نتیجگی، بی‌حاصلی، بی‌ثمری
ergebnisreich *Adj.* پُرمحصول، بارور، نتیجه‌بخش
Ergebung, die; -, -en تسلیم، تفویض، واگذاری
ergehen *Vr., Vi.* ۱. گردش کردن، قدم زدن ۲. گذشتن ۳. گذشت کردن ۴. روده‌درازی کردن ۵. صادر شدن، منتشر شدن
sich an die Luft ergehen در هوای آزاد قدم زدن
Wie ist es Ihnen ergangen? به شما چطور گذشته است؟
Ergehen, das; -s حال و احوال
ergiebig *Adj.* پرحاصل، پرمایه، ثمربخش
Ergiebigkeit, die; -, -en پُرحاصلی، پُرمایگی، فراوانی
ergießen *Vt., Vr.* ۱. ریختن، پاشیدن ۲. به جریان انداختن ۳. جاری شدن
erglänzen *Vi.* درخشیدن، تابیدن، جلوه کردن
erglühen *Vi.* ۱. افروختن، تابیدن ۲. دل باختن
Erglühen, das; -s تابش، درخشش
ergo *Adv.* پس، بنابراین
ergötzen *Vt., Vr.* ۱. شاد کردن، خوشحال کردن ۲. لذت بردن
Ergötzen, das; -s شادی، لذت، تفریح
ergötzlich *Adj.* لذت‌بخش، دلپذیر
Ergötzlichkeit, die; -, -en لذت، حظ، تمتع
ergrauen *Vi.* خاکستری (رنگ) شدن
ergreifen *Vt.* ۱. گرفتن، به دست آوردن ۲. بر (کسی) مستولی شدن ۳. بر (چیزی) تأثیر گذاشتن، بر (چیزی) اثر گذاشتن ۴. دستگیر کردن ۵. به عهده گرفتن
Partei ergreifen جانب (کسی) را گرفتن
das Wort ergreifen شروع به صحبت کردن، رشتهٔ سخن را به دست گرفتن
eine Gelegenheit ergreifen از فرصت استفاده کردن
die Flucht ergreifen پا به فرار گذاشتن
Ergreifen, das; -s ۱. اخذ ۲. اثر ۳. دستگیری
ergreifend *Adj.* مؤثر، گیرا، منقلب‌کننده
Ergreifung, die; -, -en ۱. اخذ ۲. اثر ۳. دستگیری
ergriffen *Adj.* متأثر، منقلب
Ergriffenheit, die; - تأثر خاطر، تأثر شدید و عمیق
ergrimmen *Vi.* خشمگین شدن، عصبانی شدن، بر سر خشم آمدن
ergründen *Vt.* تحقیق کردن، تجسس کردن
Ergründung, die; - تحقیق، تجسس
ergrünen *Vi.* سبز شدن، برگ در آوردن
Erguß, der; -gusses, -güsse ۱. ریزش (خون) ۲. انزال، دفع (منی) ۳. ریخت و پاش
erhaben *Adj.* ۱. برجسته، باشکوه، مجلل ۲. عالی، رفیع، اجل
Erhabenheit, die; -, -en ۱. برجستگی ۲. وقار، جلال، بزرگی، رفعت

277 **Erinnerungsbild**

Erhalt, der; -(e)s دریافت، وصول، نگهداری

erhalten *Vt., Vr.* ۱. دریافت کردن، به دست آوردن، گرفتن ۲. از (چیزی) نگهداری کردن، حفظ کردن، از (چیزی) مراقبت کردن ۳. به فکر سلامتی (خود) بودن

Unterricht erhalten تعلیم گرفتن

einen Brief erhalten نامه‌ای دریافت کردن

einen Auftrag erhalten مأموریت یافتن

Erhalter, der; -s, - نگهدارنده، محافظ

Erhalterin, die; -, -nen نگهدارنده، محافظ (زن)

erhältlich *Adj.* قابل دریافت، قابل خرید، قابل وصول، به دست آمدنی

Dieses Buch ist leider nicht mehr erhältlich.

این کتاب متأسفانه دیگر پیدا نمی‌شود.

Erhaltung, die; -, -en حفظ، نگهداری، محافظت، حراست

erhandeln *Vt.* با چانه خریدن

erhängen *Vt., Vr.* ۱. دار زدن، حلق‌آویز کردن ۲. خودکشی کردن، (خود) را حلق‌آویز کردن

erhärten *Vt.* ۱. سخت کردن، محکم کردن ۲. تأئید کردن، تأکید کردن

Erhärtung, die; -, -en تأئید، تأکید

erhaschen *Vt.* به دست آوردن، به چنگ آوردن

erheben *Vt., Vr.* ۱. بالا بردن، بلند کردن ۲. ترفیع دادن ارتقا دادن ۳. قیام کردن، شورش کردن ۴. از جا برخاستن، بلند شدن

Einspruch erheben اعتراض کردن

Anklage erheben اقامهٔ دعوی کردن

erhebend *Adj.* روح‌پرور، دل‌افروز، نشاط‌انگیز

erheblich *Adj.* مهم، معتبر، قابل توجه، فراوان

Erheblichkeit, die; -, -en فراوانی

Erhebung, die; -, -en ۱. ارتقا، ترفیع ۲. شورش، قیام ۳. بلندی، برآمدگی

Erhebung einer Klage اقامهٔ دعوی

erheiraten *Vt.* با ازدواج به دست آوردن

erheischen *Vt.* خواستن، طلبیدن

erheitern *Vt., Vr.* ۱. مسرور کردن، به وجد آوردن، به شعف درآوردن ۲. سر حال آمدن، به وجد آمدن، به شعف در آمدن

erheiternd *Adj.* نشاط‌آور، مفرح

Erheiterung, die; -, -en سرور، لذت، خوشی، تفریح

erheizen *Vt.* گرم کردن، داغ کردن

erhellen *Vt., Vr.* ۱. روشن کردن، به (چیزی) روشنایی دادن ۲. خوشحال شدن، شاد شدن ۳. روشن شدن

Erhellung, die; -, -en روشنایی

erhitzen *Vt., Vr.* ۱. گرم کردن، داغ کردن ۲. تحریک کردن ۳. خشمگین شدن

Erhitzung, die; -, -en حرارت

erhoffbar *Adj.* امید داشتنی، آرزو کردنی

erhoffen *Vt.* امید (چیزی) را داشتن، آرزو کردن، انتظار (چیزی) را کشیدن

erhöhen *Vt., Vr.* ۱. زیاد کردن، افزودن، توسعه دادن، ارتقا دادن ۲. بلند کردن، بالا بردن ۳. افزایش یافتن (قیمت)

die Note um einen Halbton erhöhen

نُت را نیم پرده بالا بردن

Erhöhung, die; -, -en ۱. افزایش، توسعه، ازدیاد ۲. ارتفاع، بلندی

Erhöhungszeichen, das; -s, - (موسیقی) علامت دیز

erholen *Vr.* ۱. استراحت کردن، رفع خستگی کردن، تمدید اعصاب کردن ۲. بهبود یافتن ۳. درخواست کردن

sich bei jemandem **Rat erholen**

از کسی درخواست نصیحت کردن

erholsam *Adj.* شفابخش، آرام‌بخش، نیروبخش

Erholung, die; -, -en استراحت، بهبودی، تمدید اعصاب، رفع خستگی

erholungsbedürftig *Adj.* نیازمند به استراحت

Erholungsgebiet, das; -(e)s, -e گردشگاه

Erholungsheim, das; -(e)s, -e آسایشگاه

Erholungsort, der/das; -(e)s, -e تفرجگاه، گردشگاه

Erholungspause, die; -, -n استراحت برای تجدید قوا

Erholungsreise, die; -, -n سفر تفریحی

Erholungsstätte, die; -, -n استراحتگاه

erholungsuchend *Adj.* جویای استراحت

Erholungsurlaub, der; -(e)s, -e مرخصی برای تجدید قوا

erhören *Vt.* ۱. گوش کردن، شنیدن ۲. قبول کردن، با (کسی / چیزی) موافقت کردن

Erhörung, die; -, -en قبول، اجابت، پذیرش

erinnern *Vt., Vr.* ۱. به یاد (کسی) انداختن، به (کسی) یادآوری کردن ۲. به یاد آوردن، به خاطر آوردن، به یاد داشتن

sich an etwas **erinnern** چیزی را به خاطر آوردن

Ich erinnere mich, daß... یادم می‌آید که...

Erinnerung, die; -, -en خاطره، یاد، یادبود، یادگاری

zur Erinnerung به‌یادِ، به‌یادبودِ

Erinnerungen aus meinem Leben

خاطرات زندگی من

Erinnerungsbild, das; -es, -er عکس یادگاری

Erinnerungsbriefmarke 278

Erinnerungsbriefmarke, die; -, -n تمبر یادگاری
Erinnerungsfehler, der; -s, - اشتباه حافظه
Erinnerungsfeier, die; -, -n مجلس یادبود
Erinnerungsstück, das; -(e)s, -e یادگاری
Erinnerungsvermögen, das; -s, - قوهٔ حافظه
erjagen *Vt.* ۱. (بعد از تعقیب) شکار کردن، صید کردن ۲. با پی‌جویی به دست آوردن
erkalten *Vi.* سرد شدن، خنک شدن
Erkalten, das; -s سردی، برودت
erkälten *Vr.* سرما خوردن، چاییدن
  sich erkälten سرما خوردن
  Ich bin erkältet. من سرما خورده‌ام.
Erkältung, die; -, -en سرماخوردگی، چایمان
  akute Erkältung سرماخوردگی مزمن
erkämpfen *Vt.* با مبارزه به دست آوردن، با زحمت تهیه کردن
erkaufen *Vt.* ۱. خریدن، ابتیاع کردن ۲. ذخیره کردن
erkennbar *Adj.* شناختنی، قابل تشخیص
Erkennbarkeit, die; - شناخت
erkennen *Vt.* ۱. شناختن، تشخیص دادن، درک کردن، شناسایی کردن ۲. به (چیزی) پی بردن، بازشناختن
  Das Gericht erkannte auf drei Jahre Gefängnis. دادگاه به سه سال زندان رأی داد.
Erkennen, das; -s شناخت، شناسایی
erkenntlich *Adj.* سپاسگزار، ممنون، متشکر، حق‌شناس
Erkenntlichkeit, die; -, -en سپاسگزاری، قدردانی، حق‌شناسی
Erkenntnis, die; -, -se شناسایی، شناخت، ادراک، (قوه) تشخیص
Erkenntnislehre, die; -, -n نظریهٔ شناخت
Erkenntnisschau, die; -, -en (علم) عرفان
Erkenntnistheorie, die; -, -n نظریهٔ شناخت
Erkenntnisvermögen, das; -s, - نیروی شناخت، قوهٔ تشخیص
Erkennung, die; -, -en تشخیص، شناخت، شناسایی
Erkennungsdienst, der; -es, -e ادارهٔ تشخیص هویت
Erkennungsmarke, die; -, -n علامت شناسایی
Erkennungswort, das; -(e)s, -e اسم رمز، اسم شب
Erkennungszeichen, das; -s, - علامت مشخصه، نشانهٔ شناسایی
Erker, der; -s, - (نوعی) بالکن سقف‌دار، (اتاق) شاه‌نشین؛ پنجرهٔ جلو آمده

erklärbar *Adj.* قابل توضیح، قابل تفسیر
erklären *Vt., Vr.* ۱. توضیح دادن، شرح دادن، بیان کردن، معنی کردن ۲. موافقت کردن ۳. رسماً اعلام داشتن ۴. ناشی شدن ۵. تقاضای ازدواج کردن
  dem Feinde den Krieg erklären به دشمن اعلان جنگ دادن
erklärlich *Adj.* قابل توضیح، قابل تفسیر، روشن
Erklärung, die; -, -en ۱. توضیح، شرح، بیان، تعبیر، تفسیر ۲. بیانیه، اعلامیه
  eine Erklärung abgeben توضیح دادن
erklecklich *Adj.* هنگفت، گزاف
erklettern *Vt.* از (چیزی) بالا رفتن، از (چیزی) صعود کردن
erklimmbar *Adj.* قابل صعود
erklimmen *Vt.* از (چیزی) بالا رفتن، از (چیزی) صعود کردن
erklingen *Vi.* به صدا درآمدن، طنین انداختن
erkranken *Vi.* بیمار شدن، ناخوش شدن، مریض شدن
Erkrankung, die; -, -en ناخوشی، بیماری، مرض
erkühnen *Vr.* جرأت کردن، جسارت داشتن
erkunden *Vt.* در مورد (چیزی) پژوهش کردن، در مورد (چیزی) کاوش کردن
erkundigen *Vr.* جویا شدن، استفسار کردن، سراغ گرفتن، پرسیدن
  sich bei jemandem **erkundigen** راجع به کسی کسب اطلاع کردن
Erkundigung, die; -, -en تحقیق، استفسار، پرسش
Erkundigungsflug, der; -(e)s, ⸚e پرواز تجسسی
Erkundigungstrupp, der; -s, -s جوخهٔ اکتشافی، پیش‌قراول
Erkundung, die; -, -en پژوهش، کاوش
erkünsteln *Vt.* مصنوعی ساختن، تصنعی ابداع کردن
Erkünstelung, die; - مصنوعی‌سازی، ابداع تصنعی
erküren *Vt.* برگزیدن، انتخاب کردن
erlahmen *Vi.* خسته شدن، سست شدن، شل شدن
erlangbar *Adj.* به دست آوردنی، کسب کردنی
erlangen *Vt.* به‌دست آوردن، گرفتن، کسب کردن، پیدا کردن
  die Freiheit erlangen آزادی به دست آوردن
  die Herrschaft erlangen تسلط یافتن
Erlangen, das; -s وصول، اخذ، کسب، دریافت
Erlangung, die; - وصول، اخذ، کسب، دریافت
Erlaß, der; -lasses, -lasse حکم، امر، فرمان؛ تصویب‌نامه؛ بخشیدگی

279 **ermahnen**

erlassen *Vt.* ۱. دستور (چیزی) را صادر کردن، امر کردن، مقرر کردن، وضع کردن (قانون) ۲. معاف کردن، آزاد کردن، تعهد (کسی) را لغو کردن، تعهد (کسی) را فسخ کردن

die Schuld erlassen بدهی را بخشیدن

eine Anweisung erlassen دستوری صادر کردن

erläßlich *Adj.* بخشودنی، صرف‌نظر کردنی

erlauben *Vt., Vr.* ۱. به (کسی) اجازه دادن، به (کسی) رخصت دادن، به (کسی) فرصت دادن ۲. به (خود) اجازه دادن

Das kann ich mir nicht erlauben. از این اجازه‌ها به خودم نمی‌دهم.

Ich erlaube mir Ihnen Höflichst mitzuteilen, daß... محترماً خاطر شریف را مستحضر می‌دارد که ...

Erlaubnis, die; -, -se اجازه، رخصت، جواز

um die Erlaubnis bitten اجازه خواستن

Erlaubnisschein, der; -(e)s, -e اجازه‌نامه، پروانه، جواز

erlaubnisweise *Adv.* از راه مجاز

erlaubt *Adj.* مجاز

erlauschen *Vt.* استراق سمع کردن

erläutern *Vt.* توضیح دادن، شرح دادن، تفسیر کردن

Erläuterung, die; -, -en توضیح، تشریح، تفسیر

Erle, die; -, -n درخت توسه، درخت توسکا

erleben *Vt.* ۱. تجربه کردن، آزمایش کردن، احساس کردن ۲. مشاهده کردن، دیدن

eine Enttäuschung erleben مأیوس و ناامید شدن

Du kannst was erleben. هر چه دیدی از چشم خودت دیدی.

Erleben, das; -s ۱. تجربه، آزمایش ۲. مشاهده

Erlebnis, das; -nisses, -nisse حادثه، واقعه، ماجرا، پیشامد

Erlebnisbericht, der; -(e)s, -e گزارش وقایع

erlebnishungrig *Adj.* حادثه‌جو

erlebnisnah *Adj.* مقرون به درک

erlebnisreich *Adj.* پرحادثه

erledigen *Vt.* ۱. انجام دادن، اجرا کردن، تمام کردن ۲. بر (کسی) غلبه کردن

Würden Sie das für mich erledigen? آیا این کار را برای من خواهید کرد؟

jemanden **erledigen** کسی را کشتن

erledigt *Adj.* خسته، کوفته، از نفس افتاده

Erledigung, die; -, -en انجام، اجرا، اتمام، خاتمه، فیصله

erlegen *Vt.* ۱. شکار کردن، کشتن (حیوان) ۲. پرداختن

Erlegung, die; -, -en صید، شکار

erleichtern *Vt., Vr.* ۱. سبک کردن، سهل کردن، آسان کردن، باری از دوش (کسی) برداشتن ۲. درد دل کردن و سبک شدن

erleichtert *Adj.* (از فشار روحی) سبک شده، راحت شده

Erleichterung, die; -, -en تسهیل، سهولت، تسکین

erleiden *Vt., Vi.* تحمل کردن، متحمل شدن

einen Verlust erleiden زیان دیدن

eine Niederlage erleiden شکست خوردن

Erlenbusch, der; -es, ⸚e جنگل توسکا، جنگل توسه

erlernbar *Adj.* فراگرفتنی، آموختنی

erlernen *Vt.* یاد گرفتن، آموختن، فراگرفتن

Erlernung, die; -, -en آموزش، فراگیری

erlesen[1] *Vt.* برگزیدن، انتخاب کردن، گلچین کردن

erlesen[2] *Adj.* گلچین، برگزیده، منتخب

Erlesenheit, die; - برگزیدگی، برتری

erleuchten *Vt.* روشن کردن، به (چیزی) روشنایی دادن

Langsam erleuchtete sich die Stadt. شهر کم‌کم روشن شد.

erleuchtend *Adj.* نورانی، درخشنده

Erleuchter, der; -s, - روشن‌کننده

Erleuchtung, die; -, -en تابش، درخشش، روشنایی

erliegen *Vi.* ۱. مغلوب شدن، شکست خوردن، تسلیم شدن ۲. تلف شدن

erlisten *Vt.* حقه زدن، فریب دادن؛ با حقه به‌دست آوردن

Erlös, der; -es, -e درآمد، دخل، حاصل فروش

erlöschen *Vi.* ۱. خاموش شدن، محو شدن ۲. لغو شدن، باطل شدن

Erlöschen, das; -s ۱. خاموشی ۲. لغو، ابطال

erlösen *Vt.* ۱. آزاد کردن، رها کردن، خلاص کردن ۲. (به وسیلهٔ فروش) کسب کردن، به دست آوردن

Erlöser, der; -s, - رهاننده، ناجی، آزادکننده

Erlösung, die; -, -en رهایی، نجات

erlügen *Vt.* سرهم کردن، به هم بافتن

erlustigen *Vi.* شادی کردن، تفریح کردن

ermächtigen *Vt.* به (کسی) اختیار دادن؛ به (کسی) وکالت دادن؛ به (کسی) مأموریت دادن؛ به (کسی) اجازه دادن

Ermächtigung, die; -, -en اختیار؛ مأموریت، اجازه؛ وکالت

ermahnen *Vt.* به (کسی) هشدار دادن، به (کسی) اخطار کردن، به (کسی) تذکر دادن

Ermahner, der; -s, - هشداردهنده
Ermahnung, die; -, -en اخطار، هشدار، تذکر
ermangeln *Vi.* کم‌داشتن، عاری بودن، نداشتن، فاقد (چیزی) بودن
Ermang(e)lung, die; -, -en فقدان، کمبود
ermannen *Vr.* ۱. کوشش کردن ۲. جرأت کردن
ermäßigen *Vt.* کمتر کردن، از (چیزی) کاستن، تقلیل دادن، تخفیف دادن (قیمت)
Ermäßigung, die; -, -en کاهش، تنزل، تقلیل، تخفیف (قیمت)
ermatten *Vt., Vi.* ۱. سست کردن، خسته کردن، به ستوه آوردن ۲. خسته شدن، سست شدن
Ermattung, die; -, -en خستگی، ضعف، ناتوانی
ermeßbar *Adj.* قابل سنجش
ermessen *Vt.* ۱. قضاوت کردن ۲. سنجیدن ۳. تخمین زدن، ارزیابی کردن ۴. درک کردن، به (چیزی) پی بردن
Ermessen, das; -s ۱. قضاوت ۲. سنجش ۳. تخمین، ارزیابی ۴. درک
ermitteln *Vt., Vi.* ۱. در مورد (چیزی) تحقیق کردن، به (چیزی) رسیدگی کردن ۲. درک کردن، فهمیدن
Ermittler, der; -s, - ۱. تحقیق‌کننده، بازپرس ۲. ارزیاب
Ermitt(e)lung, die; -, -en ۱. تحقیق، رسیدگی، بازپرسی ۲. درک، فهم
Ermittlungsausschuß, der; -schusses, -schüsse کمیتهٔ تحقیق
Ermittlungsrichter, der; -s, - قاضی تحقیق، بازجو، بازپرس
Ermittlungsverfahren, das; -s, - جریان بازجویی
ermöglichen *Vt.* ممکن ساختن، میسر ساختن
Ermöglichung, die; -, -en امکان
ermorden *Vt.* کشتن، به قتل رساندن
Ermordete, der/die; -n, -n مقتول
Ermordung, die; -, -en قتل، آدم‌کشی
ermüden *Vi., Vt.* ۱. خسته شدن، سست شدن ۲. خسته کردن، کسل کردن
jemanden **durch vielen Fragen ermüden** کسی را با پرسش‌های مکرر خسته کردن
ermüdend *Adj.* خسته کننده، ملال‌آور
Ermüdung, die; -, -en خستگی، سستی، ضعف، کسالت
ermuntern *Vt., Vr.* ۱. شاد کردن، سرحال آوردن، روح بخشیدن ۲. شاد شدن، سرحال آمدن
ermunternd *Adj.* روح‌انگیز، جان‌پرور
Ermunterung, die; -, -en روح‌بخشی، سرزندگی

ermutigen *Vt.* به (کسی) جرأت دادن، به (کسی) جسارت دادن؛ تشویق کردن، دلگرم کردن
jemanden **zu einer Tat ermutigen** کسی را به انجام کاری تشویق کردن
Ermutigung, die; -, -en تشویق، دلگرمی؛ تشجیع
ernähren *Vt., Vr.* ۱. غذا دادن، نان دادن، معاش (کسی) را تأمین کردن ۲. نان در آوردن، تأمین معاش کردن
Ernährer, der; -s, - نان‌آور، سرپرست (خانواده)
Ernährung, die; -, -en تغذیه، قوت و غذا؛ گذران زندگی، اعاشه
Ernährungsminister, der; -s, - وزیر خواربار
ernennen *Vt.* ۱. نامیدن ۲. تعیین کردن، منصوب کردن، گماشتن
Ernennung, die; -, -en ۱. نام‌گذاری ۲. انتصاب
erneuen *Vt., Vr.* ۱. نو کردن، تجدید کردن، تعمیر کردن، از نو ساختن ۲. نو شدن
Erneuerer, der; -s, - نوآور، نوآفرین
erneuern *Vt., Vr.* ۱. نو کردن، تجدید کردن، تعمیر کردن، از نو ساختن ۲. نو شدن
Erneuerung, die; -, -en نوسازی، تجدید، ترمیم
Erneuerungsbewegung, die; -, -en جنبش تجدد، جنبش نوآوری
erneut *Adj.* از نو، دوباره، مجدداً
erniedrigen *Vt., Vr.* ۱. تحقیر کردن، پست کردن، پایین آوردن ۲. بم کردن (صدا) ۳. (خود) را حقیر شمردن
die Note um einen Halbton erniedrigen نُت را نیم پرده پایین آوردن
erniedrigend *Adj.* تحقیرآمیز، موهن
Erniedrigung, die; -, -en ۱. تحقیر، اهانت، خفت ۲. بم کردن (صدا)
Erniedrigungszeichen, das; -s, - (موسیقی) علامت بمل
ernst *Adj.* ۱. موقر، جدی ۲. مهم ۳. شدید، سخت، خطرناک، وخیم
Ich meine es ernst! جدی می‌گویم!
jemanden **ernst nehmen** برای کسی ارزش قائل بودن
Ernst, der; -es ۱. وقار، ابهت، جدیت ۲. اهمیت ۳. وخامت
mit etwas **Ernst machen** کاری را با جدیت انجام دادن
Meinen Sie das im Ernst? جدی می‌فرمایید؟
Ernstfall, der; -(e)s, ⸚e موقعیت وخیم، شرایط خطرناک
ernsthaft *Adj.* ۱. جدی، متین، موقر ۲. مهم ۳. وخیم
Ernsthaftigkeit, die; -, -en متانت، وقار، جدیت

281 **Erregung**

ernstlich *Adj., Adv.* ۱. جدی؛ واقعی ۲. جداً، شدیداً، به طور جدی
Ernte, die; -, -n خرمن، محصول، حاصل، برداشت
eine gute Kartoffelernte محصول خوب سیب‌زمینی
Ernteanteil, der; -s, -e سهم رعیت
Erntearbeit, die; -, -en درو، خرمن‌برداری، خرمن‌کاری
Erntearbeiter, der; -s, - دروگر
Erntedankfest, das; -(e)s, -e جشن شکرگزاری، جشن خرمن برداری
Erntefest, das; -(e)s, -e جشن خرمن‌کوبی
ernten *Vt.* ۱. درو کردن، خرمن کردن، حاصل (چیزی) را برداشتن ۲. گرفتن، به دست آوردن، نتیجهٔ کار (خود) را برداشت کردن
Anerkennung ernten مورد تحسین قرارگرفتن
Erntezeit, die; -, -en وقت درو
ernüchtern *Vt., Vr.* ۱. از مستی در آوردن ۲. از مستی در آمدن، به هوش آمدن
Ernüchterung, die; -, -en رفع مستی، هشیاری
Eroberer, der; -s, - فاتح، پیروز، گشاینده
erobern *Vt.* فتح کردن، تسخیر کردن، تصرف کردن
Eroberung, die; -, -en فتح، تسخیر، تصرف
Eroberungskrieg, der; -(e)s, -e جنگ برای کشورگشایی
eröffnen *Vt.* ۱. گشودن، افتتاح کردن (مراسم) ۲. باز کردن (حساب) ۳. شروع کردن، آغاز کردن ۴. اطلاع دادن، اعلان کردن، مطرح کردن
ein Konto bei der Bank eröffnen حسابی در بانک باز کردن
die Sitzung eröffnen جلسه‌ای را افتتاح کردن
seine Meinung eröffnen نظر خود را مطرح کردن
Eröffnung, die; -, -en ۱. افتتاح، گشایش ۲. شروع
Eröffnungsansprache, die; -, -n نطق افتتاحیه
Eröffnungsfeier, die; -, -n آئین گشایش، جشن افتتاحیه
Eröffnungsfest, das; -(e)s, -e آئین گشایش، جشن افتتاحیه
Eröffnungsrede, die; -, -n نطق افتتاحیه
Eröffnungssitzung, die; -, -en جلسهٔ افتتاحیه
Eröffnungswort, das; -(e)s, -e نطق افتتاحیه
erogen *Adj.* محرک تمایلات جنسی
erörtern *Vt.* در مورد (چیزی) مذاکره کردن، در مورد (چیزی) مباحثه کردن، در مورد (چیزی) بحث کردن، مطرح کردن
Erörterung, die; -, -en مذاکره، مباحثه، بحث
Erosion, die; -, -en ۱. فرسایش زمین (بر اثر عوامل جوی) ۲. خراش سطح پوست
Erotik, die; - عشق‌ورزی؛ تمایلات جنسی
erotisch *Adj.* عشقی، عاشقانهٔ شهوی، شهوانی
Erpel, der; -s, - اردک نر، مرغابی نر
erpicht *Adj.* حریص، مشتاق، آرزومند
erpressen *Vt.* به زور گرفتن، با تهدید به‌دست آوردن، از (کسی) اخاذی کردن
Er wollte mich erpressen.
می‌خواست از من حق و حساب بگیرد.
Erpresser, der; -s, - کلاش، اخاذ، باج سبیل بگیر
Erpresserbrief, der; -(e)s, -e نامهٔ تهدیدآمیز
erpresserisch *Adj.* تهدیدآمیز
Erpressung, die; -, -en اخاذی، کلاشی، تهدید
Erpressungsbrief, der; -(e)s, -e نامهٔ تهدیدآمیز
Erpressungsgeld, das; -(e)s, -er پول زور، باج سبیل
Erpressungssumme, die; -, -n وجه مورد اخاذی
Erpressungsversuch, der; -(e)s, -e قصد اخاذی
erproben *Vt.* امتحان کردن، آزمایش کردن، آزمودن، سنجیدن
erprobt *Adj.* آزموده، مجرب
Erprobung, die; -, -en امتحان، آزمایش، آزمون، سنجش
erquicken *Vt.* سر حال آوردن، از (کسی) رفع خستگی کردن؛ تر و تازه کردن
erquickend *Adj.* فرح‌بخش
erquicklich *Adj.* تر و تازه
Erquickung, die; -, -en رفع خستگی، تجدید نیرو
erraten *Vt.* ۱. حدس زدن ۲. کشف کردن؛ حل کردن (معما)
errechenbar *Adj.* قابل محاسبه
errechnen *Vt.* محاسبه کردن، برآورد کردن، حساب کردن
erregbar *Adj.* تحریک‌پذیر، حساس؛ تندخو
erregen *Vt.* تحریک کردن، به هیجان آوردن، برانگیختن
Aufmerksamkeit erregen جلب توجه کردن
erregend *Adj.* محرک، مهیج، هیجان‌آمیز، شهوت‌انگیز
Erreger, der; -s, - محرک، مولد، عامل (بیماری)
erregt *Adj.* تحریک شده
Erregtheit, die; - اضطراب‌خاطر، شوریدگی
Erregung, die; -, -en تحریک، تهییج، هیجان، برآشفتگی

Erregungsmittel 282

Erregungsmittel, das; -s, - داروی محرک

erreichbar *Adj.* قابل وصول، به دست آوردنی، رسیدنی

erreichen *Vt.* ۱. رسیدن، دست یافتن، نائل شدن، دسترسی پیدا کردن ۲. احراز کردن

den Zug erreichen به قطار رسیدن

telephonisch erreichen تلفنی دسترسی پیدا کردن

das Ziel erreichen به هدف رسیدن

Erreichung, die; -, -en ۱. دریافت، حصول ۲. احراز

erretten *Vt.* نجات دادن، رهانیدن، خلاص کردن

jemanden **vom Tode erretten** کسی را از مرگ نجات دادن

Erretter, der; -s, - ناجی، نجات‌دهنده، رهاننده

Errettung, die; -, -en رهایی، نجات، خلاصی

errichten *Vt.* بنا کردن، تأسیس کردن، نصب کردن، کار گذاشتن، ساختن

Errichtung, die; -, -en نصب، تأسیس، تشکیل، ایجاد

erriechen *Vt.* به وسیلهٔ بو کردن (چیزی) را یافتن

erringen *Vt.* با تلاش به دست آوردن

einen Erfolg erringen موفقیت به دست آوردن

erröten *Vi.* سرخ شدن، برافروختن

vor Scham erröten از خجالت سرخ شدن

Erröten, das; -s سرخی شرم

Errungenschaft, die; -, -en دستاورد، حاصل، نتیجه

Ersatz, der; -es ۱. تلافی، تاوان، جبران ۲. جانشین، عوض، بدل ۳. ذخیره، یدک

für etwas **Ersatz leisten** غرامت چیزی را دادن

Ersatzanspruch, der; -(e)s, ⸚e حق غرامت

Ersatzdienst, der; -es, -e خدمت غیر نظامی

Ersatzgold, das; -(e)s طلای بدلی

Ersatzkasse, die; -, -n شرکت بیمهٔ کارمندان

Ersatzklage, die; -, -n تاوان‌خواهی

ersatzlos *Adj.* بدون عوض، بی‌جانشین

Ersatzmann, der; -(e)s, ⸚er عضو علی‌البدل، عضو جانشین

Ersatzpferd, das; -(e)s, -e اسب یدکی

Ersatzpflicht, die; -, -en وظیفهٔ جبران زیان

ersatzpflichtig *Adj.* ملزم به جبران

Ersatzrad, das; -(e)s, ⸚er چرخ یدکی، زاپاس

Ersatzreifen, der; -s, - تایر یدکی (اتومبیل)، زاپاس

Ersatzschlauch, der; -(e)s, -schläuche لاستیک یدکی

Ersatzspieler, der; -s, - بازیکن ذخیره

Ersatzstück, das; -(e)s, -e قطعهٔ یدکی

Ersatzteil, das / der; -(e)s, -e قطعهٔ یدکی

Ersatzwagen, der; -s, - واگن یدکی

Ersatzzahn, der; -(e)s, ⸚e دندان مصنوعی

ersaufen *Vi.* ۱. غرق شدن ۲. (از آب) پر شدن

ersäufen *Vt.* غرق کردن

erschaffen *Vt.* آفریدن، خلق کردن، به وجود آوردن

Erschaffer, der; -s, - خالق، آفریدگار

Erschaffung, die; -, -en خلق، آفرینش، ابداع

erschallen *Vi.* به صدا درآمدن، به گوش رسیدن، طنین انداختن

erschaudern *Vi.* به لرزه در آمدن، مرتعش شدن، تکان خوردن

erschauen *Vt.* نگریستن، رؤیت کردن

Erschauern, das; -s لرزش، ارتعاش، تکان

erscheinen *Vi.* ۱. ظاهر شدن، آشکار شدن، هویدا شدن ۲. به نظر آمدن ۳. منتشر شدن، انتشار یافتن

Die Zeitschrift erscheint wöchentlich. مجله هر هفته منتشر می‌شود.

Erscheinen, das; -s ۱. ظهور، پیدایش، حضور ۲. پدیده؛ رویا؛ شبح

Erscheinung, die; -, -en ۱. ظهور، پیدایش، حضور ۲. پدیده؛ رویا؛ شبح

in Erscheinung treten ظاهر شدن، ظهور کردن

Erscheinungsbild, das; -es, -er صورت ظاهر

Erscheinungsform, die; -, -en نحوهٔ پیدایش

Erscheinungsjahr, das; -(e)s, -e سال انتشار

erschießen *Vt.* تیرباران کردن

Ich bin völlig erschoßen. من حسابی خسته‌ام.

Erschießung, die; -, -en تیرباران

Erschießungskommando, das; -s, -s جوخهٔ تیرباران

erschlaffen *Vi., Vt.* ۱. سست شدن، شل شدن، منبسط شدن (عضله) ۲. شل کردن، منبسط کردن

Erschlaffung, die; -, -en ۱. خستگی، رخوت، سستی ۲. انبساط

erschlagen[1] *Vt.* زدن و کشتن، به قتل رساندن

erschlagen[2] *Adj.* خسته و کوفته

Ich fühle mich total erschlagen. به کلی خسته و کوفته‌ام.

erschleichen *Vt.* با حیله به دست آوردن

Erschleichung, die; -, -en حیله‌گری

erschließen *Vt.* ۱. گشودن، باز کردن (راه) ۲. آباد کردن، مهیا کردن، قابل استفاده کردن (زمین)

das Land wirtschaftlich erschließen اقتصاد مملکت را به راه انداختن

Erschließung, die; -, -en	آبادانی، عمران
erschöpfen Vt.	۱. خسته کردن، مستأصل کردن ۲. استفاده کردن، (تا آخر) مصرف کردن
Mein Geduld ist erschöpft.	طاقتم طاق شده است.
erschöpfend Adj.	خسته کننده، طاقت‌فرسا
erschöpft Adj.	خسته و کوفته، هلاک، از حال رفته
Erschöpfung, die; -, -en	خستگی، فرسودگی، کوفتگی
erschrak P.	صیغهٔ فعل گذشتهٔ مطلق از مصدر erschrecken
erschrecken Vt., Vi.	۱. ترساندن، متوحش ساختن ۲. ترسیدن، وحشت کردن
Erschrecken, das; -s	وحشت، ترس
erschreckend Adj.	ترسناک، وحشت‌انگیز
erschrocken Adj.	وحشت‌زده
erschüttern Vt.	۱. به لرزه در آوردن، لرزاندن، تکان دادن ۲. به هیجان در آوردن، منقلب ساختن، تحت تأثیر قرار دادن
erschütternd Adj.	تکان‌دهنده، جانسوز
Erschütterung, die; -, -en	۱. تکان، لرزه ۲. هیجان، هول، شوکّ روحی
erschweren Vt.	سخت کردن، مشکل کردن
erschwerend Adj.	مشکل‌کننده
Erschwernis, die; -, -se	مشکل، مضیقه، مانع
Erschwerung, die; -	تشدید، تضییق
erschwindeln Vt.	با کلاهبرداری به دست آوردن
erschwingen Vt.	به دست آوردن، تهیه کردن، فراهم کردن
erschwinglich Adj.	فراهم کردنی، مناسب
ersehen Vt.	۱. متوجه شدن، فهمیدن، دریافتن ۲. برداشت کردن
ersehnen Vt.	اشتیاق (چیزی) را داشتن، آرزوی (چیزی) را کردن
ersetzbar Adj.	۱. جانشین‌پذیر ۲. قابل معاوضه
ersetzen Vt.	۱. جایگزین کردن، جانشین کردن ۲. جبران کردن (خسارت) ۳. (به جای شخص دیگر) گماردن
ersetzlich Adj.	۱. قابل جانشینی ۲. قابل تعویض
Ersetzung, die; -, -en	۱. جانشینی، نیابت ۲. جبران، تلافی، تعویض
ersichtlich Adj.	دیدنی، آشکار، نمایان، پیدا
ersinnen Vt.	فکر کردن، تدبیر کردن، چاره‌جویی کردن، اندیشیدن
Ersinnung, die; -	تدبیر، چاره‌جویی
ersitzen Vt.	(با گذشت زمان) مالک (چیزی) شدن
Ersitzung, die; -, -en	حق تصرف (با گذشت زمان)
erspähen Vt.	مترصد (چیزی) بودن، کمین (چیزی) را کردن، متوجه (چیزی) بودن
ersparen Vt.	۱. اندوختن، پس‌انداز کردن، ذخیره کردن ۲. از (چیزی) صرف‌نظر کردن؛ دریغ کردن
Ersparnis, die; -, -nisse	اندوخته، پس‌انداز، صرفه‌جویی
Ersparung, die; -, -en	پس‌انداز، اندوخته، صرفه‌جویی
erprießlich Adj.	مفید، سودمند
erst Adv.	اول، ابتدا، قبل از هر چیز، به تازگی، نخست، فقط
Er ist erst 4 Jahre alt.	تازه چهار سال دارد.
erst wenn	تازه وقتی که
erst gestern	تازه دیروز (بود که)
erst ... dann	اول ... بعد
erst- Adj.	اولین، نخستین
der erste des Monats	روز اول ماه
in erste Linie	در وهلهٔ اول
zum ersten Mal	برای اولین‌بار
erstarken Vi.	نیرومند شدن، قوت گرفتن
Erstarken, das; -s	تجدیدقوا، قوت
erstarren Vi.	سخت شدن، خشک شدن، سفت شدن؛ منجمد شدن
Erstarrung, die; -, -en	سختی، خشک‌شدگی، سفتی؛ انجماد
erstatten Vt.	۱. پس دادن، تأدیه کردن، اعاده دادن (پول) ۲. گزارش (چیزی) را دادن
Anzeige gegen jemanden erstatten	علیه کسی شکایت کردن
Erstattung, die; -, -en	۱. پرداخت؛ استرداد؛ کارسازی ۲. گزارش
erstaufführen Vt.	برای اولین بار اجرا کردن (در نمایش)
Erstaufführung, die; -, -en	اولین اجرا
Erstauflage, die; -, -n	چاپ اول؛ نمونهٔ چاپی اول
Ersttauftreten, das; -s, -	(در نمایش) اولین هنرنمایی در صحنه
erstaunen Vt., Vi., Vr.	۱. متعجب ساختن ۲. حیران بودن، درشگفت بودن ۳. تعجب کردن، درشگفت شدن، حیرت کردن
Erstaunen, das; -s	تعجب، حیرت، شگفتی، بهت
Das setzt mich in Erstaunen.	این (موضوع) مرا به تعجب وامی‌دارد.
erstaunlich Adj.	تعجب‌آور، حیرت‌انگیز، شگفت‌آور، عجیب

erstaunlicherweise 284

erstaunlicherweise *Adv.* متعجبانه، متحیرانه
erstaunt *Adj.* متعجب، متحیر، شگفت‌زده
Erstausgabe, die; -n, -n انتشار اول، چاپ اول
Erstbesteigung, die; -, -en اولین صعود
Erstdruck, der; -(e)s, -e/-̈e چاپ اول؛ نمونهٔ چاپی اول
erstechen *Vt.* کشتن، (با چاقو) به قتل رساندن
erstehen *Vi., Vt.* ۱. زنده شدن، احیا شدن ۲. خریدن، به دست آوردن
ersteigbar *Adj.* قابل صعود، بالا رفتنی
ersteigen *Vt.* از (جایی) بالا رفتن، از (جایی) صعود کردن
ersteigern *Vt.* در حراج به دست آوردن
Ersteigung, die; -, -en صعود
erstellen *Vt.* ۱. ساختن، تهیه کردن ۲. بنا کردن
Erstellung, die; - تهیه؛ بنا، ساخت
erstens *Adv.* اولاً، در درجهٔ اول
ersterben *Vi.* جان کندن، تلف شدن، مردن
Erstere, der/die/das; -n, -n نفر اول
erstgeboren *Adj.* [فرزند] ارشد، نخست‌زاده؛ [نوزاد] اول
Erstgeburt, die; -, -en نخست‌زادگی؛ اولویت
Erstgeburtsrecht, das; -(e)s, -e حق اولویت
ersticken *Vi., Vt.* ۱. خفه شدن ۲. خفه کردن ۳. سرکوب کردن ۴. خاموش کردن
im Keime ersticken در نطفه خفه کردن
erstickend *Adj.* خفه کننده
Erstickung, die; -, -en خفگی
Erstickungsgas, das; -es, -e گاز خفه کننده
Erstickungsgefahr, die; -, -en خطر خفگی
Erstinstanz, die; -, -en محکمهٔ بدوی، مرحلهٔ اول محاکمه
erstklassig *Adj.* درجه یک، طراز اول، عالی
Erstklassigkeit, die; - اولویت
Erstkläßler, der; -s, - شاگرد کلاس اول دبستان
erstlich *Adv.* اولاً، در درجهٔ اول
Erstling, der; -s, -e نخست‌زاده، اولین فرزند
Erstlingsarbeit, die; -, -en کار مبتدی
Erstlingsrede, die; -, -n اولین سخنرانی
Erstlingswäsche, die; -, -n پوشاک نوزاد
erstmalig *Adj.* اولین بار
erstmals *Adv.* اول، در ابتدا، پیش از همه، برای اولین بار
erstrahlen *Vi.* درخشیدن، تابیدن
erstrangig *Adj.* ۱. درجه یک ۲. بسیار مهم
Erstrangigkeit, die; - اولویت
erstreben *Vt.* تلاش کردن، کوشیدن
erstrebenswert *Adj.* مطلوب، خواستنی
erstrecken *Vr.* ۱. امتداد داشتن؛ وسعت پیدا کردن، گسترش یافتن ۲. طول کشیدن ۳. تمدید کردن
Erstreckung, die; -, -en ۱. امتداد؛ گسترش، وسعت ۲. تمدید
Erstschlag, der; -(e)s, -̈e اولین ضربه
erstürmen *Vt.* به (جایی) حمله کردن، به (جایی) شبیخون زدن
Erstürmung, die; -, -en حمله، شبیخون
Erstveröffentlichung, die; -, -en اولین انتشار
ersuchen *Vt.* درخواست کردن، (رسماً) تقاضای (چیزی) کردن
Ersuchen, das; -s, - درخواست (رسمی)، تقاضا، تقاضای رسمی
ertappen *Vt.* غافلگیر کردن
jemanden **auf frischer Tat ertappen** کسی را سر بزنگاه غافلگیر کردن
ertasten *Vt.* (با لمس کردن) جستجو کردن
ertauben *Vi.* کر شدن
erteilen *Vt.* دادن، بخشیدن، اعطا کردن
einen Befehl erteilen فرمان دادن
Erteilung, die; -, -en بخشش، اعطا
ertönen *Vi.* طنین انداختن، به صدا در آمدن، به گوش رسیدن
ertöten *Vt.* در (خود) کشتن (احساسات)، (خود) را زجر دادن
Ertötung, die; -, -en کف نفس؛ زجر
Ertrag, der; -(e)s, -̈e ۱. عایدی، درآمد ۲. محصول، نتیجه، سود، فایده
ertragarm *Adj.* کم‌حاصل
ertragen *Vt.* تحمل کردن، حوصلهٔ (چیزی) را داشتن
Ertragen, das; -s تحمل، طاقت، بردباری، شکیبایی
ertragfähig *Adj.* سودآور، حاصل‌خیز
Ertragfähigkeit, die; -, -en حاصل‌خیزی
erträglich *Adj.* قابل تحمل، تحمل‌پذیر
ertraglos *Adj.* بی‌نتیجه، بی‌حاصل
Ertraglosigkeit, die; - بی‌حاصلی
ertragreich *Adj.* ۱. پُرحاصل ۲. پُرفایده، پُردرآمد
ertränken *Vt., Vr.* ۱. غرق کردن ۲. (خود) را غرق کردن
erträumen *Vt.* مشتاقانه آرزو کردن، در عالم خیال تصور کردن
ertrinken *Vi.* غرق شدن

285 **erwirken**

Ertrinkende, der; -n, -n غریق
ertüchtigen *Vt.* تمرین کردن، در (چیزی) ممارست کردن
Ertüchtigung, die; -, -en تمرین، ممارست
erübrigen *Vr., Vt.* ۱. زائد بودن، لازم نبودن ۲. وقت داشتن ۳. کنار گذاشتن، پس‌انداز کردن (پول)
eruieren *Vt.* روشن کردن، بررسی کردن، تحقیق کردن
Eruption, die; -, -en انفجار، فوران، جوشش
erwachen *Vi.* بیدار شدن
Endlich ist sein Gewißen erwacht. سرانجام وجدانش بیدار شد.
Erwachen, das; -s بیداری
erwachsen[1] *Vi.* ۱. حاصل شدن، ناشی شدن ۲. برخاستن، به وجود آمدن
Schaden erwachsen زیان داشتن
erwachsen[2] *Adj.* بالغ، بزرگسال
Erwachsene, der/die; -n, -n بالغ، بزرگسال
Erwachsenenalter, das; -s سن بلوغ
Erwachsenenbildung, die; -, -en آموزش بزرگسالان، تعلیم اکابر
erwägen *Vt.* سنجیدن، بررسی کردن، تأمل کردن
erwägenswert *Adj.* قابل سنجش، قابل تأمل
Erwägung, die; -, -en سنجش، اندیشه، تأمل
erwählen *Vt.* انتخاب کردن، برگزیدن، اختیار کردن
Erwählung, die; -, -en انتخاب، اختیار، گزینش
erwähnen *Vt.* ذکر کردن، گفتن، یادآور شدن، به (چیزی) اشاره کردن
erwähnenswert *Adj.* قابل ذکر، قابل یادآوری
Erwähnung, die; -, -en تذکر، یادآوری
erwandern *Vt.* در (جایی) گشت زدن
erwarmen *Vi., Vr.* ۱. گرم شدن ۲. سر شوق آمدن، به وجد آمدن ۳. تمایل پیدا کردن
erwärmen *Vi., Vr., Vt.* ۱. گرم شدن ۲. سر شوق آمدن، به وجد آمدن ۳. تمایل پیدا کردن ۴. گرم کردن
Erwärmung, die; -, -en گرمی، حرارت
erwarten *Vt.* ۱. انتظار (چیزی) را داشتن، توقع (چیزی) را داشتن، امید (چیزی) را داشتن ۲. انتظار (چیزی) را کشیدن، منتظر (چیزی) بودن
ein Kind erwarten حامله بودن
Erwartung, die; -, -en انتظار، توقع، چشمداشت
wider Erwartung برخلاف انتظار
erwartungsgemäß *Adv.* مطابق انتظار
erwecken *Vt.* ۱. بیدار کردن ۲. احیا کردن، زنده کردن ۳. تحریک کردن، تهییج کردن، برانگیختن
eine Hoffnung erwecken امیدوار کردن
Furcht erwecken موجب ترس شدن
Erwecken, das; -s احیا، انگیزش
erweckend *Adj.* بیدارکننده
Erwecker, der; -s, - احیاکننده
Erweckung, die; -, -en احیا، انگیزش
erwehren *Vr.* مانع شدن، جلوگیری کردن
erweichen *Vt., Vi.* ۱. نرم کردن، ملایم کردن؛ قانع کردن؛ آرام کردن، تسکین دادن ۲. نرم شدن
Erweichung, die; -, -en نرمش، ملایمت
Erweis, der; -es, -e دلیل، برهان، اثبات
erweisbar *Adj.* ثابت‌شدنی، ابراز کردنی
erweisen *Vt., Vr.* ۱. اثبات کردن، تصدیق کردن ۲. نشان دادن، آشکار کردن ۳. انجام دادن، ادا کردن ۴. ثابت شدن، آشکار شدن
jemandem **einen Dienst erweisen** به کسی خدمت کردن
eine Hilfe erweisen کمک کردن
erweitern *Vt., Vr.* ۱. گشاد کردن، بزرگ کردن، توسعه دادن، بسط دادن، گسترش دادن ۲. گشاد شدن، توسعه یافتن
Erweiterung, die; -, -en توسعه، بسط، وسعت، گشادی، گسترش
erweiterungsfähig *Adj.* قابل انبساط، قابل توسعه
Erwerb, der; -(e)s, -e ۱. کسب و کار، درآمد ۲. خرید
erwerbbar *Adj.* کسب کردنی
erwerben *Vt.* ۱. کسب کردن، تحصیل کردن، به دست آوردن، حاصل کردن ۲. خریدن
Erwerber, der; -s, - ۱. کاسب ۲. شاغل
erwerbsfähig *Adj.* کاسب، کارگر
erwerbslos *Adj.* بیکار، بی‌عایدی
Erwerbslosigkeit, die; - بی‌کسب و کاری
Erwerbsmittel, das; -s, - وسیلهٔ کسب
erwerbstätig *Adj.* شاغل؛ کاسب
erwerbsunfähig *Adj.* از کار افتاده
Erwerbung, die; -, -en تحصیل، کسب، خرید
erwidern *Vt.* پاسخ دادن، جواب دادن
Erwiderung, die; -, -en پاسخ، جواب
erwiesen *Adj.* ثابت شده، مدلل، مسلم، معلوم
erwiesenermaßen *Adv.* از قرار معلوم
erwirken *Vt.* به (چیزی) نائل شدن، به (چیزی) دست یافتن، موجب (چیزی) شدن، در (چیزی) توفیق حاصل کردن
die Freilassung erwirken موجب آزادی شدن

Erwirkung, die; -, -en دستیابی، حصول
erwirtschaften *Vt.* با صرفه‌جویی به دست آوردن
erwischen *Vt.* ۱. غافلگیر کردن، سر بزنگاه گیر آوردن ۲. دستگیر کردن، گرفتن ۳. به‌دست آوردن
Die Grippe hat ihn erwischt. او دچار بیماری گریپ شده است.
erworben *Adj.* اکتسابی
erwünscht *Adj.* مطلوب، دلخواه، مطابق میل
erwürgen *Vt.* خفه کردن
Erwürgung, die; -, -en خفگی
Erz, das; -es, -e سنگ معدن (فلز)
erzählen *Vt.* گفتن، حکایت کردن، سراییدن، تعریف کردن، روایت کردن
Erzähle mir doch keine Märchen! برایم داستان‌سرایی نکن! دروغ نگو!
Erzählen, das; -s گویندگی، داستان‌سرایی
erzählend *Adj.* منقول، نقل شده
Erzähler, der; -s, - گوینده، نقال، قصه‌گو، داستان‌سرا
Erzählerin, die; -, -nen گوینده، نقال، قصه‌گو، داستان‌سرا (زن)
erzählerisch *Adj.* نقالی، افسانه‌سرایی
Erzählung, die; -, -en داستان، قصه، حکایت، نقل، تعریف
Erzählungsmodus, der; -, -di (دستور زبان) وجه اخباری
Erzbischof, der; -s, ⸚e اسقف اعظم
erzeigen *Vr.* نشان دادن، نمودن، ابراز داشتن
Erzengel, der; -s, - فرشتهٔ بزرگ، مَلک مُقَرب
erzeugen *Vt.* تولید کردن، به وجود آوردن، ایجاد کردن، فرآوردن، ساختن
Erzeuger, der; -s, - ۱. تولیدکننده، سازنده ۲. پدر
Erzeugerland, das; -(e)s, ⸚er کشور تولیدکننده
Erzeugnis, das; -nisses, -nisse فرآورده، محصول، کالای تولید شده، ساخت، مصنوع
deutsches Erzeugnis ساخت آلمان
Erzeugung, die; -, -en تولید، ایجاد
Erzeugungskosten, die / *Pl* مخارج تولید
erzfaul *Adj.* خیلی تنبل
Erzfeind, der; -(e)s, -e دشمن جانی
Erzgießer, der; -s, - ریخته‌گر فلزات
Erzherzog, der; -(e)s, -e دوک بزرگ (عنوان شاهزادگان اتریش)
Erzherzogtum, das; -(e)s, ⸚er قلمرو دوک بزرگ

Erzhütte, die; -, -n کورهٔ ذوب‌آهن
erziehbar *Adj.* تربیت‌پذیر، قابل تربیت
Erziehbarkeit, die; - تربیت‌پذیری
erziehen *Vt.* تربیت کردن، پروردن، پرورش دادن
Erzieher, der; -s, - تربیت‌کننده، مربی، معلم، پرورش‌دهنده
Erzieherin, die; -, -nen تربیت‌کننده، مربی، معلم، پرورش دهنده (زن)
erzieherisch *Adj.* تربیتی، پرورشی، آموزنده
Erziehung, die; -, -en تربیت، پرورش
Erziehungsanstalt, die; -, -en پرورشگاه، دارالتربیه
Erziehungsbereich, der; -(e)s, -e قلمرو تربیت
Erziehungsfach, das; -(e)s, ⸚er رشتهٔ تربیتی
Erziehungsheim, der; -(e)s, -e پرورشگاه، دارالتربیه
Erziehungshilfe, die; -, -n کمک تربیتی
Erziehungskunde, die; -, -n فن تعلیم و تربیت
Erziehungsmangel, der; -s, - نقص تربیتی
Erziehungsmethode, die; - روش تربیت
Erziehungsminister, der; -s, - وزیر آموزش و پرورش، وزیر تعلیم و تربیت
Erziehungsministerium, das; -s, -rien وزارت آموزش و پرورش
Erziehungsstrafe, die; -, -n مجازات تأدیبی
Erziehungswesen, das; -s, - امور تربیتی، تعلیم و تربیت
Erziehungswissenschaft, die; - (رشتهٔ) علوم تربیتی
Erziehungsziel, das; -(e)s, -e هدف تربیتی
erzielen *Vt.* به دست آوردن، به (چیزی) نائل شدن، کسب کردن
einen Erfolg erzielen موفقیت کسب کردن
Erzielung, die; - کسب، دستاوری
erzittern *Vi.* لرزیدن، مرتعش شدن؛ متشنج شدن
Erzittern, das; -s, - لرزش، لرزه، ارتعاش
Erzkunde, die; -, -n فلزشناسی
Erzlager, das; -s, - / ⸚er انبار معدن فلز
Erzlügner, der; -s, - دروغگو، کذاب
Erzpriester, der; -s, - کشیش اعظم
Erzprobe, die; -, -n آزمایش فلز
Erzschwindel, der; -s, - دروغ بزرگ
Erzschwindler, der; -s, - دروغگوی بزرگ
erzürnbar *Adj.* خشم‌انگیز
erzürnen *Vi., Vt., Vr.* ۱. در خشم شدن، به خشم آمدن ۲. خشمگین کردن، عصبانی کردن ۳. تعصب به خرج دادن

Erzürnung, die; -	خشم، غضب
erzwingen *Vt.*	۱. زور گفتن، وادار به (چیزی) کردن، واداشتن، مجبور کردن، به (کسی) تحمیل کردن ۲. با سماجت و سرسختی به مقصود رساندن
Erzwingung, die; -	زورگویی، تحمیل
erzwingenermaßen *Adv.*	به زور، اجباراً
es *Pron.*	آن، او (ضمیر سوم شخص مفرد برای اسامی خنثی در دو حالت فاعلی و مفعول بی‌واسطه)
Es ist kalt.	(هوا) سرد است.
Es ist dunkel.	تاریک است.
Es tut mir leid!	متأسفم!
Es gibt.	وجود دارد.
Ich bin es!	(پشت در) منم!
Du hast es gut!	خوش به حالت!
Wie geht es dir?	چطوری؟
Es, das; -, -	(موسیقی) نُت می بمل
Esche, die; -, -n	درخت زبان گنجشک
Eschenholz, das; -es, ¨er	چوب درخت زبان گنجشک
Esel, der; -s, -	خر، الاغ، حمار، درازگوش
Eselchen, das; -s, -	کره خر، الاغ کوچک
Eselei, die; -, -en	خریت، حماقت
Eselfohlen, das; -s, -	کره‌خر
Eselgeschrei, die; -(e)s, -e	عرعر، صدای الاغ
eselhaft *Adj.*	خرکی، احمقانه
Eselhalter, der; -s, -	خرکچی، صاحب الاغ
Eselhengst, der; -es, -e	الاغ نر، نره‌خر
Eselin, die; -, -nen	خر ماده، ماچه الاغ
Eselhaut, die; -, -häute	پوست خر
Eselkopf, der; -(e)s, ¨e	کله‌خر
Eselohr, das; -(e)s, -en	۱. گوش خر ۲. گوشهٔ تا شده کاغذ
Eselreiten, das; -s, -	خرسواری
Eselreiter, der; -s, -	خرسوار
Eseltreiber, der; -s, -	خرکچی، صاحب الاغ
Eseltritt, der; -(e)s, -e	جفتک خر، لگد خر
Eskalation, die; -, -en	توسعه، ازدیاد، افزایش تدریجی
eskalieren *Vt., Vi.*	۱. توسعه دادن ۲. افزایش یافتن، توسعه یافتن، زیاد شدن
Eskimo, der; -s, -s	اسکیمو
Eskorte, die; -, -n	اسکورت، مشایعت، محافظ
eskortieren *Vt.*	اسکورت کردن، مشایعت کردن، بدرقه کردن
Esoterik, die; -	علم غیب
Esoteriker, der; -s, -	غیب‌دان، غیب‌گو
esoterisch *Adj.*	غیبی، (مربوط به) علم غیب
Espe, die; -, -n	درخت اشنگ
Espenholz, das; -es, ¨er	چوب اشنگ
Esperanto, das; -s	زبان اسپرانتو
Espresso, der; -s, -ressi	۱. قهوهٔ غلیظ (ایتالیایی) ۲. قهوه‌خانه کوچک
Essay, der; -s, -s	مقاله، نوشتار
Essayist, der; -en, -en	مقاله‌نویس
eßbar *Adj.*	خوردنی، خوراکی، قابل خوردن
Eßbarkeit, die; -	قابلیت خوردن
Eßbesteck, das; -(e)s, -e	کارد و چنگال و قاشق
Esse, die; -, -n	دودکش؛ کوره؛ تنوره
Das kannst du in die Esse schreiben.	این را می‌توانی از دست رفته بدانی.
essen *Vt.*	خوردن، غذا خوردن
zu Mittag essen	ناهار خوردن
Essen, das; -s, -	غذا، خوراک، طعام
das Essen kochen	غذا پختن
Essenkehrer, der; -s, -	دودکش پاک‌کن
Essenszeit, die; -, -en	وقت خوردن، موقع صرف غذا
essential *Adj.*	اصلی، اساسی، مهم
essentiell *Adj.*	اصلی، اساسی، مهم
Essenz, die; -, -en	۱. اسانس، عصاره ۲. ذات، جوهر، نفس
Esser, der; -s, -	خورنده
Eßgeschirr, das; -(e)s, -e	ظرف غذاخوری
Eßgier, die; -	پرخوری، حرص در خوردن
eßgierig *Adj.*	پرخور، شکم‌پرست
Essig, der; -s, -e	سرکه
Essigbaum, der; -(e)s, -bäume	درخت سماق
Essigdorn, der; -(e)s, -(e)n/¨er	زرشک
Essigessenz, die; -, -en	جوهر سرکه
Essiggurke, die; -, -n	خیار ترشی
Essighandel, der; -s, ¨	سرکه‌فروشی
Essighändler, der; -s, -	سرکه‌فروش
Essighersteller, der; -s, -	سرکه‌ساز
Essigsäure, die; -, -n	اسید استیک، جوهر سرکه
Eßkastanie, die; -, -n	شاه‌بلوط خوراکی
Eßlöffel, der; -s, -	قاشق غذاخوری
Eßlokal, das; -(e)s, -e	رستوران، سالن غذاخوری
Eßlust, die; -e, ¨e	اشتها، میل به غذا
Eßsaal, der; -(e)s, -säle	سالن غذاخوری
Eßtisch, der; -es, -e	میز غذاخوری، میز ناهارخوری
Eßtuch, das; -(e)s, -e	سفره

Eßware, die; -, -n خوراکی، خوردنی
Eßzimmer, das; -s, - اتاق غذاخوری، اتاق ناهارخوری
Estragon, der; -s ترخون
Estrich, der; -s, -e مصالح کف اتاق
etablieren *Vt., Vr.* ۱. بنا کردن، تأسیس کردن، برپا کردن، دایر کردن ۲. برپا شدن، تاسیس شدن، مستقر شدن
etabliert *Adj.* مستقر، دایر شده
Etablierung, die; -, -en تأسیس، استقرار
Etablissement, das; -s, -s بنگاه، مؤسسه، شعبه
Etage, die; -, -n اِشکوب، طبقه (ساختمان)
Etagenbett, das; -es, -en تختخواب چند طبقه
Etagenhaus, das; -es, -häuser ساختمان چند طبقه
Etappe, die; -, -n ۱. مرحله، منزل، توقفگاه ۲. پشت جبهه
Etat, der; -s, -s بودجه، اعتبار مالی
Ethik, die; -, -en علم اخلاق
Ethiker, der; -s, - معتقد به علم اخلاق
ethisch *Adj.* اخلاقی، (مربوط به) علم اخلاق
Ethnograph, der; -en, -en (دانشمند) قوم‌نگار
Ethnographie, die; -, -n قوم‌نگاری
Ethnologe, der; -en, -en (دانشمند) نژادشناس
Ethnologie, die; -, -n نژادشناسی، قوم‌شناسی
Ethos, das; - عادات و رسوم قومی
Etikett, das; -(e)s, -e اتیکت، برچسب
Etikette, die; -, -n آداب معاشرت؛ تشریفات
etikettieren *Vt.* به (چیزی) اتیکت زدن، به (چیزی) برچسب زدن
etlich- *Pron.* بعضی، برخی؛ مقداری، تعدادی
Etüde, die; -, -n (موسیقی) اتود (قطعهٔ مخصوص تمرین)
Etui, das; -s, -s ۱. قوطی، جعبه ۲. غلاف (شمشیر) ۳. جلد (عینک)
Etuimacher, der; -s, - جعبه‌ساز
etwa *Adv.* ۱. حدود، کم و بیش، نزدیک ۲. تقریباً، حدوداً ۳. شاید، احتمالاً ۴. به‌عنوان مثال
etwaig *Adj.* اتفاقی، عارضی، فرضی، تقریبی
etwas *Pron., Adj.* چیزی، قدری، اندکی، کمی، مقداری
  etwas Gutes چیز خوبی
  so etwas چنین چیزی
  Noch etwas? چیز دیگری می‌خواهید؟
Etymologe, der; -n, -n ریشه‌شناس، متخصص علم اشتقاق
Etymologie, die; -, -n ریشه‌شناسی، علم اشتقاق
etymologisch *Adj.* ریشه‌شناسانه، (مربوط به) علم اشتقاق
etymologisieren *Vt.* ریشهٔ (لغت) را شناختن، اشتقاق (کلمه) را معین کردن
Etymon, das; -s, -ma ریشهٔ کلمه
euch *Pron.* به شماها، شماها را (ضمیر دوم شخص جمع در حالت مفعولی)
euer *Pron.* مال شماها، متعلق به شماها (ضمیر ملکی دوم شخص جمع)
euerseits *Adv.* از طرف شماها، از جانب شماها
Eugenetik, die; - علم اصلاح نژاد
Eugenik, die; - علم اصلاح نژاد
Eukalyptus, der; -, -ten درخت اکالیپتوس
Eule, die; -, -n ۱. جغد، بوم، مرغ حق، بوف ۲. (نوعی) گردگیر از پر
  Eulen nach Athen tragen کار زائدی انجام دادن، زیره به کرمان بردن
eulengleich *Adj.* جغدصفت، جغدمانند
eulenhaft *Adj.* جغدصفت، جغدمانند
Eulenschrei, der; -(e)s, -e آواز بوم، صدای جغد
Eulenspiegel, der; -s, - شخص لوده (همانند ملانصرالدین در ادبیات آلمان)
Eulogie, die; -, -n تجلیل، تحسین، مدح
Eunuch, der; -en, -en خواجه، اخته، آغا
Euphorie, die; -, -n خوشی، رضایت، نشاط
Eurasien, das; -s از نژاد مختلط اروپایی و آسیایی
Euratom, die; - اتحادیهٔ اتمی اروپا
Eure, der; - شماها
  Gehört er nicht zu den Euren? او جزو شماها نیست؟
eurerseits *Adv.* از طرف شماها
euresgleichen *Pron.* مانند شماها
  Ihr habt nicht euresgleichen. شماها نظیر ندارید.
eurethalben *Adv.* به خاطر شماها، برای شماها
euretwegen *Adv.* به خاطر شماها، برای شماها
euretwillen *Adv.* به خاطر شماها، برای شماها
Eurocheque, der; -s, -s چک معتبر در بانک‌های اروپایی
Europa, das اروپا
Europäer, der; -s, - اروپایی
Europäerin, die; -, -nen اروپایی (زن)
europäisch *Adj.* اروپایی، اروپامنشی
europäisieren *Vt.* اروپایی کردن
europäisiert *Adj.* اروپایی شده، اروپازده
Europäisierung, die; -, -en اروپایی شدگی، اروپازدگی
Europameister, der; -s, - (ورزش) قهرمان اروپا

Europameisterschaft, die; -, -en (ورزش) قهرمانی اروپا
Europapokal, der; -s, -e جام مسابقات اروپایی
Euroscheck, der; -s, -s چک معتبر در بانک‌های اروپایی
Eurovision, die; - رادیو تلویزیون سراسری اروپا
Euter, das; -s, - پستان حیوان شیرده
Euthanasie, die; - مرگ بی‌رنج
evakuieren *Vt.* تخلیه کردن، کوچ دادن
Evakuierung, die; -, -en تخلیه، کوچ
evangelisch *Adj.* انجیلی، پروتستانی
Evangelist, der; -en, -en مبلغ مسیحی، کشیش
Evangelium, das; -s, -lien ۱. انجیل ۲. بشارت دربارهٔ مسیح
Eventualität, die; -, -en احتمال، امکان
eventuell *Adj., Adv.* ۱. اتفاقی، احتمالی، تصادفی ۲. احتمالاً، در صورت لزوم
evident *Adj.* آشکار، روشن، واضح
Evidenz, die; -, -en آشکاری، روشنی، وضوح
Evolution, die; -, -en تحول، دگرگونی
Ewer, der; -s, - کشتی کوچک بادی
EWG = *Europäische Wirtschafts Gemeinschaft* بازار مشترک اروپا
ewig *Adj.* ابدی، ازلی، جاوید، دائم، همیشگی
für immer und ewig برای همیشه
Ewige[1], der; - خداوند، ذات لایزال
Ewige[2], das; - عالم فانی
Ewigkeit, die; -, -en ابدیت، ازل، بی‌پایانی
in die Ewigkeit eingehen به ابدیت پیوستن
ex *Adv., Präp.* ۱. سابق، مخلوع ۲. یک‌نفس، لاجرعه
der Exminister وزیرِ سابق
ex trinken لاجرعه سر کشیدن
exakt *Adj.* دقیق، کامل، درست، صحیح
Exaktheit, die; -, -en دقت؛ وضوح؛ صراحت
Exaltation, die; -, -en شوق، هیجان؛ جذبه
exaltieren *Vr.* به هیجان آمدن، سر شوق آمدن
exaltiert *Adj.* پُرهیجان؛ مجذوب
Examen, das; -s, -mina امتحـان، آزمایـش، آزمون (پایان تحصیل)
im Examen durchfallen در امتحان مردود شدن
Examenarbeit, die; -, -en پایان‌نامه
Examinand, der; -en, -en امتحان‌دهنده
Examination, die; -, -en ۱. امتحان ۲. بازرسی، رسیدگی، تحقیق
Examinator, der; -s, -en ممتحن، امتحان‌کننده
examinieren *Vt.* امتحان کردن
Exazerbation, die; -, -en وخامت بیماری
Exchange, die; -, -n صرافی
Exegese, die; -, -n تفسیر
Exeget, der; -en, -en تفسیرکننده، مفسر
exegetisch *Adj.* تفسیری
exekutieren *Vt.* ۱. اجرا کردن (حکم) ۲. اعدام کردن
Exekution, die; -, -en اجرای حکم، اعدام
Exekutionskommando, das; -s, -s جوخهٔ اعدام
exekutiv *Adj.* اجرایی
Exekutive, die; -, -n (قوه) مجریه
Exekutivgewalt, die; -, -en قوهٔ مجریه
Exekutor, der; -s, -en مجری، اجراکننده
exekutorisch *Adj.* اجرایی
Exempel, das; -s, - مثال، نمونه، سرمشق
Exemplar, das; -s, -e نمونه، نسخه
exemplarisch *Adj.* ۱. برای نمونه ۲. عبرت آمیز
jemanden **exemplarisch bestrafen** کسی را برای عبرت دیگران مجازات کردن
Exemplifikation, die; -, -en نمونه‌سازی
exemplifizieren *Vt.* نمونه‌سازی کردن، با نمونه نشان دادن
exempt *Adj.* معاف، مصون
exerzieren *Vt., Vi.* ۱. تمرین کردن ۲. مشق نظامی کردن ۳. مشق نظامی دادن
Exerzieren, das; -s ۱. تمرین ۲. مشق نظامی
Exerzierplatz, der; -es, ⸚e میدان تمرین، ورزشگاه
Exhalation, die; -, -en بازدم
exhalieren *Vt.* بیرون دادن (نفس)
Exhibition, die; -, -en عریان‌گرایی
Exhibitionismus, der; - بیماری عریان‌گرایی
Exhibitionist, der; -en, -en عریان‌گرا
exhumieren *Vt.* نبش قبر کردن
Exhumierung, die; -, -en نبش قبر
Exil, das; -s, -e ۱. تبعید، جلای وطن، نفی بلد ۲. تبعیدگاه
exilieren *Vt.* تبعید کردن، نفی بلند کردن، جلای وطن کردن
Exilierung, die; -, -en تبعید، جلای وطن، نفی بلد
existent *Adj.* موجود، واقعی
Existentialismus, der; - اگزیستانسیالیسم، هستی‌گرایی
Existentialist, der; -s, - اگزیستانسیالیست، هستی‌گرا

existentialistisch *Adj.* اگزیستانسیالیستی، هستی‌گرایانه
Existenz, die; -, -en ۱. وجود، هستی، واقعیت، موجودیت ۲. زندگی، حیات ۳. معیشت
Existenzberechtigung, die; -, -en حق وجود
Existenzfrage, die; -, -n مسئله وجود
Existenzkampf, der; -(e)s, ¨-e تنازع بقا
Existenzphilosophie, die; -, -n فلسفهٔ هستی، وجودگرایی
Existenzmittel, das; -s, - وسایل زندگی
existieren *Vi.* وجود داشتن، موجود بودن
Exitus, der; - مرگ
Exkaiser, der; -s, - امپراتور سابق
exklusiv *Adj.* منحصر، برگزیده، انحصاری، ممتاز
Exklusivbericht, der; -(e)s, -e گزارش انحصاری
exklusive *Adv.* به غیر از، به‌استثنای، به‌جز
Exklusivität, die; - انحصاری، ویژگی
Exkommunikation, die; -, -en اخراج از کلیسا، تکفیر رسمی، طرد
exkommunizieren *Vt.* از کلیسا طرد کردن
Exkönig, der; -(e)s, -e شاه سابق
Exkrement, das; -(e)s, -e مدفوع، فضله
Exkretion, die; -, -en دفع، ترشح
Exkurs, der; -es, -e حشو، زوائد
Exkursion, die; -, -en گردش علمی
Exmatrikulation, die; -, -en اخراج از دانشگاه
exmatrikulieren *Vt.* از دانشگاه اخراج کردن
Exminister, der; -s, - وزیر سابق
Exogamie, die; -, -n ازدواج با بیگانه، برون همسری
exogen *Adj.* برون‌زا
Exot(e), der; -en, -en بیگانه، غریب
exoterisch *Adj.* همگانی، عمومی، عوام‌پسند
exotisch *Adj.* عجیب و غریب، غیرعادی، بیگانه
Expander, der; -s, - فنر (مخصوص) تقویت عضلات
expandieren *Vt.* منبسط کردن، کشیدن، گسترش دادن
ein expandierende Stadt شهر در حال توسعه
Expansion, die; -, -en توسعه، بسط، انبساط، گسترش
Expansionismus, der; - توسعه‌طلبی، گسترش‌گرایی
Expansionist, der; -en, -en توسعه‌طلب، گسترش‌گرا
expansiv *Adj.* توسعه‌طلب
Expedient, der; -en, -en فرستنده، ارسال‌کننده
expedieren *Vt.* فرستادن، ارسال داشتن
Expedition, die; -, -en ۱. ارسال ۲. هیئت اعزامی؛ هیئت اکتشافی ۳. شرکت باربری
Expeditionskolonne, die; -, -n ستون اعزامی
Experiment, das; -(e)s, -e آزمایش (علمی)
experimental *Adj.* آزمایشی، تجربی
experimentell *Adj.* آزمایشی، تجربی
experimentieren *Vi.* آزمایش (علمی) کردن
expert *Adj.* متخصص، ماهر، خبره، مجرب، کارشناس
Experte, der; -n, -n متخصص، ماهر، خبره، مجرب، کارشناس
Explantation, die; -, -en جداسازی عضو یک موجود زنده (برای پیوند)
explantieren *Vt.* عضو (کسی) را (برای پیوند) جدا کردن
explodieren *Vi.* ۱. منفجر شدن، ترکیدن ۲. به شدت عصبانی شدن
explosibel *Adj.* قابل انفجار
Explosion, die; -, -en انفجار
Explosionsgefahr, die; -, -en خطر انفجار
explosiv *Adj.* ۱. قابل انفجار ۲. انفجاری؛ عصبانی
Explosivstoff, der; -(e)s, -e مادهٔ منفجره
Exponent, der; -en, -en ۱. (ریاضی) توان، قوه ۲. مشخص
exponieren *Vt.* مطرح کردن، در معرض قرار دادن
Export, der; -(e)s, -e صدور (کالا)، صادرات
Exportartikel, der; -s, - جنس صادراتی
Exporteur, der; -s, -e صادرکننده
Exportgeschäft, das; -(e)s, -e (تجارت) صادرات
Exportgut, das; -(e)s, ¨-er کالای صادراتی
Exporthandel, der; -s, ¨ (تجارت) صادرات
Exporthändler, der; -s, - صادرکننده
exportieren *Vt.* صادر کردن
Exportware, die; -, -n کالای صادراتی
Exposé, das; -s, -s ۱. شرح، بیان ۲. پرده‌برداری ۳. طرح
Exposition, die; -, -en ۱. نمایشگاه ۲. تشریح، تفسیر
expreß *Adj., Adv.* ۱. [پست] اکسپرس، سریع‌السیر، سریع ۲. صریح، روشن ۳. سریعاً، باشتاب
Expressbrief, der; -(e)s, -e نامهٔ فوری
Expressionismus, der; - اکسپرسیونیسم
expressiv *Adj.* پرمعنی؛ پراحساس، عاطفی
Expressivform, die; -, -en (دستور زبان) صیغهٔ مبالغه
Expresszug, der; -es, ¨-e قطار سریع‌السیر
exquisit *Adj.* بدیع، عالی، برگزیده، ممتاز
Exspiration, die; -, -en بازدم
exspirieren *Vt.* بیرون دادن (نفس)

Exstirpation, die; -, -en	(جراحی) ریشه‌کنی، برداشت عضو
exstirpieren *Vt.*	(جراحی) ریشه‌کن کردن، عضو (کسی) را برداشتن
Extemporale, das; -s, -lien	کار آزمایشی
extemporieren *Vi.*	۱. بداهه گفتن ۲. بی‌مطالعه درست کردن
Extemporieren, das; -s	۱. بداهه‌گویی ۲. تهیه بدون مطالعه
extendieren *Vt.*	منبسط کردن، گشاد کردن
extensibel *Adj.*	قابل انبساط
extensiv *Adj.*	وسیع، پهناور، بزرگ
Exterieur, das; -s	نمای خارجی
extern *Adj.*	بیرونی، خارجی
extra *Adj., Adv.*	۱. مخصوص، اضافی، جداگانه، فوق‌العاده ۲. مخصوصاً، به ویژه، به علاوه
Er hat es extra für dich getan.	او این کار را مخصوصاً برای تو انجام داد.
Extra, das; -s, -s	چیز اضافی
Extraausgabe, die; -n, -n	شمارهٔ فوق‌العاده (روزنامه)
Extraausgaben, die / Pl.	هزینهٔ فوق‌العاده
Extrablatt, das; -(e)s, ⸚er	روزنامهٔ فوق‌العاده
extrafein *Adj.*	فوق‌العاده ظریف و نازک
extrahieren *Vt.*	بیرون کشیدن، استخراج کردن، در آوردن
Extrakosten, die / Pl.	هزینهٔ اضافی
Extrakt, der; -(e)s, -e	۱. شیره، عصاره، جوهر ۲. خلاصه، مجمل، برگزیده (کتاب)
Extraktion, die; -, -en	عصاره‌گیری
extraordinär *Adj.*	غیرعادی، غیرمعمولی
Extraordinarius, der; -, -rien	استاد بی‌کرسی
extrapolieren *Vt.*	بسط دادن، توسعه دادن
Extrapost, die; -, -en	پست مخصوص
Extraqualität, die; -, -en	جنس اعلا
extraschnell *Adj.*	بسیار سریع
extravagant *Adj.*	نامعقول، عجیب و غریب، خارق‌العاده
Extravaganz, die; -, -en	اغراق، افراط، زیاده‌روی، مبالغه
Extrazug, der; -es, ⸚e	قطار ویژه
extrem *Adj.*	افراطی، بی‌نهایت، خیلی زیاد، بی‌حد، مبالغه‌آمیز
Extrem, das; -s, -e	نهایت، غایت، منتها درجه
Extremfall, der; -(e)s, ⸚e	حالت افراطی
Extremismus, der; -, -men	افراط‌کاری، زیاده‌روی
Extremist, der; -en, -en	افراط‌کار، افراطی
extremistisch *Adj.*	افراطی، مبالغه‌آمیز
Exulant, der; -en, -en	تبعیدی
exulieren *Vi.*	تبعید شدن
exzellent *Adj.*	بسیار خوب، عالی، ممتاز
Exzellenz, die; -, -en	۱. برتری، تفوق، مزیت ۲. جناب، عالی‌جناب
exzentrisch *Adj.*	۱. خارج از مرکز ۲. غیرعادی، مبالغه‌آمیز
Exzentrizität, die; -, -en	مرکز گریزی
exzerpieren *Vt.*	بیرون کشیدن، اقتباس کردن؛ جذب کردن
Exzeß, der; -zesses, -zesse	افراط، زیاده‌روی

F

F, das; -, - ۱. اِف (حرف ششم الفبای آلمانی) ۲. (موسیقی) نُت فا
F-Dur (موسیقی) فا بزرگ
f-Moll (موسیقی) فا کوچک
F-Schlüssel (موسیقی) کلید فا
f. = *folgende Seite* صفحهٔ بعدی
Siehe Seite 260 f. به صفحه‌های ۲۶۰ و ۲۶۱ مراجعه کنید.
Fa. = *Firma*
Fabel, die; -, -n افسانه، قصه، داستان
Fabelbuch, das; -(e)s, ⸚er کتاب افسانه
Fabeldichter, der; -s, - شاعر افسانه‌پرداز
Fabelei, die; -, -en افسانه‌سازی
fabelhaft *Adj.* ۱. افسانه‌ای، افسانه‌آمیز ۲. خیلی خوب، عالی، فوق‌العاده
ein fabelhafter Film یک فیلم عالی
fabeln *Vi.* قصه گفتن، افسانه ساختن، خیال‌بافی کردن
Fabeltier, das; -(e)s, -e حیوان افسانه‌ای
Fabelwelt, die; -, -en دنیای افسانه‌ای، عالم خیال
Fabelwesen, das; -s, - موجود افسانه‌ای
Fabrik, die; -, -en کارخانه، کارگاه
Fabrikanlage, die; -, -n تأسیسات کارخانه
Fabrikant, der; -en, -en صاحب کارخانه، کارخانه‌دار
Fabrikarbeit, die; - کار کارخانه
Fabrikarbeiter, der; -s, - کارگر کارخانه
Fabrikarbeiterin, die; -, -nen کارگر کارخانه (زن)
Fabrikat, das; -(e)s, -e محصول کارخانه، ساخت کارخانه، فراوردهٔ صنعتی
Fabrikation, die; -, -en صنعت؛ ساخت، تولید (کارخانه)
Fabrikbesitzer, der; -s, - مالک کارخانه
Fabrikbesitzerin, die; -, -nen مالک کارخانه (زن)
Fabrikdirektor, der; -s, -en مدیر کارخانه
Fabrikleiter, der; -s, - مدیر کارخانه
Fabrikmarke, die; -, -n مارک کارخانه، علامت کارخانه
fabrikmäßig *Adj.* کارخانه‌ای، ماشینی
Fabriksirene, die; -, -n سوت کارخانه
Fabrikstadt, die; -, ⸚e شهر صنعتی
Fabrikviertel, das; -s, - محلهٔ صنعتی
Fabrikware, die; -, -n محصول کارخانه
Fabrikzeichen, das; -s, - علامت کارخانه
fabrizieren *Vt.* (در کارخانه) تولید کردن، ساختن
fabriziert *Adj.* مصنوع، محصول
fabulieren *Vi.* خیال‌بافی کردن، افسانه گفتن
Fabulist, der; -en, -en خیال‌باف، افسانه‌سرا
fabulös *Adj.* افسانه‌ای، خیالی، غیر واقعی
Facette, die; -, -n تراش
Facette des Brillanten تراش برلیان
Facettenschliff, der; -(e)s, -e تراش تیز
facettieren *Vt.* تراش دادن
facettiert *Adj.* تراش‌دار
fach *Adj.* برابر
zweifach دو برابر
Fach, das; -(e)s, ⸚er ۱. صندوق، گنجه، جعبه ۲. کشو، طبقه (کمد) ۳. رشته (تحصیلی / تخصصی) ۴. شعبه ۵. شغل، حرفه
etwas **unter Dach und Fach bringen** کاری را فیصله دادن
das Postfach صندوق پستی
das Studienfach رشتهٔ تحصیلی
Facharbeit, die; -, -en کار تخصّصی، کار فنی
Facharbeiter, der; -s, - کارگر متخصّص، کارگر فنی
Facharbeiterin, die; -, -nen کارگر متخصّص، کارگر فنی (زن)
Fachartikel, der; -s, - مقاله تخصّصی
Facharzt, der; -es, ⸚e پزشک متخصّص
Fachärztin, die; -, -nen پزشک متخصّص (زن)
fachärztlich *Adj.* تخصّصی، پزشکی
Fach(aus)bildung, die; -, -en آموزش تخصّصی
Fachausdruck, der; -(e)s, ⸚e اصطلاح فنی
Fachbereich, der; -(e)s, -e رشتهٔ تخصّصی، زمینهٔ تخصّصی
Fachbuch, das; -(e)s, ⸚er کتاب تخصّصی
Fächel, der / die; -s, - گل آذین، دیهیم
fächeln *Vt., Vi.* (با بادبزن) باد زدن

fachen *Vt., Vi.* ۱. تند باد زدن، دمیدن (آتش) ۲. حلاجی کردن، پنبه زدن
Fächer, der; -s, - بادبزن
fächerförmig *Adj.* به شکل بادبزن
fächern *Vr., Vt.* ۱. (با بادبزن) باد زدن ۲. طبقه طبقه کردن
Fächerpalme, die; -, -n نخل زینتی، نخل چتری
Fächerung, die; -, -en قفسه‌بندی، طبقه‌بندی
Fachgebiet, das; -(e)s, -e رشته، رشتهٔ تخصّصی
fachgebunden *Adj.* (مربوط به) رشته
Fachgelehrte, der / die; -n, -n متخصّص
fachgemäß *Adj.* مطابق اصول فنی
Fachgenosse, der; -n, -n همکار؛ هم‌رشته
fachgerecht *Adj.* مطابق اصول فنی
Fachgeschäft, das; -(e)s, -e مغازهٔ لوازم تخصّصی
Fachhochschule, die; -, -n دانشکدهٔ فنی
Fachhochschulreife, die; - مدارک تحصیلی لازم برای ورود به دانشکدهٔ فنی
Fachidiot, der; -en, -en شخصی که فقط در رشتهٔ خود تخصّص داشته باشد
Fachkenntnis, die / *Pl.* اطلاعات تخصّصی
Fachkollege, der; -n, -n همکار؛ هم‌رشته
Fachkreis, der; -es, -e ۱. حوزهٔ تخصّص ۲. متخصّصان
Fachkunde, die; -, -n رشتهٔ تخصّصی
fachkundig *Adj.* لایق، شایسته
Fachlehrer, der; -s, - معلم متخصّص
Fachleute, die / *Pl.* کارشناسان، متخصّصان
fachlich *Adj.* تخصّصی، فنی
Fachliteratur, die; -, -en ادبیات اختصاصی، ادبیات مربوط به یک سبک
Fachmann, der; -(e)s, ¨-er کارشناس، متخصّص، استادکار، خبره
fachmännisch *Adj.* استادانه، فنی
Fachprüfung, die; -, -en امتحان تخصّصی
Fachrichtung, die; -, -en رشتهٔ تخصّصی
Fachschule, die; -, -n مدرسهٔ تخصّصی، هنرستان
fachsimpeln *Vi.* بحث فنی کردن، گفت‌وگوی خشک فنی کردن
Fachsprache, die; -, -n زبان حرفه‌ای
Fachstudium, das; -s, -dien رشتهٔ تحصیلی تخصّصی
Fachunterricht, der; -(e)s درس تخصّصی
Fachwelt, die; - دنیای تخصّص
Fachwerk, das; -(e)s, -e چوب‌بست، چوب‌بندی، زیرسازی، اسکلت خانه
Fachwissenschaft, die; -, -en علم تخصّصی
Fachwörterbuch, das; -(e)s, ¨-er فرهنگ لغات فنی
Fachzeitschrift, die; -, -en مجلهٔ تخصّصی
Fackel, die; -, -n مشعل
fackeln *Vi.* تردید کردن
ohne lange zu fackeln بدون تردید زیاد
Fackelschein, der; -(e)s, - نور مشعل
Fackelträger, der; -s, - مشعل‌دار
Fackelzug, der; -es, ¨-e حرکت دسته‌جمعی با مشعل، دستهٔ با مشعل
Fädchen, das; -s, - نخ کوتاه
fade *Adj.* ۱. بی‌مزه؛ بی‌نمک؛ بدون ادویه ۲. خسته کننده ۳. بی‌روح، بی‌محتوا
ein fader Witz یک شوخی بی‌مزه
fädeln *Vt., Vi.* ۱. نخ کردن (سوزن، تسبیح) ۲. نخ دادن
Faden, der; -s, ¨ نخ، رشته، ریسمان
den Faden verlieren از اصل موضوع پرت شدن، رشتهٔ سخن را از دست دادن
die Fäden in der Hand halten سر همه نخ‌ها را در دست داشتن
an einem Faden hängen در معرض خطر بزرگی بودن، به مویی بسته بودن
Fadenende, das; -s, -n سر نخ، سر کلاف
Fadenkreuz, das; -es, -e شبکه (دوربین)
Fadennudeln, die / *Pl.* رشته فرنگی، ورمیشل
fadenscheinig *Adj.* ۱. نخ‌نما، ریش‌ریش ۲. غیر واقعی، ظاهری
Fadenwurm, der; -(e)s, ¨-er کرمک، کرم‌ریز
Fadheit, die; -, -en ۱. بی‌مزگی ۲. بی‌روحی
Fagott, das; -(e)s, -e (موسیقی) فاگوت (نوعی ساز بادی چوبی)
fähig *Adj.* قادر، توانا، لایق، قابل، مستعد، شایسته
Er ist fähig zu allem. او قادر به هر کاری است.
Fähigkeit, die; -, -en قابلیت، استعداد، لیاقت، توانایی، شایستگی
fahl *Adj.* رنگ‌پریده، بی‌رنگ، کمرنگ
Er wurde vor Schreck fahl ins Gesicht. از ترس رنگ از رخسارش پرید.
Fahlheit, die; - رنگ‌پریدگی، بی‌رنگی، کمرنگی
fahnden *Vi.* جستجو کردن، تعقیب کردن، دنبال گشتن
Die Polizei fahndet nach dem Täter. پلیس در تعقیب مجرم است.

Fahndung, die; -, -en تجسس، جستجو، پیگردی، سراغ‌گیری
Fahndungsaktion, die; -, -en عمل تجسس
Fahndungsbuch, das; -(e)s, ⸚er دفتر مشخصات کسانی که تحت تعقیب هستند
Fahne, die; -, -n پرچم، بیرق، علم، درفش
die Nationalfahne پرچم ملی
Fahnendienst, der; -es, -e خدمت زیر پرچم
Fahneneid, der; -(e)s, -e قَسَم نظامی به پرچم، سوگند به پرچم
Fahnenflucht, die; - فرار از خدمت زیر پرچم
fahnenflüchtig *Adj.* فراری از خدمت زیر پرچم
Fahnenjunker, der; -s, - پرچم‌دار
Fahnenlied, das; -(e)s, -er سرود پرچم
Fahnenschmuck, der; -(e)s تزئینات پرچم
Fahnenstange, die; -, -n چوب پرچم
Fahnenträger, der; -s, - پرچم‌دار
Fahnenwache, die; -, -n نگهبان پرچم
Fähnlein, das; -s, - ۱. پرچم کوچک ۲. (نظامی) فوج، دسته
Fahrausweis, der; -es, -e بلیت مسافرت
Fahrbahn, die; -, -en جادهٔ اتومبیل‌رو
fahrbar *Adj.* قابل حرکت
Fahrbarkeit, die; - قابلیت حرکت
fahrbereit *Adj.* [وسایل نقلیه] آمادهٔ حرکت
Fahrbereitschaft, die; - آمادگی حرکت (وسایل نقلیه)
Fahrdamm, der; -(e)s, ⸚e جادهٔ اتومبیل‌رو
Fähre, die; -, -n کلک، کشتی گذاره (قایق مخصوصی که به وسیلهٔ سیم یا طناب از یک سوی رودخانه به سوی دیگر کشانده می‌شود)
fahren *Vi., Vt., Vr.* ۱. راندن، رانندگی کردن ۲. سواره رفتن، با وسیلهٔ نقلیه رفتن ۳. (با وسیلهٔ نقلیه) رساندن ۴. با عجله انجام دادن ۵. روی (چیزی) دست کشیدن ۶. قابل رانندگی بودن (جاده)
Langsam fahren! آهسته برانید! سرعت را کم کنید!
mit dem Auto fahren با اتومبیل رفتن
Schi fahren اسکی بازی کردن
Rechts fahren! از سمت راست برانید!
jemandem **über den Mund fahren** به کسی پیش از پایان صحبتش پاسخ تند دادن
aus der Haut fahren بیش از حد ناراحت بودن
Fahren, das; -s, - رانندگی، حرکت وسایل نقلیه
fahrend *Adj.* ۱. سواره ۲. دوره‌گرد، خانه به دوش
Fahrenheit فارنهایت
Fahrenheitskala, die; - درجه‌بندی فارنهایت
fahrenlassen *Vt.* قطع امید کردن، از (چیزی) صرف‌نظر کردن
einen Plan fahrenlassen از نقشه‌ای صرف‌نظر کردن
Fahrer, der; -s, - راننده
Fahrerflucht, die; - فرار راننده (پس از وقوع حادثه)
Fahrerin, die; -, -nen راننده (زن)
Fahrerlaubnis, die; -, -nisse گواهینامهٔ رانندگی، تصدیق، اجازهٔ رانندگی
Fahrersitz, der; -es, -e صندلی راننده
Fahrgast, der; -(e)s, ⸚e مسافر، سرنشین (وسیلهٔ نقلیه)
Fahrgeld, das; -(e)s, -er کرایهٔ سفر
Fahrgeschwindigkeit, die; -, -en سرعت حرکت (وسیلهٔ نقلیه)
Fahrgestell, das; -(e)s, -e شاسی اتومبیل
fahrig *Adj.* بی‌قرار، ناراحت؛ عصبی؛ دستپاچه؛ گیج
Fahrigkeit, die; - بی‌قراری، ناراحتی؛ دستپاچگی؛ عصبانیت؛ گیجی
Fahrkarte, die; -, -n بلیت (مسافرت)
eine Fahrkarte lösen بلیت خریدن
die Rückfahrkarte بلیت رفت و برگشت، بلیت دوسره
Fahrkartenausgabe, die; -n, -n محل فروش بلیت
Fahrkartenautomat, der; -en, -en دستگاه خرید بلیت
Fahrkartenkontrolle, die; -, -n بازرسی بلیت
Fahrkartenkontrolleur, der; -s, -e بازرس بلیت
Fahrkartenschalter, der; -s, - باجهٔ (فروش) بلیت
Fahrkartenverkauf, der; -(e)s, -käufe فروش بلیت
Fahrkosten, die / *Pl* مخارج رفت و آمد (با وسیلهٔ نقلیه)
fahrlässig *Adj.* سهل‌انگار، مسامحه‌کار، اهمال‌کار، بی‌دقت
Fahrlässigkeit, die; -, -en سهل‌انگاری، مسامحه، اهمال، بی‌دقتی
Fahrlehrer, der; -s, - مربی رانندگی، معلم تعلیم رانندگی
Fährlichkeit, die; - مخاطره، خطر
Fährmann, der; -(e)s, ⸚er قایق‌ران، کشتی‌ران، ملاح کشتیِ گذاره
Fahrplan, der; -(e)s, ⸚e برنامهٔ حرکت (وسایل نقلیه)
fahrplanmäßig *Adj., Adv.* مطابق برنامهٔ حرکت (وسایل نقلیه)
Fahrpraxis, die; -, -en تجربهٔ رانندگی
Fahrpreis, der; -es, -e کرایهٔ سفر، نرخ راه
Fahrprüfung, die; -, -en آزمایش رانندگی

Fahrrad, das; -(e)s, ⸚er	دوچرخه
Fahrradpumpe, die; -, -n	تلمبهٔ دوچرخه
Fahrradsattel, der; -s, ⸚	زین دوچرخه
Fahrradsport, der; -(e)s	(ورزش) دوچرخه‌سواری
Fahrradständer, der; -s, -	جک دوچرخه
Fahrradweg, der; -(e)s, -e	راه دوچرخه‌رو
Fahrschein, der; -(e)s, -e	بلیت مسافرت
Fahrscheinentwerter, der; -s, -	دستگاه باطل‌کنندهٔ بلیت
Fahrschule, die; -, -n	آموزشگاه رانندگی
Fahrstraße, die; -, -n	راه ماشین‌رو
Fahrstuhl, der; -(e)s, ⸚e	آسانسور، بالابر
Fahrstunde, die; -, -n	درس رانندگی، تعلیم رانندگی
Fahrt, die; -, -en	۱. سفر، مسافرت ۲. سواری، گشت ۳. حرکت (وسایل نقلیه)
Gute Fahrt!	سفر به خیر!
in Fahrt kommen	۱. سر کیف آمدن ۲. خشمناک شدن
Fährte, die; -, -n	جای پا، رد، اثر
jemanden auf die richtige Fährte bringen	کسی را به راه راست هدایت کردن
auf der falschen Fährte sein	رد پای اشتباهی را گرفتن
Fahrtenbuch, das; -(e)s, ⸚er	دفتر شرح سفر، سفرنامه
Fahrtenschreiber, der; -s, -	سرعت سنج، سرعت‌نما
Fahrtkosten, die / Pl.	مخارج سفر
Fahrtreppe, die; -, -n	پلکان متحرک
Fahrtrichtung, die; -, -en	مسیر حرکت
Fahrtunterbrechung, die; -, -en	قطع مسافرت، توقف در بین راه
Fahrunterricht, der; -(e)s	تعلیم رانندگی
Fahrverbot, das; -(e)s, -e	منع از رانندگی
Fahrvorschrift, die; -, -en	دستور رانندگی
Fahrwasser, das; -s, -	راه آبی، آبراه
im richtigen Fahrwasser sein	راجع به موضوع مورد علاقهٔ خود بحث کردن
Fahrweg, der; -(e)s, -e	راه سواره‌رو، جادهٔ اتومبیل‌رو
Fahrzeug, das; -(e)s, -e	وسیلهٔ نقلیه، خودرو
Fahrzeugbrief, der; -(e)s, -e	سند مالکیت وسیلهٔ نقلیه
Fahrzeughalter, der; -s, -	مالک وسیلهٔ نقلیه
fair Adj.	۱. درستکار، منصف، صدیق ۲. منصفانه، صادقانه
Fairneß, die; -	شایستگی، انصاف، صداقت
Fair play, das; -, -	بازی منصفانه، بازی جوانمردانه
Fäkalien, die / Pl.	مدفوعات
Fakir, der; -s, -e	مرتاض، زاهد، درویش
Faksimile, das; -s, -s	رونوشت، المثنی، نسخهٔ بدل
faktisch Adj.	۱. واقعی، حقیقی ۲. واقعاً، حقیقتاً
Faktizität, die; -, -en	واقعیت، حقیقت
Faktor, der; -s, -en	فاکتور، عامل، ضریب
Faktotum, das; -s, -s	مباشر، پیشخدمت مخصوص
Faktum, das; -s, -ta	واقعیت، وجود مسلم
Faktura, die; -, -en	۱. فاکتور، صورت‌حساب ۲. قبض رسید
Fakultas, die; -, -täten	قابلیت استعداد
Fakultät, die; -, -en	دانشکده
fakultativ Adj.	اختیاری، انتخابی، غیر اجباری
fakultative Fächer	رشته‌های اختیاری
Fakultätsausschluß, der; -schlusses, -schlüsse	کمیتهٔ دانشکده
Fakultätsbeschluß, der; -schlusses, -schlüsse	تصمیم دانشکده
Fakultätskommission, die; -, -en	کمیتهٔ دانشکده
Fakultätssitzung, die; -, -en	جلسهٔ دانشکده
Fakultätsversammlung, die; -, -en	شورای دانشکده
Fakultätsvertreter, der; -s, -	نمایندهٔ دانشکده
falb Adj.	زرد کمرنگ، مایل به زرد، زردفام
Falbe, der; -n, -n	اسب کرند
Falke, der; -n, -n	باز، قوش، شاهین
falkenäugig Adj.	قوش چشم، تیزبین
Falkenbeize, die; -, -n	شکار با باز
Falkenjagd, die; -, -en	شکار با باز
Falkenjunge, der; -n, -n	بچه‌قوش
Falkner, der; -s, -	مربی باز شکاری؛ قوش‌باز
Falkonett, das; -s, -	زنبورک (توپ کوچک)
Fall, der; -(e)s, ⸚e	۱. سقوط، انحطاط ۲. مورد، حال، حالت، صورت ۳. اتفاق، واقعه، حادثه، سانحه
auf jeden Fall	به هر حال، در هر صورت
auf keinen Fall	به هیچ وجه، به هیچ صورت
auf alle Fälle	در هر حال، در هر صورت
erster Fall	(دستور زبان) حالت فاعلیت
jemanden zu Fall bringen	کسی را از هستی ساقط کردن
Fallbeil, das; -(e)s, -e	گیوتین، تیغهٔ افتان
Fallbrücke, die; -, -n	پل متحرک
Falle, die; -, -n	دام، تله
in die Falle gehen	به دام افتادن

fallen 296

fallen *Vi.* ۱. از ارزش و اعتبار افتادن، سقوط کردن ۲. (در امتحان) مردود شدن ۳. (در جنگ) کشته شدن، تلف شدن ۴. کاهش یافتن (قیمت) ۵. اتفاق افتادن، روی دادن

Es fällt mir schwer. برایم سخت است.

jemandem **in die Hände fallen** گرفتار کسی شدن

Mir fällt ein Stein vom Herzen. از غم و غصه بزرگی خلاص شدم.

aus allen Wolken fallen بی‌اندازه شگفت‌زده شدن

durch Examen fallen در امتحان مردود شدن

im Krieg fallen در جنگ کشته شدن

fällen *Vt.* ۱. کندن، بریدن، انداختن (درخت) ۲. بیان کردن ۳. باعث رسوب (چیزی) شدن، باعث ته‌نشینی (چیزی) شدن

eine Entscheidung fällen تصمیم نهایی راگرفتن

ein Urteil fällen حکم صادر کردن

fallenlassen *Vt.* از (چیزی) صرف‌نظر کردن، ول کردن، کنار گذاردن، انداختن

die Maske fallenlassen نقاب از چهره برداشتن

Fallensteller, der; -s, - تله گذار، دام‌گستر

Fallenstellerei, die; - دام‌گستری، تله گذاری

Fallgeschwindigkeit, die; -, -en سرعت سقوط اجسام، سرعت در سقوط آزاد

Fallgesetz, das; -es, -e قانون سقوط اجسام

Fallgrube, die; -, -n گودال سرپوشیده

Fallhöhe, die; -, -n ارتفاع در سقوط آزاد

fallieren *Vi.* ورشکست شدن، به روز سیاه افتادن

fällig *Adj.* ۱. قریب‌الوقوع، سر رسیده، موعد رسیده ۲. پرداختنی، ادا کردنی

Fälligkeit, die; -, -en سررسید، موعد پرداخت

Fallobst, das; -es پا درختی، میوهٔ از درخت افتاده

Fallreep, das; -(e)s, -e (در کشتی) نردبان طنابی

Fallrohr, das; -(e)s, -e لولهٔ فاضلاب

falls *Konj.* در صورتی که، اگر، هرگاه

Falls es regnet... اگر باران بارد ...

Fallschirm, der; -(e)s, -e چتر نجات، چتر پرواز

Fallschirmabsprung, der; -(e)s, ⸚e پرش با چتر نجات

Fallschirmjäger, der; -s, - سرباز چترباز

Fallschirmspringen, das; -s پرش با چترنجات

Fallschirmspringer, der; -s, - چترباز

Fallschirmtruppen, die / *Pl.* نیروی چترباز

Fallsucht, die; - صرع، بیماری غش، مرض حمله

fallsüchtig *Adj.* غشی، مصروع

Falltür, die; -, -en ۱. دریچه سقفی ۲. درِ کف اتاق

Fallzeit, die; -, -en مدت زمان سقوط

falsch *Adj.* ۱. دروغ، نادرست، غلط، خطا، اشتباه ۲. بدلی، مصنوعی؛ قلابی، جعلی ۳. دورو، ریاکار، مکار، حیله‌باز

falsch verstehen اشتباه فهمیدن

falsch singen غلط خواندن

auf die falsche Seite در طرف غلط

falsch verbunden [تلفن] اشتباه وصل شده

Die Uhr geht falsch. ساعت غلط کار می‌کند.

Falsch, der; - حیله، مکر

Falschbeurkundung, die; -, -en گواهی جعلی

Falschbezeugung, die; -, -en شهادت دروغی

Falscheid, der; -(e)s, -e سوگند دروغ

fälschen *Vt.* جعل کردن، تحریف کردن

Fälscher, der; -s, - جاعل، جعل‌کننده، تحریف‌کننده

Fälscherin, die; -, -nen جاعل، جعل‌کننده، تحریف‌کننده (زن)

Falschgeld, das; -(e)s, -er پول تقلبی

Falschgold, das; -(e)s طلای بدلی

Falschheit, die; - ۱. نادرستی، بطلان ۲. ریاکاری، دورویی

fälschlich *Adj.* اشتباهی، عوضی

fälschlicherweise *Adv.* اشتباهاً، سهواً

Falschmeldung, die; -, -en خبر نادرست

Falschmünzer, der; -s, - سازندهٔ سکهٔ تقلبی، سکه قلب‌زن

Falschspieler, der; -s, - قمارباز متقلب

Fälschung, die; -, -en جعل، تقلب

Dieses Bild ist eine Fälschung. این تابلو جعلی است.

Falsett, das; -(e)s, -e (موسیقی) صدای نازک غیرطبیعی انسان

Falsettstimme, die; -, -n (موسیقی) صدای نازک غیرطبیعی انسان

faltbar *Adj.* تاشو، تا شدنی

Faltboot, das; -(e)s, -e قایق تا شدنی، زورق تاشو

Falte, die; -, -n چین، چروک، تا

fälteln *Vt.* چین‌دار کردن

falten *Vt.* چین دادن، تا کردن

den Brief falten نامه را تا کردن

Faltengewand, das; -(e)s, ⸚er جامهٔ چین‌دار

faltenlos *Adj.* بی‌چین، تا نخورده

faltenreich *Adj.* پرچین

Faltenrock, der; -s, - دامن چین‌دار، دامن پلیسه

Falter, der; -s, - ۱. پروانه ۲. شاپرک

faltig *Adj.* چین‌دار، چروک خورده
Faltkarte, die; -, -n نقشهٔ تا شو
Faltstuhl, der; -(e)s, ¨-e صندلی تا شو
Falz, der; -es, -e درز، شیار، شکاف
Falzbein, das; -s, -e دستگاه کاغذ تاکن
falzen *Vt.* به‌هم جفت کردن (تخته)، (نجاری) کنش‌کاو انداختن
Fama, die; - شایعه
familiär *Adj.* خودمانی، خودی، مأنوس، شناس
Familie, die; -, -n خانواده، خاندان، دودمان، قوم
im Kreis der Familie در جمع خانواده
Familienähnlichkeit, die; -, -en شباهت خانوادگی
Familienangehörige, der/die; -n, -n عضو خانواده، خویشاوند
Familienangelegenheit, die; -, -en امور خانوادگی
Familienbegräbnis, das; -nisses, -nisse مقبرهٔ خانوادگی
Familienbetrieb, der; -(e)s, -e شغل خانوادگی
Familienbuch, das; -(e)s, ¨-er شجره‌نامه، تبارنامه
Familienfeier, die; -, -n جشن خانوادگی
Familienfest, das; -(e)s, -e جشن خانوادگی
Familienforscher, der; -s, - شجره‌نگار، تبارنگار
Familienforschung, die; -, -en تحقیق در تبارجویی، پژوهش خانواده
Familiengericht, das; -(e)s, -e دادگاه خانواده
Familienglück, das; -(e)s سعادت خانواده
Familienhaupt, das; -(e)s, -häupter رئیس خانواده، بزرگ خاندان
Familienkreis, der; -s, -e (در) جمع خانواده
Familienleben, das; -s, - زندگی خانوادگی
Familienminister, der; -s, - وزیر امور خانواده
Familienmitglied, das; -(e)s, -er عضو خانواده
Familiennachrichten, die / *Pl.* اخبار خانوادگی
Familienname, der; -ns, -n نام خانوادگی، نام فامیلی
Familienplanung, die; -, -en تنظیم خانواده
Familienrat, der; -(e)s, ¨-e شورای خانواده
Familienschutzgesetz, das; -es, -e قانون حمایت از خانواده
Familienstand, der; -(e)s, - وضعیت خانوادگی
Familienvater, der; -s, ¨ پدر خانواده، رئیس خانواده
Familienwappen, das; -s, - نشان خانوادگی، علامت خانوادگی

Fmilienzuwachs, der; -es ازدیاد خانواده
famos *Adj.* عالی، بسیار خوب
Famula, die; -, -lä (در بیمارستان) کارآموز (زن)
Famulation, die; - کارآموزی
famulieren *Vi.* (در بیمارستان) کارآموزی کردن
Famulus, der; -, -li (در بیمارستان) کارآموز
Fan, der; -s, -s دوستدار
der Sportfan ورزش‌دوست، دوستدار ورزش
Fanatiker, der; -s, - (آدم) متعصب، غیرتی
Fanatikerin, die; -, -nen (آدم) متعصب، غیرتی (زن)
fanatisch *Adj.* متعصب، غیرتی، جوشی
fanatisieren *Vt.* تعصب (کسی) را برانگیختن، تحریک کردن، شوراندن
Fanatismus, der; - تعصب، غیرت، شور
fand *P.* صیغهٔ فعل گذشتهٔ مطلق از مصدر finden
Fanfare, die; -, -n فانفار (نوعی ساز بادی شبیه شیپور)
Fang, der; -(e)s, ¨-e ۱. دستگیری؛ غنیمت ۲. شکار، صید ۳. چنگ، چنگال ۴. پوزه، دهان ۵. ضربهٔ خلاص
fangen *Vt., Vr.* ۱. به چنگ آوردن، گرفتن، دستگیر کردن ۲. شکار کردن، صید کردن ۳. تعادل (خود) را از دست ندادن
den Ball fangen توپ راگرفتن
Fische fangen ماهی صید کردن
Fangfrage, die; -, -n سؤال پیچیده
Fanggrube, die; -(e)s, -n گودال شکار
Fangleine, die; -, -n کمند
Fangnetz, das; -es, -e تور ماهی‌گیری، تور شکار
Fangplatz, der; -es, ¨-e شکارگاه
Fangseil, das; -(e)s, -e کمند
Fant, der; -(e)s, -e پسرک؛ آدم جلف
Fantasie, die; -, -n هوس، تفنن، تجمل
Farbaufnahme, der; -, -n عکس رنگی
Farbband, das; -(e)s, ¨-er نوار رنگی (ماشین تحریر)
färbbar *Adj.* قابل رنگ‌آمیزی
Farbbild, das; -es, -er عکس رنگی
Farbdruck, der; -(e)s, -e/¨-e چاپ رنگی
Farbe, die; -, -n رنگ
die Ölfarbe رنگ روغن
Die Farben beißen sich. رنگ‌ها به هم نمی‌آیند.
farbecht *Adj.* [رنگ] ثابت
Färbemittel, das; -s, - مادهٔ رنگرزی، رنگیزه
farbempfindlich *Adj.* حساس (نسبت به رنگ)
färben *Vt.* رنگ کردن، رنگ زدن
sich das Haar färben موی خود را رنگ کردن

farbenblind *Adj.* کور رنگ
Farbenblindheit, die; - کور رنگی
Farbendruck, der; -(e)s, -e / ¨-e چاپ رنگی
farbenfreudig *Adj.* خوش‌رنگ
farbenfroh *Adj.* خوش‌رنگ
Farbenharmonie, die; -, -n سازش رنگ‌ها
Farbenherstellung, die; - رنگ‌سازی
Farbenindustrie, die; -, -n صنعت رنگ‌سازی
Farbenklecks, der; -es, -e لکهٔ رنگ
Farbenlehre, die; -, -n علم رنگ‌شناسی
farbenprächtig *Adj.* رنگارنگ
farbenreich *Adj.* رنگارنگ
Farbenspiel, das; -(e)s, -e بازی رنگ، بازی رنگ‌ها
Farbenzauber, der; -s, - جادوی رنگ
Färber, der; -s, - رنگرز
Färberei, die; -, -en رنگرزی
Färbermeister, der; -s, - استاد رنگرز
Färberröte, die; -, -n روناس
Färberwaid, der; -(e)s, -e وسمه
Farbfernsehen, das; -s تلویزیون رنگی
Farbfilm, der; -s, -s فیلم رنگی
farbig *Adj.* رنگی، رنگین، الوان، رنگارنگ
Farbige, die / die; -n, -n رنگین نژاد، رنگین پوست
Farbkasten, der; -s, ¨- جعبهٔ رنگ
farblos *Adj.* بی‌رنگ
Farbphoto, das; -s, -s عکس رنگی
Farbphotographie, die; -, -n عکس رنگی
Farbspektrum, das; -s, -tren / -tra طیف رنگی
Farbstift, der; -(e)s, -e مداد رنگی
Farbstoff, der; -(e)s, -e مادهٔ رنگی، رنگمایه
Farbumschlag, der; -(e)s, ¨-e تغییر رنگ
Färbung, die; -, -en رنگ‌آمیزی، رنگ‌کاری
Farbwechsel, der; -s, - تغییر رنگ
Farm, die; -, -en مزرعه، کشتگاه
Farmer, der; -s, - مزرعه‌دار، مالک مزرعه، صاحب مزرعه، کشاورز
Farn, der; -(e)s, -e سرخس
Farnkraut, das; -(e)s, -kräuter گیاه سرخس
Fasan, der; -(e)s, -en قرقاول، تذرو
Fasanenhahn, der; -(e)s, ¨-e قرقاول نر
Fasanenhenne, die; -, -n قرقاول ماده
Fasanerie, die; -, -n قرقاول‌پروری
faschieren *Vt.* چرخ کردن (گوشت)
Faschiermaschine, die; -, -n چرخ‌گوشت
Faschiertes, das; - گوشت چرخ‌کرده
Faschine, die; -, -n پشتهٔ خار
Fasching, der; -s, -e کارناوال، کاروان شادی
Faschingskostüm, das; -s, -e لباس کارناوال
Faschismus, der; - فاشیسم
Faschist, der; -s, - فاشیست
faschistisch *Adj.* فاشیستی
Faselei, die; -, -en مزخرف‌گویی، کلام بیهوده، یاوه‌گویی
Faseler, der; -s, - یاوه‌گو
Faselhans, der; -(e), -e یاوه‌گو
faseln *Vi.* یاوه گفتن، چرند گفتن
Faseln, das; -s, - یاوه‌گویی، مزخرف‌گویی
Faser, die; -, -n رشته، نخ، لیف، تار
Fasergewebe, das; -s, - بافت الیافی
faserig *Adj.* رشته‌ای، نخی، لیفی، نخ نخ، ریش ریش
fasern *Vi.* ریش ریش شدن، رشته رشته شدن، به صورت رشته در آمدن
Faß, das; Fasses, Fässer خمره، بشکه، چلیک
Fassade, die; -, -n سردر، نمای بیرونی ساختمان
Sie hat nichts als eine hübsche Fassade.
جز ظاهری زیبا (چیزی) در چنته ندارد.
faßbar *Adj.* فهمیدنی، محسوس، قابل درک
Faßbinder, der; -s, - بشکه‌ساز
Faßbinderei, die; - بشکه‌سازی
Fäßchen, das; -s, - بشکهٔ کوچک
fassen *Vt., Vr., Vi.* ۱. گرفتن ۲. درک کردن، دریافتن ۳. دستگیر کردن ۴. بیان کردن ۵. قاب گرفتن ۶. ظرفیت داشتن، گنجایش داشتن ۷. تصمیم گرفتن ۸. جرأت پیدا کردن ۹. در هم جفت شدن ۱۰. (خود) را آماده کردن ۱۱. بر (خود) تسلط داشتن
einen Beschluß fassen تصمیم گرفتن
eine Abneigung fassen نفرت پیدا کردن
sich ein Herz fassen جرأت کردن
etwas **scharf ins Auge fassen**
چیزی را از دید انتقادی نگریستن
Fasse dich kurz! (در مکالمهٔ تلفنی) خلاصه کن!
Es ist nicht zu fassen. باور کردنی نیست.
auf etwas **gefaßt sein** روی چیزی حساب کردن
faßlich *Adj.* قابل درک
Fasson, die; -, -s نوع، شکل، فرم
Fassung, die; -, -en ۱. خونسردی، آرامش خاطر، خودداری ۲. دور عینک ۳. جای‌نگین (انگشتر) ۴. پریز؛ سرپیچ (لامپ) ۵. شکل، ترکیب، متن (اثر هنری)

jemanden **aus der Fassung bringen** حواس کسی را پرت کردن

Verlier(e) nicht die Fassung! دستپاچه نشو!

Der Film läuft in deutscher Fassung. فیلم به زبان آلمانی نمایش داده می‌شود.

Fassungskraft, die; -, ⸚e ۱. قدرت ادراک، قوهٔ فهم ۲. گنجایش

fassungslos *Adj.* حیرت‌زده، هاج و واج، مبهوت، از خود بی‌خود

Fassungslosigkeit, die; - بهت، حیرت، دستپاچگی

Fassungsvermögen, das; -s, - ۱. قدرت ادراک، قوهٔ فهم ۲. گنجایش

fast *Adv.* ۱. تقریباً ۲. در حدود، نزدیک به

fast nie تقریباً هیچ‌وقت

Ich wäre fast ertrunken. نزدیک بود غرق شوم.

Ich bin fast zwei Jahre hier. تقریباً دو سال است که اینجا هستم.

fasten *Vi.* روزه گرفتن

Fasten, die / *Pl.* روزه

Fastenbrechen, das; -s, - روزه‌خواری؛ افطار

Fastenbrecher, der; -s, - روزه‌خوار

fastend *Adj.* روزه‌دار

Fastenfrühstück, das; -(e)s, -e سحری

Fastenmonat, der; -(e)s, -e ماه روزه

Fastenzeit, die; -, -en ایام روزه

Fastnacht, die; -, ⸚e ۱. شب روزه ۲. کارناوال

Faszination, die; -, -en ۱. سحر، جادو، افسون ۲. جذبه

faszinieren *Vt.* ۱. جادو کردن، افسون کردن ۲. مجذوب کردن، مفتون کردن

faszinierend *Adj.* فریبنده، جاذب

fatal *Adj.* شوم، منحوس، نامطلوب

Fatalismus, der; - اعتقاد به سرنوشت، حکمت جبر

Fatalist, der; -en, -en معتقد به تقدیر، تقدیری، قدری

Fata Morgana, die; -, -nen / -s سراب

Fatum, das; -s, -ta سرنوشت، تقدیر

fauchen *Vi.* غریدن، فیف کردن

Fauchen, das; -s, - غرش، فیف

faul *Adj.* ۱. تنبل ۲. پوسیده، گندیده، فاسد ۳. مشکوک

An die Sache ist etwas faul. یک چیزی کم دارد. یک چیزی لنگ است.

fauler Fisch ماهی گندیده

fauler Zauber فریبکاری آشکار

Fäule, die; - پوسیدگی، گندیدگی

faulen *Vi.* پوسیدن، خراب شدن، گندیدن (مواد غذایی)

faulenzen *Vi.* تنبلی کردن، تن‌پروری کردن وقت را به بطالت گذراندن

Faulenzer, der; -s, - تنبل، راحت‌طلب، تن‌پرور

Faulenzerei, die; -, -en تنبلی، تن‌آسایی

Faulertum, das; - تنبلی، تن‌آسایی

Faulheit, die; -, -en ۱. تنبلی، کاهلی، تن‌آسایی ۲. گندیدگی، پوسیدگی

faulig *Adj.* پوسیده، گندیده، فاسد

Fäulnis, die; - گندیدگی، پوسیدگی، عفونت (مواد غذایی)

Fäulnisgeruch, der; -(e)s, ⸚e بوی تعفن

Fäulnispilz, der; -es, -e کفک

Faulpelz, der; -es, -e تنبل، لش، تن‌آسا

Faultier, das; -(e)s, -e حیوان تنبل

Faun, der; -(e)s, -e لولو؛ دیو (حیوان افسانه‌ای)

Fauna, die; -, -nen جهان حیوانات

Faust, die; -, Fäuste مشت، دست گره کرده

Faust ballen مشت را گره کردن

auf eigene Faust به مسئولیت خود

mit der Faust auf den Tisch schlagen به‌طور قاطع عمل کردن

Fäustchen, das; -s, - مشت کوچک

sich ins Fäustchen ballen به ریش کسی خندیدن

faustdick *Adj., Adv.* بسیار زیاد، بیش از اندازه

Er hat es faustdick hinter den Ohren. حقه‌باز و فریبکار است.

fausten *Vt.* با مشت زدن (توپ)

Fausthandschuh, der; -(e)s, -e دستکش مشت‌بازی

Faustkampf, der; -(e)s, ⸚e بوکس‌بازی، مشت‌زنی

Faustkämpfer, der; -s, - بوکس‌باز، مشت‌زن

Faustpfand, das; -(e)s, ⸚e گرویی

Faustrecht, das; -(e)s قانون زور

Faustregel, die; -, -n قاعدهٔ کلی

Faustschlag, der; -(e)s, ⸚e ضربت مشت، سُقلمه

favorabel *Adj.* مناسب، پذیرفتنی

favorisieren *Vt.* ۱. مورد توجه قرار دادن ۲. بیش از حد رعایت (کسی) را کردن

Favorit, der; -en, -en نورچشمی، دردانه، عزیز کرده

Favoritin, die; -, -nen نورچشمی، دردانه، عزیز کرده (زن)

Faxe, die; -, -n مسخرگی، شکلک، دهان‌کجی

Faxenmacher, der; -s, - مسخره، دلقک

Fayence, die; -, -n (ظرف) میناکاری
Fazit, das; -s, -e/-s نتیجه، حاصل، خلاصه، مُلَخّص کلام
FDP = *Freie Demokratische Partei* (در آلمان) حزب دمکرات آزاد
F-Dur, das; - (موسیقی) فا بزرگ
Februar, der; -(s), -e ماه فوریه
fechten *Vi., Vt.* ۱. شمشیر بازی کردن ۲. جنگ کردن، نزاع کردن ۳. گدایی کردن
Fechter, der; -s, - شمشیرباز
Fechtkunst, die; -, ⸚e (فن) شمشیربازی
Fechtmaske, die; - ماسک شمشیربازی
Fechtmeister, der; -s, - استاد شمشیربازی
Fechtschule, die; -, -n آموزشگاه شمشیربازی
Fechtsport, der; -(e)s (ورزش) شمشیربازی
Feder, die; -, -n ۱. پر ۲. فنر ۳. قلم ۴. زبانه
sich mit fremden Federn schmücken با مال دیگران پز دادن
Federball, der; -(e)s, ⸚e توپِ بدمینتون، توپ پردار
Federballspiel, das; -(e)s, -e (بازی) بدمینتون
Federbett, das; -es, -en لحاف پر
Federfuchser, der; -s, - کاغذباز، میرزا بنویس، منشی
federführend *Adj.* مسئول؛ پیش‌کسوت
Federgewicht, das; -(e)s, -e (ورزش) پر وزن
Federhalter, der; -s, - قلمدان
Federhut, der; -(e)s, ⸚e کلاه پردار
federig *Adj.* پردار
Federkasten, der; -s, ⸚ قلمدان
Federkiel, der; -(e)s, -e پر بلند بال پرنده
Federkissen, das; -s, - بالش پر
Federkraft, die; -, ⸚e جهندگی، حالت ارتجاعی
Federkrieg, der; -(e)s, -e مشاجرهٔ قلمی
federleicht *Adj.* بسیار سبک
Federmäppchen, das; -s, - قلمدان
Federmatratze, die; -, -n تشک فنری
Federmesser, das; -s, - قلم‌تراش
federn *Vi., Vr., Vt.* ۱. حالت فنری داشتن، فنری بودن ۲. پر پس دادن، پر ریختن ۳. پر(چیزی) را کندن
federnd *Adj.* فنری، قابل ارتجاع
Federspitze, die; -, -n نوک قلم
Federung, die; -, -en فنربندی، ارتجاع فنر
Federvieh, das; -(e)s ماکیان
Federwaage, die; -, -n ترازوی فنری
Federzange, die; -, -n انبر ظریف
Fee, die; -, -n پری، حوری
feengleich *Adj.* پری‌وش
feenhaft *Adj.* پری‌وش
Feenland, das; -(e)s, ⸚er سرزمین پریان
Feenmärchen, das; -s, - داستان پریان
Fegefeuer, das; -s, - برزخ، اعراف
fegen *Vt., Vi.* ۱. جارو کردن، روفتن ۲. با شتاب رفتن ۳. سوز وزیدن
Fegen, das; -s, - جاروکشی
Feger, der; -s, - ۱. جاروکش، رفتگر ۲. جارو ۳. دختر نابکار
Feh, das; -(e)s, -e پوست سنجاب سیبری، خز سیبری
Fehde, die; -, -n دشمنی، ستیز، کینه، عداوت
mit jemandem **in Fehde liegen** با کسی در جنگ و ستیز بودن
Fehdebrief, der; -(e)s, -e اعلان جنگ، دعوت به جنگ
Fehdehandschuh, der; -(e)s, -e
jemandem **den Fehdehandschuh hinwerfen** کسی را به مبارزه طلبیدن
fehl *Adv.* بی‌مورد، بی‌محل، بی‌جا، اشتباهی
Fehl
ohne Fehl (und Tabel) بی‌عیب و نقص
Fehlanwendung, die; -, -en سوء استعمال، استعمال غلط
Fehlanzeige, die; -, -n خبر نادرست
Fehlball, der; -(e)s, ⸚e توپ اشتباه، (تنیس) سِرو اشتباه
fehlbar *Adj.* مقصر، گناهکار
fehlbesetzen *Vt.* به اشتباه به هنرپیشه‌ای سپردن (نقش)
Fehlbesetzung, die; -, -en سپردن نقش اشتباه به هنرپیشه
Fehlbestand, der; -(e)s, ⸚e نقص، کمبود
Fehlbetrag, der; -(e)s, ⸚e کمبود پول؛ مبلغ کسری
Fehlbeurteilung, die; -, -en قضاوت نادرست
Fehlbitte, die; -, -n خواهش بیهوده
Fehldiagnose, die; -, -n تشخیص غلط، سوء تشخیص (بیماری)
Fehleinschätzung, die; -, -en برآورد غلط
fehlen *Vi.* ۱. غایب بودن، غیبت داشتن ۲. کم بودن، کسر بودن ۳. کم داشتن، کسر داشتن ۴. فاقد بودن ۵. به خطا رفتن، اصابت نکردن، نشانه نزدن ۶. بیمار بودن، کسالت داشتن
Was fehlt Ihnen? چه کسالتی دارید؟ چه کم دارید؟
Das fehlte gerade noch! فقط همین مانده بود!

In der Kasse fehlen zwanzig Mark. در صندوق بیست مارک کسر است.

Er fehlt mir sehr! جایش خیلی خالی است!

Fehlen, das; -s, - کسر، کمبود، نقصان

fehlend *Adj.* غیر موجود

Fehlentscheidung, die; - تصمیم نادرست

Fehler, der; -s, - ۱. غلط، اشتباه ۲. خطا ۳. نقص، عیب

einen Fehler haben نقصی داشتن

einen Fehler machen اشتباهی کردن

fehlerfrei *Adj.* بی‌عیب، بی‌غلط، بی‌نقص

Niemand ist fehlerfrei. هیچ کس بدون عیب نیست.

fehlerhaft *Adj.* ۱. معیوب، ناقص ۲. ناصحیح، پُر اشتباه

Fehlerkorrektur, die; -, -en رفع اشتباه، تصحیح

fehlerlos *Adj.* بی‌عیب، بی‌غلط، بی‌نقص

Fehlernährung, die; -, -en سوء تغذیه

Fehlerquelle, die; -, -n منشاء اشتباه

die Fehlerquelle suchen به دنبال منشاء اشتباه گشتن

fehlerreich *Adj.* پر غلط

Fehlgeburt, die; -, -en سقط جنین

fehlgehen *Vi.* گمراه شدن، اشتباه کردن، خطا رفتن

Fehlgriff, der; -(e)s, -e اقدام غلط، عمل اشتباه‌آمیز

Fehlhaltung, die; -, -en رفتار غلط

Fehlhandlung, die; -, -en کار نادرست، عمل غلط

Fehlinterpretation, die; -, -en برداشت نادرست، تفسیر غلط

Fehlinvestition, die; -, -en سرمایه‌گذاری غلط

Fehlkalkulation, die; -, -en حساب غلط

Fehlkombination, die; -, -en ترکیب غلط

Fehllandung, die; -, -en فرود اجباری (هواپیما)

Fehlleistung, die; -, -en عمل خطا

Fehlleitung, die; -, -en سوء اداره

Fehllesung, die; -, -en غلط خوانی

Fehlmanipulation, die; -, -en تدبیر غلط

Fehlplanung, die; -, -en طرح‌ریزی نادرست

Fehlrechnung, die; -, -en حساب غلط، مُلَخّص کلام

Fehlschätzung, die; -, -en تخمین نادرست

fehlschießen *Vt.* ۱. به خطا زدن (تیر) ۲. اشتباه حدس زدن

Fehlschlag, der; -(e)s, ⸚e ۱. عدم اصابت ۲. عمل ناموفق، شکست

fehlschlagen *Vi.* ۱. به هدف اصابت نکردن ۲. به موفقیت منجر نشدن، به شکست انجامیدن

Fehlschluß, der; -schlusses, -schlüsse ۱. استنباط غلط ۲. خطازنی

Fehlschreibung, die; -, -en غلط‌نویسی

Fehlstart, der; -(e)s, -s / -e (ورزش) شروع نابهنگام، استارت غلط

fehltreten *Vi.* لغزیدن

Fehltritt, der; -(e)s, -e لغزش پا

Fehlurteil, das; -s, -e قضاوت غلط، حکم نادرست

Fehlvergleich, der; -(e)s, -e تشبیه نادرست

Fehlverhalten, das; -s, - رفتار نابجا

feien *Vt.* نسبت به (چیزی) مصون کردن

Feier, die; -, -n ۱. جشن، بزم ۲. آئین، مراسم

Feierabend, der; -s, -e تعطیل کار، پایان کار، وقت خاتمهٔ کار

Feierabend machen کار را تعطیل کردن

feierlich *Adj.* رسمی، مجلل، تشریفاتی، باشکوه

Feierlichkeit, die; -, -en مراسم رسمی، تشریفات

feiern *Vt., Vi.* ۱. جشن گرفتن ۲. از (کسی) تجلیل کردن، بزرگ داشتن ۳. تعطیلی داشتن، تعطیل بودن

Feierstunde, die; -, -n ساعت استراحت

Feiertag, der; -(e)s, -e روز تعطیلی

feig(e) *Adj.* ترسو، بزدل، نامرد

Feige, die; -, -n انجیر

Feigenbaum, der; -(e)s, -bäume درخت انجیر

Feigenblatt, das; -(e)s, ⸚er برگ انجیر

Feigheit, die; - ترسویی، بزدلی، نامردی

feigherzig *Adj.* ترسو، بزدل

Feigling, der; -s, -e (آدم) ترسو، بزدل

feil *Adj.* برای فروش، فروشی

feilbieten *Vt.* برای فروش عرضه کردن

Feile, die; -, -n سوهان

feilen *Vt.* ۱. سوهان کشیدن، (به وسیلهٔ سوهان) صاف کردن ۲. تصحیح کردن

an einem Aufsatz feilen انشایی را تصحیح کردن

Feilen, das; -s, - سوهان‌کاری

Feiler, der; -s, - سوهان‌کار

Feilerei, die; - سوهان‌کاری

feilhalten *Vt.* برای فروش عرضه کردن

Feilhaltung, die; - عرضه برای فروش

Feilheit, die; -, -en قابلیت فروش، عرضه برای فروش

feilschen *Vi.* چانه زدن

Feilspäne, die / *Pl.* براده سوهان‌کشی

fein *Adj.* ۱. لطیف، ظریف ۲. ریز ۳. نازک ۴. خالص، ناب ۵. دقیق، حساس ۶. موقر، مؤدب، محترم، با نزاکت ۷. لذیذ، مطبوع ۸. نرم

Es schmeckt fein. لذیذ است.

Feinarbeit 302

ein feiner Mensch شخص با نزاکت
Feinarbeit, die; -, -en کار دقیق، ظریف‌کاری، ریزه‌کاری
Feinbohnen, die / *Pl.* لوبیای چشم بلبلی
feind *Adj.* ضد، مخالف، متخاصم
Feind, der; -(e)s, -e ۱. دشمن، خصم، بدخواه ۲. کشور متخاصم
Feindin, die; -, -nen دشمن، خصم، بدخواه (زن)
feindlich *Adj.* خصمانه، خصومت‌آمیز، بدخواهانه
Feindlichkeit, die; -, -en دشمنی، خصومت، عداوت
Feindschaft, die; -, -en دشمنی، خصومت، عداوت
feindselig *Adj.* خصمانه، خصومت‌آمیز، بدخواهانه
Feindseligkeit, die; -, -en دشمنی، خصومت، عداوت
Feineinstellung, die; -, -en تنظیم دقیق
feinfühlend *Adj.* حساس، نازک‌دل
feinfühlig *Adj.* حساس، نازک‌دل
Feinfühligkeit, die; - حساسیت، ظرافت
feingebildet *Adj.* ظریف، خوش‌اندام
Feingefühl, das; -(e)s رقت قلب، ظرافت، لطافت
feingeknüpft *Adj.* [قالی] نازک‌باف، ریزباف
feingemahlen *Adj.* خیلی نرم آرد شده
Feingeschmack, der; -(e)s, ⸚e خوش‌ذوقی، سلیقهٔ لطیف
feingesponnen *Adj.* [پارچه] ظریف بافت
feingeliedrig *Adj.* باریک پا، نازک‌اندام
Feinheit, die; -, -en ظرافت، ریزه‌کاری، دقت
Die Rede ist voller Feinheiten. سخنرانی پر از نکات ظریف است.
feinhörig *Adj.* تیزگوش
Feinhörigkeit, die; -, -en تیزگوشی
feinkörnig *Adj.* ریزدانه
Feinkost, die; - خوراک لذیذ
feinmachen *Vr.* (خود) را شیک کردن
feinmaschig *Adj.* شبکه شبکه، دارای شبکه‌های ظریف
Feinmechanik, die; -, -en کار ظریف فنی
Feinmechaniker, der; -s, - مکانیک ظریف کار
feinmessen *Vt.* با دقت اندازه گرفتن
Feinsäge, die; -, -n اره مویی، ارهٔ ریز
Feinschmecker, der; -s, - خوش‌خوراک
Feinschmeckerei, die; - خوش‌خوراکی
Feinsinn, der; -(e)s, -e ظرافت طبع
feinsinnig *Adj.* خوش‌سلیقه، خوش‌طبع
feist *Adj.* چاق، فربه
feixen *Vi.* پوزخند زدن، به مسخره گرفتن
Feixen, das; -s پوزخند
Feld, das; -(e)s, -er ۱. مزرعه، کشتزار ۲. حوزه، محدوده، میدان ۳. جبهه (جنگ)
auf freiem Feld در هوای آزاد
elektrisches Feld میدان الکتریکی
Feldarbeit, die; -, -en کار مزرعه
Feldarbeiter, der; -s, - کارگر مزرعه
Feldartillerie, die; -, -n توپخانه صحرایی
Feldarzt, der; -es, ⸚e پزشک نظامی
Feldbau, der; -(e)s, -e زراعت، فلاحت
Feldbett, das; -es, -en تختخواب سفری
Feldblume, die; -, -n گل صحرایی
Felddienst, der; -es, -e خدمت در جبهه
Feldflasche, die; -, -n قمقمه
Feldflur, die; - زمین زراعتی
Feldgeistlicher, der; -s, - روحانی نظامی، قاضی عسکر
Feldgeschütz, das; -(e)s, -e توپ صحرایی
Feldglas, das; -(e)s, ⸚er دوربین صحرایی
Feldgrundstück, das; -(e)s, -e زمین مزروعی
Feldhase, der; -n, -n خرگوش صحرایی
Feldherr, der; -n / -en, -en سپهسالار، فرمانده
Feldhospital, das; -s, -e بیمارستان صحرایی
Feldhüter, der; -s, - دشتبان
Feldkohl, der; -(e)s کلم صحرایی
Feldkrähe, die; -, -n کلاغ
Feldküche, die; -, -n آشپزخانهٔ صحرایی
Feldkümmel, der; -s زیرهٔ صحرایی
Feldlager, das; -s, - اردوگاه موقتی
Feldlazarett, das; -(e)s, -e بیمارستان سیار، بیمارستان صحرایی
Feldlerche, die; -, -n چکاوه، چکاوک
Feldmarschall, der; -(e)s, ⸚e ارتشبد
Feldmaus, die; -, -mäuse موش صحرایی
Feldmesser, der; -s, - نقشه‌بردار، مساح، پیمایشگر
Feldmeßkunst, die; -, ⸚e نقشه‌برداری، مساحی، پیمایشگری
Feldminze, die; -, -n نعنای صحرایی
Feldmohn, der; -(e)s, -e شقایق صحرایی
Feldmütze, die; -, -en کلاه نظامی
Feldprediger, der; -s, - روحانی نظامی، قاضی عسکر
Feldprotze, die; -, -n عرادهٔ توپ
Feldraute, die; -, -n شاه تره

Feldsalat, der; -(e)s, -e (نوعی) کاهو
Feldscheune, die; -, -n انبار صحرایی
Feldschlacht, die; -, -en جنگ صحرایی
Feldschlange, die; -, -n توپ کوچک قدیمی، زنبورک، شمخال
Feldsoldat, der; -en, -en سرباز جبهه
Feldsperling, der; -s, -e گنجشک صحرایی
Feldstärke, die; -, -n (فیزیک) شدت میدان مغناطیسی
Feldstecher, der; -s, - دوربین نظامی
Feldstein, der; -(e)s, -e قلوه‌سنگ
Feldstück, das; -(e)s, -e قطعه زمین زراعی
Feldstuhl, der; -(e)s, ⸚e صندلی تاشو، صندلی خیمه و چادر
Feldwache, die; -, -n نگهبان صحرایی
Feldwebel, der; -s, - سرجوخه، وکیل‌باشی
Feldwebelleutnant, der; -s, -s ستوان سوم
Feldweg, der; -(e)s, -e جاده کشتزار، کوچه باغی
Feldzeichen, das; -s, - پرچم نظامی، درفش
Feldzeugmeister, der; -s, - متصدی تجهیزات جنگی
Feldzug, der; -es, ⸚e سفر جنگی، لشکرکشی
Felge, die; -, -n ۱. طوقهٔ خارجی دوچرخه ۲. رینگ (اتومبیل)
Fell, das; -(e)s, -e پوست، خز
ein dickes Fell haben پوست کلفتی داشتن، پوست کلفت بودن
jemandem **das Fell über die Ohren ziehen** در معامله سر کسی کلاه گذاشتن
Ihm sind alle Felle weggeschwommen! پشمش ریخته!
Fellache, der; -s, -s/-n فلاح، برزگر
Fellachin, die; -, -nen فلاح، برزگر (زن)
Felleisen, das; -s, - کوله‌پشتی؛ خورجین
Fellhandel, der; -s, ⸚ تجارت پوست
Fellhändler, der; -s, - پوست‌فروش
Fellmantel, der; -s, ⸚ پوستین
Fellmütze, die; -, -n کلاه پوستی
Fels, der; -en, -en صخره
Felsblock, der; -(e)s, ⸚e تخته‌سنگ
Felsen, der; -s, - صخره
felsenfest *Adj.* سخت، سفت
Felsengrotte, die; -, -n غار سنگی
Felsenküste, die; -, -n ساحل صخره‌ای
felsig *Adj.* صخره‌ای، سنگی
Felsküste, die; -, -n ساحل صخره‌ای

Felsrelief, das; -s, -s حجاری کوه، نقش بر کوه
Felsspalte, die; -, -n شکاف کوه
Felswand, die; -, ⸚e دیوارهٔ کوه
Felszeichnung, die; -, -en نقش بر سنگ
Feme, die; -, -n دادگاه محرمانه
Femegericht, das; -(e)s, -e دادگاه محرمانه
feminin *Adj.* مؤنث، زنانه
Femininform, die; -, -en (دستور زبان) جنس مؤنث، صیغهٔ مؤنث
Femininum, das; -s, -na (دستور زبان) جنس مؤنث، صیغهٔ مؤنث
Feminismus, der; -, -men نهضت آزادی زنان، جنبش زنانه (علیه مردسالاری)
Feministin, die; -, -nen زنی که خواهان از بین رفتن نظام مردسالاری است
Fenchel, der; -s, - (گیاه) رازیانه؛ بادیان؛ مرزه
Fenchelöl, das; -(e)s, -e روغن رازیانه
Fenchelsame, der; -ns, -n تخم رازیانه
Fencheltee, der; -s, -s جوشاندهٔ رازیانه
Fenster, das; -s, - پنجره، دریچه
das Geld zum Fenster hinaus werfen ولخرجی کردن
Fensterbank, die; -, ⸚e سکوی جلوی پنجره، پیش پنجره، درگاه
Fensterbrett, das; -(e)s, -er تختهٔ جلوی پنجره
Fensterflügel, der; -s, - لنگهٔ پنجره
Fenstergitter, das; -s, - نردهٔ آهنین جلوی پنجره، حفاظ پنجره
Fensterglas, das; -es, ⸚er شیشهٔ پنجره
Fenstergriff, der; -(e)s, -e دستگیرهٔ پنجره
Fensterkrampe, die; -, -n چفت پنجره
Fensterladen, der; -s, ⸚ نردهٔ چوبی جلوی پنجره، حفاظ چوبی پنجره
fensterln *Vi.* از پنجره وارد اتاق معشوقه شدن
Fensterplatz, der; -es, ⸚e جای دم پنجره
Fensterputzen, das; -s, - نظافت پنجره
Fensterputzer, der; -s, - پنجره‌شوی
Fensterrahmen, der; -s, - چهارچوب پنجره، قاب پنجره
Fensterscheibe, die; -, -n شیشهٔ پنجره
Ferien, die/*Pl.* ایام تعطیل، تعطیلات
Ferien haben تعطیلات داشتن
die Ferien verbringen تعطیلات راگذراندن
in die Ferien gehen به تعطیلات رفتن
Ferienlager, das; -s, - اردوی تعطیلاتی

Ferienreise, die; -, - سفر تعطیلاتی
Ferientag, der; -(e)s, -e روز تعطیل
Ferienzeit, die; -, -en موقع تعطیلات
Ferkel, das; -s, - بچه خوک
Ferkelei, die; -, -en کثافتکاری
ferkeln *Vi.* ۱. بچه آوردن (خوک) ۲. کثافتکاری کردن
Ferman, der; -(e)s, -e فرمان، فتوا
Fermate, die; -, -n (موسیقی) علامت ایست، علامت وقفه
Ferment, das; -(e)s, -e ۱. خمیر مایه، مخمر ۲. (در بدن) دیاستاز، آنزیم
Fermentation, die; -, -en تخمیر
fermentieren *Vt.* به (چیزی) خمیر مایه زدن، تخمیر کردن، جوشاندن
fern *Adj., Adv., Präp.* دور، دوردست، بعید
von fern از دور
fernab *Adv.* از دور
Fernamt, das; -(e)s, =er مرکز تلفن راه دور
Fernaufnahme, die; -, -n عکس‌برداری از دور
Fernbedienung, die; -, -en هدایت از راه دور
fernbleiben *Vi.* ۱. دور ماندن ۲. شرکت نکردن، غایب شدن
wegen Krankheit fernbleiben به علت بیماری غایب شدن
ferne *Adj.* دور
Ferne, die; -, -n ۱. دوری، بعد ۲. فاصلهٔ دور، دوردست
aus der Ferne از فاصلهٔ دور
ferner *Adj., Adv.* ۱. دورتر، جلوتر ۲. علاوه بر این، گذشته از این، وانگهی
fernerhin *Adv.* از این به بعد، باز هم، در آتیه
Fernfahrer, der; -s, - رانندهٔ باربری راه دور
Fernflug, der; -(e)s, =e پرواز از راه دور
ferngelenkt *Adj.* هدایت شده از دور
Ferngeschoß, das; -schosses, -schosse گلولهٔ توپ دور زن
Ferngeschütz, das; -(e)s, -e توپخانهٔ دور زن
Ferngespräch, das; -(e)s, -e مکالمهٔ تلفنی، گفت‌وگوی تلفنی (از راه دور)
ferngesteuert *Adj.* هدایت شده از دور
Fernglas, das; -(e)s, =er دوربین
fernhalten *Vt.* ۱. دور نگه داشتن، شرکت ندادن، منع کردن ۲. (از خطر) محفوظ داشتن
etwas **von** jemandem **fernhalten** چیزی را از کسی دور نگه داشتن

Fernheizung, die; -, -en حرارت مرکزی شهر
Fernheizwerk, das; -(e)s, -e کارخانهٔ حرارت مرکزی شهر
fernhin *Adv.* به طرف دور، دورادور
Fernkamera, die; -, -s دوربین راه دور
Fernkraft, die; -, =e نیروی مؤثر از دور
Fernleihe, die; -, -n امانت کتاب از راه دور
Fernleitung, die; -, -en هدایت از دور
fernlenken *Vt.* از دور هدایت کردن
Fernlenkung, die; -, -en هدایت از دور
Fernlicht, das; -(e)s, -er (در اتومبیل) چراغ بالا
fernliegen *Vi.* ۱. از ذهن (کسی) دور بودن ۲. دوردست بودن، بعید بودن
Der Gedanke liegt mir fern. فکرم به جایی نمی‌رسد.
fernliegend *Adj.* دور، دوردست
Fernmeldeamt, das; -(e)s, =er ادارهٔ مخابرات
Fernmeldetechnik, die; - رشتهٔ مخابرات
Fernmeldeverkehr, der; -(e)s ارتباط تلفنی، مخابرات تلفنی
Fernmeldewesen, das; -s امور مخابرات
fernmündlich *Adj.* تلفنی، به وسیلهٔ تلفن
Fernost خاور دور
fernöstlich *Adj.* (مربوط به) خاور دور
Fernrohr, das; -(e)s, -e دوربین نجومی
Fernruf, der; -(e)s, -e ۱. مکالمهٔ تلفنی ۲. شمارهٔ تلفن
Fernschreiben, das; -s, - تلکس، دورنویس
Fernschreiber, der; -s, - دستگاه تلکس، دورنویس
Fernsehansager, der; -s, - گویندهٔ تلویزیون
Fernsehansagerin, die; -, -nen گویندهٔ تلویزیون (زن)
Fernsehanstalt, die; -, -en سازمان تلویزیون
Fernsehapparat, der; -(e)s, -e دستگاه تلویزیون
Fernsehbericht, der; -(e)s, -e گزارش تلویزیونی
Fernsehbrille, die; -, -n عینک مخصوص تلویزیون
Fernsehempfangsantenne, die; -, -n آنتن گیرندهٔ تلویزیون
fernsehen *Vi.* تلویزیون تماشا کردن
Fernsehen, das; -s, - (دستگاه) تلویزیون
im Fernsehen در تلویزیون
Fernseher, der; -s, - تلویزیون
Fernsehfilm, der; -s, -e فیلم تلویزیونی
Fernsehgebühren, die / *Pl.* عوارض تلویزیون
Fernsehgerät, das; -(e)s, -e دستگاه تلویزیون
Fernsehjournalist, der; -en, -en گزارشگر تلویزیون

Fernsehkamera, die; -, -s دوربین تلویزیون
Fernsehnetz, das; -es, -e شبکهٔ تلویزیونی
Fernsehprogramm, das; -s, -e برنامهٔ تلویزیون
Fernsehsatellit, der; -en, -en ماهوارهٔ مخصوص تلویزیون
Fernsehschirm, der; -(e)s, -e صفحهٔ تلویزیون
Fernsehsender, der; -s, - فرستندهٔ تلویزیون
Fernsehsenderturm, der; -(e)s, ¨-e برج فرستندهٔ تلویزیون
Fernsehsendung, die; -, -en برنامهٔ تلویزیون
Fernsehserie, die; -, -n سریال تلویزیونی
Fernsehspiel, das; -(e)s, -e فیلم تلویزیونی
Fernsehturm, der; -(e)s, ¨-e برج تلویزیون
Fernsehzuschauer, der; -s, - بینندهٔ تلویزیون
Fernsein, das; -s, - دوری، جدایی، فراق
Fernsicht, die; - دورنما، منظرهٔ دور
fernsichtig *Adj.* [چشم] دوربین
Fernsprechamt, das; -(e)s, ¨-er شرکت تلفن
Fernsprechanschluß, der; -schlusses, -schlüsse اتصال تلفنی
Fernsprechapparat, der; -(e)s, -e دستگاه تلفن
Fernsprechautomat, der; -en, -en تلفن عمومی
Fernsprechbuch, das; -(e)s, ¨-er دفتر تلفن، دفتر اسامی مشترکان تلفن
im Fernsprechbuch nachsehen به کتاب راهنمای تلفن مراجعه کردن
fernsprechen *Vi.* تلفن کردن
Fernsprecher, der; -s, - (دستگاه) تلفن
Fernsprecherkabel, das; -s, - سیم‌کشی تلفن
Fernsprechnetz, das; -es, -e شبکهٔ تلفنی
Fernsprechnummer, die; -, -n شمارهٔ تلفن
Fernsprechverbindung, die; -, -en ارتباط تلفنی
Fernsprechverzeichnis, das; -nisses, -nisse دفتر اسامی مشترکان تلفن، دفتر تلفن
Fernsprechzelle, die; -, -n باجهٔ تلفن عمومی
fernstehen *Vi.* ۱. از (کسی / چیزی) دور بودن ۲. با (کسی) رابطه نداشتن
fernstehend *Adj.* دور، بعید
fernsteuern *Vt.* از راه دور هدایت کردن
Fernsteuerung, die; -, -en هدایت از دور
Fernstraße, die; -, -n بزرگراه
Fernstudium, das; -s, -dien تحصیل مکاتبه‌ای
Fernübertragung, die; -, -en انتقال از راه دور
Fernuniversität, die; -, -en دانشگاه مکاتبه‌ای

Fernunterricht, der; -(e)s تحصیل مکاتبه‌ای
Fernverbindung, die; -, -en انتقال از راه دور
Fernverkehr, der; -(e)s رفت و آمد برون شهری
Fernwaffe, die; -, -n اسلحهٔ دوربرد
Fernwirkung, die; -, -en تأثیر از راه دور
Fernzug, der; -es, ¨-e قطار راه دور
Fernzündung, die; -, -en انفجار از راه دور
Ferse, die; -, -n پاشنه (کفش / جوراب / پا)
jemandem **auf den Fersen sein** زاغ سیاه کسی را چوب زدن
Fersenbein, das; -s, -e استخوان پاشنه پا
fertig *Adj.* ۱. آماده، حاضر، مهیا ۲. تمام، کامل ۳. خسته، هلاک، از نفس افتاده
fertig sein ۱. حاضر بودن ۲. از تاب و توان افتادن
Fertig! تمام شد!
Ich bin mit den Nerven fertig. اعصابم داغون است.
Ich bin fix und fertig! زهوارم در رفته!
Fertigbau, der; -(e)s, -ten خانهٔ پیش‌ساخته
fertigbringen *Vt.* تمام کردن، آماده کردن، درست کردن
fertigen *Vt.* ساختن، حاضر کردن، تهیه کردن
Fertigerzeugnis, das; -nisses, -nisse کالای صنعتی آماده
Fertighaus, das; -es, -häuser خانهٔ پیش‌ساخته
Fertigkeit, die; -, -en مهارت، تردستی، فن، صنعت
fertigmachen *Vt., Vr.* ۱. تمام کردن ۲. آماده کردن ۳. (از نظر روانی) آزار دادن، شکنجه کردن ۴. سنگر گرفتن ۵. آماده شدن
sich fertigmachen خود را حاضر کردن، آماده شدن
jemanden **fertigmachen** کلک کسی را کندن
fertigstellen *Vt.* تمام کردن، تکمیل کردن، ساختن
Fertigstellung, die; -, -en تکمیل، اتمام، ساخت
Fertigteil, der/das; -(e)s, -e قطعهٔ آماده
Fertigung, die; -, -en تهیه، ساخت، تولید
Fertigungskosten, die/*Pl.* هزینهٔ تهیه، مخارج تولید
Fertigware, die; -, -n کالای آماده (برای فروش)
Fes[1], das; -, - (موسیقی) نُت فا بمل
Fes[2], der; Fesses, Fesse فینه (کلاه بوقی شکل)
fesch *Adj.* شیک، خوش‌ظاهر، مطابق مد
Fessel, die; -, -n ۱. زنجیر؛ دست‌بند؛ بند، قید ۲. مچ پا
Fesselgelenk, das -(e)s, -e مفصل پا
fesseln *Vt.* ۱. زنجیر کردن، بستن، دربند کردن، در قید کردن؛ پای‌بند کردن ۲. توجه (کسی) را جلب کردن

jemandes **Aufmerksamkeit fesseln** توجه کسی را جلب کردن
jemanden **an einem Baum fesseln** کسی را به درخت زنجیر کردن

fesselnd *Adj.* جالب، مؤثر، گیرا

Fesselung, die; -, -en قید، دستگیری، گرفتاری، گیرایی

fest *Adj.* ۱. محکم، سفت، سخت، شدید ۲. قطعی، مقطوع، ثابت، پابرجا ۳. جامد

steif und fest با قاطعیت، مؤکداً
zu festen Preisen به قیمت‌های مقطوع
Er ist fest entschlossen. او تصمیم قطعی گرفته است.

Fest, das; -(e)s, -e جشن، بزم، ضیافت، مهمانی

ein frohes Fest یک جشن فرخنده

Festakt, der; -(e)s, -e مراسم

Festangestellte, der/die; -n, -n کارمند رسمی

Festausschluß, der; -schlusses, -schlüsse شورای برگزارکنندهٔ جشن

Festbeleuchtung, die; -, -en چراغانی

Festbesuch, der; -(e)s, -e دید و بازدید عید

festbinden *Vt.* محکم بستن

festbleiben *Vt.* ثابت قدم ماندن

Feste, die; -, -n ۱. قطعه، حصار، دژ ۲. خشکی

festentschlossen *Adj.* ثابت قدم، مصمم

Festessen, das; -s, - ضیافت، سور، ولیمه

festfahren *Vi., Vr.* ۱. گیر کردن، از حرکت باز ماندن (وسیلهٔ نقلیه) ۲. (از نظر فکری) به بن‌بست رسیدن

Er hat sich mit seinen Plänen festgefahren. او در اجرای نقشه‌هایش به بن‌بست رسید.

Festgabe, die; -, -n عیدی

Festgedicht, das; -(e)s, -e شعر بزمی

festgefügt *Adj.* محکم بنا شده

Festgelage, das; -s, - ضیافت؛ سور؛ ولیمه

Festgeld, das; -(e)s, -er سپردهٔ ثابت

Festgeschenk, das; -(e)s, -e هدیهٔ جشن؛ عیدی

festgesetzt *Adj.* معین، مقرر

Festgewand, das; -(e)s, ⸚er جامهٔ جشن

Festgruß, der; -es, ⸚e شادباش جشن

Festhalle, die; -, -n تالار جشن

festhalten *Vt., Vi., Vr.* ۱. نگه داشتن ۲. دستگیر کردن ۳. پافشاری کردن، به (چیزی) تکیه کردن ۴. محکم گرفتن

an etwas **festhalten** چیزی را محکم گرفتن
Bitte festhalten! (در وسیلهٔ نقلیه) لطفاً خودتان را محکم نگه دارید!

Festhalten, das; -s, - دستگیری

festigen *Vt., Vr.* ۱. محکم کردن، مستقر کردن، به (چیزی) استحکام بخشیدن ۲. محکم شدن (ایمان / عقیده) ۳. بهبود یافتن

Freundschaft festigen به دوستی استحکام بخشیدن

Festigkeit, die; -, -en محکمی، استحکام، استواری، پایداری، ثبات

Festigung, die; -, -en تحکیم، استقرار، تقویت

Festival, das/der; -s, -s فستیوال، جشنواره، جشن

Festivität, die; -, -en جشن، سرور، عیش و نوش

festklammern *Vt.* چسباندن

festkleben *Vt., Vi.* ۱. محکم چسباندن ۲. محکم چسبیدن

Festkleid, das; -(e)s, -er لباس رسمی، لباس جشن

festklemmen *Vt.* با گیره سفت کردن

Festkörper, der; -s, - جسم جامد، جماد

Festland, das; -(e)s, ⸚er قاره، خشکی، بر

festländisch *Adj.* قاره‌ای، (مربوط به) خشکی

festlegen *Vt., Vr.* ۱. قرار گذاشتن، معین کردن، تعیین کردن ۲. قول دادن، تعهد کردن

sich festlegen به تعهدی تن در دادن

Festlegung, die; -, -en تعیین، تصریح، قرار

festlich *Adj., Adv.* ۱. باشکوه، مجلل، (مربوط به) جشن ۲. به طرزی باشکوه، به نحوی مجلل

Festlichkeit, die; -, -en سور، جشن، بزم

festliegen *Vi.* ۱. معین بودن ۲. گیر کردن

festmachen *Vt., Vi.* ۱. محکم کردن، کار گذاشتن، سفت کردن ۲. توافق کردن، قرار قطعی گذاشتن ۳. لنگر انداختن (کشتی)

Festmachen, das; -s لنگراندازی

Festmachung, die; - قرارداد

Festmahl, das; -(e)s, -e جشن، بزم، مجلس سرور

Festmusik, die; - موسیقی جشن

Festnacht, die; -, ⸚e شب جشن، شب عید

festnageln *Vt.* ۱. با میخ محکم کردن ۲. تحت فشار قرار دادن، زیر منگنه گذاشتن

jemanden **festnageln** کسی را به پایبندی قول و نظرش مجبور کردن

Festnahme, die; -, -n دستگیری، توقیف، بازداشت

festnehmen *Vt.* دستگیر کردن، توقیف کردن، بازداشت کردن

Festordner, der; -s, - مسئول جشن

Festplatz, der; -es, ⸚e محل برگزاری جشن

Festpreis, der; -es, -e قیمت مقطوع

Festprogramm, das; -s, -e برنامهٔ جشن
Festrede, die; -, -n سخنرانی (رسمی)
Festredner, der; -s, - سخنران جشن
Festschmaus, der; -, -mäuse سور؛ مهمانی؛ ضیافت؛ ولیمه؛ جشن
Festschmuck, der; -(e)s زینت‌آلات مهمانی، آرایش جشن
festschnallen *Vt.* (با کمربند) محکم بستن، تنگ بستن
festschrauben *Vt.* با (پیچ) محکم کردن، محکم پیچاندن، بستن (پیچ)
festschreiben *Vt.* بعد از مطالعه زیاد نوشتن
Festschrift, die; -, -en جشن‌نامه
festsetzen *Vt., Vr.* ۱. تعیین کردن (قیمت، مهلت) ۲. دستگیر کردن، زندانی کردن ۳. مستقر شدن، جا گرفتن
Festsetzung, die; -, -en ۱. تعیین، تثبیت، برقراری ۲. دستگیری
festsitzen *Vi.* ۱. جا گرفتن ۲. محکم قرار گرفتن
Festspiel, das; -(e)s, -e جشنواره، فستیوال
Festspielhaus, das; -es, -häuser محل برگزاری جشنواره
feststehen *Vi.* معین بودن، مسلم بودن، قطعی بودن
Es steht fest. قطعی است.
feststehend *Adj.* ثابت، قطعی، مسلم، پابرجا
feststellbar *Adj.* تعیین‌شدنی، پی‌بردنی
feststellen *Vt.* ۱. معین کردن، معلوم کردن، تعیین کردن ۲. محکم کردن، کار گذاشتن ۳. استنباط کردن، تشخیص دادن، به (چیزی) پی بردن، متوجه (چیزی) شدن، در مورد (چیزی) تحقیق کردن، بررسی کردن ۴. به (کسی) تذکر دادن، به (کسی) یادآور شدن
Feststellung, die; - ۱. تعیین ۲. تحقیق؛ تشخیص؛ استنباط؛ بررسی
Feststellungsklage, die; -, -n دعوای تعیین حق
Festtafel, die; -, -n سفرهٔ جشن
Festtag, der; -(e)s, -e روز جشن، روز عید
Festtagskleidung, die; -, -en جامهٔ مهمانی
Festteilnahme, die; -, -n شرکت در جشن
Festteilnehmer, der; -s, - شرکت‌کننده در جشن
Festumzug, der; -(e)s, ⸚e دستهٔ شادی
Festung, die; -, -en قلعه، دژ، حصار
Festungsanlage, die; -, -n استحکامات قلعه
Festungsgraben, der; -s, ⸚ خندق
Festungskommandant, der; -en, -en حاکم قلعه
Festungsmauer, die; -, -n برج و بارو، دیوار قلعه
Festungsruine, die; -, -n بقایای قلعه، ویرانهٔ دژ
Festveranstaltung, die; -, -en مراسم جشن
Festvorbreitung, die; -, -en تدارک جشن
Festvortrag, der; -(e)s, ⸚e خطابه، سخنرانی جشن
Festwoche, die; -, -n هفتهٔ جشن
festziehen *Vt.* محکم کشیدن
Festzug, der; -es, ⸚e دستهٔ شادی
Fete, die; -, -n بزم، جشن، مهمانی
eine Fete veranstalten جشن برپا کردن
fetieren *Vt.* جشن گرفتن
Fetieren, das; -s, - بزم، جشن، مهمانی
Fetisch, der; -es, -e طلسم
Fetischismus, der; - موهوم‌پرستی، بت‌واره‌پرستی
Fetischist, der; -en, -en موهوم‌پرست
fett *Adj.* ۱. چرب، پر روغن ۲. فربه، چاق ۳. [حروف چاپی] پر رنگ
Das macht den Kohl nicht fett. فایده‌ای ندارد.
Fett, das; -(e)s, -e چربی، روغن، پیه
fettarm *Adj.* کم‌چربی
Fettauge, das; -s, -n چربی روی غذا
Fettbauch, der; -(e)s, -bäuche شکم‌گنده
Fettdruck, der; -(e)s, -e/⸚e (چاپ) حروف سیاه و برجسته
Fettdrüse, die; -, -n غدهٔ چربی
Fette, die; - ۱. چربی ۲. چاقی
fetten *Vt., Vi.* ۱. چرب کردن، روغن‌کاری کردن، گریس‌کاری کردن ۲. چرب بودن
Fettfleck, der; -(e)s, -e لکهٔ چربی
fettfrei *Adj.* بدون چربی، بی‌چربی
Fettgans, die; -, ⸚e غاز چاق، غاز پروار
fettgedruckt *Adj.* با حروف سیاه و برجسته چاپ شده، با حروف پهن و پر رنگ چاپ شده
Fettgewebe, das; -s, - بافت چربی
fetthaltig *Adj.* چرب، روغنی
Fettheit, die; - ۱. چربی ۲. چاقی
fettig *Adj.* چربی‌دار، چرب
Fettigkeit, die; -, -en چربی
fettleibig *Adj.* تنومند، فربه، چاق
Fettleibigkeit, die; - تنومندی، چاقی
fettlos *Adj.* بی‌چربی
Fettnäpfchen, das; -s, - ظرف کوچک روغن
ins Fettnäpfchen treten دسته‌گل به آب دادن
fettreich *Adj.* پُر چربی
Fettsäure, die; -, -n اسید چرب

Fettschicht 308

Fettschicht, die; -, -en لایۀ چربی
Fettschwanz, der; -es, ⸚e دنبه
Fettsucht, die; -, ⸚e بیماری چاقی
Fettwanst, der; -es, ⸚e مرد بسیار تنومند
Fetus, der; - / -ses, -se / -ten جنین از ماه سوم به بعد
Fetzen, der; -s, - ژنده، پاره، تکه
fetzen *Vt.* تکه تکه کردن
feucht *Adj.* نم‌دار، مرطوب، تر، خیس، نمناک
Feuchtblattern, die / *Pl.* آبله‌مرغان
Feuchte, die; -, -n رطوبت، نم، تری، نمناکی
feuchten *Vt.* تر کردن، خیس کردن
Feuchtigkeit, die; - رطوبت، نم، تری، نمناکی
Feuchtigkeitsgehalt, der; -(e)s, -e مقدار رطوبت، درجۀ رطوبت
Feuchtigkeitsgrad, der; -(e)s, -e درجۀ رطوبت
Feuchtigkeitsmesser, der; -s, - نم‌سنج، رطوبت سنج
feudal *Adj.* فئودال، تیول‌دار
Feudalherrschaft, die; -, -en حکومت اربابی
Feudalismus, die; - فئودالیسم، تیول‌داری
feudalistisch *Adj.* فئودالی
Feudalsystem, das; -s, -e نظام فئودالی
Feuer, das; -s, - ۱. آتش، آذر ۲. حریق، آتش‌سوزی ۳. شلیک

Feuer! آتش! شلیک!

die Hand für jemanden **ins Feuer legen** سنگ کسی را به سینه زدن

für jemanden **durchs Feuer gehen** به خاطر کسی خود را به آب و آتش زدن

Feuer fangen با یک نظر شیفته شدن

Der Feind hat das Feuer eröffnet. دشمن شروع به تیراندازی کرد.

Feueralarm, der; -s, -e آژیر آتش‌سوزی
feuerbeständig *Adj.* نسوز
feuerbestatten *Vt.* سوزاندن، خاکستر کردن
Feuerbestattung, die; -, -en مرده‌سوزان
Feuerbohne, die; -, -n لوبیای اسپانیولی
Feuereifer, der; -s گرمی، حرارت، شوق
Feuereinstellung, die; -, -en آتش‌بس
feuerfest *Adj.* نسوز، ناسوز
Feuergefahr, die; -, -en خطر آتش‌سوزی
feuergefährlich *Adj.* قابل اشتعال
Feuergefecht, das; -es, -e نبرد با سلاح آتش‌زا
Feuerhahn, der; -(e)s, ⸚e شیر آب آتش‌نشانی
Feuerkraft, die; -, - آتشبار
Feuerleiter, die; -s, - پلکانِ گریز، راه گریز از آتش
Feuerlöschapparat, der; -(e)s, -e دستگاه آتش‌نشانی، دستگاه خاموش‌کنندۀ آتش
Feuerlöscher, der; -s, - کپسول آتش‌نشانی، آتش خاموش کن
Feuermelder, der; -s, - اعلان حریق، آژیر حریق
feuern *Vt., Vi.* ۱. آتش زدن ۲. پرتاب کردن ۳. اخراج کردن، به کار (کسی) خاتمه دادن ۴. آتش گرفتن ۵. تیراندازی کردن، آتش کردن، شلیک کردن

Er ist von der Schule gefeuert worden. او از مدرسه اخراج شده است.

Feuerpobe, die; -, -n آزمایش بسیار سخت (مجازاتی در قرون وسطی)
Feuerrad, das; -(e)s, ⸚er (نوعی) آتش‌بازی
feuerrot *Adj.* آتش‌فام، آتشی‌رنگ
Feuersbrunst, die; -, ⸚er حریق مدهش، آتش‌سوزی بزرگ
feuerschaden, der; -s, ⸚ خسارت حریق
Feuerschiff, das; -(e)s, -e کشتی فانوس‌دار
Feuersgefahr, die; -, -en خطر آتش‌سوزی
Feuersglut, die; -, -en حرارت سوزان
Feuersnot, die; -, ⸚e بحران آتش‌سوزی
feuerspeiend *Adj.* آتش‌فشانی، انفجاری
Feuerspritze, die; -, -n تلمبۀ آتش‌نشانی، تلمبۀ اطفای حریق
Feuerstein, der; -(e)s, -e سنگ آتش‌زنه
Feuerstelle, die; -, -n اجاق، آتشگاه؛ بخاری؛ منقل
Feuerstoß, der; -es, ⸚e انفجار، ترکیدگی
Feuerstrahl, der; -(e)s, -en شعلۀ آتش
Feuertaufe, die; -, -n (در آئین زردشتی) غسل تعمید در برابر آتش
Feuertempel, der; -s, - آتشکده
Feuertreppe, die; -, -n پلکان فرار (موقع آتش‌سوزی)
Feuerung, die; -, -en ۱. حرارت، گرمی ۲. سوخت
Feuerversicherung, die; -, -en بیمۀ آتش‌سوزی
feuerverzinken *Vt.* با آتش / برق آب طلا / آب نقره دادن، اندود کردن
Feuervorhang, der; -(e)s, ⸚e (در تالار نمایش) پردۀ آهنی ضد آتش
Feuerwache, die; -, -n ایستگاه آتش‌نشانی
Feuerwaffe, die; -, -n اسلحۀ گرم
Feuerwehr, die; -, -en آتش‌نشانی

Feuerwehrmann, der; -es, ⸚er آتش‌نشان، مأمور آتش‌نشانی
Feuerwerk, das; -(e)s, -e آتش‌بازی
feuerwerken *Vi.* آتش‌بازی کردن
Feuerwerker, der; -s, - آتش‌باز، مأمور آتش‌بازی
Feuerwerkerei, die; - فن آتش‌بازی
Feuerwerkskörper, der; -s, - ترقه
Feuerzange, die; -, -n انبر
Feuerzeichen, das; -s, - ۱. فانوس دریایی ۲. علامت‌دهی به وسیلهٔ آتش / نورافکن
Feuerzeug, das; -(e)s, -e فندک
Feuilleton, das; -s, -s پاورقی
Feuilletonist, der; -en, -en پاورقی نویس
feurig *Adj.* آتشین، سوزان، پر حرارت
Fex, der; -es / -en, -e / -en خل، دیوانه
Fiaker, der; -s, - درشکه
Fiasko, das; -s, -s شکست، ناکامی
Fibel, die; -, -n الفبانامه، کتاب الفبا
Fiber, die; -, -n لیف، رشته، تار
Fibrille, die; -, -n رشته‌های ظریف ماهیچه‌ای / عصبی
Fibrin, das; -s, - فیبرین (مادهٔ منعقدکنندهٔ خون)
fibrös *Adj.* متشکل از بافت پیوندی
Fichte, die; -, -n کاج؛ (نوعی) (درخت) سرو
Fichtenbaum, der; -(e)s, -bäume (درخت) کاج
Fichtenholz, das; -es, ⸚er چوب کاج
Fichtennadel, die; -, -n برگ (سوزنی) کاج
ficken *Vi., Vt.* گاییدن، کردن
fidel *Adj.* شاد، خوشحال، بشاش
Fidibus, der; - / -ses, - / -se گیرانه
Fieber, das; -s, - تب
Fieber haben تب داشتن
das Fieber messen تب را اندازه گرفتن
Fieberanfall, der; -(e)s, ⸚e بروز تب، حملهٔ تب؛ تبِ بالا
fieberartig *Adj.* تب‌دار
Fieberfrost, der; -(e)s, ⸚e تب و لرز
fieberhaft *Adj.* ۱. تب‌دار، تب‌آلود ۲. با عجله، با جدیت
Fieberhitze, die; - گرمی تب
fieberkrank *Adj.* تب‌دار
Fieberkurve, die; -, -n منحنی درجهٔ حرارت بدن
Fiebermessung, die; -, -en اندازه‌گیری تب
Fiebermittel, das; -s, - (داروی) تب‌بر
fiebern *Vi.* ۱. تب داشتن، تب کردن ۲. در تب اشتیاق سوختن

Fieberrinde, die; -, -n پوست درخت گنه گنه
Fieberschauer, der; -s, - تب و لرز
Fiebertabelle, die; -, -n نمودار تب
Fieberthermometer, das; -s, - درجه، میزان‌الحراره، تب‌سنج
Fiebertraum, der; -(e)s, -träume خواب پریشان
fiebrig *Adj.* تب‌دار
Fiedel, die; -, -n کمانچه
Fiedelbogen, der; -s, - آرشهٔ کمانچه
fiedeln *Vi.* کمانچه زدن
fiel *P.* صیغهٔ فعل گذشتهٔ مطلق از مصدر fallen
fies *Adj.* رذل، فرومایه
Fiesling, der; -s, -e رذل، فرومایه
FIFA = *Internationaler Fußballverband* فدراسیون بین‌المللی فوتبال
fifty-fifty *Adv.* پنجاه پنجاه
Figur, die; -, -en ۱. نقش، شکل، تصویر ۲. اندام، هیکل ۳. مهرهٔ شطرنج ۴. آدم، فرد، شخص
figural *Adj.* منقش
Figurant, der; -en, -en (در نمایش) نقش صامت
Figürchen, das; -s, - شکلک، شکل کوچک
figürlich *Adj.* مجازی، تمثیلی، کنایه‌ای، تصویری
Fiktion, die; -, -en فرض، خیال، وهم
fiktiv *Adj.* فرضی، تخیلی، موهوم، ساختگی، من درآوردی
Filament, das; -(e)s, -e میلهٔ پرچم گل
Filet, das; -s, -en ۱. فیله، گوشت پشت مازو ۲. شبکهٔ توری، تور
Filetbraten, der; -s, - کباب فیله
filetieren *Vt.* ۱. فیله کردن (گوشت) ۲. مطلا کردن، با طلا تزئین کردن
Filetsteak, das; -s, -s فیله استیک
Filiale, die; -, -n شعبه، بخش، شاخه
Filialgeschäft, das; -(e)s, -e فروشگاه شعبه، فروشگاه فرعی
Filialleiter, der; -s, - مدیر شعبه
Filigran, das; -s, -e ملیله‌دوزی
Film, der; -s, -e ۱. فیلم (عکاسی / سینما) ۲. لایه نازک
einen Film drehen فیلم ساختن
einen Film in den Fotoapparat einlegen فیلمی را داخل دوربین گذاشتن
Filmapparat, der; -(e)s, -e دوربین
Filmatelier, das; -s, -s استودیوی فیلم‌برداری

Filmaufnahme, die; -, -n فیلم‌برداری
Filmband, das; -(e)s, ⸚er حلقهٔ فیلم، قرقرهٔ فیلم
Filmdiva, die; -, -s/-ven ستارهٔ سینما
filmen *Vt., Vi.* ۱. فیلم‌برداری کردن، فیلم (چیزی) را ساختن ۲. در فیلم بازی کردن
Filmfestival, die/*Pl.* جشنوارهٔ فیلم
Filmfestspiel, das; -(e)s, -e جشنوارهٔ فیلم
Filmgelände, die; -s, - استودیوی فیلم‌برداری
Filmgesellschaft, die; -, -en شرکت فیلم‌سازی
Filmheld, der; -en, -en هنرپیشهٔ اول فیلم
Filmhersteller, der; -s, - تهیه‌کنندهٔ فیلم
Filmindustrie, die; -, -n صنعت سینما
Filmkamera, die; -, -s دوربین فیلم‌برداری
Filmkunst, die; -, ⸚e هنر سینما
Filmleinwand, die; -, ⸚e پردهٔ نمایش فیلم، پردهٔ سینما
Filmmanuskript, das; -(e)s, -e فیلمنامه، متن فیلم
Filmpreis, der; -es, -e جایزهٔ فیلم
Filmproduzent, der; -en, -en تهیه‌کنندهٔ فیلم
Filmprojektor, der; -s, -en دستگاه پروژکتور فیلم
Filmregisseur, der; -s, -e کارگردان فیلم
Filmreklame, die; -, -n آگهی سینمایی
Filmreportage, die; -, -n گزارش مصور، گزارش سینمایی
Filmschauspieler, der; -s, - هنرپیشهٔ سینما
Filmschauspielerin, die; -, -nen هنرپیشهٔ سینما (زن)
Filmspule, die; -, -n حلقهٔ فیلم، قرقره فیلم
Filmstar, der; -(e)s, -e ستارهٔ سینما، هنرپیشهٔ سینما
Filmstreifen, der; -s, - نوار فیلم
Filmstudio, das; -s, -s استودیوی فیلم‌برداری
Filmtheater, das; -s, - سالن سینما
Filmverleih, der; -(e)s, -e توزیع فیلم، پخش فیلم
Filmvorführer, der; -s, - آپاراتچی
Filmvorschau, die; -, -en نمایش نمونهٔ فیلم
Filmvorstellung, die; -, -en نمایش فیلم
Filmwelt, die; -, -en دنیای سینما
Filmzensur, die; -, -en سانسور فیلم
Filter, der/das; -s, - فیلتر، صافی
filtern *Vt.* (به وسیلهٔ فیلتر) تصفیه کردن، پالودن، صاف کردن
Filterpapier, das; -s, -e کاغذ صافی
Filterzigarette, die; -, -n سیگار فیلتردار
Filtrat, das; -(e)s, -e مایع صاف شده (به وسیلهٔ فیلتر)
Filtration, die; -, -en تصفیه (به وسیلهٔ فیلتر)
filtrieren *Vt.* از صافی رد کردن، (به وسیلهٔ فیلتر) صاف کردن
Filz, der; -es, -e ۱. نمد، گونی عایق‌بندی ۲. خسیس
filzen *Vt., Vi.* ۱. نمدمالی کردن، به صورت نمد در آوردن ۲. بازرسی بدنی کردن، تفتیش کردن ۳. خسیس بودن
Filzhut, der; -(e)s, ⸚e کلاه نمدی
filzig *Adj.* ۱. نمدی ۲. خسیس
Filzlaus, die; -, -läuse شپش زهار، شپشک
Filzschreiber, der; -s, - قلم‌موی تذهیب‌کاری
Filzstift, der; -(e)s, -e قلم‌موی تذهیب‌کاری
Fimmel, der; -s, - دیوانگی، جنون
final *Adj.* پایانی
Finale, das; -s, - ۱. پایان، انتها، فینال، آخر ۲. مسابقهٔ نهایی ۳. بخش پایانی (موسیقی)
Finalist, der; -s, - فینالیست، شرکت‌کننده در دور نهایی
Finalsatz, der; -es, ⸚e (دستور زبان) فرا کرد پایه
Finanz, die; -, -en دارایی، ثروت
Finanzamt, das; -(e)s, ⸚er ادارهٔ دارایی
Finanzen, die/*Pl.* مالیه، دارایی، امکانات مالی
finanziell *Adj.* از نظر مالی
finanzieren *Vt.* ۱. تأمین مالی کردن، تقبل هزینه کردن ۲. قسطی خریدن
Finanzierung, die; -, -en تأمین مالی، تأمین هزینه
Finanzjahr, das; -(e)s, -e سال مالی
Finanzkrise, die; -, -n بحران مالی
Finanzlage, die; - وضع مالی
Finanzmann, der; -(e)s, ⸚er متخصّص مالی، سرمایه‌گذار
Finanzminister, der; -s, - وزیر دارایی
Finanzministerium, das; -s, -rien وزارت دارایی
Finanzwesen, das; -s, - دستگاه مالی
Findelhaus, das; -es, -häuser پرورشگاه، یتیم‌خانه
Findelkind, das; -(e)s, -er بچهٔ سر راهی؛ یتیم
finden *Vt., Vr., Vi.* ۱. پیدا کردن، یافتن ۲. به‌دست آوردن، کسب کردن؛ دریافتن، برداشت کردن ۳. پذیرفتن، تسلیم شدن ۴. پیدا شدن، ظاهر شدن ۵. معتقد بودن
Beruhigung finden آرامش یافتن
Beifall finden مورد تحسین قرارگرفتن
Wie finden Sie das Kleid? به نظر شما این لباس چطور است؟
Finden Sie nicht? شما هم همین نظر را دارید؟
Das wird sich finden. همه چیز روبه‌راه خواهد شد.
Ich finde, daß er recht hat. فکر می‌کنم حق با اوست.

Finder, der; -s, - یابنده
Der ehrliche Finder wird gebeten...
از یابندهٔ محترم تقاضا می‌شود که ...
Finderin, die; -, -nen یابنده (زن)
Finderlohn, der; -(e)s مژدگانی (برای یابنده)
findig *Adj.* زرنگ، باهوش، زیرک
Findigkeit, die; - زرنگی، باهوشی، زیرکی
Findling, der; -s, -e ۱. بچهٔ سر راهی ۲. تخته سنگ
Finesse, die; -, -n ظرافت، ریزه‌کاری
fing *P.* صیغهٔ فعل گذشتهٔ مطلق از مصدر fangen
Finger, der; -s, - انگشت (دست)
sich in den Finger schneiden انگشت خود را بریدن
die Finger von etwas lassen در کاری مداخله نکردن
jemandem **auf die Finger sehen** کسی را زیر نظر داشتن
seine Finger überall drin haben در همه‌جا دست داشتن
Laß die Finger davon! ولش کن!
Fingerabdruck, der; -(e)s, ⸚e اثر انگشت
fingerfertig *Adj.* کاردان، چابک، چالاک، تردست
Fingerfertigkeit, die; - کاردانی، چابکی، چالاکی، تردستی
mit größer Fingerfertigkeit Klavier spielen
با چابکی تمام پیانو نواختن
Fingergelenk, das; -(e)s, -e مفصل انگشت
Fingerglied, das; -(e)s, -er بند انگشت
Fingerhut, der; -(e)s, ⸚e انگشتانه
Fingerkuppe, die; -, -n نوک انگشت
Fingerling, der; -s, -e انگشت‌پوش
fingern *Vi., Vt.* ۱. انگشت زدن، انگشت گذاشتن؛ دست‌مالی کردن ۲. با مهارت به انجام رساندن (کار)
Fingernagel, der; -s, ⸚ ناخن (انگشت دست)
Fingerring, der; -(e)s, -e حلقه، انگشتر
Fingersatz, der; -es, ⸚e (موسیقی) انگشت‌گذاری
Fingerspitze, die; -, -n سر انگشت
Fingerspitzengefühl, das; -(e)s, - قوهٔ تشخیص؛ ظرافت؛ موقع‌شناسی؛ حس درک موقعیت
Fingerübung, die; -, -en
(موسیقی) تمرین انگشت‌گذاری
Fingerzeig, der; -s, -e اشاره، ایما
fingieren *Vt.* از (خود) در آوردن، ساختن، جعل کردن
Fink, der; -en, -en (پرنده) سِهره
Finne[1], die; -, -n ۱. جوش، کورک ۲. کرم کدو
Finne[2], der; -n, -n فنلاندی
Finnin, die; -, -nen فنلاندی (زن)
finnisch *Adj.* فنلاندی
Finnland, das فنلاند
finster *Adj.* ۱. تاریک، تیره، ظلمانی ۲. مبهم، مغموم ۳. [قیافه] عبوس
Es wird finster. هوا دارد تاریک می‌شود.
Finsterling, der; -s, -e ترشرو، عبوس چهره
finstern *Vi.* تاریک شدن
Finsternis, die; -, -nisse ۱. تاریکی، تیرگی، ظلمت ۲. خسوف و کسوف
die Mondfinsternis ماه‌گرفتگی، خسوف
die Sonnenfinsternis خورشیدگرفتگی، کسوف
Finte, die; -, -n حقه، کلک، تزویر، خدعه، فریب
fintenreich *Adj.* پر کلک، پرحقه
Firlefanz, der; -es, -er یاوه، مهمل، بیهوده، مزخرف
firm *Adj.* ۱. محکم ۲. مطمئن ۳. ثابت
Firma, die; -, -men شرکت، تجارتخانه، بنگاه، مؤسسه
Firmament, das; -(e)s, -e فلک، آسمان، گنبد گردون
firmen *Vt.* تأئید کردن، تصدیق کردن؛ تثبیت کردن
Firmeninhaber, der; -s, - صاحب شرکت
Firmenschild, das; -(e)s, -er تابلوی شرکت
Firmenstempel, der; -s, - مهر شرکت
Firmenwert, der; -(e)s, -e ارزش شرکت
Firmenzeichen, das; -s, - آرم شرکت، علامت شرکت
firmieren *Vi.* شرکت را اداره کردن، حق امضای شرکت را داشتن
Firmung, die; -, -en تأئید، تصدیق؛ تثبیت
firn *Adj.* کهنه
Firn, der; -(e)s, -e تودهٔ برف یخ‌زده
Firnfeld, das; -(e)s, -er منطقهٔ پوشیده از برف یخ‌زده
Firnis, der; -nisses, -nisse جلا، صیقل، لعاب
firnissen *Vt.* جلا دادن، صیقلی کردن، لعاب زدن
First, der; -(e)s, -e لبه، نوک، برآمدگی
Fis, das; -, - (موسیقی) فا دیز
Fisch, der; -es, -e ماهی
Fisch fangen ماهی گرفتن
gesund wie ein Fisch im Wasser خیلی سر حال
Das sind kleine Fische. کار جزئی و بی‌اهمیتی است.
Fischangel, die; -, -n قلاب صید ماهی
Fischbein, das; -s, -e استخوان آروارهٔ نهنگ / بالن
Fischbesteck, das; -(e)s, -e
کارد و چنگال ماهی‌خوری
Fischblase, die; -, -n کیسهٔ هوای ماهی
Fischblut, das; -(e)s خونسردی
Fischdampfer, der; -s, - قایق ماهی‌گیری
fischen *Vi., Vt.* ماهی گرفتن، ماهی‌گیری کردن

Fischer, der; -s, - ماهی‌گیر
Fischerboot, das; -(e)s, -e قایق ماهی‌گیری
Fischerdorf, das; -(e)s, ⸚er دهکدهٔ ماهی‌گیران
Fischerei, die; -, -en ماهی‌گیری، صید ماهی
Fischernetz, das; -es, - تور ماهی‌گیری
Fischfang, der; -(e)s, ⸚e ماهی‌گیری، صید ماهی
Fischgerät, das; -(e)s, -e لوازم ماهی‌گیری
Fischgericht, das; -(e)s, -e خوراک ماهی
Fischgeruch, der; -(e)s, ⸚e بوی ماهی
Fischgräte, die; -, -n تیغ ماهی
Fischhändler, der; -s, - ماهی‌فروش
fischig *Adj.* مثل ماهی، ماهی‌وار
Fischkonserve, die; -, -n کنسرو ماهی
Fischkunde, die; - ماهی‌شناسی
Fischlaich, der; -(e)s, -e تخم ماهی
Fischleim, der; -(e)s, -e چسب ماهی، سریش ماهی
Fischmarkt, der; -(e)s, ⸚e بازار ماهی‌فروشی
Fischmehl, das; -(e)s آرد ماهی
Fischmilch, die; - تخم ماهی نر
Fischöl, das; -(e)s, -e روغن ماهی
Fischotter, der; -s, - سمور آبی
fischreich *Adj.* پُرماهی
Fischreiher, der; -s, - مرغ ماهی‌خوار، کلنگ
Fischrogen, der; -s, - تخم ماهی (در تخمدان)
Fischschuppe, die; -, -n فلس ماهی
Fischtag, der; - روز ماهی‌خوری
(مسیحیان در این روز به جای گوشت، ماهی می‌خورند)
Fischteich, der; -(e)s, -e حوض پرورش ماهی
Fischtran, der; -(e)s, -e روغن ماهی
Fischvergiftung, die; -, -en مسمومیت از ماهی
Fischzucht, die; - پرورش ماهی
Fiskal, der; -s, -e حسابدار دولت
fiskalisch *Adj.* مالی، محاسباتی، مالیاتی
Fiskus, der; -, - / -ken خزانه، بیت‌المال، صندوق دولت
Fistel, die; -, -n ناسور؛ مجرای غیر طبیعی
Fistelstimme, die; -, -n
(موسیقی) صدای زیر غیرطبیعی
fit *Adj.* (ورزش) سرحال، آماده
Fitneß, die; - ۱. آمادگی ۲. تناسب (اندام)
Fittich, der; -(e)s, -e بال، پر
jemanden **unter seine Fittich nehmen**
کسی را زیر بال و پر خود گرفتن
fix *Adj.* ۱. تند، چابک، سریع ۲. ثابت، محکم؛ مقطوع؛ پایدار
Mach fix! تند باش!
fix und fertig خسته و کوفته
Ich bin fix und fertig. کارم ساخته شده. دخلم آمده.
fixen *Vi.* ۱. با سوزن زدن، تزریق کردن (مواد مخدر)
۲. بورس بازی کردن
Fixer, der; -s, - ۱. معتاد به سوزن زدن (مواد مخدر)، (معتاد) تزریقی ۲. بورس باز
Fixierbad, das; -(e)s, ⸚er (عکاسی)
محلول ثبوت عکس
fixieren *Vt.* ۱. ثبت کردن، یادداشت کردن
۲. صورت جلسه کردن ۳. ثابت کردن ۴. به (کسی) خیره شدن، به (کسی) چشم دوختن ۵. کار گذاشتن، نصب کردن
Fixiermittel, das; -s, - مادهٔ ثابت‌کننده
Fixierung, die; -, -en تعیین، تثبیت، تحکیم
Fixkosten die / *Pl.* مخارج ثابت
Fixstern, der; -(e)s, -e ستارهٔ ثابت
FKK = *Freikörperkultur*
flach *Adj.* مسطح، هموار، صاف
Flachbahn, die; -, -en خط سیر صاف
Flachbau, der; -(e)s, -e ساختمان یک طبقه
Flachdach, das; -s, ⸚er سقف صاف، بام بدون شیب
Fläche, die; -, -n سطح، رویه، پهنه، مقطع
flächen *Vt.* صاف کردن
flachen *Vt.* صاف کردن
Flächenausdehnung, die; -, -en انبساط سطح
Flächeneinheit, die; -, -en واحد سطح
Flächeninhalt, der; -(e)s, -e مساحت
Flächenmaß, das; -es, -e واحد اندازه‌گیری سطح
Flächenmessung, die; -, -en اندازه‌گیری سطح
Flächenraum, der; -(e)s, -räume مساحت
flachfallen *Vi.* منتفی شدن، انجام نشدن، برگزار نشدن
Flachheit, die; -, -en همواری، پهنا، صافی
Flachland, das; -(e)s, - جلگه، دشت، زمین هموار
flachlegen *Vr.* دراز کشیدن
flachliegen *Vi.* بستری بودن
Flachrennen, das; -s, - (نوعی) مسابقهٔ اسب‌دوانی
Flachs, der; -es ۱. کنف، بَزرَک ۲. شوخی، مزاح
flachsen *Vi.* شوخی کردن، مزاح کردن، سر به سر گذاردن
Flachsgarn, das; -(e)s, -e نخ کتانی
flachshaarig *Adj.* دارای موی بور، دارای موی روشن
Flachskopf, der; -(e)s, ⸚e بچهٔ مو بور
flackern *Vi.* ۱. جنبیدن، تکان خوردن، لرزیدن
۲. سوسو زدن، با شعله نامنظم سوختن
Fladen, der; -s, - (نوعی) نان شیرینی؛ خاگینه

313 Flecken

Fladenbrot, das; -(e)s, -e نان بربری
Flagellant, der; -en, -en بیمار جنسی که به وسیلهٔ شلاق زدن تحریک می‌شود
Flagellation, die; -, -en تحریک جنسی به وسیلهٔ شلاق زدن
Flagge, die; -, -n پرچم، بیرق، علم، درفش
flaggen *Vi.* پرچم زدن، پرچم برافراشتن
Flaggenstock, der; -(e)s, ⸚e چوب پرچم
Flaggleine, die; -, -n طناب پرچم
Flaggoffizier, der; -s, -e افسر پرچم‌دار
Flaggschiff, das; -(e)s, -e کشتی پرچم‌دار
flagrant *Adj.* آشکار، هویدا، علنی
Flair, das; -s قوهٔ تشخیص، غریزه
Flak, die; -, - سلاح ضد هوایی
Flakartillerie, die; -, -n سلاح ضد هوایی
Flakon, das / der; -s, -s بطری کوچک
flambieren *Vt.* با شعله (الکل) کباب کردن
Flamingo, der; -s, -s فلامینگو، مرغ غواص، مرغ آتشی، پاخلان
Flamme, die; -, -n شعله، زبانهٔ آتش
flammen *Vi.* شعله زدن، زبانه کشیدن
flammend *Adj.* شعله‌ور، زبانه‌کش
Flammenmeer, das; -(e)s, -e خرمن آتش
Flammenwerfer, der; -s, - (سلاح) شعله پرتاب‌کن
Flammpunkt, der; -(e)s, -e نقطهٔ اشتعال
Flanell, der; -s, -e فلانل (نوعی پارچه پشمی)
Flanellanzug, der; -(e)s, ⸚e کت و شلوار فلانل
Flanellhose, die; -, -n شلوار فلانل
flanieren *Vi.* ولگردی کردن، پرسه زدن
Flanke, die; -, -n پهلو، جناح
Flankenangriff, der; -(e)s, -e حمله از جناح
Flankendeckung, die; -, -en حراست از جناح، حفظ جناح
flankieren *Vt.* ۱. پهلوی (کسی) رفتن ۲. پوشش دادن (جناح)
Flansch, der; -es, -e سرِ لوله، سرِ تنبوشه
Flappe, die; -, -n لب و لوچهٔ آویخته
Flaps, der; -es, -e / ⸚e بی‌چشم و رو، پررو، وقیح
Fläschchen, das; -s, - بطری کوچک، شیشهٔ کوچک
Flasche, die; -, -n بطری، شیشه
eine Flasche Wasser یک بطری آب
Flaschenbier, das; -(e)s, -e آبجو شیشه‌ای
Flaschenhals, der; -es, ⸚e ۱. قسمت باریک بطری ۲. راه تنگ
Flaschenkind, das; -(e)s, -er نوزادی که از شیر مادر محروم است
Flaschenöffner, der; -s, - در (شیشه) بازکن
Flaschenpfand, das; -(e)s, ⸚er گروی شیشه، گروی بطری
Flaschenverschluß, der; -schlusses, -schlüsse در بطری
Flaschenzug, der; -es, ⸚e دستگاه مخصوص بالا کشیدن بار سنگین
Flattergeist, der; -es, -er دمدمی مزاج، متلون
flatterhaft *Adj.* دمدمی، متلون
Flatterhaftigkeit, die; - تلون مزاج
flattern *Vi.* ۱. پر پر زدن ۲. در اهتزاز بودن (پرچم)
Flattersinn, der; -(e)s, -e تلون
flatt(e)rig *Adj.* دمدمی، متلون
flau *Adj.* ناتوان، ضعیف، سست، خسته
Flauheit, die; -, -en ناتوانی، ضعف، سستی، خستگی
Flaum, der; -(e)s, -e / -en کرک، پرز
Flaumbart, der; -(e)s, ⸚e ریش تازه درآمده
Flaumfeder, die; -, -n پر نرم
flaumig *Adj.* نرم، کرک‌دار، پرزدار
Flaus, der; -es, -e پارچهٔ پشمی لطیف و پرزدار
Flausch, der; -es, -e پارچهٔ پشمی لطیف و پرزدار
flauschig *Adj.* نرم و پرزدار
Flause, die; -, -n پرت و پلا، چرند
Flausen, die / *Pl.* مزخرفات، چرت و پرت، پرت و پلا
Flausen im Kopf haben افکار بیهوده داشتن
Flaute, die; -, -n ۱. اهمال، غفلت، سستی ۲. رکود، کسادی
Flechse, die; -, -n (کالبدشناسی) بند
Flechte, die; -, -n ۱. گیس بافته، طره ۲. اگزما؛ جوش؛ دمل
flechten *Vt.* بافتن (گیس، حصیر)
Flechter, der; -s, - ۱. بافنده ۲. حصیرباف
Flechtwerk, das; -(e)s, -e سبد حصیری، حصیر
Fleck, der; -(e)s, -e ۱. محل، مکان ۲. لکه، خال ۳. وصله، تکه
vom Fleck weg بی‌درنگ، فوراً
das Herz auf dem rechten Fleck haben انسانی خوب و دردآشنا بودن
nicht vom Fleck kommen پیشرفت نداشتن
flecken *Vt., Vi.* ۱. نیم تخت زدن (کفش)، وصله کردن ۲. لک شدن ۳. پیش رفتن
Flecken, der; -s, - ۱. محل، مکان ۲. لکه، خال ۳. نقطه

Fleckenentferner 314

Fleckenentferner, der; -s, - لکه‌گیر، لکه پاک کن
Fleckenentfernungsmittel, das; -s, - مادّهٔ بر طرف‌کنندهٔ لکه، مایع لکه‌گیری
fleckenlos *Adj.* بی‌لکه، بی‌عیب
Fleckenreiniger, der; -s, - لکه‌گیر، لکه پاک‌کن
Fleckenreinigung, die; -, -en لکه‌گیری
Fleckenwasser, das; -s, ⸚ مایع لکه‌گیری
Fleckfieber, das; -s, - تیفوس
fleckig *Adj.* لکه‌دار، کثیف
Flecktyphus, der; - تیفوس
Fleckwasser, das; -s, ⸚ مایع لکه‌گیری
Fledermaus, die; -, -mäuse خفاش، شب‌پره
Flederwisch, der; -(e)s, -e گردگیر
Flegel, der; -s, - ۱. خرمن‌کوب ۲. آدم بی‌چشم و رو
Flegelalter, das; -s دوران بلوغ؛ سنین گستاخی
Flegelei, die; -, -en خشونت، گستاخی، بی‌چشم و رویی
flegelhaft *Adj.* خشن، گستاخ، بی‌چشم و رو
Flegeljahre, die / *Pl.* دوران بلوغ؛ سنین گستاخی
flegeln *Vr.* پهن نشستن، گشاد نشستن، لم دادن
flehen *Vi.* التماس کردن، لابه کردن، تضرع کردن
zu Gott flehen به درگاه خداوند تضرع کردن
Flehen, das; -s, - التماس، لابه، تضرع
flehentlich *Adv.* التماس کنان، تضرع کنان
jemanden **flehentlich bitten**
از کسی التماس‌کنان تقاضایی کردن
Fleisch, das; -(e)s ۱. گوشت ۲. قسمت نرم و آبدار میوه
das Rindfleisch گوشت گاو
das Schweinefleisch گوشت خوک
jemandem **in Fleisch und Blut übergehen**
در رگ و پوست کسی جاگیر شدن، برای کسی عادت شدن
Fleischbank, die; -, ⸚e پیشخوان قصاب
Fleischbeschauer, der; -s, - بازرس گوشت
Fleischbrühe, die; -, -n آبگوشت
Fleischer, der; -s, - قصاب، فروشندهٔ گوشت
Fleischerei, die; -, -en قصابی، گوشت‌فروشی
Fleischerladen, der; -s, ⸚ دکان قصابی
Fleischeslust, die; -, ⸚e شهوت، میل جنسی
Fleischextrakt, der; -(e)s, -e عصارهٔ گوشت
Fleischfarbe, die; -, -n رنگ بشره، رنگ پوست، صورتی کمرنگ
fleischfarben *Adj.* به رنگ صورتی، به رنگ پوست
fleischfressend *Adj.* گوشت‌خوار
Fleischfresser, der; -s, - (حیوان) گوشت‌خوار
Fleischhackmaschine, die; -, -n چرخ گوشت
fleischig *Adj.* گوشتالو، گوشت‌دار، پرگوشت
Fleischkloß, der; -es, ⸚e کوفتهٔ گوشتی
Fleischkonserve, die; -, -en کنسرو گوشت
Fleischkost, die; - غذای گوشتی
fleischlich *Adj.* جسمانی، نفسانی، شهوانی
fleischlos *Adj.* بی‌گوشت
Fleischpastete, die; -, -n (نوعی) پیراشکی گوشتی
Fleischspeise, die; -, -n غذای گوشت‌دار
Fleischvergiftung, die; -, -en مسمومیت از گوشت
Fleischware, die; -, -n فراوردهٔ گوشتی
Fleischwolf, der; -(e)s, ⸚e گوشت چرخ کن
Fleischwunde, die; -, -n زخم عمیق
Fleischwurst, die; -, ⸚e (نوعی) کالباس
Fleiß, der; -es سعی، کوشش، جدیت، پشتکار
durch Fleiß باجدیت، باکار و کوشش
fleißig *Adj.* ساعی، کوشا، زرنگ، پرکار، جدی
fleißig arbeiten با جدیت کار کردن، پرکار بودن
flektierbar *Adj.* ۱. قابل انحنا، قابل انعطاف ۲. (دستور زبان) قابل تصریف
flektieren *Vt.* ۱. کج کردن، خم کردن، انعطاف دادن ۲. (دستور زبان) صرف کردن
flennen *Vi.* گریه کردن، زاری کردن
Flennerei, die; -, -en گریه و زاری
fletschen *Vt.* دندان نشان دادن
flexibel *Adj.* ۱. انعطاف‌پذیر، قابل انحنا ۲. قابل تصریف
Flexibilität, die; - انعطاف‌پذیری
Flexion, die; -, -en ۱. خم‌سازی؛ کجی، انحنا ۲. (دستور زبان) صرف فعل
Flickarbeit, die; -, -en وصله‌دوزی، وصله‌کاری؛ سرهم‌بندی
flicken *Vt.* وصله کردن؛ تعمیر کردن؛ سرهم‌بندی‌کردن
jemandem etwas **am Zeuge flicken**
از کسی عیب‌جویی کردن
Flicken, der; -s, - وصله، رفو، پینه
Flicker, der; -s, - وصله‌دوز، رفوگر، پینه‌دوز
Flickerin, die; -, -nen وصله‌دوز، رفوگر، پینه‌دوز (زن)
Flickerei, die; -, -en وصله‌دوزی، رفوکاری؛ پینه‌دوزی
Flickschuster, der; -s, - پینه‌دوز
Flickwerk, das; -(e)s, -e وصله‌دوزی، رفوکاری؛ کار سرهم‌بندی
Flickwort, das; -(e)s, -e کلمهٔ زاید، حرف زیادی
Flickzeug, das; -(e)s, -e لوازم دوخت و دوز

Flieder, der; -s, - یاس درختی
fliederfarben *Adj.* بنفش کمرنگ
Fliege, die; -, -n ۱. مگس ۲. پاپیون ۳. سبیل باریک
Ihn ärgert die Fliege an der Wand. او سر هر موضوع جزئی ناراحت می‌شود.
In der Not frißt der Teufel Fliegen. لنگه کفش در بیابان غنیمت است.
zwei Fliegen mit einer Klappe schlagen با یک تیر دو نشان زدن
fliegen *Vi., Vt.* ۱. پرواز کردن، پریدن ۲. با هواپیما سفر کردن ۳. (از مدرسه) اخراج شدن ۴. خلبانی کردن ۵. پراندن، پرواز دادن
durchs Examen fliegen در امتحان مردود شدن
aus der Firma fliegen از مؤسسه اخراج شدن
Fliegen, das; -s, - پرواز، مسافرت هوایی
fliegend *Adj.* سریع، شدید
Fliegenfänger, der; -s, - کاغذ مگس‌کش، مگس‌گیر
Fliegenfenster, das; -s, - پنجرهٔ توری‌دار
Fliegengewicht, das; -(e)s, -e (ورزش) مگس وزن
Fliegenklappe, die; -, -n مگس‌کش
Fliegenklatsche, die; -, -n مگس‌کش
Fliegenpilz, der; -es, -e (نوعی) قارچ سمی
Fliegenschrank, der; -(e)s, ⸚e قفسهٔ توری‌دار (برای نگهداری غذا)
Flieger, der; -s, - ۱. خلبان؛ هوانورد ۲. هواپیما
Fliegerabwehr, die; - دفاع ضد هوایی
Fliegeralarm, der; -s, -e آژیر حملهٔ هوایی
Fliegerbombe, die; -, -n بمب‌افکن
Fliegerdreß, der; - لباس خلبانی
Fliegerei, die; - پرواز
Fliegerhorst, der; -(e)s, -e پایگاه هوایی
Fliegerin, die; -, -nen خلبان، هوانورد (زن)
fliegerisch *Adj.* هوانوردی
Fliegeroffizier, der; -s, -e افسر نیروی هوایی
Fliegerschule, die; -, -n آموزشگاه خلبانی
fliehen *Vi., Vt.* ۱. فرار کردن، گریختن، در رفتن ۲. از (چیزی) دور شدن، از (چیزی) دوری جستن
fliehend *Adj.* فرارکنان، گریزان
Fliehkraft, die; -, ⸚e نیروی گریز از مرکز
Fliese, die; -, -n ۱. سنگفرش ۲. آجر کاشی
fliesen *Vt.* سنگفرش کردن
Fliesenleger, der; -s, - کاشی کار
Fließarbeit, die; -, - کار بی‌وقفه، کار مسلسل
Fließband, das; -(e)s, ⸚er تسمه نقاله، نوارِ رونده، نوارِ متحرک
fließen *Vi.* جاری شدن، جاری بودن، روان شدن، جریان داشتن
fließend *Adj.* ۱. جاری، روان ۲. سلیس، فصیح
fließend sprechen روان و سلیس صحبت کردن
mit fließendem Wasser با آب لوله‌کشی
Fließpapier, das; -s, -e کاغذ خشک‌کن
Fließproduktion, die; -, -en تولید مسلسل، تولید بی‌وقفه
Flimmer, der; -s, - نور کم، روشنایی ضعیف
flimmern *Vi., Vt.* ۱. درخشیدن، برق زدن، سوسو زدن، چشمک زدن (ستارگان) ۲. تمیز کردن، برق انداختن
flink *Adj.* چابک، فرز، سریع، چالاک
Flinkheit, die; - چابکی، فرزی، سرعت، چالاکی
Flint, der; -(e)s, -e سنگ آتش‌زنه
Flinte, die; -, -n تفنگ ساچمه‌ای
die Flinte ins Korn werfen دنبالهٔ کاری را رها کردن
Flintenkolben, der; -s, - قنداق تفنگ
Flintenlauf, der; -(e)s, -läufe لولهٔ تفنگ
Flintenschuß, der; -schusses, -schüsse تیر تفنگ
Flintstein, der; -(e)s, -e سنگ آتش‌زنه
Flirt, der; -s, -s لاس، لاس‌زنی
flirten *Vi.* لاس زدن
mit jemandem **flirten** با کسی لاس زدن
Flittchen, das; -s, - دختر هر جایی، روسپی
Flitter, der; -s, - پولک (لباس)، منجوق
Flittergold, das; -(e)s پولک طلایی
Flitterkram, der; -(e)s, ⸚e اجناس زرق و برق‌دار
Flitterwochen, die / *Pl.* ماه‌عسل
Flitzbogen, der; -s, - تیر و کمان
flitzen *Vi.* تند رفتن، به‌سرعت گذشتن، حرکت سریع کردن
flocht *P.* صیغهٔ فعل گذشتهٔ مطلق از مصدر flechten
Flocke, die; -, -n ۱. دانه (برف) ۲. کلاف
Flockenblume, die; -, -n گل گندم
flockig *Adj.* ۱. پشمی، کرکی ۲. مثل دانه‌های برف
flog *P.* صیغهٔ فعل گذشتهٔ مطلق از مصدر fliegen
Floh, der; -(e)s, ⸚e کَک، کیک
jemandem **einen Floh ins Ohr setzen** تخم لقی در دهن کسی شکستن
floh *P.* صیغهٔ فعل گذشتهٔ مطلق از مصدر fliehen
Flohmarkt, der; -(e)s, ⸚e بازار دستفروشی، بازار مکاره، بازار فروش اشیای مستعمل
Flohstich, der; -(e)s, -e کَک گزیدگی

Flor, der; -s, -e ۱. شکوفه ۲. مجموعهٔ گل‌ها ۳. پارچهٔ نازک، کرک
Flora, die; -, -ren رستنی‌ها
Florett, das; -(e)s, -e (شمشیربازی) فلوره (نوعی) شمشیر
florieren *Vi.* ۱. گل دادن، شکفتن ۲. رونق داشتن
Florist, der; -en, -en گل‌شناس؛ گل‌دوست
Floristin, die; -, -nen گل‌شناس؛ گل‌دوست (زن)
floristisch *Adj.* (مربوط به) گل‌شناسی
Florseide, die; -, -n ابریشم خام
Florstrumpf, der; -(e)s, =e جوراب نخی
Floskel, die; -, -n کلام بی‌محتوا
floß *P.* صیغهٔ فعل گذشتهٔ مطلق از مصدر fließen
Floß, das; -es, =e جسم شناور؛ قایق ساده، کلک
flößbar *Adj.* شناور
Flößbrücke, die; -, -n پل شناور، پل سادهٔ چوبی
Flosse, die; -, -n ۱. سکان هواپیما ۲. بالهٔ ماهی
flößen *Vi.* شناور شدن، با قایق (الواری) رفتن
Flößer, der; -s, - ۱. سازندهٔ قایق (الواری) ۲. قایق‌ران
Flöte, die; -, -n فلوت؛ نی، نای
flöten *Vi.* نی زدن؛ فلوت نواختن
Flötenbläser, der; -s, - نی‌نواز؛ فلوت‌نواز
flötengehen *Vi.* گم شدن؛ از بین رفتن
Flötenspieler, der; -s, - نی‌نواز؛ فلوت‌نواز
Flötist, der; -en, -en نی‌نواز؛ فلوت‌نواز
flott *Adj.* ۱. شناور، سبک‌بار ۲. خوش، سرحال، بی‌غم ۳. شیک‌پوش
Flott, das; -(e)s, -e خامه، سرشیر
Flotte, die; -, -n ناوگان؛ نیروی دریایی، بحریه
Flottenabkommen, das; -s, - پیمان دریایی
Flottenbasis, die; -, -basen پایگاه دریایی
Flottenschau, die; -, -en رژهٔ نیروی دریایی، مانور نیروی دریایی
Flottenstation, die; -, -en ایستگاه نیروی دریایی
Flottenstützpunkt, der; -(e)s, -e پایگاه دریایی
flottgehend *Adj.* سرزنده، بشاش، با روح
flottieren *Vi.* شناور بودن
Flottille, die; -, -n ناوگان کوچک
Flottillenadmiral, der; -s, - دریادار
flottmachen *Vt.* ۱. به آب انداختن ۲. مرتب کردن ۳. به راه انداختن
Flöz, das; -es, -e ۱. چینه، لایه، طبقه ۲. راهرو
Fluch, der; -(e)s, =e لعنت، نفرین، لعن
Fluch über dich! لعنت بر تو!
fluchbeladen *Adj.* لعنتی، بد یُمن

fluchen *Vi.* ۱. نفرین کردن، لعنت کردن ۲. دشنام دادن، ناسزا گفتن
Flucher, der; -s, - نفرین‌کننده، لعنت‌کننده
Flucht, die; -, -en فرار، گریز
die Flucht ergreifen پا به فرار گذاشتن
fluchtartig *Adj.* با عجله، با دستپاچگی، شتاب‌زده
fluchten *Vt.* در یک ردیف قرار دادن، به صف کردن
flüchten *Vi., Vr.* فرار کردن، در رفتن، گریختن
Fluchtgeschwindigkeit, die; -, -en سرعت گریز از مرکز
flüchtig *Adj.* ۱. زودگذر، ناپایدار، فانی ۲. فراری (از زندان)
Flüchtigkeit, die; -, -en زودگذری، ناپایداری
Flüchtigkeitsfehler, der; -s, - لغزش، اشتباه، خطا، سهو
Flüchtling, der; -s, -e پناهنده، فراری
Flüchtlingslager, das; -s, - اردوی پناهندگان
Fluchtlinie, die; -, -n صف، مسیر؛ صف‌بندی
Fluchtverdacht, der; -(e)s گمان فرار
Fluchtversuch, der; -(e)s, -e قصد فرار
Fluchtweg, der; -(e)s, -e راه فرار
fluchwürdig *Adj.* ملعون، مکروه، نفرت‌انگیز، لعنتی
Flug, der; -(e)s, =e پرواز
Flugabwehr, die; - دفاع ضدهوایی
Flugbahn, die; -, -en مسیر پرواز، مدار
Flugball, der; -(e)s, =e (تنیس) توپی که پیش از برخورد به زمین برگشت داده شود
Flugbetrieb, der; -(e)s, - عمل پرواز
Flugblatt, das; -(e)s, =er شب‌نامه، اعلامیهٔ تبلیغاتی
Flugboot, das; -(e)s, -e هواپیمای آبی
Flugdauer, die; -, -n مدت پرواز
Flugdeck, das; -(e)s, -e/-s عرشهٔ ناو هواپیمابر
Flugdienst, der; -es, -e سرویس هوایی
Flugdrache, der; -n, -n بادبادک
Flügel, der; -s, - ۱. بال و پر (پرندگان) ۲. جناح ۳. پیانوی بزرگ، پیانوی رویال ۴. لنگه (در)
die Flügel hängen lassen ناامید و مأیوس بودن
Flügelfenster, das; -s, - پنجرهٔ چندلا، پنجرهٔ تاشو
flügelig *Adj.* بال‌دار
flügellahm *Adj.* بال شکسته؛ لنگ؛ چلاق
flügellos *Adj.* بی‌بال
Flügelmann, der; -(e)s, =er آخرین فرد یک جناح
Flügelmutter, die; -, = پیچ ماده، مهرهٔ خروسکی
Flügelschlag, der; -(e)s, =e ضربهٔ بال، صدای بال

317 Flüsterpropaganda

Flügeltür, die; -, -en در دولنگه، در لت‌دار
Fluggast, der; -(e)s, ⸚e مسافر هواپیما
flügge *Adj.* ۱. پریدنی، مستعد پرواز ۲. مستقل
Fluggeschwindigkeit, die; -, -en سرعت پرواز
Fluggesellschaft, die; -, -en شرکت هواپیمایی
Flughafen, der; -s, - فرودگاه
Flughöhe, die; -, -n ارتفاع پرواز
Flugkapitän, der; -s, -e خلبان
Flugkarte, die; -, -n بلیت هواپیما
Fluglehrer, der; -s, - معلم پرواز
Fluglinie, die; -, -n شرکت هوایی، خط هوایی
Fluglotse, der; -n, -n راهنمای پرواز
Flugmaschine, die; -, -n هواپیما
Flugmedizin, die; -, -en هواپزشکی
Flugmodell, das; -s, -e هواپیمای نمونه، نمونهٔ کوچک هواپیما
Flugplatz, der; -es, ⸚e فرودگاه
Flugpost, die; -, -en پست هوایی
flugs *Adv.* به سرعت، تند، بلافاصله، سریعاً
Flugsand, der; -(e)s ریگ روان
Flugschreiber, der; -s, - پروازنویس (دستگاه ضبط خودکار جریان پرواز)
Flugschrift, die; -, -en شب‌نامه
Flugsicherung, die; -, -en حفاظت پرواز
Flugsport, der; -(e)s هوانوردی
Flugstrecke, die; -, -n مسافت پرواز، مدت پرواز
Flugstunde, die; -, -n ساعت پرواز
Flugstützpunkt, der; -(e)s, -e پایگاه هوایی
Flugtauglichkeit, die; -, -en معاینهٔ پزشکی خلبان (قبل از پرواز)
Flugtechnik, die; -, -en تکنیک پرواز
Flugverkehr, der; -(e)s رفت و آمد هوایی
Flugweg, der; -(e)s, -e مسیر پرواز
Flugwetter, das; -s, - هوای پرواز
Flugzeit, die; -, -en مدت پرواز
Flugzeug, das; -(e)s, -e هواپیما
Flugzeugabsturz, der; -(e)s, ⸚e سقوط هواپیما
Flugzeugbau, der; -(e)s, - هواپیماسازی
Flugzeugentführung, die; -, -en هواپیما ربایی
Flugzeugführer, der; -s, - خلبان
Flugzeughalle, die; -, -n آشیانهٔ هواپیما
Flugzeugmotor, der; -s, -en موتور هواپیما
Flugzeugmutterschiff, das; -(e)s, -e ناو هواپیمابر
Flugzeugrumpf, der; -(e)s, ⸚e بدنهٔ هواپیما
Flugzeugstewardeß, die; -, -dessen مهماندار هواپیما
Flugzeugträger, der; -s, - ناو هواپیمابر
fluhen *Vt.* بتون زدن، بتون ریختن
Fluidum, das; -s, -da مایع، آبگونه
Fluktuation, die; -, -en نوسان، بی‌ثباتی، تغییر
fluktuieren *Vi.* نوسان داشتن، ثابت نبودن، بی‌ثبات بودن
Flunder, die; -, -n پَهن ماهی
Flunderei, die; -, -en گزافه‌گویی، مبالغه؛ دروغ
flunkern *Vi.* گزافه گفتن، مبالغه کردن
Fluor[1]**,** das; -s (شیمی) فلور، فلورین
Fluor[2]**,** der; -s, - ترشح زنانه
Fluoreszenz, die; - شفافیت؛ شب‌نما
fluoreszieren *Vi.* شب‌نما شدن، نور مهتابی افشاندن
Flur[1]**,** die; -, -en صحرا، دشت، جلگه، مرتع
Flur[2]**,** der; -(e)s, -e راهرو، دالان، سرسرا
Flurgarderobe, die; -, -n رخت‌کن
Flurschaden, der; -s, ⸚ آسیب زمین، آفت، صدمه، خسارت
Fluse, die; -, -n نخ، کرک، پرز
flusig *Adj.* کرک‌دار، پرزدار
Fluß, der; Flusses, Flüsse رود، نهر، شط، جریان
etwas **in Fluß bringen** چیزی را به جریان انداختن
flußabwärts *Adv.* پایین رود
flußaufwärts *Adv.* بالای رود
Flußbett, das; -es, -en بستر رودخانه
Flüßchen, das; -s, - رود کوچک
flüssig *Adj.* ۱. مایع، آبکی، آبگونه ۲. روان، سیال، جاری ۳. حاضر، نقد
Flüssigkeit, die; -, -en ۱. آبگونه، مایع ۲. روانی
Flüssigkeitsbehälter, der; -s, - مخزن مایع
Flüssigkeitsbremse, die; -, -n ترمز هیدرولیکی
flüssigmachen *Vt.* ۱. در اختیار گذاشتن (پول) ۲. نقد کردن
Flußlauf, der; -(e)s, -läufe مسیر رود، امتداد رودخانه
Flußmündung, die; -, -en مصب رودخانه
Flußpferd, das; -(e)s, -e اسب آبی
Flußschiffahrt, die; -, -en کشتی‌رانی در رودخانه
Flußstahl, der; -(e)s, -e فولاد ریخته
Flußufer, das; -s, - ساحل رودخانه
flüstern *Vi., Vt.* ۱. نجوا کردن، پچ‌پچ کردن، آهسته سخن گفتن، درگوشی حرف زدن ۲. نجوا کردن، درگوشی گفتن
Flüsterpropaganda, die; - تبلیغات دهن به دهن

Flüsterton

Flüsterton, der; -(e)s, ¨e	نجوا، پچ پچ
Flut, die; -, -en	۱. مد (دریا) ۲. وفور، فراوانی
Ebbe und Flut	جزر و مد
fluten *Vi., Vt.*	۱. روان بودن، جاری بودن، جریان داشتن
	۲. روان شدن، جاری شدن ۳. غرق کردن
Flutlicht, das; -(e)s	روشنایی زیاد به وسیلهٔ نورافکن
Flutwechsel, der; -s, -	فروکش جزر و مد
Flutwelle, die; -, -n	امواج جزر و مد
Flutzeit, die; -, -en	زمان بالا آمدن آب دریا
focht *P.* fechten	صیغهٔ فعل گذشتهٔ مطلق از مصدر
f-Moll, das; -	(موسیقی) فا کوچک
Fockmast, der; -es, -e	دکل جلوی کشتی
Focksegel, das; -s, -	بادبان دکل جلوی کشتی
Föderalismus, der; -	فدرالیسم، ایالات متحد
	(تشکیل چند کشور متحد با یک حکومت مرکزی)
Föderation, die; -, -en	فدراسیون، اتحادیه؛ هم پیمانی
föderativ *Adj.*	متحد، هم پیمان
föderieren *Vr.*	متحد شدن، هم پیمان شدن،
	به صورت فدراسیون در آمدن
Fog, der; -s	مه غلیظ
Fohle, die; -, -n	کره اسب (ماده)
fohlen *Vi.*	کره زاییدن (اسب)
Fohlen, das; -s, -	کره اسب
Föhn, der; -(e)s, -e	باد گرم و خشک
föhnen *Vi.*	باد گرم و خشک وزیدن
föhnig *Adj.*	خشک و گرم
Föhre, die; -, -n	کاج، صنوبر
fokal *Adj.*	کانونی، مرکزی
Fokus, der; -, -	کانون (ذره بین)
fokussieren *Vi., Vt.*	۱. متمرکز شدن ۲. متمرکز کردن
Folge, die; -, -n	۱. پیامد، نتیجه ۲. ردیف، سلسله،
	توالی ۳. ادامه، دنباله
zur Folge haben	به دنبال داشتن
Folgeerscheinung, die; -, -en	نتیجهٔ منطقی
folgen *Vi.*	۱. پیروی کردن، تبعیت کردن، تقلید کردن
	اطاعت کردن ۲. ناشی شدن، منتج شدن، در پی داشتن
wie folgt	به شرح زیر
jemandem auf Schritt und Tritt folgen	
	از کسی تقلید محض کردن
folgend *Adj.*	زیرین، بعدی، ذیل، زیر
am folgenden Tage	در روز بعد
folgendermaßen *Adv.*	به شرح زیر، به صورت زیر
Die Sache hat sich folgendermaßen zugetragen.	
	جریان به شرح زیر اتفاق افتاده است.
folgenderweise *Adv.*	به شرح زیر، به صورت زیر
folgenlos *Adj.*	بی نتیجه، بی اثر
folgenschwer *Adj.*	مهم، خطیر، بااهمیت
eine folgenschwere Entscheidung	یک تصمیم مهم
folgerichtig *Adj.*	منطقی، استدلالی، استوار
Folgerichtigkeit, die; -	ثبات منطقی، استحکام
folgern *Vt.*	نتیجه گرفتن، استنتاج کردن
Daraus können wir folgern, daß...	
	از آن می توانیم نتیجه بگیریم که ...
Folgerung, die; -, -en	نتیجه، استنتاج
die Folgerungen aus etwas ziehen	
	به نتایجی دست یافتن
Folgesatz, der; -(e)s, ¨e	(دستور زبان) فراکرد پیرو
folgewidrig *Adj.*	غیر منطقی، غیر واقعی، متناقض،
	ناجور، ناسازگار
Folgewidrigkeit, die; -, -en	تناقض، ناجوری،
	ناسازگاری
folglich *Adv.*	به این علت، در نتیجه، بنابراین، پس،
	از این رو
folgsam *Adj.*	مطیع، سر به راه، حرف شنو
Folgsamkeit, die; -	اطاعت، سر به راهی، حرف شنوایی
Foliant, der; -en, -en	۱. کتاب قطع بزرگ
	۲. ورق دولا (تا شده)
Folie, die; -, -n	۱. زرورق ۲. ورقهٔ نازک فلزی
Folklore, die; -	فولکلور، فرهنگ عوام، عوام شناسی
Folklorist, der; -en, -en	فرهنگ عوام شناس
folkloristisch *Adj.*	عوام شناختی،
	(مربوط به) فرهنگ عوام
Folter, die; -, -n	شکنجه، عذاب
jemanden auf die Folter spannen	
	حس کنجکاوی کسی را تحریک کردن
Folterbank, die; -, ¨e	تخت شکنجه
Folterer, der; -s, -	شکنجه گر، مأمور شکنجه
Foltergerät, das; -(e)s, -e	آلت شکنجه
Folterinstrument, das; -(e)s, -e	ابزار شکنجه
Folterkammer, die; -, -n	اتاق شکنجه
Folterknecht, der; -(e)s, -e	شکنجه گر، مأمور شکنجه
foltern *Vt.*	شکنجه دادن، عذاب دادن، شکنجه کردن
jemanden zu Tode foltern	
	کسی را تا سر حد مرگ شکنجه دادن
Folterqual, die; -, -en	زجر، شکنجه، عذاب
Folterung, die; -, -en	شکنجه دهی، عذاب دهی
Folterwerkzeug, das; -(e)s, -e	وسیلهٔ شکنجه
Fön, der; -(e)s, -e	سشوار

Folterung, die; -, -en	شکنجه‌دهی، عذاب‌دهی
Folterwerkzeug, das; -(e)s, -e	وسیلهٔ شکنجه
Fön, der; -(e)s, -e	سشوار
Fond, der; -s, -s	اساس، پایه
Fonds, der; -, -	سرمایه، اعتبار
Fondsbörse, die; -, -n	بورس سهام، بورس معاملات ارزی
fönen Vt.	خشک کردن، سشوار کشیدن (مو)
Fontäne, die; -, -n	چشمه، فواره
Fontanelle, die; -, -n	ملاج
foppen Vt.	دست انداختن، استهزا کردن، مسخره کردن
Fopperei, die; -, -en	مسخرگی، استهزا
forcieren Vt.	۱. وادار کردن، مجبور کردن ۲. در (چیزی) مبالغه کردن ۳. پیش راندن ۴. افزایش دادن
Förde, die; -, -n	خلیج باریک و گود
Förderanlage, die; -, -n	دستگاه نقاله
Förderband, das; -(e)s, ⸚er	تسمه نقاله، نوار متحرک
Förderer, der; -s, -	حامی، سرپرست
Förderin, die; -, -nen	حامی، سرپرست (زن)
Förderkohle, die; -, -n	گودال زغال‌سنگ
Förderkorb, der; -(e)s, ⸚er	نقاله
Förderkurs, der; -es, -e	کلاس تقویتی
förderlich Adj.	مفید، سودمند، قابل استفاده
fordern Vt.	۱. خواستن، طلبیدن، تقاضا کردن، مطالبه کردن ۲. اقتضا کردن
zuviel fordern	مطالبه زیادی کردن
fördern Vt.	۱. از (کسی) حمایت کردن، از (کسی) پشتیبانی کردن ۲. استخراج کردن، از (چیزی) بهره‌برداری کردن
Forderung, die; -, -en	درخواست، مطالبه، تقاضا، طلب
das Forderungsrecht	حق مطالبه
Förderung, die; -, -en	۱. حمایت، پشتیبانی ۲. استخراج، بهره‌برداری
Forelle, die; -, -n	ماهی قزل‌آلا
Forke, die; -, -n	چنگک
Form, die; -, -en	فرم، شکل، ریخت، قالب، هیئت، ترکیب
in Form sein	در وضع مطلوب بودن، آماده بودن
in Form wahren	حفظ ظاهر را کردن
formal Adj.	رسمی، قانونی، قراردادی، تشریفاتی
Formalien, die / Pl.	تشریفات، آداب، مقررات
Formalist, der; -en, -en	تشریفات‌دوست، رعایت‌کننده آداب و تشریفات
Formalitäten, die / Pl.	فرمالیته، تشریفات، آداب، مقررات
Format, das; -(e)s, -e	قطع، اندازه
Formation, die; -, -en	۱. تشکیل، ساخت، احداث ۲. گروه، رده؛ آرایش
formativ Adj.	ترکیبی، شکلی
Formblatt, das; -(e)s, ⸚er	برگه، ورقه
Formel, die; -, -n	۱. قاعده، ضابطه، اصطلاح ۲. فرم، شکل، فرمول
Formelbuch, das; -(e)s, ⸚er	دستورنامه، قاعده‌نامه
formelhaft Adj.	طبق فرمول، مطابق رسم و آداب
formell Adj.	رسمی، قانونی، اداری، تشریفاتی
formen Vt.	به (چیزی) شکل دادن، ساختن، درست کردن، تشکیل دادن
Formenlehre, die; -, -n	۱. (علوم) شکل‌شناسی ۲. (دستور زبان) ساخت‌شناسی
Formenmensch, der; -en, -en	ظاهرپرست، تشریفات دوست
Former, der; -s, -	قالب‌گیر، ریخته‌گیر
Formfehler, der; -s, -	کار غیر رسمی
Formfreiheit, die; -, -en	آزادی از تشریفات
Formgebung, die; -, -en	طراحی، طرح‌ریزی
formgerecht Adj.	مطابق آداب معاشرت
Formgestaltung, die; -, -en	طراحی، طرح‌ریزی
formieren Vt.	شکل دادن، درست کردن؛ تشکیل دادن
förmlich Adj.	رسمی، تشریفاتی، قانونی، اداری
Förmlichkeit, die; -, -en	تشریفات، مقررات، مراسم، آئین
formlos Adj.	بی‌شکل، غیر رسمی، بی‌قواره
Formsache, die; -, -n	آئین، مراسم، تشریفات، فرمالیته
formschön Adj.	به زیبایی، به خوبی
Formular, das; -s, -e	درخواست‌نامه، تقاضانامه، پرسش‌نامه، برگ، ورقه
ein Formular ausfüllen	پرسش‌نامه‌ای را پر کردن
formulieren Vt.	به شکل قاعده درآوردن، مطابق فرمول خاصی تهیه کردن، جدول‌بندی کردن، فرمول‌بندی کردن
Formulierung, die; -, -en	قاعده‌سازی، دستورسازی، فرمول‌بندی؛ جدول‌بندی
Formveränderung, die; -, -en	تغییر فرم، تغییر شکل
formvollendet Adj.	کامل، تمام، درست
forsch Adj.	۱. سرزنده، سرحال، با روح ۲. جسور، بی‌باک، شجاع، مصمم
forschen Vi.	تحقیق کردن، پژوهش کردن، بررسی کردن، ریشه‌یابی کردن

Forscher, der; -s, - پژوهشگر، کاشف، محقق
Forscherin, die; -, -nen پژوهشگر، کاشف، محقق (زن)
Forschung, die; -, -en تحقیق، پژوهش، بررسی
Forschungsarbeit, die; -, -en کار تحقیقی، کار پژوهشی
Forschungsgebiet, das; -(e)s, -e زمینهٔ تحقیقاتی
Forschungsinstitut, das; -(e)s, -e انستیتو تحقیقاتی
Forschungsreise, die; -, -n سفر تحقیقی، سفر پژوهشی
Forschungsreisende, der/die; -n, -n کاشف؛ محقق
Forst, der; -es, -e جنگل
Forstamt, das; -(e)s, ¨-er ادارهٔ جنگلبانی
Forstaufseher, der; -s, - جنگلبان
Forstbeamte, der; -n, -n کارمند ادارهٔ جنگلبانی
Förster, der; -s, - جنگلبان
Försterei, die; -, -en جنگلبانی
Forstfrevel, der; -s, - تخلف از قانون جنگل، نقض قوانین جنگل
Forsthaus, das; -es, -häuser کلبهٔ جنگلبان
Forstmann, der; -(e)s, ¨-er/-leute جنگلبان
Forstmeister, der; -s, - سر جنگلبان
Forstrevier, das; -s, -e حوزهٔ جنگل، بخشی از جنگل
Forstwesen, das; -s, - رشتهٔ جنگلبانی
Forstwirt, der; -(e)s, -e جنگلبان
Forstwirtschaft, die; -, -en جنگلداری
Forstwissenschaft, die; -, -en علم جنگلبانی
Fort, das; -s, -s قلعه، دژ، حصار
fort *Adv.* ۱. دور، بعید ۲. غایب، رفته
Ich muß fort! باید بروم!
Fort mit dir! دور شو! بروگم شو!
fortan *Adv.* از این پس، از این به بعد
Fortbestand, der; -(e)s ادامه، دوام
fortbestehen *Vi.* ادامه داشتن
fortbewegen *Vt., Vr.* ۱. حرکت دادن، به حرکت انداختن ۲. حرکت کردن، به جنبش در آمدن
Fortbewegung, die; -, -en حرکت، جنبش، نقل و انتقال
Fortbewegungsorgan, das; -s, -e اندام حرکتی
fortbilden *Vr.* به آموزش ادامه دادن، ادامه تحصیل دادن، بر دانش (خود) افزودن
Fortbildung, die; -, -en ادامهٔ آموزش، ادامه تحصیل

Fortbildungsanstalt, die; -, -en دانشکده؛ پژوهشگاه
Fortbildungsschule, die; -, -n دانشکده؛ پژوهشگاه
fortbleiben *Vi.* دور ماندن، دور بودن، غایب بودن، نیامدن
fortbringen *Vt.* دور بردن، دور کردن، به جای دیگری بردن
Fortdauer, die; - ادامه، دوام
fortdauern *Vi.* ادامه دادن، ادامه داشتن، دوام داشتن
fortdauernd *Adj.* دائمی، همیشگی، مداوم
forte *Adv.* (موسیقی) بلند، قوی
fortentwickeln *Vt.* توسعه دادن، بسط دادن، پیشرفت دادن
Fortentwick(e)lung, die; -, -en پیشرفت، توسعه، بسط، ترقی
fortfahren *Vt., Vi.* ۱. با وسیلهٔ نقلیه بردن، ۲. به حرکت ادامه دادن؛ عازم شدن
Fortfall, der; -(e)s, ¨-e حذف، فروگذاری، از قلم افتادگی
fortfallen *Vi.* حذف شدن، از قلم افتادن
fortführen *Vt.* ادامه دادن، دنبال کردن
Fortführung, die; -, -en ادامه، دوام
Fortgang, der; -(e)s ۱. عزیمت، حرکت ۲. ادامه، دنباله
fortgehen *Vi.* دور شدن، رفتن، عزیمت کردن
Er ging ohne Gruß fort. بدون سلام و احوالپرسی رفت.
fortgeschritten *Adj.* پیشرفته، پیش‌افتاده، آزموده
Fortgeschrittene, der/die; -n, -n مرد پرمعلومات، زن پر معلومات
fortgesetzt *Adj., Adv.* دائمی، مداوم، لاینقطع، پیوسته
forthelfen *Vi.* کمک کردن، یاری کردن، مساعدت کردن
forthin *Adv.* از این به بعد، در آینده
fortissimo *Adv.* (موسیقی) خیلی بلند، خیلی قوی
fortjagen *Vt.* بیرون کردن، راندن
fortkommen *Vi.* دور شدن، رفتن، پیش رفتن، پیشرفت کردن؛ موفق شدن
Mach, daß du fortkommst! بروگم‌شو!
Fortkommen, das; -s, - پیشرفت، ترقی
fortlassen *Vt.* ۱. به (کسی) اجازه رفتن دادن ۲. حذف کردن، کنار گذاشتن، از (چیزی) صرف‌نظر کردن
fortlaufen *Vi.* فرار کردن، در رفتن، گریختن؛ دور شدن
fortlaufend *Adj.* پشت سرهم، به دنبال هم، متوالی، پیوسته
fortleben *Vi.* زنده ماندن

fortpflanzen *Vt., Vr.* ۱. تکثیر کردن، زیاد کردن ۲. توسعه یافتن ۳. تولید مثل کردن، زاد و ولد کردن
Fortpflanzung, die; -, -en ۱. تکثیر، ترویج ۲. تولید مثل، زاد و ولد
Fortpflanzungsorgane, die/*Pl.* اعضای تناسلی
Fortpflanzungstrieb, der; -(e)s, -e غریزهٔ تولید مثل
fortreißen *Vt.* ۱. ربودن؛ به زور گرفتن ۲. مجذوب کردن
Fortsatz, der; -es, ⸚e دنباله، ادامه
fortschaffen *Vt.* انتقال دادن، بردن، جابه‌جا کردن
fortscheren *Vr.* رفتن، دررفتن؛ گم شدن
fortschicken *Vt.* به (جایی) فرستادن
fortschreiten *Vi.* پیش رفتن، جلو رفتن؛ پیشرفت کردن
fortschreitend *Adj.* تصاعدی؛ مترقی، پیشرفته
Fortschritt, der; -(e)s, -e پیشرفت، ترقی، توسعه، بهبود
Fortschrittler, der; -s, - انسان مترقی
fortschrittlich *Adj.* مترقی، پیشرو، پیشرفته
fortsetzen *Vt.* ادامه دادن، دنبال کردن
Fortsetzung, die; - ادامه، دنباله
Fortsetzung folgt. (فیلم) دنباله دارد. ادامه دارد.
fortstehlen *Vr.* دررفتن، دزدکی دررفتن
fortstoßen *Vt.* پس زدن، رد کردن
fortwährend *Adj.* دائمی، مدام، لاینقطع، پیوسته
fortwerfen *Vt.* دور انداختن
fortziehen *Vi., Vt.* ۱. نقل مکان کردن، اسباب‌کشی کردن ۲. کشیدن و دور کردن
Forum, das; -s, Foren/Fora ۱. (در روم باستان) محل اجتماع عموم ۲. دادگاه، محکمه
Fossil, das; -s, -ien سنگواره، فسیل
fossil *Adj.* سنگواره شده، مانده
Foto, das; -s, -s عکس
Fötus, der; -ses, -se جنین
Fotze, die; -, -n آلت تناسلی زن
foul *Adj.* (در بازی) فول، خطا، خلاف، غلط، نادرست
Foul, das; -s, -s (در بازی) فول، خطا
foulen *Vi., Vt.* ۱. (در بازی) فول کردن، خطا کردن ۲. روی (کسی) فول کردن
Foulspiel, das; -(e)s, -e بازی خطا، خطا در بازی
Foxtrott, der; -(e)s, -e رقص فوکس تروت
Foyer, das; -s, -s سرسرا، کریدور، هال
Fracht, die; -, -en بار، محموله، کالا

Frachtbrief, der; -(e)s, -e بارنامه
Frachtdampfer, der; -s, - کشتی‌باری
frachten *Vt.* بارگیری کردن، بار زدن
Frachter, der; -s, - ۱. فرستندهٔ بار ۲. صاحب کشتی باری ۳. کشتی باری
frachtfrei *Adj.* بی‌کرایه
Frachtführer, der; -s, - باربر
Frachtfuhrmann, der; -(e)s, ⸚er باربر
Frachtgeld, das; -(e)s, -er کرایهٔ بار
Frachtgut, das; -(e)s, ⸚er محموله، مال‌التجاره
Frachtraum, der; -(e)s قسمت بار، انبار
Frachtsatz, der; -es, ⸚e نرخ بار
Frachtschiff, das; -(e)s, -e کشتی باری
Frachtstück, das; -(e)s, -e عدل، بسته‌بندی
Frachtverkehr, der; -(e)s حمل و نقل بار
Frack, der; -(e)s, -s/⸚e فراک (لباس رسمی مردانه)
Frackanzug, der; -(e)s, ⸚e کت و شلوار فراک
Frackhemd, das; -(e)s, -en پیراهن لباس فراک
Frackweste, die; -, -n جلیقهٔ لباس فراک
Frage, die; -, -n ۱. سؤال، پرسش ۲. مسئله، مشکل
eine Frage beantworten به سؤالی پاسخ دادن
eine Frage stellen سؤالی را مطرح کردن
Das kommt nicht in Frage! حرفش را نزن! غیر ممکن است!
Fragebogen, der; -s, -/⸚ پرسش‌نامه
Frageform, die; -, -en شکل پرسشی، شکل سؤالی
Fragefürwort, das; -(e)s, ⸚er ضمیر سؤالی
fragen *Vt., Vr.* پرسیدن، سؤال کردن، جویا شدن، استفسار کردن
Das frage ich dich. این را از تو می‌پرسم.
Ich frage mich, warum! اصلاً نمی‌دانم چرا!
Fragen kostet nichts! پرسیدن خرجی ندارد!
fragend *Adj.* سؤالی، پرسشی، استفهامی
Fragepronomen, das; -s, -/-mina ضمیر سؤالی، ضمیر پرسشی
Frager, der; -s, - سؤال‌کننده، پرسش‌کننده
Fragerei, die; -, -en پرسش زیادی
Fragerin, die; -, -nen سؤال‌کننده، پرسش‌کننده (زن)
Fragesatz, der; -(e)s, ⸚e جملهٔ سؤالی، جملهٔ پرسشی
Fragesteller, der; -s, - سؤال‌کننده، پرسش‌کننده
Fragestellung, die; -, -en طرح سؤال
Fragestunde, die; -, -n درس شفاهی
Fragewort, das; -(e)s, ⸚er ضمیر استفهامی، کلمه سؤالی
Fragezeichen, das; -s, - علامت سؤال

fragil *Adj.* شکستنی
fraglich *Adj.* ۱. مشکوک، مجهول، قابل تردید ۲. مورد گفتگو، قابل بحث ۳. سؤالی، استفهامی
fraglos *Adv.* بی‌چون و چرا، بی‌تردید، بدون شک
Fragment, das; -(e)s, -e ۱. اثر هنری ناتمام ۲. پاره، خرده، تکه، قطعه
fragmentarisch *Adj.* پاره پاره، تکه تکه، جزء جزء
fragwürdig *Adj.* ۱. مشکوک، قابل تأمل، قابل تردید ۲. سؤالی، استفهامی، سؤال‌انگیز
Fragwürdigkeit, die; -, -en شک، تردید، تأمل
Fraktion, die; -, -en فراکسیون، گروه پارلمانی، گروه هم‌فکر
Fraktionsvorsitzende, der; -n, -n رئیس گروه پارلمانی، رئیس فراکسیون
Fraktur, die; -, -en شکستگی، انکسار
Frakturschrift, die; -, -en خط شکسته، خط قدیمی آلمانی
Franc, der; -en, -en فرانک (واحد پول کشورهای فرانسه، بلژیک و لوکزامبورگ)
frank *Adj.* رک، بی‌پرده، صریح
Franken, der; -s, - فرانک (واحد پول در سوئیس)
Frankfurter[1]**,** der; -s, - اهل فرانکفورت
Frankfurter[2]**,** die; -, - (نوعی) سوسیس
frankieren *Vt.* تمبر زدن، تمبر (چیزی) را باطل کردن؛ پرداختن (هزینهٔ پستی)
Frankiermaschine, die; -, -n دستگاه تمبرزنی
franko *Adv.* معاف (از هزینه پستی)
Frankreich, das; -s فرانسه
Franse, die; -, -n کناره، ریشه (لباس)، حاشیه
fransen *Vt., Vi.* ۱. ریش‌ریش کردن ۲. ریش‌ریش شدن (پارچه)
fransig *Adj.* ریش‌ریش
Franzband, der; -(e)s, ⸚e جلد چرم گوساله
Franzbranntwein, der; -s الکل مالیدنی
Franziskaner, der; -s, - راهب فرانسیسی (از فرقه‌های مسیحی)
Franzose, der; -n, -n فرانسوی
französeln *Vi.* ادای فرانسوی‌ها را درآوردن
Französin, die; -, -nen فرانسوی (زن)
französisch *Adj.* فرانسوی
die französische Sprache زبان فرانسه
frappant *Adj.* برجسته، مؤثر، چشمگیر
frappieren *Vt.* متحیر کردن، مات و مبهوت کردن، به تعجب واداشتن

Fräse, die; -, -n چرخ دنده‌دار؛ مته؛ کنگره؛ دستگاه تراش
fräsen *Vt.* ۱. مته کردن؛ خرد کردن؛ تراشیدن ۲. آسیاب کردن
Fräser, der; -s, - ۱. تراشکار، فلزکار ۲. دستگاه مته
Fräsmaschine, die; -, -n ۱. ماشین تراش ۲. گندم‌کوب
fraß *P.* صیغهٔ فعل گذشتهٔ مطلق از مصدر fressen
Fraß, der; -es, -e علوفه، خوراک (حیوانات)
Fratze, die; -, -n دهن‌کجی، شکلک
fratzenhaft *Adj.* مضحک، بی‌تناسب، عجیب و غریب
Frau, die; -, -en ۱. زن، خانم، بانو ۲. عیال، همسر
Gnädige Frau! خانم محترم!
Frauenarzt, der; -es, ⸚e پزشک زنان، متخصص بیماری‌های زنان
Frauenärztin, die; -, -nen پزشک زنان، متخصص بیماری‌های زنان (زن)
Frauenberuf, der; -(e)s, -e شغل زنانه
Frauenbewegung, die; -, -en جنبش زنان
Frauenemanzipation, die; -, -en جنبش برابری زنان
Frauengefängnis, das; -nisses, -nisse زندان زنان
frauenhaft *Adj.* زنانه
Frauenhaus, das; -es, -häuser فاحشه‌خانه
Frauenheilkunde, die; -, -n طب زنان
Frauenheld, der; -en, -en زن‌باره
Frauenklinik, die; -, -en بیمارستان زنان
Frauenkloster, das; -s, ⸚ دیر، صومعه، خانقاه
Frauenkrankheit, die; -, -en بیماری زنان
Frauenleiden, das; -s, - بیماری زنان
Frauenrechte, die / *Pl.* حقوق (اجتماعی و سیاسی) زنان
Frauensport, der; -(e)s, -e ورزش زنان
Frauenwelt, die; -, -en جهان زنان
Fräulein, das; -s, - دوشیزه، دخترخانم
fraulich *Adj.* زنانه، خانمانه
frech *Adj.* گستاخ، پررو، وقیح
Frechheit, die; -, -en گستاخی، پررویی، وقاحت
Frechling, der; -s, -e پررو، گستاخ
Fregatte, die; -, -n ۱. کشتی بادبان‌دار ۲. کشتی جنگی کوچک
Fregattenkapitän, der; -s, -e ۱. ناخدای کشتی بادبان‌دار ۲. ناخدای کشتی جنگی کوچک
frei *Adj.* ۱. آزاد، مستقل ۲. خالی ۳. مجانی، رایگان ۴. تعطیل

323 **freischaffend**

Eintritt frei! ورود آزاد است!
Ist der Platz frei? این جا خالی است؟
freier Tag روز تعطیل
frank und frei راست و صریح، به‌طور کاملاً آشکار
jemanden **auf freien Fuß setzen**
کسی را (از زندان) آزاد کردن
Freibad, das; -(e)s, ⸚er استخر سرباز
freiberuflich *Adj.* [شغل] مستقل، آزاد
Freibetrag, der; -(e)s, ⸚e درآمد غیرمشمول مالیات
Freibeuter, der; -s, - غارتگر، چپاولگر
Freibier, das; -(e)s, - آبجوی مجانی
Freibillet, das; -(e)s, -e بلیت مجانی
freibleibend *Adj., Adv.* غیر ملزم، بدون تعهد
Freibrief, der; -(e)s, -e امتیازنامه، اجازه‌نامه، حکم
Freidenker, der; -s, - آزاده، آزادفکر، آزاد اندیش
Freidenkerei, die; - آزاد فکری
freidenkerisch *Adj.* آزاد فکرانه
Freie[1]**,** das; -n فضای آزاد، بیرون
Freie[2]**,** der/die; -n, -n آزاد، غیر بنده، آزاده
freien *Vt., Vi.* ۱. از (کسی) خواستگاری کردن
۲. عروسی کردن، ازدواج کردن
Freier, der; -s, - خواستگار
Freiexemplar, das; -s, -e نسخهٔ مجانی،
نسخهٔ پیشکشی (کتاب)
Freifahrschein, der; -(e)s, -e بلیت مجانی
Freifrau, die; - بارونس (لقب اشرافی)
Freigabe, die; -, -n ۱. آزادی، رهایی، بخشودگی
۲. ترخیص
freigeben *Vt.* ۱. آزاد کردن ۲. مرخص کردن،
(از گمرک) ترخیص کردن
freigebig *Adj.* سخی، بخشنده، دست و دل‌باز
Freigebigkeit, die; - سخاوت، بخشندگی،
دست و دل بازی
Freigeist, der; -es, -er آزاده، آزادفکر
Freigepäck, das; -(e)s, -e بار رایگان
Freigrenze, die; -, -n مقدار معافیت
Freigut, das; -(e)s, ⸚er بار معاف از کرایه و گمرک
freihaben *Vt.* تعطیل داشتن، مرخصی داشتن
Freihafen, der; -s, ⸚ بندر آزاد
freihalten *Vt.* آزاد گذاشتن، خالی نگه داشتن (جا)
jemandem **einen Platz freihalten**
برای کسی جای خالی نگه داشتن
Freihandel, der; -s, ⸚ تجارت آزاد
freihändig *Adj., Adv.* بدون کمک دست

Freiheit, die; -, -en آزادی، استقلال، رهایی
freiheitlich *Adj.* ۱. آزاده، آزادانه ۲. آزادیخواه
Freiheitsberaubung, die; -, -en سلب آزادی
Freiheitsbewegung, die; -, -en
جنبش آزادیخواهانه
Freiheitsentzug, der; -(e)s بازداشت، توقیف، حبس
Freiheitskampf, der; -(e)s, ⸚e جنگ آزادی‌بخش
Freiheitskrieg, der; -(e)s, -e جنگ آزادی‌بخش
Freiheitsstrafe, die; -, -n توقیف، حبس،
مجازات زندان
freiheraus *Adv.* صادقانه، صراحتاً
Freiherr, der; -en, -en بارون (لقب اشرافی)
Freiherrin, die; -, -nen بارونس (لقب اشرافی)
Freikarte, die; -, -n بلیت افتخاری،
کارت ورودی مجانی
freikaufen *Vt.* خریدن و آزاد کردن
Freikörperskultur, die; - (در سواحل مخصوص)
آب‌تنی با بدن برهنه
Freikorps, das; -s, - سپاه داوطلب
Freiland, das; -(e)s ۱. فضای باز ۲. زمین زراعی
freilassen *Vt.* آزاد کردن، مرخص کردن، ول کردن
eine Zeile freilassen یک سطر را خالی گذاشتن
Freilassung, die; -, -en آزادی، استخلاص، رهایی،
بخشودگی
Freilauf, der; -(e)s, -läufe دندهٔ خلاص
freilegen *Vt.* آشکار ساختن، عیان کردن، هویدا ساختن
bei einer Operation ein Organ freilegen
در یک عمل جراحی عضوی را باز کردن
freilich *Adv.* البته، حتماً، یقیناً، مطمئناً، مسلماً
Freilichtbühne, die; -, -n
صحنهٔ نمایش در هوای آزاد
Freilichttheater, das; -s, - تئاتر در هوای آزاد
freimachen *Vt., Vr.* ۱. آزاد کردن؛ خالی کردن (خانه)
۲. لخت شدن ۳. تمبر زدن ۴. باز کردن ۵. وقت آزاد داشتن؛
مرخصی گرفتن
sich freimachen لخت شدن، برهنه شدن
Freimarke, die; -, -n تمبر پستی
Freimaurer, der; -s, - فراماسون، عضو فراموش‌خانه
Freimaurerei, die; - فراماسونری، اصول فراموش‌خانه
Freimaurerloge, die; -, -n لژ فراماسونری،
لژ فراموش‌خانه
Freimut, der; -(e)s رک‌گویی، سادگی، صداقت
freimütig *Adj.* رک، بی‌پرده، صادق، صریح
freischaffend *Adj.* غیر وابسته، آزاد

Freischar 324

Freischar, die; -, -en سپاه داوطلب
Freischärler, der; -s, - جنگجوی غیرنظامی، پارتیزان
Freischein, der; -(e)s, -e پروانه، جواز، جواز شغل
Freischule, die; -, -n مدرسهٔ رایگان، مدرسهٔ دولتی
freischwimmen *Vr.* آزمون شنا را پشت سر گذاشتن
freisetzen *Vt.* آزاد کردن
Freisinn, der; -(e)s آزادگی، اصول آزادی‌خواهی
freisinnig *Adj.* آزادی‌خواه، آزاده، روشن‌فکر
freisprechen *Vt.* (در دادگاه) تبرئه کردن، عفو کردن، بخشیدن
Freisprechung, die; -, -en تبرئه، برائت، عفو، بخشودگی
Freispruch, der; -(e)s, ⸚e تبرئه، برائت، عفو، بخشودگی
Freistaat, der; -(e)s, -en جمهوری
Freistatt, die; -, -stätten پناه، پناهگاه، ملجأ
Freistätte, die; -, -n کشور پناهگاه، پناهگاه
freistehen *Vi.* ۱. آزاد بودن، مجاز بودن ۲. خالی بودن، بدون سکنه بودن (خانه)
freistehend *Adj.* آزاد، مجاز
Freistelle, die; -, -n ۱. کمک هزینهٔ تحصیلی ۲. جای آزاد، جای رایگان
freistellen *Vt.* ۱. آزاد کردن، آزاد گذاشتن ۲. (از خدمت) معاف کردن

Er ist vom Wehrdienst freigestellt worden. او از خدمت نظام معاف شده است.

Freistil, der; -(e)s (ورزش) شیوهٔ آزاد
Freistilringen, das; -s, - کشتی آزاد
Freistilschwimmen, das; -s, - شنای آزاد
Freistoß, der; -es, ⸚e (فوتبال) ضربهٔ آزاد
Freistunde, die; -, -n (در مدرسه) ساعت فراغت
Freitag, der; -(e)s, -e جمعه، آدینه
Freitod, der; -(e)s, -e خودکشی، انتحار
Freitreppe, die; -, -n پلکان جلوی عمارت
Freiübung, die; -, -en ورزش بی‌ابزار، تمرین بدنی آزاد
Freiumschlag, der; -(e)s, ⸚e پاکت تمبردار
freiwillig *Adj., Adv.* ۱. اختیاری ۲. داوطلبانه، به طور اختیاری
Freiwillige, der; -n, -n داوطلب
Freiwilligkeit, die; - داوطلبی
Freizeichen, das; -s, - بوق آزاد (تلفن)
Freizeit, die; -, -en وقت آزاد، ساعت فراغت
Freizeitkleidung, die; -, -en جامهٔ راحت، لباس منزل
freizügig *Adj.* ۱. مجاز، آزاد، مختار ۲. دست و دل باز
Freizügigkeit, die; - آزادی انتخاب، آزادی حرکت
fremd *Adj.* ۱. غریب، غریبه، ناآشنا ۲. اجنبی، بیگانه، خارجی

Ich bin hier fremd. من در اینجا غریبه‌ام.

fremde Sprache زبان بیگانه، زبان خارجی

Fremdarbeiter, der; -s, - کارگر خارجی
fremdartig *Adj.* عجیب، غریب، غیر عادی
Fremdartigkeit, die; -, -en غرابت، بیگانگی
Fremde[1]**,** der/die; -n, -n خارجی، بیگانه، اجنبی
Fremde[2]**,** die; - کشور بیگانه
fremdeln *Vi.* غریبی کردن (بچه)
Fremdenbuch, das; -(e)s, ⸚er فهرست نام مسافران
fremdenfeindlich *Adj.* ضدخارجی
Fremdenführer, der; -s, - راهنمای مسافران، راهنمای توریست‌ها
Fremdenheim, das; -(e)s, -e مهمانسرا
Fremdenindustrie, die; -, -n صنعت جهانگردی
Fremdenlegion, die; - لژیون خارجی
Fremdenverkehr, der; -(e)s وسایل سفر به خارج
Fremdenzimmer, das; -s, - اتاق اجاره‌ای
fremdgehen *Vi.* زنا کردن، (در زندگی زناشویی) خیانت کردن
Fremdherrschaft, die; -, -en حکومت بیگانه
Fremdkörper, der; -s, - جسم خارجی، مادهٔ خارجی
fremdländisch *Adj.* غریب، اجنبی، بیگانه، خارجی
Fremdling, der; -s, -e خارجی، بیگانه
Fremdsprache, die; -, -n زبان بیگانه، زبان خارجی
fremdsprachlich *Adj.* [کلمه، زبان] خارجی
Fremdwort, das; -(e)s, -e/⸚er واژهٔ بیگانه، لغت خارجی
Fremdwörterbuch, das; -(e)s, ⸚er فرهنگ واژه‌های بیگانه
frequent *Adj.* مکرر، متوالی، متعدد
frequentieren *Vt.* تکرار کردن
Frequenz, die; -, -en ۱. تکرار، تواتر، کثرت وقوع ۲. (فیزیک) فرکانس
Frequenzbereich, der; -(e)s, -e حوزهٔ فرکانس، دامنهٔ نوسان
Fresko, das; -s, -ken نقاشی روی دیوار
Freskomalerei, die; -, -en نقاشی روی دیوار
Fresse, die; -, -n پوزه

Halt die Fresse! دهانت را ببند! خفه‌شو!

fressen *Vt.* ۱. بلعیدن، زیاد و با ولع خوردن ۲. (در مورد حیوانات) خوردن

Er wird dich schon nicht fressen! نترس، تو را نمی‌خورد!

Der Wagen frißt viel Benzin. مصرف بنزین این اتومبیل زیاد است.

einen Narren an jemandem **gefressen haben** دیوانهٔ کسی بودن

Fressen, das; -s خوراک (حیوانات)، علوفه

Fresser, der; -s, - پرخور، شکم‌پرست

Fresserei, die; -, -en پرخوری، شکم‌پرستی

Freßgier, die; - پرخوری، شکم‌پرستی

freßgierig *Adj.* پرخور

Freßnapf, der; -(e)s, ¨-e ظرف غذاخوری (حیوانات)

Freßsack, der; -(e)s, ¨-e (آدم) شکمو

Frettchen, das; -s, - ۱. موش خرما، راسو ۲. آدم کنجکاو

fretten *Vt.* کندن، زخم کردن

Freude, die; -, -n خوشی، شادی، سرور، خوشحالی، خرسندی، شعف

jemandem **eine Freude machen** کسی را خوشحال کردن

Freudenbotschaft, die; -, -en خبر خوش، نوید

Freudenfeier, die; -, -n جشن، مهمانی، سور، ضیافت

Freudenfest, das; -(e)s, -e جشن، مهمانی، سور، ضیافت

Freudenfeuer, das; -s, - آتش‌بازی

Freudengeschrei, das; -(e)s, -e فریاد شادی

Freudenhaus, das; -es, -häuser فاحشه‌خانه، روسپی‌خانه

Freudenmädchen, das; -s, - فاحشه، روسپی، خودفروش

Freudenrausch, der; -es سرمستی

Freudenschrei, der; -(e)s, -e فریاد شادی

Freudentag, der; -(e)s, -e روز شادی

Freudentaumel, der; -s سرمستی

Freudentränen, die / *Pl.* اشک شادی

freudestrahlend *Adj.* سرخوش، سرمست

freudig *Adj.* خوش، شاد، مسرت‌بخش

ein freudiges Ereignis یک واقعهٔ مسرت‌بخش

eine freudige Nachricht یک خبر خوش

Freudigkeit, die; - خوشی، شادی، سرور

freudlos *Adj.* بدون خوشی، بدون شادی، خالی از نشاط

freuen *Vt., Vr.* ۱. خوشحال کردن، شاد کردن ۲. خوشحال بودن، خوشحال شدن

sich freuen خوشحال شدن، خوشحال بودن

Es freut mich. خوشحالم. خوشوقتم.

sich auf etwas **freuen** از چیزی خوشحال بودن

Freund, der; -(e)s, -e دوست، رفیق، یار

ein Freund von mir یکی از دوستانم

Freundenkreis, der; -es, -e جمع دوستان، محفل دوستان

Freundin, die; -, -nen دوست‌دختر

freundlich *Adj.* ۱. دوستانه، صمیمانه ۲. مهربان، بامحبت ۳. آمادهٔ کمک، مددکار

Seien Sie so freundlich... لطف بفرمایید... عنایت بفرمایید...

Freundliche Grüße! (با) سلام‌های دوستانه!

freundlicherweise *Adv.* از روی صمیمیت

Freundlichkeit, die; -, -en مهربانی، لطف، صمیمیت، محبت

freundlos *Adj.* بی‌دوست

Freundschaft, die; -, -en دوستی، رفاقت

aus Freundschaft از سر دوستی

Freundschaft schließen دوست شدن

freundschaftlich *Adj.* دوستانه، صمیمانه

Freundschaftsdienst, der; -es, -e خدمت دوستانه

Freundschaftsspiel, das; -(e)s, -e مسابقهٔ دوستانه

Frevel, der; -s, - دست‌درازی، تخطی، تجاوز؛ هتک حرمت

frevelhaft *Adj.* ظالمانه، بیدادگرانه

freveln *Vi.* بی‌عدالتی کردن، تجاوز کردن، بی‌حرمت ساختن

gegen das Gesetz freveln به حریم قانون تجاوز کردن

Freveltat, die; -, -en هتک حرمت، تجاوزکاری، بی‌حرمتی

freventlich *Adj.* ظالمانه، بیدادگرانه

Frevler, der; -s, - مجرم، متخلف، مقصر، متجاوز

Frevlerin, die; -, -nen مجرم، متخلف، مقصر، متجاوز (زن)

Friede, der; -ns, -n صلح، آرامش، آشتی

Frieden, der; -s, - صلح، آرامش، آشتی

Laß mich in Frieden! دست از سرم بردار! راحتم بگذار!

dem Frieden nicht trauen به چیزی اعتماد نداشتن، بدبین بودن

Friedensbewegung, die; -, -en جنبش هواداران صلح، جنبش صلح‌جویانه

Friedensbruch, der; -(e)s, ¨-e نقض صلح

Friedensforschung, die; -, -en کاوش علمی برای تأمین شرایط صلح

Friedenspfeife

Friedenspfeife, die; -, -n (در میان سرخ‌پوستان) پیپ صلح، چپق صلح
   die Friedenspfeife rauchen — صلح برقرار کردن
Friedensproduktion, die; -, -en — محصول زمان صلح
Friedensschluß, der; -schlusses, -schlüsse — پیمان صلح
Friedensstärke, die; -, -n — ارتش دوران صلح
Friedensstifter, der; -s, - — صلح‌جو
Friedensstifterin, die; -, -nen — صلح‌جو (زن)
Friedenstaube, die; -, -n — کبوتر صلح
Friedensverhandlungen, die /Pl. — مذاکرات صلح
Friedensverrat, der; -(e)s — خیانت به صلح
Friedensvertrag, der; -(e)s, ⸗e — پیمان صلح، قرارداد صلح
friedfertig Adj. — ۱. صلح‌دوست، صلح‌طلب، آشتی‌پذیر ۲. آرام، امن
Friedfertigkeit, die; - — صلح دوستی، آشتی‌پذیری، آرامش
Friedhof, der; -(e)s, ⸗e — قبرستان، گورستان
friedlich Adj. — ۱. مسالمت‌آمیز ۲. آرام، امن ۳. صلح‌جو، صلح‌آمیز
friedliebend Adj. — صلح‌دوست، طرفدار صلح
friedlos Adj. — ناامن، ناراحت
friedsam Adj. — ۱. صلح‌دوست، آشتی‌پذیر ۲. آرام، امن
frieren Vi. — ۱. یخ زدن، یخ بستن، منجمد شدن ۲. سرد بودن ۳. لرز کردن، لرزیدن ۴. احساس سرما کردن
   Ich friere! — سردم است!
Fries, der; -es, -e — کتیبه، حاشیهٔ آرایشی
Friesel, der/das; -s, -n — عرق‌جوش (نوعی بیماری پوستی)
frigid Adj. — ۱. خنک، سرد ۲. بی‌احساس؛ فاقد تمایلات جنسی؛ یائسه
Frigidität, die; - — یائسگی؛ ناتوانی جنسی (زن)
Frikadelle, die; -, -n — کتلت؛ شامی
Frikassee, das; -s, -s — فریکاسه (نوعی خورش با گوشت ریز شده)
frikassieren Vt. — خرد کردن، له کردن (گوشت)
Friktion, die; -, -en — مالش، اصطکاک
frisch Adj. — ۱. تازه، جدید، نو ۲. سرحال، بانشاط، شاداب ۳. خنک ۴. تازه‌نفس ۵. دست نخورده
   Frisch gestrichen! — تازه رنگ شده! رنگی نشوید!
   frisch halten — تر و تازه نگه داشتن
Frische, die; -, -n — ۱. تازگی، طراوت ۲. خنکی ۳. دست نخوردگی

frischen Vt., Vi. — ۱. جلا دادن ۲. توله انداختن (گراز)
frischgebacken Adj. — تازه از تنور درآمده
Frischling, der; -s, -e — بچه گراز
Friseur, der; -s, -e — سلمانی، آرایشگر
Friseurladen, der; -s, ⸗ — مغازهٔ سلمانی، آرایشگاه
Friseursalon, der; -s, -s — مغازهٔ سلمانی، آرایشگاه
Friseuse, die; -, -n — سلمانی، آرایشگر (زن)
frisieren Vt. — ۱. سلمانی کردن، اصلاح کردن (مو)، شانه زدن ۲. بهتر کردن
   Man hat die Nachricht frisiert. — این خبر را اصلاح کرده‌اند.
Frisiermantel, der; -s, ⸗ — پیش‌بند، روپوش سلمانی
Frisiersalon, der; -s, -s — آرایشگاه
Frisiertisch, der; -es, -e — میز سلمانی، پیشخوان سلمانی
Frisiertoilette, die; -, -n — میز سلمانی، پیشخوان سلمانی
Frist, die; -, -en — مهلت، موعد، فرصت
   eine Frist von drei Jahre — یک مهلت سه ساله
fristen Vt. — به‌زحمت گذران کردن، با کوشش به‌دست آوردن
fristgemäß Adj. — سر موعد، به وقت
fristgerecht Adj. — سر موعد، به وقت
fristlos Adj. — بدون مهلت، بدون اخطار ثانوی
   jemanden fristlos entlassen — کسی را بدون اطلاع قبلی اخراج کردن
Frisur, die; -s, -e — آرایش (مو)
frivol Adj. — ۱. سبک، پوچ، بی‌معنی ۲. سبک‌سر، بی‌فکر، سهل‌انگار
Frivolität, die; -, -en — ۱. سبکی، پوچی، بیهودگی ۲. سهل‌انگاری
Frl. = *Fräulein*
froh Adj. — خوشحال، شاد، مسرور، بشاش
   eine frohe Nachricht — یک خبر مسرت‌بخش
fröhlich Adj. — خوشحال، شاد، مسرور، بشاش
   Fröhliche Weihnachten! — عید کریسمس مبارک!
Fröhlichkeit, die; -, -en — خوشی، شادی، سرور، بشاشت
frohlocken Vi. — ۱. (از ضرر و زیان دیگران) شادی کردن، به وجد آمدن ۲. از شکست دیگران خوشحال شدن
Frohsinn, der; -(e)s, -e — خوشی، شادی، سرور، بشاشت
frohsinnig Adj. — خوشحال، شاد، مسرور، بشاش
fromm Adj. — ۱. پرهیزکار، متدین ۲. [اسب] آرام
   ein frommer Wunsch — آرزوی تحقق‌ناپذیر، خواب و خیال

Frömmelei, die; -, -en تظاهر (به دین)
frömmeln *Vi.* تظاهر به دین کردن
Frömmigkeit, die; - پرهیزکاری، تدین، دینداری
Frömmler, der; -s, - ریاکار، مقدس‌نما
Frömmlerin, die; -, -nen ریاکار، مقدس‌نما (زن)
Fron, die; -, -en بیگاری
Fronarbeit, die; -, -en کار اجباری، بیگاری
Frondienst, der; -es, -e کار اجباری، بیگاری
fronen *Vi.* جان کندن، بیگاری کردن
frönen *Vi.* جان کندن، بیگاری کردن
Front, die; -, -en ۱. جلو، پیش ۲. جبهه (جنگ) ۳. نمای جلویی
frontal *Adj.* از رو به رو، از جلو
Frontalangriff, der; -(e)s, -e حمله از رو به رو
Frontkämpfer, der; -s, - جنگجو، مبارز، محارب
Frontsoldat, der; -en, -en سرباز جبهه
Frontwechsel, der; -s, - تغییر جبهه
fror *P.* صیغهٔ فعل گذشتهٔ مطلق از مصدر frieren
Frosch, der; -es, ⸚e ۱. قورباغه، غوک، وزغ ۲. (موسیقی) شیطانک (قسمت انتهای آرشه)
Froschmann, der; -(e)s, ⸚er غـواص، مرد قورباغه‌ای
Froschperspektive, die; -, -n تنگ‌نظری
Frost, der; -(e)s, ⸚e یخ‌بندان، سرما
vor Frost zittern از سرما لرزیدن
frostbeständig *Adj.* مقاوم در برابر سرما
Frostbeule, die; -, -n سرمازدگی پوست، تاول از سرما
frösteln *Vi.* سرما سرما شدن، احساس سرما کردن، از سرما لرزیدن
frosten *Vt.* سرما زدن
Frostgefahr, die; -, -en خطر یخ‌بندان
frostig *Adj.* بسیار سرد، یخ‌زده
Frostigkeit, die; - یخ‌زدگی
Frostmittel, das; -s, - ضد یخ، مادهٔ ضد یخ
Frostschaden, der; -s, - زیان حاصل از یخ‌زدگی
Frostschutzmittel, das; -s, - مادهٔ ضدیخ، ضدیخ
Frostschutzscheibe, die; -, -n شیشه گرم‌کن اتومبیل، یخ بازکن شیشهٔ اتومبیل
Frostwetter, das; -s, - هوای بسیار سرد
Frottee, das / der; -(s), -s پارچهٔ حوله‌ای
frottieren *Vt.* مالیدن؛ ساییدن؛ مشت و مال دادن
frotzeln *Vt.* سر به سر (کسی) گذاشتن، دست انداختن
Frucht, die; -, ⸚e ۱. میوه، حاصل، بار، ثمر ۲. جنین
fruchtbar *Adj.* ۱. بارآور، میوه‌دار، پُربار، ثمربخش، حاصل‌خیز ۲. پُرنسل
Fruchtbarkeit, die; -, -en بارآوری، ثمربخشی، حاصل‌خیزی
Fruchtbaum, der; -(e)s, -bäume درخت میوه
Fruchtblase, die; -, -n پوستهٔ کیسه‌مانندی که در آن جنین رشد می‌کند
Fruchtblatt, das; -(e)s, ⸚er مادگی گل
fruchtbringend *Adj.* سودمند، پُرحاصل
fruchten *Vt., Vi.* ۱. میوه دادن، بار آوردن ۲. فایده بخشیدن
Früchte, die / *Pl.* فراورده‌ها
Fruchtfleisch, das; -es قسمت نرم و آبدار میوه
fruchtig *Adj.* میوه‌ای
Fruchtjoghurt, der / das; -s ماست میوه‌ای
Fruchtknoten, der; -s, - تخمدان، هاگدان
fruchtlos *Adj.* ۱. بی‌میوه، بی‌ثمر، بی‌حاصل ۲. عقیم
Fruchtlosigkeit, die; - بی‌میوه‌ای، بی‌ثمری، بی‌حاصلی
Fruchtpresse, die; -, -n آب‌میوه‌گیری
fruchtreich *Adj.* میوه‌دار، باردار، حاصل‌خیز
Fruchtsaft, der; -(e)s, ⸚e آب‌میوه
Fruchtwasser, das; -s, - مایعی که جنین در آن رشد می‌کند
Fruchtwein, der; -s, -e مشروب میوه‌ای
frugal *Adj.* صرفه‌جو، مقتصد، باصرفه
Frugalität, die; - صرفه‌جویی، کم‌خرجی
früh *Adj., Adv.* ۱. زود ۲. به زودی، به موقع، سر وقت
heute früh امروز صبح زود
am frühen Morgen صبح زود
von früh bis spät از صبح تا شب
früh aufstehen زود بیدار شدن
zu früh kommen زود آمدن
Frühaufsteher, der; -s, - سحرخیز
Frühdiagnose, die; -, -n تشخیص به موقع بیماری
Frühe, die; - صبح زود، بامداد
früher *Adj., Adv.* ۱. زودتر ۲. در گذشته، سابق بر این، سابقاً، قبلاً
früher oder später دیر یا زود
frühestens *Adv.* (از نظر زمان) حداقل
Er kommt frühestens morgen. او زودتر از فردا نمی‌آید.
Frühgeburt, die; -, -en تولد زودرس؛ نوزاد نارس
Frühgemüse, das; -s, - سبزی زودرس، سبزی نوبر
Frühgottesdienst, der; -es, -e نماز صبح

Frühjahr

Frühjahr, das; -(e)s, -e	بهار، فصل بهار
Frühjahrsmüdigkeit, die; -	خستگی فصل بهار
Frühjahrsputz, der; -es	خانه‌تکانی بهار
Frühkonzert, das; -(e)s, -e	کنسرت پیش از ظهر، بام آهنگ، ماتینه
Frühling, der; -s, -e	بهار، فصل بهار
im Frühling	در بهار
Frühmesse, die; -, -n	دعای صبح
frühmorgens Adv.	صبح زود
Frühobst, das; -es	میوهٔ پیش‌رس، میوهٔ نوبر
frühreif Adj.	زودرس، پیش‌رس
Frühreife, die; -	بلوغ زودرس
Frühschoppen, der; -s, -	پیمانهٔ صبح، می نوشی بامدادی
Frühsport, der; -(e)s	ورزش بامدادی
Frühstück, das; -(e)s, -e	ناشتایی، صبحانه
zum Frühstück	برای صبحانه
frühstücken Vi.	صبحانه خوردن، ناشتایی خوردن
Frühstückspause, die; -, -n	(در موقع کار) وقت خوردن صبحانه
frühzeitig Adj.	به موقع، زودتر از موعد، سروقت
Frühzeitigkeit, die; -	زودرسی، پیش‌رسی
Frühzug, der; -es, ̈-e	اولین قطار، قطار صبح
Frustration, die; -, -en	یأس، ناامیدی، دلسردی
frustrieren Vt.	۱. مأیوس کردن، دلسرد کردن ۲. مانع (کسی/چیزی) شدن
F-Schlüssel, der; -s, -	(موسیقی) کلید فا
Fuchs, der; -es, ̈-e	روباه
wo sich Fuchs und Hase gute Nacht sagen	در جایی دورافتاده و متروک
Fuchsbau, der; -(e)s, -e	لانهٔ روباه
fuchsen Vt., Vr.	۱. عصبانی کردن، خشمناک کردن ۲. عصبانی شدن، خشمناک شدن
Fuchsie, die; -, -n	گل‌آویز
fuchsig Adj.	۱. موقرمز ۲. خشمناک
Füchsin, die; -, -nen	روباه ماده
Fuchsjagd, die; -, -en	شکار روباه
Fuchspelz, der; -es, -e	پوست روباه
fuchsrot Adj.	رنگ خرمایی، قهوه‌ای مایل به قرمز
Fuchsschwanz, der; -es, ̈-e	۱. دم روباه ۲. (نوعی) ارّه
Fuchtel, die; -, -n	قمه؛ شمشیر
jemanden unter der Fuchtel haben	کسی را زیر سلطه داشتن
fuchteln Vi.	جنباندن، تکان دادن (دست)
fuchtig Adj.	خشمناک، عصبانی
Fuder, das; -s, -	بارِ گاری، بار
Fug, der; -(e)s, -e	حق، داد، عدالت
mit Fug und Recht	با عدل و داد
Fuge, die; -, -n	۱. بند، درز، شکاف (دیوار) ۲. فوگ (مهم‌ترین فرم در موسیقی چندصدایی)
fugen Vt.	بند زدن، بندکشی کردن، شیار دادن
fügen Vt., Vr.	۱. وصل کردن، کامل کردن ۲. تحمل کردن (شکست) ۳. اطاعت کردن، پیروی کردن، تسلیم شدن
sich jemandem fügen	تسلیم خواسته‌های کسی شدن
fugenlos Adj.	صاف، بی‌شیار
füglich Adv.	متناسب، مناسب
fügsam Adj.	مطیع، حرف‌شنو، فرمان‌بردار
Fügsamkeit, die; -	اطاعت، فرمان‌برداری، حرف‌شنوی
Fügung, die; -, -en	۱. فرمان‌برداری ۲. تقدیر، سرنوشت، قضا و قدر
fühlbar Adj.	محسوس، قابل لمس، ملموس؛ قابل درک
Fühlbarkeit, die; -	ادراک، قابلیت درک
fühlen Vt., Vi., Vr.	۱. لمس کردن ۲. حس کردن، احساس کردن
sich wohl fühlen	سرحال بودن
einen Schmerz fühlen	احساس درد کردن
Fühler, der; -s, -	۱. احساس‌کننده ۲. شاخک (حشرات) ۳. دکل
die Fühler ausstrecken	سر و گوش آب دادن
Fühlhorn, das; -(e)s, ̈-er	۱. احساس‌کننده ۲. شاخک (حشرات) ۳. دکل
Fühlung, die; -, -en	رابطه، ارتباط؛ برخورد؛ تماس، لمس، اتصال
fuhr P.	صیغهٔ فعل گذشتهٔ مطلق از مصدر fahren
Fuhre, die; -, -n	بار، محموله (گاری)
führen Vt., Vi., Vr.	۱. راهنمایی کردن، رهبری کردن، هدایت کردن ۲. اداره کردن ۳. عرضه کردن، ارائه دادن (کالا) ۴. حمل کردن ۵. مقدم بودن؛ تسلط داشتن ۶. رفتار کردن
Das führt zu nichts.	به نتیجه‌ای نمی‌رسد. فایده‌ای ندارد.
ein Gespräch führen	گفت‌وگویی داشتن
eine Aussprache führen	بحث و تبادل نظر کردن
zu Ende führen	به اتمام رساندن
Krieg führen	جنگ کردن
das große Wort führen	لاف زدن، خودستایی کردن
führend Adj.	برجسته، ممتاز
Führer, der; -s, -	۱. رهبر، راهنما، مدیر، پیشوا، فرمانده ۲. نشریهٔ راهنما (شهر/موزه)

Führerin, die; -, -nen رهبر، راهنما، مدیر، پیشوا، فرمانده (زن)
führerlos *Adj.* بی‌رهبر، بدون راهنما
Führerraum, der; -(e)s, -räume (در هواپیما) جای خلبان
Führerschaft, die; -, -en رهبری، هدایت
Führerschein, der; -(e)s, -e ۱. گواهی‌نامهٔ رانندگی ۲. جواز خلبانی
Führersitz, der; -es, -e ۱. صندلی راننده ۲. کابین خلبان
Fuhrgeld, das; -(e)s, -er کرایهٔ راه
Fuhrlohn, der; -(e)s, ⸚e کرایهٔ راه
Fuhrmann, der; -(e)s, -leute ۱. گاری‌چی، درشکه‌چی ۲. راهنما
Führung, die; -, -en ۱. راهنمایی، رهبری، هدایت، ارشاد ۲. رانندگی ۳. خلبانی ۴. نشان دادن نقاط دیدنی شهر ۵. رفتار
Führungsstab, der; -(e)s, ⸚e فرماندهی کل
Führungszeugnis, das; -nisses, -nisse برگ عدم سوء پیشینه
Fuhrunternehmen, das; -s, - شرکت ترابری
Fuhrunternehmer, der; -s, - مقاطعه کار ترابری
Fuhrwerk, das; -(e)s, -e گاری، ارابه
Füllbleistift, der; -(e)s, -e مداد خودکار
Fülle, die; -, -n وفور، فراوانی، پُری
in Fülle به وفور
füllen *Vt., Vr.* ۱. پر کردن، انباشتن ۲. پر شدن، مملو شدن
Ihre Augen füllten sich mit Tränen.
چشم‌هایش پر از اشک شد.
Füllen, das; -s, - کره اسب
Füller, der; -s, - خودنویس
Füllerfeder, die; -, -n خودنویس
Füllerfederhalter, der; -s, - خودنویس
Füllertinte, die; -, -n جوهر خودنویس
Füllhorn, das; -(e)s, ⸚er مظهر فراوانی
füllig *Adj.* چاق، پرگوشت، فربه؛ حجیم
Füllung, die; -, -en پرسازی، پرشدگی (دندان)، بطانه
Füllwort, das; -(e)s, ⸚er کلمهٔ زاید، حرف زیادی
Fummel, der; -s, - تن‌پوش نازک
fummeln *Vi.* ۱. بی‌هدف دویدن ۲. برق انداختن ۳. دست‌مالی کردن، انگولک کردن، ور رفتن ۴. کورکورانه جلو رفتن

Fund, der; -(e)s, -e ۱. کشف، پیدایش، دست‌یابی ۲. شیء پیدا شده
Fundament, das; -(e)s, -e شالوده، اساس، بنیاد، پایه
fundamental *Adj.* اساسی، بنیادی، پایه‌ای
Fundamentalismus, der; - بنیادگرایی
fundamentieren *Vt.* پایه گذاشتن، پی‌ریزی کردن
Fundamt, das; -(e)s, ⸚er ادارهٔ اشیای گم شده
Fundbüro, das; -s, -s دفتر اشیای گم‌شده
Fundgrube, die; -, -n معدن، مخزن
fundieren *Vt.* ۱. در (کاری) سرمایه‌گذاری کردن ۲. بنیاد نهادن، پایه‌گذاری کردن، پی‌ریزی کردن
Fundstelle, die; -, -n ادارهٔ اشیای گم‌شده
fünf *Zahlw.* پنج
Fünf, die; -, -en عدد پنج
fünfblätt(e)rig *Adj.* پنج برگی
Fünfeck, das; -(e)s, -e پنج گوشه، پنج ضلعی
fünfeckig *Adj.* پنج گوشه، پنج ضلعی
fünferlei *Adj.* از پنج نوع
fünffach *Adj.* پنج برابر
fünffältig *Adj.* پنج برابر
fünfhundert *Zahlw.* پانصد
fünfjährig *Adj.* پنج ساله
fünfjährlich *Adj.* هر پنج سال
Fünfkampf, der; -(e)s, ⸚e ورزش‌های پنجگانه
Fünflinge, die / *Pl.* پنج قلو
fünfmal *Adv.* پنج‌بار، پنج دفعه
fünfmalig *Adj.* پنج دفعه‌ای
Fünfmarkschein, der; -(e)s, -e اسکناس پنج مارکی
Fünfmarkstück, das; -(e)s, -e سکهٔ پنج مارکی
fünfseitig *Adj.* ۱. پنج پهلو ۲. پنج صفحه‌ای
fünfstellig *Adj.* پنج رقمی، پنج عددی
fünfstöckig *Adj.* پنج طبقه
fünftägig *Adj.* پنج روزه
fünftausend *Zahlw.* پنج‌هزار
fünft- *Adj.* پنجمین، پنجم
Fünftel, das; -s, - یک پنجم
fünftens *Adv.* پنجم
fünfzehn *Zahlw.* پانزده
fünfzehnt- *Adj.* پانزدهمین
fünfzig *Zahlw.* پنجاه
Fünfziger, der; -s, - ۱. پنجاه تا شصت ساله ۲. پنجاه فینیگ
Fünfzigerin, die; -, -nen پنجاه ساله (زن)
fünfzigst- *Adj.* پنجاهم، پنجاهمین

fungieren *Vi.* کار کردن، عمل کردن، خدمت کردن
Funk, der; -(e)s ۱. فرستندهٔ رادیو و تلویزیون ۲. بی‌سیم، تلگراف
im Funk از رادیو
Funkanlage, die; -, -n دستگاه گیرنده و فرستنده
Funkapparat, der; -(e)s, -e دستگاه رادیو
Funkausstellung, die; -, -en نمایشگاه رادیو
Funkbild, das; -es, -er عکس رادیویی
Fünkchen, das; -s, - جرقهٔ کوچک، اخگر کوچک
Fünkdienst, der; -es, -e سرویس رادیو
Funke, der; -ns, -n جرقه، بارقه، اخگر
der Funke ins Pulverfaß آخرین جرقه (که منجر به فاجعه می‌شود)
Funken, der; -s, - جرقه، بارقه، اخگر
Funkeinrichtung, die; -, -en ۱. به صورتِ تجهیزات رادیو ۲. تنظیم رادیو ۳. دستگاه فرستنده و گیرنده
funkeln *Vi.* جرقه زدن، درخشیدن
funkel(nagel)neu *Adj.* تر و تازه، نو
funken *Vi., Vt.* ۱. جرقه زدن ۲. به‌صورت پیام رادیویی فرستادن، با رادیو مخابره کردن، با بی‌سیم پیام فرستادن
Funken, der; -s, - جرقهٔ آتش
Funker, der; -s, - فرستندهٔ پیام رادیویی، مخابره‌گر، مسئول بی‌سیم
Funkfeuer, das; -s, - فرستندهٔ بی‌سیم دریایی
Funkgerät, das; -(e)s, -e دستگاه فرستنده و گیرنده، دستگاه بی‌سیم، دستگاه رادیو
Funkhaus, das; -es, -häuser مرکز سخن‌پراکنی، ادارهٔ رادیو
Funkortung, die; -, -en پیدا کردن محل فرستنده
Funkpeilung, die; -, -en فرستنده‌یابی، جهت‌یابی
Funksprechgerät, das; -(e)s, -e دستگاه سخن پراکنی
Funkspruch, der; -(e)s, ⸚e پیام رادیویی
Funkstation, die; -, -en ایستگاه رادیو
Funkstille, die; - خاموشی فرستنده، سکوت فرستنده، قطع فرستنده
Funkstreife, die; -, -n گشت مجهز به فرستنده
Funkstreifenwagen, der; -s, - اتومبیل گشت مجهز به فرستنده
Funktaxi, das; -s, -s تاکسی تلفنی
Funktechnik, die; -, -en مهندس رادیو
Funktelegramm, das; -s, -e تلگراف رادیویی
Funktion, die; -, -en ۱. کار، وظیفه، حرفه، عمل ۲. (ریاضی) تابع
Funktionär, der; -s, -e مأمور، کارگزار، عامل
funktionieren *Vi.* عمل کردن، کار کردن، انجام وظیفه کردن
Die Maschine funktioniert nicht richtig. ماشین درست کار نمی‌کند.
funktionsfähig *Adj.* قادر به کار، قابل عملکرد، بی‌عیب، سالم
funktionstüchtig *Adj.* قادر به کار، قابل عملکرد، بی‌عیب، سالم
Funkturm, der; -(e)s, ⸚e برج فرستنده (رادیو-تلویزیون)
Funkverbindung, die; -, -en ارتباط رادیویی
Funkverkehr, der; -(e)s ارتباط بی‌سیم
Funkwagen, der; -s, - گشت مجهز به بی‌سیم
Funkwesen, das; -s, - بی‌سیم
Funsel, die; -, -n چراغ کم‌نور، چراغ پیه‌سوز
Funzel, die; -, -n چراغ کم‌نور، چراغ پیه‌سوز
für *Präp.* ۱. برای ۲. به جهتِ، به واسطهٔ ۳. به جای ۴. در قبالِ
Fürbitte, die; -, -n شفاعت، وساطت، میانجی‌گری
Furche, die; -, -en ۱. شیار (شخم) ۲. چین، چروک، چین‌خوردگی
furchen *Vt.* ۱. شیار زدن ۲. چین دادن، چروک کردن
Furcht, die; - ترس، بیم، هراس، خوف
Furcht haben ترس داشتن
aus Furcht از بیم
furchtbar *Adj.* ترسناک، وحشتناک، مخوف، وحشت‌آور، هراس‌انگیز
fürchten *Vr., Vi., Vt.* ۱. نگران بودن، نگران شدن ۲. از (کسی / چیزی) ترس داشتن، از (کسی / چیزی) بیم داشتن، از (کسی / چیزی) خوف داشتن، از (کسی / چیزی) وحشت داشتن ۳. ترسیدن
sich fürchten ترس داشتن
Er fürchtet sich vor nichts. از هیچ چیز نمی‌ترسد.
Ich fürchte den Tod. من از مرگ وحشت دارم.
fürchterlich *Adj.* ترسناک، وحشتناک، مخوف، وحشت‌آور، هراس‌انگیز
furchterregend *Adj.* ترسناک، مهیب
furchtlos *Adj.* بی‌باک، بی‌پروا، دلیر، جسور، نترس
Furchtlosigkeit, die; - بی‌باکی، بی‌پروایی، دلیری، جسارت، نترسی
furchtsam *Adj.* ترسو، جبون، بزدل
Furchtsamkeit, die; - ترسویی، جبن، بزدلی
füreinander *Adv.* برای یکدیگر، برای هم

Furie, die; -, -n	۱. زن پاچه ورمالیده، سلیطه ۲. (در روم باستان) الههٔ انتقام
furios Adj.	خشمناک
fürliebnehmen Vi.	راضی بودن، قانع بودن، بسنده کردن
Furnier, das; -s, -e	روکش، لایهٔ نازک چوب
furnieren Vt.	روکش کردن، پوشاندن
Furore, das; -s	شور، هیجان
fürs = für + das	
Fürsorge, die; -, -n	پرستاری، مراقبت، مددکاری؛ توجه
Fürsorgeamt, das; -(e)s, ⸚er	ادارهٔ مددکاری، مؤسسهٔ خیریه
Fürsorgeerziehung, die; -, -en	پرورش، تأدیب
Fürsorger, der; -s, -	مددکار اجتماعی
Fürsorgerin, die; -, -nen	مددکار اجتماعی (زن)
fürsorglich Adj.	از روی محبت، از روی دلسوزی
Fürsprache, die; -, -n	شفاعت، وساطت، میانجی‌گری، توصیه
Fürsprecher, der; -s, -	میانجی، شفیع، واسطه، توصیه کننده
Fürst, der; -en, -en	شاهزاده
Fürstengeschlecht, das; -(e)s, -er	سلسله، دودمان، تبارشاهان
Fürstenstand, der; -(e)s	طبقهٔ شاهزادگان
Fürstentum, das; -s, ⸚er	شاهزاده‌نشین
Furstenwürde, die; -, -n	اعتبار شاهزادگی، نجابت شاهزادگی
Fürstin, die; -, -nen	شاهزاده خانم، شاهدخت
fürstlich Adj.	درخور شاهزادگان، شاهزاده مآب
Fürstlichkeit, die; -, -en	شاهزاده مآبی
Furt, die; -, -en	گدار، پایاب
Furunkel, der; -s, -	دُمَل، جوش، کورک
fürwahr Adv.	در حقیقت، حقیقتاً
Fürwitz, der; -es, -e	فضولی، کنجکاوی
Fürwort, das; -(e)s, -e/⸚er	(دستور زبان) ضمیر
Furz, der; -es, ⸚e	گوز، تیز
furzen Vi.	گوزیدن، تیز دادن
Fusel, der; -s, -	مشروب بد، عرق سگی
Fusion, die; -, -en	۱. ائتلاف، ادغام، امتزاج (چند سازمان) ۲. ذوب
fusionieren Vt.	ادغام کردن، یکی کردن، ترکیب کردن
Fuß, der; -es, ⸚e	۱. پا ۲. پایه (میز) ۳. دامنهٔ کوه، کوه‌پایه ۴. قدم

zu Fuß	پیاده، با پای پیاده
zu Fuß gehen	پیاده رفتن
auf eigenen Füßen stehen	روی پای خود ایستادن
kalte Füße bekommen	از انجام کاری واهمه داشتن
jemanden mit Füßen treten	با کسی بد رفتاری کردن
Fußabdruck, der; -(e)s, ⸚e	اثر پا، جای پا، رد پا
Fußabstreicher, der; -s, -	پادری، کفش پاک‌کن
Fußabstreifer, der; -s, -	پادری، کفش پاک‌کن
Fußabtreter, der; -s, -	پادری، کفش پاک‌کن
Fußangel, die; -, -n	تله پاگیر، دام
Fußbad, das; -(e)s, ⸚er	پاشویه
Fußball, der; -(e)s, ⸚e	۱. فوتبال ۲. توپ فوتبال
Fußballer, der; -s, -	فوتبالیست
Fußballfan, der; -s, -s	طرفدار (متعصب) فوتبال
Fußballmannschaft, die; -, -en	تیم فوتبال
Fußballplatz, der; -es, ⸚e	میدان فوتبال، زمین فوتبال
Fußballspiel, das; -(e)s, -e	بازی فوتبال
fußballspielen Vt., Vi.	فوتبال بازی کردن
Fußballspieler, der; -s, -	بازیکن فوتبال، فوتبالیست
Fußbank, die; -, ⸚e	چارپایه، عسلی
Fußbekleidung, die; -, -en	پاپوش
Fußboden, der; -s, -/⸚	کف اتاق
Fußbodenbelag, der; -(e)s, ⸚e	پوشش کف اتاق، کف پوش اتاق
Fußbremse, die; -, -n	ترمز پایی
Fussel, die; -, -n	پرز، کرک (صورت)
fusselig Adj.	پرزدار
fusseln Vi.	پرز دادن
fußen Vi.	بنیان نهادن، بنا کردن، پایه گذاردن
Fußfall, der; -(e)s, ⸚e	سجود، خضوع
fußfällig Adj., Adv.	در حال عبادت، در حال خضوع
Fußgänger, der; -s, -	عابر پیاده
Fußgängerampel, die; -, -n	چراغ راهنمای عابر پیاده
Fußgängerüberweg, der; -(e)s, -e	محل عبور عابر پیاده
Fußgängerzone, die; -, -n	پیاده‌رو، راه عابر پیاده
Fußgelenk, das; -(e)s, -e	مفصل قوزک پا
Fußgestell, das; -(e)s, -e	چارپایه، زیرپایی
Fußknöchel, der; -s, -	قوزک پا
Fußmatte, die; -, -n	پا دری، کفش پاک‌کن
Fußnote, die; -, -n	پی‌نوشت، پانوشت
Fußpfad, der; -(e)s, ⸚er	پیاده‌رو

Fußpflege, die; -, -n مراقبت از کف و انگشت پا، تیمارپا
Fußpilz, der; -es, - (نوعی) بیماری پوستی بینِ انگشتان پا
Fußpunkt, der; -(e)s, -e سمت‌القدم
Fußreise, die; -, -n سفر پیاده
Fußschemel, der; -s, - چارپایه، عسلی
Fußsohle, die; -, -n کف پا
Fußspur, die; -, -en اثر پا، جای پا، رد پا
Fußstapfe, die; -, -n اثر پا، جای پا، رد پا
Fußsteig, der; -(e)s, -e پیاده‌رو، راه عابر پیاده
Fußtour, die; -, -en پیاده‌روی، راه‌پیمایی
Fußtritt, der; -(e)s, -e لگد، اردنگ، تیپا
Fußvolk, das; -(e)s, ⸚er ۱. پیاده‌نظام ۲. مردِ کار
Fußwanderung, die; -, -en گردش، پیاده‌روی
Fußweg, der; -(e)s, -e پیاده‌رو، راه عابر پیاده
Fußwurzel, die; -, -n استخوان مچ‌پا
futsch *Adj.* گم شده، از دست رفته، به هدر رفته؛ مفقود
Futter[1], das; -s علیق، علوفه، خوراک (حیوانات)
Futter[2], das; -s, - آستر، آستری (لباس)
Futteral, das; -(e)s, -e ۱. جعبه، قوطی ۲. غلاف، جلد، نیام، روکش
Futterbeutel, der; -s, - توبره
Futterkrippe, die; -, -n آخور
Futtermittel, das; -s, - مادهٔ غذایی (حیوانات)
futtern *Vi., Vt.* زیاد خوردن، با اشتها خوردن
füttern *Vt.* ۱. غذا دادن، خوراک دادن (حیوانات) ۲. آستر کردن (لباس)
Futternapf, der; -(e)s, ⸚e ظرف غذا (حیوانات)
Futterneid, der; -(e)s رشک، حسد، حسادت
Futterring, der; -(e)s, -e واشر
Futtersack, der; -(e)s, ⸚e توبره
Futterschüssel, die; -, -n کاسهٔ غذای حیوانات
Futterstoff, der; -(e)s, -e پارچهٔ آستری
Futtertrog, der; -(e)s, ⸚e آبشخور (حیوانات)
Fütterung, die; -, -en ۱. علوفه، علیق، خوراک (حیوانات) ۲. آستردوزی
Futur, das; -s, -e (دستور زبان) آینده، مستقبل
futurisch *Adj.* آتی، آتیه، (مربوط به) آینده
Futurismus, der; - آینده‌گرایی
Futurist, der; -en, -en آینده‌گرا
Futuristin, die; -, -nen آینده‌گرا (زن)
futuristisch *Adj.* (مربوط به) آینده‌گرایی
Futurologe, der; -n, -n آینده‌شناس
Futurologie, die; - آینده‌شناسی
Futurum, das; -s, -ra (دستور زبان) آینده، مستقبل
F-Zug, der; -es, ⸚e قطار سریع‌السیر (برای فواصل دور)

G

G, das; -, - ۱. گِ (حرف هفتم الفبای آلمانی)
۲. (موسیقی) نُت سل
G-Dur (موسیقی) سل بزرگ
g-Moll (موسیقی) سل کوچک
gab *P.* صیغهٔ فعل گذشتهٔ مطلق از مصدر geben
Gabardine, der; -s, - گاباردین (نوعی پارچه)
Gabe, die; -, -n ۱. هدیه، تحفه، پیشکشی، بخشش
۲. موهبت، استعداد ۳. میزان دارو
Gabel, die; -, -n ۱. چنگال ۲. چنگک، دوشاخه
mit Messer und Gabel essen با کارد و چنگال خوردن
Gäbelchen, das; -s, - چنگال کوچک
gabelförmig *Adj.* چنگال‌وار
Gabelfrühstück, das; -(e)s, -e صبحانه، چاشت
gabelig *Adj.* چنگال‌وار
gabeln *Vt., Vi., Vr.* ۱. با چنگال گرفتن ۲. چنگال زدن
۳. منشعب شدن، چند شاخه شدن
Der Weg gabelt sich. راه منشعب می‌شود.
Gabelstapler, der; -s, - جراثقال چنگک‌دار
(مخصوص بلند کردن چیزهای سنگین)
Gabelung, die; -, -en انشعاب، دوشاخه
Gabentisch, der; -es, -e میز هدایا
Gabriel جبرئیل
Gackelei, die; - ۱. قدقد (مرغ) ۲. وراجی
gackeln *Vi.* ۱. قدقد کردن ۲. وراجی کردن
gackern *Vi.* ۱. قدقد کردن ۲. وراجی کردن
gacksen *Vi.* ۱. قدقد کردن ۲. وراجی کردن
gaffen *Vi.* خیره نگریستن، با شگفتی نگاه کردن
Gaffer, der; -s, - حیران، مبهوت، بهت‌زده
Gafferei, die; -, -en نگاه خیره (با دهان باز)؛ تعجب، حیرت
Gag, der; -s, -s طنز، شوخی، بذله
Gage, die; -, -n دستمزد (هنرمند)
gähnen *Vi.* دهان دره کردن، خمیازه کشیدن
Gähnen, das; -s, - دهان‌دره، خمیازه
ein Gähnen unterdrücken جلوی خمیازه را گرفتن
Gala, die; - لباس مهمانی
in (großen) Gala با لباس مجلل
galaktisch *Adj.* (مربوط به) راه شیری
Galaktose, die; - گالاکتوز (قند شیر)
Galan, der; -s, -e عاشق‌پیشه
galant *Adj.* ۱. مؤدب، خوش خدمت ۲. خوش لباس
galantes Abenteuer ماجرای عاشقانه
Galanterie, die; -, -n ادب، خوش‌خدمتی (نسبت به زنان)
Galanteriewaren, die / *Pl.* کالاهای تجملی، اشیای تفننی
Galauniform, die; -, -en لباس تمام رسمی
Galavorstellung, die; -, -en (تئاتر) برنامهٔ مخصوص
Galaxie, die; -, -n کهکشان، راه شیری
Galaxis, die / *Pl.* کهکشان، راه شیری
Galeere, die; -, -n کشتی جنگی پارویی
Galeerensklave, der; -n, -n بردهٔ پاروزن
Galerie, die; -, -n ۱. گالری ۲. (در سینما و تئاتر) لژ بالا ۳. سرسرا، راهرو ۴. نمایشگاه (هنری)، نگارخانه
Galerist, der; -s, - نمایشگاه‌دار، گردانندهٔ نمایشگاه
Galeristin, die; -, -nen نمایشگاه‌دار، گردانندهٔ نمایشگاه (زن)
Galgen, der; -s, - دار، چوبهٔ دار
Galgenfrist, die; -, -en آخرین فرصت، ضرب‌الاجل
Galgengesicht, das; -(e)s, -er / -(e) چهرهٔ عبوس
Galgenhumor, der; -s شوخی وحشتناک
Galgenstrick, der; -(e)s, -e آدم رذل، شخص بی‌شرف، (آدم) مستحق اعدام
Galgenvogel, der; -s, -vögel آدم رذل، شخص بی‌شرف، (آدم) مستحق اعدام
Gallapfel, der; -s, -äpfel مازو
Galle, die; -, -n صفرا، کیسهٔ صفرا
Mir läuft die Galle über. جانم دارد به لبم می‌رسد.
Gift und Galle spucken سخت خشمگین بودن
gallenbitter *Adj.* خیلی تلخ
Gallenblase, die; -, -n کیسهٔ صفرا
Gallenleiden, das; -s, - بیماری صفراوی
Gallenstein, der; -(e)s, -e سنگ کیسه صفرا
Gallert, das; -(e)s, -e ژله، ژلاتین، لرزانک
gallertartig *Adj.* چسبناک، ژله‌مانند
Gallerte, die; -, -n ژله، ژلاتین، لرزانک

gallig 334

gallig *Adj.* صفراوی، تلخ
Gallone, die; -, -n گالن
Gallsucht, die; - یرقان، زردی
Galopp, der; -s, -e (اسب) چهار نعل
im Galopp reiten چهار نعل رفتن (اسب)
galoppieren *Vi.* چهار نعل رفتن (اسب)
galoppierend *Adj.* تند، سریع
Galopprennen, das; -s, - مسابقهٔ اسب‌دوانی
Galosche, die; -, -n گالش، روکفشی (لاستیکی)
galt *P.* صیغهٔ فعل گذشتهٔ مطلق از مصدر gelten
Galvanisation, die; -, -en عمل روکش و پرداخت (فلزات)
galvanisch *Adj.* (مربوط به) پرداخت فلزات
galvanisieren *Vt.* گالوانیزه کردن، لعاب دادن، روکش کردن، پرداخت کردن (فلزات)
Galvanismus, der; - معالجه به وسیلهٔ جریانِ مستقیم برق
Galvanometer, das; -s, - (فیزیک) گالوانومتر، آمپرسنج حساس
Galvanoplastik, die; - کلیشهٔ چاپی برجستهٔ فلزی
Gamasche, die; -, -n روکفشی، پوشش روی کفش، گِتر
Gambe, die; -, -n ویولاداگامبا (نوعی ساز زهی قدیمی به اندازه ویلنسل)
Gamma, das; -(s), -s گاما (حرف سوم الفبای یونانی)
Gammastrahlen, die / *Pl.* اشعهٔ گاما
Gammel, der; -s, - شیءِ کهنه و بی‌ارزش
gammelig *Adj.* کهنه، بی‌ارزش؛ پوسیده
gammeln *Vi.* وقت را بیهوده گذراندن، ولگردی کردن، تن‌پروری کردن
Gammler, der; -s, - ولگرد
Gammlerin, die; -, -nen ولگرد (زن)
Gams, die; -, -en بز کوهی
Gang, der; -(e)s, ¨-e ۱. راه، مسیر، دهلیز ۲. جنبش، حرکت ۳. دنده (اتومبیل) ۴. رگهٔ معدن ۵. اقدام ۶. مرحله، گام
in Gang bringen به راه انداختن، به کار انداختن
in Gang halten در حرکت نگه داشتن
im Gang sein در جریان بودن
im dritten Gang در دنده سه
ein Essen von vier Gängen یک غذا در چهار مرحله
gang
gang und gäbe رایج و متداول
Gangart, die; -, -en طرز راه رفتن اسب (مثل یورتمه و غیره)

gangbar *Adj.* ۱. [راه] قابل عبور ۲. [سکه] رایج، متداول
Gängelband, das; -(e)s, ¨-er ۱. ریسمانی که با کمک آن کودکان راه رفتن می‌آموزند ۲. افسار
jemanden **am Gängelband führen** مانع عمل مستقل کسی شدن
gängeln *Vt.* ۱. (عامیانه) بر (کسی) ریاست کردن ۲. با کمک افسار راه رفتن
Ganggehäuse, das; -s, - جعبه دنده (اتومبیل)
gängig *Adj.* ۱. [راه] قابل عبور ۲. [سکه] رایج، متداول ۳. مطلوب
Gangrän, das; -(e)s, -e قانقاریا
Gangräne, die; -, -n قانقاریا
gangränos *Adj.* قانقاریایی
Gangschalter, der; -s, - دسته‌دنده
Gangschaltung, die; -, -en تعویض دنده
Gangster, der; -s, - گانگستر، تبهکار، باج‌گیر
Gangsterbande, die; -, -n اتحاد تبهکاران
Gangstermethode, die; - شیوهٔ تبهکارانه
Gangway, die; -, -s پلکان متحرک (هواپیما، کشتی)
Ganove, der; -n, -n دزد، کلاهبردار، شیاد
Gans, die; -, ¨-e ۱. غاز ۲. (ناسزا) نادان، ابله
Gansbraten, der; -s, - کباب غاز
Gänschen, das; -s, - جوجهٔ غاز
Gänseblümchen, das; -s, - گل مروارید؛ گل مینای کوچک
Gänsebraten, der; -s, - غاز بریان، کباب غاز
Gänsefeder, die; -, -n پر غاز
Gänsefüßchen, das; -s, - علامت نقل قول، گیومه
Gänsehaut, die; -, -häute ۱. پوست غاز ۲. مورمور
eine Gänsehaut bekommen دچار مورمور شدن
Ich bekam eine Gänsehaut. تنم مورمور شد.
Gänseklein, das; -s دل و جگر غاز
Gänsemarsch, der; -es, - پشت سر هم راه رفتن، با ستون یک رژه رفتن
Ganser, der; -s, - غاز نر
Gänserich, der; -s, -e غاز نر
Ganseschmalz, das; -es, -e روغن غاز، چربی غاز
ganz *Adj., Adv.* ۱. تمام، همه ۲. کامل ۳. سراسر ۴. کاملاً، تماماً، جمعاً
ganz gewiß به طور یقین، یقیناً
ganz in der Nähe در همین نزدیکی
den ganzen Tag تمام روز
von ganzem Herzen از صمیم قلب
ganz und gar تماماً، درست و حسابی

im ganzen به طور کلی
Ich bin ganz naß. سر تا پایم خیس است.
Ganzaufnahme, die; -, -n تصویر تمام قد
Ganzbild, das; -es, -er تصویر تمام قد
Ganze, das; -n تمامی، همه چیز
Gänze, die; - تمامیت
Ganzheit, die; -, -en ۱. تمامی، تمامیت ۲. درستی
Ganzheitsmethode, die; - روش کلی
ganzjährig *Adj.* در تمام طول سال
Ganzleder, das; -s, - چرم خالص
Ganzleinen, das; -s, - کتان خالص
gänzlich *Adj., Adv.* تمام، به کلی، به طور کامل
ganzseitig *Adj.* تمام صفحه
ganztägig *Adj.* در تمام روز
Ganztagsbeschäftigung, die; -, -en شغل تمام وقت
Ganztagsschule, die; -, -n مدرسهٔ تمام وقت
Ganzton, der; -(e)s, ⸚e (موسیقی) نُت گرد
Ganzwortmethode, die; - روش کلی
gar *Adj., Adv.* ۱. پخته ۲. حاضر، آماده ۳. کاملاً، مطلقاً، اصلاً
gar nicht ابداً، اصلاً
gar nichts هیچ چیز
nicht gar نیم پخته، نیم پز
gar keiner هیچ‌کس
Garage, die; -, -n گاراژ
Garagentor, das; -(e)s, -e درب گاراژ
garagieren *Vt.* در گاراژ گذاشتن
Garant, der; -en, -en ضامن، کفیل
Garantie, die; -, -n گارانتی، ضمانت، تضمین، تعهد
Garantiefrist, die; -, -en مهلت گارانتی، مهلت ضمانت
garantieren *Vt.* گارانتی کردن، ضمانت کردن، تضمین کردن، تعهد کردن
garantiert *Adv.* حتماً، مطمئناً
Garantieschein, der; -(e)s, -e ضمانت‌نامه، ورقهٔ ضمانت
Garaus, der; - قتل، نابودی
jemandem **den Garaus machen** تکلیف کسی را یکسره کردن
Garbe, die; -, -n ۱. دستهٔ غلات درو شده ۲. رگبار مسلسل
Garbenbindmaschine, die; -, -n دستگاه بسته‌بندی غلات

Garçon, der; -s, -s ۱. گارسون ۲. جوانک
Garde, die; -, -n نگهبان، گارد، اسکورت، قراول، پاسدار، مستحفظ، محافظ
Garderegiment, das; -(e)s, -e / -er گروه نگهبانان، دستهٔ قراولان
Garderobe, die; -, -n ۱. جارختی، رخت‌کن ۲. تمام لباس‌های یک نفر
Garderobenfrau, die; -, -en متصدی رخت‌کن
Garderobenmarke, die; -, -n قبض رخت‌کن
Garderobenschrank, der; -(e)s, ⸚e قفسهٔ رخت‌کن
Garderobenständer, der; -s, - چوب رختی، جا لباسی پایه‌دار
Garderobier, der; -s, -s متصدی رخت‌کن
Garderobiere, die; -, -n متصدی رخت‌کن (زن)
Gardine, die; -, -n پرده (نازک)
hinter schwedischen Gardinen sitzen پشت میله‌های زندان بودن
Gardinenleiste, die; -, -n چوب پرده
Gardinenpredigt, die; -, -en ۱. گفت‌وگوهای پشت پرده ۲. سخنان توبیخ‌آمیز
Gardinenstange, die; -, -n چوب پرده
Gardist, der; -en, -en سرباز گارد، نگهبان، قراول، پاسدار، مستحفظ
Gare, die; - تخمیر
Gäre, die; - تخمیر
garen *Vt., Vi.* ۱. آب‌پز کردن، پختن ۲. آب‌پز شدن
gären *Vi., Vt.* ۱. تخمیر شدن ۲. تخمیر کردن ۳. ناراحت کردن، آشفته کردن
gargekocht *Adj.* پخته
Garküche, die; -, -n مغازهٔ خوراک‌پزی
Gärmittel, das; -s, - خمیرمایه، خمیر ترش، مخمر
Garn, das; -(e)s, -e نخ، ریسمان، تور (ماهی‌گیری)
ins Garn gehen گول کسی را خوردن، توی تله افتادن
Garnele, die; -, -n میگو
garnieren *Vt.* آراستن، تزئین کردن، زینت دادن، آرایش کردن
Garnierung, die; -, -en آرایش، زینت، تزئین
Garnison, die; -, -en پادگان، ساخلو
garnisonieren *Vi.* مستقر شدن
Garnisonstadt, die; -, ⸚e شهرِ دارای پادگان
Garnitur, die; -, -en ۱. اثاثیه، لوازم ۲. تزئین، آرایش
Garnknäuel, das / der; -s, -knäule گلولهٔ نخ، کلاف نخ
Garnrolle, die; -, -n قرقرهٔ نخ

Garnspule 336

Garnspule, die; -, -n قرقرهٔ نخ
Gärprozeß, der; -zesses فعل و انفعال تخمیر
garstig *Adj.* زشت، نفرت‌انگیز، کریه، مشمئزکننده
Garstigkeit, die; -, -en زشتی، کراهت
Gärstoff, der; -(e)s, -e خمیرمایه، خمیر ترش، مخمر
Garten, der; -s, ⸚ باغ، باغچه، بوستان
Gartenarbeit, die; -, -en باغبانی
Gartenarchitekt, der; -en, -en مهندس باغ‌سازی
Gartenbau, der; -(e)s ۱. باغبانی ۲. باغداری
Gartenerde, die; -, -n خاک باغچه، خاک نرم باغ
Gartenfest, das; -(e)s, -e مهمانی در باغ، گلگشت، گاردن پارتی
Gartengeräte, die / *Pl.* ابزار باغبانی
Gartenhaus, das; -es, -häuser آلاچیق، کوشک، اتاقک چوبی در باغ
Gartenkresse, die; -, -n (سبزی) شاهی
Gartenlaube, die; -, -n آلاچیق، سایبان
Gartenlokal, das; -(e)s, -e کافه / غذاخوری در هوای آزاد
Gartenmesser, das; -s, - چاقوی شاخه‌زنی
Gartenparty, die; -, -s / -ties مهمانی در باغ، گلگشت، گاردن پارتی
Gartenschau, die; -, -en نمایشگاه گل و گیاه
Gartenschere, die; -, -n قیچی باغبانی
Gartenschlauch, der; -(e)s, -schläuche شلنگ آب
Gartenstadt, die; -, ⸚e شهرِ پر گل و گیاه، گلستان
Gartenzaun, der; -(e)s, -zäune حصارِ باغ، پرچین
Gärtlein, das; -s, - باغ کوچک، باغچه
Gärtner, der; -s, - باغبان
Gärtnerei, die; -, -en باغبانی، باغداری
Gärtnerin, die; -, -nen باغبان (زن)
gärtnerisch *Adj.* (مربوط به) باغداری
gärtnern *Vi.* باغبانی کردن
Gärung, die; -, -en تخمیر
Gärungserreger, der; -s, - باکتری
Gärungsprozeß, der; -zesses عمل تخمیر
Gas, das; -es, -e گاز
Gas geben (رانندگی) گاز دادن
Gas wegnehmen (رانندگی) کم کردن گاز
Gasangriff, der; -(e)s, -e حمله با سلاح گازی
Gasanstalt, die; -, -en کارخانهٔ گاز
Gasanzünder, der; -s, - گاز روشن کن، فندک گازی
gasartig *Adj.* گازمانند، گازوار، گازی
Gasbehälter, der; -s, - کپسول گاز، مخزن گاز
Gasbeleuchtung, die; -, -en شعلهٔ گاز، روشنایی گاز، چراغ گاز
Gasbombe, die; -, -n بمب گازی
Gasbrenner, der; -s, - اجاق گازسوز
Gasel, das; -s, -e غزل
Gasele, die; -, -n غزل
gaseln *Vi.* بوی گاز دادن
Es gaselt. بوی گاز می‌آید.
gasen *Vi.* (رانندگی) گاز دادن
Gasentwicklung, die; -, -en تولید گاز
Gasflasche, die; -, -n کپسول گاز
gasförmig *Adj.* گازی شکل
Gasfußhebel, der; -s, - پدال گاز؛ گاز پایی؛ پایی گاز
Gasgeruch, der; -(e)s, ⸚e بوی گاز
Gashahn, der; -(e)s, ⸚e شیر گاز
den Gashahn aufdrehen شیر گاز را (به قصد خودکشی) باز کردن
Gashebel, der; -s, - اهرم گاز
Gasheizung, die; -, -en حرارت گازی، بخاری گازی، شوفاژ گازی
Gasherd, der; -(e)s, -e اجاق گازی
Gaskammer, die; -, -n اتاق گاز، سلول اعدام با گاز
Gaskocher, der; -s, - اجاق گازی، چراغ خوراک‌پزی گازی
gaskrank *Adj.* بیماری بر اثر گاز
Gaskrieg, der; -(e)s, -e جنگ شیمیایی
Gasleitung, die; -, -en لولهٔ گاز
Gaslicht, das; -(e)s, -er / -(e) شعلهٔ گاز، روشنایی گاز، چراغ گاز
Gas-Luft-Gemisch, das; -es, -e ترکیب گاز و هوا
Gasmann, der; -(e)s, ⸚er مأمور گاز
Gasmaske, die; -, -n ماسک ضدگاز
Gasmesser, der; -s, - گازسنج، کنتور گاز
Gasofen, der; -s, ⸚ بخاری گازی
Gasometer, der; -s, - گازسنج، کنتور گاز
Gaspedal, das; -s, -e پدال گاز؛ گازپایی
Gaspistole, die; -, -n تپانچهٔ گازی
Gasrohr, das; -(e)s, -e لولهٔ گاز
Gäßchen, das; -s, - کوچهٔ کوچک، کوچهٔ تنگ
Gasse, die; -, -n کوچه، خیابان باریک
Gassenbube, der; -n, -n بچه ولگرد، بچه لات
Gassendieb, der; -(e)s, -e جیب‌بر
Gassenhauer, der; -s, - آواز کوچه‌باغی، آهنگ عامیانه

Gassenjunge, der; -n, -n جوان ولگرد، جوان لات
Gast, der; -(e)s, ⸚e مهمان
ungebetener Gast مهمان ناخوانده
Gastarbeiter, der; -s, - کارگر مهمان، کارگر خارجی
Gastarbeitergetto, das; -s, -s منطقهٔ کارگران خارجی
Gastbett, das; -es, -en رختخواب اضافی برای مهمان
Gastdirigent, der; -en, -en رهبر ارکستر مهمان
Gästebuch, das; -(e)s, ⸚er دفتر یادبود دیدارکنندگان
Gästezimmer, das; - اتاق پذیرایی، اتاق مهمان
gastfrei *Adj.* مهمان‌نواز
Gastfreiheit, die; - مهمان‌نوازی
gastfreundlich *Adj.* مهمان‌نواز
Gastfreundlichkeit, die; -, -en مهمان‌نوازی
Gastfreundschaft, die; -, -en مهمان‌نوازی
Gastgeber, der; -s, - میزبان، صاحب‌خانه
Gastgeberin, die; -, -nen میزبان، صاحب‌خانه (زن)
Gasthaus, das; -es, -häuser مسافرخانه، مهمانخانه
Gastheim, das; -(e)s, -e مسافرخانه، مهمانخانه
Gasthof, der; -(e)s, ⸚e مسافرخانه، مهمانخانه
Gasthörer, der; -s, - دانشجوی مستمع آزاد، دانشجوی غیر رسمی، دانشجوی مهمان
gastieren *Vi.* به عنوان هنرمند مهمان برنامه اجرا کردن
Gastland, das; -(e)s, ⸚er کشور میزبان
gastlich *Adj.* مهمان‌نواز
Gastlichkeit, die; -, -en مهمان‌نوازی
Gastmahl, das; -(e)s, -e ضیافت، مهمانی؛ سور؛ ولیمه
Gastmannschaft, die; -, -en (ورزش) تیم مهمان
Gastod, der; -(e)s, -e مرگ ناشی از گاز
gastral *Adj.* معدی
Gastrecht, das; -(e)s, -e حق مهمان‌نوازی، اصول مهمان‌نوازی
Gastritis, die; -, -itiden گاستریت، التهاب معده
Gastrolle, die; -, -n نقش هنرمند مهمان (در نمایش)
Gastronom, der; -en, -en هتلدارِ آموزش دیده
Gastronomie, die; - ۱. هنر آشپزی ۲. حرفهٔ هتل‌داری
Gastspiel, das; -(e)s, - اجرا به وسیلهٔ هنرمند مهمان
Gastspielreise, die; -, -n سفر به منظور شرکت در یک اثر نمایشی به وسیلهٔ هنرمند مهمان
Gaststätte, die; -, -n مهمانخانه، رستوران؛ کافه؛ غذاخوری؛ چایخانه
Gaststube, die; -, -n سالن پذیرایی (رستوران)
Gastvorlesung, die; -, -en تدریس به وسیلهٔ استاد مهمان
Gastvorstellung, die; -, -en نمایش هنرمند مهمان
Gastwirt, der; -(e)s, -e مهمانخانه‌دار، مهمانخانه‌چی
Gastwirtin, die; -, -nen مهمانخانه‌دار، مهمانخانه‌چی (زن)
Gastwirtschaft, die; -, -en مهمانخانه، مسافرخانه؛ غذاخوری
Gastzimmer, das; -s, - اتاق مهمان، اتاق مهمانخانه
Gasuhr, die; -, -en گازسنج، کنتور گاز
Gasverbrauch, der; -(e)s مصرف گاز
Gasvergiftung, die; -, -en مسمومیت ناشی از گاز
Gaswerk, das; -(e)s, -e کارخانه گاز
Gaszähler, der; -s, - گازسنج، کنتور گاز
Gatte, der; -n, -n شوهر، زوج
gatten *Vr.* وصلت کردن، به هم پیوستن، عروسی کردن
Gattenliebe, die; -, -n عشق به همسر
Gattenmord, der; -(e)s, -e قتل همسر
Gattenwahl, die; -, -en انتخاب همسر
Gatter, das; -s, - نرده، شبکه
Gattersäge, die; -, -n ارهٔ (مخصوص) مشبّک‌کاری
Gattertor, das; -(e)s, -e درِ مشبّک
Gatterwerk, das; -(e)s, -e مشبّک‌کاری
Gattin, die; -, -nen زوجه، همسر (زن)
Gattung, die; -, -en ۱. نوع، قسم، جور ۲. رده، رسته ۳. نژاد
Gattungsname, der; -ns, -n ۱. اسم عام ۲. عنوان، کنیه
Gau, der; -(e)s, -e بخش، ناحیه، حوزه
Gaudi, die; - خوشی، تفریح، سرگرمی، لذت
Gaudium, das; -s خوشی، تفریح، سرگرمی، لذت
Gaukelbild, das; -es, -er فریب، حیله، خیال باطل
Gaukelei, die; -, -en حقه‌بازی، تردستی، شعبده‌بازی
gaukeln *Vi.* ۱. از این‌سو به آن سو پریدن ۲. شعبده‌بازی کردن، تردستی کردن، حقه‌بازی کردن
Gaukelspiel, das; -(e)s, -e شعبده‌بازی، تردستی، حقه‌بازی
Gaukelwerk, das; -(e)s, - شعبده‌بازی، تردستی، حقه‌بازی
Gaukler, der; -s, - شعبده‌باز، تردست، حقه‌باز
Gauklerin, die; -, -nen شعبده‌باز، تردست، حقه‌باز (زن)
gauklerisch *Adj.* واهی، موهوم
Gaul, der; -(e)s, Gäule اسب پیر و فرسوده

Gäulchen, das; -s, - اسب کوچک پیر و فرسوده
Gaumen, der; -s, - سقف دهان، سَق، کام
Gaumenkitzel, der; -s خارش سَق، غلغلک سقف دهان
Gaumenlaut, der; -(e)s, -e [صدا] کامی
Gauner, der; -s, - حقه‌باز، کلاهبردار، متقلب
Gaunerbande, die; -, -n باند کلاهبرداران
Gaunerei, die; -, -en تقلب، حقه‌بازی، کلاهبرداری
Gaunerin, die; -, -nen حقه‌باز، کلاهبردار، متقلب (زن)
gaunerisch *Adj.* باحیله، با تزویر، با حقه‌بازی
gaunern *Vi.* کلاهبرداری کردن، گوش‌بری کردن، حقه زدن
Gaunersprache, die; -, -n زبان لاتی، زبان مخصوص دزدها و کلاهبردارها
Gaze, die; -, -n تور نازک، ململ
Gazelle, die; -, -n آهو، غزال
Gazette, die; -, -n روزنامه
G-Dur, das; - (موسیقی) سل بزرگ
Geächtete, der/die; -n, -n منفور
Geächze, das; -s نالهٔ مداوم، شکوه و شکایت
geartet *Adj.* ساخته، ساخته شده
Geäst, das; -(e)s ساخته، ساخته شده
Gebäck, das; -(e)s, -e نان روغنی، نان شیرینی
gebacken *PP.* backen صیغهٔ فعل گذشتهٔ نقلی از مصدر
Gebalge, das; -s کشمکش، تقلا، مجادله
Gebälk, das; -(e)s, -e ۱. داربست، چوب بست ۲. تیربندی
gebar *P.* gebären صیغهٔ فعل گذشتهٔ مطلق از مصدر
Gebärde, die; -, -n ۱. اشاره، ایما ۲. رفتار
gebärden *Vr.* رفتار کردن
sich gebärden رفتار کردن
Gebärdenspiel, das; -(e)s, - پانتومیم
Gebärdensprache, die; -, -n اشاره با سر و دست
gebaren *Vr.* رفتار کردن، سلوک کردن
Gebaren, das; -s, - رفتار، سلوک
gebären *Vt., Vi* ۱. زاییدن، زادن، به‌دنیا آوردن ۲. وضع حمل کردن
Gebärerin, die; -, -nen زائو
Gebärmutter, die; -, ⸚ رحم، زهدان
Gebärmutterkrebs, der; -es, -e سرطان رحم
Gebärmuttermund, der; -(e)s, ⸚er دهانهٔ رحم
Gebäude, das; -s, - ساختمان، عمارت، بنا
Gebäudereinigung, die; -, -en نظافت ساختمان
gebefreudig *Adj.* سخاوتمند، بخشنده، گشاده‌دست

Gebein, das; -(e)s, -e استخوان‌بندی، اسکلت
Gebell, das; -(e)s عوعو (سگ)، پارس، واق واق
geben *Vt., Vi., Vr.* ۱. دادن، بخشیدن؛ پرداخت کردن ۲. وجود داشتن، بودن ۳. پیش آمدن ۴. رفتار کردن ۵. بهبود یافتن، التیام یافتن
es gibt هست، وجود دارد
sein Wort geben قول دادن
Was gibt es? چی شده؟ چه خبره؟
Was gibt es Neues? تازه چه خبر؟
Was es nicht alles gibt! چه چیزها!
Geber, der; -s, - دهنده، بخشنده، اعطاکننده
Geberin, die; -, -nen دهنده، بخشنده، اعطاکننده (زن)
Gebet, das; -(e)s, -e دعا، نماز، عبادت
Gebetbuch, das; -(e)s, ⸚er کتاب دعا
Gebetsnische, die; -, -n محراب
Gebetsruf, der; -(e)s, -e اذان
Gebetsrufer, der; -s, - مؤذّن
Gebetsteppich, der; -s, -e سجاده
gebeten *PP.* bitten صیغهٔ فعل گذشتهٔ نقلی از مصدر
Gebiet, das; -(e)s, -e ۱. منطقه، ناحیه ۲. قلمرو، خطه ۳. رشته، زمینه
auf diesem Gebiet در این زمینه
gebieten *Vt., Vi.* ۱. به (کسی) امر کردن، به (کسی) حکم کردن، به (کسی) دستور دادن، به (کسی) فرمان دادن ۲. حکمفرمایی کردن، حاکم بودن
Gebieter, der; -s, - فرمانده، حکمران
Gebieterin, die; -, -nen فرمانده، حکمران (زن)
gebieterisch *Adj.* آمرانه، تحکم‌آمیز
Gebietskörperschaft, die; -, -en جمعیت کشور
Gebietsreform, die; -, -en اصلاحات منطقه‌ای
Gebilde, das; -(e)s, -e محصول، فراورده، ساخت
gebildet *Adj.* تحصیل‌کرده، بافرهنگ، فاضل
Gebildete, der/die; -n, -n شخص بافرهنگ
Gebildeten, die/*Pl.* طبقهٔ روشنفکر
Gebimmel, das; -s طنین زنگ، صدای زنگ
Gebinde, das; -(e)s, - دسته (گل)
Gebirge, das; -(e)s, - کوهستان، رشته کوه، جبال
im Gebirge در کوهستان
gebirgig *Adj.* کوهستانی
Gebirgler, der; -s, - کوهستان‌نشین
Gebirgsbewohner, der; -s, - کوهستان‌نشین
Gebirgsgegend, die; -, -en ناحیهٔ کوهستانی
Gebirgskamm, der; -(e)s, ⸚e ستیغ کوه
Gebirgskette, die; -, -n سلسله جبال

339 **Gebühren**

Gebirgslandschaft, die; -, -en منظرهٔ کوهستانی
Gebirgsrücken, der; -s, - ستیغ کوه
Gebirgszug, der; -es, ⸚e رشته کوه
Gebiß, das; -bisses, -bisse ۱. (در جمع) دندان‌ها ۲. دندان مصنوعی، دندان عاریه ۳. دهنه
Gebißabdruck, der; -(e)s, ⸚e قالب دندان
gebissen *PP.* صیغهٔ فعل گذشتهٔ نقلی از مصدر beißen
Gebläse, das; -s, - ۱. دم، دمنده ۲. دستگاه مخصوص دمیدن
geblasen *PP.* صیغهٔ فعل گذشتهٔ نقلی از مصدر blasen
Gebläseofen, der; -s, -öfen کورهٔ ذوب‌آهن
geblichen *PP.* صیغهٔ فعل گذشتهٔ نقلی از مصدر bleichen
geblieben *PP.* صیغهٔ فعل گذشتهٔ نقلی از مصدر bleiben
geblümt *Adj.* گلدار، پرگل
Geblüt, das; -(e)s دودمان، نسب، نژاد
gebogen *Adj., PP.* ۱. خمیده ۲. صیغهٔ فعل گذشتهٔ نقلی از مصدر biegen
geboren *Adj., PP.* ۱. متولد، متولد شده، زاده، مولود ۲. صیغهٔ فعل گذشتهٔ نقلی از مصدر gebären

Wo sind Sie geboren? کجا متولد شده‌اید؟
Wann sind Sie geboren? کی متولد شده‌اید؟
geborener Künstler هنرمند مادرزاد
geboren sein für einen Beruf برای کاری ساخته شدن
geboren werden به دنیا آمدن

geborgen *Adj., PP.* ۱. محفوظ، مصون، در امان ۲. صیغهٔ فعل گذشتهٔ نقلی از مصدر bergen
Geborgenheit, die; - امنیت، تأمین، مصونیت
geborsten *PP.* صیغهٔ فعل گذشتهٔ نقلی از مصدر bersten
Gebot, das; -(e)s, -e حکم، فرمان، دستور، امر

die zehn Gebote ده فرمان
das Gebot der Vernunft حکم عقل

gebracht *PP.* صیغهٔ فعل گذشتهٔ نقلی از مصدر bringen
gebrannt *PP.* صیغهٔ فعل گذشتهٔ نقلی از مصدر brennen
gebraten *PP.* صیغهٔ فعل گذشتهٔ نقلی از مصدر braten
Gebräu, das; -(e)s, -e نوشابه سر هم‌بندی شده، شربت بدطعم
Gebrauch, der; -(e)s, -räuche ۱. استعمال، استفاده، کاربرد، مصرف ۲. عادت، رسم، سنت

außer Gebrauch غیر معمول، غیر مرسوم، بدون استفاده
Gebrauch machen von استفاده کردن از، مصرف کردن
in Gebrauch kommen مورد مصرف واقع شدن

gebrauchen *Vt.* استفاده کردن، استعمال کردن، به کار بردن

Er ist zu allem zu gebrauchen. هر کاری از دستش برمی‌آید.
Er ist zu nichts zu gebrauchen. او به درد هیچ کاری نمی‌خورد.

gebräuchlich *Adj.* معمول، مرسوم، متداول
Gebrauchsanweisung, die; -, -en دستورالعمل، طرز استعمال، دستور کاربرد
Gebrauchsartikel, der; -s, - کالای مصرفی؛ مواد ضروری
gebrauchsfähig *Adj.* قابل استفاده
Gebrauchsfahrzeug, das; -(e)s, -e وسیلهٔ نقلیهٔ دست دوم
Gebrauchsgegenstand, der; -(e)s, -e کالای مصرفی؛ مواد ضروری
gebrauchsfertig *Adj.* آماده برای مصرف
Gebrauchsgraphik, die; -, -en نمودار مصرف
Gebrauchsgraphiker, der; -s, - طراح نمودار مصرف
Gebrauchsgüter, die / *Pl.* کالای مصرفی
Gebrauchsmuster, das; -s, - نمونهٔ مصرف
gebraucht *Adj.* دست دوم، مستعمل، کار کرده
Gebrauchtwagen, der; -s, - اتومبیل دست دوم
Gebrauchtwaren, die / *Pl.* کالای مصرفی دست دوم
Gebraus(e), das; -(e)s ۱. غرش، نعره ۲. زمزمه، همهمه
gebrechen *Vi.* نقص داشتن، عیب داشتن، کمبود داشتن

Es gebricht ihm am nötigsten Mut, das zu tun. او جرأت لازم را برای انجام این کار ندارد.

Gebrechen, das; -s, - ۱. نقص، عیب ۲. ضعف، سستی، بیماری، ناراحتی
gebrechlich *Adj.* ۱. شکننده، ترد، نازک ۲. ناقص ۳. علیل، ضعیف، رنجور
Gebrechlichkeit, die; -, -en ۱. زود شکنی، تردی، ظرافت ۲. نقص
gebrochen *Adj., PP.* ۱. شکسته ۲. ناقص ۳. صیغهٔ فعل گذشتهٔ نقلی از مصدر brechen
Gebrüder, die / *Pl.* برادران
Gebrüll, das; -(e)s غرش، نعره؛ جیغ، فریاد
Gebühr, die; -, -en ۱. اجرت، مزد، کارمزد ۲. ورودی ۳. نرخ، تعرفه
Gebühren, die / *Pl.* عوارض

gebühren 340

gebühren *Vi., Vr.* شایسته بودن، لایق بودن، مناسب بودن
wie es sich gebührt همان‌طور که شایسته است
gebührend *Adj.* شایسته، لایق، مناسب
Gebühreneinheit, die; -, -en میزان عوارض
Gebührenerhöhung, die; -, -en افزایش عوارض
Gebührenerlaß, der; -lasses, -lasse چشم‌پوشی از مزد؛ بخشودگی عوارض
gebührenfrei *Adj.* بدون تعرفه، بدون عوارض، مجانی
Gebührenordnung, die; -, -en تعرفه، عوارض
gebührenpflichtig *Adj.* مشمول عوارض، مشمول پرداخت
gebührlich *Adj.* شایسته، لایق، مناسب
gebunden *Adj., PP.* ۱. به‌هم پیوسته، متصل، منظم، مربوط ۲. صیغهٔ فعل گذشتهٔ نقلی از مصدر binden
Gebundenheit, die; - پیوستگی، اتصال، ارتباط، نظم
Geburt, die; -, -en تولد، ولادت، زایش، زایمان
von Geburt Deutscher آلمانی‌الاصل
Geburtenbeschränkung, die; -, -en نظارت در تولد، محدودیت زاد و ولد
Geburtenkontrolle, die; - کنترل موالید، نظارت در تولد، محدودیت زاد و ولد
Geburtenregelung, die; -, -en نظارت در تولد، محدودیت زاد و ولد
Geburtenrückgang, der; -(e)s, ⸚e کاهش تولد
Geburtenstatistik, die; -, -en نمودار زاد و ولد
Geburtenziffer, die; -, -n میزان موالید
gebürtig *Adj.* متولد، مولود، زاده شده
Er ist gebürtiger Berliner. او اهل برلن است.
Geburtsanzeige, die; -, -n آگهی تولد
Geburtsdatum, das; -s, -ta / -ten تاریخ تولد
Geburtsfehler, der; -s, - نقص مادرزادی
Geburtshaus, das; -es, -häuser زادگاه، خانهٔ محل تولد
Geburtshelfer, der; -s, - ماما، قابله
Geburtshelferin, die; -, -nen ماما، قابله (زن)
Geburtshilfe, die; -, -n مامایی، قابلگی
Geburtsjahr, das; -(e)s, -e سال تولد
Geburtsland, das; -(e)s, ⸚er کشور محل تولد
Geburtsort, der / das; -(e)s, -e محل تولد
Geburtsschein, der; -(e)s, -e شناسنامه، زایچه
Geburtsstadt, die; -, ⸚e شهر محل تولد
Geburtstag, der; -(e)s, -e روز تولد، زاد روز، سالگرد، سالروز (تولد)
Geburtstagsfeier, die; -, -n جشن تولد
Geburtstagskind, das; -(es), -er کسی که جشن تولد دارد
Geburtsurkunde, die; -, -n شناسنامه، زایچه
Geburtswehen, die / *Pl.* درد زایمان
Gebüsch, das; -es, -e بیشه، بوته‌زار
Geck, der; -en, -en ۱. اطواری؛ خل ۲. مرد مُدپرست
geck *Adj.* احمق، دیوانه
geckenhaft *Adj.* خل‌وار
Gecko, der; -s, -s (نوعی) مارمولک
gedacht *PP.* صیغهٔ فعل گذشتهٔ نقلی از مصدر denken
Gedächtnis, das; -nisses, -nisse حافظه، خاطره، یاد، یادبود
im Gedächtnis behalten در ذهن نگه داشتن
zum Gedächtnis an jemanden به یادبود کسی
aus dem Gedächtnis از حفظ، از بر
Er hat ein kurzes Gedächtnis. او فراموشکار است.
Gedächtnisfeier, die; -, -n مجلس تذکر، مجلس یادبود
Gedächtnishilfe, die; -, -n کمک حافظه
Gedächtnislücke, die; -, -n فراموشی
Gedächtnisrede, die; -, -n سخنرانی تذکر
Gedächtnisschwäche, die; - ضعف حافظه
Gedächtnisschwund, der; -(e)s فراموشی، نسیان
Gedächtnisstörung, die; -, -en اختلال حافظه
Gedächtnisstütze, die; -, -n کمک حافظه
Gedächtnisverlust, der; -(e)s, -e فقدان حافظه
Gedanke, der; -ns, -n ۱. اندیشه، فکر، تصور ۲. راه‌حل، چاره
jemanden **auf den Gedanken bringen** کسی را به فکری انداختن
in Gedanken sein غرق تفکر بودن
sich über etwas **Gedanken machen** در مورد چیزی نگران بودن
seine Gedanken beisammen haben قوای فکری خود را متمرکز کردن
Gedankenarbeit, die; -, -en کار فکری
gedankenarm *Adj.* فاقد اندیشه
Gedankenarmut, die; - فقدان اندیشه
Gedankenaustausch, der; -(e)s تبادل‌نظر
Gedankenblitz, der; -es, -e فکر بکر ناگهانی
Gedankenfreiheit, die; - آزادی اندیشه

Gedankengang, der; -(e)s, ⸚e استدلال، تعقل
Gedankenleser, der; -s, - اندیشه‌خوان، فکرخوان
Gedankenleserin, die; -, -nen اندیشه‌خوان، فکرخوان (زن)
gedankenlos *Adj.* ۱. بی‌فکر، بی‌اندیشه، لاقید ۲. پریشان‌خاطر
Gedankenlosigkeit, die; -, -en بی‌فکری، لاقیدی، بی‌توجهی
gedankenreich *Adj.* پرفکر، باتفکر
Gedankenreichtum, der; -(e)s, ⸚er پر فکری
Gedankenstrich, der; -(e)s, -e خط فاصله
Gedankenübertragung, die; -, -en انتقال فکر
gedankenvoll *Adj.* اندیشمند، متفکر
Gedankenwelt, die; -(e)s, -e دنیای تفکر
gedanklich *Adj.* عقلانی، ذهنی، فکری
Gedärm, das; -(e)s, -e امعاء، احشاء (بدن)
Gedeck, das; -(e)s, -e ۱. سرویس غذاخوری ۲. سفرهٔ آماده
ein Gedeck auflegen میز چیدن، سفره گذاشتن
gedeckt *Adj.* پوشیده
Gedeih, der; -s موفقیت، کامیابی
auf Gedeih und Verderb در خوشبختی و بدبختی
Gedeihen, das; -s ترقی، پیشرفت، رشد
gedeihen *Vi.* پیشرفت کردن، ترقی کردن، رشد کردن
gedeihlich *Adj.* سودمند، نافع، مساعد
gedenken *Vi.* ۱. به‌یاد داشتن، به‌خاطر آوردن ۲. قصد داشتن، نیت داشتن
Ich gedenke morgen abzureisen. فردا قصد سفر دارم.
Gedenken, das; -s, - خاطره، یاد، حافظه
Gedenkfeier, die; -, -n مجلس تذکر، جشن یادبود
Gedenkrede, die; -, -n سخنرانی در جشن یادبود
Gedenkmünze, die; -, -n سکهٔ یادبود
Gedenkstätte, die; -, -n بنای یادبود
Gedenkstein, der; -(e)s, -e سنگ یادبود
Gedenktafel, die; -, -n لوحهٔ یادبود
Gedenktag, der; -(e)s, -e روز برگزاری جشن یادبود
Gedicht, das; -(e)s, -e شعر، نظم
Gedichtsammlung, die; -, -en دیوان شعر
gediegen *Adj.* ۱. جامد، سفت، محکم، به هم فشرده ۲. خالص ۳. با سلیقه
Gediegenheit, die; -, -en ۱. انجماد، سفتی، استحکام ۲. خلوص ۳. با سلیقگی
gedieh *P.* gedeihen صیغهٔ فعل گذشتهٔ مطلق از مصدر
gediehen *PP.* gedeihen صیغهٔ فعل گذشتهٔ نقلی از مصدر

gedient *Adj.* خدمت سربازی کرده
Gedöns, das; -es سر و صدا، جار و جنجال
Gedränge, das; -s, - ازدحام، شلوغی، فشار جمعیت
gedrängt *Adj., Adv.* ۱. شلوغ، پُرجمعیت ۲. مختصر، کوتاه، فشرده
Gedrängtheit, die; - اختصار، کوتاهی، ایجاز
gedroschen *PP.* صیغـهٔ فعل گذشتـهٔ نقلی از مصدر dreschen
gedrückt *Adj.* ۱. دلتنگ، پریشان، افسرده، ملول ۲. فشرده
gedrungen *Adj., PP.* ۱. جمع‌وجور، به‌هم پیوسته، فشرده، تحت فشار ۲. صیغهٔ فعل گذشتهٔ نقلی از مصدر dringen
Geduld, die; - صبر، حوصله، شکیبایی، طاقت، بردباری
Geduld haben صبر داشتن
die Geduld verlieren طاقت از دست دادن
Mir reißt die Geduld. کاسهٔ صبرم لبریز شده.
gedulden *Vr.* صبر داشتن، بردباری کردن، حوصله داشتن
geduldig *Adj.* صبور، شکیبا، پرحوصله، بردبار
Geduldsfaden, der; -s, ⸚ رشتهٔ شکیبایی
Geduldsprobe, die; -, -n آزمایش شکیبایی
Geduldsspiel, das; -(e)s, -e بازی با ورق؛ فال ورق
gedungen *PP.* dingen صیغهٔ فعل گذشتهٔ نقلی از مصدر
gedunsen *Adj.* باددار، پف کرده، باد کرده
gedurft *PP.* dürfen صیغهٔ فعل گذشتهٔ نقلی از مصدر
geehrt *Adj.* محترم، مکرم
Sehr geehrter Herr! آقای محترم!
geeignet *Adj.* مناسب، شایسته، مقتضی
Er ist für diese Arbeit nicht geeignet. او برای این کار مناسب نیست.
Geest, die; -, -en تپهٔ شنی
Geestland, das; -(e)s, - شن‌زار
Gefahr, die; -, -en خطر، مخاطره
in Gefahr در خطر، در مخاطره
außer Gefahr دور از خطر
gefahrbringend *Adj.* خطرناک
Gefährde, die; -, -n خطر، مخاطره
gefährden *Vt.* به خطر انداختن، دچار خطر کردن
Gefährdung, die; -, -en خطر، مخاطره
gefahren *PP.* fahren صیغهٔ فعل گذشتهٔ نقلی از مصدر
Gefahrenzone, die; -, -n منطقهٔ خطرناک
Gefahrenzulage, die; -, -n حق ایمنی، حق خطر، اضافه حقوق برای مشاغل خطرناک

gefährlich 342

gefährlich *Adj.* خطرناک، پرخطر، مخاطره‌آمیز
Gefährlichkeit, die; -, -en خطر، مخاطره
gefahrlos *Adj.* بی‌خطر، امن
Gefahrlosigkeit, die; - بی‌خطری، ایمنی، سلامت
Gefährt, das; -es, -e وسیلهٔ نقلیه
Gefährte, der; -n, -n رفیق، همراه، همکار، همدم، مونس، مصاحب
Gefährtin, die; -, -nen رفیق، همراه، همکار، همدم، مونس، مصاحب (زن)
gefahrvoll *Adj.* پرخطر، مخاطره‌آمیز
Gefäll(e), das; -(e)s, -e ۱. سرازیری، شیب، سراشیبی ۲. کاهش، تنزل، سقوط
gefallen *Vi., PP., Adj.* ۱. خوش آمدن، پسند آمدن، مورد پسند واقع شدن ۲. صیغه فعل گذشتهٔ نقلی از مصدر fallen ۳. [شخص] افتاده
Wie gefällt Ihnen...? خوشتان می‌آید ...؟
Es gefällt mir sehr. از آن خیلی خوشم می‌آید.
Gefallen [1]**,** der; -s, - مهربانی، لطف، محبت، التفات، خدمت
einen Gefallen tun لطفی کردن، خدمتی کردن
Tun Sie mir den Gefallen... به من لطف بفرمایید...
Gefallen [2]**,** das; -s, - لذت، خوشی، کیف
Gefallen finden an لذت بردن در
Gefallene, der/die; -n, -n ۱. کشته شده، شهید شده (در جنگ) ۲. دختر خیابانی
gefällig *Adj.* ۱. خوشایند، دلپذیر، مطبوع، مفرح ۲. مهربان، مددکار
Gefälligkeit, die; -, -en مهربانی، التفات، خوش خدمتی، لطف
Gefälligkeitswechsel, der; -s, - اظهار لطف متقابل
gefälligst *Adv.* لطفاً، بی‌زحمت، خواهش می‌کنم
Paß gefälligst auf! خواهش می‌کنم مواظب باش!
Gefallsucht, die; - دلبری، ناز، کرشمه، عشوه‌گری
gefallsüchtig *Adj.* عشوه‌گر، طناز
gefälscht *Adj.* جعلی، تقلبی، ساختگی
gefangen *Adj., PP.* ۱. اسیر، گرفتار، محبوس ۲. صیغهٔ فعل گذشتهٔ نقلی از مصدر fangen
Gefangene, der/die; -n, -n زندانی، محبوس، اسیر
Gefangenenaustausch, der; -(e)s مبادلهٔ زندانی
Gefangenenbefreiung, die; -, -en آزادی زندانیان
Gefangenenlager, das; -s/ ¨ زندان
Gefangenenwagen, der; -s, - اتومبیل زندانیان
Gefangenenwärter, der; -s, - زندانبان
gefangenhalten *Vt.* در زندان نگه داشتن؛ بازداشت کردن، توقیف کردن
Gefangenhaltung, die; -, -en بازداشت، توقیف
Gefangennahme, die; - بازداشت، دستگیری، توقیف
gefangennehmen *Vt.* ۱. بازداشت کردن، دستگیر کردن، توقیف کردن؛ اسیر کردن ۲. مجذوب ساختن، از خود بی‌خود کردن
Gefangennehmung, die; - حبس، توقیف، دستگیری
Gefangenschaft, die; -, -en اسارت، بازداشت
gefangensetzen *Vt.* دستگیر کردن، توقیف کردن، زندانی کردن
Gefängnis, das; -nisses, -nisse بازداشتگاه، زندان، محبس
fünf Jahre Gefängnis bekommen محکوم به پنج سال حبس شدن
Gefängnisdirektor, der; -s, -en رئیس زندان
Gefängnisinsasse, der; -n, -n زندانی
Gefängnisstrafe, die; -, -n مجازات زندان، حبس تأدیبی
Gefängniswärter, der; -s, - زندانبان، نگهبان زندان
Gefängniszelle, die; -, -n سلول زندان
Gefasel, das; -s سخن بی‌معنی
Gefäß, das; -es, -e ۱. ظرف ۲. لوله ۳. رگ ۴. قبضهٔ شمشیر ۵. آوند
Gefäßbündel, das; -s, - دستهٔ آوندی
Gefäßpflanzen, die / *Pl.* گیاهان آوندی
Gefäßsystem, das; -s, -e دستگاه گردش خون
gefaßt *Adj.* آرام، آسوده، ساکت، خونسرد
sich auf etwas **gefaßt machen** پیه چیزی را به تن خود مالیدن
Gefaßtheit, die; - آرامش، آسودگی
Gefäßverschluß, der; -schlusses, -schlüsse انسداد رگ خونی
Gefäßverstopfung, die; -, -en انسداد رگ خونی
Gefecht, das; -es, -e جنگ، دعوا، مرافعه
gefechtsbereit *Adj.* آمادهٔ جنگ
Gefechtsbereitschaft, die; - آمادگی جنگی
gefechtsklar *Adj.* آمادهٔ جنگ
Gefechtskopf, der; -(e)s, ¨e کلاهک موشک
Gefechtsstand, der; -(e)s, ¨e مرکز فرماندهی جنگی
Gefechtsübung, die; -, -en تمرین عملیات جنگی
gefeit *Adj.* مصون، ایمن
Gefieder, das; -s, - (پرنده) بال و پر

343 **Gegenargument**

gefiedert *Adj.* پَردار
gefiel *P.* gefallen صیغهٔ فعل گذشتهٔ مطلق از مصدر
Gefilde, das; -s, - ۱. مزرعه، کشتزار ۲. منطقه، حدود
geflammt *Adj.* شعله‌دار، شعله‌مانند
Geflecht, das; -(e)s, -e ۱. تور، توری، شبکه ۲. بافت ۳. تاج گل
gefleckt *Adj.* پر از لکه، لکه‌دار
geflissentlich *Adj.* عمدی، ارادی، آگاهانه
geflochten *PP.* صیغهٔ فعل گذشتهٔ نقلی از مصدر flechten
geflogen *PP.* fliegen صیغهٔ فعل گذشتهٔ نقلی از مصدر
geflohen *PP.* fliehen صیغهٔ فعل گذشتهٔ نقلی از مصدر
geflossen *PP.* fließen صیغهٔ فعل گذشتهٔ نقلی از مصدر
Geflügel, das; -s, - طیور، ماکیان
Geflügelfarm, die; -, -en مزرعهٔ طیور
Geflügelhändler, der; -s, - مرغ‌فروش
Geflügelschere, die; -, -n قیچی پرزنی
geflügelt *Adj.* پردار، بال‌دار
Geflügelzucht, die; - مرغداری، پرورش طیور
Geflunker, das; -s لاف، گزاف، دروغ
geflüster, das; -s نجوا؛ شایعه؛ پچ‌پچ
gefochten *PP.* fechten صیغهٔ فعل گذشتهٔ نقلی از مصدر
Gefolge, das; -s, - ملازم، همراه، خدمتکار
Gefolgschaft, die; -, -en ۱. کارکنان، ملتزمان ۲. پیروان، همراهان، طرفداران، مریدان
gefragt *Adj.* مطلوب، مورد تقاضا
gefräßig *Adj.* حریص، پُرخور، شکمو، شکم‌باره
Gefräßigkeit, die; - پرخوری، شکم‌پرستی، شکم‌بارگی
Gefreite, der; -en, -en گروهبان سوم
gefressen *PP.* fressen صیغهٔ فعل گذشتهٔ نقلی از مصدر
Gefrieranlage, die; -, -n یخدان، فریزر
Gefrierbeutel, der; -s, - کیسهٔ یخ
gefrieren *Vi.* یخ بستن، منجمد شدن
Gefrierfach, das; -(e)s, ¨-er جایخی
Gefrierfleisch, das; -es گوشت یخ‌زده
Gefriermaschine, die; -, -n دستگاه یخ‌سازی
Gefrierpunkt, der; -(e)s, -e نقطهٔ انجماد، درجهٔ یخبندان
Gefrierschrank, der; -(e)s, ¨-e فریزر
Gefrierschutz, der; -es مادهٔ ضد یخ، ضد یخ
Gefriertruhe, die; -, -n فریزر
gefroren *PP.* frieren صیغهٔ فعل گذشتهٔ نقلی از مصدر
Gefrorene, das; -n بستنی

Gefüge, das; -s, - ترکیب، آرایش، قالب، ساختار
gefügig *Adj.* انعطاف‌پذیر، قابل انعطاف، مطیع
Gefühl, das; -(e)s, -e حس، احساس، عاطفه
jemandes **Gefühl verletzen** احساسات کسی را جریحه‌دار کردن
gefühllos *Adj.* بی‌احساس، بی‌عاطفه، بی‌حس؛ سنگدل، خشن، بی‌رحم
Gefühllosigkeit, die; -, -en بی‌احساسی، بی‌عاطفگی؛ سنگدلی، خشونت، بی‌رحمی
gefühlsarm *Adj.* بی‌احساس؛ سنگدل
gefühlsbetont *Adj.* پراحساس، احساساتی
Gefühlsduselei, die; -, -en پیروی از عواطف
gefühlsduselig *Adj.* احساساتی
gefühlsmäßig *Adj., Adv.* از روی احساس
Gefühlsmensch, der; -en, -en آدم پراحساس، احساساتی
Gefühlssache, die; -, -n امر احساسی
gefühlvoll *Adj.* بااحساس، پرحرارت، باعاطفه
gefüllt *Adj.* پر، مملو، پرشده
gefunden *PP.* finden صیغهٔ فعل گذشتهٔ نقلی از مصدر
gegangen *PP.* gehen صیغهٔ فعل گذشتهٔ نقلی از مصدر
gegeben *Adj., PP.* ۱. داده، پذیرفته، موجود؛ مقتضی، معین، مناسب ۲. صیغه فعل گذشتهٔ نقلی از مصدر geben
gegebenenfalls *Adv.* حتی‌المقدور، حتی‌الامکان، در صورت لزوم
Gegebenheit, die; -, -en ۱. واقعیت، حقیقت ۲. وضعیت
gegen *Präp.* ۱. در حدودِ، مقارنِ ۲. برضدِ، علیه، برخلافِ، مخالفِ ۳. در برابرِ، در مقابلِ ۴. به طرفِ ۵. در مقایسه با ۶. در قبالِ
gegen die Vernunft برخلاف عقل و منطق
gegen Bezahlung arbeiten در مقابل مزد کار کردن
etwas **gegen** jemanden **haben** با کسی سر دشمنی داشتن
gegen die Stadt marschieren به طرف شهر پیاده‌روی کردن
gegen drei Uhr حدود ساعت سه
Gegen dich bin ich noch ein Anfänger. من در مقایسه با تو مبتدی هستم.
Gegenangebot, das; -(e)s, -e پیشنهاد متقابل
Gegenangriff, der; -(e)s, -e حملهٔ متقابل
Gegenanklage, die; -, -n شکایت متقابل
Gegenantrag, der; -(e)s, ¨-e پیشنهاد متقابل
Gegenantwort, die; -, -en پاسخ متقابل
Gegenargument, das; -(e)s, -e دلیل متقابل

Gegenbefehl, der; -s, -e دستور متقابل
Gegenbehauptung, die; -, -en ادعای متقابل
Gegenbeschuldigung, die; -, -en تهمت متقابل
Gegenbesuch, der; -(e)s, -e بازدید
Gegenbewegung, die; -, -en حرکت متقابل
Gegenbeweis, der; -es, -e مدرک متقابل
Gegenbild, das; -es, -er رونوشت، المثنی
Gegend, die; -, -en ۱. ناحیه، سرزمین، منطقه ۲. حوالی، جوار، نزدیکی
in der Gegend von در حوالی، نزدیک به
Gegendarstellung, die; -, -en توضیح متقابل
Gegendienst, der; -es, -e عمل متقابل
Gegendruck, der; -(e)s, - فشار متقابل
gegeneinander *Adv.* علیه یکدیگر، ضد هم، مخالف همدیگر
gegeneinanderdrücken *Vt.* به‌هم فشار آوردن
gegeneinanderprallen *Vi.* با یکدیگر برخورد کردن
gegeneinanderstoßen *Vi.* با یکدیگر برخورد کردن
Gegenerklärung, die; -, -en توضیح متقابل
Gegenfahrbahn, die; -, -en (در اتوبان) حرکت در جهت مخالف
Gegenforderung, die; -, -en درخواست متقابل
Gegenfrage, die; -, -n پرسش متقابل
mit einer Gegenfrage antworten با سؤال متقابل جواب دادن
Gegenfüßler, der; -s, - نقطهٔ مقابل
Gegengerade, die; -n, -n (ورزش) ضربهٔ متقابل
Gegengeschenk, das; -(e)s, -e هدیهٔ متقابل
Gegengewicht, das; -(e)s, -e تعادل، پارسنگ، وزنهٔ متقابل
Gegengift, das; -(e)s, -e تریاق، پادزهر
Gegengrund, der; -(e)s, ⸚e دلیل مخالف
Gegenkandidat, der; -en, -en داوطلب رقیب، نامزد گروه مخالف
Gegenklage, die; -, -n شکایت متقابل
Gegenkraft, die; -, ⸚e نیروی مخالف
gegenläufig *Adj.* در جهت مخالف
Gegenleistung, die; -, -en عمل متقابل
Gegenlicht, das; -(e)s, - روشنایی مقابل، نور رو به رو
Gegenlichtaufnahme, die; -, -n عکس‌برداری بر خلاف نور
Gegenliebe, die; -, -n عشق دوجانبه
Gegenmacht, die; -, ⸚e نیروی متقابل
Gegenmaßnahme, die; - اقدام متقابل
Gegenmittel, das; -s, - تریاق، پادزهر
Gegenpartei, die; -, -en ۱. حزب مخالف ۲. تیم حریف ۳. طرف مقابل (دعوا)
Gegenpol, der; -s, -e قطب مخالف
Gegenprobe, die; -, -n آزمایش متقابل
Gegenrechnung, die; -, -en دعوای متقابل، ادعای دوطرفه
Gegenrede, die; -, -n ایراد متقابل
Gegenrevolution, die; -, -en ضدانقلاب
Gegensatz, der; -es, ⸚e تضاد، تناقض، نقطهٔ مقابل
im Gegensatz zu برعکس
gegensätzlich *Adj.* معکوس، مخالف، متضاد
Gegenschlag, der; -(e)s, ⸚e جبران، تلافی
Gegenseite, die; -, -n طرف مقابل
gegenseitig *Adj.* متقابل، دوجانبه، دوطرفه
Gegenseitigkeit, die; - عمل متقابل، معامله به مثل
gegensinnig *Adj.* در جهت عکس
Gegenspieler, der; -s, - حریف، طرف؛ خصم
Gegenspionage, die; -, -n ضدجاسوسی
Gegenstand, der; -(e)s, ⸚e ۱. شیء، چیز ۲. موضوع، مطلب، مبحث
gegenständig *Adj.* روبه‌رو، مقابل
gegenständlich *Adj.* روشن، واضح، (مربوط به) موضوع، مورد بحث
gegenstandslos *Adj.* زاید، غیر ضروری، بی‌اساس
Gegenstandsweite, die; -, -n فاصلهٔ شیءِ تا مرکز عدسی
Gegenstandswort, das; -(e)s, -e/⸚er (دستور زبان) اسم
Gegenstimme, die; -, -n رأی مخالف
Gegenstoß, der; -(e)s, ⸚e ضربهٔ متقابل
Gegenströmung, die; -, -en (برق) جریان مخالف
Gegenstück, das; -(e)s, -e ۱. متمم، المثنی ۲. نظیر، مانند ۳. نقطهٔ مقابل، ضد
Gegenteil, das; -(e)s, -e خلاف، عکس، متضاد، معکوس، مخالف
im Gegenteil برعکس
gegenteilig *Adj.* مخالف، متضاد، معکوس
gegenüber *Adv., Präp.* ۱. رو به رو، مقابل، جلو ۲. برخلافِ ۳. در مقایسه با ۴. در قبالِ کسی
gerade gegenüber درست همین رو به رو، درست در طرف مقابل
mir gegenüber رو به روی من
Gegenüber, das; -s, - روبه رویی، طرف مقابل

gegenüberliegen *Vi.* روبه روی هم بودن
gegenüberliegend *Adj.* مقابل، روبه رو، جلو
gegenübersetzen *Vt.* روبه روی هم نشاندن
gegenübersitzen *Vi.* روبه روی هم نشستن
gegenüberstehen *Vi.* روبه روی هم ایستادن، روبه روی هم قرار داشتن
gegenüberstellen *Vt.* ۱. روبه رو کردن، با (کسی) مواجه کردن ۲. مقابله کردن، تطبیق کردن
Gegenüberstellung, die; -, -en مقابله، تباین، مواجه؛ تطبیق
gegenübertreten *Vi.* روبه رو شدن، رویا روی شدن، مواجه شدن
Gegenverkehr, der; -(e)s رفت و آمد وسایل نقلیه از دو طرف
Gegenvorschlag, der; -(e)s, =e پیشنهاد متقابل، پیشنهاد مخالف
Gegenwart, die; - ۱. حضور ۲. حال ۳. (دستور زبان) زمان حال
im Gegenwart در حضور
gegenwärtig *Adj.* در حال حاضر، اکنون، امروزه
gegenwartsbezogen *Adj.* کنونی، فعلی
Gegenwartsform, die; -, -en (دستور زبان) زمان حال
Gegenwartskunde, die; -, -n علم‌الاجتماع، علوم اجتماعی
Gegenwartsliteratur, die; -, -en ادبیات معاصر
gegenwartsnah *Adj.* مناسب حال
Gegenwehr, die; -, -en تضاد، تناقض، ضدیّت، مقابله
Gegenwert, der; -(e)s, -e هم‌بها، برابر، مشابه، معادل
Gegenwind, der; -(e)s, -e باد مخالف
Gegenwinkel, der; -s, - زاویهٔ مقابل
Gegenwirkung, die; -, -en اثر متقابل، واکنش، عکس‌العمل
gegenzeichnen *Vt.* امضای متقابل کردن
Gegenzeichnung, die; -, -en امضای متقابل
Gegenzeuge, der; -n, -n شاهد طرف مقابل
Gegenzug, der; -es, =e ۱. قطار جهت مقابل ۲. (شطرنج) حرکت متقابل
gegessen *PP.* صیغهٔ فعل گذشتهٔ نقلی از مصدر essen
geglichen *PP.* صیغهٔ فعل گذشتهٔ نقلی از مصدر gleichen
gegliedert *Adj.* [سخن] شمرده، بندبند
geglitten *PP.* صیغهٔ فعل گذشتهٔ نقلی از مصدر gleiten
geglommen *PP.* صیغهٔ فعل گذشتهٔ نقلی از مصدر glimmen

Gegner, der; -s, - ۱. حریف، رقیب، مخالف، دشمن ۲. طرف مخالف
gegnerisch *Adj.* مخالف، مغایر، ناسازگار
Gegnerschaft, die; -, -en مخالفان
gegolten *PP.* صیغهٔ فعل گذشتهٔ نقلی از مصدر gelten
gegoren *PP.* صیغهٔ فعل گذشتهٔ نقلی از مصدر gären
gegossen *PP.* صیغهٔ فعل گذشتهٔ نقلی از مصدر gießen
gegraben *PP.* صیغهٔ فعل گذشتهٔ نقلی از مصدر graben
gegriffen *PP.* صیغهٔ فعل گذشتهٔ نقلی از مصدر greifen
Gehabe, das; -s رفتار، سلوک (غیرعادی)، تظاهر
gehaben *Vr.* (غیرعادی) رفتار کردن، (غیرعادی) سلوک کردن
Gehaben, das; -s, - رفتار، سلوک (غیرعادی)
Gehackte, das; -n گوشت چرخ کرده
Gehalt[1], das; -(e)s, -e حقوق، مواجب، مستمری، دستمزد
Gehalt[2], der; -(e)s, -e ۱. ظرفیت، حجم، محتوی، گنجایش ۲. عیار
gehaltarm *Adj.* کم‌ظرفیت، کم‌مقدار، کم‌عیار
gehalten *Adj., PP.* ۱. مجبور ۲. صیغهٔ فعل گذشتهٔ نقلی از مصدر halten
gehaltlos *Adj.* ۱. بی‌بها، بی‌قیمت، بی‌ارزش، ناچیز ۲. فاقد مواد غذایی لازم
Gehaltlosigkeit, die; - بی‌بهایی، بی‌قیمتی، بی‌ارزشی
gehaltreich *Adj.* باارزش، پرمایه، غنی
Gehaltsabzug, der; -(e)s, =e کسر حقوق
Gehaltsempfänger, der; -s, - کارمند حقوق بگیر
Gehaltserhöhung, die; -, -en اضافهٔ حقوق
Gehaltsforderung, die; -, -en درخواست حقوق
Gehaltsgruppe, die; -, -n درجهٔ حقوق، سطح حقوق
Gehaltskürzung, die; -, -en کاهش حقوق
Gehaltsstufe, die; -, -n درجهٔ حقوق، سطح حقوق
Gehaltszulage, die; -, -n اضافه حقوق
gehaltvoll *Adj.* ۱. غنی از لحاظ مواد غذایی، مغذی ۲. [شعر] پرمحتوا
Gehänge, das; -s, - ۱. شیب، سرازیری ۲. آویز ۳. هلال گل؛ دالبر
gehangen *PP.* صیغهٔ فعل گذشتهٔ نقلی از مصدر hängen
geharnischt *Adj.* ۱. [اسلحه] زرهی، زره‌دار ۲. [سخن] باحرارت، آتشین
gehässig *Adj.* بدخواه، بداندیش
Gehässigkeit, die; -, -en بدخواهی، بداندیشی
gehauen *PP.* صیغهٔ فعل گذشتهٔ نقلی از مصدر hauen

Gehäuse, das; -s, - ۱. جعبه، صندوق، محفظه ۲. غلاف ۳. قاب (ساعت)
gehbehindert *Adj.* [پا] چلاق، فلج
Gehege, das; -s, - ۱. حصار، محوطهٔ محصور ۲. شکارگاه
geheim *Adj.* سرّی، مخفی، پنهانی، محرمانه، غیر علنی
streng geheim کاملاً محرمانه
Geheimabkommen, das; -s, - قرارداد سرّی، پیمان محرمانه
Geheimagent, der; -en, -en مأمور مخفی
Geheimbericht, der; -(e)s, -e گزارش سرّی
Geheimbrief, der; -(e)s, -e نامهٔ سرّی
Geheimbund, der; -(e)s, =e اتحادیهٔ سرّی
Geheimbündler, der; -s, - عضو اتحادیهٔ سرّی
Geheimdienst, der; -es, -e سازمان محرمانهٔ دولتی، سازمان امنیت، سرویس اطلاعاتی مخفی
Geheimdienstler, der; -s, - مأمور سرویس اطلاعاتی مخفی
Geheimfach, das; -(e)s, =er کشوی مخفی، صندوق رمزی
geheimhalten *Vt.* مخفی نگاه داشتن، پنهان کردن، از علنی شدن (چیزی) جلوگیری کردن
Geheimhaltung, die; - رازداری، رازپوشی، نهان‌کاری
Geheimnis, das; -nisses, -nisse راز، سر، رمز
Geheimniskrämer, der; -s, - مخفی‌کار، پنهان‌کار
Geheimniskrämerei, die; - مخفی‌کاری، پنهان‌کاری
geheimnisvoll *Adj.* اسرارآمیز، مرموز، سری، رمزی
Geheimnummer, die; -, -n شمارهٔ رمز
Geheimpolizei, die; -, -en سازمان پلیس مخفی، ادارهٔ آگاهی
Geheimpolizist, der; -en, -en پلیس مخفی، کارآگاه
Geheimsache, die; -, -n موضوع مخفی
Geheimschrift, die; -, -en نوشتهٔ رمز
Geheimsender, der; -s, - فرستندهٔ مخفی
Geheimsprache, die; -, -n زبان سرّی
Geheimtreffen, das; -s, - ملاقات مخفی
Geheimtuerei, die; -, -en مخفی‌کاری، پنهان‌کاری
geheimtuerisch *Adj.* پنهان‌کارانه
Geheimtür, die; -, -en در مخفی
Geheimwaffe, die; -, -n سلاح مخفی، اسلحهٔ سرّی
Geheiß, das; -es, -e فرمان، حکم، امر
geheißen *PP.* صیغهٔ فعل گذشتهٔ نقلی از مصدر heißen
gehemmt *Adj.* محجوب، کم‌رو
gehen *Vi., Vt.* ۱. رفتن؛ راه رفتن؛ پیاده رفتن ۲. عازم شدن، روانه شدن، رهسپار شدن ۳. حرکت کردن ۴. طی کردن، پیمودن
an die Arbeit gehen سر کار رفتن
auf Urlaub gehen به مرخصی رفتن
in sich gehen در خود فرو رفتن
zu Ende gehen به پایان رسیدن
Laß mich gehen! ولم کن! بگذار بروم!
Es wird schon gehen. درست می‌شود.
Man hat zwei Stunden zu gehen. پیاده دو ساعت راه است.
Das Geschäft geht gut. کار و بار روبه‌راه است.
Geh mir aus den Augen! از جلوی چشمم دور شو!
Der Lärm geht mir auf die Nerven! سر و صدا اعصابم را خراب می‌کند!
Gehenk, das; -(e)s, -e بند (شمشیر)
gehenlassen *Vr.* (خود) را ول کردن، (خود) را رها کردن
geheuer *Adj.* وحشتناک، غریب (تنها به صورت نفی مورد استعمال دارد)
Geheul, das; -(e)s ضجه، ناله، جیغ، گریه و زاری
Gehilfe, der; -n, -n دستیار، کمک، شاگرد، وردست
Gehilfebrief, der; -(e)s, -e گواهی‌نامهٔ انجام دستیاری
Gehilfin, die; -, -nen دستیار، کمک، شاگرد، وردست (زن)
Gehirn, das; -(e)s, -e مغز، مخ، دماغ
Gehirnblutung, die; -, -en خونریزی مغزی
Gehirnchirurgie, die; -, -n جراحی مغز
Gehirnerschütterung, die; -, -en ضربهٔ مغزی
Gehirnschlag, der; -(e)s, =e سکتهٔ مغزی
Gehirntumor, der; -s, -e غدهٔ مغزی
Gehirnwäsche, die; -, -n شست‌وشوی مغزی، مغزشویی
gehoben *Adj., PP.* ۱. بالا، بلند، رفیع، برگزیده ۲. صیغهٔ فعل گذشتهٔ نقلی از مصدر heben
Gehöft, das; -(e)s, -e ۱. خانهٔ رعیتی ۲. واحد زراعی
geholfen *PP.* صیغهٔ فعل گذشتهٔ نقلی از مصدر helfen
Gehölz, das; -es, -e ۱. چوب، هیزم ۲. بیشه، جنگل کوچک
Gehör, das; -(e)s, -e ۱. قوهٔ شنوایی، حس سامعه ۲. (در برخی از پرندگان) گوش
musikalisches Gehör گوش موسیقی
zu Gehör bringen سازی را نواختن
gehorchen *Vi.* اطاعت کردن، مطیع بودن، پیروی کردن

gehören *Vi., Vr.* ۱. تعلق داشتن، متعلق بودن؛ منسوب بودن ۲. درست بودن، شایسته بودن

Das gehört mir. مال من است.

Das gehört nicht zur Sache! این به موضوع ربطی ندارد!

Das gehört nicht hierher. جایش اینجا نیست.

Gehörgang, der; -(e)s, ⸗e مجرای گوش

gehörig *Adj.* ۱. مربوط، وابسته، متعلق ۲. لایق، شایسته، مناسب، درخور ۳. زیاد

gehörlos *Adj.* کر، ناشنوا

Gehörlosenschule, die; -, -n مدرسهٔ ناشنوایان

Gehörlosigkeit, die; - کری، ناشنوایی

Gehörn, das; -(e)s, -e شاخ

gehörnt *Adj.* شاخ‌دار

Gehörorgan, das; -s, -e اندام (مربوط به) قوهٔ شنوایی

gehorsam *Adj.* مطیع، رام، فرمانبردار

Gehorsam, der; -s اطاعت، فرمانبرداری

blinder Gehorsam اطاعت کورکورانه

Gehorsamkeit, die; - اطاعت، فرمانبرداری

Gehorsampflicht, die; -, -en وظیفهٔ اطاعت

Gehörsinn, der; -(e)s حس شنوایی

gehren *Vt.* برش عرضی دادن

Gehrock, der; -(e)s, ⸗e سرداری (نوعی لباس قدیمی)

Gehrung, die; -, -en برش عرضی

Gehsteig, der; -(e)s, -e پیاده‌رو

Gehweg, der; -(e)s, -e پیاده‌رو

Geier, der; -s, - کرکس، لاشخور

Geiernase, die; -, -n بینی عقابی

Geifer, der; -s, - آب دهان، تف

geifern *Vi.* ۱. تف کردن ۲. (از عصبانیت) کف کردن ۳. اظهار تنفر کردن، ناسزا گفتن

Geige, die; -, -n ویلن

die erste Geige spielen نقش اصلی را ایفا کردن

geigen *Vi.* ویلن زدن

Geigenbauer, der; -s / -n, -n سازندهٔ ویلن، ویلن‌ساز

Geigenbogen, der; -s, - / ⸗ آرشهٔ ویلن

Geigenharz, das; -es, -e کلوفن ویلن

Geigenkasten, der; -s, ⸗ جعبه ویلن

Geigenmacher, der; -s, - ویلن‌ساز، سازندهٔ ویلن

Geigensaite, die; -, -n سیم ویلن

Geigenspieler, der; -s, - نوازندهٔ ویلن

Geigenstunde, die; -, -n کلاس آموزش ویلن

Geiger, der; -s, - ویلن‌نواز، نوازندهٔ ویلن

Geigerin, die; -, -nen ویلن‌نواز، نوازندهٔ ویلن (زن)

Geigerzähler, der; -s, - دستگاه اندازه‌گیری رادیواکتیویته

geil *Adj.* شهوتی، حشری

geilen *Vi., Vr.* شهوت‌رانی کردن

Geilheit, die; -, -en شهوت

Geisel, der; -s, - گروگان

Geiselbefreiung, die; -, -en آزادی گروگان

Geiselnahme, die; -, -n گروگان‌گیری

Geiselnehmer, der; -s, - آدم دزد؛ گروگان‌گیر

Geisha, die; -, -s رقاصهٔ ژاپنی، گیشا

Geiß, die; -, -en بز ماده

Geißblatt, das; -(e)s پیچک، پیچ امین‌الدوله

Geißbock, der; -(e)s, ⸗e بز نر

Geißel, die; -, -n شلاق، تازیانه؛ تاژک

geißeln *Vt.* شلاق زدن، تازیانه زدن؛ تنبیه کردن

Geißelung, die; -, -en شلاق‌زنی، تأدیب

Geißlein, das; -s, - بزغاله

Geist, der; -es, -er ۱. روح ۲. معنویت ۳. روحیه ۴. ذهن ۵. مغز متفکر

der Heiligegeist روح‌القدس

von allen guten Geistern verlassen sein عقل خود را از دست دادن

Geisterbahn, die; -, -en ترن وحشت، تونل وحشت (نوعی وسیلهٔ تفریح)

Geisterbeschwörer, der; -s, - ۱. احضارکنندهٔ روح ۲. جن‌گیر

Geisterbeschwörung, die; -, -en ۱. احضار روح ۲. جن‌گیری

Geistererscheinung, die; -, -en شبح، خیال، تخیل

geisterhaft *Adj.* خیالی، تخیلی؛ مرموز

Geisterglaube, der; -ns اعتقاد به روح

geisterhaft *Adj.* معجزآسا

Geisterhand, die; -, ⸗e دست معجزه‌آسا

geistern *Vi.* مثل روح حاضر شدن؛ مانند روح حرکت کردن

Geisterstunde, die; -, -n ساعت احضار روح

Geisterwelt, die; -, -en دنیای ارواح

geistesabwesend *Adj.* پریشان‌خیال، حواس‌پرت، گیج

Geistesabwesenheit, die; -, -en پریشان‌خیالی، حواس‌پرتی، گیجی

Geistesarbeit, die; -, -en کار فکری

Geistesarbeiter, der; -s, - کسی که کار فکری می‌کند

Geistesblitz, der; -es, -e جرقهٔ فکری، فکر ناگهانی
Geistesfreiheit, die; -, -en آزادی اندیشه، آزادی فکر
Geistesgabe, die; -, -n استعداد خدادادی
Geistesgegenwart, die; - حضور ذهن، حاضرجوابی
geistesgegenwärtig *Adj.* هشیار، حاضرالذهن
Geistesgeschichte, die; -, -n تاریخ تفکر، تاریخ علوم عقلانی
geistesgestört *Adj.* بی‌عقل
Geistesgestörtheit, die; - بی‌عقلی
Geistesgröße, die; -, -n ۱. نبوغ ۲. نابغه
Geisteshaltung, die; -, -en طرز فکر، اندیشه
Geisteskraft, die; -, ⸚e قدرت تفکر
geisteskrank *Adj.* بیمار روانی
Geisteskrankheit, die; -, -en بیماری روانی
Geistesprodukt, das; -(e)s, -e زاییدهٔ تفکر
geistesschwach *Adj.* کم‌عقل، ناقص‌العقل
Geistesschwäche, die; - کم‌عقلی، کودنی
Geistesstörung, die; -, -en اختلال روانی
Geistesverfassung, die; -, -en حالت روانی
geistesverwandt *Adj.* هم‌فکر، هم‌سلیقه، هم‌ذوق
Geistesverwandtschaft, die; -, -en هم‌فکری، هم‌سلیقگی
Geistesverwirrung, die; -, -en اختلال روحی
Geisteswissenschaften, die / *Pl.* علوم انسانی، دانش‌های معنوی
Geisteszustand, der; -es حالت روحی
geistig *Adj.* ۱. روحی، ذهنی، فکری ۲. معنوی، فرهنگی
geistige Nahrung غذای روح
Geistigkeit, die; - ۱. روح، ذهن، فکر ۲. عمق فکری، فرهنگ
geistlich *Adj.* روحانی، کلیسایی؛ مذهبی
Geistliche, der; -n, -n کشیش، روحانی
Geistlichkeit, die; - روحانیت
geistlos *Adj.* بی‌فکر، کودن، احمق
Geistlosigkeit, die; -, -en بی‌فکری، حماقت
geistreich *Adj.* بذله‌گو، لطیفه‌گو، شوخ، باذوق
geisttötend *Adj.* خسته‌کننده، کشنده
geistvoll *Adj.* بذله‌گو، لطیفه‌گو، شوخ، با ذوق
Geiz, der; -es, -e ۱. حرص، آز ۲. خست، بخل
geizen *Vi.* ۱. حرص زدن ۲. خست کردن؛ صرفه‌جویی کردن
Geizhals, der; -es, ⸚e خسیس، پست
geizig *Adj.* ۱. حریص ۲. خسیس، بخیل
Geizkragen, der; -s, - خسیس، پست
Gejammer, das; -s سوگواری، شیون، گریه و زاری
Gejauchze, das; -s خوشحالی، پایکوبی
Gejohle, das; -s, - داد و فریاد، سر و صدا
gekannt *PP.* صیغهٔ فعل گذشتهٔ نقلی از مصدر kennen
Gekeife, das; -s سرزنش؛ اوقات تلخی؛ فحاشی
Gekicher, das; -s پوزخند
Gekläff, das; -(e)s ۱. واق‌واق (سگ) ۲. جیغ و داد
Geklapper, das; -s ۱. وراجی ۲. سر و صدا
Geklatsche, das; -s ۱. تشویق (به وسیلهٔ کف زدن) ۲. وراجی، غیبت
Geklimper, das; -s زِرزِر؛ بد ساز زدن
Geklirr, das; -(e)s برخورد، تصادم
geklimmen *PP.* صیغهٔ فعل گذشتهٔ نقلی از مصدر klommen
geklungen *PP.* صیغهٔ فعل گذشتهٔ نقلی از مصدر klingen
Geknatter, das; -s تق‌تق (موتور)، خش‌خش
geknickt *Adj.* ۱. در رفته ۲. غمناک، افسرده ۳. پیچ خورده، تا شده
gekniffen *PP.* صیغهٔ فعل گذشتهٔ نقلی از مصدر kneifen
Geknister, das; -s تق‌تق (موتور)، خش‌خش
gekommen *PP.* صیغهٔ فعل گذشتهٔ نقلی از مصدر kommen
gekonnt *PP., Adj.* ۱. صیغهٔ فعل گذشتهٔ نقلی از مصدر können ۲. لایق، شایسته، ماهر
geköpert *Adj.* [تار و پود] بافته
Gekreisch, das; -(e)s جیغ، فریاد
Gekritzel, das; -s خط بد، خط ناخوانا، بدنویسی
gekrochen *PP.* صیغهٔ فعل گذشتهٔ نقلی از مصدر kriechen
Gekröse, das; -s, - شکمبه، سیرابی، دل و روده
gekünstelt *Adj.* مصنوعی، ساختگی
Gel, das; -s, -e ژلاتین
Gelächter, das; -s, - خنده، تمسخر
geladen *Adj., PP.* ۱. عصبانی ۲. صیغه فعل گذشتهٔ نقلی از مصدر laden
Gelage, das; -s, - مهمانی، جشن، ضیافت، سور
gelähmt *Adj.* مفلوج
Gelähmte, der / die; -n, -n آدم فلج
Gelände, das; -s, - ۱. زمین (مزروعی)، ملک ۲. محوطه، منطقه، اراضی
Geländefahrt, die; -, -en رانندگی در راه روستایی

Geländefahrzeug, das; -(e)s, -e وسیلهٔ نقلیه مخصوص روستا (مانند جیپ)
geländegängig *Adj.* قابل رفت و آمد در راههای روستایی
Geländekunde, die; -, -n نقشه‌برداری، نقشه‌نگاری
Geländelauf, der; -(e)s, -läufe دو صحرانوردی
Geländer, das; -s نرده، طارمی، جان‌پناه
gelang *P.* gelingen صیغهٔ فعل گذشتهٔ مطلق از مصدر
gelangen *Vi.* رسیدن، موفق شدن، نایل شدن
zur Entscheidung gelangen به تصمیم نهایی رسیدن
etwas **in** jemandes **Hände gelangen** چیزی به دست کسی رسیدن
Gelaß, das; -lasses, -lasse انباری، دهلیز؛ حفره
gelassen *PP., Adj.* ۱. صیغهٔ فعل گذشتهٔ نقلی از مصدر lassen ۲. آرام، ملایم، ساکت، خونسرد، متین
Gelassenheit, die; -, -en آرامش، متانت، ملایمت
Gelatine, die; - ژلاتین
gelatinieren *Vi.* تبدیل به ژلاتین شدن
Gelaufe, das; -s دو
gelaufen *PP.* laufen صیغهٔ فعل گذشتهٔ نقلی از مصدر
geläufig *Adj.* روان، سلیس، آسان
Geläufigkeit, die; -, -en روانی، سلاست، آسانی
gelaunt *Adj.* سرحال، بشاش
gut gelaunt sein سر دماغ بودن
Er ist schlecht gelaunt. او پکر است.
Geläut(e), das; -(e)s, -(e) صدای زنگ، ناقوس
gelb *Adj.* زرد
Gelb, das; -s, - رنگ زرد
gelbbraun *Adj.* زرد مایل به قهوه‌ای
Gelbe, die; -n زردی
gelben *Vt., Vr., Vi.* ۱. زرد کردن ۲. زرد شدن
Gelbfieber, das; -s, - تب زرد
Gelbfilter, der; -s, - (عکاسی) کاغذ صافی زرد
gelbgrün *Adj.* زرد مایل به سبز
gelblich *Adj.* مایل به زرد
Gelblicht, das; -(e)s, -er / -(e) نور زرد، چراغ زرد
Gelbling, der; -s, -e ۱. (نوعی) قارچ خوراکی ۲. پروانهٔ زرد
Gelbschnabel, der; -s, ¨ بی‌تجربه، تازه‌کار، مبتدی
Gelbsucht, die; -, ¨e (بیماری) یرقان، زردی
gelbsüchtig *Adj.* (مبتلا به) یرقان، یرقانی
Gelbveigelein, das; -s, - لعاب طلا
Gelbwurz, die; -, -en زردچوبه
Gelbwurzel, die; -, -n زردچوبه

Geld, das; -(e)s, -er ۱. پول ۲. نقدینه، وجه ۳. سرمایه
Geld verdienen پول درآوردن
Geld verlieren پول از دست دادن
das Geld zum Fenster hinauswerfen ولخرجی کردن
Geld wie Heu haben ثروتمند بودن
Geld wechseln پول خرد کردن
Geldabwertung, die; -, -en کاهش ارزش پول
Geldangelegenheit, die; -, -en مسئلهٔ مالی
Geldanlage, die; -, -n سرمایه‌گذاری
Geldanleihe, die; -, -n وام پول
Geldanweisung, die; -, -en حوالهٔ پول، چک، برات
Geldaufwertung, die; -, -en بالا بردن ارزش پول
Geldausgabe, die; -, -n هزینه، خرج
Geldautomat, der; -en, -en دستگاه اتوماتیک برداشت پول از بانک
Geldbetrag, der; -(e)s, ¨e مقدار پول
Geldbeutel, der; -s, - کیف پول
Geldbörse, die; -, -n کیف پول
Geldbuße, die; -, -n جریمهٔ نقدی، مجازات نقدی
Geldeinnehmer, der; -s, - صندوق‌دار، تحویل‌دار
Geldentwertung, die; -, -en کاهش ارزش پول
Gelderwerb, der; -(e)s, -e کسب پول
Geldforderung, die; -, -en ادعای مالی
Geldgeber, der; -s, - سرمایه‌گذار
Geldgeschäfte, die / *Pl.* معاملات پولی
Geldgeschenk, das; -(e)s, -e انعام
Geldgier, die; - حرص، آز، طمع
geldgierig *Adj.* حریص، طماع، پول دوست
Geldheirat, die; -, -en ازدواج به خاطر پول
Geldinstitut, das; -(e)s, -e مؤسسهٔ مالی، بانک
Geldklemme, die; -, -n مضیقهٔ پولی
Geldknappheit, die; -, -en مضیقهٔ پولی
Geldkrise, die; -, -n بحران پولی
geldlich *Adj.* نقدی
Geldmakler, der; -s, - صراف
Geldmangel, der; -s, ¨ فقدان پول
Geldmann, der; -(e), -leute متخصص امور مالی
Geldmarkt, der; -(e)s, ¨e بازار سهام
Geldmittel, das; -s, - سرمایه، سهام
Geldnot, die; -, ¨e مضیقهٔ مالی
Geldquelle, die; -, -n منبع مالی
Geldsache, die; -, -n مسئلهٔ مالی
Geldschein, der; -(e)s, -e اسکناس
Geldschrank, der; -(e)s, ¨e گاوصندوق، صندوق پول

Geldschrankknakker 350

Geldschrankknakker, der; -s, - دزد گاو صندوق بازکن
Geldsendung, die; -, -en ارسال وجه
Geldsorte, die; -, -n پول ریز و درشت
Geldspende, die; -, -n اعانه، بخشش
Geldstrafe, die; -, -n جریمهٔ نقدی، مجازات پولی
Geldstück, das; -(e)s, -e سکه، مسکوک
Geldtasche, die; -, -n کیف پول
Geldüberhang, der; -(e)s, ⸚e مازاد پول
Geldumlauf, der; -(e)s, -läufe گردش پول
Geldumsatz, der; -es, ⸚e معاملهٔ پول
Geldverlegenheit, die; -, -en گرفتاری مالی، مشکل مالی
Geldverlust, der; -(e)s, -e خسارت مالی
Geldverschwendung, die; -, -en اتلاف پول، ولخرجی
Geldwechsel, der; -s, - مبادلهٔ پول، مبادلهٔ ارز
Geldwert, der; -(e)s, -e ارزش پولی
Gelee, das; -s, -s لرزانک، ژله
Gelege, das; -s, - ۱. تخم ماکیان ۲. نظم، آرامش
gelegen[1] *PP.* صیغهٔ فعل گذشتهٔ نقلی از مصدر liegen
gelegen[2] *Adj.* مناسب، موافق، شایسته
zu gelegener Zeit در موقع مناسب
Gelegenheit, die; -, -en فرصت، موقعیت، امکان، مناسبت
die Gelegenheit ergreifen فرصت را غنیمت شمردن
die Gelegenheit verpassen فرصت را از دست دادن
bei Gelegenheit در فرصت مناسب
Gelegenheitsarbeit, die; -, -en کار موقتی
Gelegenheitsarbeiter, der; -s, - کارگر موقتی
Gelegenheitsgedicht, das; -(e)s, -e شعر فی‌البداهه
Gelegenheitskauf, der; -(e)s, -käufe موقعیتِ خوبِ خرید
gelegentlich *Adj.* ۱. گاهی، گاه‌گاهی، گاهی اوقات ۲. اتفاقاً، احیاناً، برحسب فرصت
gelehrig *Adj.* باهوش، سر به راه، درس‌خوان
Gelehrigkeit, die; -, -en هشیاری، سر به راهی، جدیت
gelehrsam *Adj.* دانا، عالم
Gelehrsamkeit, die; - دانش، علم، معلومات
gelehrt *Adj.* فاضل، دانشمند، عالم
Gelehrte, der/die; -n, -n فاضل، دانشمند، عالم
Gelehrtheit, die; - فضل، دانش، علم
Geleise, das; -s, - ۱. خط آهن، ریل ۲. راه زندگی
Geleit, das; -(e)s, -e محافظ، ملازم، همراه، نگهبان
Geleitbrief, der; -(e)s, -e ۱. امان‌نامه ۲. فرم مخصوص امانت پستی
geleiten *Vt.* ۱. به (کسی) امان دادن ۲. همراهی کردن، مشایعت کردن، هدایت کردن
Geleitfahrzeug, das; -(e)s, -e وسیلهٔ نقلیه‌ای که توسط وسیلهٔ نقلیه دیگری کشیده می‌شود
Geleitwort, das; -(e)s, -e پیش‌گفتار، دیباچه، مقدمه
Geleitzug, der; -es, ⸚e تعدادی کشتی باری محافظت شده
Gelenk, das; -(e)s, -e مفصل، بند
gelenkig *Adj.* ۱. نرم، تاشو ۲. زرنگ، چابک، فرز
Gelenkigkeit, die; - ۱. نرمی، قابلیت انحنا ۲. زرنگی، چابکی، فرزی
Gelenkrheumatismus, der; -, -men روماتیسم مفاصل، آماس بندها
Gelenkwelle, die; -, -n میله گاردان (اتومبیل)
gelernt *Adj.* ماهر، متخصص، حرفه‌ای؛ درس خوانده
gelesen *PP.* صیغهٔ فعل گذشتهٔ نقلی از مصدر lesen
Gelichter, das; -s, - جمعیت، توده
Geliebte, der/die; -n, -n معشوق، محبوب
geliehen *PP.* صیغهٔ فعل گذشتهٔ نقلی از مصدر leihen
gelieren *Vi.* ژلاتینی شدن، تبدیل به ژلاتین شدن
Geliermittel, das; -s, - مادهٔ تولیدکننده ژلاتین
gelind(e) *Adj.* نرم، ملایم، لطیف
gelingen *Vi.* موفق شدن، توفیق یافتن، به مقصود رسیدن
Es ist mir gelungen (zu)... موفق شده‌ام (که) ...
Gelingen, das; -s کامیابی، توفیق، موفقیت
Gelispel, das; -s نجوا، پچ‌پچ، بیخ گوشی
gelitten *PP.* صیغهٔ فعل گذشتهٔ نقلی از مصدر leiden
gell *Interj.* مگه نه، اینطور نیست
gellen *Vi.* جیغ کشیدن، فریاد زدن
gellend *Adj.* جیغ‌کش، فریادزن
geloben *Vt.* ۱. نذر کردن ۲. عهد کردن، وعده دادن
Gelöbnis, das; -nisses, -nisse ۱. نذر ۲. عهد، وعده
gelogen *PP.* صیغهٔ فعل گذشتهٔ نقلی از مصدر lügen
gelöst *Adj.* رها، آزاد
gelt *Adj., Interj.* ۱. نازا؛ لم‌یزرع، بی‌ثمر ۲. اینطور نیست
gelten *Vi.* معتبر بودن، ارزش داشتن، اعتبار داشتن، به حساب آمدن؛ صدق کردن
geltend *Adj.* معتبر، متداول؛ مؤثر؛ معمول
Geltung, die; -, -en اعتبار، ارزش

Geltungsbedürfnis, das; -nisses, -nisse نیاز به خودنمایی
Geltungsbereich, der; -(e)s, -e حوزهٔ اعتبار
Gelübde, das; -s, - سوگند، پیمان، عهد
sein Gelübde brechen عهد خود را شکستن
gelungen *Adj., PP.* ۱. موفقیت‌آمیز، نتیجه‌بخش ۲. صیغهٔ فعل گذشتهٔ نقلی از مصدر gelingen
Gelüst, das; -(e)s, -e میل، هوس، اشتیاق
gelüsten *Vt.* میل داشتن، هوس کردن، اشتیاق داشتن
Gelüstet es dich nicht davon zu kosten? میل نداری امتحانش کنی؟
gemach *Adj., Adv.* ۱. آهسته، آرام ۲. به تدریج، به آرامی، یواش یواش
Gemach, das; -(e)s, ⸚er / -e اتاق
gemächlich *Adj.* به‌آرامی، باخونسردی، به‌آهستگی، بافراغت خاطر
Gemächlichkeit, die; -, -en آرامش، راحتی
Gemahl, der; -(e)s, -e شوهر، زوج، همسر
gemahlen *PP.* صیغهٔ فعل گذشتهٔ نقلی از مصدر mahlen
Gemahlin, die; -, -nen زن، زوجه، همسر
gemahnen *Vt.* یادآوری کردن، یادآور شدن
Das gemahnt mich an mein Versprechen. این مرا به یاد وعده‌ام می‌اندازد.
Gemälde, das; -s, - تابلو نقاشی
Gemäldeausstellung, die; -, -en نمایشگاه نقاشی
Gemäldegalerie, die; -, -n گالری نقاشی، نگارخانه
Gemarkung, die; -, -en خط مرزی
gemäß *Präp.* بر حسبِ، بر طبقِ، به موجبِ، مطابقِ، بنابر
Ihrem Befehl gemäß بنا بر امر شما
gemäßigt *Adj.* معتدل، میانه‌رو، ملایم
Gemäuer, das; -s, - خرابه، ویرانه
gemein *Adj.* ۱. پست، فرومایه، رذل، بی‌شرم، مبتذل ۲. مشترک ۳. عادی
Gemeinbesitz, der; -es, -e اشتراک مالی
Gemeinde, die; -, -n ۱. اجتماع، جماعت ۲. بخش، بخشداری
Gemeindebezirk, der; -(e)s, -e بخش، ناحیه، حوزه
gemeindeeigen *Adj.* بیت‌المال
Gemeindegebiet, das; -(e)s, -e منطقهٔ روستایی
Gemeindeglied, das; -(e)s, -er عضو بخشداری
Gemeindehaus, das; -es, -häuser بخشداری
Gemeindeordnung, die; -, -en آئین‌نامهٔ بخشداری
Gemeinderat, der; -(e)s, ⸚e شورای بخشداری
Gemeinderecht, das; -(e)s, -e حقوق بخشداری
Gemeindeschwester, die; -, -n پرستار بخش
Gemeindesteuern, die / *Pl.* عوارض بخشداری
Gemeindeverband, der; -(e)s, ⸚e انجمن محلی
Gemeindeversammlung, die; -, -en اجتماع بخشداری
Gemeindeverwaltung, die; -, -en ادارهٔ بخشداری
Gemeindevorstand, der; -(e)s, ⸚e رئیس بخشداری
Gemeindevorsteher, der; -s, - بخشدار
Gemeindewahlen, die / *Pl.* انتخابات محلی
Gemeindewahlrecht, das; -(e)s, -e حق انتخابات محلی
Gemeindezentrum, das; -s, -tren مرکز بخش
Gemeineigentum, das; -(e)s, ⸚er اموال همگانی
gemeinfaßlich *Adj.* مردم‌پسند، مناسب حال همه
Gemeingebrauch, der; -(e)s, -räuche انتفاع مشترک
gemeingefährlich *Adj.* خطرناک برای عموم
Gemeingeist, der; -es روحیهٔ اجتماعی
gemeingültig *Adj.* معتبر
Gemeingut, das; -(e)s مالکیت مشترک
Gemeinheit, die; -, -en پستی، فرومایگی، رذالت، بی‌شرمی
gemeinhin *Adv.* معمولاً، عموماً
Gemeinkosten, die / *Pl.* هزینهٔ کلی
Gemeinnutz, der; -es سود همگانی
gemeinnützig *Adj.* عام‌المنفعه، سودمند
Gemeinnützigkeit, die; -, -en انتفاع عامه
Gemeinplatz, der; -es, ⸚e اماکن عمومی
gemeinsam *Adj., Adv.* ۱. مشترک ۲. دسته جمعی، باهم
ein Haus gemeinsam bewohnen در خانه‌ای دسته جمعی زندگی کردن
unser gemeinsamer Freund دوست مشترک ما
Gemeinsamkeit, die; -, -en اشتراک، اجتماع، اتفاق، هم‌زیستی
Gemeinschaft, die; -, -en اشتراک، اجتماع، اتفاق، هم‌زیستی
gemeinschaftlich *Adj., Adv.* ۱. مشترک ۲. گروهی، دسته جمعی، باهم
Gemeinschaftsarbeit, die; -, -en کار دسته جمعی، کار گروهی
Gemeinschaftserziehung, die; -, -en آموزش اجتماعی

Gemeinschaftsgeist 352

Gemeinschaftsgeist, der; -es روحیهٔ مشترک
Gemeinschaftskonto, das; -s, -ten حساب مشترک
Gemeinschaftsküche, die; -, -n آشپزخانهٔ اشتراکی
Gemeinschaftsproduktion, die; -, -en تولید جمعی
Gemeinschaftszelle, die; -, -n سلول اشتراکی
Gemeinschuldner, der; -s, - ورشکسته
Gemeinsinn, der; -(e)s, - روحیهٔ اجتماعی
gemeinverständlich *Adj.* ساده، مردم‌پسند، همه فهم
Gemeinwesen, das; -s اجتماع، جامعه
Gemeinwohl, das; -s رفاه عمومی
Gemenge, das; -s, - آمیختگی، اختلاط، آمیزش، مخلوط
Gemengsel, das; -s, - اختلاط، آمیختگی
gemessen[1] *PP.* صیغهٔ فعل گذشتهٔ نقلی از مصدر messen
gemessen[2] *Adj.* ۱. درست، دقیق، سنجیده ۲. آرام، خونسرد، متین، موقر
Gemessenheit, die; -, -en ۱. درستی، دقت ۲. آرامش، خونسردی
Gemetzel, das; -s, - کشتار، خونریزی، قتل‌عام
gemieden *PP.* صیغهٔ فعل گذشتهٔ نقلی از مصدر meiden
Gemisch, das; -es, -e مخلوط، ترکیب، آمیزش
gemischt *Adj.* مخلوط، درهم، قاطی
gemischtsprachig *Adj.* چندزبانه
Gemischtwarenhandlung, die; -, -en عطاری، خرازی
Gemme, die; -, -n گوهر، جواهر، سنگِ تراش‌دار
Gemmologie, die; - سنگ‌شناسی، جواهرشناسی
gemocht *PP.* mögen صیغهٔ فعل گذشتهٔ نقلی از مصدر
gemolken *PP.* melken صیغهٔ فعل گذشتهٔ نقلی از مصدر
Gemsbock, der; -(e)s, =e بز کوهی نر
Gemse, die; -, -n بز کوهی
Gemurmel, das; -s غرغر، غرولند
Gemüse, das; -s, - سبزی، سبزیجات
Gemüsebau, der; -(e)s, - سبزی‌کاری
Gemüsebeet, das; -(e)s, -e باغچهٔ سبزیجات
Gemüsegarten, der; -s, = باغچهٔ سبزی‌کاری
Gemüsehändler, der; -s, - تره‌بارفروش، سبزی‌فروش
Gemüsehandlung, die; -, -en تره‌بارفروشی، سبزی فروشی
Gemüsekonserven, die / *Pl.* کنسرو سبزی
Gemüseladen, der; -s, = سبزی فروشی
Gemüsesuppe, die; -, -n سوپ سبزی
gemüßigt *Adv.* اجباری
gemußt *PP.* müssen صیغهٔ فعل گذشتهٔ نقلی از مصدر
gemustert *Adj.* نقش‌دار، منقّش
Gemüt, das; -(e)s, -er روح، احساس، حس، حال، طبع

sich etwas zu Gemüte führen
چیزی را با اشتهای زیاد خوردن
Der Vorfall beunruhigte die Gemüter.
این پیشامد احساسات مردم‌را جریحه‌دارکرد.

gemütlich *Adj.* ۱. راحت، دنج، آسوده ۲. آرام، ملایم ۳. مهربان، خوش برخورد

die gemütliche Ecke گوشهٔ دنج
Hier ist es gemütlich. جای دنجی است.

Gemütlichkeit, die; -, -en ۱. راحتی، دنجی، آسودگی ۲. آرامش، ملایمت

Da hört aber die Gemütlichkeit auf.
دیگر از آرامش و راحتی خبری نیست.

gemütsarm *Adj.* سرد، بی‌احساس
Gemütsart, die; -, -en سیرت، شخصیت، حالت، طبع، مزاج
Gemütsbeschaffenheit, die; -, -en سیرت، شخصیت، حالت، طبع، مزاج
Gemütsbewegung, die; -, -en هیجان، شور
gemütskrank *Adj.* بیمار روحی
Gemütskrankheit, die; -, -en بیماری روحی
Gemütsmensch, der; -en, -en آدم احساساتی
Gemütsruhe, die; - بی‌حالی، خونسردی

in aller Gemütsruhe درکمال خونسردی

Gemütsverfassung, die; -, -en حالت روحی
Gemütszustand, der; -es, =e حالت روحی
gemütvoll *Adj.* دلسوز، خونگرم، حساس، خوش‌قلب، بااحساس
gen *Präp.* به سوی، به طرفِ

gen Süden به طرفِ جنوب

Gen, das; -s, -e ژن
genannt *PP.* nennen صیغهٔ فعل گذشتهٔ نقلی از مصدر
genas *P.* genesen صیغهٔ فعل گذشتهٔ مطلق از مصدر
genau *Adj., Adv.* ۱. درست، دقیق، صحیح ۲. وظیفه‌شناس ۳. دقیقاً

die genaue Zeit وقت صحیح
genau das Gegenteil درست برعکس
Die Uhr geht genau. ساعت درست کار می‌کند.
Es ist genau 6 Uhr. درست ساعت شش است.
genaugenommen *Adv.* در واقع
Genauigkeit, die; - درستی، دقت، صحت
genauso *Adv.* به همین منوال، درست همین‌طور
Gendarm, der; -en, -en ژاندارم، امنیه
Gendarmerie, die; -, -n ژاندارمری، ادارهٔ امنیه
Genealogie, die; -, -n دودمان‌شناسی، تبارشناسی، نَسَب شناسی
genehm *Adj.* قابل قبول، پسندیده، مناسب، مطلوب
genehmigen *Vt.* اجازهٔ (چیزی) را دادن، تصویب کردن، قبول کردن، پذیرفتن، با (چیزی) موافقت کردن
Genehmigung, die; -, -en ۱. اجازه، تصویب، قبولی، پذیرش، موافقت ۲. اجازه‌نامه، پروانه
geneigt *Adj.* متمایل، مایل، مشتاق
geneigter Leser خوانندهٔ مشتاق
sich zu etwas **geneigt zeigen** به چیزی تمایل نشان دادن
Geneigtheit, die; - تمایل، میل
General, der; -s, -e ژنرال (لقب افسران ارشد)
general *Adj.* عمومی، کلی، اصلی
Generalagent, der; -en, -en نمایندهٔ کل
Generalamnestie, die; -, -n عفو عمومی
Generalanzeiger, der; -s, - روزنامهٔ رسمی
Generalbaß, der; -basses, -bässe (موسیقی) بخش باس اصلی
Generalbevollmächtigte, der/die; -n, -n نمایندهٔ تام‌الاختیار
Generalbundesanwalt, der; -(e)s, ⸚e دادستان کل کشور
Generaldirektor, der; -s, -en مدیر کل
Generalfeldmarschall, der; -(e)s, ⸚e ارتشبد
Generalintendant, der; -en, -en مدیرعامل
generalisieren *Vi.* قضاوت کلی کردن، عمومیت بخشیدن
Generalität, die; -, -en فرماندهی
Generalkonsul, der; -s, -n سر کنسول
Generalkonsulat, das; -(e)s, -e سر کنسولگری
Generalleutnant, der; -s, -s سپهبد
Generalmajor, der; -s, -e سرتیپ
Generalnenner, der; -s, - کوچک‌ترین مخرج مشترک
Generaloberst, der; -en, -en افسر ارشد
Generalpolice, die; -, -n نظام کامل
Generalprobe, die; -, -n آخرین تمرین (نمایش)
Generalsekretär, der; -s, -e دبیر کل
Generalstaatsanwalt, der; -(e)s, ⸚e دادستان کل
Generalstab, der; -(e)s, ⸚e ستاد ارتش
Generalstabskarte, die; -, -n نقشهٔ سوق‌الجیشی
Generalstreik, der; -(e)s, -s اعتصاب عمومی
Generalversammlung, die; -, -en جلسهٔ عمومی
Generalvertreter, der; -s, - نمایندگی رسمی، نمایندهٔ کل
Generalvollmacht, die; -, ⸚e وکالت رسمی، وکالت تام
Generation, die; -, -en نسل
generativ *Adj.* مولد، برق‌زا
Generator, der; -s, -en ژنراتور، مولد برق، برق‌زا
generell *Adj.* ۱. عمومی، مشترک ۲. به‌طور کلی، در اصل، عموماً، معمولاً، کلاً
generös *Adj.* باسخاوت، دست و دل باز
Genese, die; -, -n پیدایش، رشد، بروز
genesen *Vi.* شفا یافتن، بهبود یافتن
Genesende, der/die; -n, -n بیمار رو به بهبود
Genesis, die; -, -sen افسانهٔ آفرینش
Genesung, die; -, -en بهبودی، شفا
Genesungsheim, das; -(e)s, -e آسایشگاه
Genetik, die; - نسل‌شناسی (شاخه‌ای از علم زیست‌شناسی که دربارهٔ وراثت بحث می‌کند)
genetisch *Adj.* (مربوط به) نسل‌شناسی، (مربوط به) وراثت
Genf (شهر) ژنو
Genferabkommen, das; -s, - قرارداد ژنو
Genferkonvention, die; -, -en منشور ژنو
genial *Adj.* مبتکر، نابغه، دارای نبوغ، خلاق
genialisch *Adj.* نابغه‌وار، استثنایی
Genialität, die; - استعداد، نبوغ
Genick, das; -(e)s, -e پشتِ گردن، قفا، پسِ گردن
jemandem **das Genick brechen** کسی را به روز سیاه انداختن
Genickschuß, der; -schusses, -schüsse تیر خلاص، تیرکاری
Genickstarre, die; - ۱. منتزیت ۲. گرفتگی گردن
Genie, das; -s, -s ۱. نبوغ ۲. نابغه
genieren *Vt., Vr.* ۱. به (کسی) زحمت دادن، مزاحم (کسی) شدن ۲. خجالت کشیدن
Genieren Sie sich nicht! خجالت نکشید!

genießbar *Adj.* ۱. لذت‌بخش، دلپذیر، مطبوع
۲. قابل خوردن، مأکول
Genießbarkeit, die; - لذت، تمتع
genießen *Vt.* ۱. از (چیزی) لذت بردن
۲. از (چیزی) برخوردار بودن، از (چیزی) بهره‌مند شدن
einen guten Ruf genießen از شهرت خوبی برخوردار بودن
etwas **genießen** از چیزی لذت بردن
Genießer, der; -s, - خوش‌گذران
genießerisch *Adj.* سرخوش، با لذت فراوان
genital *Adj.* (مربوط به) آلت تناسلی
Genitalien, die / *Pl.* دستگاه تناسلی
Genitiv, der; -s, -e (دستور زبان) حالت اضافه، حالت مضاف‌الیه، حالت مالکیت
Genius, der; -, Genien ۱. قریحه، استعداد، نبوغ
۲. نگهبان، محافظ
genommen *PP.* صیغهٔ فعل گذشتهٔ نقلی از مصدر nehmen
genormt *Adj.* با معیار معینی طبقه‌بندی و سنجیده شده
genoß *P.* صیغهٔ فعل گذشتهٔ مطلق از مصدر genießen
Genosse, der; -n, -n رفیق، همکار، هم‌قطار
genossen *PP.* صیغهٔ فعل گذشتهٔ نقلی از مصدر genießen
Genossenschaft, die; -, -en شرکت تعاونی
Genossenschafter, der; -s, - عضو شرکت تعاونی
Genossenschaftler, der; -s, - عضو شرکت تعاونی
genossenschaftlich *Adj.* تعاونی
Genossenschaftsbank, die; -, -en بانک تعاونی
Genossin, die; -, -nen رفیق، همکار، هم‌قطار (زن)
Genre, das; -s, -s نوع، قسم، جور
Genrebild, das; -es, -er تصویر معمولی
Genremaler, der; -s, - نقاش مناظر معمولی
Gentleman, der; -s, -men جنتلمن، نجیب‌زاده، رادمرد، آدم خوش‌برخورد، آدم مؤدب
genug *Adv.* کافی، بس، به قدر کفایت
Ich habe genug davon! ازش خسته شدم!
Jetzt ist es aber genug! بسه دیگه!
Genüge, die; -, (-s) کفایت
genügen *Vi.* کفایت کردن، بس بودن، کافی بودن
genügend *Adj.* کافی، بس، به قدر کفایت
genugsam *Adv.* کافی، بس، به قدر کفایت
genügsam *Adj.* قانع، راضی، بی‌نیاز
Genügsamkeit, die; - قناعت، رضایت
Genugtuung, die; -, -en ۱. رضایت ۲. جبران، تلافی

Genus, das; -, Genera جنس، رده، نوع، قسم
Genuß, der; -nusses, -nüsse لذت، حظ، خوشی، تمتع
genußfreudig *Adj.* اهل خوش‌گذرانی
genüßlich *Adj.* لذت‌بخش
Genußmittel, das; -s, - وسیلهٔ خوش‌گذرانی
genußreich *Adj.* کیف‌آور، لذت‌بخش
Genußsucht, die; -, ⸚e عیاشی، خوش‌گذرانی
genußsüchtig *Adj.* عیاش، خوش‌گذران
genußvoll *Adj.* کیف‌آور، لذت‌بخش
Geodäsie, die; - علم مساحی، زمین‌سنجی
Geodreieck, das; -(e)s, -e گونیا
geöffnet *Adj.* باز، مفتوح، گشوده
Geograph, der; -en, -en جغرافی‌دان
Geographie, die; - جغرافی
geographisch *Adj.* جغرافی
Geologe, der; -n, -n زمین‌شناس
Geologie, die; - زمین‌شناسی
geologisch *Adj.* (مربوط به) زمین‌شناسی
Geometer, der; -s, - مساح، نقشه‌بردار
Geometrie, die; - هندسه
geometrisch *Adj.* هندسی، (مربوط به) هندسه
Geophysik, die; - ژئو فیزیک (علم اوضاع طبیعی زمین)
geordnet *Adj.* مرتب، منظم
Georgette, die; -, -s (پارچه) ژرژت
Georgien, das گرجستان
Georgine, die; -, -n گل کوکب
Gepäck, das; -(e)s, -e بار، اسباب سفر؛ جامه‌دان، چمدان
Gepäckabfertigung, die; -, -en (در قسمت بار) تحویل اسباب سفر
Gepäckannahme, die; -, -n پذیرش بار
Gepäckannahmestelle, die; -, -n محل پذیرش بار
Gepäckaufbewahrung, die; - نگهداری بار، نگهداری اسباب سفر
Gepäckaufbewahrungsstelle, die; -, -n محل نگهداری بار، انبار
Gepäckaufgabe, die; -, -n پذیرش بار
Gepäckausgabe, die; -n تحویل بار
Gepäckausgabestelle, die; -, -n محل تحویل بار
Gepäckhalter, der; -s, - باربند، ترک‌بند
Gepäckkarren, der; -s, - چرخ‌دستی بارکشی
Gepäckkontrolle, die; -, -n کنترل بار، تفتیش بار

Gepäcknetz, das; -es, -e (در وسایل نقلیه) توری مخصوص بار
Gepäckraum, der; -(e)s, -räume محل بار، انبار ویژهٔ بار
Gepäckschalter, der; -s, - باجهٔ مخصوص بار
Gepäckschein, der; -(e)s, -e قبض بار
Gepäckstück, das; -(e)s, -e اسباب سفر؛ چمدان، جامه‌دان
Gepäckträger, der; -s, - باربر
Gepäckwagen, der; -s, - چرخ مخصوص حمل بار، وسیلهٔ نقلیهٔ باری
gepanzert *Adj.* زره‌پوش
Gepard, der; -(e)s, -e یوزپلنگ
gepfeffert *Adj.* ۱. اغراق‌آمیز ۲. مؤثر، جاذب
gepfiffen *PP.* صیغهٔ فعل گذشتهٔ نقلی از مصدر pfeifen
gepflegt *Adj.* مرتب؛ منظم؛ خوش‌لباس
Gepflegtheit, die; -, -en نظم، ترتیب؛ خوش‌لباسی
gepflogen *PP.* صیغهٔ فعل گذشتهٔ نقلی از مصدر pflegen
Gepflogenheit, die; -, -en عادت، رسم، خو، آئین
Geplänkel, das; -s, - کشمکش، زد و خورد، بگومگو
Geplapper, das; -s وراجی، یاوه‌گویی، پرحرفی
Geplätscher, das; -s ۱. صدای به‌هم خوردن امواج ۲. پچ‌پچ
Geplauder, das; -s نجوا، درگوشی، پچ‌پچ
Gepolter, das; -s سروصدا، غرش، هیاهو؛ غرولند
Gepräge, das; -s, - ۱. ضربِ سکه ۲. جای مهر ۳. جلوه، مظهر، ظاهر

Goethe hat seiner Zeit das Gepräge gegeben.
گوته به عصر خود جلوه بخشیده است.

Gepränge, das; -(e)s, -e شکوه، تجمل، جاه
Geprassel, das; -s صدای انفجار پیاپی
gepriesen *PP.* صیغهٔ فعل گذشتهٔ نقلی از مصدر preisen
gepunktet *Adj.* لکه‌دار، نقطه‌دار
Gequatsche, das; -s چرند و پرند، چرت و پرت
gequollen *PP.* صیغهٔ فعل گذشتهٔ نقلی از مصدر quellen
Ger, der; -(e)s, -e نیزه، سِنان
gerade *Adj., Adv.* ۱. راست، مستقیم ۲. همین حالا، الان، الساعه ۳. جفت، زوج ۴. اتفاقاً، تصادفاً ۵. درست، دقیقاً

Er ist gerade fort. همین حالا رفت.
eine gerade Linie یک خط مستقیم
gerade Zahl عدد زوج
Es ist gerade 6 Uhr. درست ساعت شش است.

Gerade, die; -n, -n ۱. خط مستقیم ۲. (بوکس) (ضربه) راست
geradeaus *Adv.* سرراست، به طور مستقیم، مستقیماً

Gehen Sie geradeaus. مستقیم بروید.

geradebiegen *Vt.* ۱. راست کردن ۲. راست و ریس کردن
geradehalten *Vt.* صاف نگه داشتن
geradeheraus *Adv.* بی‌پرده، بدون تعارف، صریحاً
geradehin *Adv.* بدون تأمل، بدون فکر
gerade(n)wegs *Adv.* یک‌راست، فوراً، بی‌درنگ
geraderichten *Vt.* مستقیم کردن، صاف کردن
geradesitzen *Vi.* راست نشستن
geradeso *Adv.* همین‌طور، به همین نحو
geradesoviel *Adv.* درست به همین مقدار
geradestehen *Vi.* ۱. راست ایستادن ۲. مسئولیت را به عهده گرفتن

für etwas **geradestehen**
مسئولیت چیزی را به‌عهده گرفتن

geradestellen *Vt.* به حالت ایستاده / راست قرار دادن
geradeswegs *Adv.* یک‌راست، مستقیماً

Ich komme geradeswegs von dort.
همین حالا از آنجا می‌آیم.

geradezu *Adv.* حتماً، مطمئناً، واقعاً، حقیقتاً
Geradheit, die; -, -en راستی، درستی، یکرنگی
geradlinig *Adj.* راست، مستقیم
geradsinnig *Adj.* رک و راست، یکرنگ
gerammelt *Adj.* شلوغ، پر
Gerangel, das; -s داد و بیداد، مشاجره، بحث و جدال
Geranie, die; -, -n گل شمعدانی
gerannt *PP.* صیغهٔ فعل گذشتهٔ نقلی از مصدر rennen
Gerassel, das; -s خش‌خش، چکاچاک (شمشیر)؛ جرینگ و جرنگ
Gerät, das; -(e)s, -e ابزار، دستگاه، اسباب، آلت، وسیله
geraten[1] *Vi.* ۱. موفق شدن، نتیجه دادن، به مقصود رسیدن ۲. دچار شدن، گرفتار شدن

in Gefahr geraten به خطر افتادن
in Zorn geraten دچار خشم شدن
in eine Sackgasse geraten به مشکلی برخوردن

geraten[2] *Adj.* موفق، پیروز، کامیاب
geraten[3] *PP.* صیغهٔ فعل گذشتهٔ نقلی از مصدر raten
Gerätestecker, der; -s, - دوشاخهٔ دستگاه
Geräteturnen, das; -s ورزش با اسباب

Geratewohl, das
etwas **aufs Geratewohl versuchen**
کاری را به طور اتفاقی انجام دادن، کاری را شانسی انجام دادن
Gerätschaft, die; -, -en ابزار، دستگاه، اسباب، آلت، وسیله
Geräucherte, das; -n (گوشت) دود زده
geraum *Adj.* طولانی، مُفصّل
vor geraumer Zeit مدتها پیش
geräumig *Adj.* وسیع، جادار، گشاد
Geräumigkeit, die; - وسعت، گشادی
Geräusch, das; -es, -e سر و صدا، همهمه، غوغا؛ پارازیت
beim leisesten Geräusch به جزیی‌ترین صدا
geräuscharm *Adj.* ساکت، آرام، بی‌صدا
Geräusche, das; -s سر و صدا، همهمه، غوغا
geräuschempfindlich *Adj.* حساس به سر و صدا
Geräuschkulisse, die; -, -n سر و صدای پشت صحنه (نمایش)
geräuschlos *Adj.* بی سر و صدا، ساکت، آرام
Geräuschlosigkeit, die; - بی‌صدایی، آرامی
geräuschvoll *Adj.* پر سر و صدا
gerben *Vt.* دباغی کردن
Gerber, der; -s, - دباغ
Gerberei, die; -, -en دباغی، دباغ‌خانه
Gerbsäure, die; -, -n جوهر مازو
gerecht *Adj.* ۱. عادل، منصف، درست، صالح ۲. منصفانه، عادلانه
eine gerechte Strafe مجازات عادلانه
gerechter Preis قیمت عادلانه
eine Sache gerecht werden
کاری را چنان‌که باید انجام دادن
in allen Stätten gerecht sein در هر زمینه‌ای موفق بودن
gerechtfertigt *Adj.* قابل توجیه، توجیه‌پذیر، موجه، درست
Gerechtigkeit, die; -, -en عدالت، انصاف، عدل، داد
Gerechtigkeitssinn, der; -(e)s, -e
احساس عدالت، انصاف
Gerede, das; -s سخن بیهوده، پرت و پلا، شایعه
jemanden **ins Gerede bringen**
نام کسی را بر سر زبان‌ها انداختن
geregelt *Adj.* مرتب، منظم
gereichen *Vi.* منجر شدن، سبب شدن، باعث شدن
gereizt *Adj.* عصبانی، خشمگین
Gereiztheit, die; -, -en خشم، غضب، هیجان
gereuen *Vi.* توبه کردن، پشیمان شدن
Gericht, das; -(e)s, -e ۱. دادگاه، محکمه ۲. غذا، خوراک
gerichtlich *Adj.* قضایی؛ شرعی؛ (وابسته به) دادگاه
Gerichtsarzt, der; -es, ⸗e پزشک قانونی
Gerichtsbarkeit, die; -, -en صلاحیت قضایی
Gerichtsbeschluß, der; -schlusses, -schlüsse
حکم دادگاه، رأی دادگاه
Gerichtsbezirk, der; -(e)s, -e حوزهٔ قضایی
Gerichtsdiener, der; -s, - پیشخدمت دادگاه
Gerichtsentscheid, der; -(e)s, -e رأی دادگاه
Gerichtsentscheidung, die; -, -en رأی دادگاه
Gerichtsgebäude, das; -s, - ساختمان دادگستری
Gerichtsgebühren, die / *Pl.* مخارج دادگاه
Gerichtshof, der; -(e)s, ⸗e دادگاه، محکمه
Gerichtskosten, die / *Pl.* مخارج دادگاه
Gerichtsmedizin, die; -, -en پزشکی قانونی
Gerichtsmediziner, der; -s, - پزشک قانونی
Gerichtsordnung, die; -, -en نظام‌نامهٔ دادگاه
Gerichtssaal, der; -(e)s, -säle تالار دادگاه
Gerichtsschreiber, der; -s, - منشی دادگاه
Gerichtsstand, der; -(e)s, ⸗e محل قضایی، محل دادرسی، دادگاه مربوطه
Gerichtstag, der; -(e)s, -e روز محاکمه
Gerichtstermin, der; -s, -e وقت محاکمه
Gerichtsurteil, das; -s, -e رأی دادگاه، حکم دادگاه
Gerichtsverfahren, das; -s, -
طرح دعوی در دادگاه، دادخواهی
Gerichtsverfassung, die; -, -en نظام‌نامهٔ دادگاه
Gerichtsverhandlung, die; -, -en
رسیدگی قضایی، دادرسی، محاکمه
Gerichtsvollzieher, der; -s, - مجری محکمه، مأمور اجرای دادگاه
Gerichtswesen, das; -s, - امور قضایی
gerieben[1] *Adj.* حیله‌گر، زیرک، موذی
gerieben[2] *PP.* reiben صیغهٔ فعل گذشتهٔ نقلی از مصدر
Geriebenheit, die; -en, -en حیله‌گری، زیرکی، موذی‌گری
Geriesel, das; -s نم‌نم باران، باران ریز
gering *Adj.* ۱. خفیف، جزئی، کم، کوچک، ناچیز؛ بی‌اهمیت ۲. بسیار پایین ۳. پست
nicht im geringsten به هیچ‌وجه
geringachten *Vt.* به (چیزی) بی‌اعتنایی کردن، به (چیزی) اهمیت ندادن، خوار شمردن

geringer *Adj.* کمتر، کوچک‌تر، ناچیزتر

geringfügig *Adj.* ناچیز، جزئی، بی‌اهمیت، کم

Geringfügigkeit, die; -, -en ناچیزی، بی‌اهمیتی، کمی

geringhaltig *Adj.* ناخالص؛ کم‌ارزش

geringschätzen *Vt.* به (چیزی) بی‌اعتنایی کردن، به (چیزی) اهمیت ندادن، خوار شمردن، دست کم گرفتن

geringschätzig *Adj.* اهانت‌آمیز، خفت‌آور، موهن

Geringschätzung, die; -, -en اهانت، تحقیر، بی‌اعتنایی

geringst *Adj.* حداقل، کمترین؛ کوچک‌ترین

geringwertig *Adj.* پست، نامرغوب

gerinnen *Vi.* دلمه شدن، بسته شدن، لخته شدن (خون)

Gerinnsel, das; -s, - دلمه، لخته (خون)

Gerinnung, die; -, -en انعقاد، بستگی (خون)

gerinnungsfähig *Adj.* [خون] انعقادپذیر

Gerippe, das; -s, - ۱. استخوان‌بندی، قالب ۲. آدم لاغر ۳. اسکلت

gerippt *Adj.* [پارچه] راه‌راه

gerissen[1] *Adj.* زیرک، زرنگ، حیله‌گر، پاچه ورمالیده، مکار

gerissen[2] *PP.* صیغهٔ فعل گذشتهٔ نقلی از مصدر reißen

Gerissenheit, die; - زیرکی، زرنگی، حیله‌گری

geritten *PP.* صیغهٔ فعل گذشتهٔ نقلی از مصدر reiten

Germane, der; -n, -n نژاد ژرمن، نژاد قدیمی آلمانی

germanisch *Adj.* ژرمنی، زبان قدیمی آلمانی

germanisieren *Vt.* به زبان قدیمی آلمانی درآوردن

Germanist, der; -en, -en زبان‌شناس آلمانی

Germanistik, die; - زبان‌شناسی آلمانی، علم زبان آلمانی

germanistisch *Adj.* (مربوط به) علم زبان آلمانی

gern(e) *Adv.* بامیل، بارضایت، بااشتیاق، از روی رضا، به طیب خاطر

Gern geschehen! اختیار دارید! خواهش می‌کنم!

Ich möchte gern wissen. دلم می‌خواست بدانم.

jemanden **gern haben** به کسی علاقه داشتن

Gernegroß, der; -, -e تازه به دولت رسیده، متفرعن، خودنما

gerochen *PP.* صیغهٔ فعل گذشتهٔ نقلی از مصدر riechen

Geröll, das; -(e)s, -e سنگ‌های جمع شده در بستر رودخانه

geronnen *PP.* صیغهٔ فعل گذشتهٔ نقلی از مصدر rinnen

Gerontologie, die; - پیری‌شناسی، زال‌شناسی

Gerste, die; -, -n جو

Gerstengraupen, die / *Pl.* جو پوست‌کنده

Gerstenkorn, das; -(e)s, -̈er دانهٔ جو، جو دانه

Gerstensaft, der; -(e)s, -̈e آبجو

Gerte, die; -, -n ترکه (شاخهٔ نازک و باریک درخت)

gertenschlank *Adj.* باریک، قلمی

Geruch, der; -(e)s, -̈e ۱. بو، رایحه ۲. حس بویایی

ein angenehmer Geruch رایحهٔ مطبوع

geruchlos *Adj.* بی‌بو، بدون بو

geruch(s)frei *Adj.* بی‌بو، بدون بو

Geruchsnerv, der; -s / -en, -en عصب بویایی

Geruchsorgan, das; -s, -e عضو بویایی

Geruch(s)sinn, der; -(e)s, -e حس شامه، حس بویایی

Gerücht, das; -(e)s, -e شایعه، چو، خبر تأئید نشده

Gerüchtemacher, der; -s, - شایعه‌ساز، چوانداز

geruchtilgend *Adj.* دافع بوی بد

Geruchtilgendesmittel, das; -s, - ضدبو، بوبر، بوزدا

geruchtweise *Adv.* به صورت شایعه

gerufen *PP.* صیغهٔ فعل گذشتهٔ نقلی از مصدر rufen

geruhen *Vi.* قابل دانستن، لایق دانستن

geruhsam *Adj.* آسوده، آرام، فراغ خاطر

Geruhsamkeit, die; - خونسردی، آرامش

Gerümpel, das; -s آشغال، زباله، خرده‌ریز، خرت و پرت

Gerundium, das; -s, -dia (دستور زبان) اسم مصدر، اسم فعل

gerungen *PP.* صیغهٔ فعل گذشتهٔ نقلی از مصدر ringen

Gerüst, das; -(e)s, -e چوب‌بست، داربست، زیربنا

Ges, das; -, - (موسیقی) نُت سل بمل

gesalzen *Adj.* شور، نمک‌زده، بانمک

gesamt *Adj.* درست، کامل؛ تمام، کلیه، همه

Gesamt, das; -s حاصل جمع، مجموع

Gesamtansicht, die; -, -en عقیدهٔ کلی

Gesamtauflage, die; -, -n چاپ کامل

Gesamtausgabe, die; -n, -n چاپ کامل

Gesamtbetrag, der; -(e)s, -̈e مبلغ کل

Gesamtbild, das; -es, -er تصویر کامل

gesamtdeutsch *Adj.* (مربوط به) همهٔ آلمانی‌ها

Gesamteindruck, der; -(e)s, -̈e تأثیر کلی

Gesamteinkommen, das; -s, - درآمد کلی

Gesamteinnahme, die; -, -n درآمد کلی

Gesamtergebnis, das; -nisses, -nisse نتیجهٔ کلی

Gesamtertrag, der; -(e)s, ⸚e سود کلی
Gesamtgewicht, das; -(e)s, -e وزن کل
Gesamthaltung, die; -, -en نظر کلی
Gesamtheit, die; -, -en مجموع، تمامی، کل
Gesamtkonzept, das; -(e)s, -e طرح کلی
Gesamtkosten, die / *Pl.* مخارج کل
Gesamtlänge, die; -, -n مجموع طول، اندازهٔ کلی
Gesamtnote, die; -, -n جمع نمرات
Gesamtpreis, der; -es, -e ارزش کلی
Gesamtschule, die; -, -n مدرسهٔ جامع (مدرسه شامل دبستان، راهنمایی و دبیرستان)
Gesamtsumme, die; -, -n مبلغ کل
Gesamtzahl, die; -, -en جمع نمرات، مجموع
gesandt *PP.* صیغهٔ فعل گذشتهٔ نقلی از مصدر senden
Gesandte, der; -n, -n وزیرمختار، نمایندهٔ سیاسی
Gesandtin, die; -, -nen وزیرمختار، نمایندهٔ سیاسی (زن)
Gesandtschaft, die; -, -en سفارت، نمایندگی
Gesandtschaftsgebäude, das; -s, - سفارت‌خانه، محل سفارت
Gesandtschaftspersonal, das; -s کارمند سفارت
Gesang, der; -(e)s, ⸚e آواز، سرود، نغمه
gesangartig *Adj.* آوازی، سرودوار
Gesangbuch, das; -(e)s, ⸚er کتاب آواز، نُت آواز
Gesanglehrer, der; -s, - معلم آواز
Gesanglehrerin, die; -, -nen معلم آواز (زن)
gesanglich *Adj.* آوازی
Gesangskunst, die; -, ⸚e هنر آواز
Gesangsunterricht, der; -(e)s درس آواز، تعلیم آواز
Gesangverein, der; -(e)s, -e اتحادیهٔ آواز، انجمن آواز
Gesäß, das; -es, -e نشیمن‌گاه، کپل، باسن
Gesäßtasche, die; -, -n جیب پشت شلوار
geschädigt *Adj.* معیوب، صدمه‌دیده، زخمی
geschaffen *PP.* صیغهٔ فعل گذشتهٔ نقلی از مصدر schaffen
Geschäft, das; -(e)s, -e ۱. دکان، مغازه ۲. کار، شغل ۳. تجارت، معامله ۴. شرکت، تجارت‌خانه
ein gutes Geschäft معاملهٔ خوب
Geschäfte machen کاسبی کردن
Er hat viele Geschäfte zu erledigen.
او باید کارهای زیادی انجام دهد.

Geschäftemacher, der; -s, - معامله‌گر، کاسب
geschäftig *Adj.* فعال، کاری، جدی، مشغول به کار
Geschäftigkeit, die; - فعالیت، جدیت، سعی
geschäftlich *Adj.* شغلی، تجاری
Geschäftsabschluß, der; -schlusses, -schlüsse آخر کسب، پایان معامله
Geschäftsanteil, der; -s, -e سهم شرکت
Geschäftsaufsicht, die; -, -(en) نظارت در شغل، رسیدگی به کار شرکت
Geschäftsbericht, der; -(e)s, -e گزارش شغل
Geschäftsbrief, der; -(e)s, -e نامهٔ تجاری
geschäftsfähig *Adj.* (از نظر انجام معامله) قادر به کار، بالغ
Geschäftsfähigkeit, die; -, -en صلاحیت تجاری، قابلیت کسب
Geschäftsfrau, die; -, -en زن تاجر، زن کاسب
Geschäftsfreund, der; -(e)s, -e همکار
geschäftsführend *Adj.* مجری
Geschäftsführer, der; -s, - مدیر شرکت
Geschäftsführung, die; - مدیریت، ریاست (شرکت)
Geschäftsgang, der; -(e)s, ⸚e امور عادی اداری
Geschäfsgebaren, das; -s, - روش کاری
Geschäftsgeheimnis, das; -nisses, -nisse اسرار حرفه‌ای
Geschäftsgeist, der; -es مهارت شغلی
Geschäftshaus, das; -es, -häuser مغازه، دکان، فروشگاه
Geschäftsinhaber, der; -s, - صاحب مغازه؛ صاحب شرکت
Geschäftsjahr, das; -(e)s, -e سال مالی
Geschäftskosten, die / *Pl.* مخارج مغازه؛ هزینهٔ شرکت
geschäftskundig *Adj.* آزموده، وارد، مجرب
Geschäftslage, die; -, -n وضع کسب، اوضاع بازار
Geschäftsleitung, die; -, -en مدیریت شرکت
Geschäftsleute, die / *Pl.* کسبه، تجّار، بازرگانان
Geschäftslokal, das; -(e)s, -e جای کسب، مغازه
Geschäftsmann, der; -(e)s, -leute کاسب، تاجر، بازرگان
geschäftsmäßig *Adj.* کاسب‌وار
Geschäftsordnung, die; -, -en قانون اداری، قانون شرکت
Geschäftspapiere, die / *Pl.* نامه‌های تجاری
Geschäftspartner, der; -s, - همکار، شریک

Geschäftspartnerin, die; -, -nen	همکار، شریک (زن)
Geschäftspersonal, das; -s	کارکنان تجارت‌خانه
Geschäftsräume, die / Pl.	محل کسب و کار
Geschäftsreise, die; -, -n	سفر اداری، سفر تجارتی
Geschäftsreisende, der / die; -n, -n	فروشندهٔ سیار
Geschäftsschluß, der; -schlusses, -schlüsse	تعطیل کار، تعطیل مغازه
Geschäftssitz, der; -es, -e	محل شرکت، محل کار
Geschäftsstelle, die; -, -n	دفتر کار، محل کار
Geschäftsstraße, die; -, -n	مرکز خرید شهر، بازار، محل خرید
Geschäftsteilhaber, der; -s, -	شریک، همکار
Geschäftsteilhaberin, die; -, -nen	شریک، همکار (زن)
Geschäftsträger, der; -s, -	نمایندهٔ تجارتی
geschäftstüchtig Adj.	با کفایت، لایق، کارآمد
geschäftsunfähig Adj.	از کار افتاده
Geschäftsunkosten, die / Pl.	مخارج مغازه؛ هزینهٔ شرکت
Geschäftsunternehmen, das; -s	شرکت تجاری
Geschäftsverbindung, die; -, -en	ارتباط شغلی
Geschäftsviertel, das; -s, -	مرکز خرید شهر، محل خرید، بازار
Geschäftswelt, die; -	دنیای کسب و کار
Geschäftszeit, die; -(e)s, -e	اوقات کسب
Geschäftszimmer, das; -s, -	اتاق کار
Geschäftszweig, der; -(e)s, -e	شعبهٔ شرکت
geschah P.	صیغهٔ فعل گذشتهٔ مطلق از مصدر geschehen
geschehen Vi.	۱. رخ دادن، وقوع یافتن، حادث شدن، اتفاق افتادن ۲. انجام شدن
Ihm ist Unrecht geschehen.	در حق او بی‌انصافی شده است.
Gern geschehen!	اختیار دارید! خواهش می‌کنم!
Das geschieht ihm recht!	حقش است!
Was ist geschehen?	چه خبر شده؟
Es ist ein Unglück geschehen.	اتفاق بدی رخ داده است.
Geschehen, das; -s, -	واقعه، حادثه، اتفاق، رویداد
Geschehnis, das; -nisses, -nisse	واقعه، حادثه، اتفاق، رویداد
gescheit Adj.	باهوش، زیرک؛ ماهر
Gescheitheit, die; -, -en	زیرکی، تیزهوشی، زرنگی
Geschenk, das; -(e)s, -e	هدیه، پیشکشی، کادو
Geschenkartikel, der; -s, -	هدیه، جنس پیشکشی، جنس کادویی
Geschenkpackung, die; -, -en	بسته‌بندی هدیه
Geschenkpapier, das; -s, -e	کاغذ کادو
geschenkweise Adv.	به عنوان هدیه
Geschichte, die; -, -n	۱. تاریخ ۲. داستان، حکایت، سرگذشت ۳. قضیه، واقعه، حادثه
eine Geschichte erzählen	داستانی تعریف کردن
Geschichte machen	مشکلاتی به وجود آوردن
Geschichtenbuch, das; -(e)s, ̈-er	کتاب داستان، کتاب قصه
Geschichtenerzähler, der; -s, -	داستان‌سرا، قصه‌گو، نقال
Geschichtenerzählerin, die; -, -nen	داستان‌سرا، قصه‌گو، نقال (زن)
geschichtlich Adj.	تاریخی، (مربوط به) تاریخ
Geschichtsbuch, das; -(e)s, ̈-er	کتاب تاریخ
Geschichtsfälschung, die; -, -en	تحریف تاریخ
Geschichtsforscher, der; -s, -	مورخ، تاریخ‌دان، تاریخ‌نویس
Geschichtsforschung, die; -, -en	تاریخ‌نویسی، تحقیق در تاریخ
Geschichtslehrer, der; -s, -	معلم تاریخ
Geschichtsschreiber, der; -s, -	مورخ، تاریخ‌نویس
Geschichtsunterricht, der; -(e)s	درس تاریخ
Geschichtswissenschaft, die; -, -en	علم تاریخ
Geschick, das; -(e)s, -e	۱. سرنوشت، قسمت، تقدیر ۲. توانایی، مهارت، کارایی
Geschicklichkeit, die; -, -en	مهارت، استادی، زبردستی، کارایی
Geschicklichkeitsprüfung, die; -, -en	آزمایش مهارت
geschickt Adj.	ماهر، زرنگ، تردست
geschieden[1] Adj.	مُطلّقه، طلاق گرفته
geschieden[2] PP.	صیغهٔ فعل گذشتهٔ نقلی از مصدر scheiden
geschienen PP.	صیغهٔ فعل گذشتهٔ نقلی از مصدر scheinen
Geschirr, das; -(e)s, -e	۱. ظرف ۲. زین و برگ، یراق (اسب)
Geschirrschrank, der; -(e)s, ̈-e	کمد ظرف

Geschirrspüler, der; -s, - ظرف شور
Geschirrspülmaschine, die; -, -n ماشین ظرفشویی
Geschirrspülmittel, das; -s, - مادهٔ ظرفشویی
Geschirrtrockner, der; -s, - ماشین ظرف خشک‌کن
Geschirrtuch, das; -(e)s, -e / ⸚er دستمال ظرف خشک‌کن
geschissen *PP.* صیغهٔ فعل گذشتهٔ نقلی از مصدر scheißen
geschlafen *PP.* صیغهٔ فعل گذشتهٔ نقلی از مصدر schlafen
geschlagen *PP.* صیغهٔ فعل گذشتهٔ نقلی از مصدر schlagen
Geschlecht, das; -(e)s, -er ۱. جنس، جنسیت (مرد و زن) ۲. نژاد، اصل، نوع ۳. خانواده
Geschlechterkunde, die; -n, -n علوم جنسی
geschlechtlich *Adj.* ۱. جنسی ۲. خانوادگی
mit jemandem **geschlechtlich verkehren** با کسی رابطهٔ جنسی داشتن
Geschlechtlichkeit, die; - جنسیت
Geschlechtsakt, der; -(e)s, -e رابطهٔ جنسی، مقاربت، همخوابگی، جماع
Geschlechtsbestimmung, die; -, -en تعیین جنسیت
Geschlechtschromosom, das; -s, -e کروموزوم جنسی
Geschlechtshormon, das; -s, -e هورمون جنسی
geschlechtskrank *Adj.* بیمار آمیزشی، بیمار مقاربتی
Geschlechtskrankheit, die; -, -en بیماری آمیزشی، بیماری مقاربتی
Geschlechtsleben, das; -s, - زندگی جنسی
geschlechtslos *Adj.* فاقد احساسات جنسی، خنثی
Geschlechtsmerkmal, das; -(e)s, -e مشخصات جنسی
Geschlechtsname, der; -ns, -n ۱. نام خانوادگی ۲. جنسیت
Geschlechtsorgan, das; -s, -e آلت تناسلی
geschlechtsreif *Adj.* بالغ
Geschlechtsreife, die; - بلوغ
Geschlechtsteil, der/das; -(e)s, -e آلت تناسلی، جهاز تناسلی
Geschlechtstrieb, der; -(e)s, -e غریزهٔ جنسی
Geschlechtsumwandelung, die; -, -en تغییر جنسیت
Geschlechtsverirrung, die; -, -en انحراف جنسی
Geschlechtsverkehr, der; -(e)s رابطهٔ جنسی، مقاربت، همخوابگی، جماع
Geschlechtswort, das; -(e)s, ⸚er (دستور زبان) حرف تعریف
geschlichen *PP.* صیغهٔ فعل گذشتهٔ نقلی از مصدر schleichen
geschliffen [1] *PP.* صیغهٔ فعل گذشتهٔ نقلی از مصدر schleifen
geschliffen [2] *Adj.* ۱. بریده، تراش داده ۲. جلا یافته، صیقل یافته
Geschliffenheit, die; -, -en ۱. برش، تراش ۲. جلا، صیقل
geschlissen *PP.* صیغهٔ فعل گذشتهٔ نقلی از مصدر schleißen
geschlossen [1] *PP.* صیغهٔ فعل گذشتهٔ نقلی از مصدر schließen
geschlossen [2] *Adj.* ۱. بسته، تعطیل ۲. یکپارچه، متصل به‌هم
geschlossene Wirtschaft اقتصاد بسته
Geschlossenheit, die; -, -en وحدت، یگانگی
geschlungen *PP.* صیغهٔ فعل گذشتهٔ نقلی از مصدر schlingen
Geschmack, der; -(e)s, ⸚e ۱. مزه، طعم ۲. سلیقه، ذوق
auf etwas **Geschmack finden** چیزی را مورد پسند یافتن
einen guten Geschmack haben سلیقهٔ خوبی داشتن
Das ist nicht nach meinem Geschmack. این مطابق سلیقهٔ من نیست.
geschmacklos *Adj.* ۱. بی‌مزه ۲. بی‌سلیقه، بی‌ذوق
Geschmacklosigkeit, die; -, -en ۱. بی‌مزگی ۲. بی‌سلیقگی، بی‌ذوقی
Geschmacksmuster, das; -s, - نمونهٔ سلیقه، نمونهٔ ذوق
Geschmacksrichtung, die; -, -en نوع ذوق و سلیقه
Geschmack(s)sache, die; -, -n موضوعِ سلیقه
Das ist Geschmack(s)sache. سلیقه‌ها مختلف است.
Geschmackssinn, der; -(e)s حس چشایی، ذائقه
Geschmacksverirrung, die; -, -en خطای ذائقه
geschmackvoll *Adj.* ۱. خوش سلیقه، باذوق ۲. خوشمزه
Geschmeichel, das; -s تملق، چاپلوسی

Geschmeide, das; -s, - جواهر، گوهر، زینت آلات قیمتی
geschmeidig *Adj.* نرم، انعطاف‌پذیر، قابل انحنا
Geschmeidigkeit, die; - نرمی، انعطاف‌پذیری، قابلیت انحنا
Geschmeiß, das; -es ۱. کود؛ کثافت، پس‌مانده ۲. اراذل، اوباش ۳. خلط (سینه)، تف
Geschmier, das; -(e)s لکه، چربی، آلودگی
geschmissen *PP.* صیغهٔ فعل گذشتهٔ نقلی از مصدر schmeißen
geschmolzen *PP.* صیغهٔ فعل گذشتهٔ نقلی از مصدر schmelzen
Geschnatter, das; -s ۱. وراجی، پچ‌پچ ۲. قدقد
geschniegelt *Adj.* آراسته، پاکیزه؛ شیک؛ قشنگ
geschnitten *PP.* صیغهٔ فعل گذشتهٔ نقلی از مصدر schneiden
geschnoben *PP.* صیغهٔ فعل گذشتهٔ نقلی از مصدر schnauben
geschoben *PP.* صیغهٔ فعل گذشتهٔ نقلی از مصدر schieben
gescholten *PP.* صیغهٔ فعل گذشتهٔ نقلی از مصدر schelten
Geschöpf, das; -(e)s, -e آفریده، مخلوق
geschoren *PP.* صیغهٔ فعل گذشتهٔ نقلی از مصدر scheren
Geschoß, das; -schosses, -schosse ۱. گلوله، تیر ۲. طبقه، اشکوب
im ersten Geschoß wohnen در طبقهٔ اول زندگی کردن
Geschoßbahn, die; -, -en مسیر گلوله
geschossen *PP.* صیغهٔ فعل گذشتهٔ نقلی از مصدر schießen
geschraubt *Adj.* خشک، رسمی، با آب و تاب
Geschraubtheit, die; - خشکی، رسمیت
Geschrei, das; -(e)s, -e فریاد، جیغ و داد، قیل و قال
Geschreibsel, das; -(e)s ۱. خط بد ۲. یادداشت سر دستی
geschrieben *PP.* صیغهٔ فعل گذشتهٔ نقلی از مصدر schreiben
geschrien *PP.* صیغهٔ فعل گذشتهٔ نقلی از مصدر schreien
geschritten *PP.* صیغهٔ فعل گذشتهٔ نقلی از مصدر schreiten
geschunden *PP.* صیغهٔ فعل گذشتهٔ نقلی از مصدر schinden

Geschütz, das; -(e)s, -e توپ، اسلحهٔ سنگین
Geschützfeuer, das; -s, - تیراندازی، شلیک پیاپی
Geschützrohr, das; -(e)s, -e لولهٔ تفنگ
Geschützturm, der; -(e)s, ⸚e برج توپ و تیراندازی
Geschwader, das; -s, - فروند، دستهٔ سفاین
Geschwaderflug, der; -(e)s, ⸚e پرواز چند فروند هواپیما
Geschwafel, das; -s چرندگویی، یاوه‌گویی؛ پُرگویی، وراجی
Geschwätz, das; -es, -e چرندگویی، یاوه‌گویی؛ پُرگویی، وراجی
geschwätzig *Adj.* پرحرف؛ یاوه‌گو؛ پرچانه
Geschwätzigkeit, die; - پرحرفی؛ یاوه‌گویی
geschweige *Konj.* چه رسد به آن که
Er hat nicht einmal das Geld für eine Wohnung, geschweige (denn) für ein ganzes Haus.
او پول یک آپارتمان را هم ندارد، چه رسد به یک خانه.
geschwiegen *PP.* صیغهٔ فعل گذشتهٔ نقلی از مصدر schweigen
geschwind *Adj.* سریع، تند، پرشتاب
Geschwindigkeit, die; -, -en سرعت، تندی، شتاب
mit Höchstgeschwindigkeit با حداکثر سرعت
Geschwindigkeitsbegrenzung, die; -, -en محدودیت سرعت
Geschwindigkeitsmesser, der; -s, - سرعت‌سنج
Geschwindigkeitsrekord, der; -(e)s, ⸚e حد نصاب سرعت
Geschwindigkeitsüberschreitung, die; -, -en تجاوز سرعت
Geschwister, die / *Pl.* خواهر و برادر؛ خواهرها و برادرها
Geschwisterkind, das; -(e)s, -er خواهرزاده، برادرزاده
geschwisterlich *Adj.* برادرانه، خواهرانه
Geschwisterpaar, das; -(e)s, -e خواهر و برادر
geschwollen[1] *PP.* صیغهٔ فعل گذشتهٔ نقلی از مصدر schwellen
geschwollen[2] *Adj.* باد کرده، ورم کرده، آماس کرده، متورم
geschwommen *PP.* صیغهٔ فعل گذشتهٔ نقلی از مصدر schwimmen
geschworen *PP.* صیغهٔ فعل گذشتهٔ نقلی از مصدر schwören

Geschworene, der/die; -n, -n عضو هیئت منصفه
Geschworenen, die/*Pl.* هیئت منصفه
Geschworenengericht, das; -(e)s, -e دادگاه منصفه
Geschworenenliste, die; -, -n فهرست هیئت منصفه
Geschwulst, die; - آماس، ورم؛ غده
geschwunden *Adj., PP.* ۱. خمیده، کمانی ۲. صیغهٔ فعل گذشتهٔ نقلی از مصدر schwinden
geschwungen *PP.* صیغهٔ فعل گذشتهٔ نقلی از مصدر schwingen
Geschwür, das; -(e)s, -e زخم، دمل، قُرحِه
das Magengeschwür زخم معده
Ges-Dur, das; -, - (موسیقی) گام سل بمل بزرگ
gesegnet *Adj.* مبارک، خجسته
gesehen *PP.* صیغهٔ فعل گذشتهٔ نقلی از مصدر sehen
Geselle, der; -n, -n کارآموز، وردست، همکار، هم‌قطار، دوست
gesellen *Vt., Vr.* ملحق شدن، متصل شدن، پیوستن، شریک شدن
sich zu jemandem **gesellen** به‌کسی ملحق شدن
Gesellenjahre, die/*Pl.* دورهٔ کارآموزی
Gesellenprüfung, die; -, -en امتحان کارآموزی
Gesellenzeit, die; -(e)s, -e دورهٔ کارآموزی
gesellig *Adj.* اجتماعی، معاشرتی، خوش‌مشرب، مجلس‌آرا
Geselligkeit, die; -, -en مجلس‌آرایی، خوش‌مشربی
Gesellschaft, die; -, -en ۱. جامعه، اجتماع ۲. شرکت ۳. جمعیت، انجمن ۴. مهمانی ۵. طبقهٔ مرفه و ثروتمند
in guter Gesellschaft در تشکیلات خوبی
jemandem **Gesellschaft leisten** باکسی هم‌صحبت شدن
Gesellschafter, der; -s, - همراه، همدم، هم‌صحبت؛ شریک، متحد
Gesellschafterin, die; -, -nen همراه، همدم، هم‌صحبت؛ شریک، متحد (زن)
gesellschaftlich *Adj.* اجتماعی
Gesellschaftsanzug, der; -(e)s, ⸚e لباس مهمانی
Gesellschaftsdame, die; -, -n همدم، ندیمه
gesellschaftsfähig *Adj.* قابل معاشرت
Gesellschaftsform, die; -, -en شکل جامعه
Gesellschaftskleid, das; -(e)s, -er لباس مهمانی
Gesellschaftskritik, die; -, -en انتقاد اجتماعی
gesellschaftskritisch *Adj.* اجتماعی و انتقادی
Gesellschaftsordnung, die; -, -en ساختار اجتماعی
Gesellschaftsrecht, das; -(e)s, -e حقوق اجتماعی
Gesellschaftsreise, die; -, -n مسافرت دسته‌جمعی، سفر گروهی
Gesellschaftsschicht, die; -, -en طبقهٔ اجتماعی
Gesellschaftsspiel, das; -(e)s, -e بازی دسته‌جمعی
Gesellschaftstanz, der; -es, ⸚e رقص گروهی
Gesellschaftsvermögen, das; -s, - سرمایهٔ اجتماع
Gesellschaftszimmer, das; -s, - اتاق پذیرایی
Gesenk, das; -(e)s, -e ۱. راهروی سراشیب بین دو طبقهٔ معدن ۲. قالب
gesessen *PP.* صیغهٔ فعل گذشتهٔ نقلی از مصدر sitzen
Gesetz, das; -es, -e قانون
nach dem Gesetz برطبق قانون
Gesetzblatt, das; -(e)s, ⸚er ابلاغیهٔ قانون
Gesetzbuch, das; -(e)s, ⸚er قانون‌نامه، کتاب قانون
Gesetzentwurf, der; -(e)s, ⸚e لایحهٔ قانونی، طرح قانونی
Gesetzeskraft, die; -, ⸚e قدرت قانون، زور قانون
gesetzgebend *Adj.* قانونی، قانون‌گذار
Gesetzgeber, der; -s, - قانون‌گذار، مقنن
Gesetzgebung, die; - قانون‌گذاری، وضع قوانین
gesetzkundig *Adj.* مطلع از قانون
gesetzlich *Adj.* قانونی، مشروع
Gesetzlichkeit, die; - مطابقت با قانون، مشروعیت
gesetzlos *Adj.* بی‌قانون، یاغی، متمرد
Gesetzlosigkeit, die; -, -en بی‌قانونی، هرج و مرج؛ تمرد
gesetzmäßig *Adj.* مطابق قانون، قانونی، مشروع
Gesetzmäßigkeit, die; - مطابقت با قانون، مشروعیت
gesetzt *Adj.* ۱. آرام، متین، موقر ۲. ثابت، معین
Gesetztheit, die; - ۱. متانت ۲. ثبات، استواری
Gesetztvorschlag, der; -(e)s, ⸚e لایحهٔ قانونی
gesetztwidrig *Adj.* مخالف قانون، غیر قانونی
Gesetztwidrigkeit, die; - کار خلاف قانون
Gesicht, das; -(e)s, -er ۱. چهره، رخسار، صورت، رخ، سیما ۲. (حس) بینایی ۳. قیافه ۴. آبرو
jemandem etwas **ins Gesicht sagen** به‌کسی چیزی را رک و راست گفتن
in Gesicht sehen توی صورت (کسی) نگاه کردن
aus dem Gesicht verlieren از نظر گم کردن
ein schiefes Gesicht machen اخم کردن

363 **Gesprächsgegenstand**

Gesichtsausdruck, der; -(e)s, ⸚e حالت صورت، حالت چهره
Gesichtscreme, die; -, -s کرم صورت
Gesichtsfarbe, die; -, -n رنگ صورت
Gesichtsfeld, das; -(e)s, -er حوزهٔ بینایی، میدان دید
Gesichtskreis, der; -es, -e منطقهٔ دید، افق فکری
Gesichtslähmung, die; -, -en فلج یک طرف صورت
Gesichtsmassage, die; -, -n ماساژ صورت
Gesichtsmaske, die; -, -n ماسک (طبی) صورت
Gesichtsmuskel, der; -s, -n عضلهٔ صورت
Gesichtspunkt, der; -(e)s, -e دیدگاه، نقطه‌نظر
Gesichtssinn, der; -(e)s حس بینایی
Gesichtswasser, das; -s, ⸚/er لوسیون صورت
Gesichtswinkel, der; -s, - ۱. زاویهٔ دید ۲. زاویهٔ صورت
Gesichtszüge, die / *Pl.* خطوط چهره، طرح صورت
Gesims, das; -es, -e طاقچه، برآمدگی، رف
Gesinde, das; -s, - خدمه
Gesindel, das; -s, - بی سروپاها، اراذل و اوباش
gesinnt *Adj.* معتقد

Wie ist er politisch gesinnt?
عقیدهٔ او از نظر سیاسی چگونه است؟
jemandem **freundlich gesinnt sein**
به کسی اعتقاد داشتن

Gesinnung, die; -, -en فکر، عقیده، نیت، منش، اعتقاد
Gesinnungsgenosse, der; -n, -n هم‌مسلک، هم‌عقیده، هم‌فکر
Gesinnungsgenossin, die; -, -nen هم‌مسلک، هم‌عقیده، هم‌فکر (زن)
gesinnungslos *Adj.* بی‌مسلک، بی‌شخصیت، بی‌مرام
Gesinnungslosigkeit, die; - فقدان شخصیت، بی‌عقیدتی
Gesinnungslump, der; -(e)s, -en / -e رفیق نیمه راه؛ آدم بی‌حمّیت؛ ابن‌الوقت
gesinnungstreu *Adj.* باوفا، صادق، صمیمی
gesinnungstüchtig *Adj.* ثابت قدم
Gesinnungswechsel, der; -s, - تغییر عقیده (سیاسی)
gesittet *Adj.* باتربیت، بافرهنگ، مؤدب
Gesittung, die; - تربیت، فرهنگ
Gesöff, das; -(e)s, -e نوشابهٔ بدطعم، عرق سگی
gesoffen *PP.* صیغهٔ فعل گذشتهٔ نقلی از مصدر saufen
gesogen *PP.* صیغهٔ فعل گذشتهٔ نقلی از مصدر saugen
gesonnen[1] *PP.* صیغهٔ فعل گذشتهٔ نقلی از مصدر sinnen
gesonnen[2] *Adj.* ۱. آماده، متمایل ۲. اندیشیده، مصمم
gesotten *PP.* صیغهٔ فعل گذشتهٔ نقلی از مصدر sieden
Gespann, das; -(e)s, -e ۱. حیوان بارکش ۲. وسیلهٔ نقلیه اسبی (مثل درشکه، کالسکه) ۳. جفت، وابسته (به یکدیگر)
gespannt *Adj.* ۱. هیجان‌زده ۲. سفت، محکم ۳. خصمانه؛ وخیم، بحرانی ۴. کنجکاو

gespannt sein کنجکاو بودن
Die politische Lage ist gespannt.
وضعیت سیاسی بحرانی است.

Gespanntheit, die; - ۱. سفتی، سختی ۲. شدت، وخامت؛ دشمنی ۳. کنجکاوی
Gespenst, das; -es, -er شبح، روح، جن، پری

Gespenster sehen مشکلات موهومی را دیدن

Gespenstererscheinung, die; -, -en حضور روح، احضار روح
gespensterhaft *Adj.* خیالی، موهوم
Gespensterstunde, die; -, -n ۱. ساعت احضار روح ۲. دیر وقت
gespenstig *Adj.* شبح‌مانند، روح‌مانند
gespenstisch *Adj.* شبح‌مانند، روح‌مانند
Gespiel(e), der; -(e)s, -len هم‌بازی
Gespielin, die; -, -nen هم‌بازی (زن)
gespien *PP.* صیغهٔ فعل گذشتهٔ نقلی از مصدر speien
Gespinst, das; -(e)s, -e بافته، منسوج، قماش، پارچه
gesponnen *PP.* صیغهٔ فعل گذشتهٔ نقلی از مصدر spinnen
Gespött, das; -(e)s ریشخند، استهزا، مسخرگی

jemanden **zum Gespött machen** کسی را دست انداختن

Gespräch, das; -(e)s, -e گفت و گو، مذاکره، مکالمه، محاوره، صحبت، گفت و شنود

ein Gespräch führen گفت و گویی داشتن
das Ortsgespräch مکالمهٔ تلفنی شهری
das Ferngespräch مکالمهٔ تلفنی از راه دور

gesprächig *Adj.* اهل صحبت، اهل گفت و گو، خوش‌صحبت؛ پر حرف، وراج
Gesprächigkeit, die; -, -en پرگویی، پرحرفی
Gesprächseinheit, die; -, -en واحد مکالمه (تلفنی)
Gesprächsgegenstand, der; -(e)s, ⸚e موضوع صحبت

Gesprächsleiter 364

Gesprächsleiter, der; -s, - راهنمای مکالمه (تلفنی)
Gesprächspartner, der; -s, - هم‌صحبت، طرف صحبت
Gesprächspartnerin, die; -, -nen هم‌صحبت، طرف صحبت (زن)
Gesprächsstoff, der; -(e)s, -e موضوع صحبت
Wir haben immer Gesprächsstoff. ما همیشه حرفی برای گفتن داریم.
Gesprächsthema, das; -s, -men موضوع صحبت
gesprächsweise *Adv.* شفاهی
gespreizt *Adj.* آمیخته با ناز و تکبر؛ ساختگی، مصنوعی
Gespreiztheit, die; -, -en ناز؛ تکبر؛ تظاهر
gesprenkelt *Adj.* خال‌خال
gesprochen *PP.* صیغهٔ فعل گذشتهٔ نقلی از مصدر sprechen
gesprossen *PP.* صیغهٔ فعل گذشتهٔ نقلی از مصدر sprießen
gesprungen *PP.* صیغهٔ فعل گذشتهٔ نقلی از مصدر springen
Gespür, das; -s حس، احساس
Gestade, das; -s, - ساحل، کرانه، کناره
Gestalt, die; -, -en ۱. هیکل، اندام، قامت، قد ۲. صورت، هیبت، پیکربندی ۳. شکل، ترکیب، ظاهر ۴. شخصیت
in Gestalt von به صورت، به شکل
Gestalt annehmen شکل گرفتن
Gestaltänderung, die; -, -en تغییر شکل، دگرگونی
gestalten *Vt., Vr.* ۱. به (چیزی) شکل دادن، ساختن، درست کردن ۲. شکل یافتن، شدن
Gestalter, der; -s, - سازنده، تشکیل‌دهنده
Gestalterin, die; -, -nen سازنده، تشکیل‌دهنده (زن)
gestalterisch *Adj.* دارای قوهٔ آفرینش
Gestaltung, die; -, -en ترکیب، تشکیل، ترتیب؛ قالب؛ آفرینش؛ ساخت
Gestaltungskraft, die; -, ⸚e نیروی تشکل، قوهٔ آفرینش
Gestammel, das; -s لکنت، من‌من، گیر زبان
gestanden *PP., Adj.* ۱. صیغهٔ فعل گذشتهٔ نقلی از مصدر stehen ۲. خبره، باتجربه
geständig *Adj.* اقرارکننده، مُقِر آمده
Geständnis, das; -nisses, -nisse قبول، تصدیق، اعتراف، اقرار
ein Geständnis ablegen اقرار کردن
Gestänge, das; -s, - ۱. شاخ گوزن ۲. اهرم‌بندی ۳. میله‌های متصل به‌هم
Gestank, der; -(e)s بوی بد، بوی تعفن
Gestapo, die; - گشتاپو (پلیس مخفی آلمان نازی)
gestatten *Vt.* اجازه دادن
Ist es gestattet einzutreten? اجازه هست داخل شوم؟
Geste, die; -, -n ایما، اشاره
gestehen *Vt.* اقرار کردن، اعتراف کردن، پذیرفتن، تصدیق کردن
Offen gestanden... راستش را بخواهید ...
Gestehungskosten, die / *Pl.* هزینهٔ مرافعه
Gestein, das; -(e)s, -e سنگ، سنگ معدن
Gesteinslehre, die; -, -n کانی‌شناسی
Gestell, das; -(e)s, -e ۱. قاب ۲. چارچوب، قفسه ۳. پایه
Gestellung, die; -, -en (در سربازگیری) معرفی
Gestellungsbefehl, der; -s, -e فرمان سربازگیری، دستور بسیج
gestern *Adv.* دیروز
gestern früh دیروز صبح
vorgestern پریروز
nicht von gestern sein باهوش و باتجربه بودن
Gestern, das; -s گذشته، گذشته‌ها
gestiefelt *Adj.* چکمه‌پوش
gestiegen *PP.* صیغهٔ فعل گذشتهٔ نقلی از مصدر steigen
gestielt *Adj.* دم‌دار، ساقه‌دار
Gestik, die; - ادا و اطوار، کرشمه
gestikulieren *Vi.* با ادا و اطوار صحبت کردن
Gestirn, das; -(e)s, -e اختر، کوکب، ستاره، جرم آسمانی
Gestirnlehre, die; -, -n علم نجوم، هیئت
gestirnt *Adj.* پر ستاره، ستاره‌دار
gestoben *PP.* صیغهٔ فعل گذشتهٔ نقلی از مصدر stieben
Gestöber, das; -s, - بوران (برف شدید همراه باد)
gestochen *PP.* صیغهٔ فعل گذشتهٔ نقلی از مصدر stechen
gestohlen *PP.* صیغهٔ فعل گذشتهٔ نقلی از مصدر stehlen
gestorben *PP., Adj.* ۱. صیغهٔ فعل گذشتهٔ نقلی از مصدر sterben ۲. مرده، وفات یافته
gestört *Adj.* مختل، آشفته
gestoßen *PP.* صیغهٔ فعل گذشتهٔ نقلی از مصدر stoßen
Gesträuch, das; -(e)s, -e بوته‌زار، بیشه

gestreckt[1] *PP.* صیغهٔ فعل گذشتهٔ نقلی از مصدر strecken
gestreckt[2] *Adj.* کشیده، دراز کرده، خوابیده
gestreift *Adj.* راه‌راه، خط‌دار، مخطط
gestreng *Adj.* سخت، دقیق، سخت‌گیر
gestrichen *PP., Adj.* ۱. صیغهٔ فعل گذشتهٔ نقلی از مصدر streichen ۲. خط خورده
gestrig *Adj.* دیروزی، (مربوط به) دیروز
gestritten *PP.* صیغهٔ فعل گذشتهٔ نقلی از مصدر streiten
Gestrüpp, das; -(e)s, -e بوته‌زار، بیشه
Gestühl, das; -(e)s, -e نیمکت
gestunken *PP.* صیغهٔ فعل گذشتهٔ نقلی از مصدر stinken
Gestüt, das; -(e)s, -e ۱. اسب تخم‌کشی ۲. محل پرورش اسب تخم‌کشی
Gestütpferd, das; -(e)s, -e اسب تخم‌کشی
Gesuch, das; -(e)s, -e تقاضانامه، درخواست (کتبی)، عرض حال
gesucht *Adj.* ۱. مورد توجه، برگزیده، مطلوب ۲. تحت تعقیب ۳. مصنوعی، ساختگی
Gesudel, das; -s خط خرچنگ قورباغه، خط بد
gesund *Adj.* ۱. سالم، تندرست ۲. مفید ۳. معقول، درست
sich gesund machen سود خوبی بردن
gesundbeten *Vt.* برای سلامتی (کسی) دعا کردن
Gesundbeter, der; -s, - (برای سلامتی کسی) دعاکننده
Gesundbeterei, die; -, -en (برای سلامتی کسی) دعا
Gesundbeterin, die; -, -nen (برای سلامتی کسی) دعاکننده (زن)
Gesundbrunnen, der; -s, - چشمهٔ آب معدنی، چشمهٔ شفابخش
gesunden *Vi.* شفا یافتن، التیام یافتن، بهبود یافتن
Gesundheit, die; - تندرستی، بهبودی، سلامت، صحت
gesundheitlich *Adj.* بهداشتی، صِحی
Gesundheitsamt, das; -(e)s, ⸚er ادارهٔ بهداری
Gesundheitsapostel, der; -s, - موعظه‌گر تندرستی (کنایه از کسی که دیگران را تشویق به رعایت تندرستی کند)
gesundheitshalber *Adv.* از نظر تندرستی
Gesundheitslehre, die; -, -n بهداشت
Gesundheitspflege, die; -, -n رعایت بهداشت
gesundheitsschädlich *Adj.* مضر، ناسالم
Gesundheitswesen, das; -s, - بهداری
Gesundheitszeugnis, das; -nisses, -nisse گواهی‌نامهٔ پزشکی (مبنی بر سلامتی)
Gesundheitszustand, der; -es, ⸚e وضع مزاجی
gesundmachen *Vr.* سود بردن، منفعت کردن
gesundstoßen *Vr.* سود بردن، منفعت کردن
Die Firma hat sich mit diesem Artikel gesundgestoßen.
شرکت با این جنس سود فراوان برده است.
Gesundung, die; - بهبودی، شفا، التیام
gesungen *PP.* صیغهٔ فعل گذشتهٔ نقلی از مصدر singen
gesunken *PP.* صیغهٔ فعل گذشتهٔ نقلی از مصدر sinken
Getäfel, das; -s, - خاتم‌کاری، کار چوب
getan *PP.* صیغهٔ فعل گذشتهٔ نقلی از مصدر tun
Getier, das; -(e)s جانوران، حیوانات
getiegert *Adj.* راه‌راه، خط خط
Getöse, das; -s صدا، غوغا، همهمه، هیاهو
getragen[1] *PP.* صیغهٔ فعل گذشتهٔ نقلی از مصدر tragen
getragen[2] *Adj.* ۱. حمل کرده، حمل شده ۲. سنجیده، دقیق، منظم ۳. آرام، آهسته
Getrampel, das; -s صدای پا
Getränk, das; -(e)s, -e نوشابه، نوشیدنی، آشامیدنی
Getränkeautomat, der; -en, -en دستگاه خودکار تهیهٔ نوشابه
Getränkekarte, die; -, -n صورت نوشابه‌ها
Getränkesteuer, die; -, -n مالیات نوشابه
Getrappel, das; -s (در موقع حرکت سریع) صدای پای اسب
getrauen *Vr.* جرأت کردن، جسارت کردن
Getreide, das; -s, - غله
Getreideanbau, der; -(e)s, -e غله‌کاری
Getreidearten, die / *Pl.* انواع غلات
Getreidebau, der; -(e)s, -e زراعت غله
Getreideernte, die; -, -n محصول غله
Getreidefeld, das; -(e)s, -er کشتزار، غله‌زار، مزرعهٔ غله
Getreidehandel, der; -s, ⸚ تجارت غله
Getreidehändler, der; -s, - تاجر غله
Getreideland, das; -(e)s, ⸚er سرزمین غله‌خیز
Getreidepflanze, die; -, -n گیاه غله
Getreidesilo, der; -s, -s انبار غله
Getreidespeicher, der; -(e)s, - انبار غله
getrennt *PP., Adj.* ۱. صیغهٔ فعل گذشتهٔ نقلی از مصدر trennen ۲. جدا، منفصل
Getrenntschreibung, die; -, -en (در نوشته) جدانویسی

getreten *PP.* صیغهٔ فعل گذشتهٔ نقلی از مصدر treten
getreu *Adj.* باوفا، صادق، مطمئن، راست
getreulich *Adj.* باوفا، صادق، راست، مطمئن
Getriebe, das; -s, - چرخ دنده، گیربکس
Getriebekasten, der; -s, ¨ جعبه دنده، گیربکس (اتومبیل)
getrieben *PP.* صیغهٔ فعل گذشتهٔ نقلی از مصدر treiben
getroffen *PP.* صیغهٔ فعل گذشتهٔ نقلی از مصدر treffen
getrogen *PP.* صیغهٔ فعل گذشتهٔ نقلی از مصدر trügen
getrost *Adj.* مطمئن، بی‌دغدغه، با خیال راحت، بدون نگرانی
getrunken *PP.* صیغهٔ فعل گذشتهٔ نقلی از مصدر trinken
Getto, das; -s, -s محلهٔ کلیمیان؛ محلهٔ خارجی‌نشین
Getue, das; -s های و هو، قیل و قال، تظاهر به کاری
Getümmel, das; -s, - آشوب، آشفتگی، غوغا، ازدحام، شلوغی
geübt *Adj.* مجرب، ورزیده، آزموده
Gevatter, der; -s / -n, -n پدر تعمیدی، پدر خوانده
Gevatterin, die; -, -nen مادر تعمیدی، مادر خوانده
Gevatterschaft, die; -, -en پدر و مادرخواندگی
Geviert, das; -(e)s, -e چار گوشه
geviert *Adj.* چارگوش
Gewächs, das; -(e)s, -e گیاه، نبات، رستنی
gewachsen[1] *PP.* صیغهٔ فعل گذشتهٔ نقلی از مصدر wachsen
gewachsen[2] *Adj.* ۱. رسیده ۲. رشد کرده
eine Sache gewachsen sein از عهده کاری برآمدن
Gewächshaus, das; -es, -häuser گلخانه، گرم‌خانه
gewagt *Adj.* ۱. مخاطره‌آمیز ۲. با جرأت، جسور
Gewagtheit, die; -, -en جرأت، جسارت
gewählt *Adj.* برگزیده، ممتاز، عالی
gewahr *Adj.* آگاه، باخبر، مطلع
Gewähr, die; -, -en تضمین، تعهد، تکفل
gewahren *Vt.* مشاهده کردن، دریافتن، درک کردن، از (چیزی) باخبر شدن، ملتفت (چیزی) شدن
gewähren *Vt.* ۱. دادن، ارزانی داشتن، عرضه کردن، بخشیدن ۲. برآوردن (آرزو، خواهش)
Einblick gewähren آگاهی دادن
eine Unterstützung gewähren مورد حمایت قرار دادن
gewährleisten *Vt.* ضمانت کردن، تضمین کردن، تعهد کردن، از (چیزی) مطمئن کردن
Gewährleistung, die; -, -en تضمین، ضمانت
Gewahrsam, der / das; -(e)s, -e ۱. نگهداری، حفظ، حراست، حفاظت ۲. بازداشتگاه، زندان
etwas **in Gewahrsam nehmen** از چیزی نگهداری کردن
Gewährsmann, der; -(e)s, ¨er / -leute خبرسان
Gewährung, die; -, -en تصویب، تأئید
Gewährung einer Bitte برآوردن یک خواهش
Gewalt, die; -, -en زور، قدرت، قوه
mit Gewalt به زور
in jemandes **Gewalt stehen** زیر سلطهٔ کسی بودن
sich in der Gewalt haben بر (خود) مسلط بودن
Gewaltakt, der; -(e)s, -e اعمال زور
Gewaltanwendung, die; -, -en زور ورزی
Gewaltenteilung, die; -, -en تفکیک قوا
Gewaltentrennung, die; -, -en تفکیک قوا
gewaltfrei *Adj.* بدون اعمال زور
Gewaltherrschaft, die; -, -en حکومت مطلقه، استبداد
Gewaltherrscher, der; -s, - حاکم مطلق، حاکم مستبد
gewaltig *Adj., Adv.* ۱. قدرتمند، پر زور، قوی، نیرومند ۲. عظیم، غول‌آسا ۳. زیاد
sich gewaltig irren سخت در اشتباه بودن
gewaltlos *Adj.* ضعیف، بدون زور
Gewaltmarsch, der; -es, ¨e راه‌پیمایی اجباری، راه‌پیمایی با قدم‌های تند
Gewaltmaßnahme, die; - زور ورزی، عملیات زور ورزانه
Gewaltmensch, der; -en, -en آدم خشن، زورگو
gewaltsam *Adj.* با زور، با شدت، به زور
Gewaltsamkeit, die; -, -en زور، شدت
Gewaltstreich, der; -(e)s, -e حرکت جسورانه
Gewalttat, die; -, -en عمل زور؛ حرکت سخت
gewalttätig *Adj.* خشن، بی‌رحم، زورگو، متجاوز
Gewalttätigkeit, die; -, -en خشونت، بی‌رحمی، اعمال زور
Gewaltverbrecher, der; -s, - جنایت‌کار
Gewaltverzicht, der; -(e)s, -e چشم‌پوشی از زور، عدم مخاصمه
Gewaltverzichtsabkommen, das; -s, - قرارداد عدم مخاصمه
Gewand, das; -(e)s, ¨er لباس مخصوص جشن
Gewandhändler, der; -s, - بزاز
Gewandhaus, das; -es, -häuser بزازی
gewandt *PP., Adj.* ۱. صیغهٔ فعل گذشتهٔ نقلی از مصدر wenden ۲. تردست، ماهر، چابک، چالاک، زبردست، زرنگ

Gewandtheit, die; -, -en تردستی، مهارت، چابکی، چالاکی، زبردستی، زرنگی
gewann *P.* صیغهٔ فعل گذشتهٔ مطلق از مصدر gewinnen
gewärtig *Adj.* منتظر، متوقع
gewärtigen *Vt.* انتظار (چیزی) را داشتن، توقع (چیزی) را داشتن
Gewäsch, das; -es چرند و پرند، حرف بیهوده، سخن بی‌محتوا
gewaschen *PP.* صیغهٔ فعل گذشتهٔ نقلی از مصدر waschen
Gewässer, das; -s, - آب جمع شده (در یک محل)
stehendes Gewässer آب راکد
Gewässerkunde, die; -, -n آب‌شناسی
Gewebe, das; -s, - ۱. بافت ۲. پارچهٔ بافته
Gewebelehre, die; -, -n بافت‌شناسی
Gewebsflüssigkeit, die; -, -en لنف
geweckt *Adj.* هشیار، زیرک، زرنگ
Gewehr, das; -(e)s, -e ۱. تفنگ ۲. دندان نیش گراز
mit dem Gewehr schießen با تفنگ شلیک کردن
Gewehrabzug, der; -(e)s, ⸚e ماشهٔ تفنگ
Gewehrfeuer, das; -s, - شلیک (اسلحه)
Gewehrkolben, der; -s, -n ته قنداق تفنگ
Gewehrlauf, der; -(e)s, -läufe لولهٔ تفنگ
Gewehrmagazin, das; -s, -e خشاب تفنگ
Gewehrmündung, die; -, -en دهانهٔ تفنگ
Gewehrriemen, der; -s, - تسمهٔ تفنگ، بند تفنگ
Gewehrschaft, die; -, -en قنداق تفنگ
Gewehrschußweite, die; -, -n برد اسلحه
Geweih, das; -(e)s, -e شاخ
Gewerbe, das; -(e)s حرفه، کسب، شغل، پیشه
Gewerbeaufsicht, die; -, -(en) نظارت بر کسب
Gewerbeaufsichtsbeamte, der; -n, -n ناظر بر کسب
Gewerbeausstellung, die; -, -en نمایشگاه صنعتی
Gewerbebetrieb, der; -(e)s, -e کارگاه صنعتی
Gewerbefreiheit, die; -, -en آزادی‌پیشه
Gewerbeinspektor, der; -s, -en بازرسِ کار؛ بازرسِ کارگاه
Gewerbeordnung, die; -, -en مقررات کسب، آئین‌نامهٔ پیشه و کار
Gewerbeschein, der; -(e)s, -e پروانهٔ کسب
Gewerbeschule, die; -, -n مدرسهٔ حرفه‌ای، هنرستان

Gewerbesteuer, die; -, -n مالیات بر درآمد
gewerbetätig *Adj.* حرفه‌ای، شغلی
Gewerbetätigkeit, die; -, -en حرفه، شغل
gewerbetreibend *Adj.* حرفه‌ای، شغلی
Gewerbetreibende, der/die; -n, -n صاحب کارخانه، کارخانه‌دار
Gewerbezweig, der; -(e)s, -e شعبهٔ کارگاه، بخشی از حرفه
gewerblich *Adj.* حرفه‌ای، شغلی
gewerbsmäßig *Adj.* حرفه‌ای، پیشه‌ای
Gewerk, das; -(e)s, -e کسب، پیشه، شغل، حرفه
Gewerkschaft, die; -, -en اتحادیهٔ کارگران، سندیکا، سازمان صنفی
Gewerkschafter, der; -s, - عضو اتحادیهٔ کارگری
Gewerkschaftler, der; -s, - عضو اتحادیهٔ کارگری
gewerkschaftlich *Adj.* صنفی، کارگری
Gewerkschaftsbund, der; -(e)s, ⸚e سازمان کارگری
Gewerkschaftsfunktionär, der; -s, -e کارگزار سازمان کارگری
Gewerkschaftsmitglied, das; -(e)s, -er عضو اتحادیهٔ کارگری
Gewerkschaftswesen, das; -s, - سازمان‌های کارگری
gewesen *PP.* صیغهٔ فعل گذشتهٔ نقلی از مصدر sein
gewichen *PP.* صیغهٔ فعل گذشتهٔ نقلی از مصدر weichen
Gewicht, das; -(e)s, -e ۱. وزن، سنگینی ۲. وزنه
ins Gewicht fallen اهمیت پیدا کردن
Gewicht auf etwas legen برای چیزی اهمیت قائل بودن
Gewichtheben, das; -s (ورزش) وزنه‌برداری
Gewichtheber, der; -s, - (ورزش) وزنه‌بردار
gewichtig *Adj.* وزین، مؤثر، پراهمیت، مهم
Gewichtigkeit, die; -, -en اهمیت
Gewichtsabnahme, die; -, -n کاهش وزن
Gewichtsbestimmung, die; -, -en تعیین وزن
Gewichtseinheit, die; -, -en واحد وزن
Gewichtsklasse, die; -, -n (ورزش) گروه وزنی، ردهٔ وزنی
gewichtslos *Adj.* ۱. بی‌وزن ۲. فاقد اهمیت
Gewichtsstein, der; -(e)s, -e سنگ ترازو، وزنه
Gewichtsverlust, der; -(e)s, -e کاهش وزن
Gewichtszunahme, die; -, -n افزایش وزن
gewieft *Adj.* زرنگ، زیرک، هشیار

gewiegt *Adj.* مجرب، کارآزموده
Gewieher, das; -s ۱. شیههٔ اسب ۲. خندهٔ بلند، قهقهه
gewiesen *PP.* صیغهٔ فعل گذشتهٔ نقلی از مصدر weisen
gewillt *Adj.* مایل، راضی، راغب
Gewimmel, das; -s ازدحام، شلوغی، درهم برهمی
Gewimmer, das; -s ناله، زاری، فغان
Gewinde, das; -s, - ۱. شیار داخل پیچ و مهره ۲. دسته گل
Gewindebohrer, der; -s, - آچار پیچ گوشتی
Gewindeschneiden, das; -s پیچ‌بری
Gewindeschneider, der; -s, - پیچ‌بر
Gewinn, der; -(e)s, -e ۱. سود، منفعت، نفع، دخل ۲. بلیت برندهٔ بخت آزمایی ۳. جایزهٔ بخت‌آزمایی
mit Gewinn verkaufen با سود فروختن
Gewinnanteil, der; -s, -e سود سهام
Gewinnbeteiligung, die; -, -en سهیم در سود
gewinnbringend *Adj.* سودآور، مفید، پرمنفعت
gewinnen *Vt., Vi.* ۱. بردن، فاتح (چیزی) شدن، ۲. استخراج کردن (معدن) ۳. بردن، قهرمان شدن، غالب شدن، پیروز شدن ۴. به دست آوردن؛ سود بردن، منفعت کردن ۵. جلب توجه کردن
den Vertrauen gewinnen جلب اعتماد کردن
den Prozeß gewinnen محاکمه را بردن
gewinnend *Adj.* مهربان، خوش‌برخورد
Gewinner, der; -s, - برنده، فاتح، پیروز
Gewinnerin, die; -, -nen برنده، فاتح، پیروز (زن)
gewinnlos *Adj.* بی‌سود، بی‌منفعت
Gewinnummer, die; -, -n شمارهٔ برنده
Gewinnsucht, die; -, ⸚e حرص، طمع، آز
gewinnsüchtig *Adj.* حریص، طماع
Gewinnung, die; -, -en ۱. برد، فتح، پیروزی ۲. تولید، استخراج
Gewinnzahl, die; -, -en شمارهٔ برنده
Gewinsel, das; -s ناله، زاری، ندبه
Gewirr, das; -es, -e اغتشاش، آشفتگی، تشنج
gewiß *Adj., Adv.* ۱. حتمی، به طور یقین، بدون شک، مسلم ۲. البته، حتماً، محققاً، مطمئناً
gewisse Leute بعضی‌ها، کسانی
ganz gewiß حتماً، یقیناً
Aber gewiß! البته! معلوم است!
Gewissen, das; -s, - وجدان
ein reines Gewissen haben وجدان پاکی داشتن
mit gutem Gewissen با وجدان پاک
jemandem ins Gewissen reden کسی را به‌طور مؤثر سرزنش کردن و برای تغییر او کوشیدن
gewissenhaft *Adj.* باوجدان، منصف، صدیق
Gewissenhaftigkeit, die; - انصاف
gewissenlos *Adj.* بی‌وجدان، بی‌انصاف
Gewissenlosigkeit, die; -, -en بی‌وجدانی، بی‌انصافی
Gewissensbiß, der; -bisses, -bisse ناراحتی وجدان
Gewissensbisse, die / *Pl.* عذاب وجدان
Gewissensbisse kriegen ناراحتی وجدان داشتن
Gewissensfrage, die; -, -n مسئلهٔ وجدانی
Gewissensfreiheit, die; - آزادی وجدان
Gewissenskonflikt, der; -(e)s, -e گرفتاری وجدان
Gewissensnot, die; -, ⸚e عذاب وجدان
Gewissensruhe, die; - آرامش وجدان
Gewissenswurm, der; -(e)s, ⸚er عذاب وجدان
Gewissenszwang, der; -(e)s اجبار اخلاقی
Gewissenszweifel, der; -s, - تردید وجدان
gewissermaßen *Adv.* تاحدی، تا اندازه‌ای
Gewißheit, die; -, -en اطمینان، اعتماد، یقین، خاطرجمعی
sich über etwas **Gewißheit verschaffen** از چیزی اطمینان حاصل کردن
Es wurde mir zur Gewißheit, daß... یقین حاصل کردم که ...
gewißlich *Adv.* یقیناً، مسلماً، حقیقتاً
Gewitter, das; -s, - رگبار، رعد و برق، انقلاب هوا
gewitt(e)rig *Adj.* [هوا] رعد و برقی، منقلب
gewittern *Vi.* صدای رعد کردن، رعد برخاستن
Gewitterregen, der; -s, - بارندگی زیاد، بارش متوالی، بارندگی همراه با رعدوبرق
Gewitterwolke, die; -, -n ابر سیاه، ابر زاینده
gewitzigt *Adj.* زیرک، زرنگ، هشیار
gewitzt *Adj.* زیرک، زرنگ، هشیار
Gewitztheit, die; - زیرکی، زرنگی، هشیاری
gewoben *PP.* صیغهٔ فعل گذشتهٔ نقلی از مصدر weben
gewogen[1] *PP.* صیغهٔ فعل گذشتهٔ نقلی از مصدر wiegen
gewogen[2] *Adj.* ۱. دوستانه، صمیمی، مهربان ۲. سنجیده، وزن کرده
Gewogenheit, die; -, -en حسن نیت، محبت، مهربانی
gewöhnen *Vt., Vr.* ۱. خو دادن، معتاد کردن، عادت دادن ۲. خو گرفتن، معتاد شدن، عادت کردن
gewöhnt sein (zu) عادت داشتن (به اینکه)

Gewohnheit, die; -, -en عادت، خو، رسم
aus Gewohnheit از روی عادت
gewohnheitsgemäß *Adv.* برحسب عادت، عادتاً
gewohnheitsmäßig *Adj., Adv.* ۱. از روی عادت ۲. بر حسب عادت، عادتاً
Gewohnheitsmensch, der; -en, -en بندهٔ عادت
Gewohnheitsrecht, das; -(e)s, -e حقوق عرفی
Gewohnheitssünde, die; -, -n گناه از روی عادت
Gewohnheitstrinker, der; -s, - شخص معتاد به میخوارگی
Gewohnheitsverbrecher, der; -s, - جانی بالفطره
gewöhnlich *Adj., Adv.* ۱. عادی، معمولی، پیش پا افتاده ۲. معمول، مرسوم ۳. عادتاً، معمولاً، طبق معمول
wie gewöhnlich مثل همیشه
gewöhnt *Adj.* ۱. عادی، همیشگی، معمولی، عادت کرده ۲. مألوف، مأنوس
gewohnt *Adj.* ۱. عادی، همیشگی، معمولی ۲. مألوف، مأنوس
gewohntermaßen *Adv.* بر طبق عادت، طبق معمول
Gewöhnung, die; - عادت، الفت، خو، انس
Gewölbe, das; -s, - تاق، گنبد، قوس
gewölbt *Adj.* تاقدار، گنبددار
Gewölk, das; -(e)s ابر، ابرها
gewollt *PP.* صیغهٔ فعل گذشتهٔ نقلی از مصدر wollen
gewollt *Adj.* ۱. خواسته ۲. دانسته، سنجیده، ملتفت، هشیار
gewonnen *PP.* صیغهٔ فعل گذشتهٔ نقلی از مصدر gewinnen
geworben *PP.* صیغهٔ فعل گذشتهٔ نقلی از مصدر werben
geworden *PP.* صیغهٔ فعل گذشتهٔ نقلی از مصدر werden
geworfen *PP.* صیغهٔ فعل گذشتهٔ نقلی از مصدر werfen
gewrungen *PP.* صیغهٔ فعل گذشتهٔ نقلی از مصدر wringen
Gewühl, das; -(e)s ازدحام، جمعیت، شلوغی
gewunden[1] *PP.* صیغهٔ فعل گذشتهٔ نقلی از مصدر winden
gewunden[2] *Adj.* پیچیده، تاب‌دار
gewürfelt *Adj.* شطرنجی، چهارخانه
Gewürm, das; -(e)s کرم، آفت
Gewürz, das; -es, -e ادویه
Gewürzgurke, die; -, -n خیارترشی
Gewürzhändler, der; -s, - ادویه‌فروش
gewürzig *Adj.* ادویه‌دار، تند
Gewürzkraut, das; -(e)s, -kräuter گیاه معطر ادویه‌ای
Gewürznelke, die; -, -n (نوعی) گل میخک
gewußt *PP.* صیغهٔ فعل گذشتهٔ نقلی از مصدر wissen
gezackt *Adj.* دندانه‌دار، کنگره‌ای
gezahnt *Adj.* دندانه‌دندانه، دندانه‌دار
Gezänk, das; -(e)s نزاع، دعوا، داد و بیداد، مشاجره
gezeichnet *Adj.* امضا شده
Gezeit, die; -, -en مدت جزر و مد
Gezeiten, die / *Pl.* جزر و مد
gezeiten *Adj.* جزر و مدی
Gezeter, das; -s جنجال، غرولند
geziehen *PP.* صیغهٔ فعل گذشتهٔ نقلی از مصدر zeihen
gezielt *Adj.* با منظور، با مقصود، با هدف
geziemen *Vi., Vr.* ۱. برازنده بودن ۲. مناسب بودن، شایسته بودن
geziemend *Adj.* مناسب، شایسته؛ برازنده
geziert *Adj.* ساختگی، مصنوعی؛ متظاهر؛ غیر طبیعی
Geziertheit, die; - تظاهر، ظاهرسازی
Gezisch, das; -es صدای خش‌خش
Gezischel, das; -s نجوا، شایعه، غیبت
gezogen *PP.* صیغهٔ فعل گذشتهٔ نقلی از مصدر ziehen
Gezücht, das; -(e)s, -e اراذل، اوباش
Gezweig, das; -es شاخ و برگ (درخت)
Gezwitscher, das; -s جیک‌جیک، جیرجیر
gezwungen[1] *PP.* صیغهٔ فعل گذشتهٔ نقلی از مصدر zwingen
gezwungen[2] *Adj.* اجباری، از روی اجبار
gezwungenermaßen *Adv.* از روی اجبار، اجباراً
Gezwungenheit, die; - اضطرار، فشار
Gibbon, der; -s, -s گیبون (نوعی میمون بازو دراز)
Gicht, die; -, -en نقرس، درد مفاصل
gichtbrüchig *Adj.* نقرسی، دچار نقرس
gichtisch *Adj.* نقرسی، مبتلا به نقرس
Gichtknoten, der; -s, - ورم نقرسی، گره نقرسی
Giebel, der; -s, - کنگرهٔ شیروانی
Giebeldach, das; -s, ⸚er پشت‌بام، زیر شیروانی
Giebelfenster, das; -s, - پنجرهٔ زیر شیروانی
Gier, die; - حرص، آز، طمع، اشتیاق
gieren *Vi.* حریص بودن، مشتاق بودن
gierig *Adj.* حریص، طماع، آزمند، طمع‌کار
Gierigkeit, die; -, -en حرص، طمع
Gießbach, der; -(e)s, ⸚e جوی متلاطم، تندآب
gießen *Vt., Vi.* ۱. در (ظرف) ریختن ۲. آب دادن (گل‌ها) ۳. ریخته‌گری کردن ۴. (به صورت رگبار) باریدن

Gießer 370

die Blume gießen به گل‌ها آب دادن
Es gießt in Strömen. باران سیل‌آسا می‌بارد.
Gießer, der; -s, - ریخته‌گر
Gießerei, die; -, -en ریخته‌گری
Gießform, die; -, -en قالب ریخته‌گری
Gießkanne, die; -, -n آب‌پاش
Gift, das; -(e)s, -e ۱. سم، زهر ۲. کین، کینه، بدخواهی
Darauf kannst du Gift nehmen. در این مورد مطمئن باش.
Giftarznei, die; -, -en تریاق، پادزهر
giften *Vi., Vr., Vt.* ۱. با خشونت صحبت کردن ۲. ناراحت شدن ۳. ناراحت کردن
Giftgas, das; -es, -e گاز سمی
gifthaltig *Adj.* زهرآگین، سمی
giftig *Adj.* ۱. زهرآگین، سمی ۲. تنفرآور، غضب‌آلود
Giftigkeit, die; - تلخی، تندی، زهرآگینی
Giftmischer, der; -s, - زهردهنده، مسموم‌کننده
Giftmischerin, die; -, -nen زهردهنده، مسموم‌کننده (زن)
Giftmord, der; -(e)s, -e قتل ناشی از مسمومیت
Giftnebel, der; -s, - دود سمی، دود مسموم‌کننده
Giftpfeil, der; -(e)s, -e تیر سمی
Giftpflanze, die; -, -n گیاه سمی
Giftpilz, der; -es, -e قارچ سمی
Giftschlange, die; -, -n مار زهردار
Giftschrank, der; -(e)s, ⸚e (در داروخانه) قفسهٔ داروهای سمی
Giftstoff, der; -(e)s, -e مادهٔ سمی، سم
Giftzahn, der; -(e)s, ⸚e دندان زهری
Gig, das; -s, -s قایق پارودار
Gigant, der; -en, -en هیولا، غول
Gigantin, die; -, -nen هیولا، غول (زن)
gigantisch *Adj.* غول‌آسا، غول پیکر، عظیم‌الجثه
Gigerl, der; -(e)s, -(e) ۱. سبک، جلف ۲. خروس
gigerlhaft *Adj.* سبک‌سرانه
Gigolo, der; -s, -s ژیگولو، جلف
Gilde, die; -, -n صنف، رسته، مؤسسه، اتحادیه
Gildehaus, das; -es, -häuser اتاق اصناف
Gimpel, der; -s, - ۱. سِهره ۲. آدم ساده‌لوح
Gimpelfang, der; -(e)s, ⸚e ۱. شکار سِهره ۲. کلاهبرداری
Gin, der; -s, - جین (نوعی نوشابهٔ الکلی)
ging *P.* صیغهٔ فعل گذشتهٔ مطلق از مصدر gehen
Ginster, der; -s, - گل طاووسی
Gipfel, der; -s, - قله، نوک، رأس، اوج
Das ist der Gipfel. این دیگر کمال وقاحت است.
Gipfelkonferenz, die; -, -en گردهمایی سران کشورها
gipfeln *Vi.* به اوج رسیدن
Gipfelpunkt, der; -(e)s, -e نقطهٔ اوج
Gipfeltreffen, das; -s, - گردهمایی سران کشورها
Gips, der; -es, -e گچ
Gipsabdruck, der; -(e)s, ⸚e قالب گچ‌گیری
Gipsabguß, der; -gusses, -güsse قالب گچ
Gipsanwurf, der; -(e)s, ⸚e گچ‌کاری، اندود
gipsartig *Adj.* گچی
Gipsbein, das; -s, -e پای گچ گرفته
gipsen *Vt.* گچ گرفتن، به (چیزی) گچ مالیدن؛ با گچ ترمیم کردن
Gipser, der; -s, - گچ‌کار
gipsern *Adj.* گچی
Gipsfigur, die; -, -en مجسمهٔ گچی
Gipsform, die; -, -en قالب گچی
Gipsverband, der; -(e)s, ⸚e گچ‌گیری
Giraffe, die; -, -n زرافه
Girant, der; -en, -en پشت‌نویس، ظهرنویس (شخص)
Girat, der; -en, -en کسی که ورقهٔ پشت‌نویسی شده به او تعلق می‌گیرد
girieren *Vt.* پشت‌نویسی کردن، ظهرنویسی کردن
Girl, das; -s, - دختر
Girlande, die; -, -n تاج گل، حلقهٔ گل
Giro, das; -s, -s پشت‌نویسی، ظهرنویسی، حواله
Girobank, die; -, -en بانک حساب جاری
Girokasse, die; -, -n صندوق جاری
Girokonto, das; -s, -ten حساب جاری
Giroverkehr, der; -(e)s سند انتقال، سند واگذاری
Girozentrale, die; -, -n مرکز انتقال، مرکز واگذاری
girren *Vi.* صدای کبوتر درآوردن، صدای قمری در آوردن، بغبغو کردن
Gis, das; -, - (موسیقی) نُت سل دیز
Gischt, der; -es, -e کفِ موج، کفِ روی آب
Gis-Dur, das; -, - (موسیقی) گام سل دیز بزرگ
Gitarre, die; -, -n گیتار
Gitarrenspieler, der; -s, - نوازندهٔ گیتار
Gitarrist, der; -en, -en نوازندهٔ گیتار
Gitter, das; -s, - نرده، شبکه، پرچین
hinter Gittern sitzen در زندان بودن
gitterartig *Adj.* نرده‌ای، شبکه‌ای
Gitterbett, das; -es, -en تختخواب سفری

Gitterchen, das; -s, - نردهٔ کوچک
Gitterfenster, das; -s, - پنجرهٔ مشبک
gitterförmig *Adj.* شبکه‌دار، مشبک
gittern *Vt.* مشبک کردن
Gitternetz, das; -es, -e تور مشبک
Gittertor, das; -(e)s, -e در نرده‌ای
Gitterträger, der; -s, - تیر مشبک
Gitterwerk, das; -(e)s, -e مشبک‌سازی، شبکه سازی
Gitterzaun, der; -(e)s, -zäune حصار مشبک
Glacéhandschuhe, die / *Pl.* دستکش چرمی براق
jemanden **mit Glacéhandschuhen anfassen** با کسی با احتیاط زیاد رفتار کردن
Glacéleder, das; -s, - چرم براق
glacieren *Vt.* لعاب دادن
Gladiole, die; -, -n گلایول
Glanz, der; -es برق، جلا، درخشش
glänzen *Vi., Vt.* ۱. درخشیدن، برق زدن ۲. برق انداختن، جلا دادن
Es ist nicht alles Gold, was glänzt. هر گردی گردو نیست.
durch Abwesenheit glänzen غایب بودن
glänzend *Adj.* ۱. براق، درخشان ۲. عالی
Glanzidee, die; -, -n فکر بکر، فکر عالی
Glanzlack, der; -(e)s, -e چرم براق، ورنی
Glanzleder, das; -s, - چرم براق، ورنی
Glanzleinen, das; -s, - پارچهٔ کتانی براق، کتان برقی
Glanzleistung, die; -, -en اجرای موفقیت‌آمیز، کار برجسته
Glanzlichter, das; -s, - ۱. نور شفاف ۲. ستاره‌های درخشان
glanzlos *Adj.* مات، بی‌جلا، بی‌برق، کدر
Glanzpapier, das; -s, -e کاغذ براق
Glanzperiode, die; -, -n دورهٔ درخشان، روزهای باشکوه
Glanzpunkt, der; -(e)s, -e اوج، قله، منتها درجه
Glanzstück, das; -(e)s, -e کار برجسته، اثر پر موفقیت
glanzvoll *Adj.* ۱. مجلل، باشکوه، پُر رونق ۲. عالی، ممتاز، فوق‌العاده
Glanzzeit, die; -, -en عصر طلایی
Glas, das; -es, ⸚er ۱. شیشه، آبگینه ۲. لیوان، گیلاس
ein Glas Wasser یک لیوان آب
aus Glas از شیشه، شیشه‌ای
aus einem Glas trinken از لیوان نوشیدن
Vorsicht, Glas! احتیاط، شکستنی است!
glasartig *Adj.* شیشه‌مانند
Glasauge, das; -s, -n چشم مصنوعی، چشم شیشه‌ای
Glasbläser, der; -s, - شیشه‌گر
Glasbläserei, die; - شیشه‌گری
Gläschen, das; -s, - لیوان کوچک
Glasdach, das; -s, ⸚er بام شیشه‌ای
Glaser, der; -s, - شیشه‌بر، شیشه‌گر
Glaserei, die; -, -en شیشه‌بری، شیشه‌گری
gläsern *Adj.* از شیشه، شیشه‌ای، شکستنی
Glasfabrik, die; -, -en کارخانهٔ شیشه سازی
Glasfaser, die; -, -n الیاف شیشه‌ای
Glasgefäß, das; -es, -e ظرف شیشه‌ای
Glasglocke, die; -, -n حباب شیشه‌ای، آباژور
glashart *Adj.* به سختی شیشه
Glashaus, das; -es, -häuser گلخانه
Glashütte, die; -, -n کارخانهٔ شیشه‌سازی
glasieren *Vt.* لعاب دادن، براق کردن
glasig *Adj.* ۱. [چشم] بی‌روح، بی‌حالت ۲. شفاف، درخشان
Glaskasten, der; -s, ⸚ صندوق شیشه‌ای
Glaskörper, der; -s, - (چشم) زجاجیه
Glasmalerei, die; -, -en نقاشی روی شیشه
Glasperle, die; -, -n مروارید مصنوعی
Glasplatte, die; -, -n ورق شیشه
Glasscheibe, die; -, -n شیشه، صفحهٔ شیشه‌ای
Glasscherben, die / *Pl.* خرده شیشه
Glasschneider, der; -s, - شیشه‌بر
Glasschrank, der; -(e)s, ⸚e قفسهٔ شیشه‌ای
Glassplitter, der; -s, - خرده شیشه
Glastür, die; -, -en در شیشه‌ای
Glasur, die; -, -en لعاب، جلا، برق
Glaswand, die; -, ⸚e دیوار شیشه‌ای
glasweise *Adv.* لیوان‌لیوان
Glaswolle, die; - پشم شیشه
glatt *Adj., Adv.* ۱. صاف، مسطح، هموار ۲. لیز، لغزان ۳. صیقلی ۴. بدون دردسر، بی‌زحمت ۵. رک و راست، صریح
Es ist alles glatt gegangen. همه چیز به خیر گذشت.
Glätte, die; - ۱. صافی، همواری ۲. لیزی، لغزندگی
Glatteis, das; -es (در جاده) یخ‌بندان، پوشش یخی، سطح یخی، قشر نازک یخ
jemanden **aufs Glatteis führen** کسی را به اشتباه انداختن

glätten 372

glätten *Vt., Vr.* ۱. صاف کردن، مسطح کردن، صیقل دادن، هموار کردن ۲. صاف شدن، مسطح شدن
Glattheit, die; - صافی، همواری، صیقل
glattlegen *Vt.* صاف و بدون چروک قرار دادن (لباس)
glattmachen *Vt.* تسویه کردن (حساب)
glattrasieren *Vt.* از ته اصلاح کردن
glattstreichen *Vt.* صاف‌کاری کردن
glattweg *Adv.* ۱. بی‌تردید، صریحاً ۲. بلادرنگ، بی‌معطلی
glattzüngig *Adj.* چرب زبان، چاپلوس
Glatze, die; -, -n طاسی، کچلی
glatzig *Adj.* طاس، کچل
Glatzkopf, der; -(e)s, ⸚e طاس، کچل
glatzköpfig *Adj.* طاس، بی‌مو
Glatzköpfigkeit, die; - کچلی، طاسی
Glaube, der; -ns ۱. ایمان، اعتقاد، باور ۲. دین، مذهب
glauben *Vi.* ۱. اعتماد کردن؛ معتقد بودن ۲. قبول کردن؛ باور کردن ۳. عقیده داشتن، فکر کردن، گمان کردن، ایمان داشتن، اعتقاد داشتن، باور داشتن
Ich glaube ihm. حرفش را باور می‌کنم.
Ich glaube kein Wort davon. یک کلمه‌اش را باور نمی‌کنم.
Es ist nicht zu glauben. باور کردنی نیست.
Glauben, der; -s عقیده، ایمان، اعتقاد
in gutem Glauben با حسن نیت
Glaubensbekenntnis, das; -nisses, -nisse مذهب، عقیده، ایمان
Glaubensfreiheit, die; -, -en آزادی مذهب، آزادی دین
Glaubensgenosse, der; -n, -n هم مذهب، هم دین، هم کیش
Glaubenslehre, die; -, -n عقیدهٔ جزمی
Glaubenssatz, der; -es, ⸚e عقیدهٔ جزمی
Glaubenszeuge, der; -n, -n شهید
glaubhaft *Adj.* موثق، معتبر، قابل قبول، باور کردنی
Glaubhaftigkeit, die; - اعتبار، شایستگی
gläubig *Adj.* دین‌دار، معتقد، مذهبی، مؤمن
Gläubige, der/die; -n, -n شخص با ایمان، آدم مذهبی، مؤمن
Gläubiger, der; -s, - بستانکار، طلبکار
Gläubigerin, die; -, -nen بستانکار، طلبکار (زن)
Gläubigerversammlung, die; -, -en مجمع طلبکاران
Gläubigkeit, die; - ۱. ایمان، اعتقاد ۲. اعتماد، اطمینان

glaublich *Adj.* موثق، معتبر، قابل قبول
glaubwürdig *Adj.* درست، معتبر، صحیح، باور کردنی
Glaubwürdigkeit, die; - اعتبار، شایستگی
die Glaubwürdigkeit einer Aussage anzweifeln در صحت گفتار (کسی) تردید کردن
glazial *Adj.* مربوط به عصر یخ
Glazial, das; -s, -e عصر یخ
gleich *Adj., Adv.* ۱. مساوی، برابر، یکسان ۲. فوراً، بلافاصله ۳. همین، همان ۴. الان، الساعه، همین حالا
Das ist mir völlig gleich. برایم علی‌السویه است.
zu gleicher Zeit هم‌زمان
gleich gegenüber درست همان روبه‌رو
Ich komme gleich. همین حالا می‌آیم.
Ich bin gleich wieder da. الان برمی‌گردم.
Er wohnt gleich um die Ecke. همین نزدیکی زندگی می‌کند.
gleichaltrig *Adj.* همسن
gleichartig *Adj.* یک‌جور، مشابه
Gleichartigkeit, die; - تشابه
gleichbedeutend *Adj.* معادل، هم‌معنی، مترادف
gleichberechtigt *Adj.* متساوی‌الحقوق، برابر، دارای حقوق مساوی
Gleichberechtigung, die; -, -en تساوی حقوق، برابری حقوق
gleichbleiben *Vr., Vi.* فرق نکردن، ثابت ماندن، بدون تغییر ماندن، مثل سابق ماندن
gleichbleibend *Adj.* ثابت، پایدار، ماندگار، دائمی، تغییرناپذیر
Gleiche, die; -, -n تناسب، نظم
gleichen *Vi.* مساوی بودن؛ یک شکل بودن، شبیه بودن، شباهت داشتن، یک قیافه بودن
gleichergestalt *Adv.* هم‌چنین، هم‌چنان، همین‌طور، به همین ترتیب
gleichermaßen *Adv.* به همان اندازه، همان‌قدر، به یک اندازه
gleicherweise *Adv.* هم‌چنین، هم‌چنان، همین‌طور، به همین ترتیب
gleichfalls *Adv.* هم‌چنین، همین‌طور، نیز، هم
Danke, gleichfalls! متشکرم، من هم همین‌طور!
gleichfarbig *Adj.* هم‌رنگ
gleichförmig *Adj.* یک‌جور، یکسان، یکنواخت، یک شکل
Gleichförmigkeit, die; - یک‌شکلی، یکنواختی
gleichgeschlechtig *Adj.* هم‌جنس، هم نوع

Gleichrichter, der; -s, - دستگاه تبدیل‌کنندهٔ جریان برق (از متناوب به مستقیم)
gleichsam *Adv.* مثل‌اینکه، در حقیقت، در واقع
gleichschalten *Vt.* متناسب کردن، یک‌دست کردن
Gleichschaltung, die; -, -en تناسب، یک‌دست شدگی
gleichschenk(e)lig *Adj.* متساوی‌الساقین
Gleichschritt, der; -(e)s (در رژه) هماهنگی، هم‌پایی
im Gleichschritt marschieren هم‌پای هم رژه رفتن
gleichsehen *Vi.* شباهت داشتن، مشابه بودن
gleichseitig *Adj.* متساوی‌الاضلاع
gleichsetzen *Vt.* مساوی دانستن، برابر دانستن، یکسان فرض کردن
gleichstellen *Vt.* برابر کردن، هم‌تراز کردن، مساوی کردن، یکنواخت کردن
Gleichstellung, die; -, -en تساوی، برابری
gleichstimmen *Vt.* هماهنگ کردن (ساز)
Gleichstrom, der; -(e)s, ⸚e جریان مستقیم (برق)
gleichtun *Vt.* ۱. برابر کردن، همانند کردن ۲. بی‌درنگ انجام دادن
Gleichung, die; -, -en ۱. برابری، تساوی ۲. (ریاضی) معادله
gleichviel *Adv.* با وجود این، به هر صورت، با این حال، مع‌ذالک
gleichwertig *Adj.* هم‌ارزش، هم‌بها، مترادف
gleichwie *Konj.* مثل، مانند، همچون
gleichwinklig *Adj.* متساوی‌الزوایا
gleichwohl *Adv., Konj.* با وجود این، با این وصف، با این حال، مع‌ذالک
gleichzeitig *Adj.* ۱. در عین حال ۲. در آن واحد ۳. در همان وقت، هم‌زمان
Gleichzeitigkeit, die; - تقارن
gleichziehen *Vi.* برابر شدن
Gleis, das; -es, -e ریل خط آهن، خط آهن
aufs tote Gleis geraten پیشرفت نکردن، متوقف شدن
Gleisanschluß, der; -schlusses, -schlüsse محل اتصال خط‌آهن
Gleiskörper, der; -s, - خاک‌ریزی خط‌آهن، دیوار خاکی خط آهن
Gleisner, der; -s, - آدم ریاکار
gleisnerisch *Adj.* ریاکارانه
Gleitbahn, die; -, -en سرسره
Gleitboot, das; -(e)s, -e موتور تندرو آبی
gleiten *Vi.* سر خوردن، لیز خوردن، لغزیدن

gleichgesinnt *Adj.* هم‌فکر، هم‌عقیده، دارای فکر متجانس
gleichgestellt *Adj.* برابر، هم‌پایه، هم‌سطح
gleichgestimmt *Adj.* هم‌سلیقه، هم‌مشرب
Gleichgewicht, das; -(e)s موازنه، تعادل، تراز، توازن
Gleichgewichtslage, die; -, -n وضع تعادل، وضع موازنه
Gleichgewichtslehre, die; -, -n مبحث تعادل اجسام
Gleichgewichtsstörung, die; -, -en اختلال در تعادل، عدم تعادل (در بدن)
Gleichgewichtszustand, der; -es, ⸚e وضعیت تعادل
gleichgültig *Adj.* بی‌تفاوت، بی‌توجه، بی‌علاقه، خونسرد، بی‌اهمیت
Gleichgültigkeit, die; - بی‌تفاوتی، بی‌علاقگی، خونسردی
Gleichheit, die; -, -en برابری، تساوی، مساوات
Gleichheitszeichen, das; -s, - علامت تساوی، علامت مساوی (=)
Gleichklang, der; -(e)s, ⸚e هماهنگی، توافق
gleichkommen *Vi.* مساوی بودن، برابر بودن
gleichlaufend *Adj.* موازی
Gleichlaut, der; -(e)s, -e هم‌صدایی، توافق صدا
gleichlautend *Adj.* دارای مضمون مشترک
gleichmachen *Vt.* یکنواخت کردن، برابر کردن، یکسان کردن، مساوی کردن، متعادل کردن، یک‌دست کردن
Gleichmacherei, die; -, -en یکنواختی، تساوی، تعادل
Gleichmaß, das; -es هماهنگی، تناسب، اعتدال
gleichmäßig *Adj.* یکسان، یک‌دست، یکنواخت، متعادل
Gleichmäßigkeit, die; - یک‌دستی، یکنواختی، تعادل
Gleichmut, der; -(e)s خونسردی، متانت، آرامش، ملایمت، وقار
gleichmütig *Adj.* متین، آرام، ملایم
Gleichmütigkeit, die; - متانت، آرامش، ملایمت، وقار
gleichnamig *Adj.* هم‌اسم، هم‌نام
Gleichnis, das; -nisses, -nisse تشبیه؛ تمثیل؛ کنایه
gleichrangig *Adj.* هم‌تراز، هم‌پایه، برابر، مساوی، یکسان
gleichrichten *Vt.* به (جریان مستقیم) تبدیل کردن (برق)

Gleitfläche, die; -, -n سطح لغزنده
Gleitflug, der; -(e)s, ⸚e پرواز بی‌موتور
Gleitflugzeug, das; -(e)s, -e هواپیمای بی‌موتور
Gleitmittel, das; -s, - مایع چرب‌کننده
Gleitrolle, die; -, -n ۱. واگن برقی ۲. چرخ دستی
Gleitschutz, der; -es, -e/⸚e وسیلهٔ جلوگیری از لغزش
Gleitschutzreifen, der; -(e)s, -e لاستیک زمستانی
gleitsicher *Adj.* بدون لغزندگی، بی‌لغزش
Gletscher, der; -s, - کوه یخ، تودهٔ یخ، یخچال طبیعی
gletscherartig *Adj.* منجمد، سرد، یخی
Gletscherbrand, der; -es, ⸚e سوختگی در سرما، آفتاب‌زدگی
Gletschereis, das; -es تودهٔ یخ
Gletscherspalte, die; -, -n شکاف عمیق یخ
Gletscherzeit, die; -, -en عصر یخ
glibberig *Adj.* لزج، لیز، لغزنده
glich *P.* صیغهٔ فعل گذشتهٔ مطلق از مصدر gleichen
Glied, das; -(e)s, -er ۱. عضو، بند ۲. حلقهٔ زنجیر ۳. صف، ردیف ۴. آلت تناسلی مرد
Der Schreck fuhr ihm in alle Glieder. سخت به وحشت افتاد.
Gliederfüßer, der; -s, - بندپایان
gliederlahm *Adj.* مفلوج
gliedern *Vt., Vr.* ۱. ترتیب (چیزی) را دادن، تقسیم‌بندی کردن، سازمان دادن، رده‌بندی کردن، شکل دادن ۲. تقسیم شدن، تقسیم‌بندی شدن
Gliederpuppe, die; -, -n عروسک خیمه‌شب‌بازی
Gliederreißen, das; -s درد مفاصل، رماتیسم
Gliederschmerz, der; -es, -e درد مفاصل، رماتیسم
Gliederung, die; -, -en تقسیم‌بندی، رده‌بندی، تشکیل، ترتیب
Gliedmaßen, die / *Pl.* اندام
Gliedsatz, der; -es, ⸚e جملهٔ فرعی
Gliedstaat, der; -(e)s کشور عضو
glimmen *Vi.* گداختن، بدون شعله سوختن
In seinen Augen glomm leidenlicher Haß. در چشمانش شعلهٔ نفرت زبانه می‌کشید.
Glimmer, der; -s, - ۱. تابش، التهاب، گرمی، درخشش ۲. شیشهٔ معدنی ۳. سنگ مطلق، میکا
glimmern *Vi.* گداختن، تابیدن، درخشیدن
Glimmstengel, der; -s, - (عامیانه) سیگار
Glimpf, der; -(e)s, -(e) رعایت، ملاحظه
glimpflich *Adj.* ملایم، مناسب، معتدل، سهل، خفیف
glitschen *Vi.* سر خوردن، لیز خوردن، لغزیدن
glitsch(e)rig *Adj.* لغزنده، لیز
glitschig *Adj.* لغزنده، لیز
glitt *P.* صیغهٔ فعل گذشتهٔ مطلق از مصدر gleiten
Glitzer, der; -s, - برق، درخشش، جلا
glitzern *Vi.* برق زدن، درخشیدن
glitz(e)rig *Adj.* درخشان، براق
global *Adj.* ۱. کلی، عمومی ۲. (مربوط به) تمام کرهٔ زمین، جهانی
Globus, der; -/-ses, -ben/-se کرهٔ زمین، کرهٔ جغرافیا
Glöckchen, das; -s, - زنگ کوچک، زنگوله
Glocke, die; -, -n ۱. زنگ، جرس ۲. ناقوس ۳. زنگوله ۴. سرپوش شبیه به زنگ
die Glocke läufen زنگ را زدن
etwas **an die große Glocke hängen** چیزی را بدون دلیل به همه گفتن
Glockenblume, die; -, -n گل استکانی
glockenförmig *Adj.* به شکل ناقوس
Glockengeläut, das; -(e)s, -e صدای ناقوس
Glockengießer, der; -s, - ریخته‌گرِ زنگ
Glockenrock, der; -(e)s, ⸚e دامن کلوش
Glockenschlag, der; -(e)s, ⸚e صدای ناقوس، ضربهٔ ناقوس
Glockenspiel, das; -(e)s, -e گلوکن شپیل (نوعی ساز کوبه‌ای)
Glockenstuhl, der; -(e)s, ⸚e محل نصب ناقوس
Glockenturm, der; -(e)s, ⸚e برج کلیسا، منارهٔ کلیسا
glockig *Adj.* به شکل ناقوس
Glöcklein, das; -s, - زنگ کوچک
Glöckner, der; -s, - ناقوس‌زن
glomm *P.* صیغهٔ فعل گذشتهٔ مطلق از مصدر glimmen
Gloria, das; -s جلال، افتخار، شکوه، شهرت
Glorie, die; - جلال، افتخار، شکوه، شهرت
Glorienschein, der; -(e)s, -e هاله، حلقهٔ نور
glorifizieren *Vt.* از (کسی) تجلیل کردن، از (کسی) تکریم کردن، ستودن
Glorifizierung, die; -, -en تجلیل، تکریم، ستایش
Gloriole, die; -, -n هاله، حلقهٔ نور
glorreich *Adj.* باشکوه، مجلل، عالی
Glossar, das; -s, -e واژه‌نامه (تخصصی)
Glosse, die; -, -n تفسیر، توضیح، تأویل، حاشیه
glossieren *Vt.* تفسیر کردن، تأویل کردن، بر (چیزی) حاشیه نوشتن
glotzäugig *Adj.* زل زده، خیره

glotzen *Vi.* زل زدن، خیره شدن، با شگفتی نگاه کردن
Glück, das; -(e)s, -e ۱. خوشبختی، سعادت ۲. بخت، اقبال، شانس، طالع خوب
zum Glück خوشبختانه
Was für ein Glück! عجب شانسی!
Viel Glück! موفق باشید!
Glück haben شانس آوردن
sein Glück machen موفق شدن
glückbringend *Adj.* خوش‌یمن، خوشبختی‌آور
Glucke, die; -, -n مرغ کُرچ
glucken *Vi.* کُرچ شدن، روی تخم نشستن
glücken *Vi.* کامیاب شدن، موفق شدن
gluckern *Vi.* ۱. غلغل کردن (سماور) ۲. شرشر کردن (آب)
glücklich *Adj.* خوشبخت، خوشحال، سعادتمند
Er hat eine glückliche Hand. او در هر کاری موفق است.
ein glücklicher Zufall یک تصادف خوب
glücklicherweise *Adv.* خوشبختانه
Glückbringer, der; -s, - طلسم
glückselig *Adj.* خوشبخت، خوشحال، سعادتمند، نیک‌بخت
Glückseligkeit, die; -, -en خوشی، سعادت، نیک‌بختی
glucksen *Vi.* ۱. غلغل کردن (سماور) ۲. شرشر کردن (آب)
Glücksfall, der; -(e)s, ⸚e اتفاق خوب، بخت خوش، پیش‌آمد خوب، شانس
Glücksgöttin, die; -, -nen الههٔ خوشبختی، فرشتهٔ سعادت
Glückskind, das; -(e)s, -er آدم خوش‌اقبال
Glückspfennig, der; -(e)s, -e سکهٔ تبرک
Glückspilz, der; -es, -e موجود خوش‌اقبال
Glücksritter, der; -s, - ماجراجو
Glückssache, die; -, -n بخت، اقبال، شانس؛ خوشبختی
Das ist Glückssache. این بستگی به شانس دارد.
Glücksspiel, das; -(e)s, -e قمار، قماربازی
Glücksstern, der; -(e)s, -e ستارهٔ بخت و اقبال
Glückssträhne, die; -, -n شانس پشت شانس
Glückstag, der; -(e)s, -e روز خوش، روز پر سعادت
glückstrahlend *Adj.* سرشار از خوشبختی، شادکام
Glückstreffer, der; -s, - ۱. (ورزش) گل شانسی ۲. برندهٔ قرعه‌کشی

glückverheißend *Adj.* فرخنده، خجسته، سعید
Glückwunsch, der; -es, ⸚e تبریک، تهنیت، شادباش
Glückwunschkarte, die; -, -n کارت تبریک
Glückwunschtelegramm, das; -s, -e تلگراف تبریک
Glühbirne, die; -, -n لامپ چراغ برق
glühen *Vt., Vi.* ۱. گداختن ۲. از حرارت سرخ شدن، ملتهب شدن
glühend *Adj.* گداخته، ملتهب، برافروخته
glühheiß *Adj.* گداخته، ملتهب
Glühlampe, die; -, -n لامپ چراغ برق
Glühlicht, das; -(e)s, -er / -(e) چراغ توری
Glühstrumpf, der; -(e)s, ⸚e فتیلهٔ چراغ گازی، توری چراغ
Glühwein, der; -s, -e شراب گرم
Glühwurm, der; -(e)s, ⸚er کرم شب‌تاب، کرم شب‌افروز
Glukose, die; -, -n گلوکز، قند نشاسته
glupen *Vi.* اخم کردن، ترشرویی کردن
glupsch *Adj.* تندخو، ترشرو، عبوس
Glut, die; -, -en ۱. گرما، حرارت، تابش، برافروختگی ۲. اشتیاق
glutäugig *Adj.* دارای چشمان برافروخته
gluten *Vi.* بدون شعله سوختن
Gluthitze, die; - گرمای زیادی، داغی
glutig *Adj.* گداخته، ملتهب
glutrot *Adj.* سرخ آتشین
Glykose, die; -, -n گلوکز، قند نشاسته
Glyzerin, das; -s گلیسیرین
Gnade, die; -, -n ۱. احسان، لطف، مرحمت، تفقد، عفو، بخشش ۲. تخفیف مجازات ۳. بزرگواری ۴. رحم
auf Gnade und Ungnade بدون قید و شرط
gnaden *Vi.* ۱. احسان کردن، لطف کردن، مرحمت کردن ۲. رحم کردن
Gnadenakt, der; -(e)s, -e دعای پیش از غذا، شکرانهٔ پیش از غذا
Gnadenbild, das; -es, -er شمایل مقدس
Gnadenbrief, der; -(e)s, -e نامهٔ بخشودگی
Gnadenbrot, das; -(e)s, -e مقرری کم، کمک هزینهٔ مختصر
Gnadenfrist, die; -, -en آخرین مهلت
Gnadengesuch, das; -(e)s, -e تقاضای بخشش، پژوهش خواهی، استیناف
gnadenlos *Adj.* بی‌رحم

Gnadenschuß, der; -schusses, -schüsse تیر خلاص
Gnadenstoß, der; -es, ⸚e ضربت خلاص
Gnadenweg, der; -(e)s, -e تقاضای بخشش
gnädig *Adj.* ۱. رحیم، دل رحم، خیرخواه، مهربان، بخشنده ۲. محترم
gnädige Frau خانم محترم
Gnom, der; -en, -en ۱. کوتوله، گورزاد ۲. جن
gnomenhaft *Adj.* جنی، جن‌وار
Gnosis, die; - عرفان
Gnostik, die; - عرفان
Gnostiker, der; -s, - عارف
gnostisch *Adj.* عرفانی
Gobelin, der; -s, -s گوبلن (نوعی قالی)
Gockel, der; -s, - خروس
Gold, das; -(e)s زر، طلا
aus Gold طلایی، زرین
Es ist nicht alles Gold, was glänzt. هر گردی گردو نیست.
nicht mit Gold zu bezahlen فوق‌العاده قیمتی بودن
Goldader die; -n, -n رگهٔ طلا
goldähnlich *Adj.* زرفام، طلامانند
Goldammer, die; -, -n (نوعی) سِهره
Goldarbeiter, der; -s, - زرگر، طلاساز
Goldbarren, der; -s, - شمش طلا
Goldbarsch, der; -es, -e ماهی قرمز
Goldbergwerk, das; -(e)s, -e معدن طلا
Goldblatt, das; -(e)s, ⸚er ورقهٔ طلای نازک
goldblond *Adj.* بور
golden *Adj.* طلایی، زرین
die goldene Hochzeit پنجاهمین سالگرد ازدواج
goldfarben *Adj.* طلایی‌رنگ
goldfarbig *Adj.* طلایی
Goldfasan, der; -(e)s, -en قرقاول طلایی
Goldfisch, der; -es, -e ماهی قرمز
goldgelb *Adj.* زرد طلایی
Goldgewicht, das; -(e)s, -e وزنهٔ (مخصوص) سنجش طلا
Goldgräber, der; -s, - جویندهٔ طلا
Goldgrube, die; -, -n معدن طلا
goldig *Adj.* ۱. طلایی، زرین، مثل طلا ۲. بانمک، دلربا، قشنگ، مامانی
Goldkind, das; -(e)s, -er محبوب، عزیز
Goldklumpen, der; -s, - شمش طلا
Goldlack, der; -(e)s, -e لعاب طلا
Goldlegierung, die; -, -en آلیاژ طلا
Goldmedaille, die; -, -n مدال طلا
Goldmine, die; -, -n معدن طلا
Goldmünze, die; -, -n سکهٔ طلا
Goldpapier, das; -s, -e زرورق
Goldregen, der; -s, - ۱. (نوعی) آتش‌بازی ۲. (نوعی) گل طاووسی
Goldreserve, die; -, -n ذخیرهٔ طلا
Goldschmied, der; -(e)s, -e زرگر
Goldschnitt, der; -(e)s, -e لبهٔ طلایی (کتاب)
Goldstück, das; -(e)s, -e سکهٔ طلا
Goldwaage, die; -, -n ترازوی (مخصوص) وزن کردن طلا
jedes Wort auf die Goldwaage legen در مفهوم هر کلمه دقیق شدن
Goldwährung, die; -, -en بهای طلا
Goldwaren, die / *Pl.* طلاجات
Goldzahn, der; -(e)s, ⸚e دندان طلا
Golf[1]**,** der; -(e)s, -e خلیج
Golf[2]**,** das; -(e)s (بازی) گلف
Golfer, der; -s, - گلف‌باز
Golfplatz, der; -es, ⸚e زمین (بازی) گلف
Golfschläger, der; -s, - راکت گلف
Golfspiel, das; -(e)s, -e بازی گلف
Golfspieler, der; -s, - گلف‌باز
Golfspielerin, die; -, -nen گلف‌باز (زن)
Golfstrom, der; -(e)s, ⸚e جریان گلف استریم
Gondel, die; -, -n کرجی ونیزی (قایق پارویی باریک و دراز)
gondeln *Vi.* (در ونیز) کرجی راندن
Gondoliere, der; -s, -s کرجی‌بان ونیزی
Gong, der / das; -s, -s گونگ (نوعی ساز کوبه‌ای)؛ ناقوس، زنگ
gongen *Vi.* گونگ زدن؛ ناقوس زدن
Gongschlag, der; -(e)s, ⸚e ضربهٔ ناقوس
gönnen *Vt.* اجازه (چیزی) را دادن، مقرر داشتن، جایز شمردن، روا داشتن
Gönner, der; -s, - مشوق، حامی، پشتیبان
gönnerhaft *Adj.* متکبر، مغرور
Gönnermiene, die; -, -n چهرهٔ رضایت‌مند
Gönnerschaft, die; - حمایت، پشتیبانی، سرپرستی
Gonokokkus, der; -, -ken میکروب سوزاک
Gonorrhö(e), die; -, -n (بیماری) سوزاک
gonorrhoisch *Adj.* سوزاکی

gor *P.* صیغهٔ فعل گذشتهٔ مطلق از مصدر gären
Gör, das; -(e)s, -en پسربچه شیطان و نتر
Göre, die; -, -n دختربچه شیطان و نتر
Gorilla, der; -s, -s گوریل، میمون انسان‌نما
Gosche, die; -, -n پوزه
goß *P.* صیغهٔ فعل گذشتهٔ مطلق از مصدر gießen
Gosse, die; -, -n جوی، جویبار
Gote, der; -n, -n گوت (یکی از اقوام قدیم آلمان)
Gotik, die; - گوتیک (سبک هنری و به خصوص معماری اواخر قرون وسطی)
gotisch *Adj.* گوتی، گوتیک
Gott, der; -es, ¨-er خدا، ایزد، یزدان، الله، رب، پروردگار
Gott sei Dank! خدا را شکر!
In Namen Gottes! به نام خدا!
Ach du lieber Gott! ای وای!
Um Gottes Willen! محض رضای خدا!
Du bist wohl ganz von Gott verlassen! مثل اینکه عقلت را از دست داده‌ای!
gottähnlich *Adj.* خداوار
gottbegnadet *Adj.* نظرکرده
gottbewahre *Adv.* به هیچ وجه
Götterbild, das; -es, -er بت، صنم
Götterspeise, die; -, -n مائده، خوراک بهشتی، غذای آسمانی
Göttertrank, der; -(e)s, ¨-e شهد، نوشابهٔ بهشتی
Gottesacker, der; -s, ¨- قبرستان؛ مقبره؛ گورستان
Gottesdienst, der; -es, -e عبادت (دسته جمعی)، (در کلیسا) نماز جماعت
Gottesdienst verrichten اقامهٔ نماز جماعت کردن
Gottesfurcht, die; - ترس از خدا
gottesfürchtig *Adj.* خداترس، پرهیزکار، دین‌دار
Gottesglaube, der; -ns ایمان به خدا
Gotteshaus, das; -es, -häuser عبادتگاه، مسجد، کلیسا، معبد
Gotteslästerer, der; -s, - کفرگو، کافر
gotteslästerlich *Adj.* کفرآمیز
Gotteslästerung, die; -, -en کفر، توهین به مقدسات
Gottesleugner, der; -s, - خدانشناس، ملحد، بی‌دین، کافر
Gotteslohn, der; -(e)s, ¨-e اجر خدا
Gottessohn, der; -(e)s عیسی‌مسیح
Gottesurteil, das; -s, -e تقدیر
gottgefällig *Adj.* به خاطر خدا
gottgleich *Adj.* خداوار، خداپسندانه
Gottheit, die; -, -en ۱. خداگرایی، خدایی ۲. خدا، یزدان
Gottin, die; -, -nen الهه، رب‌النوع
göttlich *Adj.* ۱. خدایی، الهی، خداوار ۲. عالی
gottlob *Adv.* شکر خدا
Es ist gottlob nichts passiert. شکر خدا اتفاقی نیفتاد.
gottlos *Adj.* خدانشناس، بی‌ایمان، لامذهب، بی‌دین، ملحد، کافر
Gottlosigkeit, die; - بی‌خدایی، الحاد، خدانشناسی
gottselig *Adj.* خداشناس، پارسا، پرهیزکار
Gottseligkeit, die; -, -en خداشناسی، پارسایی، پرهیزکاری
Gottvater, der; -s ۱. پروردگار ۲. پدر تعمیدی
gottverdammt *Adj.* لعنتی
gottvergessen *Adj.* کافر، خدانشناس، لامذهب
gottverlassen *Adj.* ۱. ملحد، کافر ۲. متروک، دورافتاده
Gottvertrauen, das; -s توکل به خدا
gottvoll *Adj.* ۱. زیبا، عالی ۲. مسخره، مضحک
Götze, der; -n, -n بت، صنم، معبود
Götzenbild, das; -es, -er تصویر بُت، مجسمهٔ بت
Götzendiener, der; -s, - بت‌پرست
Götzendienerin, die; -, -nen بت‌پرست (زن)
Götzendienst, der; -es, - بت‌پرستی
Götzentempel, der; -s, - بت‌خانه
Gourmand, der; -s, -s آدم خوش‌خوراک، آدم خوش‌اشتها
Gourmet, der; -s, -s آدم خوش‌خوراک، آدم خوش‌اشتها
Gouvernante, die; -, -n مربی سرخانه (زن)
Gouverneur, der; -s, -e فرماندار، حاکم، والی، حکمران
Grab, das; -(e)s, ¨-er قبر، آرامگاه، گور
sich selbst sein Grab schaufeln به دست خود وسیلهٔ نابودی خود را فراهم کردن
graben *Vt., Vi.* ۱. کندن، حفر کردن، گود کردن، از (جایی) خاک‌برداری کردن ۲. بیل زدن ۳. استخراج کردن (مواد معدنی)
ein Loch graben سوراخی حفر کردن
Graben, der; -s, Gräben گودال، چاله، خندق
Grabenkrieg, der; -(e)s, -e جنگ خندق، جنگ از توی سنگر
Gräber, der; -s, - حفرکننده، حفار

Gräberfund 378

Gräberfund, der; -(e)s, -e یافتهٔ باستان‌شناسی
Grabesrand, der
am Grabesrand stehen در شرف مرگ بودن، پای کسی لب گور بودن
Grabesruhe, die; - سکوت مرگبار
Grabesstille, die; - سکوت مرگبار
Grabesstimme, die; -, -n صدای از ته گلو، صدای کلفت
Grabgeläute, das; -s, - ناقوس مرگ
Grabgesang, der; -(e)s, ⸚e نوحه، نوحه‌سرایی، سرود عزا
Grabgewölbe, das; -es, -e مقبره، آرامگاه؛ سردابه
Grabhügel, der; -s, - ۱. خاکریز، پشتهٔ خاک روی قبر ۲. تپهٔ کوچک
Grabinschrift, die; -, -en نوشتهٔ روی سنگ قبر
Grablegung, die; -, -en آئین تدفین، خاکسپاری
Grabmal, das; -(e)s, -e قبر، گور، آرامگاه
Grabrede, die; -, -n سخنرانی مراسم خاکسپاری
Grabschrift, die; -, -en نوشتهٔ روی سنگ قبر، گورنوشت
Grabstätte, die; -, -n قبرستان، مقبره، گور
Grabstein, der; -(e)s, -e سنگ قبر
Grabstelle, die; -, -n محل دفن، مقبره، آرامگاه
Grabtuch, das; -(e)s, -e / ⸚er کفن
Grabung, die; -, -en حفاری علمی
Gracht, die; -, -en نهر، آبراه
Grad, der; -(e)s, -e پایه، درجه، رتبه، مرحله، مقام
in einem gewissen Grade تا حدودی
Es ist 20 Grad über Null. بیست درجه بالای صفر است.
Gradation, die; -, -en درجه‌بندی
Gradbogen, der; -s, - / ⸚ نقاله، زاویه‌سنج
Gradeinteilung, die; -, -en درجه‌بندی
gradieren *Vt.* ۱. درجه‌بندی کردن ۲. به (کسی) درجه دادن
gradlinig *Adj.* راست، مستقیم
Gradmesser, der; -s, - درجه‌سنج
Gradnetz, das; -es, -e شبکهٔ مدرج
graduell *Adj.* به تدریج، درجه درجه، مرحله به مرحله، قدم به قدم
graduieren *Vt.* ۱. درجه‌بندی کردن، مدرج کردن ۲. فارغ‌التحصیل کردن، به (کسی) درجه دادن، به (کسی) رتبه دادن
graduiert *Adj.* ۱. مدرج ۲. دارای رتبهٔ دانشگاهی
Graduierte, der / die; -n, -n فارغ‌التحصیل
Graduierung, die; -, -en ۱. دانش پژوهی ۲. درجه‌بندی
Gradunterschied, der; -(e)s, -e اختلاف درجه
gradweise *Adv.* تدریجاً، به تدریج
Graf, der; -en, -en گراف، کنت (عنوان اشرافی)
Graffito, das / der; -(s) / -ti نقاشی روی دیوار
Grafik, die; -en, -en ۱. (هنر) گرافیک ۲. (هنر) طراحی ۳. نقاشی ترسیمی
Gräfin, die; -, -nen گرفین، کنتس (عنوان اشرافی زنان)
gräflich *Adj.* (مربوط به) گراف
Grafschaft, die; -, -en قلمرو گراف
Gral, der, -(e)s جام
Gram, der; -(e)s غم، اندوه، غصه
grämen *Vt., Vr.* ۱. افسوس (چیزی) را خوردن، غم (کسی / چیزی) را خوردن، غصه (کسی / چیزی) را خوردن ۲. اندوهگین شدن
grämlich *Adj.* عبوس، ترشرو، اخمالو، بدخلق
Grämlichkeit, die; -, -en ترشرویی، بدخلقی
Gramm, das; -(e)s, -e گرم (واحد سنجش وزن)
Grammatik, die; -, -en گرامر، دستور زبان
grammatikalisch *Adj.* گرامری، از نظر دستور زبان
Grammatiker, der; -s, - متخصص دستور زبان
grammatisch *Adj.* گرامری، از نظر دستور زبان
Grammophon, das; -s, -e گرامافون
Grammophonplatte, die; -, -n صفحهٔ گرامافون
gramvoll *Adj.* افسرده، غمگین، اندوهناک
Gran, das; -(e)s, -e ۱. دانه ۲. حبه
Granat, der; -(e)s, -e / -en, -en لعل
Granatapfel, der; -s, ⸚ انار
Granatapfelbaum, der; -(e)s, -bäume درخت انار
Granate, die; -, -n نارنجک
Granatsplitter, der; -s, - ترکش نارنجک
Granattrichter, der; -s, - گودال ناشی از انفجار نارنجک
Granatwerfer, der; -s, - نارنجک‌انداز
Grande, der; -n, -n اعیان‌زاده، نژاده، اصیل
Grandhotel, das; -s, -s گراند هتل، هتل مجلل
grandios *Adj.* باشکوه، مجلل، عالی
granieren *Vt.* خرد کردن، به‌صورت دانه‌های ریز درآوردن
graniert *Adj.* خرد شده، ریزریز
Granit, der; -(e)s, -e (سنگ) گرانیت
auf Granit beißen با مقاومت شدید رو به رو شدن
granitartig *Adj.* شبیه سنگ خارا

granitformig *Adj.* شبیه سنگ خارا
Granne, die; -, -n ریشک، داسه
(ساقه نوک‌تیز و باریک چسبیده به دانه‌های غلات)
grannig *Adj.* دارای ریشک و داسه
Granulat, das; -(e)s, -e دانه‌ریز
granulieren *Vt.* خرد کردن،
به صورت دانه‌های ریز درآوردن
granulös *Adj.* دانه‌دانه
Grapefruit, die; -s, - گریپ‌فروت
Graphik, die; -, -en ۱. (هنر) گرافیک
۲. (هنر) طراحی ۳. نقاشی ترسیمی
Graphiker, der; -s, - طراح؛ هنرمند گرافیک؛ گرافیست
graphisch *Adj.* گرافیکی
Graphit, der; -(e)s, -e گرافیت، کربن خالص
Graphologe, der; -n, -n خط‌خوان
Graphologie, die; -, -n خط‌خوانی
(شناخت خصوصیات از روی خط نوشته)
grapschen *Vi.* ربودن، چنگ زدن، قاپیدن
Gras, das; -ses, ⸚er ۱. علف، گیاه ۲. ماری‌جوانا
(نوعی مادهٔ مخدر)
Es ist Gras darüber gewachsen.
از خاطره‌ها رفته است.
das Gras wachsen hören شامهٔ قوی داشتن
grasen *Vi.* چریدن، علف خوردن
Graser, der; -s, - علف‌چین، دستگاه علف خشک‌کنی
grasfressend *Adj.* گیاه‌خوار، علف‌خوار
grasgrün *Adj.* سبزعلفی
Grashalm, der; -(e)s, -e ساقهٔ علف
Grashüpfer, der; -s, - ملخ
grasig *Adj.* علفی، علف‌دار
Grasmäher, der; -s, - ماشین چمن‌زنی،
(دستگاه) چمن‌زن
Grasmähmaschine, die; -, -n
دستگاه ماشین چمن‌زنی، (دستگاه) چمن‌زن
Grasmücke, die; -, -n چکاوک، مرغ خوش الحان
Grasnarbe, die; -, -n کلوخ چمنی
Grasplatz, der; -es, ⸚e زمین علف‌زار
grassieren *Vi.* شیوع پیدا کردن، رایج بودن،
منتشر شدن، معمول شدن
Eine Seuche grassiert in der Stadt.
یک بیماری مسری در شهر شیوع پیدا می‌کند.
gräßlich *Adj.* ۱. ترسناک، مهیب، وحشتناک، مخوف
۲. تنفرآور، مشمئزکننده، چندش‌آور ۳. فوق‌العاده، زیاد
Ich bin gräßlich müde. فوق‌العاده خسته‌ام.

Gräßlichkeit, die; -, -en ترسناکی، وحشتناکی
Grat, der; -(e)s, -e لبه، تیغه، قله (کوه)
Gräte, die; -, -n تیغ ماهی
grätenlos *Adj.* بدون تیغ
Gratifikation, die; -, -en انعام، پاداش
grätig *Adj.* تیغ‌دار
gratinieren *Vt.* سرخ کردن، برشته کردن
gratis *Adj.* رایگان، مفت، مجانی
Gratisexemplar, das; -s, -e نسخهٔ رایگان
Gratisprobe, die; -, -n نمونهٔ رایگان
Grätsche, die; -, -n (ورزش) پای باز
grätschen *Vi.* با پای باز ورزش کردن
Gratulant, der; -en, -en تبریک گوینده
Gratulation, die; -, -en تبریک، تهنیت، شادباش
gratulieren *Vt.* به (کسی) تبریک گفتن،
به (کسی) تهنیت گفتن، به (کسی) شادباش گفتن
grau *Adj.* ۱. [رنگ] خاکستری ۲. یکنواخت،
خسته کننده، کسل‌کننده
sich keine grauen Haare wachsen lassen
خود را ناراحت نکردن
Grau, der; -(e)s, - / -s رنگ خاکستری
graublau *Adj.* آبی مایل به خاکستری
graubraun *Adj.* قهوه‌ای مایل به خاکستری
grauen *Vi.* وحشت داشتن، ترسیدن، بیم داشتن
Mir graut vor dieser Entscheidung.
از این تصمیم می‌ترسم.
Grauen, das; -s, - وحشت، ترس، بیم، خوف
grauenhaft *Adj.* ترسناک، وحشتناک، مخوف
grauenvoll *Adj.* ترسناک، وحشتناک، مخوف
grauhaarig *Adj.* مو خاکستری
graulen *Vr., Vi.* ترسیدن، وحشت داشتن، بیم داشتن
sich vor etwas **graulen** از چیزی بیم داشتن
gräulich *Adj.* مایل به خاکستری
grameliert *Adj.* فلفل نمکی
Graupe, die; -, -n گندم پوست کنده؛ جو پوست کنده
Graupel, die; -, -n تگرگ ریز
graupeln *Vi.* (ریز ریز) تگرگ باریدن
Es graupelt. (ریز ریز) تگرگ می‌بارد.
Graupelwetter, das; -s, - هوای برفی و بورانی
Graupensuppe, die; -, -n سوپ جو
grauplig *Adj.* تگرگی
Graus, der; -es ترس، وحشت
grausam *Adj.* بی‌رحم، ظالم، ستمگر، بیدادگر
Grausamkeit, die; -, -en بی‌رحمی، ظلم، ستمگری

Grauschimmel 380

Grauschimmel, der; -s, - اسب با لکه‌های سفید و خاکستری
grausen *Vi.* ترس داشتن، ترسیدن، وحشت داشتن
Grausen, das; -s ترس، وحشت
grausig *Adj.* ترسناک، وحشتناک
Grautier, das; -(e)s, -e الاغ، خر
Grauzone, die; -, -n حد میان قانون و بی‌قانونی
Graveur, der; -s, -e حکاک، گراورساز
Gravidität, die; - حاملگی
Gravieranstalt, die; -, -en حکاکی، گراورسازی
gravieren *Vt.* روی (چیزی) حکاکی کردن، روی (چیزی) کنده‌کاری کردن، گراور کردن
gravierend *Adj.* ۱. سخت، وخیم، فاحش ۲. مؤثر، مهم
ein gravierender Fehler یک اشتباه فاحش
Gravierung, die; -, -en حکاکی
Gravimeter, das; -s, - دستگاه سنجش نیروی جاذبهٔ زمین
Gravimetrie, die; - سنجش نیروی جاذبه
Gravitation, die; -, -en قوهٔ جاذبه اجسام نسبت به‌هم
Gravitationsgesetz, das; -es, -e قانون جاذبهٔ زمین
Gravitationskraft, die; -, ¨-e نیروی جاذبهٔ زمین، نیروی گرانش
gravitätisch *Adj.* جدی، باابهت، باوقار
Gravur, die; -, -en تصویر حکاکی شده، نوشتهٔ حکاکی شده
Grazie, die; -, -n ملاحت، ظرافت، فریبندگی، طنازی، عشوه
grazil *Adj.* ظریف، قلمی، باریک‌اندام
graziös *Adj.* ملیح، ظریف، فریبنده، طناز
Greenhorn, das; -(e)s, ¨-er مبتدی، تازه‌کار
gregorianisch *Adj.* (وابسته به) کلیسای گرگوری
Greif, der; -(e)s / -en, -e(n) سیمرغ؛ کرکس
Greifbagger, der; -s, - (نوعی) جاده صاف‌کن
greifbar *Adj.* ۱. در دسترس، نزدیک ۲. دریافتنی ۳. محسوس، ملموس، روشن، آشکار
greifen *Vt.* ۱. گرفتن، دست به (چیزی) بردن، لمس کردن ۲. ربودن، قاپیدن ۳. دستگیر کردن
in die Tasche greifen دست در جیب کردن
unter die Arme greifen زیر بازوی (کسی) راگرفتن
zur Waffe greifen دست به اسلحه بردن
Greifer, der; -s, - رباینده، گیرنده
Greifzange, die; -, -n انبر
greinen *Vi.* نالیدن و گریستن
Greis, der; -es, -e پیرمرد
greis *Adj.* سالخورده، پیر
Greisenalter, das; -s پیری، کهولت
greisenhaft *Adj.* سالخورده، پیر
Greisenhaftigkeit, die; - پیری، کهولت
Greisin, die; -, -nen پیرزن
grell *Adj.* ۱. نافذ، تیز ۲. [رنگ، نور] زننده، تند ۳. [صدا] گوش‌خراش
Gremium, das; -s, -mien کمیته، کمیسیون، هیئت
Grenadier, der; -s, -e سرباز پیاده‌نظام
Grenzabfertigung, die; -, -en تشریفات گمرکی در مرز
Grenzbereich, der; -(e)s, -e منطقهٔ مرزی
Grenzbevölkerung, die; -, -en جمعیت مرزنشین
Grenzbewohner, der; -s, - مرزنشین
Grenzbezirk, der; -(e)s, -e محدودهٔ مرزی
Grenze, die; -, -n ۱. مرز، سرحد ۲. حد و مرز، خط فاصل
an der Grenze در مرز
Alles hat seine Grenzen. هر چیزی حد و مرزی دارد.
grenzen *Vi.* هم‌مرز بودن، در سر حد واقع بودن، مجاور بودن
grenzenlos *Adj.* بی‌پایان، بی‌کران، نامحدود، بی‌انتها
Grenzenlosigkeit, die; - بی‌کرانی، بی‌پایانی، بی‌مرزی
Grenzfall, der; -(e)s, ¨-e اختلاف مرزی، حد مرزی
Grenzgänger, der; -s, - ۱. ساکنان مناطق مرزی ۲. قاچاقچی
Grenzgebiet, das; -(e)s, -e منطقهٔ مرزی
Grenzgemeinschaft, die; -, -en اشتراک در مرز، هم مرزی
Grenzland, das; -(e)s, ¨-er منطقهٔ مرزی
Grenzlinie, die; -, -n نوار مرزی
Grenzpfahl, der; -es, ¨-e تیر مرزی
Grenzschutz, der; -es مرزبانی، پلیس مرزی
Grenzsoldat, der; -en, -en سرباز محدودهٔ مرزی
Grenzsperre, die; -, -n راه‌بند مرزی
Grenzstadt, die; -, ¨-e شهر مرزی
Grenzstein, der; -(e)s, -e سنگ مرزی، نوار مرزی
Grenzübergang, der; -(e)s, ¨-e محل عبور از مرز
Grenzübertritt, der; -(e)s, -e محل عبور از مرز
Grenzverkehr, der; -(e)s رفت و آمد مرزی
Grenzwert, der; -(e)s, -e (ریاضی) مقدار حد
Grenzzwischenfall, der; -(e)s, ¨-e اختلاف مرزی، جنگ مرزی

Greuel, der; -s, - نفرت، تنفر، انزجار، بیزاری
Greuelmärchen, das; -s, - داستان هولناک
Greuelpropaganda, die; - تبلیغات وحشتناک
Greueltat, die; -, -en کار ناشایست، عمل پلید و زشت
greulich *Adj.* نفرت‌انگیز، انزجارآور، مشمئزکننده
Grieben, die / *Pl.* ساق‌بند
Griebs, der; -es, -e مغز / درون میوه
Grieche, der; -n, -n, یونانی
Griechenland, das; -(e)s, ¨-er یونان
Griechin, die; -, -nen یونانی (زن)
griechisch *Adj.* یونانی، (مربوط به) یونان
grienen *Vi.* خندهٔ زورکی کردن، پوزخند زدن
Griesgram, der; -(e)s ترشرو، عبوس، بدخلق
griesgrämig *Adj.* ترشرو، بدخلق، عبوس
Grieß, der; -es ۱. سنگ‌ریزه، ریگ، شن ۲. خرده گندم، خرده برنج
Grießbrei, der; -(e)s, -e فرنی؛ حریره
Grießkloß, der; -(e)s, ¨-e کوفتهٔ برنج؛ کوفتهٔ گندم
Griff, der; -(e)s, -e ۱. دسته، قبضه، دستگیره ۲. (کشتی) فن، پنجه‌افکنی
Griff ziehen دسته را کشیدن
etwas **in Griff haben** در کاری مهارت داشتن
griff *P.* صیغهٔ فعل گذشتهٔ مطلق از مصدر greifen
griffbereit *Adj.* دستی، دم‌دست، آماده، در دسترس
Griffbrett, das; -(e)s, -er (در ساز) جاانگشتی، محل انگشت‌گذاری
Griffel, der; -s, - ۱. مادگی گل ۲. قلم مخصوص لوح سنگی
griffig *Adj.* ۱. دستی، دم‌دست ۲. سفت
Griffloch, das; -(e)s, ¨-er جاانگشتی سازهای بادی، سوراخ سازهای بادی
Grill, der; -s, -s گریل، کباب‌پز
Grillade, die; -, -n گوشت کباب شده
Grille, die; -, -n ۱. تلون مزاج، هوی و هوس ۲. زنجره، جیرجیرک
grillen *Vt.* کباب کردن، بریان کردن
grillenhaft *Adj.* هوس‌باز، دمدمی‌مزاج
Grillgericht, das; -(e)s, -e غذای کباب شده، کباب
Grillplatz, der; -es, ¨-e محل مخصوص کباب کردن
Grimasse, die; -, -n دهن‌کجی، شکلک، ادا و اصول
grimmassieren *Vt.* به (کسی) دهن کجی کردن، برای (کسی) شکلک درآوردن
Grimm, der; -(e)s خشم، عصبانیت، غضب
Grimmen, das; -s دل‌درد
Grimmdarm, der; -(e)s, ¨-e قولون
grimmig *Adj.* خشمگین، عصبانی، غضبناک
Grimmigkeit, die; -, -en خشم، عصبانیت، غضب
Grind, der; -(e)s, -e ۱. گری، جرب ۲. کبره
grindig *Adj.* ۱. گر شده، جرب‌دار ۲. کبره بسته
grinsen *Vi.* پوزخند زدن، خندهٔ زورکی کردن
Grippe, die; -, -n گریپ، سرماخوردگی، زکام
Grippeepidemie, die; -, -n سرماخوردگیِ همه‌گیر
Grippevirus, das; - ویروس سرماخوردگی
Grippewelle, die; -, -n موج سرماخوردگی
Grips, der; -es, -e ۱. مغز، مخ، دِماغ ۲. حس، شعور
grob *Adj.* ۱. ضخیم، کلفت، درشت ۲. خشن، زمخت؛ بی‌تربیت، بی‌ادب
Grobblech, das; -(e)s, -e ورق آهن کلفت
Grobeinstellung, die; -, -en تنظیم غیر دقیق
Grobheit, die; -, -en ۱. درشتی، کلفتی، ضخامت ۲. خشونت، زمختی؛ بی‌ادبی
Grobian, der; -(e)s, -e آدم خشن
grobkörnig *Adj.* دارای دانه‌های درشت
gröblich *Adj.* خشن، زمخت؛ بی‌ادب
grobmaschig *Adj.* زمخت‌باف
grobschlächtig *Adj.* خشن، زمخت؛ بی‌ادب
Grobschmied, der; -(e)s, -e آهنگر
Grobschnitt, der; -(e)s, -e برش زمخت
Grog, der; -s, -s (نوعی) نوشابهٔ الکلی داغ
groggy *Adj.* خسته، کوفته
grölen *Vi., Vt.* ۱. فریاد زدن، داد زدن، عربده کشیدن ۲. با صدای ناهنجار خواندن (آواز)
Groll, der; -(e)s کینه، غرض
grollen *Vi.* ۱. کینه ورزیدن ۲. عصبانی بودن ۳. غریدن (رعد)
Gros, das; -ses / -s, -se ۱. دوازده دوجین ۲. بخش اصلی
Groschen, der; -s, - ۱. گروشن (واحد پول خرد در اتریش) ۲. پول سیاه
Endlich ist der Groschen bei ihm gefallen. بالاخره دوزاریش افتاد.
Grochenautomat, der; -en, -en دستگاه خودکار پول خردکنی
Groschenroman, der; -s, -e داستان کم‌ارزش
groß *Adj.* ۱. بزرگ، درشت، عظیم ۲. [قد] بلند ۳. طولانی ۴. زیاد، خیلی
Ganz groß! احسنت!
gleich groß هم‌قد، به یک اندازه

im großen und ganzen روی هم رفته، بر روی هم، به طور کلی
Großabnehmer, der; -s, - خریدار عمده
Großaktionär, der; -s, -e سهام‌دار بزرگ، صاحب سهم عمده
großangelegt *Adj.* به مقدار زیاد، به معیار وسیع
Großangriff, der; -(e)s, -e حملهٔ وسیع، اقدام به کار بزرگ
großartig *Adj.* عالی، قابل تحسین؛ مجلل، باشکوه
Das ist ja großartig! عالی شد!
eine großartige Aussicht منظره‌ای بدیع
Großartigkeit, die; - بزرگی، عظمت، شکوه
Großaufnahme, die; -, -n عکس بسیار بزرگ
Großbetrieb, der; -(e)s, -e کارخانهٔ بزرگ
Großbrand, der; -(e)s, ⸚e آتش‌سوزی عظیم
Großbuchstabe, der; -n(s), -n حرف بزرگ (الفبا)
Großbürgertum, das; -s بورژوازی بزرگ، کلان بورژوازی
Größe, die; -, -n ۱. بزرگی، عظمت ۲. اندازه، قد ۳. وسعت ۴. طول
Großeinkauf, der; -(e)s, -käufe خرید عمده
Großeinsatz, der; -es, ⸚e اقدام وسیع، اقدام مهم
Großeltern, die / *Pl.* پدر و مادربزرگ، والدین پدر و مادر
Großenkel, der; -s, - نوهٔ بزرگ (پسر)
Großenkelin, die; -, -nen نوهٔ بزرگ (دختر)
Größenordnung, die; -, -en اندازه، حدود، ابعاد
großenteils *Adv.* تا حد بسیاری، تا درجهٔ زیادی
Größenverhältnisse, die / *Pl.* ابعاد بزرگ
Größenwahn, der; -(e)s جنون خود بزرگ‌بینی
größenwahnsinnig *Adj.* خود بزرگ‌بینی
größer *Adj.* بزرگ‌تر
Großfahndung, die; -, -en تعقیب وسیع
Großfamilie, die; -, -n خانوادهٔ پربچه
Großfeuer, das; -s, - آتش‌سوزی عظیم
Großformat, das; -(e)s, -e قطع بزرگ
Großfürst, der; -en, -en دوک بزرگ (لقب اشرافی)
Großfürstentum, das; -(e)s, ⸚er دوک‌نشین
Großgrundbesitz(er), der; -es, -e مالک عمده، فئودال
Großhandel, der; -s, ⸚ عمده‌فروشی
Großhandelspreis, der; -es, -e بهای عمده‌فروشی
Großhändler, der; -s, - عمده‌فروش
Großhandlung, die; -, -en شرکت عمده‌فروشی
großherzig *Adj.* بلندنظر، بلندهمت، بزرگ‌منش، بزرگوار
Großherzigkeit, die; - بلندنظری، بلندهمتی، بزرگ‌منشی، بزرگواری
Großherzog, das; -(e)s, -e دوک بزرگ (لقب اشرافی)
Großherzogin, die; -, -nen دوشس بزرگ (همسر دوک)
Großherzogtum, das; -(e)s, ⸚er دوک‌نشین
Großhirn, das; -(e)s, -e مخ، مغز
Großindustrie, die; -, -n تشکیلات صنعتی عظیم
Großindustrielle, der; -n, -n کارخانه‌دار بزرگ
Grossist, der; -en, -en عمده‌فروش
großjährig *Adj.* بالغ
Großjährigkeit, die; - بلوغ
großkalibrig *Adj.* کالیبر بزرگ
Großkapitalist, der; -en, -en سرمایه‌دار بزرگ
Großkaufman, der; -(e)s, -leute تاجر عمده‌فروش
Großkraftwerk, das; -(e)s, -e مرکز برق قوی
Großkreuz, das; -es, -e (نشان) صلیب بزرگ
großmachen *Vr.* لاف زدن، مبالغه کردن؛ خودستایی کردن
Großmacht, die; -, ⸚e ابرقدرت، کشور پرقدرت
großmächtig *Adj.* نیرومند، دانا، زورمند، قوی
Großmannssucht, die; - بیماری خودبزرگ پنداری
Großmaul, das; -(e)s, -mäule لاف‌زن، گزافه‌گو
großmäulig *Adj.* لاف‌زن، گزافه‌گو
Großmut, die; - سخاوت، بلندهمتی، بلندنظری
großmütig *Adj.* سخی، بلندهمت، بلندنظر
Großmutter, die; -, ⸚ مادربزرگ
Großneffe, der; -n, -n نوهٔ پسری برادر، نوهٔ پسری خواهر
Großnichte, die; -, -n نوهٔ دختری برادر، نوهٔ دختری خواهر
Großonkel, der; -s, - عموی پدر و مادر، دایی پدر و مادر
Großreinemachen, das; -s خانه‌تکانی
großschreiben *Vr.* برای (چیزی) اهمیت قائل شدن
Großschreibung, die; -, -en بزرگ‌نویسی
Großsprecher, der; -s, - خودستا، لاف‌زن، گزافه‌گو
Großsprecherei, die; -, -en خودستایی، لاف‌زنی، گزافه‌گویی
großsprecherisch *Adj.* خودستا، لاف‌زن، گزافه‌گو
großspurig *Adj.* متکبر، خودبین، گستاخ، پرمدعا
Großstadt, die; -, ⸚e شهر بزرگ

Großstädter, der; -s, - ساکن شهر بزرگ
Großstädterin, die; -, -nen ساکن شهر بزرگ (زن)
großstädtisch *Adj.* (مربوط به) شهر بزرگ
Großstadtverkehr, der; -(e)s ترافیک شهر بزرگ
Großtante, die; -, -n خالهٔ پدر و مادر، عمهٔ پدر و مادر
Großtat, die; -, -en کار برجسته
Großteil, der; -(e)s, -e قسمت عمده، قسمت اعظم، اکثریت
größtenteils *Adv.* به طور عمده، قسمت اعظم، بیشتر، اکثراً، غالباً
Großtuer, der; -s, - لاف‌زن، متکبر، مغرور
Großtuerei, die; - لاف‌زنی، تکبر، غرور
großtuerisch *Adj.* لاف‌زن، متکبر، مغرور
großtun *Vi.* لاف زدن، به خود بالیدن؛ گزافه‌گویی کردن
Großunternehmen, das; -s, - شرکت بزرگ، تشکیلات صنعتی عظیم
Großunternehmer, der; -s, - کارخانه‌دار بزرگ
Großvater, der; -s, ¨- پدربزرگ
Großvaterstuhl, der; -(e)s, ¨-e صندلی دسته‌دار، نیمکت بزرگ
Großverdiener, der; -s, - فرد پردرآمد، سرمایه‌دار
Großvertrieb, der; -(e)s, -e مرکز توزیع، مرکز پخش
Großwild, das; -(e)s حیوان شکاری بزرگ
großziehen *Vt.* پرورش دادن، تربیت کردن، بزرگ کردن
großzügig *Adj.* ۱. نظربلند، با گذشت ۲. سخاوتمند، دست و دل‌باز
Großzügigkeit, die; - نظربلندی، دست و دل‌بازی
grotesk *Adj.* ناهنجار، بی‌تناسب، مضحک، غریب، بی‌قواره
Groteske, die; -, -n چیز بی‌تناسب
Grotte, die; -, -n غار
grub *P.* صیغهٔ فعل گذشتهٔ مطلق از مصدر graben
Grübchen, das; -s, - چاه زنخدان، چال زنخدان
Grube, die; -, -n ۱. معدن ۲. نقب، گودال، حفره
Grübelei, die; -, -en فکر و خیال، اندیشه، تفکر
grübeln *Vi.* در فکر فرو رفتن، اندیشه کردن
über eine Sache grübeln به چیزی اندیشیدن
Grubenarbeit, die; -, -en معدن‌کاری، کار در معدن
Grubenarbeiter, der; -s, - کارگر معدن، معدن‌کار
Grubenbrand, der; -es, ¨-e آتش‌سوزی در معدن
Grubengas, das; -es, -e گاز معدن
Grubenholz, das; -(e)s, ¨-er تیر حایل در معدن
Grubenlampe, die; -, -n چراغ (مخصوص) معدن
Grubenlicht, das; -(e)s, -er / -(e) چراغ (مخصوص) معدن
Grubenunglück, das; -(e)s, -e ریزش معدن
Grübler, der; -s, - آدم فکر و خیالی
Grüblerin, die; -, -nen آدم فکر و خیالی (زن)
grüblerisch *Adj.* فکر و خیالی
Gruft, die; -, ¨-e قبر، گور، آرامگاه، سردابه
grün *Adj.* ۱. سبز ۲. تازه ۳. تازه‌کار، بی‌تجربه
sich grün und blau ärgern سخت عصبانی شدن
Grün, das; -s, - / -s ۱. رنگ سبز ۲. سبزه، چمن ۳. تازه‌کار، بی‌تجربه
eine Fahrt ins Grüne سفری به دامن طبیعت
Grünanlage, die; -, -n فضای سبز
Grund, der; -(e)s, ¨-e ۱. زمین ۲. ته، قعر، کف ۳. اساس، بنیاد ۴. دلیل، سبب، علت
Aus welchem Grund? به چه دلیل؟
aus guten Gründen به دلایل معتبر
im Grunde (genommen) در حقیقت
der Meeres Grund ته دریا
Grundausbildung, die; -, -en (در ارتش) دورهٔ سه ماهه آموزشی
Grundbau, der; -(e)s, -e اساس، شالوده، پایه
Grundbedeutung, die; -, -en مفهوم کلی
Grundbedingung, die; -, -en شرط اساسی
Grundbegriff, der; -(e)s, -e فکر اساسی
Grundbesitz, der; -es, -e ملک، زمین
Grundbesitzer, der; -s, - مالک، صاحب زمین
Grundbestandteil, der; -(e)s, -e جزء اصلی و مهم، عنصر پایه
Grundbuch, das; -(e)s, ¨-er سند مالکیت، قبالهٔ ملکی
Grundbuchamt, das; -(e)s, ¨-er ادارهٔ ثبت املاک، دفترخانه رسمی، محضر
Grundbuchführer, der; -s, - دفتردار ثبت املاک
grundehrlich *Adj.* حلال، مشروع
Grundeigentum, das; -(e)s, ¨-er ملک، زمین
Grundeigentümer, der; -s, - مالک
gründen *Vt.* ۱. تأسیس کردن، بنیاد گذاشتن، دایر کردن، ایجاد کردن، ساختن ۲. برای (چیزی) دلیل آوردن
Gründer, der; -s, - مؤسس، بانی، بنیان‌گذار
Gründerin, die; -, -nen مؤسس، بانی، بنیان‌گذار (زن)
grundfalsch *Adj.* مطلقاً غلط، از اصل غلط
Grundfarbe, die; -, -n رنگ زمینه، رنگ آستری
Grundfehler, der; -s, - اشتباه اساسی

Grundfläche 384

Grundfläche, die; -, -n ته، زمینه، زیربنا، پایه، اساس
Grundform, die; -, -en ۱. شکل اصلی، شکل اولیه ۲. (دستور زبان) مصدر
Grundgebühr, die; -, -en حق اشتراک اولیه
Grundgedanke, der; -ns, -n اندیشهٔ اساسی
Grundgehalt, das; -(e)s, -e / ⸚er حقوق پایه، حقوق ثابت
Grundgesetz, das; -es, -e ۱. قانون اساسی ۲. اساسنامه
grundgesetzwidrig *Adj.* مغایر قانون اساسی
Grundherr, der; -n / -en, -en مالک، صاحب زمین
grundieren *Vt.* ۱. زیرسازی کردن، پایه گذاشتن ۲. آسترکاری کردن ۳. صاف‌کاری کردن
Grundierfarbe, die; -, -n رنگ آستری
Grundierung, die; -, -en ۱. زیرسازی، پایه‌گذاری ۲. آسترکاری ۳. صاف‌کاری
Grundkapital, das; -(e)s, -e / -ien سرمایهٔ اولیه
Grundkenntnisse, die / *Pl.* معلومات اولیه
Grundkurs, der; -es, -e دورهٔ پایه، دورهٔ مقدماتی
Grundlage, die; -, -n اساس، پایه، بنیاد، پی
grundlegend *Adj.* اساسی، بنیادی، پایه‌ای
Grundlegung, die; -, -en پایه‌گذاری، پی‌ریزی، تأسیس
gründlich *Adj.* اساسی، دقیق، بنیادی، اصولی، پایه‌ای
Grundlichkeit, die; -, -en دقت، عمق؛ تمامیت
Grundlinie, die; -, -n خط پایه
Grundlohn, der; -(e)s, ⸚e حقوق پایه
grundlos *Adj.* بی‌اساس، بی‌پایه، بی‌دلیل
Grundlosigkeit, die; - بی‌اساسی، بی‌پایگی،
Grundmauer, die; -, -n پایه، بنیاد، اساس
Grundnahrungsmittel, das; -s, - مواد غذایی اولیه
Gründonnerstag, der; -(e)s, -e پنجشنبه پیش از عید پاک
Grundpfeiler, der; -s, - ستون اصلی
Grundpflicht, die; -, -en وظیفهٔ اصلی
Grundplatte, die; -, -n صفحهٔ اصلی
Grundprinzip, das; -s, -ien اصل کلی
Grundrechte, die / *Pl.* حقوق اساسی
Grundregel, die; -, -n قاعدهٔ کلی
Grundriß, der; -risses, -risse طرح اساسی، طرح زیر بنای ساختمان
Grundsatz, der; -es, ⸚e اصل، قاعدهٔ کلی
es ist zum Grundsatz machen برای خود اصل قرار دادن
grundsätzlich *Adj.* اصولی، اساسی
Grundschuld, die; -, -en بدهی ملک، گرو، رهن
Grundschuldbrief, der; -(e)s, -e سند بدهی ملک
Grundschule, die; -, -n دبستان
Grundschüler, der; -s, - شاگرد دبستانی
Grundschullehrer, der; -s, - آموزگار
Grundstein, der; -(e)s, -e اولین سنگ بنا، سنگ زیربنا
Grundsteinlegung, die; -, -en گذاشتن اولین سنگ بنا
Grundsteuer, die; -, -n مالیات بر دارایی
Grundstock, der; -(e)s, ⸚e اساس، پایه، بنیاد
Grundstoff, der; -(e)s, -e مادهٔ خام
Grundstoffe, die / *Pl.* مواد اولیه
Grundstoffindustrie, die; -, -n صنایع مواد اولیه
Grundstück, das; -(e)s, -e ملک، زمین، اموال غیر منقول
Grundstücksmakler, das; -s, - دلال زمین
Grundstudium, das; -s, -dien پیش‌دانشگاهی
Grundstufe, die; -, -n تعلیمات پایه‌ای
Grundtaxe, die; -, -n حق اشتراک
Grundtext, der; -es, -e متن اصلی
Grundthema, das; -s, -men موضوع اصلی
Grundton, der; -(e)s, ⸚e ۱. (موسیقی) نُت پایهٔ اصلی ۲. رنگ متن
Grundübel, das; -s, - زیان اساسی
Grundumsatz, der; -es, ⸚e (فیزیولوژی) انرژی پایه
Gründung, die; -, -en شالوده، پی‌ریزی، پایه، اساس
Gründungsmitglied, das; -(e)s, -er عضو مؤسس
grundverkehrt *Adj.* کاملاً برعکس
Gründvermögen, das; -s, - مال غیر منقول
grundverschieden *Adj.* کاملاً متفاوت
Grundwahrheit, die; -, -en حقیقت کلی
Grundwasser, das; -s, - / ⸚ آب زیرزمینی
Grundwehrdienst, der; -es, -e دورهٔ تعلیمات نظامی
Grundwort, das; -(e)s, ⸚er قسمت دوم یک کلمه
Grundzahl, die; -, -en عدد اصلی
Grundzins, der; -es, -en قرض، دِین
Grundzug, der; -(e)s, ⸚e صفت بارز، ویژگی
Grundzüge, die / *Pl.* اصول، مبادی
Grüne[1]**,** die / der; - / -n, -n طرفدار محیط زیست، عضو حزب سبزها
Grüne[2]**,** das; -n طبیعت سبز، سبزی

Grünen, die / *Pl.* حزب سبزها
grünen *Vi.* سبز شدن، جوانه زدن
Grünfläche, die; -, -n فضای سبز
Grünfutter, das; -s, - علف، علوفه تازه
Grünkohl, der; -(e)s کلم سبز
Grünkram, der; -(e)s, ⸚e سبزی‌فروشی
Grünladen, der; -s, ⸚ سبزی‌فروشی
Grünland, das; -(e)s, ⸚er چمن‌زار، مرغزار
grünlich *Adj.* مایل به سبز
Grünling, der; -s, -e (نوعی) گنجشک
Grünrotblindheit, die; - کوررنگی (نسبت به رنگ‌های سبز و قرمز)
Grünschnabel, der; -s, ⸚ مبتدی، ناشی، تازه‌کار
Grünspan, der; -(e)s, ⸚e زنگار، زنگ (مس)
Grünspecht, der; -(e)s, -e دارکوب سبز
grunzen *Vi.* خرخر کردن، خس‌خس کردن
Grünzeug, das; -(e)s, -e گیاه، علف، رستنی
Gruppe, die; -, -n دسته، گروه
in Gruppen دسته‌دسته، گروه‌گروه
in Gruppen einteilen گروه‌بندی کردن
Gruppenarbeit, die; - کار گروهی
Gruppenaufnahme, die; -, -n عکس دسته‌جمعی
Gruppenbild, das; -es, -er عکس دسته‌جمعی
Gruppenführer, der; -s, - راهنمای گروه
Gruppenreise, die; -, -n سفر گروهی
Gruppentherapie, die; -, -n مداوای گروهی
gruppenweise *Adv.* دسته‌دسته، گروه‌گروه
gruppieren *Vt., Vr.* ۱. دسته‌بندی کردن، گروه‌بندی کردن ۲. گرد آمدن، جمع شدن
Gruppierung, die; -, -en دسته‌بندی، گروه‌بندی
Grus, der; -es, -e خاکستر، خاک زغال
Gruselfilm, der; -s, -e فیلم ترسناک
Gruselgeschichte, die; -, -n داستان ترسناک
gruselig *Adj.* ترسناک، وحشتناک
Gruselmärchen, das; -s, - ترسناک، وحشتناک
gruseln *Vr., Vi.* ترسیدن
Gruseln, das; -s ترس، وحشت
Grusical, das; -s, -s فیلم ترسناک
Gruß, der; -es, ⸚e سلام، درود، تهنیت
Herzliche Grüße! با سلام‌های صمیمانه!
Viele Grüße von mir. از طرف من خیلی سلام برسان.
grüßen *Vt., Vi.* به (کسی) سلام کردن، به (کسی) درود فرستادن؛ به (کسی) سلام رساندن ۲. سلام نظامی دادن
Grüßen Sie ihn von mir. از طرف من به او سلام برسانید.

Grüß Gott! سلام!
Grützbeutel, der; -s, - غده؛ دمل؛ جوش جوانی
Grütze, die; -, -n بلغور، گندم پوست کنده، جو پوست کنده
G-Saite, die; -, -n (در سازهای زهی) سیم سل
G-Schlüssel, der; -s, - (موسیقی) کلید سل
gucken *Vi.* نگاه کردن، نگریستن، تماشا کردن
Guckfenster, das; -s, - پنجرهٔ کوچک، روزنه
Guckkasten, der; -s, ⸚ شهر فرنگ
Guckloch, das; -(e)s, ⸚er روزنه، دیدگاه (درِ ورودی)
Guerilla, der; -(s), -s پارتیزان، چریک
Guerillakämpfer, der; -s, - چریک مبارز
Guerillakrieg, der; -(e)s, -e جنگ پارتیزانی، جنگ چریکی
guillationieren *Vt.* (به وسیلهٔ گیوتین) اعدام کردن
Guillotine, die; -, -n گیوتین
Gulasch, das; -es, -e / -s گولاش (نوعی غذای مجارستانی شبیه تاس کباب)
Gulden, der; -s, - گولدن (واحد پول هلند)
gültig *Adj.* معتبر، رایج
Gültigkeit, die; -, -en اعتبار، رواج
Gultigkeitsbereich, der; -(e)s, -e حوزهٔ اعتبار
Gultigkeitsdauer, die; - مدت اعتبار
Gummi, der / das; -s, -(s) ۱. لاستیک ۲. کش ۳. صمغ ۴. کاپوت
aus Gummi لاستیکی، از لاستیک
Gummiarabikum, das; -s صمغ عربی
gummiartig *Adj.* ۱. چسبنده، صمغی ۲. مثل لاستیک، لاستیکی
Gummiball, der; -(e)s, ⸚e توپ لاستیکی
Gummiband, das; -(e)s, ⸚er نوار لاستیکی، کش
Gummibaum, der; -(e)s, -bäume درخت کائوچو
Gummiboot, das; -(e)s, -e قایق تفریحی لاستیکی
Gummidruck, der; -(e)s, -e / ⸚er چاپ افست
gummieren *Vt.* صمغ زدن، چسب زدن
Gummihandschuh, der; -(e)s, -e دستکش لاستیکی
Gummihöschen, das; -s, - شلوار لاستیکی
Gummiknüppel, der; -s, - باتون، چوب قانون
Gummimantel, der; -s, ⸚ بارانی لاستیکی
Gummischlauch, der; -(e)s, -läuche ۱. لولهٔ لاستیکی ۲. تویی چرخ
Gummischnur, die; -, ⸚e نخ لاستیکی، کش
Gummischuhe, die / *Pl.* گالش

Gummischwamm, der; -(e)s, ⸚e ابر لاستیکی
Gummisohle, die; -, -n تخت کفش لاستیکی
Gummistempel, der; -s, - مهر لاستیکی
Gummistiefel, der; -s, - چکمهٔ لاستیکی
Gummistrumpf, der; -(e)s, ⸚e جوراب کش‌دار
Gummizug, der; -es, ⸚e کش، لاستیک
Gunst, die; - ۱. التفات، لطف، عنایت، مرحمت ۲. حمایت (معنوی) ۳. نظر مساعد
Gunstbezeigung, die; -, -en اظهار التفات
günstig *Adj.* موافق، مساعد، مناسب، دوستانه، بر وفق مراد
eine günstige Gelegenheit یک فرصت مناسب
Günstling, der; -s, -e طرف توجه، برگزیده، مطلوب، مورد علاقه
Günstlingswirtschaft, die; - اقتصاد مطلوب
Gurgel, die; -, -n گلو، حلق
gurgeln *Vi.* غرغره کردن، دهان‌شویه کردن
Gurgelwasser, das; -s, -/⸚ غرغِره
Gurke, die; -, -n ۱. خیار ۲. بینی بسیار بزرگ
Gurkensalat, der; -(e)s, -e سالاد خیار
gurren *Vi.* بغبغو کردن، صدای کبوتر کردن
Gurt, der; -(e)s, -e ۱. کمربند پهن ۲. بند محکم، نوار پهن
Gurtband, das; -(e)s, ⸚er بند چرمی
Gürtel, der; -s, - کمربند
den Gürtel enger schnallen از هزینهٔ خود کاستن
Gürtellinie, die; -, -n بند تسمه
Gürtelrose, die; -, -n (بیماری) زونا
Gürtelschnalle, die; -, -n تسمهٔ فلزی، قلاب
gürten *Vt., Vr.* ۱. بستن (کمربند) ۲. کمربند بستن
Guß, der; Gusses, Güsse ۱. چدن‌ریزی، ریخته‌گری ۲. بارش شدید، رگبار
Gußbeton, der; -s, -s بتون ریختگی
Gußeisen, das; -s, - آهن خام؛ آهن ریخته‌گری؛ چدن
gußeisern *Adj.* چدنی، سخت و محکم
Gußform, die; -, -en قالب ریخته‌گری
Gußrohr, das; -(e)s, -e لولهٔ چدنی
Gußstahl, der; -(e)s, -e فولاد ریختگی
Gußwaren, die / *Pl.* آلات چدنی
Gusto, der; -s, -s طعم، ذوق
gut *Adj.* ۱. خوب، نیک ۲. مفید، سودمند، مناسب ۳. بسیار خوب ۴. نیک‌سرشت
Es geht mir gut. حالم خوب است.
Laß es gut sein. ناراحت نباش. موضوع را فراموش کن.
Schon gut! مهم نیست! باشه!
Du hast es gut! خوش به حالت!
ein guter Mensch (یک) آدم خوب
auf gut deutsch صریح و پوست‌کنده
Gute Reise! سفر به خیر!
Gut, das; -(e)s, ⸚er ۱. مال، دارایی، ملک ۲. کالا ۳. مزرعه، ملک مزروعی ۴. نعمت، موهبت
Gesundheit ist das höchste Gut. سلامت بزرگترین نعمت است.
Gutachten, das; -s, - اظهارنظر، نظریه، نظر فنی (کارشناس)
Gutachter, der; -s, - ارزیاب، کارشناس، خبره
Gutachterin, die; -, -nen ارزیاب، کارشناس، خبره (زن)
gutartig *Adj.* [غده] خوش‌خیم
Gutartigkeit, die; -, -en خوش‌خیمی
gutaussehend *Adj.* خوش‌قیافه
Gutdünken, das; -s عقیده، نظریه، صلاح‌دید
nach Gutdünken طبق صلاح‌دید
Güte, die; - خوبی، نیکی، مهربانی، لطف
Meine Güte! ای وای! عجب!
Gutenachtkuß, der; -kusses, -küsse بوسهٔ خداحافظی (در شب)
Güterabfertigung, die; -, -en تحویل و ترخیص کالا و بار
Güterannahme, die; -, -n تحویل و پذیرش بار
Güterbahnhof, der; -(e)s, ⸚e ایستگاه راه‌آهن مخصوص حمل و نقل کالا
Gütergemeinschaft, die; -, -en مشارکت مالی
Güterkraftfahrzeug, das; -(e)s, -e کامیون
Güterkraftverkehr, der; -(e)s حمل و نقل کالا و بار
Güterschuppen, der; -s, - انبار کالا
Güterstand, der; -(e)s, ⸚e وضع دارایی
Gütertausch, der; -es, -e داد و ستد
Gütertrenung, die; -, -en تفکیک دارایی
Güterverfahren, das; -s, - دعوای مصالحه
Güterverhandlung, die; -, -en محکمهٔ صالحه
Güterverkehr, der; -(e)s حمل کالا
Güterwagen, der; -s, - اتومبیل باری، واگن باری
Güterzug, der; -es, ⸚e واگن باری، قطار باری
gutgebaut *Adj.* خوش‌ترکیب
gutgehen *Vi.* ۱. سلامت بودن، سر حال بودن ۲. خوش گذشتن ۳. به نتیجهٔ خوب منتهی شدن، به خوبی برگزار شدن
gutgehend *Adj.* پررونق، پرمشتری

387 **Gynäzeum**

gutgekleidet *Adj.* خوش‌لباس
gutgelaunt *Adj.* سرحال، بشاش، شاداب، خوش‌خلق
gutgemeint *Adj.* خوش‌نیت، نظر خوش
gutgesinnt *Adj.* خوش حالت، خوش رفتار، مهربان
gutgläubig *Adj.* زودباور، ساده‌لوح، خوش‌بین
Guthaben, das; -s, - موجودی نقدی در حساب بانکی
guthaben *Vt.* طلبکار بودن، طلب داشتن
einen Betrag von 100 Mark bei jemandem guthaben معادل صد مارک از کسی طلب داشتن
gutheißen *Vt.* پسندیدن؛ با (چیزی) موافقت کردن، قبول کردن، تصویب کردن (پیشنهاد)
gutherzig *Adj.* خوش‌قلب، مهربان
Gutherzigkeit, die; - خوش‌قلبی، مهربانی
gütig *Adj.* مهربان، خوش‌قلب، نیکوکار
Sie sind sehr gütig. دست شما درد نکند.
gütlich *Adj.* دوستانه، مسالمت‌آمیز
gutmachen *Vt.* جبران کردن، تلافی کردن
gutmütig *Adj.* مهربان، خوش‌قلب، باگذشت
Gutmütigkeit, die; - مهربانی، خوش‌قلبی
gutsagen *Vi.* ضمانت کردن، ضامن شدن
Gutsbesitzer, der; -s, - ملاّک، صاحب ملک
Gutsbesitzerin, die; -, -nen ملاّک، صاحب ملک (زن)
Gutschein, der; -(e)s, -e برگ اعتباری، قبض (ضمانت) پرداخت
gutschreiben *Vt.* اعتبار دادن، در ستون بستانکار وارد کردن
Gutschrift, die; -, -en برگ اعتباری
Gutschriftsanzeige, die; -, -n برگ اعتباری
Gutshaus, das; -es, -häuser خانهٔ رعیتی
Gutsherr, der; -n / -en, -en ارباب، مالک
Gutsherrin, die; -, -nen ارباب، مالک (زن)
Gutshof, der; -(e)s, ¨-e ملک زراعتی
Gutsverwalter, der; -s, - مباشر ملک
Guttat, die; -, -en مهربانی، محبت
guttun *Vi.* خوب بودن، مفید بودن
gutwillig *Adj.* مایل، راضی، خواهان، با حسن نیت
Gutwilligkeit, die; - میل، رضایت
Gymnasialbildung, die; -, -en آموزش دبیرستانی، تعلیمات متوسطه
Gymnasiallehrer, der; -s, - دبیر دبیرستان
Gymnasiast, der; -en, -en دانش‌آموز دبیرستان
Gymnasiastin, die; -, -nen دانش‌آموز دبیرستان (دختر)
Gymnasium, das; -s, -sien دبیرستان
Gymnastik, die; - ژیمناستیک، ورزش
Gymnastiker, der; -s, - ژیمناست، ورزشکار
Gymnastin, die; -, -nen ژیمناست، ورزشکار (زن)
gymnastisch *Adj.* (مربوط به) ژیمناستیک
Gynäkologe, der; -n, -n پزشک (متخصص بیماری‌های) زنان
Gynäkologie, die; - (علم) بیماری‌های زنان
Gynäzeum, das; -s, -zeen مادگی (گل)

H

H, das; -,-	۱. ها (حرف هشتم الفبای آلمانی)
	۲. (موسیقی) نُت سی
ha *Interj.*	ها، آه، آخ، وه
Haar, das; -(e)s, -e	مو، گیسو، زلف
sich die Haare schneiden lassen	موهای خود را اصلاح کردن
an einem Haar hängen	به مویی بسته بودن
mit Haut und Haaren	با تمام وجود
Haare auf den Zähnen haben	زخم زبان زدن
Haaransatz, der; -es, ⸚e	حد موی سر، حد موی پیشانی
Haarausfall, der; -(e)s	ریزش مو
Haarband, das; -(e)s, ⸚er	نوار سر، روبان
Haarbelag, der; -(e)s, ⸚e	ریشهٔ مو
Haarboden, der; -s, -/⸚	ته مو، ریشهٔ مو
Haarbürste, die; -, -n	برس (موی سر)
Haarbüschel, das; -s, -	کاکل مو
haaren *Vi., Vr.*	مو ریختن، کم مو شدن (حیوان)
Haarentferner, der; -s, -	موبر، مادهٔ زدودن مو، واجبی
Haarentfernungsmittel, das; -s, -	موبر، مادهٔ زدودن مو، واجبی
Haarersatz, der; -es	کلاه گیس، موی مصنوعی
Haaresbreite, die; -, -n	باریکی مو
um Haaresbreite dem Tod entgehen	به اندازهٔ یک مو از مرگ فاصله داشتن
Er wich nicht um eine Haaresbreite von seiner Meinung ab.	او یک سر سوزن از عقیده‌اش برنمی‌گردد
Haarfarbe, die; -, -n	رنگ مو
haarfein *Adj.*	ظریف، باریک، دقیق
Haarfestiger, der; -s, -	محلول حالت دادن به مو
Haargefäß, das; -es, -e	مویرگ
haargenau *Adj., Adv.*	۱. خیلی دقیق ۲. دقیقاً
Die Waage wiegt haargenau.	ترازو مو نمی‌زند
haarig *Adj.*	پرمو، مودار
Haarkamm, der; -(e)s, ⸚e	شانه
Haarklammer, die; -, -n	سنجاق سر
haarklein *Adj., Adv.*	۱. خیلی دقیق ۲. دقیقاً
einen Vorfall haarklein erzählen	حادثه‌ای را مو به مو تعریف کردن
Haarklemme, die; -, -n	سنجاق سر
Haarkünstler, der; -s, -	سلمانی، آرایشگر
haarlos *Adj.*	بی‌مو
Haarnadel, die; -, -n	سنجاق سر، سنجاق مو
Haarnadelkurve, die; -, -n	پیچ تند (جاده)
Haarnetz, das; -es, -e	توری سر
Haarpflege, die; -, -n	مراقبت از مو
haarscharf *Adj., Adv.*	۱. خیلی دقیق ۲. خیلی تیز ۳. خیلی نزدیک ۴. دقیقاً
Haarschere, die; -, -n	قیچی اصلاح مو
Haarschnitt, der; -(e)s, -e	اصلاح موی سر، پیرایش سر
Haarschwund, der; -(e)s	بی‌مویی، فقدان مو
Haarsieb, das; -(e)s, -e	الکریز
Haarspalterei, die; -	۱. موشکافی ۲. مشاجره بر سر هیچ
Haarspange, die; -, -n	گیرهٔ مو
Haarspray, der; -s, -s	اسپری مو
haarsträubend *Adj.*	ترسناک، وحشتناک، حیرت‌آور، که مو بر تن آدم سیخ می‌کند
Haarstrich, der; -(e)s, -e	خط نازک در بالا/پایین حروف نوشته، خط نازک در بالا/پایین حروف چاپی
Haarteil, das/der; -(e)s, -e	موی مصنوعی، گیسوی ساختگی
Haartracht, die; -, -en	آرایش مو
Haartrasplantation, die; -, -en	پیوند مو
Haartrockner, der; -s, -	سشوار
Haarverpflanzung, die; -, -en	پیوند مو
Haarwäsche, die; -, -n	شستشوی سر، سرشویی
Haarwaschmittel, das; -s, -	سرشوی، شامپو
Haarwasser, das; -s, -wässer	لوسیون (مایهٔ شستشوی سر)
Haarwickel, der; -s, -	(دستگاه) فرزنی، موپیچ
Haarwuchs, der; -es, ⸚e	رویش مو
Haarwuchsmittel, das; -s, -	داروی رویش مو
Haarwurzel, die; -, -n	ریشهٔ مو

389 **haftenbleiben**

Haarzange, die; -, -n موچین، انبرک
Haarzwiebel, die; -, -n پیاز مو
Hab
Hab und Gut مال و منال، دارایی، دار و ندار
Habe, die; - دارایی، مال، ثروت، دار و ندار
haben *Vt., Vr.* ۱. داشتن، دارا بودن ۲. دریافت کردن ۳. حمل کردن ۴. خودستایی کردن
Den wievielten haben wir heute? امروز چندم (ماه) است؟
Ich habe etwas zu tun. من کار دارم.
Was habe ich zu bezahlen? چقدر باید بپردازم؟
Was hast du? چته؟ چه مشکلی داری؟
jemanden **gern haben** به کسی علاقمند بودن
etwas **gegen** jemanden **haben** با کسی سر مخالفت داشتن
Hunger haben گرسنه بودن
Haben, das; -s, - (در بانک) موجودی، اعتبار
Habenichts, der; -(es), -e بی‌بضاعت، بی‌چیز، فقیر، بینوا
Habensaldo, der; -s, -den (در بانک) مانده حساب
Habenseite, die; -, -n ستون بستانکار
Habenzinsen, die / *Pl.* تنزیل حساب بستانکار
Habgier, die; - طمع، حرص
habgierig *Adj.* طماع، حریص
Habicht, der; -s, -e باز، قوش
Habilitation, die; -, -en درخواست تدریس (در دانشگاه)
habilitieren *Vr.* برای تدریس در (دانشگاه) درخواست دادن
Habseligkeit, die; -, -en دارایی، مال
Habsucht, die; -, ⸚e طمع، حرص
habsüchtig *Adj.* طماع، حریص
Hachse, die; -, -n (در مورد حیوان ذبح‌شدنی) پاچه، ساق پا
Hackbeil, das; -(e)s, -e ساطور قصابی
Hackblock, der; -(e)s, ⸚e تختهٔ زیر ساطور
Hackbraten, der; -s, - کباب کوبیده
Hackbrett, das; -(e)s, -er ۱. تخته‌ساطور ۲. (نوعی) آلت موسیقی شبیه سنتور
Hacke, die; -, -n کلنگ دوسر؛ چنگک؛ کج بیل
Hacken, der; -s, - ۱. پاشنهٔ پا ۲. پاشنهٔ کفش و جوراب
hacken *Vt., Vi.* ۱. چرخ کردن (گوشت) ۲. خرد کردن، بریدن، ریز ریز کردن (سبزی) ۳. (با کج بیل) پوک کردن (خاک زمین) ۴. نوک زدن (پرندگان)
Holz hacken هیزم شکستن
Hackenzahn, der; -(e)s, ⸚e دندانِ نیش
Hackfleisch, das; -es گوشت چرخ کرده
Hackfrucht, die; -, ⸚e محصول صیفی‌کاری
Hackmaschine, die; -, -n چرخ گوشت
Häcksel, der / das; -s (برای علوفه دام) کاه، پوشال؛ سبوس، پوسته
Häckselmaschine, die; -, -n ماشین کاه خردکنی
Hader, der; -s, - نزاع، اختلاف، ناسازگاری
hadern *Vi.* ۱. نزاع کردن ۲. ناراضی بودن
Hadsch, der; - حج (سفر زیارتی به مکه)
Hadschi, der; -s, -s حاجی، زائر خانهٔ خدا
Hafen, der; -s, ⸚ بندر، لنگرگاه
den Hafen erreichen به بندر رسیدن
Hafenanker, der; -s, - لنگر
Hafenanlagen, die / *Pl.* بارانداز، لنگرگاه، اسکله
Hafenarbeiter, der; -s, - کارگر بارانداز، کارگر بندر
Hafendamm, der; -(e)s, ⸚e بارانداز، اسکلهٔ بندر
Hafengebühr, die; -, -en هزینهٔ استفاده از بندر
Hafengeld, das; -(e)s, -er حق بندرداری
Hafenmeister, der; -s, - سرپرست بندر، بندردار
Hafensperre, die; -, -n محاصرهٔ بندر
Hafenstadt, die; -, ⸚e شهر بندری، شهر دریایی
Hafenviertel, das; -s, - منطقهٔ بندری
Hafer, der; -s جو دو سر، جو سیاه
Haferbrei, der; -(e)s, -e بلغور؛ آش‌جو
Haferflocken, die / *Pl.* جو ساییده، گرد جو، (نوعی) کورن فلکس
Hafergrütze, die; -, -n جو پوست کنده؛ جو ساییده
Haferschleim, der; -(e)s, -e شوربا
Haff, das; -(e)s, -e خلیج
Haft, die; - ۱. حبس، زندان ۲. بازداشت ۳. گیره
jemanden **aus der Haft entlassen** کسی را از حبس آزاد کردن
Haftanstalt, die; -, -en بازداشتگاه
haftbar *Adj.* مسئول، جوابگو
Haftbarkeit, die; -, -en مسئولیت، جوابگویی
Haftbefehl, der; -s, -e حکم بازداشت، حکم جلب
gegen jemanden **Haftbefehl erlassen** حکم بازداشت کسی را صادر کردن
haften *Vi.* ۱. چسبیدن، گیر کردن ۲. ضمانت کردن
für jemanden **haften** ضمانت کسی را کردن
haftenbleiben *Vi.* ۱. محکم چسبیدن ۲. در حافظه ماندن

Haftentlassung 390

Haftentlassung, die; -, -en آزادی (از زندان)
Haftglas, das; -es, ⸚er عینک درون چشمی
Häftling, der; -(e)s, -e زندانی، محبوس
Haftpflicht, die; -, -en تعهد، عهده‌داری خسارت
haftpflichtig *Adj.* مسئول، جوابگو
Haftpflichtversicherung, die; -, -en
(در حوادث اتومبیل) بیمهٔ شخص ثالث، بیمهٔ خسارت
Haftschale, die; -, -n عینک درون چشمی
Haftstrafe, die; -, -n محکومیت زندان
Haftung, die; -, -en ۱. مسئولیت، تعهد، التزام، ضمانت ۲. چسبندگی
Hafturlaub, der; -(e)s, -e آزادی (موقتی) زندانیان (به قید قول شرف)
Haftvermögen, das; -s, - قابلیت چسبندگی
Hag, der; -(e)s, -e ۱. حصار، چینه ۲. بیشه
Hagebutte, die; -, -n میوهٔ گل سرخ
Hagedorn, der; -(e)s, -e درخت کویج، خفجه
Hagel, der; -s تگرگ
hageldicht *Adj.* به درشتی تگرگ
Hagelkorn, das; -(e)s, ⸚er ۱. دانهٔ تگرگ ۲. گل‌مژه
hageln *Vi.* ۱. تگرگ باریدن
۲. بر سر (کسی) باران ناملایمات باریدن
Es hagelt. تگرگ می‌بارد.
Es hagelt Drohungen auf ihn. او مرتباً تهدید می‌شود.
Hagelschauer, der; -s, - رگبار تگرگ
Hagelschlag, der; -(e)s, ⸚e خسارت تگرگ
Hagelwetter, das; -s, - طوفان تگرگ
hager *Adj.* لاغر، نحیف، نزار
Hagerkeit, die; - لاغری، نزاری، نحیفی
Hagestolz, der; -(e)s, -e بی‌همسر، مجرد
ha ha *Interj.* ها ها
Hahn, der; -(e)s, ⸚e ۱. خروس ۲. شیر (آب) ۳. ماشهٔ تفنگ
den Hahn aufdrehen شیر آب را باز کردن
den Hahn zudrehen شیر آب را بستن
Hahn im Korbe sein گل سرسبد مجلس بودن، تنها مرد یک مجلس زنانه بودن
Hähnchen, das; -s, - جوجه خروس
Hahnenfuß, der; -es, ⸚e (نوعی) گل شمعدانی
Hahnenkamm, der; -(e)s, ⸚e گل تاج‌خروس
Hahnenkampf, der; -(e)s, ⸚e جنگ‌اندازی خروس‌ها
Hahnenschrei, der; -(e)s, -e بانگ خروس
Hahnrei, der; -(e)s, -e شوهر زن روسپی، دیوث
Hai, der; -(e)s, -e کوسه

Haifisch, der; -es, -e کوسه ماهی
Hain, der; -(e)s, -e بیشه
Häkchen, das; -s, - ۱. قلاب کوچک
۲. (در خط) علامتِ زیر و زبری
Häkelarbeit, die; -, -en قلاب‌دوزی، قلاب‌بافی
Häkelei, die; -, -en قلاب‌دوزی، قلاب‌بافی
Häkelgarn, das; -(e)s, -e نخ قلاب‌دوزی، نخ قلاب‌بافی
häkeln *Vt., Vi.* ۱. با قلاب بافتن ۲. قلاب‌دوزی کردن، قلاب‌بافی کردن
Häkelnadel, die; -, -n میل قلاب‌دوزی، میلِ سر کج
Haken, der; -s, - ۱. قلاب، سگک ۲. مانع، محظور؛ گیر، دشواری، گرفتاری
Haken und Ösen قزن قفلی
Die Sache hat einen Haken. مشکلی در کار است.
einen Haken haben اشکالی در کار بودن
Hakenkreuz, das; -es, -e صلیب شکسته (علامت حزب نازی آلمان)
Hakenkreuzfahne, die; -, -n پرچم آلمان نازی
Hakennase, die; -, -n بینی قوزدار، دماغ عقابی
Hakenwurm, der; -(e)s, ⸚er (در ماهی‌گیری) کرم قلاب
Hakim, der; -s, -s حکیم، طبیب
halb *Adj.* نیم، نصف
Kinder bezahlen den halben Preis.
بچه‌ها نیم بها می‌پردازند.
alle halben Stunden هر نیم ساعت
halb und halb نصف نصف
halb so groß به اندازهٔ نصف
mit halbem Ohr zuhören
(به حرف کسی) خوب گوش ندادن
halbamtlich *Adj.* نیمه رسمی
Halbbildung, die; -, -en آموزش سطحی، تحصیل ناقص
Halbblut, das; -(e)s دورگه، مخلوط
halbblutig *Adj.* دورگه، مخلوط
Halbbruder, der; -s, ⸚ نابرادری، برادر ناتنی
Halbdunkel, das; -s (هوا) نیمه تاریک، تاریک و روشن، گرگ و میش
Halbedelstein, der; -(e)s, -e جواهر بدلی
halber *Präp.* به علتِ، به واسطهٔ، به خاطرِ، برای، از بابتِ
der Bequemlichkeit halber برای راحتی
Halbfabrikat, das; -(e)s, -e (محصول) نیمه ماشینی
halbfertig *Adj.* نیمه تمام
eine halbfertige Arbeit کار نیمه تمام

391 **Halbzeug**

halbfett *Adj.* کم‌چربی
Halbfinale, das; -s, - (در مسابقات حذفی) بازی نیمه‌نهایی
halbgar *Adj.* نیم‌پز، نیم‌پخته
halbgebildet *Adj.* کم‌سواد
Halbgeschwister, die / *Pl.* نابرادری، ناخواهری
Halbgott, der; -es, ¨-er نیمه خدا
Halbheit, die; -, -en ناقص، غیر کامل، نیمه کاره
halbieren *Vt.* نصف کردن، دو نیم کردن
Halbierung, die; -, -en تقسیم (به دو قسمت)؛ نیمساز
Halbinsel, die; -, -en شبه‌جزیره
Halbjahr, das; -(e)s, -e نیم سال، شش ماه
halbjährig *Adj.* نیم ساله، شش ماهه
ein halbjähriger Vertrag یک قرارداد نیم ساله، یک قرارداد شش ماهه
halbjährlich *Adj.* سالی دوبار، شش ماه یک‌بار
Die Zeitschrift erscheint halbjährlich. مجله هر شش ماه یک‌بار منتشر می‌شود.
Halbkreis, der; -es, -e نیم دایره
Halbkugel, die; -, -n نیم‌کره (زمین)
südliche Halbkugel نیم‌کرهٔ جنوبی
halblang *Adj.* [لباس، مو] متوسط، نیمه بلند
halblaut *Adj.* [صدا] نیمه بلند
Halbleder, das; -s, - نیمه چرم
Halblederband, der; -(e)s, ¨-e جلد نیمه چرم
Halbleinen, das; -s, - (پارچه) نیم کتان
Halbleiter, der; -s, - (فیزیک) نیمه هادی
Halblinks, der; -, - (فوتبال) بغل چپ، گوش چپ
halbmast *Adv.* (به صورت) نیمه افراشته
die Flagge auf halbmast setzen (به علامت عزا) پرچم را نیمه افراشتن
Halbmesser, der; -s, - شعاع دایره
Halbmetall, das; -s, -e (شیمی) شبه فلز
halbmonatlich *Adj.* ماهی دوبار
halbmonats *Adj.* ماهی دوبار
Halbmonatsschrift, die; -, -en نشریهٔ دو هفتگی
Halbmond, der; -(e)s, -e هلال (ماه)
halbnackt *Adj.* نیمه عریان
halboffen *Adj.* نیمه باز
halbpart *Adv.* نصف، نیم
Halbpension, die; -, -en پانسیون همراه با یک وعده غذا
Halbprofil, das; -s, -e نیم‌رخ
Halbrechts, der; -, - (فوتبال) بغل راست، گوش راست

Halbschlaf, der; -(e)s چرت زدن، چرت، خواب روی
Halbschuh, der; -(e)s, -e سرپایی، کفش راحتی
Halbschwergewicht, das; -(e)s, -e (وزنه‌برداری) نیم سنگین
Halbschwergewichtler, der; -s, - وزنه‌بردار نیم سنگین
Halbschwester, die; -, -n ناخواهری
Halbseide, die; -, -n ابریشم‌نما، نیمه ابریشمی
Halbstarke, der; -n, -n جوان ولگرد
halbstarr *Adj.* نیمه سفت
Halbstiefel, der; -s, - نیم‌چکمه
halbstündig *Adj.* نیم‌ساعته
eine halbstündige Pause استراحت نیم‌ساعته
halbstündlich *Adj.* هر نیم‌ساعت
Der Zug verkehrt halbstündlich. ترن هر نیم ساعت یک بار حرکت می‌کند.
halbtägig *Adj.* نیم‌روز
halbtägige Arbeit کار نیم روز
halbtags *Adv.* نصف روز
Das Geschäft ist halbtags geöffnet. مغازه نصف روز باز است.
halbtäglich *Adj.* هر نصف روز
Halbtagsarbeit, die; - کار نصف روز
Halbtagsbeschäftigte, der / die; -n, -n کارگر نیم‌روزه؛ کارمند نیم روزه
Halbtagsbeschäftigung, die; -, -en کار نیم‌روزه، کار نیمه وقت
Halbton, der; -(e)s, ¨-e (موسیقی) نیم پرده
halbtot *Adj.* نیمه جان
Halbvokal, der; -s, -e (حرف) نیم صوتی، نیم مصوت
halbvoll *Adj.* نیمه پُر
halbwach *Adj.* بین خواب و بیداری
halbwegs *Adv.* ۱. نیمه راه ۲. تا حدودی، تقریباً، نسبتاً
Der Lehrer ist mit ihm halbwegs zufrieden. معلم تا حدودی از او راضی است.
Halbwelt, die; - جهان روسپیان
Halbweltdame, die; -, -n روسپی
Halbwissen, das; -s آموزش سطحی، تحصیل ناقص
halbwüchsig *Adj.* [شخص] نورس، نوجوان
Halbwüchsige, der / die; -n, -n نوجوان، جوان نورس
Halbzeit, die; -, -en (ورزش) نیمهٔ بازی
Halbzeug, das; -(e)s, -e نیم‌فراورده، نیم‌کالا، نیم حاضر، (محصول) نیمه آماده

Halde, die; -, -n ۱. شیب، سرازیری ۲. تپهٔ زباله
half *P.* صیغهٔ فعل گذشتهٔ مطلق از مصدر helfen
Hälfte, die; -, -n نیم، نصف، نیمه
zur Hälfte تا نصف، تا نیمه
hälften *Vt.* نصف کردن، به دو نیم کردن
Halfter[1]**,** der/das; -s, - افسار، تسمه
Halfter[2]**,** die; -, -n غلاف (اسلحه)
Hall, die; -(e)s, -e انعکاس صدا، اِکو
Halle, die; -, -n تالار، سالن، سرسرا
hallen *Vi.* منعکس شدن (صدا)، پیچیدن (صدا)، طنین انداختن (صدا)
Hallenbad, das; -(e)s, ⸚er استخر شنای سر پوشیده
Hallenhandball, der; -(e)s, ⸚e هندبال در سالن سر پوشیده
Hallenschwimmbad, das; -(e)s, ⸚er استخر شنای سرپوشیده
Hallensport, der; -(e)s ورزش سالنی
hallo *Interj.* (در تلفن) الو؛ آهای
Halluzination, die; -, -en ۱. توهّم، پندار، خیال ۲. هذیان
an Halluzination leiden دچار وهم و خیال بودن
halluzinieren *Vi.* هذیان گفتن، دچار وهم شدن
halluzinogen *Adj.* ایجاد اوهام و هذیان (در اثر استعمال مواد مخدر)
Halm, der; -(e)s, -e ساقهٔ تو خالی غلات، ساقهٔ تو خالی علوفه
Halo, der; -(s), -nen هاله، حلقهٔ نور
Halogen, das; -s, -e (شیمی) هالوژن
Hals, der; -es, ⸚e گردن، گلو
jemanden **den Hals abdrehen** کسی را خفه کردن
Mir tut der Hals weh. گلویم درد می‌کند.
Mir bleibt das Wort im Hals stecken. زبانم بند آمد.
Halsabschneider, der; -s, - کلاهبردار
Halsausschnitt, der; -(e)s, -e (در لباس، بافتنی) شکل برش یقه
Halsband, das; -(e)s, ⸚er گردن‌بند؛ قلاده
Halsbinde, die; -, -n کراوات؛ دستمال گردن
Halsbräune, die; - ورم لوزه، ورم چرک‌دار لوزه
halsbrecherisch *Adj.* بسیار خطرناک
Halsentzündung, die; -, -en التهاب گلو، گلو درد
Halskette, die; -, -n گردن‌بند
Halskragen, der; -s, - یقه
Hals-Nasen-Ohren-Arzt, der; -es, ⸚e پزشک گوش و حلق و بینی
Halsschlagader, die; -n, -n شاهرگ
Halsschmerzen, die/*Pl.* گلو درد
halsstarrig *Adj.* خودرأی، خودسر، لجباز، لجوج، کله‌شق
Halsstarrigkeit, die; - خودرأیی، لجاجت، کله‌شقی
Halstuch, das; -(e)s, -e/⸚er دستمال گردن
Halsweh, das; -(e)s گلودرد
Halsweite, die; -, -n اندازهٔ دور گردن
Halswirbel, der; -s, - مهره‌های گردن
Halswirbelsäule, die; -, -n ستون مهره‌های گردن
Halt, der; -(e)s, -e ۱. توقف، سکته، مکث ۲. نقطهٔ اتکا، گیر، دستاویز
halt *Interj.* ایست، نگه دار، صبر کن
haltbar *Adj.* [موادغذایی] بادوام، مقاوم، قابل مصرف، قابل نگهداری، فاسدنشدنی
Haltbarkeit, die; -, -en دوام، مقاومت، استحکام، قابلیت نگهداری
Haltelinie, die; -, -n خط ایست
halten *Vt., Vi., Vr.* ۱. نگاه داشتن، نگه داشتن ۲. از (چیزی) نگهداری کردن، حفظ کردن ۳. برگزار کردن، انجام دادن ۴. از (کسی) حمایت کردن، از (کسی) طرفداری کردن ۵. پایداری کردن، دفاع کردن ۶. متوقف ساختن، از حرکت بازداشتن ۷. دوام آوردن، پایدار بودن ۸. ایستادن، توقف کردن، از حرکت بازماندن ۹. فاسد نشدن، ترو تازه ماندن
eine Rede halten نطق کردن، سخنرانی کردن
sein Versprechen halten به قول خود عمل کردن
warm halten گرم نگه داشتن
Was halten Sie davon? نظرتان در این مورد چیست؟
jemandem etwas **zugute halten** ملاحظه کسی را کردن
jemandem **den Daumen halten** برای کسی آرزوی موفقیت کردن
Das Wetter hält sich. هوا ثابت می‌ماند.
Halteplatz, der; -es, ⸚e محل توقف، توقفگاه
Haltepunkt, der; -(e)s, -e محل توقف، توقفگاه
Halter, der; -s, - ۱. دستگیره، دسته ۲. مالک
der Halter des Wagens مالک اتومبیل
Haltestelle, die; -, -n ایستگاه (اتوبوس/تاکسی)
Halteverbot, das; -(e)s, -e توقف ممنوع
Halteverbotsschild, das; -(e)s, -er تابلوی توقف ممنوع
Haltezeichen, das; -s, - علامت ایست (اتومبیل)
Haltezeit, die; -, -en زمان توقف
Haltlinie, die; -, -n خط ایست

393 Handelsadreßbuch

haltlos *Adj.* ۱. ناپایدار، نااستوار ۲. [ادعا] بی‌ثبات، متزلزل، بی‌اساس
Haltlosigkeit, die; - ناپایداری، نااستواری، بی‌ثباتی، تزلزل
haltmachen *Vi.* توقف کردن، مکث کردن، تأمل کردن، ایستادن
Haltung, die; -, -en وضع، رفتار، سلوک، وضعیت، حالت
Haltzeichen, das; -s, - علامت توقف (اتومبیل)
Halunke, der; -n, -n رذل، پست، حقه‌باز، کلاهبردار، خبیث
Halwa, das; -s, - حلوا
Hämatologe, der; -n, -n متخصص بیماری‌های خونی
Hämatologie, die; - بیماری‌های خونی
Häme, die; - غرض، کینه
hämisch *Adj.* بدخواه، بدجنس، بداندیش، کینه‌جو؛ غرض‌آمیز، مغرضانه
Hammel, der; -s, ⸚ گوسفند (اخته شده)
Hammelbraten, der; -s, - کباب گوسفند
Hammelfleisch, das; -es گوشت گوسفند
Hammelkeule, die; -, -n ران گوسفند
Hammelsprung, der; -(e)s, ⸚e (نوعی) رأی‌گیری (در مجلس)
Hammer, der; -s, ⸚ چکش، پتک
unter den Hammer kommen به حراج درآمدن
hämmerbar *Adj.* چکش‌خوار، نرم و قابل انعطاف
Hämmerbarkeit, die; - قابلیت چکش‌خواری
Hammerfisch, der; -es, -e کوسهٔ کله چکشی
Hammerhai, der; -(e)s, -e کوسهٔ کله چکشی
hammern *Vt., Vi.* ۱. چکش زدن، به (چیزی) چکش کوبیدن ۲. چکش‌کاری کردن
hämmern *Vt., Vi.* ۱. چکش زدن، به (چیزی) چکش کوبیدن ۲. چکش‌کاری کردن
Hammerschlag, der; -(e)s, ⸚e ضربهٔ چکش
Hammerschmied, der; -(e)s, -e آهنگر
Hammerstiel, der; -(e)s, -e دستهٔ چکش
Hammerwerk, das; -(e)s, -e کارگاه آهنگری
Hammerwerfen, das; -s, - (ورزش) چکش‌پرانی، پرتاب چکش
Hämoglobin, das; -s هموگلوبین (مادهٔ رنگی گلبول‌های قرمز خون)
Hämorrhoiden, die / *Pl.* (بیماری) بواسیر
Hampelmann, der; -(e)s, ⸚er ۱. عروسک بازیگر، عروسک خیمه‌شب‌بازی ۲. شخص بی‌عرضه

hampeln *Vi.* جست و خیز کردن
Hamster, der; -s, - موش‌خرما
Hamsterei, die; - احتکار
Hamsterer, der; -s, - محتکر
hamstern *Vi., Vt.* احتکار کردن
Hand, die; -, ⸚e دست
Hand in Hand دست در دست هم
bei der Hand دم دست، در دسترس
jemandem **in die Hände geraten** گیر کسی افتادن
etwas **aus zweiter Hand kaufen** چیزی را دست دوم خریدن
alle Hände voll zu tun haben کار زیاد داشتن
etwas **in die Hand nehmen** انجام کاری را به عهده گرفتن
Handarbeit, die; -, -en کارِ دست، صنایع‌دستی
Handarbeiter, der; -s, - دستکار، پیشه‌ور
Handaufheben, das; -s, - (در رأی‌گیری) دست بلند کردن
Handausgabe, die; -n, -n چاپ محدود، چاپ دستی
Handball, der; -(e)s (ورزش) هندبال
Handballer, der; -s, - بازیکن هندبال
Handbeil, das; -(e)s, -e تبرِ دستی
Handbewegung, die; -, -en حرکت دست
Handbibliothek, die; -, -en کتابخانهٔ مرجع
handbreit *Adj.* به اندازهٔ کف دست
Handbreite, die; -, -n پهنای دست
Handbremse, die; -, -n ترمزدستی (اتومبیل)
Handbuch, das; -(e)s, ⸚er دست‌نامه، کتاب مرجع
Handcreme, die; -, -s کرم دست
Händedruck, der; -(e)s, ⸚e فشردن دست، دست دادن
Händeklatschen, das; -s, - دست زدن، کف زدن
Handel, der; -s, ⸚ تجارت، داد و ستد، کسب، بازرگانی، معامله
Händel, die / *Pl.* نزاع، ستیزه، دعوا، مناقشه
handeln *Vi., Vr., Vt.* ۱. تجارت کردن ۲. داد و ستد کردن، معامله کردن ۳. اقدام کردن، دست به کار شدن ۴. رفتار کردن ۵. راجع بودن، حاوی بودن ۶. عرضه کردن، فروختن
Es handelt sich um meine Arbeit. راجع به کار من است.
Woran handelt es sich? قضیه از چه قرار است؟
Handelsabkommen, das; -s, - قرارداد بازرگانی
Handelsadreßbuch, das; -(e)s, ⸚er کتاب راهنمای بازرگانی

Handelsartikel, der; -s, - کالا، جنس، متاع (بازرگانی)

Handelsbank, die; -, -en بانک بازرگانی

Handelsbeziehungen, die / *Pl.* روابط تجاری، روابط بازرگانی

Handelsbilanz, die; -, -en موازنهٔ داد و ستد، موازنهٔ تجاری

Handelsblatt, das; -(e)s, ¨-er نشریهٔ بازرگانی

Handelsbücher, die / *Pl.* دفاتر حساب جاری

handelseinig *Adv.* موافق قرارداد

Handelsflotte, die; -, -n ناوگان تجارتی

Handelsgenossenschaft, die; -, -en شرکت تعاونی

Handelsgericht, das; -(e)s, -e دادگاه اصناف

Handelsgesellschaft, die; -, -en شرکت بازرگانی، شرکت تجاری

Handelsgesetzbuch, das; -(e)s کتاب قوانین بازرگانی

Handelshafen, der; -s, ¨ بندر تجاری

Handelshaus, das; -es, -häuser تجارت‌خانه

Handelshochschule, die; -, -n مدرسهٔ عالی بازرگانی

Handelskammer, die; -, -n اتاق بازرگانی

Handelsmakler, der; -s, - دلال تجاری

Handelsmann, der; -(e)s, -leute / ¨-er تاجر، کاسب، سوداگر، پیشه‌ور

Handelsmarine, die; -, -n ناوگان تجارتی

Handelsmarke, die; -, -n علامت تجاری

Handelsmetropole, die; -, -n مرکز تجارت، مرکز بازرگانی

Handelsminister, der; -s, - وزیر بازرگانی

Handelsministerium, das; -s, -rien وزارت بازرگانی

Handelsplatz, der; -es, ¨-e بازار، محل تجارت

Handelspolitik, die; -, -en سیاست بازرگانی

Handelsprodukt, das; -(e)s, -e فراوردهٔ تجاری

Handelsrecht, das; -(e)s, -e قانون تجاری، ضابطهٔ تجاری

Handelsregister, das; -s, - ثبت امور تجاری

Handelsrichter, der; -s, - قاضی امور بازرگانی

Handelssachen, die / *Pl.* امور تجاری

Handelsschiff, das; -(e)s, -e کشتی تجاری

Handelsschiffahrt, die; -, -en خطوط کشتی‌رانی بازرگانی

Handelsschule, die; -, -n مدرسهٔ بازرگانی

Handelsspanne, die; -, -n (بازرگانی) سود

Handelssperre, die; -, -n تحریم بازرگانی، تحریم اقتصادی

Handelsstadt, die; -, ¨-e ۱. شهر تجاری ۲. فروشگاه بزرگ

handelsüblich *Adj.* متداول در بازار

Handelsverkehr, der; -(e)s رفت و آمد بازرگانی

Handelsvertrag, der; -(e)s, ¨-e قرارداد بازرگانی

Handelsvertreter, der; -s, - نمایندهٔ تجاری

Handelsvertretung, die; -, -en نمایندگی تجاری

Handelsware, die; -, -n کالای تجاری، مال‌التّجاره

Handelswechsel, der; -s, - برات، سفته

Handelsweg, der; -(e)s, -e راه تجاری

Handelswert, der; -(e)s, -e ارزش تجاری

Handelszeichen, das; -s, - علامت تجارتی

Handelszentrum, das; -s, -tren مرکز بازرگانی

Handelszweig, der; -(e)s, -e شعبهٔ تجاری، رشتهٔ بازرگانی

handeltreibend *Adj.* تجاری

händeringend *Adj.* ملتمسانه

Handfeger, der; -s, - جاروی (کوچک) دستی

Handfertigkeit, die; -, -en تردستی

Handfessel, die; -, -n دست‌بند

handfest *Adj.* ۱. قوی‌هیکل، نیرومند، تنومند، درشت ۲. [غذا] پرمحتوا ۳. واضح، آشکار، روشن

Handfeuerwaffe, die; -, -n اسلحهٔ سبک، سلاح قابل حمل

Handfläche, die; -, -n کف دست

handgearbeitet *Adj.* دستباف، دست‌دوز، کارِ دست، غیر ماشینی

handgefertigt *Adj.* دستباف، دست‌دوز، کارِ دست، غیر ماشینی

Handgeld, das; -(e)s, -er بیعانه، پیش‌پرداخت

handgeknüpft *Adj.* [قالی] دستباف

Handgelenk, das; -(e)s, -e مچ دست؛ مفصل بین استخوان‌های ساعد و مچ

etwas **aus dem Handgelenk machen** کاری را به سرعت برق انجام دادن

handgemacht *Adj.* [کار] دستی، غیر ماشینی

handgemein

(mit einander) handgemein werden (با یکدیگر) دست به یقه شدن

395 Handwerker

Handgemenge, das; -s, - نزاع، کشمکش، جنجال، کتک‌کاری (گروهی)
handgenäht *Adj.* با دست دوخته شده
Handgepäck, das; -(e)s, -e بار دستی، اسباب سفر دستی
handgerecht *Adj.* دستی، دم دست، آماده
handgeschrieben *Adj.* دست‌خط، دست‌نوشته
handgestrickt *Adj.* [بافتنی] دستباف
Handgranate, die; -, -n نارنجک (دستی)
handgreiflich *Adj.* ۱. مشهود، صریح، ملموس، دستیاب ۲. دست به یقه
Handgriff, der; -(e)s, -e ۱. دسته، دستگیره ۲. فن، کار، شگرد، حرکت (دست)
Handhabe, die; -, -n بهانه، مستمسک، دلیل
handhaben *Vt.* به کار زدن، به کار بردن، به (چیزی) عمل کردن
Handhabung, die; -, -en کاربرد، استعمال
händig *Adj.* دستی، با دست
Handikap, das; -s, -s ۱. مانع، رادع ۲. آوانس، امتیاز
Handkarren, der; -s, - ارابهٔ دستی، چرخ دستی
Handkoffer, der; -s, - چمدان کوچک
Handkorb, der; -(e)s, ⸚e سبد دستی، زنبیل دستی
Handkuß, der; -kusses, -küsse دست‌بوسی
Handlanger, der; -s, - پادو، وردست، شاگرد، دستیار، کارگر ساده
Händler, der; -s, - تاجر، بازرگان، کاسب، مغازه‌دار
Händlerin, die; -, -nen تاجر، بازرگان، کاسب، مغازه‌دار (زن)
Handlesekunst, die; -, ⸚e کف‌بینی؛ کف‌شناسی
Handleser, der; -s, - کف‌بین
Handleserin, die; -, -nen کف‌بین (زن)
handlich *Adj.* ۱. دم دست، آماده ۲. [ابزار کار] سبک، دستی، خوش‌دست
Handlung, die; -, -en ۱. کار، عملکرد، اقدام، عمل؛ واقعه ۲. سوژه (فیلم) ۳. مغازه، دکان
Handlungsbevollmächtigte, der/die; -n, -n وکیل مجاز، وکیل تام‌الاختیار
handlungsfähig *Adj.* صلاحیت‌دار
Handlungsfreiheit, die; - آزادی عمل
Handlungsgehilfe, der; -n, -n دستیار؛ منشی؛ فروشنده
Handlungsreisende, der/die; -n, -n مأمور؛ مسافر؛ فرستاده

Handlungsweise, die; -, -n ۱. رفتار، سلوک ۲. روش، طریقه
Handpflege, die; - مانیکور، آرایش دست و ناخن
Handreichung, die; -, -en کمک، مساعدت
Handrücken, der; -s, - پشت دست
Hands, das; -, - (فوتبال) خطای هند
Handsäge, die; -, -n ارهٔ دستی
Handschelle, die; -, -n دست‌بند
Handschlag, der; -(e)s, ⸚e دستِ توافق، دستِ هم‌پیمانی
Handschreiben, der; -s, - دست‌نویس، دست‌نوشته
Handschrift, die; -, -en نسخهٔ خطی، دستخط
Ich kann deine Handschrift nicht lesen.
من نمی‌توانم خط تو را بخوانم.
Handschriftendeutung, die; -, -en خط‌شناسی
handschriftlich *Adj., Adv.* ۱. با دست نوشته شده، کتبی ۲. به‌صورت دست‌نویس، کتباً
Handschuh, der; -(e)s, -e دستکش
die Handschuhe anziehen دستکش به دست کردن
Handschuhfach, das; -(e)s, ⸚er (در فروشگاه) قسمت دستکش
Handspiegel, der; -s, - آینهٔ (کوچک) دسته‌دار
Handstand, der; -(e)s, ⸚e روی دست ایستادن
Handstaubsauger, der; -s, - جاروبرقی دستی
Handstreich, der; -(e)s, -e یورش، حملهٔ ناگهانی، شبیخون
Handtasche, die; -, -n کیف دستی
Handteller, der; -s, - کف دست
Handtuch, das; -(e)s, -e/⸚er حوله؛ دستمال کاغذی
Handtuchhalter, der; -s, - جاحوله‌ای (دسته‌ای که حوله را روی آن قرار می‌دهند)
Handumdrehen, das; -s, - لحظه، آن
im Handumdrehen در یک چشم به هم زدن
Handvoll, die; -, - یک مشت، یک دست پر
Handwaffe, die; -, -n اسلحهٔ سبک، اسلحهٔ قابل حمل
Handwagen, der; -s, - ارابهٔ دستی، چرخ دستی
Handwashbecken, das; -s, - لگن دستشویی
Handwerk, das; -(e)s, -e کارِ دستی، حرفهٔ دستی
Er versteht sein Handwerk.
او در کار خود سر رشته دارد.
jemandem **das Handwerk legen**
مانع کار ناشایست کسی شدن
Handwerker, der; -s, - صنعتگر، پیشه‌ور، افزارمند

Handwerksbursche, der; -n, -n	کارگر مزدور
Handwerkskammer, die; -, -n	مرکز صنایع دستی
handwerksmäßig Adj.	ماهر، ماهرانه، استادانه
Handwerksmeister, der; -s, -	صنعتگر، پیشه‌ور، افزارمند
Handwerkszeug, das; -(e)s, -e	ابزار کار
Handwörterbuch, das; -(e)s, ̈-er	فرهنگ جیبی
Handwurzel, die; -, -n	مچ دست
Handwurzelknochen, der; -s, -	استخوان مچ دست
Handzeichen, das; -s, -	اشارهٔ دست؛ رأی دادن با بلند کردن دست
Handzeichnung, die; -, -en	اشارهٔ دست؛ رأی دادن با بلند کردن دست
Handzettel, der; -s, -	آگهی دستی
Hanf, der; -(e)s	کنف
hanfen Adj.	کنفی، از کنف
Hanfgarn, das; -(e)s, -e	نخ کنفی
Hänfling, der; -s, -e	مرغ کتان
Hang, der; -(e)s, ̈-e	۱. شیب، سراشیبی، سرازیری ۲. تمایل، میل، رغبت، دلبستگی
Hangar, der; -s, -s	آشیانهٔ هواپیما
Hängebacke, die; -, -n	گونهٔ شل و آویزان
Hängebahn, die; -, -en	خط ترن هوایی
Hängebauch, der; -(e)s, -bäuche	شکم شل و آویزان
Hängeboden, der; -s, -/ ̈-	رف
Hängebrücke, die; -, -n	پل معلق
Hängebrust, die; -, ̈-e	سینهٔ آویخته، پستان افتاده
Hängebusen, der; -s, -	سینهٔ آویخته، پستان افتاده
Hängelampe, die; -, -n	چراغ سقفی
hangeln Vi.	بالا رفتن، صعود کردن
Hängematte, die; -, -n	ننو
hängen Vt., Vi.	۱. آویزان کردن، آویختن ۲. به دار زدن، اعدام کردن ۳. آویزان بودن ۴. وابسته بودن
ein Bild an die Wand hängen	تصویری را به دیوار آویزان کردن
den Mantel nach dem Wind hängen	نان را به نرخ روز خوردن
Sie hängt sehr an ihrer Mutter.	او خیلی به مادرش دلبسته است.
Der Verbrecher wurde gehängt.	مجرم به دار آویخته شد.
hängenbleiben Vi.	۱. آویزان ماندن، گیر کردن و جدا نشدن ۲. مردود شدن
hängend Adj.	آویزان
hängenlassen Vt.	۱. آویزان کردن و فراموش کردن ۲. آویزان گذاشتن
Er hat seinen Mantel hängenlassen.	او پالتویش را (که آویزان بود) جاگذاشته است.
Hängeschrank, der; -(e)s, ̈-e	کمد دیواری
Hängeweide, die; -, -n	بید مجنون
Hansdampf, der; -(e)s, -e	همه‌کاره، همه‌فن حریف، همه چیزدان
hänseln Vt.	سر به سر (کسی) گذاشتن، به (کسی) متلک گفتن، مسخره کردن، دست انداختن
Hansestadt, die; -, ̈-e	شهر بندری
Hansnarr, der; -en, -en	دیوانه، احمق
Hanswurst, der; -(e)s, -e	مسخره، دلقک، مقلّد
Hantel, die; -, -n	(ورزش) دمبل
hanteln Vi.	(ورزش) دمبل زدن
hantieren Vi.	دست به کار شدن
Hantierung, die; -, -en	کارکرد، عملکرد
hapern Vi.	پیش نرفتن، گیر داشتن
Es hapert uns an Geld.	وضع مالی ما خراب است.
Bei ihm hapert es im Englischen.	او در درس انگلیسی ضعیف است.
Happen, der; -s, -	لقمه، تکه؛ مقدار کم
happig Adj.	حریص، شکمو، پرخور
Der Preis ist mir zu happig.	قیمت برایم خیلی زیاد است.
Harakiri, das; -(s), -s	هاراکیری (خودکشی به سبک ژاپنی)
Hardware, die; -, -s	(کامپیوتر) سخت‌افزار
Harem, der; -s, -s	حرمسرا
Harfe, die; -, -n	چنگ، هارپ
harfen Vi.	چنگ نواختن، هارپ زدن
Harfenist, der; -en, -en	چنگ‌نواز، نوازندهٔ هارپ
Harfenistin, die; -, -nen	چنگ‌نواز، نوازندهٔ هارپ (زن)
Harke, die; -, -n	شن‌کش
jemandem zeigen was eine Harke ist	حرف حساب خود را رک و راست به کسی زدن
harken Vt.	با شن‌کش جمع کردن، با شن‌کش صاف کردن
Harm, der; -(e)s	غم، اندوه، غصه
härmen Vt., Vr.	۱. غمگین کردن، محزون کردن ۲. غصه خوردن، افسوس خوردن، غم خوردن
harmlos Adj.	۱. بی‌ضرر، بی‌خطر ۲. بی‌آزار، ساده، بی‌ریا

Harmlosigkeit, die; -, -en	بی‌ضرری، بی‌آزاری، بی‌خطری
Harmonie, die; -, -n	۱. هارمونی، هماهنگی ۲. هم‌سلیقگی، هم‌فکری
Harmonielehre, die; -, -n	(موسیقی) علم هماهنگی
harmonieren Vi.	(از لحاظ صدا و رنگ) هماهنگی داشتن، هماهنگ بودن، هماهنگ شدن، با هم جور آمدن
Die Geschwister harmonieren gut miteinander.	خواهر و برادرها خوب با هم کنار می‌آیند.
Harmonika, die; -, -s/-ken	آکوردئون
harmonisch Adj.	هماهنگ، موزون، مناسب، مطابق، هم‌سلیقه، هم‌فکر، جور
harmonisieren Vt.	هماهنگ کردن، جور کردن، موزون کردن
Harmonium, das; -s, -s	ارغنون، گارمون (نوعی ساز بادی شستی‌دار)
Harn, der; -(e)s, -e	پیشاب، بول، شاش، ادرار
Harn lassen	ادرار کردن
Harnblase, die; -, -n	مثانه
harnen Vi.	ادرار کردن، شاشیدن، میزیدن
Harnfluß, der; -flusses, -flüsse	جریان شاش
Harnglas, das; -es, ¨-er	ظرف پیشاب
Harngrieß, der; -es	سنگ مثانه
Harnisch, der; -es, -e	زره، جوشن
Harnleiter, der; -s, -	میزنای
Harnröhre, die; -, -n	مجاری ادرار، میزنای
Harnsäure, die; -, -n	اسید اوریک
Harnstoff, der; -(e)s, -e	اوره
Harnuntersuchung, die; -, -en	آزمایش پیشاب
Harnverhaltung, die; -, -en	شاش‌بند
Harnwege, die/Pl.	مسیر پیشاب
Harpune, die; -, -n	نیزهٔ (مخصوص صید نهنگ)
harpunieren Vt.	(با نیزه مخصوص) صید نهنگ کردن
harren Vi.	انتظار کشیدن، منتظر بودن
auf Gottes Hilfe harren	در انتظار کمک خداوند بودن
Wir harren seiner.	ما منتظر او هستیم.
harsch Adj.	خشن، زمخت، درشت
Harschschnee, der; -s	برف یخ‌زده
hart Adj.	سخت، دشوار، مشکل؛ سفت، محکم؛ تند، شدید؛ خشن
hart werden	سخت شدن
hart bleiben	محکم ایستادن
ein harter Mann	مردی سخت‌گیر
Es ging hart auf hart.	کار به جای باریک کشید.

Härte, die; -, -n	سختی، دشواری؛ سفتی؛ خشونت؛ شدت
Härtefall, der; -(e)s, ¨-e	حالت سختی
Härtegrad, der; -(e)s, -e	درجهٔ سختی
Härtemittel, das; -s, -	مادهٔ سخت‌کننده
härten Vt., Vi., Vr.	۱. سخت کردن، سفت کردن، محکم کردن ۲. سخت شدن، محکم شدن، سفت شدن
Hartfaserplatte, die; -, -n	فیبر، ورقهٔ فیبر
hartgekocht Adj.	[تخم‌مرغ] سفت
Hartgeld, das; -(e)s, -er	سکه، مسکوک
hartgesotten Adj.	[تخم‌مرغ] سفت
Hartgummi, der/das; -s, -(s)	لاستیک سخت
hartherzig Adj.	سخت‌دل، قسی‌القلب، سنگدل، بی‌رحم
Hartherzigkeit, die; -, -en	سخت‌دلی، سنگدلی، بی‌رحمی
Hartholz, das; -es, ¨-er	چوب سخت، چوب بادوام، چوب جنگلی
harthörig Adj.	سخت‌شنوا، سنگین گوش
hartköpfig Adj.	خودرأی، لجوج
hartleibig Adj.	یبس، یبوست‌دار، سخت مزاج
Hartleibigkeit, die; -	یبوست
hartlöten Vt.	لحیم کردن، جوش دادن
hartmäulig Adj.	بددهنه، بدلگام
hartnäckig Adj.	کله‌شق، لجباز، لجوج، خودرأی
Hartnäckigkeit, die; -	کله‌شقی، لجبازی، لجاجت، یک‌دندگی
Hartpappe, die; -, -n	تختهٔ فشاری
Hartplatz, der; -es, ¨-e	(تنیس) زمین سخت
Hartwurst, die; -, ¨-e	(نوعی) سوسیس سفت
Harz, das; -es, -e	۱. صمغ، راتیانه، رزین ۲. کلوفان
harzen Vt.	۱. با صمغ پوشاندن ۲. کلوفان زدن
harzig Adj.	صمغی
Harzöl, das; -(e)s, -e	روغن صمغ
Hasardeur, der; -s, -e	قمارباز
hasardieren Vi.	قماربازی کردن، قمار کردن
Hasardspiel, das; -(e)s, -e	(نوعی) قمار
Hasch, das; -s	حشیش، بنگ
Haschee, das; -s, -s	گوشت چرخ کرده
Häschen, das; -s, -	بچه خرگوش، خرگوش کوچک
haschen Vt., Vi.	۱. ربودن، گرفتن، قاپیدن ۲. حشیش کشیدن
Häscher, der; -s, -	باج بگیر
Haschisch, das; -	حشیش، بنگ
Hase, der; -n, -n	خرگوش

Da liegt der Hase im Pfeffer.
اشکال کار در اینجاست.
Mein Name ist Hase. من از هیچ چیز خبر ندارم.
Haselhuhn, das; -(e)s, ⸚er باقرقره؛ دُرّاج؛ تیهو
Haselmaus, die; -, -mäuse موش زمستان خواب
Haselnuß, die; -, -nüsse فندق
Haselstrauch, der; -(e)s, -sträucher بوتهٔ فندق، درخت فندق
Hasenbraten, der; -s, - خرگوش بریان
Hasenfuß, der; -es, ⸚e ترسو، جبون، بزدل
hasenfüßig *Adj.* ترسو، جبون، بزدل
Hasenjagd, die; -, -en شکار خرگوش
Hasenklein, das; -s خوراک دل و جگر خرگوش
Hasenscharte, die; -, -n لب جگری
Häsin, die; -, -nen خرگوش ماده
Haspe, die; -, -n چفت، لولا
Haspel, der; -s, - ۱. ماسوره، دوک (نخ‌ریسی) ۲. چرخ چاه
haspeln *Vt.* دور ماسوره پیچیدن، نخ پیچیدن
Haß, der; Hasses نفرت، انزجار، تنفر
hassen *Vt.* از (کسی) تنفر داشتن، از (کسی) بیزار بودن، از (کسی) نفرت داشتن
jemanden **hassen** از کسی نفرت داشتن
hassenswert *Adj.* منفور، تنفرآمیز، زشت
Hasser, der; -s, - کینه‌توز
Hasserin, die; -, -nen کینه‌توز (زن)
Haßgefühl, das; -(e)s, -e احساس تنفر
hässig *Adj.* عبوس، بداخلاق
häßlich *Adj.* ۱. زشت، بدشکل، بدترکیب، کریه‌المنظر ۲. پست
Häßlichkeit, die; -, -en ۱. زشتی، کراهت ۲. پستی
Hast, die; - شتاب، عجله
hasten *Vi.* شتاب کردن، عجله کردن، شتافتن
hastig *Adj., Adv.* ۱. شتاب‌زده، دستپاچه، عجول ۲. باشتاب، با عجله
Hastigkeit, die; -, -en شتاب، عجله
hätscheln *Vt.* ۱. نوازش کردن، دلجویی کردن ۲. لوس کردن
hatte *P.* صیغهٔ فعل گذشتهٔ مطلق از مصدر haben
Haube, die; -, -n ۱. سرپوش؛ کاپوت (اتومبیل) ۲. کلاه بی‌لبه ۳. چارقد
unter die Haube kommen ازدواج کردن
eine Tochter unter die Haube bringen
دختری را به خانهٔ بخت فرستادن
Hauch, der; -(e)s, -e ۱. دم، نفس ۲. نسیم ملایم ۳. پردهٔ نازک بخار
hauchdünn *Adj.* خیلی نازک؛ خیلی لاغر
hauchen *Vi., Vt.* ۱. دم زدن، ها کردن، نفس کشیدن، دم برآوردن ۲. نجوا کردن، خیلی آهسته گفتن
Hauchlaut, der; -(e)s, -e (زبان‌شناسی) آوای دمیده
Haudegen, der; -s, - تیغ؛ قداره، شمشیر
Haue, die; -, -n ۱. کج بیل؛ کلنگ دوسر ۲. کتک‌کاری
hauen *Vt., Vi.* ۱. کتک زدن، زدن ۲. بریدن، قطع کردن، انداختن (درخت) ۳. زدن
jemanden **übers Ohr hauen** سر کسی کلاه گذاشتن
Hauer, der; -s, - ۱. قطع‌کننده (درخت) ۲. دندان نیش گراز
häufeln *Vt.* توده کردن، انباشتن
Haufen, der; -s, - توده، کُپه، پُشته، مقدار زیاد
einen Plan über den Haufen werfen
اجرای نقشه‌ای را غیرممکن ساختن
häufen *Vt., Vr.* ۱. توده کردن، گردآوردن، روی هم انباشتن ۲. جمع شدن، انباشته شدن، زیاد شدن
haufenweise *Adv.* دسته دسته، گروه گروه؛ به مقدار خیلی زیاد، فراوان
Haufenwolke, die; -, -n (ابر) کومولوس، تودهٔ ابر، ابر متراکم و روی هم انباشته
häufig *Adj.* غالباً، اغلب، اکثر، مکرر، زیاد
Häufigkeit, die; -, -en کثرت، توالی، زیادتی
Häufung, die; -, -en جمع‌آوری، گردآوری، ذخیره
Haupt, das; -(e)s, Häupter ۱. اصلی، عمده، مهم ۲. رأس، سر ۳. رئیس
Hauptaktionär, der; -s, -e سهام‌دار عمده
Hauptakzent, der; -(e)s, -e تکیهٔ اصلی (صدا)
Hauptaltar, der; -s, ⸚e محراب اصلی
hauptamtlich *Adv.* رسماً
Hauptanschluß, der; -schlusses, -schlüsse
۱. (تلفن) ایستگاه مرکزی، مرکز ارتباط ۲. اتصال اصلی، ارتباط اصلی
Hauptanteil, der; -s, -e سهم عمده
Hauptbahnhof, der; -(e)s, ⸚e ایستگاه مرکزی (راه‌آهن)، ایستگاه اصلی (راه‌آهن)
Hauptberuf, der; -(e)s, -e شغل اصلی
hauptberuflich *Adj.* [کار] تمام وقت
Hauptbeschäftigung, die; -, -en شغل اصلی
Hauptbestandteil, der; -(e)s, -e عناصر اصلی، اجزای اصلی
Hauptbuch, das; -(e)s, ⸚er دفتر کل، دفتر محاسبات

Hauptdarsteller, der; -s, - هنرپیشهٔ نقش اول
Hauptdarstellerin, die; -, -nen هنرپیشهٔ نقش اول (زن)
Haupteingang, der; -(e)s, ⸚e در (ورودی) اصلی
Hauptfach, das; -(e)s, ⸚er رشتهٔ اصلی (تحصیلی)، مهاد
Hauptfeldwebel, der; -s, - گروهبان یکم
Hauptfilm, der; -s, -e فیلم اصلی
Hauptgang, der; -(e)s, ⸚e راهرو اصلی
Hauptgebäude, das; -s, - ساختمان مرکزی
das Hauptgebäude der Universität ساختمان مرکزی دانشگاه
Hauptgedanke, der; -ns, -n فکر اصلی
Hauptgeschäft, das; -(e)s, -e مغازهٔ مرکزی
Hauptgeschäftszeit, die; -, -en ساعات کار اصلی
Hauptgewinn, der; -(e)s, -e جایزهٔ اصلی، جایزهٔ اول
Hauptgewinner, der; -s, - برندهٔ جایزهٔ اول
Haupthaar, das; -(e)s, -e موی سر
Haupthandelsartikel, der; -s, - کالای عمده
Hauptinhalt, der; -(e)s, -e محتوای اصلی
Hauptlehrer, der; -s, - معلم اصلی
Hauptleitung, die; -, -en شبکهٔ اصلی (برق)
Hauptlieferant, der; -en, -en عرضه‌کنندهٔ اصلی (کالا)
Häuptling, der; -s, -e ۱. رئیس قبیله ۲. سردسته
Hauptmahlzeit, die; -, -en غذای اصلی
Hauptmann, der; -(e)s, -leute سروان؛ ناخدا
Hauptmasse, die; -, -n تودهٔ (مردم)، اکثریت
Hauptmerkmal, das; -(e)s, -e صفت اختصاصی، نشان ویژه
Hauptnahrung, die; -, -en غذای اصلی
Hauptnenner, der; -s, - (ریاضی) کوچک‌ترین مخرج مشترک
Hauptperson, die; -, -en ۱. هنرپیشهٔ نقش اول ۲. شخص (بسیار) مهم، شخص اول
Hauptpost, die; -, -en پست مرکزی
Hauptpostamt, das; -(e)s, ⸚er ادارهٔ مرکزی پست
Hauptprobe, die; -, -n (در نمایش) آخرین تمرین قبل از اجرا، تمرین اصلی، تمرین با لباس
Hauptpunkt, der; -(e)s, -e نکتهٔ اصلی
Hauptquartier, das; -s, -e ادارهٔ مرکزی، ستاد مرکزی
Hauptrolle, die; -, -n (در نمایش) رل اصلی، نقش اصلی
Hauptsache, die; -, -n نکته اساسی، مطلب عمده، اصل مطلب، موضوع اصلی
Die Hauptsache dabei ist, daß... اصل مطلب در این است که...
hauptsächlich *Adv.* از همه مهم‌تر، در درجهٔ اول، قبل از هر چیز، خصوصاً، عمدتاً، اصلاً
Hauptsaison, die; -, -s فصل پر رفت‌وآمد مسافرتی
Hauptsatz, der; -es, ⸚e جملهٔ اصلی
Hauptschalter, der; -s, - ۱. کلید اصلی برق ۲. باجهٔ اصلی
Hauptschlagader, die; -n, -n شاهرگ، شریان بزرگ، آئورت
Hauptschlüssel, der; -s, - شاه‌کلید
Hauptschuldige, der; -n, -n متهم اصلی
Hauptschuldner, der; -s, - بدهکار اصلی
Hauptschule, die; -, -n مدرسهٔ متوسطه، دبیرستان؛ مدرسهٔ راهنمایی
Hauptsendezeit, die; -, -en زمان پخش برنامهٔ اصلی
Hauptspaß, der; -es, ⸚e شوخی بزرگ
Hauptstadt, die; -, ⸚e پایتخت
hauptstädtisch *Adj.* پایتختی
Hauptstrafe, die; -, -n کیفر اصلی، مجازات
Hauptstraße, die; -, -n خیابان اصلی
Haupttäter, der; -s, - مجرم اصلی
Haupttop, der; -es, -e صدای اصلی
Haupttreffer, der; -s, - برندهٔ اصلی
Hauptverfahren, das; -s, - دعوای اصلی
Hauptverhandlung, die; -, -en محاکمهٔ اصلی
Hauptverkehrsstraße, die; -, -n خیابان پر رفت و آمد
Hauptverkehrsstunden, die / *Pl.* (در مورد وسیلهٔ نقلیه) ساعات اصلی رفت و آمد
Hauptverkehrszeit, die; -, -en (در مورد وسیلهٔ نقلیه) ساعات اصلی رفت و آمد
Hauptversammlung, die; -, -en مجمع عمومی
Hauptverwaltung, die; -, -en ادارهٔ مرکزی
Hauptwerk, das; -(e)s, -e دیوان، کلیات
Hauptwohnsitz, der; -es, -e محل سکونت اصلی
Hauptwort, das; -(e)s, -e (دستور زبان) اسم
Hauptzeuge, der; -n, -n شاهد اصلی
Hauptzeugin, die; -, -nen شاهد اصلی (زن)
Haus, das; -es, Häuser خانه، منزل، مسکن؛ ساختمان، بنا، عمارت
nach Hause gehen به خانه رفتن

Hausangestellte 400

nach Hause bringen به خانه بردن
zu Hause sein در خانه بودن
zu Hause lassen در خانه گذاشتن
Auf ihn kann man Häuser bauen. روی او می‌توان حساب کرد.
Das Haus steht seit 1930. خانه در سال ۱۹۳۰ بنا شده‌است.

Hausangestellte, der/die; -n, -n خدمتکار، پیشخدمت؛ نوکر؛ کلفت
Hausapotheke, die; -, -n (در منزل) قفسهٔ دوا
Hausarbeit, die; -, -en کار منزل، تکلیف خانه
Hausarrest, der; -(e)s, -e تحت نظر (در خانه)
Hausarzt, der; -es, ⸚e پزشک خانواده
Hausaufgabe, die; -, -n تکلیف منزل
hausbacken *Adj.* [نان] خانگی
Hausbar, die; -, -s نوشگاهِ خانه، بارِ داخل خانه
Hausbau, der; -(e)s, -e خانه‌سازی
Hausbedarf, der; -(e)s لوازم خانه، نیازمندی منزل
Hausbesetzer, der; -s, - اشغال‌کنندهٔ خانه
Hausbesetzung, die; -, -en اشغال غیر قانونی ساختمان
Hausbesitzer, der; -s, - مالک خانه، صاحب‌خانه
Hausbesitzerin, die; -, -nen مالک خانه، صاحب‌خانه (زن)
Hausbewohner, der; -s, - ساکن، مقیم، اهل خانه
Hausbewohnerin, die; -, -nen ساکن، مقیم، اهل خانه (زن)
Hausboot, das; -(e)s, -e خانهٔ قایقی
Häuschen, das; -s, - خانهٔ کوچک
Hausdetektiv, der; -s, -e کارآگاه فروشگاه
Hausdiebstahl, der; -(e)s, ⸚e سرقت خانوادگی
Hausdiener, der; -s, - نوکر، مستخدم
hauseigen *Adj.* (مربوط به) ساختمان
Hauseigentümer, der; -s, - صاحب‌خانه، مالک
hausen *Vi.* ۱. منزل کردن، ساکن شدن، سکونت کردن ۲. خراب کردن، به هم ریختن ۳. منزل دادن، پناه دادن
Hausen, der; -s, - سگ ماهی
Hausenblase, die; -, -n مادهٔ ژلاتینی که در ساختن سریشُم به کار می‌رود
Häuserblock, der; -(e)s, ⸚e مجتمع مسکونی چهار نبش
Häusermakler, der; -s, - دلال معاملات ملکی
Häuserreihe, die; -, -n ردیف چند خانه
Hausflur, der; -(e)s, -e سرسرا، راهرو، هال
Hausfrau, die; -, -en کدبانو، زن خانه‌دار
Hausfrieden, der; -s مصونیت مسکن
Hausfriedensbruch, der; -(e)s, ⸚e تجاوز به چهار دیواری خانهٔ کسی
Hausgarten, der; -s, ⸚ باغ خانه
Hausgebrauch, der; -(e)s, -bräuche استفادهٔ خانگی
Hausgehilfin, die; -, -nen کلفت، مستخدم (زن)
hausgemacht *Adj.* خانگی
Hausgenosse, der; -n, -n هم‌منزل، هم‌خانه
Hausglocke, die; -, -n زنگ درِ خانه
Haushahn, der; -(e)s, ⸚e خروس اهلی، خروس خانگی
Haushalt, der; -(e)s, -e ۱. خانه‌داری ۲. بودجه (مملکت) ۳. اقتصاد
den Haushalt führen خانه را اداره کردن
haushalten *Vi.* ۱. خانه‌داری کردن ۲. رعایت اقتصاد کردن، صرفه‌جویی کردن
Haushälter, der; -s, - خدمتکار خانه
Haushälterin, die; -, -nen خدمتکار خانه (زن)
haushälterisch *Adj.* مقرون به صرفه
Haushaltsartikel, der; -s, - اثاثیهٔ منزل، وسایل خانه
Haushaltsausschuß, der; -schusses, -schüsse کمیسیون بودجه
Haushaltsbuch, das; -(e)s, ⸚er دفترچهٔ ثبت مخارج منزل
Haushaltsdebatte, die; -, -en (در مجلس) بحث دربارهٔ بودجه
Haushaltsdefizit, das; -s, -e کسر بودجه
Haushaltsgeräte, die/*Pl.* وسایل خانه، اثاثیهٔ منزل
Haushaltsjahr, das; -(e)s, -e سال مالی
Haushaltsplan, der; -(e)s, ⸚e طرح مالی
Haushaltspolitik, die; -, -en سیاست مالی
Haushalts(vor)anschlag, der; -(e)s, ⸚e برآورد بودجه، تخمین مخارج
Haushaltung, die; -, -en خانه‌داری، اقتصادِ خانه
Haushaltungskosten, die/*Pl.* مخارج خانه‌داری
Haushaltungslehre, die; -, -n علم خانه‌داری، اقتصاد خانه‌داری
Haushaltungsvorstand, der; -(e)s, ⸚e رئیس خانواده
Hausherr, der; -n/-en, -en ۱. صاحب خانه ۲. رئیس خانواده
haushoch *Adj.* [شعله، موج] بسیار بلند
Haushuhn, das; -(e)s, ⸚er مرغ خانگی، مرغ اهلی
Haushund, der; -(e)s, -e سگ اهلی

hausieren *Vi.* دوره‌گردی کردن، دست‌فروشی کردن
Hausierer, der; -s, - دست‌فروش، فروشندهٔ دوره‌گرد
Hauskatze, die; -, -n گربهٔ خانگی
Hauskleid, das; -(e)s, -er لباس خانه
Hauslehrer, der; -s, - معلم سرخانه
Hauslehrerin, die; -, -nen معلم سرخانه (زن)
häuslich *Adj.* خانگی، (مربوط به) خانه
Häuslichkeit, die; -, -en کدبانوگری
Hausmädchen, das; -s, - کلفت، خدمتکار خانه (زن)
Hausmagd, die; -, ⸚e خدمتکار خانه (زن)
Hausmann, der; -(e)s, ⸚er مرد خانه
Hausmannskost, die; - غذای چرب و نرم
Hausmeister, der; -s, - سرایدار
Hausmiete, die; -, -n اجارهٔ خانه
Hausmittel, das; -s, - داروی خانگی
Hausmüll, der; -(e)s خاکروبهٔ منزل
Hausmusik, die; - موسیقی‌ای که در جمع خانواده اجرا می‌شود
Hausmutter, die; -, ⸚ مادر خانواده
Hausnummer, die; -, -n شمارهٔ خانه، پلاک منزل
Hausordnung, die; -, -en نظم خانه
Hauspflege, die; -, -n مراقبت از منزل، رسیدگی به خانه
Hausputz, der; -es خانه‌تکانی
Hausrat, der; -(e)s, ⸚e کلیهٔ لوازم و اثاثیهٔ منزل
Hausrecht, das; -(e)s, -e حقوق خانه، قوانین داخلی منازل
Haussammlung, die; -, -en کلکسیون خانگی
Hausschlachtung, die; -, -en ذبح خانگی، ذبح گوسفند در خانه
Hausschlüssel, der; -s, - کلید درِ منزل
Hausschuh, der; -(e)s, -e دمپایی، کفش راحتی، سرپایی
Hausschwamm, der; -(e)s, ⸚e پوسیدگی چوب
Hausschwein, das; -(e)s, -e خوک خانگی
Hausse, die; -, -n توسعه، ترقی، صعود
Haussemarkt, der; -(e)s, ⸚e ترقی قیمت
Hausstand, der; -(e)s, ⸚e خانه و زندگی
Haussuchung, die; - بازرسی منزل، تفتیش خانه
Haussuchungsbefehl, der; -s, -e حکم بازرسی منزل، حکم تفتیش خانه
Haustarif, der; -s, -e تعرفهٔ منزل
Haustarifvertrag, der; -(e)s, ⸚e قرارداد تعرفهٔ منزل
Haustelefon, das; -s, -e تلفن خانگی
Haustier, das; -(e)s, -e حیوان اهلی، حیوان خانگی
Haustochter, die; -, ⸚ خدمتکار خانه، مستخدم (زن)
Haustor, das; -(e)s, -e در خانه
Haustür, die; -, -en در خانه
Haustürschlüssel, der; -s, - کلید درِ خانه
Hausvater, der; -s, ⸚ پدر خانواده
Hausverbot, das; -(e)s, -e ممنوعیت ورود به خانه
Hausverwalter, der; -s, - مدیر خانه، اداره‌کنندهٔ خانه
Hausverwaltung, die; -, -en قسمت اداری ساختمان
Hauswart, der; -es, -e سرایدار
Hauswirt, der; -(e)s, -e صاحبخانه، مالک
Hauswirtin, die; -, -nen صاحبخانه، مالک (زن)
Hauswirtschaft, die; -, -en (از نظر اقتصادی) ادارهٔ منزل، خانه‌داری
Hauswirtschaftslehre, die; -, -n علم اقتصاد خانه‌داری
hauswirtschaftlich *Adj.* خانگی، خانه‌داری
Hauszins, der; -es, -en اجارهٔ منزل، مال‌الاجاره
Haut, die; -, Häute ۱. پوست، جلد، پوسته ۲. پوشش بسیار نازک
Er ist nur noch Haut und Knochen.
او از لاغری فقط پوست و استخوان است.
naß bis auf die Haut خیس تا مغز استخوان، سر تا پا خیس
mit heiler Haut davonkommen جان سالم به در بردن
Hautabschürfung, die; -, -en خراش پوست
Hautarzt, der; -es, ⸚e دکتر پوست، متخصص بیماری‌های پوستی
Hautausschlag, der; -(e)s, ⸚e جوش پوست
Häutchen, das; -s, - پوستهٔ نازک
Hautcreme, die; -, -s کرم پوست
häuten *Vt., Vr.* ۱. پوست (حیوان) را کندن ۲. پوست انداختن (مار)
hauteng *Adj.* بسیار تنگ، چسبان
Hautentzündung, die; -, -en عفونت پوستی
Hautfarbe, die; -, -n رنگ پوست، رنگ چهره
Hautgout, der; -s, -s بدبو، گندیده
häutig *Adj.* پوست‌مانند
Hautkrankheit, die; -, -en بیماری پوستی
Hautkrebs, der; -es, -e سرطان پوست
hautnah *Adj.* خیلی نزدیک، چسبیده
Hautpflege, die; -, -n مراقبت از پوست
Hauttransplantation, die; -, -en پیوند پوست

Häutung, die; -, -en پوست‌اندازی
Hautwunde, die; -, -n زخم پوست
Havannazigarre, die; -, -n سیگار هاوانا
Haxe, die; -, -n گوشت پای خوک /گوساله
Hbf = *Hauptbahnhof*
H-Bombe, die; -, -n بمب هیدروژنی
he *Interj.* هی، ای، آهای
Hearing, das; -s, -s (در جلسهٔ اتحادیهٔ صنفی) استماع سخنرانی
Hebamme, die; -, -n ماما، قابله
Hebebaum, der; -(e)s, -bäume اهرم، دیلم
Hebebock, der; -(e)s, ⸚e جک بالابرنده
Hebebühne, die; -, -n (در نمایش) صحنهٔ بالارونده، صحنهٔ متحرک
Hebekran, der; -(e)s / -en, -e / ⸚e جرثقیل
Hebel, der; -s, - اهرم، دیلم
alle Hebel in Bewegung setzen
از همه امکانات استفاده کردن
Hebelarm, der; -(e)s, -e دستهٔ اهرم، بازوی اهرم
Hebelgesetz, das; -es, -e قانون اهرم
Hebelkraft, die; -, ⸚e نیروی اهرم
Hebelschalter, der; -s, - کلید اهرم
Hebelwirkung, die; -, -en اثر اهرم، نیروی اهرم
heben *Vt., Vr.* ۱. بلند کردن، برداشتن، بالا بردن، برافراشتن ۲. بهبود بخشیدن، بهتر کردن ۳. نوشیدن، سرکشیدن ۴. بالا رفتن، افزایش یافتن، بلند شدن
die Hand heben (موقع رأی‌گیری) دست بلند کردن
Heber, der; -s, - زانویی، لولهٔ خمیده، سیفون
Hebezeug, das; -(e)s, -e ابزار بالا برنده، آسانسور
Hebräer, der; -s, - عبرانی
Hebräerin, die; -, -nen عبرانی (زن)
hebräisch *Adj.* عبری
Hebung, die; -, -en ۱. افزایش، ترقی ۲. بهبود
Hechel, die; -, -n شانهٔ مخصوص شانه کردنِ لیف‌های کتان
hecheln *Vt., Vi.* ۱. شانه کردن، از هم باز کردن (لیف‌های کتان) ۲. غیبت کردن، بدگویی کردن
Hecht, der; -(e)s, -e ۱. اردک ماهی ۲. جوانک
Er ist ein Hecht im Karpfenteich.
او آدمی با نشاط و مجلس آراست.
hechten *Vi.* شیرجه رفتن، در آب غوطه خوردن
Heck, das; -(e)s, -e / -s ۱. دم هواپیما ۲. عقب کشتی
Heckantrieb, der; -(e)s, -e (در اتومبیل، کشتی، هواپیما) موتور عقب
Hecke, die; -, -n ۱. (در باغ) پرچین، حصار ۲. جوجه‌کشی
hecken *Vi.* ۱. بچه آوردن، زادن (پستانداران، پرندگان) ۲. سریع افزایش یافتن (پول)
Heckenrose, die; -, -n گل نسترن
Heckenschere, die; -, -n قیچی باغبانی
Heckenschütze, die; -, -n تیراندازی از کمینگاه
Heckklappe, die; -, -n درِ عقب (اتومبیل)
Hecklicht, das; -(e)s, -e چراغِ عقب (اتومبیل)
Heckmeck, der; -s مهمل، چرند و پرند، مزخرف
Heckmotor, der; -s, -en موتور عقب (اتومبیل)
Heckpfennig, der; -(e)s, -e سکهٔ خوش‌یُمن
Heckscheibe, die; -, -n شیشهٔ عقب (اتومبیل)
Heckscheibenheizung, die; -, -en
بخاری شیشه عقب (اتومبیل)
Heckscheibenwischer, der; -s, -
برف پاک‌کن (اتومبیل)
heda *Interj.* آهای، هی
Hedschra, die; - هجرت حضرت رسول (ص)
Heer, das; -(e)s, -e سپاه، ارتش، لشکر، نیروهای مسلح
Heeresdienst, der; -es, -e خدمت نظام وظیفه
Heer(es)zug, der; -es, ⸚e لشکرکشی، اردوکشی، حرکت سپاه
Heerführer, der; -s, - فرماندهٔ سپاه
Heerlager, das; -s, - اردوگاه، لشکرگاه
Heerschar, die; -, -en سپاه، قوا، قشون
Heerschau, die; -, -en سان، رژه
Heerstraße, die; -, -n بزرگراه، شاهراه
Hefe, die; -, -n ۱. خمیرمایه، مخمّر ۲. دُرد، ته‌مانده
Hefekuchen, der; -s, - (نوعی) شیرینی
Heft, das; -(e)s, -e ۱. دفتر، دفترچه، کتابچه ۲. دسته، قبضه (کارد)
in ein Heft schreiben در دفتری نوشتن
heften *Vt.* ۱. منگنه کردن، سنجاق کردن ۲. (خیاطی) کوک زدن ۳. صحافی کردن (کتاب)
Hefter, der; -s, - پوشه، لفاف
Heftfaden, der; -s, ⸚ نخ کوک، نخ دفتردوزی
heftig *Adj., Adv.* ۱. شدید، سخت ۲. تند، خشن، تندخو، آتشین مزاج ۳. شدید، به شدت، شدیداً
heftig werden زود از جا در رفتن
heftig weinen به شدت گریستن
Du hast wieder viel zu heftig reagiert!
تو دوباره عکس‌العمل شدیدی از خود نشان داده‌ای!
Heftigkeit, die; -, -en شدت، سختی؛ تندی، خشونت

Heftklammer, die; -, -n سنجاق منگنه
Heftmaschine, die; -, -n دستگاه ته‌دوزی (دفتر)
Heftnadel, die; -, -n سوزن ته‌دوزی (دفتر)
Heftpflaster, das; -s, - نوار چسب (دفتر)
Heftstich, der; -(e)s, -e ۱. ته‌دوزی (دفترچه) ۲. کوک (پارچه)
Heftzwecke, die; -, -n پونز
Hege, die; - مواظبت، نگهداری
Hegemonie, die; -, -n تسلط، برتری، تفوق
hegen *Vt.* ۱. گرامی داشتن؛ تسلی دادن ۲. قرق کردن (شکارگاه) ۳. پرورش دادن (گیاه) ۴. حفظ کردن، داشتن ۵. حمایت کردن ۶. (احساس خاصی) داشتن
einen Wunsch hegen آرزویی داشتن
Heger, der; -s, - قرقچی (شکارگاه)
Hehl, das; -s راز، سرّ؛ پوشیدگی، کتمان
aus etwas **kein Hehl machen** چیزی را پنهان نکردن
hehlen *Vt.* پنهان کردن (اموال مسروقه)
Hehler, der; -s, - خریدار اموال مسروقه، مال‌خر، فروشندهٔ اموال مسروقه، شریک دزد
Hehlerei, die; -, -en معامله با اموال مسروقه
Hehlerin, die; -, -nen خریدار اموال مسروقه، مال‌خر، فروشندهٔ اموال مسروقه، شریک دزد (زن)
hehr *Adj.* اصیل، شریف، نجیب، والا
Heide[1]**,** der; -n, -n کافر، مشرک، ملحد
Heide[2]**,** die; -, -n بوته‌زار، تیغستان، خلنگ‌زار
Heidekraut, das; -(e)s خلنگ، تیغ
Heideland, das; -(e)s, ¨-er خلنگ‌زار
Heidelbeere, die; -, -n (نوعی) تمشک
Heidelerche, die; -, -n (نوعی) چکاوک، چکاوک آسمانی
Heidenangst, die; - ترس فوق‌العاده، وحشت
Heidengeld, das; -(e)s پول زیاد، مبلغ گزاف
Heidenlärm, der; -(e)s سر و صدای وحشتناک، غریو، هیاهو
heidenmäßig *Adj.* خیلی زیاد، گزاف
Heidenspaß, der; -spasses شوخی زننده، شوخی وحشتناک
Heidentum, das; -s شرک، الحاد، جاهلیت، کفر
Heideröschen, das; -s, - (نوعی) گل جنگلی، (نوعی) نسترن
Heidin, die; -, -nen ۱. کافر، مشرک (زن)
heidnisch *Adj.* ۱. کافرانه، کفرآمیز ۲. غیر مسیحی
heikel *Adj.* ۱. غامض، مشکل، پیچیده، دشوار ۲. مشکل‌پسند، سخت‌گیر
eine heikele Situation یک موقعیت دشوار
Er ist im Essen sehr heikel.
او در غذا خوردن خیلی سخت‌گیر است.
heil *Adj.* سالم، بی‌عیب، سلامت، تندرست
Mein Finger ist wieder heil.
انگشتم خوب شده است.
Heil, das; -(e)s رفاه، آسایش، خیر، سعادت، کامیابی، خوشبختی
Heiland, der; -(e)s, -e منجی، نجات‌دهنده، رهاننده (لقب عیسی‌مسیح)
Heilanstalt, die; -, -en آسایشگاه، بیمارستان امراض روانی
Heilbad, das; -(e)s, ¨-er حمام طبی، حمام آب معدنی
heilbar *Adj.* درمان‌پذیر، علاج‌پذیر، قابل درمان
Heilbarkeit, die; - درمان‌پذیری، علاج‌پذیری
heilbringend *Adj.* سودمند، نافع، درمان‌زا
Heilbutt, der; -(e)s, -e هالیبوت (نوعی ماهی پهن و بزرگ و خوراکی)
heilen *Vt., Vi.* ۱. شفا دادن، درمان کردن، مداوا کردن ۲. شفا یافتن، بهبود یافتن، معالجه شدن
Heilgymnastik, die; - تن‌درمانی
heilig *Adj.* مقدس
heiliger Geist روح‌القدس
heiliger Vater پدر روحانی
Heiligabend, der; -s, -e شب عید کریسمس
Heilige, der/die; -n, -n قدیس
heiligen *Vt.* تقدیس کردن، مقدس شمردن
Heiligenschein, der; -(e)s, -e هاله، حلقهٔ نور
Heiligkeit, die; -, -en تقدس، پاکی، تقوا
heiligsprechen *Vt.* ۱. معصوم شناختن ۲. معصوم کردن، مقدس کردن
Heiligtum, das; -(e)s, ¨-er حرم مطهر، جایگاه مقدس، محراب، مکان متبرکه
Heiligung, die; -, -en تقدیس؛ تطهیر
Heilkraft, die; -, ¨-e شفابخشی، درمان‌بخشی
heilkräftig *Adj.* علاج‌بخش، شفابخش
Heilkraut, das; -(e)s, -kräute گیاه طبی
Heilkunde, die; -, -n درمان‌شناسی، طب
Heilkundige(r), der/die; -n, -n درمان‌شناسی، طب
heillos *Adj.* ۱. کفرآمیز، نامقدس ۲. لاعلاج
Heilmittel, das; -s, - دوا، دارو، وسیلهٔ درمان
Heilpädagogik, die; -, -en آموزش استثنایی
Heilpflanze, die; -, -n گیاه طبی، گیاه دارویی
Heilpraktiker, der; -s, - طبیب مجاز

Heilquelle 404

Heilquelle, die; -, -n چشمهٔ آب معدنی
heilsam *Adj.* سودمند، گوارا، مفید
Heilsamkeit, die; - سودمندی، گوارایی، مفیدی
Heilsarmee, die; -, -n تشکیلات دینی که هدفش تبلیغ دین و کمک به فقرا است
Heilserum, das; -s, -ra / -ren سرم حاوی پادتن
Heilstätte, die; -, -n آسایشگاه، بیمارستان امراض روانی
Heilung, die; -, -en شفا، بهبود، معالجه، درمان
Heilungschancen, die / *Pl.* شانس بهبود
Heilungsprozeß, der; -prozesses بهبود تدریجی
Heilungsquote, die; -, -n درصد بهبود
Heilverfahren, das; -s, - درمان، معالجه، مداوا، کارهای درمانی
Heilzweck, der; -(e)s, -e مورد استعمال درمانی
zu Heilzwecken به دلایلِ پزشکی، به دلایلِ درمانی
heim *Adv.* به خانه
Heim, das; -(e)s, -e ۱. منزل، خانه، مسکن، محلِ سکونت ۲. وطن ۳. محل اقامت (قشری خاص مثلِ کودک، سالخورده و غیره)
Heimarbeit, die; -, -en ۱. تکلیف خانه، مشق ۲. کارِ دستی، کارِ خانگی، فراوردهٔ خانگی
Heimarbeiter, der; -s, - پیشه‌گر خانگی، کارگر خانگی
Heimarbeiterin, die; -, -nen پیشه‌گر خانگی، کارگر خانگی (زن)
Heimat, die; -, -en وطن، میهن، زادگاه
Heimatdienst, der; -es, -e خدمت سربازی
Heimaterde, die; -, -n خاک وطن
Heimatkunde, die; -, -n وطن‌شناسی، آشنایی به تاریخ / جغرافی وطن
Heimatland, das; -(e)s, ⸚er وطن، میهن، زادگاه
heimatlich *Adj.* بومی، قومی، محلی، میهنی، وطنی
Heimatliebe, die; -, -n عشق به وطن
heimatlos *Adj.* در به در، آواره، بی‌وطن
Heimatlose, der / die; -n, -n (آدم) آواره، (آدم) بی‌وطن
Heimatlosigkeit, die; - در به دری، آوارگی، بی‌وطنی
Heimatort, der / das; -(e)s, -e اقامتگاه، محل سکونت
Heimatstadt, die; -, ⸚e زادگاه
Heimatvertriebene, der / die; -n, -n رانده شده از وطن (مربوط به آلمانی‌هایی که در سال ۱۹۴۵ به آلمان غربی پناهنده شدند)
heimbegeben *Vr.* به خانه رفتن
heimbringen *Vt.* به خانه بردن، به خانه رساندن
Heimbuchung, die; -, -en رزرو بازگشت به وطن
Heimchen, das; -s, - جیرجیرک
Heimcomputer, der; -s, - کامپیوتر خانگی
heimeilen *Vi.* با شتاب به خانه رفتن
heimelig *Adj.* راحت، گرم و نرم، دنج
heimfahren *Vi.* (سواره) به خانه رفتن
Heimfahrt, die; -, -en بازگشت به خانه
Heimfall, der; -(e)s, ⸚e ۱. برگشت خانهٔ ارثی به مالک ۲. رسیدن ارث به دولت (در صورت نبودن وارث)
heimfinden *Vr.* راه خانه را پیدا کردن
Heimgang, der; -(e)s, ⸚e ۱. بازگشت به خانه ۲. مرگ
heimgehen *Vi.* ۱. به خانه رفتن ۲. مردن
Heimindustrie, die; -, -n صنایع محلی، صنایع خانگی
heimisch *Adj.* بومی، محلی، میهنی، وطنی
Heimkehr, die; -, -en مراجعت (به وطن)، بازگشت (به خانه)
heimkehren *Vi.* ۱. به وطن بازگشتن ۲. به خانه برگشتن
Heimkehrer, der; -s, - مراجعت‌کننده، بازگشت‌کننده (به خانه / وطن)
Heimkind, das; -(e)s, -er پرورشگاهی
Heimkino, das; -s سینمای خصوصی
heimkommen *Vi.* ۱. به وطن بازگشتن ۲. به خانه برگشتن
Heimkunft, die; -, ⸚e مراجعت (به وطن)، بازگشت (به خانه)
hiemleuchten *Vi.* ۱. با شدت رد کردن، با تعرض پاسخ دادن ۲. رک و بی‌پرده سخن گفتن
jemandem **heimleuchten** حقیقت ناخوشایندی را به کسی گفتن
heimlich *Adj.* مخفیانه، دزدکی، پنهانی، محرمانه
jemanden **heimlich beobachten** کسی را مخفیانه پاییدن
Heimlichkeit, die; -, -en رازداری، اختفا، پوشیدگی؛ سرّ
Heimlichtuerei, die; -, -en پنهان‌کاری
heimlichtun *Vi.* سرّی بودن، پنهان بودن
Heimniederlage, die; -, -n (ورزش) مغلوب شدن در زمین خودی
Heimreise, die; -, -n مراجعت (به وطن)، بازگشت (به خانه)
heimreisen *Vi.* از سفر بازگشتن

Heimsieg, der; -es, -e (ورزش) پیروزی در زمین خودی
Heimspiel, das; -(e)s, -e
(ورزش) مسابقه در زمین خودی
Heimstätte, die; -, -n محل سکونت، اقامتگاه
heimsuchen *Vt.* ۱. ملاقات کردن، دیدن کردن
۲. بـه گرفتاری دچار کردن ۳. مبتلا بـه (بیماری) کردن
Heimsuchung, die; -, -en ۱. دیدار، ملاقات
۲. مزاحمت ۳. مجازات
Heimtrainer, der; -s, - (در منزل) وسایل ورزشی
Heimtücke, die; -, -n ۱. حیله، مکر ۲. بدخواهی،
عناد، بدجنسی
heimtückisch *Adj.* ۱. حیله‌گر، مکار
۲. از روی بدخواهی، از روی عناد، از روی بدجنسی
heimwärts *Adv.* به طرف منزل، به سوی خانه
Heimweg, der; -(e)s, -e راه خانه
Heimweh, das; -(e)s, -e رنج دوری از وطن،
درد غربت، درد وطن
Heimwerker, der; -s, -
پیشه‌وری که در خانه کار می‌کند
heimzahlen *Vt.* تلافی (چیزی) را کردن،
انتقام (چیزی) را گرفتن
jemanden **heimzahlen** با کسی تلافی کردن
jemandem etwas **heimzahlen** از کسی انتقام گرفتن
heimzu *Adv.* به طرف خانه، به سوی منزل
Hein
Freund Hein فرشتهٔ مرگ، عزرائیل
Heinzelmännchen, das; -s, -
۱. (در افسانه‌ها) کوتوله ۲. جن
Heirat, die; -, -en ازدواج، زناشویی، تأهل
heiraten *Vt., Vi.* ۱. با (کسی) ازدواج کردن،
با (کسی) وصلت کردن ۲. ازدواج کردن، وصلت کردن
aus Liebe heiraten از روی عشق ازدواج کردن
Heiratsalter, das; -s سن ازدواج
das Heiratsalter erreicht haben به سن ازدواج رسیدن
Heiratsantrag, der; -(e)s, ⸚e پیشنهاد ازدواج،
خواستگاری
einem Mädchen einen Heiratsantrag machen
به دختری پیشنهاد ازدواج دادن
Heiratsanzeige, die; -, -n (در روزنامه) آگهی ازدواج
heiratsfähig *Adj.* قابل ازدواج، بالغ
Heiratskandidat, der; -en, -en داوطلب ازدواج
heiratslustig *Adj.* مشتاق ازدواج
Heiratsmarkt, der; -(e)s, ⸚e بازار ازدواج
Heiratsschwindel, der; -s کلاهبرداری در ازدواج

Heiratsschwindler, der; -s, - کلاهبردار ازدواج
Heiratsurkunde, die; -, -n قباله، دفترچهٔ ازدواج
Heiratsvermittler, der; -s, - دلال ازدواج
Heiratsvermittlerin, die; -, -nen دلال ازدواج (زن)
Heiratsversprechen, das; -s, - وعدهٔ ازدواج
heischen *Vt.* تقاضا کردن، مطالبه کردن، خواستن
ein Almosen von jemandem **heischen**
از کسی تقاضای صدقه کردن
heiser *Adj.* صدا گرفته
Ich bin heiser. صدایم گرفته است.
Heiserkeit, die; -, -en گرفتگی صدا
heiß *Adj.* ۱. داغ، سوزان، خیلی گرم ۲. مشتاقانه
۳. خطرناک، جنجال برانگیز ۴. جذاب، باحال، پرکشش
Es ist heiß. خیلی گرم است.
Mir ist heiß! خیلی گرمم است!
heiße Zone منطقهٔ حارّه
Der Boden wird ihm zu heiß. وضع او خطرناک می‌شود.
heißblütig *Adj.* خونگرم، باحرارت؛ آتشی مزاج
heißen *Vi., Vt.* ۱. نامیده شدن، نام داشتن ۲. معنی داشتن
۳. فرمان دادن، دستور دادن ۴. نامیدن، صدا زدن، احـضار
کردن
jemanden **Willkommen heißen** به کسی خیر مقدم گفتن
Was soll das heißen? معنی این کار چیست؟
Wie heißen Sie? اسم شما چیست؟
das heißt یعنی
heißgeliebt *Adj.* بسیار عزیز
Heißhunger, der; -s, - گرسنگی زیاد/ناگهانی،
اشتیاق زیاد برای خوراکی
heißhungrig *Adj.* خیلی گرسنه
heißlaufen *Vi., Vr.* داغ کردن، زیاد گرم کردن؛
جوش آوردن
Der Motor ist heißgelaufen. موتور داغ کرده است.
Heißsporn, der; -(e)s, - ۱. بی‌پروا، تند ۲. آدم بی‌کلّه
Heißwasser, das; -s, -/-wässer آب گرم
heiter *Adj.* ۱. بشّاش، شاداب، شاد، خوش
۲. [هوا] صاف، آفتابی
Heiterkeit, die; -, -en شادابی، شادی، خوشی، سرور
Heizanlage, die; -, -n تأسیسات حرارتی،
دستگاه گرمادهی
heizbar *Adj.* گرم‌شدنی، داغ شدنی، داغ‌کردنی
Heizdecke, die; -, -n پتوی برقی
heizen *Vt., Vi.* ۱. گرم کردن، روشن کردن (بخاری)
۲. گرما دادن، ایجاد گرما کردن
Heizer, der; -s, - ۱. آتشکار، سوخت انداز ۲. بخاری

Heizkessel, der; -s, - دیگ جوش، دیگ حرارتی
Heizkissen, das; -s, - بالش برقی
Heizkörper, der; -s, - رادیاتور، بدنهٔ شوفاژ
Heizkosten, die / *Pl.* مخارج سوخت
Heizlüfter, der; -s, - بخاری برقی (پنکه‌ای)
Heizmaterial, das; -s, -lien سوخت
Heizöl, das; -(e)s, -e سوخت روغنی
Heizplatte, die; -, -n چراغ خوراک‌پزی
Heizrohr, das; -(e)s, -e لولهٔ گرماده
Heizsonne, die; -, -n خورشید سوزان
Heizung, die; -, -en شوفاژ، تأسیسات حرارتی
Hektar, das; - هکتار
Hektik, die; - ۱. التهاب، بی‌قراری، ناآرامی، دستپاچگی ۲. (پزشکی) سل
Hektiker, der; -s, - مسلول
hektisch *Adj.* ۱. بی‌قرار، ناآرام، دستپاچه، هیجان‌زده ۲. مسلول
hektisches Fieber تب لازم
Held, der; -en, -en پهلوان، قهرمان
Heldenbuch, das; -(e)s, ¨-er داستان قهرمانی، کتاب حماسی
Heldengedicht, das; -(e)s, -e شعر رزمی، حماسه منظوم
heldenhaft *Adj., Adv.* ۱. شجاع، دلیر، بی‌باک ۲. قهرمانانه، شجاعانه، دلاورانه
Heldenmut, der; -(e)s دلیری، شجاعت، قهرمانی
heldenmütig *Adj.* شجاع، دلیر، بی‌باک
Heldentat, die; -, -en کار برجسته، عمل قهرمانی
Heldentenor, der; -s (در اپرا) تِنورِ قهرمانی (خواننده تِنوری که در نقش قهرمان داستان ظاهر می‌شود)
Heldentod, der; -(e)s, -e مرگ شجاعانه، شهادت
Heldentum, das; -s قهرمانی، جانبازی، شهادت
Heldin, die; -, -nen پهلوان، قهرمان (زن)
helfen *Vi., Vr.* ۱. کمک کردن، یاری دادن، مساعدت کردن ۲. مفید بودن ۳. باری از دوش برداشتن
Er weiß sich zu helfen. او گلیمش را از آب بیرون می‌کشد.
Es hilft nichts. فایده‌ای ندارد.
Ich werde dir helfen! به حسابت خواهم رسید!
Hilf dir selbst, so hilft dir Gott! از تو حرکت، از خدا برکت!
Niemand hat mir geholfen. کسی به من کمکی نکرد.
Helfer, der; -s, - یاری‌دهنده، دستیار، مددکار
Helferin, die; -, -nen یاری‌دهنده، دستیار، مددکار (زن)

Helfershelfer, der; -s, - همدست، شریک جرم
Helikopter, der; -s, - هلی‌کوپتر، چرخ‌بال
hell *Adj.* ۱. روشن، زلال، واضح، شفاف، صاف ۲. قوی، شدید، بزرگ، عالی، زیاد ۳. [صدا] زیر
Es wird hell. (هوا) دارد روشن می‌شود.
Es geschah am hellen Tag. در روز روشن اتفاق افتاد.
hellblau *Adj.* آبی روشن
hellblond *Adj.* بلوند روشن
hellbraun *Adj.* قهوه‌ای روشن
Helle, die; - روشنی، وضوح
Hellebarde, die; -, -n تبرزین
Hellene, der; -n, -n یونانی، اهل یونان
Hellenin, die; -, -nen یونانی، اهل یونان (زن)
hellenisch *Adj.* یونانی، هلنی
Heller, der; -s, - پشیز، سکهٔ کم بهای قدیم آلمان
keinen roten Heller mehr haben آه در بساط نداشتن
hellfarbig *Adj.* روشن، رنگ روشن
hellglänzend *Adj.* برّاق
hellhaarig *Adj.* مو روشن
hellhörig *Adj.* تیزگوش؛ دقیق
hellicht *Adj.* خیلی روشن
am hellichten Tag در روز روشن
Helligkeit, die; -, -en روشنایی، نور، روشنی
Helling, die; -, -en راه سرازیری برای به آب انداختن کشتی
hellsehen *Vi.* پیشگویی کردن، فال گرفتن، غیب گفتن، طالع دیدن
Hellseher, der; -s, - پیشگو، فال‌گیر، غیب‌گو، طالع‌بین
Hellseherei, die; - پیشگویی، غیب‌گویی
Hellseherin, die; -, -nen پیشگو، فال‌گیر، غیب‌گو، طالع‌بین (زن)
hellseherisch *Adj.* پیشگو
hellsichtig *Adj.* بصیر، روشن‌بین، تیزبین
hellwach *Adj.* هوشیار، (کاملاً) بیدار
Helm, der; -(e)s, -e کلاهخود، (در معدن) کلاه ایمنی، (در موتورسواری) کاسکت
Hemd, das; -(e)s, -en پیراهن
das Hemd ausziehen پیراهن خود را درآوردن
ein frisches Hemd anziehen پیراهن تازه‌ای پوشیدن
bis aufs Hemd همه چیز، به کلی
Hemdenknopf, der; -(e)s, ¨-e دکمهٔ پیراهن
Hemdenkragen, der; -s, - یقهٔ پیراهن
Hemdhose, die; -, -n پیراهن شلوار سرهمی
Hemdsärmel, der; -s, - آستینِ پیراهن

Hemisphäre, die; -, -n ۱. نیم‌کره (زمین)
۲. نیم‌گوی ۳. نیم‌کرهٔ مغز
hemmen *Vt.* مانع (کسی / چیزی) شدن، بازداشتن، جلوی (کسی / چیزی) را گرفتن
jemanden **in seine Arbeit hemmen** مانع کار کسی شدن
Hemmnis, das; -nisses, -nisse مانع، سد؛ عایق
Hemmschuh, der; -(e)s, -e مانع، سد؛ عایق
jemandem **einen Hemmschuh in der Weg legen** سنگ جلوی راه کسی انداختن
Hemmung, die; -, -en ۱. ممانعت، جلوگیری
۲. خجالت، رودربایستی
hemmungslos *Adj.* ۱. بدون ممانعت، آزادانه
۲. بی‌رودربایستی
Hengst, der; -es, -e اسب نر
Henkel, der; -s, - دسته، دستگیره
Der Henkel ist ab. دسته شکست.
Henkelkorb, der; -(e)s, ⸚e سبد دسته‌دار
henken *Vt.* به دار آویختن
Henker, der; -s, - جلاد، دژخیم، مأمور اجرای حکم اعدام
Henkersknecht, der; -(e)s, -e شاگرد جلاد
Henkersmahl, das; -(e)s, -e (قبل از اعدام) آخرین غذا
Henna, die; - حنا
Henne, die; -, -n مرغ خانگی
Hepatitis, die; - تورم کبد
Heptagon, das; -s, -e هفت‌ضلعی
her *Adv.* اینجا، به اینجا، به این طرف، از این طرف
Komm her! بیا اینجا!
Her damit! بده ببینم! ردش کن بیاد!
hin und her به این طرف و آن طرف
Wo haben Sie das her? این را از کجا آورده‌اید؟
herab *Adv.* پایین، رو به پایین، به طرف پایین
herabbeugen *Vt.* به طرف پایین خم کردن
herabblicken *Vi.* متکبرانه به زیردست خود نگاه کردن، به دیدهٔ حقارت نگاه کردن
herabdrücken *Vt.* ۱. به طرف پایین فشار دادن
۲. از ارزش (چیزی) انداختن، کم‌بها کردن؛ پایین بودن (درجه)
herabfallen *Vi.* به طرف پایین افتادن
herabhängen *Vi.* به طرف پایین آویزان بودن
Die Früchte hingen vom Baum herab. میوه‌ها از درخت آویزان بودند.
herabkommen *Vi.* به طرف پایین آمدن

herablassen *Vt., Vr.* ۱. پایین آوردن (پرده)
۲. غرور داشتن، متکبر بودن
herablassend *Adj.* متکبر، مغرور
Herablassung, die; - تکبر، غرور
herabsehen *Vi.* ۱. حقیر شمردن
۲. از بالا به پایین نگریستن
herabsetzen *Vt.* تقلیل دادن، کاستن، کاهش دادن، کم کردن (قیمت، سرعت و غیره)
Verkauf zu herabgesetzten Preisen فروش به قیمت نازل
Herabsetzung, die; -, -en تقلیل، کاهش، تنزل، تخفیف (قیمت، سرعت و غیره)
herabsinken *Vi.* فرو رفتن، نشست کردن؛ تنزل کردن
Die Nacht sank herab. شب فرا رسید.
herabsteigen *Vi.* ۱. پایین آمدن، فرود آمدن
۲. (از اسب) پیاده شدن
herabtröpfeln *Vi.* به طرف پایین چکه کردن
Wasser tröpfelt vom Dach herab. سقف چکه می‌کند.
herabwürdigen *Vt.* پَست کردن، تنزل دادن، کاهش دادن (رتبه)؛ حقیر دانستن
Herabwürdigung, die; -, -en پستی، کاهش، تنزل (رتبه)؛ تحقیر
herabziehen *Vt.* به طرف پایین کشیدن
Heraldik, die; - نشان نجابت خانوادگی
heraldisch *Adj.* پیشرو، جلودار، منادی، قاصد
heran *Adv.* به طرف جلو، به اینجا، به پیش؛ نزدیک
Er ging an sie heran. او به آنها نزدیک شد.
heranbilden *Vt.* تربیت کردن، تعلیم دادن، آموزش دادن
heranbringen *Vt.* نزدیک کردن
herangehen *Vi.* ۱. نزدیک شدن ۲. دست به کار شدن
herankommen *Vi.* ۱. نزدیک شدن، نزدیک آمدن
۲. گرفتن، به دست آوردن، دسترسی پیدا کردن
an etwas **herankommen** به چیزی دسترسی پیدا کردن
heranmachen *Vr.* ۱. شروع کردن، دست به کار شدن
۲. نزدیک شدن
sich an jemandem **heranmachen** (با قصد قبلی) به کسی نزدیک شدن
sich an die Arbeit heranmachen کاری را شروع کردن
herannahen *Vi., Vr.* نزدیک شدن
heranpirschen *Vr.* سینه‌مال رفتن
heranreichen *Vi.* رسیدن
Das Kind kann noch nicht an die Türklinke heranreichen. دست بچه هنوز به چفت در نمی‌رسد.

heranschaffen 408

heranschaffen *Vt.* تهیه کردن، تدارک دیدن، تولید کردن
heranschleichen *Vi., Vr.* به جلو خزیدن، دزدکی به جلو حرکت کردن
herantreten *Vi.* نزدیک آمدن، فرا رسیدن
heranwachsen *Vi.* رشد کردن، نمو کردن، بزرگ شدن
heranwachsend *Adj.* رو به رشد
die heranwachsende Generation نسل رو به رشد
Heranwachsende, der/die; -n, -n بالغ، نوجوان
heranziehen *Vt.* ۱. به نزدیک (کسی/چیزی) کشیدن ۲. ملاحظهٔ (کسی) را کردن، مراعات (کسی) را کردن
Er hat den Stuhl näher an den Tisch herangezogen.
او صندلی را به میز نزدیک‌تر کرده است.
herauf *Adv.* به بالا، به طرف بالا، رو به بالا
heraufbeschwören *Vt.* احضار کردن، ۱. با افسون حاضر کردن (روح) ۲. تجدید کردن (خاطره) ۳. باعث گرفتاری (کسی) شدن
heraufbringen *Vt.* به بالا آوردن، به بالا رساندن
heraufholen *Vt.* رفتن و به بالا آوردن
heraufkommen *Vi.* بالا آمدن، ترقی کردن
heraufsetzen *Vt.* زیاد کردن، بالا بردن، ترقی دادن، افزودن
heraufsteigen *Vi.* بالا رفتن، صعود کردن
Der Tag will heraufsteigen. روز فرا می‌رسد.
heraufziehen *Vt., Vi.* ۱. به بالا کشیدن ۲. نزدیک شدن
heraus *Adv.* به بیرون، به خارج
Heraus mit der Sprache! حرف بزن! (نترس) بگو!
herausarbeiten *Vt.* ۱. خلاص کردن، بیرون کشیدن ۲. جبران کردن
herausbekommen *Vt.* ۱. از (کسی) درآوردن، از (کسی) بیرون کشیدن ۲. دریافتن، مطلع شدن ۳. از بین بردن (لکه) ۴. یافتن (راه حل) ۵. پس گرفتن (بقیهٔ پول) ۶. به (معمایی) پی بردن
ein Geheimnis herausbekommen از رازی سر در آوردن
herausbringen *Vt.* ۱. در آوردن، بیرون کشیدن ۲. بیرون دادن، انتشار دادن (کتاب) ۳. از دهان (خود) درآوردن (صدا)
Es ist nichts aus ihm herauszubringen.
از او نمی‌شود چیزی بیرون کشید.
Vor Schreck brachte sie keinen Ton heraus.
از فرط ترس صدایش درنیامد.
herausfahren *Vi.* ۱. به بیرون راندن (وسیلهٔ نقلیه) ۲. ناخواسته گفتن
Es fuhr mir heraus so. از دهنم پرید.

herausfallen *Vi.* پایین افتادن، بیرون افتادن
herausfinden *Vt.* ۱. پیدا کردن، کشف کردن (راه حل) ۲. راه بیرون را یافتن
herausfischen *Vt.* ۱. از آب گرفتن ۲. گلچین کردن، انتخاب کردن (بهترین‌ها)
Herausforderer, der; -s, - مبارز، مبارزه‌جو، مبارزه‌طلب
herausfordern *Vt.* به مبارزه طلبیدن، تحریک کردن، تهییج کردن، برانگیختن
jemanden **zum Zweikampf herausfordern**
کسی را به جنگ تن به تن طلبیدن
Herausforderung, die; -, -en مبارزه‌طلبی، دعوت به مبارزه
herausfühlen *Vt.* احساس کردن، لمس کردن؛ درک کردن
Herausgabe, die; -, -n ۱. تحویل ۲. نشر، انتشار
herausgeben *Vt.* ۱. تحویل دادن ۲. پس دادن ۳. منتشر کردن، طبع و نشرکردن (کتاب)
Herausgeber, der; -s, - ناشر
Herausgeberin, die; -, -nen ناشر (زن)
herausgehen *Vi.* ۱. بیرون رفتن ۲. پاک شدن (لکه) ۳. در رفتن
aus sich herausgehen رفتاری صادقانه داشتن
herausgreifen *Vt.* جدا کردن، انتخاب کردن
heraushaben *Vr.* درآوردن
heraushalten *Vr.* (خود) را کنار کشیدن
Ich möchte mich heraushalten.
می‌خواهم خودم را کنار بکشم.
heraushängen *Vi.* به بیرون آویزان کردن
herausheben *Vt., Vr.* ۱. از (جایی) بیرون آوردن ۲. جلوه کردن، نمایان شدن
heraushelfen *Vi.* از مهلکه‌ای نجات دادن
jemandem **aus dem Schnee heraushelfen**
کسی را از برف بیرون کشیدن
herausholen *Vt.* ۱. از (کسی) بیرون آوردن، از (کسی) در آوردن ۲. به دست آوردن (سود)
herauskennen *Vt.* در میان جمعی شناختن
Ich habe ihn sofort an seinem Gang herausgekannt.
فوراً او را از طرز راه رفتنش شناختم.
herauskommen *Vi.* ۱. بیرون آمدن ۲. (سرّ) فاش شدن، آفتابی شدن ۳. منتشر شدن، از چاپ خارج شدن (کتاب) ۴. موفق شدن ۵. نتیجه دادن
Es kommt auf eins heraus. حاصل آن یک می‌شود.
Es kommt nichts dabei heraus.
از این کار چیزی بیرون نمی‌آید.

herauskriegen *Vt.* از (چیزی) سر درآوردن، فهمیدن
herauslassen *Vt.* به بیرون راه دادن (بخار، هوا)
herausmachen *Vt., Vr.* ۱. از بین بردن (لکه)
۲. به سر و وضع (خود) رسیدن
herausnehmen *Vt., Vr.* ۱. بیرون آوردن، بیرون کشیدن، خارج کردن ۲. به (خود) اجازهٔ (کاری) را دادن
sich etwas herausnehmen پا از حد خود فراتر گذاشتن
herausplatzen *Vi.* ۱. لو دادن ۲. از خنده ترکیدن
herausputzen *Vt.* پوشیدن (لباس مرتب)، آراستن
herausragen *Vi.* برتر بودن، برجسته بودن، سرآمد بودن
herausragend *Adj.* عالی، ممتاز، برتر
herausreden *Vr.* توجیه کردن، بهانه آوردن
herausreißen *Vt.* ۱. پاره کردن، کندن، جدا کردن
۲. نجات دادن
herausrücken *Vt., Vi.* ۱. تحویل دادن، تسلیم کردن
۲. بیرون آوردن ۳. خرج کردن ۴. اعتراف کردن
herausrufen *Vt.* از بیرون صدا زدن، احضار کردن، به بیرون خواندن
herausrutschen *Vi.* ۱. سریدن، لغزیدن
۲. نسنجیده سخن گفتن
herausschauen *Vi.* به بیرون نگاه کردن
Er schaute durchs Fenster zu mir heraus.
او از پنجره به من نگاه می‌کرد.
herausschicken *Vt.* به بیرون فرستادن
herausschlagen *Vt.* ۱. با زرنگی به دست آوردن
۲. (با ضربه) جدا کردن ۳. از داخل (جایی) به بیرون سر کشیدن
herausschmuggeln *Vt.* قاچاقی بیرون آوردن
herausschneiden *Vt.* بریدن
einen Artikel aus der Zeitung herausschneiden
مقاله‌ای را از روزنامه بریدن
herausschrauben *Vt.* باز کردن و در آوردن (پیچ)
herausschreiben *Vt.* ۱. انتخاب و یادداشت کردن (نکات جالب) ۲. (از نشریه) رونویس کردن
heraussein *Vi.* ۱. معلوم بودن ۲. خارج بودن
herausspringen *Vi.* ۱. جستن، پریدن ۲. ناشی شدن، نتیجه دادن ۳. سود دادن
herausstellen *Vt., Vr.* ۱. به نمایش گذاشتن
۲. به طور برجسته نشان دادن ۳. تأکید کردن ۴. معلوم شدن
Es stellte sich heraus, daß der Mann ein Betrüger war.
معلوم شد که آن مرد یک شیاد بود.
herausstrecken *Vt.* بیرون کشیدن
Er hat mir die Zunge herausgestreckt.
او به من زبان درازی کرد.

herausstreichen *Vt.* ستودن، از (کسی/چیزی) تعریف کردن، ستایش کردن
heraussuchen *Vt.* جدا کردن، سوا کردن
heraustreten *Vi.* بیرون انداختن، بیرون دادن
heraustun *Vt.* درآوردن، بیرون گذاشتن
herauswachsen *Vi.* نشو و نما کردن، رشد کردن، بلند شدن
Er ist aus dem Anzug herausgewachsen.
کت و شلوار اندازهٔ او نیست.
herauswagen *Vr.* (خود) را به مخاطره انداختن، ریسک کردن
herauswinden *Vr.* رها کردن، سوا کردن، خلاص کردن
herauswirtschaften *Vt.* از (چیزی) سود بردن، از (چیزی) استفاده کردن
herausziehen *Vt., Vi.* ۱. بیرون کشیدن
۲. استخراج کردن
herb *Adj.* ۱. گس؛ دبش ۲. ترش ۳. [نوشابهٔ الکلی] دِبش، تلخ ۴. [کلام] خشن، درشت ۵. جدی، سخت‌گیر ۶. تلخ، ناگوار، دردناک
Herbarium, das; -s, -ien مجموعهٔ گیاهان خشک
herbei *Adv.* به اینجا، این طرف، پیش
herbeibringen *Vt.* نزد (کسی) آوردن، فراهم کردن
herbeieilen *Vi.* با عجله نزدیک شدن
herbeiführen *Vt.* سبب وقوع (امری) شدن، موجب انجام (کاری) شدن
eine Veränderung herbeiführen موجب تغییراتی شدن
herbeilassen *Vr.* تمکین کردن؛ فروتنی کردن
herbeirufen *Vt.* صدا زدن، خواندن، احضار کردن
herbeischaffen *Vt.* وادار به (کاری) کردن
herbeisehnen *Vt.* مشتاق (چیزی) بودن، به (کاری) اشتیاق داشتن
herbekommen *Vt.* دریافت کردن، گرفتن؛ تهیه کردن
Wo soll ich das herbekommen?
از کجا می‌توانم تهیه کنم؟
herbemühen *Vr.* ۱. با زحمت آمدن ۲. سر افراز کردن، قدم رنجه کردن
Herberge, die; -, -n مهمانخانه، مسافرخانه؛ استراحتگاه؛ منزلگاه؛ کاروانسرا
herbergen *Vt., Vi.* ۱. جا دادن، منزل دادن
۲. منزل کردن، جا گرفتن
Herbergsvater, der; -s, ¨- مدیر مسافرخانه
herbestellen *Vt.* فرا خواندن، احضار کردن، طلبیدن
herbeten *Vt.* احضار کردن، فراخواندن، طلبیدن
Herbheit, die; - ۱. گسی؛ دبشی ۲. تلخی (کلام)

herbringen 410

herbringen *Vt.* احضار کردن، آوردن
Herbst, der; -(e)s, -e پاییز، خزان
im Herbst در پاییز
Herbstanfang, der; -(e)s, ¨-e آغاز پاییز
herbsteln *Vi.* پاییز شدن
Es herbstelt. پاییز فرا می‌رسد.
Herbstferien, die / *Pl.* تعطیلات پاییزی
herbstlich *Adj.* پاییزی، پاییزه
Herbsttag, der; -(e)s, -e روز پاییزی
Herbstzeitlose, die; -, -n ۱. (نوعی) زعفران ۲. (گیاه) سورنجان
Herd, der; -(e)s, -e ۱. اجاق ۲. کانون، مرکز
der Elektroherd اجاق برقی
der Gasherd اجاق گاز
Herde, die; -, -n گله، رمه
Herdenmensch, der; -en, -en آدم افسارگسیخته
Herdentier, das; -(e)s, -e حیوانِ گله
Herdentrieb, der; -(e)s, -e غریزهٔ حیوانی
herein *Adv.* توی، به داخل، داخل
hereinbekommen *Vt.* دریافت کردن (اجناس تازه)
hereinbemühen *Vr., Vt.* ۱. با زحمت آمدن ۲. سرافراز کردن، قدم رنجه کردن ۳. به زور وارد (جایی) شدن
hereinbitten *Vt.* به داخل دعوت کردن
hereinbrechen *Vi.* به زور داخل شدن
hereinbringen *Vt.* به داخل آوردن
hereindrängen *Vi.* به زور داخل شدن
hereindringen *Vi.* به داخل نفوذ کردن
Der Regen drang durchs Dach ins Zimmer herein.
باران از سقف به داخل اتاق نفوذ کرد.
hereindürfen *Vi.* اجازهٔ دخول داشتن
hereinfahren *Vi., Vt.* ۱. سواره داخل شدن ۲. سواره (چیزی) را به داخل آوردن
Hereinfall, der; -(e)s, ¨-e ۱. سقوط ۲. گول، فریب
hereinfallen *Vi.* ۱. در داخل افتادن، سقوط کردن ۲. گول خوردن، به دام افتادن؛ مغبون شدن، فریب خوردن
Sie ist auf einen Betrüger hereingefallen.
او به دام یک کلاهبردار افتاده است.
hereinfliegen *Vi.* ۱. (پروازکنان) (به) داخل آمدن ۲. به دام افتادن، گول خوردن
Mach das Fenster zu, sonst fliegen die Mücke herein.
پنجره را ببند وگرنه پشه‌ها داخل خواهند شد.
hereinführen *Vt.* به داخل راهنمایی کردن
hereingeben *Vt.* به داخل دادن
die Speisen von der Küche in den Speisesaal hereingeben غذاها را از آشپزخانه به ناهارخوری تحویل دادن
hereinkommen *Vi.* به داخل آمدن، وارد شدن
hereinlassen *Vt.* به (کسی) اجازهٔ دخول دادن، راه دادن
hereinlegen *Vt.* ۱. داخل قرار دادن، تو گذاشتن ۲. گول زدن، فریب دادن، کلاه سر (کسی) گذاشتن
hereinplatzen *Vi.* ناخوانده وارد شدن
hereinrufen *Vt.* به داخل خواندن
hereinschauen *Vi.* سر زدن، دیدن مختصر کردن
hereinschlittern *Vi.* در موقعیت دشواری قرار گرفتن
hereinschneien *Vt., Vi.* ۱. از (کسی) سرزده دیدار کردن ۲. (برف) به داخل نفوذ کردن
hereinsteigen *Vi.* (از خارج به داخل) وارد شدن
Der Dieb muß durchs Fenster hereingestiegen sein.
دزد حتماً از پنجره وارد شده است.
hereintropfen *Vi.* به داخل چکه کردن
herfallen *Vi.* ۱. بد و بیراه گفتن ۲. حمله کردن ۳. با ولع خوردن
Hergang, der; -(e)s, ¨-e چگونگی، کیفیت، روند (حادثه)
hergeben *Vt.* ۱. از دست دادن، تحویل دادن ۲. بخشیدن، واگذار کردن
hergebracht *Adj.* مرسوم، عادی، معمول
hergehen *Vi.* ۱. همراه رفتن ۲. اتفاق افتادن، روی دادن ۳. به اینجا آمدن ۴. بد گفتن
hergehören *Vt.* به (موضوع) تعلق داشتن
hergelaufen *Adj.* خانه به دوش، آواره، بی سر و پا
herhaben *Vt.* از (کسی / جایی) به دست آوردن، داشتن
herhalten *Vi.* ۱. ایستادگی کردن، دوام آوردن ۲. زیان دیدن
für etwas herhalten müssen بهای چیزی را پرداختن
herholen *Vt.* رفتن و آوردن، حاضر کردن
Hering, der; -s, -e ۱. شاه‌ماهی ۲. میخ چادر، دیرک چادر ۳. آدم لاغر
wie die Heringe چسبیده به هم، تنگ‌هم
Heringssalat, der; -(e)s, -e سالادِ شاه‌ماهی، سالادِ ماهی
herkommen *Vi.* ۱. به اینجا آمدن ۲. از (جایی) آمدن، اهل (کشوری) بودن
Wo kommen Sie her? از کجا می‌آیید؟ اهل کجا هستید؟
Kommen Sie her! بیایید اینجا!
Herkommen, das; -s سنت، عرف، عادت، رسم
herkömmlich *Adj.* معمول، مرسوم، قراردادی

Herkunft, die; -, ¨-e اصل، منبع، منشأ، سرچشمه، ریشه
herlaufen *Vi.* دنبال دویدن، دنبال کردن
herleiern *Vi., Vt.* یکنواخت خواندن (متن، شعر)
herleiten *Vt., Vr.* ۱. از (کسی/چیزی) مشتق شدن، از (کسی/چیزی) ناشی شدن ۲. منتسب بودن
Herleitung, die; - اشتقاق
hermachen *Vr., Vi.* ۱. با عجله و ولع خوردن ۲. حمله کردن ۳. به سرعت شروع کردن
sich über etwas **hermachen** کاری را شروع کردن
Ich mache mich über die Arbeit her. کار را به سرعت شروع می‌کنم.
Hermaphrodit, der; -en, -en هرمافرودیت، موجود دو جنسی (دارای صفات نر و ماده)
Hermelin, das; -(e)s, -e (پوست) قاقم
hermetisch *Adj.* ۱. سفت، محکم، بدون درز ۲. مرموز، سحرآمیز
hernach *Adv.* بعد از آن، بعداً، سپس
hernehmen *Vt.* از (جایی) گرفتن
Hernie, die; -, -n فتق
hernieder *Adv.* پایین، رو به پایین، به طرف پایین
Heroin, das; -s هروئین
heroisch *Adj.* قهرمانانه، جوانمردانه
Heroismus, der; - قهرمانی، شجاعت، فداکاری
Herold, der; -(e)s, -e پیک، قاصد
Heros, der; -, Heroen پهلوان، قهرمان (داستان)
Herpes, der; -, Herpetes جوش صورت
herplappern *Vi., Vt.* ۱. به صدا درآمدن ۲. به صدا درآوردن
Herr, der; -n/-en, -en آقا، سرور، ارباب
Mein Herr! آقای عزیز!
Meine Herren! آقایان محترم!
den großen Herrn spielen نقش آدم‌های مهم را بازی کردن
Herrchen, das; -s, - ۱. آقای جوان ۲. صاحب سگ
Herrenabend, der; -s, -e مجلس شبانه (آقایان)
Herrenanzug, der; -(e)s, ¨-e کت و شلوار مردانه
Herrenartikel, die / *Pl.* لباس مردانه
Herrenbekleidung, die; -, -en پوشش مردانه
Herrenbesuch, der; -(e)s, -e مهمان مرد
Herrendoppel, das; -s, - (تنیس) (بازی) دونفرهٔ مردان
Herreneinzel, das; -s, - (تنیس) (بازی) یک‌نفرهٔ مردان
Herrenfahrrad, das; -(e)s, ¨-er دوچرخهٔ مردانه
Herrenfriseur, der; -s, -e سلمانی مردانه، آرایشگر مردانه
Herrengott, der; -es, ¨-er خدا، پروردگار، ایزد
Herrenhaus, das; -es, -häuser خانهٔ اربابی، عمارت مجلل
Herrenkonfektion, die; -, -en لباس آمادهٔ مردانه
herrenlos *Adj.* بی‌صاحب
Herrenmode, die; -, -n مُد مردانه
Herrenrad, das; -(e)s, ¨-er دوچرخهٔ مردانه
Herrenreiter, der; -s, - اسب‌سوار، سوارکار (مرد)
Herrenschneider, der; -s, - خیاطی مردانه
Herrentoilette, die; -, -n مستراح مردانه
Herrenzimmer, das; -s, - اتاق مطالعه
Herrgott, der; -es, ¨-er خداوند، پروردگار، ایزد
herrichten *Vt.* آماده کردن، مهیا کردن
das Bett für einen Gast herrichten تختخواب را برای یک مهمان آماده کردن
Herrin, die; -, -nen بانو، خانم، کدبانو
herrisch *Adj.* آمرانه، تحکم‌آمیز
herrje *Interj.* هورا، فریاد شادی؛ فریاد تعجب
herrlich *Adj.* عالی، مجلل، باشکوه
Herrlichkeit, die; -, -en شکوه، جلال، عظمت
Herrschaft, die; -, -en ۱. تسلط، قدرت، فرمانروایی ۲. حکومت، سلطنت
unter fremder Herrschaft تحت تسلط بیگانه
herrschen *Vi.* حکومت کردن، حکمرانی کردن، حکم راندن؛ تسلط داشتن
Es herrscht Stille. سکوت همه جا را فراگرفته است.
Es herrschte Hochbetrieb. خیلی شلوغ بود.
über ein Volk herrschen بر ملتی حکومت کردن
Herrscher, der; -s, - حاکم، زمامدار، حکمران
Herrscherhaus, das; -es, -häuser سلسله
Herrscherin, die; -, -nen حاکم، زمامدار، حکمران (زن)
Herrschsucht, die; -, ¨-e قدرت‌طلبی، میل به حکومت
herrschsüchtig *Adj.* قدرت‌طلب، تسلط‌خواه، سلطه‌جو
herrufen *Vt.* احضار کردن، صدا کردن
herrühren *Vi.* ۱. آمدن ۲. ناشی شدن
hersagen *Vt.* از بر خواندن، از حفظ گفتن
herschreiben *Vt.* به (جایی) نوشتن
hersehen *Vi.* خیره شدن
hersein *Vi.* آمدن؛ بودن
herstammen *Vi.* ۱. آمدن ۲. ناشی شدن ۳. سرچشمه گرفتن

herstellen *Vt.* ۱. تولید کردن، ساختن، عمل آوردن، به وجود آوردن ۲. برقرار کردن، ایجاد کردن
den Ausgleich herstellen توازن را برقرار کردن
Hersteller, der; -s, - تولیدکننده، سازنده
Herstellerfirma, die; -, -men شرکت تولیدکننده
Herstellung, die; - تولید، ساخت، تهیه، فراوری
Herstellungskosten, die / *Pl.* هزینهٔ تولید، ارزش ساخت
Herstellungsleiter, der; -s, - مدیر تولید
Herstellungsleiterin, die; -, -nen مدیر تولید (زن)
Herstellungsverfahren, das; -s, - روش تولید
Hertz, das; -, - (فیزیک) هرتس (واحد فرکانس)
herüber *Adv.* به این طرف، به این سمت، از این سو، به آن سو
herüberbringen *Vt.* به این طرف آوردن
herüberdürfen *Vi.* اجازهٔ به این طرف آمدن داشتن
herüberführen *Vt., Vi.* ۱. به این طرف هدایت کردن ۲. از یک سو به سوی دیگر امتداد داشتن (پل، راه)
herüberkommen *Vi.* به این طرف آمدن
herüberschwimmen *Vi.* به این طرف شنا کردن
herum *Adv.* در اطراف، پیرامون، حدود، حوالی، نزدیک
ringsherum دور و بر
um das Haus herum دور تا دور خانه
herumbekommen *Vt.* ۱. نظر (کسی) را تغییر دادن ۲. با زحمت قادر به چرخاندن (چیزی) بودن
herumbiegen *Vt.* به طرف دیگر خم کردن
herumbinden *Vt.* دور (چیزی) را با نخ بستن
herumbringen *Vt.* نظر (کسی) را تغییر دادن، با عقیدهٔ (خود) موافق کردن
herumbummeln *Vi.* وقت تلف کردن، پرسه زدن، ول گشتن
herumdoktern *Vi.* طبابت کردن، دارو دادن، دکتری کردن
herumdrehen *Vt.* ۱. دور (چیزی) گشتن ۲. پیچاندن، برگرداندن
jemandem **die Worte im Mund herumdrehen** حرف کسی را تحریف کردن
herumdrücken *Vr.* ۱. پرسه زدن، بیهوده وقت گذراندن، از زیر کار در رفتن ۲. به طرف دیگر فشار آوردن
sich um etwas **herumdrücken** خود را از چیز ناخوشایندی کنار کشیدن
herumfahren *Vi.* ۱. (با وسیلهٔ نقلیه) گردش کردن ۲. (سواره) پرسه زدن، ول گشتن ۳. بی‌اختیار دست به صورت خود کشیدن
herumfuchteln *Vi.* (با دست) حرکات بی‌هدف کردن
herumführen *Vt.* راهنمایی کردن
jemanden **an der Nase herumführen** سر کسی شیره مالیدن
herumgehen *Vi.* ۱. گشتن، دور زدن ۲. پرسه زدن ۳. سپری شدن
herumhacken *Vi.* مدام سرزنش کردن
herumkommandieren *Vt.* فرمان دادن، دستور دادن، امر کردن
herumkommen *Vi.* ۱. همه جا را گشتن، به همه جا سفر کردن ۲. اجتناب کردن، مجبور به انجام کاری نبودن
herumkriegen *Vt.* نظر (کسی) را تغییر دادن، با عقیدهٔ (خود) موافق کردن
herumlaufen *Vi.* گشتی زدن، دوری زدن
herumliegen *Vi.* در گوشه و کنار قرار داشتن
herumlungern *Vi.* پرسه زدن، بیهوده وقت گذراندن، از زیر کار در رفتن
herumplagen *Vr.* مدام (خود) را عذاب دادن
herumquälen *Vr.* مدام (خود) را عذاب دادن
herumreden *Vi.* طفره رفتن
herumreichen *Vt., Vi.* ۱. (سر سفره) دور گرداندن ۲. دور (چیزی) را گرفتن
Ich kann um den Baumstamm nicht herumreichen. دست‌هایم به دور تنهٔ درخت نمی‌رسد.
herumreisen *Vi.* به اطراف سفر کردن، سیر و سیاحت کردن
herumreiten *Vi.* ۱. با اسب دور زدن ۲. پیوسته سخن گفتن
auf etwas **herumreiten** مطلبی را پیوسته تکرار کردن
herumschauen *Vi.* به اطراف نظر کردن
herumschlagen *Vr.* پیوسته سر و کار داشتن
herumsein *Vi.* سر آمدن، به پایان رسیدن (مهلت)
herumsitzen *Vi.* بیکار نشستن، دور (کسی / چیزی) نشستن
Sitz nicht so herum, tue etwas! همین طور بیکار ننشین، کاری بکن!
herumspionieren *Vt.* مخفیانه دربارهٔ (کسی) تحقیق کردن
herumsprechen *Vr.* شایعه شدن
herumstehen *Vi.* ۱. بیکار ایستادن، اطرافِ (کسی / چیزی) ایستادن ۲. در گوشه و کنار قرار داشتن
Stehe nicht so herum, sondern hilf mir lieber! همین طور بیکار نایست، بلکه کمکم کن!

herumtanzen *Vi.* ۱. دور مکانی رقصیدن ۲. سرخوش بودن، بشّاش بودن

jemandem **auf der Nase herumtanzen** کسی را مثل موم در دست داشتن

herumtreiben *Vr.* پرسه زدن، ول گشتن، بیهوده وقت گذراندن، ولگردی کردن

Herumtreiber, der; -s, - ولگرد، سرگردان، علاف

herumwerfen *Vt.* به گوشه و کنار پرت کردن

herumziehen *Vt., Vi.* ۱. به این‌طرف و آن‌طرف کشیدن ۲. دوره‌گردی کردن، پیوسته جا به جا شدن ۳. محیط بودن

herunter *Adv.* به پایین، رو به پایین، به طرف پایین

Komm herunter! بیا پایین!

herunterbitten *Vt.* از (کسی) برای پایین آمدن خواهش کردن

herunterbrennen *Vi.* تا ته سوختن (شمع)

herunterbringen *Vt.* ۱. کاهش دادن، تقلیل دادن ۲. پایین آوردن

Die Krankheit hat ihn sehr heruntergebraucht. بیماری او را بسیار ضعیف کرده است.

herunterdrücken *Vt.* ۱. به پایین فشار دادن، تحت فشار قرار دادن ۲. (بر سر قیمت) چانه زدن

herunterfallen *Vi.* به پایین افتادن

heruntergehen *Vi.* ۱. پایین آمدن (درجهٔ تب) ۲. چانه زدن

heruntergekommen *Adj.* تنزل‌کرده، تقلیل‌یافته، کم شده

herunterhängen *Vi.* به طرف پایین آویزان بودن

herunterhauen *Vt.* ۱. روی (چیزی) زدن ۲. به (کسی) سیلی زدن

herunterheben *Vt.* برداشتن و پایین گذاشتن

herunterklettern *Vi.* (از دیوار، کوه) پایین آمدن

herunterkommen *Vi.* ۱. تنزل کردن، تقلیل یافتن ۲. رو به زوال نهادن، رو به ضعف گذاشتن

heruntermachen *Vt.* سرزنش کردن

herunterreichen *Vi., Vt.* ۱. از بالا تا پایین امتداد داشتن ۲. از بالا به دست (کسی) رساندن

herunterreißen *Vt.* ۱. خراب کردن، کندن ۲. از (کسی / چیزی) انتقاد کردن

herunterrutschen *Vi.* به پایین سر خوردن

Er kann mir den Buckel herunterrutschen. می‌خواهم سر به تنش نباشد.

herunterschalten *Vt.* به پایین وصل کردن (برق)

herunterschrauben *Vt.* پایین آوردن، کم کردن

heruntersein *Vi.* ضعف پیدا کردن، از کار افتادن

herunterspielen *Vt.* ۱. بی‌احساس نواختن (موسیقی) ۲. کم جلوه دادن، دست کم گرفتن

herunterwirtschaften *Vt.* بی‌اعتبار ساختن؛ ورشکست کردن

hervor *Adv.* به جلو، به پیش، به طرف جلو، بیرون، خارج

hervorbringen *Vt.* ۱. تولید کردن، خلق کردن، ساختن، به وجود آوردن (اثر هنری) ۲. ارائه دادن (سند)

ein Wort hervorbringen کلمه‌ای را بر زبان آوردن

Hervorbringung, die; - تولید، ارائه

hervorgehen *Vi.* ۱. ناشی شدن، به وجود آمدن، تحقق یافتن ۲. نتیجه دادن، منتج شدن

hervorheben *Vt.* ۱. جلوه دادن ۲. روی (نکته‌ای) تأکید کردن

hervorholen *Vt.* تولید کردن، عمل آوردن

hervorragen *Vi.* برجسته بودن، عالی بودن، والا بودن

hervorragend *Adj.* برجسته، عالی، ممتاز، مهم

Hervorruf, der; -(e)s, -e (تئاتر) احضار، دعوت به صحنه

hervorrufen *Vt.* ۱. موجب (چیزی) شدن، باعث (چیزی) شدن ۲. (تئاتر) فرا خواندن، احضار کردن

Beifall hervorrufen موجب تحسین قرار گرفتن

eine Änderung hervorrufen موجب تغییر شدن

Protest hervorrufen موجب اعتراض شدن

hervorstechen *Vi.* ۱. متحمل شدن، عهده‌دار شدن ۲. اصرار کردن ۳. برجسته بودن، چشمگیر بودن

hervorstechend *Adj.* ۱. برجسته، عالی، ممتاز، مهم ۲. هویدا، پدیدار، آشکار

hervorstehen *Vi.* ۱. ایستادگی کردن، دوام آوردن ۲. برآمدگی داشتن

hervortreten *Vi.* ۱. قدم به جلو برداشتن، ۲. برجسته بودن، عالی بودن

hervortun *Vr.* خودنمایی کردن

hervorziehen *Vt.* عمل آوردن، تولید کردن

herwagen *Vr.* ۱. به مخاطره انداختن ۲. جرأت کردن

herwärts *Adj.* به طرف ما

Herweg, der; -(e)s, -e مراجعت

Herz, das; -ens, -en ۱. قلب، دل ۲. درون، عمق، کانون ۳. (بازی ورق) خال دل

Sie sind ein Herz und eine Seele. آنها یک جان در دو بدن‌اند.

kein Herz haben خشک و بی‌احساس بودن

Mir stand beinahe das Herz. نزدیک بود قلبم (از ترس) از کار بیفتد.

Es liegt mir sehr am Herzen. به آن بستگی زیادی دارم.

herzallerliebst 414

Ich bedaure es vom Herzen. قلباً متأسفم.
etwas **auf dem Herzen haben** تمنایی در دل داشتن
jemandem **das Herz schwer machen** کسی را غصه‌دار کردن
jemandem **aus dem Herzen sprechen** از زبان کسی سخن گفتن

herzallerliebst *Adj.* بسیار عزیز، بسیار دوست‌داشتنی
Herzanfall, der; -(e)s, ⸚e حملهٔ قلبی، سکتهٔ قلبی
Herzasthma, das; -s آسم قلبی
Herzattacke, die; -, -n حملهٔ قلبی
Herzbeschwerden, die / *Pl.* ناراحتی قلبی
Herzbeutel, der; -s, - آبشامهٔ قلب
Herzblatt, das; -(e)s, ⸚er گلبرگ تازه؛ برگ تازه
Herzbube, der; -n, -n (بازی ورق) سرباز دل
Herzchen, das; -s, - محبوب، عزیز، دلدار
Herzblume, die; -, -n (نوعی) گل شقایق
Herzchirurgie, die; -, -n جراحی قلب
Herzdame, die; -, -n (بازی ورق) بی‌بی دل
Herzeleid, das; -(e)s غم و غصهٔ فراوان
herzen *Vt.* در آغوش گرفتن، بغل کردن
Herzensangelegenheit, die; -, -en کارِ دل
Herzensangst, die; -, ⸚e دلتنگی، اضطراب، تشویش خاطر
Herzensbrecher, der; -s, - ۱. سنگدل، بی‌وفا ۲. دلربا، عیار
herzensfroh *Adj.* بسیار خوشحال
herzensgut *Adj.* بسیار مهربان، خوش‌قلب، رئوف
Herzensgüte, die; - محبت قلبی، مهربانی
Herzenslust, die; -, ⸚e میل قلبی
Herzenswunsch, der; -es آرزوی قلبی
herzerfrischend *Adj.* سرحال، تر و تازه
herzergreifend *Adj.* جان‌گداز، دل‌گداز
Herzerweiterung, die; -, -en انبساط قلب، گشادی قلب
Herzfehler, der; -s, - نقص قلبی
herzförmig *Adj.* به شکل قلب
Herzgegend, die; -, -en حدود قلب
Herzgrube, die; -, -n حفرهٔ قلب
herzhaft *Adj.* ۱. دلیر، شجاع ۲. [مزه] تند، شدید، قوی ۳. باحرارت ۴. درست و حسابی
Herzhaftigkeit, die; -, -en ۱. دلیری، شجاعت ۲. (مزه) تندی، شدت، قوت
herziehen *Vt., Vi.* ۱. به دنبال کشیدن ۲. به (جایی) نقل‌مکان دادن ۳. تحقیر کردن ۴. از (کسی) غیبت کردن، از (کسی) بدگویی کردن ۵. پایین آمدن، پایین بودن
herzig *Adj.* دلربا، زیبا، شیرین، دلکش، دلچسب، دوست‌داشتنی
Herzinfarkt, der; -(e)s, -e انفارکتوس، سکتهٔ قلبی
Herzinsuffizienz, die; -, -en اختلال عمل قلب، سستی عمل قلب
Herzkammer, die; -, -n بطن قلب
Herzklappe, die; -, -n دریچهٔ قلب
Herzklopfen, das; -s, - ضربان قلب، تپش قلب
Herzkönig, der; -(e)s, -e (بازی ورق) شاهِ دل
herzkrank *Adj.* بیمار قلبی
Herzkrankheit, die; -, -en بیماری قلبی
Herzleiden, das; -s, - کسالت قلبی
herzlich *Adj.* قلبی، باطنی، صمیمی، صمیمانه، از صمیم قلب

Mein herzlichstes Beileid. صمیمانه تسلیت عرض می‌کنم.
Herzlich Willkommen! خوش آمدید!
Herzliche Glückwunsche zum Geburtstag! تبریکات قلبی (مرا) به مناسبت روز تولد (خود) بپذیرید!

Herzlichkeit, die; -, -en صمیمیت، محبت قلبی
herzlos *Adj.* بی‌رحم، بی‌عاطفه، سنگدل
Herzlosigkeit, die; -, -en بی‌رحمی، بی‌عاطفگی، سنگدلی
Herzog, der; -(e)s, -e دوک، کنت (لقب اشرافی)
Herzogin, die; -, -nen دوشس، کنتس (لقب اشرافی)
herzoglich *Adj.* (مربوط به) دوک، (مربوط به) دوشس
Herzogtum, das; -(e)s, ⸚er دوک‌نشین، قلمرو دوک
Herzoperation, die; -, -en (عمل) جراحی قلب
Herzschlag, der; -(e)s, ⸚e ۱. ضربان قلب ۲. سکتهٔ قلبی
Herzschrittmacher, der; -s, - دستگاه تنظیم‌کنندهٔ ضربان قلب
Herzschwäche, die; -, -n ضعف قلبی، نارسایی قلب
Herzspezialist, der; -en, -en متخصص قلب
herzstärkend *Adj.* مقوّی
Herzstillstand, der; -(e)s, ⸚e توقف قلب
Herztod, der; -(e)s, -e مرگ در اثر بیماری قلبی
Herztransplantation, die; -, -en پیوند قلب
herzu *Adv.* اینجا، این طرف، به طرف جلو، به اینجا
Herzverpflanzung, die; -, -en پیوند قلب
herzzerreißend *Adj.* جان‌گداز، دلخراش، رقت‌انگیز
Hesse, der; -n, -n اهل استان هسن

Hessin, die; -, -nen اهل استان هسن (زن)
hessisch *Adj.* (مربوط به) استان هسن
heterogen *Adj.* غیر متجانس، غیر همگِن، جور واجور
Heterosexualität, die; - رابطهٔ جنسی طبیعی (بین زن و مرد)
heterosexuell *Adj.* دارای علاقهٔ جنسی به جنس مخالف
Hetze, die; -, -n ۱. شتاب، عجله ۲. تحریک (به آشوب / طغیان)، فتنه‌انگیزی ۳. (در شکار) تعقیب
hetzen *Vt., Vi.* ۱. دنبال کردن، تعقیب کردن ۲. تحریک به آشوب کردن، تحریک به طغیان کردن، فتنه انگیختن ۳. شتاب کردن، عجله کردن
Hetzer, der; -s, - ۱. محرک، تحریک‌کننده ۲. فتنه‌انگیز
Hetzerin, die; -, -nen ۱. محرک، تحریک‌کننده (زن) ۲. فتنه‌انگیز (زن)
hetzerisch *Adj.* آتش‌افروز، فتنه‌جو، فسادآمیز، فتنه‌انگیز
Hetzhund, der; -(e)s, -e سگ شکاری
Hetzjagd, die; -, -en شکار تعقیبی
Hetzkampagne, die; -, -n عملیات خصمانه، عملیات تحریک‌آمیز
Hetzrede, die; -, -n سخن فتنه‌انگیز
Heu, das; -(e)s علف خشک، کاه
Er hat Geld wie Heu. پولش از پارو بالا می‌رود. خیلی پول دارد.
Heuboden, der; -s, -/ ⸚ انبار کاه و یونجه، کاهدان
Heuchelei, die; -, -en ۱. ریا، ریاکاری، چاپلوسی ۲. تظاهر
heucheln *Vi., Vt.* ۱. وانمود کردن، بهانه آوردن ۲. ریا کردن، چاپلوسی کردن ۳. تظاهر به (چیزی) کردن
Heuchler, der; -s, - ۱. ریاکار، دورو، چاپلوس ۲. متظاهر
Heuchlerin, die; -, -nen ۱. ریاکار، دورو، چاپلوس (زن) ۲. متظاهر (زن)
heuchlerisch *Adj.* ۱. ریاکارانه، چاپلوسانه ۲. متظاهرانه
heuen *Vi.* یونجه خشک کردن
heuer *Adv.* امسال
Heuer[1]**,** der; -s, - یونجه کار
Heuer[2]**,** die; -, -n اجرت، مزد، دستمزد (ملوانان)
heuern *Vt.* کرایه کردن، اجاره کردن (کشتی)
Heuernte, die; -, -n محصول یونجه
Heufieber, das; -s, - تب یونجه (تب بر اثر حساسیت نسبت به گیاه)
Heugabel, die; -, -n (برای بلند کردن بسته علف و یونجه) چنگک، دو شاخه

heulen *Vi.* ۱. گریه و زاری کردن ۲. زوزه کشیدن (گرگ، باد)
mit den Wölfen heulen هم‌رنگ جماعت شدن
Heulerei, die; -, -en گریه و زاری
Heulsuse, die; - نی‌نی کوچولو
heurig *Adj.* (مربوط به) امسال
Heuschnupfen, der; -s, - تب یونجه (زکام در اثر حساسیت نسبت به گیاه)
Heuschober, der; -s, - تودهٔ علف خشک، یونجهٔ خشک، خرمن خشک
Heuschrecke, die; -, -n ملخ
heute *Adv.* امروز
heute abend امشب، امروز عصر
heute morgen امروز صبح
heute in vier Wochen چهار هفتهٔ دیگر
von heute auf morgen خیلی سریع، بدون تأمل کافی
von heute an از امروز، از حالا به بعد
noch heute همین امروز
heute vor acht Tagen هشت روز پیش
bis heute تا به حال، تا امروز
heutig *Adj.* امروزی، (مربوط به) امروز
die heutige Zeitung روزنامهٔ امروز
heutigentags *Adv.* امروزه
heutigestags *Adv.* امروزه
heutzutage *Adv.* این روزها، در این ایام، امروزه
Heuwender, der; -s, - ماشین (مخصوص) پخش و خشک کردن علف
Hexagon, das; -s شش‌ضلعی، شش‌گوشه
hexagonal *Adj.* به شکل شش‌ضلعی، دارای شش گوشه
Hexe, die; -, -n ساحره، جادوگر، عجوزه (زن)
hexen *Vt., Vi.* ۱. سحر کردن، جادو کردن ۲. تردستی کردن، چشم‌بندی کردن
Ich kann doch nicht hexen! مهلت بیشتری به من بده!
Hexenjagd, die; -, -en محاکمه و تعقیب جادوگران
Hexenkessel, der; -s, - دوزخ، جهنم
Hexenmeister, der; -s, - جادوگر، ساحر
Hexensabbat(h), der; -(e)s, -e دوزخ، جهنم
Hexenschuß, der; -schusses کمردرد
Hexentanz, der; -es, ⸚e رقص جادوگران
Hexerei, die; -, -en سحر، افسونگری، جادوگری
Hieb, der; -(e)s, -e ضربه، ضربت
jemandem **einen Hieb versetzen** به کسی توسری زدن
hieb *P.* صیغهٔ فعل گذشتهٔ مطلق از مصدر hauen
hielt *P.* صیغهٔ فعل گذشتهٔ مطلق از مصدر halten

hier *Adv.* اینجا، در این مکان

hier und dort / da اینجا و آنجا

Hier bin ich. آمدم. رسیدم.

Ich bin nicht von hier. من اهل اینجا نیستم.

hieran *Adv.* به این، در کنار این

Hierarchie, die; -, -n سلسله مراتب

hierauf *Adv.* در نتیجه، آنگاه، بعد از این، در جواب این، سپس

hieraus *Adv.* از این

Hieraus folgt, daß... از این مطلب نتیجه می‌شود که ...

hierbei *Adv.* ۱. به ضمیمه، در جوف، در داخل این ۲. در این مورد

hierdurch *Adv.* به این وسیله، به این جهت، از این طریق، از این راه

Hierdurch teilen wir Ihnen mit, daß...

به این وسیله به اطلاع شما می‌رسانیم که...

hierfür *Adv.* برای این، به این جهت

hiergegen *Adv.* مقابل این، بر ضد این

hierher *Adv.* اینجا، به اینجا

hierherbringen *Vt.* به اینجا آوردن

hierhergehören *Vi.* ۱. به اینجا تعلق داشتن ۲. ربط داشتن

hierherkommen *Vi.* به اینجا آمدن

hierherum *Adv.* در این حوالی، در همین نزدیکی‌ها

hierin *Adv.* در این، در داخل این، در اینجا

hierlands *Adv.* در اینجا، در این کشور

hiermit *Adv.* به این وسیله، به این طریق

Hiermit bestätige ich, daß...

به این وسیله تأئید می‌کنم که ...

hiernach *Adv.* بعد از این، آن وقت، آنگاه، سپس

hierorts *Adv.* در اینجا، در این محل

hierüber *Adv.* دربارهٔ این، راجع به این

hierum *Adv.* در اطراف، گرد، دور

hierunter *Adv.* زیر این، در این زیر

hiervon *Adv.* از این، از آن

hierzu *Adv.* ۱. به این، اضافه بر این، برای این ۲. در این باره، از این لحاظ

hierzulande *Adv.* در اینجا، در این کشور

hiesig *Adj.* اینجایی، محلی

die hiesige Zeitungen روزنامه‌های محلی

hieß *P.* heißen صیغهٔ فعل گذشتهٔ مطلق از مصدر

Highlife, das; -s زندگی تجملی

Hilfe, die; -, -n کمک، یاری، مساعدت

jemanden **zu Hilfe rufen** کسی را به کمک طلبیدن

Hilfe! کمک (کنید)!

zu Hilfe eilen به کمک شتافتن

um Hilfe rufen کمک طلبیدن

erste Hilfe کمک‌های اولیه

Ich bin auf seine Hilfe angewiesen.

من به کمک او محتاجم.

hilfeflehend *Adj.* کمک خواهان

Hilfeleistung, die; -, -en کمک، مساعدت

Hilferuf, der; -(e)s, -e تقاضای کمک، مددخواهی

hilfesuchend *Adj.* در جستجوی کمک

hilflos *Adv.* درمانده، مستأصل، عاجز، بیچاره

Hilflosigkeit die; - درماندگی، عجز، بیچارگی

hilfreich *Adj.* مفید، کمک‌بخش، یاری‌دهنده، همراه

Hilfsaktion, die; -, -en کمک‌رسانی

Hilfsarbeiter, der; -s, - کارگر عادی، کارگر غیرمتخصص

Hilfsarbeiterin, die; -, -nen کارگر عادی، کارگر غیر متخصص (زن)

hilfsbedürftig *Adj.* نیازمند، محتاج (کمک)

Hilfsbedürftigkeit, die; - نیازمندی، احتیاج

hilfsbereit *Adj.* آمادهٔ کمک، مددکار

Hilfsbereitschaft, die; - مددکاری، آمادگی کمک

Hilfsgeistliche, der; -n, -n معاون کشیش

Hilfsgelder, die /*Pl.* کمک‌های مالی

Hilfskraft, die; -, ¨-e نیروی کمکی

Hilfskreuzer, der; -s, - رزم‌ناوِ یدکی

Hilfslehrer, der; -s, - کمک معلم، معلم کمکی

Hilfslinie, die; -, -n (ریاضی) خط فرضی، خط مکمل

Hilfsmaschine, die; -, -n ماشین کمکی

Hilfsmittel, das; -s, - وسیلهٔ کمک

Hilfsmotor, der; -s, -en موتور کمکی

Hilfsorganisation, die; -, -en سازمان امدادی

Hilfsquelle, die; -, -n صندوق کمک، منبع کمک

Hilfsrichter, der; -s, - ۱. داور یار ۲. قاضی یار

Hilfsschule, die; -, -n مدرسهٔ معلولین

Hilfsstaatsanwalt, der; -(e)s, ¨-e دادیار

Hilfstruppen, die /*Pl.* نیروهای کمکی

Hilfsverb, das; -s, -en (دستور زبان) فعل کمکی

Hilfswerk, das; -(e)s, -e مددکاری

hilfswillig *Adj.* مددکار، آماده برای کمک

Hilfswillige, der / die; -n, -n مددکار افتخاری

Hilfszeitwort, das; -(e)s, -e / ¨-er (دستور زبان) فعل کمکی

Himbeere, die; -, -n تمشک

Himbeermarmelade, die; -, -n مربای تمشک
Himbeersaft, der; -(e)s, ⸚e شربت تمشک
Himbeerstrauch, der; -(e)s, -sträucher بوتهٔ تمشک
Himmel, der; -s, - ۱. آسمان، سپهر، فلک ۲. بهشت، فردوس
Du lieber Himmel! ترا به خدا! (در موقع ترس و تعجب) ای وای! نه بابا!
Um Himmels Willen! ترا به خدا! (در موقع ترس و تعجب) ای وای! نه بابا!
Das weiß der Himmel! چه می‌دانم! خبر ندارم!
am Himmel در آسمان
unter freiem Himmel در هوای آزاد، در زیر آسمان
wie vom Himmel gefallen یکباره، ناگهانی
den Himmel auf Erden haben غرق در ناز و نعمت بودن
im siebenten Himmel sein (از فرط خوشی) هفت آسمان را سیر کردن
himmelan *Adv.* به سمت بالا، به طرف راست
himmelangst *Adj.* وحشت فراوان
Ihm wurde himmelangst. او بسیار وحشت کرد.
Himmelbett, das; -es, -en تختخواب سقف‌دار
himmelblau *Adj.* آبی آسمانی
Himmelfahrt, die; -, -en معراج، صعود به آسمان
Himmelfahrtsnase, die; -, -n بینی کشیده
Himmelfahrtstag, der; -(e)s, -e روز معراج
himmelhoch *Adj.* بسیار بلند
himmeln *Vi.* گنگ بودن، گیج بودن
Himmelreich, das; -(e)s, -e ملکوت آسمان
Himmelschlüssel, der; -s, - (گل) پامچال وحشی
himmelschreiend *Adj.* ظالمانه، بیدادگرانه
Himmelsgegend, die; -, -en جهات اصلی
Himmelskönigin, die; -, -nen حضرت مریم
Himmelskörper, der; -s, - ستارگان، اجرام سماوی
Himmelskugel, die; -, -n کرهٔ آسمانی
Himmelsrichtung, die; -, -en جهات اصلی
Himmelsstrich, der; -(e)s, -e وضعیت جوی، آب و هوا
Himmelszelt, das; -(e)s, -e سقف آسمان، گنبد آسمان
himmelwärts *Adv.* به سوی آسمان، به طرف بالا
himmelweit *Adj.* پهناور، وسیع، بی‌کران
himmlisch *Adj.* آسمانی، ملکوتی، بهشتی، باشکوه، عالی
hin *Adv.* ۱. آنجا، به آنجا، به این طرف، به آن طرف ۲. از دست رفته
hin und her به این طرف و آن طرف
Wo willst du hin? به کجا می‌خواهی بروی؟
hin und wieder گاه و بی‌گاه
hin und zurück (بلیت) رفت و برگشت
hinab *Adv.* به پایین، به طرف پایین
hinabgehen *Vi.* پایین آمدن، فرود آمدن، نزول کردن
hinabsteigen *Vi.* پایین آمدن، فرود آمدن، نزول کردن
hinan *Adv.* بالا، به بالا، به طرف بالا
hinarbeiten *Vi.* برای هدف زحمت کشیدن
hinauf *Adv.* بالا، به بالا، به طرف بالا
die Treppe hinauf از پله‌ها به بالا
hinaufarbeiten *Vr.* ترقی کردن، به مقام بالاتر ارتقا یافتن
hinaufgehen *Vi.* بالا رفتن، صعود کردن
die Treppe hinaufgehen از پله‌ها بالا رفتن
hinaufklettern *Vi.* (از درخت/کوه) بالا رفتن
den Baum hinaufklettern از درخت بالا رفتن
hinaufsetzen *Vt.* بالا بردن، ترقی دادن (قیمت)
hinaufsteigen *Vi.* بالا رفتن، صعود کردن
die Leiter hinaufsteigen از نردبان بالا رفتن
hinaus *Adv.* به بیرون، به خارج
Worauf wollen Sie hinaus? چه می‌خواهید بگویید؟
darüber hinaus از این گذشته
Hinaus! (برو) بیرون!
hinausbegeben *Vr.* بیرون رفتن، خارج شدن
hinausbegleiten *Vt.* تا بیرون (از منزل) مشایعت کردن (مهمان)
hinausbeugen *Vr.* (از پنجره) به طرف بیرون خم شدن
hinausdürfen *Vi.* اجازهٔ خروج داشتن
hinausekeln *Vt.* از میدان به در کردن
hinausfinden *Vi.* راه خروجی را پیدا کردن
hinausfliegen *Vi.* ۱. اخراج شدن، بیرون شدن، کار (خود) را از دست دادن ۲. به بیرون پرواز کردن
hinausgehen *Vi.* ۱. بیرون رفتن، خارج شدن ۲. از حد معینی تجاوز کردن ۳. به بیرون باز شدن
Diese Tür geht in den Garten hinaus. این در رو به باغ باز می‌شود.
Geh hinaus! برو بیرون!
Sein Wissen geht über den Durchschnitt hinaus. آگاهی او از حد متوسط تجاوز می‌کند.
hinaushängen *Vt.* (به) بیرون آویزان کردن
hinauskommen *Vi.* بیرون آمدن
hinauskomplimentieren *Vt.* مؤدبانه اخراج کردن
hinauslassen *Vt.* (به) بیرون راه دادن

hinauslaufen 418

hinauslaufen *Vi.* ۱. دوان دوان خارج شدن ۲. به نتیجه رسیدن ۳. منتهی شدن

hinausschauen *Vi.* (به) بیرون نگاه کردن

hinausschicken *Vt.* (به) بیرون فرستادن

hinausschieben *Vt.* به تعویق انداختن، از سر (خود) وا کردن

seinen Urlaub um eine Woche hinausschieben مرخصی خود را یک هفته به تعویق انداختن

hinausschießen *Vi.* به سرعت دویدن

hinaussein *Vi.* از حد تجاوز کردن، از حد گذشتن

hinausstehlen *Vr.* مخفیانه خارج شدن

hinaustrompeten *Vt.* جار زدن

hinauswachsen *Vi.* ۱. بزرگ‌تر شدن، رشد کردن ۲. مسلط شدن

hinauswerfen *Vt.* بیرون کردن، بیرون انداختن، اخراج کردن

Geld zum Fenster hinauswerfen پول را نفله کردن

hinauswollen *Vi.* ۱. قصد خروج کردن ۲. منجر شدن

Worauf will er hinaus? چه می‌خواهد بگوید؟

hoch hinauswollen بلندپرواز بودن

hinausziehen *Vt., Vi.* ۱. بیرون کشیدن ۲. به تعویق انداختن ۳. (به) راه‌پیمایی رفتن ۴. (به منزلی در خارج شهر) اسباب‌کشی کردن

hinauszögern *Vt.* به تعویق انداختن

Hinblick, der; -(e)s, -e نظر، نگاه، نگر، توجه

im Hinblick auf نظر به، با توجه به

hinbringen *Vt.* ۱. بردن، به (جایی) بردن ۲. گذراندن، سپری کردن (وقت) ۳. انجام دادن

hindenken *Vi.* به (کسی) اندیشیدن

hinderlich *Adj.* مانع، مزاحم، مصدّع، دست و پاگیر

hindern *Vt.* مانع (کسی / چیزی) شدن، از (کسی / چیزی) جلوگیری کردن، از (کسی / چیزی) ممانعت کردن

jemanden **an** etwas **hindern** مانع کسی در انجام کاری شدن

Hindernis, das; -nisses, -nisse سد راه، مانع، مزاحمت؛ محظور

Hindernisrennen, das; -s, - ۱. دو با مانع ۲. اسب‌دوانی از روی مانع

Hinderung, die; -, -en ممانعت، جلوگیری

hindeuten *Vi.* ۱. نشان دادن، خاطرنشان کردن، اشاره کردن ۲. دلالت کردن

auf etwas **hindeuten** از چیزی آگاه کردن، چیزی را نشان دادن

Hindu, der; -s, -s هندو

Hinduismus, der; - مذهب هندو

hindurch *Adv.* از میان، از وسط، از درون، سراسر

den ganzen Tag hindurch در تمام مدت روز

das ganze Jahr hindurch سراسر سال

hindurcharbeiten *Vr.* ۱. بر موانع و مشکلات فائق آمدن ۲. با دقت زیاد خواندن

hindurchgehen *Vi.* (از میان جایی) عبور کردن

hinein *Adv.* در، توی، در داخل، به داخل

mitten hinein در وسط

hineinarbeiten *Vr.* (روی موضوعی) کار کردن

hineinbeißen *Vi.* گاز زدن

hineindenken *Vr.* ۱. (دربارهٔ موضوعی) فکر کردن ۲. برداشت کردن ۳. (خود) را به جای دیگری گذاشتن

hineinfressen *Vt., Vr.* ۱. در دل نگه داشتن، خودخوری کردن ۲. بلعیدن، تند خوردن

den Ärger in sich hineinfressen ناراحتی و اندوه را در دل نگه داشتن

hineingehen *Vi.* داخل شدن، وارد شدن

hineingeraten *Vi.* داخل جریانی افتادن، در جریانی آلوده شدن

hineinknien *Vr.* عمیقاً بررسی کردن، دقیقاً به (کاری) پرداختن

sich in eine Sache hineinknien موضوعی را عمیقاً بررسی کردن

hineinlegen *Vt.* ۱. در داخل (چیزی) قرار دادن ۲. برداشت کردن، تفسیر کردن

hineinmischen *Vr.* مداخله کردن، فضولی کردن

hineinreden *Vi.* مداخله کردن

hineinreichen *Vt., Vi.* ۱. از بیرون به داخل دادن ۲. امتداد داشتن

hineinriechen *Vi.* سطحی با مسئله‌ای روبرو شدن

hineinschauen *Vi.* به درون نگاه کردن

hineinschlitten *Vi.* ناخواسته وارد شدن

hineinsehen *Vi.* به درون نگاه کردن

hineinstecken *Vt.* فرو بردن؛ نصب کردن؛ در داخل (چیزی) گذاشتن

hineinsteigen *Vi.* داخل شدن، سوار شدن

hineinsteigern *Vr.* مبالغه‌آمیز فکر کردن

hineinstellen *Vt.* فرو بردن؛ نصب کردن، در داخل (چیزی) گذاشتن

hineintun *Vt.* فرو بردن؛ نصب کردن، در داخل (چیزی) گذاشتن

hineinversetzen *Vr.* (خود) را جای شخص دیگری قرار دادن

419 **hinschleppen**

hineinwachsen *Vi., Vr.* ۱. رشد کردن و اندازه شدن
۲. به‌تدریج عادت کردن
Er hat sein Beruf zuerst nicht geliebt, ist aber mit der Zeit hineingewachsen. او در ابتدا علاقه‌ای به شغلش نشان نمی‌داد امّا بعد به‌مرور زمان به آن عادت کرد.
hineinwagen *Vr.* جرأت داخل شدن داشتن
hineinziehen *Vt., Vi.* ۱. به داخل کشیدن
۲. پای (کسی) را به مسئله‌ای کشاندن ۳. نقل‌مکان کردن
hinfahren *Vi., Vt.* ۱. (سواره) رفتن ۲. به (جایی) راندن، (سواره) بردن؛ (سواره) رساندن
Hinfahrt, die; -, -en (با وسیلهٔ نقلیه) عزیمت
hinfallen *Vi.* زمین خوردن، زمین افتادن، سقوط کردن
Er wäre beinah hingefallen. نزدیک بود بیفتد.
hinfällig *Adj.* ضعیف، مردنی، سست، نحیف
Hinfälligkeit, die; -, -en ضعف، سستی، نحیفی
Hinflug, der; -(e)s, ⸚e پروازِ رفت
hinfort *Adv.* از این به بعد، از این پس
hinführen *Vt.* راهنمایی کردن، هدایت کردن
hing *P.* صیغهٔ فعل گذشتهٔ مطلق از مصدر hängen
Hingabe, die; -, -n کوشش، تلاش، ازخودگذشتگی، فداکاری، همت، جانبازی
Hingang, der; -(e)s, ⸚e مرگ، درگذشت
hingeben *Vt., Vr.* ۱. فدا کردن، از (چیزی) گذشتن
۲. تمام انرژی (خود) را صرف انجام (کاری) کردن ۳. با (کسی) هم‌بستر شدن
Hingebung, die; - ازخودگذشتگی، فداکاری، ایثار
hingebungsvoll *Adj.* فدایی، علاقمند، فداکار
hingegen *Konj.* از طرف دیگر، برعکس، برخلاف این
hingehen *Vi.* ۱. رفتن ۲. تعلق داشتن
۳. سپری شدن (زمان)
Wo gehst du hin? به کجا می‌روی؟
hingehören *Vi.* مربوط بودن، تعلق داشتن
Wo gehört das hin? جایش کجاست؟
hingeraten *Vi.* بی‌هدف رسیدن
Hingerichtete, der/die; -n, -n اعدام شده
hingerissen *Adj.* مجذوب، شیفته
hinhalten *Vt.* ۱. معطل کردن؛ تأخیر کردن، عقب انداختن ۲. عرضه کردن
hinhaltend *Adj.* تأخیر، درنگ، دیرکرد، معطلی
hinhängen *Vt.* به (جایی) آویزان کردن
hinhauen *Vt., Vr., Vi.* ۱. از (کار) دست کشیدن
۲. خوابیدن ۳. درست بودن ۴. عجله کردن
Das haut hin! درست است!
hinhören *Vi.* گوش دادن، استماع کردن

hinken *Vi.* لنگیدن، لنگان لنگان رفتن
Der Vergleich hinkt. مقایسه ناقص است.
hinkend *Adj.* لنگان
hinknien *Vr.* در برابر (کسی) زانو زدن
hinkommen *Vi.* ۱. آمدن، رسیدن ۲. کافی بودن
۳. درست شدن، درست بودن
Ich komme mit meinem Geld nicht hin. پولم کافی نیست.
hinkriegen *Vt.* ۱. از عهدهٔ (چیزی) برآمدن
۲. درست کردن، روبه راه کردن
hinlänglich *Adv.* کافی، بس
Das ist mir hinlänglich. همین برایم کافی است.
Hinlänglichkeit, die; - کفایت؛ مقدار کافی
hinlegen *Vt.* ۱. به زمین گذاشتن، قرار دادن؛ کنار گذاشتن ۲. خواباندن
sich hinlegen دراز کشیدن
Ich habe ihm einen Zettel hingelegt. برایش یادداشت گذاشته‌ام.
hinnehmen *Vt.* ۱. پذیرفتن، تن به (چیزی) دادن، قبول کردن ۲. تحمل کردن، طاقت آوردن
hinneigen *Vi., Vr.* ۱. تمایل داشتن
۲. (خود) را خم کردن
hinnen *Adv.* پشت، داخل
hinraffen *Vt.* ربودن، قاپیدن؛ کشیدن
hinreichen *Vt., Vi.* ۱. دادن، تحویل دادن
۲. کفایت کردن، کافی بودن
hinreichend *Adj.* کافی، بسنده، به حد کفایت، به اندازهٔ کافی
Hinreise, die; -, -n عزیمت، سفر (به مقصد معین)
hinreisen *Vi.* (به مقصد معین) سفر کردن، عزیمت کردن
hinreißen *Vt.* تحسین (کسی) را برانگیختن، مجذوب (خود) کردن؛ به وجد آوردن
hinreißend *Adj.* عالی، دلپذیر، دلنشین
Sie ist hinreißend schön. او زیبایی سحرآمیزی دارد.
hinrichten *Vt.* اعدام کردن
Hinrichtung, die; -, -en اعدام
Hinrichtungskommando, das; -s, -s جوخهٔ اعدام
hinsagen *Vi.* بدون اعتقاد حرفی زدن
hinschauen *Vi.* نگاه کردن
hinscheiden *Vi.* درگذشتن، مردن
hinschicken *Vt.* به (جایی) فرستادن
Hinschied, der; -s مرگ، فوت
hinschlagen *Vi.* به سختی افتادن، سقوط کردن
hinschleppen *Vt.* ۱. به زور کشیدن ۲. یدک کشیدن

hinschreiben 420

hinschreiben *Vt., Vi.* ۱. ثبت کردن، یادداشت کردن
۲. نامهٔ رسمی نوشتن
hinschwinden *Vi.* ناپدید شدن، محو شدن
hinsehen *Vi.* نظر افکندن، نگاه کردن
hinsein *Vi.* ۱. غیر قابل استفاده بودن ۲. شیفته بودن، مجذوب بودن ۳. از دست رفتن، مردن
hinsetzen *Vt., Vr.* ۱. نشاندن ۲. نشستن
Hinsicht, die; -, -en نظر، نقطه‌نظر، نظرگاه
hinsichtlich *Präp.* در رابطه با، دربارهٔ، در خصوصِ، از نظرِ
hinsichtlich seines Gesundheitszustandes در رابطه با وضع مزاجی او
hinsiechen *Vi.* تلف شدن، مردن
Hinspiel, das; -(e)s, -e بازیِ رفت
hinstellen *Vt.* قرار دادن، گذاشتن
hinstrecken *Vt.* گستردن، بسط دادن، امتداد دادن
hintansetzen *Vt.* به (چیزی) توجه نکردن، از (چیزی) چشم‌پوشی کردن
hintanstellen *Vt.* به (چیزی) توجه نکردن، از (چیزی) چشم‌پوشی کردن
hinten *Adv.* ۱. پشت، عقب، ته ۲. در آخر، در انتها، در پایان
von vorn bis hinten سراسر، تماماً
nach hinten به عقب، به پشت
von hinten از پشت، از عقب
hintenherum *Adv.* از پشت، مخفیانه
hinter *Adj., Präp.* ۱. پشت سری، عقبی ۲. پشت، عقب ۳. پشت سرِ، به دنبالِ
einer hinter dem anderen یکی پس از دیگری
Er hat ein Jahr Ausbildung hinter sich. یک سال آموزش را پشت سر گذاشته است.
Hinterachse, die; -, -n (در اتومبیل) محور عقبی، میلهٔ عقبی
Hinterachseantrieb, der; -(e)s, -e (در اتومبیل) قوهٔ محرکهٔ محور، قوهٔ محرکهٔ میلهٔ عقبی
Hinteransicht, die; -, -en منظرهٔ پشت
Hinterbacke, die; -, -n کپل
Hinterbänkler, der; -s, - نمایندهٔ مجلس که کمتر اظهار وجود می‌کند
Hinterbein, das; -s, -e (جانوران) پای عقبی
sich auf die Hinterbeine setzen تلاش کردن
Hinterbliebene, der/die; -n, -n بازمانده
hinterbringen *Vt.* پنهانی آگاه کردن، لو دادن، به (کسی) پنهانی خبر رساندن، پنهانی به (کسی) اطلاع دادن

Hinterdeck, das; -(e)s, -e/-s عرشهٔ عقبی (کشتی)
hinterdrein *Adv.* پس از آن، بعد از آن، سپس
Hintere, der; -n, -n عقبی، پشتی
hintereinander *Adv.* به دنبال هم، به نوبت، یکی پس از دیگری
hintereinandergehen *Vi.* پشت سر هم راه رفتن
hintereinanderschalten *Vt.* (برق) پیاپی اتصال دادن، پشت سر هم متصل کردن
Hintereinanderschaltung, die; -, -en (برق) اتصال پشت سر هم، اتصال پیاپی
Hintereingang, der; -(e)s, ⸚e درِ ورودی عقبی
hinterfragen *Vt.* آزمودن، امتحان کردن
Hinterfront, die; -, -en ۱. پشت ساختمان ۲. پشت جبهه
Hinterfuß, der; -es, ⸚e پای عقبی
Hintergebäude, das; -s, - ساختمان عقبی
Hintergedanke, der; -ns, -n منظور خاص، قصد و نیّت پنهانی
hintergehen *Vt.* فریب دادن، گول زدن، اغفال کردن
Hintergehung, die; -, -en فریب، گول، اغفال
Hintergrund, der; -(e)s, ⸚e ۱. زمینه (تصویر)، نمای پشتی ۲. پشت صحنه
sich im Hintergrund halten در حاشیه ماندن، ظاهر نشدن
hintergründig *Adj.* مرموز، پنهان، سری
Hinterhalt, der; -(e)s, -e کمین، کمینگاه، مخفیگاه
hinterhältig *Adj.* توطئه‌گر؛ حیله‌گر، مکار، خبیث؛ حقه‌باز، آب زیرکاه
Hinterhältigkeit, die; -, -en خباثت؛ توطئه؛ مکر، حقه‌بازی، تزویر
Hinterhand, die; -, ⸚e (جانوران) پای پسین
Hinterhaupt, das; -(e)s, -häupter عقب سر، پشت سر
Hinterhaus, das; -es, -häuser پشت خانه؛ خانهٔ پشتی
hinterher *Adv.* ۱. در پشت، پشت سر، در عقب ۲. بعد از آن، بعداً، به دنبال آن، سپس
hinterhergehen *Vi.* آخر از همه رفتن
hinterherkommen *Vi.* آخر از همه آمدن
Hinterhof, der; -(e)s, ⸚e حیاط پشت
Hinterkopf, der; -(e)s, ⸚e عقب سر، پشت سر
Hinterlader, der; -s, - تفنگ ته پر
Hinterland, das; -(e)s, ⸚er ۱. مناطق تحت نفوذ مرکز ۲. پشت جبهه
hinterlassen *Vt.* از خود به جای گذاشتن، به ارث گذاشتن
eine Spur hinterlassen اثری به جای گذاشتن

421 **hinwiederum**

Hinterlassenschaft, die; -, -en ملک، میراث، ارثیه
Hinterlassung, die; - به جای‌گذاری، به ارث‌گذاری
Hinterlauf, der; -(e)s, -läufe (گوزن) پای عقبی
hinterlegen *Vt.* به ودیعه گذاشتن، به امانت گذاشتن؛ ذخیره کردن
Hinterlegung, die; -, -en ودیعه، امانت؛ ذخیره
Hinterleib, der; -(e)s, -er پشت، کمر
Hinterlist, die; -, -en نیرنگ، حیله، مکر، دورویی؛ توطئه
hinterlistig *Adj.* توطئه‌گر؛ نیرنگ‌باز، حیله‌گر، مکار، دورو
hinterm = *hinter + dem*
Hintermann, der; -(e)s, ⸚er ۱. عقب‌دار، پس‌قراول ۲. (پشت صحنه) معرکه‌گردان
Hintermannschaft, die; -, -en (فوتبال) خط دفاع
Hintern, der; -s, - نشیمنگاه، ماتحت
Hinterrad, das; -(e)s, ⸚er (در وسیلهٔ نقلیه) چرخ عقب
Hinterradantrieb, der; -(e)s, -e (در وسیلهٔ نقلیه) دیفرانسیل عقب
hinterrücks *Adv.* ۱. از عقب، از پشت ۲. پنهانی
hinters = *hinter + das*
Hinterseite, die; -, -n پشت، عقب
Hinterteil, der/das; -(e)s, -e قسمت عقب، پشت؛ ماتحت
Hintertreffen, das; -s, - عقب‌افتادگی، زیان
ins Hintertreffen geraten از قافله عقب افتادن
hintertreiben *Vt.* مانع انجام کار (کسی) شدن
Hintertreibung, die; - جلوگیری، ممانعت
Hintertreppe, die; -, -n پلکان عقبی
Hintertreppenroman, der; -s, -e رمان بی‌ارزش
Hintertür, die; -, -en در عقبی
Hinterwälder, der; -s, - روستایی، دهاتی
Hinterwand, die; -, ⸚e دیوار عقبی
hinterwärts *Adv.* عقب، عقبی، به طرف عقب، به پشت
hinterziehen *Vt.* نپرداختن (مالیات، گمرگ)
Hinterziehung, die; -, -en اختلاس (در مالیات)؛ کلاهبرداری
Hinterzimmer, das; -s, - اتاق عقبی
hintreiben *Vt.* راندن، به جایی کشاندن (حیوان اهلی)
hinüber *Adv.* به آن طرف، به آن سمت، به آنجا، آن ور
hinüberbringen *Vt.* به آن طرف بردن
hinübergehen *Vi.* ۱. به آن طرف رفتن ۲. مردن
hinübersein *Vi.* ۱. مستعمل شدن، کهنه شدن ۲. مردن

Hinundhergerede, das; -s سخن بیهوده، پرت و پلا، شایعه
Hin-und Rückfahrt, die; -, -en رفت و برگشت
hinunter *Adv.* به پایین، به‌طرف پایین، در زیر
hinuntergehen *Vi.* ۱. از پله پایین رفتن ۲. پایین رفتن (قیمت)
hinunterschauen *Vi.* به طرف پایین نگاه کردن
hinunterschlucken *Vt.* فرو بردن، بلعیدن، قورت دادن
Man muß manches hinunterschlucken. باید بعضی از چیزها را (بدون مخالفت) پذیرفت.
hinunterwürgen *Vt.* با زحمت بلعیدن، با سختی بلعیدن
Hinweg, der; -(e)s, -e رفت (برعکس برگشت)
hinweg *Adv.* دور، بیرون، عقب‌تر، دور از اینجا
über alle Hindernisse hinweg با وجود همهٔ مخالفت‌ها
hinweggehen *Vi.* ۱. رد شدن، عبور کردن ۲. رعایت نکردن، نادیده گرفتن
über etwas **hinweggehen** چیزی را در نظر نگرفتن
hinweghelfen *Vt.* به (کسی) کمک کردن
hinweghören *Vt.* نشنیده گرفتن
hinwegkommen *Vi.* بر احساس غلبه کردن
hinwegsehen *Vi.* چشم‌پوشی کردن، ندیده گرفتن
über etwas **hinwegsehen** چیزی را نادیده گرفتن
hinwegsein *Vi.* فائق آمدن
über etwas **hinwegsein** بر چیزی فائق آمدن
hinwegsetzen *Vr.* رعایت نکردن، نادیده گرفتن، اعتنا نکردن، توجه نکردن
sich über etwas **hinwegsetzen** به چیزی توجه نکردن
hinwegtäuschen *Vt.* فریب دادن، گول زدن، اغفال کردن
Hinweis, der; -es, -e ایما، اشاره، عطف؛ اخطار؛ ابلاغ؛ کنایه؛ تذکر
hinweisen *Vi.* ۱. اشاره کردن، عطف کردن، خاطرنشان کردن، ارجاع کردن ۲. راهنمایی کردن، تذکر دادن، جلب توجه کردن
auf etwas **hinweisen** چیزی را خاطرنشان کردن
hinweisend *Adj.* اشاره به، عطف به
hinwerden *Vi.* ۱. خراب شدن ۲. سقط شدن، تلف شدن
hinwerfen *Vt.* ۱. پرت کردن، پرتاب کردن، انداختن ۲. طرد کردن ۳. از قلم انداختن ۴. تند نوشتن
hinwiederum *Adv., Konj.* ۱. دوباره، باز، از نو ۲. از طرف دیگر

hinwirken 422

hinwirken *Vi.* مؤثر واقع شدن
hinziehen *Vt., Vi., Vr.* ۱. طول دادن، تمدید کردن، عقب انداختن ۲. اسباب‌کشی کردن ۳. طولانی شدن، عقب افتادن
hinzielen *Vt., Vi.* ۱. هدف قرار دادن ۲. منظور خاصی داشتن
hinzu *Adv.* ۱. به سوی، به طرف، به جانب ۲. اضافه بر آن، به علاوه
hinzuaddieren *Vt.* با آن جمع کردن، به آن اضافه کردن
hinzubekommen *Vt.* اضافه دریافت کردن
hinzufügen *Vt.* اضافه کردن، افزودن
Hinzufügung, die; -, -en اضافه، افزایش
hinzugeben *Vt.* اضافه کردن، افزودن
hinzukommen *Vi.* ۱. غیرمترقبه بودن، ۲. اضافه شدن، جمع شدن
hinzusetzen *Vt.* اضافه کردن، افزودن
hinzutreten *Vi.* نزدیک شدن، نزدیک آمدن
hinzutun *Vt.* اضافه کردن، افزودن
hinzuzählen *Vt.* اضافه کردن، افزودن
hinzuziehen *Vt.* با (کسی) مشورت کردن
Hiobsbotschaft, die; -, -en خبر بد
Hiobspost, die; -, -en خبر بد
Hippie, der; -s, -s هیپی
Hirn, das; -(e)s, -e مغز، مخ
Hirngespinst, das; -(e)s, -e خیال‌پردازی، خیال‌بافی
Hirnhaut, die; -, -häute پردهٔ مغز
Hirnhautentzündung, die; -, -en مننژیت
hirnlos *Adj.* بی‌مخ، بی‌مغز، بی‌عقل
Hirnmasse, die; -, -n حجم مغز، تودهٔ مغز
Hirnnerv, der; -s/-en, -en عصب مغز
Hirnschale, die; -, -n کاسهٔ مغز، جمجمه
Hirnschlag, der; -(e)s, ⸚e سکتهٔ مغزی
Hirntod, der; -(e)s, -e مرگ دِماغی، مرگ مغزی
Hirntumor, der; -s, -e غدهٔ مغزی
hirnverbrannt *Adj.* ۱. دیوانه، کله‌خشک ۲. احمقانه، ابلهانه
eine hirnverbrannte Idee یک فکر احمقانه
Hirsch, der; -es, -e گوزن
Hirschbraten, der; -s, - کباب گوزن
Hirschfänger, der; -s, - (نوعی) تفنگ شکاری
Hirschgeweih, das; -(e)s, -e شاخ گوزن
Hirschhorn, das; -(e)s, ⸚er شاخ گوزن
Hirschjagd, die; -, -en شکار گوزن
Hirschkäfer, der; -s, - (نوعی) سوسک، سوسک گوزن
Hirschkalb, das; -(e)s, ⸚er بچه گوزن
Hirschkuh, die; -, ⸚e گوزن ماده
Hirschleder, das; -s, - چرم گوزن
Hirschtalg, der; -(e)s, -e پیه گوزن
Hirse, die; -, -n ارزن
Hirsebrei, der; -(e)s, -e آش ارزن، آش بلغور
Hirt, der; -en, -en چوپان، شبان
Hirtenbrief, der; -(e)s, -e ادبیات شبانی
Hirtenhund, der; -(e)s, -e سگ چوپان، سگ گله
Hirtenjunge, der; -n, -n چوپان جوان
Hirtenknabe, der; -n, -n چوپان جوان
Hirtenstab, der; -(e)s, ⸚e عصای چوپانی
Hirtenvolk, das; -(es), ⸚er قوم شبان
Hirtin, die; -, -nen چوپان، شبان (زن)
His, das; -, - (موسیقی) نُت سی دیز
hissen *Vt.* ۱. برافراشتن (پرچم) ۲. بالا کشیدن (بادبان)
Histologe, der; -n, -n بافت‌شناس
Histologie, die; -, -n بافت‌شناسی
Historie, die; -, -n داستان، واقعه، تاریخ
Historiker, der; -s, - مورخ، تاریخ‌نویس، تاریخ‌دان
historisch *Adj.* تاریخی، از لحاظ تاریخ
Hit, der; -(s), -s ۱. آهنگ روز ۲. قطعهٔ موسیقی تند
Hitlergruß, der; -es, ⸚e سلام نازی
Hitze, die; -, -n ۱. حرارت زیاد، گرمای شدید ۲. خشم، هیجان
hitzebeständig *Adj.* (در برابر حرارت شدید) مقاوم
Hitzebeständigkeit, die; - مقاومت (در برابر حرارت شدید)
Hitzebläschen, das; -s, - (بر اثر گرمازدگی) عرق جوش، جوش صورت؛ تاول‌سوختگی
hitzefrei *Adj.* تعطیلی مدارس (به علت گرمای شدید)
Hitzegrad, der; -(e)s, -e درجهٔ گرما
Hitzewelle, die; -, -n موج گرما
hitzig *Adj.* پر شور، پر حرارت، آتشین‌مزاج؛ جوشی، تندخو
Hitzkopf, der; -(e)s, ⸚e عجول؛ بی‌باک، بی‌پروا؛ جوشی، تندخو، آتشین‌مزاج
hitzköpfig *Adj.* عجول؛ بی‌باک، بی‌پروا
Hitzpickel, der; -s, - (بر اثر گرمازدگی) عرق جوش، جوش صورت؛ تاول‌سوختگی
Hitzschlag, der; -(e)s, ⸚e گرمازدگی
hob *P.* صیغهٔ فعل گذشتهٔ مطلق از مصدر heben

Hobby, das; -s, -s	کارِ تفریحی، سرگرمی، کاردستی
Hobbyraum, der; -(e)s, -räume	اتاق کاردستی
Hobel, der; -s, -	(نجاری) رنده
Hobelbank, die; -, ⸚e	میز درودگری، میز نجاری
Hobeleisen, das; -s, -	(نجاری) تیغ رنده
Hobelmesser, das; -s, -	(نجاری) تیغ رنده
hobeln Vt.	رنده کردن، تراشیدن (صفحه)
Hobelspäne, die / Pl.	تراشه، براده
Hoch, das; -s, -s	۱. هورا، زنده‌باد، به سلامتی ۲. فشار بالای جو
hoch Adj.	۱. بلند، مرتفع ۲. زیاد، هنگفت ۳. (موسیقی) [صدا] زیر ۴. [مقام] عالی، بلندپایه
Das Haus ist 8 Meter hoch.	ساختمان هشت متر ارتفاع دارد.
Er hat hohes Fieber.	او تب شدید دارد.
Das ist mir zu hoch.	از فهم من خارج است.
Hände hoch!	(به علامت تسلیم) دست‌ها بالا!
Kopf hoch!	شجاع باش! ماتم نگیر!
zwei hoch vier	(ریاضی) دو به توان چهار
ein höher Gewinn	سود زیاد
hochachtbar Adj.	آبرومند، محترم
hochachten Vt.	محترم شمردن، به (کسی / چیزی) احترام گذاشتن
Hochachtung, die; -	احترام، اعتبار
Hochachtung vor jemandem haben	برای کسی احترام زیاد قائل شدن
hochachtungsvoll Adv.	با تقدیم احترامات فائقه
Hochadel, der; -s	نجیب‌زاده
Hochaltar, der; -s, ⸚e	محراب اصلی
Hochamt, das; -(e)s, ⸚er	(در کلیسای کاتولیک) مراسم دعا
Hochantenne, die; -, -n	آنتن پشت‌بام
hocharbeiten Vr.	ترقی کردن، پیشرفت کردن، به مقام بالاتر دست یافتن
Hochbahn, die; -, -en	ترن هوایی
Hochbau, der; -(e)s, -e	۱. ساختمان چندطبقه ۲. روبنا
hochbegabt Adj.	با استعداد
Hochbehälter, der; -s, -	مخزن آب
hochberühmt Adj.	بلندآوازه، مشهور
hochbetagt Adj.	سالخورده، مسن
Hochbetrieb, der; -(e)s	بیا و برو زیاد، شلوغی؛ بازار گرم
Es herrschte Hochbetrieb.	خیلی شلوغ بود.
hochbezahlt Adj.	۱. [شخص] پردستمزد، که حقوق زیاد می‌گیرد ۲. [محل کار] حقوق بالا
hochbringen Vt.	۱. بهبود بخشیدن (بیماری) ۲. ترقی دادن
hochbrisant Adj.	منفجرشونده
Hochburg, die; -, -en	۱. دژ، قلعه نظامی، برج و بارو ۲. مرکز، کانون
hochdeutsch Adj.	[زبان] آلمانی ناب، آلمانی غیرعامیانه
Hochdruck, der; -(e)s	۱. فشار قوی ۲. بیماری فشار خون
hochdrücken Vt.	زور دادن، هل دادن
Hochdruckgebiet, das; -(e)s, -e	۱. حوزۀ فشار قوی ۲. منطقۀ فشار هوای بالا
Hochdruckzone, die; -, -n	۱. حوزۀ فشار قوی ۲. منطقۀ فشار هوای بالا
Hochebene, die; -, -n	فلات مرتفع؛ جلگۀ مرتفع
hochempfindlich Adj.	[فیلم] دارای حساسیت زیاد به نور
hochentwickelt Adj.	بسیار پیشرفته
hocherfreut Adj.	مشعوف، محظوظ، شاد
hocherhoben Adj.	سربلند، گردن افراشته
hochexplosiv Adj.	دارای خاصیت انفجاری شدید
hochfahren Vi.	۱. سواره به طرف بالا رفتن ۲. خودخواه بودن
hochfahrend Adj.	خودخواهانه، مغرورانه
hochfein Adj.	پالوده، مهذب، ناب
Hochfinanz, die; -, -en	بنیۀ مالی عالی
hochfliegend Adj.	بلندپرواز
Hochflut, die; -, -en	۱. حداکثر مد دریا ۲. عرضۀ فراوان
Hochform, die; -, -en	شرایط خوب (بدنی)
in Hochform sein	در بهترین شرایط بدنی بودن
Hochformat, das; -(e)s, -e	قطع بزرگ
Hochfrequenz, die; -, -en	(برق) فرکانس قوی
Hochgarage, die; -, -n	گاراژ چند طبقه
hochgeachtet Adj.	محترم
hochgebildet Adj.	بافرهنگ
Hochgebirge, das; -(e)s, -	کوهستان مرتفع
hochgehen Vi.	۱. بالا رفتن (پرده، قیمت) ۲. منفجر شدن ۳. عصبانی شدن
hochgemut Adj.	سرحال، مطمئن
Hochgenuß, der; -nusses, -nüsse	لذت فراوان
Hochgeschwindigkeit, die; -, -en	سرعت بالا

hochgesinnt 424

hochgesinnt *Adj.* بزرگ‌منش، باmناعت
hochgespannt *Adj.* ۱. جاه‌طلب ۲. متوقّع
hochgestellt *Adj.* ۱. زیاد ۲. بلندمرتبه
hochgestochen *Adj.* [حرف، نوشته] پرطمطراق
Hochglanz, der; -es جلا، صیقل، زرق و برق
hochgradig *Adj.* منتها درجه، بسیار زیاد، بی‌اندازه
hochhalten *Vt.* ۱. بالا نگه داشتن ۲. به (چیزی) ارج گذاشتن، به (چیزی) احترام گذاردن (رسم، آئین)
Hochhaus, das; -es, -häuser ساختمان بلند، آسمان‌خراش، برج
hochheben *Vt.* بلند کردن، بالا بردن، برافراشتن
hochherzig *Adj.* سخی، بخشنده
Hochherzigkeit, die; - سخاوت، بخشندگی
hochintelligent *Adj.* خیلی باهوش، بسیار زرنگ
hochjagen *Vt.* مزاحم آسایش (کسی) شدن
hochjubeln *Vt.* از (کسی/چیزی) تمجیدِ اغراق‌آمیز کردن
hochkämmen *Vt.* به طرف بالا شانه کردن
hochkant *Adv.* طرفِ باریک، نبشِ باریک
hochkarätig *Adj.* پرقیراط، دارای عیار زیاد
hochkommen *Vi.* ۱. ترقی کردن، به مقام بالاتر دست یافتن ۲. بالا آمدن، بلند شدن ۳. حالت تهوع داشتن
Es kommt mir hoch! حالم دارد به‌هم می‌خورد!
Hochkonjunktur, die; -, -en وضعیت اقتصادیِ مناسب؛ جهش اقتصادی؛ مرحلهٔ پیشرفت اقتصادی
hochkrempeln *Vt.* بالا زدن (آستین)
Hochland, das; -(e)s, ¨-er سرزمین کوهستانی
hochleben *Vi.* هورا کشیدن، زنده‌باد گفتن
Hochleistung, die; -, -en ۱. (در نمایش) اجرای عالی ۲. توان زیاد، پُرتوانی
höchlich *Adv.* بسیار، زیاد
hochmodern *Adj.* خیلی جدید، خیلی امروزی
Hochmut, der; -(e)s تکبر، غرور، نخوت، خودبزرگ‌بینی
hochmütig *Adj.* متکبر، مغرور، ازخودراضی
hochnäsig *Adj.* مغرور، متکبر، خودخواه
hochnehmen *Vt.* ۱. روی دست گرفتن (بچه) ۲. دست انداختن، مسخره کردن
Hochofen, der; -s, -öfen کورهٔ بلند، کورهٔ ذوب آهن
hochprozentig *Adj.* [الکل] با درصد بالا، غلیظ
hochqualifiziert *Adj.* واجد شرایط لازم، خبره، ورزیده
hochrappeln *Vr.* تقلا کردن، دست و پا کردن، کوشش کردن
hochrechnen *Vt.* پیش‌بینی کردن (نتیجهٔ آرای انتخابات)، محاسبه آماری کردن
Hochrechnung, die; -, -en پیش‌بینی نتیجهٔ آرای انتخابات، محاسبهٔ آماری
hochrot *Adj.* سرخ آتشین
Hochruf, der; -(e)s, -e فریادِ آفرین، هورا
Hochrüstung, die; -, -en جنگ‌افزار پیشرفته
Hochsaison, die; -, -s فصل اصلی، فصل پر رفت و آمد؛ فصل افزایش بهای بلیت سفر
hochschätzen *Vt.* به (کسی) بسیار بها دادن، محترم شمردن
Hochschätzung, die; -, -en احترام زیاد
hochschlagen *Vt., Vi.* بالا زدن
den Ärmel hochschlagen آستین‌ها را بالا زدن
hochschnellen *Vi.* جست و خیز کردن، پریدن
Hochschule, die; -, -n دانشگاه، مدرسهٔ عالی
die technische Hochschule دانشگاه فنی
die Musikhochschule مدرسهٔ عالی موسیقی
Hochschüler, der; -s, - دانشجوی مدرسهٔ عالی
Hochschullehrer, der; -s, - استاد دانشگاه
Hochschulreife, die; - شرایط ورود به دانشگاه؛ مدارک لازم برای تحصیلات عالی
Hochschulwesen, das; -s, - مسائل مربوط به دانشگاه
hochschwanger *Adj.* آبستن در ماه‌های آخر، پا به ماه
Hochsee, die; - دریای آزاد
Hochseefischerei, die; -, -en ماهی‌گیری در دریای آزاد
Hochseeflotte, die; -, -n ناوگان دریای آزاد
Hochseejacht, die; -, -en کشتی تفریحی دریای آزاد
Hochsitz, der; -es, -e پناهگاه مخصوص شکار
Hochsommer, der; -s, - نیمهٔ تابستان، چلهٔ تابستان، اوج گرمای تابستان
Hochspannung, die; -, -en جریان برق فشار قوی
hochspielen *Vt.* مهم جلوه دادن، در (چیزی) مبالغه کردن (خبر، واقعه)
Hochsprache, die; -, -n کلام فصیح
hochsprachlich *Adj.* [زبان] متداول، مرسوم
hochspringen *Vi.* از جا پریدن
Hochsprung, der; -(e)s, ¨-e پرش ارتفاع
höchst *Adv.* به غایت، به‌نهایت، اکثر، خیلی، بیش از همه، به‌نهایت درجه
Ich war höchst erfreut. بسیار خوشحال بودم.
Höchstalter, das; -s حداکثر سن

Hochstapelei, die; -, -en شیادی، کلاهبرداری، گوش‌بُری
hochstapeln *Vi.* فریب دادن، گول زدن
Hochstapler, der; -s, - شیاد، کلاهبردار
Höchstbelastung, die; -, -en حداکثر توانایی؛ حداکثر بارگیری
höchste *Adj.* بالاترین، بلندترین، بزرگترین، منتها، حداکثر
der höchste Preis بالاترین قیمت
hochstehend *Adj.* برجسته، بلندپایه
höchstens *Adv.* ۱. حداکثر ۲. مگر، مگر که
Es waren höchstens 20 Zuschauer. حداکثر بیست تماشاچی در آنجا بودند.
Höchstfall, der; -(e)s, ⸚e حداکثر
höchstgefährlich *Adj.* بسیار خطرناک
Höchstgeschwindigkeit, die; -, -en حداکثر سرعت
Höchstgrenze, die; -, -n بالاترین حد محدودیت
Höchstleistung, die; -, -en حداکثر بازده
Höchstmaß, das; -es, -e بالاترین رقم؛ منتها درجه
höchstmöglich *Adj.* ممکن‌ترین، که حداکثر امکان را دارد
höchstpersönlich *Adj.* شخصاً
Höchstpreis, der; -es, -e حداکثر قیمت
Höchststand, der; -(e)s, ⸚e بالاترین درجه
höchstwahrscheinlich *Adv.* به احتمال زیاد، احتمالاً
Höchstwert, der; -(e)s, -e حداکثر ارزش
Höchstzahl, die; -, -en ۱. حداکثر افراد ۲. زیادترین عدد
hochtönend *Adj.* مبالغه‌آمیز، پر آب و تاب
Hochtouren, die / *Pl.* فعالیت شدید
auf Hochtouren در حال فعالیت شدید
hochtourig *Adj.* سریع، شدید
Hochtourist, der; -en, -en کوه‌نورد، کوه‌پیما
Hochtoristin, die; -, -nen کوه‌نورد، کوه‌پیما (زن)
hochtrabend *Adj.* مبالغه‌آمیز، پر آب و تاب؛ باشکوه
hochtragen *Vt.* به بالا حمل کردن
die Nase hochtragen متکبر و مغرور بودن، دماغ سربالا بودن
hochverdient *Adj.* شایسته
hochverehrt *Adj.* محترم
Hochverrat, der; -(e)s خیانت عظیم، خیانت به وطن
Hochverräter, der; -s, - خائن به وطن
hochverräterisch *Adj.* خیانت‌آمیز، خائنانه
Hochwald, der; -(e)s, ⸚er جنگل قدیمی
Hochwasser, das; -s, - / ⸚ سیل، طغیان آب
Hochwasserkatastrophe, die; -, -n بلای سیل، فاجعهٔ سیل
hochwertig *Adj.* عالی، مرغوب، باارزش
Hochwild, das; -(e)s شکار جانوران بزرگ
Hochzahl, die; -, -en (ریاضی) قوه، توان
Hochzeit, die; -, -en عروسی، ازدواج
Hochzeit feiern جشن ازدواج گرفتن
die silberne Hochzeit بیست و پنجمین سالروز ازدواج
die goldene Hochzeit پنجاهمین سالروز ازدواج
die diamantene Hochzeit شصتمین سالروز ازدواج
Hochzeiter, der; -s, - داماد
Hochzeiterin, die; -, -nen عروس
hochzeitlich *Adj.* (مربوط به) عروسی
Hochzeitsfeier, die; -, -n جشن ازدواج
Hochzeitsfest, das; -(e)s, -e جشن ازدواج
Hochzeitsgeschenk, das; -(e)s, -e هدیهٔ عروسی
Hochzeitskleid, das; -(e)s, -er لباس عروسی
Hochzeitsnacht, die; -, ⸚e شب عروسی، شب زفاف
Hochzeitsreise, die; -, -n سفر ماه‌عسل
Hochzeitstag, der; -(e)s, -e روز ازدواج
hochziehen *Vt.* به طرف بالا کشیدن، بالا بردن
die Augenbrauen hochziehen ابروها را (به علامت تعجب) بالا انداختن
Hochzucht, die; - پرورش (گیاه / جانور)
hochzüchten *Vt.* پرورش دادن، پروراندن (گیاه / جانور)
Hocke, die; -, -n ۱. تکان، صدمه، ضربه ۲. چمباتمه
hocken *Vi.* ۱. چمباتمه زدن، چمباتمه نشستن ۲. قوز کردن و بیکار نشستن
Hocker, der; -s, - چهارپایه، عسلی
Höcker, der; -s, - قوز؛ کوهان؛ برآمدگی
höckerig *Adj.* قوزدار؛ کوهان‌دار؛ برآمده
Hockey, das; -s (ورزش) هاکی
Hockeyschläger, der; -s, - چوب هاکی
Hockeyspieler, der; -s, - بازیکن هاکی
Hode, die; -, -n خایه، بیضه، دنبلان
Hodensack, der; -(e)s, ⸚e کیسهٔ بیضه، خایه‌دان
Hof, der; -(e)s, ⸚e ۱. حیاط ۲. خانهٔ دهقانی ۳. دربار
im Hof spielen در حیاط بازی کردن
Hofdame, die; -, -n زن درباری

Hofdichter, der; -s, - شاعر درباری
Hoffart, die; - تکبر، نخوت، خودبینی
hoffärtig *Adj.* مغرور، متکبر
hoffen *Vt.* امید (چیزی) را داشتن، به (چیزی) امیدوار بودن، آرزوی (چیزی) را داشتن
Ich hoffe es! امیدوارم!
auf etwas **hoffen** آرزوی چیزی را کردن
hoffentlich *Adv.* امید است که، خدا کند، امیدوارم (که)، انشاءالله
Hoffentlich hast du dich nicht erkältet! امیدوارم که سرما نخورده باشی!
Hoffnung, die; -, -en امید، امیدواری، آرزو
in der Hoffnung, daß... به امید این که، به این امید که ...
Machen Sie sich keine Hoffnung, daß... به خودتان امید ندهید که ...
hoffnungsfreudig *Adj.* امیدبخش
hoffnungslos *Adj.* ناامید، مأیوس
Hoffnungslosigkeit, die; - ناامیدی، یأس
Hoffnungsstrahl, der; -(e)s, -en پرتو امید
hoffnungsvoll *Adj.* امیدوار
hofieren *Vt.* چاپلوسی (کسی) را کردن، تملق (کسی) را گفتن
höfisch *Adj.* ۱. مؤدب، باوقار ۲. درباری
höflich *Adj.* مؤدب، بانزاکت، باادب
Höflichkeit, die; -, -en ادب، نزاکت؛ تواضع
höflichkeitshalber *Adv.* از روی ادب
Höfling, der; -s, -e درباری
hofmeistern *Vt.* از (کسی / چیزی) عیب‌جویی کردن، از (کسی / چیزی) انتقاد کردن
Hofnarr, der; -en, -en دلقک دربار
Hofpoet, der; -en, -en شاعر دربار
Hofstaat, der; -(e)s ملتزمان
Hoftrauer, die; - سوگواری رسمی، سوگواری دربار
Höhe, die; -, -n ۱. بلندی، ارتفاع ۲. اوج، منتها درجه ۳. میزان، اندازه
in Höhe des Schadens میزان خسارت
in die Höhe werfen به هوا انداختن
Das ist die Höhe! کمال وقاحت است! بی‌شرمی است!
die Höhe eines Betrages اندازهٔ یک مقدار پول
nicht ganz auf der Höhe sein از نظر جسمانی در سلامت کامل نبودن
Hoheit, die; -, -en ۱. عالی‌جناب، حضرت اشرف ۲. تمامیت و استقلال کشور
Hoheits(ab)zeichen, das; -s, - نشان اشرافی
Hoheitsgebiet, das; -(e)s, -e قلمرو، خطّه، خاک
Hoheitsgewässer, die / *Pl.* آب‌های کشور
hoheitsvoll *Adv.* شاهانه، عظیم، باشکوه
Höhenflosse, die; -, -n متعادل‌کننده (وسیله‌ای که از نوسانات و تکان در هواپیما جلوگیری می‌کند)
Höhenflug, der; -(e)s, ⸚e پرواز در ارتفاع زیاد، اوج‌گیری
Höhenkrankheit, die; -, -en ارتفاع‌هراسی، ترس از ارتفاع
Höhenkurort, der; -(e)s, -e آسایشگاه مرتفع
Höhenleitwerk, das; -(e)s, -e (در هواپیما) سکان افقی
Höhenlinie, die; -, -n (در نقشه) خط فاصل
Höhenluft, die; - هوای کوهستان
Höhenmesser, der; -s, - ارتفاع‌سنج
Höhenregler, der; -s, - (در رادیو) تنظیم‌کننده صدا
Höhensonne, die; -, -n ۱. آفتاب کوهستان ۲. دستگاه تولیدکنندهٔ اشعهٔ ماورای‌بنفش
Höhenunterschied, der; -(e)s, -e اختلاف سطح، اختلاف بلندی
Höhenzug, der; -es, ⸚e قطار (مخصوص ارتفاعات)
Höhepunkt, der; -(e)s, -e اوج، قله، مهم‌ترین لحظه، نقطهٔ تعالی
höher *Adj.* بلندتر
höhere Mathematik (ریاضی) جبر و آنالیز
Höhere, das; - شیء بلندتر
hohl *Adj.* مجوف، پوک، توخالی، میان تهی؛ کاواک
hohläugig *Adj.* چشم‌گود
Höhle, die; -, -n ۱. غار ۲. حفره، گودال، مغاک؛ بیغوله، زاغه
sich in die Höhle des Löwen begeben خود را در موقعیت خطرناکی قرار دادن
höhlen *Vt.* خالی کردن، پوک کردن
Höhlenforschung, die; -, -en غارشناسی
Höhlenmensch, der; -en, -en انسان غارنشین
Hohlfläche, die; -, -n سطح مقعر
hohlgeschliffen *Adj.* [تراش] کاواک‌دار، شیاردار
Hohlheit, die; - پوکی
Hohlkehle, die; -, -n شیار، جدول، گودی، کانال
Hohlkopf, der; -(e)s, ⸚e دیوانه، بی‌مخ
Hohllinse, die; -, -n عدسی مقعر
Hohlmaß, das; -es, -e پیمانهٔ خشکبار؛ پیمانهٔ مایعات
Hohlraum, der; -(e)s, -räume گودال، حفره، سوراخ
Hohlsaum, der; -(e)s, -säume سجاف

Hohlschliff, der; -(e)s, -e تراش کاواک‌دار، تراش شیاردار
Hohlspiegel, der; -s, - آینهٔ مقعر
Höhlung, die; -, -en گودی، گودال، حفره
Hohlweg, der; -(e)s, -e راه باریک، راه میان مزرعه
Hohlziegel, der; -s, - آجر میان تهی
Hohn, der; -(e)s ۱. استهزا، مضحکه، ریشخند، تمسخر ۲. اهانت، خواری
höhnen *Vi.* ۱. استهزا کردن، تمسخر کردن، ریشخند کردن ۲. اهانت کردن
Hohngelächter, das; -s, - خندهٔ تمسخرآمیز
höhnisch *Adj.* تمسخرآمیز، طعنه‌آمیز، مضحکه‌آمیز
hohnlächeln *Vi.* پوزخند زدن
hohnlachen *Vi.* پوزخند زدن
hohnsprechen *Vi.* با تمسخر گفتن
Höhung, die; -, -en گودی، ژرفنا
Höker, der; -s, - دست‌فروش (دوره‌گرد)؛ خرده‌فروش
hökern *Vi.* دست‌فروشی کردن؛ خرده‌فروشی کردن
Hokuspokus, der; - (در شعبده‌بازی) اجی‌مجی لاترجی
hold *Adj.* مهربان، بامحبت، دوست‌داشتنی
Das Glück war ihm hold. سعادت به او روی آورد.
holdselig *Adj.* دلپذیر، دلفریب
holen *Vt.* ۱. رفتن و آوردن ۲. به دست آوردن، گرفتن ۳. دچار (چیزی) شدن
den Arzt holen پی دکتر فرستادن
aus der Tasche holen از جیب درآوردن
holen lassen عقب (کسی) فرستادن
den Sieg holen پیروزی به‌دست آوردن
Ich habe mir eine Erkältung geholt. دچار سرماخوردگی شده‌ام.
holla *Interj.* ای، هی
Holland, das هلند
Holländer, der; -s, - هلندی
Holländerin, die; -, -nen هلندی (زن)
holländisch *Adj.* هلندی
Hölle, die; -, -n جهنم، دوزخ
Dort ist die Hölle los. آنجا خیلی شلوغ است. وضع آنجا خراب است.
jemandem **das Leben zur Hölle machen** زندگی را برای کسی غیر قابل تحمل کردن
Höllenangst, die; -, ⸚e وحشت زیاد
Höllenlärm, der; -(e)s سر و صدای جهنمی
Höllenmaschine, die; -, -n ۱. ماشین جهنمی ۲. (کهنه) بمب ساعتی
Höllenqual, die; -, -en عذاب جهنم، عذاب الیم
Höllenstein, der; -(e)s, -e سنگ جهنم، نیترات نقره
höllisch *Adj.* جهنمی، دوزخی؛ خیلی شدید
Holm, der; -(e)s, -e ۱. دسته تبر؛ بست ۲. شمش (طلا/نقره) ۳. تنهٔ نردبان ۴. جزیرهٔ کوچک
holperig *Adj.* ۱. ناهموار، پُر دست‌انداز ۲. سکته‌دار، غیر سلیس
holpern *Vi.* ۱. (ضمن عبور از جاده پُر دست‌انداز) تکان‌تکان خوردن؛ سکندری خوردن ۲. (ضمن صحبت) تُپق زدن
Holunder, der; -s, - (گیاه) آقطی، اقطی
Holz, das; -es, ⸚er چوب، هیزم
aus Holz از چوب، چوبی
Holz hacken هیزم شکستن
ein Stück Holz یک تکه چوب
Holzapfel, der; -s, ⸚ سیب صحرایی، سیب جنگلی
Holzarbeit, die; -, -en کار چوبی، کار روی چوب
Holzarbeiter, der; -s, - هیزم‌شکن
holzartig *Adj.* چوبی، از چوب ساخته شده
Holzaxt, die; -, ⸚e تبر هیزم‌شکن
Holzbau, der; -(e)s, -e الوارسازی، الوارکاری، تخته‌بندی
Holzbearbeitung, die; -, -en کار روی چوب
Holzbeize, die; -, -n (چوب) لاک الکل
Holzbildhauer, der; -s, - چوب‌تراش؛ منبت‌کار
Holzblasinstrument, das; -(e)s, -e (موسیقی) ساز بادی چوبی
holzen *Vi.* ۱. چوب بریدن ۲. کتک زدن ۳. خرکی بازی کردن
Holzer, der; -s, - ۱. کارگر جنگل؛ چوب‌تراش ۲. (فوتبال) بازیکن خشن
Holzerei, die; -, -en ۱. نزاع، زد و خورد ۲. (فوتبال) بازی خشن
hölzern *Adj.* ۱. چوبی، از چوب ساخته شده ۲. خشک، انعطاف‌ناپذیر
Holzessig, der; -s, -e سرکهٔ چوب
Holzfäller, der; -s, - ۱. چوب‌تراش؛ منبت‌کار ۲. هیزم‌شکن
Holzfaserplatte, die; -, -n ورقهٔ فیبر، الیاف چوب
holzfrei *Adj.* [کاغذ] بدون چوب، عاری از چوب
Holzhacker, der; -s, - هیزم‌شکن؛ چوب‌تراش
Holzhammer, der; -s, ⸚ چکش چوبی
Holzhandel, der; -s, ⸚ تجارت چوب
Holzhändler, der; -s, - تاجر چوب، چوب‌فروش

Holzhauer, der; -s, - هیزم‌شکن؛ چوب‌تراش
Holzhaus, das; -es, -häuser خانهٔ چوبی
holzig *Adj.* [میوه و سبزیجات] چوبی، چوب‌دار، به صورت چوب درآمده
Holzindustrie, die; -, -n صنعت چوب
Holzknecht, der; -(e)s, -e هیزم‌شکن
Holzkohle, die; -, -n زغال چوب
Holzleim, der; -(e)s, -e چسب چوب
Holznagel, der; -s, ̈ میخ چوبی
Holzpantoffel, der; -s, - دمپایی چوبی
Holzplatte, die; -, -n تخته
Holzplatz, der; -es, ̈e میدان چوب‌فروش‌ها
Holzschliff, der; -(e)s, -e رشته‌های باریک چوب
Holzschnitt, der; -(e)s, -e منبت‌کاری، حکاکی روی چوب
Holzschnitzer, der; -s, - منبت‌کار؛ چوب‌تراش
Holzschuh, der; -(e)s, -e کفش چوبی
Holzspan, der; -(e)s, ̈e تراشهٔ چوب، برادهٔ چوب؛ ورقهٔ چوب
Holzstapel, der; -s, - تودهٔ چوب، دستهٔ هیزم
Holzstoß, der; -es, ̈e تودهٔ چوب، دستهٔ هیزم
Holztaube, die; -, -n کبوتر چوبی
Holzverkleidung, die; -, -en روکش درخت
Holzwaren, die / *Pl.* اجناس چوبی
Holzweg, der; -(e)s, -e راه جنگلی
Holzwerk, das; -(e)s, -e کار روی چوب
Holzwolle, die; - تراشهٔ چوب، برادهٔ چوب، پوشال چوب
Holzwurm, der; -(e)s, ̈er کرم چوب
homogen *Adj.* یکنواخت، متجانس، متشابه
homogenisieren *Vt.* یکنواخت کردن، متجانس کردن
Homogenität, die; - هم‌جوری، هم‌جنسی، یکسانی، تجانس
homolog *Adj.* مطابق، متجانس، متشابه
Homologie, die; -, -n تطابق، تشابه، تجانس
Homonym, das; -s, -e (کلمهٔ) هم‌آوا، متشابه؛ هم‌نویسه، هم‌املاء (کلماتی که در تلفظ یا املا یکسان و در معنی مختلف باشند)
homonym(isch) *Adj.* متشابه، متجانس، مطابق
Homöopath, der; -en, -en هومیوپات (کسی که با روش هومیوپاتی درمان می‌کند)
Homöopathie, die; - هومیوپاتی (شیوه درمانی با تجویز مقادیر بسیار ناچیز ماده بیماری‌زا)
homöopathisch *Adj.* (مربوط به) روش درمانی هومیوپاتی

Homosexualität, die; - هم‌جنس‌بازی
homosexuell *Adj.* (مربوط به) هم‌جنس‌بازان
Homosexuelle, der / die; -n, -n هم‌جنس‌باز
Homosphäre, die; - هوموسفر (بخش زیرین اتمسفر متشکل از ترکیبات مختلف گازی)
Honig, der; -s, -e عسل، شهد
türkischer Honig حلوا ارده
jemandem **Honig um den Mund schmieren** مجیز کسی را گفتن
Honigbiene, die; -, -n زنبور عسل
Honigkuchen, der; -s, - نان زنجبیلی
Honigmelone, die; -, -n خربزه
Honigmonat, der; -(e)s, -e ماه‌عسل
Honigmond, der; -(e)s, -e ماه‌عسل
honigsüß *Adj.* ۱. به شیرینی عسل ۲. بیش از حد مهربان
Honigwabe, die; -, -n خانهٔ شش‌گوش زنبور عسل
Honorar, das; -s, -e حق‌الزحمه، حق‌العمل، دستمزد، مزد، پاداش، اجرت
Honoratioren, die / *Pl.* اعیان، اشراف محلی
honorieren *Vt.* ۱. حق‌الزحمهٔ (کسی) را دادن، پاداش (کسی) را دادن، دستمزد (کسی) را دادن ۲. از (کسی) قدردانی کردن
Hopfen, der; -s, - (گیاه) رازک
Da ist Hopfen und Malz verloren. تمام زحمت‌ها بیهوده است.
Hopfenbau, der; -(e)s, -e کشت رازک
hopp *Interj.* زودباش، پاشو
hoppeln *Vi.* جهیدن، جست و خیز کردن
hoppla *Interj.* هوپس، اوپس (صدایی که به هنگام زمین خوردن درمی‌آورند)
hopsa *Interj.* هوپس، اوپس (صدایی که به هنگام زمین خوردن درمی‌آورند)
hopsen *Vi.* ۱. جهیدن، جست و خیز کردن، جست زدن ۲. بسیار بد رقصیدن
Hopser, der; -s, - ۱. جست و خیز، پرش کوتاه ۲. رقص تند
Hörapparat, der; -(e)s, -e سمعک، دستگاه شنوایی
hörbar *Adj.* قابل شنیدن
Hörbarkeit, die; - قابلیت شنوایی
horchen *Vi.* ۱. گوش فرا دادن ۲. استراق‌سمع کردن
Horcher, der; -s, - کسی که استراق‌سمع می‌کند، گوش‌دهنده دزدکی، نهان‌شنو
Horchgerät, das; -(e)s, -e سمعک، دستگاه شنوایی

Horchposten, der; -s, - خبرچین
Horde, die; -, -n گروه، دسته، جمعیت
hören *Vt., Vi.* ۱. شنیدن، گوش دادن، گوش کردن، نیوشیدن ۲. اطاعت کردن
auf jemanden **hören** حرف کسی را گوش کردن
von sich hören lassen از خود خبری دادن
Sie hören von mir. از خودم به شما خبر می‌دهم.
Das läßt sich hören. این قابل‌قبول به نظر می‌رسد.
Hören Sie mal zu! گوش کنید!
Ich habe gehört, daß... شنیده‌ام که...
Hörensagen, das; -s, - شایعه، خبر
Hörer, der; -s, - ۱. شنونده، مستمع ۲. گوشی (تلفن)
den Hörer abnehmen گوشی (تلفن) را برداشتن
Hörerbrief, der; -(e)s, -e (در برنامه رادیویی) نامهٔ شنونده
Hörerin, die; -, -nen شنونده، مستمع (زن)
Hörerschaft, die; -, -en حضار، مستمعان، شنوندگان
Hörfähigkeit, die; -, -en قوهٔ شنوایی
Hörfrequenz, die; -, -en فرکانس شنوایی
Hörfunk, der; -(e)s رادیو
Horgerät, das; -(e)s, -e سمعک، دستگاه شنوایی
hörig *Adj.* بنده، برده، اسیر، فرمانبردار
Hörigkeit, die; -, -en بندگی، بردگی، اسارت، فرمانبرداری
Horizont, der; -(e)s, -e افق
Das geht über meinen Horizont. عقلم به این قد نمی‌دهد.
horizontal *Adj.* افقی
Horizontale, die; -, -n خط افقی
Hörmeßgerät, das; -(e)s, -e دستگاه سنجش شنوایی
Hormon, das; -s, -e (زیست‌شناسی) هورمون
hormonal *Adj.* هورمونی
hormonell *Adj.* هورمونی
Horn, das; -(e)s, ⸚er ۱. شاخ ۲. بوق ۳. هورن (نوعی ساز بادی برنجی) ۴. پوسته
in das gleiche Horn stoßen با (کسی) هم‌عقیده بودن
hornartig *Adj.* شاخی، سخت، سفت
Hornbrille, die; -, -n عینک دوره شاخی
Hörnchen, das; -s, - ۱. شاخ کوچک ۲. قیف بستنی ۳. (نوعی) نان شیرینی
hörnern *Adj.* شاخی، از شاخ
Hornhaut, die; -, -häute ۱. قرنیه (چشم) ۲. پوست پینه زده
hornig *Adj.* شاخی، سفت و سخت

Hornisse, die; -, -n زنبور سرخ
Hornist, der; -en, -en نوازندهٔ هورن
Hornspäne, die / *Pl.* برادهٔ شاخ، تراشهٔ شاخ
Hornvieh, das; -(e)s ۱. حیوان شاخ‌دار ۲. آدم ابله
Hörorgan, das; -s, -e گوش، عضو شنوایی
Horoskop, das; -s, -e طالع، زیج، زایچه
horrend *Adj.* بسیار بزرگ، عظیم
horribel *Adj.* ترسناک، وحشتناک
Horror, der; -s ترس، وحشت
Horrorfilm, der; -s, -e فیلم ترسناک
Hörrundfunk, der; -(e)s گوشی پزشکی
Hörsaal, der; -(e)s, -säle ۱. سالن سخنرانی، تالار کنفرانس ۲. سالن درس دانشگاه
Hörspiel, das; -(e)s, -e نمایش‌نامهٔ رادیویی
Horst, der; -(e)s, -e (پرندگان) آشیانه، لانه
horsten *Vi.* آشیانه ساختن، لانه ساختن
Hort, der; -(e)s, -e ۱. اندوخته، ذخیره؛ احتکار ۲. مهد کودک ۳. محل پرورش
Hort der Freiheit مهد آزادی
horten *Vt.* اندوختن، ذخیره کردن؛ احتکار کردن
Hörtest, der; -(e)s, -e آزمایش قوهٔ شنوایی
Hortung, die; - احتکار، جمع‌آوری
Hörverlust, der; -(e)s, -e کاهش شنوایی
Hörvermögen, das; -s, - قوهٔ شنوایی
Hörweite, die; -, -n صدارس، گوش‌رس
Höschen, das; -s, - شلوار کوتاه، شلوارک
Hose, die; -, -n شلوار
Das ist Jacke wie Hose. سگ زرد برادر شغال است.
Seine Frau hat die Hosen an. زنش بر او مسلط است.
die Hosen anhaben امر و نهی کردن
Hosen tragen شلوار پوشیدن
in die Hosen machen (از ترس) شلوار را خراب کردن
Hosenanzug, der; -(e)s, ⸚e کت و شلوار زنانه
Hosenbein, das; -s, -e پاچهٔ شلوار، لنگهٔ شلوار
Hosenboden, der; -s, - / -böden خشتک شلوار
Hosenrock, der; -(e)s, ⸚e دامن شلواری
Hosenrolle, die; -, -n (در نمایش) اجرای نقش مرد به وسیلهٔ زن
Hosenschlitz, der; -es, -e چاک شلوار
Hosentasche, die; -, -n جیب شلوار
Hosenträger, der; -s, - بند شلوار
Hospital, das; -s, -e / -täler بیمارستان
Hospitant, der; -en, -en دانشجوی مهمان، دانشجوی مستمع آزاد

Hospitantin, die; -, -nen دانشجوی مهمان، دانشجوی مستمع آزاد (زن)
hospitieren *Vi.* (سر کلاس) مستمع آزاد بودن
Hospiz, das; -es, -e ۱. بیمارستان، آسایشگاه ۲. منزل، منزل‌گاه
Hostess, die; -, -en مهماندار، راهنمای مسافران
Hostie, die; -, -n نان گرد و نازک
Hotel, das; -s, -s هتل، مهمانسرا
Hotelbesitzer, der; -s, - مالک هتل، هتلدار
Hotelbesitzerin, die; -, -nen مالک هتل، هتلدار (زن)
Hotelboy, der; -s, -s پیشخدمت هتل
Hoteldirektor, der; -s, -en مدیر هتل
Hotelfachschule, die; -, -n مدرسهٔ هتلداری
Hotelgewerbe, das; -(e)s, -e هتلداری
Hotelhalle, die; -, -n سرسرای هتل، سالن هتل
Hotelier, der; -s, -s مدیر هتل، هتلدار
Hotelpage, der; -n, -n پیشخدمت هتل
hott *Interj.* هی، هین (برای راندن برخی از چارپایان اهلی)
hü *Interj.* هی، هین (برای راندن برخی از چارپایان اهلی)
Hub, der; -(e)s, ⸚e تکان
hüben *Adv.* در این طرف، از این طرف
hüben und drüben در هر دو طرف
Hubpumpe, die; -, -n تلمبهٔ بالابر
Hubraum, der; -(e)s, -räume محفظهٔ سیلندر (اتومبیل)
hübsch *Adj.* زیبا، قشنگ، خوشگل، ملیح
eine hübsche Geschichte یک داستان زیبا
Das ist hübsch von Ihnen! لطف دارید!
Hübschheit, die; - قشنگی
Hubschrauber, der; -s, - هلی‌کوپتر، چرخ‌بال
Hucke, die; -, -n بار، پشت، کول
huckepack *Adv.* کول، بردوش، برپشت
Hudel, der; -s, - / -n جلنبر، (آدم) بی سر و پا
hudeln *Vt., Vi.* ۱. با (کسی) بدرفتاری کردن ۲. سرهم بندی کردن، وررفتن
Huf, der; -(e)s, -e سم
Hufbeschlag, der; -(e)s, ⸚e نعل‌بندی
Hufeisen, das; -s, - نعل
hufeisenförmig *Adj.* نعلی‌شکل
Hufeisenmagnet, der; -en / -(e)s, - آهن‌ربای نعلی‌شکل
Hufnagel, der; -s, ⸚ میخ سر پهن، گل میخ
Hufschlag, der; -(e)s, ⸚e ضربهٔ سُم
Hufschmied, der; -(e)s, -e نعل‌بند
Hufschmiede, die; -, -n نعل‌بندی
Hüftbein, das; -s, -e استخوان لگن خاصره
Hüfte, die; -, -n کفل، تهیگاه، لگن خاصره
Hüftgelenk, das; -(e)s, -e مفصل تهیگاه، مفصل ران
Hüftgürtel, der; -s, - بند جوراب؛ بند شلوار
Hüfthalter, der; -s, - کمربند
Hüftier, das; -(e)s, -e حیوان سم‌دار
Hüftumfang, der; -(e)s, ⸚e اندازهٔ دور کمر
Hügel, der; -s, - تپه، تل
hügelig *Adj.* تپه‌دار
Hügelland, das; -(e)s, ⸚er سرزمین کوهستانی، سرزمین تپه‌دار
Huhn, das; -(e)s, ⸚er مرغ خانگی
Hühnchen, das; -s, - جوجه مرغ
Hühnerauge, das; -s, -n میخچهٔ پا
jemandem **auf die Hühneraugen treten** کسی را رنجاندن
Hühneraugenpflaster, das; -s, - چسب مخصوص از بین بردن میخچهٔ پا
Hühnerbrühe, die; -, -n سوپ مرغ؛ آب مرغ
Hühnerei, das; -(e)s, -er تخم‌مرغ
Hühnerhabicht, der; -s, -e باز، قوش
Hühnerhof, der; -(e)s, ⸚e مرغ‌دانی
Hühnerhund, der; -(e)s, -e سگ شکاری
Hühnerleiter, die; -s, - لانهٔ مرغ
Hühnerschrot, das / der; -(e)s, -e ساچمهٔ کبک‌زنی
Hühnerstall, der; -(e)s, ⸚e مرغ‌دانی
Hühnervögel, die / *Pl.* ماکیان، مرغان خانگی
Hühnerzucht, die; - مرغ‌داری
hui *Interj.* صدای ویژ، فِش (صدای تماس جسم سریع با هوا)
Huld, die; - التفات؛ همراهی؛ مرحمت، توجه
huldigen *Vi.* احترام گذاشتن، ستایش کردن، ستودن؛ اظهار اطاعت کردن
Huldigung, die; -, -en احترام، پذیرش، قبول
huldreich *Adj.* رئوف، مهربان، بخشنده
huldvoll *Adj.* رئوف، مهربان، بخشنده
Hülle, die; -, -n ۱. جلد، روکش، پاکت، غلاف ۲. چادر
in Hülle und Fülle بسیار فراوان
hüllen *Vt.* جلد کردن، روکش کشیدن، پوشاندن، بسته‌بندی کردن، جادادن
sich in Schweigen hüllen سکوت اختیار کردن
hüllenlos *Adj.* لخت، عریان

431 **Hunger**

Hülse, die; -, -n ۱. پوسته (حبوبات) ۲. غلاف، روکش ۳. پوکه (فشنگ)
Hülsenfrucht, die; -, ¨-e گیاه خوراکی
Hülsenfrüchte, die / *Pl.* حبوبات
human *Adj.* انسانی، انسان‌دوستانه؛ انسان‌دوست، مهربان
Humanismus, der; - انسان‌دوستی، انسان‌گرایی، بشردوستی
Humanist, der; -en, -en ۱. بشردوست، انسان‌دوست ۲. عالم به زبان و فرهنگ لاتین و یونانی
humanistisch *Adj.* ۱. (مربوط به) انسان‌دوستی، انسان‌دوستانه ۲. (مربوط به) زبان و فرهنگ لاتین و یونانی
humanistisches Gymnasium دبیرستان با دورهٔ لاتین و یونانی
humanitär *Adj.* انسان‌دوستانه، نوع‌پرستانه، بشردوستانه
Humanität, die; - ۱. بشریت، انسانیت، نوع بشر ۲. نوع‌دوستی،انسان‌دوستی، بشردوستی
Humbug, der; -s پرت و پلا، چرند و پرند، حرفِ بی‌معنی
Hummel, die; -, -n زنبورعسل مودار
Hummer, der; -s, - خرچنگ دریایی
Humor, der; -s, -e شوخی، مزاح
Er hat keinen Sinn für Humor. شوخی سرش نمی‌شود.
Humoreske, die; -, -n داستان کوتاه وَ•فکاهی؛ موسیقی کوتاه و فکاهی
Humorist, der; -en, -en بذله‌گو، لطیفه‌گو
humoristisch *Adj.* فکاهی، شوخی‌آمیز، خنده‌دار، شادی‌آور، شادی‌برانگیز
humorlos *Adj.* فاقد شوخی، خالی از مزاح
humorvoll *Adj.* فکاهی، شوخی‌آمیز، خنده‌دار
humpeln *Vi.* لنگیدن، لنگان‌لنگان راه رفتن
Humpen, der; -s, - آب‌خوری در دار، مَشرَبه
Humuserde, die; -, -n خاک نرم، خاک کود (خاکی که دارای مواد آلی باشد)
Hund, der; -(e)s, -e سگ
Er ist bekannt wie ein bunter Hund. او مثل گاو پیشانی سفید معروف است.
Das ist ein dicker Hund. این موضوع ناخوشایندی است.
Hunde an der Leine führen! بند قلادهٔ سگ‌ها را در دست نگه دارید!
wie Hund und Katze leben مثل سگ و گربه (دائم در نزاع) بودن
Vorsicht, bissiger Hund! احتیاط، سگ درنده!
Hündchen, das; -s, - توله‌سگ
Hundeabteil, das; -(e)s, -e محل مخصوص سگ در سفر
Hundearbeit, die; -, -en کار پرزحمت
Hundeausstellung, die; -, -en نمایشگاه سگ
Hundehütte, die; -, -n سگ‌دانی
Hundekälte, die; - سرمای سخت، سرما خشکه
Hundekuchen, der; -s, - بیسکویت سگ
Hundeleben, das; -s, - زندگی سگی
Hundeleine, die; -, -n ریسمان سگ
Hundeloch, das; -(e)s, ¨-er سگ‌دانی
Hundemarke, die; -, -n قلادهٔ سگ
hundemüde *Adj.* خسته، از پا افتاده
Hundepeitsche, die; -, -en شلاق سگ
Hunderasse, die; -, -n نژاد سگ
Hundert, das; -(e)s, -e / - عدد صد
hundert *Zahlw.* صد
hunderte von... صدها...
Hunderter, der; -s, - ۱. صدگان ۲. اسکناس صد مارکی
hundertfach *Adj.* صد برابر
hundertfältig *Adj.* صد برابر
hundertgradig *Adj.* سانتی‌گراد
Hundertjahrfeier, die; -, -n جشن صدمین سال، سده
hundertjährig *Adj.* صدمین سال
hundertmal *Adv.* صدبار
Hundertmarkschein, der; -(e)s, -e اسکناس صد مارکی
hundertprozentig *Adj.* صد در صد، تماماً
Hundertsatz, der; -es, ¨-e درصد
hundertst *Adj.* یک صدم، صدیک
Hundertstel, das; -s, - یک صدم قسمت
Hundewetter, das; -s, - هوای کثیف، هوای بد
Hundezucht, die; - پرورش سگ
Hündin, die; -, -nen ماده سگ
hündisch *Adj.* پست، دون، نوکرمآبانه
Hundsfoot, der; -(e)s, -e رذل، پست، فرومایه
hundsgemein *Adj.* فرومایه، پست، کثیف
hundsmiserabel *Adj.* بسیار بد
Hundstage, die / *Pl.* چلهٔ تابستان
Hüne, der; -n, -n نرّه غول، غول، مرد غول‌پیکر
Hünengestalt, die; -, -en غول‌پیکر، عظیم‌الجثه
hünenhaft *Adj.* غول‌پیکر، عظیم‌الجثه
Hunger, der; -s گرسنگی، فقر غذایی

Hungerkur 432

Ich habe Hunger. گرسنه‌ام.
Ich habe keinen Hunger. گرسنه نیستم.
Hunger ist der beste Koch. آدم گرسنه سنگ هم می‌خورد.
Hungerkur, die; -, -en رژیم غذایی
Hungerleider, der; -s, - گرسنگی خورده، قحطی‌زده
Hungerlohn, der; -(e)s, ¨-e مزد بخور و نمیر، حقوق کم
hungern *Vi., Vt.* ۱. گرسنه بودن، گرسنگی کشیدن، گرسنگی خوردن، احساس گرسنگی کردن ۲. به (چیزی) میل زیاد داشتن، تشنهٔ (چیزی) بودن
Hungerödem, das; -s, -e زیان ناشی از کمبود موادغذایی
Hungersnot, die; -, ¨-e قحطی، خشکسالی، کمیابی
Hungerstreik, der; -(e)s, -e اعتصاب غذا
Hungertod, der; -(e)s, -e مرگ از گرسنگی
Hungertuch, das; -(e)s, -e/¨-er سفرهٔ نداری
hungrig *Adj.* گرسنه
Ich bin hungrig. من گرسنه‌ام.
Hupe, die; -, -n بوق (ماشین)
hupen *Vi.* بوق زدن
Hupf, der; -(e)s, -e جست
hüpfen *Vi.* جست و خیز کردن، جهیدن، پریدن
Hürde, die; -, -n ۱. پرچین، حصار، مانع ۲. آغل
Hürdenlauf, der; -(e)s, -läufe مسابقهٔ دو با مانع
Hürdenläufer, der; -s, - دوندهٔ دو با مانع
Hürdenrennen, das; -s, - مسابقهٔ اسب‌دوانی با مانع
Hure, die; -, -n فاحشه، روسپی
huren *Vi.* فاحشه شدن، روسپی شدن
Hurenhaus, das; -es, -häuser فاحشه‌خانه، روسپی‌خانه
Hurerei, die; -, -en فحشا، روسپی‌گری
Huri, die; -, -s حوری بهشتی
hurra *Interj.* هورا، آفرین
Hurrapatriot, der; -en, -en وطن‌پرست متعصب
Hurrapatriotismus, der; - وطن‌پرستی متعصبانه
Hurraruf, der; -(e)s, -e فریاد شادی
Hurrikan, der; -s, -e گردباد
hurtig *Adj.* ۱. سریع، تند ۲. چابک، زرنگ، چالاک
Hurtigkeit, die; -, -en ۱. تندی، سرعت ۲. چابکی، زرنگی
Husar, der; -en, -en سرباز سواره نظام (روسی) با اسلحهٔ سبک
husch *Interj.* ۱. یاالله، بجنب، زود باش ۲. (برای راندن مرغ) کیش، کیش کیش
huscheln *Vi., Vr.* ۱. سرهم بندی کردن ۲. (خود) را در (چیزی) پیچیدن
huschen *Vi.* ۱. بی سر و صدا انجام دادن یواشکی کردن ۲. پاورچین در رفتن، سبک رفتن، تند و بی سر و صدا رفتن ۳. کیش کردن (مرغ)
hüsteln *Vi.* سرفهٔ خفیف کردن، سینه صاف کردن
Hüsteln, das; -s, - سرفهٔ خفیف
husten *Vi.* سرفه کردن
Husten, der; -s, - سرفه
Hustenanfall, der; -(e)s, ¨-e حملهٔ سرفه
Hustenbonbon, der; -s, -s آب‌نبات ضدسرفه
Hustenreiz, der; -es, -e تحریک سرفه
Hustensaft, der; -(e)s, ¨-e شربت سرفه
Hut[1]**,** der; -(e)s, ¨-e کلاه
den Hut abnehmen (به علامت احترام) کلاه از سر برداشتن
einen Hut tragen کلاهی بر سر داشتن
unter einen Hut bringen اتفاق نظر به‌وجود آوردن، متحد کردن
den Hut aufsetzen کلاه بر سر گذاشتن
Hut[2]**,** die; - توجه، مواظبت، نگهداری
Hutablage, die; -, -n جاکلاهی
Hütchen, das; -s, - کلاهک
hüten *Vt., Vr.* ۱. از (چیزی) نگهداری کردن، از (چیزی) محافظت کردن ۲. نگهبانی دادن، پاییدن
das Haus hüten در خانه ماندن
das Bett hüten بستری بودن
sich hüten vor بر حذر بودن از
Hüte dich vor dem Hund! مواظب سگ باش!
Hüter, der; -s, - نگهبان، مستحفظ، محافظ
Hüterin, die; -, -nen نگهبان، مستحفظ، محافظ (زن)
Hutfutter, das; -s, - آستر کلاه
Hutgeschäft, das; -(e)s, -e کلاه‌فروشی
Hutkrempe, die; -, -n لبهٔ کلاه
Hutladen, der; -s, ¨- کلاه‌فروشی
Hutmacher, der; -s, - کلاه‌دوز
Hutschachtel, die; -, -n جعبهٔ کلاه، جاکلاهی
Hutschnur, die; -, ¨-e بند کلاه، نوار کلاه
Hütte, die; -, -n ۱. کلبه، خانهٔ چوبی ۲. محل استخراج، کارخانه
Hüttenerz, das; -es, -e سنگ معدن
Hüttenkäse, der; -s, - (نوعی) پنیر دَلَمه شده
Hüttenkunde, die; -, -n فن استخراج / ذوب فلزات
Hüttenwerk, das; -(e)s, -e کارخانهٔ ذوب آهن
Hüttenwesen, das; -s, - فن استخراج / ذوب فلزات

433 **Hysterotomie**

hutzelig *Adj.* چروکیده، چین و چروک‌دار
Hyäne, die; -, -n کفتار
Hyazinthe, die; -, -n (گل) سنبل
hybrid *Adj.* دورگه، پیوندی
Hybride, die; -, -n / der; -n, -n ۱. جانور دورگه ۲. گیاه پیوندی
Hydrant, der; -en, -en ۱. لوله آب‌برداری ۲. شیر آتش‌نشانی
Hydraulik, die; - علم هیدرولیک (علم وابسته به نیروی محرک آب)
hydraulisch *Adj.* هیدرولیکی
Hydrid, das; -(e)s, -e (شیمی) هیدرور، هیدرید (ترکیب شیمیایی هیدروژن با یک عنصر دیگر)
hydrieren *Vt.* به (چیزی) هیدروژن دادن، سبب ترکیب (چیزی) با هیدروژن شدن، با هیدروژن ترکیب کردن
Hydrogen(ium), das; -s هیدروژن
hydrogen *Adj.* هیدروژنی
Hydrolyse, die; -, -n تجزیه شیمیایی (به وسیلهٔ ترکیب با آب)
Hydrometer, das; -s, - آب‌سنج
hydrophil *Adj.* آبزی
hydrophob *Adj.* گریزان از آب، که از آب می‌ترسد
Hydrophyt, der; -en, -en گیاه آبزی
Hydrostatik, die; - علم تعادل و سکون مایعات
Hydrotherapie, die; -, -n هیدروتراپی، آب‌درمانی، (روش) درمان به وسیلهٔ آب
Hygiene, die; - بهداشت
hygienisch *Adj.* بهداشتی، مطابق اصول بهداشت
Hygrometer, das; -s, - وسیلهٔ اندازه‌گیری رطوبت هوا
Hymen, das; -s, - بکارت، دخترگی، پردهٔ بکارت
Hymne, die; -, -n سرود ملی
Hyperbel, die; - ۱. مبالغه، اغراق ۲. (ریاضی) منحنی هذلولی
hyperbolisch *Adj.* ۱. اغراق‌آمیز ۲. (ریاضی) هذلولی
hypermodern *Adj.* بسیار مدرن
Hypnose, die; -, -n هیپنوتیسم، خواب مصنوعی
hypnotisch *Adj.* هیپنوتیکی، (مربوط به) خواب مصنوعی
Hypnotiseur, der; -s, -e هیپنوتیسور، متخصص خواب مصنوعی
hypnotisieren *Vt.* هیپنوتیسم کردن، به طور مصنوعی خواب کردن
Hypochonder, der; -s, - مالیخولیایی، سودایی
Hypochondrie, die; -n مالیخولیا
hypochondrisch *Adj.* مالیخولیایی، خیالاتی
Hypotenuse, die; -, -n ۱. زه ۲. (در مثلث قائم‌الزاویه) وتر
Hypothek, die; -, -en رهن، گرو
hypothekarisch *Adj.* رهنی
Hypothekenbank, die; -, -en بانک رهنی
Hypothekenbrief, der; -(e)s, -e سند بانکی
Hypothekengläubiger, der; -s, - گرو گیرنده، مرتهن
Hypothekenpfandbrief, der; -(e)s, -e رهن‌نامه، سند رهن
Hypothekenschuld, die; -, -en هزینهٔ رهن
Hypothekenschuldner, der; -s, - رهن گذارنده، راهن
Hypothekenzinsen, die / *Pl.* ربح رهن، نزول
Hypothese, die; -, -n فرضیه، گمانه
hypothetisch *Adj.* فرضیه‌ای، فرضی
Hysterie, die; -, -n هیستری، حملهٔ عصبی، بیماری اعصاب
Hysteriker, der; -s, - آدم مبتلا به هیستری
hysterisch *Adj.* هیستریک، (مبتلا به) بیماری اعصاب
Hysterotomie, die; - جراحی رحم، بیرون آوردن رحم

I

I, das; -, - ای (حرف نهم الفبای آلمانی)
i *Interj.* چرا
I nun! بسیار خوب! به چشم!
I freilich! البته! طبعاً!
I wo! ابداً! اصلاً
iah *Interj.* عرعر (خر)
Iah, das; - عرعر (خر)
iahen *Vi.* عرعر کردن (خر)
Iambe, die; -, -n (در شعر) وتد مجموع
Iambus, der; -, -ben (در شعر) وتد مجموع
iambisch *Adj.* (در شعر) وتدی
Iberer, der; -s, - ایبریایی، اهل ایبری
Iberia شبه جزیرهٔ ایبری
Iberien, das شبه جزیرهٔ ایبری
iberisch *Adj.* ایبریایی
ich *Pron.* من (ضمیر فاعلی اول شخص مفرد)
Ich bin's! منم!
ich selbst خودم، خود من
Ich bin daran. نوبت من است.
Ich, das; -(s), -(s) خود، خویش، نفس
Ichbewußtsein, das; -s خودآگاهی
ichbezogen *Adj.* خودپسند، خودبین
Ichbezogenheit, die; - خودپسندی، خودبینی
Ich-Erzählung, die; -, -en نقل به‌زبان اول شخص مفرد
Ichform, die; - اول شخص مفرد
Ichheit, die; -, -en شخص، فرد
Ich-Roman, die; -(e)s, -e رمان به زبان اول شخص
Ichsucht, die; - خودپسندی، خودخواهی
ichsüchtig *Adj.* خودپسند، خودخواه
ideal *Adj.* ۱. ایده‌آل، دلخواه، آرمانی، عالی، کمالِ مطلوب ۲. انگاری، تصوری
Ideal, das; -s, -e ۱. ایده‌آل، آرمان، کمالِ مطلوب ۲. وجود تصوری
Idealbild, das; -es, -er نقش خیالی، تصویر دلخواه
Idealfall, der; -(e)s, ¨-e مورد دلخواه، حالت مطلوب
Idealfigur, die; -, -en شکل دلخواه، ترکیب خیالی
idealisieren *Vt.* به‌صورت کمال مطلوب به (چیزی/کسی) نگریستن، کمال مطلوب دانستن

Idealismus, der; - ایده‌آلیسم، انگارگرایی، آرمان‌گرایی
Idealist, der; -en, -en ایده‌آلیست، انگارگرا، آرمان‌گرا
Idealistin, die; -, -nen ایده‌آلیست، انگارگرا، آرمان‌گرا (زن)
idealistisch *Adj.* ایده‌آلیستی، انگارگرایانه، آرمان‌گرایانه
Idealvorstellung, die; -, -en ۱. نمایش دلخواه ۲. تصور آرمانی
Idealzustand, der; -es, -e وضع دلخواه، کیفیت ایده‌آل
Idee, die; -, -n ایده، انگار، تصور، اندیشه، فکر، پندار، اعتقاد
Das ist eine gute Idee. فکر بکری است.
Ich kam auf die Idee zu... به این فکر افتادم که ...
ideell *Adj.* ایده‌آل، انگاری، آرمانی، پنداری، موهوم، ذهنی، معنوی
Ideenaustausch, der; -(e)s, - تبادل افکار
ideenlos *Adj.* بی‌انگار، بی‌فکر
Ideenlosigkeit, die; - بی‌انگاری، بی‌فکری
ideenreich *Adj.* پُر مایه، پُر اندیشه
Identifikation, die; -, -en شناسایی، تعیین هویت، تشخیص هویت
identifizieren *Vt.* شناسایی کردن، هویت (کسی) را تعیین کردن، هویت (کسی) را مشخص کردن
Identifizierung, die; -, -en شناسایی، تعیین هویت، تشخیص هویت
identisch *Adj.* مطابق، مساوی، همانند، یکسان، برابر، شبیه
Identität, die; - هویت، شخصیت
Identitätsausweis, der; -(e)s, -e کارت شناسایی، کارت هویت
Identitätskarte, die; -, -n کارت شناسایی، کارت هویت
Identitätsnachweis, der; -es, -e اثبات شخصیت
Ideologe, der; -n, -n طرفدار یک ایدئولوژی، طرفدار یک عقیدهٔ سیاسی
Ideologie, die; -, -n ایدئولوژی، انگارگان، آرمان
ideologisch *Adj.* ایدئولوژیگ، انگارگانی، آرمانی
Idiom, das; -s, -e اصطلاح، تعبیر ویژه، زبان ویژه؛ ویژگی زبان

Idiomatik, die; - اصطلاح
idiomatisch *Adj.* اصطلاحی، مصطلح
Idiot, der; -en, -en ابله، احمق، خرف، سبک‌مغز، خل
Idiotie, die; -, -n حماقت، سبک مغزی
idiotisch *Adj.* احمقانه، ابلهانه
Idiotismus, der; -, -men حماقت، کودنی، بلاهت
Idol, das; -s, -e بت، صنم، معبود
Idolatrie, die; -, -n حماقت، کودنی، بلاهت
Idyll, das; -s, -e ۱. تجسم یک زندگی ساده و آرام ۲. زندگی ساده و آرام
Idylle, die; -, -n غزل عاشقانه ، چکامهٔ کوتاه
idyllisch *Adj.* ۱. شاعرانه، عاشقانه، غزل‌وار ۲. [زندگی] آرام و دلخواه
Igel, der; -s, - خارپشت، جوجه‌تیغی
igelig *Adj.* خاردار، تیغ‌دار
Igelstellung, die; -, -en ۱. استحکامات سر تا سری ۲. حالت دفاعی همه‌جانبه
Iglu, der; -s, -s ایگلو، کلبهٔ اسکیموها
Ignorant, der; -en, -en نادان، جاهل
Ignorantin, die; -, -nen نادان، جاهل (زن)
Ignoranz, die; - نادانی، جهالت
ignorieren *Vt.* از (چیزی) صرف‌نظر کردن، از (چیزی) چشم پوشیدن، نادیده گرفتن، به حساب نیاوردن
ihm *Pron.* او را، به او (ضمیر سوم شخص مفرد مفعول باواسطه برای اسامی مذکر و خنثی)
ihn *Pron.* او را، به او (ضمیر سوم شخص مفرد مفعول بی‌واسطه برای اسامی مذکر)
ihnen *Pron.* آن‌ها را، به آن‌ها (ضمیر سوم شخص جمع مفعول باواسطه)
Ihnen *Pron.* شما را، به شما
ihr[1] *Pron.* ۱. شماها، مال شماها (ضمیر دوم شخص جمع فاعلی) ۲. به او (ضمیر سوم شخص مفرد مفعول باواسطه برای اسامی مونث) ۳. مال او (ضمیر ملکی برای سوم شخص مفرد مونث)
ihr[2] *Pron.* ۱. مال شما، مال شماها (ضمیر ملکی دوم شخص جمع) ۲. مال آنها (ضمیر ملکی سوم شخص جمع)
Ihr *Pron.* ۱. شما (ضمیر دوم شخص جمع) ۲. مال شما (ضمیر ملکی سوم شخص مفرد و جمع)
Ihr Dasein ist uns sehr angenehm.
حضور شما برای ما بسیار خوشایند است.
ihrer *Pron.* (ضمیر حالت اضافه برای سوم شخص مفرد مونث یا سوم شخص جمع)
Ihrer *Pron.* (حالت اضافه برای ضمیر فاعلی Sie)
ihrerseits *Adv.* ۱. از طرف او (مونث) ۲. از طرف شماها ۳. از طرف آنها
Ihrerseits *Adv.* از طرف شما
ihresgleichen *Pron.* مانند آنان، نظیر آنان، مثل آنان
ihrethalben *Adv.* ۱. به خاطر او ۲. به خاطر شماها ۳. به خاطر آنها
Ihrethalben *Adv.* به خاطر شما
ihretwegen *Adv.* ۱. به خاطر او (مونث) ۲. به خاطر شماها ۳. به خاطر آنها
Ihretwegen *Adv.* به خاطر شما
ihretwillen *Adv.* ۱. به خاطر او (مؤنث) ۲. به خاطر شماها ۳. به خاطر آنها
Ihretwillen *Adv.* به خاطر شما
ihrige *Pron.* ۱. مال او (مؤنث) ۲. مال شماها ۳. مال آنها
Ihrige *Pron.* مال شما
ihrzen *Vt.* به کسی شما خطاب کردن، به هم شما گفتن
Ikone, die; -, -n شمایل، تصویر، تمثال (اولیا)
Iktus, der; -, -ten تشنج شدید، شوک
illegal *Adj.* غیرقانونی، نامشروع، غیرمجاز
Illegalität, die; -, -en مغایرت با قانون
illegitim *Adj.* نامشروع، غیرمجاز، مغایر با عرف، غیرقانونی
Illegitimität, die; -, -en خلاف شرع
illiquid *Adj.* عاجز از پرداخت قرض
illoyal *Adj.* بی‌وفا، ناسپاس
Illoyalität, die; -, -en بی‌وفایی، ناسپاسی، نافرمانی
Illumination, die; -, -en چراغانی، آذین‌بندی
illuminieren *Vt.* چراغانی کردن، آذین بستن
Illuminierung, die; -, -en چراغانی، آذین‌بندی
Illusion, die; -, -en خیال باطل، وهم، امید واهی، پندار
Illusionist, der; -en, -en خیالباف، پندارپرداز
illusiorisch *Adj.* غیرواقعی، خیالی، واهی؛ گمراه کننده
Illustration, die; -, -en ۱. تصویر (چاپی) ۲. تصویر وقایع، شرح ۳. مصوّرسازی، تصویرسازی
Illustrator, der; -s, -en تصویرساز
illustrieren *Vt.* ۱. مصوّر کردن، آراستن (نشریه) ۲. توضیح دادن (مطلب)
Illustrierte, die; -, -n مجلهٔ مصوّر
Iltis, der; -ses, -se راسو، گربهٔ قطبی
im = *in + dem* در
im voraus از پیش، پیشاپیش
im übrigen علاوه براین، گذشته از این

Image, das; -(s), -s تمثال، تصویر، شکل، پیکرهٔ قدیس، نقش برجسته
imaginabel *Adj.* قابل تصور، اندیشه‌پذیر
imaginär *Adj.* وهمی، خیالی، موهوم، تصوری، غیرواقعی
Imagination, die; -, -en قوهٔ تخیل
imaginieren *Vt.* مجسم کردن، تصور کردن
Imam, der; -s, -s / -e امام، رهبر، پیشوا
Imbiß, der; -bisses, -bisse ۱. غذای مختصر، خوراک سرپایی ۲. اغذیه‌فروشی سرپایی
Imbißhalle, die; -, -n اغذیه‌فروشی، نوشابه‌فروشی
Imbißstand, der; -(e)s, ⸚e اغذیه‌فروشی سرپایی
Imbißstube, die; -, -n اغذیه‌فروشی، نوشابه‌فروشی
Imitation, die; -, -en ۱. تقلید، پیروی ۲. بدلی، ساختگی، جعلی ۳. (موسیقی) تکرار یک تم
Imitator, der; -s, -en مقلد، تقلیدکننده
imitieren *Vt.* ۱. تقلید کردن، ادای (کسی) را درآوردن ۲. (موسیقی) (تمی) را تکرار کردن
imitiert *Adj.* تقلید شده، قابل تقلید، بدلی
Imker, der; -s, - پرورش‌دهندهٔ زنبور عسل، کندوکار، کندودار
Imkerei, die; -, -en پرورش زنبور عسل، کندوکاری، کندوداری
imkern *Vi.* زنبور عسل پرورش دادن
immateriell *Adj.* غیر مادی
Immatrikulation, die; -, -en (در دانشگاه) نام‌نویسی، ثبت‌نام
immatrikulieren *Vt.* (در دانشگاه) از (کسی) نام‌نویسی کردن، از (کسی) ثبت‌نام کردن
immediat *Adj.* فوری، بی‌درنگ، بلافاصله
immens *Adj.* ۱. گزاف، هنگفت ۲. بی‌کران، پهناور، وسیع، عظیم
  immense Summen مبالغ هنگفت
Immensität, die; - پهناوری، بی‌کرانی، وسعت
immer *Adv.* همیشه، همه‌وقت، همواره، دائم، پیوسته
  auf immer برای همیشه
  für immer برای همیشه
  immer mehr مرتباً
  immer noch هنوز هم، باز هم
  immer noch nicht هنوز نه
  für immer und ewig برای همیشه
  immer besser روز به روز بهتر، بازهم‌بهتر
  immer schlechter روز به روز بدتر، باز هم بدتر
  immer größer روز به روز بزرگ‌تر، باز هم بزرگ‌تر
  Immer mit der Ruhe! آرام باش! عجله نکن! آرام!
immerdar *Adv.* برای همیشه، همواره
immerfort *Adv.* دائماً، همیشه
immergrün *Adj.* بادوام، بی‌خزان، همیشه بهار، همیشه سبز
Immergrün, das; -s, -e (گل) همیشه بهار
immerhin *Adv.* با این حال، با وجود این، در هر حال، در هر صورت؛ دست‌کم، حداقل؛ با این همه
immerwährend *Adj.* همیشگی، دائم، ابدی
immerwieder *Adv.* مکرر در مکرر، به کرات، باز هم، دوباره
immerzu *Adv.* همیشه، دائماً، به کرات، به‌طور دائم
Immigrant, der; -en, -en مهاجر، کوچ‌نشین، غریب
Immigration, die; -, -en مهاجرت
immigrieren *Vi.* مهاجرت کردن، کوچ کردن
imminent *Adj.* قریب‌الوقوع
immobil *Adj.* غیرمنقول، ثابت، غیرقابل انتقال
Immobilien, die / *Pl.* ۱. اموال غیرمنقول ۲. بنگاه معاملات ملکی
Immobilienhändler, der; -s, - دلال معاملات ملکی
Immobilienmakler, der; -s, - دلال معاملات ملکی
immoralisch *Adj.* غیراخلاقی
immun *Adj.* ۱. ایمن، مصون ۲. (در مقابل بیماری) مقاوم
immunisieren *Vt.* مصون کردن، مصونیت دادن
Immunisierung, die; -, -en مصونیت، مقاومت، ایمنی
Immunität, die; -, -en ۱. ایمنی، مصونیت ۲. مقاومت (در مقابل بیماری)
Immunologie, die; - ایمنی‌شناسی
Imparität, die; - عدم توازن
Imperativ, der; -s, -e (دستور زبان) وجه امری (فعل)
imperativisch *Adj.* امری، دستوری
Imperativsatz, der; -es, ⸚e (دستور زبان) جملهٔ امری
Imperator, der; -s, -en امپراتور، قیصر
Imperfekt, das; -s, -e (دستور زبان) گذشتهٔ مطلق
Imperfektum, das; -s, -ta (دستور زبان) گذشتهٔ مطلق
Imperialismus, der; -, -men امپریالیسم، استعمارطلبی، جهان‌گشایی، سلطه‌جویی بر جهان
Imperialist, der; -en, -en امپریالیست، استعمارطلب
imperialistich *Adj.* امپریالیستی، استعمارطلب، استعمارطلبانه
Imperium, das; -s, -rien امپراتوری، فرمانروایی، مرکزیت قدرت
impermeabel *Adj.* غیرقابل نفوذ، نشت‌ناپذیر

impertinent *Adj.* گستاخ، جسور، بی‌شرم
Impertinenz, die; -, -en گستاخی، جسارت، بی‌شرمی
Impfarzt, der; -es, -e تلقیح‌کننده
impfen *Vt.* تلقیح کردن، مایه‌کوبی کردن، به (کسی) واکسن زدن
Impfling, der; -s, -e تلقیح‌شونده
Impfpaß, der; -passes, -pässe گواهی‌نامهٔ مایه‌کوبی، کارت واکسیناسیون
Impfpistole, die; -, -n سرنگ تلقیح، سرنگ مایه‌کوبی
Impfschein, der; -(e)s, -e گواهی‌نامهٔ مایه‌کوبی، کارت واکسیناسیون
Impfstoff, der; -(e)s, -e مایه، واکسن
Impfung, die; -, -en تلقیح، مایه‌کوبی، تزریق واکسن
Impfzwang, der; -(e)s تلقیح اجباری
Implantat, das; -s, -e ۱. بافت پیوندی ۲. عضو پیوند شده
Implantation, die; -, -en پیوند
implantieren *Vt.* پیوند زدن
implizieren *Vt.* دلالت بر (چیزی) کردن، حاکی از (چیزی) بودن
implizite *Adv.* به‌طور ضمنی
Imponderabilien, die / *Pl.* چیز غیرقابل اندازه‌گیری
imponieren *Vi.* تحسین دیگران را برانگیختن، جلب احترام کردن
imponierend *Adj.* باابهت، بانفوذ، مؤثر، گیرا
Import, der; -(e)s, -e واردات
Importartikel, der; -s, - کالای وارداتی
Importe, die / *Pl.* اجناس وارداتی
Importeur, der; -s, -e واردکننده
Importgeschäft, das; -(e)s, -e شرکت وارداتی
Importhandel, der; -s, ⸚ (تجارت) واردات
importieren *Vt.* وارد کردن (کالا)
Importkontingent, der; -(e)s, -e سهمیهٔ وارداتی
Importware, die; -, -n کالای وارداتی
imposant *Adj.* موثر، گیرا، چشمگیر
Impost, der; -es, -en مالیات، خراج، باج
impotent *Adj.* ناتوان جنسی، عنین (مرد)
Impotenz, die; -, -en ناتوانی جنسی (مرد)
imprägnieren *Vt.* (به وسیلهٔ عمل شیمیایی) دو جداره کردن، غیر قابل نفوذ کردن
Imprägnierung, die; -, -en دوجداره کاری، غیرقابل نفوذسازی
Impresario, der; -s, -s مدیر / ترتیب‌دهندهٔ برنامه‌های هنری
Impression, die; -, -en اثر، تاثیر، دریافت
Impressionismus, der; - امپرسیونیسم، دریافت‌گری (شیوهٔ هنری گروهی از نقاشان نوآور فرانسه در نیمهٔ دوم سدهٔ نوزدهم)
Improvisation, die; -, -en بدیهه‌گویی، بدیهه‌نوازی، بدیهه‌سازی
Improvisator, der; -s, -en بدیهه‌گو، بدیهه‌نواز، بدیهه‌ساز
improvisieren *Vt., Vi.* ۱. فی‌البداهه ساختن (آهنگ، شعر)، فی‌البداهه نواختن (ساز) ۲. بدیهه‌گویی کردن، بدیهه‌نوازی کردن، بدیهه‌سازی کردن ۳. (در نمایش) خارج از نقش صحبت کردن
Impuls, der; -es, -e ۱. قوهٔ محرک آنی ۲. تکان، برانگیزش، تحریک
impulsiv *Adj.* ۱. ناشی از قوهٔ محرک آنی، تحریک‌پذیر ۲. جوشی؛ مصمم
impulsiv handeln ناگهان تصمیم به کاری گرفتن
imstande *Adv.* قادر، توانا
imstande sein توانایی داشتن، قادر بودن
Dazu bin ich nicht imstande.
قادر به انجام آن (کار) نیستم.
in *Adj., Präp.* ۱. در، توی، داخل ۲. در طیِ، در ظرفِ
in drei Tagen در طیِ سه روز، سه روز بعد
in der Nähe در نزدیکی
in aller Eile با عجله زیاد
in tiefer Trauer با اندوه فراوان
in bar نقد
in sein در همه چیز سررشته داشتن
inaktiv *Adj.* غیرفعال
inaktivieren *Vt.* از فعالیت انداختن
inakzeptabel *Adj.* غیرقابل قبول
inan *Adj.* پوچ، تهی، خالی
Inangriffnahme, die; -, -n شروع، آغاز
bei Inangriffnahme des Werkes در شروع اثر
Inanität, die; -, -en پوچی
Inaugenscheinnahme, die; -, -n تفتیش؛ معاینه؛ ملاحظه
Inauguraldissertation, die; -, -en پایان‌نامهٔ دکترا
Inbegriff, der; -(e)s, -e ۱. جامعیت؛ کلیت؛ وجود؛ ماهیت ۲. وجه کامل
inbegriffen *Adj.* شامل، داخل، دربردارنده، متضمن، مشمول حال
Inbesitznahme, die; -, -n تصرف، اشغال
inbetreff *Präp.* در رابطه با

Inbetriebnahme 438

Inbetreffs Ihre Schreibens von...
در رابطه با نوشتهٔ شما در ...
Inbetriebnahme, die; -, -n گشایش، افتتاح، راه‌اندازی، شروع (تأسیسات)
Inbrunst, die; - گرمی، التهاب درونی، شوق، اشتیاق شدید
inbrünstig *Adj.* باحرارت، ملتهب، مشتاق
indefinit *Adj.* نامعین
Indefinitpronomen, das; -s, - / -mina
(دستور زبان) ضمیر نامعین
indeklinabel *Adj.* (دستور زبان) صرف‌نشدنی
indem *Konj.* ۱. هنگامی که ۲. در صورتی که، در حالی که
Indem er dies sagte, klingelte es.
هنگامی که این حرف را زد، زنگ تلفن به صدا درآمد.
Du kannst ihm eine Freude bereiten, indem du ihn einmal besuchst. در صورتی که به ملاقاتش بروی، خوشحالش خواهی کرد.
Indemnisation, die; -, -en تاوان، عوض، پرداخت غرامت، تاوان‌پردازی
indemnisieren *Vt.* تاوان (چیزی) را دادن، جبران کردن (خسارت)، عوض (چیزی) را دادن
Indemnität, die; - بخشودگی، معافیت از مجازات
Inder, der; -s, - هندی، هندوستانی
Inderin, die; -, -nen هندی، هندوستانی (زن)
indes *Konj.* اما، در واقع، هرچند، با این حال
indessen *Adv., Konj.* ۱. اما، در واقع، هرچند، با این حال ۲. در حالی‌که، در این بین، در مدتی که
Ich habe noch einiges zu erledigen, du kannst indessen schon das Essen vorbereiten. من هنوز کارهایی را باید انجام دهم، در این بین تو هم می‌توانی غذا را آماده کنی.
Index, der; -(es), -e / -dizes فهرست، شاخص
indexieren *Vt.* فهرست‌بندی کردن، شاخص کردن
Indianer, der; -s, - سرخ‌پوست
Indianerbuch, das; -(e)s, -̈er
کتاب (مربوط به) سرخ‌پوستان
Indianergeschichte, die; -, -n تاریخ سرخ‌پوستان
Indianerhäuptling, der; -s, -e
رئیس قبیلهٔ سرخ‌پوستان
Indianerin, die; -, -nen سرخ‌پوست (زن)
indianisch *Adj.* (مربوط به) سرخ‌پوست
Indien, das هندوستان، هند
indifferent *Adj.* ۱. بی‌اعتنا، بی‌تفاوت، بی‌علاقه ۲. بی‌اثر، خنثی
Indifferenz, die; -, -en بی‌اعتنایی، بی‌تفاوتی
Indignation, die; -, -en عدم تمایل، زدگی
indigniert *Adj.* ناشایسته، نالایق
Indigo, der / das; -s, -s نیل
indigoblau *Adj.* نیلی رنگ
Indigopflanzung, die; -, -en نیل‌سازی، عمل آوردن نیل
Indikation, die; -, -en (پزشکی) علامت، شاخص، نشانه
Indikativ, der; -s, -e (دستور زبان) وجه اخباری (فعل)
indikativisch *Adj.* نشان‌دهنده، نشانگر، گویا
Indikator, der; -s, -en (شیمی) شاخص، معرف
indirekt *Adj.* غیرمستقیم، غیرصریح، باواسطه
indirekte Rede (دستور زبان) نقل‌قول غیرمستقیم
indisch *Adj.* هندی، (مربوط به) هند
indiskret *Adj.* بی‌ملاحظه؛ دهان‌لق؛ فضول؛ کنجکاو
Indiskretion, die; -, -en بی‌ملاحظگی؛ دهان‌لقی؛ فضولی؛ کنجکاوی
indiskutabel *Adj.* غیرقابل بحث، گفت‌وگوناپذیر
indisponiert *Adj.* کسل، بی‌میل
individualisieren *Vt.* حق (کسی) را برتر شمردن
Individualismus, der; - فردگرایی، اصل برتری منافع شخصی
Individualist, der; -en, -en فردگرا، معتقد به برتری حق شخصی
Individualistin, die; -, -nen فردگرا، معتقد به برتری حق شخصی (زن)
individualistisch *Adj.* فردی، انفرادی، فردگرایانه
Individualität, die; -, -en خصوصیات فردی، شخصیت، وجود مستقل
individuell *Adj.* انفرادی، فردی، شخصی، خصوصی
Individuum, das; -s, -duen ۱. شخص، فرد، نفر ۲. آدم بی‌شخصیت
Indiz, das; -es, -ien دلیلِ شک
Indizbeweis, der; -es, -e اثبات بر مبنای واقعیات، مدرک تفصیلی
indizieren *Vt.* به (چیزی) اشاره کردن، نشان دادن، دلالت بر (چیزی) کردن
Indogermanen, die / *Pl.* هند و ژرمن‌ها
indogermanisch *Adj.* هند و ژرمنی
Indonesien, das اندونزی
Indonesier, der; -s, - اهل اندونزی
Indonesierin, die; -, -nen اهل اندونزی (زن)
indonesisch *Adj.* (مربوط به) اندونزی

Indossament, das; -(e)s, -e پشت‌نویسی، ظهرنویسی، شرح پشت سند
Indossant, der; -en, -en سفتهٔ پشت‌نویسی شده
Indossat, der; -en, -en ظهرنویس (کسی که پشت سند را می‌نویسد)
indossieren *Vt.* پشت‌نویسی کردن، ظهرنویسی کردن، در پشت سند نوشتن
Indossierung, die; -, -en پشت‌نویسی، ظهرنویسی، شرح پشت سند
Induktion, die; -, -en ۱. اصل تجربی ۲. القاء، قیاس، استنتاج
Induktionsstrom, der; -(e)s, ⸚e (فیزیک) جریان القایی
induktiv *Adj.* قیاسی، استنتاجی، القایی
industrialisieren *Vt.* صنعتی کردن، در (جایی) تشکیلات صنعتی ایجاد کردن
Industrialisierung, die; - صنعتی‌سازی
Industrie, die; -, -n صنعت
Industrieanlage, die; -, -n تأسیسات صنعتی
Industriearbeiter, der; -s, - کارگر فنی، کارگر صنعتی
Industrieausstellung, die; -, -en نمایشگاه صنعتی
Industriebetrieb, der; -(e)s, -e کارخانهٔ صنعتی
Industriedenkmal, das; -s, ⸚er لوحهٔ صنعتی
Industrieerzeugnis, das; -nisses, -nisse تولید صنعتی، فراوردهٔ صنعتی
Industriegebiet, das; -(e)s, -e منطقهٔ صنعتی
Industriegewerkschaft, die; -, -en سندیکای واحد صنعتی، اتحادیهٔ صنعتی
Industriekaufmann, der; -(e)s, -leute تاجر فراورده‌های صنعتی
Industrieland, das; -(e)s, ⸚er کشور صنعتی
industriell *Adj.* صنعتی
Industrielle, der/die; -n, -n کارخانه‌دار
Industriemagnat, der; -en, -en شخص صاحب نفوذ در صنعت
Industriemüll, der; -(e)s ضایعات صنعتی، زبالهٔ صنعتی
Industrienation, die; -, -en ملت صنعتی
Industrieofen, der; -s, ⸚ کورهٔ صنعتی، بوتهٔ صنعتی
Industrieprodukt, das; -(e)s, -e تولید صنعتی، فراوردهٔ صنعتی
Industrierevolution, die; -, -en انقلاب صنعتی
Industrieroboter, der; -s, - آدم ماشینی، دستگاه خودکار
Industriestaat, der; -(e)s کشور صنعتی
Industriestadt, die; -, ⸚e شهر صنعتی
Industrie-und Handelskammer, die; -, -n اتاق صنایع و بازرگانی
Industrieunternehmen, das; -s, - کارخانهٔ صنعتی
Industriezeitalter, das; -s عصر صنعتی
Industriezweig, der; -(e)s, -e رشتهٔ صنعتی، شاخهٔ صنعتی
induzieren *Vt.* ۱. عمومیت دادن ۲. القا کردن
ineinander *Adv.* داخل هم، توی هم، متقابل، دوجانبه
ineinandergreifen *Vi.* به‌هم پیوستن، درهم گیر دادن، به‌هم اتصال دادن
ineinanderlegen *Vt.* درهم قرار دادن
ineinanderschieben *Vt., Vr.* ۱. درهم فرو بردن ۲. توی هم رفتن
ineinanderstecken *Vt.* درهم فرو کردن
infam *Adj.* شرم‌آور، ننگین؛ رسوا؛ بدنام؛ بی‌آبرو
Infamie, die; -, -n رسوایی، بدنامی؛ افتضاح؛ پستی؛ بی‌آبرویی
Infanterie, die; -, -n پیاده نظام
Infanterist, der; -en, -en سرباز پیاده
infantil *Adj.* کودکانه، بچگانه، ابتدایی
Infantilität, die; -, -en بچگی، دوران کودکی
Infarkt, der; -(e)s, -e انفارکتوس، حملهٔ قلبی، سکتهٔ قلبی
Infekt, der; -(e)s, -e بیماری حاد عفونی
Infektion, die; -, -en عفونت، سرایت (بیماری)
Infektionserreger, die/*Pl.* موجودات سرایت‌دهندهٔ بیماری
Infektionsgefahr, die; -, -en خطر سرایت بیماری
Infektionsherd, der; -(e)s, -e کانون عفونت
Infektionskrankheit, die; -, -en بیماری عفونی، بیماری مسری
Infektionsträger, der; -s, - ناقل عفونت، حامل عفونت
Infektionsträgerin, die; -, -nen ناقل عفونت، حامل عفونت (زن)
infektiös *Adj.* [بیماری] مسری، عفونی
infernalisch *Adj.* دوزخی، جهنمی
Inferno, das; -s ۱. دوزخ، جهنم ۲. ضایعهٔ وحشتناک
infinit *Adj.* ۱. (دستور زبان) نامعین ۲. صرف‌نشدنی
infinitesimal *Adj.* گرایش به بی‌نهایت کوچک

Infinitiv 440

Infinitiv, der; -s, -e (دستور زبان) مصدر
infinitivisch *Adj.* مصدری
Infinitivsatz, der; -es, ⸚e جملهٔ مصدری
infizieren *Vt.* آلوده کردن، مبتلا کردن، دچار کردن، سرایت دادن (بیماری)
Infizierung, die; -, -en سرایت (بیماری)
Inflation, die; -, -en تورم؛ گرانی؛ ورشکستگی
inflationär *Adj.* تورمی
inflationistisch *Adj.* (مربوط به) اقتصاد تورمی
Inflationsausgleich, der; -s, -e تعادل تورم
Inflationspolitik, die; -, -en سیاست تورم
Inflationsrate, die; -, -n نرخ تورم
inflexibel *Adj.* غیرقابل انعطاف، غیرقابل تغییر، انعطاف‌ناپذیر
Influenz, die; -, -en اثر، تأثیر، تأثیرپذیری
Influenza, die; - آنفلوآنزا، زکام، گریپ
infolge *Präp.* به واسطهٔ، به‌سببِ، به‌علتِ، نظر به، به خاطرِ، در پیِ
Infolge eines Unfalls war die Straße gespert.
به خاطر یک تصادم خیابان بسته بود.
infolgedessen *Adv.* به این جهت، از این‌رو، در نتیجه
Die Straße war wegen eines Unfalls Gespert, infolgedessen mußten wir einen Umweg machen.
خیابان به‌علت یک تصادم بسته بود، از این‌رو مجبور شدیم راهمان را تغییر دهیم.
Informand, der; -en, -en خبرگیرنده
Informant, der; -en, -en خبررسان، آگاهی‌دهنده
Informantin, die; -, -nen خبررسان، آگاهی‌دهنده (زن)
Informatik, die; - رشتهٔ انفورماتیک، دانش کار با رایانه
Informatiker, der; -s, - رایانه‌کار
Information, die; -, -en اطلاع، خبر، آگاهی، اطلاعات
Informationsaustausch, der; -(e)s مبادلهٔ خبر
Informationsbedürfnis, das; -nisses, -nisse ضرورت اطلاعاتی
Informationsbüro, das; -s, -s ادارهٔ اطلاعات
Informationsmaterial, das; -s, -lien درون‌مایهٔ اطلاعات، مواد خبری
Informationsquelle, die; -, -n منبع اطلاعاتی، منبع خبری
informativ *Adj.* خبری، اطلاعاتی، آگاه‌کننده
Informator, der; -s, -en خبررسان، آگاهی‌دهنده
informatorisch *Adj.* اطلاعاتی، خبری، آگاه‌کننده
informell *Adj.* غیررسمی، خصوصی
informieren *Vt., Vr.* ۱. به (کسی) خبر دادن، آگاه ساختن، به (کسی) اطلاع دادن ۲. کسب اطلاع کردن
falsch informieren خبر نادرست دادن
jemanden **informieren** به کسی خبر دادن
infrarot *Adj.* (فیزیک) مادون قرمز، (وابسته به) پرتوهای فرو سرخ
Infrarotbestrahlung, die; -, -en تشعشع مادون قرمز، پرتودهی فروسرخ
Infrarotfernbedienung, die; -, -en کنترل از راه دورِ پرتوهای فروسرخ
Infrarotheizung, die; -, -en حرارت تشعشع مادون قرمز، حرارت پرتوهای فروسرخ
Infraschall, der; -(e)s, -e صوت مادون شنوایی، صوت زیرآستانه (شنوایی)
Infrastruktur, die; -, -en زیرسازی؛ زیربنا، زیرساخت، شالوده
Infusion, die; -, -en تزریق سرم
Infusorien, die / *Pl.* نمرویان (گروهی از موجوداتِ ریز آلی که در مواد ذره‌بینی تجزیه شده و در آب‌های راکد موجودند)
ingangsetzen *Vt.* راه انداختن، استارت زدن (اتومبیل)
Ingangsetzung, die; - راه‌اندازی (اتومبیل)
Ingenieur, der; -s, -e مهندس
Ingenieurakademie, die; -, -n دانشکدهٔ مهندسی
Ingenieurberuf, der; -(e)s, -e شغل مهندسی
Ingenieurbüro, das; -s, -s دفتر مهندسی
Ingenieurin, die, -, -nen مهندس (زن)
Ingenieurschule, die; -, -n مدرسهٔ مهندسی
Ingredienz, die; -, -en عنصر، عامل، جزء؛ محتوا
Ingrimm, der; -(e)s خشم، غیظ، غضب
ingrimmig *Adj.* خشمگین، غضبناک
Ingwer, der; -s, - زنجبیل
Inhaber, der; -s, - صاحب، مالک، دارنده
Inhaberaktie, die; -, -n سهام بی‌نام، سهام حامل
Inhaberin, die; -, -nen صاحب، مالک (زن)
Inhaberpapiere, die / *Pl.* اوراق بهادار
Inhaberscheck, der; -(e)s, -e چک بی‌نام، چک حامل
inhaftieren *Vt.* حبس کردن
Inhaftierung, die; -, -en حبس
Inhaftnahme, die; -, -n حبس
Inhalation, die; -, -en ۱. استنشاق ۲. بخور، داروی بو کردنی
Inhalationsapparat, der; -(e)s, -e دستگاه بخور

inhalieren *V.t.*	۱. استنشاق کردن ۲. بخور (چیزی) دادن
Inhaliergerät, *das;* -(e)s, -e	دستگاه بخور
Inhalt, *der;* -(e)s, -	محتوا، مفاد، مضمون؛ موضوع؛ مطلب
inhaltlich *Adj., Adv.*	۱. محتوایی، مضمونی
	۲. مضموناً، محتویاً
Inhaltsangabe, *die;* -, -n	فهرست، خلاصه
inhaltslos *Adj.*	خالی، تهی، بی‌محتوا
inhaltsreich *Adj.*	پُرمعنی، پُرمحتوا، قابل توجه، مهم
inhaltsschwer *Adj.*	پُرمعنی، پُرمحتوا، قابل توجه، مهم
Inhaltsverzeichnis, *das;* -nisses, -nisse	
	فهرست مطالب، فهرست مندرجات
inhaltsvoll *Adj.*	پُرمعنی، پُرمحتوا، قابل توجه، مهم
inhärent *Adj.*	چسبناک
inhuman *Adj.*	غیر عاطفی، غیر انسانی
Inhumanität, *die;* -, -en	وحشی‌گری
Initiale, *die;* -, -n	۱. امضای مختصر، پاراف
	۲. حرف اول اسم، حرف اول کلمه
Initiative, *die;* -, -n	پیشگامی، نخستین قدم
	برداشت قدم اول، ابتکار عمل
die Initiative ergreifen	ابتکار به خرج دادن
aus eigener Initiative	به ابتکار شخصی
Initiator, *der;* -s, -en	۱. محرک، مشوق ۲. مبتکر
Injektion, *die;* -, -en	تزریق (آمپول)
injizieren *V.t.*	تزریق کردن؛ زدن (آمپول)
Injurie, *die;* -, -n	فحش، توهین، ناسزا
inkarnat *Adj.*	مجسم، متجسد
Inkarnation, *die;* -, -en	تجسم (به‌صورت انسان)
Inkassant, *der;* -en, -en	صندوق‌دار، تحویل‌دار
Inkasso, *das;* -s, -s	دریافت، وصول
Inklination, *die;* -, -en	۱. شیب، سرازیری ۲. تمایل
	اشتیاق
inklusive *Präp.*	شاملِ، متضمنِ، محتویِ، به انضمامِ
inklusive Trinkgeld	با انعام
Inkognito, *das;* -s, -s	ناشناس، مجهول‌الهویه
inkognito *Adv.*	با نام مستعار، به‌طور ناشناس
Inkompatibilität, *die;* -, -en	عدم توافق
inkompetent *Adj.*	نامناسب؛ نالایق، ناشایسته،
	فاقد صلاحیت، بی‌کفایت
Inkompetenz, *die;* -, -en	ناشایستگی، بی‌کفایتی،
	نارسایی، نادرستی
inkomplett *Adj.*	ناتمام، ناقص
inkonsequent *Adj.*	مردد، بی‌تصمیم
Inkonsequenz, *die;* -, -en	تردید، بی‌تصمیمی
inkorrekt *Adj.*	نادرست، غلط

Inkorrektheit, *die;* -, -en	نادرستی
inkraftsetzen *V.t.*	به اجرا گذاشتن
Inkrafttreten, *das;* -s	اجرا، تصویب
Inkreis, *der;* -es, -e	(ریاضی) دایرهٔ محاطی داخلی
Inkrement, *das;* -(e)s, -e	رشد، افزایش، ترقی، ازدیاد
Inkret, *das;* -(e)s, -e	هورمون (مادهٔ مترشحهٔ غدد داخلی)
Inkretion, *die;* -, -en	ترشح داخلی
inkriminieren *V.t.*	به (کسی) تهمت زدن، به جرمی
	متهم کردن
Inkubationszeit, *die;* -, -en	
	۱. مدت خوابیدن پرنده روی تخم ۲. دوران نهفتگی (بیماری)
inkurabel *Adj.*	لاعلاج، درمان‌ناپذیر
Inland, *das;* -(e)s	داخل کشور، داخله، درون مرزی
Inländer, *der;* -s, -	بومی، اهل کشور
Inländerin, *die;* -, -nen	بومی، اهل کشور (زن)
Inlandflug, *der;* -(e)s, ̈-e	پرواز داخلی
inländisch *Adj.*	بومی، ساخت وطن،
	(مربوط به) داخل کشور
Inlandsmarkt, *der;* -(e)s, ̈-e	بازار داخلی
Inlandspreis, *der;* -es, -e	قیمت داخلی
Inlandsreise, *die;* -, -n	سفر داخلی،
	سفر در داخل کشور
Inlaut, *der;* -(e)s, -e	(زبان‌شناسی) آوای میانی،
	حرف میانی
Inlett, *das;* -s, -s	روکش درونی بالش؛
	روکش درونی تشک
Inlettstoff, *der;* -(e)s, -e	پارچهٔ رویهٔ تشک
inliegend *Adj.*	به ضمیمه، به پیوست، در جوف
inmitten *Präp.*	در میانِ، در وسطِ
inmitten von Blumen	در میان گل‌ها
inne *Adv.*	در تو، در داخل، در وسط
innehaben *V.t.*	۱. مالک (چیزی) بودن،
	در اختیار داشتن ۲. اشغال کردن، تصرف کردن
innehalten *V.t.*	در (کاری) ایجاد وقفه کردن،
	(کاری) را ناگهان برای مدت کوتاهی قطع/ متوقف کردن
innen *Adv.*	داخل، درون، در تو، در داخل
nach innen	به داخل
von innen	از داخل
Innenansicht, *die;* -, -en	منظرهٔ داخلی، نمای درونی
Innenantenne, *die;* -, -n	آنتن داخلی
Innenarchitekt, *der;* -en, -en	معمار داخلی،
	معمار داخل بنا
Innenarchitektur, *die;* -, -en	معماری داخلی،
	تزئین داخلی

Innenaufnahme, die; -, -n عکس‌برداری داخلی
Innenausstattung, die; -, -en تزئین داخلی
Innendekoration, die; -, -en آرایش داخلی
Innendurchmesser, der; -s, - قطر داخلی
Inneneinrichtung, die; -, -en معماری داخلی، تزئین داخلی
Innenfläche, die; -, -n سطح داخلی
Innenleben, das; -s, - زندگی داخلی
Innenminister, der; -s, - وزیر کشور
Innenministerium, das; -s, -rien وزارت کشور
Innenpolitik, die; -, -en سیاست داخلی
Innenraum, der; -(e)s, -räume فضای داخلی
Innenseite, die; -, -n تو، داخل، درون
Innenspiegel, der; -s, - آینهٔ داخل (اتومبیل)
Innenstadt, die; -, ¨-e داخل شهر، مرکز شهر
Innentemperatur, die; -, -en حرارت داخلی
inner *Adj.* داخلی، درونی، باطنی
innere Angelegenheit امور داخلی
innere Stimme صدای درونی
innerbetrieblich *Adj.* داخلی، درونی، (مربوط به) امور داخلی
Innere, das; -n داخل، درون، تو، قسمت داخلی
Innereien, die / *Pl.* شکمبه (دل و رودهٔ خوراکی حیوانات)
innerhalb *Präp.* در توی، در داخلِ، درونِ؛ در محدودهٔ؛ در ظرفِ
innerhalb von fünf Jahren در طی پنج سال
innerhalb des Gartens درون باغ
innerlich *Adj.* درونی، داخلی، باطنی
innerparteilich *Adj.* در داخل حزب، درون حزبی
innerst *Adj.* درونی، باطنی، صمیمانه
Innerste, das; -n ۱. صمیمانه‌ترین (چیز) ۲. (از) ته دل
innert *Präp.* در توی، در داخلِ، درونِ؛ در محدودهٔ؛ در ظرفِ
innesein *Vt.* از (چیزی) آگاه بودن، از (چیزی) آگاهی داشتن
innewerden *Vi.* درک کردن، دریافتن، فهمیدن
innewohnen *Vi.* ۱. وجود داشتن ۲. همراه بودن
innewohnend *Adj.* موجود
innig *Adj.* قلبی، باطنی، صمیمی
jemandem **innigen Dank sagen** از صمیم قلب تشکر کردن
Innigkeit, die; - صمیمیت؛ انس
inniglich *Adj.* قلبی، باطنی؛ صمیمی

Innovation, die; -, -en نوآوری، ابداع
Innung, die; -, -en صنف، اتحادیهٔ صنفی
inoffiziell *Adj.* غیر رسمی
Input, das; -s, -s ۱. درون‌داد (اطلاعاتی که به کامپیوتر داده می‌شود) ۲. مواد خام
inquirieren *Vt.* از (کسی) بازجویی کردن، از (کسی) تحقیق کردن
Inquisition, die; -, -en بازجویی، تحقیق
Inquisitor, der; -s, -en بازجو، مأمور تحقیق
ins = *in + das* در، توی
Insasse, der; -n, -n ۱. ساکن (خانه) ۲. مسافر، سرنشین (وسیلهٔ نقلیه)
insbesondere *Adv.* به‌خصوص، به‌ویژه
Inschrift, die; -, -en ۱. کتیبه، سنگ‌نبشته ۲. نوشتهٔ خطی
Insekt, das; -(e)s, -en حشره
Insektenbekämpfung, die; - مبارزه با حشرات
Insektenbekämpfungsmittel, das; -s, - حشره‌کش
Insektenforscher, der; -s, - حشره‌شناس
Insektenfresser, der; -s, - حشره‌خوار
Insektengift, das; -(e)s, -e (سم) حشره‌کش
Insektenkenner, der; -s, - حشره‌شناس
Insektenkunde, die; -, -n حشره‌شناسی
Insektenmittel, das; -s, - گرد حشره‌کش
Insektenpulver, das; -s, - گرد حشره‌کش
Insektizid, das; -s, -e داروی حشره‌کش
insektizid *Adj.* حشره‌کش
Insektologe, der; -n, -n حشره‌شناس
Insel, die; -, -n جزیره
auf einer Insel در یک جزیره
Inselbewohner, der; -s, - جزیره‌نشین، ساکن جزیره
Inselbewohnerin, die; -, -nen جزیره‌نشین، ساکن جزیره (زن)
Inselchen, das; -s, - جزیرهٔ کوچک
Inselgruppe, die; -, -n مجمع‌الجزایر
Inselstaat, der; -es, -en کشور جزیره‌ای
Inserat, das; -(e)s, -e اعلان، آگهی
ein Inserat aufgeben (به روزنامه یا مجله) آگهی دادن
Inseratenteil, der; -(e)s, -e ستون آگهی، بخش آگهی
Inserent, der; -en, -en آگهی‌دهنده، اعلان‌کننده
inserieren *Vi.* آگهی دادن، اعلان دادن
in einer Zeitung inserieren در یک روزنامه آگهی دادن

insgeheim *Adv.* به‌طور سری، به‌طور پنهانی، مخفیانه، به‌طور محرمانه
insgemein *Adv.* باهم، به اتفاق
insgesamt *Adv.* در مجموع، روی‌هم، جمعاً، روی‌هم‌رفته
Insignien, die / *Pl.* نشان، مدال
inskunftig *Adv.* از این پس، در آینده
insofern *Adv., Konj.* ۱. در این مورد، از این نظر ۲. تا این درجه، تا این حد ۳. تا آنجایی که
Insofern kannst du dich auf ihn verlassen?
تا چه حد می‌توانی روی او حساب کنی؟
Er wird kommen, insofern es seine Zeit verlangt.
او خواهد آمد، به‌شرطی که وقت داشته باشد.
insolvent *Adj.* مفلس، ورشکست
Insolvenz, die; -, -en افلاس، ورشکستگی
insoweit *Adv., Konj.* ۱. در این مورد، از این نظر ۲. تا این درجه، تا این حد ۳. تا آنجایی که
Inspekteur, der; -s, -e بازرس، ناظر
Inspektion, die; -, -en بازرسی، نظارت، سرکشی، بازدید، تفتیش
Inspektionsreise, die; -, -n سفر به‌منظور بازرسی
Inspektor, der; -s, -en بازرس، ناظر
Inspiration, die; -, -en الهام، وحی، فکر ناگهانی
inspirieren *Vt.* به (کسی) الهام دادن، به (کسی) الهام بخشیدن، به (کاری) تشویق کردن
Inspizient, der; -en, -en (نمایش) مدیر صحنه
inspizieren *Vt.* بازرسی کردن، تفتیش کردن؛ نظارت کردن
Inspizierung, die; -, -en بازرسی، تفتیش؛ بازدید، معاینه
instabil *Adj.* متزلزل، بی‌ثبات، ناپایدار
Instabilität, die; -, -en ناپایداری، بی‌ثباتی
Installateur, der; -s, -e مونتاژکار؛ لوله‌کش؛ تأسیسات‌چی
Installation, die; -, -en نصب؛ لوله‌کشی؛ تأسیسات
installieren *Vt.* لوله کشیدن؛ نصب کردن
instand *Adv.* سالم، محفوظ، قابل استفاده
den Garten instand halten
از باغ خوب نگهداری کردن
instandbesetzen *Vt.* تصرف عدوانی کردن
Instandbesetzer, der; -s, - تصرف‌کننده عدوانی
Instandbesetzung, die; -, -en تصرف عدوانی
instandhalten *Vt.* تعمیر و نگهداری کردن
Instandhaltung, die; -, -en تعمیر و نگهداری
Instandhaltungskosten, die / *Pl.* مخارج تعمیر و نگهداری
inständig *Adj.* فوری، آنی، مبرم، ضروری
Inständigkeit, die; - فوریت، ضرورت
instandsetzen *Vt.* تعمیرکردن، مرمت‌کردن، بازسازی کردن
Instandsetzung, die; -, -en تعمیرکاری
Instanz, die; -, -en مرجع
Instanzenweg, der; -(e)s, -e مراحل اداری
Instinkt, der; -(e)s, -e غریزه، شعور حیوانی
Instinkthandlung, die; -, -en عمل غریزی
instinktiv *Adj.* غریزی، فطری
instinktlos *Adj.* بدون غریزه
Instinktlosigkeit, die; -, -en بی‌غریزه بودن
instinktmäßig *Adj.* غریزی، فطری
Institut, das; -(e)s, -e انستیتو، مؤسسه، انجمن، بنیاد
Institution, die; -, -en نهاد، بنگاه، دستگاه (دولتی)
institutionell *Adj.* (وابسته به) نهاد، نهادی، نهادینه شده
instruieren *Vt.* به (کسی) تعلیم دادن
Instruktion, die; -, -en آموزش، تعلیم
instruktiv *Adj.* آموزنده
Instrument, das; -(e)s, -e ۱. آلت، ابزار، اسباب، وسیلهٔ کار ۲. آلت موسیقی
ein Instrument spielen سازی نواختن
instrumental *Adj.* (موسیقی) سازی
Instrumentalmusik, die; - موسیقی‌سازی
Instrumentenbrett, das; -(e)s, -er جعبهٔ داخل اتومبیل، داشبُرد
instrumentieren *Vi.* ساز زدن، نوازندگی کردن
Insulaner, der; -s, - جزیره‌نشین، ساکن جزیره
Insulin, das; -s انسولین
inszenieren *Vt.* به روی صحنه آوردن، صحنه‌سازی کردن (نمایش)
Inszenierung, die; -, -en صحنه‌سازی (نمایش)
intakt *Adj.* دست نخورده، بی‌عیب، سالم
Intaktheit, die; - دست‌نخوردگی، بی‌عیبی
integer *Adj.* درست، بی‌عیب
integral *Adj.* (ریاضی) درست، بی‌کسر، بی‌خرده، کامل
Integral, das; -s, -e (ریاضی) انتگرال، تابع اولیه
Integralrechnung, die; -, -en (ریاضی) محاسبهٔ انتگرالی، محاسبهٔ تابع اولیه
Integration, die; -, -en ۱. (ریاضی) محاسبهٔ انتگرال ۲. اتحاد عناصر مختلف، ائتلاف، یکپارچگی؛ تمرکز ۳. هم‌زیستی، هم‌رنگی با جماعت

integrieren *Vt.* ۱. (ریاضی) انتگرال (چیزی) را گرفتن ۲. یکی کردن، متحد کردن ۳. با (کسی/چیزی) همزیستی کردن، همرنگ (کسی/چیزی) شدن

Integrität, die; - ۱. درستی، کمال، صداقت ۲. تمامیت (ارضی)

Intellekt, der; -(e)s عقل، هوش، فهم، قوهٔ ادراک، شعور

intellektuell *Adj.* عقلانی، شعوری؛ روشنفکرانه

Intellektuelle, der/die; -n, -n روشنفکر، اندیشمند، هوشمند

intelligent *Adj.* باهوش، زیرک، زرنگ

Intelligenz, die; -, -en ۱. هوش، هوشمندی؛ لیاقت؛ زیرکی، زرنگی ۲. جامعهٔ هوشمندان

Intelligenzprüfung, die; -, -en امتحان هوش، هوش‌سنجی

Intelligenzquotient, der; -en, -en بهرهٔ هوشی، ضریب هوشی

Intelligenztest, der; -(e)s, -s آزمایش هوش

Intendant, der; -en, -en (در تئاتر و رادیو و تلویزیون) مدیر، رئیس، سرپرست

Intensität, die; -, -en شدت، سختی؛ فزونی، ازدیاد

intensiv *Adj.* ۱. [تأثیر] عمیق، اساسی ۲. [رنگ، بو] شدید، تند ۳. [کار] سخت

intensivieren *Vt.* سخت کردن، شدید کردن، بر شدت (چیزی) افزودن، پرقوت کردن

Intensivierung, die; -, -en شدت، سختی؛ فزونی، ازدیاد

Intensivkurs, der; -es, -e دورهٔ فشرده

Intensivpflege, die; -, -n مراقبت ویژه

Intensivstation, die; -, -en (در بیمارستان) بخش مراقبت‌های ویژه

Intention, die; -, -en قصد، منظور، نیت، غرض

Intercity-Zug, der; -es, ⸚e (بین شهرهای بزرگ) قطار سریع‌السیر، قطار تندرو

interessant *Adj.* ۱. جالب توجه، مهم، بااهمیت ۲. سودمند، بامنفعت

Wie interessant! چقدر جالب!

Interesse, das; -s, -n ۱. توجه، علاقه، دلبستگی، میل ۲. سود، نفع، منفعت، مصلحت

Ich habe kein Interesse daran. علاقه‌ای به آن (چیز) ندارم.

Es liegt in deinem Interesse. به مصلحت توست.

interesselos *Adj.* بی‌علاقه، بی‌توجه، خونسرد

Interesselosigkeit, die; - بی‌علاقگی، بی‌توجهی، خونسردی

Interessenbereich, der; -(e)s, -e حوزهٔ دلبستگی

Interessengebiet, das; -(e)s, -e رشتهٔ مورد علاقه

Interessengegensatz, der; -es, ⸚e اختلاف سلیقه

Interessengemeinschaft, die; -, -en ۱. اشتراک سلیقه ۲. اتحادیهٔ صنفی

Interessengruppe, die; -, -n گروه مشترک‌المنافع

Interessensphäre, die; -, -n قلمرو نفوذ، منطقهٔ نفوذ

Interessent, der; -en, -en ۱. علاقمند، ذی‌علاقه ۲. ذی‌نفع

Interessentin, die; -, -nen ۱. علاقمند، ذی‌علاقه (زن) ۲. ذی‌نفع (زن)

interessiern *Vt., Vr.* ۱. علاقمند کردن، جلب توجه (کسی) را کردن ۲. ذی‌نفع کردن، سهیم کردن ۳. علاقمند بودن، مشتاق بودن، علاقمند شدن

sich interessieren für علاقمند بودن به

interessiert *Adj.* ۱. علاقمند، ذی‌علاقه ۲. ذی‌نفع، سهیم

an etwas interessiert sein مشتاق چیزی بودن

Interferenz, die; -, -en ۱. تأثیر متقابل ۲. تداخل

Interieur, das; -s, -e (تزئین) درونی، (تزئین) داخلی

Interim, das, -s, -s فاصلهٔ زمانی (بین دو واقعه)

interimistisch *Adj.* موقتی، زودگذر

Interimsregierung, die; -, -en حکومت موقت، دولت موقت

Interimsschein, der; -(e)s, -e رسید موقت

Interjektion, die; -, -en (دستور زبان) حرف تعجب، حرف ندا

interkontinental *Adj.* قاره‌پیما

Interkontinentalrakete, die; -, -n راکت قاره‌پیما

Intermezzo, das; -s, -s ۱. پیش پرده، میان پرده (نمایش کوتاه بین دو پردهٔ نمایش) ۲. قطعهٔ کوتاه موسیقی

intermittieren *Vi.* ۱. اهمال کردن، فروگذاری کردن ۲. موقتاً بهبود یافتن

intermittierend *Adj.* [جریان، برق] متناوب

intern *Adj.* داخلی، درونی، باطنی، خصوصی

Internat, das; -(e)s, -e آموزشگاه شبانه‌روزی

international *Adj.* بین‌المللی

internationalisieren *Vt.* بین‌المللی کردن

Internatschule, die; -, -n آموزشگاه شبانه‌روزی

internieren *Vt.* ۱. قرنطینه کردن ۲. توقیف کردن، نگاه داشتن

Internierung, die; -, -en ۱. قرنطینه ۲. توقیف، نگاهداری

Internierungslager, das; -s, -/-läger بازداشتگاه

Internist, der; -en, -en متخصص بیماری‌های داخلی
Interpellation, die; -, -en استیضاح
eine Interpellation einbringen استیضاح کردن
interpellieren *Vi.* استیضاح کردن
interplanetarisch *Adj.* بین سیارات
interpolieren *Vt.* (ریاضی) درون‌یابی کردن (مقادیر نامعین بین دو نقطه معلوم از یک تابع را تعیین کردن)
Interpret, der; -en, -en ۱. اجراکننده (اثر هنری) ۲. مفسر، تعبیرکننده
Interpretation, die; -, -en تفسیر، تعبیر
interpretativ *Adj.* تفسیری، تعبیری
interpretieren *Vt.* ۱. تفسیر کردن، تعبیر کردن ۲. اجرا کردن (اثر هنری)
interpunktieren *Vt.* علامت‌گذاری کردن، نشانه‌گذاری کردن، سجاوندی کردن
Interpunktion, die; -, -en علامت‌گذاری، نشانه‌گذاری، سجاوندی
Interpunktionsregel, die; -, -n قواعد علامت‌گذاری، قواعد نشانه‌گذاری، قواعد سجاوندی
Interpunktionszeichen, das; -s, - علامت نشانه‌گذاری
interrogativ *Adj.* (دستور زبان) استفهامی
Interrogativadverb, das; -s, -bien (دستور زبان) قید استفهامی
Interrogativpronomen, das; -s, - / -mina (دستور زبان) ضمیر استفهامی
Interrogativsatz, der; -es, ⸚e (دستور زبان) جملهٔ استفهامی
Intervall, das; -s, -e ۱. فاصله، وقفه؛ ایست ۲. محدوده
intervenieren *Vi.* دخالت کردن، پا میان گذاشتن، مداخله کردن، میانجی شدن
Intervention, die; -, -en دخالت، پادرمیانی، مداخله، میانجی‌گری، وساطت
Interview, das; -s, -s مصاحبه، گفت‌وگو
interviewen *Vt.* با (کسی) مصاحبه کردن، با (کسی) گفت‌وگو کردن، با (کسی) مذاکره کردن
Interviewer, der; -s, - مصاحبه کننده، مصاحبه‌گر
Interviewte(r), der; -s, -en / die; -n, -n مصاحبه‌شونده
Interzonenhandel, der; -s, ⸚ تجارت منطقه‌ای
Interzonenpaß, der; -passes, -pässe جواز منطقه‌ای
Interzonenverkehr, der; -(e)s حمل و نقل منطقه‌ای
intim *Adj.* ۱. نزدیک، صمیمی؛ خصوصی، شخصی؛ صمیمانه ۲. (مربوط به) روابط جنسی

Intimität, die; -, -en آشنایی نزدیک، صمیمیت، رابطهٔ خودمانی، خصوصیت
Intimsphäre, die; -, -n مسائل شخصی
Intimverkehr, der; -(e)s رابطهٔ جنسی
intolerant *Adj.* ناشکیبا؛ بی‌گذشت؛ متعصب؛ زیربار نرو
Intoleranz, die; -, -en ناشکیبایی؛ تعصب
Intonation, die; -, -en ۱. آوازخوانی، سرایش، اجرا با آهنگ ۲. کوک (ساز)
intonieren *Vt.* ۱. خواندن (آواز)، سراییدن، با آهنگ اجرا کردن ۲. کوک کردن (ساز)
Intransitiv, das; -(e)s, -e (دستور زبان) فعل لازم
intransitiv *Adj.* (دستور زبان) لازم
intravenös *Adj.* سیاهرگی، وریدی
Intrigant, der; -en, -en دسیسه‌باز، فتنه‌جو
Intrigantin, die; -, -nen دسیسه‌باز، فتنه‌جو (زن)
Intrige, die; -, -n دسیسه، توطئه، فتنه
Intrigenspiel, das; -(e)s, -e دسیسه‌بازی، توطئه‌چینی
intrigieren *Vi.* دسیسه‌چینی کردن، توطئه چیدن
Intuition, die; -, -en درک مستقیم، دریافت ناگهانی
intuitiv *Adj.* انتقالی، دریافتی
intus *Adj.* داخل، درون
einen intus haben فرو بردن
Invalide, die; -n, -n جانباز، معلول
invalid(e) *Adj.* (مربوط به) جانبازان، (مربوط به) معلولان
Invalidenrente, die; -, -n مقرری معلولی
Invalidenversicherung, die; -, -en بیمهٔ معلولان
invalidisieren *Vt.* معلول ساختن
Invalidität, die; - معلولیت
Invariante, die; -, -n (ریاضی، فیزیک) کمیّت نامتغیر
Invasion, die; -, -en حملهٔ بزرگ نظامی، تهاجم وسیع و گسترده
Invasor, der; -s, - اشغالگر، متهاجم
Inventar, das; -s, -e کالای موجود، موجودی، صورت موجودی، فهرست اموال، سیاهه
lebendes und totes Inventar کالای منقول و غیرمنقول
Inventaraufnahme, die; -, -n ثبت موجودی، صورت‌برداری از کالاهای موجود
inventarisieren *Vt.* از (چیزی) صورت برداشتن، به (کالاهای موجود) رسیدگی کردن
Inventarisierung, die; -, -en صورت‌برداری
Inventur, die; -, -en ثبت موجودی، سیاهه‌برداری، فهرست‌برداری
Inventur machen صورت موجودی را ثبت کردن

Inventurausverkauf, der; -(e)s, -käufe حراج کالای موجود
invers *Adj.* برعکس، متضاد
Inversion, die; -, -en ۱. جابه‌جایی ۲. تضاد
invertieren *Vt.* جابه‌جا کردن
investieren *Vt.* ۱. گماشتن، منصوب کردن ۲. در (چیزی) سرمایه‌گذاری کردن
Investierung, die; -, -en سرمایه‌گذاری
Investition, die; -, -en سرمایه‌گذاری
Investitionsanreiz, der; -(e)s, -e تشویق به سرمایه‌گذاری، جذب سرمایه
Investitionshilfe, die; -, -n کمک برای سرمایه‌گذاری
Investment, das; -s, -s سرمایه‌گذاری
Investmentgesellschaft, die; -, -en شرکت سرمایه‌گذاری
Investmentpapier, das; -s, -e گواهی سرمایه‌گذاری
Investmentzertifikat, das; -es, -e گواهی سرمایه‌گذاری
Investor, der; -s, -en سرمایه‌گذار
Involution, die; -, -en بازگشت (به حال طبیعی)
inwärts *Adv.* به درون، به طرف داخل
inwendig *Adj.* درونی، داخلی، از داخل
jemanden **in- und auswendig kennen** کسی را کاملاً شناختن
inwiefern *Konj.* تا کجا، تا چه اندازه، تا چه حد
inwieweit *Konj.* تا کجا، تا چه اندازه، تا چه‌حد
Ich weiß nicht, inwieweit er recht hat. نمی‌دانم تا چه حد حق با اوست.
Inwohner, der; -s, - ساکن، مقیم
Inzest, der; -es, -e زنای با محارم
Inzucht, die; -, -en ۱. وصلت با خودی ۲. جفت‌گیری حیوانات هم‌خون
inzwischen *Adv.* در این بین، در ضمن، ضمناً، در این میان
IOK = *Internationales Olympisches Komitee* هیئت بین‌المللی المپیک
Ion, das; -s, -en یون (ذرهٔ حامل بار الکتریکی)
Ionisation, die; -, -en یونیزاسیون (تجزیه و تبدیل به یون)
ionisieren *Vt.* تبدیل به (یون) کردن، به (یون) تجزیه کردن، به شکل (یون) درآوردن
Irak, der عراق
Iraker, der; -s, - عراقی
irakisch *Adj.* عراقی، (مربوط به) عراق
Iran, der ایران
Iraner, der; -s, - ایرانی
Iranerin, die; -, -nen ایرانی (زن)
iranisch *Adj.* ایرانی، (مربوط به) ایران
Iranistik, die; - ایران‌شناسی
irden *Adj.* خاکی، گِلی
Irdengeschirr, das; -(e)s, -e سفالینه، ظرف سفالین
Irdenware, die; -, -n ظروف سفالین، سفالینه‌ها
irdisch *Adj.* زمینی، خاکی
Ire, der; -n, -n ایرلندی
irgend *Adv.* هر، کسی، چیزی
so rasch wie irgend möglich هر چه سریع‌تر بهتر
wenn ich irgend kann اگر برایم امکان داشته باشد
irgendein *Pron.* برخی، بعضی
irgendeine *Pron.* برخی، بعضی
irgendeiner *Pron.* کسی، شخصی
irgendeinmal *Adv.* یک زمانی، یک وقتی
irgendeins *Pron.* اندکی، قدری
irgendetwas *Pron.* چیزی
irgendjemand *Pron.* کسی، شخصی
irgendwann *Adv.* زمانی، وقتی
irgendwas *Pron.* چیزی
irgendwer *Pron.* کسی، شخصی
irgendwie *Adv.* به‌طریقی، به‌نوعی، به‌نحوی
irgendwo *Adv.* جایی، محلی، در مکانی
irgendwoher *Adv.* از جایی
irgendwohin *Adv.* به جایی
Irin, die; -, -nen ایرلندی (زن)
Iris, die; - عنبیه (چشم)
irisch *Adj.* ایرلندی، (مربوط به) ایرلند
Irländer, der; -s, - ایرلندی
Irländerin, die; -, -nen ایرلندی (زن)
irländisch *Adj.* ایرلندی، (مربوط به) ایرلند
Ironie, die; -, -n تمسخر، طعنه، کنایه، استهزاء
ironisch *Adj.* تمسخرآمیز، طعنه‌آمیز، کنایه‌دار
irrational *Adj.* غیرعقلانی، غیرمنطقی، بی‌معنی
irrationell *Adj.* غیرعقلانی، غیرمنطقی، بی‌معنی
irre *Adj.* ۱. گمراه، سرگردان ۲. آشفته، پریشان‌خاطر، گیج، پریشان فکر ۳. دیوانه
irre werden دستپاچه شدن، آشفته شدن
Irre[1], der/die; -n, -n دیوانه
Irre[2], die; - بیراهه
in die Irre fahren بیراهه رفتن

Isolierschicht

irreal *Adj.*	غیرواقعی، خیالی
Irrealität, die; -, -en	وجود غیرواقعی، وجود خیالی، وجود صوری
irrefahren *Vi.*	بیراهه رفتن، راه را اشتباه رفتن
irreführen *Vt.*	گمراه کردن، سرگردان کردن، منحرف کردن؛ فریب دادن، اغفال کردن، به بیراهه کشاندن
Irreführung, die; -, -en	گمراهی، فریب؛ انحراف، سرگردانی؛ اغفال
irregehen *Vi.*	گمراه شدن، سرگردان شدن، منحرف شدن؛ اغفال شدن، به بیراهه رفتن
irregulär *Adj.*	بی‌قاعده، نامنظم، نامرتب
irreleiten *Vt.*	گمراه کردن، سرگردان کردن، منحرف کردن، فریب دادن، اغفال کردن، به بیراهه کشاندن
irrelevant *Adj.*	بی‌اهمیّت
Irrelevanz, die; -, -en	بی‌اهمیّتی
irremachen *Vt.*	گمراه کردن، سرگردان کردن، منحرف کردن؛ فریب دادن، اغفال کردن، به بیراهه کشاندن
irren *Vi., Vr.*	۱. گمراه شدن، سرگردان شدن، منحرف شدن؛ اغفال شدن ۲. اشتباه کردن، خطا کردن، مرتکب اشتباه شدن
sich irren	خطا کردن
wenn ich mich nicht irre	اگر اشتباه نکنم
sich im Weg irren	راه را اشتباه رفتن
Sie irrte durch die Straße.	او در خیابان سرگردان شد.
Da irren Sie sich.	در این مورد اشتباه می‌کنید.
Irrenanstalt, die; -, -en	تیمارستان، دارالمجانین
Irrenarzt, der; -es, ⸚e	روان‌پزشک، پزشک بیماری‌های روانی
Irrenhaus, das; -es, -häuser	تیمارستان، دارالمجانین
Irrenheilanstalt, die; -, -en	تیمارستان، دارالمجانین
irrereden *Vi.*	هذیان گفتن، یاوه گفتن، پرت گفتن
Irrereden, das; -s, -	هذیان، یاوه‌گویی، خیال‌بافی
Irrfahrt, die; -, -en	سرگردانی، آوارگی، گمراهی
Irrgarten, der; -s, ⸚	مازباغ (باغ مخصوص با راه‌های پرپیچ و خم جهت سرگرمی مردم)
Irrglaube, der; -ns	الحاد، عقیدهٔ غلط
irrgläubig *Adj.*	مرتد، بدعت‌گذار
irrig *Adj.*	غلط، اشتباه، نادرست، غیر واقعی
irrigerweise *Adv.*	اشتباهاً
Irritation, die; -, -en	خشم، ناراحتی، هیجان، آزردگی
irritieren *Vt.*	۱. گیج کردن، حواس (کسی) را پرت کردن، گمراه کردن، به راه غلط هدایت کردن ۲. خشمگین کردن، عصبانی کردن، برانگیختن؛ آزردن
Irritierung, die; -, -en	۱. گیج، حواس‌پرت ۲. خشم، عصبانیت
Irrlehre, die; -, -n	کفر، ارتداد، الحاد
Irrlicht, das; -(e)s, -er / -(e)	سراب، نور کاذب
Irrpfad, der; -(e)s, -e	راه عوضی، بیراهه
Irrsinn, der; -(e)s	دیوانگی، جنون
irrsinnig *Adj.*	دیوانه، مجنون
Irrsinnigkeit, die; -	دیوانگی، جنون
Irrtum, der; -s, ⸚er	اشتباه، غلط، خبط، خطا، سهو
im Irrtum sein	در اشتباه بودن
in einem Irrtum befangen sein	بر اشتباه خود پافشاری کردن
irrtümlich *Adj.*	نادرست، غلط، اشتباه، اشتباهی
Irrtumsquelle, die; -, -n	منبع اشتباه
Irrung, die; -, -en	اشتباه، غلط، خبط، خطا، سهو
Irrweg, der; -(e)s, -e	۱. راه عوضی، بیراهه ۲. روش غلط
Irrwisch, der; -es, -e	سراب، نور کاذب
Irrwitz, der; -es, -e	حماقت
irrwitzig *Adj.*	احمق
Ischias, der / die / das; -	سیاتیک
Ischiasnerv, der; -s / -en, -en	عصب سیاتیک
Islam, der; -s	اسلام، مسلمانی
islamisch *Adj.*	اسلامی
islamisieren *Vt.*	به اسلام دعوت کردن
Islamismus, der; -	اسلام‌گرایی
Islamist, die; -en, -en	اسلام‌شناس
Islamistik, die; -	اسلام‌شناسی
Island, das	ایسلند
Isländer, der; -s, -	ایسلندی
isländisch *Adj.*	ایسلندی، (مربوط به) ایسلند
Isolation, die; -, -en	۱. ایزولاسیون، عایق‌بندی، عایق‌سازی ۲. انزواگزینی، کناره‌گیری
Isolator, der; -s, -en	عایق
Isolierband, das; -(e)s, ⸚er	نوار عایق‌بندی، نوار عایق‌کننده
Isolierbaracke, die; -, -n	کلبهٔ چوبی عایق‌بندی شده
isolieren *Vt.*	۱. ایزوله کردن، عایق‌سازی کردن ۲. از (جامعه) کناره‌گیری کردن ۳. جدا کردن، منزوی ساختن
Isolierhaft, die; -	تجدید عایق‌بندی
Isolierkanne, die; -, -n	کتری عایق‌شده
Isoliermaterial, das; -s, -lien	مادهٔ عایق‌کننده
Isolierschicht, die; -, -en	قشر عایق‌کننده

Isolierstation 448

Isolierstation, die; -, -en بخش ویژه، بخش انفرادی، بخش جدا

isoliert *Adj.* ۱. عایق ۲. منزوی، جدا، منفرد

Isolierung, die; -, -en ۱. عایق‌بندی، عایق‌سازی ۲. انزواگزینی، کناره‌گیری

Isolierzelle, die; -, -n سلول انفرادی

isometrisch *Adj.* دارای یک میزان، هم‌اندازه

isometrische Übungen تمرین‌های درجا

isomorph *Adj.* (شیمی) ایزومُرف، هم‌ریخت، هم‌شکل، یک شکل

Isomorphie, die; -, -n (شیمی) هم‌ریختی، هم‌شکلی، یک شکلی

Isotop, das; -s, -e ایزوتوپ (عنصر شیمیایی که با عنصر شیمیایی دیگر از نظر عدد اتمی و محل قرار گرفتن در جدول عناصر یکسان ولی از نظر تعداد نوترون متفاوت باشد)

Israel, das, -s اسرائیل

Israeli, der; -s, -s اسرائیلی

israelisch *Adj.* اسرائیلی، (مربوط به) اسرائیل

Israelit, der; -en, -en اسرائیلی، یهودی، کلیمی

Israelitin, die; -, -nen اسرائیلی، یهودی، کلیمی (زن)

Ist-Bestand, der; -(e)s, ⸚e موجودی صندوق، موجودی کالا

Ist-Stärke, die; -, -n نیروی مؤثر

Istwert, der; -(e)s, -e ارزش واقعی

Italien, das ایتالیا

Italiener, der; -s, - ایتالیایی

Italienerin, die; -, -nen ایتالیایی (زن)

italienisch *Adj.* ایتالیایی، (مربوط به) ایتالیا

J

J, das; -, - یوت (حرف دهم الفبای آلمانی)
Ja, das; -(s), -(s) تصدیق، پذیرش، موافقت، تأئید
ja *Adv., Part.* آری، بله، بلی، چشم؛ البته که
ja freilich! واقعاً، حقیقتاً، به‌راستی
Na ja! خیلی خوب! باشه!
Ja, gern! بله، باکمال میل!
wenn ja به فرض موافقت
Ja doch! معلوم است! گفتم که بله!
zu etwas ja und amen sagen با چیزی موافق بودن
Tun Sie es ja nicht! مبادا آن (کار) را بکنید!
Das habe ich ja gewußt. این را من می‌دانستم.
Sage ja nichts meinem Vater! مبادا به پدرم چیزی بگویی!
Jacht, die; -, -en کشتی کوچک تفریحی
Jachtklub, der; -s, -s باشگاه (مخصوص) کشتی‌های کوچک تفریحی
Jäckchen, das; -s, - کت کوتاه، ژاکت کوچک، ژاکت بچگانه
Jacke, die; -, -n کت، ژاکت؛ جلیقه؛ نیم‌تنه
Das ist Jacke wie Hose. چه خواجه علی، چه علی خواجه.
die Jacke voll kriegen کتک حسابی خوردن
Jackenkleid, das; -(e)s, -er کت و دامن زنانه
Jackentasche, die; -, -n جیب کت، جیب نیم‌تنه
Jackett, das; -(e)s, -e ژاکت، نیم‌تنهٔ کوتاه و تنگ مردانه
Jade, der; -(s) یشم سبز
Jagd, die; -, -en ۱. شکار، صید ۲. تعقیب، جستجو، پیگردی
die Jagd aufnehmen جستجو را شروع کردن، تعقیب را شروع کردن
auf Jagd gehen به شکار رفتن
Jagd machen تعقیب کردن، جستجو کردن
Jagdaufseher, der; -s, - شکاربان
jagdbar *Adj.* ۱. مناسب شکار، قابل شکار ۲. قابل تعقیب
Jagdberechtigung, die; -, -en حق امتیاز شکار، اجازهٔ شکار، جواز شکار
Jagdbeute, die; -, -n صید به‌دست آمده
Jagdbezirk, der; -(e)s, -e منطقهٔ شکار، شکارگاه
Jagdbomber, der; -s, - هواپیمای شکاری بمب‌افکن
Jagdbüchse, die; -, -n تفنگ شکاری، تفنگ فشنگی، چارپاره
Jagdfieber, das; -s, - تب شکار، شوق به شکار
Jagdflieger, der; -s, - خلبان هواپیمای شکاری
Jagdflinte, die; -, -n تفنگ شکاری ساچمه‌ای
Jagdflugzeug, das; -(e)s, -e هواپیمای شکاری
Jagdfrevel, der; -s, - نقض قانون شکار
Jagdgarn, das; -(e)s, -e تور شکار
Jagdgebiet, das; -(e)s, -e شکارگاه، منطقهٔ شکار
Jagdgenossenschaft, die; -, -en شرکت تعاونی شکار
jagdgerecht *Adj.* طبق قواعد شکار
Jagdgerechtigkeit, die; - حق شکار
Jagdgeschwader, das; -s, - اسکادران شکاری
Jagdgesellschaft, die; -, -en شرکت‌کنندگان در شکار، جمع شکارچیان
Jagdgewehr, das; -(e)s, -e تفنگ شکاری
Jagdgründe, die / *Pl.* شکارگاه، محل شکار
Jagdhaus, das; -(e), ¨-er خانهٔ کوچک شکارچیان، کلبهٔ شکارچیان
Jagdhorn, das; -(e)s, ¨-er شیپور شکار، بوق شکار
Jagdhund, der; -(e)s, -e سگ شکاری، سگ تازی
Jagdhütte, die; -, -n خانهٔ کوچک شکارچیان، کلبهٔ شکارچیان
Jagdleidenschaft, die; -, -en عطش شکار، شور و شوق شکار
Jagdmesser, das; -s, - چاقوی شکار
Jagdnetz, das; -es, -e تور شکار
Jagdpächter, der; -s, - امتیازدار شکارگاه، تیول‌دار
Jagdpaß, der; -passes, -pässe پروانهٔ شکار، جواز شکار
Jagdrecht, das; -(e)s, -e قانون شکار
Jagdrennen, das; -s اسب‌دوانی با مانع
Jagdrevier, das; -s, -e منطقهٔ شکار، شکارگاه
Dort ist ein Jagdrevier. آنجا شکارگاه است.
Jagdschein, der; -(e)s, -e پروانهٔ شکار، جواز شکار
Jagdschloß, das; -schlosses, -schlösser خانهٔ شکار، کاخ شکار

Jagdszene 450

Jagdszene, die; -, -n (تابلوی نقاشی) مجلس شکار
Jagdverband, der; -es, ¨-e انجمن شکارچیان
Jagdverbot, das; -(e)s, -e منع شکار، تحریم شکار
Jagdvergehen, das; -s, - نقض قانون شکار
Jagdwilderei, die; -, -en صید شکار غیرِ مجاز
Jagdzeit, die; -, -en فصل شکار
jagen *Vt., Vi.* ۱. شکار کردن، صید کردن ۲. تعقیب کردن ۳. به (مسیر معینی) راندن ۴. به شکار رفتن
jagen nach Ruhm حرص شهرت
jemandem **mit** etwas **jagen können** تنفر کسی را با چیزی برانگیختن
Jagen, das; -s, - ۱. شکار، صید ۲. تعقیب، جستجو، پیگردی
Jäger, der; -s, - ۱. شکارچی، صیاد ۲. گروه رزمی زمینی ارتش
Jägerei, die; -, -en شکار، صید
Jägerin, die; -, -nen شکارچی، صیاد (زن)
Jägerlatein, das; -s, - داستان‌های اغراق‌آمیز شکارچیان، دروغ‌های (شاخ‌دار) شکارچی‌ها
Jägermeister, der; -s, - شکارچی؛ شکاربان
Jägersprache, die; -, -n زبان فنی و اصطلاحی شکار
Jaguar, der; -s, -e جاگوار، ژاگوار (پلنگ خالدار امریکایی)
Jähe, die; -, -n ۱. سرازیری، سراشیبی ۲. شتاب، عجله، تندی
jäh(e) *Adj.* ۱. سرازیر، سراشیب ۲. تند، سریع، ناگهانی
Jäheit, die; - ۱. سرازیری، سراشیبی ۲. شتاب، عجله، تندی
jählings *Adv.* ناگهان، غفلتاً، به تندی
Jahr, das; -(e)s, -e سال، سنه
ein halbes Jahr شش ماه، نیم‌سال
einmal im Jahr یک‌بار در سال، سالی یک‌بار
alle Jahre هر سال، همه ساله
voriges Jahr سال گذشته، پارسال
seit Jahr und Tag از مدت‌ها پیش
in den besten Jahren sein در اوج توانایی و فعالیت بودن
letztes Jahr سال گذشته، پارسال
Jahr für Jahr همه ساله
im laufe des Jahres در طی سال
nächstes Jahr سال دیگر، سال آینده
dieses Jahr امسال
jahraus *Adv.* سال‌های سال، سال‌های آزگار

Jahrbuch, das; -(e)s, ¨-er سال‌نامه
jahrein *Adv.* سال‌های سال، سال‌های آزگار
jahrelang *Adj.* سال‌های متوالی
jähren *Vr.* یک‌ساله شدن
Heute jährt sich ihr Tod. امروز یک سال از مرگ او می‌گذرد.
Jahresabonnement, das; -s, -s اشتراک یک‌ساله، آبونمان سالیانه
Jahresabschluß, der; -schlusses, -schlüsse سال‌های سال، سال‌های آزگار
Jahresanfang, der; -(e)s, ¨-e شروع سال
Jahresausgleich, der; -s, -e محاسبهٔ سالیانهٔ مالیات
Jahresbeitrag, der; -(e)s, ¨-e حق عضویت سالیانه
Jahresbericht, der; -(e)s, -e گزارش سالیانه
Jahresbilanz, die; -, -en موازنهٔ سالیانه، تراز سالیانه
Jahresdurchschnitt, der; -(e)s, -e میانگین سالیانه
Jahreseinkommen, das; -s, - درآمد سالیانه
Jahresende, das; -s, -n پایان سال
Jahresergebnis, das; -nisses, -nisse موازنهٔ سالیانه
Jahresfeier, die; -, -n جشن سالگرد، جشن سالروز
Jahresfrist مهلت یک‌ساله
Jahresgehalt, das; -(e)s, -e حقوق سالیانه
Jahreshälfte, die; -, -n نیمهٔ سال، نیم سال
Jahreskarte, die; -, -n کارت (با اعتبار) یک‌ساله
Jahresrate, die; -, -n قسط سالیانه
Jahresrechnung, die; -, -en صورت‌حساب سالیانه
Jahresring, der; -(e)s, -e (در گیاهان) حلقهٔ سالیانه
Jahrestag, der; -(e)s, -e سالگرد، سالروز
Jahresurlaub, der; -(e)s, -e سالگرد، سالروز
Jahreswechsel, der; -s, - تحویل سال، تغییر سال
Glückwünsche zum Jahreswechsel! سال نو مبارک! تبریک سال نو!
Jahreswende, die; -, -n تحویل سال، تغییر سال
Jahreszahl, die; -, -en تاریخ سال
Jahreszeit, die; -, -en فصل، موسم
Jahrgang, der; -(e)s, ¨-e ۱. یک‌ساله، سالیانه ۲. (در مطبوعات) سال انتشار
Jahrhundert, das; -(e)s, -e قرن، سده
jahrhundertealt *Adj.* صد ساله
jahrhundertelang *Adj.* در طول صد سال
Jahrhundertfeier, die; -, -n جشن صد سالگی
Jahrhundertmitte, die; - نیمه قرن
Jahrhundertwein, der; -s, -e شراب صد ساله

Jahrhundertwende, die; -,-n	تغییر قرن
jährig *Adj.*	یک‌ساله، سالیانه
jährlich *Adj.*	سالیانه، همه ساله، در هر سال
einmal jährlich	هرسال یک‌بار
Jährling, der; -s, -e	جانور یک‌ساله
Jahrmarkt, der; -(e)s, ∸e	بازار مکاره
Jahrtausend, das; -(e)s, -e	هزاره
Jahrtausendfeier, die; -,-n	جشن هزاره
Jahrweiser, der; -	تقویم، سالنامه
Jahrzehnt, das; -(e)s, -	دهه، دورهٔ ده ساله
jahrzehntelang *Adj.*	در طول ده‌ها سال
Jähzorn, der; -(e)s, -	خشم ناگهانی، خشم شدید، غیظ
jähzornig *Adj.*	خشمگین، آتشی، تندخو، پرخاشجو
Jalousie, die; -,-n	کرکره (چوبی)
Jambe, die; -,-n	(در شعر) وتد مجموع
	(وتد مرکّب از یک هجای کوتاه و یک هجای بلند)
jambisch *Adj.*	(در شعر) وتدی، (وابسته) به وتد مجموع
Jambus, der; -,-ben	(در شعر) وتد مجموع
	(وتد مرکّب از یک هجای کوتاه و یک هجای بلند)
Jammer, der; -s, -	۱. سوگواری، زاری، فغان
	۲. بدبختی، بیچارگی، پریشانی
Es ist ein Jammer.	بدبختی بزرگی است.
Jammerbild, das; -es, -er	بدبختی مجسم، نمونهٔ بدبختی، نمونهٔ فلاکت
Jammergeschrei, das; -(e)s, -e	سوگواری، ناله و زاری، فریاد و فغان
Jammergestalt, die; -,-en	موجود قابل ترحم، موجود مفلوک
Jammerlappen, der; -s, -	بزدل، ترسو
jämmerlich *Adj.*	۱. رقت‌انگیز، قابل ترحم، حزن‌آور
	۲. بیچاره، مسکین، تیره‌روز
Jämmerlichkeit, die; -,-en	بدبختی، پریشانی، بیچارگی
Jämmerling, der; -s, -e	بدبخت، بیچاره
Jammermiene, die; -,-n	قیافه ترحم‌انگیز
jammern *Vi., Vt.*	۱. زاری کردن، ناله کردن،
	سوگواری کردن ۲. ماتم گرفتن، نالیدن ۳. ترحم (کسی) را برانگیختن
Er jammert mich.	دلم برایش می‌سوزد.
jammerschade *Adj.*	دلسوزی بسیار، ترحم زیاد، افسوس، تأسف
Jammertal, das; -(e)s	دنیای خاکی پررنج و محنت، غمکده
jammervoll *Adj.*	رقت‌انگیز، قابل ترحم، پریشان

Jänner, der; -s, -	(در اتریش) ماه ژانویه
Januar, der; -(s), -e	ماه ژانویه
Japan, das	ژاپن
Japaner, der; -s, -	ژاپنی
Japanerin, die; -,-nen	ژاپنی (زن)
japanisch *Adj.*	ژاپنی، (مربوط به) ژاپن
jappen *Vi.*	نفس‌نفس زدن، بریده‌بریده نفس کشیدن
japsen *Vi.*	نفس‌نفس زدن، بریده‌بریده نفس کشیدن
Ich kann kaum noch japsen.	نفسم بند آمده است. دیگر نمی‌توانم نفس بکشم.
Jargon, der; -s, -s	۱. سخن تند و ناشمرده ۲. زبان ویژه (گروه‌های اجتماعی)
Jasager, der; -s, -	چاپلوس، متملق، بله بله‌گو
Jasmin, der; -s, -e	گل یاسمن
Jaspis, der; -/-ses, -se	یشم
Jastimme, die; -,-n	پاسخ مثبت، رأی مثبت، رأی موافق
jäten *Vt.*	وجین کردن، چیدن (علف هرزه)
Jauche, die; -,-n	کود حیوانی مایع و بدبو
jauchen *Vt.*	با (کود حیوانی مایع) کود دادن
Jauchenfaß, das; -fasses, -fässer	شبکهٔ (مخصوص) حمل کود حیوانی مایع
Jauchengrube, die; -,-n	گودال (مخصوص) کود حیوانی مایع، چاه فضولات
Jauchenwagen, der; -s, -	گاری مخصوص حمل کود حیوانی مایع، گاری ویژهٔ حمل فضولات
jauchzen *Vi.*	فریاد شادی کشیدن، هورا کشیدن؛ ذوق کردن
Jauchzen, das; -s	فریاد شادی، وجد و سرور، هورا
Jauchzer, der; -s, -	فریاد شادی، وجد و سرور، هورا
jaulen *Vi.*	۱. زوزه کشیدن، عوعو کردن (سگ) ۲. جیغ کشیدن، فریاد زدن
Jause, die; -,-n	۱. استراحت ۲. چاشت، ناشتایی
Jausebrot, das; -(e)s, -e	چاشت، ناشتایی
Java, das	جاوه
jawohl *Part.*	البته، آری، بلی، چشم، بله قربان
Jawort, das; -(e)s, ∸er/-e	قبول، موافقت؛ (در موقع عقد) بله عروس
das Jawort geben	بله گفتن
Jazz, der; -	موسیقی جاز
Jazzband, die; -,-s	ارکستر جاز
Jazzfestival, das; -s, -s	جشنوارهٔ موسیقی جاز
Jazzkapelle, die; -,-n	ارکستر کوچک جاز
Jazzkeller, der; -s, -	کافهٔ زیرزمینی با موسیقی جاز

Jazzmusik, die; - موسیقی جاز
Jazzmusiker, der; -s, - نوازندهٔ جاز
Jazztrompete, die; -, -n ترومپت جاز
je *Adv., Zahlw., Präp., Konj.* ۱. یک وقتی، یک روزی ۲. هر، هر مرتبه؛ هر یک، هر کدام ۳. برای هر، از قرار هر ۴. هر چه
Er gab den drei Knaben je zwei Äpfel. او به هریک از سه پسر بچه دو سیب داد.
Wer hätte das je gedacht! کی فکرشو می‌کرد!
je zwei هریک از دو تا
für je zehn Wörter برای هر ده لغت
je nachdem ۱. بستگی دارد ۲. برحسبِ، مشروط بر آن‌که
je eher, um so lieber هرچه زودتر بهتر
je eher, desto besser هرچه زودتر بهتر
seit eh und je از خیلی وقت پیش، از اول
Jeans, die / *Pl.* (پوشاک) جین
Jeansanzug, der; -(e)s, ⸚e لباس جین
jede *Pron.* هر، هرکس
jede Woche هرهفته
jeden zweiten Tag دو روز یک‌بار
ohne jeden Zweifel بی‌هیچ تردید، بدون شک
jedenfalls *Adv.* در هرحال، در هرصورت
Ich rufe jedenfalls morgen an, dann besprechen wir das Weitere. در هرحال فردا تلفن خواهم زد و دربارهٔ آن موضوع بیشتر صحبت خواهیم کرد.
jeder *Pron.* هر، هر کس، هر کدام، هر یک
zu jeder Zeit هر وقت، در هر زمان
jeder für sich هر کس برای خودش
jederart هر نوعی
jedermann *Pron.* هر کس، کسی، همه کس (ضمیر نامعین)
Man kann nicht jedermanns Freund sein. با هر کسی نمی‌توان دوست شد.
jederzeit *Adv.* هر وقت، هر زمان
Du bist mir jederzeit willkommen. خانهٔ من متعلق به شماست.
jedes *Pron.* هر، هر کس، هر کدام، هر یک
jedesmal *Adv.* هر دفعه، هر بار
Er war jedesmal verreist, wenn ich kam. هر دفعه که آمدم او در سفر بود.
jedoch *Konj.* با وجود این، با این همه، معذالک، با این وصف، به هر حال
Ich habe ihm zweimal geschrieben, er hat jedoch nicht geantwortet. دو بار به او نامه نوشتم، با وجود این جوابم را نداد.
jedweder *Pron.* هر، هر کس، هر کدام، هر یک
Jeep, der; -s, -s (اتومبیل) جیپ
jeglicher *Pron.* هر، هر کس، هر کدام، هر یک
jeher *Adv.* همه وقت، همیشه، از قدیم، تا به حال
seit jeher از وقتی که انسان به یاد می‌آورد
jein = *ja + nein Adv.* هم آره و هم نه
Jelängerjelieber, der / das; -s, - (عامیانه) پیچ، پیچک
jemals *Adv.* ۱. زمانی، در هر زمان ۲. هیچ‌گاه، هیچ‌وقت
Hat man jemals so etwas gesehen? آیا تا به حال کسی چنین چیزی دیده؟
jemand *Pron.* کسی، شخصی، هر کس (ضمیر نامعین)
Ist jemand hier? کسی اینجا هست؟
jemand anders کسی دیگر
ohne jemanden zu sehen بدون دیدن کسی
jemandem *Pron.* به کسی
jemanden *Pron.* کسی را
jemandes *Pron.* مال کسی
Jemen, der; -s یمن
Jemenite, der; -n, -n یمنی، اهل یمن
jemenitisch *Adj.* یمنی، (مربوط به) یمن
jene *Pron.* آن، آن یک (مؤنث)
jener *Pron.* آن، آن یک (مذکر)
jenes *Pron.* آن، آن یک (خنثی)
jenseitig *Adj.* آن طرفی، مقابل، رو به رو، معکوس، در آن سوی
jenseits *Adv., Präp.* ۱. در آن طرف، در سوی دیگر، در آن سوی ۲. آن‌طرفِ، آن سوی
jenseits der Grenze آن سوی مرز
Jenseits, das; - آخرت، دنیای دیگر
Jenseitsglaube, der; -ns, -n اعتقاد به دنیای دیگر، اعتقاد به آخرت
Jersey, der; -(s), -s پارچهٔ ژرسه، پارچهٔ کشباف
Jerusalem اورشلیم، (شهر) قدس، بیت‌المقدس
Jesuit, der; -en, -en یسوعی، پیرو فرقهٔ مسیحی یسوعی
jesuitisch *Adj.* یسوعی
Jesus, der عیسی
Jesus Christus, der عیسی‌مسیح
Jet, der; -s, -s (هواپیمای) جت
jetten *Vi.* با هواپیمای جت پرواز کردن
jetzig *Adj.* امروزی، کنونی، (مربوط به) زمان حال، اکنونی
jetzt *Adv.* حالا، اکنون، الان، در حال حاضر

für jetzt برای حالا
von jetzt an از حالا به بعد
bis jetzt تا به حال، تا حالا
Jetztzeit, die; - زمان حاضر
jeweilig *Adj.* واقعی، فعلی، آنی، موجود
jeweils *Adv.* گاه‌گاهی، هربار، هرمرتبه
jiddisch *Adj.* یدیش، لهجهٔ آلمانی یهودیان آلمان
Jiu-Jitsu, das; -s فن کشتی جوجو تسو
Job, der; -s, -s کار، شغل، محل درآمد
jobben *Vi.* کار کردن
Joch, das; -(e)s, -e ۱. یوغ، مال‌بند ۲. اسارت، بندگی ۳. فاصلهٔ دو ستون یک پل
Jochbein, das; -s, -e استخوانِ گونه
Jochbogen, der; -s, -/ ⁻ طاق جناغی
Jockei, der; -s, -s سوارکار، چابک سوار
Jod, das; -(e)s ید (عنصر شیمیایی)
jodeln *Vi.* ۱. (در کشورهای آلمانی زبان) (نوعی) آواز عامیانه خواندن ۲. آوازهای کوه‌نشینان آلپ را خواندن ۳. (در آواز) چهچهه زدن
jodhaltig *Adj.* یددار
Jodler, der; -s, - ۱. (در کشورهای آلمانی زبان) اجراکننده آواز عامیانه ۲. خوانندهٔ آوازهای کوه‌نشینان آلپ
Jodoform, das; -s یودوفورم (ترکیبی از ید که برای ضدعفونی کردن به‌کار می‌رود)
Jodtinktur, die; -, -en (دارو) تنتور ید
Joga, der; -s یوگا، جوکی‌گری
Joghurt, der/das; -s, -s ماست
Jogi, der; -s, -s جوکی، ریاضت‌کش، مرتاض
Johannisbeere, die; -, -n تمشک قرمز
Johannisbrot, das; -(e)s, -e (میوه) خرنوب
johlen *Vi.* جیغ زدن، فریاد کشیدن، داد زدن
Joint, der; -s, -s سیگار (با دست پیچیده‌شده)، حشیش
Joker, der; -s, - ۱. (ورق بازی) ژوکر ۲. آدم شوخ، بذله‌گو
Jokus, der; -, -se شوخی، مزاح
Jolle, die; -, -n قایق بادبانی مسطح؛ قایق نجات کشتی، قایق سبک
Jongleur, der; -s, -e آکروبات‌باز
jonglieren *Vi.* آکروبات بازی کردن
Joppe, die; -, -n ۱. کت پشمی مردانه ۲. لباس منزل مردانه ۳. جبّه ۴. جلیقهٔ نجات
Jordanien, das اردن
Jordanier, der; -s, - اردنی، اهل اردن
jordanisch *Adj.* اردنی، (مربوط به) اردن
Jot, das; -, - حرف دهم الفبای آلمانی
Jota, das; -(s), -s خرده، ذره
um kein Jota von einer Meinung abweichen ذره‌ای از یک عقیده برنگشتن
Journal, das; -s, -e روزنامه، مجله
Journalismus, der; - روزنامه‌نگاری
Journalist, der; -en, -en روزنامه‌نگار
Journalistin, die; -, -nen روزنامه‌نگار (زن)
Journalnummer, die; -, -n شمارهٔ روزنامه
jovial *Adj.* ۱. خوش‌گذران، سرزنده، شاداب ۲. پاک طینت
Jovialität, die; - خوش‌گذرانی، سرزندگی، شادابی
Jubel, der; -s ۱. شادی، خوشی، شعف، شادمانی ۲. فریاد شادمانی ۳. جشن
Jubelfeier, die; -, -n جشن شادمانی
Jubelfest, das; -(e)s, -e جشن شادمانی
Jubeljahr, das; -(e)s, -e سالگرد ویژه
jubeln *Vi.* شادی کردن، خوشی کردن، فریاد شادی کشیدن، وجد و شادی کردن، جشن گرفتن
Jubelruf, der; -(e)s, -e فریاد شادمانی؛ آفرین، تحسین
Jubilar, der; -s, -e عامل جشن، بانی جشن، برگزارکنندهٔ جشن
Jubilarin, die; -, -nen عامل جشن، بانی جشن، برگزارکنندهٔ جشن (زن)
Jubiläum, das; -s, -läen سالروز جشن، سالروز شادی
Jubiläumsfeier, die; -, -n جشن سالگرد
jubilieren *Vi.* خوشی کردن، شادی کردن، فریاد شادی کشیدن، هورا کشیدن
juchhe *Interj.* هورا، آفرین
Juchten, das/der; -s, - چرم تاتاری، چرم روسی (نوعی چرم نازک و مقاوم در برابر آب)
Juchtenleder, das; -s, - چرم تاتاری، چرم روسی (نوعی چرم نازک و مقاوم در برابر آب)
jucken *Vi., Vt.* ۱. خاریدن ۲. نسبت به (چیزی/عملی) وسوسه شدن ۳. خاراندن
Es juckt mich am Rücken. پشتم می‌خارد.
Es juckt mir in den Fingern. شیطان وسوسه‌ام می‌کند.
Dir/Dich juckt wohl das Fell. مثل این که تنت می‌خارد.
Ihm juckt das Geld. پول وسوسه‌اش می‌کند.
Jucken, das; -s خارش

Juckenpulver 454

Juckenpulver, das; -s, - پودر خارش‌آور
Juckreiz, der; -es, -e (محرک) خارش
Jude, der; -n, -n یهودی، کلیمی
Judentum, das; -s یهودیت
Judenverfolgung, die; -, -en
تعقیب (و کشتار) یهودیان
Judenviertel, das; -s, - محلهٔ یهودی‌نشین
Judikation, die; -, -en داوری، قضاوت
Jüdin, die; -, -nen یهودی، کلیمی (زن)
jüdisch *Adj.* (مربوط به) یهود، یهودی، کلیمی
Judo, das; -s جودو
Judogriff, der; -(e)s, -e فن جودو
Judoka, der; -s, -s جودوکار، کشتی‌گیر جودو
Jugend, die; - ۱. جوانی، شباب ۲. جوانان
von Jugend auf از جوانی، از اوان جوانی
die Jugend von heute جوانان امروزی
Er ist von Jugend an daran gewöhnt.
از جوانی عادتش شده است.
Er starb in blühen der Jugend. در عنفوان جوانی مرد.
Jugendalter, das; -s سنّ جوانی، دوران جوانی
Jugendamt, das; -(e)s, ⸚er ادارهٔ رفاه جوانان، ادارهٔ امور جوانان
Jugendarbeit, die; -, -en اشتغال جوانان (زیر هجده سال)
Jugendarbeitslosigkeit, die; - بیکاری جوانان
Jugendarbeitsschutzgesetz, das; -es, -e
قانون حمایت از کار جوانان
Jugendarrest, der; -(e)s, -e
بازداشت کوتاه مدت جوانان، مجازات کوتاه‌مدت جوانان
Jugendbekanntschaft, die; -, -en
آشنایی با جوانان، رفاقت جوانان
Jugendbewegung, die; -, -en جنبش جوانان
Jugendbild, das; -es, -er عکس زمان جوانی، تصویر زمان جوانی
Jugendbuch, das; -(e)s, ⸚er
کتاب (مخصوص) جوانان
Jugendbucherei, die; -, -en
کتابخانهٔ (مخصوص) جوانان
Jugenderinnerung, die; -, -en خاطرات جوانی
jugendfrei *Adj.* [فیلم] مجاز برای جوانان، که برای جوانان آزاد است
Jugendfreund, der; -(e)s, -e دوست دوران جوانی
Jugendfreundin, die; -, -nen
دوست دوران جوانی (زن)
Jugendfürsorge, die; - رفاه جوانان، سرپرستی جوانان
Jugendgefährte, der; -n, -n رفیق دوران جوانی
Jugendgericht, das; -(e)s, -e
دادگاه (مخصوص) جوانان
Jugendgruppe, die; -, -n گروه جوانان
Jugendherberge, die; -, -n پانسیون (مخصوص) جوانان، خوابگاه جوانان، مهمانسرای جوانان
Jugendjahre, die / *Pl.* سال‌های جوانی
Jugendkraft, die; -, ⸚e نیروی جوانی
Jugendkriminalität, die; - بزهکاری جوانان، جرایم جوانان
jugendlich *Adj.* جوان‌پسند، مناسب جوانی، (مربوط به) جوانی، (مربوط به) جوانان
Jugendliche, der / die; -n, -n نوجوان (از چهارده تا هجده سال)
Jugendliche haben keinen Zutritt.
ورود برای نوجوانان ممنوع است.
Jugendliebe, die; -, -n عشق روزگار جوانی
Jugendliteratur, die; -, -en ادبیات جوانان
Jugendmannschaft, die; -, -en
تیم (ورزشی) جوانان
Jugendmeister, der; -s قهرمان جوانان
Jugendmeisterschaft, die; -, -en
مسابقه‌های قهرمانی جوانان
Jugendorganisation, die; -, -en
تشکیلات جوانان، سازمان جوانان
Jugendpfarrer, der; -s, - کشیش جوانان
Jugendpsychologie, die; -, -n
روان‌شناسی جوانان
Jugendrecht, das; -(e)s, -e حقوق جوانان
Jugendrichter, der; -s, - قاضی جوانان
Jugendschriften, die / *Pl.*
نشریه‌های (مخصوص) جوانان
Jugendschriftsteller, der; -s, - نویسندهٔ جوانان
Jugendschutz, der; -es قانون حمایت از جوانان
Jugendsendung, die; -, -en
شبکه تلویزیونی جوانان، شبکهٔ رادیویی جوانان
Jugendstil, der; -(e)s, -e (هنر) سبک جدید (سبک هنری آغاز قرن بیستم که از شکل‌های پیچکی و رنگ‌های شفّاف استفاده می‌کرد)
Jugendstrafe, die; -, -n کیفر جوانان
Jugendstrafrecht, das; -(e)s, -e
قانون کیفری جوانان

Jugendstreich, der; -(e)s, -e شوخ‌طبعی جوانی، سبکسری جوانی، شیطنت جوانی
Jugendsünde, die; -, -n سرپیچی جوانان، تخلف جوانان، عصیان جوانان
Jugendvorstellung, die; -, -en برنامهٔ (مخصوص) جوانان
Jugendwerk, das; -(e)s, -e آثار آغازین هنرمند، آثار اولیهٔ هنرمند
Jugendzeit, die; -, -en دوران جوانی
Jugendzentrum, das; -s, -tren مرکز جوانان، خانهٔ جوانان
Jugoslawe, der; -n, -n یوگسلاو، اهل یوگسلاوی
Jugoslawien, das یوگسلاوی
Jugoslawin, die; -, -nen یوگسلاو، اهل یوگسلاوی (زن)
jugoslawisch *Adj.* یوگسلاوی، (مربوط به) یوگسلاوی
Juice, der/das; -s, -s آب‌میوه، شربت
Juli, der; -(s), -s ماه ژوئیه
jumpen *Vi.* پریدن، جهیدن
jung *Adj.* ۱. جوان ۲. تازه، شاداب
  jung und alt پیر و جوان
  jung bleiben جوان ماندن
  junges Gemüse نوجوانان
Jungakademiker, der; -s, - جوان تحصیل‌کرده، جوان دانشگاه دیده
Jungbrunnen, der; -s, - چشمهٔ آب حیات، چشمهٔ جوانی
Jungbürger, der; -s, - شهروند جوان (که به سن قانونی رسیده است)
Jungchen, das; -s, - جوانک
Junge[1], der; -n, -n ۱. نوجوان، جوانک؛ پسربچه ۲. کارآموز، شاگرد ۳. (ورق بازی) سرباز
  ein schwerer Junge تبهکار جوان با جرم جنایی سنگین
Junge[2], das; -n, -n بچهٔ حیوانات، توله
jungen *Vi.* ۱. بچه کردن، بچه زاییدن (جانوران) ۲. جوان ساختن
jungenhaft *Adj.* پسرانه؛ بچگانه
Jungenklasse, die; -, -n کلاس پسرانه
Jungenschule, die; -, -n مدرسهٔ پسرانه
Jungenstreich, der; -(e)s, -e شوخی پسرانه، سبکسری پسرانه، شیطنت پسرانه
jünger *Adj.* جوان‌تر
  Er ist drei Jahre jünger als ich.
  سه سال از من جوان‌تر است.

Jünger, der; -s, - مرید، شاگرد، پیرو
Jüngerin, die; -, -nen مرید، شاگرد، پیرو (زن)
Jungfer, die; -, -n دوشیزه، دختر باکره
  alte Jungfer پیر دختر
jüngferlich *Adj.* دخترانه، دوشیزه‌وار؛ دست‌نخورده، بکر
Jungfernfahrt, die; -, -en اولین سفر با وسیلهٔ نقلیهٔ نو
Jungfernflug, der; -(e)s, ⸚e اولین پرواز، پرواز افتتاحی
Jungfernhäutchen, das; -s, - پردهٔ بکارت
Jungfernrede, die; -, -n اولین سخنرانی، سخنرانی افتتاحی
Jungfernschaft, die; -, -en دوشیزگی، بکارت، دخترگی
Jungfrau, die; -, -en ۱. دختر، دوشیزه، دختر باکره ۲. (نجوم) سنبله
jungfrauenhaft *Adj.* دخترانه، دوشیزه‌وار
jungfräulich *Adj.* دخترانه، محجوب، باحیا، آزرمگین؛ بکر، دست‌نخورده
Jungfräulichkeit, die; - دوشیزگی، بکارت
Junggeselle, der; -n, -n مرد مجرد، عـزب، مرد بی‌زن
Junggesellenbude, die; -, -n اتاق مجردان
Junggesellenstand, der; -(e)s, ⸚e تجرد، بی‌همسری
Junggesellenwohnung, die; -, -en خانهٔ مجردان، عزب‌خانه
Junggesellin, die; -, -nen زن مجرد، زن شوهر نکرده
Jüngling, der; -s, -e نوجوان، نوباوه
Jünglingsalter, das; -s شباب، جوانی
jüngst *Adj. Adv.* ۱. جوان‌ترین ۲. تازه‌ترین ۳. اخیراً، به‌تازگی
  jüngster Tag روز رستاخیز، روز قیامت، روز داوری
  jüngstes Gericht روز رستاخیز، روز قیامت، روز داوری
  Als ich jüngst dort spazierenging...
  وقتی که اخیراً برای گردش به آن‌جا رفتم ...
Jungtier, das; -(e)s, -e بچهٔ حیوانات، توله
Jungverheiratete, der/die; -n, -n ۱. تازه داماد ۲. تازه عروس
Jungvogel, der; -s جوجه (پرندگان)
Juni, der; -(s), -s ماه ژوئن
Junikäfer, der; -s, - (نوعی) سوسک
junior *Adj.* کوچک‌تر، کُهتر؛ تازه‌تر؛ جوان‌تر

Junior, der; -s, -en	١. شخص جوان‌تر ٢. ورزشکار خردسال ٣. پسر خانواده
Juniorenmeisterschaft, der; -s, -en	مسابقات قهرمانی جوانان
Juniorin, die; -, -nen	ورزشکار خردسال (زن)
Junker, der; -s, -	١. ملاک عمده، بزرگ زمین‌دار ٢. اشراف‌زادهٔ جوان
Junta, die; -, -ten	خونتا (جرگهٔ نظامیان شورشی در امریکای جنوبی)
Jupe, die; -, -s	دامن زنانه، ژوپ
Jupiter, der; -s	١. (ستاره) مشتری ٢. ژوپیتر (خدای خدایان رومی)
Jupiterlampe, die; -, -n	(برای فیلمبرداری) (نوعی) لامپ پُرنور، نورافکن
Jura	علم حقوق
Jura studieren	تحصیل حقوق کردن
juridisch Adj.	حقوقی، قضایی، قانونی
Jurist, der; -en, -en	حقوق‌دان، قاضی
Juristin, die; -, -nen	حقوق‌دان، قاضی (زن)
juristisch Adj.	حقوقی، قضایی، قانونی، از لحاظ حقوقی
juristische Ausbildung	آموزش قضایی
juristische Person	شخص حقوقی، شخصیت قانونی
Juror, der; -s, -en	عضو هیئت داوران
Jury, die; -, -s	١. ژوری، هیئت داوران ٢. (در دادگاه) هیئت منصفه
Jus, das; -	قانون، حقوق (قضا)
just Adv.	١. همین حالا ٢. عیناً ٣. درست

justieren Vt.	١. تعدیل کردن، میزان کردن، تنظیم کردن ٢. تصحیح کردن
Justierung, die; -, -en	١. تعدیل، میزان، تنظیم ٢. تصحیح
Justiz, die; -	داد، عدالت؛ دادگستری، دادرسی
Justizbeamte, der; -n, -n	کارمند دادگستری
Justizgewalt, die; -, -en	قوهٔ قضایی
Justizirrtum, der; -s, -tümer	اشتباه دستگاه عدالت، اشتباه قضایی
Justizminister, der; -s, -	وزیر دادگستری
Justizministerium, das; -s, -rien	وزارت دادگستری
Justizmord, der; -(e)s, -e	حکم نادرست، قتل قضایی (اعدام افراد بی‌گناه به علت رأی غلط دادگاه)
Justizverwaltung, die; -, -en	ادارهٔ دادگستری
Justizwesen, das; -s, -	قوهٔ قضایی، امور قضایی
Jute, die; -, -n	کنف هندی
Jutefaser, die; -, -n	الیاف کنف
Jutesack, der; -(e)s, ̈-e	کیسهٔ گونی، کیسهٔ کنفی
Juwel, das/der; -(e)s, -(e)n	جواهر، گوهر
Juwelen, die/ Pl.	زینت‌آلات
Juwelendiebstahl, der; -(e)s, -stähle	سرقت جواهرات
Juwelenkästchen, das; -s, -	جعبهٔ جواهر
Juwelier, der; -(e)s, -e	جواهرفروش، جواهری
Juweliergeschäft, das; -(e)s, -e	جواهرفروشی
Jux, der: -es, -e	شوخی، مسخرگی، تفریح، مزاح
etwas aus Jux tun	کاری را از روی شوخی انجام دادن
juxen Vi.	شوخی کردن، خوشمزگی کردن

K

K, das; -, - کا (حرف یازدهم الفبای آلمانی)
Kaaba, die; -, Kaba کعبه، خانهٔ خدا
Kabale, die; -, -n توطئه، دسیسه، دسیسه‌چینی
kabalieren *Vi.* توطئه کردن، دسیسه‌چینی کردن، دسیسه کردن
Kabarett, das; -(e)s, -e کاباره
Kabarettist, der; -en, -e هنرمند کاباره
Kabarettistin, die; -, -nen هنرمند کاباره (زن)
Kabbelei, die; -, -en داد و بیداد، نزاع، مناقشه
kabbeln *Vr.* داد و بیداد کردن، نزاع کردن، مناقشه کردن
Kabel, das; -s, - سیم، کابل (برق)، شاه سیم
Kabelanschluß, der; -schlusses, -schlüsse سیم اتصال
Kabelfernsehen, das; -s تلویزیون کابلی
Kabeljau, der; -s, -e/-s (نوعی) ماهی سفید
Kabelmantel, der; -s, ¨ روکش کابل
kabeln *Vt., Vi.* تلگراف زدن
Kabelnachricht, die; -, -en گزارش تلگرافی
Kabelnetz, das; -es, -e شبکهٔ تلگرافی
Kabelschuh, der; -(e)s, -e (به وسیلهٔ الکتریکی) اتصال
Kabeltrommel, die; -, -n قرقرهٔ کابل
Kabelwort, das; -(e)s, -e/¨er کلمهٔ تلگرافی
Kabine, die; -, -n کابین، اتاقک، (در هواپیما) اتاق خلبان؛ خوابگاه کشتی
  die Umkleidekabine رخت‌کن
Kabinett, das; -(e)s, -e ۱. کابینه، هیئت دولت ۲. اتاق کوچک، کابین
Kabinettsbeschluß, der; -schlusses, -schlüsse نظر هیئت دولت
Kabinettsbildung, die; -, -en تشکیل کابینه
Kabinettsentscheidung, die; -, -en تصمیم هیئت دولت
Kabinettsfrage, die; -, -n استیضاح دولت
Kabinettsmitglied, das; -(e)s, -er عضو کابینه
Kabinettssitzung, die; -, -en جلسهٔ هیئت وزیران
Kabinettsumbildung, die; -, -en تغییر کابینه
Kabriolett, das; -(e)s, -e ۱. درشکهٔ تک اسبه ۲. اتومبیل (اسپرت) کروکی

Kachel, die; -, -n آجر کاشی
kacheln *Vt.* کاشی‌کاری کردن، با آجر فرش کردن
Kachelofen, der; -s, ¨ کورهٔ آجری
Kacke, die; - مدفوع، گه
kacken *Vi.* مدفوع کردن، ریدن
Kacker, der; -s, - مدفوع‌کننده
Kadaver, der; -s, - لاشه، جسد، نعش، مردار
Kadavergehorsam, der; -s اطاعت کورکورانه
Kadenz, die; -, -en (موسیقی) کادانس، فرود، فرسایش
Kader, der; -s, - کادر؛ طبقهٔ اجتماعی
Kadett, der; -en, -en دانشجوی دانشکده افسری
Kadettenanstalt, die; -, -en دانشکدهٔ افسری
Kadettenschiff, das; -(e)s, -e کشتی آموزشی
Kadettenschule, die; -, -n دانشکدهٔ افسری
Kadi, der; -s, -s قاضی، داور، دادرس
Käfer, der; -s, - سوسک، جُعل
Kaff, das; -(e)s دهکده دورافتاده
Kaffee, der; -s, -s قهوه
  Kaffee kochen قهوه درست کردن
  eine Tasse Kaffee یک فنجان قهوه
  Kaffee trinken قهوه خوردن
  einen Kaffee bestellen قهوه سفارش دادن
  der Milchkaffee شیرقهوه
Kaffeebaum, der; -(e)s, -bäume درخت قهوه
Kaffeebohne, die; -, -n دانهٔ قهوه
kaffeebraun *Adj.* به رنگ قهوه
Kaffeebrett, das; -(e)s, -er سینی قهوه
Kaffee-Ernte, die; -, -n محصول قهوه
Kaffee-Ersatz, der; -es ذخیرهٔ قهوه
Kaffeefilter, der/das; -s, - صافی قهوه
Kaffeegebäck, das; -(e)s, -e نان شیرینی که با قهوه سرو می‌شود
Kaffeegeschirr, das; -(e)s, -e قهوه‌خوری
Kaffeehaus, das; -es, -häuser قهوه‌خانه
Kaffeekanne, die; -, -n قهوه‌جوش، قوری قهوه
Kaffeeklatsch, der; -es, -e مجلس قهوه‌خوری (خانم‌ها)

Kaffeekränzchen, das; -s, - ضیافت کوچک، دعوت به قهوه
Kaffeelöffel, der; -s, - قاشق قهوه‌خوری
Kaffeemaschine, die; -, -n (دستگاه) قهوه‌جوش
Kaffeemühle, die; -, -n قهوه‌ساب، (دستگاه) قهوه‌خوردکنی
Kaffeerösterei, die; -, -en دستگاه بو دادن قهوه
Kaffeesatz, der; -es, ⸚e تفالهٔ قهوه، رسوب قهوه، ته‌نشین قهوه
Kaffeeschwester, die; -, -n زن پرحرف
Kaffeeservice, das; -s, - سرویس قهوه‌خوری
Kaffeetante, die; -, -n ۱. زن پرحرف ۲. زن قهوه‌خور
Kaffeetasse, die; -, -n فنجان قهوه‌خوری
Kaffeewärmer, der; -s, - وسیلهٔ گرم کردن قهوه
Kaffeewirt, der; -(e)s, -e قهوه‌چی
Käfig, der; -s, -e قفس
käfigen *Vt.* در قفس نگاه داشتن
Kafir, der; -s, -n کافر، بی‌ایمان، ملحد
kahl *Adj.* ۱. کچل، بی‌مو، تاس ۲. [درخت] بدون برگ ۳. [زمین] لم‌یزرع، بدون گیاه ۴. [اتاق] خالی
Kahlheit, die; -, -en ۱. کچلی، تاسی، ریزش مو ۲. خشکی، بی‌حاصلی
Kahlkopf, der; -(e)s, ⸚e کچل، بی‌مو، تاس
kahlköpfig *Adj.* کچل، بی‌مو، تاس
Kahlköpfigkeit, die; - کچلی، تاسی، ریزش مو
kahlscheren *Vt.* از ته تراشیدن
Kahlschlag, der; -(e)s, ⸚e بخشی از جنگل که درختان آن قطع شده‌اند
kahlschlagen *Vt.* قطع کردن (درخت‌های جنگلی)
Kahn, der; -(e)s, ⸚e (نوعی) زورق، کرجی پارویی کوچک
Kahnfahrt, die; -, -en قایق‌رانی
Kai, der; -s, -e اسکله، بارانداز
Kaianlage, die; -, -n اسکله، بارانداز
Kaiarbeiter, der; -s, - کارگر بارانداز
Kaigebühr, die; -, -en عوارض باراندازی
Kaimauer, die; -, -n سنگ بست کنار دریا، دیوار اسکله
Kaimeister, der; -s, - رئیس بندر، بازبین اسکله
Kaiser, der; -s, - قیصر، امپراتور
Kaiserin, die; -, -nen ملکه، همسر امپراتور
Kaiserkrone, die; -, -n تاج سلطنت
kaiserlich *Adj.* شاهانه
Kaiserreich, das; -(e)s, -e امپراتوری
Kaiserschnitt, der; -(e)s, -e (عمل) سزارین
Kaisertum, das; -(e)s, -tümer امپراتوری
Kajak, der/das; -s, -e کایاک، قایق اسکیموها
Kajüte, die; -s, -n اتاق کشتی، کابین
Kakadu, der; -s, -e طوطی کاکلی
Kakao, der; -s, -s کاکائو
jemanden **durch den Kakao ziehen** کسی را دست انداختن
Kakaobaum, der; -(e)s, -bäume درخت کاکائو
Kakaobohne, die; -, -n دانهٔ کاکائو
Kakaopulver, das; -s, - گرد کاکائو
kakeln *Vi.* گپ زدن
Kakerlak, der; -s, -en ۱. سوسک گرمابه ۲. زال، آدم سفیدمو و چشم‌سرخ
Kaktee, die; -, -n کاکتوس
Kaktus, der; -, -teen/-tusse کاکتوس
Kaktusfeige, die; -, -n انجیر هندی
Kalamität, die; -, -en گرفتاری، مضیقه، مخمصه، وضع نامطلوب، مصیبت، بلا، آفت، فاجعه، مشکل
Kalander, der; -s, - ماشین آهارزنی
kalandern *Vt.* با ماشین آهارزنی کار کردن
Kalauer, der; -s, - شوخی مبتذل
Kalb, das; -(e)s, ⸚er ۱. گوساله ۲. گوزن بچه‌سال؛ فیل جوان
kalben *Vi.* گوساله زاییدن
kalbern *Vi.* خوشی کردن، به‌وجد درآمدن
kälbern *Vi.* خوشی کردن، به‌وجد درآمدن
Kalbfell, das; -(e)s, -e پوست گوساله، تیماج
Kalbfleisch, das; -es گوشت گوساله
Kalbleder, das; -s, - چرم گوساله
Kalbsbraten, der; -s, - گوشت گوساله سرخ کرده
Kalbsbries(chen), das; -ses, -se لوزالمعدهٔ گوساله؛ دنبلان
Kalbsbröschen, das; -s, - لوزالمعدهٔ گوساله؛ دنبلان
Kalbsfell, das; -(e)s, -e پوست گوساله، تیماج
Kalbsfrikassee, das; -s, -s گوشت گوسالهٔ سرخ کرده
Kalbshachse, die; -, -n گوشت ماهیچهٔ گوساله
Kalbskeule, die; -, -n ران گوساله
Kalbskotelett, das; -(e)s, -e کتلت گوساله
Kalbsleder, das; -s, - چرم گوساله
Kalbsmilch, die; - لوزالمعدهٔ گوساله؛ دنبلان
Kalbsnierenbraten, der; -s, - قلوهٔ سرخ کردهٔ گوساله
Kalbsschnitzel, das/der; -s, - شنیتسل گوساله

Kaldaunen, die / *Pl.* شکمبه، سیرابی، اندام‌های خوراکی داخل شکم حیوانات
Kalender, der; -s, - تقویم، سالنامه، سالنما، گاهنامه
Kalenderjahr, das; -(e)s, -e یک سال تمام، ۳۶۵ روز
Kalendermethode, die; -, -n روش سالنامه‌ای
Kalendermonat, der; -(e)s, -e یک ماه تمام
Kalenderuhr, die; -, -en ساعت تقویم‌دار
Kalesche, die; -, -n (نوعی) درشکهٔ سبک
Kali, der; -s, -s (شیمی) پتاس، کربنات پتاسیم، قلیا
Kaliber, das; -s, - کالیبر، قطر داخلی، قطر دهانه (تفنگ / توپ)
kalibrieren *Vt.* قطر داخلی (چیزی) را اندازه گرفتن
Kalif, der; -en, -en خلیفه
Kalifat, das; -(e)s, -e خلافت
Kaliko, der; -s, -s چلوار
Kalium, das; -s (شیمی) پتاسیم
Kalk, der; -(e)s, -e آهک
Kalkbrennen, das; -s آهک‌پزی
Kalkbrenner, der; -s, - آهک‌پز، آهک‌ساز
kalken *Vt.* آهک زدن، آهکی کردن، با آهک پوشاندن، آهک گرفتن
Kalkerde, die; -, -n خاک سنگ آهک
Kalkgrube, die; -, -n معدن سنگ آهک
kalkhaltig *Adj.* آهکی، آهک‌دار
kalkig *Adj.* آهکی، آهک‌دار
Kalkmangel, der; -s, ⸚ کمبود آهک
Kalkofen, der; -s, ⸚ کورهٔ آهک‌پزی
Kalkstein, der; -(e)s, -e سنگ آهک
Kalkül, der; -(e)s, -e محاسبه، تخمین، برآورد قیمت
Kalkulation, die; -, -en محاسبه، برآورد قیمت، پیش‌بینی، تعیین قیمت، تخمین
Kalkulator, der; -s, -en حسابدار
kalkulatorisch *Adj.* محاسبه‌ای، تخمینی
kalkulieren *Vt.* محاسبه کردن، برآورد کردن، پیش‌بینی کردن، تخمین زدن، سنجیدن
Kalkwasser, das; -s, - آب آهک
kalkweiß *Adj.* به سفیدی آهک
Kalle, die; -, -n بانو، کدبانو
Kalligraph, der; -en, -en خوشنویس
Kalligraphie, die; -, -n خوشنویسی
kalligraphisch *Adj.* خوشنویسی
Kalorie, die; -, -n کالری (واحد سنجش گرما)
kalorienarm *Adj.* کم کالری
kalorienreich *Adj.* پر کالری

Kalorienwert, der; -(e)s, -e ارزش کالری
Kalorimeter, das; -s, - گرماسنج
Kalorimetrie, die; -, -n گرماسنجی
kalt *Adj.* ۱. سرد، خنک ۲. بی‌روح، بی‌احساس، بی‌لطف ۳. نامهربان، ترشرو

kalte Miete کرایه‌خانه (بدون مخارج اضافی)
Es ist kalt. هوا سرد است.
Mir ist kalt. سردم است.
Es läßt mich kalt. برای من بی‌تفاوت است.
kalter Krieg جنگ سرد
kalte Küche غذای سرد

kaltbleiben *Vi.* خونسرد ماندن
kaltblütig *Adj.* ۱. خونسرد، بی‌اعتنا ۲. بی‌عاطفه، بی‌رحم
Kaltblütigkeit, die; - ۱. خونسردی، بی‌اعتنایی ۲. بی‌عاطفگی، بی‌رحمی
Kälte, die; - ۱. سرما، برودت، سردی ۲. بی‌عاطفگی؛ ترشرویی

vor Kälte zittern از سرما لرزیدن

kältebeständig *Adj.* مقاوم در برابر سرما
Kälteeinbruch, der; -(e)s, ⸚e هجوم سرما
Kälteerzeuger, der; -s, - یخچال
Kältegefühl, das; -(e)s, -e احساس سرما
Kältegrad, der; -(e)s, -e درجهٔ سرما، درجهٔ برودت
Kältemaschine, die; -, -n یخچال
kälten *Vt.* سرد کردن
Kältetod, der; -(e)s, -e مرگ ناشی از سرما
Kältewelle, die; -, -n موج سرما
Kaltfront, die; -, -n جبههٔ سرما
kaltherzig *Adj.* خونسرد، بی‌عاطفه
Kaltherzigkeit, die; -, -en خونسردی، بی‌عاطفگی
kaltlassen *Vt.* تحت تأثیر قرار نگرفتن، خونسرد ماندن
Kaltleim, der; -(e)s, -e چسبندگی بر اثر سرما
Kaltluft, die; - هوای سرد
kaltmachen *Vt.* به قتل رساندن، کشتن
Kaltmiete, die; -, -n مقدارِ اجاره (بدون هزینهٔ اضافی)
Kaltschale, die; -, -n سوپ سرد
kaltschnäuzig *Adj.* خونسرد، بی‌تفاوت؛ خوددار
Kaltschnäuzigkeit, die; - خونسردی، بی‌تفاوتی؛ خودداری
kaltstellen *Vt.* از (کسی) سلب قدرت کردن
kaltstrecken *Vt.* ناگهان سرد کردن (فلزات)
Kaltwasserkur, die; -, -en معالجه با آب سرد
Kaltwelle, die; -, -n (نوعی) فر مو
kalzinieren *Vt.* آهکی کردن؛ تکلیس کردن

Kalzium, das; -s (شیمی) کلسیم
kam *P.* kommen صیغهٔ فعل گذشتهٔ مطلق از مصدر
Kamel, das; -(e)s, -e شتر
Kamelgarn, das; -(e)s, -e موی مرغوز، پارچهٔ موهر
Kamelhaar, das; -(e)s (پشم) شتر
Kamelie, die; -, -n (گل) کاملیا
Kamelopard, der; -(e)s, -e زرافه
Kameltreiber, der; -s, - ساربان، شتربان
Kamera, die; -, -s دوربین (عکاسی / فیلم‌برداری)
Kamerad, der; -en, -en دوست، رفیق، همکار، همراه، هم‌قطار، هم‌رزم
der Schulkamerad هم‌شاگردی
der Spielkamerad هم‌بازی
Kameradin, die; -, -nen دوست، رفیق، همکار، همراه، هم‌قطار، هم‌رزم (زن)
Kameradschaft, die; -, -en دوستی، رفاقت، همکاری، همراهی، هم‌رزمی، یکرنگی، یکدلی
kameradschaftlich *Adj.* دوستانه، از روی رفاقت
Kameradschaftlichkeit, die; -, -en دوستی، رفاقت
Kameradschaftsehe, die; -, -n ازدواج منطقی
Kameradschaftsgeist, der; -(e)s حس همدردی
Kameraeinstellung, die; -, -en میزان کردن دوربین
Kameraführung, die; -, -en هدایت دوربین
Kameramann, der; -(e)s, ¨-er عکاس، فیلم‌بردار
Kamille, die; -, -n (گیاه) بابونه
Kamillentee, der; -s, -s چای بابونه
Kamin, der; -s, -e ۱. دودکش ۲. بخاری دیواری، شومینه
Kaminfeger, der; -s, - بخاری پاک‌کن، دودکش پاک‌کن
Kaminfeuer, das; -s, - آتش بخاری
Kaminkehrer, der; -s, - بخاری پاک‌کن، دودکش پاک‌کن
Kamm, der; -(e)s, ¨-e ۱. شانه ۲. تاج (خروس) ۳. قله، برآمدگی، نوک
alles über einen Kamm scheren با همه یک‌جور رفتار کردن
kämmen *Vt.* شانه کردن، شانه زدن
sich kämmen (موها) را شانه کردن
sich das Haar kämmen موها را شانه کردن
Kammer, die; -, -n ۱. اتاق، اتاقک، اتاق کوچک ۲. خزانه ۳. بطن (قلب) ۴. اتحادیه، انجمن
Kämmerchen, das; -s, - اتاقک؛ انباری
Kammerdiener, der; -s, - پیشخدمت، نوکر مخصوص
Kammergericht, das; -(e)s, -e محکمهٔ استیناف، دادگاه عالی شهرستان
Kammerhöhe, die; -, -n (برای کوک کردن سازهای ارکستر) نُت لا
Kammerkonzert, das; -(e)s, -e کنسرت موسیقی مجلسی
Kämmerlein, das; -s, - اتاقک
Kammermusik, die; - موسیقی مجلسی
Kammerorchester, das; -s, - ارکستر مجلسی
Kammersänger, der; -s, - عنوانی که به آوازخوان موفق مرد اعطا می‌شود
Kammersängerin, die; -, -nen عنوانی که به آوازخوان موفق زن اعطا می‌شود
Kammerspiel, das; -(e)s, -e اثر کوتاه نمایشی
Kammerton, der; -es, -e (برای کوک کردن سازهای ارکستر) نُت لا
Kammerzofe, die; -, -n کلفت، خدمتکار زن، ندیمه
Kammgarn, das; -(e)s, -e پشم تابیده
Kammgarnspinnerei, die; -, -en ریسندگی پشم
Kammhaar, das; -(e)s, -e یال
Kammrad, das; -(e)s, ¨-er چرخ دنده، چرخ زبانه‌دار
Kampagne, die; -, -n عملیات جنگی، لشکرکشی
Kämpe, der; -n, -n مبارز، رزمنده، جنگنده، جنگجو
Kampelei, die; -, -en مشاجره، نزاع
kampeln *Vr.* مشاجره کردن، نزاع کردن
Kampf, der; -(e)s, ¨-e ۱. جنگ، نبرد، پیکار، مبارزه ۲. مسابقه، رقابت ورزشی
der Wettkampf مسابقه
Kampf ums Dasein مبارزه به‌خاطر هستی
jemandem **den Kampf ansagen** به کسی اعلان جنگ دادن
Kampfabstimmung, die; -, -en مراجعه به آرای عمومی
Kampfansage, die; -, -n اعلان جنگ
Kampfbahn, die; -, -en ۱. میدان جنگ ۲. محل مسابقه
kampfbereit *Adj.* آمادهٔ نبرد
Kampfeinsatz, der; -es, ¨-e مأموریت جنگی
kämpfen *Vi.* ۱. مسابقه دادن، رقابت کردن ۲. مبارزه کردن، نزاع کردن، پیکار کردن، نبرد کردن، زد و خورد کردن
um etwas **kämpfen** بر سر چیزی مبارزه کردن
gegen jemanden **kämpfen** بر علیه کسی مبارزه کردن

Kampfer, der; -s, - کافور
Kämpfer, der; -s, - مبارز، رزمنده، جنگجو، جنگنده
Kämpferin, die; -, -nen مبارز، رزمنده، جنگنده، جنگجو (زن)
kämpferisch *Adj.* مبارزه‌جویانه، جنگی
kampffähig *Adj.* مستعد جنگ، قادر به نبرد
Kampffähigkeit, die; -, -en استعداد جنگی
Kampfflugzeug, das; -(e)s, -e هواپیمای بمب‌انداز
Kampfgefährte, der; -n, -n هم‌قطار جنگی
Kampfgeist, der; -es نبوغ جنگی، روح جنگی
Kampfgruppe, die; -, -n تیپ، دسته
Kampfhahn, der; -(e)s, ⸚e خروس جنگی
Kampfhandlung, die; -, -en نبرد، پیکار، جنگ، مبارزه
Kampfhubschrauber, der; -s, - هلیکوپتر جنگی
Kampfkraft, die; -, ⸚e نیروی جنگی
Kampflärm, der; -(e)s غوغای جنگ
kampflos *Adj.* بدون جنگ
Kampflust, die; - ستیزه‌جویی
kampflustig *Adj.* ستیزه‌گر، جنگجو
Kampfmaßnahme, die; -, -n عملیات جنگی
Kampfpause, die; -, -n آتش‌بس
Kampfplatz, der; -es, ⸚e ۱. میدان جنگ ۲. محل مسابقه
Kampfpreis, der; -es, -e ۱. غنیمت جنگی ۲. مدال جنگی
Kampfrichter, der; -s, - داور مسابقه
Kampfschwimmer, der; -s, - غواص
Kampfspiel, das; -(e)s, -e مسابقه
Kampfsport, der; -(e)s, -(e) مبارز، محارب
Kampfstoff, der; -(e)s, -e مواد جنگی
Kampftruppe, die; -, -n افراد نظامی، سربازان
kampfunfähig *Adj.* عاجز از جنگ، ناتوان از شرکت در جنگ و مبارزه
Kampfunfähigkeit, die; -, -en ناتوانی از شرکت در جنگ
Kampfverband, der; -(e)s, ⸚e واحد جنگی
Kampfwagen, der; -s, - ارابهٔ جنگی
kampieren *Vi.* (شب) اردو زدن، منزل کردن، چادر زدن
Kanada, das کانادا
Kanadier, der; -s, - کانادایی
Kanadierin, die; -, -nen کانادایی (زن)
kanadisch *Adj.* کانادایی، (مربوط به) کانادا

Kanal, der; -s, Kanäle ۱. کانال، تُرعه، نهر مصنوعی، آبراه ۲. سیستم فاضلاب زیرزمینی ۳. کانال تلویزیونی
Kanalbau, der; -(e)s, -e کانال‌سازی
Kanalisation, die; -, -en (برای فاضلاب) سیستم کانال‌کشی، کانال‌بندی؛ احداث ترعه و قنات
kanalisieren *Vt.* در (جایی) کانال ساختن، کانال‌کشی کردن؛ در (جایی) تُرعه حفر کردن
Kanalisierung, die; -, -en کانال‌کشی، نهرسازی؛ حفر تُرعه؛ آبراه‌سازی
Kanalwähler, der; -s, - کانال‌گیر (تلویزیون)
Kanapee, das; -s, -s کاناپه
Kanarienvogel, der; -s, ⸚ قناری
Kandare, die; -, -n دهنهٔ اسب، افسار، لجام
jemanden **an die Kandare nehmen** کسی را شدیداً تحت کنترل داشتن
Kandelaber, der; -s, - شمعدان چند شاخه، جار، چلچراغ
Kandelzucker, der; -s, - نبات
Kandidat, der; -en, -en کاندید (انتخابات)، داوطلب، نامزد
Kandidatenliste, die; -, -n فهرست داوطلبان
Kandidatur, die; -, -en نامزدی، داوطلبی
kandideln *Vr.* مست کردن
kandidieren *Vi.* داوطلب شدن، نامزد شدن، کاندید شدن، (خود) را نامزد کردن
kandieren *Vt.* با لایه‌ای از محلول شکر پوشاندن
Kandis, der; - نبات
Kandiszucker, der; -s, - نبات
Kaneel, der; -s, -e دارچین
Känguruh, das; -s, -e کانگورو
Kaninchen, das; -s, - خرگوش، خرگوش کوچک
Kaninchenbau, der; -(e)s, -e لانهٔ خرگوش، پناهگاه خرگوش
Kaninchenstall, der; -(e)s, ⸚e قفس خرگوش
Kanister, der; -s, - قوطی، حلب، پیت
Kännchen, das; -s, - قوری کوچک
Kanne, die; -, -n قوری، کتری؛ کوزه؛ چایدان
die Bierkanne آبجوخوری
kannelieren *Vt.* شیاربندی کردن (ستون)
Kannelure, die; -, -n شیار ستون
Kannibale, der; -n, -n ۱. آدم‌خوار ۲. آدم بی‌تمدن، آدم بی‌فرهنگ
kannibalisch *Adj.* آدم‌خوارانه
Kannibalismus, der; - درنده‌خویی

kannte *P.* kennen صیغهٔ فعل گذشتهٔ مطلق ازمصدر
Kanon, der; -s, -e (موسیقی) کانن
Kanonade, die; -, -n توپ‌اندازی، شلیک پی‌درپی توپ
Kanone, die; -, -n ۱. توپ (جنگی) ۲. فرد والامقام
Er ist eine große Kanone. او بسیار لایق است.
unter aller Kanone با اهانت و تحقیر
Kanonenboot, das; -(e)s, -e کشتی توپ‌دار
Kanonenfutter, das; -s سربازانی که به وسیلهٔ گلوله توپ قربانی می‌شوند
Kanonenkugel, die; -, -n گلولهٔ توپ
Kanonenrohr, das; -(e)s, -e لولهٔ توپ
Kanonenschlag, der; -(e)s, ⸚e ضربهٔ توپ
Kanonenschuß, der; -schusses, -schüsse شلیک توپ
Kanonier, der; -s, -e توپچی
Kanonikus, der; -, -ker مجموعه قوانین شرعی، مجموعه قوانین مذهبی
kanonisch *Adj.* شرعی، (وابسته به) قوانین شرعی / مذهبی
Kantate, die; -, -n (موسیقی) کانتات
Kante, die; -, -n لبه، حاشیه، تیغه، گوشه، کناره
etwas **auf die hohe Kante legen** پس‌انداز کردن
Kantel, das; -s, - خط‌کش مربع
Kanten, der; -s, - قسمت خشک و سخت نان، پوستهٔ نان
kanten *Vt.* ۱. لبه‌دار کردن، شیاردار کردن ۲. مجذور کردن، به توان دوم بردن
Kantholz, das; -es, ⸚er ۱. گونیا ۲. چوب لبه‌دار
kantig *Adj.* لبه‌دار، حاشیه‌دار، دندانه‌دار
Kantine, die; -, -n کانتین، سالن غذاخوری در مراکز پُرجمعیت (مثل سربازخانه، کارخانه)
Kantinenwirt, der; -(e)s, -e متصدی کانتین
Kanton, der; -s, -e (در سوئیس) بخش، بلوک
kantonal *Adj.* قابل تقسیم به بخش
Kantonist, der; -en, -en مشمول خدمت نظام وظیفه
Kantonsgericht, das; -(e)s, -e دادگاه بخش
Kantonsrat, der; -(e)s, ⸚e شورای بخش
Kantonsschule, die; -, -n مدرسهٔ بخش
Kantonsspital, das; -s, ⸚er بیمارستان بخش
Kantor, der; -s, -en نوازندهٔ ارگ؛ رهبر کر (کلیسا)
Kantorei, die; -, -en محل نشستن نوازندهٔ ارگ / رهبر کر در کلیسا
Kanu, das; -s, -s قایق باریک، کرجی پارودار

Kanüle, die; -, -n ۱. سرنگ کوچک (برای تزریقات زیرجلدی) ۲. (در جراحی) لولهٔ کمک تنفس
Kanute, der; -n, -n قایق‌ران
Kanzel, die; -, -n ۱. منبر ۲. برج کوچک ۳. (در دانشگاه) کرسی ۴. (در هواپیما) جایگاه خلبان
Kanzlei, die; -, -en ۱. نخست‌وزیری ۲. ادارهٔ دولتی
Kanzleiausdruck, der; -(e)s, ⸚e اصطلاح اداری
Kanzleibeamte, der; -n, -n کارمند دولت
Kanzleidiener, der; -s, - مستخدم دولت
Kanzleisprache, die; -, -n زبان اداری
Kanzleistil, der; -(e)s, -e روش اداری
Kanzler, der; -s, - ۱. نخست‌وزیر، صدراعظم ۲. رئیس امور اداری دانشگاه
Kanzlerkandidat, der; -en, -en داوطلب نخست‌وزیری
Kanzlist, der; -en, -en کارمند نخست‌وزیری
Kap, das; -s, -s دماغه، رأس
Kapaun, der; -s, -e(n) خروس اخته
kapaunen *Vt.* اخته کردن (خروس)
Kapazität, die; -, -en ۱. گنجایش، ظرفیت ۲. استعداد، صلاحیت
Kapelle, die; -, -n ۱. عبادتگاه کوچک ۲. ارکستر مجلسی
Kapellmeister, der; -s, - رهبر ارکستر
Kaper[1]**,** die; -, -n (نوعی) ادویه که از غنچه گیاهی گرفته می‌شود
Kaper[2]**,** der; -s, - کشتی تجارتی که هنگام جنگ توسط دولت مصادره می‌شود
Kaperbrief, der; -(e)s, -e نامهٔ انتقال، نامهٔ مصادره
Kaperei, die; -, -en توقیف و مصادرهٔ کشتی‌های تجارتی
kapern *Vt.* ۱. به غنیمت گرفتن، توقیف کردن، تصرف کردن (کشتی) ۲. سوءاستفاده کردن
Kaperschiff, das; -(e)s, -e کشتی تجارتی که هنگام جنگ توسط دولت مصادره می‌شود
Kaperung, die; -, -en تسخیر، تصرف، دستگیری
kapieren *Vt.* فهمیدن، درک کردن
Kapillargefäß, das; -es, -e (پزشکی) رگ‌های مویی، عروق شعریه، مویرگ
Kapillarröhrchen, das; -s, - (پزشکی) لولهٔ مویین
Kapital, das; -(e)s, -e سرمایه، دارایی
aus etwas **Kapital schlagen** از چیزی منفعت بردن
Kapital und Zinsen سرمایه و سود آن

Kapitalabwanderung, die; -, -en
خروج سرمایه از کشور
Kapitalanlage, die; -, -n سرمایه‌گذاری
Kapitalanleger, der; -s, - سرمایه‌گذار
Kapitalanlegerin, die; -, -nen سرمایه‌گذار (زن)
Kapitalbildung, die; -, -en سرمایه‌گذاری
Kapitaleinkommen, das; -s, -
درآمد حاصل از سرمایه‌گذاری
Kapitalerhöhung, die; -, -en افزایش سرمایه
Kapitalertragssteuer, die; -, -n مالیات بردرآمد
Kapitalfehler, der; -s, - اشتباه در سرمایه‌گذاری
Kapitalflucht, die; -, -en فرار سرمایه، خروج سرمایه
Kapitalgeber, der; -s, - سرمایه‌گذار
Kapitalgeberin, die; -, -nen سرمایه‌گذار (زن)
Kapitalgesellschaft, die; -, -en شرکت سهامی،
شرکت با سرمایهٔ شراکتی
Kapitalgüter, die / *Pl.* مال منقول سرمایه‌گذاری،
کالای سرمایه‌ای
kapitalisieren *Vt.* سرمایه‌گذاری کردن
Kapitalisierung, die; -, -en سرمایه‌گذاری
Kapitalismus, der; -, -men کاپیتالیسم، سرمایه‌داری،
سرمایه‌گرایی، سرمایه آئینی
Kapitalist, der; -en, -en کاپیتالیست، سرمایه‌دار،
سرمایه‌گرا، سرمایه‌آئین
kapitalistisch *Adj.* کاپیتالیستی،
مبتنی بر اصول سرمایه‌داری
Kapitalmarkt, der; -(e)s, ⸚e داد و ستد سرمایه،
بازار سرمایه
Kapitalsteuer, die; -, -n مالیات بردرآمد
Kapitalzins, der; -es, -en سود سرمایه
Kapitän, der; -s, -e ۱. کاپیتان، ناخدا ۲. خلبان،
سرخلبان ۳. سرپرست (تیم) ۴. سرکرده، سردسته
Kapitän zur See ناخدا
Kapitänleutnant, der; -s, -s ۱. ستوان ۲. ناوبان
Kapitel, das; -s, - (در کتاب) فصل، بخش، قسمت،
باب
Das ist ein Kapitel für sich. این قضیه دیگری است.
Kapitell, das; -s, -e سرستون
kapiteln *Vt.* سرزنش کردن، ملامت کردن
Kapitelüberschrift, die; -, -en عنوان فصل
Kapitulation, die; -, -en ۱. کاپیتولاسیون،
حقوق ویژهٔ بیگانگان ۲. قرارداد تسلیم به‌دشمن
kapitulieren *Vi.* ۱. شرایط قراردادی را تنظیم کردن
۲. پیمان تسلیم بستن، طبق شرایط مورد توافق تسلیم شدن

Kaplan, der; -s, ⸚e دستیار کشیش؛
کشیش کلیسای کوچک
Kapok, der; -s الیاف ابریشمی درخت پنبه / ابریشم
kapores *Adj.* ضایع، شکسته، خراب
Kapotthut, der; -(e)s, ⸚e باشلق
Kappe, die; -, -n ۱. کلاه، شب‌کلاه، عرق‌چین
۲. کلاهک، درپوش ۳. قالپاق (اتومبیل)
etwas **auf seine Kappe nehmen**
مسئولیت چیزی را به عهده گرفتن
kappen *Vt.* ۱. بریدن، کندن، جدا کردن ۲. هرس کردن
(درخت) ۳. اخته کردن (خروس)
Kapphahn, der; -(e)s, ⸚e خروس اخته
Käppi, das; -s, -s کلاه کپی
Kappnaht, die; -, ⸚e حاشیه، سجاف، لبه
Kapriole, die; -, -n جست و خیز؛ رقاصی؛ بوالهوسی
Kapriole machen بوالهوسی کردن
kaprizieren *Vr.* نسبت به (چیزی) پافشاری کردن
kapriziös *Adj.* دمدمی، هوس‌باز، دمدمی مزاج،
بوالهوس، متلون
Kapsel, die; -, -n ۱. کپسول؛ پوشش ۲. جعبه،
صندوق ۳. (در حبوبات) تخمدان
kapselförmig *Adj.* (به شکل) کپسول، کپسولی شکل
kaputt *Adj.* ۱. شکسته، خراب، بی‌فایده، معیوب
۲. کوفته، خسته، از نفس افتاده
Ich bin ganz kaputt. خیلی خسته هستم.
kaputtgehen *Vi.* ۱. خرد شدن، خراب شدن
۲. شکستن ۳. تلف شدن (حیوان) ۴. از بین رفتن (گیاه)
kaputtlachen *Vr.* از خنده روده‌بر شدن
Ich habe mich kaputtgelacht. از خنده روده‌بر شدم.
kaputtmachen *Vt.* ۱. شکستن، خرد کردن
۲. خراب کردن، غیرقابل استفاده کردن
Kapuze, die; -, -n باشلق، کلاه بارانی، شنل کلاه‌دار
Kapuziner, der; -s, - ۱. راهب باشلق‌پوش
۲. جامه باشلق‌دار زنانه
Kapuzinerkresse, die; -, -n گل لادن
Kapuzinermönch, der; -(e)s, -e راهب باشلق‌پوش
Kapuzinerorden, der; -s, - تزئین باشلق
Karabiner, der; -s, - کارابین، قرابینه (تفنگ لوله کوتاه)
Karabinerhaken, der; -s, - قلاب فلزی، گیرهٔ فلزی
Karabiniere, der; -(s), -ri (در ایتالیا) ژاندارم
Karaffe, die; -, -n تُنگ
Karambolage, die; -, -n ۱. تصادم ۲. برخورد،
به‌هم خوردن، تلاقی (چند بازیکن با همدیگر) ۳. (بیلیارد)
ضربهٔ توپ

karambolieren *Vi.* ۱. تصادم کردن، تلاقی کردن، به‌هم خوردن ۲. برخورد کردن توپ بیلیارد به چند توپ دیگر
Karamel, der; -s کارامل، (نوعی) شیرینی
karamelisieren *Vi.* کارامل درست کردن
Karamelle, die; -, -n (نوعی) آب‌نبات
Karamellpudding, der; -s, -e/-s پودینگ کارامل
Karat, das; -(e)s, -e قیراط، عیار
Karate, das; -(s) کاراته
Karateka, der; -s, -s کاراته‌کار
Karateschlag, der; -(e)s, ¨-e ضربهٔ کاراته
karätig *Adj.* قیراطی، عیاری
Karawane, die; -, -n کاروان، قافله
Karawanenhandel, der; -s, ¨ تجارت با کاروان
Karawanenstraße, die; -, -n جادهٔ کاروان‌رو
Karbid, das; -(e)s, -e (شیمی) کاربید (ترکیب دوظرفیتی کربن)
Karbidlampe, die; -, -n لامپ کاربید
Karbolineum, das; -s (نوعی) مادهٔ محافظ چوب
Karbonade, die; -, -n ۱. گوشت کباب‌کرده (با زغال) ۲. (نوعی) الماس کدر
Karbonat, das; -(e)s, -e کربنات، نمک اسید کربنیک
Karbunkel, der; -s, - کورک، کفکیرک، دمل بزرگ
Kardamom, der/das; -s, -e هِل
Kardanachse, die; -, -n محور گاردان (اتومبیل)
Kardanantrieb, der; -(e)s, -e میل گاردان (اتومبیل)
Kardanwelle, die; -, -n میل گاردان (اتومبیل)
Kardätsche, die; -, -n ۱. ورق‌بازی ۲. قشو
kardätschen *Vt.* ۱. ورق‌بازی کردن ۲. قشو کردن
Karde, die; -, -n ماشین خارزنی
Kardinal, der; -s, ¨-e ۱. کاردینال، اسقف؛ خلیفه، مطران ۲. اصلی، اساسی، مهم
Kardinalfehler, der; -s, - اشتباه اساسی
Kardinalfrage, die; -, -n سؤال اساسی
Kardinalproblem, das; -s -e مشکل اساسی
Kardinalpunkt, der; -(e)s, -e نکتهٔ اساسی
Kardinalshut, der; -(e)s, ¨-e کلاه (مخصوص) کاردینال
Kardinalzahl, die; -, -en عدد اصلی
Kardiogramm, das; -s, -e کاردیوگرام، قلب‌نگار (دستگاه ثبت ضربان قلب)
Kardiograph, der; -en, -en کاردیوگراف (دستگاه رسم منحنی ضربان قلب)
Karenz, die; -, -en انتظار، چشم‌به‌راهی
Karenzfrist, die; -, -en مهلت انتظار
Karenzzeit, die; -, -en زمان انتظار
Karfiol, der; -s, -e گل کلم
Karfreitag, der; -(e)s, -e (در آئین مسیح) جمعه قبل از عید پاک
Karfunkel, der; -s, - یاقوت آتشی‌رنگ
karfunkelrot *Adj.* به رنگ قرمز یاقوتی
Karfunkelstein, der; -(e)s, -e یاقوت آتشی
karg *Adj.* ۱. خسیس، تنگ‌چشم ۲. اندک، قلیل، ناچیز، ضعیف، فقیرانه
kargen *Vi.* خسیس بودن، خست کردن
Kargheit, die; -, -en خست، تنگ‌چشمی
kärglich *Adj.* ۱. خسیس، تنگ‌چشم ۲. اندک، قلیل، ناچیز؛ ضعیف، فقیرانه
Kärglichkeit, die; - خست، تنگ‌چشمی؛ ضعف
karieren *Vt.* چهارخانه کردن، شطرنجی کردن
kariert *Adj.* شطرنجی، چهارخانه
Karies, die; - ۱. کرم‌خوردگی دندان ۲. پوسیدگی استخوان
Karikatur, die; -, -en کاریکاتور
Karikaturenzeichner, der; -s, - کاریکاتورساز
Karikaturist, der; -s, -en کاریکاتوریست
karikaturistisch *Adj.* کاریکاتوری، مسخره‌آمیز، مضحک
karikieren *Vt.* به صورت کاریکاتور کشیدن
kariös *Adj.* [دندان] پوسیده، کرم‌خورده
Karitas, die; - ۱. مؤسسهٔ خیریه ۲. دستگیری، صدقه، نیکوکاری، نوع‌دوستی
karitativ *Adj.* زیردست‌نواز، بخشنده، نیکوکار، سخی؛ مددکار
Karmesin, das; -s رنگ قرمز سیر
karmesinrot *Adj.* قرمز سیر، لاکی، جگری
Karmin, das/der; -s مادهٔ رنگی قرمز دانه
karminrot *Adj.* قرمز سیر، قرمز جگری
Karneval, der; -s, -e کارناوال، کاروان شادی، نمایش‌های عمومی در خیابان‌ها
Karnevalist, der; -en, -en شرکت‌کننده در کارناوال
karnevalistisch *Adj.* کارناوالی، (مربوط به) کاروان شادی
Karnevalprinz, der; -en, -en شاهزادهٔ کارناوال
Karnevaltrubel, der; -s, - هیاهوی کارناوال
Karnevalszug, der; -es, ¨-e حرکت دسته‌جمعی کارناوال
Karnickel, das; -s, - ۱. خرگوش ۲. حیوان دست‌آموز، جانور اهلی

465 **Kartoffelsalat**

Karo, das; -s, -s ۱. چهارضلعی ۲. (ورق‌بازی) خال خشت
Karomuster, das; -s, - الگوی چهارضلعی
Karosse, die; -, -n کالسکهٔ مخصوص مراسم رسمی دولتی
Karosserie, die; -, -n اتاق اتومبیل، شاسی اتومبیل
Karotin, das; -s مادهٔ رنگی
Karotte, die; -, -n هویج، زردک
Karpell(um), das; -s, -en مادگی گل
Karpfen, der; -s, - ماهی کپور
Karpfenzucht, die; -, ⸚e پرورش ماهی آب شیرین
Karre, die; -, -n گاری دستی، چرخ‌دستی
jemanden **vor seinen Karren spannen** از کسی سوءاستفاده کردن
die Karre aus dem Dreck ziehen به (چیزی) سر و سامان دادن
Karree, das; -s, -s ۱. مربع، چهارگوش ۲. مجذور، توان دوم
karren *Vt.* با گاری بردن
Karren, der; -s, - گاری، ارابه، چرخ‌دستی
Karrengaul, der; -(e)s, -gäule ۱. درشکهٔ تک اسبه ۲. اسبِ گاری
Karriere, die; -, -n ۱. موقعیت شغلی؛ ترقی ۲. چهارنعل (اسب)
in voller Karriere در اوج موفقیت شغلی
Karriere machen ترقی کردن
Karrieremacher, der; -s, - کسی که در کاری موفقیت پیدا می‌کند
Karsamstag, der; -(e)s, -e (در آئین مسیح) شنبهٔ قبل از عید پاک
Karst, der; -es, -e کج بیل
karstig *Adj.* کج بیل‌مانند
Kartätsche, die; -, -n شراپنل، نارنجک، چهارپاره
Kartause, die; -, -n خانقاه، صومعه، دیر
Kartäuser, der; -s, - دیرنشین، زاهد، منزوی، تارک دنیا
Karte, die; -, -n ۱. نقشه، نقشهٔ جغرافی ۲. کارت ویزیت ۳. بلیت ۴. ورق (بازی)
die Fahrkarte بلیت
die Speisekarte صورت غذا
die Landkarte نقشه (جغرافیا)
eine Karte lösen بلیتی خریدن
Karten spielen ورق‌بازی کردن
mit offenen Karten spielen صادقانه رفتار کردن
alles auf eine Karte setzen فعالیت خود را روی یک چیز متمرکز کردن
auf die falsche Karte setzen تصمیم غلط گرفتن
Kartei, die; -, -en کارتکس؛ پرونده؛ فهرست بایگانی
Karteikarte, die; -, -n برگ پرونده
Karteikasten, der; -s, - جعبهٔ (مخصوص) اوراق پرونده
Karteischrank, der; -(e)s, ⸚e قفسهٔ (مخصوص) پرونده
Kartell, das; -s, -e کارتل، اتحادیهٔ صاحبان صنایع مشابه، ائتلاف احزاب متعدد
karten *Vi.* ورق‌بازی کردن
Kartenbrief, der; -(e)s, -e کاغذ پستی (که لبه‌های چسب‌دار آن را به هم می‌چسبانند و به پست می‌دهند)
Kartenhaus, das; -es, -häuser کازینو، قمارخانه
Kartenkunststück, das; -(e)s, -e شعبده‌بازی با ورق
Kartenlegen, das; -s فال ورق
Kartenleger, der; -s, - فال‌گیر (با ورق)، طالع‌بین
Kartenlegerin, die; -, -nen فال‌گیر (با ورق)، طالع‌بین (زن)
Kartenschläger, der; -s, - فال‌گیر (با ورق)، طالع‌بین
Kartenschlägerin, die; -, -nen فال‌گیر (با ورق)، طالع‌بین (زن)
Kartenspiel, das; -(e)s, -e ورق‌بازی
Kartenspieler, der; -s, - بازی‌کن ورق
Kartenspielerin, die; -, -nen بازی‌کن ورق (زن)
Kartenvorverkauf, der; -(e)s, -käufe پیش‌فروش بلیت
Kartenvorverkaufsstelle, die; -, -n محل پیش‌فروش بلیت
Kartenzeichen, das; -s, - نقشه‌کشی
Kartenzeichner, der; -s, - نقشه‌کش
Kartoffel, die; -, -n سیب‌زمینی
Kartoffelbau, der; -(e)s, -e / -ten کشت سیب‌زمینی، زراعت سیب‌زمینی
Kartoffelbrei, der; -(e)s, - پورهٔ سیب‌زمینی
Kartoffelchips, die / *Pl.* سیب‌زمینی سرخ کرده
Kartoffelkäfer, der; -s, - سوسک سیب‌زمینی، آفت سیب‌زمینی
Kartoffelpuffer, der; -s, - (نوعی) نان شیرینی که از سیب‌زمینی می‌سازند
Kartoffelsalat, der; -(e)s, -e سالاد سیب‌زمینی

Kartoffelschalen, die / *Pl.* پوست سیب‌زمینی
Kartoffelschäler, der; -s, - خلال سیب‌زمینی
Kartoffelstampfer, der; -s, - وسیلهٔ خرد کردن سیب‌زمینی
Kartograph, der; -en, -en نقشه‌کش، طراح
Kartographie, die; - نقشه‌کشی، ترسیم نقشه
kartographieren *Vi.* نقشه کشیدن، طراحی کردن
kartographisch *Adj.* (مربوط به) نقشه‌کشی
Karton, der; -s, -s کارتن، مقوا، جعبهٔ مقوایی
Kartonagenfabrik, die; -, -en کارخانهٔ مقواسازی
kartonieren *Vt.* با مقوا بسته‌بندی کردن، با مقوا جلد کردن
kartoniert *Adj.* دارای جلد مقوایی
Kartonschachtel, die; -, -n جعبهٔ مقوایی
Kartothek, die; -, -en کارتکس؛ پرونده؛ فهرست بایگانی
Kartusche, die; -, -n پوکهٔ فشنگ
Karunkel, die; -, -n برآمدگی گوشتی
Karussell, das; -s, -e چرخ و فلک
Karwoche, die; -, -n (در آئین مسیح) هفتهٔ قبل از عید پاک
Karzer, der / das; -s, - بازداشت، توقیف، حبس
karzinogen *Adj.* سرطان‌زا
Karzinom, das; -s, -e (نوعی) تومور بدخیم سرطانی
Kasack, der; -s, -s شال بلند زنانه
Kasatschok, der; -s, -s (نوعی) رقص محلی روسی
Kaschemme, die; -, -n میخانه، میکده (بدنام)
kaschieren *Vt.* پنهان کردن، مخفی کردن
Kaschmir, der; -s, -e پارچهٔ کشمیر، ترمه
Kaschmirschal, der; -s, -s شال کشمیر
Käse, der; -s, - پنیر
Käseblatt, das; -(e)s, ¨-er نشریهٔ کوچک
Käsegebäck, das; -(e)s, -e بیسکویت پنیر
Käseglocke, die; -, -n رویهٔ پنیر
Käsehändler, der; -s, - پنیرفروش
Käsekuchen, der; -s, - (نوعی) شیرینی پنیردار
Käsematte, die; -, -n (در زمان بمباران) پناهگاه
käsen *Vi.* پنیر درست کردن
Käseplatte, die; -, -n تختهٔ مخصوص پنیر
Käserei, die; -, -en لبنیات‌فروشی، لبنیاتی
Kaserne, die; -, -n سربازخانه، پادگان
Kasernenhof, der; -(e)s, ¨-e محوطهٔ سربازخانه
kasernieren *Vt.* در سربازخانه سکونت دادن
kaserniert *Adj.* ساکن سربازخانه

Käsestange, die; -, -n بسته‌بندی پنیر
käseweiß *Adj.* رنگ‌پریده، کم‌رنگ
käsig *Adj.* ۱. پنیری ۲. رنگ‌پریده
Kasino, das; -s, -s کازینو، قمارخانه
Kaskade, die; -, -n آبشار مصنوعی
Kaskadenschaltung, die; -, -en اتصال سراسری
Kaskett, das; -(e)s, -e کلاهخود
Kaskoversicherung, die; -, -en بیمهٔ بدنه (اتومبیل، هواپیما، کشتی)
Kasper, der; -s, - دلقک، مسخره
Kasperle, das / der; -s, - خیمه‌شب بازی
Kasperletheater, das; -s, - نمایش خیمه‌شب بازی، تئاتر عروسکی
kaspern *Vi.* مسخرگی کردن، دلقک‌بازی کردن
Kassa, die; -, -n باجهٔ پرداخت
Kassabuch, das; -(e)s, ¨-er دفتر نقدی
Kasse, die; -, -n باجه پرداخت، گیشه، صندوق (پول)
die Ladenkasse دخل دکان
Kasse gegen Dokumente پرداخت در مقابل ارائه سند
gut bei Kasse sein پول فراوان داشتن
Kassenabschluß, der; -schlusses, -schlüsse ۱. خاتمه کار صندوق ۲. موازنه حساب
Kassenanweisung, die; -, -en حوالهٔ صندوق
Kassenarzt, der; -es, ¨-e پزشک طرف قرارداد بیمه
Kassenbericht, der; -(e)s, -e گزارش صندوق
Kassenbestand, der; -(e)s, ¨-e موجودی صندوق
Kassenbon, der; -s, -s قبض رسید صندوق، قبض خرید
Kassenbuch, das; -(e)s, ¨-er دفتر نقدی
Kassenerfolg, der; -(e)s, -e فروش زیاد صندوق (سینما، تئاتر)
Kassenführer, der; -s, - صندوق‌دار، تحویل‌دار
Kassenpatient, der; -en, -en مریض بیمه
Kassenpreis, der; -es, -e پاداش نقدی
Kassenprüfung, die; -, -en رسیدگی به صندوق، بازرسی صندوق
Kassenschalter, der; -s, - باجهٔ دریافت و پرداخت، گیشه
Kassenschein, der; -(e)s, -e قبض رسید صندوق، قبض خرید
Kassenwart, der; -es, -e صندوق‌دار، خزانه‌دار
Kassenzettel, der; -s, - قبض رسید صندوق، قبض خرید
Kasserolle, die; -, -n روغن داغ‌کن

Kassette, die; -, -n ۱. کاست، نوار ضبط صوت ۲. جعبه کوچک ۳. صندوقچه (جواهرات)
Kassettendeck, das; -s, -s درِ جعبه، درِ صندوقچه
Kassettengerät, das; -(e)s, -e دستگاه ضبط صوت
Kassettenrecorder, der; -s, - ضبط صوت
Kassiber, der; -s, - نوشتهٔ رمز
Kassier, der; -s, -e صندوق‌دار، تحویل‌دار
kassieren *Vt.* ۱. دریافت کردن، وصول کردن، تحویل گرفتن (پول) ۲. مرخص کردن ۳. لغو کردن (حکم) ۴. دستگیر کردن، بازداشت کردن
Kassierer, der; -s, - صندوق‌دار، تحویل‌دار
Kassiererin, die; -, -nen صندوق‌دار، تحویل‌دار (زن)
Kastagnette, die; -, -n قاشقک
Kastanie, die; -, -n بلوط، شاه‌بلوط
die Kastanie für jemanden **aus dem Feuer holen** سنگ کسی را به سینه زدن
Kastanienbaum, der; -(e)s, -bäume درخت شاه‌بلوط
kastanienbraun *Adj.* بلوطی رنگ، به رنگ شاه‌بلوط
Kästchen, das; -s, - جعبهٔ کوچک، صندوقچه
Kaste, die; -, -n فرقه، طایفه، طبقه، دسته
kasteien *Vr.* (خود) را ریاضت دادن، ریاضت کشیدن
Kasteiung, die; -, -en ریاضت
Kastell, das; -s, -e دژ، قلعه؛ قصر
Kasten, der; -s, ¨ جعبه، صندوق
der Briefkasten صندوق پست
Kastengeist, der; -es روح جماعت
Kastrat, der; -(e)s, ¨e خواجه، اخته، خنثی
Kastration, die; -, -en اختگی، خواجگی
kastrieren *Vt.* اخته کردن، خواجه کردن، عقیم کردن
kastriert *Adj.* اخته شده، خواجه
Kastrierung, die; -, -en اختگی، خواجگی
Kasus, der; -, - حالت، وضعیت، موقعیت، مورد
Katakombe, die; -, -n دخمه، سردابه
Katalepsie, die; -, -n جمود عضلات
Katalog, der; -s, -e کاتالوگ، فهرست
katalogisieren *Vt.* فهرست کردن
Katalysator, der; -s, -en کاتالیزاتور
Katalyse, die; -, -n (شیمی) کاتالیز
katalysieren *Vt.* (شیمی) کاتالیز کردن
Katapult, der/das; -(e)s, -e ۱. منجنیق، سنگ‌انداز، فلاخن ۲. سکوی پرتاب (هواپیما)
katapultieren *Vt.* انداختن، پرتاب کردن (منجنیق)
Katarakt, der; -(e)s, -e آبشار تند
Katarakta, die; -, -ten آب مروارید
Katarrh, der; -s, -e زکام، نزله، سرماخوردگی
katarrhalisch *Adj.* زکامی، نزله‌ای
Kataster, der/das; -s, - ادارهٔ ثبت اسناد
katastrophal *Adj.* فاجعه‌آمیز، مصیبت‌بار
Katastrophe, die; -, -n فاجعه، مصیبت، بلای ناگهانی
Katastrophenalarm, der; -s, -e آگاهی از وقوع فاجعه
Katastrophengebiet, das; -(e)s, -e منطقهٔ فاجعه دیده
Katastrophenhilfe, die; -, -n کمک به منطقهٔ فاجعه‌دیده
Kate, die; -, -n کلبه، خانهٔ روستایی
Katechet, der; -en, -en تعالیم مذهبی (شفاهی)
Katechismus, der; -, -men پرسش‌نامه مذهبی
Kategorie, die; -, -rien طبقه، دسته‌بندی، نوع؛ مقوله؛ گروه
kategorisch *Adj.* قاطع، برنده؛ حتمی؛ روشن، صریح، بی‌قید و شرط
Kater, der; -s, - ۱. گربهٔ نر ۲. ناراحتی و کوفتگی عضلات
Katheder, der/das; -s, - منبر، کرسی خطابه، تریبون
Kathederblüte, die; -, -n سخنرانی توأم با سر و صدا و اعتراض
Kathedrale, die; -, -n کلیسای بزرگ، کلیسای جامع
Kathete, die; -, -n (در مثلث) ضلع مجاور به زاویهٔ قائمه
Katheter, der; -s, - (پزشکی) سوند
Kathode, die; -, -n (فیزیک) کاتد، الکترود منفی، قطب منفی
Kathodenröhre, die; -, -n لولهٔ کاتد، لولهٔ الکترود منفی
Kathodenstrahl, der; -(e)s, -e/¨e اشعهٔ کاتدی
Katholik, der; -en, -en کاتولیک، عضو کلیسای کاتولیک
Katholikin, die; -, -nen کاتولیک، عضو کلیسای کاتولیک (زن)
katholisch *Adj.* کاتولیکی، (وابسته به) کلیسای کاتولیک
Katholizismus, der; - اصول کاتولیکی، عقاید کاتولیکی
Kation, das; -s, -en (فیزیک) بار مثبت
Kattun, der; -s, -e چلوار؛ چیت، چیت گلدار
kattunen *Adj.* نخی، چیت

Kattunkleid, das; -(e)s, -er	پیراهن چیت
katzbuckeln Vi.	چاپلوسی کردن، تملق گفتن
Kätzchen, das; -s, -	بچه گربه
Katze, die; -, -n	گربه (ماده)
Das ist für die Katze.	کار بیهوده‌ای است.
für die Katze	بیهوده
die Katzen im Sack kaufen	(چیزی را) ندیده خریدن
die Katze aus dem Sack lassen	سرّی را فاش کردن
Katzenauge, das; -s, -n	۱. (چشم) باباغوری
	۲. چشم گربه
Katzenbär, der; -en, -en	(خرس) پاندا
Katzenbuckel, der; -s, -	(آدم) پشت خمیده،
	گوژپشت
katzenfreundlich Adj.	به ظاهر مهربان
katzenhaft Adj.	گربه‌وار
Katzenjammer, der; -s	حالت خماری
Katzenkopf, der; -(e)s, ¨e	پس‌گردنی
Katzenmusik, die; -, -en	آهنگ ناموزون،
	موسیقی ناهنجار
Katzensprung, der; -(e)s, ¨e	فاصلۀ خیلی نزدیک
Es ist nur ein Katzensprung bis dorthin.	
	تا آنجا چند قدم بیشتر راه نیست.
Katzentisch, der; -es, -e	میز غذاخوری کوچک
	(مخصوص کودکان)
Katzenwäsche, die; -, -n	شستشوی سطحی
kaudern Vi.	نامفهوم سخن گفتن
Kauderwelsch, das; -(s)	سخن غیرمفهوم،
	کلام بی‌معنی
kauderwelschen Vi.	تند و ناشمرده سخن گفتن،
	دست و پاشکسته حرف زدن
kauen Vt.	جویدن
kauern Vi., Vr.	چمباتمه زدن، سرپا نشستن
Kauf, der; -(e)s, Käufe	خرید، ابتیاع
etwas in Kauf nehmen	پیه چیزی را به تن مالیدن
einen guten Kauf machen	خرید مناسبی کردن
leichten Kaufes davonkommen	خرید مناسبی کردن
Kaufauftrag, der; -(e)s, ¨e	دستور خرید
Kaufbrief, der; -(e)s, -e	سند خرید
kaufen Vt.	خریدن، خرید کردن
Käufer, der; -s, -	خریدار، مشتری
Käuferin, die; -, -nen	خریدار، مشتری (زن)
Kauffrau, die; -, -en	تاجر، بازرگان، کاسب،
	دکاندار، سوداگر (زن)
Kaufhalle, die; -, -n	فروشگاه
Kaufhaus, das; -es, -häuser	فروشگاه
Kaufkraft, die; -, ¨e	قدرت خرید
kaufkräftig Adj.	قادر به خرید
Kaufladen, der; -s, ¨	دکان، مغازه، فروشگاه
käuflich Adj.	خریدنی، قابل خرید
Käuflichkeit, die; -	قابلیت خرید
Kaufmann, der; -(e)s, -leute	تاجر، بازرگان،
	کاسب، دکاندار، سوداگر
kaufmännisch Adj.	تجاری، بازرگانی
Kaufmannsdeutsch, das; -(s)	زبان آلمانی تجاری
Kaufmannssprache, die; -, -n	زبان تجاری
Kaufpreis, der; -es, -e	قیمت خرید
Kaufvertrag, der; -(e)s, ¨e	قرارداد خرید
Kaufzwang, der; -(e)s	الزام در خرید، تعهد به خرید
Kaugummi, der; -s, -(s)	آدامس، سقز
Kaukasus, der; -	قفقاز
Kaulquappe, die; -, -n	بچه وزغ، بچه قورباغه
kaum Adv.	۱. به سختی، به زحمت، به دشواری، به زور،
	به اشکال ۲. هنوز
Ich kann kaum gehen.	به سختی می‌توانم راه بروم.
Es ist kaum zu glauben.	باورکردنی نیست.
kausal Adj.	سببی، علتی، مبنی بر علت
Kausalität, die; -, -en	علیت، سببیت
Kausalzusammenhang, der; -(e)s, ¨e	
	رابطۀ سببی، رابطۀ علت و معلولی
Kautabak, der; -s, -e	تنباکوی جویدنی
Kautel, die; -, -en	شرط، قید
Kaution, die; -, -en	۱. ودیعه، وثیقه، ضمانت، گرو
	۲. احتیاط، پیش‌بینی
Kautionssumme, die; -, -n	مبلغ وثیقه،
	مقدار ضمانت
Kautsch, die; -, -s	نیمکت راحتی
Kautschuk, der/das; -s, -e	کائوچو، لاستیک
Kauwerkzeuge, die/Pl.	(زیست‌شناسی) اندام جویدن
Kauz, der; -es, Käuze	۱. بوف، مرغ حق
	۲. آدم عجیب و غریب
Kavalier, der; -s, -e	۱. اسب‌سوار ۲. نجیب‌زاده،
	شوالیه؛ جوانمرد
Kavaliersdelikt, das; -(e)s, -e	لغزش، اشتباه کوچک
Kavallerie, die; -, -n	سواره‌نظام
Kavalleriepferd, das; -(e)s, -e	(در سربازخانه)
	اسب‌سواری
Kavallerist, der; -en, -en	سرباز سواره‌نظام
Kaverne, die; -, -n	حفره، گودی

kavernös *Adj.* حفره‌دار، اسفنج مانند، پوک
Kaviar, der; -s, -e خاویار
Kazike, der; -n, -n (در امریکای مرکزی) رئیس قبیلهٔ سرخ‌پوستان
Kebab, der; -(s) کباب
Kebse, die; -, -n صیغه، مُتعِه
Kebsweib, das; -(e)s, -er زن صیغه
keck *Adj.* جسور، گستاخ، دلیر، بی‌باک
Keckheit, die; -, -en جسارت، گستاخی، دلیری
kecklich *Adj.* جسورانه، گستاخانه
Kefir, der; -s (نوعی) آشامیدنی دوغ مانند
Kegel, der; -s, - ۱. مخروط ۲. توپ بازی بولینگ
mit Kind und Kegel با همه افراد خانواده
Kegelbahn, die; -, -en مسیر بازی بولینگ
kegelförmig *Adj.* مخروطی شکل
Kegelklub, der; -s, -s باشگاه بولینگ
Kegelkugel, die; -, -n گوی بازی بولینگ
kegeln *Vi.* بولینگ بازی کردن
Kegelrad, das; -(e)s, ¨-er چرخ دندانه‌دار مخروطی شکل
kegelscheiben *Vi.* بولینگ بازی کردن
kegelschieben *Vi.* بولینگ بازی کردن
Kegelschnitt, der; -(e)s, -e برش مخروطی، مقطع مخروطی
Kegelspiel, das; -(e)s, -e بازی بولینگ
Kegelsport, der; -(e)s ورزش بولینگ
Kegelstumpf, der; -(e)s, ¨-e مخروط ناقص
Kegler, der; -s, - بازیکن بولینگ
Kehle, die; -, -n گلو، حلق، حلقوم
Das Messer sitzt ihm an der Kehle.
چاقو را روی گلویش حس می‌کند.
etwas **in die falsche Kehle bekommen**
چیزی را بد تعبیر کردن و ناراحت شدن
Das Wort blieb mir in der Kehle stecken.
حرف سر زبانم ماند.
sich die Kehle aus dem Hals schreien
با صدای بلند و طولانی فریاد کشیدن
kehlig *Adj.* راه راه، شیاردار
Kehlkopf, der; -(e)s, ¨-e حنجره، حلقوم
Kehlkopfentzündung, die; -, -en لارنژیت، التهاب حنجره
Kehlkopfkrebs, der; -es, -e سرطان حنجره
Kehlkopfspiegel, der; -s, -
دستگاه (مخصوص) معاینهٔ حنجره
Kehllaut, der; -(e)s, -e حرف گلویی، صوت حلقی
Kehlleiste, die; -, -n (در بنایی) (نوعی) گچ‌بُری
Kehraus, der; - ۱. نظافت، تمیزی ۲. آخرین رقص، رقص نهایی
den Kehraus tanzen آخرین رقص را انجام دادن
Kehrbesen, der; -s, - جاروب، جارو
Kehre, die; -, -n ۱. پیچ، انحنا ۲. (ورزش) چرخش، وارو
kehren *Vt., Vr.* ۱. جارو کردن، جارو زدن ۲. چرخاندن ۳. برگشتن، عقب گرد کردن
sich nicht an etwas **kehren** به چیزی توجه نکردن
jemandem **den Rücken kehren** به کسی پشت کردن
den Schnee vom Dach kehren
برف روی بام را پارو کردن
Kehricht, der/das; -s خاکروبه، آشغال، زباله
Kehrichteimer, der; -s, - خاکروبه‌دان
Kehrichtschaufel, die; -, -n خاک‌انداز
Kehrmaschine, die; -, -n
ماشین مخصوص جارو کردن خیابان
Kehrreim, der; -(e)s, -e برگردان، بندگردان، ترجیع
Kehrseite, die; -, -n طرف دیگر، پشت (سکه)، معکوس
kehrtmachen *Vi.* برگشتن
Als er sie sah, machte er sofort kehrt und verschwand.
همین که او را دید، برگشت و از نظرها ناپدید شد.
Kehrtwendung, die; -, -en سوی دیگر، جهت دیگر
Kehrtwert, der; -(e)s, -e عدد معکوس
Keib, der; -en, -en پست، فرومایه
keifen *Vi.* پرخاش کردن، اوقات تلخی کردن، بددهنی کردن
Keifer, der; -s, - بددهن، ستیزه‌جو، غرغرو
Keiferei, die; -, -en سرزنش، اوقات تلخی، بددهنی
Keiferin, die; -, -nen غرغرو، بددهن، ستیزه‌جو (زن)
Keil, der; -(e)s, -e گوه، گاوه، چوب شکاف
Keile, die; - ضربه، ضربت، کتک
keilen *Vt.* ۱. (به وسیلهٔ گوه) از هم جدا کردن، شکافتن ۲. کوبیدن، از پوست درآوردن
Keiler, der; -s, - گراز، خوک وحشی
Keilerei, die; -, -en کتک‌کاری، دعوا، نزاع
keilförmig *Adj.* گوه‌ای شکل
Keilhacke, die; -, -n کلنگ دوسر، کلنگ روسی
Keilhosen, die / *Pl.* شلوار مخروطی شکل
Keilriemen, der; -s, - تسمه‌پروانه
Keilschrift, die; -, -en خط میخی
Keim, der; -(e)s, -e ۱. نطفه، جوانه ۲. اصل، ریشه ۳. جنین ۴. میکروب، مولد بیماری
etwas **im Keim ersticken** چیزی را در نطفه خفه کردن

Keimblatt, das; -(e)s, ¨-er لایهٔ سلولی جنین
Keimdrüse, die; -, -n غدهٔ جنسی
keimen *Vi.* جوانه زدن، نمو کردن، شروع به رشد کردن
keimfähig *Adj.* نطفه‌ای
keimfrei *Adj.* بدون باکتری، ضدعفونی شده، فاقد میکروب‌های مولد بیماری
Keimling, der; -s, -e ۱. جنین ۲. جوانه، بذر گیاه
keimtötend *Adj.* میکروب‌کش، (مربوط به) ضدعفونی
Keimträger, der; -s, - حامل میکروب، حامل نطفه
Keimzelle, die; -, -n سلول نطفه، سلول تخم، تخم میکروب
kein *Pron.* هیچ (حرف تعریف نامعین منفی)
Ich habe kein Geld. پولی در بساط ندارم.
Ich habe keine Ahnung. اطلاعی ندارم.
Das weiß keiner. این را کسی نمی‌داند.
Keine Angst! نترس!
Auf keinen Fall! به هیچ وجه!
Keine Ursache! مسئله‌ای نیست! اهمیتی ندارد!
keiner هیچ‌کس
keiner von beiden هیچ‌کدام از آن دو نفر
keinerlei *Adj.* از هیچ نوع، هیچ جور، هیچ گونه
Ich mache mir darüber keinerlei gedanken.
من فکری در این‌باره نمی‌کنم.
keinerseits *Adv.* از هیچ طرف
keinesfalls *Adv.* به هیچ وجه، اصلاً، به هیچ دلیل، به هیچ صورت
Ich komme keinesfalls. به هیچ وجه نمی‌آیم.
keineswegs *Adv.* ابداً، اصلاً، مطلقاً، به هیچ وجه
Er ist keineswegs so klug wie er scheint.
او اصلاً آن‌طور که نشان می‌دهد زیرک نیست.
keinmal *Adv.* هیچ وقت، هیچ گاه، هرگز
Keks, der/das; -, -e بیسکویت، نان شیرینی خشک
Kelch, der; -(e)s, -e ۱. گیلاس، جام، قدح ۲. کاسه گل، کاسبرگ
Kelchblatt, das; -(e)s, ¨-er کاسبرگ
Kelim, der; -(s), -(s) گلیم
Kelle, die; -, -n ۱. ماله ۲. ملاقه
Keller, der; -s, - زیرزمین، سرداب، انبار
Kellerei, die; -, -en انبارداری
Kellergeschoß, das; -schosses, -schosse
طبقهٔ زیر، زیرزمین
Kellerlokal, das; -(e)s, -e کافهٔ زیرزمینی
Kellermeister, der; -s, - متصدی انبار
Kellner, der; -s, - پیشخدمت رستوران
Kellnerin, die; -, -nen پیشخدمت رستوران (زن)
kellnern *Vi.* پیشخدمتی کردن
Kelte, der; -n, -n قوم سلت
(قومی که در اروپای مرکزی و غربی ساکن بودند)
Kelter, die; -, -n عصاره‌گیر، چرخُشت
keltern *Vt.* فشردن، له کردن، چلاندن، شیره (چیزی) را گرفتن
keltisch *Adj.* زبان سلتی، سلتی
kennbar *Adj.* مشخص، واضح، نمایان، قابل تشخیص
Kennbuchstabe, der; -n(s), -n
(در الفبا) حرف مشخص
kennen *Vt.* شناختن، با (کسی / چیزی) آشنا بودن؛ دانستن؛ از (کسی / چیزی) اطلاع داشتن
kennenlernen *Vt.* با (کسی / چیزی) آشنا شدن
Ich freue mich Sie kennenzulernen.
از آشنایی با شما خوشحالم.
Kenner, der; -s, - خبره، کارشناس، متخصص، کاردان
Kennerin, die; -, -nen خبره، کارشناس، متخصص، کاردان (زن)
Kennkarte, die; -, -n کارت شناسایی
Kennmelodie, die; -, -n (در رادیو، تلویزیون) آهنگ برنامه
kenntlich *Adj.* مشخص، واضح، روشن، نمایان، قابل تشخیص
Kenntnis, die; -, -nisse دانش، معرفت، معلومات، آگاهی، شناسایی، شناخت
zur Kenntnis nehmen توجه کردن، ملاحظه کردن
Kenntnisnahme, die; -, -n ملاحظه، آگاهی
zur Kenntnisnahme جهت آگاهی
Kenntnisse, die / *Pl.* معلومات
Kennwort, das; -(e)s, -e اسم عبور، اسم شب، کلمهٔ رمز، کد
Kennzahl, die; -, -en شمارهٔ رمز، نشان ویژه، مشخصات
Kennzeichen, das; -s, - ۱. علامت مشخصه، نشان ویژه ۲. پلاک اتومبیل
besondere Kennzeichen علامت مشخصهٔ ویژه
kennzeichnen *Vt.* ۱. تشخیص دادن، تمیز دادن، مشخص کردن ۲. علامت‌گذاری کردن، برچسب زدن
kennzeichnend *Adj.* نشانگر، بیانگر، مشخص‌کننده
ein kennzeichnend des Merkmal
یک خصوصیت بارز
Kennziffer, die; -, -n شمارهٔ مشخصه، عدد کد
kentern *Vi.* واژگون شدن، چپه شدن (کشتی)

471 **Kette**

Keramik, die; -, -en ۱. سفال‌سازی ۲. ظرف سفالی، سرامیک
Keramiker, der; -s, - سفالگر
Keramikerin, die; -, -nen سفالگر (زن)
keramisch *Adj.* سفالین، سفالی
Kerbe, die; -, -n شکاف، بریدگی، دندانه، چوب خط
Kerbel, der; -s, - جعفری فرنگی
kerben *Vt.* خط زدن، روی (چیزی) خط کشیدن، خط کشیدن، چوب‌خط زدن، در (چیزی) شکاف ایجاد کردن
Kerbholz, das; -es, ⸚er چوب‌خط
etwas auf dem Kerbholz haben مرتکب خطایی شدن
Kerbtier, das; -(e)s, -e حشره
Kerker, der; -s, - زندان تاریک
Kerkermeister, der; -s, - زندانبان
Kerkerstrafe, die; -, -n مجازات زندان
Kerl, der; -(e)s, -e آدم، شخص، جوان؛ یارو، مردک
feiner Kerl جوانک مؤدب
ein lieber / netter Kerl یک آدم مهربان
Er ist ein tüchtiger Kerl. او آدم زحمت‌کشی است.
Kern, der; -(e)s, -e ۱. هسته، مغز، تخم، دانه ۲. اصل، جان کلام
Kern der Sache اصل مطلب، جان کلام
harter Kern هستهٔ سفت
den Kern eines Atoms spalten هستهٔ اتم را شکافتن
Kernchemie, die; -, -n شیمی هسته‌ای
Kernenergie, die; -, -n انرژی هسته‌ای، نیروی هسته‌ای، انرژی اتمی
Kernfach, das; -(e)s, ⸚er رشتهٔ اصلی
Kernforscher, der; -s, - دانشمند علوم هسته‌ای
Kernforschung, die; -, -en تحقیق هسته‌ای
Kernforschungszentrum, das; -s, -tren مرکز تحقیقات هسته‌ای
Kernfrage, die; -, -n سؤال قاطع
Kernfrucht, die; -, ⸚e میوهٔ هسته‌دار
Kernfusion, die; -, -en ترکیب هسته‌ای
Kerngehäuse, das; -s, - هستهٔ مرکزی
kerngesund *Adj.* سالم، تندرست
Kernholz, das; -es, ⸚er مغز چوب، میان چوب
kernig *Adj.* ۱. هسته‌دار، پرهسته، پرمغز ۲. زورمند، قوی
Kernkraft, die; -, ⸚e نیروی اتمی
Kernkraftwerk, das; -(e)s, -e نیروگاه اتمی
Kernladung, die; -, -en بار الکتریکی اتم
Kernladungszahl, die; -, -en عدد بار اتمی
Kernleder, das; -s, - چرم دولا
kernlos *Adj.* بدون هسته
Kernobst, das; -es میوهٔ هسته‌دار
Kernphysik, die; - فیزیک هسته‌ای
Kernplasma, das; -s, -men پلاسمای هسته‌ای
Kernpunkt, der; -(e)s, -e نقطهٔ اصلی، نقطهٔ اساسی، جان کلام
Kernreaktor, der; -s, -en راکتور اتمی، نیروگاه هسته‌ای
Kernseife, die; -, -n صابون رخت‌شویی
Kernspaltung, die; -, -en شکستن هستهٔ اتمی
Kernspruch, der; -(e)s, ⸚e گفتهٔ مختصر و مفید
Kernstück, das; -(e)s, -e بخش اصلی
Kerntruppen, die / *Pl.* گروه منتخب، سربازان برگزیده
Kernwaffe, die; -, -n سلاح هسته‌ای
Kernzeit, die; -, -en زمان کار
Kerosin, das; -s, -e نفت چراغ، نفت سفید
Kerze, die; -, -n شمع
die Zündkerze شمع (اتومبیل)
kerzengerade *Adj.* راست، مستقیم، عمودی
Kerzenhalter, der; -s, - جاشمعی
Kerzenleuchter, der; -s, - جاشمعی
Kerzenlicht, das; -(e)s, -er نور شمع
Kerzenständer, der; -s, - جاشمعی
Kerzenstärke, die; -, -n میزان شدت نور (برحسب تعداد شمع)
keß *Adj.* ۱. گستاخ، پررو، بی‌حیا، بی‌شرم، جسور ۲. [لباس] آخرین مد
Kessel, der; -s, - ۱. دیگ بزرگ ۲. دیگ بخار ۳. کتری
Kesselhaus, das; -es, -häuser محل دیگ بخار
Kesselpauke, die; -, -n (موسیقی) تیمپانی
Kesselraum, der; -(e)s, -räume محل دیگ بخار
Kesselstein, der; -(e)s ته نشست دیگ، جِرم دیگ
Kesseltreiben, das; -s, - ۱. ایجاد صداهای بلند (برای ترساندن شکار) ۲. محاکمه و تعقیب جادوگران
Keßheit, die; - گستاخی، پررویی، بی‌حیایی، بی‌شرمی، جسارت
Ketchup, der / das; -(s), -s کچاپ، سُس گوجه‌فرنگی
Kette, die; -, -n ۱. زنجیر، بند ۲. رشته، تار و پود (پارچه) ۳. صف، ردیف
jemanden **an die Kette legen** آزادی کسی را محدود کردن
eine Kette von Unfälle یک سلسله تصادمات
einen Hund an die Kette legen سگی را بستن

ketten *Vt.* زنجیر کردن، مقید کردن، به زنجیر کشیدن
Kettenantrieb, der; -(e)s, -e حرکت زنجیره‌ای
Kettenbrief, der; -(e)s, -e نامه‌های پیاپی، نامهٔ پیاپی
Kettenbrücke, die; -, -n پل معلق، پل زنجیری، پل آویخته
Kettenfahrzeug, das; -(e)s, -e وسیلهٔ نقلیهٔ زنجیری
Kettengebirge, das; -(e)s, - رشته کوه، سلسله جبال
Kettengeschäft, das; -(e)s, -e فروشگاه زنجیره‌ای، (در جمع) فروشگاه‌های مشابه متعلق به یک شرکت
Kettenglied, das; -(e)s, -er حلقهٔ زنجیر، گرهٔ زنجیر
Kettenhund, der; -(e)s, -e سگ نگهبان، سگ پاسدار، سگ زنجیری
Kettenladen, der; -s, ¨- فروشگاه زنجیره‌ای، (در جمع) فروشگاه‌های مشابه متعلق به یک شرکت
Kettenraucher, der; -s, - سیگاری، کسی که پشت سرهم سیگار می‌کشد
Kettenreaktion, die; -, -en (شیمی) واکنش زنجیره‌ای
Kettenrechnung, die; -, -en (ریاضی) تناسب مرکّب
Kettenregel, die; -, -n قوانین زنجیره‌ای
Ketzer, der; -s, - رافضی، ملحد، مرتد، بدعت‌گذار، بی‌دین
Ketzerei, die; -, -en کفر، ارتداد، الحاد، بدعت‌گذاری، گمراهی
Ketzerin, die; -, -nen رافضی، مرتد، بدعت‌گذار، بی‌دین، ملحد (زن)
ketzerisch *Adj.* بدعت‌آمیز، بدعت‌گذار، گمراه
keuchen *Vi.* نفس‌نفس زدن، به سختی نفس کشیدن
Keuchhusten, der; -s سیاه‌سرفه
Keule, die; -, -n ۱. گرز، چماق ۲. ران گاو؛ ران گوسفند
Keulenanschlag, der; -(e)s, ¨-e پرتاب وزنه
keulenförmig *Adj.* گرزمانند
Keulengymnastik, die; - ورزش پرتاب وزنه
keusch *Adj.* عفیف، پاکدامن، پرهیزکار، نجیب
Keuschheit, die; - عفت، پاکدامنی، پرهیزکاری، نجابت
Keuschheitsgürtel, der; -s, - کمربند عفت
Kfz = *Kraftfahrzeug*
Kfz-Fahrer, der; -s, - رانندهٔ اتومبیل
Khaki, der; - ۱. رنگ خاکی ۲. لباس نظامی
Khan, der; -s, -e ۱. خان، رئیس ایل ۲. کاروانسرا، منزلگاه بین راه
Kibbuz, der; -, -zim (در اسرائیل) مزرعهٔ اشتراکی
Kichererbse, die; -, -n ۱. نخودریز ۲. خندهٔ نخودی
kichern *Vi.* خندهٔ تمسخرآمیز کردن، نخودی خندیدن، پوزخند زدن
Kick, der; -(s), -s ۱. لگد ۲. (در تفنگ) پس‌زنی
kicken *Vt.* ۱. لگد زدن، با پا زدن ۲. به (چیزی) شوت زدن (توپ)
Kicker, der; -s, - فوتبالیست
kidnappen *Vt.* (برای اخاذی) گروگان گرفتن، آدم‌دزدی کردن
Kidnapper, der; -s, - آدم‌دزد، آدم‌ربا
Kiebitz, der; -es, -e ۱. (پرنده) هدهد، شانه به سر ۲. عاشق بی‌وفا ۳. (در ورق‌بازی) تماشاچی فضول
kiebitzen *Vi.* (در ورق‌بازی) مزاحم شدن
Kiefer[1], die; -, -n صنوبر، کاج
Kiefer[2], der; -s, - فک، آرواره
Kieferhöle, die; -, -n حفرهٔ فک
Kieferorthopäde, der; -n, -n متخصص شکسته‌بندی فک
Kieferorthopädie, die; - شکسته‌بندی فک
Kieferorthopädin, die; -, -nen متخصص شکسته‌بندی فک (زن)
kieken *Vi.* با چشم نیم باز نگاه کردن
Kiel, der; -(e)s, -e ۱. تیر ته کشتی ۲. قلم پر ۳. ساق قلم
Kielboot, das; -(e)s, -e قایق پهن (مخصوص رودخانه)
kielholen *Vt.* یک ور کردن، کج کردن (قایق)
kieloben *Adv.* سر و ته، وارونه
Kielraum, der; -(e)s, -räume قسمت مسطح ته کشتی
Kielwasser, das; -s, - خطی که بر اثر عبور کشتی در آب برجای می‌ماند
Kieme, die; -, -n برانشی، آبشش
Kien, der; -(e)s, -(e) درخت کاج (صمغ‌دار)
Kienapfel, der; -s, ¨- میوهٔ کاج
Kienfackel, die; -, -n مشعل چوب کاج
Kienholz, das; -es, ¨-er چوب کاج
Kienöl, das; -(e)s, -e روغن کاج
Kienruß, der; -es دودهٔ چوب کاج
Kienspan, der; -(e)s, ¨-e تراشهٔ درخت کاج
Kiepe, die; -, -n سبد مخصوص پشت، سبد پشتی
Kies, der; -es, -e ریگ، شن، سنگریزه
mit Kies bestreuen روی (چیزی) شن پاشیدن
Kiesel, der; -s, - سنگ‌ریزه
kieselartig *Adj.* شبیه سنگ‌ریزه
Kieselerde, die; -, -n خاک سیلیس‌دار
Kieselsäure, die; -, -n (شیمی) اسید سیلیسیک، اسید سیلیس‌دار

Kieselstein, der; -(e)s, -e سنگ سیلیس‌دار
kiesen *Vt.* انتخاب کردن، برگزیدن، جدا کردن
Kiesgrube, die; -, -n معدن سنگ سیلیس‌دار
kiesig *Adj.* ۱. شبیه سنگ‌ریزه ۲. پر از شن
Kiesweg, der; -(e)s, -e جادهٔ سنگفرش، راه شن‌زار
kiffen *Vi.* ماری‌جوانا کشیدن؛ حشیش کشیدن
Kiffer, der; -s, - معتاد به ماری‌جوانا؛ حشیشی
Kikeriki, das; -s, -s قوقولی‌قوقو (بانگ خروس)
killen *Vt.* کشتن، به قتل رساندن
Killer, der; -s, - قاتل، آدمکش، جانی
Kilo, das; -(s), -(s) کیلو
Kilogramm, das; -s, - کیلوگرم
Kilohertz, das; -, - (فیزیک) کیلوهرتس، کیلو سیکل در ثانیه
Kilokalorie, die; -, -n کیلوکالری
Kiloliter, der/das; -s, - کیلولیتر
Kilometer, das; -s, - کیلومتر
Kilometergeld, das; -(e)s, -er باج راه
kilometerlang *Adj.* کیلومترها
Kilometerstand, der; -(e)s, ⸚e سنجش برحسب کیلوگرم
Kilometerstein, der; -(e)s, -e کیلومترشمار
Kilometertarif, der; -s, -e نرخ در هر کیلومتر
kilometerweit *Adj.* کیلومترها
Kilometerzähler, der; -s, - کیلومترشمار
Kilovolt, das; - / -(e)s, - کیلوولت
Kilowatt, das; -(e)s, -e کیلووات
Kilowattstunde, die; -, -n کیلووات در ساعت
Kimme, die; -, -n مگسک، بریدگی روی لولهٔ تفنگ
über Kimme und Korn zielen نشانه رفتن (با تفنگ)
Kimono, der; -s, -s کیمونو (لباس ملی ژاپنی)
Kind, das; -(e)s, -er بچه، کودک، طفل، فرزند
mit Kind und Kegel با همهٔ افراد خانواده
Kinder und Narren sagen die Wahrheit. حرف راست را از بچه بشنو.
ein Kind bekommen بچه به دنیا آوردن
von Kind an از بچگی
ein Kind aussetzen بچه‌ای را سرراه گذاشتن
sich lieb Kind bei jemandem **machen** نظر مساعد کسی را جلب کردن
Wir werden das Kind schon schaukeln. ما خودمان ترتیب کار را می‌دهیم.
Kindbett, das; -es, -en دوران نقاهت (بعد از زایمان)
Kindbettfieber, das; -s, - تب نفاسی، لرزِ شیر

Kindchen, das; -s, - بچهٔ شیرخواره، بچه کوچک
kindchen *Vi.* بچگی کردن
Kinderarzt, der; -es, ⸚e پزشک اطفال
Kinderärztin, die; -, -nen پزشک اطفال (زن)
Kinderbett, das; -es, -en تخت بچه
Kinderbuch, das; -(e)s, ⸚er کتاب (مخصوص) بچه
Kinderei, die; -, -en عمل کودکانه، بچه‌بازی
Kinderermäßigung, die; -, -en تخفیف به بچه‌ها
Kinderfernsehen, das; -s, - شبکهٔ تلویزیونی کودکان
Kinderfrau, die; -, -en دایه، پرستار
Kinderfräulein, das; -s, - پرستار سرخانه، پرستار بچه
Kinderfreund, der; -(e)s, -e بچه‌دوست
Kinderfreundin, die; -, -nen بچه‌دوست (زن)
Kinderfreundschaft, die; -, -en دوستی بین بچه‌ها
Kinderfunk, der; -(e)s برنامهٔ بچه‌ها
Kinderfürsorge, die; - سعادت بچه‌ها، رفاه بچه‌ها
Kindergarten, der; -s, ⸚ کودکستان
Kindergärtnerin, die; -, -nen مربی کودکستان (زن)
Kindergeld, das; -(e)s, -er مقرری بچه‌ها
Kindergesicht, das; -(e)s, -er(-e) قیافهٔ بچگانه
Kindergrippe, die; -, -n مهدکودک
Kinderheim, das; -(e)s, -e آسایشگاه بچه‌ها
Kinderhort, der; -(e)s, -e مهدکودک (محلی که از بچه‌های زنان کارگر و کارمند نگهداری می‌کنند)
Kinderjahre, die / *Pl.* دوران طفولیت
Kinderkleid, das; -(e)s, -er لباس بچه
Kinderkleidung, die; -, -en پوشش بچه
Kinderkrankenhaus, das; -es, -häuser بیمارستان کودکان
Kinderkrankheit, die; -, -en بیماری کودکان
Kinderkrippe, die; -, -n مهدکودک
Kinderladen, der; -s, - مغازهٔ کودکان
Kinderlähmung, die; -, -en فلج اطفال
kinderleicht *Adj.* بسیار ساده و آسان، پیش پا افتاده
kinderlieb *Adj.* مشتاق بچه، بچه‌دوست
Kinderlied, das; -(e)s, -er ترانهٔ کودکان
kinderlos *Adj.* بی‌اولاد، بدون بچه، عقیم
Kinderlosigkeit, die; - بی‌بچگی، بی‌اولادی
Kindermädchen, das; -s, - دایه، پرستار بچه، بی‌بی‌سیتر
Kindermärchen, das; -s, - داستان کودکان
Kindermord, der; -(e)s, -e قتل کودکان

Kindermörder 474

Kindermörder, der; -s, - قاتل بچه، بچه‌کش
Kindernarr, der; -en, -en کسی که عاشق بچه‌ها است
Kinderpflege, die; -, -n نگهداری بچه
Kinderpflegerin, die; -, -nen پرستار بچه
Kinderpsychologe, der; -n, -n روانشناس کودکان
Kinderpsychologin, die; -, -nen روانشناس کودکان (زن)
kinderreich *Adj.* پربچه، عیال‌وار
Kinderschreck, der; -(e)s لولو
Kinderschuh, der; -(e)s, -e کفش بچه
die Kinderschuhe ausgetreten haben دوران کودکی را پشت سر گذاشتن
noch in den Kinderschuhen stecken در ابتدای کاری بودن
Kinderschutzt, der; -es حمایت از کودکان
Kinderschwester, die; -, -n پرستار بچه
kindersicher *Adj.* امن
Kindersitz, der; -es, -e (در اتومبیل) صندلی بچه
Kinderspiel, das; -(e)s, -e ۱. بازی کودکان ۲. کار سهل و آسان
Kinderspielzeug, das; -(e)s, -e اسباب‌بازی بچه
Kindersprache, die; - زبان کودکان
Kindersterblichkeit, die; - مرگ و میر بچه‌ها
Kinderstube, die; -, -n اتاق بچه
eine gute Kinderstube haben از تربیت خانوادگی خوبی برخوردار بودن
Kinderwagen, der; -s, - کالسکهٔ بچگانه
Kinderzeit, die; -, -en بچگی، طفولیت، کودکی
Kinderzimmer, das; -s شیرخوارگاه، اتاق کودکان
Kinderzulage, die; -, -n مدد معاش کودکان، مقرری بچه‌ها
Kindesalter, das; -s کودکی، بچگی، طفولیت
Kindesentführung, die; -, -en بچه‌دزدی
Kindeskind, das; -(e)s, -er نوه
Kindesliebe, die; -, -n عشق فرزند به والدین
Kindesmißhandlung, die; -, -en بدرفتاری با بچه‌ها
Kindesmord, der; -(e)s, -e قتل بچه
Kindesmorderin, die; -, -nen بچه‌کش (مادری که بچهٔ خود را بعد از زایمان می‌کشد)
Kindesmutter, die; -, ¨- مادر بچه
Kindespflicht, die; -, -en وظیفهٔ کودکان نسبت به والدین
Kindestötung, die; -, -en کودک‌کشی

kindhaft *Adj.* بچگانه، کودکانه
Kindheit, die; - طفولیت، دوران کودکی
von Kindheit an از کودکی
kindisch *Adj.* بچگانه، کودکانه
kindisches Wesen حالت بچگی
Sei nicht so kindisch! بچه نشو!
Kindlein, das; -(e)s, -e بچه شیرخواره، بچه کوچک
kindlich *Adj.* بچگانه، کودکانه، کودک‌وار
Kindskopf, der; -(e)s, ¨-e طفل، نادان، ابله
Kindtaufe, die; -, -n (در کلیسا) مراسم تعمید و نام‌گذاری بچه
Kinemathek, die; -, -en آرشیو فیلم
Kinematik, die; -, -en سینماتیک، علم حرکت
Kinematograph, der; -en, -en سینماتوگراف، دستگاه نمایش فیلم
Kinematographie, die; -, -n سینماتوگرافی، هنر فیلم‌برداری
Kinetik, die; - (فیزیک) سینتیک، جنبش‌شناسی (شعبه‌ای از مکانیک که دربارهٔ اثر نیرو در حرکات اجسام بحث می‌کند)
kinetisch *Adj.* جنبشی، حرکتی
kinetische Energie انرژی جنبشی
Kinkerlitzchen, die / *Pl.* خرت و پرت؛ چیز قشنگ و کم‌بها
Kinn, das; -(e)s, -e چانه؛ زنخدان؛ فک پایین
Kinnbacken, der; -s, - استخوان فک
Kinnbart, der; -(e)s, ¨-e موی زیرلب؛ ریش کم
Kinngrübchen, das; -s, - چاه زنخدان
Kinnhaken, der; -s, - (بوکس‌بازی) مشتی که از زیر به چانه حریف زده شود
Kinnlade, die; -, -n فک، آرواره
Kino, das; -s, -s سینما
ins Kino gehen به سینما رفتن
im Kino در سینما
Kinobesitzer, der; -s, - مالک سینما، صاحب سینما
Kinobesucher, der; -s, - تماشاگر سینما
Kinobesucherin, die; -, -nen تماشاگر سینما (زن)
Kinofilm, der; -s, -e فیلم سینما
Kinoprogramm, das; -s, -e برنامهٔ سینما
Kinoreklame, die; -, -n تبلیغ فیلم
Kinovorstellung, die; -, -en نمایش فیلم
Kintopp, der / das; -s, -s / -töppe سینما
Kiosk, der; -(e)s, -e کیوسک
Kipfel, das; -s, - هلال ماه

Kippe, die; -, -n ۱. ته سیگار ۲. لبه، نبش، گوشه
auf der Kippe در گوشه، در نبش
auf der Kippe stehen در خطر سقوط بودن
kipp(e)lig *Adj.* متزلزل، ناپایدار
kippeln *Vi.* متزلزل بودن، ناپایدار کردن
kippen *Vi., Vt.* ۱. کج شدن، یک‌ور شدن ۲. کج کردن، یک‌ور کردن ۳. بیرون ریختن (مایعات)
Kippkarren, der; -s, - چرخ زباله‌بری
Kipplore, die; -, -n کامیون زباله‌بری
Kippschalter, der; -s, - کلید اهرمی (برق)
Kippwagen, der; -s, - اتومبیل زباله‌بری
Kirche, die; -, -n کلیسا
in der Kirche در کلیسا
in die Kirche gehen به کلیسا رفتن
die Kirche im Dorf lassen غلو نکردن، معقولانه عمل کردن
Kirchenbann, der; -(e)s, -e تکفیر، اخراج، طرد
Kirchenbau, der; -(e)s, -e ۱. کلیساسازی ۲. کلیسا
Kirchenbesucher, der; -s, -e کلیسارو
Kirchenbuch, das; -(e)s, ⸚er دفتر ثبت کلیسا
Kirchenchor, der; -(e)s, ⸚e آواز جمعی کلیسا
Kirchendiener, der; -s, - خادم کلیسا
Kirchenfürst, der; -en, -en حاکم کلیسا
Kirchengemeinde, die; -, -n بخشی از شهرستان که کلیسا و کشیش جداگانه دارد
Kirchengeschichte, die; -, -n تاریخ کلیسایی
Kirchenglocke, die; -, -n ناقوس کلیسا
Kirchenjahr, das; -(e)s, -e سال کلیسایی، سال میلادی
Kirchenkonzert, das; -(e)s, -e کنسرت موسیقی کلیسایی
Kirchenlicht, das; -(e)s, -er / -(e) نور کم، روشنایی اندک
Er ist kein großes Kirchenlicht. او آدم زیاد باهوشی نیست.
Kirchenlied, das; -(e)s, -er سرود روحانی، ترانهٔ مذهبی
Kirchenmaus, die; -, -mäuse آدم فقیر، آدم ندار
arm wie eine Kirchenmaus sein آه در بساط نداشتن، فقیر و ندار بودن
Kirchenmusik, die; - موسیقی کلیسایی
Kirchenrat, der; -(e)s, ⸚e شورای کلیسا
Kirchenraub, der; -(e)s, - سرقت اموال کلیسا
Kirchenräuber, der; -s, - سارق اموال کلیسا
Kirchenrecht, das; -(e)s, -e قانون شرع
Kirchenschiff, das; -(e)s, -e صحن کلیسا، شبستان
Kirchenspaltung, die; -, -en تفرقهٔ مذهبی
Kirchenstaat, der; -es, -en قلمرو کلیسا
Kirchensteuer, die; -, -n مالیات کلیسا
Kirchenstuhl, der; -(e)s, ⸚e صندلی کلیسا
Kirchentag, der; -(e)s, -e مجمع کلیسا
Kirchenvater, der; -s, ⸚ پدر مقدس، کشیش
Kirchenvorsteher, der; -s, - سرپرست کلیسا
Kirchgang, der; -(e)s, ⸚e راهرو کلیسا
Kirchhof, der; -(e)s, ⸚e حیاط کلیسا، گورستان متصل به کلیسا
kirchlich *Adj.* کلیسایی، (مربوط به) کلیسا
Kirchturm, der; -(e)s, ⸚e برج کلیسا، منارهٔ کلیسا
Kirchturmpolitik, die; -, -en سیاست کلیسا
Kirchturmspitze, die; -, -n نوک برج کلیسا
Kirchweih, die; -en / -es, -en بازار سال، بازار مکاره
Kirmes, die; -, -sen بازار سال، بازار مکاره
kirre *Adj.* رام، اهلی
kirren *Vt.* رام کردن، اهلی کردن
Kirsch, der; -(e)s, -e عرق گیلاس، عرق آلبالو
Kirschbaum, der; -(e)s, -bäume درخت گیلاس
Kirsche, die; -, -n (میوه) گیلاس
Mit ihm ist nicht gut Kirschen essen. آبمان با او در یک جوی نمی‌رود.
Kirschkern, der; -(e)s, -e هستهٔ گیلاس
Kirschkuchen, der; -s, - شیرینی گیلاس
Kirschlikör, der; -s, -e لیکور گیلاس
kirschrot *Adj.* [رنگ] قرمز گیلاسی، به رنگ گیلاس
Kirschwasser, das; -s, - عرق گیلاس، عرق آلبالو
Kismet, das; -s قسمت، سرنوشت
Kissen, das; -s, - بالش، نازبالش، متکا، مخده، پشتی
Kissenbezug, der; -(e)s, ⸚e روبالشی
Kissenüberzug, der; -(e)s, ⸚e روبالشی
Kiste, die; -, -n جعبه، صندوق
Kithara, die; -, -ren گیتار
Kitsch, der; -es اثر هنری مبتذل؛ چیز بی‌ارزش
kitschig *Adj.* مبتذل، بی‌محتوا، چرند، بیهوده، مزخرف
Kitt, der; -(e)s, -e بتونه، زاموسقه
Kittchen, das; -s, - زندان
Kittel, der; -s, - روپوش، بالاپوش
jemandem **brennt der Kittel** باهوش و زیرک نبودن
Kittelkleid, das; -(e)s, -e لباس خانه
Kittelschürze, die; -, -n پیش‌بند

kitten 476

kitten *Vt.* بتونه کردن، درزگیری کردن

eine neue Scheibe ins Fenster kitten

شیشه تازه‌ای انداختن

Ihre Freundschaft läßt sich nicht wieder kitten.

دوستی آنان به آخر رسیده است.

Kitz(chen), das; -es, -e

بچهٔ حیوانات (مثل آهو، بزغاله)

Kitzel, der; -s, - غلغلک

kitzeln *Vt.* غلغلک دادن

Kitzler, der; -s, - (آناتومی) خروسک، چوچوله

kitzlig *Adj.* غلغلکی

Kiwi[1]**,** die; -, -s (میوه) کیوی

Kiwi[2]**,** der; -s, -s (پرنده) کیوی

Klabautermann, der; -(e)s, -männer لولو، غول

Kladde, die; -, -n دفتر باطله، مسوده، چرک‌نویس

klaffen *Vi.* شکاف برداشتن

kläffen *Vi.* ۱. پارس کردن، عوعو کردن، زوزه کشیدن ۲. فحش دادن، دشنام رکیک دادن

Kläffer, der; -s, - سگ پارس کن

Klafter, der/das; -s, - واحد حجم

Klafterholz, das; -es, ⸚er واحد حجم چوب

klagbar *Adj.* قابل شکایت، شکایت‌آمیز

klagbar werden (gegen jemanden**)**

از کسی شکایت کردن

Klage, die; -, -n ۱. دادخواست، دادخواهی، دعوا، شکایت ۲. شکوه، ناله، گله

Klage gegen jemanden **erheben**

بر علیه کسی اقامه دعوا کردن

Klageabweisung, die; -, -en رد دادخواست (از طرف دادگاه)

Klageanspruch, der; -(e)s, ⸚e ادعا، مطالبه

Klageantrag, der; -(e)s, ⸚e (نامهٔ) دادخواست، شکایت

Klageerhebung, die; -, -en اقامهٔ دعوا، مرافعه

Klagefrist, die; -, -en مهلت شکایت، دادخواهی

Klagegrund, der; -(e)s, ⸚e سبب مرافعه، انگیزهٔ شکایت، موجب دعوا

Klagelaut, der; -(e)s, -e صدای شکوه‌آمیز؛ آوای محزون، ناله

Klagelied, das; -(e)s, -er سوگواری، مرثیه‌خوانی، نوحه

klagen *Vi., Vt.* ۱. آه و ناله کردن ۲. شکایت کردن، دادخواهی کردن، اقامه دعوا کردن

über jemanden **klagen** از کسی شکایت کردن

jemandem etwas **klagen**

در مورد چیزی از کسی شکایت کردن

klagen über شکایت (کردن) از

klagend *Adj.* شکوه‌آمیز

Klagende, der; -n, -n دادخواه، شاکی، مدعی

Klagepunkt, der; -(e)s, -e موضوع شکایت

Kläger, der; -s, - شاکی، مدعی، دادخواه، عارض، خواهان

Klägerin, die; -, -nen شاکی، مدعی، دادخواه، عارض، خواهان (زن)

klägerisch *Adj.* شکوه‌آمیز، شکایت‌آمیز

Klageschrift, die; -, -en شکایت‌نامه، ادعانامه

kläglich *Adj.* شکوه‌آمیز، شکایت‌آمیز، رقت‌آور، تأثرانگیز

klaglos *Adj.* بدون شکوه و شکایت

Klamauk, der; -s سر و صدا، غوغا، هیاهو، داد و فریاد

klamm *Adj.* ۱. سرد و مرطوب ۲. (از سرما) خشک شده

Klamm, die; -, -en تنگه، گردنه، دره تنگ

Klammer, die; -, -n ۱. پرانتز، هلالین ۲. گیره؛ قزن قفلی؛ سگک

Klammer auf, Klammer zu پرانتز باز، پرانتز بسته

einen Satz in Klammern setzen

جمله‌ای را داخل پرانتز قرار دادن

die Heftklammer سوزن منگنه

die Büroklammer گیرهٔ کاغذ، کلیپس

die Haarklammer گیرهٔ مو

die Wäscheklammer گیرهٔ لباس

klammern *Vt., Vr.* ۱. بین پرانتز نهادن ۲. با قزن قفلی / سگک سفت کردن، با گیره محکم کردن ۳. بستن (زخم) ۴. محکم گرفتن

sich an eine Hoffnung klammern قطع امید نکردن

Klamotte, die; -, -n خرت و پرت، چیز کهنه و غیر قابل استفاده

alte Klamotte لباس‌های کهنه

Klamottenkiste, die; -, -n

صندوق لباس‌های کهنه / قدیمی

Klampfe, die; -, -n (نوعی) گیتار

Klang, der; -(e)s, ⸚e صدا، صوت، طنین، نغمه، نوا

klang *P.* صیغهٔ فعل گذشتهٔ مطلق از مصدر klingen

Klangfarbe, die; -, -n طنین

Klangfülle, die; - پرصدایی، پرطنینی

klanglich *Adj.* (مربوط به) طنین، (مربوط به) آهنگ

klanglos *Adj.* بی‌آهنگ، بی‌طنین، بی‌صدا، ناموزون

Klangregelung, die; -, -en (در رادیو) کنترل صدا

Klangregler, der; -s, - وسیلهٔ کنترل صدا
klangreich *Adj.* پرطنین، پرصدا
klangvoll *Adj.* پرطنین، خوش صدا، خوش‌آهنگ
klapp *Interj.* تَق، صدای به‌هم خوردن دو چیز، صدای ناگهانی
Klappbett, das; -es, -en تختخواب تاشو
Klappbrücke, die; -, -n پل متحرک
Klappe, die; -, -n دریچه، سوپاپ، سرپوش؛ مخرج
Halt die Klappe! خفه شو!
in die Klappe gehen به رختخواب رفتن
die Klappe halten جلوی دهان خود را گرفتن، سکوت کردن
Er hat eine große Klappe. او زیاد وراجی می‌کند.
klappen *Vt., Vi.* ۱. برهم زدن (در)، با صدا بستن ۲. تا کردن، برگرداندن ۳. با موفقیت انجام شدن
Es wird schon klappen. درست خواهد شد.
zum Klappen kommen روبه‌راه شدن
Es hat alles gut geklappt. همه‌چیز بر وفق مراد است.
Klappentext, der; -es, -e تقریظ کتاب
Klapper, die; -, -n ۱. غوغا، هیاهو؛ پچ‌پچ ۲. جغجغه
klapperdürr *Adj.* بسیار ضعیف
klapp(e)rig *Adj.* ۱. متزلزل، لغزنده ۲. کهنه، قراضه
Klapperkasten, der; -s, ⸚ چیز قراضه، دستگاهی که بر اثر استعمال زیاد به ترق و تروق بیفتد
Klapperkiste, die; -, -n چیز قراضه، دستگاهی که بر اثر استعمال زیاد به ترق و تروق بیفتد
Klappermühle, die; -, -n چیز قراضه، دستگاهی که بر اثر استعمال زیاد به ترق و تروق بیفتد
klappern *Vi.* ۱. تق‌تق کردن، تلق‌تلق کردن ۲. به‌صدا درآمدن، تکان خوردن، به‌هم ساییدن ۳. دندان قروچه کردن ۴. پلک زدن
mit den Zähnen klappern دندان قروچه کردن
Klapperschlange, die; -, -n مار زنگی
Klapperstorch, der; -(e)s, ⸚e لک‌لک افسانه‌ای
Klapphorn, das; -(e)s, ⸚er (نوعی) شیپور
Klapphornvers, der; -es, -e شعر بی‌قافیه
Klapphut, der; -(e)s, ⸚e کلاه بلند مردانه
Klappmesser, das; -s, - چاقوی جیبی تاشو
Klapprad, das; -(e)s, ⸚er دوچرخه تاشو
klapprig *Adj.* ۱. کهنه، قراضه؛ لق ۲. [اشخاص پیر] رنجور، ضعیف ۳. کم دوام، ناپایدار
Klappsitz, der; -es, -e صندلی تاشو
Klappstuhl, der; -(e)s, ⸚e صندلی تاشو
Klapptisch, der; -(e)s, -e میز تاشو سفری

Klapptür, die; -, -en دری که در سقف اتاق قرار دارد
Klaps, der; -es, -e/⸚e ۱. ضربه؛ تودهنی؛ سیلی؛ ضربت دست ۲. جنون، دیوانگی
Er hat einen Klaps. عقلش پاره‌سنگ برمی‌دارد.
Klapsdoktor, der; -s, -en پزشک اعصاب
klapsen *Vt.* به (کسی) سیلی زدن، به (کسی) ضربه زدن، به (کسی) کف دستی زدن
klapsig *Adj.* دیوانه، مجنون
Klapsmühle, die; -, -n دیوانه‌خانه، تیمارستان
klar *Adj.* ۱. روشن، واضح، آشکار، صریح ۲. صاف، زلال، شفاف ۳. بدون ابر
klaren Kopf behalten حواس جمع داشتن
sich über etwas **klar sein** چیزی را دقیقاً دانستن
Na, klar! البته! معلوم است!
Das geht (schon) klar! همه‌چیز روبه‌راه خواهد شد!
klares Wasser آب زلال
ein klarer Himmel آسمان صاف
eine klare Antwort جواب صریح
Das ist doch kalr. مسلم است. معلوم است.
jemandem **klaren Wein einschenken** آب پاکی روی دست کسی ریختن
Kläranlage, die; -, -n دستگاه تصفیه، صافی
Klärapparat, der; -(e)s, -e دستگاه صافی، دستگاه تصفیه
klarblickend *Adj.* روشن‌بین، صاحب‌نظر، بصیر
klären *Vt., Vr.* ۱. روشن کردن (مطلب) ۲. صاف کردن، تصفیه کردن ۳. روشن شدن (قضیه)
Die Frage hat sich geklärt. جواب سؤال روشن است.
klargehen *Vi.* روبه‌راه شدن، انجام شدن
Klarheit, die; -, -en روشنی، وضوح، آشکاری، شفافیت
Klarinette, die; -, -n (ساز) کلارینت، قره‌نی
Klarinettist, der; -en, -en نوازندهٔ کلارینت، نوازندهٔ قره‌نی
klarkommen *Vi.* ۱. اداره کردن، ترتیب دادن، از پیش بردن، سر و صورت دادن، از عهده برآمدن ۲. کنار آمدن ۳. فهمیدن، درک کردن
Wie kommst du klar mit dem neuen Chef? با رئیس تازه چطوری؟
klarkriegen *Vi.* مرتب کردن، منظم کردن
klarlegen *Vt.* روشن کردن، قابل فهم کردن، توضیح دادن، فهماندن
klarmachen *Vt.* روشن کردن، قابل فهم کردن، توضیح دادن، فهماندن

klarsehen *Vi.*	۱. به وضوح دیدن ۲. فهمیدن
Klarsichtfolie, die; -, -n	زرورق نازک
Klarsichthülle, die; -, -n	پوشش نازک
Klarsichtpackung, die; -, -en	بسته‌بندی نازک
klarstellen *Vt.*	روشن کردن، قابل فهم کردن، توضیح دادن، فهماندن
Klarstellung, die; -, -en	روشنی، وضوح، آشکاری
Klartext, der; -es, -e	متن روشن
Klärung, die; -, -en	روشنی، وضوح، آشکاری
klarwerden *Vi.*	روشن شدن، واضح شدن، قابل فهم شدن
sich klarwerden über	در مورد (چیزی) روشن شدن
Klasse, die; -, -n	۱. کلاس درس ۲. درجه، مرتبه، دانش‌پایه ۳. دسته، صنف، طبقه، رده (اجتماعی)
erster Klasse	(بلیت) درجه یک
zweiter Klasse	(بلیت) درجه دو
die Arbeiterklasse	طبقهٔ کارگر
Das ist Klasse!	عالی است!
klasse *Adj.*	عالی، خیلی خوب، درجه یک
Klassenälteste(r), die/der; -n, -n	نمایندهٔ کلاس
Klassenarbeit, die; -, -en	تکلیف مدرسه، تکلیف سرکلاس
Klassenaufsatz, der; -es, -sätze	انشای سرکلاس
Klassenbeste, der/die; -n, -n	بهترین شاگرد کلاس
Klassenbewußtsein, das; -s	درجهٔ هشیاری، حس آگاهی
Klassenbuch, das; -(e)s, ̈-er	دفتر کلاس، دفتر حضور و غیاب
Klassengesellschaft, die; -, -en	اجتماع کلاس
Klassenhaß, der; -hasses	عداوت صنفی، دشمنی طبقاتی
Klassenkamerad, der; -en, -en	هم‌کلاسی
Klassenkameradin, die; -, -nen	هم‌کلاسی (زن)
Klassenkampf, der; -(e)s, ̈-e	نزاع طبقاتی
Klassenlehrer, der; -s, -	معلم کلاس
klassenlos *Adj.*	بدون طبقه
Klassenlotterie, die; -, -n	قرعه‌کشی کلاس
Klassensprecher, der; -s, -	سخنگوی کلاس، مبصر، نمایندهٔ کلاس
Klassensprecherin, die; -, -nen	سخنگوی کلاس، مبصر، نمایندهٔ کلاس (زن)
Klassenunterschied, der; -(e)s, -e	اختلاف طبقاتی، تفکیک طبقه‌ای
Klassenvertreter, der; -s, -	نمایندهٔ کلاس، مبصر
Klassenvertreterin, die; -, -nen	نمایندهٔ کلاس، مبصر (زن)
Klassenzimmer, das; -s, -	اتاق درس، کلاس درس
klassieren *Vt.*	دسته‌بندی کردن، طبقه‌بندی کردن
Klassifikation, die; -, -en	دسته‌بندی، طبقه‌بندی، رده‌بندی
klassifizieren *Vt.*	رده‌بندی کردن، طبقه‌بندی کردن، گروه‌بندی کردن
Klassifizierung, die; -, -en	دسته‌بندی، طبقه‌بندی، رده‌بندی
Klassik, die; -	(مکتب) کلاسیک
Klassiker, der; -s, -	هنرمند دورهٔ کلاسیک، هنرمند ادبیات یونان باستان
klassisch *Adj.*	۱. (مربوط به) دورهٔ کلاسیک؛ پیرو مکتب ادبی/هنری باستان ۲. سنتی، کهن، باستانی
Klassizismus, der; -, -men	(در ادبیات و هنر) سبک کلاسیک
klassizistisch *Adj.*	پیرو سبک کلاسیک
klatsch *Interj.*	۱. صدای ترشح، صدای ریزش ۲. صدای بههم خوردن دست
Klatsch, der; -es, -e	۱. شایعهٔ بی‌اساس، یاوه‌گویی ۲. غیبت، بدگویی، سخن‌چینی
Klatschbase, die; -, -n	زن پرحرف
Klatsche, die; -, -n	۱. گزافه‌گویی، بدگویی ۲. مگس‌پران، مگس‌ران
klatschen *Vi., Vt.*	۱. برای (کسی) کف زدن، به (کسی) آفرین گفتن، تحسین کردن ۲. بدگویی (کسی) را کردن، غیبت (کسی) را کردن ۳. سیلی زدن
Klatscher, der; -s, -	۱. کف‌زننده ۲. بدگو، اهل غیبت
Klatscherei, die; -, -en	سخن‌چینی، بدگویی
klatschhaft *Adj.*	بیهوده، یاوه
Klatschhaftigkeit, die; -	بیهودگی، یاوه‌گویی
Klatschmaul, das; -(e)s, -mäuler	سخن‌چین، بدگو
Klatschmohn, der; -(e)s, -e	شقایق سرخ
klatschnaß *Adj.*	کاملاً خیس
Klatschspalte, die; -, -n	(در روزنامه) ستون شایعات
Klatschsucht, die; -	شایعه‌سازی، بدگویی
klatschsüchtig *Adj.*	شایعه‌ساز، سخن‌چین
Klatschtante, die; -, -n	آدم پرحرف، حرف مفت‌زن
klauben *Vt.*	کندن، جمع کردن، پاک کردن
Klaue, die; -, -n	چنگ، پنجه، چنگال
jemanden den Klauen des Todes entreißen	کسی را از چنگال مرگ نجات دادن
eine Klaue haben	خط خرچنگ قورباغه‌ای داشتن

klauen *Vt., Vi.*	۱. دزدیدن، کش رفتن
	۲. اردک‌وار راه رفتن
Klauenfett, das; -(e)s, -e	روغن پاچهٔ گاو
Klauenseuche, die; -, -n	(در گاو و گوسفند)
	(نوعی) ناخوشی پا
Klause, die; -, -n	۱. سلول، حجره، پستو ۲. انزوا،
	گوشهٔ عزلت ۳. اتاق آرام، اتاق بی‌سر و صدا
Klausel, die; -, -n	۱. بند، شرط، فقره، قید ۲. جمله،
	عبارت ۳. مادهٔ محدودکننده (در قرارداد)
Klausner, der; -s, -	منزوی، گوشه‌نشین، تارک دنیا
Klausur, die; -, -en	انزوا، گوشه‌نشینی، عزلت
Klausurarbeit, die; -, -en	
	امتحانی که با نظارت دیگران انجام شود
Klausursitzung, die; -, -en	جلسهٔ غیرعلنی،
	نشست خصوصی
Klausurtagung, die; -, -en	جلسهٔ غیرعلنی،
	نشست خصوصی
Klaviatur, die; -, -en	شستی‌های پیانو؛ مضراب‌های ساز
Klavier, das; -s, -e	پیانو
Klavier spielen	پیانو زدن
das Klavier stimmen	پیانو کوک کردن
Klavierauszug, der; -(e)s, ־e	نُت پیانو
klavieren *Vt.*	پیانو زدن
Klavierkonzert, das; -(e)s, -e	کنسرت پیانو؛
	کنسرتو پیانو
Klavierlehrer, der; -s, -	هنرآموز پیانو
Klavierlehrerin, die; -, -nen	هنرآموز پیانو (زن)
Klavierschule, die; -, -n	آموزشگاه پیانو
Klaviersonate, die; -, -n	سونات پیانو
Klavierspieler, der; -s, -	نوازندهٔ پیانو، پیانیست
Klavierspielerin, die; -, -nen	نوازندهٔ پیانو،
	پیانیست (زن)
Klavierstimmer, der; -s, -	متخصص کوک پیانو
Klavierstunde, die; -, -n	درس پیانو، تعلیم پیانو
Klebeband, das; -(e)s, ־er	نوارچسب
Klebefolie, die; -, -n	زرورق چسب‌دار
Klebemittel, das; -s, -	مادۀ چسبناک
kleben *Vt., Vi.*	۱. چسباندن، چسب زدن ۲. چسبیدن،
	چسبناک بودن
jemandem eine kleben	در گوشی به کسی زدن
klebenbleiben *Vi.*	۱. چسبیدن
	۲. سر جای خود نشستن، تکان نخوردن
klebend *Adj.*	چسبناک، چسبنده
Klebepflaster, das; -s, -	مشمع چسب‌دار
Kleber, der; -s, -	برچسب، چسب
Klebezettel, der; -s, -	اتیکت چسب‌دار
klebrig *Adj.*	چسبنده، چسبناک، چسب‌دار
Klebrigkeit, die; -	چسبندگی
Klebstoff, der; -(e)s, -e	چسب، چسب مایع
Klebstreifen, der; -s, -	نوارچسب
kleckern *Vi., Vt.*	۱. لکه‌دار کردن، کثیف کردن ۲. ریختن،
	چکاندن
Klecks, der; -es, -e	لک، لکه، آلودگی
klecksen *Vt., Vi.*	۱. مالیدن ۲. لک کردن،
	کثیف کردن، چرک کردن
Klee, der; -s, -	۱. شبدر ۲. ورق گشنیز
jemanden über den grünen Klee loben	
	از کسی بیش از اندازه تمجید کردن
Kleeblatt, das; -(e)s, ־er	برگ شبدر
Kleedame, die; -, -n	(ورق‌بازی) بی بی گشنیز
Kleid, das; -(e)s, -er	لباس، پیراهن زنانه
ein neues Kleid	لباس نو
kleiden *Vi., Vt.*	۱. لباس پوشیدن، جامه در بر کردن
	۲. برازنده بودن (لباس) ۳. به (کسی) لباس پوشیدن
Der Mantel kleidet dich gut.	این پالتو برازنده تو است.
sich kleiden	جامه به تن کردن
Kleider, die / Pl.	لباس، پوشاک
Kleiderablage, die; -, -n	جالباسی، رختکن
Kleiderbügel, der; -s, -	چوب‌رختی، چوب‌لباسی،
	رخت‌آویز
Kleiderbürste, die; -, -n	ماهوت پاک‌کن
Kleiderhaken, der; -s, -	جارختی، جالباسی،
	قلاب لباس
Kleidermacher, der; -s, -	خیاط
Kleidermotte, die; -, -n	بید (لباس)
Kleiderpuppe, die; -, -n	مانکن
Kleiderschrank, der; -(e)s, ־e	کمد لباس
Kleiderschürze, die; -, -n	پیش‌بند، پیش‌دامن
Kleiderständer, der; -s, -	رخت‌آویز، چوب‌رختی
Kleiderstoff, der; -(e)s, -e	پارچهٔ لباسی
kleidsam *Adj.*	شایسته، مناسب، زیبنده، درخور
Kleidung, die; -, -en	لباس، پوشاک
Kleidungsstück, das; -(e)s, -e	لباس، پوشاک
Kleie, die; -, -n	سبوس، نخاله، پوست (غلات)
Kleiemehl, das; -(e)s	آرد سبوس‌دار
klein *Adj.*	۱. کوچک، خرد، ناچیز، اندک، مختصر، کم
	۲. کوتاه
kleines Geld	پول خرد

Kleinanzeige 480

ein klein wenig خیلی کم
groß und klein بزرگ و کوچک
von klein auf از خردسالی
im kleine verkaufen خرده‌فروشی کردن
Wort klein schreiben با حروف کوچک نوشتن
bis ins kleinste با همهٔ جزئیات
kleine Leute آدم‌های فقیر
die Kleinen بچه‌ها، کودکان
ganz klein werden دست از لاف‌زنی و غرور برداشتن
klein beigehen کوتاه آمدن، دست از یک‌دندگی برداشتن

Kleinanzeige, die; -, -n آگهی مختصر
Kleinarbeit, die; - ریزه‌کاری
Kleinasien, das آسیای صغیر
Kleinauto, das; -s, -s اتومبیل کوچک
Kleinbahn, die; -, -en راه‌آهن کوچک، خط‌آهن کم‌عرض
Kleinbauer, der; -n, -n خرده مالک، کشاورز جزء
Kleinbetrieb, der; -(e)s, -e کارگاه کوچک
Kleinbildkamera, die; -, -s دوربین کوچک، دوربین مینیاتوری
Kleinbuchstabe, der; -ns, -n کارگاه کوچک
Kleinbürger, der; -s, - شهروند متوسط
kleinbürgerlich *Adj.* ۱. کوته‌فکر، نظرتنگ ۲. (مربوط به) شهروند متوسط
Kleinbus, der; -busses, -busse مینی‌بوس
Kleincomputer, der; -s, - کامپیوتر کوچک
kleindenkend *Adj.* کوته‌فکر، کوته‌نظر؛ پست
Kleine[1], der; -n, -n پسربچه
Kleine[2], die; -, -n دختربچه
Kleinformat, das; -(e)s, -e اندازهٔ کوچک
Kleingarten, der; -s, ⸚ باغچه
Kleingärtner, der; -s, - شاگرد باغبان
Kleingebäck, das; -(e)s, -e بیسکویت کوچک
Kleingeld, das; -(e)s, - پول خرد
kleingläubig *Adj.* ۱. کم‌اعتقاد، کم‌ایمان ۲. شکاک، مردد ۳. بدون اعتماد به نفس
Kleingläubigkeit, die; - کم‌اعتقادی، کم‌ایمانی
Kleinhacken, der; -s, - پاشنه کوتاه
kleinhacken *Vt.* خرد کردن، ریزریز کردن (گوشت)
Kleinhandel, der; -s خرده‌فروشی، جزئی‌فروشی
Kleinhandelspreis, der; -es, -e نرخ خرده‌فروشی
Kleinhändler, der; -s, - خرده‌فروش
Kleinheit, die; - کوچکی، خردی، کمی
Kleinhirn, das; -s, -e مخچه

Kleinholz, das; -(e)s هیزم شکسته
Ich mache Kleinholz aus dir! حسابت را می‌رسم!
Kleinigkeit, die; -, -en ۱. چیز بی‌اهمیت، چیز کم‌بها ۲. موضوع کم‌اهمیت، موضوع ناچیز
eine Kleinigkeit essen غذای مختصر خوردن
Kleinigkeitskrämer, der; -s, - مبالغه‌گر، کسی که از کاه کوه می‌سازد
Kleinigkeitskrämerei, die; -, -en مبالغه، اغراق
Kleinkaliberbüchse, die; -, -n تفنگ با کالیبر کوچک
kleinkariert *Adj.* ۱. [پارچه] چهارخانهٔ ریز ۲. نظرتنگ، کوته‌بین
Kleinkind, das; -es, -er بچه کوچک، طفل (۳ تا ۶ ساله)
Kleinkinderbewahranstalt, die; -, -en شیرخوارگاه، پرورشگاه کودکان
Kleinkram, der; -s ۱. چیز جزئی، چیز اندک ۲. موضوع کم‌اهمیت، موضوع ناچیز
Kleinkrieg, der; -(e)s, -e جنگ پارتیزانی
kleinkriegen *Vt.* ۱. خرد کردن، کوچک کردن؛ کاملاً مصرف کردن ۲. مطیع کردن
jemanden **kleinkriegen** کسی را مطیع کردن، پوزه کسی را به خاک مالیدن
Kleinkunstbühne, die; -, -n کاباره
kleinlaut *Adj.* متواضع، مطیع، مقهور، فروتن، افتاده
kleinlich *Adj.* تنگ‌نظر، کوته‌فکر، خرده‌بین
Kleinlichkeit, die; -, -en تنگ‌نظری، کوته‌فکری
kleinmachen *Vt.* ۱. ریزریز کردن ۲. خرد کردن (پول)
kleinmöglich *Adj.* بسیار کوچک، ریزریز
Kleinmut, der; -(e)s, - ترسویی، بزدلی، جبن
kleinmütig *Adj.* ترسو، بزدل، جبون
Kleinod, das; -(e)s, -e/-ien جواهر، گوهر، زیورآلات
Kleinpferd, das; -(e)s, -e اسب کوچک، پونی
kleinschneiden *Vt.* خرد کردن، ریزریز کردن
Kleinschreibung, die; -, -en کوچک‌نویسی
Kleinstaat, der; -(e)s, -en ایالت کوچک
Kleinstaaterei, die; -, -en دادن استقلال به هر یک از ایالات کشور
Kleinstadt, die; -, ⸚e شهر کوچک، شهرک
Kleinstädter, der; -s, - شهرستانی
Kleinstädterin, die; -, -nen شهرستانی (زن)
kleinstädtisch *Adj.* ایالتی، محلی
Kleinstkind, das; -(e)s, -er نوزاد (تا دو سالگی)
Kleinstmaß, das; -es, -e حداقل، کمترین

481 klipp

Kleinverkauf, der; -(e)s, -käufe خرده‌فروشی
Kleinvieh, das; -(e)s گله کوچک
Kleinvieh macht auch Mist. قطره قطره جمع گردد، وانگهی دریا شود.
Kleinwagen, der; -s, - اتومبیل کوچک
Kleister, der; -s, - چسب، سریشم
kleistern *Vt.* چسباندن، چسب زدن
Klementine, die; -, -n نارنگی بدون هسته
Klemme, die; -, -n ۱. گیره، بست، پنس ۲. نهایی، انتهایی، پایان ۳. وضع بغرنج، گرفتاری
in der Klemme sein در تنگنا بودن
klemmen *Vt., Vi.* ۱. فشار دادن، فشردن، له کردن، چلاندن، زور دادن ۲. قاپیدن ۳. بین دو چیز قرار دادن ۴. گیر کردن، آسان باز نشدن (در، پنجره)
sich den Finger klemmen خود را به دردسر انداختن
Klemmer, der; -s, - عینک دماغی، عینک بی‌دسته
Klemmschraube, die; -, -n پیچ اتصال
Klempner, der; -s, - حلبی‌ساز؛ آهن‌کوب؛ لوله‌کش
Klempnerei, die; -, -en حلبی‌سازی؛ آهن‌کوبی؛ لوله‌کشی
klempnern *Vi.* لوله کشیدن؛ آهن‌کوبی کردن
Klepper, der; -s, - اسب پیر و وامانده
Kleptomanie, die; - جنون سرقت، میل و اشتیاق به دزدی
kleptomanisch *Adj.* عاشق سرقت، علاقمند به دزدی
klerikal *Adj.* ۱. دفتری ۲. (مربوط به) کلیسا
Kleriker, der; -s, - کشیش
Klerus, der; -s روحانی
Klette, die; -, -n (گیاه) خاخِسک
Kletterer, der; -s, - ۱. کوهنورد ۲. (گیاه) بالارونده
klettern *Vi.* بالا رفتن، صعود کردن
auf einen Baum klettern از درختی بالا رفتن
Kletterpflanze, die; -, -n گیاه نیلوفری، گیاه پیچی، گیاه بالارونده، پیچک
Kletterrose, die; -, -n گل سرخ پیچی
Kletterschuh, der; -(e)s, -e کفش کوهنوردی
Kletterseil, das; -(e)s, -e طناب کوهنوردی
Kletterstange, die; -, -n دکل بالارونده، دیرک بالارونده
Klicke, die; - دسته، گروه، جمع
klicken *Vi.* صدای تَلَقی دادن
Klicker, der; -s, - تیله
klickern *Vi.* تیله‌بازی کردن
Klicks, der; -es, -e صدای مختصر، تیک
Klient, der; -en, -en (برای مشاوره حقوقی) موکل، ارباب رجوع
Klientin, die; -, -nen (برای مشاوره حقوقی) موکل، مشتری، ارباب رجوع (زن)
Klima, das; -s, -s آب و هوا، شرایط جوی
Klimaänderung, die; -, -en تغییرات جوی
Klimaanlage, die; -, -n دستگاه تهویه، تأسیسات تهویهٔ مطبوع
Klimakterium, das; -s, -rien دوران یائسگی (زن)
klimatisch *Adj.* آب و هوایی، (مربوط به) آب و هوا
klimatisieren *Vt.* ۱. هوا دادن، تهویه کردن ۲. درجهٔ حرارت و رطوبت (جایی) را تغییر دادن
Klimatisierung, die; - ۱. تهویه ۲. تغییر درجه حرارت و رطوبت
Klimatologe, der; - آب و هواشناس، اقلیم‌شناس
Klimatologie, die; -, -gien آب و هواشناسی، اقلیم‌شناسی
Klimawechsel, der; -s, - تغییر آب و هوا
Klimbim, der/das; -s خرده‌ریز، چیز بی‌بها، آشغال، خرت و پرت
klimmen *Vi.* بالا رفتن، صعود کردن
Klimmzug, der; -es, =e صعود
klimpern *Vi., Vt.* ۱. ترق و تروق کردن، صدای جرنگ‌جرنگ کردن ۲. ساز زهی زدن، مضراب زدن ۳. ناشیانه نواختن (آهنگ)
Klinge, die; -, -n تیغ، تیغه (چاقو)
Klingel, die; -, -n زنگ، زنگوله
Klingelknopf, der; -(e)s, =e دگمهٔ زنگ اخبار
klingeln *Vi.* ۱. زنگ زدن ۲. طنین داشتن، طنین انداختن
Es klingelt. زنگ می‌زنند.
Es hat geklingelt. زنگ زدند.
Klingelschnur, die; -, =e ریسمان زنگ، زنجیر زنگ
Klingelzug, der; -(e)s, =e دستهٔ زنگ
klingen *Vi.* صدا دادن، به صدا درآمدن، طنین انداختن
Klingklang, der; -(e)s, =e دینگ دانگ
Klinik, die; -, -en کلینیک، درمانگاه
klinisch *Adj.* کلینیکی، بالینی، درمانی، درمانگاهی
Klinke, die; -, -n چفت، دستگیره، ضامن (در)
klinken *Vi.* چفت کردن، قفل کردن، محکم کردن
Klinker, der; -s, - آجر لعابی
Klinkerbau, der; -(e)s, -e آجرپزی
Klipp, der; -s, -s سنجاق سر؛ پنس
klipp *Adv.* روشن، آشکار

klipp und klar آشکار، هویدا، بدیهی، واضح و روشن
jemandem etwas **klipp und klar sagen**
چیزی را به کسی به روشنی و وضوح گفتن
Klippe, die; -, -n صخره، تخته سنگ
Klipper, der; -s, - هواپیمای بزرگ مسافربری
klippig *Adj.* صخره‌ای، پرتگاه‌دار، ناهموار
klipp, klapp *Interj.* صدای چلپ چلوب، تیک
klirren *Vi.* به صدا درآمدن (شیشه، پنجره)، جرنگ جرنگ کردن
Klischee, das; -s, -s (چاپ) کلیشه، پلاک، لوح
Klischeevorstellung, die; -, -en تصور کلیشه‌ای، تصور محدود، تصور از پیش تعیین شده
klischieren *Vt.* کلیشه کردن، با کلیشه چاپ کردن
Klistier, das; -s, - اماله، تنقیه
Klistierspritze, die; -, -n (دندانپزشکی) سرنگ دندان
klistieren *Vt.* اماله کردن، تنقیه کردن
Klitoris, die; -, - (آناتومی) خروسک، چوچوله
Klitsche, die; -, -n کلبه، خانه رعیتی
klitschen *Vi., Vt.* ۱. به‌شکل خمیر درآوردن ۲. با کف دست به (کسی) ضربه زدن
klitschig *Adj.* [نان] خمیری، نرم
klitschnaß *Adj.* خیس خیس
klitzeklein *Adj.* خرد، کوچک، ریز
Klo, das; -s, -s دستشویی، مستراح
Kloake, die; -, -n مجرای فاضلاب، چاهک، آبریز
Kloben, der; -s, - کندهٔ هیزم، چوب درخت
klobig *Adj.* بزرگ، گنده، سنگین
Klobrille, die; -, -n نشیمنگاه توالت فرنگی
Klobürste, die; -, -n برس توالت
klomm *P.* klimmen صیغهٔ فعل گذشتهٔ مطلق از مصدر
klönen *Vi.* گپ زدن، پرحرفی کردن
Klopapier, das; -s, -e کاغذ توالت
klopfen *Vi., Vt.* ۱. زدن، در زدن، دق‌الباب کردن ۲. تپیدن (قلب) ۳. (با چوب) تکاندن، گرفتن (خاک قالی) ۴. کوبیدن (میخ)
Es klopft. در می‌زنند.
Klopfer, der; -s, - ۱. زنندهٔ در ۲. چکش در، کوبهٔ در
klopffest *Adj.* ضد ضربه
Klopfholz, das; -es, ¨-er گوشت‌کوب
Klöppel, der; -s, - ۱. قرقره، ماسوره ۲. زبانهٔ زنگ
Klöppelarbeit, die; -, -en قرقره‌سازی، ماسوره‌سازی
Klöppelei, die; -, -en قرقره‌سازی، ماسوره‌سازی
Klöppelkissen, das; -s, - چارچوب قلاب‌دوزی
klöppeln *Vt., Vi.* قلاب‌دوزی کردن
Klöppelspitzen, die / *Pl.* قلاب‌دوزی
Klöpplerin, die; -, -nen بافنده (زن)
Klops, der; -es, -e کوفته؛ قیمه‌ریزه
Klosett, das; -s, -s دستشویی، مستراح، توالت
Klosettbecken, das; -s, - لگن دستشویی
Klosettbürste, die; -, -n برس توالت
Klosettpapier, das; -s, -e کاغذ توالت
Kloß, der; -es, ¨-e کوفته
einen Kloß im Munde haben غیرواضح صحبت کردن
Kloster, das; -s, ¨- صومعه، دیر، خانقاه
Klosterbruder, der; -s, ¨- راهب
Klosterfrau, die; -, -en راهبه
Klosterleben, das; -s, - زندگی رهبانی
klösterlich *Adj.* رهبانی
Klotz, der; -es, ¨-e کندهٔ درخت
ein Klotz am Bein sein باری روی دوش (کسی) بودن
Klotzholz, das; -es, ¨-er چوب کندهٔ درخت
klotzig *Adj.* بزرگ، گنده، سنگین
Klub, der; -s, -s کلوب، باشگاه، کانون، مجمع
Klubjacke, die; -, -n کت مخصوص باشگاه
Klubkamerad, der; -en, -en عضو کلوپ، هم‌باشگاه
Klubmitglied, das; -(e)s, -er عضو باشگاه
Klubsessel, der; -s, - صندلی دسته‌دار بزرگ
Kluft[1]**,** die; -, ¨-e شکاف، رخنه، ترک، درز؛ فرورفتگی
Kluft[2]**,** die; -, -en لباس متحدالشکل، یونیفورم
klug *Adj.* عاقل، باهوش، تیزهوش، زیرک؛ ماهر؛ فهمیده
Ich kann nicht klug daraus werden.
از آن (چیزی) سردر نمی‌آورم.
Ich werde aus ihm nicht klug.
از کارش سردر نمی‌آورم.
Er hat klug reden. گفتنش برای او آسان است.
Der klügere gibt nach! عاقل‌تره کوتاه می‌آد!
aus einer Sache klug werden
از موضوعی سر در آوردن
Klugheit, die; -, -en هشیاری، تیزهوشی، عقل، هوش، زیرکی، زرنگی؛ مهارت؛ فهم
kluglich *Adj.* خردمندانه، عاقلانه
klugreden *Vi.* عاقلانه صحبت کردن
Klugredner, der; -s, - کسی که عاقلانه صحبت می‌کند
Klugschnacker, der; -s, - کسی که عاقلانه صحبت می‌کند
Klump, der; -(e)s, -e ۱. مچاله ۲. دلمه، لخته (خون)
Klümpchen, das; -s, - لختهٔ کوچک (خون)

Knebelbart

klumpen *Vi.*	۱. دلمه شدن، لخته شدن ۲. گلوله شدن، بهشکل گلوله درآمدن
Klumpen, *der; -s, -*	۱. دلمه، لخته (خون) ۲. کلوخ، کلوخه، خاک
Klumpfuß, *der; -es, ¨-e*	پاکوتاه، پا چنبری
klumpig *Adj.*	۱. ناهنجار ۲. دلمه شده، لخته شده
Klüngel, *der; -s, -*	گروهی که به به خاطر منافع خود گروه دیگر را تحت فشار قرار می‌دهند
Kluppe, *die; -, -n*	۱. گازانبر ۲. کولیس، وسیلهٔ اندازه‌گیری ۳. حدیده ۴. گیرهٔ لباس
Klüver, *das; -s, -*	بادبان سه‌گوش جلو کشتی
Klüverbaum, *der; -(e)s, -bäume*	تیر دکل کشتی
knabbern *Vi., Vt.*	گاز گرفتن، گاز زدن، با سر و صدا جویدن
Knabe, *der; -n, -n*	جوانک، پسربچه
alter Knabe	جوانک
Knabenalter, *das; -s*	سال‌های کودکی
Knabenchor, *der; -(e)s, ¨-e*	گروه آواز جمعی پسران
knabenhaft *Adj.*	پسرانه، بچگانه
Knabenzeit, *die; -, -en*	دوران کودکی
knack *Interj.*	ترق تروق (صدای افتادن یا شکستن چیزی)
Knack, *der; -(e)s, -e*	صدای ناگهانی و بلند
Knäckebrot, *das; -(e)s, -e*	(نوعی) نان خشک و ترد
knacken *Vi., Vt.*	۱. صدای تق و توق دادن ۲. به صدا درآوردن ۳. پوست سخت (چیزی) را شکستن
Knacken, *das; -s, -*	صدای ناگهانی و بلند
Knacker, *der; -s, -*	وامانده، از کارافتاده
Er ist ein alter Knacker.	او یک آدم پیر و ناتوان است.
knack(e)rig *Adj.*	خشک و ترد
knackig *Adj.*	۱. خشک، ترد ۲. [اندام] ورزیده ۳. خوش‌اندام
Knackmandel, *die; -, -n*	بادام آسان‌شکن
Knacks, *der; -ses, -se*	۱. صدای تق و توق ۲. ترک (ظرف چینی)
Knackwurst, *die; -, ¨-e*	(نوعی) سوسیس دودی
Knall, *der; -(e)s, -e*	صدای انفجار، صدای ناگهانی و بلند
Knall und Fall	فوری، ناگهانی
einen Knall haben	دیوانه بودن
Knallbonbon, *der/das; -s, -s*	آب‌نبات سفت
Knallbüchse, *die; -, -n*	تفنگ بادی، تفنگ بچگانه
Knalleffekt, *der; -(e)s, -e*	صدای بلند، صدای احتراق
knallen *Vi., Vt.*	۱. ترکیدن، منفجر شدن، صدای انفجار دادن ۲. تابیدن ۳. سیلی زدن ۴. روی (چیزی) کوبیدن
Knallerbse, *die; -, -n*	اژدر؛ ترقه
Knallgas, *das; -es, -e*	گاز مخلوط از اکسیژن و هیدروژن
knallhart *Adj.*	محکم، سخت، شدید
knallheiß *Adj.*	[هوا] بسیار گرم
knallig *Adj.*	۱. [رنگ] بسیار جالب، چشمگیر، خیره‌کننده ۲. مؤثر
Knallkopf, *der; -(e)s, ¨-e*	احمق، سبک‌مغز
knallrot *Adj.*	[رنگ] قرمز براق، سرخ آتشین
knapp *Adj.*	۱. [لباس] تنگ، چسبیده، کیپ ۲. کم، اندک، قلیل، نادر، کمیاب ۳. [نوشته] در نهایت اختصار، مختصر
knapp sechs Meter	نزدیک به شش متر
knapp bei Kasse sein	از لحاظ مالی در مضیقه بودن
knapp werden	تهیدست شدن
knapp 10 Minuten	در حدود ده دقیقه
Knappe, *der; -n, -n*	۱. پسربچه، پادو، خانه‌شاگرد ۲. کارگر معدن
knapphalten *Vt.*	در فشار گذاشتن، در مضیقه گذاشتن
Knappheit, *die; -, -en*	۱. تنگی، چسبیدگی ۲. کمی، کمیابی
Knappschaft, *die; -, -en*	اجتماع معدن‌چیان
Knarre, *die; -, -n*	۱. جغجغه؛ زنگوله ۲. (نوعی) تفنگ
knarren *Vi.*	صدا دادن
Knast, *der; -(e)s, -e*	۱. زندان ۲. ته شاخه، گرهٔ چوب ۳. پوستهٔ نان
alter Knast	زندان قدیمی
Knaster, *der; -s, -*	(نوعی) تنباکو
knattern *Vi.*	صدای انفجار تولید کردن، ترق و تروق کردن
Knäuel, *der/das; -s, -*	۱. گلوله نخ، کلاف ۲. دسته، گروه، جمعیت
Knauf, *der; -(e)s, Knäufe*	۱. دستهٔ عصا؛ دستگیرهٔ گلوله‌ای شکل (عصا) ۲. سرستون
Knauser, *der; -s, -*	خسیس، چشم‌تنگ
Knauserei, *die; -, -en*	چشم‌تنگی، خست
knauserig *Adj.*	خسیس، چشم‌تنگ
knausern *Vi.*	خست کردن، تنگ‌نظر بودن، زیاده از حد صرفه‌جویی کردن
knautschen *Vt., Vi.*	۱. مچاله کردن، از اتو انداختن ۲. چروک کردن ۳. چروک‌پذیر بودن (پارچه)
Knebel, *der; -s, -*	۱. دستگیره؛ اهرم؛ میله ۲. پوزه‌بند، دهان‌بند، دهنه
Knebelbart, *der; -(e)s, ¨-e*	ریش و سبیل پریشت و پیچیده

knebeln *Vt.* ۱. از داد و فریاد باز داشتن، خفه کردن ۲. مقید کردن
Knecht, der; -(e)s, -e ۱. نوکر، خادم، خدمتکار ۲. برده، غلام
knechten *Vt.* اسیر کردن، گرفتار کردن، به اسارت درآوردن
knechtisch *Adj.* پست، دون، کوچک، حقیر
Knechtschaft, die; -, -en نوکری، بندگی، بردگی، خدمت اجباری
Knechtung, die; -, -en بندگی، غلامی، اسارت
kneifen *Vt.* ۱. نیشگون گرفتن ۲. شانه خالی کردن
jemanden **in den Arm kneifen** بازوی کسی را نیشگون گرفتن
Kneifer, der; -s, - عینک پنسی
Kneifzange, die; -, -n گازانبر؛ انبردست
Kneipe, die; -, -n میخانه
kneipen *Vt., Vi.* ۱. نیشگون گرفتن ۲. مشروب خوردن، میگساری کردن
Kneiperei, die; -, -en مشروب‌خوری، میگساری
Kneipenwirt, der; -(e)s, -e صاحب میخانه
kneippen *Vi.* آب‌درمانی کردن
Kneippkur, die; -, -en آب‌درمانی
knetbar *Adj.* خمیری
kneten *Vt.* ۱. خمیر کردن، به خمیر فرم دادن ۲. مدل (چیزی) را ساختن
Kneter, der; -s, - خمیرساز، خمیرگر
Knetmasse, die; -, -n خمیر مدل‌سازی
Knick, der; -(e)s, -e ۱. شکاف، ترک ۲. خمیدگی، تاخوردگی
knicken *Vi., Vt.* ۱. شکاف برداشتن، ترک خوردن ۲. چین‌دار شدن ۳. تا شدن، خم شدن ۴. چین‌دار کردن ۵. تا کردن، خم کردن
Knicker, der; -s, - خسیس، چشم‌تنگ
Knickerei, die; -, -en خست، چشم‌تنگی
knickerig *Adj.* خسیس، چشم‌تنگ
Knickfuß, der; -es, ¨-e کجی مادرزادی پا
Knicks, der; -es, -e تواضع، فروتنی، تعظیم، تکریم (با خم کردن زانو)
knicksen *Vi.* تواضع کردن، کرنش کردن، تعظیم کردن
Knie, das; -s, - زانو
jemanden **in die Knie zwingen** کسی را به زانو درآوردن
jemanden **übers Knie legen** کسی را کتک زدن
in die Knie gehen زانو زدن
etwas **übers Knie brechen** در کاری زیاد عجله کردن
das Knie beugen زانو را خم کردن
Kniebeuge, die; -, -n خمیدگی زانو
Kniefall, der; -(e)s, ¨-e رکوع؛ سجده؛ خم کردن زانو
kniefällig *Adj.* زانوزنان
Kniegeige, die; -, -n ویولا داگامبا (ساز زهی قدیمی شبیه ویلنسل)
Kniegelenk, das; -(e)s, -e مفصل زانو، بند زانو
Kniehose, die; -, -n شلوار کوتاه
Kniekehle, die; -, -n پوکی زانو
knien *Vi.* زانو زدن
Kniescheibe, die; -, -n کاسهٔ زانو
Knieschützer, der; -s, - زانوبند
Kniestrumpf, der; -(e)s, ¨-e جوراب زیر زانو
Kniff, der; -(e)s, -e ۱. چین، چروک ۲. نیشگون ۳. حیله، نیرنگ، خدعه
kniff *P.* صیغهٔ فعل گذشتهٔ مطلق از مصدر kneifen
kniff(e)lig *Adj.* [کار] دشوار، مشکل، پیچیده
kniffen *Vt.* چین دادن، تا کردن، تا زدن
knipsen *Vi., Vt.* ۱. بشکن زدن ۲. فیلم‌برداری کردن، عکس گرفتن ۳. سوراخ کردن، منگنه کردن (بلیت، کوپن)
Knirps, der; -es, -e کوتوله، خپله
knirschen *Vi.* دندان قروچه کردن، دندان به‌هم ساییدن
mit den Zähnen knirschen دندان قروچه کردن
knistern *Vi.* خش‌خش کردن؛ ترق و تروق کردن؛ جز جز کردن
Knitter, der; -s, - چروک، چین
knitterfrei *Adj.* بدون چین، بدون احتیاج به اتو
knitt(e)rig *Adj.* پرچین و چروک
knittern *Vt., Vi.* ۱. چین دادن، از اتو انداختن، مچاله کردن، چروک کردن ۲. چین‌دار شدن، چین و چروک برداشتن (لباس)
knobeln *Vi.* ۱. قرعه‌کشی کردن، تاس ریختن، نردبازی کردن ۲. (برای یافتن راه‌حل) اندیشیدن
Knoblauch, der; -s (گیاه) سیر
Knöchel, der; -s, - قوزک پا، بند انگشت
Knöchelbruch, der; -(e)s, ¨-e شکستگی قوزک پا
Knochen, der; -s, - استخوان
Er ist nur noch Haut und Knochen. او از لاغری مثل پوست و استخوان است.
bis auf die Knochen تا مغز استخوان
Knochenbau, der; -(e)s, -e استخوان‌بندی
Knochenbruch, der; -(e)s, ¨-e شکستگی استخوان
Knochenfraß, der; -es, -e پوسیدگی استخوان

Knochengerüst, das; -(e)s, -e استخوان‌بندی، اسکلت

Knochenmark, das; -(e)s مغز استخوان

Knochenmehl, das; -(e)s پودر استخوان

Knochensplitter, der; -s, - خردهٔ استخوان

knöchern *Adj.* استخوانی، از جنس استخوان

knochig *Adj.* استخوانی، از جنس استخوان

Knockout, der; -(s), -s (بوکس‌بازی) ناک اوت

Knödel, der; -s, - (نوعی) کوفته

Knolle, die; -, -n ۱. (کشاورزی) غُدّه ۲. پیازگل

Knollen, der; -s, - ۱. فراورده روی‌هم انباشته ۲. جریمه (پلیس)

knollig *Adj.* پیازی، پیازدار

Knopf, der; -(e)s, ⸚e تکمه، دکمه

den Knopf drücken دکمه را فشار دادن

Knöpfchen, das; -s, - دکمهٔ کوچک

knöpfen *Vt.* دکمه انداختن، تکمه‌های لباس را باز کردن / بستن

Knopfloch, das; -(e)s, ⸚er جادکمه‌ای، مادگی

Knorpel, der; -s, - غضروف

knorpelig *Adj.* غضروفی

Knorren, der; -s, - گره، برآمدگی

knorrig *Adj.* [درخت] پرگره، گره‌دار

Knöspchen, das; -s, - غنچهٔ کوچک، شکوفهٔ کوچک

Knospe, die; -, -n غنچه، شکوفه، جوانه

knospen *Vi.* شکوفه کردن، جوانه زدن، غنچه دادن

knospig *Adj.* پرشکوفه، پرغنچه

Knötchen, das; -s, - گرهٔ کوچک

Knoten, der; -s, - ۱. گره، برآمدگی ۲. مشکل، مسئله ۳. گرهٔ دریایی، مایل

knoten *Vt.* گره زدن، به‌هم پیوستن، گره خوردن

Knotenpunkt, der; -(e)s, -e محل تقاطع (چندین جاده)

knotig *Adj.* گره‌دار، پیچیده، دشوار

Knuff, der; -(e)s, ⸚e مشت، ضربت، توسری

knuffen *Vt.* به (کسی) مشت زدن، به (کسی) ضربت زدن، به (کسی) توسری زدن

knüllen *Vt., Vi.* ۱. مچاله کردن، از اتو انداختن، چروک کردن ۲. چین‌دار شدن، چروک شدن

Knüller, der; -s, - ۱. واقعهٔ جنجال‌برانگیز ۲. موسیقی جاز

knüpfen *Vt.* ۱. گره زدن ۲. بافتن (فرش) ۳. با (چیزی) ارتباط دادن

Knüpfteppich, der; -s, -e قالی دست‌باف

Knüppel, der; -s, - ۱. چماق، باتوم ۲. کندهٔ درخت، الوار

jemandem **(einen) Knüppel zwischen die Beine werfen** چوب لای چرخ کسی گذاشتن

Knüppeldamm, der; -(e)s, ⸚e جادهٔ باتلاقی که کنده‌های درخت را به‌طور اریب در کف آن می‌چینند

knüppelhart *Adj.* بسیار سخت، محکم

knüppeln *Vt.* چماق زدن، باتوم زدن

knurren *Vi.* غرولند کردن؛ غار و غور کردن؛ دندان قروچه کردن

Mir knurrt der Magen! شکمم (از گرسنگی) غار و غور می‌کند!

knurrig *Adj.* بدخلق، ترشرو، غرغرو

knusp(e)rig *Adj.* ۱. خشک، ترد، شکننده؛ [نان] برشته ۲. [دختر] طناز

knuspern *Vt.* با سر و صدا جویدن

Knute, die; -, -n شلاق، تازیانه

knutschen *Vt.* در آغوش گرفتن، به گرمی بوسیدن

Knüttel, der; -s, - چماق، چوب

Knüttelvers, der; -es, -e شعر بندتنبانی

K.o. = *Knock out*, der; -, - (بوکس‌بازی) ناک‌اوت

k. o. *Adj.* خسته و کوفته

Ich bin k.o. خیلی خسته‌ام. له و لورده‌ام.

Koagulation, die; -, -en انعقاد، دلمه‌شدگی

koagulieren *Vi.* منعقد شدن، دلمه شدن (خون)

koalieren *Vi.* ائتلاف کردن (احزاب)

koalisieren *Vi.* ائتلاف کردن (احزاب)

Koalition, die; -, -en ائتلاف (احزاب)

Koalitionsbildung, die; -, -en تشکیل ائتلاف

Koalitionsfreiheit, die; - آزادی ائتلاف

Koalitionspartei, die; -, -en حزب ائتلافی

Koalitionsregierung, die; -, -en حکومت ائتلافی

Kobalt, der/das; -(e)s, -e کبالت، فلز لاجورد

kobaltblau *Adj.* لاجوردی

Koben, der; -s, - طویله، اسطبل، خوکدانی

Kobold, der; -(e)s, -e جن، غول، عفریت، دیو

koboldhaft *Adj.* جنی

Kobra, die; -, -s مار کبرا

Koch, der; -(e)s, ⸚e آشپز، طباخ

Viele Köche verderben den Brei. آشپز که دو تا شد آش یا شور می‌شود یا بی‌نمک.

Kochapparat, der; -(e)s, -e اجاق، چراغ خوراک‌پزی

kochbeständig *Adj.* [رنگ، لباس] مقاوم در مقابل جوشاندن

Kochbirne, die; -, -n گلابی پخته
Kochbuch, das; -(e)s, ⁻er کتاب آشپزی
kochecht *Adj.* [رنگ، لباس] مقاوم در مقابل جوشاندن
kochen *Vt., Vi.* ۱. پختن، جوشاندن ۲. آشپزی کردن ۳. جوشیدن، جوش کردن ۴. جوش زدن، عصبانی شدن
Das Wasser kocht. آب می‌جوشد.
Tee kochen چای درست کردن
das Essen kochen غذا پختن
Sie kocht gut. دست‌پخت او خوب است.
Es kocht in mir! کله‌ام داغ شده!
Bei mir kocht's! خونم دارد به جوش می‌آید!
Hier wird auch nur mit Wasser gekocht. اینجا هم نمی‌توان کار خارق‌العاده‌ای انجام داد.
Kocher, der; -s, - اجاق، چراغ خوراک‌پزی
Köcher, der; -s, - ترکش، تیردان
Kocherei, die; -, -en پخت و پز
kochfertig *Adj.* آماده برای پختن
kochfest *Adj.* [پارچه، رنگ] مقاوم در مقابل جوشاندن
Kochfett, das; -(e)s, -e روغن پخت و پز
Kochgelegenheit, die; -, -en امکان آشپزی
Kochgeschirr, das; -s, -e ظروف آشپزی
Kochherd, der; -(e)s, -e اجاق آشپزی
Köchin, die; -, -nen آشپز (زن)
Kochkiste, die; -, -n لوازم پخت و پز
Kochkunst, die; -, ⁻e فن آشپزی
Kochlöffel, der; -s, - قاشق چوبی، ملاقه
Kochnische, die; -, -n آشپزخانهٔ کوچک گوشهٔ اتاق
Kochplatte, die; -, -n چراغ خوراک‌پزی، اجاق خوراک‌پزی
Kochrezept, das; -(e)s, -e دستور آشپزی
Kochsalz, das; -es نمک طعام، نمک غذایی
Kochtopf, der; -es, ⁻e قابلمهٔ خوراک‌پزی، دیگ
Kode, der; -s, -s ۱. کد، رمز ۲. قانون‌نامه
Köder, der; -s, - دانه، طعمه، دام
ködern *Vt.* (با طعمه) به دام انداختن، فریب دادن
Kodex, der; -es / -, -e ۱. مجموعهٔ قوانین ۲. دستخط کهنه، نوشتهٔ قدیمی
Koedukation, die; -, -en اصول آموزش و پرورش مختلط
Koeffizient, der; -en, -en ضریب
Koexistenz, die; - هم‌زیستی مسالمت‌آمیز، وجود چند چیز با هم
koexistieren *Vi.* با هم زیستن، هم‌زیستی داشتن
Koffein, das; -s کافئین
koffeinfrei *Adj.* بدون کافئین
koffeinhaltig *Adj.* کافئین‌دار
Koffer, der; -s, - چمدان، جامه‌دان
den Koffer packen چمدان را بستن
Kofferanhänger, der; -s, - اتیکت چمدان، برچسب چمدان
Köfferchen, das; -s, - چمدان کوچک
Kofferfernseher, der; -s, - تلویزیون سفری، تلویزیون قابل حمل
Koffergerät, das; -(e)s, -e رادیوی سفری، رادیو کوچک قابل حمل، رادیو دستی
Kofferkleid, das; -(e)s, -er لباس نازک (که چین و چروک برنمی‌دارد)
Kofferradio, das; -s, -s رادیو سفری، رادیو کوچک قابل حمل، رادیو دستی
Kofferraum, der; -(e)s, -räume صندوق عقب (اتومبیل)
Kognak, der; -s, -s (مشروب) کنیاک
Kohl, der; -(e)s, -e ۱. کلم ۲. حرف‌های بیهوده
Kohl reden حرف‌های بی‌سر و ته زدن
alten Kohl wieder aufwärmen موضوع فراموش شده را دوباره مطرح کردن
Kohldampf, der; -(e)s گرسنگی شدید
Kohldampf schieben گرسنگی کشیدن
Kohle, die; -, -n زغال، کربن
die Steinkohle زغال‌سنگ
die Braunkohle زغال قهوه‌ای
die Holzkohle زغال چوب
glühende Kohle زغال گداخته
wie auf Kohle sitzen در وضع بسیار بدی بودن
Kohlefaden, der; -s, ⁻ رشتهٔ زغال، لیف زغال
Kohlehydrat, das; -(e)s, -e (شیمی) کربوهیدرات
Kohlekraftwerk, das; -(e)s, -e نیروگاه برق (با کمک زغال)
kohlen *Vi.* ۱. سوختن، محترق شدن، تبدیل به زغال شدن ۲. باد زدن (زغال) ۳. بیهوده حرف زدن، چرند گفتن
Kohlenbecken, das; -s, - منقل
Kohlenbergwerk, das; -(e)s, -e معدن زغال‌سنگ
Kohlenbunker, der; -s, - انبار زغال‌سنگ
Kohleneimer, der; -s, - سطل زغال، جازغالی
Kohlenflöz, das; -es, -e رگهٔ نازک معدن زغال‌سنگ
Kohlengas, das; -es, -e گاز زغال
Kohlenhändler, der; -s, - زغال‌فروش
Kohlenhydrat, das; -(e)s, -e هیدرات کربن

Kohlenoxyd, das; -(e)s, -e اکسید کربن
Kohlenrevier, das; -s, -e منطقهٔ زغالی، ناحیهٔ زغال‌خیز
Kohlensäure, die; -, -n (شیمی) اسید کربنیک
Kohlenschiff, das; -(e)s, -e کشتی حامل زغال‌سنگ
Kohlenstaub, der; -(e)s خاک زغال
Kohlenstoff, der; -(e)s, - (شیمی) کربن
Kohlenstoffaser, die; -, -n الیاف کربن
Kohlenwasserstoff, der; -(e)s, -e هیدروکربن
Kohlepapier, das; -s, -e کاغذ کربن، کاغذ کپیه
Köhler, der; -s, - بخاری زغالی
Kohlestift, der; -(e)s, -e مداد زغالی
Kohlevorkommen, das; -s, - ناحیهٔ زغال‌خیز
Kohlezeichnung, die; -, -en طراحی با زغال
Kohlkopf, der; -(e)s, ⸚e کَلَم
kohlrabenschwarz *Adj.* به سیاهی زغال، خیلی سیاه
Kohlrabi, der; -(s), -(s) کَلَم قمری
Kohlrübe, die; -, -n شلغم سوئدی
kohlschwarz *Adj.* به سیاهی زغال، خیلی سیاه
Kohlstein, der; -(e)s, -e زغال‌سنگ
Koinzidenz, die; -, -en تصادف؛ توافق؛ انطباق
koindizieren *Vi.* منطبق بودن
koitieren *Vi.* جماع کردن، مقاربت جنسی کردن، جفت‌گیری کردن
Koitus, der; -, - / -se جماع، رابطهٔ جنسی، همخوابگی، جفت‌گیری
Koje, die; -, -n تختخواب کابین کشتی
Kokain, das; -s کوکائین
Kokainist, der; -s, - معتاد به کوکائین
Kokainsucht, die; -, -süchte اعتیاد به کوکائین
Kokarde, die; -, -n نوار کلاه
kokett *Adj.* عشوه‌گر، طناز، لوند، اطواری
Koketterie, die; -, -n عشوه‌گری، طنازی، دلبری
kokettieren *Vi.* عشوه‌گری کردن، دلبری کردن
Kokon, der; -s, -s پیلهٔ کرم ابریشم
Kokosbaum, der; -(e)s, -bäume درخت نارگیل
Kokosfett, das; -(e)s, -e روغن نارگیل
Kokosmatte, die; -, -n حصیر لیف نارگیل
Kokosnuß, die; -, -nüsse نارگیل
Kokospalme, die; -, -n درخت نارگیل
Koks, der; -es, -e ۱. کک ۲. کوکائین
koksen *Vi.* کوکائین مصرف کردن
Kokser, der; -s, - کوکائینی

Kola, die; - کولا (مادهٔ شیرینی که از دانهٔ درخت کولا گرفته می‌شود)
Kolben, der; -s, -n ۱. پیستون (اتومبیل) ۲. ته قنداق تفنگ ۳. چماق، گرز ۴. قمقمه ۵. میخ طویله، میخ بلند
Kolbenhub, der; -(e)s, ⸚e ضربهٔ پیستون، حرکت پیستون
Kolbenmotor, der; -s, -en موتور پیستون
Kolbenring, der; -(e)s, -e رینگ پیستون
Kolbenstange, die; -, -n دستهٔ پیستون، میلهٔ حرکت‌دهنده پیستون
Kolchose, die; -, -n کولخوز، مزرعهٔ اشتراکی
Kolibri, der; -s, -s (نوعی) پرنده آمریکای جنوبی
Kolik, die; -, -en قولنج
Kolkrabe, der; -n, -n کلاه سیاه
kollabieren *Vi.* سکته کردن، دچار حمله قلبی شدن
Kollaborateur, der; -s, -e خائن، کسی که با نیروهای اشغالگر همکاری کند
Kollaboration, die; -, -en خیانت، همکاری با دشمن اشغالگر
Kollaborator, der; -s, -en همکار، شریک، هم‌قطار
kollaborieren *Vi.* ۱. تشریک مساعی کردن، همکاری کردن، باهم کار کردن ۲. با نیروهای اشغالگر همکاری کردن
Kollaps, der; -es, -e (بر اثر نارسایی جریان خون در بدن) سنکوپ، حمله، سکته
Kolleg, das; -s, -s ۱. درس نظری دانشگاه ۲. کالج
Kollege, der; -n, -n همکار، هم‌قطار، هم‌ردیف، هم‌مسلک، هم‌درس، هم‌کلاس
kollegial *Adj.* مفید، مبنی بر همکاری و رفاقت، سودمند
Kollegialität, die; - روح صمیمیت (در میان اعضای جمعیت)
Kollegin, die; -, -nen هم‌کار، هم‌قطار، هم‌ردیف، هم‌مسلک، هم‌درس، هم‌کلاس (زن)
Kollegium, das; -s, -ien هیئت، کمیته؛ کارکنان، کارمندان
Kollekte, die; -, -n ۱. (در کلیسا) جمع‌آوری پول و اعانه ۲. دعای کوتاه
Kollektion, die; -, -en کلکسیون، مجموعه
kollektiv *Adj.* دسته‌جمعی، مشترک، گروهی، جمعی، اشتراکی
Kollektiv, das; -s, -e دسته‌جمعی
Kollektivarbeit, die; -, -en کار دسته‌جمعی، کار گروهی

Kollektivvertrag, der; -(e)s, ⸚e پیمان جمعی
Koller, der; -s, - خشم، غضب، غیظ، اوقات تلخی
kollern *Vi.* خشمگین شدن، از جا در رفتن، غضبناک شدن
kollidieren *Vi.* به‌هم خوردن، تصادم کردن
Kollier, das; -s, -s گردن‌بند
Kollision, die; -, -en ۱. تصادم، به‌هم‌خوردگی ۲. تضاد، برخورد منافع
Kollo, das; -s, -s/-lli بسته، امانت، بسته‌بندی؛ بار
Kolloquium, das; -s, -quien ۱. کنفرانس، مصاحبهٔ علمی ۲. امتحان شفاهی ۳. جلسه بحث و محاوره
kölnisch *Adj.* (مربوط به) شهر کلن
Kölnischwasser, das; -s, - / ⸚ ادوکلن
Kolon, das; -s, -s کولون، دو نقطه (نام دو نقطهٔ روی هم (:) که برای رساندن توضیح یا نقل‌قول به کار می‌رود)
Kolonel, der; -s, -s کلنل، سرهنگ
kolonial *Adj.* مستعمراتی
Kolonialismus, der; - استعمار، سیاست مستعمراتی
Kolonialwaren, die / *Pl.* فراورده‌های مستعمراتی
Kolonialwarenhändler, der; -s, - ۱. تاجر فراورده‌های مستعمرات ۲. خواربارفروش
Kolonialwarenhandlung, die; -, -en ۱. تجارت فراورده‌های مستعمرات ۲. خواربارفروشی
Kolonie, die; -, -n مستعمره؛ مهاجرنشین؛ کوچ‌نشین
Kolonisation, die; -, -en استعمار؛ کوچ؛ مهاجرت
Kolonisator, der; -s, -en استعمارگر
kolonisieren *Vt.* در جایی مستعمره تشکیل دادن، مستعمره کردن
Kolonist, der; -en, -en مستعمره‌نشین، مهاجر
Kolonnade, die; -, -n راهروی ستون‌دار
Kolonne, die; -, -n ۱. ستون، رکن ۲. (شیمی) ظرف تقطیر ۳. کار گروهی

die fünfte Kolonne ستون پنجم

Kolophonium, das; -s کلوفان، راتیانج (برای نرم کردن آرشه ویلن)
Koloratur, die; -, -en (موسیقی) کلوراتور
Koloratursängerin, die; -, -nen آوازخوان کلوراتور
Koloratursopran, der; -s, -e سوپرانو کلوراتور (زیرترین نوع صدای زنان)
kolorieren *Vt.* رنگ کردن، رنگ زدن
Kolorit, das; -(e)s, -e ۱. رنگ‌آمیزی، اثر رنگ ۲. (موسیقی) طنین
Koloß, der; -losses, -losse مجسمهٔ بسیار بزرگ

kolossal *Adj.* بسیار بزرگ، عظیم‌الجثه، غول‌آسا
Kolportage, die; -, -n ۱. نوشتهٔ کم‌ارزش، نوشتهٔ بی‌محتوا ۲. شایعه‌پراکنی
Kolporteur, der; -s, -e ۱. فروشندهٔ نوشته‌های کم‌ارزش / بی‌محتوا ۲. شایعه‌ساز
kolportieren *Vt.* ۱. فروختن (نوشته کم‌ارزش / بی‌محتوا) ۲. پراکندن، پخش کردن (شایعه)
Kolumne, die; -, -n ستون، پایه، رکن
Kolumnentitel, der; -s, - عنوان ستون (روزنامه)
Kolumnist, der; -en, -en نویسندهٔ ستون
Koma, das; -s, -s کُما، بیهوشی
Kombinat, das; -es, -e مؤسسهٔ صنعتی
Kombination, die; -, -en ترکیب، آمیزش، پیوستگی، اتحاد
Kombinationsgabe, die; - نیروی استنتاج
Kombinationsschloß, das; -schlosses, -schlösser قفل حروفی، قفل ابجد
kombinieren *Vt.* ترکیب کردن، جور کردن
Kombiwagen, der; -s, - اتومبیل سواری
Kombüse, die; -, -n آشپزخانهٔ کشتی
Komet, der; -en, -en ستارهٔ دنباله‌دار؛ شهاب
kometenhaft *Adj.* شهاب‌مانند، سریع و زودگذر
Kometenschweif, der; -(e)s, -e دم ستارهٔ دنباله‌دار
Komfort, der; -(e)s راحتی، آسایش، آسودگی
komfortabel *Adj.* راحت، آسوده
Komfortwohnung, die; -, -en منزل راحت
Komik, die; - کمیک، شوخی، خوشمزگی، تفریح، سرگرمی
Komiker, der; -s, - کمدین، هنرپیشهٔ کمدی، مسخره
komisch *Adj.* ۱. خنده‌دار، مضحک، بامزه ۲. عجیب و غریب

Komisch! عجیبه!
ein komischer Einfall فکر مضحک
ein komischer Kerl آدم عجیب و غریب
Er ist seit einiger Zeit so komisch. او مدتی است که رفتار عادی ندارد.
Mir ist komisch. حالت تهوع دارم.

komischerweise *Adv.* مسخره، عجیب
Komitee, das; -s, -s کمیته، کمیسیون، انجمن، هیئت، گروه
Komma, das; -s, -s ۱. ویرگول، کاما ۲. ممیز

Er redet ohne Punkt und Komma. او لاینقطع حرف می‌زند.

Kommandant, der; -en, -en فرمانده

Kommandantur, die; -, -en	مرکز فرماندهی، پادگان، ساخلو
Kommandeur, der; -s, -	فرمانده
kommandieren Vt., Vi.	۱. به (کسی) فرمان دادن، به (کسی) امر کردن، به (کسی) حکم دادن، به (کسی) دستور دادن ۲. امر و نهی کردن، دستور دادن
Kommanditgesellschaft, die; -, -en	شرکت با مسئولیت محدود
Kommanditist, der; -es, -en	شرکت محدود، شرکت موقتی
Kommando, das; -s, -s	فرمان، فرماندهی، حکم، امر
Kommandobrücke, die; -, -n	(در کشتی) پل فرماندهی
Kommandokapsel, die; -, -n	اتاقک سفینۀ فضایی
Kommandostab, der; -(e)s, ̈e	۱. عصای فرماندهی ۲. افراد تحت فرمان فرمانده
Kommandoturm, der; -(e)s, ̈e	برج فرماندهی
Kommandozentrale, die; -, -n	مرکز فرماندهی
kommen Vi.	آمدن، رسیدن
Ich komme schon!	آمدم! الان می آیم!
sich jemanden **kommen** lassen	دنبال کسی فرستادن
kommen sehen	پیش بینی کردن
in Frage **kommen**	ممکن بودن
Wie kommst du darauf?	چطور شد به این فکر افتادی؟
wieder zu sich **kommen**	دوباره به هوش آمدن
an die Macht **kommen**	به قدرت رسیدن
Wie kommen Sie dazu?	چطور به این نتیجه رسیدید؟
auf einen Gedanken **kommen**	به فکری افتادن
Ich komme nicht auf seinen Namen.	اسمش به خاطرم نمی آید.
Ich lasse auf ihn nichts kommen.	اجازه نمی دهم که از او بدگویی شود.
Das dürfte nicht kommen.	این نمی بایستی اتفاق بیفتد.
ums leben **kommen**	مردن
Kommen, das; -s	ورود
kommend Adj.	آینده
kommendes Jahr	سال آینده
Kommentar, der; -s, -e	تفسیر، شرح، گزارش، نقد
Kein Kommentar!	حرفی ندارم بزنم!
einen **Kommentar** zu etwas geben	موضوعی را تفسیر کردن
Kommentator, der; -s, -en	تفسیرنویس، مفسر
kommentieren Vt.	تفسیر کردن، بر (چیزی) تفسیر نوشتن، بر (چیزی) تقریظ نوشتن
Kommers, der; -es, -e	۱. الکلی، معتاد به مشروبات الکلی ۲. مجلس عیش و نوش
Kommersbuch, das; -(e)s, ̈er	مجموعۀ سرودهای دانشجویان
Kommerz, der; -es	بازرگانی، تجارت
kommerzialisieren Vt.	به صورت تجارتی درآوردن، تابع مقررات بازرگانی کردن، به (چیزی) جنبۀ تجارتی دادن
kommerziell Adj.	تجاری، بازرگانی، تجارتی
Kommilitone, der; -n, -n	هم شاگردی، هم کلاس
Kommilitonin, die; -, -nen	هم شاگردی، هم کلاس (زن)
Kommis, der; -, -	۱. منشی، کارمند دفتری ۲. فروشنده
Kommiß, der; -misses	خدمت نظامی، سپاهی گری
Kommissar, der; -s, -e	کمیسر، کلانتر، مأمور
der Kriminal**kommissar**	مأمور ادارۀ آگاهی
Kommissariat, das; -(e)s, -e	کلانتری
kommissarisch Adj.	موقتی
Kommission, die; -, -en	۱. کمیسیون، هیئت ۲. دلالی، حق العمل
Kommissionär, der; -s, -e	۱. مأمور کمیته ۲. دلال
Kommissionsgeschäft, das; -(e)s, -e	داد و ستد توأم با دلالی
Kommittent, der; -en, -en	سفارش دهنده
Kommode, die; -, -n	کمد، قفسۀ کشودار
kommunal Adj.	محلی، ناحیه ای، روستایی، اشتراکی
Kommunalaufsicht, die; -, -en	نظارت دولت بر روستا
Kommunalbeamte, der; -n, -n	مأمور محلی
kommunalisieren Vt.	ناحیه ای کردن
Kommunalpolitik, die; -	سیاست محلی
Kommunalwahlen, die / Pl.	انتخابات محلی
Kommune, die; -, -n	۱. کمون، ناحیه، بخش ۲. مزرعۀ اشتراکی
Kommunikation, die; -, -en	ارتباط، معاشرت، تفاهم، مراوده
Kommunikationsmittel, das; -s, -	وسیلۀ ارتباط جمعی
Kommunikationstechnik, die; -, -en	فن ارتباط
kommunikativ Adj.	ارتباطی، مراوده ای
Kommunion, die; -, -en	شرکت در مراسم دینی، آیین عشای ربانی
Kommunique, das; -s, -s	اعلامیۀ رسمی، قطعنامه

Kommunismus 490

Kommunismus, der; - کمونیسم، اصول اشتراکی، مردم‌گرایی، مردم‌آئینی
Kommunist, der; -en, -en کمونیست، طرفدار اصول اشتراکی، مردم‌گرا، مردم‌آئین
Kommunistin, die; -, -nen کمونیست، طرفدار اصول اشتراکی، مردم‌گرا، مردم‌آئین (زن)
kommunistisch *Adj.* کمونیستی
kommunizieren *Vi.* مربوط بودن
Kommutation, die; -, -en تبدیل، دگرگونی
kommutativ *Adj.* قابل تبدیل، قابل تغییر
Komödiant, der; -en, -en کمدین، بازیگر کمدی، بازیگر نمایش‌های خنده‌دار
Komödiantin, die; -, -nen کمدین، بازیگر کمدی، بازیگر نمایش‌های خنده‌دار (زن)
Komödie, die; -, -n کمدی، نمایش خنده‌دار
Komödie spielen نمایش کمدی بازی کردن
Kompagnie, die; -, -n کمپانی، شرکت
Kompagnon, der; -s, -s شریک
kompakt *Adj.* جمع و جور، فشرده، متراکم
Kompaktheit, die; - جمع و جوری، فشردگی، تراکم
Kompanie, die; -, -n ۱. گروه، دسته، گروهان (ارتش) ۲. جمعیت، شرکت
Kompaniechef, der; -s, -s فرماندهٔ گروهان
Kompaniegeschäft, das; -(e)s, -e شرکت سهامی
Komparation, die; -, -en ۱. مقایسه، تطبیق ۲. درجه (صفت)
Komparatistik, die; - زبان‌شناسی مقایسه‌ای
Komparativ, der; -s, -e تطبیقی، نسبی، مقایسه‌ای
komparativ *Adj.* [صفت] تفضیلی
Komparse, der; -n, -n سیاهی لشکر
Komparsin, die; -, -nen سیاهی لشکر (زن)
Kompaß, der; -passes, -passe قطب‌نما
Kompaßhäuschen, das; -s, - جعبهٔ قطب‌نما
Kompaßnadel, die; -, -n عقربهٔ قطب‌نما
Kompaßrose, die; -, -n گلباد، بادنقش
Kompendium, das; -s, -dien خلاصه، زبده، مختصر (کتاب)
Kompensation, die; -, -en جبران، تلافی، تقاص، معامله به مثل؛ موازنه، تعادل
Kompensationsgeschäft, das; -(e)s, -e معاملهٔ پایاپای
Kompensator, der; -s, -en (برق) نیروسنج
kompensieren *Vt.* ۱. موازنه کردن، متعادل کردن ۲. جبران کردن
Kompensierung, die; -, -en ۱. موازنه، تعادل ۲. جبران
kompetent *Adj.* صالح، شایسته، صاحب‌نظر، لایق، مسئول، مجاز
Kompetenz, die; -, -en صلاحیت، شایستگی، لیاقت، کفایت، قابلیت
Kompetenzstreitigkeit, die; -, -en اختلاف برسر صلاحیت
Komplement, das; -(e)s, -e متمم، مکمل
komplementär *Adj.* متمم، مکمل
Komplementärfarbe, die; -, -n رنگ متمم، رنگ تکمیلی
komplementieren *Vt.* تکمیل کردن، کامل کردن
kompletiv *Adj.* تکمیلی
komplett *Adj.* کامل، تمام و کمال
komplettieren *Vt.* تکمیل کردن، کامل کردن
Komplex, der; -es, -e ۱. عقده (روانی) ۲. مجتمع، گروه، مجموعه، دسته
komplex *Adj.* پیچیده، مبهم
Komplice, der; -n, -n همدست، شریک (جرم)
Komplikation, die; -, -en ۱. پیچیدگی، بغرنجی، گرفتاری، درگیری ۲. عوارض، عواقب
Kompliment, das; -(e)s, -e تعارف؛ تعریف، تمجید؛ خوشامدگویی؛ تحسین
Mein Kompliment! احسنت!
jemandem **Komplimente machen** از کسی تعریف و تمجید کردن
komplimentieren *Vt.* تحسین کردن، تمجید کردن
jemanden **komplimentieren** از کسی تعریف و تمجید کردن
Komplize, der; -n, -n همدست، شریک (جرم)
komplizieren *Vt.* مشکل کردن، پیچیده کردن، بغرنج کردن
kompliziert *Adj.* پیچیده، بغرنج، غامض، مشکل
Komplott, das; -(e)s, -e دسیسه، توطئه، سوءقصد
komplottieren *Vi.* طرح‌ریزی کردن، توطئه چیدن، نقشه کشیدن
Komponente, die; -, -n جزء، جزء اصلی، جزء ترکیب‌دهنده
komponieren *Vt.* ساختن، درست کردن، تصنیف کردن، آهنگ (چیزی) را ساختن
Komponist, der; -en, -en سازنده، مصنف، آهنگساز
Komposition, die; -, -en ۱. تصنیف، آهنگسازی ۲. اثر هنری

Kompositum, das; -s, -ten کلمهٔ مرکب، لفظ مرکب
Kompost, der; -es, -e کود گیاهی
Komposthaufen, der; -s, - تودهٔ کود گیاهی
Kompott, das; -(e)s, -e کمپوت، خوشاب، میوهٔ پخته
Kompresse, die; -, -n کمپرس (پاوچه‌ای که برای زخم‌بندی به‌کار می‌رود)
kompressibel *Adj.* فشردنی، قابل تراکم
Kompression, die; -, -en تراکم، فشار
Kompressor, der; -s, -en کمپرسور، دستگاه فشردن هوا، ماشین متراکم‌کنندهٔ هوا
komprimieren *Vt.* به هم فشردن، متراکم کردن، کمپرس کردن
komprimiert *Adj.* فشرده، متراکم
Kompromiß, der / das; -misses, -misse مصالحه، سازش، توافق
kompromißbereit *Adj.* آمادهٔ توافق
kompromißlos *Adj.* ناسازگار، مصالحه‌ناپذیر
Kompromißlösung, die; -, -en راه‌حل توافق
kompromittieren *Vi., Vt.* ۱. مصالحه کردن، سازش کردن، توافق کردن ۲. رسوا کردن، افشا کردن، آبروی (کسی) را ریختن
Komputer, der; -s, - کامپیوتر، رایانه، حسابگر، سنجشگر
Kondensat, das; -(e)s, -e محلول مقطر
Kondensation, die; -, -en ۱. انقباض، جمع‌شدنی ۲. تقطیر
Kondensator, der; -s, -en ۱. (فیزیک) خازن ۲. دستگاه تقطیر
kondensieren *Vt., Vi.* ۱. منقبض کردن، متراکم کردن ۲. تقطیر شدن
Kondensmilch, die; - شیرخشک
Kondenswasser, das; -s آب‌مقطر
Kondition, die; -, -en ۱. شرط ۲. حالت، چگونگی، وضعیت، وضع جسمانی و روحی
konditional *Adj.* (دستور زبان) شرطی، مشروط، موکول
Konditional, der; -s, -e وجه شرطی (فعل)
Konditionalsatz, der; -es, ⸚e (دستور زبان) جملهٔ شرطی
Konditionstraining, das; -s, -s (ورزش) نرمش بدنی
konditionell *Adj.* (دستور زبان) شرطی، مشروط
konditionieren *Vt.* مشروط کردن، موکول کردن
Konditor, der; -s, -en قناد، شیرینی‌پز
Konditorei, die; -, -en قنادی، شیرینی‌فروشی
Konditorin, die; -, -nen قناد، شیرینی‌پز (زن)

Konditormeister, der; -s, - قناد، شیرینی‌پز
Konditorwaren, die / *Pl.* شیرینی‌جات
Kondolenz, die; -, -en همدردی، تسلیت، اظهار تأسف
Kondolenzbrief, der; -(e)s, -e نامهٔ تسلیت
kondolieren *Vi.* تسلیت گفتن، تسلیت دادن، همدردی کردن

jemandem **zum Tod des Vaters kondolieren**

به‌کسی مناسبت درگذشت پدرش را تسلیت گفتن

Kondom, das; -s, -e کاپوت (وسیلهٔ جلوگیری از حاملگی)
Kondor, der; -s, -e کُندر، (نوعی) کرکس
Konfekt, das; -(e)s, -e شیرینی‌جات
Konfektion, die; -, -en لباس پیش‌دوخته، لباس سری‌دوزی، کت و شلوار دوخته شده (در کارخانه)، کت و شلوار سری‌دوزی
Konfektionär, der; -s, -e پارچه‌فروش، بزاز
konfektionieren *Vi.* سری‌دوزی کردن
Konfektionsanzug, der; -(e)s, ⸚e کت و شلوار دوخته شده (در کارخانه)، کت و شلوار آماده، کت و شلوار سری‌دوزی
Konfektionsgeschäft, das; -(e)s, -e محل فروش لباس از پیش دوخته، فروشگاه لباس سری‌دوزی
Konfektionsgröße, die; -, -n اندازهٔ لباس دوخته شده (در کارخانه)
Konferenz, die; -, -en کنفرانس، مشاوره، گفتگو، مذاکره
Konferenzdolmetscher, der; -s, - مترجم کنفرانس
Konferenzraum, der; -(e)s, -räume سالن کنفرانس
Konferenztisch, der; -(e)s, -e میز کنفرانس
konferieren *Vi.* ۱. کنفرانس دادن ۲. مشورت کردن؛ مذاکره کردن

mit jemandem **über** etwas **konferieren**

با کسی در مورد چیزی گفتگو کردن

Konfession, die; -, -en دین، مذهب، کیش، عقیده، ایمان
konfessionell *Adj.* مذهبی، دینی
konfessionslos *Adj.* بدون مذهب، بی‌ایمان
Konfessionsschule, die; -, -n مدرسهٔ مذهبی، مدرسهٔ علوم دینی
Konfetti, die / *Pl.* کاغذهای رنگی (مخصوص جشن و عروسی)
Konfiguration, die; -, -en آرایش الکترونی، ترتیب قرار گرفتن الکترون‌ها

Konfirmand

Konfirmand, der; -en, -en	مورد تأئید، مورد تصدیق
Konfirmandin, die; -, -nen	مورد تأئید، مورد تصدیق (زن)
Konfirmation, die; -, -en	مراسم پذیرش آئین مسیحی
konfirmieren Vt.	(در طی مراسمی) به آئین مسیحی پذیرفتن
Konfiskation, die; -, -en	مصادره
konfiszieren Vt.	ضبط کردن، توقیف کردن، مصادره کردن
Konfitüre, die; -, -n	مربا، کنسرو میوه
Konflikt, der; -(e)s, -e	دعوا، نزاع، زد و خورد، کشمکش، ستیزه؛ اختلاف نظر
Konföderation, die; -, -en	کنفدراسیون، معاهده، هم‌پیمانی، اتحاد، اتفاق
konföderieren Vr.	متحد شدن، متفق شدن
Konföderierte, der/die; -n, -n	متحد، هم‌پیمان
konfokal Adj.	هم‌کانون
konform Adj.	مطابق، برابر، یک‌جور
konform gehen mit	مطابقت کردن با
Konformismus, der; -	تطبیق، برابری، سازش، توافق
Konformist, der; -en, -en	کسی که پیرو کلیسای انگلیس است
Konfrontation, die; -, -en	مقابله، مواجهه
konfrontieren Vt.	مقابله کردن، مواجه کردن، مقایسه کردن، رو به رو کردن
Konfrontierung, die; -, -en	مقابله، مواجهه
konfus Adj.	دستپاچه، مضطرب، مشوش، پریشان، مغشوش، گیج
Konfusion, die; -, -en	آشفتگی، اختلال، دستپاچگی، اغتشاش
kongenial Adj.	هم‌ذوق، هم‌سلیقه، موافق، متجانس
Kongenialität, die; -	هم‌ذوقی، هم‌سلیقگی، موافقت، تجانس
Kongreß, der; -resses, -resse	کنگره، انجمن، مجلس، مجمع، گردهمایی
Kongreßhalle, die; -, -n	محل مجلس نمایندگان امریکا
Kongreßmitglied, das; -(e)s, -er	عضو مجلس نمایندگان امریکا
kongruent Adj.	سازگار، موافق، متجانس، منطبق
Kongruenz, die; -, -en	سازش، موافقت؛ تجانس، انطباق
kongruieren Vi.	سازش کردن، موافقت کردن، منطبق شدن
König, der; -(e)s, -e	۱. شاه، پادشاه، ملک، سلطان ۲. مهرهٔ شطرنج ۳. ورق‌بازی
Königin, die; -, -nen	ملکه، شهبانو
Königinmutter, die; -, =	ملکهٔ مادر
königlich Adj.	۱. شاهانه، ملوکانه، سلطنتی ۲. ارزشمند، گرانبها
königsblau Adj.	[رنگ] آبی سلطنتی، آبی سیر
Königreich, das; -(e)s, -e	قلمرو پادشاهی، سلطنت، امپراتوری
Königshaus, das; -es, -häuser	دودمان شاهان، خاندان پادشاهان
Königshof, der; -(e)s, =e	دربار (شاه)
Königspaar, das; -(e)s, -e	شاه و شهبانو
Königssohn, der; -(e)s, =e	شاهزاده
Königstochter, die; -, =	شاهزاده خانم
Königswasser, das; -s, -/ =	(شیمی) تیزاب سلطانی
Königtum, das; -s, =er	شاهی، سلطنت
konisch Adj.	مخروطی
Konjugation, die; -, -en	۱. (دستور زبان) ترکیب، آمیختگی، پیوستگی ۲. صرف فعل
konjugieren Vt.	۱. (دستور زبان) صرف کردن (فعل) ۲. درهم آمیختن
Konjunktion, die; -, -en	۱. عطف، پیوستگی، اتصال ۲. (دستور زبان) حرف ربط
Konjunktiv, der; -(e)s, -e	(دستور زبان) وجه التزامی، وجه شرطی
Konjunktur, die; -, -en	روند اقتصادی، وضع کلی اقتصادی
Konjunkturaufschwung, der; -s, =e	صعود اقتصادی، بهبود اقتصادی، رونق اقتصادی
Konjunkturbarometer, das; -s, -	شاخص دور اقتصادی، نمودار وضع اقتصادی
konjunkturell Adj.	(مربوط به) دور اقتصادی، دوری، اقتصادی
Konjunkturpolitik, die; -	سیاست اقتصادی
Konjunkturrückgang, der; -(e)s, -	نزول اقتصادی، کساد اقتصادی
konkav Adj.	[عدسی] مقعر، توگود
Konkavlinse, die; -, -n	عدسی مقعر
Konkavspiegel, der; -s, -	آینهٔ مقعر
Konklave, das; -s, -n	اجتماع کاردینال‌ها (جهت انتخاب پاپ)

Konkordanz, die; -, -en توافق، موافقت
Konkordat, das; -(e)s, -e
توافق بین دولت و مقامات مذهبی
konkret *Adj.* واقعی، معین، محسوس، روشن، حقیقی، قطعی
Konkretnom, das; -s, -mina (دستور زبان) اسم ذات، اسم مجرد
Konkubinat, das / der; -(e)s, -e همسری (بدون ازدواج شرعی و رسمی)
Konkubine, die; -, -n صیغه، مُتعِه
Konkurrent, der; -en, -en (در تجارت، ورزش) رقیب، حریف
Konkurrentin, die; -, -nen (در تجارت، ورزش) رقیب، حریف (زن)
Konkurrenz, die; -, -en رقابت، چشم و همچشمی
jemanden **Konkurrenz machen** با کسی رقابت کردن
konkurrenzfähig *Adj.* رقابت‌آمیز
Konkurrenzgeschäft, das; -(e)s, -e مؤسسهٔ رقیب
Konkurrenzkampf, der; -(e)s, ⸚e رقابت
konkurrenzlos *Adj.* بی‌رقیب
Konkurrenzneid, der; -(e)s حسادت حرفه‌ای
konkurrieren *Vi.* رقابت کردن، چشم و هم‌چشمی کردن
Konkurs, der; -es, -e افلاس، ورشکستگی
Konkurs anmelden اعلام ورشکستگی کردن
in Konkurs gehen ورشکست شدن
in Konkurs geraten ورشکست شدن
Konkursanmeldung, die; -, -en اعلام ورشکستگی
Konkursantrag, der; -(e)s, ⸚e
درخواست اعلام ورشکستگی
Konkursbehörde, die; -, -n
اولیای امور ورشکستگی
Konkursbilanz, die; -, -en بیلان ورشکستگی
Konkurserklärung, die; -, -en اعلام ورشکستگی
Konkursforderung, die; -, -en
حق مطالبهٔ ورشکستگی
Konkursgericht, das; -(e)s, -e دادگاه ورشکستگی
Konkursit, der; -en, -en ورشکست
Konkursmasse, die; -, -n اموال شرکت ورشکسته
Konkursquote, die; -, -n نرخ ورشکستگی
Konkursrichter, der; -s, - قاضی ورشکستگی
Konkursschuldner, der; -s, - ورشکست
Konkursverfahren, das; -s, - جریان ورشکستگی
Konkursverwalter, der; -s, -
مدیر امور ورشکستگی

Konkursverwaltung, die; -, -en
ادارهٔ ورشکستگی
können *Vi., Vt.* ۱. توانستن، دانستن، قادر بودن ۲. بلد بودن ۳. ممکن بودن ۴. اجازه (چیزی) را داشتن
Du kannst hingehen. می‌توانی بروی.
Er kann seine Aufgabe. درسش را بلد است.
Kann ich etwas Obst nehmen?
اجازه دارم کمی میوه بردارم؟
Das kann sein. ممکن است، امکان دارد.
Er kann nichts dafür. تقصیری ندارد.
Können, das; -s توانایی، قدرت، استعداد، قابلیت، توان
Könner, der; -s, - کارشناس، خبره، متخصص، وارد
Könnerin, die; -, -nen کارشناس، خبره، متخصص، وارد (زن)
Konnex, der; -es, -e رابطه، ارتباط
Ich habe mit ihm keinen Konnex mehr.
با او دیگر هیچ ارتباطی ندارم.
Konnossement, das; -(e)s, -e بارنامه
konnte *P.* können صیغهٔ فعل گذشتهٔ مطلق از مصدر
Konrektor, der; -s, -en قائم‌مقام رئیس دانشگاه
konsekutiv *Adj.* پی‌درپی، متوالی، پشت سرهم
Konsekutivsatz, der; -es, ⸚e
(دستور زبان) فرا کرد پیرو
konsequent *Adj., Adv.* ۱. استوار، پایدار، محکم، ثابت ۲. پیگیرانه، مصرانه
Konsequenz, die; -, -n ۱. ثبات، دوام، استواری، استقامت، پایداری ۲. نتیجه، پیامد
die Konsequenzen ziehen نتیجه گرفتن
konservativ *Adj.* ۱. محافظه کار
۲. علاقمند به سنن قدیمی
Konservative, der / die; -n, -n
عضو حزب محافظه کار
Konservatorium, das; -s, -rien هنرستان موسیقی
Konserve, die; -, -n کنسرو
Konservenbüchse, die; -, -n قوطی کنسرو
Konservendose, die; -, -n قوطی کنسرو
Konservenfabrik, die; -, -en کارخانهٔ کنسروسازی
Konservenmusik, die; -, -en موسیقی ضبط شده
konservieren *Vt.* کنسرو کردن
Konservierung, die; -, -en کنسروسازی
Konservierungsmittel, das; -s, -
مادهٔ کنسروسازی، مادهٔ شیمیایی (برای کنسرو کردن مواد غذایی)

Konservierungsstoff 494

Konservierungsstoff, der; -(e)s, -e
مادهٔ کنسروسازی، مادهٔ شیمیایی (برای کنسرو کردن مـواد غذایی)
Konsignation, die; -, -en واگذاری، تسلیم
konsistent *Adj.* محکم، استوار
Konsistenz, die; - ثبات، استواری، استقامت، استحکام، قوام
Konsistorium, das; -s, -rien مجمع کلیسایی، مجلس مشورت (در کلیسا)
Konsole, die; -(e)s, -e ۱. میز زیر آینه ۲. (نوعی) طاقچه ۳. (معماری) زانویی
konsolidieren *Vt.* محکم کردن، سفت کردن، به‌هم پیوستن
Konsolidierung, die; -, -en تحکیم، تثبیت، استواری، استحکام
Konsonant, der; -en, -en (دستور زبان) حرف بی‌صدا
Konsorte, der; -n, -n همدست، شریک، متحد
Konsortium, das; -s, -tien کنسرسیوم، سندیکا، اتحادیه
Konspiration, die; -, -en توطئه، دسیسه، تبانی
konspirieren *Vi.* توطئه چیدن، دسیسه کردن
konstant *Adj.* پایدار، ثابت، استوار، غیر متغیر
Konstante, die; -, -en ۱. پایداری، ثبات، استواری ۲. (ریاضی) ضریب ثابت
Konstanz, die; - پایداری، ثبات، استواری
konstatieren *Vi.* مشخص کردن، معلوم کردن
Konstellation, die; -, -en ۱. صورت فلکی، صورت آسمانی، گروه اختران ۲. برخورد عوامل مختلف
konsternieren *Vt.* مات و مبهـوت کردن، دستپاچه کردن
konsterniert *Adj.* مشوّش، مات و مبهوت، دستپاچه
konstituieren *Vt., Vr.* ۱. تشکیل دادن، ایجاد کردن، تأسیس کردن، نصب کردن، مستقر کـردن ۲. پـدید آمـدن، تشکیل شدن
Konstitution, die; -, -en ۱. ساختمان بدنی انسان ۲. قانون اساسی
konstitutionell *Adj.* ۱. از نظر مزاجی ۲. (مربوط به) قانون اساسی
konstruieren *Vt.* ساختن، طراحی کردن، بنا کردن، ایجاد کردن
Konstrukteur, der; -s, -e برنامه‌ریز، نقشه‌کش، طراح
Konstrukteurin, die; -, -nen برنامه‌ریز، نقشه‌کش، طراح (زن)
Konstruktion, die; -, -en ۱. طرح، بنا، ساختمان، ساخته ۲. جمله‌سازی
Konstruktionsfehler, der; -s, -
اشتباه در نقشه‌کشی، اشتباه در ساختمان
konstruktiv *Adj.* ۱. سودمند، مفید ۲. سازنده
Konsul, der; -s, -n کنسول
konsularisch *Adj.* کنسولی
Konsulat, das; -(e)s, -e کنسولگری
Konsulent, der; -en, -en مشاورهٔ حقوقی
Konsultation, die; -, -en ۱. مشاورهٔ پزشکی ۲. (بین دولت‌ها و طرفین قرارداد) مشاوره، مشورت، کنکاش
konsultieren *Vt.* ۱. با (پزشک) مشورت کردن ۲. از (وکیل) نظرخواهی کردن
Konsum, der; -s مصرف، استفاده (مایحتاج روزانه)
Konsumartikel, der; -s, - کالای مصرفی، کالای مورد احتیاج روزانه
Konsument, der; -en, -en مصرف‌کننده
Konsumentin, die; -, -nen مصرف‌کننده (زن)
Konsumgenossenschaft, die; -, -en
شرکت تعاونی مصرف
Konsumgeschäft, das; -(e)s, -e فروشگاه تعاونی
Konsumgesellschaft, die; -, -en مصرف‌کننده
Konsumgüter, die / *Pl.* کالای مصرفی، کالای مورد نیاز روزانه
konsumieren *Vt.* مصرف کردن (مایحتاج روزانه)
Konsumladen, der; -s فروشگاه تعاونی، فروشگاه مواد غذایی
Konsumverein, der; -s, -e جمعیت مصرف‌کننده
Kontakt, der; -(e)s, -e تماس، برخورد، ارتباط، رابطه
mit jemandem **Kontakt aufnehmen**
با کسی رابطه برقرار کردن
Kontaktanzeige, die; -, -n
آگهی به منظور برقراری ارتباط
kontaktarm *Adj.* غیر معاشرتی، دیرجوش
Kontaktarmut, die; - کم‌معاشرت
kontakten *Vi.* رابطهٔ تجاری برقرار کردن
kontaktfreudig *Adj.* معاشرتی، خوش‌مشرب، زودجوش
Kontaktglas, das; -es, ⸚er لنز، عینک نامریی (عدسی که به جای عینک در چشم می‌گذارند)
kontaktieren *Vt.* با (کسی) رابطه برقرار کردن
Kontaktlinse, die; -, -n لنز، عینک نامریی (عدسی که به جای عینک در چشم می‌گذارند)
Kontaktmann, der; -, ⸚er رابط

Kontaktmittel, das; -s, -
عامل فعل و انفعال اجسام شیمیایی در اثر مجاورت
Kontaktperson, die; -, -en رابط
Kontaktschale, die; -, -n لنز، عینک نامریی
(عدسی که به جای عینک در چشم می‌گذارند)
Kontaktscheu, die; - کناره‌گیر، دیرجوش
Kontaktsperre, die; -, -n قطع رابطه
Konteradmiral, der; -s, -e دریادار
Konterbande, die; -, -n کالای قاچاق
Konterfei, das; -s, -e چهره، عکس، تصویر؛ شبیه‌سازی
kontern *Vt.* ۱. تلافی کردن، دفع کردن، جواب دادن (حملهٔ حریف) ۲. رد و بدل کردن (مشت)
Konterrevolution, die; -, -en ضد انقلاب
Konterrevolutionär, der; -s, -e ضد انقلابی
Kontext, der; -es, -e قرینه
Kontinent, der; -s, -e ۱. قاره ۲. قاره اروپا
kontinental *Adj.* قاره‌ای، (مربوط به) قاره
Kontingent, das; -s, -e سهمیه، جیره، سهم
kontingentieren *Vt.* جیره‌بندی کردن، سهمیه تعیین کردن
kontinuierlich *Adj.* پیوسته، متصل، متوالی، مسلسل، لاینقطع
Kontinuität, die; -, -en پیوستگی، اتصال، دوام، استمرار
Konto, das; -s, -ten / -ti حساب جاری، اعتبار
ein Konto bei einer Bank eröffnen
در بانکی حساب باز کردن
Kontoauszug, der; -(e)s, ⸚e صورت‌حساب بانکی، موجودی حساب بانکی
Kontobuch, das; -(e)s, ⸚er دفتر حساب، دفتر محاسبه
Kontoinhaber, der; -s, - صاحب حساب
Kontokorrent, das; -(e)s, -e حساب جاری
Kontonummer, die; -, -n شماره حساب
Kontor, das; -s, -e ۱. اتاق دفتر، دبیرخانه ۲. ضربه، مشت
Kontorist, der; -en, -en دفتردار
Kontoristin, die; -, -nen دفتردار (زن)
Kontostand, der; -(e)s, ⸚e موجودی حساب بانکی
kontra *Präp.* ضدِ، مخالفِ
Kontra, das; -s, -s مخالفت، ضدیت
jemandem **Kontra geben** با کسی به شدت مخالفت کردن
Kontrabaß, der; -basses, -basse (ساز) کنترباس
Kontrabassist, der; -en, -en نوازندهٔ کنترباس

Kontrahent, der; -en, -en طرف دعوا، حریف، خصم، رقیب
Kontrahentin, die; -, -nen طرف دعوا، حریف، خصم، رقیب (زن)
kontrahieren *Vt.* ۱. قرارداد (چیزی) را بستن ۲. به جنگ تن به تن دعوت کردن
Kontraindikation, die; -, -en
عوارض ناشی از مصرف دارو
Kontrakt, der; -(e)s, -e قرارداد، پیمان، پیمان‌نامه، موافقت‌نامه
Kontraktion, die; -, -en انقباض، جمع‌شدگی، کوتاه‌شدگی
Kontrapunkt, der; -(e)s (موسیقی) کنترپوان
konträr *Adj.* مخالف، مغایر
Kontrast, der; -es, -e کنتراست، تضاد، فرق، تباین
kontrastieren *Vi.* مقایسه کردن، برابر کردن؛ از هم متمایز بودن، در تضاد شدید با یکدیگر بودن
kontrastiv *Adj.* مقابله‌ای، مقایسه‌ای
kontrastive Grammatik دستور زبان مقابله‌ای
Kontrastmittel, das; -s, - وسیلهٔ مقایسه
kontrastreich *Adj.* مقایسه‌ای
Kontrollabschnitt, der; -(e)s, -e ته چک، ته قبض
Kontrollampe, die; -, -n چراغ کنترل، چراغ راهنما
Kontrollbeamte, der; -n, -n ممیز، ناظر، بازرس، کنترل‌چی
Kontrolle, die; -, -n کنترل، تفتیش، وارسی، بازدید، بازرسی، بررسی مجدد
unter Kontrolle تحت کنترل
außer Kontrolle geraten خارج از کنترل بودن
die Kontrolle verlieren über
در موردی کنترل را از دست دادن
Kontrolleur, der; -s, -e ممیز، ناظر، بازرس، کنترل‌چی، بازبین
Kontrolleurin, die; -, -nen ممیز، ناظر، بازرس، کنترل‌چی، بازبین (زن)
kontrollieren *Vt.* بر (چیزی) نظارت کردن، بازرسی کردن، بازبینی کردن، تفتیش کردن، کنترل کردن، به (چیزی) رسیدگی کردن
Kontrollkasse, die; -, -n دستگاه ثبت فروش روزانه
Kontrollkommission, die; -, -en هیئت ناظر
Kontrollmarke, die; -, -n ۱. نظارت، رسیدگی، مقابله ۲. علامت رسیدگی، علامت مقابله
Kontrollnummer, die; -, -n شمارهٔ کنترل
Kontrollpunkt, der; -(e)s, -e محل کنترل

Kontrollturm 496

Kontrollturm, der; -(e)s, ⸚e (در فرودگاه) برج کنترل
Kontrolluhr, die; -, -en ساعت کنترل‌کننده
kontrovers *Adj.* متضاد؛ جدال‌آمیز
Kontroverse, die; -, -n مباحثه، مناقشه، جدال، ستیزه، نزاع؛ تضاد
Kontur, die; -, -en طرح، رسم، طراحی
konturieren *Vi.* طراحی کردن، رسم کردن
Konus, der; -, -se / -nen مخروط
Konvention, die; -, -en پیمان‌نامه، قرارداد، عهدنامه، میثاق
Konventionalstrafe, die; -, -n غرامت پیمان‌شکنی، غرامت نقض قرارداد
konventionell *Adj.* متـداول، مرسوم، معمول، قراردادی
konvergent *Adj.* هم‌گرا، مطابق، مشابه
Konvergenz, die; -, -en هم‌گرایی، مطابقت، تشابه
konvergieren *Vi.* به‌هم نزدیک شدن، مشابه بودن، مطابقت داشتن
Konversation, die; -, -en گفت و گو، مذاکره، مکالمه، محاوره، گفت و شنود
Konversationslexikon, das; -s, -ka دایرةالمعارف
konversieren *Vi.* گفت و گو کردن، مذاکره کردن
konvertierbar *Adj.* قابل تغییر، قابل تبدیل، برگرداندنی
konvertieren *Vt., Vi.* ۱. تغییر دادن، تبدیل کردن، برگرداندن ۲. تغییر مذهب دادن
Konvertierung, die; -, -en تغییر، تبدیل، برگردانی
Konvertit, der; -en, -en کسی که تغییر مذهب داده
konvex *Adj.* محدب
Konvexität, die; - تحدب، برآمدگی
Konvexlinse, die; -, -n عدسی محدب
Konvexspiegel, der; -s, - آینهٔ محدب
Konvoi, der; -s, -s ۱. همراهان، مشایعان؛ محافظان ۲. کاروان (کشتی / کامیون)
Konvulsion, die; -, -en تشنج
konvulsivisch *Adj.* متشنج
konzedieren *Vt.* اقرار کردن، تصدیق کردن
Konzentrat, das; -es, -e مایع تصفیه، مایع غلیظ شده
Konzentration, die; -, -en ۱. تمرکز (فکری) ۲. تجمع (قوای نظامی)
Konzentrationsfähigkeit, die; -, -en قدرت تمرکز
Konzentrationslager, das; -s, - (در آلمان هیتلری) بازداشتگاه زندانیان سیاسی، بازداشتگاه اسرای جنگی

konzentrieren *Vt.* ۱. متمرکز کردن (فکر) ۲. تمرکز دادن، (در یک نقطه) جمع کردن
alle Gedanken auf ein Problem konzentrieren
تمام افکار را روی مسئله‌ای متمرکز کردن
konzentrisch *Adj.* متمرکز، متحدالمرکز
Konzept, das; -(e)s, -e پیش‌نویس، طرح اولیه
jemanden **aus dem Konzept bringen**
فکر کسی را مختل کردن
Konzeption, die; -, -en ۱. حاملگی، آبستنی، بارداری ۲. ادراک، فهم، تصور ۳. طرح
Konzeptpapier, das; -s, -e کاغذ پیش‌نویس، کاغذ مسوده
Konzern, der; -s, -e ۱. کنسرسیوم، کارتل ۲. اتحاد شرکت‌های مشترک‌المنافع ۳. دسته‌بندی، گروه، طبقه
Konzert, das; -(e)s, -e کنسرت، اجرای برنامهٔ موسیقی، رسیتال
Konzertflügel, der; -s, - پیانوی کنسرت
konzertieren *Vi.* کنسرت دادن، رسیتال دادن
Konzertmeister, der; -s, - (در ارکستر سمفونیک) نوازندهٔ اول ویلن
Konzertsaal, der; -(e)s, -säle تالار کنسرت
Konzession, die; -, -en ۱. امتیاز ۲. پروانهٔ کسب
Konzessionär, der; -s, -e صاحب امتیاز
konzessionieren *Vt.* امتیاز (چیزی) را دادن
konzessiv *Adj.* امتیازی
Konzil, das; -s, -e اجتماع کشیشان (در کلیسا)
konziliant *Adj.* باگذشت، مهربان، بامحبت
Kooperation, die; -, -en تشریک مساعی، تعاون، همکاری، کار اشتراکی
kooperativ *Adj.* مشترک
kooperieren *Vi.* همکاری کردن، تشریک مساعی کردن، کار مشترک کردن
Koordinate, die; -, -n هماهنگی، تناسب
Koordinatenachse, die; -, -n (ریاضی) محور مختصات
Koordinatensystem, das; -s, -e (ریاضی) دستگاه مختصات
Koordination, die; -, -en هماهنگی، تناسب، تنظیم، تطبیق
Koordinator, der; -s, -en هماهنگ‌کننده، متناسب‌کننده
koordinieren *Vt.* متناسب کردن، منطبق ساختن، هماهنگ کردن، موزون کردن
Köper, der; -s, - پارچهٔ جناغی

Kopf, der; -(e)s, ⸚e ۱. سر، کلّه ۲. رأس، نوک، انتها، قله ۳. رئیس
- **Kopf hoch!** شجاع باش!
- **aus dem Kopf** از بر، از حفظ
- jemandem **über den Kopf wachsen** سر از اطاعت کسی باز زدن
- **von Kopf bis Fuß** از سر تا پا
- jemanden **vor den Kopf stoßen** کسی را ناراحت کردن
- jemandem **den Kopf waschen** کسی را تأدیب کردن
- **Hast du keine Augen im Kopf?** مگر کوری؟ مواظب باش!
- **den Kopf schütteln** سر را (به علامت نفی) تکان دادن
- **den Kopf verlieren** گیج شدن
- **sich** etwas **in den Kopf setzen** تصمیم به انجام حتمی کاری گرفتن
- **seinen Kopf durchsetzen** حرف خود را به کرسی نشاندن

Kopfarbeit, die; - کار فکری
Kopfbahnhof, der; -(e)s, ⸚e ایستگاه راه‌آهن پایانی
Kopfball, der; -(e)s, ⸚e (فوتبال) ضربهٔ سر، زدن توپ با سر
Kopfbedeckung, die; -, -en پوشش سر؛ روسری؛ کلاه
Köpfchen, das; -s, - سر کوچک
köpfen *Vt., Vi.* ۱. سر بریدن، گردن زدن، سر از تن جدا کردن ۲. (فوتبال) با سر زدن (توپ) ۳. رشد کردن (سر کاهو)
Kopfende, das; -s, -n نوک، انتها، قله، رأس
Kopfgeld, das; -(e)s, -er (برای تحویل‌دهنده جنایتکار) جایزهٔ سر
kopfhängerisch *Adj.* افسرده، پکر
Kopfhörer, der; -s, - هدفون، گوشی
Kopfkissen, das; -s, - بالش، نازبالش، متکا
Kopflage, die; -, -n تولد طبیعی (نوزاد)
kopflastig *Adj.* سر سنگین (و ته سبک)
kopflos *Adj.* ۱. بی‌سر، بی‌کله ۲. پریشان خیال، گیج، مشوش
Kopfnicken, das; -s, - اشاره با سر، تکان سر، سلام با سر
Kopfputz, der; -es آرایش موی سر
Kopfrechnen, das; -s حساب ذهنی
kopfrechnen *Vt.* ذهنی حساب کردن
Kopfsalat, der; -(e)s, -e کاهوپیچ، کاهو سالادی
kopfscheu *Adj.* کله‌شق، گردن‌کش؛ عصبی، متشنج
Kopfschmerz, der; -es, -en سردرد
Kopfschmerztablette, die; -, -n قرص سردرد
Kopfsprung, der; -(e)s, ⸚e شیرجه
Kopfstand, der; -(e)s, ⸚e بالانس
kopfstehen *Vi.* ۱. روی سر ایستادن، بالانس زدن ۲. هاج و واج بودن، مات و مبهوت شدن
Kopfsteinpflaster, das; -s, - خیابان سنگ‌فرش
Kopfsteuer, die; -, -n مالیات سرشماری، مالیات سرانه
Kopfstimme, die; -, -n (موسیقی) صدای تیز غیرطبیعی، صدای توی سر
Kopfstütze, die; -, -n تکیه‌گاه سر
Kopftuch, das; -(e)s, ⸚er روسری، چارقد
kopfüber *Adv.* ۱. با سر به جلو ۲. شتاب‌زده، سراسیمه
Kopfweh, das; -(e)s سردرد
- jemandem **Kopfweh machen** موجب تفکر زیاد کسی شدن، موجب غم و اندوه کسی شدن

Kopfzerbrechen, das; -s افکار مغشوش، خیالات درهم و برهم
- **sich über** etwas **Kopfzerbrechen machen** غم چیزی را خوردن

Kopie, die; -, -n کپی، رونوشت، سواد، نسخه، فتوکپی
Kopierbuch, das; -(e)s, ⸚er دفتر رونوشت اسناد
kopieren *Vt.* رونوشت (چیزی) را برداشتن، از (چیزی) نسخه برداشتن، کپی کردن، فتوکپی کردن
Kopierer, der; -s, - دستگاه فتوکپی
Kopiergerät, das; -(e)s, -e دستگاه فتوکپی
Kopierpapier, das; -s, -e کاغذ کاربن
Kopierstift, der; -(e)s, -e قلم کپی
Kopilot, der; -en, -en کمک خلبان
Koppel[1]**,** die; -, -n مرتع، چمنزار
Koppel[2]**,** das; -s, - تسمه، بند چرمی
koppeln *Vt.* ۱. وصل کردن، بستن، ربط دادن ۲. جفت کردن، به هم پیوستن
Kopplung, die; -, -en ۱. پیوستگی، اتصال، چفت، ارتباط ۲. کلاچ (اتومبیل)
Koproduktion, die; -, -en محصول مشترک
Kopulation, die; -, -en جماع، جفت‌گیری
kopulieren *Vt., Vi.* ۱. متصل کردن ۲. جفت‌گیری کردن، جماع کردن
Koralle, die; -, -n مرجان
Korallenbank, die; -, ⸚e ساحل مرجانی
Koralleninsel, die; -, -n جزیرهٔ مرجانی
Koran, der; -s, -e قرآن
Koransure, die; -, -n سورهٔ قرآن

Korb, der; -(e)s, ⁻e سبد، زنبیل
einen Korb bekommen از دختری جواب رد شنیدن
jemandem **einen Korb geben** به کسی جواب رد دادن
Korbball, der; -(e)s (بازی) بسکتبال
Korbballspiel, das; -(e)s, -e بازی بسکتبال
Körbchen, das; -s, - سبد کوچک
Korbflechter, der; -s, - سبدباف، زنبیل‌باف
Korbgeflecht, das; -(e)s, -e زنبیل‌بافی
Korbmacher, der; -s, - سبدباف، زنبیل‌باف
Korbmöbel, die / *Pl.* مبلمان حصیری، اثاثیهٔ حصیری
Korbwagen, der; -s, - گهواره حصیری روپوش‌دار
Korbwaren, die / *Pl.* اثاثیهٔ حصیری
Kord, der; -(e)s, -e مخمل کبریتی، مخمل نخی راه‌راه
Kordanzug, der; -(e)s, ⁻e کت و شلوار مخمل
Kordel, die; -, -n نخ کلفت، ریسمان
Kordon, der; -s, -s بند، نوار، روبان
Kordsamt, der; -(e)s, -e مخمل کبریتی، مخمل نخی راه‌راه
Korea, das (کشور) کره
Koreaner, der; -s, - کره‌ای، اهل (کشور) کره
Koreanerin, die; -, -nen کره‌ای، اهل (کشور) کره (زن)
koreanisch *Adj.* کره‌ای، (مربوط به) کره
Koriander, der; -, -n گشنیز
Korinthe, die; -, -n کشمش بی‌دانه، مویز
Korinthenbrot, das; -(e)s, -e نان کشمش‌دار
Korinthenkacker, der; -s, - خرده‌بین
Kork, der; -(e)s, -e چوب‌پنبه
korkartig *Adj.* چوب‌پنبه‌ای
Korkeiche, die; -, -n درختِ چوب‌پنبه
korken *Vt.* چوب‌پنبه گذاشتن
Korken, der; -s, - چوب‌پنبه (مخصوص مسدود کردن سوراخ بطری)
Korkenzieher, der; -s, - چوب‌پنبه‌کِش، چوب‌پنبه بازکن
Kormophyt, der; -en, -en گیاه آوندی
Korn[1], das; -(e)s, ⁻er دانه، غله، تخم
Korn[2], der; -(e)s, -e عرق چاودار، ویسکی چاودار
Korn[3], das; -(e)s, -e مگسک تفنگ
jemanden **aufs Korn nehmen** به کسی با لحن تندی حمله کردن
Kornähre, die; -, -n خوشهٔ گندم، سنبلهٔ گندم
Kornbau, der; -(e)s, -e رویش گندم؛ کشت غلات
Kornblume, die; -, -n گل گندم
Kornboden, der; -s, ⁻ انبار غله، سیلو
Körnchen, das; -s, - دانهٔ کوچک
körnen *Vt.* دانه دانه کردن، ریز ریز کردن، به‌صورت دانه‌های کوچک درآوردن
Kornett, das; -(e)s, -e / -s کُرنت (نوعی شیپور)
Kornettist, der; -en, -en نوازندهٔ کُرنت
Kornfeld, das; -(e)s, -er کشتزار، گندم‌زار
körnig *Adj.* دانه دانه، دانه‌دار
Kornkammer, die; -, -n انبار غله، سیلو
Korona, die; -, -nen ۱. هاله ۲. حلقهٔ نور دور خورشید
Körper, der; -s, - ۱. بدن، تن، اندام ۲. تنه، بدنه ۳. جسم، جرم، مادّه، ذات، کالبد، جسد
der menschliche Körper بدن انسان
Körperbau, der; -(e)s ساختمان بدن
körperbehindert *Adj.* عاجز، ناتوان، معلول
Körperbehinderte, der / die; -n, -n ناقص‌العضو، معلول
Körperchen, das; -s, - ذره، ریزه، خرده
Körperfülle, die; - تنومندی، فربهی، چاقی
Körpergeruch, der; -(e)s, ⁻e بوی بدن
Körpergröße, die; -, -n قد، قامت
Körperhaltung, die; - وضع، حالت، رفتار، سلوک
Körperkontakt, der; -(e)s, -e تماس بدنی
Körperkraft, die; -, ⁻e نیروی بدنی، نیروی جسمانی
körperlich *Adj.* جسمانی، بدنی؛ مادّی
Körpermaße, die / *Pl.* اندازهٔ ابعاد بدن
Körperpflege, die; - مراقبت از بدن
Körperschaft, die; -, -en شرکت؛ صنف؛ هیئت؛ مؤسسه؛ اتحادیه
Körperschwäche, die; -, -n ضعف جسمانی
Körperstrafe, die; -, -n تنبیه بدنی
Körperteil, der / das; -(e)s, -e عضو بدن
Körpertemperatur, die; -, -en حرارت بدن
Körperverletzung, die; -, -en آسیب بدنی، جراحت بدن
Körperwärme, die; - حرارت بدن
Korporal, der; -s, -e بدنی، جسمانی؛ مادّی
Korporalschaft, die; -, -en دسته، جوخه، گروه
Korporation, die; -, -en شرکت؛ صنف؛ هیئت؛ مؤسسه
Korps, das; -, - ۱. لشکر، سپاه ۲. گروه، دسته
Korpsgeist, der; -(e)s, -er روح صمیمیت و یگانگی (در میان اعضای جمعیت)
korpulent *Adj.* فربه، چاق، تنومند

Korpulenz, die; - تنومندی، فربهی، چاقی
Korpus, der; -, -se تن، بدن، اندام
korrekt *Adj.* درست، صحیح، دقیق
Korrektheit, die; - درستی، صحت، دقت
Korrektion, die; -, -en تصحیح، غلط گیری، اصلاح
Korrektor, der; -s, -en (در چاپخانه) تصحیح‌کننده، مصحح
Korrektur, die; -, -en تصحیح، غلط گیری، اصلاح
Korrekturbogen, der; -s, - / ⸗ نمونهٔ صفحه‌بندی شدهٔ مطلب چاپی
Korrekturfahne, die; -, -n نمونهٔ ستونی مطلب چاپی (که هنوز صفحه‌بندی نشده)
Korrekturzeichen, das; -s, - علامت مخصوص غلط گیری
Korrelat, das;-(e)s, -e لازم و ملزوم
Korrelation, die; -, -en ارتباط متقابل، مراعات نظیر، بستگی دو چیز باهم
korrelieren *Vt.* به‌هم وابسته بودن، لازم و ملزوم بودن
korrepetieren *Vt.* به همراهی پیانو تمرین کردن (اثر آوازی)
Korrepetitor, der; -s, -en دستیار رهبر ارکستر اپرا (که تمرین‌های آوازخوانان را با پیانو همراهی می‌کند)
Korrespondent, der; -en, -en خبرنگار، مخبر
Korrespondentenbericht, der; -(e)s, -e گزارش خبرنگار
Korrespondenz, die; -, -en مکاتبه، تبادل‌نامه، نامه‌نگاری
korrespondieren *Vi.* مکاتبه کردن، نامه‌نگاری کردن
Korridor, der; -s, -e کریدور، راهرو، دالان
korrigierbar *Adj.* قابل اصلاح
korrigieren *Vt.* اصلاح کردن، تصحیح کردن، غلط گیری کردن
Korrosion, die; -, -en زنگ‌زدگی (فلزات)، فساد تدریجی
korrosionsbeständig *Adj.* مقاوم در مقابل زنگ‌زدگی، ضدزنگ
korrosionsfest *Adj.* مقاوم، مقاومت‌کننده
korrumpieren *Vt.* ۱. (از نظر اخلاقی) فاسد کردن، تباه کردن ۲. به (کسی) رشوه دادن
korrupt *Adj.* ۱. فاسد، منحط ۲. رشوه‌گیر
Korruption, die; -, -en ۱. تباهی، فساد ۲. رشوه‌گیری
Korsett, das; -(e)s, -e / -s کرست، سینه‌بند
Kortex, der; -(e)s, -e پوست، پوسته
kortikal *Adj.* پوستی

Korvette, die; -, -n (نوعی) رزم ناو
Korvettenkapitän, der; -s, -e ناخدای رزم‌ناو
Koryphäe, die; -, -n کارشناس، خبره، متخصص؛ آدم‌سرشناس
Kosak, der; -en, -en قزاق
kosen *Vi., Vt.* نوازش کردن، ناز کردن، در آغوش کشیدن، عشق‌بازی کردن
Kosename, der; -ns, -n نام خودمانی
Kosinus, der; -, - / -se (ریاضی) کسینوس
Kosmetik, die; - فن آرایش و زیبایی، آرایشگری
Kosmetiker, der; -s, - آرایشگر، متخصص آرایش و زیبایی، مشاطه
Kosmetikerin, die; -, -nen آرایشگر، متخصص آرایش و زیبایی، مشاطه (زن)
kosmetisch *Adj.* (مربوط به) فن آرایش و زیبایی، آرایشی
kosmisch *Adj.* کیهانی، جهانی، (مربوط به) عالم هستی
Kosmologie, die; -, -n فلسفهٔ عالم هستی
Kosmonaut, der; -en, -en فضانورد
Kosmonautik, die; - فضانوردی
Kosmonautin, die; -, -nen فضانورد (زن)
Kosmopolit, der; -en, -en بشردوست، جهان‌دوست (کسی که هر کشوری را میهن خود می‌داند)
Kosmos, der; - کیهان، گیتی، جهان هستی، عالم وجود، کائنات
Kost, die; - ۱. غذا، خوراک، طعام، قوت ۲. تغذیه ۳. مزه
freie Kost غذای مجانی
kostbar *Adj.* پرارزش، قیمتی، گران، نفیس، گرانبها
Kostbarkeit, die; -, -en گرانی، پرخرجی
Kosten, die / *Pl.* مخارج، هزینه
die Kosten tragen مخارج را برعهده گرفتن
auf meine Kosten به هزینهٔ من
Das geht auf meine Kosten. مخارج را من به عهده می‌گیرم.
aus seine Kosten kommen به مطلوب خود دست یافتن
kosten *Vt.* ۱. چشیدن، مزه دادن ۲. ارزش داشتن، قیمت داشتن، ارزیدن
Ich koste den Wein. شراب را می‌چشم.
viel kosten گران بودن
Fragen kostet nichts. پرسیدن خرجی ندارد.
es koste, was es wolle به هر قیمتی
Es hat mich viele Mühe gekostet. این کار برایم زحمت زیادی به همراه داشته است.

Kostenanschlag, der; -(e)s, ⸚e ارزیابی، تخمین (مخارج)، تقویم، برآورد
Kostenanstieg, der; -(e)s, -e افزایش مخارج
Kostenaufwand, der; -(e)s هزینه، خرج
kostenbewußt *Adj.* آگاه از قیمت
kostendeckend *Adj.* دربرگیرندهٔ مخارج
Kostenerstattung, die; -, -en باز پرداخت
Kostenfestsetzung, die; -, -en تعیین قیمت
Kostenfrage, die; -, -n مسئلهٔ مخارج
kostenfrei *Adj., Adv.* ۱. مجانی، رایگان، مفت ۲. مجاناً
kostengünstig *Adj.* [قیمت] مناسب، مساعد
kostenlos *Adj., Adv.* ۱. مجانی، رایگان، مفت ۲. مجاناً
kostenpflichtig *Adj.* مشمول عوارض، متضمن مخارج
Kostenpreis, der; -es, -e هزینهٔ اولیه
Kostenpunkt, der; -(e)s, -e میزان هزینه، موضوع مخارج
Kostenrechnung, die; -, -en محاسبهٔ مخارج
Kostensenkung, die; -, -en کاهش مخارج
Kostenstelle, die; -, -n محل مخارج
Kostenvoranschlag, der; -(e)s, ⸚ e تخمین مخارج، برآورد قیمت
Kostgänger, der; -s, - شاگرد شبانه‌روزی
Kostgeld, das; -(e)s, -er مخارج روزمره، خرجی
köstlich *Adj.* ۱. لذیذ، خوشمزه، مطبوع، گوارا ۲. نفیس، عالی
Köstlichkeit, die; -, -en ۱. لذت، گوارایی ۲. نَفاست
Kostprobe, die; -, -n نمونه
kostspielig *Adj.* پرهزینه، پرخرج
Kostspieligkeit, die; -, -en پرخرجی، گرانی
Kostüm, das; -s, -e ۱. لباس زنانه، کت و دامن ۲. لباس صحنه، لباس بازیگری
Kostümball, der; -(e)s, ⸚e لباس بالماسکه
Kostümbildner, der; -s, - طراح لباس صحنه
Kostümbildnerin, die; -, -nen طراح لباس صحنه (زن)
Kostümfest, das; -(e)s, -e لباس بالماسکه
kostümieren *Vt.* لباس صحنه پوشیدن
Kostümprobe, die; -, -n آخرین تمرین نمایش (که بازیگران با لباس کامل نمایش روی صحنه می‌آیند)
Kot, der; -(e)s, -e / -s گه، کثافت، مدفوع
Kotblech, das; -(e)s, -e گِلگیر (اتومبیل)
Kotelett, das; -s, -s کتلت
Koteletten, die / *Pl.* خط ریش، موی دو طرف صورت
Köter, der; -s, - سگ دو رگه، سگ بداصل
Kotflügel, der; -s, - گلگیر (اتومبیل)
Kotgrube, die; -, -n چاه مستراح
kotig *Adj.* گل‌آلود، گلی، چرک، کثیف
Kotze, die; -, -n قی، استفراغ
Kötze, die; -, -n سبدی که در پشت حمل می‌کنند
kotzen *Vi.* قی کردن، استفراغ کردن
 Es ist zum Kotzen! تهوع‌آور است!
Krabbe, die; -, -n ۱. (نوعی) خرچنگ ۲. میگو ۳. دختر جوان
krabbelig *Adj.* غلغلک‌آور
krabbeln *Vi., Vt.* ۱. خزیدن، چهار دست و پا راه رفتن، سینه‌مال رفتن ۲. خاراندن، غلغلک دادن
 Der Pullover krabbelt mich. پلوور تنم را می‌خورد.
Krach, der; -(e)s, -e ۱. سر و صدا، داد و بیداد، قیل و قال، غوغا ۲. دعوا، نزاع
 Krach mit jemandem **haben** با کسی در ستیز بودن
 Krach schlagen قشقرق راه انداختن
krachen *Vi., Vr.* ۱. سر و صدا کردن، داد و بیداد راه انداختن، غوغا کردن ۲. دعوا کردن
krachig *Adj.* پر سر و صدا
krächzen *Vi.* ۱. قارقار کردن ۲. با صدای گرفته صحبت کردن
Krächzer, der; -s, - کسی که با صدای گرفته صحبت می‌کند
Kraft, die; -, ⸚e ۱. نیرو، انرژی ۲. قوه، زور، توانایی، قدرت
 in Kraft treten به مرحله اجرا درآوردن
 aus eigener Kraft با استفاده از نیروی خود
 außer Kraft setzen (قانونی را) لغو کردن
 Das Gesetz ist noch in Kraft. قانون هنوز معتبر است.
kraft *Präp.* به‌وسیلهٔ قدرتِ، با اتکا به
 kraft seines großen Wissens با اتکا به معلومات زیادش
Kraftakt, der; -(e)s, -e زورآزمایی
Kraftanlage, die; -, -n نیروی برق، نیروی محرکه، کارخانهٔ برق
Kraftanstrengung, die; -, -en تلاش، کوشش، سعی، جهد
Kraftarm, der; -(e)s, -e بازوی محرک
Kraftaufwand, der; -(e)s تلاش، کوشش، سعی، جهد
Kraftausdruck, der; -(e)s, ⸚e عبارت مؤثر، بیان مؤثر
Kraftbrühe, die; -, -n سوپ مقوی، آبگوشت پرمایه

Kräftegleichgewicht, das; -(e)s, -e	موازنهٔ نیرو، تعادل نیرو
Kräfteverfall, der; -(e)s	زوال توانایی و زور
Kraftfahrer, der; -s, -	رانندهٔ وسیلهٔ نقلیهٔ موتوری
Kraftfahrerin, die; -, -nen	رانندهٔ وسیلهٔ نقلیهٔ موتوری (زن)
Kraftfahrtechnik, die; -, -en	مهندسی اتومبیل، مهندسی وسیلهٔ نقلیهٔ موتوری
Kraftfahrwesen, das; -s, -	صنعت اتومبیل
Kraftfahrzeug, das; -(e)s, -e	وسیلهٔ نقلیهٔ موتوری، اتومبیل، خودرو
Kraftfahrzeugbrief, der; -(e)s, -e	سند مالکیت وسیلهٔ نقلیهٔ موتوری
Kraftfahrzeughalter, der; -s, -	دارندهٔ وسیلهٔ نقلیهٔ موتوری
Kraftfahrzeugschein, der; -(e)s, -e	گواهی‌نامهٔ وسیلهٔ نقلیهٔ موتوری
Kraftfahrzeugsteuer, die; -, -n	مالیات وسیلهٔ نقلیهٔ موتوری
Kraftfahrzeugversicherung, die; -, -en	بیمهٔ اتومبیل
Kraftfeld, das; -(e)s, -er	میدان نیرو (مغناطیسی)
Kraftfutter, das; -s	غذای مقوی
kräftig Adj.	۱. نیرومند، قوی، زورمند، توانا ۲. [غذا] پرقوت، مقوی ۳. شدید، تند
kräftige Farben	رنگ‌های تند
eine kräftige Suppe	یک سوپ مقوی
kräftigen Vt.	قوت دادن، نیرومند کردن، قوی کردن، به (کسی) نیرو بخشیدن
Kräftigungsmittel, das; -s, -	داروی نیروبخش
kraftlos Adj.	۱. ضعیف، ناتوان، سست ۲. بی‌قوت، غیرمقوی
mit kraftloser Stimme sprechen	با صدای ضعیفی صحبت کردن
Kraftmesser, der; -s, -	نیروسنج، دینامومتر
Kraftprobe, die; -, -n	زورآزمایی، آزمایش قدرت
Kraftrad, das; -(e)s, ̈-er	موتورسیکلت
Kraftstoff, der; -(e)s, -e	سوخت (مثل بنزین، گازوییل)
Kraftstoffanzeiger, der; -s, -	درجهٔ بنزین
Kraftstoffeinsparung, die; -, -en	صرفه‌جویی در سوخت
Kraftstoffeinspritzung, die; -, -en	تزریق سوخت
Kraftstoffverbrauch, der; -(e)s	مصرف سوخت
kraftstrotzend Adj.	قوی، نیرومند، پرزور؛ شدید
Kraftverschwendung, die; -, -en	تلف کردن انرژی
kraftvoll Adj.	قوی، نیرومند، پرزور؛ شدید
Kraftwagen, der; -s, -	وسیلهٔ نقلیه، اتومبیل، خودرو
Kraftwerk, das; -(e)s, -e	نیروگاه، کارخانهٔ مولد برق
Kraftwort, das; -es, ̈-er	عبارت مؤثر
Kragen, der; -s, -	۱. یقه ۲. گریبان ۳. گردن‌بند، گردن‌آویز
jemanden beim Kragen packen	یقهٔ کسی را گرفتن، با کسی دست به گریبان شدن
Mir platzt der Kragen.	دارم از کوره در می‌روم.
Kragenweite, die; -, -n	اندازهٔ یقه
Krähe, die; -, -n	کلاغ زاغی، کلاغ سیاه
krähen Vi.	۱. صدای ناهنجار درآوردن ۲. قارقار کردن
Krakeel, der; -(e)s, -e	ستیزه، نزاع، جدال، مرافعه
krakeelen Vi.	ستیزه کردن، نزاع کردن، مرافعه کردن
Krakeeler, der; -s, -	ستیزه‌جو
Krakel, der; -s, -	نوشتهٔ ناخوانا
Krakelei, die; -, -en	بدنویسی
krak(e)lig Adj.	بدخط، ناخوانا
krakeln Vi.	بد نوشتن، با شتاب نوشتن، خرچنگ قورباغه‌ای نوشتن
Kralle, die; -, -n	(در حیوانات) پنجه، چنگال، چنگ
krallen Vt.	با پنجه خراشیدن، چنگ زدن، پنجول زدن
Kram, der; -(e)s, -e	۱. خرت و پرت، چیزهای غیر ضروری و بی‌ارزش ۲. موضوع بی‌اهمیت
jemandem den Kram vor die Füße werfen	دست از همکاری با کسی برداشتن
kramen Vi.	۱. (در یک ریخت و پاش) کاوش کردن، دنبال گشتن ۲. خرده‌فروشی کردن
Krämer, der; -s, -	خرده‌فروش، دکان‌دار، کاسب
Krämerei, die; -, -en	خرده‌فروشی
Kramladen, der; -s, ̈-	دکانِ خرده‌فروشی، خرازی
Krampe, die; -, -n	چفت، قلاب، گیره
krampen Vt.	گیره زدن
Krampf, der; -(e)s, ̈-e	تشنج، گرفتگی عضله، انقباض ماهیچه
Krampfader, die; -n, -n	ورم ورید، واریس
krampfartig Adj.	متشنج
krampfen Vr., Vi.	۱. انگشت در (چیزی) فرو کردن ۲. تشنج پیدا کردن ۳. کار طاقت‌فرسا کردن
krampfhaft Adj.	۱. متشنج، تشنجی ۲. با تمام قوا
Kran, der; -(e)s / -en, -e	جرثقیل

Kranführer, der; -s, - رانندهٔ جرثقیل
Kranich, der; -(e)s, -e (پرنده) درنا، کلنگ
krank *Adj.* مریض، بیمار، ناخوش، رنجور
krank werden بیمار شدن
sich krank melden بیماری خود را به اطلاع رساندن
schwer krank سخت بیمار
krank schreiben (کسی) را به علت بیماری از کار معاف کردن
Kranke, der; -n, -n مریض، بیمار
einen Kranke pflegen از بیماری پرستاری کردن
kränkeln *Vi.* بیمار بودن، مریض بودن، ناخوش احوال بودن
kranken *Vi.* درد کشیدن، رنج کشیدن، تحمل درد کردن
kränken *Vt.* آزردن، رنجاندن؛ به (کسی) توهین کردن
Krankenanstalt, die; -, -en بیمارستان
Krankenauto, das; -s, -s آمبولانس
Krankenbesuch, der; -(e)s, -e عیادت بیمار
Krankenbett, das; -(e)s, -en بستر بیماری
Krankengeld, das; -(e)s, -er پول بیمه
Krankengymnastik, die; - فیزیوتراپی
Krankenhaus, das; -es, -häuser بیمارستان
ins Krankenhaus bringen به بیمارستان بردن
Krankenkasse, die; -, -n سازمان بیمهٔ خدمات درمانی
Krankenkost, die; - رژیم غذایی بیمار
Krankenlager, das; -s, - بستر بیماری
Krankenpflege, die; -, -n پرستاری
Krankenpfleger, der; -s, - پرستار
Krankenpflegerin, die; -, -nen پرستار (زن)
Krankenschein, der; -(e)s, -e ورقهٔ بیمهٔ درمانی
Krankenschwester, die; -, -n پرستار (زن)
Krankenstuhl, der; -(e)s, ¨-e صندلی (مخصوص) معلولین
Krankenträger, der; -s, - برانکار
Krankenversicherung, die; -, -en بیمهٔ درمانی
Krankenwagen, der; -s, - آمبولانس
Krankenwärter, der; -s, - پرستار
Krankenzimmer, das; -s, - اتاق بیمار
krankfeiern *Vi.* تمارض کردن و سرکار نرفتن
krankhaft *Adj.* ناخوشی‌آور؛ بیمارگونه، مریض
Krankheit, die; -, -en بیماری، ناخوشی، مرض، عارضه
an einer Krankheit leiden به بیماری دچار بودن، از بیماری رنج بردن

Krankheitsbild, das; -es, -er تابلوی بالینی
Krankheitsdauer, die; - مدتِ بیماری
Krankheitserreger, der; -s, - عامل بیماری، مولد بیماری
Krankheitserscheinung, die; -, -en نشانهٔ بیماری
Krankheitsstoff, der; -(e)s, -e میکروب بیماری
Krankheitsüberträger, der; -s, - حامل میکروب بیماری
Krankheitsüberträgerin, die; -, -nen حامل میکروب بیماری (زن)
Krankheitsurlaub, der; -(e)s, -e مرخصی استعلاجی
kranklachen *Vr.* از خنده روده‌بر شدن
kränklich *Adj.* ناخوش، بیمار، مریض، دردمند، رنجور
Kränklichkeit, die; -, -en ناخوشی، بیماری، مرض
krankmachen *Vi.* تمارض کردن و سرکار نرفتن
krankschießen *Vt.* با شلیک گلوله مجروح کردن
krankschreiben *Vi.* گواهی پزشکی نوشتن
Kränkung, die; -, -en آزردگی خاطر، ناراحتی روحی
Kranz, der; -es, ¨-e تاج گل، حلقهٔ گل
der Rosenkranz تسبیح
Kränzchen, das; -s, - تاج گل کوچک
kränzen *Vt.* با تاج گل آراستن، تاج گل بر سرِ (کسی) گذاشتن
Kranzgefäß, das; -es, -e سرخرگ تاجی (سرخرگی که عضلات قلب را مشروب می‌کند)
Kranzniederlegung, die; -, -en تاج گل‌گذاری
Krapfen, der; -s, - (نوعی) نان شیرینی
kraß *Adj.* ۱. زمخت، درشت، خشن ۲. شدید، تند
ein krasser Unterschied یک اختلاف فاحش
Kraßheit, die; -, -en ۱. زمختی، درشتی، خشونت ۲. شدت، تندی
Krater, der; -s, - دهانهٔ آتشفشان
Kratz, der; -es, -e خراش، خراشیدگی
Kratzbürste, die; -, -n ۱. ماهوت پاک‌کن زبر (مخصوص پاک کردن و زدودن براده آهن) ۲. آدم بدخو
kratzbürstig *Adj.* بدخو، تندمزاج، کج‌خلق
Kratze, die; -, -n وسیلهٔ خاراندن
Krätze, die; -, -n جرب، گال (نوعی بیماری پوستی)
Kratzeisen, das; -s, - گِل‌تراش، کفش پاک‌کن، گردگیر کفش
kratzen *Vt., Vi.* ۱. خراشیدن، خاراندن، با ناخن روی (چیزی) کشیدن ۲. خاریدن

Kratzer, der; -s, - خراش، خراشیدگی
Krätzer, der; -s, - شراب تندمزه
krätzig *Adj.* جرب‌دار؛ مبتلا به جرب، دلمه بسته
krauen *Vt.* غلغلک دادن، نرم خاراندن
Kraul, das; -(e)s شنای کرال
kraulen *Vt., Vi.* ۱. با سرانگشت نوازش کردن ۲. شنای کرال کردن
Krauler, der; -s, - شناگر کرال
Kraulschwimmen, das; -s شنای کرال
Kraulstil, der; -(e)s, -e شنای کرال
kraus *Adj.* ۱. [مو] مجعد، فرفری، فردار، تاب‌دار، پیچیده ۲. [پیشانی] چین و چروک‌دار ۳. [فکر، سخن] درهم و برهم
Krause, die; -, -n ۱. یقهٔ چین‌دار ۲. درز توأم با چین سوزنی ۳. جعد مو، فر مو
kräuseln *Vt., Vr.* ۱. فر زدن، مجعد ساختن، فر دادن ۲. چین‌دار شدن، مجعد شدن
krausen *Vt.* درهم کشیدن (ابرو)، چین دادن (پیشانی)
Kraushaar, das; -(e)s, -e موی مجعد
kraushaarig *Adj.* موفرفری، دارای موی مجعد
Krauskopf, der; -(e)s, ⸚e موی مجعد
Kraut, das; -(e)s, Kräuter ۱. کلم ۲. گیاه طبی؛ گیاه ادویه‌ای ۳. (در گیاهانی نظیر کلم و هویج) ساقه و برگ
ins Kraut schießen (کاری) را بدون مطالعه قبلی انجام دادن
wie Kraut und Räuben درهم و برهم، به هم ریخته
Kräuterbutter, die; - کرهٔ گیاهی
Kräuterkäse, der; -s, - (نوعی) پنیر
Kräuterkunde, die; -n, -n گیاه‌شناسی
Kräutertee, der; -s, -s چای گیاهی
Krawall, der; -s, -e ۱. آشوب، فتنه، ناآرامی، شورش همراه با زد و خورد ۲. غوغا، بلوا، جنجال، سر و صدای زیاد
Krawallmacher, der; -s, - آشوبگر، سرکش، بلواگر، شورشی
Krawatte, die; -, -n کراوات
die Krawatte binden کراوات بستن
Krawattenhalter, der; -s, - گیرهٔ کراوات
Krawattennadel, die; -, -n سنجاق کراوات
kraxeln *Vi.* بالا رفتن، صعود کردن
Kreation, die; -, -en آفرینش، خلقت
kreativ *Adj.* آفریننده، خلق‌کننده، خالق
Kreativität, die; - آفرینندگی، قدرت خلاقه
Kreatur, die; -, -en ۱. مخلوق، آفریده ۲. آدم قابل ترحم

Krebs, der; -es, -e ۱. خرچنگ ۲. (بیماری) سرطان ۳. (نجوم) سرطان
krebsartig *Adj.* سرطانی
krebsen *Vi.* خرچنگ گرفتن
krebserregend *Adj.* سرطان‌زا
Krebsgeschwulst, die; -, ⸚e غدهٔ سرطانی
krebskrank *Adj.* مبتلا به سرطان
Krebskranke, der/die; -n, -n بیمار سرطانی
Krebsschaden, der; -s, ⸚ زیانِ سرطان، جراحت سرطانی
Krebsschere, die; -, -n چنگال خرچنگ
Krebssuppe, die; -, -n سوپ خرچنگ
Krebsvorsorge, die; -, -n پیشگیری از سرطان
Krebsvorsorgeuntersuchung, die; -, -en معاینه جهت پیشگیری از سرطان
Krebszelle, die; -, -n سلول سرطانی
kredenzen *Vt.* تقدیم کردن، اهدا کردن، ارائه دادن
Kredit[1], das; -s, -s موجودی، طلب
Kredit[2], der; -(e)s, -e ۱. اعتبار (بانکی) ۲. قرض
auf Kredit به اعتبار
bei der Bank einen Kredit aufnehmen از بانک اعتبار گرفتن
Kreditbank, die; -, -en بانک اعتبارات
Kreditbrief, der; -(e)s, -e اعتبارنامه
kreditfähig *Adj.* معتبر
Kreditgeschäft, das; -(e)s, -e معامله
Kreditgewerbe, das; -(e)s, -e بانکداری
kreditieren *Vt.* ۱. به (کسی) اعتبار دادن، به حساب گذاشتن ۲. در ستون بستانکار وارد کردن
Kreditkarte, die; -, -n (در بانک) کارت اعتباری
Kreditlinie, die; -, -n مقدار اعتبار
Kreditmarkt, der; -(e)s, ⸚e داد و ستد اعتبار (بانکی)
Kreditnachfrage, die; -, -n تقاضای اعتبار
Kreditor, der; -s, -en ۱. بستانکار ۲. اعتباردهنده
Kreditseite, die; -, -n طرف معامله
kreditwürdig *Adj.* معتبر
Kredo, das; -s, -s عقیده، ایمان
kregel *Adj.* سرزنده، فعال، چابک، سرحال، بشاش
Kreide, die; -, -n ۱. گچ ۲. سنگ آهک
bei jemandem **in der Kreide stehen** به کسی مقروض بودن
kreiden *Vt.* با گچ خط کشیدن، با گچ نشان گذاشتن، با گچ سفید کردن
kreideweiß *Adj.* به سفیدی گچ

Kreidezeichnung 504

Kreidezeichnung, die; -, -en ترسیم با گچ
kreieren *Vt.* ۱. آفریدن، خلق کردن، به (کسی) هستی دادن ۲. ایجاد کردن، عرضه کردن (مد)
Kreierung, die; -, -en خلق، آفرینش
Kreis, der; -es, -e ۱. دایره ۲. حوزه، قلمرو، مدار، بخش، ناحیه ۳. جمع، محفل، انجمن
im Kreise دایره‌وار، گرداگرد، در جمع
im Kreise der Familie در جمع خانواده
einen Kreis bilden دایره‌ای درست کردن
sich im Kreis drehen (کاری) را مرتب تکرار کردن
weite Kreise ziehen گسترش زیاد پیدا کردن
Kreisabschnitt, der; -(e)s, -e (در دایره) قطعه، بخش، قسمت
Kreisausschnitt, der; -(e)s, -e قطاع (دایره)
Kreisbahn, die; -, -en مدار دایره‌ای، مسیر، حدود فعالیت
Kreisbogen, der; -s, -e قوس، کمان، طاق، هلال
kreischen *Vi.* جیغ کشیدن، فریاد زدن
Kreisdurchmesser, der; -s, - وتر
Kreisel, der; -s, - فرفره
Kreiselkompaß, der; -passes, -passe قطب‌نمای مدور
kreiseln *Vi.* ۱. (دور خود) چرخیدن ۲. فرفره‌بازی کردن ۳. مثل فرفره چرخیدن
Kreiselpumpe, die; -, -n پمپ چرخشی
kreisen *Vi., Vt.* دور زدن، پیچیدن، چرخیدن، گردش کردن، دایره زدن
Die Erde kreist um die Sonne. زمین به دور خورشید می‌چرخد.
kreisförmig *Adj.* مدوّر، دایره‌وار
Kreislauf, der; -(e)s, -läufe گردش خون
Kreislaufstörung, die; -, -en اختلال در گردش خون
Kreislinie, die; -, -n خط مدوّر
kreisrund *Adj.* مدوّر، دایره‌وار
Kreissäge, die; -, -n ارهٔ مدوّر
kreißen *Vi.* درد کشیدن (در هنگام زایمان)
Kreißsaal, der; -(e)s, -säle اتاق زایمان
Kreisstadt, die; -, ¨-e مرکز ناحیه
Kreistanz, der; -es, ¨-e رقص دایره‌وار
Kreisumfang, der; -(e)s, ¨-e محیط دایره، پیرامون دایره
Kreisverkehr, der; -(e)s حرکت دایره‌وار وسایل نقلیه در میدان / فلکه
Kreisverwalter, der; -s, - بخشدار
Kreisverwaltung, die; -, -en بخشداری
Krem, die / der; -, -s کرم، خامه، سرشیر
Krematorium, das; -s, -rien کورهٔ جسدسوزی
kremieren *Vt.* سوزاندن (مرده)، سوزاندن، خاکستر کردن
kremig *Adj.* خامه‌دار
Kreml, der; -s (در مسکو) کاخ کرملین
Krempe, die; -, -n لبه (کلاه)
Krempel, der; -s آشغال، زباله، چیز بی‌بها
Krempler, der; -s, - دوره‌گردی که چیزهای کهنه را خریداری می‌کند
krepieren *Vi.* ۱. مردن، تلف شدن ۲. ترکیدن، منفجر شدن
Krepp, der; -s, -s / -e ۱. کرپ دوشین ۲. نوار ابریشمی مشکی (که در مراسم سوگواری دور کلاه می‌بندند)
Kreppflor, der; -s, -e ۱. کرپ دوشین ۲. نوار ابریشمیِ مشکی (که در مراسم سوگواری دور کلاه می‌بندند)
Kreppgummi, der / das; -s, -(s) لاستیک تخت کفش
Kreppapier, das; -s, -e کاغذ کرپ، کاغذ الیاف درشت
Kreppsohle, die; -, -n لاستیک تخت کفش، کرپ
Kresse, die; -, -n (سبزی) تره‌تیزک، شاهی
Kreuz, das; -es, -e ۱. صلیب، خاج، چلیپا ۲. (ورق‌بازی) خال گشنیز ۳. (موسیقی) علامت دیز ۴. قسمت پایین پشت (کمر) ۵. کفل اسب
rotes Kreuz صلیب سرخ
jemanden **aufs Kreuz legen** سر کسی کلاه گذاشتن
drei Kreuze hinter jemandem **machen** از رفتن کسی خوشحال شدن
kreuz und quer بی‌هدف
Kreuzband, das; -(e)s, ¨-er لفاف، لفاف بسته‌بندی، بارپیچ
Kreuzbein, das; -s, -e استخوان خاجی
kreuzdumm *Adj.* بسیار احمق
kreuzen *Vt., Vi.* ۱. چلیپاوار قرار دادن ۲. از وسط قطع کردن ۳. با هم آمیزش دادن (دو حیوان از دو نژاد مختلف) ۴. صلیب کشیدن ۵. هم‌زمان در دو جهت مخالف حرکت کردن ۶. بادبان برافراشتن (کشتی)
Kreuzer, der; -s, - رزم‌ناو
Kreuzfahrer, der; -s, - سرباز جنگ‌های صلیبی، شرکت‌کننده در جنگ‌های صلیبی
Kreuzfahrt, die; -, -en ۱. جنگ‌های صلیبی ۲. سفر دریایی

Kreuzfeuer, das; -s, - آتش گلولهٔ متقابل
kreuzfidel *Adj.* شاد، سرخوش، خوشحال
kreuzförmig *Adj.* صلیب‌وار، به شکل صلیب
Kreuzgang, der; -(e)s, ⸚e ۱. صومعه، دیر ۲. راهرو سر پوشیده، دالان
kreuzigen *Vt.* مصلوب کردن، به صلیب کشیدن
Kreuzigung, die; -, -en تصلیب
Kreuzotter, die; -, -n افعی
Kreuzritter, der; -s, - قهرمان جنگ‌های صلیبی
Kreuzschiff, das; -(e)s, -e جناح کلیسا
Kreuzschmerz, der; -es, -en کمردرد
Kreuzspinne, die; -, -n عنکبوت باغی
Kreuzstich, der; -(e)s, -e بخیه‌دوزی متقاطع، بخیه‌دوزی دو رج
Kreuzung, die; -, -en ۱. آمیزش دو نژاد مختلف (حیوان) ۲. گیاه پیوندی ۳. چهارراه ۴. تصلیب
Kreuzverhör, das; -(e)s, -e استنطاق، بازپرسی
ins Kreuzverhör nehmen استنطاق کردن
Kreuzweg, der; -(e)s, -e چهارراه
kreuzweise *Adv.* ۱. از وسط، از میان ۲. به شکل صلیب، چلیپاوار
Kreuzworträtsel, das; -s, - جدول کلمات متقاطع
Kreuzzeichen, das; -s, - علامت صلیب
Kreuzzug, der; -es, ⸚e جنگ‌های صلیبی
kribb(e)lig *Adj.* ناآرام، بی‌صبر، بی‌حوصله، بی‌قرار
kribbeln *Vi.* خاریدن
Kricket, das; -s, -s (ورزش) کریکت
Kricketspieler, der; -s, - بازیکن کریکت
kriechen *Vi.* ۱. خزیدن، سینه‌مال رفتن، چهاردست و پا رفتن ۲. چاپلوسی کردن، تملق گفتن
nicht mehr kriechen können از پا درآمدن، قادر به ادامه حرکت نبودن
Kriecher, der; -s, - چاپلوس، متملق
Kriecherin, die; -, -nen چاپلوس، متملق (زن)
Kriecherei, die; -, -en تملق، چاپلوسی
kriecherisch *Adj.* چاپلوس، متملق، چاپلوسانه
Kriechpflanze, die; -, -n گیاه پیچی، گیاه خزنده، گیاه بالارونده
Kriechspur, die; -, -en مسیر خزیدن
Kriechtier, das; -(e)s, -e (جانور) خزنده
Krieg, der; -(e)s, -e مبارزه، جدال، پیکار، جنگ، دشمنی، نزاع، اختلاف
Krieg führen جنگیدن
in den Krieg ziehen به جنگ رفتن
im Krieg در جنگ
der zweite Weltkrieg جنگ جهانی دوم
der kalte Krieg جنگ سرد
kriegen *Vt.* به دست آوردن، به چنگ آوردن، فراهم کردن، دریافت کردن
Du kriegst es mit mir zu tun. سر و کارت با من خواهد بود.
Sie kriegt ein Kind. او بچه‌دار می‌شود.
Krieger, der; -s, - رزمنده، جنگجو
Kriegerdenkmal, das; -s, -mäler / -male لوحهٔ یادبود جنگ، مجسمهٔ یادبود جنگ
kriegerisch *Adj.* جنگی، پرخاشگر، جنگجو
Kriegerwitwe, die; -, -n بیوهٔ رزمنده
kriegführend *Adj.* متحارب، جنگنده
Kriegsanleihe, die; -, -n وام جنگ
Kriegsausbruch, der; -(e)s بروز جنگ
Kriegsbeil, das; -(e)s, -e تبر جنگی
das Kriegsbeil begraben به مخاصمه خاتمه دادن
Kriegsberichterstatter, der; -s, - خبرنگار جنگی
kriegsbeschädigt *Adj.* مصدوم، مجروح
Kriegsbeschädigte, der / die; -n, -n مصدوم جنگی، مجروح جنگی
Kriegsdienst, der; -es, -e خدمت سربازی
Kriegsdienstverweigerer, der; -s, - فراری از خدمت سربازی
Kriegsdienstverweigerung, die; -, -en امتناع از خدمت سربازی
Kriegsende, das; -s, -n پایان جنگ
Kriegserklärung, die; -, -en اعلان جنگ
Kriegsfilm, der; -s, -e فیلم جنگی
Kriegsflagge, die; -, -n پرچم جنگ
Kriegsflotte, die; -, -n نیروی دریایی؛ کشتی جنگی
Kriegsfreiwillige, der / die; -n, -n داوطلب شرکت در جنگ
Kriegsführung, die; -, -en جنگ، محاربه؛ کشمکش
Kriegsfuß, der; -es, ⸚e آماده‌باش جنگی
mit jemandem **auf (dem) Kriegsfuß stehen** با کسی در جنگ و جدال بودن
Kriegsgebiet, das; -(e)s, -e منطقهٔ جنگی
Kriegsgefangene, der / die; -n, -n اسیر جنگی
Kriegsgefangenschaft, die; -, -en اسارت جنگی
Kriegsgericht, das; -(e)s, -e دادگاه زمان جنگ

Kriegsgewinnler   506

Kriegsgewinnler, der; -s, -   کسی که از جنگ منفعت می‌برد
Kriegsglück, das; -(e)s   شانس در جنگ
Kriegsgott, der; -(e)s, ⸚er   خدای جنگ
Kriegsgräberfürsorge, die; -   رسیدگی به قبرهای سربازان
Kriegshafen, der; -s, ⸚   بندر جنگی
Kriegsheld, der; -en, -en   قهرمان جنگی
Kriegshetze, die; -, -n   یورش جنگی
Kriegsinvalide, der; -n, -n   معلول جنگی، جانباز
Kriegskamerad, der; -en, -en   هم‌رزم
Kriegskunst, die; -, ⸚e   هنر جنگ
Kriegslist, die; -, -en   نیرنگ جنگی، تدبیر جنگی
Kriegsmacht, die; -, ⸚e   نیروی جنگی
Kriegsmarine, die; -, -n   نیروی دریایی
Kriegsminister, der; -s, -   وزیر جنگ
Kriegsministerium, das; -s, -rien   وزارت جنگ
Kriegsopfer, das; -s, -   قربانی جنگ
Kriegspfad, der; -(e)s, -e   مسیر جنگی
Kriegsrat, der; -(e)s, ⸚e   شورای جنگ
Kriegsrecht, das; -(e)s   حکومت نظامی
Kriegsschaden, der; -s, ⸚   خسارت جنگ
Kriegsschauplatz, der; -(e)s, ⸚e   میدان جنگ
Kriegsschiff, das; -(e)s, -e   کشتی جنگی، ناو
Kriegsschuld, die; -, -en   دیون جنگی
Kriegsschule, die; -, -n   مدرسهٔ نظامی
Kriegsteilnehmer, der; -s, -   جنگجو، مبارز
Kriegstreiber, der; -s, -   کسی که از جنگ بهره‌برداری می‌کند
Kriegsverbrecher, der; -s, -   جنایتکار جنگی
kriegsversehrt Adj.   مصدوم، مجروح، جانباز
Kriegszeit, die; -, -en   زمان جنگ
Kriegszug, der; -(e)s, ⸚e   لشکرکشی، عملیات جنگی
Kriegszustand, der; -(e)s, ⸚e   حالت مخاصمه
Krimi, der; -s, -s   رمان‌جنایی؛ فیلم جنایی
kriminal Adj.   جنایی
Kriminalbeamte, der; -n, -n   کارآگاه؛ کارمند ادارهٔ آگاهی
Kriminaler, der; -n, -n   کارآگاه؛ کارمند ادارهٔ آگاهی
Kriminalfilm, der; -s, -e   فیلم جنایی
Kriminalgeschichte, die; -, -n   داستان جنایی
Kriminalist, der; -en, -en   جرم‌شناس، کارآگاه
Kriminalistik, die; -   جرم‌شناسی
kriminalistisch Adj.   جنایی

Kriminalität, die; -   جنایت، بزهکاری، تبه‌کاری
Kriminalkommissar, der; -s, -e   کارآگاه
Kriminalpolizei, die; -, -en   پلیس جنایی، ادارهٔ آگاهی، ادارهٔ کشف جرایم و جنایات
Kriminalpolizist, der; -en, -en   کارآگاه؛ کارمند ادارهٔ آگاهی
Kriminalprozeß, der; -zesses, -zesse   محاکمهٔ جنایی
Kriminalrecht, das; -(e)s, -e   حقوق جنایی
Kriminalroman, der; -(e)s, -e   داستان جنایی، رمان پلیسی
Kriminalstatistik, die; -, -en   آمار جنایی
kriminell Adj.   جنایی، کیفری
Kriminelle, der/die; -n, -n   گناهکار، مقصر، مجرم
Kriminologe, der; -n, -n   جرم‌شناس
Kriminologie, die; -   جرم‌شناسی
krimpen Vt., Vi.   ۱. چروک کردن ۲. چروک شدن؛ جمع شدن، آب رفتن
Krimskrams, der; -/-es   جنس بنجل، آشغال، چیز بی‌ارزش، خرت و پرت
Kringel, der; -s, -   ۱. طره، حلقه، دایره ۲. کماج ۳. شیرینی حلقه‌ای شکل
Krinoline, die; -, -n   دامن پف کرده، دامن آهاردار
Kripo = Kriminalpolizei
Krippe, die; -, -n   ۱. آخور ۲. تختخواب کودک ۳. شیرخوارگاه، مهدکودک
Krise, die; -, -n   بحران، وضع وخیم
kriseln Vi.   بحرانی بودن، وخیم شدن (اوضاع)
Es kriselt.   اوضاع بحرانی است.
krisenfest Adj.   استوار، محکم، پابرجا، ثابت
Krisengebiet, das; -(e)s, -e   منطقهٔ بحرانی
Krisenherd, der; -(e)s, -e   کانون بحران
Krisenstab, der; -(e)s, ⸚e   هیئت رسیدگی به بحران
Krisis, die; -, Krisen   بحران
Kristall[1], das; -s, -   کریستال، بلور
Kristall[2], der; -s, -e   کریستال طبیعی
kristallen Adj.   بلوری، شفاف، متبلور
Kristallglas, das; -(e)s, ⸚er   شیشهٔ تراش‌دار، بلور
Kristallisation, die; -, -en   تبلور
kristallisieren Vi., Vr.   ۱. متبلور کردن، بلوری کردن ۲. متبلور شدن، بلوری شدن
kristallklar Adj.   شفاف، بلورین، به روشنی کریستال
Kristallographie, die; -, -n   (شیمی) بلورشناسی
Kristalloid, das; -(e)s, -e   بلوری شکل

Kriterium, das; -s, -rien میزان، معیار، مقیاس؛ اساس، مبنا
Kritik, die; -, -en انتقاد، نقد، نقد ادبی؛ خرده‌گیری، عیب‌جویی
Kritik üben انتقاد کردن
Kritik an etwas üben از چیزی انتقاد کردن
unter aller Kritik انتقاد همه‌جانبه
Kritiker, der; -s, - منتقد، ناقد، انتقادکننده، کارشناس، خبره
Kritikerin, die; -, -nen منتقد، ناقد، انتقادکننده، کارشناس، خبره (زن)
kritiklos *Adj.* غیر انتقادی
kritisch *Adj.* انتقادی، بحرانی، وخیم، نگران‌کننده
kritisieren *Vt.* از (چیزی) انتقاد کردن، نقد کردن، از (چیزی) عیب‌جویی کردن، از (چیزی) ایراد گرفتن
Krittelei, die; -, -en خرده‌گیری، عیب‌جویی
kritteln *Vi.* خرده‌گیری کردن، عیب‌جویی کردن
Krittler, der; -s, - خرده‌گیر، عیب‌جو
Krittlerin, die; -, -nen خرده‌گیر، عیب‌جو (زن)
Kritzelei, die; -, -en بدنویسی، بدخطی
kritzelig *Adj.* [خط] خرچنگ قورباغه‌ای
kritzeln *Vi.* ناخوانا نوشتن، با شتاب نوشتن، خرچنگ قورباغه‌ای نوشتن، بدخط نوشتن
kroch *P.* صیغهٔ فعل گذشتهٔ مطلق از مصدر kriechen
Krocket, das; -s, -s کروکت (نوعی بازی با گوی و حلقه)
Krokodil, das; -s, -e تمساح، کروکودیل
Krokodilleder, das; -s, - چرم کروکودیل
Krokodilsträne, die; -, -n اشک تمساح، اشک دروغی
Krokus, der; -, - / -kusse زعفران
Krönchen, das; -s, - تاج کوچک، نیم‌تاج
Krone, die; -, -n ۱. تاج، دیهیم ۲. روکش دندان ۳. کرون (واحد پول در چند کشور اروپایی)
einen in der Krone haben مست بودن
Das setzt allem die Krone auf. منتها درجه وقاحت است.
krönen *Vt.* ۱. بر سر (کسی) تاج گذاشتن، تاج‌گذاری کردن ۲. دست یافتن (موفقیت)
Kronerbe, der; -n, -n وارث تاج و تخت، ولیعهد
Kronleuchter, der; -s, - چلچراغ، لوستر
Kronprinz, der; -en, -en ولیعهد
Kronprinzessin, die; -, -nen ولیعهد (زن)
Kronräuber, der; -s, - غاصب تاج و تخت
Krönung, die; -, -en تاج‌گذاری
Kronzeuge, der; -n, -n شاهد اصلی

Kropf, der; -(e)s, ⸚e ۱. چینه‌دان (پرندگان) ۲. (بیماری) گواتر
kröpfen *Vi., Vt.* (در مورد پرندگان شکاری) خوردن
kröpfig *Adj.* گواتری
Kröpfung, die; -, -en هَرَس‌کاری
Kröte, die; -, -n ۱. قورباغه؛ وزغ ۲. شرور، بدخواه، بداندیش
krötig *Adj.* بدخواه، بداندیش، شرور
Krücke, die; -, -n ۱. چوب زیر بغل، عصای زیر بغل ۲. دستهٔ عصا
Krückstock, der; -(e)s, ⸚e چوب زیر بغل، عصای زیر بغل
Krug, der; -(e)s, ⸚e کوزه، سبو، ابریق
Kruke, die; -, -n ظرف گلی، ظرف سفالی
Krümchen, das; -s, - قرص کوچک نان؛ خرده نان
Krume, die; -, -n ۱. کشتزار آمادهٔ کشت ۲. قرص نان؛ تکه نان، خرده نان ۳. خمیر داخل نان
Krümel, der; -s, - قرص کوچک نان؛ خرده نان
krümelig *Adj.* خرده شده، ریز شده
krümeln *Vi., Vt.* ۱. ریز ریز شدن، خرد شدن ۲. خرد کردن، ریز کردن
krumm *Adj.* کج، خم، خمیده، منحنی
eine krumme Linie خط منحنی
ein krummer Nagel میخ کج
krummbeinig *Adj.* پا چنبری، کج‌پا
krümmen *Vt.* خم کردن، کج کردن
Krümmer, der; -s, - خمیدگی، کجی
Krummholz, das; -es, ⸚er چوب کج و معوج
krummlachen *Vr.* از ته دل خندیدن
krummnehmen *Vt.* از (چیزی) رنجیدن، از (چیزی) دلخور شدن
etwas **krummnehmen** از چیزی رنجیده خاطر شدن
Krümmung, die; -, -en انحنا، خمیدگی
Krupp, der; -s خناق، دیفتری
Kruppe, die; -, -en کفل اسب
Krüppel, der; -s, - چلاق، لنگ، زمین‌گیر، معلول
krüppelhaft *Adj.* عاجز، ناقص، فلج
krüppelig *Adj.* عاجز، ناقص، فلج
Kruste, die; -, -n ۱. پوستهٔ سطح کرهٔ زمین ۲. پوستهٔ سخت نان
Krustentier, das; -(e)s, -e ردهٔ سخت‌پوستان؛ خانوادهٔ خرچنگ
krustig *Adj.* پوسته‌مانند، سخت
Kruzifix, das; -es, -e شمایل عیسی مسیح بر صلیب

Krypta, die; -, -ten	دخمه، سرداب؛ غار
Kryptogame, die; -, -n	گیاه بدون گل
Kuba, das	(کشور) کوبا
Kubaner, der; -s, -	کوبایی
Kubanerin, die; -, -nen	کوبایی (زن)
kubanisch *Adj.*	کوبایی، (مربوط به) کوبا
Kübel, der; -s, -	دلو، سطل، لاوک
kubik *Adj.*	مکعبی، سه‌بعدی
Kubikfuß, der; -es, ⸚e	فوت مکعب (واحد حجم)
Kubikkilometer, das; -s, -	کیلومتر مکعب
Kubikmaß, das; -es, -e	مقیاس مکعب
Kubikmeter, das/der; -s, -	متر مکعب
Kubikwurzel, die; -, -n	ریشهٔ سوم، کعب
Kubikzentimeter, das/der; -s, -	سانتی‌متر مکعب
kubisch *Adj.*	مکعبی، سه‌بعدی
Kubismus, der; -	سبک کوبیسم، مکتب نقاشی کوبیسم
Küche, die; -, -n	۱. آشپزخانه، مطبخ ۲. فن طباخی
in Teufelsküche kommen (geraten)	به وضع بد و ناخوشایندی دچار شدن
Kuchen, der; -s, -	شیرینی (تازه)، کیک
einen Kuchen backen	شیرینی درست کردن
Kuchenbecker, der; -s, -	شیرینی‌پز، قناد
Kuchenbeckerei, die; -, -en	شیرینی‌پزی، قنادی
Küchenchef, der; -s, -s	سرآشپز
Kuchenform, die; -, -en	قالب شیرینی‌پزی
Küchengerät, das; -(e)s, -e	لوازم آشپزخانه
Küchengeschirr, das; -s, -e	ظروف آشپزخانه
Küchenherd, der; -(e)s, -e	اجاق آشپزخانه
Küchenhilfe, die; -, -n	کمک آشپز
Küchenkräuter, die/ *Pl.*	(انواع) سبزی آشپزخانه
Küchenmeister, der; -s, -	سرآشپز
Küchenschrank, der; -(e)s, ⸚e	قفسهٔ آشپزخانه
Kuchenteig, der; -(e)s, -e	خمیر کیک
Küchentisch, der; -es, -e	میز آشپزخانه
Küchenwecker, der; -s, -	ساعت آشپزخانه
Küchenzettel, der; -s, -	صورت غذا
Küchlein, das; -s, -	جوجه
Kü(c)ken, das; -s, -	جوجه
Kuckuck, der; -s, -e	فاخته، کوکو
Weiß der Kuckuck wo er ist.	چه می‌دانم او کجاست.
Hol dich der Kuckuck!	برو، گورت را گم کن!
Das weiß der Kuckuck.	خدا می‌داند.
Das Geld ist zum Kuckuck.	پول به هدر رفته است.
Kuckucksuhr, die; -, -en	ساعت پرنده‌دار
Kuddelmuddel, der/das; -s	آشفتگی، درهم و برهمی، شلوغی، بی‌نظمی
Kufe, die; -, -n	۱. خمره، بشکه ۲. تیغهٔ فلزی، کفش پاتیناژ
Küfer, der; -s, -	بشکه‌ساز، خمره‌ساز، چلیک‌ساز
Kugel, die; -, -n	۱. گلوله، ساچمه ۲. گوی، کره ۳. تیله (بازی)
die Erdkugel	کرهٔ زمین
Kugelabschnitt, der; -(e)s, -e	قطعهٔ کروی
Kugelblitz, der; -es, -e	برق گلوله
Kügelchen, das; -s, -	گلولهٔ کوچک، گویچه
kugelfest *Adj.*	ضد گلوله
Kugelform, die; -	شکل کروی
kugelförmig *Adj.*	کروی، گوی‌مانند
Kugelgelenk, das; -(e)s, -e	مفصل کروی شکل
kugelig *Adj.*	کروی، کروی شکل، گوی‌مانند
Kugelkopf, der; -(e)s, ⸚e	توپ گلف
Kugellager, das; -s, -	بلبرینگ، مخزن گلوله (چرخ فلزی که روی ساچمه‌های فلزی می‌لغزد)
kugeln *Vt., Vi.*	۱. غلتاندن، غلت دادن ۲. بولینگ بازی کردن ۳. پیچیدن، گلوله کردن
Kugelregen, der; -s, -	رگبار گلوله، گلوله‌باران
kugelrund *Adj.*	کروی، کروی شکل، گوی‌مانند
Kugelschreiber, der; -s, -	قلم خودکار
kugelsicher *Adj.*	ضد گلوله
Kugelstoßen, das; -s	پرتاب وزنه
kuglich *Adj.*	کروی، کروی شکل، گوی‌مانند
Kuh, die; -, ⸚e	ماده گاو، مادهٔ برخی از جانوران بزرگ (مثل فیل، کرگدن)
Kuheuter, das; -s, -	پستان گاو
Kuhfladen, der; -s, -	تپالهٔ گاو، سرگین گاو
Kuhhandel, der; -s, ⸚	۱. تجارت گاو ۲. معاملهٔ قاچاق
Kuhhaut, die; -, -häute	چرم گاو
Das geht auf keine Kuhhaut.	این دیگر از حد گذشته است. شورش درآمده است.
Kuhhirt, der; -en, -en	گاوچران
kühl *Adj.*	۱. سرد، خنک ۲. بی‌احساس
Es ist kühl.	هوا خنک است.
jemanden kühl behandeln	با کسی به سردی برخورد کردن
Kühlanlage, die; -, -n	دستگاه خنک‌کننده، کولر
Kühlapparat, der; -(e)s, -e	ماشین خنک‌کننده
Kühle, die; -	خنکی، سردی، ملایمت

kühlen *Vt., Vr.* ۱. خنک کردن، سرد کردن
۲. خنک شدن، سرد شدن
Kühler, der; -s, - ۱. رادیاتور (اتومبیل) ۲. کولر، یخچال
Kühlerhaube, die; -, -n روکش رادیاتور
Kühlhaus, das; -es, -häuser سردخانه
Kühlmaschine, die; -, -n یخچال
Kühlmittel, das; -s, - مادهٔ خنک‌کننده
Kühlofen, der; -s, ⸚ کورهٔ سردکننده
Kühlraum, der; -(e)s, -räume مخزن سرما، محفظهٔ سردکننده
Kühlschlange, die; -, -n لولهٔ خنک‌کننده
Kühlschrank, der; -(e)s, ⸚e یخچال
Kühltruhe, die; -, -n فریزر؛ یخدان
Kühlung, die; -, -en خنکی، سردی
Kühlwagen, der; -s, - وسیلهٔ نقلیهٔ یخچال‌دار
Kühlwasser, das; -s, - آب خنک
Kühlmagd, die; -, ⸚e شیرفروش
Kuhmilch, die; - شیر گاو
Kuhmist, der; -es, -e تپالهٔ گاو، سرگین گاو
kühn *Adj.* شجاع، جسور، دلیر، بی‌باک، متهور
Kühnheit, die; -, -en شجاعت، جسارت، دلیری، بی‌باکی
Kuhpocken, die / *Pl.* آبلهٔ گاوی
Kuhstall, der; -(e)s, ⸚e اصطبل؛ طویله
Küken, das; -s, - جوجه
Kukuruz, der; -(e)s, - ذرت
kulant *Adj.* ۱. (به خصوص در معاملات) مهربان؛ مناسب؛ موافق ۲. سخاوتمند، بلندنظر
Kulanz, die; - سخاوت، بلندنظری
Kuli, der; -s, -s باربر، حمال
kulinarisch *Adj.* ۱. پختنی، (مربوط به) فن آشپزی ۲. خوشمزه و عالی
Kulisse, die; -, -n ۱. جناح ساختمانی ۲. منظره، چشم‌انداز ۳. آرایش صحنهٔ نمایش ۴. (نقاشی) زمینهٔ قلم‌زنی ۵. وسیلهٔ پیوند

unter die Kulisse sehen
از جزئیات پشت پرده باخبر شدن
hinter den Kulissen در پشت صحنهٔ نمایش، پشت پرده

Kulissenmaler, der; -s, - نقاش صحنه، نقاش دکور تئاتر
Kulissenschieber, der; -s, - مأمور نقل و انتقال دکور صحنه
kullern *Vt., Vi.* ۱. غلتاندن، غلت دادن، قِل دادن ۲. پیچیدن

Kulmination, die; -, -en اوج، قله، حد اعلی
Kulminationspunkt, der; -(e)s, -e نقطهٔ اوج
kulminieren *Vi.* به اوج رسیدن، به حد اعلی رسیدن
Kult, der; -(e)s, -e پرستش، آئین دینی، نیایش
kultisch *Adj.* دینی، پرستشی
kultivieren *Vt.* ۱. قابل کشت کردن (زمین) ۲. پرورش دادن، اصلاح کردن (رفتار)
kultiviert *Adj.* تحصیل کرده؛ بافرهنگ؛ متمدن؛ تربیت شده
Kultministerium, das; -s, -rien وزارت فرهنگ
Kultur, die; -, -en ۱. فرهنگ؛ تمدن ۲. زراعت، کشاورزی
Kulturabkommen, das; -s, - معاهدهٔ فرهنگی
kulturell *Adj.* فرهنگی
Kulturfilm, der; -(e)s, -e فیلم آموزشی
Kulturgebiet, das; -(e)s, -e منطقهٔ فرهنگی
Kulturgeschichte, die; -, -n تاریخ فرهنگ
Kulturland, das; -(e)s, ⸚er زمین زراعتی
kulturlos *Adj.* بی‌فرهنگ
Kulturmagazin, das; -s, -e مجلهٔ فرهنگی
Kulturpolitik, die; -, -en سیاست فرهنگی
kulturpolitisch *Adj.* (مربوط به) سیاست فرهنگی
Kulturrevolution, die; -, -en انقلاب فرهنگی
Kulturschande, die; -, -n توهین به فرهنگ
Kulturseite, die; -, -n (در نشریه) صفحهٔ فرهنگی
Kultursprache, die; -, -n زبان فرهنگی
Kulturstufe, die; -, -n درجهٔ فرهنگ
Kulturtasche, die; -, -n کیف لوازم آرایش
Kulturvolk, das; -(e)s, ⸚er نژاد متمدن
Kulturzentrum, das; -s, -tren مرکز فرهنگی
Kultus, der; - پرستش، عبادت، ستایش
Kultusminister, der; -s, - وزیر فرهنگ
Kultusministerium, das; -s, -rien وزارت فرهنگ
Kümmel, der; -s, - زیره
Kummer, der; -s, - اندوه، غم، غصه، رنج
kümmerlich *Adj., Adv.* ۱. اندوهگین، غمناک، غصه‌دار، رنجور ۲. ناچیز، اندک، غیرکافی
kümmern *Vi., Vt., Vr.* ۱. عقب مانده بودن ۲. مربوط بودن ۳. هوای (کسی) را داشتن، دلواپس (کسی) بودن، غم خوردن

Das kümmert mich nicht. به من ربطی ندارد.
Ich kümmere mich um ihn. مواظب او هستم.
Er kümmert sich um jeden Dreck.
او نخود هر آش است.

Kümmernis 510

Kümmernis, die; -, -es رنجوری، پریشانی، غم‌زدگی
kummervoll *Adj.* غمگین، محزون، اندوهگین
Kumpan, der; -s, -e رفیق، همراه، همکار
Kumpanei, die; -, -en رفاقت، همراهی
Kumpel, der; -s, - ۱. همکار، هم‌اتاق، هم‌قطار ۲. معدنچی
Kumulation, die; -, -en تجمع، تراکم، گردآوری
kumulieren *Vi.* انباشتن، توده کردن، گرد آوردن، جمع کردن
kund *Adj.* سرشناس، معروف، مشهور
kündbar *Adj.* قابل فسخ، فسخ‌پذیر
Kunde[1], der; -n, -n مشتری، خریدار
Kunde[2], die; -, -n خبر، اطلاع، آگاهی
künden *Vt.* ثابت کردن، بیان داشتن
Kundenberatung, die; -, -en سرویس مشورتی
Kundendienst, der; -es, -e سرویس مشتریان
Kundendienstberater, der; -s, - مشاور مشتریان
Kundendienstberaterin, die; -, -nen مشاور مشتریان (زن)
Kundenkreis, der; -es, -e مشتریان، ارباب رجوع
Kundenstamm, der; -(e)s, ¨-e مشتریان، ارباب رجوع
kundgeben *Vt.* از (چیزی) آگاهی دادن، از (چیزی) خبر دادن، در مورد (چیزی) اطلاع دادن
Kundgebung, die; -, -en ۱. آگاهی، خبر، اطلاع ۲. گردهمایی، میتینگ
kundig *Adj.* ماهر، خبره، استاد، آگاه
kündigen *Vt.* ۱. فسخ کردن (قرارداد) ۲. اخراج کردن، به خدمت (کسی) خاتمه دادن، منفصل کردن
einem Mieter kündigen مستأجری را جواب کردن
die Wohnung kündigen (قرارداد) آپارتمان را فسخ کردن
Kündigung, die; -, -en ۱. فسخ، لغو (قرارداد) ۲. اخراج، انفصال
Kündigungsfrist, die; -, -en مهلت فسخ (قرارداد)
vierteljährliche Kündigungsfrist مهلت سه ماهه فسخ
Kündigungsschreiben, das; -s, - اخراج‌نامه، انفصال‌نامه، فسخ‌نامه
Kündigungsschutz, der; -es, -e/¨-e حمایت در مقابل اخراج
Kündigungstermin, der; -es, -e مهلت اخراج، مهلت انفصال
Kundin, die; -, -nen مشتری، خریدار (زن)
kundmachen *Vt.* آشکار ساختن، معلوم کردن
Kundmachung, die; -, -en آگاهی، خبر، اطلاع، انتشار
Kundschaft, die; -, -en ارباب‌رجوع، مشتریان
kundschaften *Vi.* شناسایی کردن، عملیات اکتشافی کردن؛ خبرگیری کردن، جاسوسی کردن
Kundschafter, der; -s, - مأمور اکتشاف؛ خبرگیر، جاسوس
kundtun *Vt.* خبر دادن، اطلاع دادن
kundwerden *Vi.* آشکار شدن (خبر)
künftig *Adj., Adv.* ۱. آتی، آینده ۲. در آینده، از این پس
in künftigen Zeiten در آینده
künftighin *Adv.* از این پس، از این به بعد، در آینده
Kunst, die; -, ¨-e هنر، فن، مهارت، استادی
die schönen Künste هنرهای زیبا
Das ist keine Kunst. این که هنر نیست.
Kunst sein ساختگی بودن، مصنوعی بودن
Kunstakademie, die; -, -n آکادمی هنرهای زیبا
Kunstausstellung, die; -, -en نمایشگاه آثار هنری
Kunstblume, die; -, -n گل مصنوعی
Kunstbuch, das; -(e)s, ¨-er کتاب هنری
Kunstbutter, die; - مارگارین
Kunstdenkmal, das; -s, ¨-er بنای یادبود، اثر تاریخی
Kunstdruck, der; -(e)s, ¨-e چاپ فنی
Kunstdruckpapier, das; -(e)s کاغذ چاپ فنی
Kunstdünger, der; -s, - کود مصنوعی
Kunsteisbahn, die; -, -en پیستِ مصنوعی پاتیناژ
Künstelei, die; -, -en تظاهر، تکبر، ظاهرسازی
künsteln *Vi.* تظاهر کردن، تمایل داشتن
Kunstfahrer, der; -s, - دوچرخه‌سوار بندباز
Kunstfahrerin, die; -, -nen دوچرخه‌سوار بندباز (زن)
Kunstfaser, die; -, -n الیاف مصنوعی
Kunstfehler, der; -s, - درمان غلط
kunstfertig *Adj.* ماهر، آگاه
Kunstfertigkeit, die; -, -en مهارت، آگاهی
Kunstflieger, der; -s, - خلبان شیرین‌کار، خلبان آکروبات
Kunstfliegerin, die; -, -nen خلبان شیرین‌کار، خلبان آکروبات (زن)
Kunstflug, der; -(e), ¨-e عملیات آکروباتی با هواپیما
Kunstfreund, der; -(e)s, -e دوستدار هنر
Kunstfreundin, die; -, -nen دوستدار هنر (زن)
Kunstgärtner, der; -s, - گل‌آرا
Kunstgärtnerei, die; -, -en گل‌آرایی
Kunstgärtnerin, die; -, -nen گل‌آرا (زن)

Kunstgegenstand, der; -(e)s, ̈-e	اثر هنری
kunstgemäß *Adj.*	استادانه، ماهرانه
kunstgerecht *Adj.*	استادانه، ماهرانه
Kunstgeschichte, die; -, -n	تاریخ هنر، تاریخچهٔ هنر
kunstgeschichtlich *Adj.*	مبنی بر تاریخ هنر
Kunstgewerbe, das; -(e)s, -e	پیشه و هنر؛ اثر هنری
Kunstgewerbler, der; -s, -	پیشه‌ور؛ هنرمند
Kunstgewerblerin, die; -, -nen	پیشه‌ور؛ هنرمند (زن)
Kunstglied, das; -(e)s, -er	عضو مصنوعی
Kunstgriff, der; -(e)s, -e	حیله، مکر، خدعه، نیرنگ
Kunstgummi, das; -s, -(s)	لاستیک مصنوعی
Kunsthandel, der; -s	داد و ستد هنری
Kunsthändler, der; -s, -	فروشندهٔ آثار هنری؛ عتیقه‌فروش
Kunsthandlung, die; -, -en	فروشگاه آثار هنری؛ عتیقه‌فروشی
Kunsthandwerk, das; -(e)s, -e	پیشه و هنر، اثر هنری
Kunstharz, das; -es, -e	صمغ مصنوعی
Kunstherz, das; -ens, -en	قلب مصنوعی
Kunsthistoriker, der; -s, -	نویسندهٔ تاریخ هنر
Kunsthochschule, die; -, -n	دانشکدهٔ هنرهای زیبا
Kunstkenner, der; -s, -	هنرشناس
Kunstkennerin, die; -, -nen	هنرشناس (زن)
Kunstlauf, der; -(e)s, -läufe	پاتیناژ، اسکی روی یخ
Kunstleder, das; -s, -	چرم مصنوعی
Künstler, der; -s, -	هنرمند
Künstlerin, die; -, -nen	هنرمند (زن)
künstlerisch *Adj.*	هنری
Künstlername, der; -ns, -n	اسم هنری
Künstlerpech, das; -(e)s, -e	بدشانسی
Künstlerverein, der; -s, -e	اتحادیهٔ هنرمندان
Künstlerviertel, der; -s, -	محلهٔ هنرمندان
künstlich *Adj.*	مصنوعی، ساختگی، بدلی
künstlicher Mond	قمر مصنوعی
Kunstliebhaber, der; -s, -	دوستدار هنر
Kunstliebhaberin, die; -, -nen	دوستدار هنر (زن)
kunstlos *Adj.*	بی‌هنر، بی‌ذوق
Kunstmaler, der; -s, -	نقاش
Kunstmalerin, die; -, -nen	نقاش
Kunstmappe, die; -, -n	لفاف هنری، محفظهٔ اوراق هنری
Kunstpause, die; -, -n	وقفهٔ هنری
kunstreich *Adj.*	کاردان، باهوش
Kunstreiter, der; -s, -	(در سیرک) سوارکار آکروبات
Kunstreiterin, die; -, -nen	(در سیرک) سوارکار آکروبات (زن)
Kunstsammlung, die; -, -en	مجموعهٔ آثار هنری، کلکسیون هنری
Kunstschätze, die / *Pl.*	نفایس هنری
Kunstschule, die; -, -n	هنرستان، مدرسهٔ هنری
Kunstseide, die; -, -n	ابریشم مصنوعی
Kunstsprache, die; -, -n	زبان ساختگی
Kunstspringen, das; -s	بندبازی
Kunststickerei, die; -, -en	هنر سوزن‌دوزی
Kunststoff, der; -(e)s, -e	پارچهٔ مصنوعی؛ مادهٔ مصنوعی؛ پلاستیک
Kunststopfen, der; -s, -	مرمت آثار هنری
Kunststück, das; -(e)s, -e	۱. تردستی، شعبده‌بازی ۲. اثر هنری
Kunsttischler, der; -s, -	نجار ظریف‌کار
Kunstturnen, das; -s	حرکات نرمش
Kunstverlag, der; -(e)s, -e	ناشر آثار هنری
Kunstverständige, der / die; -n, -n	کارشناس آثار هنری
kunstvoll *Adj.*	هنری، فنی
Kunstwerk, das; -(e)s, -e	اثر هنری
Kunstwolle, die; -	پشم مصنوعی
Kunstwort, das; -(e)s, -e	اصطلاح هنری
Kunstzweig, der; -(e)s, -e	شاخه‌ای از هنر
kunterbunt *Adj.*	درهم و برهم، نامرتب، نامنظم، سر و ته؛ وارونه؛ به‌هم ریخته
Kupee, das; -s, -s	کوپه، قسمت
Kupfer, das; -s, -	مس
Kupferbarren, der; -s, -	شمش مس
Kupferbergwerk, das; -(e)s, -e	معدن مس
Kupferblech, das; -(e)s, -e	ورقهٔ مس
Kupferdraht, der; -(e)s, ̈-e	سیم مسی
Kupferdruck, der; -(e)s, -e/ ̈-e	چاپ روی مس
Kupfererz, das; -es, -e	سنگ معدن (مس)
Kupfergeld, das; -(e)s, -er	سکهٔ مسی
kupferhaltig *Adj.*	محتوی مس، مسی
Kupferhammer, der; -s, ̈-	چکش‌کاری روی مس
Kupferhütte, die; -, -n	محل مس‌کاری
kupferig *Adj.*	مسی
Kupferlegierung, die; -, -en	آلیاژ مس

Kupfermünze 512

Kupfermünze, die; -, -n سکهٔ مسی
kupfern *Vt.* با مس اندودن، در (چیزی) مس / ترکیباتِ مس به کار بردن
kupfern *Adj.* مسی، از مس
Kupferplatte, die; -, -n ورقهٔ مسی، صفحهٔ فلزی مسی
kupferrot *Adj.* به رنگ مس، مسی‌رنگ
Kupferschmied, der; -(e)s, -e مسگر
Kupferstecher, der; -s, - کنده‌کار روی مس، حکاک
Kupferstich, der; -(e)s, -e کنده‌کاری روی مس، حکاکی روی مس
Kupferstichkabinett, das; -(e)s, -e گراورسازی، حکاکی
Kupfervitriol, das; -s زاج کبود، کات کبود
kupieren *Vt.* بریدن، کوتاه کردن، زدن (سرشاخه)
Kupon, der; -s, -s ۱. کوپن ۲. سوش قبض / سهام
Kuppe, die; -, -n قله، رأس، سر، اوج، نوک
Kuppel, die; -, -n گنبد، قله
Kuppelei, die; -, -en دلالی محبت، جاکشی
kuppeln *Vt.* دلالی محبت کردن، جاکشی کردن
Kuppler, der; -s, - دلال محبت، جاکش
Kupplerin, die; -, -nen دلال محبت، جاکش (زن)
Kupplung, die; -, -en ۱. کلاچ (اتومبیل) ۲. ارتباط، اتصال ۳. جاکشی، دلالی محبت
Kupplungspedal, das; -s, -e پدال کلاچ
Kupplungsscheibe, die; -, -n صفحه کلاچ
Kur, die; -, -en دورهٔ معالجه، دورهٔ استراحت (پزشکی)
eine Kur machen دورهٔ استراحت پزشکی دیدن
Kür, die; -, -en (ورزش) حرکت ابداعی
Küraß, der; -rasses, -rasse زره، جوشن
Kurassier, der; -s, -e سوار زره‌پوش
Kuratel, die; -, -en نگهداری، قیمومیت
kurativ *Adj.* شفابخش
Kurator, der; -s, -en قیم، امانت‌دار، متولی؛ امین
Kuratorium, das; -s, -rien هیئت امنا
Kurbad, das; -(e)s, ⸚er حمام معدنی
Kurbel, die; -, -n دستهٔ محور، هندل (اتومبیل)
Kurbelgehäuse, das; -s, - جعبهٔ هندل
kurbeln *Vi.* ۱. (به وسیله کوربل) کاری راانجام دادن ۲. هندل زدن
Kurbelwelle, die; -, -n میل‌لنگ (اتومبیل)
Kürbis, der; -bisses, -bisse ۱. کدو ۲. سر، کله
küren *Vt.* انتخاب کردن، برگزیدن
Kurfürst, der; -en, -en انتخاب‌کننده، برگزیننده
Kurfürstentum, das; -s, -tümer هیئت انتخاب‌کنندگان
Kurfürstin, die; -, -nen انتخاب‌کننده، برگزیننده (زن)
kurfürstlich *Adj.* انتخابی
Kurgast, der; -(e)s, ⸚e ساکن نقاهت‌سرا
Kurhaus, das; -es, -häuser نقاهت‌سرا
Kurhotel, das; -s, -s هتل دورهٔ نقاهت
Kurie, die; -, -n ۱. (در رم باستان) دستگاه حکومتی ۲. دستگاه حکومتی پاپ
Kurier, der; -s, -e پیک، قاصد، چاپار
kurieren *Vt.* شفا دادن، معالجه کردن
kurios *Adj.* ۱. کنجکاو، فضول، باریک‌بین ۲. غیرعادی، عجیب و غریب
Kuriosität, die; -, -en ۱. کنجکاوی، باریک‌بینی ۲. غرابت
Kurkonzert, das; -(e)s, -e کنسرت (مخصوص) ساکنان نقاهت‌سرا
Kurkuma, die; -, -men زردچوبه
Kürlauf, der; -(e)s, -läufe مسابقهٔ اسکیت / پاتیناژ آزاد
Kurort, der; -(e)s, -e محل نقاهت‌سرا
Kurpark, der; -s, -s پارک نقاهت‌سرا
Kurpfuscher, der; -s, - پزشک شارلاتان، طبیب دروغی
Kurpfuscherei, die; -, -en شارلاتان‌بازی، حقه‌بازی
Kurpfuscherin, die; -, -nen پزشک شارلاتان، طبیب دروغی (زن)
Kurre, die; -, -n (نوعی) تور ماهیگیری
Kurrentschrift, die; -, -en خط شکسته
Kurs, der; -es, -e ۱. مظنه، نرخ تنزیل، نرخ صرافی ۲. (در کشتی، هواپیما) جهت، سمت، خط سیر، مسیر ۳. کارآموزی، دورهٔ آموزشی ۴. رواج
einen Kurs besuchen دوره دیدن
Kursaal, der; -(e)s, -säle تالار نقاهت‌سرا
Kursanstieg, der; -(e)s, -e افزایش نرخ
Kursbericht, der; -(e)s, -e گزارش بازار، گزارش ارزی
Kursbuch, das; -(e)s, ⸚er دفترچهٔ برنامهٔ حرکت قطارها
Kürschner, der; -s, - خیاط لباس‌های پوستی
Kürschnerei, die; -, -en مرکز تهیهٔ لباس‌های پوستی
Kürschnerware, die; -, -n اجناس موجود در پوست‌فروشی
Kursgewinn, der; -(e)s, -e افزایش قیمت

513 **Kurzwaren**

kursieren *Vi.* رواج داشتن، در گردش بودن، جریان یافتن
kursiv *Adj.* [حرف] کج، شکسته
Kursivschrift, die; -, -en حروف شکسته، حروف یک‌ور، حروف خوابیده
Kursnotierung, die; -, -en نقل‌قول، اقتباس
Kursrückgang, der; -(e)s کاهش قیمت‌ها
Kursschwankung, die; -, -en نوسان قیمت‌ها، ترقی و تنزل قیمت‌ها
Kursus, der; -, Kurse ۱. خط سیر، جریان، مسیر ۲. دوره (درس)، ترم
Kursverlust, der; -(e)s, -e زیان مبادله (ارز)
Kurswert, der; -(e)s, -e نرخ بازار
Kurszettel, der; -s, - لیست خرید و فروش ارز
Kurtaxe, die; -, -n مالیات نقاهت‌سرا
Kurtisan, der; -s, -e درباری، مفت‌خور، طفیلی
Kurtisane, die; -, -n زن فاحشه، روسپی
Kürturnen, das; -s (ورزش) تمرین اختیاری
Kürübung, die; -, -en تمرین آزاد
Kurve, die; -, -n انحنا، خمیدگی، پیچ، منحنی
kurven *Vi.* (با اتومبیل) پیچیدن، دور زدن
Kurvenbild, das; -(e)s, -er گرافیک، طرح خطی، نمایش هندسی
Kurvenblatt, das; -(e)s, ⸚er گرافیک، طرح خطی، نمایش هندسی
kurvenförmig *Adj.* منحنی‌شکل، خمیده، کج
Kurvenlage, die; -, -n موقعیت پیچ
kurvenreich *Adj.* پُر انحنا
Kurvenschreiber, der; -s, - طراح، نقشه‌کش
kurz *Adj., Adv.* ۱. کوتاه، مختصر، فشرده، خلاصه، کوتاه‌مدت ۲. به‌زودی

vor kurzem اخیراً، به‌تازگی
kurz und gut خلاصه، باری
kurze Hose شلوار کوتاه
über kurz oder lang دیر یا زود، عنقریب
seit kurzem اخیراً، به‌تازگی
mit kurzen Wörten به‌طور خلاصه
zu kurz kommen ضرر کردن، بی‌نصیب شدن
kurz und klein خلاصه، باری
kurze Welle موج کوتاه
kurz darauf کمی بعد (از آن)
in kurzen به زودی، عنقریب
alles kurz und klein schlagen همه‌چیز را خرد و خمیر کردن

Kurzarbeit, die; -, -en کار کوتاه‌مدت
kurzarbeiten *Vi.* کم‌کاری کردن
Kurzarbeiter, der; -s, - کارگر کم‌کار، کارگر موقتی
kurzärmelig *Adj.* آستین کوتاه
kurzatmig *Adj.* آسمی، گرفتار تنگی نفس
Kurzatmigkeit, die; - تنگی نفس
Kürze, die; -, -n کوتاهی، ایجاز، اختصار
Kürzel, das; -s, - ۱. نشان، رمز ۲. مختصر، مخفف
kürzen *Vt.* کوتاه کردن، مختصر کردن، خلاصه کردن، ساده کردن
kurzerhand *Adv.* بدون مقدمه، بی‌مطالعه، به سرعت
Kurzfassung, die; -, -en خلاصه، اختصار
Kurzfilm, der; -(e)s, -e فیلم کوتاه
Kurzform, die; -, -en فرم مختصر
kurzfristig *Adj.* کوتاه‌مدت، مختصر
Kurzgeschichte, die; -, -n داستان کوتاه
kurzhaarig *Adj.* مو کوتاه
kurzhalten *Vt.* در مضیقه گذاشتن
kurzlebig *Adj.* [گیاه، حیوان] کوتاه عمر، دارای عمر کوتاه
kürzlich *Adv.* اخیراً، به‌تازگی
Kurzmeldung, die; -, -en گزارش کوتاه
Kurznachricht, die; -, -en گزارش کوتاه
kurzschließen *Vt.* در (چیزی) جریان برق (کوتاه و کم دوام) ایجاد کردن
Kurzschluß, der; -schlusses, -schlüsse (برق) اتصال کوتاه، مدار کوتاه
Kurzschrift, die; -, -en ۱. تندنویسی ۲. نوشتهٔ کوتاه شده
kurzsichtig *Adj.* ۱. نزدیک‌بین ۲. کوته‌بین، کوتاه‌نظر
Kurzsichtigkeit, die; -, -en ۱. نزدیک‌بینی ۲. کوته‌بینی، کوتاه نظری
Kurzstreckenflug, der; -(e)s, ⸚e پرواز کوتاه
Kurzstreckenlauf, der; -(e)s, -läufe دو سرعت
Kurzstreckenläufer, der; -s, - دوندهٔ دو سرعت
Kurzstreckenrakete, die; -, -n راکت با برد نزدیک
Kurzstreckler, der; -s, - دوندهٔ دو سرعت
kurztreten *Vi.* با قدم‌های کوتاه حرکت کردن
kurzum *Adv.* به اختصار، به‌طور خلاصه

Also, kurzum er hat es geschaft. مختصر بگویم که او موفق شد.

Kürzung, die; -, -en کوتاهی، اختصار، خلاصه، مجمل
Kurzwaren, die / *Pl.* خرّازی، دکان خرّازی

Kurzwarenhändler, der; -s, - خرّاز
kurzweg *Adv.* به سادگی، به‌اختصار
Kurzweil, die; - سرگرمی، خوش‌گذرانی، تفریح
kurzweilig *Adj.* سرگرم‌کننده، نشاط‌آور، تفریح‌آمیز، جالب
Kurzwelle, die; -, -n موج کوتاه
Kurzwellen, die / *Pl.* امواج کوتاه
Kurzwellensender, der; -s, - فرستندهٔ موج کوتاه
Kurzwort, das; -(e)s, -e/ ¨er کلمهٔ اختصاری
Kurzzeitgedächtnis, das; -nisses (کامپیوتر) حافظهٔ کوتاه‌مدت
kurzzeitig *Adj.* کوتاه‌مدت
kuschelig *Adj.* راحت، گرم و نرم، دنج، آسوده
kuscheln *Vr.* (خود) را برای گرم شدن به (کسی / چیزی) چسباندن
kuschen *Vi.* اطاعت کردن، فرمانبرداری کردن
Kusine, die; -, -n دخترعمو، دختردایی، دخترخاله، دخترعمه
Kuß, der; Kusses, Küsse بوسه، بوس، ماچ
jemandem **einen Kuß geben** کسی را بوسیدن
Küßchen, das; -s, - بوسهٔ کوچک
küssen *Vt.* بوسیدن، ماچ کردن؛ از (کسی) بوسه گرفتن
jemanden **auf die Stirn küssen** پیشانی کسی را بوسیدن
Kußhand, die; -, ¨e دست‌بوسی
jemandem **eine Kußhand zuwerfen** برای کسی با کمک دست بوسه فرستادن
etwas **mit Kußhand nehmen** آرزوی چیزی را کردن
Küßlein, das; -s, - بوسهٔ کوچک
Küste, die; -, -n ساحل، کرانه، کناره
Küstenfahrer, der; -s, - ناخدای قایق کناره‌رو
Küstengebiet, das; -(e)s, -e منطقهٔ ساحلی
Küstengewässer, das; -s, - آب‌های ساحلی
Küstenhandel, der; -s, ¨ تجارت ساحلی
Küstenland, das; -(e)s, ¨er منطقهٔ ساحلی
Küstenschiffahrt, die; -, -en کشتی‌رانی ساحل
Küstenstrich, der; -(e)s, -e منطقهٔ ساحلی
Küstenwache, die; -, -n گارد ساحلی
Küster, der; -s, - خادم کلیسا، متولی کلیسا
Küsterei, die; -, -en تولیت کلیسا
Kutsche, die; -, -n درشکه، کالسکه
Kutscher, der; -s, - درشکه‌چی، کالسکه‌چی
kutschieren *Vi.* درشکه راندن، با درشکه رفتن
Kutschpferd, das; -(e)s, -e اسب درشکه
Kutte, die; -, -n بالاپوش راهب
Kutteln, die / *Pl.* شکمبه، سیرابی
Kutter, der; -s, - (نوعی) کرجی پارویی / بادبانی (مخصوص حمل و نقل مسافر و کالا)
Kuvert, das; -(e)s, -e ۱. پاکت ۲. پوشش، لفاف، جلد، رویه
kuvertieren *Vt.* ۱. در پاکت گذاشتن ۲. جلد کردن ۳. در پوشش قرار دادن
Kuvertüre, der; -, -n روکش شکلاتی روی نان شیرینی
Kux, der; -es, -e چیز بی‌ارزش
Kybernetik, die; - سیبرنتیک، فرمان‌شناسی (مقایسه بین دستگاه عصبی خودکار با دستگاه الکتریکی و مکانیکی)
Kybernetiker, der; -s, - متخصص سیبرنتیک، متخصص فرمان‌شناسی
KZ = *Konzentrationslager*, das; -(s), -(s)

L

L, das; -, - اِل (حرف دوازدهم الفبای آلمانی)
Lab, das; -(e)s, -e مایهٔ پنیر
laben *Vt., Vi.* ۱. تر و تازه کردن، به (کسی) نیروی تازه دادن، خستگی (کسی) را در کردن ۲. خستگی (خود) را درکردن؛ سرحال آوردن
Laberei, die; -, -en پرحرفی، وراجی
labern *Vi.* پرحرفی کردن، وراجی کردن
labil *Adj.* نااستوار، ناپایدار، سست، بی‌ثبات، نامطمئن، متزلزل
labiles Gleichgewicht تعادل ناپایدار
Labilität, die; -, -en ناپایداری، نااستواری، سستی، تزلزل، بی‌ثباتی
Labor, das; -s, -s لابراتوار، آزمایشگاه
Laborant, der; -en, -en کارمند لابراتوار، آزمایشگر، تکنیسین آزمایشگاه
Laborantin, die; -, -nen کارمند لابراتوار، آزمایشگر، تکنیسین آزمایشگاه (زن)
Laboratorium, das; -s, -rien لابراتوار، آزمایشگاه
laborieren *Vi.* ۱. آزمایش کردن، تجربه کردن، آزمودن ۲. (بی‌هیچ اقدامی) منتظر درمان بیماری بودن ۳. بیهوده کلنجار رفتن
Labsal, das; -(e)s, -e ۱. تر و تازگی، خنکی ۲. آسایش، آسودگی
Labung, die; -, -en ۱. تر و تازگی، خنکی ۲. آسایش، آسودگی
Labyrinth, das; -(e)s, -e ۱. لابیرنت، راه پیچ در پیچ، پلکان مارپیچ، جای پرپیچ و خم ۲. گوش داخلی ۳. دهلیز
Lache, die; -, -n ۱. خندهٔ کوتاه ۲. آبگیر؛ برکه؛ چالهٔ آب
lächeln *Vi.* لبخند زدن، تبسم کردن
Lächeln, das; -s لبخند، تبسم
lachen *Vi.* خندیدن
Du hast gut lachen! حق داری بخندی!
Er hat gut lachen. کیفش کوک است.
Er hat nichts zu lachen. وضعش تعریفی ندارد.
Das Herz lacht mir (im Leibe). از صمیم قلب خوشحالم.
Lachen, das; -s خنده
Das ist nicht zum Lachen! خنده ندارد!
jemanden **zum Lachen bringen** کسی را به خنده وا داشتن
Lacher, der; -s, - خنده‌رو
Lacherin, die; -, -nen خنده‌رو (زن)
lächerlich *Adj.* خنده‌دار، مضحک، مسخره
sich lächerlich machen اسباب مسخره شدن
Lächerlichkeit, die; -, -en مضحکی، مسخرگی
lächern *Vt.* خنداندن، به خنده واداشتن
Es lächert mich. مرا به خنده می‌اندازد.
Lachfältchen, das; -s, - چینِ خنده
Lachgas, das; -es, -e گاز خنده‌آور
lachhaft *Adj.* خنده‌دار، مضحک، مسخره
Lachkrampf, der; -(e)s, ⸚e خندهٔ ناشی از تشنج، خندهٔ هیستریک
lachlustig *Adj.* خنده‌رو
Lachs, der; -es, -e ماهی آزاد
Lachsfang, der; -(e)s, ⸚e صید ماهی آزاد
Lachsfischerei, die; -, -en صید ماهی آزاد
Lachsschinken, der; -s, - فیلهٔ ماهی آزاد
Lack, der; -(e)s, -e لاک‌الکل، روغن جلا
Lackarbeit, die; -, -en لاک الکل‌کاری
Lackfarbe, die; -, -n رنگ لاکی
Lackfirnis, der; -nisses, -nisse ورنی؛ روغن جلا
lackieren *Vt.* لاک زدن، جلا دادن، لعاب دادن؛ لاک الکل زدن
sich die Fingernägel rot lackieren به ناخن‌های انگشتان لاک قرمز زدن
Lackierer, der; -s, - لاک‌کار، لعاب‌گر، روغن جلازن
Lackleder, das; -s, - چرم ورنی، چرم براق، شِورو
Lackmus, der / das; - (شیمی) تورنسل آبی
Lackschuh, der; -(e)s, -e کفش ورنی
Lade, die; -, -en ۱. صندوق ۲. بار، محموله ۳. کشو
Ladebaum, der; -(e)s, -bäume ۱. جرثقیل ۲. دکل کشتی
Ladefähigkeit, die; -, -en گنجایش بار، ظرفیت بار
Ladegerät, das; -(e)s, -e دستگاه شارژ باتری
Ladelinie, die; -, -n (در کشتی) خط‌بار، حد انبار

Ladeliste, die; -, -n فهرست‌بار
Lademeister, der; -s, - صاحب مغازه، دکان‌دار
laden *Vt.* ۱. بار زدن ۲. پر کردن (اسلحه) ۳. شارژ کردن (باطری) ۴. دعوت کردن ۵. (به دادگاه) احضار کردن
jemanden **vor Gericht laden** کسی را به دادگاه احضار کردن
Vorsicht, die Pistole ist geladen! بپا، اسلحه پر است!
Laden, der; -s, ¨ ۱. دکان، مغازه ۲. کار، فعالیت ۳. رو پنجره‌ای چوبی
Ich werde den Laden schon schmeißen. حسابی از عهده کارها برمی‌آیم.
Ladenbesitzer, der; -s, - صاحب مغازه، دکان‌دار
Ladendieb, der; -(e)s, -e دزد مشتری‌نما
Ladendiebstahl, der; -(e)s, ¨e دزدی از فروشگاه
Ladengehilfe, der; -n, -n شاگرد مغازه
Ladengehilfin, die; -, -nen شاگرد مغازه (زن)
Ladengeschäft, das; -(e)s, -e دکان، مغازه
Ladenhüter, der; -s, - کالای بنجل
Ladeninhaber, der; -s, - صاحب مغازه، دکان‌دار
Ladeninhaberin, die; -, -nen صاحب مغازه، دکان‌دار (زن)
Ladenkasse, die; -, -n دخل دکان
Ladenmädchen, das; -s, - دختر جوان فروشنده
Ladenpreis, der; -es, -e بهای خرده‌فروشی
Ladenschild, das; -(e)s, -er تابلوی مغازه
Ladenschluß, der; -schlusses زمان بستن مغازه، تعطیل مغازه
Ladenstraße, die; -, -n خیابان خرید، خیابان پرمغازه
Ladentisch, der; -es, -e پیشخوان مغازه
Ladeplatz, der; -es, ¨e محل بارگیری، بارانداز
Laderampe, die; -, -n سکوی بارگیری
Laderaum, der; -(e)s, -räume محل بارگیری
Ladeschein, der; -(e)s, -e بارنامه
Ladestock, der; -(e)s, ¨e سنبهٔ تفنگ
lädieren *Vt.* صدمه زدن، خسارت وارد آوردن
Ladung, die; -, -en ۱. بار، محموله، بارگیری ۲. بار الکتریکی، شارژ ۳. احضار، دعوت‌نامه، جلب‌نامه
Ladungsfrist, die; -, -en مهلت احضار
Laffe, der; -n, -n احمق، نادان، ساده‌لوح
lag *P.* صیغهٔ فعل گذشتهٔ مطلق از مصدر liegen
Lage, die; -, -n ۱. وضع، موقعیت، حال، حالت، چگونگی ۲. محل، مکان ۳. دانگ (صدا) ۴. قشر، لایه
Ich bin nicht in der Lage dir zu helfen. در وضعی نیستم که (بتوانم) به تو کمک کنم.
Lagebericht, der; -(e)s, -e گزارش محل
Lagenstaffel, die; -, -n مسابقهٔ شنای مختلط
Lageplan, der; -(e)s, ¨e نقشهٔ محل
Lager, das; -s, - ۱. انبار، مخزن ۲. تخت، بستر، نیمکت ۳. اردو، اردوگاه ۴. (در موتور) یاتاقان
etwas **auf Lager haben** موجودی در انبار داشتن
Lagerarbeiter, der; -s, - کارگر انبار
Lageraufseher, der; -s, - انباردار
Lagerbestellung, die; -, -en سفارش انبار
Lagerbier, das; -(e)s, -e آبجوی لاگر، (نوعی) آبجوی کم‌مایه
Lagerbuch, das; -(e)s, ¨er دفتر مخصوص ثبت کالا
Lagerfeuer, das; -s, - آتشی که در هوای آزاد روشن می‌کنند
Lagergebühr, die; -, -en کرایهٔ انبار، هزینهٔ انبار
Lagergeld, das; -(e)s, -er کرایهٔ انبار، هزینهٔ انبار
Lagerhaus, das; -es, -häuser انبار، مخزن
lagern *Vi., Vt.* ۱. انبار کردن، ذخیره کردن ۲. انبار شدن، ذخیره شدن ۳. اردو زدن
Lagerplatz, der; -es, ¨e انبار، مخزن
Lagerraum, der; -(e)s, -räume انبار، مخزن
Lagerschein, der; -(e)s, -e قبض رسید انبار
Lagerstätte, die; -, -n استراحتگاه، اردوگاه
Lagerstelle, die; -, -n استراحتگاه، اردوگاه
Lagerung, die; -, -en ۱. یاتاقان‌بندی ۲. ذخیره‌سازی
Lagerverwalter, der; -s, - انباردار
Lagervorrat, der; -(e)s, -räte ذخیرهٔ انبار، موجودی انبار
Lagerwirtschaft, die; -, -en اقتصاد ذخیره
Lagune, die; -, -n مرداب
lahm *Adj.* لنگ، چلاق، شل
lahmen *Vi.* لنگیدن، شلیدن، چلاق بودن
lähmen *Vt.* نیروی (کسی) را گرفتن، فلج کردن
Lahmheit, die; - چلاقی، شلی
lamlegen *Vt.* از حرکت بازداشتن، از کار انداختن؛ بی‌اثر کردن
Lähmung, die; -, -en لنگی، شلی، چلاقی، فلج
die Kinderlähmung فلج اطفال
Laib, der; -(e)s, -e قرص نان
Laich, der; -(e)s, -e تخم (حیوانات آبزی)
laichen *Vi.* تخم‌ریزی کردن (حیوانات آبزی)
Laie, der; -n, -n ناوارد، بی‌تخصص، ناآشنا به کار؛ عامی

Laienbruder, der; -s, ¨- روحانی که به کارِ غیر مذهبی گماشته می‌شود
laienhaft *Adj.* ناشی، ناآشنا به کار
Laienmaler, der; -s, - نقاش تازه‌کار
Laienprister, der; -s, - روحانی که به‌کارِ غیر مذهبی گماشته می‌شود
Laienrichter, der; -s, - قاضی افتخاری
Laienschauspieler, der; -s, - هنرپیشهٔ تازه‌کار
Laientheater, das; -s, - تئاتر هنرپیشگان آماتور
Lakai, der; -en, -en مستخدم، نوکر، پادو
lakaienhaft *Adj.* پَست، نوکرمآب
Lake, die; -, -n آب‌نمک
Laken, das; -s, - ۱. ملافه، شمد، ملحفه ۲. ورق، ورقه
lakonisch *Adj.* کوتاه، موجز
Lakritze, die; -, -n (گیاه) شیرین‌بیان
Laktose, die; - لاکتوز، قندشیر
lallen *Vi., Vt.* ۱. ناشمرده سخن گفتن؛ لکنت‌زبان داشتن ۲. ناشمرده گفتن؛ با لکنت گفتن
Lama[1]**,** das; -s, -s لاما، شتر بی‌کوهان
Lama[2]**,** der; -s, -s لاما، روحانی بودایی
Lamelle, die; -, -n لایه، صفحه، برگ؛ ورقهٔ نازک
Lamentation, die; -, -en سوگواری، عزا
lamentieren *Vi.* ۱. سوگواری کردن، عزاداری کردن ۲. شکایت کردن، شکوه داشتن
Lamento, das; -s, -s/-ti ۱. سوگواری، عزاداری ۲. شکوه، شکایت
Lametta, das; -s (جهت تزئین درخت نوئل) پولک نقره‌ای
Lamm, das; -(e)s, ¨-er بره
Lammbraten, der; -s, - برهٔ کباب شده
Lämmchen, das; -s, - برهٔ کوچک
lammen *Vi.* بره زاییدن
Lämmergeier, der; -s, - کرکس ریش‌دار، لاشخور بزرگ
Lämmerwolke, die; -, -n ابر پُر چین و شکن، ابر طرّه‌ای
Lammfell, das; -(e)s, -e پوست بره
Lammfleisch, das; -es گوشت بره
lammfromm *Adj.* مطیع
Lampe, die; -, -n لامپ، چراغ
Lampendocht, der; -(e)s, -e فتیلهٔ چراغ نفتی
Lampenfieber, das; -s (تئاتر) ترس از صحنه (نمایش)
Lampenlicht, das; -(e)s, -er/-(e) روشنایی چراغ
Lampenschirm, der; -(e)s, -e حباب؛ آباژور
Lampensockel, der; -s, - سرپیچ لامپ

Lampion, der; -s, -s فانوس کاغذی، فانوس چینی
lancieren *Vt., Vi.* ۱. به راه انداختن ۲. لانسه کردن، مشهورکردن
Land, das; -(e)s, ¨-er ۱. زمین، خشکی ۲. کشور، مملکت، سرزمین ۳. مزرعه، ملک، روستا
 auf dem Land در ده، در روستا
 an Land gehen به خشکی رفتن
 auf dem Land leben در روستا زندگی کردن
 von Land zu Land fahren ازکشوری به‌کشور دیگر رفتن
 Zehn Jahre gingen ins Land. ده سال سپری شد.
Landadel, der; -s, - خان، مالک
Landarbeit, die; -, -en کار در مزرعه
Landarbeiter, der; -s, - رعیت، برزگر، کارگر مزرعه
Landarzt, der; -(e)s, ¨-e پزشک روستا
Landbesitz, der; -es, -e ملک
Landbesitzer, der; -s, - مالک ملک مزروعی، ارباب، زمین‌دار
Landbevolkerung, die; -, -en سکنهٔ دهات
Landbewohner, der; -s, - دهاتی، روستایی
Landeanflug, der; -(e)s, ¨-e باند فرودگاه
Landebahn, die; -, -en باند فرودگاه
Landedeck, das; -(é)s, -e/-s عرشهٔ ناو هواپیمابر
Landeerlaubnis, die; -, -nisse اجازهٔ فرود هواپیما
Landefeuer, das; -s, - چراغ باند فرودگاه
Landeigentum, das; -(e)s, ¨-er ملک مزروعی
landeinwärts *Adv.* درون مرزی، داخل کشور
landen *Vi., Vt.* ۱. به خشکی رسیدن، پهلو گرفتن (کشتی) ۲. به زمین نشستن، فرود آمدن (هواپیما) ۳. پیاده شدن ۴. پیاده کردن
Landenge, die; -, -n تنگه، گردنه؛ باریکه؛ برزخ
Landeplatz, der; -es, ¨-e ۱. باند فرودگاه ۲. اسکله (کشتی)
Ländereien, die / *Pl.* اراضی، مزارع
Länderkampf, der; -(e)s, ¨-e مسابقهٔ ورزشی بین کشورها
Länderkunde, die; - جغرافی، علم جغرافی
Länderspiel, das; -(e)s, -e مسابقهٔ ورزشیِ بین کشورها
Landesbeschreibung, die; -, -en نقشه‌برداری، مساحی
Landesfarben, die / *Pl.* رنگ‌های پرچم ملی
Landesfürst, der; -en, -en پادشاه، شهریار
Landesgericht, das; -(e)s, -e دادگاه بخش

Landesgrenze, die; -, -n	مرز
Landeshauptstadt, die; -, ¨e	مرکز ایالت
Landesherr, der; -n/-en, -en	پادشاه، شهریار
Landeshoheit, die; -	حق حاکمیت، سلطه
Landeskind, das; -(e)s, -er	اهلی، محلی، بومی
Landeskirche, die; -, -n	کلیسای محلی
Landesmeister, der; -s, -	قهرمان ملی
Landesmutter, die; -, ¨	ملکه
Landespolizei, die; -, -en	پلیس محلی
Landesrecht, das; -(e)s, -e	حقوق استان، حقوق ایالتی
Landesregierung, die; -, -en	حکومت محلی
Landessitte, die; -, -n	سنت ملی
Landessprache, die; -, -n	زبان محلی، لهجهٔ بومی
Landestracht, die; -, -en	لباس محلی
Landestrauer, die; -	عزای ملی
landesüblich Adj.	معمول، مرسوم
Landesvater, der; -s, ¨	پادشاه، شهریار
Landesverrat, der; -(e)s	خیانت به وطن
Landesverräter, der; -s, -	خائن به وطن
Landesverteidigung, die; -, -en	دفاع از وطن
Landesverweisung, die; -, -en	جلای وطن، تبعید
Landeverbot, das; -(e)s, -e	عدم اجازهٔ فرود (هواپیما)
Landfahrzeug, das; -(e)s, -e	وسیلهٔ نقلیهٔ روستایی
Landflucht, die; -, -en	فرار از ده (به شهر)، روستاگریزی
landflüchtig Adj.	فراری از ده، روستاگریز
landfremd Adj.	بیگانه، غریبه، ناشناس
Landfriedensbruch, der; -(e)s, ¨e	نقض آرامش کشور
Landgemeinde, die; -, -n	انجمن ده، اجتماع ده
Landgericht, das; -(e)s, -e	دادگاه محلی، دادگاه شهرستان
Landgerichtsrat, der; -(e)s, ¨e	قاضی دادگاه شهرستان
Landgewinnung, die; -, -en	احیای اراضی
Landgut, das; -(e)s, ¨er	عمارت ییلاقی؛ ملک مزروعی
Landhaus, das; -es, -häuser	خانهٔ ییلاقی
Landjäger, der; -s, -	شکارچی محلی
Landjunker, der; -s, -	ملاک عمده، ارباب، فئودال
Landkarte, die; -, -n	نقشهٔ جغرافی
Landkreis, der; -es, -e	ناحیه، بخش
landläufig Adj.	متداول، رایج، مرسوم
Landleben, das; -s, -	زندگی روستایی
Landleute, die / Pl.	دهقانان، روستاییان، برزگران
ländlich Adj.	روستایی، دهاتی
Landmacht, die; -, ¨e	(در ارتش) نیروی زمینی
Landmann, der; -(e)s, -leute	زارع، برزگر، کشاورز، روستایی
Landmesser, der; -s, -	مساح، نقشه‌بردار
Landpartie, die; -, -n	پیک‌نیک، گردش جمعی، گردش تفریحی
Landpfarrer, der; -s, -	کشیش محلی
Landplage, die; -, -n	فاجعهٔ عمومی، مصیبت همگانی
Landpolizei, die; -, -en	ژاندارمری
Landrat, der; -(e)s, ¨e	۱. رئیس بخش، بخشدار ۲. شورای ده
Landratte, die; -, -n	۱. خشکی‌نشین، دریا ندیده ۲. آدم بی‌دست و پا
Landregen, der; -s, -	باران مداوم، بارندگی زیاد
Landrücken, der; -s, -	برآمدگی زمین
Landschaft, die; -, -en	دورنما، منظره، چشم‌انداز
landschaftlich Adj.	پرمنظره
Landschaftsgärtner, der; -s, -	متخصص تزئین باغ، متخصص تزئین گلکاری
Landschaftsmaler, der; -s, -	منظره‌نگار
Landschaftsmalerei, die; -, -en	منظره‌نگاری
Landschaftsschutz, der; -es	حفظ محیط زیست
Landschule, die; -, -n	مدرسهٔ ده
Landsee, der; -s, -n	برکه؛ دریاچه
Landser, der; -s, -	سرباز وظیفه
Landsitz, der; -es, -e	مرکز بخشداری
Landsknecht, der; -(e)s, -e	سرباز مزدور
Landsmann, der; -(e)s, -leute	هم‌وطن، هم‌کشور
Was für ein Landsmann sind Sie?	اهل چه کشوری هستید؟
Landsmännin, die; -, -nen	هم‌وطن، هم‌کشور (زن)
Landsmannschaft, die; -, -en	تیم کشور، تیم ملی
Landspitze, die; -, -n	دماغه، برآمدگی
Landstadt, die; -, ¨e	حاکم‌نشین استان
Landstraße, die; -, -n	جادهٔ فرعی، جادهٔ خاکی
Landstreicher, der; -s, -	ولگرد، آواره، سرگردان، خانه به دوش
Landstreicherei, die; -, -en	آوارگی، ولگردی، بی‌خانمانی، خانه به دوشی
Landstreicherin, die; -, -nen	ولگرد، آواره، سرگردان، خانه به دوش (زن)
Landstreitkräfte, die / Pl.	(در ارتش) نیروی زمینی

519 **Langläufer**

Landstrich, der; -(e)s, -e ناحیه، پهنه، منطقه
Landtag, der; -(e)s, -e (در استان) مجلس محلی، انجمن ولایتی
Landtagsabgeordnete, der; -n, -n نمایندهٔ مجلس ایالتی
Landtagswahl, die; -, -en انتخابات مجلس ایالتی
Landung, die; -, -en ۱. فرود (هواپیما) ۲. پهلوگیری (کشتی)
Landungsbrücke, die; -, -n ۱. اسکله، لنگرگاه ۲. موج‌شکن
Landungsplatz, der; -es, ¨-e اسکله، لنگرگاه
Landurlaub, der; -(e)s, -e مرخصی کارکنان کشتی (برای رفتن به خشکی)
Landvermessung, die; -, -en مساحی، نقشه‌برداری
Landvolk, das; -(e)s, - دهاتی، روستایی
landwärts *Adv.* به سوی زمین، به طرف خشکی
Landweg, der; -(e)s, -e ۱. راه خشکی ۲. کوچه باغی
Landwirt, der; -(e)s, -e زارع، کشاورز، برزگر
Landwirtschaft, die; - کشاورزی، زراعت
landwirtschaftlich *Adj.* از نظر کشاورزی
Landwirtschaftsminister, der; -s, - وزیر کشاورزی
Landwirtschaftsministerium, das; -s, -rien وزارت کشاورزی
Landwirtschaftswissenschaft, die; -, -en (علم) کشاورزی، رشته کشاورزی
Landzunge, die; -, -n دماغه (پیشرفتگی خشکی در دریا)
lang *Adj., Adv.* ۱. دراز، بلند، طویل ۲. طولانی (مدت) ۳. به طول، به درازای
zwei Meter lang به طول دو متر
fünf Jahre lang پنج سال تمام
vor langer Zeit از مدتها پیش
Stunden lang ساعت‌ها
die ganz Woche lang تمام هفته
Er hat sein Leben lang gearbeitet. همهٔ زندگیش جان کنده است.
ein langes Gesicht machen مأیوس شدن، ناراضی شدن
einen langen Hals machen (چیزی) را مشتاقانه تماشا کردن
eine Sache lang und breit erzählen جریانی را بیش از حد لازم طول دادن
langärm(e)lig *Adj.* آستین بلند
langatmig *Adj.* مفصل، با ذکر جزئیات

langbeinig *Adj.* لنگ دراز
lange *Adv.* مدتی، مدت زیادی، مدت مدیدی، مدتی طولانی
Da kannst du lange warten. من فکرش را هم نمی‌کنم.
Wie lange? چه مدت؟
Es ist lange her. مدتهاست. مدتها گذشته است.
Es ist noch lange nicht fertig. هنوز خیلی مانده که کارش تمام بشود.
Länge, die; -, -n درازا، طول، قد، اندازه
der Länge nach از طول
eine Sache in die Länge ziehen جریانی را بیش از حد لازم طول دادن
sich in die Länge ziehen بیش از انتظار طول کشیدن
langen *Vi., Vt.* ۱. بس بودن، کافی بودن، کفایت کردن ۲. دادن، رساندن
Das langt. بس است. کافی است.
Es langt mir. برایم کافی است.
Damit lange ich eine Woche! یک هفته باهاش کار دارم!
jemandem eine langen به کسی سیلی زدن
Längen(durch)schnitt, der; -(e)s, -e بخش (مربوط به) طول جغرافیایی
Längeneinheit, die; -, -en واحد طول
Längengrad, der; -(e)s, -e درجهٔ طول جغرافیایی
Längenkreis, der; -es, -e خط نصف‌النهار
Längenmaß, das; -es, -e واحد اندازه‌گیری طول، مقیاس طولی
Längenmaßstab, der; -(e)s, ¨-e مقیاس طول
länger *Adj.* درازتر، طولانی‌تر، طویل‌تر، بلندتر
längere Zeit مدتی طولانی
Langeweile, die; - بی‌حوصلگی، یکنواختی، ملالت، کسالت
Ich tue das nur aus Langeweile. این کار را فقط از روی بیکاری انجام می‌دهم.
Langfinger, der; -s, - جیب‌بر
langfingerig *Adj.* انگشت قلمی
langfristig *Adj., Adv.* ۱. درازمدت ۲. برای مدت طولانی
langfristiger Kredit اعتبار درازمدت
langhaarig *Adj.* دارای گیسوی بلند
langjährig *Adj.* ۱. کهنسال ۲. درازمدت، طولانی
Langlauf, der; -(e)s, - ۱. دوی استقامت ۲. (مسابقه) اسکی استقامت
Langläufer, der; -s, - ۱. دوندهٔ دو استقامت ۲. اسکی‌باز مسابقهٔ استقامت

langlebig 520

langlebig *Adj.* درازعمر، پرعمر، دارای عمر دراز
Langlebigkeit, die; - طول عمر، درازای عمر، دراز عمری
langlegen *Vr.* دراز کشیدن، استراحت کردن
länglich *Adj.* بلند، دراز
länglichrund *Adj* بیضی شکل
Langmut, die; - شکیبایی، صبر، بردباری
langmütig *Adj.* شکیبا، صبور، بردبار
Langmütigkeit, die; - شکیبایی، صبر، بردباری
Langohr, das; -(e)s, -e درازگوش
langohrig *Adj.* درازگوش
längs *Präp., Adv.* ۱. در امتدادِ، در طولِ، در مسیرِ ۲. از درازا، از طول
längs des Flusses در امتداد رودخانه
einen Gegenstand längs schneiden شیئی را از درازا بریدن
Längsachse, die; -, -n محور طول جغرافیایی، محور طولی
langsam *Adj., Adv.* ۱. آهسته، یواش، آرام، کند ۲. شمرده ۳. یواش یواش
Immer langsam! یواش یواش!
Langsamer fahren! آهسته‌تر برانید!
Langsamkeit, die; - آهستگی، کندی
Langschäfter, der; -s, - چکمه
Langschiff, das; -(e)s, -e صحن کلیسا
Langschläfer, der; -s, - پرخواب
Langschläferin, die; -, -nen پرخواب (زن)
Langspielplatte, die; -, -n صفحهٔ گرامافون، صفحهٔ سی و سه دور
Längsrichtung, die; -, -en امتداد طولی
Längsschnitt, der; -(e)s, -e برش طولی، مقطع طولی
längsseits *Präp., Adv.* ۱. کنارِ، پهلویِ ۲. (در مورد کشتی) در کنار، در پهلوی
längst *Adv.* از مدتی پیش، مدت‌هاست که، دیر زمانی است که
Ich weiß es längst. مدتی است که این را می‌دانم.
längstens *Adv.* حداکثر (مدت)
Er ist längstens eine halbe Stunde dort gewesen. او حداکثر نیم‌ساعت در آنجا بود.
langstielig *Adj.* ۱. [گل] دسته‌دار بلند ۲. کسل‌کننده، خسته کننده
Langstrecke, die; -, -n مسافت طولانی
Langstreckenflug, der; -(e)s, ⸚e پرواز دور
Langstreckenlauf, der; -(e)s, -läufe دو استقامت
Langstreckenläufer, der; -s, - دونـدهٔ دو استقـامت
Langstreckenrakete, die; -, -n راکت دور برد
Languste, die; -, -n (نوعی) خرچنگ دریایی
Langweile, die; - ملالت، کسالت، نارضایتی، دلتنگی
langweilen *Vt., Vr.* ۱. خسته کردن، کسل کردن، حوصله (کسی) را سر بردن ۲. خسته شدن، کسـل شـدن؛ بی‌حوصله بودن
langweilig *Adj.* خسته کننده، ملال‌آور، یکنواخت، کسالت‌آور، کسل‌کننده
Langwelle, die; -, -n موج بلند
Langwellensender, der; -s, - فرستنده با طول موج بلند
langwierig *Adj.* طولانی و بلند
Langzeitgedächtnis, das; -nisses حافظهٔ زیاد
Lanolin, das; -s, -e لانولین (روغن پشم)
Lanze, die; -, -n نیزه
für jemanden **eine Lanze brechen** سنگ کسی را به سینه زدن
Lanzette, die; -, -n ۱. نیشتر ۲. نیزه ماهی
lapidar *Adj.* بدون مقدمه، مختصر، مجمل
Lappalie, die; -, -n چیز جزئی، کار پیش‌پا افتاده
Lappen, der; -s, - کهنه، پارچهٔ گردگیری، دستمال نظافت
jemandem etwas **durch die Lappen gehen** چیزی را از چنگ کسی درآوردن
läppern *Vr.* آشامیدن، کم‌کم نوشیدن
Im letzten Monat haben sich die unvorhergesehenen Ausgaben ziemlich geläppert. در ماه اخیر مخارج غیرپیش‌بینی شده روی هم جمع شدند.
lappig *Adj.* ژنده، پاره پاره
läppisch *Adj.* خنده‌آور، مسخره، مضحک
Lapsus, der; -, - لغزش، اشتباه، خطا
Lärche, die; -, -n کاج فرنگی
Lärm, der; -s, -es صدا، سر و صدا، غوغا، هیاهو، جنجال، قیل و قال
Lärm machen سر و صدا کردن
Lärmbekämpfung, die; - مبارزه با سر و صدا
lärmen *Vi.* سر و صدا کردن، شلوغ کردن، غوغا کردن، سر و صدا راه انداختن، هیاهو کردن
lärmend *Adj.* پر سر و صدا، پر هیاهو، شلوغ
Lärmpegel, der; -s, - میزان همهمه، شدت همهمه
Lärmschutz, der; -es جلوگیری از همهمه
Lärmschutzwall, der; -(e)s, ⸚e مانع همهمه

521 **Lateinamerika**

Larve, die; -, -n ۱. لارو، نوزاد حشره، کرم حشره ۲. نقاب، ماسک
las *P.* صیغهٔ فعل گذشتهٔ مطلق از مصدر lesen
lasch *Adj.* سست، شل و ول، بی‌حال، ضعیف، بی‌قوه
Lasche, die; -, -n زبانه؛ رزه (کیف)
Laser, der; -s, - (اشعه) لیزر
Laserplatte, die; -, -n صفحهٔ لیزر
Laserplattenspieler, der; -s, - گرامافون لیزری
Laserstrahl, der; -(e)s, -en اشعهٔ لیزر
Lasertechnik, die; -, -en فن لیزر
lasieren *Vt.* لعاب دادن، به (چیزی) روغن جلا زدن
lassen *Vt., Vi.* ۱. اجازه دادن، گذاشتن ۲. قرار دادن ۳. به (چیزی) دست کشیدن ۴. در اختیار گذاردن، واگذار کردن ۵. از (چیزی) چشم‌پوشی کردن، از (چیزی) صرف‌نظر کردن ۶. امکان داشتن، ممکن بودن

Laß uns gehen! بگذار برویم!
Laß das! نکن! بس کن!
Laß die Zeit! عجله نکن!
Laß mich in Ruhe! ولم کن، راحتم بگذار!
etwas **außer acht lassen** به چیزی بی‌توجه بودن
Laß die Finger davon! ولش کن! خودت را قاطی (این جریان) نکن!
das Rauchen lassen از سیگار دست کشیدن
Das muß man ihm lassen. این (کار) را باید به عهدهٔ او گذاشت.
Er kann von ihr nicht lassen. او نمی‌تواند از آن زن جدا شود.
Das läßt sich nicht schwer beweisen. اثبات این مسئله زیاد مشکل نیست.
Laß dich einmal bei uns sehen! سری به ما بزن!
Laß die Teller im Schrank. بشقاب را در قفسه بگذار.

lässig *Adj.* ۱. تنبل، مسامحه‌کار ۲. لاقید، خونسرد، بی‌تفاوت ۳. راحت، طبیعی
Lässigkeit, die; - تنبلی، کاهلی، اهمال، غفلت
läßlich *Adj.* قابل عفو، بخشودنی
Last, die; -, -en ۱. بار، وزن، سنگینی ۲. کار، تکلیف؛ فشار بار؛ سنگینی کار

eine schwere Last tragen بار سنگینی بر دوش کشیدن
Die Rechnung geht zu Lasten der Firma. صورت حساب را شرکت می‌پردازد.

Lastauto, das; -s, -s اتوموبیل باری، کامیون، بارکش
lasten *Vi.* سنگینی کردن، روی (چیزی) قرار داشتن و بر آن فشار وارد آوردن

Verantwortung lastet schwer auf ihm. بار مسئولیت بر دوش او سنگینی می‌کند.

Lasten, die / *Pl.* عوارض
Lastenaufzug, der; -s, ⸚e آسانسور بار
Lastenausgleich, der; -s, -e یکنواختی بار، تساوی بار
lastenfrei *Adj.* بدون بدهی
Lastensegler, der; -s, - هواپیمای باری
Laster[1]**,** das; -s, - گناه، عیب، فساد، عادت ناشایسته
Laster[2]**,** der; -s(s), -s / - کامیون، بارکش، اتومبیل باری
lasterhaft *Adj.* فاسد، بدخو، بدکار، شریر
Lasterhaftigkeit, die; -, -en فساد، شرارت، بدخویی
Lasterhöhle, die; -, -n مرکز فساد
lästerlich *Adj.* کفرآمیز، تهمت‌آمیز، موهن
Lästermaul, das; -(e)s, -mäuler بدگو، مفتری
lästern *Vt., Vi.* ۱. کفر گفتن، به (مقدسات) بی‌حرمتی کردن ۲. بدگویی کردن، غیبت کردن
Lästerung, die; -, -en ۱. کفر، توهین به مقدسات ۲. بدگویی، غیبت
Lästerzunge, die; -, -n بدگو، مفتری
Lastfahrer, der; -s, - رانندهٔ کامیون
lästig *Adj.* مزاحم، مصدع، مخل آسایش

jemandem **lästig sein** مزاحم کسی بودن

Lästigkeit, die; -, -en مزاحمت
Lastkahn, der; -(e)s, ⸚e دوبه، کرجی
Lastkraftwagen, der; -(s), -s / - کامیون، بارکش، اتومبیل باری
Lastkraftwagenfahrer, der; -s, - رانندهٔ کامیون
Lastpferd, das; -(e)s, -e اسب بارکش
Lastschiff, das; -(e)s, -e کشتی باری
Lastschrift, die; -, -en قبض بدهی، برگ بدهکاری، سند هزینه
Lasttier, das; -(e)s, -e حیوان بارکش
Lastwagen, der; -s, - کامیون، بارکش، اتومبیل باری
Lastwagenfahrer, der; -s, - رانندهٔ کامیون
Lastzug, der; -es, ⸚e کامیون یدک‌کش
Lasur, die; -, -en لعاب (شیشه)
lasurblau *Adj.* لاجوردی، نیلی رنگ
Lasurlack, der; -(e)s, -e لعاب شفاف
Lasurstein, der; -(e)s, -e سنگ لاجورد
Latein, das; -s لاتین، زبان لاتین

mit seinem Latein am Ende sein چیز دیگری در چنته نداشتن

Lateinamerika, das امریکای لاتین

Lateiner 522

Lateiner, der; -s, - متخصص زبان لاتین؛ متخصص فرهنگ لاتین
lateinisch *Adj.* لاتینی
latent *Adj.* پنهان، پوشیده، مخفی
Latenz, die; - پوشیدگی
Latenzperiode, die; -, -n دوران قبل از بلوغ
lateral *Adj.* پهلویی، جانبی، کناری
Laterne, die; -, -n ۱. فانوس ۲. چراغ نصب شده در محوطهٔ باز
Laternenpfahl, der; -es, ⸗e تیر چراغ برق، تیر فانوس
Latex, der; -, -tizes شیرهٔ کائوچو، شیرهٔ گیاهی
Latinum, das, -s کتاب درسی لاتین
Latrine, die; -, -n مستراح عمومی، آبریزگاه همگانی
Latsche, die; -, -n ۱. دمپایی، کفش راحتی ۲. پای پرندگان شناگر (غیر از قو)
latschen *Vi.* ۱. لخ لخ‌کنان راه رفتن ۲. چرند گفتن
latschig *Adj.* [راه رفتن]کشان کشان
Latte, die; -, -n توفال (تختهٔ باریک و دراز)
Lattenkiste, die; -, -n صندوق (مخصوص) چینی‌آلات
Lattenwerk, das; -(e)s, -e توفال‌کوبی، تخته کوبی
Lattenzaum, der; -(e)s, -zäume پرچین چوبی
Lattich, der; -(e)s, -e کاهو
Latz, der; -es, ⸗e پیش‌بند
Lätzchen, das; -s, - پیش‌بند بچه
Latzhose, die / *Pl.* شلوار رکاب‌دار، شلوار کار
lau *Adj.* ۱. [حرارت] ولرم، نیم‌گرم، ملایم ۲. [هوا] معتدل
Laub, das; -(e)s ۱. برگ درخت ۲. شاخ و برگ (خشک و از درخت ریخته)
Laubbaum, der; -(e)s, -bäume درخت با برگ‌های پهن
Laube, die; -, -n آلاچیق، سایبان
Laubengang, der; -(e)s, ⸗e گذرگاه طاق‌دار، گذرگاه سرپوشیده
Laubfrosch, der; -es, ⸗e قورباغهٔ درختی
Laubsäge, die; -, -n ارهٔ مویی، ارهٔ ظریف‌کاری
Laubsägearbeit, die; -, -en منبت‌کاری
Laubwald, der; -(e)s, ⸗er جنگل با درخت‌های پهن برگ
Laubwerk, das; -(e)s, -e گیاه برگی، گیاه برگ‌دار
Lauch, der; -(e)s, -e تره فرنگی
Lauer, die; -, -n کمین، کمینگاه
lauern *Vi.* کمین کردن، در کمین نشستن، در کمین بودن
lauernd *Adj.* کمین‌کننده

Lauf, der; -(e)s, Läufe ۱. دو ۲. حرکت، جریان؛ مسیر، مجرا؛ سیر ۳. لولهٔ تفنگ
im Laufe der Zeit به مرور زمان، به‌تدریج
im Laufe dieser Woche در طول این هفته
seinen Gefühlen freien Lauf lassen به احساسات خود جامه عمل پوشاندن
im Lauf des Monats در طول ماه
den Lauf gewinnen مسابقهٔ دو را بردن
Laufbahn, die; -, -en مسیر اداره، راه اداره
Laufbursche, der; -n, -n خانه‌شاگرد، پادو
laufen *Vi., Vr., Vt.* ۱. دویدن ۲. راه رفتن ۳. کار کردن، روشن بودن (موتور) ۴. جریان داشتن، جاری بودن (مایعات) ۵. اعتبار داشتن، معتبر بودن ۶. برای دویدن مناسب بودن ۷. اسکی کردن، با اسکی رفتن ۸. بر جای گذاشتن (رکورد)
am laufenden Band پشت سرهم، مداوم
Was läuft in diesem Kino? در این سینما چه فیلمی را نمایش می‌دهند؟
Meine Nase läuft. دچار زکام هستم.
Das Wasser läuft. آب جریان دارد.
Der Motor läuft. موتور روشن است.
laufend *Adj.* جاری، در جریان، مداوم
am laufenden Band پشت سرهم، مداوم
laufenlassen *Vt.* آزاد کردن، ول کردن
jemanden **laufenlassen** کسی را فرار دادن
die Dinge laufenlassen چیزها را به جریان انداختن
Läufer, der; -s, - ۱. دونده ۲. (شطرنج) فیل ۳. (فوتبال) هافبک، بازیگر میانی ۴. (فرش) کناره
Lauferei, die; -, -en دو، دوندگی
Läuferin, die; -, -nen دونده (زن)
Lauffeuer, das; -s, - آتش سریع و پرزور
Lauffläche, die; -, -n (در دوچرخه) فاصلهٔ میانِ دو رکاب
Laufgewicht, das; -(e)s, -e جدول وزن
läufig *Adj.* گرم، پرحرارت؛ حیوانی، شهوانی
läufisch *Adj.* گرم، پرحرارت؛ حیوانی، شهوانی
Laufjunge, der; -n, -n خانه شاگرد، پادو
Laufkran, der; -(e)s / -en, -e جرثقیل‌گردان
Laufkunde, der; -n, -n مشتری تصادفی
Laufmasche, die; -, -n (در جوراب زنانه) دررفتگی
Laufpaß, der; -passes, -pässe ورقهٔ پایان خدمت
jemandem **den Laufpaß geben** دست رد بر سینه کسی نهادن
Laufplanke, die; -, -n گذرگاه

Laufschritt, der; -(e)s, -e گام سریع، قدم تند
Laufsteg, der; -(e)s, -e پل پیاده‌رو
Laufwerk, das; -(e)s, -e مکانیسم دستگاه
Laufzeit, die; -, -en ۱. مدت زمان اعتبار ۲. پول رایج ۳. (در حیوانات ماده) موسم گُشن، موسم نر خواهی
Laufzettel, der; -s, - بخشنامه
Lauge, die; -, -n (شیمی) آب قلیایی، باز
laugen *Vt.* به (چیزی) قلیا زدن، قلیایی کردن
laugenartig *Adj.* قلیایی، دارای خاصیت قلیایی
Laugenasche, die; -, -n (برای صابون‌سازی) خاکستر قلیایی
Lauheit, die; -, -en ولرمی، نیم‌گرمی
Laune, die; -, -n خلق، خو، حال، حالت، مشرب
Er hat schlechte Laune. اوقاتش تلخ است.
in guter Laune sein بشاش و سر و حال بودن
je nach Lust und Laune برحسب میل و اشتیاق
jemandem **die Laune verderben** حال کسی را گرفتن، توی ذوق کسی زدن
launenhaft *Adj.* بوالهوس، متلوّن، دمدمی (مزاج)
Launenhaftigkeit, die; -, -en بوالهوسی، تلون، هوس
launig *Adj.* سرحال، شوخ، خوش‌مشرب
launisch *Adj.* بوالهوس، متلون، دمدمی (مزاج)
Laus, die; -, Läuse شپش
Ihm ist eine Laus über die Leber gelaufen. او از چیزی ناراحت است.
jemandem **eine Laus in den Pelz setzen** چوب لای چرخ کسی گذاشتن
Lausbub(e), der; -en, -en پسربچهٔ بدذات و شیطان
Lausbubenstreich, der; -(e)s, -e نیرنگ پسربچهٔ بدذات و شیطان
lauschen *Vi.* دزدکی گوش دادن، استراق‌سمع کردن
an der Tür lauschen پشت در گوش ایستادن
Lauscher, der; -s, - استراق‌سمع‌کننده
Lauscherin, die; -, -nen استراق‌سمع‌کننده (زن)
lauschig *Adj.* راحت، دنج
Lausejunge, der; -n, -n پسربچهٔ بدجنس و شیطان
lausen *Vt.* شپش (کسی / چیزی) را گرفتن
Ich dachte mich laust der Affe. از تعجب خشکم زد.
lausig *Adj., Adv.* ۱. شپشو، کثیف ۲. ناگوار، نامطبوع ۳. آزاردهنده ۴. شدید، بسیار
eine lausige Kälte سرمای شدید و آزاردهنده
laut *Adj., Präp.* ۱. بلند، پرصدا ۲. با صدای بلند ۳. برحسبِ، به‌موجبِ، برطبقِ
laut sprechen بلند صحبت کردن
Lauter! بلندتر (حرف بزن)!
mit lauter Stimme به صدای بلند
Seid nicht so laut! این‌قدر سر و صدا نکنید!
laut Bericht von ... برطبق گزارش ...
Laut, der; -(e)s, -e صدا، آواز، صوت
Laute, die; -, -n (ساز) رباب، بربط، عود
lauten *Vi.* ۱. صدا دادن ۲. روان بودن، سلیس بودن ۳. حاکی بودن ۴. تلفظ کردن
Das Urteil lautet auf fünf Jahre Gefängnis. حکم حاکی از پنج سال زندانی است.
läuten *Vi., Vt.* ۱. زنگ زدن ۲. به صدا درآوردن (زنگ)
Es läutet! زنگ می‌زنند!
Ich habe etwas läuten hören. من از موضوعی اطلاع پیدا کرده‌ام.
lauter *Adj.* ۱. خالص، زلال، صاف، پاک، اصیل ۲. فقط
Das ist die lautere Wahrheit. این حقیقت محض است.
Das sind lauter Lügen. این‌ها فقط دروغ‌هایی هستند.
Lauterkeit, die; - خلوص، پاکی، بی‌ریایی، صدق و صفا
läutern *Vt.* ۱. صاف کردن، پاک کردن، تصفیه کردن ۲. (از عیوب و نقایص اخلاقی) مبرا ساختن
Läuterung, die; - تصفیه، پالایش
Läut(e)werk, das; -(e)s, -e آژیر، اعلان‌خطر
Lautgesetz, das; -es, -e قانون آواشناسی
lauthals *Adv.* با صدای بلند و شدید
Lautlehre, die; -, -n آواشناسی، [illegible]
lautlos *Adj.* صامت، ساکت، بی سر و صدا
Lautschrift, die; -, -en آوانویسی، اِعراب
Lautsprecher, der; -s, - بلندگو
Lautsprecheranlage, die; -, -n تأسیسات بلندگو
Lautsprecherbox, die; -, -en جعبهٔ بلندگو
Lautsprecherwagen, der; -s, - اتومبیل بلندگودار
lautstark *Adj.* پرصدا، بلند
Lautstärke, die; - شدت صوت
Lautstärkemesser, das; -s, - شدت صوت‌سنج
Lautstärkeregler, der; -s, - کنترل‌کنندهٔ شدت صوت
Lautsystem, das; -s, -e سیستم صوت
Lautverschiebung, die; -, -en تغییر صدا
lauwarm *Adj.* نیم‌گرم، ولرم، ملایم
Lava, die; -, -ven گدازه، مواد مذاب آتشفشانی
Lavendel, der; -s, - (گیاه) اسطوخودوس
lavieren *Vi.* ۱. تغییر رویه دادن ۲. مانور دادن، با تدبیر انجام دادن

Lawine 524

Lawine, die; -, -n بهمن

lawinenartig *Adj.* بهمن‌وار

Lawinengefahr, die; -, -en خطر بهمن

lawinensicher *Adj.* دافع بهمن

lax *Adj.* شل، سست، مسامحه‌کار، سهل‌انگار، بی‌بند و بار

Lazarett, das; -s, -e بیمارستان نظامی

Lazarettschiff, das; -(e)s, -e کشتی بیمارستان

Lazarettzug, der; -es, ⸗e ترن بیمارستان

leasen *Vt.* اجاره کردن، کرایه کردن

Leasing, das; -s, -s اجاره، کرایه

Lebehoch, das; -s هورا، فریادآفرین

Lebemann, der; -(e)s, ⸗er عیاش، عشرت‌طلب، خوش‌گذران

leben *Vi., Vt.* ۱. زندگی کردن، زیستن ۲. اقامت داشتن ۳. زنده بودن، حیات داشتن ۴. امرار معاش کردن ۵. داشتن، کردن (زندگی)

Leben Sie wohl! به سلامت! خدا نگهدار!

Es lebe! زنده باد!

von der Hand in den Mund leben دست به دهان بودن

in den Tag hinein leben فارغ از اندیشهٔ فردا زندگی کردن

in Saus und Braus leben با ولخرجی زندگی کردن

Er lebt von den Zinsen seines Vermögens. او با بهرهٔ دارایی‌اش امرارمعاش می‌کند.

Leben, das; -s, - ۱. زندگی، حیات ۲. زیست؛ عمر؛ معیشت

Er ist nicht mehr am Leben. او مرده است.

sich das Leben nehmen خودکشی کردن

am Leben sein زنده بودن

ums Leben kommen مردن

am Leben bleiben زنده ماندن

lebend *Adj.* زنده، سرحال؛ باروح؛ جاندار

Lebende, der; -n, -n موجود زنده

lebendig *Adj.* زنده، سرحال، باروح، جاندار

Lebendigkeit, die; - زنده دلی، سرزندگی، چابکی

Lebensabend, der; -s, -e غروب زندگی

Lebensader, die; -n, -n (در کف‌بینی) خط زندگی

Lebensalter, das; -s عمر، سن

Lebensanschauung, die; -, -en جهان‌بینی، نگرش درباره زندگی

Lebensart, die; -, -en نحوهٔ زندگی

Lebensauffassung, die; -, -en فلسفهٔ حیات

Lebensaufgabe, die; -, -n مأموریت حیات

Lebensbaum, der; -(e)s, -bäume درخت زندگی، شجرة‌الحیات

Lebensbedingungen, die / *Pl.* شرایط زندگی

Lebensbedürfnisse, die / *Pl.* مایحتاج زندگی

Lebensbejahung, die; -, -en خوش‌بینی

Lebensbeschreibung, die; -, -en زندگی‌نامه، شرح حال، بیوگرافی

Lebensdauer, die; - دورهٔ حیات، طول عمر

Lebenselixier, das; -s, -e آب حیات

Lebensende, das; -s, -n مرگ، پایان زندگی

Lebenserfahrung, die; -, -en تجربهٔ زندگی

Lebenserinnerungen, die / *Pl.* خاطرات زندگی

Lebenserwartung, die; -, -en حد متوسط عمر

Lebensfaden, der; -s, ⸗ رشتهٔ حیات

lebensfähig *Adj.* ماندنی، زنده‌ماندنی

Lebensfähigkeit, die; -, -en قابلیت زیستن

Lebensfrage, die; -, -n مسئلهٔ حیاتی

lebensfremd *Adj.* غیر واقعی، خیالی، تصوری

Lebensfreude, die; -, -n لذت زندگی

Lebensgefahr, die; -, -en خطر مرگ

lebensgefährlich *Adj.* مخاطره‌آمیز، خطرناک

Lebensgefährte, der; -n, -n شریک زندگی، شوهر، زوج

Lebensgefährtin, die; -, -nen شریک زندگی، زن، زوجه

Lebensgemeinschaft, die; -, -en مشارکت حیات

Lebensgeschichte, die; -, -n داستان زندگی، بیوگرافی

lebensgroß *Adj.* به اندازهٔ طبیعی

Lebensgröße, die; -, -n اندازهٔ طبیعی

Lebenshaltung, die; -, -en شیوهٔ زندگی

Lebenshaltungskosten, die / *Pl.* هزینهٔ زندگی

Lebensinteressen, die / *Pl.* دلبستگی‌های حیاتی

Lebensjahr, das; -(e)s, -e سن

Lebenskraft, die; -, ⸗e توان زندگی، نیروی حیات

lebenslang *Adj.* مادام‌العمر

lebenslänglich *Adj.* [حبس] مادام‌العمر، ابد

lebenslängliche Gefangenschaft حبس ابد

Lebenslauf, der; -(e)s, -läufe زندگی‌نامه، شرح حال، بیوگرافی

Lebenslicht, das; -(e)s, -er روشنایی حیات

lebenslustig *Adj.* شوخ، سردماغ، زنده‌دل

Lebensmittel, die / *Pl.* موادغذایی، خواربار، آذوقه

Lebensmittelabteilung, die; -, -en قسمت موادغذایی

Lebensmittelgeschäft, das; -(e)s, -e خواربارفروشی
lebensmüde *Adj.* بیزار از زندگی
lebensnah *Adj.* مطابق واقعیات زندگی
lebensnotwendig *Adj.* حیاتی، ضروری
Lebensqualität, die; - چگونگی حیات
Lebensraum, der; -(e)s, -räume فضای حیات
Lebensregel, die; -, -n قاعدهٔ زندگی
Lebensretter, der; -s, - نجات‌دهنده، ناجی
Lebensstandard, der; -s, -s سطح زندگی
Lebensstellung, die; -, -en مقام اجتماعی
Lebensstil, der; -(e)s, -e روش زندگی
lebenstreu *Adj.* واقعی، حقیقی
lebenstüchtig *Adj.* کارآمد
lebensüberdrüssig *Adj.* سیر از زندگی
Lebensunterhalt, der; -(e)s وسیلهٔ معاش، اعاشه، مخارج زندگی
Lebensversicherung, die; -, -en بیمهٔ عمر
lebenswahr *Adj.* حقیقت زندگی
Lebenswandel, der; -s هدایت زندگی
Lebenswasser, das; -s, - آب حیات
Lebensweg, der; -(e)s, -e مسیر زندگی، جریان زندگی
Lebensweise, die; -, -n شیوهٔ زندگی
Lebensweisheit, die; -, -en عقل کل
Lebenswerk, das; -(e)s, -e شاهکار، اثر جاویدان
lebenswichtig *Adj.* حیاتی، اساسی، بسیار مهم
Lebenswille, der; -ns, -n میل به زندگی
Lebenszeichen, das; -s, - نشانهٔ حیات
Lebenszeit, die; -, -en مادام‌العمر
Lebensziel, das; -(e)s, -e هدف زندگی
Lebenszweck, der; -(e)s, -e هدف زندگی
Leber, die; -, -n جگر، کبد
frei von der Leber weg reden نظر خود را بی‌پرده و صریح بیان کردن
Leberfleck, der; -(e)s, -e لکهٔ قهوه‌ای روی پوستِ بدن، لکهٔ جگری
Leberkäs, der; - تکهٔ جگر
leberkrank *Adj.* ناخوشی کبد
Leberkrebs, der; -es, -e سرطان کبد
leberleidend *Adj.* ناخوشی کبد
Lebertran, der; -s, - روغن ماهی
Leberwurst, die; -, ⸚e کالباس جگر
Lebewesen, das; -s, - موجود زنده، جاندار

Lebewohl, das; -s وداع، بدرود، خداحافظی
lebhaft *Adj.* سرزنده، باروح، بانشاط؛ فعال، پرشور
eine lebhafte Straße یک خیابان شلوغ
Lebhaftigkeit, die; - زنده‌دلی، سرزندگی
Lebkuchen, der; -s, - شیرینی زنجبیلی
leblos *Adj.* بی‌روح، بی‌جان، دل‌مرده
Leblosigkeit, die; - بی‌روحی، بی‌جانی، دل‌مردگی
Lebtage, die / *Pl.* روزهای زندگی
Lebzeiten, die / *Pl.* ایام زندگی، دوران زندگی، تمام طول عمر
lechzen *Vi.* تشنه بودن، مشتاق بودن، آرزو داشتن
Leck, das; -s, -s (در کشتی) سوراخ نشت
leck *Adj.* [کشتی] نشت‌کننده
lecken *Vt., Vi.* ۱. لیسیدن، لیس زدن ۲. چکه کردن، تراوش کردن، نشت کردن
lecker *Adj.* ۱. لذیذ، خوشمزه، اشتهاآور ۲. [دختر] زیبا و شاداب
Leckerbissen, der; -s, - غذای لذیذ، خوراک مطبوع، لقمهٔ چرب و نرم
Leckerei, die; -, -en غذای لذیذ، خوراک مطبوع، لقمهٔ چرب و نرم
Leckermaul, das; -(e)s, -mäule شیرینی‌دوست
Leckermäulchen, das; -s شیرینی‌دوست
Leder, das; -s, - چرم
vom Leder ziehen دعوا را شروع کردن
jemandem **das Fell oder Leder gerben** پوست از سر کسی کندن
aus Leder از چرم، چرمی
echtes Leder چرم طبیعی
Lederball, der; -(e)s, ⸚e توپ چرمی
Lederband, der; -(e)s, ⸚e جلد چرمی (کتاب)
Lederfett, das; -(e)s, - روغن چرم
Lederhandel, der; -s, ⸚ تجارت چرم
Lederhändler, der; -s, - تاجر چرم
Lederhose, die; -, -n شلوار چرمی
ledern[1] *Vt.* دباغی کردن
ledern[2] *Adj.* ۱. چرمی، به شکل چرم، ساخته‌شده از چرم ۲. [کتاب، سخنرانی] خسته کننده
Lederrücken, der; -s, - (کتاب) پشت چرمی
Ledertasche, die; -, -n کیف چرمی
Lederwaren, die / *Pl.* کالای چرمی
Lederzeug, das; -s, -e شیءِ چرمی
ledig *Adj.* ۱. مجرد، عزب، غیر متاهل ۲. آزاد، رها
Ledige, der / die; -n, -n آدم مجرد

lediglich 526

lediglich *Adv.* فقط، به تنهایی، منحصراً

Ich habe ihm lediglich die Tatsachen berichtet.

من فقط گزارش واقعیت‌ها را به او داده‌ام.

Lee, die; - بادپناه

leer *Adj.* خالی، تهی، پوک

leer ausgehen دست خالی رفتن

den Teller leer essen غذا را تا ته خوردن

leere Drohung تهدید توخالی

Leere, die; - جای تهی، خلاء، فضای خالی

leeren *Vt., Vr.* ۱. خالی کردن، تهی کردن ۲. خالی شدن، تهی شدن

Leergewicht, das; -(e)s, -e وزن اتومبیل بدون بار، وزن خالص

Leergut, das; -(e)s, ⸚er بطری خالی

Leerkassette, die; -, -n نوار خالی

Leerlauf, der; -(e)s ۱. کار غیر مفید و بیهوده ۲. دنده خلاص (اتومبیل)

leerlaufen *Vi.* خالی شدن (مایعات)

leerstehend *Adj.* خالی، غیر مسکونی

Leertaste, die; -, -n (در ماشین تحریر) دکمهٔ فاصله، فاصله‌گذار

Leerung, die; -, -en تخلیه

Lefzen, die / *Pl.* لب و لوچهٔ حیوانات

legal *Adj.* قانونی، شرعی، مشروع، مجاز

legalisieren *Vt.* قانونی کردن، مشروع کردن، مجاز کردن

Legalisierung, die; -, -en قانونی، شرعی، مشروع، مجاز

Legalität, die; -, -en مشروعیت، قانونیت، مطابقت با قانون

Legat[1]**,** der; -en, -en سفیر، فرستاده

Legat[2]**,** das; -(e)s, -e ارث، میراث، ترکه

Legation, die; -, -en سفارت، نمایندگی

legato *Adv.* (موسیقی) پیوسته

Legato, das; -s, -s (موسیقی) لگاتو

legen *Vt., Vi., Vr.* ۱. گذاشتن، قرار دادن، نهادن ۲. تخم گذاشتن ۳. درازکشیدن ۴. بستری شدن ۵. فروکش کردن، فرونشستن (طوفان، خشم)

sich (hin) legen ۱. درازکشیدن ۲. تخم‌گذاشتن

Eier legen تخم‌گذاردن

Geld beiseite legen پول پس‌انداز کردن

sich auf den Bauch legen روی شکم درازکشیدن

legendär *Adj.* افسانه‌آمیز، افسانه‌ای

Legende, die; -, -n افسانه، داستان، حکایت (مذهبی)

legieren *Vt.* آلیاژ کردن، به صورت آلیاژ درآوردن (فلز)

Legierung, die; -, -en آلیاژ، همبسته

Legion, die; -, -en ۱. لژیون ۲. سپاه (رومی) ۳. تعداد زیاد

Legionär, der; -s, -e ۱. لژیونر ۲. سرباز (رومی)

legislativ *Adj.* قانون‌گذار

Legislative, die; -, -n قوهٔ مقننه

legislatorisch *Adj.* (مربوط به) قانون‌گذاری

Legislatur, die; -, -en قانون‌گذاری

Legislaturperiode, die; -, -n دورهٔ قانون‌گذاری

legitim *Adj.* قانونی، شرعی، مشروع، مجاز

Legitimation, die; -, -en مشروعیت، درستی، صحت

Legitimationspapier, das; -s, -e برگهٔ هویت، مدرک شناسایی

legitimieren *Vt., Vr.* ۱. اجازه دادن، تصدیق کردن ۲. قانونی کردن ۳. اثبات هویت کردن

Legitimierung, die; -, -en اثبات هویت

Legitimität, die; -, -en مشروعیت، حقانیت، درستی

Leh(e)n, das; -s, - اجرت، مزد، دستمزد، حق‌الزحمه

Leh(e)nsmann, der; -(e)s, -männer / -leute رعیت

Leh(e)nswesen, das; -s ملوک‌الطوایفی، فئودالیسم، زمین‌داری

Lehm, der; -s, - گِل، گِل رس

Lehmboden, der; -s, - زمین پوشیده از گل رس

Lehmgrube, die; -, -n گودال پوشیده از گل رس

Lehmhütte, die; -, -n کلبهٔ گِلی

lehmig *Adj.* آمیخته با گل رس

Lehne, die; -, -n ۱. تکیه‌گاه، پشتی ۲. دستهٔ صندلی

lehnen *Vt., Vi., Vr.* ۱. تکیه دادن ۲. تکیه داشتن ۳. تکیه کردن

sich an etwas **lehnen** به چیزی تکیه دادن

Lehnsessel, der; -s, - صندلی راحتی، صندلی دسته‌دار

Lehnstuhl, der; -(e)s, ⸚e صندلی راحتی، صندلی دسته‌دار

Lehnwort, das; -(e)s, -e واژهٔ بیگانه، واژهٔ عاریه

Lehramt, das; -(e)s, ⸚er معلمی، آموزگاری

Lehranstalt, die; -, -en آموزشگاه، مدرسه

Lehrberuf, der; -(e)s, -e حرفهٔ معلمی

Lehrbrief, der; -(e)s, -e گواهی‌نامهٔ تحصیلی؛ پایان‌نامهٔ تحصیلی

Lehrbuch, das; -(e)s, ⸚er کتاب درس

Lehre, die; -, -n ۱. آموزش، تعلیم، تدریس ۲. عقیده، نظریه ۳. درس عبرت

aus etwas **eine Lehre ziehen** از چیزی درس عبرت گرفتن

lehren *Vt., Vi.* تعلیم دادن، آموختن، آموزش دادن، درس دادن

Sprachen lehren زبان یاد دادن

Lesen lehren خواندن آموختن

Die Geschichte lehrt. تاریخ روشن می‌کند.

Lehrer, der; -s, - معلم، مربی، آموزگار

mein alter Lehrer معلم سابق من

der Deutschlehrer معلم زبان آلمانی

Lehrerin, die; -, -nen معلم، مربی، آموزگار (زن)

Lehrerkollegium, das; -s, -ien جامعهٔ معلمان، هیئت مدرسین

Lehrerschaft, die; -, -en جامعهٔ معلمان، هیئت مدرسین

Lehrerverband, der; -(e)s, ⸚e اتحادیهٔ معلمان، جامعهٔ معلمان

Lehrerzimmer, das; -s, - اتاق معلمان

Lehrfach, das; -(e)s رشتهٔ آموزشی

Lehrfilm, der; -(e)s, -e فیلم آموزشی

Lehrgang, der; -(e)s, ⸚e کارآموزی، شاگردی، دورهٔ آموزشی

Lehrgeld, das; -(e)s, -er بورس تحصیلی، شهریهٔ تحصیلی

Lehrgeld zahlen از اشتباهات پندگرفتن

lehrhaft *Adj.* آموزشی، تعلیمی

Lehrherr, der; -n, -en استاد، کارفرما

Lehrjahre, die / *Pl.* سال‌های کارآموزی

Lehrjunge, der; -n, -n کارآموز

Lehrkörper, der; -s, - جامعهٔ معلمان، هیئت مدرسین

Lehrkraft, die; -, ⸚e معلم، مربی، مدرس

Lehrling, der; -s, -e کارآموز، حرفه‌آموز

Lehrmädchen, das; -s, - کارآموز (دختر)

Lehrmeister, der; -s, - استاد

Lehrmethode, die; -, -n روش تعلیم، روش آموزش

Lehrmittel, das; -s, - وسیلهٔ آموزش

Lehrplan, der; -(e)s, ⸚e برنامهٔ آموزشی

lehrreich *Adj.* آموزنده، مفید

Lehrsaal, der; -(e)s, -säle تالار کنفرانس، سالن سخنرانی

Lehrsatz, der; -es, ⸚e نظریه، اصول عقاید، فرضیه

Lehrstelle, die; -, -n محل کارآموزی

Lehrstoff, der; -(e)s, -e مواد آموزشی، مواد درسی

Lehrstück, das; -(e)s, -e نمایش آموزشی

Lehrstuhl, der; -(e)s, ⸚e کرسی استادی

Lehrveranstaltung, die; -, -en درس دانشگاهی، درس نظری

Lehrvertrag, der; -(e)s, ⸚e قرارداد کارآموزی

Lehrwerk, das; -(e)s, -e کتاب آموزش، کتاب درسی

Lehrwerkstatt, die; -, ⸚en محل کارآموزی

Lehrzeit, die; -, -en دورهٔ آموزش، مدت کارآموزی

Leib, der; -es, -er بدن، تن، جسم، کالبد

mit Leib und Seele با دل و جان

Diese Rolle ist ihr auf den Leib geschrieben. این نقش کاملاً برازنده اوست.

etwas **am eigenen Leibe verspüren** در مورد چیزی تجربهٔ بدی داشتن

Leibarzt, der; -es, ⸚e پزشک (خانواده)

Leibbinde, die; -, -n شکم‌بند

Leibchen, das; -s, - ۱. بالاتنه ۲. جلیقه

leibeigen *Adj.* دربند، دربردگی

Leibeigene, der / die; -n, -n شخصی که از نظر اقتصادی به ارباب خود وابسته باشد

Leibeigenschaft, die; - وابستگی شخص از نظر اقتصادی به ارباب خود

Leibesbeschaffenheit, die; -, -en ۱. نهاد، سرشت ۲. ساختمان بدن، هیکل

Leibeserbe, der; -n, -n اولاد، نسل

Leibesfrucht, die; -, ⸚e جنین، رویان

Leibeskraft, die; -, ⸚e نیروی جسمانی، قدرت بدنی

Leibesstrafe, die; -, -n تنبیه بدنی

Leibesübung, die; -, -en ورزش (بدنی)، نرمش (بدنی)

Leibesvisitation, die; -, -en (توسط پلیس) کاوش بدنی، معاینهٔ بدنی، بازرسی بدنی

eine Leibesvisitation vornehmen بازرسی بدنی کردن

Leibgarde, die; -, -n محافظ شخصی

Leibgericht, das; -(e)s, -e خوراک مطلوب

leibhaft *Adj.* جسمانی، بدنی، مادی

leibhaftig *Adj.* ۱. محسوس، ملموس، قابل لمس ۲. واقعی، اصیل، به تمام معنی

leibig *Adj.* جسمانی، بدنی، مادی

leiblich *Adj.* ۱. جسمانی، بدنی، مادی، واقعی ۲. [قرابت] نسبی

leiblicher Bruder برادر تنی

ihr leiblicher Sohn پسر آن زن

Leibrente, die; -, -n مقرری سالیانه

Leibriemen, der; -s, - کمربند، تسمه

Leibschmerzen, die / *Pl.* دل‌درد، شکم‌درد

Leibspeise, die; -, -n خوراک مطلوب، غذای مورد علاقه

Leibwache 528

Leibwache, die; -, -n محافظ، نگهبان
Leibwächter, der; -s, - محافظ شخصی، بادی‌گارد
Leibwäsche, die; -, -n زیرپوش؛ زیرجامه
Leiche, die; -, -n نعش، لاشه، جسد، جنازه
Nur über meine Leiche.
فقط از روی جسدم می‌توانی عبور کنی.
über Leichen gehen همه‌چیز را زیرپاگذاشتن
Leichenbegängnis, das; -nisses, -nisse
تشییع جنازه، مراسم تدفین
Leichenbestatter, der; -s, - مسئول کفن و دفن
Leichenbittermiene, die; -, -n نگاه اندوهبار
leichenblaß *Adj.* رنگ‌پریده، رنگ‌باخته
Leichenfeier, die; -, -n مجلس ترحیم
Leichengeruch, der; -(e)s, ¨-e بوی لاشه، بوی نعش
Leichengift, das; -(e)s, -e مادهٔ آلی قلیایی
(سمی که در اثر پوسیدگی جسد تشکیل می‌شود)
Leichenhalle, die; -, -n غسالخانه، مرده‌شوی خانه
Leichenhaus, das; -es, -häuser غسالخانه،
مرده‌شوی خانه
Leichenhemd, das; -(e)s, -en کفن
Leichenöffnung, die; -, -en تشریح جنازه،
کالبدشکافی
Leichenrede, die; -, -n خطابهٔ خاکسپاری
Leichenschändung, die; -, -en
بی‌حرمتی به جنازه
Leichenschau, die; -, -en تشریح جنازه،
کالبدشکافی
Leichenschauhaus, das; -es, -häuser
مرده‌شوی‌خانه
Leichenstarre, die; - جمود نعش،
سیخ شدن بدن مرده
Leichenstein, der; -(e)s, -e سنگ قبر
Leichenträger, der; -s, - حمل‌کنندهٔ تابوت
Leichentuch, das; -(e)s, -e کفن
Leichenverbrennung, die; -, -en
مراسم مرده‌سوزانی
Leichenwagen, der; -s, - نعش‌کش
Leichenzug, der; -es, ¨-e تشییع جنازه
Leichnam, der; -(e)s, -e جنازه، جسد، نعش
leicht *Adj., Adv.* ۱. سبک ۲. آسان، سهل و ساده
۳. خفیف، مختصر، جزئی ۴. سهل‌الهضم ۵. به آسانی، به سهولت ۶. به سرعت
Man findet nicht leicht einen besseren Arbeiter.
به این سرعت نمی‌توان کارگر بهتری پیدا کرد.
Das ist leicht zu verstehen. به آسانی قابل درک است.
ein leichter Koffer چمدان سبک
Das ist leicht gesagt. گفتنش آسان است.
ein leichter Fehler اشتباه جزئی
eine leichte Arbeit کار آسان
eine leichte Speise غذای سهم‌الهضم
Leichtathlet, der; -en, -en ورزشکار دومیدانی
Leichtathletik, die; - (ورزش) دومیدانی
Leichtathletin, die; -, -nen ورزشکار دومیدانی (زن)
leichtbeschwingt *Adj.* مغرور، گستاخ
leichtblütig *Adj.* خونی، دمَوی، به‌رنگ خون
Leichter, der; -s, - قایق کوچک
(که بار کشتی‌ها را به ساحل می‌رساند)
leichtfallen *Vi.* سهل بودن، آسان بودن
Das Lernen von Sprachen fällt ihm leicht.
فراگیری زبان‌ها برایش زحمتی ندارد.
leichtfertig *Adj.* بی‌احتیاط، بی‌فکر، غافل، بی‌مبالات،
سهل‌انگار
Leichtfertigkeit, die; -, -en بی‌احتیاطی،
بی‌مبالاتی، سهل‌انگاری
leichtflüßig *Adj.* ۱. [ماده] زودذوب ۲. سبک‌پا،
چابک، ماهر، فعال
Leichtgewicht, das; -(e)s, -e (ورزش) سبک وزن
Leichtgewichtler, der; -s, - ورزشکار سبک وزن
leichtgläubig *Adj.* زودباور، ساده‌لوح
Leichtgläubigkeit, die; - زودباوری، ساده‌لوحی
leichtherzig *Adj.* زنده‌دل، بی‌غم، بانشاط
leichthin *Adv.* به‌آسانی، به‌سهولت، بدون تأمل
Leichtigkeit, die; - سبکی، روانی، آسانی، سهولت
leichtlebig *Adj.* [زندگی] آسان‌گیر، بی‌قید
Leichtmatrose, der; -n, -n ملوان ساده
Leichtmetall, das; -s, -e فلز سبک، آلیاژ سبک
leichtnehmen *Vt.* آسان گرفتن، جدی نگرفتن
Leichtsinn, der; -s بی‌احتیاطی، سهل‌انگاری، بی‌دقتی،
بی‌فکری
leichtsinnig *Adj.* بی‌احتیاط، سهل‌انگار، بی‌دقت، بی‌فکر
leichtverdaulich *Adj.* قابل هضم
leichtverderblich *Adj.* خراب‌شدنی، فاسدشدنی
leichtverderbliche Waren کالای فاسدشدنی
leichtverständlich *Adj.* قابل فهم
leichtverwundet *Adj.* مختصر مجروح
leid *Adj.* رنج‌آور، دردناک، اندوهبار
Er tut mir leid. دلم برایش می‌سوزد.
Es tut mir leid. متأسفم.

Leid, das; -(e)s رنج، درد، اندوه، غصه، غم، ناراحتی فکری، ناراحتی روحی

in Freud und Leid zusammenstehen در غم و شادی شریک بودن

leiden *Vi., Vt.* ۱. رنج بردن، رنج کشیدن، درد کشیدن ۲. تحمل کردن ۳. خوش آمدن

Hunger leiden رنج بردن، رنج کشیدن، از گرسنگی رنج بردن

Not leiden در فقر بسر بردن

an einer Krankheit leiden از یک بیماری رنج بردن

Ich kann sie nicht leiden. از او خوشم نمی‌آید. تحمل او را ندارم.

Leiden, das; -s, - ۱. رنج، درد، الم ۲. مرض، بیماری

leidend *Adj.* رنجور، دردمند

Leidenschaft, die; -, -en شور، حرارت، شوق، هیجان، علاقهٔ مفرط

Er spielt mit Leidenschaft Schach. او عاشق بازی شطرنج است.

leidenschaftlich *Adj.* شیفته، مفتون، مجذوب، احساساتی، مشتاق

Leidenschaftlichkeit, die; - شور، حرارت، شوق، هیجان

leidenschaftlos *Adj.* خونسرد، بی‌تعصب

Leidensgefährte, der; -n, -n همدرد

Leidensgefährtin, die; -, -nen همدرد (زن)

Leidensgeschichte, die; -, -n ۱. داستان پردرد ۲. شرح مصائب عیسی مسیح

Leidensweg, der; -(e)s, -e زندگی پررنج و عذاب

leider *Adv.* متأسفانه، بدبختانه

Ich muß leider gehen. متأسفانه باید بروم.

Leider nicht! متأسفانه نه!

leidig *Adj.* ۱. مزاحم ۲. ناگوار، ناخوشایند، نامطبوع، نامطلوب

leidlich *Adj.* قابل قبول، قابل تحمل

Leidtragende, der/die; -n, -n سوگوار، عزادار، رنجور

leidvoll *Adj.* دردناک، رنج‌آور، طاقت‌فرسا

Leidwesen, das; -s, - سوگواری، عزا، اندوه

Leier, die; -, -n لیر (نوعی ساز زهی در یونان باستان)

immer die alte Leier باز هم همان داستان قدیمی

Leierkasten, der; -s, ⸚ جعبهٔ موسیقی، ارگ دنده‌ای

leiern *Vi., Vt.* ۱. لیر نواختن ۲. یکنواخت خواندن

Leihbibliothek, die; -, -en (برای امانت کتاب) کتابخانه

Leihbücherei, die; -, -en (برای امانت کتاب) کتابخانه

Leihe, die; -, -n قرض، امانت

leihen *Vt.* ۱. امانت دادن، قرض دادن ۲. قرض گرفتن، به امانت گرفتن

Leihe mir das Buch. کتاب را به من امانت بده.

Ich leihe es mir von ihm. از او قرض می‌گیرم.

jemandem etwas **leihen** (چیزی) را به کسی قرض دادن

Leihgabe, die; -, -n شیءِ امانتی

Leihgebühr, die; -, -en حق‌العمل اجاره، نرخ اجاره

Leihhaus, das; -es, -häuser بنگاه رهنی

Leihwagen, der; -s, - اتومبیل اجاره‌ای

leihweise *Adv.* عاریه، قرضی

Leim, der; -(e)s, -e چسب، سریش

aus dem Leim gehen از بین رفتن، ضایع شدن

auf den Leim gehen فریب خوردن

leimartig *Adj.* چسبناک

leimen *Vt.* ۱. چسباندن، چسب زدن ۲. کلاه سر (کسی) گذاشتن، سر (کسی) شیره مالیدن

Leimfarbe, die; -, -n رنگ لعابی

leimig *Adj.* چسبناک

Lein, der; -(e)s, - کتان، بَزرَک

Leine, die; -, -n بند، ریسمان، طناب

leinen *Adj.* کتانی

Leinen, das; -s, - پارچهٔ کتانی

Leinenband, der; -(e)s, ⸚e جلد کتانی

Leinengarn, das; -(e)s, -e الیاف کتان

Leinenschuh, der; -(e)s, -e کفش کتانی

Leinentuch, das; -(e)s, -e/⸚er پارچهٔ کتانی

Leinenzeug, das; -(e)s, - کالای کتانی

Leinkuchen, der; -s, - شیرینی بذر کتان

Leinöl, das; -(e)s, -e روغن بذر کتان، روغن بَزرَک

Leinpfad, der; -(e)s, -e جادهٔ مال‌رو، راه باریک

Leinsamen, der; -s تخم بَزرَک، تخم کتان

Leinwand, die; -, ⸚e ۱. پردهٔ سینما، اکران ۲. پارچهٔ کتانی، برزنت

leise *Adj., Adv.* ۱. ضعیف، ناچیز، اندک ۲. آهسته، آرام، ملایم، یواش، خفیف

Leise! ساکت!

mit leiser Stimme با صدای آهسته

leise sprechen آهسته حرف زدن

leise stellen (رادیو) صدا را کم کردن

Ich habe nicht die leiseste Ahnung. کوچک‌ترین اطلاعی ندارم.

Leisetreter, der; -s, - حرکت پنهانی، کار آهسته و دزدکی

Leiste 530

Leiste, die; -, -n ۱. تخته / فلز بسیار باریک و دراز ۲. باریکهٔ کنار دیوار، لبه، حاشیه

leisten *Vt., Vr.* ۱. اجرا کردن، عمل کردن، به انجام رساندن، انجام دادن، از عهدهٔ (چیزی) برآمدن ۲. تهیه کردن

Hilfe leisten کمک کردن

Widerstand leisten مقاومت کردن

jemandem **einen Dienst leisten** به کسی خدمت کردن

Ich kann mir das leisten. قدرت خرید آن را دارم. از عهده انجام این کار برمی‌آیم.

Leisten, der; -s, - قالب کفش

Leistenbruch, der; -(e)s, ⸚e (پزشکی) فتق

Leistung, die; -, -en اجرا، عمل، انجام، عملکرد، کارآیی، بازدهی

leistungsfähig *Adj.* کارآمد، مؤثر، باکفایت، سودمند

Leistungsfähigkeit, die; -, -en کارآیی، کفایت، لیاقت، بازدهی، قدرت عمل

Leistungsgesellschaft, die; -, -en انجمن هنری

Leistungslohn, der; -(e)s, ⸚e دستمزد، درآمد، دخل

Leistungsprinzip, das; -s اصول اجرا

Leistungsprüfung, die; -, -en آزمون اجرا، آزمون کارآیی

Leistungsschalter, der; -s, - کلید قطع‌کنندهٔ مدار

leistungsschwach *Adj.* اجرای ضعیف، کارآیی ضعیف

Leistungssoll, das; -(s), -(s) هدف اثر هنری

Leistungssport, der; -(e)s ورزش به قصد رسیدن به مقام‌های عالی ورزشی؛ ورزش هنری، حرکات ورزشی توأم با موسیقی

leistungsstark *Adj.* اجرای قوی، کارآیی قوی

leistungssteigernd *Adj.* کارآیی افزاینده

Leistungswettbewerb, der; -(e)s, -e مسابقات هنری

Leistungszulage, die; -, -n ترقی و افزایش کار هنری

Leitartikel, der; -s, - سرمقاله

Leitbild, das; -(e)s, -er مدل، سرمشق، الگو، طرح، کمال مطلوب

leiten *Vt.* ۱. هدایت کردن ۲. اداره کردن، رهبری کردن ۳. هادی (جریان برق) بودن

das Spiel leiten (در مورد داور مسابقه) بازی را هدایت کردن

leitend *Adj.* هدایت شده، راهنمایی شده

Leiter[1], die; -, -n نردبان

auf die Leiter steigen از نردبان بالا رفتن

Leiter[2], der; -s, - ۱. رئیس، مدیر، رهبر ۲. هادی (جریان برق)

Leiterin, die; -, -nen رئیس، مدیر، رهبر (زن)

Leitersprosse, die; -, -n پلهٔ نردبان

Leiterwagen, der; -s, - ترن شیب‌رو، ترن چنگک‌دار مخصوص عبور از سراشیب

Leitfaden, der; -s, - راهنمای کتاب

leitfähig *Adj.* (فیزیک) هادی، هدایت‌کننده

Leitfähigkeit, die; -, -en (فیزیک) قابلیت هدایت

Leitgedanke, der; -ns, -n اندیشهٔ راهبر، (در سخنرانی، نوشته) فکر اصلی، موضوع اصلی

Leitgewebe, das; -s, - بافت آوندی

Leithammel, der; -s, ⸚ پیش‌آهنگ (گله)

Leitmotiv, das; -s, -e (موسیقی) لایت موتیف، تکرار مایه

Leitplanke, die; -, -n (در جاده) نردهٔ محافظ

Leitsatz, der; -es, ⸚e نکتهٔ راهبر، تز

Leitspruch, der; -(e)s, ⸚e پند، اندرز، حکمت، شعار

Leitstern, der; -(e)s, -e ستارهٔ قطبی

Leitstrahl, der; -(e)s, -en پرتو راهنما

Leitung, die; -, -en ۱. هدایت، رهبری، راهنمایی، سرپرستی ۲. لوله، خط (تلفن)، کابل (برق)

Die Leitung ist besetzt. خط تلفن اشغال است.

eine lange Leitung haben چیزی را به زحمت درک کردن

unter seiner Leitung (در ارکستر) به رهبری او

Leitungsdraht, der; -(e)s, ⸚e سیم هادی

Leitungsrohr, das; -(e)s, -e لولهٔ مجرای آب، لولهٔ مجرای گاز

Leitungsvermögen, das; -s, - قابلیت هدایت، ضریب هدایت

Leitungswasser, das; -s آب لوله‌کشی

Leitwährung, die; -, -en ارز یک کشور که مورد پذیرش سایر کشورهاست

Leitwerk, das; -(e)s, -e سکان هواپیما

Leitwort, das; -(e)s, -e شعار؛ حکمت

Lektion, die; -, -en درس

jemandem **eine Lektion erteilen** کسی را سرزنش کردن

Lektor, der; -s, -en ۱. مدرس دانشگاه ۲. سردبیر؛ ویراستار

Lektorat, das; -s, - دفتر سردبیر، دفتر ویراستار

Lektorin, die; -, -nen ۱. مدرس دانشگاه (زن) ۲. سردبیر؛ ویراستار (زن)

Lektüre, die; -, -n قرائت، خواندن
Lende, die; -, -n ۱. کمر ۲. تهیگاه
Lendenbraten, der; -s, - راستهٔ گاو سرخ کرده
Lendengegend, die; -, -en ناحیهٔ کمر، مهرهٔ پشت
Lendenschurz, der; -es, -e لنگ
Lendenstück, das; -(e)s, -e گوشت پشت مازو
lenkbar *Adj.* ۱. قابل هدایت، هدایت‌کردنی
۲. فرمانبردار
lenken *Vt.* ۱. هدایت کردن، جهت دادن، راهنمایی کردن
۲. بر (جایی) حکومت کردن، اداره کردن ۳. رانندگی (چیزی) را کردن، راندن
Lenker, der; -s, - ۱. هادی ۲. راننده
۳. فرمان (اتومبیل)
Lenkgehäuse, das; -s, - جعبه فرمان (اتومبیل)
Lenkrad, das; -(e)s, ¨-er چرخ فرمان (اتومبیل)
Lenkradschloß, das; -schlosses, -schlösser
قفل فرمان (اتومبیل)
lenksam *Adj.* سربه‌راه، مطیع، آرام
Lenksamkeit, die; - سربه‌راهی، اطاعت
Lenkstange, die; -, -n میلهٔ فرمان
Lenkung, die; -, -en ۱. هدایت، راهنمایی ۲. رانندگی
Lenkwaffe, die; -, -n سلاح هدایت‌شونده
Lenz, der; -es, -e بهار
lenz *Adj.* خالی
Leopard, der; -en, -en پلنگ
Lepra, die; - (بیماری) جذام، خوره؛ بَرَص
Leprakranke, der/die; -n, -n بیمار جذامی
Lerche, die; -, -n (پرنده) چکاوک، کاکلی
Lernbegierde, die; -, -n عشق به تحصیل،
تمایل زیاد به آموزش
lernbegierig *Adj.* درس‌خوان، ساعی
lernen *Vt., Vi.* ۱. آموختن، فرا گرفتن، یاد گرفتن
۲. درس خواندن

auswendig lernen از بر کردن
Deutsch lernen آلمانی یادگرفتن

Lerner, der; -s, - یادگیرنده
lernfähig *Adj.* آمادهٔ فراگیری
Lernhilfe, die; -, -n کمک یادگیری، کمک آموزشی
Lernmaschine, die; -, -n ماشین آموزش
Lernmittel, das; -s, - وسیلهٔ آموزش
Lernmotivation, die; -, -en انگیزهٔ یادگیری
Lernprozeß, der; -zesses, -zesse فرآیند آموزش
Lernspiel, das; -(e)s, -e سرگرمی آموزشی
Lernzeit, die; -, -en زمان یادگیری
Lernziel, das; -(e)s, -e هدف آموزش
Lesart, die; -, -en درس، متن، نسخه
lesbar *Adj.* خواندنی، روشن، خوانا
Lesbierin, die; -, -nen هم‌جنس‌باز (زن)
lesbisch *Adj.* هم‌جنس‌باز
Lese, die; -, -n ۱. خوشه‌چینی، انگورچینی ۲. محصول
Lesebuch, das; -(e)s, ¨-er کتاب قرائت
Lesegerät, das; -(e)s, -e ابزار خواندن، اسلاید،
دستگاه بزرگ‌نمایی میکروفیلم
Lesehalle, die; -, -n قرائت‌خانه، تالار مطالعه
Leselampe, die; -, -n چراغ مطالعه
lesen *Vt., Vi., Vr.* ۱. خواندن، قرائت کردن
۲. چیدن (انگور) ۳. جمع‌آوری کردن (محصول) ۴. مناسب مطالعه بودن

laut lesen بلند خواندن
etwas zwischen den Zeilen lesen können
مفهوم عمیق‌تر نوشته‌ای را درک کردن

lesenswert *Adj.* قابل خواندن، قابل مطالعه، باارزش
Leseprobe, die; -, -n آزمایش خواندن
Lesepult, das; -(e)s, -e میز تحریر
Leser, der; -s, - مطالعه کننده
Leseratte, die; -, -n عاشق کتاب، کتاب‌دوست
Leserbrief, der; -(e)s, -e نامهٔ خواننده (به سردبیر)
Leserin, die; -, -nen مطالعه کننده (زن)
Leserkreis, der; -ses, -se اهل مطالعه، کتاب‌خوان
leserlich *Adj.* خوانا، واضح، روشن
Leserschaft, die; -, -en علاقمندان
(نشریه/نویسنده)
Leserzuschrift, die; -, -en نامهٔ خواننده (به سردبیر)
Lesesaal, der; -(e)s, -säle تالار مطالعه، قرائت‌خانه
Lesestoff, der; -(e)s, -e موضوع خواندنی
Lesezeichen, das; -s, - نشان لای کتاب، چوب الف
Lesezimmer, das; -s, - اتاق مطالعه
Lesung, die; -, -en قرائت، مطالعه
Lethargie, die; - اغما، سستی، بی‌حالی
lethargisch *Adj.* بی‌حال، سست
Letter, die; -, -n ۱. حرف چاپی ۲. سند، نوشته
letzt *Adj.* ۱. آخر، آخرین، نهایی ۲. گذشته، سابق

letztes Jahr سال پیش
letzte Nachrichten آخرین اخبار
der Vorletzte ماقبل آخر
letzten Sonntag یکشنبهٔ گذشته
zum letzten Mal برای آخرین بار
zu guter Letzt سرانجام

letztens *Adv.* این اواخر، به تازگی، اخیراً
letztere *Adj.* آخرین
letztgenannt *Adj.* آخرین مورد (نام برده شده)
letzthin *Adv.* این اواخر، به تازگی، اخیراً
letztjährig *Adj.* پارسالی
letztlich *Adv.* بالاخره، سرانجام
Letztverbraucher, der; -s, - مصرف‌کنندهٔ نهایی
letztwillig *Adj.* مطابق وصیّت
Leuchtboje, die; -, -n جسم شناور نورانی، راهنمای شناور، گویچه
Leuchtbombe, die; -, -n گلولهٔ منور، بمب پر شعله
Leuchte, die; -, -n چراغ؛ مشعل؛ فانوس؛ روشنایی؛ لامپ
leuchten *Vi.* ۱. روشن بودن، نورافشانی کردن، روشنایی دادن، پرتو افکندن، نور دادن، تابیدن ۲. درخشیدن
Seine Augen leuchteten vor Freude. چشمانش از شادی برق می‌زد.
Leuchten, das; -s درخشندگی، تابش، روشنی
leuchtend *Adj.* تابان، فروزان، درخشان، روشن
Leuchter, der; -s, - شمعدان
Leuchtfarbe, die; -, -n رنگ شب‌نما، شبرنگ
Leuchtfeuer, das; -s, - چراغ راهنما (جهت هدایت کشتی / هواپیما)
Leuchtgas, das; -es گاز روشنایی، گاز چراغ
Leuchtkäfer, der; -s, - کرم شب‌تاب، کرم شب‌افروز
Leuchtkörper, der; -s, - کرم شب‌تاب
Leuchtkugel, die; -, -n گلولهٔ منور، گلولهٔ آتشین
Leuchtmittel, das; -s, - مادهٔ روشنایی‌بخش
Leuchtpatrone, die; -, -n گلولهٔ منور، گلولهٔ آتشین
Leuchtpistole, die; -, -n تپانچه (مخصوص شلیک گلولهٔ منور)
Leuchtrakete, die; -, -n گلولهٔ منور، گلولهٔ آتشین
Leuchtreklame, die; -, -n تابلوی نئون، تابلوی شبرنگ
Leuchtröhre, die; -, -n لامپ مهتابی
Leuchtschirm, der; -(e)s, -e پردهٔ مهتابی
Leuchtstoffröhre, die; -, -n لامپ مهتابی
Leuchtturm, der; -(e)s, ⸚e برج فانوس دریایی، برج هدایت‌کننده (کشتی)
Leuchtzifferblatt, das; -(e)s, ⸚er صفحهٔ مدرج نورانی (ساعت)
leugnen *Vt.* انکار کردن، رد کردن، تکذیب کردن
nicht zu leugnen غیر قابل انکار
Leugnung, die; -, -en تکذیب، رد، انکار
Leukämie, die; -, -n سرطان خون
Leumund, der; -(e)s شهرت، معروفیت، اشتهار، اعتبار (اخلاقی)
Leumundszeugnis, das; -nisses, -nisse گواهی حسن عمل
Leute, die / *Pl.* مردم، افراد، اهالی
gewisse Leute بعضی از مردم
die meisten Leute بیشتر مردم
sehr viele Leute افراد بسیار زیادی
die jungen Leute جوانان
Leuteschinder, der; -s, - با انضباط، سختگیر
Leutnant, der; -s, -s (ارتش) ستوان؛ ناوبان
leutselig *Adj.* مهربان، خوش‌خو
Leutseligkeit, die; - مهربانی، خوش‌خویی
Level, der; -s, -s سطح، درجه، تراز
Levkoje, die; -, -n گیاه باغی
lexikalisch *Adj.* واژه‌ای، لغوی
Lexilkograph, der; -en, -en فرهنگ‌نویس، لغت‌نویس
Lexikographie, die; - فرهنگ‌نویسی، لغت‌نویسی، واژه‌نگاری
lexikographisch *Adj.* (مربوط به) فرهنگ‌نویسی
Lexikon, das; -s, -ika فرهنگ، واژه‌نامه، کتاب لغت، لغت‌نامه
Liaison, die; -, -s رابطهٔ نزدیک عشقی
Libanese, der; -n, -n لبنانی
libanesich *Adj.* (مربوط به) لبنان، لبنانی
Libanon, der, -(s) لبنان
Libelle, die; -, -n ۱. سطح (آب) ۲. (حشره) سنجاقک
liberal *Adj.* لیبرال، آزادمنش، روشنفکر
Liberale, die / der; -n, -n عضو حزب لیبرال
liberalisieren *Vt.* لیبرال کردن، آزادمنش کردن
Liberalismus, der; - لیبرالیسم، آزادمنش
liberalistisch *Adj.* آزادمنشانه
Libero, der; -s, -s (فوتبال) لیبرو، دفاع آزاد
Liberalität, die; - آزادگی، آزادمنشی، بی‌تعصبی
Libretto, das; -s, -s متن اشعار اپرا، متن اشعار نمایشنامه
Libyen, das لیبی
Libyer, der; -s, - لیبیایی
libysch *Adj.* (مربوط به) لیبی، لیبیایی
Licht, das; -(e)s, -er ۱. نور، روشنایی ۲. چراغ
Licht machen چراغ روشن کردن
das Licht ausmachen چراغ را خاموش کردن
das Licht anzünden چراغ را روشن کردن

jemandem **im Lichte stehen**
جلوی روشنایی کسی را گرفتن
sein Licht leuchten lassen
هوش و استعداد خود را نشان دادن
im Lichten در روشنایی
jemanden **hinter das Licht führen**
کسی را فریب دادن
Geh mir aus dem Lichte. از سر راهم برو.
licht *Adj.* ۱. فروزان، تابان، روشن، پرفروغ ۲. [جنگل] کم‌پشت، کم‌درخت
lichter Tag روز روشن
Lichtanlage, die; -, -n سیستم روشنایی
Lichtbad, das; -(e)s, -er حمام آفتاب
lichtbeständig *Adj.* مقاوم در مقابل نور
Lichtbild, das; -es, -er عکس برقی
Lichtbildervortrag, der; -(e)s, ⸚e
سخنرانی همراه با فیلم
lichtblau *Adj.* آبی روشن
Lichtblick, der; -(e)s, -e نقطهٔ روشن
Lichtbogen, der; -s, - قوس نوری
lichtbrechend *Adj.* [نور] انکساری
Lichtbrechung, die; -, -en انکسار نور، شکست نور
Lichtdruck, der; -(e)s, -e/⸚e
چاپ به وسیلهٔ عکس‌برداری
lichtdurchlässig *Adj.* روشن، شفاف
lichtecht *Adj.* مقاوم در مقابل نور
lichtempfindlich *Adj.* حساس در مقابل نور
Lichtempfindlichkeit, die; -, -en
حساسیت در مقابل نور
lichten *Vt., Vr.* ۱. کم‌شدن (درختان) ۲. روشن شدن ۳. کم‌پشت شدن (موی سر، جنگل)
Lichter, der; -s, - فندک
lichterloh *Adv.* مشتعل
Lichtgeschwindigkeit, die; -, -en سرعت نور
lichtgrün *Adj.* سبز روشن
Lichthupe, die; -, -n (در وسیلهٔ نقلیه) چراغ نور بالا
Lichtjahr, das; -(e)s, -e سال نوری
Lichtleitung, die; -, -en پخش نور، مدار روشنایی
lichtlos *Adj.* بی‌برق، بدون روشنایی
Lichtmaschine, die; -, -n مولد برق، ژنراتور، دینام
Lichtmesser, der; -s, - نورسنج
Lichtnetz, das; -es, -e شبکهٔ برق
Lichtnetzantenne, die; -, -n آنتن شبکه

Lichtpausapparat, der; -(e)s, -e
دستگاه چاپ نوری
Lichtpause, die; -, -n چاپ عکس
Lichtpausverfahren, das; -s, - روش چاپ عکس
Lichtquelle, die; -, -n منبع نور
Lichtreflex, der; -es, -e انعکاس نور
Lichtreklame, die; -, -n آگهی به‌وسیلهٔ نور
Lichtschalter, der; -s, - کلید برق
lichtscheu *Adj.* بیمناک از آفتابی شدن در انظار مردم؛ حساس در مقابل نور
Lichtschranke, die; -, -n مانع برقی
Lichtseite, die; -, -n طرف روشن
Lichtspielhaus, das; -es, -häuser سینما
Lichtspieltheater, das; -s, - سینما
Lichtstärke, die; -, -n شدت نور
Lichtstrahl, der; -(e)s, -en شعاع نور، پرتو نور
Lichtstrom, der; -(e)s, ⸚e جریان برق
lichtundurchlässig *Adj.* غیرشفاف، مات، کدر
Lichtung, die; -, -en (در جنگل) منطقهٔ کم‌درخت و پرآفتاب
lichtvoll *Adj.* پرنور، روشن
Lid, das; -(e)s, -er پلک (چشم)
Lidschatten, der; -s, - سایهٔ پلک
Lieb, das; -s محبوب، معشوق، یار، دلبر
lieb *Adj.* عزیز، مهربان، محبوب، گرامی
lieber Herr آقای عزیز
Es ist mir lieb, daß... خوشحالم که ...
Du lieber Himmel! ای وای! خدای من!
Das habe ich am liebsten.
آن را از همه بیشتر دوست دارم.
liebäugeln *Vi.* ۱. کرشمه کردن، غمزه کردن، نگاه عاشقانه کردن ۲. در فکر انجام کاری بودن
Liebchen, das; -s, - محبوب، دلبر، یار، معشوق، معشوقه
Liebe, die; -, -n عشق، علاقه، محبت، دوستی
aus Liebe از روی عشق
etwas **mit viel Liebe tun** کاری را با علاقه انجام دادن
mit Lust und Liebe با جان و دل
mit Liebe reicht man mehr als Gewalt
به نرمی در آید ز سوراخ مار، درشتی و سختی نیاید به کار
liebebedürfig *Adj.* تشنهٔ عشق
liebebehalten *Vt.* محبت خود را نسبت به (کسی) حفظ کردن
Liebediener, der; -s, - چاپلوس، متملق

Liebedienerei, die; -, -en چاپلوسی، تملق
Liebelei, die; -, -en لاس‌زنی، عشق‌بازی
liebeln *Vi.* لاس زدن، عشق‌بازی کردن
lieben *Vt.* ۱. دوست داشتن، عاشق (کسی) بودن ۲. از (چیزی/کاری) خوش آمدن ۳. با (کسی) عشق‌بازی کردن
Sie lieben sich. آنها عاشق هم‌اند.
jemanden **von ganzen Herzen lieben** کسی را از صمیم قلب دوست داشتن
Liebende, der/die; -n, -n عاشق
liebenswert *Adj.* دوست داشتنی، مطلوب
liebenswürdig *Adj.* مهربان، بامحبت، عزیز، دوست‌داشتنی
Liebenswürdigkeit, die; -, -en مهربانی، محبت، لطف
lieber *Adj., Adv.* ۱. عزیزتر، گرامی‌تر، محبوب‌تر ۲. بهتر، بیشتر
Ich trinke lieber Kaffee. دلم بیشتر قهوه می‌خواهد.
Ich stehe lieber. بایستم بهتر است.
Ich gehe lieber zu Fuß. ترجیح می‌دهم که پیاده بروم.
Ich möchte lieber... بیشتر خوشم می‌آید...
Liebesabenteuer, das; -s, - ماجرای عاشقانه
Liebesaffäre, die; -, -n عشق‌بازی، معاشقه
Liebesapfel, der; -s, ⸚ گوجه‌فرنگی
Liebesbeziehung, die; -, -en رابطهٔ عاشقانه
Liebesbrief, der; -(e)s, -e نامهٔ عاشقانه
Liebesdienst, der; -en, -e مهربانی، محبت
Liebeserklärung, die; -, -en اظهار عشق
Liebeserlebnis, das; -nisses, -nisse ماجرای عاشقانه
Liebesgabe, die; -, -n موهبت عاشقانه
Liebesgedicht, das; -(e)s, -e شعر عاشقانه
Liebesgeschichte, die; -, -n داستان عاشقانه
Liebesgott, der; -es, ⸚er الههٔ عشق
Liebesheirat, die; -, -en ازدواج عاشقانه
liebeskrank *Adj.* بیمار عشق، دل‌باخته
Liebeskummer, der; -s, - غم عشق
Liebesleben, das; -s, - زندگی عاشقانه
Liebeslied, das; -(e)s, -er ترانهٔ عاشقانه
Liebespaar, das; -(e)s, -e عاشق و معشوق
Liebesszene, die; -, -n صحنهٔ عاشقانه
Liebesverhältnis, das; -nisses, -nisse رابطهٔ عاشقانه
Liebeswerben, das; -s, - اظهار عشق؛ عشقبازی
Liebeswerk, das; -(e)s, -e مؤسسهٔ خیریه
liebevoll *Adj.* بامحبت، محبت‌آمیز، صمیمانه، باعلاقه
liebhaben *Vt.* دوست داشتن، به (کسی/چیزی) علاقه داشتن
Liebhaber, der; -s, - عاشق
Liebhaberin, die; -, -nen عاشق (زن)
Liebhaberei, die; -, -en عشق، علاقه، انس
Liebhaberpreis, der; -es, -e ارزش غیر واقعی
Liebhabertheater, das; -s, - تئاتر خصوصی
Liebhaberwert, der; -(e)s, -e ارزش غیر واقعی
liebkosen *Vt.* ناز و نوازش کردن
Liebkosung, die; -, -en ناز و نوازش
lieblich *Adj.* مطبوع، خوشایند، دوست‌داشتنی
Lieblichkeit, die; -, -en شیرینی، دلربایی
Liebling, der; -s, -e عزیز، محبوب
Lieblingsbeschäftigung, die; -, -en سرگرمی مورد علاقه
Lieblingsfarbe, die; -, -n رنگ مورد علاقه
lieblos *Adj.* بی‌محبت، بی‌عاطفه، نامهربان
Lieblosigkeit, die; -, -en بی‌محبتی، بی‌عاطفگی، نامهربانی
liebreich *Adj.* بامحبت، پرمحبت
Liebreiz, der; -es جذبه، افسون، فریبندگی
liebreizend *Adj.* مجذوب، مفتون، فریبنده
Liebschaft, die; -, -en معاشقه، عشق‌بازی
Liebste, der/die; -n, -n معشوق، محبوب، یار
Lied, das; -(e)s, -er ترانه، آهنگ، آواز، سرود
ein Lied singen ترانه‌ای خواندن
Es ist das alte Lied. این که همان داستان قدیمی است.
Er weiß ein Lied daran zu singen. او می‌تواند داستان‌ها در این‌باره بگوید.
Liederabend, der; -s, -e کنسرت آواز
Liederbuch, das; -(e)s, ⸚er نُت آواز
Liedkranz, der; -es, ⸚e انجمن سرایندگان
liederlich *Adj.* نامرتب، نامنظم، درهم و برهم
Liederlichkeit, die; - نامرتبی، نامنظمی
Liedermacher, der; -s, - ترانه‌سرا
lief *P.* صیغهٔ فعل گذشتهٔ مطلق از مصدر laufen
Lieferant, der; -en, -en ۱. تحویل‌دهنده، عرضه کننده، فروشنده (کالا) ۲. مقاطعه‌کار، پیمانکار
Lieferauto, das; -s, -s اتومبیل باری، کامیون حامل کالا
lieferbar *Adj.* (برای فروش) قابل تحویل، موجود
Lieferfirma, die; -, -men شرکت عرضه‌کنندهٔ کالا

Lieferfrist, die; -, -en مهلت تحویل
liefern *Vt.* ۱. تحویل دادن، فرستادن (کالا)،
عرضه داشتن، ارسال داشتن ۲. انجام دادن
  eine Begründung liefern دلیل ارائه دادن
  einen Kampf liefern مبارزه کردن
Lieferschein, der; -(e)s, -e قبض تحویل،
قبض رسید (کالا)؛ سند فروش
Liefertermin, der; -s, -e زمان تحویل (کالا)
Lieferung, die; -, -en تحویل، تسلیم، ارسال (کالا)
  Lieferung nur gegen Barzahlung
تحویل فقط در ازای پول نقد
Lieferungsbedingungen, die /*Pl.* شرایط تحویل
Lieferungsschein, der; -(e)s, -e قبض تحویل،
قبض رسید (کالا)
Lieferungswerk, das; -(e)s, -e داستان سریال
Liefervertrag, der; -(e)s, ⸚e قرارداد تحویل
Lieferwagen, der; -s, - اتومبیل باری، بارکش کوچک
Lieferzeit, die; -, -en مدت تحویل (کالا)
Liege, die; -, -n تخت، نیمکت (برای دراز کشیدن)
Liegegeld, das; -(e)s, -er خسارت بیکارماندگی
Liegekur, die; -, -en معالجه (همراه با استراحت)
liegen *Vi.* ۱. قرار داشتن، ۲. دراز کشیدن
۳. واقع بودن، واقع شدن
  Es liegt nicht an mir. تقصیر من نیست.
  Woran liegt es؟ علتش چیست؟
  Der Unterschied liegt darin, daß...
فرقش در این است که ...
  Es liegt mir sehr am Herzen.
به آن دلبستگی زیادی دارم.
  Es liegt klar auf der Hand. این بدیهی است.
  Das Zimmer liegt nach Süden.
اتاق رو به جنوب است.
  in Führung liegen در رأس قرار داشتن
liegenbleiben *Vi.* ۱. به حالت افقی قرار داشتن
۲. دراز کشیدن، به‌صورت دراز کشیده ماندن، (در
رختخواب) باقی ماندن ۳. (به علت خرابی وسیلهٔ نقلیه) متوقف
شدن، در بین راه ماندن ۴. به فروش نرفتن (کالا) ۵.
برجای ماندن، آب نشدن (برف) ۶. انجام نشدن ۷. فراموش
شدن و برجای ماندن
  Bleiben Sie liegen. (از جایتان) بلند نشوید.
liegenlassen *Vt.* ۱. سهواً فراموش کردن و جاگذاشتن
۲. به حال خود گذاردن، ول کردن، (از (کاری) دست کشیدن
  Ich habe gestern meine Handschuhe liegengelassen.
دیروز دستکش خود را جاگذاشتم.

Liegenschaften, die /*Pl.* ملکِ عقاری
Liegeplatz, der; -es, ⸚e لنگرگاه
Liegesitz, der; -es, -e (در اتومبیل) صندلی تاشو
Liegestuhl, der; -(e)s, ⸚e صندلی راحتی
Liegewagen, der; -s, - (در قطار) کوپهٔ خواب
lieh *P.* leihen صیغهٔ فعل گذشتهٔ مطلق از مصدر
ließ *P.* lassen صیغهٔ فعل گذشتهٔ مطلق از مصدر
Lift, der; -(e)s, -e / -s آسانسور، بالابر
Liga, die; -, -gen ۱. اتحادیه، پیمان ۲. لیگ
Liguster, der; -s, - گیاهی که جهت کشیدن حصار
در باغچه‌ها به‌کار می‌رود
liieren *Vr.* ۱. با هم ترکیب کردن
۲. رابطهٔ عشقی برقرار کردن، باهم جفت کردن
Likör, der; -s, -e لیکور (نوعی مشروب الکلی)
Lila, das; -s, - / -s رنگ بنفش روشن
lila *Adj.* [رنگ] بنفش روشن
Lilie, die; -, -n (گل) زنبق
Liliputaner, der; -s, - لی‌لی‌پوتی
(کوتوله وابسته به جزیرهٔ خیالی لی‌لی‌پوت)
Liliputanerin, die; -, -nen لی‌لی‌پوتی (زن)
(کوتوله وابسته به جزیره خیالی لی‌لی‌پوت)
Limit, das; -s, -s / -e حد و حدود
limitieren *Vt.* محدود کردن
Limonade, die; -, -n لیموناد
Limone, die; -, -n لیمو
Limousine, die; -, -n لیموزین (اتومبیل سواری بزرگ)
lind *Adj.* ملایم، خفیف، معتدل
Linde, die; -, -n (درخت) زیزفون
lindern *Vt.* ملایم کردن، تعدیل کردن، کاهش دادن،
آرام کردن، تسکین دادن (درد)
Linderung, die; -, -en تسکین، تخفیف، تسلی
Linderungsmittel, das; -s, - آرام‌بخش،
تسلی‌بخش، مسکن
Lindwurm, der; -(e)s, ⸚er اژدها
Lineal, das; -s, -e خط‌کش
linear *Adj.* خطی، طولی
Linguist, der; -en, -en زبان‌شناس
Linguistik, die; - زبان‌شناسی
linguistisch *Adj.* (مربوط به) زبان‌شناسی
Linie, die; -, -n ۱. خط ۲. صف (افراد، اشیا)
۳. خط سیر وسایل حمل و نقل
  in erster Linie در درجهٔ اول
  eine gerade Linie ziehen خط مستقیمی کشیدن
  schlanke Linie باریک اندام

Linienblatt, das; -(e)s, ⸚er ورق خط‌کشی شده، کاغذ خط‌دار

Linienflug, der; -(e)s, ⸚e پروازهای از پیش تعیین شده (هواپیما)

Linienmaschine, die; -, -n هواپیماهای خطوط هوایی رسمی

Linienpapier, das; -s, -e کاغذ خط‌کشی شده، کاغذ خط‌دار

Linienrichter, der; -s, - (فوتبال) کمک داور، داور خط نگهدار

lin(i)ieren *Vt.* خط‌کشی کردن

lin(i)iertes Papier کاغذ خط‌کشی شده

Liniment, das; -(e)s, -e (پزشکی) مرهم مایع

link *Adj.* ۱. چپ ۲. ریاکار، فریبکار، غیر قابل اعتماد

linker Hand طرف چپ

Er ist mit dem linken Bein aufgestanden. او از دندهٔ چپ بلند شده است.

Linke[1]**,** die; -n, -n ۱. دست چپ ۲. (سیاسی) دست چپی ۳. (بوکس‌بازی) ضربهٔ چپ

Linke[2]**,** der; -n, -n (ورزش) بازیکن (سمت) چپ

linken *Vt.* فریب دادن

linkerhand *Adv.* دست چپ، طرف چپ

linkerseits *Adv.* طرف چپ، سمت چپ

linkisch *Adj.* ناآزموده، بی‌دست و پا، بی‌عرضه، خام دست

links *Adv.* سمت چپ، طرف چپ، به چپ

links sein چپ دست بودن

von links nach rechts از چپ به راست

links abbiegen به طرف چپ پیچیدن

links fahren از سمت چپ راندن

jemanden **links liegenlassen** به کسی اعتنا نکردن

Linksabbieger, der; -s, - راننده‌ای که قصدِ پیچیدن به طرف چپ را دارد

Linksaußen, der; -, - (فوتبال) گوش چپ

Linksextremist, der; -en, -en دست چپ افراطی

Linksextremistin, die; -, -nen دست چپ افراطی (زن)

linksgerichtet *Adj.* چپ‌گرا

Linkshänder, der; -s, - چپ دست

linkshändig *Adj.* چپ‌اندیش

linksherum *Adv.* به طرف چپ

Linksintellektuelle, der/die; -n, -n روشنفکر وابسته به جناح چپ

Linkskurve, die; -, -n پیچ به سمت چپ

linksorientiert *Adj.* چپ‌گرا

Linksradikalismus, der; - گرایش به سیاست افراطی چپ

Linkssteuerung, die; -, -en (در انگلیس) رانندگی از سمت چپ خیابان

Linksverkehr, der; -(e)s (در انگلیس) وسیلهٔ نقلیه‌ای که از سمت چپ خیابان حرکت می‌کند

Linoleum, das; -s, -s لینولئوم (مشمع کف اتاق)

Linse, die; -, -n ۱. لنز، عدسی، ذره‌بین ۲. عدس

Lippe, die; -, -n لب

Lippenbekenntnis, das; -nisses, -nisse چاپلوسی، تملق

Lippendienst, der; -en, -e چاپلوسی، تملق

Lippenlaut, der; -(e)s, -e حروف لبی، حرف شفوی

Lippenstift, der; -(e)s, -e ماتیک، روژلب

Liquidation, die; -, -en تسویه‌حساب، پرداخت بدهی

liquid(e) *Adj.* مایع

liquidieren *Vt.* ۱. تسویه کردن، بستن (حساب) ۲. منحل کردن (مؤسسه) ۳. کشتن، اعدام کردن

Liquidität, die; - ۱. تسویه حساب ۲. مایع

Lira, die; -, Lire لیرهٔ ایتالیا؛ لیرهٔ ترک

lispeln *Vi.* ۱. تُک‌زبانی حرف زدن ۲. نجوا کردن، پچ‌پچ کردن، در گوشی صحبت کردن

List, die; -, -en حیله، حقه، نیرنگ، خدعه، مکر

Liste, die; -, -n لیست، فهرست، صورت؛ جدول

Listenpreis, der; -es, -e نرخ جدول؛ قیمت کاتالوگ

Listenwahl, die; -, -en انتخاب از روی جدول، انتخاب نامزدهای حزبی مقید در جدول

listig *Adj., Adv.* ۱. حقه‌باز، حیله‌گر، نیرنگ‌باز ۲. با حقه‌بازی، با پشت هم‌اندازی

Litanei, die; -, -en مناجات و دعای دسته‌جمعی

Liter, der/das; -s, - لیتر (واحد اندازه‌گیری مایعات)

literarisch *Adj.* ادبی

Literat, der; -en, -en نویسنده، ادیب

Literatur, die; -, -en ادبیات، ادب

Literaturbetrieb, der; -(e)s, - فعالیت ادبی

Literaturgeschichte, die; -, -n تاریخ ادبیات، تاریخ ادب

Literaturkritik, die; - نقد ادبی

Literaturkritiker, der; -s, - منتقد ادبی

Literaturpreis, der; -es, -e جایزهٔ ادبیات

Literatursprache, die; - زبان ادبی

Literaturverzeichnis, das; -nisses, -nisse کتابنامه، فهرست کتاب‌ها

Literaturwissenschaft, die; -, -en علم ادبیات
Litfaßsäule, die; -, -n ستون نصب آگهی
Lithograph, der; -en, -en سنگ‌نگار
Lithographie, die; -, -n چاپ سنگی، حکاکی روی سنگ
lithographieren *Vt.* چاپ سنگی کردن، حک کردن
lithographisch *Adj.* (مربوط به) چاپ سنگی
Lithurgik, die; - سنگ‌شناسی
litt *P.* leiden صیغهٔ فعل گذشتهٔ مطلق از مصدر
Liturgie, die; -, -n (در کلیسا) آئین و آداب مذهبی، مراسم عبادت
liturgisch *Adj.* (مربوط به) آداب مذهبی
Litze, die; -, -n ریسمان؛ نوار، رشته؛ سیم
live *Adv., Adv.* ۱. (در رادیو / تلویزیون) زنده، پخش مستقیم ۲. به صورت زنده
Live-Sendung, die; -, -en برنامهٔ زنده رادیویی / تلویزیونی، پخش مستقیم
Livree, die; -, -n لباس متحدالشکل (کارکنان مؤسسه)
Lizenz, die; -, -en پروانهٔ کار، جواز
Lizenzbau, der; -(e)s, -e ساختمان دارای جواز
Lizenzgeber, der; -s, - جوازدهنده
Lizenzgebühr, die; -, -en حق امتیاز، حق تألیف؛ حق اختراع
Lizenzinhaber, der; -s, - صاحب جواز، پروانه‌دار؛ لیسانسیه
Lizenznehmer, der; -s, - صاحب جواز، پروانه‌دار؛ لیسانسیه
Lizenzvertrag, der; -(e)s, ⸚e قرارداد رسمی
LKW = *Lastkraftwagen*
Lob, das; -(e)s, -e مدح، ستایش، تحسین، تمجید
Lobby[1], der; -s, -s (در مجلس) سالن انتظار
Lobby[2], die; -, -s / -bies (سیاسی) گروه فشار، گروه اعمال نفوذ
loben *Vt.* مدح کردن، ستایش کردن، ستودن، تحسین کردن، تمجید کردن
lobenswert *Adj.* شایستهٔ تمجید، قابل ستایش
Lobgesang, der; -(e)s, ⸚e آواز مدحی، مدیحه
Lobhudelei, die; -, -en تملق، چاپلوسی
lobhudeln *Vi.* تملق‌گویی کردن، چاپلوسی کردن، تملق گفتن
löblich *Adj.* ستودنی، شایان تمجید
Loblied, das; -(e)s, -er آواز مدحی، مدیحه
lobpreisen *Vt.* ستایش کردن، از (کسی / چیزی) تعریف کردن، مدح کردن

Lobrede, die; -, -n ستایش، مدح
Lobredner, der; -s, - مدیحه‌سرا، مداح
Lobspruch, der; -(e)s, ⸚e ستایش، مدح
Loch, das; -(e)s, ⸚er ۱. سوراخ، حفره، شکاف، گودال، نقب ۲. دخمه، محل تاریک
ein Loch graben سوراخی کندن
auf dem letzten Loch pfeifen در پایان کار (زندگی) قرار داشتن
lochen *Vi.* سوراخ کردن
Locher, der; -s, - ۱. پانچ، دستگاه سوراخ‌کن ۲. متصدی دستگاه پانچ
löcherig *Adj.* سوراخ سوراخ، سوراخ‌دار
Locherin, die; -, -nen متصدی دستگاه پانچ (زن)
löchern *Vt.* سئوال‌پیچ کردن
Lochkarte, die; -, -n کارت خدمت؛ کارت حضور و غیاب (کارمندان)
Lochmaschine, die; -, -n ماشین سوراخ‌زنی
Lochsäge, die; -, -n ارهٔ تیغه باریک
Lochstreifen, der; -s, - نوار منگنه
Lochung, die; -, -en سوراخ‌زنی، منگنه‌کاری
Lochzange, die; -, -n پانچ، (دستگاه) سوراخ‌کن
Locke, die; -, -n طرهٔ گیسو، حلقهٔ زلف
locken *Vt.* ۱. حلقه کردن، پیچاندن، فر دادن (مو) ۲. فریفتن، جذب کردن
Lockenhaar, das; -(e)s, -e مو[ی] جعد
Lockenkopf, der; -(e)s, ⸚e موی فر[فری]
Lockennadel, die; -, -n سنجاق مو، [گ]یرهٔ مو
Lockenwickler, der; -s, - بیگودی
locker *Adj.* ۱. شل، سست، لق ۲. بی‌قید و بند، راحت، بی‌خیال
eine lockere Beziehung یک رابطهٔ متزلزل
Bei ihm ist eine Schraube locker. عقلش پاره‌سنگ برمی‌دارد.
Lockerheit, die; -, -en شلی، سستی، لقی
lockerlassen *Vi.* شل گرفتن، کوتاه آمدن
Du darfst nicht lockerlassen! تو نباید کوتاه بیایی!
lockermachen *Vt.* دست به جیب بردن، خرج کردن (پول)
lockern *Vt., Vr.* ۱. شل کردن، سست کردن ۲. شل شدن، سست شدن
Lockerung, die; -, -en ۱. سست‌سازی؛ شلی، نرمی ۲. تمدد اعصاب
lockig *Adj.* مجعد، فردار، فرفری
Lockmittel, das; -s, - دانهٔ دام، وسیلهٔ به دام‌اندازی

Lockspeise, die; -, -n دانهٔ دام، وسیلهٔ به دام‌اندازی
Lockung, die; -, -en فریب، اغوا، وسوسه
Lockvogel, der; -s, ⸚ (برای گرفتن پرندگان) دام، تله، توری
Loden, der; -s, - ماهوت خام و نامرغوب
Lodenmantel, der; -s, - پالتوی ماهوت
lodern *Vi.* شعله کشیدن، شعله‌ور شدن، زبانه کشیدن، مشتعل شدن (آتش)
Löffel, der; -s, - ۱. قاشق ۲. گوش خرگوش
ein Löffel voll یک قاشق پر
löffeln *Vt.* ۱. با قاشق برداشتن، با قاشق خوردن ۲. فهمیدن
Das habe ich nicht gelöffelt. این (مسئله) را نفهمیدم.
Löffelstiel, der; -(e)s, -e دستهٔ قاشق
log *P.* صیغهٔ فعل گذشتهٔ مطلق از مصدر lügen
Log, das; -(e)s, -e (در کشتی) سرعت‌سنج
Logarithmentafel, die; -, -n (ریاضی) جدول لگاریتم
logarithmieren *Vt., Vi.* ۱. (ریاضی) لگاریتم (چیزی) را گرفتن ۲. (ریاضی) لگاریتم گرفتن
Logarithmus, der; -, -men (ریاضی) لگاریتم
Loge, die; -, -n ۱. (در تئاتر و سینما) لژ، جای ویژه ۲. مجمع فراماسونری
Logenbruder, der; -s, ⸚ فراماسون، عضو فراموش‌خانه
Logenmeister, der; -s, - سرپرست لژ فراماسونری
Loggia, die; -, -ien بالکن (نیمه سرپوشیده)
logieren *Vt., Vi.* ۱. منزل دادن، جا دادن ۲. منزل کردن، جا گرفتن
Logik, die; - منطق، استدلال، برهان
Logis, das; -, - مسکن، محل سکونت
logisch *Adj.* منطقی، بدیهی
logischerweise *Adv.* منطقاً، به‌دلیل منطقی
Logistik, die; - ۱. لُجستیک، آمایش ۲. (در ارتش) بخش تهیهٔ آذوقه و مهمات ۳. ارتباطات، تدارکات
logo *Adj.* مطمئن، قطعی، خاطرجمع، بدیهی
Logo! البته! بدیهی است!
Logopäde, der; -n, -n گفتار درمان‌گر
Logopädie, die; - گفتار درمانی
Lohe, die; -, -n شعلهٔ آتش، زبانهٔ آتش، اشتعال
lohen *Vi., Vt.* ۱. شعله کشیدن، زبانه کشیدن، مشتعل شدن ۲. دباغی کردن
lohfarben *Adj.* گندم‌گون، سبزه
Lohgerber, der; -s, - دباغ
Lohgerberei, die; -, -en دباغی
Lohn, der; -(e)s, ⸚e دستمزد، اجرت، پاداش، حقوق
jemanden **um Lohn und Brot bringen** نان کسی را آجر کردن
Lohnabbau, der; -(e)s, -ten کاهش دستمزد، تقلیل اجرت
Lohnabkommen, das; -s, - توافق در مورد مزد
Lohnarbeit, die; -, -en کار روزمزد
Lohnarbeiter, der; -s, - مزد بگیر
Lohnbuchhalter, der; -s, - حسابدار
Lohnempfänger, der; -s, - مزدور، مزدبگیر
lohnen *Vt., Vr.* ۱. ارزیدن، ارزش (کاری) را داشتن ۲. سود داشتن
löhnen *Vt.* پرداختن، پرداخت کردن، دادن (اجرت)
lohnend *Adj.* پرسود، مفید، ارزنده
Lohnerhöhung, die; -, -en اضافه حقوق
Lohnforderung, die; -, -en مطالبهٔ کارمزد
Lohngruppe, die; -, -n طبقه‌بندی مزد
Lohnkostenanteil, der; -s, -e شرکت در پرداخت مخارج
Lohnliste, die; -, -n لیست حقوق، صورت پرداخت
Lohnskala, die; -, -len میزان حقوق، سطح دستمزد
Lohnsteuer, die; -, -n مالیات حقوق
Lohnsteuerkarte, die; -, -n کارت مالیاتی
Lohntarif, der; -s, -e تعرفهٔ حقوق
Lohntüte, die; -, -n پاکت (محتوی) حقوق
Löhnung, die; -, -en پاداش، مزد، اجرت
Löhnungstag, der; -(e)s, -e روز پرداخت حقوق
Lok = *Lokomotive*
lokal *Adj.* محلی، موضعی، منطقه‌ای
Lokal, das; -s, -e ۱. محل، مکان ۲. رستوران، کافه
Lokalisation, die; -, -en تعیین محل، استقرار
lokalisieren *Vt.* محل (کسی / چیزی) را تعیین کردن، محدود به یک منطقه (معین) کردن
Lokalpatriotismus, der; - خودمختاری محلی؛ وطن‌پرستی محلی
Lokalteil, der/das; -(e)s, -e (در روزنامه) خبرهای محلی
Lokalverbot, das; -(e)s, -e ممنوعیت ورود به یک کافه
Lokführer, der; -s, - رانندهٔ لکوموتیو
Lokomotive, die; -, -n لکوموتیو
Lokomotivführer, der; -s, - رانندهٔ لکوموتیو
Lokus, der; -/-ses, -/-se دستشویی، مستراح، توالت

Look, der; -s, -s سبک خاص، خطمشی خاص، روش خاص، مد خاص
Lorbeer, der; -s, -en درخت غار
Lore, die; -, -n ۱. کامیون، اتومبیل باری ۲. (برای حمل و نقل مواد معدنی) واگن رو باز
Los, das; -es, -e ۱. قرعه، فال ۲. برگ بخت‌آزمایی ۳. قسمت، سرنوشت، تقدیر
  ein Los ziehen قرعه کشیدن
los *Adj., Adv.* آزاد، ول، رها؛ جدا
  Los! راه بیفت! ادامه بده!
  Was ist los? چی شده؟ چه خبره؟
  Was ist mit ihm los? چه‌اش شده است؟
  Was ist hier los? این‌جا چه خبره؟
  Mit ihm ist nicht viel los. او (کاری) از دستش برنمی‌آید.
  Dort ist viel los. آن‌جا خیلی خبرهاست.
  Ich bin froh, daß ich ihn los bin. خوشحالم که از دستش خلاص شدم.
losarbeiten *Vi.* شروع به کار کردن
lösbar *Adj.* قابل حل، انحلال‌پذیر
Lösbarkeit, die; - قابلیت حل، قابلیت انحلال
losbinden *Vt.* باز کردن، گشودن (بند)
losbrechen *Vt., Vi.* ۱. با شکستن باز کردن ۲. ناگهان شروع شدن (رعد و برق، توفان)
Löschblatt, das; -(e)s, -er کاغذ خشک‌کن
Löscheimer, der; -s, - سطل مخصوص آتش‌نشانی
löschen *Vt.* ۱. خاموش کردن (آتش، چراغ) ۲. بستن (حساب بانکی) ۳. فرو نشاندن (عطش) ۴. پاک کردن (نوار) ۵. از بین بردن (نوشته) ۶. خالی کردن (بار) ۷. خشک کردن (کاغذ)
Löscher, der; -s, - ۱. جوهر خشک‌کن ۲. کپسول آتش‌نشانی
Löschkalk, der; -(e)s آهک مرده، آهک آبدیده
Löschmannschaft, die; -, -en گروه آتش‌نشانان
Löschpapier, das; -s, -e کاغذ جوهر خشک‌کن
losdrehen *Vt.* با چرخش باز کردن
losdrücken *Vi.* ماشهٔ اسلحه را فشار دادن
lose *Adj.* ۱. شل، ول، آزاد، رها؛ جدا ۲. سهل‌انگار، بی‌فکر ۳. [خواربار] بدون بسته‌بندی
Lösegeld, das; -(e)s, -er تاوان، غرامت، خون‌بها، پول آزاد کردن گروگان
losen *Vi.* ۱. قرعه کشیدن ۲. گوش فرادادن
lösen *Vt., Vr.* ۱. باز کردن (گره / قفس) ۲. جدا کردن (ورق) ۳. حل کردن ۴. قطع کردن (رابطه) ۵. حل کردن (مشکل) ۶. به پایان رساندن (نزاع) ۷. خریدن (بلیت) ۸. فسخ کردن (قرارداد) ۹. باز شدن (گره) ۱۰. حل شدن ۱۱. حل شدن (مشکل) ۱۲. به پایان رسیدن (نزاع)
  eine Karte lösen بلیتی خریدن
  eine Aufgabe lösen تکلیفی را تعیین کردن
  sich von jemandem lösen از دست کسی خلاص شدن
losfahren *Vi.* (با اتومبیل) شروع به حرکت کردن
losgeben *Vt.* آزاد کردن (زندانی / اسیر)
losgehen *Vi.* شروع شدن
  Wann geht die Vorstellung los? نمایش کی شروع می‌شود؟
loshaken *Vt.* از قلاب باز کردن
Loskauf, der; -(e)s, -käufe پرداخت پول آزادی یک زندانی
loskaufen *Vt.* آزادی (کسی) را خریدن
losketten *Vt.* از زنجیر رها کردن، از بند گشودن (سگ)
losknüpfen *Vt.* باز کردن، گشودن
loskommen *Vi.* ۱. رفتن ۲. نزدیک شدن ۳. خلاص شدن، آزاد شدن
loskriegen *Vt.* ۱. جدا کردن ۲. خلاص شدن ۳. فروختن، آب کردن (جنس)
  Wie kriege ich diese Frau nur wieder los? چطور می‌توانم از دست این زن خلاص شوم؟
loslachen *Vi.* خنده سر دادن
loslassen *Vt.* ول کردن، رها کردن، آزاد کردن
  Laß mich los! ولم کن!
loslaufen *Vi.* سریع شروع به دویدن کردن
loslegen *Vi.* شروع به درد دل کردن
löslich *Adj.* حل‌شدنی، قابل حل
Löslichkeit, die; - قابلیت انحلال
loslösen *Vt.* جدا کردن، باز کردن
losmachen *Vt.* ۱. شل کردن، سست کردن، نرم کردن، حل کردن ۲. جدا کردن، باز کردن ۳. عجله کردن، شتاب کردن
  sich von allen Bindungen losmachen خود را از تمامی قیدها رها کردن
losreißen *Vt.* ۱. به زور جدا کردن، به زور باز کردن ۲. خود را به زور رها ساختن
lossagen *Vr.* قطع رابطه کردن
Lossagung, die; -, -en قطع رابطه
losschicken *Vt.* (برای انجام کاری) فرستادن
losschießen *Vi.* ۱. شروع به تیراندازی کردن ۲. شروع به درددل کردن ۳. ناگهان به حرکت درآمدن
losschlagen *Vt., Vi.* ۱. جدا کردن ۲. فروختن، سریع رد کردن (جنس) ۳. به (کسی) حملهٔ غافلگیرانه کردن ۴. بی‌معطلی به جان (کسی) افتادن

losschnallen *Vt.* چفت و بست (چیزی) را باز کردن
losschrauben *Vt.* باز کردن، واپیچاندن (پیچ)
lossprechen *Vt.* عفو کردن، تبرئه کردن، آزاد کردن
losspringen *Vi.* حمله کردن، هجوم بردن
lossteuern *Vi.* هدف خاصی را دنبال کردن
losstürzen *Vi.* حمله کردن، هجوم بردن
lostrennen *Vt.* جدا کردن، تفکیک کردن
Losung, die; -, -en ۱. اسم شب ۲. مرامنامهٔ سیاسی احزاب ۳. فضولات (چارپایان)
Lösung, die; -, -en ۱. راه‌حل ۲. محلول
Lösungsmittel, das; -s, - حلال
Lösungsmöglichkeit, die; -, -en راه‌حل
Lösungsweg, der; -(e)s, -e راه‌حل
loswerden *Vt.* ۱. از دست (کسی) خلاص شدن، نجات یافتن ۲. از دست دادن، گم کردن ۳. فروختن
loswettern *Vi.* شروع به فحاشی کردن
losziehen *Vi.* ۱. (به طرف مقصدی خاص) راه افتادن ۲. فحاشی کردن
Lot, das; -(e)s, -e ۱. شاغول ۲. لحیم؛ گلولهٔ سربی
ein Lot errichten شاغول نصب کردن
Lötapparat, der; -(e)s, -e دستگاه لحیم‌کاری
lötbar *Adj.* قابل لحیم‌کاری
loten *Vt.* با شاغول اندازه گرفتن، با شاغول تراز کردن
löten *Vt.* لحیم کردن، جوش دادن، لحیم‌کاری کردن
Lötflußmittel, das; -s, - مایع لحیم‌کاری
Lotion, die; -, -en لوسیون، شیرپاک‌کن
Lötkolben, der; -s, -n هویه، دستگاه لحیم هویه
Lötlampe, die; -, -n چراغ (مخصوص) لحیم‌کاری
Lötmetall, das; -s, -e لحیم
lotrecht *Adj.* عمودی
Lötrohr, das; -(e)s, -e لولهٔ جوشکاری؛ بوری زرگری
Lotschnur, die; -, -schnüre نخ شاغول
Lotse, der -n, -n ۱. (در فرودگاه) راهنمای هواپیما ۲. (در رودخانه، کانال) راهنمای کشتی
lotsen *Vt.* ۱. (در فرودگاه، بندر، کانال) هدایت کردن ۲. برای عمل جنسی فریب دادن
Lotsendienst, der; -es, -e هدایت هواپیما / کشتی، راهنمایی هواپیما / کشتی
Lötstelle, die; -, -n (در لحیم‌کاری) محل اتصال، محل جوش
Lotterie, die; -, -n لاتاری، بخت‌آزمایی
Lotterielos, das; -es, -e بلیت بخت‌آزمایی
Lotterleben, das; -s, - زندگی پرفساد
Lotto, das; -s, -s (بازی) لوتو
Lötung, die; -, -en لحیم‌کاری
Lötwasser, das; -s, -/ = مایع لحیم‌کاری
Lötzinn, das; -(e)s مفتول لحیم‌کاری
Löwe, der; -n, -n شیر نر
Löwenanteil, der; -s, -e بهترین بخش
Löwenbändiger, der; -s, - رام‌کنندهٔ شیر
Löwenbändigerin, die; -, -nen رام‌کنندهٔ شیر (زن)
Löwengrube, die; -, -n کمینگاه شیر
Löwenkäfig, der; -s, -e قفس شیر
Löwenmähne, die; -, -n یال شیر
Löwenmaul, das; -(e)s, - گل میمون
Löwenmäulchen, das; -s, - گل میمون
Löwenzahn, der; -(e)s, - گل قاصدک، قاصدک
Löwin, die; -, -nen شیر ماده
loyal *Adj.* وفادار، صادق، باوفا
Loyalität, die; -, -en وفاداری، صداقت
Luchs, der; -es, -e (جانور) سیاه‌گوش
aufpassen wie ein Luchs چهارچشمی مواظب بودن
luchsäugig *Adj.* تیزبین
Lücke, die; -, -n ۱. شکاف، رخنه؛ جای خالی ۲. کمبود، نقص
Lückenbüßer, der; -s, - چارهٔ موقت
lückenhaft *Adj.* ناقص، معیوب، ناتمام
lückenlos *Adj.* کامل، بی‌نقص، بی‌عیب
lud *P.* صیغهٔ فعل گذشتهٔ مطلق از مصدر laden
Luder, das; -s, - ۱. لاشه، مردار ۲. گستاخ، بداخلاق؛ پست، فرومایه (زن) ۳. حقه‌باز، نیرنگ‌باز
Luft, die; -, Lüfte هوا، باد، نسیم؛ فضا
an die Luft gehen برای هواخوری رفتن
frische Luft schnappen هوای آزاد خوردن
seinem Ärger Luft machen دق‌دلی خود را خالی کردن
Ich bekomme keine Luft. نفسم در نمی‌آید.
jemanden **an die Luft setzen** کسی را بیرون کردن
Es ist dicke Luft. هوا پس است.
Die Luft ist rein. خطری نیست.
in die Luft gehen خشمگین شدن
Er ist Luft für mich. اصلاً توجهی به او ندارم.
Luftabwehr, die; - دفاع هوایی
Luftalarm, der; -s, -e خطر هوایی
Luftangriff, der; -(e)s, -e حملهٔ هوایی
Luftarmee, die; -, -n نیروی پلیس
Luftaufklärung, die; -, -en هواشناسی
Luftaufnahme, die; -, -n عکس هوایی
Luftballon, der; -s, -s بالن؛ بادکنک

Luftbild, das; -es, -er عکس هوایی
Luftblase, die; -, -n حباب
Luft-Boden-Rakete, die; - راکت هوا به زمین
Luftbremse, die; -, -n ترمز بادی
Luftbrücke, die; -, -n خط حمل و نقل هوایی؛ پل هوایی
Lüftchen, das; -s, - نسیم ملایم
luftdicht *Adj.* بی‌منفذ، کیپ، مانع دخول هوا
Luftdruck, der; -(e)s فشار هوا
Luftdruckbremse, die; -, -n ترمز بادی
Luftdruckmesser, das; -s, - بارومتر (دستگاه اندازه‌گیری فشار هوا)
lüften *Vi., Vt.* هـوا دادن، باد دادن، در معرض هـوا گذاشتن
Lüfter, der; -s, - ۱. دستگاه تهویه ۲. پروانهٔ اتومبیل ۳. بادبزن برقی
Luftfahrt, die; -, -en سفر هوایی
Luftfahrtgesellschaft, die; -, -en شرکت هواپیمایی
Luftfahrzeug, das; -(e)s, -e هواپیما
Luftfeuchtigkeit, die; -, -en رطوبت هوا
Luftfeuchtigkeitmesser, das; -s, - دستگاه اندازه‌گیری رطوبت هوا
Luftflotte, die; -, -n نیروی هوایی
Luftfracht, die; -, -en باربری هوایی
Luftgewehr, das; -(e)s, -e تفنگ بادی
Lufthafen, der; -s, ¨ فرودگاه؛ ایستگاه هوایی
Luftheizung, die; -, -en هوا گرم‌کن
Luftherrschaft, die; - تفوق هوایی
Lufthoheit, die; -, -en سلطهٔ هوایی
luftig *Adj.* ۱. بادخیز، بادخور، دارای هوای آزاد ۲. [لباس] سبک و خنک
Luftikus, der; -, -se مرد سطحی و سهل‌انگار
Luftkampf, der; -(e)s, ¨e جنگ هوایی
Luftkissen, das; -s, - بالش بادی
Luftkissenfahrzeug, das; -(e)s, -e وسیلهٔ نقلیهٔ بادی
Luftklappe, die; -, -n (در اتومبیل) ساسات
Luftkorridor, der; -s, -e دالان هوایی
luftkrank *Adj.* حال به‌هم خورده (در اثر پرواز)
Luftkrankheit, die; -, -en حال به‌هم خوردگی (در اثر پرواز)
Luftkrieg, der; -(e)s, -e نبرد هوایی
Luftkühlung, die; - خنکی هوا
Luftkurort, der / das; -(e)s, -e (برای بیماران) استراحتگاه خوش آب و هوا
Luftlandetruppen, die / *Pl.* دستهٔ چترباز
luftleer *Adj.* بدون هوا
Luftleere, die; - تخلیهٔ هوا، خلاء
Luftlinie, die; -, -n خط هوایی
Luftloch, das; -(e)s, ¨er ۱. چاه هوایی ۲. بادگیر، روزنه، منفذ
Luft-Luft-Rakete, die; -, -n راکت هوا به هوا
Luftmangel, der; -s کمبود هوا
Luftmatratze, die; -, -n تشک بادی
Luftmine, die; -, -n مین هوایی
Luftpirat, der; -en, -en هواپیماربا
Luftpistole, die; -, -n تپانچهٔ بادی
Luftpost, die; -, -en پست هوایی
einen Brief mit Luftpost schicken نامه‌ای را با پست هوایی فرستادن
Luftpumpe, die; -, -n تلمبهٔ بادی
Luftraum, der; -(e)s, -räume جو؛ حریم هوایی
Luftreifen, der; -s, - لاستیک بادی
Luftreklame, die; -, -n آگهی هوایی
Luftrettung, die; -, -en سرویس نجات هوایی
Luftröhre, die; -, -n نای، قصبةالریه
Luftsack, der; -(e)s, ¨e (در پرندگان) کیسهٔ هوایی شش
Luftschacht, der; -(e)s, -e بادکش
Luftschiff, das; -(e)s, -e سفینهٔ هوایی، کشتی هوایی
Luftschiffahrt, die; - سفر هوایی
Luftschiffer, der; -s, - هوانورد، خلبان
Luftschlacht, die; -, -en نبرد هوایی
Luftschlauch, der; -(e)s, -läuche لاستیک تویی (دوچرخه)
Luftschlösser, die / *Pl.* قصرهای خیالی، خیالات خوش، خواب و خیال
Luftschlösser bauen خواب‌های طلایی دیدن
Luftschraube, die; -, -n ۱. ملخ هواپیما ۲. پروانهٔ کشتی
Luftschutzbunker, der; -s, - پناهگاه زیرزمینی
Luftschutzraum, der; -(e)s, -räume پناهگاه زیرزمینی
Luftschutzübung, die; -, -en تمرین حملهٔ هوایی
Luftspiegelung, die; -, -en سراب
Luftsprung, der; -(e)s, ¨e پرش به هوا
Luftstewardeß, die; -, -dessen مهماندار هواپیما

Luftstreitkräfte 542

Luftstreitkräfte, die / *Pl.* (ارتش) نیروی هوایی
Luftstrom, der; -(e)s, ⸚e جریان هوا
Luftstützpunkt, der; -(e)s, -e پایگاه هوایی
Lufttaxi, das; -s, -s هواپیمای خصوصی
lufttüchtig *Adj.* مناسب برای پرواز، قابل پرواز
Lufttüchtigkeit, die; - قابلیت پرواز
Lüftung, die; -, -en ۱. تهویه، تعویض هوا ۲. تأسیسات تهویه هوا، تأسیسات تعویض هوا
Lüftungsanlage, die; -, -n سیستم تهویه هوا
Luftveränderung, die; -, -en تغییر هوا
Luftverkehrsgesellschaft, die; -, -en شرکت هواپیمایی
Luftverkehrslinie, die; -, -n خط هوایی
Luftverpestung, die; - آلودگی هوا
Luftverschmutzung, die; - آلودگی هوا
Luftverteidigung, die; -, -en دفاع هوایی
Luftwaffe, die; -, -n (ارتش) نیروی هوایی
Luftweg, der; -(e)s, -e مسیر هوایی
Luftwiderstand, der; -(e)s, -e مقاومت هوا
Luftwirbel, der; -s, - گردباد
Luftzufuhr, die; -, -en ورود هوای تازه
Luftzug, der; -es, ⸚e جریان هوا
Lug, der; -(e)s, -e دروغ، کذب
Lüge, die; -, -n دروغ، کذب، اظهار نادرست
Es ist alles Lüge! همه‌اش دروغه!
lugen *Vi.* منتظر فرصت بودن
lügen *Vi.* دروغ گفتن
Lügen, das; -s دروغگویی
Lügendetektor, der; -s, -en دروغ‌سنج، دستگاه کشف دروغ
lügenhaft *Adj.* نادرست، خلاف واقع، دروغی
Lügner, der; -s, - دروغگو
Lügnerin, die; -, -nen دروغگو (زن)
lügnerisch *Adj.* نادرست، خلاف واقع، دروغی
Luke, die; -, -n ۱. روزنه، پنجرهٔ شیروانی ۲. پنجرهٔ گرد کشتی
lukrativ *Adj.* سودمند، پرمنفعت، نافع، سودآور
lukullisch *Adj.* مجلل؛ پرخرج، توأم با ولخرجی
lullen *Vt.* برای (کسی) لالایی خواندن
Lulatsch, der; -(e)s, -e مرد احمق ودراز و بی‌خاصیت
Lumbago, die; - قولنج
luminös *Adj.* روشن، عالی
Lümmel, der; -s, - جوانک گستاخ و پررو و بی‌تربیت
lümmelhaft *Adj.* بی‌ادب، بی‌تربیت، خشن، گستاخ
lümmeln *Vr.* ۱. لم دادن، لمیدن ۲. (در جایی) بیکار نشستن؛ وقت را به بطالت گذراندن
Lump, der; -en, -en ۱. کلاهبردار، حقه‌باز ۲. پست‌فطرت و رذل
Lumpen, der; -s, - لباس مندرس، پارچهٔ کهنه
lumpen *Vi.* رذالت کردن، پستی کردن
sich nicht lumpen lassen سخاوت داشتن
Lumpengesindel, das; -s, - ۱. اراذل و اوباش ۲. آشغال، ته‌مانده
Lumpenhändler, der; -s, - کهنه‌فروش؛ کهنه‌خر
Lumpenhund, der; -(e)s, -e ولگرد، کلاهبردار، حقه‌باز
Lumpenkerl, der; -(e)s, -e ولگرد، کلاهبردار، حقه‌باز
Lumpenpack, das; -(e)s آشغال، ته‌مانده
Lumpenpapier, das; -s, -e کاغذ باطله
Lumpensammler, der; -s, - آشغال جمع‌کن
Lumpensammlerin, die; -, -nen آشغال جمع‌کن (زن)
Lumpenwolle, die; - پارچهٔ کم‌ارزش
Lumperei, die; -, -en نیرنگ بی‌شرمانه
lumpig *Adj.* ناچیز، بی‌ارزش، بی‌اهمیت
Lunge, die; -, -n ریه، شش
lungen *Adj.* ریوی، ششی
Lungenentzündung, die; -, -en ذات‌الریه، سینه‌پهلو
Lungenflügel, der; -s, - شیار شش
Lungenheilstätte, die; -, -n آسایشگاه مسلولین
lungenkrank *Adj.* مسلول
Lungenkranke, der; -n, -n مسلول
Lungenkrankheit, die; -, -en بیماری ریوی؛ سل
Lungenkrebs, der; -es, -e سرطان ریه
Lungenschwindsucht, die; -, ⸚e سل ریوی
lungern *Vi.* ول گشتن، پرسه زدن
Lunte, die; -, -n فتیله
Lupe, die; -, -n ذره‌بین، عدسی
etwas **unter die Lupe nehmen** چیزی را دقیقاً بررسی کردن
Lupine, die; -, -n (نوعی) باقلای مصری
Lurch, der; -(e)s, -e حیوان دوزیست
Lust, die; -, ⸚e ۱. میل، هوس، تمایل، لذت، شوق، رغبت ۲. حال و حوصله
Lust haben میل داشتن
keine Lust haben حال و حوصله نداشتن
mit Lust und Liebe با جان و دل، با رغبت
Ich habe keine Lust dazu. حالش را ندارم.

Lustbarkeit, die; -, -en تفریح، سرگرمی، مشغولیت
Lüster, der; -s, - لوستر؛ حباب؛ چراغ
lüstern *Adj.* لذت‌پرست، شهوانی، شهوت‌آلود
Lüsternheit, die; -, -en لذت‌پرستی، شهوت‌پرستی
Lustfahrt, die; -, -en سفر تفریحی
Lustgarten, der; -s, ⸚ گل‌گشت، تفرجگاه، باغ عیش و نوش
Lustgefühl, das; -(e)s, -e احساس خوش
Lustgewinn, der; -(e)s, - لذت‌یابی
lustig *Adj.* بامزه، خنده‌دار، مضحک، شوخ
sich über jemanden **lustig machen** کسی را مسخره و ریشخند کردن
Das kann lustig werden. ممکن است کار به‌جای بدی بکشد.
Lustigkeit, die; - شادی، شادمانی
Lustjacht, die; -, -en کشتی تفریحی
Lüstling, der; -s, -e خوش‌گذران
lustlos *Adj.* بی‌میل، بی‌رغبت، بی‌حال و حوصله
Lustmord, der; -(e)s, -e قتل جنسی
Lustmörder, der; -s, - قاتل جنسی
Lustobjekt, das; -(e)s, -e وسیلهٔ دفع شهوت، وسیلهٔ شهوترانی
Lustprinzip, das; -s, -ien اصل لذت
Lustschloß, das; -schlosses, -schlösser مرکز خوش‌گذرانی
Lustseuche, die; - (بیماری) سیفلیس
Lustspiel, das; -(e)s, -e نمایش کمدی، نمایش خنده‌دار
lustvoll *Adj.* با میل و هوس زیاد
lustwandeln *Vi.* به قصد تفریح گردش کردن
Lutheraner, der; -s, - پیرو عقاید لوتر و کلیسای او
lutherisch *Adj.* وابسته به لوتر و کلیسای او
lutschen *Vt., Vi.* مکیدن، مک زدن
Lutscher, der; -s, - آب‌نبات چوبی
Luv, die; - مسیر باد
luven *Vi.* سر کشتی را در جهت باد گردانیدن
Luvseite, die; -, -n مسیر باد
luxuriös *Adj.* تجملی، مجلل
Luxus, der; - لوکس، تجمل
Luxusartikel, der; -s, - کالای تجملی
Luxusausgabe, die; -n, -n چاپ تجملی و پرخرج
Luxusdampfer, der; -s, - کشتی مجلل
Luxuskabine, die; -, -n (در کشتی / قطار) اتاق خصوصی
Luxusleben, das; -s, - زندگی پرتجمل
Luxuswagen, der; -s, - اتومبیل مجلل
Luzerne, die; -, -n یونجه
lymphatisch *Adj.* لنفاوی
Lymphdrüse, die; -, -n (پزشکی) غدهٔ لنفاوی
Lymphe, die; -, -en لنف
lynchen *Vt.* بدون محاکمه کشتن، لینچ کردن
Lynchgesetz, das; -es, -e مجازات بدون دادرسی
Lynchjustiz, die; - مجازات بدون دادرسی
Lynchmord, der; -(e)s, -e کشتن بدون محاکمه
Lyrạ, die; -, -ren لیر (نوعی ساز زهی در یونان باستان)
Lyrik, die; - شعر بزمی؛ غزل
Lyriker, der; -s, - غزل‌سرا
Lyrikerin, die; -, -nen غزل‌سرا (زن)
lyrisch *Adj.* بزمی؛ (مربوط به) غزل‌سرایی
Lysis, die; -, -sen فروکش تدریجی تب
Lyzeum, das; -s, -zeen دبیرستان دخترانه

M

M, das; -, - إِم (حرف سیزدهم الفبای آلمانی)

Maat, der; -(e)s, -e ۱. رفیق، همدم ۲. افسر جزء نیروی دریایی، مهناوی

Machart, die; -, -en نـوع ساخت؛ (در مورد لباس) طرز دوخت

machbar *Adj.* عملی، قابل اجرا

Mache, die; - وانمود، تظاهر، فریب

machen *Vt., Vr.* ۱. انجام دادن، کردن ۲. تشکیل دادن، تأسیس کردن ۳. ساختن، به وجود آوردن، تولید کردن، تهیه کردن، درست کردن ۴. دوختن (لباس) ۵. برپا کردن، برگزار کردن ۶. منظم کردن (اتاق) ۷. عجله کردن

jemandem **Vorwürfe machen** کسی را سرزنش کردن

aus einer Mücke einen Elefant machen از کاهی کوهی ساختن

Ich mache mir nichts daraus. به آن اهمیتی نمی‌دهم.

einen Forschritt machen پیشرفت کردن

Das macht nichts! اهمیتی ندارد! عیبی ندارد! مهم نیست!

Da ist nichts zu machen! کاری نمی‌شود کرد!

Wieviel macht das? چقدر می‌ارزد؟

Machenschaften, die / *Pl.* دسایس؛ تدابیر

Macher, der; -s, - ۱. سازنده ۲. برگزارکننده ۳. انجام‌دهنده

Macho, der; -s, -s گردن‌کلفت؛ خشن

Macht, die; -, ¨-e ۱. قدرت، زور، نیرو، توانایی، اقتدار، توان ۲. دولت نیرومند، کشور مقتدر

an die Macht kommen به قدرت رسیدن

Das steht nicht in meiner Macht. از قدرت من خارج است.

Machtbefugnis, die; -, -nisse قدرت، توانایی، نفوذ، اعتبار

Machtbereich, der; -(e)s, -e قلمرو، حوزهٔ اقتدار

Machtergreifung, die; -, -en احراز قدرت

Machthaber, der; -s صاحب قدرت، قدرتمند، زمامدار، فرمانروا، حکمران

machthaberisch *Adj.* مستبدانه

Machthunger, der; -s تشنهٔ قدرت

mächtig *Adj.* ۱. مقتدر، توانا، زورمند، قوی ۲. بزرگ، عظیم، زیاد

Machtkampf, der; -(e)s, ¨-e کشمکش برای در دست گرفتن قدرت

machtlos *Adj.* بی‌قدرت، ناتوان، ضعیف، عاجز

Machtmißbrauch, der; -(e)s, -bräuche سوءاستفاده از قدرت

Machtpolitik, die; -, -en سیاست قدرت

Machtposition, die; -, -en موضع قدرت

Machtspruch, der; -(e)s, ¨-e تصمیم مقرون به قدرت

Machtübernahme, die; -, -n احراز قدرت

machtvoll *Adj.* نیرومند، مقتدر، توانا

Machtvollkommenheit, die; - قدرت مطلق، اقتدار

Machtwechsel, der; -s, - تعویض قدرت

Machtwort, das; -(e)s, -e / ¨-er دستور، امر، حکم

mit jemandem **ein Machtwort sprechen** با کسی به‌طور قاطع صحبت کردن

Machtzuwachs, der; -es افزایش قدرت

Machwerk, das; -(e)s, -e کار بد، عمل ناپسندیده

Macker, der; -s, - شخص، آدم، یارو

Madam, die; -, -s / -en مادام، بانو

Mädchen, das; -s, - ۱. دختر، دختربچه، دوشیزه ۲. کلفت، مستخدمه

Er ist Mädchen für alles. از او همه کاری ساخته است.

spätes Mädchen پیر دختر، دختر ترشیده

mädchenhaft *Adj.* دخترانه، دوشیزه‌وار

Mädchenhandel, der; -s دخترفروشی

Mädchenname, der; -ns, -n ۱. اسم کوچک (زن) ۲. نام خانوادگی قبل از ازدواج بانوان

Mädchenpensionat, das; -(e)s, -e مدرسهٔ شبانه‌روزی دخترانه

Mädchenschule, die; -, -n مدرسهٔ دخترانه

Made, die; -, -n (حشره) کرم‌ریز، لارو

made in ساخته شده در، محصول

Mädel, das; -s, - / -s دختر، دختربچه، دوشیزه

madig *Adj.* کرمو، کِرم‌دار، کرم‌خورده، فاسد

jemanden **madig machen** کسی را تحقیر کردن

jemanden etwas **madig machen** حال کسی را گرفتن

Madonna, die; -, -nen مجسمهٔ حضرت مریم، تصویر حضرت مریم

545 **Mahnbrief**

Madrigal, das; -s, -e مادریگال
(نوعی موسیقی آوازی غیر مذهبی برای چندین صدا)
Maestro, der; -s, -s ۱. استاد، معلم ۲. رهبر ارکستر
Maf(f)ia, die; -, -s مافیا (سازمان فعالیت‌های غیر قانونی که در آغاز از جزیره سیسیل برخاست و اکنون پایگاه اصلی آن در ایالات متحدهٔ امریکاست)
Magazin, das; -s, -e ۱. انبار ۲. خشاب، مخزن، خزانه (اسلحه) ۳. مجله
Magd, die; -, ¨-e کلفت، خدمتکار (زن)
Mägdlein, das; -s, - دختر کوچک
Magen, der; -s, ¨ معده
Er liegt mir schwer im Magen. از او بدم می‌آید.
Mir knurrt der Magen! معده‌ام (از گرسنگی) غار و غور می‌کند!
Magenbeschwerden, die / *Pl.* ناراحتی معده، درد معده
Magenbitter, der; -s, - (نوعی) نوشابهٔ تلخ
Magengeschwür, das; -(e)s, -e زخم معده
Magenkrampf, der; -(e)s, ¨-e تشنج معدی، انقباض معده
magenkrank *Adj.* معده درد، شکم‌درد
Magenkrebs, der; -es, -e سرطان معده
Magenleiden, das; -s, - درد معده
Magensaft, der; -(e)s, ¨-e شیرهٔ معده
Magensäure, die; -, -n اسید معدی
Magenschleimhaut, die; -, -häute مخاط معده
Magenschmerzen, die / *Pl.* درد معده
Magenspiegelung, die; -, -en معاینهٔ معده به وسیلهٔ دستگاهی که از راه مری وارد بدن می‌کنند
Magenspülung, die; -, -en تخلیه و شستشوی معده
magenstärkend *Adj.* معدی، شکمی
Magenstein, der; -(e)s, -e سنگ معده
Magenverstimmung, die; -, -en سوءهاضمه، رودل
mager *Adj.* ۱. لاغر، ضعیف، نحیف، استخوانی ۲. [گوشت] بی‌چربی ۳. [خاک] بی‌حاصل ۴. ناچیز
Magerheit, die; - لاغری، بی‌قوتی، نحیفی
Magermilch, die; - شیر کم‌چربی، شیر چربی گرفته
Magie, die; - سحر، جادو
Magier, der; -s, - ساحر، جادوگر
magisch *Adj.* سحرآمیز، جادویی
Magister, der; -s, - ۱. درجهٔ فوق لیسانس ۲. مدیر آموزشگاه
Magistrat, der; -(e)s, -e شهرداری

Magistratsmitglied, das; -(e)s, -er کارمند شهرداری
Magnat, der; -en, -en ۱. نجیب‌زاده ۲. مالک عمده
Magnesia, die; - منیزی؛ تباشیر
Magnesium, das; - (شیمی) منیزیم
Magnesiumsulfat, das; -(e)s, -e (شیمی) سولفات منیزیم
Magnet, der; -(e)s / -en, -e آهن‌ربا، مغناطیس
Magnetband, das; -(e)s, ¨-er نوار مغناطیسی
Magnetfeld, das; -(e)s, -er میدان مغناطیسی
magnetisch *Adj.* مغناطیسی
Magnetiseur, der; -s, -e متخصص علم مغناطیس
magnetisieren *Vt.* مغناطیسی کردن، آهن‌ربا کردن
Magnetismus, der; - خاصیت آهن‌ربایی، خاصیت مغناطیسی، علم مغناطیس
Magnetnadel, die; -, -n عقربهٔ مغناطیسی
Magnetophon; das; -s, -e ضبط مغناطیسی
Magnetpol, der; -s, -e قطب مغناطیسی
Magnetzündung, die; -, -en احتراق مغناطیسی
Magnolie, die; -, -n ماگنولیا (نوعی گل زینتی)
mäh *Interj.* (گوسفند) بع بع
Mahagoni, das; -s ۱. درخت ماهون ۲. رنگ قهوه‌ای مایل به قرمز
Mahagoniholz, das; -es, ¨-er چوب ماهون
Maharadscha, der; -s, -s مهاراجه (عنوان راجه‌های بزرگ در هند)
Maharani, die; -, -s زن مهاراجه
Mahd, die; -(e)s, ¨-er چمن‌زنی، علف‌چینی
mähen *Vt., Vi.* ۱. چمن (جایی) را زدن، علف (جایی) را چیدن ۲. درو کردن ۳. بع بع کردن
Mäher, der; -s, - ۱. ماشین چمن‌زنی ۲. ماشین درو
Mahl, das; -(e)s, -e ۱. غذا، خوراک، طعام ۲. ضیافت، مهمانی
mahlen *Vt., Vi.* ۱. آسیاب کردن، آرد کردن ۲. خرد کردن، نرم کردن
Mahlstein, der; -(e)s, -e سنگ آسیاب
Mahlzahn, der; -(e)s, ¨-e دندان آسیاب
Mahlzeit, die; -, -en غذا، خوراک، وعدهٔ غذا
drei Mahlzeiten am Tag سه وعده غذا در روز
Mahlzeit! گوارای وجود!
Mähmaschine, die; -, -n ماشین درو، ماشین چمن‌زنی
Mahnbrief, der; -(e)s, -e اطلاعیه، یادداشت، یادآوری، تذکاریه

Mähne, die; -, -n ۱. یال (اسب / شیر) ۲. موی بلند و ژولیده

mahnen *Vt., Vi.* اخطار کردن، تذکر دادن، متذکر شدن، گوشزد کردن، یادآور شدن

jemanden **an eine Pflicht mahnen** وظیفهٔ کسی را به او گوشزد کردن

Mahner, der; -s, - گوشزدکننده، هشداردهنده

Mahngebühr, die; -, -en هزینهٔ ارسال اخطاریه

Mahnmal, das; -(e)s, -e یادبود

Mahnschreiben, das; -s, - اطلاعیه، یادداشت، تذکاریه

Mahnung, die; -, -en اخطاریه، تذکر، گوشزد، یادآوری

Mähre, die; -, -n اسب پیر و فرتوت

Mai, der; -(e)s, -e(n) ماه مه

der erste Mai اول ماه مه (روز جهانی کارگر)

Maibaum, der; -(e)s, -bäume تیری که آن را در روز اول مه در میدان شهر می‌آویزند و دور آن می‌رقصند

Maiblume, die; -, -n گل سوسن صحرایی؛ گل زنبق بیابانی

Maid, die; -, -en دوشیزه، دختر باکره

Maifeier, die; -, -n جشن روز جهانی کارگر (روز اول مه)

Maiglöckchen, das; -s, - گل سوسن صحرایی؛ گل زنبق بیابانی

Maikäfer, der; -s, - سوسک طلایی پردار

maikäfern *Vi.* تفکر عمیق کردن

Mais, der; -es, -e ذرت، بلال

Maischbottich, der; -(e)s, -e تغارِ خمیر

Maische, die; -, -n خمیر

maischen *Vt.* خمیر کردن، نرم کردن، خرد کردن

Maisflocken, die / *Pl.* دانه‌های ذرت

Maiskolben, der; -s, -n چوب بلال

Majestät, die; -, -en ۱. اعلیحضرت ۲. عظمت، ابهت

majestätisch *Adj.* باعظمت، باشکوه، مجلل، شاهانه

Major, der; -s, -e سرگرد، یاور

Majoran, der; -s, -e (گیاه) آویشن؛ مرزنگوش، مرزنجوش

majorisieren *Vt.* در (چیزی) با اکثریت آراء پیروز شدن

Majorität, die; -, -en اکثریت (آراء)

Majoritätswahl, die; -, -en انتخابات با اکثریت آراء

makaber *Adj.* ۱. (مربوط به) مرگ و عزا ۲. مرگبار، مخوف، وحشتناک

Makel, der; -s, - ۱. عیب، نقص ۲. لکهٔ ننگ

Mäkelei, die; -, -en عیب‌جویی، خرده‌گیری، بهانه‌گیری

mäkelig *Adj.* ۱. خرده‌گیر، عیب‌جو ۲. خوشمزه، لذیذ

makellos *Adj.* بی‌عیب، بی‌نقص

makeln *Vi.* دلالی کردن

mäkeln *Vt., Vi.* عیب‌جویی کردن، خرده‌گیری کردن، ایراد گرفتن، بهانه‌جویی کردن

Make-up, das; -s, -s وسایل آرایش (صورت)

Makkaroni, die / *Pl.* ماکارونی، رشته فرنگی

Makler, der; -s, - (در معاملات املاک) دلال، واسطه

Mäkler, der; -s, - منقّد، خرده‌گیر، عیب‌جو

Maklergebühr, die; -, -en حق‌العمل، مزد دلالی

Maklergeschäft, das; -(e)s, -e دلالی

Maklerin, die; -, -nen دلال، واسطه (زن)

Mäklerin, die; -, -nen منقّد، خرده‌گیر، عیب‌جو (زن)

Makrele, die; -, -n ماهی اسقومری، ماهی خال مخالی

Makrone, die; -, -n نان بادامی

Makulatur, die; -, -en کاغذ باطله

Mal, das; -(e)s, -e ۱. علامت، نشان ۲. دفعه، مرتبه، بار ۳. لکه، خال ۴. مجسمه

zum ersten Mal برای اولین بار

das nächste Mal دفعهٔ دیگر

voriges Mal دفعهٔ پیش

mal *Adv.* ۱. یک‌بار، یک دفعه، یک مرتبه ۲. ضربدر

Denken Sie mal! تصورش را بکنید!

Rate mal! حدس بزن!

Sag mal! بگو ببینم!

zwei mal zwei ist vier دودوتا چهارتا

Malaria, die; - مالاریا

Malariamücke, die; -, -n پشهٔ مالاریا

Malbuch, das; -(e)s, ¨-er کتاب نقاشی

malen *Vt., Vi.* ۱. نقاشی کردن ۲. رنگ زدن ۳. به تصویر کشیدن

sich malen lassen مدل نقاشی شدن

Mal nicht den Teufel an die Wand! بد به دل راه مده!

Maler, der; -s, - نقاش، صورتگر

Malerei, die; -, -en ۱. نقاشی، صورتگری ۲. تابلو نقاشی

Malerin, die; -, -nen نقاش، صورتگر (زن)

malerisch *Adj.* خوش‌منظره، بدیع، زیبا

Malermeister, der; -s, - نقاش ساختمان

Malheur, das; -s, -s رویداد ناگوار، بدشانسی، بدبیاری

maliziös *Adj.* بدخواه، بداندیش، کینه‌جو

Malkasten, der; -s, - جعبهٔ رنگ

Malkreide, die; -, -n (در نقّاشی) گچ رنگی

Malkunst, die; -, ⸚e هنر نقاشی

malnehmen *Vt.* ضرب کردن

3 mit 5 malgenommen, es gibt 15

عدد ۳ ضرب در عدد ۵ مساوی است با ۱۵

Malnehmen, das; -s ضرب

Maloche, die; - کار سخت و پرمشقت

malochen *Vi.* کار جسمانی سخت کردن

Maltafieber, das; -s, - (بیماری) تب مالت

malträtieren *Vt.* آزار رساندن، صدمه زدن

Malve, die; -, -n (گیاه) پنیرک، خطمی

malvenfarbig *Adj.* ارغوانی روشن

Malz, das; -es, -e جوانهٔ جو، مالت

Malzbier, das; -(e)s, -e آبجو مالت‌دار، آبجو ساخته شده از مالت

Malzbonbon, der/das; -s, -s آب‌نبات ضد سرفه

Malzdarre, die; -, -n کورهٔ آبجوسازی

Malzeichen, das; -s, - علامت ضربدر

Mälzer, der; -s, - مالت‌ساز

Malz-extrakt, der; -(e)s, -e عصارهٔ مالت

Malzkaffee, der; -s, -s قهوهٔ مالت‌دار

Malzzucker, der; -s, - شکر مالت‌دار

Mama, die; -, -s ماما، مامان، مادر

Mamma, die; -, -mae (گیاه) نوک پستان

Mammalia, die/*Pl.* پستانداران

Mammographie, die; -, -n ماموگرافی، پرتونگاری از پستان

Mammon, der; -s ثروت، دولت، مال

Mammut, das; -(e)s, -e/-s ماموت (نوعی فیل ماقبل تاریخ)

mampfen *Vt.* با دهان پر (غذا) خوردن

Mamsell, die; -, -en زن خانه‌دار، کدبانو

man *Pron.* شخص، مردم، آدم، انسان

Man hat mir gesagt! به من گفته‌اند!

Man kann nie wissen! کسی چه می‌داند!

Management, das; -s, -s مدیریت

managen *Vt.* ۱. اداره کردن، از پیش بردن ۲. به عهده گرفتن (سرپرستی کارهای هنرمند)

Manager, der; -s, - مدیر

Managerin, die; -, -nen مدیر (زن)

Managerkrankheit, die; -, -en بیماری پرکاری، بیماری ناشی از فشار کار

manch *Pron., Adj.* بعضی، برخی، بسیاری، خیلی

Manche Leute glauben... بعضی از مردم تصور می‌کنند ...

Manche, die/*Pl.* برخی (از مردم)

mancherlei *Adj.* بعضی، برخی

mancherorts *Adv.* در بعضی جاها

manchmal *Adv.* گاهی، بعضی اوقات

Mandant, der; -en, -en موکل

Mandantin, die; -, -nen موکل (زن)

Mandarine, die; -, -n نارنگی

Mandat, das; -(e)s, -e وکالت، اختیار، قیمومیت

mandatieren *Vt.* وکالت دادن

Mandatsgebiet, das; -(e)s, -e سرزمین تحت قیمومیت، قلمرو قیمومیت

Mandel, die; -, -n ۱. بادام ۲. لوزه ۳. تکان؛ هول، هراس

Mandelauge, das; -s, -n چشم بادامی

Mandelbaum, der; -(e)s, -bäume درخت بادام

Mandelentzündung, die; -, -en ورم لوزه

mandelförmig *Adj.* بادامی شکل

Mandelöl, das; -(e)s, -e روغن بادام

Mandoline, die; -, -n ماندولین (ساز زهی با بدنهٔ گلابی شکل)

Manege, die; -, -n مانژ (میدان دایره‌ای شکل سیرک)

mang *Präp.* در بین، در میان

mang die Leute gehen به میان مردم رفتن

Mangan, das; -s (شیمی) منگنز

Mangansäure, die; -, -n اسید منگنزدار

Mange, die; -, -n (در مورد پارچه) دستگاه مهره‌کشی

Mangel[1]**,** die; -, -n (در مورد پارچه) دستگاه مهره‌کشی

Mangel[2]**,** der; -s, ⸚ ۱. کمبود، فقدان ۲. نقص، عیب

aus Mangel an به سبب فقدانِ

Mangelberuf, der; -(e)s, -e شغل بحرانی

mangelhaft *Adj.* ناقص، معیوب

Mangelhaftigkeit, die; -, -en نقص، کمبود، نیاز

Mangelkrankheit, die; -, -en بیماری عقدهٔ حقارت

mangeln *Vi.* کم داشتن، فاقد بودن، کسر داشتن، کمبود داشتن

mangels *Präp.* به علت فقدان

Mangelware, die; -, -n جنس کمیاب (در بازار)

Mango, die; -, -nen (میوه) مانگو، انبه

Mangold, der; -(e)s, -e چغندر گاوی

Manie, die; -, -n ۱. اصرار و تمایل شدید و بیمارگونه برای انجام یک کار ۲. عشق مفرط، شیفتگی زیاد، شیدایی

Manier, die; -, -en ۱. سبک کار (هنرمند) ۲. رفتار، کردار، سلوک

manieriert *Adj.* ساختگی، تصنعی، تشریفاتی، رسمی

Manieriertheit 548

Manieriertheit, die; -, -en ظاهرسازی
manierlich *Adj.* مؤدب، باتربیت، حرف‌شنو
Manierlichkeit, die; - ادب، تربیت، حرف‌شنوی
Manifest, das; -es, -e مانیفست، بیانیه، اعلامیه، قطعنامه
Manifestation, die; -, -en اظهار، ابراز، اعلام
manifestieren *Vt., Vr.* ۱. علنی کردن، آشکار کردن ۲. علنی شدن، آشکار شدن
Maniküre, die; -, -n مانیکور (آرایش ناخن‌های دست)
maniküren *Vt.* مانیکور کردن، آرایش کردن (ناخن)
Manipulation, die; -, -en ۱. دست‌کاری ۲. دست‌سازی، با دست ساختن ۳. تأثیرگذاری (بر افکار عمومی)
manipulieren *Vt., Vi.* ۱. با دست درست کردن، با دست عمل آوردن ۲. اعمال نفوذ کردن ۳. (بر افکار عمومی) تأثیر گذاردن
manisch *Adj.* شیدا، دیوانه
Manko, das; -s, -s نقص، کمبود، عیب؛ نقطه‌ضعف
Mann, der; -(e)s, ⸚er ۱. مرد ۲. شوهر، زوج ۳. نفر ۴. سرباز
Ein Mann, ein Wort. حرف مرد یکی است. مرد است و قولش.
etwas **an den Mann bringen** کالای خود را فروختن
...bar *Adj.* بالغ، به سن ازدواج رسیده
Mannb..., die; - سن بلوغ، سن ازدواج
Männchen, das; -s, - ۱. مرد کوتوله ۲. ...
Mannequin, das / der; -s, -s مانک...
Männergesangverein, der; -(e)s, -e کانون آوازی مردان
Männerwelt, die; - جنس زمخت
Mannesalter, das; -s مردی، رجولیت
Manneskraft, die; -, ⸚e نیروی مردی
mannhaft *Adj.* مردانه، مرد صفت
Mannhaftigkeit, die; - مردانگی، مردصفتی؛ دلاوری
mannigfach *Adj.* متعدد، گوناگون، متنوع
mannigfaltig *Adj.* متعدد، گوناگون، متنوع
Mannigfaltigkeit, die; - تنوع، گوناگونی، تعدد
männlich *Adj.* ۱. مذکر، نر ۲. مردانه
Männlichkeit, die; - مردانگی، مردی
Mannsbild, das; -es, -er جنس نر، مذکر، مرد
Mannschaft, die; -, -en ۱. گروه، تیم، دسته ۲. جاشویان کشتی
Mannschaftsführer, der; -s, - سرپرست تیم
Mannschaftsgeist, der; -es روحیهٔ تیم، روحیهٔ گروهی
Mannschaftskampf, der; -(e)s, ⸚e مسابقهٔ تیمی
Mannschaftskapitän, der; -s, -e سرپرست تیم، کاپیتان تیم
Mannschaftssport, der; -(e)s, -e ورزش تیمی
mannshoch *Adj.* به بلندی یک مرد
Mannsleute, die / *Pl.* جنس زمخت، مردان
Mannweib, das; -(e)s, -er زن مردنما
Manometer, das; -s, - فشارسنج
Manöver, das; -s, - ۱. مانور، تمرین نظامی ۲. حرکت ماهرانه
manövrieren *Vi.* ۱. مانور دادن، تمرین نظامی کردن ۲. حرکت ماهرانه کردن
manövrierfähig *Adj.* آمادهٔ مانور
manövrierunfähig *Adj.* نداشتن آمادگی برای مانور
Mansarde, die; -, -n اتاق زیر شیروانی
Mansardenfenster, das; -s, - پنجرهٔ اتاق زیر شیروانی
Mansardezimmer, das; -s, - اتاق زیر شیروانی
manschen *Vi., Vt.* ۱. آب بازی کردن ۲. (با آب) مخلوط کردن
Manscherei, die; -, -en ۱. آب بازی کردن ۲. اختلاط، امتزاج (با آب)
Manschette, die; -, -n ۱. سردست، سرآستین ۲. نوار کاغذی چین‌دار که دور گلدان کادویی می‌بندند
Manschettenknopf, der; -(e)s, ⸚e دکمهٔ سردست
Mantel, der; -s, ⸚ ۱. پالتو، مانتو ۲. روکش محافظ، پوشش محافظ (اشیا) ۳. تیوب (دوچرخه)
einen Mantel tragen پالتو به تن کردن
den Mantel anziehen پالتو پوشیدن
Mantelelektrode, die; -, -n پوشش الکترود
Manual, das; -s, -e ۱. (در ارگ) جاانگشتی ۲. کتاب راهنما ۳. دستنامه
manuell *Adj.* دستی، به وسیلهٔ دست
Manufaktur, die; -, -en کاردستی، مصنوع، تولید
manufakturieren *Vt.* با دست تولید کردن
Manufakturwaren, die / *Pl.* کالای تولیدی
Manuskript, das; -(e)s, -e نسخهٔ خطی، دستخط، دست‌نویس
Maoismus, der; - مائوییسم
Maoist, der; -en, -en مائوییست
maoistisch *Adj.* مائوییستی
Mappe, die; -, -n ۱. کیف ۲. پوشه، لفاف

549 **Marktpreis**

Märe, die; -, -n خبر، گزارش
Marathonlauf, der; -(e)s, -läufe دوِ ماراتون، دو استقامت
Marathonläufer, der; -s, - دوندهٔ ماراتون
Marathonläuferin, die; -, -nen دوندهٔ ماراتون (زن)
Marathonsitzung, die; -, -en جلسهٔ طولانی
Märchen, das; -s, - افسانه، قصه، حکایت، داستان
Erzählt mir doch keine Märchen! برایم قصه نباف!
Märchenerzähler, der; -s, - داستان‌سرا، قصه‌گو
Märchenbuch, das; -(e)s, ¨-er کتاب قصه
märchenhaft *Adj.* ۱. افسانه‌ای، افسانه‌وار ۲. زیبا و دل‌انگیز
Märchenland, das; -(e)s, ¨-er سرزمین افسانه‌ای
Marder, der; -s, - ۱. دَله، سمور ۲. دزد
Margarine, die; -, -n مارگارین، روغن‌نباتی
Margerite, die; -, -n گل داودی
Marienbild, das; -es, -er شمایل حضرت مریم
Marienkäfer, der; -s, - پینه‌دوز، کفشدوزک
Marienkult, der; -(e)s, -e عبادت حضرت مریم، مریم‌پرستی
Marihuana, das; -s ماری‌جوانا
marin *Adj.* دریایی
Marinade, die; -, -n (نوعی) سس تند، سس ترش
Marine, die; -, -n نیروی دریایی
marineblau *Adj.* آبی تیره
Marineflugzeug, das; -(e)s, -e هواپیمای دریایی
Marineinfanterie, die; -, -n پیاده‌نظام نیروی دریایی
Marineinfanterist, der; -en, -en سرباز پیادهٔ نیروی دریایی
Marineoffizier, der; -s, -e افسر نیروی دریایی
Mariner, der; -s, - سرباز نیروی دریایی
Marinetruppen, die / *Pl.* نیروی دریایی
marinieren *Vt.* ترشی انداختن
Marionette, die; -, -n ۱. عروسک خیمه‌شب‌بازی ۲. آلت دست
Marionettenregierung, die; -, -en حکومت دست‌نشانده
Marionettenspiel, das; -(e)s, -e خیمه‌شب‌بازی
Marionettentheater, das; -s, - تئاتر عروسکی
Mark[1]**,** die; -, -en ۱. مارک (واحد پول آلمان) ۲. سرحد، مرز
Mark[2]**,** das; -(e)s ۱. مغز تیره، مغز حرام ۲. مغز قلم (استخوان)
markant *Adj.* برجسته، مشخص
Marke, die; -, -n ۱. علامت، نشانه ۲. تمبر ۳. ژتون ۴. نوعی مشخص از یک کالا، مارک
Markenartikel, der; -s, - کالای اختصاصی
Markenbutter, die; - کرهٔ اعلا
Markenname, der; -ns, -n علامت تجارتی
markerschütternd *Adj.* ترس‌آور، وحشتناک
Marketender, der; -s, - فروشندهٔ مواد غذایی
Marketenderin, die; -, -nen فروشندهٔ مواد غذایی (زن)
Marketing, das; -s, - بازاریابی
Markgraf, der; -en, -en مرزبان
Markgräfin, die; -, -nen مرزبان (زن)
markieren *Vt., Vi.* ۱. علامت‌گذاری کردن، نشان گذاشتن ۲. فریب دادن ۳. تظاهر کردن، وانمود کردن
Markierung, die; -, -en ۱. علامت‌گذاری، نشانه‌گذاری ۲. علامت، نشانه
markig *Adj.* قوی، نیرومند، موثر
Markise, die; -, -n سایبان، پرده بالای ویترین مغازه‌ها
Markknochen, der; -s, - استخوان قلم، استخوان مغزدار
Markstein, der; -(e)s, -e سنگ مرزی، علامت مرزی
Markstück, das; -(e)s, -e سکه یک مارکی
Markt, der; -(e)s, ¨-e بازار، بازارچه
auf dem Markt در بازار
der schwarze Markt بازار سیاه
der gemeinsame Markt بازار مشترک (اروپا)
Marktanalyse, die; -, -n تجزیه و تحلیل بازار
Marktbericht, der; -(e)s, -e گزارش بازار
Marktbude, die; -, -n غرفه، دکه، اتاقک
marktfähig *Adj.* قابل فروش، قابل عرضه در بازار، مشتری‌دار
Marktfähigkeit, der; - قابلیت عرضه در بازار
Marktflecken, der; -s, - بازارچه
Marktforscher, der; -s, - پژوهشگر بازار
Marktforschung, die; -, -en پژوهش درباره بازار
marktgängig *Adj.* قابل فروش، قابل عرضه در بازار، مشتری‌دار
Marktgängigkeit, die; - قابلیت عرضه در بازار
Markthalle, die; -, -n بازار سرپوشیده
Marktlage, die; -, -n چگونگی بازار
Marktlücke, die; -, -n دهانهٔ بازار
Marktplatz, der; -es, ¨-e محوطهٔ بازار
Marktpreis, der; -es, -e قیمت بازار

Marktschreier 550

Marktschreier, der; -s, - فروشنده‌ای که کالای خود را با صدای بلند عرضه می‌کند
Marktschreierei, die; -, -en عرضهٔ کالا با تعریف و توصیف مبالغه‌آمیز
marktschreierisch *Adj.* پر سر و صدا، گوش‌خراش
Marktwert, der; -(e)s, -e ارزش بازار
Marktwirtschaft, die; -, -en اقتصاد بازار
Marmelade, die; -, -n مربا
marmeln *Vi.* تیله‌بازی کردن
Marmor, der; -s, -e مرمر، سنگ مرمر
marmorieren *Vt.* مرمری کردن، مرمرنما کردن
marmoriert *Adj.* مرمری
marmorn *Adj.* مرمری، مرمرنما
Marmorpapier, das; -s, -e کاغذ مرمری
Marmorplatte, die; -, -n لوح مرمر، تخته‌سنگ مرمر
marode *Adj.* خسته، ضعیف، مریض
Marodeur, der; -s, -e غارتگر، چپاولگر
Marokkaner, der; -s, - مراکشی
marokkanisch *Adj.* مراکشی
Marokko, das مراکش
Marone, die; -, -n شاه‌بلوط
Marotte, die; -, -n ۱. هوی و هوس ۲. سرگرمی موقتی
Mars, der; - ... ۲. (در یونان باستان) خدای ...
Marsch, der; -es, ¨-e ۱. (نظامی) مارش (قطعهٔ موسیقی مخصوص ارتش) ۲. پیاده‌روی در مسافت طولانی
Marschall, der; -(e)s, ¨-e سپهبد، مارشال
Marschallstab, der; -(e)s, ¨-e عصای مارشالی
Marschbefehl, der; -s, -e دستور حرکت نظامی
marschbereit *Adj.* آمادهٔ حرکت نظامی
marschfertig *Adj.* آمادهٔ حرکت نظامی
marschieren *Vi.* راهپیمایی کردن، حرکت نظامی کردن، با صف‌های منظم و قدم‌های موزون حرکت کردن
marschig *Adj.* باتلاقی، مردابی
Marschkolonne, die; -n, -n ستون نظامی در حال حرکت
Marschland, das; -(e)s, ¨-er زمین باتلاقی
Marssegel, das; -s, - (در مورد کشتی) بالاترین بادبان
Marsstenge, die; -, -n دومین دکل کشتی از عرشه
Marstall, der; -(e)s, ¨-e اصطبل سلطنتی
Marter, die; -, -n شکنجه، آزار
Martergerät, das; -(e)s, -e آلت شکنجه
martern *Vt.* شکنجه دادن، آزار رساندن
jemanden **zu Tode martern** کسی را تا حد مرگ شکنجه دادن
Marterpfahl, der; -es, ¨-e ستون چوبی شکنجه
martialisch *Adj.* وحشت‌انگیز
Märtyrer, der; -s, - شهید، فدایی
Märtyrerin, die; -, -nen شهید، فدایی (زن)
Märtyrertod, der; -(e)s, -e شهادت
den Märtyrertod stehen به درجهٔ شهادت نائل شدن
Märtyrertum, das; - شهادت
Martyrium, das; -s, -rien شکنجه، عذاب شدید (به‌خاطر عقیده)
Marxismus, der; - مارکسیسم، مارکس‌گرایی
Marxist, der; -en, -en مارکسیست، مارکس‌گرای
marxistisch *Adj.* (مربوط به) مارکسیسم، مارکسیستی
März, der; -es / -en, -e (ماه) مارس
Marzipan, das / der; -(e)s, -e (نوعی) شیرینی بادامی
Masche, die; -, -n ۱. شبکه ۲. کوک، بخیه ۳. (در بافتنی) دانه
Maschendraht, der; -(e)s, ¨-e سیم شبکه
maschenfest *Adj.* مقاوم در برابر دررفتگی جوراب
maschig *Adj.* مشبک، شبکه‌دار
Maschine, die ... ۴. هواپیما
die Schreibmaschine ماشین تحریر
maschinell *Adj.* ماشینی، ماشین‌دار، مکانیکی، خودکار
Maschinenantrieb, der; -(e)s, -e حرکت موتور
Maschinenbau, der; -(e)s ۱. ماشین‌سازی ۲. رشتهٔ مکانیک
Maschinenbauingenieur, der; -s, -e مهندس مکانیک
Maschinengarn, das; -(e)s, -e ماشین ریسندگی
maschinengeschrieben *Adj.* ماشین شده، با ماشین تحریر نوشته شده، تایپ شده
Maschinengewehr, das; -(e)s, -e مسلسل، تیربار
Maschinenkode, der; -s, - (در کامپیوتر) کد ماشین
maschinenmäßig *Adj.* ماشینی، مکانیکی، خودکار
Maschinenpistole, die; -, -n مسلسل سبک، تفنگ خودکار
Maschinenraum, der; -(e)s, -räume اتاق موتور، موتورخانه
Maschinenschaden, der; -s, - خسارت دستگاه
Maschinenschlosser, der; -s, - مکانیک ماشین
Maschinenschreiben, das; -s, - ماشین‌نویسی
Maschinenschreiber, der; -s, - ماشین‌نویس

Maschinenschreiberin, die; -, -nen ماشین‌نویس (زن)
Maschinenschrift, die; -, -en نوشتهٔ ماشین‌شده، نوشتهٔ تایپ شده
Maschinensetzer, der; -s, - (در ماشین تحریر) ردیف حروف
Maschinerie, die; -, -n ماشین‌آلات
maschineschreiben *Vi.* ماشین‌نویسی کردن، تایپ کردن
Maschinist, der; -en, -en ماشین کار، ماشین‌چی
Maser, die; -, -n ۱. لکه، جای زخم ۲. رگه، گره (چوب)
maserig *Adj.* رگه‌دار، لکه‌دار، ناصاف
masern *Vt., Vi.* ۱. رگه‌رگه کردن ۲. دانه زدن
Masern, die / *Pl.* (بیماری) سرخک
Maserung, die; -, -en رگهٔ چوب
Maske, die; -, -n ماسک، نقاب، روبند
sich ohne Maske zeigen
چهره راستین خود را نشان دادن
jemandem **die Maske von Gesicht reißen**
نقاب از چهرهٔ کسی برداشتن
Maskenball, der; -(e)s, ⸚e بالماسکه
Maskenbildner, der; -s, - (در نمایش) متصدی گریم، گریمور
Maskenbildnerin, die; -, -nen (در نمایش) متصدی گریم، گریمور (زن)
Maskenkostüm, das; -s, -e لباس فانتزی، لباس غریب
Maskerade, die; -, -n بالماسکه
maskieren *Vr.* ماسک زدن، به لباس مبدل درآمدن، نقاب زدن
Maskierung, die; -, -en ماسک‌زنی، نقاب‌زنی
Maskottchen, das; -s, - چیز خوش‌یمن، شیئی که برای صاحبش شانس می‌آورد
maskulin *Adj.* مذکر، نرینه، مردانه
Maskulinum, das; -s, -lina جنس مذکر، اسم مذکر
Masochismus, der; - خودآزاری، مازوخیسم
Masochist, der; -s, - بیمار مبتلا به مازوخسیم، مازوخیست
maß *P.* صیغهٔ فعل گذشتهٔ مطلق از مصدر messen
Maß[1], das; -es, -e ۱. اندازه، معیار، مقیاس ۲. حد
nach Maß از روی اندازه
In gewissen Maße hat er recht.
تا حدودی حق با اوست.
Das Maß ist voll. صبرم لبریز شده است.
Maß[2], die; -, -e پیمانه
Massage, die; -, -n ماساژ، مشت و مال
Massaker, das; -, - قتل‌عام، خونریزی، کشتار
massakieren *Vt.* قتل‌عام کردن، کشتار کردن
Maßanzug, der; -(e)s, ⸚e کت و شلوار خیاط‌دوز
Maßarbeit, der; -, -en کار سفارشی
Masse, die; -, -n ۱. گروه، جمعیت، تودهٔ مردم ۲. چسب، سریشم ۳. مقدار زیاد ۴. (فیزیک) حجم، جرم
Maßeinheit, die; -, -en واحد اندازه‌گیری
Massekabel, das; -s, - کابل اصلی
Massenanziehungskraft, die; -, ⸚e قوهٔ جاذبه اجسام
Massenarbeitslosigkeit, die; - بیکاری گروهی
Massenartikel, der; -s, - کالای عمده‌فروشی
Massenentlassung, die; -, -en برکناری گروهی
Massengesellschaft, die; -, -en قاطبهٔ ملت
Massengrab, das; -(e)s, ⸚er قبر گروهی
massenhaft *Adj.* زیاد، فراوان، وافر
Massenhaftigkeit, die; - زیادی، فراوانی، وفور
Massenkarambolage, die; -, -n تصادم تعداد زیادی وسیلهٔ نقلیه با یکدیگر
Massenkommunikationsmittel, das; -s, - وسایل ارتباط جمعی
Massenkundgebung, die; -, -en صف‌آرایی گروهی
Massenmedium, das; -s, -dien رسانهٔ گروهی، وسیلهٔ ارتباط جمعی
Massenmittelpunkt, der; -(e)s, -e مرکز ثقل
Massenmord, der; -(e)s, -e قتل دسته‌جمعی، توده‌کشی، قتل‌عام
Massenproduktion, die; -, -en تولید زیاد
Massenpsychose, die; - روان‌پریشی عمومی
Massenversammlung, die; -, -en اجتماع زیاد
massenweise *Adv.* گروهی، جمعی، به مقدار زیاد
Masseur, der; -s, -e ماساژدهنده، مشت و مال‌دهنده
Masseurin, die; -, -nen ماساژدهنده، مشت و مال دهنده (زن)
Masseuse, die; -, -n ماساژدهنده (زن)
Maßgabe, die; -, -n مقیاس، معیار
maßgebend *Adj.* تعیین‌کننده، قاطع، مهم
maßgebene *Adj.* تعیین‌کننده، قاطع، مهم
maßgeblich *Adj.* تعیین‌کننده، قاطع، مهم
maßgeschneidert *Adj.* طبق اندازه

maßhalten *Vi.* حد اعتدال را رعایت کردن
im Essen und Trinken maßhalten
در خوردن و آشامیدن حد اعتدال را رعایت کردن
massieren *Vt.* ماساژ دادن، مشت و مال دادن
massig *Adj., Adv.* ۱. بزرگ، جسیم؛ ضخیم ۲. زیاد، فراوان
Wir haben hier massig Arbeit.
ما در اینجا کار زیادی داریم.
mäßig *Adj., Adv* ۱. معتدل، ملایم، مناسب ۲. به‌حد متعادل
mäßigen *Vt., Vr.* ۱. تعدیل کردن، متعادل ساختن، کاهش دادن ۲. تعدیل شدن، کاهش یافتن
Mäßigkeit, die; - اعتدال، میانه‌روی
Mäßigung, die; -, -en تخفیف، تسکین
massiv *Adj.* ۱. بزرگ، عظیم، جسیم ۲. شدید، خشن
Massivbau, der; -(e)s, -e بتون آرمه
Massivgold, das; -(e)s طلای ناب
Maßkrug, der; -(e)s, ⸚e آبخوری، کوزه
Maßlieb(chen), das; -s, - گل مروارید، گل داودی
maßlos *Adj.* بی‌حد، بی‌پایان، بی‌اندازه، نامحدود
Maßlosigkeit, die; - زیادت، افراط
Maßnahme, die; -, -n اقدام، تدبیر، عمل
Maßregel, die; -, -n اقدام، تدبیر، عمل
maßregeln *Vt.* مجازات کردن، تنبیه کردن، به مجازات رساندن
Maßschneider, der; -s, - خیاط سفارشی
Maßstab, der; -(e)s, ⸚e اندازه، مقیاس، معیار
maßvoll *Adj.* متعادل، متعارف
Mast[1]**,** der; -(e)s, -e/-en دکل کشتی، بادبان، دیرک
Mast[2]**,** die; -, -en غذا، خوراک، طعام
Mastbaum, der; -(e)s, -bäume دکل، دیرک، تیر، میله (چوبی)
Mastdarm, der; -(e)s, ⸚e رودهٔ بزرگ
mästen *Vt., Vr.* ۱. پروار کردن (حیوان) ۲. به اندازهٔ کافی خوردن
Mastkorb, der; -(e)s, -e سر دکل
Mastochse, der; -n, -n گاو پروار
Mastvieh, das; -(e)s حشم پروار
Masturbation, die; -, -en جلق، استمنا
masturbieren *Vi.* جلق زدن، استمنا کردن
Matador, der; -s, -e ماتادور، گاوباز
Match, das/der; -es, -es مسابقهٔ ورزشی، رقابت ورزشی
Mater, die; -, -n زهدان، رحم
material *Adj.* جسمی، مادی
Material, das; -s, -ien ۱. مواد، مصالح، لوازم ۲. مادّهٔ خام، مادّهٔ اولیه ۳. اسناد و مدارک
Materialfehler, der; -s, - کمبود مواد اولیه
Materialhändler, der; -s, - بقال، خواربارفروش؛ عطار
Materialhandlung, die; -, -en بقالی، خواربارفروشی؛ عطاری
Materialismus, der; - ماتریالیسم، ماده‌گرایی، ماده‌آئینی، ماده‌پرستی
Materialist, der; -en, -en ماتریالیست، ماده‌گرا، ماده‌آئین، ماده‌پرست
materialistisch *Adj.* مادی، (مربوط به) ماده‌گرایی
Materialkosten die/*Pl.* مخارج مواد اولیه
Materiallager, das; -s, -/⸚ انبار مصالح
Materie, die; -, -n ۱. ماده ۲. موضوع، مطلب
materiell *Adj.* مادی، از لحاظ مادی
Mathe, die; - ریاضی، ریاضیات
Mathematik, die; - ریاضی، ریاضیات
Mathematiker, der; -s, - ریاضیدان
Mathematiklehrer, der; -s, - دبیر ریاضی
mathematisch *Adj.* ریاضی
Matinee, die; -, -n برنامهٔ هنری بامدادی، کنسرت قبل از ظهر
Matjeshering, der; -s, -e شاه ماهی سفید
Matratze, die; -, -n تُشک
Mätresse, die; -, -n مِترس، معشوقه، رفیقه
matriarchalisch *Adj.* (مربوط به) مادرسالاری
Matriarchat, das; -(e)s, -e مادرسالاری
Matrikel, die; -, -n فهرست (دانشجویان)
Matrikelnummer, die; -, -n شمارهٔ دانشجویی
Matrize, die; -, -n ۱. مهره (پیچ) ۲. کاغذ استنسیل ۳. قالب نقشه‌برداری
Matrone, die; -, -n زن خانه‌دار، کدبانو
Matrose, die; -n, -n ملوان، جاشو، ملاح، دریانورد
Matrosenanzug, der; -(e)s, ⸚e لباس ملوانی
matsch *Adj.* ۱. پوسیده ۲. خسته ۳. مغلوب
Matsch, der; -es, -e ۱. گل و لای، لجن ۲. خمیر
matschig *Adj.* ۱. گل‌آلود، پرگِل ۲. خمیری
matt *Adj.* ۱. تیره، کدر، کم‌نور، مات ۲. خسته، بی‌حال، بی‌رمق ۳. (شطرنج) مات ۴. منسوخ، کهنه
Matte, die; -, -n ۱. چمنزار ۲. حصیر، بوریا ۳. پادری، زیرانداز
Er steht jeden Tag um 8 Uhr auf der Matte.
او هر روز ساعت هشت آماده کار است.

Mattglas, das; -es, ¨-er شیشهٔ مات
Mattgold, das; -(e)s طلای کهنه
Mattheit, die; - ۱. کدری، کم‌نوری، ماتی ۲. ضعف، سستی
mattieren *Vt.* مات کردن، به (چیزی) رنگ مات زدن
Mattigkeit, die; -, -en ۱. کدری، کم‌نوری، ماتی ۲. ضعف، سستی
Mattscheibe, die; -, -n (در تلویزیون) صفحهٔ تصویر
Matura, die; - امتحان دیپلم دورهٔ کامل متوسطه
maturieren *Vi.* دیپلم گرفتن
Matur(um), das; -s امتحان دیپلم دورهٔ کامل متوسطه
Mätzchen, das; -s, - حیله، نیرنگ، دوز و کلک
Matze, die; -, -n نان فطیر
Matzen, der; -s, - نان فطیر
Mauer, die; -, -n ۱. دیوار ۲. (فوتبال) دیوار دفاعی
Mauerblümchen, das; -s, - دختری که در مجلس رقص کمتر مورد توجه قرار می‌گیرد
mauern *Vi.* ۱. دیوار کشیدن ۲. بنا کردن، ساختمان کردن ۳. (فوتبال) دیوار دفاعی بستن
Mauerstein, der; -(e)s, -e آجر
Mauerwerk, das; -(e)s, -e بنایی
Mauerziegel, der; -s, - آجر
Mauke, die; -, -n آماس پشت زانوی اسب
Maul, das; -(e)s, Mäuler پوزه، دهان (حیوان)
Halt's Maul! خفه شو!
jemandem **ums Maul gehen** تملق کسی را گفتن
ein großes Maul haben رجزخوانی کردن
jemandem **das Maul stopfen** دهان کسی را بستن
Maulaffe, der; -n, -n آدم هاج و واج
Maulaffen feilhalten دست روی دست گذاشتن و زل زل نگاه کردن
Mulbeere, die; -, -n توت
Mäulchen, das; -s, - دهان کوچک
maulen *Vi.* غرولند کردن، اخم کردن؛ گله کردن
Maulesel, der; -s, - قاطر
maulfaul *Adj.* کم‌حرف، کم‌سخن
Maulheld, der; -en, -en لاف‌زن، گزافه‌گو، پرمدعا
Maulkorb, der; -(e)s, ¨-e پوزه‌بند، دهان‌بند، دهنه
Maulschelle, die; -, -n سیلی، تودهنی
Maulsperre, die; -, -n تشنج آروارهٔ زیرین
Maultier, das; -(e)s, -e قاطر
Maultrommel, die; -, -n (نوعی) ساز بادی
Maulwerk, das; -(e)s, -e پرگویی، پرحرفی
Maulwurf, der; -(e)s, ¨-e موش کور
Maulwurfshaufen, der; -s, - سوراخ موش کور
Maurer, der; -s, - بنا
pünktlich wie die Maurer خیلی وقت‌شناس
Maurerkelle, die; -, -n مالهٔ بنایی
Maurermeister, der; -s, - بنا، سر عمله، سر کارگر
Maurerpolier, der; -s, -e بنا، سر عمله، سر کارگر
maurisch *Adj.* مغربی، مراکشی
Maus, die; -, Mäuse موش
mauscheln *Vi.* وراجی کردن، تند و ناشمرده سخن گفتن
Mäuschen, das; -s, - موش کوچک
Mäusefalle, die; -, -n تله موش
Mausefalle, die; -, -n تله موش
Mäusegift, das; -(e)s, -e مرگ موش
Mäuseloch, das; -(e)s, ¨-er سوراخ موش
mausen *Vt., Vi.* ۱. دزدیدن، به سرقت بردن ۲. موش گرفتن
mäusstill *Adj.* کاملاً آرام
Mauser, die; - پرریزی (پرندگان)
mausern *Vr.* ۱. پر ریختن (پرندگان) ۲. شخصیت یافتن (بچه‌ها) ۳. تکامل یافتن، ترقی کردن
mausetot *Adj.* بی‌جان، بی‌روح
Mausoleum, das; -s, -leen آرامگاه، مقبره
Maut, die; -, -en عوارض بزرگراه‌ها و پل‌ها
maximal *Adj.* حداکثر، منتهی درجه، بیشترین، غایت
Maximalpreis, der; -es, -e حداکثر قیمت
Maximalstrafe, die; -, -n اشد مجازات
Maxime, die; -, -n اصل، قاعدهٔ کلی
Maximum, das; -s, -ma ماکزیمم، حداکثر، منتهی‌درجه
Mayonnaise, die; -, -n (سس) مایونز
Mäzen, der; -s, -e حامی، پشتیبان، مشوق
Mechanik, die; -, -en ۱. (فیزیک) مبحث مکانیک ۲. نوع ساخت و نحوهٔ کار ماشین
Mechaniker, der; -s, - ۱. مهندس مکانیک ۲. مکانیسین
Mechanikerin, die; -, -nen ۱. مهندس مکانیک ۲. مکانیسین (زن)
mechanisch *Adj.* مکانیکی، ماشینی
mechanisieren *Vt.* ماشینی کردن، مکانیزه کردن
Mechanismus, der; -, -men مکانیزم، اجزای متشکلهٔ ماشین
Meckerei, die; -, -en بهانه‌جویی، غرولند
Meckerer, der; -s, - بهانه‌گیر، عیب‌جو، غرغرو
meckern *Vi.* ۱. بهانه‌گیری کردن، ایراد گرفتن، عیب‌جویی کردن، غرولند کردن ۲. مع مع کردن (بز)

Medaille, die; -, -n	مدال، نشان
Medaillon, das; -s, -s	۱. قاب کوچک (از زر یا سیم برای نگهداری) عکس ۲. مدال بزرگ، مدالیون
medial Adj.	میانی
Medien, die / Pl.	وسیله، واسطه، میانجی
Medientechnologie, die; -, -n	تکنولوژی ارتباطات جمعی
Medikament, das; -(e)s, -e	۱. دارو، دوا ۲. مداوا، درمان، علاج
Mediothek, die; -, -en	کتابخانهٔ عمومی
Meditation, die; -, -en	تفکر، تعمق
meditieren Vi.	در فکر فرو رفتن، در فکر غوطه‌ور شدن
Medium, das; -s, -dien	۱. وسیلهٔ ارتباط ۲. (در جمع) وسایل ارتباط جمعی، رسانه‌های گروهی ۳. واسطهٔ احضار روح
Medizin, die; -, -en	۱. پزشکی، طب ۲. دارو، دوا
Mediziner, der; -s, -	۱. پزشک ۲. دانشجوی پزشکی
medizinisch Adj.	پزشکی، طبی
Meer, das; -(e)s, -e	دریا
am Meer	کنار دریا
auf dem Meer	در دریا
wie Sand am Meer	بی‌شمار، فراوان
Meerbusen, der; -s, -	خلیج
Meerenge, die; -, -n	تنگه، بُغاز
Meeresbiologe, der; -n, -n	زیست‌شناس دریا
Meeresbiologie, die; -	زیست‌شناسی دریا
Meeresfrüchte, die / Pl.	غذاهای دریایی
Meeresgrund, der; -(e)s, ̈-e	ته دریا
Meereshöhe, die; -, -n	سطح دریا
Meeressäugetier, das; -(e)s, -e	پستاندار دریایی
Meeresspiegel, der; -s, -	(مبنای اندازه‌گیری ارتفاع) سطح دریا
Meeresstille, die; -	آرامش دریا
Meeresstrand, der; -(e)s, -e	ساحل دریا
Meeresstraße, die; -, -n	۱. راه آبی ۲. تنگه، بُغاز
Meerestiefe, die; -, -n	عمق دریا
Meeresverschmutzung, die; -	کثافت دریا
meergrün Adj.	سبز مایل به آبی
Meerjungfrau, die; -, -en	پری دریایی
Meerkatze, die; -, -n	میمون دم دراز
Meerrettich, der; -(e)s, -e	ترب کوهی
Meerschaum, der; -(e)s, -schäume	کف ایجادشده از آب دریا
Meerschwein, das; -(e)s, -e	خوک آبی
Meerschweinchen, das; -s, -	خوکچه هندی
Meerungeheuer, das; -s, -	غول دریایی
meerwärts Adv.	به طرف دریا
Meerwasser, das; -s, - / -wässer	آب دریا
Meerweib, das; -(e)s, -er	پری دریایی
Meeting, das; -s, -s	میتینگ، جلسه
Megahertz, das; -, -	(فیزیک) مگاهرتز، یک میلیون دور در دقیقه
Megaphon, das; -s, -s	بلندگو
Mehl, das; -(e)s, -e	آرد
Mehlbeere, die; -, -n	سنجد
Mehlbrei, der; -(e)s, -e	حریره، فرنی
mehlig Adj.	آردی، آردمانند
Mehlkloß, der; -es, ̈-e	(نوعی) پودینگ خمیری شکل میوه
Mehlsack, der; -(e)s, ̈-e	جوال آرد، کیسهٔ آرد
Mehlschwitze, die; -, -n	(برای غلظت سوپ) مخلوط کره و آرد پخته
Mehlspeise, die; -, -n	غذای تهیه شده از آرد
Mehlsuppe, die; -, -n	سوپ آرد
Mehltau, der; -(e)s	کپک‌زدگی آرد
Mehlwurm, der; -(e)s, ̈-er	سوسک آرد
Mehlzucker, der; -s, -	خاکه قند
mehr Adv.	بیشتر، زیادتر، بیش
immer mehr	روز به روز بیشتر
mehr oder weniger	کمابیش
je mehr, desto besser	هرچه بیشتر بهتر
nicht mehr	دیگر نه
Mehrarbeit, die; -	اضافه کار
Mehrausgabe, der; -n, -n	هزینهٔ اضافی
Mehrbetrag, der; -(e)s, ̈-e	۱. هزینهٔ اضافی ۲. مازاد، باقی‌مانده
mehrdeutig Adj.	دارای معانی متعدد، چند پهلو
Mehreinnahme, die; -, -n	درآمد بیشتر
mehren Vt., Vr.	۱. بیشتر کردن، بر (چیزی) افزودن، زیاد کردن، توسعه دادن ۲. زیاد شدن، بیشتر شدن، افزایش یافتن
mehrere Pron.	چندین
ein Wort mit mehreren Bedeutungen	واژه‌ای با معانی متعدد
Mehreres, das; -	چند چیز، چندین شیء
mehrerlei Adj.	گوناگون، مختلف، متغیر
mehrfach Adj.	به دفعات، چند برابر، متعدد، مکرر، چندین‌بار

Mehrfahrtenkarte, die; -, -n	بلیت مسافرتی چند مرتبه‌ای
Mehrfamilienhaus, das; -es, -häuser	مجتمع مسکونی
Mehrfarbendruck, der; -(e)s, -e/=e	چاپ چندرنگ
Mehrgebot, das; -(e)s, -e	(در مزایده) پیشنهاد بیشتر
Mehrgewicht, das; -(e)s, -e	اضافه وزن
Mehrheit, die; -, -en	اکثریت
absolute Mehrheit	اکثریت آرا
relative Mehrheit	اکثریت نسبی
qualifizierte Mehrheit	اکثریت قریب به اتفاق
Mehrheitsbeschluß, der; -schlusses, -schlüsse	تصمیم با رأی اکثریت
Mehrkosten, die / Pl.	هزینه‌های اضافی
mehrmalig Adj.	مکرر، چند مرتبه‌ای
mehrmals Adv.	چندین بار، چندین دفعه
Mehrparteiensystem, das; -s, -e	نظام چندحزبی
mehrseitig Adj.	چند پهلو، کثیرالاضلاع
mehrsilbig Adj.	چند سیلابی
mehrsprachig Adj.	چند زبانی
mehrstellig Adj.	چند رقمی، چند پیکره
mehrstimmig Adj.	(موسیقی) چند صدایی
mehrstöckig Adj.	چند طبقه، چند اشکوبه
Mehrstufe, die; -, -n	(دستور زبان) صفت تفضیلی
mehrstufig Adj.	چند طبقه، چند اشکوبه
mehrstündig Adj.	چند ساعته
mehrtägig Adj.	چند روزه
Mehrung, die; -, -en	افزایش، رشد
Mehrverbrauch, der; -(e)s	مصرف بیشتر
Mehrvölkerstaat, der; -es, -en	کشور چند ملیتی
Mehrwert, der; -(e)s, -	ارزش اضافی
Mehrwertsteuer, die; -, -n	مالیات بر مصرف (اضافی)
Mehrzahl, die; -, -en	۱. (دستور زبان) جمع ۲. اکثریت، تعداد بیشتر
mehrzellig Adj.	چند سلولی
meiden Vt.	از (کسی/چیزی) پرهیز کردن، از (کسی/چیزی) دوری جستن، از (کسی/چیزی) احتراز کردن، از (کسی/چیزی) اجتناب کردن
Meier, der; -s, -	لبنیاتی، لبنیات‌فروش
Meierei, die; -, -en	مزرعۀ لبنیات‌سازی، کارخانۀ لبنیات‌سازی
Meierhof, der; -(e)s, =e	مزرعۀ لبنیات‌سازی
Meile, die; -, -n	(واحد مسافت) مایل
Meilenstein, der; -(e)s, -e	سنگ کیلومترشمار
meilenweit Adj.	بسیار دور
meilenweit von etwas entfernt sein	تمایل به انجام کاری نداشتن
Meiler, der; -s, -	باتری اتمی
mein Pron.	مال من (ضمیر ملکی، برای مذکر و خنثی)
mein und dein verwechseln	به مال دیگران دست‌درازی کردن
Meineid, der; -s, -e	سوگند دروغ، گواهی دروغ، نقض عهد، سوگندشکنی
meineidig Adj.	پیمان‌شکن
meinen Vi., Vt.	۱. فکر کردن، تصور کردن، گمان بردن، فرض کردن ۲. عقیده داشتن، نظر داشتن، معتقد بودن، منظور داشتن
Was meinen Sie dazu?	نظر شما در این مورد چیست؟
Er hat es nicht böse gemeint.	منظور بدی نداشت.
Was Sie meinen!	هرطور که شما بخواهید!
Meinen Sie das im Ernst?	جدی می‌گویید؟
meiner Pron.	مال من (صفت ملکی)
Er kann sich meiner nicht mehr erinnern.	دیگر نمی‌تواند مرا به‌خاطر بیاورد.
meinerseits Adv.	از جهت من، از طرف من
Meinerseits ist nicht ein...	از جهت من مشکلی در کار نیست.
meinesgleichen Pron.	شبیه من
meinethalben Adv.	به‌خاطر من
meinetwegen Adv.	به‌خاطر من
meinetwillen Adv.	به‌خاطر من
meinige Pron.	مال من، متعلق به من
Meinung, die; -, -en	عقیده، نظر، نظریه
meiner Meinung nach	به عقیدۀ من
Ich bin Ihrer Meinung.	من با شما هم‌عقیده‌ام.
Ich bin anderer Meinung.	من نظر دیگری دارم.
seine Meinung ändern	تغییر عقیده دادن
Meinungsäußerung, die; -, -en	ابراز عقیده، اظهارنظر
Meinungsaustausch, der; -(e)s	تبادل نظر
Meinungsbefragung, die; -, -en	نظرخواهی
Meinungsforscher, der; -s, -	متصدی مراجعه به آرای عمومی
Meinungsforschung, die; -, -en	مراجعه به آرای عمومی
Meinungsfreiheit, die; -, -en	آزادی اندیشه، آزادی عقیده

Meinungsumfrage 556

Meinungsumfrage, die; -, -en نظرخواهی
Meinungsverschiedenheit, die; -, -en اختلاف عقیده، اختلاف‌نظر
Meise, die; -, -n (پرنده) چرخ ریسک
Meißel, der; -s, - اسکنه، قلم بنایی
meißeln *Vi., Vt.* ۱. با قلم کار کردن، با اسکنه کار کردن ۲. با قلم کندن، با اسکنه کنده‌کاری کردن
meist *Adj., Adv.* ۱. اغلب، اکثر ۲. غالباً، اکثراً، معمولاً، بیشتر اوقات
  die meisten Leute بیشتر مردم
  am meisten از همه بیشتر
meistbietend *Adj.* حداکثر مزایده
Meistbietende, der; -s, - مزایده‌دهندهٔ برنده
meistenorts *Adv.* بیشتر جاها
meistens *Adv.* غالباً، اغلب اوقات
Meister, der; -s, - ۱. رئیس، مدیر، استاد ۲. استادکار، کارفرما ۳. (ورزش) قهرمان، پهلوان
  Übung macht den Meister. تمرین وسیلهٔ پیشرفت است.
  die alten Meister der Malerei استادان قدیم نقاشی
meisterhaft *Adj.* استادانه، ماهرانه، عالی
Meisterin, die; -, -nen ۱. رئیس، مدیر (زن) ۲. استادکار (زن) ۳. قهرمان (زن)
Meisterleistung, die; -, -en اجرای عالی
meisterlich *Adj.* استادانه، ماهرانه
meistern *Vt.* ۱. اداره کردن ۲. بر (چیزی) تسلط یافتن ۳. خوب یاد گرفتن (زبان) ۴. بر (چیزی) فایق آمدن
Meisterprüfung, die; -, -en آزمون استادی
Meisterschaft, die; -, -en ۱. تسلط، مهارت، استادی ۲. قهرمانی، پهلوانی ۳. (در یک رشته) مقام قهرمانی
Meisterschaftsspiel, das; -(e)s, -e (ورزش) مسابقات قهرمانی
Meisterstück, das; -(e)s, -e شاهکار
Meistertitel, der; -s, - عنوان قهرمانی
Meisterwerk, das; -(e)s, -e شاهکار
Meistgebot, das; -(e)s, -e مزایدهٔ نهایی
Mekka, das; -s مکه
Melancholie, die; -, -n مالیخولیا، سودا
Melancholiker, der; -s, - مالیخولیایی، سودایی، گوشه‌گیر، غمگین
Melancholikerin, die; -, -nen مالیخولیایی، سودایی، گوشه‌گیر، غمگین (زن)
melancholisch *Adj.* مالیخولیایی، سودایی، گوشه‌گیر
Meldeamt, das; -(e)s, ¨-er ادارهٔ ثبت‌نام و مشخصاتِ اهالی محل
Meldebüro, das; -s, -s ادارهٔ ثبت‌نام و مشخصاتِ اهالی محل
Meldefahrer, der; -s, - پیک سوار
Meldefrist, die; -, -en مهلت معرفی (به ادارهٔ ثبت‌نام)
Meldegänger, der; -s, - پیک، فرستاده
Meldehund, der; -(e)s, -e سگ قاصد
Meldeliste, die; -, -n (ورزش) فهرست شرکت‌کنندگان در مسابقه
melden *Vt., Vr., Vi.* ۱. خبر دادن، گزارش دادن، اطلاع دادن ۲. (خود) را معرفی کردن، آمادگی (خود) را اعلام داشتن ۳. پارس کردن (سگ)
  sich telefonisch melden تماس تلفنی گرفتن
  sich bei der Polizei melden خود را به پلیس معرفی کردن
  nichts zu melden haben حق حرف نداشتن، مورد اعتنا نبودن
meldepflichtig *Adj.* تذکردادنی، اخطارکردنی
Meldezettel, der; -s, - فرم ثبت‌نام
Meldung, die; -, -en آگهی، اعلام، خبر، گزارش، اطلاع
melieren *Vt.* مخلوط کردن، آمیختن
meliert *Adj.* [مو] خاکستری، جوگندمی
Melisse, die; -, -n (گیاه) بادرنجبویه
melken *Vt., Vi.* ۱. دوشیدن (شیر) ۲. شیر دادن
Melkenmaschine, die; -, -n دستگاه شیردوشی
Melkkuh, die; -, ¨-e گاو شیرده
Melodie, die; -, -n ملودی، آهنگ، نغمه، نوا
melodisch *Adj.* خوش‌آهنگ، دلپذیر
Melodram(a), das; -s, -men نمایش توام با موسیقی، نمایش موزیکال
Melone, die; -, -n خربزه
  die Wassermelone هندوانه
  die Zuckermelone (نوعی) خربزه
Meltau, der; -(e)s آفت بادزدگی، زنگ گیاهی، کپرک
Membran(e), die; -, -(e)n غشا، دیافراگم، پرده
Memme, die; -, -n ترسو، بزدل، جبون
Memoiren, die / *Pl.* شرح حال، خاطرات
Memorandum, das; -s, -den / -da یادداشت، تذکاریه
memorieren *Vt.* از بر کردن، حفظ کردن، به‌خاطر سپردن
Menagerie, die; -, -n نمایشگاه جانوران
Menge, die; -, -n ۱. مقدار، کمیت، میزان ۲. گروه، جمعیت ۳. (ریاضی) مجموعه
  in großen Mengen به مقدار زیاد
  Ich habe eine Menge zu tun. من کار زیادی در پیش دارم.

mengen *Vt., Vr.* ۱. آمیختن، مخلوط کردن، قاطی کردن ۲. دخالت کردن
Mengenlehre, die; - (ریاضی) علم مجموعه‌ها
mengenmäßig *Adj.* مقداری، کمی، چندی
Mengenrabatt, der; -(e)s, -e تخفیف کلی
Mennig, der; -(e)s ۱. رنگ قرمز ضدزنگ ۲. گل اُخری
Mennige, die; - ۱. رنگ قرمز ضدزنگ ۲. گل اُخری
Menopausis, die; - (در موقع یائسگی زن) بند آمدن قاعدگی
Menorrhöe, die; -, -n عادت ماهانه، قاعدگی، رگل
Mensa, die; -, -s/-sen ناهارخوری دانشجویان
Mensch, der; -en, -en ۱. انسان، بشر، آدمی ۲. شخص، نفر
Mensch! ای بابا! دهه! عجب!
Kein Mensch muß müssen. بایدی در کار نیست.
Menschenaffe, der; -n, -n میمون آدم‌نما
Menschenalter, das; -s نسل
Menschenfeind, der; -(e)s, -e دشمن مردم، دشمن بشر
Menschenfeindin, die; -, -nen دشمن مردم، دشمن بشر (زن)
menschenfeindlich *Adj.* ضد انسانی
Menschenfresser, der; -s, - آدم‌خوار
Menschenfreund, der; -(e)s, -e بشردوست، نوع‌پرست
Menschenfreundin, die; -, -nen بشردوست، نوع‌پرست (زن)
menschenfreundlich *Adj.* نوع‌پرست، بشردوست، بشردوستانه
Menschengedenken, das; -s اندیشهٔ آدمی
Menschengeschlecht, das; -(e)s, - نژاد انسان، جنس بشر
Menschengestalt, die; -, -en ترکیب انسان
Menschenhandel, der; -s, -händel برده‌فروشی
Menschenhaß, der; -hasses بیزاری از بشر
Menschenjagd, die; -, -en شکار انسان
Menschenkenner, der; -s, - انسان‌شناس
Menschenkennerin, die; -, -nen انسان‌شناس (زن)
Menschenkenntnis, die; - معرفت آدمی، شناسایی انسان
Menschenkunde, die; -, -n انسان‌شناسی
Menschenleben, das; -s, - حیات بشر، دوران زندگی
menschenleer *Adj.* مهجور، متروک، دورافتاده
Menschenliebe, die; -, -n بشردوستی، انسان‌دوستی
Menschenmasse, die; -, -n جمعیت
Menschenmaterial, das; -s, -lien نیروی انسانی
Menschenmenge, die; -, -n جمعیت
menschenmöglich *Adj.* در توانایی آدمی
Das ist nicht menschenmöglich! محال است!
Menschenpflicht, die; -, -en وظیفهٔ انسانی
Menschenraub, der; -(e)s آدم‌ربایی
Menschenrechte, die / *Pl.* حقوق بشر
Menschenrechtler, der; -s, - طرفدار حقوق بشر
Menschenrechtlerin, die; -, -nen طرفدار حقوق بشر (زن)
Menschenrechtsbewegung, die; -, -en نهضت حقوق بشر
Menschenrechtskonvention, die; -, -en قرارداد حقوق بشر
menschenscheu *Adj.* کم‌رو، خجالتی، گوشه‌گیر
Menschenschinder, der; -s, - کارفرمای بی‌رحم
Menschenschlag, der; -(e)s, ⸚e نسل، تبار
Menschenseele, die; -, -n روح بشر
Menschenskind *Interj.* (در موقع اعتراض) آهای
Menschensohn, der; -(e)s فرزند انسان
menschenunwürdig *Adj.* پست، غیرانسانی
Menschenverstand, der; -(e)s عقل سلیم
der gesunde Menschenverstand عقل سلیم
Menschenwürde, die; -, -n کرامت انسان
Menschheit, die; - بشریت، انسانیت
menschlich *Adj.* انسانی، بشری، نوع‌دوستانه
sich menschlich machen نفس تازه کردن
Menschlichkeit, die; -, -en بشریت، انسانیت، انسان‌دوستی
Menschwerdung, die; - تجسم، صورت خارجی
Menstruation, die; -, -en عادت ماهانه، عادت زنانه، قاعدگی، پریود، رگل
menstruieren *Vi.* قاعده شدن، رگل شدن
Mensur, die; -, -en مقیاس، اندازه
mental *Adj.* ذهنی، روانی
Mentalität, die; -, -en ذهنی، روانی
Menthol, das; -s جوهر نعناع خشک
Menü, das; -s, -s منو، لیست غذا
Menuett, das; -(e)s, -e منوئه (رقص روستایی فرانسوی دورهٔ باروک)
Mergel, der; -s, - خاک آهک‌دار
mergeln *Vt.* با خاک آهک‌دار کود دادن
Meridian, der; -s, -e نصف‌النهار

meridional *Adj.* نصف‌النهاری
Meringe, die; -, -n (نوعی) کیک میوه‌دار
Meringel, das; -s, - (نوعی) کیک میوه‌دار
merkbar *Adj.* محسوس، قابل درک
Merkblatt, das; -(e)s, ⸚er نشریه، جزوه، رساله؛ ورقه
Merkbuch, das; -(e)s, ⸚er دفتر یادداشت
merken *Vt., Vi.* ۱. درک کردن، دریافتن؛ احساس کردن؛ به‌خاطر سپردن ۲. به (چیزی) توجه کردن، به (چیزی) التفات کردن ۳. ملتفت شدن، متوجه شدن
sich merken به خاطر سپردن
merklich *Adj.* محسوس، قابل درک، آشکار، واضح
Merkmal, das; -(e)s, -e علامت، نشانه، نشان، مشخصه
Merkur, der; -s ۱. جیوه ۲. ستارهٔ عطارد
merkwürdig *Adj.* عجیب، غریب، شگفت‌انگیز
merkwürdigerweise *Adv.* به‌صورت عجیب و غریب
Merkwürdigkeit, die; - غرابت؛ برجستگی
Merkzeichen, das; -s, - نشان، علامت
Merkzettel, der; -s, - یادداشت
meschugge *Adj.* دیوانه، مجنون
Mesner, der; -s, - خادم کلیسا
Mesopotamien, das بین‌النهرین
meßbar *Adj.* قابل اندازه‌گیری
Meßbecher, der; -s, - لیوان آزمایشگاه
Meßbereich, der; -(e)s, -e حوزهٔ اندازه‌گیری
Meßbuch, das; -(e)s, ⸚er کتاب دعا
Meßdiener, der; -s, - خادم کلیسا
Messe, die; -, -n ۱. بازار مکاره، نمایشگاه بزرگ ۲. مس، (نوعی) موسیقی کلیسایی ۳. عشای ربانی (مراسم عبادت دسته‌جمعی)
Messegelände, das; -s, - اراضی نمایشگاه
messen *Vt., Vi., Vr.* ۱. اندازه گرفتن، پیمانه کردن، سنجیدن ۲. اندازهٔ معینی داشتن ۳. زورآزمایی کردن
bei jemandem **Fieber messen** درجهٔ تب کسی راگرفتن
Messer[1], das; -s, - چاقو، کارد، تیغ
jemandem **das Messer auf die Brust setzen** کسی را به نابودی تهدید کردن
Messer[2], der; -s, - اندازه‌گیر، وسیلهٔ اندازه‌گیری
Messerheld, der; -en, -en قاتل، آدمکش
Messerklinge, die; -, -n تیغهٔ چاقو
Messerrücken, der; -s, - پشت چاقو
messerscharf *Adj.* به تیزی چاقو
Messerschmied, der; -(e)s, -e چاقوساز
Messerschneide, die; -, -n تیغهٔ چاقو
Messerstecher, der; -s, - چاقوکش
Messerstecherei, die; -, -en چاقوکشی
Messerstich, der; -(e)s, -e زخم چاقو، ضربهٔ کارد
Meßgerät, das; -(e)s, -e دستگاه اندازه‌گیری، وسیلهٔ اندازه‌گیری
Meßgewand, das; -(e)s, ⸚er لبادهٔ بلند، لباس (مخصوص) عبادت
Messias, der; -/-se حضرت عیسی مسیح
Messing, das; -s, -e (فلز) برنج
Messingblech, das; -(e)s, -e ورقهٔ برنج
Messingdraht, der; -(e)s, ⸚e سیم برنجی
messingen *Adj.* برنجی
Messingrohr, das; -(e)s, -e لولهٔ برنجی
Meßinstrument, das; -(e)s, -e وسیلهٔ اندازه‌گیری
Meßkette, die; -, -n زنجیر اندازه‌گیری
Meßkunde, die; -, -n (علم) نقشه‌برداری
Meßlatte, die; -, -n میلهٔ نقشه‌برداری
Meßopfer, das; -s, - (در مراسم مذهبی کلیسای کاتولیک) قربانی
Meßrute, die; -, -n میلهٔ نقشه‌برداری
Meßtechnik, die; -, -en علم وزن‌ها، علم مقیاس‌ها
Meßstrecke, die; -, -n مسافت‌سنج
Meßtisch, der; -es, -e میز نقشه‌برداری
Meßtischblatt, das; -(e)s, ⸚er ورقهٔ میز نقشه‌برداری
Messung, die; -, -en اندازه‌گیری، سنجش
Meßverfahren, das; -s, - روش اندازه‌گیری
Meßwert, der; -(e)s, -e مقدار (حاصل) از اندازه‌گیری
Meßzylinder, der; -s, - ظرف استوانه‌ای مدرج
Mestize, der; -n, -n دورگه
Met, der; -(e)s, -e (نوعی) شراب انگبینی
Metabolie, die; -, -n متابولی، تغییر، تبدیل
Metabolismus, der; - متابولیسم (تجزیه و ترکیب مواد در موجود زنده)
Metall, das; -(e)s, -e فلز
Metallarbeiter, der; -s, - فلزکار
Metallbearbeitung, die; -, -en فلزکاری
metallen *Adj.* فلزی
Metallgeld, das; -(e)s, - پول فلزی، پول مسکوک
Metallglanz, der; -es جلای فلز، برق فلز
metallhaltig *Adj.* فلزدار
Metallindustrie, die; -, -n صنایع فلزی
metallisieren *Vt.* فلزی کردن، متالیزه کردن
metallisch *Adj.* فلزی
Metalloid, das; -(e)s, -e شبه فلز
Metallorge, der; -n, -n متخصص متالورژی، متالورژ

Metallprobe, die; -, -n سنجش، عیارگیری
Metallsäge, die; -, -n تیغ اره فلزی
Metallurgie, die; -n, -n متالورژی، فن استخراج فلزات
Metallwaren, die / *Pl.* اجناس فلزی، فلزآلات
Metamorphose, die; -, -n استحاله، مسخ، تحول، تبدیل، دگرگونی، دگردیسی
Metapher, die; -, -en استعاره، مجاز
metaphorisch *Adj.* استعاره‌ای
Metaphysik, die; -, -en متافیزیک، فلسفه نظری، حکمت، دانش ماورای طبیعت
metaphysisch *Adj.* وابسته به فلسفهٔ نظری، (مربوط به) دانش ماورای طبیعت
Metastase, die; -, -n متاستاز، انتقال تومور از یک نقطه بدن به نقطهٔ دیگر
Meteor, das / der; -s, -e شهاب؛ پدیدهٔ آسمانی؛ اثر جوی
Meteorologe, der; -n, -n هواشناس
Meteorologie, die; - هواشناسی
meteorologisch *Adj.* (مربوط به) هواشناسی
Meteorstein, der; -(e)s, -e سنگ آسمانی
Meter, das / der; -s, - متر (واحد اندازه‌گیری)
zwei Meter breit دو متر پهنا
Meterband, das; -(e)s, -̈er نوار اندازه‌گیری طول
Metermaß, das; -es, -e نوار اندازه‌گیری طول
Meterware, die; -, -n کالایی که با واحد متر سنجیده می‌شود
Methan, das; -s متان (گازی که از پوسیدگی مواد آلی پدید می‌آید)
Methode, die; -, -n متد، اسلوب، روش، سبک، شیوه
methodisch *Adj.* مرتب، منظم، با اسلوب
Methodist, der; -en, -en ۱. روش‌شناس ۲. (فرقهٔ مسیحی) متدیست
Methodologie, die; -, -n علم اصول
Methylalkohol, der; -s, -e متانول، الکل چوب
Metrik, die; -, -en علم عروض، علم بدیع، مبحث وزن شعر
metrisch *Adj.* دارای وزن، موزون
Metro, die; -, -s مترو
Metronom, das; -s, -e (موسیقی) مترونوم، میزانه‌شمار (اسبابی که تعداد ضرب‌ها را در هر دقیقه تعیین می‌کند)
Metropole, die; -, -n کلان‌شهر، مه شهر، پایتخت
Mette, die; -, -n نماز بامداد
Mettwurst, die; -, -̈e (نوعی) کالباس ایتالیایی
Metzelei, die; -, -en کشتار، قتل، خونریزی
metzeln *Vt.* سلاخی کردن، کشتن
Metzger, der; -s, - قصاب، گوشت‌فروش
Metzgerei, die; -, -en قصابی، گوشت‌فروشی
Meuchelmord, der; -(e)s, -e قتل، آدم‌کشی
Meuchelmörder, der; -s, - قاتل، آدم‌کش
Meuchelmörderin, die; -, -nen قاتل، آدم‌کش (زن)
meucheln *Vt.* کشتن، (ناجوانمردانه) به قتل رساندن
meuchlerisch *Adj.* خیانت‌کار
meuchlings *Adv.* خائنانه
Meute, die; -, -n ۱. دستهٔ سگ شکاری ۲. آشوبگر، شورشی
Meuterei, die; -, -en شورش، عصیان، آشوب
Meuterer, der; -s, - شورشی؛ عاصی، متمرد، سرکش، طاغی
meutern *Vi.* شورش کردن، عصیان کردن، تمرد کردن، سرکشی کردن، طغیان کردن
meuternd *Adj.* یاغی، متمرد، سرکش
Mexikaner, der; -s, - مکزیکی
Mexikanerin, die; -, -nen مکزیکی (زن)
mexikanisch *Adj.* مکزیکی
Mexiko, das مکزیک
Mezzanin, das; -s, -e طبقهٔ بین اشکوب اول و اشکوب دوم، نیم اشکوب
mezzoforte *Adv.* (موسیقی) نیمه قوی
mezzopiano *Adv.* (موسیقی) نسبتاً آرام
Mezzosopran, der; -s, -e متزوسوپرانو، صدای زیرزن (صدای بین سوپرانو و آلتو)
Mezzosopranistin, die; -, -nen خوانندهٔ متزوسوپرانو
miau *Interj.* (صدای گربه) میو
miauen *Vi.* میو میو کردن (گربه)
mich *Pron.* مرا (ضمیر انعکاسی برای اول شخص مفرد)
Das geht mich nicht an. به من ربطی ندارد.
mick(e)rig *Adj.* ضعیف، بینوا
Mick(e)rigkeit, die; - ضعف، بینوایی
mied *P.* صیغهٔ فعل گذشتهٔ مطلق از مصدر meiden
Mieder, das; -s, - کرست (زنانه)
Miederhöschen, das; -s, - کرست شلواری، گِن شورتی
Miederwaren, die / *Pl.* لباس‌های زیر زنانه
Mief, der; -s هوای کثیف، بوی نامطبوع
miefen *Vi.* ۱. هوای کثیف داشتن ۲. بوی بد دادن
miefig *Adj.* بدبو
Miene, die; -, -n سیما، چهره، قیافه، صورت، منظر

gute Miene zum bösen Spiel machen	چیزی را به روی خود نیاوردن
Mienenspiel, das; -(e)s, -e	لال‌بازی، گنگ‌بازی، پانتومیم
Mienensprache, die; -, -n	لال‌بازی، گنگ‌بازی، پانتومیم
mies Adj.	بد، زشت، رقت‌انگیز، نامطلوب
miesmachen Vt.	بد جلوه دادن، ناچیز جلوه دادن
Miesmacher, der; -s, -	آشوب‌طلب
Miesmuschel, die; -, -n	(نوعی) صدف خوراکیِ دو کفه‌ای
Mietauto, das; -s, -s	اتومبیل کرایه
Miete, die; -, -n	اجاره، کرایه
warme Miete	اجاره با پول برق و گاز
kalte Miete	اجاره بدون پول برق و گاز
mieten Vt.	اجاره کردن، کرایه کردن
Mietenkontrolle, die; -, -n	کنترل اجاره
Mieter, der; -s, -	مستأجر، کرایه کننده
Mieterhöhung, die; -, -en	افزایش مبلغ اجاره
Mieterin, die; -, -nen	کرایه کننده، مستأجر (زن)
Mieterschaft, die; -	اجاره‌نشینی
Mieterschutz, der; -es	حمایت مستأجر
Mietertrag, der; -(e)s, ̈-e	اجاره‌نامه
mietfrei Adj.	بدون اجاره
Mietpferd, das; -(e)s, -e	اسب کرایه
Mietpreis, der; -es, -e	مبلغ اجاره
Mietshaus, das; -es, -häuser	خانه اجاره‌ای
Mietskaserne, die; -, -n	ملک استیجاری
Mietverhältnis, das; -nisses, -nisse	اجاره‌داری
Mietvertrag, der; -(e)s, ̈-e	اجاره‌نامه
Mietwagen, der; -s, -	اتومبیل کرایه
Mietwagenverleih, der; -(e)s, -e	سرویس کرایه دادن اتومبیل
mietweise Adv.	در اجاره
Mietwert, der; -(e)s, -e	مقدار اجاره
Mietwohnung, die; -, -en	آپارتمان اجاره‌ای
Mietzahlung, die; -, -en	پرداخت اجاره
Mietzins, der; -es, -e	مال‌الاجاره، کرایه
Miez(e), die; -, -(e)n	پیشی، بچه گربه
Migräne, die; -	میگرن (سردرد مزمن)
Mikrobe, die; -, -n	میکروب
mikrobisch Adj.	میکروبی
Mikrobiologie, die; -	میکروب‌شناسی
Mikrofilm, der; -s, -e	میکروفیلم (فیلم بسیار کوچک مخصوص عکس‌برداری از اسناد، کتاب)
Mikrokopie, die; -, -n	عکس‌برداری از اسناد و مدارک با دوربین مخصوص
Mikrometer, das; -s, -	میکرومتر، ریزسنج (وسیلهٔ اندازه‌گیری چیزهای ریز)
Mikroorganismus, der; -, -men	موجود زندهٔ ذره‌بینی، میکروب
Mikrophon, das; -s, -e	میکروفون، وسیلهٔ تقویتِ صوت، وسیلهٔ انتقال صوت
Mikroskop, das; -s, -e	میکروسکوپ، ریزبین، ذره‌بین
mikroskopisch Adj.	میکروسکوپی، ذره‌بینی
Mikrowelle, die; -, -n	موج کوتاه
Milbe, die; -, -n	کرم ریز
Milch, die; -, -e(n)	شیر، لبن
Milchbar, die; -, -s	محل فروش فراورده‌های شیر
Milchbart, der; -(e)s, ̈-e	جوان نابالغ
Milchbrot, das; -(e)s, -e	(نوعی) نان شیرمال
Milchbrötchen, das; -s, -	(نوعی) نان شیرمال
Milchbruder, der; -s, -	برادر رضاعی
Milchdrüse, die; -, -n	غدهٔ شیری، غدهٔ عرقی
Milcher, der; -s, -	شیرفروش
Milchflasche, die; -, -n	شیشهٔ شیر
Milchgebiß, das; -bisses, -bisse	دندان شیری، دندان‌های شیری
Milchgeschäft, das; -(e)s, -e	لبنیاتی
Milchglas, das; -es, ̈-er	شیشهٔ مات
milchig Adj.	شیری، شیری رنگ
Milchkaffee, der; -s, -s	شیرقهوه
Milchkuh, die; -, ̈-e	گاو شیرده
Milchkur, die; -, -en	رژیم غذایی با شیر
Milchmädchen, das; -s, -	دختر شیرفروش
Milchmann, der; -(e)s, ̈-er	شیرفروش
Milchmixgetränk, das; -(e)s, -e	مخلوط شیر و شربت
Milchner, der; -s, -	شیرفروش
Milchprodukt, das; -(e)s, -e	لبنیات
Milchpulver, das; -s, -	شیر خشک
Milchreis, der; -es	شیربرنج
Milchsäure, die; -, -n	(شیمی) اسید لاکتیک
Milchspeise, die; -, -n	غذای شیری
Milchstraße, die; -, -n	(کهکشان) راه شیری، جادهٔ شیری
Milchsuppe, die; -, -n	سوپ شیر
Milchvieh, das; -(e)s	جانور شیرده

Milchwirtschaft, die; -, -en فراوردهٔ شیری
Milchzähne, die / *Pl.* دندان‌های شیری
Milchzucker, der; -s, - قند شیر، لاکتوز
mild(e) *Adj.* ۱. ملایم، معتدل ۲. سست، ضعیف ۳. نرم، لطیف
Milde, die; -, -n ۱. ملایمت، اعتدال ۲. نرمی، لطافت
mildern *Vt.* ملایم کردن، معتدل کردن، کاستن، تخفیف دادن، کم کردن؛ تسکین دادن، فرونشاندن
Milderung, die; -, -en تخفیف؛ تسکین؛ کاهش، فرونشانی
Milderungsgrund, der; -(e)s, =e انگیزهٔ تخفیف
mildherzig *Adj.* مهربان، خوش‌قلب
Mildherzigkeit, die; - مهربانی، خوش‌قلبی
mildtätig *Adj.* نیکوکار، خیّر
Mildtätigkeit, die; - نیکوکاری، عمل خیر
Milieu, das; -s, -s محیط زیست
milieubedingt *Adj.* ناشی از محیط، بر اثر محیط
militant *Adj.* مبارز، جنگنده
Militär[1], das; -s ارتش، نیروی نظامی
zum Militär gehen به خدمت سربازی رفتن
Militär[2], der; -s, -s ارتشی، سرباز، نظامی
Militärakademie, die; -, -n دانشکدهٔ افسری
Militärarzt, der; -es, =e پزشک ارتش
Militärattaché, der; -, -s وابستهٔ نظامی
Militärbündnis, das; -nisses, -nisse معاهدهٔ نظامی
Militärdienst, der; -es خدمت نظام وظیفه، خدمت سربازی
Militärdiktatur, die; - دیکتاتوری نظامی
Militärflugzeug, das; -(e)s, -e هواپیمای نظامی
Militärgericht, das; -(e)s, -e دادگاه نظامی
militärisch *Adj.* ارتشی، نظامی
militarisieren *Vt.* نظامی کردن
Militarismus, der; - میلیتاریسم، نظامی‌گرایی، جنگ‌گرایی، افزایش قوای نظامی
Militärkrankenhaus, das; -es, -häuser بیمارستان نظامی
Militärmacht, die; -, =e قدرت نظامی
Militärmusik, die; - موسیقی نظامی
Militärregierung, die; -, -en حکومت نظامی
Miliz, die; -, -en جنگجوی غیر نظامی، نیروی نظامی بومی، چریک، نیروی شبه نظامی
Milliardär, der; -s, -e میلیاردر
Milliarde, die; -, -n میلیارد، هزار میلیون
Millimeter, das / der; -s, - میلی‌متر
Millimeterarbeit, die; - کار دقیق
Millimeterpapier, das; -s, -e کاغذ شطرنجی
Million, die; -, -en میلیون
Millionär, der; -s, -e میلیونر
Milz, die; -, -en ۱. طحال، اسپرز ۲. غدد تناسلی ماهی نر
Milzbrand, der; -es, =e سیاه‌زخم
Milzkrankheit, die; -, -en بیماری طحال گاوی
Milzstechen, das; -s, - درد اسپرز، درد طحال
Mime, der; -n, -n پانتومیم، لال‌بازی، گنگ‌بازی
mimen *Vt.* قیافهٔ (کسی) را به خود گرفتن، ادای (کسی) را درآوردن
Mimik, die; -, -en میمیک، هنر تقلید حالت چهره، نمایش تقلید (به وسیلهٔ حرکات صورت)
Mimiker, der; -s, - مقلد، تقلیدکننده
Mimikry, die; - تقلید، شکلک‌سازی، ادا و اصول
mimisch *Adj.* تقلیدی
Mimose, die; -, -n درخت گل ابریشم
empfindlich wie eine Mimose sein نازک نارنجی بودن
mimosenhaft *Adj.* بسیار حساس
Minarett, das; -(e)s, -e مناره، گلدسته
minder *Adj., Adv.* ۱. کم‌ارزش، نامرغوب ۲. کمتر، کوچکتر، اقل
eine mindere Qualität یک جنس نامرغوب و کم‌ارزش
minderbedeutend *Adj.* دارای اهمیت کمتر
minderbemittelt *Adj.* دارای حداقل درآمد
Minderbetrag, der; -(e)s, =e کسری، کمبود
Minderbewertung, die; -, -en کم‌ارزش، کم‌بها
Mindereinnahme, die; -, -n کسر درآمد
Mindergewicht, das; -(e)s, -e کم‌وزن
Minderheit, die; -, -en اقلیت
Minderheitsregierung, die; -, -en حکومت اقلیت
minderjährig *Adj.* نابالغ، خردسال، کم‌سن، صغیر
Minderjährige, der / die; -n, -n نابالغ، صغیر
Minderjährigkeit, die; - خردسالی، کم‌سنی، کم‌سالی، نابالغی
mindern *Vt., Vr.* ۱. کم کردن، از (چیزی) کاستن، پایین آوردن، کاهش دادن ۲. کم شدن، تقلیل یافتن
Minderung, die; -, -en کاهش، تقلیل
minderwertig *Adj.* بد، نامرغوب
Minderwertigkeitsgefühl, das; -(e)s, -e عقدهٔ خودکم‌بینی، احساس حقارت
Minderwertigkeitskomplex, der; -es, -e عقدهٔ خودکم‌بینی، احساس حقارت

Minderzahl, die; - اقليت

mindest *Adj.* کمترین، کوچک‌ترین، خردترین

Das ist doch das Mindeste was man tun sollte.

این حداقل کاری است که باید انجام داد.

Mindestalter, das; -s حداقل سن

mindestens *Adv.* حداقل، اقلاً، دست‌کم

Es wird Mindestens 50 Mark kosten.

این حداقل ۵۰ مارک ارزش دارد.

Mindestgebot, das; -(e)s, - کمترین پیشنهاد

Mindestgeschwindigkeit, die; -, -en حداقل سرعت

Mindestlohn, der; -(e)s, ⸚e حداقل دستمزد

Mindestmaß, das; -es, -e حداقل مقیاس

Mindestpreis, der; -es, -e کمترین بها

Mindestzeit, die; -, -en حداقل وقت، کم‌ترین زمان

Mine, die; -, -n ۱. مین ۲. کان، معدن ۳. مغز مداد

Minenfeld, das; -(e)s, -er میدان مین

Minenleger, der; -s, - کشتی مین‌گذار

Minenräumboot, das; -(e)s, -e کشتی مین جمع‌کن

Minensperre, die; -, -n میدان مین

Minensuchgerät, das; -(e)s, -e دستگاه مین‌یاب

Mineral, das; -s, -e/-ien مواد معدنی

mineralisch *Adj.* معدنی

Mineralog(e), der; -(e)n, -(e)n معدن‌شناس

Mineralogie, die; -, -n معدن‌شناسی

Mineralöl, das; -(e)s, -e نفت خام

Mineralquelle, die; -, -n چشمهٔ معدنی

Mineralraffinerie, die; -, -n پالایشگاه نفت

Mineralwasser, das; -s, -/-wässer آب معدنی

Miniatur, die; -, -en مینیاتور

Miniaturgemälde, das; -s, - تابلو مینیاتور

Miniaturmalerei, die; -, -n نقاشی مینیاتور

Minigolf, das; -(e)s (بازی) مینی‌گلف

Minikleid, das; -(e)s, -er لباس کوتاه

minimal *Adj.* جزئی، کم، خفیف، بسیار ناچیز

Minimallohn, der; -(e)s, ⸚e حداقل مزد

Minimum, das; -s, -ma مینیمم، کمترین حد، کمترین مقدار، حداقل

Minirock, der; -(e)s, ⸚e دامن کوتاه، مینی‌ژوب

Minister, der; -s, - وزیر

ministerial *Adj.* وزارتی

ministeriell *Adj.* وزارتی

Ministerin, die; -, -nen وزیر (زن)

Ministerium, das; -s, -rien وزارتخانه، وزارت

Ministerpräsident, der; -en, -en نخست‌وزیر، صدراعظم

Ministerrat, der; -(e)s, ⸚e هیئت دولت، کابینه

Ministrant, der; -en, -en دستیار کشیش

Minne, die; - عشق

Minne(ge)sang, der; -(e)s, ⸚e ترانهٔ عشق

Minnesänger, der; -s, - شاعر غزل‌سرا؛ خوانندهٔ تصنیف‌های عاشقانه (عنوان شاعر و آوازخوان در سده‌های ۱۲ و ۱۳ در فرانسه و آلمان)

Minnesinger, der; -s, - شاعر غزل‌سرا؛ خوانندهٔ تصنیف‌های عاشقانه (عنوان شاعر و آوازخوان در سده‌های ۱۲ و ۱۳ در فرانسه و آلمان)

minorenn *Adj.* خردسال، صغیر

Minorität, die; -, -en اقلیت

Minuend, der; -en, -en (ریاضی) کاهش‌یاب، مفروق منه

Minus, das; - کسری، کمبود

minus *Konj., Präp., Adv.* منها، منفی

Minuspol, der; -s, -e قطب منفی

Minuszeichen, das; -s, - علامت منها

Minute, die; -, -n دقیقه

auf die Minute سروقت، سردقیقه

minutenlang *Adj.* در طی یک دقیقه

Minutenzeiger, der; -s, - عقربهٔ دقیقه‌شمار

minutlich *Adj.* هر دقیقه

minuziös *Adj.* ریز، بسیار خرد

Minze, die; -, -n نعناع

Minzplätzchen, das; -s, - قرص نعناع

mir *Pron.* به من (ضمیر انعکاسی برای اول شخص مفرد)

Mir ist gleich. برای من فرقی نمی‌کند.

Mirabelle, die; -, -n آلو زرد

Mirakel, das; -s, - معجزه

Misandrie, die; - تنفر شدید زن نسبت به مرد

Misanthrop, der; -en, -en مردم‌گریز (کسی که از انسان یا جامعه بیزار است)

mischbar *Adj.* قابل امتزاج، مخلوط‌شدنی

Mischbarkeit, die; - قابلیت امتزاج

Mischbecher, der; -s, - (دستگاه) مخلوط کن

Mischehe, die; -, -n ازدواج دو نژاد مختلط

mischen *Vt.* ۱. مخلوط کردن، آمیختن ۲. بر زدن (ورق)

Mischer, der; -s, - (دستگاه) مخلوط کن

Mischgemüse, das; -s, - سبزی مخلوط

Mischling, der; -s, -e دورگه

Mischmasch, der; -es, -e ۱. آمیختگی، اختلاط، درهم برهمی ۲. چیز قاطی‌پاتی

Mischmaschine, die; -,-n	ماشین بتون‌سازی
Mischrasse, die; -,-n	نژاد دورگه
Mischsprache, die; -,-n	زبان پیوندی
Mischung, die; -,-en	۱. اختلاط، آمیزش، امتزاج ۲. معجون
Mischungsverhältnis, das; -nisses, -nisse	نسبت آمیزش
Mischvolk, das; -(e)s, ⸚er	قوم دورگه
Mischwald, der; -(e)s, ⸚er	جنگل پیوندی
Mischwolle, die; -	پشم مخلوط
miserabel Adj.	۱. بدبخت، بیچاره ۲. ناراحت‌کننده، تأسف‌آور
Misere, die; -,-n	بیچارگی، بدبختی، مصیبت، نابسامانی
Misogyn, der; -en/-(e)s, -en/-e	کسی که از زن متنفر است
Mispel, die; -,-n	ازگیل
mißachten Vt.	به (کسی/چیزی) بی‌اعتنایی کردن، به (کسی/چیزی) بی‌احترامی کردن، نادیده گرفتن، تحقیر کردن
Mißachtung, die; -	بی‌اعتنایی، تحقیر، بی‌احترامی
mißbehagen Vt.	رنجاندن، ناراضی کردن، دلگیر کردن
Mißbehagen, das; -s, -	رنجش، ناخشنودی، نارضایتی
mißbilden Vt.	تغییر شکل دادن، بد شکل کردن
Mißbildung, die; -	بد شکلی، ناهنجاری، نقص عضو
mißbilligen Vt.	رد کردن، با (چیزی) موافقت نکردن، تصویب نکردن؛ از (چیزی) امتناع کردن
mißbilligend Adj.	عدم تصویب؛ امتناع
Mißbilligung, die; -	رد، عدم تصویب؛ امتناع
Mißbrauch, der; -	سوء استعمال، سوءاستفاده
mißbrauchen Vt.	۱. از (چیزی) سوءاستفاده کردن، بد استعمال کردن ۲. به (کسی) تجاوز کردن
mißbräuchlich Adj.	ناشایسته، نامناسب، خارج از نزاکت
mißdeuten Vt.	بد تفسیر کردن، بد تعبیر کردن
Mißdeutung, die; -,-en	سوءتعبیر، سوءتفسیر، تفسیر غلط
missen Vt.	از (چیزی) محروم بودن، از دست دادن
Mißerfolg, der; -(e)s, -e	عدم موفقیت، ناکامی، شکست
Mißernte, die; -,-n	بدی محصول
Missetat, die; -,-en	جرم، گناه، خلاف
Missetäter, der; -s, -	مجرم، گناهکار
Missetäterin, die; -,-nen	مجرم، گناهکار (زن)

mißfallen Vi.	ناخوشایند بودن، مورد پسند واقع نشدن
Dieses Buch hat mir sehr mißfallen.	این کتاب اصلاً به دلم ننشست.
Mißfallen, das; -s, -	ناخشنودی، نارضایتی، رنجش
mißfällig Adj.	برخورنده، تکان‌دهنده، منزجرکننده
Mißgeburt, die; -,-en	ناقص‌الخلقه
mißgelaunt Adj.	ناراضی، ناخشنود، بدخلق، ترشرو
Mißgeschick, das; -(e)s, -e	پیشامد بد، مصیبت، بدبیاری، رویداد ناگوار
Mißgestalt, die; -,-en	نقص خلقت، بدشکلی، زشتی
mißgestalt(et) Adj.	ناقص‌الخلقه، بدشکل
mißgestimmt Adj.	بدخلق، کج‌خلق، ناراضی، ناخشنود
mißglücken Vi.	موفق نشدن، شکست خوردن
Der Versuch ist mir mißglückt.	سعی و تلاشم بی‌نتیجه مانده است.
mißgönnen Vt.	به (کسی/چیزی) حسد بردن، به (کسی/چیزی) رشک بردن، غبطۀ (کسی/چیزی) را خوردن
Mißgriff, der; -(e)s, -e	اشتباه، خطا
Mißgunst, die; -	حسد، رشک
mißgünstig Adj.	حسود
mißhandeln Vt.	با (کسی) بدرفتاری کردن، به (کسی) صدمه رساندن
Mißhandlung, die; -,-en	بدرفتاری
Mißheirat, die; -,-en	ازدواج نامناسب، پیوند ناجور
mißhellig Adj.	نامناسب، ناجور
Mißhelligkeit, die; -,-en	ناسازگاری، عدم تناسب، نفاق
Mission, die; -,-en	۱. میسیون، هیئت اعزامی ۲. هیئت مذهبی ۳. تبلیغ مذهبی ۴. رسالت، مأموریت
Missionar, der; -s, -e	میسیونر، مبلغ مذهبی
Mißklang, der; -(e)s, ⸚e	۱. صدای ناموزون ۲. ناسازگاری، عدم توافق، عدم هماهنگی، ناموزونی
Mißkredit, der; -(e)s, -e	بی‌اعتبار
mißlang P.	صیغۀ فعل گذشتۀ مطلق از mißlingen
mißlich Adj.	ناگوار، ناجور، ناراحت‌کننده
Mißlichkeit, die; -,-en	ناگواری، ناجوری
mißliebig Adj.	بی‌لطف، بی‌التفات
mißlingen Vi.	کامیاب نشدن، موفق نشدن، شکست خوردن
Mißlingen, das; -s, -	ناتوانی، شکست
Mißmanagement, das; -s	مدیریت بد و غلط
Mißmut, der; -(e)s	نارضایتی، ناخشنودی، رنجش

mißmutig 564

mißmutig *Adj.* ناراضی، دلخور، اوقات تلخ، ناخشنود، کج‌خلق، بی‌حوصله
mißraten *Vi.* کامیاب نشدن، موفق نشدن، شکست خوردن
Mißstand, der; -(e)s, ⸚e وضعیت بد، عیب، نقص
Mißstimmung, die; -, -en ناسازگاری، عدم توافق، عدم هماهنگی
Mißton, der; -(e)s, ⸚e ناسازگاری، عدم توافق، عدم هماهنگی
mißtönig *Adj.* ناموزون، ناجور، بدآهنگ
mißtrauen *Vi.* اعتماد نکردن، سوءظن داشتن، بدگمان بودن
Mißtrauen, das; -s عدم اعتماد، بدبینی، بدگمانی، سوءظن
Mißtrauensantrag, der; -(e)s, ⸚e تقاضای عدم اعتماد
Mißtrauensvotum, das; -s, -ten / -ta رأی عدم اعتماد، رأی منفی
mißtrauisch *Adj.* بدگمان، ظنین، بدبین
Mißvergnügen, das; -s, - رنجش، کدورت، نارضایتی
mißvergnügt *Adj.* ناراضی
Mißverhältnis, das; -nisses, -nisse عدم هماهنگی، عدم تجانس، ناسازگاری، عدم تناسب
mißverständlich *Adj.* باعث سوءتفاهم، که باعث سوءتفاهم می‌شود
Mißverständnis, das; -nisses, -nisse سوءتفاهم
mißverstehen *Vt.* درست نفهمیدن، عوضی فهمیدن، بد تعبیر کردن، بد فهمیدن
Mißwirtschaft, die; -, -en سوءِ اداره
Mist, der; -es, -e ۱. پشکل، پهن، کود حیوانی ۲. زباله، خاکروبه، آشغال ۳. مه رقیق ۴. سخن بی‌معنی، پرت و پلا
Mistbeet, das; -(e)s, -e تختهٔ پهن
Mistel, die; -, -n دارواش، (نوعی) گیاه طفیلی
misten *Vt.* ۱. کود دادن ۲. مه‌آلود کردن ۳. از پهن و پشکل زدودن (طویله)
Mistfink, der; -en, -en (فحش) خوک کثیف
Mistgabel, die; -, -n ابزار مخصوص به‌هم زدن کود
Misthaufen, der; -s, - تودهٔ زباله
Mistkäfer, der; -s, - سرگین غلطان، سوسک سرگین‌خور
Mistkerl, der; -(e)s, -e بدجنس، خبیث، پست‌فطرت
Miststück, das; -(e)s, -e بدجنس، خبیث، پست‌فطرت
Mistwetter, das; - هوای بسیار بد
mit *Präp., Adv.* ۱. با، به اتفاقِ، همراهِ، به‌وسیلهٔ ۲. هم، نیز، هم‌چنین

mit Gewalt به زور
mit Absicht عمداً
mit dabei sein در آنجا بودن
Was ist los mit dir? تو را چه می‌شود؟
Mitangeklagte, der / die; -n, -n دستیار متهم، شریک جرم
mitansehen *Vt.* ۱. به (چیزی) شهادت دادن، دیدن ۲. تحمل کردن
Mitarbeit, die; -, -en همکاری، تشریک مساعی
mitarbeiten *Vi.* همکاری کردن، تشریک مساعی کردن
Mitarbeiter, der; -s, - همکار، شریک
Mitarbeiterin, die; -, -nen همکار، شریک (زن)
Mitarbeiterstab, der; -(e)s, ⸚e کارکنان، کارمندان
mitbekommen *Vt.* ۱. دریافت کردن، به‌دست آوردن ۲. درک کردن، فهمیدن
mitbenutzen *Vt.* مصرف کردن، استفاده کردن، مشترکاً به‌کار بردن
Mitbenutzung, die; -, -en مصرف، استفاده، استعمال (مشترک)
Mitbenutzungsrecht, das; -(e)s, -e حق استفادهٔ مشترک
Mitbesitz, der; -es, -e ملک مُشاع
mitbesitzen *Vt.* در مالکیت (چیزی) شریک بودن
Mitbesitzer, der; -s, - شریک ملک
Mitbesitzerin, die; -, -nen شریک ملک (زن)
mitbestimmen *Vt.* مشترکاً تصمیم گرفتن
Mitbestimmung, die; -, -en تصمیم مشترک، مشارکت در تصمیم‌گیری
Mitbestimmungsrecht, das; -(e)s, -e حق تصمیم‌گیری مشترک، حق مشارکت در تصمیم‌گیری
mitbewerben *Vr.* رقابت کردن، چشم و هم‌چشمی کردن
Mitbewerber, der; -s, - رقیب، حریف
Mitbewerberin, die; -, -nen رقیب، حریف (زن)
Mitbewohner, der; -s, - هم‌منزل، هم‌اتاق، هم‌مسکن
Mitbewohnerin, die; -, -nen هم‌منزل، هم‌اتاق، هم‌مسکن (زن)
mitbringen *Vt.* با (خود) آوردن، همراه (خود) آوردن
Mitbringsel, das; -s, - ۱. هدیهٔ کوچک ۲. سوغاتی
Mitbürger, der; -s, - همشهری، هم‌وطن
Mitbürgerin, die; -, -nen همشهری، هم‌وطن (زن)
mitdürfen *Vi.* اجازهٔ همراهی داشتن
Miteigentümer, der; -s, - شریک ملک، مالک مُشاع
Miteigentümerin, die; -, -nen شریک ملک، مالک مُشاع (زن)

miteinander *Adv.* باهم، با همدیگر، با یکدیگر
alle miteinander همه با هم
miteinbeziehen *Vt.* شامل بودن، متضمن بودن
miteins *Adv.* ناگهان
mitempfinden *Vt.* با (کسی) همدردی کردن، برای (کسی) دلسوزی کردن؛ با (کسی) هم‌فکری کردن
Mitempfinden, das; -s, - همدردی، دلسوزی؛ هم‌فکری
Miterbe, der; -n, -n شریک در ارث، هم‌ارث
Miterbin, die; -, -nen شریک در ارث، هم‌ارث (زن)
miterleben *Vt.* تجربه کردن، لمس کردن، به چشم دیدن (مشترکاً)
mitessen *Vt., Vi.* باهم خوردن، در خوردن شریک بودن
Mitesser, der; -s, - ۱. چربی دانه، جوش کوچک ۲. هم‌سفره
mitfahren *Vi.* باهم سفر کردن، همسفر شدن، مشترکاً مسافرت کردن
Mitfahrer, der; -s, - همسفر
Mitfahrerin, die; -, -nen همسفر (زن)
mifühlen *Vi.* همدردی کردن، شریک درد و غم دیگران بودن؛ هم‌فکری کردن
mitfühlend *Adj.* از روی همدردی
mitführen *Vt.* با خود حمل کردن، انتقال دادن
mitgeben *Vt.* دادن، واگذار کردن، بخشیدن
Mitgefangene, der/die; -n, -n هم‌زندان، هم‌زنجیر، هم‌بند
Mitgefühl, das; -(e)s همدردی؛ دلسوزی
mitgehen *Vi.* ۱. همراه دیگری رفتن ۲. با دقت گوش دادن
mitgehen lassen دزدیدن، کش رفتن
mitgenommen *Adj.* فرسوده، از رمق افتاده
Mitgift, die; -, -en جهیزیه
Mitgiftjäger, der; -s, - کسی که خواهان ازدواج با زن پولدار باشد
Mitglied, das; -(e)s, -er عضو، کارمند
Mitgliederversammlung, die; -, -en مجمع عمومی
Mitgliederzahl, die; -, -en تعداد اعضا
Mitgliedsbeitrag, der; -(e)s, ⸚e حق عضویت
Mitgliedschaft, die; -, -en عضویت
Mitgliedskarte, die; -, -n کارت عضویت
Mitgliedstaat, der; -es, -en کشور عضو
mithaben *Vt.* با (خود) داشتن، همراه داشتن
mithalten *Vi.* همکاری کردن، شرکت کردن
mithelfen *Vi.* همکاری کردن، همیاری کردن

Mithelfer, der; -s, - همکار، معاون، آسیستان
Mithelferin, die; -, -nen همکار، معاون، آسیستان (زن)
Mitherausgeber, der; -s, - معاون سردبیر، کمک ناشر
Mithilfe, die; - همکاری، همیاری، معاونت، مساعدت
mithin *Adv.* بنابراین، در نتیجه
mithören *Vt., Vi.* ۱. باهم گوش دادن ۲. استراق‌سمع کردن
Mitinhaber, der; -s, - شریک، سهیم
Mitinhaberin, die; -, -nen شریک، سهیم (زن)
mitkämpfen *Vi.* در جنگ شرکت کردن، مشترکاً مبارزه کردن
Mitkämpfer, der; -s, - هم‌رزم
mitkommen *Vi.* همراه آمدن، همراهی کردن، بدرقه کردن
Kommst du mit? تو هم (با ما) می‌آیی؟
mitkönnen *Vi.* ۱. قادر به آمد و رفت بودن ۲. قادر به درک و فهم بودن ۳. قادر به کاری بودن
mitkriegen *Vt.* فهمیدن، دریافتن، درک کردن، از (چیزی) اطلاع پیدا کردن
mitlaufen *Vi.* ۱. همراه دویدن ۲. دنباله‌روی کردن
mitlaufen lassen دزدیدن، کش رفتن
Mitläufer, der; -s, - ۱. همسفر ۲. وابسته، انگل، دنباله‌رو
Mitlaut, der; -(e)s, -e (دستور زبان) حرف بی‌صدا، حرف ساکن
Mitleid, das; -(e)s دلسوزی، ترحم، شفقت، همدردی
aus Mitleid für از روی ترحم به
Mitleid mit jemandem **haben** برای کسی دلسوزی کردن
mitleiden *Vt., Vi.* ۱. با (کسی) همدردی کردن ۲. همدردی کردن
Mitleidenschaft, die; -, -en همدردی، تفاهم
mitleidig *Adj.* دل‌رحم، شفیق
mitleidlos *Adj.* بی‌رحم
mitlernen *Vt.* باهم یاد گرفتن
mitlesen *Vt.* مشترکاً خواندن
mitmachen *Vt., Vi.* ۱. با (کسی) همکاری کردن، با (کسی) تشریک مساعی کردن، در (چیزی) شرکت کردن ۲. تحمل کردن ۳. همکاری کردن، تشریک مساعی کردن
Er wird's wohl nicht mehr lange mitmachen. اجلش بزودی فرا خواهد رسید.
Mitmensch, der; -en, -en هم‌نوع، بنی‌آدم
Mitnahmepreis, der; -es, -e فروش نقدی، بخر و ببر

mitnehmen Vt.	همراه بردن، با (خود) بردن
jemanden im Auto mitnehmen	
	کسی را سوار اتومبیل خود کردن
mitnichten Adv.	ابداً، به هیچ‌وجه، هرگز
Mitra, die; -, -ren	کلاه مخصوص اسقف
mitrechnen Vt., Vi.	۱. به‌حساب آوردن، حساب کردن
	۲. باهم حساب کردن
mitreden Vi.	در صحبت شرکت کردن
mitreisen Vi.	به اتفاق سفر کردن
Mitreisende, der/die; -n, -n	همسفر
mitreißen Vt.	به هیجان آوردن، تحت تأثیر قرار دادن
mitsammen Adv.	باهم
mitsamt Präp.	به اتفاقِ، همراه با
Er kam mitsamt seiner ganzen Familie.	
	او به اتفاق تمامی افراد خانواده‌اش آمد.
mitschicken Vt.	به پیوست فرستادن،
	همراه (کسی) فرستادن
mitschleppen Vt.	با (خود) حمل کردن
mitschneiden Vt.	ضبط کردن
Mitschnitt, der; -(e)s, -e	ضبط
mitschreiben Vt.	یادداشت کردن، نوشتن
Mitschuld, die; -, -en	شرکت در جرم
mitschuldig Adj.	شریک جرم
Mitschuldige, der/die; -n, -n	شریک جرم
Mitschuldner, der; -s, -	مدیون، بدهکار
Mitschüler, der; -s, -	هم‌شاگردی، هم‌مدرسه، هم‌کلاس
Mitschülerin, die; -, -nen	هم‌شاگردی، هم‌مدرسه، هم‌کلاس (زن)
mitsein Vi.	همراه بودن
mitsingen Vi.	به اتفاق آواز خواندن
mitspielen Vi.	با هم بازی کردن، هم‌بازی شدن
jemandem übel mitspielen	به کسی زیان بزرگی رساندن
Mitspieler, der; -s, -	هم‌بازی
Mitspielerin, die; -, -nen	هم‌بازی (زن)
Mitsprache, die; -, -n	تصمیم مشترک
Mitspracherecht, das; -(e)s, -	
	حق تصمیم‌گیری مشترک
mitsprechen Vt., Vi.	۱. به اتفاق (کسی) صحبت کردن
	۲. حق تصمیم‌گیری مشترک داشتن ۳. با هم حرف زدن
Mittag, der; -(e)s, -e	ظهر، نیمروز
gegen Mittag	حوالی ظهر
mittag Adv.	موقع ظهر، هنگام ظهر
heute mittag	امروز ظهر

Mittagbrot, das; -(e)s, -	ناهار
Mittagessen, das; -s, -	ناهار
mittägig Adj.	ظهر، نیمروز
mittäglich Adj.	ظهر، نیمروز
mittags Adv.	۱. ظهرها، هر روز ظهر ۲. هنگام ظهر
Mittagskreis, der; -es, -e	مدار نصف‌النهار
Mittagslinie, die; -, -n	نصف‌النهار
Mittagsmahlzeit, die; -, -en	ناهار، غذای ظهر
Mittagspause, die; -, -n	وقت ناهار، ساعت ناهار
Mittagsruhe, die; -	استراحت بعدازظهر
Mittagsschlaf, der; -(e)s	خواب نیمروز
Mittagsschläfchen, das; -s, -	خواب کوتاه نیمروز، چرت بعدازظهر
Mittagssonne, die; -, -n	خورشید نیمروز، آفتاب ظهر
Mittagsstunde, die; -, -n	(در سر کار) ساعت ناهار
Mittagstisch, der; -s, -e	سفرهٔ ناهار، میز ناهار
Mittagszeit, die; -(e)s, -e	وقت ناهار، موقع ظهر
mittanzen Vi.	در رقص شرکت کردن
Mittänzer, der; -s, -	شریک رقص
Mittäter, der; -s, -	شریک جرم
Mitte, die; -, -n	۱. میان، بین، وسط، مرکز ۲. نیمه
in der Mitte	در وسط
Mitte April	اواسط آوریل
mitteilbar Adj.	قابل اطلاع، قابل ابلاغ، خبردادنی
mitteilen Vt.	اطلاع دادن، گزارش دادن، اعلام داشتن، خبر دادن
jemandem etwas mitteilen	چیزی را به کسی اطلاع دادن
mitteilsam Adj.	گویا، فصیح
Mitteilung, die; -, -en	گزارش، اعلامیه، اطلاعیه، خبر
Mittel, das; -s, -	۱. وسیله، چاره ۲. دوا، درمان ۳. مال، سرمایه، درآمد ۴. اقدام، امکان
mit allen Mitteln	به هر وسیله
Mittel und Wege finden	راه و چاره پیدا کردن
mittel Adj.	میان، وسط، مرکز
Mittelachse, die; -, -n	محور میانی، محور مرکزی
Mittelalter, das; -s, -	قرون وسطی
mittelalterlich Adj.	قرون وسطایی
Mittelamerika, das	امریکای مرکزی
Mittelasien, das; -	آسیای میانه
mittelbar Adj.	غیرمستقیم
mittelbarer Täter	مجرم غیرمستقیم
mitteldeutsch Adj.	(مربوط به) آلمان مرکزی
Mittelding, das; -(e)s, -e/-er	واسطه، میانجی

Mitteleuropa, das اروپای مرکزی
Mittelfeld, das; -(e)s, -er (ورزش) میانهٔ میدان
Mittelfeldspieler, der; -s, - (ورزش) بازیکن میانهٔ میدان
Mittelfinger, der; -s, - انگشت وسطی
mittelfristig *Adj.* حد وسط، میانه
Mittelgebirge, das; -(e)s, - کوهستان
Mittelgewicht, das; -(e)s, -e (ورزش) میان وزن
Mittelgewichtler, der; -s, - ورزشکار میان وزن
mittelgroß *Adj.* [اندازه] متوسط
Mittelgröße, die; -, -n اندازهٔ متوسط
mittelhochdeutsch *Adj.* زبان آلمانی مرکز آلمان
Mittelinstanz, die; -, -en مرجع واسطه
Mittelklasse, die; -, -n طبقهٔ متوسط
Mittelkraft, die; -, ⸚e نیروی مرکزی
mittelländisch *Adj.* داخلی، درونی
Mittelländische Meer, das; -(e)s, -e دریای مدیترانه
Mittelläufer, der; -s, - (فوتبال) بازیکن دفاع وسط
mittellos *Adj.* تهیدست، نیازمند، بی‌چیز، فقیر، درمانده
Mittellosigkeit, die; - بیچارگی، فقر، بی‌چیزی، تنگدستی، درماندگی
Mittelmaß, das; -es, -e حد وسط، میانگین
mittelmäßig *Adj.* متوسط، وسط، میانه
Mittelmäßigkeit, die; - حد وسط
Mittelmeer, das; -(e)s, -e دریای مدیترانه
Mittelmeerklima, das; -s, -s آب و هـوای مدیترانه‌ای
Mittelohr, das; -(e)s, -en گوش میانی
Mittelohrentzündung, die; -, -en التهاب گوش میانی
Mittelpunkt, der; -(e)s, -e مرکز، کانون
mittels *Präp.* به‌وسیلهٔ، به کمکِ، توسطِ
Mittelschicht, die; -, -en طبقهٔ متوسط
Mittelschule, die; -, -n (نوعی) دبیرستان؛ (نوعی) مدرسهٔ متوسطه
Mittelsmann, der; -(e)s, ⸚er دلال، واسطه
Mittelsmotor, der; -s, -en موتور مرکزی
Mittelsperson, die; -, -en دلال، واسطه، میانجی
mittels(t) *Präp.* به‌وسیلهٔ، توسطِ، به کمکِ، با استفاده از
Mittelstand, der; -(e)s طبقهٔ متوسط
Mittelstrecke, die; -, -n برد متوسط
Mittelstreckenflug, der; -(e)s, ⸚e پرواز با برد متوسط
Mittelstreckenlauf, der; -(e)s, -läufe دو در مسافت متوسط
Mittelstreckenrakete, die; -, -n راکت با برد متوسط
Mittelstreifen, der; -s, - نوار وسطی
Mittelstufe, die; -, -n دورهٔ متوسطه
Mittelstürmer, der; -s, - فوتبالیست خط میانی حمله
Mittelweg, der; -(e)s, -e راه میانی
Mittelwelle, die; -, -n (در رادیو) موج متوسط
Mittelwert, der; -(e)s, -e معدل، میانگین
Mittelwort, das; -(e)s, ⸚er (دستور زبان) وجه وصفی
mitten *Präp., Adv.* در وسط
mitten in der Nacht نیمه شب
Der Zug hielt mitten auf der Strecke. قطار در وسط راه متوقف شد.
mittendrin *Adv.* در وسط
mitten(hin)durch *Adv.* از میان، از وسط
einen Gegenstand mittendurch schneiden شیئی را از وسط بریدن
Mitternacht, die; -, ⸚e نیمه شب، نصف شب
um Mitternacht در نیمه‌شب
mitternächtig *Adj.* نصفه شبی
mitternächtlich *Adj.* نصفه شبی
mitternachts *Adv.* در نیمه‌های شب
mittler *Adj.* میانی، وسطی، مرکزی
Mittler, der; -s, - دلال، واسطه، میانجی
Mittleramt, das; -(e)s, ⸚er دفتر وساطت، میانجی‌گری
Mittlerin, die; -, -nen دلال، واسطه، میانجی (زن)
mittlerweile *Adv.* در این بین، در این اثنا، در ضمنِ
Mittsommer, der; -s, - نیمهٔ تابستان
mittun *Vi.* همکاری کردن، تشریک مساعی کردن، شرکت کردن
Mittwoch, der; -(e)s, -e چهارشنبه
mitunter *Adv.* گاهی، هر از گاه
Mitunterschrift, die; -, -en امضای مشترک، صورت جلسه
Mitunterzeichner, der; -s, - شریک در امضا
Mitunterzeichnerin, die; -, -nen شریک در امضا (زن)
mitverantwortlich *Adj.* مسئولیت مشترک
Mitverschworene, der; -n, -n هم‌پیمان، هم‌قسم
Mitwelt, die; -, -en هم‌دوره، هم‌عصر
mitwirken *Vi.* همکاری کردن، تشریک مساعی کردن
Mitwirkende, der/die; -n, -n ۱. بازیگر، هنرپیشه ۲. همکار، شریک

Mitwirkung, die; -, -en همکاری، تشریک مساعی
Mitwissen, das; -s ۱. رازداری ۲. چشم‌پوشی، تجاهل
Mitwisser, der; -s, - ۱. محرم اسرار، هم‌راز ۲. همدست، شریک (جرم)
Mitwisserin, die; -, -nen ۱. محرم اسرار، هم‌راز (زن) ۲. همدست، شریک (زن)
mitzählen *Vt., Vi.* ۱. به‌حساب آوردن، حساب کردن ۲. حساب شدن، به‌حساب آمدن
Mixbecher, der; -s, - لیوان مشروب مخلوط
mixen *Vt.* ۱. آمیختن، مخلوط کردن ۲. میکس کردن (فیلم)
Mixer, der; -s, - ۱. میکسر، (دستگاه) مخلوط کن ۲. کسی که نوشابه‌های الکی را باهم مخلوط می‌کند
Mixgerät, das; -(e)s, -e دستگاه مخلوط کن
Mixgetränk, das; -(e)s, -e مشروب مخلوط
Mixtur, die; -, -en مخلوط
Möbel, das; -s, - مبل، اسباب منزل، اثاث
Möbelhändler, der; -s, - مبل‌فروش
Möbelpolitur, die; -, -en واکس مبل
Möbelspediteur, der; -s, -e شرکت حمل و نقل مبل
Möbelspeicher, der; -s, - انبار مبل
Möbelstoff, der; -(e)s, -e پارچهٔ مبل
Möbelstück, das; -(e)s, -e مبل، اثاثیه، اسباب منزل
Möbeltischler, der; -s, - مبل‌ساز
Möbeltransportgeschäft, das; -(e)s, -e شرکت حمل و نقل مبل
Möbelwagen, der; -s, - وسیلهٔ نقلیهٔ باری
mobil *Adj.* ۱. متحرک، سیار ۲. پرتحرک و سرحال
mobiles Kapital سرمایهٔ در جریان
Mobiliar, das; -s, - مبلمان، اسباب منزل، اثاثیه
Mobilien die / *Pl.* اموال منقول
Mobilisation, die; -, -en بسیج، تجهیز
mobilisieren *Vt.* ۱. بسیج کردن، تجهیز کردن ۲. متحرک کردن، قابل حرکت کردن
Mobilisierung, die; -, -en بسیج، تجهیز
Mobilität, die; - تحرک، پویایی، پرجنبشی
Mobilmachung, die; -, -en بسیج، تجهیز
Mobilmachungsbefehl, der; -s, -e فرمان بسیج سپاه
möblieren *Vt.* مبله کردن
möbliert *Adj.* مبله
Mocca, der; -s, -s قهوه موکا (نوعی قهوهٔ قوی)
mochte *P.* mögen صیغهٔ فعل گذشتهٔ مطلق از مصدر

Modalität, die; -, -en ۱. چگونگی، کیفیت ۲. (موسیقی) مقام، مودالیته
Modalverb, das; -s, -en فعل معین
Mode, die; -, -n ۱. مد، مد روز ۲. عادت، عرف، باب روز
nach der Mode طبق مد
Modeartikel, der; -s, - کالای تجملی، کالای مد روز
Modedesigner, der; -s, - طراح مد
Modefarbe, die; -, -n رنگ مد روز
Modegeschäft, das; -(e)s, -e فروشگاه اجناس آخرین مد
Modell, das; -s, -e ۱. مدل ۲. ماکت ۳. نمونه، طرح ۴. الگو، سرمشق
Modelleisenbahn, die; -, -en مدل ترن
Modellflugzeug, das; -(e)s, -e مدل هواپیما
modellieren *Vt.* مدل (چیزی) را ساختن، شکل بخشیدن، فرم دادن، قالب (چیزی) را درست کردن، الگوی (چیزی) را طرح کردن
Modellkleid, das; -(e)s, -er لباس مد روز
Modellmacher, der; -s, - طراح مد
Modelltischler, der; -s, - طراح مد
modeln *Vt.* مدل ساختن، قالب (چیزی) را درست کردن
Modenhaus, das; -es, -häuser فروشگاه مد روز
Modenschau, die; -, -en نمایش مد
Modenzeichner, der; -s, - طراح مد
Modenzeichnerin, die; -, -nen طراح مد (زن)
Modenzeitung, die; -, -en مجلهٔ مد
Moder, der; -s, - عفونت، پوسیدگی، کپک‌زدگی
Moderation, die; -, -en (در رادیو و تلویزیون) اجرای برنامه
Moderator, der; -s, -en (در رادیو و تلویزیون) مجری برنامه
Moderatorin, die; -, -nen (در رادیو و تلویزیون) مجری برنامه (زن)
Modergeruch, der; -(e)s, ⸚e بوی گند
moderig *Adj.* کپک‌زده، پوسیده، گندیده، متعفن
modern[1] *Vi.* پوسیدن، فاسد شدن
modern[2] *Adj.* مدرن، نوین، امروزی، جدید، نو، مطابق مد روز
Moderne, die; - هنر معاصر
modernisieren *Vt.* مدرنیزه کردن، نو کردن، به‌طرز نوی درآوردن، مطابق مد روز ساختن
Modernisierung, die; -, -en نوسازی
Modesalon, der; -s, -s سالن مد

Modeschmuck, der; -(e)s جواهرات مد روز
Modeschöpfer, der; -s, - طراح مد
Modeschriftsteller, der; -s, -
نویسندهٔ مطالب مربوط به مد
Modeschriftstellerin, die; -, -nen
نویسندهٔ مطالب مربوط به مد (زن)
Modewaren, die/*Pl.* کالای تجملی، کالای مطابق مد
Modewort, das; -(e)s, ⸚er واژهٔ متداول
Modezeichner, der; -s, - طراح مد
Modifikation, die; -, -en تغییر شکل، دگرگونی
modifizieren *Vt.* تغییر شکل دادن، دگرگون کردن
modisch *Adj.* مطابق مد روز، شیک، امروزی
Modistin, die; -, -nen فروشندهٔ کالای تجملی (زن)
modrig *Adj.* نمدار
Modulation, die; -, -en (موسیقی) مُدگردی،
مدولاسیون، تغییرمایه
modulieren *Vt.* (موسیقی) از مایه‌ای به مایه دیگر رفتن
Modus, der; -, -di ۱. روش، چگونگی، کیفیت
۲. (موسیقی) مد، مقام ۳. (دستور زبان) حالت، وجه
Mofa, das; -s, -s موتورسیکلت گازی
mogeln *Vi.* ۱. فریب دادن، گول زدن ۲. تقلب کردن
mögen *Vt., Vi.* ۱. میل داشتن، خواستن، آرزو کردن،
مایل بودن ۲. دوست داشتن ۳. ممکن بودن، محتمل بودن
Das mag sein. ممکن است. بعید نیست.
Die beiden mögen sich. آن دو یکدیگر را دوست دارند.
Er mag klassiche Musik. او موسیقی کلاسیک را دوست دارد.
Ich möchte gern wissen. خیلی دلم می‌خواهد بدانم.
Was möchten Sie? چه فرمایشی دارید؟
möglich *Adj.* ممکن، عملی، امکان‌پذیر، میسر، شدنی،
مقدور
Das ist wohl möglich. امکانش زیاد است.
so bald wie möglich هرچه زودتر
so oft wie möglich هرچند بار که می‌شود
möglichenfalls *Adv.* شاید، در صورت امکان
möglicherweise *Adv.* شاید، در صورت امکان
Möglichkeit, die; -, -en امکان، احتمال
Möglichkeitsform, die; -, -en
(دستور زبان) وجه شرطی، وجه التزامی
möglichst *Adv.* حتی‌الامکان، حتی‌المقدور
möglichst schnell هرچند تندتر، در اسرع وقت
Mohair, der; -s, -e موهر، موی مرغوز؛
پارچهٔ بافته شده از موی مرغوز، پارچهٔ موهر
Mohammedaner, der; -s, - مسلمان
mohammedanisch *Adj.* مسلمانی،
(مربوط به) مسلمانان
Mohammedanismus, der; - اسلام
Mohn, der; -(e)s, -e خشخاش
Mohr, der; -en, -en زنگی، سیاه
Möhre, die; -, -n هویج، زردک
Möhrensaft, der; -(e)s, ⸚e آب هویج
Mohrrübe, die; -, -n هویج، زردک
Moire, der/das; -s, -s پارچهٔ موج‌دار، (نوعی) موهر
moirieren *Vt.* موج‌دار کردن
Mokick, das; -s, -s موتورسیکلت کوچک
mokieren *Vr.* مسخره کردن، به (کسی) خندیدن
Mokka, der; -s, -s قهوهٔ موکا (نوعی قهوهٔ قوی)
Molch, der; -(e)s, -e (نوعی) سوسمار،
(نوعی) مارمولک
Mole, die; -, -n موج‌شکن، سد جلوی بندر، آب‌بند
Molekül, das; -s, -e مولکول، ذره
molekular *Adj.* ذره‌ای، مولکولی
Molekulargewicht, das; -(e)s, -e وزن مولکولی
molk *P.* صیغهٔ فعل گذشتهٔ مطلق از مصدر melken
Molke(n), die; -, -n آب پنیر
Molkerei, die; -, -en لبنیاتی، شیرفروشی
molkig *Adj.* لبنی
Moll, das; -, - (موسیقی) کوچک
mollig *Adj.* ۱. دنج، گرم و نرم ۲. چاق و چله، گوشتالو
Molltonleiter, die; -s, - (موسیقی) گام کوچک
Molotowcocktail, der; -s, -s کوکتل مولوتف
Moment[1]**,** der; -(e)s, -e لحظه، دم، آن
Einen Moment, bitte! لطفاً یک لحظه صبر کنید!
Moment[2]**,** das; -(e)s, -e ۱. نکته، نقطه‌نظر، دیدگاه
۲. (در موتور) قوهٔ محرکهٔ آنی
momentan *Adj.* ۱. آنی، زودگذر، موقتی
۲. در حال حاضر، فعلاً
Momentaufnahme, die; -, -n عکس فوری
Monarch, der; -en, -en پادشاه، سلطان
Monarchie, die; -, -n ۱. پادشاهی، سلطنت،
رژیم سلطنتی ۲. حکومت مطلقه
Monarchin, die; -, -nen ملکه
monarchisch *Adj.* (وابسته به) رژیم سلطنتی
Monarchist, der; -en, -en سلطنت‌طلب
Monat, der; -(e)s, -e ماه، برج
im Monat Mai در ماه مه
am Ersten des Monats روز اول ماه
monatelang *Adj.* ماه‌های متمادی

monatlich *Adj.* ماهانه، هر ماهه، به‌طور ماهانه
Monatsbinde, die; -, -n نوار بهداشتی
Monatsblutung, die; -, -en عادت ماهانه، قاعدگی
Monatsfluß, der; -flusses, -flüsse عادت ماهانه، قاعدگی
Monatsgehalt, das; -(e)s, -e / ⸚er حقوق ماهیانه
Monatskarte, die; -, -n بلیت ماهیانه
Monatsmiete, die; -, -n اجارهٔ ماهیانه
Monatsrate, die; -, -n قسط ماهیانه
Monatsschrift, die; -, -en (مجله) ماهنامه
Monatstampon, der; -s, -s تامپون، (نوعی) نوار بهداشتی
monatsweise *Adv.* ماهانه، هر ماهه
Mönch, der; -(e)s, -e راهب، صومعه‌نشین، تارک دنیا
mönchisch *Adj.* راهب‌وار
Mönchskloster, das; -s, ⸚ صومعه، خانقاه، راهب‌خانه
Mönchskutte, die; -, -n ردای آستین بلند راهبان
Mönchsorden, der; -s, - نشان راهبان
Mönchstum, das; -(e)s رهبانیت
Mönchszelle, die; -, -n حجرهٔ راهب
Mond, der; -(e)s, -e ماه، قمر
mondän *Adj.* باسلیقه، باذوق، ظریف
Mondaufgang, der; -(e)s, ⸚e طلوع ماه
Mondfähre, die; -, -n ماه‌پیما
Mondfinsternis, die; -, -nisse خسوف، ماه گرفتگی
mondhell *Adj.* مهتابی، روشن
Mondjahr, das; -(e)s, -e سال قمری
Mond(lande)fähre, die; -, -n ماه‌پیما
Mondlandung, die; -, -en فرود آمدن در ماه
Mondschein, der; -(e)s مهتاب
Mondsichel, die; -, -n هلال ماه
Mondstein, der; -(e)s, -e سنگ مـرواریدنما، حجرالقمـر
mondsüchtig *Adj.* ماه‌زده
Mondwechsel, der; -s, - تغییر ماه
Moneten, die / *Pl.* پول، سکه
Mongole, der; -n, -n مغول
Mongolin, die; -, -nen مغول (زن)
mongolisch *Adj.* مغولی
monieren *Vt.* از (کسی / چیزی) انتقاد کردن، سرزنش کردن، از (کسی چیزی) ایراد گرفتن
Monitor, der; -s, -en (در تلویزیون، کامپیوتر) مونیتور، صفحهٔ نمایش
Monogamie, die; -, -n یک‌شو گزینی، یک شوهر گزینی، یک‌شویی
Monogramm, das; -s, -e رمز حروفی
Monographie, die; -, -n تک‌نگاری، تک‌پژوهی
Monokel, das; -s, - عینک یک‌چشمی
Monolog, der; -s, -e صحبت با خود، تک سخن‌گویی
Monopol, das; -s, -e انحصار، حق انحصاری
Monopoleinkommen, das; -s, - درآمد انحصاری
Monopolgewinn, der; -(e)s, -e سود انحصاری
Monopolgrad, der; -(e)s, -e درجهٔ انحصار
monopolisieren *Vt.* انحصاری کردن، امتیاز انحصاری (چیزی) را گرفتن
Monopolmacht, die; -, ⸚e قدرت انحصاری
Monopolmarkt, der; -(e)s, ⸚e بازار انحصاری
Monopolwert, der; -(e)s, -e ارزش انحصاری
monoton *Adj.* یکنواخت، خسته کننده، کسل‌کننده
Monotonie, die; -, -n یکنواختی، یک‌صدایی
Monster, das; -s, -(s) هیولا، غول، عفریت
Monsterfilm, der; -s, -e فیلم وحـشتناک، فیلم هیولایی
monströs *Adj.* هیولاوار، غول‌پیکر، عظیم‌الجثه، مهیب
Monstrum, das; -s, -ren / -ra ۱. هیولا، غول، عفریت ۲. آدم شریر
Monsun, der; -s, -e (در جنوب آسیا) باد موسمی
Montag, der; -(e)s, -e دوشنبه
Montage, die; -, -n ۱. مونتاژ، نصب، سوار کردن (قطعات دستگاه) ۲. مونتاژ (فیلم)
Montageband, das; -(e)s, ⸚e نوار مونتاژ، خط نصب
Montagehalle, die; -, -n محل نصب، محل مونتاژ
montags *Adv.* دوشنبه‌ها
Montanindustrie, die; -, -n صنعت موادمعدنی
Montanunion, die; -, -en اتحادیهٔ صنایع معدنی
Monteur, der; -s, -e مونتاژکار، مونتاژکننده
Monteuranzug, der; -(e)s, ⸚e لباس (مخصوص) مونتاژکار
montieren *Vt.* ۱. مونتاژ کردن (فیلم) ۲. نصب کردن، سوار کردن (قطعات دستگاه)
Montierung, die; -, -en مونتاژ، نصب
Montur, die; -, -en لباس متحدالشکل
Monument, das; -(e)s, -e بـنای یـادگاری، اثر تاریخی، ستون یادبود
monumental *Adj.* ۱. یادگاری، تاریخی، ماندگار ۲. بسیار عظیم
Moor, das; -(e)s, -e مرداب، باتلاق، لجن‌زار

Moorbad, das; -(e)s, ¨-er گِل درمان؛ گِل‌مالی تن (برای درمان)
moorig *Adj.* باتلاقی، مردابی، لجن‌زار
Moorland, das; -(e)s, ¨-er زمین باتلاقی، اراضی مردابی
Moorpackung, die; -, -en بسته‌بندی گِل درمان
Moos, das; -es, -e خزه
moosig *Adj.* خزه‌مانند، خزه گرفته
Moped, das; -s, -s موتورسیکلت گازی
Mops, der; -es, -e ۱. سگ کوتاه قامت چینی ۲. آدم کوتاه و چاق و چله
mopsen *Vt., Vr.* ۱. قاپیدن، کش رفتن ۲. خسته شدن، کسل شدن، بی‌حوصله شدن
Moral, die; -, -en ۱. اخلاق ۲. نتیجهٔ اخلاقی
moralisch *Adj.* اخلاقی
moralisieren *Vi.* نتیجهٔ اخلاقی گرفتن، اخلاقی کردن
Moralität, die; -, -en اخلاق، اصول اخلاق
Moralpredigt, die; -, -en اندرز، سرزنش
Moräne, die; -, -n سنگ و خاکی که در اثر حرکت جابه‌جا شود
Morast, der; -es, -e / ¨-e مرداب، باتلاق، لجن‌زار
morastig *Adj.* مردابی، باتلاقی، لجن‌زار
Mord, der; -(e)s, -e قتل، جنایت، آدمکشی
einen Mord verüben مرتکب قتلی شدن
Mordanschlag, der; -(e)s, ¨-e قصد جنایت، نقشهٔ قتل
morden *Vt., Vi.* ۱. کشتن ۲. قتل کردن، جنایت کردن، مرتکب قتل عمد شدن
Mörder, der; -s, - قاتل، جانی، آدمکش
Mörderin, die; -, -nen قاتل، جانی، آدمکش (زن)
mörderisch *Adj.* ۱. جنایت‌آمیز ۲. طاقت‌فرسا ۳. بسیار، زیاد
mörderlich *Adj.* ۱. طاقت‌فرسا ۲. بسیار، زیاد
Mordgeselle, der; -n, -n قاتل، آدمکش
Mordgier, die; - خون‌آشامی، خونخواری
mordgierig *Adj.* خون‌آشام، خونخوار، بی‌رحم
Mordkommando, das; -s, -s جوخهٔ مرگ
Mordkommission, die; -, -en کمیتهٔ مرگ
Mordlust, die; -, ¨-e خون‌آشامی، خونخواری
mordlustig *Adj.* خون‌آشام، خونخوار، بی‌رحم
Mordprozeß, der; -prozesses, -prozesse دادرسی قتل
Mordsangst, die; -, ¨-e ترس از جنایت
Mordsarbeit, die; - کار طاقت‌فرسا
Mordsdurst, der; -(e)s عطش زیاد
Mordsglück, die; -(e)s شانس باورنکردنی
Mordskerl, der; -(e)s, -e آدم جسور و بی‌باک
mordsmäßig *Adj.* مهیب، ترسناک
Mordsspektakel, der; -s, - صدای گوش‌خراش، فریاد مخوف
Mordtat, die; -, -en قتل، جنایت، آدمکشی
Mordverdacht, der; -(e)s سوءظن به قتل
Mordversuch, der; -(e)s, -e قصد قتل
Mores, die / *Pl.* رفتار خوب، ادب
Morgen, der; -s, - صبح، بامداد
am Morgen بامدادان، صبح
am folgenden Morgen صبح روز بعد
vom Morgen bis zum Abend از صبح تا شب
Morgen, das; -s آینده
morgen *Adv.* فردا
morgen früh فردا صبح زود
morgen in 8 Tagen یک هفتهٔ دیگر
Bis morgen! تا فردا (خداحافظ)!
Morgenausgabe, die; -n, -n روزنامهٔ صبح
Morgenblatt, das; -(e)s, ¨-er روزنامهٔ صبح
Morgendämmerung, die; -, -en سپیدهٔ صبح، فجر، پگاه، طلوع
morgendlich *Adj.* بامدادی، صبحگاهی
Morgengrauen, das; -s سپیدهٔ صبح، طلوع خورشید
Morgengruß, der; -es, ¨-e سلام صبحگاهی
Morgengymnastik, die; - ورزش صبحگاهی
Morgenland, das; -(e)s, ¨-er خاور، شرق، مشرق زمین
morgenländisch *Adj.* خاوری، شرقی، مشرق زمینی
Morgenluft, die; -, ¨-e نسیم صبحگاهی
Morgenrock, der; -(e)s, ¨-e رُب‌دوشامبر
Morgenrot, das; -s فجر، پگاه، طلوع آفتاب
Morgenröte, die; -, -n فجر، پگاه، طلوع آفتاب
morgens *Adv.* بامدادان، صبح‌ها، هر روز صبح
frühmorgens صبح‌های زود
Morgenstern, der; -(e)s, -e ستارهٔ صبح
Morgenstunde, die; -, -n ساعات صبح
Morgenstunde hat Gold im Munde. سحرخیز باش تا کامروا شوی.
Morgenzeitung, die; -, -en روزنامهٔ صبح
morgig *Adj.* مخصوص روز بعد
Morphin, das; -s مورفین
Morphium, das; -s مورفین
Morphiumsucht, die; - اعتیاد به مورفین
morphiumsüchtig *Adj.* معتاد به مورفین

Morphologie, die; -, -n مورفولوژی، اندام‌شناسی
morsch *Adj.* پوسیده، گندیده، فاسد، خراب
morschen *Vi.* فاسد شدن، گندیدن
Morsealphabet, das; -s, -e (تلگراف) الفبای مورس، الفبای خط و نقطه
Morseapparat, der; -(e)s, -e دستگاه مورس
morsen *Vi.* مورس زدن، با الفبای مورس مخابره کردن
Mörser, der; -s, - هاون
Mörserkeule, die; -, -n دستهٔ هاون
mörsern *Vt.* در هاون کوبیدن
Morseschrift, die; -, -en (در تلگراف) الفبای مورس، الفبای خط و نقطه
Morsezeichen, das; -s, - علائم رمز تلگرافی
Mortadella, die; -, -s (کالباس) مارتادلا
Mortalität, die; -, -en مرگ و میر
Mörtel, der; -s, - ساروج، ملات
Mörtelkelle, die; -, -n ساروج، ملات
Mosaik, das; -s, -e موزاییک
Mosaikfußboden, der; -s, - زمین مفروش با موزاییک
Moschee, die; -, -n مسجد
Moschus, der; -, -se مشک
Moskito, der; -s, -s پشه
Moskitonetz, das; -es, -e پشه‌بند
Moslem, der; -s, -lim مسلمان
Moslime, die; -, -n مسلمان (زن)
Most, der; -(e)s, -e ۱. شراب میوه ۲. آب‌میوه
mosten *Vi.* شراب انداختن
Mostrich, der; -(e)s, -e خردل
Motel, das; -s, -s متل، مهمان‌سرا
Motiv, das; -s, -e ۱. علت، انگیزه، محرک ۲. طرح اولیه ۳. مضمون هنری
Motivation, die; -, -en انگیزه، علت
Motivforschung, die; -, -en پژوهش دربارهٔ مضمون هنری
motivieren *Vt.* ۱. برانگیختن، باعث (چیزی) شدن، سبب (چیزی) شدن، موجب (چیزی) شدن ۲. توجیه کردن
motiviert *Adj.* باانگیزه
Motivierung, die; -, -en انگیزه، علت
Motor, der; -s, -en موتور، وسیلهٔ محرکه، ماشین
den Motor anlassen موتور را روشن کردن
den Motor abstellen موتور را خاموش کردن
Motorboot, das; -(e)s, -e قایق موتوری
Motorfahrzeug, das; -(e)s, -e وسیلهٔ نقلیهٔ موتوری
Motorhaube, die; -, -n کاپوت (اتومبیل)
motorisieren *Vt.* با وسایل موتوری مجهز کردن، موتوریزه کردن، موتوری کردن
motorisiert *Adj.* موتوریزه، موتوری
Motoröl, das; -(e)s, -e روغن موتور
Motorrad, das; -(e)s, ⸚er موتورسیکلت
Motorrad fahren موتورسیکلت راندن
Motorradfahrer, der; -s, - رانندهٔ موتورسیکلت
Motorroller, der; -s, - موتور وسپا
Motorsäge, die; -, -n اره برقی
Motorschaden, der; -s, ⸚ نقص موتور
Motorsport, der; -(e)s (ورزش) اتومبیل‌رانی، (ورزش) موتورسواری
Motte, die; -, -n بید
Mottenfraß, der; -s, -e بیدزدگی
Mottenkugel, die; -, -n نفتالین، ضدبید
mottenzerfressen *Adj.* بیدزده، بیدخورده
Motto, das; -s, -s شعار، پند، اندرز
motzen *Vi.* غرولند کردن
moussieren *Vi* کف کردن
moussierend *Adj.* کف‌دار
Möwe, die; -, -n مرغ نوروزی، (نوعی) پرندهٔ ساحلی
Mucke, die; -, -n هوی و هوس، تلون مزاج
Mücke, die; -, -n پشه
aus einer Mücke einen Elefanten machen از کاهی کوهی ساختن، یک کلاغ چهل کلاغ کردن
mucken *Vi.* ۱. اخم کردن ۲. غرغر کردن
Mückenstich, der; -(e)s, -e نیش پشه
Mucker, der; -s, - آدم دورو، ریاکار
mucksen *Vi., Vr.* ۱. تکان جزئی خوردن، جم خوردن ۲. اعتراض کردن
Sie hat beim Zahnarzt nicht gemuckst. او پیش دندان‌پزشک صدایش درنیامد.
müde *Adj.* خسته، کوفته، کسل، از حال رفته
müde werden خسته شدن
müde sein خسته بودن
Ich bin es müde. دیگر خسته شده‌ام.
Müdigkeit, die; - خستگی، کوفتگی، کسالت
Mudir, der; -s, -e مدیر
Muezzin, der; -s, -s مؤذن
Muff, der; -(e)s, -e ۱. پارس خفهٔ سگ ۲. بوی بد، بوی نا ۳. خز دست، دست‌پوش
Muffe, die; -, -n سرپیچ، قطعهٔ اتصال دو لوله
Muffel[1], die; -, -n کورهٔ چینی‌پزی، ظرف نسوز گلی

Muffel[2], der; -s, - آدم بهانه‌گیر، غرغرو، عبوس
muffeln *Vi., Vt.* ۱. ناشمرده سخن گفتن ۲. غرولند کردن، زیرلب سخن گفتن ۳. بوی پوسیدگی دادن ۴. مثل گاو جویدن
muffen *Vi.* بوی پوسیدگی دادن
muffig *Adj.* ۱. کپک‌زده، پوسیده ۲. بد بو
Mufti, der; -s, -s مفتی، پیشوای دینی
muh *Interj.* مو، صدای گاو
Mühe, die; -, -en ۱. زحمت، مشقت ۲. کوشش، سعی، تلاش
Mühe machen ایجاد زحمت کردن
sich Mühe geben زحمت کشیدن
Mühe haben دردسر داشتن
Es ist der Mühe wert. به زحمتش می‌ارزد.
mühelos *Adj.* بدون زحمت، بی‌دردسر، به‌راحتی، به‌سهولت
muhen *Vi.* صدای گاو کردن، ماغ کشیدن
mühen *Vr.* رنج بردن، زحمت کشیدن، تقلا کردن
mühevoll *Adj.* پُر زحمت، مشکل، سخت، دشوار
Mühewaltung, die; - زحمت، رنج، تقلا
Mühle, die; -, -n ۱. آسیاب ۲. وسیلهٔ نقلیهٔ فرسوده
Mühl(en)rad, das; -(e)s, ¨-er چرخ آسیاب
Mühl(en)stein, der; -(e)s, -e سنگ آسیاب
Mühsal, die; -, -e رنج، زحمت، سختی، مشقت، تقلا
mühsam *Adj.* پرزحمت، مشکل، طاقت‌فرسا
mühselig *Adj.* پرزحمت، مشکل، طاقت‌فرسا
Mühseligkeit, die; -, -en سختی، دشواری
Mulatte, der; -n, -n دورگه
Mulattin, die; -, -nen دورگه (زن)
Mulde, die; -, -n ۱. تغار ۲. درهٔ کم‌عمق
muldenförmig *Adj.* تغاری شکل
Mull, der; -(e)s, -e پارچهٔ ململ نازک
Müll, der; -(e)s خاکروبه، آشغال، زباله
Müllabfuhr, die; -, -en تخلیهٔ خاکروبه
Mullah, der; -s, -s مُلاّ
Müllbeutel, der; -s, - کیسه زباله
Mullbinde, die; -, -n نوار پانسمان
Mülleimer, der; -s, - خاکروبه‌دان، سطل آشغال
Müller, der; -s, - آسیابان
Müllfahrer, der; -s, - رفتگر، سپور
Müllhaufen, der; -s, - تودهٔ خاکروبه
Müllkasten, der; -s, ¨- آشغال‌دانی، سطل آشغال
Müllsack, der; -(e)s, ¨-e کیسهٔ آشغال، کیسهٔ زباله
Müllschlucker, der; -s, - دستگاه بلع خاکروبه
Mülltonne, die; -, -n سطل آشغال
Müllwagen, die; -, -n ماشین حمل آشغال، ماشین خاکروبه‌بری
Müllwerker, der; -s, - سپور
mulmig *Adj.* ۱. کپک‌زده، مانده، کهنه ۲. ناراحت، بدحال، خطرناک
multinational *Adj.* چندملیتی
Multiplikand, der; -en, -en (ریاضی) مضروب، بس شمرده
Multiplikation, die; -, -en (ریاضی) ضرب، بس‌شماری
Multiplikator, der; -s, -en (ریاضی) مضروب‌فیه، بس‌شمار
multiplizieren *Vt.* ضرب کردن
eine Zahl mit 3 multiplizieren رقمی را در ۳ ضرب کردن
Mumie, die; -, -n مومیایی، جسد مومیایی شده
mumifizieren *Vt., Vi.* ۱. مومیایی کردن ۲. خشک شدن (بافت)
Mumm, der; -(e)s دلیری، دل و جرأت؛ حرارت
Mumme, die; -, -n ماسک، نقاب
mummeln *Vi.* ناشمرده صحبت کردن
Mummenschanz, der; -es نمایش با نقاب، بالماسکه
Mumpitz, der; -es حرف چرند، مهمل، مزخرف
Mumps, der; - آماس غدهٔ بناگوش
Mund, der; -(e)s, ¨-er ۱. دهان ۲. دهانه
Halt den Mund! خفه شو! ساکت شو!
Mach doch den Mund auf! تو هم در این باره حرفی بزن!
einen großen Mund haben گستاخانه حرف زدن
jemandem **nach dem Munde reden** مطابق میل کسی حرف زدن
Mundart, die; -, -en لهجه، گویش، زبان محلی
mundartlich *Adj.* لهجه‌ای، گویشی
Mündel, das / der; -s, - بچهٔ تحت قیومیت
Mündelgelder, die / *Pl.* امانت یتیم، دارایی یتیم
mündelsicher *Adj.* در قیومیت کامل
Mündelsicherheit, die; -, -en امنیت دارایی محجور، امنیت دارایی صغیر
munden *Vi.* خوش آمدن، پسند آمدن، لذت بردن
Es mundet mir. از آن خوشم می‌آید.
münden *Vi., Vr.* ۱. منتهی شدن ۲. ریختن
Der Fluß mündet ins Meer. رودخانه به دریا می‌ریزد.
mundfaul *Adj.* کم‌حرف، کم‌صحبت
Mundfäule, die; - التهاب عمومی مخاط دهان
mundgerecht *Adj.* خوش‌مزه، لذیذ، مطبوع

Mundgeruch, der; -(e)s, ⸗e بوی بد دهان
Mundharmonika, die; -, -s سازدهنی
Mundhöhle, die; -, -n حفرهٔ دهان
mündig *Adj.* رشید، بالغ، به سن قانونی رسیده
Mündigkeit, die; -, -en رشد، بلوغ
mündlich *Adj.* شفاهی، زبانی
Mündlichkeit, die; - مذاکرات شفاهی
Mundpflege, die; -, -n بهداشت دهان
Mundraub, der; -(e)s سرقت موادغذایی
Mundschenk, der; -en, -en ساقی
Mundschleimhaut, die; -, -häute پوشش مخاطی دهان
Mundsperre, die; -, -n قفل شدن دهان، کلید شدن دهان
Mundstück, das; -(e)s, -e دهانه، لبه، مصب، مدخل
mundtot *Adj.* (در نطق) بی‌دست و پا، الکن
jemanden **mundtot machen** کسی را به سکوت واداشتن
Mundtuch, das; -(e)s, ⸗er دستمال سفره
Mündung, die; -, -en ۱. دهانه، مصب (رودخانه) ۲. دهنه (تفنگ) ۳. پوزه‌بند ۴. روزنه، سوراخ
Mündungsfeuer, das; -s, - برق سر نیزه (تفنگ)
Mundvoll, der; -, - لقمه
ein Mundvoll یک لقمه
Mundvorrat, der; -(e)s, ⸗e توشه، طعام، آذوقه، خواربار
Mundwasser, das; -s, -wässer دهان شویه
Mundwerk, das; -(e)s قدرت کلام، استعداد سخنرانی
ein loses Mundwerk haben گستاخانه صحبت کردن
Mundwinkel, der; -s, - گوشهٔ دهان، کنج دهان
Munition, die; -, -en مهمات (جنگی)
Munitionsdepot, das; -s, -s انبار مهمات
Munitionsfabrik, die; -, -en کارخانهٔ مهمات
Munitionslager, das; -s, - / -läger مخزن مهمات، انبار مهمات (جنگی)
munkeln *Vi.* نجوا کردن، در گوشی سخن گفتن، پچ‌پچ کردن
Münster, das / der; -s, - کلیسای بزرگ
munter *Adj.* ۱. سرحال، شاد، شاداب ۲. بیدار
Munterkeit, die; - سرحالی، شادابی، بیداری
Münze, die; -, -n سکه، مسکوک، پول خرد
Münzeinheit, die; -, -en ضرب سکه، سکه‌زنی
münzen *Vt.* زدن، ضرب کردن (سکه)
Münzer, der; -s, - سکه‌زن
Münzfernsprecher, der; -s, - تلفن سکه‌ای
Münzfuß, der; -es, ⸗e استاندارد ضرب سکه، مقدار فلز قیمتی سکه
Münzkunde, die; -, -n سکه‌شناسی
Münzsammlung, die; -, -en کلکسیون سکه
Münzwesen, das; -s, - سیستم پولی
mürbe *Adj.* نرم، ترد، شکننده، رسیده
jemanden **mürbe machen** کسی را نرم کردن، مقاومت کسی را درهم شکستن
Mürbekuchen, der; -s, - شیرینی ترد
Mürbeteig, der; -(e)s, -e کلوچهٔ ترد
murksen *Vi.* وررفتن
Murmel, die; -, -n تیله، مهره
murmeln *Vi.* ۱. غر زدن، غرولند کردن ۲. تیله‌بازی کردن
Murmeltier, das; -(e)s, -e موش خرمای کوهی
murren *Vi.* غرولند کردن، غرغر کردن
mürrisch *Adj.* عبوس، ترشرو، کج‌خلق، غرغرو
Mus, das; -es, -e ۱. میوهٔ پخته، پورهٔ میوه ۲. مربا
Muschel, die; -, -n ۱. صدف ۲. لالهٔ گوش
muschelförmig *Adj.* صدفی شکل
Muschelkalk, der; -(e)s سنگ آهک صدف
Muschi, die; -, -s ۱. پیشی ۲. آلت تناسلی زن
Muse, die; -, -n (در یونان باستان) الههٔ شعر و موسیقی
Muselman, der; -en, -en مسلمان
Muselmann, der; -(e)s, ⸗er مسلمان
Museum, das; -s, -seen موزه
Musical, das; -s, -s موزیکال
Musik, die; -, -en موسیقی
Musik machen موسیقی نواختن، آهنگ زدن
Musik in den Ohren sein شادی‌آفرین بودن
Musilkalien, die / *Pl.* قطعات موسیقی
Musikalienhandlung, die; -, -en محل فروش وسایل موسیقی
musikalisch *Adj.* موزیکال، آهنگ‌دار
Musikant, der; -en, -en موسیقی‌دان
Musikantenknochen, der; -s, - استخوان آرنج
Musikautomat, der; -en, -en جعبهٔ گرامافون خودکار
Musikbox, die; -, -en جعبهٔ گرامافون خودکار
Musiker, der; -s, - موسیقی‌دان
Musikerin, die; -, -nen موسیقی‌دان (زن)
Musikhochschule, die; -, -n مدرسهٔ عالی موسیقی، دانشکدهٔ موسیقی
Musikinstrument, das; -(e)s, -e ساز، آلت موسیقی
Musikkapelle, die; -, -n گروه نوازندگان، ارکستر

Musikkorps, das; -, - گروه نوازندگان، ارکستر
Musiklehrer, der; -s, - هنرآموز موسیقی؛ معلم موسیقی
Musikpavillon, der; -s, -s محل اجرای موسیقی
Musikschule, die; -, -n مدرسهٔ موسیقی
Musikstunde, die; -, -n درس موسیقی
Musiktruhe, die; -, -n رادیوگرام
Musikunterricht, der; -(e)s درس موسیقی
Musikus, der; -, -ker موسیقی‌دان
Musikwissenschaft, die; - موزیکولوژی، موسیقی‌شناسی
musisch *Adj.* هنری، صنعتی
musizieren *Vt.* موسیقی نواختن؛ (مشترکاً) ساز زدن
Muskat, der; -(e)s, -e جوز هندی
Muskatbaum, der; -(e)s, -bäume درخت جوز هندی
Muskatblüte, die; -, -n شکوفهٔ جوز هندی
Muskateller, der; -s, - شراب موسکا، (نوعی) شراب خوش طعم
Muskatnuß, die; -, -nüsse جوز هندی
Muskel, der; -s, -n ماهیچه، عضله
Muskelarbeit, die; -, -en کار عضلانی، کار بدنی
Muskelfaser, die; -, -n تار ماهیچه
Muskelgewebe, das; -s, - بافت ماهیچه‌ای
muskelig *Adj.* عضلانی، ماهیچه‌ای
Muskelkater, der; -s, - کوفتگی عضلانی، درد عضلانی، گرفتگی ماهیچه
Muskelkraft, die; -, ⸚e نیروی عضلانی، زور بازو
Muskelmann, der; -(e)s, ⸚er مرد نیرومند
Muskelprotz, der; -en, -en آدم پرعضله
Muskelriß, der; -risses, -risse پارگی عضله
Muskelschwäche, die; -, -n ضعف عضله
Muskelzerrung, die; -, -en کشیدگی عضله، کشش عضله
Muskete, die; -, -n تفنگ فتیله‌ای قدیمی
Musketier, der; -s, -e تفنگدار
muskulär *Adj.* عضلانی، ماهیچه‌ای
Muskulatur, die; -, -en عضلات، دستگاه عضلانی
muskulös *Adj.* قوی، نیرومند، پرعضله
Muslim, der; -s, - مسلمان
Muslime, die; -, -n مسلمان (زن)
Muß, das; - احتیاج، نیازمندی، اجبار، الزام
Muße, die; - فراغت، آرامش، آسودگی، فرصت
Mußehe, die; -, -n عروسی اجباری
Musselin, der; -s, -e موسلین (نوعی پارچهٔ نازک)

müssen *Vi.* بایستن، مجبور بودن، ناگزیر بودن، الزام داشتن، موظف بودن
Ich muß fort. باید بروم.
Man muß arbeiten. باید کار کرد.
Ich muß weggehen. باید بروم.
Mußestunde, die; -, -n ساعت فراغت
müßig *Adj.* بیکار، عاطل، بیهوده، زاید
Müßiggang, der; -es تنبلی، بیهودگی، بیکاری
Müßiggänger, der; -s, - آدم تنبل و بیکار
mußte *P.* صیغهٔ فعل گذشتهٔ مطلق از مصدر müssen
Mußvorschrift, die; -, -en دستور اجباری
Muster, das; -s, - سرمشق، نمونه، طرح، نقش، انگاره، الگو
Musterbeispiel, das; -s, -e نمونه، سرمشق
Musterbetrieb, der; -(e)s, -e کارخانهٔ نمونه
Musterexemplar, das; -s, -e نسخهٔ نمونه
Mustergatte, der; -n, -n شوهر نمونه
mustergültig *Adj.* نمونه، سرمشق
musterhaft *Adj.* نمونه، سرمشق
Musterkarte, die; -, -n ورق نمونه، برگ نمونه
Musterknabe, der; -n, -n پسر نمونه
ein Musterknabe sein یک انسان نمونه بودن
Musterkoffer, der; -s, - چمدان نمونه، کیف نمونه
Musterkollektion, die; -, -en مجموعهٔ نمونه
Mustermesse, die; -, -n نمایشگاه کالای نمونه
mustern *Vt.* معاینه کردن، تفتیش کردن، بازرسی کردن
Musterschüler, der; -s, - دانش‌آموز نمونه
Musterung, die; -, -en معاینه، تفتیش، بازرسی
Musterungskommission, die; -, -en هیئت آزمون
Musterzeichner, der; -s, - نقش‌آفرین، طراح
Musterzeichnerin, die; -, -nen نقش‌آفرین، طراح (زن)
Mut, der; -(e)s جرأت، جسارت، دلیری، شجاعت
Nur Mut! جرأت داشته باش!
den Mut verlieren جرأت خود را از دست دادن
Mutation, die; -, -en ۱. تغییر، دگرگونی، جهش، تحول ۲. تغییر صدا
mutieren *Vi.* تغییر کردن، تحول یافتن
mutig *Adj.* جسور، بی‌باک، شجاع، پرجرأت
mutlos *Adj.* افسرده، ناامید، دلسرد، بی‌جرأت، مأیوس
Mutlosigkeit, die; - افسردگی، ناامیدی، دلسردی
mutmaßen *Vt., Vi.* حدس زدن، گمان کردن، اندیشیدن
mutmaßlich *Adj.* حدسی، فرضی، احتمالی

Mutmaßung 576

Mutmaßung, die; -, -en حدس، فرض، گمان
Mutter, die; -, ¨ ۱. مادر، ننه ۲. مهره (پیچ)
Mütterberatungsstelle, die; -, -n محل مشاورهٔ مادران
Mutterbrust, die; -, ¨e آغوش مادر
Mütterchen, das; -s, - مادرجان، ننه‌جان
Mutterhaus, das; -es, -häuser محل آموزش پرستاری
Mutterherrschaft, die; -, -en مادرسالاری
Mutterinstinkt, der; -(e)s, -e غریزهٔ مادری
Mutterkomplex, der; -es, -e دلبستگی به مادر
Mutterkorn, das; -(e)s, -e زنگ چاودار
Mutterkuchen, der; -s, - جفت جنین
Mutterland, das; -(e)s, ¨er مام وطن، میهن
Mutterleib, der; -(e)s, -er رحم، زهدان
mütterlich *Adj.* مادرانه
mütterlicherseits *Adv.* از طرف مادر، مادری
Mutterliebe, die; -, -n مهر مادری
mutterlos *Adj.* بی‌مادر
Muttermal, das; -(e)s, -e خال
Muttermilch, die; - شیر مادر
etwas **mit der Muttermilch eingesogen haben** از کودکی چیزی را آموختن
Muttermund, der; -(e)s, ¨er دهانهٔ رحم
Mutterpflicht, die; -, -en وظیفهٔ مادری
Mutterschaf, das; -(e)s, -e میش، گوسفند ماده
Mutterschaft, die; - مادری
Mutterschiff, das; -(e)s, -e سفینهٔ مادر
Mutterschlüssel, der; -s, - کلید مادر، کلید اصلی، شاه کلید
Mutterschraube, die; -, -n پیچ اصلی
Mutterschutz, der; -es حمایت از مادر
Mutterschwein, das; -(e)s, -e خوک مادر
mutterseelenallein *Adj.* کاملاً تنها
Muttersöhnchen, das; -s, - بچهٔ نازپرورده، بچه‌ننه
Muttersprache, die; -, -n زبان مادری
Muttersprachler, der; -s, - سخنران مادرزاد
Muttertag, der; -(e)s, -e روز مادر
Muttertier, das;-(e)s, -e حیوان ماده
Muttertrompete, die; -, -n (آناتومی) شیپور رحم
Mutterwitz, der; -es هوش، ادراک، شعور
Mutti, die; -, -s ماما، مامان
Mutung, die; -, -en ادعا، طلب، مطالبه
Mutwille, der; -ns قصد، منظور
mutwillig *Adj.* از روی قصد، عمدی
Mütze, die; -, -n کلاه کپی
die Mütze abnehmen کلاه خود را از سر برداشتن
Mützenschirm, der; -(e)s, -e نوک لبهٔ کلاه
Myriade, die; -, -n ده‌هزار
Myrrhe, die; -, -n مُر، مُرمَکی (نوعی صمغ قهوه‌ای رنگ)
Myrte, die; -, -n (گیاه) مورد، آس
mysteriös *Adj.* اسرارآمیز، سری، رمزی، عجیب و غریب
Mysterium, das; - s, -rien راز، سر، رمز
Mystifikation, die; -, -en ابهام؛ اخفا، پنهان‌سازی
mystifizieren *Vt.* رمزی کردن، مبهم کردن، پیچیده کردن
Mystik, die; - تصوف، عرفان
Mystiker, der; -s, - عارف، متصوف
mystisch *Adj.* رمزی، سری؛ استعاری؛ پوشیده؛ عرفانی
Mythe, die; -, -n افسانهٔ مربوط به اساطیر، افسانهٔ مربوط به خدایان
mythisch *Adj.* افسانه‌ای، موهوم
Mythologie, die; -, -n علم اساطیر، تاریخ ارباب انواع، افسانه‌شناسی
mythologisch *Adj.* (وابسته به) علم اساطیر، افسانه‌ای
Mythus, der; -, -then افسانهٔ (مربوط به) اساطیر، افسانهٔ (مربوط به) خدایان

N

N, das; -, - اِن (حرف چهاردهم الفبای آلمانی)
na *Interj.* هی، آهای، خوب
Na so was! عجب! چه حرف‌ها!
Na also! دیدی که می‌شه!
Na und? مگه چی می‌شه؟ چطور مگه؟
Na gut! بسیار خوب! باشه!
Nabe, die; -, -n محور وسط دوچرخه که پره‌ها به آن وصل می‌شوند
Nabel, der; -s, ⸚ ناف
Nabelbinde, die; -, -n بندناف، ناف‌بند
Nabelbruch, der; -(e)s, ⸚e فتق ناف
Nabelschau, die; -, -en خودشیفتگی
Nabelschnur, die; -, ⸚e بندناف
Nabelstrang, der; -(e)s, ⸚e بندناف
nach *Präp., Adv.* ۱. به‌طرفِ، به‌سویِ ۲. دربارهٔ، راجع به ۳. به‌موجبِ، برطبقِ، برحسبِ ۴. بعد از
Er fragt mich nach meiner neuen Anschrift.
او دربارهٔ نشانی جدید از من می‌پرسد.
Nach wem soll ich mich richten?
از چه کسی باید حرف‌شنوی داشته باشم؟
nach und nach رفته رفته، به‌تدریج، کم کم
nach wie vor مثل همیشه، مثل گذشته، همان‌طور که بود
meiner Meinung nach به عقیدهٔ من، به‌نظر من
einer nach dem andern یکی پس از دیگری، به نوبت
Hat jemand nach mir gefragt?
کسی سراغ مرا نگرفت؟
nach dem Gewichte برحسب وزن
nachäffen *Vt.* از (کسی) تقلید کردن، ادای (کسی) را درآوردن
Nachäfferei, die; -, -en تقلید، ادا، اطوار
Nachäffung, die; -, -en تقلید، ادا، اطوار
nachahmen *Vt., Vi.* ۱. تقلید کردن، پیروی کردن ۲. رونویسی کردن
nachahmenswert *Adj.* شایان تقلید
Nachahmer, der; -s, - مقلد، تقلیدکننده
Nachahmerin, die; -, -nen مقلد، تقلیدکننده (زن)
Nachahmung, die; -, -en تقلید
Nachahmungstrieb, der; -(e)s, -e غریزهٔ تقلید
nacharbeiten *Vi., Vt.* ۱. از (کسی) پیروی کردن، تابع (کسی) شدن ۲. تصحیح کردن، اصلاح کردن
dem Meister nacharbeiten از کار استاد تقلید کردن
nacharten *Vi.* شباهت داشتن، شبیه بودن
Nachbar, der; -s/-n, -n همسایه
Nachbarhaus, das; -es, -häuser خانهٔ مجاور
Nachbarin, die; -, -nen همسایه (زن)
Nachbarland, das; -(e)s, ⸚er کشور همسایه
nachbarlich *Adj.* (مربوط به) همسایه
Nachbarschaft, die; -, -en ۱. همسایگی، مجاورت ۲. عموم همسایگان
Nachbarskind, das; -(e)s, -er بچهٔ همسایه
Nachbarstaat, der; -(e)s, -en کشور همسایه
Nachbau, der; -(e)s, -e ۱. رونوشت‌برداری، سوادبرداری ۲. تکثیر
Nachbehandlung, die; -, -en معالجهٔ بعدی
nachbekommen *Vt.* دوباره دریافت کردن
nachberechnen *Vt.* دوباره حساب کردن
nachbestellen *Vt.* دوباره سفارش دادن، سفارش مجدد دادن
Nachbestellung, die; -, -en سفارش مجدد
nachbeten *Vi., Vt.* ۱. دعایی را تکرار کردن ۲. طوطی‌وار یاد گرفتن، طوطی‌وار گفتن
Nachbeter, der; -s, - مقلد، تقلیدکننده
Nachbeterin, die; -, -nen مقلد، تقلیدکننده (زن)
nachbezahlen *Vt.* بعداً پرداختن، پس‌پرداخت کردن
Nachbezahlung, die; -, -en پرداخت بعدی، پس پرداخت
Nachbild, das; -(e)s, -er تقلید، پیروی
nachbilden *Vt.* ۱. تقلید کردن، از (کسی) پیروی کردن ۲. از (چیزی) سواد برداشتن، کپی کردن
Nachbildung, die; -, -en تقلید، پیروی
nachbleiben *Vi.* عقب ماندن، جاماندن
nachblicken *Vi.* مراقب بودن، مواظب بودن
nachbluten *Vi.* دوباره خونریزی کردن
nachchristlich *Adj.* بعد از میلاد مسیح
nachdatieren *Vt.* از تاریخ واقعی دیرتر تاریخ گذاشتن، عقب‌تر تاریخ گذاشتن

nachdem 578

nachdem *Konj.* پس از آن که، بعد از آن که
je nachdem بستگی دارد به
nachdenken *Vi.* اندیشیدن، تعمق کردن، تأمل کردن، تفکر کردن، عمیقاً بررسی کردن
über etwas nachdenken دربارهٔ چیزی اندیشیدن
Nachdenken, das; -s اندیشه، تفکر، تأمل
nachdenklich *Adj.* متفکر، در فکر فرو رفته
nachdichten *Vt.* از (کتاب) اقتباس کردن
Nachdichtung, die; -, -en برداشت آزادانه، اقتباس
nachdrängen *Vt., Vi.* ۱. به‌زور از پیش‌بردن ۲. فشار دادن، در فشار گذاشتن
nachdringen *Vi.* دنبال کردن، تعقیب کردن
Nachdruck, der; -(e)s, ⸚e ۱. چاپ تازه، تجدید طبع ۲. تأکید، تکیه ۳. قدرت عمل، انرژی
nachdrucken *Vt., Vi.* تجدید چاپ کردن، دوباره طبع کردن
Nachdruckerlaubnis, die; -, -nisse اجازهٔ چاپ مجدد
nachdrücklich *Adj.* مؤکد، جدی، کاری، فعال، باثبات
Nachdrucksrecht, das; -(e)s, -e حق چاپ، حق انحصاری، حق تقلید
nachdrucksvoll *Adj.* مؤکد، جدی، کاری، فعال، باثبات
Nacheiferer, der; -s, - کسی که چشم و هم‌چشمی می‌کند، رقیب
nacheifern *Vi.* چشم و هم‌چشمی کردن، رقابت کردن
Nacheiferung, die; - چشم و هم‌چشمی، رقابت
nacheilen *Vi.* دنبال کردن، تعقیب کردن
nacheinander *Adv.* یکی پس از دیگری، پشت سرهم، پی در پی، به دنبال هم
Bitte nacheinander eintreten. لطفاً پشت سر هم داخل شوید.
nachempfinden *Vt.* مانند دیگری حس کردن
Nachen, der; -s, - قایق پارودار کوچک
Nacherbe, der; -, -n وارث، میراث‌بر، وارث ثانوی
Nachernte, die; -, -n محصول اضافی
nacherzählen *Vt.* تکرار کردن، بازگو کردن، از سرگفتن، دوباره تعریف کردن
Nacherzählng, die; -, -en تکرار، بازگویی، از سرگیری
nachessen *Vi.* بعد از همه خوردن
nachexerzieren *Vi.* تعلیم اضافی دادن، تمرین اضافی کردن
Nachfahr, der; -en, -en نسل، زاده
nachfahren *Vi.* به دنبال راندن، از دنبال رفتن
nachfärben *Vt.* دوباره رنگ کردن
Nachfeier, die; -, -n جشن بعد از جشن اصلی
nachfeiern *Vi.* جشن مجدد گرفتن
Nachfolge, die; -, -n توالی، ترادف؛ جانشینی، وراثت
nachfolgen *Vi.* ۱. از دنبال آمدن، تعقیب کردن ۲. پیروی کردن ۳. جانشین شدن
nachfolgend *Adj.* ذیل، زیر
Nachfolger, der; -s, - جانشین، قائم‌مقام
Nachfolgerin, die; -, -nen جانشین، قائم‌مقام (زن)
Nachfolgerschaft, die; - جانشینی
nachfordern *Vt.* تقاضای (فوق‌العاده) کردن، خواستار (چیزِ اضافی) شدن
Nachforderung, die; -, -en مطالبهٔ اضافی
nachforschen *Vi.* تجسس کردن، موشکافی کردن، تحقیق کردن
Nachforschung, die; -, -en تجسس، موشکافی، تحقیق
Nachfrage, die; -, -n ۱. تحقیق، بازجویی، پرسش، پرس و جو ۲. تقاضا (برای خرید کالا) ۳. پرسش مجدد
Angebot und Nachfrage عرضه و تقاضا
nachfragen *Vi.* ۱. تحقیق کردن، پرسش کردن، پرس و جو کردن، کسب اطلاع کردن ۲. تقاضا کردن ۳. دوباره پرسیدن
nachfühlen *Vt.* مانند دیگری حس کردن، همدردی کردن
nachfüllen *Vt.* از نو پر کردن، دوباره پر کردن؛ تکمیل کردن
Nachgang, der; -(e)s, ⸚e عطف، اشاره، مراجعه، بازگشت
nachgeben *Vt., Vi.* ۱. دوباره دادن ۲. تسلیم شدن؛ تن در دادن؛ کوتاه آمدن، نرم شدن
nachgeboren *Adj.* ۱. بعد از مرگ پدر به دنیا آمده، یتیم از آغاز تولد ۲. [فرزند] ته‌تغاری
Nachgebühr, die; -, -en هزینهٔ اضافی پست، عوارض اضافی
Nachgebung, die; - تسلیم
Nachgeburt, die; -, -en جفت جنین
nachgehen *Vi.* ۱. دنبال کردن، تعقیب کردن ۲. رسیدگی کردن، تحقیق کردن ۳. کُند کار کردن، عقب ماندن (ساعت)
einer Spur nachgehen چیزی را پیگیری کردن
Die Uhr geht fünf Minuten nach. این ساعت پنج دقیقه عقب است.

Nachkommenschaft, die; -, -en اولاد، بازماندگان
Nachkömmling, der; -s, -e فرزندی که با فاصلهٔ زمانی زیاد بعد از فرزند قبلی به دنیا می‌آید
Nachkontrolle, die; -, -n کنترل مجدد
nachkontrollieren *Vt.* مجدداً کنترل کردن
Nachkriegsgeneration, die; -, -en نسل بعد از جنگ
Nachkriegszeit, die; -, -en زمان بعد از جنگ
Nachkur, die; -, -en استراحت بعد از معالجه
Nachlaß, der; -lasses, -lasse/-lässe ۱. بخشش، عفو، گذشت ۲. تخفیف، کاهش (قیمت) ۳. ارث، میراث، دارایی، ماترک
nachlassen *Vt., Vi.* ۱. از شدت (چیزی) کاستن، از استحکام (چیزی) کاستن ۲. کم کردن، تخفیف دادن، پایین آوردن (قیمت، مجازات) ۳. به ارث گذاشتن ۴. کم شدن، تقلیل یافتن
Nachlassen, das; -s, - کاهش، تخفیف، تنزل
nachlässig *Adj.* ۱. نامرتب، اهمال کار، شلخته، مسامحه‌کار ۲. بی‌دقت، سطحی
Nachlässigkeit, die; -, -en ۱. قصور، اهمال، غفلت ۲. بی‌دقتی
nachlaufen *Vi.* ۱. دنبال دویدن ۲. تحمیل کردن ۳. دنباله‌روی کردن
nachleben *Vt.* در زندگی (کسی) را الگو قرار دادن
Nachleben, das; -s, - تقلید از زندگی کسی که درگذشته است
nachlegen *Vt.* دوباره روی (چیزی) قرار دادن
Nachlese, die; -, -n خوشه‌چینی مجدد
nachlesen *Vt.* ۱. مجدداً خوشه‌چینی کردن ۲. دوباره خواندن
nachliefern *Vt.* دوباره تحویل دادن، سپردن، تسلیم کردن
Nachlieferung, die; -, -en تحویل مجدد، تسلیم
nachlösen *Vt.* بلیت اضافی گرفتن
nachmachen *Vt.* ۱. از (کسی) تقلید کردن ۲. کپی کردن، جعل کردن
Nachmachung, die; - ۱. تقلید ۲. کپی، جعل
nachmalig *Adj.* بعدی، پسین
nachmals *Adv.* پس از آن، بعد، سپس
nachmessen *Vt.* دوباره اندازه گرفتن
Nachmieter, der; -s, - کرایه‌نشین جدید، مستأجر جدید
Nachmittag, der; -(e)s, -e بعدازظهر
am späten Nachmittag عصر

nachgemacht *Adj.* مصنوعی، جعلی، بدلی
nachgenannt *Adj.* نام‌برده در زیر، مذکور
nachgeordnet *Adj.* تابع، وابسته، جزء
nachgerade *Adv.* ۱. در این‌وقت، در این موقع، هم‌اکنون ۲. به تدریج، تدریجاً
Nachgeschmack, der; -(e)s مزهٔ غذا، طعم غذا
nachgiebig *Adj.* ۱. نرم، سست ۲. نرمش‌پذیر، سست‌اراده
Nachgiebigkeit, die; -, -en ۱. نرمی ۲. نرمش‌پذیری
nachgießen *Vt.* دوباره ریختن
nachgraben *Vt.* کندن، حفر کردن
nachgrübeln *Vi.* تفکر کردن، اندیشه کردن، در فکر فرو رفتن
nachgucken *Vi.* (به قصد کنترل) نگاه کردن
Nachhall, der; -(e)s, -e انعکاس صدا، طنین صدا، پژواک
nachhallen *Vi.* منعکس شدن (صدا)
nachhaltig *Adj.* ثابت، بادوام، استوار، پایدار، محکم، مؤثر، کاری
nachhängen *Vi.* اندیشیدن، تفکر کردن
nachhelfen *Vi.* کمک کردن، یاری کردن، مساعدت کردن
nachher *Adv.* ۱. پس از آن، سپس ۲. بعداً، دیرتر
Bis nachher! (در موقع خداحافظی) تا بعد!
nachherig *Adj.* بعدی
Nachhilfe, die; -, -n کمک، مساعدت، همدستی، یاری، حمایت
Nachhilfestunde, die; -, -n تدریس خصوصی
Nachhilfeunterricht, der; -(e)s تدریس خصوصی، درس تقویتی
nachhinken *Vi.* عقب ماندن؛ لنگ‌لنگان رفتن
nachholen *Vt.* تلافی کردن، جبران کردن
versäumten Unterricht nachholen درس عقب‌افتاده را جبران کردن
Nachhut, die; -, -en پس‌قراول، مؤخرهٔ لشکر، عقب‌دار
nachimpfen *Vt.* مجدداً واکسن زدن
Nachimpfung, die; -, -en مایه‌کوبی مجدد، واکسن مجدد
nachjagen *Vi.* تعقیب کردن، دنبال کردن
Nachklang, die; -, -n طنین صدا، انعکاس صدا
nachklingen *Vi.* منعکس شدن (صدا)
Nachkomme, der; -n, -n نسل، فرزند، بازمانده، اولاد
nachkommen *Vi.* از عقب آمدن، بعداً آمدن، از پشت سر آمدن، دنبال کردن

nachmittag *Adv.* بعدازظهر

heute nachmittag امروز بعدازظهر

nachmittägig *Adj.* بعدازظهری

nachmittäglich *Adj.* هر بعدازظهر

nachmittags *Adv.* بعدازظهرها، هر روز بعدازظهر

Nachmittagsschläfchen, das; -s, - استراحت بعدازظهر، چرت

Nachmittagsvorstellung, die; -, -en برنامهٔ هنری بعدازظهر

Nachnahme, die; -, -n پرداخت هزینهٔ پستی (در موقع تحویل جنس)

Nachnahmegebühr, die; -, -en بهای بستهٔ پستی که در هنگام تحویل دریافت می‌شود

Nachnahmesendung, die; -, -en بستهٔ پستی که بهای آن در موقع تحویل دریافت می‌شود

Nachname, der; -s, -n نام‌خانوادگی، شهرت

nachplappern *Vt.* طوطی‌وار گفتن

Nachporto, das; -s, -s/-ti اضافه بها، تمبر اضافی، هزینهٔ اضافی (در مقابل اضافه وزن)

nachprüfen *Vt.* ۱. بررسی کردن، چک کردن، امتحان مجدد کردن، از نو آزمودن ۲. دربارهٔ (چیزی) تحقیق کردن، به (چیزی) رسیدگی کردن

Nachprufüng, die; -, -en ۱. بررسی، امتحان مجدد ۲. تحقیق، رسیدگی

nachrechnen *Vt., Vi.* از نو حساب کردن، به‌صورت‌حساب رسیدگی مجدد کردن

Nachrede, die; -, -n ۱. بدگویی، تهمت، افترا، غیبت ۲. (ادبیات) مؤخره، سخن آخر

nachreden *Vi., Vt.* ۱. بدگویی کردن، تهمت زدن، افترا زدن، بهتان زدن ۲. نطق کردن ۳. تکرار کردن

Nachricht, die; -, -en خبر، گزارش، اطلاع

die neuesten Nachrichten آخرین اخبار

eine frohe Nachricht خبری مسرت‌بخش

Nachrichtenagentur, die; -, -en خبرگزاری

Nachrichtendienst, der; -es, -e سرویس خبرگزاری

Nachrichtensatellit, der; -en, -en ماهوارهٔ خبری

Nachrichtensendung, die; -, -en ۱. ایستگاه فرستندهٔ خبر ۲. (در رادیو / تلویزیون) برنامهٔ اخبار

Nachrichtensprecher, der; -s, - گویندهٔ اخبار

Nachrichtentechnik, die; -, -en سیستم ارتباطات، فن مخابرات

Nachrichtentruppe, die; -, -n گروه خبری

Nachrichtenwesen, das; -s, - ارتباط

nachrücken *Vi.* ۱. جلوتر رفتن، پیشرفت کردن ۲. ارتقای درجه گرفتن

Nachruf, der; -(e)s, -e آگهی درگذشت، اعلان وفات

Nachruhm, der; -(e)s شهرت پس از مرگ

nachrühmen *Vt.* بعد از وفات ستایش کردن

nachrüsten *Vi.* تجدید تسلیحات کردن، دوباره مسلح شدن

Nachrüstung, die; -, -en تجدید تسلیحات

nachsagen *Vt.* ۱. تکرار کردن، بازگو کردن، باز گفتن ۲. به (کسی) بهتان زدن

Das lasse ich mir nicht nachsagen. اجازه نمی‌دهم چنین حرفی پشت‌سر من بزنند.

Nachsaison, die; -, -s بعد از فصل اصلی، فصل ارزان مسافرت

Nachsatz, der; -(e)s, ⸚e (در زیر نامه) جملهٔ پایانی، جملهٔ اضافی

nachschauen *Vi.* (به قصد کنترل) نگاه کردن، نگریستن، دیدن؛ مراقب بودن

nachschicken *Vt.* بعداً فرستادن، به نشانی جدید فرستادن

nachschieben *Vt.* با سؤال کردن پیش بردن

Nachschlag, der; -(e)s, ⸚e مراجعه، عطف (به کتاب)

Nachschlagebuch, das; -(e)s, ⸚er مرجع، کتاب راهنما

nachschlagen *Vi., Vt.* ۱. شباهت داشتن ۲. (به کتاب) مراجعه کردن، عطف کردن

nachschleichen *Vi., Vr.* ردپای (کسی) را گرفتن

nachschleppen *Vt.* به زور کشیدن، به دنبال کشیدن

Nachschlüssel, der; -s, - شاه کلید

nachschreiben *Vt.* پاکنویس کردن، رونویسی کردن، کپی کردن

Nachschrift, die; -, -en یادداشت الحاقی (آخر نامه)، پیوست، ضمیمه

Nachschub, der; -(e)s, ⸚e (ارتش) امداد، پشتیبانی، کمک، تقویت

nachsehen *Vi., Vt.* ۱. با نگاه دنبال کردن، مراقب بودن، مواظب بودن ۲. بررسی کردن، آزمودن، رسیدگی کردن، معاینه کردن، کنترل کردن ۳. (به کتاب) مراجعه کردن، عطف کردن

Nachsehen, das; -s, - ۱. حریف، خصم، طرف ۲. بازنده، ضررکننده

nachsenden *Vt.* بعداً فرستادن، به نشانی جدید فرستادن

Nachsendung, die; -, -en ارسال مجدد بستهٔ پستی
nachsetzen *Vt.* (با شتاب) تعقیب کردن، دنبال کردن
Nachsicht, die; -, -en ۱. صبر، حوصله، شکیبایی، بردباری ۲. چشم‌پوشی، اغماض، گذشت
nachsichtig *Adj.* ۱. صبور، شکیبا، ملایم، بردبار ۲. اغماض‌کننده، چشم‌پوش؛ با ملاحظه، باگذشت
nachsichtsvoll *Adj.* ۱. صبور، شکیبا، ملایم، بردبار، باگذشت ۲. اغماض‌کننده، چشم‌پوش
Nachsilbe, die; -, -n (دستور زبان) پسوند
nachsinnen *Vi.* تفکر کردن، اندیشیدن، تدبیر کردن
nachsitzen *Vi.* (به عنوان تنبیه) بعد از تعطیلِ مدرسه ماندن
Nachsommer, der; -s, - ۱. اواخر تابستان ۲. تابستان آتی
Nachspeise, die; -, -n دسر
Nachspiel, der; -(e)s, -e ۱. نمایش کوتاه خنده‌دار (بعد از نمایش اصلی) ۲. (در پایان کنسرت) اجرای قطعه اضافی ۳. نتیجه عمل
nachspionieren *Vi.* به قصد جاسوسی تعقیب کردن
nachsprechen *Vt.* گفته‌های (کسی) را تکرار کردن
nachspüren *Vi.* ۱. دنبال کردن ۲. جاسوسی (کسی) کردن
nächst *Adj., Präp.* ۱. بعد، بعدی، آینده ۲. نزدیک‌ترین، کوتاه‌ترین

Wer ist der nächste? نفر بعدی کیست؟
das nächste Mal دفعهٔ دیگر، دفعهٔ بعد
nächstes Jahr سال آینده
nächste Woche هفتهٔ آینده
zu nächst در ابتدا، در آغاز
Nächst seinen Kindern bist du am liebsten.
تو نزد او عزیزترین کس بعد از فرزندانش هستی.

nächstdem *Adv.* به زودی، عنقریب، قریباً
Nächste, der; -n, -n هم‌نوع، همسایه
nachstehen *Vi.* پایین‌تر بودن، درجه دوم بودن، بعد از دیگری نوبت داشتن
nachstehend *Adj.* ذیل، زیر، بعد، بعدی
nachstellen *Vt., Vi.* ۱. دوباره و دقیق کوک کردن (ساز) ۲. عقب انداختن، پس انداختن ۳. عقب کشیدن، مجدداً تنظیم کردن (ساعت) ۴. تعقیب کردن ۵. خواستگاری کردن
Nachstellung, die; -, -en ۱. زجر، آزار، اذیت ۲. تعقیب
Nächstenliebe, die; - صدقه، احسان، دستگیری
nächstens *Adv.* به‌زودی، عنقریب، قریباً

Ich komme nächstens zu Ihnen.
به‌زودی نزد شما خواهم آمد.

nächstfolgend *Adj.* بعدی، جنبی، مجاور
nächstjährig *Adj.* سال بعدی
nächstliegend *Adj.* نزدیک‌ترین
nachstreben *Vi.* کوشیدن، جد و جهد کردن
nachsuchen *Vi., Vt.* ۱. جستجو کردن، گشتن، (به قصد کنترل) نگاه کردن ۲. رسماً درخواست (چیزی) کردن
Nachsuchung, die; -, -en ۱. جستجو، تجسس؛ تکاپو ۲. تجدیدنظر
Nacht, die; -, ⸚e شب

Gute Nacht! شب به خیر!
Es wird Nacht. دارد شب می‌شود.
in der Nacht شب هنگام
Mitten in der Nacht نیمه‌شب
häßlich wie die Nacht خیلی زشت
bei Nacht und Nebel پنهانی، یواشکی

nacht *Adv.* (در ارتباط با یک روز معین) شب
Nachtanzug, der; -(e)s, ⸚e لباسِ شب
Nachtarbeit, die; - شب‌کاری
Nachtarbeiter, der; -s, - شب کار
Nachtasyl, das; -s, -e مأوای شبانه، جان‌پناه
nachtblau *Adj.* آبی تیره
nachtblind *Adj.* شب کور
Nachtblindheit, die; - شب‌کوری
Nachtdienst, der; -es, -e شب‌کاری، کشیک شبانه
Nachteil, der/das; -(e)s, -e زیان، ضرر، عیب
nachteilig *Adj.* زیان‌آور، مضر، نامساعد
nächtelang *Adv.* همه‌شب، شب‌های زیاد
nachten *Vi.* شب شدن
nächtens *Adv.* شب هنگام، شبانگاه، در شب
Nachtessen, das; -s, - شام
Nachteule, die; -, -n آدم شب‌زنده‌دار
Nachtfalter, der; -s, - بید
Nachtfrost, der; -(e)s, ⸚e شبنم یخ‌زده (در شب)
Nachthemd, das; -(e)s, -en ۱. پیراهن خواب ۲. لباس شب
Nachtigall, die; -, -en بلبل
nächtigen *Vi.* شب را در جایی به‌صبح آوردن، شب را گذراندن
Nachtisch, der; -es, -e دسر
Nachtjäger, der; -s, - هواپیمای شکاری (مخصوص پرواز در شب)

Nachtkappe, die; -, -n شب کلاه، عرقچین
Nachtkleid, das; -(e)s, -er لباس شب
Nachtklinik, die; -, -en درمانگاه شبانه
Nachtklub, der; -s, - کلوب شبانه، کاباره
Nachtleben, das; -s, - زندگی شبانه، شب‌گذرانی
nächtlich *Adj.* شبانه
nächtlicherweile *Adv.* شب‌هنگام، شبانگاه، در شب
Nachtlokal, das; -(e)s, -e کلوب شبانه
Nachtmahl, das; -(e)s, -e شام
Nachtmusik, die; - موسیقی شب، نغمه شب، سِرناد
Nachtmütze, die; -, -en شب کلاه، عرقچین
Nachtportier, der; -s, -s دربان شبانه
Nachtquartier, das; -s, -e خوابگاه، محل اقامت شبانه
Nachtrag, der; -(e)s, ⸚e ضمیمه، مکمل، پیوست
nachtragen *Vt.* ۱. اضافه کردن، افزودن، ضمیمه کردن؛ تکمیل کردن ۲. برای (کسی) بردن ۳. به (کسی) کینه‌توزی کردن
nachtragend *Adj.* کینه‌ای، کینه‌توز
nachträglich *Adj., Adv.* ۱. اضافی، بعدی، پسین ۲. بعداً؛ دورتر؛ دیرتر
Nachtruhe, die; - استراحت شبانه، خواب
nachts *Adv.* شب هنگام، شبانگاه، در شب
Nachtschatten, der; -s, - مِهر گیاه
Nachtschicht, die; -, -en شب‌کاری، نوبت شبانه
Nachtschlaf, der; -(e)s خواب شبانه
nachtschlafend *Adj.* در نیمه‌های شب
Nachtschwärmer, der; -s, - عیاش، خوش‌گذران
Nachtschwärmerin, die; -, -nen عیاش، خوش‌گذران (زن)
Nachtschwester, die; -, -n پرستار شب
Nachtstuhl, der; -(e)s, ⸚e صندلی بیمار
nachtsüber *Adv.* در طی شب
Nachttarif, der; -s, -e تعرفهٔ شبانه
Nachttisch, der; -es, -e میز کوچک (کنار تختخواب)
Nachttopf, der; -(e)s, ⸚e ظرف ادرار، لگن
nachtun *Vi.* از (کسی) تقلید کردن
Nachtvogel, der; -s, ⸚ مرغ شب
Nachtwache, die; -, -n کشیک شبانه، نگهبانی شبانه
Nachtwächter, der; -s, - کشیک شبانه، شب‌گرد، مراقب شبانه
nachtwandeln *Vi.* در خواب راه رفتن
Nachtwanderung, die; -, -en راه رفتن در خواب
Nachtzeug, das; -(e)s, -e لباس شب
Nachtzug, der; -es, ⸚e ترن شبانه
Nachuntersuchung, die; -, -en معاینهٔ بیمار (بعد از تشخیص بیماری)
Nachurlaub, der; -(e)s, -e تمدید سفر، ادامهٔ سفر
nachverlangen *Vt.* از (کسی) توقع زیادی داشتن
nachvollziehbar *Adj.* قابل درک
nachvollziehen *Vt.* درک کردن
nachwachsen *Vi.* دوباره رشد کردن
Nachwahl, die; -, -en انتخابات ویژه
Nachwehen, die / *Pl.* عواقب بعدی
nachweinen *Vi.* زاری کردن، ندبه کردن
Nachweis, der; -es, -e دلیل، مدرک، برهان، نشانه
nachweisbar *Adv.* قابل اثبات، قابل تشخیص
nachweisen *Vt.* ۱. برای (کسی / چیزی) اثبات کردن ۲. برای (کسی / چیزی) دلیل آوردن، برای (کسی / چیزی) مدرک آوردن
nachweislich *Adv.* قابل اثبات، قابل تشخیص
Nachweisung, die; -, -en اثبات
Nachwelt, die; - نسل آینده، اولاد، اخلاف، بازماندگان
nachwiegen *Vt.* (به قصد کنترل مجدد) وزن کردن
Nachwinter, der; -s, - ۱. زمستان آتی ۲. اواخر زمستان
nachwirken *Vi.* تأثیر به جای گذاشتن، اثر کردن
Nachwirkung, die; -, -en اثر، تأثیر ثانوی / عارضهٔ ثانوی
Nachwort, das; -(e)s, -e توضیح پایانی (مقاله)، سخن آخر، نطق پایانی
Nachwuchs, der; -s, ⸚ ۱. نیروی جوان و متخصص ۲. اولاد، اخلاف، نسل آینده
nachzählen *Vt.* دوباره شمردن، بازشمردن
nachzahlen *Vt.* پس پرداختن، اضافی پرداختن
Nachzahlung, die; -, -en پس پرداخت، پرداخت اضافی
Nachzählung, die; -, -n دوباره شماری
nachzeichnen *Vt.* از (چیزی) سواد برداشتن، از (چیزی) رونویسی کردن، از روی (چیزی) کشیدن
Nachzeichnung, die; -, -en ترسیم از روی مدل، سوادبرداری
nachziehen *Vt., Vi.* ۱. رسم کردن، طرح کردن ۲. به دنبال کشیدن ۳. پر رنگ کردن (خط) ۴. سفت کردن (پیچ) ۵. از (کسی) سرمشق گرفتن ۶. مداد ابرو کشیدن ۷. دنبال کردن ۸. درپی داشتن
Eine Krankheit zog die andere nach.
یک بیماری بیماری دیگر را به دنبال می‌آورد.

583 **näherkommen**

Nachzügler, der; -s, - ۱. فرزندی که با فاصلهٔ زمانی زیاد بعد از فرزند قبلی به دنیامی‌آید ۲. کسی که دیرتر از سایرین می‌آید
Nacken, der; -s, - پس گردن، پشت گردن
jemandem **den Nacken beugen** مقاومت کسی را درهم شکستن
Nackenschlag, der; -(e)s, ⸚e پشت گردنی
nackend *Adj.* ۱. لخت، عریان، برهنه ۲. عاری، ساده
nackt *Adj.* ۱. لخت، عریان، برهنه ۲. عاری؛ مجرد؛ ساده
die nackte Wahrheit حقیقت محض
Nacktheit, die; -, -en لختی، عریانی، برهنگی
Nacktkultur, die; - عریان‌گری
Nadel, die; -, -n ۱. سوزن، سنجاق ۲. (در قطب‌نما) عقربه ۳. برگ سوزنی
nadelförmig *Adj.* سوزنی شکل، به شکل سوزن
Nadel(holz)baum, der; -(e)s, -bäume درخت با برگ‌های سوزنی
Nadelhölzer, die / *Pl.* درخت صنوبر
Nadelkissen, das; -s, - جاسنجاقی
Nadelkopf, der; -(e)s, ⸚e نوک سنجاق، سر سوزن
Nadelloch, das; -(e)s, ⸚e سوراخ سوزن
nadeln *Vi.* برگ سوزنی ریختن
Nadelöhr, das; -(e)s, -e سوراخ سوزن
Nadelstich, der; -(e)s, -e جای سوزن؛ بخیه
Nadelwald, der; -(e)s, ⸚er جنگل درختان سوزنی
Nagel, der; -s, ⸚ ۱. میخ ۲. ناخن
den Nagel auf den Kopf treffen حق مطلب را اداکردن
an den Nägeln kauen ناخن جویدن
Nagelbürste, die; -, -n ناخن‌شور، برس ناخن
Nägelchen, das; -s, - ۱. میخ کوچک ۲. ناخنک
Nagelfeile, die; -, -n سوهان ناخن
Nagelgeschwür, das; -(e)s, -e عفونت چرکی نرمهٔ بند انگشت
Nagelkopf, der; -(e)s, ⸚e سرِ میخ
Nagellack, der; -(e)s, -e لاک ناخن
Nagellackentferner, der; -s, - مادهٔ پاک‌کننده لاک ناخن
nageln *Vt., Vi.* ۱. میخ زدن؛ میخ کوبیدن ۲. با تلاش زیاد کار کردن
nagelneu *Adj.* کاملاً نو
Nagelpflege, die; -, -n مانیکور، آرایش ناخن
Nagelschere, die; -, -n ناخن‌گیر
Nagelzange, die; -, -n ناخن‌گیر

nagen *Vi., Vt.* گاز زدن و کندن، گاز گرفتن؛ جویدن
Nager, der; -s, - جانور جونده
Nagetier, das; -(e)s, -e جانور جونده
nah *Adj.* ۱. نزدیک ۲. به زودی
von nah und fern از دور و نزدیک
Näharbeit, die; -, -en گلدوزی، خیاطی، سوزن‌دوزی، دوزندگی
Nahaufnahme, die; -, -n عکس‌برداری از فاصلهٔ نزدیک
Nähe, die; -, -n نزدیکی، همسایگی، مجاورت
aus der Nähe از نزدیک
ganz in der Nähe در همین نزدیکی
nahe *Adj., Präp.* ۱. نزدیک ۲. به‌زودی ۳. در نزدیکیِ
nahe dem Hause در نزدیکی خانه
jemandem **zu nahe kommen** وارد زندگی خصوصی کسی شدن
nahebei *Adv.* در نزدیکی، مجاور
Der See liegt nahebei. دریا در همین نزدیکی است.
nahebringen *Vt.* به یکدیگر نزدیک کردن
nahegehen *Vi.* محزون کردن، متأثر کردن، غصه‌دار کردن، تحت‌تأثیر قرار دادن
Sein Tod geht mir nahe. مرگ او مرا تحت تأثیر قرار می‌دهد.
nahekommen *Vi.* نزدیک شدن، نزدیک آمدن
nahelegen *Vt.* توصیه کردن، سفارش کردن، پیشنهاد دادن
naheliegen *Vi.* روشن بودن، واضح بودن، آشکار بودن
naheliegend *Adj.* روشن، واضح، آشکار
nahen *Vi., Vr.* ۱. نزدیک شدن ۲. نزدیک بودن
Sie haben sich der Moschee genaht. آن‌ها به مسجد نزدیک شده‌اند.
Nahen, das; -s, - نزدیکی
nähen *Vt.* دوختن، بخیه زدن
Doppel genäht hält besser. کار از محکم‌کاری عیب نمی‌کند.
Näher, der; -s, - دوزنده، خیاط
näher *Adj.* ۱. نزدیک‌تر ۲. دقیق‌تر
nähere Einzelheiten جزئیات دقیق‌تر
nähere Auskünfte اطلاعات بیشتر
Dieser Weg ist näher. این راه نزدیک‌تر است.
Nähere, die / *Pl.* جزئیات، تفصیلات
Näherei, die; -, -en دوزندگی، خیاطی
Näherin, die; -, -nen دوزنده، خیاط (زن)
näherkommen *Vi.* صمیمی‌تر شدن، نزدیک‌تر شدن

näherliegen 584

näherliegen *Vi.* بدیهی‌تر بودن، روشن‌تر بودن
nähern *Vr., Vt.* ۱. نزدیک شدن ۲. نزدیک کردن
nähertreten *Vi.* نزدیک شدن، مورد توجه قرار دادن
Näherung, die; -, -en نزدیکی
Näherungswert, das; -(e)s, -e ارزش تقریبی
nahestehen *Vi.* نزدیک بودن، آشنا بودن، صمیمی بودن، وابسته بودن
nahezu *Adv.* تقریباً، حدوداً، قریباً، نزدیک به، در حدود
Nähfaden, der; -s, ⸚ نخ خیاطی
Nähgarn, das; -(e)s, -e نخ خیاطی
Nahkampf, der; -(e)s, ⸚e ۱. جنگ تن به تن ۲. (بوکس‌بازی) دست به یقه شدن
Nähkästchen, das; -s, - جعبهٔ خیاطی
Nähkissen, das; -s, - کلاف نخ
Nähkorb, der; -(e)s, ⸚e سبد خیاطی
nahm *P.* صیغهٔ فعل گذشتهٔ مطلق از مصدر nehmen
Nähmaschine, die; -, -n چرخ خیاطی
Nähnadel, die; -, -n سوزن خیاطی
Nahost خاور نزدیک
Nährboden, der; -s, -/⸚ ۱. خاک حاصلخیز ۲. محیط غذایی
nähren *Vt., Vr., Vi.* ۱. غذا دادن، خوراک دادن ۲. غذا خوردن، تغذیه کردن ۳. مقوی بودن
Nährflüssigkeit, die; -, -en شربت مقوی
Nährgehalt, der; -(e)s, -e مادهٔ مقوی
nahrhaft *Adj.* مقوی، مغذی، خوردنی
Nährhefe, die; -, -n مخمر مقوی
Nährkraft, die; -, ⸚e نیروی غذایی
Nährlösung, die; -, -en محلول غذایی
Nährmittel, das; -s, - مواد غذایی
Nährsalz, das; -es, -e نمک غذایی
Nährstoff, der; -(e)s, -e مادهٔ غذایی
Nahrung, die; -, -en خوراک، قوت، غذا
Nahrungsaufnahme, die; -, -n تغذیه
Nahrungsbedarf, der; -(e)s مواد غذایی لازم (برای بدن)
Nahrungsmangel, der; -s, ⸚ کمبود مواد غذایی
Nahrungsmittel, das; -s, - مواد غذایی
Nahrungsmittelchemiker, der; -s, - متخصص مواد غذایی
Nahrungsmittelvergiftung, die; -, -en مسمومیت غذایی
Nahrungssorgen, die / *Pl.* عقل معاش، وسیلهٔ معیشت
Nahrungsstoff, der; -(e)s, -e مادهٔ غذایی، اغذیه
Nährwert, der; -(e)s, -e ارزش موادغذایی
Nähschule, die; -, -n آموزشگاه خیاطی
Nähseide, die; -, -n نخ ابریشمی
Naht, die; -s, ⸚ درز، بخیه
nahtlos *Adj.* ۱. بی‌درز ۲. یک تکه، یک پارچه، یکسره
Nahtstelle, die; -, -n جای درز، جای بخیه
Nahverkehr, der; -(e)s وسیلهٔ نقلیهٔ محلی
Nahverkehrsmittel, die / *Pl.* رفت و آمد محلی
Nahverkehrszug, der; -es, ⸚e ترن محلی
nahverwandt *Adj.* از لحاظ قوم و خویشی نزدیک
Nähzeug, das; -(e)s, -e وسایل خیاطی
Nahziel, das; -(e)s, -e هدف نزدیک
naiv *Adj.* ساده، ساده‌لوح، زودباور؛ بچگانه
Naivität, die; -, -en سادگی، خامی، ساده‌لوحی، زودباوری
Name, der; -ns, -n ۱. نام، اسم ۲. شهرت، وجهه، آبرو
sich einen Namen machen مشهور شدن
Wie ist Ihr Name? اسم شما چیست؟
Namenbuch, das; -(e)s, ⸚er نام‌نامه
Namenliste, die; -, -n فهرست اسامی
namenlos *Adj.* بی‌نام، بی‌اسم، ناشناس
namens *Adv.* به اسم، به‌نام
ein Mann namens Hans مردی به نام هانس
Namensaktie, die; -, -n سهام اسم‌دار
Namensaufruf, der; -(e)s, -e حضور و غیاب
Namensschild, das; -(e)s, -e اسم روی زنگ در
Namenstag, der; -(e)s, -e ۱. سالروز تولد ۲. روز نام‌گذاری
Namensvetter, der; -s, -n هم‌نام، هم‌اسم، کسی که به اسم دیگری نام‌گذاری شود
Namenszug, der; -es, ⸚e امضا، پاراف
namentlich *Adj., Adv.* ۱. اسمی، به‌اسم، به‌نام ۲. قبل از هرچیز، در وهلهٔ اول ۳. اسماً، مخصوصاً، بخصوص
jemanden **namentlich nennen** از کسی نام بردن
Namenverzeichnis, das; -nisses, -nisse فهرست اسامی
namhaft *Adj.* ۱. مشهور، معروف، برجسته، مهم ۲. عمده، معتبر، شایان توجه
nämlich *Adj., Adv., Konj.* ۱. همان، همین ۲. یعنی، زیرا، چون ۳. علت این است که ۴. به بیان دقیق‌تر، به عبارت دیگر
nannte *P.* صیغهٔ فعل گذشتهٔ مطلق از مصدر nennen
nanu *Interj.* راستی، عجب

Napalm, das; -s بمب ناپالم، بمب آتش‌زا
Napalmbombe, die; -, -n بمب ناپالم
Napf, der; -(e)s, ⸚e کاسه، قدح، جام، پیاله
Näpfchen, das; -s, - کاسهٔ کوچک
Napfkuchen, der; -s, - (نوعی) شیرینی
Naphtha, das; -s نفت خام
Naphthalin, das; -s نفتالین
Narbe, die; -, -n جای زخم، اثر جراحت
narben *Vi.* اثر زخم داشتن، اثر جراحت گذاشتن
narbig *Adj.* زخم‌دار، زخمی
Narkose, die; -, -n بیهوشی عمومی، بی‌حسی، حالت بی‌حسی
Narkosearzt, der; -es, ⸚e متخصص بیهوشی
Narkosemittel, das; -s, - داروی بیهوشی
Narkotika, die / *Pl.* مواد مخدر، مواد بی‌حس‌کننده
Narkotikum, das; -s, -ka ماده مخدر، ماده بی‌حس‌کننده، داروی بیهوشی
narkotisch *Adj.* مخدر؛ مسکن، بیهوش‌کننده
narkotisieren *Vt.* بی‌حس کردن، تخدیر کردن، بیهوش کردن
Narr, der; -en, -en ۱. احمق، ابله، بی‌شعور ۲. دیوانه ۳. دلقک
jemanden **zum Narren halten** کسی را دست انداختن
narren *Vt.* گول زدن، فریب دادن، دست انداختن، با (کسی) شوخی بی‌مزه کردن
Narrenfreiheit, die; -, -en کارناوال
narrenhaft *Adj.* احمقانه، دیوانه‌وار، جنون‌آمیز
Narrenhaus, das; -es, -häuser تیمارستان، دارالمجانین
Narrenkappe, die; -, -n کلاه قیفی (مخصوص دلقک‌ها)
Narrenliebe, die; -, -n عشق جنون‌آمیز
Narren(s)posse, die; -, -n حماقت، ابلهی، مسخرگی
narrensicher *Adj.* با اطمینان کامل
Narrenstreich, der; -(e)s, -e شوخی احمقانه
Narretei, die; -, -en حماقت، ابلهی، دیوانگی
Narrheit, die; -, -en حماقت، ابلهی، دیوانگی
Närrin, die; -, -nen ۱. احمق، ابله، بی‌شعور ۲. دیوانه ۳. دلقک (زن)
närrisch *Adj., Adv.* ۱. ابله، احمق، نادان ۲. احمقانه، دیوانه‌وار، ابلهانه
Narziß, der; -zisses, -zisse خودخواه، خودپسند
Narzisse, die; -, -n گل نرگس
Narzißmus, der; - خودستایی، خودپرستی

Nasal, der; -s, -e صدای تودماغی
nasal *Adj.* دماغی، (مربوط به) بینی
Nasallaut, der; -(e)s, -e صدای تودماغی
naschen *Vi., Vt.* ۱. تنقلات خوردن؛ دلگی کردن ۲. مزه کردن، به (چیزی) ناخنک زدن
Nascher, der; -s, - دله
Nascherei, die; -, -en دلگی
Nascherin, die; -, -nen دله (زن)
naschhaft *Adj.* دله
Naschkatze, die; -, -n دله، شیرینی‌دوست
Naschwerk, das; -(e)s ۱. شیرینی ۲. خوراک لذیذ
Nase, die; -, -n ۱. بینی، دماغ ۲. شامه
eine feine Nase für etwas **haben** شامهٔ خوبی برای چیزی داشتن
die Nase in jeden Dreck stecken در هر کاری فضولی کردن
Fassen Sie an Ihre eigene Nase! به فکر کارهای خودتان باشید!
Der Zug fuhr mir vor der Nase weg. تا رسیدم قطار حرکت کرد.
sich die Nase putzen دماغ گرفتن
Meine Nase läuft. من زکام دارم.
Ich habe die Nase voll davon! از این موضوع جانم به لبم رسید!
näseln *Vi.* تودماغی حرف زدن
Näseln, das; -s, - صدای تودماغی
näselnd *Adj.* دماغی، (مربوط به) بینی
Nasenarzt, der; -es, ⸚e پزشک گوش، حلق و بینی
Nasenband, das; -(e)s, ⸚e پوزه‌بند
Nasenbein, das; -s, -e استخوان بینی
Nasenbluten, das; -s خون دماغ
Nasenflügel, der; -s, - پره‌های بینی
Nasenlänge, die; -, -n (در ورزش دو و میدانی) مسافت کوتاه
Nasenloch, das; -(e)s, ⸚er سوراخ بینی
Nasenpolypen, die / *Pl.* پُلیپ بینی
Nasenscheidewand, die; -, ⸚e جدارهٔ بینی
Nasenschleim, der; -(e)s, -e مخاط بینی، آب بینی
Nasenspitze, die; -, -n نوک دماغ
Nasenspray, das; -s, -s (دارو) اسپری بینی
Nasentropfen, die / *Pl.* قطرهٔ بینی
naseweis *Adj.* فضول، کنجکاو
Naseweisheit, die; -, -en فضولی، کنجکاوی
nasführen *Vt.* فریب دادن؛ خر کردن؛ دست انداختن

Nashorn, das; -(e)s, ⸚er کرگدن
naß *Adj.* نمناک، مرطوب، تر، خیس
naß werden خیس شدن
Naß, das; Nasses ۱. رطوبت، نمناکی ۲. مایع، آبگونه
Nassauer, der; -s, - ۱. طفیلی، مفت‌خور ۲. رگبار
nassauern *Vi.* طفیلی شدن، انگل شدن
Nässe, die; - رطوبت، تری، خیسی، نمناکی
nässen *Vt., Vi.* ۱. تر کردن، مرطوب کردن، نمناک کردن ۲. از رطوبت پاک شدن ۳. ترشح کردن
naßforsch *Adj.* گستاخ، بی‌حیا، بی‌شرم، پررو
naßgeschwitzt *Adj.* خیس عرق
naßkalt *Adj.* سرد و مرطوب
Nation, die; -, -en ملت
die vereinten Nationen سازمان ملل متحد
national *Adj.* ملی
Nationaleinkommen, das; -s, - درآمد ملی
Nationalelf, die; -, -en تیم ملی فوتبال
Nationalfahne, die; -, -n پرچم ملی
Nationalfeiertag, der; -(e)s, -e روز تعطیل ملی
Nationalflagge, die; -, -n پرچم ملی
Nationalgericht, das; -(e)s, -e غذای ملی، غذای سنتی
Nationalhymne, die; -, -n سرود ملی
nationalisieren *Vt.* ملی کردن
Nationalismus, der; -, -men ناسیونالیسم، ملی‌گرایی، ملت آئینی، ملت‌پرستی
Nationalist, der; -en, -en ناسیونالیست، ملت‌پرست، ملی‌گرا
nationalistisch *Adj.* ناسیونالیستی، ملی‌گرایانه، (مربوط به) ملی‌گرایی
Nationalität, die; -, -en ملیّت
Nationalmannschaft, die; -, -en (ورزش) تیم ملی
Nationalökonomie, die; -, -n اقتصاد ملی
Nationalpark, der; -(e)s, -e باغ ملی
Nationalsozialismus, der; - ناسیونال سوسیالیسم، سوسیالیسم ملی (حزب آلمان نازی)
Nationalsozialist, der; -en, -en ناسیونال سوسیالیست، سوسیالیست ملی
Nationalspieler, der; -s, - (ورزش) بازیکن تیم ملی
Nationalspielerin, die; -, -nen (ورزش) بازیکن تیم ملی (زن)
Nationalsprache, die; -, -n زبان ملی
Nationalstaat, der; -es, -en دولت ملی
Nationaltracht, die; -, -en لباس ملی، لباس سنتی

Nationalversammlung, die; -, -en مجلس ملی
nativ *Adj.* طبیعی، مادرزادی
Nato, die; - ناتو (پیمان آتلانتیک شمالی)
Natrium, das; -s, - (شیمی) سدیم
Natriumchlorid, das; -(e)s, -e (شیمی) کلرید سدیم، نمک طعام
Natriumhydroxid, das; -(e)s, -e (شیمی) هیدروکسید سدیم، سود سوزآور
Natron, das; -s, - (شیمی) بی‌کربنات سدیم، جوش‌شیرین
Natter, die; -, -n افعی
eine Natter am Busen nähren مار در آستین پروردن
Natur, die; -, -en ۱. طبیعت ۲. طبع، سرشت، ذات، نهاد، ماهیت، فطرت
von Natur aus طبعاً، فطرتاً، بالطبع
Naturalien, die / *Pl.* فراورده‌های طبیعی
Naturalienkabinett, das; -(e)s, -e مجموعهٔ فراورده‌های طبیعی
Naturaliensammlung, die; -, -en مجموعهٔ فراورده‌های طبیعی
naturalisieren *Vt.* تابعیت (جایی) را پذیرفتن؛ به (کسی) حق تابعیت دادن، بومی شناختن
Naturalisierung, die; -, -en قبول تابعیت
Naturalismus, der; - (سبک) ناتورالیسم، طبیعت‌گرایی
Naturalist, der; -en, -en ناتورالیست، طبیعت‌گرا
naturalistisch *Adj.* ناتورالیستی، طبیعت‌گرایانه
Naturalleistung, die; -, -en پرداخت غیرنقدی، پرداخت جنسی
Naturallohn, der; -(e)s, ⸚e دستمزد غیرنقدی، دستمزد جنسی
Naturanlage, die; -, -n استعداد طبیعی، استعداد ذاتی
Naturarzt, der; -es, ⸚e پزشک طرفدار گیاه درمانی، دکتر علفی
naturbelassen *Adj.* طبیعی
Naturbeschreibung, die; -, -en توصیف طبیعت
Naturbursche, der; -n, -n آدم ساده، آدم ناآشنا (به رسوم اجتماعی)
Naturdünger, der; -s, - کود طبیعی
Naturell, das -s, -e سرشت، نهاد، خو، فطرت، ذات
Naturereignis, das; -nisses, -nisse حادثهٔ طبیعی
Naturerscheinung, die; -, -en حادثهٔ طبیعی، پدیدهٔ طبیعی
Naturerzeugnis, das; -nisses, -nisse فراوردهٔ طبیعی
Naturfaser, die; -, -n الیاف طبیعی

Naturforscher, der; -s, - طبیعی‌دان، دانشمند علوم طبیعی
Naturforschung, die; -, -en علوم طبیعی
Naturfreund, der; -(e)s, -e طبیعت‌دوست
Naturgabe, die; -, -n موهبت طبیعی
naturgemäß *Adj., Adv.* به‌طور فطری، به‌طور طبیعی، خود به خود
Naturgeschichte, die; - تاریخ طبیعی
naturgeschichtlich *Adj.* بر طبق تاریخ طبیعی
Naturgesetz, das; -es, -e قانون طبیعت
naturgetreu *Adj.* مطابق با طبیعت، به‌اندازهٔ طبیعی
naturhaft *Adj.* طبیعی
Naturheilkunde, die; -, -n درمان طبیعی، (علم) درمان غیر دارویی
Naturkatastrophe, die; -, -n بلای طبیعی
Naturkraft, die; -, ⸚e نیروی طبیعت
Naturkunde, die; - زیست‌شناسی
Naturkundler, der; -s, - زیست‌شناس
Naturlehre, die; - علم فیزیک، فیزیک‌شناسی
natürlich *Adj., Adv.* ۱. طبیعی، فطری، ذاتی، غریزی ۲. طبعاً، ذاتاً، البته، مسلماً
eines natürlichen Todes sterben به مرگ طبیعی مردن
Natürlichkeit, die; -, -en سادگی، بی‌آلایشی، اصالت
Naturmensch, der; -en, -en فرد طبیعی
Naturnotwendigkeit, die; -, -en نیازهای اولیه
Naturphänomen, das; -s, -e پدیدهٔ طبیعی
Naturprodukt, das; -(e)s, -e فراوردهٔ طبیعی
Naturrecht, das; -(e)s حق طبیعی
Naturreich, das; -(e)s, -e قلمرو طبیعت
Naturschutz, der; -es, -e حفظ طبیعت، حراست محیط زیست، حفاظت منابع طبیعی
Naturschützer, der; -s, - حافظ طبیعت، حافظ منابع طبیعی
Naturschutzgebiet, das; -(e)s, -e منطقهٔ مورد حفاظت
Naturseide, die; -, -n ابریشم طبیعی
Naturspiel, das; -(e)s, -e بازی طبیعت
Naturtrieb, der; -(e)s, -e غریزه، شعور حیوانی
Naturvolk, das; -(e)s, ⸚er قوم ابتدایی، قوم طبیعی
Naturwissenschaft, die; -, -en علوم طبیعی
Naturwissenschaftler, der; -s, - دانشمند علوم طبیعی، طبیعی‌دان
naturwissenschaftlich *Adj.* (مربوط به) علوم طبیعی
Naturwunder, das; -s, - شگفتی طبیعت
Nautik, die; - فن دریانوردی
nautisch *Adj.* (مربوط به) فن دریانوردی
Navigation, die; -, -en ۱. (علم) هدایتِ هواپیما/کشتی ۲. (در هواپیما، کشتی) جهت‌یابی
navigieren *Vi.* (در کشتی، هواپیما) جهت‌یابی کردن
Nazi, der; -s, -s عضو حزب نازی، طرفدار حزب نازی، ناسیونال سوسیالیست
Nazismus, der; - نازیسم، نازی‌گرایی
n. Chr. = *nach Christi Geburt* بعد از میلاد مسیح
Nebel, der; -s, - مه
Es ist Nebel. هوا مه‌آلود است.
Nebelbank, die; -, ⸚e تودهٔ بزرگ مه
Nebelfleck, der; -(e)s, -e سحاب، ستارگان ابری
nebelfrei *Adj.* بدون مه
nebelhaft *Adj.* ۱. مه‌آلود ۲. غیر واضح، ناآشکار، مبهم
Nebelhorn, das; -(e)s, ⸚er شیپور احتیاط (شیپوری که موقع مه‌گرفتگی برای آگاهی کشتی‌ها می‌زنند)
nebelig *Adj.* مه‌آلود
Nebellampe, die; -, -n چراغ مه‌شکن (اتومبیل)
Nebelleuchte, die; -, -n چراغ مه‌شکن (اتومبیل)
nebeln *Vi.* مه گرفتن، از مه پوشیده شدن
Nebelscheinwerfer, der; -s, - چراغ مه‌شکن (اتومبیل)
Nebelschleier, der; -s, - نقاب مه، پردهٔ مه
Nebelwetter, das; -s, - هوای مه‌آلود
neben *Präp.* نزدیکِ، پهلویِ، کنارِ، مجاورِ، جنبِ
neben jemandem **arbeiten** در کنار کسی کار کردن
Nebenabsicht, die; -, -en مقصد ثانوی
nebenan *Adv.* در همسایگی، مجاور
im Zimmer nebenan در اتاق مجاور
Nebenanschluß, der; -schlusses, -schlüsse وصل تلفن فرعی
Nebenarbeit, die; -, -en کار فرعی
Nebenausgaben, die / *Pl.* هزینه‌های اضافی
Nebenausgang, der; -(e)s, ⸚e در خروجی فرعی
Nebenbedeutung, die; -, -en دلالت ضمنی، معنی ثانوی
Nebenbegriff, der; -(e)s, -e مفهوم ثانوی
nebenbei *Adv.* در ضمن، ضمناً، به‌علاوه، وانگهی، گذشته از این
Nebenberuf, der; -(e)s, -e سرگرمی فرعی؛ شغل فرعی
nebenberuflich *Adj.* (مربوط به) شغل فرعی

Nebenbeschäftigung, die; -, -en	سرگرمی فرعی؛ شغل فرعی
Nebenbuhler, der; -s, -	رقیب، حریف
Nebenbuhlerei, die; -, -en	رقابت، چشم و هم‌چشمی
Nebenbuhlerin, die; -, -nen	رقیب، حریف (زن)
Nebenbuhlerschaft, die; -	رقابت، چشم و هم‌چشمی
nebeneinander Adv.	در کنار هم، نزدیک هم، مجاور هم
nebeneinanderlegen Vt.	در کنار هم قرار دادن
nebeneinanderschalten Vt.	(برق) به‌صورت موازی متصل کردن
Nebeneinanderschaltung, die; -, -en	اتصال موازی (برق)
nebeneinanderstellen Vt.	مقایسه کردن، با هم سنجیدن
Nebeneingang, der; -(e)s	در فرعی، در جنبی
Nebeneinkommen, das; -s, -	درآمد اضافی، درآمد فرعی
Nebeneinkünfte, die / Pl.	درآمدهای اضافی، درآمدهای فرعی
Nebeneinnahmen, die / Pl.	درآمدهای اضافی، درآمدهای فرعی
Nebenerscheinung, die; -, -en	واکنش ثانوی، اثر فرعی
Nebenfach, das; -(e)s, ̈-er	رشتهٔ (فرعی) تحصیلی
Nebenfluß, der; -flusses, -flüsse	رودخانهٔ انشعابی
Nebengasse, die; -, -n	کوچهٔ فرعی
Nebengebäude, das; -s, -	بنای مجاور
Nebengedanke, der; -ns, -n	فکر ثانوی
Nebengeräusch, das; -es, -e	سر و صداهای فرعی (رادیو)
Nebengericht, das; -(e)s, -e	مخلفات سفره
Nebengeschmack, der; -(e)s, ̈-e	چشیدن مختصر
Nebengewinn, der; -(e)s, -e	سود اضافی
Nebengleis, das; -es, -e	خط‌آهن فرعی
Nebenhandlung, die; -, -en	حوادث فرعی نمایش
nebenher Adv.	در ضمن، ضمناً، به‌علاوه، وانگهی، گذشته از این
nebenhin Adv.	در ضمن، ضمناً، به‌علاوه، وانگهی، گذشته از این
Nebeninteresse, das; -s, -n	دلبستگی جنبی، دلبستگی فرعی
Nebenkammer, die; -, -n	اتاق مجاور
Nebenkläger, der; -s, -	شریک جرم
Nebenkosten, die / Pl.	مخارج اضافی
Nebenlinie, die; -, -n	خط فرعی، خط جنبی
Nebenmann, der; -(e)s, ̈-er	مرد پهلویی
Nebenmensch, der; -en, -en	هم‌نوع، بنی‌آدم
Nebenniere, die; -, -n	غدهٔ فوق کلیه
Nebenprodukt, das; -(e)s, -e	تولید اضافی، تولید زائد
Nebenprogramm, das; -s, -e	برنامهٔ جنبی
Nebenraum, der; -(e)s, -räume	اتاق جنبی
Nebenrolle, die; -, -n	(در نمایش) نقش فرعی
Nebensache, die; -, -n	موضوع فرعی و بی‌اهمیت، جزئیات
nebensächlich Adj.	۱. تابع، وابسته، فرعی ۲. بی‌اهمیت، جزئی
Nebensatz, der; -es, ̈-e	جملهٔ تبعی، جملهٔ فرعی، جملهٔ پیرو
Nebenschaltung, die; -, -en	اتصال موازی (برق)
Nebenschilddrüse, die; -, -n	غدهٔ پاراتیروئید
Nebensender, der; -s, -	باز فرستنده، فرستندهٔ تکمیلی رادیویی
nebenstehend Adj.	۱. در حاشیه ۲. پیوسته، بی‌فاصله
Nebenstehende, der / die; -n, -n	ناظر، بیننده، تماشاچی
Nebenstelle, die; -, -n	شعبهٔ اداره، بخش
Nebenstraße, die; -, -n	خیابان فرعی
Nebentätigkeit, die; -, -en	شغل فرعی
Nebentisch, der; -es, -e	میز پهلویی
Nebentitel, der; -s, -	عنوان فرعی
Nebentür, die; -, -en	درِ جنبی، درِ پهلویی
Nebenumstand, der; -(e)s, ̈-e	رویداد غیر مهم، پیشامد فرعی
Nebenverdienst, der; -(e)s, -e	درآمد اضافی، درآمد فرعی
Nebenweg, der; -(e)s, -e	راه فرعی
Nebenwirkung, die; -, -en	عارضهٔ جانبی
Nebenzimmer, das; -s, -	اتاق پهلویی، اتاق مجاور
Nebenzweck, der; -(e)s, -e	غرض ثانوی، غرض فرعی
neblig Adj.	مه‌آلود
nebst Präp.	۱. با، به اتفاقِ ۲. به‌اضافهٔ، به‌علاوهٔ
Necessaire, das; -s, -s	۱. مایحتاج، چیزهای ضروری ۲. لوازم آرایش

necken *Vt.*	سر به سر (کسی) گذاشتن، (کسی) را دست انداختن، به (کسی) متلک گفتن
Neckerei, die; -, -en	آزار، اذیت، متلک‌گویی
neckisch *Adj.*	مسخره‌آمیز، مضحک، خنده‌دار
nee *Part.*	نه، خیر
Neffe, der; -n, -n	پسر برادر، پسر خواهر، برادرزاده، خواهرزاده (پسر)
Negation, die; -, -en	نفی، انکار، تکذیب
negativ *Adj.*	۱. منفی ۲. نامساعد، بد
negative Zahlen	اعداد منفی
der negative Pol	قطب منفی
Negativ, das; -s, -e	(فیلم) نگاتیو
Neger, der; -s, -	سیاه‌پوست، زنگی
Negerin, die; -, -nen	سیاه‌پوست، زنگی (زن)
negieren *Vt.*	نفی کردن، رد کردن، انکار کردن، خنثی کردن، بی‌اثر کردن
Negligé, das; -s, -s	لباس خانهٔ (زنانه)
nehmen *Vt.*	۱. گرفتن، برداشتن، دریافت کردن ۲. قبول کردن ۳. تلقی کردن ۴. فرض کردن، در نظر گرفتن
jemanden beim Wort nehmen	از گفتهٔ کسی اتخاذ سند کردن
die Verantwortung auf sich nehmen	مسئولیت را به عهده گرفتن
ein Bad nehmen	حمام کردن
den Bus nehmen	با اتوبوس رفتن
von jemandem Abschied nehmen	از کسی خداحافظی کردن
von etwas Abstand nehmen	از چیزی فاصله گرفتن
Er hat sich das Leben genommen.	او خودکشی کرد.
Neid, der; -(e)s	رشک، حسد، حسادت
aus Neid	از روی حسادت
neiden *Vt.*	به (کسی/چیزی) حسادت کردن، به (کسی/چیزی) رشک بردن
jemandem den Erfolg neiden	به موفقیت کسی حسادت کردن
Neider, der; -s, -	حسود
neidisch *Adj.*	از روی حسادت، حسود
neidlos *Adj.*	بدون حسادت
Neige, die; -, -n	۱. شیب، سرازیری ۲. کجی، خمیدگی، انحراف ۳. باقی مانده (در ته ظرف)
zur Neigen gehen	ته کشیدن
neigen *Vt., Vi.*	۱. خم کردن، کج کردن ۲. خم شدن، کج شدن ۳. تمایل داشتن ۴. متمایل بودن ۵. شیب داشتن
zu etwas neigen	به چیزی تمایل داشتن

Neigung, die; -, -en	۱. شیب، سرازیری ۲. انحراف، خمیدگی ۳. تمایل، گرایش ۴. علاقه، دلبستگی ۵. استعداد فطری
Neigungsehe, die; -, -n	زناشویی عاشقانه
Neigungswinkel, der; -s, -	زاویهٔ انحراف، زاویهٔ شیب
nein *Part.*	نه، خیر
Er kann nicht nein sagen.	نه تو دهنش نیست. نمی‌تواند نه بگوید.
aber nein	ابداً، به هیچ وجه
Neinsager, der; -s, -	همیشه مخالف
Neinstimme, die; -, -n	رأی منفی
Nektar, der; -s, -	۱. شهد (گل) ۲. شراب خدایان (نوعی مشروب الکلی)
Nektarine, die; -, -n	شلیل
Nelke, die; -, -n	گل میخک
nennbar *Adj.*	قابل ذکر، گفتنی
nennen *Vt., Vr.*	۱. نامیدن، اسم گذاشتن ۲. ذکر کردن، اشاره کردن ۳. نامیده شدن، نام داشتن
nennenswert *Adj.*	قابل ذکر؛ قابل ملاحظه، قابل ارزیابی، مهم، محسوس
Nenner, der; -s, -	۱. (ریاضی) مخرج کسر، تقسیم‌کننده، مشتق‌کننده ۲. نام‌گذارنده
Nennform, die; -, -en	(دستور زبان) مصدر
Nennformsatz, der; -es, ⸚e	(دستور زبان) جملهٔ مصدری
Nenngeld, das; -(e)s, -er	پول ورودی
Nennleistung, die; -, -en	تولید قابل ذکر؛ عملکرد مهم
Nennung, die; -, -en	نام‌گذاری، اسم‌گذاری
Nennwert, der; -(e)s, -e	ارزش اسمی
Nennwort, das; -(e)s, -e/⸚er	(دستور زبان) اسم
Neofaschismus, der; -	نئوفاشیسم، فاشیسم نو
Neologismus, der; -, -men	واژه‌سازی
Neon, das; -s	نئون، گاز نئون؛ چراغ نئون
Neonazi, der; -s, -s	طرفدار نئونازیسم؛ نئونازی
Neonazismus, der; -	نئونازیسم
Neonazist, der; -en, -en	طرفدار نئونازیسم، نئونازی
Neonlampe, die; -, -n	چراغ نئون
Neonlicht, das; -(e)s, -er/-(e)	روشنایی نئون
Neonröhre, die; -, -n	لامپ نئون، لامپ مهتابی
Neorealismus, der; -	نئورآلیسم
Nepp, der; -s	گران‌فروشی
neppen *Vt.*	گران‌فروشی کردن

Nepper, der; -s, - گران‌فروش
Nerv, der; -s/-en, -en عصب، پی
jemandem **auf die Nerven gehen** کسی را عصبانی کردن
die Nerven verlieren از کوره در رفتن
Ich bin mit den Nerven fertig! اعصابم خراب است!
nerval *Adj.* عصبی، (مربوط به) عصب
Nervenarzt, der; -es, ⸚e پزشک اعصاب
Nervenbahn, die; -, -en مجرای عصبی
Nervenbelastung, die; -, -en دررفتگی عصب، ضرب‌دیدگی عصب
Nervenberuhigungsmittel, das; -s, - داروی مسکن اعصاب
Nervenbündel, das; -s, - سلسله اعصاب
Nervenentzündung, die; -, -en التهاب اعصاب
Nervengeflecht, das; -(e)s, -e رشتهٔ عصبی
Nervenheilanstalt, die; -, -en بیمارستان بیماران روانی
Nervenfieber, das; -s, - تب عصبی
Nervenkitzel, der; -s, - تکان درونی
Nervenknoten, der; -s, - گرهٔ عصبی
nervenkrank *Adj.* عصبی؛ نژند
Nervenkranke, der/die; -n, -n بیمار عصبی
Nervenkrankheit, die; -, -en بیماری عصبی
Nervenkrieg, der; -(e)s, -e جنگ اعصاب
Nervenlehre, die; -, -n علم اعصاب
Nervenleiden, das; -s, - بیماری عصبی
nervenleidend *Adj.* عصبی؛ نژند
Nervenmittel, das; -s, - قرص اعصاب
Nervensäge, die; -, -n اعصاب خراب‌کن، مزاحم
Nervensanatorium, das; -s, -rien بیمارستان بیماران روانی
Nervenschmerz, der; -es, -en درد عصب، نورالژی
Nervenschock, der; -s, -s تشنج عصبی، شوک عصبی
nervenschwach *Adj.* (مبتلا به) ضعف اعصاب
Nervenschwäche, die; -, -n ضعف اعصاب، نوراستِنی، روان خستگی
nervenstärkend *Adj.* قوی، نیروبخش
Nervensystem, das; -s, -e سلسلهٔ اعصاب، دستگاه عصبی
Nervenzelle, die; -, -n یاختهٔ عصبی
Nervenzentrum, das; -s, -tren مرکز اعصاب
Nervenzusammenbruch, der; -(e)s, ⸚e بیماری عصبی؛ جنون

nervig *Adj.* پی‌دار، سخت پی
nervlich *Adj.* عصبی، (مربوط به) عصب
nervös *Adj.* عصبی، عصبانی، متشنج
Nervosität, die; -, -en عصبانیت، زود خشمی، حالت عصبی
Nerz, der; -es, -e مینک، (نوعی) راسو؛ پوست مینک
Nerzmantel, der; -s, ⸚ پالتو مینک
Nessel, die; -, -n (گیاه) گزنه
sich in die Nesseln setzen خود را در یک موقعیتِ ناخوشایند قرار دادن
Nesselfieber, das; -s, - تب گزنه؛ کهیر
Nesselsucht, die; -, ⸚e کهیر
Nesseltuch, das; -(e)s, -e/⸚er موسلین (نوعی پارچه)
Nest, das; -es, -e لانه، آشیانه، کاشانه
ein kleines Nest یک خانهٔ کوچک
Nestel, die; -, -n نخ، ریسمان
nesteln *Vt.* ۱. گره زدن ۲. با (چیزی) وررفتن
Nesthäkchen, das; -s, - ۱. جوجهٔ آشیانه ۲. کودک
Nestküken, das; -s, - ۱. جوجهٔ آشیانه ۲. کودک
nett *Adj.* ۱. مهربان، خوش‌اخلاق، دوست‌داشتنی، دلپذیر، مطبوع ۲. ظریف، قشنگ، لطیف ۳. ناگوار، نامطلوب ۴. جالب
Das kann ja nett werden! وضع بدی پیش خواهد آمد!
Wie nett! چه خوب!
Er war sehr nett zu mir! نسبت به من بسیار مهربان بود!
Das ist nett von Ihnen. نظر لطف شماست.
Nettigkeit, die; - ظرافت، قشنگی، لطافت
netto *Adj.* [درآمد] خالص، ویژه؛ [کالا] بدون ظرف
Nettoeinkommen, das; -s, - درآمد خالص
Nettoeinnahme, die; -, -n درآمد خالص
Nettogewicht, das; -(e)s, -e وزن خالص
Nettogewinn, der; -(e)s, -e سود خالص
Nettolohn, der; -(e)s, ⸚e دستمزد خالص
Nettopreis, der; -es, -e قیمت خالص
Nettoverdienst, der; -es, -e درآمد خالص
Netz, das; -es, -e شبکه، تور، توری
jemandem **ins Netz gehen** به دام کسی افتادن
das Einkaufsnetz توری خرید
Netzanschluß, der; -schlusses, -schlüsse اتصال شبکه
Netz(anschluß)empfänger, der; -s, - (دستگاه) گیرندهٔ شبکه
Netzantenne, die; -, -n آنتن شبکه
Netzball, der; -(e)s, ⸚e (تنیس) نِت، تور خور

netzen *Vt.*	تر کردن، نمدار کردن، خیس کردن
Netzhaut, die; -, -häute	(در چشم) شبکیه
Netzhemd, das; -(e)s, -en	پیراهن توری
Netzkarte, die; -, -n	بلیت مدت‌دار، بلیت مسافرتی مدت‌دار
Netzspannung, die; -, -en	ولتاژ شبکه
neu *Adj.*	نو، تازه، جدید
Was gibt es neues?	تازه چه خبر؟
Das ist mir neu.	این برایم تازگی دارد.
von neuem anfangen	از نو شروع کردن
Neuankömmling, der; -(e)s, -e	تازه وارد، از راه رسیده
Neuanschaffung, die; -, -en	تازه به‌دست آمده، به تازگی تهیه شده
neuartig *Adj.*	تازه، نو، نوین، جدید
Neuaufführung, die; -, -en	اجرای تازه (نمایش)
Neuauflage, die; -, -n	چاپ تازه
Neuausgabe, die; -n, -n	چاپ تازه
neubacken *Adj.*	[نان] تازه
Neubau, der; -(e)s, -e	۱. ساختمان جدید ۲. نوسازی
neubearbeiten *Vt.*	(تجدید چاپ) در (چیزی) تجدیدنظر کردن، حک و اصلاح کردن
Neubearbeitung, die; -	(تجدید چاپ) تجدیدنظر، حک و اصلاح
Neubeginn, der; -(e)s, -	شروع تازه
Neudruck, der; -(e)s, -e/⸚e	چاپ تازه
Neue, die; -	برف (تازه نشسته)
neuentdeckt *Adj.*	اخیراً کشف شده
neuerdings *Adv.*	اخیراً، جدیداً، به‌تازگی
Neuerer, der; -s, -	بدعت‌گذار، نوآور
neuerlich *Adj., Adv.*	۱. مجدد، بار دیگر ۲. مجدداً، دوباره
neuern *Vt.*	نو کردن
neueröffnet *Adj.*	تازه باز شده
Neueröffnung, die; -, -en	گشایش جدید، بازگشایی
Neuerscheinung, die; -, -en	نشریهٔ جدید
Neuerung, die; -, -en	بدعت، نوآوری، ابداع، ابتکار
neuerungssüchtig *Adj.*	علاقمند به نوآوری
neuestens *Adv.*	اخیراً، به‌تازگی
neugebacken *Adj.*	تازه پخته شده (در تنور)
neugeboren *Adj.*	تازه متولد شده
Neugeborene, das; -	نوزاد
neugestalten *Vt.*	تجدید سازمان دادن
Neugestaltung, die; -, -en	تجدید سازمان
Neugier(de), die; -	کنجکاوی، فضولی
aus Neugier	از روی کنجکاوی
neugierig *Adj.*	کنجکاو، فضول
Neuheit, die; -, -en	تازگی، بدعت، نوآوری؛ مطلب تازه، چیز نو
Neuhochdeutsch, das; -(s)	زبان آلمانی (مرکزی) امروزی
Neuigkeit, die; -, -en	مطلب تازه، چیز نو، خبر تازه
Neuigkeitskrämer, der; -s, -	خبرچین
Neuinszenierung, die; -, -en	(در نمایش) کارگردانی جدید
Neujahr, das; -(e)s, -e	سال نو
Neujahrsabend, der; -s, -e	شب سال نو
Neujahrsfest, das; -(e)s, -e	جشن سال نو
Neujahrswunsch, der; -es, ⸚e	تبریک سال نو
Neuland, das; -(e)s, ⸚er	سرزمین تازه
neulich *Adv.*	اخیراً، جدیداً، به‌تازگی
Neuling, der; -s, -e	نوآموز، مبتدی، تازه‌کار
neumodisch *Adj.*	شیک، مدروز، نوظهور
Neumond, der; -(e)s, -	هلال ماه
Neun, die; -, -en	عدد نه
neun *Zahlw.*	نُه
Neuneck, das; -(e)s, -e	نه ضلعی، نه گوشه
neunerlei *Zahlw.*	از نه نوع مختلف
neunfach *Adj.*	نه برابر، نه بخش
neunfältig *Adj.*	نه برابر، نه بخش
neunhundert *Zahlw.*	نهصد
neunjährig *Adj.*	نه ساله
neunmal *Adv.*	نه مرتبه، نه دفعه
neunmalklug *Adj.*	پر مدعا
Neunmalkluge, der/die; -n, -n	نادان پر مدعا
neuntägig *Adj.*	نه روزه
neunt- *Adj.*	نهم، نهمین
Neuntel, das; -s, -	یک نهم
neuntens *Adv.*	در نهمین درجه
neunzehn *Zahlw.*	نوزده
neunzehnt- *Adj.*	نوزدهم، نوزدهمین
neunzig *Zahlw.*	نود
neunzigst- *Adj.*	نودم، نودمین
Neuordnung, die; -, -en	تجدید سازمان؛ ترمیم، بازساخت
Neuphilologe, der; -n, -n	واژه‌شناس؛ زبان‌شناس
Neuralgie, die; -, -n	نورالژی، درد اعصاب، مرض عصبی

neuralgisch *Adj.*	(مبتلا به) درد اعصاب
Neurasthenie, die; -, -n	نوراستِنی، ضعف اعصاب
Neurastheniker, der; -s, -	شخص مبتلا به ضعف اعصاب
neurasthenisch *Adj.*	(مبتلا به) ضعف اعصاب
Neuregelung, die; -, -en	مقررات تازه
Neureiche, der/die; -n, -n	نوخاسته، تازه به دوران رسیده
Neurochirurgie, die; -, -en	جراحی اعصاب
Neurologe, der; -n, -n	پزشک اعصاب
Neurologie, die; -	عصب‌شناسی
neurologisch *Adj.*	(مربوط به) عصب‌شناسی
Neuron, das; -s, -en	یاختهٔ عصبی
Neurose, die; -, -n	بیماری روحی، اختلال اعصاب، پریشان عصبی
Neurotiker, der; -s, -	شخص مبتلا به اختلال اعصاب
neurotisch *Adj.*	(مبتلا به) اختلال اعصاب
Neuschnee, der; -s	برف تازه
Neuseeland, das	زلاندنو
Neuseeländer, der; -s, -	زلاندنویی، اهل زلاندنو
neuseeländisch *Adj.*	(مربوط به) زلاندنو
Neusilber, das; -s	نقرهٔ آلمانی (آلیاژ مخلوط با مس، نیکل و روی)
Neusprachler, der; -s, -	واژه‌شناس؛ زبان‌شناس
Neutestament, der; -(e)s, -e	انجیل
neutral *Adj.*	۱. بی‌طرف، خنثی ۲. بدون نظر شخصی، ممتنع
Neutralisation, die; -, -en	خنثی‌سازی
neutralisieren *Vt.*	خنثی کردن، بی‌اثر کردن
Neutralität, die; -, -en	بی‌نظری، بی‌طرفی، حالت خنثی
Neutron, das; -s, -en	نوترون (ذرهٔ بدون بار الکتریکی)
Neutronenbombe, die; -, -n	بمب نوترونی
Neutronenstrahlung die; -	اشعهٔ نوترون
Neutrum, das; -s, -ren/-ra	(دستور زبان) جنس خنثی
Neuverfilmung, die; -, -en	فیلم‌برداری تازه
neuvermählt *Adj.*	تازه ازدواج کرده
Neuwahl, die; -, -en	انتخابات تازه
neuwertig *Adj.*	عملاً نو، تقریباً تازه
Neuwort, das; -(e)s, -e/¨er	واژهٔ نو
Neuzeit, die; -	عصر جدید
neuzeitlich *Adj.*	نو، جدید
Newcomer, der; -s, -s	تازه وارد، تازه از راه رسیده
News, die/*Pl.*	اخبار
nicht *Adv., Part.*	نه (علامت نفی فعل)
noch nicht	هنوز نه
Warum nicht?	چرا (که) نه؟
Nicht wahr?	این‌طور نیست؟
Bitte nicht!	خواهش می‌کنم نکن!
Nicht rauchen!	سیگار نکشید!
Nichtachtung, die; -	بی‌احترامی، بی‌اعتنایی، تحقیر
nichtamtlich *Adj.*	غیر رسمی
Nichtangriffspakt, der; -(e)s, -e	پیمان عدم تجاوز
Nichtannahme, die; -, -n	عدم قبول، عدم پذیرش
Nichtbeachtung, die; -	عدم رعایت، عدم توجه، عدم دقت
Nichtbefolgung, die; -	عدم رعایت، عدم توجه، عدم دقت
Nichtbezahlung, die; -, -en	عدم پرداخت
Nichtchrist, der; -	غیر مسیحی
Nichtdeutsche, der/die; -n, -n	غیر آلمانی
Nichte, die; -, -n	دختر برادر، دختر خواهر، خواهرزاده، برادرزاده (دختر)
nichtehelich *Adj.*	غیر مشروع، حرام‌زاده
Nichteinhaltung, die; -	عدم رعایت، عدم توجه
Nichteinmischung, die; -, -en	عدم مداخله
Nichterfüllung, die; -, -en	عدم اجرا
Nichterkennung, die; -, -en	عدم شناسایی
Nichterscheinen, das; -s, -	عدم حضور
Nichtfachmann, der; -(e)s, -leute	آدم غیر متخصص، آدم ناشی
Nichtgewünschte, das; -, -n	غیردلخواه
nichtig *Adj.*	باطل، پوچ، بیهوده، بی‌اهمیت
Nichtigkeit, die; -, -en	بطلان، پوچی، بیهودگی، بی‌اعتباری
Nichtigkeitsklage, die; -, -n	دادخواست بطلان
Nichtleiter, der; -s, -	(جسم) غیر هادی، عایق
Nichtmetall, das; -s, -e	غیر فلز
Nichtmitglied, das; -(e)s, -er	غیر عضو
nichtöffentlich *Adj.*	خصوصی
Nichtraucher, der; -s, -	(آدم) غیر سیگاری، (آدم) غیر دودی؛ قسمتی از وسیلهٔ نقلیه که استعمال دخانیات در آن ممنوع است
nichtrostend *Adj.*	ضد زنگ
nichts *Pron.*	هیچ، هیچ چیز
Das macht nichts.	عیبی ندارد. مانعی ندارد. مهم نیست.
gar nichts	هیچ، هیچ‌چیز، به‌هیچ‌وجه
Nichts zu machen.	کاری نمی‌شود کرد.

Mach dir nichts daraus! بی‌خیال باش! فکرش را نکن!
Es bleibt mir weiter nichts übrig. چاره‌ای جز این ندارم.
Nichts, das; -, -e ناچیزی، بی‌اهمیتی، نیستی
nichtsahnend *Adj.* ناآگاه، بی‌اطلاع
nichtsbedeutend *Adj.* غیرمهم
Nichtschwimmer, der; -s, - آدم ناآشنا به فن شنا
nichtsdestotrotzt *Adv.* با وجود این
nichtsdestoweniger *Adv.* با وجود این، با این حال، هنوز
Nichtsein, das; - نبود، فقدان، عدم وجود، نیستی
Nichtskönner, der; -s, - بی‌عرضه، نالایق
Nichtsnutz, der; -es, -e جوان به‌دردنخور، لاابالی
nichtsnutzig *Adj.* غیرمفید، بی‌فایده
nichtssagend *Adj.* بی‌معنی، پوچ، بی‌محتوا
Nichtstuer, der; -s, - تنبل، بیکاره
nichtstuerisch *Adj.* تنبل، بیکاره
Nichtstun, das; -s تنبلی، بیهودگی، بطالت
Nichtswisser, der; -s, - بی‌سواد، نادان
nichtswürdig *Adj.* پست، فرومایه
Nichtswürdigkeit, die; -, -en پستی، فرومایگی
Nichtvorhandensein, das; -s فقدان، نبود، کسری
Nichtwissen, das; -s, - نادانی، جهل، بی‌خبری
Nichtzutreffende, das; -n موضوع نامربوط
Nickel, der; -s (فلز) نیکل، ورشو
nicken *Vi., Vt.* ۱. سر تکان دادن، با سر اشاره کردن ۲. چرت زدن ۳. از پا درآوردن (حیوان) (با ضربه به پشت گردن)
Nickerchen, das; -s, - چرت، خواب نیم‌روز
nie *Adv.* هرگز، هیچ‌وقت، هیچ‌گاه، ابداً، اصلاً
nie wieder دیگر هیچ‌وقت
nieder *Adj., Adv.* ۱. پایین، پست، نازل، کوتاه ۲. به‌طرف پایین ۳. سرنگون باد، مرگ بر
auf und nieder بالا و پایین
nieder mit ... مرگ بر ...
niederbeugen *Vt.* به‌طرف پایین خم کردن
niederbrennen *Vt., Vi.* ۱. خاکستر کردن، به کلی سوزاندن ۲. خاکستر شدن، به کلی سوختن
niederbringen *Vt.* پایین آوردن، پایین کشیدن
niederbrüllen *Vt.* اظهار تنفر کردن
niederdeutsch *Adj.* زبان آلمانی سفلی
Niederdruck, der; -(e)s, ⸚e فشار کم
niederdrücken *Vt.* ۱. به پایین فشار دادن ۲. شدیداً ناراحت کردن
niederdrückend *Adj.* مأیوس‌کننده
niederfallen *Vi.* پایین افتادن
Niederfrequenz, die; -, -en فرکانس پایین
Niedergang, der; -(e)s, ⸚e زوال، کاهش، نزول، نقصان؛ سقوط، نابودی
niedergehen *Vi.* ۱. پایین رفتن، فرود آمدن (هواپیما) ۲. فرو ریختن (باران) ۳. پایین آمدن (پردهٔ سینما)
niedergeschlagen *Adj.* افسرده، مأیوس، دل‌شکسته، سرخورده
Niedergeschlagenheit, die; - افسردگی، دلتنگی، دل‌شکستگی، سرخوردگی
niederhalten *Vt.* ۱. محکم در پایین نگه داشتن ۲. زیر فشار قرار دادن (ملت)
niederhauen *Vt.* به زمین زدن، انداختن
niederholen *Vt.* پایین آوردن (پرچم)
niederkämpfen *Vt.* بر (کسی) غلبه کردن، بر (کسی) پیروز شدن
niederknien *Vi.* زانو زدن
niederknüppeln *Vt.* با چماق زدن
niederkommen *Vi.* زاییدن، وضع حمل کردن
Niederkunft, die; -, ⸚e زایمان، وضع حمل
Niederlage, die; - ۱. شکست ۲. مخزن، انبار ۳. شعبه
Niederlande, die هلند
Niederländer, der; -s, - هلندی
Niederländerin, die; -, -nen هلندی (زن)
niederländisch *Adj.* هلندی، (مربوط به) هلند
niederlassen *Vt., Vr.* ۱. به پایین کشیدن، به زیر آوردن ۲. تأسیس کردن، دایر کردن ۳. نشستن ۴. مستقر شدن، مقیم شدن، ساکن شدن
Niederlassung, die; -, -en ۱. استقرار ۲. تأسیس، تشکیل
niederlegen *Vt., Vr.* ۱. به زمین گذاشتن ۲. استعفا دادن، دست از کار کشیدن ۳. دراز کشیدن، استراحت کردن
Niederlegung, die; -, -en استعفا، کناره‌گیری، واگذاری، تفویض
niedermachen *Vt.* کشتار کردن، قتل‌عام کردن
niedermetzeln *Vt.* کشتار کردن، قتل‌عام کردن
niederreißen *Vt.* خراب کردن، تخریب کردن
niederschießen *Vt., Vi.* ۱. تیر زدن و کشتن، بی‌رحمانه کشتن (شخص بی‌دفاع) ۲. با سرعت به‌طرف پایین پرواز کردن
Niederschlag, der; -(e)s, ⸚e ۱. ته‌نشست، رسوب ۲. (بوکس‌بازی) ضربه فنی ۳. بارندگی، ریزش باران

niederschlagen 594

niederschlagen *Vt., Vr.* ۱. (بوکس‌بازی) ضربه فنی کردن ۲. لغو کردن، فسخ کردن ۳. تحت فشار قرار دادن ۴. از بین بردن، متوقف کردن، فرونشاندن (شورش) ۵. از (چیزی) چشم پوشیدن ۶. ته‌نشین شدن، ته‌نشست کردن

niederschlagsfrei *Adj.* بدون ریزش باران

Niederschlagung, die; -, -en لغو، فسخ، حذف

niederschmettern *Vt.* به زمین زدن، شکست دادن

niederschreiben *Vt.* ۱. نوشتن (خاطرات) ۲. یادداشت کردن

Niederschrift, die; -, -en نوشته، یادداشت، پیش‌نویس

niedersetzen *Vt., Vr.* ۱. به زمین گذاشتن، پایین گذاشتن ۲. روی زمین نشستن

Niederspannung, die; -, -en فشار ضعیف، ولتاژ کم

niederstechen *Vt.* با خنجر کشتن

niedersteigen *Vi.* (از پله و نردبان) پایین آمدن

niederstrecken *Vt., Vr.* ۱. انداختن، قطع کردن، بریدن ۲. دراز کشیدن

Niedertracht, die; -, -en پستی، فرومایگی

niederträchtig *Adj.* پست، فرومایه

Niederträchtigkeit, die; -, -en پستی، فرومایگی

niedertreten *Vt.* ۱. له کردن (چمن) ۲. با پا خوردنِ زیاد فرسوده کردن (فرش)

Niederung, die; -, -en زمین پست، منطقهٔ کم‌ارتفاع

niederwärts *Adv.* پایین، به‌طرف پایین

niederwerfen *Vt.* ۱. به زمین پرتاب کردن ۲. (بر کسی) غلبه کردن ۳. سرکوب کردن (قیام)

Niederwild, das; -(e)s شکار کوچک

niedlich *Adj.* ظریف، لطیف، جذاب، شیرین، ملیح

Niedlichkeit, die; - ظرافت، لطافت

Niednagel, der; -s, ⸚ میخچهٔ پا

niedrig *Adj.* ۱. پست، کم‌ارتفاع، کم‌عمق ۲. کم‌ارزش

Niedrigkeit, die; -, -en پستی، کم‌ارتفاعی، کوتاهی

Niedrigpreis, der; -es, -e قیمت کم

Niedrigwasser, das; -s فروکش آب

niemals *Adv.* هرگز، هیچ زمان، هیچ‌گاه، هیچ‌وقت، اصلاً، ابداً

niemand *Pron.* هیچ‌کس

niemand anders هیچ‌کس دیگر

Ich habe niemanden gesehen. کسی را ندیده‌ام.

Niemandsland, das; -(e)s منطقهٔ بی‌طرف

Niere, die; -, -n کلیه، قلوه

Nierenbank, die; -, -en بانک کلیه

Nierenbecken, das; -s, - لگنچهٔ کلیه

Nierenbraten, der; -s, - کباب قلوه

Nierenentzündung, die; -, -en ورم کلیه، التهاب کلیه

nierenformig *Adj.* قلوه‌ای شکل

Nierenleiden, das; -s, - بیماری کلیوی

Nierenspender, der; -s, - اهداکنندهٔ کلیه

Nierenspenderin, die; -, -nen اهداکنندهٔ کلیه (زن)

Nierenstein, der; -(e)s, -e سنگ کلیه

Nierentransplantation, die; -, -en پیوند کلیه

nieseln *Vi.* نم‌نم باریدن، ریز باریدن

Nieselregen, der; -s, - نم‌نم باران

niesen *Vi.* عطسه کردن

Nießbrauch, der; -(e)s حق انتفاع از حقوق و دارایی دیگران

Nießbraucher, der; -s, - کسی که حق انتفاع از حقوق و دارایی دیگران را دارد

Nießbraucherin, die; -, -nen کسی که حق انتفاع از حقوق و دارایی دیگران را دارد (زن)

Niet, der; -(e)s, -e میخ پرچ

Niete, die; -, -n ۱. (در لاتاری) ورقهٔ سفید، برگ پوچ ۲. میخ پرچ ۳. آدم مهمل، آدم بیکاره

nieten *Vt.* پرچ کردن (میخ)

Nihilismus, der; - نیهیلیسم، هیچ‌گرایی، پوچ‌گرایی

Nihilist, der; -en, -en نیهیلیست، هیچ‌گرا، پوچ‌گرا

nihilistisch *Adj.* پوچ‌گرایانه، (مربوط به) پوچ‌گرایی

Nikotin, das; -s نیکوتین

nikotinarm *Adj.* دارای نیکوتین کم

nikotinfrei *Adj.* بدون نیکوتین

Nikotinvergiftung, die; -, -en مسمومیت ناشی از نیکوتین

Nilpferd, das; -(e)s, -e اسب آبی

Nimbus, der; -, -se هاله، دایرهٔ نورانی

nimmer *Adv.* هرگز، هیچ‌وقت، هیچ‌گاه

nimmermehr *Adv.* دیگر هیچ‌وقت

nimmermüde *Adj.* خستگی‌ناپذیر

nimmersatt *Adj.* سیرنشدنی

Nimmersatt, der; -(e)s, -e پُرخور، شکم‌پرست، دله

Nimmerwiedersehen, das; -s, - خداحافظی ابدی

auf Nimmerwiedersehen verschwinden برای همیشه ناپدید شدن

Nippel, der; -s, - لولهٔ دو سر کوتاهی که دو لولهٔ دیگر را به هم متصل می‌کند

nippen *Vi., Vt.* ۱. لب زدن، کمی نوشیدن (نوشیدنی) ۲. از (چیزی) مقدار کمی خوردن

Nippsachen, die / *Pl.* خرت و پرت، اشیای کم‌ارزش زینتی
nirgend(s) *Adv.* هیچ‌جا، هیچ‌کجا، در هیچ مکانی
nirgend(s)her *Adv.* از هیچ‌جا
nirgend(s)hin *Adv.* به هیچ‌جا
nirgendwo *Adv.* هیچ‌جا، هیچ‌کجا، در هیچ مکانی
nirgendwoher *Adv.* از هیچ‌جا
nirgendwohin *Adv.* به هیچ‌جا
Nische, die; -, -n طاقچه، تورفتگی دیوار
nisten *Vi.* لانه ساختن، آشیانه درست کردن
Nitrat, das; -(e)s, -e نیترات، نمک اسید نیتریک
Nitrogen, das; -s نیتروژن، ازت
Nitroglyzerin, das; -s نیتروگلیسیرین
Niveau, das; -s, -s ۱. سطح، درجه، تراز ۲. سطح فکر، سطح معلومات
nivellieren *Vt.* هم‌تراز کردن، درجه‌بندی کردن، تسطیح کردن
Nix, der; -es, -e (در افسانه‌ها) مرد ماهی (مخلوق نیمه ماهی و نیمه مرد)
Nixe, die; -, -n (در افسانه‌ها) پری دریایی، الههٔ دریایی، زن ماهی (مخلوق نیمه ماهی و نیمه زن)
nobel *Adj.* ۱. نجیب، اصیل، شریف ۲. مجلل ۳. سخاوتمند، دست‌ودل‌باز، بلندنظر
Nobelpreis, der; -es, -e جایزهٔ نوبل
Nobelpreisträger, der; -s, - برندهٔ جایزهٔ نوبل
noch *Adv., Konj.* ۱. هنوز، هنوز هم، باز هم ۲. هم ۳. نه
noch einmal یک‌بار دیگر، بازهم
noch nicht هنوز نه
noch heute همین امروز
Wir sind weder arm noch reich. نه فقیریم نه ثروتمند.
Noch etwas? چیز دیگری هم می‌خواهید؟
noch und noch خیلی زیاد
Das wirst du noch bereuen. حتماً پشیمان خواهی شد.
Er ist dumm und dazu noch frech. او هم احمق و هم گستاخ است.
nochmalig *Adj.* مکرر، مجدد، از سر نو
nochmals *Adv.* باز، باز هم، مجدداً، دوباره، بار دیگر
Ich werde es morgen nochmals versuchen. فردا بار دیگر سعی خود را خواهم کرد.
Nocke, die; -, -n ۱. دندانه ۲. زن متکبر، زن از خودراضی
Nocken, der; -s, - (در اتومبیل) بادامک، شیطانک
Nockenwelle, die; -, -n (در اتومبیل) میل بادامک (میله‌ای که به چرخ دنده متصل می‌شود)
Nomade, der; -n, -n چادرنشین، کوچ‌نشین
nomadenhaft *Adj.* (مربوط به) چادرنشینی
nomadisch *Adj.* (مربوط به) چادرنشینی
Nomen, das; -s, -mina (دستور زبان) اسم
nominal *Adj.* (دستور زبان) اسمی، (مربوط به) اسم
Nominalwert, der; -(e)s, -e ارزش واقعی (جنس)، ارزش اسمی
Nominativ, der; -s, -e (دستور زبان) حالت فاعلیت
nominell *Adj.* اسمی، صوری، ظاهری
nominieren *Vt.* نامیدن، کاندید کردن، (برای شرکت در انتخابات) معرفی کردن، نامزد کردن
Nonne, die; -, -n راهبه، (زن) تارک دنیا
nonnenhaube, die; -, -n کلاه راهبه‌ها
Nonnenkloster, das; -s صومعه، دیر
Nonsens, der; -es / -, -e چرت و پرت، بیهوده‌گویی
nonstop *Adj.* یکسره، بدون توقف
Nonstopflug, der; -(e)s, ¨-e پرواز مستقیم، پرواز یکسره، پرواز بدون توقف
Noppe, die; -, -n گرهٔ پارچه
noppen *Vt.* خواب‌دار کردن (پارچه)
Nord, der; -(e)s, -e ۱. شمال ۲. باد شمال
Nordamerika, das امریکای شمالی
Nordatlantikpakt, der; -(e)s, -e پیمان ناتو، پیمان آتلانتیک شمالی
Norden, der; -(e)s شمال
nordisch *Adj.* شمالی
Nordländer, der; -s, - اهل شمال، ساکن شمال
nördlich *Adj.* شمالی
Nordlicht, das; -(e)s, -er / -(e) شفق شمالی
Nordost(en), der; -s شمال شرقی
nordöstlich *Adj.* (مربوط به) شمال شرقی
Nordpol, der; -s, -e قطب شمال
Nordpolarkreis, der; -es, -e مدار قطب شمال
Nordsee, die; -, -n دریای شمال
Nordstern, der; -(e)s, -e ستارهٔ قطبی
nordwärts *Adv.* به سوی شمال، رو به شمال
Nordwest(en), der; -s شمال غربی
nordwestlich *Adj.* (مربوط به) شمال غربی
Nordwind, der; -(e)s, -e باد شمال
Nörgelei, die; -, -en بهانه‌جویی، ایرادگیری، غرولند
nörgeln *Vi.* بهانه‌جویی کردن، خرده گرفتن، غرولند کردن، ایراد گرفتن
Er muß an allem nörgeln. او باید به همه چیز ایراد بگیرد.
Nörgler, der; -s, - ایرادگیر، بهانه‌جو، خرده‌گیر، غرغرو

Nörglerin 596

Nörglerin, die; -, -nen ایرادگیر، بهانه‌جو، خرده گیر، غرغرو (زن)
Norm, die; -, -en میزان، استاندارد، معیار
normal *Adj.* ۱. عادی، معمولی، طبیعی، به‌هنجار، مرسوم، متعارف ۲. (از لحاظ روانی) متعادل
Normalbenzin, das; -s, -e بنزین معمولی
Normalfall, der; -(e)s, ⸚e حالت طبیعی
Normalgeschwindigkeit, die; -, -en سرعت متعارف
Normalgewicht, das; -(e)s, -e وزن طبیعی
Normalien, die / *Pl.* قواعد، دستورات
normalisieren *Vt.* به حال عادی برگرداندن، عادی کردن
normalspurig *Adj.* خط‌آهن با عرض متعارف
Normaluhr, die; -, -en ساعت استاندارد
Normalverbraucher, der; -s, - مصرف‌کنندهٔ عادی
Normalzeit, die; -, -en وقت قانونی، وقت استاندارد
Normalzustand, der; -es, ⸚e حالت طبیعی
Normblatt, das; -(e)s, ⸚er مشخصات استاندارد
normen *Vt.* با معیار معینی سنجیدن، با معیار معینی طبقه‌بندی کردن
normieren *Vt.* با معیار معینی سنجیدن، با معیار معینی طبقه‌بندی کردن
Normierung, die; -, -en طبقه‌بندی، معیارگیری
Norwegen, das نروژ
Norweger, der; -s, - نروژی، (مربوط به) نروژ
Norwegerin, die; -, -nen نروژی (زن)
norwegisch *Adj.* نروژی
Nostalgie, die; -, -n ۱. دلتنگی برای وطن ۲. حسرت روزگاران گذشته، نوستالژی
Not, die; -, ⸚e ۱. احتیاج مبرم، نیاز شدید، نیازمندی فوری ۲. حالت اضطراری ۳. رنج، زحمت، پریشانی ۴. خطر ۵. فقر، تنگدستی، تهیدستی ۶. بیچارگی، درماندگی
zur Not در صورت لزوم
in Not geraten در مضیقه افتادن
in Not sein در مضیقه بودن
Notabilität, die; -, -en شهرت؛ اهمیت؛ برجستگی
Notar, der; -s, -e محضردار، سردفتر
Notariat, das; -(e)s, -e دفتر اسناد رسمی
notariell *Adj.* محضری، رسمی
notarielle Beurkundung گواهی محضری
notarielles Testament وصیت‌نامهٔ محضری
notarisch *Adj.* محضری
Notarzt, der; -es, ⸚e پزشک کشیک، پزشک اضطراری
Notaufnahme, die; -, -n (در بیمارستان) پذیرش اضطراری
Notausgang, der; -(e)s, ⸚e درِ خروج اضطراری
Notbehelf, der; -(e)s, -e چاره، وسیله
Notbeleuchtung, die; -, -en روشنایی اضطراری
Notbremse, die; -, -n ترمز اضطراری
Notbrücke, die; -, -n پل موقتی
Notdienst, der; -es, -e خدمت اضطراری
Notdurft, die; - ۱. حاجت ضروری، احتیاج ۲. تخلیهٔ ادرار، قضای حاجت
notdürftig *Adj.* ضروری
Note, die; -, -n ۱. (موسیقی) نت ۲. یادداشت ۳. نمره ۴. اسکناس
Notenaustausch, der; -(e)s مبادلهٔ یادداشت (سیاسی)
Notenbank, die; -, -en بانک ناشر اسکناس
Notenblatt, das; -(e)s, ⸚er (موسیقی) کاغذ نت
Notendurchschnitt, der; -(e)s, -e معدل
Notenheft, das; -(e)s, -e (موسیقی) دفترچهٔ نت
Notenpult, das; -(e)s, -e جا نُتی، سه پایهٔ مخصوص نُت
Notenschlüssel, der; -s, - کلید موسیقی
Notenschrank, der; -(e)s, ⸚e قفسهٔ نت
Notenständer, der; -s, - جا نُتی، سه پایهٔ مخصوص نُت
Notensystem, das; -s, -e (موسیقی) حامل
Notenumlauf, der; -(e)s, -läufe گردش اسکناس
Notfall, der; -(e)s, ⸚e حالت اضطراری
notfalls *Adv.* در صورت لزوم، هنگام ضرورت
Notfeuer, das; -s, - ایجاد آتش (برای اعلام خطر)
Notflagge, die; -, -n پرچم خطر
notgedrungen *Adj.* ضروری، اجباری، اضطراری
Notgemeinschaft, die; -, -en ائتلاف اضطراری
Notgroschen, der; -s, - پس‌انداز
Nothelfer, der; -s, - کمک‌کننده (در مواقع اضطراری)
Nothelferin, die; -, -nen کمک‌کننده (در مواقع اضطراری) (زن)
Nothilfe, die; -, -n کمک ضروری
notieren *Vt.* ۱. یادداشت کردن ۲. مظنه دادن (قیمت)
Notierung, die; -, -en ۱. یادداشت ۲. مظنه
nötig *Adj.* لازم، ضروری، واجب
Es ist nicht nötig. ضروری نیست.
nötig haben لازم داشتن

nötigen *Vt.* مجبور کردن، وادار کردن؛ به (کسی) اصرار کردن؛ در مضیقه گذاشتن
nötigenfalls *Adv.* در صورت لزوم
Nötigung, die; -, -en اجبار، الزام؛ اکراه
Notiz, die; -, -en یادداشت، تذکاریه
Notizblock, der; -(e)s, ⸚e دفترچهٔ یادداشت
Notizbuch, das; -(e)s, ⸚er دفترچهٔ یادداشت
Notlage, die; -, -n گرفتاری، مضیقه، مخمصه
Notlager, das; -s, - / ⸚ خوابگاه اضطراری
notlanden *Vi.* فرود اضطراری کردن (هواپیما)
Notlandung, die; -, -en فرود اضطراری (هواپیما)
notleidend *Adj.* نیازمند، محتاج
Notlösung, die; -, -en چاره، وسیله
Notlüge, die; -, -n دروغ مصلحت‌آمیز
Notmaßnahme, die; - اقدام اضطراری
notorisch *Adj.* بدنام، رسوا، انگشت‌نما
Notpfennig, der; -(e)s, -e پس‌انداز
Notruf, der; -(e)s, -e تلفن اضطراری (آتش‌نشانی / پلیس)
notschlachten *Vt.* کشتار اضطراری کردن (حیوان)
Notschlachtung, die; -, -en کشتار اضطراری (حیوان)
Notschrei, der; -(e)s, -e فریاد کمک
Notsignal, das; -s, -e آژیر خطر
Notsitz, der; -es, -e (در هواپیما) صندلی تاشو
Notstand, der; -(e)s, ⸚e حالت اضطراری، وضع فوق‌العاده
Notstandsgebiet, das; -(e)s, -e منطقهٔ مصیبت‌زده
Notstandsgesetz, das; -es, -e قانون وضعیت اضطراری
Notstandsmaßnahmen, die / *Pl.* اقدام اضطراری
Nottestament, das; -(e)s, -e وصیت‌نامهٔ اضطراری
Nottreppe, die; -, -n پلکان اضطراری
Notunterkunft, die; ⸚e محل سکونت موقتی
Notverband, der; -(e)s, ⸚e زخم‌بندی اضطراری
Notverordnung, die; -, -en تجویز اضطراری
notwassern *Vi.* فرود اضطراری بر روی آب انجام دادن (هواپیما)
Notweg, der; -(e)s, -e گذرگاه اضطراری
Notwehr, die; - دفاع از خود، خود پدافند
notwendig *Adj.* لازم، ضروری، واجب
Ich muß mal notwendig. باید به دستشویی بروم.
Notwendigkeit, die; -, -en لزوم، ضرورت
Notzeichen, das; -s, - علامت خطر
Notzucht, die; - هتک ناموس، تجاوز
notzüchtigen *Vt.* از (کسی) هتک ناموس کردن
Nougat, der / das; -s, -s (نوعی) نقل بادام؛ بادام عسلی
Novelle, die; -, -n داستان کوتاه
November, der; -s, - (ماه) نوامبر
Novität, die; -, -en تازگی، نوظهوری؛ چیز نو
Novize, die; -, -n راهب در زمان آزمایش (قبل از یاد کردن سوگند)
Novizin, die; -, -nen راهبه در زمان آزمایش (قبل از یاد کردن سوگند)
Novum, das; -s, -va چیز تازه، چیز نو
Nu, der
im Nu در اسرع وقت، فوراً
in einem Nu در یک چشم به‌هم زدن
Nuance, die; -, -n فرق جزئی، اختلاف ناچیز
nuancieren *Vt.* به‌طور غیر محسوس تغییر دادن
nüchtern *Adj.* ۱. ناشتا، گرسنه، شکم خالی ۲. هوشیار ۳. آدم خشک، آدم بی‌احساس ۴. ساده، بدون تزئین
Nüchternheit, die; -, -en ۱. گرسنگی ۲. هشیاری ۳. خشکی، بی‌احساسی ۴. سادگی، عاری از تزئین
Nuckel, der; -s, - پستانک
nuckeln *Vi.* (از پستان) مکیدن
Nudel, die; -, -n رشته فرنگی، ماکارونی
Nudelbrett, das; -(e)s, -er تختهٔ رشته‌بری
nudeln *Vt.* به (طیور) سیر خوراندن
Nugat, der / das; -s, -s (نوعی) نقل بادام، بادام عسلی
nuklear *Adj.* هسته‌ای، اتمی
Nucklearwaffe, die; -, -n سلاح اتمی
Null, die; -, -en صفر
unter Null زیر صفر
über Null بالای صفر
null *Zahlw., Adj.* ۱. صفر ۲. هیچ، هیچ‌چیز
Nullpunkt, der; -(e)s, -e نقطهٔ آغاز، نقطهٔ مبدأ
Nullstelle, die; -, -n (ریاضی) ریشهٔ معادله در صورت کسر
numerieren *Vt.* نمره‌گذاری کردن، شماره‌گذاری کردن
Numerierung, die; -, -en نمره‌گذاری
Nummer, die; -, -n شماره، عدد، رقم، نمره
die Nummer wählen (در تلفن) شماره گرفتن
Kein Anschluß unter dieser Nummer. این شماره (تلفن) به جایی وصل نیست.
nummerisch *Adj.* حسابی، عددی
Nummernscheibe, die; -, -n صفحهٔ تلفن

Nummernschild 598

Nummernschild, das; -(e)s, -e پلاک اتومبیل، شمارهٔ ماشین

nun *Adv., Konj.* ۱. حالا، اکنون، الان، در این لحظه ۲. حالا که، چون که

Nun er so lange gezögert hat, muß er auch... حالاکه او این همه وقت تاخیر کرد، پس باید ...

Was nun? حالا چه باید کرد؟

nunmehr *Adv.* همین حالا، اکنون

nunmehrig *Adj.* مهیا، آماده، حاضر

Nuntius, der; -, -ien پیک، رسول

nur *Adv.* فقط، تنها

dann und nur dann فقط و فقط

nuscheln *Vt., Vi.* ۱. زیرلب گفتن ۲. غیر واضح صحبت کردن

Nuß, die; -, Nüsse جوز (میوه‌هایی مثل گردو، بادام، فندق)

Nußbaum, der; -(e)s, -bäume درخت گردو

nußbraun *Adj.* [رنگ] فندقی

Nußkern, der; -(e)s, -e مغز گردو

Nußknacker, der; -s, - فندق‌شکن

Nußschale, die; -, -n پوست گردو

Nüster, die; -, -n سوراخ بینی

Nut(e), die; -, -(e)n شیار، فاق، شکاف

Nutte, die; -, -n روسپی، فاحشه

nutz *Adj.* سودمند، نافع، مفید

Nutzanwendung, die; -, -en استفادهٔ بهینه، بهره‌وری

nutzbar *Adj.* مفید، نافع، قابل استفاده

Nutzbarkeit, die; -, -en سودمندی، فایده، نفع

Nutzbarmachung, die; -, -en بهره‌برداری، استفاده

nutzbringend *Adj.* سودبخش، مفید، سودآور

nütze *Adj.* سودمند، نافع، مفید

Nutzeffekt, der; -(e)s, -e کفایت، کارایی

Nutzen, der; -s, - ۱. استفاده، بهره‌برداری ۲. سود، فایده، نفع

nutzen *Vi., Vt.* ۱. فایده داشتن، مفید بودن ۲. از (چیزی) استفاده کردن، از (چیزی) بهره‌برداری کردن

nützen *Vi., Vt.* ۱. فایده داشتن، مفید بودن ۲. از (چیزی) استفاده کردن، از (چیزی) بهره‌برداری کردن

Es nützt nichts. فایده‌ای ندارد.

Nutzfahrzeug, das; -(e)s, -e وسیلهٔ نقلیهٔ همگانی

Nutzfläche, die; -, -n مساحت قابل بهره‌برداری

Nutzgarten, der; -s, ¨ باغ سبزی‌کاری

Nutzholz, das; -es, ¨er چوب، الوار

Nutzlast, die; -, -en بار مفید

Nutzleistung, die; -, -en توان مؤثر، کار مفید

nützlich *Adj.* مفید، سودمند

Nützlichkeit, die; -, -en فایده، سودمندی

nutzlos *Adj.* بی‌فایده، بیهوده، به‌دردنخور

Nutzlosigkeit, die; - بی‌فایدگی، بیهودگی

Nutznießer, der; -s, - کسی که حق انتفاع از حقوق و دارایی دیگران را دارد

Nutznießung, die; -, -en حق انتفاع (از حقوق و دارایی دیگران)

Nutzrecht, das; -(e)s, -e حق انتفاع، حق بهره‌برداری

Nutzung, die; -, -en استفاده، بهره‌برداری، سود

Nutzungsrecht, das; -(e)s, -e حق انتفاع، حق بهره‌برداری

Nutzungswert, der; -(e)s, -e ارزش انتفاع

Nylon, das; -s نایلون

Nylonstrümpfe, die /Pl. جوراب نایلون

Nymphe, die; -, -n پری دریایی، حوری دریایی

Nymphomanie, die; -, -n جنون جنسی (در زنان)

O

O, das; -, - اُ (حرف پانزدهم الفبای آلمانی)
o *Interj.* آه، آخ، وه
O weh! آه! افسوس!
Oase, die; -, -n واحه، آبادی میان کویر
ob *Konj., Präp.* ۱. اگر، (که) آیا ۲. از بابتِ، به‌خاطرِ ۳. بالایِ، برروی، برفرازِ
Ob er wohl kommt? آیا خواهد آمد؟
als ob انگار که، گویی که
Und ob! البته که! چه جورهم!
ob dem Wasserfall بر فراز آبشار
ob dieser Bemerkung به خاطر این تذکر
Obacht, die; - دقت، اعتنا، توجه، رعایت
Obacht geben اعتنا کردن، توجه کردن
Obdach, das; -(e)s پناهگاه، مأوا، مسکن
obdachlos *Adj.* آواره، بی‌مسکن، بی‌مأوا، بی‌پناه
Obdachlose, der/die; -n, -n گدا، بینوا، ولگرد، بی‌خانمان
Obdachlosigkeit, die; - آوارگی، بی‌مأوایی، بی‌پناهی، در به دری
Obduktion, die; -, -en کالبدشکافی
obduzieren *Vt.* کالبدشکافی کردن
O-Beine, die / *Pl.* پاکمانی، پاچنبری
o-beinig *Adj.* پاکمانی، پاچنبری
oben *Adv.* بالا، در بالا، روی، برفراز
jemanden **von oben herab ansehen** خود را برتر از دیگری پنداشتن
von oben از بالا
da oben آن بالا
von oben bis unten از بالا تا پایین، سراپا، دقیقاً
Siehe oben. به صفحه‌های پیشین مراجعه کنید.
obenan *Adv.* در بالای، درصدر، در رأس
Sein Name steht ganz obenan auf der Liste. نام او دقیقاً در صدر لیست قرار دارد.
obenauf *Adv.* ۱. کاملاً بالا ۲. سرحال، سرزنده
immer obenauf sein همیشه سرحال بودن
obendrein *Adv.* علاوه بر، گذشته از، به اضافه؛ وانگهی
Er hat mich betrogen und obendrein ausgelacht. او نه تنها مرا فریب داد، بلکه مسخره‌ام هم کرد.
obenerwähnt *Adj.* مذکور در بالا، فوق‌الذکر، نام‌برده در بالا
obengenannt *Adj.* مذکور در بالا، فوق‌الذکر، نام‌برده در بالا
obenhin *Adv.* به‌طور سطحی، ظاهری
etwas **nur so obenhin tun** کاری را به‌طور سطحی انجام دادن
ober *Adj.* بالایی، فوقانی، بالاتر
das obere Stockwerke طبقهٔ بالایی
Ober, der; -s, - پیشخدمت، گارسن
Herr Ober, bitte zahlen! گارسن، لطفاً صورت‌حساب!
Oberarm, der; -(e)s, -e بازو
Oberarzt, der; -es, ⸚e سر پزشک، معاون بیمارستان
Oberaufseher, der; -s, - رئیس، سرپرست، مدیر، متولی
Oberaufsicht, die; -, -(en) سرپرستی، مدیریت، نظارت
Oberbau, der; -(e)s, -e روبنا، روسازی
Oberbefehl, der; -s, -e سرفرماندهی
Oberbefehlshaber, der; -s, - سرفرمانده، فرماندهٔ کل قوا
Oberbekleidung, die; -, -en لباس رو
Oberbett, das; -es, -en رواندار؛ لحاف
Oberbundesanwalt, der; -(e)s, ⸚e دادستان کل
Oberbürgermeister, der; -s, - شهردار کل
Oberdeck, das; -(e)s, -e/-s عرشهٔ فوقانی کشتی
Obere, der; -n, -n برتر، مافوق، ارشد
Oberfeldwebel, der; -s, - گروهبان دوم
Oberfläche, die; -, -n سطح، رویه، سطح رویی
oberflächlich *Adj.* ۱. سطحی، قشری، کم‌عمق ۲. بی‌احساس، بی‌روح
Oberflächlichkeit, die; -, -en ۱. بی‌مایگی، کم‌مایگی، دانش سطحی ۲. بی‌احساسی، بی‌روحی
Oberförster, der; -s, - سرجنگلبان
Obergefreite, der; -n, -n هم‌ردیف سرجوخه
Obergeschoß, das; -schosses, -schösse طبقهٔ فوقانی
oberhalb *Präp.* بالایِ، برفرازِ، درفوقِ
oberhalb der Tür بالای در

Oberhand, die; -, ⸚e — برتری، تفوّق، تسلط
Oberhaupt, das; -(e)s, -häupter — ۱. رئیس، رهبر ۲. بزرگ خانواده
Oberhaus, das; -es, -häuser — (در انگلیس) مجلس اعیان
Oberhaut, die; -, -häute — بشره، پوست بیرونی، روپوست
Oberhemd, das; -(e)s, -en — پیراهن (مردانه)
Oberherrschaft, die; -, -en — برتری، تفوّق، تسلط
Oberhoheit, die; - — سلطه، حق حاکمیت، قدرت
Oberin, die; -, -nen — سرپرستار، رئیس خواهران مقدس (زن)
Oberingenieur, der; -s, -e — سرمهندس
oberirdisch Adj. — رو زمینی
Oberkellner, der; -s, - — سرپیشخدمت
Oberkiefer, der; -, -n — فک بالا، آروارۀ بالا
Oberklasse, die; -, -n — ۱. کلاس بالا ۲. طبقۀ بالا
Oberkleid, das; -(e)s, -er — لباس رو
Oberkleidung, die; -, -en — لباس رویی
Oberkommando, das; -s, -s — سرفرماندهی
Oberkommissar, der; -s, -e — سرکلانتر
Oberkörper, der; -s, - — بالاتنه
Oberland, das; -(e)s — سرزمین بلند، زمین مرتفع
Oberlandesgericht, das; -(e)s, -e — دادگاه استان، محکمۀ استیناف
Oberlandesgerichtspräsident, der; -en, -en — رئیس دادگاه استان، رئیس محکمۀ استیناف
Oberlandesgerichtsrat, der; -(e)s, ⸚e — قاضی دادگاه استان، قاضی محکمه استیناف
oberlastig Adj. — غیرعملی؛ سرسنگین و ته سبک، افتادنی
Oberlauf, der; -(e)s, -läufe — مسیر بالایی
Oberleder, das; -s, - — چرم رویی کفش
Oberlehrer, der; -s, - — سرمعلم، معلم ارشد
Oberleitung, die; -, -en — ۱. خط هوایی ۲. سرپرستی
Oberleutnant, der; -s, -s/-e — ستوان یکم؛ ناوبان
Oberlicht, das; -(e)s, -er/-e — ۱. دریچۀ سقف، روزنۀ سقف ۲. نور بالا
Oberlippe, die; -, -n — لب بالا
Oberpriester, der; -s, - — کشیش اعظم
Oberprima, die; -, -men — کلاس آخر (دبیرستان)
Oberprimaner, der; -s, - — دانش‌آموز سال آخر
Oberprimanerin, die; -, -nen — دانش‌آموز سال آخر (زن)

Oberschenkel, der; -s, - — ران
Oberschenkelknochen, der; -s, - — استخوان ران
Oberschicht, die; -, -en — قشر بالای جامعه
Oberschule, die; -, -n — دورۀ دوم دبیرستان، دورۀ نظری
Oberschwester, die; -, -n — سرپرستار
Oberseite, die; -, -n — جهت بالا؛ اوج؛ طبقۀ فوقانی
oberst Adj. — بالاترین، بلندترین، برترین
das oberste Stockwerk — بالاترین طبقۀ ساختمان
Oberst, der; -en, -en — سرهنگ
Oberstaatsanwalt, der; -(e)s, ⸚e — مدعی‌العموم کل، دادستان کل
Oberstabsarzt, der; -es, ⸚e — پزشک ارتش
Obersteiger, der; -s, - — سرکارگر معدن
Oberstimme, die; -, -n — صدای سوپرانو، صدای زیر
Oberstleutnant, der; -s, -s — سرهنگ دوم؛ ناخدا دوم
Oberstübchen, das; -s, - — اتاقک زیر شیروانی
Oberstudiendirektor, der; -s, -en — رئیس دبیرستان
Oberstudienrat, der; -(e)s, ⸚e — ۱. راهنمای آموزشی ۲. دبیر برجستۀ دبیرستان
Oberstufe, die; -, -n — (در آلمان) سه کلاس آخر دبیرستان
Obertasse, die; -, -n — فنجان
Oberteil, der/das; -(e)s, -e — قسمت بالایی، بخش فوقانی
Oberweite, die; -, -n — اندازۀ دور سینه
Oberwelt, die; -, -en — جهان خاکی، زمین
obgleich Konj. — اگرچه، هرچند، با آن که، با وجود این که، ولو
Ich kann nicht kommen, obgleich ich gern möchte. — هرچند که دلم می‌خواهد، ولی نمی‌توانم بیایم.
Obhut, die; -(e)s, ⸚e — توجه، مواظبت، حفظ، نگهداری
jemanden in seiner Obhut nehmen — از کسی مواظبت کردن
obig Adj. — بالایی، نام‌برده در بالا، مذکور
Objekt, das; -(e)s, -e — ۱. چیز، شیء ۲. طرح، نقشه؛ موضوع ۳. (دستور زبان) مفعول
objektiv Adj. — ۱. (دستور زبان) مفعولی ۲. واقعی، حقیقی، عینی
Objektiv, das; -s, -e — ۱. (دستور زبان) حالت مفعولی ۲. عدسی، لنز
Objektivität, die; - — وجود خارجی، واقعیت، عینیت
Objektivlinse, die; -, -n — (فیزیک) عدسی شیئی

Objektträger, der; -s, - تیغهٔ شیشه‌ای میکروسکوپ
Oblate, die; -, -n ۱. نان بستنی ۲. نانی که کاتولیک‌ها در مراسم مذهبی در دهان می‌گذارند
obliegen *Vi.* موظف بودن، مجبور بودن، متعهد بودن
Obliegenheit, die; -, -en وظیفه، تکلیف
obligat *Adj.* واجب، لازم، الزامی، ضروری
Obligation, die; -, -en ۱. التزام، محظور، وظیفه، تعهد ۲. اوراق قرضه
obligatorisch *Adj.* الزامی، اجباری
Obmann, der; -(e)s, ⸚er ۱. رئیس ۲. داور ۳. سخنگوی گروه
Oboe, die; -, -n ابوا (نوعی ساز بادی چوبی)
Oboist, der; -en, -en نوازندهٔ ابوا
Obrigkeit, die; -, -en مقام رسمی، اولیای امور، حکومت
obrigkeitlich *Adj.* آمرانه، استبدادی، دیکتاتوری
Obrigkeitsstaat, der; -(e)s حکومت مطلقه، کشور استبدادی
obschon *Konj.* اگرچه، هرچند، با آن که، با وجود این که
Observatorium, das; -s, -rien رصدخانه
obsiegen *Vi.* پیروز شدن، فاتح شدن، چیره شدن
obskur *Adj.* ۱. مبهم، ناواضح ۲. ناشناخته، ناآشنا
obsolet *Adj.* غیر متداول، غیر مرسوم
Obst, das; -es میوه
Obstbau, der; -(e)s میوه کاری، پرورش میوه
Obstbaum, der; -(e)s, -bäume درخت میوه
Obsternte, die; -, -n محصول میوه
Obstessig, der; -s, -e سرکهٔ میوه
Obstgarten, der; -s, ⸚ باغ میوه
Obsthändler, der; -s, - میوه‌فروش
Obsthändlerin, die; -, -nen میوه‌فروش (زن)
Obsthandlung, die; -, -en میوه‌فروشی
Obstkern, der; -(e)s, -e هستهٔ میوه
Obstkonserven, die / *Pl.* کنسرو میوه، کمپوت
Obstler, der; -s, - میوه‌فروش
Obstmesser, das; -s, - کارد میوه‌خوری
Obstruktion, die; -, -en جلوگیری، منع؛ انسداد
Obstsaft, der; -(e)s, ⸚e آب میوه
Obstwein, der; -s, -e شراب میوه
Obstzucht, die; - میوه کاری، پرورش میوه
Obstzüchter, der; -s, - میوه کار
Obstzüchterin, die; -, -nen میوه کار (زن)
obszön *Adj.* زشت، وقیح، موهن، ناپسند، ناشایست
Obszönität, die; -, -en زشتی، وقاحت

Obus, der; -ses, -se اتوبوس برقی
obwalten *Vi.* وجود داشتن، بودن
obwohl *Konj.* اگرچه، هرچند، با آن که، با وجود این که
obzwar *Konj.* اگرچه، هرچند، با آن که، با وجود این که
Ochlokratie, die; -, -n اوباش سالاری
Ochse, der; -n, -n گاو نر (اخته شده)
Da stehen wie der Ochse vorm Berg. مثل خر تو گل گیر کرده‌اند.
ochsen *Vi.* خرخوانی کردن، جان کندن
Ochsenfleisch, das; -es گوشت گاو
Ochsengespann, das; -(e)s, -e گله گاو
Ochsenhaut, die; -, -häute پوست گاو
Öchslein, das; -s, - گاو کوچک
Ocker, der; -s, - خاک سرخ، گِل اخرا
Ode, die; -, -n قصیده
öde *Adj.* ۱. خراب، ویران، غیرمسکونی، متروک ۲. بی‌محتوا، بی‌معنی
Öde, die; -, -n جای خلوت، گوشهٔ عزلت
Ödem, das; -s, -e ورم، آماس
oder *Konj.* یا، یا این که
entweder du oder ich یا تو یا من
Ödipuskomplex, der; -es عقدهٔ ادیپ (بستگی شدید بچه به یکی از والدین که از جنس مخالف اوست)
Ödland, das; -(e)s, ⸚er زمین بایر، زمین لم‌یزرع
Odontalgie, die; -, -n دندان درد
Odontologe, der; -n, -n دندان‌پزشک
Odontologie, die; - دندان‌پزشکی
Odyssee, die; -, -n ۱. ادیسه (منظومهٔ حماسی اثر هومر شاعر یونانی) ۲. مسافرت پُرحادثه ۳. سرگردانی، گمراهی
Ofen, der; -s, ⸚ بخاری، کوره، اجاق، تنور
Ofenheizung, die; -, -en بخاری
ofenfrisch *Adj.* تازه، تنوری
Ofenkachel, die; -, -n بخاری آجری
Ofenloch, das; -(e)s, ⸚er دهانهٔ کوره
Ofenrohr, das; -(e)s, -e لولهٔ بخاری
Ofenröhre, die; -, -n دودکش
Ofensetzer, der; -s, - کوره‌ساز
offen *Adj., Adv.* ۱. باز، سرگشاده، روباز، سرباز ۲. رک، صریح، بی‌پرده، واضح، روراست، علنی ۳. بلاتصدی ۴. صریحاً، علناً
halb offen نیمه باز
ein offenes Ohr haben به غم و غصهٔ دیگران توجه کردن

offenbar 602

offenbar *Adj., Adv.* ۱. آشکار، بدیهی، مشهود، واضح، روشن، بارز ۲. ظاهراً، از قرار معلوم
offenbaren *Vt.* ۱. فاش ساختن، آشکار کردن، افشا کردن ۲. فاش شدن، آشکار شدن
ein Geheimnis offenbaren پرده از رازی برداشتن
Offenbarung, die; -, -en فاش‌سازی، آشکارسازی
Offenbarungseid, der; -(e)s, -e سوگندنامه، شهادت‌نامه
offenbleiben *Vi.* ۱. بازماندن، گشوده بودن ۲. مبهم ماندن، غیرواضح ماندن
offenhalten *Vt.* ۱. باز نگه‌داشتن ۲. آزاد گذاشتن، بدون تصدی گذاشتن (سمت)
Offenheit, die; - رک‌گویی، صراحت، بی‌پردگی
offenherzig *Adj.* بی‌ریا، بی‌تزویر، صاف و ساده؛ صریح
Offenherzigkeit, die; - خلوص، صداقت؛ صراحت
offenkundig *Adj.* روشن، صریح، واضح
eine offenkundige Lüge یک دروغ آشکار
Offenkundigkeit, die; - روشنی، صراحت، وضوح
offenlassen *Vt.* ۱. بازگذاشتن، خالی گذاشتن ۲. بی‌جواب گذاشتن (سؤال)
offenlegen *Vt.* در میان گذاشتن، مطرح کردن (هدف، نقشه)
offensichtlich *Adj., Abv.* ۱. آشکار، بدیهی، مشهود، واضح، روشن ۲. ظاهراً، از قرار معلوم
Er hat offensichtlich nicht daran gedacht. او ظاهراً فکری در این مورد نکرده است.
offensiv *Adj.* تعرضی، تهاجمی
Offensive, die; -, -n تهاجم، تعرض، حمله، هجوم
Offensivkrieg, der; -(e)s, -e جنگ تهاجمی
offenstehen *Vi.* ۱. باز بودن ۲. معوق ماندن، پرداخت نشدن، تسویه نشدن ۳. آزاد بودن (در تصمیم‌گیری)
offenstehend *Adj.* باز، صریح، آشکار
öffentlich *Adj.* ۱. عمومی، همگانی ۲. علنی، رسمی
öffentliche Anstalt مؤسسهٔ همگانی
öffentliche Meinung افکار عمومی
öffentliche Sache امر همگانی
öffentliche Beglaubigung گواهی رسمی
öffentlicher Dienst خدمت همگانی
öffentliches Interesse نفع عمومی
öffentliches Recht حق عمومی
öffentliches Testament وصیت‌نامهٔ علنی
Öffentlichkeit, die; - ۱. عمومیت، آشکاری ۲. مردم، خلق ۳. افکار عمومی
in der Öffentlichkeit در ملأ عام، علناً
Öffentlichkeitsarbeit, die; - روابط عمومی
öffentlich-rechtlich *Adj.* پیرو قانون کشوری
offerieren *Vt.* ۱. تقدیم کردن، پیشکش کردن، عرضه کردن، تعارف کردن ۲. پیشنهاد کردن
Offerte, die; -, -n ۱. تقدیم، پیشکش، عرضه، تعارف ۲. پیشنهاد
Office, das; -, -s دفتر، اداره
offiziell *Adj., Adv.* ۱. رسمی، موثق، قانونی، اداری ۲. رسماً
Offizier, der; -s, -e افسر، صاحب‌منصب
Offiziersanwärter, der; -s, - داوطلب افسری
Offiziersbursche, der; -n, -n گماشته، مصدر
Offizierskasino, das; -s, -s غذاخوری افسران؛ باشگاه افسران
Offizerskorps, die / *Pl.* افسران، صاحب‌منصبان
Offizierspatent, das; -(e)s, -e دیپلم افسری
Offiziersrang, der; -(e)s, ¨-e درجهٔ افسری
Offizin, die; -, -en ۱. داروخانه ۲. چاپخانه، مطبعه
offiziös *Adj.* نیمه‌رسمی، غیر موثق
öffnen *Vt., Vr.* ۱. باز کردن، گشودن ۲. باز شدن
jemandem **die Augen öffnen** چشم کسی را باز کردن، کسی را با واقعیات آشنا ساختن
Hier öffnen. از اینجا باز کنید.
Die Tür öffnet sich selbsttätig. در به طور اتوماتیک باز می‌شود.
Öffner, der; -s, - در بازکن
Öffnung, die; -, -en ۱. گشایش، شروع، افتتاح ۲. دهانه، سوراخ، روزنه، دریچه، منفذ
Öffnungszeiten, die / *Pl.* ساعات کار
Offsetdruck, der; -(e)s, -e / ¨-e چاپ اُفست
oft *Adv.* اغلب، غالباً، بارها، کراراً، به کرات
Wie oft? چندبار؟ چقدر؟
öfter *Adv.* اغلب، غالباً، بارها، کراراً، به کرات
Wir haben uns öfter gesehen. ما غالباً همدیگر را دیده‌ایم.
öfters *Adv.* اغلب، غالباً، بارها، کراراً، به کرات
oftmalig *Adj.* مکرر
oftmals *Adv.* اغلب، غالباً، بارها، کراراً، به کرات
Das habe ich schon oftmals gesagt. این (موضوع) را چندبار به تو گفته‌ام.
oh *Interj.* آه، آخ، وه
Oh(ei)m, der; -s, -e عمو، دایی
Ohm, das; -(s), -e اهم (واحد مقاومت الکتریکی)
Ohmmeter, das; -s, - اهم‌متر (وسیله اندازه‌گیری مقاومت الکتریکی)

ohne *Präp., Konj.* ۱. بدونِ، بی، به‌جز، غیر از ۲. بی‌آنکه، بدون اینکه

Er ist nicht ohne.

به این خوبی هم که می‌نماید، نیست.

Er nahm das Geld, ohne zu fragen.

او پول را بدون آنکه بپرسد، برداشت.

ohnedem *Adv.* به هرحال، در هرصورت، به نوعی

ohnedies *Adv.* به‌هرحال، درهرصورت، خواه ناخواه، بدون این هم

ohnegleichen *Adv.* بی‌مانند، بی‌نظیر، بی‌سابقه

Er singt ohnegleichen. او صدای بی‌نظیری دارد.

ohnehin *Adv.* به‌هرحال، درهرصورت، خواه ناخواه، بدون این هم

Du bist ohnehin erkältet. به هر حال سرما خورده‌ای.

Ohnmacht, die; -, -en ۱. ناتوانی، ضعف ۲. بیهوشی، اغما

in Ohnmacht fallen بیهوش شدن، غش کردن

ohnmächtig *Adj.* ۱. ضعیف، ناتوان ۲. بیهوش، مدهوش

Ohnmachtsanfall, der; -(e)s, ⸚e حملهٔ بیهوشی، پس افتادن

Ohr, das; -(e)s, -en گوش

bis über beide Ohren verliebt sein شیفته و شیدا بودن

ein feines Ohr für etwas haben سریع‌الانتقال بودن

sich etwas **hinter die Ohren schreiben** مطلبی را آویزه گوش کردن

Die Wände haben Ohren! دیوار موش دارد، موش گوش دارد!

jemanden **übers Ohren hauen** گوش کسی را بریدن، کلاه سر کسی گذاشتن

Ich bin ganz Ohr. سراپا گوشم.

Öhr, das; -(e)s, -e سوراخ سوزن

Ohrenarzt, der; -es, ⸚e (پزشک) متخصص گوش و حلق و بینی

Ohrenbeichte, die; -, -n اعتراف در گوشی، اقرار پنهانی

ohrenbetäubend *Adj.* گوش‌خراش، پر سر و صدا

Ohrenbläser, der; -s, - سخن‌چین

Ohrenbläserin, die; -, -nen سخن‌چین (زن)

Ohrenentzündung, die; -, -en گوش درد، آماس گوش

Ohrenleiden, das; -s بیماری گوش

Ohrensausen, das; -s سوت یا زنگ گوش، صدای گوش

Ohrenschmalz, das; -es, -e جرم گوش

Ohrenschmaus, der; -es, -mäuse (موسیقی) گوش‌نواز

Ohrenschmerzen, die / *Pl.* گوش درد

Ohrenschützer, der; -s, - گوش‌پوش

ohrenzerreißend *Adj.* گوش‌خراش

Ohrenzeuge, der; -n, -n گواه به گوش شنیده، شاهد سمعی

Ohrfeige, die; -, -n سیلی، کشیده، درگوشی، چک

jemandem **eine Ohrfeige geben** به کسی سیلی زدن

ohrfeigen *Vt.* به (کسی) سیلی زدن

Ohrgehänge, das; -, -s گوشواره، آویزه

Ohrhörer, der; -s, - گیرندهٔ درون گوشی

Ohrläppchen, das; -s, - نرمهٔ گوش، لالهٔ گوش

Ohrloch, das; -(e)s, ⸚er سوراخ گوش

Ohrmuschel, die; -, -n غضروف گوش، لالهٔ گوش

Ohrring, der; -(e)s, -e گوشواره

Ohrwurm, der; -(e)s, ⸚er گوش‌خیزک

oje *Interj.* ای وای

O. K. *Interj., Adv.* ۱. باشه، قبوله ۲. خوب، روبه‌راه

okkult *Adj.* پنهان، مخفی، مستور

Okkultismus, der; - رمزگرایی

Okkupation, die; -, -en اشغال نظامی

okkupieren *Vt.* اشغال نظامی کردن

Ökologe, der; -n, -n بوم‌شناس، محیط‌شناس

Ökologie, die; - اکولوژی، زیست‌شناسی، بوم‌شناسی، محیط‌شناسی

ökologisch *Adj.* زیستی، (مربوط به) زیست‌شناسی

Ökonom, der; -en, -en ۱. عالمِ اقتصاد، اقتصاددان ۲. کشاورز

Ökonomie, die; -, -n ۱. علم اقتصاد ۲. صرفه‌جویی، اقتصاد

ökonomisch *Adj.* اقتصادی، مقرون به صرفه

Oktaeder, das; -s, - جسم هشت‌ضلعی

Oktan, das; -s, -e اُکتان (یکی از هیدروکربن‌های مایع و پارافینی)

Oktav, das; -s ورق بزرگ کاغذ هشت‌برگی

Oktavband, der; -(e)s, ⸚e کتابی که قطع برگ‌های آن یک‌هشتم ورق کاغذ باشد

Oktave, die; -, -n (موسیقی) اکتاو، هشته، هنگام (نُت یا درجهٔ هشتم هر گام دیاتونیک)

Oktett, das; -(e)s, -e قطعهٔ موسیقی برای هشت ساز مختلف

Oktober, der; -s, - ماه اکتبر

Okular, das; -s, -e عدسی چشمی

okular *Adj.* چشمی، (مربوط به) چشم

okulieren *Vt.* پیوند زدن (گیاه)
Okulierung, die; -, -en (درگیاه) پیوندزنی
ökumenisch *Adj.* (مربوط به) یگانگی مسیحیان
Okzident, der; -s باختر، غرب، مغرب زمین
okzidental *Adj.* غربی، (مربوط به) غرب
Öl, das; -(e)s, -e ۱. روغن مایع ۲. نفت‌خام
in Öl در روغن
Öl ins Feuer gießen به آتش دامن زدن
Ölbaum, der; -(e)s, -bäume درخت زیتون
Ölbehälter, der; -s, - روغن‌دان، مخزن روغن
Ölberg, der; -(e)s, -e کوه زیتون، جبل‌التور (محل معراج حضرت مسیح)
Ölbild, das; -es, -e نقاشی رنگ روغن
Öldruck, der; -(e)s, =e ۱. فشار روغن ۲. چاپ روغنی
Öldruckbremse, die; -, -n ترمز روغنی هیدرولیکی
Oleander, der; -s, - (گیاه) خرزهره
ölen *Vt.* روغن زدن، روغن‌کاری کردن
Öler, der; -s, - روغن‌کار
Ölfarbe, die; -, -n رنگ روغنی
Ölfläschchen, das; -s, - شیشهٔ کوچک روغن
Ölgemälde, das; -s, - نقاشی رنگ روغن
ölhaltig *Adj.* روغن‌دار، حاوی روغن
Ölheizung, die; -, -en بخاری نفتی؛ حرارت مرکزی نفتی
ölig *Adj.* روغنی، چرب
Oligarchie, die; -, -n الیگارشی (حکومت اقلیت ثروتمند بر اکثریت)
Ölindustrie, die; -, -n صنعت نفت
Olive, die; -, -n زیتون
Olivenbaum, der; -(e)s, -bäume درخت زیتون
Olivenfarbe, die; -, -n رنگ زیتونی
Olivenöl, das; -(e)s, -e روغن زیتون
olivgrün *Adj.* سبز زیتونی، ماشی
Ölkanister, der; -s, - پیت نفت
Ölkanne, die; -, -n روغن‌دان؛ حلب روغن
Ölkatastrophe, die; -, -n فاجعهٔ نفت
Ölkrise, die; -, -n بحران نفت
Ölmalerei, die; -, -en نقاشی رنگ روغن
Ölmeßstab, der; -(e)s, =e ابزار نفت‌سنجی
Ölofen, der; -s, = بخاری نفتی
Ölpapier, das; -s, - کاغذ روغنی، کاغذ مومی
Ölpest, die; - طاعون نفتی (آلودگی آب‌های ساحل در اثر نفت)
Ölproduzent, der; -en, -en فراوردهٔ نفتی، محصول نفتی
Ölquelle, die; -, -n چاه نفت
Ölraffinerie, die; -, -n پالایشگاه نفت
Ölschalter, der; -s, - سویچ روغنی
Ölstand, der; -(e)s, =e سطح روغن
Ölstandanzeiger, der; -s, - (در اتومبیل) درجهٔ روغن
Ölstandmesser, der; -s, - (در اتومبیل) درجهٔ روغن
Öltank, der; -(e)s, -e/-s مخزن روغن، باک روغن
Öltanker, der; -s, - کشتی نفتکش
Ölteppich, der; -s, -e پوشش نفتی
Ölung, die; - ۱. روغن‌کاری ۲. تدهین، مسح
Ölwechsel, der; -s, - تعویض روغن
Olympiade, die; -, -n بازی‌های المپیک؛ المپیاد
Olympiademedaille, die; -, -n مدال مسابقات المپیک
Olympiasieger, der; -s, - قهرمان مسابقات المپیک
Olympiateilnehmer, der; -s, - شرکت‌کننده در مسابقات المپیک
Olympiateilnehmerin, die; -, -nen شرکت‌کننده در مسابقات المپیک (زن)
Olympionike, der; -n, -n قهرمان مسابقات المپیک
Olympionikin, die; -, -nen قهرمان مسابقات المپیک (زن)
olympisch *Adj.* (مربوط به) بازی‌های المپیک
Ölzeug, das; -(e)s, -e پارچهٔ برزنت
Ölzweig, der; -(e)s, -e شاخهٔ زیتون
Oma, die; -, -s (در زبان بچه‌ها) مادربزرگ
Omelett, das; -(e)s, -e املت، خاگینه
Omelette, die; -, -n املت، خاگینه
Omen, das; -s, Omina علامت، نشانه
ein schlechtes Omen چیز بدشگون، چیز بدیمن
ein gutes Omen چیز خوش‌شگون، چیز خوش‌یمن
ominös *Adj.* بدشگون، شوم، بدیمن، نحس
Omnibus, der; -ses, -se اتوبوس
Omnibusfahrer, der; -s, - رانندهٔ اتوبوس
Omnibushaltestelle, die; -, -n ایستگاه اتوبوس
Onanie, die; - استمنا، جلق
onanieren *Vi.* جلق زدن، استمنا کردن
ondulieren *Vt.* فر زدن (مو)
Onkel, der; -s, - عمو، دایی، شوهرعمه، شوهرخاله
Opa, der; -s, -s (در زبان بچه‌ها) پدربزرگ
Opal, der; -s, -e اوپال (نوعی سنگ سیلیسی نرم و سبک)

opalisieren *Vi.* مانند رنگین‌کمان تابیدن
Oper, die; -, -n اپرا
Operateur, der; -s, -e ۱. اپراتور، متصدی (تلفن / تلگراف) ۲. جراح
Operation, die; -, -en ۱. عمل جراحی ۲. عملیات نظامی ۳. جنبش، عملکرد
Operationsbasis, die; -, -sen پایگاه عملیات
operationsfähig *Adj.* ۱. قابل عمل جراحی ۲. عملی
Operationsnarbe, die; -, -n جای عمل جراحی
Operationsradious, der; -, -dien شعاع عملیات
Operationssaal, der; -(e)s, -säle اتاق عمل
Operationsschwester, die; -, -n پرستار اتاق عمل
operativ *Adj.* ۱. عملی، مؤثر، فعال ۲. از راه عمل جراحی، (مربوط به) عمل جراحی
Operette, die; -, -n اپرت (نوعی نمایشنامهٔ موزیکال)
operieren *Vt., Vi.* ۱. (عمل) جراحی کردن ۲. عملیات نظامی انجام دادن
Operndichter, der; -s, - نویسندهٔ متن اپرا
Operngläs, das; -(e)s, ¨er دوربین مخصوص اپرا
Opernhaus, das; -es, -häuser تالار اپرا
Opernmusik, die; - موسیقی اپرا
Opernsänger, der; -s, - آوازخوان اپرا
Opernsängerin, die; -, -nen آوازخوان اپرا (زن)
Operntext, der; -es, -e متن اپرا، لیبرتو
Opfer, das; -, -s ۱. قربانی ۲. فداکاری، گذشت
ein Opfer bringen قربانی کردن
zum Opfer fallen قربانی شدن
Opferaltar, der; -s, ¨ محراب قربانی، محل قربانی
opferbereit *Adj.* فداکار، از خود گذشته
Opfergabe, die; -, -n قربانی
Opfergeld, das; -(e)s, -er صدقه
Opferlamm, das; -(e)s, ¨er گوسفند قربانی، برهٔ قربانی
Opfermut, der; -(e)s آمادگی برای فداکاری
opfern *Vt., Vi.* ۱. قربانی کردن، فدا کردن، فداکاری کردن ۲. قربانی دادن ۳. قربانی شدن، فدا شدن
Opferstock, der; -(e)s, ¨e صندوق اعانه
Opfertag, der; -(e)s, -e روز قربانی
Opfertier, das; -(e)s, -e قربانی، حیوان قربانی
Opfertod, der; -(e)s, -e از خود گذشتگی، جان‌نثاری
Opferung, die; -, -en قربانی، فداکاری
opferwillig *Adj.* فداکار

Ophthalmologe, der; -n, -n چشم‌پزشک
Ophthalmologie, die; -, -n چشم‌پزشکی
Opiat, das; -, -s داروی مخدر
Opium, das; -, -s تریاک، افیون
Opiumpfeife, die; -, -n وافور
Opiumraucher, der; -s, - تریاکی
Opiumsucht, die; -, ¨e اعتیاد به تریاک
opiumsüchtig *Adj.* معتاد به تریاک
Opponent, der; -en, -en حریف، طرف دعوا، مخالف
opponieren *Vi.* مخالفت کردن، ضدیت کردن
opportun *Adj.* مفید، سودمند، مناسب
Opportunismus, der; - اپورتونیسم، فرصت‌طلبی، سازشکاری
Opportunist, der; -en, -en اپورتونیست، آدم فرصت‌طلب، آدم ابن‌الوقت، آدم سازشکار
opportunistisch *Adj.* فرصت‌طلبانه، سازشکارانه
Opposition, die; -, -en اقلیت، حزب مخالف، دستهٔ مخالف
Oppositionsführer, der; -s, - رهبر مخالفان، رهبر اقلیت
Oppositionspartei, die; -, -en حزب مخالف
optieren *Vi.* تصمیم گرفتن
Optik, die; -, -en اپتیک (دانش نور و بینایی)
Optiker, der; -s, - عینک‌ساز، عینک‌فروش
optimal *Adj.* بهینه، بهین، به بهترین نحو، عالی
optimale Bedingungen شرایط عالی
optimieren *Vt.* به‌شکل مطلوب درآوردن
Optimismus, der; - خوش‌بینی
Optimist, der; -en, -en خوش‌بین
Optimistin, die; -, -nen خوش‌بین (زن)
optimistisch *Adj.* خوش‌بینانه
Optimum, das; -s, -ma درجهٔ عالی، حالت مطلوب
Option, die; -, -en اختیار، حق انتخاب، حق گزینش
optisch *Adj.* چشمی، بصری، (مربوط به) بینایی
Optometer, das; -s, - بینایی‌سنج
Optometrie, die; - بینایی‌سنجی
Opus, das; -, Opera اُپوس (شمارهٔ ردیف آثار آهنگساز به ترتیب تاریخ تصنیف)
Orakel, das; -, -s الهام، وحی
orakelhaft *Adj.* غیبی
Orakelspruch, der; -(e)s, ¨e میانجی الهام، سروش
orakeln *Vi.* سربسته سخن گفتن؛ مکاشفه کردن، از غیب خبر دادن
oral *Adj.* شفاهی، زبانی

Orange, die; -, -n پرتقال
orangefarben *Adj.* رنگ پرتقالی
Orangenbaum, der; -(e)s, -bäume درخت پرتقال
Orangenmarmelade, die; -, -n مربای پرتقال
Orangensaft, der; -(e)s, ⸚e آب پرتقال
Orangenschale, die; -, -n پوست پرتقال
Orangerie, die; -, -n نارنجستان، باغ پرتقال
Orang-Utan, der; -s, -e/-s اورانگوتان (بوزینهٔ درازدست)
Oratorium, das; -s, -rien اُراتوریو (نوعی اثر آوازی مذهبی)
Orbit, der; -s, -s مدار
Orchester, das; -s, - ارکستر، دستهٔ موسیقی، گروه نوازندگان
Orchesterleiter, der; -s, - رهبر ارکستر
Orchestration, die; -, -en ارکستراسیون، تنظیم آهنگ برای ارکستر، سازبندی ارکستر
Orchesterraum, der; -(e)s, -räume جایگاه ارکستر
Orchestersessel, der; -s, - (در تالار نمایش) ردیف‌های جلو
orchestrieren *Vt.* برای ارکستر تنظیم کردن، به صورت ارکستر درآوردن
Orchidee, die; -, -n ارکیده
Orchis, die; -, - بیضه، خایه
Orchitis, die; -, -tiden التهاب بیضه‌ها، التهاب بیضه
Orden, der; -s, - ۱. فرقه، جامعهٔ مذهبی ۲. نشان، امتیاز، مدال
Ordensband, das; -(e)s, ⸚er حمایل
Ordensbruder, der; -s, ⸚ عضو فرقهٔ مذهبی، عضو جماعت مذهبی
Ordensgeistliche, der; -n, -n فرقهٔ مذهبی، جماعت مذهبی
Ordenskleid, das; -(e)s, -er کسوت رهبانیت
Ordensschnalle, die; -, -n کمربند نشان
Ordensschwester, die; -, -n راهبه، تارک دنیا
Ordensverleihung, die; -, -en اعطای نشان
Ordenszeichen, das; -s, - نشان
ordentlich *Adj., Adv.* ۱. مرتب، منظم، دقیق، طبق برنامه ۲. [جلسه] عادی ۳. رسمی ۴. واقعاً، به‌درستی (که)، درست و حسابی
ordentlicher Professor استاد رسمی دانشگاه
Es ist heute ordentlich kalt. امروز هوا واقعاً سرد است.
Ordentlichkeit, die; - نظم، ترتیب
Order, die; -, -n امر، دستور، حکم، فرمان
Ordinale, das; -(s), -lia عدد ترتیبی
Ordinalzahl, die; -, -en عدد ترتیبی
ordinär *Adj.* معمولی، عادی، متداول؛ پیش پا افتاده؛ مبتذل
Ordinarius, der; -, -ien استاد رسمی دانشگاه
Ordinate, die; -, -n عرض
Ordinatenachse, die; -, -n (ریاضی) محور عرضی
Ordination, die; -, -en ۱. انتصاب، برگماری (به منصب روحانی) ۲. (پزشکی) طبقه‌بندی، دسته‌بندی ۳. آئین برگماشتن به منصب روحانی
ordinieren *Vt.* ۱. معین کردن (وقت پزشکی) ۲. (به منصب روحانی) گماشتن، مقرر کردن
ordnen *Vt.* ۱. امر کردن، دستور دادن ۲. مرتب کردن، منظم کردن، سازمان دادن
Ordner, der; -s, - ۱. ناظم، مبصر، مسئول نظم ۲. پوشه، پرونده، دوسیه
Ordnung, die; -, -en ۱. نظم، ترتیب ۲. قانون، مقررات
In Ordnung! باشه! قبوله!
in Ordnung bringen مرتب کردن
Ordnungsamt, das; -(e)s, ⸚er ادارهٔ ثبت
ordnungsgemäß *Adj.* مرتب، منظم، باانضباط، طبق دستور، مطابق قانون
Ordnungsliebe, die; -, -n نظم‌دوستی، نظم‌خواهی
ordnungsliebend *Adj.* منظم، مرتب، باانضباط
ordnungsmäßig *Adj.* منظم، مرتب، باانضباط
Ordnungspolizei, die; -, -en پاسبان
Ordnungsruf, der; -(e)s, -e دعوت به نظم
Ordnungsstrafe, die; -, -n جریمه، تاوان
ordnungswidrig *Adj.* نامرتب، بی‌رویه، خلاف قاعده، مخالف قانون
Ordnungszahl, die; -, -en عدد ترتیبی
Ordonnanz, die; -, -en گماشته، مصدر
Ordonnanzoffizier, der; -s, -e افسر آجودان
Organ, das; -s, -e ۱. عضو، اندام، آلت ۲. اداره ۳. مأمور، پیام‌ده ۴. نشریه (گروه سیاسی) ۵. صدای انسان
Organisation, die; -, -en ۱. ارگان، سازمان، تشکیلات ۲. سازماندهی، مدیریت
Organisationstalent, das; -(e)s, -e استعداد سازماندهی
Organisator, der; -s, -en برگزارکننده، سازمان‌دهنده، تشکیل‌دهنده
Organisatorin, die; -, -nen برگزارکننده، سازمان‌دهنده، تشکیل‌دهنده (زن)

organisatorisch *Adj.*	سازمانی، تشکیلاتی
organisch *Adj.*	۱. آلی ۲. ساختمانی ۳. عضوی
organische Chemie	شیمی آلی
organisieren *Vt.*	سازمان دادن، اداره کردن
organisiert *Adj.*	سازمان‌یافته، متشکل‌شده
Organisierung, die; -, -en	سازماندهی، تشکیلات
Organismus, der; -, -men	۱. ارگانیسم ۲. ترکیب، سازمان ۳. اندامگان، مجموع اعضای موجود زنده
Organist, der; -en, -en	نوازندهٔ ارگ، ارگ‌نواز
Organistin, die; -, -nen	نوازندهٔ ارگ، ارگ‌نواز (زن)
Organspende, die; -, -n	اهدای عضو، اندام‌بخشی
Organspender, der; -s, -	اهداکنندهٔ عضو، اندام‌بخش
Organspenderin, die; -, -nen	اهداکننده عضو، اندام‌بخش (زن)
Organtransplantation, die; -, -en	(پزشکی) پیوند عضو
Orgasmus, der; -, -men	اوج لذت جنسی، طغیان شهوت
Orgel, die; -, -n	ارگ
Orgelbauer, der; -s, -	سازندهٔ ارگ، ارگ‌ساز
Orgelkonzert, das; -(e)s, -e	کنسرت ارگ
orgeln *Vi.*	ارگ زدن
Orgelpfeife, die; -, -n	لولهٔ ارگ
Orgelspieler, der; -s, -	نوازندهٔ ارگ، ارگ‌نواز
Orgelstimme, die; -, -n	(جهت تغییر صدا) دکمهٔ ارگ
Orgie, die; -, -n	مجلس میگساری و عیاشی
Orient, der; -(e)s	خاور، مشرق، مشرق زمین
Orientale, der; -n, -n	شرقی، آسیایی
Orientalin, die; -, -nen	شرقی، آسیایی (زن)
orientalisch *Adj.*	شرقی، مشرق زمینی، خاوری، (مربوط به) مشرق زمین
Orientalist, der; -en, -en	خاورشناس، مستشرق
Orientalistik, die; -	خاورشناسی، شرق‌شناسی
orientieren *Vt., Vr.*	۱. به (کسی) اطلاع دادن، آگاه ساختن ۲. جهت‌یابی کردن، راهیابی کردن ۳. اطلاع گرفتن، کسب اطلاع کردن
Orientierung, die; -, -en	۱. جهت‌یابی، راهنمایی ۲. کسب اطلاع
Orientierungspunkt, der; -(e)s, -e	واقعهٔ برجسته، رویداد تاریخی
Orientierungssinn, der; -(e)s, -e	حس تشخیص جهت، حس جهت‌یابی
Orientteppich, der; -s, -e	فرش شرقی
Original, das; -s, -e	۱. سرچشمه، منبع، اصل ۲. نسخهٔ اصلی ۳. آدم تک‌رو
original *Adj.*	بکر، بدیع، بی‌سابقه، اصلی، تازه
Originalausgabe, die; -, -n	چاپ اصلی
Originalität, die; -, -en	ابتکار؛ اصالت؛ ویژگی؛ غرابت
Originalsendung, die; -, -en	(در رادیو و تلویزیون) پخش مستقیم
Originaltext, der; -es, -e	متن اصلی
Originaltreue, die; -	رونوشت برابر اصل
Originalübertragung, die; -, -en	(در رادیو و تلویزیون) پخش مستقیم
originell *Adj.*	۱. اصلی، بکر، خاص، بدیع ۲. مضحک، خنده‌دار
Orkan, der; -s, -e	توفان شدید، تندباد
orkanartig *Adj.*	تند، سخت، توفان‌آسا، شدید
Ornament, das; -(e)s, -e	زینت، زیور، آرایش، پیرایه، تزئین
ornamental *Adj.*	آراسته، پیراسته، مزین
Ornamente, die; -	(موسیقی) نت‌های زینت
Ornat, der; -(e)s, -e	پوشش، لباس بلند و گشاد
Ornithologe, der; -n, -n	پرنده‌شناس
Ornithologie, die; -	(دانش) پرنده‌شناسی
Ort, der/das; -(e)s, -e	۱. جا، مکان، محل، منطقه ۲. ده، قصبه، آبادی مسکونی
an Ort und Stelle	درجا، فی‌الفور، فی‌المجلس
orten *Vt.*	محل (چیزی) را تعیین کردن، جای (چیزی) را معین کردن
orthodox *Adj.*	ارتودکس، پیرو مذهب ارتودکس، راست‌رو
Orthodoxie, die; -	پیروی از مذهب ارتودکس، راست‌روی
orthogonal *Adj.*	عمود، قائم
Orthographie, die; -, -n	درست‌نویسی؛ املا
orthographisch *Adj.*	(مربوط به) درست‌نویسی، املایی
Orthopäde, der; -n, -n	ارتوپد، جراح استخوان؛ شکسته‌بند
Orthopädie, die; -, -n	ارتوپدی، جراحی استخوان؛ شکسته‌بندی
orthopädisch *Adj.*	(مربوط به) جراحی استخوان
örtlich *Adj.*	محلی، موضعی، مکانی
Örtlichkeit, die; -, -en	جا، مکان، محل، موضع
Ortolan, der; -s, -e	(پرنده) توکا

Ortsadverb 608

Ortsadverb, das; -s, -bien (دستور زبان) قید مکان
Ortsangabe, die; -, -n ذکر محل سکونت
ortsansässig *Adj.* مقیم، ساکن، ماندگار
Ortsansässige, der/die; -n, -n مقیم، ساکن، ماندگار
Ortsbehörde, die; -, -n مقامات محلی، کلانتران محل
Ortsbestimmungsrecht, das; -(e)s, -e آزادی اقامت در محل
Ortschaft, die; -, -en آبادی کوچک، قصبه، ده، قریه
Ortsempfang, der; -(e)s, ⸚e (در رادیو) گیرندهٔ محلی
ortsfest *Adj.* ساکن، ثابت، محلی
ortsfremd *Adj.* بیگانه، غریب، ناآشنا به محل
Ortsgericht, das; -(e)s, -e دادگاه محلی
Ortsgespräch, das; -(e)s, -e مکالمهٔ تلفنی شهری
Ortsgruppe, die; -, -n شعبهٔ محلی؛ گروه محلی
Ortskenntnis, die; -, -nisse آشنایی به محل، شناسایی محل
Ortskrankenkasse, die; -, -n صندوق بیمهٔ درمانی محلی
ortskundig *Adj.* آشنا به محل
Ortsname, der; -ns, -n اسم محل
Ortsnetz, das; -es, -e شبکهٔ تلفن محلی
Ortsrecht, das; -(e)s, -e حقوق محلی
Ortssatzung, die; -, -en آئین‌نامهٔ محلی
Ortssender, der; -s, - دستگاه فرستندهٔ محلی
Ortssinn, der; -(e)s, -e حس جهت‌یابی، حس تشخیص محل
Ortsstatut, das; -(e)s, -en قانون محلی، فرمان دولتی
Ortsteil, der/das; -(e)s, -e بخش، ناحیه، بلوک
ortsüblich *Adj.* مرسوم در محل
Ortsveränderung, die; -, -en تغییر محل، تغییر جا
Ortsverkehr, der; -(e)s رفت و آمد محلی
Ortszeit, die; -, -en وقت محلی، به وقت محل
Ortung, die; -, -en جهت‌یابی، محل‌یابی، تعیین محل
Ortungsgerät, das; -(e)s, -e جهت‌یابی
Oscar, der; -s, -s (جایزهٔ سینمایی) اسکار
Öse, die; -, -n مادگی قزن قفلی؛ سگگ
Ösenhaken, der; -s, - قزن قفلی
ost *Adj.* شرقی
Ost, der; -(e)s -e مشرق، شرق، خاور
Ostblock, der; -(e)s بلوک شرق
Osten, der; -s مشرق، شرق، خاور
im Osten در شرق

ostentativ *Adj.* متظاهر، خودنما
Osteologie, die; - استخوان‌شناسی
Osterei, das; -(e)s, -er تخم‌مرغ رنگی (عید پاک)
Osterferien, die / *Pl.* تعطیلات عید پاک
Osterfest, das; -(e)s, -e عید پاک
Osterglocke, die; -, -n نرگس زرد
Osterhase, der; -n, -n خرگوش عید پاک
österlich *Adj.* (مربوط به) عید پاک
Ostern, das; -, - عید پاک
zu Ostern در عید پاک
Österreich, das اتریش
Österreicher, der; -s, - اتریشی
Österreicherin, die; -, -nen اتریشی (زن)
österreichisch *Adj.* اتریشی، (مربوط به اتریش)
Ostersonnabend, der; -s, -e شنبه قبل از عید پاک
Ostersonntag, der; -(e)s, -e اولین روز عید پاک
osteuropäisch *Adj.* (مربوط به) اروپای شرقی
östlich *Adj.* شرقی، در شرق، خاوری
Ostmark, die; - مارک شرقی (واحد پول آلمان شرقی)
Östrogen, das; -s, -s استروژن (هورمون جنسی زن)
Ostsee, die; - دریای بالتیک
ostwärts *Adv.* به سمت شرق، رو به خاور
Ostwind, der; -(e)s, -e باد شرقی
Ostzone, die; -, -n بلوک شرق
Oszillation, die; -, -en نوسان
oszillieren *Vi.* نوسان کردن، جنبیدن
Otalgie, die; -, -n گوش درد
Otiater, der; -s, - متخصص گوش
Otter[1], der; -s, - سمور آبی
Otter[2], die; -, -n افعی
Otterfang, der; -(e)s, ⸚e شکار افعی
Otterfänger, der; -s, - افعی‌گیر
Out, das; -(s), -(s) اوت، خارج، بیرون
Ouvertüre, die; -, -n (موسیقی) اوورتور، پیش درآمد، مقدمه
Oval, das; -s, -e بیضی
oval *Adj.* بیضی‌شکل
Ovarium, das; -s, -ien تخمدان
Ovation, die; -, -en شادی عمومی، استقبال همگانی، هلهله
Overall, der; -s, -s لباس کار، بالاپوش
Oxyd, das; -(e)s, -e اکسید (ترکیب جسم بسیط با اکسیژن)
Oxydation, die; -, -en اکسیداسیون، احتراق (عمل ترکیب اکسیژن با جسم بسیط)

oxydieren *Vi.*	اکسیده شدن، با اکسیژن ترکیب شدن (فلزات)
Oxygen(ium), das; -s	اکسیژن
Ozean, der; -s, -e	اقیانوس
Ozeandampfer, der; -s, -	کشتی اقیانوس‌پیما
Ozeanien, das	اقیانوسیه
ozeanisch *Adj.*	اقیانوسی
Ozon, der / das; -s	(شیمی) ازن
ozonhaltig *Adj.*	ازن‌دار
Ozonschicht, die; -, -en	لایهٔ ازن

P

P, das; -, - پِ (حرف شانزدهم الفبای آلمانی)
p. A. = *per Adresse* به آدرسِ، به‌نشانیِ
Paar, das; -(e)s, -e ۱. جفت ۲. زوج، زن و شوهر
ein Paar Schuhe یک جفت کفش
paar *Adj.* چند، چند تا
vor ein paar Tagen چند روز پیش
ein paar چندتایی، تعدادی
paaren *Vt., Vr.* ۱. جفت کردن، متصل کردن، درهم آمیختن ۲. جفت شدن ۳. جفت‌گیری کردن (حیوانات)
mit Kritik gepaarter Humor طنز آمیخته با انتقاد
paarig *Adj.* جفت جفت، دوتا دوتا، دو به دو
Paarlauf, der; -(e)s, -läufe اسکیت دونفره، پاتیناژ دو نفره
paarmal *Adv.* چندبار، چند دفعه
Paarung, die; -, -en ۱. جفت‌گیری ۲. جماع، نزدیکی
Paarungszeit, die; -, -en موسم جفت‌گیری
paarweise *Adv.* جفت جفت، دو تا دوتا، دو به دو
Pacht, die; -, -en اجاره، استجاره
etwas **in Pacht nehmen** چیزی را اجاره کردن
Pachtbetrieb, der; -(e)s, -e بنگاه استجاره
Pachtdauer, die; - مدت اجاره
pachten *Vt.* اجاره کردن، کرایه کردن
Pächter, der; -s, - مستأجر، اجاره‌نشین
Pächterin, die; -, -nen مستأجر، اجاره‌نشین (زن)
Pächterkredit, der; -(e)s, -e وام مستأجر
Pachtertrag, der; -(e)s, ⸚e میزان اجاره
Pachtfläche, die; -, -n مساحت استجاره
pachtfrei *Adj.* بی‌اجاره
Pachtgeld, das; -(e)s, -er اجاره‌بها، مال‌الاجاره
Pachtgrundstück, das; -(e)s, -e زمین استیجاری
Pachtgut, das; -(e)s, ⸚er ملک استیجاری
Pachthof, der; -(e)s, ⸚e ساختمان استیجاری
Pachtjahr, das; -(e)s, -e سال اجاره
Pachtkosten, die / *Pl.* مخارج اجاره
Pachtland, das; -(e)s, ⸚er زمین اجاره‌ای
Pachtpreis, der; -es, -e اجاره‌بها، مال‌الاجاره
Pachtschutz, der; -es حمایت استجاره
Pachtung, die; -, -en اجاره، استیجاره
Pachtverlängerung, die; -, -en تمدید اجاره
Pachtvertrag, der; -(e)s, ⸚e اجاره‌نامه
pachtweise *Adv.* به رسم اجاره
jemandem etwas **pachtweise überlassen** چیزی را به کسی اجاره دادن
Pachtwert, der; -(e)s, -e ارزش اجاره
Pachtzeit, die; -, -en مدت اجاره
Pachtzins, der; -es, -en بهرهٔ اجاره
Pack[1], der; -(e)s, -e / Päcke بسته، بسته‌بندی
Pack[2], das; -(e)s ۱. ارازل و اوباش ۲. توده، جمع، دسته
Päckchen, das; -s, -s بستهٔ کوچک
Packeis, das; -es تودهٔ یخ
packen *Vt., Vi., Vr.* ۱. بسته‌بندی کردن، بستن، پیچیدن ۲. گرفتن و نگهداشتن ۳. تأثیر گذاشتن ۴. (خود) را جمع و جور کردن و راه افتادن
den Koffer packen بار سفر بستن
Packen[1], das; -s باربندی، بسته‌بندی
Packen[2], der; -s, - بسته، بسته‌بندی
Packer, der; -s, - عدل‌بند، بسته‌بند
Packerei, die; -, -en ۱. بسته‌بندی، باربندی ۲. قسمت بسته‌بندی
Packerin, die; -, -nen عدل‌بند، بسته‌بند (زن)
Packesel, der; -s, - ۱. خر بارکش ۲. زحمتکش، حمال مفت
Packleinwand, die; -, ⸚e لفاف بارپیچی، کرباس بسته‌بندی
Packmaterial, das; -s, -lien افزار بسته‌بندی
Packnadel, die; -, -n جوال‌دوز
Packpapier, das; -s, -e کاغذ بسته‌بندی
Packpferd, das; -(e)s, -e اسب بارکش، یابو
Packraum, der; -(e)s, -räume اتاق بسته‌بندی
Packsattel, der; -s, ⸚ پالان
Packtasche, die; -, -n خورجین
Packtier, das; -(e)s, -e حیوان بارکش
Packträger, der; -s, - باربر، حمال
Packung, die; -, -en بسته، بسته‌بندی
Packwagen, der; -s, - کامیون اسباب‌کشی
Pädagoge, der; -n, -n مربی، معلم، آموزگار

Pädagogik, die; -, -en تعلیم و تربیت، آموزش و پرورش
Pädagogin, die; -, -nen مربی، معلم، آموزگار (زن)
pädagogisch *Adj.* آموزشی، (مربوط به) تعلیم و تربیت
Paddel, das; -, -s پارو
Paddelboot, das; -s, - قایق پارودار
paddeln *Vi.* ۱. پارو زدن ۲. قایق‌رانی کردن ۳. ناشیانه شنا کردن، شنای سگی کردن
Paddelsport, der; -(e)s, - (ورزش) قایق‌رانی (با پارو)
Päderast, der; -en, -en بچه‌باز، اَمرَدباز
Päderastie, die; - لواط
Pädiaterie, die; - طب اطفال
paff *Interj.* بنگ، صدای بلند انفجار
paffen *Vt., Vi.* ۱. پک زدن؛ کشیدن ۲. چپق کشیدن، پیپ کشیدن
Page, der; -n, -n ۱. پیشخدمت هتل ۲. پسربچه، پادو، خانه‌شاگرد
Pagenkopf, der; -(e)s, ⸚e (برای پسربچه‌ها) مدل آلمانی
Pagode, die; -, -n ۱. بتکده ۲. برج هرمی شکل چینی / ژاپنی
pah *Interj.* اه؛ پیف؛ مرده‌شور
Paket, das; -es, -e بسته، بستهٔ پستی، امانت پستی
Paketannahme, die; -, -n دفتر قبول امانات پستی
Paketausgabe, die; -n, -n دفتر تحویل امانات پستی
Paketbombe, die; -, -n بمب پاکتی
Paketboot, das; -(e)s, -e کشتی پستی
Paketkarte, die; -, -n برگهٔ امانات پستی
Paketpost, die; -, -en بستهٔ پستی
Paketsendung, die; -, -en بستهٔ پستی
Pakistan, das پاکستان
Pakistani, der; -(s), -(s) پاکستانی، (مربوط به) پاکستان
pakistanisch *Adj.* پاکستانی
Pakt, der; -(e)s, -e قرارداد اتحاد نظامی و سیاسی، پیمان، معاهده، میثاق
paktieren *Vi.* قرارداد همکاری بستن
Palais, das; -, - کاخ، قصر
Palast, der; -es, -läste کاخ، قصر
palastartig *Adj.* کاخ‌مانند، باشکوه
Palästina, das فلسطین
Palästinenser, der; -s, - فلسطینی، اهل فلسطین
palästinensisch *Adj.* (مربوط به) فلسطین
Palastrevolution, die; -, -en انقلاب کاخ‌نشینان

Palaver, das; -, -s پُرحرفی، روده‌درازی، وراجی
palavern *Vi.* پُرحرفی کردن، روده‌درازی کردن، وراجی کردن
Palette, die; -, -n تخته رنگِ نقاشی
Palisade, die; -, -n پَرچین، نرده، حصار، چپر
Palisadenzaun, der; -(e)s, -zäune حصار چوبی
Palme, die; -, -n نخل، درخت خرما
auf die Palme gehen عصبانی شدن
Palmenhain, der; -(e)s, - نخلستان
Palmöl, das; -(e)s, -e روغن نخل
Palmsonntag, der; -(e)s, -e یکشنبه پیش از عید پاک
palpieren *Vt.* (با لمس) معاینه کردن
Pampelmuse, die; -, -n گریپ‌فروت
Pamphlet, das; -(e)s, -e جزوهٔ انتقادی؛ مقالهٔ تند؛ شب‌نامهٔ سیاسی
Pamphletist, der; -en, -en جزوهٔ انتقادی‌نویس؛ شب‌نامهٔ سیاسی‌نویس
Paneel, das; -s, -e ۱. تختهٔ نقاشی ۲. تختهٔ دیوارپوش
Panegyriker, der; -s, - (شاعر) مدیحه‌سرا
Panegyrikus, der; -, -ken / -zi مدیحه‌سرایی
Panflöte, die; -, -n فلوت‌پان (ساز بادی که از چندین لولهٔ صوتی که به صورت ردیفی به هم متصلند، تشکیل شده است)
Panier, das; -s, -e پرچم، بیرق، علم
panieren *Vt.* سوخاری کردن (مرغ، ماهی)
Paniermehl, das; -(e)s آرد سوخاری
Panik, die; -, -en ترس ناگهانی، وحشت، هراس
panisch *Adj.* وحشت‌زده، آشفته
Pankreas, das; -, -reaten پانکراس، لوزالمعده
Panne, die; -, -n ۱. پنچری (اتومبیل) ۲. خرابی (موتور) ۳. بدبیاری، رویداد ناگوار ۴. اشکال، عیب
Pannendienst, der; -es, -e پنچرگیری
Panoptikum, das; -s, -ken نمایشگاه اشیای مومی
Panorama, das; -s, -men چشم‌انداز، دورنما، نمای سراسری، منظره
panschen *Vt., Vi.* ۱. در (چیزی) تقلب کردن، آب قاطی (چیزی) کردن ۲. آب‌بازی کردن
Pansen, der; -s, - شکمبه، سیرابی
Panther, der; -s, - یوزپلنگ
Pantine, die; -, -n پابند چوبی، دمپایی چوبی
Pantoffel, der; -s, - دمپایی، سرپایی
Er steht unter dem Pantoffel. او مطیع زنش است.
Pantoffelheld, der; -en, -en شوهر گوش به فرمان
Pantomime, die; -, -n پانتومیم، لال‌بازی

pantomimisch *Adj.* (مربوط به) بازی پانتومیم
pantschen *Vt., Vi.* ۱. در (چیزی) تقلب کردن؛ آب قاطی (چیزی) کردن ۲. آب‌بازی کردن
Panzen, der; -s, - شکم گنده، چاق
Panzer, der; -s, - ۱. زره، جوشن ۲. تانک، زره‌پوش
Panzerabteilung, die; -, -en گردان زرهی
Panzerabwehrgeschütz, das; -(e)s, -e سلاح ضد تانک
Panzerabwehrrakete, die; -, -n راکت ضد تانک
panzerbrechend *Adj.* فولادشکن
Panzerdivision, die; -, -en لشکر زرهی
Panzerfaust, die; -, -fäuste بازوکا (موشک ضد تانک)
Panzerglas, das; -es, ⸚er شیشهٔ ضد گلوله
Panzerhandschuh, der; -(e)s, -e دستکش بلند، دستکش رویه آهنی
Panzerhemd, das; -(e)s, -en زره، پیراهن ضد گلوله
Panzerkreuzer, der; -s, - رزم‌ناو زرهی، کشتی زرهی
panzern *Vt., Vr.* ۱. زره‌پوش کردن، زرهی کردن ۲. زره‌پوش شدن
Panzerplatte, die; -, -n زره
Panzerschrank, der; -(e)s, ⸚e گاوصندوق، صندوق‌نسوز
Panzerspähwagen, der; -s, - زره‌پوش اکتشافی
Panzersperre, die; -, -n مانع ضد تانک
Panzertruppe, die; -, -n نیروی زرهی
Panzerung, die; -, -en زره‌سازی
Panzerwagen, der; -s, - زره‌پوش
Panzerzug, der; -es, ⸚e قطار زره‌پوش
Papa, der; -s, -s (در زبان بچگانه) بابا، پدر
Papagei, der; -en / -s, -en / -e طوطی
Papageienkrankheit, die; - (نوعی) بیماری باکتریایی شایع در پرندگان
Papi, der; -s, -s (در زبان بچگانه) بابا، پدر
Papier, das; -s, -e ۱. کاغذ ۲. جواز، پروانه؛ ورقه؛ سند؛ شناسنامه

ein Blatt Papier یک ورق کاغذ
das Briefpapier کاغذ نامه
das Toilettenpapier کاغذ توالت

Papierblume, die; -, -n گل کاغذی
Papierbogen, der; -s, - / ⸚ ورق کاغذ
papieren *Adj.* کاغذی، از کاغذ
Papierfabrik, die; -, -en کارخانهٔ کاغذسازی
Papiergeld, das; -(e)s, - اسکناس
Papiergeschäft, das; -(e)s, -e لوازم‌التحریرفروشی
Papierhändler, der; -s, - کاغذفروش
Papierhandlung, die; -, -en نوشت‌افزارفروشی، لوازم‌التحریرفروشی
Papierhandtuch, das; -(e)s, -e دستمال کاغذی
Papierkorb, der; -(e)s, ⸚e سبد مخصوص کاغذهای باطله، سبد آشغال
Papierkrieg, der; -(e)s, -e (در کارهای اداری) کاغذبازی؛ مبارزه قلمی
Papiermaché, das; -s, -s خمیر کاغذ، کاغذ فشرده
Papierschere, die; -, -n قیچی کاغذبری
Papierschneidemaschine, die; -, -n ماشین کاغذبری
Papierschnitzel, das; -s, - کاغذ باطله
Papiertaschentuch, das; -(e)s, -e / ⸚er دستمال کاغذی
Papiertiger, der; -s, - ببر کاغذی، آدم پوشالی
Papierwährung, die; -, -en اسکناس
Papierwaren, die / *Pl.* نوشت‌افزار، لوازم‌التحریر
Papierwarengeschäft, das; -(e)s, -e نوشت‌افزارفروشی
Papierwisch, der; -es, -e کاغذ باطله
Papp, der; -s, -e ۱. خمیر؛ چسب، سریشم ۲. حریره؛ فرنی
Pappband, der; -(e)s, ⸚e جلد مقوایی
Pappbecher, der; -s, - لیوان مقوایی، لیوان یک‌بار مصرف
Pappdeckel, der; -s, - کاغذ مقوایی، مقوا
Pappe, die; -, -n مقوای ضخیم
Pappel, die; -, -n درخت تبریزی؛ سپیدار
päppeln *Vt.* به‌ناز پروردن، نازپروراندن
pappen *Vt., Vi.* ۱. چسباندن، چسب زدن، خمیر زدن ۲. چسبیدن
Pappenstiel, der; -(e)s, -e ۱. شیءِ کم‌ارزش ۲. (نوعی) شیرینی

Diese Arbeit ist kein Pappenstiel.
این کار کوچکی نیست. بسیار دشوار است.
Das hat er für einen Pappenstiel gekauft.
او این را خیلی ارزان خریده است.

papperlapapp *Interj.* مزخرف، پوچ، بی‌معنی، چرت و پرت
pappig *Adj.* چسبناک، چسبنده
Pappschachtel, die; -, -n جعبهٔ مقوایی
Pappschnee, der; -s برف چسبناک

Pappteller, der; -s, - بشقاب مقوایی، بشقاب یک‌بار مصرف
Paprika, der; -s, -s فلفل دلمه‌ای، پاپریکا، فلفل‌فرنگی
Paprikaschote, die; -, -n فلفل دلمه‌ای
Papst, der; -es, ¨-e پاپ (پیشوای کاتولیک‌های جهان)
päpstlich *Adj.* (مربوط به) پاپ
Er ist päpstlicher als der Papst.
او کاتولیک‌تر از پاپ است. او کاسه داغ‌تر از آش است.
Papsttum, das; -s قلمرو پاپ، مقام پاپ
Papyrus, der; -, -ri پاپیروس
Parabel, die; -, -n ۱. مَثَل، تمثیل، قیاس ۲. (ریاضی) سهمی، شلجمی
parabolisch *Adj.* (ریاضی) (مربوط به) سهمی، (به‌شکل) شلجمی
Parade, die; -, -n رژهٔ یگان‌های نظامی
Paradeanzug, der; -(e)s, ¨-e لباس رسمی
Parademarsch, der; -es, ¨-e رژه
Paradentose, die; - بیماری دندان، فساد دندان
Paradeplatz, der; -es, ¨-e میدان مشق
paradieren *Vi.* رژه رفتن
Paradies, das; -es, -e بهشت، فردوس، مینو، جنت
Paradiesapfel, der; -s, ¨- (نوعی) گوجه‌فرنگی
paradiesisch *Adj.* بهشتی، بهشت‌گونه؛ بسیار زیبا
Paradiesvogel, der; -s, ¨- مرغ بهشتی
Paradox, das; -es, -e تضاد، تناقض؛ شگرفی، شگرف‌اندیشی؛ عرف‌ستیزی
paradox *Adj.* شگرف؛ عرف‌ستیز؛ ضد و نقیض
Paradoxie, die; -, -n شگرفی، شگرف‌اندیشی؛ عرف‌ستیزی؛ تضاد، تناقض
Paraffin, das; -s, -e پارافین
Paraffinöl, das; -(e)s, - روغن پارافین
Paraffinwachs, das; -es موم معدنی
Paragraph, der; -en, -en پاراگراف، بند؛ فقره، فصل، ماده (قانون)
paragraphieren *Vi.* پاراگراف‌بندی کردن
parallel *Adj.* موازی، متوازی، به‌موازات هم
Parallele, die; -/-n, -n خط موازی؛ سطح موازی
Parallelismus, der; -, -men تطابق، تقارن، موازات
Parallelogramm, das; -s, -e متوازی‌الاضلاع
Parallelklasse, die; - کلاس هم سطح (با کلاس دیگر)
parallelschalten *Vt.* به‌طور موازی بستن (مدار)
Parallelschaltung, die; -, -en اتصال موازی (برق)
Paralyse, die; -, -n فلج
paralysieren *Vt.* فلج کردن، زمین‌گیر کردن
Paralytiker, der; -s, - زمین‌گیر
paralytisch *Adj.* زمین‌گیر، افلیج، (مربوط به) افراد فلج
Parameter, der; -s, - پارامتر، مقدار معلوم و معین
Parameterdarstellung, die; -, -en نمایش پارامتری
paramilitärisch *Adj.* نیمه نظامی
paranoid *Adj.* (مبتلا به) پارانویا
Paranoiker, der; -s, - بیمار پارانویا
paranoisch *Adj.* پارانویک
Paranuß, die; -, -nüsse آجیل برزیلی
Paraphe, die; -, -n (در نوشته) پاراف، تأئیدیه، امضا
paraphieren *Vt.* پاراف کردن (نوشته)
Parasit, der; -en, -en پارازیت؛ طفیلی، انگل، مفت‌خور
parasitär *Adj.* طفیلی، طفیلی‌وار
parasitisch *Adj.* طفیلی، طفیلی‌وار
Parasitologie, die; - انگل‌شناسی
parat *Adj.* آماده، مهیا، حاضر
Pärchen, das; -s, - زن و شوهر جوان، زوج جوان
Pardon, der; -s بخشش، آمرزش، عفو؛ پوزش، عذرخواهی
Parenthese, die; -, -n پرانتز، دوکمان، دو هلال؛ نکتهٔ معترضه
Parforcejagd, die; -, -en شکار با اسب؛ شکار با تازی
Parfüm, das; -s, - عطر
Parfümerie, die; -, -n عطرفروشی
Parfümerien, die / *Pl.* عطرفروشی
Parfümfläschchen, das; -s, - شیشهٔ عطر
parfümieren *Vt.* عطر زدن، معطر کردن
pari *Adj.* برابر، مساوی، جفت جفت
Paria, der; -s, -s پاریا، فرد مطرود
parieren *Vi., Vt.* ۱. اطاعت کردن، فرمانبرداری کردن ۲. از حرکت باز داشتن (اسب) ۳. دفع کردن (حملهٔ حریف)
Parität, die; -, -en برابری، تساوی، تعادل
paritätisch *Adj.* به‌تناسب، به‌نسبت
Park, der; -(e)s, -s ۱. پارک، باغ ملی، گردشگاه ۲. پارکینگ (اتومبیل)
Parka, der; -(s), -s / die; -, -s پالتو کوتاه با کلاه
Park-and-ride-system, das; -s, - پارک‌سوار
Parkanlage, die; -, -n گردشگاه، تفرجگاه
parken *Vt., Vi.* ۱. متوقف کردن (وسیلهٔ نقلیه) ۲. (در جای معین) نگاه داشتن، پارک کردن (اتومبیل)
Parken verboten! توقف ممنوع!

Parkett

Parkett, das; -(e)s, -e	۱. پارکت، کف‌پوش چوبی ۲. لژ تالار نمایش؛ قسمت جلوی تئاتر
Parkett(fuß)boden, der; -s, -/ ⸚	تخته‌بندی کف اتاق، کف‌پوش چوبی
parkettieren Vt.	پارکت کردن، با چوب فرش کردن
Parkgebühr, die; -, -en	عوارض توقف
Parkhaus, das; -es, -häuser	پارکینگ، محل توقف، توقفگاه (اتومبیل)
Parklicht, das; -(e)s, -er/-e	(در وسیلهٔ نقلیه) چراغ پارک، چراغ توقف
Parklücke, die; -, -n	جای خالی پارک
Parkometer, das; -s, -	پارکومتر، توقف‌سنج
Parkplatz, der; -es, ⸚e	پارکینگ، محل توقف، توقفگاه (اتومبیل)
Parkplatzwächter, der; -s, -	نگهبان پارکینگ
Parkuhr, die; -, -en	پارکومتر، توقف‌سنج
Parkverbot, das; -(e)s, -e	(در مورد وسیلهٔ نقلیه) پارک ممنوع، توقف ممنوع
Parkwächter, der; -s, -	نگهبان پارکینگ
Parlament, das; -(e)s, -e	پارلمان، مجلس، مجلس شورا، مجلس نمایندگان
Parlamentär, der; -s, -e	میانجی، واسطه
Parlamentarier, der; -s, -	نمایندهٔ مجلس
Parlamentarierin, die; -, -nen	نمایندهٔ مجلس (زن)
parlamentarisch Adj.	(مربوط به) مجلس، پارلمانی
Parlamentarismus, der; -	پارلمانی، حکومت پارلمانی
parlamentieren Vt.	با (کسی) مذاکره کردن، با (کسی) گفتگو کردن، با (کسی) بحث کردن
Parmesan, der; -s	پنیر پارمیزان (نوعی پنیر مخصوص رنده کردن)
Parmesankäse, der; -s, -	پنیر پارمیزان (نوعی پنیر مخصوص رنده کردن)
Parodie, die; -, -n	تقلید مسخره‌آمیز (از اثر جدی ادبی)
parodieren Vt.	صورت مسخره درآوردن (اثر جدی ادبی)
Parodontose, die; -, -n	(نوعی) بیماری لثه (که موجب لق شدن دندان‌ها می‌شود)
Parole, die; -, -n	۱. اسم شب، اسم عبور ۲. شعار (سیاسی)
Parotis, die; -, -tiden	غدهٔ بناگوشی
Parotitis, die; -, -tiden	اریون (التهاب غدهٔ بناگوشی)
Part, der; -s, -s/-e/-en	۱. پاره، بخش، قسمت ۲. (در نمایش) نقش بازیگر
Partei, die; -, -en	۱. حزب، دسته، فرقه، گروه ۲. طرف دعوا ۳. مستأجر (آپارتمان)
die führende Partei	حزب حاکم
sich einer Partei anschließen	عضو یک حزب شدن
Parteiabzeichen, das; -s	علامت حزب، نشان حزب
Parteiapparat, der; -(e)s, -e	دستگاه حزبی
Parteidisziplin, die; -, -en	انضباط حزبی
Parteienstaat, der; -es, -en	کشور حزبی
Parteiführer, der; -s, -	رهبر حزب
Parteigänger, der; -s, -	هوادار حزب
Parteigeist, der; -(e)s, -er	روح حزبی
Parteigenosse, der; -n, -n	رفیق حزبی، عضو حزب
Parteiideologie, die; -, -n	ایدئولوژی حزبی
parteiisch Adj.	۱. حزبی ۲. جانبدار (حزب)، طرفدار
Parteileitung, die; -, -en	رهبری حزب
parteilich Adj.	۱. حزبی ۲. جانبدار، طرفدار؛ مغرض
Parteilichkeit, die; -	جانبداری، طرفداری؛ غرض‌ورزی
parteilos Adj.	بی‌طرف، بی‌غرض، مستقل
Parteilose, der/die; -n, -n	کسی که عضو حزبی نیست
Parteilosigkeit, die; -	بی‌طرفی
Parteimitglied, das; -(e)s, -er	عضو حزب
Parteinahme, die; -, -n	طرفداری، هواخواهی، حمایت
Parteipolitik, die; -, -en	سیاست حزبی
Parteiprogramm, das; -s, -e	برنامهٔ حزبی
Parteitag, der; -(e)s, -e	کنگرهٔ سالانهٔ حزب
Parteiung, die; -, -en	دسته‌بندی حزبی
Parteiveranstaltung, die; -, -en	کارکرد حزبی، کارکرد حزب
Parteiversammlung, die; -, -en	گردهمایی حزب
Parteivorsitzende, der/die; -n, -n	رئیس حزب
Parteizugehörigkeit, die; -	متعلق به حزب
Parterre, das; -s, -s	(در ساختمان، در تئاتر) طبقهٔ همکف
Partie, die; -, -n	۱. گردش جمعی در بیرون شهر ۲. بخش، قسمت ۳. ازدواج (با شخص ثروتمند) ۴. (شطرنج) یک دست کامل بازی ۵. (در نمایش آوازی) نقش
eine gute Partie machen	با شخص ثروتمندی ازدواج کردن
Wir spielen eine Partie Schach.	یک دور شطرنج بازی می‌کنیم.
partiell Adj.	بخشی، قسمتی، جزئی
Partikel, die; -, -n	۱. خرده، ریزه، ذره ۲. (دستور زبان) لفظ، حرف؛ کلمهٔ غیرقابل صرف، ادات

partikular *Adj.* مخصوص، ویژه، خاص
Partikularismus, der; - ویژه‌گرایی، جزئی‌گرایی، هواخواه خودمختاری
Partisan, der; -s, -e پارتیزان، چریک، جنگجوی غیرنظامی، مبارز مسلح
Partitur, die; -, -en پارتیتور (جزوهٔ موسیقی که نت‌های تمام بخش‌های سازی و آوازی یک اثر بر آن ثبت شده باشد)
Partizip, das; -s, -ien (دستور زبان) وجه وصفی
Partner, der; -s, - ۱. شریک، همدست، همکار ۲. شریک زندگی
Partnerin, die; -, -nen ۱. شریک، همدست، همکار (زن) ۲. شریک زندگی (زن)
Partnerschaft, die; -, -en ۱. زندگی مشترک، همسری ۲. شراکت، همدستی، همکاری
Partnerstadt, die; -, ⸚e شهری که با شهر دیگری روابط فرهنگی خاصی دارد
Partnertausch, der; -es, -e مبادلهٔ همسر
Party, die; -, -s پارتی، مهمانی، شب‌نشینی
Parvenü, der; -s, -s تازه به دوران رسیده
Parzelle, die; -, -n بخش، سهم، (زمین) حصه
parzellieren *Vt.* به قطعات تقسیم کردن (زمین)
Pasch, der; -es, -e (بازی نرد) جفت
Pascha, der; -s, -s ۱. پاشا (عنوان ترکی به معنی آقا) ۲. مرد نازپرورده
paschen *Vi.* ۱. قاچاق کردن ۲. طاس انداختن
Pascher, der; -s, - قاچاقچی
Paspel, die; -, -n آرایش قیطانی
Paß, der; Passes, Pässe ۱. (فوتبال) پاس ۲. گذرنامه، پاسپورت ۳. گذرگاه، معبر، گردنه
den Paß verlängert lassen گذرنامه را تمدید کردن
passabel *Adj.* پذیرفتنی، قابل قبول
Passage, die; -, -n ۱. پاساژ، راهرو، دالان، گذرگاه ۲. (موسیقی) پاساژ ۳. قسمتی از نمایشنامه ۴. سفر از روی آب (با کشتی / هواپیما)
Passagier, der; -s, -e مسافر، سرنشین
blinder Passagier (درکشتی، هواپیما) مسافر قاچاقی
Passagierflugzeug, das; -es, -e هواپیمای مسافری
Passagiergut, das; -(e)s, ⸚er جامه‌دان، بنه سفر
Passagierliste, die; -, -n لیست مسافران
Passah, das; -s فصح
Passahfest, das; -(e)s, -e عید فصح
Paßamt, das; -(e)s, ⸚er ادارهٔ گذرنامه
Passant, der; -en, -en عابر، رهگذر
Passantin, die; -, -nen عابر، رهگذر (زن)

Passatwind, der; -(e)s, -e باد منطقهٔ گرم
Paßbild, das; -es, -er عکس گذرنامه
passen *Vi., Vt., Vr.* ۱. مناسب بودن، جور بودن، اندازه بودن ۲. خوش آمدن، خوشایند بودن ۳. گذاشتن، جا دادن، داخل کردن ۴. مرسوم بودن
Die Schuhe paßt mir gut. کفش درست اندازهٔ من است.
Die beiden passen gut zueinander. این دو نفر خوب به‌هم می‌خورند.
Der Termin paßt mir nicht. این وقت ملاقات مطابق میل من نیست.
passend *Adj.* مناسب، شایسته، درخور، سزاوار
Das ist das passende Wort. این کلمه مناسب است.
Passepartout, das; -s, -s شاه کلید
Paßform, die; - لباس اندازه
Paßgang, der; -(e)s, ⸚e یورغه
Paßgänger, der; -s, - یورغه‌رو
passierbar *Adj.* قابل عبور، عبورکردنی
passieren *Vt., Vi.* ۱. عبور کردن، گذشتن، گذر کردن ۲. رخ دادن، پیش آمدن، اتفاق افتادن، روی دادن
Er hat die Grenze in der Nacht passiert. او هنگام شب از مرز عبور کرد.
Was ist passiert? چه اتفاقی افتاده است؟
Passierschein, der; -(e)s, -e پروانهٔ عبور، جواز عبور
Passion, die; -, -en ۱. (موسیقی) پاسیون (آهنگی که در بیان درد و رنج و شهادت حضرت مسیح ساخته شده است) ۲. رنج و مصیبت مسیح ۳. شور، هیجان
passioniert *Adj.* آتشی‌مزاج؛ احساساتی؛ شهوانی
Passionspiel, das; -(e)s, -e (نوعی) تعزیه، نمایش شهادت حضرت مسیح
passiv *Adj.* ۱. مفعول ۲. منفی، منفعل، غیرفعال
Passiv, das; -s, -e (دستور زبان) فعل مجهول
Passiva, die / *Pl.* بدهی، قرض
Passiven, die / *Pl.* بدهی، قرض
passivieren *Vt.* بدهکار کردن (حساب)
passivisch *Adj.* مجهولی، (مربوط به) مجهول
die passivischen Formen des Verbes اَشکال مجهول فعل
Passivität, die; - انفعال، بی‌ارادگی
Passivposten, der; -s, - ردیف بدهکاری
Passivseite, die; -, -n ستون بدهی، قسمت بدهکاری
Paßkontrolle, die; -, -n بازرسی گذرنامه، کنترل گذرنامه
Paßstelle, die; -, -n ادارهٔ گذرنامه

Paßstück, das; -(e)s, -e بخش مناسب، قطعهٔ مناسب
Paßteil, das; -(e)s, -e بخش مناسب، قطعهٔ مناسب
Paste, die; -, -n خمیر، پماد، کرم
Pastell, das; -(e)s, -e ۱. پاستل، گچ رنگی ۲. نقاشی پاستل
Pastellfarbe, die; -, -n ۱. رنگ خمیرگونه ۲. رنگ روشن ۳. سایه روشن
Pastellmaler, der; -s, - نقاش پاستل‌کار
Pastellmalerei, die; -, -en نقاشی با پاستل
Pastellmalerin, die; -, -nen نقاش پاستل‌کار (زن)
Pastellstift, der; -(e)s, -e پاستل، گچ رنگی
Pastellton, der; -(e)s, ⸚e ۱. رنگ خمیرگونه ۲. رنگ روشن ۳. سایه روشن
Pastellzeichen, das; -s, - نقاشی با پاستل
Pastete, die; -, -n (نوعی) پیراشکی
Pasteurisation, die; -, -en پاستوریزه
pasteurisieren *Vt.* پاستوریزه کردن
Pastille, die; -, -n قرص لوزی شکل
Pastor, der; -s, -en ۱. کشیش، روحانی ۲. شبان، چوپان
pastoral *Adj.* ۱. روحانی ۲. چوپانی، روستایی
Pastorin, die; -, -nen کشیش، روحانی (زن)
Pate, der; -n, -n پدرخوانده، پدر تعمیدی
Patenkind, das; -(e)s, -er فرزندخوانده
Patenstelle, die; -, -n تکفل، عهده‌گیری
Patent, das; -(e)s, -e اجازه، پروانه، جواز، امتیازِ اختراع ثبت شده، ثبت اختراع
patent *Adj.* شایسته، ماهر، زیرک، کارآمد، کاردان
Patentamt, das; -(e)s, ⸚er ادارهٔ ثبت اختراعات
Patentanmeldung die; -, -en تقاضای جواز امتیاز، درخواست حق امتیاز
Patentanspruch, der; -(e)s, ⸚e حق ثبت، حق امتیاز
Patentante, die; -, -n مادرخوانده، مادر تعمیدی
Patentanwalt, der; -(e)s, ⸚e وکیل ثبت اختراعات
Patentbeschreibung, die; -, -en تشریح اختراع، مشخصات ثبت اختراعات
patentfähig *Adj.* قابل ثبت
Patentgebühr, die; -, -en مخارج ثبت اختراع
patentieren *Vt.* به ثبت رساندن، امتیاز (چیزی) را دادن، اجازهٔ (چیزی) را دادن
Patentinhaber, der; -s, - صاحب امتیاز اختراع
Patentlösung, die; -, -en راه‌حل عملی، راه‌حل شخصی
Patentrecht, das; -(e)s, -e حق امتیاز، حق ثبت
Patentregister, das; -s, - ثبت اختراعات
Patentschrift, die; -, -en سند ثبت اختراع
Patentschutz, der; -es حمایت از مخترع
Patentschutzgesetz, das; -es, -e قانون حمایت از مخترع
Patenturkunde, die; -, -n سند ثبت اختراع
Patentverletzung, die; -, -en تجاوز به قانون اختراعات
Pater, der; -s, Patres پدر روحانی
Paternoster, das; -s, - دعای ربانی
Paternosteraufzug, der; -s, ⸚e آسانسور جلوباز
pathetisch *Adj.* ۱. احساساتی ۲. مهیج، شورانگیز، باشکوه، عالی
Pathologie, die; -, -n آسیب‌شناسی
pathologisch *Adj.* (وابسته به) آسیب‌شناسی
Pathos, das; - ۱. شور، هیجان، تأثیرگذاری ۲. سخن پرشور
Patience, die; -, -n ۱. (نوعی) بازی ورق ۲. شیرینی به شکل آدمک
Patient, der; -en, -en بیمار، مریض، ناخوش
Patientin, die; -, -nen بیمار، مریض، ناخوش (زن)
Patin, die; -, -nen مادرخوانده، مادر تعمیدی
Patriarch, der; -en, -en بزرگ خاندان، رئیس خانواده، پدر سالار
patriarchalisch *Adj.* پدرسالاری
Patriarchat, das; -(e)s, -e پدرسالاری
Patriot, der; -en, -en میهن‌پرست، میهن‌دوست
Patriotin, die; -, -nen میهن‌پرست، میهن‌دوست (زن)
patriotisch *Adj.* میهن‌دوست، میهن‌پرستانه
Patriotismus, der; - میهن‌پرستی، میهن‌دوستی
Patrizier, der; -s, - نجیب‌زاده، اعیان‌زاده، شریف
Patron, der; -s, -e حافظ، حامی، پشتیبان؛ مشوق
Patronat, das; -(e)s, -e حمایت، پشتیبانی؛ مشوق
Patrone, die; -, -n ۱. فشنگ، گلوله ۲. پوشش ضد نور (فیلم) ۳. (خیاطی) الگو ۴. لولهٔ جوهر خودنویس
Patronengurt, der; -(e)s, -e فشنگ‌بند
Patronenhülse, die; -, -n پوکهٔ فشنگ
Patronentasche, die; -, -n فشنگ‌دان
Patronin, die; -, -nen حافظ، حامی، پشتیبان؛ مشوق (زن)
Patrouille, die; -, -n نگهبانی، گشت، پاسداری
patrouillieren *Vi.* نگهبانی دادن، گشت زدن، پاسداری کردن

Patsche, die; -, -n ۱. دست کوچک ۲. گرفتاری، مخمصه
in der Patsche sitzen گرفتاری پیدا کردن، توی مخمصه افتادن
patschen *Vi., Vt.* ۱. به آب زدن، شلپ شلپ کردن ۲. کتک زدن
Paschhand, die; -, ¨-e دست کوچک
patschnaß *Adj.* خیس خیس، موش آب کشیده
Patt, das; -s, -s پات، برابر (حالتی در بازی شطرنج که شاه حرکتی ندارد و بازی مساوی اعلام می‌شود)
patzen *Vi.* سرهم بندی کردن، به‌طور ناقص انجام دادن
Patzer, der; -s, - ۱. اشتباه لپی ۲. سرهم‌بند، مسامحه‌کار
patzig *Adj.* وقیح، گستاخ، پررو
Pauke, die; -, -n طبل بزرگ، تیمپانی (ساز کوبه‌ای متشکل از یک کاسهٔ بزرگ که روی دهانهٔ آن پوست کشیده‌اند)
auf die Pauke hauen ۱. جشن گرفتن ۲. پز دادن
pauken *Vi., Vt.* ۱. طبل زدن ۲. خرخوانی کردن
Pauker, der; -s, - ۱. طبال ۲. آقا معلم ۳. خرخوان
Paukerei, die; -, -en خرخوانی
Paukist, der; -en, -en طبال
Pausback, der; -s, -e گوشتالو، تپل، چاق
pausbäckig *Adj.* گوشتالو، لپ‌دار، پهن‌رخسار
pauschal *Adj.* ۱. یک‌جا، مقطوع، یکدست ۲. روی هم رفته، خیلی کلی
Pauschalangebot, das; -(e)s, -e پیشنهاد مقطوع
Pauschale, die; -, -n مبلغ مقطوع، مبلغ چکی
Pauschalgebühr, die; -, -en نرخ چکی، تعرفهٔ یکدست
pauschalieren *Vt.* مقطوع حساب کردن
Pauschalreise, die; -, -n تور مسافرتی، مسافرت دسته‌جمعی
Pauschalurteil, das; -s, -e قضاوت سریع، رأی فوری
Pauschalzahlung, die; -, -en پرداخت مقطوع، پرداخت چکی
Pause, die; -, -n ۱. ایست، مکث، توقف، درنگ، تنفس، استراحت کوتاه ۲. زنگ تفریح ۳. (موسیقی) سکوت ۴. (تاتر) آنتراکت
pausen *Vt.* ۱. کشیدن، ترسیم کردن ۲. رونوشت (چیزی) را برداشتن، از (چیزی) عکس‌برداری کردن، فتوکپی کردن
pausenlos *Adj.* بدون توقف، یکسره، بی‌وقفه، پی در پی، متوالی
Pausenpapier, das; -s, -e کاغذ طراحی، کاغذ رسم، کاغذ نگاره‌برداری؛ کاغذ کپی
Pausenzeichen, das; -s, - (موسیقی) علامت سکوت
pausieren *Vi.* استراحت کردن، مکث کردن، درنگ کردن
Pauspapier, das; -s, -e کاغذ طراحی، کاغذ رسم، کاغذ نگاره‌برداری؛ کاغذ کپی
Pavian, der; -s, -e عنتر
Pavillon, der; -s, -s ۱. غرفهٔ نمایشگاه ۲. ساختمان تکی؛ کیوسک، دکهٔ چوبی ۳. چادر بزرگ ۴. آلاچیق
Pazifik, der; -s اقیانوس آرام، اقیانوس کبیر
pazifisch *Adj.* (مربوط به) اقیانوس آرام
pazifischer Ozean اقیانوس آرام، اقیانوس کبیر
Pazifismus, der; - صلح‌طلبی، آرامش‌طلبی، آرامش‌جویی
Pazifist, der; -en, -en صلح‌جو، آرامش‌طلب
pazifistisch *Adj.* آشتی‌جویانه، مسالمت‌آمیز
Pech, das; -(e)s, -es / -e ۱. قیر، زِفت ۲. بدبختی، بدشانسی، بدبیاری
So ein Pech! عجب بدشانسی!
Pech haben بدشانسی آوردن
Pechfackel, die; -, -n مشعل
Pechkohle, die; -, -n کهربای سیاه
pechschwarz *Adj.* قیرگون، سیاه سیاه
Pechsträhne, die; -, -n بدبیاری
Pechvogel, der; -s, ¨ آدم بدبیار؛ آدم بدقدم
Pedal, das; -s, -e ۱. پدال (پیانو) ۲. (در دوچرخه) رکاب، جاپایی
Pedant, der; -en, -en موشکاف، ملانقطی، ایرادگیر، سخت‌گیر، خرده‌بین
pedant *Adj.* خرده‌بین، خرده‌گیر، دقیق
Pedanterie, die; -, -n موشکافی، ایرادگیری، سخت‌گیری، خرده‌بینی
pedantisch *Adj.* خرده‌بین، خرده‌گیر، دقیق
Pedell, der; -s, -e دربان، سرایدار (مدرسه)
Pediküre, die; -, -n آرایش پا و ناخن‌های پا
Pegel, der; -s, - آب‌سنج، وسیلهٔ اندازه‌گیری ارتفاع آب، دستگاه سنجش عمق آب
Pegelstand, der; -(e)s, ¨-e تراز آب، ارتفاع آب
Peilantenne, die; -, -n آنتن جهت‌یاب
peilen *Vt., Vi.* ۱. جهت‌یابی کردن، جهت (چیزی) را تعیین کردن ۲. عمق آب را سنجیدن
Peiler, der; -s, - رادیوی جهت‌یاب
Peilfunk, der; -(e)s رادیوی جهت‌یاب
Peilgerät, das; -(e)s, -e دستگاه جهت‌یابی، جهت‌یاب

Peilsender, der;-s,-	فرستندهٔ جهت‌یاب
Peilstation, die;-,-en	ایستگاه جهت‌یابی
Peilung, die;-,-en	ردیابی، جهت‌یابی، تعیین جهت
Pein, die;-,-en	درد، رنج، عذاب، آزار، شکنجه
peinigen Vt.	عذاب دادن، آزار دادن، رنج دادن، شکنجه دادن
Peiniger, der;-s,-	زجردهنده، عذاب‌دهنده، شکنجه‌گر
Peinigerin, die;-,-nen	زجردهنده، عذاب‌دهنده، شکنجه‌گر (زن)
Peinigung, die;-,-en	درد، رنج، عذاب، آزار، شکنجه
peinlich Adj.	دردناک، رنج‌آور، ناگوار، آزاردهنده
Es ist mir sehr peinlich.	برایم بسیار ناگوار است.
Peinlichkeit, die;-en	دردناکی، درد، رنج، عذاب
peinvoll Adj.	دردناک، عذاب‌آور
Peitsche, die;-,-en	تازیانه، شلاق
peitschen Vt.	۱. تازیانه زدن، شلاق زدن ۲. مانند شلاق بر سر (چیزی) فرود آمدن
Der Regen ist auf die Seiben gepeitscht.	باران روی شیشه‌های پنجره شلاق زد.
Peitschenhieb, der;-(e)s,-e	ضربهٔ شلاق، ضربهٔ تازیانه
Peitschenknall, der;-(e)s,-e	صدای تازیانه
Peitschenschnur, die;¨e	شلاق، تازیانه
pekuniär Adj.	نقدی، پولی
pekuniäre Schwierigkeiten	مشکلات مالی
Pelargonie, die;-,-n	گل شمعدانی
Pelerine, die;-,-n	شنل کوتاه
Pelikan, der;-s,-e	پلیکان، مرغ سقا
Pelle, die;-,-n	پوست (میوه، کالباس)
pellen Vt.	پوست کندن
Pellkartoffel, die;-,-n	سیب‌زمینی آب‌پز (با پوست)
Pelz, der;-es,-e	خز، پوست (دباغی شده)
sich die Sonne auf den Pelz brennen lassen	حمام آفتاب گرفتن
pelzen Vt.	کندن (پوست حیوان)
Pelzfutter, das;-s,-	آستر خزدار، آستر پوشیده از خز، آستر پوستی
pelzgefüttert Adj.	پوشیده از خز، پوشیده از پوست
Pelzhandel, der;-s,¨	پوست‌فروشی
Pelzhändler, der;-s,-	تاجر پوست، پوست‌فروش
Pelzhandschuhe, die/Pl.	دستکش پوست
pelzig Adj.	۱. پوستی، خزدار ۲. بی‌حس، کرخت
Pelzkragen, der;-s,-	یقهٔ خز، یقهٔ پوستی
Pelzmantel, der;-s,¨	پالتوی پوست
Pelzmütze, die;-,-n	کلاه پوستی
Pelztiere, die/Pl.	جانورانی که پوستشان به کارِ لباس می‌رود
Pelztierfarm, die;-,-en	مزرعهٔ پرورش جانورانی که پوستشان به کار لباس می‌رود
Pelzwerk, das;-(e)s,-	جامهٔ خزدار، پوستین
Pendant, das;-s,-s	نقطهٔ مقابل، قرینه
Pendel, das;-s,-	پاندول، آونگ (ساعت)
Pendelbewegung, die;-,-en	حرکت نوسان‌دار، حرکت پاندولی
pendeln Vi.	۱. تاب خوردن، حرکت نوسانی کردن، در نوسان بودن ۲. بین دو نقطهٔ معین در رفت و آمد بودن
Pendeltür, die;-,-en	در متحرک
Pendeluhr, die;-,-en	ساعت لنگردار، ساعت پاندولی
Pendelverkehr, der;-(e)s	رفت و آمد پیوسته، حرکت نوسانی
Pendelzug, der;-es,¨e	ترنی که در مسیر معینی رفت و آمد می‌کند
penetrant Adj.	۱. [بو] نافذ، مؤثر ۲. [غذا] تند ۳. مزاحم
penibel Adj.	وسواسی، بهانه‌گیر، موشکاف
Penis, der;-,-se/Penes	آلت تناسلی مرد
Penizillin, das;-s,-e	پنی‌سیلین
Pennal, das;-s,-e	۱. صندوق ۲. آموزشگاه، مدرسه
Pennäler, der;-s,-	شاگرد آموزشگاه، دانش‌آموز
Pennbruder, der;-s,¨	ولگرد، دربه‌در، خانه به دوش، آواره
Penne, die;-,-n	۱. مدرسه ۲. مسافرخانهٔ ارزان قیمت؛ خوابگاه عمومی
pennen Vi.	۱. چرت زدن ۲. بیهوده وقت گذراندن
Penner, der;-s,-	ولگرد، خیابان‌گرد
Pension, die;-,-en	۱. پانسیون، مهمانسرا ۲. دوران بازنشستگی ۳. حقوق بازنشستگی، مستمری ۴. مسکن و غذا در هتل
Ich habe das Zimmer mit voller Pension gemietet.	من اتاق را با غذای کامل اجاره کرده‌ام.
Pensionär, der;-s,-e	۱. بازنشسته، حقوق‌بگیر، متقاعد ۲. مهمان مهمانسرا
Pensionärin, die;-,-nen	۱. بازنشسته، حقوق‌بگیر، متقاعد (زن) ۲. مهمان مهمانسرا (زن)
Pensionat, das;-(e)s,-e	آموزشگاه خصوصی شبانه‌روزی
pensionieren Vt.	بازنشسته کردن، متقاعد کردن

pensioniert *Adj.* بازنشسته، متقاعد
Pensionierung, die; -, -en بازنشستگی، تقاعد
Pensionsalter, das; -s سن بازنشستگی
pensionsberechtigt *Adj.* مستحق بازنشستگی
Pensionsfonds, der; -, - صندوق بازنشستگی
Pensionskasse, die; -, -n صندوق بازنشستگی
Pensum, das; -s, -sen / -sa کار، وظیفه، تکلیف
Pentagon, das; -s, -e ۱. پنج ضلعی، پنج گوشه ۲. پنتاگون (ساختمان پنج ضلعی وزارت دفاع امریکا)
Penthaus, das; -es, -häuser پنت‌هاووس (آپارتمان لوکس روی تراس یک ساختمان چند طبقه)
Peperoni, die / *Pl.* فلفل سبز
Pepsin, das; -s, -e پپسین (نوعی آنزیم معده)
per *Präp.* ۱. با، برای، به‌وسیلهٔ، توسطِ ۲. (از لحاظ زمانی) تا ۳. هر، در هر
per Luftpost با پست هوایی
per 1. April zuliefern تا اول آوریل ارسال گردد
50 Anschläge per Sekunde tippen در هر ثانیه پنجاه حرف تایپ کردن
Perfekt, das; -s, -e (دستور زبان) ماضی نقلی
perfekt *Adj.* ۱. کامل، تمام، درست ۲. بی‌عیب، بی‌نقص
Perfektion, die; -, -en توانایی، لیاقت، شایستگی
Perfektum, das; -s, -ta (دستور زبان) ماضی نقلی
perfid *Adj.* پست، رذل
Perforator, der; -s, -en سوراخ‌کن؛ منگنه کن
perforieren *Vt.* پرفراژ کردن؛ سوراخ کردن؛ منگنه کردن
Pergament, das; -(e)s, -e کاغذ پوستی؛ نوشتهٔ روی پوست
Pergamentpapier, das; -s, -e کاغذ پوستی
Perikard, das; -(e)s, -e غشای خارجی قلب
Periode, die; -, -n ۱. دوره، مرحله ۲. قاعدگی، پریود، رگل، عادت ماهانه ۳. مدت ۴. دورهٔ تناوب
periodisch *Adj.* پریودی، دوره‌ای، نوبتی، متناوب، ادواری
Periodizität, die; - تناوب
Peripherie, die; -, -n ۱. پیرامون، محیط ۲. حدود، حاشیه، حومه
Periskop, das; -s, -e پریسکوپ، دوربین زیردریایی
perkutan *Adj.* پوستی، جلدی
Perle, die; -, -n ۱. مروارید، دُر، لؤلؤ ۲. مهره، دانه، تسبیح
perlen *Vi.* ۱. برق زدن، تلألؤ داشتن ۲. قطره قطره چکیدن (عرق پیشانی) ۳. قل خوردن
perlenartig *Adj.* مرواریدوار، دُرنشان
Perlenfischer, der; -s, - صیاد مروارید
Perlenkette, die; -, -n گردنبند مروارید
Perlenschnur, die; -, ⸚e ردیف مروارید، رشتهٔ مروارید
Perlentaucher, der; -s, - غواص مروارید
Perlhuhn, das; -(e)s, ⸚er مرغ شاخ‌دار
Perlmuschel, die; -, -n صدف مروارید
Perlmutter, die; -, ⸚ صدف مروارید
Perlon, das; -s پرلون
permanent *Adj.* دائمی، همیشگی، پایدار، مدام
Permanenz, die; - دوام، بقا، تداوم، پایداری، استمرار
permeabel *Adj.* قابل نفوذ، نفوذپذیر
Permeabilität, die; - قابلیت نفوذ، نفوذپذیری
permutabel *Adj.* قابل تعویض
Permutation, die; -, -en معاوضه، تبادل
Perpendikel, der / das; -s, - آونگ، پاندول
perplex *Adj.* حیران، مبهوت، گیج، سرگشته، غافلگیر
Persenning, die; -, -e(n) / -s برزنت، روکش، پارچهٔ آهاردار بادبانی
Perser, der; -s, - ۱. ایرانی ۲. فرش ایرانی
Perserteppich, der; -s, -e فرش ایرانی
Perserin, die; -, -nen ایرانی (زن)
Persianer, der; -s, - گوسفند قره‌گل؛ پشم قره‌گل؛ پالتوپوست (گوسفند)
Persianermantel, der; -s, ⸚ پالتوپوست گوسفند قره‌گل
Persien, das ایران
Persiflage, die; -, -n تمسخر، استهزا
persiflieren *Vt.* ادای (کسی) را درآوردن
persisch *Adj.* فارسی، ایرانی
Persisch, das; -(s) زبان فارسی
Person, die; -, -nen شخص، نفر، فرد، کس
natürliche Person شخص طبیعی
juristische Person شخص حقوقی
personal *Adj.* شخصی
Personal, das; -s کارکنان، کارمندان، پرسنل، اعضا (شرکت)
Personalabteilung, die; -, -en ادارهٔ کارگزینی
Personalangaben, die / *Pl.* سوابق کارمندان
Personalausweis, der; -es, -e شناسنامه، ورقهٔ هویت، کارت شناسایی
Personalchef, der; -s, -s رئیس ادارهٔ کارگزینی
Personaldaten, die / *Pl.* سوابق کارمندان
Personalfragebogen, der; -s, - / ⸚ پرسش‌نامهٔ کارمندان

Personalien, die / *Pl.* مشخصات
Personalität, die; -, -en شخصیت
Personalpronomen, das; -s, - / -mina (دستور زبان) ضمیر شخصی
personell *Adj.* ۱. (مربوط به) کارکنان مؤسسه ۲. (مربوط به) کارگزینی
Personenaufzug, der; -s, ⸚e آسانسور نفربر، بالابر
Personenbeförderung, die; -, -en نقل و انتقال افراد
Personenkraftwagen, der; -s, - اتومبیل سواری
Personenkreis, der; -es, -e حوزه، قلمرو
Personenkult, der; -(e)s, -e شخصیت‌پرستی
Personenschaden, der; -s, ⸚ صدمهٔ جانی، خسارت جسمی
Personenstand, der; -(e)s, ⸚e شرایط خانوادگی
Personenverzeichnis, das; -nisses, -nisse فهرست اشخاص
Personenwagen, der; -s, - اتومبیل سواری
Personenzug, der; -es, ⸚e قطار مسافربری عادی
personifizieren *Vt.* (در نمایش) انسانی کردن، به (کسی / چیزی) شخصیت انسانی دادن
persönlich *Adj., Adv.* ۱. شخصی، فردی، خصوصی ۲. شخصاً
aus persönlichen Gründen به دلایل خصوصی
Persönlichkeit, die; -, -en ۱. شخصیت، هویت ۲. شخصیت مهم، شخصیت معتبر
Persönlichkeitsrechte, die / *Pl.* حقوق فردی، حقوق شخصی
Persönlichkeitswahl, die; -, -en انتخاب فرد
Perspektive, die; -, -n پرسپکتیو، دورنما، چشم‌انداز، دیدگاه، مناظر و مرایا (تجسم تناسبات مکانی روی سطح)
perspektivisch *Adj.* (مربوط به) دورنما، (مربوط به) چشم‌انداز
Perücke, die; -, -n کلاه‌گیس، هرپیس
pervers *Adj.* منحرف، گمراه، هرزه، فاسد
Perversion, die; -, -en بیماری جنسی
Perversität, die; -, -en انحراف جنسی
Pessar, das; -s, -e دیافراگم، دستگاه (وسیلهٔ جلوگیری از حاملگی که در رحم کار گذاشته می‌شود)
Pessimismus, der; - بدبینی
Pessimist, der; -en, -en بدبین
Pessimistin, die; -, -nen بدبین (زن)
pessimistisch *Adj.* بدبینانه
Pest, die; - ۱. طاعون ۲. آفت، بلا
pestartig *Adj.* طاعون‌وار، مسری
Pestbeule, die; -, -n جوش طاعونی
Pestilenz, die; -, -en بیماری طاعون؛ ناخوشی همه‌جا گیر
Petersilie, die; -, -n جعفری
Petition, die; -, -en دادخواست، دادنامه، عرض‌حال، عریضه
Petrochemie, die; - پتروشیمی
Petrol, das; -s نفت سفید
Petroleum, das; -s نفت سفید
Petroleumlampe, die; -, -n چراغ نفتی، فانوس
Petroleumofen, der; -s, ⸚ بخاری نفتی
Petschaft, das; -(e)s, -e مهر، خاتم
Petting, das; -(s), -s عشق‌بازی
Petunie, die; -, -n گل اطلسی
Petze, die; -, -n سخن‌چین، خبربر
petzen *Vi.* خبرچینی کردن، چغلی کردن، لو دادن
Petzer, der; -s, - خبرچین
Petzerei, die; - خبرچینی
Petzerin, die; -, -nen خبرچین (زن)
Pfad, der; -(e)s, -e راه باریک، کوره راه، راه مال‌رو
Pfadfinder, der; -s, - پیشاهنگ، راهنما
Pfadfinderin, die; -, -nen پیشاهنگ، راهنما (زن)
pfadlos *Adj.* بی‌راه، بدون جاده
Pfaffe, der; -n, -n کشیش، روحانی
Pfaffentum, das; -(e)s روحانیت
Pfahl, der; -es, ⸚e ۱. تیر چراغ ۲. نردهٔ چوبی ۳. دیرک
Pfahlbau, der; -(e)s, -ten تیرکوبی
Pfahlbrücke, die; -, -n پل چوبی
pfählen *Vt.* ۱. با دیرک نگه داشتن (درخت) ۲. به میخ کشیدن
Pfahlwurzel, die; -, -n ریشهٔ عمودی اصلی
Pfalz, die; -, -en حاکم‌نشین، سلطان‌نشین
Pfälzer, der; -s, - ساکن حاکم‌نشین، مقیم سلطان‌نشین
Pfalzgraf, der; -en, -en نمایندهٔ پادشاه در حاکم‌نشین
Pfand, das; -(e)s, ⸚er گرو، رهن، وثیقه، گرویی
pfändbar *Adj.* قابل گرو، قابل رهن
Pfandbrief, der; -(e)s, -e گرونامه، رهن‌نامه
pfänden *Vt.* رهن کردن، گرو گرفتن، رهن گرفتن
Pfänder, der; -s, - مجری محکمه، ضابط دادگستری
Pfänderspiel, das; -(e)s, -e (نوعی) بازی گروگیری
Pfandflasche, die; -, -n بطری گرویی
Pfandgeber, der; -s, - راهن، گروگذار
Pfandgebühr, die; -, -en کارمزد رهن

Pfandgläubige, der; -n, -n گرو، رهن
Pfandgläubiger, der; -s, - گروگیرنده، مرتهن، گروگیر
Pfandhaus, das; -es, -häuser بنگاه رهنی
Pfandleihe, die; -, -n بنگاه رهنی
Pfandleiher, der; -s, - صاحب بنگاه رهنی، گروگیر، وام‌گیر، مرتهن
pfandlich *Adj.* رهنی
Pfandnehmer, der; -s, - گرو گیرنده، وام‌گیرنده
Pfandrecht, das; -(e)s, -e حق رهن، حق گروکشی ملک در برابر بدهکاری
Pfandschein, der; -(e)s, -e گرونامه، رهن‌نامه
Pfandschuld, die; -, -en بدهی رهنی
Pfandschuldner, der; -s, - راهن، گروگذار
Pfandsicherheit, die; -, -en تضمین گرو، تضمین رهن
Pfandstück, das; -(e)s, -e رهن، گرو، وثیقه
Pfandsumme, die; -, -n مبلغ رهن
Pfändung, die; -, -en گروکشی، توقیف اموال، تصرف، ضبط، غصب
Pfändungsbefehl, der; -s, -e حکم گروکشی، حکم توقیف اموال
Pfändungsverfahren, das; -s, - طرز توقیف اموال
Pfanne, die; -, -n ماهی‌تابه، روغن داغ‌کن
jemanden **in die Pfanne hauen** از کسی شدیداً انتقاد کردن
Pfannengericht, das; -(e)s, -e غذای سرخ‌کرده (در ماهی‌تابه)
Pfannenstiel, der; -(e)s, -e دستهٔ ماهی‌تابه
Pfannkuchen, der; -s, - خاگینه
Pfarramt, das; -(e)s, ⸚er دفتر روحانیت
Pfarrbezirk, der; -(e)s, -e کشیش‌نشین (بخشی از شهرستان که کلیسا و کشیش جداگانه دارد)
Pfarrer, der; -s, - کشیش
Pfarrerin, die; -, -nen کشیش (زن)
Pfarrgemeinde, die; -, -n کشیش‌نشین (بخشی از شهرستان که کلیسا و کشیش جداگانه دارد)
Pfarrhaus, das; -es, -häuser خانهٔ کشیش محله، منزل کشیش
Pfarrkind, das; -(e)s, -er اهل کلیسای محل
Pfarrkirche, die; -, -n کلیسای اصلی
Pfau, der; -(e)s, -en / -e طاووس
Pfauenauge, das; -s, -n (نوعی) پروانه
Pfauenfeder, die; -, -n پر طاووس
Pfauenhahn, der; -(e)s, ⸚e طاووس نر
Pfauenhenne, die; -, -n طاووس ماده
Pfeffer, der; -s, - فلفل
Pfefferbüchse, die; -, -n فلفل‌دان، فلفل‌پاش
Pfeffergurke, die; -, -n خیار ریز، خیارترشی
Pfefferkuchen, der; -s, - نان شیرینی زنجبیل‌دار
Pfefferminze, die; -, -n نعنا؛ پونه
Pfefferminzplätzchen, das; -s, - شیرینی نعنایی
Pfefferminztee, der; -s, -s چای نعنا
pfeffern *Vt.* به (چیزی) فلفل زدن، به (چیزی) فلفل پاشیدن
Pfeffernuß, die; -, -nüsse شیرینی زنجبیل‌دار کوچک
Pfefferstreuer, der; -s, - فلفل‌پاش، فلفل‌دان
Pfeife, die; -, -n ۱. سوت، صفیر ۲. لوله (ارگ) ۳. پیپ، چپق ۴. آدم بی‌بخار ۵. نی
nach jemandes **Pfeife tanzen** به ساز کسی رقصیدن
Pfeife rauchen پیپ کشیدن
pfeifen *Vi., Vt.* ۱. سوت زدن، سوت کشیدن ۲. با سوت زدن
auf jemanden **pfeifen** برای کسی ارزشی قائل نبودن
Pfeifenkopf, der; -(e)s, ⸚e سرچپق
Pfeifenreiniger, der; -s, - چپق پاک‌کن
Pfeifenstiel, der; -(e)s, -e چوب چپق
Pfeifenstopfer, der; -s, - انبر چپق
Pfeifentabak, der; -(e)s, -e توتون پیپ
Pfeifkessel, der; -s, - کتری سوت سوتک‌دار
Pfeifkonzert, das; -(e)s, -e سوت دسته‌جمعی به‌عنوان تحسین / تنقید
Pfeiftopf, der; -(e)s, ⸚e کتری سوت سوتک‌دار
Pfeil, der; -(e)s, -e ۱. تیر، خدنگ، پیکان ۲. فلش
Pfeil und Bogen تیر و کمان
Pfeiler der; -s, - ۱. ستون، جرز، پایه (ریل) ۲. اسکله، بارانداز
pfeilgerade *Adj.* راست، مستقیم، عمودی
Pfeilrichtung, die; -, -en جهت فلش
pfeilschnell *Adj.* تندرو، فرز، سریع
Pfeilschuß, die; -schusses, -schüsse تیر، خدنگ
Pfennig, der; -(e)s, -e فنیگ (پول خرد آلمان)
Pfennigabsatz, der; -es, ⸚e (کفش) پاشنه صَنّاری
Pfennigfuchser, der; -s, - خسیس
pfennigweise *Adv.* فنیگ فنیگ
Bei ihm fällt der Groschen pfennigweise. دو زاری او دیر می‌افتد.
Pferch, der; -(e)s, -e آغل؛ طویله؛ مرغدانی

pferchen *Vt.* در آغل/طویله نگاه داشتن، در مرغدانی نگاه داشتن
Pferd, das; -(e)s, -e ۱. اسب ۲. (ژیمناستیک) خرک
sich aufs hohe Pferd setzen لاف زدن
arbeiten wie ein Pferd مثل خر کار کردن
zu Pferde سوار اسب
Pferdeäpfel, die / *Pl.* تاپالهٔ اسب
Pferdearbeit, die; - خرکاری
Pferdebremse, die; -, -n خرمگس، مگس‌اسب
Pferdeesel, der; -s, - قاطر
Pferdefleisch, das; -es گوشت اسب
Pferdefliege, die; -, -n خرمگس، مگس اسب
Pferdefuhrwerk, das; -(e)s, -e گاری اسبی
Pferdefuß, der; -es, ¨-e پای اسب، سم اسب
Pferdefutter, das; -s, - علوفهٔ اسب، علیق اسب
Pferdegeschirr, das; -(e)s, -e یراق، افسار، دهنه
Pferdehändler, der; -s, - دلال اسب، اسب‌فروش
Pferdeknecht, der; -(e)s, -e مهتر
Pferdekoppel, die; -, -n چراگاه، چمنزار
Pferdekraft, die; -, ¨-e (در موتور) نیروی اسب بخار
Pferdemist, der; -es, -e پهن، مدفوع (اسب)
Pferderennen, das; -s اسب‌دوانی، اسب‌سواری
Pferdeschwanz, der; -es, ¨-e ۱. دم اسب ۲. موی دم اسبی
Pferdeschwemme, die; -, -n محل آب دادن اسب
Pferdesport, der; -(e)s, - (ورزش) اسب‌دوانی
Pferdestall, der; -(e)s, ¨-e طویله؛ اصطبل
Pferdestärke, die; -, -n (در موتور) اسب بخار
Pferdewagen, der; -s, - کالسکه، واگن اسبی
Pferdezucht, die; - تربیت اسب، پرورش اسب
Pfiff, der; -(e)s, -e سوت، صفیر
Pfifferling, der; -s, -e ۱. (نوعی) قارچ خوراکی ۲. چیز جزئی، چیز کم‌بها
Dafür gebe ich keinen Pfifferling.
برای آن یک پاپاسی هم ارزش قائل نیستم.
pfiffig *Adj.* موذی، آب‌زیرکاه، محیل، حقه‌باز
Pfiffikus, der; -(ses), -se موذی، آب‌زیرکاه، محیل، حقه‌باز
Pfingsten, das; -s, - عید پنجاهه (پنجاه روز بعد از عید پاک مسیحیان)
Pfingstfest, das; -(e)s, -e عید گل‌ریزان (عید نزول روح‌القدس بر رسولان عیسی مسیح)
Pfingstmontag, der; -(e)s, -e اولین دوشنبه عید گل‌ریزان
Pfingstochse, der; -n, -n گاو تزئین شده به گل و گیاه
Pfingstrose, die; -, -n گل صد تومانی
Pfingstsonntag, der; -(e)s, -e اولین یکشنبه عید گل‌ریزان
Pfingstwoche, die; -, -n هفتهٔ عید گل‌ریزان
Pfirsich, der; -(e)s, -e هلو
Pfirsichbaum, der; -(e)s, -bäume درخت هلو
Pflanze, die; -, -n گیاه، نبات
pflanzen *Vt.* کاشتن، غرس کردن، نهال (چیزی) را زدن، نشاندن
Pflanzenbutter, die; - کرهٔ نباتی
Pflanzenfaser, die; -, -n لیف گیاهی
Pflanzenfett, das; -(e)s, -e روغن‌نباتی
pflanzenfressend *Adj.* گیاه‌خوار
Pflanzenfresser, der; -s, - حیوان گیاه‌خوار
Pflanzengarten, der; -s, ¨- باغ نباتات
Pflanzenkost, die; - خوراک سبزی، غذای گیاهی
Pflanzenkunde, die; -, -n گیاه‌شناسی
Pflanzenleben, das; -s, - زندگی گیاهی
Pflanzenlehre, die; -, -n گیاه‌شناسی
Pflanzenöl, das; -(e)s, -e روغن‌نباتی
Pflanzenreich, das; -(e)s, - جهان گیاهان، رستنی‌ها
Pflanzenschutzmittel, das; -s, -s سم آفات نباتی
Pflanzentier, das; -(e)s, -e مرجان (نوعی جانور دریایی)
Pflanzenwelt, die; - جهان گیاهان، رستنی‌ها
Pflanzer, der; -s, - کشاورز، کشتکار، زارع
Pflanzerin, die; -, -nen کشاورز، کشتکار، زارع (زن)
pflanzlich *Adj.* گیاهی، نباتی
Pflanzschule, die; -, -n مدرسهٔ کشاورزی
Pflanzstätte, die; -, -n محل پرورش گیاهان، کشتزار، رستنگاه
Pflanzung, die; -, -en درختکاری، کشتکاری
Pflaster, das; -s, - ۱. سنگفرش ۲. نوار زخم‌بندی
Pflasterer, der; -s, - سنگفرش‌ساز
pflastern *Vt.* ۱. سنگفرش کردن (خیابان) ۲. روی (چیزی) مرهم گذاردن
Pflasterstein, der; -(e)s, -e سنگفرش
Pflastertreter, der; -s, - ولگرد، بیکاره
Pflasterziegel, der; -s, - آجرفرش
Pflaume, die; -, -n ۱. آلو سیاه ۲. آلت تناسلی زن
Pflaumenbaum, der; -(e)s, -bäume درخت آلو
Pflaumenmus, das; -es مربای آلو

Pflege, die; -, -n پرستاری، تیمار، مواظبت، توجه، رسیدگی، مراقبت
ein Kind in Pflege nehmen تربیت بچه‌ای را به عهده گرفتن
pflegebedürftig *Adj.* نیازمند مراقبت
Pflegebefohlene, der/die; -n, -n تحت سرپرستی
Pflegeeltern, die/*Pl.* پدر و مادر رضاعی
Pflegeheim, das; -(e)s, -e موسسهٔ خیریه، پرورشگاه
Pflegekind, das; -(e)s, -er فرزند رضاعی، فرزندخوانده
pflegeleicht *Adj.* بشور و بپوش
Pflegemutter, die; -, ⸚ مادر رضاعی
pflegen *Vi., Vt.* ۱. از (کسی) پرستاری کردن، از (کسی) مواظبت کردن، از (کسی) مراقبت کردن، به (کسی) توجه کردن ۲. عادت داشتن، معتاد بودن
einen Kranken pflegen از بیماری پرستاری کردن
Pfleger, der; -s, - ۱. پرستار ۲. نگهبان، سرایدار، محافظ
Pflegerin, die; -, -nen پرستار (زن)
Pflegesohn, der; -(e)s, ⸚e پسر رضاعی، پسرخوانده
Pflegetochter, die; -, ⸚ دخترخوانده
Pflegevater, der; -s, ⸚ پدرخوانده
pfleglich *Adj.* بادقت، بااحتیاط
Pflegling, der; -s, -e فرزند رضاعی
Pflegschaft, die; -, -en نگهداری، قیمومیت
Pflicht, die; -, -en وظیفه، تکلیف
Es ist meine Pflicht. وظیفهٔ من است.
seine Pflicht tun انجام وظیفه کردن
pflichtbewußt *Adj.* وظیفه‌شناس
Pflichtbewußtsein, der; -s حس وظیفه‌شناسی
pflichteifrig *Adj.* وظیفه‌شناس
Pflichterfüllung, die; - انجام وظیفه
Pflichtfach, das; -(e)s, ⸚er رشتهٔ اصلی، رشتهٔ اجباری
Pflichtgefühl, das; -(e)s, - حس وظیفه‌شناسی
pflichtgemäß *Adj.* طبق وظیفه
Pflichtlektüre, die; - کتاب‌های مورد نیاز
pflichtmäßig *Adj.* طبق وظیفه
pflichtschuldig *Adj.* واجب، لازم، ضروری
Pflichtschule, die; -, -n مدرسهٔ اجباری
Pflichtteil, der/das; -(e)s, -e سهم قانونی
pflichttreu *Adj.* وظیفه‌شناس
Pflichttreue, die; - وظیفه‌شناسی
Pflichtübung, die; -, -en تمرین ضروری
pflichtvergessen *Adj.* وظیفه‌نشناس
Pflichtvergessenheit, die; - وظیفه‌نشناسی
Pflichtverletzung, die; - عدم انجام وظیفه
Pflichtversaümnis, die; -, -nisse غفلت در انجام وظیفه
Pflichtverteidiger, der; -s, - وکیل تسخیری
pflichtwidrig *Adj.* وظیفه‌نشناس
Pflock, der; -(e)s, ⸚e (در چادر) میخ چوبی، دیرک
pflöcken *Vt.* میخ زدن، با میخ محکم کردن
pflog *P.* صیغهٔ فعل گذشتهٔ مطلق از مصدر pflegen
pflücken *Vt.* چیدن، کندن (گل، میوه)
Pflug, der; -(e)s, ⸚e گاوآهن، خیش
Pflugeisen, das; -s, - تیغهٔ خیش، آهن خیش
pflügen *Vt., Vi.* شخم زدن، شخم کردن
Pflüger, der; -s, - شخم‌زن، شخم‌کار
Pflugschar, die; -, -en گاوآهن
Pförtchen, das; -s, - در کوچک، دریچه
Pforte, die; -, -n مدخل، در ورودی
Pförtner, der; -s, - دربان، نگهبان
Pförtnerin, die; -, -nen دربان، نگهبان (زن)
Pfosten, der; -s, - ستون چوبی، تیر عمودی
Pfote, die; -, -n (در حیوانات) پنجه، چنگال، چنگ
Pfriem, der; -(e)s, -e درفش، میل، سوراخ‌کن
Pfropf, der; -(e)s, -e ۱. چوب‌پنبه، در بطری ۲. (طب) لخته، دلمه
pfropfen *Vt.* ۱. چوب‌پنبه گذاشتن، با چوب‌پنبه بستن ۲. پیوند زدن (گیاه)
Pfropfen, der; -s, - ۱. چوب‌پنبه، در بطری ۲. (طب) لخته، دلمه
Pfropfmesser, das; -s, - چاقوی پیوندزنی
Pfropfreis, das; -es, -er پیوند، قلمه
Pfropfzieher, der; -s, - در بطری بازکن، چوب‌پنبه‌کش
Pfründe, die; -, -n ۱. مقرری کشیش ۲. درآمد کلیسا، موقوفه کلیسا ۳. پول مفت
Pfuhl, der; -(e)s, -e گودال، آبگیر، برکه، لجن‌زار
Pfühl, der/das; -(e)s, -e بالش، نازبالش، متکا، مخده
pfui *Interj.* اه، تف، اف، پیف
Pfund, das; -(e)s, -e ۱. پوند (واحد وزن معادل نیم کیلو) ۲. پوند (واحد پول انگلستان)
pfundig *Adj.* عالی، بسیار خوب
Pfundskerl, der; -(e)s, -e آدم زرنگ
pfundweise *Adv.* نیم‌کیلو نیم‌کیلو، پوندپوند
Pfusch, der; -es, -e سرهم‌بندی، سنبل‌کاری؛ خام‌دستی

Pfuscharbeit

Pfuscharbeit, die; -	سرهم‌بندی، سنبل‌کاری؛ خام‌دستی
pfuschen Vi.	سرهم‌بندی کردن، سنبل کردن؛ ناشی‌گیری کردن
Pfuscher, der; -s, -	سرهم‌بند، خام‌دست، ناشی، سنبل‌کار
Pfuscherei, die; -, -en	سرهم‌بندی، سنبل‌کاری، خام‌دستی
Pfütze, die; -, -n	آبگیر، گودال آب، چاله
Phänomen, das; -s, -e	پدیده، عارضه، حادثه، نمود، فنومن
phänomenal Adj.	پدیده‌ای، عارضی، حادثه‌ای، نمودی، محسوسی
Phantasie, die; -, -n	۱. فانتزی، تخیل، وهم، خیال، پندار ۲. فانتزی (اثر تفننی و خیالی موسیقی)
phantasielos Adj.	واقعی، غیرخیالی
Phantasiepreis, der; -es, -e	بهای گزاف
phantasiereich Adj.	پُر تخیل، پُر فانتزی، خیال‌باف
phantasieren Vi.	۱. تخیل کردن، پنداشتن، در رؤیا دیدن، خیال‌بافی کردن ۲. (موسیقی) بدیهه‌نوازی کردن ۳. هذیان گفتن
Der Kranke phantasierte die ganze Nacht.	بیمار تمام شب هذیان می‌گفت.
phantasievoll Adj.	پُر از تخیل، پُر از فانتزی؛ خیال‌باف
Phantast, der; -en, -en	خیال‌باف، خیال‌پرست، خیال‌اندیش
Phantasterei, die; -, -en	خیال‌بافی، خیال‌اندیشی، خیال‌پرستی
Phantastin, die; -, -nen	خیال‌باف، خیال‌پرست، خیال‌اندیش (زن)
phantastisch Adj.	عالی، باشکوه، خارق‌العاده، شایان توجه، رویایی
Phantom, das; -s, -e	صورت خیالی
Phantombild, das; -es, -er	تصویر خیالی (از مجرم)
Pharisäer, der; -s, -	ریاکار، زهدفروش، دغل‌کار
pharisäisch Adj.	ریاکارانه
Pharmaindustrie, die; -	صنعت داروسازی
Pharmakologe, der; -n, -n	داروشناس
Pharmakologie, die; -	داروشناسی
Pharmakon, das; -s, -ka	دارو، دوا
Pharmazeut, der; -en, -en	داروساز
Pharmazeutik, die; -, -en	داروسازی
pharmazeutisch Adj.	دارویی، (مربوط به) داروسازی
Pharmazie, die; -, -n	۱. داروخانه ۲. (رشته) داروسازی
Phase, die; -, -n	۱. (برق) فاز ۲. نمود، شکل، منظر ۳. دوره، مرحله
Philanthrop, der; -en, -en	بشردوست، خیرخواه بشر، نیک‌اندیش
Philanthropie, die; -	بشردوستی
Philanthropin, die; -, -nen	بشردوست، خیرخواه بشر، نیک‌اندیش (زن)
philanthropisch Adj.	نوع‌پرستانه، از روی نوع دوستی
Philatelie, die; -	تمبرشناسی
Philatelist, der; -en, -en	تمبرشناس
Philharmonie, die; -, -n	فیلارمونی، جمعیت دوستدار موسیقی
Philharmoniker, der; -s, -	۱. عضو جمعیتِ دوستدار موسیقی ۲. نوازندهٔ ارکستر فیلارمونیک
Philippinen, das	فیلیپین
philippinisch Adj.	(مربوط به) فیلیپین
Philister, der; -s, -	عامی، بی‌فرهنگ
philisterhaft Adj.	عامیانه، بی‌فرهنگ، بی‌ذوق
Philisterhaftigkeit, die; -	عامی‌گری، بی‌فرهنگی، بی‌ذوقی
Philologe, der; -n, -n	زبان‌شناس؛ ادبیات‌شناس
Philologie, die; -, -n	زبان‌شناسی؛ ادبیات‌شناسی
Philologin, die; -, -nen	زبان‌شناس؛ ادبیات‌شناس (زن)
philologisch Adj.	(وابسته به) زبان‌شناسی
Philosoph, der; -en, -en	فیلسوف، حکیم
Philosophie, die; -, -n	فلسفه، حکمت
philosophieren Vi.	فلسفه‌بافی کردن، گفت‌وگوی حکیمانه کردن
philosophisch Adj.	فلسفی، حکیمانه
Phiole, die; -, -n	تنگ بلوری، صُراحی
Phlegma, das; -s	۱. بلغم، خلط بلغم ۲. سستی، بی‌حالی، لاقیدی
Phlegmatiker, der; -s, -	۱. بلغمی‌مزاج، خونسرد ۲. شل و ول، تن‌پرور
Phlegmatikerin, die; -, -nen	۱. بلغمی‌مزاج، خونسرد (زن) ۲. شل و ول، تن‌پرور (زن)
phlegmatisch Adj.	۱. بلغمی، خونسرد ۲. شل و ول، تن‌پرور
Phobie, die; -, -n	ترس بیهوده، تشویش، بیم، هراس
Phonetik, die; -	آواشناسی، فونتیک

Phonetiker, der; -s, - آواشناس
phonetisch *Adj.* آوایی، صوتی، صدادار
Phönix, der; -(es), -e ققنوس
Phonotypistin, die; -, -nen ماشین‌نویس شفاهی (زن)
Phosphat, das; -(e)s, -e فسفات، نمک اسید فسفریک
Phosphor, der; -s, -e فسفر
Phosphorbombe, die; -, -n بمب فسفری
Phosphoreszenz, die; - شب‌تابی، تابندگی
phosphoreszieren *Vi.* تابیدن، شب تابیدن
phosphorig *Adj.* فسفری
Phosphorsäure, die; -, -n اسید فسفریک
Photo, das; -s, -s عکس
Photoalbum, das; -s, -ben آلبوم عکس
Photoapparat, der; -es, -e دوربین عکاسی
photogen *Adj.* خوش عکس
Photograph, der; -en, -en عکاس
Photographie, die; -, -n ۱. عکاسی، عکس‌برداری ۲. عکس
Photographin, die; -, -nen عکاس (زن)
photographieren *Vi.* عکس گرفتن، عکس برداشتن، عکس‌برداری کردن
photographisch *Adj.* با عکس، (مربوط به) عکس
Photokopie, die; -, -n فتوکپی
photokopieren *Vt.* فتوکپی کردن، (با دستگاه فتوکپی) رونوشت برداشتن
Photometer, der; -s, - نورسنج
Photomodell, das; -s, -e مدل عکاسی
Photomontage, die; -, -n مونتاژ عکس
Photoreporter, der; -s, - خبرنگار عکاس
Photosynthese, die; - فتوسنتز (تشکیل مواد آلی در گیاهان به کمک نور)
Photothek, die; -, -en کتابخانهٔ عکس
Photozelle, die; -, -n دستگاه مخصوص تبدیلِ نور به برق
Phrase, die; -, -n ۱. فراز، عبارت، تعبیر، اصطلاح ۲. حرف مفت
phrasenhaft *Adj.* بی‌اساس، بی‌معنی، پوچ
phrasieren *Vt.* به‌عبارت درآوردن، تعبیر کردن، کلمه‌بندی کردن
Physik, die; - فیزیک
physikalisch *Adj.* فیزیکی، جسمانی، بدنی
Physiker, der; -s, - فیزیک‌دان
Physikum, das; -s, -ka آزمایش میان دوره‌ای پزشکی
Physiognomie, die; -, -n قیافه‌شناسی، سیماشناسی
Physiologe, der; -n, -n متخصص فیزیولوژی، تن‌کرد شناس
Physiologie, die; - فیزیولوژی، تن‌کرد شناسی
physiologisch *Adj.* (مربوط به) فیزیولوژی
Physiotherapie, die; -, -n فیزیوتراپی
Physis, die; - طبیعت، ماهیت (جسم)
physisch *Adj.* طبیعی، بدنی، جسمانی، فیزیکی
Pianino, das; -s, -s پیانوی دیواری
Pianist, der; -en, -en پیانیست، نوازندهٔ پیانو
Pianistin, die; -, -nen پیانیست، نوازندهٔ پیانو (زن)
piano *Adv.* (موسیقی) آهسته
Piano, das; -s, -s پیانو
Pianoforte, das; -s, -s پیانو
picheln *Vi.* میگساری کردن، مست کردن، مست بودن
Picke, die; -, -n کلنگ دوسر
Pickel, der; -s, - جوش (پوست)
Pickelhaube, die; -, -n کلاهخود نوک‌تیز
Pickelhering, der; -s, -e دلقک، کمدین
pick(e)lig *Adj.* جوش‌دار، پر از جوش
picken *Vt., Vi.* ۱. به (جایی) نوک زدن ۲. نوک زدن، دانه برچیدن (پرنده) ۳. سوزن زدن
Picknick, das; -s, -e/-s پیک‌نیک
picknicken *Vi.* پیک‌نیک رفتن
picobello *Adj.* عالی، بی‌عیب، بی‌نقص
pieken *Vt., Vi.* نیش زدن (پشه)؛ سوزن زدن؛ نوک زدن
piekfein *Adj.* بسیار شیک؛ بسیار مرتب
pieksauber *Adj.* بسیار تمیز
piepegal *Adj.* بی‌تفاوت
piep(s)en *Vi.* جیک‌جیک کردن؛ چهچهه زدن (پرنده)
Bei dir piept's wohl! مثل این که مخت پاره‌سنگ برداشته!
Piepmatz, der; -es, -e جوجو، پرنده (در زبان بچگانه)
Pier, der; -s, -e/-s بارانداز، اسکله
piesacken *Vt.* آزردن، آزار دادن، زجر دادن، به‌ستوه آوردن
Pietät, die; -, -en حرمت، احترام؛ دین‌داری، پرهیزکاری
pietätlos *Adj.* ۱. بی‌توجه، بی‌ملاحظه ۲. لامذهب
pietätvoll *Adj.* باادب، متواضع، مؤدب
Pigment, das; -(e)s, -e رنگدانه، مادهٔ رنگی
pigmentieren *Vi.* رنگین شدن، رنگ گرفتن
Pik[1], der; -s, -e/-s نوک، قله، رأس
Pik[2], das; -s, -s (در ورق‌بازی) پیک
pikant *Adj.* اشتهاآور، تند و پرمزه

Pikanterie

Pikanterie, die; -, -n	۱. داستان طعنه‌آمیز
	۲. ادویهٔ تند
Pike, die; -, -n	نیزه
piken Vt.	(با نیزه) فرو کردن
pikfein Adj.	شیک؛ مرتب؛ قشنگ
pikieren Vt.	۱. نشا کردن ۲. آزردن، ناراحت کردن
pikiert Adj.	آزرده، ناراحت، دلخور
Pikkolo, der; -s, -s	خانه‌شاگرد، پادو
Pikkoloflöte, die; -, -n	(ساز) پیکولو، پیکولوفلوت
Pilger, der; -s, -	زائر، زوار، مسافر
Pilgerfahrt, die; -, -en	زیارت، سفر زیارتی
Pilgerin, die; -, -nen	زائر، زوار، مسافر (زن)
pilgern Vi.	زیارت رفتن
Pilgerschaft, die; -, -en	زیارت
Pille, die; -, -n	۱. حب، قرص ۲. قرص ضد بارداری
	۳. چیز نامطلوب
eine bittere Pille schlucken	کار بسیار ناخوشایندی را انجام دادن
eine Pille nehmen	قرص خوردن
Pilot, der; -en, -en	خلبان
Pilotenkanzel, die; -, -n	کابین خلبان
Pilotin, die; -, -nen	خلبان (زن)
Pils(e)ner, das; -s, -	(نوعی) آبجو
Pilz, der; -es, -e	قارچ
Pilzkopffrisur, die; -s, -e	آرایش چتری مو
Pimmel, der; -s, -	آلت تناسلی مرد
pimp(e)lig Adj.	ضعیف، ناتوان، علیل؛ دل‌نازک
pingelich Adj:	خرده‌گیر، ایرادگیر
pingelig Adj.	خرده‌گیر، ایرادگیر
Pingpong, das; -s, -s	پینگ‌پنگ، تنیس روی میز
Pinguin, der; -s, -e	پنگوئن
Pinie, die; -, -n	(درخت) کاج
Pinke, die; -, -n	پول، شاش
pinkeln Vi.	شاشیدن، ادرار کردن
Pinscher, der; -s, -	۱. (نوعی) سگ راهنما
	۲. آدم بی‌ارزش
Pinsel, der; -s, -	۱. قلم مو ۲. آدم ساده‌لوح
Pinselei, die; -, -en	رنگ‌کاری ناشیانه
pinseln Vt., Vi.	۱. رنگ زدن ۲. روغن مالی کردن
	۳. با قلم مو نقاشی کردن
einen Aufsatz ins reine pinseln	انشایی را پاکنویس کردن
Pinselstrich, der; -(e)s, -e	قلم‌زنی
Pinte, die; -, -n	کافه، بار
Pinzette, die; -, -n	موچین، انبرک، پنس
Pionier, der; -s, -e	۱. پیشرو، پیشگام، پیشاهنگ
	۲. سرباز رستهٔ مهندسی ارتش ۳. مخترع؛ محقق
Pionierarbeit, die; -	کار راهگشا
Pionierin, die; -, -nen	۱. پیشرو، پیشگام (زن)
	۲. مخترع؛ محقق (زن)
Pioniertruppe, die; -, -n	گروه مهندسان راه و ساختمان
Pipette, die; -, -n	پیپت (لولهٔ شیشه‌ای باریک که به وسیلهٔ آن مایعات را جابه‌جا می‌کنند)
Pipi, das; -s	(در زبان بچگانه) شاش، جیش
Pipi machen	جیش کردن
Pirat, der; -en, -en	دزد دریایی، راهزن
Piratenräuber, der; -s, -	دزد دریایی
Piratenschiff, das; -(e)s, -e	کشتی دزدان دریایی
Piratensender, der; -s, -	فرستندهٔ رادیویی غیرمجاز
Piraterie, die; -, -n	راهزنی، دزدی دریایی
Pirsch, die; -	شکار در حال کمین
pirschen Vi.	۱. کمین کردن، در کمین نشستن
	۲. شکار کردن
Pirschjagd, die; -, -en	شکار در حال کمین
Pirschjäger, der; -s, -	شکارچی
Pisse, die; -, -n	شاش، ادرار
pissen Vi.	شاشیدن، ادرار کردن
Pissoir, das; -s, -	توالت مردانه، مستراح مردانه
Pistazie, die; -, -n	پسته
Piste, die; -, -n	۱. باند فرودگاه ۲. مسیر مسابقه، پیست مسابقه
Pistole, die; -, -n	تپانچه، هفت‌تیر
jemandem die Pistole auf die Brust setzen	کسی را با تهدید مجبور به انجام کاری کردن
Pistolenschuß, der; -schusses, -schüsse	گلولهٔ هفت‌تیر، تیر تپانچه
Pistolenschütze, der; -n, -n	گلولهٔ هفت‌تیر، تیر تپانچه
Pistolentasche, die; -, -n	غلاف هفت‌تیر، جلد چرمی تپانچه
pitsch(e)naß Adj.	خیس خیس
Piz, der; -es, -e	قلهٔ کوه
Pizza, die; -, -s/Pizzen	پیتزا
Pizzeria, die; -, -s	پیتزاریا، پیتزافروشی، پیتزاخوری
PKW = *Personenkraftwagen*, der; -(s), -s/-	
placieren Vt., Vi.	۱. جابه‌جا کردن، جا کردن
	۲. کاشتن (توپ) ۳. سرمایه‌گذاری کردن

placken *Vt., Vr.*	۱. اذیت کردن، به (کسی) زحمت دادن، به (کسی) آزار رساندن ۲. به سختی کار کردن
Plackerei, die; -, -en	خرحمالی، کار پرزحمت
pladdern *Vi.*	شر شر کردن (باران)
plädieren *Vi.*	دفاع کردن، عرض حال دادن، دادخواهی کردن، حمایت کردن
Plädoyer, das; -s, -s	اقامهٔ دعوا (از طرف دادستان/وکیل مدافع)
Plafond, der; -s, -s	سقف اتاق
Plage, die; -, -n	۱. اذیت، آزار ۲. رنج، عذاب
Plagegeist, der; -(e)s, -e	روح موذی
plagen *Vt., Vr.*	۱. اذیت کردن، به (کسی) آزار رساندن به (کسی) زحمت دادن، مزاحم (کسی) شدن ۲. سخت کار کردن، زحمت کشیدن، آزار دیدن
Ich plage mich von morgens bis abends.	از صبح تا شب جان می‌کنم.
Plagiat, das; -(e)s, -	دزدی ادبی
Plagiator, der; -s, -en	دزد ادبی
Plaid, das; -s, -s	۱. پارچهٔ نقش پیچازی، پارچهٔ نقش شطرنجی، پارچهٔ اسکاتلندی ۲. پتوی کوچک سفری
Plakat, das; -(e)s, -e	پلاکات، آگهی دیواری
Plakatfarbe, die; -, -n	رنگ آگهی دیواری
plakatieren *Vi.*	آگهی دیواری نصب کردن
Plakatmaler, der; -s, -	نقاش آگهی دیواری
Plakatsäule, die; -, -n	ستون نصب آگهی (دیواری)
Plakatträger, der; -s, -	حمل‌کننده شعار/آگهی
Plakette, die; -, -n	کارت/نشانی که در مراسم خاص به سینه نصب می‌کنند
Plan, der; -(e)s, ¨e	۱. برنامه، طرح، نقشه ۲. نیت، قصد
plan *Adj.*	صاف، مسطح، یکدست، برابر
Plane, die; -, -n	روکش (اتومبیل)؛ پوشش (پلاستیکی)؛ برزنت
planen *Vi., Vt.*	۱. نقشه کشیدن، برنامه‌ریزی کردن ۲. قصد داشتن، نیت داشتن
Plänemacher, der; -s, -	طراح، نقشه‌کش
Pläneschmied, der; -(e)s, -e	طراح، نقشه‌کش
Planet, der; -en, -en	سیاره، اخترگردان
planetarisch *Adj.*	سیاره‌ای، نجومی
Planetarium, das; -s, -rien	افلاک‌نما، سیاره‌نما، مرکز ستاره‌شناسی
plangemäß *Adj.*	طبق برنامه
planieren *Vi.*	صاف کردن، هموار کردن
Planiermaschine, die; -, -n	جاده صاف‌کن
Planierraupe, die; -, -n	جاده صاف‌کن
Planimetrie, die; -	مساحت‌سنجی، سطح‌شناسی، رویه‌شناسی
Planke, die; -, -n	تختهٔ کلفت، الوار
Plänkelei, die; -, -en	کشمکش، زد و خورد، نزاع
plänkeln *Vi.*	زد و خورد کردن، کشمکش کردن
planlos *Adj.*	بی‌برنامه، بدون نقشه، بی‌هدف
Planlosigkeit, die; -	بی‌برنامه بودن، بی‌نقشه بودن، بی‌هدفی
planmäßig *Adj.*	طبق برنامه، مطابق نقشه
Planquadrat, das; -s, -e	محدودهٔ چهارگوش نقشهٔ جغرافیایی
Planschbecken, das; -s, -	حوضچه، حوضک
planschen *Vi.*	آب‌بازی کردن، آب پاشیدن، شلپ شلوپ کردن
Planscherei, die; -, -en	آب‌بازی، آب‌پاشی
Planstelle, die; -, -n	محل سازمانی، پست سازمانی
Plantage, die; -, -n	مزرعهٔ بزرگ، کشتزار؛ نهالستان
Planung, die; -, -en	برنامه، طرح، نقشه
Planungsamt, das; -(e)s, ¨er	سازمان برنامه
planvoll *Adj.*	با برنامه، مرتب، منظم
Planwagen, der; -s, -	درشکه، کالسکه
Planwirtschaft, die; -, -en	اقتصاد متمرکز، اقتصاد طرح‌ریزی شده، اقتصاد برنامه‌ای
Planziel, das; -(e)s, -e	هدف
Plapperei, die; -, -en	پرحرفی، روده‌درازی
Plappermaul, das; -(e)s, -mäuler	پرحرف، روده‌دراز
plappern *Vi., Vt.*	۱. یاوه گفتن، پرگویی کردن، وراجی کردن ۲. گفتن (یاوه)
plärren *Vi., Vt.*	۱. با صدای بلند گریه کردن های‌های گریستن ۲. با صدای بلند خواندن، با صدای ناهنجار خواندن (آواز)
Plasma, das; -s, -men	پلاسما، خونابه (قسمت آبکی خون)
Plastik, die; -, -en	۱. پلاستیک، مادهٔ پلاستیکی ۲. تندیس؛ تندیس‌سازی، مجسمه‌سازی
Plastikbeutel, der; -s, -	کیسهٔ پلاستیکی
Plastiker, der; -s, -	مجسمه‌ساز
Plastiktragtasche, die; -, -n	کیسهٔ پلاستیکی
Plastiktüte, die; -, -n	ساک پلاستیکی
plastisch *Adj.*	۱. پلاستیکی ۲. به‌طور مجسم، به‌طور برجسته
Plastizität, die; -	شکل‌پذیری، قابلیت انعطاف
Platane, die; -, -n	(درخت) چنار

Plateau, das; -s, -s فلات؛ جلگهٔ مرتفع
Platin, das; -s پلاتین، طلای سفید
platonisch *Adj.* ۱. افلاطونی، پیرو افلاطون ۲. پاک، حقیقی
plätschern *Vi.* ۱. آب پاشیدن، آب‌بازی کردن، شلپ شلوپ کردن ۲. شرشر کردن
Platt, das; -s لهجهٔ محلی
platt *Adj.* ۱. مسطح، هموار، صاف ۲. بی‌روح، معمولی، بی‌محتوی
Er war platt! زبانش (از تعجب) بند آمد!
Plättbrett, das; -(e)s, -er میز اتو
plattdeutsch *Adj.* لهجهٔ محلی آلمانی
Platte, die; -, -n ۱. صفحهٔ گرامافون ۲. صفحه، ورقه (فلزی) ۳. سینی، دوری
Platteinlage, die; -, -n (برای کف پای صاف) قالب کفش
Plätteisen, das; -s, - اتو
plätten *Vt.* اتو کردن، اتو کشیدن
Plattensammlung, die; -, -en کلکسیون صفحهٔ گرامافون
Plattenspieler, der; -s, - گرامافون
Plattenteller, der; -s, - صفحهٔ (گردندهٔ) گرامافون
Plattenwechsler, der; -s, - صفحه عوض‌کن (خودکار) گرامافون
platterdings *Adv.* قطعاً، مطلقاً، صرفاً
Das ist platterdings unmöglich. این (امر) واقعاً محال است.
Plätterin, die; -, -nen اتوکش
Plattform, die; -, -en ۱. مکان بلند و مرتفع ۲. سکوی راه‌آهن
Plattfuß, der; -es, ⸚e ۱. کف پای صاف، پهن پا ۲. (در اتومبیل) پنچر
plattfüßig *Adj.* پهن پایی
Plattheit, die; -, -en پهنی، گستردگی
plattieren *Vt.* روکش کردن، آب دادن (فلز)
Platz, der; -es, ⸚e ۱. مکان، جا، محل ۲. میدان ۳. میدان بازی
jemandem **Platz machen** برای کسی جا باز کردن
Auf die Plätze! به جای خود!
Platzangst, die; -, ⸚e (روانشناسی) ترس از فضای بسته
Platzanweiser, der; -s, - (در سینما/تئاتر) راهنما
Platzanweiserin, die; -, -nen (در سینما/تئاتر) راهنما (زن)

Plätzchen, das; -s, - ۱. جای کم ۲. (نوعی) شیرینی کوچک خشک، بیسکویت
platzen *Vi.* ۱. ترکیدن، منفجر شدن، شکافتن ۲. متوقف شدن، ادامه نیافتن (کار)
Der Reifen ist geplatz. تایر ترکیده است.
Platzkarte, die; -, -n (در قطار) کارت رزرو جا
Platzmangel, der; -s, ⸚ کمبود جا
Platzpatrone, die; -, -n ترقه، فشنگ خالی
platzraubend *Adj.* جاگیر
Platzregen, der; -s, - رگبار، باران تند
Platzwechsel, der; -s, - جابه‌جایی، تغییر مکان
Plauderei, die; -, -en گپ، سخن دوستانه، درد دل، گفت و گو
Plauderer, der; -s, - خوش‌صحبت، گپ‌زن
Plaudererin, die; -, -nen خوش‌صحبت (زن)، گپ زن
plaudern *Vi.* گپ زدن، حرف زدن، درددل کردن
Plaudertasche, die; -, -n پُرحرف، یاوه‌گو، روده‌دراز
Plauderton, der; -(e)s, - لحن دوستانه
Plausch, der; -(e)s, -e درددل، گپ
plauschen *Vi.* گپ زدن، حرف زدن، درددل کردن
plausibel *Adj.* معقول، منطقی، پذیرفتنی، مستدل
Plausibilität, die; - روشنی، وضوح
Playboy, der; -s, -s جوان خوش‌گذران و عیاش، پلی‌بوی
plazieren *Vt.* ۱. جای (چیزی) را تعیین کردن ۲. کاشتن (توپ)
Plebejer, der; -s, - بی‌سواد، عامی
Plebejerin, die; -, -nen بی‌سواد، عامی (زن)
plebejisch *Adj.* بی‌سواد، عامی
Plebiszit, das; -(e)s, -e مردم خواست، رأی قاطبهٔ مردم
Plebs[1]**,** der; -es جمعیت، گروه، عامه
Plebs[2]**,** die; - (در روم باستان) عامهٔ مردم
Pleite, die; -, -n ورشکستگی، افلاس
Pleite gehen ورشکست شدن
Pleite machen ورشکست شدن
pleite *Adj.* ورشکست
Pleitegeier, der; -s, - مفلس، ورشکسته
Plektron, das; -s, -tren / -tra (در ساز) زخمه، مضراب
Plenarsitzung, die; -, -en جلسهٔ مجلس
Plenum, das; -s, -nen مجلس همگانی، اجلاس عمومی
Pleuelstange, die; -, -n میله اتصال (پیستون به میل‌لنگ)

Plexiglas, das; -es, -e شیشهٔ مصنوعی
Plinse, die; -, -n خاگینه
Plissee, das; -s, -s پلیسه
Plisseerock, der; -(e)s, ⸚e دامن چین‌دار
plissieren *Vt.* پلیسه کردن
Plombe, die; -, -n ۱. پلمب، مهر و موم ۲. مادهٔ پر کردن دندان
plombieren *Vt.* ۱. پلمب کردن، مهر و موم کردن ۲. پر کردن (دندان)
Plombierung, die; -, -en ۱. مهر و موم ۲. پر کردگی (دندان)
Plötze, die; -, -n (نوعی) ماهی سفید
plotzen *Vi.* ۱. از درخت افتادن (میوه) ۲. سیگار کشیدن ۳. به سختی کار کردن
plötzlich *Adj.* ناگهانی، غیرمنتظره، بی‌درنگ، بی‌مقدمه
plötzlicher Besuch دیدار غیرمنتظره
plump *Adj.* ۱. گوشتالو، فربه، بدقواره، چاق و چله ۲. خشن، زمخت
Plumpheit, die; -, -en ۱. چاقی، فربهی ۲. خشونت، زمختی
plumpsen *Vi.* با سر و صدا افتادن
Plunder, der; -s, -n آشغال، بنجل، خرت و پرت
Plünderer, der; -s, - غارتگر، یغماگر، چپاولگر
plündern *Vt.* غارت کردن، تاراج کردن، چپاول کردن
Plünderung, die; -, -en غارت، تاراج، چپاول
Plural, der; -s, -e (دستور زبان) جمع
Pluraletantum, das; -s, -s اسم جمع
Pluralismus, der; - جمع‌گرایی، کثرت‌گرایی، چندگرایی
Pluralist, der; -en, -en جمع‌گرا، کثرت‌گرا، چندگرا
pluralistisch *Adj.* چندگرایی
Plus, das; -s, - ۱. علامت به‌علاوه ۲. افزایش؛ مقدار اضافی، سود
plus *Konj., Präp., Adv.* ۱. به علاوه، به اضافه ۲. مثبت
zwei Grad plus دو درجه بالای صفر
der Betrag plus der Zinsen اصل پول به اضافه بهرهٔ آن
Plüsch, der; -es, -e (نوعی) مخمل (پرزدار)
Pluspol, der; -s, -e قطب مثبت
Pluspunkt, der; -(e)s, -e امتیاز مثبت
Plusquamperfekt(um), das; -s, -e (دستور زبان) ماضی بعید
Pluszeichen, das; -s, - (ریاضی) علامت به‌علاوه
Plutonium, das; -s (شیمی) پلوتونیوم
Pneuma, das; -s ۱. روح ۲. دم، نفس
Pneumatik, der; -s, -s چرخ / لاستیک باددار
pneumatisch *Adj.* ۱. بادی، هوایی ۲. (مربوط به) روح
Po, der; -s, -s ته، نشیمن، کون
Pöbel, der; -s تودهٔ مردم، عوام‌الناس؛ اراذل و اوباش
pöbelhaft *Adj.* عامیانه؛ پست، مبتذل
Pöbelhaufen, der; -s, - تودهٔ مردم، عوام‌الناس؛ اراذل و اوباش
Pöbelherrschaft, die; -, -en حکومت اوباش
pöbeln *Vi.* ۱. ازدحام کردن، گرد آمدن ۲. بر سر (کسی) ریختن
pochen *Vi.* ۱. منگنه کردن؛ قالب ریختن ۲. کوبیدن، زدن ۳. تپیدن (قلب) ۴. روی حرف خود ایستادگی کردن
Pocken, die / *Pl.* آبله
Pockenimpfung, die; -, -en آبله‌کوبی، مایه‌کوبی آبله
Pockennarbe, die; -, -n جای آبله
pockennarbig *Adj.* آبله‌رو
Pockenschutzimpfung, die; -, -en واکسن ضد آبله
Podagra, das; -s (بیماری) نقرس
Podest, das / der; -(e)s, -e ۱. پله، پلکان ۲. تریبون، کرسی خطابه ۳. سکوی رهبر ارکستر
Podex, der; -(es), -e ماتحت، نشیمنگاه
Podium, das; -s, -dien ۱. تریبون، کرسی خطابه ۲. سکوی رهبر ارکستر
Podiumsdiskussion, die; -, -en گفت‌وگوی روحانی با حاضران
Podiumsgespräch, das; -(e)s, -e گفت‌وگوی روحانی با حاضران
Poem, das; -s, -e شعر
Poesie, die; -, -n ۱. شعر، نظم ۲. فن شاعری، سرایندگی، شعرسرایی
Poet, der; -en, -en شاعر، سراینده، چکامه‌سرا
Poetik, die; -, -en فن سرایندگی، علم عروض
Poetin, die; -, -nen شاعر، سراینده، چکامه‌سرا (زن)
poetisch *Adj.* شاعرانه
eine poetische Schilderung یک تجسم شاعرانه
Pointe, die; -, -n لطیفه، نکتهٔ غیرمنتظره و پرمعنا
pointiert *Adj.* تیز، نوک‌دار، نیش‌دار
Pokal, der; -s, -e ۱. جام، پیاله، پیمانه ۲. جام قهرمانی، کاپ
Pokalsieger, der; -s, - برندهٔ جام ورزشی
Pokalspiel, das; -(e)s, -e (ورزش) بازی قهرمانی
Pökel, der; -s, - آب نمک

Pökelfleisch, das; -es گوشت نمک‌زده
Pökelhering, der; -s, -e ماهی نمک‌زده، ماهی‌شور
pökeln *Vt.* شور کردن، به (چیزی) نمک زدن، در آب نمک خواباندن
Poker, das / der; -s پوکر (نوعی بازی با ورق)
pokern *Vi.* پوکر بازی کردن
pokulieren *Vi.* میگساری کردن، عیاشی کردن
Pol, der; -s, -e قطب
der nordliche Pol der Erde قطب شمال زمین
polar *Adj.* قطبی
Polarbär, der; -en, -en خرس قطبی
Polargebiet, das; -(e)s, -e منطقهٔ قطبی
Polarisation, die; -, -en پولاریزاسیون، قطبی‌سازی
polarisieren *Vt.* پولاریزه کردن، دوقطبی کردن، به صورت متضاد درآوردن، مثبت و منفی کردن
Polarität, die; -, -en ۱. توجه به قطب، تمایل قطبی ۲. تضاد، تقارن
Polarkreis, der; -es, -e مدار قطبی
Polarlicht, das; -(e)s, -er شفق قطبی
Polarluft, die; -, ⸚e هوای قطبی
Polarstern, der; -(e)s, -e ستارهٔ قطبی
Pole, der; -n, -n لهستانی
Polemik, die; -, -en بحث، جدل، مشاجره، مجادله
Polemiker, der; -s, - اهل جدل
polemisch *Adj.* جدلی، مجادله‌آمیز، مشاجره‌آمیز
polemisieren *Vi.* مجادله کردن، مباحثه کردن
Polen, das لهستان
Police, die; -, -n متن قرارداد بیمه، بیمه‌نامه، ورقهٔ بیمه
Polier, der; -s, -e سرعمله، سربنّا
polieren *Vt.* پولیش کردن، جلا دادن، صیقل دادن، پرداخت کردن، برق انداختن
Poliklinik, die; -, -en پلی‌کلینیک، درمانگاه، بیمارستان
Polin, die; -, -nen لهستانی (زن)
Politbüro, das; -s, -s (در کشورهای سوسیالیست) دفتر سیاسی حزب
Politik, die; -, -en ۱. سیاست ۲. خط‌مشی، روش کار
über Politik sprechen از سیاست حرف زدن
sich für Politik interessieren به سیاست علاقمند بودن
Politiker, der; -s, - سیاستمدار، سیاست‌مآب، سیاستگر
Politikerin, die; -, -nen سیاستمدار، سیاست‌مآب، سیاستگر (زن)
Politikum, das; -s, -ka موضوع سیاسی، جریان سیاسی
Politikwissenschaft, die; - علوم سیاسی
politisch *Adj.* سیاسی، از لحاظ سیاسی
politischer Gefangener زندانی سیاسی
politische Ökonomie اقتصاد سیاسی
politisieren *Vi., Vt., Vr.* ۱. سیاست‌بافی کردن، دربارهٔ سیاست صحبت کردن ۲. وارد سیاست کردن ۳. از لحاظ سیاسی فعال شدن
Politologe, der; -n, -n سیاست‌شناس، عالِم سیاسی
Politologie, die; - دانش سیاسی، سیاست‌شناسی، علوم سیاسی
Politur, die; -, -en ۱. صیقل، جلا، پرداخت ۲. پولیش، مادهٔ جلادهنده
Polizei, die; -, -en پلیس، شهربانی، نظمیه
sich bei der Polizei melden خود را به پلیس معرفی کردن
Polizeiaktion, die; -, -en اقدام پلیس
Polizeiaufsicht, die; -, -(en) نظارت پلیس، مراقبت پلیس
unter Polizeiaufsicht stehen تحت نظارت پلیس بودن
Polizeibeamte, der; -n, -n مأمور شهربانی، کارمند شهربانی
Polizeichef, der; -s, -s رئیس پلیس
Polizeidienststelle, die; -, -n کلانتری، مرکز پلیس
Polizeieskorte, die; -, -n گارد محافظ پلیس
Polizeigericht, das; -(e)s, -e محکمهٔ جنایی
Polizeigewalt, die; -, -en نیروی پلیس، نیروی انتظامی
Polizeihund, der; -es, -e سگ پلیس
Polizeiknüppel, der; -s, - باتون پلیس، چوب قانون
Polizeikommissar, der; -s, -e کمیسر پلیس، مأمور کلانتری
Polizeikommissär, der; -s, -e کمیسر پلیس، مأمور کلانتری
polizeilich *Adj.* پلیسی، (مربوط به) شهربانی
Polizeipräsident, der; -en, -en رئیس شهربانی
Polizeipräsidium, das; -s, -dien ادارهٔ کل شهربانی
Polizeirevier, das; -s, -e کلانتری
Polizeischüler, der; -s, - دانشجوی پلیس
Polizeispion, der; -s, -e خبرچین پلیس
Polizeispitzel, der; -s, - خبرچین پلیس
Polizeistaat, der; -(e)s حکومت پلیسی، دولت پلیسی
Polizeistreife, die; -, -n پاسبان گشتی
Polizeistreifenwagen, der; -s, - خودروی گشت پلیس

Polizeistreitkräfte, die / *Pl.* نیروی پلیس
Polizeistunde, die; -, -n ساعت تعطیل اماکنِ عمومی (در شب)
Polizeiverfügung, die; -, -en دستور پلیس، حکم شهربانی
Polizeiverordnung, die; -, -en آئین‌نامهٔ شهربانی
Polizeiwache, die; -, -n کلانتری
polizeiwidrig *Adj.* خلاف قانون شهربانی
Polizist, der; -en, -en پاسبان، پلیس، مأمور شهربانی
Polizistin, die; -, -nen پاسبان، پلیس، مأمور شهربانی (زن)
Polka, die; -, -s پولکا، (نوعی) رقص بوهمی
Pollen, der; -s, - گرده (گل)، دانهٔ گرده
Pollution, die; -, -en ۱. آلودگی محیط‌زیست ۲. دفع غیر ارادی منی
polnisch *Adj.* لهستانی (مربوط به) لهستان
Polo, das; -s, -s چوگان‌بازی
Polonäse, die; -, -n پولونز (رقص ملی لهستانی)
Polonium, das; -s (شیمی) پلونیوم
Polstelle, die; -, -n (ریاضی) ریشهٔ معادله در مخرج کسر
Polster, das; -s, - ۱. بالش، نازبالش، پشتی، مخده ۲. لایی لباس ۳. قسمت نرم مبل
Polstergarnitur, die; -, -en مبل، کاناپه
Polstermöbel, die / *Pl.* صندلی راحتی
polstern *Vt.* روکش کردن
Polstersitz, der; -es, -e پشتی، مخده، تشکچه
Polsterstuhl, der; -(e)s, ¨-e صندلی راحتی
Polsterung, die; -, -en لایی، بالشتک، لفاف، لایه گذاری
Polterabend, der; -s, -e سنتی که در آن شب عروسی دوستان به خانهٔ عروس و داماد می‌روند و برای سعادت عروس و داماد ظروف چینی و بلوری را می‌شکنند
Polterer, der; -s, - آدم پر سر و صدا
Poltergeist, der; -es, -er دیو، جن
poltern *Vi., Vt.* ۱. سر و صدا راه انداختن، شلوغ کردن ۲. غرولند کردن، باصدای بلند دشنام دادن ۳. شکم دادن، برآمدگی پیدا کردن ۴. داد زدن، فریاد زدن
Der Alte hat oft gepoltert. پیرمرد اغلب با صدای بلند دشنام می‌داد.
Polygamie, die; -, -n چندهمسری، تعدد زوجات، چند همسرگزینی
Polygon, das; -s, -e (هندسه) کثیرالاضلاع، چند ضلعی
Polygynie, die; - چند زن‌گرینی
polymer *Adj.* ۱. پلیمر، چند بخشی ۲. دارای مولکول‌های ساده
Polymerisation, die; -, -en (شیمی) پلیمریزاسیون
polymerisieren *Vt.* پلیمریزه کردن، مولکول‌های ساده را با هم ترکیب کردن
polymorph *Adj.* چندگونه
Polymorphismus der; - چندگونگی
Polynom, das; -s, -e (ریاضی) معادله چندجمله‌ای
polynom(isch) *Adj.* (ریاضی) چندجمله‌ای
Polyp, der; -en, -en ۱. پولیپ، اختاپوس، ستاره دریایی ۲. خال گوشتی، خال مخاطی ۳. پاسبان
polyphon *Adj.* چندصدایی، چندبخشی
Polytechniker, der; -s, - دانشجوی دانشکدهٔ پلی‌تکنیک، دانشجوی دانشکدهٔ صنعتی
Polytechnikum, das; -s, -ka / -ken دانشکدهٔ پلی‌تکنیک، دانشکدهٔ صنعتی
Pomade, die; -, -n ضماد، مرهم
Pomeranze, die; -, -n نارنج
Pommes frites, die / *Pl.* سیب‌زمینی سرخ کرده
Pomp, der; -(e)s شکوه، تجمل، جاه و جلال
pomphaft *Adj.* پرشکوه، پرتجمل
pompös *Adj.* پرشکوه، پرتجمل
Poncho, der; -s, -s پانچو (پالتوی بدون آستین)
Pontifikat, das / der -(e)s, -e دورهٔ اسقفی، دورهٔ پاپی
Ponton, der; -s, -s پل موقت
Pontónbrücke, die; -, -n پل متحرک
Pony[1], das; -s, -s پونی، تاتو (نوعی اسب پاکوتاه و کوچک)
Pony[2], der; -s, -s موی چتری، چتر زلف
Pop, der; -(s) پاپ (نوعی هنر مدرن)
Popanz, der; -es, -e لولو، مترسک
Popcorn, das; -s ذرت بو داده
pop(e)lig *Adj.* کم‌ارزش، مزخرف
Popelin, der; -s, -e (پارچه) پوپلین
Popeline, die; - (پارچه) پوپلین
Popgruppe, die; -, -n گروه موسیقی پاپ
Popmusik, die; - موسیقی پاپ
Popo, der; -s, -e / -s نشیمنگاه، کون
populär *Adj.* مورد پسند عام، مردم‌پسند؛ متداول؛ ساده و قابل فهم (برای عموم)
popularisieren *Vt.* عوام فهم کردن؛ مورد پسند عام قرار دادن، متداول کردن
Popularität, die; - محبوبیت عامه، مردم‌پسندی، عوام‌پسندی، وجههٔ ملی

Popularklage

Popularklage, die; -,-n	شکایت مردم
Pore, die; -,-n	سوراخ ریز، منفذ کوچک، روزنه
porig Adj.	دارای سوراخ‌های ریز، منفذدار
Porno, der; -s,-s	پورنو (فیلم و عکس و مطالب محرک احساسات جنسی)
Pornofilm, der; -s,-e	فیلم شهوت‌انگیز، فیلم محرک احساسات جنسی
Pornographie, die; -,-n	نمایش صحنه‌های شهوانی
Pornoroman, der; -s,-e	رمان شهوت‌انگیز / رمان محرک احساسات جنسی
porös Adj.	پر سوراخ، پرمنفذ، مشبک، دارای منفذهای بسیار ریز
Porösität, die; -	پرسوراخی، پرمنفذی، سوراخ‌داری
Porree, der; -s,-s	تره‌فرنگی
Portal, das; -s,-e	درب، مدخل، در بزرگ، سردر
Portefeuille, das; -s,-s	۱. کیف اسناد ۲. کرسی وزارت
Portemonnaie, das; -s,-s	کیف پول
Portepee, das; -s,-s	شرابهٔ شمشیر، گرهٔ شمشیر
Portier, der; -s,-s	دربان
Portion, die; -,-en	۱. پرس غذا ۲. بخش، قسمت، سهم، جزء، سهمیه
Er ist nur eine halbe Portion.	او خیلی لاغر و مردنی است.
Porto, das; -s, -s/-ti	هزینهٔ پستی، اجرت پستی، تعرفهٔ پستی
portofrei Adj.	مجانی، رایگان، بدون هزینهٔ پستی
Portogebühren, die / Pl.	نرخ پست، مخارج پستی
Portokasse, die; -,-n	صندوق ویژهٔ وجوه کوچک، حساب هزینه‌های کوچک
portopflichtig Adj.	مشمول عوارض پستی
Porträt, das; -(e)s,-s	پرتره، تابلوی نقاشی نیم‌تنه، نقاشی چهره؛ مجسمهٔ نیم‌تنه
porträtieren Vt.	پرترهٔ (کسی) را کشیدن، چهرهٔ (کسی) را کشیدن، نیم‌تنهٔ (کسی) را ساختن
Porträtist, der; -en,-en	چهره‌پرداز، صورتگر
Porträtmaler, der; -s, -	نقاش چهره‌پرداز، نقاش صورتگر
Portugal, das	(کشور) پرتغال
Portugiese, der; -n,-n	پرتغالی
Portugiesin, die; -,-nen	پرتغالی (زن)
portugiesisch Adj.	پرتغالی، (مربوط به) کشور پرتغال
Portwein, der; -s,-e	پورت (نوعی شراب شیرین)
Porzellan, das; -s,-e	ظرف چینی
Porzellanladen, der; -s, =	مغازهٔ چینی‌فروشی، مغازهٔ ظروف چینی
Er benimmt sich wie ein Elefant im Porzellanladen.	او رفتار خشن و بی‌نزاکتی دارد.
Posaune, die; -,-n	ترمبون (نوعی ساز بادی برنجی)
posaunen Vi., Vt.	۱. ترمبون نواختن ۲. با صدای بلند صدا کردن
etwas in alle Welt posaunen	چیزی را در تمام دنیا جار زدن
Posaunenbläser, der; -s, -	نوازندهٔ ترمبون
Posaunist, der; -en,-en	نوازندهٔ ترمبون
Pose, die; -,-n	۱. وضع، حالت، پز، ژست، ادا، طرز برخورد ۲. تظاهر، خودنمایی
posieren Vi.	قیافه گرفتن، ژست گرفتن، حالت گرفتن، ادا درآوردن
Position, die; -,-en	۱. مقام، سمت، وضعیت شغلی ۲. موقعیت (هواپیما/کشتی)
positiv Adj.	۱. مثبت، موافق ۲. مساعد، مفید ۳. موفقیت‌آمیز
eine positive Zahl	عدد مثبت
Positiv[1], das; -s,-e	فیلم مثبت، عکس چاپ شده
Positiv[2], der; -s,-e	(دستور زبان) وجه مثبت
Positur, die; -,-en	وضع، حالت، چگونگی، مقام
Posse, die; -,-n	نمایش کمدی همراه با شوخی‌های زننده
Possen, der; -s, -	شوخی زننده، شوخی آمیخته با فریب
possenhaft Adj.	مضحک، خنده‌دار، مسخره‌آمیز
Possenreißer, der; -s, -	مسخره، دلقک، لوده
Possenspiel, das; -(e)s,-e	نمایش کمدی همراه با شوخی‌های زننده
possessiv Adj.	(دستور زبان) ملکی
Possessivpronomen, das; -s, - / -mina	(دستور زبان) ضمیر ملکی
Possibilität, die; -	امکان
possierlich Adj.	مضحک، خنده‌آور، مسخره‌آمیز
Post, die; -,-en	۱. پست، ادارهٔ پست، پستخانه، چاپارخانه ۲. نامه‌های پستی، بسته‌های پستی
zur Post bringen	پست کردن
Er ist bei der Post.	او در پستخانه کار می‌کند.
Postadresse, die; -,-n	آدرس پستی
postalisch Adj.	پستی
Postament, das; -(e)s,-e	پایهٔ ستون؛ پایهٔ مجسمه، شالوده

Postamt, das; -(e)s, ¨-er اداره پست، پستخانه
Postangestellte, der/die; -n, -n کارمند پست
Postanschrift, die; -, -en آدرس پستی
Postanweisung, die; -, -en حوالهٔ پستی
Postauftrag, der; -(e)s, ¨-e وصول پول از طریق پست
Postauto, das; -s, -s اتومبیل پست
Postbeamte, der; -n, -n کارمند پست
Postbote, der; -n, -n نامه‌رسان، پستچی، پیک، چاپار
Postbotin, die; -, -nen نامه‌رسان، پستچی، پیک، چاپار (زن)
Postbriefkasten, der; -s, ¨- صندوق پست
Postdirektor, der; -s, -n رئیس پست
Posten, der; -s, - ۱. شغل، مقام اداری، سمت، منصب ۲. محل، مکان ۳. پست نگهبانی
auf dem Posten sein ۱. آماده بودن ۲. تندرست بودن
posten *Vt.* خرید کردن
Postenjäger, der; -s, - مقام‌پرست، مقام‌جو
Poster, das/der; -s, -(s) پوستر (آگهی دیواری مصور)
Postfach, das; -(e)s, ¨-er صندوق پستی
Postfachnummer, die; -, -n شمارهٔ صندوق پستی
postfertig *Adj.* آماده برای پست
Postflugzeug, das; -(e)s, -e هواپیمای پستی
postfrisch *Adj.* [تمبر] مهر نشده، سالم
Postgebühr, die; -, -en مخارج پست، هزینهٔ پستی
Postgeheimnis, das; -nisses, -nisse اسرار پستی
Postgirokonto, das; -s, -ten حساب جاری پستی
postieren *Vt.* ۱. در جایی گماشتن، به (کسی) مأموریت دادن، مأمور کردن ۲. مستقر کردن
Postillion, der; -(e)s, -e پیک، چاپار
Postkarte, die; -, -n کارت پستال
Postkutsche, die; -, -n دلیجان پستی
postlagernd *Adj.* پست رستانت
Postleitzahl, die; -, -en کدپستی
Postmarke, die; -, -n تمبر پستی
Postmeister, der; -s, - رئیس پست
Postminister, der; -s, - وزیر پست
Postministerium, das; -s, -rien وزارت پست
Postnachnahme, die; -, -n پرداخت در مقابل دریافت کالا
Postpaket, das; -es, -e بستهٔ پستی
Postsack, der; -(e)s, ¨-e کیسهٔ مراسلات پستی
Postschalter, der; -s, - گیشهٔ پست
Postscheck, der; -(e)s, -s حوالهٔ پستی، چک پستی

Postscheckamt, das; -(e)s, ¨-er ادارهٔ حواله‌های پستی
Postscheckdienst, der; -es, -e بخش حواله‌های پستی
Postscheckkonto, das; -s, -ten حساب حواله‌های پستی
Postschiff, das; -(e)s, -e کشتی پستی
Postschließfach, das; -(e)s, ¨-er (در ادارهٔ پست) صندوق پستی
Postsendung, die; -, -en مراسلهٔ پستی
Postskriptum, das; -s, -ta یادداشت ضمیمهٔ آخر نامه/کتاب
Postsparbuch, das; -(e)s, ¨-er دفترچهٔ پس‌انداز پست
Postsparkasse, die; -, -n صندوق پس‌انداز پست
Poststation, die; -, -en مرکز پست، ایستگاه پست
Poststempel, der; -s, - مهر پست
Postulat, das; -(e)s, -e ۱. درخواست رسمی ۲. فرضیهٔ اثبات نشده ۳. دورهٔ آزمایشی (روحانی کاتولیک)
postulieren *Vt.* درخواست رسمی (چیزی) را کردن
Postverkehr, der; -(e)s, - ارتباط پستی
Postversandhaus, das; -es, -häuser مرکز سفارش کالا به وسیلهٔ مکاتبات پستی
Postwagen, der; -s, - گاری پستی
postwendend *Adv.* (از طریق پست) بی‌درنگ، فوری
Postwertzeichen, das; -s, - تمبر پستی
Postwesen, das; -s, - سیستم پستی
Postzug, der; -es, ¨-e قطار پستی
Pot, das; -s, -s ماری‌جوانا
potent *Adj.* ۱. بانفوذ، متنفذ ۲. [از لحاظ قدرت جنسی در مرد] توانا
Potentat, der; -en, -en مقتدر، توانا
Potential, das; -s, -e ۱. (فیزیک) انرژی پتانسیل ۲. عامل بالقوه، توانایی، توان
Potentialdifferenz, die; -, -en اختلاف پتانسیل
Potentialgefälle, das; -(e)s, -e کاهش انرژی
potentiell *Adj.* ممکن، احتمالی، قابل تصور
potentielle Energie انرژی پتانسیل
Potenz[1], die; -, -en قدرت جنسی، توانایی جنسی (مرد)
Potenz[2], die; -, -en (ریاضی) توان، قوه
potenzieren *Vt.* ۱. تقویت کردن، افزودن ۲. زیاد کردن ۳. (ریاضی) به توان رساندن
Potenzschwäche, die; -, -n ضعف قوهٔ جنسی (مرد)

Potenzstörung 634

Potenzstörung, die; -, -en اختلال توانایی
Potpourri, das; -s, -s اثر موسیقی که شاملِ ملودی‌های متعددی است
Pott, der; -(e)s, ⸚e ۱. ظرف، دیگ ۲. لگن ادرار
Pottasche, die; - (شیمی) پتاس، کربنات پتاسیم ناخالص
potthäßlich *Adj.* خیلی زشت
Poularde, die; -, -n مرغ پروار
poussieren *Vi., Vt.* ۱. لاس زدن ۲. چرب زبانی (کسی) را کردن، چاپلوسی (کسی) را کردن
Präambel, die; -, -n دیباچه، مقدمه، عنوان، سرآغاز
Pracht, die; - شکوه، عظمت، جلال
Prachtausgabe, die; -n, -n چاپ نفیس
Prachtexemplar, das; -s, -e نمونهٔ عالی
prächtig *Adj.* مجلل، باشکوه، عالی
Prachtkerl, der; -(e)s, -e مرد حسابی، شخص شایسته
Prachtstück, das; -(e)s, -e نمونهٔ عالی
prachtvoll *Adj.* مجلل، باشکوه، عالی
Prädikat, das; -(e)s, -e (دستور زبان) مسند
prädikativ *Adj.* اخباری، اسنادی
Prädikativsatz, der; -es, ⸚e (دستور زبان) جملهٔ اخباری، جملهٔ اسنادی
Prädikatsnomen, das; -s, -mina (دستور زبان) اسم مسند
Präferenz, die; -, -en تقدم، اولویت، مزّیت
präferieren *Vt.* ترجیح دادن
Präfix, das; -es, -e (دستور زبان) پیشوند
prägen *Vt.* ۱. نقش (چیزی) را کندن، نقش کردن ۲. ضرب کردن، زدن (سکه) ۳. ابداع کردن
Prägestanze, die; -, -n مهر، مهر و موم
Prägestempel, der; -s, - مهر، مهر و موم
pragmatisch *Adj.* مبنی بر اصالت عمل، عملی
prägnant *Adj.* دقیق، مؤثر، مختصر و مفید
Das war eine prägnante Antwort.
این جواب مختصر و مفیدی بود.
Prägung, die; -, -en ۱. ضرب سکه ۲. صفت اختصاصی
Prähistorie, die; - ماقبل تاریخ
prähistorisch *Adj.* (مربوط به) ماقبل تاریخ، پیش از تاریخ
prahlen *Vi.* لاف زدن، فخر فروختن، به (خود) بالیدن، (خود) را ستودن، به (خود) نازیدن، فیس و افاده کردن
Prahler, der; -s, - لاف‌زن، خودستا، پرافاده
Prahlerei, die; -, -en لاف‌زنی، خودستایی، افاده
Prahlerin, die; -, -nen لاف‌زن، خودستا، پرافاده (زن)
prahlerisch *Adj.* خودستایانه، مغرورانه، متکبرانه، توأم با لاف‌زنی
Prahlhans, der; -es, ⸚e لاف‌زن، خودستا، پرافاده
Prahm, der; -(e)s, -e دوبه، کرجی
Praktik, die; -, -en طرز عمل، نحوهٔ اقدام
praktikabel *Adj.* عملی، قابل اجرا، مفید
Praktikant, der; -en, -en کارآموز
Praktikantin, die; -, -nen کارآموز (زن)
Praktiker, der; -s, - ۱. مجرب، کارآزموده، متخصص ۲. پزشک عمومی
Praktikerin, die; -, -nen ۱. مجرب، کارآزموده، متخصص (زن) ۲. پزشک عمومی (زن)
Praktikum, das; -s, -ka کارآموزی
Praktikus, der; -, -se کهنه‌کار، کاردان
praktisch *Adj.* ۱. عملی، واقعی ۲. مفید، به درد بخور، قابل استفاده ۳. ماهر، مستعد
praktischer Arzt پزشک عمومی
praktizieren *Vt., Vi.* ۱. به (چیزی) عمل کردن، به‌کار بستن ۲. طبابت کردن
Prälat, der; -en, -en مِطران، خلیفه، اسقف اعظم
Praline, die; -, -n پرالین، شکلات بادام‌دار؛ نقل بادامی
Praliné, das; -s, -s پرالین، شکلات بادام‌دار؛ نقل بادامی
Prall, der; -(e)s, -e برخورد، تصادم، ضربه (شدید)
prall *Adj.* ۱. محکم، سفت ۲. پر، انباشته ۳. [بادبان] برافراشته
prallen *Vi.* برخورد کردن، تصادم کردن
Der Ball prallte gegen die Mauer.
توپ به دیوار برخورد کرد.
Die Sonne prallt aufs Pflaster.
خورشید به شدت روی سنگفرش خیابان می‌تابد.
Präludium, das; -s, -ien (موسیقی) پرلود، پیش درآمد
Prämie, die; -, -n ۱. جایزهٔ نقدی، پاداش نقدی ۲. حق بیمه
Prämiengeschäft, das; -(e)s, -e بیمه
Prämienschein, der; -(e)s, -e ورقهٔ بیمه
prämiieren *Vt.* به (کسی) جایزهٔ نقدی دادن، به (کسی) پاداش نقدی دادن
Prämisse, die; -, -n مقدمه، شرط اولیه
prangen *Vi.* ۱. جلوه کردن، جلب توجه کردن ۲. تابیدن، درخشیدن
Pranger, der; -s, - قاپوق، غل گردن (نوعی آلت شکنجه قدیمی)

Pranke, die; -,-n	پنجه، چنگال (حیوان)
Präparat, das;-(e)s, -e	داروی شیمیایی (آماده شده برای آزمایش)
Präparation, die; -,-en	۱. آمادگی، آماده‌سازی، تهیه، تدارک ۲. داروی شیمیایی (آماده شده برای آزمایش)
präparieren Vt., Vr.	۱. آماده کردن، مهیا ساختن، حاضر کردن ۲. (برای درس) آماده شدن
Präposition, die; -,-en	(دستور زبان) حرف اضافه
präpositional Adj.	حرف اضافه‌ای، مانند حرف اضافه، همراه با حرف اضافه
Prärie, die; -,-n	مرغزار، سبزه‌زار، دشت
Präsens, das; -,-sentia /-senzien	(دستور زبان) زمان حال
Präsenspartizip, das;-s, -e/-ien	(دستور زبان) صفت فاعلی
Präsent, das;-(e)s, -e	تقدیمی، پیشکشی، کادو، هدیه
präsent Adj.	حاضر، (مربوط به) زمان حال
präsentieren Vt., Vr.	۱. اهدا کردن، تقدیم کردن ۲. معرفی کردن، (خود) را شناساندن
Präsentierteller, der; -s, -	سینی، سینی پایه‌دار
auf dem Präsentierteller sein	در معرض دید همه بودن
Präsenz, die; -	حضور
Präservativ, das; -s, -e	کاپوت
Präsident, der; -en, -en	۱. رئیس جلسه ۲. رئیس‌جمهور، جمهور سالار ۳. (شرکت) رئیس هیئت مدیره
Präsidentenwahl, die; -,-en	انتخاب رئیس‌جمهور
Präsidentin, die; -,-nen	۱. رئیس جلسه (زن) ۲. رئیس‌جمهور، جمهور سالار (زن) ۳. (شرکت) رئیس هیئت مدیره (زن)
Präsidentschaft, die; -,-en	۱. ریاست، سرپرستی ۲. دورهٔ ریاست
Präsidialdemokratie, die; -,-n	ریاست سالاری
präsidieren Vt., Vi.	۱. ریاست (جایی) را برعهده داشتن ۲. ریاست کردن، سرپرستی کردن، نظارت کردن
Präsidium, das; -s,-dien	۱. ریاست، سرپرستی ۲. هیئت رئیسه ۳. ادارهٔ مرکزی پلیس
prasseln Vi.	۱. صدای ترق و تروق کردن (آتش) ۲. صدای شر شر باران را شنیدن ۳. هلهله فراوان کردن
prassen Vi.	ولخرجی کردن، اسراف کردن، خوش گذراندن، در ناز و نعمت زیستن
Prasser, der; -s, -	خوش‌گذران، عیاش
Prasserei, die; -,-en	خوش‌گذرانی، عیاشی
Prätendent, der; -en, -en	مدعی (بی‌حق)
Präteritum, das; -s, -ta	(دستور زبان) زمان گذشته، فعل ماضی مطلق
Pratze, die; -,-n	پنجه، چنگال
Prävention, die; -,-en	پیشگیری، جلوگیری
präventiv Adj.	پیشگیر، پیشگیرانه، دافع، جلوگیری‌کننده
Präventivangriff, der; -(e)s, -e	حملهٔ تدافعی، جنگ پیشگیرانه
Präventivkrieg, der; -(e)s, -e	جنگ تدافعی، جنگ پیشگیرانه
Präventivmaßnahme, die; -	اقدام تدافعی، اقدام پیشگیرانه
Präventivschlag, der; -(e)s, ⸗e	حملهٔ تدافعی، حملهٔ پیشگیرانه
Praxis, die; -,-xen	۱. تجربه، تمرین، پراتیک ۲. مطب ۳. دفتر وکیل (مدافع) ۴. مصرف، کاربرد ۵. فعالیت، عملکرد
Präzedenz, die; -,-en	امتیاز، حق تقدم، رجحان
Präzedenzfall, der; -(e)s, ⸗e	مسبوق به سابقه
präzis Adj.	دقیق، صحیح، درست، با ذکر جزئیات
präzisieren Vt.	دقیق‌تر بیان کردن، مشخص کردن، تصریح کردن
Präzision, die; -,-en	دقت، صراحت
Präzisionswaage, die; -,-n	ترازوی خیلی دقیق
predigen Vt., Vi.	۱. وعظ کردن، موعظه کردن، پند دادن، نصیحت کردن ۲. به (کسی) اخطار کردن
Prediger, der; -s, -	واعظ
Predigt, die; -,-en	موعظه، وعظ، پند، اندرز
Preis, der; -es, -e	۱. بها، قیمت، ارزش، نرخ ۲. جایزه ۳. مدح، ثنا
um jeden Preis	به هر قیمت که شده
um keinen Preis	به هیچ قیمت
einen Preis gewinnen	جایزه‌ای را بردن
Preisabbau, der; -(e)s, -ten	کاهش قیمت
Preisabsprache, die; -,-n	توافق بر سر قیمت
Preisänderung, die; -,-en	تغییر قیمت
Preisangabe, die; -,-n	تعیین قیمت، مظنه
Preisanstieg, der; -(e)s, -e	افزایش قیمت
Preisaufgabe, die; -,-n	موضوع جایزه
Preisaufschlag, der; -(e)s, ⸗e	اضافه بها، نرخ اضافی
Preisauftrieb, der; -(e)s, -	صعود قیمت، افزایش بها
Preisausschreiben, das; -s	مسابقه (همراه با جایزه)

Preisbewegung, die; -, -en نوسان قیمت
Preisbewerbung, die; -, -en رقابت، چشم و هم‌چشمی
Preisbildung, die; -, -en تعیین قیمت، نرخ‌گذاری
Preisbindung, die; -, -en تثبیت قیمت
Preisboxer, der; -s, - مشت‌زن حرفه‌ای
Preisdrückerei, die; -, -en تو سر قیمت زدن، چانه زدن
Preiselbeere, die; -, -n زغال‌اخته
Preisempfehlung, die; -, -en قیمت پیشنهادی
preisen *Vt.* از (کسی / چیزی) ستایش کردن، از (کسی / چیزی) تمجید کردن، ستودن، از (کسی / چیزی) تعریف کردن
Preisentwicklung, die; -, -en توسعهٔ بها
Preiserhöhung, die; -, -en افزایش بها، ترقی قیمت
Preisermäßigung, die; -, -en تخفیف بها، کاهش قیمت
Preisfestsetzung, die; -, -en تثبیت قیمت
Preisfrage, die; -, -n موضوع قیمت، مسئلهٔ قیمت
Preisgabe, die; -, -n ۱. تحویل، تسلیم، واگذاری ۲. لو دادن، افشا
preisgeben *Vt.* ۱. تحویل دادن، واگذار کردن، سپردن ۲. لو دادن، فاش کردن (اسرار) ۳. دست از حمایت (کسی) برداشتن
Preisgebung, die; - ۱. تحویل، تسلیم، واگذاری ۲. لو دادن
preisgekrönt *Adj.* برندهٔ جایزه
Preisgericht, das; -(e)s, -e ۱. داوران، ژوری ۲. هیئت منصفه
Preisgestaltung, die; -, -en وضع قیمت
Preisgrenze, die; -, -n حدود بها
preisgünstig *Adj.* ارزان، مناسب
Preisklasse, die; -, -n حدود قیمت، سطح قیمت
Preislage, die; -, -n سطح قیمت، حدود قیمت
preislich *Adj.* از نظر قیمت
Preisliste, die; -, -n صورت قیمت‌ها
Preisnachlaß, der; -lasses, -lasse تخفیف بها، تنزل قیمت
Preispolitik, die; -, -en سیاست نرخ‌گذاری، سیاست مالی
Preisrätsel, das; -s, - چیستان با جایزه
Preisrichter, der; -s, - قاضی صنفی، قاضی دادگاه گران‌فروشان
Preisschießen, das; -s مسابقهٔ تیراندازی
Preisschild, das; -(e)s, -er برچسب قیمت، اتیکت قیمت (کالا)
Preisschwankung, die; -, -en نوسان قیمت
Preissenkung, die; -, -en تنزل بها، تقلیل قیمت
Preisspanne, die; -, -n حدود قیمت
Preissteigerung, die; -, -en افزایش قیمت
Preisstopp, der; -s, -s تثبیت قیمت
Preissturz, der; -es, ⸚e سقوط قیمت
Preisträger, der; -s, - برندهٔ جایزه
Preisträgerin, die; -, -nen برندهٔ جایزه (زن)
Preistreiber, der; -s, - گران‌فروش
Preistreiberei, die; -, -en گران‌فروشی
Preisüberwachung, die; -, -en نظارت بر قیمت‌ها
Preisüberwachungsstelle, die; -, -n سازمان نظارت بر قیمت‌ها
Preisvergleich, der; -(e)s, -e مقایسهٔ قیمت‌ها
Preisverzeichnis, das; -nisses, -nisse صورت قیمت‌ها
preiswert *Adj.* [قیمت] مناسب، ارزنده
Preiswucher, der; -s, - گران‌فروش
preiswürdig *Adj.* [قیمت] مناسب، ارزنده
prekär *Adj.* مشکل، معضل، بغرنج
Prellbock, der; -(e)s, ⸚e ضربت خور، حائل، سپر (قطار)
prellen *Vt., Vi.* ۱. به (جایی) سخت برخورد کردن، به (جایی) زدن ۲. به (جایی) مشت کوبیدن ۳. گول زدن، فریب دادن ۴. سریع و شتابان دویدن (حیوان)
Preller, der; -s, - گول‌زننده، فریب‌دهنده
Prellerei, die; -, -en گول، فریب، حیله، مکر
Prellstein, der; -(e)s, -e سنگ جدول، ضربه‌گیر سنگی
Prellung, die; -, -en کوفتگی عضلات
Prélude, das; -s, -s (موسیقی) پرلود، پیش‌درآمد
Premiere, die; -, -n (در نمایش) اولین اجرا، افتتاح
Premierminister, der; -s, - نخست‌وزیر
preschen *Vi.* با عجله آمدن، با عجله رفتن
Er ist mit dem Motorrad über die Autobahn geprescht.
او با موتورسیکلت به سرعت از اتوبان گذشت.
pressant *Adj.* فوری، سریع، باعجله
Presse, die; -, -n ۱. مطبوعات، جراید ۲. ماشین پرس ۳. دستگاه چاپ ۴. دستگاه آب‌میوه‌گیری
Presseagentur, die; -, -en خبرگزاری مطبوعات
Presseamt, das; -(e)s, ⸚er ادارهٔ مطبوعات

Pressebericht, der; -(e)s, -e گزارش مطبوعاتی
Pressechef, der; -s, -s رئیس خبرگزاری
Pressedienst, der; -es, -e خبرگزاری
Presseerklärung, die; -, -en گزارش مطبوعاتی
Pressefotograph, der; -en, -en خبرنگار عکاس
Pressefreiheit, die; - آزادی مطبوعات، آزادی قلم
Pressegesetz, das; -es, -e قانون مطبوعات
Pressegespräch, das; -(e)s, -e
گفت‌وگوی مطبوعاتی
Pressekommentar, der; -s, -e تفسیر مطبوعاتی
Pressekonferenz, die; -, -en مصاحبهٔ مطبوعاتی
Pressemeldung, die; -, -en گزارش مطبوعاتی
pressen *Vt.* ۱. فشار دادن، زور دادن، فشردن
۲. پرس کردن ۳. گرفتن (آب‌میوه)
Pressespiegel, der; -s, - بررسی مطبوعات
Pressesprecher, der; -s, - سخنگوی مطبوعات
Pressestimmen, die / *Pl.* نظر جراید
Pressetribüne, die; -, -n جایگاه خبرنگاران
Presseverlautbarung, die; -, -en
اطلاعیهٔ مطبوعاتی
Pressevertreter, der; -s, - نمایندهٔ خبرگزاری
Preßglas, das; -es, ⸚er شیشهٔ فشرده
Preßholz, das; -es, ⸚er تختهٔ فشرده
pressieren *Vi.* عجله داشتن؛ ضرورت داشتن
Ich bin etwas pressiert. کمی عجله دارم.
Preßkohle, die; -, -n خاک زغال قالبی،
سوخت فشرده
Preßluft, die; - هوای متراکم، هوای فشرده
Preßluftbohrer, der; -s, - متهٔ بادی
Preßlufthammer, der; -s, ⸚ چکش بادی،
چکش پرچ با سیستم هوای فشرده
Preßstoff, der; -(e)s, -e پلاستیک، مادهٔ پلاستیکی
Prestige, das; -s حیثیت، اعتبار، آبرو، پرستیژ
Prestigeverlust, der; -(e)s, -e بی‌حیثیتی
Preuße, der; -n, -n پروسی
Preußin, die; -, -nen پروسی (زن)
preußisch *Adj.* پروسی
prickeln *Vi., Vt.* ۱. سوزن سوزن شدن، مور مور شدن
۲. غلغلک دادن
Priel, der; -(e)s, -e شیار باریک در ماسه‌های کنار دریا
Priele, die; -, -n شیار باریک در ماسه‌های کنار دریا
Priem, der; -(e)s, -e توتون جویدنی
Priemtabak, der; -(e)s, -e توتون جویدنی
pries *P.* صیغهٔ فعل گذشتهٔ مطلق از مصدر preisen

Priester, der; -s, - کشیش، روحانی؛ مجتهد
Priesteramt, das; -(e)s, ⸚er کشیشی، مقام کشیش
Priesterin, die; -, -nen کشیش، روحانی (زن)
priesterlich *Adj.* کشیش‌وار
Priesterrock, der; -(e)s, ⸚e جبه، قبا
Priesterschaft, die; - روحانیت
Priestertum, das; -(e)s روحانیت
Priesterweihe, die; -, -n انتصاب کشیش
Prima, die; -, -men شاگرد اول، شاگرد نمونه
prima *Adj.* عالی، ممتاز، درجه یک، خیلی خوب، اعلا
Das hast du prima gemacht.
این کار را بسیار خوب انجام دادی.
Primaballerina, die; -, -nen رقاصهٔ اول باله
Primadonna, die; -, -nen (در اپرا) خوانندهٔ اول زن
Primaner, der; -s, - دانش‌آموز نمونه
Primanerin, die; -, -nen دانش‌آموز نمونه (زن)
primär *Adj.* مقدماتی، نخستین، ابتدایی، اولیه
Primat, der / das; -(e)s, -e ۱. پیشوای مذهبی ۲. تقدم،
برتری، رجحان
Primaten, die / *Pl.* نخستی‌ها، پستانداران نخستین پایه
Primel, die; -, -n (گیاه) پامچال، زهرالربیع
primitiv *Adj.* ۱. بدوی، ابتدایی، مقدماتی ۲. غیرمتمدن،
وحشی
Primus, der; -, -mi / -se شاگرد اول، شاگرد نمونه
Primzahl, die; -, -en (ریاضی) عدد اول
Printe, die; -, -n (نوعی) نان شیرینی کوچک
Prinz, der; -en, -en پرنس، شاهزاده، شاهپور
Prinzessin, die; -, -nen پرنسس، شاهزاده خانم،
شاهدخت
Prinzgemahl, der; -(e)s, -e همسر شاهزاده
Prinzip, das; -s, -ien ۱. اصل، قاعدهٔ کلی، اساس،
مبدأ ۲. طرز فکر
Im Prinzip habe ich nichts dagegen.
در حقیقت مخالفتی (با این موضوع) ندارم.
Prinzipal, der; -s, -e مدیر، رئیس
prinzipiell *Adj.* در اصل، اساساً، اصولاً
Prinzipienreiter, der; -s, - جدی، اصولی، دقیق
prinzlich *Adj.* ۱. شاهزاده‌وار ۲. باشکوه
Prior, der; -s, -en سرپرست صومعه
Priorin, die; -, -nen سرپرست صومعه (زن)
Priorität, die; -, -en تقدم، برتری، رجحان، اولویت
Prioritätsaktie, die; -, -n حق‌تقدم، بخش مقدم
Prise, die; -, -n اندک، ذره، مقدار ناچیز
ein Prise Salz کمی نمک

Prisma, das; -s, -men منشور
prismatisch Adj. منشوری
Prismenspektrum, das; -s, -tren / -tra طیف منشوری
Pritsche, die; -, -n ۱. وسیلهٔ نواختن طبل کوچک ۲. تختخواب سفری ۳. سطح بارگیری کامیون، سطح بارگیری تریلر
privat Adj. خصوصی، شخصی، فردی؛ محرمانه؛ اختصاصی
die private Industrie صنایع بخش خصوصی
Privatabmachung, die; -, -en سازش خصوصی
Privatadresse, die; -, -n نشانی منزل
Privatangelegenheit, die; -, -en موضوع خصوصی
Privatanleihe, die; -, -n وام خصوصی
Privatbank, die; -, -en بانک خصوصی
Privatbesitz, der; -es, -e مالکیت خصوصی، دارایی شخصی
Privatdozent, der; -en, -en دانشیار غیررسمی، مدرس خصوصی
Privateigentum, das; -(e)s مالکیت خصوصی، دارایی شخصی
Privateinkommen, das; -s, - درآمد خصوصی
Privatgespräch, das; -(e)s, -e گفت‌وگو، مکالمه (خصوصی)
Privatgläubiger, der; -s, - بستانکار خصوصی، طلبکار خصوصی
Privathaus, das; -es, -häuser خانهٔ شخصی
privatim Adv. به‌صورت خصوصی
jemanden privatim empfangen از کسی به صورت خصوصی استقبال کردن
Privatinitiative, die; -, -n ابتکار فردی
Privatinteresse, das; -s, -n نفع شخصی، علاقهٔ شخصی
privatisieren Vt., Vi. ۱. خصوصی کردن (سرمایه) ۲. به بخش خصوصی واگذار کردن ۳. از محل پس‌انداز زندگی کردن
Privatisierung, die; -, -en خصوصی‌سازی (سرمایه)
Privatkapital, das; -(e)s, -e / -ien سرمایهٔ خصوصی
Privatkläger, der; -s, - شاکی خصوصی، مدعی خصوصی، دادخواه خصوصی
Privatleben, das; -s, - زندگی شخصی، زندگی خصوصی
Privatlehrer, der; -s, - معلم خصوصی، معلم سرخانه
Privatmann, der; -(e)s, -leute کسی که شغل آزاد دارد

Privatrecht, das; -(e)s, - حقوق فردی
Privatsache, die; -, -n موضوع خصوصی
Privatschuld, die; -, -en جرم خصوصی؛ بدهی خصوصی
Privatschule, die; -, -n مدرسهٔ ملی، مدرسهٔ خصوصی
Privatsphäre, die; -, -n گوشهٔ عزلت
Privatstunde, die; -, -n دروس خصوصی
Privattestament, das; -(e)s, -e وصیت‌نامهٔ شخصی
Privatunternehmen, das; -s بنگاه خصوصی، پیمانکاری خصوصی
Privatunterricht, der; -(e)s, -e درس خصوصی
Privatvermögen, das; -s, - دارایی شخصی
Privatversicherung, die; -, -en بیمهٔ خصوصی
Privatwirtschaft, die; -, -en اقتصاد خصوصی
Privileg, das; -s, -ien / -e امتیاز
privilegieren Vt. به (کسی) امتیاز دادن
privilegiert Adj. دارای امتیاز مخصوص
Privilegium, das; -s, -ien امتیاز
Pro, das
Pro und Kontra موافقین و مخالفین
pro Präp. توسطِ، به‌وسیلهٔ، با، برای هر یک، هر
Proband, der; -en, -en شخص مورد آزمایش
probat Adj. امتحان شده، آزموده
Probe, die; -, -n ۱. آزمایش، آزمون، امتحان، نمونه ۲. (در نمایش) تمرین ۳. مقدار کمی از چیزی
Er hat die Probe bestanden. او در آزمون قبول شد.
Probeabzug, der; -(e)s, ⸚e ۱. نمونهٔ غلط‌گیری شده ۲. چرکنویس
Probeanwärter, der; -s, - کارآموز، کارمند تحت آزمایش
Probeanwärterin, die; -, -nen کارآموز، کارمند تحت آزمایش (زن)
Probeaufnahmen, die / Pl. (در مورد فیلم، رادیو) ضبط آزمایشی
Probeauftrag, der; -(e)s, ⸚e سفارش آزمایشی
Probebestellung, die; -, -en سفارش آزمایشی
Probebogen, der; -s, - / ⸚ نمونهٔ غلط‌گیری شده
Probeentnahme, die; -, -n نمونه‌برداری
Probeexemplar, das; -s, -e نسخهٔ نمونه
Probefahrt, die; -, -en (برای امتحان وسیلهٔ نقلیه) گشت آزمایشی
Probeflug, der; -(e)s, ⸚e پرواز آزمایشی
probehaltig Adj. امتحان داده، امتحان شده

Probejahr, das; -(e)s, -e سال آزمایشی، سال کارآموزی
Probekauf, der; -(e)s, -käufe خرید آزمایشی
Probelauf, der; -(e)s, -läufe به‌کاراندازی دستگاه (جهت آزمایش)
Probelöffel, der; -s, - ابزار نمونه‌برداری
proben *Vt.* ۱. تمرین کردن ۲. امتحان کردن، آزمودن، تجربه کردن
Probenummer, die; -, -n (در روزنامه) شمارهٔ نمونه، نسخهٔ نمونه
Probeschuß, der; -schusses, -schüsse گلولهٔ آزمایشی
Probesendung, die; -, -en ۱. فرستندهٔ آزمایشی ۲. نمونهٔ فرستاده
Probestart, der; -(e)s, -e/-s پرواز آزمایشی
Probestück, das; -(e)s, -e نمونه، مسطوره
probeweise *Adv.* در مرحلهٔ آزمایش، آزمایشی
jemanden **probeweise einstellen**
کسی را به صورت آزمایشی استخدام کردن
Probezeit, die; -, -en دورهٔ آزمایشی، دورهٔ کارآموزی
probieren *Vt.* ۱. امتحان کردن، آزمودن، تجربه کردن، آزمایش کردن ۲. مزه کردن، چشیدن
Probiernadel, die; -, -n سوزن محک
Probierofen, der; -s, ⸚ بوتهٔ آزمایش
Probierstein, der; -(e)s, -e سنگ محک، معیار
Problem, das; -s, -e مسئله، مشکل، گرفتاری
Das ist kein Problem. مسئله‌ای نیست.
Problematik, die; - اشکال، پیچیدگی
problematisch *Adj.* ۱. مشکل، پیچیده، دشوار، سخت ۲. مبهم، سؤال‌برانگیز، مسئله‌ساز
problemlos *Adj.* بی‌اشکال، بی‌دردسر
Problemstück, das; -(e)s, -e نمایش مسئله برانگیز، نمایش نکته‌دار
Produkt, das; -(e)s, -e ۱. فراورده، تولید، محصول، حاصل ۲. (ریاضی) نتیجه، حاصل‌ضرب
Produktenhandel, der; -s, ⸚ معاملهٔ فراورده
Produktenmarkt, der; -(e)s, ⸚e بازار مصرف محصول
Produktion, die; -, -en تولید، فراوری، ساخت، تهیه
Produktionsanlage, die; -, -n واحد تولید، کارخانه
Produktionsgüter, die / *Pl.* اجناس تولیدی
Produktionskosten, die / *Pl.* هزینهٔ تولید، هزینهٔ ساخت
Produktionsleiter, die; -, -n مدیر تولید
Produktionsmethode, die; -, -n روش تولید
Produktionsplanung, die; -, -en برنامهٔ تولید
Produktionsprozeß, der; -zesses, -zesse روند تولید
Produktionssteigerung, die; -, -en افزایش تولید
Produktionsziel, das; -(e)s, -e هدف تولید
Produktionszweig, der; -(e)s, -e رشتهٔ تولید
produktiv *Adj.* مفید، سازنده، بارآور، مولد، پرحاصل، سودمند
Produktive Kritik ist stets willkommen.
انتقاد سازنده همیشه مطلوب است.
Produktivität, die; - ۱. حاصل‌خیزی، سودمندی، بارآوری ۲. قدرت تولید، قابلیت تولید
Produzent, der; -en, -en تهیه کننده، تولیدکننده، سازنده، مولد
produzieren *Vt., Vr.* ۱. تولید کردن، ساختن، عمل آوردن ۲. توجه دیگران را به (خود) جلب کردن
profan *Adj.* ۱. غیر روحانی، نامقدس، کفرآمیز ۲. پیش پا افتاده، بی‌محتوا
profanieren *Vt.* به (کسی) بی‌احترامی کردن، به (کسی) بی‌حرمتی کردن
Profession, die; -, -en پیشه، حرفه، شغل
Professional, der; -s, -e حرفه‌ای، شغلی، (ورزشکار) حرفه‌ای
professionell *Adj.* حرفه‌ای، شغلی
Professor, der; -s, -en پروفسور، استاد، مدرس
Professorin, die; -, -nen پروفسور، استاد، مدرس (زن)
Professur, die; -, -en کرسی استادی
Profi, der; -s, -s حرفه‌ای، تخصصی
Profifußball, der; -(e)s, ⸚ فوتبال حرفه‌ای
Profil, das; -s, -e ۱. پروفیل؛ نیم‌رخ ۲. خصوصیات بارز ۳. برش، مقطع ۴. عاج (لاستیک اتومبیل)
profilieren *Vt., Vr.* ۱. نیم‌رخ کشیدن ۲. (خود) را نشان دادن
profiliert *Adj.* برجسته
Profilneurose, die; -, -n روان نژندی
Profispieler, der; -s, - بازیکن حرفه‌ای
Profit, der; -(e)s, -e سود، فایده، منفعت
Profit machen سود بردن
profitieren *Vt., Vi.* سود بردن، منفعت داشتن، فایده بردن
von etwas **profitieren** از چیزی سود بردن
Profitmacher, der; -s, - سودجو، منفعت‌طلب

Proformarechnung 640

Proformarechnung, die; -, -en سیاههٔ مقدماتی، پیش فاکتور

Proformazahlung, die; -, -en پیش قسط، پیش پرداخت

profund *Adj.* عمیق، ژرف، گود

profus *Adj.* خیلی زیاد، بسیار

Prognose, die; -, -n پیش‌بینی، تشخیص (روند بیماری)

Prognostik, die; - علم تشخیص بیماری

prognostisch *Adj.* پیش‌بینانه

prognostizieren *Vt.* پیشگویی کردن، پیش‌بینی کردن

Programm, das; -s, -e برنامه

Hast du für heute schon ein Programm?

برای امروزت برنامه‌ای داری؟

Programmausstattung, die; -, -en (کامپیوتر) نرم‌افزار

programmgemäß *Adj.* مطابق برنامه

programmierbar *Adj.* قابل برنامه‌ریزی

programmieren *Vt.* (کامپیوتر) برنامه‌نویسی کردن، برنامه‌ریزی کردن

Programmierer, der; -s, - (کامپیوتر) برنامه‌ریز، برنامه‌نویس

Programmiererin, die; -, -nen (کامپیوتر) برنامه‌ریز، برنامه‌نویس (زن)

Programmierung, die; -, -en (کامپیوتر) برنامه‌ریزی، برنامه‌نویسی

Programmusik, die; - موسیقی برنامه‌ای (موسیقی که روی یک داستان، یک حادثهٔ تاریخی، یا یک تصویر ذهنی تصنیف شده باشد)

Programmpunkt, der; -(e)s, -e ۱. بخش، قطعه ۲. قسمتی از برنامه

Programmspeicher, der; -s, - حافظهٔ کامپیوتر

Programmspeicherplatz, der; -es, ⸚e محل حافظهٔ کامپیوتر

Programmvorschau, die; -, -en (در تلویزیون) اعلام برنامه

Programmzeitschrift, die; -, -en مجلهٔ هفتگی برنامه‌های رادیو و تلویزیون

Progreß, der; -gresses, -gresse پیشرفت، ترقی، توسعه

Progression, die; -, -en ۱. پیشروی، سیر تکاملی، فراگشت ۲. (ریاضی) تصاعد

progressiv *Adj.* ۱. پیشرو، مترقی ۲. تصاعدی؛ جلورونده؛ روزافزون

prohibieren *Vt.* منع کردن، قدغن کردن

Prohibition, die; -, -en منع، قدغن

Projekt, das; -(e)s, -e پروژه، طرح، نقشه، برنامهٔ کار

projektieren *Vt.* طرح‌ریزی کردن، نقشهٔ (چیزی) را کشیدن، برنامه‌ریزی کردن

Projektion, die; -, -en ۱. برنامه‌ریزی، نقشه‌کشی، طرح‌ریزی ۲. (تصویر، اسلاید) نمایش

Projektionsapparat, der; -(e)s, -e پروژکتور؛ پرتوافکن

Projektionsschirm, der; -(e)s, -e پردهٔ سینما؛ صفحهٔ تلویزیون

Projektor, der; -s, -en پروژکتور؛ پرتوافکن

projizieren *Vt.* (روی پرده) تصویر کردن، نمایش دادن، تصویر (چیزی) را انداختن

Proklamation, die; -, -en اعلام رسمی، اعلامیه، آگهی، بیانیه، اعلان

proklamieren *Vt.* اعلام کردن، ندا دادن، جار زدن، به اطلاع عموم رساندن

Pro-Kopf-Einkommen, das; -s, - درآمد سرانه

Prokura, die; -, -ren ۱. حصول، تحصیل ۲. وکالت

Prokurist, der; -en, -en وکیل شرکت، نمایندهٔ شرکت

Prokuristin, die; -, -nen وکیل شرکت، نمایندهٔ شرکت (زن)

Prolet, der; -en, -en رنجبر، زحمتکش

Proletariat, das; -(e)s, -e پرولتاریا، طبقهٔ رنجبر، جامعهٔ کارگری

Proletarier, der; -s, - پرولتر، رنجبر، کارگر، عضو طبقهٔ کارگر

proletarisch *Adj.* پرولتری، کارگری، (وابسته به) طبقهٔ کارگر

Prolog, der; -s, -e پیش‌گفتار، سرآغاز، مقدمه

prolongieren *Vt.* امتداد دادن، تمدید کردن، بسط دادن

Prolongierung, die; -, -en امتداد، تمدید

Promenade, die; -, -n ۱. گردش، تفرج، سیر ۲. گردشگاه، تفرجگاه

Promenadendeck, das; -(e)s, -e/-s (در کشتی) عرشهٔ تفریحی، عرشهٔ فوقانی

Promenadenkonzert, das; -(e)s, -e کنسرت در هوای آزاد

promenieren *Vi.* گردش کردن، تفرج کردن

Promille, das; -(s), - یک هزارم (عیار الکل در خون)

Promillegrenze, die; -, -n (در موقع رانندگی) حد مجاز مقدار الکل در خون

prominent *Adj.* برجسته، ممتاز، مهم، والا
Prominente, der/die; -n, -n شخصیت مهم، شخص برجسته
Prominenz, die; -, -en شخصیت، اعتبار (فردی / اجتماعی)
Promotion, die; -, -en ۱. فرهیختگی ۲. درجهٔ دکتری
promovieren *Vt., Vi.* ۱. درجهٔ دکتری دادن ۲. درجهٔ دکتری گرفتن، فارغ‌التحصیل شدن
prompt *Adj.* سریع، فوری، بی‌درنگ، تند
Promptheit, die; - سرعت، فوریت، تندی
promulgieren *Vt.* بسط دادن، توسعه دادن، اشاعه دادن (قانون)
Pronomen, das; -s, - / -mina (دستور زبان) ضمیر
pronominal *Adj.* ضمیری، (وابسته به) ضمیر
prononcieren *Vt., Vi.* رسماً اظهار داشتن، تأکید کردن
Propaganda, die; - تبلیغ، تبلیغات، پروپاگاند
Propaganda für etwas **machen** برای چیزی تبلیغ کردن
Propagandist, der; -en, -en مبلغ
propagandistisch *Adj.* تبلیغاتی
propagieren *Vt.* تبلیغ کردن، برای (چیزی) تبلیغات کردن؛ اشاعه دادن (مطلب)
Propeller, der; -s, - ۱. ملخ (هواپیما) ۲. پروانهٔ کشتی، پروانهٔ موتور
proper *Adj.* تمیز، مرتب؛ مناسب
Prophase, die; -, -n پروفاز (مرحلهٔ اولیهٔ تقسیم سلولی)
Prophet, der; -en, -en ۱. پیامبر، پیغمبر، نبی، رسول، فرستاده ۲. پیشگو، غیبگو
prophetisch *Adj.* ۱. پیامبرانه، نبوی ۲. پیشگویانه
prophezeien *Vt.* پیشگویی کردن، غیبگویی کردن
Prophezeiung, die; -, -en پیشگویی، غیبگویی
prophylaktisch *Adj.* پیشگیرانه
Prophylaxe, die; -, -n جلوگیری، پیشگیری (از بیماری)
Proportion, die; -, -en تناسب بین قطعات
proportional *Adj.* نسبی، تناسبی، متناسب
Proportionalität, die; -, -en تناسب
Proportionalitätsfaktor, der; -s, -en ضریب تناسب
proportionell *Adj.* نسبی، تناسبی
proportioniert *Adj.* متناسب، درخور، فراخور
Propst, der; -es, ⸚e (عنوان) روحانی مسیحی
Prosa, die; - نثر
Prosadichtung, die; -, -en نثر مسجع
Prosaiker, der; -s, - نثرنویس
prosaisch *Adj.* نثری، نثرمانند، منثور
pros(i)t *Interj.* (در موقع نوشیدن) نوش، نوش جان، به سلامتی
Prosodie, die; -, -n عروض (تلفظ واژه‌ها از نظر وزن)
Prospekt, der; -(e)s, -e ۱. منظره، چشم‌انداز ۲. جزوهٔ تبلیغاتی، نشریهٔ تبلیغاتی، کاتالوگ کوچک
Prostata, die; -, -tae غدهٔ پروستات
prostituieren *Vt.* روسپی شدن، خودفروشی کردن، فاحشه شدن
Prostituierte, die; -n, -n فاحشه، روسپی، خودفروش
Prostitution, die; - فحشا، فاحشگی، خودفروشی، روسپی‌گری
protegieren *Vt.* از (کسی) حمایت کردن، از (کسی) پشتیبانی کردن
Protein, das; -s, -e پروتئین
Protektion, die; -, -en حمایت، پشتیبانی
Protest, der; -es, -e اعتراض، شکایت، واخواهی، واخواست
Protest erheben اعتراض کردن
Protestaktion, die; -, -en عمل اعتراض‌آمیز
Protestant, der; -en, -en ۱. پروتستان ۲. معترض
Protestantin, die; -, -nen ۱. پروتستان (زن) ۲. معترض (زن)
protestantisch *Adj.* پروتستانی، (وابسته به) فرقهٔ پروتستان
Protestantismus, der; - مذهب پروتستان
protestieren *Vi.* اعتراض کردن، واخواهی کردن، واخواست کردن
Protestkundgebung, die; -, -en میتینگ اعتراضی، گردهمایی اعتراض‌آمیز
Protestmarsch, der; -es میتینگ اعتراضی، گردهمایی اعتراض‌آمیز
Protestversammlung, die; -, -en جلسهٔ واخواهی، جلسهٔ اعتراض
Prothese, die; -, -n اندام مصنوعی
Protokoll, das; -s, -e ۱. پروتکل، صورت‌جلسه، پیش‌نویس، صورت‌مجلس ۲. (در وزارت خارجه) ادارهٔ تشریفات
Chef des Protokolls رئیس تشریفات
zu Protokoll führen صورت‌جلسه نوشتن
Protokollant, der; -en, -en نویسندهٔ صورت‌جلسه، صورت‌مجلس‌بردار
protokollarisch *Adj.* صورت‌جلسه‌ای

Protokollchef, der; -s, -s رئیس تشریفات
Protokollführer, der; -s, - منشی، نویسندهٔ صورت‌جلسه، صورت‌مجلس‌بردار
protokollieren *Vt.* صورت‌جلسهٔ (چیزی) را نوشتن، صورت‌مجلس کردن
Proton, das; -s, -en (شیمی) پروتون
Protoplasma, das; -s (زیست‌شناسی) پروتوپلاسم (مادهٔ زنده سلول)
Protz, der; -en, -en خودنما، متظاهر، لاف‌زن، نوکیسه
protzen *Vi.* خودنمایی کردن، پز دادن، تظاهر کردن، لاف زدن
Er protzt mit seinem vielen Geld.
او پول زیاد خود را به رخ دیگران می‌کشد.
Protzerei die; -, -en پز و افاده
protzig *Adj.* متظاهرانه، خودنمایانه؛ افاده‌فروش، گزافه‌گو
Proviant, der; -(e)s, -e خوردنی، آذوقهٔ سفر، توشهٔ راه
Provinz, die; -, -en ایالت، شهرستان، ولایت، حوزه
Provinzial, der; -s, -e ایالتی، شهرستانی، ولایتی
provinziell *Adj.* ایالتی، شهرستانی، ولایتی
Provinzler, der; -s, - اهل شهرستان، شهرستانی
Provinzlerin, die; -, -nen اهل شهرستان، شهرستانی (زن)
Provision, die; -, -en کمیسیون، حق‌العمل، کارمزد، حق‌دلالی
Provisor, der; -s, -en داروفروش، دوافروش
provisorisch *Adj.* موقتی، مشروط، موقتاً
provisorische Lösung راه‌حل موقتی
Provisorium, das; -s, -rien چارهٔ موقت
Provokateur, der; -s, -e محرک، فتنه‌انگیز
Provokation, die; -, -en انگیزش، تحریک، برانگیزی
provokatorisch *Adj.* تحریک‌آمیز
provozieren *Vt.* تحریک کردن، برانگیختن، وادار کردن
prozedieren *Vi.* پیشرفت کردن، پیش رفتن
Prozedur, die; -, -en جریان ناخوشایند
Prozent, das; -(e)s, -e درصد
Prozentgehalt, der; -(e)s, -e مقدار درصد
Prozentrechnung, die; -, -en محاسبهٔ درصدی، محاسبهٔ مقدار
prozentual *Adj.* درصدی، به میزان درصد
Prozeß, der; -zesses, -zesse ۱. مرافعه، دعوا، محاکمه، دادخواهی ۲. پویش، روند، فرایند ۳. (شیمی) فعل و انفعال
Prozeßagent, der; -en, -en مستشار، رایزن محاکمه
Prozeßakten, die / *Pl.* سابقهٔ دادخواهی، پروندهٔ دادخواهی
Prozeßbevollmächtigte, der / die; -n, -n وکیل دادرسی
prozeßfähig *Adj.* دارای صلاحیت دادرسی
Prozeßfähigkeit, die; -, -en صلاحیت دادرسی
Prozeßführer, der; -s, - شاکی، مدعی، اقامه‌کنندهٔ دعوا
Prozeßführung, die; -, -en جریان مرافعه، اقامهٔ دعوا
Prozeßgebühr, die; -, -en مخارج محاکمه، عوارض دادگاه
Prozeßgegenstand, der; -(e)s, =e موضوع مورد مرافعه
Prozeßgegner, der; -s, - طرف مرافعه، مدعی دعوا
Prozeßgericht, das; -(e)s, -e محکمهٔ دادرسی
Prozeßhandlung, die; -, -en عمل دادرسی، محاکمه
prozessieren *Vi.* دادخواهی کردن، اقامهٔ دعوا کردن، درخواست دادن
Prozession, die; -, -en ۱. تظاهرات، راهپیمایی ۲. ترقی، پیشرفت
an einer Prozession teilnehmen
در تظاهراتی شرکت کردن
Prozeßkosten, die / *Pl.* مخارج دادرسی، هزینهٔ دعوا
Prozeßordnung, die; -, -en نظام دادخواهی، قانون دادرسی
Prozeßpartei, die; -, -en خصم، طرف دعوا
Prozeßrecht, das; -(e)s, - حقوق دادرسی
prozeßunfähig *Adj.* فاقد صلاحیت دادرسی
Prozeßunfähigkeit, die; -, -en عدم صلاحیت دادرسی
Prozeßurteil, das; -s, -e حکم دادرسی، رأی محاکمه
Prozeßverfahren, das; -s اصول محاکمه
Prozeßvergleich, der; -(e)s, -e مصالحه، مصالحهٔ دعوا
Prozeßvollmacht, die; -, =e وکیل دعوا، وکیل تام‌الاختیار
Prozeßvoraussetzungen, die / *Pl.* شرایط محاکمه
prüde *Adj.* زیاده از حد خجالتی (به خصوص در امور جنسی)
Prüderie, die; - خجالت بیش از حد (به خصوص در امور جنسی)

prüfen *Vt.*	۱. امتحان کردن، آزمایش کردن، آزمودن ۲. بررسی کردن، کنترل کردن
den Geschmack einer Speise prüfen	مزه غذایی را چشیدن
eine Behauptung auf Wahrheit prüfen	صحت ادعایی را مورد بررسی قرار دادن
Prüfer, der; -s, -	ممتحن
Prüffeld, das; -(e)s, -er	محل کنترل و آزمایش
Prüfling, der; -s, -e	امتحان‌دهنده، امتحان‌شونده
Prüfmaschine, die; -, -n	دستگاه کنترل
Prüfstand, der; -(e)s, ⸚e	محل آزمایش، جایگاه امتحان
Prüfstein, der; -(e)s, -e	محک، سنگ محک، معیار
Prüfung, die; -, -en	۱. معاینه، تحقیق، بررسی، رسیدگی ۲. آزمون، امتحان ۳. آزمایش
eine Prüfung machen	امتحان دادن
eine Prüfung bestehen	در امتحان قبول شدن
in einer Prüfung durchfallen	در امتحانی مردود شدن
Prüfungsarbeit, die; -, -en	تکلیف امتحانی
Prüfungsausschuß, der; -schusses, -schüsse	هیئت ممتحنه، ژوری
Prüfungsbedingungen, die / Pl.	شرایط امتحان
Prüfungsergebnis, das; -nisses, -nisse	نتیجهٔ امتحان
Prüfungsfrage, die; -, -n	پرسش امتحانی
Prüfungskandidat, der; -en, -en	داوطلب امتحان، امتحان‌شونده
Prüfungskommission, die; -, -en	هیئت ممتحنه، ژوری
Prüfungsordnung, die; -, -en	آئین‌نامهٔ امتحانی
Prügel, der; -s, -	۱. چماق، چوب‌دستی کلفت ۲. کتک، تنبیه
Prügel bekommen	کتک خوردن
Prügelei, die; -, -en	کتک‌کاری، زد و خورد
Prügelknabe, der; -n, -n	سپر بلا، کتک‌خور
prügeln *Vt.*	۱. کتک‌کاری کردن، نزاع کردن، دعوا کردن ۲. کتک زدن
mit jemandem prügeln	با کسی زد و خورد کردن
Prügelstrafe, die; -, -n	تنبیه بدنی
Prunk, der; -(e)s	شکوه، جلال، تجمل، زرق و برق
prunken *Vi.*	۱. خودنمایی کردن، فخر کردن ۲. به رخ دیگران کشیدن
Sie hat mit ihrem kostbaren Schmuck geprunkt.	او جواهرات پرارزش خود را به رخ دیگران کشید.
prunkend *Adj.*	زرق و برق‌دار، مجلل، پرتجمل
prunkhaft *Adj.*	زرق و برق‌دار، مجلل، پرتجمل
prunklos *Adj.*	ساده، بی‌تجمل
Prunkstück, das; -(e)s, -e	نمایش مجلل
Prunksucht, die; -	جلوه، تجمل‌خواهی
prunksüchtig *Adj.*	خودنما، اهل تجمل
prunkvoll *Adj.*	باشکوه، مجلل، پرزرق و برق
prusten *Vi.*	۱. خر و پف کردن ۲. پر صدا عطسه کردن
Psalm, der; -s, -en	مزمور، پسالم (سرود مذهبی قوم یهود)
die Psalmen Davids	مزامیر داود
Psalmist, der; -en, -en	مزمورخوان، مزمورسرا
Psalter, der; -s, -	کتاب مزامیر داود، کتاب سرودهای مذهبی یهودیان
pseudo *Adj.*	کاذب، دروغی، ظاهری
Pseudonym, das; -s, -e	اسم مستعار، تخلص، کنیه
pseudonym *Adj.*	دارای اسم مستعار
pst *Interj.*	هیس، ساکت، آرام، خاموش
Psyche, die; -, -n	روح، روان، جان
Psychiater, der; -s, -	روان‌پزشک
Psychiaterie, die; -, -n	روان‌پزشکی، روان‌درمانی
psychiatrieren *Vt.*	روان‌درمانی کردن
psychiatrisch *Adj.*	(مربوط به) روان‌شناسی
psychisch *Adj.*	روحی، روانی، از لحاظ روانی
Psychoanalyse, die; -	روانکاوی، تحلیل روانی
Psychoanalytiker, der; -s, -	روانکاو
Psychologe, der; -n, -n	روان‌شناس
Psychologie, die; -	پسیکولوژی، روان‌شناسی (رشته)
Psychologin, die; -, -nen	روان‌شناس (زن)
psychologisch *Adj.*	(مربوط به) روان‌شناسی، از لحاظ روان‌شناسی
Psychopath, der; -en, -en	بیمار روانی، روان رنجور
psychopathisch *Adj.*	روان رنجور
Psychopathie, die; -, -n	روان رنجوری
Psychopharmaka, die / Pl.	داروهای روان پزشکی
Psychose, die; -, -n	روان‌پریشی، جنون، بیماری روحی
Psychosomatik, die; -	علم روان‌تنی
psychosomatisch *Adj.*	روان‌تنی
Psychotherapeut, der; -en, -en	پزشک متخصص در روان درمانی
Psychotherapie, die; -, -n	روان درمانی
Pubertät, die; -	بلوغ، رسایی

Pubeszenz, die; - بلوغ جنسی
publice *Adv.* عمومی، همگانی، عامه
Publicity, die; - ۱. اشتهار، شهرت ۲. تبلیغات
publik *Adj.* عمومی، همگانی، عامه
Publikation, die; -, -en ۱. نشر، انتشار ۲. رساله، نشریه
Publikum, das; -s ۱. عامه، مردم، عموم، همگان ۲. تماشاچیان، بینندگان؛ شنوندگان (برنامهٔ هنری)
publizieren *Vt.* نشر دادن، منتشر کردن، اشاعه دادن
Publizist, der; -en, -en روزنامه‌نگار
Publizistik, die; - روزنامه‌نگاری
publizistisch *Adj.* (مربوط به) روزنامه‌نگاری
Publizität, die; - علنیت، آشکاری، عمومیت؛ اشتهار
Publizitätsprinzip, das; -s, -ien اصل علنیت
Puck, der; -s, -s توپ هاکی (روی یخ)
Pudding, der; -s, -e پودینگ (نوعی دسر شیرین)
Pudel, der; -s, - پودل (نوعی سگ پشمالو)
Pudelmütze, die; -, -en کلاه پشمین
pudelnaß *Adj.* خیس، تر
Puder, der; -s, - گرد، پودر
Puderdose, die; -, -n قوطی پودر، جا پودری
pudern *Vt.* پودر زدن
Puderquaste, die; -, -n پر پودرزنی، وسیلهٔ پودرزنی
Puderzucker, der; -s, - خاکه قند
Puff[1], der; -es, -e / ⸚e ۱. ضربه (مشت / آرنج) ۲. فاحشه‌خانه
Puff[2], das; -(e)s, -s (بازی) تخته نرد
puff *Interj.* پف، فوت
Puffärmel, der; -s, - آستین پفی
puffen *Vi.* ۱. فوت کردن، پف کردن، ۲. ضربه زدن (با مشت / آرنج)، سقلمه زدن
Puffer, der; -s, - ضربه‌گیر (بین واگن‌های قطار)
Pufferlösung, die; -, -en (شیمی) ترکیب / مخلوط
Pufferstaat, der; -(e)s کشور حائل (کشور بی‌طرفی که در میان دو کشور بزرگ‌تر قرار گرفته است)
Puffmais, der; -es ذرت بو داده
Pulk, der; -s, -e دسته، گروه، طبقه
Pulle, die; -, -n بطری، شیشه
pullen *Vi.* ۱. پارو زدن ۲. شاشیدن
Pulli = *Pullover*, der; -s, -s
Pullover, der; -s, - پولوور، پیراهن کش، بافتنی
Pullunder, der; -s, - پولوور کوتاه بی‌آستین
Puls, der; -es, -e نبض، ضربان نبض
jemandem **den Puls fühlen** نبض کسی را گرفتن
Pulsader, die; -n, -n شریان، سرخرگ
pulsen *Vi.* نبض (کسی) را گرفتن
Pulsfrequenz, die; -, -en تعداد ضربان قلب در دقیقه
pulsieren *Vi.* زدن (نبض)، تپیدن (قلب)
In der Stadt pulsiert der Verkehr. در خیابان‌های شهر ترافیک جریان دارد.
Pulsschlag, der; -(e)s, ⸚e ضربان نبض، تپش قلب
Pulszahl, die; -, -en شمارهٔ نبض، تعداد ضربان نبض (در دقیقه)
Pult, das; -(e)s, -e ۱. میز تحریر ۲. کرسی خطابه، تریبون ۳. (موسیقی) سه پایه نُت
Pulver, das; -s, - ۱. باروت، گرد، پودر ۲. براده
Es fehlt mir an nötigen Pulver. آهی در بساط ندارم.
Pulverfaß, das; -fasses, -fässer چلیک باروت، بشکهٔ باروت
auf dem Pulverfaß sitzen خود را در خطری بزرگ یافتن
pulverig *Adj.* گردمانند، گردی، گردآلود
pulverisieren *Vt.* ساییدن، به‌شکل پودر درآوردن، گرد کردن
Pulverschnee, der; -s برف پودری، گردهٔ برف
pummelig *Adj.* تُپل مُپل، تُپلی
Pumpe, die; -, -n پمپ، تلمبه
pumpen *Vt., Vi.* ۱. تلمبه زدن، پمپ زدن ۲. قرض دادن ۳. قرض گرفتن، قرض کردن
von jemandem Geld pumpen از کسی پول قرض کردن
Pumpernickel, der; -s, - نان جو سیاه سبوس‌دار
Pumphose, die; -, -n شلوار نیم‌ساق گشاد، نیم شلواری
Pumps, der; -, - کفش پاشنه بلند زنانه
Pumpwerk, das; -(e)s, -e تلمبه‌خانه
Punk, der; -s, -s پانک
Punker, der; -s, - پانک
Punkerin, die; -, -nen پانک (زن)
Punkt, der; -(e)s, -e ۱. نقطه ۲. نکته ۳. امتیاز
Punkt für Punkt جزء به جزء
in diesem Punkt از این جهت
Punkt 9 Uhr سر ساعت ۹
ohne Punkt und Komma reden یک ریز صحبت کردن
punktieren *Vt.* ۱. نقطه‌گذاری کردن، نقطه‌نقطه کردن، نقطه‌چین کردن ۲. پونکسیون کردن، طب سوزنی کردن
pünktlich *Adj.* سروقت، سر ساعت، به‌موقع، وقت‌شناس، دقیق
pünktlich sein وقت‌شناس بودن
Pünktlichkeit, die; - وقت‌شناسی

Punktrichter, der; -s, - داور مسابقه
Punktsieg, der; -es, -e (مسابقهٔ بوکس) برنده با امتیاز
Punktstreik, der; -(e)s, -e اختلاف بر سر امتیاز
punktum *Interj.* تمام، بس، موقوف
punktvoll *Adj.* نکته به نکته
Punktzahl, die; -, -en شمارهٔ امتیاز
Punsch, der; -es, -e پانچ (نوعی مشروب الکلی مخلوط)
punzen *Vt.* انگ زدن؛ منگنه کردن
Pup, der; -(e)s, -e گوز
pupen *Vt.* گوزیدن
pupillar *Adj.* (مربوط به) مردمک چشم
pupillarisch *Adj.* (مربوط به) مردمک چشم
Puppille, die; -, -n مردمک چشم
Puppe, die; -, -n عروسک
Puppendoktor, der; -s, -en تعمیرکار عروسک
Puppengesicht, das; -(e)s, -er صورت عروسکی
Puppenspiel, das; -(e)s, -e ۱. تئاتر عروسکی، خیمه‌شب‌بازی ۲. عروسک‌بازی
puppenspielen *Vi.* عروسک‌بازی کردن
Puppenstube, die; -, -n خانهٔ عروسکی
Puppentheater, das; -s, - تئاتر عروسکی، خیمه‌شب‌بازی
Puppenwagen, der; -s, - کالسکهٔ عروسک
pupsen *Vi.* گوزیدن
pur *Adj.* خالص، ناب
Das ist der pure Wahnsinn.
این (کار) حماقت محض است.
Püree, das; -s, -s پوره (سیب‌زمینی)
Purgans, das; -s, -anzien / -antia مسهل، کارکن
purgieren *Vt.* پاک کردن، زدودن؛ تهی کردن، خالی کردن
Purgiermittel, das; -s, - پاک‌کننده؛ کارکن، مسهل
Puritaner, der; -s, - پاک‌دین
(فرقه‌ای از پروتستان‌های انگلیس)
Puritanerin, die; -, -nen پاک‌دین (زن)
Puritanertum, das; - آئین پاک‌دینان مسیحی
puritanisch *Adj.* پاک دینی، (مربوط به) پاک‌دین
Purpur, der; -s, - رنگ ارغوانی، رنگ زرشکی
purpurfarben *Adj.* ارغوانی
purpurfarbig *Adj.* ارغوانی
purpurn *Adj.* ارغوانی
purpurrot *Adj.* زرشکی، لاکی، قرمز سیر
Purzelbaum, der; -(e)s, -bäume پُشتک، شیرجه، معلق، کله‌معلق، بالانس
purzeln *Vi.* معلق زدن، کله‌معلق زدن
Puste, die; - دم، نفس، فوت، هوای تنفس شده
Pustel, die; -, -n جوش چرک‌دار؛ تاول چرکین
pusten *Vi.* ۱. نفس‌نفس زدن ۲. دمیدن، فوت کردن
Pute, die; -, -n ۱. بوقلمون (ماده) ۲. زن ابله
Puter, der; -s, - بوقلمون (نر)
Vor Zorn wurde er rot wie ein Puter.
از عصبانیت مثل بوقلمون سرخ شد.
puterrot *Adj.* زرشکی، لاکی، قرمز سیر، سرخ
Puthahn, der; -(e)s, ⸚e بوقلمون (نر)
Puthenne, die; -, -n بوقلمون (ماده)
Putsch, der; -es, -e کودتا، توطئه براندازی؛ نافرمانی؛ قیام
putschen *Vi.* کودتا کردن، قیام کردن
Putschist, der; -en, -en کودتا کننده، کودتاچی
Putz, der; -es ۱. آرایش، زینت، زیور، پیرایش ۲. گچ‌کاری، اندود (گچ یا بتون) ۳. بچهٔ کوچک
putzen *Vt.* ۱. تمیز کردن، پاک کردن ۲. آراستن، آرایش کردن
die Zähne putzen دندان‌ها را مسواک زدن
die Nase putzen دماغ گرفتن
die Schuhe putzen کفش را واکس زدن
Putzer, der; -s, - نظافت‌کار، نظافتچی
Putzerei, die; -, -en نظافت
Putzfrau, die; -, -en نظافت‌کار، نظافتچی (زن)
putzig *Adj.* مضحک، خنده‌دار، بامزه، مسخره‌آمیز
Putzlappen, der; -s, - کهنهٔ زمین‌شویی
Putzleder, der; -s, - جیر (چرم بسیار نازک)
Putzmacherei, die; -, -en کلاه‌دوزی
Putzmacherin, die; -, -nen کلاه‌دوز (زن)
Putzmittel, das; -s, - مادهٔ نظافت
putzsüchtig *Adj.* عاشق زر و زیور، علاقمند به جامهٔ پر زرق و برق
Putzteufel, der; -s, - وسواسی (در نظافت)
Putzwaren, die / *Pl.* کلاه‌فروشی (زنانه)
Putzwolle, die; - کهنهٔ بی‌مصرف، پارچهٔ زیادی
Putzzeug, das; -(e)s, -e وسایل نظافت
Puzzle, das; -s, -s پازل، معما، چیستان
Puzzlespiel, das; -(e)s, -e بازی پازل
Pygmäe, der; -n, -n آدم کوتاه قد، کوتوله
Pyjama, der / das; -s, -s پیژامه، لباس‌خواب، لباس منزل، پیجامه
Pyknometer, das; -s, - جِرم‌سنج، غلظت‌سنج
pyramidal *Adj.* هرمی‌شکل

Pyramide, die; -, -n هرم
pyramidenförmig *Adj.* هرمی‌شکل
Pyrit, der; -(e)s (شیمی) سولفات آهن
Pyrotechnik, die; - فن آتش‌بازی
Pyrotechniker, der; -s, - آتش‌باز، متخصص آتش‌بازی
Pythagoras, der; - فیثاغورث
pythagoreisch *Adj.* پیرو فلسفهٔ فیثاغورث

Q

Q, das; -, -	کو (حرف هفدهم الفبای آلمانی)
Quabbe, die; -, -n	آماس چربی
quabbelig Adj.	سست، نرم، شل و ول، لرزنده
quabbeln Vi.	جنبیدن، لرزیدن، تلوتلو خوردن، وول خوردن
Quackelei, die; -, -en	یاوه‌گویی، حرف مهمل، صحبت چرند، کلام بی‌اهمیت
quackeln Vi.	یاوه گفتن، چرند گفتن
Quackler, der; -s, -	یاوه‌گو، چرندگو
Quacksalber, der; -s, -	پزشک قلابی، پزشک‌نما
Quacksalberei, die; -, -en	پزشک‌نمایی
quacksalbern Vi.	پزشک‌نما بودن، با شارلاتانی طبابت کردن
Quaddel, die; -, -n	آماس پوست، ورم پوست
Quader, der/die; -s/-, -n	۱. سنگ ساختمانی تراشیده، سنگ بنا ۲. مکعب مستطیل
Quaderstein, der; -(e)s, -e	سنگ ساختمانی تراشیده، سنگ بنا
Quadrant, der; -en, -en	یک چهارم (دایره)، ربع
Quadrat, das; -s, -e	۱. مربع، چهارگوش ۲. مجذور، توان دوم
quadratisch Adj.	۱. مربع شکل ۲. (وابسته به) توان دوم
Quadratkilometer, das; -s, -	کیلومتر مربع
Quadratlatschen, die/Pl.	کفش بسیار بزرگ، قبر بچه
Quadratmeile, die; -, -n	مایل مربع
Quadratmeter, das; -s, -	متر مربع
Quadratmilimeter, das; -s, -	میلی‌متر مربع
Quadratpyramide, die; -, -n	هرم مربع‌القاعده
Quadratur, die; -, -en	یک چهارم، ربع
Quadratwurzel, die; -, -n	(ریاضی) رادیکال با فرجهٔ دو، جذر، ریشهٔ دوم
Quadratzahl, die; -, -en	عدد مجذور، عدد به توان دو
Die Quadratzahl von 2 ist 4.	دو به توان دو می‌شود چهار
Quadratzentimeter, das; -s, -	سانتی‌متر مربع
quadrieren Vt.	(ریاضی) مجذور کردن، به توان دوم رساندن
quak Interj.	۱. صدای مرغابی ۲. صدای قورباغه
quaken Vi.	صدای مرغابی درآوردن؛ صدای قورباغه درآوردن
quäken Vi.	جیغ زدن، فریاد کشیدن، شیون کردن
Quäker, der; -s, -	عضو فرقهٔ مسیحی کویکر
Qual, die; -, -en	رنج، زجر، عذاب، اذیت، شکنجه
die Qual des Gewissens	عذاب وجدان
quälen Vt., Vi.	۱. رنج دادن، عذاب دادن، اذیت کردن، زجر دادن ۲. عذاب کشیدن، رنج بردن
Quäler, der; -s, -	زجردهنده، شکنجه‌گر، عذاب‌دهنده
Quälerei, die; -, -en	رنج، عذاب، اذیت، شکنجه
Quälerin, die; -, -nen	زجردهنده، شکنجه‌گر، عذاب‌دهنده (زن)
quälerisch Adj.	آزاردهنده
Quälgeist, der; -es, -er	بلای جان
Qualifikation, die; -, -en	صلاحیت، استعداد، قابلیت، لیاقت، شایستگی
Qualifikationskampf, der; -(e)s, ̈-e	۱. رقابت ورزشی ۲. مسابقهٔ دور نهایی
qualifizieren Vt., Vr.	۱. تعلیم دادن، تربیت کردن؛ قادر ساختن؛ ماهر کردن ۲. شایستگی شرکت در رقابت ورزشی را داشتن
qualifiziert Adj.	ماهر، لایق، قابل، شایسته، صلاحیت‌دار
qualifizierte Mehrheit	اکثریت قریب به اتفاق
qualifizierte Straftat	جرم سنگین
Qualität, die; -, -en	کیفیت، چگونگی، نوع، جنس
qualitativ Adj.	وصفی، کیفی
Qualitätsarbeit, die; -, -en	کار با کیفیت خوب
Qualitätskontrolle, die; -, -n	کنترل کیفیت
Qualitätsstahl, der; -(e)s, -e	فولاد درجه یک
Qualitätsware, die; -, -n	جنس مرغوب
Qualle, die; -, -n	ستارهٔ دریایی
Qualm, der; -(e)s	دود غلیظ
qualmen Vt., Vi.	۱. دود کردن، دود دادن ۲. (به حد افراط) سیگار کشیدن
Qualmer, der; -s, -	دودی، سیگاری
qualmig Adj.	دودی، پردود، دودگرفته

qualvoll 648

qualvoll *Adj.* دردناک، زجرآور، پردرد، عذاب‌دهنده
Quantentheorie, die; -, -n نظریهٔ کمیت
Quantenzahl, die; -, -en عدد کوانتوم
Quantität, die; -, -en مقدار، چندی، کمیت؛ اندازه؛ تعداد
quantitativ *Adj.* مقداری، کمّی
Quantum, das; -s, -ten/-ta مقدار، چندی، کمیت؛ اندازه
Quappe, die; -, -n ۱. مارماهی ۲. بچه قورباغه
Quarantäne, die; -, -n قرنطینه
in Quarantäne liegen در قرنطینه بودن
Quark[1]**,** das; -s, -s (فیزیک) کوارک
Quark[2]**,** der; -s ۱. (نوعی) پنیر پرچربی ۲. حرف بی‌معنی، حرف بی‌محتوا، حرف مزخرف
Quark reden حرف‌های پوچ و بی‌معنی زدن
Quarkkäse, der; -s, - (نوعی) پنیر پرچربی
Quart[1]**,** das; -(e)s, -e ۱. کوارت (پیمانه‌ای در حدود یک لیتر) ۲. قطع خشتی (کتاب)
Quart[2]**,** die; -, -en ۱. (موسیقی) فاصلهٔ چهارم ۲. (بازی ورق) چهار برگ ردیف
Quarta, die; -, -ten کلاس چهارم
Quartal, das; -s, -e سه ماه، ربع یک سال
Quartband, der; -(e)s, ⸚e قطع خشتی (کتاب)
Quarte, die; -, -n (موسیقی) فاصلهٔ چهارم
Quartett, das; -(e)s, -e (موسیقی) کوارتت (قطعهٔ موسیقی برای چهار ساز یا چهار صدای مختلف)
Quartier, das; -s, -e ۱. منزل، اقامتگاه، مسکن، محل سکونت (موقتی) ۲. اردوگاه، قرارگاه
Quartiermacher, der; -s, - کارپرداز، سررشته‌دار، مسئول تدارکات
Quartiermeister, der; -s, - کارپرداز، سررشته‌دار، مسئول تدارکات
Quarz, der; -es, -e کوارتز (نوعی سنگ سخت)
Quarzuhr, die; -, -en ساعت کوارتز
quasi *Adv.* ۱. شبیه، مثل، مانند ۲. تقریباً، در حقیقت، در واقع؛ تلویحاً
Quasidelikt, das; -(e)s, -e شبه جرم
Quasselei, die; -, -en حرف مفت، سخن بی‌معنی، پرحرفی، وراجی، روده‌درازی
quasseln *Vi.* حرف مفت زدن، پرحرفی کردن، چرند گفتن، وراجی کردن، روده درازی کردن
Quast, der; -es, -e قلم مو
Quaste, die; -, -n منگوله، ریشه، شرابه
Quästor, der; -s, -en صندوق‌دار دانشگاه
Quästur, die; -, -en صندوق دانشگاه
Quatsch, der; -es حرف مفت، سخن بی‌معنی، مهمل، چرند و پرند؛ لوس‌بازی
quatschen *Vi.* حرف مفت زدن، چرند گفتن، مهمل گفتن، یاوه‌سرایی کردن
Quatscherei, die; -, -en چرندگویی، بیهوده‌گویی، یاوه‌سرایی، وراجی
Quatschkopf, der; -(e)s, ⸚e گزافه‌گو، حرف مفت‌زن، یاوه‌گو
Quecksilber, das; -s جیوه، زیبق، سیماب
quecksilbern *Adj.* جیوه‌ای، سیمابی، جیوه‌دار
Quecksilbersäule, die; -, -n ستون جیوه
quecksilbrig *Adj.* ۱. جیوه‌ای، سیمابی، جیوه‌دار ۲. ناراحت، بی‌قرار
Quell, der; -(e)s, -e ۱. اصل، منشأ، منبع، مأخذ ۲. چشمه، سرچشمه؛ چاه
Quellader, die; -n, -n رگهٔ آب
Quellbach, der; -(e)s, ⸚e سرچشمهٔ رودخانه
Quelle, die; -, -n ۱. اصل، منشأ، منبع، مأخذ ۲. چشمه، سرچشمه، چاه
aus guter Quelle از منبعی مطمئن
die Stromquelle منبع برق
quellen *Vi., Vt.* ۱. جاری شدن؛ روان شدن، فوران کردن؛ سرچشمه گرفتن ۲. (در اثر نفوذ آب) باد کردن، متورم شدن ۳. (در اثر نفوذ آب) باعث باد کردن (چیزی) شدن ۴. خیساندن، در آب فرو بردن
Quellenangabe, die; -, -n ذکر مآخذ و منابع
Quellenmaterial, das; -s, -lien مادهٔ اصلی
Quellenstudium, das; -s, -dien پژوهش دربارهٔ مآخذ
Quellfluß, der; -flusses, -flüsse سرچشمه
Quellgebiet, das; -(e)s, -e سرچشمه
Quellung, die; -, -en خیس‌خوردگی
Quellwasser, das; -s, -/⸚ آب چشمه
Quendel, der; -s, - مرزنگوش
Quengelei, die; -, -en خرده‌گیری، عیب‌جویی
quengelig *Adj.* خرده‌گیر، عیب‌جو
quengeln *Vi.* خرده گرفتن، عیب‌جویی کردن، نق زدن
Quentchen, das; -s, - خرده، ذره، مقدار کم
An der Suppe fehlt ein Quentchen Salz. این سوپ نمک کم دارد.
quer *Adv.* ۱. اریب، کج، مایل ۲. عرضی، افقی ۳. از عرض، از میان، از وسط
quer über از عرض، از پهنا

Querweg, der; -(e)s, -e چهارراه، چهارسو
Quese, die; -, -n تاول زیر پوست (در اثر کوفتگی)
quetschen *Vt., Vr.* ۱. تحت فشار قرار دادن، له کردن ۲. تحت فشار قرار گرفتن، له شدن ۳. راه (خود) را از بین جمعیت باز کردن، به زحمت رد شدن
Quetschkartoffeln, die / *Pl.* سیب‌زمینی پوره شده
Quetschkommode, die; -, -n ۱. آکوردئون ۲. ابزار دمنده
Quetschung, die; -, -en کوفتگی، لهیدگی
Quetschwunde, die; -, -n کوفتگی، ضرب
quick *Adj.* تند، چابک، سریع، چالاک
Quickbrei, der; -(e)s, -e ۱. آلیاژ جیوه ۲. پلاتین دندان
quicken *Vt.* با جیوه آمیختن
Quickerz, das; -es, -e جیوه؛ معدن جیوه
Quickheit, die; -, -en چالاکی، چستی، سرزندگی
quieken *Vi.* جیغ کشیدن، فریاد زدن، صدای گوش‌خراش از خود درآوردن
quiekern *Vi.* جیغ کشیدن، فریاد زدن، صدای گوش‌خراش از خود درآوردن
quieksen *Vi.* جیغ کشیدن، فریاد زدن، صدای گوش‌خراش از خود درآوردن
quietschen *Vi.* جیغ کشیدن، فریاد زدن، صدای گوش‌خراش از خود درآوردن
quietschvergnügt *Adj.* بشاش، خوشرو
Quint(e), die; -(e), -ten (موسیقی) فاصلهٔ پنجم
Quinta, die; -, -ten کلاس پنجم
Quintessenz, die; -, -en جوهر پنجم، جوهر هر چیز، عصارهٔ هر چیز
Quintett, das; -(e)s, -e کوئینتت (قطعهٔ موسیقی برای پنج ساز یا پنج صدای مختلف)
Quirl, der; -(e)s, -e ۱.(در آشپزخانه) مخلوط کن ۲. حلقه، پیچ
quirlen *Vi., Vt.* با هم مخلوط کردن
Quisling, der; -s, -e خائن
Quisquilien, die / *Pl.* اشیای غیرقابل استفاده، چیزهای بی‌ارزش
quitt *Adj.* مساوی، هم‌تراز، بی‌حساب
miteinander quitt sein با یکدیگر بی‌حساب شدن
Quitte, die; -, -n درخت به؛ میوهٔ به
quittieren *Vt.* ۱. به (کسی) قبض رسید دادن ۲. ترک کردن، ول کردن، از (چیزی) دست کشیدن
Quittung, die; -, -en قبض رسید
Quiz, das; -, - مسابقهٔ پرسش و پاسخ، مسابقهٔ هوش

kreuz und quer نامرتب، از چپ و راست
Querachse, die; -, -n محور عرضی
Querbalken, der; -s, - تیر عرضی، میلهٔ عرضی
querdurch *Adv.* از وسط، در وسط، از عرض
Quere, die; - راه اریب، مسیر متقاطع
jemandem **in die Quere kommen** سر راه کسی سبز شدن، در کار کسی اخلال کردن
queren *Vt.* از (جایی) عبور کردن، از (جایی) گذشتن
eine Straße queren از خیابانی عبور کردن
querfeldein *Adv.* در فضای باز دهات
Querfeldeinlauf, der; -(e)s, -läufe (ورزش) دو صحرایی
Querflöte, die; -, -n فلوت کلیددار
Querformat, das; -(e)s, -e شکل مستطیل
Querfrage, die; -, -n استنطاق، بازجویی
quergestreift *Adj.* راه راه؛ اریب
Querholz, das; -es, -hölzer چوب عرضی
Querkopf, der; -(e)s, ⸚e لجباز، آدم خودرأی، آدم کله‌شق
querköpfig *Adj.* لجباز، خودرأی، کله‌شق
Querlinie, die; -, -n خط افقی
Querpfeife, die; -, -n نی، نی‌لبک
Quersack, der; -(e)s, ⸚e خورجین
querschießen *Vi.* چوب لای چرخ گذاشتن، مزاحم شدن
Querschiff, das; -(e)s, -e جناح کلیسا
Querschläger, der; -s, - کمانه (گلوله)
Querschnitt, der; -(e)s, -e برش عرضی، مقطع عرضی
Querschnitt(s)lähmung, die; -, -en فلج پایین تنه، فلج هر دو پا، فلج در اثر قطع نخاع
Querstraße, die; -, -n پیچ؛ تقاطع؛ جادهٔ فرعی
Querstreifen, der; -s, - نوار افقی، نوار عرضی
Querstrich, der; -(e)s, -e خط مورب
Quersumme, die; -, -n مجموع ارقام
Quertreiber, der; -s, - توطئه‌چین، دسیسه‌جو، توطئه‌باز
Quertreiberei, die; -, -en توطئه، دسیسه
querüber *Adv.* رو به رو، مقابل
Querulant, der; -en, -en ایرادگیر، بهانه‌گیر، خرده‌گیر، کج‌خلق
Querulantin, die; -, -nen ایرادگیر، بهانه‌گیر، خرده‌گیر، کج‌خلق (زن)
Querwand, die; -, ⸚e تیغه

Quizmaster, der; -s, - سرپرست مسابقهٔ پرسش و پاسخ؛ گردانندهٔ مسابقهٔ هوش

quizzen *Vi., Vt.* ۱. در مسابقهٔ هوش شرکت کردن ۲. از (کسی) در مسابقه سؤال کردن

Quorum, das; -s اخذ تصمیم (در گردهمایی)

quoll *P.* صیغهٔ فعل گذشتهٔ مطلق از مصدر quellen

Quote, die; -, -n ۱. سهم، سهمیه، حصه، قسمت ۲. نرخ؛ درصد

Quotient, der; -en, -en (ریاضی) خارج قسمت، بهر

quotieren *Vi.* نرخ گذاشتن، مظنه دادن

R

R, das; -, - اِر (حرف هجدهم الفبای آلمانی)
Rabatt, der; -(e)s, -e تخفیف، کاهش (قیمت)
Rabatte, die; -, -n (در باغچه) حاشیه گلکاری شده
rabattieren *Vt.* تخفیف دادن
Rabattmarke, die; -, -n بلیت تخفیفی
Raubauke, der; -n, -n جوان بی‌سر و پا، جوان بزن‌بهادر
Rabbiner, der; -s, - خاخام، روحانی یهودی
Rabe, der; -n, -n کلاغ سیاه، زاغ
Rabeneltern, die / *Pl.* والدین بی‌مهر
Rabenmutter, die; -, ⸚ مادر بی‌مهر
rabenschwarz *Adj.* به سیاهی کلاغ، سیاه‌سیاه
rabiat *Adj.* ۱. خشمگین، عصبانی، آتشی ۲. زورگو، قلدر، متجاوز
Rabulist, der; -en, -en حیله‌گر، پست
rabulistisch *Adj.* حیله‌گر، پست
Rache, die; - انتقام، کین‌خواهی
an jemandem **Rache nehmen** از کسی انتقام گرفتن
Racheakt, der; -(e)s, -e عمل انتقام‌جویانه
Rachedurst, der; -(e)s عطش انتقام، تشنهٔ انتقام
Rachegedanke, der; -ns, -n اندیشهٔ انتقام
Rachen, der; -s, - گلو، حلق
jemandem etwas **in den Rachen werfen** بیخودی به کسی پول دادن؛ درِ دهن کسی راگذاشتن
rächen *Vt., Vr.* ۱. انتقام کشیدن، تلافی کردن، کین‌خواهی کردن ۲. انتقام گرفتن
sich an jemandem **rächen** از کسی انتقام گرفتن
Rachenhöhle, die; -, -n گلوگاه، حلقوم
Rachenkatarrh, der; -s, -e گلودرد، آنژین
Rächer, der; -s, - انتقام‌گیرنده
Rächerin, die; -, -nen انتقام‌گیرنده (زن)
Rachgier, die; - عطش انتقام
rachgierig *Adj.* کینه‌جو
Rachitis, die; -, -tiden راشیتیسم، نرمی استخوان، آماس یا ورم مهرهٔ پشت
rachitisch *Adj.* راشیتیسمی، مبتلا به بیماری نرمی استخوان
Rachsucht, die; - عطش انتقام
rachsüchtig *Adj.* کینه‌جو، انتقام‌جو
Racker, der; -s, - رذل، پست‌فطرت، بی‌شرف
rackern *Vi.* زحمت کشیدن، جان کندن، سخت کار کردن، با زحمت زندگی کردن
Racket, das; -s, -s راکت (تنیس)
Rad, das; -(e)s, ⸚er ۱. چرخ ۲. دوچرخه
unter die Räder kommen هستی خود را از دست دادن، نابود شدن
Radachse, die; -, -n محور چرخ
Radar, das / der; -s, - رادار
Radaranlage, die; -, -n تأسیسات رادار
Radargerät, das; -(e)s, -e دستگاه رادار
Radarschirm, der; -(e)s, -e صفحهٔ رادار
Radau, der; -s, - داد و بیداد، سر و صدا، جار و جنجال، قیل و قال، غوغا، همهمه
radebrechen *Vt.* بدحرف زدن (زبان)
radeln *Vi.* دوچرخه‌سواری کردن، رکاب زدن، پا زدن (دوچرخه)
Rädelsführer, der; -s, - رئیس بزهکاران
rädern *Vt.* شکنجه دادن
Räderwerk, das; -(e)s, -e چرخ دنده
radfahren *Vi.* دوچرخه‌سواری کردن
Radfahrer, der; -s, - دوچرخه‌سوار
Radfahrerin, die; -, -nen دوچرخه‌سوار (زن)
Radfahrsport, der; -(e)s (ورزش) دوچرخه‌سواری
Radfahrweg, der; -(e)s, -e مسیر مخصوص دوچرخه
Radfelge, die; -, -n طوقهٔ چرخ
redial *Adj.* پرتوی، شعاعی
radiär *Adj.* پرتوی، شعاعی
Radiator, der; -s, -en رادیاتور
radieren *Vt., Vi.* ۱. (با مداد پاک‌کن) پاک کردن ۲. (روی ورقهٔ مس) حکاکی کردن، قلم زدن
Radiergummi, der; -s, -(s) مداد پاک‌کن
Radierkunst, die; - (هنر) قلم‌زنی، حکاکی (روی ورقهٔ مسی)
Radiermesser, das; -s, - قلم‌تراش؛ چاقوی جیبی کوچک
Radiernadel, die; -, -n قلم سوزنی

Radierung, die; -, -en قلم‌زنی، حکاکی (روی ورقهٔ مسی)

Radieschen, das; -s, - تربچه

radikal *Adj., Adv.* ۱. جذری، ریشه‌ای، رادیکال ۲. بنیادی، بنیادگرا ۳. باشدت هرچه بیشتر

Radikale, der / die; -n, -n آدم رادیکال، سیاستمدار افراطی

radikalisieren *Vt.* جذر گرفتن، ریشهٔ دوم گرفتن

Radikalismus, der; -, -men رادیکالیسم، گرایش به سیاست افراطی و شدت عمل

Radio, das; -s, -s ۱. رادیو ۲. دستگاه گیرندهٔ رادیو ۳. سازمان تهیه و پخش برنامه‌های رادیویی

Radio hören رادیو گوش دادن

im Radio hören از رادیو شنیدن

Stell das Radio an! رادیو را روشن کن!

Stell das Radio ab! رادیو را خاموش کن!

radioaktiv *Adj.* رادیواکتیو، پرتوزا

Radioaktivität, die; - رادیواکتیویته، خاصیت پرتوزایی، حالت پرتوزایی

Radioapparat, das; -(e)s, -e دستگاه رادیو

Radiologe, der; -n, -n رادیولوژیست، پرتوشناس

Radiologie, die; - رادیولوژی، پرتوشناسی

radiologisch *Adj.* (مربوط به) پرتوشناسی

Radioröhre, die; -, -n لامپ رادیو

Radiosender, der; -s, - فرستندهٔ رادیویی

Radiosendung, die; -, -en انتقال صدا به وسیلهٔ رادیو

Radioübertragung, die; -, -en انتقال صدا به وسیلهٔ رادیو

Radiowecker, der; -s, - رادیوی ساعت‌دار، رادیو ساعت شماطه‌دار

Radiowelle, die; -, -n موج رادیویی

Radium, das; -s رادیم (عنصر شیمیایی رادیواکتیو)

Radius, der; -, -dien (در دایره) شعاع، نیم قطر

Radix, die; -, -dizes ریشه

radizieren *Vi.* (ریاضی) ریشهٔ عددی را گرفتن

Radkappe, die; -, -n قالپاق (اتومبیل)

Radkranz, der; -es, ⸚e طوقهٔ چرخ

Radnabe, die; -, -n توپی چرخ

Radreifen, der; -s, - لاستیک دوچرخه

Radrennbahn, die; -, -en باند (مسابقهٔ) دوچرخه‌سواری

Radrennen, das; -s, - مسابقهٔ دوچرخه‌سواری

Radschaufel, die; -, -n پرهٔ چرخ

radschlagen *Vi.* (ورزش) معلق زدن

Radspeiche, die; -, -n میلهٔ چرخ، پرهٔ چرخ

Radsport, der; -(e)s (ورزش) دوچرخه‌سواری

Radsportler, der; -s, - دوچرخه‌سوار

Radspur, die; -, -en اثر چرخ، جای چرخ

Radstand, der; -(e)s, ⸚e تکیه‌گاه چرخ، پایهٔ چرخ

Radtour, die; -, -en گردش دسته‌جمعی با دوچرخه (در اطراف شهر)

Radwandern, das; -s, - گردش تفریحی با دوچرخه

Radweg, der; -(e)s, -e مسیر (مخصوص) دوچرخه

raffen *Vt.* ۱. ربودن، قاپیدن، تصاحب کردن ۲. چین دادن (پارچه) ۳. بالا کشیدن (دامن / شلوار)

Raffgier, die; - آز، حرص، طمع

raffgierig *Adj.* آزمند، حریص، طماع

Raffinade, die; -, -n قند خالص؛ شکر تصفیه شده

Raffinement, das; -s, -s ظرافت، مهارت، زیرکی

Raffinerie, die; -, -n پالایشگاه، تصفیه‌خانه

Raffinesse, die; -, -n ۱. زرنگی، زیرکی، مهارت ۲. ریزه‌کاری

raffinieren *Vt.* تصفیه کردن، پالودن، پالایش کردن

raffiniert *Adj.* ۱. زرنگ، زیرک، پشت هم‌انداز ۲. مکار، محیل ۳. ظریف، زیبا، باسلیقه

Raffke, der; -s, -s آدم طماع، آدم حریص

Rage, die; - خشم، عصبانیت

jemanden **in Rage bringen** کسی را از کوره به در کردن

ragen *Vi.* افراشته بودن، سر به فلک کشیدن

Ragout, das; -s, -s راگو (نوعی خوراک شبیه تاس‌کباب)

Rahe, die; -, -n میلهٔ افقی دکل کشتی

Rahm, der; -(e)s سرشیر، خامه

rahmen *Vt.* قاب کردن، قاب گرفتن

Rahmen, der; -s, - ۱. قاب عکس ۲. چارچوب (پنجره) ۳. تنه (دوچرخه)

der Rahmen eines Fensters چارچوب (پنجره)

Rahmenabkommen, das; -s, - طرح قرارداد

Rahmenerzählung, die; - قصه‌ای که در داخل قصهٔ دیگری گنجانده شده باشد

Rahmengesetz, das; -es, -e چهارچوب قانون

Rahmengesetzgebung, die; - چهارچوب قانون‌گذاری

Rahmenkampf, der; -(e)s, ⸚e (بوکس) دور مسابقه

Rahmenrecht, das; -(e)s, -e چهارچوب حقوق

Rahmenveranstaltumg, die; -, -en چهارچوب مراسم

Rahmenvorschriften, die / *Pl.* چهارچوب مقررات

rahmig *Adj.* خامه‌دار، کرم‌دار

Rahsegel, das; -s, -	بادبان چهارگوش
Rain, der; -(e)s, -e	۱. برآمدگی پوشیده از علف (به عنوان مرز بین دو کشتزار) ۲. برآمدگی دور باغچه
rainen Vt., Vi.	۱. محصور کردن، حصار کشیدن ۲. در مجاورت مزرعه‌ای به سر بردن
räkeln Vr.	لمیدن، لم دادن، بیکار نشستن
Rakete, die; -, -n	راکت، موشک؛ فشفشه
eine Rakete abschießen	موشکی را به هوا فرستادن
Raketenabschußbasis, die; -, -en	پایگاه پرتاب موشک
Raketenantrieb, der; -(e)s, -e	حرکت موشک
Raketenforschung, die; -, -en	فن پرتاب موشک
Raketengeschoß, das; -schosses, -schosse	پرتاب موشک
Raketenstart, der; -(e)s, -e/-s	پرتاب موشک
Raketenwerfer, der; -s, -	پرتاب‌کنندهٔ موشک
Rakett, das; -(e)s, -e/-s	راکت تنیس
Rallye, die; -, -s	مسابقهٔ رالی (مسابقهٔ اتومبیل‌رانی چندمرحله‌ای)
Ramadan, der; -(s)	ماه رمضان
Rammbär, der; -(e)s, -e	زمین‌کوب، زمین سفت‌کن
Rammblock, der; -(e)s, ⸚e	زمین‌کوب، زمین سفت‌کن
Ramme, die; -, -n	زمین‌کوب، زمین سفت‌کن
rammen Vt., Vi.	۱. از پهلو با (چیزی) برخورد کردن ۲. به (چیزی) ضربه زدن ۳. کوبیدن، سفت کردن
Rampe, die; -, -n	۱. سطح شیب‌دار، سراشیب ۲. قسمت جلوی صحنه، لبه صحنه (نمایش)
Rampenlicht, das; -(e)s, -er/-(e)	چراغ‌های جلوی صحنه (نمایش)
ramponieren Vt.	به (چیزی) زیان زدن، خراب کردن، به (چیزی) آسیب رساندن
ramponiert Adj.	زیان‌آور، مضر، خراب
Ramsch, der; -es, -e	۱. جنس باقی‌مانده، خرده‌ریز ۲. کالای کم‌ارزش، چیز بنجل، خرت و پرت
Ramschverkauf, der; -(e)s, -käufe	فروش اجناس باقی‌مانده
Ramschware, die; -, -n	۱. جنس باقی‌مانده، خرده‌ریز ۲. کالای کم‌ارزش، چیز بنجل، خرت و پرت
ran Adv.	به طرف جلو، به پیش، نزدیک
Ranch, die; -, -(e)s	(در امریکا) مزرعه، مرتع
Rand, der; -es, ⸚er	۱. لبه، حاشیه، کناره، دور ۲. مرز، خط مرزی
mit jemandem nicht zu Rande kommen	باکسی کنار نیامدن
randalieren Vi.	شلوغ کردن، بلوا کردن، جنجال به پا کردن، جار و جنجال راه انداختن
Randalierer, der; -s, -	آشوبگر، جنجال به پا کن
Randauslöser, der; -s, -	گیره‌ای که حرکت ماشین تحریر را آزاد می‌کند
Randbemerkung, die; -, -en	پی‌نوشت، حاشیه‌نویسی، یادداشت
Randbezirk, der; -(e)s, -e	منطقهٔ مرزی
Randel, der; -s, -e	جنجال، بلوا
rändeln Vt.	حاشیه‌دار کردن، کنگره‌دار کردن، لبه‌دار کردن
rändern Vt.	حاشیه‌دار کردن، کنگره‌دار کردن، لبه‌دار کردن
Randgebiet, das; -(e)s, -e	زمین مرزی، منطقهٔ مرزی
randlos Adj.	بی‌لبه، بدون دوره، بدون حاشیه
Randproblem, das; -s, -e	مشکل مرزی
Randstaat, der; -(e)s	کشور مرزی
Randstein, der; -(e)s, -e	سنگ جدول پیاده‌رو
Randsteller, der; -s, -	گیره‌ای که ماشین تحریر را متوقف می‌کند
randvoll Adj.	لبریز، پر
Ranft, der; -(e)s, ⸚e	خرده نان، تکه نان
Rang, der; -(e)s, ⸚e	۱. مرتبه، درجه، رتبه، پایه، مقام ۲. (در تالار نمایش) بالکن
jemandem den Rang ablaufen	از کسی پیشی گرفتن
rang P.	صیغهٔ فعل گذشتهٔ مطلق از مصدر ringen
Rangabzeichen, das; -s, -	نشانهٔ مقام، علامت درجه
Range¹, die; -, -n	دختربچهٔ شیطان، دختر گستاخ
Range², der; -n, -n	پسربچهٔ شیطان، پسربچهٔ گستاخ
rangehen Vi.	۱. نزدیک شدن ۲. هدفی را دنبال کردن
an etwas rangehen	شروع به کاری کردن
Rangfolge, die; -, -n	ردیف، راسته؛ سلسلهٔ مراتب، به ترتیب درجه
Rangierbahnhof, der; -(e)s, ⸚e	ایستگاه تغییر خط (راه‌آهن)، دوراهی
rangieren Vt., Vi.	۱. تغییر خط دادن، به خط دیگر رفتن (قطار) ۲. مرتب کردن، در یک ردیف قرار دادن ۳. ترفیع یافتن
Rangiergleis, das; -s, -	خط فرعی، دوراهی، انشعاب
Rangiermaschine, die; -, -n	ماشین تغییر خط (راه‌آهن)
Rangierung, die; -, -en	سلسله مراتب، به ترتیب درجه

Rangliste, die; -, -n	فهرست مرتبه و مقام
Rangordnung, die; -, -en	حق تقدم، سلسله مراتب، اولویت
Rangstufe, die; -, -n	پایه، درجه، طبقه
ranhalten *Vr.*	عجله کردن
rank *Adj.*	باریک، قلمی، ظریف
Ranke, die; -, -n	پیچک
ranken *Vi.*	پیچک‌وار بالا رفتن، شاخه دواندن (پیچک)
Ränke, die / *Pl.*	دسیسه، نیرنگ، کید
Ränkeschmied, der; -(e)s, -e	دسیسه‌کار، نیرنگ‌باز
ränkevoll *Adj.*	پردسیسه، پرنیرنگ
Ranküne, die; -, -n	دشمنی، خصومت
rann *P.*	صیغهٔ فعل گذشتهٔ مطلق از مصدر rinnen
rannte *P.*	صیغهٔ فعل گذشتهٔ مطلق از مصدر rennen
Ränzel, das / der; -s, -	۱. کوله‌پشتی، کیف پشتی (دانش‌آموزان) ۲. شکم بزرگ و جلو آمده
Ranzen, der; -s, -	کوله‌پشتی، کیف پشتی
ranzig *Adj.*	فاسد، مانده، بیات
rapid(e) *Adj.*	سریع، تند
Rapier, das; -s, -e	شمشیر
Rappe, der; -n, -n	اسب سیاه‌رنگ، شبدیز
Rappel, der; -s, -	دیوانگی، جنون
rappelig *Adj.*	۱. دیوانه، مجنون ۲. ناآرام، عصبی
rappeln *Vi., Vr.*	۱. تق تق کردن، تلق تلق کردن ۲. جنون داشتن ۳. عجله کردن
Rapport, der; -(e)s, -e	راپورت، گزارش، خبر
Raps, der; -es, -e	کلم روغنی، شلغم روغنی (نوعی کلم یا شلغم که از آن روغن چراغ می‌گیرند)
Rapunzel, der; -s, - / die; -n, -n	(نوعی) آلاله (که ریشهٔ آن خوردنی است)
rar *Adj.*	کمیاب، نادر، کم
Rarität, die; -, -en	کمیابی، ندرت، کمی
rasant *Adj.*	۱. مسطح، هموار، صاف ۲. تند، سریع
Rasanz, die; -	۱. همواری، صافی ۲. تندی، سرعت
rasch *Adj.*	تند، سریع، زودگذر
rascheln *Vi.*	خش خش کردن (برگ)
Raschheit, die; -, -en	تندی، سرعت
rasen *Vi.*	۱. عصبانی شدن، خشمناک شدن، غضب کردن ۲. به سرعت برق حرکت کردن
Rasen, der; -s, -	چمن
Bitte den Rasen nicht betreten!	لطفاً داخل چمن نشوید!
rasend *Adj.*	۱. عصبانی، خشمگین، غضبناک ۲. تند، سریع

Rasenmäher, der; -s, -	ماشین چمن‌زنی
Rasenmähmaschine, die; -, -n	ماشین چمن‌زنی
Rasenplatz, der; -es, ¨e	چمنزار
Rasensprenger, der; -s, -	(برای آب دادن چمن) آبپاش موتوری
Raserei, die; -, -en	خشم، غضب، هیجان شدید
Rasierapparat, der; -(e)s, -e	خودتراش، دستگاه ریش‌تراشی
Rasiercreme, die; -, -s	کرم ریش‌تراشی، خمیر ریش‌تراشی
rasieren *Vt.*	۱. اصلاح کردن (صورت) ۲. ریش تراشیدن
sich elektrisch rasieren	ریش خود را با ماشین برقی تراشیدن
Rasierklinge, die; -, -n	تیغ ریش‌تراشی
Rasierkrem, die; -, -s	کرم ریش‌تراشی، خمیر ریش‌تراشی
Rasiermesser, das; -s, -	تیغ سلمانی
Rasierpinsel, der; -s, -	فرچهٔ ریش‌تراشی
Rasierseife, die; -, -n	صابون ریش‌تراشی
Rasierwasser, das; -s, - / ¨	لوسیون (محلول طبی مخصوص ضدعفونی صورت بعد از ریش‌تراشی)
Rasierzeug, das; -(e)s, -e	وسایل اصلاح صورت
Räson, die; -	عقل، خرد، شعور
räsonieren *Vi.*	۱. استدلال کردن، بامنطق صحبت کردن ۲. غرولند کردن؛ ناسزا گفتن
Raspel, die; -, -n	۱. سوهان چوب‌ساب، سوهان درشت ۲. رنده
raspeln *Vt.*	۱. رنده کردن (پیاز) ۲. سوهان زدن، سوهان کشیدن (چوب)
Rasse, die; -, -n	۱. نژاد ۲. جنس
reine Rasse	نژاد اصیل
Rassehund, der; -(e)s, -e	سگ اصیل، سگ شجره‌دار
Rassel, die; -, -n	جغجغه
Rasselbande, die; -, -n	کودکان آسیب‌رسان
rasseln *Vi.*	جرینگ‌جرینگ کردن؛ تق تق کردن؛ تلق تلق کردن
Rassendiskriminierung, die; -, -en	تبعیض نژادی
Rassenfrage, die; -	مشکل نژادی
Rassenhaß, der; -hasses	کینهٔ نژادی، دشمنی نژادی
Rassenhygiene, die; -	نیک‌زادگی، نکوزایی (علمی که با عوامل اصلاح خواص ارثی نسل‌های متوالی نژاد انسانی سر و کار دارد)

Rassenkampf, der; -(e)s, ¨-e نبرد نژادی
Rassenkreuzung, die; -, -en حیوان دورگه
Rassenmerkmal, das; -(e)s, -e خصوصیت نژادی
Rassenmischung, die; -, -en پیوند دو جنس مختلف
Rassenpolitik, die; -, -en سیاست نژادی
Rassentrennung, die; -, - تفکیک نژادی
Rassepferd, das; -(e)s, -e اسب اصیل
rasserein *Adj.* نژاد خالص
rassig *Adj.* ۱. اصیل ۲. بانشاط، سرزنده، خونگرم
rassisch *Adj.* نژادی، از لحاظ نژاد
Rassismus, die; - نژادپرستی، تعصب نژادی، راسیسم
Rassist, der; -en, -en نژادپرست، راسیست
rassistisch *Adj.* (مربوط به) نژادپرستی
Rast, die; -, -en استراحت، اتراق، توقف مسافران (در بین راه برای استراحت)
Rast machen استراحت کردن
Raste, die; -, -n ۱. توقف، مکث ۲. زیرپایی؛ جاپا
rasten *Vi.* استراحت کردن، آسودن، (در سفر) اتراق کردن
Raster, der; -s, - پرده (سینما / تلویزیون)
Rasthaus, das; -es, -häuser مهمانسرا
Rasthof, der; -(e)s, ¨-e مهمانسرا
rastlos *Adj.* بی‌قرار، بی‌آرام، بی‌تاب، پرکار، خستگی‌ناپذیر، نستوه
Rastlosigkeit, die; - بی‌قراری، بی‌آرامی، بی‌تابی، پرکاری، خستگی‌ناپذیری
Rastplatz, der; -es, ¨-e استراحتگاه
Raststätte, die; -, -n مهمانسرا
Rasttag, der; -(e)s, -e روز استراحت
Rasur, die; -, -en اصلاح صورت
Rat, der; -(e)s, ¨-e ۱. پند، اندرز، توصیه، نصیحت ۲. مشورت، نظر ۳. شورا، هیئت مشورت‌کننده، انجمن ۴. مشاوره، صواب‌دید
Hör auf seinen Rat. نصیحتش را بپذیر.
Ich werde seinen Rat befolgen. به توصیه‌اش عمل خواهم کرد.
einen guten Rat geben توصیهٔ خوبی کردن
Rate, die; -, -n قسط
etwas **auf Raten kaufen** چیزی را قسطی خریدن
raten *Vt., Vi.* ۱. به (کسی) توصیه کردن، نصیحت کردن ۲. راه چاره را نشان دادن، پند دادن، نصیحت کردن ۳. حدس زدن ۴. معمایی را حل کردن
Rate mal! حدس بزن!
Ratenkauf, der; -(e)s, -käufe خرید قسطی
ratenweise *Adv.* قسطی، به اقساط
Ratenzahlung, die; -, -en پرداخت به اقساط
Ratgeber, der; -s, - مشاور، مستشار، رایزن
Ratgeberin, die; -, -nen مشاور، مستشار، رایزن (زن)
Rathaus, das; -es, -häuser شهرداری
Ratifikation, die; -, -en تصویب، تأئید، تصدیق
ratifizieren *Vt.* تصدیق کردن، تأئید کردن، تصویب کردن
Ratifizierung, die; -, -en تصویب، تأئید، تصدیق
Ratio, die; - عقل، فهم، شعور
Ration, die; -, -en جیره، حصه، سهمیه، سهم
rational *Adj.* مستدل، معقول، عقلانی، منطقی
rationalisieren *Vt., Vi.* ۱. اقتصادی کردن ۲. بر اساس موازین اقتصادی مؤسسه‌ای را تغییر دادن
Rationalisierung, die; -, -en تنظیم کار تجارت / صنعت بر اصل صرفه‌جویی، تغییر براساس موازین اقتصادی
Rationalisierungsfachmann, der; -(e)s, ¨-er روش‌شناس، کارشناس اقتصاد
Rationalismus, die; - فلسفهٔ عقلانی، عقل‌گرایی، اصالت عقل
rationell *Adj.* اقتصادی، مناسب، صرفه‌جویانه
rationieren *Vt.* جیره‌بندی کردن، سهمیه‌بندی کردن
Rationierung, die; -, -en جیره‌بندی، سهمیه‌بندی
rätlich *Adj.* مصلحت‌آمیز؛ مقتضی؛ قابل توصیه
ratlos *Adj.* بیچاره، درمانده، متحیر، بلاتکلیف
Ratlosigkeit, die; - بیچارگی، درماندگی، تحیر
ratsam *Adj.* مصلحت‌آمیز؛ مقتضی؛ قابل توصیه
Ratsamkeit, die; - اقتضا، مناسبت؛ مصلحت
Ratschlag, der; -(e)s, ¨-e پند، نصیحت، اندرز، توصیه
ratschlagen *Vt.* به (کسی) توصیه کردن، پند دادن، نصیحت کردن
Ratschluß, der; -schlusses, -schlüsse عزم، تصمیم، رأی، حکم
Rätsel, das; -s, - ۱. معما، چیستان ۲. مسئلهٔ مبهم؛ مسئلهٔ پیچیده
Das ist mir ein Rätsel. برایم حکم معما را دارد.
rätselhaft *Adj.* مبهم، پیچیده، گنگ، معمامانند
rätseln *Vi.* در حل معمایی کوشش کردن
Rätselraten, das; -s, - ۱. تفکر، اندیشه ۲. حل معما
rätselvoll *Adj.* مبهم، اسرارآمیز
Ratsherr, der; -n / -en, -en نمایندهٔ شهر، عضو شورای شهر
Ratskeller, der; -s, - رستوران زیرزمینی شهرداری

Ratte 656

Ratte, die; -, -n موش صحرایی
Rattenfänger, der; -s, - تله
Rattengift, das; -(e)s, -e مرگ موش
rattern *Vi.* جغ جغ کردن؛ تلق تلق کردن
Raub, der; -(e)s, -e دزدی، چپاول، تاراج، غارت، یغما
Raubbau, der; -(e)s استفاده زیاد و نادرست
rauben *Vt.* غارت کردن، چاپیدن، تاراج کردن؛ به یغما بردن؛ دزدیدن
Räuber, der; -s, - دزد، سارق، غارتگر، یغماگر، چپاولگر
unter die Räuber fallen گیر آدم‌های کلک افتادن، گیر دزدها افتادن
Räuberbande, die; -, -n گروه دزدان، باند غارتگران
Räuberei, die; -, -en دزدی، سرقت، چپاول، غارتگری
Räubergeschichte, die; -, -n داستان چرند، حرف مفت، آسمان و ریسمان
Räuberhauptmann, der; -(e)s, ¨-er سرکردهٔ دزدان
Räuberhöhle, die; -, -n کمینگاه دزدان
Es sieht aus wie in einer Räuberhöhle. خیلی درهم و برهم و به هم ریخته است.
räuberisch *Adj.* ۱. غارتگر، یغماگر، یغماگرانه ۲. حریص، آزمند
räubern *Vi.* به زور گرفتن، دزدیدن
Raubfisch, der; -es, -e ماهی صید شده
Raubgier, die; - تشنهٔ غارتگری
raubgierig *Adj.* غارتگرانه، یغماگرانه
Raubkrieg, der; -(e)s, -e جنگ کشورگشایی
Raubmord, der; -(e)s, -e قتل و غارت
Raubmörder, der; -s, - سارق قاتل
Raubritter, der; -s, - شوالیهٔ راهزن
Raubtier, das; -(e)s, -e حیوان درنده، دد
Raubüberfall, der; -es, ¨-e سرقت مسلحانه، راهزنی، غارت
Raubvogel, der; -s, ¨ پرندهٔ شکاری، پرندهٔ گوشتخوار
Raubzug, der; -es, ¨-e تاخت و تاز
Rauch, der; -es دود
Seine Hoffnungen sind in Rauch aufgegangen. امیدهایش بر باد رفت.
Rauchabzug, der; -(e)s, ¨-e دودکش
Rauchbombe, die; -, -n بمب دودی
rauchen *Vi., Vt.* ۱. سیگار کشیدن ۲. دود کردن، دود دادن
Rauchen verboten! سیگار کشیدن ممنوع است!

Rauchentwicklung, die; -, -en تولید دود
Raucher[1], der; -s, - سیگاری، دودی، اهل دود
Raucher[2] = *Raucherabteil*
Räucheraal, der; -(e)s, -e مارماهی دودی
Raucherabteil, das; -(e)s, -e (در ترن) کوپهٔ استعمال دخانیات، واگن مخصوص سیگار کشیدن
Räucherfaß, das; -fasses, -fässer بخورسوز، بخوردان، مجمر
Räucherfisch, der; -es, -e ماهی دودی
Räucherhering, der; -s, -e شاه‌ماهی دودی، ماهی دودی
Raucherin, die; -, -nen سیگاری، دودی، اهل دود (زن)
Räucherkammer, die; -, -n اتاق مخصوص دود دادن (ماهی / گوشت)
Räucherkerze, die; -, -en (وسیلهٔ) خوشبوکننده
rauchern *Vt.* هوس سیگار کشیدن کردن
räuchern *Vt., Vi.* ۱. دود دادن (ماهی) ۲. بخور سوختن
Räucherstäbchen, das; -s, - هیزم دودی
Rauchfahne, die; -, -n اثر دود، خط دود
Rauchfang, der; -(e)s, ¨-e دودکش
rauchfarbig *Adj.* [رنگ] دودی
Rauchfleisch, das; -es گوشت دودی
rauchig *Adj.* دودی، پردود، دودزده
rauchiges Glas شیشهٔ دودی
rauchlos *Adj.* بی‌دود
Rauchsäule, die; -, -n ستون دود
Rauchtabak, der; -(e)s, -e توتون
Rauchvergiftung, die; -, -en مسمومیت ناشی از دود
Rauchverzehrer, der; -s, - مصرف‌کنندهٔ دخانیات
Rauchvorhang, der; -(e)s, ¨-e پردهٔ دود
Rauchwaren, die / *Pl.* دخانیات
Rauchwarenhändler, der; -s, - سیگارفروش، توتون‌فروش، تنباکوفروش
Rauchwolke, die; -, -n ابر دود
Räude, die; -, -n گری؛ جرب
räudig *Adj.* مبتلا به گری؛ مبتلا به جرب
rauf *Adv.* به بالا، به‌طرف بالا، رو به بالا، بر روی
Raufbold, der; -(e)s, -e خشن، سرکش، گردن‌کلفت، بزن بهادر؛ ماجراجو
Raufe, die; -, -n شکنجه، عذاب
raufen *Vt., Vi.* ۱. چیدن، کندن (مو) ۲. از زمین بیرون کشیدن ۳. دعوا کردن، دست به یقه شدن، کتک‌کاری کردن

Rauferei, die; -, -en دعوا، زد و خورد، کتک‌کاری
Raufhandel, der; -s, ⸚ جنجال، سر و صدا، نزاع
rauflustig *Adj.* ستیزه‌گر
rauh *Adj.* ۱. [رفتار] خشن، سخت ۲. زبر، ناهموار، ناصاف ۳. [صدا] گرفته ۴. [آب و هوا] سخت، نامطبوع
Rauhbein, das; -s, -e الماس نتراشیده
rauhbeinig *Adj.* خشن، سخت، زبر
Rauheit, die; -, -en زبری، خشونت، درشتی، زمختی
rauhen *Vt.* زبر کردن، خشن کردن
Rauhfutter, das; -s, - سبوس (مادهٔ خوراکی که از پوست گندم، جو و چاودار به دست می‌آید)
rauhhaarig *Adj.* دارای موهای زبر
Rauhreif, der; -(e)s, -e شبنم یخ‌زده
Raum, der; -(e)s, Räume ۱. مکان، جا، محل، اتاق ۲. منطقهٔ جغرافیایی ۳. فضای لایتناهی، آسمان
die Räume des Hauses اتاق‌های خانه
Raumanzug, der; -(e)s, ⸚e لباس فضانوردی
Räumboot, das; -(e)s, -e کشتی مین جمع‌کن
räumen *Vt., Vi.* تخلیه کردن، خالی کردن
jemanden **aus dem Wege räumen** کسی را به قتل رساندن، کسی را از سر راه برداشتن
Raumersparnis, die; -, -nisse صرفه‌جویی در جا
Raumfahrer, der; -s, - فضانورد
Raumfahrt, die; -, -en سفر فضایی
Raumfahrtindustrie, die; -, -n صنعت فضایی
Raumfahrzeug, das; -(e)s, -e سفینهٔ فضایی، فضاپیما
Raumflug, der; -(e)s, ⸚e سفر فضایی
Raumforschung, die; -, -en مبحث کیهان‌نوردی، علم فضانوردی
Rauminhalt, der; -(e)s, -e حجم، گنجایش، ظرفیت
Raumkapsel, die; -, -n کپسول فضایی
Raumkoordinate, die; -, -n (ریاضی) مختصات فضایی
Raumkunst, die; - تزئین داخلی
Raumlehre, die; -, -n علم هندسه
räumlich *Adj.* از لحاظ جا و مکان
Danke räumlich unmöglich! متشکرم! اصلاً جا ندارم! حسابی سیرم!
Räumlichkeit, die; -, -en فضا، محل، مکان، جا، اتاق
Raummangel, der; -s, ⸚ فقدان فضای کافی
Raummaß, das; -es, -e واحد حجم
Raummeter, das; -s, - مترمکعب
Raumordnung, die; -, -en آئین‌نامهٔ انتفاع از ملک و زمین
Raumpflegerin, die; -, -nen کلفت، خدمتگزار زن
Räumpflug, der; -(e)s, ⸚e بولدوزر، تراکتور خاک‌برداری
Raumplanung, die; -, -en برنامه‌ریزی انتفاع از زمین
Raumschiff, das; -(e)s, -e سفینهٔ فضایی
Raumschiffahrt, die; -, -en پرواز فضایی
Raumstation, die; -, -en ایستگاه فضایی
Raumtemperatur, die; -, -en درجه حرارت اتاق
Räumung, die; -, -en تخلیه، تهی‌سازی
Räumungsausverkauf, der; -(e)s, -käufe حراج به‌خاطر تخلیهٔ مغازه
Räumungsbefehl, der; -s, -e دستور تخلیه
Räumungsklage, die; -, -n شکایت برای تخلیه
raunen *Vi., Vt.* ۱. نجوا کردن، پچ پچ‌کردن، زمزمه کردن، در گوشی حرف زدن ۲. در گوشی گفتن، نجوا کردن، زمزمه کردن
Raupe, die; -, -n کرم پروانه
Raupenfahrzeug, das; -(e)s, -e وسیلهٔ نقلیه‌ای که به جای چرخ از زنجیر استفاده می‌کند
Raupenkette, die; -, -n تسلسل، توالی
Raupenschlepper, der; -s, - تراکتوری که به جای چرخ از زنجیر استفاده می‌کند
raus *Adv.* به بیرون، به خارج
Rausch, der; -es, Räusche ۱. حالت نشئه (از موادمخدر) ۲. مستی (از مشروبات الکی)
rauschen *Vi.* . خش‌خش کردن (برگ) ۲. شرشر کردن (آب) ۳. غرش کردن (آسمان) ۴. هوهو کردن (باد)
rauschend *Adj.* ۱. پر سر و صدا ۲. باشکوه، مجلل ۳. (موسیقی) عالی
Rauschgift, das; -(e)s, -e داروی مخدر، مادهٔ مخدر؛ مشروب مستی‌آور
Rauschgiftbekämpfung, die; - مبارزه با موادمخدر
Rauschgifthandel, der; -s, ⸚ داد و ستد موادمخدر
Rauschgiftschieber, der; -s, - فروشندهٔ موادمخدر، دلال موادمخدر
Rauschgiftsucht, die; - اعتیاد به موادمخدر
Rauschgiftsüchtige, der/die; -n, -n معتاد به موادمخدر
Rauschgold, das; -(e)s پولک؛ نقده
rauschsüchtig *Adj.* معتاد به موادمخدر

Rauschtat, die; -, -en جرم در حال مستی
rausgehen *Vi.* بیرون رفتن
rauskriegen *Vt.* از (چیزی) سر درآوردن، فهمیدن
räuspern *Vr.* سینه صاف کردن، سرفهٔ خفیف کردن
rausschmeißen *Vi.* بیرون کردن، بیرون انداختن
Rausschmeißer, der; -s, - قلدر (کافه)
rauswerfen *Vt.* بیرون انداختن
Raute, die; -, -n لوزی
rautenförmig *Adj.* لوزی شکل
Ravioli, die / *Pl.* راویولی (نوعی غذای ایتالیایی)
Rayon, der; -s, -s حوزه، دایره، قسمت
Razzia, die; -, -s / -ien جستجوی خانه به خانه، حملهٔ ناگهانی (به خانهٔ مردم)
Reagenzglas, das; -es, ⸚er (شیمی) لولهٔ آزمایش
Reagenzpapier, das; -s, -e کاغذ آزمایش
reagieren *Vi.* عکس‌العمل نشان دادن، واکنش نشان دادن

Er reagierte auf meine Frage überhaupt nicht.

او در مقابل سؤال من اصلاً عکس‌العملی نشان نداد.

Reaktion, die; -, -en عکس‌العمل، واکنش
reaktionär *Adj.* ارتجاعی، مرتجع، استبدادی، واپس‌گرا
Reaktionär, der; -s, -e مرتجع
Reaktionärin, die; -, -nen مرتجع (زن)
reaktionsfähig *Adj.* عکس‌العمل‌پذیر
Reaktionsfähigkeit, die; - قابلیت عکس‌العمل، قابلیت واکنش
Reaktionsgeschwindigkeit, die; -, -en سرعت واکنش، سرعت فعل و انفعال
reaktionsträge *Adj.* فاقد میل ترکیبی
Reaktionsteilnehmer, der; -s, - (شیمی) عنصر شرکت‌کننده در فعل و انفعال
Reaktionszeit, die; -, -en مدت واکنش
reaktiv *Adj.* واکنش‌دار، دارای عکس‌العمل، دارای میل ترکیبی
reaktivieren *Vt.* دوباره فعال کردن
Reaktivität, die; - عکس‌العمل، واکنش
Reaktor, der; -s, -en ۱. رآکتور (اتمی)، نیروگاه هسته‌ای ۲. عامل واکنش
real *Adj.* واقعی، حقیقی
Realakt, der; -(e)s, -e عمل قضایی
Realeinkommen, das; -s, - درآمد خالص، درآمد واقعی
Realgymnasium, das; -, -sien دبیرستان علوم طبیعی و زبان‌های خارجی
Realien, die / *Pl.* حقایق، واقعیات، اصول
realisierbar *Adj.* تحقق‌پذیر
realisieren *Vt.* عملی کردن، تحقق بخشیدن، واقعیت بخشیدن
Realisierung, die; -, -en تحقق‌بخشی، تحقق‌پذیری
Realismus, der; -, -men رآلیسم، واقع‌گرایی
Realist, der; -en, -en رآلیست، واقع‌گرا
Realistin, die; -, -nen رآلیست، واقع‌گرا (زن)
realistisch *Adj.* (مبتنی بر) واقع‌گرایی، واقعی
Realität, die; -, -en واقعیت، حقیقت
Reallohn, der; -(e)s, ⸚e دستمزد حقیقی
Realschule, die; -, -n مدرسه راهنمایی؛ مدرسهٔ متوسطه، دبیرستان
Realwert, der; -(e)s, -e ارزش واقعی
Rebe, die; -, -n ۱. درخت مو، تاک ۲. پیچک
Rebell, der; -en, -en یاغی، متمرد، عاصی، سرکش، شورشی
rebellieren *Vi.* یاغی شدن، تمرد کردن، عصیان کردن، سرکشی کردن، شورش کردن
Rebellin, die; -, -nen یاغی، متمرد، عاصی، سرکش، شورشی (زن)
Rebellion, die; -, -en طغیان، شورش، تمرد، عصیان
rebellisch *Adj.* یاغی، متمرد، عاصی، سرکش
Rebensaft, der; -(e)s, - می، شراب
Rebhuhn, das; -(e)s, ⸚er کبک
Reblaus, die; -, -läuse شپشک (آفت گیاهی)
Rebstock, der; -(e)s, ⸚e مو، تاک
rechen *Vt.* با شن‌کش جمع کردن، با شن‌کش صاف کردن
Rechen, der; -s, - ۱. شن‌کش ۲. شبکه
Rechenanlage, die; -, -n ماشین‌حساب
Rechenaufgabe, die; -, -n تمرین حساب، تکلیف حساب
Rechenbuch, das; -(e)s, ⸚er کتاب حساب
Rechenexempel, das; -s, -e تمرین حساب، تکلیف حساب
Rechenfehler, der; -s, - خطای محاسبه‌ای، اشتباه در محاسبه
Rechengesetzt, das; -es, -e قواعد محاسبه
Rechenkunst, die; -, ⸚e علم حساب
Rechenkünstler, der; -s, - حسابدان
Rechenlehrer, der; -s, - معلم حساب
Rechenlehrerin, die; -, -nen معلم حساب (زن)
Rechenmaschine, die; -, -n ماشین‌حساب

659 **Rechtsanwalt**

Rechenschaft, die; - صورت‌حساب؛ بیان، گزارش، شرح
Rechenschaftsbericht, der; -(e)s, -e شرح محاسبه
Rechenschieber, der; -s, - خط‌کش محاسبه
Rechentabelle, die; -, -n جدول محاسباتی
Rechenzentrum, das; -s, -tren مرکز محاسبات
Recherche, die; -, -n تحقیق، رسیدگی، کاوش، تفحص
recherchieren *Vi., Vt.* تحقیق کردن، رسیدگی کردن، کاوش کردن، اطلاعات جمع‌آوری کردن
rechnen *Vt., Vi.* ۱. حساب کردن ۲. شمردن ۳. احتمال دادن، تخمین زدن
Damit habe ich nicht gerechnet. احتمال این را نمی‌دادم.
im Kopf rechnen ذهنی حساب کردن
Rechnen, das; -s محاسبه، حساب
Rechner, der; -s, - ۱. حسابگر، حسابدان ۲. ماشین‌حساب
Rechnerin, die; -, -nen حسابگر، حسابدان (زن)
rechnerisch *Adj.* قابل محاسبه، محاسبه‌ای
Rechnung, die; -, -en ۱. حساب، محاسبه ۲. صورت‌حساب
Das geht auf meine Rechnung. مخارج با من است.
nach meiner Rechnung آن‌طور که من حساب کرده‌ام
auf seine Rechnung kommen به مطلوب خود دست یافتن
das Hotelrechnung صورت‌حساب هتل
Rechnungsabschluß, der; -schlusses, -schlüsse بستن حساب، ترازنامه
Rechnungsführer, der; -s, - محاسب، حسابدار، ممیز
Rechnungsführung, die; -, -en حسابداری
Rechnungshof, der; -(e)s, ⸚e دیوان محاسبه، ادارهٔ حسابداری
Rechnungsjahr, das; -(e)s, -e سال مالی
Rechnungslegung, die; -, -en صورت‌حساب
Rechnungsprüfer, der; -s, - ممیز حسابداری
Rechnungswesen, das; -s, - محاسبه، حساب
Recht, das; -(e)s, -e ۱. حق ۲. قانون، شرع، شریعت ۳. (علم) حقوق
das Recht mit Füßen treten حق کسی را پایمال کردن
Das ist mein gutes Recht. این حق مسلّم من است.
recht *Adj., Adv.* ۱. درست، صحیح ۲. راستی، حقیقتاً
Das ist eine recht gute Arbeit. این واقعاً کار خوبی است.

jemandem recht geben به کسی حق دادن
Rechte, die; -n, -n دست راست، سمت راست
Rechteck, das; -(e)s, -e راست گوشه، (مربع) مستطیل
rechteckig *Adj.* راست گوشه، مستطیل شکل
rechten *Vi.* ۱. مشاجره کردن، مباحثه کردن ۲. اقامهٔ دعوی کردن
rechterhand *Adv.* دست راست
rechterseits *Adv.* طرف راست
rechtfertigen *Vt.* ۱. از حق (کسی) دفاع کردن، بی‌گناهی (کسی) را اثبات کردن ۲. توجیه کردن
Rechtfertigung, die; -, -en ۱. دفاع (از حق)، اثبات بی‌گناهی ۲. توجیه
Kannst du etwas zu deiner Rechtfertigung vorbringen? می‌توانی توجیهی برای عملت ارائه دهی؟
Rechtfertigungsgrund, der; -(e)s, ⸚e دلیل برائت
rechtgläubig *Adj.* پرهیزکار، درست اعتقاد، باتقوی
Rechtgläubigkeit, die; - پرهیزکاری، درست اعتقادی
Rechthaber, der; -s, - کله‌شق، خودسر، حق به‌جانب
Rechthaberei, die; - کله‌شقی، خودسری، تعصب
Rechthaberin, die; -, -nen کله‌شق، خودسر، حق به‌جانب (زن)
rechthaberisch *Adj.* کله‌شق، خودسر، حق به‌جانب
rechtlich *Adj.* قانونی، حقوقی، شرعی، مشروع
Rechtlichkeit, die; - مشروعیت، قانونیت
rechtlinig *Adj.* دارای مسیر مستقیم
rechtlos *Adj.* بی‌حقوق، محروم از حمایت قانون
Rechtlosigkeit, die; - بی‌حقوقی
rechtmäßig *Adj.* قانونی، حقوقی، شرعی، مشروع
Rechtmäßigkeit, die; - مشروعیت، قانونیت
rechts *Adv.* ۱. دست راست، طرف راست، سمت راست ۲. سمت رو ۳. دست راستی
rechts abbiegen به سمت راست پیچیدن
von rechts nach links از راست به چپ
rechts fahren از سمت راست راندن
Der Stoff nicht von rechts bügeln. پارچه را از رو اطو نکنید.
Rechtsabbieger, der; -s, - کسی که با وسیلهٔ نقلیه خود به سمت راست می‌پیچد
Rechtsanspruch, der; -(e)s, ⸚e ادعای حقوقی، مطالبهٔ حقوقی، حق‌طلبی
Rechtsanwalt, der; -(e)s, ⸚e وکیل مدافع، وکیل دادگستری

Rechtsanwältin, die; -, -nen وکیل مدافع، وکیل دادگستری (زن)
Rechtsanwaltsbüro, das; -s, -s دفتر وکالت
Rechtsaußen(stürmer), der; -s, - (فوتبال) گوش راست
Rechtsbefugnis, die; -, -nisse صلاحیت، شایستگی، کفایت
Rechtsbegriff, der; -(e)s, -e مفهوم حقوقی
Rechtsbehelf, der; -(e)s, -e کمک حقوقی، چارهٔ حقوقی
Rechtsbeistand, der; -(e)s, ⸚e وکیل دادگستری، مشاور حقوقی
Rechtsbelehrung, die; -, -en آموزش حقوقی
Rechtsberater, der; -s, - مشاور حقوقی
Rechtsberatung, die; -, -en مشاورهٔ حقوقی
Rechtsbeschwerde, die; -, -n شکایت حقوقی
Rechtsbeugung, die; -, -en سوءاستفادهٔ حقوقی
Rechtsbruch, der; -(e)s, ⸚e نقض قانون
rechtschaffen *Adj., Adv.* ۱. درستکار، صدیق، امین؛ وظیفه‌شناس ۲. بسیار، زیاد، خیلی
ein rechtschaffener Mensch انسانی درستکار
rechtschaffen müde sein حسابی خسته بودن
Rechtschaffenheit, die; - درستکاری، امانت؛ وظیفه‌شناسی
rechtschreiben *Vi.* درست‌نوشتن، طبق قواعد درست‌نویسی نوشتن
Rechtschreibung, die; -, -en (از نظر املا) درست‌نویسی
Rechtsdrall, der; -(e)s, -e دست راست، سمت راست
Rechtsexperte, der; -n, -n حقوقدان، کارشناس حقوقی؛ خبره
Rechtsextremist, der; -en, -en افراطی جناح راست
Rechtsextremistin, die; -, -nen افراطی جناح راست (زن)
rechtsfähig *Adj.* دارای صلاحیت قانونی
Rechtsfähigkeit, die; - صلاحیت قانونی
Rechtsfall, der; -(e)s, ⸚e قضیهٔ حقوقی، مورد حقوقی
Rechtsfrage, die; -, -n مسئلهٔ حقوقی
Rechtsgefühl, das; -(e)s احساس انصاف
Rechtsgelehrte, der/die; -n, -n فقیه، حقوقدان، عالم حقوق
Rechtsgeschäft, das; -(e)s, -e معاملهٔ حقوقی
Rechtsgleichheit, die; -, -en مساوات حقوقی، برابری حقوقی
Rechtsgrund, der; -(e)s, ⸚e سبب حقوقی؛ اعتبار فقهی
Rechtsgrundlage, die; -, -n اساس حقوقی
Rechtsgrundsatz, der; -es, ⸚e اصل حقوقی
rechtsgültig *Adj.* قانونی، حقوقی، شرعی
Rechtsgültigkeit, die; -, -en مشروعیت، قانونیت
Rechtsgut, das; -(e)s, ⸚er منافع حقوقی
Rechtsgutachten, das; -s, - نظریهٔ حقوقی
Rechtsgutachtung, die; - فتوای حقوقی
Rechtshänder, der; -s, - راست دست
Rechtshandlung, die; -, -en معاملهٔ حقوقی
rechtsher *Adv.* از سمت راست
rechtsherum *Adv.* به‌طرف راست
rechtshin *Adv.* به‌طرف راست
Rechtsinstitut, das; -(e)s, -e مؤسسهٔ حقوقی
Rechtskraft, die; -s, - حکم قطعی، حکم نهایی
rechtskräftig *Adj.* قطعی، قانونی، معتبر
Rechtskunde, die; -, -n علم حقوق
Rechtslage, die; -, -n وضعیت حقوقی، موقعیت حقوقی
Rechtslehre, die; -, -n علم حقوق
Rechtsmißbrauch, der; -(e)s, -bräuche سوءاستفادهٔ قانونی
Rechtsmittel, das; -s, - راه‌های قانونی
Rechtsnachfolger, der; -s, - جانشین قانونی، خلف شرعی
Rechtsnorm, die; -, -en قاعدهٔ حقوقی، قضیهٔ حقوقی
Rechtsobjekt, das; -(e)s, -e مفعول حقوقی
Rechtsordnung, die; -, -en نظام حقوقی
rechtsorientiert *Adj.* متمایل به راست
Rechtspartei, die; -, -en حزب دست راستی، حزب محافظه‌کار
Rechtsperson, die; -, -en شخص قانونی
Rechtspflege, die; - رعایت قانون، مواظبت از قانون، اجرای قانون
Rechtsphilosophie, die; -, -n فلسفهٔ حقوق
Rechtsprechung, die; -, -en حکم قضایی
Rechtsquelle, die; -, -n منبع حقوق
Rechtsradikale, der/die; -n, -n جناح راست، راست‌گرا
Rechtsregel, die; -, -n قاعدهٔ حقوقی
Rechtssache, die; -, -n امر حقوقی، مسئلهٔ حقوقی
Rechtssatz, der; -(e)s, ⸚e قضیهٔ حقوقی

Rechtsschutz, der; -es حمایت حقوقی
rechtsseitig *Adj.* طرف راستی
Rechtssoziologie, die; -, -n جامعه‌شناسی قضایی
Rechtssprache, die; -, -n زبان قضایی
Rechtsspruch, der; -(e)s, ⸚e قرار قانونی، حکم دادگاه
Rechtsstaat, der; -(e)s دولت قانونی
rechtsstaatlich *Adj.* مطابق قانون
Rechtsstaatlichkeit, die; - حکم قانون
Rechtsstellung, die; -, -en وضع قانونی، وضع اجتماعی
Rechtsstreit, der; -(e)s, -e دعوای حقوقی، منازعهٔ حقوقی
Rechtssubjekt, das; -(e)s, -e شخص حقوقی
Rechtssystem, das; -s, -e نظام حقوقی، نظام قضایی
Rechtstitel, der; -s, - عنوان حقوقی
rechtsum *Adv.* (در ارتش) به راست راست
rechtsunfähig *Adj.* فاقد صلاحیت قانونی؛ محجور
Rechtsunfähigkeit, die; -, -en فقدان صلاحیت قانونی؛ محجوری
rechtsunwirksam *Adj.* بی‌اثر، بی‌فایده، غیر مؤثر
Rechtsunwirksamkeit, die; - بی‌اثری، بی‌فایدگی، بیهودگی
rechtsverbindlich *Adj.* الزامی، قانونی، اجباری
Rechtsverdreher, der; -s, - تحریف‌کنندهٔ قانون
Rechtsverdrehung, die; -, -en تحریف قانون
Rechtsverfahren, das; -s, - آئین دادرسی
Rechtsverhältnis, das; -nisses, -nisse رابطهٔ قانونی، مناسبت حقوقی
Rechtsverkehr, der; -(e)s, - قانون رانندگی از طرف راست خیابان
Rechtsverletzer, der; -s, - متخلف قانونی
Rechtsverletzung, die; -, -en تخلف از قانون
Rechtsverordnung, die; -, -en آئین‌نامه، نظام‌نامه
Rechtsvertreter, der; -s, - نمایندهٔ حقوقی، وکیل دادگستری
Rechtsweg, der; -(e)s, -e راه قانونی
rechtswidrig *Adj.* غیر قانونی، مخالف قانون، خلاف شرع
Rechtswidrigkeit, die; -, -en عمل خلاف قانون، کار نامشروع
rechtswirksam *Adj.* قانونی، قطعی، معتبر
Rechtswissenschaft, die; - علم حقوق

rechtwink(e)lig *Adj.* راست‌گوشه، قائم‌الزاویه، دارای زاویهٔ قائمه
rechtzeitig *Adj.* به موقع، سروقت
Recital, das; -s, -s رسیتال؛ کنسرت
Reck, das; -(e)s, -e بارفیکس
Recke, der; -n, -n جنگجو، قهرمان
recken *Vt., Vr.* ۱. بسط دادن، گستردن ۲. (خود) را به سمت بالا کشیدن ۳. (برای بیدار شدن) کش و قوس رفتن
Recorder, der; -s, - دستگاه ضبط‌صوت
Redakteur, der; -s, -e (در روزنامه، مجله) سردبیر، ناشر، مدیر
Redakteurin, die; -, -nen (در روزنامه، مجله) سردبیر، ناشر، مدیر (زن)
Redaktion, die; -, -en هیئت تحریریه
redaktionell *Adj.* (مربوط به) هیئت تحریریه
Redaktor, der; -s, -en (در روزنامه، مجله) سردبیر، ناشر، مدیر
Rede, die; -, -n ۱. صحبت، حرف، گفتار ۲. نطق، سخنرانی، خطابه
- **Das ist nicht der Rede wert.** قابل نیست. ارزش گفتن ندارد.
- jemanden **zur Rede stellen** از کسی بازخواست کردن
- jemandem **in die Rede fallen** وسط حرف کسی دویدن
- **Wovon war die Rede?** صحبت دربارهٔ چه چیز بود؟
- **direkte Rede** نقل‌قول مستقیم
- **indirekte Rede** نقل‌قول غیر مستقیم

Redefreiheit, die; - آزادی بیان، آزادی گفتار
Redegabe, die; - فصاحت، سخنوری
redegewandt *Adj.* فصیح، رسا
Redegewandtheit, die; -, -en فصاحت، سخنوری
Redekunst, die; -, ⸚e فصاحت، بلاغت، علم معانی و بیان
reden *Vt., Vi.* ۱. حرف زدن، صحبت کردن، سخن گفتن ۲. نطق کردن، سخنرانی کردن
- **mit** jemandem **reden** با کسی صحبت کردن
- **über** jemanden **reden** دربارهٔ کسی حرف زدن
- **über Politik reden** دربارهٔ سیاست حرف زدن
- **wie ein Buch reden** بدون وقفه حرف زدن

Redensart, die; -, -en ۱. لفاظی، عبارت‌پردازی، شیوهٔ بیان، طرز تکلم ۲. اصطلاح عامیانه
Rederei, die; -, -en وراجی
Redeschwall, der; -(e)s, -e یاوه‌گویی، بیهوده‌گویی
Redeteil, der; -(e)s, -e بخشی از گفتار

Redeverbot, das; -(e)s, - ممنوعیت سخن
Redewendung, die; -, -en ۱. شیوهٔ بیان، طرز تکلم ۲. اصطلاح عامیانه
redigieren *Vt.* برای چاپ آماده کردن، ویرایش کردن
redlich *Adj., Adv.* ۱. درستکار، قابل اعتماد، امین، صدیق ۲. بسیار، زیاد
redlich müde sein بسیار خسته بودن
Redlichkeit, die; - درستکاری، قابلیت اعتماد، امانت
Redner, der; -s, - ناطق، سخنران
Rednerbühne, die; -, -n محل سخنرانی
Rednerin, die; -, -nen ناطق، سخنران (زن)
rednerisch *Adj.* فصیح، بلیغ
Rednerpult, das; -(e)s, -e کرسی خطابه، کرسی سخنرانی
redselig *Adj.* پرحرف، پرگو، پرچانه
Redseligkeit, die; - پرحرفی، پرگویی، پرچانگی
Reduktion, die; -, -en ۱. کاهش، تقلیل ۲. (شیمی) احیا
Reduktionsmittel, das; -s, - (شیمی) مادهٔ احیاکننده
reduzieren *Vt.* کاستن، کاهش دادن، کم کردن، تقلیل دادن، تنزل دادن
Reduzierung, die; -, -en ۱. کاهش، تقلیل ۲. (شیمی) احیا
Reede, die; -, -n لنگرگاه
Reeder, der; -s, - صاحب کشتی
Reederei, die; -, -en شرکت کشتیرانی
reell *Adj.* ۱. حقیقی، واقعی ۲. درستکار، قابل اعتماد، امین، صدیق
reelle Zahlen (ریاضی) اعداد حقیقی
Reellität, die; -, -en انصاف، صداقت، درستکاری
Reep, das; -(e)s, -e طناب، ریسمان، بند
Referat, das; -(e)s, -e ۱. گزارش تخصصی ۲. گزارش تحصیلی ۳. سخنرانی (دربارهٔ موضوعی تخصصی)
ein Referat halten گزارشی را خواندن
Referendar, der; -s, -e کارمند کم سابقه‌ای که یک دورهٔ آموزشی را طی می‌کند
Referendarin, die; -, -nen کارمند کم‌سابقه‌ای که یک دورهٔ آموزشی را طی می‌کند (زن)
Referendum, das; -s, -da رفراندوم، مراجعه به آرای عمومی
Referent, der; -en, -en ۱. خبرنگار، گزارشگر ۲. کنفرانس‌دهنده ۳. کارشناس، متخصص، خبره
Referentin, die; -, -nen ۱. خبرنگار، گزارشگر ۲. کنفرانس‌دهنده ۳. کارشناس، متخصص، خبره (زن)
Referenz, die; -, -en ۱. مراجعه، رجوع، عطف، بازگشت ۲. توصیه
referieren *Vi.* ۱. گزارش دادن ۲. کنفرانس دادن، سخنرانی کردن
reffen *Vt.* تو گذاشتن، کوتاه کردن
reflektieren *Vt., Vi.* ۱. منعکس کردن (نور) ۲. دربارهٔ (چیزی) تأمل کردن، فکر کردن ۳. خواستن
Reflektor, der; -s, -en بازتاب، وسیلهٔ انعکاس، منعکس‌کننده
Reflex, der; -es, -e ۱. بازتابش، انعکاس ۲. واکنش، عکس‌العمل غیر ارادی، بازتاب
Reflexbewegung, die; -, -en عمل انعکاسی
Reflexion, die; -, -en ۱. بازتابش، انعکاس ۲. بازتاب، برگشت (نور) ۳. تفکر و بررسی
Reflexionswinkel, der; -s, - (فیزیک) زاویهٔ انعکاس
reflexiv *Adj.* انعکاسی، بازتابی
Reflexivpronomen, das; -s, - / -mina (دستور زبان) ضمیر انعکاسی
Reflexivum, das; -s, -va (دستور زبان) ضمیر انعکاسی
Reform, die; -, -en رفرم، اصلاح، اصلاحات، بهسازی
Reformation, die; -, -en ۱. دوباره‌سازی، نوسازی ۲. جنبش مذهبی رفرم (جنبشی در سدهٔ شانزدهم برای اصلاح کلیسای رم)
Reformator, der; -s, -en مصلح، بهساز، اصلاح‌طلب
reformbedürftig *Adj.* لازم به اصلاح
Reformbestrebungen, die / *Pl.* تلاش‌های اصلاحی
Reformer, der; -s, - اصلاح‌طلب
Reformhaus, das; -es, -häuser فروشگاه موادغذایی / بهداشتی / رژیمی
reformieren *Vt.* اصلاح کردن، ترمیم کردن
Reformierte, der / die; -n, -n عضو جنبش مذهبی رفرم (عضو جنبشی در سدهٔ شانزدهم برای اصلاح کلیسای رم)
Reformist, der; -en, -en اصلاح‌طلب
Refrain, der; -s, -s برگردان شعر / آهنگ
Refraktion, die; -, -en شکست نور، انکسار
Regal, das; -s, -e قفسهٔ کتاب
Regatta, die; -, -tten مسابقهٔ قایق‌رانی
rege *Adj.* ۱. فعال، کاری، پرتحرک، چابک ۲. بانشاط، سرزنده، باروح
Regel, die; -, -n ۱. قاعده، دستور، آئین‌نامه ۲. عادت ماهانه، رگل ۳. مقررات، قواعد
in der Regel معمولاً، قاعدتاً
Regelblutung, die; -, -en عادت ماهانه، رگل
Regelbuch, das; -(e)s, ⸚er کتاب قوانین

Regelgetriebe, das; -s, - گیربکس (اتومبیل)
regellos *Adj.* نامنظم، بی‌رویه، بی‌قاعده، نامرتب
Regellosigkeit, die; -, -en بی‌قاعدگی، بی‌ترتیبی، بی‌نظمی
regelmäßig *Adj.* ۱. مرتب، منظم، باقاعده ۲. مرتباً، منظماً
die regelmäßigen Verben افعال باقاعده، افعال ضعیف
Regelmäßigkeit, die; - نظم، ترتیب
regeln *Vt.* ۱. مرتب کردن، منظم کردن، میزان کردن ۲. ترتیب دادن، تحت نظم و ترتیب خاصی درآوردن
regelrecht *Adj.* به‌طور کامل، درست و حسابی
Regelung, die; -, -en ۱. ترتیب، تنظیم، تعدیل ۲. مقررات ۳. آئین‌نامه
regelwidrig *Adj.* بی‌قاعده، بی‌ترتیب، نامنظم
Regelwidrigkeit, die; - بی‌قاعدگی، بی‌ترتیبی، بی‌نظمی
regen *Vt., Vr.* ۱. تکان دادن، جنباندن ۲. تکان خوردن، به آرامی حرکت کردن، جنبیدن؛ فعالیت کردن
Regen, der; -s, - باران
vom Regen in die Traufe kommen
از چاله به چاه افتادن
regenarm *Adj.* کم باران
Regenbogen, der; -s, -/¨ رنگین‌کمان، قوس و قزح
Regenbogenfarben, die / *Pl.* رنگ‌های قوس و قزح
Regenbogenhaut, die; -, -häute عنبیهٔ چشم
regendicht *Adj.* غیر قابل نفوذ، مانع نفوذ باران
regenerieren *Vt.* ترمیم کردن، اصلاح کردن، از نو ساختن
Regenerierung, die; - ترمیم، اصلاح، نوسازی
Regenfall, der; -(e)s, ¨e رگبار، ریزش باران، بارندگی زیاد
Regenguß, der; -gusses, -güsse بارندگی زیاد، بارش متوالی، رگبار
Regenhaut, die; -, -häute بارانی ضد آب
Regenmantel, der; -s, - بارانی
Regenmenge, die; -, -n بارندگی
Regenpfeifer, der; -s, - مرغ باران
Regenschauer, der; -s, - رگبار
Regenschirm, der; -(e)s, -e چتر
Regent, der; -en, -en ۱. حاکم، حکمروا، سلطان ۲. نایب‌السلطنه
Regentag, der; -(e)s, -e روز بارانی
Regentin, die; -, -nen نایب‌السلطنه (زن)
Regentropfen, der; -s, - قطرهٔ باران
Regentschaft, die; -, -en نیابت سلطنت
Regenwasser, das; -s, - آب باران
Regenwetter, das; -s, - هوای بارانی
Er macht ein Gesicht wie sieben Regenwetter Tage.
خیلی پکر است.
Regenwolke, die; -, -n ابر باران‌زا
Regenwurm, der; -(e)s, ¨er کرم باران، کرم خاکی
Regenzeit, die; -, -en موسم بارندگی
Regie, die; -, -n ۱. کارگردانی ۲. اداره، رهبری
die Regie führen کارگردانی کردن
Regieassistent, der; -en, -en دستیار کارگردان
Regieassistentin, die; -, -nen
دستیار کارگردان (زن)
Regieassistenz, die; - دستیار کارگردان
Regiefehler, der; -s, - ۱. اشتباه در کارگردانی ۲. اشتباه در رهبری
Regiekosten, die / *Pl.* ۱. مخارج کارگردانی ۲. هزینهٔ رهبری
Regiepult, das; -(e)s, -e کرسی کارگردانی
regieren *Vi.* ۱. حکومت کردن، حکم راندن ۲. اداره کردن
Regierung, die; -, -en هیئت حاکمه، حکومت، دولت
Regierungsantritt, der; -(e)s, -e تشکیل دولت
Regierungsbeamte, der; -n, -n کارمند دولت
Regierungsbildung, die; -, -en تشکیل حکومت
Regierungschef, der; -s, -s رئیس دولت
Regierungserklärung, die; -, -en
بیانیهٔ رسمی دولت
Regierungsform, die; -, -en طرز حکومت، سیستم حکومتی
Regierungsgewalt, die; -, -en توانایی دولت
Regierungsmannschaft, die; -, -en
اعضای کابینه، هیئت دولت
Regierungsmitglied, das; -(e)s, -er عضو کابینه
Regierungspräsident, der; -en, -en رئیس دولت
Regierungsprogramm, das; -s, -e برنامهٔ دولت
Regierungssprecher, der; -s, - سخنگوی دولت
Regierungswechsel, der; -s, - تغییر دولت
Regime, das; -s, -s رژیم، شکل حکومت، سیستم حکومتی
Regiment, das; -(e)s, -e/-er ۱. (ارتش) هنگ ۲. حکومت، فرمانروایی
Regimentkommandeur, der; -s, -e فرماندهٔ هنگ
Region, die; -, -en (جغرافیا) ناحیه، منطقه، حوزه

regional *Adj.* ناحیه‌ای، منطقه‌ای
Regisseur, der; -s, -e کارگردان، رژیسور (فیلم/نمایش)
Regisseurin, die; -, -nen کارگردان، رژیسور (فیلم/نمایش) (زن)
Register, das; -s, - ۱. دفتر ثبت، بایگانی ۲. فهرست الفبایی (کتاب) ۳. دکمه ساز ارگ
Registeramt, das; -(e)s, ¨-er ادارهٔ ثبت احوال
Registerrichter, der; -s, - قاضی ثبت املاک
Registrator, der; -s, -en بایگان؛ ثبات، کارمند ادارهٔ ثبت
Registratur, die; -, -en دفتر اسناد رسمی، دفتر ثبت
registrieren *Vt.* ۱. ثبت کردن، وارد دفتر کردن؛ بایگانی کردن ۲. به‌خاطر سپردن
Registrierkasse, die; -, -n صندوق، صندوق حساب
Registrierung, die; -, -en ثبت؛ بایگانی؛ نام‌نویسی
Reglement, das; -s, -s ۱. تنظیم، تعدیل (قرارداد) ۲. قاعده
Regler, der; -s, - تنظیم‌کننده، تعدیل‌کننده
reglos *Adj.* بی‌جنبش، بی‌حرکت
regnen *Vi., Vt.* باریدن، باران آمدن
Es regnet. باران می‌بارد.
regnerisch *Adj.* بارانی، پرباران
Regreß, der; -resses, -resse توسل، مراجعه، رجوع
Regression, die; -, -en پسروی، تنزل، برگشت
regressiv *Adj.* پسرونده، تنزل‌کننده
regreßpflichtig *Adj.* مشمول مراجعه
regsam *Adj.* فعال، کاری، ساعی
Regsamkeit, die; - فعالیت، چابکی، زرنگی
regulär *Adj.* منظم، مرتب، متداول، معمول
Regulation, die; -, -en تنظیم
Regulator, der; -s, -en تنظیم‌کننده
regulierbar *Adj.* قابل تعدیل، تنظیم‌پذیر
regulieren *Vt.* تنظیم کردن، تعدیل کردن، میزان کردن (دستگاه)
Regulierung, die; -, -en تنظیم، تعدیل
Regung, die; -, -en حرکت، جنبش
regungslos *Adj.* بی‌حرکت، بدون جنبش
Reh, das; -(e)s, -e آهو؛ گوزن کوچک؛ غزال
Rehabilitation, die; -, -en اعادهٔ حیثیت
rehabilitieren *Vt., Vr.* اعادهٔ حیثیت کردن
Rehabilitierung, die; -, -en اعادهٔ حیثیت

Rehbock, der; -(e)s, ¨-e آهوی نر؛ گوزن نر
Rehbraten, der; -s, - گوشت آهوی کباب شده
rehfarben *Adj.* رنگ حنایی
Rehgeiß, die; -, -en آهوی ماده؛ گوزن ماده
Rehkalb, das; -(e)s, ¨-er بچه آهو؛ بچه گوزن
Rehkeule, die; -, -n ران آهو
Rehkitz, das; -es, -e بچه آهو؛ بچه گوزن
Rehposten, die / *Pl.* ساچمهٔ درشت، چارپاره
Rehrücken, der; -s, - گوشت گردهٔ آهو
Reibahle, die; -, -n برقو؛ قلاویز؛ جدار تراش
Reibe, die; -, -n رنده
Reibeisen, das; -s, - رنده
reiben *Vt., Vi.* ۱. رنده کردن ۲. مالیدن، ساییدن
sich die Hände reiben از خوشحالی بشکن زدن
Reiberei, die; -, -en درگیری، دعوا، نزاع، مناقشه
Reibung, die; -, -en اصطکاک، مالش، سایش
Reibungselektrizität, die; -, -en (فیزیک) الکتریسیتهٔ ساکن، الکتریسیتهٔ مالشی
Reibungsfläche, die; -, -n سطح مالش
reibungslos *Adj.* ۱. بدون اصطکاک ۲. بدون مانع، بدون مشکل، بدون مزاحمت، بدون دردسر
Reibungswiderstand, der; -(e)s, ¨-e اصطکاک
reich *Adj.* ۱. غنی، ثروتمند، توانگر، پولدار، دارا ۲. فراوان، زیاد ۳. مجلل، گرانبها ۴. وسیع، بسیط ۵. گوناگون
Reich, das; -(e)s, -e ۱. کشور، قلمرو، مملکت ۲. دولت، امپراطوری، پادشاهی ۳. سرزمین
das Dritte Reich (در آلمان) رایش سوم
Reiche, der / die; -n, -n آدم ثروتمند
reichen *Vt., Vi.* ۱. به (جایی) رسیدن ۲. کافی بودن، کفایت کردن، بس بودن، تکافو کردن ۳. دادن
Das reicht! کافی است! بس است!
jemandem **die Hand reichen** با کسی دست دادن
reichhaltig *Adj.* ۱. فراوان، وافر، خیلی زیاد ۲. پرمحتوا، غنی
Reichhaltigkeit, die; - فراوانی، وفور، زیادی
reichlich *Adj., Adv.* ۱. فراوان، وافر، خیلی زیاد ۲. بیش از ۳. به فراوانی، به‌وفور، به‌حد کفایت
reichlich zwei Kilogramm بیش از دو کیلوگرم
Der Film war reichlich langweilig. فیلم به اندازهٔ کافی کسالت‌آور بود.
Reichshauptstadt, die; - پایتخت آلمان نازی
Reichtum, der; -(e)s, ¨-er ثروت، تمول، دارایی، مال
Reichweite, die; -, -n ۱. حوزه، قلمرو، حدود ۲. برد، وسعت، تیررس، چشم‌رس

reif *Adj.* ۱. [میوه] رسیده ۲. پخته ۳. جاافتاده ۴. بالغ ۵. ورزیده، کارآزموده

Er ist reif für den Urlaub. وقت آن رسیده که او به مرخصی برود.

Reif, der; -(e)s, -e ۱. نیم‌تاج ۲. شبنم یخ‌زده، سرماریزه

Reife, die; - ۱. رسیدگی ۲. پختگی ۳. جاافتادگی ۴. بلوغ

reifen *Vi., Vt.* ۱. رسیدن (میوه) ۲. بالغ شدن ۳. پخته شدن، مجرب شدن ۴. برنامه (کار) آماده شدن

Reifen, der; -s, - ۱. تایر (اتومبیل) ۲. حلقهٔ فلزی، طوق، طوقه

Reifenpanne, die; -, -n پنچری لاستیک

Reifenschaden, der; -s, ⸚ پنچری لاستیک

Reifenwechsel, der; -s, - تعویض لاستیک

Reifeprüfung, die; -, -en امتحان نهایی دورهٔ کامل متوسطه

Reifezeit, die; -, -en زمان بلوغ

Reifezeugnis, das; -nisses, -nisse دیپلم (گواهینامهٔ امتحان نهایی دورهٔ متوسطه)

reiflich *Adj.* دقیق، سنجیده، بررسی‌شده

Reifrock, der; -(e)s, -e دامن پف کرده

Reigen, der; -s, - رقص دایره

Reihe, die; -, -n ۱. ردیف، صف، رج ۲. رشته، سلسله، تعداد ۳. نوبت

Ich bin an der Reihe. نوبت من است.

Wer ist an der Reihe? نوبت کیست؟

in einer Reihe در یک ردیف

der Reihe nach به نوبت، یکی بعد از دیگری

an die Reihe kommen نوبت (کسی) شدن

reihen *Vt., Vr.* ۱. ردیف کردن، منظم کردن ۲. نخ کردن (مروارید) ۳. (از نظر زمانی) پشت سر هم آمدن

Ein Unglück reihte sich ans andere. بدبختی دنبال بدبختی آمد.

Reihenfertigung, die; -, -en فراوردهٔ ردیفی، تولید نوبتی

Reihenfolge, die; -, -n توالی، ردیف، تسلسل، ترتیب

Reihenhaus, das; -es, -häuser خانه‌های ردیفی مشابـه

Reihenschaltung, die; -, -en (فیزیک) اتصال متوالی (برق)، اتصال سری

Reihenuntersuchung, die; -, -en معاینهٔ گروهی، آزمون عمومی

reihenweise *Adv.* ۱. به‌ردیف، به‌صف ۲. به تعداد زیاد

Reiher, der; -s, - ماهیخوار، حواصیل، کلنگ

Reim, der; -(e)s, -e قافیه

Darauf kann ich keinen Reim finden. از این موضوع نمی‌توانم سر در بیاورم.

Reimdichtung, die; -, -en شعر با قافیه

reimen *Vt., Vi., Vr.* ۱. قافیه ساختن، هم‌وزن ساختن، تشکیل قافیه دادن ۲. هم‌قافیه شدن ۳. موزون بودن، هماهنگ بودن، قافیه داشتن

reimlos *Adj.* بی‌قافیه

Reimschmied, der; -(e)s, -e قافیه‌پرداز، قافیه‌ساز

rein *Adj., Adv.* ۱. پاک، تمیز ۲. منظم ۳. پاک، معصوم، بی‌گناه ۴. خالص، ناب، یکدست ۵. روشن، آشکار ۶. کاملاً، واقعاً

reinen Tisch machen تصفیه‌حساب کردن

ins reine bringen پاکنویس کردن

mit jemandem **ins reine kommen** باکسی به توافق رسیدن

eine reine Weste haben درستکار و پاکدامن بودن

Die Luft ist rein! خطر رفع شد!

Reineclaude, die; -, -n گوجه‌سبز

Reinemachen, das; -s, - نظافت، تمیزی (خانه)

Reinerlös, der; - سود خالص، عایدی خالص

Reinertrag, der; -(e)s, ⸚e بازدهٔ خالص، سود خالص

reineweg *Adv.* ۱. مطمئناً، واقعاً ۲. کاملاً، تماماً

Erzählen Sie mir mal reineweg alles! همه‌چیز را کاملاً برایم توضیح دهید!

Reinfall, der; -(e)s, ⸚e یأس، نومیدی، سرخوردگی، شکست

reinfallen *Vi.* مأیوس شدن، ناامید شدن، سرخورده شدن

Reinfektion, die; -, -en سرایت مجدد

Reingewicht, das; -(e)s, -e وزن خالص

Reingewinn, der; -(e)s, -e سود خالص، سود ویژه

Reinheit, die; - ۱. پاکی، تمیزی، ناآلودگی ۲. پاکدامنی، عفت، معصومیت ۳. خلوص، صفا

Reinheitsgebot, das; -(e)s, -e (برای تهیهٔ آبجو در آلمان) قانون ویژه

Reinheitsgrad, der; -(e)s, -e (شیمی) درجهٔ خلوص

reinigen *Vt.* ۱. تمیز کردن، پاک کردن ۲. تصفیه کردن، پالودن ۳. خشک‌شویی کردن (لباس)

Reiniger, der; -s, - مادهٔ پاک‌کننده

Reinigung, die; -, -en ۱. نظافت، شستشو ۲. تصفیه، پالایش ۳. خشک‌شویی

Reinigungsanstalt, die; -, -en خشک‌شویی

Reinigungsmittel, das; -s, - پودر لباس‌شویی

reinkommen *Vi.* وارد شدن، به داخل آمدن

reinkriegen 666

reinkriegen *Vi.* دریافت کردن (کالای تازه)
Reinkultur, die; -, -en فرهنگ ناب
reinlegen *Vt.* گول زدن، دست انداختن
reinlich *Adj.* پاک، تمیز، پاکیزه
Reinlichkeit, die; - پاکیزگی، تمیزی، نظافت
Reinmachefrau, die; -, -en کلفت، خدمتکار (زن)
reinrassig *Adj.* اصیل، پاک‌نژاد، شجره‌دار
Reinschrift, die; -, -en پاکنویس
reinseiden *Adj.* از ابریشم طبیعی
reinwaschen *Vt., Vi.* تبرئه کردن
Ihre Aussage konnte ihn nicht reinwaschen.
اظهارات او نتوانست آن مرد را تبرئه کند.
Reis[1], der; -es, -e برنج
Reis[2], das; -es, -er شاخهٔ کوچک، ترکه
Reisauflauf, der; -(e)s, -läufe (نوعی) خوراک با آرد برنج و تخم‌مرغ
Reisbrei, der; -(e)s, -e شیربرنج
Reise, die; -, -n مسافرت، سفر
Gute Reise! سفر به خیر
Reiseapotheke, die; -, -n داروخانهٔ سیار؛ جعبهٔ دارو در وسیلهٔ نقلیه
Reisebegleiter, der; -s, - همسفر
Reisebekanntschaft, die; -, -en آشنا به مسافرت
Reisebericht, der; -(e)s, -e گزارش سفر، سفرنامه
Reisebeschreibung, die; -, -en سفرنامه
Reisebüro, das; -s, -s آژانس مسافرتی، دفتر جهانگردی
reisefertig *Adj.* آمادهٔ سفر
Reisefieber, das; -s, - تب سفر
Reiseführer, der; -s, - ۱. راهنمای سفر، راهنمای مسافران در (سفرهای گروهی) ۲. نشریه راهنمایی جهانگردان
Reisegefährte, der; -n, -n همسفر
Reisegefährtin, die; -, -nen همسفر (زن)
Reisegeld, das; -(e)s, -er هزینهٔ سفر
Reisegepäck, das; -(e)s, -e بار سفر، اسباب سفر
Reisegeschwindigkeit, die; -, -en (در مورد هواپیما) سرعت مجاز در سفر
Reisegesellschaft, die; -, -en گروهی که با تور به سفر می‌روند
Reisehandbuch, das; -(e)s, -er کتابچهٔ راهنمای سفر
Reisekoffer, der; -s, - چمدان مسافرت، چمدان سفری
Reisekosten, die / *Pl.* هزینهٔ سفر

Reiseleiter, der; -s, - سرپرست مسافرت
Reiselust, die; - شوق سفر، میل به سفر
reiselustig *Adj.* شیفتهٔ سفر
reisen *Vi.* مسافرت کردن، در سفر بودن
ins Ausland reisen به کشور خارجی سفر کردن
Reisende, der / die; -n, -n مسافر
Reisepaß, der; -passes, -pässe پاسپورت، گذرنامه
Reiseplan, der; -(e)s, ⸚e نقشهٔ سفر
Reiseprospekt, der; -(e)s, -e نشریهٔ راهنمای سفر
Reisesack, der; -(e)s, ⸚e ساک سفر
Reisescheck, der; -(e)s, -e چک مسافرتی
Reiseschreibmaschine, die; -, -n ماشین تحریر سفری
Reisestipendium, das; -s, -dien (برای دانشجویان) کمک هزینهٔ سفر
Reisetasche, die; -, -n ساک سفر
Reiseunterlagen, die / *Pl.* مدارک مسافرت
Reiseunternehmen, das; -s, - آژانس مسافرتی
Reiseveranstalter, der; -s, - ترتیب‌دهندهٔ سفر
Reiseverkehr, der; -(e)s وسیلهٔ نقلیهٔ سفر
Reisezeit, die; -, -en زمان سفر، فصل مسافرت
Reiseziel, das; -(e)s, -e مقصد
Reisfeld, das; -es, -er شالیزار، مزرعهٔ برنج
Reisig, das; -s شاخهٔ (جدا شده) از درخت
Reisigbesen, der; -s, - جاروی بته‌ای
Reismehl, das; -(e)s, -e آرد برنج
Reißaus, der; - فرار، گریز
Reißaus nehmen گریختن
Reißblei, das; -(e)s, -e سرب سیاه
Reißbrett, das; -(e)s, -er تختهٔ نقشه‌کشی، میز نقشه‌کشی
reißen *Vt., Vi.* ۱. پاره کردن، کندن، جدا کردن ۲. باشدت کشیدن ۳. درهم شکستن، از هم پاشیدن ۴. پاره شدن
ein Loch reißen سوراخ کردن
sich um etwas **reißen** مصراً خواستار چیزی بودن
Der Faden reißt. نخ پاره می‌شود.
Reißen, das; -s پارگی، چاک
reißend *Adj.* ۱. تند، سریع ۲. شدید، حاد
Reißer, der; -s, - کالای پرفروش ولی بنجل
reißerisch *Adj.* مؤثر، نافذ
Reißfeder, die; -, -n قلم رسم
Reißfestigkeit, die; -, -en نیروی کشش؛ قوهٔ ارتعاش
Reißkohle, die; -, -n مداد زغالی

Reißnagel, der; -s, ⸚ پونز
Reißschiene, die; -, -n خط‌کش نقشه‌کشی
Reißverschluß, der; -schlusses, -schlüsse زیپ
Reißzahn, der; -(e)s, ⸚e دندان انیاب، نیش
Reißzeug, das; -(e)s, -e لوازم رسم
Reißzwecke, die; -, -n پونز
Reitanzug, der; -(e)s, ⸚ لباس سوارکاری
Reitbahn, die; -, -en محل اسب‌سواری، میدان اسب‌سواری
reiten *Vi., Vt.* ۱. اسب‌سواری کردن، سواری کردن (با اسب / الاغ / قاطر) رفتن ۲. سواری گرفتن
reitend *Adj.* سواره، با اسب
Reiter, der; -s, - سوارکار، اسب‌سوار
Reiterei, die; -, -en ۱. سوارکاری ۲. سواره‌نظام
Reiterin, die; -, -nen سوارکار، اسب‌سوار (زن)
Reitgerte, die; -, -en شلاق اسب‌سواری
Reithose, die; -, -n شلوار اسب‌سواری
Reitknecht, der; -(e)s, -e مهتر
Reitkunst, die; -, ⸚e فن سوارکاری
Reitpeitsche, die; -, -en شلاق اسب‌سواری
Reitpferd, das; -(e)s, -e اسب‌سواری
Reitschule, die; -, -n مدرسهٔ سوارکاری
Reitsport, der; -(e)s ورزش اسب‌سواری
Reitstiefel, der; -s, - چکمهٔ اسب‌سواری
Reitturnier, das; -s, -e مسابقهٔ اسب‌سواری
Reitweg, der; -(e)s, -e مسیر اسب‌سواری
Reiz, der; -es, -e ۱. دلربایی، تحریک، افسون، جاذبه، کشش ۲. اغوا، فریب، تطمیع ۳. هیجان، خشم، آزردگی ۴. وسیلهٔ تحریک
reizbar *Adj.* زودرنج، حساس، تحریک‌پذیر
Reizbarkeit, die; -, -en زودرنجی، حساسیت، تحریک‌پذیری
reizen *Vt.* ۱. برانگیختن، خشمگین کردن، به‌هیجان آوردن، تحریک کردن ۲. جذب کردن؛ افسون کردن، شیفته ساختن؛ اغوا کردن ۳. (به اعضای بدن) صدمه زدن، آسیب وارد کردن

Diese Frau reizt alle Männer.

این زن همه مردها را مفتون خود می‌کند.

Die grelle Sonne hat seine Augen gereizt.

آفتاب سوزان به چشمانش صدمه زد.

reizend *Adj.* فریبنده، دلربا، جذاب، افسونگر
Reizhusten, der; -s, - سرفهٔ خشک
reizlos *Adj.* بدون جذبه
Reizmittel, das; -s, - داروی محرک
Reizstoff, der; -(e)s, -e مادهٔ محرک
Reizung, die; -, -en تحریک، انگیزش
reizvoll *Adj.* فریبنده، دلربا، جذاب، افسونگر
Reizwäsche, die; -, -n لباس زیر محرک
Rekapitulation, die; -, -en تکرار رئوس مطالب
rekapitulieren *Vt.* دوره کردن (رئوس مطالب)
rekeln *Vr.* لم دادن، لمیدن
Reklamant, der; -en, -en معترض، شاکی
Reklamation, die; -, -en اعتراض، شکایت، ایراد
Reklame, die; -, -n آگهی، اعلان، تبلیغ
Reklameartikel, der; -s, - کالای تبلیغ شده
Reklamebüro, das; -s, -s دفتر آگهی
Reklamechef, der; -s, -s مسئول آگهی
Reklamefachmann, der; -(e)s, ⸚er کارشناس تبلیغ
Reklamefeldzug, der; -es, ⸚e فعالیت‌های تبلیغاتی
Reklamefilm, der; -s, -e فیلم تبلیغاتی
Reklamefläche, die; -, -n تختهٔ آگهی، تابلوی اعلانات
Reklamerummel, der; -s آگهی پر سر و صدا
Reklametrick, der; -s, -e/-s شیرین‌کاری تبلیغاتی
reklamieren *Vi., Vt.* ۱. اعتراض کردن، شکایت کردن، ایراد گرفتن ۲. از (چیزی) شکایت کردن، از (چیزی) ایراد گرفتن ۳. ادعا (چیزی) کردن، مطالبه کردن
Rekognition, die; -, -en تأئید، تصدیق، شناسایی
rekognoszieren *Vt.* کسب کردن (اطلاعات مقدماتی)، خبرگیری کردن
Rekonstruktion, die; -, -en نوسازی، تجدید بنا
rekonstruieren *Vt.* ۱. از نو ساختن، بازسازی کردن، تجدید بنا کردن، نوسازی کردن ۲. به اجرا درآوردن
Rekonstruierung, die; -, -en تجدید بنا، نوسازی
Rekonvaleszent, der; -en, -en بیمار تازه بهبود یافته
Rekonvaleszentin, die; -, -nen بیمار تازه بهبود یافته (زن)
Rekonvaleszenz, die; - دورهٔ نقاهت، بهبودی تدریجی پس از بیماری
Rekord, der; -(e)s, -e رکورد، حداکثر حد نصاب

einen Rekord schlagen رکوردی را شکستن

Rekordbesuch, der; -(e)s, -e حداکثر بازدید (از نمایشگاه)
Rekordernte, die; -, -n رکورد محصول
Rekordhalter, der, -s, - رکورددار، رکوردشکن
Rekordhalterin, die; -, -nen رکورددار، رکوردشکن (زن)
Rekordinhaber, der; -s, - رکورددار، رکوردشکن

Rekordinhaberin, die; -, -nen رکورددار، رکوردشکن (زن)
Rekordlauf, der; -(e)s, -läufe رکورد دو
Rekordler, der; -s, - (ورزشکار) رکورددار، رکوردشکن
rektal *Adj.* (مربوط به) راست‌روده
Rekordversuch, der; -(e)s, -e کوشش برای شکستن رکورد
Rekordzeit, die; -, -en مدت زمان رکورد
Rekrut, der; -en, -en سرباز وظیفه (دورهٔ آزمایشی)
rekrutieren *Vr., Vt.* ۱. سربازگیری کردن ۲. نیروی تازه گرفتن؛ کارمند تازه استخدام کردن
Rekrutierung, die; -, -en ۱. سربازگیری ۲. استخدام کارمند تازه
Rektifikation, die; -, -en ۱. (شیمی) تقطیر مضاعف ۲. (ریاضی) تعیین اندازهٔ کمان
rektifizieren *Vt.* ۱. (شیمی) تقطیر مضاعف کردن ۲. (ریاضی) تعیین کردن (اندازهٔ کمان)
Rektor, der; -s, -en ۱. مدیر مدرسه ۲. رئیس دانشکده، رئیس دانشگاه
Rektorat, das; -(e)s, -e ۱. دفتر مدیر مدرسه ۲. دفتر رئیس دانشکده، دفتر رئیس دانشگاه ۳. مدیریت
Rektorin, die; -, -nen ۱. مدیر مدرسه (زن) ۲. رئیس دانشکده، رئیس دانشگاه (زن)
Rektum, das; -s, Rekta راست روده
Relais, das; -, - (برق) رله، باز پخش
Relation, die; -, -en نسبت (دو چیز با هم)
Dieser Preis steht in keine Relation zur Qualität der Ware. قیمت این کالا با کیفیت آن مطابقت ندارد.
relativ *Adj.* نسبی، مقایسه‌ای
relativieren *Vt.* محدود ساختن، کوچک‌تر کردن
Relativität, die; -, -en نسبیت
Relativitätstheorie, die; - تئوری نسبیت، تئوری نسبی انشتین
Relativpronomen, das; -s, -/-mina (دستور زبان) ضمیر نسبی، ضمیر موصولی
Relativsatz, der; -es, -e (دستور زبان) جملهٔ نسبی
Relaxation, die; -, -en تمدد اعصاب، استراحت
relaxen *Vi.* به استراحت پرداختن، تجدید قوا کردن، تمدید اعصاب کردن
Relegation, die; -, -en اخراج، تبعید، طرد
relegieren *Vt.* (از مدرسه / دانشگاه) اخراج کردن، طرد کردن، بیرون انداختن
relevant *Adj.* مهم، بااهمیت
Relevanz, die; -, -en اهمیت
Reliabilität, die; - اعتبار (علمی)
Relief, das; -s, -s نقش برجسته
Religion, die; -, -en کیش، دین، مذهب
Religionsbekenntnis, das; -nisses, -nisse اعتراف به دین
Religionsfreiheit, die; - آزادی انتخاب مذهب
Religionsgemeinschaft, die; -, -en اجتماع دینی
Religionsgeschichte, die; - تاریخ ادیان
Religionslehre, die; -, -n تعلیمات دینی
religionslos *Adj.* بی‌دین
Religionsunterricht, der; -(e)s تعلیم دین
religiös *Adj.* ۱. مذهبی، دینی ۲. مؤمن، مقدس
Religiösität, die; - دیانت، تدین، دینداری، تقدس
Relikt, das; -(e)s, -e بقایا، باقی‌مانده (عصر تاریخی)
Reling, die; -, -e/-s (در کشتی) نردهٔ عرشه
Reliquie, die; -, -n آثار مقدس باستانی
Reliquienschrein, der; -(e)s, -e محل حفظ آثار مقدس باستانی
Reminiszenz, die; -, -en یادبود، یادگاری
Remis, das; -, -/-en (شطرنج) برابر، مساوی
Remise, die; -, -n کالسکه‌خانه، درشکه‌خانه
Remittende, die; -, -n نوشتهٔ چاپی پر غلط
Remittent, der; -en, -en برات‌گیر
remittieren *Vt., Vi.* پس فرستادن، پس دادن
Remontoiruhr, die; -, -en ساعت بدون کوک، ساعت باتری‌دار
Remoulade(nsoße), die; -, -n (نوعی) سس سالاد
rempeln *Vt.* به (کسی) تنه زدن، هل دادن
Ren, das; -s, -s گوزن قطب شمال
Renaissance, die; - رنسانس، نوزایش، تجدید حیات، تولد تازه (نهضت احیای هنر و ادب یونان و رم باستان که از اوایل سده پانزدهم نخست در ایتالیا و بعد در دیگر کشورهای اروپا رواج یافت)
Rendezvous, das; -, - ۱. راندەوو، قرار ملاقات، میعاد ۲. تلاقی سفینه‌ها، رویارویی سفینه‌ها (در فضا)
Rendite, die; -, -n ۱. محصول، بار، ثمر ۲. سود حاصل (از معامله)
renitent *Adj.* سرکش، متمرد، یاغی
Renitenz, die; -, -en سرکشی، تمرد، یاغی‌گری
Rennbahn, die; -, -en ۱. (ورزش) پیست مسابقه، مسیر مسابقهٔ دو ۲. میدان اسب‌دوانی
Rennboot, das; -(e)s, -e قایق مسابقه

rennen *Vi., Vt.* ۱. تنه زدن ۲. دویدن، مسابقهٔ دو دادن ۳. اسب‌دوانی کردن ۴. با اتومبیل مسابقه دادن ۵. دویدن و به (چیزی) خوردن
Rennen, das; -s, - ۱. (ورزش) دو ۲. مسابقهٔ اسب‌دوانی ۳. مسابقهٔ اتومبیل‌رانی
Renner, der; -s, - ۱. اسب مسابقه ۲. جنس پرمشتری
Rennerei, die; -, -en دوندگی
Rennfahrer, der; -s, - ۱. مسابقه‌دهنده (با اتومبیل)، رانندهٔ مسابقه اتومبیل‌رانی ۲. (در مسابقه) دوچرخه‌سوار، موتورسیکلت‌سوار
Rennpferd, das; -(e)s, -e اسب مسابقه
Rennplatz, der; -es, ¨-e میدان مسابقه
Rennplatzbesucher, der; -s, - تماشاچی مسابقه
Rennrad, das; -(e)s, ¨-er دوچرخهٔ مسابقه
Rennschi, der; -s, -er مسابقهٔ اسکی
Rennschuh, der; -(e)s, -e کفش مسابقهٔ دو
Rennsport, der; -(e)s مسابقات در پیست
Rennstall, der; -(e)s, -e اسب مسابقه
Rennstrecke, die; -, -n مسافت مسابقه
Rennwagen, der; -s, - اتومبیل مسابقه
Renommee, das; -, -s شهرت، اعتبار، اشتهار، آوازه
renommieren *Vi.* خودستایی کردن، تفاخر کردن، لاف زدن، پز دادن
renommiert *Adj.* مشهور، معروف، خوش‌نام
Renommist, der; -en, -en خودستا، لاف‌زن، گزافه‌گو
renovieren *Vt.* نوسازی کردن، تجدیدبنا کردن؛ مرمت کردن
Renovierung, die; -, -en نوسازی، تجدیدبنا؛ مرمت
rentabel *Adj.* سودآور، مفید، پرفایده، پرمنفعت
Rentabilität, die; - سودمندی، سودبخشی، سوددهی
Rentabilitätsgrenze, die; -, -n مرز سوددهی
Rente, die; -, -n حقوق بازنشستگی
in Rente gehen بازنشسته شدن
Rentenalter, das; -s سن بازنشستگی
Rentenbrief, der; -(e)s, -e قرارداد بازنشستگی
Rentenempfänger, der; -s, - بازنشسته
Rentenempfängerin, die; -, -en بازنشسته (زن)
Rentenversicherung, die; -, -en بیمهٔ بازنشستگی
Rentier[1], der; -s, -s بازنشسته
Rentier[2], das; -(e)s, -e گوزن قطب شمال
rentieren *Vr.* مفید بودن، سودمند بودن، نافع بودن، مقرون به صرفه بودن

Rentner, der; -s, - بازنشسته، متقاعد، مستمری‌بگیر
Rentnerin, die; -, -nen بازنشسته، متقاعد، مستمری‌بگیر (زن)
Reorganisation, die; -, -en سازمان دوباره، تشکیلات مجدد، سازمان‌دهی جدید
reorganisieren *Vt.* سازمان دوباره دادن، دوباره متشکل کردن، به (چیزی) سر و صورت تازه دادن
reparabel *Adj.* قابل تعمیر، قابل ترمیم
Reparation, die; -, -en غرامت، تاوان
Reparationszahlungen, die / *Pl.* هزینه‌های غرامت
Reparatur, die; -, -en تعمیر، ترمیم، مرمت
in Reparatur geben برای تعمیر دادن
reparaturbedürftig *Adj.* نیازمند به تعمیر
Reparaturbetrieb, der; -(e)s, -e تعمیرگاه
reparaturfähig *Adj.* تعمیربردار، تعمیرپذیر
Reparaturkosten, die / *Pl.* مخارج تعمیر
Reparaturwerkstatt, die; - تعمیرگاه
reparieren *Vt.* تعمیر کردن، مرمت کردن، ترمیم کردن
repatriieren *Vt.* به میهن (خود) برگرداندن
Repatriierung, die; -, -en برگرداندن (کسی) به میهن
Repertoire, das; -s, -s رپرتوار، فهرست برنامه‌ها، برنامه‌های تئاتر
Repertoirestück, das; -(e)s, -e یک اثر از مجموع برنامه‌های تئاتر
repetieren *Vt.* بازگو کردن، دوباره گفتن، تکرار کردن
Repetiergewehr, das; -(e)s, -e تفنگ اتوماتیک
Repetieruhr, die; -, -en ساعت زنگ‌دار شماره‌گو
Repetition, die; -, -en (در صحنه) تکرار، تمرین
Repetitorium, das; -s, -rien کلاس تقویتی
Replik, die; -, -en جواب، پاسخ
reponieren *Vt.* جا انداختن (استخوان)
Report, der; -(e)s, -e گزارش
Reportage, die; -, -n رپرتاژ، گزارش رویداد، تفسیر
Reporter, der; -s, - خبرنگار، گزارشگر، خبرگزار
Reporterin, die; -, -nen خبرنگار، گزارشگر، خبرگزار (زن)
Repräsentant, der; -en, -en نماینده
Repräsentantin, die; -, -nen نماینده (زن)
Repräsentation, die; -, -en نمایندگی
repräsentativ *Adj.* حاکی از، مُشعر بر
repräsentieren *Vt., Vi.* ۱. نمایندگی کردن، به نمایندگی از طرف (کسی) اقدام کردن ۲. ارزش داشتن، حائز اهمیت بودن
Repressalie, die; -, -n انتقام، تلافی

repressiv — 670

repressiv *Adj.*	مانع شونده
Reproduktion, die; -, -en	۱. تولید مجدد، تکثیر
	۲. تجدید چاپ؛ سوادبرداری
reproduzieren *Vt.*	۱. تکثیر کردن، تولید مجدد کردن
	۲. تجدید چاپ کردن، رونوشت (چیزی) را برداشتن
Reptil, das; -s, -e/-lien	خزنده
Republik, die; -, -en	جمهوری
Republikaner, der; -s, -	جمهوری‌خواه
republikanisch *Adj.*	(مربوط به) جمهوری، براساس جمهوری
Reputation, die; -, -en	آبرو، حیثیت، وجهه
Requiem, das; -s, -s	رکویم (نوعی موسیقی عزاداری)
requirieren *Vt.*	مصادره کردن
Requisit, das; -(e)s, -en/-e	۱. شرط لازم؛ وسیلهٔ ضروری (جهت نمایش) ۲. وسیلهٔ دکورسازی
Requisition, die; -, -en	مصادره
Reservat, das; -(e)s, -e	۱. منطقهٔ حفاظتی ۲. حق ویژه، حق محفوظ
Reservation, die; -, -en	حق ویژه، حق محفوظ
Reserve, die; -, -n	۱. اندوخته، ذخیره ۲. احتیاط ۳. (بازیکن) ذخیره ۴. دوری‌جویی، انزواطلبی
Reservefonds, der; -, -	سرمایهٔ احتیاطی
Reserveoffizier, der; -s, -e	افسر احتیاط، افسر ذخیره
Reserverad, das; -(e)s, ¨er	چرخ یدکی
Reservereifen, der; -s, -	چرخ یدکی، زاپاس
Reservespieler, der; -s, -	بازیکن ذخیره
Reservetruppe, die; -, -n	نیروی ذخیره
reservieren *Vt.*	ذخیره کردن، رزرو کردن، کنار گذاشتن، اندوختن، برای روز مبادا گذاشتن
reserviert *Adj.*	رزرو شده
Reservierung, die; -, -en	رزرو، ذخیره
Reservist, der; -en, -en	سرباز احتیاط، سرباز ذخیره
Reservoir, das; -s, -e	مخزن، انبار
Residenz, die; -, -en	اقامتگاه؛ قرارگاه؛ مقر حکومت؛ پایتخت
residieren *Vi.*	اقامت داشتن، ساکن بودن، مقیم بودن
Resignation, die; -, -en	قطع امید
resignieren *Vi.*	قطع امید کردن
Resistenz, die; -, -en	مقاومت
resistiv *Adj.*	مقاوم
resolut *Adj.*	ثابت قدم، پابرجا، استوار، مصمم
Resolutheit, die; -, -en	ثابت قدمی، استواری
Resolution, die; -, -en	قطعنامه
Resonanz, die; -, -en	رزونانس، ارتعاش صدا، هم‌صدایی
Resonanzboden, der; -s, -¨	(موسیقی) تختهٔ موجد صدا
resorbieren *Vt.*	جذب کردن
Resorption, die; -, -en	جذب
resozialisieren *Vt.*	مجدداً در اجتماع عضویت دادن (زندانی سابق)
Resozialisierung, die; -, -en	(در مورد زندانی سابق) تجدید عضویت در اجتماع
Respekt, der; -(e)s	احترام، حرمت، رعایت، ملاحظه
respektabel *Adj.*	محترم، قابل احترام
respektieren *Vt.*	احترام گذاشتن، محترم داشتن، حرمت قائل شدن
Respektierung, die; -	حرمت، احترام
respektlos *Adj.*	بی‌حرمت، بی‌ادب، بی‌احترام
Respektlosigkeit, die; -, -en	بی‌حرمتی، بی‌ادبی
Respektsperson, die; -, -en	آدم محترم
respektsvoll *Adj.*	بااحترام، احترام‌آمیز، محترم
respektwidrig *Adj.*	بی‌احترام، بی‌حرمت
Respiration, die; -	تنفس
Respirationsapparat, der; -(e)s, -e	دستگاه تنفسی
respiratorisch *Adj.*	تنفسی
respirieren *Vi.*	نفس کشیدن
respondieren *Vi.*	(در آواز جمعی) جواب دادن
Ressentiment, das; -s, -s	۱. رنجش، آزردگی ۲. تنفر، کینه
Ressort, das; -s, -s	حوزه، بخش، شعبه
Rest, der; -es, -e/-er	باقی‌مانده، بقیه، مابقی، بازمانده
jemandem den Rest geben	کسی را نابود کردن
Restaurant, das; -s, -s	رستوران، سالن غذاخوری
Restaurateur, der; -s, -e	صاحب رستوران
Restauration, die; -, -en	ترمیم، تعمیر، مرمت
restaurieren *Vt.*	ترمیم کردن، تعمیر کردن، مرمت کردن، نوسازی کردن
Restaurierung, die; -, -en	مرمت، تعمیر، نوسازی
Restbestand, der; -(e)s, -¨e	باقی‌مانده، مانده، تفاضل
Restbetrag, der; -(e)s, -¨e	مبلغ باقی‌مانده
Restchen, das; -s, -	ته‌مانده، باقی‌مانده
Restitution, die; -, -en	پس‌دهی، ارجاع، اعاده
Restitutionsklage, die; -, -n	درخواست استیناف
restlich *Adj.*	باقی‌مانده، پس‌مانده

restlos *Adj., Adv.* ۱. کامل، تمام ۲. به‌طور کامل، تماماً، کاملاً، تا آخر
Restsumme, die; -, -n مبلغ باقی‌مانده
Restzahlung, die; -, -en پرداخت حساب
Resultante, die; -, -n (ریاضی) برآیند
Resultat, das; -(e)s, -e ۱. نتیجه، پیامد، حاصل ۲. (در بازی) حساب برد و باخت ۳. موفقیت
resultatlos *Adj.* بی‌نتیجه، بی‌حاصل
resultieren *Vi.* نتیجه دادن، ناشی شدن، منتج شدن
resümee, das; -s, -s خلاصه، مختصر، موجز، چکیده
resümieren *Vt.* خلاصه کردن، تکرار کردن (رئوس مطالب)، به‌طور مختصر بیان کردن
reszindieren *Vt.* لغو کردن، نقض کردن، باطل کردن
Reszission, die; -, -en لغو، نقض، ابطال
Retardation, die; -, -en تأخیر، کندی
retardieren *Vt.* به تأخیر انداختن، کند کردن
Retina, die; -, -e شبکیه (چشم)
retirieren *Vi.* عقب‌نشینی کردن، پس نشستن
Retorte, die; -, -n (شیمی) ظرف تقطیر، قرع و انبیق
Retour, die; -, -en بازگشت، مراجعت، برگشت
retour *Adv.* پس، عقب، پشت
retournieren *Vt.* پس فرستادن، پس دادن
retten *Vt.* رهایی بخشیدن، نجات دادن، رهانیدن، خلاص کردن
jemandem **das Leben retten** زندگی کسی را نجات دادن
Retter, der; -s, - ناجی، نجات‌دهنده، رهاننده
Retterin, die; -, -nen ناجی، نجات‌دهنده، رهاننده (زن)
Rettich, der; -(e)s, -e ترب، تربچه
Rettung, die; -, -en نجات، رهایی، خلاصی
Rettungsaktion, die; -, -en عملیات نجات
Rettungsanker, der; -s, - لنگر بزرگ
Rettungsboje, die; -, -n حلقهٔ نجات
Rettungsboot, das; -(e)s, -e قایق نجات
Rettungsgerät, das; -(e)s, -e وسیلهٔ نجات
Rettungsgürtel, der; -s, - کمربند نجات
Rettungsleine, die; -, -n طناب نجات
rettungslos *Adj., Adv.* چاره‌ناپذیر
Rettungsmannschaft, die; -, -en گروه نجات
Rettungsmedaille, die; -, -n مدال نجات
Rettungsring, der; -(e)s, -e حلقهٔ شناور نجات
Rettungsschwimmer, der; -s, - نجات غریق
Rettungsversuch, der; -(e)s, -e کوشش در نجات
Retusche, die; -, -n (عکاسی) رتوش
retuschieren *Vt.* رتوش کردن، حک و اصلاح کردن، دستکاری کردن
Reue, die; - پشیمانی، ندامت
reuelos *Adj.* بی‌عاطفه، عاری از انسانیت
reuen *Vt.* پشیمان کردن
Etwas reut mich. از موردی پشیمانم.
Die Tat reute ihn. او از کردهٔ خود پشیمان بود.
reuevoll *Adj.* پشیمان، توبه‌کار
Reugeld, das; -(e)s, -er جریمه، تاوان، غرامت
reumütig *Adj.* پشیمان، توبه‌کار، نادم
reüssieren *Vi.* توفیق یافتن، به موفقیت رسیدن
Revanche, die; -, -n انتقام، تلافی، مقابله به مثل
Revanchepartie, die; -, -n مسابقهٔ انتقامی
revanchieren *Vr.* تلافی کردن، انتقام کشیدن، مقابله به مثل کردن
Reverenz, die; -, -en حرمت، احترام
Revers[1], der; -es, -e ۱. اظهارنامه، تعهدنامه ۲. پشت سکه
Revers[2], das; - برگردان یقهٔ لباس
reversibel *Adj.* دوطرفه، قابل بازگشت (به حالت اول)
reversieren *Vt.* وارونه کردن، پشت و رو کردن
Reversion, die; -, -en برگشت (به حالت اول)
revidieren *Vt.* ۱. به (چیزی) رسیدگی کردن ۲. در مورد (چیزی) تجدید نظر کردن، تغییر دادن
Revier, das; -s, -e ۱. بخش، حوزه، ناحیه ۲. درمانگاه عمومی مجانی ۳. کلانتری، پاسگاه پلیس ۴. محدودهٔ کار
Revierstube, die; -, -n درمانگاه عمومی مجانی
Revision, die; -, -en ۱. رسیدگی ۲. تجدیدنظر
Revisor, der; -s, -en ۱. مأمور رسیدگی ۲. تجدیدنظرکننده
Revolte, die; -, -n شورش، قیام، طغیان
revoltieren *Vi.* شورش کردن، قیام کردن، طغیان کردن
Revolution, die; -, -en انقلاب
revolutionär *Adj.* انقلابی
Revolutionär, der; -s, -e انقلابی
Revolutionärin, die; -, -en انقلابی (زن)
revolutionieren *Vt., Vi.* ۱. به‌طور بنیادی تغییر دادن ۲. انقلاب کردن
Revolutionsführer, der; -s, - رهبر انقلاب
Revolutionsgericht, das; -(e)s, -e دادگاه انقلاب
Revolutionsregierung, die; -, -en حکومت انقلابی
Revolver, der; -s, - رولور، ششلول، هفت‌تیر، تپانچه

Revue, die; -, -n	۱. مجله، نشریه
	۲. نمایشنامهٔ موزیکال، نمایش همراه با رقص و آواز
Rezensent, der; -en, -en	ناقد، نقدنویس
Rezensentin, die; -, -nen	ناقد، نقدنویس (زن)
rezensieren Vt., Vi.	۱. نقد کردن ۲. انتقاد کردن
Rezension, die; -, -en	نقد، انتقاد
Rezensionsexemplar, das; -s, -e	نسخهٔ مورد انتقاد
Rezept, das; -(e)s, -e	۱. (پزشکی) نسخه ۲. دستورالعمل (دارویی) ۳. دستور تهیه غذا
rezeptfrei Adj.	بدون تجویز پزشک
rezeptieren Vt.	نسخه نوشتن
Rezeption, die; -, -en	۱. پذیرش، قبول ۲. دفتر هتل
Rezeptor, der; -s, -en	گیرنده
Rezeptur, die; -, -en	نسخه‌پیچی
Rezession, die; -, -en	رکود، کسادی، پس‌نشینی
rezipieren Vt.	پذیرفتن، قبول کردن
reziprok Adj.	دوجانبه، دوطرفه؛ معکوس
Rezitation, die; -, -en	(شعر) دکلمه
Rezitativ, das; -s, -e	رسیتاتیف
	(یک اثر آوازی که به‌صورت دکلمه خوانده شود)
Rezitator, der; -s, -en	دکلمه کننده
rezitieren Vt.	از بر خواندن، دکلمه کردن
Rhabarber, der; -s, -	ریواس
Rhapsodie, die; -, -n	راپسودی
	(یک اثر پراحساس موسیقی به فرم آزاد)
rheinisch Adj.	(مربوط به) رودخانهٔ راین
Rheinischwein, der; -s, -e	شراب راین
Rheostat, der; -(e)s / -en, -en	(فیزیک) رئوستات، مقاومت قابل تغییر
Rhesusfaktor, der; -s	یکی از فاکتورهای ارثی خون
Rhetorik, die; -, -n	علم بدیع، علم معانی بیان، فن بیان
rhetorisch Adj.	بدیعی، معانی بیانی، (مربوط به) فن بیان
Rheuma, das; -s	روماتیسم
Rheumatiker, der; -s, -	بیمار (مبتلا به) روماتیسم
rheumatisch Adj.	روماتیسمی
Rheumatismus, der; -, -men	روماتیسم
Rhinozeros, das; -/-ses, -se	کرگدن
rhombisch Adj.	لوزی شکل
Rhombus, der; -, -ben	لوزی
rhythmisch Adj.	ریتمیک، موزون، ریتم‌دار
rhythmisieren Vt.	موزون کردن، به ریتم درآوردن

Rhythmus, der; -, -men	وزن، ریتم (عنصر زمان در موسیقی)
Rial, der; -(s), -s	ریال (واحد پول ایران و بعضی از کشورهای عربی)
Richtbeil, das; -(e)s, -e	تبر جلاد
Richtblei, das; -(e)s, -e	شاقول، وزنهٔ شاقول، گلولهٔ سربی
Richtblock, der; -(e)s, ¨-e	کندهٔ زیر تبر جلاد
richten Vt., Vi.	۱. متوجهٔ جهتی کردن ۲. مخاطب قرار دادن ۳. اعدام کردن ۴. درست کردن، مرتب کردن، منظم کردن ۵. میزان کردن، تنظیم کردن (دستگاه) ۶. آماده کردن، مهیا کردن ۷. از (کسی) پیروی کردن، تابع (کسی) شدن ۸. راست کردن (میله) ۹. داوری کردن، قضاوت کردن ۱۰. متوجهٔ جهتی شدن
sich richten	مخاطب قرار دادن
die Aufmerksamkeit richten	توجه را معطوف داشتن
in die Höhe richten	بالا بردن
Ich richte mich nach Ihnen.	من تابع شما هستم.
Richter, der; -s, -	۱. قاضی، دادرس ۲. داور
Richteramt, das; -(e)s	منصب قضا
Richterin, die; -, -nen	۱. قاضی، دادرس (زن) ۲. داور (زن)
richterlich Adj.	قضایی
richterliche Unabhängigkeit	استقلال قضایی
Richterrecht, das; -(e)s, -e	حقوق قاضی
Richterspruch, der; -(e)s, ¨-e	داوری، دادرسی
Richterstand, der; -(e)s, ¨-e	قوهٔ قضاییه، هیئت قضات
Richterstuhl, der; -(e)s	کرسی قضاوت
richtig Adj., Adv.	۱. درست، صحیح، راست ۲. مناسب، شایسته ۳. واقعی، حقیقی ۴. مرتب، منظم ۵. دقیقاً، یقیناً، واقعاً، حقیقتاً
Richtig!	درست است!
richtig rechnen	درست حساب کردن
Die Uhr geht richtig.	ساعت درست کار می‌کند.
Bei ihm ist's wohl ganz richtig im Oberstübchen.	عقل و شعور درستی ندارد. بالا خانه‌اش خراب است.
richtiggehend Adj.	۱. حقیقی، واقعی ۲. مرتب، منظم
Richtigkeit, die; -	درستی، صحت
richtigstellen Vt.	درست کردن، تصحیح کردن، اصلاح کردن
Richtlinien, die / Pl.	دستور کلی، دستورالعمل، رهنمود، خط‌مشی

Richtmaß, das; -es, -e عیار قانونی
Richtplatz, der; -es, ¨-e محل اجرای حکم اعدام
Richtpreis, der; -es, -e ارزش قانونی
Richtscheit, das; -(e)s, -er / -e ۱. تراز، وسیلهٔ تراز ۲. خط‌کش
Richtschnur, die; -, -en ۱. ریسمان بنّایی، شاقول ۲. مرام اخلاقی، مسلک
Richtschwert, das; -(e)s, -er شمشیر جلاد
Richtstätte, die; -, -n محل اجرای حکم اعدام
Richtung, die; -, -en ۱. مسیر، جهت، سمت ۲. خط‌مشی (سیاسی / فکری)
in dieser Richtung در این جهت
in Richtung auf در جهت
in der entgegengesetzten Richtung در جهت مخالف
Richtungsanzeiger, der; -s, - دستگاه جهت‌نمایی
richtungweisend *Adj.* راهنما
Richtwaage, die; -, -n تراز
Richtwert, der; -(e)s, -e ارزش قانونی
Ricke, die; -, -n گوزن ماده
rieb *P.* صیغهٔ فعل گذشتهٔ مطلق از مصدر reiben
riechen *Vi., Vt.* ۱. بو دادن ۲. بو کردن، بو کشیدن
gut riechen خوشبو بودن
Das konnte ich nicht riechen. کف دستم راکه بو نکرده بودم.
Der Kaffee riecht gut. قهوه بوی خوب می‌دهد.
Riecher, der; -s, - دماغ، بینی
Riechorgan, das; -s, -e اندام بویایی
Ried, das; -(e)s, -e ۱. نی، نای ۲. مرداب، باتلاق
Riedgrass, das; -es, -gräser (گیاه) جگن
rief *P.* صیغهٔ فعل گذشتهٔ مطلق از مصدر rufen
Riefe, die; -, -n شیار، گودال، شکاف
riefeln *Vt.* شیاردار کردن، کندن، دندانه‌دار کردن
Riege, die; -, -n ۱. بخش، قسمت ۲. گروه، تیم
Riegel, der; -s, - ۱. چفت، کلون ۲. جالباسی
einer Sache einen Riegel vorschieben جلوی کاری را گرفتن
riegeln *Vt.* بستن، مسدود کردن، کلون کردن (در)
Riemen, der; -s, - ۱. نوار (تسمه‌مانند) ۲. بند چرمی (تفنگ) ۳. پاروی دراز
Riemenscheibe, die; -, -n قرقره
Ries, das; -es, -e بستهٔ کاغذ
Riese, der; -n, -n غول، عفریت، دیو، هیولا
rieseln *Vi.* ۱. جریان داشتن، جاری شدن ۲. نم‌نم باریدن
Riesenerfolg, der; -(e)s, -e موفقیت زیاد
riesengroß *Adj.* بسیار بزرگ
riesenhaft *Adj.* بسیار بزرگ
Riesenhunger, der; -s گرسنگی شدید
Riesenrad, das; -(e)s, ¨-er چرخ‌فلک
Riesenschlange, die; -, -n مار بوآ
Riesenschritt, der; -(e)s, -e گام بلند
Riesenschwung, der; -(e)s, ¨-e (ورزش) جهش بزرگ
Riesenslalom, der; -s مسابقهٔ اسکی سرعت
riesig *Adj.* ۱. عظیم، غول‌آسا، بسیار بزرگ، کوه‌پیکر ۲. بسیار، خیلی، فوق‌العاده
Riesin, die; -, -nen غول، عفریت، دیو (زن)
Riesling, der; -s, -e (نوعی) شراب سفید
riet *P.* صیغهٔ فعل گذشتهٔ مطلق از مصدر raten
Riff, das; -(e)s, -e تپهٔ دریایی، تپهٔ جزیره‌نما، تپهٔ ماسه‌ای
riffeln *Vt.* شیاردار کردن، کندن، دندانه‌دار کردن
rigoros *Adj.* ۱. خیلی سخت‌گیر ۲. سخت، شدید
Rille, die; -, -n شیار
rillen *Vt.* شیاردار کردن
die Oberfläche von etwas rillen سطح چیزی را شیار دادن
Rillenschiene, die; -, -n ریل شیاردار
Rimesse, die; -, -n ارسال پول
Rind, das; -(e)s, -er گاو، گاومیش
Rinde, die; -, -n ۱. پوست، پوسته (درخت) ۲. قشر سخت، رویهٔ (نان)
Rinderbraten, der; -s, - کباب گوشت گاو
Rinderfilet, das; -s, -en فیلهٔ گاو
Rinderhackfleisch, das; -es گوشت چرخ کردهٔ گاو
Rinderpest, die; - طاعون گاوی
Rinderzunge, die; -, -n زبان گاو
Rindfleisch, das; -es گوشت گاو
Rind(s)leder, das; -s, - چرم گاو
Rindvieh, das; -(e)s گلهٔ گاو؛ مواشی
Ring, der; -(e)s, -e ۱. (بوکس) رینگ، ۲. حلقه، انگشتری ۳. اتحادیه، مؤسسه
den Ring vom Finger abstreifen انگشتر را از انگشت بیرون آوردن
Die Boxer traten in den Ring. بوکسورها وارد رینگ شدند.
Ringbahn, die; -, -en ترن دور شهر
Ringbuch, das; -(e)s, ¨-er کتاب سیمی

Ringel 674

Ringel, der/das; -s, - طرهٔ مو، حلقهٔ زلف
Ringelblume, die; -, -n گل همیشه بهار
Ringelhaar, das; -(e)s, -e موی فردار
Ringellocke, die; -, -n طرهٔ مو، حلقهٔ زلف
ringeln *Vt., Vr., Vi.* ۱. حلقه کردن، به‌شکل حلقه درآوردن ۲. پیچاندن (مو) ۳. حلقه زدن ۴. پیچ‌دار شدن، فرفری شدن (مو)

Die Schlange ringelt sich um den Baum.

مار به دور درخت حلقه می‌زند.

Ringelnatter, die; -, -n مار چنبر
Ringelreihen, der; -s, - رقص دایره
Ringeltanz, der; -es, ⸚e رقص دایره
Ringeltaube, die; -, -n فاخته؛ کبوتر طوقی
ringen *Vt., Vi.* ۱. کشتی گرفتن ۲. گلاویز شدن، دست به گریبان شدن؛ باهم به رقابت پرداختن
Ringen, das; -s, - (ورزش) کشتی
Ringer, der; -s, - کشتی‌گیر
Ringfinger, der; -s, - انگشت انگشتری، انگشت چهارم دست
ringförmig *Adj.* حلقه‌ای شکل
Ringkampf, der; -(e)s, ⸚e رقابت کشتی، مسابقهٔ کشتی
Ringkämpfer, der; -s, - کشتی‌گیر
Ringmauer, die; -, -n دیوار حلقه‌ای شکل (دور قلعه/شهر)
Ringrichter, der; -s, - داور مسابقهٔ بوکس
rings *Adv.* از همه طرف، از اطراف، گرداگرد، دور تا دور

Der Zaun läuft rings um den Garten.

حصار گرداگرد باغ را گرفته است.

Ringsendung, die; -, -en فرستندهٔ شبکه‌ای
ringsherum *Adv.* در اطراف، پیرامون، گرداگرد
ringsum *Adv.* در اطراف، پیرامون، گرداگرد
ringsumher *Adv.* در اطراف، پیرامون، گرداگرد
Rinne, die; -, -n ۱. آب‌رو، ناودان، آب‌گذر، راه‌آب ۲. شیروانی
rinnen *Vi.* ۱. جاری شدن، روان شدن ۲. تراوش کردن

Das Blut ist aus der Wunde geronnen.

خون از زخم جاری شده است.

Rinnsal, das; -(e)s, -e جویبار، جوی کوچک
Rinnstein, der; -(e)s, -e ۱. آب‌رو، فاضلاب، مجرای فاضلاب ۲. دستشویی آشپزخانه
Rippchen, das; -, -s دندهٔ کوچک
Rippe, die; -, -n ۱. (در بدن) دنده ۲. بال هواپیما ۳. رگه (برگ)، رگبرگ ۴. پرهٔ رادیاتور شوفاژ

rippen *Vt.* ۱. راه‌راه کردن؛ به (چیزی) پشت بند زدن ۲. (کشاورزی) در (جایی) میله گذاشتن، در (جایی) مرز گذاشتن
Rippenfell, das; -(e)s, -e پردهٔ جنب، غشای جنب
Rippenfellentzündung, die; -, -en ذات‌الریه، سینه پهلو
Rippenknochen, der; -s, - استخوان دنده
Rippenstoß, der; -es, ⸚e ضربه وارد به دنده‌ها
Rippe(n)speer, der; -(e)s, -e دندهٔ لاغر
Rips, der; -es, -e پارچهٔ راه‌راه
Risiko, das; -s, -s/-ken ریسک، عمل مخاطره‌آمیز، احتمال خطر
riskant *Adj.* خطرناک، مخاطره‌آمیز
riskieren *Vt.* در مورد (چیزی) ریسک کردن، به عمل مخاطره‌آمیزی دست زدن
Rispe, die; -, -n گل آذین خوشه‌ای مرکب
Riß, der; Risses, Risse ۱. شکاف، چاک، ترک، پارگی، درز ۲. طرح، نقشه
riß *P.* صیغهٔ فعل گذشتهٔ مطلق از مصدر reißen
rissig *Adj.* ترک‌دار، چاک‌دار
Rist, der; -es, -e ۱. پشت پا، پاشنه پا ۲. مچ دست
Ritt, der; -(e)s, -e اسب سواری
ritt *P.* صیغهٔ فعل گذشتهٔ مطلق از مصدر reiten
Ritter, der; -s, - ۱. سلحشور، دلاور، پهلوان، شوالیه، نجیب‌زاده ۲. سوارکار
Ritterburg, die; -, -en قلعهٔ شوالیه
Rittergut, das; -(e)s, ⸚er ملک اربابی، ملک تیولی
ritterlich *Adj., Adv.* دلیرانه، دلاورانه، جوانمردانه، شرافتمندانه
Ritterlichkeit, die; -, -en دلاوری، رشادت، مردانگی
Ritterorden, der; -s, - نشان رشادت
Ritterschaft, die; -, -en شوالیه‌گری، دلاوری
Ritterschlag, der; -(e)s, ⸚ تماس شمشیر با شانهٔ شخصی که لقب شوالیه به او اعطا می‌شود
Rittersporn, der; -(e)s, -e (گل) زبان در قفا
Rittertum, das; -(e)s شوالیه‌گری، دلاوری
rittlings *Adv.* (در اسب‌سواری) با پاهای گشاده از هم
Rittmeister, der; -s, - افسر سواره‌نظام
Ritual, das; -s, -e مراسم مذهبی، تشریفات مذهبی
rituell *Adj.* (مربوط به) مراسم مذهبی
Ritus, der; -, -ten مراسم مذهبی، آئین پرستش
Ritz, der; -es, -e ۱. چاک، شکاف، ترک، درز ۲. خراش، بریدگی

Ritze, die; -, -n ۱. چاک، شکاف، درز، ترک ۲. خراش، بریدگی
ritzen *Vt.* ۱. چاک دادن، شکاف دادن ۲. خراشیدن، در (جایی) خراش ایجاد کردن
Rivale, der; -n, -n رقیب، حریف
Rivalin, die; -, -nen رقیب، حریف (زن)
rivalisieren *Vi.* چشم و هم‌چشمی کردن، رقابت کردن
mit jemandem **um** etwas **rivalisieren** با کسی بر سر چیزی رقابت کردن
Rivalität, die; -, -en چشم و هم‌چشمی، رقابت
Rizinus, der; -, - / -nusse کرچک
Rizinusöl, das; -(e)s, -e روغن کرچک
Robbe, die; -, -n خوک آبی، فُک
robben *Vi.* خزیدن، سینه مال رفتن
Robbenfang, der; -(e)s, ⸚e شکار خوک آبی
Robe, die; -, -n ۱. لباس بلند زنانه، لباس شب ۲. لباس قضات ۳. لباس کشیش
roboten *Vi.* سخت کار کردن، جان کندن
Roboter, der; -s, - روبوت، آدمک، آدم مصنوعی، آدم ماشینی
robust *Adj.* ۱. قوی هیکل، تنومند، هیکل‌دار ۲. مقاوم، محکم، نیرومند
roch *P.* صیغهٔ فعل گذشتهٔ مطلق از مصدر riechen
Rochade, die; -, -n (شطرنج) حرکت قلعه
röcheln *Vi.* نفس‌نفس زدن، بریده نفس کشیدن، به سختی نفس کشیدن
Roche, der; -n, -n (نوعی) ماهی دریایی، ماهی چهارگوش
Rochen, der; -s, - سپرماهی
rochieren *Vi.* (شطرنج) به قلعه رفتن
Rock[1], der; -(e)s, ⸚e ۱. کت، نیم تنه ۲. دامن
Rock[2], der; -(s) موسیقی راک
Rock and Roll راک‌اندرول
Rocken, der; -s, - وسیلهٔ نخ‌ریسی
Rodelbahn, die; -, -en مسیر سورتمه‌سواری
rodeln *Vi.* لوژسواری کردن؛ سورتمه‌سواری کردن، سُر خوردن
Rodelschlitten, der; -s, - سورتمه، لوژ
roden *Vt.* ۱. از ریشه درآوردن، ریشه‌کن کردن، وجین کردن (علف) ۲. قطع کردن (درختان جنگل)
Rodung, die; -, -en تسطیح
Rogen, der; -s, - تخم ماهی، اِشپل ماهی
Rogener, der; -s, - ماهی تخم‌دار
Roggen, der; -s, - چاودار
Roggenbrot, das; -(e)s, -e نان چاودار
Roggenmehl, das; -(e)s, - آرد چاودار
roh *Adj., Adv.* ۱. خام، نپخته ۲. خشن، زمخت، نابهنجار ۳. به‌صورت خام، به‌صورت اولیه
ein rohes Ei تخم‌مرغ نپخته
Rohbau, der; -(e)s, -e اسکلت ساختمان
Rohbaumwolle, die; - پنبهٔ عمل نیامده
Rohbilanz, die; -, -en ترازنامهٔ آزمایشی
Roheinnahme, die; -, -n درآمد ناخالص
Roheisen, das; -s, - آهن خام
Roheit, die; -, -en ۱. خامی، نپختگی ۲. خشونت، درشتی، نابهنجاری
Roherzeugnis, das; -nisses, -nisse تولید موادخام، فراوردهٔ خام
Rohfaser, die; -, -n الیاف خام
Rohgewicht, das; -(e)s, -e وزن ناخالص
Rohgewinn, der; -(e)s, -e سود ناخالص
Rohgummi, der; -s, -(s) لاستیک عمل نیامده
Rohkost, die; - غذای نپخته، غذای مخصوص خام‌خواران
Rohköstler, der; -s, - خام‌خوار
Rohköstlerin, die; -, -nen خام‌خوار (زن)
Rohleder, das; -s, - چرم عمل نیامده
Rohling, der; -s, -e ۱. بی‌رحم، خشن، وحشی ۲. تکه فلز خام ۳. ورقهٔ سفید، ورقهٔ پوچ
Rohmaterial, das; -s, -ien مادهٔ خام
Rohmetall, das; -s, -e فلز خام
Rohöl, das; -(e)s, -e نفت خام
Rohprodukt, das; -(e)s, -e محصول خام، فراوردهٔ خام
Rohr, das; -(e)s, -e ۱. لوله ۲. نی ۳. بشکه، چلیک
Rohrbruch, der; -(e)s, ⸚e ترکیدن لوله
Röhre, die; -, -n ۱. لوله ۲. لامپ (رادیو) ۳. لامپ مهتابی
röhren *Vi.* نعره کشیدن (گوزن نر در دوران جفت‌گیری)
röhrenförmig *Adj.* لوله‌ای شکل
Rohrleger, der; -s, - لوله‌کش
Rohrleitung, die; -, -en لوله‌کشی، خط لوله
Rohrpost, die; -, -en حمل بسته‌های پستی با لوله و به وسیلهٔ هوای فشرده
Rohrschelle, die; -, -n گیرهٔ لوله
Rohrschlange, die; -, -n لولهٔ مارپیچ
Rohrstiefel, der; -s, - (نوعی) چکمه
Rohrstock, der; -(e)s, ⸚e عصای ساخته شده از نی

Rohrstuhl, der; -(e)s, ⸚e صندلی ساخته شده از نی
Rohrzange, die; -, -n آچار فرانسه
Rohrzucker, der; -s, - نیشکر
Rohseide, die; -, -n ابریشم خام
Rohstahl, der; -(e)s, -e/⸚e فولاد خام
Rohstoff, der; -(e)s, -e مادهٔ خام
Rohzucker, der; -s, - نیشکر
Rokoko, das; -s روکوکو (سبک هنری و ادبی بعد از سبک باروک در اروپا)
Rolladen, der; -s, -/⸚ کرکرهٔ چوبی، پنجرهٔ کشویی
Rollbahn, die; -, -en باند فرودگاه
Rollbrett, das; -(e)s, -er بلبرینگ غلتک‌دار
Rolldach, das; -s, ⸚er بام سرازیر، بام شیب‌دار
Rolle, die; -, -n ۱. (در نمایش) نقش، رل ۲. توپ (پارچه) ۳. قرقره ۴. غلتک ۵. طومار ۶. لوله ۷. (زیر مبل/تخت) چرخ ۸. چرخش به دور میلهٔ بارفیکس، چرخش به دور پارالل
eine große Rolle spielen نقش مهمی را ایفا کردن
Das spielt keine Rolle. مهم نیست. اهمیتی ندارد.
rollen *Vt., Vi., Vr.* ۱. غلتاندن، چرخاندن، گرداندن، لوله کردن (فرش/کاغذ) ۲. غلتیدن، چرخیدن، گردیدن، لوله شدن ۳. غریدن
Tränen rollte ihr über die Wangen.
اشک از گونه‌هایش سرازیر شد.
Rollenbesetzung, die; -, -en (در نمایش) تقسیم نقش
Rollenverteilung, die; -, -en (در نمایش) تقسیم نقش
Roller, der; -s, - ۱. روروک ۲. موتور وسپا (نوعی موتورسیکلت ساده)
Rollfeld, das; -(e)s, -er باند فرودگاه
Rollfilm, der; -s, -e قرقرهٔ فیلم
Rollkommando, das; -s, -s گروه مهاجم
Rollkragen, der; -s, - پیراهن یقه اسکی
Rollmops, der; -es, -e/⸚e (نوعی) ماهی
Rollschrank, der; -(e)s, ⸚e قفسهٔ چرخ‌دار، قفسهٔ متحرک
Rollschuh, der; -(e)s, -e کفش اسکیت
Rollschuhbahn, die; -, -en محل بازی اسکیت
Rollschuhläufer, der; -s, - اسکیت‌باز
Rollstuhl, der; -(e)s, ⸚e صندلی چرخ‌دار، صندلی متحرک
Rolltreppe, die; -, -n پله‌برقی، پلکان متحرک
Rollwagen, der; -s, - گاری

Roman, der; -s, -e رمان
Romanautor, der; -s, -en رمان‌نویس
Romancier, der; -s, -s رمان‌نویس
Romandichter, der; -s, - رمان‌نویس، داستان‌نویس
Romandichterin, die; -, -nen رمان‌نویس، داستان‌نویس (زن)
Romanen, die / *Pl.* رومی‌ها، اقوام رومی
romanhaft *Adj.* خیالی، وهمی
Romanheld, der; -en, -en قهرمان داستان
Romanik, die; - رمانیک (سبک هنری اروپایی در اوائل قرون وسطی)
romanisch *Adj.* [زبان] رومی
Romanist, der; -s, - محقق زبان‌های رومانس، محقق زبان‌های منشعب از لاتین
Romanliteratur, die; -, -en ادبیات داستانی
Romanschriftsteller, der; -s, - نویسندهٔ داستان، داستان‌نویس، رمان‌نویس
Romanschriftstellerin, die; -, -en نویسندهٔ داستان، داستان‌نویس، رمان‌نویس (زن)
Romantik, die; - رمانتیک، دورهٔ رمانتیک (مکتب ادبی و هنری اواخر سدهٔ هجدهم تا اواسط سدهٔ نوزدهم)
Romantiker, der; -s, - طرفدار مکتب رمانتیک
romantisch *Adj.* ۱. خیالی، وهمی، شاعرانه، غیر واقعی ۲. (مربوط به) دورهٔ رمانتیک
Romanze, die; -, -n رومانس، داستان عاشقانه، ترانهٔ عاشقانه
Römer, der; -s, - رومی
römisch *Adj.* رومی
römische Ziffern اعداد رومی
Rommé, das; -s, -s بازی رامی (نوعی بازی ورق)
Rondell, das; -s, -e برجستگی گلکاری شدهٔ دایره‌ای شکل، تپهٔ گلکاری شده
röntgen *Vt.* رادیوگرافی کردن، پرتونگاری کردن
Röntgen, das; -s, - رونتگن (واحد بین‌المللی اشعهٔ ایکس)
Röntgenapparat, der; -(e)s, -e دستگاه معاینه به وسیلهٔ اشعهٔ ایکس
Röntgenaufnahme, die; -, -n عکس‌برداری به‌وسیله اشعهٔ ایکس، پرتونگاری
Röntgenbehandlung, die; -, -en درمان بیماری به وسیلهٔ اشعهٔ ایکس
Röntgenbestrahlung, die; -, -en معالجه به وسیلهٔ اشعهٔ ایکس، پرتو درمانی؛ تشعشع اشعهٔ ایکس
Röntgenbild, das; -es, -er عکس‌برداری به‌وسیلهٔ اشعهٔ ایکس، پرتونگاری

Röntgenologe, der; -n, -n پرتونگار، متخصص عکس‌برداری به‌وسیلهٔ اشعهٔ ایکس
Röntgenologie, die; -, -n پرتونگاری، عکس‌برداری به‌وسیلهٔ اشعهٔ ایکس
Röntgenschirm, der; -(e)s, -e پردهٔ (مربوط به) اشعه ایکس
Röntgenstrahlen, die / *Pl.* اشعهٔ ایکس، اشعهٔ رونتگن؛ پرتو درمانی
Röntgenuntersuchung, die; -, -en معاینه به‌وسیلهٔ اشعهٔ ایکس
rosa *Adj.* ۱. صورتی، گلی ۲. مناسب، خوشایند
Rosa, das; -s, - / -s رنگ صورتی
Rose, die; -, -n رز، گل سرخ
Er ist nicht auf Rosen gebettet. وضع مالی او تعریفی ندارد.
Keine Rose ohne Dornen. هیچ گلی بی‌خار نیست.
Rosenbusch, der; -es, -e بوتهٔ گل سرخ
Rosenduft, der; -(e)s, ⸚e بوی گل سرخ
Rosengarten, der; -s, ⸚ گلستان
Rosenkohl, der; -(e)s کلم بروکسل، کلم دلمه‌ای
Rosenkranz, der; -es, ⸚e تسبیح
Rosenmontag, der; -(e)s, -e دوشنبه ماقبل ایام روزهٔ کاتولیک‌ها
Rosenöl, das; -(e)s, -e عطر گل سرخ
rosenrot *Adj.* گلگون، سرخ‌فام
Rosenstock, der; -(e)s, ⸚e بوتهٔ گل سرخ
Rosenstrauch, der; -(e)s, -sträucher بوتـهٔ گل سرخ
Rosenwasser, das; -s, -wässer گلاب
Rosette, die; -, -n گل زینتی، گل سینه (به شکل یک گل سرخ شکفته)
rosig *Adj.* ۱. گلگون، سرخ‌فام، به‌رنگ گل سرخ ۲. مناسب، خوشایند
Rosine, die; -, -n کشمش
Rosinenkuchen, der; -s, - شیرینی کشمشی
Rosmarin, der; -s, -e اکلیل کوهی
Roß, das; Rosses, Rosse اسب
sich aufs hohe Roß setzen لاف زدن، گزافه گـویی کردن
Roßarzt, der; -es, ⸚e دامپزشک
Rösselsprung, der; -(e)s, ⸚e (شطرنج) حرکت اسب
Roßhaar, das; -(e)s, -e موی اسب
Roßkastanie, die; -, -n شاه‌بلوط هندی
Roßkur, die; -, -en علاج قطعی
Rost, der; -es, -e ۱. زنگ گیاهی ۲. زنگ فلزات ۳. صفحهٔ مشبک فلزی برای کباب کردن
rostbeständig *Adj.* مقاوم در برابر زنگ‌زدگی
Rostbraten, der; -s, - گوشت کبابی
Rostbratwurst, die; -, ⸚e سوسیس کباب‌شده
Röstbrot, das; -(e)s, -e نان برشته
rosten *Vi.* زنگ زدن (فلزات)
rösten *Vt.* ۱. تُست کردن، برشته کردن (نان) ۲. بو دادن (تخمه / قهوه)
rostfrei *Adj.* ضد زنگ
rostig *Adj.* [فلز] زنگ زده
Röstkartoffeln, die / *Pl.* سیب‌زمینی سرخ کرده
Rostkastanie, die; -, -n شاه‌بلوط بو داده
Rostschutz, der; -es, -e ضد زنگ
Rostschutzmittel, das; -s, - مادهٔ ضد زنگ
rot *Adj.* سرخ، قرمز
einen Tag im Kalender rot anstreichen روز خاصی را خیلی خوب به خاطر سپردن
rot werden سرخ شدن
Rotes Kreuz صلیب سرخ
Rot, das; -s, -s رنگ سرخ، سرخی، قرمزی
bei Rot halten جلوی چراغ قرمز نگه داشتن
Rotation, die; -, -en ۱. گردش دورانی به دور محور ۲. تعویض (دارندگان پست‌های سیاسی)
Rotationsbewegung, die; -, -en حرکت دورانی
Rotationsdruck, der; -(e)s چاپ گردنده، چاپ روتاری
Rotationsmaschine, die; -, -n ماشین چرخنده
rotblond *Adj.* حنایی
rotbraun *Adj.* قهوه‌ای مایل به سرخ
Rotbuche, die; -, -n آلش، زان قرمز
Rotdorn, der; -(e)s, -(e)n زالزالک، خفجه، کیالک، درخت گویج
Rote, der; -s طرفدار انقلاب کمونیستی
Röte, die; -, -n سرخی، قرمزی
Rötel, der; -s, - گِل اُخرا، خاک سرخ
Röteln, die / *Pl.* (بیماری) سرخجه
röteln *Vt.* قرمز کردن، به رنگ قرمز درآوردن
röten *Vt., Vr.* ۱. قرمز کردن، به رنگ قرمز درآوردن ۲. (از خجالت / خشم) سرخ شدن، قرمز شدن
Rotfuchs, der; -es, ⸚e ۱. روباه قرمز ۲. اسب کهر
rotgelb *Adj.* زرد مایل به سرخ
rotglühend *Adj.* مشتعل، تفته، آتشی
Rotglut, die; -, -en اشتعال، حرارت قرمز

rothaarig *Adj.*	مو قرمز
Rothaut, die; -, -häute	پوست قرمز، پوست سرخ
rotieren *Vi.*	۱. چرخیدن، دوران کردن ۲. عوض شدن (شاغلین پست‌های سیاسی)
Das Rad rotiert.	این چرخ می‌چرخد.
Rotkäppchen, das; -s, -	(افسانه) کلاه قرمزی
Rotkehlchen, das; -s, -	سهره، (در افسانه‌های قدیمی) سینه‌سرخ
Rotkohl, der; -(e)s	کلم قرمز
Rötlauf, der; -(e)s, -läufe	۱. (پزشکی) باد سرخ ۲. طاعون گاوی
rötlich *Adj.*	مایل به سرخ، سرخ‌رنگ
Rotor, der; -s, -en	پروانهٔ ماشین برقی
Rotschwänzchen, das; -s, -	بلبل دم قرمز
Rotstift, der; -(e)s, -e	مداد قرمز
Rottanne, die; -, -n	درخت صنوبر
Rotte, die; -, -n	۱. دسته، گروه، فوج ۲. ستون ناوگان ۳. اراذل و اوباش
Rottenführer, der; -s, -	سرپرست گروه
Rotwein, der; -s, -e	شراب قرمز
Rotwelsch, das; -(s)	زبان اراذل و اوباش
Rotwild, das; -(e)s	غزال سرخ رنگ
Rotz, der; -es, -e	۱. آب بینی، ترشح بینی ۲. مشمشه (بیماری مسری اسب)
rotzen *Vi.*	فین کردن
rotzig *Adj.*	فین فینی
Rotzlade, die; -, -n	۱. گوشت‌بسته‌بندی‌شده ۲. (موسیقی) تحریر صدا
Rotznase, die; -, -n	(آدم) فین فینی
Rouge, das; -s, -s	رژلب؛ رژگونه
Roulade, die; -, -n	دست پیچ گوشت
Rouleau, das; -s, -s	کرکره (پنجره)، سایبان
Roulett, das; -(e)s, -e	رولت (نوعی قمار)
Roulette, das; -(e)s, -s	رولت (نوعی قمار)
Route, die; -, -en	راه، خط‌سیر، مسیر
Routine, die; -	مهارت، تجربه
routinemäßig *Adj.*	عادی، جاری
routiniert *Adj.*	باتجربه، کارآزموده، ماهر، مجرب
Rowdy, der; -s, -s	(آدم) بی‌تربیت، (آدم) مزاحم
rubbeln *Vt.*	مشت و مال دادن، ماساژ دادن
Rübe, die; -, -n	شلغم؛ چغندر
die weißerübe	چغندر سفید
Rubel, der; -s, -	روبل (واحد پول کشور شوروی سابق)
Rübenzucker, der; -s, -	چغندر قند

rüber *Adv.*	به اینجا، به این سو، به این طرف
Rubin, der; -s, -e	یاقوت سرخ، لعل
Rubrik, die; -, -en	۱. ستون (روزنامه) ۲. عنوان، سرفصل، سرصفحه
Rübsamen, der; -s, -	بذر شلغم
ruchbar *Adj.*	مشهور، معروف
ruchbar werden	مشهور شدن
ruchlos *Adj.*	شریر؛ فاسد؛ پست‌فطرت
Ruchlosigkeit, die; -, -en	شرارت؛ فساد
Ruck, der; -(e)s, -e	حرکت ناگهانی، تکان سریع
Rückansicht, die; -, -en	منظرهٔ عقب
Rückanspruch, der; -(e)s, ˝-e	مراجعه، بازگشت، اعاده
Rückantwort, die; -, -en	پاسخ، جواب
ruckartig *Adj., Adv.*	۱. نامنظم، ناگهانی ۲. به‌طور نامنظم، به‌طور ناگهانی
Rückberufung, die; -, -en	احضار، فراخوانی
rückbezüglich *Adj.*	(دستور زبان) واکنشی، بازتابی، انعکاسی
rückbezügliches Fürwort	ضمیر انعکاسی
Rückblende, die; -, -n	(در فیلم سینمایی) توجه به گذشته
rückblenden *Vt.*	(در فیلم سینمایی) به گذشته توجه کردن
Rückblendung, die; -, -en	(در فیلم سینمایی) توجه به گذشته
Rückblick, der; -(e)s, -e	نظر اجمالی، گذشته‌نگری، نظر به گذشته، تجدید خاطره
rückdatieren *Vt.*	عقب انداختن (تاریخ)
rücken *Vt., Vi.*	۱. هل دادن، به پیش راندن ۲. جا باز کردن، تغییر مکان دادن
Kannst du ein Stückchen rücken?	ممکن است کمی آن طرف‌تر بروی؟
einen Tisch an die Wand rücken	میزی را به طرف دیوار هل دادن
Rücken, der; -s, -	پشت، عقب، قفا
jemandem in den Rücken fallen	از پشت به کسی خنجر زدن
einen breiten Rücken haben	در مقابل نظرات دیگران بی‌تفاوت بودن
Rückendeckung, die; -	تکیه‌گاه، پشتی
Rückenflug, der; -(e)s, ˝-e	پرواز وارونه
Rückenlage, die; -, -n	حالت تاق‌باز، بر پشت خوابیده

Rückenlehne, die; -, -n ۱. تکیه‌گاه (پشت)، پشتی ۲. پشتی صندلی (اتومبیل)
Rückenmark, das; -(e)s نخاع، مغز تیره، مغز حرام
Rückenschmerzen, die / *Pl.* درد پشت
Rückenschwimmen, das; -s, - کرال پشت، شنای پشت
rückenschwimmen *Vi.* شنای پشت کردن
Rückenwind, der; -(e)s, -e بادی که از پشت می‌وزد
Rückenwirbel, der; -s, - مهرهٔ پشت
rückerstatten *Vt.* پس دادن، پرداخت کردن (پول / مخارج)
Rückerstattung, die; -, -en ۱. اعاده، بازگردانی ۲. بازپرداخت، پس‌پرداخت
Rückfahrkarte, die; -, -n بلیت رفت و برگشت، بلیت دو سره
Rückfahrt, die; -, -en بازگشت، مراجعت (از سفر)
Rückfall, der; -(e)s, ⸚e ۱. عود بیماری ۲. تکرار جرم ۳. بازگشت به وضع بد گذشته
rückfällig *Adj.* ۱. مرتکب اشتباه مجدد شده، تکرارکننده (جرم) ۲. (بیماری) برگشت، عود
Er wurde in kurzer Zeit wieder rückfällig.
او در مدت کوتاهی دوباره مرتکب جرم شد.
Rückfenster, das; -s, - پنجرهٔ پشتی
Rückflug, der; -(e)s, ⸚e بازگشت از سفر (با هواپیما)
Rückfracht, die; -, -en کرایهٔ بازگشت
Rückfrage, die; -, -n پرسش مجدد
rückfragen *Vi.* پرسش مجدد کردن
Rückführung, die; -, -en بازگشت به میهن
Rückgabe, die; -, -n ۱. بازگشت، مراجعت ۲. اعاده، بازگردانی، استرداد
Rückgang, der; -(e)s, ⸚e ۱. بازگشت، مراجعت ۲. عقب‌نشینی، پسروی، کناره‌گیری؛ تنزل، کاهش
rückgängig *Adj.* فسخ‌شدنی، لغوشدنی، قابل برگشت
eine Angelegenheit rückgängig machen
موردی را فسخ کردن
Rückgewinnung, die; -, -en بازیافت، وصول
Rückgrat, das; -(e)s, -e ستون فقرات
jemandem **das Rückgrat stärken** کسی را تشویق کردن، به کسی جرأت دادن
rückgratlos *Adj.* بی‌مهره، سست
Rückgriff, der; -(e)s, -e دستگیره، قبضه، دسته
Rückhalt, der; -(e)s, -e پشت‌گرمی، تکیه‌گاه، نقطهٔ اتکا
rückhaltlos *Adj.* صریح، بی‌پرده، بی‌قید و شرط

Rückhand, die; - (تنیس) ضربهٔ پشت دست، بک‌هند
Rückhandschlag, der; -(e)s, ⸚e (تنیس) ضربهٔ پشت دست، (ضربهٔ) بک‌هند
Rückkamp, der; -(e)s, ⸚e (ورزش) مسابقهٔ برگشت
Rückkauf, der; -(e)s, -käufe بازخرید
Rückkaufswert, der; -(e)s, -e قیمت بازخرید
Rückkehr, die; -, -en بازگشت، مراجعت، برگشت
Bei meiner Rückkehr... در مراجعتم...
Rückkopplung, die; -, -en (الکترونیک) دکمهٔ تنظیم انرژی
Rücklage, die; -, -n پس‌انداز
Rücklauf, der; -(e)s, -läufe پس‌نشینی، برگشت، عقب‌نشینی
rückläufig *Adj.* پسرو، پسرونده، عقب‌گردکننده
Rückläufigkeit, die; - پسروی
Rücklicht, das; -(e)s, -er / -(e) چراغ عقب (وسیلهٔ نقلیه)
rücklings *Adv.* از پشت، به پشت، به عقب
jemanden **rücklings ins Wasser stürzen**
کسی را از پشت به داخل آب هل دادن
Rückmarsch, der; -es, ⸚e عقب‌نشینی، پس‌نشینی
Rücknahme, die; -, -n پس‌گیری، بازپس‌گیری، استرداد
Rückporto, das; -s, -s / -ti کرایهٔ برگشت (بسته) پستی
Rückprall, der; -(e)s, -e بازگشت، بازگردی
Rückreise, die; -, -n سفر بازگشت، مراجعت از سفر
Rückruf, der; -(e)s, -e فراخوانی، احضار
Rucksack, der; -(e)s, ⸚e کوله‌پشتی
Rückschau, die; -, -en نظر اجمالی، مرور
Rückschlag, der; -(e)s, ⸚e ۱. عود بیماری ۲. بازگشت به وضع بد قبلی ۳. (در تفنگ) پس‌زنی، لگد
Rückschluß, der; -schlusses, -schlüsse نتیجه
Rückschritt, der; -(e)s, -e پسروی، سیر قهقرایی، تنزل، کاهش
rückschrittlich *Adj.* مرتجع، ارتجاعی
Rückseite, die; -, -n ۱. پشت، عقب ۲. پشت (شیء)
die Rückseite des Hauses پشت خانه
Rücksendung, die; -, -en ارجاع، اعاده، برگردانی
Rücksicht, der; -(e)s, ⸚er ۱. رعایت، ملاحظه، مراعات ۲. توجه، نظر
mit Rücksicht auf die Umstände
با توجه به اوضاع و احوال
Rücksichtnahme, die; -, -n ۱. رعایت، ملاحظه، مراعات ۲. توجه، نظر

rücksichtslos *Adj.* بی‌ملاحظه، بی‌توجه، بی‌مبالات
Rücksichtslosigkeit, die; -, -en بی‌ملاحظگی، بی‌توجهی، بی‌مبالاتی
rücksichtsvoll *Adj.* با ملاحظه، محتاط
Rücksitz, der; -es, -e صندلی عقب (وسیلهٔ نقلیه)
Rückspiegel, der; -s, - آینهٔ عقب (وسیلهٔ نقلیه)
Rückspiel, das; -(e)s, -e مسابقهٔ برگشت
Rücksprache, die; -, -n مشاوره، مشورت
Rückstand, der; -(e)s, ⸚e ۱. عقب‌ماندگی ۲. باقیمانده، پس‌مانده ۳. ته‌مانده، رسوب
Der Rückstand in der Produktion muß aufgeholt werden. عقب‌ماندگی تولید باید جبران شود.
rückständig *Adj.* عقب‌افتاده، عقب‌مانده، پس‌افتاده
Rückständigkeit, die; - عقب‌افتادگی، عقب‌ماندگی
Rückstelltaste, die; -, -n (در ماشین تحریر) دکمهٔ برگردان
Rückstellung, die; -, -en (در ترازنامه) در نظرگیری مخارج احتمالی
Rückstoß, der; -es, ⸚e (در تفنگ) پس‌زنی، لگد
Rückstrahler, der; -s, - چراغ عقب (وسیلهٔ نقلیه)
Rückstrahlung, die; -, -en انعکاس اشعه (نور/گرما)
Rückstrom, der; -(e)s, ⸚e (برق) جریان متناوب
Rücktaste, die; -, -n (در ماشین تحریر) دکمهٔ برگردان
Rücktritt, der; -(e)s, -e ۱. استعفا، کناره‌گیری ۲. عقب‌نشینی
Rücktrittbremse, die; -, -n ترمز سایشی، ترمز پایی (دوچرخه)
rückübersetzen *Vt.* ترجمه مجدد کردن
Rückübersetzung, die; -, -en ترجمه مجدد
rückvergüten *Vt.* پس دادن، رد کردن، مجدداً پرداختن
Rückvergütung, die; -, -en پس‌دهی، رد، استرداد
Rückversicherung, die; -, -en بیمهٔ مجدد
rückwärtig *Adj.* عقب، پشت، عقبی
rückwärts *Adv.* به طرف عقب، به سمت عقب
Rückwärtsgang, der; -(e)s, ⸚e دندهٔ عقب (وسیلهٔ نقلیه)
im Ruckwärtsgang fahren دنده عقب رفتن
rückwärtsgehen *Vi.* ۱. عقب‌عقب رفتن ۲. وخامت یافتن، ناجور شدن
Rückwechsel, der; -s, - حوالهٔ مجدد، برات مجدد
Rückweg, der; -(e)s, -e راه برگشت، راه مراجعت
ruckweise *Adv.* متناوب؛ به‌طور غیرمنظم، نامنظم
ruckwirkend *Adj.* عطف به ماسبق، معطوف به گذشته
Rückwirkung, die; -, -en عکس‌العمل، واکنش
rückzahlbar *Adj.* قابل پرداخت، تأدیه کردنی
rückzahlen *Vt., Vi.* پرداختن، تأدیه کردن
Rückzahlung, die; -, -en پرداخت، تأدیه
Rückzieher, der; -s, - ۱. پس‌گیری قول و قرار ۲. (فوتبال) ضربهٔ سر به سمت عقب
Rückzoll, der; -(e)s, ⸚e برگشت، پس‌گیری (از حقوق گمرکی)
Rückzollgüter, die / *Pl.* کالای معاف (از حقوق گمرکی)
Rückzug, der; -es, ⸚e عقب‌نشینی
Rückzugsgefecht, das; -es, -e جنگ و گریز
Rüde, der; -n, -n ۱. سگ نر (مخصوص تعقیب شکار) ۲. روباه نر ۳. گرگ نر
rüde *Adj.* بی‌ملاحظه، بی‌رحم، خشن
Rudel, das; -s, - ۱. گروه، دسته، فوج ۲. گله، رمه
rudelweise *Adv.* گروه گروه، فوج فوج
Ruder, das; -s, - ۱. پارو ۲. سکان (هواپیما/کشتی)
Ruderboot, das; -(e)s, -e قایق پارویی
Ruderer, der; -s, - قایق‌ران، پاروزن
Ruderfahrt, die; -, -en پاروزنی
Ruderin, die; -, -nen قایق‌ران، پاروزن (زن)
Ruderklub, der; -s, -s (برای قایق پارویی) باشگاه قایق‌رانی
rudern *Vi., Vt.* پارو زدن
Rudern, das; -s پاروزنی
Ruderpinne, die; -, -n اهرم سکان
Ruderregatta, die; -, -tten مسابقهٔ قایق‌رانی
Rudersport, der; -s, -e (ورزش) قایق‌رانی (پارویی)
Ruf, der; -(e)s, -e ۱. ندا، احضار، طلب، بانگ، فریاد ۲. آوازه، شهرت، اعتبار، آبرو، حیثیت
rufen *Vt., Vi., Vr.* ۱. صدا زدن، صدا کردن ۲. احضار کردن، فرا خواندن ۳. فریاد زدن، ندا دادن ۴. آواز دادن، بانگ دادن، صدا دادن
ins Gedächtnis rufen به‌یاد انداختن
jemanden **zu Hilfe rufen** کسی را به کمک طلبیدن
Rufer, der; -s, - ندادهنده، صدازننده
Rüffel, der; -s, - سرزنش رسمی، توبیخ رسمی
rüffeln *Vt.* رسماً توبیخ کردن، سرزنش کردن
Rufmord, der; -(e)s, -e لطمه زدن به حیثیت، لطمه زدن به شهرت، بدنام کردن نام نیک
Rufname, der; -ns, -n لقب، شهرت؛ اسم کوچک
Rufnummer, die; -, -n شمارهٔ تلفن
Rufweite, die; -, -n برد صوت، برد صدا

Rufzeichen, das; -s, - علامت ندا
Rugby, das; -(s) (ورزش) راگبی
Rüge, die; -, -n سرزنش، توبیخ، ملامت؛ گوشمالی
jemandem **eine Rüge erteilen** کسی را سرزنش کردن
rügen *Vt.* سرزنش کردن، توبیخ کردن، ملامت کردن؛ از (کسی/چیزی) ایراد گرفتن
Ruhe, die; - ۱. آرامش، سکون، سکوت، خاموشی ۲. استراحت، تجدیدقوا ۳. صلح و صفا ۴. خونسردی، متانت
Laß mich in Ruhe! راحتم بگذار!
Immer mit der Ruhe! خونسرد باش! سخت نگیر!
die Ruhe bewahren آرامش خود را حفظ کردن
Ruhebank, die; -, ⸚e نیمکت راحتی، کاناپه
Ruhebedürfnis, das; -nisses, -nisse احتیاج به استراحت
ruhebedürftig *Adj.* نیازمند به استراحت
Ruhebett, das; -es, -en تخت، نیمکت
Ruhegehalt, das; -(e)s, -e/⸚er حقوق بازنشستگی
Ruhegeld, das; -(e)s, -er حقوق بازنشستگی
Ruhekissen, das; -s, - بالش، نازبالش
Ruhelage, die; -, -n مکان آرام؛ مکان آرامش‌بخش
ruhelos *Adj.* ناآرام، بی‌تاب، بی‌قرار
Ruhelosigkeit, die; - ناآرامی، بی‌تابی، بی‌قراری
ruhen *Vi.* ۱. استراحت کردن، رفع خستگی کردن ۲. دفن شدن ۳. استقرار داشتن، مستقر بودن
Ruhepause, die; -, -n استراحت کوتاه
Ruheplatz, der; -es, ⸚e ۱. استراحتگاه ۲. آرامگاه ابدی
Ruhepunkt, der; -(e)s, -e ۱. سکوت، سکون ۲. مکث، توقف، وقفه
Ruhestand, der; -(e)s, - بازنشستگی، تقاعد
Ruhestätte, die; -, -n ۱. استراحتگاه ۲. آرامگاه ابدی
Ruhestellung, die; -, -en حالت آرامش
Ruhestörer, der; -s, - (آدم) مخل آسایش
Ruhestörerin, die; -, -nen (آدم) مخل آسایش (زن)
Ruhestörung, die; -, -en سلب آرامش
Ruhestrom, der; -(e)s, ⸚e برق مدار بسته
Ruhetag, der; -(e)s, -e روز استراحت، روز تعطیل
Ruhezeit, die; -(e)s, -e زمان استراحت
ruhig *Adj., Adv.* ۱. آرام، ساکت، ساکن، خونسرد، راحت ۲. آرامش‌خاطر، با خیال راحت
Sei ruhig! ساکت باش!
Du mußt ruhig bleiben! باید خونسرد باشی!
Du kannst es mir ruhig sagen.
می‌توانی حرفت را بدون نگرانی به من بگویی.

Ruhm, der; -(e)s شهرت، آوازه، اشتهار، معروفیت، افتخار، آبرو، حیثیت
ruhmbedeckt *Adj.* غرق شهرت و افتخار
Ruhmbegier(de), die; -, -n شهرت‌طلبی
ruhmbegierig *Adj.* شهرت‌طلب
rühmen *Vt., Vr.* ۱. از (کسی) تعریف کردن، ستودن، از (کسی) تمجید کردن، ستایش کردن ۲. فخر فروختن، مباهات کردن
sich rühmen لاف زدن، به خود بالیدن
Er rühmte vor allem seinen Fleiß.
قبل از هر چیز پشتکار و کوشایی او را تحسین کرد.
rühmenswert *Adj.* شایان ستایش، شایسته تمجید، ستودنی
Ruhmesblatt, das; -(e)s, ⸚er رویداد شایان ستایش
rühmlich *Adj.* مجلل، عظیم، باشکوه، قابل تحسین
ruhmlos *Adj.* ننگین، شرم‌آور
ruhmredig *Adj.* لاف‌زن، چاخان
ruhmreich *Adj.* افتخارآمیز، درخشان، عالی
Ruhmsucht, die; -, ⸚e شهرت‌طلبی
ruhmsüchtig *Adj.* شهرت‌طلب
ruhmvoll *Adj.* مجلل، عظیم
Ruhr, die; - اسهال خونی
Rührei, das; -(e)s, -er خاگینه
rühren *Vt., Vi., Vr.* ۱. تکان دادن، حرکت دادن؛ مخلوط کردن، هم‌زدن ۲. تکان خوردن، جنبیدن، حرکت کردن ۳. ناشی شدن، سرچشمه گرفتن ۴. اثر کردن، تحت تأثیر قرار گرفتن؛ تحریک کردن
Rühren Sie sich nicht! تکان نخورید!
Er stand wie vom Donner gerührt da.
خشکش زده بود.
rührend *Adj.* رقت‌آور، مؤثر، تکان‌دهنده
eine rührende Geschichte یک داستان تکان‌دهنده
rührig *Adj.* چابک، چالاک، کاری؛ تردست؛ فعال، کوشا
Rührigkeit, die; - چابکی، چالاکی، زرنگی؛ تردستی
Rührlöffel, der; -s, - ملاقه
Rührmaschine, die; -, -n دستگاه هم‌زن
rührselig *Adj.* حساس، احساساتی، احساس برانگیز
Rührstück, das; -(e)s, -e نمایش پراحساس
Rührung, die; - شور، هیجان، تأثر، رقت
Rührwerk, das; -(e)s, -e دستگاه هم‌زن
Ruin, der; -s, -e ۱. ویرانی، خرابی ۲. زوال، تباهی ۳. ورشکستگی
Ruine, die; -, -n ویرانه، خرابه، مخروبه، بیغوله
ruinieren *Vt.* ویران کردن، خراب کردن، منهدم کردن

Rülps 682

Rülps, der; -es, -e آروغ، باد گلو
rülpsen *Vi.* آروغ زدن، باد گلو کردن
Rülpser, der; -s, - آروغ، باد گلو
Rum, der; -s, -s روم (نوعی مشروب الکلی)
rum *Adv.* در اطراف، پیرامون، حدود، حوالی، نزدیک
Rumäne, der; -n, -n رومانیایی، اهل رومانی
Rumänien, das رومانی
Rumänin, die; -, -nen رومانیایی، اهل رومانی (زن)
rumänisch *Adj.* رومانیایی، (مربوط به) رومانی
Rumänische, das; -n زبان رومانیایی
Rumba, der; -s, -s رومبا (نوعی رقص جمعی)
Rummel, der; -s ۱. هیاهو، سر و صدا، جار و جنجال، غوغا ۲. محل برپایی سرگرمی کودکان
rummeln *Vi.* هیاهو کردن، سر و صدا کردن، جنجال کردن، غوغا کردن
Rummelplatz, der; -es, ⸚e محل برپایی سرگرمی برای کودکان
rumoren *Vi.* هیاهو کردن، سر و صدا کردن، جنجال کردن، غوغا کردن
Rumpel[1]**,** der; -s, - خرده‌ریز، خرت و پرت
Rumpel[2]**,** die; -, -n تختهٔ لباسشویی
Rumpelkammer, die; -, -n صندوق‌خانه، انباری
rumpeln *Vi., Vt.* ۱. صدای خفه از لغزیدن شیء سنگین به گوش رسیدن ۲. ساییدن و شستن (لباس)
Rumpf, der; -(e)s, -e ۱. تنه، بدنه (کشتی / هواپیما) ۲. تن، بدن، جسد
rümpfen *Vt.* چین انداختن
Rund, das; -(e)s, -e گردی، شکل قوس‌مانند
rund *Adj., Adv.* ۱. گرد، قوسی‌شکل، مدور، کروی ۲. چاق، گرد، قلنبه ۳. تقریباً، درحدود
  runde Summe رقم روند، رقم گردشده
  rund um die Welt reisen به دور دنیا سفر کردن
  rund eine Stunde در حدود یک ساعت
Rundbau, der; -(e)s, -ten ساختمان مدور
Rundblick, der; -(e)s, -e منظرهٔ سراسری، دورنما
Rundbogen, der; -s, -/⸚ قوس تمام دور
Rundbrief, der; -(e)s, -e بخشنامه
Runde, die; -, -n ۱. گروه / محفل کوچک دوستانه ۲. دور (مسابقه) ۳. گشت (نگهبان در شب)
  Runde machen گشت زدن
runden *Vt., Vr.* ۱. گرد کردن، مدور کردن ۲. دور (چیزی) را گرفتن ۳. کامل کردن، تکمیل کردن
Runderlaß, der; -lasses, -lasse بخشنامه
runderneuern *Vt., Vr.* عوض کردن (لاستیک اتومبیل)

Rundfahrt, die; -, -en سفر تفریحی، گردش سواره به دور شهر
Rundfahrtauto, das; -s, -s اتومبیل (مخصوص گردش به دور شهر)
Rundflug, der; -(e)s, ⸚e پرواز تفریحی، پرواز به دور شهر
Rundfrage, die; -, -n پرسش همگانی
Rundfunk, der; -(e)s رادیو؛ بی‌سیم
  im Rundfunk در رادیو، از رادیو
Rundfunkansager, der; -s, - گویندهٔ رادیو
Rundfunkanstalt, die; -, -en ادارهٔ رادیو
Rundfunkbericht, der; -(e)s, -e گزارش رادیویی
Rundfunkempfänger, der; -s, - گیرندهٔ رادیو
Rundfunkgerät, das; -(e)s, -e دستگاه رادیو
Rundfunkgesellschaft, die; -, -en ادارهٔ رادیو
Rundfunkhörer, der; -s, - شنوندهٔ رادیو
Rundfunkhörerin, die; -, -nen شنوندهٔ رادیو (زن)
Rundfunkprogramm, das; -s, -e برنامهٔ رادیویی
Rundfunksender, der; -s, - فرستندهٔ رادیویی
Rundfunksendung, die; -, -en برنامهٔ رادیویی
Rundfunksprecher, der; -s, - گویندهٔ رادیو
Rundfunksprecherin, die; -, -nen گویندهٔ رادیو (زن)
Rundfunkstation, die; -, -en ایستگاه رادیو
Rundfunkübertragung, die; -, -en انتقال رادیویی
Rundfunkwellen, die / *Pl.* امواج رادیویی
Rundgang, der; -(e)s, ⸚e گشت (نگهبان در شب)
Rundgesang, der; -(e)s, ⸚e آواز برگردان
rundheraus *Adv.* رک، بی‌پرده، پوست کنده، صریحاً، صراحتاً
rundherum *Adv.* گرداگرد، دور تا دور، در تمام جهات
Rundlauf, der; -(e)s, -läufe تیری که طناب‌هایی به بالای آن آویخته‌اند و می‌توان طناب‌ها را گرفت و گرداگرد تیر چرخ خورد
rundlich *Adj.* گرد، گوشتالو، چاق و چله
Rundreise, die; -, -n مسافرت (به نقاط مختلف)
Rundreisekarte, die; -, -n بلیط مسافرت (به نقاط مختلف)
Rundschau, die; -, -en ۱. دورنما ۲. تیتر (روزنامه / مجله)
Rundschreiben, das; -s, - بخشنامه
Rundstrecke, die; -, -n حوزه، مدار، دور
Rundstricknadel, die; -, -n (بافتنی) میل‌گرد

Rundtisch, der; -es, -e میزگرد
rundum *Adv.* دور تا دور، در تمام جهات
Rundung, die; -, -en گردی، شکل قوس‌مانند
rundweg *Adv.* به‌طور ساده، به‌طور واضح، به‌طور آشکار، صراحتاً، قاطعاً
Rundzange, die; -, -n (نوعی) انبردست
Rune, die; -, -n علائم خط‌نویسی قوم ژرمن، (نوعی) حروف قدیمی چاپی آرایشی
Runenschrift, die; -, -en نوشته با حروف قدیمی چاپی آرایشی
Runenstab, der; -(e)s, ¨-e عصای قدیمی
Runge, die; -, -n میله، تیر، دیرک؛ چوب بلند
Runkel, die; -, -n چغندر
Runkelrübe, die; -, -n چغندر علوفه‌ای
runter *Adv.* به‌طرف پایین
Runzel, die; -, -n ۱. چین و چروک (پوست صورت) ۲. چروکیدگی (پوست میوه)
runz(e)lig *Adj.* چروکیده، چین‌دار
runzeln *Vt.* چین دادن، چین انداختن
runzig *Adj.* پرچین و چروک، چین‌دار
Rüpel, der; -s, - آدم گستاخ، آدم بی‌ادب
rüpelhaft *Adj.* گستاخ، بی‌ادب
rupfen *Vt.* ۱. کندن (پر) ۲. چیدن (مو)
ruppig *Adj., Adv.* ۱. نامرتب، نامنظم ۲. باخشونت، باگستاخی
Rüsche, die; -, -n (جهت زینت لباس / پرده) حاشیهٔ توری؛ پارچهٔ توری
Rüschenkragen, der; -s, - یقهٔ باریک توری؛ یقهٔ حاشیه‌دار زنانه
Ruß, der; -es, -e دوده
Russe, der; -n, -n اهل روسیه، روس
Rüssel, der; -s, - ۱. خرطوم (فیل) ۲. پوزه (خوک)
rußen *Vi.* ۱. دوده تولید کردن ۲. دود کردن
rußig *Adj.* دوده‌ای
Russin, die; -, -nen اهل روسیه، روس (زن)
Russisch, das; -(s) زبان روسی
russisch *Adj.* روسی، (مربوط به) روسیه
Rußland, das روسیه
rüsten *Vt., Vr.* ۱. تجهیز کردن، تسلیح کردن، مسلح کردن ۲. آماده شدن، مهیا شدن ۳. مسلح شدن، تسلیحات جنگی فراهم کردن
Rüster, die; -, -n نارون قرمز
rüstig *Adj.* سرحال، بانشاط، پرکار، فعال، نیرومند
Rüstigkeit, die; - سرحالی، نشاط؛ پرکاری، فعالیت؛ نیرومندی
rustikal *Adj.* روستایی، دهاتی
Rüstkammer, die; -, -n اسلحه‌خانه، انبار اسلحه
Rüstung, die; -, -en ۱. تجهیز، تسلیح ۲. مهمات، سلاح
Rüstungsfabrik, die; -, -en کارخانهٔ اسلحه‌سازی
Rüstungsindustrie, die; -, -n صنعت اسلحه‌سازی
Rüstungswettlauf, der; -(e)s, -läufe مسابقهٔ تسلیحاتی
Rüstzeug, das; -(e)s, -e تجهیزات، ساز و برگ
Rute, die; -, -n ترکه، شاخهٔ باریک و دراز درخت
Rutengänger, der; -s, - کسی که با به کار بردن میل گمانه پی به وجود آب یا سایر منابع طبیعی زیرزمینی می‌برد
Rutine, die; - مهارت، تجربه
Rutsch, der; -es, -e ۱. ریزش، فروریزی، لغزش ۲. مسافرت کوتاه
Rutschbahn, die; -, -en سرسره
Rutsche, die; -, -n سرسره
rutschen *Vi.* ۱. سر خوردن، سریدن، لیز خوردن، لغزیدن ۲. سفر کوتاه کردن
rutschig *Adj.* لیز، لغزنده، لغزان
rütteln *Vt., Vi.* ۱. با تکان از خواب بیدار کردن ۲. حرکت کردن، بالا و پایین رفتن (وسیلهٔ نقلیه)
Daran ist nicht zu rütteln. نمی‌شود کاری کرد. تغییرپذیر نیست.

S

S, das; -, - اِس (نوزدهمین حرف الفبای آلمانی)
Saal, der; -(e)s, Säle تالار، سالن
Saat, die; -, -en ۱. تخم، بذر ۲. دانه ۳. تخم‌افشانی
Saatgut, das; -(e)s بذرافشانی
Saatkrähe, die; -, -n کلاغ زاغی
Saatzeit, die; -, -en فصل بذرافشانی
Sabbat, der; -s, -e (در یهودیت) شنبه، سَبَت
Sabbatschändung, die; -, -en بی‌حرمتی به شنبه
sabbern *Vi., Vt.* ۱. آب دهان انداختن، تف کردن ۲. در مورد (چیزی) یاوه‌سرایی کردن، در مورد (چیزی) چرند گفتن، در مورد (چیزی) وراجی کردن
Säbel, der; -s, - شمشیر (با تیغه منحنی)
mit dem Säbel rasseln تهدید به جنگ کردن
Säbelbeine, die / *Pl.* پاکج، پاکمانی، پاقوسی
säbelbeinig *Adj.* دارای پاهای کج / کمانی
Säbelduell, das; -s, -e دوئل با شمشیر
Säbelhieb, der; -(e)s, -e زخم شمشیر، ضربهٔ شمشیر
säbeln *Vt.* ۱. با شمشیر زدن، با شمشیر بریدن ۲. ناشیانه بریدن
Sabotage, die; -, -n خرابکاری
Sabotageakt, der; -(e)s, -e عمل خرابکارانه
Saboteur, der; -s, -e خرابکار
Saboteurin, die; -, -nen خرابکار (زن)
sabotieren *Vt.* در (جایی) خرابکاری کردن
Saccharin, das; -s ساکارین، ساخارین
Sachbearbeiter, der; -s, - کارمند مسئول، متصدی
Sachbearbeiterin, die; -, -nen کارمند مسئول، متصدی (زن)
Sachbeschädigung, die; -, -en خسارت مالی
sachbezogen *Adj.* (مربوط به) موضوع
Sachbezüge, die / *Pl.* دستمزد غیرنقدی
Sachbuch, das; -(e)s, ⸚er کتاب تخصصی
sachdienlich *Adj.* مفید، مناسب، سودمند
Sache, die; -, -n ۱. چیز، شیء ۲. قضیه، مورد، جریان
Das gehört nicht zur Sache! این به موضوع ربطی ندارد!
Das ist Ihre Sache. این مربوط به شماست.
So steht die Sache. قضیه از این قرار است.
Bleiben Sie bei der Sache. از مطلب دور نشوید.
bei der Sache sein حواس خود را روی چیزی متمرکز کردن
Sachen, die / *Pl.* اشیا، اموال، متعلقات
Sachfrage, die; -, -n موضوع مطروحه
Sachgebiet, das; -(e)s, -e مبحث، موضوع؛ مورد؛ رشتهٔ خاص
sachgemäß *Adj.* متناسب موضوع
sachgerecht *Adj.* متناسب موضوع
Sachkatalog, der; -s, -e فهرست اشیا
Sachkenner, der; -s, - خبره، کارشناس، متخصص
Sachkenntnis, die; -, -nisse تخصص، خبرگی
Sachkunde, die; -, -n خبرگی، کارشناسی، تخصص
sachkundig *Adj.* استادانه
Sachkundige, der; -n, -n کارشناس، خبره، متخصص
Sachlage, die; -, - وضع موجود، کیفیت، چگونگی، حالت
Sachleistung, die; -, -en اجرای استادانه
sachlich *Adj.* واقعی، مادی، عینی؛ منطقی، اصولی، (مربوط به) موضوع، واقع‌بینانه
sächlich *Adj.* (دستور زبان) خنثی
Sachlichkeit, die; -, -en واقعیت، حقیقت امر
Sachregister, das; -s, - فهرست؛ راهنما؛ شاخص
Sachschaden, der; -s, ⸚ خسارت مالی
sachte *Adv.* آرام، آهسته، ملایم، کند، باملایمت
Sachurteil, das; -s, -e حکم درست، رأی درست
Sachverhalt, der; -(e)s, -e ۱. جریان واقعی (پیشامد) ۲. کیفیت، چگونگی، حالت؛ واقعیت امر
Sachvermögen, das; -s, - دارایی ملموس
Sachverstand, der; -(e)s تخصص، خبرگی، کارشناسی
sachverständig *Adj.* باتجربه، مجرب، کاردان
Sachverständige, der / die; -n, -n خبره، کارشناس، متخصص
Sachwalter, der; -s, - ۱. وکیل (مدافع) ۲. نماینده، مأمور، متولی
Sachwert, der; -(e)s, -e ارزش واقعی

Sachwerte, die / *Pl.* اموال باارزش، اموال مفید
Sack, der; -(e)s, ⸚e ساک، کیسهٔ بزرگ؛ گونی
mit Sack und Pack ausziehen
با همهٔ بار و بُنه کوچ کردن
Säckel, der; -s, - کیف پول
sacken *Vt., Vi.* ۱. در کیسه ریختن؛ در گونی ریختن ۲. غرق شدن
Sackgasse, die; -, -n کوچهٔ بن‌بست، خیابان بن‌بست
in eine Sackgasse geraten به بن‌بست رسیدن
Sackhüpfen, das; -s (مسابقه) دوِ با کیسه
Sacklaufen, das; -s (مسابقه) دوِ با کیسه
Sacknadel, die; -, -n جوال‌دوز
Sackleinwand, die; -, ⸚e کرباس، پارچهٔ کیسه‌ای
Sackpfeife, die; -, -n (ساز) نی‌انبان
Sacktuch, das; -(e)s, -e ۱. کرباس، پارچهٔ کیسه‌ای ۲. دستمال (جیبی)
sackweise *Adv.* (در کیسه) بسته‌بندی شده
Sadismus, der; -, -men سادیسم
(نوعی انحراف جنسی که شخص از آزار دادن دیگران لذت می‌برد)
Sadist, der; -en, -en سادیست، بیمار دارای انحراف جنسی
sadistisch *Adj.* سادیستی، (مربوط به) انحراف جنسی
Säemann, der; -(e)s, ⸚er زارع، برزگر
Säemaschine, die; -, -n ماشین بذرافشانی
säen *Vt., Vi.* ۱. افشاندن، پاشیدن (بذر) ۲. بذر افشاندن، تخم پاشیدن
Was der Mensch säet, das wird er ernten.
هرآنچه بکاری، آن بدروی.
Safari, die; -, -s (در افریقا) سفر اکتشافی
Safaripark, der; -(e)s, -e (در افریقا) پارک وحش
Safe, der / das; -s, -s گاوصندوق، صندوق‌نسوز
Saffian, der; -s, -e چرم ظریف الوان
Safran, der; -s, -e زعفران
safrangelb *Adj.* زرد زعفرانی
Saft, der; -(e)s, ⸚e ۱. آب‌میوه ۲. شیره، عصاره (میوه / گیاهان)
saftig *Adj.* ۱. [میوه] آبدار، پرآب ۲. پرعصاره ۳. سخت، شدید
eine saftige Ohrfeige یک سیلی آبدار
saftlos *Adj.* [میوه] بی‌آب، بدون عصاره
Sage, die; -, -n افسانه، قصه، اسطوره، داستان
Säge, die; -, -n اره
Sägeblatt, das; -(e)s, ⸚er تیغهٔ اره
Sägebock, der; -(e)s, ⸚e خرک اره‌کشی، میز اره‌کشی
Sägefisch, der; -es, -e اره ماهی
Sägemehl, das; -(e)s خاک اره
sagen *Vt., Vi.* ۱. گفتن، سخن گفتن ۲. اظهار کردن، صحبت کردن، بیان کردن ۳. اطلاع دادن
Das sagt man nicht! این حرف را نمی‌زنند!
این حرف مناسب نیست!
Bitte sagen Sie mir Bescheid!
لطفاً خبرش را به من بدهید!
Was wollen Sie damit sagen?
منظورتان از این حرف چیست؟
Was sagen Sie dazu? نظر شما در این مورد چیست؟
Er hat nichts zu sagen. او کاره‌ای نیست.
sägen *Vi., Vt.* ۱. اره کردن ۲. خرخر کردن
sagenhaft *Adj.* ۱. افسانه‌ای ۲. عجیب و غریب، باورنکردنی
Sagenkreis, der; -es, -e مجموعه داستان
Sägespäne, die / *Pl.* خاک اره
Sägewerk, das; -(e)s, -e کارخانهٔ چوب‌بری
Sago, der; -s, -s مغز خرمای هندی
sah *P.* صیغهٔ فعل گذشتهٔ مطلق از مصدر sehen
Sahara, die; - صحرا
Sahne, die; - خامه، سرشیر
Sahnebonbon, der / das; -s, -s تافی، آب‌نبات خامه‌دار
Sahnekäse, der; -s, - پنیر خامه‌ای
Sahnetorte, die; -, -n شیرینی خامه‌دار
sahnig *Adj.* خامه‌ای، خامه‌دار
Saison, die; -, -s فصل، موسم
saisonal *Adj.* فصلی، موسمی
Saisonarbeit, die; -, -en کار فصلی
Saisonarbeiter, der; -s, - کارگر فصلی
Saisonausverkauf, der; -(e)s, -käufe حراج فصلی
saisonbedingt *Adj.* فصلی
Saisonbeschäftigung, die; -, -en
مشغولیت فصلی
saisonmäßig *Adj.* فصلی
saisonweise *Adv.* به‌طور فصلی
Saisonzuschlag, der; -es, ⸚e ارزش اضافی موسمی، پرداخت اضافی فصلی
Saite, die; -, -n سیم، زه؛ وتر
Saiteninstrument, das; -(e)s, -e ساز زهی
Sake, der; - ساکی (نوعی مشروب ژاپنی)
Sakko, der; -s, -s کت اسپرت (مردانه)
Sakkoanzug, der; -(e)s, ⸚e کت و شلوار (مردانه)

sakral *Adj.* (مربوط به) استخوان خاجی
Sakrament, das; -(e)s, -e یکی از مراسم مذهبی مسیحیان
Sakristan, der; -s, -e خادم کلیسا
Sakristei, die; -, -en محل جواهرات و اشیای قیمتی کلیسا
säkular *Adj.* دنیوی، غیر روحانی
säkularisieren *Vt.* دنیوی کردن، غیر روحانی کردن
Salamander, der; -s, - سمندر
Salami, die; -, -(s) سالامی (نوعی کالباس)
Salamitaktik, die; -, -en شیوهٔ سیاسی حلزونی، روش سیاسی آهسته به پیش
Salat, der; -(e)s, -e ۱. سالاد ۲. کاهو
Salatöl, das; -(e)s, -e روغن سالاد
salbadern *Vi.* در مورد (چیزی) چرند گفتن، در مورد (چیزی) مهمل گفتن، در مورد (چیزی) وراجی کردن
Salbe, die; -, -n مرهم، پماد
Salbei, der; -s / die; - (گیاه) تَشَنَک
salben *Vt.* روی (چیزی) مرهم گذاشتن
Salbung, die; -, -en مرهم‌گذاری
salbungsvoll *Adj.* چرب، روغنی
saldieren *Vt.* موازنه کردن، برابر کردن
Saldo, der; -s, -den / -s / -di (در بانک) مانده حساب، موجودی
Saldovortrag, der; -(e)s, ⸚e انتقال حساب بانکی
Saline, die; -, -n معدن نمک
Salm, der; -(e)s, -en ماهی آزاد
Salmiak, der / das; -s نشادر
Salmiakgeist, der; -es جوهر نشادر
salomonisch *Adj., Adv.* ۱. (مربوط به) حضرت سلیمان ۲. عاقلانه، از روی عقل
Salon, der; -s, -s سالن، تالار
salonfähig *Adj.* مناسب برای حضور در مجالس، معاشرتی، قابل معاشرت
Salonheld, der; -en, -en شوالیه نازپرورده
Salonlöwe, der; -n, -n شوالیه نازپرورده
Salonorchester, das; -s, - (موسیقی) ارکستر مجلسی
Salonwagen, der; -s, - واگن لوکس، قطار درجه‌یک
salopp *Adj.* ۱. درهم و برهم، نامرتب ۲. سهل‌انگار، مسامحه‌کار، لاابالی، ولنگار
Salpeter, der; -s شوره، نیترات پتاسیم
Salpetererde, die; -, -n خاک شوره
salpeterig *Adj.* شوره‌دار، دارای شوره
Salpetersäure, die; -, -n اسید نیتریک، جوهر شوره
Salto der; -s, -s / -ti معلق، پشتک
Salto mortale, der; -, - / Salti mortali پشتک بسیار خطرناک
Salut, der; -(e)s, -e درود، خیرمقدم، سلام نظامی
salutieren *Vi.* ۱. خیر مقدم گفتن، ۲۱ تیر شلیک کردن ۲. سلام نظامی دادن
Salve, die; -, -n (برای خیرمقدم) شلیک توپ
Salz, das; -es, -e نمک
Salzbergwerk, das; -(e)s, -e معدن نمک
salzen *Vt.* نمک زدن
die Speisen salzen به غذا نمک زدن
Salzfaß, das; -fasses, -fässer نمکدان
Salzfäßchen, das; -s, - نمکدان کوچک
Salzfleisch, das; -es گوشت نمک سود
Salzgrube, die; -, -n معدن نمک
Salzgurke, die; -, -n خیارشور
Salzhering, der; -s, -e ماهی‌شور
salzig *Adj.* شور، نمک‌دار
Salzkartoffeln, die / *Pl.* سیب‌زمینی آب‌پز با نمک
Salzlake, die; -, -n آب‌نمک، آب‌شور
Salzlauge, die; -, -n آب‌نمک، آب‌شور
salzlos *Adj.* بی‌نمک
Salzsäule, die; - ستون نمک
Salzsäure, die; - جوهر نمک، اسید کلریدریک
zur Salzsäure erstarren از ترس در جا خشک شدن
Salzsee, der; -s, -n دریاچهٔ نمک
Salzsiederei, die; -, -en کارخانهٔ نمک‌سازی
Salzsole, die; -, -n آب نمک
Salzstange, die; -, -n چوب‌شور
Salzstreuer, der; -s, - نمکدان، نمک‌پاش
Salzwasser, das; -s, ⸚ آب‌نمک
Salzwerk, das; -(e)s, -e کارخانهٔ نمک‌سازی
Sämann, der; -(e)s, ⸚er زارع، برزگر
Samariter, der; -s, - سامری
Sämaschine, die; -, -n ماشین بذرافشانی
Same, der; -ns, -n ۱. دانه، تخم، بذر ۲. منی، یاختهٔ تناسلی مرد، اسپرم
Samen, der; -s, - ۱. دانه، تخم، بذر ۲. منی، یاختهٔ تناسلی مرد، اسپرم
Samenabgang, der; -(e)s, - ریزش غیرارادی منی
Samenbehälter, das; -s, - پوستهٔ تخم، غلاف بذر
Samenerguß, der; -gusses, -güsse دفع منی
Samenfaden, der; -s, ⸚ عامل اصلی منی
Samenfluß, der; -(e)s, - ریزش غیرارادی منی

Samengang, der; -(e)s, ⸚e مجرای منی
Samengehäuse, das; -s, - پوستهٔ تخم، غلاف بذر
Samenkapsel, die; -, -n (در گیاه) تخمدان، کیسهٔ تخم
Samenkorn, das; -(e)s, ⸚er دانهٔ غله
Samenleiter, der; -s, - مجرای منی (مجرای خروج منی از بیضه)
Samenstaub, der; -(e)s گرده، دانهٔ گرده، گرده‌افشانی
Samenstrang, der; -(e)s, ⸚e طناب منوی (رشته‌ای که شامل عصب و رگ‌های بیضه است)
Samenzelle, die; -, -n عامل اصلی منی
sämig *Adj.* [سوپ] غلیظ، پرمایه
Sämischleder, das; -s, - جیر
Sammelalbum, das; -s, -ben آلبوم
Sammelband, der; -(e)s, ⸚e جُنگ (مجموعه جلد شده)
Sammelbecken, das; -s, - مخزن، انبار
Sammelbegriff, der; -(e)s, -e (دستور زبان) اسم جمع
Sammelbezeichnung, die; -, -en (دستور زبان) اسم جمع
Sammelbüchse, die; -, -n قلک
Sammelgüter, die / *Pl.* کالای گوناگون
Sammellager, das; -s, - / ⸚ اردوگاه، محل تجمع
Sammelladung, die; -, -en محموله
Sammellinse, die; -, -n عدسی محدب
Sammelmappe, die; -, -n عدسی محدب
sammeln *Vt., Vr.* ۱. جمع کردن، گرد آوردن، جمع‌آوری کردن ۲. جمع شدن، گرد آمدن، اجتماع کردن
  Briefmarken sammeln تمبر جمع کردن
  Erfahrungen sammeln تجربه اندوختن
Sammelname, der; -ns, -n (دستور زبان) اسم جمع
Sammelnummer, die; -, -n شمارهٔ گروهی
Sammelplatz, der; -es, ⸚e محل اجتماع، محل تجمع
Sammelpunkt, der; -(e)s, -e نقطهٔ تجمع، کانون
Sammelsurium, das; -s, -rien شلوغی، درهم آمیختگی
Sammelwerk, das; -(e)s, -e اثر چاپی چند جلدی
Sammler, der; -s, - گردآورنده، جمع‌آوری‌کننده، کلکسیونر
Sammlerbatterie, die; -, -n باتری ذخیره
Sammlerin, die; -, -nen گردآورنده، جمع‌آوری‌کننده، کلکسیونر (زن)
Sammlerwut, die; - اشتیاق زیاد به جمع‌آوری
Sammlung, die; -, -en مجموعه، جُنگ، کلکسیون
Samowar, der; -s, -e سماور
Samstag, der; -(e)s, -e شنبه
samstags *Adv.* شنبه‌ها، در روزهای شنبه
Samt, der; -(e)s, -e مخمل
samt *Adv.* با، با هم، به اتفاق، به انضمام
  das Haus samt allem Zubehör خانه با تمامی متعلقاتش
samtartig *Adj.* مخملی، مخمل‌نما
Samthandschuh, der; -(e)s, -e دستکش مخمل
  jemanden **mit Samthandschuhen anfassen** با کسی محتاطانه رفتار کردن
samtig *Adj.* مخملی، مخمل‌نما
sämtlich *Adj.* ۱. همه، کل، کلیه، جمیع ۲. تماماً، جمعاً، بدون استثنا
  sämtliche Werke کلیات آثار، دیوان
samtweich *Adj.* نرم
Sanatorium, das; -s, -rien آسایشگاه، بیمارستان
Sand, der; -(e)s, -e / ⸚e شن، ماسه، سنگریزه
  etwas **auf Sand bauen** کاری نامطمئن انجام دادن
Sandale, die; -, -n صندل، کفش روباز
Sandalette, die; -, -n کفش روباز
sandartig *Adj.* شنی، ماسه‌ای
Sandbahn, die; -, -en جادهٔ شوسه
Sandbank, die; -, ⸚e ساحل شنی، تپهٔ شنی
Sandboden, der; -s, - / ⸚ زمین شنی، خاک شنی
Sanddorn, der; -(e)s, -e (نوعی) سنجد تلخ
Sandelholz, das; -es, ⸚er چوب صندل
Sandgrube, die; -, -n گودال ماسه‌برداری
sandig *Adj.* شنی، شن‌دار، ماسه‌ای
Sandkasten, der; -s, ⸚ زمین خاک‌بازی (بچه‌ها)
Sandkorn, das; -(e)s, ⸚er ۱. رگهٔ سنگ ۲. دانهٔ سنگریزه
Sandmann, der; -(e)s, ⸚er لولویی که به وسیلهٔ مالیدن شن به چشم بچه‌ها آنها را خواب می‌کند
Sandpapier, das; -s, -e کاغذ سنباده
Sandsack, der; -(e)s, ⸚e کیسهٔ شن
Sandstein, der; -(e)s, -e سنگ ماسه
Sandstrahlgebläse, das; -s, -s دستگاه شن‌پاش
Sandstrand, der; -(e)s, -e ساحل شنی
Sandsturm, der; -(e)s, ⸚e توفان شن
sandte *P.* صیغهٔ فعل گذشتهٔ مطلق از مصدر senden
Sandtorte, die; -, -n شیرینی اسفنجی
Sanduhr, die; -, -en ساعت شنی
Sandwich, das; -es, -es ساندویچ

Sandwüste 688

Sandwüste, die; -, -n صحرای شن
sanft *Adj.* ۱. نرم، لطیف، ظریف ۲. آرام، ملایم ۳. مهربان، صمیمی
eine sanfte Farbe یک رنگ ملایم
Sänfte, die; -, -n تخت روان
Sanftheit, die; - ۱. نرمی، لطافت، ظرافت ۲. ملایمت ۳. مهربانی، صمیمیت
Sanftmut, die; - ملایمت، ملاطفت، مهربانی
sanftmütig *Adj.* ملایم، مهربان، باملاطفت
Sang, der; -(e)s, ⸚e آواز، سرود
sang *P.* singen صیغهٔ فعل گذشتهٔ مطلق از مصدر
Sänger, der; -s, - آوازخوان، خواننده
Sängerfest, das; -(e)s, -e فستیوال آواز، جشنوارهٔ آواز
Sängerin, die; -, -en آوازخوان، خواننده (زن)
Sanguiniker, der; -s, - آتشین‌مزاج، عصبانی، تندخو
Sanguinikerin, die; -, -nen آتشین‌مزاج، عصبانی، تندخو (زن)
sanguinisch *Adj.* آتشین مزاج، عصبانی، تندخو
sanieren *Vt.* ۱. شفا دادن، معالجه کردن، درمان کردن ۲. سر و سامان دادن، دوباره فعال ساختن
Sanierung, die; -, -en شفا، مداوا، معالجه، درمان
sanitär *Adj.* بهداشتی
sanitärisch *Adj.* بهداشتی
Sanität, die; -, -en ۱. آمبولانس ۲. سرویس پزشکی، گروه امداد
Sanitäter, der; -s, - بهیار؛ پرستار؛ پزشکیار؛ متصدی کمک‌های اولیه
Sanitätsartikel, der; -s, - لوازم پزشکی
Sanitätsbedarf, der; -(e)s لوازم پزشکی
Sanitätsdienst, der; -es, -e پرستاری
Sanitätsflugzeug, das; -(e)s, -e آمبولانس هوایی
Sanitätskasten, der; -s, ⸚ جعبهٔ کمک‌های اولیه
Sanitätstruppe, die; -, -n گروه پزشکی
Sanitätswache, die; -, -n مرکز مددکاری
Sanitätswesen, das; -s, - خدمت پزشکی
sank *P.* sinken صیغهٔ فعل گذشتهٔ مطلق از مصدر
sankt *Adj.* مقدس، متبرک
sankt Elisabeth الیزابت مقدس
Sanktion, die; -, -en ۱. تحریم، اعمال فشار، بایکوت ۲. تصویب، تأئید، تصدیق
sanktionieren *Vt.* ۱. تحت فشار گذاردن، مجبور کردن؛ بایکوت کردن، تحریم کردن ۲. تصویب کردن، تأئید کردن، تصدیق کردن، پذیرفتن

sann *P.* sinnen صیغهٔ فعل گذشتهٔ مطلق از مصدر
Saphir, der; -s, -e یاقوت کبود
Sardelle, die; -, -n (ماهی) کولی
Sardellenpaste, die; -, -n خمیر ماهی کولی
Sardine, die; -, -n (ماهی) ساردین
Sarg, der; -es, ⸚e تابوت
Sargdeckel, der; -s, - در تابوت
Sarkasmus, der; -, -men ۱. طنز نیش‌دار ۲. طعنه، ریشخند، سرزنش
sarkastisch *Adj.* طعنه‌آمیز، نیش‌دار، کنایه‌دار
Sarkom, das; -s, -e تومور بدخیم
Sarkoma, das; -s, -ta تومور بدخیم
Sarkophag, der; -s, -e تابوت سنگی (حجاری شده / منقوش)
saß *P.* sitzen صیغهٔ فعل گذشتهٔ مطلق از مصدر
Satan, der; -s, -e ۱. شیطان، ابلیس، اهریمن ۲. آدم پلید
satanisch *Adj.* شیطانی، اهریمنی
Satellit, der; -en, -en ۱. قمر، ماهواره ۲. محافظ
Satellitenübertragung, die; -, -en پخش از طریق ماهواره
Satin, der; -s, -s ساتن، اطلس حریر؛ پارچهٔ ابریشمی
satinieren *Vt.* براق کردن، صیقل دادن، لعاب دادن
Satire, die; -, -n هجو؛ سخریه، طنز
Satiriker, der; -s, - هجونویس؛ طنزنویس
satirisch *Adj.* هجوآمیز
Satisfaktion, die; -, -en خشنودی، رضایت
satt *Adj.* ۱. اشباع، سیر ۲. پررنگ
etwas **satt haben** از چیزی سیر و بیزار بودن
Ich habe es satt. جانم به لب رسیده است.
satt sein سیر بودن
satt essen سیر خوردن
sattblau *Adj.* آبی تیره، سورمه‌ای
Sattel, der; -s, ⸚ ۱. زین ۲. برآمدگی بینی ۳. خرک انتهای دستهٔ ویلن
jemanden **in den Sattel heben** از کسی حمایت کردن
jemanden **aus dem Sattel heben** کسی را از میدان به در کردن
Satteldach, das; -s, ⸚er سقف شیب‌دار
Satteldecke, die; -, -n عرق‌گیر اسب؛ نمد زیر زین
sattelfest *Adj.* ۱. بسیار محکم ۲. مسلط، متبحر، واقف
Sattelgurt, der; -(e)s, -e تنگ زین
satteln *Vt., Vr.* ۱. زین کردن ۲. آماده شدن

Sattelnase, die; -, -n بینی دارای فرورفتگی در وسط و نوک‌کوفته‌ای شکل
Sattelpferd, das; -(e)s, -e اسب سواری
Sattelplatz, der; -es, ⸚e ۱. چراگاه ۲. میدان اسب‌دوانی
Satteltasche, die; -, -n خورجین
Sattelzeug, das; -(e)s, -e متعلقات زین (مثل افسار، دهنه و غیره)
Sattheit, die; - سیری، پری، اشباع
sättigen *Vt., Vi.* ۱. سیر کردن، اشباع کردن، پر کردن ۲. سیر بودن، اشباع بودن
sättigend *Adj.* سیرکننده
Sättigung, die; -, -en اشباع، سیری
Sättigungspunkt, der; -(e)s, -e (شیمی) نقطهٔ اشباع
Sattler, der; -s, - زین‌ساز، سراج
Sattlerei, die; -, -en زین‌سازی، سراجی
sattsam *Adv.* به‌قدر کفایت، کافی
saturieren *Vt.* اشباع کردن، سیر کردن
Saturn, der; -s ستارهٔ کیوان
Satyr, der; -n/-s, -n/-e (اساطیر) ساتیر، بُزمرد
Satz, der; -es, ⸚e ۱. جمله، عبارت ۲. جست و خیز، قدم بلند، جهش بلند ۳. بخشی از موسیقی ۴. ته‌نشست، رسوب ۵. سرویس، دست ۶. تعرفه، مبلغ تعیین‌شده ۷. (ورزش) گیم

einen Satz machen جستی زدن
in einem Satz با یک جست
ein Satz Briefmarken یک دست تمبر

Satzaussage, die; -, -n (دستور زبان) مسند، خبر
Satzball, der; -(e)s, ⸚e (تنیس) امتیاز اضافی
Satzbau, der; -(e)s, - ترکیب جمله، جمله‌سازی
Satzergänzung, die; -, -en مفعول (بی‌واسطه / باواسطه)
Satzgefüge, das; -s, - جملهٔ پیچیده، جملهٔ مرکب
Satzgegenstand, der; -, -stände (دستور زبان) فاعل
Stazglied, das; -(e)s, -e بخشی از جمله
Satzlehre, die; - علم نحو (ترکیب کلام در جمله)
Satzspiegel, der; -s, - صفحهٔ حروف ماشین تحریر
Satzteil, der/das; -(e)s, -e بخشی از جمله
Satzung, die; -, -en اساسنامه، آئین‌نامه، نظام‌نامه، لایحه
satzungsmäßig *Adj.* قانونی، مطابق قانون، طبق اساسنامه
satzweise *Adv.* جمله جمله
Satzzeichen, das; -s, - نقطه‌گذاری، علامت‌گذاری
Sau, die; -, Säue/-en ۱. خوک ماده ۲. (فحش) آدم کثیف و رذل
Sauarbeit, die; -, -en کار کثیف
sauber *Adj.* پاک، تمیز، پاکیزه، نظیف، مرتب

Sie ist sauber gekleidet. او مرتب لباس پوشیده است.

sauberhalten *Vt.* تمیز نگه‌داشتن
Sauberkeit, die; - پاکی، تمیزی، پاکیزگی، نظافت
säuberlich *Adj.* ۱. پاک، تمیز ۲. دقیق، مرتب، به‌موقع، به‌جا
saubermachen *Vt.* تمیز کردن، پاک کردن
säubern *Vt.* تمیز کردن، پاک کردن، زدودن
Säuberung, die; -, -en نظافت، تطهیر، تصفیه، پاکسازی، زدایش
Säuberungsaktion die; -, -en (در دولت، حزب) پاکسازی، تصفیه
Saubohne, die; -, -n (نوعی) باقلا که برای خوراک احشام به‌کار می‌رود
Sauce, die; -, -n سس (خورش)، آب خورش
Sauciere, die; -, -n ظرف سس، سس‌خوری
Saudi, der; -s, -s اهل عربستان سعودی
Saudiaraber, der; -s, - اهل عربستان سعودی
Saudi-Arabian, das عربستان سعودی
saudiarabisch *Adj.* (مربوط به) عربستان سعودی
saudumm *Adj.* بسیار احمق
sauer *Adj.* ۱. ترش ۲. مشکل، دشوار، سخت، رنج‌آور، پردردسر ۳. عصبانی؛ ناراحت، اوقات‌تلخ، رنجور ۴. [شیر] ترشیده

Die Milch ist sauer. شیر ترش شده است.
Es wird ihm sauer. برایش دشوار است.
Er ist sehr sauer auf seinen Chef. اوقات او از دست رئیسش خیلی تلخ است.

Sauerampfer, der; -s, - (گیاه) ترشک
Sauerbraten, der; -s, - گوشت خوابانده در سرکه
Sauerbrunnen, der; -s, - آب معدنی نسبتاً ترش
Sauerei, die; -, -en پلیدی، آلودگی؛ کثافت‌کاری
Sauerkirsche, die; -, -n آلبالو
Sauerklee, der; -s, - ترشک درختی
Sauerkohl, der; -(e)s کلم رنده شده و آب‌پز با سرکه
Sauerkraut, das; -(e)s کلم رنده شده و آب‌پز با سرکه
säuerlich *Adj.* ترش‌مزه، ترش
säuern *Vt., Vi.* ۱. ترش کردن ۲. ترش شدن
Sauermilch, die; - شیر بریده
Sauerstoff, der; -(e)s, - اکسیژن

Sauerstoffapparat, der; -(e)s, -e دستگاه تنفس مصنوعی
Sauerstoffgerät, das; -(e)s, -e دستگاه تنفس مصنوعی
Sauerstofflasche, die; -, -n کپسول اکسیژن
Sauerstoffmangel, der; -s کمبود اکسیژن
Sauerstoffmaske, die; -, -n ماسک اکسیژن
Sauerstoffzelt, das; -(e)s, -e چادر اکسیژن
Sauerteig, der; -(e)s, -e خمیر ترش، مایهٔ خمیر
sauertöpfisch *Adj.* زودرنج، عبوس، کج‌خلق، ترشرو
Sauerwasser, das; -s, ⸚ آب معدنی نسبتاً ترش
saufen *Vt., Vi.* ۱. زیاد نوشیدن، زیاد خوردن (نوشابهٔ الکلی) ۲. نوشیدن (جانوران)
Die Katze säuft Milch. گربه شیر می‌خورد.
Er säuft wie ein Loch. او حسابی الکلی است.
Säufer, der; -s, - الکلی، مست، مشروب‌خور، میخواره
Säuferei, die; -, -en مشروب‌خوری، میگساری
Säuferstimme, die; -, -n صدای خشن (بر اثر استعمال زیاد الکل)
Saufgelage, das; -s, - مجلس میگساری
Saugader, die; -n, -n رگ آئورت
saugen *Vt., Vi.* ۱. مکیدن، مک زدن ۲. (با جاروبرقی) جارو کردن
mit dem Staubsauger Staub saugen با جاروبرقی جارو کردن
Das hat er sich aus den Fingern gesogen. او این را از خودش درآورده است.
Saugen, das; -s مک؛ مکش
säugen *Vt.* (با پستان) شیر دادن
Sauger, der; -s, - ۱. طفل شیرخوار ۲. جانور شیرخوار ۳. پستانک
Säugetier, das; -(e)s, -e حیوان پستاندار
saugfähig *Adj.* قابل مکیدن، مکیدنی
Saugflasche, die; -, -n شیشه شیر (بچه)
Saugheber, der; -s, - سیفون
Säugling, der; -s, -e نوزاد، بچهٔ شیرخوار
Säuglingsausstattung, die; -, -en پوشاک نوزاد
Säuglingsfürsorge, die; -, -n حمایت از نوزادان
Säuglingsheim, das; -(e)s, -e مهدکودک
Säuglingspflege, die; -, -n پرستاری از نوزادان
Säuglingsschwester, die; -, -n پرستار بچه
Säuglingssterblichkeit, die; - مرگ و میر نوزادان
Saugluck, das; -es, - شانس زیاد
Saugpapier, das; -s, -e کاغذ جاذب
Saugpumpe, die; -, -n تلمبهٔ تنفسی
saugrob *Adj.* خیلی خشن
Saugrohr, das; -(e)s, -e لولهٔ مک‌زنی، لولهٔ مکش
Saugwirkung, die; -, -en تأثیر مکیدن
sauigeln *Vi.* لطیفه‌های زننده تعریف کردن
saukalt *Adj.* خیلی سرد
Saukerl, der; -(e)s, -e (فحش) آدم رذل
Säule, die; -, -n ستون
Säulengang, der; -(e)s, ⸚e ۱. دهلیز، گذرگاه تاق‌دار ۲. ردیف ستون
Säulenschaft, der; -(e)s, ⸚e بدنهٔ ستون
Saum, der; -(e)s, Säume ۱. توگذاشتگی لباس ۲. کناره، لبه، حاشیه، سجاف
saumäßig *Adj., Adv.* ۱. نامساعد، ناجور ۲. به‌خصوص، مخصوصاً
säumen *Vt., Vi.* ۱. حاشیه زدن؛ تو دادن، لبه (لباس) را تو گذاشتن ۲. تأخیر کردن، غفلت کردن، تأمل کردن
säumig *Adj.* تنبل، مسامحه کار، پشت گوش‌انداز
Säumnis, die; -, -nisse تأخیر، غفلت
Saumpfad, der; -(e)s, -e راه باریک مال‌رو
Saumpferd, das; -(e)s, -e اسب بارکش
Saumsattel, der; -s, ⸚ پالان
saumselig *Adj.* تنبل، مسامحه کار، کاهل
Saumseligkeit, die; - تنبلی، مسامحه کاری
Saumtier, das; -(e)s, -e حیوان بارکش
Sauna, die; -, -s سونا
Säure, die; -, -n ۱. اسید ۲. ترشی
Säureballon, der; -s, -s قرابه (تُنگ دهان گشاد)
säurebeständig *Adj.* مقیاس خلوص اسید
säurefest *Adj.* مقیاس خلوص اسید
Sauregurkenzeit, die; -, -en کنایه از اواخر تابستان که روزنامه‌ها به‌خاطر نداشتن خبرهای مهم مطالب پیش پا افتاده را منتشر می‌کنند
säurehaltig *Adj.* اسیددار، اسیدی
säurelöslich *Adj.* قابل حل در اسید
Saurier, der; -s, - سوسمار
Saus
in Saus und Braus leben با عیاشی و هرزگی زندگی کردن
säuseln *Vi.* ۱. خش‌خش کردن، صدای برگ خشک ایجاد کردن، صدای باد درآوردن ۲. زمزمه کردن، آرام صحبت کردن
sausen *Vi.* ۱. زوزه کشیدن (باد) ۲. به سرعت رد شدن
Saustall, der; -(e)s, ⸚e خوکدانی

Sauwetter, das; -s, - هوای بسیار بد
sauwohl *Adj.* بسیار خوب
Ich fühle mich sauwohl. حالم خیلی خوب است.
Saxophon, das; -s, -e (ساز) ساکسوفن
Säzeit, die; -, -en فصل بذرافشانی
Schabe, die; -, -n سوسک حمام
Schabefleisch, das; -es گوشت گاو چرخ کرده
Schabemesser, das; -s, - کاغذتراش؛ گل‌تراش
schaben *Vt.* ۱. تراشیدن، ساییدن، رنده کردن ۲. خرد کردن، تکه تکه کردن (گوشت)
Schaber, der; -s, - کاغذتراش؛ گل‌تراش
Schabernack, der; -(e)s, -e شیطنت، کلک؛ شوخی خرکی
schäbig *Adj.* ۱. کهنه، مستعمل، پوسیده، نخ‌نما، فرسوده، رنگ و رو رفته ۲. نامطلوب، نامطبوع
Schäbigkeit, die; -, -en کهنگی، پوسیدگی، نخ‌نمایی
Schablone, die; -, -n شابلون، طرح، قالب، الگو
schablonenhaft *Adj.* طبق برنامه، مطابق نقشه
schablonenmäßig *Adj.* طبق برنامه، مطابق نقشه
schablonieren *Vt.* با الگو نقشه انداختن
Schach, das; -(e)s, -s ۱. شطرنج، (در شطرنج) کیش
Schach und Matt! کیش و مات!
Schachbrett, das; -(e)s, -er صفحهٔ شطرنج
schachbrettartig *Adj.* شطرنجی، شطرنجی‌شکل
Schacher, der; -s, - ۱. چانه‌زنی ۲. سودجویی
schachern *Vi.* چانه زدن
Schächer, der; -s, - دزد، راهزن
Schachfeld, das; -(e)s, -er صفحهٔ شطرنج
Schachfigur, die; -, -en مهرهٔ شطرنج
schachmatt *Adj.* (در شطرنج) مات، شهمات
Schachmeister, der; -s, - قهرمان شطرنج
Schachpartie, die; -, -n (یک دست) بازی شطرنج
Schachspiel, das; -(e)s, -e بازی شطرنج، شطرنج‌بازی
Schachspieler, der; -s, - شطرنج‌باز
Schacht, der; -(e)s, ¨-e گودال، چاله، چاه، فضای توخالی عمیق
Schachtel, die; -, -n جعبه، قوطی
eine Schachtel Zigaretten یک بسته سیگار
Alte Schachtel! عجوزه!
Schachtelhalm, der; -(e)s, -e (نوعی) گیاه با ساقهٔ بلند
Schachtelsatz, der; -es, ¨-e جملهٔ پیچیده
Schachzug, der; -es, ¨-e (در شطرنج) حرکت مهره

Schade, der; -ns, ¨-n زیان، ضرر، خسارت
schade *Adj.* حیف، افسوس
Schade! افسوس! حیف!
Wie schade! حیف!
Schädel, der; -s, - جمجمه، کاسهٔ سر
Er hat einen dicken Schädel. خیلی لجباز و کله‌شق است.
Schädelbasis, die; -, -en پایهٔ جمجمه
Schädelbruch, der; -(e)s, ¨-e شکستگی جمجمه
Schädeldecke, die; -, -n فرق سر
schaden *Vi.* ۱. ضرر زدن، صدمه زدن، آسیب رساندن، لطمه زدن ۲. ضرر داشتن، مضر بودن
Das schadet nichts. ضرری ندارد.
Schaden, der; -s, ¨- ضرر، زیان، خسارت
den Schaden wieder gutmachen جبران خسارت کردن
Schaden anrichten خسارت به بار آوردن
Schaden erleiden متحمل خسارت شدن
Schadenersatz, der; -es جبران خسارت؛ رفع خسارت؛ عوض، غرامت
Schadenersatzklage, die; -, -n اقامهٔ دعوا برای جبران خسارت
schadenersatzpflichtig *Adj.* مشمول خسارت
Schadenfreude, die; - بدخواهی، بداندیشی، بدطینتی
schadenfroh *Adj.* بدخواه، بداندیش، بدطینت
Schadenversicherung, die; -, -en بیمهٔ خسارت
schadhaft *Adj.* ناقص، معیوب؛ فرسوده؛ خسارت‌دیده
Schadhaftigkeit, die; - نقص، عیب؛ فرسودگی
schädigen *Vt.* به (کسی / چیزی) ضرر زدن، به (کسی / چیزی) زیان رساندن، به (کسی / چیزی) صدمه زدن، به (کسی / چیزی) خسارت وارد آوردن
Schädiger, der; -s, - زیان‌رسان
Schädigung, die; -, -en ضرر، زیان، صدمه، خسارت، آسیب
schädlich *Adj.* زیان‌آور، مضر، زیان‌بخش
Schädlichkeit, die; - زیان‌آوری، آسیب‌رسانی
Schädling, der; -s, -e آفت، بلا؛ انگل
Schädlingsbekämpfung, die; -, -en مبارزه با آفات
schadlos *Adj.* تاوان، غرامت
Schadloshaltung, die; -, -en پرداخت غرامت، جبران خسارت، پرداخت تاوان
Schadstoff, der; -(e)s, -e مادهٔ آلوده کننده، مادهٔ مضر (برای سلامتی)

Schaf, das; -(e)s, -e گوسفند
Schafbock, der; -(e)s, ⸚e گوسفند نر، قوچ
Schäfchen, das; -s, - بره
sein Schäfchen ins trocken bringen بار خود را بستن
Schäfer, der; -s, - چوپان، شبان
Schäferhund, der; -(e)s, -e سگ گله
Schäferin, die; -, -nen چوپان، شبان (زن)
Schäferstündchen, das; -s, -
۱. لحظات عشق و مستی ۲. دیدار پنهانی دلدادگان
Schaffell, das; -(e)s, -e پوست گوسفند
schaffen *Vt., Vi.* ۱. خلق کردن، تولید کردن، آفریدن ۲. ایجاد کردن، فراهم آوردن ۳. حمل کردن ۴. حال (کسی) را گرفتن ۵. کار کردن
Er hat ein Meisterwerk geschaffen.
او شاهکاری خلق کرده است.
Er schafft den ganzen Tag. تمام روز مشغول فعالیت است.
Ich habe es geschafft. موفق شدم.
Ordnung schaffen نظم و ترتیب برقرار کردن
jemandem **viel zu schaffen machen**
برای کسی دردسر درست کردن
Schaffensdrang, der; -(e)s انگیزهٔ آفرینش
Schaffenskraft, die; - نیروی آفرینش
Schaffleisch, das; -es گوشت گوسفند
Schaffner, der; -s, - مأمور کنترل بلیت
Schaffnerin, die; -, -nen مأمور کنترل بلیت (زن)
Schaffung, die; - خلق، تولید، آفرینش؛ سازندگی
Schafgarbe, die; -, -n (گیاه) بومادران
Schafherde, die; -, -n گلهٔ گوسفند
Schafhirt, der; -en, -en چوپان
Schafhürde, die; -, -n آغل گوسفند
Schafkäse, der; -s, - پنیر گوسفندی
Schafskopf, der; -(e)s, ⸚e احمق، ابله
Schafleder, das; -s, - چرم گوسفند
Schafott, das; -(e)s, -e چوب‌بست، داربست، تخته‌بندی
Schafpelz, der; -es, -e پوست گوسفند
Schafschur, die; -, -en پشم‌چینی گوسفند
Schafsmilch, die; - شیر گوسفند
Schaft, der; -(e)s, ⸚e ۱. دسته ۲. ساق (چکمه) ۳. قبضه (شمشیر) ۴. قنداق (تفنگ)
schäften *Vt.* ۱. به (تفنگ) قنداق گذاشتن ۲. به (چیزی) مجهز کردن
Schaftstiefel, der; -s, - چکمه‌بند
Schafwolle, die; - پشم گوسفند
Schafzucht, die; - پرورش گوسفند

Schah, der; -s, -s شاه
Schakal, der; -s, -e شغال
Schäker, der; -s, - مسخره، لوده، بذله‌گو
Schäkerei, die; -, -en شوخی، مسخرگی، لودگی
schäkern *Vi.* شوخی کردن، مزاح کردن، لودگی کردن، مسخرگی کردن
Schal, der; -s, -s شال نازک، شال گردن نازک
schal *Adj.* ۱. بی‌مزه، بدون چاشنی ۲. کهنه، مانده
Schalbrett, das; -(e)s, -er تخته سنگ
Schale, die; -, -n ۱. کاسه، قدح؛ دیس، قاب ۲. پوست (میوه) ۳. پوسته (تخم‌مرغ) ۴. کفه ترازو ۵. (در سخت‌پوستان) پوسته، پوست
schälen *Vt., Vr.* ۱. پوست کندن ۲. پوست انداختن، پوسته پوسته شدن
Kartoffeln schälen سیب‌زمینی پوست کندن
Schalentier, das; -(e)s, -e (به‌صورت جمع) سخت‌پوستان
Schalheit, die; - کهنگی، شب‌ماندگی
Schalk, der; -(e)s, -e ناقلا، موذی، دغل، رذل
schalkhaft *Adj.* ناقلا، موذی، دغل، رذل
Schalkhaftigkeit, die; -, -en ناقلایی، موذی‌گری
Schalkheit, die; -, -en ناقلایی، موذی‌گری
Schalksnarr, der; -en, -en دلقک، مسخره
Schall, der; -(e)s, -e صدا، صوت
Schalboden, der; -s, ⸚ تختهٔ موجد صدا، تختهٔ تقویت صدا
schalldämpfend *Adj.* صداگیر، صدا خفه‌کن
Schalldämpfer, der; -s, - صدا خفه‌کن
schalldicht *Adj.* عایق صدا، ضد صوت، مانع نفوذ صدا
Schalldose, die; -, -n (در گرامافون) جعبهٔ تبدیل امواج صوتی به صدا
Schallehre, die; - آکوستیک، صداشناسی
schallen *Vi.* به گوش رسیدن، طنین انداختن، پیچیدن (صدا)
Schallgeschwindigkeit, die; -, -en سرعت صوت
Schallgrenze, die; -, -n حدود صوتی
Schallmauer, die; -, -n دیوار صوتی
Schallmesser, der; -s, - صوت‌سنج
Schallmessung, die; -, -en سنجش صوت
Schallplatte, die; -, -n صفحه گرامافون
Schallplattenaufnahme, die; -, -n ضبط صفحه گرامافون
Schallplattenmusik, die; - موسیقی صفحه گرامافون

Schallplattennadel, die; -, -n سوزن گرامافون
Schallplattensendung, die; -, -en پخش صفحه گرامافون
schallschluckend *Adj.* صداگیر، صدا خفه‌کن
Schalltrichter, der; -s, - (در گرامافون) سر بلندگو
Schallwelle, die; -, -n موج صوتی
Schalmei, die; -, -en (نوعی) ساز بادی چوبیِ قدیمی
Schalotte, die; -, -n موسیر
Schaltanlage, die; -, -n صفحه کلید اتصال برق؛ دستگاه اتصال برق
Schaltbild, das; -es, -er دیاگرام سیم‌کشی، نقشهٔ سیم‌کشی (برق)
Schaltbrett, das; -(e)s, -er صفحه کلید برق، صفحهٔ توزیع برق
schalten *Vt., Vi.* ۱. قطع کردن، وصل کردن (جریان برق) ۲. دنده عوض کردن (اتومبیل)
auf den ersten Gang schalten دنده یک گذاشتن
Schalter, der; -s, - ۱. کلید قطع و وصل (برق) ۲. باجه، گیشه
Schalterbeamte, der; -n, -n ۱. تحویل‌دار، صندوق‌دار ۲. ناظر، بازرس
Schalterdienst, der; -es, - تحویل‌داری، صندوق‌داری
Schaltgetriebe, das; -s, - چرخ‌دنده، گیربکس
Schalthebel, der; -s, - میلهٔ دنده
Schaltier, das; -(e)s, -e (جانور) صدف‌دار
Schaltjahr, das; -(e)s, -e سال کبیسه
Schaltknopf, der; -(e)s, ⸚e کلید قطع و وصل (برق)
Schaltplan, der; -(e)s, ⸚e دیاگرام سیم‌کشی، نقشهٔ سیم‌کشی (برق)
Schaltpult, der; -(e)s, -e ایستگاه کنترل
Schaltschema, das; -s, -s دیاگرام سیم‌کشی، نقشهٔ سیم‌کشی (برق)
Schalttafel, die; -, -n صفحهٔ توزیع برق، صفحه کلید برق
Schalttag, der; -(e)s, -e روز کبیسه
Schaltuhr, die; -, -en دستگاه قطع و وصل اتوماتیک
Schaltung, die; -, -en ۱. قطع و وصل (برق) ۲. دنده (اتومبیل)
Schalung, die; -, -en شکل، ترکیب، فرم
Schaluppe, die; -, -n کرجی یک دکل (قدیمی)
Scham, die; - ۱. حیا، شرم، خجالت ۲. عضو تناسلی زن، شرمگاه ۳. احساس گناه
vor Scham die Augen senken از شرم سر را به زیر انداختن
Schamanismus, der; - اعتقاد به احضار روح
Schambein, das; -s, -e استخوان شرمگاه
schämen *Vr.* ۱. خجالت کشیدن، حیا کردن، شرم داشتن ۲. احساس گناه کردن
Schäm dich! خجالت بکش!
Schamgefühl, das; -(e)s احساس شرم
schamhaft *Adj.* خجول، محجوب، کمرو
Schamhaare, die / *Pl.* موی آلت تناسلی
Schamhaftigkeit, die; - کم‌رویی، حجب و حیا
schamlos *Adj.* بی‌حیا، بی‌شرم، وقیح
Schamlosigkeit, die; - بی‌حیایی، بی‌شرمی، وقاحت
Schamotte, die; - گل‌نسوز، گل آتشخوار
Schamottestein, der; -(e)s, -e آجرنسوز
schamrot *Adj.* شرمنده، خجل
Schamröte, die; - سرخی گونه (بر اثر شرم)
Schamteile, die / *Pl.* اعضای دستگاه تناسلی
schandbar *Adj.* شرم‌آور، ننگین، رسوا، وقیحانه
Schande, die; -, -n ننگ، افتضاح، وقاحت، رسوایی
jemanden **mit Schimpf und Schande wegjagen** کسی را با افتضاح بیرون کردن
schänden *Vt.* به (کسی) تجاوز کردن، بی‌حرمت کردن، از (کسی) هتک ناموس کردن
Armut schändet nicht. فقر ننگ نیست.
Schänder, der; -s, - متجاوز، زناکار
Schandfleck, der; -(e)s, -e لکهٔ ننگ، آلودگی
schändlich *Adj.* ننگین، شرم‌آور، شنیع، وقیحانه
Schändlichkeit, die; -, -en ننگ، بی‌حرمتی، رسوایی
Schandmal, das; -(e)s, -e / -mäler داغ ننگ، لکهٔ بدنامی
Schandmaul, das; -(e)s, -mäule مفتری، بدگو، عیب‌جو
Schandpfahl, der; -es, ⸚e قاپوق (نوعی آلت شکنجهٔ قدیمی)
Schandtat, die; -, -en عمل شنیع
Schändung, die; -, -en تجاوز، بی‌حرمتی، هتک ناموس، زنا
Schank, der; -(e)s, ⸚e باده‌فروشی، شراب‌فروشی
Schankstätte, die; -, -n میخانه، مشروب‌فروشی
Schankstube, die; -, -n بار مشروب‌فروشی، محل پیاله‌فروشی
Schanktisch, der; -es, -e (در رستوران) میز بزرگ بار

Schankwirt 694

Schankwirt, der; -(e)s, -e میخانه‌چی، متصدی بار
Schankwirtschaft, die; -, -en میخانه، مشروب‌فروشی
Schanzbau, der; -(e)s, -e سنگربندی
Schanze, die; -, -n ۱. سنگر، بارو ۲. عرشهٔ کوچک عقب کشتی ۳. (اسکی) سکوی پرش
schanzen *Vi.* ۱. سنگربندی کردن ۲. تلاش زیاد کردن، جان کندن
Schanzentisch, der; -es, -e (اسکی) سکوی پرش
Schar, die; -, -en ۱. دسته، گروه، جمعیت، فوج ۲. گاوآهن، خیش
scharen *Vr., Vt.* ۱. جمع شدن، گرد آمدن، تجمع کردن ۲. جمع کردن، گرد آوردن
scharf *Adj.* ۱. [غذا] تند ۲. تیز ۳. [نگاه] برنده، نافذ ۴. [عکس] واضح، روشن ۵. گرم، حاد، سوزان ۶. شهوتی، حشری ۷. آزاردهنده، مزاحم ۸. تیزهوش، سریع‌الانتقال ۹. شدید و غیر منتظره
ein **scharfes** Ohr گوش تیز
jemanden **scharf ansehen** با دقت به کسی نگاه کردن
Scharfblick, der; -(e)s ۱. نفوذ، فراست ۲. نگاه نافذ
Schärfe, die; -, -n ۱. تندی ۲. تیزی، برندگی ۳. دقت
Scharfeinstellung, die; -, -en (عکاسی) میزان دقیق
schärfen *Vt., Vr.* ۱. تیز کردن (کارد) ۲. دقیق شدن ۳. تیز شدن ۴. تیزهوش شدن، تیزبین شدن
Schärfentiefe, die; -, -n (در دوربین) فاصلهٔ کانونی عدسی
scharfkantig *Adj.* دارای لبه تیز
scharfmachen *Vt.* علیه (کسی) برانگیختن
Scharfmacher, der; -s, - آشوبگر، دسیسه‌کار
scharfrandig *Adj.* دارای لبه تیز
Scharfrichter, der; -s, - جلاد، دژخیم
Scharfschießen, das; -s, - تیراندازی دقیق
Scharfschütze, der; -n, -n تیرانداز ماهر
scharfsichtig *Adj.* تیزبین، تیزنظر، نافذ، رسوخ‌کننده
Scharfsinn, der; -(e)s, - تیزهوشی، باریک‌بینی، زیرکی، فراست؛ سرعت انتقال
scharfsinnig *Adj.* تیزهوش، باریک‌بین، زیرک، بافراست؛ سریع‌الانتقال
Scharlach, der; -s (بیماری) مخملک
Scharlachfieber, das; -s, - (بیماری) تب سرخ، مخملک
scharlachrot *Adj.* قرمز، سرخ (روشن)
Scharlatan, der; -s, -e شارلاتان، حقه‌باز، زبان‌باز، متقلب
Scharm, der; -(e)s جذابیت، دلربایی، فریبندگی، افسون
scharmant *Adj.* جذاب، دلربا، فریبنده، افسونگر
Scharmützel, das; -s, - کشمکش، زد و خورد مختصر
scharmützeln *Vi.* کشمکش کردن، زد و خورد مختصر کردن
Scharnier, das; -s, -e لولا
Scharnierdeckel, der; -s, - سرپوش لولا
Schärpe, die; -, -n ۱. حمایل ۲. شال کمر، کمربند پارچه‌ای پهن
scharren *Vi., Vt.* ۱. پا زدن (مرغ / خروس) ۲. سم به زمین زدن (اسب) ۳. چنگ زدن (گربه / سگ) ۴. کندن، حفر کردن (سوراخ)
Scharte, die; -, -n ۱. لب‌پریدگی (کارد) ۲. شکاف، بریدگی، چاک، تورفتگی، درز
Scharteke, die; -, -n نسخهٔ قدیمی (کتاب)
schartig *Adj.* ۱. دارای لب‌پریدگی ۲. شکاف‌دار، چاک‌دار، درزدار
scharwenzeln *Vi.* ۱. چاپلوسی کردن، تملق گفتن ۲. چاپلوس بودن، متملق بودن
Schaschlik, der/das; -s, -s شیشلیک، گوشت کباب شده
schassen *Vt.* بیرون انداختن، اخراج کردن
schatten *Vi.* سایه افکندن، سایه دادن
Schatten, der; -s, - ۱. سایه ۲. سیاهی (شخص، شیء) ۳. نقطهٔ تیره رنگ
im Schatten در سایه
Schattenbild, das; -es, -er تصویر غیرواقعی، شبح
Schattenboxen, das; -s, - با حریف خیالی بوکس بازی کردن
Schattendasein, das; -s وجود خیالی
schattenhaft *Adj.* سایه‌دار، سایه‌وار، زودگذر، فانی
Schattenkönig, der; -(e)s, -e شاه بی‌قدرت، شاه بی‌نفوذ
Schattenriß, der; -risses, -risse تصویر غیرواقعی، شبح
Schattenseite, die; -, -n ۱. نقطه‌ضعف مسئله، طرف بدِ قضیه ۲. طرف سایه
Schattenspiel, das; -(e)s, -e سایه‌بازی (نوعی نمایش و رقص چینی)
schattieren *Vt.* (نقاشی) سایه‌دار کردن، سایه زدن
Schattierung, die; -, -en سایه‌اندازی، سایه‌زنی
schattig *Adj.* سایه‌دار، سایه‌وار، سایه‌افکن
Schatulle, die; -, -n ۱. جعبه جواهرات ۲. اعتبار هزینه‌های خصوصی شاه

695 **Schaulustige**

Schatz, der; -es, ¨-e ۱. گنج، گنجینه ۲. خزانه ۳. معشوق، محبوب

Komm her, mein Schatz! بیا اینجا، عزیزم!

Schatzamt, das; -(e)s, ¨-er خزانه‌داری

Schatzanweisung, die; -, -en گنج‌نامه

schätzbar *Adj.* باارزش، معتبر، قیمتی

Schätzchen, das; -s, - دلبر، معشوق

schätzen *Vt., Vi* ۱. تخمین زدن، حدس زدن، ارزیابی کردن، برآورد کردن ۲. ارج نهادن، عزیز داشتن، محترم شمردن، حرمت قائل بودن ۳. احتمال دادن

Wie alt schätzest du ihn? فکر می‌کنی چند سال دارد؟

schätzenlernen *Vt.* قدر (کسی / چیزی) را دانستن

schätzenswert *Adj.* باارزش، معتبر، قیمتی

Schätzer, der; -s, - ارزیاب، مقوم

Schatzfund, der; -(e)s, -e دفینه، گنج

Schatzgräber, der; -s, - جویندهٔ گنج

Schatzkammer, die; -, -n خزانه

Schatzmeister, der; -s, - خزانه‌دار

Schatzsuche, die; - جستجوی گنج، گنج‌جویی

Schätzung, die; -, -en ارزیابی، تخمین، تقویم، برآورد

schätzungsweise *Adv.* تقریباً، تخمیناً

Schau, die; -, -en نمایش، منظره

etwas **zur Schau stellen** چیزی را به معرض نمایش درآوردن

Schaubild, das; -es, -er نمودار، جدول؛ طرح؛ نمایش هندسی

Schaubude, die; -, -n ۱. غرفهٔ نمایشگاه ۲. محل نمایش

Schaubudenbesitzer, der; -s, - نمایش‌دهنده، نمایشگر

Schaubühne, die; -, -n صحنهٔ تئاتر

Schauder, der; -s, - ۱. لرزه، ارتعاش، رعشه ۲. ترس، وحشت، خوف، نفرت

schauderhaft *Adj.* نفرت‌آور، مشمئزکننده، ترسناک، مخوف، موحش

schaudern *Vi.* ۱. لرزیدن، مرتعش شدن ۲. متنفر شدن

schauen *Vi., Vt.* ۱. دیدن، نگاه کردن، تماشا کردن، مشاهده کردن ۲. مراقبت کردن، مواظبت کردن

Die Mutter schaut nach den Kindern. مادر مواظب بچه‌هاست.

Schauer, der; -s, - ۱. رگبار ۲. دوش (حمام) ۳. ارتعاش، لرزه ۴. تنفر، انزجار ۵. بیهوشی، غش، تشنج

Schauerdrama, das; -s, -men واقعهٔ هیجان‌انگیز

schauerlich *Adj.* ترسناک، مخوف، مهیب، موحش، ناگوار

Schauermann, der; -(e)s, ¨-er کارگر بارانداز، باربر بندر

schauern *Vi.* ۱. لرزیدن، مرتعش شدن ۲. باریدن (رگبار)

Schauerroman, der; -s, -e داستان پرهیجان

Schaufel, die; -, -n ۱. خاک‌انداز ۲. بیل ۳. پارو

Schaufelgeweih, das; -(e)s, -e (گوزن) قسمت پهن شاخ

schaufeln *Vt.* ۱. بیل زدن ۲. با خاک‌انداز برداشتن ۳. پارو کردن (برف)

sich sein eigenes Grab schaufeln با دست خود گور خود راکندن

Schaufelrad, das; -(e)s, ¨-er چرخ پره‌دار کشتی بخار، چرخ متحرک کشتی بخار

Schaufenster, das; -s, - ویترین

Schaufensterauslage, die; -, -n اشیای موجود در ویترین

Schaufensterbummel, der; -s, - گردش در خیابان‌های پرمغازه

Schaufensterdekoration, die; -, -en تزئین ویترین

Schaufensterreklame, die; -, -n آگهی داخل ویترین

Schaufliegen, das; -s پرواز نمایشی

Schauhaus, das; -es, -häuser مرده‌شوی‌خانه

Schaukampf, der; -(e)s, ¨-e (بوکس‌بازی) نبرد نمایشی، مسابقهٔ نمایشی

Schaukasten, der; -s, ¨ ویترین، جعبه آینه

Schaukästchen, das; -s, - ویترین، جعبه آینه

Schaukel, die; -, -n تاب

Schaukelbrett, das; -(e)s, -er الاکلنگ

schaukeln *Vi., Vt.* ۱. تاب خوردن ۲. تاب‌بازی کردن ۳. تاب دادن

Schaukelpferd, das; -(e)s, -e اسب چوبی (متحرک)

Schaukelpolitik, die; -, -en سیاست نوسانی، سیاست متغیر

Schaukelstuhl, der; -(e)s, ¨-e صندلی ننویی، صندلی گهواره‌ای

schaulustig *Adj.* کنجکاو، فضول

Schaulustige, der/die; -n, -n تماشاچی کنجکاو، تماشاچی فضول

Schaum, der; -(e)s, Schäume ۱. کف (صابون /آبجو) ۲. تفاله، پس‌مانده

Träume sind Schäume. رؤیاها خواب و خیالی بیش نیستند.

Schaumbad, das; -(e)s, ⸚er حمام کف صابون

schäumbar *Adj.* کف‌کننده

Schaumblase, die; -, -n حباب کف صابون

schäumen *Vi.* ۱. کف کردن ۲. برآشفتن، عصبانی شدن

Schaumgebäck, das; -(e)s, -e (نوعی) شیرینی که از سفیدهٔ تخم‌مرغ و شکر می‌سازند

Schaumgummi, der; -s, -(s) اسفنج، ابر حمام

schaumig *Adj.* کف‌آلود، پر از کف، کف‌مانند

Schaumlöscher, der; -s, - کف خاموش‌کنندهٔ آتش

Schaumschläger, der; -s, - تخم‌مرغ همزن

Schaumschlägerei, die; -, -en فریب، حیله

Schaumstoff, der; -(e)s, -e مادهٔ ابرمانند، مادهٔ اسفنجی

Schaumteppich, der; -s, -e (جهت فرود اضطراری هواپیما) فرشی از کف

Schaumünze, die; -, -n نشان افتخار، مدال

Schaumwein, der; -s, -e شامپانی (نوعی شراب کف‌دار)

Schauplatz, der; -es, ⸚e ۱. محل نمایش، صحنهٔ نمایش ۲. محل وقوع (حادثه)

Schauprozeß, der; -zesses, -zesse محاکمهٔ نمایشی

schaurig *Adj.* ۱. ترسناک، وحشتناک ۲. به‌شدت، شدیداً

Es ist schaurig kalt. هوا به شدت سرد است.

Schauspiel, das; -(e)s, -e ۱. نمایشنامه ۲. نمایش، بازی ۳. منظرهٔ جالب

Schauspieler, der; -s, - بازیگر، هنرپیشه

Schauspielerei, die; - بازیگری، هنرپیشگی

Schauspielerin, die; -, -nen بازیگر، هنرپیشه (زن)

schauspielern *Vi.* بازی کردن، هنرپیشگی کردن

Schauspielhaus, das; -es, -häuser تئاتر، محل اجرای نمایش

Schauspielkunst, die; -, ⸚e هنر نمایشی

Schauspielschule, die; -, -n مدرسهٔ هنرپیشگی

schaustehen *Vi.* برای تبلیغ ایستادن

schaustellen *Vt.* به نمایش گذاردن

Schausteller, der; -s, - دارندهٔ وسیلهٔ بازی

Schaustellung, die; -, -en نمایش، نمایشگاه

Schaustück, das; -(e)s, -e اثر نمایشی، شیءِ نمونه و غیر قابل فروش

Schautanz, der; -es, ⸚e رقص نمایشی

Scheck, der; -(e)s, -e چک (بانکی)

Scheckbuch das; -(e)s, ⸚er دسته چک (بانکی)

Schecke, der; -n, -n اسب ابلق

Scheckfälscher, der; -s, - جاعل چک

Scheckfälschung, die; -, -en جعل چک

Scheckheft, das; -(e)s, -e دسته چک (بانکی)

scheckig *Adj.* ۱. [اسب] ابلق ۲. دارای لکه‌های سیاه و سفید، خال‌خال

scheel *Adj.* تحقیرآمیز، حسودانه

Scheffel, der; -s, - پیمانه، کیل

scheffeln *Vt.* اندوختن (مال)، به دست آوردن، گرد آوردن، جمع‌آوری کردن (پول)

Scheibe, die; -, -n ۱. صفحهٔ گرد، صفحهٔ مدور، دیسک ۲. قرص (نان) ۳. جام شیشه ۴. هدف (تیراندازی)

scheiben *Vt.* هل دادن

Scheibenbremse, die; -, -n ترمز دیسکی

Scheibenhonig, der; -s عسل شانه‌ای

Scheibenschießen, das; -s (در تمرین) هدف‌گیری

Scheibenstand, der; -(e)s, ⸚e میدان نشانه‌زنی

Scheibenwaschanlage, die; -, -n دستگاه شیشه‌شور (اتومبیل)

Scheibenwischer, der; -s, - برف پاک‌کن (اتومبیل)

Scheich, der; -s, -s شیخ

Scheide, die; -, -n ۱. سرحد، خط مرزی ۲. نیام، غلاف (شمشیر) ۳. آلت تناسلی زن، مهبل

Scheidebrief, der; -es, -e ۱. نامهٔ وداع ۲. طلاق‌نامه

Scheidelinie, die; -, -n خط مجزا

scheiden *Vt., Vi.* ۱. تقسیم کردن، تجزیه کردن ۲. طلاق دادن، جدا کردن ۳. جدا شدن، طلاق گرفتن ۴. وداع کردن

sich scheiden lassen طلاق گرفتن، متارکه کردن

aus dem Dienst scheiden از کار برکنار شدن

Scheiden bringt Leiden. جدایی همیشه تلخ است.

scheidend *Adj.* جدا شده، طلاق گرفته

Scheidentrichter, der; -s, - (در آزمایشگاه) قیف صافی

Scheidewand, die; -, ⸚e تیغهٔ دیوار، دیوار مشترک بین دو همسایه؛ جدار

Scheidewasser, das; -s, ⸚ اسید نیتریک، تیزاب، جوهرشوره

Scheideweg, der; -(e)s, -e چهارراه

Scheidung, die; -, -en جدایی، طلاق

Scheidungsgrund, der; -(e)s, ⸚e دلیل متارکه

Scheidungsklage, die; -, -n درخواست طلاق
Schein, der; -(e)s, -e ۱. روشنایی، نور، تابش (آفتاب) ۲. ورقه، قبض، سند، برات ۳. اسکناس ۴. نمود، ظاهر، تصویر
im Sonnenschein در (نور) آفتاب
Der Schein trügt. گول ظاهر را نباید خورد.
Scheinangriff, der; -(e)s, -e حملهٔ خدعه‌آمیز، حملهٔ ظاهری
scheinbar *Adj., Adv.* ۱. ظاهری، آشکار، نمایان ۲. ظاهراً، به‌ظاهر، گویا، از قرار معلوم
Scheinblüte, die; -, -n موفقیت ظاهری
Scheinehe, die; -, -n ازدواج ساختگی
scheinen *Vi.* ۱. تابیدن، درخشیدن، نورافشانی کردن ۲. به‌نظر آمدن، به‌نظر رسیدن
Sie scheint dich zu kennen. به نظر می‌رسد که او تو را می‌شناسد.
Der Mond scheint. ماه می‌درخشد.
Er scheint krank zu sein. بیمار به‌نظر می‌رسد.
Scheinfriede, der; -ns صلح ناپایدار، صلح غیرواقعی
Scheingefecht, das; -es, -e جنگ ساختگی
Scheingeschäft, das; -(e)s, -e معاملهٔ موهوم
Scheingrund, der; -(e)s, ⸚e دلیل ساختگی
scheinheilig *Adj.* متظاهر، دورو، ریاکار
Scheinheilige, der/die; -n, -n آدم دورو و ریاکار
Scheinheiligkeit, die; -, -en تظاهر، دورویی، ریاکاری
Scheintod, der; -(e)s, -e موش‌مردگی
scheintot *Adj.* به‌ظاهر مرده، مانند یک مرده
Scheinwerfer, der; -s, - ۱. نورافکن ۲. چراغ بزرگ جلو (اتومبیل)
Scheinwerferlicht, das; -(e)s, -er/(-e) نور نورافکن
Scheinwiderstand, der; -(e)s, ⸚e ۱. مقاومت ظاهری ۲. مقاومت صوری برق (در برابر جریان متناوب)
Scheiß, der; -es, -e ۱. گه، مدفوع ۲. چیز مزخرف و بی‌معنی
in der Scheiße sitzen در تنگنا قرار داشتن
Scheißdreck, der; -(e)s مدفوع، کثافت
Scheiße, die; - ۱. گه، مدفوع ۲. چیز مزخرف و بی‌معنی
Das Stück ist große Scheiße. این نمایشنامه خیلی مزخرف است.
scheißegal *Adj.* (بی‌ادبانه) بی‌تفاوت، بی‌خیال
scheißen *Vi., Vt.* ۱. ریدن، کثافت کردن ۲. برای (چیزی) ارزش قائل نبودن
Ich scheiße auf seine Hilfe. من برای کمک او هیچ ارزشی قائل نیستم.
Scheißer, der; -s, - حرامزاده، رذل
Scheißkerl, der; -(e)s, -e حرامزاده، رذل
Scheit, das; -(e)s, -e/-er کندهٔ درخت، هیزم
Scheitel, der; -s, - ۱. فرق سر ۲. قله، رأس، نوک
vom Scheitel bis zur Sohle از بالا تا پایین، از سر تا پا
Scheitelkreis, der; -es, -e دایرهٔ فوقانی
scheiteln *Vt.* فرق باز کردن (مو)
Scheitelpunkt, der; -(e)s, -e نقطهٔ اوج
Scheitelwinkel, der; -s, - زاویهٔ روبه‌رو به رأس
Scheiterhaufen, der; -s, - تودهٔ هیزم برای سوزاندن جسد مرده
scheitern *Vi.* ۱. شکست خوردن، با شکست مواجه شدن، به مقصود نرسیدن، کامیاب نشدن ۲. به گل نشستن (کشتی)
Schellack, der; -s, -e لاک مخصوص لاک و الکل
Schelle, die; -, -n ۱. زنگ، زنگوله، ناقوس ۲. بند، گیره ۳. سیلی
schellen *Vi.* زنگ زدن
Schellfisch, der; -es, -e ماهی روغن
Schelm, der; -(e)s, -e رذل، خبیث، فرومایه، دغل
Schelmenroman, der; -s, -e داستانی که قهرمان آن پست و فرومایه است
Schelmenstreich, der; -(e)s, -e رذالت، خباثت، فرومایگی، پست‌فطرتی
Schelmerei, die; -, -en رذالت، خباثت، فرومایگی، پست‌فطرتی
schelmisch *Adj.* رذل، خبیث، فرومایه، دغل
Schelte, die; -, -n سرزنش، ملامت
schelten *Vt., Vi.* ۱. دشنام دادن، ناسزا گفتن ۲. سرزنش کردن، ملامت کردن، توبیخ کردن
Scheltwort, das; -(e)s, -e فحش، دشنام، بدزبانی
Schema, das; -s, -s/-ta/-men ۱. طرح (اولیه) ۲. نمودار گرافیکی ۳. برنامه/نقشه از پیش تعیین شده ۴. الگو، مدل
schematisch *Adj.* براساس برنامهٔ خاص، طبق روال همیشگی، طرحی، ترسیمی
schematisieren *Vt.* تهیه کردن (طرح)، به‌طور ساده طرح کردن
Schemel, der; -s, - چهارپایه
Schemen, der/das; -s, - خیال، سایه، شبح، روح
schemenhaft *Adj.* سایه‌مانند، شبح‌وار، غیر واضح
Schenk, der; -en, -en ساقی

Schenke 698

Schenke, die; -, -n میخانه، نوشابه‌فروشی
Schenkel, der; -s, - ۱. ران ۲. ضلع زاویه
Schenkelbruch, der; -(e), ¨-e شکستگی استخوان ران
schenken *Vt., Vr.* ۱. هدیه کردن، کادو دادن، هدیه دادن، بخشیدن ۲. صرف‌نظر کردن، چشم‌پوشی کردن
jemandem etwas **schenken** چیزی را به کسی هدیه کردن
Aufmerksamkeit schenken توجه مبذول داشتن
jemandem **Vertrauen schenken** به کسی اعتماد کردن
Das kann er sich schenken!
او می‌تواند از این کار صرف‌نظر کند!
Schenkmädchen, das; -s, - دخترِ بار، ساقی
Schenkung, die; -, -en دیه، بخشش
Schenkungsurkunde, die; -, -n سند واگذاری، هبه‌نامه
scheppern *Vi.* وراجی کردن
Scherbe, die; -, -n خرده شیشه، قطعهٔ شکسته (چینی)
Scherben, der; -s, - خرده شیشه
Schere, die; -, -n ۱. قیچی ۲. چنگال خرچنگ
scheren *Vt., Vr.* ۱. قیچی کردن، بریدن ۲. چنگ زدن ۳. راضی کردن
Scher dich zum Teufel! بزن به چاک!
Scherenfernrohr, das; -(e)s, -e (نوعی) تلسکوپ
Scherenschleifer, der; -s, - قیچی تیزکن
Scherenschnitt, der; -(e)s, -e نیم‌رخ
Schererei, die; -, -en آزار، اذیت، زحمت
Scherflein, das; -s, - مبلغ ناچیز، پول کم
Scherge, der; -n, -n مأمور اخذ مالیات، مأمور اجرا
Scherz, der; -es, -e شوخی، لطیفه، مزاح
scherzen *Vi.* شوخی کردن، لطیفه گفتن، مزاح کردن
scherzhaft *Adj.* برای مزاح، به عنوان شوخی؛ خنده‌دار
Scherzhaftigkeit, die; - شوخی، بذله گویی
Scherzwort, das; -(e)s, -e کنایه، لطیفه
scheu *Adj.* ۱. کمرو، خجول، خجالتی ۲. ترسو، بزدل
Scheu, die; - ۱. کمرویی، حجب ۲. ترسویی، بزدلی
Scheuche, die; -, -n مترسک
scheuchen *Vt.* ترساندن، رم دادن، رماندن (حیوانات)
scheuen *Vt., Vr., Vi.* ۱. ترساندن، رماندن ۲. بیم داشتن، روگردان بودن ۳. ترسیدن، رم کردن
Das Pferd scheute. اسب رم کرد.
Scheuer, die; -, -n انبار غله، سیلو
Scheuerbürste, die; -, -n جاروی زبر
Scheuerfrau, die; -, -en کلفت، مستخدم (زن)
Scheuerlappen, der; -s, - پارچهٔ تمیزکاری
Scheuerleiste, die; -, -n تختهٔ پای دیوار

scheuern *Vi., Vt.* ۱. تمیز کردن، پاک کردن؛ سابیدن ۲. خراشیدن
Scheuertuch, das; -(e)s, -e / ¨-er پارچهٔ تمیزکاری
Scheuklappe, die; -, -n چشم‌بند (اسب)
Scheuleder, das; -s, - چشم‌بند (اسب)
Scheune, die; -, -n انبار غله، سیلو
Scheusal, das; -(e)s, -e هیولا؛ دد؛ آدم کریه‌المنظر
scheußlich *Adj.* زشت، نفرت‌انگیز، زننده
Es war scheußlich kalt. هوا خیلی سرد بود.
Scheußlichkeit, die; -, -en زشتی، تنفر، زنندگی
Schi, der; -s, -er اسکی
Schicht, die; -, -en ۱. قشر، لایه، طبقه، چینه ۲. شیفت، نوبت (کار)
Schichtarbeit, die; - کار نوبتی، نوبت‌کاری
Schichtarbeiter, der; -s, - کارگر نوبتی
schichten *Vt.* لایه‌لایه روی هم قرار دادن، طبقه‌بندی کردن
Schichtstoff, der; -(e)s, -e مادهٔ لایه‌لایه شده، مادهٔ ورقه ورقه شده
Schichtung, die; -, -en لایه‌بندی، طبقه‌بندی
Schichtwechsel, der; -s, - تعویض نوبت (کار)
schichtweise *Adv.* لایه‌لایه، ورقه ورقه
Schichtwolke, die; -, -n ابر لایه‌ای
Schick, der; -(e)s شیکی، زیبایی، خوش‌لباسی، خوش‌سلیقگی، خوش‌پوشی
schick *Adj.* شیک، زیبا، برازنده، خوش‌لباس، خوش‌سلیقه، خوش‌پوش، مطابق مُد روز، دلخواه
schicken *Vt., Vr.* ۱. فرستادن، اعزام داشتن، ارسال داشتن ۲. مرسوم بودن
mit der Post schicken با پست فرستادن
nach dem Arzt schicken دنبال پزشک فرستادن
schicklich *Adj.* شایسته، مناسب، برازنده
Schicklichkeit, die; - شایستگی، تناسب، برازندگی
Schicksal, das; -(e)s, -e سرنوشت، قسمت، تقدیر، قضا و قدر، مشیت الهی
Das müssen wir dem Schicksal überlassen.
این را باید به دست قضا و قدر بسپاریم.
schicksalhaft *Adj.* مهم، سرنوشت‌ساز
Schicksalsfrage, die; -, -n موضوع اساسی، مسئلهٔ حیاتی
Schicksalsgefährte, der; -n, -n
رفیق روزگار بدبختی
Schicksalsgenosse, der; -n, -n
رفیق روزگار بدبختی

Schicksalsschlag, der; -(e)s, ⸚e ضربهٔ سرنوشت
Schickung, die; -, -en تقدیر، سرنوشت
Schiebedach, das; -s, ⸚er سقف کشویی (اتومبیل)
Schiebefenster, das; -s, - پنجرهٔ کشویی
Schiebekarren, der; -s, - ارابهٔ دستی، گاری دستی
schieben *Vt., Vi.* ۱. هل دادن، به پیش راندن ۲. به زحمت جلو رفتن ۳. معاملات غیرقانونی انجام دادن
den Wagen schieben اتومبیل را هل دادن
die Schuld auf jemanden **schieben** تقصیر را به گردن کسی انداختن
Schieber, der; -s, - ۱. سرخورنده، لغزنده ۲. سوءاستفاده‌چی؛ گران‌فروش ۳. کشو
Schiebesitz, der; -es, -e صندلی کشویی
Schiebetür, die; -, -en درِ کشویی
Schiebkarre, die; -, -n گاری دستی
Schiebkarren, der; -s, - گاری دستی
Schiebung, die; -, -en ۱. فریب، حیله، گوش‌بُری ۲. سوءاستفاده
schied *P.* scheiden صیغهٔ فعل گذشتهٔ مطلق از مصدر
schiedlich *Adj.* بدون دعوا، صلح‌آمیز
Schiedsgericht, das; -(e)s, -e دادگاه حکمیت، هیئت داوران
Schiedsmann, der; -(e)s, ⸚er داور، میانجی، حَکَم
Schiedsrichter, der; -s, - داور، میانجی، حَکَم
Schiedsrichterball, der; -(e)s, ⸚e توپی که داور بعد از قطع موقتی بازی پرتاب می‌کند
schiedsrichterlich *Adj.* حکمیتی، (وابسته به) حکمیت
schiedsrichtern *Vi.* داوری کردن، میانجی‌گری کردن
Schiedsspruch, der; -(e)s, ⸚e قرار حکمیت
Schiedsurteil, das; -s, -e قرار حکمیت
Schiedsverfahren, das; -s, - اجرای حکم
Schiedsverkundung, die; -, -en حکم اعلان
schief *Adj.* ۱. مایل، کج، غیرمستقیم، مورب ۲. خطا، غلط، ناقص، کذب
auf die schiefe Bahn kommen از راه درست منحرف شدن
Schiefe, die; - گمراهی، کجی، انحراف اخلاقی
Schiefer, der; -s, - سنگ ورقه‌ای نازک؛ سنگ مطبق؛ تخته سنگ؛ لوح سنگ
Schieferdach, das; -s, ⸚er بام تخته سنگی، سقف سنگی
schieferig *Adj.* سنگی

Schiefertafel, die; -, -n لوح سنگی
schiefgehen *Vi.* عملی نشدن، موفق نشدن، کامیاب نشدن، به شکست انجامیدن
schieflachen *Vr.* از خنده روده‌بر شدن
schiefgewickelt *Adj.* در اشتباه
schiefgewickelt sein در اشتباه بودن
schieflaufen *Vi.* عملی نشدن، موفق نشدن، کامیاب نشدن، به شکست انجامیدن
schiefliegen *Vi.* (در تصمیم‌گیری) اشتباه کردن
schiefwink(e)lig *Adj.* گوشه‌دار، زاویه‌دار
Schielaugen, die / *Pl.* چشمان لوچ
schielen *Vi.* ۱. لوچ بودن ۲. چپ‌چپ نگاه کردن ۳. دزدکی نگاه کردن
Schielen, das; -s لوچی، چپی
schielend *Adj.* لوچ، چپ
schien *P.* scheinen صیغهٔ فعل گذشتهٔ مطلق از مصدر
Schienbein, das; -s, -e استخوان ساق پا
Schienbeinschützer, der; -s, - ساق‌بند
Schiene, die; -, -n ۱. ریل (قطار) ۲. تختهٔ شکسته‌بندی، آتل
schienen *Vt.* تخته‌بندی کردن، با آتل بستن
den gebrochenen Arm schienen بازوی شکسته را بستن
Schienenbahn, die; -, -en راه‌آهن
Schienenbus, der; -busses, -busse قطار کوچک به شکل اتوبوس
Schienenfahrzeug, das; -(e)s, -e وسیلهٔ نقلیهٔ ریل‌دار
Schienennetz, das; -es, -e شبکهٔ راه‌آهن
Schienenstrang, der; -(e)s, ⸚e خط‌آهن
schier *Adj., Adv.* ۱. خالص، پاک، ناب ۲. تقریباً، حدوداً ۳. [گوشت] لخم، بدون چربی
schieres Gold طلای ناب
Schier 30 Jahre bist du alt. تقریباً سی ساله هستی.
Schierling, der; -s, -e (گیاه) شوکران
Schießbaumwolle, die; - پنبه باروتی
Schießbefehl, der; -s, -e فرمان تیراندازی
Schießbude, die; -, -n میدان تیراندازی
schießen *Vi., Vt.* ۱. تیراندازی کردن، شلیک کردن، تیر زدن ۲. مانند تیر حرکت کردن، خیلی سریع رفتن ۳. شوت کردن (توپ)
ein Tor schießen گل زدن
Schieß los! حرفت را بزن! بگو ببینم!
Schießen, das; -s تیراندازی

schießenlassen *Vt.* از (چیزی) صرف‌نظر کردن، از (کاری) دست کشیدن
Schießerei, die; -, -en تیراندازی
schießfertig *Adj.* آمادهٔ تیراندازی
Schießgewehr, das; -(e)s, -e سلاح گرم
Schießhund, der; -(e)s, -e (نوعی) سگ شکاری
wie ein Schießhund aufpassen چهارچشمی مواظب بودن
Schießkrieg, der; -(e)s, -e جنگ با سلاح گرم
Schießkunst, die; -, ⸚e فن تیراندازی
Schießlehre, die; -, -n آموزش تیراندازی
Schießplatz, der; -es, ⸚e میدان تیراندازی
Schießpulver, das; -s, - باروت
Schießscharte, die; -, -n سوراخ دیدبانی، سوراخ سنگر، سوراخ تیراندازی
Schießscheibe, die; -, -n سیبل (هدف تیراندازی)
Schießsport, der; -s, - (ورزش) تیراندازی
Schießstand, der; -(e)s, ⸚e تیررس
Schiet, der; -s گه، کثافت
Schiff, das; -(e)s, -e ۱. کشتی، سفینه؛ ناو ۲. شبستان (مسجد/کلیسا)
mit dem Schiff fahren باکشتی سفر کردن
auf dem Schiff در کشتی
Schiffahrt, die; - کشتی‌رانی
Schiffahrtsgesellschaft, die; -, -en شرکت کشتی‌رانی
Schiffahrtslinie, die; -, -en خط کشتی‌رانی
schiffbar *Adj.* قابل کشتی‌رانی
Schiffbau, der; -(e)s, - کشتی‌سازی
Schiffbruch, der; -(e)s, ⸚e کشتی شکستگی
schiffbrüchig *Adj.* کشتی شکسته
Schiffbrücke, die; -, -n پل موقتی، پل متحرک
Schiffchen, das; -s, - ۱. کشتی کوچک ۲. (در چرخ خیاطی) ماسوره
schiffen *Vi.* ۱. کشتی‌رانی کردن، با کشتی حرکت کردن ۲. باران شدید باریدن ۳. شاشیدن، ادرار کردن
Schiffer, der; -s, - کشتیبان، کشتی‌ران
Schifferklavier, das; -s, -e آکوردئون
Schiffsarzt, der; -es, ⸚e پزشک کشتی
Schiffschaukel die; -, -n کشتی پرنوسان
Schiffseigner, der; -s, - مالک کشتی
Schiffsflagge, die; -, -n پرچم کشتی
Schiffsfracht, die; -, -en محمولهٔ کشتی
Schiffsfrachtbrief, der; -(e)s, -e بارنامهٔ کشتی
Schiffsgesetzbuch, das; -(e)s, ⸚er آئین‌نامهٔ کشتی‌رانی
Schiffsherr, der; -n, -en مالک کشتی
Schiffsjournal, das; -s, -e گزارش سفر با کشتی
Schiffsjunge, der; -n, -n خدمهٔ کشتی، ملوان
Schiffskapitän, der; -s, -e کاپیتان کشتی، ناخدا
Schiffskoch, der; -(e)s, ⸚e آشپز کشتی
Schiffskran, der; -(e)s / -en, -e جرثقیل کشتی
Schiffsküche, die; -, -n آشپزخانهٔ کشتی
Schiffskunst, die; -, ⸚e فن کشتی‌رانی
Schiffsladung, die; -, -en محمولهٔ کشتی
Schiffsmannschaft, die; -, -en خدمهٔ کشتی
Schiffsraum, der; -(e)s, -räume گنجایش کشتی
Schiffsrumpf, der; -(e)s, ⸚e بدنهٔ کشتی
Schiffsschraube, die; -, -n پروانهٔ کشتی
Schiffssteg, der; -(e)s, -e پلکان کشتی
Schiffsverkehr, der; -(e)s ترافیک کشتی‌ها
Schiffswerft, die; -, -en تعمیرگاه کشتی
Schiffszwieback, der; -(e)s, -e بیسکویت بدون نمک، نان خشک بدون نمک
Schigebiet, das; -(e)s, -e زمین اسکی، پیست اسکی
Schigelände, das; -s, - زمین اسکی، پیست اسکی
Schihaserl, das; -s, - اسکی‌باز مبتدی
Schihose, die; -, -n شلوار اسکی
Schiismus, der; - مذهب شیعه، شیعه‌گرایی، تشیع
Schiit, der; -en, -en پیرو مذهب شیعه
schiitisch *Adj.* (مربوط به) شیعه
Schikane, die; -, -n آزار، زجر، اذیت، شکنجه
schikanieren *Vt.* آزار دادن، زجر دادن، اذیت کردن، شکنجه دادن
schikanös *Adj.* دل‌آزار، رنـجش‌آمیز، همراه با اذیت و آزار
Schilauf, der; -(e)s, -läufe اسکی‌بازی
Schilaufen, das; -s, - اسکی‌بازی
Schiläufer, der; -s, - اسکی‌باز
Schiläuferin, die; -, -nen اسکی‌باز (زن)
Schild[1], der; -(e)s, -e سپر
Schild[2], das; -(e)s, -er ۱. تابلو (مغازه) ۲. پلاک (اتومبیل) ۳. پلاک (خانه)
Schildbürger, der; -s, - شخص بی‌فرهنگ، شخص عامی
Schilddrüse, die; -, -n غدهٔ تیروئید، غدهٔ درقی
Schilderhaus, das; -es, -häuser اتاق نگهبانی
schildern *Vt.* وصف کردن، توصیف کردن، تشریح کردن

schlabbern

Schilderung, die; -, -en	وصف، توصیف، تشریح
Schildknappe, der; -n, -n	سرباز سپردار، سرباز حامل سپر
Schildkröte, die; -, -n	سنگ‌پشت، لاک‌پشت
Schildkrötensuppe, die; -, -n	سوپ لاک‌پشت
Schildpatt, das; -s	لاک (سنگ‌پشت)
Schildwache, die; -, -n	نگهبان، کشیک، دیده‌بان
Schilf, das; -(e)s, -e	نی، نای
schilfig Adj.	نی مانند
Schilfmatte, die; -, -n	بوریا، حصیر
Schilfrohr, das; -(e)s, -e	نی بوریا
Schilift, der; -(e)s, -e/-s	تله کابین، تله‌اسکی
schillern Vi.	۱. رنگ به رنگ شدن، تغییر رنگ دادن ۲. رنگارنگ بودن، به رنگ قوس و قزح بودن
schillernd Adj.	۱. رنگ به رنگ شونده ۲. قوس و قزحی
Schilling, der; -s, -e	شیلینگ (واحد پول اتریش)
Schimäre, die; -, -n	خیال واهی، وهم
schimärisch Adj.	واهی، خیالی
Schimmel, der; -s, -	۱. اسب سفید ۲. کپک، کفک
schimm(e)lig Adj.	کپک‌زده
schimmeln Vi., Vt.	کپک زدن، کفک زدن
Schimmelpilz, der; -es, -e	قارچ کپک‌زده
Schimmer, der; -s, -	نور خفیف، درخشندگی مات و ضعیف
schimmern Vi.	نور خفیف دادن، سوسو زدن، درخشندگی مات و خفیف پخش کردن
Schimpanse, der; -n, -n	شمپانزه (نوعی میمون شبیه انسان)
Schimpf, der; -(e)s, -e	فحش، دشنام، ناسزا
Schimpfe, die; -	سرزنش، ملامت
schimpfen Vi., Vt.	۱. فحش دادن، دشنام دادن، ناسزا گفتن ۲. سرزنش کردن، ملامت کردن
schimpflich Adj.	رسوایی‌آور، ننگین، مفتضح
Schimpfname, der; -ns, -n	اسم توهین‌آمیز
Schimpfwort, das; -(e)s, -e/¨er	فحش، ناسزا، دشنام
Schindel, die; -, -n	توفال، تخته
Schindeldach, das; -s, ¨er	سقف تخته کوبی
schindeln Vt.	توفال‌کوبی کردن
schinden Vt., Vr.	۱. شکنجه دادن، آزار دادن ۲. (خود) را آزار دادن، به (خود) فشار وارد آوردن
sich schinden	سخت زحمت کشیدن
Schinder, der; -s, -	۱. کارگر زحمت‌کش ۲. آدم باانضباط و سختگیر
Schinderei, die; -, -en	۱. شکنجه، آزار، جور ۲. کار یکنواخت و خسته کننده
Schindluder, das; -s, -	لاشهٔ پوست کنده (حیوانات) اسب پیر و از کار افتاده
Schindmähre, die; -, -n	اسب پیر و از کار افتاده
Schinken, der; -s, -	۱. ژامبون (ران خوک) ۲. کتاب کهنه و قطور
Schinkenwurst, die; -, ¨e	کالباس ژامبون
Schipiste, die; -, -n	پیست اسکی
Schippe, die; -, -n	۱. بیل؛ خاک‌انداز؛ پارو ۲. (ورق‌بازی) خال پیک
schippen Vt.	۱. پارو کردن (برف) ۲. با خاک‌انداز برداشتن ۳. بیل زدن
Schirm, der; -(e)s, -e	۱. پردهٔ سینما ۲. سایبان، جان‌پناه ۳. چتر ۴. حمایت، حراست ۵. صفحهٔ تلویزیون
der Sonnenschirm	چتر آفتابی
schirmen Vt.	حمایت کردن، محافظت کردن، حفاظت کردن
jemanden vor Gefahren schirmen	کسی را از خطرات محافظت کردن
Schirmgitter, das; -s, -	شبکهٔ تلویزیونی
Schirmherr, der; -n/-en, -en	سرپرست، ولی‌نعمت
Schirmherrin, die; -, -nen	سرپرست، ولی‌نعمت (زن)
Schirmherrschaft, die; -, -en	سرپرستی، قیمومت
Schirmmacher, der; -s, -	چترساز
Schirmmütze, die; -, -n	کلاه لبه‌دار
Schirmständer, der; -s, -	جا چتری
Schirmwand, die; -, ¨e	پردهٔ سینما
Schisport, der; -(e)s, -	(ورزش) اسکی
Schispringen, das; -s	پرش با اسکی
Schiß, der; Schisses, Schisse	۱. گه، کثافت، مدفوع ۲. ترس، وحشت
von etwas Schiß haben	از چیزی واهمه داشتن
Schisser, der; -s, -	ترسو، بزدل
schiß P. scheißen	صیغهٔ فعل گذشتهٔ مطلق از مصدر scheißen
schizophren Adj.	شیزوفرنیک (مبتلا به‌نوعی اختلال روانی)
Schizophrenie, die; -, -n	شیزوفرنی (نوعی اختلال روانی)
Schlabber, die; -, -n	قدرت کلام
Ihre Schlabber steht nicht still.	او مدام حرف می‌زند.
schlabbern Vt., Vi.	۱. هورت کشیدن ۲. (هنگام خوردن سوپ) رومیزی و لباس را آلوده کردن

Schlacht, die; -, -en جنگ، پیکار، نبرد، ستیز
Schlachta, die; - (در لهستان) لقب اشرافی
Schlachtbanke die; -, ⸚e کشتارگاه، سلاخ‌خانه
Schlachtbeil, das; -(e)s, -e ساطور قصابی
schlachten *Vt.* ذبح کردن
Schlachtenbummler, der; -s, - ۱. شخص غیرنظامی که به دنبال قشون می‌رود ۲. تماشاچی ورزش‌دوست
Schlächter, der; -s, - قصاب، سلاخ، گوشت‌فروش
Schlächterei, die; -, -en ۱. قصابی، سلاخی ۲. قتل‌عام
Schlachtfeld, das; -(e)s, -er میدان جنگ
Schlachtgesang, der; -(e)s, ⸚e سرود جنگ
Schlachtgetümmel, das; -s جنگ تن به تن
Schlachthaus, das; -es, -häuser کشتارگاه، سلاخ‌خانه
Schlachthof, der; -(e)s, ⸚e کشتارگاه، سلاخ‌خانه
Schlachtkreuzer, der; -s, - رزم‌ناو
Schlachtmesser, das; -s, - چاقوی قصابی
Schlachtopfer, das; -s, - قربانی
Schlachtordnung, die; -, -en آرایش جنگی
Schlachtplan, der; -(e)s, ⸚e نقشهٔ جنگ
schlachtreif *Adj.* قابل ذبح، ذبح‌کردنی
Schlachtreihe, die; -, -n آرایش جنگی
Schlachtroß, das; -rosses, -rosse اسب جنگی
Schlachtruf, der; -(e)s, -e شعار جنگی
Schlachtschiff, das; -(e)s, -e کشتی جنگی
Schlachtung, die; -, -en ذبح
Schlachtvieh, das; -(e)s حیوان ذبح‌شدنی
Schlacke, die; -, -n ۱. تفاله؛ کف؛ جرم ۲. لجن؛ پس‌مانده (ذوب فلزات)
schlacken *Vi.* ۱. تفاله پس دادن ۲. هم‌زمان باریدن (برف / باران)
schlack(e)rig *Adj.* مرطوب، بارانی
schlackig *Adj.* تفاله‌مانند؛ جرم‌دار؛ کف‌آلود
Schlackwurst, die; -, ⸚e (نوعی) کالباس آلمانی
Schlaf, der; -(e)s خواب
im Schlaf در خواب
Schlafabteil, das; -(e)s, -e کوپهٔ خواب، واگن خواب، کوپه
Schlafanzug, der; -(e)s, ⸚e لباس خواب، پیژامه
Schläfchen, das; -s, - چرت، خواب کوتاه
Schlafcouch, die; -, -es صندلی راحتی
Schläfe, die; -, -n شقیقه، گیجگاه
schlafen *Vi.* ۱. خوابیدن، خفتن ۲. در خواب بودن
schlafen gehen به رختخواب رفتن
fest schlafen غرق خواب بودن
tief schlafen در خواب عمیق بودن
Schläfenbein, das; -s, -e استخوان گیجگاه
Schlafenszeit, die; -, -en موقع خواب
Schläfer, der; -s, - خواب‌رونده
Schläferin, die; -, -nen خواب‌رونده (زن)
schläfern *Vr.* خواب داشتن
Es schläfert mich. خوابم می‌آید.
schlaff *Adj.* ۱. سست، ضعیف، ناتوان، شل ۲. تنبل، لش، بی‌حال، کسل
Schlaffheit, die; - ۱. سستی، ضعف ۲. تنبلی، بی‌حالی
Schlafgelegenheit, die; -, -en فرصت خواب
Schlafgemach, das; -(e)s, ⸚er خوابگاه، اتاق‌خواب
Schlafkammer, die; -, -n خوابگاه، اتاق‌خواب
Schlafkrankheit, die; -, -en مرض خواب
Schlaflied, das; -(e)s, -er لالایی
schlaflos *Adj.* بی‌خواب
Schlaflosigkeit, die; - بی‌خوابی
Schlafmittel, das; -s, - داروی خواب‌آور
Schlafmütze, die; -, -n ۱. شب کلاه ۲. کسی که زیاد می‌خوابد، آدم تنبل و بی‌حال
Schlafratte, die; -, -n خوش‌خواب
schläfrig *Adj.* خواب‌آلود
Schläfrigkeit, die; - خواب‌آلودگی
Schlafrock, der; -s (در خانه) لباس راحتی
Schlafsaal, der; -(e)s, -säle خوابگاه
Schlafsack, der; -(e)s, ⸚e کیسهٔ خواب
Schlafsofa, das; -s, -s صندلی راحتی
Schlafstörung, die; -, -en کم‌خوابی؛ بی‌خوابی
Schlafstube, die; -, -n اتاق‌خواب
Schlafsucht, die; -, ⸚e حالت میان خواب و بیداری
Schlaftablette, die; -, -n داروی خواب‌آور
Schlaftrunk, der; -(e)s, ⸚e نوشیدنی قبل از خواب
schlaftrunken *Adj.* خسته و خواب‌آلود، چرتی
Schlafwagen, der; -s, - (در قطار) کوپهٔ تختخواب‌دار، واگن خواب
schlafwandeln *Vi.* در خواب راه رفتن
Schlafwandler, der; -s, - راه‌رونده در خواب
schlafwandlerisch *Adj.* (مربوط به) راه رفتن در خواب
Schlafzimmer, das; -s, - اتاق خواب؛ خوابگاه

Schlag, der; -(e)s, ¨-e ۱. ضرب، ضربه، ضربت ۲. تشنج شدید، شوک، تکان ۳. کتک ۴. ضربان (نبض) ۵. صدای زنگ (ساعت)

auf einen Schlag به یک ضربه

Schlag auf Schlag بدون وقفه

einen Schlag bekommen تشنج شدید پیدا کردن

Schlagader, die; -n, -n شریان، سرخرگ

Schlaganfall, der; -(e)s, ¨-e سکتهٔ مغزی

schlagartig *Adj.* تند، ناگهانی، سریع، شدید

Schlagball, der; -(e)s, ¨-e ۱. توپ کوچک چرمی ۲. (نوعی) گوی بازی شبیه بیس‌بال

Schlagbaum, der; -(e)s, -bäume سد، مانع؛ حفاظ چوبی

Schlagbohrer, der; -s, - متهٔ ضربه‌ای، دریل چکشی

Schlagbolzen, der; -s, - سوزن گلنگدن سلاح گرم

Schlage, die; -, -n چکش

Schlägel, der; -s, - چکش کوه‌نوردی

schlagen *Vi., Vt.* ۱. ضربه زدن ۲. کتک زدن ۳. زدن (نبض) ۴. لنگیدن (طوقهٔ دوچرخه) ۵. زنگ زدن (ساعت) ۶. ساز زدن ۷. شکست دادن، مغلوب کردن (حریف) ۸. بریدن، قطع کردن (درخت) ۹. کوبیدن (میخ)

mit dem Stock schlagen با عصا زدن

einen Nagel in die Wand schlagen میخی به دیوار کوبیدن

Das Herz schlägt mir. قلبم می‌زند.

sich etwas aus dem Kopf schlagen چیزی را از سر بیرون کردن

schlagend *Adj.* قاطع، مؤثر

Schlager, der; -s, - ۱. موسیقی پاپ ۲. نمایش پربیننده

Schläger, der; -s, - ۱. راکت (تنیس) ۲. تخم‌مرغ هم‌زن ۳. مرغ خوش‌الحان ۴. لگد (اسب) ۵. (شمشیربازی) شمشیر ۶. آدم بزن بهادر، آدم ستیزه‌جو

Schlägerei, die; -, -en کتک‌کاری، زد و خورد، نزاع

Schlagerfestival, das; - جشنوارهٔ موسیقی پاپ

Schlagermusik, die; - موسیقی پاپ؛ موسیقی نسل جوان

schlägern *Vt.* قطع کردن، انداختن (درخت)

Schlagersänger, der; -s, - خوانندهٔ پاپ

Schlagersängerin, die; -, -nen خوانندهٔ پاپ (زن)

schlagfertig *Adj.* حاضرجواب، سریع‌الانتقال

Schlagfertigkeit, die; - حاضرجوابی، سرعت انتقال

schlagfest *Adj.* ضد ضربه

Schlagfluß, der; -flusses, -flüsse سکتهٔ ناقص

Schlagholz, das; -es, ¨-er چوگان

Schlaginstrument, das; -(e)s, -e (موسیقی) ساز ضربی

Schlagkraft, die; - ضربه (مشت)

schlagkräftig *Adj.* ۱. نیرومند، قوی ۲. قاطع، غیر قابل رد

schlagkräftige Argumente vorbringen مدارک قاطع ارائه دادن

Schlaglicht, das; -(e)s, -er نور مستقیم و قوی، روشنایی خیره کننده

Schlagloch, das; -(e)s, ¨-er (در جاده) دست‌انداز

Schlaglot, das; -(e)s, -e لحیم برنجی

Schlagmann, der; -(e)s, ¨-er پاروزن عقب کرجی

Schlagobers, das; - خامه

Schlagrahm, der; -(e)s خامه

Schlagring, der; -(e)s, -e پنجه بوکس

Schlagsahne, die; - خامه

Schlagschatten, der; -s, - سایه‌افکنی، سایه‌اندازی

Schlagseite, die; -, -n یک ور شدگی، کجی

Schlagstock, der; -(e)s, ¨-e باتوم (پلیس)

Schlaguhr, die; -, -en ساعت زنگ‌دار

Schlagwechsel, der; -s, - (بوکس) مبادلهٔ ضربه

Schlagwerk, das; -(e)s, -e دستگاه کنترل ضربه

Schlagwort, das; -(e)s, -e/¨-er شعار (عبارت/کلام مختصر، مفید و جامع)

Schlagzeile, die; -, -n (روزنامه) عنوان، تیتر درشت

Schlagzeug, das; -(e)s, -e ساز ضربی

Schlagzeuger, der; -s, - نوازندهٔ ساز ضربی

schlaksig *Adj.* دراز و بی‌قواره

Schlamassel, das/der; -s, - ۱. شلوغ‌کاری ۲. بدبختی، گرفتاری، وضع ناجور

Da haben wir den Schlamassel! در آن‌جا وضع ناجوری داریم!

Schlamm, der; -(e)s, -e/¨-e گل، لجن، گل و لای

Schlammbad, das; -(e)s, ¨-er گل‌مالی بدن برای درمان

schlämmen *Vi.* از گل پاک کردن، شستن

schlammig *Adj.* گل‌آلود، گِلی، لجنی

Schlampe, die; -, -n زن شلخته

schlampen *Vi.* سهل‌انگاری کردن، شلختگی کردن، سرهم‌بندی کردن

Schlamper, der; -s, - آدم بی‌دست و پا

Schlamperei, die; -, -en سهل‌انگاری، شلختگی، سرهم‌بندی

schlampig *Adj.* شلخته، لاابالی، ولنگار

schlang 704

schlang *P.* schlingen صیغهٔ فعل گذشتهٔ مطلق از مصدر

Schlange, die; -, -n ۱. مار ۲. صف مردم؛ صف وسیلهٔ نقلیه

Schlange stehen در صف ایستادن

schlängeln *Vr.* ۱. پیچیدن، پیچ خوردن، به‌طور مارپیچ حرکت کردن ۲. خزیدن، لولیدن، به زحمت (از میان موانع) راه پیدا کردن و پیش رفتن ۳. پیچ و خم داشتن (رودخانه)

Sie schlängelte sich durch die Menge nach vorn.

به زحمت از میان جمعیت عبور کرد.

Schlangenbeschwörer, der; -s, - مارگیر

Schlangenbiß, der; -bisses, -bisse نیش مار

Schlangengift, das; -(e)s, -e زهر مار

Schlangenlinie, die; -, -n خط مارپیچ

Schlangenmensch, der; -en, -en بازیگری که می‌تواند اندام خود را پیچ و خم داده و از شکل طبیعی خارج کند

Schlangenrohr, das; -(e)s, -e لولهٔ مارپیچ

schlank *Adj.* باریک‌اندام، لاغر، باریک

Schlankheit, die; - باریک‌اندامی، لاغری، باریکی

Schlankheitskur, die; -, -en درمان چاقی به‌وسیلهٔ رژیم غذایی

schlankweg *Adv.* بی‌معطلی، بی‌درنگ، بی‌تعارف

schlapp *Adj.* سست، بی‌حال، شل و ول، بی‌حوصله

Schlappe, die; -, -n عدم موفقیت، شکست، ناکامی

Schlapphut, der; -(e)s, ⸚e کلاه لبه پهن

schlappmachen *Vi.* خسته شدن، ناتوان شدن، دچار ضعف شدن، از حال رفتن

Viele machten bei der Hitze schlapp.

خیلی‌ها براثر گرما از حال رفتند.

Schlappmacher, der; -s, - آدم ضعیف، آدم سست عنصر

Schlappohr, das; -(e)s, -en گوش آویزان (حیوان)

Schlappschuh, der; -(e)s, -e کفش سرپایی

Schlappschwanz, der; -es, ⸚e آدم ضعیف و سست عنصر، بی‌عرضه، بزدل، ترسو

Schlaraffenland, das; -(e)s, ⸚er سرزمین ایده‌آل، سرزمین رؤیایی

Schlaraffenleben, das; -s, - زندگی راحت، زندگی پر تجمل

schlau *Adj.* زرنگ، موذی، محیل، آب‌زیرکاه

schlauben *Vt.* پوست گرفتن

Schlauberger, der; -s, - زرنگ، موذی، محیل، آب‌زیرکاه

Schlauch, der; -(e)s, Schläuche ۱. شلنگ، لولهٔ لاستیکی ۲. لاستیک تویی (چرخ)

Schlauchboot, das; -(e)s, -e قایق لاستیکی

schlauchen *Vt., Vi.* ۱. از لولهٔ لاستیکی عبور دادن (مایع) ۲. به خرج (کسی) خوب زندگی کردن ۳. سخت کار کردن، جان کندن ۴. میگساری کردن

Schläue, die; - زرنگی، موذی‌گری، حیله‌گری

Schlaufe, die; -, -n (در کیف مردانه، چتر) بند حلقه‌ای‌شکل

Schlauheit, die; -, -en زرنگی، موذی‌گری، حیله‌گری

Schlaukopf, der; -(e)s, ⸚e زرنگ، موذی، محیل، آب‌زیرکاه

Schlaumeier, der; -s, - زرنگ، موذی، محیل، آب‌زیرکاه

schlecht *Adj.* ۱. بد، زشت ۲. [غذا] فاسد، خراب، غیر قابل خوردن ۳. پست، نامرغوب ۴. [غذا] نامساعد

Nicht schlecht! بد نیست!

Mir ist schlecht. حالم بد است.

Es geht mir schlecht. وضعم بد است.

Er ist schlecht daran. وضع بدی دارد.

schlechterdings *Adv.* مطلقاً، قطعاً، صرفاً، کاملاً، به کلی

Schlechterstellung, die; -, -en فرق، تبعیض، تشخیص، تمیز

schlechtgehen *Vi.* در وضعیت بدی قرار داشتن، در حال نامساعدی بودن

schlechtgelaunt *Adj.* بدخلق، بدخو

schlechthin *Adv.* ۱. به‌طورکلی، حقیقتاً، مطلقاً ۲. به سادگی، به وضوح

Schlechtigkeit, die; -, -en ۱. بدی، زشتی ۲. خرابی، فساد ۳. بدطینتی، بدسرشتی

schlechtmachen *Vt.* از (کسی) غیبت کردن، بد (کسی) را گفتن، پیش دیگران بد جلوه دادن

jemanden **schlechtmachen**

دربارهٔ کسی حرف‌های زشت زدن

schlechtweg *Adv.* به‌سادگی، به‌وضوح

Schlechtwetterperiode, die; -, -n فصل هوای بد

schlecken *Vt., Vi.* لیسیدن، لیس زدن

Schlegel, der; -s, - ۱. چوب طبل‌نوازی ۲. چکش، پتک

Schlehdorn, der; -(e)s, -e درخت گوجهٔ جنگلی

Schlehe, die; -, -n آلوچهٔ جنگلی

Schlei, der; -(e)s, -e (نوعی) ماهی آب شیرین

Schleie, die; -, -n (نوعی) ماهی آب شیرین

Schleichen *Vi.* ۱. دزدکی رفتن، پاورچین رفتن، آهسته رفتن، نوک پا رفتن ۲. خزیدن ۳. به کندی گذشتن (زمان)

Schleich dich! بزن به چاک!

schleichend *Adj.* دزدکی، کند، آهسته، آرام آرام

Schleicher, der; -s, - متملق، چاپلوس، منافق، دورو

Schleicherei, die; -, -en تملق، چاپلوسی

Schleichhandel, der; -s, ¨ تجارت قاچاق، قاچاقچی‌گری، کار قاچاق

Schleichhändler, die; -, - قاچاقچی

Schleichweg, der; -(e)s, -e راه مخفی

Schleier, der; -(e)s, -e ۱. روسری نازک، روسری توری؛ تور ۲. چادر

Die Braut trägt einen langen Schleier.

عروس تور بلندی بر سر دارد.

Schleiereule, die; -, -n (نوعی) مرغ حق، (نوعی) جغد

Schleierflor, der; -s, -e (به نشانهٔ سوگواری) نوار ابریشمی سیاه

schleierhaft *Adj.* مبهم، اسرارآمیز، مرموز

Schleifbahn, die; -, -en سرسره

Schleife, die; -, -n ۱. گره، حلقه (طناب) ۲. پاپیون ۳. سورتمه

schleifen *Vi., Vt.* ۱. تیز کردن (چاقو) ۲. روی زمین کشیده شدن (لباس) ۳. سُر خوردن ۴. از سربازان کار سخت کشیدن ۵. (موسیقی) خط اتحاد گذاشتن ۶. سائیدن، پرداخت کردن، جلا دادن ۷. بریدن، قطع کردن ۸. تخریب کردن ۹. تراش دادن (الماس)

Schleifer, der; -s, - چاقو تیزکن

Schleiflack, der; -(e)s, -e لاک الکل

Schleifmaschine, die; -, -n دستگاه چاقو تیزکنی

Schleifmittel, das; -s, - وسیلهٔ سایش، ساینده، تراشنده

Schleifpapier, das; -s, -e کاغذ سمباده

Schleifrad, das; -(e)s, ¨er چرخ تیزکنی

Schleifring, der; -(e)s, -e حلقهٔ سایشی

Schleifstein, der; -(e)s, -e سنگ چاقو تیزکنی

Schleim, der; -(e)s, -e ۱. خلط سینه ۲. آب بینی ۳. بلغم، مخاط، مایع مخاطی

Schleimabsonderung, die; -, -en ترشح مخاط بینی

Schleimbeutel, der; -s, - کیسهٔ محتوی مادّهٔ مخاطی

Schleimbeutelentzündung, die; -, -en التهاب کیسهٔ مخاطی

Schleimdrüse, die; -, -n غدهٔ مخاطی

schleimen *Vi.* ترشح کردن (مخاط بینی)

Schleimfluß, der; -flusses, -flüsse تراوش مخاط، نَزله

Schleimhaut, die; -, -häute بافت مخاطی، پوشش پردهٔ مخاطی

schleimig *Adj.* بلغمی، مخاطی، لزج

schleimlösend *Adj.* خلط‌آور

Schleimsuppe, die; -, -n آش اوماج

Schleimtier, das; -(e)s, -e جانور نرم‌تن

schlemmen *Vi.* ۱. با لذت غذا خوردن، به میزان فراوان غذا خوردن ۲. عیاشی کردن، خوش گذراندن، عیش و نوش کردن

Schlemmer, der; -s, - خوش‌خوراک؛ خوراک‌شناس

Schlemmerei, die; -, -en ۱. پرخوری (با لذت) ۲. عیاشی، خوش‌گذرانی

Schlemmermahl, das; -(e)s, -e غذای خوش‌خوراک

schlendern *Vi.* سلانه سلانه رفتن، ول گشتن، بی‌مقصد راه رفتن

Schlendrian der; -(e)s, -e ۱. اهمال کار، نامرتب ۲. اتلاف وقت؛ کم‌کاری

schlenkern *Vt., Vi.* ۱. آویزان کردن، آویختن ۲. تاب دادن، جنباندن ۳. تاب خوردن، جنبیدن

Schleppdampfer, der; -s, - کشتی یدک‌کش

Schleppe, die; -, -n دنبالهٔ لباس بلند

schleppen *Vt., Vi., Vr.* ۱. به‌زور کشیدن، با زحمت حمل کردن ۲. با اصرار به جایی بردن ۳. یدک کشیدن (قایق) ۴. بُکسل کردن (وسیلهٔ نقلیه) ۵. (خود) را کشان‌کشان به جایی رساندن

jemanden **ins Kino schleppen**

کسی را به اصرار به سینما بردن

schleppend *Adj.* ۱. حمل شده، کشیده شده ۲. یواش، آهسته، بطی ۳. سنگین

Schlepper, der; -s, - ۱. کشتی یدک‌کش ۲. تراکتور

Schleppkahn, der; -(e)s, ¨e قایق یدک‌کش

Schleppkleid, das; -(e)s, -er لباس دنباله‌دار

Schlepplift, der; -(e)s, -e/-s تله‌اسکی

Schleppnetz, das; -es, -e ۱. (جهت صید ماهی) تور زیرآبی، دام زیرآبی ۲. تور زمینی، دام زمینی

Schleppnetzfischer, der; -s, - ماهی‌گیری که از تور زیر آبی استفاده می‌کند

Schleppnetzfischerboot, das; -(e)s, -e قایق ماهی‌گیری مخصوص استفاده از تور زیر آبی

Schleppschiff, das; -(e)s, -e کشتی یدک‌کش
Schleppseil, das; -(e)s, -e سیم بُکسل (اتومبیل)
Schlepptau, das; -(e)s, -e سیم بُکسل (اتومبیل)
Schleppzug, der; -es, ⸚e واگن بارکش
Schleuder, die; -, -n ۱. سنگ قلاب، فلاخن، منجنیق ۲. (در ماشین لباس‌شویی) آبگیر
Schleuderartikel, der; -s, - متاع پول‌ساز
Schleuderball, der; -(e)s, ⸚e (نوعی) توپ چرمی
Schleuderhonig, der; -s عسل خالص
Schleudermaschine, die; -, -n
۱. دستگاه گریز از مرکز ۲. (در ماشین لباس‌شویی) ماشین آبگیر
schleudern *Vt., Vi.* ۱. (با منجنیق، فلاخن) پرتاب کردن ۲. (در ماشین لباس‌شویی) آب کشیدن ۳. لیز خوردن (وسیلهٔ نقلیه)
Schleuderpreis, der; -es, -e قیمت بسیار کم؛ بهای خانه خراب‌کن
Schleudersitz, der; -es, -e (در هواپیما) صندلی پرتاب‌شونده
Schleuderstart, der; -(e)s, -e/-s شروع پرتاب
Schleuderware, die; -, -n متاع پول‌ساز
schleunig *Adj.* فوری، بی‌درنگ، بی‌معطلی
schleunigst *Adv.* فوراً، بلادرنگ، خیلی سریع
Schleuse, die; -, -n آب‌بند، دریچهٔ آب‌بند، سد دریچه‌دار (برای بالا و پایین بردن کشتی هنگام گذر از یک تراز به تراز دیگر)
schleusen *Vt.* از بند/سد عبور دادن (کشتی)
Schleusentor, das; -(e)s, -e دریچهٔ سد، سیل‌گیر
Schlich, der; -(e)s, -e حیله، نیرنگ
alle Schliche kennen به همه دوز و کلک‌ها آشنا بودن
schlich *P.* schleichen صیغهٔ فعل گذشتهٔ مطلق از مصدر
schlicht *Adj.* ساده، بی‌آلایش، بی‌تکلف
schlichten *Vt.* ۱. صاف کردن (چوب) ۲. نرم کردن (چرم) ۳. فرو نشاندن (دعوا)، میانجی‌گری کردن
Schlichter, der; -s, - داور، میانجی، واسطه
Schlichterin, die; -, -nen داور، میانجی، واسطه (زن)
Schlichtfeile, die; -, -n سوهان ظریف (چوب)
Schlichtheit, die; - سادگی، بی‌آلایشی، بی‌تکلفی
Schlichtung, die; -, -en ۱. نتیجه، پایان، خاتمه ۲. وساطت، میانجی‌گری، داوری
Schlichtungsausschuß, der; -schusses, -schüsse نتیجهٔ حکمیت
Schlick, der; -(e)s, -e گل و لای، لجن
schlicken *Vi.* گل‌آلود شدن

schlief *P.* schlafen صیغهٔ فعل گذشتهٔ مطلق از مصدر
schließbar *Adj.* قفل‌کردنی، بستنی
Schließe, die; -, -n گیره، دستگیره، چفت
schließen *Vt., Vi., Vr.* ۱. بستن، مسدود کردن ۲. پایان دادن، خاتمه دادن (جلسه) ۳. منعقد کردن (قرارداد) ۴. ارتباط برقرار کردن، متحد شدن ۵. پایان یافتن، تمام شدن ۶. نتیجه گرفتن ۷. بسته شدن، چفت شدن (در)، در را بستن
einen Vertrag schließen قرارداد بستن
den Brief schließen نامه را تمام کردن
eine Vereinbarung schließen توافق کردن
etwas **in sich schließen** شامل چیزی بودن
die Ehe schließen ازدواج کردن
Schließer, der; -s, - ۱. دربان ۲. زندانبان
Schließfach, das; -(e)s, ⸚er ۱. (در بانک) صندوق امانت ۲. (در پستخانه) صندوق پستی اجاره‌ای ۳. (در فرودگاه، ایستگاه راه‌آهن) صندوق مخصوص چمدان
schließlich *Adv.* عاقبت، سرانجام، بالاخره
Schließmuskel, der; -s, -n ماهیچهٔ جمع‌کننده
Schließung, die; -, -en ۱. پایان، خاتمه، سرانجام ۲. تعطیل
Schliff, der; -(e)s, -e ۱. تراش، نوع تراش ۲. اخلاق خوب، اخلاق پسندیده
schliff *P.* schleifen صیغهٔ فعل گذشتهٔ مطلق از مصدر
schlimm *Adj.* ۱. بد ۲. وخیم، ناگوار، ناخوشایند، ناجور ۳. خطرناک ۴. شرور ۵. [اخلاق] نامناسب ۶. [عضو بدن] زخم شده، دردناک
Das ist nicht so schlimm! عیبی ندارد!
Nichts schlimmes. چیز بدی نیست.
Um so schlimmer! دیگر بدتر!
schlimmstenfalls *Adv.* در بدترین حال، در نهایت
Schlinge, die; -, -n ۱. گره، قلاب، حلقه، بند ۲. تله، دام
jemandem **die Schlinge um den Hals legen** کسی را خانه خراب کردن
Schlingel, der; -s, - حقه‌باز، پست، رذل، شرور
schlingen *Vt., Vi., Vr.* ۱. گره زدن، پیچاندن ۲. بلعیدن، قورت دادن ۳. حریصانه خوردن ۴. دور (چیزی) پیچیدن
einen Schal um den Hals schlingen شالی را دور گردن پیچیدن
schlingern *Vi.* ۱. به این طرف و آن طرف متمایل شدن (کشتی) ۲. تلوتلو خوردن (مست)
Schlinggewächs, das; -es, -e گیاه بالا رونده، گیاه پیچنده
Schlingpflanze, die; -, -n گیاه بالارونده، گیاه پیچنده

Schlips, der; -es, -e کراوات
Schlitten, der; -s, - سورتمه، لوژ
Schlittenbahn, die; -, -en محل سورتمه‌سواری
Schlittenfahrt, die; -, -en سورتمه‌سواری
schlittern *Vi.* (روی یخ) لغزیدن، سر خوردن، لیز خوردن
Schlittschuh, der; -(e)s, -e کفش پاتیناژ
schlittschuhlaufen *Vi.* پاتیناژ بازی کردن
Schlittschuhläufer, der; -s, - بازیکن پاتیناژ
Schlittschuhläuferin, die; -, -nen بازیکن پاتیناژ (زن)
Schlitz, der; -es, -e شکاف، چاک، درز
Schlitzauge, das; -s, -n چشم بادامی
schlitzäugig *Adj.* چشم بادامی
schlitzen *Vt.* شکافتن، چاک دادن، درز دادن
schlohweiß *Adj.* سفید یکدست
Schloß, das; Schlosses, Schlösser ۱. قصر، کاخ ۲. قفل ۳. خشاب، فشنگ‌دان
schloß *P.* schließen صیغهٔ فعل گذشتهٔ مطلق از مصدر
Schlößchen, das; -s, - قصر کوچک
Schloße, die; -, -n تگرگ ریز
Schlosser, der; -s, - آهنگر؛ کلیدساز؛ فلزکار
Schlosserei, die; -, -en آهنگری؛ فلزکاری؛ قفل‌سازی، کلیدسازی
Schlosserwerkstatt, die; - کارگاه آهنگری؛ کارگاه فلزکاری؛ کارگاه قفل‌سازی؛ کارگاه کلیدسازی
Schlosserhandwerk, das; -(e), - حرفهٔ آهنگری؛ حرفهٔ فلزکاری؛ حرفهٔ قفل‌سازی؛ حرفهٔ کلیدسازی
Schlot, der; -(e)s, -e/⸚e ۱. دودکش ۲. آدم پررو، آدم بی‌ادب
rauchen wie ein Schlot مثل دودکش سیگار کشیدن
schlotterig *Adj.* ۱. لرزان، متزلزل، سست ۲. شلخته، بی‌بند و بار، لاابالی
schlottern *Vi.* لرزیدن، مرتعش شدن، نوسان داشتن
Schlucht, die; -, -en درهٔ عمیق؛ درهٔ باریک
schluchzen *Vi.* زار زار گریستن، هق هق گریه کردن
Schluchzen, das; -s گریهٔ شدید
Schluck, der; -es, -e/⸚e جرعه، قُلُپ
einen Schluck nehmen جرعه‌ای نوشیدن
Schluckauf, der; -s ۱. سکسکه ۲. بلع
Schlückchen, das; -s, - جرعهٔ کوچک
schlucken *Vt., Vi.* ۱. قورت دادن، بلعیدن، فرو بردن ۲. سکسکه کردن ۳. سکسکه داشتن
Schlucken, der; -s ۱. سکسکه ۲. بلع

Schlucker, der; -s, - ۱. قورت‌دهنده، بلعنده ۲. آدم بیچاره
ein armer Schlucker یک آدم بیچاره
Schluckimpfung, die; -, -en واکسن خوراکی
Schlucklein, das; -s, - جرعهٔ کوچک
schluderig *Adj.* نامرتب، نامنظم، شلخته
schludern *Vi.* سرهم‌بندی کردن، سرسری انجام دادن، سمبل کردن
schludrig *Adj.* سمبل‌کار، بی‌دقت، سرهم‌بند
schlug *P.* schlagen صیغهٔ فعل گذشتهٔ مطلق از مصدر
Schlummer, der; -s چرت، خواب کوتاه
schlummern *Vi.* چرت زدن، خواب کوتاه کردن، به خواب کوتاه فرو رفتن
schlummernd *Adj.* چرتی
Schlund, der; -(e)s, ⸚e ۱. گلو، حلق ۲. دهانهٔ باریک (غار)
schlunzen *Vi.* نامرتب کار کردن، سرهم‌بندی کردن
schlunzig *Adj.* نامرتب، نامنظم، شلخته
schlüpfen *Vi.* ۱. از سوراخ تنگ به زحمت عبور کردن ۲. از تخم بیرون آمدن ۳. لغزیدن، سریدن، سرخوردن
Schlüpfer, der; -s, - شلوارک (زنانه)
Schlupfloch, das; -(e)s, ⸚er ۱. سوراخ سنگر ۲. سوراخ فرار
schlüpfrig *Adj.* لغزنده، لیز، لغزان
Schlupfwinkel, der; -s, - مخفیگاه، کمینگاه
schlurfen *Vi.* پا روی زمین کشیدن
schlürfen *Vi., Vt.* ۱. جرعه جرعه نوشیدن ۲. هُرت کشیدن (سوپ)
Schluß, der; Schlusses, Schlüsse پایان، خاتمه، آخر
Schluß damit! بس کن!
zum Schluß در خاتمه
mit etwas Schluß machen به چیزی خاتمه دادن
Schlußakt, der; -(e)s, -e (در نمایش) پردهٔ آخر
Schlußbemerkung, die; -, -en تذکر نهایی
Schlüssel, der; -s, - ۱. کلید ۲. (موسیقی) کلید ۳. آچار ۴. دستور، نظام‌نامه ۵. کلید رمز
Schlüsselbart, der; -(e)s, ⸚e زبانهٔ کلید
Schlüsselbein, das; -s, -e استخوان ترقوه
Schlüsselblume, die; -, -n گل پامچال
Schlüsselbund, der; -(e)s, ⸚e دسته کلید
schlüsselfertig *Adj.* [منزل] آمادهٔ تحویل، آمادهٔ سکونت
Schlüsselfrage, die; -, -n سؤال اساسی، پرسش کلیدی

Schlüsselindustrie, die; -, -n صنعت کلیدسازی
Schlüsselkind, das; -(e)s, -er کودکی که مادرش خارج از منزل کار می‌کنند
Schlüsselloch, das; -(e)s, ⸚er سوراخ کلید
Schlüsselring, der; -(e)s, -e حلقهٔ کلید
Schlüsselrolle, die; -, -n (در نمایش) نقش اصلی
Schlüsselroman, der; -s, -e داستان استعاری، رمان رمزی
Schlüsselstellung, die; -, -en موفقیت مهم، موفقیت کلیدی
Schlüsselwort, das; -(e)s, -e / ⸚er ۱. مفتاح ۲. حرف رمز
Schlußfeier, die; -, -n جشن پایانی
Schlußfolgerung, die; -, -en استنتاج، نتیجه‌گیری منطقی، نتیجه‌گیری نهایی
Schlußformel, die; -, -n (در پایانِ نامه) کلمات تعارف‌آمیز؛ فُرم پایانی
schlüssig *Adj.* ۱. مصمم، قاطع ۲. تعیین‌کننده
Schlußlicht, das; -(e)s, -er چراغ خطر، چراغ عقب (اتومبیل)
Schlußnotierung, die; -, -en عبارت آخر
Schlußpfiff, der; -(e)s, -e (ورزش) سوت پایان مسابقه
Schlußrechnung, die; -, -en حساب نهایی
Schlußrede, die; -, -n نطق پایانی
Schlußrunde, die; -, -n (ورزش) دور نهایی، بازی نهایی
Schlußrundenteilnehmer, der; -s, - ورزشکار شرکت‌کننده در دور نهایی
Schlußrundenteilnehmerin, die; -, -nen ورزشکار شرکت‌کننده در دور نهایی (زن)
Schlußsatz, der; -es, ⸚e ۱. نتیجه، جملهٔ پایانی ۲. (موسیقی) بخش پایانی
Schlußstein, der; -(e)s, -e سنگ آخر بنا، سنگ سرتاق، سنگ تاج
Schlußstrich, der; -(e)s, -e (مسابقه) خط پایانی
Schlußverkauf, der; -(e)s, -käufe حراج (پایان فصل)
Schlußwort, das; -(e)s, -e حرف آخر، اتمام حجت
Schmach, die; - ۱. ننگ، رسوایی ۲. توهین، اهانت، بی‌احترامی
schmachten *Vi.* ۱. گرسنگی / تشنگی کشیدن ۲. مشتاق (چیزی) بودن ۳. رنج بردن، آزار دیدن
schmächtig *Adj.* لاغر، نحیف، باریک‌اندام، ضعیف
schmachvoll *Adj.* رسوایی‌آور، ننگین، خفت‌آور
schmackhaft *Adj.* خوشمزه، خوش‌طعم، لذیذ
Schmackhaftigkeit, die; - خوشمزگی، خوش‌طعمی، لذت
schmähen *Vt.* به (کسی) فحش دادن، به (کسی) دشنام دادن، به (کسی) ناسزا گفتن، به (کسی) توهین کردن، بد (کسی) را گفتن
schmählich *Adj.* شرم‌آور، تحقیرآمیز، توهین‌آور، مفتضحانه
Schmährede, die; -, -n توهین، ناسزا، سخن درشت، پرخاش، طعن
Schmähschrift, die; -, -en هجو، هجونامه، کنایه
Schmähsucht, die; -, ⸚e تهمت، افترا
Schmähung, die; -, -en فحش، دشنام، ناسزا، توهین
schmal *Adj.* ۱. باریک، تنگ ۲. نازک، لاغر ۳. کم، اندک، جزئی، ناچیز
schmälen *Vi.* اوقات تلخی کردن، غرغر کردن
schmälern *Vt.* ۱. به (چیزی) زیان رساندن ۲. کم کردن، کاستن، تقلیل دادن
Schmälerung, die; -, -en ۱. زیان، آسیب ۲. کوتاه‌سازی
Schmalfilm, der; -s, -e فیلم باریک، فیلم ۱۶ میلی‌متری
Schmalfilmkamera, die; -, -s دوربین فیلمبرداری ۱۶ میلی‌متری
Schmalspur, die; - اندازهٔ باریک، پهنای کم
schmalspurig *Adj.* کم‌عرض، باریک
Schmalz, das; -es, -e پیه، چربی
schmalzig *Adj.* ۱. روغنی، چرب ۲. احساساتی
schmarotzen *Vi.* مفت‌خوری کردن، انگل شدن، وبال دیگران شدن
Schmarotzer, der; -s, - مفت‌خور، انگل، طفیلی
Schmarotzerin, die; -, -nen مفت‌خور، انگل، طفیلی (زن)
schmarotzerisch *Adj.* طفیلی، مفت‌خور، سورچران
Schmarotzerpflanze, die; -, -n گیاه طفیلی، گیاهی که از دیوار بالا می‌رود، گیاهی که به درختی می‌پیچد
Schmarotzertum, das; -(e)s زندگی انگلی
Schmarre, die; -, -n برش، چاک، شکاف؛ جای زخم
Schmarren, der; -s, - آشغال، تفاله، پس‌مانده
Schmatz, der; -es, -e / ⸚e بوسهٔ صدادار، ماچ آبدار
schmatzen *Vi.* ۱. بوسهٔ صدادار کردن، ماچ کردن ۲. ملچ‌ملوچ کردن، با سروصدا غذا خوردن
schmauchen *Vt., Vi.* با رغبت دود کردن

Schmaus, der; -es, Schmäuse غذای بسیار لذیذ، غذای خوشمزه
schmausen *Vi.* با اشتها خوردن، با لذت فراوان غذا خوردن
Schmauserei, die; -, -en تناول غذای بسیار لذیذ
schmecken *Vt., Vi.* ۱. چشیدن، مزمزه کردن ۲. مزه دادن
gut schmecken خوشمزه بودن
Dieser Saft schmeckt mir. این آب‌میوه خوشمزه است.
Schmeckt es? خوشمزه است؟
Schmeichelei, die; -, -en چاپلوسی، تملق، چرب‌زبانی
schmeichelhaft *Adj.* چاپلوسانه، تملق‌آمیز
Schmeichelkatze, die; -, -n چاپلوس، متملق
schmeicheln *Vi.* چاپلوسی کردن، تملق گفتن، چرب‌زبانی کردن
Schmeichler, der; -s, - چاپلوس، متملق، چرب‌زبان
Schmeichlerin, die; -, -nen چاپلوس، متملق، چرب‌زبان (زن)
schmeichlerisch *Adj.* چاپلوسانه، تملق‌آمیز
schmeißen *Vt.* ۱. پرت کردن، انداختن، پرتاب کردن ۲. از عهده (کاری) برآمدن ۳. خراب کردن
Schmeißfliege, die; -, -n خرمگس، مگسِ گوشت
Schmelz, der; -es, -e ۱. مینا، میناکاری ۲. مینای دندان ۳. لعاب ۴. فیوز
Schmelzarbeit, die; -, -en میناکاری
schmelzbar *Adj.* ذوب‌شدنی، قابل ذوب
Schmelzbarkeit, die; - قابلیت ذوب
Schmelzdraht, der; -(e)s, ⸚e سیم فیوز
Schmelze, die; -, -n ذوب، مادهٔ مذاب
schmelzen *Vi., Vt.* ۱. ذوب شدن، آب شدن ۲. ذوب کردن، گداختن
schmelzend *Adj.* گداخته، ذوب‌شده
Schmelzerei, die; -, -en کارخانهٔ ذوب فلز، ریخته‌گری
Schmelzhütte, die; -, -n کارخانهٔ ذوب فلز، ریخته‌گری
Schmelzkäse, die; -s, - (نوعی) پنیر نرم
Schmelzofen, der; -s, ⸚ کورهٔ ذوب
Schmelzpunkt, der; -(e)s, -e نقطهٔ ذوب
Schmelzsicherung, die; -, -en فیوز اطمینان (برق)
Schmelztiegel, der; -s, - بوتهٔ ریخته‌گری، بوتهٔ ذوب فلز

Schmerbauch, der; -(e)s, -bäuche شکم گنده
Schmerle, die; -, -n (نوعی) ماهی رودخانه
Schmerz, der; -es, -en درد، الم، ناراحتی، عارضه
Ich habe Schmerzen. درد دارم.
Wo haben Sie Schmerzen? کجایتان درد می‌کند؟
heftigen Schmerzen درد شدید
der Kopfschmerzen سردرد
schmerzen *Vt., Vi.* ۱. درد کردن، درد گرفتن ۲. درد کشیدن
Schmerzensgeld, das; -(e)s, -er غرامت آسیب‌دیدگی
Schmerzenslager, das; -s, -/⸚ بستر بیماری
Schmerzensschrei, der; -(e)s, -e فریاد درد
schmerzerfüllt *Adj.* محزون، غصه‌دار، غمگین
schmerzfrei *Adj.* بدون درد
schmerzhaft *Adj.* دردناک، دردآور، رنج‌آور
schmerzlich *Adj.* دردناک، دردآور، رنج‌آور
schmerzlindernd *Adj.* مسکن، تخفیف‌دهندهٔ درد
schmerzlos *Adj.* بدون درد
kurz und schmerzlos مختصر و مفید
schmerzstillend *Adj.* مسکن، تخفیف‌دهندهٔ درد
schmerzvoll *Adj.* دردناک، رنج‌آور
Schmetterball, der; -(e)s, ⸚e (تنیس) آبشار
Schmetterling, der; -s, -e پروانه
Schmetterlingsschwimmen, das; -s, - شنای پروانه
Schmetterlingsstil, der; -(e)s شنای پروانه
schmettern *Vt., Vi.* ۱. جار زدن ۲. چهچه زدن، آواز خواندن ۳. (ورزش) آبشار زدن
Schmetterschlag, der; -(e)s, ⸚e (تنیس) آبشار
Schmied, der; -(e)s, -e آهنگر
schmiedbar *Adj.* قابل آهنگری
Schmiede, die; -, -n آهنگری
Schmiedeeisen, das; -s, - آهن شکل گرفته
Schmiedehammer, der; -s, ⸚ پتک آهنگری
schmieden *Vt.* ۱. آهنگری کردن، ساختن ۲. طرح کردن، نقشه (چیزی) را کشیدن
Pläne schmieden نقشه طرح کردن
Schmiedeofen, der; -s, ⸚ کورهٔ آهنگری
Schmiedewerkstatt, die; -, ⸚e کارگاه آهنگری
schmiegen *Vt., Vr.* ۱. فرم دادن، مطابق (شکل) خم کردن ۲. (خود) را به دیگری چسباندن
schmiegsam *Adj.* انحناپذیر، نرم، فرم‌پذیر، انعطاف‌پذیر، قابل تطبیق

Schmiegsamkeit 710

Schmiegsamkeit, die; -, -en انحناپذیری، انعطاف‌پذیری، قابلیت تطبیق
Schmierbüchse, die; -, -n روغن‌دان
Schmiere, die; -, -n ۱. روغن، چربی، گریس ۲. گروه نمایش سیار ۳. تفریحگاه ارزان
schmieren *Vt., Vi.* ۱. روغن مالیدن، روغن زدن، روغن‌کاری کردن ۲. رشوه دادن ۳. بد نقاشی کردن ۴. بد خط نوشتن
jemanden **schmieren** به کسی رشوه دادن
Schmierenschauspieler, der; -s, - بازیگر سیار
Schmierenschauspielerin die; -, -nen بازیگر سیار (زن)
Schmierer, der; -s, - ۱. روغن‌کار ۲. بدنویس
Schmiererei, die; -, -en ۱. روغن‌مالی، گریس‌کاری ۲. بدنویسی
Schmiererin, die; -, -nen ۱. روغن‌کار (زن) ۲. بدنویس (زن)
Schmieresteher, der; -s, - دیده‌بان، مراقب
Schmierfett, das; -(e)s, -e روغن، گریس (اتومبیل)
Schmierfink, der; -en, -en ۱. آدم کثیف ۲. اندودکار ناشی
Schmiergeld, das; -(e)s, -er رشوه
Schmiergelder, die / *Pl.* رشوه
schmierig *Adj.* ۱. چرب، روغنی، کثیف ۲. چاپلوسانه
Schmierkäse, der; -s, - (نوعی) پنیر نرم
Schmiermittel, das; -s, - روغن، گریس (اتومبیل)
Schmieröl, das; -(e)s, -e روغن گریس‌کاری
Schmierpapier, das; -s, -e کاغذ چرک‌نویس
Schmierplan, der; -(e)s, ⸚e طرح روغن‌کاری
Schmierseife, die; -, -n صابون روغن‌کاری
Schmierstoff, der; -(e)s, -e روغن، گریس (اتومبیل)
Schmierung, die; -, -en روغن‌زنی، روغن‌کاری
Schminke, die; -, -n آرایش، بزک؛ وسیلهٔ آرایش
schminken *Vt., Vr.* آرایش کردن، بزک کردن، توالت کردن
Schminkmittel, das; -s, - لوازم آرایش
Schminktisch, der; -es, -e میز آرایش
Schmirgel, der; -s سنباده، سنگ سنباده
schmirgeln *Vi.* سنباده زدن
Schmirgelpapier, das; -s, -e کاغذ سنباده
schmiß *P.* صیغهٔ فعل گذشتهٔ مطلق از مصدر schmeißen
Schmiß, der; Schmisses, Schmisse ۱. زخم؛ جای زخم؛ بریدگی، برش، چاک، شکاف ۲. ذوق، شور و شوق، شعف؛ چالاکی
schmissig *Adj.* چالاک؛ پرحرارت؛ نشاط‌بخش، نشاط‌آور، سرحال‌آورنده
Schmöker, der; -s, - ۱. سیگاری ۲. کتاب قدیمی و کم‌ارزش
schmökern *Vi.* ۱. سیگار کشیدن ۲. غرق مطالعه بودن، در کتاب غرق بودن
schmollen *Vi.* اخم کردن؛ قهر کردن؛ لب و لوچه را جمع کردن
mit jemandem **schmollen** با کسی قهر کردن
schmolz *P.* صیغهٔ فعل گذشتهٔ مطلق از مصدر schmelzen
Schmorbraten, der; -s, - گوشت گاو سرخ کرده
schmoren *Vt., Vi.* ۱. با آتش ملایم پختن ۲. با آتش ملایم پخته شدن
Schmu, der; -s گول‌زنی، حیله، فریب
Schmu machen تقلب کردن
Schmuck, der; -(e)s, -e ۱. زیور، زینت‌آلات، پیرایش ۲. تزئین
schmuck *Adj.* آراسته، خوش‌پوش، مرتب
schmücken *Vt.* آراستن، زینت دادن، تزئین کردن، پیراستن
Schmuckkästchen, das; -s, - جعبهٔ زینت‌آلات
Schmuckkasten, der; -s, ⸚ جعبهٔ زینت‌آلات
schmucklos *Adj.* ساده، بی‌پیرایه
Schmucklosigkeit, die; - سادگی، بی‌پیرایگی
Schmucksachen, die / *Pl.* زینت‌آلات، جواهرات
Schmuckstück, das; -(e)s, -e زیور، زینت
Schmuckwaren, die / *Pl.* زینت‌آلات، جواهرات
schmuddelig *Adj.* کثیف و نامرتب
Schmuggel, der; -s, - قاچاق
Schmuggelei, die; -, -en قاچاقچی‌گری، کار قاچاق
schmuggeln *Vt., Vi.* قاچاق وارد کردن؛ قاچاق صادر کردن؛ قاچاق حمل کردن
Schmuggelware, die; -, -n جنس قاچاق
Schmuggler, der; -s, - قاچاقچی
Schmugglerin, die; -, -nen قاچاقچی (زن)
schmunzeln *Vi.* لبخند زدن، تبسم کردن
Schmunzeln, das; -s لبخند، تبسم
Schmus, der; -es ۱. یاوه‌سرایی، وراجی ۲. چاپلوسی ۳. نوازش
schmusen *Vi.* ۱. یاوه‌سرایی کردن ۲. چاپلوسی کردن ۳. نوازش کردن، ملاطفت کردن، مهربانی کردن
Schmutz, der; -es چرک، کثافت، آلودگی

jemanden **in den Schmutz ziehen** کسی را لجن‌مال کردن

schmutzen *Vi.* کثیف شدن

Schmutzfink, der; -en, -en آدم کثیف

Schmutzfleck, der; -(e)s, -e لکه، لک

schmutzig *Adj.* ۱. چرک، کثیف، آلوده ۲. پلید، رذل

sich schmutzig machen خود را کثیف کردن

Schmutzigkeit, die; -, -en چرکی، کثافت، آلودگی

Schmutzliteratur, die; -, -en ادبیات غیراخلاقی، داستان‌های غیراخلاقی

Schmutztitel, der; -s, - تیتر جنجالی

Schnabel, der; -s, ¨ منقار، نوک

Halt den Schnabel! خفه شو!

schnabelförmig *Adj.* منقاری شکل

schnäbeln *Vi.* ۱. منقار زدن ۲. بوسیدن، ماچ کردن

Schnabeltasse, die; -, -n (در بیمارستان) فنجان منقاری شکل

Schnabeltier, das; -(e)s, -e پلاتیپوس (نوعی جانور پستاندار آبزی در جنوب استرالیا که منقاری شبیه اردک دارد)

schnacken *Vi.* گپ زدن، دوستانه حرف زدن

Schnake, die; -, -n ماهیخوار بزرگ

Schnalle, die; -, -n سگک، قلاب (کمربند)

schnallen *Vt., Vi.* ۱. سگک (چیزی) را بستن، سگک (چیزی) را انداختن ۲. صدا درآوردن

den Gürtel enger schnallen از هزینهٔ خود کاستن

Schnallenschuh, der; -(e)s, -e کفش سگک‌دار

schnalzen *Vi.* صدا درآوردن

mit den Fingern schnalzen بشکن زدن

schnappen *Vi., Vt.* ۱. قاپیدن، ربودن ۲. خود به خود بسته شدن ۳. دستگیر کردن، گیر انداختن

Die Haustür schnappt ins Schloß. در خانه خود به خود بسته می‌شود.

Jetzt hat's geschnappt! دیگر طاقتم تاق شده است!

frische Luft schnappen هوای آزاد خوردن

Schnäpper, der; -s, - ۱. (جانور) مگس‌گیر ۲. نیشتر

Schnappmesser, das; -s, - ۱. (در جراحی) (نوعی) چاقوی کوچک نوک‌دار دو لبه ۲. چاقوی ضامن‌دار

Schnappsack, der; -(e)s, ¨e کوله‌پشتی

Schnappschloß, das; -schlosses, -schlösser قفل فنری، قفل خودکار

Schnappschuß, der; -schusses, -schüsse عکس (در حال حرکت)

Schnaps, der; -es, ¨e عرق، مشروب الکلی

Schnapsbrennerei, die; -, -en ۱. تولید عرق ۲. کارخانهٔ عرق‌کشی

Schnapsbruder, der; -s, - هم‌پیاله

schnapsen *Vi.* عرق‌خوری کردن

Schnapsflasche, die; -, -n بطری عرق

Schnapsglas, das; -es, ¨er استکان عرق‌خوری

Schnapsidee, die; -, -n فکر احمقانه

schnarchen *Vi.* خرخر کردن، خرناس کشیدن، خر و پف کردن

Schnarcher, der; -s, - خُرخُرکننده، خُرناس‌کش، خُر و پُف کننده

Schnarre, die; -, -n ۱. تق‌تق؛ پچ‌پچ ۲. جغجغه

schnarren *Vi.* تق‌تق کردن؛ پچ‌پچ کردن، وراجی کردن

schnattern *Vi.* ۱. (اردک، غاز) قاقا کردن، صدا دادن ۲. وراجی کردن، پرحرفی کردن ۳. از سرما لرزیدن

schnatz *Adj.* زیبا

schnauben *Vi., Vr.* ۱. با صدا نفس کشیدن، نفس‌نفس زدن ۲. با صدای بلند فین کردن

schnaufen *Vi.* با صدا نفس کشیدن، نفس‌نفس زدن

Schnaufer, der; -s, - نفس عمیق

bis zum letzten Schnaufer arbeiten تا آخرین نفس کار کردن

Schnauz, der; -er سبیل

Schnauzbart, der; -(e)s, -e سبیل

Schnauze, die; -, -n پوزه

Halt die Schnauze! خفه شو!

Ich habe die Schnauze voll! جانم به لب رسیده!

schnauzen *Vi.* ۱. پرچانگی کردن، زیاد حرف زدن ۲. عوعو کردن

Schnauzer, der; -s, - ۱. (نوعی) سگ آلمانی ۲. سبیل پرپشت؛ سگ سبیل

Schnecke, die; -, -n ۱. حلزون ۲. انتهای بدنهٔ ویلن ۳. پیچ حلزونی شکل ۴. پلهٔ مارپیچ

schneckenförmig *Adj.* حلزونی‌شکل، مارپیچ

Schneckengang, der; -(e)s, ¨e مسیر مارپیچ

Schneckengetriebe, das; -s, - چرخ‌دندهٔ حلزونی شکل

Schneckenhaus, das; -es, -häuser صدف حلزون

Schneckenlinie, die; -, -n خط مارپیچ

Schneckenpost, die; -, -en حرکت آهسته

Schneckenrad, das; -es, ¨er چرخ‌دندهٔ حلزونی شکل، چرخ‌دندهٔ مارپیچ

Schneckentempo, das; -s, -s/-pi حرکت آهسته

Schnee, der; -s ۱. برف ۲. سفیدهٔ تخم‌مرغ، سفیدهٔ زده شدهٔ تخم‌مرغ
Es fällt Schnee! برف می‌بارد!
Schneeball, der; -(e)s, ⸚e گلولهٔ برفی
schneeballen *Vi.* گلولهٔ برفی پرتاب کردن، برف‌بازی کردن
Schneeballsystem, das; -s, -e خبررسانی گسترشی، نظام گلوله برفی
schneebedeckt *Adj.* پوشیده از برف
Schneebesen, der; -s, - همزن؛ مخلوط کن
schneeblind *Adj.* کور برف
Schneeblindheit, die; -, -en کور برفی
Schneebrille, die; -, -n عینک مخصوص برف
Schneefall, der; -(e)s, ⸚e ریزش برف، نزول برف
Schneeflocke, die; -, -n دانهٔ برف، برف دانه، برف‌ریزه
Schneegebirge, das; -s, - کوهستان برفی
Schneegestöber, das; -s, - کولاک
Schneeglöckchen, das; -s, - گل بهمن
Schneegrenze, die; -, -n خط برف (خطی که حد برف را تعیین می‌کند)
Schneehuhn, das; -(e)s, ⸚er (پرنده) باقرقره
Schneehütte, die; -, -n کلبهٔ برفی
schneeig *Adj.* برفی، پوشیده از برف
Schneekette, die; -, -n زنجیر یخ‌شکن
Schneemann, der; -(e)s, ⸚er آدم برفی
Schneepflug, der; -(e)s, ⸚e برف‌روب، برف پاک‌کن
Schneereifen, der; -s, - ۱. کفش مخصوص برف ۲. تایر یخ‌شکن
Schneeschaufel, die; -, -n پارو
Schneeschippe, die; -, -n پارو
Schneeschipper, der; -s, - برف‌روب، برف پاک‌کن
Schneeschläger, der; -s, - همزن
Schneeschmelze, die; -, -n ذوب برف
Schneeschuh, der; -(e)s, -e کفش اسکی
Schneesturm, der; -(e)s, ⸚e توفان برف، کولاک
Schneetreiben, das; -s بارش ناگهانی برف
Schneeverwehung, die; - تودهٔ باد آورده (برف)، برف انبار
Schneewehe, die; -, -n تودهٔ بادآورده (برف)، برف انبار
schneeweiß *Adj.* سفیدِ برفی، سفید یکدست
Schneewetter, das; -s, - هوای برفی
Schneewittchen, das; -s (در قصهٔ کودکان) سفید برفی

Schneid, der; -(e)s جرأت، شهامت، شجاعت
Schneide, die; -, -n لبهٔ تیز (چاقو / شمشیر)، تیغه
Das steht auf des Messers Schneide. وضع بسیار بحرانی است.
Schneidebrett, das; -(e)s, -er تختهٔ گوشت‌بری
Schneidegerät, das; -(e)s, -e دستگاه برش
schneiden *Vt., Vi.* ۱. بریدن، چیدن، تراشیدن، قطع کردن ۲. کوتاه کردن (موی سر) ۳. یکدیگر را قطع کردن (خیابان) ۴. به (کسی) توجه نکردن ۵. برنده بودن (چاقو)
sich in den Finger schneiden انگشت خود را بریدن
sich die Haare schneiden lassen موهای خود را زدن
in Stücke schneiden قطعه قطعه کردن
schneidend *Adj.* برنده، تیز
Schneider, der; -s, - خیاط، دوزنده
Schneiderei, die; -, -en خیاطی، دوزندگی
Schneiderin, die; -, -nen خیاط، دوزنده (زن)
Schneiderkleid, das; -(e)s, -er لباس دست‌دوز
Schneiderkostüm, das; -s, -e کت و دامن دست‌دوز، لباس خوش‌برش
Schneiderkreide, die; -, -n صابون خیاطی، گچ خیاطی
Schneidermeister, der; -s, - استاد خیاط
schneidern *Vi.* خیاطی کردن، لباس دوختن
Schneiderpuppe, die; -, -n مانکن (عروسکی) خیاطی
Schneidewerkzeuge, die / *Pl.* ابزار بریدن
Schneidezahn, der; -(e)s, ⸚e دندان پیشین
schneidig *Adj.* جسور، با جرأت، با شهامت، شجاع، متهور
Schneidigkeit, die; - ۱. جرأت، متانت ۲. زرنگی، زیرکی
schneien *Vi.* برف باریدن
Es schneit. برف می‌بارد.
Schneise, die; -, -n ۱. (در جنگل) نوار باریکی از درخت و شاخ و برگ آن (برای جلوگیری از آتش) ۲. مسیر هوایی
schnell *Adj.* ۱. تند، سریع، چابک ۲. زود، به‌زودی
so schnell wie möglich حداکثر سرعت
Schnellboot, das; -(e)s, -e قایق موتوری سریع‌السیر
Schnellbus, der; -busses, -busse اتوبوس (برقی) سریع‌السیر
Schnelle, die; -, -n سرعت، تندی، چابکی
schnellen *Vi., Vt.* ۱. به سرعت جنبیدن، مثل فنر از جا جهیدن ۲. به سرعت جنباندن، مثل فنر به حرکت درآوردن

Schnellfeuer, das; -s, - تیراندازی سریع
Schnellfeuergeschütz, das; -(e)s, -e تفنگ خودکار
schnellfüßig *Adj.* تندرو، بادپا
Schnellgang, der; -(e)s, ⸚e دور سریع (موتور)
Schnellgaststätte, die; -, -n رستوران سرپایی
Schnellgericht, das; -(e)s, -e دادگاه صحرایی
Schnellhefter, der; -s, - پروندهٔ نامه‌های فوری
Schnelligkeit, die; -, -en تندی، سرعت، چابکی
Schnelligkeitsrekord, der; -(e)s, -e رکورد سرعت
Schnellimbiß, der; -bisses, -bisse خوراک سرپایی، غذای ساده
Schnellimbißstube, die; -, -n دکان خوراک سرپایی
Schnellkochtopf, der; -(e)s, ⸚e دیگ زودپز
Schnellkraft, die; - قابلیت ارتجاع
Schnellauf, der; -(e)s, -läufe دو سرعت
Schnelläufer, der; -s, - دوندهٔ دو سرعت
Schnelläuferin, die; -, -nen دوندهٔ دو سرعت (زن)
schnellebig *Adj.* زودگذر
Schnellreinigung, die; -, -en خشکشویی اکسپرس
Schnellsegler, der; -s, - کشتی تندرو
schnellstens *Adv.* هرچه زودتر، هرچه سریع‌تر، در اسرع وقت
Schnellstraße, die; -, -n بزرگراه
Schnellverfahren, das; -s, - طریقهٔ عملِ سریع؛ قضاوت سریع
Schnellwaage, die; -, -n قپان
Schnellzug, der; -es, ⸚e قطار سریع‌السیر، قطار اکسپرس
Schnellzugzuschlag, der; -(e)s, ⸚e پرداخت اضافی برای قطار سریع‌السیر
Schnepfe, die; -, -n (پرنده) نوک‌دراز، پاشلک
Schneppe, die; -, -n لولهٔ کتری؛ لولهٔ قوری
Schnepper, der; -s, - (ورزش) حرکت سریع
schneuzen *Vi., Vr.* دماغ گرفتن، فین کردن
schniegeln *Vt.* آراستن، قشنگ کردن
Schnippchen, das; -s, - گول، فریب
jemandem **ein Schnippchen schlagen** به‌کسی کلک زدن
Schnippel, der/das; -s, - تکه، خرده، ذره
schnippeln *Vt., Vi.* پاره پاره کردن، تکه تکه کردن، قطعه قطعه کردن، به قطعات کوچک تقسیم کردن
schnippen *Vi.* بشکن زدن
schnippern *Vt., Vi.* چیدن، پاره پاره کردن، تکه تکه کردن، قطعه قطعه کردن، به قطعات کوچک تقسیم کردن
schnippisch *Adj.* گستاخ، پررو، جسور، گستاخانه
Schnipsel, der/das; -s, - تکه، خرده، ذره
schnipseln *Vt., Vi.* چیدن، پاره پاره کردن، تکه تکه کردن، قطعه قطعه کردن، به قطعات کوچک تقسیم کردن
schnitt *P.* صیغهٔ فعل گذشتهٔ مطلق از مصدر schneiden
Schnitt, der; -(e)s, -e ۱. برش، بریدگی، چاک ۲. الگوی لباس ۳. نقطهٔ تقاطع ۴. مقطع ۵. مقدار متوسط
Schnittblumen, die/*Pl.* گل‌های چیده شده
Schnittbogen, der; -s, -/⸚ الگوی لباس
Schnittbohne, die; -, -n لوبیای فرانسوی
Schnitte, die; -, -n ورقهٔ بریده شده از نان، برش نان
Schnitter, der; -s, - ۱. دروگر ۲. علف‌چین
Schnitterin, die; -, -nen ۱. دروگر (زن) ۲. علف‌چین (زن)
Schnittfläche, die; -, -n سطح مقطع
Schnittholz, das; -es, ⸚er چوب بریده شده
schnittig *Adj.* ۱. شیک، باسلیقه، خوش‌فرم، زیبا ۲. مقاوم
Schnittlauch, der; -(e)s, -e (نوعی) تره
Schnittmuster, das; -s, - الگو، انگاره، طرح (لباس)
Schnittpunkt, der; -(e)s, -e نقطهٔ تقاطع
Schnittwaren, die/*Pl.* خرده‌ریز، کالای خرازی
Schnittwinkel, der; -s, - زاویهٔ تقاطع
Schnittwunde, die; -, -n چاک، شکاف، بریدگی
Schnittzeichnung, die; -, -en ترسیم بخشی از چیزی
Schnitz, der; -es, -e برش، بریدگی، شکاف
Schnitzarbeit, die; -, -en کنده‌کاری روی چوب
Schnitzel, das/der; -s, - ۱. شنیتسل (گوشت سرخ‌کردهٔ گوساله/خوک) ۲. کاغذ پاره
Schnitzeljagd, die; -, -en بازیِ بیا پیدام کن (بازی که در آن دو تن به نام خرگوش از جلو دویده خرده‌های کاغذ را به‌زمین می‌ریزند و دو تن دیگر به نام تازی از پی ایشان می‌دوند تا آنها را بگیرند)
schnitzeln *Vt.* ۱. خرد کردن (سبزی) ۲. تراشیدن، بریدن؛ قطعه قطعه کردن (کاغذ)
schnitzen *Vt.* تراشیدن (پیکر چوبی)؛ منبت‌کاری کردن
Er ist aus hartem Holz geschnitzt. او ارادهٔ بسیار قوی دارد.
Schnitzer, der; -s, - پیکر چوبی‌تراش؛ منبت‌کار
Schnitzerei, die; -, -en منبت‌کاری

Schnitzerin 714

Schnitzerin, die; -, -nen منبت‌کار (زن)
Schnitzkunst, die; -, ¨-e هنر کنده کاری
Schnitzmesser, das; -s, - چاقوی منبت‌کاری
Schnitzwerk, das; -(e)s, -e کنده کاری
schnob *P.* صیغهٔ فعل گذشتهٔ مطلق از مصدر schnauben
schnodd(e)rig *Adj.* گستاخ، پررو، جسور؛ گستاخانه
schnöde *Adj.* ۱. پست، فرومایه، ناچیز، پیش پا افتاده ۲. توهین‌آمیز، تحقیرآمیز، خوار
Schnorchel, der; -s, - ۱. لولهٔ تنفس (در زیر آب) ۲. لولهٔ هوا (در زیر دریایی)
schnorcheln *Vi.* (با لولهٔ تنفس) در زیر آب شنا کردن
Schnörkel, der; -s, - خط تزئینی، خوشنویسی
schnörkelhaft *Adj.* (مربوط به) خوشنویسی،
schnörkeln *Vi.* خوشنویسی کردن
schnorren *Vt., Vi.* تلکه کردن؛ گدایی کردن (پول / سیگار)
Schnorrer, der; -s, - گدا، دوره‌گرد
Schnösel, der; -s, - جوان بی‌تربیت، جوان بی‌ادب
schnüffeln *Vi.* ۱. بو کشیدن، استنشاق کردن ۲. با کنجکاوی نگاه کردن؛ جاسوسی کردن
Schnüffler, der; -s, - کارآگاه
schnullen *Vi.* مکیدن
am Daumen schnullen انگشت شست را مکیدن
Schnuller, der; -s, - پستانک
Schnulze, die; -, -n موسیقی مبتذل، موسیقی بی‌محتوا؛ داستان مبتذل، داستان بی‌محتوا
schnupfen *Vi.* ۱. زکام شدن، سرما خوردن ۲. انفیه زدن
Schnupfen, der; -s, -e زکام، سرماخوردگی
den Schnupfen bekommen سرما خوردن
Schnupftabak, der; -(e)s, -e انفیه
Schnupftuch, das; -(e)s, -e/¨-er دستمال
Schnuppe, die; -, -n ۱. فتیلهٔ سوخته ۲. شهاب
schnuppern *Vi.* بو کشیدن
Schnur, die; -, ¨-e نخ، ریسمان
Schnürboden, der; -s, -/¨- بندهایی که در صحنهٔ نمایش دکورها را نگه می‌دارد
Schnürchen, das; -s, - نخ باریک، بند کوتاه
schnüren *Vt.* با ریسمان بستن، با بند محکم کردن
schnurgerade *Adj.* ۱. راست، مستقیم ۲. صریح، رک
Schnurrbart, der; -(e)s, ¨-e سبیل
schnurrbartig *Adj.* سبیلو
Schnurre, die; -, -n داستان فکاهی، حکایت خنده‌دار
schnurren *Vi.* ۱. غرغر کردن؛ وروور کردن ۲. خرخر کردن (گربه) ۳. غرش کردن
schnürren *Vt.* بستن، محکم کردن
Schnürriemen, der; -s, - تسمه، بند چرمی
schnurrig *Adj.* ۱. مضحک، خنده‌دار ۲. عجیب
Schnurrigkeit, die; -, -en ۱. چیز مضحک، چیز خنده‌دار ۲. چیز عجیب و غریب
Schnürsenkel, der; -s, - بند کفش
Schnürstiefel, der; -s, - بند پوتین
schnurstracks *Adv.* راست، مستقیم
Schnute, die; -, -n دهان، لب و لوچه
schob *P.* صیغهٔ فعل گذشتهٔ مطلق از مصدر schieben
Schober, der; -s, - توده، پشته
Schock, das; -s, -s شوک، تکان شدید روحی، هول، هراس
schocken *Vt.* شوکه کردن، تکان شدید روحی دادن
schockieren *Vt.* شوکه کردن، تکان شدید روحی دادن
Schocktherapie, die; -, -n درمان به وسیلهٔ ایجاد تشنج
Schofel, der; -s, - کالای کهنه
Schöffe, der; -n, -n ۱. عضو هیئت منصفه ۲. داور
Schöffengericht, das; -(e)s, -e دادگاه هیئت منصفه
Schöffin, die; -, -nen ۱. عضو هیئت منصفه (زن) ۲. داور (زن)
Schokolade, die; -, -n شکلات
schokoladen *Adj.* شکلاتی
Schokoladenfabrik, die; -, -en کارخانهٔ شکلات‌سازی
Schokoladentafel, die; -, -n یک تخته شکلات
scholl *P.* صیغهٔ فعل گذشتهٔ مطلق از مصدر schallen
Scholle, die; -, -n ۱. ماهی دیل، ماهی پهن؛ (نوعی) سفره‌ماهی ۲. تودهٔ یخ شناور ۳. کلوخ
schon *Adv.* ۱. همین حالا، الان، بلافاصله، اکنون ۲. به‌این زودی ۳. دیگر ۴. همان، همین ۵. بالاخره ۶. تنها، فقط
Schon gut! مهم نیست!
schon lange مدتی است که
schon jetzt به همین زودی
heute schon همین امروز
schon möglich امکانش هست
Wenn schon, denn schon. کار را که کرد، آنکه تمام کرد.
schön *Adj., Adv.* ۱. زیبا، قشنگ، خوشگل ۲. خوب، مطبوع، دلخواه، عالی ۳. خیلی، بسیار
Wie schön! چه خوب!

715 **Schoß**

Bitte schön! خواهش می‌کنم!
Danke schön! خیلی متشکرم!
jemandem **schöne Augen machen** برای کسی عشوه‌گری کردن
Schöne, die; -, -n جمال، زیبایی، حسن
schonen *Vr., Vt.* ۱. مواظب سلامتی (خود) بودن ۲. از (چیزی) نگهداری کردن، از (چیزی) محافظت کردن ۳. اندوختن، صرفه‌جویی کردن ۴. رعایت (کسی / چیزی) را کردن، ملاحظهٔ (کسی / چیزی) را کردن
schonend *Adj.* باملاحظه، بافکر، محتاط
Schoner, der; -s, - قایق، کرجی
schönfärben *Vi.* برق انداختن، صیقل دادن، جلا دادن، رنگ کردن، رنگ و رو دادن
Schönfärber, der; -s, - آدم خوشبین
Schöngeist, der; -es, -er / -e زیبایی‌شناس، جمال‌پرست
schöngeistig *Adj.* دارای ذوق زیبایی، موافق اصول زیبایی
Schönheit, die; -, -en ۱. زیبایی، جمال، خوشگلی ۲. شخص بسیار زیبا ۳. (به‌صورت جمع) دیدنی‌ها، نقاط دیدنی
Sie ist eine Schönheit. او زن بسیار زیبایی است.
Schönheitschirurgie, die; -, -n جراحی پلاستیک
Schönheitsfehler, der; -s, - نقص زیبایی
Schönheitskönigin, die; -, -nen ملکهٔ زیبایی
Schönheitskonkurrenz, die; -, -en مسابقهٔ زیبایی
Schönheitslehre, die; -, -n زیبایی‌شناسی
Schönheitsoperation, die; -, -en جراحی پلاستیک، جراحی زیبایی
Schönheitspflästerchen, das; -s, - خال زیبایی
Schönheitspflege, die; -, -n مراقبت از زیبایی
Schönheitssalon, der; -s, -s سالن زیبایی
Schönheitswettbewerb, der; -(e)s, -e مسابقهٔ زیبایی
schönmachen *Vt.* خوشگل کردن، آراستن، زینت دادن
schönreden *Vi.* چاپلوسی کردن، تملق گفتن
Schönredner, der; -s, - چاپلوس، متملق
Schönrednerei, die; -, -en چاپلوسی، تملق
schönschreiben *Vi.* خوشنویسی کردن، خوش‌خط نوشتن
Schönschreiber, der; -s, - خوشنویس، خطاط
Schönschrift, die; - خوشنویسی
Schöntuer, der; -s, - چاپلوس، متملق
Schöntuerei, die; - چاپلوسی، تملق

schöntun *Vi.* ریشخند کردن، تملق گفتن، چاپلوسی کردن
Schonung, die; -, -en ۱. مواظبت، مراقبت، مراعات ۲. نهالستان محصور در جنگل
schonungsbedürftig *Adj.* محتاج مراقبت
schonungslos *Adj.* بی‌رحم؛ بی‌رحمانه
Schonzeit, die; -, -en فصل ممنوعیت شکار
Schopf, der; -(e)s, ⸚e طره مو، کاکل
Schöpfeimer, der; -s, - (نوعی) سطل
schöpfen *Vt., Vi.* ۱. آب برداشتن، آب کشیدن ۲. دوباره به‌دست آوردن ۳. آفریدن ۴. نفس تازه کردن ۵. نوشیدن (حیوان)
Er ging nach draußen, um Luft zu schöpfen. او بیرون رفت تا نفسی تازه کند.
Luft schöpfen نفس تازه کردن
Kraft schöpfen قوت گرفتن
Schöpfer, der; -s, - ۱. آفریدگار، آفریننده، خالق ۲. بانی، سازنده، ایجادکننده
Schöpfergeist, der; -es قدرت خلاقه، قوهٔ ابتکار، آفرینندگی
Schöpferhand, die; - قدرت خداوند، دست خداوندی
Schöpferin, die; -, -nen ۱. آفریننده، خالق (زن) ۲. بانی، سازنده، ایجادکننده (زن)
schöpferisch *Adj.* دارای قوهٔ آفرینش
Schöpfkelle, die; -, -n ملاقه
Schöpflöffel, der; -s, - ملاقه
Schöpfung, die; -, -en ۱. آفرینش، خلق، خلقت ۲. اثر هنری خلاقه
Schoppen, der; -s, - نیم لیتر (پیمانهٔ وزن مایع)
Schöps, der; -es, -e ۱. گوسفند اخته ۲. آدم خرف و ابله
schor *P.* صیغهٔ فعل گذشتهٔ مطلق از مصدر scheren
Schorf, der; -(e)s, -e لخته / دلمه روی زخم
schorfig *Adj.* پوسته پوسته، لخته لخته
Schorle, die; -, -n (نوعی) نوشابهٔ گازدار
Schornstein, der; -(e)s, -e دودکش
Schornsteinfeger, der; -s, - بخاری پاک‌کن، دودکش پاک‌کن
schoß *P.* صیغهٔ فعل گذشتهٔ مطلق از مصدر schießen
Schoß, der; Schosses, Schösse ۱. جوانه، شاخهٔ نورسته ۲. رحم، بچه‌دان، زهدان ۳. آغوش، بغل ۴. روی زانو، دامن
seine Hände in den Schoß legen دست به هیچ کاری نزدن

Schoßhund, der; -(e)s, -e سگ دست‌آموز، سگ خانگی
Schoßkind, das; -(e)s, -er بچهٔ نازپرورده
Schößling, der; -s, -e جوانه، شاخهٔ نورسته
Schote, die; -, -n ۱. پوست، پوسته (حبوبات) ۲. غلاف، نیام ۳. تخمدان
Schott, das; -(e)s, -e تیغه، دیوار، تاق‌نما
Schotte, der; -n, -n اسکاتلندی
Schotter, der; -s, - ۱. سنگریزه، ریگ ۲. سنگ تراشیده
Schottin, die; -, -nen اسکاتلندی (زن)
schottisch *Adj.* اسکاتلندی، (مربوط به) اسکاتلند
Schottland, das اسکاتلند
schraffieren *Vt.* (نقاشی) هاشور زدن، سایه انداختن
Schraffierung, die; -, -en (نقاشی) هاشورزنی، سایه‌اندازی
Schraffur, die; -, -en (نقاشی) هاشورزنی، سایه‌اندازی
schräg *Adj.* اریب، مایل، کج، شیب‌دار
Schräge, die; -, -n انحراف، کجی، شیب
schrägen *Vt.* ۱. کج کردن، مایل کردن ۲. شیب دادن، شیب‌دار کردن
Schräglage, die; -, -n حالت مایل
Schrägstrich, der; -(e)s, -e خط مورّب
schrak *P.* schrecken صیغهٔ فعل گذشتهٔ مطلق از مصدر
Schramme, die; -, -n (جای) زخم، خراش پوست بدن، خراش سطحی
schrammen *Vt.* ۱. روی (جایی) اثر زخم گذاشتن ۲. خراشیدن، خراش دادن
schrammig *Adj.* زخم‌دار، خراش‌دار
Schrank, der; -(e)s, ⸚e گنجه، قفسه، کمد، اشکاف
Schrankbett, das; -es, -en تختخواب تاشو
Schranke, die; -, -n ۱. سد، مانع، راه‌بندان ۲. مرز
Schranken, die / *Pl.* حدود، حوزه، مرز
in Schranken halten در مرز نگاه داشتن
schrankenlos *Adj.* بی‌حد، بی‌پایان، بیکران، نامحدود
Schrankenwärter, der; -s, - ۱. دروازه‌بان، دربان ۲. (در محل تلاقی جاده و راه‌آهن) راهبان
Schrankkoffer, der; -s, - جامه‌دان (چمدان مخصوص حمل لباس)
Schrankwand, die; -, ⸚e قفسهٔ دیواری
Schraubdeckel, der; -s, - سرپیچ
Schraube, die; -, -n ۱. پیچ ۲. پروانهٔ کشتی ۳. ملخ هواپیما
Bei ihm ist eine Schraube los. او از نظر روحی طبیعی نیست.

schrauben *Vt., Vi.* ۱. پیچ کردن، با پیچ بستن، سفت کردن ۲. پیچاندن ۳. پیچ خوردن
Schraubenautomat, der; -en, -en دستگاه پیچ خودکار
Schraubenfeder, die; -, -n فنر پیچی
schraubenförmig *Adj.* مارپیچ
Schraubengang, der; -(e)s, ⸚e شیار برجستهٔ پیچ
Schraubengewinde, das; -s, - شیار پیچ، دندانهٔ پیچ
Schraubenlinie, die; -, -n خط مارپیچ
Schraubenmutter, die; -, -n مهرهٔ پیچ، پیچ ماده
Schraubenschlüssel, der; -s, - آچار
Schraubenspindel, die; -, -n پیچ نر
Schraubenzieher, der; -s, - آچار پیچ‌گوشتی
Schraubstock, der; -(e)s, ⸚e گیره
Schraubverschluß, der; -schlusses, -schlüsse سرپیچ
Schrebergarten, der; -s, ⸚ باغ کوچک در حومهٔ شهر
Schreck, der; -(e)s, -e / -en وحشت، ترس، هراس، خوف
vor Schreck zittern از ترس لرزیدن
schrecken *Vt., Vi.* ۱. ترساندن ۲. ترسیدن، وحشت کردن
Schrecken, der; -s, - ترس ناگهانی، وحشت، خوف، هراس
schreckenerregend *Adj.* ترسناک، وحشتناک
Schreckensbotschaft, die; -, -en خبر بد
Schreckensherrschaft, die; -, -en حکومت ترور، حکومت وحشت
Schreckensnachricht, die; -, -en خبر بد
Schreckensruf, der; -(e)s, -e فریاد وحشت
Schreckenstat, die; -, -en عمل شرارت‌آمیز
schreckensvoll *Adj.* وحشتناک، دهشتناک، خوف‌انگیز
Schreckenszeit, die; -, -en دوران خفقان
Schreckgespenst, das; -es, -er لولو، کابوس، بختک
schreckhaft *Adj.* ترسو، جبون، کم‌دل، بزدل
Schreckhaftigkeit, die; -, -en ترسویی، بزدلی
schrecklich *Adj.* ۱. وحشتناک، ترسناک، مخوف، زشت ۲. شدید، خیلی زیاد
Schrecknis, das; -nisses, -nisse واقعهٔ وحشتناک
Schreckschuß, der; -schusses, -schüsse تیر هوایی
Schreckschußpistole, die; -, -n اسلحهٔ بادی

717 Schriftsatz

Schrecksekunde, die; -, -n لحظهٔ اضطراب
Schrei, der; -(e)s, -e فریاد، فغان، داد و بیداد، جیغ
der neueste Schrei آخرین مد
Schreibarbeit, die; -, -en کار نوشتنی
Schreibart, die; -, -en شیوهٔ نگارش
Schreibbedarf, der; -s, - لوازم تحریر، نوشت‌افزار
Schreibblock, der; -(e)s, ⸚e بستهٔ کاغذ یادداشت
schreiben *Vt., Vi.* ۱. نوشتن، تحریر کردن ۲. مکاتبه کردن ۳. از طریق نامه خبر دادن ۴. نویسندگی کردن
mit der Maschine schreiben با ماشین تحریر نوشتن
Die beiden schreiben sich. آنها با هم مکاتبه می‌کنند.
Schreiben, das; -s, - نوشته، نوشتار؛ نامه
Schreiber, der; -s, - نویسنده، مؤلف؛ مصنف
Schreiberei, die; -, -en نویسندگی؛ کاغذبازی اداری
Schreiberin, die; -, -nen نویسنده، مؤلف؛ مصنف (زن)
schreibfaul *Adj.* تنبل در نامه‌نویسی
Schreibfaulheit, die; - تنبلی در نامه‌نویسی
Schreibfeder, die; -, -n قلم (پر)
Schreibfehler, der; -s, - غلط املایی
Schreibgerät, das; -(e)s, -e لوازم تحریر، نوشت‌افزار
Schreibheft, das; -(e)s, -e دفترچه
Schreibkraft, die; -, ⸚e کارمند دفتری، منشی
Schreibkrampf, der; -(e)s, ⸚e (در اثر زیادنویسی) گرفتگی ماهیچهٔ دست
Schreibkunst, die; - هنر کتابت
Schreibmappe, die; -, -n پوشهٔ نامه
Schreibmaschine, die; -, -n ماشین‌تحریر
Schreibmaschinenpapier, das; -s, -e کاغذ ماشین‌تحریر
Schreibmaterial, das; -s, -lien لوازم‌تحریر، نوشت‌افزار
Schreibpapier, das; -s, -e کاغذ تحریر
Schreibpult, das; -(e)s, -e میز تحریر
Schreibschrift, die; -, -en دستخط؛ متن سند؛ نوشته
Schreibstube, die; -, -n دفتر کار
Schreibtisch, der; -es, -e میز تحریر، میز کار
Schreibtischgarnitur, die; -, -en لوازم میز تحریر
Schreibtischlampe, die; -, -n چراغ مطالعه
Schreibübung, die; -, -en تمرین خوشنویسی
Schreibung, die; -, -en املا، شیوهٔ نگارش
schreibunkundig *Adj.* بی‌سواد
Schreibunterlage, die; -, -n لوازم‌تحریر، نوشت‌افزار

Schreibwaren, die / *Pl.* لوازم‌تحریر، نوشت‌افزار
Schreibwarengeschäft, das; -(e)s, -e لوازم‌تحریرفروشی
Schreibwarenhändler, der; -s, - فروشندهٔ لوازم‌تحریر
Schreibwarenhandlung, die; -, -en لوازم‌تحریر فروشی
Schreibweise, die; -, -n شیوهٔ نگارش
Schreibzeug, das; -(e)s, - لوازم‌تحریر، نوشت‌افزار
schreien *Vi., Vt., Vr.* ۱. جیغ کشیدن ۲. داد زدن ۳. بلند صحبت کردن ۴. (تا آخرین رمق) فریاد کشیدن
vor Schmerz schreien از درد فریاد کشیدن
schreiend *Adj.* ۱. پر زرق و برق، خیره کننده ۲. آشکار، فاحش
Schreier, der; -s, - منادی، جارچی؛ موذن
Schreierin, die; -, -nen منادی، جارچی؛ موذن (زن)
Schreihals, der; -es, ⸚e منادی، جارچی؛ موذن
Schrein, der; -(e)s, -e ۱. جعبه، صندوق ۲. تابوت ۳. معبد، زیارتگاه
Schreiner, der; -s, - نجار
Schreinerei, die; -, -en نجاری
Schreinerin, die; -, -nen نجار (زن)
schreinern *Vi.* نجاری کردن
schreiten *Vi.* ۱. قدم زدن، گام برداشتن ۲. اقدام کردن
zur Abstimmung schreiten اقدام به رأی‌گیری کردن
schrie *P.* صیغهٔ فعل گذشتهٔ مطلق از مصدر schreien
schrieb *P.* صیغهٔ فعل گذشتهٔ مطلق از مصدر schreiben
Schrift, die; -, -en خط، دستخط؛ سند کتبی؛ نوشته
Schriftart, die; -, -en شیوهٔ نگارش
Schriftbild, das; -es, -er ظاهر نوشته
Schriftdeutsch, das; -(s) ادبیات آلمانی
Schriftführer, der; -s, - منشی، صورت‌جلسه‌بردار
Schriftführerin, die; -, -nen منشی، صورت‌جلسه‌بردار (زن)
Schriftgelehrte, der; -n, -n نویسنده
Schriftgießer, der; -s, - ریخته‌گر حروف چاپی
Schriftleiter, der; -s, - سردبیر (نشریه)
Schriftleiterin, die; -, -nen سردبیر (زن)
Schriftleitung, die; -, -en هیئت تحریریه
schriftlich *Adj.* کتبی، نوشتاری، مکتوب، کتباً
Das kann ich dir schriftlich geben! خاطرت در این مورد جمع باشد! خاطرت جمع!
Schriftrolle, die; -, -n طومار
Schriftsatz, der; -es, ⸚e یادداشت، توضیح کتبی

Schriftseite 718

Schriftseite, die; -, -n روی سکه
Schriftsetzer, der; -s, - حروفچین
Schriftsprache, die; -, -n زبان ادبی، زبان فصیح
Schriftsteller, der; -s, - نویسنده، مؤلف
Schriftstellerei, die; - نویسندگی
Schriftstellerin, die; -, -nen نویسنده، مؤلف (زن)
schriftstellerisch *Adj.* (مربوط به) نویسندگی
schriftstellern *Vi.* نویسندگی کردن
Schriftstück, das; -(e)s, -e نوشته؛ سند، مدرک
Schrifttum, das; -s ادبیات
Schriftverkehr, der; -(e)s, - مکاتبه، نامه‌پرانی
Schriftwechsel, der; -s, - نامه‌نگاری، مکاتبه
Schriftzeichen, das; -s, - حرف نوشتنی، حرف الفبا
Schriftzug, der; -es, ⸚e تزئین نگارش
schrill *Adj.* [صدا] تیز، زیر، جیغ‌مانند
schrillen *Vi.* جیغ زدن، صدای گوش‌خراش دادن
Schrippe, die; -, -n (نوعی) نان سفید فرانسوی
Schritt, der; -(e)s, -e ۱. گام، قدم ۲. صدای پا

Schritt vor Schritt kommt auch ans Ziel.
آهسته‌رو، همیشه‌رو.
Schritte unternehmen اقداماتی به‌عمل آوردن
auf Schritt und Tritt قدم به قدم
Schritt um Schritt مرتباً

schritt *P.* صیغهٔ فعل گذشتهٔ مطلق از مصدر schreiten
Schrittempo, das; -s, -s/-pi حرکت خیلی آهسته
Schrittmacher, der; -s, - ۱. (مسابقه) پیشقدم، نفر جلو ۲. دستگاه تنظیم‌کننده ضربان قلب
schrittweise *Adv.* قدم به قدم، به‌تدریج
schroff *Adj.* ۱. سخت، خشن ۲. تند، سراشیب ۳. ناگهانی، غیرمنتظره ۴. صریح
Schroffheit, die; -, -en ۱. سختی، خشونت ۲. تندی، سراشیبی ۳. بیان صریح
schröpfen *Vt.* ۱. از (کسی) خون گرفتن، حجامت کردن، رگ (کسی) را زدن ۲. پشم (حیوانی) را چیدن ۳. از (کسی) سوءاستفادهٔ مالی کردن
Schröpfkopf, der; -(e)s, ⸚e شاخ حجامت
Schrot, der/das; -(e)s, -e ۱. ساچمه (تفنگ) ۲. (برای خوراک دام) غلهٔ نیمه آرد شده و زبر ۳. قراضه، آهن‌پاره
Schrotbrot, das; -(e)s, -e نان خالص
schroten *Vt.* ۱. غلتاندن ۲. کوبیدن، ساییدن، نرم کردن، آسیاب کردن (دانه‌های غلات برای خوراک دام)
Schrotflinte, die; -, -n تفنگ ساچمه‌ای
Schrotkorn, das; -(e)s, ⸚er گندم پوست‌کنده
Schrotmehl, das; -(e)s آرد زبر
Schrotmühle, die; -, -n گندم‌کوب
Schrotsäge, die; -, -n ارهٔ دو سر
Schrott, der; -(e)s, -e آهن‌پاره، آهن‌قراضه
Schrotthändler, der; -s, - فروشندهٔ اشیای قراضه
Schrottplatz, der; -es, ⸚e محل جمع‌آوری ماشین‌های از کارافتاده
Schrottwert, der; -(e)s, -e کم‌ارزش
schrubben *Vt.* تمیز کردن، ساییدن (زمین)
Schrubber, der; -s, - لته، برس زمین‌شویی
Schrulle, die; -, -n ۱. هوی و هوس ۲. عجوزه، پیرزن مزاحم
schrullenhaft *Adj.* ۱. عجیب و غریب ۲. فرتوت
schrullig *Adj.* ۱. عجیب و غریب ۲. فرتوت
Schrumpel, die; -, -n ۱. چین و چروک ۲. پیرزن
schrump(e)lig *Adj.* چروک‌خورده، پرچین و چروک
schrumpfen *Vi.* ۱. چروک شدن؛ آب رفتن، ۲. کاهش یافتن، کم شدن
schrumpfig *Adj.* چروکیده
Schrumpfung, die; -, -en چروک؛ آب‌رفتگی
Schrunde, die; -, -n ترک، شکاف
schrundig *Adj.* ترک‌دار، مودار
Schub, der; -(e)s, ⸚e ۱. فشار به جلو، هل ۲. مقدار نان (در یک پخت) ۳. برش ۴. رانش
Schubfach, das; -(e)s, ⸚er کشو
Schubkarre, die; -, -n چرخ‌دستی، گاری‌دستی
Schubkarren, der; -s, - چرخ‌دستی، گاری‌دستی
Schubkasten, der; -s, ⸚ کشو
Schubkraft, die; -, ⸚e نیروی پرتاب به جلو
Schublade, die; -, -n کشو
Schubleistung, die; -, -en نیروی پرتاب به جلو
Schubs, der; -es, -e هل، فشار به جلو؛ تنه
schubsen *Vi.* هل دادن، با فشار به جلو بردن؛ تنه زدن
schüchtern *Adj.* کمرو، خجالتی، خجول
Schüchternheit, die; - کمرویی، خجالت
schuf *P.* صیغهٔ فعل گذشتهٔ مطلق از مصدر schaffen
Schuft, der; -(e)s, -e آدم رذل، حقه‌باز، پست‌فطرت
schuften *Vi.* سخت کار کردن، جان کندن
Schufterei, die; -, -en جان‌کنی، کار سخت، کار پرزحمت
schuftig *Adj.* رذل، حقه‌باز، پست‌فطرت
Schuh, der; -(e)s, -e کفش

ein Paar Schuhe یک جفت کفش
die Schuhe putzen کفش‌ها را واکس زدن

die Schuhe anziehen کفش‌ها را پوشیدن
Mein Schuh drückt. کفش پایم را می‌زند.
Ich weiß, wo ihn der Schuh drückt.
می‌دانم که نگرانی او از چیست.
Schuhanzieher, der; -s, - پاشنه کش
Schuhband, das; -(e)s, ⸚er بند کفش
Schuhbürste, die; -, -n برس کفش
Schuhcreme, die; -s, - واکس کفش
Schuhfabrik, die; -, -en کارخانهٔ کفش‌سازی
Schuhgeschäft, das; -(e)s, -e کفاشی
Schuhgröße, die; -, -n اندازهٔ کفش، نمرهٔ کفش
Schuhkrem, die; -s, - واکس کفش
Schuhlöffel, der; -s, - پاشنه کش
Schuhmacher, der; -s, - کفاش، کفش‌دوز
Schuhmacherei, die; -, -en کفاشی
Schuhmachermeister, der; -s, - استادِ کفاش
Schuhnummer, die; -, -n اندازهٔ کفش، نمرهٔ کفش
Schuhplattler, der; -s, - (در آلمان) (نوعی) رقص محلی ایالت بایرن
Schuhputzer, der; -s, - واکسی
Schuhriemen, der; -s, - بند کفش
Schuhsenkel, der; -s, - بند کفش
Schuhsohle, die; -, -n تخت کفش، کف کفش، پاشنهٔ کفش
Schuhspanner, der; -s, - قالب کفش
Schuhwaren, die / *Pl.* کفش، پاپوش
Schuhwerk, das; -(e)s, - کفش، پاپوش
Schuhwichse, die; - واکس کفش
Schulamt, das; -(e)s, ⸚er ادارهٔ آموزش و پرورش
Schularbeit, die; -, -en تکلیف مدرسه، مشق
Schulaufgabe, die; -, -n تکلیف مدرسه، مشق
Schulausgabe, die; -n, -n نشریهٔ مدرسه
Schulausflug, der; -(e)s, ⸚e گردش کوتاه مدرسه، سفر کوتاه مدرسه
Schulbank, die; -, ⸚e نیمکت مدرسه
Er drückt noch die Schulbank!
او هنوز بچه مدرسه‌ای است!
Schulbehörde, die; -, -n ادارهٔ آموزش و پرورش
Schulbeispiel, das; -s, -e نمونهٔ برجسته
Schulbesuch, der; -(e)s, -e حضور در مدرسه
Schulbildung, die; - تعلیم، آموزش
Schulbuch, das; -(e)s, ⸚er کتاب درسی
Schulbücherei, die; -, -en کتابخانهٔ مدرسه
Schulbus, der; -busses, -busse سرویس مدرسه

Schuld, die; -, -en ۱. تقصیر، گناه، جرم، قصور ۲. بدهی، وام، قرض، دین
Es ist mein Schuld. تقصیر من است.
Wer ist Schuld? تقصیر کیست؟
Schulden machen مقروض شدن
Schuldbekenntnis, das; -nisses, -nisse اعتراف به جرم
schuldbeladen *Adj.* گناهکار، بزهکار، مقصر
schuldbewußt *Adj.* آگاه از گناه، با خبر از جرم
Schuldbuch, das; -(e)s, ⸚er دفتر پس‌انداز
schulden *Vt.* بدهکار بودن، مقروض بودن، مدیون بودن
Ich schulde ihm mein Leben.
زندگی‌ام را مدیون او هستم.
schuldenfrei *Adj.* بدون بدهی
Schuldenlast, die; -, -en بار بدهی، بار قرض
Schuldentilgungsfonds, der; -, - وجـه استهلاکی
Schuldforderung, die; -, -en مطالبه پرداخت
Schuldfrage, die; -, -n مسئله مجرمیت
schuldhaft *Adj.* ۱. مجرم، مقصر ۲. بدهکار، مدیون، مقروض
schuldig *Adj.* ۱. گناهکار، مقصر، مجرم ۲. بدهکار، مدیون، مقروض
Was bin ich schuldig? چقدر بدهکارم؟
Schuldige, der / die; -n, -n ۱. مجرم، متهم، مقصر ۲. بدهکار، مدیون، مقروض
Schuldigkeit, die; -, -en وظیفه، تکلیف، مسئولیت
Schuldirektor, der; -s, -en مدیر مدرسه
Schuldirektorin, die; -, -nen مدیر مدرسه (زن)
schuldlos *Adj.* بی‌گناه، معصوم، بی‌تقصیر
Schuldlosigkeit, die; - بی‌گناهی، معصومیت
Schuldner, der; -s, - مدیون، بدهکار، مقروض
Schuldnerin, die; -, -nen مدیون، بدهکار، مقروض (زن)
Schuldrecht, das; -(e)s, -e حق تعهد
Schuldschein, der; -(e)s, -e سند بدهکاری، سفته، برگ قبول تعهد
Schuldstrafrecht, das; -(e)s, -e قانون جزایی جرم
Schuldübernahme, die; -, -n تقبل بدهکاری
Schuldverschreibung, die; -, -en سند بدهکاری، سفته
Schule, die; -, -n مدرسه، آموزشگاه
in die Schule gehen به مدرسه رفتن
eine Schule besuchen به مدرسه‌ای رفتن

schulen 720

aus der Schule plaudern اسرار را فاش کردن
schulen *Vt.* تدریس کردن، تعلیم دادن، آموزش دادن
schulentlassen *Adj.* (از مدرسه) اخراجی
schulentwachsen *Adj.* (به علت سن زیاد) غیر قابل پذیرش در مدرسه
Schüler, der; -s, - دانش‌آموز، شاگرد مدرسه، محصل
Schüleraustausch, der; -(e)s مبادلهٔ دانش‌آموز
Schülerausweis, der; -es, -e کارت دانش‌آموزی، کارت تحصیلی
schülerhaft *Adj.* شاگردانه
Schülerin, die; -, -nen دانش‌آموز، شاگرد مدرسه، محصل (زن)
Schulferien die / *Pl.* تعطیلات مدرسه
Schulfernsehen, das; -s, - تلویزیون آموزشی
Schulflugzeug, das; -es, -e هواپیمای آموزشی
schulfrei *Adj.* بدون کلاس درس، بی‌کلاس
Schulfreund, der; -(e)s, -e هم‌شاگردی، هم‌مدرسه‌ای
Schulfreundin, die; -, -nen هم‌شاگردی (زن)، هم‌مدرسه‌ای (زن)
Schulgelände, das; -s, - محوطهٔ مدرسه
Schulgeld, das; -(e)s, - شهریهٔ مدرسه
Schulgelehrsamkeit, die; - معلومات نظری
Schulhaus, das; -es, -häuser ساختمان مدرسه
Schulhof, der; -(e)s, =e محوطهٔ مدرسه
Schuljahr, das; -(e)s, -e سال تحصیلی
Schuljugend, die; - دانش‌آموزانی که مشمولِ آموزش اجباری هستند
Schuljunge, der; -n, -n دانش‌آموز پسر
Schulkamerad, der; -en, -en هم‌شاگردی
Schulkenntnisse, die / *Pl.* معلومات مدرسه‌ای
Schullehrer, der; -s, - معلم مدرسه
Schullehrerin, die; -, -nen معلم مدرسه (زن)
Schulleiter, der; -s, - مدیر مدرسه
Schulmädchen, das; -s, - دانش‌آموز دختر
Schulmann, der; -(e)s, =er معلم، مربی
Schulmappe, die; -, -n کیف مدرسه
Schulmeister, der; -s, - مدیر آموزشگاه
schulmeisterlich *Adj.* مدیرانه
schulmeistern *Vt.* تنگ نظرانه آموزش دادن
Schulordnung, die; -, -en مقررات مدرسه
Schulpferd, das; -(e)s, -e اسب تعلیمی
Schulpflicht, die; - آموزش اجباری
schulpflichtig *Adj.* مشمول آموزش اجباری
Schulprüfung, die; -, -en امتحانات مدرسه
Schulranzen, der; -s, - کیف مدرسه
Schulrat, der; -(e)s, =e بازرس مدرسه
Schulraum, der; -(e)s, -räume اتاق درس، کلاس
Schulreiten, das; -s تحصیل، تعلیم، کسب دانش
Schulschiff, das; -(e)s, -e کشتی آموزشی
Schulschluß, der; -schlusses, -schlüsse پایان مدرسه
Schulschwänzer, der; -s, - فراری از مدرسه، مکتب گریز
Schulspeisung, die; - تغذیه در مدرسه
Schulstube, die; -, -n اتاق درس، کلاس
Schulstunde, die; -, -n ساعت تدریس، ساعت درس
Schultasche, die; -, -n کیف مدرسه
Schulter, die; -, -n شانه، کتف، دوش
Schulter an Schulter شانه به شانه
etwas **auf seine Schultern nehmen** مسئولیت چیزی را پذیرفتن
Schulterblatt, das; -(e)s, =er استخوان کتف
Schulterbreite, die; -, -n پهنای کتف
schulterfrei *Adj.* [لباس زنانه] بدون سرشانه؛ بدون بند
Schulterklappe, die; -, -n سردوشی
schultern *Vt.* ۱. بر روی شانه حمل کردن ۲. (کشتی) ضربه فنی کردن
Schultersieg, der; -es, -e (کشتی) ضربه فنی
Schulterstück, das; -(e)s, -e سردوشی
Schulung, die; -, -en آموزش، تعلیم
Schulunterricht, der; -(e)s درس مدرسه
Schulversäumnis, die; -, -se غیبت از مدرسه
Schulverwaltung, die; -, -en ادارهٔ امور مدارس
Schulvorsteher, der; -s, - مدیر مدرسه
Schulweg, der; -(e)s, -e راه مدرسه
Schulweisheit, die; -, -en معلومات نظری
Schulwesen, das; -s ماهیت مدرسه، آنچه که به مدرسه ارتباط دارد
Schulzeit, die; -, -en ایام تحصیل
Schulzeugnis, das; -nisses, -nisse مدرک تحصیلی؛ کارنامه
Schulzimmer, das; -s, - اتاق درس، کلاس
Schulzwang, der; -(e)s تعلیمات اجباری
Schummel, der; -s تقلب، حقه، کلک
schumm(e)lig *Adj.* متقلب، حقه‌باز
schummeln *Vi.* تقلب کردن، حقه زدن
Schummer, der; -s, - شامگاه، غروب آفتاب

schumm(e)rig *Adj.*	تاریک روشن، نیمه‌تاریک
schummern *Vi., Vt.*	۱. غروب شدن ۲. سایه انداختن، سایه زدن
Schund, *der; -(e)s*	۱. کالای بنجل، کالای نامرغوب، چیز بی‌ارزش ۲. ادبیات چرند، ادبیات بی‌محتوا
schund *P.* **schinden**	صیغهٔ فعل گذشتهٔ مطلق از مصدر
schundig *Adj.*	بی‌ارزش، پیش پا افتاده
Schundliteratur, *die; -*	ادبیات چرند، ادبیات بی‌محتوا
Schundroman, *der; -s, -e*	داستان بی‌ارزش
schunkeln *Vi.*	تاب خوردن
Schupf, *der; -(e)s, -e*	تنه؛ هل
schupfen *Vt.*	۱. هل دادن؛ به (کسی) تنه زدن ۲. انداختن
jemanden von Hinten schupfen	کسی را از عقب هل دادن
Schupo[1] *die; -*	پلیس، شهربانی
Schupo[2] *der; -s, -s*	افسر پلیس
Schuppe, *die; -, -n*	۱. فلس ماهی ۲. شورهٔ سر
schuppen *Vt., Vr.*	۱. پوست کندن؛ پولک کندن ۲. ساییدن، خراشیدن؛ خاراندن ۳. پوسته دادن، پوست پوست شدن
Schuppen, *der; -s, -*	۱. کپر، آلونک ۲. آشیانهٔ هواپیما
schuppig *Adj.*	۱. فلسی، فلس‌دار ۲. [موی سر] شوره‌دار
Schur, *die; -, -en*	۱. پشم (گوسفند) ۲. پشم‌چینی (گوسفند)
Schüreisen, *das; -s, -*	سیخ بخاری
schüren *Vt.*	۱. هم زدن، زیر و رو کردن (آتش) ۲. (با بادبزن) باد زدن
schürfen *Vi., Vt., Vr.*	۱. پس زدن (قشر رویی خاک) ۲. اکتشاف کردن، کاویدن (معدن) ۳. خراشیدن؛ خاراندن (پوست)
schurigeln *Vt.*	زجر دادن، آزار رساندن، عذاب دادن
Schurke, *der; -n, -n*	رذل، بی‌شرف، خبیث، پست‌فطرت، ناجنس
Schurkenstreich, *der; -(e)s, -e*	رذالت، خباثت، پستی، رفتار رذیلانه
Schurkerei, *die; -, -en*	رذالت، خباثت، پستی
Schurkin, *die; -, -nen*	رذل، بی‌شرف، خبیث، پست‌فطرت، ناجنس (زن)
schurkisch *Adj.*	رذل، بی‌شرف، خبیث، پست
Schurwolle, *die; -*	پشم (گوسفند)
Schurz, *der; -es, -e/̈-e*	پیش‌بند

Schürze, *die; -, -n*	پیش‌بند
schürzen *Vt., Vr.*	۱. گره زدن، بستن ۲. بالا زدن (لباس/دامن) ۳. غنچه کردن (لب)
Schürzenband, *das; -(e)s, ̈-er*	بند پیش‌بند
Schürzenjäger, *der; -s, -*	مرد زن‌باز، مرد زن‌باره
Schürzenkleid, *das; -(e)s, -er*	بالاپوش، لباس کار
Schuß, *der; Schusses, Schüsse*	۱. تیر، تیراندازی ۲. جهش (با اسکی) ۳. پارچهٔ دست‌باف ۴. شوت، ضربهٔ محکم (به توپ) ۵. جرعه
etwas in Schuß bringen	به چیزی سر و سامان دادن
seine Sachen in Schuß halten	در کار خود نظم و ترتیب داشتن
Schußbereich, *der; -(e)s, -e*	تیررس، برد تیر
schußbereit *Adj.*	۱. آمادهٔ تیراندازی، آمادهٔ آتش ۲. آمادهٔ عکس گرفتن
Schussel[1] *die; -, -n*	۱. بی‌آرامی، بی‌قراری، اضطراب ۲. فراموشکار
Schussel[2] *der; -s, -*	فراموشکار
Schüssel, *die; -, -n*	کاسه، قدح؛ دوری، ظرف
Schußfahrt, *die; -, -en*	جهش با اسکی در سراشیب
schußfertig *Adj.*	آمادهٔ آتش، آمادهٔ تیراندازی
schußlig *Adj.*	(از لحاظ روانی) فراموشکار؛ نامتعادل
Schußlinie, *die; -, -n*	مسیر تیراندازی، خط آتش
Schußwaffe, *die; -, -n*	اسلحهٔ گرم، سلاح آتشین
Schußweite, *die; -, -n*	تیررس، برد تیر
Schußwunde, *die; -, -n*	جراحت گلوله
Schuster, *der; -s, -*	کفاش، پینه‌دوز
Schusterei, *die; -, -en*	کفاشی، پینه‌دوزی
schustern *Vi.*	کفش دوختن، پینه‌دوزی کردن
Schute, *die; -, -n*	۱. دوبه، کرجی ۲. (نوعی) کلاه بی‌لبهٔ زنانه
Schutt, *der; -(e)s*	۱. آوار، بقایای ساختمان خراب ۲. آشغال، زباله، خاکروبه
Schuttabladeplatz, *der; -es, ̈-e*	زباله‌دانی، آشغال‌دانی
Schüttelfrost, *der; -(e)s, ̈-e*	لرزه، رعشه، ارتعاش؛ تب و لرز
schütteln *Vt.*	لرزاندن، تکان دادن، تکاندن
die Hand schütteln	دست تکان دادن
Vor Gebrauch schütteln.	قبل از مصرف تکان دهید.
Schüttelreim, *der; -(e)s, -e*	۱. اشتباه در تلفظ حروف ۲. (زبان‌شناسی) قلب
schütten *Vt., Vi.*	۱. ریختن (مایعات) ۲. به‌شدت باریدن ۳. محصول خوب دادن

schütter *Adj.* [مو] کم‌رشد، کم‌پشت
schüttern *Vi., Vt.* ۱. به‌شدت لرزیدن ۲. به‌شدت تکان دادن
Schutthalde, die; -, -n سنگریزه
Schutthaufen, der; -s, - تودهٔ زباله
Schutz, der; -es, -e حفاظت، حمایت، محافظت، جانبداری، پشتیبانی
in Schutz nehmen حمایت کردن
bei jemandem **Schutz suchen** به کسی پناه بردن
Schütz, das; -es, -e وسیلهٔ قطع و وصل (برق)
Schutzanstrich, der; -s, -e روکش ایمنی
Schutzanzug, der; -(e)s, ⸚e (جوشکاری) لباس کار ایمنی
Schutzbefohlene, der/die; -n, -n شخص مورد حمایت
Schutzblech, das; -(e)s, -e (در دوچرخه) گلگیر
Schutzbrille, die; -, -n (جوشکاری) عینک ایمنی
Schutzbündnis, das; -nisses, -nisse اتحاد تدافعی
Schutzdach, das; -s, ⸚er جان‌پناه، پناهگاه
Schütze[1], der; -n, -n ۱. تیرانداز ۲. حساب‌نگهدار بازی ۳. قوس، کمان ۴. (فوتبال) شوت‌زن
Schütze[2], die; -, -n دریچهٔ تخلیه، آب‌بند
schützen *Vt.* از (کسی) حمایت کردن، از (کسی) محافظت کردن، از (کسی) پشتیبانی کردن
Schützenfest, das; -(e)s, -e جشن تیراندازی
Schützenfeuer, das; -s, - آتشِ آزاد
Schutzengel, der; -s, - فرشتهٔ محافظ
Schützengilde, die; -, -n باشگاه تیراندازی
Schützengraben, der; -s, ⸚ خندق؛ سنگر
Schützenkette, die; -, -n گروه محافظ
Schützenkönig, der; -(e)s, -e قهرمان تیراندازی
Schützenlinie, die; -, -n گروه محافظ
Schützenloch, das; -(e)s, ⸚er سنگر؛ خندق
Schützfärbung, die; -, -en رنگ ایمنی (رنگ به منظور پوشش)، تغییر رنگ جانوران (هنگام خطر، به منظور دفاع)
Schutzgebiet, das; -(e)s, -e منطقهٔ تحت حفاظت، منطقهٔ حفاظتی
Schützgeleit, das; -(e)s, -e گارد محافظ، اسکورت
Schutzgitter, das; -s, - ۱. نردهٔ ایمنی ۲. (در رادیو) پردهٔ شبکه‌دار
Schutzhaft, die; - توقیف حفاظتی، بازداشت حفاظتی
Schutzhaube, die; -, -n کلاه ایمنی
Schutzheilige, der/die; -n, -n فرشتهٔ محافظ
Schutzhelm, der; -(e)s, -e کلاه ایمنی
Schutzherr, der; -n/-en, -en حامی، پشتیبان
Schutzherrin, die; -, -nen حامی، پشتیبان (زن)
Schutzherrschaft, die; -, -en حمایت، قیمومت، سرپرستی
Schutzhülle, die; -, -n پوشش ایمنی
Schutzhund, der; -(e)s, -e سگ نگهبان
Schutzhütte, die; -, -n پناهگاه، جان‌پناه
schutzimpfen *Vt.* واکسن زدن
Schutzimpfung, die; -, -en واکسن
Schutzinsel, die; -, -n محل میخ‌کوبی شده در وسط خیابان
Schützling, der; -s, -e تحت‌الحمایه
schutzlos *Adj.* بی‌پناه، بی‌دفاع
Schutzmann, der; -(e)s, ⸚er پاسبان
Schutzmarke, die; -, -n علامت تجاری، علامت روی کالا
Schutzmaske, die; -, -n ماسک ایمنی
Schutzmaßnahme, die; -, -n اقدام حفاظتی
Schutzmaßregel, die; -, -n اقدام حفاظتی، پیشگیری
Schutzmittel, das; -s, - وسیلهٔ ایمنی
Schutzpatron, der; -s, -e فرشتهٔ نگهبان
Schutzpatronin, die; -, -nen فرشتهٔ نگهبان (زن)
Schutzpolizei, die; -, -en پلیس، شهربانی
Schutzpolizist, der; -en, -en افسر پلیس
Schutzrechte, die/*Pl.* حق حمایت؛ حق ثبت اختراع
Schutzschild, der; -(e)s, -e پوشش حفاظتی
Schutzstoff, der; -(e)s, -e واکسن
Schutztarif, der; -s, -e تعرفهٔ گمرکی حفاظتی
Schutzumschlag, der; -(e)s, ⸚e روکش جلد کتاب؛ لفاف بسته‌بندی
Schutzvorrichtung, die; -, -en وسیلهٔ دفاعی
Schutzwaffe, die; -, -n اسلحهٔ دفاعی، سلاح حفاظتی
Schutzzoll, der; -(e)s, ⸚e تعرفهٔ گمرکی؛ گمرک حفاظتی
schutzzöllnerisch *Adj.* (مربوط به) حمایت گمرکی
Schutzzone, die; -, -n منطقهٔ دفاعی
schwabbelig *Adj.* نرم و لغزنده، لرزان
schwabbeln *Vi.* ۱. جنبیدن، تلوتلو خوردن، وول خوردن ۲. وروَر کردن، سخن نامفهوم گفتن ۳. جلا دادن، براق کردن، پرداخت کردن (قطعات فلزی)

723 **Schwank**

Schwabe, die; -, -n سوسک حمام
Schwabenstreich, der; -(e)s, -e مسخرگی، لودگی
schwach *Adj.* ۱. ضعیف، ناتوان، سست، نحیف، کم‌بنیه، رنجور ۲. کم‌مایه، رقیق ۳. بی‌محتوا، سطحی
Mir wird schwach. احساس ضعف می‌کنم.
schwache Verben (دستور زبان) افعال ضعیف
Schwäche, die; -, -n ۱. ضعف، ناتوانی، عجز؛ نقطه ضعف ۲. علاقهٔ شدید، تمایل شدید ۳. نقص، عیب
eine Schwäche für etwas **haben** به چیزی تمایل خاصی داشتن
beim Gegner eine Schwäche entdecken نقطه ضعف در حریف پیدا کردن
schwächen *Vt.* ضعیف کردن، ناتوان کردن، سست کردن
Schwächezustand, der; -es, ⸚e سستی، ضعف، ناتوانی، حالت ضعف
schwachgläubig *Adj.* سست ایمان
Schwachheit, die; -, -en سستی، ضعف، ناتوانی
schwachherzig *Adj.* رقیق‌القلب
Schwachkopf, der; -(e)s, ⸚e ابله، احمق، سبک مغز، نفهم
schwachköpfig *Adj.* سبک مغز، بی‌کله
schwächlich *Adj.* ضعیف، ناتوان، بی‌حال
Schwächlichkeit, die; -, -en ضعف، سستی، ناتوانی
Schwächling, der; -s, -e ۱. آدم ضعیف، شخص ناتوان ۲. مرد سست عنصر، مرد بی‌اراده
Schwachpunkt, der; -(e)s, -e نقطه ضعف
schwachsichtig *Adj.* نزدیک‌بین
Schwachsinn, der; -(e)s, - ۱. ضعف عقل، کم‌خردی، حماقت ۲. چیز بی‌معنی، چیز بی‌سروته
schwachsinnig *Adj.* ضعیف‌العقل، عقب‌مانده، کم خرد، احمق، بی‌شعور
Schwachsinnige, der/die; -n, -n آدم سبک مغز، آدم کم عقل
Schwachstrom, der; -(e)s, ⸚e جریان ضعیف برق
Schwächung, die; -, -en ضعف، ناتوانی
Schwaden, der; -s, - ۱. (نوعی) گیاه خوردنی ۲. انبوه، توده (گرد و غبار، مه، دود)
Schwadron, die; -, -en واحد سواره‌نظام
schwadronieren *Vi.* لاف زدن، برخود بالیدن، خودستایی کردن
schwafeln *Vi.* چرند گفتن، سخن بی‌معنی گفتن، یاوه گفتن

Schwager, der; -s, ⸚ برادرزن، برادرشوهر، شوهرخواهر
Schwägerin, die; -, -nen خواهرزن، خواهرشوهر، زن‌برادر
Schwägerschaft, die; -, -en روابط خانوادگی زن و شوهر، روابط بین خویشاوندان سببی
Schwalbe, die; -, -n پرستو
Schwalbenschwanz, der; -es, ⸚e دم پرستو
Schwall, der; -(e)s, -e سیل، طوفان، رگبار شدید
schwallen *Vi.* چرند گفتن، چرت و پرت گفتن
schwamm *P.* صیغهٔ فعل گذشتهٔ مطلق از مصدر schwimmen
Schwamm, der; -(e)s, ⸚e ۱. اسفنج، ابر (حمام) ۲. تخته پاک‌کن
mit dem Schwamm wegwischen با تخته پاک‌کن پاک کردن، با ابر پاک کردن
schwammig *Adj.* اسفنجی، نرم، انعطاف‌پذیر
Schwan, der; -es, ⸚e قو
schwand *P.* صیغهٔ فعل گذشتهٔ مطلق از مصدر schwinden
schwanen *Vi.* پیش‌بینی کردن، احتمال دادن، حدس زدن (واقعهٔ بد)، پیش‌فرض داشتن
Schwanengesang, der; -(e)s, ⸚e آواز قو
schwang *P.* صیغهٔ فعل گذشتهٔ مطلق از مصدر schwingen
Schwang, der; -(e)s روش، طرز، سبک، رسم
schwanger *Adj.* آبستن، باردار، حامله
Schwangere, die; -n, -n زن حامله
Schwangerenfürsorge, die; -, -n مراقبت از زنان باردار
schwängern *Vt.* آبستن کردن، حامله کردن، باردار کردن
Schwangerschaft, die; -, -en حاملگی، آبستنی، بارداری
Schwangerschaftsabbruch, der; -(e)s, ⸚e کورتاژ، سقط جنین
Schwangerschaftstest, der; -(e)s, -e تست بارداری، آزمایش حاملگی
Schwangerschaftsunterbrechung, die; -, -en سقط جنین
Schwangerschaftsverhütung, die; -, -en جلوگیری از حاملگی
Schwängerung, die; -, -en لقاح، بارورسازی
Schwank, der; -(e)s, -e ۱. داستان شاد کوتاه ۲. نمایش فکاهی ۳. شوخی زننده

schwank *Adj.* ۱. قابل انعطاف، متزلزل، نرم ۲. لرزان، سست، ضعیف

schwanken *Vi.* ۱. تلوتلو خوردن ۲. نوسان داشتن، در نوسان بودن ۳. لرزیدن، جنبیدن (زمین) ۴. تردید داشتن

Schwanken, das; -s, - نوسان، تزلزل

Schwankung, die; -, -en نوسان، تزلزل

Schwanz, der; -es, ⸚e ۱. دم، دنباله ۲. آلت تناسلی مرد

kein Schwanz هیچ‌کس

schwänzeln *Vi.* ۱. دم جنباندن ۲. تملق گفتن، چاپلوسی کردن

schwänzen *Vt., Vi.* ۱. از زیر (کاری) شانه خالی کردن، از زیر (کاری) در رفتن ۲. از مدرسه گریختن

die Schule schwänzen عمداً به مدرسه نرفتن

Schwanzende, das; -s, -n دنباله، انتها، قسمت انتهایی

Schwanzfeder, die; -, -n پَر دم

Schwanzflosse, die; -, -n دم ماهی

schwappen *Vi.* سررفتن، لب پرزدن (مایعات)

Schwäre, die; -, -n چرک؛ دمل؛ زخم؛ جوش

schwären *Vi.* چرک کردن، گندیدن

Schwarm, der; -(e)s, ⸚e ۱. گروه، دسته، جمعیت ۲. پرواز (تعدادی هواپیما) ۳. بت، صنم، معبود، شخص مورد علاقه ۴. کمال مطلوب ۵. شور، شوق، شیدایی

schwärmen *Vi.* ۱. گروهی حرکت کردن، تجمع کردن ۲. شیفته بودن ۳. تعریف کردن، تمجید کردن

für jemanden **schwärmen** به کسی اشتیاق زیاد داشتن

Schwärmer, der; -s, - مشتاق، شیفته، شیدا

Schwärmerei, die; -, -en اشتیاق، حرارت، شیفتگی، شیدایی

Schwärmerin, die; -, -nen مشتاق، شیفته، شیدا (زن)

schwärmerisch *Adj.* پراشتیاق، باحرارت

Schwarte, die; -, -n ۱. پوست ضخیم، پوست‌کلفت ۲. کتاب کهنه و بی‌ارزش

eine alte Schwarte یک کتاب قدیمی

schwarten *Vi., Vt.* ۱. رجزخوانی کردن ۲. در کتاب غرق شدن ۳. کتک زدن

Schwarz, das; -(es), - ۱. سیاهی ۲. رنگ سیاه

ins Schwarze treffen به هدف زدن

schwarz *Adj.* ۱. سیاه، مشکی ۲. غیرقانونی، برخلاف قانون

schwarz auf weiß کتباً

der schwarze Markt بازار سیاه

das schwarze Meer دریای سیاه

Mir wird schwarz vor den Augen. چشمانم سیاهی می‌رود.

das schwarze Brett تابلوی اعلانات

jemanden **auf die schwarze Liste setzen** نام کسی را در لیست سیاه نوشتن

Schwarzarbeit, die; - کار سیاه، کار قاچاق

schwarzarbeiten *Vi.* سیاه کار کردن، قاچاقی کار کردن

schwarzäugig *Adj.* سیاه چشم

schwarzblau *Adj.* آبی سیر

Schwarzblech, das; -(e)s, -e ورقهٔ سیاه (آهن)

schwarzbraun *Adj.* قهوه‌ای سیر

Schwarzbrot, das; -(e)s, -e نان چاودار، نان گندم سیاه

Schwarzdrossel, die; -, -n (پرنده) ترقه

Schwarze, der/die; -n, -n سیاه‌پوست، زنگی

Schwärze, die; -, -n سیاهی، تیرگی

schwärzen *Vt., Vi.* ۱. سیاه کردن ۲. قاچاق کردن ۳. سیاه شدن

Schwärzer, der; -s, - قاچاقچی

schwarzfahren *Vi.* مجانی سوار شدن، بی‌بلیت سوار شدن، قاچاقی سوار شدن

Schwarzfahrer, der; -s, - مسافر قاچاقی؛ مسافر مجانی، مسافر بی‌بلیت

Schwarzfahrt, die; -, -en سفر قاچاقی؛ سفر مجانی، سفر بی‌بلیت

Schwarzfärber, der; -s, - بدبین

schwarzgehen *Vi.* ۱. به شکار غیرمجاز رفتن ۲. قاچاقی از مرز عبور کردن

schwarzhaarig *Adj.* مو سیاه

Schwarzhandel, der; -s, ⸚ بازار سیاه، تجارت قاچاقی، معاملهٔ غیرمجاز

Schwarzhändler, der; -s, - تاجر قاچاقی

Schwarzhemden, die/*Pl.* سیه جامگان (فاشیست‌های ایتالیا)

schwarzhören *Vi.* ۱. بدون پرداخت مالیات رادیو گوش دادن ۲. دزدکی در کلاس درس حضور یافتن

Schwarzhörer, der; -s, - ۱. شنوندهٔ قاچاقی (بدون پرداخت عوارض رادیو) ۲. (در دانشگاه) مستمع بدون ثبت‌نام

Schwarzkunst, die; -, ⸚e ۱. سحر، جادو ۲. هنر سیاه قلم

Schwarzkünstler, der; -s, - ساحر، جادوگر

schwärzlich *Adj.* سیه‌فام، سیه‌چرده

Schwarzmarkt, der; -(e)s, ⸚e بازار سیاه، بازار قاچاق

Schwarzpulver, der; -s, - گرد سیاه، باروت
schwarzschlachten *Vi., Vt.* ۱. کشتار غیرمجاز کردن ۲. غیرمجاز کشتن (جانوران)
Schwarzschlachtung, die; -, -en کشتار غیرمجاز (جانوران)
schwarzsehen *Vi.* ۱. بدبینانه قضاوت کردن ۲. بدون پرداخت مالیات تلویزیون تماشا کردن
Schwarzseher, der; -s, - بدبین
Schwarzseherin, die; -, -nen بدبین (زن)
Schwarzsender, der; -s, - فرستندهٔ رادیویی مخفی، فرستندهٔ غیرمجاز
schwarzweiß *Adj.* سیاه و سفید
Schwarzweißfernseher, der; -s, - تلویزیون سیاه و سفید
Schwarzweißfilm, der; -s, -e فیلم سیاه و سفید
Schwarzweißkunst, die; -, ⸚e هنر گرافیک
Schwarzwild, das; -(e)s گراز نر سیاه
Schwarzwurzel, die; -, -n (گیاه) اُذُن‌الحِمار
Schwatz, der; -es, -e سخن دوستانه، درددل؛ وراجی
Schwatzbase, die; -, -n پرحرف، وراج، پرگو
schwatzen *Vi., Vt.* ۱. گپ زدن ۲. وراجی کردن، پرگویی کردن ۳. (در کلاس) یواشکی صحبت کردن ۴. دهان‌لق بودن ۵. حکایت کردن، روایت کردن
schwätzen *Vi., Vt.* ۱. گپ زدن ۲. وراجی کردن، پرگویی کردن ۳. (در کلاس) یواشکی صحبت کردن ۴. دهان‌لق بودن ۵. حکایت کردن، روایت کردن
Schwätzer, der; -s, - پرحرف، وراج، پرگو، پرچانه
Schwätzerin, die; -, -nen پرحرف، وراج، پرگو، پرچانه (زن)
schwatzhaft *Adj.* پرگو، پرحرف، وراج
Schwatzhaftigkeit, die; - پرگویی، پرحرفی، وراجی
Schwebe, die; - ۱. تردید، وقفه ۲. تعلیق
Schwebebahn, die; -, -en تله اسکی، قطار هوایی
Schwebebalken, der; -s, - (ورزش) میلهٔ بالانس
schweben *Vi.* ۱. معلق بودن، آویزان بودن ۲. نوسان کردن
schwebend *Adj.* معلق، آویزان
Schwebung, die; -, -en (فیزیک) نوسان صدا
Schwede, der; -n, -n سوئدی
Schweden, das سوئد
Schwedin, die; -, -nen سوئدی (زن)
schwedisch *Adj.* سوئدی (زن)
Schwefel, der; -s (شیمی) گوگرد، سولفور
Schwefelbad, das; -(e)s, ⸚er چشمهٔ آب‌معدنی
Schwefelblumen, die / *Pl.* گُل گوگرد
Schwefelblüte, die; -, -n شکوفهٔ گوگرد
schwefelfarbig *Adj.* به رنگ گوگرد، زرد رنگ
schwefelgelb *Adj.* به رنگ گوگرد، زرد رنگ
schwef(e)lig *Adj.* گوگرددار، دارای گوگرد، سولفوردار، سولفوری
Schwefelkies, der; -es, -e سولفور طبیعی آهن
Schwefelkohlenstoff, der; -(e)s, -e (شیمی) سولفور کربن
schwefeln *Vt.* گوگرد زدن، با گوگرد ترکیب کردن
Schwefelsäure, die; -, -n (شیمی) اسید سولفوریک، جوهر گوگرد
Schwefelwasserstoff, der; -(e)s, -e (شیمی) سولفید هیدروژن
Schweif, der; -(e)s, -e دم، دنباله
schweifen *Vi., Vt.* ۱. پرسه زدن، ول گشتن ۲. خم کردن، کج کردن
Schweifung, die; -, -en خمیدگی، انحنا، کجی
schweifwedeln *Vi.* ۱. دم جنباندن (سگ) ۲. تملق گفتن، چاپلوسی کردن
Schweigegeld, das; -(e)s, -er حق سکوت
Schweigemarsch, der; -es, ⸚e راهپیمایی بدون شعار
Schweigeminute, die; -, -n (به نشانه احترام به مرگ کسی) (یک) دقیقه سکوت
schweigen *Vi.* سکوت کردن، خاموش ماندن، لب فرو بستن
aus Angst schweigen از ترس دم برنیاوردن
Schweigen, das; -s سکوت، خاموشی
Sie hüllte sich in Schweigen. او لب از لب نگشود.
jemanden **zum Schweigen bringen** کسی را وادار به سکوت کردن
Reden ist Silber, Schweigen ist Gold. کم گوی و گزیده گوی چون در.
schweigend *Adj.* ساکت، خاموش
Schweigepflicht, die; -, -en رازداری، رازپوشی
schweigsam *Adj.* ساکت، خاموش، کم‌حرف
Schweigsamkeit, die; - خاموشی، سکوت، آرامش
Schwein, das; -(e)s, -e ۱. خوک ۲. آدم رذل و کلاهبردار ۳. شانس ۴. دشنام، ناسزا ۵. آدم بدبیار، آدم بدشانس
Schwein haben شانس داشتن
Schweinebraten, der; -s, - گوشت خوک سرخ کرده
Schweinefleisch, das; -es گوشت خوک

Schweinegeld, das; -(e)s, - پول هنگفت
Schweinehund, der; -(e)s, -e (فحش) آدم رذل
Schweinerei, die; -, -en ۱. کثافت‌کاری ۲. گفتار غیراخلاقی؛ عمل غیراخلاقی
Schweinestall, der; -(e)s, ⸚e خوکدانی، طویلهٔ خوک
Schweinezucht, die; - پرورش خوک
Schweinezüchter, der; -s, - پرورش‌دهندهٔ خوک
Schweinigel, der; -s, - ۱. خوک کثیف ۲. آدم وقیح
Schweinigelei, die; -, -en شوخی کثیف
schweinigeln *Vi.* شوخی کثیف کردن
schweinisch *Adj.* ۱. خوک صفت ۲. (از نظر اخلاقی) زشت، مستهجن ۳. کثیف
Das Zimmer sieht wirklich schweinisch aus.
اتاق واقعاً کثیف است.
Schweinskotelett, das; -(e)s, -e کتلت خوک
Schweinsleder, das; -s, - چرم خوک
Schweiß, der; -es, -e ۱. عرق (بدن) ۲. خون (شکار)
Der kalte Schweiß stand ihm auf der Stirn.
عرق سرد بر پیشانی او نشست.
schweißbar *Adj.* قابل جوشکاری
schweißbedeckt *Adj.* عرق‌آلود، خیس عرق
Schweißblatt, das; -(e)s, ⸚er ۱. صفحهٔ جوشکاری ۲. عرق‌گیر زیر بغل
Schweißbrenner, der; -s, - مشعل جوشکاری
Schweißbrille, die; -, -n عینک جوشکاری
Schweißdrüse, die; -, -n غدهٔ عرق
schweißen *Vt., Vi.* ۱. لحیم کردن، جوش دادن ۲. جوشکاری کردن ۳. خون (شکار) را ریختن ۴. عرق کردن
Schweißer, der; -s, - جوشکار
Schweißfährte, die; -, -n رد خون، اثر خون (شکار)
Schweißfleck, der; -(e)s, -e لکهٔ عرق
Schweißfuchs, der; -es, ⸚e اسب کرند
Schweißfuß, der; -es, ⸚e پای عرق کرده، پای بدبو
schweißgebadet *Adj.* غرق عرق
Schweißgeruch, der; -(e)s, ⸚e بوی عرق
Schweißhund, der; -(e)s, -e سگ شکاری؛ سگ پلیس
schweißig *Adj.* ۱. عرق‌دار، عرق کرده ۲. [شکار] خون‌آلود
Schweißnaht, die; -, ⸚e درز جوش؛ پرچ جوشکاری
schweißnaß *Adj.* خیس عرق
Schweißperlen, die / *Pl.* ۱. قطره‌های عرق ۲. مهره‌های جوشکاری شده

Schweißstelle, die; -, -n محل جوش، محل لحیم
schweißtreibend *Adj.* [دارو] عرق‌آور، عرق‌زا
schweißtriefend *Adj.* غرق عرق
Schweißtropfen, der; -s, - قطرهٔ عرق
Schweißung, die; -, -en جوشکاری
Schweiz, die سوئیس
Schweizer, der; -s, - سوئیس
Schweizerin, die; -, -nen سوئیسی (زن)
schweizerisch *Adj.* سوئیسی
schwelen *Vi., Vt.* ۱. بدون شعله و با دود سوختن ۲. کند سوزاندن
schwelgen *Vi.* کیف کردن، لذت بردن، عیاشی کردن، خوش‌گذرانی کردن
Schwelger, der; -s, - عیاش، خوش‌گذران
Schwelgerei, die; -, -en عیاشی، خوش‌گذرانی
Schwelgerin, die; -, -nen عیاش، خوش‌گذران (زن)
schwelgerisch *Adj.* عیاش، خوش‌گذران
Schwelle, die; -, -n ۱. آستانهٔ در ۲. تراورس، تختهٔ زیر خط‌آهن
schwellen *Vi., Vt.* ۱. ورم کردن، متورم شدن، باد کردن، آماس کردن، منبسط شدن ۲. توسعه یافتن ۳. نفخ کردن ۴. طغیان کردن (آب) ۵. بزرگ‌تر کردن
Schwellung, die; -, -en ۱. آماس، ورم ۲. نفخ
Schwemme, die; -, -n ۱. آبشخور، آبگیر ۲. بار مشروب‌فروشی ۳. پرخوری
schwemmen *Vt.* ۱. شستشو دادن (اسب) ۲. خیس کردن (پوست حیوان) ۳. روی آب شناور کردن (چوب) ۴. شستن و با خود بردن
Schwemmland, das; -(e)s زمین رسوبی
Schwengel, der; -s, - ۱. تاب، نوسان ۲. دستهٔ تلمبه
Schwenk, der; -(e)s, -e فیلمبرداری (پُرتحرک)
schwenkarm *Adj.* کم‌تحرک
schwenkbar *Adj.* قابل ارتعاش، قابل نوسان
schwenken *Vt., Vi.* ۱. چرخاندن، تاب دادن، نوسان دادن ۲. آب کشیدن ۳. تغییر مسیر دادن ۴. چرخیدن؛ تاب خوردن، نوسان کردن
die Gläser in heißem Wasser schwenken
لیوان‌ها را در آب گرم آب کشیدن
Schwenkkran, der; -(e)s / -en, -e جرثقیل‌گردان
Schwenkung, die; -, -n چرخش، گردش؛ نوسان
schwer *Adj., Adv.* ۱. سنگین ۲. سخت، مشکل، دشوار ۳. (از لحاظ درک) سنگین ۴. شدید ۵. [غذا] غیرقابل هضم ۶. شدیداً
Aller Anfang ist schwer. شروع هر کاری دشوار است.

schwer krank سخت بیمار
schwer arbeiten سخت کار کردن
Wie schwer bist du? وزنت چقدر است؟
schwer von Begriff sein دیر انتقال بودن
Schwerarbeit, die; - کار سنگین، عمل شاق
Schwerarbeiter, der; -s, - کارگر سخت‌کار، زحمت‌کش
Schwerathlet, der; -en, -en ورزشکار رشته‌های سنگین ورزشی
Schwerathletik, die; - ورزش‌های سنگین
schwerbehindert *Adj.* (بر اثر نقص عضو) از کار افتاده، معلول
Schwerbehinderte, der/die; -n, -n از کار افتاده، معلول، فلج
schwerbeladen *Adj.* پربار
Schwerbeschädigte, der; -n, -n آدم از کار افتاده، معلول
schwerbewaffnet *Adj.* تمام مسلح
schwerblütig *Adj.* سخت، مشکل، دشوار، سنگین
Schwere, die; -, -n ۱. سنگینی، ثقل ۲. (نیروی) جاذبهٔ زمین
Schweregrad, der; -(e)s, -e درجهٔ سختی
schwerelos *Adj.* بی‌وزن
Schwerelosigkeit, die; - بی‌وزنی
Schwerenöter, der; -s, - زن‌باز؛ زن‌دوست، عاشق پیشه
schwererziehbar *Adj.* سرسخت، سرکش، متمرد، به سختی تربیت‌پذیر
schwerfallen *Vi.* توأم با مشکل بودن، ایجاد زحمت کردن
schwerfällig *Adj.* ۱. کند، آهسته ۲. کم‌هوش، کند ذهن، کودن
Schwerfälligkeit, die; - ۱. کندی، آهستگی ۲. کم‌هوشی، کندذهنی
schwerflüssig *Adj.* چسبناک، چسبنده
Schwergewicht, das; -(e)s, -e (ورزش) سنگین وزن
Schwergewichtler, der; -s, - ورزشکار سنگین وزن
schwerhalten *Vi.* مشکل بودن، دشوار بودن
schwerhörig *Adj.* سنگین‌گوش، کر
Er ist schwerhörig. گوش او سنگین است.
Schwerindustrie, die; -, -n صنایع سنگین
Schwerkraft, die; - نیروی جاذبهٔ زمین
schwerkrank *Adj.* [بیمار] بدحال
Schwerkranke, der/die; -n, -n بیمار بدحال
Schwerkriegsbeschädigte, der/die; -n, -n معلول جنگ
schwerlich *Adv.* به‌سختی، به‌دشواری، به‌زحمت
schwermachen *Vt.* مشکل کردن، دشوار ساختن، در (چیزی) تولید اشکال کردن
Schwermut, der; -(e)s افسردگی شدید؛ مالیخولیا، سودازدگی
schwermütig *Adj.* مالیخولیایی، سودازده، سوداوی؛ اندوهگین
schwernehmen *Vt.* سخت گرفتن، به‌دل گرفتن، مشکل تلقی کردن
Schweröl, das; -(e)s, -e روغن سنگین؛ سوخت سنگین
Schwerpunkt, der; -(e)s, -e مرکز ثقل
Schwerspat, der; -es الوار سنگین
Schwert, das; -(e)s, -er شمشیر، تیغ
Schwertetanz, der; -(e)s, ⸚e رقص شمشیر
Schwertfisch, der; -es, -e اره‌ماهی
Schwertlilie, die; -, -n (نوعی) گل زنبق
Schwertstreich, der; -(e)s, -e ضربهٔ شمشیر
ohne Schwertstreich بدون جنگ و خونریزی
schwertun *Vr.* با (کسی / چیزی) مشکل داشتن
Schwerverbrecher, der; -s, - جانی خطرناک
schwerverdaulich *Adj.* سنگین برای هضم، صعب‌الهضم
schwerverletzt *Adj.* سخت مجروح
schwerverständlich *Adj.* مشکل، پیچیده، غامض
schwerverwundet *Adj.* سخت مجروح
schwerwiegend *Adj.* مهم؛ وزین؛ حائز اهمیت
Schwester, die; -, -n ۱. خواهر، همشیره ۲. (در بیمارستان) پرستار زن ۳. خواهر روحانی، راهبه
Schwesterfirma, die; -, -men شرکت وابسته
Schwesterkind, das; -(e)s, -er خواهرزاده، بچهٔ خواهر
schwesterlich *Adj.* خواهرانه
Schwesterliebe, die; -, - عشق خواهرانه
Schwesternorden, der; -s, - انجمن خیریهٔ بانوان
Schwesternschaft, die; - انجمن خیریهٔ بانوان
Schwesterntracht, die; -, -en اونیفورم، لباس متحدالشکل
Schwesterschiff, das; -(e)s, -e کشتی مشابه کشتی‌های دیگر
Schwestersohn, der; -(e)s, ⸚e پسر خواهر

schwieg *P.* صیغهٔ فعل گذشتهٔ مطلق از مصدر schweigen
Schwiegereltern, die / *Pl.* والدین زن؛ والدین شوهر
Schwiegermutter, die; -, ⸚ مادرزن؛ مادرشوهر
Schwiegersohn, der; -(e)s, ⸚e داماد (شوهر دختر)
Schwiegertochter, die; -, ⸚ عروس (زن پسر)
Schwiegervater, der; -s, ⸚ پدرزن؛ پدرشوهر
Schwiele, die; -, -n پینه، کبره
schwielig *Adj.* پینه بسته، کبره بسته
schwierig *Adj.* مشکل، دشوار، پیچیده، سخت
ein schwieriger Punkt موردی پیچیده
Schwierigkeit, die; -, -en اشکال، دشواری، پیچیدگی، گرفتاری، ناراحتی، دردسر
ohne Schwierigkeit بدون اشکال
in Schwierigkeiten geraten به دردسر افتادن
Schwimmanstalt, die; -, -en استخر شنا
Schwimmanzug, der; -(e)s, ⸚e لباس شنا
Schwimmbad, das; -(e)s, ⸚er استخر شنا
Schwimmbecken, das; -s, - استخر شنا
Schwimmblase, die; -, -n حلقهٔ یادگیری شنا
Schwimmdock, das; -(e)s, -e / -s تعمیرگاه شناور کشتی؛ بارانداز
Schwimmeister, der; -s, - مربی شنا
schwimmen *Vt., Vi.* ۱. شنا کردن ۲. شناور بودن
schwimmen gehen به شنا رفتن
Schwimmen, das; -s شنا
schwimmenlassen *Vt.* از (چیزی) صرف‌نظر کردن، از (چیزی) چشم پوشیدن
Schwimmer, der; -s, - شناگر
Schwimmerin, die; -, -nen شناگر (زن)
Schwimmflosse, die; -, -n ۱. بال ماهی، پره ماهی ۲. کفش شنا
Schwimmfuß, der; -es, ⸚e کفش شنا
Schwimmgürtel, der; -s, - ۱. کمربند شنا ۲. کمربند نجات
Schwimmhalle, die; -, -n استخر سرپوشیده
Schwimmhose, die; -, -n مایو (مردانه)
Schwimmkunst, die; -, ⸚e فن شنا
Schwimmlehrer, der; -s, - مربی شنا
Schwimmsport, der; -(e)s (ورزش) شنا
Schwimmvogel, der; -s, ⸚ پرندهٔ شناگر، مرغ آبزی
Schwimmweste, die; -, -n جلیقهٔ نجات
Schwindel, der; -s ۱. سرگیجه ۲. کلاهبرداری، گوش‌بری، تقلب، تزویر
der ganze Schwindel همه با هم
Schwindelanfall, der; -(e)s, ⸚e حالت سرگیجه، دَوران سر
Schwindelei, die; -, -en کلاهبرداری، حقه‌بازی، اختلاس، فریب
schwindelerregend *Adj.* سرگیجه‌آور
Schwindelfirma, die; -, -men شرکت قلابی
schwindelfrei *Adj.* رفع سرگیجه
Schwindelgesellschaft, die; -, -en شرکت قلابی
schwind(e)lig *Adj.* گیج، (مبتلا به) سرگیجه؛ سرگیجه‌آور
schwindeln *Vt., Vi.* ۱. فریب دادن، گول زدن، به (کسی) حقه زدن ۲. وارونه جلوه دادن (حقایق)، دروغ گفتن ۳. به سرگیجه دچار شدن، سرگیجه داشتن
schwinden *Vi.* ۱. کم شدن، تحلیل رفتن، کاهش یافتن ۲. ناپدید شدن، محو شدن
Schwindler, der; -s, - کلاهبردار، حقه‌باز، شیاد، دروغگو
Schwindlerin, die; -, -nen کلاهبردار، حقه‌باز، شیاد، دروغگو (زن)
schwindlig *Adj.* دچار سرگیجه
Ich werde leicht schwindlig. سرم گیج می‌رود.
Schwindsucht, die; - بیماری سل
schwindsüchtig *Adj.* مسلول
Schwingachse, die; -, -n محور نوسان
Schwinge, die; -, -n ۱. (در پرندگان بزرگ) کتف، بال، جناح ۲. اهرم نوسان‌دار ۳. کتان‌کوب
schwingen *Vt., Vr., Vi.* ۱. تاب دادن، جنباندن، به نوسان درآوردن ۲. جهیدن، جست زدن، پریدن ۳. تاب خوردن، جنبیدن، نوسان داشتن
Schwinger, der; -s, - (بوکس) ضربهٔ مشت
Schwingung, die; -, -en نوسان، تاب، جنبش
schwingungsfrei *Adj.* بدون نوسان
Schwingungszahl, die; -, -en تعداد نوسانات در ثانیه
Schwips, der; -es, -e لول، مست
Er hat einen Schwips. کلهٔ او گرم است.
schwirren *Vi.* ۱. غژغژ کردن، وزوز کردن ۲. سریعاً حرکت کردن
Schwitzbad, das; -(e)s, ⸚er حمام بخار
schwitzen *Vi., Vt.* ۱. جمع شدن (قطرات ریز آب روی شیشهٔ پنجره) ۲. عرق کردن، عرق ریختن
Angst schwitzen وحشت کردن

Schwitzkasten, der; -s	(کشتی) (فن) سرزیر بغل
Schwitzkur, die; -, -en	معالجه بر اثر عرق کردن
schwoll *P.* schwellen	صیغهٔ فعل گذشتهٔ مطلق از مصدر
schwor *P.* schwören	صیغهٔ فعل گذشتهٔ مطلق از مصدر
schwören *Vi., Vt.*	۱. قسم خوردن، سوگند یاد کردن
	۲. به (کسی) قول دادن
schwul *Adj.*	همجنس‌باز
schwül *Adj.*	[هوا] شرجی
Schwule, der; -n, -n	همجنس‌باز
Schwüle, die; -	هوای دم‌دار و شرجی
Schwulst, der; -es	گزافه‌گویی، مبالغه
schwulstig *Adj*	ورم کرده، باد کرده، متورم
schwülstig *Adj.*	مبالغه‌آمیز، گزافه‌گویانه، اغراق‌آمیز
Schwund, der; -(e)s	۱. کاهش، تحلیل ۲. زیان، ضرر
	۳. بلند و کوتاه شدن صدای رادیو (به‌طور خود به خود)
Schwundausgleich, der; -s, -e	(در رادیو) کنترل اتوماتیک درجهٔ صدا
Schwundregelung, die; -, -en	(در رادیو) کنترل اتوماتیک درجهٔ صدا
Schwung, der; -(e)s, ¨e	۱. تاب، جهش، نوسان
	۲. (اسکی) پیچ سریع ۳. تندی، سرعت ۴. نیروی محرک ۵. انرژی ۶. شور و شوق؛ جاذبه ۷. حرکت سریع
Die Sache kommt in Schwung.	موضوع دارد پیشرفت می‌کند.
etwas in Schwung bringen	چیزی را به حرکت درآوردن
Schwungfeder, die; -, -n	قسمتی از بال پرنده
schwunghaft *Adj.*	[تجارت] موفقیت‌آمیز
Schwungkraft, die; -, ¨e	نیروی گریز از مرکز
schwunglos *Adj.*	بدون تحرک
Schwungrad, das; -(e)s, ¨er	چرخ لنگر (موتور)
schwungvoll *Adj.*	پرتحرک، فعال، باشور و نشاط، باحرارت
Schwur, der; -(e)s, ¨e	سوگند، قسم، عهد
Schwurfinger, die / *Pl.*	سه انگشتی که در موقع سوگند بلند می‌کنند (شست، اشاره، وسط)
Schwurgericht, das; -(e)s, -e	دادگاه هیئت منصفه
Sech, das; -(e)s, -e	خیش
sechs *Zahlw.*	شش
Sechs, die; -, -en	عدد شش، رقم شش
Sechsachteltakt, der; -(e)s, -e	(موسیقی) میزان شش هشتم
Sechseck, das; -(e)s, -e	شش گوشه، شش پهلو
sechseckig *Adj.*	شش گوشه

sechsfach *Adj.*	شش برابر
sechsfältig *Adj.*	شش برابر
sechshundert *Zahlw.*	ششصد
sechsjährig *Adj.*	شش ساله
sechsmalig *Adj.*	شش ساله
sechsmonatig *Adj.*	شش ماهه
sechsmonatlich *Adj.*	شش ماه یک‌بار
sechsseitig *Adj.*	شش ضلعی
sechsstündig *Adj.*	شش ساعته
Sechstagerennen, das; -s, -	(دوچرخه‌سواری) مسابقهٔ شش روزه
sechstägig *Adj.*	شش روزه
sechst- *Adj.*	ششمین
	Sie hat einen sechsten Sinn dafür. او حس ششم دارد.
Sechstel, das; -s, -	یک ششم
sechstens *Adv.*	سادساً، در وهلهٔ ششم
Sechszylinder, der; -s, -	(اتومبیل) شش سیلندر
sechzehn *Zahlw.*	شانزده
sechzehnt- *Adj.*	شانزدهمین
Sechzehntel, das; -s, -	یک شانزدهم
Sechzehntelnote, die; -, -n	(موسیقی) نت چهار لاچنگ
sechzehntens *Adv.*	در وهلهٔ شانزدهم
sechzig *Zahlw.*	شصت
Sechziger, der; -s, -	شصت ساله
Sechzigerin, die; -, -nen	شصت ساله (زن)
Sechzistel, das; -s, -	یک شصتم
Sediment, das; -(e)s, -e	ته‌نشست، رسوب
sedimentär *Adj.*	ته‌نشسته، رسوبی
Sedimentation, die; -, -en	رسوب‌سازی
sedimentieren *Vt.*	ته‌نشین کردن، رسوب کردن
See¹, der; -s, -n	دریاچه
am See	در کنار دریاچه
am See fahren	به کنار دریاچه مسافرت کردن
See², die; -, -n	دریا
auf See	در دریا
an der See	در کنار دریا
an die See fahren	به کنار دریا رفتن
Seebad, das; -(e)s, ¨er	آب‌تنی در دریا
Seebär, der; -en, -en	۱. خرس آبی ۲. ملوان کار کشته
Seedienst, der; -es, -e	خدمت دریایی
seefahrend *Adj.*	دریانورد، دریاپیما
Seefahrer, der; -s, -	دریانورد، دریاپیما
Seefahrt, die; -, -en	دریانوردی، سفر دریایی

seefest *Adj.* مستعد برای مسافرت دریا
Seefisch, der; -es, -e ماهی آب‌شور
Seeflotte, die; -, -n نیروی دریایی، بحریه
Seeflugzeug, das; -(e)s, -e هواپیمای دریایی
Seefracht, die; -, -en بار کشتی
Seegang, der; -(e)s, - مسیر دریایی
Seegefecht, das; -es, -e جنگ دریایی
Seegericht, das; -(e)s, -e دادگاه امور دریایی
Seegras, das; -(e)s, ¨-er خزهٔ دریایی، جلبک دریایی
Seehafen, der; -s, ¨- بندر، شهر ساحلی
Seehandel, der; -s, - تجارت دریایی
Seeheld, der; -en, -en قهرمان دریا
Seeherrschaft, die; - سلطهٔ دریایی
Seehund, der; -(e)s, -e خوک آبی، سگ آبی
Seehund(s)fell, das; -(e)s, -e پوست خوک آبی، پوست سگ آبی
Seeigel, der; -s, - خارپشت آبی
Seekadett, der; -en, -en دانشجوی نیروی دریایی
Seekarte, die; -, -n نقشهٔ دریایی
seeklar *Adj.* قابل کشتی‌رانی
seekrank *Adj.* دریازده
Seekrankheit, die; - دریازدگی
Seekrieg, das; -(e)s, -e جنگ دریایی
Seeküste, die; -, -n کنار دریا، ساحل دریا
Seelachs, der; -es, -e ماهی آزاد
Seele, die; -, -n روح، روان، جان، احساس
mit Leib und Seele dabei sein از جان و دل در کاری شرکت کردن
Seelenamt, das; -(e)s, ¨-er ادارهٔ متوفیات
Seelenarzt, der; -es, ¨-e روانپزشک
Seelenfreund, der; -(e)s, -e برادر روحانی
Seelenfrieden, der; -s آسایش‌خاطر
seelenfroh *Adj.* قلباً راضی
Seelengröße, die; -, -n عظمت روح
seelengut *Adj.* مهربان، خوش‌قلب
Seelenheil, das; -(e)s رستگاری، سلامت روح
Seelenhirt, der; -en, -en کشیش، روحانی
Seelenkunde, die; - روانشناسی
Seelenleben, das; -s زندگی روحانی، زندگی غیرمادی
Seelenleiden, das; -s, - خستگی روحی
seelenlos *Adj.* بی‌عاطفه، بی‌روح
Seelenmesse, die; -, -n (موسیقی) سرود مردگان، مرثیه، رکویم
Seelenpein, die; - عذاب روحی، عذاب وجدان
Seelenqual, die; -, -en عذاب روحی، عذاب وجدان
Seelenruhe, die; - آرامش خاطر، آرامش روحی، آرامش خیال، آسایش خاطر
seelenruhig *Adj.* با خونسردی، با آسودگی خیال، بدون اضطراب، بدون نگرانی
seelenstark *Adj.* بردبار، شکیبا
Seelenstärke, die; -, -n بردباری، شکیبایی
seelenvergnügt *Adj.* بانشاط، بشاش
seelenverwandt *Adj.* هم‌ذوق، هم‌مشرب، سازگار
Seelenverwandtschaft, die; -, -en هم‌ذوقی، هم‌مشربی، سازگاری
seelenvoll *Adj.* سرزنده، باروح، پراحساس
Seelenverwanderung, die; -, -en تناسخ (حلول روح از جسمی به جسم دیگر)
Seeleute, die / *Pl.* ملوانان، جاشوان
seelisch *Adj.* روحی، روانی، عاطفی، احساسی
Seelöwe, der; -n, -n شیر دریایی
Seelsorge, die; - نگرانی روحی
Seelsorger, der; -s, - کشیش، روحانی
Seemacht, die; -, ¨-e قدرت دریایی، توان جنگی
Seemann, der; -(e)s, -leute ملوان، جاشو، دریانورد، ملاح
seemännisch *Adj.* ملوانی، (مربوط به) ملوانان
seemäßig *Adj.* آمادهٔ دریا
Seemeile, die; -, -n مایل دریایی
Seemine, die; -, -n مین دریایی
Seemöwe, die; -, -n پرندهٔ دریایی، مرغ نوروزی
Seenot, die; - خطر دریایی
Seeoffizier, das; -s, -e افسر نیروی دریایی
Seepferd, das; -(e)s, -e اسب آبی
Seepferdchen, das; -s, - ۱. اسب دریایی ۲. (اساطیر) اسبْ‌ماهی
Seeräuber, der; -s, - دزد دریایی
Seeräuberei, die; - دزدی دریایی
Seerecht, das; -(e)s, - قانون دریایی
Seereise, die; -, -n سفر دریایی
Seerose, die; -, -n نیلوفر آبی
Seesand, der; -(e)s, -e / ¨-e ماسهٔ دریا
Seeschaden, der; -s, ¨- خسارت دریایی
Seeschiff, das; -(e)s, -e کشتی اقیانوس‌پیما
Seeschlacht, die; -, -en جنگ دریایی
Seeschlange, die; -, -n مار آبی
Seeschwalbe, die; -, -n پرستوی دریایی

Seesieg, der; -es, -e پیروزی دریایی
Seestadt, der; -, ⸚e شهر ساحلی
Seestern, der; -(e)s, -e ستارهٔ دریایی
Seestraße, die; -, -n راه آبی
Seestreitkräfte, die / *Pl.* نیروی دریایی
Seetang, der; -(e)s, -e جلبک دریایی، خزهٔ دریایی
Seetier, das; -(e)s, -e جانور دریایی
seetüchtig *Adj.* مستعد برای مسافرت دریایی
Seeverkehr, der; -(e)s رفت و آمد دریایی
Seevogel, der; -s, ⸚ پرندهٔ دریایی
Seevolk, das; -(e)s, ⸚er قوم دریانورد
Seewarte, die; -, -n زیج دریایی، رصدخانهٔ دریایی
seewärts *Adv.* رو به دریا
Seewasser, das; -s, - / ⸚ آب دریا
Seeweg, der; -(e)s, -e راه آبی، مسیر دریایی
Seewind, der; -(e)s, -e باد دریایی، نسیم دریا
Seezunge, die; -, -n ماهی حلوا، حلوا ماهی
Segel, das; -s, - بادبان، شراع
mit vollen Segeln auf sein Ziel losgehen
با همهٔ توان به‌سوی هدف پیش رفتن
Segelboot, das; -(e)s, -e قایق بادبانی، قایق شراعی
segelfertig *Adj.* آماده جهت استفاده از بادبان، حاضر برای کشتی‌رانی، آماده برای حرکت
segelfliegen *Vi.* با هواپیمای بی‌موتور پرواز کردن
Segelfliegen, das; -s پرواز با هواپیمای بی‌موتور
Segelflieger, der; -s, - خلبان هواپیمای بی‌موتور
Segelflug, der; -(e)s, ⸚e پرواز با هواپیمای بی‌موتور
Segelflugzeug, das; -(e)s, -e گلایدر (هواپیمای بی‌موتور)
segelklar *Adj.* آماده جهت استفاده ازبادبان، حاضر برای کشتی‌رانی
Segelklasse, die; -, -n درجه‌بندی (قایق‌های مسابقه)
Segelklub, der; -s, -s باشگاه قایق‌های بادبانی
segeln *Vi.* ۱. به وسیلهٔ بادبان حرکت کردن، با نیروی باد حرکت کردن ۲. با هواپیمای بی‌موتور پرواز کردن
Segelregatta, die; -, -ten مسابقه با قایق‌های بادبانی
Segelschiff, das; -(e)s, -e کشتی بادبانی
Segelschlitten, der; -s, - سورتمه
Segelsport, der; -(e)s, - (ورزش) قایق رانی، قایق بادبانی‌رانی
Segeltuch, das; -(e)s, -e پارچهٔ بادبان، پارچهٔ ضدآب، پارچهٔ مقاوم
Segelwerk, das; -(e)s, -e ۱. قایق‌رانی با قایق بادبانی ۲. پرواز با هواپیمای بی‌موتور
Segen, der; -s, - برکت، دعای خیر، رحمت
segenbringend *Adj.* با خیر و برکت
segensreich *Adj.* مبارک، سعید، خجسته
segensvoll *Adj.* مبارک، سعید، خجسته
Segenswunsch, der; -es, ⸚e برکت، دعای خیر
Segler, der; -s, - ۱. ملوان کشتی بادبانی ۲. کشتی بادبانی ۳. گلایدر، هواپیمای بی‌موتور
Seglerin, die; -, -nen ملوان کشتی بادبانی (زن)
Segment, das; -(e)s, -e ۱. بند، بخش، قطعه ۲. بخشی از دایره
segentieren *Vt.* قطعه‌قطعه کردن، بندبند کردن
segnen *Vt.* برکت دادن، دعای خیر کردن
Segnung, die; -, -en برکت، دعای خیر
sehbehindert *Adj.* دچار ضعف قوهٔ بینایی
sehen *Vi., Vt., Vr.* ۱. دیدن، نگاه کردن، مشاهده کردن، نگریستن ۲. درک کردن، تشخیص دادن ۳. سر زدن ۴. از (کسی) مراقبت کردن ۵. (خود) را (در آینه) دیدن
Siehst du? دیدی (که حق با من است)؟
Das sieht ihm ähnlich! انتظار چنین چیزی از او می‌رود!
Er hat sich bei mir lange nicht sehen lassen.
خیلی وقت است که او را ندیده‌ام.
Laß mal sehen! بگذار ببینم!
klar sehen به وضوح دیدن
im Fernsehen sehen در تلویزیون دیدن
eine Sache klar sehen موضوعی را درک کردن
sehenswert *Adj.* دیدنی، شایان دقت، قابل دیدن
sehenswürdig *Adj.* دیدنی، شایان دقت، قابل دیدن
Sehenswürdigkeit, die; -, -en اثر دیدنی، محل دیدنی
die Sehenswürdigkeiten einer Stadt
نقاط دیدنی یک شهر
Seher, der; -s, - پیشگو، غیبگو
Seherblick, der; -(e)s, - موهبت بینایی
Sehergabe, die; - موهبت بینایی
Seherin, die; -, -nen پیشگو، غیبگو (زن)
Sehfehler, der; -s, - خطای دید، بینایی کم
Sehfeld, das; -(e)s, -er میدان دید، حوزهٔ دید
Sehkraft, die; -, ⸚e قدرت دید، بینایی
Sehloch, das; -(e)s, ⸚er مردمک چشم
Sehne, die; -, -n ۱. زردپی ۲. زه‌کمان ۳. (هندسه) وتر
sehnen *Vr.* اشتیاق داشتن، آرزوی وافر داشتن، مشتاق بودن
Er sehnt sich nach seiner Familie.
او آرزوی دیدار خانواده‌اش را دارد.

Sehnen, das; -s اشتیاق، آرزوی وافر
Sehnerv, der; -s / -en, -en عصب بینایی
sehnig *Adj.* ۱. پی‌دار، پُرتاروپود ۲. لاغر اندام و نیرومند
sehnlich *Adj.* ۱. مایل، مشتاق ۲. گرم، سوزان، تند و تیز ۳. آتشی مزاج، شهوانی
Sehnsucht, die; -, ¨-e اشتیاق، میل، آرزومندی
sehnsüchtig *Adj.* مشتاق، آرزومند، مایل؛ مشتاقانه
Sehorgan, das; -s, -e اندام بینایی
sehr *Adj., Adv.* بسیار، خیلی، زیاد، فراوان
Sehr gut! بسیار خوب!
Das gefällt mir sehr. از آن خیلی خوشم می‌آید.
Sehr gern! باکمال میل!
Bitte sehr! خواهش می‌کنم!
Sehrohr, das; -(e)s, -e پریسکوپ (دوربین زیردریایی)
Sehschärfe, die; -, -n تیزچشمی
Sehschlitz, der; -es, -e شکاف چشم
Sehschwäche, die; -, -n ضعف بینایی
Sehstörung, die; -, -en اختلال دید
Sehtest, der; -(e)s, -e معاینهٔ چشم
Sehvermögen, das; -s, - نیروی بینایی، حس بینایی، قوه دید
Sehweite, die; - شعاع دید، برد بینایی، دیدرس
Sehwerkzeug, das; -(e)s, -e اندام بینایی
sei ۱. اول شخص و سوّم شخص مفرد مضارع التزامی فعل sein ۲. صیغهٔ امر فعل sein
Gott sei Dank! خدا را شکر!
seicht *Adj.* کم‌عمق، سطحی
Seichtheit, die; -, -en کم‌عمقی
Seide, die; -, -n ابریشم، پرند، پرنیان، حریر
Seidel, das; -s, - ۱. پیمانهٔ وزن مایعات ۲. لیوان مشروب‌خوری
seiden *Adj.* ابریشمی، از جنس ابریشم
seidenartig *Adj.* ابریشمی، از جنس ابریشم
Seidenbau, der; -(e)s, - پرورش کرم ابریشم
Seidenfaden, der; -s, ¨ نخ ابریشم
Seidenflor, der; -s, -e تور ابریشمی
Seidengarn, das; -(e)s, -e نخ ابریشم
Seidenglanz, der; -es زرق و برق ابریشم
Seidenpapier, das; -s, -e کاغذ زرورق
Seidenraupe, die; -, -n کرم ابریشم
Seidenraupenzucht, die; - پرورش کرم ابریشم
Seidenspinnerei, die; -, -en ابریشم‌بافی
Seidenstoff, der; -(e)s, -e پارچهٔ ابریشمی
Seidenstraße, die; -, -n جادهٔ ابریشم
Seidenstrumpf, der; -(e)s, ¨-e جوراب‌های ابریشمی
Seidentuch, das; -(e)s, -e / ¨-er پارچهٔ ابریشمی
seidenweich *Adj.* ابریشمی، نرم
seidig *Adj.* ابریشمی، از جنس ابریشم
Seife, die; -, -n صابون
seifen *Vt.* صابون زدن
Seifenbehälter, der; -s, - جا صابونی
Seifenblase, die; -, -n حباب کف صابون
Seifenkistenrennen, das; -s, - مسابقهٔ گاری‌رانی (بچه‌ها)
Seifenlauge, die; -, -n کف صابون
Seifennapf, der; -(e)s, ¨-e جا صابونی
Seifenpulver, das; -s, - پودر صابون
Seifenschaum, der; -(e)s, -schäume کف صابون
Seifensieder, der; -s, - صابون‌ساز
Jetzt geht mir ein Seifensieder auf! حالا همه چیز برایم روشن است!
Seifensiederei, die; -, -en صابون‌سازی
Seifenwasser, das; -s, - آب صابون
seifig *Adj.* صابونی
seihen *Vt.* صاف کردن، پالودن، آبکش کردن، تصفیه کردن، از صافی رد کردن
Seiher, der; -s, - فیلتر، صافی، پالاینده
Seil, das; -(e)s, -e طناب، ریسمان؛ کابل
Seilbahn, die; -, -en نقالهٔ کابلی؛ تِله اسکی، تِله کابین
Seilbrücke, die; -, -n پل طنابی
Seiler, der; -s, - طناب‌ساز
Seilhüpfen, das; -s, - طناب‌سازی
Seilschwebebahn, die; -, -en نقالهٔ کابلی؛ تله اسکی، تله کابین
seilspringen *Vi.* طناب‌بازی کردن
Seilspringen, das; -s طناب‌بازی
seiltanzen *Vi.* بندبازی کردن
Seiltänzer, der; -s, - بندباز
Seiltänzerin, die; -, -nen بندباز (زن)
Seim, der; -(e)s, -e ۱. چسب، لعاب ۲. عسل
seimig *Adj.* چسبناک
sein[1] *Vi.* بودن، وجود داشتن، هستی داشتن
Was soll das sein? منظورت چی است؟ یعنی چه؟
Das mag sein! امکان دارد! بعید نیست!
Laß das sein! نکن! بس کن!
in Gefahr sein در خطر بودن
auf der Suche sein در جستجو بودن
von Bedeutung sein اهمیت داشتن

zu Ende sein به پایان رسیدن

keine Rede sein غیرممکن بودن

sein[2] *Pron.* (ضمیر ملکی سوم شخص مفرد مذکر و خنثی) مال او، مال آن

Sein, das; -s هستی، وجود

Sein oder Nichtsein, das ist hier die Frage.

بودن یا نبودن، مسئله این است.

seinerseits *Adv.* از طرف او

seinerzeit *Adv.* آن موقع، در آن زمان، در آن وقت

Seinerzeit gehörte das Geschäft meiner Vater.

مغازه در آن زمان به پدرم تعلق داشت.

seinesgleichen *Pron.* شبیه او، همانند او، نظیر او

Dieses Kunstwerk hat nicht seinesgleichen.

این اثر هنری نظیر ندارد.

seinethalben *Adv.* به‌خاطر او

seinetwegen *Adv.* به‌خاطر او

seinetwillen *Adv.* به‌خاطر او

seinige *Pron.* مال او، از آن او

seinlassen *Vt.* انجام ندادن، از (چیزی) دست کشیدن، به حال خود گذاردن

Seismograph, der; -en, -en زلزله‌سنج، لرزه‌نگار، زلزله‌نگار

Seismographie, die; -, -n زلزله‌نگاری

Seismometer, das; -s, - زلزله‌سنج

seit *Präp., Konj.* ۱. از، از زمانِ، از وقتِ ۲. از وقتی که، از آن وقت که

Seit wann? از کی؟

seit gestern از دیروز

seit 2 Jahren از دو سال پیش

seit wir umgezogen sind ...

از وقتی که نقل مکان کرده‌ایم ...

seitdem *Adv., Konj.* ۱. از آن زمان تاکنون، از آن وقت تا به حال ۲. از وقتی‌که، از یک وقت معین

seitdem er pensioniert ist ...

از وقتی که او بازنشسته شده است...

Seitdem ist er pensioniert. از آن زمان او بازنشسته است.

Seite, die; -, -n ۱. طرف، سو، سمت، جانب، ضلع، پهلو ۲. برگ، صفحه (کتاب)

Geh zur Seite! برو کنار!

auf beiden Seiten در هر دو طرف

Seite an Seite دوش به دوش

an meiner Seite در کنار من

Das ist nicht seine starke Seite.

در این کار مهارت ندارد.

etwas **auf die Seite legen** چیزی کنار گذاشتن، پولی را صرفه‌جویی کردن

jemanden **von der Seite ansehen**

به کسی با دیدهٔ حقارت نگریستن

Seitenangriff, der; -(e)s, -e حمله به دو جناح

Seitenansicht, die; -, -en نمای جنبی، نمای جانبی، نیم‌رخ

Seitenblick, der; -(e)s, -e نظر اجمالی

Seiteneingang, der; -(e)s, ⸚e مدخل جانبی، در ورودی فرعی

Seitenfläche, die; -, -n سطح جانبی

Seitenflügel, der; -s, - جناح دو طرف

Seitengasse, die; -, -n کوچهٔ فرعی

Seitengewehr, das; -(e)s, -e اسلحهٔ کمری

Seitengleis, das; -es, -e (در راه‌آهن) خط فرعی، انشعاب

Seitenhieb, der; -(e)s, -e (شمشیربازی) ضربهٔ جانبی

Seitenhöhe, die; -, -n ارتفاع جانبی

Seitenlänge, die; -, -n طول ضلع

Seitenlehne, die; -, -n دستهٔ صندلی

Seitenlinie, die; -, -n خویشاوند دور

seitens *Präp.* از طرفِ، از سویِ، از جانبِ

Seitenschiff, das; -(e)s, -e (در کلیسا) راهرو، جناح

Seitenschwimmen, das; -s, - شنای قورباغه

Seitensprung, der; -(e)s, ⸚e رابطهٔ نامشروع جنسی؛ خیانت در زناشویی؛ ماجرای عشقی

einen Seitensprung machen

دنبال یک ماجرای عشقی بودن

Seitenstechen, das; -s, - درد پهلو

Seitenstraße, die; -, -n خیابان فرعی

Seitenstück, das; -(e)s, -e بخش جانبی، قطعهٔ کناری

Seitentasche, die; -, -n جیب کناری

Seitentür, die; -, -en در فرعی، در جانبی

Seitenwagen, der; -s, - اتاقک جانبی موتورسیکلت

Seitenwechsel, der; -s, - (ورزش) تعویض زمین بازی

Seitenweg, der; -(e)s, -e راه فرعی

Seitenwind, der; -(e)s, -e باد جانبی

Seitenzahl, die; -, -en (در کتاب) تعداد صفحه‌ها

seither *Adv.* از آن زمان تاکنون، از آن وقت تا به حال

seitlich *Adj., Präp.* ۱. جانبی، پهلویی ۲. در طرفِ، در پهلوی

seitlich des Hauses در جنب خانه

seitwärts *Adv., Präp.* ۱. به پهلو، در جهت پهلو ۲. در کنارِ، در طرفِ، در پهلوی

Sekante, die; -, -n (در منحنی) خط قاطع
Sekret, das; -(e)s, -e مادّهٔ ترشحی
sekret *Adj.* مخفی، پنهانی، محرمانه
Sekretär, der; -s, -e ۱. منشی ۲. دبیر (سازمان) ۳. (نوعی) میز تحریر
Sekretariat, das; -(e)s, -e دبیرخانه
Sekretärin, die; -, -nen منشی (زن)
sekretieren *Vt.* ترشح کردن
Sekretion, die; -, -en مادّهٔ ترشحی
Sekt, der; -(e)s, -e شامپانی (نوعی شراب گازدار)
Sekte, die; -, -n فرقهٔ مذهبی
Sektierer, der; -s, - (آدم) مذهبی، متعصب، پیرو فرقهٔ مذهبی
Sektion, die; -, -en ۱. برش، مقطع ۲. بخش، قسمت ۳. (پزشکی) تشریح، کالبدشکافی
Sektor, der; -s, -en ۱. بخش، منطقه ۲. (در دایره) قطاع
Sekundant, der; -en, -en کمک، پشتیبان
sekundär *Adj.* ثانوی، فرعی
Sekunde, die; -, -n ثانیه
Wir dürfen keine Sekunde verlieren.
حتی یک ثانیه را هم نباید از دست بدهیم.
sekundenlang *Adj.* چند ثانیه‌ای
Sekundenzeiger, der; -s, - عقربهٔ ثانیه‌شمار
sekundieren *Vi.* راهنمایی کردن (به ورزشکار در حین مسابقه)، پشتیبانی کردن، کمک کردن
sekundlich *Adv.* در هر ثانیه، ثانیه‌ای
sekündlich *Adv.* در هر ثانیه، ثانیه‌ای
selb *Pron.* همان، خود
am selben Fenster در همان پنجره
selber *Pron.* (ضمیر شخصی) خود، شخصاً
selbig *Pron.* همان، خود
Selbst, das; -(e)s شخص؛ وجود؛ نفس؛ شخصیت
selbst *Pron., Adv.* ۱. خود ۲. حتی
Selbst ist der Mann. کس نخارد پشت من، جز ناخن انگشت من.
Selbst seine Freunde haben ihn in Stich gelassen.
حتی دوستانش هم او را قال گذاشته‌اند.
Selbstachtung, die; - مناعت طبع، عزت‌نفس
selbständig *Adj.* مستقل، قائم به ذات، غیر وابسته، دارای شغل آزاد
Selbständigkeit, die; - استقلال، عدم وابستگی
Selbstanlasser, der; -s, - ۱. پیشقدم ۲. وسیلهٔ خودکار روشن کردن اتومبیل

Selbstanschluß, der; -schlusses, -schlüsse تلفن خودکار
Selbstauslöser, der; -s, - دکمهٔ خودکار دوربین
Selbstausschaltung, die; -, -en قطع اتوماتیک جریان برق
Selbstbedarf, der; -(e)s, - نیاز شخصی
Selbstbedienung, die; -, -en (در رستوران) سلف سرویس
Selbstbedienungsladen, der; -s, ⸗ فروشگاه سلف سرویس
Selbstbefriedigung, die; -, -en جلق، استمنا، خود ارضایی
Selbstbeherrschung, die; -, -en تسلط به خویش، خویشتن‌داری
Selbstbeköstigung, die; -, -en (در رستوران) سلف سرویس
Selbstbesinnung, die; - سیاهه‌برداری (از موجودی)
Selbstbestimmung, die; - خودمختاری
Selbstbestimmungsrecht, das; -(e)s, - حق تعیین سرنوشت
Selbstbetrug, der; -(e)s خود فریبی
selbstbewußt *Adj.* خودآگاه، متکی به خود
Selbstbewußtsein, das; -s اعتماد به نفس، خودآگاهی
Selbstbiographie, die; -, -n اتوبیوگرافی، زندگی‌نویسیِ خود؛ زندگی‌نامهٔ شخصی
Selbsteinschätzung, die; -, -en ارزیابی خود، اظهارنظر دربارهٔ خود
Selbstentfremdung, die; -, -en از خود بیگانگی
Selbstentzündung, die; -, -en اشتغال خودبه‌خود
Selbsterhaltung, die; - بقای نفس، حفظ جان
Selbsterhaltungstrieb, der; -(e)s, -e غریزهٔ بقای نفس
Selbsterkenntnis, die; - خودشناسی
Selbsterkenntnis ist der erste Schritt zu Besserung.
خودشناسی اولین گام در جهت بهتر شدن است.
Selbsterniedriegung, die; -, -en فروتنی، کف نفس، پست‌سازی، تحقیر خود
Selbstfahrer, der; -s, - ۱. صندلی چرخ‌دار اتوماتیک ۲. رانندهٔ اتومبیل شخصی
selbstgebacken *Adj.* خانگی؛ خودساخته
selbstgefällig *Adj.* خودپسند، از خود راضی، خودپرست

Selbstgefälligkeit, die; - خودپسندی، از خود راضی‌گری، خودپرستی
Selbstgefühl, das; -(e)s, - اعتماد به نفس
selbstgemacht *Adj.* خانگی؛ خودساخته
Selbstgenügsamkeit, die; - بی‌نیازی؛ غرور؛ کف نفس
selbstgerecht *Adj.* حق به‌جانب؛ خودپسند؛ معتقد به عدالت
Selbstgespräch, das; -(e)s, -e گفت‌وگو با خود
selbstherrlich *Adj.* آمرانه، مستبدانه، دیکتاتورمنش
Selbstherrscher, der; -s, - حاکم مستبد
Selbstherrschung, die; - تسلط به نفس
Selbsthilfe, die; - خودیاری
selbstisch *Adj.* خودخواه، خودپسند، خودپرست
selbstklebend *Adj.* [آلبوم] خود چسب
Selbstkosten, die / *Pl.* قیمت تمام شده، ارزش واقعی
Selbstkostenpreis, der; -es, -e قیمت تمام شده، ارزش واقعی
Selbstkritik, die; -, -en انتقاد از خود
Selbstladepistole, die; -, -n اسلحهٔ خودکار
Selbstlaut, der; -(e)s, -e (دستور زبان) حرف صدادار
selbstlos *Adj.* فداکار، از خود گذشته
Selbstlosigkeit, die; - فداکاری، از خود گذشتگی
Selbstmord, der; -(e)s, -e خودکشی، انتحار
Selbstmörder, der; -s, - خویشتن‌کش، انتحارکننده
selbstmörderisch *Adj.* انتحاری، (متمایل به) خودکشی، (وابسته به) خودکشی
Selbstmordversuch, der; -(e)s, -e قصد خودکشی
Selbstporträt, das; -(e)s, -e تصویر نقاش به وسیلهٔ خود او
selbstredend *Adv.* بدیهی، معلوم، آشکار
Selbstregierung, die; -, -en حکومت خودمختار
selbstschmierend *Adj.* روغن‌کاری شده
Selbstschuldner, der; -s, - ورشکست به تقصیر
Selbstschuß, der; -schusses, -schüsse اسلحهٔ خودکار
Selbstschutz, der; -en, -en دفاع از نفس، حفاظت از خود
selbstsicher *Adj.* متکی به نفس
Selbstsicherheit, die; - اعتماد به نفس
Selbstsucht, die; - خودخواهی، خودپرستی، خودبینی
selbstsüchtig *Adj.* خودخواه، خودپرست، خودبین؛ خودخواهانه
selbsttätig *Adj.* ۱. خودکار، اتوماتیک ۲. فعال
Selbsttätigkeit, die; -, - ۱. خودکاری ۲. فعالیت
Selbsttäuschung, die; -, -en خودفریبی
Selbsttor, das; -(e)s, -e (فوتبال) گل به دروازهٔ خودی
Selbstüberschätzung, die; -, -en تخمین زیاد، غلو
Selbstüberwindung, die; -, -en پیروزی، غلبه
Selbstunterricht, der; -(e)s خودآموزی
Selbstverachtung, die; - تحقیر؛ توهین
Selbstverbrennung, die; -, -en خودسوزی
selbstvergessen *Adj.* غرق در عالم خارج از خود، مستغرق در افکار دور و دراز
Selbstverlag, der; -(e)s, - چاپ و نشر کتاب (به خرج مؤلف)
Selbstverleugnung, die; -, -en انکار نفس، ترک نفس
Selbstvernichtung, die; -, -en خودکشی
selbstverschuldet *Adj.* خودکرده
Selbstversorger, der; -s, - آدم خودکفا
Selbstversorgung, die; -, -en بی‌نیازی، کف‌نفس
selbstverständlich *Adj., Adv.* ۱. مسلم، بدیهی ۲. مسلماً، البته
Selbstverständlichkeit, die; -, -en بدیهی بودن، وضوح
Selbstverständnis, das; -nisses خودبینی
Selbstverteidigung, die; -, -en دفاع از خود، دفاع از نفس
Selbstvertrauen, das; -s, - اعتماد به نفس
Selbstverwaltung, die; -, -en خودمختاری، خودفرمانی
Selbstverwirklichung, die; -, -en تحقق نفس، خودپردازی، خودسازی
Selbstwählbetrieb, der; -(e)s, -e گرفتن شمارهٔ تلفن (راه دور)
Selbstzucht, die; - تأدیب نفس، ریاضت
selbstzufrieden *Adj.* از خود راضی
Selbstzufriedenheit, die; - از خود راضی‌گری
Selbstzündung, die; -, -en خودسوزی
selchen *Vt., Vi.* ۱. دود دادن، دود کردن ۲. دود شدن
selektieren *Vt.* انتخاب کردن، برگزیدن (نوع گیاه / حیوان)
Selektion, die; -, -en انتخاب، گزینش
selektiv *Adj.* منتخب، برگزیده
Selen, das; -s (شیمی) عنصر سلینم

selig *Adj.* ۱. سعادتمند، خجسته، سعید ۲. مرحوم، متوفی
Seligkeit, die; -, -en ۱. سعادت، خوشبختی، لذت، شادی ۲. رحمت، رستگاری
seligsprechen *Vt.* سعادت جاودانی بخشیدن، آمرزیدن
Seligsprechung, die; -, -en سعادت جاودانی، آمرزش
Sellerie, der/die; -s, -s کرفس
selten *Adj., Adv.* ۱. نادر، کمیاب ۲. به‌ندرت، ندرتاً
Seltenheit, die; -, -en کمیابی، ندرت
Selterswasser, das; -s, -/ ̈- نوشابهٔ غیر الکلی گازدار
seltsam *Adj.* عجیب، غریب، غیرعادی
seltsamerweise *Adv.* به‌طور غریب
Seltsamkeit, die; -, -en غرابت
Semester, das; -s, - ترم، نیمسال تحصیلی
Semesterende, das; -s, -n پایان نیمسال تحصیلی، پایان ترم
Semesterferien, die / *Pl.* تعطیلات بین دو نیمسال تحصیلی، تعطیلات بین ترم
Semesterschluß, der; -schlusses, -schlüsse پایان نیمسال تحصیلی
Semifinale, das; -s, - (ورزش) نیمه نهایی
Semikolon, das; -s, -s/-kola (علامت) نقطه‌ویرگول
Seminar, das; -s, -e/-ien ۱. سمینار، میزگرد ۲. دانشسرا؛ انستیتو، مؤسسهٔ علمی ۳. مدرسهٔ علوم دینی
Seminarist, der; -en, -en شرکت‌کننده در سمینار
Seminaristin, die; -, -nen شرکت‌کننده در سمینار (زن)
Semit, der; -en, -en سامی، سامی‌نژاد
Semitin, die; -, -nen سامی، سامی‌نژاد (زن)
Semitismus, der; - سامی‌گرایی
Semmel, die; -, -n نان سفید کوچک
Senat, der; -(e)s, -e ۱. مجلس سنا ۲. هیئت مشاور ۳. هیئت قضات
Senator, der; -s, -en سناتور، عضو مجلس سنا
Senatspräsident, der; -en, -en رئیس مجلس سنا
Sendbote, der; -n, -n مأمور، فرستاده
Sendeanlage, die; -, -n تأسیسات انتقالی
Sendeanstalt, die; -, -en مؤسسهٔ رادیو تلویزیون
Sendebereich, der; -(e)s, -e حوزهٔ پخش (امواج رادیویی)
Sendefolge, die; -, -n ادامهٔ پخش برنامه (از رادیو)
Sendegerät, das; -(e)s, -e دستگاه فرستنده
Sendeleiter, der; -s, - مدیر برنامه
Sendemast, der; -es, -e دکل فرستندهٔ رادیو
senden *Vt.* ۱. فرستادن، ارسال داشتن ۲. پخش کردن (امواج رادیویی)
Sendeplan, der; -(e)s, ̈-e برنامهٔ پخش از رادیو
Sendeprogramm, das; -s, -e برنامهٔ پخش از رادیو
Sender, der; -s, - (رادیو، تلویزیون) فرستنده، ایستگاه فرستنده
Senderaum, der; -(e)s, -räume استودیو رادیو
Sendereihe, die; -, -n ترتیب پخش برنامه
Sendergruppe, die; -, -n شبکهٔ رادیویی
Sendermast, der; -, -(en) دکل فرستندهٔ رادیو
Sendernetz, das; -es, -e شبکهٔ رادیویی
Sendersuchlauf, der; -(e)s, -läufe موج‌یاب اتوماتیک، موج‌یاب فرستندهٔ اتوماتیک
Sendeschluß, der; -schlusses, -schlüsse پایان برنامه (رادیو / تلویزیون)
Sendestation, die; -, -en ایستگاه فرستندهٔ رادیویی، ایستگاه فرستندهٔ تلویزیونی
Sendestelle, die; -, -n ایستگاه فرستندهٔ رادیویی
Sendezeichen, das; -s, - علامت فرستندهٔ رادیویی، آرم فرستندهٔ رادیویی
Sendezeit, die; -, -en زمان پخش برنامه (رادیو / تلویزیون)
Sendschreiben, das; -s, - ۱. نامهٔ رسمی ۲. حرف مدور ۳. رسالت، مأموریت ۴. محموله؛ مَرسَله
Sendung, die; -, -en ۱. ارسال؛ انتشار؛ انتقال ۲. برنامهٔ رادیویی، برنامهٔ تلویزیونی
Senf, der; -(e)s, -e خردل
senffarbig *Adj.* خردلی، به رنگ خردل
Senfgas, das; -es, -e گاز خردل
Senfgurke, die; -, -n مخلوط خیار و خردل
Senfkorn, das; -(e)s, ̈-er تفالهٔ خردل
Senfpflaster, das; -s, - مشمع خردل
Senftopf, der; -(e)s, ̈-e ظرف خردل
Senge, die / *Pl.* سوختگی (سطحی)، تاول
sengen *Vt., Vi.* ۱. به‌طور سطحی سوزاندن ۲. به‌طور سطحی سوختن، تاول زدن
senil *Adj.* پیر، سالخورده
Senilität, die; - پیری، سالخوردگی
Senior, der; -s, -en ۱. ارشد، سابقه‌دار، پیش‌کسوت ۲. ورزشکار بزرگسال ۳. بازنشسته
Seniorenheim, das; -(e)s, -e خانهٔ سالمندان
Senkblei, das; -(e)s, -e ۱. شاقول ۲. ژرفاسنج
Senke, die; -, -n تورفتگی، گودشدگی

Senkel, der; -s, - قیطان؛ بند کفش؛ نوار
senken *Vt., Vr.* ۱. پایین آوردن، کاهش دادن، کم کردن، تنزل دادن ۲. پایین آمدن، نشست کردن، فرو رفتن
den Kopf senken سر را پایین آوردن
Senker, der; -s, - ۱. قلمه، شاخه ۲. لایه، چینه
Senkfuß, der; -es, -füße پای پهن، پای مسطح
Senkfußeinlage, die; -, -n کفی (مخصوص پای مسطح)
Senkgrube, die; -, -n چاهک؛ چاه مستراح
Senklot, das; -(e)s, -e شاقول
senkrecht *Adj.* عمودی
Senkrechte, die; -n, -n پرواز عمودی (هواپیما)
Senkrechtstarter, der; -s, - پرواز عمودی (هواپیما)
Senkung, die; -, -en سقوط؛ فرود، تنزل، نشست
Senkwaage, die; -, -n دستگاه اندازه‌گیری وزن گازها
Senn, der; -(e)s, -e چوپان کوه آلپ
Senne, die; -, -n چراگاه، مرتع
sennen *Vi.* پنیر زدن، پنیر درست کردن
Senner, der; -s, - چوپان کوه آلپ
Sennerei, die; -, -en لبنیات کوه آلپ
Sennerin, die; -, -nen چوپان کوه آلپ (زن)
Sennhütte, die; -, -n (در کوه آلپ) کلبهٔ چوپانی
Sensation, die; -, -en حادثهٔ جالب توجه، واقعهٔ هیجان‌انگیز؛ موضوع روز
sensationell *Adj.* شورانگیز، هیجان‌انگیز، شگفت‌انگیز، مؤثر، مهیج
Sensationslust, die; -, ¨-e پیروی از عواطف، پیروی از احساسات
sensationslustig *Adj.* پیرو احساسات شورانگیز
Sensationsmeldung, die; -, -en گزارش واقعهٔ شگفت‌انگیز
Sensationspresse, die; -, -n مطبوعات جنجالی
Sense, die; -, -n داس
sensen *Vt.* با داس درو کردن
Sensenmann, die; - ۱. علف‌چین ۲. داس مرگ
sensibel *Adj.* حساس، زودرنج
sensibilisieren *Vt.* حساس کردن، حساسیت دادن
Sensibilität, die; -, -en حساسیت، زودرنجی
Sensorium, das; -s, -rien (در مغز) مرکز حواس
Sentenz, die; -, -en کلمهٔ قصار، پند، اندرز، گفتهٔ اخلاقی، حکمت
sentenziös *Adj.* پرمغز؛ موجز
Sentiment, das; -s, -s احساس، حس
sentimental *Adj.* احساساتی، عاطفی
Sentimentalität, die; -, -en حالت احساساتی، پیروی از عواطف، پیروی از احساسات
separat *Adj.* سوا، جدا، مجزا، جداگانه
Separatismus, der; - تجزیه‌طلبی
Separatist, der; -en, -en تجزیه‌طلب
separieren *Vt.* تجزیه کردن، جدا کردن
Sepia, die; -, -pien ماهی مرکب
September, der; -(s), - ماه سپتامبر
Septett, das; -(e)s, -e اثر موسیقی برای هفت صدا / هفت ساز
Septima, die; -, -men کلاس هفتم
Septimenakkord, der; -(e)s, -e (موسیقی) آکورد هفتم
septisch *Adj.* عفونی
Sequenz, die; -, -en ردیف، توالی، سلسله
Serail, das; -s, -s حرم، حرمسرا، اندرونی، شبستان
Serbe, der; -n, -n صربی
Serbien, das صربستان
Serbin, die; -, -nen صربی (زن)
serbisch *Adj.* صربی
Serbokroaten, die / *Pl.* صرب‌ها و کروات‌ها
Serenade, die; -, -n سرناد (نوعی موسیقی سازی یا آوازی شبانه)
Serge, die; -, -n فاستونی
Sergeant, der; -en, -en گروهبان
Serial, das; -s, -s سریال، سری، ردیف
Serie, die; -, -n سری، ردیف، رشته، مجموعه، گروه
Serienherstellung, die; - تولید ردیفی، تولید متوالی
serienmäßig *Adj.* به‌ترتیب، به‌طور مسلسل
Serienpreis, der; -es, -e قیمت سری، قیمت مجموعه
Serienschaltung, die; -, -en (برق) اتصال سری
Serienwagen, der; -s, - شمارهٔ ردیفی موتور (اتومبیل)
serienweise *Adv.* ۱. به‌صورت سری ۲. به تعداد زیاد
seriös *Adj.* ۱. جدی، با نزاکت ۲. معتبر، قابل اعتماد
Seriosität, die; - نزاکت، وقار؛ اعتبار
Serpentine, die; -, -n مارپیچ (خط / جاده)
Serum, das; -s, -ra / -ren ۱. سرم ۲. خونابه، قسمت آبکی خون
Serumkunde, die; - / -, -n سرم‌شناسی
Service[1]**,** der / das; -, -s ۱. سرو، پذیرایی؛ خدمت ۲. (تنیس) سرو

Service[2], das; -/-s, - سرویس (ظرف)
Servierbrett, das; -(e)s, -er سینی
servieren *Vt., Vi.* ۱. به (کسی) خدمت کردن، به (کسی) سرویس دادن، از (کسی) پذیرایی کردن ۲. سفره گستردن
Serviererin, die; -, -nen خدمتکار (زن)
Serviertisch, der; -(e)s, -e میز دم‌دستی، میز پا دیواری
Serviette, die; -, -n دستمال سفره
Serviettenring, der; -(e)s, -e حلقهٔ دستمال سفره
servil *Adj.* پست، دون
Servolenkung, die; -, -en (در اتومبیل) فرمان هیدرولیکی، فرمان سروو
Servomotor, der; -s, -en موتور هیدرولیکی، (نوعی) موتور کمپرسی، موتور سروو
servus *Interj.* (هنگام سلام و خداحافظی) روز به خیر
Sesam, der; -s, -s کنجد
Sesamöl, das; -(e)s, -e روغن کنجد
Sesampflanze, die; -, -n گیاه کنجد
Sessel, der; -s, - صندلی راحتی، صندلی دسته‌دار، مبل
Sessellift, der; -(e)s, -e/-s تله اسکی
seßhaft *Adj.* مقیم، ساکن
Seßhaftigkeit, die; - اقامت، سکونت
Set, das/der; -(s), -s ۱. ست، مجموعهٔ کامل (مبل، آچار و غیره) ۲. (در موقع غذا خوردن) پلاستیک زیر بشقاب
Setzei, das; -(e)s, -er نیمرو
setzen *Vt., Vr., Vi.* ۱. نشاندن، گذاشتن ۲. قرار دادن، نصب کردن ۳. حروفچینی کردن ۴. شرط‌بندی کردن ۵. فرض کردن، در نظر گرفتن ۶. نشستن ۷. جستن، جهیدن ۸. ته‌نشین شدن، نشست کردن

sich zu Tisch setzen سر میز نشستن
auf ein Pferd setzen روی یک اسب شرط‌بندی کردن
alles daran setzen حداکثر کوشش خود را به کار بردن
sich setzen نشستن
sich an eine Arbeit setzen به کاری مشغول شدن
auf falsche Pferd setzen کور خواندن
in Betrieb setzen به کار انداختن
Hoffnung auf jemanden **setzen** به کسی امید بستن
Gesetzt, er kommt! به فرض که او می‌آید!

Setzer, der; -s, - حروفچین
Setzerei, die; -, -en حروفچینی
Setzkasten, der; -s, ⸚ (در چاپخانه) جعبهٔ حروف
Setzling, der; -s, -e قلمه، نهال
Setzmaschine, die; -, -n ماشین حروفچینی
Setzreis, das; -es, -er چینه، لایه، ورقه
Setzwaage, die; -, -n تراز، ترازگیری
Seuche, die; -, -n ناخوشی همه‌گیر، بیماری مسری، مرض واگیردار
Seuchenbekämpung, die; -, -en مبارزه با بیماری مسری
Seuchengefahr, die; -, -en خطر سرایت
Seuchenherd, der; -(e)s, -e منشأ بیماری
seufzen *Vi.* آه کشیدن، افسوس خوردن
Seufzer, der; -s, - آه، افسوس
Sex, der; - ۱. سکس، جنس؛ رابطهٔ جنسی ۲. جاذبهٔ جنسی (زن)
Sex-Appeal, der; -s جاذبهٔ جنسی
Sexfilm, der; -s, -e فیلم شهوت‌انگیز، فیلم محرک احساسات جنسی
Sexshop, der; -s, -s فروشگاه لوازم جنسی
Sextett, das; -(e)s, -e اثر موسیقی برای شش صدا / شش ساز
sexual *Adj.* جنسی، تناسلی
Sexualhormon, das; -s, -e هورمون جنسی
Sexualität, die; - تمایلات جنسی؛ عمل جنسی
Sexualkunde, die; - سکس‌شناسی، آموزش مسائل جنسی
Sexualorgan, das; -s, -e آلت تناسلی
sexuell *Adj.* جنسی، تناسلی، شهوانی
Sexus, der; -, - سکس، جنس؛ غریزهٔ جنسی
sexy *Adj.* سکسی، شهوت‌انگیز، دارای تمایلات جنسی
sezernieren *Vt.* از هم جدا کردن، سوا کردن
sezieren *Vt.* تشریح کردن، کالبدشکافی کردن
Seziermesser, das; -s, - چاقوی جراحی
Seziersaal, der; -(e)s, -säle سالن تشریح، سالن کالبدشکافی
Shampoo, das; -s, -s شامپو
Sherry, der; -s, -s شری (نوعی مشروب الکلی)
Shilling, der; -s, -s شیلینگ (واحد پول در انگلیس)
Shop, der; -s, -s مغازه، دکان
Shorts, die/*Pl.* شورت، شلوار کوتاه
Shortstory, die; -, -ries داستان کوتاه
Show, die; -, -s شو، نمایش متنوع
Showbusineß, das; - کار نمایش، کارِ شو
Sibirien, das سیبری
Sibirier, der; -s, - سیبریه‌ای، اهل سیبری

sibirisch *Adj.* سیبریه‌ای، (مربوط به) سیبری

sich *Pron.* ۱. خود، خودش، خودشان (ضمیرانعکاسی) ۲. یکدیگر

Sie lieben sich. آنها عاشق یکدیگرند.

Das ist eine Sache für sich. این موضوع پیچیده و غامضی است.

Er ist nicht bei sich. حواس او سرجایش نیست.

Sichel, die; -, -n ۱. داس دسته کوتاه ۲. هلال (ماه)

sichelförmig *Adj.* داسی‌شکل، به شکل داس، هلالی‌شکل

sicheln *Vt.* با داس درو کردن

sicher *Adj., Adv.* ۱. حتمی، قطعی، مطمئن، مسلم، یقین ۲. ایمن، سالم، امن، خاطرجمع ۳. مطمئناً، قطعاً، یقیناً

Sicher! البته! یقیناً!

Sicher nicht. مطمئناً خیر. حتماً نه.

Sicher ist sicher. کار از محکم کاری عیب نمی‌کند.

sichergehen *Vi.* ۱. ریسک نکردن ۲. مطمئن شدن، یقین حاصل کردن

Sicherheit, die; -, -en ۱. امنیت، ایمنی ۲. اطمینان، تضمین ۳. ودیعه؛ وثیقه، گرویی

in Sicherheit bringen به جای امنی بردن

Sicherheitsbeamte, der; -n, -n مأمور امنیتی

Sicherheitsfaktor, der; -s, -en عامل امنیتی

Sicherheitsglas, das; -es, ¨-er شیشهٔ ایمنی، شیشهٔ نشکن

Sicherheitsgrad, der; -(e)s, -e درجهٔ اطمینان

Sicherheitsgurt, der; -(e)s, -e کمربند ایمنی

sicherheitshalber *Adv.* محض اطمینان

Sicherheitsklausel, die; -, -n حفاظ، پناه

Sicherheitsmaßnahme, die; -, -n اقدامات امنیتی

Sicherheitsnadel, die; -, -n سنجاق قفلی

Sicherheitspolizei, die; -, -en پلیس امنیتی

Sicherheitsrat, der; -(e)s شورای امنیت

Sicherheitsschloß, das; -schlosses, -schlösse ۱. قفل ایمنی، قفل اطمینان ۲. ضامن اسلحه

Sicherheitsventil, das; -s, -e سوپاپ اطمینان، دریچهٔ اطمینان

Sicherheitsvorkehrung, die; -, -en (در جمع) اقدامات حفاظتی

sicherlich *Adv.* یقیناً، حتماً، مطمئناً، مسلماً

sichern *Vt.* ۱. از (کسی/چیزی) حفاظت کردن، از (کسی/چیزی) مراقبت کردن، از (کسی/چیزی) حراست کردن ۲. به (کسی) اطمینان دادن، تضمین کردن

sicherstellen *Vt.* ۱. تأمین کردن، تضمین کردن ۲. توقیف کردن

Sicherung, die; -, -en ۱. حفاظت، مراقبت، حراست ۲. اطمینان ۳. ضامن (سلاح) ۴. تأمین، ایمنی ۵. فیوز برق

Sicherungskasten, der; -s, ¨- جعبهٔ فیوز

Sicherungsverwahrung, die; -, -en توقیف احتیاطی

Sicht, die; -, -en ۱. دید، بینش، نظر ۲. منظره، چشم‌انداز

in Sicht sein قابل رؤیت بودن

sichtbar *Adj.* آشکار، نمایان، مرئی، هویدا، قابل رؤیت

Sichtbarkeit, die; - آشکاری، نمایانی، قابلیت رؤیت

Sichtbeton, der; -s, -s (در ساختمان) بتون بدون روکاری

sichten *Vt.* ۱. (از فاصلهٔ دور) دیدن ۲. وارسی کردن ۳. کنترل کردن؛ طبقه‌بندی کردن

Sichtfeld, das; -(e)s, -er میدان دید

sichtig *Adj.* [هوا] صاف، روشن

sichtlich *Adj.* آشکار، نمایان، واضح، مرئی، هویدا، قابل رؤیت

Sichttratte, die; -, -n برات رؤیتی، استفاده از برات قبل از موعد

Sichtverhältnis, das; -nisses, -nisse نسبت دید

Sichtvermerk, der; -(e)s, -e ۱. روادید ۲. پشت‌نویسی، ظهرنویسی

Sichtwechsel, der; -s, - برات رؤیتی، استفاده از برات قبل از موعد

Sichtweite, die; -, -n میدان دید، چشم‌رس

sickern *Vi.* تراوش کردن، چکیدن

Sickerwasser, das; -s چکهٔ آب

sie *Pron.* ۱. او (ضمیر سوم شخص مفرد مؤنث) ۲. آنان، ایشان، آنها (ضمیر سوم شخص جمع)

Sie[1] *Pron.* شما (ضمیر سوم شخص خطابی محترمانه)

Sie[2], die; -, -s ماده، مؤنث، جنس زن

ein Er und eine Sie یک مرد و یک زن

Sieb, das; -(e)s, -e الک، غربال، صاف‌کن، سرند، آبکش

Sie hat ein Gedächtnis wie ein Sieb. او خیلی فراموشکار است.

sieben[1] *Vt.* ۱. الک کردن، سرند کردن، آبکش کردن، غربال کردن، از صافی رد کردن ۲. برگزیدن، انتخاب کردن

sieben[2] *Zahlw.* هفت

Das ist mir ein Buch mit sieben Siegeln. این برای من معمای بسیار پیچیده‌ای است.

Sieben, die; -, -en عدد هفت، رقم هفت
siebenfach *Adj.* هفت برابر
siebenfältig *Adj.* هفت برابر
Siebengebirge, das; -(e)s, - هفت کوه
Siebengestirn, das; -(e)s, -e هفت اختر
siebenjährig *Adj.* هفت ساله
siebenmal *Adv.* هفت بار
siebenmalig *Adj.* هفت برابر
Siebenmeilenstiefel, die / *Pl.* چکمهٔ غول‌آسا (کنایه از چکمهٔ بزرگ غول‌ها در افسانه‌های قدیم آلمانی)
siebenmonatlich *Adj.* هفت ماهه
Siebenmonatskind, das; -(e)s, -er بچهٔ هفت ماهه به دنیا آمده
Siebensachen, die / *Pl.* اشیای هفت‌گانه
Siebenschläfer, der; -s, - موش زمستان‌خواب
siebentägig *Adj.* هفت روزه
siebent- *Adj.* هفتمین
Siebentel, das; -s, - یک هفتم
siebentens *Adv.* هفتم
siebzehn *Zahlw.* هفده
siebzehnt- *Adj.* هفدهمین
Siebzehntel, das; -s, - یک هفدهم
siebzig *Zahlw.* هفتاد
Siebziger, der; -s, - هفتاد ساله
Siebzigerin, die; -, -nen هفتاد ساله (زن)
siebzigst- *Adj.* هفتادمین
siech *Adj.* علیل، ناتوان، ضعیف
siechen *Vi.* علیل بودن، ناتوان شدن، ضعیف شدن
Siechtum, das; -(e)s معلولی، زمین‌گیری، ناخوشی طولانی
Siedegrad, der; -(e)s, -e نقطهٔ غلیان، درجهٔ جوش
Siedehitze, die; - حرارت غلیان، گرمای جوش
Siedekessel, der; -s, - دیگ بخار
siedeln *Vi.* مقیم شدن، سکنی گزیدن
sieden *Vi., Vt.* ۱. جوشیدن، تبخیر شدن ۲. جوشاندن، تبخیر کردن ۳. آب‌پز کردن
Siedepunkt, der; -(e)s, -e نقطهٔ جوش، درجهٔ غلیان
Sieder, der; -s, - دیگ بخار
Siedler, der; -s, - ساکن، مقیم
Siedlung, die; -, -en شهرک، منطقهٔ مسکونی
Siedlungsgesellschaft, die; -, -en سازمان مسکن
Sieg, der; -(e)s, -e فتح، پیروزی، غلبه، نصرت، ظفر
Siegel, der; -s, - مهر و موم
Siegellack, der; -(e)s, -e لاک و مهر
siegeln *Vt.* لاک و مهر کردن، مهر و موم کردن
Siegelring, der; -(e)s, -e انگشتر مهردار
siegen *Vi.* پیروز شدن، فاتح شدن، غلبه یافتن، فتح کردن
Sieger, der; -s, - برنده، فاتح، غالب، پیروز
Siegerin, die; -, -nen برنده، فاتح، غالب، پیروز (زن)
Siegermacht, die; -, ⸚e ابرقدرت‌ها؛ کشورهای فاتح
Siegerpodest, das; -es, -e سکوی قهرمانی
Siegerpokal, der; -s, -e جام قهرمانی
Siegerurkunde, die; -n, -n دیپلم برندهٔ مسابقه
Siegesbogen, der; -s, - / ⸚ تاق نصرت، تاق پیروزی
Siegesdenkmal, das; -s, ⸚er مجسمهٔ پیروزی
Siegesfeier, die; -, -n جشن پیروزی
siegesgewiß *Adj.* مطمئن از پیروزی
Siegesgöttin, die; -, -nen الههٔ پیروزی
Siegessaüle, die; -, -n تاق نصرت
siegestrunken *Adj.* سرمست پیروزی
Siegeszeichen, das; -s, - یادگار پیروزی، غنایم جنگی
Siegeszug, der; -es, ⸚e موکب پیروزی، حرکت دسته‌جمعی، رژه پیروزی، تظاهرات پیروزی
sieghaft *Adj.* پیروز، فاتح، پیروزمند
siegreich *Adj.* پیروز، فاتح، پیروزمند
Siel, das; -(e)s, -e دریچهٔ سد، دریچهٔ تخلیه؛ سیل‌گیر
Siele, die; -, -n عنان، لجام
siezen *Vt.* به (کسی) شما خطاب کردن، به هم شما گفتن
Sigel, das; -s, - رمز، نشان
Signal, das; -s, -e علامت، اشاره، نشان
Signalement, das; -s, -s شرح مشخصات (شخص)، توصیف شخصی
Signalflagge, die; -, -n (در کشتی) علائم پرچم، علائم رمزی پرچم
Signalhorn, das; -(e)s, ⸚er (ارتش) علائم شیپور، علائم رمزی شیپور
signalisieren *Vt.* علامت دادن، با اشاره ابلاغ کردن، خبر دادن
Signatarmächte, die / *Pl.* طرفین امضاکننده
Signatur, die; -, -en ۱. امضا، پاراف، صحه، توشیح ۲. علامت، نشان
signieren *Vt.* ۱. امضا کردن، پاراف کردن، بر (چیزی) صحه گذاشتن ۲. علامت گذاشتن
Silbe, die; -, -n سیلاب، هجا

Silbentrennung, die; -, -en تجزیهٔ هجایی کلمات
Silber, das; -s نقره، سیم
Silberdraht, der; -(e)s, ¨-e مفتول نقره‌ای
Silbergehalt, der; -(e)s, -e مقدار نقره، عیار نقره
Silbergeld, das; -(e)s, -er پول نقره
Silbergerät, das; -(e)s, -e نقره‌آلات
Silbergeschirr, das; -(e)s, -e نقره‌آلات
silberhell *Adj.* [رنگ] نقره‌ای
silb(e)rig *Adj.* نقره‌ای، نقره‌فام
Silbermedaille, die; -, -n مدال نقره
Silbermünze, die; -, -n سکهٔ نقره
silbern *Adj.* نقره‌ای، نقره‌فام
silberne Hochzeit بیست و پنجمین سالگرد ازدواج
Silberpapier, das; -s, -e (برای بسته‌بندی شیرینی) ورقهٔ نازک قلع
Silberpappel, die; -, -n سپیدار؛ درخت تبریزی
Silberschmied, der; -(e)s, -e نقره‌کار، نقره‌ساز
Silberstahl, der; -(e)s, -e/¨-e فولاد مخلوط با نقره
Silberstreifen, der; -s, -e پرتو سیمین (افق)
Silberwährung, die; -, -en واحد پول نقره
Silberwaren, die / *Pl.* نقره‌آلات؛ ظروف نقره
Silberzeug, das; -(e)s, -e نقره‌آلات
Silhouette, die; -, -n نیم‌رخ سیاه رنگ
Silicium, das; -s (شیمی) عنصر سیلیسیم
Silikat, das; -(e)s, -e سیلیکات، نمک اسید سیلیسیک
Silo, der; -s, -s سیلو، انبار غله
Silofutter, das; -s, - علف تازه مانده
Silvester(abend), der / das; -s, - شب سال نو (مسیحی)
simpel *Adj.* ۱. ساده، ساده‌لوح ۲. سهل، آسان
Simpel, der; -s, - آدم ساده‌لوح
Simpelfransen, die / *Pl.* حاشیه، سجاف
simpelhaft *Adj.* ساده‌لوح؛ ساده‌لوحانه
simplifizieren *Vt.* ساده کردن، سهل و آسان کردن
Simplizität, die; -, - سادگی، بی‌آلایشی
Sims, der / das; -es, -e ۱. لبه، برآمدگی ۲. (معماری) حاشیهٔ تزئینی، باریکهٔ تزئینی ۳. کتیبهٔ گچ‌بری بالای دیوار
Simulant, der; -en, -en تمارض‌کننده
Simulantin, die; -, -nen تمارض‌کننده (زن)
Simulation, die; -, -en تظاهر، وانمود
Simulator, der; -s, -en متظاهر، وانمودکننده
simulieren *Vt., Vi.* ۱. وانمود کردن، تظاهر کردن ۲. از زیر کار در رفتن، تمارض کردن، خود را به مریضی زدن

simultan *Adj.* هم‌زمان، مقارن، باهم
Simultandolmetschen, das; -s, - ترجمهٔ هم‌زمان
Sinfonie, die; -, -n (موسیقی) سمفونی
Sinfoniekonzert, das; -(e)s, -e کنسرت سمفونیک
Sinfonieorchester, das; -s, - ارکستر سمفونیک
singbar *Adj.* قابل خواندن، خواندنی
Singdrossel, die; -, -n (پرنده) باسترک
singen *Vi., Vt.* آواز خواندن
ein Lied singen ترانه خواندن
Single, der; -s, -s مجرد، بدون همسر
Singsang, der; -(e)s, - آواز یکنواخت
Singspiel, das; -(e)s, -e (نوعی) نمایش آوازی
Singstimme, die; -, -n بخش آوازی
Singular, der; -s, -e (دستور زبان) مفرد
singulär *Adj., Adv.* ۱. تک تک، جدا از هم ۲. به‌ندرت، ندرتاً
Singvogel, der; -s, ¨- پرندهٔ آوازخوان
sinken *Vi.* ۱. فرو رفتن، نشست کردن ۲. غرق شدن ۳. غروب کردن ۴. پایین آمدن، تنزل کردن (قیمت) ۵. کم شدن، کاهش یافتن
Die Preise sinken. قیمت‌ها پایین می‌آیند.
Die Sonne sinkt. آفتاب غروب می‌کند.
Sinn, der; -(e)s, -e ۱. حس ۲. معنی، مفهوم، محتوای فکری ۳. علاقهٔ باطنی
ganz in meinem Sinn درست مطابق خواست من
im wahrsten Sinn des Wortes به تمام معنی
Es hat keinen Sinn. این کار بی‌فایده است.
die fünf Sinne حواس پنجگانه
Sinnbild, das; -es, -er نشان، علامت، مظهر، سمبل
Die Taube ist das Sinnbild des Friedens. کبوتر سمبل صلح و آرامش است.
sinnbildlich *Adj.* رمزی، علامت‌دار، نشان‌دار
sinnen *Vi., Vt.* ۱. اندیشیدن، تعمق کردن، تأمل کردن ۲. طرح (چیزی) را ریختن
sinnend *Adj.* اندیشناک؛ اندیشمند
sinnenfreudig *Adj.* حسی، (وابسته) به حواس
Sinnengenuß, der; -nusses, -nüsse لذت جسمانی
Sinnenlust, die; - لذت جسمانی
Sinnenrausch, der; -es از خود بی‌خودشدگی
Sinnentaumel, der; -s از خود بی‌خودشدگی
sinnentstellend *Adj.* تحریف شده، از شکل طبیعی درآمده
Sinnesänderung, die; -, -en تغییر فکر، تغییر رأی، انصراف

Sinnesart, die; -, -en طرز فکر، خلق، طبع، حالت
Sinnesorgan, das; -s, -e عضو حسی
Die Nase ist ein Sinnesorgan. بینی عضو حسی است.
Sinnestäuschung, die; -, -en خطای حس
sinnfällig *Adj.* بدیهی، معلوم، واضح، آشکار
Sinngedicht, das; -(e)s, -e شعر هجو، هجویه
sinngemäß *Adj.* ۱. مفهومی، معنایی ۲. منطقی، بامعنا
sinngetreu *Adj.* باوفا، وفادار
sinnieren *Vi.* اندیشیدن، تفکر کردن، به فکر فرو رفتن
sinnig *Adj.* ۱. اندیشمند، متفکر ۲. پرمعنی؛ مؤثر
sinnlich *Adj.* ۱. جسمانی، نفسانی، شهوانی ۲. قابل فهم
Sinnlichkeit, die; - نفس‌پرستی، شهوت‌پرستی؛ لذت جسمانی
sinnlos *Adj.* بی‌معنی؛ بی‌ربط، نامعقول؛ عبث
Sinnlosigkeit, die; -, -en بیهودگی؛ بی‌ربطی؛ پوچی؛ بی‌فایدگی
Sinnpflanze, die; -, -n درخت گل ابریشم
sinnreich *Adj.* باهوش، زرنگ، زیرک
Sinnspruch, der; -(e)s, ⸚e کلمهٔ قصار، سخن نغز، سخن پرمعنی
sinnverwandt *Adj.* مترادف، هم‌معنی
sinnvoll *Adj.* پرمعنی؛ نتیجه‌بخش، مؤثر؛ منطقی؛ مفید
sinnwidrig *Adj.* پوچ، مزخرف، بی‌معنی
Sinnwidrigkeit, die; - پوچی، مزخرفی
Sinologe, der; -n, -n متخصص ادبیات و فرهنگ چین
Sinologie, die; - علم ادبیات و فرهنگ چین
Sinter, der; -s, - رسوب، تفالهٔ کورهٔ چدن‌پزی؛ ته‌مانده / زوائد ذوب‌آهن
Sintflut, die; -, -en (نوح) سیل، طوفان
Sinus, der; -, - / -se ۱. (ریاضی) سینوس ۲. حفره، فرورفتگی
Sinusitis, die; -, -tiden (بیماری) سینوزیت
Sinuskurve, die; -, -n (ریاضی) منحنی سینوس
Siphon, der; -s, -s سیفون، لولهٔ خمیده، مجرای لوله‌ای شکل
Sippe, die; -, -n ۱. خویشاوندی، فامیلی، قرابت ۲. ایل، دودمان، عشیره
Sippenkunde, die; -, -n دودمان‌شناسی، نسب‌شناسی
Sippenforschung, die; -, -en پژوهش شجره‌ای، تحقیقات (مربوط به) دودمان
Sippschaft, die; -, -en ۱. خویشاوندی، فامیلی، قرابت ۲. ایل، دودمان، عشیره
Sirene, die; -, -n سوت، آژیر (خطر)
Sirenengesang, der; -(e)s, ⸚e صدای آژیر
Sirup, der; -s, -e شربت (غلیظ)، عصاره، شهد، شیره (میوه / چغندرقند)
sistieren *Vt.* ۱. قطع کردن، متوقف کردن ۲. بازداشت کردن
Sitte, die; -, -n عرف، عادت، رسم، آئین، آداب و رسوم
Sittenbild, das; -es, -er تصویر آداب و رسوم (دوره)
Sittengemälde, das; -s, - تصویر آداب و رسوم (دوره)
Sittengesetz, das; -es, -e قانون اخلاقی
Sittenlehre, die; -, -n علم اخلاق
sittenlos *Adj.* بی‌اخلاق، فاسد، غیراخلاقی
Sittenlosigkeit, die; - بی‌اخلاقی، فساد، فسق و فجور
Sittenpolizei, die; -, -en پلیس مأمور کشف و دستگیری تبهکاران
Sittenprediger, der; -s, - معلم اخلاق، موعظه کننده
Sittenrichter, der; -s, - مأمور سانسور مطبوعات، مأمور سانسور نمایش
Sittenroman, der; -s, -e داستان (مربوط به) آداب و رسوم (قوم)
sittenstreng *Adj.* (در مسائل اخلاقی) سختگیر
Sittenverderbnis, die; -, -nisse فساد اخلاق
sittenwidrig *Adj.* مخالف اخلاق
Sittich, der; -(e)s, -e طوطی (دم‌دراز)
sittig *Adj.* متواضع، مؤدب؛ عفیف؛ فروتن
sittlich *Adj.* اخلاقی
Sittlichkeit, die; - اخلاق
Sittlichkeitsverbrechen, das; -s, - جنایت جنسی؛ جرم اخلاقی
Sittlichkeitsverbrecher, der; -s, - مجرم جنسی؛ مجرم اخلاقی
sittsam *Adj.* متواضع، محجوب، فروتن؛ معقول؛ مؤدب؛ عفیف
Sittsamkeit, die; - تواضع، متانت، فروتنی
Situation, die; -, -en اوضاع و احوال، موقعیت، وضعیت، شرایط
Situationskomik, die; - نمایش خنده‌دار
situiert *Adj.* ثروتمند، پولدار، دارا
Sitz, der; -es, -e ۱. اقامتگاه، مقر ۲. مسند، محل نشستن، صندلی ۳. لباس برازنده
Der Sitz der Firma ist in Bonn.
مقر شرکت در شهر بن است.

Sitzarbeit, die; -, -en — کارِ نشسته، کارِ خانه

Sitzbad, das; -(e)s, ¨er — حمام نشسته (در وان)

Sitzbein, das; -s, -e — استخوان نشیمنگاه

sitzen *Vi.* — ۱. نشستن، نشسته بودن ۲. اندازه بودن، برازنده بودن (لباس) ۳. جلسه داشتن ۴. روی تخم خوابیدن ۵. زندانی بودن ۶. مستقر بودن

Dieser Anzug sitzt gut. — این لباس اندازه است.

Bleiben Sie sitzen! — لطفاً بلند نشوید! زحمت نکشید!

wegen Diebstahls sitzen — به‌خاطر دزدی در زندان بودن

Der Schlag sitzt! — ضربهٔ کاری است!

sitzenbleiben *Vi.* — ۱. رفوزه شدن، مردود شدن ۲. بی‌شوهر ماندن ۳. شریک رقص نداشتن ۴. در جای خود نشسته ماندن ۵. روی دست ماندن، به فروش نرفتن (کالا)

sitzend *Adj.* — نشسته، غیرمتحرک

sitzenlassen *Vt.* — ۱. جا گذاشتن، قال گذاشتن، بیهوده منتظر گذاشتن ۲. رفوزه کردن

ein Mädchen sitzenlassen — دختری را قال گذاشتن

Sitzfleisch, das; -es — پشتکار، استقامت، ثبات قدم

Sitzfleisch haben — جاخوش کردن

kein Sitzfleisch haben — پشتکار نداشتن

Sitzgelegenheit, die; -, -en — موقعیت محل اقامت

sitzlinks *Adv.* — نشسته، بی‌حرکت

Sitzmöbel, das; -s, - — چهارپایه، صندلی

Sitzordnung, die; -, -en — نظم و ترتیب صندلی‌ها

Sitzplatz, der; -es, ¨e — نشیمنگاه، محل نشستن؛ صندلی

Sitzstreik, der; -(e)s, -e — اعتصاب نشسته

Sitzung, die; -, -en — جلسه، نشست، شورا، اجلاس

Sitzungsbericht, der; -(e)s, -e — صورت‌جلسه

Sitzungsperiode, die; -, -n — زمان تشکیل جلسه

Sitzungssaal, der; -(e)s, -säle — محل تشکیل جلسه، اتاق کنفرانس

Sizilianer, der; -s, - — سیسیلی

Sizilianerin, die; -, -nen — سیسیلی (زن)

sizilianisch *Adj.* — سیسیلی، (مربوط به) سیسیل

Sizilien, das — جزیرهٔ سیسیل

Skala, die; -, -len/-s — ۱. صفحهٔ مدرج ۲. نمودار ۳. (موسیقی) گام

Skalenscheibe, die; -, -n — (در رادیو) صفحهٔ درجه‌بندی شده

Skalp, der; -s, -e — پوست سر

Skalpell, das; -s, -e — چاقوی کوچک جراحی

skalpieren *Vt.* — کندن (پوست سر)

Skandal, der; -s, -e — ۱. ننگ، رسوایی، افتضاح، بدنامی، بی‌آبرویی ۲. غوغا، داد و بیداد، جار و جنجال

Skandalblatt, das; -(e)s, ¨er — نشریهٔ جنجالی

skandalös *Adj.* — جنجالی، ننگ‌آور، رسوایی‌برانگیز

Skandalpresse, die; -, -n — نشریهٔ جنجالی

skandieren *Vt., Vi.* — ۱. دکلمه کردن، با وزن خواندن (شعر) ۲. شمرده صحبت کردن، با صدای بلند صحبت کردن ۳. جنجال راه انداختن

Skandinavien, das — اسکاندیناوی

Skandinavier, der; -s, - — اهل اسکاندیناوی

skandinavisch *Adj.* — اسکاندیناوی، (مربوط به) اسکاندیناوی

Skat, der; -(e)s, -e — اسکات (نوعی بازی ورق)

Skelett, das; -(e)s, -e — ۱. اسکلت، استخوان‌بندی ۲. طرح، شالوده

Skepsis, die; - — شک، تردید، شبهه

Skeptiker, der; -s, - — شکاک، بدبین، پیرو فلسفهٔ سوفسطایی

skeptisch *Adj.* — شکاک، بدگمان، بدبین، بی‌اعتماد

Sketch, der; -(es), -e(s)/-s — نمایش کوتاه (همراه با طنز و کنایه)

Ski, der; -s, -er/- — اسکی

Skiläufer, der; -s, - — اسکی‌باز

Skilift, der; -(e)s, -e/-s — تله‌اسکی

Skipiste, die; -, -n — پیست اسکی

Skistock, der; -(e)s, ¨e — چوب اسکی

Skizze, die; -, -n — ۱. طرح اولیه، پیش‌طرح، پیش‌نویس ۲. یادداشت کوتاه (حاوی رئوس مطالب)

Skizzenbuch, das; -(e)s, ¨er — کتاب طرح مقدماتی

skizzenhaft *Adj.* — ساده؛ ناقص؛ سطحی؛ مختصر

skizzieren *Vt.* — ۱. طرح‌ریزی کردن، طرح سادهٔ (چیزی) را کشیدن ۲. یادداشت کوتاه تهیه کردن، یادداشت حاوی رئوس مطالب تهیه کردن

Sklave, der; -n, -n — بنده، برده، زرخرید، غلام

Sklavenhandel, der; -s, ¨ — برده‌فروش

Sklavenhändler, der; -s, - — برده‌فروشی

Sklavenmarkt, der; -(e)s, ¨e — بازار برده‌فروشی

Sklaventum, das; -s, - — بردگی، عبودیت

Sklaverei, die; - — بردگی، عبودیت

jemanden **aus der Sklaverei befreien** — کسی را از بردگی آزاد کردن

Sklavin, die; -, -nen — برده، بنده، زرخرید، کنیز (زن)

sklavisch *Adj.* — برده‌وار، مطیع، بلااراده

Skonto, der/das; -s, -s — تخفیف در پرداخت نقد

Skorbut, der; -es — اسکوربوت (بیماری کمبود ویتامین C)

Skorpion, der; -s, -e — عقرب

Skorfeln 744

Skorfeln, die / *Pl.* خنازیر، سل غدد لنفاوی گردن
skorfulös *Adj.* خنازیری
Skorfulose, die; - خنازیر، سل غدد لنفاوی گردن
Skript, das; -(e)s, -en نسخهٔ خطی، دست‌نویس
Skriptum, das; -s, -ta نسخهٔ خطی، دست‌نویس
Skrupel, der; -s, - عذاب وجدان
skrupellos *Adj.* بی‌وجدان
skrupulös *Adj.* وسواسی، دقیق
Skulptur, die; -, -en ۱. مجسمه، پیکره ۲. پیکرتراشی، پیکره‌سازی
skurril *Adj.* خشن و تمسخرآمیز
S-kurve, die; -, -n گیرهٔ موی دو سره
Slalom, der / das; -s ۱. مسابقهٔ مارپیچ با اسکی ۲. قایق‌سواری در مسیر پیچ در پیچ
Slang, der; -s, -s زبان عامیانه، زبان غیرادبی
Slawe, der; -n, -n اسلاو
Slawin, die; -, -nen اسلاو (زن)
slawisch *Adj.* اسلاوی
Slip, der; -s, -s شورت تنگ و چسبان
Slogan, der; -s, -s شعار
Slowake, der; -n, -n اسلواک، اسلواکیایی
slowakisch *Adj.* (مربوط به) اسلواکی، اسلواک
Slum, der; -s, -s محل فقیرنشین
Smaragd, der; -(e)s, -e زمرد
smaragden *Adj.* زمردی، به رنگ زمرد
smaragdgrün *Adj.* سبز زمردی
smart *Adj.* چابک، ماهر، زرنگ
Smog, der; -(s), - مه غلیظ پوشیده از دود
Smoking, der; -s, -s اسموکینگ (لباس رسمی مردانه)
Smokinganzug, der; -(e)s, ⸚e اسموکینگ (لباس رسمی مردانه)
Snob, der; -s, -s شخص بی‌مایه و مغرور
so *Adv., Konj.* ۱. این‌طور، چنین، چنان، به‌این نحو، به این صورت، بدینسان ۲. عجب، که این‌طور ۳. اگر، چنانچه
So? راستی؟ واقعاً؟
Ach so! که این‌طور! عجب!
So ist es. همین‌طور است.
So bald wie möglich! هرچه زودتر بهتر!
und so weiter و غیره، الی آخر
sobald *Konj.* به محض این‌که، همین که
Komm, sobald du kannst! هرچه زودتر بیا!
Sobrietät, die; - اعتدال
Söckchen, das; -s, - خلخال، پابند، غل و زنجیر
Socke, die; -, -n جوراب ساق کوتاه

Sockel, der; -s, - ۱. پایه (ستون / مجسمه) ۲. (هندسه) قاعده ۳. سرپیچ (لامپ) ۴. پی (عمارت)
Sockenhaltler, der; -s, - بند جوراب
Soda, die / das; -, -s سودا، نمک قلیا؛ جوش‌شیرین
sodann *Adv.* سپس، آن‌گاه، بعد، پس از آن
sodaß *Konj.* طوری که، به‌نحوی که
Sodawasser, das; -s, - / ⸚ آب گازدار، سودا
Sodbrennen, das; -s, - سوزش معده، سوزش سردل
Sodomie, die; -, -n عمل جنسی با حیوانات
Sodomit, der; -en, -en کسی که با حیوانات عمل جنسی انجام می‌دهد
soeben *Adv.* همین حالا، الساعه، همین الان، در این لحظه
soeben erschienen تازه منتشر شده
Sofa, das; -s, -s نیمکت راحتی، کاناپه
Sofakissen, das; -s, - کوسن، مخده
sofern *Konj.* تا وقتی که، هرگاه که، تا حدی که، به شرطی که
Ich bleibe hier, sofern ich nicht abberufen werden. تا وقتی احضار نشده‌ام این‌جا می‌مانم.
soff *P.* صیغهٔ فعل گذشتهٔ مطلق از مصدر saufen
Soffitten, die / *Pl.* دکور صحنهٔ نمایش
Soffittenlampe, die; -, -n لامپ لوله‌مانند
sofort *Adv.* فوراً، بلافاصله، بی‌درنگ، زود، در همین لحظه
Soforthilfe, die; -, -n کمک اولیه
sofortig *Adj.* فوری، بدون تأخیر
Sofortmaßnahme, die; -, -n اقدام فوری
Software, die; -, -n (کامپیوتر) نرم‌افزار
Sog, der; -(e)s, -e مکش، مک، مک‌زنی، کشش
sog *P.* صیغهٔ فعل گذشتهٔ مطلق از مصدر saugen
sogar *Adv.* حتی
sogenannt *Adj.* به‌اصطلاح، اصطلاحاً
sogleich *Adv.* فوراً، بلافاصله، بدون تأخیر، همین الان
Sohle, die; -, -n ۱. تخت کفش ۲. کف پا ۳. کف اتاق
Es brennt mir unter den Sohlen. وقت تنگ است، باید فوری بروم.
Sohl(en)leder, das; -s, - تخت کفش چرمی
Sohn, der; -(e)s, ⸚e پسر، فرزند ذکور
Söhnchen, das; -s, - پسرک
Sohnerin, die; -, -nen عروس (زن پسر)
sohr *Adj.* خشک، لم‌یزرع
Söhre, die; - خشکی، بی‌حاصلی
sohren *Vi.* (بر اثر گرمای شدید) به‌کلی خشک شدن

söhren *Vi.* (بر اثر گرمای شدید) به‌کلی خشک شدن
Soiree, die; -, -n شب‌نشینی
Soja, die; -, -jen سویا
Sojabohne, die; -, -n دانهٔ سویا
solange *Konj.* تا زمانی که، مادامی که، تا وقتی که
Schlaf, solange du willst. تا هر وقت که می‌خواهی بخواب.
Solarbatterie, die; -, -n باتری خورشیدی
Solarenergie, die; -, -n انرژی خورشیدی
solar(isch) *Adj.* آفتابی، خورشیدی
Solarium, das; -s, -rien اتاق آفتاب؛ سالن آفتاب‌درمانی، سولاریم
Solarjahr, das; -(e)s, -e سال خورشیدی
Solartechnik, die; -, -en فن‌آوری خورشیدی
Solartheorie, die; -, -n تئوری انرژی خورشیدی
Solawechsel, der; -s, - سند بدهی، سفته
Solbad, das; -(e)s, ⸚er حمام آب‌نمک
solch *Pron.* این چنین، چنین
solch ein Mensch چنین آدمی
solcherart *Adv.* از این نوع، این چنین
solcherlei *Adv.* از این نوع، این چنین
solchermaßen *Adv.* از این نوع، این چنین
solcherweise *Adv.* از این نوع، این چنین
Sold, der; -(e)s, -e اجرت، مزد؛ جیره (سرباز)
Soldat, der; -en, -en سرباز
Soldateska, die; -, -ken نیروی نظامی
soldatisch *Adj.* سربازمنش؛ شجاع، دلیر
Soldbuch, das; -(e)s, ⸚er (در جنگ جهانی دوم) کارت شناسایی سربازان آلمانی
Söldling, der; -s, -e سرباز مزدور
Söldner, der; -s, - مزدور، اجیر
Sole, die; -, -n آب‌شور، شورآب
solfeggieren *Vi.* (موسیقی) از روی نت خواندن، سُلفژ خواندن
Solfeggio, das; -s, -gien سُلفژ، نت‌خوانی
solidarisch *Adj.* ۱. همگام، هم‌رأی، وابسته به هم ۲. دارای مسئولیت مشترک
sich mit jemandem **solidarisch erklären** به کسی اعلام همبستگی کردن
solidarisieren *Vr.* اعلام همبستگی کردن، بسیج شدن
Solidarität, die; -, -en همبستگی، مسئولیت مشترک
solid(e) *Adj.* ۱. محکم، با دوام، مقاوم، سفت ۲. معقول، قابل اعتماد ۳. محترم ۴. درست، سالم، بی‌عیب
solidieren *Vt.* محکم کردن، استوار ساختن
Solidität, die; - ۱. استحکام، استواری، سختی ۲. احترام
Solist, der; -en, -en تک‌نواز، تک‌خوان
Solistin, die; -, -nen تک‌نواز، تک‌خوان (زن)
Soll, das; -(s), -(s) ۱. بدهی ۲. سهمیهٔ ثابت
Soll-Bestand, der; -(e)s, ⸚e ۱. حساب بدهی ۲. موجودی پیش‌بینی شده
sollen *Vi.* ۱. بایستن، قرار بودن، مجبور بودن، ناگزیر بودن ۲. میل داشتن
Ich soll morgen fahren. قرار است فردا بروم.
Was soll ich tun? چه کنم؟ چه خاکی به سرم بریزم؟
Er soll krank sein. می‌گویند بیمار است.
Söller, der; -s, - بالکن، ایوان
Sollmaß, das; -es, -e اندازهٔ معین
Sollseite, die; -, -n طرف بدهکار (حساب)
Soll-Stärke, die; -, -n نیروی مجاز
Soll-Wert, der; -(e)s, -e ارزش صوری
Solo, das; -s, -s سولو، تک‌نوازی، تک‌خوانی
solo *Adj.* تنها، به تنهایی
Ich komme heute solo. من امروز تنها می‌آیم.
Solostimme, die; -, -n آواز تنها، آواز انفرادی
Solotänzer, der; -s, - رقصندهٔ انفرادی
Solotänzerin, die; -, -nen رقصندهٔ انفرادی (زن)
Solquelle, die; -, -n منبع نمک
solvent *Adj.* قابل پرداخت
Solvenz, die; -, -en توانایی پرداخت
solvieren *Vt.* ۱. حل کردن ۲. پرداخت کردن
somatisch *Adj.* جسمی، (مربوط به) بدن
Somatologie, die; -, -n کالبدشناسی
Somatopsychologie, die; - روانشناسی بدن
somit *Adv.* بنابراین، پس، در نتیجه، به این ترتیب
Sommer, der; -s, - تابستان
Sommeraufenthalt, der; -(e)s, -e اقامتگاه تابستانی
Sommerfäden, die / *Pl.* لعاب خورشید
Sommerfahrplan, der; -(e)s, ⸚e (در تابستان) برنامهٔ حرکت قطار
Sommerferien, die / *Pl.* تعطیلات تابستانی
Sommerfrische, die; -, -n پاتوق تابستانی
Sommerfrischler, der; -s, - مرخصی رونده
Sommerkleid, das; -(e)s, -er لباس تابستانی
sommerlich *Adj.* تابستانی
sommern *Vi.* تابستان شدن
Sommernachtstraum, der; -(e)s, ⸚e رویای نیمه‌شب تابستان

sommers *Adv.* در تابستان
Sommersachen, die / *Pl.* لباس تابستانی
Sommersanfang, der; -s, ⸚e آغاز تابستان
Sommerschlußverkauf, der; -(e)s, -käufe حراج تابستانی
Sommersemester, das; -s, - ترم تابستانی
Sommersprosse, die; -, -n کک‌مک
sommersprossig *Adj.* کک‌مکی
Sommerzeit, die; - فصل تابستان
sonach *Adv.* پس، بنابراین، در نتیجه
Sonate, die; -, -n (موسیقی) سونات
Sonde, die; -, -n ۱. (پزشکی) سوند ۲. ژرفاسنج ۳. وسیلهٔ اندازه‌گیری اوضاع جوی
sonder *Präp.* بدونِ
sonder Tadel بدون سرزنش
Sonderabdruck, der; -(e)s, ⸚e چاپ جداگانه
Sonderanfertigung, die; -, -en ساخت ویژه، تهیهٔ ویژه
Sonderangebot, das; -(e)s, -e کالایی که به بهای کمتری عرضه می‌شود
Sonderauftrag, der; -(e)s, ⸚e مأموریت ویژه
Sonderausbildung, die; -, -en آموزش ویژه
Sonderausgabe, die; -n, -n ویژه‌نامه، چاپ فوق‌العاده (روزنامه)
Sonderausschuß, der; -schusses, -schüsse هیئت ویژه، کمیسیون منتخب
sonderbar *Adj.* عجیب و غریب، شگفت‌آور، غیرعادی، منحصر به فرد
sonderbarerweise *Adv.* به‌صورت غیرعادی
Sonderbarerweise war die Tür verschlossen.
در به نحو غیرعادی قفل بود.
Sonderbarkeit, die; -, -en ۱. رویداد عجیب ۲. غرابت، شگفتی
Sonderbeauftrage, der / die; -n, -n نمایندهٔ ویژه، فرستادهٔ مخصوص
Sonderbeilage, die; -, -n نشریهٔ فوق‌العاده
Sonderberichterstatter, der; -s, - خبرنگار مخصوص
Sonderbevollmächtigte, der / die; -n, -n وکیل تام‌الاختیار
Sonderbündler, der; -s, - تجزیه‌طلب، جدایی‌طلب
Sonderdruck, der; -(e)s, -e چاپ جداگانه
Sonderfall, der; -(e)s, ⸚e مورد خاص، اتفاق استثنایی
Sonderfrieden, der; -s (قرارداد) صلح جداگانه
Sondergericht, das; -(e)s, -e محکمهٔ اختصاصی
sondergleichen *Adv.* بی‌نظیر، بی‌مانند، اختصاصی
Sonderinteresse, das; -s, -n توجه مخصوص، دلبستگی خاص
Sonderklasse, die; - طبقهٔ خاص
sonderlich *Adj., Adv.* ۱. غیر عادی، عجیب و غریب، خارق‌العاده ۲. به‌خصوص
Sonderling, der; -s, -e آدم استثنایی، شخص خارق‌العاده
Sondermeldung, die; -, -en گزارش ویژه
sondern[1] *Vt.* جدا کردن، سوا کردن، مجزا کردن؛ کنار گذاشتن، متمایز کردن
sondern[2] *Konj.* بلکه
Ich habe ihr nicht geschrieben, sondern sie angerufen.
من به او نامه ننوشتم، بلکه تلفن زدم.
Sondernummer, die; -, -n (نشریه) شمارهٔ فوق‌العاده
Sondernutzung, die; -, -en اجازهٔ انتفاع اختصاصی
Sonderpreis, der; -es, -e قیمت فوق‌العاده، قیمت نازل
Sonderrecht, das; -(e)s, -e امتیاز مخصوص، حق ویژه
Sonderregelung, die; -, -en مقررات ویژه
sonders *Adv.* با، باهم، به‌اتفاق، به‌انضمام
Sonderschule, die; -, -n مدرسه برای کودکان استثنایی
Sondersitzung, die; -, -en نشست ویژه، جلسهٔ فوق‌العاده
Sonderstellung, die; -, -en شغل استثنایی
Sonderung, die; -, -en جدایی، تفکیک
Sonderverkauf, der; -(e)s, ⸚e فروش فوق‌العاده، حراج
Sonderzug, der; -es, ⸚e قطار ویژه، ترن مخصوص
Sonderzulage, die; -, -n پرداخت اضافی
sondieren *Vt., Vi.* ۱. وارسی کردن، جستجو کردن ۲. عمق‌پیمایی کردن
Sonett, das; -(e)s, -e ترانهٔ کوتاه؛ رباعی
Song, der; -s, -s ترانه، سرود
Sonnabend, der; -s, -e شنبه
Sonne, die; -, -n خورشید، آفتاب
in der Sonne در آفتاب
Die Sonne scheint. خورشید می‌درخشد.
Die Sonne geht auf. خورشید طلوع می‌کند.
Die Sonne geht unter. خورشید غروب می‌کند.
sonnen *Vr.* آفتاب خوردن؛ حمام آفتاب گرفتن

Sonnenanbeter, der; -s, - خورشیدپرست
Sonnenaufgang, der; -(e)s, ¨-e طلوع آفتاب، طلوع خورشید
Sonnenbad, das; -(e)s, ¨-er حمام آفتاب، آفتاب‌گیری
sonnenbaden *Vi.* حمام آفتاب گرفتن
Sonnenbatterie, die; -, -n باتری خورشیدی
Sonnenblende, die; -, -n (در دوربین) عدسی مخصوص جلوگیری از نور آفتاب
Sonnenblume, die; -, -n گل آفتابگردان
Sonnenbrand, der; -es, ¨-e آفتاب‌زدگی، سوختگی از آفتاب؛ تابش سوزندهٔ آفتاب
Sonnenbrille, die; -, -n عینک آفتابی
Sonnendach, das; -s, ¨-er سایبان
Sonnenenergie, die; -, -n انرژی خورشیدی
Sonnenfinsternis, die; -, -nisse کسوف، خورشید گرفتگی
Sonnenfleck, der; -(e)s, -e لکهٔ خورشید
Sonnenhut, der; -(e)s, ¨-e کلاه تابستانی
Sonnenjahr, das; -(e)s, -e سال شمسی، سال خورشیدی
sonnenklar *Adj.* روشن، واضح؛ مرئی
Sonnenkraftwerk, das; -es, -e نیروگاه خورشیدی
Sonnenlicht, das; -(e)s, - روشنایی خورشید
Sonnenschein, der; -(e)s, - تابش آفتاب
Sonnenschirm, der; -(e)s, -e چتر آفتابی
Sonnensegel, das; -s, - سایبان
Sonnenseite, die; -, -n طرف آفتاب‌رو (خیابان)
Sonnenstich, der; -(e)s, -e آفتاب‌زدگی
Sonnenstrahl, der; -(e)s, -en پرتو آفتاب، اشعهٔ آفتاب، تابش خورشید
Sonnensystem, das; -s, -e منظومهٔ شمسی
Sonnentag, der; -(e)s, -e روز آفتابی
Sonnenuhr, die; -, -en ساعت آفتابی
Sonnenuntergang, der; -(e)s, ¨-e غروب آفتاب
sonnenverbrannt *Adj.* آفتاب‌زده
Sonnenwende, die; -, -n (ستاره‌شناسی) انقلاب، نقطهٔ انقلاب
Sonnenzelt, das; -(e)s, -e سایبان
sonnig *Adj.* آفتابی، آفتاب‌رو
Sonntag, der; -s, -e یکشنبه
sonntäglich *Adj.* یکشنبه‌ای، (مربوط به) یکشنبه
Sonntagsanzug, der; -(e)s, ¨-e لباس روزهای تعطیل، لباس نو
Sonntagsausflügler, der; -s, - کسی که یکشنبه‌ها به گردش می‌رود
Sonntagsfahrer, der; -s, - رانندهٔ ناشی
Sonntagsfahrkarte, die; -, -n بلیت (تخفیفی) آخر هفته
Sonntagsjäger, der; -s, - شکارچی ناشی
Sonntagskind, das; -(e)s, -er کسی که روز یکشنبه به دنیا آمده، بچهٔ خوشبخت
Sonntagsmaler, der; -s, - نقاش ناشی
Sonntagsraucher, der; -s, - کسی که گاهی سیگار می‌کشد
Sonntagsruhe, die; - آرامش یکشنبه، استراحت در یکشنبه
Sonntagsschule, die; -, -n تعلیمات دینی (برای کودکان)
sonnverbrannt *Adj.* (در اثر تابش آفتاب) آفتاب‌سوخته، رنگ گرفته
Sonnwendfeier, die; -, -n جشن نیمهٔ تابستان
sonor *Adj.* صدادار، پرصدا، بلند
sonst *Adv.* وگرنه، درغیراین صورت، والاّ؛ علاوه بر این
Sonst nichts! دیگر هیچ!
Was sonst noch? دیگر چی؟ چیز دیگری هم هست؟
sonsteiner *Pron.* هر شخص ممکن، هر کس دیگری
sonstig *Adj.* دیگر، غیر، باقی‌مانده
sonstjemand *Pron.* هر شخص ممکن، هرکس دیگری
sonstwas *Pron.* هرچیز ممکن، هرچیز دیگری
Er konnte mir sonstwas schenken, ich wurde es nicht nehmen. هرچی برایم می‌فرستاد، قبول نمی‌کردم.
sonstwem *Pron.* به هر شخصی، به هرکس دیگری
Das kannst du sonstwem erzählen, aber nicht mir. این را می‌توانی برای هرکس دیگر تعریف کنی، اما نه برای من.
sonstwen *Pron.* هر شخصی را، هرکس دیگری را
sonstwer *Pron.* هر شخصی، هرکس دیگری
sonstwie *Pron.* ۱. هرطور، به هرنحو ممکن ۲. به‌صورت دلخواه
sonstwo *Pron.* در هرجای دیگر، در هر مکان دیگر
sonstwohin *Pron.* به هر جای دیگر، به هر مکان دیگر
sooft *Konj.* هروقت، هر زمان، هرگاه
Sophist, der; -en, -en ۱. سفسطه‌باز، مغلطه کن ۲. سوفسطایی
Sophisterei, die; -, -en سفسطه‌بازی، مغلطه کاری
Sophistin, die; -, -nen سفسطه‌باز، مغلطه کن (زن)
sophistisch *Adj.* سفسطه‌آمیز، مبنی بر مغلطه
Sopran, der; -s, -e (موسیقی) صدای زیر؛ صدای بلند

Sopranist 748

Sopranist, der; -en, -en پسربچهٔ زیرخوان
Sopranistin, die; -, -nen زن زیرخوان، سوپرانو
Sorge, die; -, -n ۱. پرستاری، مواظبت، مراقبت ۲. نگرانی، تشویش ۳. اندوه، غصه، غم، ناراحتی
Machen Sie sich keine Sorgen! نگران نباشید!
Laß das meine Sorge sein! تو کاری نداشته باش (خودم از عهده‌اش برمی‌آیم)!
sorgen *Vi., Vr.* ۱. مواظبت کردن، مراقبت کردن، پرستاری کردن ۲. تلاش کردن، سعی‌کردن ۳. نگران بودن، بیم داشتن، ترسیدن؛ نگران شدن، ناراحت شدن، غصه خوردن
Er sorgt für die Familie. زندگی خانواده‌اش را تأمین می‌کند.
sich um jemanden **sorgen** نگران کسی بودن
Sorgenbrecher, der; -s, - تسلی‌دهنده
sorgenfrei *Adj.* بی‌غم، بی‌خیال، بدون نگرانی
Sorgenkind, das; -(e)s, -er بچهٔ مشکل‌آفرین
Er ist ein Sorgenkind. او موجب غم و غصهٔ خانواده‌اش است.
sorgenlos *Adj.* بی‌غم، بی‌خیال، بدون نگرانی
sorgenvoll *Adj.* نگران، مضطرب، پریشان
Sorgerecht, das; -(e)s حق نگهداری فرزند
Sorgfalt, die; - دقت، توجه، موشکافی
sorgfältig *Adj.* دقیق، موشکافانه
sorglich *Adj.* دقیق، موشکافانه
sorglos *Adj.* بی‌غم، بی‌قید، بی‌خیال، آسوده خاطر
Sorglosigkeit, die; - بی‌غمی، بی‌قیدی، بی‌خیالی، آسودگی خاطر
sorgsam *Adj.* دقیق، موشکافانه
Sorgsamkeit, die; -, -en دقت، توجه، موشکافی
Sorte, die; -, -n نوع، قسم، جنس، جور، رقم
sortieren *Vt.* جدا کردن، سوا کردن، جور کردن، ردیف کردن
sortiert *Adj.* جور، ردیف
Sortiment, das; -(e)s, -e مجموعهٔ کامل، مجموعهٔ جور
Sortimenter, der; -s, - خرده‌فروش
Sortimentsbuchhandel, der; -s, ¨ کتاب‌فروشی خرده‌فروش
Sortimentsbuchhändler, der; -s, - کتاب‌فروشی خرده‌فروش
sosehr *Konj.* هرچه هم، هرقدر هم (زیاد)
soso *Adv.* ۱. که این‌طور ۲. نه خوب و نه بد
SOS-Ruf, der; -es, -e رمز تلگرافی (در موقع غرق کشتی)

Soße, die; -, -n سس؛ آب خورش؛ چاشنی غذا
Soßenschüssel, die; -, -n ظرف سوپخوری
Souffle, das; -s, -s سوفله
Souffleur, der; -s, -e (در نمایش) سوفلور
Souffleurkasten, der; -s, ¨ (در تالار نمایش) جای سوفلور
Souffleuse, die; -, -n (در نمایش) سوفلور (زن)
soufflieren *Vt., Vi.* ۱. (در تالار نمایش) سوفلوری کردن، سخن به (کسی) رساندن ۲. شغل سوفلوری داشتن
Sound, der; -s, -s صدا، آهنگ
soundso *Adv.* خواه و ناخواه، خواهی نخواهی
Soundsovielte, der/die; -n, -n بی حد و حصر، وافر، بی‌شمار
Souper, das; -s, -s شام، ضیافت شام
soupieren *Vi.* در یک ضیافت شام شرکت کردن
Soutane, die; -, -n جبه، قبا، دلق
Souterrain, das; -s, -s طبقهٔ زیر (ساختمان)
Souterrainwohnung, die; -, -en آپارتمان طبقهٔ زیر
Souvenir, das; -s, -s یادگاری، سوغاتی
Souverän, der; -s, - سلطان، شهریار
souverän *Adj.* ۱. معتمد به نفس، از خود مطمئن ۲. دارای حق مالکیت، مستقل
Souveränität, die; -, -en ۱. اقتدار، برتری، تفوق ۲. حق حاکمیت، سیادت ۳. اعتماد به‌نفس
soviel *Adv., Konj.* ۱. به همان اندازه، به همان میزان، هر قدر هم که ۲. تا آن‌جا که، هرچه
soviel ich weiß... تا آن‌جاکه من می‌دانم ...
doppelt soviel دو برابر این
soviel wie möglich هرقدرکه ممکن است
sovielmal *Konj.* هروقت، هرزمان
soweit *Konj., Adv.* ۱. تا آن‌جا که، تا حدی که، تا جایی که ۲. به طورکلی، روی‌هم‌رفته
Es geht ihm soweit. حالش روی هم رفته خوب است.
Es ist noch nicht soweit. هنوز وقتش نرسیده است.
Soweit ich sehe, ist niemand mehr da. تا آن جایی که می‌بینم کسی آن‌جا نیست.
sowenig *Adv.* این‌قدر کم
sowie *Konj.* ۱. هم‌چنین، نیز، علاوه بر آن ۲. به محض این‌که، درست در لحظه‌ای که
Sowie er uns sah, lief er weg. همین‌که ما را دید، پا به فرار گذاشت.
sowieso *Adv.* درهرصورت، در هرحال، خواه ناخواه

Sowjet, der; -s, -s ۱. اتحاد جماهیر شوروی سوسیالیستی (سابق) ۲. شورای نمایندگان کارگران
sowjetisch *Adj.* ۱. روسی، (مربوط به) شوروی ۲. شورایی
Sowjetunion, die; -, -en
اتحاد جماهیر شوروی سوسیالیستی (سابق)
sowohl *Konj.* هم.. هم..
sowohl Männer und Frauen als auch Kinder
هم مردها و هم زن‌ها و هم بچه‌ها
sozial *Adj.* (از لحاظ) اجتماعی
Sozialabgaben, die / *Pl.* حقوق اجتماعی
Sozialamt, das; -(e)s, ⸚er ادارهٔ رفاه اجتماعی
Sozialarbeiter, der; -s, - مددکار اجتماعی
Sozialbeitrag, der; -(e)s, ⸚e سهم اجتماعی
Sozialdemokrat, der; -en, -en
عضو حزب سوسیال دموکرات
Sozialdemokratin, die; -, -nen
عضو حزب سوسیال دموکرات (زن)
Sozialdemokratie, die; -, -n دموکراسی اجتماعی، حکومت ملی
sozialdemokratisch *Adj.* طرفدار حکومت ملی
Sozialeinrichtungen, die / *Pl.* خدمات اجتماعی
Sozialgericht, das; -(e)s, -e دادگاه امور اجتماعی
Sozialgerichtsbarkeit, die; - قضاوت اجتماعی
Sozialgesetz, das; -es, -e قانون اجتماعی
Sozialgesetzgebung, die; - قانون‌گذاری
sozialisieren *Vt.* ملی کردن
Sozialisierung, die; -, -en ملی‌گرایی
Sozialismus, der; -, -men سوسیالیسم
Sozialist, der; -en, -en سوسیالیست
Sozialistin, die; -, -nen سوسیالیست (زن)
sozialistisch *Adj.* سوسیالیستی
Sozialkritik, die; -, -en انتقاد اجتماعی
sozialkritisch *Adj.* (مربوط به) انتقاد اجتماعی
Soziallasten, die / *Pl.* هزینه‌های اجتماعی
Sozialleistung, die; -, -en عملکرد اجتماعی
Sozialökonomie, die; -, -n اقتصاد ملی
Sozialpolitik, die; -, -en سیاست اجتماعی
sozialpolitisch *Adj.* (مربوط به) سیاست اجتماعی
Sozialprestige, das; -s, - پرستیژ اجتماعی، حیثیت اجتماعی
Sozialprodukt, das; -(e)s, -e تولید ملی
Sozialunterstützung, die; -, -en
کمک و امداد اجتماعی
Sozialversicherung, die; -, -en بیمهٔ اجتماعی
Sozialwissenschaft, die; -, -en علوم اجتماعی، جامعه‌شناسی
Sozialwissenschaftler, der; -s, -
دانشمند علوم اجتماعی
Sozialwohnung, die; -, -en
خانه‌های دولتی ارزان قیمت
Sozietät, die; -, -en انجمن، اجتماع، تعاون
Soziogenese, die; - ایجاد / پیشرفت بیماری‌های روحی (بر اثر ناملایمات اجتماعی)
Soziologe, der; -n, -n جامعه‌شناس
Soziologie, die; -, -n جامعه‌شناسی
soziologisch *Adj.* (وابسته) به جامعه‌شناسی، (از لحاظ) جامعه‌شناسی
Sozius, der; -, -se / -zien شریک، همدست
Soziusfahrer, der; -s, - (در موتورسیکلت) ترک سوار
Soziusfahrerin, die; -, -nen (در موتورسیکلت) ترک سوار (زن)
Soziussitz, der; -es, -e (در موتورسیکلت) جای اضافی، ترک
sozusagen *Adv.* می‌توان گفت، به اصطلاح
Spachtel, der; -s, - کاردک
Spachtelkit, der; -(e)s, -e بتونه
Spachtelmasse, die; -, -n بتونه
Spachtelmesser, das; -s, - چاقوی بتونه‌کاری
spachteln *Vi.* بتونه کردن
spack *Adj.* ۱. خشک ۲. لاغر ۳. تنگ، باریک
Spagat, der; -(e)s, -e (ورزش) (نوعی) نرمش
Spaghetti, die / *Pl.* اسپاگتی
spähen *Vi.* ۱. با دقت نگاه کردن ۲. جاسوسی کردن ۳. دیده‌بانی کردن؛ عملیات اکتشافی انجام دادن
Späher, der; -s, - ۱. جاسوس ۲. دیده‌بان؛ مأمور اکتشاف
Späherin, die; -, -nen ۱. جاسوس ۲. دیده‌بان؛ مأمور اکتشاف (زن)
Spähtrupp, der; -s, -s گروه اکتشافی، گروه گشتی
Spähwagen, der; -s, - اتومبیل گشتی
Spalier, das; -s, -e چفته، چوب‌بندی، داربست
Spalierbaum, der; -(e)s, -bäume
درختی که به وسیلهٔ چوب‌بندی راست می‌شود
Spalierobst, das; -es درخت میوه‌ای که به کمک چوب‌بندی راست می‌شود
Spalt, der; -(e)s, -e ۱. شکاف، درز، ترک ۲. ستون روزنامه

spaltbar *Adj.* شکاف‌دار، ترک‌دار
Spalte, die; -, -n ۱. شکاف، درز، ترک ۲. ستون روزنامه
spalten *Vt.* ۱. شکافتن، از هم جدا کردن؛ دو نیم کردن ۲. شکستن (هیزم) ۳. ستون‌بندی کردن (روزنامه) ۴. بین (یک گروه) نفاق انداختن ۵. تقسیم کردن
spaltenlang *Adj.* [روزنامه] شامل چند ستون
Spaltpilz, der; -es, -e باکتری
Spaltung, die; -, -en شکاف، انشعاب، جدایی، تجزیه
Span, der; -(e)s, ⸚e برادهٔ (آهن)، تراشهٔ (چوب)
mit jemandem **einen Span haben** با کسی جنگ و ستیز داشتن
spanabhebend *Adj.* براده‌برداری
Spanferkel, das; -s, - بچه خوک شیرخوار
Spange, die; -, -n ۱. سگک، گیره، قلاب ۲. سنجاق سینه؛ سنجاق مو
Spangenschuh, der; -(e)s, -e کفش سگک‌دار
Spanien, das اسپانیا
Spanier, der; -s, - اسپانیایی
Spanierin, die; -, -nen اسپانیایی (زن)
spanisch *Adj.* اسپانیایی
Spankorb, der; -(e)s, -e (نوعی) سبد
spanlos *Adj.* بدون تراشه
Spann, der; -(e)s, -e روی پا (از مچ تا انگشتان)
spann *P.* صیغهٔ فعل گذشتهٔ مطلق از مصدر spinnen
Spannbeton, der; -s, -s بتون فشرده
Spanndraht, der; -(e)s, ⸚e سیم بُکسل
Spanne, die; -, -n ۱. وجب ۲. زمان کوتاه، فاصلهٔ کوتاه زمانی ۳. سود، درآمد، مابه‌التفاوت
spannen *Vt., Vi., Vr.* ۱. کشیدن و سفت کردن ۲. تهییج کردن، برانگیختن ۳. محکم بستن، محکم کشیدن ۴. به هیجان آمدن ۵. تنگ بودن (لباس) ۶. منقبض شدن
gespannt sein هیجان‌زده بودن
spannend *Adj.* مهیج، هیجان‌آور
Mach es doch nicht so spannend! حاشیه نرو! برو سر اصل مطلب!
Spannfeder, die; -, -n فنر کشش‌پذیر
Spannkraft, die; - ۱. نیروی کشش ۲. توانایی
spannkräftig *Adj.* کشش‌دار
Spannung, die; -, -en ۱. کشش ۲. هیجان ۳. تشنج ۴. کنجکاوی ۵. اختلاف پتانسیل
spannungsgeladen *Adj.* [فیلم] مهیج
Spannungsmesser, der; -s, - ولت‌سنج
Spannungsregler, der; -s, - تنظیم‌کنندهٔ ولتاژ
Spannweite, die; -, -n (در پرنده، هواپیما) فاصلهٔ بین دو بال
Spant, der; -(e)s, -en ۱. دنده ۲. قالب، استخوان‌بندی
Sparbuch, das; -(e)s, ⸚er دفتر پس‌انداز
Sparbüchse, die; -, -n قلک
Spareinlagen, die / *Pl.* پول سپرده
sparen *Vt., Vi.* ۱. ذخیره کردن ۲. از (چیزی) صرف‌نظر کردن؛ از (چیزی) اجتناب کردن ۳. پس‌انداز کردن، صرفه‌جویی کردن
Den Ärger hättest du dir sparen können.
تو می‌توانستی از این اوقات تلخی جلوگیری کنی.
Wir sparen am Essen.
ما در خورد و خوراک صرفه‌جویی می‌کنیم.
Spare in der Zeit, so hast du in der Not.
قناعت کن تا توانی.
Sparer, der; -s, - پس‌اندازکننده، ذخیره کننده
Sparflamme, die; - شعلهٔ کم
Spargel, der; -s, - مارچوبه
Spargirokonto, das; -e, -ten حساب پس‌انداز جاری
Spargroschen, der; -s, - پس‌انداز ناچیز
Sparguthaben, das; -s, - تتمهٔ حساب پس‌انداز
Sparkasse, die; -, -n صندوق پس‌انداز
Sparkonto, das; -s, -ten حساب پس‌انداز
spärlich *Adj.* کم، اندک، غیر کافی
Spärlichkeit, die; - کمی، اندکی، عدم تکافو
Sparmaßnahme, die; -, -n اقدام صرفه‌جویانه
Sparpfennig, der; -(e)s, -e اندوختهٔ ناچیز، پس‌انداز کم
Sparren, der; -s, - تیر زیر شیروانی
sparsam *Adj.* صرفه‌جو، مقتصد، قانع
Sparsamkeit, die; -, -en صرفه‌جویی، قناعت
Sparschwein, das; -(e)s, -e قلک (به شکل خوک)
Sparta اسپارت (شهری در یونان باستان)
spartanisch *Adj.* ۱. اسپارتی، اهل اسپارت ۲. دلیر، متواضع
Sparte, die; -, -n بخش (از یک مبحث فنی / تخصصی)
Sparvertrag, der; -(e)s, -e قرارداد پس‌انداز
Spaß, der; -es, ⸚e شوخی، مزاح، سرگرمی، تفریح، تفنن
Er versteht keinen Spaß! شوخی سرش نمی‌شود!
zum Spaß از سر شوخی، برای تفریح
Spaß beiseits از شوخی گذشته
Das macht mir Spaß! برایم لذت‌بخش است!

spaßen *Vi.* شوخی کردن، مزاح کردن، تفریح کردن
spaßeshalber *Adv.* محض تفنن، برای شوخی
spaßhaft *Adj.* خنده‌دار، بامزه، مضحک، مفرّح
spaßig *Adj.* خنده‌دار، بامزه، مضحک، مفرّح
Spaßmacher, der; -s, - آدم شوخ، بذله‌گو
Spaßverderber, der; -s, - سرخر، خرمگس معرکه، حال‌گیر
Spaßvogel, der; -s, ⸚ آدم شوخ، بذله‌گو
Spat, der; -(e)s, -e (سنگ) اسپات (سنگ معدنی با قابلیت شکنندگی زیاد)
spät *Adj.* دیر، دیروقت
Es ist spät. دیروقت است.
zu spät خیلی دیر
Wie spät ist es? چه ساعتی است؟
von früh bis spät از صبح تا شب
Spatel, der; -s, - قاشق آزمایشگاهی
Spaten, der; -s, - بیل
später *Adj., Adv.* ۱. بعدی، آتی ۲. دیرتر، بعداً، بعدها، بعد، در آینده
in späteren Jahren در سال‌های آتی
früher oder später دیر یا زود
späterhin *Adv.* دیرتر، بعدها
spätestens *Adv.* دیرترین، حداکثر (از لحاظ زمان)
Spätherbst, der; -(e)s, -e آخر پاییز
Spätjahr, das; -(e)s, -e پاییز
Spätnachmittag, der; -(e)s, -e عصر
Spätobst, das; -es میوهٔ دیررس، میوهٔ آخر پاییز
Spätschicht, die; -, -en ۱. شیفت بعد از ظهر، نوبت کار بعد از ظهر ۲. کارکنان شیفت بعد از ظهر
Spätsommer, der; -s, - آخر تابستان
Spätwinter, der; -s, - آخر زمستان
Spatz, der; -en, -en گنجشک
mit Kanonen nach Spatzen schießen در یک امر جزئی جنجال به راه انداختن
Der Spatz in der Hand ist besser als die Taube auf dem Dach. سیلی نقد به از حلوای نسیه.
Spätzle, das; -s, -n (نوعی) غذای تهیه شده از آرد
Spätzünder, der; -s, - کسی که مطلبی را دیر متوجه می‌شود
spazieren *Vi.* پیاده گردش کردن، قدم زدن
spazierenfahren *Vi.* سواره گردش کردن
spazierenführen *Vt.* با (کسی) به گردش رفتن
spazierengehen *Vi.* پیاده گردش کردن، پیاده‌روی کردن، قدم زدن، گردش رفتن

Spazierfahrt, die; -, -en گردش سواره
Spaziergang, der; -(e)s, ⸚e پیاده‌روی، گردش (پیاده)
einen Spaziergang machen گردش کردن، گشت زدن
Spaziergänger, der; -s, - گردش‌کننده
Spaziergängerin, die; -, -nen گردش‌کننده (زن)
Spazierritt, der; -(e)s, -e گردش سواره، اسب‌سواری
Spazierstock, der; -(e)s, ⸚e عصای پیاده‌روی
Spazierweg, der; -(e)s, -e مسیر گردش
SPD = *Sozialdemokratische Partei Deutschlands* حزب سوسیال دموکرات آلمان
Specht, der; -(e)s, -e دارکوب
Speck, der; -(e)s, -e چربی خوک
speckig *Adj.* چرب، چربی‌دار
Speckschnitte, die; -, -n تکهٔ نازک گوشت خوک
Speckschwarte, die; -, -n پوستهٔ گوشت خوک
Speckseite, die; -, -n گوشت پهلوی خوک
spedieren *Vt.* فرستادن، ارسال کردن
Spediteur, der; -s, -e شرکت حمل و نقل کالا، بنگاه حمل و نقل کالا
Spedition, die; -, -en ۱. شرکت حمل و نقل کالا ۲. بارگیری، بارکشی
Speditionsfirma, die; -, -men مؤسسهٔ حمل و نقل کالا
Speditionsgeschäft, das; -(e)s, -e شرکت حمل و نقل کالا، بنگاه حمل و نقل کالا
Speer, der; -(e)s, -e نیزه، زوبین
Speerwerfen, das; -s, - (ورزش) پرتاب نیزه
Speiche, die; -, -n ۱. پرهٔ چرخ (دوچرخه) ۲. استخوان زند زیرین
Speichel, der; -s بزاق؛ آب دهان، تف
Speicheldrüse, die; -, -n غدهٔ بزاقی
Speichelfluß, der; -flusses, -flüsse ترشح بزاق
Speichellecker, der; -s, - چاپلوس، متملق، کاسه‌لیس
Speichelleckerei, die; -, -en چاپلوسی، تملق، کاسه‌لیسی
Speicher, der; -s, - ۱. انبار، مخزن ۲. (کامپیوتر) حافظه
Speicherkapazität, die; -, -en (کامپیوتر) ظرفیت حافظه
speichern *Vt.* ۱. اندوختن، انبار کردن، ذخیره کردن ۲. (کامپیوتر) به حافظه سپردن، به کامپیوتر دادن (اطلاعات)
Speicherung, die; -, -en ذخیره، اندوخته

speien *Vi., Vt.* ۱. تف کردن، آب دهان انداختن ۲. قی کردن، استفراغ کردن
Speis, die; -, -en انبار آذوقه
Speise, die; -, -n خوراک، غذا
Speisebrei, der; -(e)s, -e کیموس (مادهٔ غلیظ اسیدی و زردرنگ شامل غذای نیمه‌گوارده که از معده به دوازدهه می‌رود)
Speiseeis, das; -es بستنی
Speisefett, das; -(e)s, -e چربی غذا
Speisehaus, das; -es, -häuser رستوران
Speisekammer, die; -, -n انبار آذوقه
Speisekarte, die; -, -n صورت غذا
Speiseleitung, die; -, -en غذارسانی
speisen *Vt., Vi.* ۱. خوردن، میل کردن، خوراندن، از (چیزی) تغذیه کردن، به (کسی) غذا دادن، به (کسی) خوراک دادن ۲. غذا خوردن، خوراک خوردن، خوردن
Die Taschenlampe wird von zwei Batterien gespeist.
چراغ قوه به وسیلهٔ دو باتری تغذیه می‌شود.
Speisenfolge, die; -, -n منو، صورت غذا
Speiseöl, das; -(e)s, -e روغن خوراکی
Speisepilz, der; -es, -e قارچ خوراکی
Speiserest, der; -es, -e ۱. باقی‌ماندهٔ غذا (در بشقاب) ۲. تکه‌های غذا (مابین دندان‌ها)
Speiserohr, das; -(e)s, -e لولهٔ مایع‌رسان
Speiseröhre, die; -, -n لولهٔ مری
Speisesaal, der; -(e)s, -säle سالن غذاخوری
Speisesaft, der; -(e)s, ⸚e کیلوس (چربی هضم‌شده که به صورت مایع شیری رنگ و قلیایی از روده کوچک و عروق لنفاوی وارد خون می‌شود)
Speisesalz, das; -es, -e نمک طعام
Speiseschrank, der; -(e)s, ⸚e قفسهٔ مواد غذایی
Speisewagen, der; -s, - رستوران (قطار)، واگن غذاخوری (ترن)
Speisezettel, der; -s, - صورت غذا
Speisezimmer, das; -s, - اتاق ناهارخوری
Speisung, die; -, -en تغذیه
Spektakel, der; -s, - سر و صدا، هیاهو، قیل و قال، جنجال
spektakeln *Vi.* سر و صدا راه انداختن، قیل و قال کردن، جنجال به پا کردن
spektakulär *Adj.* جنجال‌آمیز، پر سر و صدا
spektral *Adj.* (مربوط به) طیف نور
Spektralanalyse, die; -, -n تجزیهٔ طیفی
Spektrum, das; -s, -tren / -tra طیف، بیناب
Spekulant, der; -en, -en محتکر؛ سفته‌باز
Spekulantin, die; -, -en محتکر؛ سفته‌باز (زن)
Spekulation, die; -, -en احتکار؛ سفته‌بازی
Spekulationsgeschäft, das; -(e)s, -e معاملهٔ احتکاری
spekulieren *Vi.* احتکار کردن؛ سفته‌بازی کردن
Spelunke, die; -, -n ۱. میکدهٔ کوچک، مشروب‌فروشی پست ۲. خلوتگاه؛ کمینگاه
Spelz, der; -(e)s, -e (نوعی) گندم
Spelze, die; -, -n پوستهٔ حبوبات
spendabel *Adj.* سخاوتمند، دست و دل باز
Spende, die; -, -n صدقه، بخشش، هدیه، اعانه، کمک نقدی
spenden *Vt.* صدقه دادن، بخشیدن، هدیه کردن، به (کسی) اعانه دادن، به (کسی) کمک نقدی کردن
Spender, der; -s, - اعانه‌دهنده، صدقه‌دهنده، پیشکش‌کننده
Spenderin, die; -, -nen اعانه‌دهنده، صدقه‌دهنده، پیشکش‌کننده (زن)
spendieren *Vt.* خرج (کسی) کردن؛ به (کسی) بخشیدن
Spengler, der; -s, - تعمیرکار
Sperber, der; -s, - (پرنده) قرقی
Sperling, der; -s, -e گنجشک
Sperma, das; -s, -men / -ta نطفه، اسپرم، منی، یاختهٔ تناسلی مرد
Sperrad, das; -(e)s, ⸚er چرخ دندانه‌دار، چرخ ضامن‌دار
sperrangelweit *Adv.* کاملاً باز، پروسعت، وسیع
Sperre, die; -, -n ۱. سد، مانع، راهبندان، نردهٔ حائل، سنگربندی موقتی ۲. تحریم، منع ورود ۳. (ورزش) محرومیت ورزشکار ۴. وقفه، تعطیل، توقف
sperren *Vt., Vr.* ۱. سد کردن، مانع (کسی / چیزی) شدن، بستن ۲. تحریم کردن، ممنوع کردن ۳. با (کسی / چیزی) مخالفت کردن ۴. زندانی کردن ۵. (از بازی) محروم کردن ۶. گیر کردن، به‌سهولت باز نشدن (در / پنجره)
Die Bank hat sein Konto gesperrt.
بانک حساب او را مسدود کرد.
Sperrfeuer, das; -s, - سد آتش تیراندازی
Sperrgebiet, das; -(e)s, -e منطقهٔ ممنوعه
Sperrgut, das; -(e)s, ⸚er کالای حجیم
Sperrhahn, der; -(e)s, ⸚e شیر قطع آب
Sperrhaken, der; -s, - دستگیره
Sperrholz, das; -(e)s, - تختهٔ چندلا

753 **Spiegelschrift**

sperrig *Adj.* حجیم، بزرگ، جاگیر
Sperrkette, die; -, -n زنجیر راه‌بندان
Sperrkonto, das; -s, -ten حساب مسدود
Sperrkreis, der; -es, -e (در رادیو) مدار مسدود
Sperrsitz, der; -es, -e (در محل نمایش) صندلی رزرو شده
Sperrstunde, die; -, -n ساعت تعطیل اماکن عمومی (در شب)
Sperrung, die; -, -en سد، مانع، راه‌بندان
Sperrzeit, die; -, -en ساعت تعطیل اماکن عمومی (در شب)
Sperrzoll, der; -(e)s, ⸚e حقوق گمرکی
Sperrzone, die; -, -n منطقهٔ ممنوعه
Spesen, die / *Pl.* مخارج (روزمره)
spesenfrei *Adj.* معاف از پرداخت عوارض
Spesenkonto, das; -s, -ten حساب مخارج
Spesenrechnung, die; -, -en صورت‌حساب مخارج
Spezerei, die; -, -en عطاری، ادویه‌فروشی
Spezereiwaren, die / *Pl.* اجناس عطاری
Spezi, der; -s, -s دوست صمیمی، رفیق موافق
spezial *Adj.* ویژه، خاص، مخصوص
Spezialarzt, der; -es, ⸚e پزشک متخصص
Spezialausbildung, die; -, -en آموزش ویژه
Spezialfach, das; -(e)s, ⸚er تخصص، رشتهٔ تخصصی
Spezialfall, der; -(e)s, ⸚e مورد استثنایی، حالت ویژه
Spezialgebiet, das; -(e)s, -e منطقهٔ اختصاصی
Spezialgeschäft, das; -(e)s, -e تجارت اختصاصی
spezialisieren *Vr.* تخصص پیدا کردن، متخصص شدن، فعالیت‌های خود را در یک رشتهٔ مخصوص متمرکز کردن
sich auf ein Fach spezialisieren
در رشته‌ای تخصص پیدا کردن
Spezialisierung, die; -, -en تخصص
Spezialist, der; -en, -en متخصص، ویژه‌کار
Spezialistin, die; -, -nen متخصص، ویژه‌کار (زن)
Spezialität, die; -, -en ۱. کالای ویژه ۲. داروی ویژه ۳. غذای ویژه ۴. تخصص، رشتهٔ تخصصی
Spezialsprunglauf, der; -(e)s, -läufe (نوعی) پرش با اسکی
Spezialtraining, das; -s, - (ورزش) تمرین تخصصی
speziell *Adj.* ویژه، خاص، مخصوص
Spezies, die; -, - نوع، قسم، جور، گونه
Spezifikation, die; -, -en مشخصات، ذکر جزئیات
Spezifikum, das; -s, -ka علامت مشخصه، نشان ویژه
spezifisch *Adj.* مخصوص، خاص، ویژه
spezifizieren *Vt.* معین کردن، معلوم کردن، مشخص کردن، جزء به جزء نشان دادن
Sphäre, die; -, -n ۱. آسمان؛ فلک ۲. پیرامون، دور و بر
sphärisch *Adj.* کروی
Sphäroid, das; -(e)s, -e جسم کروی
Sphärolith, der; -(e)s / -en, -e(n) بلور کروی
Spickaal, der; -(e)s, -e مارماهی دودی
spicken *Vt., Vi.* ۱. به (چیزی) چربی زدن، به (چیزی) چربی اضافه کردن ۲. با واژه‌های بیگانه آمیختن ۳. به (کسی) رشوه دادن ۴. تقلب کردن، از روی دست نوشتن
Er spickte seine Rede mit Zitaten.
او در سخنرانی خود شواهد زیادی از گفته‌های دیگران آورد.
Spicker, der; -s, - (در مدرسه) متقلب
Spickzettel, der; -s, - ورقهٔ تقلب (در مدرسه)
spie *P.* صیغهٔ فعل گذشتهٔ مطلق از مصدر speien
Spiegel, der; -s, - آینه
Sieh in den Spiegel! به آینه نگاه کن!
jemandem **den Spiegel vorhalten**
معایب کسی را بی‌پرده به او گفتن
Spiegelbild, das; -es, -er تصویر قرینه، تصویر آینه‌ای
spiegelblank *Adj.* درخشان، تابان
Spiegelei, der; -(e)s, -er نیمرو
Spiegelfechter, der; -s, - فریبکار، حیله‌گر، نیرنگ‌باز
Spiegelfechterei, die; -, -en تظاهر، فریب، حیله، خدعه
Spiegelglas, das; -es, ⸚er شیشهٔ آینه
spiegelglatt *Adj.* به صافی آینه
Spiegelhändler, der; -s, - آینه‌فروش
spiegeln *Vt., Vi., Vr.* ۱. منعکس کردن، بازتاب کردن ۲. منعکس شدن، بازتاب یافتن ۳. مثل آینه برق زدن، مانند آینه درخشیدن
In ihrem Gesicht spiegelte sich Freude.
در چهره‌اش خوشحالی موج می‌زد.
Spiegelreflexkamera, die; -, -s تصویر انعکاسی
Spiegelsaal, der; -(e)s, -säle تالار آینه
Spiegelscheibe, die; -, -n شیشهٔ آینه
Spiegelschrank, der; -(e)s, ⸚e قفسهٔ آینه‌دار
Spiegelschrift, die; -, -en (دریانوردی) نوشته با کمک آینه

Spiegelteleskop 754

Spiegelteleskop, das; -s, -e تلسكوپ، دوربين نجومى
Spiegelung, die; -, -en انعکاس، بازتاب
Spiel, das; -(e)s, -e ۱. بازى ۲. نمايش ۳. نوازندگى ۴. قمار، قماربازى ۵. مسابقۀ ورزشى، رقابت ورزشى
Das Spiel steht 2:1 für x. بازى دو به يك به نفع x است.
Wie steht das Spiel? بازى چند به چند است؟
sein Leben aufs Spiel setzen جانش را به خطر انداختن
Laß mich aus dem Spiel. در اين ماجرا مرا كنار بگذار.
Spielalter, das; -s, - سن بازى (كودك)
Spielanzug, der; -(e)s, ⸚e لباس ورزشى
Spielart, die; -, -en ۱. طرز بازى ۲. نحوۀ نمايش
Spielautomat, der; -en, -en (قمار) دستگاه (بازى) خودكار
Spielball, der; -(e)s, ⸚e ۱. توپ بازى
۲. (تنيس) توپ سرنوشت‌ساز
Spielbank, die; -, -en كازينو، قمارخانه
Spieldose, die; -, -n جعبۀ موسيقى، جعبۀ ساز كوكى
spielen *Vt., Vi.* ۱. بازى كردن ۲. زدن (ساز)، نواختن ۳. بازيگرى كردن، نمايش دادن ۴. قماربازى كردن ۵. مسابقه دادن ۶. به بازى گرفتن ۷. روى دادن، رخ دادن
Er spielt nur mit ihren Gefühlen. او فقط با احساسات آن زن بازى مى‌كند.
Karten spielen ورق‌بازى كردن
ein Instrument spielen ساز نواختن
Geige spielen ويلن زدن
Was wird hier gespielt? اين جا چه خبره؟
um Geld spielen سر پول بازى كردن
Der Roman spielt in Iran. حوادث اين رمان در ايران رخ مى‌دهد.
spielend *Adj.* آسان، بدون زحمت
Spielende, das; -s, -n پايان بازى
Spieler, der; -s, - ۱. بازيكن ۲. بازيگر، هنرپيشه ۳. نوازنده ۴. قمارباز
Spielerei, die; -, -en بازى، كار غيرجدى، سرگرمى
Spielerin, die; -, -nen ۱. بازيكن ۲. بازيگر، هنرپيشه ۳. نوازنده ۴. قمارباز (زن)
Spielergebnis, das; -nisses, -nisse نتيجۀ بازى
spielerisch *Adj.* ۱. به آسانى، به سهولت ۲. از لحاظ ورزشى ۳. از جهت تكنيك نوازندگى
Spielfeld, das; -(e)s, -er ميدان بازى، زمين بازى
Spielfilm, der; -s, -e فيلم سينمايى
Spielfolge, die; -, -n نتيجۀ مسابقه
Spielführer, der; -s, - كاپيتان تيم ورزشى

Spielgefährte, der; -n, -n هم‌بازى
Spielgeld, das; -(e)s, -er پول برد و باخت بازى
Spielgenosse, der; -n, -n هم‌بازى
Spielgewinn, der; -(e)s, -e پيروزى در مسابقه
Spielhalle, die; -, -n سالن ورزشى
Spielhölle, die; -, -n قمارخانۀ بدنام
Spielkamerad, der; -en, -en هم‌بازى
Spielkarte, die; -, -n ورق‌بازى
Spielkasino, das; -s, -s كازينو، قمارخانه
Spielkreis, der; -es, -e گروه بازيگران آماتور؛ گروه نوازندگان آماتور
Spielleiter, der; -s, - مدير صحنه (نمايش)
Spielmann, der; -(e)s, -leute ۱. نوازنده ۲. بازيگر
Spielmarke, die; -, -n ژتون (مهره‌اى كه در بازى به جاى پول به كار مى‌رود)
Spieloper, die; -, -n اپراكميك، اپرابوف
Spielplan, der; -(e)s, ⸚e برنامۀ نمايش
Spielplatz, der; -es, ⸚e ۱. زمين بازى، ميدان بازى ۲. محوطۀ بازى كودكان
Spielraum, der; -(e)s, -räume فضاى خالى، فاصلۀ آزاد
Spielregel, die; -, -n قوانين بازى
Spielsachen, die / *Pl.* اسباب بازى، وسايل بازى
Spielschuld, die; -, -en بدهى قمار
Spielschule, die; -, -n كودكستان
Spieltisch, der; -es, -e ميز قمار
Spieluhr, die; -, -en ساعت موزيكال
Spielverderber, der; -s, - بازى خراب‌كن، آدم حال‌گير
Spielverderberin, die; -, -nen بازى خراب‌كن، آدم حال‌گير (زن)
Spielvereinigung, die; -, -en باشگاه ورزشى
Spielverlängerung, die; -, -en تمديد مدت بازى
Spielwaren, die / *Pl.* وسايل بازى، اسباب‌بازى
Spielwarengeschäft, das; -(e)s, -e اسباب‌بازى فروشى
Spielwarenhändler, der; -s, - اسباب‌بازى فروش
Spielwarenhändlerin, die; -, -nen اسباب‌بازى فروش (زن)
Spielwarenhandlung, die; -, -en اسباب‌بازى فروشى
Spielweise, die; -, -n نحوۀ بازى
Spielwut, die; - هوس قمار
Spielzeit, die; -, -en ۱. مدت زمان بازى ۲. مدت اجراى فيلم؛ مدت اجراى نمايش

Spielzeug, das; -(e)s, -e اسباب‌بازی
Spielzimmer, das; -s, - اتاق بازی
Spieß, der; -es, -e ۱. نیزه، زوبین ۲. سیخ (کباب)
Er schrie wie am Spieß. او به طرز وحشتناکی داد زد.
Spießbürger, der; -s, - ۱. عضو طبقهٔ متوسط جامعه ۲. شخص بی‌فرهنگ، آدم عامی
Spießbürgerin, die; -, -nen ۱. عضو طبقهٔ متوسطِ جامعه ۲. شخص بی‌فرهنگ، آدم عامی (زن)
spießbürgerlich *Adj.* ۱. (وابسته) به طبقهٔ متوسطِ جامعه ۲. بی‌فرهنگ، عامی
Spießbürgertum, das; -s بی‌فرهنگی
spießen *Vt.* ۱. نیزه زدن ۲. به سیخ کشیدن ۳. با چیز نوک‌تیز برداشتن
Spießer, der; -s, - ۱. عضو طبقهٔ متوسط جامعه ۲. شخص بی‌فرهنگ، آدم عامی
Spießerin, die; -, -nen ۱. عضو طبقهٔ متوسط جامعه ۲. شخص بی‌فرهنگ، آدم عامی (زن)
spießig *Adj.* ۱. (وابسته) به طبقهٔ متوسط جامعه ۲. بی‌فرهنگ، عامی
Spießgeselle, der; -n, -n شریک جرم، هم‌دست
Spießruten, die / *Pl.* (نوعی) مجازات که در آن مجرم را از میان دو ردیف از مردم عبور می‌دهند و آنان به او چوب و شلاق می‌زنند
Spikes, die / *Pl.* ۱. (در کفش ورزشی) میخ ۲. کفشِ دو ۳. (تایر) یخ‌شکن
Spill, das; -(e)s, -e چرخ طناب، چرخ لنگردار
spinal *Adj.* (مربوط به) ستون فقرات
Spinat, der; -(e)s, -e اسفناج
Spind, das / der; -(e)s, -e کمد لباس، جارختی
Spindel, die; -, -n دوک نخ‌ریسی
spindeldürr *Adj.* دوک‌مانند، خیلی لاغر
Spinett, das; -s, -s اسپینت (نوعی ساز شستی‌دار قدیمی)
Spinne, die; -, -n عنکبوت
spinnefeind *Adj.* نفرت‌آور
spinnen *Vt., Vi.* ۱. ریسیدن ۲. تنیدن (تار) ۳. ریسندگی کردن ۴. دیوانه بودن، خل بودن
ein Netz von Intrigen spinnen دسیسه چیدن
Spinnenfaden, der; -s, ⸚ تار عنکبوت
Spinnengewebe, das; -s, - تار عنکبوت
Spinnennetz, das; -es, -e تار عنکبوت
Spinner, der; -s, - ۱. ریسنده ۲. دیوانه، خل
Spinnerei, die; -, -en ۱. ریسندگی ۲. حماقت
Spinnerin, die; -, -nen ۱. ریسنده (زن) ۲. دیوانه، خل (زن)
Spinngewebe, das; -s, - تار عنکبوت
Spinnmaschine, die; -, -n ماشین ریسندگی
Spinnrad, das; -(e)s, ⸚er چرخ نخ‌ریسی
Spinnrocken, der; -s, - دوک دستی
Spinnwebe, die; -, -n تار عنکبوت
spintisieren *Vi.* خیال‌بافی کردن، به فکر و خیال فرو رفتن
Spion, der; -s, -e ۱. جاسوس ۲. روزنه
Spionage, die; -, -n جاسوسی
Spionageabwehr, die; - جاسوس دو جانبه
Spionagenetz, das; -es, -e شبکهٔ جاسوسی
spionieren *Vi.* جاسوسی کردن
Spionin, die; -, -nen جاسوسی (زن)
Spirale, die; -, -n ۱. خط مارپیچ ۲. منحنی حلزونی ۳. سیم مارپیچ
Spiralfeder, die; -, -n ۱. فنر مارپیچ ۲. فنر حلزونی
spiralförmig *Adj.* حلزونی شکل، مارپیچ
spiralig *Adj.* حلزونی شکل، مارپیچ
Spiritismus, der; - اعتقاد به وجود روح
Spiritist, der; -en, -en شخص معتقد به وجود روح
Spiritistin, die; -, -nen شخص معتقد به وجود روح (زن)
spiritistisch *Adj.* (مربوط به) روح‌گرایی
Spirituosen, die / *Pl.* نوشابه‌های الکلی، مشروبات الکلی
Spiritus, der; -, -se الکل صنعتی
Spiritusbrennerei, die; -, -en کارخانهٔ تقطیر الکل
Spirituskocher, der; -s, - چراغ پریموس
Spirituslack, der; -(e)s, -e لاک الکل
Spital, das; -s, ⸚er بیمارستان
Spittel, das; -s, - بیمارستان
Spitz, der; -es, -e (نوعی) سگ پشمالو
spitz *Adj.* ۱. تیز، نوک تیز ۲. شرورانه، شیطنت‌آمیز ۳. [زاویه] حاده
eine spitze Zunge haben نیش زبان داشتن، بددهن بودن
Spitzbart, der; -(e)s, ⸚e ریش نوک‌تیز، ریش بزی
Spitzbauch, der; -(e)s, -bäuche شکم گنده، شکم برآمده
spitzbekommen *Vt.* فهمیدن، درک کردن، (به چیزی) پی بردن
Spitzbogen, der; -s, - / ⸚ تاق قوس‌دار
Spitzbube, der; -n, -n دزد، کلاهبردار
Spitzbubenstreich, der; -(e)s, -e دزدی، کلاهبرداری

Spitzbüberei 756

Spitzbüberei, die; -, -en دزدی، کلاهبرداری
spitzbübisch *Adj.* دزد، کلاهبردار
Spitze, die; -, -n ۱. نوک، سر، قله ۲. رأس (شرکت) ۳. حداکثر تولید
eine Sache auf die Spitze treiben
کاری را به جای باریک کشاندن
spitze *Adj.* درجه یک، عالی
Spitzel, der; -s, - جاسوس، خبرچین
spitzeln *Vi.* جاسوسی کردن، خبرچینی کردن
spitzen *Vt.* ۱. تیز کردن، نوک تیز کردن ۲. جمع کردن، غنچه کردن (لب‌ها) ۳. بادقت نگاه کردن، مراقب (چیزی) بودن ۴. خوشحال شدن؛ به (چیزی) دل بستن
Spitzenbelastung, die; -, -en حداکثر بار برق
Spitzendrehbank, die; -, ¨-e ماشین تراشکاری
Spitzenfilm, der; -s, - فیلم درجه یک
Spitzengeschwindigkeit, die; -, -en
حداکثر سرعت
Spitzengruppe, die; -, -n گروه اصلی
Spitzenkandidat, der; -en, -en داوطلب اصلی
Spitzenklasse, die; -, -n نخبه، زبده، برگزیده، ممتاز
Spitzenkleid, das; -(e)s, -er لباس یراق‌دوزی شده
Spitzenleistung, die; -, -en حداکثر بازده
Spitzenlohn, der; -(e)s, ¨-e حداکثر مزد
Spitzenqualität, die; -, -en عملکرد عالی، کیفیت عالی
Spitzenreiter, der; -s, - نفر جلو، جلودار
Spitzensportler, der; -s, -
ورزشکار برجسته و ممتاز
Spitzenstoß, der; -es, ¨-e (فوتبال) ضربه با نوک پا
Spitzentanz, der; -es, ¨-e رقص روی پنجهٔ پا
Spitzentänzerin, die; -, -nen
رقاصه‌ای که روی پنجهٔ پا می‌رقصد
Spitzer, der; -s, - مدادتراش
spitzfindig *Adj.* باریک‌بین، موشکاف، دقیق
Spitzfindigkeit, die; -, -en باریک‌بینی، موشکافی، دقت
Spitzhacke, die; -, -n کلنگ دوسر، کلنگ روسی
Spitzhaue, die; -, -n کلنگ دوسر، کلنگ روسی
spitzig *Adj.* تیز، نوک‌دار، برنده
spitzkriegen *Vt.* درک کردن، فهمیدن، بیرون کشیدن
Spitzmaus, die; -, -mäuse موش پوزه‌دار
Spitzname, die; -ns, -n اسم مستعار
Spitzsäule, die; -, -n تک ستون هرمی شکل (ستون چهار بر مصری با نوک تیز هرمی شکل)

spitzwink(e)lig *Adj.* با زاویهٔ حاده
Spleen, der; -s, -e ۱. هوس، بوالهوسی، تلون‌مزاج ۲. عادت خاص
spleenig *Adj.* بوالهوس، دمدمی مزاج
Splint, der; -(e)s, -e گوه (میله‌ای که دو قسمت از ماشین را به هم متصل می‌کند)
Splitt, der; -(e)s, -e سنگ‌ریزه
Splitter, der; -s, - ۱. خرده شیشه، تراشه ۲. ترکش (خمپاره)
splitterfrei *Adj.* بدون تراشه
Splittergruppe, die; -, -n گروه سیاسی کوچکی که وابسته به گروه سیاسی بزرگ‌تری است
splitterig *Adj.* تراشه‌دار، پرتراشه، ریزریز
splittern *Vt., Vi.* ۱. خرد کردن، تراشه کردن، ریز ریز کردن ۲. خرد شدن، متلاشی شدن، ریزریز شدن
splitternackt *Adj.* لخت مادرزاد، لختِ لخت
Splitterpartei, die; -, -en گروه سیاسی کوچکی که وابسته به گروه سیاسی بزرگ‌تری است
Sponsor, der; -es, -en سرمایه‌گذار
spontan *Adj.* ۱. خودبه‌خود، بی‌اختیار ۲. ناگهان
Spontaneität, die; -, -en عمل خودبه‌خودی
sporadisch *Adj.* پراکنده؛ تَک و توک؛ گاه‌گُداری
Spore, die; -, -n (گیاه‌شناسی) هاگ، اسپور
Sporn, der; -(e)s, -ren مهمیز
spornen *Vt.* مهمیز زدن
Spornrädchen, das; -s, - چرخک مهمیز؛ حلقهٔ دهانهٔ اسب
spornstreichs *Adv.* فوری، آنی، بی‌درنگ، با عجله
Sport, der; -(e)s, -e ورزش
Sport treiben ورزش کردن
Sportabzeichen, das; -s, - نشان ورزشی
Sportangler, der; -s, - (ورزش) ماهی‌گیر
Sportanlage, die; -, -n زمین ورزش
Sportanzug, der; -(e)s, ¨-e لباس ورزش
Sportart, die; -, -en نوع ورزش، رشتهٔ ورزشی
Sportartikel, der; -s, - وسایل ورزشی
Sportarzt, der; -es, ¨-e پزشک ورزشی
Sportbericht, der; -(e)s, -e گزارش ورزشی
Sporteln, die / *Pl.* اجرت، عایدی، مزد
sporteln *Vi.* تفننی ورزش کردن
Sportfest, das; -(e)s, -e جشن ورزشی
Sportflugzeug, das; -es, -e هواپیمای ورزشی
Sportfreund, der; -(e)s, -e ۱. دوستدار ورزش، ورزش دوست ۲. ورزشکار ۳. دوست ورزشی

757 Sprachlabor

Sportfreundin, die; -, -nen ۱. دوستدار ورزش
۲. ورزشکار ۳. دوست ورزشی (زن)
Sportgeschäft, das; -(e)s, -e فروشگاه ورزشی، محل فروش لوازم ورزشی
Sporthalle, die; -, -n سالن ورزش
Sporthemd, das; -(e)s, -en پیراهن ورزش
Sportherz, das; -ens, -en قلب ورزشکار
Sporthochschule, die; -, -n دانشکدهٔ ورزش
Sporthose, die; -, -n شلوار ورزش
Sportjacke, die; -, -n ژاکت ورزش
Sportjournalist, der; -en, -en روزنامه‌نگار ورزشی
Sportkamerad, der; -en, -en دوست ورزشی، هم‌باشگاهی
Sportkleidung, die; -, -en لباس ورزش
Sportklub, der; -s, -s باشگاه ورزشی
Sportlehrer, der; -s, - معلم ورزش
Sportlehrerin, die; -, -nen معلم ورزش (زن)
Sportler, der; -s, - ورزشکار
Sportlerin, die; -, -nen ورزشکار (زن)
sportlich *Adj.* ورزشی
Sportlichkeit, die; - ورزشکاری، ورزش‌دوستی
Sportmeldung, die; -, -en گزارش ورزشی
Sportnachrichten, die / *Pl.* اخبار ورزشی
Sportplatz, der; -es, ⸚e ورزشگاه، میدان ورزش
Sportreporter, der; -s, - گزارشگر ورزشی
Sportschuh, der; -(e)s, -e کفش ورزش
Sportsmann, der; -(e)s, ⸚er ورزشکار
sporttreibend *Adj.* ورزش‌دوست
Sportveranstaltung, die; -, -en رویداد ورزشی
Sportverein, der; -(e)s, -e باشگاه ورزشی
Sportwagen, der; -s, - اتومبیل کورسی، اتومبیل شکاری
Sportwaren, die / *Pl.* وسایل ورزشی
Sportwettkampf, der; -(e)s, ⸚e مسابقهٔ ورزشی
Sportzeitung, die; -, -en روزنامهٔ ورزشی
Spot, der; -s, -s فیلم کوتاه تبلیغاتی
Spott, der; -(e)s ریشخند، استهزا، تمسخر
Spottbild, das; -es, -er کاریکاتور
spottbillig *Adj.* خیلی ارزان
Spöttelei, die; -, -en ریشخند، استهزا، تمسخر
spötteln *Vi.* ریشخند کردن، مسخره کردن، دست انداختن، استهزا کردن
spotten *Vi.* ۱. ریشخند کردن، مسخره کردن، دست انداختن، استهزا کردن ۲. جدی نگرفتن

Spötter, der; -s, - ریشخندکننده، مسخره کننده
Spötterei, die; -, -en تمسخر، ریشخند، استهزا
Spötterin, die; -, -nen ریشخندکننده، مسخره کننده (زن)
Spottgedicht, das; -(e)s, -e هجونامه، هجو
Spottgelächter, das; -s خندهٔ تمسخرآمیز
Spottgeld, das; -(e)s, -er پول کم
spöttisch *Adj.* طعنه‌آمیز، کنایه‌دار، نیش‌دار، مسخره‌آمیز
Spottlied, das; -(e)s, -er ترانهٔ هجوی؛ آواز طنزآلود
Spottlust, die; - روحیهٔ ریشخند، روحیهٔ شوخی
Spottname, der; -ns, -n اسم خودمانی
Spottpreis, das; -es, -e پول کم
Spottschrift, die; -, -en هجونامه
Sprachbau, der; -(e)s, - ساختار زبان
Sprachbegabung, die; -, -en استعداد زبان‌آموزی
Sprache, die; -, -n زبان؛ گویایی، بیان
eine Sprache lernen زبان یادگرفتن
eine Sprache sprechen به زبانی تکلم کردن
fremde Sprache زبان خارجی
Heraus mit der Sprache! حرفت را بزن! نترس!
Seine Sprache ist sehr lebendig. بیان او بسیار با روح است.
Spracheigenheit, die; -, -en لهجه، زبان ویژه
Spracheigentümlichkeit, die; - لهجه، زبان ویژه
Sprachfehler, der; -s, - ۱. اشتباه دستوری ۲. نقص گفتار، لکنت زبان
Sprachforscher, der; -s, - زبان‌شناس، محقق زبان
Sprachforschung, die; -, -en زبان‌شناسی
Sprachführer, der; -s, - راهنمای زبان
Sprachgebiet, das; -(e)s, -e وسعت زبان
Sprachgebrauch, der; -(e)s, -räuche استعمال زبان
Sprachgefühl, das; -(e)s, - غریزهٔ قوهٔ ناطقه، حس زبان
Sprachgruppe, die; -, -n گروه زبان
Sprachinsel, die; -, -n جامعه‌ای که لهجه یا زبان به‌خصوصی دارد و در میان جامعهٔ بزرگ‌تری با لهجه دیگر محصور است
Sprachkenner, der; -s, - زبان‌شناس، زبان‌دان
Sprachkritik, die; -, -en انتقاد از نحوهٔ بیان
Sprachkultur, die; - فرهنگ زبان
sprachkundig *Adj.* متبحر در زبان
Sprachkunst, die; -, ⸚e فن بیان
Sprachkursus, der; -, -kurse درس زبان
Sprachlabor, das; -s, -s آزمایشگاه زبان

Sprachlehre, die; -, -n دستور زبان، گرامر
Sprachlehrer, der; -s, - معلم زبان
Sprachlehrerin, die; -, -nen معلم زبان (زن)
sprachlich *Adj.* زبانی، (مربوط به) زبان
sprachlos *Adj.* ۱. زبان بند آمده ۲. مات و مبهوت؛ لال، گنگ
Sprachmittler, der; -s, - مترجم
Sprachraum, der; -(e)s, -räume وسعت زبان
Sprachregel, die; -, -n دستور زبان
Sprachreiniger, der; -s, - طرفدار اصلاح زبان و استعمال واژه‌های نو
Sprachrohr, das; -(e)s, -e بلندگو
Sprachschatz, der; -es, ⸚e فرهنگ لغات
Sprachschule, die; -, -n مدرسهٔ زبان
Sprachschwierigkeiten, die / *Pl.* مشکلات زبانی
Sprachstörung, die; -, -en اختلال زبان
Sprachstudium, das; -s, -dien تحصیل زبان
Sprachtalent, das; -(e)s, -e استعداد زبان‌آموزی
Sprachunterricht, der; -(e)s تدریس زبان
Sprachvergleichung, die; -, -en بررسی تطبیقی زبان
Sprachwerkzeug, das; -(e)s, -e قوهٔ ناطقه
sprachwidrig *Adj.* غلط، ناصحیح
Sprachwissenschaft, die; -, -en زبان‌شناسی
Sprachwissenschaftler, der; -s, - زبان‌شناس
sprachwissenschaftlich *Adj.* (مربوط به) زبان‌شناسی
sprang *P.* صیغهٔ فعل گذشتهٔ مطلق از مصدر springen
Spray, das / der; -s, -s اسپری
Spraydose, die; -, -n قوطی اسپری
sprayen *Vt., Vi.* ۱. زدن (اسپری) ۲. اسپری زدن
Sprechanlage, die; -, -n دستگاه مخابرهٔ داخل ساختمان
Sprechart, die; -, -en روش سخنوری
Sprechchor, der; -(e)s, ⸚e صحبت گروهی، صحبت جمعی
sprechen *Vi., Vt.* ۱. گفت و گوکردن، حرف زدن، سخن گفتن، صحبت کردن ۲. گفتن، صحبت کردن

leise sprechen آهسته صحبت کردن
im Fieber sprechen (در تب) هذیان گفتن
kein Wort sprechen حرف نزدن
mit sich selbst sprechen با خود حرف زدن
Mit vollem Mund spricht man nicht.
با دهان پر صحبت نمی‌کنند.

sprechend *Adj.* ۱. فصیح، بلیغ، گویا، واضح ۲. قانع‌کننده
Einen sprechenderen Beweis gibt es nicht.
دلیل قانع‌کننده‌تری وجود ندارد.
Sprecher, der; -s, - گوینده، سخنگو، سخنران، ناطق
Sprecherin, die; -, -nen گوینده، سخنگو، سخنران، ناطق (زن)
Sprechfenster, das; -s, - (در زندان) پنجره‌ای که از دو سوی آن ملاقات‌کنندگان با زندانیان صحبت می‌کنند
Sprechfilm, der; -s, -e فیلم ناطق
Sprechfrequenz, die; -, -en فرکانس صدا
Sprechfunk, der; -(e)s فرستندهٔ رادیویی
Sprechplatte, die; -, -n صفحهٔ گرامافون مکالمه
Sprechstunde, die; -, -n (در مطب) ساعت ملاقات، ساعت مراجعه
Sprechstundenhilfe, die; -, -n (در مطب) متصدی تعیین وقت مراجعه
Sprechübung, die; -, -en تمرین سخنوری
Sprechverbot, das; -(e)s, -e ممنوعیت سخن
Sprechweise, die; -, -n روش سخنوری
Sprechwerkzeug, das; -(e)s, -e اندام گویایی
Sprechzimmer, das; -s, - (در مطب) اتاق تعیین وقت مراجعه
Spreize, die; -, -n تکیه‌گاه، حائل، پشتیبان
spreizen *Vt., Vr.* ۱. پهن کردن، گستردن ۲. جدا کردن، از هم باز کردن (دست/پا) ۳. گشادگشاد راه رفتن ۴. تقلا کردن، دست و پا زدن ۵. به تقاضای دیگران اهمیت ندادن ۶. پز دادن
Spreizfuß, der; -es, ⸚e پای پهن و بزرگ
Sprengbombe, die; -, -n بمب انفجاری، بمب با قدرت انفجاری زیاد
Sprengel, der; -s, - قلمرو اسقف، اسقف‌نشین
sprengen *Vt., Vi.* ۱. آب پاشیدن؛ آب دادن ۲. با زور باز کردن ۳. ترکاندن، منفجر کردن ۴. چهار نعل تاختن ۵. ترکیدن
Sprenggeschoß, das; -schosses, -schosse گلولهٔ توپ
Sprengkapsel, die; -, -n چاشنی انفجار
Sprengkommando, das; -s, -s گروه تخریب
Sprengkopf, der; -(e)s, ⸚e کلاهک (قسمت قابل انفجار موشک)
Sprengkörper, der; -s, - مادهٔ منفجره
Sprengkraft, die; -, ⸚e قدرت تخریب
Sprengladung, die; -, -en, - مادهٔ منفجره

Sprengloch, das; -(e)s, ⸚er سوراخ حاصل از انفجار
Sprengmittel, das; -s مادهٔ منفجره
Sprengpulver, das; -s, - باروت
Sprengring, der; -(e)s, -e حلقهٔ انفجار
Sprengsatz, der; -es, ⸚e پرتاب حاصل از انفجار
Sprengschuß, der; -schusses, -schüsse انفجار، صدای انفجار
Sprengstoff, der; -(e)s, -e مادهٔ منفجره
Sprengtrupp, der; -s, -s گروه تخریب
Sprengung, die; -, -en ۱. ریزش، ترشح ۲. انفجار
Sprengwagen, der; -s, - اتومبیل آب‌پاش
Sprengwirkung, die; -, -en اثر انفجار
Sprengwolke, die; -, -n ابر حاصل از انفجار
Sprengzünder, der; -s, - فتیلهٔ مادهٔ منفجره
sprenkeln *Vt.* نقطه نقطه کردن، خال خال کردن
sprenzen *Vt., Vi.* ۱. با فشار پاشیدن (مایع) ۲. نم نم باریدن
Spreu, die; - پوسته، سبوس، پوشال، کاه
Sprichwort, das; -(e)s, ⸚er ضرب‌المثل
sprichwörtlich *Adj.* ضرب‌المثلی، ضرب‌المثل‌مانند
sprießen *Vi.* جوانه زدن، سبز شدن، درآمدن
Spriet, das; -(e)s, -e جوانه، شاخهٔ کوچک
Springbrunnen, der; -s, - فواره
springen *Vi.* ۱. پریدن، جهیدن، جستن ۲. ترک برداشتن

aus dem Bett springen از تخت بیرون پریدن
ins Wasser springen داخل آب پریدن
vor Freude springen از شادی به هوا پریدن
in die Auge springen توی چشم پریدن
Das Glas ist gesprungen. لیوان ترک برداشته است.

Springen, das; -s, - (ورزش) پرش
Springer, der; -s, - ۱. پرش‌کننده، جهنده ۲. (شطرنج) اسب
Springerin, die; -, -nen پرش‌کننده، جهنده (زن)
Springflut, die; -, -en جزر و مد کامل
Springinsfeld, der; -(e)s, -e شخص بی‌اهمیت
Springquell, der; -(e)s, -e چشمه
Springseil, das; -(e)s, -e طناب پرش
Sprint, der; -s, -s دو سرعت
sprinten *Vi.* با حداکثر سرعت دویدن، به‌سرعت دویدن
Sprinter, der; -s, - دوندهٔ دو سرعت
Sprinterin, die; -, -nen دوندهٔ دو سرعت (زن)
Sprit, der; -(e)s, -e ۱. الکل، مشروب الکلی ۲. سوخت، بنزین

Spritze, die; -, -n ۱. سرنگ ۲. کپسول آتش‌نشانی ۳. اماله، تنقیه
spritzen *Vt., Vi.* ۱. پاشیدن (مایع) ۲. تزریق کردن ۳. اماله کردن ۴. ترشح کردن ۵. به سرعت دویدن ۶. پاشیده شدن (مایع)
Spritzenhaus, das; -es, -häuser ایستگاه آتش‌نشانی
Spritzer, der; -s, - ۱. مقداری از مایع پاشیده‌شده ۲. لکهٔ (ناشی از پاشیده شدن مایع)
Spritzfahrt, die; -, -en سفر تفریحی
Spritzflasche, die; -, -n بطری (مایع) تزریق
spritzig *Adj.* ۱. باروح، جاندار، سرزنده، حساس ۲. نشاط‌بخش، سرگرم‌کننده ۳. سریع‌السیر (اتومبیل)
spritzlackieren *Vt.* به (چیزی) رنگ پاشیدن
Spritzpistole, die; -, -n ۱. پیستوله، رنگ‌پاش ۲. (اسباب بازی) تفنگ آب‌پاش
Spritztour, die; -, -en سفر تفریحی
spröde *Adj.* ۱. انعطاف‌ناپذیر، شکننده ۲. خشک، سخت ۳. محتاط، کم‌حرف ۴. خجول، کمرو
Sprödigkeit, die; -, -en ۱. انعطاف‌ناپذیری، شکنندگی ۲. احتیاط ۳. حجب، کمرویی
Sproß, der; Sprosses, Sprosse(n) ۱. جوانه ۲. نوباوه، فرزند
sproß *P.* صیغهٔ فعل گذشتهٔ مطلق از مصدر sprießen
Sprosse, die; -, -n پلهٔ نردبان
sprossen *Vi.* جوانه زدن
Sprößling, der; -s, -e نوباوه، فرزند
Sprotte, die; -, -n شاه‌ماهی کوچک
Spruch, der; -(e)s, ⸚e ۱. کلام قصار، گفتهٔ اخلاقی، پند ۲. حکم، رای، فتوا
Spruchband, das; -(e)s, ⸚er پرچم، بیرق، عَلَم
spruchreif *Adj.* آمادهٔ داوری
Sprudel, der; -s, - آب‌معدنی، نوشابهٔ گازدار
sprudeln *Vi.* ۱. جاری بودن، جریان داشتن ۲. جوشیدن، فوران کردن ۳. با خشم سخن گفتن
Sprudelwasser, das; -s, ⸚er آب‌معدنی، آب‌معدنی گازدار
Sprühdose, die; -, -n/⸚ قوطی اسپری
sprühen *Vt., Vi.* ۱. پاشیدن، پخش کردن، ترشح کردن ۲. نم نم باریدن ۳. جرقه زدن
Sprühregen, der; -s, - نم نم باران
Sprung, der; -(e)s, ⸚e ۱. جهش، پرش، جست و خیز ۲. در (شنا) شیرجه ۳. ترک (شیشه)

auf dem Sprung sein آمادهٔ رفتن بودن
auf einen Sprung برای چند لحظه، برای مدت کوتاه

Sprungbein 760

Sprungbein, das; -s, -e استخوان قوزک
Sprungbrett, das; -(e)s, -er تختهٔ شیرجه
Sprungfeder, die; -, -n فنر قابل ارتجاع
Sprungfedermatratze, die; -, -n تشک فنردار
sprunghaft *Adj.* ۱. نامنظم، نامتعادل ۲. ناگهانی، سریع
Sprunglauf, der; -(e)s, -läufe پرش با اسکی
Sprungschanze, die; -, -n (اسکی) سکوی پرش
Sprungstab, der; -(e)s, ⸚e (ورزش) چوب پرش ارتفاع
Sprungtuch, das; -(e)s, ⸚er پارچهٔ محکمی که هنگام آتش‌سوزی مردم خود را از بالای عمارت توی آن پرت می‌کنند
Sprungturm, der; -(e)s, ⸚e دایو، تختهٔ شیرجه
sprungweise *Adv.* ۱. با جست و خیز ۲. خیلی تند
Spucke, die; - تف، آب دهان
Mir blieb die Spucke weg. دهانم از تعجب خشک شد.
spucken *Vi., Vt.* ۱. تف انداختن، آب دهان انداختن ۲. تف کردن، بالا آوردن (تف، خون)
Spucknapf, der; -(e)s, ⸚e تف‌دان، خلط‌دان
Spuk, der; -(e)s, -e کابوس، شبح، روح، خیال
spuken *Vi.* ظاهر شدن (روح)
Spukgeschichte, die; -, -n داستان ارواح
spukhaft *Adj.* خیالی، روحی
Spulbecken, das; -s, - ظرف‌شویی
Spule, die; -, -n قرقره
Spüle, die; -, -n ظرف‌شویی
spulen *Vt.* ۱. دور قرقره پیچیدن ۲. از دور قرقره باز کردن
spülen *Vt.* آب کشیدن، شستن (ظرف)
Spüler, der; -s, - ظرف‌شوی
Spülerin, die; -, -nen ظرف‌شوی (زن)
Spüllicht, das; -(e)s, -e آب پس‌مانده، آب کثیف، گنداب
Spüllappen, der; -s, - پارچهٔ ظرف خشک‌کنی
Spülmaschine, die; -, -n ماشین ظرف‌شویی
Spülmittel, das; -s, - مایع ظرف‌شویی
Spüllung, die; -, -en آبکشی
Spülwasser, das; -s, ⸚er آب پس‌مانده، آب کثیف، گنداب
Spulwurm, der; -(e)s, ⸚er کرم معده
Spund, der; -(e)s, ⸚e ۱. چوب پنبه، در (بطری) ۲. زبانه (در)
spunden *Vt.* ۱. گرفتن (سوراخ بشکه) ۲. بستن (زبانهٔ در)

Spundloch, das; -(e)s, ⸚er سوراخ بشکه
Spur, die; -, -en ۱. اثر، رد پا ۲. مسیر حرکت ۳. سرنخ
auf die Spur kommen ردپایی را پیدا کردن
spürbar *Adj.* معلوم، مشخص، محسوس
spuren *Vi., Vt.* ۱. اطاعت کورکورانه کردن ۲. روی برف خط انداختن ۳. رد (کسی) را گرفتن
spüren *Vi., Vt.* ۱. رد گرفتن، تعقیب کردن ۲. حس کردن ۳. احساس کردن، لمس کردن
Ich spürte hunger. احساس گرسنگی کردم.
Spurenelement, das; -(e)s, -e (زیست‌شناسی) عنصر کم‌نیاز
Spürhund, der; -(e)s, -e سگ شکاری
spurlos *Adj.* بی‌اثر، بی‌نشان
Spürnase, die; -, -n حس تمیز، قوهٔ استنباط
Spürsinn, der; -(e)s, - قوهٔ تشخیص
Spurt, der; -(e)s, -s/-e جنبش تند و ناگهانی دونده (برای سبقت از دیگران)
spurten *Vi.* ۱. (در مسابقه) جهش کردن، شتاب کردن، جنبش ناگهانی کردن ۲. با سرعت دویدن
Spurweite, die; -, -n ۱. فاصله بین ریل‌های راه‌آهن ۲. جای چرخ‌های اتومبیل
sputen *Vr.* عجله کردن، شتاب کردن
Sputnik, der; -s, -s قمر مصنوعی
Sputum, das; -s, -ta خلط (سینه)
Staat, der; -es, -en دولت، کشور، حکومت
Staatenbund, der; -(e)s, ⸚e اتحاد دول، اتحادیه
staatenlos *Adj.* بدون تابعیت یک کشور
staatlich *Adj.* دولتی، (مربوط به) دولت
staatlicherseits *Adv.* از طرف دولت
Staatsakt, der; -(e)s, -e تشریفات رسمی، مراسم دولتی
Staatsaktion, die; -, -en کارکرد دولت
Staatsangehörige, der/die; -n, -n شهروند؛ تبعه، بومی
Staatsangehörigkeit, die; - ملیت، تابعیت
Staatsangelegenheit, die; -, -en امور حکومتی، امور دولتی
Staatsangestellte, der/die; -n, -n کارمند دولت
Staatsanleihe, die; -, -n بدهی دولت
Staatsanwalt, der; -(e)s, ⸚e دادستان، مدعی‌العموم
Staatsanwaltschaft, die; - دادستانی، دادسرا
Staatsanzeiger, der; -s, - روزنامهٔ رسمی
Staatsarchiv, das; -s, -e مرکز ضبط اسناد دولتی

Staatsaufsicht, die; -	نظارت دولت
Staatsausgaben, die/Pl.	هزینهٔ دولتی، مخارج کشوری
Staatsbeamte, der; -n, -n	کارمند دولت
Staatsbegräbnis, das; -nisses, -nisse	مراسم رسمی تشییع جنازه
Staatsbesuch, der; -(e)s, -e	دیدار رسمی
Staatsbürger, der; -s, -	شهروند، تبعه
Staatsbürgerkunde, die; -n, -n	تعلیمات مدنی
staatsbürgerlich Adj.	(مربوط به) شهروند
Staatsbürgerschaft, die; -, -en	تابعیت
Staatschef, der; -s, -s	رئیس دولت
Staatsdienst, der; -es, -e	خدمت دولتی، شغل دولتی
staatseigen Adj.	دولتی، (متعلق به) دولت
Staatseinkünfte, die/Pl.	درآمد دولت، عایدی عمومی
Staatsexamen, das; -s, -mina	امتحان دولتی، امتحان رسمی
Staatsfarben, die/Pl.	رنگ‌های پرچم
Staatsfeiertag, der; -(e)s, -e	تعطیل رسمی
Staatsfeind, der; -(e)s, -e	دشمن مردم
staatsfeindlich Adj.	خرابکار، توطئه‌گر
Staatsform, die; -, -en	طرز حکومت
Staatsgebäude, das; -s, -	ساختمان دولتی
Staatsgefangene, der/die; -n, -n	زندانی سیاسی
Staatsgeheimnis, das; -nisses, -nisse	اسرار دولت
Staatsgelder, die/Pl.	خزانهٔ دولت
Staatsgerichtshof, der; -(e)s, ⸚e	محکمهٔ دولتی
Staatsgewalt, die; -, -en	سلطهٔ دولت
Staatshaftung, die; -, -en	مسئولیت دولت
Staatshaushalt, der; -(e)s, -e	بودجهٔ دولت
Staatshoheit, die; -	قلمرو دولت
Staatskasse, die; -, -n	خزانهٔ دولت، دارایی عمومی
Staatskirche, die; -, -n	کلیسای دولتی
staatsklug Adj.	سیاسی، دیپلماتیک
Staatskörper, der; -s, -	هیئت دولت
Staatskosten, die/Pl.	مخارج دولت، هزینهٔ عمومی
Staatskunst, die; -	کشورداری، سیاست
Staatslehre, die; -, -n	علوم سیاسی
Staatsmann, der; -(e)s, ⸚er	رجل سیاسی، سیاستمدار؛ زمامدار، دولتمرد
staatsmännisch Adj.	سیاستمدارانه
Staatsminister, der; -s, -	وزیر کابینه
Staatsmonopol, das; -s, -e	انحصار دولت
Staatsoberhaupt, das; -(e)s, -häupter	رئیس دولت، شخص اول مملکت
Staatsordnung, die; -, -en	نظام دولت
Staatspapiere, die/Pl.	اسناد دولتی
Staatspolitik, die; -, -en	سیاست دولت
Staatspräsident, der; -en, -en	رئیس‌جمهور
Staatsprozeß, der; -zesses, -zesse	محاکمهٔ رسمی
Staatsprüfung, die; -, -en	امتحان دولتی، امتحان رسمی
Staatsrat, der; -(e)s, ⸚e	شورای منطقه
Staatsrecht, das; -(e)s, -	قانون اساسی
staatsrechtlich Adj.	مطابق قانون اساسی
Staatsregierung, die; -, -en	دولت، حکومت
Staatsschatz, der; -es, ⸚e	خزانهٔ دولت
Staatsschulden, die/Pl.	دیون دولت، بدهی‌های دولت
Staatssekretär, der; -s, -e	وزیر مشاور
Staatssicherheitsdienst, der; -es, -e	سازمان اطلاعات و امنیت
Staatsstreich, der; -(e)s, -e	کودتا، براندازی حکومت
Staatsverbrechen, das; -s, -	تبهکاری سیاسی
Staatsverbrecher, der; -s, -	تبهکار سیاسی
Staatsverfassung, die; -, -en	قانون اساسی
Staatsvertrag, der; -(e)s, ⸚e	قرارداد دولتی، قرارداد رسمی
Staatsverwaltung, die; -, -en	ادارهٔ دولت، ادارهٔ حکومت
Staatswesen, das; -s, -	طرز حکومت
Staatswissenschaft, die; -, -en	علوم سیاسی
Staatswohl, das; -s	رفاه عمومی
Staatszuschuß, der; -schusses, -schüsse	کمک مالی دولت
Stab, der; -(e)s, ⸚e	۱. عصا، چوب‌دستی ۲. میلهٔ باریک ۳. ستاد، ارکان (حزب) ۴. چوب رهبر ارکستر
Stabantenne, die; -, -n	آنتن میله‌ای
Stabbatterie, die; -, -n	باتری چراغ قوه، پیل خشک
Stabeisen, das; -s, -	میلهٔ آهنی
Stabhochspringen, das; -s, -	پرش با نیزه
Stabhochspringer, der; -s, -	ورزشکار پرش با نیزه
Stabhochsprung, der; -(e)s, ⸚e	پرش با نیزه
stabil Adj.	ثابت، استوار، پایدار، محکم، پابرجا

stabilisieren 762

stabilisieren *Vt.* ثابت نگاه داشتن، استوار کردن، پایدار کردن، تثبیت کردن
Stabilisierung, die; -, -en تثبیت، استواری، پایداری، تحکیم
Stabilität, die; - تثبیت، استواری، پایداری، تحکیم
Stabreim, der; -(e)s, -e تجانس حروف مشابه‌الصوت
Stabsarzt, der; -es, ⸚e پزشک نظامی
Stabschef, der; -s, -s رئیس ستاد ارتش
Stabsfeldwebel, der; -s, - سرجوخه
Stabsoffizier, der; -s, -s افسر ارتش
Stabsquartier, das; -s, -e مرکز فرماندهی نظامی
stach *P.* stechen صیغهٔ فعل گذشتهٔ مطلق از مصدر
Stachel, der; -s, -n ۱. تیغ، خار ۲. نیش (حشرات)
Stachelbeere, die; -, -n انگور فرنگی
Stacheldraht, der; -(e)s, ⸚e سیم خاردار
stach(e)lig *Adj.* تیغ‌دار، خاردار
stacheln *Vt.* خراش دادن؛ گزیدن، نیش زدن
Stachelschwein, das; -(e)s, -e جوجه‌تیغی
stach(e)lig *Adj.* خاردار، تیغ‌دار
Stadion, das; -s, -dien استادیوم ورزشی، ورزشگاه، زمین ورزشی
Stadium, das; -s, -dien مرحله، پایه، وهله، دوره
Stadt, die; -, ⸚e ۱. شهر ۲. سکنهٔ شهر
Stadtamt, das; -(e)s, ⸚er شهرداری
Stadtautobahn, die; -, -en بزرگراه
Stadtbahn, die; -, -en قطار زیرزمینی، مترو
stadtbekannt *Adj.* مشهور، معروف، انگشت‌نما
Stadtbewohner, der; -s, - شهرنشین
Stadtbibliothek, die; -, -en کتابخانهٔ شهر
Stadtbild, das; -es, -er منظرهٔ شهر
Stadtbummel, der; -s, - گردش در شهر
Städtchen, das; -s, - شهرک، شهر کوچک
Städtebau, der; -(e)s, -e شهرسازی
Städter, der; -s, - شهرنشین، شهروند
Städterin, die; -, -nen شهرنشین، شهروند (زن)
Städtezug, der; -es, ⸚e قطار شهری، تراموا
Stadtgebiet, das; -(e)s, -e محدودهٔ شهر
Stadtgemeinde, die; -, -n شهرستان
Stadtgespräch, das; -(e)s, -e سخن روز، نقل مجالس
städtisch *Adj.* شهری، (مربوط به) شهر
Stadtkasse, die; -, -n خزانه‌داری
Stadtköfferchen, das; -s, - کیف حمل اسناد رسمی
Stadtkommandant, der; -en, -en شهردار
Stadtkreis, der; -es, -e بخش، ناحیه
Stadtleben, das; -s, - زندگی شهری
Stadtleute, die / *Pl.* اهالی شهر
Stadtmauer, die; -, -n دیوار شهر
Stadtmitte, die; -, -n مرکز شهر
Stadtpark, der; -(e)s, -e پارک شهر، باغ ملی
Stadtparlament, das; -(e)s, -e انجمن شهر
Stadtplan, der; -(e)s, ⸚e نقشهٔ شهر
Stadtplanung, die; -, -en شهرسازی
Stadtrand, der; -es, ⸚er حومهٔ شهر
Stadtrandsiedlung, die; -, -en محل سکونت اهالی حومهٔ شهر
Stadtrat, der; -(e)s, ⸚e انجمن شهر
Stadtrecht, das; -(e)s, -e حقوق شهر
Stadtreinigung, die; -, -en نظافت شهر
Stadtrundfahrt, die; -, -en گردش به دور شهر
Stadtstaat, der; -es, -en دولت شهر
Stadtteil, der; -(e)s, -e محله، بخش، ناحیه
Stadttheater, das; -s, - تئاتر شهر
Stadttor, das; -(e)s, -e دروازهٔ شهر، مدخل شهر
Stadtväter, die / *Pl.* هیئت امنا، امنای شهر
Stadtverordnete, der / die; -n, -n شهردار
Stadtverordnetenversammlung, die; -, -en انجمن شهر
Stadtverwaltung, die; -, -en شهرداری
Stadtviertel, das; -s, - محله، بخش، ناحیه
Stadtwappen, das; -s, - آرم شهر
Stadtzentrum, das; -s, -tren مرکز شهر
Stafette, die; -, -n ۱. پیک، قاصد، فرستاده ۲. (ورزش) دو امدادی
Stafettenlauf, der; -(e)s, -läufe مسابقهٔ دو امدادی
Staffage, die; -, -n لوازم یدکی
Staffel, die; -, -n ۱. پله ۲. درجه، رتبه ۳. (ورزش) تیم دو امدادی ۴. گروهان هوایی ۵. حرکت ناوهای جنگی ۶. ردهٔ حقوقی، اشل حقوقی
Staffelei, die; -, -en سه پایهٔ نقاشی
staffelförmig *Adj.* پله‌مانند
Staffellauf, der; -(e)s, -läufe دو امدادی
staffeln *Vt.* ۱. درجه‌بندی کردن ۲. فرق گذاشتن ۳. به تناوب تنظیم کردن
Staffelschwimmen, das; -s, - (ورزش) شنای امدادی
Staffelung, die; -, -en ۱. درجه‌بندی، تفکیک، فرق ۲. کار متناوب
staffieren *Vt.* تجهیز کردن؛ آرایش کردن، آراستن

Staffierung, die; -, -en تجهیز؛ آرایش
Stagnation, die; -, -en رکود، بی‌حرکتی، ایستایی، کسادی
stagnieren *Vi.* راکد شدن، به کسادی افتادن، از حرکت باز ماندن
stahl *P.* صیغهٔ فعل گذشتهٔ مطلق از مصدر stehlen
Stahl, der; -(e)s, -e / ⸚e فولاد
Stahlbad, der; -(e)s, ⸚er حمام بهداشتی در آب آهن‌دار
Stahlbau, der; -(e)s, -e ۱. فولادسازی ۲. ساختمان فولادی
Stahlbeton, der; -s, -s بتن مسلح
stahlblau *Adj.* [رنگ] آبی فولادی
Stahlblech, das; -(e)s, -e ورقهٔ فولاد
Stahlbrücke, die; -, -n پل فولادی
Stahldraht, der; -(e)s, ⸚e سیم فولادی
stählen *Vt.* ۱. آب فولاد دادن؛ فولادی کردن ۲. مقاوم ساختن، محکم کردن
seinen Willen stählen عزم خود را جزم کردن
stählern *Adj.* فولادی، مثل فولاد
Stahlfeder, die; -, -n فنر فولادی
stahlhart *Adj.* به سختی فولاد، بسیار سخت
Stahlhelm, der; -(e)s, -e کلاهخود آهنین
Stahlindustrie, die; -, -n صنعت فولادسازی
Stahlkabel, das; -s, - کابل فولادی
Stahlkammer, die; -, -n گاوصندوق
Stahl(rohr)möbel, die / *Pl.* مبلمان فولادی
Stahlroß, das; -rosses, -rosse دوچرخه
Stahlspäne, die / *Pl.* برادهٔ فولاد
Stahlstich, der; -(e)s, -e حکاکی روی فولاد
Stahlwaren, die / *Pl.* اجناس فولادی
Stahlwerk, das; -(e)s, -e فولادسازی، فولادکاری
Stahlwolle, die; - برادهٔ فولاد
stak *P.* صیغهٔ فعل گذشتهٔ مطلق از مصدر stecken
staken *Vt.* با تیر محکم کردن، دیرک محکم کردن
Staken, der; -s, - میخ چوبی، دیرک، تیر
Staket, das; -(e)s, -e حصار، دیوار، پرچین
Stalagmit, der; -(e)s, -e استالاگمیت
Stalaktit, der; -(e)s / -en, -e(n) استالاکتیت
Stall, der; -(e)s, ⸚e طویله؛ اصطبل؛ آغل
stallen *Vt.* به طویله بردن
Stallgeld, das; -(e)s, -er کرایهٔ غرفه؛ کرایهٔ دکه، کرایهٔ محل دست‌فروشی
Stallknecht, der; -(e)s, -e مهتر، اصطبل‌دار
Stallmeister, der; -s, - میرآخور

Stallung, die; -, -en طویله‌داری
Stamm, der; -(e)s, ⸚e ۱. تنهٔ درخت ۲. قبیله، تیره، شجره، تبار، نسب
Er ist vom Stamme Nimm.
او دست بگیرش خوب است.
Stammaktie, die; -, -n سهام اصلی
Stammbaum, der; -(e)s, -bäume شجره‌نامه
Stammbuch, das; -(e)s, ⸚er آلبوم خانوادگی
Stammburg, die; -, -en قلعهٔ اجدادی
stammeln *Vt., Vi.* ۱. با لکنت گفتن، با تته پته گفتن ۲. لکنت زبان داشتن، با لکنت سخن گفتن، تته پته کردن
Stammeltern, die / *Pl.* اجداد، اسلاف
stammen *Vi.* ۱. سرچشمه گرفتن، ناشی شدن، منتج شدن، مشتق شدن ۲. مربوط بودن ۳. اقتباس شدن
Diese Urkunde stammt aus dem Mittelalter.
این سند مربوط به قرون وسطی است.
Stammesgeschichte, die; - تکامل نژادی
Stammform, die; -, -en شکل اساسی (لغت)
Stammgast, der; -(e)s, ⸚e (در رستوران) مشتری، مشتری همیشگی
Stammhalter, der; -s, - وارث، جانشین
Stammhaus, das; -es, -häuser خانهٔ پدری، خانهٔ اجدادی
stämmig *Adj.* ستبر، تنومند، نیرومند، قوی‌هیکل
Stammkapital, das; -(e)s, -e / -lien سرمایهٔ اصلی
Stammkunde, der; -n, -n مشتری دائم
Stammkundin, die; -, -nen مشتری دائم (زن)
Stammlokal, das; -(e)s, -e پاتوق، محل اجتماع همیشگی
Stammpersonal, das; -s کارمند ثابت
Stammrolle, die; -, -n جدول نوبت خدمت مشمولین (نظام وظیفه)
Stammsilbe, die; -, -n ریشهٔ کلمه
Stammsitz, der; -es, -e محل اقامت اجدادی
Stammtafel, die; -, -n شجره‌نامه
Stammtisch, der; -es, -e میز مشتریان دائم
Stammutter, die; -, ⸚ ۱. جده ۲. حضرت حوا
Stammvater, der; -s, ⸚ ۱. جد، نیا ۲. حضرت آدم
stammverwandt *Adj.* ۱. [لغت] هم‌ریشه ۲. وابسته، قوم و خویش
Stammvolk, das; -(e)s, ⸚er سکنهٔ اولیه
Stammwort, das; -(e)s, ⸚er ریشهٔ لغت
Stampfe, die; -, -n ۱. گوشت‌کوب ۲. دستهٔ هاون ۳. زمین‌کوب

stampfen

stampfen *Vt., Vi.*	۱. له کردن، آرد کردن، کوبیدن ۲. پا به زمین کوبیدن، سنگین راه رفتن ۳. نامتعادل حرکت کردن (کشتی)
Stand, *der; -(e)s, ⸚e*	۱. وضع، حالت، کیفیت، موقعیت ۲. شغل، پیشه، حرفه ۳. سطح، حد، مقدار، ارتفاع (آب) ۴. غرفه ۵. صنف، رسته ۶. مرحله؛ موقعیت؛ مقام
gut im Stande sein	در وضع خوبی بودن
stand *P.*	صیغهٔ فعل گذشتهٔ مطلق از مصدر **stehen**
Standard, *der; -(s), -s*	استاندارد؛ معیار، الگو، قالب، میزان
Standardbrief, *der; -es, -e*	نامهٔ استاندارد، نامهٔ بدون وزن اضافی
standardisieren *Vt.*	با معیار معینی سنجیدن
Standardisierung, *die; -, -en*	طبقه‌بندی، معیارگیری
Standardlösung, *die; -, -en*	(شیمی) (نوعی) محلول
Standardpreis, *der; -es, -e*	قیمت استاندارد، قیمت مصوبه
Standardsprache, *die; -, -n*	زبان ادبی
Standardwerk, *das; -(e)s, -e*	اثر ادبی برجسته و ممتاز
Standardzeit, *die; -, -en*	وقت استاندارد، وقت قانونی
Standarte, *die; -, -n*	(نوعی) پرچم سه گوش
Standbild, *das; -es, -er*	پیکره، تندیس، مجسمهٔ تمام قد
Ständchen, *das; -s, -*	سرناد (نوعی موسیقی سازی / آوازی شب)
Stander, *der; -s, -*	(نوعی) پرچم سه گوش
Ständer, *der; -s, -*	۱. پایه، تکیه‌گاه ۲. (نوعی) آلت شکنجه ۳. جک (دوچرخه)
Standesamt, *das; -(e)s, ⸚er*	ادارهٔ ثبت احوال
standesamtlich *Adj.*	(مربوط به) ادارهٔ ثبت احوال
Standesbeamte, *der; -n, -n*	کارمند ادارهٔ ثبت احوال
Standesbewußtsein, *das; -s*	هشیاری، آگاهی؛ باخبری
Standesdünkel, *der; -s*	خودستایی، افاده‌فروشی
Standesehre, *die; -, -n*	امتیاز شغلی
standesgemäß *Adj.*	برحسب مرتبه و منزلت
standesmäßig *Adj.*	برحسب مرتبه و منزلت
Standesperson, *die; -, -en*	شخص بلندپایه
Standesunterschied, *der; -(e)s, -e*	اختلاف طبقاتی
standfest *Adj.*	محکم، استوار، پابرجا، پایدار
Standgeld, *das; -(e)s, -er*	(در خیابان) حق بساط‌چینی
Standgericht, *das; -(e)s, -e*	محاکمهٔ صحرایی
standhaft *Adj.*	ثابت، استوار، مصمم، پابرجا، تزلزل‌ناپذیر
Standhaftigkeit, *die; -*	ثبات، استواری، پایداری، تزلزل‌ناپذیری
standhalten *Vi.*	ایستادگی کردن، مقاومت کردن، پایداری کردن
ständig *Adj., Adv.*	۱. دائم، مستمر، همیشگی ۲. دائماً، مستمراً
Standlicht, *das; -(e)s*	چراغ ترمز (اتومبیل)
Standort, *der; -(e)s, -e*	۱. ایستگاه، جایگاه ۲. تعیین محل ۳. پادگان، ساخلو
Standpauke, *die; -, -n*	۱. نطق مفصل ۲. رجزخوانی
Standplatz, *der; -es, ⸚e*	محل توقف
Standpunkt, *der; -(e)s, -e*	نقطه‌نظر، عقیده
auf dem Standpunkt stehen	بر این عقیده بودن
jemandem seinen Standpunkt klarmachen	نظر خود را به‌وضوح به کسی گفتن
Standquartier, *das; -s, -e*	اردوگاه، اردوی ثابت
Standrecht, *das; -(e)s, -*	حکومت نظامی
standrechtlich *Adj.*	(بر طبق) حکومت نظامی
Standuhr, *die; -, -en*	ساعت پایه‌دار
Stange, *die; -, -n*	میل، میله، چوب بلند
jemandem die Stange halten	از کسی حمایت کردن
stängeln *Vt.*	به میله بستن (گیاه)
Stangenbohne, *die; -, -n*	لوبیایی که ریشه بدواند
Stangenspargel, *der; -s, -*	(نوعی) مارچوبه
stank *P.*	صیغهٔ فعل گذشتهٔ مطلق از مصدر **stinken**
Stänker, *der; -s, -*	ستیزه‌گر، اهل دعوا
Stänkerei, *die; -, -en*	ستیزه، داد و بیداد، نزاع مختصر
stänkern *Vi.*	ستیزه کردن، داد و بیداد کردن، نزاع مختصر کردن
Stanniol, *das; -s, -e*	ورقهٔ نازک قلع؛ ورقهٔ نازک آلومینیوم
Stanniolfolie, *die; -, -n*	ورقهٔ نازک قلع؛ ورقهٔ نازک آلومینیوم
Stanze, *die; -, -n*	۱. بند شعر، قطعه ۲. منگنه؛ سوراخ‌کن
stanzen *Vt.*	۱. منگنه کردن؛ سوراخ کردن ۲. پرس کردن
Stanzerei, *die; -*	منگنه‌کاری؛ قالب‌گیری
Stapel, *der; -s, -*	۱. کپه، توده ۲. تعمیرگاه کشتی ۳. کالای مرتب روی هم چیده شده

765 **Statistik**

Stapellauf, der; -(e)s, -läufe به آب‌اندازی (کشتی)
stapeln *Vt.* ۱. انباشتن، انبار کردن، توده کردن ۲. به آب انداختن (کشتی) ۳. به‌طور مرتب روی هم چیدن
Stapelplatz, der; -es, ⸚e بازار، مرکز خرید و فروش
stapfen *Vi.* به زحمت گام برداشتن، با قدم‌های سنگین راه رفتن
Star[1]**,** der; -(e)s, -e ۱. (پرنده) سار ۲. (بیماری) آب مروارید
Star[2]**,** der; -s, -s ستارهٔ سینما
starb *P.* sterben صیغهٔ فعل گذشتهٔ مطلق از مصدر
stark *Adj./Adv.* ۱. نیرومند، قوی، مقاوم، محکم ۲. سخت، شدید ۳. [چای] پررنگ ۴. (دستور زبان) بی‌قاعده ۵. عالی، درجه یک، کم‌نظیر ۶. به‌شدت، بسیار زیاد
  eine starke Erkältung سرماخوردگی شدید
  starker Tee چای پررنگ
  Die Party war echt stark. مهمانی واقعاً عالی بود.
Stärke[1]**,** die; -, -n ۱. قوت، نیرو، قدرت ۲. سختی، شدت؛ ضخامت، کلفتی
  seine Stärke مهارت او، قدرت او
Stärke[2]**,** die; -, -n آهار؛ نشاسته
stärkehaltig *Adj.* آهاردار
Stärkemehl, das; -(e)s, -e آرد نشاسته
stärken *Vt., Vr.* ۱. تقویت کردن، به (کسی / چیزی) قدرت بخشیدن، به (کسی / چیزی) نیرو دادن ۲. آهار زدن ۳. نیرو گرفتن
Starkstrom, der; -(e)s, ⸚e جریان برق قوی
Starkstromleitung, die; -, -en هدایت جریان برق قوی
Stärkung, die; -, -en تقویت، نیروبخشی
Stärkungsmittel, das; -s, - داروی نیروبخش، داروی تقویت‌کننده
starr *Adj.* ۱. سخت، سفت، شق ۲. [نگاه] خیره ۳. بی‌حرکت، ثابت ۴. غیر قابل نفوذ
starren *Vi.* ۱. خیره نگاه کردن، خیره شدن ۲. روش تجاوزکارانه داشتن؛ آماده جنگ شدن
Starrheit, die; - ۱. سختی، سفتی، شقی ۲. بی‌حرکتی، بی‌حسی، کرخی
Starrkopf, der; -(e)s, ⸚e لجوج، لجباز، سرسخت، یکدنده، خیره‌سر
starrköpfig *Adj.* لجوج، لجباز، سرسخت، یکدنده، یکدنده، خیره‌سر
Starrkrampf, der; -(e)s, ⸚e (بیماری) کزاز
Starrsinn, der; -(e)s, - لجاجت، سرسختی، خودسری، کله‌شقی
starrsinnig *Adj.* لجوج، لجباز، سرسخت، یکدنده، خیره‌سر
Starrsucht, die; - تصلب عضلات، سخت شدن عضلات
Start, der; -(e)s, -e / -s ۱. شروع، آغاز، مبدأ ۲. حرکت هواپیما (برای پرواز) ۳. (در مسابقه) نقطهٔ شروع
  Start und Ziel مبدأ و مقصد
  Start freigeben (به هواپیما) اجازهٔ پرواز دادن
Startbahn, die; -, -en باند فرودگاه
startbereit *Adj.* ۱. آمادهٔ حرکت ۲. آمادهٔ پرواز
starten *Vi., Vt.* ۱. شروع کردن ۲. حرکت کردن ۳. از زمین بلند شدن (هواپیما) ۴. استارت زدن ۵. در مسابقه شرکت کردن ۶. به حرکت درآوردن، حرکت دادن
Starterlaubnis, die; -, -nisse ۱. اجازهٔ حرکت ۲. اجازهٔ پرواز
Startflagge, die; -, -n پرچم شروع مسابقه
startklar *Adj.* آمادهٔ پرواز، آمادهٔ حرکت
Startlinie, die; -, -n خط شروع مسابقه
Startplatz, der; -es, ⸚e (در مسابقه) محل حرکت، محل شروع
Startschleuder, die; -, -n سنگ‌انداز، منجنیق
Startschuß, der; -schusses, -schüsse (در مسابقه) تیر شروع
Startverbot, das; -(e)s, -e جلوگیری از حرکت
Statik, die; - (فیزیک) استاتیک (مبحث اجسام ساکن / ایستا)
Statiker, der; -s, - متخصص مبحث اجسام ساکن
Station, die; -, -en ۱. ایستگاه، توقفگاه ۲. (در بیمارستان) بخش
  Ich muß an der nächsten Station aussteigen. باید در ایستگاه بعدی پیاده شوم.
  Der Patient liegt auf Station 4. بیمار در بخش چهار بستری است.
stationär *Adj.* ۱. ساکن، ماندگار، مقیم ۲. بستری
stationieren *Vt.* جا دادن، مقیم کردن، مستقر کردن
Stationierung, die; -, -en اقامت، استقرار
Stationierungskosten, die / *Pl.* مخارج اقامت
Stationsarzt, der; -es, ⸚e پزشک بخش
Stationsschwester, die; -, -n پرستار بخش
Stationsvorsteher, der; -s, - رئیس ایستگاه
statisch *Adj.* (فیزیک) ساکن
Statist, der; -en, -en (در نمایش / فیلم) سیاهی لشکر
Statistik, die; -, -en آمار

Statistiker, der; -s, - آمارگر
Statistin, die; -, -nen سیاهی لشکر (زن)
statistisch *Adj.* آماری
Stativ, das; -s, -e سه‌پایه (دوربین)
Statt, die; - جا، مکان، محل، جایگاه
statt *Präp.* به‌جای، به‌عوضِ
Er wird statt meiner zu dir kommen.
او به جای من نزد تو خواهد آمد.
Er wollte heute kommen, hat aber statt dessen angerufen. او می‌خواست امروز بیاید، اما به‌جای آن تلفن کرد.
Stätte, die; -, -n جا، مکان، محل، جایگاه
stattfinden *Vi.* انجام گرفتن، به‌وقوع پیوستن، روی دادن، صورت گرفتن، اتفاق افتادن؛ برگزار شدن
stattgeben *Vi.* پذیرفتن، قبول کردن، موافقت کردن
statthaben *Vi.* انجام گرفتن، به وقوع پیوستن، روی دادن، صورت گرفتن، اتفاق افتادن
statthaft *Adj.* قانونی، شرعی، مجاز
Statthalter, der; -s, - فرماندار، استاندار
stattlich *Adj.* ۱. باشکوه، مجلل، دلپذیر ۲. قوی، نیرومند
Stattlichkeit, die; - شکوه، جلال، وقار
Statue, die; -, -n مجسمه، پیکره، تندیس
statuenhaft *Adj.* مجسمه‌وار
statuieren *Vt.* تأسیس کردن، دایر کردن، بنا کردن
Statur, die; -, -en اندام، هیکل، قد و قامت، اندازه، ترکیب
Status, der; -, - وضعیت، موقعیت، کیفیت، حالت، چگونگی
Statussymbol, das; -s, -e نشانهٔ وضع اجتماعی
Statut, das; -(e)s, -en ۱. قانون، دستور، حکم، فریضه ۲. اساسنامه، آئین‌نامه
statutengemäß *Adj.* مطابق اساسنامه، مطابق آئین‌نامه
statutenmäßig *Adj.* مطابق اساسنامه، مطابق آئین‌نامه
Stau, der; -(e)s, -e سد، بند، راه‌بندان
Staub, der; -(e)s, -e/Stäube گرد و خاک، غبار
Staub wischen گردگیری کردن
sich aus dem Staube machen پنهانی پا به فرار گذاشتن
Staubbeutel, der; -s, - ۱. (گیاه) گردان ۲. (در جاروبرقی) کیسهٔ آشغال
Staubblatt, das; -(e)s, ¨-er پرچم (گل)
Stäubchen, das; -s, - ذره، ریزه، خرده
staubdicht *Adj.* (در برابر گرد و خاک) غیر قابل نفوذ
Staubecken, das; -s, - ظرف ذخیرهٔ آب
stauben *Vi.* گرد و خاک کردن، گرد و خاک از خود پس دادن
Es staubt. هوا غبارآلود است.
stäuben *Vt., Vi.* ۱. پاشیدن، ریختن ۲. گردگیری کردن، گرد گرفتن
Staubfaden, der; -s, ¨- (گیاه‌شناسی) میلهٔ پرچم
Staubfänger, der; -s, - گردگیر، غبارگیر
staubfrei *Adj.* بدون گرد و غبار
Staubgefäß, das; -es, -e نرینگی گیاه، پرچم گیاه
staubhaltig *Adj.* پر گرد و غبار
staubig *Adj.* غبارآلود، خاک‌آلود، گرد و خاک گرفته
Staubkorn, das; -(e)s, ¨-er ذرهٔ گرد و غبار
Staublappen, der; -s, - کهنه گردگیری
Staublunge, die; -, -n (نوعی) بیماری ریه (که بر اثر استنشاق غبارهای معدنی ایجاد می‌شود)
Staubmantel, der; -s, ¨- روپوش گردگیری
staubsaugen *Vt., Vi.* جاروبرقی کشیدن
Staubsauger, der; -s, - جاروبرقی
Staubtuch, das; -(e)s, ¨-er پارچهٔ گردگیری
Staubwedel, der; -s, - گردگیر پردار
Staubwolke, die; -, -n تودهٔ گرد و غبار
stauchen *Vt.* ۱. تکان دادن ۲. با لگد زدن، با پا زدن ۳. واژگون کردن
Staudamm, der; -(e)s, ¨-e سد
Staude, die; -, -n بوته، بته
stauen *Vt., Vr.* ۱. روی (چیزی) سد بستن، مسدود کردن، سد کردن، مانع (چیزی) شدن ۲. انباشتن، اندوختن، جا دادن ۳. جمع شدن، گرد آمدن
Stauer, der; -s, - (کشتی) کارگر بارانداز؛ متصدی بارگیری
staunen *Vi.* تعجب کردن، در شگفت شدن، حیران شدن، متعجب شدن
Staunen, das; -s شگفت، حیرت، تعجب
staunenswert *Adj.* شگفت‌آور، حیرت‌انگیز
Staupe, die; -, -n (در مورد حیوانات) بیماری، مرض
stäupen *Vt.* با ترکه تنبیه کردن
Stausee, der; -s, -n دریاچهٔ مصنوعی
Stauung, die; -, -en ۱. سد، سدبندی ۲. تراکم، ازدحام
Stauwerk, das; -(e)s, -e سدبندی
Steak, das; -s, -s استیک، گوشت سرخ کرده
Stearin, das; -s, -e استارین (مادّه‌ای بلورین جامد و سفید که از چربی به‌دست می‌آید)
stechen *Vt., Vi.* ۱. گزیدن، نیش زدن ۲. سوزاندن (آفتاب) ۳. (با شیء نوک تیز) فرو کردن، سوراخ کردن ۴. فرو رفتن؛ زخم زدن

767 **Steifleinwand**

Stechen, das; -s, - ۱. کوک، بخیه ۲. پرش، جهش

stechend *Adj.* ۱. [آفتاب] شدید، سوزان ۲. [بو] تند ۳. [نگاه] تیز، نافذ

Stecher, der; -s, - (اسلحه) ماشه

Stechfliege, die; -, -n خرمگس

Stechginster, der; -s, - جگن

Stechheber, der; -s, - (در لوله‌کشی) زانویی

Stechkarte, die; -, -n کارت ساعت (کارمند)

Stechmücke, die; -, -n پشه

Stechpalme, die; -, -n (درخت) راج

Stechschritt, der; -(e)s, -e قدم آهسته

Stechuhr, die; -, -en کارت ساعت (کارمند)

Stechzirkel, der; -s, - پرگار تقسیم

Steckbrief, der; -(e)s, -e حکم کتبی توقیف

steckbrieflich *Adj.* (مربوط به) حکم کتبی توقیف

Steckdose, die; -, -n پریز برق

stecken *Vt., Vi.* ۱. فرو کردن (چیز نوک تیز) ۲. جا دادن، کار گذاشتن، نصب کردن ۳. بودن، حضور داشتن، قرار داشتن

Der Schlüssel steckt im Schloß. کلید داخل قفل است.

Wo steckt er? کجا رفته؟ کجا غیبش زده؟

Da steckt etwas dahinter. کاسه‌ای زیر نیم‌کاسه است.

den Kopf in den Sand stecken حقایق را نادیده انگاشتن

in der Arbeit stecken سخت گرفتار کار بودن

Stecken, der; -s, - چوب، ترکه، چوب دستی

steckenbleiben *Vi.* ۱. ماندن، گیر کردن (در سخنرانی) ۲. از حرکت باز ماندن، متوقف شدن

steckenlassen *Vt.* جا گذاشتن، باقی گذاشتن، به حال خود گذاردن (کلید در، قفل و غیره)

Steckenpferd, das; -(e)s, -e ۱. اسب چوبی ۲. سرگرمی، مشغولیت

sein Steckenpferd reiten دنبال سرگرمی و مشغولیات مورد علاقهٔ خود بودن

Stecker, der; -s, - دو شاخه (برق)

Steckkontakt, der; -(e)s, -e اتصال دو شاخه (برق)

Steckling, der; -s, -e قلمه، نهال کوچک

Stecknadel, die; -, -n سنجاق ته گرد

Steckreis, das; -es, -er قلمه، نهال کوچک

Steckrübe, die; -, -n شلغم

Steckschlüssel, der; -s, - آچار

Steckschuß, der; -schusses, -schüsse گلولهٔ در بدن مانده

Steg, der; -(e)s, -e ۱. راه باریک، جادهٔ مال‌رو ۲. پل عابر پیاده ۳. خرک (ویلن) ۴. اسکلهٔ باریک

Stegreif, der; -(e)s, -e رکاب

aus dem Stegreif reden بدون آمادگی قبلی سخنرانی کردن

Stehauf, der; -s, -(s) ۱. عروسک کوچکی که پاهای گوی مانند دارد ۲. کسی که مشکلات را پشت سر می‌گذارد

Stehbierhalle, die; -, -n میخانه، میکده، بار

stehen *Vi., Vr., Vt.* ۱. ایستادن، ایستاده بودن ۲. (به‌طور عمودی) قرار داشتن ۳. توقف داشتن، در حال حرکت نبودن ۴. برازنده بودن (لباس) ۵. درآمد داشتن، عایدی داشتن

Das steht Ihnen gut. این به شما می‌آید.

Die Uhr steht. ساعت خوابیده است.

Wie steht das Spiel? بازی چند به چند است؟

Das Haus steht leer. خانه خالی است.

unter dem Zwang stehen تحت فشار قرار داشتن

zur Verfügung stehen در اختیار داشتن

jemandem **gut stehen** اندازه و برازندهٔ کسی بودن

Es steht schlecht um ihn. وضعش تعریفی ندارد.

Stehen, das; -s ایست، توقف، مکث

stehenbleiben *Vi.* ۱. باز ایستادن، از حرکت بازماندن، توقف کردن ۲. از کار افتادن، خوابیدن (ساعت) ۳. تعطیل شدن، به‌حال وقفه درآمدن

stehend *Adj.* ایستاده، متوقف، راکد

stehenlassen *Vt.* جا گذاشتن؛ به حال خود گذاشتن

Steher, der; -s, - ۱. (ورزش) نفر مانده ۲. دوچرخه‌سوار مسافت‌های طولانی که پشت سر موتورسوار حرکت می‌کند

Stehkragen, der; -s, - یقهٔ آهاردار

Stehlampe, die; -, -n چراغ پایه‌دار

stehlen *Vt.* دزدیدن، به سرقت بردن، ربودن، کش رفتن

Stehlen, das; -s سرقت، دزدی

Stehplatz, der; -(e)s, ⸚e (در تئاتر/استادیوم ورزشی) جایگاه ایستاده، مکان بدون صندلی

Stehplatzinhaber, der; -s, - دارندهٔ بلیت ایستاده

Stehplatzinhaberin, die; -, -nen دارندهٔ بلیت ایستاده (زن)

Stehpult, das; -(e)s, -e میز خطابه

Stehvermögen, das; -s, - بنیه، نیروی زیست

steif *Adj.* ۱. شق، سخت، سفت، سیخ ۲. بی‌حس، کرخ ۳. آهاردار

steifen *Vt., Vr.* ۱. سفت کردن، سخت کردن ۲. آهار زدن ۳. سخت شدن، سفت شدن

Steifheit, die; - سفتی، سختی، شقی

Steifleinwand, die; -, ⸚e پارچهٔ آهاردار

Steig 768

Steig, der; -(e)s, -e راه باریک
Steigbügel, der; -s, - رکاب (اسب)
Steige, die; -, -n ۱. نردبان، پلکان ۲. سربالایی
Steigeisen, das; -s, - چنگک، قلاب
steigen *Vi., Vt.* ۱. بالا رفتن، صعود کردن، اوج گرفتن ۲. سوار شدن (وسیلهٔ نقلیه) ۳. ترقی کردن، افزایش یافتن (قیمت) ۴. روی دو پا ایستادن (اسب) ۵. از (جایی) بالا رفتن
Die Preise steigen. قیمت‌ها بالا می‌روند.
auf den Berg steigen از کوه بالا رفتن
in den Wagen steigen سوار اتومبیل شدن
Steigen, das; -s افزایش، ترقی، رشد، صعود
steigend *Adj.* در حال ترقی و صعود
Steiger, der; -s, - ۱. سرکارگر معدن ۲. صعودکننده، کوه‌نورد
steigern *Vt., Vr.* ۱. بالا بردن، افزودن، زیادتر کردن، تقویت کردن، ترقی دادن ۲. بالا رفتن، بزرگ‌تر شدن، تقویت شدن، افزایش یافتن
Steigerung, die; -, -en افزایش، ازدیاد، رشد، ترقی
Steigerungsgrad, der; -(e)s, -e درجهٔ رشد / افزایش
Steigfähigkeit, die; -, -en توانایی صعود
Steighohe, die; -, -n ارتفاع صعود
Steigung, die; -, -en شیب رو به بالا، سربالایی
Steigungswinkel, der; -s, - زاویهٔ صعود
steil *Adj.* سرازیر، سراشیب
Steildach, das; -s, ⸚er بام شیب‌دار
Steile, die; -, -n سراشیبی
Steilhang, der; -(e)s, ⸚e پرتگاه
Steilheit, die; - سرازیری، سراشیبی
Stein, der; -(e)s, -e ۱. سنگ، صخره ۲. گوهر، جواهر، سنگ گرانبها ۳. هسته (میوه) ۴. مهرهٔ (تخته نرد)
ein Herz von Stein haben سنگدل بودن
aus Stein از سنگ، سنگی
Steinadler, der; -s, - عقاب طلایی
steinalt *Adj.* بسیار پیر، مسن
Steinbau, der; -es, -ten ساختمان سنگی
Steinbock, der; -(e)s, ⸚e ۱. بز کوهی ۲. مدار جُدَی، برج جُدَی
Steinbruch, der; -(e)s, ⸚e معدن سنگ
Steinbutt, der; -(e)s, -e سپر ماهی
Steindruck, der; -(e)s, -e چاپ سنگی
Steindrucker, der; -s, - حجار، سنگ‌نگار
Steineiche, die; -, -n سندیان (نوعی بلوط)

steinern *Adj.* سنگی، سخت
Steinfrucht, die; -, ⸚e میوهٔ هسته‌دار
Steingarten, der; -s, ⸚ باغ سنگی
Steingut, das; -(e)s, ⸚er ظرف سفالین، سفالینهٔ لعاب‌دار نشکن
steinhart *Adj.* به سختی سنگ
steinig *Adj.* سنگی، سنگلاخ
steinigen *Vt.* سنگسار کردن
Steinigung, die; -, -en سنگسار
Steinkohle, die; -, -n زغال‌سنگ
Steinkohlenbergwerk, das; -(e)s, -e معدن زغال‌سنگ
Steinkohlengas, das; -es, -e گاز زغال‌سنگ
Steinmarder, der; -s, - سمور کوهی
Steinmetz, der; -en, -en سنگ‌کار، سنگ‌تراش
Steinobst, das; -es میوهٔ هسته‌دار
Steinpilz, der; -es, -e قارچ سنگی، (نوعی) قارچ خوراکی
steinreich *Adj.* بسیار غنی، ثروتمند
Steinsalz, das; -es, -e نمک سنگ
Steinschlag, der; -(e)s, ⸚e (در کوه) ریزش سنگ
Steinwurf, der; -(e)s, ⸚e پرتاب سنگ
Steinzeit, die; - عصر حجر
Steiß, der; -es, -e کفل، لمبر، سرین
Steißbein, das; -s, -e دنبالچه
Steißlage, die; -, -n به دنیا آمدن غیرطبیعی نوزاد (از طرف کفل)
Stellage, die; -, -n ۱. چارچوب، اسکلت ۲. معامله، خرید و فروش ۳. طبقه‌بندی
Stelldichein, das; -s, - قرار ملاقات، راندەوو
Stelle, die; -, -n ۱. شغل، سمت (اداری)، پُست ۲. محل، جا، مکان ۳. اداره، مقام اداری ۴. منتخب (کتاب) ۵. وهله، درجه
eine Stelle erhalten شغلی به‌دست آوردن
an Ort und Stelle فوری، فی‌الفور، فی‌المجلس، درجا
an erster Stelle در وهلهٔ اول
eine Stelle suchen دنبال کاری گشتن
auf der Stelle فوری، درجا، بی‌درنگ
stellen *Vt., Vr.* ۱. (به‌طور عمودی) گذاشتن، قرار دادن، جای دادن ۲. میزان کردن، تنظیم کردن ۳. مؤاخذه کردن، بازخواست کردن ۴. (نزد پلیس) به‌طور داوطلب (خود) را معرفی کردن ۵. وانمود کردن
eine Frage stellen پرسشی را مطرح کردن
sich dumm stellen خود را به حماقت زدن

jemandem **eine Aufgabe stellen**
برای کسی تکلیف معین کردن
jemanden **auf die Probe stellen**
کسی را در بوتهٔ آزمایش قرار دادن
Wie stellt er sich dazu?
او در این مورد چه فکری می‌کند؟
Stellenangebot, das; -(e)s, -e آگهی استخدام
Stellengesuch, das; -(e)s, -e آگهی کاریابی
Stellenjäger, der; -s, - جویندهٔ کار
stellenlos *Adj.* بیکار
Stellennachweis, der; -es, -e کاریابی؛ استخدام
Stellenvermittlung, die; -, -en کاریابی؛ استخدام
Stellenvermittlungsbüro, das; -s, -s
مؤسسهٔ کاریابی؛ ادارهٔ استخدام
Stellenwechsel, der; -s, - تغییر شغل
stellenweise *Adv.* در برخی از جاها، این‌جا و آن‌جا
Der Roman ist stellenweise sehr langweilig.
برخی از جاهای رمان بسیار کسل‌کننده است.
Stellenwert, der; -(e)s, -e جایگاه عالی
Stellmacher, der; -s, - چرخ‌ساز
Stellmacherei, die; -, -en چرخ‌سازی
Stellschraube, die; -, -n پیچ تنظیم
Stellung, die; -, -en ۱. شغل، سمت، پست، مقام
۲. حالت، وضعیت، وضع، کار ۳. موقعیت اداری ۴. استحکامات نظامی
eine Stellung suchen دنبال شغلی بودن
für jemanden **Stellung nehmen**
از کسی جانبداری کردن
Stellungnahme, die; -, -n موضع‌گیری، جبهه گیری
Stellungskrieg, der; -(e)s, -e مبارزه بر سر عقیده
stellungslos *Adj.* بیکار
Stellungsspiel, das; -(e)s, -
(فوتبال) جاگیری دروازه‌بان
Stellungssuchende, der/die; -n, -n کاریاب، متقاضی، داوطلب
Stellungswechsel, der; -s, - تغییر شغل
stellvertretend *Adj.* به‌نیابت، نیابتاً، به کفالت
Stellvertreter, der; -s, - جانشین، نایب، نماینده، قائم‌مقام، معاون، وکیل
Stellvertreterin, die; -, -nen جانشین، نایب، نماینده، قائم‌مقام، معاون، وکیل (زن)
Stellvertretung, die; -, -en جانشینی، نیابت، وکالت
Stellvorrichtung, die; -, -en دستگاه تنظیم و تعدیل
Stellwerk, das; -(e)s, -e (قطار) اتاقِ دیدبانی

Stelze, die; -, -n ۱. (نوعی) مرغ پا بلند ۲. چوب پا
stelzen *Vi.* ۱. خرامیدن ۲. با چوب‌پا راه رفتن
Stemmbogen, der; -s, -/ ¨ (در اسکی) تغییر مسیر (به‌طور نیم کمان)
Stemmeisen, das; -s, - اسکنه، دیلم شیارکنی
stemmen *Vt., Vr., Vi.* ۱. به (چیزی) فشار وارد آوردن
۲. بلند کردن، بالای سر بردن ۳. سوراخ کردن (دیوار) ۴. بستن، سد کردن (آب) ۵. مخالفت کردن ۶. به‌طور مارپیچ اسکی کردن
Stempel, der; -s, - ۱. مهر ۲. مادگی (گل) ۳. عیار فلزات قیمتی
Stempelbogen, der; -s, -/ ¨ کاغذ مُهردار، کاغذ تمبردار
Stempelfarbe, die; -, -n جوهر استامپ
stempelfrei *Adj.* [نامهٔ دولتی] معاف از تمبر
Stempelgebühr, die; -, -en مخارج تمبر
Stempelkissen, das; -s, - استامپ
Stempelmarke, die; -, -n مهر، تمبر
stempeln *Vt.* مهر کردن، مهر زدن
Stempeluhr, die; -, -en ساعتی که زمان ورود و خروج کارمندان را ثبت می‌کند
Stengel, der; -s, - ساقه (گیاه)
Stenogramm, das; -s, -e متن خلاصه شده
Stenograph, der; -en, -en تندنویس؛ کوتاه‌نویس
Stenographie, die; -, -n تندنویسی؛ کوتاه‌نویسی
stenographieren *Vt., Vi.* تندنویسی کردن؛ کوتاه نوشتن
Stenographin, die; -, -nen تندنویس؛ کوتاه‌نویس (زن)
stenographisch *Adj.* به‌صورت تندنویسی
Stenotypist, der; -en, -en
تندنویس (با ماشین تحریر)
Stenotypistin, die; -, -nen تندنویس (با ماشین تحریر) (زن)
Stentorstimme, die; -, -n صدای بسیار بلند
Steppdecke, die; -, -n لحاف
Steppe, die; -, -n جلگهٔ وسیع
steppen *Vt., Vi.* ۱. با لحاف پوشاندن؛ لایی گذاشتن ۲. استپ رقصیدن
Steppnaht, die; -, ¨e درزگیری پارچهٔ لحافی
Steptanz, der; -es, ¨e رقص استپ (رقص روی پنجه و پاشنهٔ پا)
Sterbebett, das; -es, -en بستر مرگ
auf dem Sterbebett liegen در بستر مرگ قرار داشتن

Sterbedatum, das; -s, -ten روز وفات
Sterbefall, der; -(e)s, ⸚e حالت مرگ
Sterbefallversicherung, die; -, -en بیمهٔ مرگ
Sterbegeld, das; -(e)s مخارج کفن و دفن
Sterbehemd, das; -(e), -en کفن
Sterbehilfe, die; -, -n جمع‌آوری اعانه برای مخارج متوفی
Sterbekasse, die; -, -n صندوق جمع‌آوری اعانه برای مخارج متوفی
sterben *Vi.* مردن، از میان رفتن، درگذشتن
Sterben, das; -s, - مرگ، فوت، درگذشت
zum Leben zuwenig, zum Sterben zuviel به‌قدر بخور و نمیر پول داشتن
sterbenskrank *Adj.* [مریض] محتضر، مردنی
sterbenslangweilig *Adj.* بسیار خسته کننده
sterbensmüde *Adj.* به‌حد مرگ خسته، بسیار خسته
Sterbenswort, das; -(e)s, -e / ⸚er کلمهٔ شهادت
Sterbenswörtchen, das; -s, - کلمهٔ شهادت
kein Sterbenswörtchen sagen لب به سخن نگشودن
Sterbesakramente, die / *Pl.* آخرین مراسم دینی پیش از مرگ
Sterbestunde, die; -, -n لحظهٔ مرگ
Sterbeurkunde, die; -, -n گواهی مرگ
sterblich *Adj.* مردنی، فانی
Sterblichkeit, die; - مرگ و میر
Sterblichkeitsziffer, die; -, -n آمار مرگ و میر
Stereo, das; -s, -s استریو
Stereoanlage, die; -, -n دستگاه الکتریکی استریو
Stereoaufnahme, die; -, -n ۱. ضبط استریو ۲. دستگاه نمایش سه‌بعدی
Stereometrie, die; - هندسهٔ فضایی
Stereo(schall)platte, die; -, -n صفحهٔ گرامافون استریو
Stereoskop, das; -s, - استریوسکوپ، دستگاه نمایش سه‌بعدی
stereotyp *Adj.* کلیشه‌ای، همیشگی، دائم، ثابت
Stereotype, die; -, -n کلیشه
Stereotypie, die; -, -n کلیشه‌سازی
stereotypieren *Vt.* کلیشه کردن، با کلیشه چاپ کردن
steril *Adj.* عقیم، نازا
Sterilisation, die; -, -en عقیم‌سازی، عمل نازا کردن
sterilisieren *Vt.* عقیم کردن، نازا کردن
Sterilität, die; - عقیمی، نازایی
Stern, der; -(e)s, -e ستاره، کوکب، اختر
Sternbild, das; -es, -er صورت فلکی، مجموعهٔ ستارگان
Sternchen, das; -s, - ستارهٔ کوچک
Sterndeuter, der; -s, - منجم، ستاره‌شناس
Sterndeuterei, die; -, -en ستاره‌شناسی، علم نجوم
Sterndeutung, die; - ستاره‌شناسی، علم نجوم
Sternenbanner, das; -s, - پرچم پر ستاره
Sternfahrt, die; -, -en مسابقه رالی (نوعی مسابقهٔ اتومبیل‌رانی)
sternförmig *Adj.* ستاره‌ای شکل
sternhagelvoll *Adj.* مست و مخمور
sternhell *Adj.* پرستاره، درخشان
Sternhimmel, der; -s, - آسمان پرستاره
Sternjahr, das; -(e)s, -e سال نجومی
sternklar *Adj.* [آسمان] صاف، بی‌ابر
Sternkunde, die; - ستاره‌شناسی، علم نجوم
Sternlicht, das; -(e)s, -er / -(e) نور ستاره، نور ضعیف
Sternmotor, der; -s, -en موتور محوری
Sternschaltung, die; -, -en مدار ستاره‌ای شکل
Sternschnuppe, die; -, -n شهاب ثاقب، ستارهٔ دنباله‌دار
Sternstunde, die; -, -n ساعت میمون، ساعت مبارک
Sternwarte, die; -, -n رصدخانه
Sterz, der; -es, -e دم، دنباله
stet *Adj.* ثابت، استوار، محکم، پایدار؛ یکنواخت
stetig *Adj.* ثابت، استوار، محکم، پایدار؛ یکنواخت
Stetigkeit, die; - ثبات، استواری، پیوستگی، دوام؛ یکنواختی
stets *Adv.* همیشه، پیوسته، مدام، همواره، دوام؛ هرزمان
Steuer[1], das; -s, - ۱. فرمان، رل (اتومبیل) ۲. سکان (کشتی)
Steuer[2], die; -, -n مالیات، خراج، عوارض گمرکی
Steuerabzug, der; -(e)s, ⸚e کسر مالیات
Steueramt, das; -(e)s, ⸚er ادارهٔ مالیات
Steueranschlag, der; -(e)s, ⸚e تخمین مالیات، ارزیابی مالیات
Steuerarten, die / *Pl.* انواع مالیات
Steueraufkommen, das; -s وصول مالیات
steuerbar *Adj.* مالیات‌پذیر، مالیات‌بردار، مشمول مالیات
Steuerbeamte, der; -n, -n مأمور وصول مالیات
Steuerbefreiung, die; -, -en بخشودگی مالیاتی
Steuerbehörde, die; -, -n ادارهٔ مالیات
Steuerberater, der; -s, - مشاور مالیاتی

Steuerbescheid, der; -(e)s, -e تعیین مالیات، ارزیابی مالیات
Steuerbord, das; -(e)s, -e سمت راست کشتی
Steuereinnahmen, die / *Pl.* وصول مالیات
Steuereinnehmer, der; -s, - مالیات‌گیرنده، مأمور ادارهٔ مالیات
Steuererklärung, die; -, -en اظهارنامهٔ مالیاتی
Steuererlaß, der; -lasses, -lasse بخشودگی مالیاتی
Steuererleichterung, die; -, -en تخفیف مالیاتی
Steuerermäßigung, die; -, -en تخفیف مالیاتی
Steuerflosse, die; -, -n قسمت متحرک بال هواپیما
steuerfrei *Adj.* معاف از مالیات، بدون مالیات
Steuerfreiheit, die; -, -en معافیت از مالیات
Steuergesetz, das; -es, -e قانون مالیات
Steuerhinterzieher, der; -s, - طفره‌رو از پرداخت مالیات
Steuerhinterziehung, die; -, -en طفره‌روی از پرداخت مالیات
Steuerklasse, die; -, -n طبقه‌بندی مالیاتی
Steuerknüppel, der; -s, - اهرم کنترل فرمان، سکان هواپیما
Steuerlast, die; -, -en بار مالیاتی
steuerlich *Adj.* مالیاتی، مالی
steuerlos *Adj.* بدون مالیات
Steuermann, der; -(e)s, ⸚er سکان‌دار کشتی
Steuermarke, die; -, -n مهر مالیاتی
Steuermittel, die / *Pl.* پول مالیات
steuern *Vt., Vi.* ۱. هدایت کردن، راندن (وسیلهٔ نقلیه) ۲. مالیات دادن ۳. کنترل کردن
Steuerordnung, die; -, -en نظام مالیاتی
steuerpflichtig *Adj.* مالیات‌پذیر، مالیات‌بردار، مشمول مالیات
Steuerpolitik, die; -, -en سیاست مالیاتی
Steuerrad, das; -(e)s, ⸚er چرخ فرمان، فرمان اتومبیل
Steuerrecht, das; -(e)s, -e قانون مالیات
steuerrechtlich *Adj.* مالیاتی، مالی
Steuerruder, das; -s, - سکان کشتی
Steuersatz, der; -es, ⸚e نرخ مالیاتی، ارزیابی مالیات
Steuersenkung, die; -, -en تخفیف مالیاتی
Steuerstrafe, die; -, -n کیفر مالیاتی، مجازات مالیاتی
Steuerung, die; -, -en ۱. رانندگی، هدایت وسیلهٔ نقلیه ۲. دستگاه هدایت وسیلهٔ نقلیه

Steuerveranlagung, die; -, -en ارزیابی مالیات، تشخیص مالیات
Steuerwesen, das; -s, - امور مالیاتی
Steuerzahler, der; -s, - مالیات‌دهنده
Steven, der; -s, - دماغهٔ کشتی
Steward, der; -s, -s مهماندار (هواپیما / کشتی)
Stewardeß, die; -, -dessen مهماندار (هواپیما / کشتی) (زن)
stibitzen *Vt.* دزدیدن، کش رفتن؛ به (چیزی) ناخنک زدن
Stich, der; -(e)s, -e ۱. نیش، نیش‌زدگی ۲. ضربهٔ چاقو، زخم چاقو ۳. کوک، بخیه، دوخت ۴. حکاکی
jemanden **in Stich lassen** کسی را قال گذاشتن
Stichbohrer, der; -s, - درفش، سوراخ‌کن
Stichel, der; -s, - ابزار حکاکی، وسیلهٔ کنده‌کاری
Stichelei, die; -, -en استهزا، تمسخر، نیشخند، پوزخند
sticheln *Vi.* استهزا کردن، نیشخند زدن، تمسخر کردن، پوزخند زدن؛ زخم‌زبان زدن
Stichelrede, die; -, -n استهزا، تمسخر، نیشخند، پوزخند
stichfest *Adj.* مقاوم، محکم، غیرقابل نفوذ
Stichflamme, die; -, -n زبانهٔ آتش، شعلهٔ آتش
stichhalten *Vi.* منطقی بودن، قانع‌کننده بودن
stichhaltig *Adj.* منطقی، درست، قانع‌کننده
Stichhaltigkeit, die; - درستی، صحت
Stichler, der; -s, - استهزاکننده
Stichling, der; -s, -e ماهی آبنوس
Stichprobe, die; -, -n نمونه‌برداری
Stichsäge, die; -, -n ارهٔ خم‌بر
Stichtag, der; -(e)s, -e موعد، مهلت، سررسید
Stichwaffe, die; -, -n سلاح سرد، سلاح غیرآتشین
Stichwahl, die; -, -en رأی‌گیری مرحلهٔ دوم، دورهٔ دوم انتخابات
Stichwort, das; -(e)s, ⸚er مفتاح کلام، عنوان؛ (در فرهنگ لغت) واژهٔ راهنما، سرواژه
Stichwortkatalog, der; -s, -e فهرست الفبایی
Stichwortverzeichnis, das; -nisses, -nisse فهرست الفبایی
Stichwunde, die; -, -n زخم چاقو؛ زخم شمشیر
sticken *Vt., Vi.* قلاب‌دوزی کردن؛ گلدوزی کردن
Sticker, der; -s, - قلاب‌دوز؛ گلدوز
Stickerei, die; -, -en قلاب‌دوزی؛ گلدوزی
Stickerin, die; -, -nen قلاب‌دوز؛ گلدوز (زن)

Stickgarn 772

Stickgarn, das; -(e)s, -e نخ قلاب‌دوزی
stickig *Adj.* خفه کننده
Stickluft, die; -, ⸚e هوای خفه کننده
Sticknadel, die; -, -n سوزن قلاب‌دوزی
Stickrahmen, der; -s, - چهارچوب قلاب‌دوزی
Stickstoff, der; -(e)s, -e ازت، نیتروژن
stickstoffhaltig *Adj.* دارای نیتروژن، ازت‌دار
Stickwolle, die; - (نوعی) پشم
stieben *Vi.* ۱. پاشیدن، آب‌پاشی کردن، افشاندن ۲. پراکندن، متفرق ساختن، ازهم جدا کردن
Stiefbruder, der; -s, ⸚ نابرادری، برادر ناتنی
Stiefel, der; -s, - چکمه، پوتین
Stiefelabsatz, der; -es, ⸚e پاشنهٔ چکمه
Stiefelhose, die; -, -n نیم شلواری
Stiefelknecht, der; -(e)s, -e پاشنه‌کش چکمه
stiefeln *Vi.* قدم‌رو کردن، نظامی‌وار راه رفتن
Stiefelputzer, der; -s, - واکسی، چکمه پاک‌کن
Stiefelschaft, der; -(e)s, -e ساقهٔ چکمه
Stiefeltern, die / *Pl.* والدین ناتنی، ناپدری و نامادری
Stiefgeschwister, die / *Pl.* برادر و خواهر ناتنی، نابرادری و ناخواهری
Stiefkind, das; -(e)s, -er فرزند ناتنی، فرزندخوانده
Stiefmutter, die; -, ⸚ نامادری، زن‌بابا، زن‌پدر
Stiefmütterchen, das; -s, - بنفشهٔ زینتی، بنفشهٔ فرنگی
stiefmütterlich *Adj.* زن‌پدرانه
Stiefschwester, die; -, -n خواهر ناتنی، ناخواهری
Stiefsohn, der; -(e)s, ⸚e ناپسری
Stieftochter, die; -, ⸚ نادختری
Stiefvater, der; -s, ⸚ ناپدری، پدر ناتنی، شوهر مادر
stieg *P.* صیغهٔ فعل گذشتهٔ مطلق از مصدر steigen
Stiege, die; -, -n ۱. پلکان باریک، پلکان سادهٔ چوبی ۲. پله
Stieglitz, der; -es, -e (پرنده) سهره
Stiel, der; -(e)s, -e ۱. دسته (جارو) ۲. دم (میوه) ۳. ساقهٔ گل
Stier, der; -(e)s, -e گاو نر
stier *Adj.* خیره؛ رک؛ بی‌حالت
stieren *Vi.* خیره نگاه کردن، رک نگاه کردن
Stierkampf, der; -(e)s, ⸚e گاوبازی
Stierkämpfer, der; -s, - گاوباز
stiernackig *Adj.* گردن کلفت
stieß *P.* صیغهٔ فعل گذشتهٔ مطلق از مصدر stoßen
Stift[1]**,** der; -(e)s, -e ۱. مداد ۲. مدادرنگی ۳. میخ چوبی ۴. میلهٔ بسیار نازک و دراز نوک تیز (فلزی / چوبی) ۵. کارآموز
Stift[2]**,** das; -(e)s, -e ۱. مؤسسهٔ خیریه ۲. دیر، صومعه
stiften *Vt., Vi.* ۱. وقف کردن، بخشیدن ۲. تأسیس کردن، دایرکردن، ایجاد کردن ۳. کارآموزی کردن
unheil stiften باعث بدبختی شدن
stiftengehen *Vi.* فرار کردن، در رفتن
Stifter, der; -s, - مؤسس، بنیان‌گذار، بانی
Stifterin, die; -, -nen بانی، مؤسس، بنیان‌گذار (زن)
Stiftsdame, die; -, -n ۱. راهبه، تارک دنیا ۲. زنی که در خانهٔ سالمندان زندگی می‌کند
Stiftsfräulein, das; -s, - ۱. راهبه، تارک دنیا ۲. پیر دختری که در خانهٔ سالمندان زندگی می‌کند
Stiftsherr, der; -n / -en, -en کشیش، راهب
Stiftkirche, die; -, -n کلیسایی که در آن علوم دینی تدریس می‌شود
Stiftung, die; -, -en موقوفه، وقف
Stiftungsfest, das; -(e)s, -e جشن افتتاحی، جشن بنیان‌گذاری
Stiftzahn, der; -(e)s, ⸚e (دندان‌پزشکی) پُست (دندان مصنوعی که به وسیلهٔ میلهٔ فلزی کوچکی روی دندان طبیعی وصل می‌شود)
Stil, der; -(e)s, -e سبک، شیوه، اسلوب (نویسندگی)
Stilart, die; -, -en معیار وسیع
Stilblüte, die; -, -n شکوفایی اسلوب
stilecht *Adj.* شیک، باسلیقه، باب روز
Stilett, das; -(e)s, -e دشنه، کارد، گزلیک
Stilgefühl, das; -(e)s, - احساس سبک
stilgerecht *Adj.* شیک، باسلیقه، مد روز
stilisieren *Vt.* به سبک خاصی درآوردن
Stilistik, die; -, -en سبک‌شناسی، فن نگارش
stilistisch *Adj.* سبک‌دار، دارای سبک ادبی سلیس
Stilkunde, die; -, -n سبک‌شناسی، شیوهٔ نگارش
still *Adj.* ۱. آرام، ساکت، بی‌صدا، خاموش ۲. ساکن، راکد ۳. پنهان، پوشیده
Sei still! ساکت باش!
stilles Wasser آب راکد
im stillen پنهانی
stillbleiben *Vi.* ۱. آرام ماندن، ساکت ماندن ۲. حرکت نکردن، تکان نخوردن
Stille, die; - آرامش، سکوت، خاموشی، سکون
Stilleben, das; -s, - نقاشی طبیعت بی‌جان
stillegen *Vt.* بستن، تعطیل کردن؛ متوقف کردن
Stillegung, die; -, -en جلوگیری، تعطیل، توقف

773 **Stinktier**

stillen *Vt.* ۱. آرام کردن (درد)؛ بند آوردن (خون، سرفه) ۲. شیر دادن (نوزاد) ۳. برطرف کردن (تشنگی / گرسنگی)
Stillhalteabkommen, das; -s, - قرارداد آتش‌بس
stillhalten *Vi.* ۱. آرام ماندن، بی‌سر و صدا ماندن، تکان نخوردن، بی‌حرکت ماندن ۲. بسته بودن ۳. بدون اعتراض پذیرفتن
stilliegen *Vi.* تعطیل شدن، به حال وقفه درآمدن
stillos *Adj.* بدون سبک
stillschweigen *Vi.* سکوت کردن
Stillschweigen, das; -s سکوت، خاموشی، آرامش
stillschweigend *Adj.* خاموش، ساکت
stillsitzen *Vi.* با آرامش نشستن
Stillstand, der; -(e)s, ⸚e رکورد، توقف، بی‌حرکتی، وقفه، سکوت
stillstehen *Vi.* بی‌حرکت ایستادن، از فعالیت بازماندن، از حرکت بازماندن، فعال نبودن (کارخانه)
Da steht einem der Verstand still. باورنکردنی است.
Stillung, die; - ۱. آرامش، خاموشی، سکوت ۲. رفع عطش ۳. شیر دادن به نوزاد
stillvergnügt *Adj.* بشاش، خوشرو
Stilmöbel, das; -s, - مبل استیل
Stilübung, die; -, -en تمرین ادبی
stilvoll *Adj.* باسلیقه، خوش‌سلیقه
Stimmabgabe, die; -, -n دادن رأی
Stimmaufwand, der; -(e)s, ⸚e وسعت صدا
Stimmbänder, die / *Pl.* تارهای صوتی، رشته‌های صوتی
stimmberechtigt *Adj.* دارای حق دادن رأی
Stimmbruch, der; -(e)s, ⸚e (در هنگام بلوغ) تغییر صدا، دو رگه شدن صدا
Stimme, die; -, -n ۱. صدا، آواز، آوا، صوت ۲. رأی، برگهٔ رای
seine Stimme abgeben رأی خود را دادن
seine Stimme erheben صدای خود را بلند کردن
sich die Stimme enthalten رأی ممتنع دادن
stimmen *Vi., Vt.* ۱. درست بودن، صدق کردن ۲. رأی دادن ۳. کوک کردن (ساز) ۴. (به حالت روحی خاص) درآوردن
Da stimmt etwas nicht. یک چیزی درست نیست.
Das stimmt! درست است!
Er ist schlecht gestimmt. اوقاتش تلخ است.
das Instrument stimmen ساز را کوک کردن
Stimmeneinheit, die; -, -en اتفاق آرا
Stimmenfang, der; -(e)s, - رأی‌گیری
Stimmengleichheit, die; -, -en تساوی آرا
Stimmenmehrheit, die; -, -en اکثریت آرا
Stimmenminderheit, die; -, -en اقلیت آرا
Stimmenthaltung, die; -, -en رأی ممتنع
Stimmenzählung, die; -, -en شمارش آرا
Stimmer, der; -s, - متخصص کوک ساز
stimmfähig *Adj.* قادر به دادن رأی
Stimmgabel, die; -, -n (موسیقی) دیاپازون
stimmgewaltig *Adj.* با صدای بلند
stimmhaft *Adj.* (دستور زبان) [حرف] صدادار
Stimmlage, die; -, -n (موسیقی) وسعت صدا
stimmlich *Adj.* صوتی، آوازی
stimmlos *Adj.* (دستور زبان) [حرف] بی‌صدا
Stimmrecht, das; -(e)s, -e حق رأی، حق انتخاب
Stimmritze, die; -, -n دهانهٔ حنجره، چاکنای
Stimmung, die; -, -en ۱. کوک (ساز) ۲. حال، حالت روانی، خلق، وضع روحی ۳. محیط، فضا
guter Stimmung sein سرحال بودن
Stimmung machen به وجد و سرور آوردن
Stimmungskanone, die; -, -n شوخ، بذله‌گو
Stimmungsmensch, der; -en, -en بداخلاق، بدخلق، ترشرو
Stimmungsmusik, die; - موسیقی پرشور، موسیقی پرجذبه
Stimmungsumschwung, der; -(e)s, ⸚e تغییر حال
stimmungsvoll *Adj.* پراحساس، مؤثر، گیرا
Stimmwechsel, der; -s, - (در هنگام بلوغ) تغییر صدا
Stimmzettel, der; -s, - ورقهٔ رأی
Stimulans, das; -, -anzien / antia داروی محرک
Stimulation, die; -, -en تحریک، تهییج، انگیزش
stimulieren *Vt.* تحریک کردن، تهییج کردن، برانگیختن
Stinkbombe, die; -, -n بمب بدبو
stinken *Vi.* بوی بد دادن، بوی تعفن داشتن
stinkend *Adj.* بدبو، متعفن
Stinker, der; -s, - کسی که از خود بوی بد ایجاد می‌کند
stinkfaul *Adj.* خیلی تنبل
stinkig *Adj.* متعفن، بدبو، مشمئزکننده
Stinklaune, die; -, -n خلق و خوی بد
stinksauer *Adj.* کفری، ترش کرده
Stinktier, das; -(e)s, -e راسوی وحشی

Stinkwut 774

Stinkwut, die; - خشمناک، آتشی، عصبانی
stinkwütend *Adj.* خشمناک، آتشی، عصبانی
Stipendiat, der; -en, -en بورسیه، کسی که کمک هزینهٔ تحصیلی می‌گیرد
Stipendist, der; -en, -en بورسیه، کسی که کمک هزینهٔ تحصیلی می‌گیرد
Stipendium, das; -s, -dien کمک هزینهٔ تحصیلی، بورس تحصیلی
Stippbesuch, der; -(e)s, -e ملاقات کوتاه
stippen *Vt.* خیساندن، غوطه دادن، در مایع فرو کردن
Stipulation, die; -, -en سازش، توافق
stipulieren *Vt.* در مورد (چیزی) سازش کردن، در مورد (چیزی) به توافق رسیدن
Stirn, die; -, -en پیشانی
Stirnband, das; -(e)s, ⸚e پیشانی‌بند
Stirnbinde, die; -, -n پیشانی‌بند
Stirnfalte, die; -, -n چین پیشانی
Stirnhöhle, die; -, -n حفرهٔ پیشانی
Stirnhöhlenvereiterung, die; -, -en ورم سینوس پیشانی
Stirnlocke, die; -, -n موی پیشانی
Stirnrad, das; -(e)s, ⸚er چرخ دندانه‌دار، چرخ‌دندهٔ متصل به میل‌لنگ
Stirnrunzeln, das; -s, - اخم، ترشرویی
Stirnwand, die; -, ⸚e دیوار مقابل
stob *P.* صیغهٔ فعل گذشتهٔ مطلق از مصدر stieben
stöbern *Vi., Vt.* ۱. جستجو کردن، دنبال گشتن ۲. به‌طور اساسی تمیز کردن
Stocher, der; -s, - خلال دندان
stochern *Vi.* ۱. با سیخ پس و پیش کردن (آتش) ۲. خلال کردن (دندان)
Stock, der; -(e)s, ⸚e ۱. عصا، چوب‌دستی ۲. (موسیقی) چوب رهبری ارکستر ۳. طبقه، اشکوب

Das Haus ist sechs Stock hoch.
این ساختمان شش طبقه است.
im ersten Stock در طبقهٔ اول
am Stock gehen در وضع بدی بودن (از نظر جسمانی، مالی)

stockblind *Adj.* کورِ کور، به‌کلی کور
Stockdegen, der; -s, - چوب‌دستی که در داخل آن شمشیر قرار دارد، عصای شمشیری
stockdumm *Adj.* کاملاً احمق
stockdunkel *Adj.* کاملاً تاریک، قیرگون
Stöckelschuh, der; -(e)s, -e کفش پاشنه‌بلند
stocken *Vi.* ۱. توقف کردن، ایستادن، از کار افتادن ۲. پوسیدن؛ کپک زدن؛ فاسد شدن ۳. متوقف شدن، بند آمدن (خون)
Stockengländer, der; -s, - انگلیسی اصیل
Stockente, die; -, -n اردک وحشی
stockfinster *Adj.* کاملاً تاریک، قیرگون
Stockfisch, der; -es, -e ماهی که در آفتاب خشک کرده باشند، ماهی خشک‌شده
Stockfleck, der; -(e)s, -e لکهٔ کپک، زنگ گیاهی
stockfleckig *Adj.* کپک‌زده، ترشیده
stockfremd *Adj.* بیگانه، کاملاً غریب
stockig *Adj.* کپک‌زده، پوسیده، بوی نا گرفته
Stockpunkt, das; -(e)s, -e نقطهٔ انجماد
stocksauer *Adj.* رنجیده‌خاطر، ترشرو
Stockschnupfen, der; -s, - سرماخوردگی مزمن
stocksteif *Adj.* سفتِ سفت، شق
stockstill *Adj.* بی‌جنبش، بی‌حرکت
stocktaub *Adj.* کرِ کر، به‌کلی کر
Stockung, die; -, -en ۱. توقف، راه‌بندان، درنگ ۲. دلمه (خون)
Stockwerk, das; -(e)s, -e طبقه، اشکوب
Stockwerksgarage, die; -, -n گاراژ چند طبقه
Stockzahn, der; -(e)s, ⸚e دندان آسیا
Stoff, der; -(e)s, -e ۱. مادّه، جنس، مصالح، عنصر ۲. پارچه، قماش ۳. موضوع، مطلب ۴. مادهٔ مخدر، جنس
Stoffel, der; -s, - آدم ساده‌لوح؛ خام‌دست، ناآزموده
stofflich *Adj.* مادّی، (مربوط به) جنس، کیفی
Stoffwechsel, der; -s, - (زیست‌شناسی) متابولیسم
stöhnen *Vi.* ناله کردن، آه بلند کشیدن
Stöhnen, das; -s ناله، آه بلند
Stoiker, der; -s, - فیلسوف‌رواقی
stoisch *Adj.* رواقی، پیرو فلسفهٔ رواقیون
Stola, die; -, -len جامهٔ سفید کشیشان، خرقه
Stolle, die; -, -n نان شیرینی میوه‌دار
Stollen, der; -s, - ۱. نقب، کانال، راهروی زیرزمینی ۲. نان شیرینی میوه‌دار
stolpern *Vi.* سکندری‌خوردن؛ لغزیدن
Stolperstein, der; -(e)s, -e متفرعن، گَنده دماغ
Stolz, der; -(e)s ۱. غرور، تکبر، نخوت، تفرعن ۲. شکوه، فخر، سرفرازی، افتخار
stolz *Adj.* ۱. مغرور، متکبر ۲. باشکوه، سرفراز، مفتخر ۳. تحسین برانگیز، جالب
stolzieren *Vi.* خرامیدن، با تکبر راه رفتن
stop *Interj.* ایست

Stopfbüchse, die; -, -n جعبهٔ آب‌بندی
Stopfen, der; -s, - در بطری، چوب‌پنبه
stopfen *Vt., Vi.* ۱. پُرکردن ۲. تپاندن، چپاندن ۳. رفو کردن ۴. با عجله و نجویده بلعیدن (غذا) ۵. یبوست به‌وجود آوردن
jemandem **den Mund stopfen** کسی را ساکت کردن، دهان کسی را بستن
Stopfgarn, das; -(e)s, -e نخ رفوگری
Stopfmittel, das; -s, - ابزار رفوگری
Stopfnadel, die; -, -n سوزن رفوگری
Stopp, der; -s, -s توقف، منع، نهی، تحریم، لعن، ممانعت
Stoppel, die; -, -n ۱. ساقهٔ غلات ۲. ریشهٔ مو
Stoppelbart, der; -(e)s, ⸚e ته‌ریش، ریش نتراشیده
Stoppelfeld, das; -(e)s, -er مزرعهٔ درو شده
Stoppelhaar, das; -(e)s, - موی تراشیده شده
stopp(e)lig *Adj.* [مو] زبر، نتراشیده
stoppeln *Vt., Vi.* ۱. تعمیر کردن، وصله کردن ۲. خوشه‌چینی کردن، درو کردن
Stoppelwerk, das; -(e)s, -e سرهم‌بندی، وصله‌دوزی
stoppen *Vt., Vi.* ۱. نگه داشتن، متوقف کردن ۲. (با کرونومتر) زمان گرفتن ۳. ایستادن
Stopper, der; -s, - (فوتبال) بازیکنی که مأمور مهار بازیکن حریف است
Stopplicht, das; -(e)s, -er چراغ ترمز (اتومبیل)
Stoppschild, das; -(e)s, -er تابلوی ایست، تابلوی توقف
Stoppuhr, die; -, -en کرونومتر
Stöpsel, der; -s, - ۱. در بطری، چوب‌پنبه ۲. دوشاخهٔ کلید برق ۳. کوتوله
stöpseln *Vt.* با چوب‌پنبه بستن، در (چیزی) را گذاشتن، راه (چیزی) را گرفتن
Stör, der; -(e)s, -e سگ‌ماهی
Storch, der; -(e)s, ⸚e لک‌لک
Storchschnabel, der; -s, ⸚ ۱. منقار لک‌لک ۲. پانتوگراف (وسیلهٔ کوچک و بزرگ کردن نقاشی)
stören *Vt.* ۱. مزاحم (کسی / چیزی) شدن، در (چیزی) اخلال کردن ۲. مزاحم بودن، مخل بودن
Störe ich? مزاحمم؟
Bitte nicht stören! لطفاً مزاحم نشوید!
Lassen Sie sich nicht stören! به کارتان ادامه دهید!
störend *Adj.* مخل، مزاحم
Störenfried, der; -(e)s, -e مخل، مزاحم
stornieren *Vt.* باطل کردن، لغو کردن، نقض کردن
störrig *Adj.* خودسر، لجوج، سرسخت، کله‌شق، خودرأی
Störrigkeit, die; - خودسری، لجاجت، سرسختی، کله‌شقی
störrisch *Adj.* خودسر، لجوج، سرسخت، کله‌شق، خودرأی
Störsender, der; -s, - (رادیو) ایستگاه فرستنده پارازیت‌دار، تداخل رادیویی
Störung, die; -, -en ۱. مزاحمت، تصدیع ۲. اختلال، پارازیت (رادیو) ۳. عارضهٔ بیماری
Störungsdienst, der; -es, -e شعبهٔ رفع پارازیت (تلفن)
Störungsstelle, die; -, -n شعبهٔ رفع پارازیت (تلفن)
störungsfrei *Adj.* بدون پارازیت
Story, die; -, -s/-ries داستان کوتاه
Stoß, der; -es, ⸚e ۱. تنه؛ هل ۲. پس‌زنی (اسلحه) ۳. لگد، ضربه ۴. وزش (باد) ۵. کپه، توده
Stoßdämpfer, der; -s, - کمک فنر (اتومبیل)
Stoßdegen, der; -s, - (نوعی) شمشیر
Stößel, der; -s, - ۱. دستهٔ هاون ۲. پیستون (اتومبیل) ۳. برجستگی‌های روی میل بادامک که باعث حرکت سوپاپ‌ها می‌شود
stoßempfindlich *Adj.* ضربه‌پذیر
stoßen *Vt., Vi.* ۱. به (کسی) تنه زدن؛ هل دادن ۲. به (کسی) لگد زدن ۳. به (کسی / چیزی) ضربه زدن ۴. کوبیدن، خرد کردن ۵. برخورد کردن، تصادم کردن
Stoßfänger, der; -s, - کمک فنر (اتومبیل)
stoßfest *Adj.* مقاوم در برابر ضربه، ضدضربه
Stoßgebet, das; -(e)s, -e دعای کوتاه، ورد مختصر
Stoßhobel, der; -s, - ماله‌بندکشی، بندکش
Stoßkante, die; -, -n حاشیه، لبه
Stoßkeil, der; -(e)s, -e نوک نیزه، سرنیزه
Stoßkraft, der; -, ⸚e نیروی ضربه
Stoßkugel, die; -, -n پس‌زنی گلوله
Stoßseufzer, der; -s, - آه عمیق، نالهٔ جان‌گداز
stoßsicher *Adj.* ضد ضربه
Stoßstange, die; -, -n سپر (اتومبیل)
Stoßtrupp, der; -s, -s گروه ضربت
Stoßtruppe, die; -, -n گروه حمله، گروه تهاجمی
Stoßverkehr, der; -(e)s رفت و آمد زیاد وسایل نقلیه
Stoßwaffe, die; -, -n سلاح سرد، سلاح غیرآتشین
stoßweise *Adv.* به‌نوبت، به‌طور متناوب
Stoßzahn, der; -(e)s, ⸚e دندان نیش (اسب)
Stoßzeit, die; -, -en زمان ترافیک سنگین
Stotterei, die; -, -n لکنت

Stotterer, der; -s, - لکنت‌دار، الکن
Stottererin, die; -, -nen لکنت‌دار، الکن (زن)
stottern *Vi.* لکنت زبان داشتن، با لکنت حرف زدن
Stovchen, das; -s, - وسیلهٔ گرم نگه‌داشتن (چای)، وارمِر
Str. = *Straße*
stracks *Adv.* مستقیماً؛ بی‌درنگ
Strafanstalt, die; -, -en زندان، دارالتأدیب، بازداشتگاه
Strafantrag, der; -(e)s, ⸚e درخواست مجازات، تقاضای کیفر
Strafanzeige, die; -, -n آگهی دستگیری؛ اعلام جرم
Strafarbeit, die; -, -en جریمه (مدرسه)
strafbar *Adj.* سزاوار مجازات، مستوجب کیفر
Strafbarkeit, die; - قابلیت مجازات
Strafbefehl, der; -s, -e حکم مجازات
Strafe, die; -, -n ۱. کیفر، مجازات، تنبیه ۲. جریمه، تاوان
eine Strafe zahlen جریمه پرداختن
strafen *Vt.* ۱. کیفر کردن، مجازات کردن، تنبیه کردن ۲. جریمه (چیزی) را دادن؛ جریمه کردن
Strafentlassene, der/die; -n, -n متهم سابق
Straferlaß, der; -lasses, -lasse عفو عمومی؛ عفو مجازات
Strafexpedition, die; -, -en مسافرت تأدیبی
straff *Adj.* سفت، محکم، صاف و کشیده
straffällig *Adj.* مقصر، مجرم، قابل مجازات
Straffällige, der; -n, -n مقصر، مجرم
straffen *Vt., Vi.* ۱. کشیدن، صاف کردن ۲. صاف شدن، چین و چروک خود را ازدست دادن (پوست صورت)
Straffheit, die; - سفتی، محکمی، تنگی
straffrei *Adj.* معاف از کیفر
Straffreiheit, die; - معافیت کیفری، معافیت جزایی
Strafgefangene, der/die; -n, -n زندانی تأدیبی، محکوم، محبوس
Strafgeld, das; -(e)s, -er جریمه، تاوان
Strafgericht, das; -(e)s, -e دادگاه جزایی، محکمه جزایی
Strafgesetz, das; -es, -e قانون کیفری، قانون جزایی
Strafgesetzbuch, das; -(e)s, ⸚er قانون‌نامهٔ جزایی
Strafgewalt, die; -, - قوهٔ مجریه
Strafkammer, die; -, -n محکمهٔ جزایی
Straflager, das; -s, -/⸚ بازداشتگاه تأدیبی
sträflich *Adj.* قابل مجازات، سزاوار کیفر، نابخشودنی
Strafkodex, der; -es/-, -e قانون کیفر عمومی
Sträfling, der; -s, -e محبوس، زندانی
Sträflingskleidung, die; -, -en لباس زندانی
Strafliste, die; -, -n جدول مجازات
straflos *Adj.* معاف از کیفر
Straflosigkeit, die; - بی‌کیفری، معافیت جزایی
Strafmandat, das; -(e)s, -e جریمه، کیفر، جزا
Strafmaß, das; -es, -e میزان کیفر
Strafmaßnahme, die; -, -n تدبیر تأدیبی
strafmildernd *Adj.* تخفیف در مجازات
Strafmilderung, die; -, -en تخفیف مجازات
Strafmündigkeit, die; -, -en صلاحیت جزایی، اهلیت جزایی
Strafnachlaß, der; -lasses, -lasse تخفیف در مجازات
Strafporto, das; -s, -s/-ti نرخ اضافی، اضافهٔ هزینهٔ پست
Strafpredigt, die; -, -en سخنرانی طاقت‌فرسا
Strafprozeß, der; -zesses, -zesse دادرسی کیفری، محاکمهٔ جزایی
Strafprozeßordnung, die; -, -en قانون محاکمهٔ کیفری، قانون محاکمهٔ جزایی
Strafpunkt, der; -(e)s, -e (ورزش) جریمه؛ امتیازِ منفی
Strafraum, der; -(e)s, -räume (فوتبال) محدودهٔ پنالتی، محوطهٔ جریمه، محوطهٔ هجده قدم
Strafrecht, das; -(e)s, - حقوق جزایی، قانون جزایی
strafrechtlich *Adj.* کیفری، جزایی
Strafregister, das; -s, - فهرست سوابق جزایی
Strafrichter, der; -s, - دادرس جزایی، قاضی جزایی
Strafsache, die; -, -n امر جزایی، مورد قضایی
Strafsenat, der; -(e)s, -e محکمهٔ جزایی
Strafstoß, der; -es, ⸚e (فوتبال) ضربهٔ پنالتی
Straftat, die; -, -en جرم، جنایت، جنحه
Straftäter, der; -s, - مجرم، جنایتکار
Straftilgung, die; -, -en استهلاک مجازات
Strafverfahren, das; -s, - دعوای کیفری، محاکمه جزایی
Strafverfolgung, die; -, -en تعقیب جرم، تعقیب جزایی
strafverschärfend *Adj.* افزایش مجازات
Strafverschärfung, die; - تشدید مجازات
strafversetzen *Vt.* (برای تأدیب) به پست/مقام دیگری منتقل کردن
Strafversetzung, die; -, -en انتقال تأدیبی

Strafverteidiger, der; -s, - وکیل مدافع
Strafvollstreckung, die; - اجرای حکم، اجرای مجازات
Strafvollziehung, die; -, -en اجرای حکم، اجرای مجازات
Strafvollzug, der; -es, ⸚e اجرای حکم، اجرای مجازات
strafweise *Adv.* جهت تأدیب
strafwürdig *Adj.* مستوجب مجازات، سزاوار کیفر
Strafzumessung, die; -, -en تعیین مجازات، تعیین کیفر
Strahl, der; -(e)s, -en ۱. پرتو، اشعه ۲. شعاع ۳. فوران
Strahlantrieb, der; -(e)s, -e (در جت) نیروی محرکه
strahlen *Vi.* ۱. پرتو افکندن، پرتوافکنی کردن، درخشیدن ۲. شعاع انداختن، شعاع افکندن ۳. شاد بودن، خوشحال به‌نظر رسیدن
strählen *Vt.* شانه کردن (مو)
Strahlenbehandlung, die; -, -en رادیوتراپی، پرتودرمانی
strahlenbrechend *Adj.* منکسرکننده نور
Strahlenbrechung, die; -, -en انکسار نور
strahlend *Adj.* ۱. تابان، درخشان ۲. بشاش
strahlenförmig *Adj.* پرتوی، تابشی، شعاعی
Strahlenforschung, die; -, -en رادیولوژی، پرتوشناسی
Strahlenheilkunde, die; -, -n رادیوتراپی، پرتودرمانی
Strahlenkranz, der; -es, ⸚e هالهٔ نور
Strahlenkrone, die; -, -n هالهٔ نور، دایرهٔ نورانی، حلقهٔ روشنایی گرداگرد سر انبیاء
Strahlenkunde, die; -, -n رادیولوژی، پرتوشناسی
Strahlenschutz, der; -es حراست در برابر پرتوگستری و تشعشع
Strahlentherapie, die; -, -n رادیوتراپی، پرتودرمانی
Strahler, der; -s, - نورافکن
strahlig *Adj.* پرتوی، تابشی، شعاعی
Strahlofen, der; -s, ⸚ کورهٔ حرارتی
Strahlrohr, das; -(e)s, -e لولهٔ حرارتی
Strahltriebwerk, das; -(e)s, -e نیروی محرکهٔ حرارتی
Strahlturbine, die; -, -n توربین حرارتی
Strahlung, die; -, -en ۱. تابش، پرتوافکنی، تشعشع ۲. (فیزیک) انرژی تابشی
Strahlungsenergie, die; -, -n انرژی تابشی
Strahlungsschäden, die / *Pl.* زیان تشعشع
Strahlungswärme, die; - گرمای تابشی
Strähne, die; -, -n ۱. کنار دریا، کرانه ۲. کلاف (نخ) ۳. طرهٔ گیسو، دستهٔ مو
strähnig *Adj.* به‌صورت دستهٔ مو، گیسومانند
stramm *Adj.* ۱. سفت، محکم ۲. [لباس] تنگ و چسبان ۳. قوی، نیرومند ۴. سخت ۵. راست، مستقیم، شق
strammstehen *Vi.* محکم ایستادن، خبردار ایستادن
strammziehen *Vt.* محکم کشیدن
jemandem **die Hosen strammziehen** کسی را برای تأدیب کتک زدن
strampeln *Vi.* ۱. تقلا کردن، تلاش کردن، کوشش کردن ۲. پا زدن، رکاب زدن، لگد زدن
Strand, der; -(e)s, ⸚e ساحل، کنار دریا، کرانه؛ پلاژ
Strandanzug, der; -(e)s, ⸚e لباس کنار دریا
Strandbad, das; -(e)s, ⸚er استخر ساحلی
stranden *Vi.* ۱. به گل نشستن (کشتی) ۲. موفق نشدن، توفیق نیافتن
Strandgut, das; -(e)s, - (در ساحل دریا) کالای آب آورده
Strandhotel, das; -s, -s هتل ساحلی
Strandkorb, der; -(e)s, ⸚e صندلی راحتی ساحل دریا
Strandpromenade, die; -, -n گردشگاه ساحلی
Strandräuber, der; -s, - کسی که کارش دزدی کالای آب آورده است
Strandschuhe, die / *Pl.* کفش ساحل
Strandwächter, der; -s, - نگهبان ساحلی
Strang, der; -(e)s, ⸚e ۱. ریسمان، طناب ۲. کلاف، قرقره، ماسوره
am gleichen Strang ziehen هدف مشترکی را دنبال کردن
Strangpresse, die; -, -n روزنامهٔ کم مشتری
Strangulation, die; -, -en قتل از طریق خفه کردن
strangulieren *Vt.* گلوی (کسی) را فشردن، خفه کردن
Strapaze, die; -, -n کوشش، تلاش، تقلا
strapazieren *Vt.* برای (چیزی) کوشش کردن، برای (چیزی) تلاش کردن، تقلا کردن
strapazierfähig *Adj.* آمادهٔ تلاش
strapaziös *Adj.* پرتلاش، سخت؛ خسته کننده
Straße, die; -, -n خیابان، جاده
auf der Straße در خیابان
über die Straße gehen از عرض خیابان گذشتن
sein Geld auf die Straße werfen پول خود را دور ریختن

Straßenanzug, der; -(e)s, ⸚e کت و شلوار معمولی
Straßenarbeiter, der; -s, - کارگر راه‌سازی
Straßenbahn, die; -, -en تراموا
Straßenbahnführer, der; -s, - رانندهٔ تراموا
Straßenbahnwagen, der; -s, - واگن تراموا
Straßenbau, der; -(e)s, - جاده‌سازی، راه‌سازی
Straßenbeleuchtung, die; -, -en روشنایی خیابان
Straßendamm, der; -(e)s, ⸚e راه اتومبیل‌رو، سواره‌رو، مسیر عبور وسیلهٔ نقلیه
Straßendirne, die; -, -n فاحشه، زن خیابانی
Straßenfeger, der; -s, - رفتگر، سپور
Straßengraben, der; -s, ⸚ خندق، نهر آب، راه آب
Straßenhandel, der; -s, ⸚ دستفروشی
Straßenhändler, der; -s, - فروشندهٔ دوره‌گرد، دستفروش
Straßenjunge, der; -n, -n پسربچهٔ ولگرد
Straßenkampf, der; -(e)s, ⸚e جنگ خیابانی
Straßenkarte, die; -, -n نقشهٔ خیابان‌های شهر
Straßenkehrer, der; -s, - رفتگر، سپور
Straßenkehrmaschine, die; -, -n ماشین رفتگری
Straßenkreuzer, der; -s, - اتومبیل سواری پهن و بزرگ
Straßenkreuzung, die; -, -en تقاطع خیابان، چهارراه
Straßenlärm, die; -s, - سر و صدای ترافیک خیابان
Straßenlaterne, die; -, -n چراغ خیابان
Straßenmädchen, das; -s, - فاحشه، دختر خیابانی
Straßenraub, der; -(e)s سرقت در خیابان
Straßenräuber, der; -s, - سارق خیابان، راهزن، دزد سرگردنه
Straßenreinigung, die; -, -en نظافت خیابان
Straßenrennen, das; -s, - مسابقهٔ دو در خیابان
Straßensammlung, die; -, -en تجمع در خیابان
Straßenschild, das; -(e)s, -er تابلوی نام خیابان
Straßensperre, die; -, -n راه‌بندان، سنگربندی موقتی خیابان
Straßenüberführung, die; -, -en پل هوایی
Straßenunterführung, die; -, -en راه زیرزمینی
Straßenverkehr, der; -(e)s ترافیک جاده، ترافیک خیابان
Straßenverkehrsamt, das; -(e)s, ⸚er ادارهٔ راهنمایی و رانندگی
Straßenverkehrsordnung, die: -. -en تنظیم عبور و مرور در جاده
Straßenwalze, die; -, -n جاده صاف‌کن
Straßenzustand, der; -es, ⸚e وضع خیابان
Stratege, der; -n, -n کارشناس امور سوق‌الجیشی، متخصص فن لشکرکشی
Strategie, die; -, -n استراتژی، فن لشکرکشی، فن سوق‌الجیشی، لشکرآرایی
strategisch *Adj.* (مربوط به) استراتژی، از لحاظ استراتژی، از لحاظ سوق‌الجیشی، (مربوط به) فن لشگرکشی
Stratosphäre, die; - استراتسفر (طبقهٔ فوقانی جو)
Stratosphärenkreuzer, der; -s, - سفینهٔ فضاپیما
sträuben *Vt., Vi.* ۱. سیخ کردن (مو) ۲. سیخ شدن (مو) ۳. مخالفت کردن ۴. مقاومت کردن، ایستادگی کردن
Strauch, der; -(e)s, Sträucher بوته، بته
Strauchdieb, der; -(e)s, -e راهزن پیاده، سارق پیاده
straucheln *Vi.* لغزیدن، سکندری خوردن، سر خوردن
Strauchwerk, das; -(e)s, - بیشه، بوته‌زار
Strauß[1], der; -es, -e شترمرغ
Strauß[2], der; -es, Sträuße ۱. دستهٔ گل ۲. ستیزه، نزاع، دعوا، زد و خورد
Straußenfeder, die; -, -n پر شترمرغ
Strebe, die; -, -n حائل، مانع، داربست
Strebebalken, der; -s, - میله، بست
streben *Vi.* کوشش کردن، سعی کردن، تلاش کردن، جهد کردن
Streben, das; -s کوشش، سعی، تلاش، جهد
Strebepfeiler, der; -s, - پایه، جرز، حائل
Streber, der; -s, - جاه‌طلب
Strebertum, das; -s جاه‌طلبی
strebsam *Adj.* پرتلاش، ساعی، کوشا
Strebsamkeit, die; - تلاش، سعی، کوشش
streckbar *Adj.* قابل انبساط
Streckbarkeit, die; - قابلیت انبساط
Strecke, die; -, -n ۱. مسافت، فاصله ۲. بسط، ارتجاع ارتجاع ۳. خط محدود
eine Strecke zurücklegen مسافتی را پشت سر گذاشتن
strecken *Vt., Vr.* ۱. دراز کردن، کشیدن، امتداد دادن، بسط دادن ۲. دراز کشیدن
Streckenarbeiter, der; -s, - متصدی تعمیر ریل راه‌آهن
Streckenwärter, der; -s, - نگهبان ریل راه‌آهن
streckenweise *Adv.* تک و توک، سروقت، این‌جا و آن‌جا
Strecker, der; -s, - عضلهٔ بازکننده

Streckmuskel, der; -s, - عضلهٔ بازکننده
Streckverband, der; -(e)s, ¨-e باندپیچی عضلهٔ شکسته / در رفته
Streich, der; -(e)s, -e ۱. ضربه، ضربت ۲. حیله، نیرنگ، خدعه، کلک
jemandem **einen Streich spielen** به کسی حقه زدن
streicheln *Vt.* نوازش کردن
streichen *Vi., Vt., Vr.* ۱. دست کشیدن ۲. مالیدن ۳. رنگ کردن، رنگ زدن ۴. حذف کردن، باطل کردن ۵. بی‌هدف گردش کردن، پرسه زدن
Frisch gestrichen! رنگی نشوید!
Streicher, der; -s, - نوازندهٔ ساز زهی
Streichholz, das; -es, ¨-e کبریت، چوب کبریت
ein Streichholz anzünden کبریتی را روشن کردن
Streichhölzchen, das; -s, - کبریت
Streichholzschachtel, die; -, -n قوطی کبریت
Streichinstrument, das; -(e)s, -e ساز زهی
Streichkäse, der; -s, - پنیری که روی یک قطعهٔ نان می‌مالند
Streichorchester, das; -s, - ارکستر سازهای زهی
Streichquartett, das; -(e)s, -e (موسیقی) کوارتت زهی
Streichriemen, der; -s, - چرم تیغ تیزکن
Streichung, die; -, -en الغا، فسخ، حذف
Streif, der; -(e)s, -e ۱. نوار، یراق ۲. خط راه‌راه
Streifband, das; -(e)s, ¨-er لفاف بسته‌بندی، باریپچ
Streifblick, der; -(e)s, -e نظر اجمالی
Streife, die; -, -n پلیس گشت
streifen *Vt., Vi.* ۱. به جایی مالیدن، به‌طور سطحی زخمی کردن ۲. به (چیزی) به‌طور سطحی اشاره کردن ۳. خط خطی کردن، راه راه کردن ۴. لمس کردن ۵. پرسه زدن، ول گشتن
den Ring vom Finger streifen انگشتر را از انگشت بیرون کشیدن
Streifen, der; -s, - ۱. نوار، یراق ۲. خط راه‌راه
Streifenpolizist, der; -en, -en پلیس گشت
Streifenwagen, der; -s, - اتومبیل گشت پلیس
streifig *Adj.* راه راه، خط خطی
Streiflicht, das; -(e)s, -er ۱. نوار باریک نور ۲. آگاهی‌های ضمنی
Streifschuß, der; -schusses, -schüsse (در تیراندازی) خراش سطحی
Streifzug, der; -es, ¨-e ۱. یورش ناگهانی پلیس ۲. نگاه اجمالی (به موضوع)
Streik, der; -(e)s, -s / -e اعتصاب
in den Streik tretten اعتصاب کردن
Streikaufruf, der; -(e)s, -e دعوت به اعتصاب
Streikbrecher, der; -s, - اعتصاب‌شکن
streiken *Vi.* اعتصاب کردن
Streikende, der; -n, -n اعتصاب‌کننده
Streiklohn, der; -(e)s, ¨-e دستمزد اعتصاب
Streikposten, der; -s, - موقعیت اعتصاب
Streikrecht, das; -(e)s, -e حق اعتصاب
Streikverbot, das; -(e)s, -e منع اعتصاب
Streit, der; -(e)s, -e دعوا، نزاع، ستیز، جدال، مشاجره
Streit anfangen دعوا را شروع کردن
den Streit beilegen به نزاع خاتمه دادن
Streitaxt, die; -, ¨-e تبر جنگی، تبرزین
Streitaxt begraben به نزاع خاتمه دادن
streitbar *Adj.* دعوایی، اهل دعوا، ستیزه‌گر
streiten *Vi., Vr.* دعوا کردن، نزاع کردن، مشاجره کردن، ستیزه کردن، جدال کردن
Darüber läßt sich streiten. در این مورد می‌توان بحث کرد.
Streiter, der; -s, - جنگجو، مبارز، محارب
Streiterei, die; -, -en دعوا، مشاجره، نزاع، ستیزه
Streiterin, die; -, -nen جنگجو، مبارز، محارب (زن)
Streitfall, der; -(e)s, ¨-e مبارزه، جدال، ستیزه
Streitfrage, die; -, -n موضوع دعوا
Streitgegenstand, der; -(e)s, ¨-e مسئلهٔ مورد بحث
streitig *Adj.* مورد دعوا، قابل بحث، مورد اختلاف
Streitigkeit, die; -, -en دعوا، مشاجره، نزاع، ستیزه
Streitkräfte, die / *Pl.* قوای نظامی، نیروهای مسلح
streitlustig *Adj.* متحارب، متخاصم
Streitobjekt, das; -es, -e مسئلهٔ مورد بحث
Streitpunkt, der; -(e)s, -e موضوع اختلاف
Streitsache, die; -, -n دعوا، نزاع، ستیزه، جدال
Streitschrift, die; -, -en نوشتهٔ جنجالی، مشاجرهٔ قلمی
Streitsucht, die; - ستیزه‌جویی، نزاع‌طلبی
streitsüchtig *Adj.* ستیزه‌جو، نزاع‌طلب، جنگجو، دعوایی
Streitwert, der; -(e)s, -e (از نظر دادرسی مدنی) ارزش مسئلهٔ به وجودآورندهٔ دعوا
streng *Adj.* ۱. سخت، شدید ۲. جدی، سخت‌گیر، بی‌ملاحظه، بی‌گذشت ۳. [طعم] گس ۴. [سرما] نافذ، شدید
Strenge, die; - ۱. سختی، خشونت، شدت ۲. جدیت، سخت‌گیری ۳. طعم گس ۴. دقت
strenggenommen *Adv.* در اصل، در حقیقت

strenggläubig *Adj.* مذهبی متعصب
strengnehmen *Vt.* جدی گرفتن، سخت گرفتن
Streß, der; Stresses, Stresse استرس، فشار روحی، فشار روانی
stressen *Vt.* فشار روحی وارد کردن
Streu, die; -, -en ۱. کاه، پوشال ۲. تختهٔ پهن
Streubüchse, die; -, -n ۱. کرچک ۲. آردپاش
streuen *Vt., Vi.* ۱. ریختن (نمک / شن)، پاشیدن ۲. روی تختهٔ پهن خواباندن ۳. به خطا رفتن (تیر)
streunen *Vi.* بدون هدف معینی پرسه زدن، بی‌مقصد گشتن
Streuung, die; -, -en پراکندگی
Streuzucker, der; -s, - مادهٔ قندی کرچک
Strich, der; -(e)s, -e ۱. خط کوتاه، تیره، فاصله میان دو حرف ۲. ناحیه، بخش ۳. پرواز، مهاجرت (پرندگان) ۴. (موسیقی) آرشه‌کشی ۵. خواب قالی ۶. فاحشگی، روسپی‌گری، خودفروشی
Stricheinteilung, die; -, -en تقسیم به درجات
stricheln *Vt.* ۱. نقطه‌دار کردن ۲. هاشور زدن
Strichmädchen, das; -s, - فاحشه، زن کوچه‌گرد
Strichpunkt, der; -(e)s, -e نقطه‌ویرگول
Strichregen, der; -s, - باران کم‌دوام
Strichvogel, der; -s, ⸚ پرندهٔ مهاجر
strichweise *Adv.* تک و توک، این‌جا و آن‌جا
Strick, der; -(e)s, -e ۱. طناب، ریسمان ۲. آدم رذل، پست‌فطرت
Strickarbeit, die; -, -en ۱. بافتنی ۲. بافندگی
stricken *Vt., Vi.* بافتن
Stricker, der; -s, - بافنده
Strickerei, die; -, -en بافندگی
Strickerin, die; -, -nen بافنده (زن)
Strickgarn, das; -(e)s, -e نخ بافندگی
Strickjacke, die; -, -n ژاکت کشباف
Strickleiter, der; -s, - نردبان طنابی
Strickmaschine, die; -, -n ماشین کاموابافی
Strickmuster, das; -s, - طرح بافتنی، مدل بافتنی
Stricknadel, die; -, -n میل بافتنی
Strickwaren, die / *Pl.* پوشاک کشباف
Strickweste, die; -, -n جلیقهٔ کشباف
Strickwolle, die; - پشم بافندگی
Strickzeug, das; -(e)s, -e پوشاک کشباف
Striegel, der; -s, - قشو
striegeln *Vt.* قشو کشیدن
Strieme, die; -, -n ورم جای شلاق
Striemen, der; -s, - ورم جای شلاق
striemig *Adj.* ورمی
strikt *Adj.* ۱. سخت، شدید ۲. دقیق
Strippe, die; -, -n ۱. تسمه، بند چرمی ۲. نخ کلفت، ریسمان ۳. کابل، سیم هادی
Striptease, der / das; -, - نمایش استریپ‌تیز
Stripteaselokal, das; -(e)s, -e محلی که در آن نمایش استریپ‌تیز اجرا می‌شود
Stripteasetänzerin, die; -, -en رقاصهٔ نمایش استریپ‌تیز
stritt *P.* صیغهٔ فعل گذشتهٔ مطلق از مصدر streiten
strittig *Adj.* مورد دعوا، مورد اختلاف
Stroh, das; -(e)s کاه
Stroh im Kopf haben کله‌پوک بودن
Strohdach, das; -s, ⸚er سقف کاهگلی
strohfarben *Adj.* [زرد] به رنگ کاه
Strohfeuer, das; -s, - هوس زودگذر
strohgelb *Adj.* [زرد] به رنگ کاه
Strohhalm, der; -(e)s, -e(n) (برای نوشیدن) نی
sich an einen Strohhalm klammern به پر کاهی چسبیدن
Strohhut, der; -(e)s, ⸚e کلاه حصیری
strohig *Adj.* کاه‌مانند
Strohkopf, der; -(e)s, ⸚e ابله، احمق
Strohmann, der; -(e)s, ⸚er ۱. (در نمایش) آدم ساختگی، نعش ۲. نماینده (شرکت)
Strohmatte, die; -, -n حصیر، بوریا
Strohpresse, die; -, -n دستگاه بسته‌بندی کاه
Strohpuppe, die; -, -n مترسک
Strohsack, der; -(e)s, ⸚e تشک کاهی
Strohwitwe, die; -, -n زن شوهر به سفر رفته
Strohwitwer, der; -s, - مرد زن به سفر رفته
Strolch, der; -(e)s, -e لات، ولگرد، خانه به دوش
strolchen *Vi.* ولگردی کردن، ول گشتن، پرسه زدن، وقت‌گذرانی کردن
Strom, der; -(e)s, ⸚e ۱. جریان (آب / برق) ۲. جماعت، دسته
gegen den Strom schwimmen خلاف جریان آب شنا کردن
den Strom abschalten جریان برق را قطع کردن
den Strom einschalten جریان برق را وصل کردن
Stromabnehmer, der; -s, - ۱. میلهٔ رابط بین خطوط برق و وسیلهٔ نقلیه (که برق را منتقل می‌سازد) ۲. مشتری برق

stromab(wärts) *Adv.* به طرف پایین رودخانه
stroman *Adv.* به طرف بالای رودخانه، مخالف جریان رودخانه
stromauf(wärts) *Adv.* به طرف بالای رودخانه، مخالف جریان رودخانه
strömen *Vi.* ۱. جریان داشتن، جاری شدن، جاری بودن ۲. دسته‌جمعی حرکت کردن
Stromer, der; -s, - لات، ولگرد، خانه‌به‌دوش
stromern *Vi.* ول گشتن، پرسه زدن
Stromerzeuger, der; -s, - ژنراتور، دینام، مولد برق
stromführend *Adj.* برق‌دار، حامل برق
Stromgebiet, das; -(e)s, -e حوزهٔ رودخانه
Stromkabel, das; -s, - کابل برق
Stromkreis, der; -es, -e مدار برق
Stromleiter, der; -s, - هادی جریان (برق)
Stromlinie(nform), die; -, -n مسیر جریان، خط جریان (آب)
stromlinienförmig *Adj.* به شکل خط جریان
Strommesser, das; -s, - آمپرسنج
Stromnetz, das; -es, -e شبکهٔ برق
Stromschiene, die; -, -n قطار برقی، تراموا
Stromschnelle, die; -, -n جای سراشیب (در رودخانه)
Stromspannung, die; -, -en ولتاژ (برق)
Stromstärke, die; -, -n شدت جریان (برق)
Strömung, die; -, -en جریان (آب/برق)
politische Strömungen جریان‌های سیاسی
Strömunggeschwindigkeit, die; -, -en سرعت جریان برق
Stromunterbrecher, der; -s, - قطع‌کنندهٔ جریان (برق)
Stromunterbrechung, die; -, -en قطع جریان (برق)
Stromverbrauch, der; -(e)s مصرف برق
Stromverbraucher, der; -s, - مشتری برق، مصرف‌کنندهٔ برق
Stromversorgung, die; -, -en برق‌رسانی، تأمین نیروی برق
Stromversorgungsnetz, das; -es, -e شبکهٔ برق‌رسانی
Stromwandler, der; -s, - ترانسفورماتور (آب/برق)
Stromwender, der; -s, - ابزار تغییردهندهٔ جهت برق
Stromzähler, der; -s, - کنتور برق
Strophe, die; -, -n (در شعر) بند، قطعه
strotzen *Vi.* فراوان بودن، سرشار بودن، زیاد بودن، وفور داشتن
strotzend *Adj.* فراوان، سرشار، زیاد
strubbelig *Adj.* [مو] ژولیده، نامرتب، آشفته، پریشان
Strudel, der; -s, - ۱. گرداب ۲. (نوعی) کیک
strudeln *Vi., Vt.* ۱. گردیدن، چرخیدن ۲. مخلوط کردن، هم زدن
Struktur, die; -, -en ساختار، ساخت، ترکیب، بافت
strukturell *Adj.* ساختاری، (مربوط به) ساخت، ترکیبی
Struma, die; -, -men/-man ۱. بزرگ شدن غدهٔ تیروئید ۲. چینه‌دان
Strumpf, der; -(e)s, ⸚e جوراب
die Strümpfe anziehen جوراب پوشیدن
Strumpfband, das; -(e)s, ⸚er بند جوراب
Strumpfhalter, der; -s, - بند جوراب
Strumpfhaltergürtel, der; -s, - تسمهٔ بند جوراب
Strumpfhose, die; -, -n جوراب شلواری
Strumpfwaren, die / *Pl.* منسوجات کشباف
Strunk, der; -(e)s, ⸚e ۱. ساقهٔ وسط گیاه (مثل کاهو، کلم) ۲. تنه، کنده، بدنه (درخت)
struppig *Adj.* ۱. [مو] نامنظم، درهم‌برهم، نامرتب ۲. [سگ] پشمالو
struwwelig *Adj.* ۱. ژولیده، نامرتب ۲. [مو] آشفته
Struwwelkopf, der; -(e)s, ⸚e سر ژولیده مو
Struwwelpeter, der; -s, - بچهٔ ژولیده مو
Strychnin, das; -s استریکنین
Stübchen, das; -s, - اتاق کوچک
Stube, die; -, -n اتاق
Stubenarrest, der; -(e)s, -e (جهت تنبیه) تحت‌نظر در منزل
Stubenfliege, die; -, -n مگس (معمولی)
Stubengelehrsamkeit, die; - معلومات نظری
Stubengelehrte, der / die; -n, -n کتاب دوست
Stubenhocker, der; -s, - خانه‌نشین
Stubenkamerad, der; -en, -en هم‌اتاق، هم‌خانه
Stubenmädchen, das; -s, - دختر خدمتکار، کلفت
stubenrein *Adj.* خانگی
Stubensitzer, der; -s, - خانه‌نشین
Stuck, der; -(e)s گچ‌بُری، گچ‌کاری، گچ تزئینی
Stück, das; -(e)s, -e ۱. قطعه، تکه ۲. بخش، قسمت ۳. عدد ۴. نمایشنامه ۵. مسافت، فاصله ۶. اثر موسیقی
Stück für Stück دانه دانه، مرحله به مرحله
ein Stück Brot یک دانه نان

Stuckarbeit 782

Was für ein Stück wird gegeben?
چه نمایشنامه‌ای روی صحنه است؟
Stuckarbeit, die; -, -en گچ‌بُری، گچ‌کاری
Stückarbeit, die; -, -en مقاطعه‌کاری
Stuckarbeiter, der; -s, - کارگر گچ‌بُر، کارگر گچ‌کار
Stückarbeiter, der; -s, - مقاطعه‌کار
Stückarbeiterin, die; -, -nen مقاطعه‌کار (زن)
Stückchen, das; -s, - ۱. قطعهٔ کوچک ۲. حیله، نیرنگ ۳. شیرین‌کاری
stückeln *Vt.* سرهم کردن، وصله کردن، یک تکه کردن
stücken *Vt.* سرهم کردن، وصله کردن، یک تکه کردن
Stückfracht, die; -, -en بار، محموله
Stückgut, das; -(e)s, ⸚er بار، محموله
Stücklohn, der; -(e)s, ⸚e مزد، کارمزد، اجرت
Stückpreis, der; -es, -e بهای هر قطعه
stückweise *Adv.* تکه تکه، دانه دانه، قطعه قطعه، خرد خرد، به‌تدریج
Stückwerk, das; -(e)s, - کار سرهم‌بندی، کار ناقص
Stückzahl, die; -, -en تعداد قطعات
Student, der; -en, -en دانشجو
Studentenausweis, der; -es, -e کارت دانشجویی
Studentenbude, die; -, -n اتاق دانشجویی
Studentenheim, das; -(e)s, -e خوابگاه دانشجویی، کوی دانشجویی
Studentenschaft, die; -, -en تشکیلات دانشجویی
Studentenverbindung, die; -, -en اتحادیهٔ دانشجویان
Studentenwohnheim, das; -(e)s, -e خوابگاه دانشجویی، کوی دانشجویی
Studentin, die; -, -nen دانشجو (زن)
studentisch *Adj.* دانشجویی
Studie, die; -, -n مطالعهٔ علمی، بررسی، تحقیق
Studienaufenthalt, der; -es, -e اقامت دانشجویی (در خارج)
Studienberatung, die; -, -en مشاورهٔ دانشجویی
Studienbewerber, der; -s, - داوطلب تحصیل (در دانشگاه)
Studienbuch, das; -(e)s, ⸚er دفترچهٔ تحصیلی
Studiendirektor, der; -s, -en رئیس دبیرستان
Studiendirektorin, die; -, -nen رئیس دبیرستان (زن)
Studienfach, das; -(e)s, ⸚er رشتهٔ تحصیلی
Studienfreund, der; -es, -e دوست دوران دانشجویی
Studiengang, der; -(e)s, ⸚e برنامهٔ تحصیلی
Studiengebühr, die; -, -en شهریهٔ دانشجویی
Studiengenosse, der; -n, -n هم‌دانشگاهی
studienhalber *Adv.* به‌خاطر تحصیل
Studienjahr, das; -(e)s, -e سال تحصیلی
Studienkolleg, das; -s, -ien (برای دانشجویان خارجی) کالج
Studienplan, der; -(e)s, ⸚e برنامهٔ تحصیلی
Studienplatz, der; -es, ⸚e محل تحصیل
Studienrat, der; -(e)s, ⸚e معاون رئیس دبیرستان
Studienrätin, die; -, -nen معاون رئیس دبیرستان (زن)
Studienreise, die; -, -n سفر علمی
Studienzeit, die; -, -en مدت تحصیل
studieren *Vt., Vi.* ۱. در مورد (چیزی) مطالعه کردن، در مورد (چیزی) بررسی دقیق کردن ۲. در دانشگاه / مدرسهٔ عالی تحصیل کردن
Er studiert in Bonn. او در بن تحصیل می‌کند.
Studierende, der/die; -n, -n دانشجو، دانشگاهی
Studierte, der/die; -n, -n دانشجو، دانشگاهی
Studierzimmer, das; -s, - اتاق مطالعه
Studio, das; -s, -s ۱. استودیو، آتلیه، کارگاه هنری ۲. استودیو (فیلمبرداری)
Studiosus, der; -, -diosi دانشجو
Studium, das; -s, -dien ۱. تحصیلات دانشگاهی ۲. مطالعه و بررسی دقیق
Stufe, die; -, -n ۱. پله ۲. درجه، رتبه، پایه، مرحله ۳. میزان، معیار ۴. سایه رنگ
stufen *Vt.* درجه‌بندی کردن
stufenartig *Adj.* درجه درجه، پله پله، به‌تدریج
Stufenfolge, die; -, -n درجه‌بندی، توالی، ردیف
stufenförmig *Adj.* درجه درجه، پله پله، به‌تدریج
Stufengang, der; -(e)s, ⸚e درجه‌بندی، توالی، ردیف
Stufenleiter, die; -, -n ۱. نردبان متحرک ۲. مراحل مختلف (یک روند)
stufenlos *Adj.* بدون پله
stufenweise *Adv.* پله پله، مرحله به مرحله، درجه درجه، به‌تدریج
stufig *Adj.* پله‌دار
Stuhl, der; -(e)s, ⸚e ۱. صندلی ۲. کرسی (استادی) ۳. مدفوع انسان
elektrischer Stuhl صندلی الکتریکی
Stuhlbein, das; -s, -e پایهٔ صندلی
Stuhlgang, der; -(e)s مدفوع انسان

Stuhllehne, die; -, -n پشتی صندلی
Stuhluntersuchung, die; -, -en آزمایش مدفوع
Stulle, die; -, -n برش نان؛ نان ساندویچ
Stulpe, die; -, -n سرآستین
stülpen *Vt.* ۱. برگرداندن، پشت و رو کردن، روی (چیزی) را پوشاندن ۲. روی (چیزی) کشیدن
Stulp(en)stiefel, der; -s, - چکمه (لبه برگشته)
Stulp(en)handschuh, der; -(e)s, -e دستکش (لبه برگشته)
Stülpnase, die; -, -n بینی برگشته
stumm *Adj.* ۱ لال، گنگ، صامت ۲. ساکت، خاموش، کم‌حرف
Stummel, der; -s, - ۱. بخش کوچک و کوتاه شده ۲. ته سیگار
Stummfilm, der; -s, -e فیلم صامت
Stumpe, der; -n, -n کندهٔ درخت
Stümper, der; -s, - سرهم‌بند، سنبل‌کار؛ ناوارد
Stümperei, die; -, -en سرهم‌بندی، سنبل‌کاری؛ ناواردی
Stümperin, die; -, -nen سرهم‌بند، سنبل‌کار؛ ناوارد (زن)
stümperhaft *Adj.* خام‌دست، سرهم‌بند
stümpern *Vi.* سرهم‌بندی کردن، سنبل کردن
stumpf *Adj.* ۱. کند ۲. [زاویه] منفرجه ۳. بی‌تفاوت، بی‌حال ۴. مات، کدر
Stumpf, der; -(e)s, ⸚e بخش کوچک و کوتاه شده
mit Stumpf und Stiel تمام و کمال
Stumpfheit, die; - کندی
Stumpfsinn, der; -(e)s, - ۱. کودنی، کندذهنی، خرفتی، ابلهی ۲. کسل‌کنندگی
stumpfsinnig *Adj.* ۱. کودن، کندذهن، خرفت، ابله ۲. کسل‌کننده
stumpfwink(e)lig *Adj.* [زاویه] منفرجه
Stunde, die; -, -n ۱. ساعت ۲. درس، ساعت درس
nach einer Stunde بعد از یک ساعت
zu jeder Stunde در هر زمان
eine halbe Stunde نیم ساعت
stunden *Vt.* به (کسی) مهلت دادن، وقت (چیزی) را تعیین کردن
Stundengeld, das; -(e)s, -er مزد، حق‌الزحمه (در ازای هر ساعت)
Stundengeschwindigkeit, die; -, -en (میانگین) سرعت در ساعت
Stundenglas, das; -es, ⸚er ساعت ریگی، ساعت شنی
Stundenkilometer, der; -s, - کیلومتر در ساعت
stundenlang *Adj.* ساعت‌های متمادی، چندین ساعت
Stundenlohn, der; -(e)s, ⸚e مزد، حق‌الزحمه (در ازای هر ساعت)
Stundenplan, der; -(e)s, ⸚e ۱. برنامه (درسی) ۲. جدول ساعات کار
stundenweise *Adv.* در طی یک ساعت، ساعتی
Stundenzeiger, der; -s, - عقربهٔ ساعت‌شمار
stündlich *Adj.* ساعت به ساعت، هر یک ساعت
Stundung, die; -, -en مهلت، فرجه
Stunk, der; -s دعوا، مشاجره
Stunt, der; -s, -s (در فیلم) بدل‌کاری
Stuntman, der; -s, -men (در فیلم) بدل‌کار
Stupf, der; -es, -e تکان
stupid(e) *Adj.* ۱. ابله، احمق، کودن، کند ذهن ۲. کسل‌کننده
Stupidität, die; -, -en ۱. حماقت، کودنی، ابلهی ۲. یکنواختی
Stups, der; -es, -e تکان
stupsen *Vt.* با آرنج زدن و متوجه خود ساختن
Stupsnase, die; -, -n بینی کوتاه و رو به بالا
stupsnasig *Adj.* [بینی] کوتاه و رو به بالا
stur *Adj.* ۱. خودسر، لجوج، کله‌شق ۲. بی‌عاطفه ۳. [نگاه] ثابت
Sturheit, die; - کله‌شقی، لجاجت، خودسری
Sturm, der; -(e)s, ⸚e ۱. طوفان ۲. حملهٔ سریع نظامی، حملهٔ غافلگیرانهٔ نظامی ۳. هجوم ۴. (فوتبال) خط حمله
sturm *Adj.* مشوش، دستپاچه، گیج
Sturmangrif, der; -(e)s, -e یورش، تهاجم، حملهٔ نظامی
Sturmboot, das; -(e)s, -e قایق توپ‌دار؛ قایق سبک و تندرو
stürmen *Vi., Vt.* ۱. طوفانی شدن ۲. (ورزش) به عنوانِ فوروارد بازی کردن ۳. حملهٔ سریع کردن، حملهٔ غافلگیرانه نظامی کردن ۴. به (جایی) هجوم آوردن
Stürmer, der; -s, - (فوتبال) بازیکن خط حمله، مهاجم ، فوروارد
Stürmerreihe, die; -, -n (ورزش) خط حمله
Sturmflut, die; -, -en جزر و مد حاصل از طوفان
Sturmgeschütz, das; -(e)s, -e توپخانهٔ خط حمله
Sturmglocke, die; -, -n زنگ خطر
stürmisch *Adj.* ۱. طوفانی ۲. تهاجمی، متلاطم
sturmreif *Adj.* مناسب برای حمله، آمادهٔ حمله

Sturmschritt 784

Sturmschritt, der; -(e)s, -e قدم‌های تند، قدم
Sturmspitze, die; -, -n (فوتبال) نوک خط حمله
Sturmvogel, der; -s, ¨ مرغ طوفان، مرغ باران
Sturmwarnung, die; -, -en اخطار در فوتبال
Sturmwind, der; -(e)s, -e تندباد
Sturz, der; -es, ¨e ۱. سقوط، سرنگونی، واژگونی ۲. عزل، برکناری
Sturzacker, der; -s, ¨ زمین تازه شخم شده
Sturzbach, der; -(e)s, ¨e سیل، جریان شدید
stürzen *Vi., Vt.* ۱. ساقط شدن، واژگون شدن، سرنگون شدن ۲. شتاب کردن، با عجله دویدن ۳. سقوط کردن ۴. ساقط کردن، واژگون کردن، سرنگون کردن ۵. به پایین پرت کردن ۶. برگرداندن (ظرف) ۷. عزل کردن، برکنار کردن ۸. به طرف (چیزی) حمله کردن و گرفتن
Sturzflug, der; -(e)s, ¨e سقوط آزاد (هواپیما)
Sturzhelm, der; -(e)s, -e کلاه ایمنی
Sturzkampfflugzeug, das; -(e)s, -e بمب‌افکن شیرجه‌ای
Sturzregen, der; -s, - رگبار
Sturzsee, die; -, -n دریای متلاطم
Sturzwelle, die; -, -n موج بزرگی که به ساحل خورده و درهم می‌شکند
Stuß, der; Stusses حرف مفت، سخن بی‌معنی
Stute, die; -, -n مادیان
Stuten, der; -s, - (نوعی) نان سفید
Stutenfüllen, das; -s, - کرهٔ مادیان
Stützbalken, der; -s, - میلهٔ ایمنی
Stütze, die; -, -n ۱. کمک، یاری، مساعدت ۲. تکیه‌گاه، شمع، پایه ۳. حامی، پشتیبان
stutzen *Vt., Vi.* ۱. کوتاه کردن، اصلاح کردن (مو) ۲. تراشیدن (ریش) ۳. سرشاخه زدن (درخت) ۴. یکه خوردن، برجای خود خشک شدن ۵. بدگمان شدن
Stutzen, der; -s, - ۱. کارابین (تفنگ لوله کوتاه) ۲. متعلقات لوله
stützen *Vt., Vr.* ۱. زیر (چیزی) شمع زدن، زیر (چیزی) پایه زدن ۲. کمک کردن، حمایت کردن، پشتیبانی کردن ۳. تکیه کردن، تکیه دادن ۴. متکی بودن، متکی شدن
Stutzer, der; -s, - ۱. شیک‌پوش، خوش‌لباس ۲. جلف، خودنما
stutzerhaft *Adj.* جلف، خودنما
Stutzflügel, der; -s, - پیانوی مجلل
stutzig *Adj.* متحیر، حیران، متعجب، سرگشته، مبهوت
Stützkurs, der; -es, -e دورهٔ درسی اضافی، کلاس تقویتی (جهت دانش‌آموزان ضعیف)
Stützpfeiler, der; -s, - شمع پشتیبان دیوار، حائل، نگهدار
Stützpunkt, der; -(e)s, -e ۱. (نظامی) تکیه‌گاه، پایگاه ۲. نقطهٔ اتکا
Stützrad, das; -(e)s, ¨er چرخ کمکی
Stutzuhr, die; -, -en ساعت پیش‌بخاری
subaltern *Adj.* تابع، زیردست، مادون، فرعی
Subjekt, das; -(e)s, -e ۱. (دستور زبان) فاعل، مبتدا، مسندالیه ۲. موضوع ۳. شخص
subjektiv *Adj.* ۱. فاعلی ۲. ذهنی، باطنی، درونی ۳. شخصی
Subjektivität, die; - ۱. فاعلیت ۲. حالت خودی
Subkultur, die; -, -en ۱. فرهنگ خاص اقلیت ۲. کشت فرعی
subkutan *Adj.* زیرپوستی
Sublimat, das; -(e)s, -e منزه، متعال، پاک
Sublimation, die; -, -en تبدیل جامد به بخار
sublimieren *Vt.* ۱. پاک کردن، تصفیه کردن ۲. (شیمی) تصعید (تبدیل کردن جسم جامد به بخار)
Sublimierung, die; -, -en تبدیل جامد به بخار
Submission, die; -, -en مناقصه، مزایده
subskribieren *Vt., Vr.* تقبل کردن، متعهد شدن
Subskription, die; -, -en تعهد پرداخت، اشتراک
substantiell *Adj.* اصلی، اساسی، مادی
Substantiv, das; -s, -e (دستور زبان) اسم
substantivisch *Adj.* (دستور زبان) اسمی، (مربوط به) اسم
Substanz, die; -, -en ۱. مادّه، عنصر ۲. موضوع اصلی (کتاب) ۳. شاخهٔ اصلی (مؤسسه)
substituieren *Vt.* جانشین کردن، جایگزین کردن
Substituierung, die; -, -en جانشینی، جایگزینی
Substitut, der; -en, -en جانشین، جایگزین
Substitution, die; -, -en جانشینی، جایگزینی
Subteen, der; -s, -s نوجوان ده دوازده ساله
subtil *Adj.* زیرک، محیل
Subtrahend, der; -en, -en (ریاضی) مفروق
subtrahieren *Vt., Vi.* (ریاضی) کاستن، کم کردن، تفریق کردن، کسر کردن
Subtraktion, die; -, -en (ریاضی) کاهش، تفریق
subtropisch *Adj.* استوایی، گرمسیری
Subvention, die; -, -en کمک مالی، کمک نقدی
subventionieren *Vt.* به (کسی/چیزی) کمک مالی کردن، به (کسی/چیزی) کمک نقدی کردن
Suchaktion, die; -, -en جستجو، کاهش، تجسس

785 Sühnopfer

Suchanzeige, die; -, -n آگهی دربارهٔ شخص / شیءِ گم‌شده
Suchdienst, der; -es, -e سازمان تجسس و ردیابی
Suche, die; -, -n جستجو، کاوش، تجسس
suchen *Vt., Vi.* ۱. جستجو کردن، گشتن ۲. بررسی کردن، تحقیق کردن ۳. کوشش کردن، درصدد انجام (کاری) بودن
Was hast du hier zu suchen? این‌جا چه کار می‌کنی؟
Wer sucht, der findet. جوینده یابنده بود.
Verkäuferin gesucht. فروشنده مورد نیاز است.
Sucher, der; -s, - ۱. جستجوکننده، پویا، پژوهنده ۲. صفحهٔ تصویرنما (دوربین)
Sucherin, die; -, -nen جستجوکننده، پویا، پژوهنده (زن)
Suchgerät, das; -(e)s, -e موج‌یاب، ردیاب
Suchkartei, die; -, -en پروندهٔ تجسس و ردیابی
Suchlauf, der; -(e)s, -läufe (در رادیو، تلویزیون) برنامه‌یاب اتوماتیک
Sucht, die; -, ⸚e ۱. شیدایی، اشتیاق، میل ۲. اعتیاد، ابتلا (به موادمخدر)
suchterzeugend *Adj.* معتادکننده
süchtig *Adj.* معتاد
Süchtige, der/die; -n, -n معتاد
Süchtigkeit, die; - اعتیاد
Suchtmittel, das; -s, - داروی مخدر
Sud, der; -(e)s, -e ۱. عصاره، جوشانده ۲. عصاره‌گیری
Süd, der; -(e)s, -e ۱. جنوب ۲. باد جنوبی
Südafrika, das افریقای جنوبی
Südafrikaner, der; -s, - اهل افریقای جنوبی
südafrikanisch *Adj.* (مربوط به) افریقای جنوبی
Südamerika, das امریکای جنوبی
Südamerikaner, der; -s, - اهل امریکای جنوبی
südamerikanisch *Adj.* (مربوط به) امریکای جنوبی
Sudan, der; -(s) سودان
Sudaner, der; -s, - سودانی
Sudanese, der; -n, -n سودانی
sudanesisch *Adj.* سودانی، (مربوطه به) سودان
sudanisch *Adj.* سودانی، (مربوط به) سودان
Südasien, das آسیای جنوبی
süddeutsch *Adj.* (مربوط به) آلمان جنوبی
Süddeutsche, der/die; -n, -n اهل آلمان جنوبی
Sudelarbeit, die; -, -en ۱. کثافت‌کاری، کار سرهم‌بندی ۲. رنگ‌آمیزی ناشیانه ۳. بدنویسی
Sudelei, die; -, -en ۱. کثافت‌کاری؛ کار سرهم‌بندی ۲. رنگ‌آمیزی ناشیانه ۳. بدنویسی
sudelig *Adj.* کثیف؛ سرهم‌بندی، نامرتب
sudeln *Vi.* ۱. کثافت‌کاری کردن؛ سرهم‌بندی کردن ۲. ناشیانه رنگ کردن ۳. بد نوشتن، با شتاب نوشتن
Süden, der; -s جنوب
im Süden von Berlin در جنوب برلین
Südfrüchte, die / *Pl.* میوه‌های گرمسیری
Südkorea, das کرهٔ جنوبی
Südländer, der; -s, - جنوبی، اهل جنوب
Südländerin, die; -, -nen جنوبی، اهل جنوب (زن)
südländisch *Adj.* جنوبی، (مربوط به) جنوب
Sudler, der; -s, - ۱. سرهم‌بندکن ۲. نقاش ناشی ۳. بدنویس
Sudlerin, die; -, -nen ۱. سرهم‌بندکن ۲. نقاش ناشی ۳. بدنویس (زن)
südlich *Adj.* جنوبی، (مربوط به) جنوب
Südost(en), der; -(e)s ۱. جنوب شرقی ۲. باد جنوب شرقی
südostlich *Adj.* (مربوط به) جنوب شرقی
Südpol, der; -s, - قطب جنوب
südwärts *Adv.* به طرف جنوب
Südwein, der; -s, -e شراب (شیرین) جنوب
Südwest(en), der; -(e)s, -e ۱. جنوب غربی ۲. باد جنوب غربی
Südwester, der; -s, - کلاه ملوانی
südwestlich *Adj.* (مربوط به) جنوب غربی
Südwind, der; -(e)s, -e باد جنوبی، باد جنوب
Suff, der; -(e)s افراط در نوشیدن مشروب الکلی
süffeln *Vt., Vi.* با لذت (نوشابه) نوشیدن
süffig *Adj.* خوشمزه، گوارا
süffisant *Adj.* از خودراضی، خودپسند
Suffix, das; -es, -e (دستور زبان) پسوند
Sufismus, der; - تصوف
Sufist, der; -s, - صوفی
suggerieren *Vt.* تلقین کردن، تحت تأثیر قرار دادن
Suggestion, die; -, -en تلقین
suggestiv *Adj.* تلقین‌آمیز، وسوسه‌آمیز
Suhle, die; -, -n آبگیری که در آن حیوانات غلت می‌زنند
suhlen *Vr.* غلتیدن، در گل و لای غوطه خوردن
Sühne, die; -, -n کفاره، غرامت، جبران
sühnen *Vt.* کفارهٔ (چیزی) را دادن، جبران کردن
Sühnopfer, das; -s, - کفارهٔ قتل

Sühnung, die; -, -en کفاره
Suite, die; -, -n ۱. سویت (فرم موسیقی‌سازی مربوط به دورهٔ باروک) ۲. (در هتل) سوئیت
Suizid, das; -(e)s, -e خودکشی
Suizident, der; -en, -en خودکشی‌کننده
Suizidum, das; -s, -dien خودکشی
Sujet, das; -s, -s موضوع، مضمون (هنری)
sukzessiv *Adj.* پیاپی، پی‌درپی، متوالی
Sulfat, das; -(e)s, -e (شیمی) سولفات
Sulfit, das; -(e)s, -e (شیمی) سولفیت
Sulfonamid, das; -(e)s, -e مادهٔ ضد میکرب
Sultan, der; -s, -e سلطان
Sultanin, die; -, -nen زن سلطان
Sultanine, die; -, -n کشمش بی‌دانه
Sülze, die; -, -n گوشت نمک سود
sülzen *Vt.* نمک زدن
Sumach, der; -s, -e سماق
summarisch *Adj.* خلاصه، مختصر
Summe, die; -, -n ۱. مبلغ، مقدار (پول) ۲. مجموع
summen *Vi., Vt.* ۱. وزوز کردن (زنبور) ۲. زمزمه کردن (آهنگ)
Summer, der; -s, - زنگ اخبار، صدای وزوز
summieren *Vt., Vr.* ۱. جمع کردن، جمع زدن ۲. جمع شدن، انباشته شدن
Summierung, die; -, -en جمع
Sumpf, der; -(e)s, ⸚e باتلاق، لجن‌زار
Sumpfboden, der; -s, - زمین باتلاقی
Sumpffieber, das; -s, - مالاریا
Sumpfhuhn, das; -(e)s, ⸚er مرغ جنگلی
sumpfig *Adj.* باتلاقی، لجن‌زار، گل‌آلود
Sumpfland, das; -(e)s, - زمین باتلاقی
Sumpfpflanze, die; -, -n گیاهی که در باتلاق می‌روید
Sumpfvogel, der; -s, ⸚ مرغ پا دراز
Sums, der; -es سر و صدا، هیاهو، آشوب
Sund, der; -(e)s, -e تنگه، بُغاز، خلیج
Sünde, die; -, -n گناه، عمل خلاف، معصیت، جنحه، بزه
Sündenbock, der; -(e)s, ⸚e بز طلیعه، سپر بلا
Sündenerlaß, der; -lasses, -lasse آمرزش گناه، بخشودگی، عفو
Sündenfall, der; -(e)s نخستین گناه (آدم و حوا)
sündenfrei *Adj.* پاک، بی‌گناه
Sündengeld, das; -(e)s, - پول نامشروع، پول حرام
Sündenlohn, der; -(e)s, - تاوان گناه
sündenlos *Adj.* پاک، بی‌گناه
Sündenregister, das; -s, - فهرست اعمال خلاف و بزه
Sünder, der; -s, - گناهکار، مجرم، بزهکار
Sünderin, die; -, -nen گناهکار، مجرم، بزهکار (زن)
sündhaft *Adj.* ۱. گناه‌آلود، معصیت‌آمیز ۲. بسیار زیاد
Sündhaftigkeit, die; - گناه‌آلودگی، گناهکاری، خطاکاری
sündig *Adj.* گناه‌آلود، معصیت‌آمیز
sündigen *Vi.* گناه کردن، معصیت کردن
Sunniten, die / *Pl.* پیروان مذهب سنی
super *Adj.* عالی، خوب، بسیار خوب
Super, der; -s, - (بنزین) سوپر
superklug *Adj.* خیلی عاقل
Superlativ, der; -s, -e (دستور زبان) صفت عالی، برترین
superlativisch *Adj.* (مربوط به) صفت عالی
Supermacht, die; -, ⸚e ۱. ابرقدرت ۲. قدرت زیاد
Supermarkt, der; -(e)s, ⸚e سوپرمارکت، فروشگاه بزرگ
Suppe, die; -, -n سوپ
jemandem **die Suppe versalzen** عیش کسی را منقص کردن
Suppenfleisch, das; -es گوشت مخصوص سوپ
Suppengemüse, das; -s, - سبزی مخصوص سوپ
Suppengrün, das; -s سبزی سوپ
Suppenkelle, die; - ملاقه
Suppenkraut, das; -(e)s, -kräuter سبزی سوپ
Suppenlöffel, der; -s, - قاشق سوپخوری
Suppenschüssel, die; -, -n ظرف سوپخوری
Suppenteller, der; -s, - بشقاب سوپخوری
Suppenwürfel, der; -s, - سوپ خشک
Supplement, das; -(e)s, -e متمم، مکمل
Support, der; -(e)s, -e وسیلهٔ پس و پیش کردن ماشین‌تراش
Suppositorium, das; -s, -rien شیاف
Sure, die; -, -n سوره (قرآن)
Surfbrett, das; -(e)s, -er تختهٔ اسکی روی آب
surfen *Vi.* با تخته اسکی موج‌سواری کردن
Surfing, das; -s, - (ورزش) موج‌سواری
Surrealismus, der; - سوررئالیسم، سبک نگارش خیالی
Surrealist, der; -en, -en سوررئالیست، هنرمند پیرو سبک سوررئالیسم

surrealistisch *Adj.* سوررئالیستی
surren *Vi.* ۱. وزوز کردن (حشره) ۲. غژغژ کردن
Surrogat, das; -(e)s, -e جانشین، بدل، قائم‌مقام
suspekt *Adj.* مظنون، بدگمان، مشکوک
suspendieren *Vt.* مسکوت گذاشتن، موقتاً بیکار کردن، تعلیق خدمت کردن، بی‌تکلیف گذاشتن، به حالت تعلیق درآوردن
Suspendierung, die; -, -en تعلیق خدمت، بیکار کردن موقت، انفصال موقت از خدمت
Suspension, die; -, -en تعلیق خدمت، بیکار کردن موقت، انفصال موقت از خدمت
Suspensorium, das; -s, -rien بیضه‌بند
süß *Adj.* ۱. شیرین ۲. ملوس، ظریف، بانمک، تو دل‌برو
Süße, die; - ۱. شیرینی ۲. ملاحت
süßen *Vt.* شیرین کردن، مطبوع ساختن
Süßholz, das; -es, - (گیاه) شیرین‌بیان
Süßigkeit, die; -, -en ۱. شیرینی ۲. ملاحت
Süßigkeiten, die / *Pl.* شیرینی‌جات، نقل و نبات
süßlich *Adj.* ۱. شیرین، شیرین‌مزه ۲. مهربان، بامحبت
ein süßliches Lächeln لبخند محبت‌آمیز
Süßspeise, die; -, -n خوراک شیرین
Süßstoff, der; -(e)s, -e مادهٔ قندی
Süßwaren, die / *Pl.* شیرینی‌جات، نقل و نبات
Süßwarengeschäft, das; -(e)s, -e شیرینی‌فروشی، قنادی
Süßwasser, das; -s, - آب رودخانه، آب شیرین
Süßwasserfisch, der; -es, -e ماهی آب شیرین
Swimmingpool, der; -s, -e استخر شنا
Sylphe, die; -, -n روح هوا
Sylvester, der / das; -s, - شب سال نو مسیحی
Symbiose, die; -, -n همزیستی
Symbol, das; -s, -e سمبل، نشان، مظهر، علامت، رمز، اشاره
Symbolik, die; - سمبولیسم، نمادگرایی
symbolisch *Adj.* سمبولیک، رمزی، نشان‌دار، علامت‌دار
symbolisieren *Vt.* نماد (چیزی) بودن، حاکی از (چیزی) بودن
Symmetrie, die; -, -n قرینه، تناسب، تقارن
Symmetrieachse, die; -, -n محور تقارن
Symmetrieebene, die; -, -n محور تقارن
symmetrisch *Adj.* قرینه‌دار، متناسب، متقارن
Sympathie, die; -, -n همدردی، همدلی، دلسوزی؛ سمپاتی، هماهنگی؛ توافق، تفاهم

Sympathiestreik, der; -(e)s, -s اعتصاب به خاطر همدردی
Sympathikus, der; - عصب سمپاتیک
Sympathisant, der; -en, -en همدرد، هم‌فکر، دلسوز، غمخوار
sympathisch *Adj.* همدرد، هم‌فکر، دلسوز، غمخوار، مهربان، دوست داشتنی، سمپاتیک
sympathisieren *Vi.* همدردی نشان دادن، هم‌فکری کردن
Symphonie, die; -, -n سمفونی
symphonisch *Adj.* سمفونیک
symphonische Dichtung منظومهٔ سمفونی، پوئم سمفونی (اثر تک بخشی برای ارکستر)
Symptom, das; -s, -e نشانهٔ بیماری
symptomatisch *Adj.* حاکی از نشانهٔ بیماری
Synagoge, die; -, -n کنیسه (محل عبادت یهودیان)
synchron *Adj.* هم‌زمان، دارای انطباق زمانی
Synchronisation, die; -, -en (در سینما) تطابق صدا و تصویر؛ دوبله
synchronisieren *Vt.* ۱. (در سینما) تطبیق دادن (صدا و تصویر)؛ دوبله کردن ۲. هماهنگ کردن، منطبق ساختن
Synchrongetriebe, das; -s, - (در اتومبیل) گیربکس سنکرونیزه
Synchronsprecher, der; -s, - دوبلور
Syndikat, das; -(e)s, -e سندیکا، اتحادیهٔ صنفی
Syndikus, der; -, -se / -izi رئیس اتحادیهٔ صنفی
Synkope, die; -, -n ۱. (موسیقی) سنکوپ ۲. سنکوپ، سکته؛ بیهوشی، غش
synkopieren *Vt.* سنکوپ کردن
Synode, die; -, -n شورای کلیسایی، مجلس مناظرهٔ مذهبی
Synonym, das; -s, -e واژهٔ مترادف
synonym *Adj.* مترادف
synonymisch *Adj.* مترادف
syntaktisch *Adj.* طبق قواعد نحو
Syntax, die; -, -en نحو
Synthese, die; -, -n (شیمی) ترکیب، امتزاج
Synthesis, die; -, -sen (شیمی) ترکیب، امتزاج
Synthetics, die / *Pl.* پارچهٔ ساخته شده از الیافِ مصنوعی
synthetisch *Adj.* ترکیبی، مصنوعی
synthetisieren *Vt.* ترکیب کردن، از طریق ترکیب به‌دست آوردن
Syphilis, die; - سفلیس، کوفت

syphilitisch Adj.   سفلیسی، کوفتی
Syrien, das   سوریه
Syr(i)er, der; -s, -   سوریه‌ای، سوری
Syr(i)erin, die; -, -nen   سوریه‌ای، سوری (زن)
syrisch Adj.   سوریه‌ای، سوری
System, das; -s, -e   سیستم، نظام، سازمان، سازماندهی، طرز حکومت
Systematik, die; -, -en   روش منظم
systematisch Adj.   سیستماتیک، منظم، اصولی

systemlos Adj.   فاقد سیستم، بدون نظم
Systole, die; -, -n   (پزشکی) سیستول، انقباض (قلب)
Szenario, das; -s, -s   (در سینما) سناریو
Szenarium, das; -s, -rien   (در سینما) سناریو
Szene, die; -, -n   ۱. صحنه (نمایش)
۲. قسمتی از نمایش ۳. منظرهٔ دیدنی، صحنهٔ جالب
Szenerie, die; -, -n   صحنه‌آرایی، صحنه‌سازی
szenisch Adj.   صحنه‌ای، نمایشی
Szenograph, der; -en, -en   صحنه‌ساز، صحنه‌آرا

T

T, das; -, - تِ (حرف بیستم الفبای آلمانی)
Tabak, der; -(e)s, -e توتون، تنباکو
Tabakbau, der; -(e)s, - کشت تنباکو، کشت توتون
Tabakfabrik, die; -, -en کارخانهٔ توتون‌سازی
Tabakhändler, der; -s, - تنباکوفروش، توتون‌فروش
Tabakindustrie, die; -, -n صنعت توتون‌سازی
Tabakpflanzung, die; -, -en کشت توتون
Tabakqualm, der; -(e)s, - دود تنباکو، دود توتون
Tabaksbeutel, der; -s, - کیسهٔ توتون، کیسهٔ تنباکو
Tabaksdose, die; -, -n انفیه‌دان
Tabakspfeife, die; -, -n پیپ؛ چپق
Tabakwaren, die / *Pl.* دخانیات
tabellarisch *Adj.* جدولی، فهرست‌وار، جدول‌گونه
tabellarisieren *Vt.* جدول‌بندی کردن
Tabelle, die; -, -n جدول؛ لوحه؛ لیست
Tabellenform, die; -, -en جدول‌بندی
tabellenformig *Adj.* به‌شکل جدول، جدولی
Tabernakel, das / der; -s, - چادر، خیمه؛ سایبان
Tablett, das; -(e)s, -e سینی
nichts aufs Tablett kommen غیر ممکن بودن، محال بودن
Tablette, die; -, -n حب، قرص
Tabu, das; -(e)s, -e تابو، حرام، منع / نهی مذهبی
tabu *Adj.* تابو، حرام، منع / نهی مذهبی
Dieses Thema war für ihn tabu.
این موضوع برای او تابو بود.
tabuieren *Vt.* منع کردن، تحریم کردن
tabuisieren *Vt.* منع کردن، تحریم کردن
Tabulator, der; -s, -en جدول‌بند (ماشین تحریر)
Tachometer, das; -s, - سرعت‌سنج
Tadel, der; -s, - ۱. سرزنش، توبیخ، ملامت، نکوهش ۲. عیب، نقص
tadellos *Adj.* ۱. بی‌عیب، بی‌نقص ۲. باشکوه، مجلل، عالی، قابل تحسین
tadeln *Vt.* سرزنش کردن؛ ملامت کردن، نکوهش کردن؛ توبیخ کردن
tadelnswert *Adj.* مقصر، مجرم، گناهکار، سزاوار سرزنش
tadelsüchtig *Adj.* خرده‌گیر، عیب‌جو
Tadler, der; -s, - ملامت‌کننده، سرزنش‌کننده
Tadlerin, die; -, -nen ملامت‌کننده، سرزنش‌کننده (زن)
Tadschike, der; -n, -n اهل تاجیکستان
tadschikisch *Adj.* تاجیکی، (مربوط به) تاجیکستان
Taekwondo, das; -s, - تکواندو
Tafel, die; -, -n ۱. تختـه سیاه ۲. لوح، لوحـه؛ جدول ۳. تخته، قالب (شکلات) ۴. سفرهٔ مفصل، میز بزرگ غذا
eine Tafel Schokolade یک تخته شکلات
an die Tafel schreiben روی تخته سیاه نوشتن
Tafelapfel, der; -s, ⸚ سیب خوراکی
Tafelbirne, die; -, -n گلابی خوراکی
Tafelbutter, die; - کرهٔ قالبی
tafelfertig *Adj.* [غذا] آماده، آمادهٔ پذیرایی
Tafelland, das; -(e)s, ⸚er فلات؛ جلگهٔ مرتفع
tafeln *Vi.* با لذت غذا خوردن
täfeln *Vt.* تخته‌بندی کردن، تخته‌کوبی کردن
Tafelobst, das; -es میوهٔ اعلا، میوهٔ خوراکی
Tafelöl, das; -(e)s, -e روغن خوراکی
Tafelrunde, die; -, -n مهمانان سر سفره
Tafelsalz, das; -es, -e نمک طعام
Tafelsilber, das; -s, - ظرف نقره
Täfelung, die; -, -en تخته‌بندی، تخته‌کوبی
Tafelwasser, das; -s, ⸚er آب‌معدنی، آب سر سفره
Tafelwein, der; -s, -e شراب سر سفره، شراب ارزان قیمت
Täfelwerk, das; -(e)s, -e تخته‌بندی، تخته‌کوبی
Taf(fe)t, der; -(e)s, -e پارچه تافته
Tag, der; -(e)s, -e روز
jeden Tag هر روز
eines Tages روزی
den ganzen Tag تمام مدت روز
Tag für Tag روز به روز
im Laufe des Tages در طی روز
Es ist noch nicht aller Tage Abend.
از این ستون به آن ستون فرج است.
Seine Tage sind gezählt. مرگش نزدیک است.

Tageblatt 790

Die Sonne bringt es an den Tag. خورشید پشت ابر نمی‌ماند.
Tageblatt, das; -(e)s, ¨-er روزنامه
Tagebuch, das; -(e)s, ¨-er ۱. دفترچهٔ خاطرات ۲. یادداشت روزانه
Tagedieb, der; -(e)s, -e آدم عاطل و باطل، ولگرد
Tagegelder, die / *Pl.* مدد معاش
tagelang *Adv.* روزهای متمادی
Tagelohn, der; -(e)s, ¨-e مزد روزانه
Tagelöhner, der; -s, - کارگر روزمزد
tagelöhnern *Vi.* روزمزد کار کردن
Tagemarsch, der; -es, ¨-e راهپیمایی روزانه
tagen *Vi.* ۱. روز شدن ۲. تشکیل جلسه دادن، اجتماع کردن، اجلاس برگزار کردن
Tagereise, die; -, -n سفر یک روزه
Tagesanbruch, der; -(e)s, ¨-e سپیده‌دم، بامداد، صبح
Tagesarbeit, die; -, -en کار روزانه
Tagesausflug, der; -(e)s, ¨-e گردش روزانه
Tagesbedarf, der; -s, - مایحتاج روزانه
Tagesbefehl, der; -s, -e (نظامی) فرمان روزانه
Tagesbericht, der; -(e)s, -e گزارش روزانه
Tagesgeld, das; -(e)s, -er مزد روزانه
Tagesgespräch, das; -(e)s, -e سخن روز، صحبت روز، موضوع روز
Tageskasse, die; -, -n (تئاتر) گیشهٔ روزانه
Tageskurs, der; -es, -e نرخ روز
Tagesleistung, die; -, -en بازده روز
Tageslicht, das; -(e)s روشنایی روز، نور طبیعی
Tagesmode, die; -, -n مد روز
Tagesordnung, die; -, -en دستور جلسه
Tagespreis, der; -es, -e قیمت روز
Tagespresse, die; - مطبوعات روزانه
Tagesschau, die; -, -en اخبار تلویزیونی
Tagessuppe, die; -, -n سوپ روز
Tageszeit, die; -, -en وقت روز، هنگام روز
Tageszeitung, die; -, -en روزنامهٔ یومیه
tageweise *Adv.* در طی روز، در مدت روز
Tagwerk, das; -(e)s, -e کار روزانه
Tagfalter, der; -s, - پروانه
taghell *Adj.* کاملاً روشن، به روشنی روز
täglich *Adj.* روزانه، هر روز
tags *Adv.* در طی روز
tags darauf روز بعد
tagsüber *Adv.* در طی روز، در مدت روز
tagtäglich *Adj.* هر روز، روزانه
Tagundnachtgleiche, die; -, -n اعتدال شب و روز
Tagung, die; -, -en جلسه، مجمع، سمینار، گردهمایی
Taifun, der; -s, -e طوفان سخت، گردباد
Taille, die; -, -n کمر؛ گودی کمر؛ دور کمر
Taillenweite, die; -, -n اندازهٔ دور کمر
Takel, das; -s, - اسباب و لوازم بادبان (کشتی)
Takelage, die; -, -n دکل‌آرایی
Takelung, die; -, -en دکل‌آرایی
Takelwerk, das; -(e)s, -e دکل‌آرایی
takeln *Vt.* با دکل و بادبان آراستن (کشتی)
Takt, der; -(e)s, -e ۱. مقیاس، زمان ۲. (موسیقی) ریتم، ضرب ۳. نزاکت، متانت؛ جوانمردی
den Takt schlagen ضرب زدن
aus dem Takt kommen از ریتم خارج شدن
im Takt bleiben ضرب را حفظ کردن
taktfest *Adj.* ۱. ضربی ۲. محکم، استوار
Taktgefühl, das; -(e)s, - حس نزاکت، حس متانت
taktieren *Vi.* ۱. رعایت ریتم را کردن، ضرب گرفتن ۲. با تاکتیک خاص عمل کردن
Taktik, die; -, -en تاکتیک، تدبیر جنگی، رزم‌آرایی، جنگ‌دانی
Taktiker, der; -s, - متخصص تدابیر جنگی، رزم‌آرا، جنگ‌دان
taktisch *Adj.* تاکتیکی، ماهرانه، ناشی از تدابیر جنگی، براساس تاکتیک معین
taktlos *Adj.* ۱. بی‌نزاکت، بی‌ادب ۲. بدون ضرب
Taktlosigkeit, die; -, -en ۱. بی‌نزاکتی، بی‌ادبی ۲. بی‌ضربی
Taktstock, der; -(e)s, ¨-e چوب رهبری ارکستر
Taktstrich, der; -(e)s, -e (موسیقی) خط میزان
taktvoll *Adj.* با نزاکت، خوش‌اخلاق، باادب
Tal, das; -(e)s, ¨-er دره
talabwärts *Adv.* سرازیری، سرپایینی، نشیب
Talar, der; -s, -e خرقه، ردا، قبا، لباده
Tälchen, das; -s, - درهٔ کوچک
Talent, das; -(e)s, -e استعداد فطری، قریحهٔ ذاتی
talentiert *Adj.* بااستعداد، مستعد، با قریحه
talentlos *Adj.* بی‌استعداد، بی‌قریحه
talentvoll *Adj.* بااستعداد، مستعد، با قریحه
Talg, der; -(e)s, - پیه، چربی، روغن حیوانی
Talgdrüse, die; -, -n غدهٔ چربی
talgig *Adj.* چرب، پیه اندود

Talglicht, das; -(e)s, -er شمع پیه‌ای
Talisman, der; -s, -e طلسم، نظر قربانی
Talk, der; -(e)s, -e طلق
Talkerde, die; -, -n ۱. پودر طلق ۲. منیزی، تباشیر
Talkessel, der; -s, - درهٔ عمیق
Talk-Show, die; -, -s برنامهٔ سخنرانی توأم با موسیقی و نمایش
Talkstein, der; -(e)s, -e طلق
Talkum, das; -s, - طلق
Talmi, das; -s, - زرِ ساختگی، طلای تقلبی
Talmulde, die; -, -n درهٔ کم عمق
Talsohle, die; -, -n ۱. قعر دره، ته دره ۲. تورفتگی، گودشدگی
Talsperre, die; -, -n سد، بند، آب‌بند؛ دریاچهٔ مصنوعی
Tamarinde die; -, -n تمبر هندی
Tambour, der; -s, -e طبّال؛ نوازندهٔ تنبور
Tambourmajor, der; -s, -e سرپرست طبل‌نوازان
Tambur, der; -s, -e تنبور
Tamburin, das; -s, -e دایره زنگی
Tampon, der; -s, -s ۱. فتیله ۲. تامپون
Tamtam, das; -s, -s ۱. تام‌تام، گنگ (نوعی طبل هندی/چینی) ۲. سر و صدا، قیل و قال ۳. (برای جلب توجه مردم) نمایش پر سر و صدا
Tand, der; -(e)s ۱. خرده ریز، خرت و پرت ۲. پولک ۳. بازیچه، اسباب‌بازی
Tändelei, die; -, -en ۱. اتلاف وقت ۲. لاس زدن ۳. شیرین‌کاری
tändeln *Vi.* ۱. وقت‌کشی کردن ۲. لاس زدن
Tandem, das; -s, -s ۱. دوچرخهٔ دو نفره ۲. درشکهٔ دو اسبه
Tang, der; -(e)s, -e جلبک دریایی، خزهٔ دریایی
Tangens, der; -, - (ریاضی) تانژانت
Tangente, die; -, -n ۱. خط مماس ۲. کمربندی (جاده)
tangieren *Vt.* ۱. با (چیزی) مماس بودن ۲. تحت تاثیر قرار دادن
Tango, der; -s, -s تانگو (نوعی رقص دو نفره)
Tank, der; -(e)s, -e/-s ۱. مخزن (مایعات) ۲. باک (اتومبیل) ۳. تانک
tanken *Vi., Vt.* ۱. بنزین زدن، سوخت‌گیری کردن ۲. تجدید قوا کردن ۳. بسیار نوشیدن (مشروب الکلی)
Tanker, der; -s, - تانکر، کشتی نفت‌کش
Tankschiff, das; -(e)s, -e کشتی نفت‌کش
Tankstelle, die; -, -n پمپ بنزین، محل سوخت‌گیری
Tankwagen, der; -s, - اتومبیل نفت‌کش
Tankwart, der; -es, -e مأمور سوخت‌رسانی
Tann, der; -(e)s, -e جنگل، بیشه
Tanne, die; -, -n صنوبر؛ کاج
Tannenbaum, der; -(e)s, -bäume درخت صنوبر؛ درخت کاج
Tannenholz, das; -es, ¨-er چوب صنوبر؛ چوب کاج
Tannennadel, die; -, -n برگ سوزنی‌شکل صنوبر؛ برگ سوزنی‌شکل کاج
Tannenwald, der; -(e)s, ¨-er جنگل صنوبر
Tannenzapfen, der; -s, - میوهٔ صنوبر
Tantal, das; -s, - (شیمی) تانتالیم
Tantalusqualen, die / *Pl.* عذاب تانتالوس (در اساطیر تانتالوس پادشاهی بود که محکوم شده بود تا گردن در آب باشد ولی نتواند از آن آب بخورد)
Tante, die; -, -n ۱. عمه، خاله؛ زن‌عمو، زن‌دایی ۲. زنیکه ۳. زن (آشنای خانواده از دید بچه‌ها)
Tantieme, die; -, -n حق امتیاز؛ حق تألیف؛ حق اختراع
Tanz, der; -es, ¨-e رقص
jemandem **den Tanz lange machen** کسی را منتظر گذاشتن
Tanzabend, der; -s, -e مجلس رقص، شب رقص
Tanzbär, der; -en, -en خرس رقصان
Tanzbein, das
das Tanzbein schwingen رقصیدن
Tanzboden, der; -s, - / ¨ کف سالن رقص
Tanzdiele, die; -, -n محل رقص
tänzeln *Vi.* جست و خیز کردن، ورجه ورجه کردن
tanzen *Vi., Vt.* رقصیدن
Tänzer, der; -s, - رقاص، رقصنده
Tänzerin, die; -, -nen رقاص، رقصنده (زن)
Tanzfläche, die; -, -n پیست رقص، زمین رقص
Tanzgesellschaft, die; -, -en مجلس رقص
Tanzkapelle, die; -, -n ارکستر رقص
Tanzlehrer, der; -s, - هنرآموز رقص، معلم رقص
Tanzlehrerin, die; -, -nen هنرآموز رقص، معلم رقص (زن)
Tanzlokal, das; -(e)s, -e محل رقص
Tanzmusik, die; - موسیقی رقص
Tanzpartner, der; -s, - شریک رقص، همپای رقص
Tanzsaal, der; -(e)s, -säle سالن رقص
Tanzschritt, der; -(e)s, -e قدم رقص

Tanzschuh, der; -(e)s, -e	کفش رقص
Tanzschule, die; -, -n	کلاس رقص، مدرسهٔ رقص
Tanzstunde, die; -, -n	تعلیم رقص، آموزش رقص
Tanzturnier, das; -s, -e	مسابقهٔ رقص
tapern Vi.	ناشیانه حرکت کردن، لرزان به راه افتادن
Tapet, das; -(e)s, -e	پوشش
etwas aufs Tapet bringen	چیزی را به زبان آوردن
Tapete, die; -, -n	کاغذ دیواری
Tapetenwechsel, der; -s, -	تغییر محیط، تغییر محل زندگی
tapezieren Vt.	کاغذدیواری چسباندن، کاغذپوش کردن
Tapezierer, der; -s, -	کاغذ دیواری چسبان
tapfer Adj.	دلیر، شجاع، رشید، جسور، بی‌باک، متهور
Tapferkeit, die; -	دلیری، رشادت، شجاعت، جسارت، بی‌باکی، تهور
Tapisseriewaren, die / Pl.	پرده‌های نقش‌دار
tappen Vi.	کورمال‌کورمال راه رفتن، در تاریکی دنبال (چیزی) گشتن، با قدم‌های کوتاه و نامطمئن راه رفتن
täppisch Adj.	بدترکیب، زمخت، زشت
taprig Adj.	ناشیانه، لرزان
Taps, der; -es, -e	(آدم) ناشی، (آدم) خام‌دست
tapsen Vi.	ناشیانه راه رفتن، با قدم‌های کوتاه و نامطمئن راه رفتن
Tara, die; -, -s	وزن کالای بسته‌بندی شده؛ وزن بسته‌بندی کالا
Tarantel, die; -, -n	رتیل
Er sprang auf wie von der Tarantel gestochen.	چنان از جا پرید که انگار مار نیشش زده است.
tarieren Vt.	وزن خالص (چیزی) را محاسبه کردن
Tarif, der; -s, -e	۱. نرخ (دولتی) ۲. تعرفهٔ گمرکی ۳. جدول دستمزدها و مالیات‌ها
Tariferhöhung, die; -, -en	افزایش تعرفهٔ گمرکی
Tarifermäßigung, die; -, -en	کاهش تعرفهٔ گمرکی
Tarifgehalt, das; -(e)s, -e	میزان حقوق
Tarifkündigung, die; -, -en	اعلان تعرفهٔ گمرکی
tariflich Adj.	تعرفه‌ای، قراردادی، پیمانی، طبق تعرفه
Tariflohn, der; -(e)s, ¨e	دستمزد متعارف، اجرت معین
tarifmäßig Adj.	قراردادی، پیمانی
Tarifpartner, der; -s, -	طرف قرارداد
Tarifverhandlungen, die / Pl.	مذاکره دربارهٔ دستمزد
Tarifvertrag, der; -(e)s, ¨e	قرارداد دستمزد
Tarifvertragspartien, die / Pl.	طرفین قرارداد دستمزد
tarnen Vt.	۱. ماسک زدن ۲. (خود) را استتار کردن، (خود) را مخفی کردن ۳. الک کردن، غربال کردن
Tarnkappe, die; -, -n	کلاه غیب‌کننده، کلاه جادویی
Tarnorganisation, die; -, -en	سازمان مخفی
Tarnung, die; -, -en	استتار، پوشش
Täschchen, das; -s, -	۱. جیب کوچک ۲. کیف دستی کوچک
Tasche, die; -, -n	۱. جیب ۲. کیف، ساک
in die Tasche stecken	در جیب گذاشتن
aus der Tasche holen	از جیب درآوردن
tief in die Tasche greifen	پول زیاد پرداختن
jemandem auf der Tasche liegen	خرج روی دست کسی گذاشتن
Taschenausgabe, die; -n, -n	نشر جیبی، چاپ جیبی (کتاب)
Taschenbuch, das; -(e)s, ¨er	کتاب جیبی
Taschendieb, der; -(e)s, -e	جیب‌بر
Taschendiebstahl, der; -(e)s, -e / ¨e	جیب‌بری
Taschenfeuerzeug, das; -(e)s, -e	فندک جیبی
Taschenformat, das; -(e)s, -e	(کتاب) قطع جیبی، کتاب جیبی
Taschengeld, das; -(e)s, -er	پول تو جیبی
Taschenkalender, der; -s, -	تقویم جیبی
Taschenlampe, die; -, -n	چراغ‌قوه
Taschenmesser, das; -s, -	چاقوی جیبی، قلم‌تراش
Taschenrechner, der; -s, -	ماشین‌حساب جیبی
Taschenspieler, der; -s, -	تردست، شعبده‌باز؛ حقه‌باز
Taschenspielerei, die; -, -en	تردستی، شعبده‌بازی؛ حقه‌بازی
Taschentuch, das; -(e)s, ¨er	دستمال
Taschenuhr, die; -, -en	ساعت جیبی، ساعت بغلی
Taschenwörterbuch, das; -(e)s, ¨er	فرهنگ جیبی
Täßchen, das; -s, -	فنجان کوچک
Tasse, die; -, -n	فنجان
eine Tasse Tee	یک فنجان چای
eine Tasse Kaffee	یک فنجان قهوه
aus der Tasse trinken	از فنجان نوشیدن
Tastatur, die; -, -en	۱. شستی (پیانو) ۲. کلید، دکمه (ماشین تحریر / کامپیوتر)

Taste, die; -, -n ۱. شستی (پیانو) ۲. کلید، دکمه (ماشین تحریر)
tasten *Vi., Vr., Vt.* ۱. لمس کردن، بساویدن، دست مالیدن ۲. با کمک دست راه را پیدا کردن ۳. کورمال کورمال راه رفتن، در تاریکی پی (چیزی) گشتن
tastend *Adj.* آزمایشی، تجربی
Tasten(wahl)fernsprecher, der; -s, - تلفن شستی‌دار
Taster, der; -s, - شستی تلفن؛ دکمهٔ زنگ اخبار
Tastsinn, der; -(e)s حس لامسه، حس بساوایی
Tastsinnesorgan, das; -s, -e اندام حس لامسه
Tat, die; -, -en عمل، فعل، کار، اقدام
in die Tat umsetzen به اجرا درآوردن
In der Tat! واقعاً ! براستی!
jemandem **mit Rat und Tat beistehen** با تمام قوا به کسی کمک کردن
tat *P.* صیغهٔ فعل گذشتهٔ مطلق از مصدر tun
Tatar[1], der; -en, -en (قوم) تاتار
Tatar[2], das; -(s), - تاتار (نوعی غذا از گوشت گاو خام چرخ کرده)
Tatbericht, der; -(e)s, -e گزارش جرم
Tatbestand, der; -(e)s, ⸚e واقعیت، چگونگی امر
Tateinheit, die; - توافق در مورد جرم
Tatendrang, der; -(e)s, - میل مفرط به فعالیت
tatendurstig *Adj.* تشنهٔ کار، مشتاق کار
tatenlos *Adj.* غیر فعال
tatenreich *Adj.* مؤثر
Täter, der; -s, - مجرم، مقصر، مسبب
Täterin, die; -, -nen مجرم، مقصر، مسبب (زن)
Täterschaft, die; -, -en جرم، تقصیر
Tatfrage, die; -, -n مسئلهٔ جرم
tätig *Adj.* فعال، کاری؛ مؤثر؛ شاغل، مشغول
tätigen *Vt.* اجرا کردن، انجام دادن، عملی کردن
Tätigkeit, die; -, -en ۱. عملکرد، فعالیت، تلاش ۲. شغل، کار، حرفه
Tätigkeitsfeld, das; -(e)s, -er حوزهٔ فعالیت
Tätigkeitswort, das; -(e)s, -e/⸚er (دستور زبان) فعل
Tätigung, die; -, -en معامله، داد و ستد، سودا
Tatkraft, die; - قدرت عمل، نیروی کار، توانایی
tatkräftig *Adj.* فعال، کاری؛ مؤثر؛ شاغل، مشغول
tätlich *Adj.* دست به یقه
gegen jemanden **tätlich werden** بر ضد کسی متوسل به زور شدن
Tätlichkeit, die; -, -en توسل به زور، تجاوز
Tatmehrheit, die; - کثرت جرایم
Tatort, der; -(e)s, -e محل وقوع جرم
tätowieren *Vt.* خال‌کوبی کردن
Tätowierung, die; -, -en خال‌کوبی
Tatsache, die; -, -n واقعیت، حقیقت امر، امر مسلم، موضوع واقعی
Tatsacheirrtum, der; -s, ⸚er خبط واقعیت
Tatsachenbericht, der; -(e)s, -e گزارش واقعیت
tatsächlich *Adv., Adj.* ۱. به‌راستی، واقعاً ۲. در اصل، در واقع، حقیقتاً ۳. اصلی، واقعی، حقیقی
tätscheln *Vt.* نوازش کردن، دست نوازش بر سرِ (کسی) کشیدن
Tatterisch, der; -(e)s, - لرزش ناشی از خشم
tattern *Vi.* (از خشم/سرما) لرزیدن
Tatze, die; -, -n پنجه، چنگال (حیوان)
Tau[1], das; -(e)s, -e طناب، ریسمان (کلفت)
Tau[2], der; -(e)s, - شبنم، ژاله
taub *Adj.* ۱. کر، ناشنوا؛ گران‌گوش ۲. بی‌حس ۳. پوک، توخالی
auf beiden Ohren taub sein به خواست دیگران توجهی نداشتن
Taube, die; -, -n کبوتر
taubengrau *Adj.* به رنگ خاکستری
Taubenschießen, das; -s, - شکار کبوتر
Taubenschlag, der; -(e)s, ⸚e کبوترخانه، کفترخانه
Taubenzucht, die; - پرورش کبوتر
Taubenzüchter, der; -s, - کفترباز، پرورش‌دهندهٔ کبوتر
Tauber, der; -s, - کبوتر نر
Täuberich, der; -s, -e کبوتر نر
Taubheit, die; - کری، ناشنوایی
Täubin, die; -, -nen کبوتر ماده
Taubnessel, die; -, -n (گیاه) گزنه
taubstumm *Adj.* کر و لال
Taubstumme, der/die; -n, -n کر و لال
Taubstummensprache, die; -, -n زبان کر و لال‌ها
tauchen *Vi., Vt.* ۱. غواصی کردن، زیر آب رفتن ۲. غوطه دادن، غوطه‌ور کردن، در مایع فرو بردن
Taucher, der; -s, - غواص
Taucheranzug, der; -(e)s, ⸚e لباس غواصی
Taucherbrille, die; -, -n عینک غواصی
Taucherglocke, die; -, -n اتاقک مخصوص غواصی
Taucherhelm, der; -(e)s, -e کلاه غواصی

Taucherin, die; -, -nen غواص (زن)
Tauchermaske, die; -, -n ماسک غواصی
Tauchgerät, das; -(e)s, -e لوازم غواصی
Tauchsieder, der; -s, - دستگاه گرم‌کنندهٔ مایعات
Tauchsport, der; -(e)s, - (ورزش) غواصی
tauen *Vi., Vt.* ۱. آب شدن، ذوب شدن (یخ / برف) ۲. شبنم زدن ۳. ذوب کردن، آب کردن
Es taut! شبنم می‌زند!
Taufakt, der; -(e)s, -e مراسم غسل تعمید؛ مراسم نام‌گذاری (کودک)
Taufbecken, das; -s, - ظرف (مخصوص) آب غسل تعمید
Taufbuch, das; -(e)s, ¨-er دفتر ثبت غسل تعمید
Taufe, die; -, -n تعمید، غسل تعمید
taufen *Vt.* ۱. غسل تعمید دادن ۲. نام‌گذاری کردن (نوزاد)
Täufer, der; -s, - غسل تعمیددهنده
Täufling, der; -s, -e کودک غسل تعمید داده شده
Taufname, der; -ns, -n اسم تعمیدی، نام دینی
Taufpate, der; -n, -n پدر تعمیدی
Taufpatin, die; -, -nen مادر تعمیدی
Taufschein, der; -(e)s, -e گواهینامهٔ تعمید
Taufstein, der; -(e)s, -e حوض غسل تعمید؛ ظرف (مخصوص) آب غسل تعمید
Taufwasser, das; -s, - آب (مخصوص) غسل تعمید
Taufzeuge, der; -n, -n پدر تعمیدی
Taufzeugin, die; -, -nen مادر تعمیدی
taugen *Vi.* مفید بودن، به‌درد خوردن، ارزش داشتن، مناسب بودن
Das Buch taugt nicht für Kinder. این کتاب به درد بچه‌ها نمی‌خورد.
Taugenichts, der; -(es), -e شخص به‌درد نخور، آدم بی‌بخار
tauglich *Adj.* ۱. مفید، سودمند ۲. شایسته، با قابلیت، مستعد
Tauglichkeit, die; - ۱. مفیدی، سودمندی ۲. شایستگی، قابلیت، استعداد
Taumel, der; -s, - ۱. گیجی، تلو تلو ۲. وجد، جذبه، سرمستی، حالت از خود بی‌خودی
taum(e)lig *Adj.* گیج، (مبتلا به) دوارسر
taumeln *Vi.* تلو تلو خوردن، گیج شدن، از خود بی‌خود شدن
Taupunkt, der; -(e)s, -e نقطهٔ شبنم، درجهٔ اشباع بخار آب

Tausch, der; -es, -e مبادله، معاوضه، رد و بدل
tauschen *Vt., Vi.* عوض کردن، مبادله کردن، معاوضه کردن، رد و بدل کردن
Ich möchte nicht mit ihm tauschen. دلم نمی‌خواهد جای او باشم.
täuschen *Vt., Vr.* ۱. فریب دادن، گول زدن، گمراه کردن، فریفتن ۲. اشتباه کردن، دچار اشتباه شدن، گمراه شدن
täuschend *Adj.* ۱. فریبنده، فریب‌آمیز ۲. اشتباه برانگیز
Sie sind sich täuschend ähnlich. آنها بسیار شبیه هم هستند.
Tauschgeschäft, das; -(e)s, -e مبادله، معاوضه، رد و بدل
Tauschhandel, der; -s, - مبادله، معاوضه، رد و بدل
Tauschmittel, das; -s, - وسیلهٔ مبادله
Tauschobjekt, das; -(e)s, -e کالای مورد مبادله
Täuschung, die; -, -en فریب، گول‌زنی، اغفال
Täuschungsmanöver, das; -s, - عمل رد گم کردن، نمایش خدعه‌آمیز
Täuschungsversuch, der; -(e)s, -e قصد رد گم کردن
Tauschvertrag, der; -(e)s, ¨-e قرارداد تهاتری
Tauschwert, der; -(e)s ارزش مبادله
Tausend, die; -, -en رقم هزار، عدد هزار
Tausend von Menschen هزاران نفر
tausend *Zahlw.* هزار
Tausender, der; -s, - هزار مارکی
tausenderlei *Adj.* هزار جور
tausendfach *Adj.* هزار برابر
tausendfältig *Adj.* هزار برابر
Tausendfuß, der; -es, ¨-e هزارپا
Tausendfüß(l)er, der; -s, - هزارپا
tausendjährig *Adj.* هزار ساله، هزاره
Tausendkünstler, der; -s, - ۱. هزار پیشه، هزار حرفه ۲. ساحر، افسونگر
tausendmal *Adj.* هزار بار
Tausendsasa, der; -s, -(s) آدم بد، شیطان
Tausendschön, das; -(e)s, -e گل مروارید
Tausendschönchen, das; -s, - گل مروارید
tausendst *Adj.* هزارم، هزارمین
Tausendstel, das; -s, - یک هزارم
Tausendundeine Nacht, die; -, ¨-e (افسانه) هزار و یک شب
Tautologie, die; -, -n تکرار مکررات
Tautropfen, der; -s, - قطرهٔ شبنم، ژاله

Tauwerk, das; -(e)s, - ۱. (مجموع) طناب‌های کشتی ۲. طناب‌بافی
Tauwetter, das; -s, - هوای ملایم
Tauziehen, das; -s, - مسابقهٔ طناب‌کشی
Taxameter, der; -s, - تاکسی‌متر، مسافت‌سنج، مسافت‌نما
Taxamt, das; -es, ⸚er شرکت تاکسیرانی
Taxator, der; -s, -en ارزیاب، مقوم، خبره
Taxe, die; -, -n ۱. نرخ، بها ۲. مالیات ۳. اجرت، دستمزد ۴. ارزیابی ۵. تعرفه ۶. تاکسی
Taxi, das; -s, -s تاکسی
Taxichauffeur, der; -s, -e رانندهٔ تاکسی
taxieren *Vt.* تخمین زدن، ارزیابی کردن، تقویم کردن، روی (چیزی) نرخ گذاشتن
Taxierer, der; -s, - مقوم، خبره، ارزیاب
Taxierung, die; - تقویم، تخمین، ارزیابی
Taxifahrer, der; -s, - رانندهٔ تاکسی
Taxistand, der; -(e)s, ⸚e ایستگاه تاکسی
Taxler, der; -s, - رانندهٔ تاکسی
Team, das; -s, -s تیم، گروه
Teamarbeit, die; - کار تیمی، کار گروهی، کار جمعی
Teamwork, das; -s, - کار تیمی، کار گروهی، کار جمعی
Technik, die; -, -en تکنیک، فن، روش، شیوه
Techniker, der; -s, - تکنیسین، اهل فن، کاردان فنی
Technikerin, die; -, -nen تکنیسین، اهل فن، کاردان فنی (زن)
Technikum, das; -s, -ken / -ka هنرستان صنعتی، مدرسهٔ فنی
technisch *Adj.* تکنیکی، فنی
technisieren *Vt.* فنی کردن، تکنیکی کردن
Technologie, die; -, -n تکنولوژی، فن‌شناسی، فن‌آوری
Techtelmechtel, das; -s, - عشق‌بازی
Teckel, der; -s, - سگ پاکوتاه
Teddybär, der; -en, -en خرس عروسکی
Tee, der; -s, -s چای
Tee trinken چای نوشیدن
Teebeutel, der; -s, - چای کیسه‌ای، تی‌بگ
Teebrett, das; -(e)s, -er سینی (چای)
Teebüchse, die; -, -n چای‌دان، قوطی چای
Tee-Ei, das; -(e)s, -er ظرف تخم‌مرغ شکلی که چای خشک در آن می‌ریزند و در قوری می‌گذارند
Teefilter, der; -s, - چای صاف‌کن

Teegebäck, das; -(e)s, -e کیک چای، بیسکویت
Teegeschirr, das; -(e)s, -e سرویس چای، سرویس چای‌خوری
Teeglas, das; -es, ⸚er استکان چای‌خوری
Teehaus, das; -es, -häuser چایخانه؛ قهوه‌خانه
Teekanne, die; -, -n قوری
Teekessel, der; -s, - کتری، آب‌گرمکن
Teelöffel, der; -s, - قاشق چای‌خوری
Teelöffelvoll, die; - قاشق چای‌خوری پر
teelöffelweise *Adv.* به اندازهٔ قاشق چای‌خوری
Teemaschine, die; -, -n دستگاه چای‌ساز
Teemischung, die; -, -en چای مخلوط
Teenager, der; -s, - نوجوان، تین‌ایجر (پسر / دختر ۱۳ تا ۱۹ ساله)
Teepause, die; -, -n استراحت کوتاه (در موقع کار)
Teer, der; -(e)s, -e قیر؛ قطران
teeren *Vt.* قیراندود کردن، به (جایی) قیر مالیدن، به (جایی) قیر زدن
teerig *Adj.* قیری، قیراندود
Teerose, die; -, -n گل چای
Teerpappe, die; -, -n تختهٔ قیر
Teeservice, das; -s, - سرویس چای‌خوری
Teesieb, das; -(e)s, -e چای صاف‌کن
Teestrauch, der; -(e)s, -sträucher بوتهٔ چای
Teetasse, die; -, -n فنجان چای، فنجان چای‌خوری
Teeverkäufer, der; -s, - فروشندهٔ چای
Teewagen, der; -s, - میزِ چای چرخ‌دار
Teewärmer, der; -s, - چای گرمکن
Teich, der; -(e)s, -e حوض؛ برکه؛ استخر
Teig, der; -(e)s, -e ۱. خمیر ۲. چسب، سریش
teigig *Adj.* خمیری، خمیرمانند؛ چسبناک
Teigwaren, die / *Pl.* مواد آردی، مواد نشاسته‌ای
Teil, der / das; -(e)s, -e ۱. بخش، قسمت، جزء ۲. سهم، نصیب
zum Teil بعضاً، در مواردی
zum größten Teil به‌طور عمد، تا حد زیادی
die Ersatzteil لوازم یدکی
Er prüfte jedes Teil sorgfältig.
او هر قطعه را با دقت کنترل کرد.
Teilansicht, die; -, -en بخشی از تصویر، قسمتی از زاویهٔ دید
teilbar *Adj.* قابل تقسیم، قابل قسمت، بخش‌پذیر
Teilbarkeit, die; - قابلیت تقسیم
Teilchen, das; -s, - ذره، جزء، خرده

teilen *Vt., Vr.* ۱. بخش کردن، تقسیم کردن، قسمت کردن ۲. سهیم بودن، سهیم شدن ۳. قسمت شدن، تقسیم شدن
den Gewinn teilen در سود سهیم بودن
Teiler, der; -s, - ۱. تقسیم‌کننده، بخش‌کننده ۲. (ریاضی) مقسوم‌علیه
Teilerfolg, der; -(e)s, -e پیروزی ناچیز
Teilgebiet, das; -(e)s, -e بخش (از یک منطقه)
teilhaben *Vi.* سهیم بودن، شریک بودن، شرکت داشتن
an den Freude der anderen teilhaben در شادی دیگران سهیم بودن
Teilhaber, der; -s, - شریک، سهیم
Teilhaberin, die; -, -nen شریک، سهیم (زن)
Teilhaberschaft, die; -, -en مشارکت
teilig *Adj.* مرکب از، شامل
Teilinvalide, der/die; -n, -n نیمهٔ فلج
Teilkaskoversicherung, die; -, -en بیمهٔ بدنه (وسیلهٔ نقلیه)
Teilnahme, die; -, -n ۱. شرکت، مشارکت، اشتراک ۲. همدردی، دلسوزی، غمخواری
teilnahmslos *Adj.* بی‌احساس، بی‌تفاوت، لاقید، خونسرد، بی‌علاقه، بی‌توجه
Teilnahmslosigkeit, die; - بی‌حسی، بی‌تفاوتی، لاقیدی، خونسردی، بی‌توجهی، بی‌علاقگی
teilnahmsvoll *Adj.* دلسوز، غمخوار؛ موافق؛ مشتاق
teilnehmen *Vi.* ۱. شرکت کردن، شرکت جستن، سهیم شدن، مشارکت کردن ۲. همدردی کردن
an einem Kurs teilnehmen در رشته‌ای شرکت کردن
teilnehmend *Adj.* دلسوز، غمخوار، موافق
Teilnehmer, der; -s, - شرکت‌کننده؛ مشترک
Teilnehmerin, die; -, -nen شرکت‌کننده؛ مشترک (زن)
Teilnehmerverzeichnis, das; -nisses, -nisse کتاب راهنمای مشترکان تلفن
Teilpension, die; -, -en (در هتل) پانسیون نیمه کامل
teils *Adv.* جزئی، اندکی، قسمتی، کمابیش
Der Schnee auf den Feldern ist teils schon geschmolzen. برف مزارع کمابیش آب شده است.
Teilstrecke, die; -, -n بخشی از فاصله، قسمتی از مسافت
Teilung, die; -, -en تقسیم، بخش، قسمت
Teilungszahl, die; -, -en ۱. سود (سهام) ۲. (ریاضی) مقسوم
teilweise *Adv.* جزئی، قسمتی، تاحدودی، در برخی از موارد
Teilzahlung, die; -, -en پرداخت قسطی
etwas **auf Teilzahlung kaufen** چیزی را به اقساط خریدن
Teilzeitarbeit, die; -, -en کار نیمه‌وقت
Teilzeitbeschäftigung, die; -, -en کار نیمه‌وقت
Teint, der; -s, -s رنگ چهره؛ رنگ بشره، رنگ پوست
Tektonik, die; - (زمین‌شناسی) تکتونیک
Telefon, das; -s, -e تلفن، دستگاه تلفن
am Telefon پای تلفن
telefonieren *Vi.* تلفن زدن، تلفن کردن
Telegraf, der; -en, -en تلگراف، دستگاه تلگراف
telegrafieren *Vt.* تلگراف زدن، مخابره کردن
Telegramm, das; -s, -e تلگرام
Telegrammanschrift, die; -, -en نشانی تلگرافی
Telegrammformular, das; -s, -e فرم تلگرافی
Telegrammgebühren, die/*Pl.* هزینهٔ تلگراف
Telegrammstil, der; -(e)s, - فرم تلگرافی، استعمال عبارات مختصر و تلگرافی
Telegraph, der; -en, -en تلگراف، دستگاه تلگراف
Telegraphenamt, das; -(e)s, ¨-er ادارهٔ مخابرات
Telegraphendraht, der; -(e)s, ¨-e سیم تلگراف
Telegraphenmast, der; -es, -e تیر تلگراف
Telegraphie, die; -, -n فن تلگراف
telegraphieren *Vt.* تلگراف زدن، مخابره کردن
telegraphisch *Adj.* تلگرافی
Telegraphist, der; -en, -en تلگرافچی
Telegraphistin, die; -, -nen تلگرافچی (زن)
Teleobjektiv, das; -s, -e (عکاسی) (لنز) تِله، تله‌فتو
Telepathie, die; -, -n تله‌پاتی، ارتباط فکری
telepathisch *Adj.* (مربوط به) تله‌پاتی
Telephon, das; -s, -e تلفن
Telephonanruf, der; -(e)s, -e مکالمهٔ تلفنی
Telephonanschluß, der; -schlusses, -schlüsse ارتباط تلفنی
Telephonapparat, der; -(e)s, -e دستگاه تلفن
Telephonat, das; -(e)s, -e مکالمهٔ تلفنی
Telephonauskunft, die; -, ¨-e اطلاعات تلفن
Telephonbuch, das; -(e)s, ¨-er دفترچهٔ تلفن، راهنمای تلفن
Telephongebühren, die/*Pl.* هزینهٔ تلفن
Telephongespräch, das; -(e)s, -e مکالمهٔ تلفنی
Telephonhäuschen, das; -s, - باجهٔ تلفن
Telephonhörer, der; -s, - گوشی تلفن
telephonieren *Vi.* تلفن زدن، تلفن کردن

telephonisch *Adj.* تلفنی، به‌وسیلهٔ تلفن
Telephonist, der; -en, -en تلفنچی، متصدی تلفن
Telephonistin, die; -, -nen تلفنچی، متصدی تلفن (زن)
Telephonnetz, das; -es, -e شبکهٔ تلفنی
Telephonnummer, die; -, -n شمارهٔ تلفن
Telephonrechnung, die; -, -en صورت‌حساب تلفن
Telephonverbindung, die; -, -en ارتباط تلفنی
Telephonvermittlung, die; -, -en مرکز مخابرات تلفن
Telephonzelle, die; -, -n اتاقک تلفن، کابین تلفن، کیوسک تلفن
Telephonzentrale, die; -, -n مرکز مخابرات تلفن
Teleskop, das; -s, -e تلسکوپ، دوربین نجومی
teleskopisch *Adj.* تلسکوپی، (مربوط به) دوربین نجومی
Television, die; - تلویزیون
Telex, das; -s, -(e) تلکس
Telexdienst, der; -es, -e کار با تلکس
Teller, das; -s, - ۱. بشقاب ۲. صفحهٔ فلزی
Tellermütze, die; -, -n کلاه بی‌لبه، کلاه بره
Tellertuch, das; -(e)s, ⸚er دستمال سفره
Tellerwäscher, der; -s, - ظرف‌شور
Tempel, der; -s, - معبد، پرستشگاه، عبادتگاه
Tempelherr, der; -n/-en, -en متولی معبد
Tempelraub, der; -(e)s, - توهین به مقدسات
Tempelritter, der; -s, - متولی معبد
Tempelschändung, die; -, -en توهین به مقدسات
Temperafarbe, die; -, -n (نقاشی) رنگ لعابی
Temperament, das; -(e)s, -e ۱. طبع، مزاج؛ حرارت ۲. چالاکی، نشاط، سرزندگی
temperamentlos *Adj.* بی‌حرارت، بی‌روح، بی‌نشاط
temperamentvoll *Adj.* ۱. پرحرارت، پرشور، باروح ۲. چالاک، بانشاط، سرزنده
Temperatur, die; -, -en درجهٔ حرارت
Temperatur haben تب داشتن
Temperaturanstieg, der; -(e)s, -e افزایش درجهٔ حرارت
Temperaturrückgang, der; -(e)s, ⸚e تنزل درجهٔ حرارت
Temperaturschwankung, die; -, -en تغییر درجهٔ حرارت

Temperenzler, der; -s, - طرفدار منع استعمال مشروبات الکلی
temperieren *Vt.* به (چیزی) حرارت دادن، گرم کردن
Tempo, das; -s, -s ۱. سرعت ۲. (موسیقی) ضرب
Tempolimit, das; -(e)s, -e محدودیت سرعت
temporal *Adj.* زمانی، (مربوط به) زمان
temporär *Adj.* موقتی، آنی، زودگذر، دوره‌ای
Tempotaschentuch, das; -(e)s, ⸚er/-e دستمال کاغذی
Tempus, das; -, -pora زمان فعل
Tendenz, die; -, -en ۱. میل، تمایل، گرایش ۲. قصد، نیت
tendenziös *Adj.* متمایل؛ مغرضانه، جانبدارانه
Tendenzroman, der; -s, -e داستان مغرضانه، داستان تعصب‌آلود
Tendenzstück, das; -(e)s, -e نمایش مغرضانه، داستان تعصب‌آلود
Tender, der; -s, - ۱. کشتی اسکورت ۲. سوخت‌دان (لوکوموتیو)
tendieren *Vi.* گرایش داشتن، تمایل داشتن، مایل بودن
Tenne, die; -, -n زمین خرمن‌کوبی
Tennis, das; - تنیس
Tennisball, der; -(e)s, ⸚e توپ تنیس
Tennisplatz, der; -es, ⸚e زمین تنیس
Tennisschläger, der; -s, - راکت تنیس
Tennisspieler, der; -s, - بازیکن تنیس
Tennisspielerin, die; -, -nen بازیکن تنیس (زن)
Tennisturnier, das; -s, -e مسابقهٔ تنیس
Tenor[1]**,** der; -s, - جوهر، مدلول، مضمون، فحوا
Tenor[2]**,** der; -s, -e/⸚e (موسیقی) صدای زیر مردانه، صدای تِنور
Tenorist, der; -en, -en (موسیقی) خوانندهٔ تِنور
Teppich, der; -s, -e فرش، قالی
Teppichboden, der; -s, -/⸚ موکت
Teppichkehrmaschine, die; -, -n جاروبرقی (مخصوص) فرش
Teppichwerberin, die; -, -nen فرش‌باف
Termin, der; -s, -e ۱. وعدهٔ ملاقات، قرار ملاقات ۲. موعد معین، زمان معین
Terminal, der/das; -s, -s ۱. ترمینال، پایانه (فرودگاه/راه‌آهن) ۲. پایان، انتها
terminal *Adj.* انتهایی، پایانی
termingemäß *Adj.* در موقع مقرر، به وقت خود

termingerecht 798

termingerecht *Adj.* در موقع مقرر، به وقت خود
Termingeschäft, das; -(e)s, -e معاملهٔ سلف (فروش سهام و غیره قبل از انتشار آن‌ها)
Terminkalender, der; -s, - سررسید، تقویم (مخصوص) وعده‌های ملاقات
Terminologie, die; -, -n واژگان، اصطلاحات علمی / فنی
Terminplan, der; -(e)s, ⸚e جدول، فهرست
Terminus, der; -, -ni اصطلاح فنی، واژهٔ تخصصی
Termite, die; -, -n موریانه
ternär *Adj.* سه‌تایی
Terpentin, der; -s, - تربانتین، جوهر سقز
Terpentinöl, das; -(e)s, -e روغن تربانتین
Terrain, das; -s, -s ۱. زمین، خاک ۲. ناحیه
Terrarium, das; -s, -rien ظرف (مخصوص) نگهداریِ خزندگان
Terrasse, die; -, -n تراس، ایوان، بالکن، مهتابی، بهارخواب
terrassenförmig *Adj.* مسطح
Terrier, der; -s, - (سگِ) تری‌یر
Terrine, die; -, -n ظرف سوپ‌خوری
territorial *Adj.* زمینی، خاکی، ارضی
Territorium, das; -s, -rien خاک، خطه، ملک، کشور، قلمرو، سرزمین
Terror, der; -s, - ۱. ترس، وحشت، ارعاب، خوف ۲. دهشت‌افکنی، آدمکشی، ترور ۳. فشار، اعمال زور
Terroranschlag, der; -(e)s, ⸚e سوءقصد تروریستی
terrorisieren *Vt.* ترور کردن، تهدید به قتل و آدمکشی کردن
Terrorismus, der; - تروریسم، حکومت زور و تهدید، دهشت‌افکنی، اعمال‌زور
Terrorist, der; -en, -en تروریست، طرفدار زور و تهدید، دهشت‌افکن، آدمکش
terroristisch *Adj.* تروریستی
tertiär *Adj.* سومی
Terz, die; -, -en (موسیقی) سوم، فاصلهٔ سوم
Terzerol, das; -s, -e (نوعی) تپانچهٔ کوچک
Terzett, das; -(e)s, -e (موسیقی) قطعه‌ای برای سه ساز / صدا
Tesafilm, der; -s, - چسب نواری
Test, der; -(e)s, -s تست، آزمون، امتحان، آزمایش
Testament, das; -(e)s, -e وصیت‌نامه
altes Testament تورات
sein Testament machen وصیت کردن
testamentarisch *Adj.* وصیتی، وصیت‌شده، (مربوط به) وصیت‌نامه
Testamentseröffnung, die; -, -en گشایش وصیت‌نامه، قرائت وصیت‌نامه
Testamentsvollstrecker, der; -s, - مجری وصیت‌نامه
Testamentsvollstreckung, die; -, -en اجرای وصیت‌نامه
Testator, der; -s, -en وصیت‌کننده
testen *Vt.* تست کردن، آزمودن، آزمایش کردن، محک زدن، امتحان کردن
Testfall, der; -(e)s, ⸚e آزمون، آزمایش، محک، امتحان
testieren *Vt.* به (چیزی) گواهی دادن، به (چیزی) شهادت دادن، تصدیق کردن
Testikel, der; -s, - بیضه، خایه
Testpilot, der; -en, -en خلبان آزمایشی
Tetanus, der; - (بیماری) کزاز
Tetanusimpfung, die; -, -en واکسن کزاز
Tetrachord, der / das; -(e)s, -e (موسیقی) تتراکورد
Tetraeder, das; -s, - جسم چهار سطحی
Tetragon, das; -s, -e چهار گوشه
teuer *Adj.* ۱. گران، قیمتی، پُرارزش ۲. عزیز، ارجمند، گرانقدر
Das ist zu teuer. این خیلی گران است.
Wie teuer ist das? قیمت این چقدر است؟
Das kommt ihn teuer zu stehen. برایش گران تمام خواهد شد.
Teuerung, die; -, -en گرانی
Teuerungszulage, die; -, -n اضافهٔ پرداخت برای جبران گرانی
Teufe, die; -, -n عمق، ژرفا
Teufel, der; -s, - شیطان، اهریمن، ابلیس
Er hat den Teufel im Leib. شیطان زیر جلدش رفته.
In der Not frißt der Teufel Fliegen. لنگه کفش کهنه در بیابان غنیمت است.
Mal nicht den Teufel an die Wand! بد به دلت راه نده!
Geh zum Teufel! برو به جهنم!
Teufelei, die; -, -en شیطنت، شرارت، عمل شیطانی
Teufelskerl, der; -(e)s, -e آدم شرور
Teufelskreis, der; -es, -e تسلسل مشکلات
teuflisch *Adj.* شیطانی، اهریمنی، دیوخو، پلید
Text, der; -es, -e متن، نص، مفاد

Textbuch, das; -(e)s, ¨er	متن کتاب؛ متن اپرا؛ موضوع نمایشنامه
textgemäß *Adj.*	مطابق متن
textil *Adj.*	بافته، منسوج
Textilchemie, die; -	شیمی نساجی
Textilfabrik, die; -, -en	کارخانهٔ نساجی
Textilien, die / *Pl.*	منسوجات، انواع پارچه
Textilindustrie, die; -, -n	صنعت نساجی
Textilwaren, die / *Pl.*	منسوجات، انواع پارچه
textlich *Adj.*	(مربوط به) متن
Tezett, das	
bis ins Tezett	موشکافانه
Theater, das; -s, -	۱. تئاتر، تماشاخانه ۲. ناآرامی، هرج و مرج، قیل و قال
ins Theater gehen	به تئاتر رفتن
Es ist nur Theater.	جدی نیست. صحنه‌سازی است.
ein Theater machen	سر و صدای زیاد راه انداختن
Mach nicht so ein Theater!	این‌قدر قیل و قال راه نینداز!
Theateraufführung, die; -, -en	اجرای نمایش
Theaterbesucher, der; -s, -	تماشاگر تئاتر
Theaterbesucherin, die; -, -nen	تماشاگر تئاتر (زن)
Theaterdichter, der; -s, -	نمایشنامه‌نویس، درام‌نویس
Theaterkarte, die; -, -n	بلیت نمایش، بلیت تئاتر
Theaterkasse, die; -, -n	گیشهٔ فروش بلیت نمایش
Theaterkritiker, der; -s, -	کارشناس تئاتر، منتقد نمایش
Theaterregisseur, der; -s, -e	کارگردان نمایش، کارگردان تئاتر
Theatersaal, der; -(e)s, -säle	سالن تئاتر، سالن نمایش
Theaterstück, das; -(e)s, -e	نمایشنامه
Theatervorstellung, die; -, -en	۱. برنامهٔ تئاتر ۲. اجرای نمایش
Theaterzettel, der; -s, -	پروگرام، برنامهٔ نمایش (با ذکر نام بازیکنان)
theatralisch *Adj.*	۱. نمایشی، تئاتری ۲. تصنعی، مصنوعی
Theke, die; -, -n	۱. پیشخوان مشروب‌فروشی ۲. پیشخوان (مغازه)
Thema, das; -s, -men	۱. تم، موضوع، عنوان، سوژه ۲. (موسیقی) آهنگ اصلی
Thematik, die; -, -en	موضوعی
thematisch *Adj.*	(مربوط به) موضوع
Theolog, der; -en, -en	عالم دین، عالم فقه، متخصص الهیات
Theologe, der; -n, -n	عالم دین، عالم فقه، متخصص الهیات
Theologie, die; -, -n	علم دین، الهیات، علم فقه، حکمت الهی
Theologin, die; -, -nen	عالم دین، عالم فقه، متخصص الهیات (زن)
theologisch *Adj.*	(وابسته به) علم دین، (مربوط به) الهیات
Theorem, das; -s, -e	قضیه، برهان
Theoretiker, der; -s, -	تئوریسین، مغز متفکر، متخصص علوم نظری، نظریه‌پرداز
theoretisch *Adj.*	نظری، فرضی، فکری، از نظر تئوری
theoretisieren *Vi.*	استدلال نظری کردن
Theorie, die; -, -n	تئوری، اصول نظری، نظریه، فرضیه، نگرش
Therapeut, der; -en, -en	درمان‌شناس، متخصص در علوم درمانی
Therapeutik, die; -	درمان‌شناسی
therapeutisch *Adj.*	(مربوط به) درمان‌شناسی، درمانی
Therapie, die; -, -n	معالجه، مداوا، علاج، درمان
Theriak, der; -s, -	تریاک
Thermalbad, das; -(e)s, ¨er	(به سبک رم قدیم) حمام آب معدنی گرم
Thermalquelle, die; -, -n	چشمهٔ آب معدنی گرم
Therme, die; -, -n	چشمهٔ آب معدنی گرم
thermisch *Adj.*	گرمایی، حرارتی، گرم
thermische Energie	انرژی گرمایی
Thermodynamik, die; -	ترمودینامیک (مبحث فعالیت مکانیکی و رابطهٔ آن با حرارت)
Thermoelektrizität, die; -	ترموالکتریک (رابطهٔ بین تفاوت دما و اختلاف پتانسیل)
Thermoelement, das; -(e)s, -e	اتصال دو فلز غیرهم‌جنس بر اثر ایجاد حرارت برقی برای اندازه‌گیری درجهٔ حرارت محیط
Thermometer, das; -s, -	ترمومتر، دماسنج، گرماسنج، حرارت‌سنج، میزان‌الحراره
Thermometersäule, die; -, -n	ستون میزان‌الحراره
Thermometerstand, der; -(e)s, ¨e	مقدار حرارت (بدن)، اندازهٔ میزان‌الحراره

thermometrisch 800

thermometrisch *Adj.* (وابسته به) حرارت‌سنج، (برحسب) گرماسنج
thermoplastisch *Adj.* (بر اثر حرارت) قابل ارتجاع، دارای خاصیت ارتجاعی
Thermosflasche, die; -, -n فلاسک؛ قمقمه
thermostabil *Adj.* مقاوم در برابر حرارت
Thermostat, der; -(e)s, -e ترموستات (دستگاه تنظیم‌کنندهٔ حرارت)
These, die; -, -n تز، فرضیه، قضیه، نظریه
Thriller, der; -s, - فیلم / رمان دلهره‌آور، فیلم / رمان ترسناک
Thrombose, die; -, -n (پزشکی) ایجاد لخته در داخل قلب
Thron, der; -(e)s, -e تخت سلطنت، اریکه، سریر، اورنگ
Thronanwärter, der; -s, - وارث مسلم (تاج و تخت)
Thronbesteigung, die; -, -en تاج‌گذاری، جلوس بر تخت
Thronbewerber, der; -s, - مدعی تاج و تخت
thronen *Vi.* بر تخت نشستن، جلوس کردن
Thronerbe, der; -n, -n وارث تاج و تخت، ولیعهد
Thronfolge, die; - وارث تاج و تخت
Thronfolger, der; -s, - ولیعهد، وارث تاج و تخت
Thronfolgerin, die; -, -nen ولیعهد، وارث تاج و تخت (زن)
Thronhimmel, der; -s, - چتر شاهی، سایبان
Thronräuber, der; -s, - غاصب تاج و تخت
Thronrede, die; -, -n نطق شاه؛ نطق ملکه
Thronwechsel, der; -s, - تغییر شاه
Thunfisch, der; -(e)s, -e ماهی‌تُن
Thymian, der; -s, -e (گیاه) آویشن
Tibet, das تبت
Tibetaner, der; -s, - تبتی، اهل تبت
Tibeter, der; -s, - تبتی، اهل تبت
Tick, der; -(e)s, -e ۱. تیک، تیک عصبی، پرش غیرعادی عضلات، حرکات غیرارادی اندام ۲. عادت شخصی مسخره
ticken *Vi.* ۱. نشان گذاشتن، با علامت مشخص کردن ۲. تیک تیک کردن (ساعت)
Ticket, das; -s, -s بلیت
Tief, das; -(e)s, -e ۱. عمق، گودی، گودشدگی، تورفتگی ۲. جبهه هوای کم‌فشار
tief *Adj.* ۱. ژرف، عمیق ۲. گود ۳. پست، پایین ۴. [صدا] بم ۵. شدید، قوی
tief schlafen در خواب عمیق فرو رفتن
tief atmen نفس عمیق کشیدن
ein tiefer Schmerz درد بسیار شدید
Tiefangriff, der; -(e)s, -e حملهٔ عمقی
Tiefatmung, die; -, -en تنفس عمیق
Tiefbau, der; -(e)s, -e تأسیسات زیرزمینی، زیربنا (ساختمان)
tiefbetrübt *Adj.* غمگین، غصه‌دار، حزین
tiefbewegt *Adj.* خیلی متأثر
tiefblau *Adj.* آبی تند، آبی سیر
Tiefblick, der; -(e)s, -e نگاه نافذ
tiefblickend *Adj.* نافذ، نفوذکننده
Tiefdecker, der; -s, - هواپیمای کوتاه پرواز
Tiefdruck, der; -(e)s, -e کنده‌کاری، حکاکی
Tiefdrucker, der; -s, - حکاک، کنده‌کار
Tiefdruckgebiet, das; -(e)s, -e منطقهٔ فشار قوی
Tiefe, die; -, -n ۱. عمق، ژرفا ۲. منطقهٔ گود ۳. عمق فکری، عمق معنوی
Tiefebene, die; -, -n جلگهٔ پست و عمیق
tiefempfunden *Adj.* صمیمانه، خالصانه، از صمیم قلب
Tiefenpsychologie, die; -, -n روان‌شناسی ژرفا
Tiefenschärfe, die; -, -n (در دوربین) فاصلهٔ کانونی
Tiefenwirkung, die; -, -en کار موثر، کار مفید
tiefernst *Adj.* بسیار جدی
Tiefflug, der; -(e)s, ⸚e پرواز در ارتفاع پایین
Tiefgang, der; -(e)s, - قسمت زیرِ آب کشتی
Tiefgarage, die; -, -n گاراژ زیرزمینی
tiefgebeugt *Adj.* رنجور، پریشان
tiefgefühlt *Adj.* از صمیم قلب
tiefgekühlt *Adj.* کاملاً یخ‌زده
tiefgreifend *Adj.* گسترده، وسیع؛ عمیق؛ ریشه‌دار، اساسی؛ بسیار موثر
tiefgründig *Adj.* دارای معنی و مفهوم عمیق؛ اساسی
Tiefkühlkost, die; - موادغذایی یخ‌زده
Tiefkühltruhe, die; -, -n یخدان، فریزر
Tiefkühlware, die; -, -n موادغذایی یخ‌زده
Tieflader, der; -s, - تریلر، تریلی (کامیون با یدک‌کش باری)
Tiefland, das; -(e)s, ⸚er زمین پست، سرزمین پست
tiefliegend *Adj.* گود، عمیق
Tiefpunkt, der; -(e)s, -e پایین‌ترین سطح
Tiefschlaf, der; -(e)s, - خواب عمیق
Tiefschlag, der; -(e)s, ⸚e (بوکس) ضربهٔ غیرمجاز به زیر کمربند

tiefschürfend *Adj.* عمیق، ژرف
tiefschwarz *Adj.* سیاه کهربایی
Tiefsee, die; -, -n دریای عمیق
Tiefseeforschung, die; -, -en کاوش در عمق دریا
Tiefsinn, der; -(e)s ۱. بصیرت؛ تبحر ۲. مالیخولیا، سودا
tiefsinnig *Adj.* ۱. دارای معنی و مفهوم دقیق ۲. بعد از بررسی و مطالعه زیاد
Tiefstand, der; -(e)s, - پایین‌ترین سطح، عمق
Tiefsttemperatur, die; -, -en حداقل درجهٔ حرارت
tieftraurig *Adj.* بسیار متأثر
Tiegel, der; -s, - ۱. ماهی‌تابه ۲. بوتهٔ آهنگری
Tier, das; -(e)s, -e حیوان، جانور
wilde Tiere جانوران وحشی
Tierarzt, der; -es, =e دامپزشک
Tierbändiger, der; -s, - رام‌کنندهٔ جانوران وحشی
Tierbändigerin, die; -, -nen رام‌کنندهٔ جانوران وحشی (زن)
Tierfreund, der; -(e)s, -e دوستدار حیوانات
Tiergarten, der; -s, = باغ‌وحش
Tierhandlung, die; -, -en مغازهٔ جانورفروشی
Tierheilkunde, die; -, -n دامپزشکی
tierisch *Adj.* ۱. حیوانی، (مربوط به) حیوان ۲. غیر انسانی، حیوانی
Tierkreis, der; -es منطقةالبروج
Tierkunde, die; -, -n جانورشناسی
Tierleben, das; -s, - زندگی حیوانی
Tierpark, der; -(e)s, -s باغ‌وحش
Tierquälerei, die; -, -en آزار جانوران
Tierreich, das; -(e)s عالم حیوانی، جهان حیوانات
Tierschutzgebiet, das; -(e)s, -e منطقهٔ محافظت‌شده (حیوانات)
Tierschutzverein, der; -(e)s, -e انجمن حمایت از حیوانات
Tierversuch, der; -(e)s, -e آزمایش روی حیوانات
Tierwelt, die; - قلمرو حیوانات
Tierzucht, die; - پرورش حیوانات
Tierzüchter, der; -s, - پرورش‌دهندهٔ حیوانات
Tiger, der; -s, - ببر
Tigerin, die; -, -nen ببر ماده
tigern *Vt., Vi.* ۱. نقطه‌نقطه کردن، خال‌خال کردن، با نقطه / خال علامت گذاشتن، با خال تزئین کردن ۲. رفتن
tilgbar *Adj.* بازخریدنی، از گرو درآوردنی؛ قابل استهلاک
tilgen *Vt.* ۱. تسویه کردن (حساب)، باز پرداختن، از گرو درآوردن ۲. محو کردن، از بین بردن، زدودن ۳. روی (چیزی) خط بطلان کشیدن
Tilgung, die; -, -en ۱. تسویه‌حساب، بازپرداخت ۲. محو ۳. خط بطلان
Tilgungsfonds, der; - وجوه استهلاکی
Tilgungshypothek, die; -, -en رهن استهلاکی
timen *Vt.* برای (کسی / چیزی) تایم گرفتن، برای (کسی / چیزی) زمان گرفتن
Tinktur, die; -, -en ۱. تنتور ۲. ته رنگ
Tinnef, der; -s, - ۱. خرت و پرت، چیز بی‌ارزش ۲. حرف پوچ و یاوه
Tinte, die; -, -n مرکب، جوهر
in der Tinte sitzen در وضع بدی قرار داشتن
Tintenfaß, das; -fasses, -fässer دوات
Tintenfisch, der; -es, -e ماهی مرکب
Tintenfleck, der; -(e)s, -e لکهٔ مرکب، لکهٔ جوهر
Tintenklecks, der; -es, -se لکهٔ مرکب، لکهٔ جوهر
Tintenlöscher, der; -s, - جوهر پاک‌کن
Tintenstift, der; -(e)s, -e مداد کپیه
Tip, der; -s, -s ۱. راهنمایی، اشاره، پند ۲. انعام
jemandem **einen guten Tip geben** کسی را به خوبی راهنمایی کردن
tippeln *Vt., Vi.* ۱. نقطه‌دار کردن ۲. گردش کردن، پیاده‌روی کردن
tippen *Vi., Vt.* ۱. آهسته لمس کردن ۲. پیشگویی کردن، حدس زدن ۳. شرط بستن، شرط‌بندی کردن ۴. با ماشین تحریر نوشتن، تایپ کردن
Daran ist nicht zu tippen. در آن (مورد) جای شک و تردید نیست.
auf etwas **tippen** چیزی را حدس زدن
Tippfehler, der; -s, - اشتباه تایپی
Tippfräulein, das; -s, - ماشین‌نویس
tipptopp *Adj.* درجه یک، عالی، بی‌عیب و نقص
tirillieren *Vi.* چهچهه زدن
Tisch, der; -es, -e میز
bei Tisch سر میز غذا
bei Tisch sitzen سر میز غذا نشستن
Zu Tisch bitte! بفرمایید سر غذا!
den Tisch decken سفره را چیدن
reinen Tisch machen تسویه حساب کردن؛ رفع کدورت کردن
Tischbein, das; -s, -e پایهٔ میز
Tischdame, die; -, -n هم سفره، هم میز (زن)
Tischdecke, die; -, -n رومیزی، سفره

Tischempfänger, der; -s, - میزبان
Tischfußball, der; -(e)s, ⸚e فوتبال دستی
Tischgast, der; -(e)s, ⸚e مهمان
Tischgebet, das; -(e)s, -e دعای پیش از غذا
Tischgerät, das; -(e)s, -e لوازم سفره
Tischgespräch, das; -(e)s, -e گفت‌وگوی سر میز غذا
Tischherr, der; -n/-en, -en هم‌سفره، هم‌میز
Tischkarte, die; -, -n کارت تعیین جا (سر میز غذا)
Tischklopfen, das; -s, - (برای احضار ارواح) ایجاد صدا با ضربه زدن روی میز
Tischlampe, die; -, -n چراغ رومیزی
Tischler, der; -s, - نجار، درودگر
Tischlerei, die; -, -en نجاری، درودگری
Tischlerleim, der; -(e)s, -e چسب نجاری
tischlern *Vi.* نجاری کردن، درودگری کردن
Tischnachbar, der; -s/-n, -n (سر میز) (نفر) کناردستی، پهلویی
Tischnachbarin, die; -, -nen (سر میز) (نفر) کناردستی، پهلویی (زن)
Tischplatte, die; -, -n رویِ میز، (سطح) روی میز
Tischrede, die; -, -n (در مهمانی رسمی) سخنرانی قبل از غذا
Tischtelephon, das; -s, -e تلفن رومیزی
Tischtennis, das; - تنیس روی میز، پینگ‌پنگ
Tischtennisball, der; -(e)s, ⸚e توپ پینگ‌پنگ
Tischtennisschläger, der; -s, - راکت پینگ‌پنگ
Tischtuch, das; -(e)s, ⸚er سفره، رومیزی
Wir haben das Tischtuch zwischen uns zerschnitten. ما رابطهٔ خودمان را با هم قطع کرده‌ایم.
Tischwein, der; -s, -e شراب سفره
Tischzeit, die; -(e)s, -e وقت غذا خوردن، موقع غذا
Titan, das; -s, - (شیمی) تیتانیم
Titan(e), der; -en, -en ۱. پهلوان ۲. غول ۳. از خدایان افسانه‌ای
Titanin, die; -, -nen ۱. پهلوان ۲. غول ۳. از خدایان افسانه‌ای (زن)
titanisch *Adj.* غول‌آسا، عظیم‌الجثه
Titel, der; -s, - ۱. مقام، درجه ۲. عنوان، تیتر
Titelanwärter, der; -s, - (ورزش) جویای نام
Titelbild, das; -es, -er عکس روی جلد (کتاب/مجله)
Titelblatt, das; -(e)s, ⸚er سرصفحه، سرلوحه، پیش برگ کتاب
Titelhalter, der; -s, - (ورزش) رکورددار

Titelkampf, der; -(e)s, ⸚e مسابقه برای به‌دست آوردنِ عنوان (قهرمانی)
Titelkopf, der; -(e)s, ⸚e عنوان، عنوان‌گذاری، سرنامه
titellos *Adj.* بدون عنوان
Titelrolle, die; -, -n (در نمایش) نقش اصلی
Titelseite, die; -, -n صفحهٔ اول (کتاب/مجله)
Titelträger, der; -s, - (ورزش) قهرمان، دارای عنوان قهرمانی
Titelverteidiger, der; -s, - (ورزش) مدافع عنوان قهرمانی
Titelzeile, die; -, -n سر صفحه، عنوان
Titration, die; -, -en تیتراسیون (سنجش شیمیایی بوسیله محلول سنجش)
titrieren *Vt.* (به وسیلهٔ محلول سنجش) سنجش شیمیایی کردن
Titular, der; -s, -e لقب‌دار، صاحب عنوان
titular *Adj.* لقب‌دار، صاحب عنوان، ناشی از لقب
Titulatur, die; -, -en القاب، عناوین
titulieren *Vt.* با القاب و عناوین نام بردن
Toast, der; -es, -e تُست، نان برشته
toasten *Vt.* ۱. تُست کردن، برشته کردن (نان) ۲. به سلامتی (کسی) نوشیدن
Toaster, der; -s, - تُستر
toben *Vi.* ۱. غضبناک بودن، خشمگین شدن ۲. سر و صدا کردن، شلوغ کردن ۳. متلاطم بودن (دریا)
Tobsucht, die; - شوریدگی، شیدایی، آشفتگی، دیوانگی
tobsüchtig *Adj.* شوریده، شیدا، آشفته، دیوانه
Tobsuchtsanfall, der; -(e)s, ⸚e اوقات تلخی، کج‌خلقی، خشم، غیظ
Tochter, die; -, ⸚ دختر
Tochterfirma, die; -, -men شعبهٔ شرکت اصلی، شرکت فرعی
Tochtergesellschaft, die; -, -en شعبهٔ شرکت اصلی، شرکت فرعی
Tochtersprache, die; -, -n زبان فرعی (زبانی که از یک زبان اصلی منشعب شده باشد)
Tod, der; -(e)s, -e مرگ، فوت، درگذشت
sich zu Tode langweilen به حد مرگ کسل شدن
jemanden zum Tode verurteilen کسی را به مرگ محکوم کردن
todbereit *Adj.* آمادهٔ مرگ
todbringend *Adj.* کشنده، مهلک
todernst *Adj.* خیلی جدی

Todesahnung, die; -, -en احساس مرگ
Todesangst, die; -, ⸚e ۱. ترس از مرگ ۲. وحشت زیاد
Todesanzeige, die; -, -n آگهی درگذشت، آگهی فوت
Todesart, die; -, -en نحوهٔ مرگ
Todesbett, das; -es, -en بستر مرگ
Todeserklärung, die; -, -en اعلان مرگ
Todesfall, der; -(e)s, ⸚e مرگ، فوت
Todesfurcht, die; - ۱. ترس از مرگ ۲. وحشت زیاد
Todesgefahr, die; -, -en خطر مرگ
Todesjahr, das; -(e)s, -e سالگرد مرگ
Todeskampf, der; -(e)s, ⸚e احتضار، نزع
Todeskandidat, der; -en, -en داوطلب مرگ
Todesopfer, das; -s, - قربانی
Todesstoß, der; -es, ⸚e ضربهٔ کشنده
Todesstrafe, die; -, -n مجازات اعدام، کیفر مرگ
Todesstunde, die; -, -n ساعت مرگ، لحظهٔ مرگ
Todestag, der; -(e)s, -e روز وفات
Todesursache, die; -, -en نحوهٔ مرگ، علت مرگ
Todesurteil, das; -s, -e حکم اعدام
Todesverachtung, die; - بدون ترس از مرگ، تحقیر مرگ
Todeswunde, die; -, -n زخم کشنده
Todeswunsch, der; -es, ⸚e آرزوی مرگ
Todeszeit, die; -, -en زمان مرگ
Todfeind, der; -(e)s, -e دشمن جانی، دشمن خونی
todkrank *Adj.* مردنی، در حال مرگ
todlangweilig *Adj.* بسیار کسالت‌بار
tödlich *Adj.* ۱. مرگبار، مرگ‌آور، مهلک، کشنده ۲. بسیار، فراوان
mit tödlicher Sicherheit با اطمینان قاطع
todmüde *Adj.* خیلی خسته، از رمق افتاده
todschick *Adj.* مجلل، باشکوه، زرق و برق‌دار
todsicher *Adj.* قابل اطمینان، مطمئن
Todsünde, die; -, -n گناه کبیره
todtraurig *Adj.* بسیار غمگین، افسرده
todunglücklich *Adj.* بسیار بدشانس
Tohuwabohu, das; -s, -s غوغا، هیاهو، جنجال
Toilette, die; -, -n ۱. توالت، مستراح، دستشویی ۲. آرایش، توالت
Toilettenartikel, die / *Pl.* لوازم آرایش
Toilettengarnitur, die; -, -en لوازم دستشویی
Toilettenpapier, das; -s, -e دستمال توالت، کاغذ مستراح
Toilettenseife, die; -, -n صابون دستشویی
Toilettentisch, der; -es, -e میز توالت، میز آرایش
Töle, die; -, -n سگ
tolerant *Adj.* شکیبا، بردبار، باگذشت
Toleranz, die; -, -en ۱. شکیبایی، بردباری، مدارا، گذشت ۲. (در مورد دستگاه‌های فنی دقیق) انحراف مجاز از اندازه‌های مقرر
tolerieren *Vt.* در برابر (کسی / چیزی) بردباری نشان دادن، با (چیزی) مدارا کردن؛ اغماض کردن؛ تحمل کردن
toll *Adj., Adv.* ۱. دیوانه، مجنون ۲. وحشی، هار ۳. عالی؛ بسیار بد ۴. ناگوار؛ مزاحم ۵. بسیار، زیاد
Tolle, die; -, -n طره، جعد مو
tollen *Vi.* هنگام بازی سر و صدا ایجاد کردن، با جنجال بازی کردن
Tollhaus, das; -es, -häuser تیمارستان
Tollheit, die; -, -en دیوانگی، جنون، شوریدگی
Tollkirsche, die; -, -n انواع گیاهان خانوادهٔ تاج‌ریزی
tollkühn *Adj.* بی‌پروا، بی‌باک، متهور، جسور
Tollkühnheit, die; -, -en بی‌پروایی، بی‌باکی، تهور، جسارت
Tollwut, die; - بیماری هاری
tollwütig *Adj.* هار
Tolpatsch, der; -(e)s, -e بی‌عرضه، بی‌دست و پا، خام‌دست، ناآزموده
Tölpel, der; -s, - بی‌عرضه، بی‌دست و پا، خام‌دست، ناآزموده
Tölpelei, die; -, -en بی‌عرضگی، بی‌دست و پایی، خام‌دستی، ناآزمودگی
tölpelhaft *Adj.* بی‌عرضه، بی‌دست و پا، خام‌دست، ناآزموده
Tomate, die; -, -n گوجه‌فرنگی
Tomatenmark, das; -(e)s, - رب گوجه‌فرنگی
Tomatensoße, die; -, -n سس گوجه‌فرنگی
Tombak, der; -s, - مسبار (آلیاژی مرکب از مس و روی که برای نصب جواهرات بدلی و مطلاکاری به‌کار می‌رود)
Tombola, die; -, -s / -len قرعه‌کشی، لاتاری، بخت‌آزمایی، پِشگ‌اندازی
Ton[1], der; -(e)s, -e خاک رس
Ton[2], der; -(e)s, ⸚e ۱. صدا، آهنگ، آوا، صوت ۲. تأکید، فشار، تکیه ۳. رنگ مختصر، سایه روشن
Die erste Silbe trägt den Ton. تکیه بر روی سیلاب اول است.

Tonabnehmer 804

den Ton angeben مسلط بودن
halber Ton (موسیقی) نیم‌پرده
Was ist denn das für ein Ton?
این چه طرز صحبت کردن است؟
Tonabnehmer, der; -s, - پیکاپ (گرامافون)
Tonalität, die; - (موسیقی) تونالیته، مقام، مایه، لحن
tonangebend *Adj.* مهم، عمده، بزرگ
Tonarm, der; -(e)s, -e پیکاپ (گرامافون)
Tonart, die; -, -en (موسیقی) تونالیته، مقام، مایه، لحن
Tonaufnahme, die; -, -n ضبط صدا
Tonbad, das; -(e)s, ¨-er حمام گلی
Tonband, das; -(e)s, ¨-er نوار ضبط صوت
auf Tonband aufnehmen روی نوار ضبط کردن
Tonbandgerät, das; -(e)s, -e دستگاه ضبط صوت
Tondichtung, die; -, -en (موسیقی) پوئم سمفونی، منظومه سمفونی
tonen *Vt.* (با محلول شیمیایی) تغییر دادن (رنگ عکس)
tönen *Vi., Vt.* ۱. طنین انداختن، صدا دادن ۲. لاف زدن، خودستایی کردن ۳. سایه زدن ۴. رنگ کردن؛ زنگ زدن
Tonerde, die; -, -n خاک رس
tönern *Adj.* خاکی، گلی، سفالی
Tonfall, der; -(e)s, ¨-e کادانس (پایان یک جملهٔ موسیقی)
Tonfilm, der; -s, -e فیلم ناطق
Tonfrequenz, die; -, -en فرکانس صدا
Tongeschirr, das; -(e)s, -e ظرف سفالین، ظرف گلی
Ton(halt)ig *Adj.* گلی، سفالین، خاکی
Tonhöhe, die; -, -n زیر و بمی صدا
Tonika, die; -, -ken (موسیقی) تونیک، تناگر، نت اول گام، نت درجهٔ اول
Toningenieur, der; -s, -e
متخصص گیرنده و تقویت‌کنندهٔ صدا
tonisch *Adj.* صوتی
Tonkunst, die; -, ¨-e موسیقی
Tonkünstler, der; -s, - موسیقیدان
Tonkünstlerin, die; -, -nen موسیقیدان (زن)
Tonlage, die; -, -n زیر و بمی صدا
Tonleiter, die; -, -n (موسیقی) گام
tonlos *Adj.* بی‌صدا، خاموش، ساکت
Tonmeister, der; -s, - صدابردار، متخصص گیرنده و تقویت‌کنندهٔ صدا
Tonnage, die; -, -n گنجایش کشتی برحسب تن
Tonne, die; -, -n ۱. (واحد وزن) تن ۲. بشکه، چلیک
Tonnengehalt, der/das; -(e)s, -e
گنجایش کشتی برحسب تن

Tonnengewölbe, das; -es, -e تاق بشکه‌ای شکل
tonnenweise *Adv.* بشکه‌ای شکل، بشکه‌مانند
Tonpfeife, die; -, -n نی گلی؛ پیپ گلی
Tonregler, der; -s, - کنترل درجهٔ صدا
Tonrundfunk, der; -(e)s, - رادیو
Tonsilbe, die; -, -n تکیهٔ صدا
Tonsille, die; -, -n لوزه
Tonsillitis, die; -, -tiden ورم لوزه
Tonspur, die; -, -en حاشیهٔ صوتی (فیلم ناطق)
Tonstärke, die; -, -n شدت صوت
Tonstörung, die; -, -en اختلال صدا
Tonstreifen, der; -s, - حاشیهٔ صوتی (فیلم ناطق)
Tonsur, die; -, -en قسمت تراشیدهٔ سر کشیش / راهب
Tontaube, die; -, -n سیبل (نشانه / هدفی که در تیراندازی به‌کار می‌رود)
Tontaubenschießen, das; -s, -
تیراندازی به طرف هدف
Tontechnik, die; -, -en تکنیک صدا
Tönung, die; -, -en رنگ کم، ته رنگ، سایه رنگ
Tonverstärker, der; -s, - تقویت‌کنندهٔ صدا
Tonwaren, die / *Pl.* ظروف سفالی، سفالینه
Topas, der; -es, -e توپاز، یاقوت زرد
Topf, der; -(e)s, ¨-e ۱. دیگ، دیگچه، قابلمه ۲. گلدان
alles in einen Topf werfen همه را با یک چوب راندن
siene Nase in alle Töpfe stecken
در هر کاری فضولی کردن
Topfen, der; -s, - کوارک (نوعی پنیر پرچربی)
Töpfer, der; -s, - کوزه‌گر، سفالگر
Töpferei, die; -, -en کوزه‌گری، سفالگری
Töpferin, die; -, -nen کوزه‌گر، سفالگر (زن)
töpfern *Adj.* سفالی
Töpferscheibe, die; -, -n چرخ کوزه‌گری
Töpferware, die; -, -n ظروف سفالی، سفالینه
topfit *Adj.* (ورزش) سرحال، با روحیهٔ عالی
Topfpflanze, die; -, -n گیاه گلدانی
Topograph, der; -en, -en نقشه‌بردار، مساح
Topographie, die; -, -n نقشه‌برداری، مساحی
topographisch *Adj.* (مربوط به) نقشه‌برداری
Topp, der; -s, -e سر، نوک، اوج، قله، راس
topp *Interj.* موافقم
Toppmast, der; -es, -e / -en دومین دکل کشتی
Toppreep, das; -(e)s, -e طناب فوقانی
Toppsegel, das; -s, - بادبان فوقانی کشتی
Tor[1], der; -en, -en نادان، ابله، احمق

Tor[2], das; -(e)s, -e ۱. در بزرگ، درب، مدخل ۲. (فوتبال) گل ۳. (ورزش) دروازه
ein Tor schießen (فوتبال) گل زدن
Torf, der; -(e)s, -e زغال نارس
Torfboden, der; -s, -/ ¨- زمین پوشیده از زغال نارس
Torfmoor, das; -(e)s, -e باتلاق پوشیده از زغال نارس
Torfmull, der; -(e)s, - خاکه زغال نارس
Torheit, die; -, -en نادانی، حماقت، بی‌عقلی
Torhüter, der; -s, - (فوتبال) دروازه‌بان، گلر
töricht *Adj.* ۱. احمق، ابله، نادان، سفیه ۲. از روی حماقت
Törin, die; -, -nen احمق، ابله، نادان، سفیه (زن)
Torkel, der; -s, - تلو تلو
torkeln *Vi.* تلو تلو خوردن
Torlatte, die; -, -n (فوتبال) تیر افقی دروازه
Torlauf, der; -(e)s, -läufe ۱. (فوتبال) مسابقهٔ مارپیچ ۲. قایق‌سواری در مسیر مارپیچ
Torlinie, die; -, -n (فوتبال) خط دروازه، محدودهٔ دروازه
torlos *Adj.* (ورزش) بدون گل
Tormann, der; -(e)s, ¨-er / -leute (ورزش) دروازه‌بان
Tornado, der; -s, -s گردباد
Tornister, der; -s, - ۱. کوله‌پشتی، کوله‌بار ۲. کیف پشتی دانش‌آموزان
torpedieren *Vt.* اژدر افکندن، با اژدر به (جایی) حمله کردن
Torpedierung, die; -, -en اژدرافکنی، پرتاب اژدر
Torpedo, der; -s, -s اژدر
Torpedoboot, das; -(e)s, -e کشتی اژدرافکن
Torpfosten, der; -s, - (فوتبال) تیر عمودی دروازه
Torr, das; -s, - واحد فشار هوا
Torraum, der; -(e)s, -räume (فوتبال) محوطهٔ دروازه، محوطهٔ شش‌قدم
Torschlußpanik, die; -, -en ۱. هراس بی‌اساس ۲. ترس زنان از نیافتن همسر
Torschütze, der; -n, -n (بازیکن) گل زن
Torsion, die; -, -en پیچش، چرخش، پیچ‌خوردگی
Torsionskraft, die; -, ¨-e نیروی پیچش
Torsteher, der; -s, - (فوتبال) دروازه‌بان، گلر
Torso, der; -s, -s پیکرهٔ نیم‌تنه، بدنهٔ مجسمه
Torte, die; -, -n نان مربایی؛ شیرینی میوه‌دار
Tortenboden, der; -s, -/ ¨- زمینهٔ کیک
Tortenguß, der; -gusses, -güsse ژلاتین کیک
Tortenheber, der; -s, - کفگیر شیرینی
tortur, die; -, -en شکنجه، عذاب، زجر
Torwart, der; -es, -e (فوتبال) دروازه‌بان، گلر
tosen *Vi.* ۱. داد زدن، داد کشیدن، غریدن ۲. خروشان بودن
tot *Adj.* ۱. مرده، متوفی ۲. کهنه، منسوخ، مهجور؛ راکد
auf dem toten Punkt ankommen به بن‌بست رسیدن
das tote Meer بحرالمیّت
halb tot vor Angst sein از ترس نیمه‌جان بودن
total *Adj., Adv.* ۱. مجموع، جمع ۲. کامل، تمام، مطلق ۳. کاملاً، تماماً
Total, das; -s, -e مجموع، کل
Totalausverkauf, der; -(e)s, -käufe حراج کامل، فروش کلی
Totalisator, der; -s, -en ماشین ثبت شرط‌بندی اسب‌دوانی
totalisieren *Vt.* با هم جمع کردن
totalitär *Adj.* یکه تاز، (وابسته به) حکومت انحصاری حزب، خودکامه، مستبدانه، زورگویانه
Totalität, die; -, -en کلیت، تمامیت، خودکامگی
totarbeiten *Vr.* تا حد مرگ کار کردن، زیاد کار کردن
totärgern *Vr.* بسیار ناراحت شدن
Tote, der / die; -n, -n جنازه، جسد، میّت، مرده
die Toten مردگان
töten *Vt.* ۱. کشتن، به قتل رساندن ۲. بی‌حس کردن، بی‌روح کردن
den Nerv eines Zahns töten عصب دندانی را کُشتن
Totenbahre, die; -, -n تابوت
Totenbett, das; -es, -en بستر مرگ
totenblaß *Adj.* رنگ پریده
Totenblässe, die; - رنگ‌پریدگی
Totenfeier, die; -, -n آئین تشییع جنازه
Totengeläut, das; -(e)s, -e ناقوس مرگ
Totenglocke, die; -, -n ناقوس مرگ
Totengräber, der; -s, - گورکن، قبرکن
Totenhemd, das; -(e)s, -en کفن
Totenkopf, der; -(e)s, ¨-e کاسهٔ سر، جمجمه
Totenliste, die; -, -n فهرست اموات
Totenmaske, die; -, -n ماسک مرده (قالبی که پس از مرگ از چهره مرده برداشته می‌شود)
Totenmesse, die; -, -n رکویم، فاتحه (سرود مردگان در کلیسای کاتولیک)
Totenreich, das; -(e)s, -e قلمرو مرگ
Totenschädel, der; -s, - کاسهٔ سر، جمجمه
Totenschein, der; -(e)s, -e گواهی مرگ

Totenschlag, der; -(e)s, ¨e	ضربهٔ مرگ‌آسا
Totenstarre, die; -	جمود نعش، خشکی نعش
totenstill *Adj.*	به خاموشی مرگ
Totenstille, die; -	سکوت مرگ، سکوت گورستان
Totentanz, der; -es, ¨e	رقص مردگان، رقص مرگ
Totentuch, das; -(e)s, -e/¨er	کفن
Totenurne, die; -, -n	گلدان/ظرف محتویِ خاکستر مرده
Totenverbrennung, die; -, -en	مرده‌سوزانی
Totenwache, die; -, -n	رستاخیز، بیداری پس از مرگ
totfahren *Vt.*	(با ماشین) زیر گرفتن و کشتن
totgeboren *Adj.*	مرده به دنیا آمده
ein totgeborenes Kind	۱. کودک مرده به‌دنیا آمده ۲. کار بی‌فرجام و بی‌نتیجه
Totgeburt, die; -, -en	تولد نوزاد مرده
totlachen *Vr.*	از خنده روده‌بر شدن
Totlauf, der; -(e)s, -läufe	سفر مرگ
totlaufen *Vr.*	از پا درآمدن، بی‌نتیجه به پایان رسیدن
totmachen *Vt.*	کشتن، به قتل رسیدن
Toto, der/das; -s, -s	توتو (نوعی بخت‌آزمایی)
totsagen *Vt.*	مرگ (کسی) را اعلان کردن
totschießen *Vt.*	تیر انداختن و کشتن
Totschlag, der; -(e)s, ¨e	قتل نفس، قتل غیر عمد
totschlagen *Vt.*	به قصد کشت زدن، کشتن، به قتل رساندن
die Zeit totschlagen	وقت را بیهوده گذراندن
Totschläger, der; -s, -	قاتل، آدمکش
totschweigen *Vt.*	مسکوت نگه داشتن، سر و صدای (چیزی) را در نیاوردن
totstechen *Vt.*	با چاقو کشتن، با خنجر کشتن
totstellen *Vr.*	(خود) را به مردن زدن، تظاهر به مردن کردن
tottreten *Vt.*	له کردن و کشتن
Tötung, die; -, -en	قتل، کشتار
Toupet, das; -s, -s	کلاه‌گیس
Tour, die; -, -en	۱. تور، سفر، گشت، سیاحت، گردش ۲. حقه، کلک، نیرنگ
auf Touren kommen	سرکیف آمدن
Tourenrad, das; -(e)s, ¨er	۱. اسب‌سواری تفریحی ۲. دوچرخه‌سواری تفریحی
Tourenski, der; -s, -er	اسکی‌بازی تفریحی
Tourenwagen, der; -s, -	(نوعی) اتومبیل جادار (که برای گردش و سیاحت به کار می‌رود)
Tourenzahl, die; -, -en	سرعت، شتاب، تندی
Tourenzähler, der; -s, -	سرعت‌سنج
Tourismus, der; -	توریسم، گردشگری، جهانگردی، سیاحت
Tourist, der; -en, -en	توریست، گردشگر، جهانگرد، سیاح
Touristik, die; -	توریسم، گردشگری، جهانگردی، سیاحت
Touristin, die; -, -nen	توریست، گردشگر، جهانگرد، سیاح (زن)
touristisch *Adj.*	توریستی، سیاحتی
Tournee, die; -, -s/-n	سفر هنری
Toxin, das; -s, -	زهرابه، سم
Trab, der; -(e)s, -	یورتمه
jemanden auf Trab bringen	کسی را وادار به حرکت و شتاب کردن
Trabant, der; -en, -en	۱. محافظ، نگهبان ۲. ماهواره ۳. قمر (ماه)
Trabantenstadt, die; -, ¨e	شهرک
traben *Vi.*	یورتمه رفتن
Traber, der; -s, -	یورتمه‌ران، یورتمه‌رو
Trabrennen, das; -s, -	مسابقهٔ یورتمه‌رانی
Trachee, die; -, -n	(در حشرات) مجرای تنفسی
Tracht, die; -, -en	لباس محلی، لباس ملی
trachten *Vi.*	تلاش کردن، کوشش کردن، کوشیدن، جد و جهد کردن
Trachten, das; -s, -	تلاش، کوشش، جد و جهد، پیگیری
trächtig *Adj.*	(جانور) آبستن، باردار، حامله
Trächtigkeit, die; -	(در جانوران) آبستنی، بارداری، حاملگی
Tradition, die; -, -en	آئین، سنت، آداب و رسوم
traditionell *Adj.*	سنتی
traditionsgemäß *Adj.*	مطابق سنت
traf *P.*	صیغهٔ فعل گذشتهٔ مطلق از مصدر treffen
Tragbahre, die; -, -n	تخت روان، برانکار
Tragbalken, der; -s, -	تیر سردر، شاه‌تیر، تیر افقی در/پنجره
tragbar *Adj.*	۱. قابل حمل ۲. [لباس] پوشیدنی ۳. قابل قبول
Trage, die; -, -n	زنبهٔ خاک‌کشی دستی
träg(e) *Adj.*	۱. تنبل، کند، بی‌حال، سست ۲. سنگین، کند حرکت
tragen *Vt., Vi., Vr.*	۱. حمل کردن، بردن ۲. بر تن داشتن

Training, das; -s, - تمرین ورزشی
Trainingsanzug, der; -(e)s, ⸚e لباس ورزشی
Trainingshose, die; -, -n شلوار ورزشی
Trainingslager, das; -s, - (ورزش) اردوی تمرین
Trakt, der; -(e)s, -e قسمت جانبی ساختمان
Traktat, der; -(e)s, -e قرارداد، پیمان‌نامه، معاهده، عهدنامه
traktieren *Vt.* با (کسی) بد رفتار کردن، با (کسی) بد عمل کردن
Traktor, der; -s, -en تراکتور
trällern *Vt., Vi.* زمزمه کردن؛ تحریر کردن، با تحریر خواندن (آواز)
Tramp, der; -s, -e آواره، سرگردان، ولگرد
trampeln *Vi., Vt.* ۱. پا به زمین کوبیدن ۲. پایمال کردن، زیرپا لگد کردن
Trampelpfad, der; -(e)s, -e راه هموار، جادهٔ کوبیده شده
Trampeltier, das; -(e)s, -e شتر دو کوهان
trampen *Vi.* جلوی اتومبیل‌ها را گرفتن و مجانی مسافرت کردن
Tramper, der; -s, - کسی که با اتومبیل دیگران مجانی مسافرت می‌کند
Trampolin, der/das; -s, -e (ژیمناستیک) ترامپولین (تختهٔ فنردار مخصوص تمرین)
Trampoline, die; -, -n (ژیمناستیک) ترامپولین (تختهٔ فنردار مخصوص تمرین)
Tran, der; -(e)s, -e روغن ماهی
Trance, die; -, -n جذبه؛ نشئه، از خود بی‌خودشدگی، بیهوشی، حالت خلسه
Tranchierbesteck, das; -(e)s, -e لوازم حکاکی
Tranchierbrett, das; -(e)s, -er تختهٔ حکاکی
tranchieren *Vt.* کنده‌کاری کردن، حکاکی کردن، حجاری کردن
Tranchiermesser, das; -s, - چاقوی کنده‌کاری
Träne, die; -, -n اشک، سرشک
mit Tränen in den Augen با چشمانی گریان
tränen *Vi.* اشک ریختن، گریستن
Tränendrüse, die; -, -n غدهٔ اشکی
Tränengas, das; -es, -e گاز اشک‌آور
Tränensack, der; -(e)s, ⸚e کیسهٔ اشکی
tranig *Adj.* ۱. خسته کننده ۲. آهسته، یواش، کند
Trank, der; -(e)s, ⸚e نوشابه
trank *P.* صیغهٔ فعل گذشتهٔ مطلق از مصدر trinken
Tränke, die; -, -n آبشخور

(لباس، عینک، کلاه) ۳. تحمل کردن ۴. میوه داشتن، بار داشتن ۵. برد داشتن (اسلحه) ۶. در سر داشتن ۷. دخل داشتن ۸. مناسب بودن، برازنده بودن
eine Brille tragen عینک زدن
die Kosten tragen مخارج را به عهده گرفتن
die Schuld tragen مقصر بودن
ein Kind unter dem Herzen tragen حامله بودن
jemanden **auf Händen tragen** کسی را زیاد دوست داشتن
Träger, der; -s, - ۱. حامل، حمل‌کننده ۲. باربر، حمال
Trägerin, die; -, -nen ۱. حامل، حمل‌کننده (زن) ۲. باربر، حمال (زن)
Trägerlohn, der; -(e)s, ⸚e مخارج باربری، مزد باربری
trägerlos *Adj.* [لباس] بند رکابی
Tragfähig *Adj.* محکم، مقاوم، با استقامت
Tragfähigkeit, die; - تُن‌شماری، ظرفیت بار، ظرفیت تحمل فشار
Tragfläche, die; -, -n جناح، بال
Trägheit, die; -, -en ۱. تنبلی، سستی، کاهلی ۲. آهستگی، کندی
Tragik, die; - ۱. فاجعه، مصیبت ۲. (هنر) تراژدی
Tragiker, der; -s, - ۱. تراژدی‌نویس ۲. بازیگر تراژدی
tragikomisch *Adj.* (مربوط به) تراژدی ـ کمدی
Tragikomödie, die; -, -n (هنر) تراژدی ـ کمدی
tragisch *Adj.* محزون، غم‌انگیز، حزن‌انگیز، فجیع، تأثرآور، جانگداز
Tragkorb, der; -(e)s, ⸚e زنبیل، سبد
Tragkraft, die; -, ⸚e ظرفیت بار، تُن‌شماری
Tragöde, der; -n, -n ۱. بازیگر تراژدی ۲. نمایشنامهٔ تراژدی
Tragödie, die; -, -n ۱. فاجعه، مصیبت ۲. (هنر) تراژدی
Tragödin, die; -, -nen بازیگر تراژدی (زن)
Tragriemen, der; -s, - تسمه، بند چرمی
Tragschrauber, der; -s, - (نوعی) هواپیما (که حد فاصل هلیکوپتر و هواپیماهای معمولی است)
Tragtier, das; -(e)s, -e حیوان بارکش
Tragtüte, die; -, -n کیسه؛ کیف؛ جوال
Tragweite, die; -, -n ۱. رسایی، تیررس، برد ۲. اهمیت، اعتبار ۳. معنی، مفهوم
Trainer, der; -s, - (ورزش) مربی
trainieren *Vi., Vt.* ۱. تمرین منظم کردن ۲. در اثر تمرین ورزیده شدن ۳. تمرین دادن، تعلیم دادن

tränken 808

tränken *Vt.* (به حیوانات) آب دادن
Transaktion, die; -, -en معاملهٔ بزرگ
transatlantisch *Adj.* واقع در آن سوی اقیانوس اطلس
Transfer, der; -(s), - انتقال، واگذاری، نقل
transferieren *Vt.* انتقال دادن، واگذار کردن، منتقل کردن
Transferierung, die; -, -en انتقال، واگذاری
Transformation, die; -, -en ترانسفورماسیون، تغییر شکل، دگرگونی، تبدیل
Transformator, der; -s, -en ترانسفورماتور (دستگاه تبدیل برق ضعیف به برق قوی)
transformieren *Vt.* تغییر شکل دادن، تبدیل کردن، دگرگون کردن (جریان برق)
Transfusion, die; -, -en انتقال خون
Transistor, der; -s, -en ترانزیستور
transistorisieren *Vt.* ترانزیستوری کردن
Transistorradio, das; -s, -s رادیو ترانزیستوری
Transit, der; -(e)s, -e ترانزیت، عبور (از یک کشور)
Transithandel, der; -s, - تجارت ترازیت (عبور کالای یک کشور از خاک کشور دیگر)
transitieren *Vi.* ترانزیت کردن، از خاک یک کشور به کشور دیگر منتقل کردن
Transitiv, das; -s, -e فعل متعدی
transitiv *Adj.* [فعل] متعدی
transkribieren *Vt.* ۱. رونویسی کردن، سوادبرداری کردن ۲. برگرداندن (از یک زبان به یک زبان دیگر)
Transkription, die; -, -en ۱. رونویسی، سوادبرداری ۲. برگردان (از یک زبان یک زبان دیگر)
Translation, die; -, -en انتقال؛ ترجمه
Transmission, die; -, -en انتقال، ارسال، سرایت
Transparent, das; -(e)s, -e ترانسپارت، شفافیت؛ عکس روی شیشه
transparent *Adj.* شفاف، هادی نور
Transparenz, die; - شفافیت، خاصیت عبوردهندگی نور
Transpiration, die; -, -en ترشح (عرق بدن)
transpirieren *Vi.* عرق کردن، ترشح کردن
Transplantation, die; -, -en پیوند (اعضای بدن / بافت)
transplantieren *Vt.* پیوند زدن (اعضای بدن)
Transport, der; -(e)s, -e ترانسپورت، حمل و نقل، باربری

transportabel *Adj.* قابل حمل، بردنی
Transportarbeiter, der; -s, - کارگر حمل و نقل
Transporter, der; -s, - کامیون، هواپیما، کشتی (باربری)
Transporteur, der; -s, -e انتقال‌دهنده، منتقل‌کننده، دستگاه حمل و نقل
transportfähig *Adj.* قابل نقل و انتقال
Transportflugzeug, das; -(e)s, -e هواپیمای باری
Transportgelegenheit, die; -, -en سهولت حمل و نقل
transportieren *Vt.* حمل و نقل کردن
Transportmittel, das; -s, - وسیلهٔ حمل و نقل
Transportschiff, das; -(e)s, -e کشتی باری
Transportunternehmen, das; -s, - پیمانکاری، مقاطعهٔ باربری، حمل و نقل
Transportversicherung, die; -, -en بیمهٔ حمل و نقل
transversal *Adj.* عرضی، در جهت عرض
Transvestismus, der; - مبدل‌پوشی، تمایل بیمارگونه به‌طرز رفتار و پوشش جنس مخالف
Transvestit, der; -en, -en مرد زنانه‌پوش؛ زن مردانه‌پوش، کسی که به طرز رفتار و پوشش جنس مخالف تمایل بیمارگونه دارد
transzendet *Adj.* ماورای عالم ادراک
Trapez, das; -es, -e ۱. ذوزنقه ۲. بندبازی
trapezformig *Adj.* ذوزنقه‌ای، ذوزنقه‌ای شکل
Trapezkünstler, der; -s, - بندباز
Trapezkünstlerin, die; -, -nen بندباز (زن)
trappeln *Vi.* با سر و صدا حرکت کردن
trappen *Vi.* با سر و صدا حرکت کردن
Trassant, der; -en, -en برات‌کش، حواله‌دهنده
Trassat, der; -en, -en برات‌گیر، حواله گیرنده
Trasse, die; -, -n ۱. مسیر خط‌کشی‌شده ۲. خاکریز خط‌آهن، خاکریز جاده
trassieren *Vt.* خط‌کشی کردن (خیابان)
trat *P.* صیغهٔ فعل گذشتهٔ مطلق از مصدر treten
Tratsch, der; -(e)s, - بدگویی، غیبت
Tratsche, die; -, -n بدگو، غیبت‌کن
tratschen *Vi.* غیبت کردن، پشت سر (کسی) بدگویی کردن
Tratte, die; -, -n حواله، برات، سفته
Traualtar, der; -s, ⸚e (در کلیسا) محراب عروسی
Traube, die; -, -n انگور، خوشهٔ انگور
Traubenlese, die; -, -n انگورچینی، خوشه‌چینی

Traubensaft, der; -(e)s, ¨-e آب انگور
Traubenzucker, der; -s, - گلوکز، قند میوه
trauen *Vt., Vi., Vr.* ۱. جاری کردن (صیغهٔ عقد) ۲. اعتماد کردن، اعتقاد داشتن، باور کردن ۳. جرأت کردن
sich trauen lassen ازدواج کردن
Ich traute meinen Ohren nicht. به گوش‌هایم اعتماد نداشتم.
Trauer, die; - ۱. سوگ، سوگواری، ماتم، مصیبت، عزا ۲. لباس عزا
Traueranzeige, die; -, -n آگهی تسلیت
Trauerbinde, die; -, -n (به نشانهٔ عزاداری) نوار ابریشمی سیاه
Trauerbrief, der; -(e)s, -e نامهٔ تسلیت
Trauerfall, der; -(e)s, ¨-e وفات، درگذشت
Trauerfeier, die; -, -n مجلس ترحیم
Trauerflor, der; -s, -e (به نشانهٔ عزاداری) نوار ابریشمی سیاه
Trauergedicht, das; -(e)s, -e مرثیه
Trauergeleit, das; -(e)s, -e نعش‌کش
Trauerkarte, die; -, -n کارت تسلیت
Trauerkleid, das; -(e)s, -er جامهٔ سوگواری، لباس عزا
Trauerkloß, der; -es, ¨-e آدم بی‌حوصله
Trauermarsch, der; -es مارش عزا
trauern *Vi.* ۱. ماتم گرفتن، سوگواری کردن، عزادار بودن ۲. لباس عزا پوشیدن
Trauernachricht, die; -, -en خبر فوت
Trauerrand, der; -es, ¨-e نوار ابریشمی سیاه (روی پاکت نامه)
Trauerrede, die; -, -n تسلیت
Trauerschleier, der; -s, - (در مراسم سوگواری) تور مشکی صورت
Trauerspiel, das; -(e)s, -e تعزیه، نمایش مصیبت، نمایش حزن‌انگیز
trauervoll *Adj.* محزون، بسیار غمگین
Trauerweide, die; -, -n بید مجنون
Trauerzug, der; -es, ¨-e (در مراسم تشییع جنازه) دستهٔ عزاداری
Traufe, die; -, -n پیش‌آمدگی لبهٔ بام
träufeln *Vt., Vi.* چکاندن (دارو در چشم/گوش)
traulich *Adj.* ۱. صمیمی؛ باطنی؛ خصوصی ۲. راحت، دنج
Traulichkeit, die; -, -en ۱. صمیمیت؛ خصوصیت؛ علاقه ۲. راحتی، دنجی

Traum, der; -(e)s, Träume خواب، رویا
einen Traum haben خوابی دیدن
Ich denke nicht im Traum daran. اصلاً فکرش را هم نمی‌کردم.
Trauma, das; -s, -ta/-men ۱. ضربهٔ روحی، شوک ۲. جراحت، آسیب
traumatisch *Adj.* (مربوط به) ضربهٔ روحی
Traumbild, das; -es, -er رویا، خیال
Traumberuf, der; -(e)s, -e شغل ایده‌آل
Traumdeuter, der; -s, - تعبیرکنندهٔ خواب، خوابگزار
Traumdeuterin, die; -, -nen تعبیرکنندهٔ خواب، خوابگزار (زن)
Traumdeutung, die; -, -en تعبیر خواب
träumen *Vt., Vi.* ۱. خواب دیدن، در رویا دیدن ۲. در رویا فرو رفتن
Du träumst wohl! خواب می‌بینی!
Das hätte ich mir nicht träumen lassen. هرگز فکرش را هم نمی‌کردم.
Träumer, der; -s, - خیال‌باف، رویایی
Träumerei, die; -, -en خواب، رویا
Träumerin, die; -, -nen خیال‌باف، رویایی (زن)
träumerisch *Adj.* رویایی، خیالی، غیر واقعی
Traumfrau, die; -, -en زن رویایی
traumhaft *Adj.* ۱. رویایی، غیر واقعی ۲. بسیار زیبا
Traumland, das; -(e)s, ¨-er سرزمین رویاها
traumwandeln *Vi.* در خواب راه رفتن
Traumwelt, die; -, -en دنیای رویاها
Traurede, die; -, -n خطبهٔ عقد
traurig *Adj.* ۱. غمگین، محزون، اندوهگین، افسرده ۲. غم‌انگیز، تأثرآور
Traurigkeit, die; -, -en غم، غصه، حزن، افسردگی
Trauring, der; -(e)s, -e حلقهٔ ازدواج، انگشتر عروسی
Trauschein, der; -(e)s, -e قبالهٔ ازدواج، عقدنامه
traut *Adj.* صمیمی، کاملاً آشنا، خودمانی
Trauung, die; -, -en ازدواج، عقد، نکاح
Trauzeuge, der; -n, -n شاهد عقد
Travellerscheck, der; -(e)s, -s چک مسافرتی
travers *Adj.* عرضی، از عرض، مورب
Travestie, die; -, -n تعبیر هجوآمیز، تقلید مسخره
travestieren *Vt.* تعبیر هجوآمیز کردن، به‌صورت هجو درآوردن
Treber, die / *Pl.* تفالهٔ انگور
Treck, der; -s, -s کوچ (با گاری)

trecken *Vt., Vi.* ۱. کشیدن، به‌زور حمل کردن ۲. (با گاری) کوچ کردن، (با سختی و آهستگی) مسافرت کردن

Trecker, der; -s, - تراکتور

Treff[1], das; -s, -s (ورق‌بازی) گشنیز، خاج

Treff[2], der; -s, -s ملاقات، دیدار، برخورد

Treffas, das; -asses, -asse (ورق‌بازی) آس گشنیز

Treffbube, der; -n, -n (ورق‌بازی) سرباز گشنیز

treffen *Vt., Vi., Vr.* ۱. به (کسی) برخوردن، با (کسی) روبرو شدن، با (کسی) برخورد کردن ۲. اصابت کردن ۳. ضربه زدن، شوک وارد کردن ۴. وضع خاصی پیش آمدن ۵. ملاقات کردن، جمع شدن، گرد آمدن

Die Todesnachricht hat sie schwer getroffen.

خبر مرگ به او ضربهٔ سختی وارد آورده است.

Ich habe ihn zu Hause getroffen.

او را در خانه ملاقات کردم.

Vorbreitungen treffen مقدمات را فراهم کردن

sich treffen با یکدیگر برخورد کردن

Er trifft sich gut. موقعیت مناسبی است.

Deine Worte treffen mich schwer.

حرف‌های تو خیلی متأثرم می‌کند.

Treffen, das; -s, - ملاقات، دیدار، برخورد، گردهمایی

treffend *Adj.* مناسب، دقیق، شایسته

Treffer, der; -s, - ۱. ضربهٔ کاری ۲. (فوتبال) گل ۳. شمارهٔ برنده (بخت‌آزمایی)

trefflich *Adj.* ممتاز، عالی، بسیار خوب

Trefflichkeit, die; - مزیت، برتری، تفوق، رجحان

Treffpunkt, der; -(e)s, -e میعادگاه، وعده گاه، محل ملاقات؛ پاتوق

treffsicher *Adj.* درست، دقیق، خطاناپذیر

Treibeis, das; -es یخ شناور

treiben *Vt., Vi.* ۱. راندن، به حرکت آوردن، هدایت کردن ۲. تحریک کردن، برانگیختن ۳. مشغول (کاری) بودن ۴. گل دادن؛ برگ دادن (گیاه) ۵. تغییر شکل دادن (فلز سرد) ۶. (ورزش) تمرین کردن

Sport treiben ورزش کردن

Handel treiben تجارت کردن

Was treibst du? داری چه کار می‌کنی؟

ein Gewerbe treiben به کسبی اشتغال داشتن

zur Arbeit treiben به کاری واداشتن

Treiben, das; -s, - ۱. هدایت، جنبش، حرکت ۲. فعالیت، کوشش ۳. تمرین ۴. تحریک

Treiber, der; -s, - ۱. راننده، شوفر ۲. چوبدار (گاو/گوسفند)

Treibgas, das; -es, -e سوخت گاز

Treibhaus, das; -es, -häuser ۱. گرمخانه، گلخانه ۲. فاحشه‌خانه

Treibhauspflanze, die; -, -n گیاه گلخانه‌ای، گیاه پرورشی

Treibholz, das; -es چوب شناور در آب، چوب آب آورده

Treibjagd, die; -, -en ایجاد سر و صدا (برای ترساندن شکار)

Treibkraft, die; -, ⸚e نیروی محرکه

Treibladung, die; -, -en نیروی محرکه

Treibmine, die; -, -n مین شناور، مین روی آب

Treibmittel, das; -s, - نیروی محرکه

Treiböl, das; -(e)s, -e روغن موتور

Treibrad, das; -(e)s, ⸚er چرخ لنگر؛ چرخ محرک

Treibriemen, der; -s, - تسمهٔ انتقال نیرو، تسمه (موتور)

Treibsand, der; -(e)s, - ریگ روان

Treibsatz, der; -es, ⸚e نیروی محرکه

Treibstoff, der; -(e)s, -e مادهٔ سوختنی، سوخت

treideln *Vt.* به دنبال خود کشیدن، یدک کشیدن

Treidelpfad, der; -(e)s, -e مسیر یدک کشیدن (قایق)

tremolieren *Vi.* با تحریر آواز خواندن، به صدا ارتعاش دادن

Trend, der; -s, -s گرایش، تمایل، جهت تحول، مسیر تحول

trennbar *Adj.* جداشدنی، قابل تفکیک

Trennbarkeit, die; - قابلیت تفکیک

trennen *Vt., Vr.* ۱. جدا کردن، بین (چیزی/کسی) فاصله انداختن، تفکیک کردن، تجزیه کردن ۲. جدا شدن، سوا شدن

sich trennen از چیزی/کسی جدا شدن

getrennt leben جدا از هم زندگی کردن

Trennlinie, die; -, -n خط تفکیک، خط جداکننده

trennscharf *Adj.* گزینشی، انتخابی

Trennschärfe, die; - برگزیدگی، ممتازی

Trennung, die; -, -en جدایی، تفکیک، تجزیه، تقسیم

Trennungslinie, die; -, -n خط تفکیک

Trennungsschmerz, der; -es درد جدایی

Trennungsstrich, der; -(e)s, -e خط فاصله، خط پیوند

Trenn(ungs)wand, die; -, ⸚e دیوار تفکیک، دیوار جداکننده، تیغه

Trense, die; -, -n افسار، دهنه (اسب)

treppab *Adv.* به پایین، به طبقهٔ پایین
treppauf *Adv.* به بالا، به طبقهٔ بالا
Treppe, die; -, -n پله، پلکان
die Treppe hinausfallen در عین بدشانسی شانس آوردن
Treppenabsatz, der; -es, ⸚e پاگرد پلکان، پای پله
Treppenflucht, die; -, -en پلکان اضطراری
Treppengeländer, das; -s, - نرده (پلکان)
Treppenhaus, das; -es, -häuser راه‌پله، پلکان
Treppenläufer, der; -s, - فرش پلکان، پله‌پوش
Treppenstufe, die; -, -n پله، پلکان
Tresen, der; -s, - پیشخوان (مغازه)
Tresor, der; -s, -e ۱. خزانه، گنجینه ۲. گاوصندوق، صندوق‌نسوز
Tresse, die; -, -n ۱. تور، توری ۲. یراق، گلابتون
Trester, die / *Pl.* تفالهٔ انگور
Tretanlasser, der; -s, - استارت (اتومبیل)
treten *Vi., Vt.* ۱. داخل شدن، پا گذاشتن ۲. قدم گذاشتن، گام برداشتن ۳. لگد زدن، لگدمال کردن ۴. توپ زدن ۵. پا زدن، رکاب زدن (دوچرخه) ۶. شروع به (کاری) کردن
Treten Sie näher! نزدیک‌تر بیایید!
in Verbindung treten رابطه برقرار کردن
jemandem **in den Weg treten** برای کسی مشکلات ایجاد کردن
Bitte nicht auf den Rasen treten! لطفاً داخل چمن نشوید!
Tretmühle, die; -, -n چرخ عصاری
(چرخ افقی بزرگی که زندانیان برای تنبیه آن را به حرکت درمی‌آوردند)
treu *Adj.* ۱. باوفا، وفادار، صدیق ۲. امین، راستگو، وظیفه‌شناس
treu bleiben وفادار ماندن
Treubruch, der; -(e)s, ⸚e نقض عهد، خیانت، بی‌وفایی، پیمان‌شکنی
treubrüchig *Adj.* بی‌وفا، پیمان‌شکن
Treue, die; - صداقت، امانت، وفاداری
Treueid, der; -(e)s, -e سوگند وفاداری
Treueschwur, der; -(e)s, ⸚e سوگند وفاداری
Treugeber, der; -s, - ودیعه‌گذار، امانت‌دهنده
Treuhand, die; - امانت، امانت‌داری
Treuhänder, der; -s, - امین، امانت‌دار، ودیعه‌گیرنده، امانت‌گیرنده، امانت‌نگه‌دار
treuhänderisch *Adj.* معتبر
Treuhänderrat, der; -s, -e هیأت امنا
Treuhandgesellschaft, die; -, -en شرکت معتبر، شرکت مورد اعتماد مردم
treuherzig *Adj.* بی‌ریا، بی‌غل و غش، رک‌گو، صادق، صمیمی
treulich *Adj.* صادقانه، صمیمانه، از روی وفاداری
treulos *Adj.* بی‌وفا، ناسپاس، پیمان‌شکن، سست پیمان
Treulosigkeit, die; - بی‌وفایی، پیمان‌شکنی، سست پیمانی
Triangel, der; -s, - مثلث (نوعی آلت موسیقی ضربی)
Tribunal, das; -s, -e ۱. دادگاه، محکمه ۲. مسند قضاوت
Tribüne, die; -, -n ۱. تریبون، کرسی خطابه ۲. (در ورزشگاه) جایگاه تماشاچیان
Tribut, der; -(e)s, -e باج، خراج
tributpflichtig *Adj.* خراجگزار، باج‌بده
Trichine, die; -, -n کرم تریشین، کرم گوشت خوک
Trichter, der; -s, - ۱. قیف ۲. حفرهٔ حاصله بر اثر انفجار بمب / نارنجک
trichterförmig *Adj.* قیفی شکل
trichtern *Vt.* با قیف ریختن، از قیف گذراندن
Trick, der; -s, -e / -s ۱. حیله، نیرنگ، خدعه، فن، کلک ۲. چاره
Trickfilm, der; -s, -e خدعهٔ سینمایی
tricksen *Vt.* (فوتبال) با مهارت از حریف رد کردن (توپ)
trieb *P.* صیغهٔ فعل گذشتهٔ مطلق از مصدر treiben
Trieb, der; -(e)s, -e ۱. (نیروی) محرکه ۲. جوانه (گیاه) ۳. تمایل، غریزه؛ شعور حیوانی؛ تحریک جنسی
Triebfeder, die; -, -n ۱. شاه‌فنر ۲. انگیزهٔ اصلی
triebhaft *Adj.* ۱. غریزی، فطری، از روی غریزه، غیرارادی ۲. جسمانی، مادی، نفسانی
Triebkraft, die; -, ⸚e نیروی محرکه
Triebrad, das; -(e)s, ⸚er چرخ محرک
Triebsand, der; -(e)s, - ریگ روان
Triebverbrecher, der; -s, - جنایتکار جنسی
Triebwagen, der; -s, - واگن راه‌آهن
Triebwerk, das; -(e)s, -e ۱. دستگاه تولید نیروی محرکه ۲. مکانیزم درگیری چرخ دنده‌ها، مکانیزم موتور
Triefauge, das; -s, -n (نوعی) بیماری پلک چشم
triefäugig *Adj.* دارای چشم‌های قی گرفته
triefen *Vi.* ۱. چکیدن، چکه کردن ۲. آب شدن، فرو ریختن، گداخته شدن (شمع)
triefnaß *Adj.* چکه‌چکه، قطره‌قطره
triezen *Vt.* آزار کردن، زجر دادن، اذیت کردن، به ستوه آوردن

Trift, die; -, -en ۱. چراگاه، مرتع ۲. چوب شناور ۳. تودهٔ یخ شناور
triftig *Adj.* قاطع، موجه، قانع‌کننده
Trigon, das; -(e)s, -e سه گوشه
trigonal *Adj.* سه گوشه
Trigonometrie, die; - (ریاضی) مثلثات
trigonometrisch *Adj.* (ریاضی) مثلثاتی
Trikot, der/das; -s, -s تریکو، کشباف (پوشاک)
Trikotage, die; -, -n لباس کشباف
Triller, der; -s, - ۱. تحریر صدا؛ چهچهه ۲. ارتعاش طنین‌ساز
trillern *Vi.* ۱. با تحریر خواندن ۲. چهچه زدن
Trillerpfeife, die; -, -n سوت، صفیر، آژیر خطر
Trilliarde, die; -, -n تریلیارد (هزار تریلیون)
Trillion, die; -, -en تریلیون
Trilogie, die; -, -n شعر / آهنگ سه بخشی
trimmen *Vt.* ۱. به‌وضع متعادل درآوردن ۲. پروردن، قوی‌تر کردن؛ ورزش دادن ۳.کوتاه کردن (موی سگ)
trinkbar *Adj.* نوشیدنی، قابل نوشیدن
Trinkbecher, der; -s, - پیاله، جام
Trinkbranntwein, der; -s, -e عرق، الکل
trinken *Vi., Vt.* نوشیدن، آشامیدن
Was trinken Sie? چه می‌نوشید؟
Ich trinke gern Wasser. من آب می‌نوشم.
Ich trinke lieber Wein als Bier. شراب را به آبجو ترجیح می‌دهم.
Trinken, das; -s, - نوشابه؛ مشروب
Trinker, der; -s, - الکلی، مشروب‌خور، میگسار
Trinkerheilanstalt, die; -, -en مرکز مبارزه با معتادان الکلی
Trinkerin, die; -, -nen الکلی، مشروب‌خور، میگسار (زن)
Trinkgefäß, das; -es, -e لیوان مشروب‌خوری
Trinkgelage, das; -s, - میگساری، میخوارگی، عیش و نوش
Trinkgeld, das; -(e)s, -er انعام، پول چای
Trinkglas, das; -es, ⸚er لیوان، آب‌خوری
Trinkhalle, die; -, -n نوشابه‌فروشی
Trinkhalm, der; -(e)s, -e نی‌نوش
Trinkkur, die; -, -en آب درمانی (معالجه به‌وسیلهٔ آب معدنی)
Trinklied, das; -(e)s, - آواز میگساران
Trinkspruch, der; -(e)s, ⸚e آرزوی خوشبختی برای کسی (همراه با نوشیدن مشروب الکلی)

Trinkwasser, das; -s, ⸚er آب آشامیدنی
Trio, das; -s, -s (موسیقی) تریو، سه‌تایی، سه نفری (اثر موسیقی سازی یا آوازی برای سه ساز / صدا)
Triole, die; -, -n (موسیقی) تریوله، سه‌واره، سه بر دو
Trip, der; -s, -s ۱. سفر، سفر کوتاه، سفر تفریحی ۲. حالت نشئه (بعد از استعمال مواد مخدر)
trippeln *Vi.* سبک رفتن، با قدم‌های کوتاه راه رفتن؛ تاتی کردن
Tripper, der; -s, - (بیماری) سوزاک
trist *Adj.* غمگین، افسرده، دلتنگ، ملالت‌انگیز، اندوهگین
Tritt, der; -(e)s, -e ۱. گام، قدم ۲. لگد ۳. پلکان کوتاه ۴. رد پا، جای پا
Trittbrett, das; -(e)s, -er ۱. پاتخته، زیرپایی، جاپا ۲. رکاب
Trittleiter, die; -s, - نردبان متحرک
Triumph, der; -(e)s, -e ۱. پیروزی، فتح، ظفر، غلبه ۲. شادی حاصل از پیروزی، شادی حاصل از موفقیت، جشن پیروزی
triumphal *Adj.* پیروز، فاتح، کامیاب
Triumphbogen, der; -s, - / ⸚ تاق نصرت، تاق پیروزی
triumphieren *Vi.* ۱. پیروز شدن، فتح کردن، غلبه یافتن ۲. شادی کردن، جشن پیروزی گرفتن
trivial *Adj.* عادی، جزئی، ناچیز، ساده، معمولی
trocken *Adj.* ۱. خشک ۲. بی‌روح، کسل‌کننده ۳. عبوس ۴. [شراب] گس
trocken aufbewahren در جای خشک نگه‌داشتن
Da bleibt kein Auge trocken. اشک از چشم هر کس سرازیر می‌شود.
Trockenbatterie, die; -, -n باتری خشک
Trockenboden, der; -s, - / ⸚ زمین بایر، زمین لم‌یزرع، زمین بدون آب
Trockendock, das; -(e)s, -e/ -s تعمیرگاه کشتی
Trockenelement, das; -(e)s, -e پیل خشک، باتری خشک
Trockenfäule, die; - آفت سیب‌زمینی
Trockengemüse, das; -s, - سبزی خشک
Trockenhaube, die; - سشوار، (دستگاه) مو خشک‌کن
Trockenhefe, die; -, -n (در نان‌پزی) مخمر خشک
Trockenheit, die; -, -en خشکی، خشکسالی
trockenlegen *Vt.* ۱. خشک کردن (زمین) ۲. عوض کردن (نوزاد) ۳. آب کشیدن، زه‌کشی کردن
jemanden **trockenlegen** نوشیدن الکل را برای کسی ممنوع کردن

Trockenlegung, die; -, -en زه‌کشی، زیرآب‌زنی
Trockenmaß, das; -es, -e مقیاس جامدات
Trockenmilch, die; - شیرخشک
Trockenobst, das; -es خشکبار
Trockenobsthandel, der; -s, ⸚ خشکبارفروشی
Trockenobsthändler, der; -s, - خشکبارفروش
Trockenrasierer, der; -s, - ریش‌تراش برقی
Trockenreinigung, die; -, -en خشک‌شویی
trockensitzen *Vi.* بدون نوشیدنی بودن
trockenstehen *Vi.* شیر ندادن، شیر نداشتن (گاو)
trocknen *Vt., Vi.* ۱. خشک کردن ۲. خشک شدن
Trockner, der; -s, - دستگاه خشک‌کن (دست)
Troddel, die; -, -n منگوله، شرابه
Trödel, der; -s, - اجناس کهنه، لوازم مستعمل
Trödelei, die; -, -en کهنه‌فروشی، سمساری
Trödelkram, der; -(e)s, ⸚e اجناس کهنه، لوازم مستعمل
Trödelladen, der; -s, ⸚ سمساری
Trödelmarkt, der; -(e)s, ⸚e بازار کهنه‌فروشی
trödeln *Vi.* ۱. کهنه‌فروشی کردن، اجناس دست دوم فروختن ۲. اتلاف وقت کردن، وقت را به بطالت گذراندن
Trödelwaren, die / *Pl.* (برای فروش) اجناس کهنه، اجناس مستعمل
Trödler, der; -s, - کهنه‌فروش، سمسار
troff *P.* صیغهٔ فعل گذشتهٔ مطلق از مصدر triefen
Trog, der; -(e)s, ⸚e ۱. تغار ۲. آبشخور، سنگاب
trog *P.* صیغهٔ فعل گذشتهٔ مطلق از مصدر trügen
Trojaner, der; -s, - اهل (شهر باستانی) تروا
Trojanerin, die; -, -nen اهل (شهر باستانی) تروا (زن)
trojanisch *Adj.* (مربوط به) تروا
trollen *Vr., Vi.* ۱. به آرامی و با تردید دور شدن ۲. یورتمه رفتن
Trommel, die; -, -n طبل، کوس، دهل
Trommelfell, das; -(e)s, -e ۱. پوست طبل ۲. پردهٔ گوش
Trommelfellentzündung, die; -, -en التهاب گوش میانی
Trommelfeuer, das; -s, - رگبار گلوله
trommeln *Vi.* طبل زدن
Trommelschlag, der; -(e)s, ⸚e ضربهٔ طبل
Trommelschlegel, der; -s, - چوب طبل، چوب طبل‌نوازی
Trommelstock, der; -(e)s, ⸚e چوب طبل، چوب طبل‌نوازی

Trommelwirbel, der; -s, - طنین طبل
Trommler, der; -s, - طبال
Trompete, die; -, -n ترومپت؛ شیپور؛ کُرنا
trompeten *Vi.* ترومپت زدن؛ شیپور زدن
Trompeter, der; -s, - نوازنده ترومپت؛ شیپورچی
Tropen, die / *Pl.* منطقهٔ حاره، منطقهٔ استوایی
Tropenanzug, der; -s, ⸚e لباس (مخصوص) مناطق حاره
tropenfest *Adj.* گرمسیری، استوایی، حاره
Tropenfieber, das; -s, - تب مالاریا
Tropenhelm, der; -(e)s, -e کلاه تمام لبه آفتابی، کلاه لبه‌دار
Tropenklima, das; -s, -s آب و هوای گرم حاره‌ای
Tropenkoller, der; -s, - جنون مناطق استوایی
Tropf, der; -(e)s, ⸚e ساده‌لوح، احمق، ابله
tröpfeln *Vi., Vt.* ۱. چکیدن، چکه کردن، قطره‌قطره ریختن، تراوش کردن ۲. چکاندن
tropfen *Vi., Vt.* ۱. چکیدن، چکه کردن، قطره‌قطره ریختن، تراوش کردن ۲. چکاندن
Tropfen, der; -s, - قطره، چکه
tropfenförmig *Adj.* قطره‌مانند، قطره‌ای شکل
tropfenweise *Adv.* قطره‌قطره، چکه‌چکه
tropfnaß *Adj.* خیس، مرطوب، تر
Tropfstein, der; -(e)s, -e (زمین‌شناسی) استالاکتیت
Trophäe, die; -, -n غنیمت جنگی
tropisch *Adj.* گرمسیری، استوایی، (مربوط به) مناطق حاره
Troß, der; Trosses, Trosse ۱. واگن بار (نظامی) ۲. (در جمع) همراهان، ملتزمین رکاب
Trosse, die; -, -n طناب سیمی ضخیم
Trost, der; -(e)s, - تسلی، دلداری، دلجویی، تسکین خاطر
Das ist kein Trost für mich.
این برای من تسلی خاطری نیست.
nicht ganz bei Trost sein عقل طبیعی نداشتن
trösten *Vt.* تسلی دادن، به (کسی) دلداری دادن، از (کسی) دلجویی کردن
Tröster, der; -s, - تسلی‌دهنده، دلداری‌دهنده
Trösterin, die; -, -nen تسلی‌دهنده، دلداری‌دهنده (زن)
tröstlich *Adj.* تسلی‌بخش، مایهٔ دلگرمی
trostlos *Adj.* ۱. غمگین، افسرده، پریشان، ناامید، تسلی‌ناپذیر ۲. خراب، ویران
Trostlosigkeit, die; - ۱. غم، افسردگی، پریشانی، ناامیدی ۲. خرابی، ویرانی

Trostpreis, der; -es, -e	جایزهٔ افتخاری
	(جایزهٔ ناچیزی که به بازندهٔ مسابقه داده می‌شود)
trostreich *Adj.*	تسلی‌بخش
Tröstung, die; -, -en	تسلی، دلداری، دلجویی،
	تسکین خاطر
Trott, der; -(e)s, -	۱. یورتمه ۲. کار یکنواخت
Trottel, der; -s, -	احمق، ساده‌لوح، سبک‌مغز
trotten *Vi.*	یورتمه رفتن (اسب)
Trottoir, das; -s, -e/-s	پیاده‌رو، محل عبور عابر پیاده
trotz *Präp.*	با وجودِ، علی‌رغمِ
Trotz, der; -es, -	لجبازی، لجاجت، تمرد، خودسری،
	سرکشی، عناد
trotzdem *Konj., Adv.*	با وجود این، با این همه،
	با این وصف
trotzen *Vi.*	لجاجت کردن، عناد ورزیدن
trotzig *Adj.*	لجباز، متمرد، خودسر، سرکش، لجوج
Trotzkopf, der; -(e)s, ⸚e	لجباز، خودسر، کله‌شق
trotzköpfig *Adj.*	لجباز، متمرد، خودسر، سرکش، لجوج
trüb(e) *Adj.*	۱. ناصاف، کدر، غیر شفاف
	۲. [آسمان] تیره، ابری، گرفته
Trubel, der; -s, -	شلوغی، ازدحام، هیاهو
trüben *Vt., Vr.*	۱. تیره کردن، مات کردن، کدر کردن
	۲. حال (کسی) را گرفتن ۳. تیره شدن، مات شدن، کدر شدن
Trübheit, die; -	کدری، تیرگی
Trübsal, die; -, -e	اندوه، محنت، درد، پریشانی،
	رنجوری، غم
trübselig *Adj.*	۱. محزون، غمگین، اندوهگین
	۲. مأیوس، مستأصل
Trübseligkeit, die; -	۱. حزن، غم ۲. یأس، استیصال
Trübsinn, der; -(e)s, -	اندوه، یأس، افسردگی، دلتنگی
trübsinnig *Adj.*	اندوهگین، مأیوس، افسرده
Trübung, die; -, -en	کدری، تیرگی، ماتی
trudeln *Vi.*	۱. دور خود چرخیدن و افتادن (هواپیما)
	۲. آهسته طی کردن
Trüffel, die; -, -n	(گیاه) دنبلان (نوعی قارچ خوراکی)
Trug, der; -(e)s	فریب، حیله، خدعه، گول
trug *P.*	صیغهٔ فعل گذشتهٔ مطلق از مصدر tragen
Trugbild, das; -es, -er	خیال، وهم
trügen *Vt., Vi.*	۱. گول زدن، فریفتن، اغفال کردن،
	فریب دادن ۲. متقلب بودن
trügerisch *Adj.*	فریبا، فریبنده، گمراه‌کننده، گول‌زننده
Trugschluß, der; -schlusses, -schlüsse	سفسطه،
	استدلال غلط
Truhe, die; -, -n	صندوق

Trümmer, die/*Pl.*	۱. ویرانه، مخروبه
	۲. قلوه سنگ، سنگ نتراشیده ۳. تخته پاره‌های (کشتی)
Trümmerfeld, das; -(e)s, -er	صحنهٔ کشتار؛
	کشتارگاه
Trümmerhaufen, der; -s, -	۱. انبوه خرابی،
	آثار مخروبه ۲. تودهٔ قلوه‌سنگ
Trumpf, der; -(e)s, ⸚e	(ورق‌بازی) خال حکم،
	ورق برنده، خال آتو
einen Trumpf in der Hand haben	
	برگ برنده را در دست داشتن
seine Trümpfe aus der Hand geben	
	برگ برنده را از دست دادن
Trumpfas, das; -asses, -asse	(ورق‌بازی) آس حکم
trumpfen *Vi.*	حکم بازی کردن، با خال آتو بازی کردن
	با خال آتو بردن
Trunk, der; -(e)s, ⸚e	۱. نوشابه، نوشیدنی، آشامیدنی
	۲. باده‌نوشی، میگساری مفرط
trunken *Adj.*	۱. مست ۲. شنگول، سرحال؛ شاد، خرم
Trunkenbold, der; -(e)s, -e	مست، میخواره،
	دائم‌الخمر، الکلی
Trunkenheit, die; -	مستی، سکر
Trunksucht, die; -	میخوارگی، اعتیاد به نوشیدن الکل،
	الکلی
trunksüchtig *Adj.*	معتاد به الکل، الکلی
Trunksüchtige, der/die; -n, -n	دائم‌الخمر،
	میخواره، الکلی
Trupp, der; -s, -s	گروه، دسته، گروهک
Truppe, die; -, -n	۱. نیروی نظامی، یگان نظامی،
	گروهان نظامی ۲. دستهٔ بازیگران (نمایش)
Truppendienstgericht, das; -(e)s, -e	
	دادگاه نظامی
Truppenformation, die; -, -en	صف‌آرایی،
	آرایش نظامی
Truppengattung, die; -, -en	شاخه، قسمت، شعبه
Truppenschau, die; -, -en	رژه، سان، مانور،
	نمایش جنگی
Truppenstärke, die; -, -n	نیروی نظامی
Truppenteil, der/das; -(e)s, -e	واحد نظامی
Truppentransporter, der; -s, -	
	۱. نقل و انتقال واحد نظامی ۲. کشتی حامل سرباز
Truppenübung, die; -, -en	آموزش نظامی
Truppenübungsplatz, der; -es, ⸚e	
	میدان تعلیمات نظامی
Truppführer, der; -s, -	فرماندهٔ واحد نظامی

truppweise *Adv.* به‌طور گروهی، به‌صورت جمعی
Trust, der; -es, -s اتحادیه
Truthahn, der; -(e)s, ⸚e بوقلمون نر
Truthenne, die; -, -n بوقلمون ماده
Trutz, der; -es لجاجت، تمرد، خودسری، سرکشی، عناد
trutzen *Vi.* لجاجت کردن، عناد ورزیدن
Tschako, der; -s, -s (نوعی) کلاه نظامی جقّه‌دار
tschau *Interj.* خداحافظ
Tscheche, der; -n, -n اهل چک
Tschechin, die; -, -nen اهل چک (زن)
tschechisch *Adj.* (مربوط به) چک، چکی
tschüs *Interj.* خداحافظ
T-Shirt, das; -s, -s تی‌شرت
Tuba, die; -, -ben ۱. توبا (بزرگ‌ترین ساز بادی) ۲. مجرای داخلی شنوایی
Tube, die; -, -n لوله، تیوب
Tuberkel, die; -, -n میکروب سل، باسیل سل
Tuberkelbakterium, das; -s, -rien میکروب سل، باسیل سل
Tuberkelbazillus, der; -, -llen میکروب سل، باسیل سل
tuberkulös *Adj.* مسلول (مبتلا به بیماری سل)
Tuberkulose, die; -, -n (بیماری) سل
Tuberose, die; -, -n گل مریم
Tuch, das; -(e)s, -e ۱. پارچه، قماش ۲. دستمال ۳. روسری ۴. دستمال گردن
Tuchfabrik, die; -, -en کارخانهٔ پارچه‌بافی
Tuchfühlung, die; - تماس نزدیک، رابطهٔ نزدیک
Tuchhandel, der; -s, ⸚ پارچه‌فروشی، تجارت پارچه
Tuchhändler, der; -s, - پارچه‌فروش، بزاز
Tuchhandlung, die; -, -en پارچه‌فروشی
Tuchmacher, der; -s, - پارچه‌باف
tüchtig *Adj.* ۱. بااستعداد، باهوش؛ ساعی، کارآمد، کاری؛ زرنگ؛ لایق، قابل، شایسته ۲. خوب، پسندیده ۳. زیاد، خیلی
Tüchtigkeit, die; - استعداد، هوش، لیاقت، قابلیت، شایستگی
Tuchware, die; -, -n پارچه، قماش
Tücke, die; -, -n ۱. حیله، نیرنگ، خدعه، مکر ۲. بدخواهی، عناد، کینه‌توزی
tückisch *Adj.* بدجنس، شریر، خبیث، حیله‌گر، ریاکار
Tüder, der; -s, - افسار (حیوان)
Tuff, der; -s, -e سنگ آهک آتشفشانی
Tuffstein der; -(e)s, -e سنگ آهک آتشفشانی

tüfteln *Vi.* ۱. موشکافی کردن، زیاد دقت کردن ۲. در نظر گرفتن، مجسم کردن، طرح‌ریزی کردن
Tugend, die; -, -en تقوا، فضیلت؛ عفت، پاکدامنی
aus der Not eine Tugend machen
از یک وضع نامطلوب حداکثر استفاده را کردن
Jeder Mensch hat seine Tugend und seine Fehler.
هرکسی معایب و محاسنی دارد.
Tugendbold, der; -(e)s, -e باتقوا، بافضیلت، پاکدامن
tugendhaft *Adj.* پرهیزکار، عفیف، پاکدامن، باتقوا
Tugendheld, der; -en, -en معیار فضیلت، معیار پاکدامنی
tugendreich *Adj.* پرهیزکار، عفیف، پاکدامن، باتقوا
Tugendrichter, der; -s, - معلم اخلاق
Tugendrichterin, die; -, -nen معلم اخلاق (زن)
tugendsam *Adj.* پرهیزکار، عفیف، پاکدامن، باتقوا
Tüll, der; -s, -e (پارچه) توری، تور
Tülle, die; -, -n ۱. دهانه، لوله (قوری) ۲. شیر آب
Tulpe, die; -, -n گل لاله
Tulpenzwiebel, die; -, -n پیاز لاله
tummeln *Vt., Vr.* ۱. به حرکت درآوردن، به‌راه انداختن ۲. جار و جنجال کردن، با سر و صدا بازی کردن؛ ورجه ورجه کردن (بچه‌ها) ۳. به حرکت درآمدن، به راه افتادن
Tummelplatz, der; -es, ⸚e محل بازی، میدان بازی
Tumor, der; -s, -e / -en تومور، غده
Tümpel, der; -s, - آبگیر، برکه؛ چالهٔ آب
Tumult, der; -(e)s, -e ازدحام، شلوغی، سر و صدا، جنجال، بلوا
Tumultuant, der; -en, -en شورشی، آشوبگر، انقلابی
tumultuarisch *Adj.* شلوغ، مغشوش، بی‌نظم، به‌هم ریخته، درهم و برهم
tumultuieren *Vi.* شورش کردن، آشوب کردن، جنجال به پا کردن
tun *Vt., Vr.* ۱. کردن، انجام دادن، اجرا کردن ۲. رخ دادن، اتفاق افتادن
Er tut nichts. بیکار نشسته است.
Er tut nur so. فقط این‌طور وانمود می‌کند.
seine Pflicht tun وظیفهٔ خود را انجام دادن
Damit habe ich nichts zu tun.
این موضوع به من مربوط نیست.
Ich habe alle Hände voll zu tun.
سرم خیلی شلوغ است.
Was soll ich tun? چه (کار) کنم؟
Tun, das; -s فعل، عمل، کار، اقدام
Tünche, die; -, -n گچ‌کاری، آهک‌کاری، سفیدکاری

tünchen *Vt.* ۱. سفیدکاری کردن
۲. با رنگ لعابی نقاشی کردن
Tunichtgut, der; -/-(e)s, -e بی‌فایده، به‌درد نخور، بی‌خاصیت
Tunke, die; -, -n سُس
tunken *Vt.* در سُس فرو کردن
tunlich *Adj.* عملی، قابل اجرا، شدنی، امکان‌پذیر
tunlichst *Adv.* در صورت امکان، حتی‌الامکان
Tunnel, der; -s, -s تونل، نقب
Tunte, die; -, -n عفریته
Tüpfel, der/das; -s, - نقطه؛ لکه؛ خال؛ لک
tüpfeln *Vt.* ۱. نقطه گذاشتن، نقطه‌دار کردن
۲. خال‌خال کردن، با خال تزئین کردن
tupfen *Vt.* ۱. لمس کردن، آهسته دست زدن
۲. مالیدن

jemandem **auf die Schulter tupfen**
آهسته به شانهٔ کسی زدن

Tupfen, der; -s, - نقطه، لکه؛ خال، لک
Tupfer, der; -s, - بالش نرم زخم‌بندی؛ تامپون
Tür, die; -, -en در، درب، مدخل

Die Tür ist offen. در باز است.
Die Tür ist zu. در بسته است.
Bitte schließen Sie die Tür! لطفاً در را ببندید!
an die Tür klopfen در زدن
jemanden **vor die Tür setzen**
کسی را از خانه بیرون کردن

Türangel, die; -, -n لولای در
Turban, der; -s, -e عمامه، دستار
Turbine, die; -, -n توربین، موتور آبگرد
Turbinenantrieb, der; -(e)s, -e
وسیلهٔ نقلیهٔ توربین‌دار
Turbinendampfer, der; -s, - توربین بخار
Turbinenmotor, der; -s, -en موتور توربین
Turbinenstrahltriebwerk, das; -(e)s, -e
موتور جت توربینی، هواپیمای جت توربین‌دار
turbulent *Adj.* درهم و برهم، طوفانی، متلاطم، آشفته
Turbulenz, die; -, -en آشفتگی، تلاطم، درهم و برهمی
Türflügel, der; -s, - لنگه در
Türfüllung, die; -, -en قاب در
Türgriff, der; -(e)s/-en, -e(n) چفت؛ دستگیره (در)
Türhüter, der; -s, - دربان، نگهبان
Türke, der; -n, -n ترک
Türkei, die; - ترکیه
Türkin, die; -, -nen ترک (زن)
Türkis, der; -es, -e ۱. فیروزه
۲. سولفات قلیایی آلومینیوم
türkis *Adj.* فیروزه‌ای
türkisch *Adj.* ترکی
Türklinke, die; -, -n چفت، دستگیره (در)
Türklopfer, der; -s, - کوبهٔ در
Turm, der; -(e)s, ⸚e ۱. برج، مناره ۲. (شطرنج) رخ
Türmchen, das; -s, - برج کوچک، منارهٔ کوچک
türmen *Vt., Vi.* ۱. توده کردن، روی هم انباشتن
۲. گریختن، فرار کردن
Türmer, der; -s, - نگهبان برج
Turmfalke, der; -en, -en (نوعی) باز کوچک
turmhoch *Adj.* شامخ، بلند
Turmspitze, die; -, -n نوک برج
Turmspringen, das; -s شیرجه (از ارتفاع زیاد)
Turmuhr, die; -, -en ساعت برج
Turnanzug, der; -s, ⸚e لباس ژیمناستیک
turnen *Vi.* ژیمناستیک کردن
Turnen, das; -s, - ژیمناستیک
Turner, der; -s, - (ورزشکار) ژیمناست
Turnerin, die; -, -nen (ورزشکار) ژیمناست (زن)
turnerisch *Adj.* ژیمناستیکی، (مربوط به) ژیمناستیک
Turngerät, das; -(e)s, -e اسباب پنجگانهٔ ژیمناستیک
Turnhalle, die; -, -n سالن ژیمناستیک
Turnhemd, das; -es, -en پیراهن ژیمناستیک
Turnhose, die; -, -n شلوار ژیمناستیک
Turnier, das; -s, -e مسابقهٔ ورزشی
turnieren *Vi.* مسابقه دادن، مبارزه کردن
Turnlehrer, der; -s, - مربی ورزش
Turnlehrerin, die; -, -nen مربی ورزش (زن)
Turnplatz, der; -es, ⸚e میدان ورزش، زمین ورزش
Turnriege, die; -, -n تیم ورزشی
Turnschuh, der; -(e)s, -e کفش ژیمناستیک
Turnspiel, das; -(e)s, -e مسابقهٔ ورزشی
Turnstunde, die; -, -n درس ورزش
Turnunterricht, der; -(e)s, - تعلیم ورزش
Turnus, der; -, -se ۱. نوبت، مرحله، تناوب
۲. چرخش، دوران، گردش به دور محور
turnusmäßig *Adj.* چرخشی، دورانی
Turnverein, der; -(e)s, -e باشگاه ورزشی، کلوپ ورزشی
Türöffner, der; -s, - دربازکن، اف اف
Türpfosten, der; -s, - چهارچوب در
Türrahmen, der; -s, - چهارچوب در

Türschild, das; -(e)s, -er پلاک در
Türschließer, der; -s, - دربان
Türschloß, das; -schlosses, -schlösse قفل در
Turteltaube, die; -, -n (پرنده) قمری معمولی
Türvorhang, der; -(e)s, ⸚e پردهٔ در
Türvorleger, der; -s, - پادری
Tusch, der; -(e)s, -e ۱. لمس، تماس ۲. توهین، رنجش ۳. موسیقی که برای تجلیل از کسی اجرا می‌شود
Tusche, die; -, -n مرکب چین
tuscheln *Vi.* در گوشی حرف زدن، نجوا کردن، پچ پچ کردن
tuschen *Vt.* ۱. شستن، پاک کردن ۲. نقاشی آبرنگ کشیدن ۳. با مرکب سایه انداختن ۴. با مرکب چینی رسم کردن
Tuschfarbe, die; -, -n آبرنگ
Tuschkasten, der; -s, ⸚ جعبهٔ آبرنگ، جعبهٔ رنگ
Tuschzeichnung, die; -, -en رسم مرکبی
Tüte, die; -, -n کیسهٔ نایلونی، پاکت پلاستیکی
tuten *Vi.* ۱. شیپور زدن ۲. سوت زدن (قطار/کشتی)
Tutor, der; -s, -en دانشجوی باتجربه که کلاس تقویتی را اداره می‌کند
Tutorium, das; -s, -rien کلاس تقویتی که به‌وسیلهٔ دانشجوی باتجربه اداره می‌شود
Tüttel, der/das; -s, - نقطه، لکه؛ ذره
Tüttelchen, das; -s, -s لکهٔ کوچک
TÜV = *Technischer Überwachungs-Verein*, der; -s, -s موسسهٔ معاینهٔ فنی (وسایل نقلیه)
TV = *Television*
Twen, der; -s, -s آدم بیست تا بیست و نه ساله
Typ[1], der; -s, -en ۱. تیپ، نوع، قسم ۲. مدل، نمونه ۳. سلیقه
Er ist nicht mein Typ. او مطابق سلیقهٔ من نیست. از او خوشم نمی‌آید.
Typ[2], das; -s, -en عکس شناسنامه
Type, die; -, -n ۱. (چاپ) حرف سربی ۲. آدم عجیب و غریب
Typendruck, der; -(e)s, -e/⸚e حروف چاپی
Typenhebel, der; -s, - میله‌ای که حروفِ ماشین تحریر روی آن قرار گرفته است
Typenkopf, der; -(e)s, ⸚e باسمهٔ ماشین تحریر
Typennummer, die; -, -n شمارهٔ حروف چاپی
Typenschild, das; -(e)s, -er پلاک فلزی اسم
Typensetzmaschine, die; -, -n ماشین حروف‌چینی
typhös *Adj.* تیفوس‌مانند، (مربوط به) تیفوس
Typhus, der; - (بیماری) تیفوس
Typhuskranke, der/die; -n, -n (آدم) مبتلا به تیفوس
typisch *Adj.* نمونه، شاخص؛ مختص؛ واقعی
typisieren *Vt.* از (چیزی) نمونه دادن، با نمونه مشخص کردن
Typograph, der; -en, -en چاپچی
Typographie, die; -, -n فن چاپ
typographisch *Adj.* چاپی، (مربوط به) چاپ
Typus, der; - نوع، قسم
Tyrann, der; -en, -en ستمگر، ظالم، ستمکار، مستبد، زورگو
Tyrannei, die; -, -en ستم، ظلم، استبداد
Tyrannin, die; -, -nen ستمگر، ظالم، زورگو، ستمکار، مستبد (زن)
tyrannisch *Adj.* ظالمانه، ستمگرانه، مستبدانه
tyrannisieren *Vt.* ستم کردن، ظلم کردن، زور گفتن
Tz = *Tezett*

U

U, das; -, - او (حرف بیست و یکم الفبای آلمانی)

U-Bahn, die; -, -en ترن زیرزمینی، مترو

übel *Adj.* ۱. [اوضاع] بد، نامساعد ۲. [مزه] بد، نامطلوب، نامطبوع ۳. شریر، پست

Mir ist übel. حالم بد است. حالت تهوع دارم.

Mir wird übel. حالم دارد به هم می‌خورد.

wohl oder übel خواه و ناخواه

Übel, das; -s, - ۱. بدی ۲. شرارت، پستی ۳. بلا، آفت، بدبختی، فاجعه ۴. بیماری طولانی و سخت

Übelbefinden, das; -s کسالت، ناخوشی

übelgelaunt *Adj.* بداخلاق، ترشرو، عبوس

übelgesinnt *Adj.* ناسازگار، نامساعد

Übelkeit, die; -, -en حالت تهوع، بیماری، کسالت

übellaunig *Adj.* بداخلاق، ترشرو، عبوس

übelnehmen *Vt.* رنجیدن، دلخور شدن

Nehmen Sie es mir nicht übel, aber ich muß Ihnen sagen... لطفاً از من نرنجید، امّا بایستی به‌شما بگویم...

übelnehmend *Adj.* زودرنج، حساس، دل‌نازک

übelnehmerisch *Adj.* زودرنج، حساس، دل‌نازک

übelriechend *Adj.* بدبو، بودار، متعفن

Übelstand, der; -(e)s, ⸚e بدرفتاری، تهمت، تجاوز

Übeltat, die; -, -en کار زشت، خلاف، جرم، بزه

Übeltäter, der; -s, - مجرم، متجاوز، خطاکار، متخلف

Übeltäterin, die; -, -nen مجرم، متجاوز، خطاکار، متخلف (زن)

übelwollen *Vi.* بد (کسی) را خواستن، در حق (کسی) بدخواهی کردن

Er hat mir immer übelgewollt. او همیشه بد مرا خواسته است.

Übelwollen, das; -s بدخواهی، خصومت، سوءنیت

übelwollend *Adj.* بدخواه، بدنهاد

üben[1] *Adv.* در این طرف، در این سو

üben[2] *Vi., Vt.* ۱. تمرین کردن، مشق کردن، عادت کردن ۲. تمرین دادن، مشق دادن، عادت دادن

sich üben تمرین کردن

Geduld üben صبر و حوصله کردن

an jemandem **Kritik üben** از کسی انتقاد کردن

über *Adv., Präp.* ۱. بالای، روی، در بالای، بر فرازِ ۲. در هنگام ۳. بیش از، طولانی‌تر از ۴. دربارهٔ، راجع به ۵. از طریقِ، توسطِ

über jemandem **stehen** برتر از کسی بودن

sich über etwas freuen از چیزی خوشحال شدن

jemandem **über alles lieben** به کسی بیش از حد علاقمند بودن

zehn Minuten über zwölf ده دقیقه بعد از دوازده

Über dem Spielen vergißt er alles andere. در موقع بازی او هر چیز دیگری را فراموش می‌کند.

Es dauerte über ein Jahr, bis... بیش از یک‌سال طول کشید تا...

überall *Adv.* همه‌جا، در همه‌جا

Es ist überall so. به هرکجا که بروی آسمان همین رنگ است.

überallher *Adv.* از هرطرف، از همه‌جا

überallhin *Adv.* به همه طرف، به همه‌جا

überaltert *Adj.* کهنه، متروکه، بازنشسته

Überalterung, die; -, -en کهولت، بازنشستگی، سالخوردگی

Überangebot, das; -(e)s, -e عرضهٔ بیشتر از تقاضا

überängstlich *Adj.* بسیار ناراحت، بسیار مضطرب

überanstrengen *Vt.* برای (کاری) تقلای زیاد کردن؛ تلاش بسیار کردن، فشار زیاد به (کسی) وارد آوردن

Du darfst das Kind nicht überanstrengen. تو اجازه نداری بچه را تحت فشار قرار بدهی.

Überanstrengung, die; -, -en تقلای زیاد، تلاش بسیار، فشار زیاد

überantworten *Vt.* مسئولیت کامل (کسی / چیزی) را به شخصی واگذار کردن

Überantwortung, die; -, -en واگذاری مسئولیت

überarbeiten *Vt., Vr.* ۱. تجدید نظر کردن، اصلاح کردن، تصحیح کردن ۲. زیاد کار کردن، از پا افتادن، (خود) را خسته کردن

überarbeitet *Adj.* پرکار

Überarbeitung, die; -, -en ۱. تجدید نظر ۲. کار زیادی، کار طاقت‌فرسا

überaus *Adv.* زیاد، بی‌نهایت، بی‌اندازه، فوق‌العاده

Er ist überaus geschickt. او فوق‌العاده ماهر است.

überbacken *Vt.* (برای مدتی کوتاه) در فر داغ کردن، در فر پختن

Überbau, der; -(e)s, -e/-ten رو بنا (ساختمان)

überbauen *Vi.* بیش از حد قطعهٔ زمین ساختن، بزرگ‌تر از زمین بنا کردن

überbeanspruchen *Vt.* زیاده از حد مطالبه کردن

Überbeanspruchung, die; -, -en مطالبهٔ بیش از حد

überbehalten *Vt.* برای خود نگه‌داشتن (بقیه)

Überbein, das; -(e)s, -e ورم استخوان

überbekommen *Vt.* از (چیزی) دل‌زده شدن

überbelasten *Vt.* زیاد بار کردن

Überbelastung, die; -, -en بار زیادی، بار اضافی

überbelegen *Vt.* (در هتل / بیمارستان) جا دادن (افراد زیادی)

überbelegt *Adj.* شلوغ، پرازدحام، انبوه

überbelichten *Vt.* (عکاسی) زیاد نور دادن

Überbelichtung, die; -, -en (عکاسی) نور زیادی

überbetonen *Vt.* روی (چیزی) زیاد تأکید کردن، روی (چیزی) بیش از حد تکیه کردن

Überbetonung, die; -, -en تأکید زیادی، تکیه بیش از حد

Überbett, das; -es, -en روتختی؛ ملافه

Überbevölkerung, die; - ازدیاد جمعیت

überbewerten *Vt.* بیش از ارزش واقعی ارزیابی کردن، برای (چیزی) ارزش و اهمیت زیادی قائل شدن

Überbewertung, die; -, -en برآورد زیادی، ارزیابی زیادی

überbieten *Vt.* ۱. (در حراج) بیشتر پیشنهاد دادن ۲. (ورزش) رکورد (کسی / چیزی) را شکستن ۳. روی دست (کسی) بلند شدن

Überbietung, die; -, -en ۱. (در حراج) پیشنهاد بیشتر ۲. (ورزش) رکوردشکنی

überbleiben *Vi.* باقی ماندن

Überbleibsel, das; -s, - ۱. باقی‌مانده، مازاد؛ رسوب ۲. آداب و رسوم قدیمی

überblenden *Vi.* به‌تدریج محو شدن (تصویر)، کم‌کم ناپدید شدن (فیلم)، به‌تدریج کم شدن (صدا)

Überblendung, die; -, -en ناپدیدی تدریجی (فیلم)، کم شدن تدریجی (صدا)

Überblick, der; -(e)s, -e نظر اجمالی، بررسی کلی

überblicken *Vt.* ۱. مطالعهٔ اجمالی کردن، بررسی کلی کردن ۲. (از نقطهٔ مرتفعی) با یک نگاه دیدن (منطقه)

überbringen *Vt.* آوردن، تسلیم کردن، تحویل دادن

jemandem **eine Nachricht überbringen** خبری را به کسی رساندن

Überbringer, der; -s, - آورنده، حامل؛ فرستاده، قاصد

Überbringerin, die; -, -nen آورنده، حامل؛ فرستاده، قاصد (زن)

Überbringung, die; -, -en تحویل، تسلیم

überbrücken *Vt.* ۱. روی (جایی) پل زدن، روی (جایی) پل ساختن ۲. بر (مشکلی) فائق شدن

Überbrückung, die; -, -en ۱. پل‌زنی، پل‌سازی ۲. غلبه بر مشکلات

überbuchen *Vt.* بیش از اندازهٔ متعارف رزرو کردن (هواپیما / هتل)

überbürden *Vt.* بیش از حد بار کردن

Überbürdung, die; -, -en بار زیاد، بار گران

überdachen *Vt.* سقف زدن، سقف‌دار کردن، مسقف کردن

Überdachung, die; -, -en سقف‌زنی

überdauern *Vt.* دوام (چیزی) را بیشتر کردن، عمر (چیزی) را بیشتر کردن، پابرجا نگه‌داشتن

überdecken *Vt.* پوشاندن

überdehnen *Vt.* زیاد گسترش دادن

überdenken *Vt.* دربارهٔ (چیزی) اندیشیدن

überdies *Adv.* گذشته از این، علاوه بر این، وانگهی، به‌علاوه

überdimensional *Adj.* با ابعادی بزرگ‌تر از اندازهٔ معمولی

überdosieren *Vt.* به بیماری خوراندن (داروی زیاد)

Überdosis, die; - استعمال داروی زیاد

überdrehen *Vt.* زیاد کوک کردن (ساعت)

Überdruck, der; -(e)s ۱. انتقال، واگذاری، تحویل ۲. چاپ مجدد، چاپ دوم ۳. نرخ اضافی ۴. فشار اضافی

überdrucken *Vt.* چاپ مجدد کردن، نسخه‌های زیادی برداشتن

Überdruß, der; -drusses تنفر، نفرت، انزجار، دل‌زدگی، بی‌میلی، بی‌علاقگی

überdrüssig *Adj.* بیزار، متنفر، دل‌زده، منزجر

überdurchschnittlich *Adj.* بیش از اندازهٔ متعارف

Übereifer, der; -s شوق، ذوق، حرارت

übereifrig *Adj.* پرشوق، باذوق، باحرارت

übereignen *Vt.* انتقال دادن، واگذار کردن، ارجاع کردن

Übereignung, die; -, -en انتقال، واگذاری، ارجاع

Übereile 820

Übereile, die; - عجله، شتاب زیاد
übereilen *Vt.* در (کاری) عجله داشتن، در (کاری) شتاب کردن، تسریع کردن، در مورد (چیزی) شتاب‌زده اقدام کردن
Übereilung, die; -, -en عجله، شتاب، سرعت
übereinander *Adv.* ۱. روی هم، بر روی هم ۲. راجع به یکدیگر، دربارهٔ هم
übereinanderlegen *Vt.* بر روی هم قرار دادن
übereinanderliegen *Vi.* روی هم قرار داشتن
übereinanderschlagen *Vt.* روی هم گذاشتن (پا)
übereinkommen *Vi.* توافق کردن، سازش کردن، تفاهم کردن
Übereinkommen, das; -s, - توافق، سازش، تفاهم
Übereinkunft, die; -, ¨-e توافق، سازش، تفاهم
übereinstimmen *Vi.* ۱. تطبیق کردن، مطابقت داشتن ۲. موافق بودن، با (کسی) هم‌عقیده بودن
übereinstimmend *Adj., Adv.* مطابق، موافق؛ برابر؛ هماهنگ، متفق‌القول
Übereinstimmung, die; -, -en تطابق، مطابقت، توافق، هماهنگی
überempfindlich *Adj.* فوق‌العاده حساس؛ نفوذپذیر
Überempfindlichkeit, die; - حساسیت زیاد؛ نفوذپذیری
überentwickelt *Adj.* [فیلم] بیش از اندازهٔ لازم نور دیده
überernähren *Vi.* بیش از اندازه غذا خوردن
Überernährung, die; -, -en پُرخوری
überessen *Vt., Vr.* پُر خوردن، پُرخوری کردن
überfahren *Vt.* ۱. عبور کردن، گذشتن ۲. (با وسیلهٔ نقلیه) زیر گرفتن ۳. (در ضمن رانندگی) توجه به (علائم رانندگی) نکردن
Überfahrt, die; -, -en ۱. مسافرت دریایی ۲. عبور از ساحلی به ساحل دیگر
Überfall, der; -(e)s, ¨-e حمله، هجوم (ناگهانی)
überfallen *Vt.* به (کسی / جایی) حمله کردن، به (کسی / جایی) هجوم (ناگهانی) بردن
eine Bank überfallen به بانکی حمله کردن
überfällig *Adj.* ۱. [برات] سررسیده، از موقع گذشته ۲. [کشتی، قطار، هواپیما] دچار تأخیر شده، دیر کرده
Überfallkommando, das; -s, -s گروه حمله
überfeinern *Vt.* در مورد (چیزی) موشکافی زیاد کردن، در مورد (چیزی) نکته‌گیری زیاد کردن
Überfeinerung, die; -, -en موشکافی زیاد، نکته‌گیری زیاد

überfliegen *Vt.* ۱. از روی (جایی) پرواز کردن ۲. به (چیزی) نظر اجمالی کردن، به (چیزی) نگاه مختصر کردن، به‌طور گذرا مرور کردن
überfließen *Vi.* لبریز شدن، سر رفتن؛ طغیان کردن
Das Wasser ist übergeflossen. آب لبریز شده است.
überflügeln *Vt.* از جناح خارجی به (دشمن) حمله کردن ۲. در (چیزی) پیش افتادن، در (چیزی) پیشی جستن، از (کسی) سبقت گرفتن، در (چیزی) برتری یافتن
Überfluß, der; -flusses فراوانی، وفور، زیادی، کثرت
überflüssig *Adj.* زائد، غیر ضروری، غیر لازم، زیادی، بیش از نیاز واقعی
überflüssigerweise *Adv.* بیش از حد لزوم
überfluten *Vi., Vt.* ۱. لبریز شدن، طغیان کردن، سر رفتن ۲. زیر آب قرار دادن
überfordern *Vt.* زیاد خواستن، بیش از اندازه طلب کردن، بیش از حد توقع داشتن
Überforderung, die; -, -en زیاده‌طلبی، زیادخواهی
Überfracht, die; -, -en ۱. اضافه وزن ۲. اضافه بار
überfrachten *Vt.* زیاد بار کردن
überfragen *Vt.* از (کسی) بیش از آگاهی‌اش سؤال کردن
Da bin ich überfragt. پاسخ آن‌را نمی‌دانم.
überfremden *Vt.* زیر نفوذ بیگانه قرار دادن
Überfremdung, die; -, -en نفوذ بیگانه؛ نظارت خارجی
überfressen *Vr.* زیاده از حد خوردن (حیوان)
überführen *Vt.* ۱. بردن، حمل کردن، نقل مکان دادن، عبور دادن ۲. محکوم کردن، مجرم دانستن ۳. ثابت کردن (جرم) ۴. از حالتی به حالت دیگر درآوردن
den Tat überführen جرم را به اثبات رساندن
Überführung, die; -, -en ۱. حمل و نقل، انتقال ۲. پل هوایی ۳. محکومیت، مجرمیت
Überführungskosten, die / *Pl.* مخارج نقل و انتقال
Überfülle, die; - وفور، فراوانی، کثرت
überfüllen *Vt.* ۱. چپاندن، انباشتن، اشباع کردن، بیش از اندازه پر کردن ۲. ازدحام کردن، انبوه شدن
Der Saal war überfüllt. سالن پر از جمعیت بود.
überfüllt *Adj.* پر، مملو
Überfüllung, die; -, -en ۱. انباشتگی، پری ۲. ازدحام، تراکم جمعیت
Überfunktion, die; -, -en افزایش کار (عضو بدن)، فعالیت بیش از اندازه
überfüttern *Vt.* به (کسی) بیش از اندازهٔ لازم خوراندن (غذا)

821 **Überholverbot**

Übergabe, die; -, -n تحویل، تسلیم، واگذاری

Übergang, der; -(e)s, ⸚e ۱. گذرگاه، معبر، گذر؛ پاساژ ۲. انتقال، واگذاری، تفویض (اختیارات) ۳. تغییر وضعیت ۴. مرحلهٔ انتقالی

Übergangsbestimmungen, die / *Pl.* مراحل انتقال، مراحل تغییر و تحول

Übergangsfarbe, die; -, -n مرحلهٔ تغییر رنگ از حالتی به حالت دیگر

übergangslos *Adj.* بدون تغییر، بدون انتقال (از حالتی به حالت دیگر)

Übergangslösung, die; -, -en راه‌حل انتقالی

Übergangsstadium, das; -s, -dien مرحلهٔ انتقال

Übergangsstelle, die; -, -n محل انتقال

Übergangszeit, die; -, -en زمان انتقال

übergeben *Vt., Vr.* ۱. تحویل دادن، واگذار کردن ۲. به (دشمن) تسلیم کردن ۳. قی کردن، استفراغ کردن، بالا آوردن

übergehen *Vi., Vt.* ۱. لبریز شدن، سر رفتن ۲. گذشتن، عبور کردن ۳. تبدیل شدن ۴. از (موضوعی) به (موضوع) دیگر پرداختن ۵. از قلم انداختن، حذف کردن، کنار گذاشتن ۶. از (چیزی) بی‌توجه گذشتن، نادیده گرفتن

einen Einwand übergehen اعتراضی را نادیده گرفتن

Übergehung, die; -, -en ۱. از قلم افتادگی، حذف ۲. سهو، غفلت، کوتاهی

übergenug *Adv.* بیش از حد لزوم، بیش از اندازه، به حد افراط

übergeordnet *Adj.* برتر، بالاتر، بلندتر

übergeschnappt *Adj.* عصبانی؛ خل، دیوانه

übergesetzlich *Adj.* برتر از قانون

Übergewicht, das; -(e)s, -e ۱. اضافه وزن، اضافه بار ۲. برتری، مزیت، فزونی، تفوق

übergießen *Vt.* ۱. پاشیدن، افشاندن، روی (کسی / چیزی) ریختن ۲. چرب کردن (گوشت کباب) ۳. شکرپوش کردن

Er übergoß die Sachen mit Petroleum.

او روی آن اشیاء نفت ریخت.

überglasen *Vt.* لعاب دادن، صیقل دادن

überglücklich *Adj.* خیلی خوشبخت

übergolden *Vt.* روکش طلا دادن

übergreifen *Vi.* ۱. بسط و توسعه یافتن؛ سرایت کردن ۲. روی‌هم افتادن (دو لبهٔ چیزی) ۳. دست درازی کردن، تخطی کردن، تجاوز کردن

Das Feuer griff sofort auf andere Häuser über.

حریق فوراً به خانه‌های دیگر سرایت کرد.

Übergriff, der; -(e)s, -e ۱. دست‌درازی، تخطی، تجاوز ۲. سوءاستفاده، سوءاستعمال؛ دخالت نامشروع

übergroß *Adj.* عظیم، بسیار بزرگ، غول‌پیکر

Übergröße, die; -, -n اندازهٔ خیلی بزرگ، اندازهٔ بزرگ‌تر از معمول

überhaben *Vt.* ۱. باقی‌مانده داشتن ۲. از (کسی / چیزی) منزجر بودن ۳. روی لباس دیگر پوشیدن (لباس)

überhandnehmen *Vi.* توسعه یافتن، زیاد شدن؛ مستولی شدن، استیلا یافتن

Überhang, der; -(e)s, - (معماری) پیش‌نشستگی

überhängen *Vt., Vi.* ۱. آویزان کردن ۲. (بیش از اندازه) آویزان بودن

überhasten *Vt.* در (کاری) شتاب کردن، تسریع کردن، در (کاری) به سرعت عمل کردن

überhastet *Adj.* عجول؛ تند، پرشتاب

überhäufen *Vt.* ۱. روی هم انباشتن، اشباع کردن، کپه کردن ۲. بیش از اندازه به (کسی) دادن

überhaupt *Adv.* ۱. اصولاً، اصلاً، ابداً، مطلقاً، اساساً ۲. از این گذشته، در حقیقت، در واقع

Das war überhaupt nicht vorgesehen.

این ابداً پیش‌بینی نشده بود.

überhaupt nichts هیچ چیزی

überheben *Vt., Vr.* ۱. معاف کردن، فارغ‌البال کردن ۲. بیش از ظرفیت برداشتن ۳. متکبر بودن

überheblich *Adj.* متکبر، متفرعن، مغرور، از خود راضی

Überheblichkeit, die; -, -en تکبر، تفرعن، غرور، نخوت

überheizen *Vt.* زیاد گرم کردن

überhitzen *Vt.* بیش از اندازه گرم کردن، زیاد داغ کردن، بیش از اندازه حرارت دادن

überhöht *Adj.* زیاد، بیش از حد معمول

Überhöhung, die; -, -en ۱. ارتفاع زیاد ۲. درجهٔ ارتفاع

überholen *Vt.* ۱. از (کسی / چیزی) سبقت گرفتن، از (کسی / چیزی) جلو زدن ۲. بر (کسی) برتری یافتن ۳. تعمیر (چیزی) را تجدید کردن

Nicht überholen! سبقت‌گرفتن ممنوع!

Überholspur, die; -, -en خطر سبقت

Überholung, die; -, -en ۱. سبقت، تقدم، پیشی ۲. بازسازی

Überholverbot, das; -(e)s, -e ممنوعیت سبقت، سبقت ممنوع

überhören 822

überhören *Vt.* ۱. نشنیده گرفتن، نشنیدن ۲. رد کردن، بی‌اساس دانستن
überirdisch *Adj.* ماورای طبیعی، ملکوتی، آسمانی؛ فوق‌العاده، شگفت‌انگیز
Überkapazität, die; -, -en ظرفیت اضافی
überkapitalisieren *Vt., Vi.* بیش از اندازهٔ واقعی برآورد کردن (سرمایهٔ شرکت)
Überkapitalisierung, die; - برآورد سرمایهٔ شرکت بیش از اندازهٔ واقعی آن
überkippen *Vi.* تعادل را از دست دادن
überkleben *Vt.* روی (چیزی) چسباندن
Überkleidung, die; -, -en لباسِ رو
überklug *Adj.* بسیار دانا، خیلی عاقل
überkochen *Vi.* جوشیدن و سر رفتن
Die Milch ist übergekocht. شیر سر رفته است.
überkommen *Vi., Vt.* ۱. به ارث رسیدن ۲. دچار شدن (حالت روحی خاص)
Furcht überkam ihn. ترس بر او غلبه کرد.
überkompensieren *Vt.* به‌صورت تعادل درآوردن (حالات روانی)
überkopieren *Vt.* زیاد چاپ کردن، از (چیزی) رونوشت‌های زیاد برداشتن
überkriegen *Vt.* از (چیزی) دل‌زده شدن
überkritisch *Adj.* بسیار انتقادی؛ بسیار بحرانی
überkrusten *Vt.* روکش کردن، با (پوسته / قشر) پوشاندن
Überkultur, die; -, -en تصفیه
überladen[1] *Vt.* ۱. زیاد بار کردن، بیش از گنجایش بار زدن ۲. زیاد شارژ کردن ۳. در (تفنگ) زیاد باروت ریختن
überladen[2] *Adj.* آراسته، مزیّن
Überladung, die; -, -en بار زیاد و سنگین، بار اضافی
überlagern *Vt.* ۱. روی (چیزی) را پوشاندن ۲. روی‌هم قرار دادن ۳. روی هم افتادن (امواج رادیویی)
Überlagerung, die; -, -en ۱. پوشاندن ۲. تداخل امواج رادیویی
Überlagerungsempfänger, der; -s, - دستگاه گیرندهٔ رادیو (که ارتعاشات را قابل شنیدن می‌کند)
Überlandfahrt, die; -, -en رانندگی طولانی
Überlandflug, der; -(e)s, ⸚e پرواز دوربرد، پرواز در فضای باز دهات
Überlandleitung, die; -, -en خط انتقال برق (از راه دور)
Überlandbus, der; -busses, -busse سرویس اتوبوس‌رانی بین شهری
Überlandstraße, die; -, -n بزرگراه، شاهراه
Überlandtransport, der; -(e)s, -e بارکشی و حمل و نقل بین شهری
Überlandverkehr, der; -(e)s وسیلهٔ نقلیه بین‌شهری
Überlandzentrale, die; -, -n ایستگاه انتقال برق از راه دور
überlang *Adj.* بسیار بلند
überlappen *Vt.* ۱. زیاد گسترش دادن ۲. روی هم افتادن (لبهٔ دو چیز) ۳. یکدیگر را پوشاندن، بر هم منطبق شدن
überlassen *Vt.* ۱. سپردن، واگذار کردن ۲. رها کردن، از (چیزی) دست کشیدن، ترک کردن، به حال خود گذاردن
Überlassung, die; -, -en واگذاری، رهاسازی، ترک
Überlast, die; -, -en بار زیاد، بار اضافی، بار گران
überlasten *Vt.* ۱. بیش از حد بار کردن ۲. به (کسی / چیزی) مالیات سنگین بستن
überlastet *Adj.* خسته از کار زیاد
Überlastung, die; -, -en ۱. بار اضافی ۲. کار زیادی، کار طاقت‌فرسا
überlaufen[1] *Vi.* ۱. سر رفتن، لبریز شدن ۲. مرور کردن، مطالعه کردن ۳. مزاحم شدن ۴. به دشمن پیوستن
Das Wasser ist übergelaufen. آب سر رفته است.
überlaufen[2] *Adj.* لبریز شده، پر شده، سر رفته
Überläufer, der; -s, - (سرباز) پناهنده، فراری
überlaut *Adj.* شلوغ، پر سر و صدا
überleben *Vi., Vr., Vt.* ۱. در قید حیات بودن، زنده ماندن ۲. جان سالم به‌در بردن ۳. کهنه شدن، از مد افتادن ۴. از (کسی) بیشتر عمر کردن
Das überlebe ich nicht! قادر به تحمل آن نیستم!
Überlebende, der/die; -n, -n بازمانده، جان سالم به در برده
Überlebenschance, die; -, -n شانس زنده ماندن
überlebensgroß *Adj.* بیش از اندازهٔ طبیعی بزرگ
Überlebenswille, der; -ns, -n نیت زنده ماندن
überlebt *Adj.* کهنه، عتیقه، قدیمی؛ از مد افتاده
überlegen[1] *Vt., Vi.* ۱. بر روی زانو گذاشتن و تنبیه کردن (بچه) ۲. با (چیزی) پوشاندن ۳. اندیشیدن، فکر کردن، تدبیر کردن، تعمق کردن، تأمل کردن ۴. برتری داشتن، تفوق داشتن
Ich will es mir überlegen. در این مورد فکر خواهم کرد.

überlegen² *Adj.*	مسلط، برتر، مافوق
Überlegenheit, die; -, -en	برتری، تفوق، مزیّت
überlegt *Adj.*	باتدبیر، کاردان، خردمند
Überlegung, die; -, -en	تفکر، تدبیر، تعمق
überleiten *Vt.*	هدایت کردن، راهنمایی کردن
Überleitung, die; -, -en	هدایت، راهنمایی
überlesen *Vt.*	۱. سرسری خواندن، بی‌توجه خواندن
	۲. به سرعت مرور کردن
überliefern *Vt.*	۱. تحویل دادن
	۲. به دورهٔ بعد انتقال دادن
Überlieferung, die; -, -en	۱. تحویل ۲. روایت
überliegen *Vi.*	بیش از زمان پیش‌بینی شده
	در بندر ماندن (کشتی)
Überliegegeld, das; -es, -er	خسارت بیکار ماندن،
	کرایهٔ معطلی (کشتی)
Überliegezeit, die; -, -en	زمان بیکار ماندن (کشتی)
überlisten *Vt.*	گول زدن، به (کسی) حقه زدن،
	فریب دادن
Überlistung, die; -, -en	گول، مکر، فریب، حقه
übermachen *Vt.*	۱. انتقال دادن ۲. به ارث گذاشتن
Übermacht, die; -	۱. برتری، تفوق، تسلط
	۲. نیروی برتر
übermächtig *Adj.*	نیرومند، قوی
übermalen *Vt.*	روی (چیزی) رنگ زدن
Übermalung, die; -, -en	رنگ‌کاری
übermannen *Vt.*	بر (کسی/چیزی) مستولی شدن،
	دچار شدن (حالت روحی خاص)
Der Zorn übermannte ihn.	خشم بر او مستولی شد.
Übermaß, das; -es, -	وفور، افراط، زیادت، بیشی،
	افزونی
übermäßig *Adj., Adv.*	زیاد، بیش از اندازه، به حد افراط
Übermensch, der; -en, -en	ابرمرد، ابرانسان،
	موجود فوق انسان
übermenschlich *Adj.*	فوق بشری، فوق انسانی،
	برتر از قدرت انسان، برتر از تحمل انسان
übermitteln *Vt.*	اطلاع دادن، ابلاغ کردن،
	پیغام (کسی) را رساندن
Übermitt(e)lung, die; -, -en	پیغام‌رسانی، اطلاع،
	ابلاغ
übermodern *Adj.*	بسیار تازه، خیلی جدید؛ متجدد
übermorgen *Adv.*	پس‌فردا
übermüden *Vt.*	خیلی خسته کردن
übermüdet *Adj.*	بسیار خسته، بیش از حد کوفته
Übermüdung, die; -, -en	خستگی زیاد

Übermut, der; -(e)s	۱. گستاخی، تکبر، غرور
	۲. خوشی، وجد، شادمانی
übermütig *Adj.*	۱. گستاخ، جسور، مغرور
	۲. خوشحال، شاد، شادمان، ذوق‌زده
übernächst *Adj.*	متعاقب، بعدی
übernachten *Vi.*	شب را به سر بردن، بیتوته کردن،
	شب ماندن و خوابیدن
übernächtigt *Adj.*	شب‌زنده‌دار
Übernachtungt, die; -, -en	شب‌گذرانی، بیتوته
Übernachtungsmöglichkeit, die; -, -en	
	امکان اقامت شبانه (در بین راه)
Übernahme, die; -, -n	تحویل، دریافت، پذیرش،
	به عهده‌گیری
übernational *Adj.*	فوق‌ملی، فرا ملی
übernatürlich *Adj.*	فوق طبیعی، فوق‌العاده
	خارق‌العاده، بیش از حد معمول
übernehmen *Vt., Vr.*	۱. پذیرفتن، قبول کردن،
	به عهده گرفتن ۲. تحویل گرفتن ۳. بر دوش انداختن ۴.
	تلاش زیاد کردن، کوشش فراوان به خرج دادن
die Verteidigung übernehmen	دفاع را به‌عهده‌گرفتن
Übernehmer, der; -s, -	مسئول، جوابگو؛ پیمانکار،
	مقاطعه‌کار
überordnen *Vt.*	۱. نظم و ترتیب بسیار دادن،
	منظم کردن، مرتب کردن ۲. با نظم و ترتیب بالای (چیزی)
	قرار دادن
überparteilich *Adj.*	بدون وابستگی سیاسی، مستقل،
	بی‌طرف
überpflanzen *Vt.*	پیوند زدن، قلمه زدن، نشا کردن
Überpflanzung, die; -, -en	پیوندزنی، قلمه‌زنی؛
	نشاکاری
überpinseln *Vt.*	روی (چیزی) رنگ زدن
Überpreis, der; -es, -e	هزینهٔ اضافی
Überproduktion, die; -, -en	تولید اضافی
überprüfen *Vt.*	بررسی مجدد کردن، مجدداً آزمودن،
	دوباره کنترل کردن
Überprüfung, die; -, -en	بررسی، آزمایش،
	کنترل (مجدد)
überquellen *Vi.*	لبریز شدن، سر ریز شدن، پر شدن
überqueren *Vt.*	(از عرض خیابان) گذشتن، عبور کردن
die Straße überqueren	از عرض خیابان گذشتن
Überquerung, die; -, -en	عبور (از عرض خیابان)
überragen *Vt., Vi.*	۱. بر (کسی/چیزی) برتری یافتن
	بر (کسی/چیزی) تفوق یافتن ۲. برتری داشتن، تفوق
	داشتن ۳. بلندتر بودن، بزرگ‌تر بودن

überragend 824

überragend *Adj.* برجسته، عالی، ممتاز

überraschen *Vt.* غافلگیر کردن، به تعجب انداختن

Die Einbrecher wurden von der Polizei überrascht.

دزدان به وسیلهٔ پلیس غافلگیر شدند.

überraschend *Adj.* غافلگیرکننده، غیرمنتظره، شگفت‌آور

Überraschung, die; -, -en غافلگیری، اتفاق غیرمنتظره

zu meiner Überraschung برخلاف انتظار من

Überraschungsangriff, der; -(e)s, -e حملهٔ ناگهانی

Überraschungsmoment, das; -(e)s, -e لحظهٔ غافلگیری

Überraschungssieg, der; -(e)s, -e پیروزی غیرمنتظره

überreden *Vt.* راضی کردن، قانع کردن، متقاعد ساختن

jemandem **zum Mitmachen überreden**

کسی را به همکاری متقاعد ساختن

Überredung, die; -, -en متقاعدسازی

Überredungskunst, die; -, ⸚e هنر متقاعد ساختن

überreich *Adj.* فوق‌العاده ثروتمند

überreichen *Vt.* تقدیم کردن، تحویل دادن

überreichlich *Adj.* زیاد، فراوان، به حد وفور

Überreichung, die; -, -en تقدیم، تحویل

überreif *Adj.* [میوه] کاملاً رسیده

überreizen *Vr.* بیش از اندازه به هیجان آمدن

überreizent *Adj.* هیجان‌زده

Überreiztheit, die; -, -en هیجان زیاد

Überreizung, die; -, -en هیجان زیاد

überrennen *Vt.* ۱. هنگام دویدن به (کسی) برخوردکردن و از روی او رد شدن ۲. در حملهٔ غافلگیرکننده تصرف کردن

Überrest, der; -es, -e ۱. پس‌مانده، باقی‌مانده ۲. خرابه، ویرانه

Überrock, der; -(e)s, ⸚e پالتو، بالاپوش

überrollen *Vt.* ۱. قلع و قمع کردن ۲. زیر گرفتن

überrumpeln *Vt.* غافلگیرانه حمله کردن

Überrumpelung, die; -, -en حملهٔ غافلگیرانه

überrunden *Vt.* (در مسابقهٔ ورزشی) از (کسی) سبقت گرفتن، از (کسی) جلو زدن، از (کسی) پیش افتادن

Überrundung, die; - (در مسابقهٔ ورزشی) سبقت، برد

übers = *über + das* راجع به آن، دربارهٔ آن

übers Jahr در عرض یک سال

übersät *Adj.* از چیزهای ریز و فراوانی پوشیده شده، نقطه‌نقطه

übersatt *Adj.* سیرسیر

übersättigen *Vt.* ۱. سیرسیر خوردن ۲. بیش از اندازه اشباع کردن

Übersättigung, die; -, -en اشباع؛ سیر

Überschall, der; -s, -s فوق صوت

Überschallgeschwindigkeit, die; - سرعت مافوق صوت، سرعت ماورای صوت

überschatten *Vt.* ۱. بر (چیزی) سایه افکندن ۲. تحت‌الشعاع قرار دادن

Überschattung, die; -, -en ۱. سایه‌افکنی ۲. تحت‌الشعاع

überschätzen *Vt.* ۱. زیادی ارزیابی کردن، در (چیزی) مبالغه کردن، زیادی تخمین زدن ۲. بیش از ارزش واقعی قیمت گذاشتن

seine Fähigkeiten überschätzen

دربارهٔ توانایی‌های خود مبالغه کردن

Überschätzung, die; -, -en ارزیابی زیادی، تخمین زیادی

Überschau, die; - نظر اجمالی، بررسی، احاطه‌نظر

überschauen *Vt.* ۱. از (کسی/چیزی) شناخت کامل داشتن ۲. از بلندی زیر نظر گرفتن

überschäumen *Vi.* ۱. کف کردن و سر رفتن، از کف پر شدن ۲. لبریز شدن، سرازیر شدن

überschäumend *Adj.* زیاد، فراوان

Übersicht, die; -, -en اضافه‌کاری

überschießen *Vi.* بالای هدف زدن

überschießend *Adj.* مازاد، اضافه، باقیمانده، زیادتی

überschlafen *Vt.* شبی دربارهٔ (مسئله‌ای) اندیشیدن، راجع به (چیزی) تا فردا فکر کردن

Überschlag, der; -(e)s, ⸚e ۱. شیرجه؛ پشتک، معلق ۲. رویه، روکش ۳. تخمین، ارزیابی (قیمت) ۴. جرقه

überschlagen *Vt., Vr.* ۱. از قلم انداختن، جا انداختن، حذف کردن ۲. تخمین زدن، ارزیابی کردن، حساب سرانگشتی کردن ۳. پا روی پا انداختن ۴. معلق زدن؛ شیرجه رفتن؛ پشتک زدن ۵. واژگون شدن، چپه شدن ۶. خیلی زیر شدن (صدا)

überschlagen *Adj.* [آب] ولرم، نیمه‌گرم

überschlägig *Adj.* زبر، خشن، درشت، زمخت

überschnappen *Vi.* دیوانه شدن، عقل (خود) را از دست دادن

überschneiden *Vr.* ۱. روی‌هم افتادن (لبهٔ دو چیز) ۲. از وسط قطع کردن، همدیگر را قطع کردن ۳. (از نظر موضوع) با هم مشترک بودن ۴. هم‌زمان شدن (ساعت درس)

Überschneidung, die; -, -en ۱. تقاطع، قطع
۲. روی هم‌اندازی
überschreiben *Vt.* ۱. عنوان نوشتن (کتاب / مقاله)
۲. انتقال دادن، مالکیت (چیزی) را به نام (کسی) کردن
Überschreibung, die; -, -en ۱. عنوان‌نویسی
۲. واگذاری، انتقال (مالکیت)
überschreien *Vt., Vr.* ۱. بلندتر از (کسی) فریاد زدن
۲. فریاد بسیار بلند کشیدن
überschreiten *Vt.* ۱. گذشتن، عبور کردن
۲. تجاوز کردن، پا از حد فراتر نهادن، نقض کردن ۳. بیش از اعتبار حواله / چک دادن
Überschreitung, die; -, -en ۱. عبور، گذر
۲. تجاوز، تخطی
Überschrift, die; -, -en عنوان، تیتر
Überschuh, der; -(e)s, -e گالش؛ روکفشی
überschulden *Vt.* به (کسی) مقروض بودن
überschuldet *Adj.* مقروض، قرض‌دار
Überschuß, der; -schusses, -schüsse سود، نفع، منفعت
überschüssig *Adj.* زائد، باقی‌مانده، اضافی
überschütten *Vt.* ۱. غوطه‌ور ساختن، غرق کردن
۲. بیش از حد به (کسی) دادن
Überschwang, der; -(e)s, - زیادی احساسات
überschwappen *Vi.* سر رفتن، لبریز شدن
überschwemmen *Vt.* ۱. به طغیان واداشتن
۲. پر کردن، مملو ساختن
Überschwemmung, die; -, -en ۱. طغیان آب
۲. پُری
Überschwemmungsgebiet, das; -(e)s, -e منطقهٔ سیل‌زده
Überschwemmungskatastrophe, die; -, -n مصیبت سیل
überschwenglich *Adj.* سرشار از وجد و شوق
Überschwenglichkeit, die; -, -en شوق و وجد فراوان
Übersee, die آن سوی دریاها، ماورای بحار
Überseehandel, der; -s, ¨ تجارت ماورای بحار
überseeisch *Adj.* در ماورای بحار، در آن سوی دریاها
Überseestreitkräfte, die / *Pl.* نیروی دریایی
Überseeverkehr, der; -(e)s وسیلهٔ نقلیهٔ بین دریایی
übersehbar *Adj.* روشن، آشکار، واضح، صریح
übersehen *Vr., Vt.* ۱. ندیده گرفتن، چشم‌پوشی کردن
۲. از دیدن (چیزی) دل‌زده شدن ۳. تخمین زدن (خسارت / وضعیت) ۴. از بالا (جایی) را زیرنظر گرفتن

übersein *Vi.* برتری داشتن، تفوق داشتن
übersenden *Vt.* فرستادن، روانه کردن، ارسال کردن، گسیل داشتن
Übersender, der; -s, - فرستنده
Übersendung, die; -, -en ارسال، گسیل
übersetzbar *Adj.* قابل ترجمه
übersetzen *Vi., Vt.* ۱. عبور دادن، انتقال دادن (از یک ساحلی به ساحلی دیگر) ۲. (موسیقی) انگشت را از روی یک شستی روی شستی دیگر گذاشتن ۳. ترجمه کردن
ins Deutsche übersetzen به آلمانی ترجمه کردن
Übersetzer, der; -s, - مترجم
Übersetzerin, die; -, -nen مترجم (زن)
Übersetzung, die; -, -en ۱. ترجمه ۲. انتقال (از ساحلی به ساحل دیگر)
Übersetzungsarbeit, die; -, -en کار ترجمه
Übersetzungsbüro, das; -s, -s دارالترجمه
Übersetzungsfehler, der; -s, - اشتباه در ترجمه
Übersetzungsrecht, das; -(e)s, -e ۱. حق ترجمه
۲. حق انتقال
Übersicht, die; -, -en ۱. نظر اجمالی، بررسی کلی
۲. خلاصهٔ مطلب
übersichtlich *Adj.* روشن، آشکار، واضح، صریح
Übersichtlichkeit, die; -, -en روشنی، آشکاری، وضوح، صراحت
Übersichtskarte, die; -, -n نقشهٔ عمومی
Übersichtstabelle, die; -, -n جدول مختصر
übersiedeln *Vi.* مهاجرت کردن، کوچ کردن، هجرت کردن؛ نقل مکان کردن
Übersied(e)lung, die; -, -en مهاجرت، کوچ، هجرت؛ نقل مکان
übersinnlich *Adj.* ۱. فوق تصور؛ غیر طبیعی
۲. روحی، ذهنی، روانی
überspannen *Vt.* در (چیزی) مبالغه کردن، گزافه‌گویی کردن، اغراق کردن
überspannt *Adj.* مبالغه‌آمیز، غیرعادی، نامعقول
Überspanntheit, die; -, -en مبالغه، گزافه‌گویی، اغراق
Überspannung, die; -, -en مبالغه، اغراق، گزافه‌گویی
überspielen *Vt.* ۱. سبقت گرفتن، جلو افتادن، پیش افتادن (مسابقه) ۲. ضبط کردن، تکثیر کردن (نوار) ۳. (با زرنگی) مخفی نگه‌داشتن (اشتباهات، عیوب)
überspitzen *Vt.* ۱. موشکافی کردن، تحلیل کردن
۲. در (چیزی) زیاده‌روی کردن، در (چیزی) افراط کردن

überspitzt *Adj.* زیاده از حد، به‌حد افراط
überspringen *Vi., Vt.* ۱. جهیدن، به اطراف پریدن، سرایت کردن (جرقه) ۲. به (موضوع دیگری) پرداختن ۳. حذف کردن، جا انداختن ۴. از روی (چیزی) پریدن
übersprudeln *Vi.* ۱. غُل‌غُل زدن، جوشیدن ۲. اهل خنده و شوخی بودن
überspülen *Vt.* به زیر آب بردن، به‌وسیلهٔ آب پوشاندن
überstaatlich *Adj.* بین‌المللی
überständig *Adj.* سالخورده، فرتوت، از کار افتاده
überstehen *Vi., Vt.* ۱. جلوتر قرار داشتن (بالکن) ۲. فائق آمدن ۳. تحمل کردن، تاب آوردن ۴. از (چیزی) بهبودی یافتن
übersteigen *Vt.* ۱. صعود کردن، (از جایی) بالا رفتن ۲. عبور کردن، گذرکردن ۳. بر (کسی) غلبه کردن، مغلوب ساختن
übersteigern *Vt.* در (چیزی) اغراق کردن، در (چیزی) زیاده‌روی کردن، در (چیزی) مبالغه کردن، (در مناقصه) پیشنهاد بیشتر دادن
übersteigert *Adj.* مبالغه‌آمیز، اغراق‌آمیز، مفرط
Übersteigerung, die; -, -en (در مناقصه) اغراق، مبالغه، پیشنهاد بیشتر
überstempeln *Vt.* بر روی (چیزی) مهر زدن
übersteuern *Vi.* با سرعت زیاد رانندگی کردن
überstimmen *Vt.* ۱. رأی بیشتر از (کسی) آوردن، (به‌واسطهٔ رأی زیاد) بر (کسی) پیروز شدن ۲. با شدت نواختن (ساز)؛ بلند کردن (آهنگ)
überstrahlen *Vt.* تحت‌الشعاع قرار دادن
überstreichen *Vt.* زیاد رنگ کردن، روی (چیزی) رنگ مالیدن
überstreifen *Vt.* به تن کردن، سرسری پوشیدن
überstreuen *Vt.* ریختن (شکر و غیره)، روی (چیزی) پاشیدن
überströmen *Vi.* ۱. طغیان کردن ۲. سر رفتن، سرریز شدن
überströmend *Adj.* طغیان کرده، سرشار
Überstunde, die; -, -n اضافه کار
überstürzen *Vt., Vr.* ۱. بی‌تأمل انجام دادن، به سرعت انجام دادن، در (کاری) عجله کردن ۲. سریع و پشت‌سر هم اتفاق افتادن
überstürzt *Adj., Adv.* ۱. به‌سرعت، از روی عجله، خیلی سریع ۲. عجولانه، شتاب‌زده
Überstürzung, die; -, -en عمل سریع، کار فوری
übersüß *Adj.* زیاده از حد شیرین

überteuern *Vt.* بسیار گران کردن
Überteu(e)rung, die; -, -en هزینهٔ اضافی
übertölpeln *Vt.* گول زدن، فریفتن؛ مغبون کردن
übertönen *Vt.* (با صدای بلندتر) پوشاندن؛ محو کردن
Das Orchester übertönte die Stimme der Sängerin.
ارکستر با صدای زیاد خود صدای خواننده را محو کرد.
Übertrag, der; -(e)s, ⸚e انتقال، نقل (به صفحهٔ بعد)
übertragbar *Adj.* ۱. قابل انتقال، انتقال‌پذیر ۲. [بیماری] قابل سرایت، عفونی، واگیر، مسری
Übertragbarkeit, die; - انتقال‌پذیری، قابلیت انتقال
übertragen *Vt., Vr.* ۱. انتقال دادن، منتقل کردن ۲. (از رادیو) پخش کردن ۳. ترجمه کردن ۴. سرایت دادن (بیماری) ۵. تزریق کردن (خون) ۶. سرایت کردن، انتقال یافتن (بیماری)
eine Krankheit auf jemanden **übertragen**
بیماری را به کسی سرایت دادن
Übertrager, der; -s, - ترانسفورماتور
Überträger, der; -s, - ۱. انتقال‌دهنده ۲. سرایت‌دهنده (بیماری)
Übertragung, die; -, -en ۱. انتقال، نقل ۲. پخش (از رادیو) ۳. ترجمه ۴. سرایت (بیماری)
Übertragungsurkunde, die; -, -n سند انتقال
übertrainieren *Vt.* در تمرین (چیزی) افراط کردن
übertreffen *Vt.* بر (کسی) برتری داشتن، از (کسی) برتر بودن، بر (چیزی) فائق آمدن
übertreiben *Vt.* در (چیزی) مبالغه کردن، در (چیزی) غلو کردن، در (چیزی) زیاده‌روی کردن، در (چیزی) افراط کردن، در (چیزی) اغراق کردن
die Sparsamkeit übertreiben
در صرفه‌جویی افراط کردن
Übertreibung, die; -, -en مبالغه، زیاده‌روی، افراط، اغراق، غلو
übertreten *Vi., Vt.* ۱. طغیان کردن (رودخانه) ۲. به (حزب / آئین) پیوستن ۳. (ورزش) پا روی خط گذاشتن و خطا کردن ۴. رگ به رگ شدن (پا) ۵. از (چیزی) تخلف کردن، از (چیزی) تخطی کردن، از (چیزی) سرپیچی کردن
eine Vorschrift übertreten از مقررات تخطی کردن
zu einer anderen Partei übertreten
به حزب دیگری پیوستن
Übertreter, der; -s, - متخلف، متجاوز
Übertreterin, die; -, -nen متخلف، متجاوز (زن)
Übertretung, die; -, -en تخلف، تجاوز
übertrieben *Adj., Adv.* ۱. مبالغه‌آمیز، اغراق‌آمیز ۲. مفرط، افراط‌آمیز، بیش از اندازه

Übertritt, der; -(e)s, -e ۱. تغییر کیش، تغییر آئین ۲. نقض عهد

übertrumpfen *Vt.* پیشی گرفتن، بر (کسی) فائق شدن، بهتر از (کسی) انجام دادن

übertun *Vt., Vr.* ۱. دور (کسی) پیچیدن ۲. دور (خود) پیچیدن ۳. تقلای زیاد کردن، تلاش زیاد کردن

übertünchen *Vt.* سفیدکاری کردن؛ جلا دادن؛ لعاب زدن

überübermorgen *Adv.* فردای پس‌فردا، پسین فردا

übervölkern *Vt.* جمعیت (جایی) را زیاد کردن

übervölkert *Adj.* دارای جمعیت بیش از حد

Übervölkerung, die; -, -en تراکم جمعیت

übervoll *Adj.* لبریز، پر

übervorteilen *Vt.* ۱. در قیمت (چیزی) اجحاف کردن، زیاد حساب کردن ۲. گول زدن؛ مغبون کردن؛ سر (کسی) کلاه گذاشتن ۳. در (چیزی) پیشی جستن، در (چیزی) پیشدستی کردن

Übervorteilung, die; -, -en ۱. زیادستایی، زیادخواهی، مطالبهٔ زیادی ۲. پیشدستی، پیشجویی

überwachen *Vt.* از (چیزی) مراقبت کردن، بر (چیزی) نظارت کردن، کنترل کردن

Überwachung, die; -, -en مراقبت، نظارت، کنترل

überwältigen *Vt.* ۱. بر (کسی / چیزی) غالب شدن، بر (کسی / چیزی) غلبه کردن، بر (کسی / چیزی) استیلا یافتن، بر (کسی / چیزی) پیروز شدن ۲. تحت‌تأثیر قرار دادن

überwältigend *Adj.* فوق‌العاده عالی، قاطع، بسیار خوب

Überwältigung, die; -, -en استیلا، غلبه، پیروزی

überwälzen *Vt.* مسئولیت را به گردن (کسی) انداختن

überweisen *Vt.* حواله کردن، واریز کردن، انتقال دادن (پول)

Überweisung, die; -, -en ۱. حواله، واریز، انتقال (پول) ۲. پول حواله شده

Überweisungsauftrag, der; -(e)s, -̈e درخواست حوالهٔ بانکی

Überweisungsformular, das; -s, -e فرم درخواست حوالهٔ بانکی

Überweisungsscheck, der; -en, -en سند انتقال

Überwelt, die; -, -en آخرت، دنیای دیگر

überwendlich *Adj.* بسیار نزدیک به هم، چسبیده به هم

überwerfen *Vt., Vr.* ۱. آویزان کردن (لباس) ۲. با دعوا از (کسی) جدا شدن

überwerten *Vt.* زیادی برآورد کردن، بیش از ارزش واقعی ارزیابی کردن

überwiegen *Vi.* ۱. وزن اضافی داشتن ۲. غلبه کردن، غالب آمدن، تسلط داشتن

Überwiegen, das; -s غلبه، تسلط، برتری، تفوق

überwiegend *Adj., Adv.* ۱. اغلب، اکثر، بیشتر ۲. غالباً، اکثراً

überwindbar *Adj.* مغلوب‌کردنی، غالب‌آمدنی

überwinden *Vt., Vr.* غلبه کردن، پیروز شدن، مغلوب ساختن، فائق شدن

Probleme überwinden بر مشکلات فائق آمدن

Überwinder, der; -s, - غالب، پیروز، فاتح

Überwindung, die; -, -en غلبه، پیروزی، فتح

überwintern *Vi.* ۱. زمستان را گذراندن ۲. به خواب زمستانی رفتن

Überwinterung, die; -, -en ۱. خواب زمستانی ۲. گذران زمستان

überwölben *Vt.* تاق زدن

überwolken *Vr.* ابری شدن، از ابر پوشیده شدن

überwuchern *Vt.* به سرعت رشد کردن، بیش از حد روییدن

Überwurf, der; -(e)s, -̈e روپوش گشاد و راحت، شنل گشاد و راحت

Überzahl, die; - اکثریت، تعداد زیاد

überzahlen *Vi.* زیادتر پرداختن، بیش از استحقاق پرداختن

überzählen *Vt.* باز شمردن، از نو شمردن

überzählig *Adj.* مازاد، اضافی، زیادی، بیش از حد لازم، فزونه

überzeichnen *Vt.* بیش از میزان انتشار (کتاب، مجله) قبول اشتراک کردن

Überzeichnung, die; -, -en قبول مشترک بیشتر

überzeugen *Vt.* قانع کردن، متقاعد کردن، مجاب کردن

sich von etwas überzeugen از چیزی کسب اطمینان کردن

überzeugend *Adj.* قانع‌کننده، متقاعدکننده، مجاب‌کننده

überzeugt *Adj.* قانع، متقاعد، مجاب

Überzeugung, die; -, -en اقناع، باور، اعتقاد، اعتماد، اطمینان، ایمان

Überzeugungskraft, die; -, -̈e نیروی مؤثر

überziehen *Vt.* ۱. پوشیدن (لباس) ۲. کشیدن (ملافه، روکش) ۳. در (چیزی) زیاده‌روی کردن، در (چیزی) افراط کردن ۴. دادن (حوالهٔ بی‌اعتبار)، کشیدن (چک بی‌محل) ۵. به (جایی) تهاجم کردن ۶. به تدریج پوشاندن

Überzieher 828

ein Land mit Krieg überziehen به کشوری تهاجم کردن

ein Konto überziehen از حساب بانکی بیش از موجودی برداشت کردن

jemandem **ein Paar überziehen** به کسی تو سری زدن

Überzieher, der; -s, - روپوش، بالاپوش، لباسِ رو، پالتو

Überziehhose, die; -, -n شلوار کار، شلوار گشاد، روشلواری

Überziehung, die; - حواله بی‌محل، چک بی‌محل

überzuckern *Vt.* شکر پاشیدن؛ با شکر مخلوط کردن، شیرین کردن

Überzug, der; -(e)s, ⸚e ۱. روکش، ملافه ۲. پوشش (سطح)

üblich *Adj.* معمول، مرسوم، متداول، رایج

wie üblich مثل همیشه، طبق معمول

üblicherweise *Adv.* معمولاً، طبق معمول

Üblicherweise trinken wir um 5 Uhr Tee. معمولاً ساعت ۵ چای می‌نوشیم.

U-Boot, das; -es, -e زیردریایی

übrig *Adj.* ۱. باقی، باقی‌مانده، مانده ۲. سایر، بقیه

das übrige Geld پول باقی‌مانده

die übrigen Menschen بقیهٔ مردم، سایرین

im Übrigen در ضمن، راستی

übrig sein باقی بودن

für jemanden etwas **übrig haben** به کسی علاقمند بودن

übrigbehalten *Vt.* برای خود نگه‌داشتن (بقیه)

übrigbleiben *Vi.* باقی ماندن

Es ist nichts übriggeblieben. چیزی باقی نمانده است.

übrigens *Adv.* راستی، در ضمن، ضمناً، وانگهی، از این گذشته

übriglassen *Vt.* باقی گذاشتن

Übung, die; -, -en تمرین، مشق، ممارست

nicht mehr in Übung sein از تمرین دست کشیدن

Übungsarbeit, die; -, -en تمرین، مشق

Übungsaufgabe, die; -, -n تمرین، مشق، تکلیف

Übungsbuch, das; -(e)s, ⸚er کتاب تمرین

Übungsflug, der; -(e)s, ⸚e پرواز آزمایشی

Übungsflugzeug, das; -es, -e هواپیمای تمرین

Übungsgelände, das; -s, - زمین تمرین نظامی

Übungshang, der; -(e)s, ⸚e زمین سراشیب (اسکی)

Übungsheft, das; -(e)s, -e دفترچهٔ تمرین

Übungslager, das; -s, -/⸚e اردوی تمرین

Übungsmunition, die; -, -en مهمات مشقی

Übungsplatz, der; -es, ⸚e ۱. میدان تعلیمات نظامی ۲. زمین ورزش

Übungsschießen, das; -s, - تیراندازی آزمایشی

Übungsstück, das; -(e)s, -e (موسیقی) قطعهٔ مخصوص تمرین

UdSSR = *Union der Sozialistischen Sowjetrepubliken,* die; - اتحاد جماهیر شوروی

Ufer, das; -s, - ساحل، کناره، کرانه، کنار دریا

am Ufer در ساحل، درکناره

um rechten Ufer در ساحل راست

Uferdamm, der; -(e)s, ⸚er دیوار ساحلی، پشته، خاکریز

uferlos *Adj.* بی‌حد، بی‌مرز، بی‌پایان، بی‌کران، بی‌انتها

Ufermauer, die; -, -n دیوار ساحلی؛ اسکله؛ خاکریز

Uferstaat, der; -(e)s, -en کشور ساحلی

Uhr, die; -, -en ۱. ساعت ۲. وقت، زمان

Wieviel Uhr ist es? ساعت چند است؟

Um wieviel Uhr? چه ساعتی؟

Meine Uhr geht nicht. ساعتم کار نمی‌کند.

die Uhr aufziehen ساعت را کوک کردن

auf die Uhr sehen به ساعت نگاه کردن

Uhrarmband, das; -(e)s, ⸚er بند ساعت مچی

Uhrband, das; -(e)s, ⸚e بند ساعت مچی

Uhrengeschäft, das; -(e)s, -e ساعت‌فروشی

Uhrenhandel, der; -s, ⸚ خرید و فروش ساعت

Uhrfeder, die; -, -n فنر ساعت

Uhrgehäuse, das; -s, - قاب ساعت

Uhrglas, das; -es, ⸚er شیشهٔ ساعت

Uhrkasten, der; -s, ⸚ قاب ساعت

Uhrkette, die; -, -n زنجیر ساعت

Uhrmacher, der; -s, - ساعت‌ساز

Uhrmacherei, die; -, -en ساعت‌سازی

Uhrmacherin, die; -, -nen ساعت‌ساز (زن)

Uhrpendel, das/der; -s, - پاندول ساعت

Uhrschlüssel, der; -s, - کلیدِ کوکِ ساعت (دیواری)

Uhrwerk, das; -(e)s, -e ساعت‌سازی

Uhrzeiger, der; -s, - عقربهٔ ساعت

Uhrzeigerrichtung, die; -, -en جهت عقربه‌های ساعت

Uhrzeigersinn, der; -es, - جهت عقربه‌های ساعت

Uhrzeit, die; -, -en وقت، زمان

Uhu, der; -s, -e بوم، شاهین جغد (نوعی جغد بزرگ)

Ukas, der; -es, -e فرمان، حکم، دستور
Ukrainer, der; -s, - اوکراینی، اهل اوکراین
ukrainisch *Adj.* اوکراینی، (مربوط به) اوکراین
Ulk, der; -(e)s, -e شوخی، مزاح
ulken *Vi.* شوخی کردن، مزاح کردن
ulkig *Adj.* مضحک، خنده‌دار
Ulme, die; -, -n (درخت) نارون
Ulster, der; -s, - (نوعی) بالاپوش گشاد و بلند مردانه
ultimativ *Adj., Adv* ۱. تهدیدآمیز، مؤکد، قطعی ۲. مؤکداً، قاطعانه
Ultimatum, das; -s, -s اولتیماتوم، اتمام حجت
Ultimo, der; -s, -s آخرین روز ماه، آخر برج
ultimo *Adv.* در آخرین روز ماه
ultra *Adv.* ۱. فوق‌العاده، بی‌نهایت ۲. ماوراء
 ultra elegant فوق‌العاده شیک
Ultrakurzwelle, die; -, -n موج بسیار کوتاه (رادیو)
Ultrakurzwellensender, der; -s, - فرستندهٔ موج بسیار کوتاه (رادیو)
ultramarin *Adj.* آبی سیر
ultrarot *Adj.* مادون قرمز
ultraschall *Adj.* مافوق صوت
Ultraschallwelle, die; -, -n امواج مافوق صوت
ultraviollet *Adj.* [اشعه] ماورای بنفش
um *Präp., Konj., Adv.* ۱. اطرافِ، در اطرافِ، دورِ، گردِ، در حدودِ، مقارنِ ۲. به‌خاطرِ، برای ۳. تا، تا اینکه، برای اینکه ۴. نزدیک، در نزدیکی، حوالی، پیرامون
 um vier سر ساعت چهار
 um die Zeit سر وقت
 Um Gottes Willen! خدا به دور!
 Je größer, um so besser! هرچه بزرگ‌تر بهتر!
 um Geld spielen سر پول بازی کردن
 sich um etwas **sorgen** به خاطر چیزی نگران بودن
umackern *Vt.* شخم کردن، شخم زدن
umadressieren *Vt.* تغییر آدرس دادن
umändern *Vt.* تغییر دادن، تبدیل کردن
Umänderung, die; -, -en تغییر، تبدیل
umarbeiten *Vt.* ۱. در (چیزی) تجدیدنظر کردن ۲. تغییر اساسی دادن، به‌صورت دیگری درآوردن
Umarbeitung, die; -, -en ۱. تجدیدنظر ۲. تغییر اساسی
umarmen *Vt.* در آغوش کشیدن، بغل کردن
Umarmung, die; -, -en در آغوش‌گیری، معاشقه
Umbau, der; -(e)s, -ten تغییر بنا، تجدید بنا، نوسازی
umbauen *Vt.* ۱. تغییر بنا دادن، تجدید بنا کردن نوسازی کردن، از نو ساختن ۲. دور تا دور (چیزی) را با ساختمان و بنا احاطه کردن، محصور کردن
umbehalten *Vt.* به تن داشتن (شال/گردنبند)
umbesetzen *Vt.* ۱. تجدید سازمان دادن، برای (چیزی) طرح نو ریختن ۲. از (هنرمند جدید) استفاده کردن
Umbesetzung, die; -, -en ۱. تجدید سازمان، طرح نو ۲. (در نمایش) استفاده از هنرمندان جدید
umbetten *Vt.* ۱. عوض کردن (رختخواب) ۲. قبر (مرده) را عوض کردن
umbiegen *Vt., Vi.* ۱. خم کردن، کج کردن، تاکردن ۲. تغییر جهت دادن، پیچیدن
umbilden *Vt.* تغییر شکل دادن؛ تجدید کردن (سازمان)
Umbildung, die; -, -en تغییر شکل؛ تجدید سازمان
umbinden *Vt.* ۱. بستن (کراوات) ۲. پیچیدن ۳. گره زدن
umblasen *Vt.* (بر اثر دمیدن) پرتاب کردن
umblättern *Vi., Vt.* ورق زدن
Umblick, der; -es, -e چشم‌انداز
umblicken *Vr.* ۱. به‌اطراف نگریستن ۲. به پشت سر نگاه کردن
umbrechen *Vt., Vi.* ۱. کندن، حفر کردن ۲. خم کردن، تا کردن (کاغذ) ۳. درهم شکستن، فرو ریختن ۴. شکستن، خم شدن (مقوا/نی) ۵. خراب شدن، فرو ریختن (حصار)
umbringen *Vt.* کشتن، به‌قتل رساندن؛ از میان بردن
Umbruch, der; -es, -e تغییر اساسی و بنیادی، دگرگونی کامل
umbuchen *Vt.* ۱. به حساب (کسی) انتقال دادن ۲. رزرو کردن
Umbuchung, die; -, -en ۱. انتقال به حساب دیگری ۲. رزرو جا
umdenken *Vi.* ۱. تجدید فکر کردن ۲. عقیدهٔ (خود) را عوض کردن
umdirigieren *Vt.* مجدداً رهبری کردن، دوباره رهبری کردن
umdisponieren *Vi.* ۱. سر و سامان تازه دادن ۲. از نو ترتیب دادن، از نو مرتب کردن
umdrehen *Vt., Vi.* ۱. چرخاندن، پیچاندن، برگرداندن ۲. برگشتن، چرخیدن، پیچیدن
Umdrehung, die; -, -en چرخش، گردش، پیچش، دَوَران
Umdrehungsgeschwindigkeit, die; -, -en سرعت چرخش
Umdruck, der; -(e)s, -e انتقال، نقل، واگذاری
umdrucken *Vt.* انتقال دادن، منتقل کردن، واگذار کردن

umeinander *Adv.* گرداگرد، دورتادور
umerziehen *Vt.* آموزش مجدد دادن، به منظورِ دیگری تربیت کردن
Umerziehung, die; -, -en تربیت مجدد، آموزش دوباره
umfahren *Vi., Vt.* ۱. (با وسیلهٔ نقلیه) از بیراهه رفتن ۲. (با وسیلهٔ نقلیه) با برخورد کردن (کسی) را به زمین انداختن ۳. (با وسیلهٔ نقلیه) دور زدن و از کنار (چیزی) گذشتن
Umfall, der; -(e)s, ¨-e سقوط؛ حالت غش و بیهوشی
umfallen *Vi.* ۱. افتادن، پرت شدن، سقوط کردن ۲. عقیدهٔ (خود) را تغییر دادن، تغییر عقیده دادن
zum Umfallen müde sein به حد بیهوشی خسته بودن، خیلی خسته بودن
Umfang, der; -(e)s, ¨-e ۱. پیرامون، محیط، حجم، دامنه ۲. اندازه، وسعت، گسترش، توسعه ۳. (موسیقی) دانگ
umfangen *Vt.* ۱. احاطه کردن، محاصره کردن، دور گرفتن ۲. در آغوش گرفتن
umfänglich *Adj.* وسیع، پهناور، حجیم، گسترده
umfangreich *Adj.* وسیع، پهناور، حجیم، گسترده
umfärben *Vt.* رنگ (چیزی) را تغییر دادن، به رنگ دیگری درآوردن
umfassen *Vt.* ۱. در برداشتن، دربر گرفتن، شامل شدن ۲. احاطه کردن، محصور کردن ۳. دست‌های (خود) را دور (چیزی) حلقه زدن
umfassend *Adj.* کامل، جامع
Umfassung, die; -, -en دربرگیری، احاطه
umfliegen *Vi., Vt.* ۱. افتادن، پرت شدن، سقوط کردن ۲. دور (جایی) پرواز کردن
umflort *Adj.* [چشم] کم نور، تار
umfluten *Vt.* لبریز شدن، طغیان کردن (آب)
umformen *Vt.* تغییر شکل دادن، شکل (چیزی) را عوض کردن
Umformer, der; -s, - ترانسفورماتور
Umformung, die; -, -en تغییر شکل
Umfrage, die; -, -n همه‌پرسی، خبرگیری، نظرخواهی همگانی
Umfrageergebnis, das; -nisses, -nisse نتیجهٔ همه‌پرسی
umfragen *Vi.* همه‌پرسی کردن، از عدهٔ زیادی پرسش کردن
umfried(ig)en *Vt.* دور (جایی) حصار کشیدن، دور (جایی) چینه کشیدن
Umfried(ig)ung, die; -, -en حصارکشی، چینه‌کشی

umfüllen *Vt.* از ظرفی به ظرف دیگر ریختن
umfunktionieren *Vt.* تبدیل کردن، برگرداندن، وارونه کردن
Umgang, der; -(e)s, ¨-e ۱. چرخش، دَوَران ۲. معاشرت، ارتباط، مراوده ۳. مسیر مدور (وسیلهٔ نقلیه)
wenig Umgang haben رفت و آمد کم داشتن
umgänglich *Adj.* معاشرتی، خوش‌برخورد، خوش‌مشرب، قابل معاشرت
Umgänglichkeit, die; - معاشرت‌پذیری، قابلیت معاشرت
Umgangsformen, die / *Pl.* آداب معاشرت
Umgangssprache, die; -, -n زبان عامیانه، زبان روزمره، گویش عامیانه
umgarnen *Vt.* به دام انداختن، اسیر کردن
umgeben *Vt.* احاطه کردن، دربرگرفتن، محصور کردن
Umgebung, die; -, -en پیرامون، اطراف، حوالی، دور و بر، حول و حوش
Umgegend, die; -, -en ۱. اطراف، حوالی، دور و بر، حول و حوش ۲. نزدیکی، مجاورت، همسایگی
umgehen *Vi.* ۱. در گردش بودن، در جریان بودن، طواف کردن ۲. معاشرت کردن، مصاحبت کردن ۳. رفتار کردن، عمل کردن، به‌کار بردن ۴. قصد داشتن، نقشه کشیدن ۵. گردش کردن ۶. اجتناب کردن، خودداری کردن ۷. اشتباهاً از بیراهه رفتن ۸. به صورت روح ظاهر شدن و گردش کردن
Er weiß mit Frauen umzugehen.
او می‌داند چگونه با زن‌ها کنار بیاید.
ein Gesetz umgehen قانونی را نادیده گرفتن
umgehend *Adj., Adv.* ۱. بلافاصله، بی‌درنگ، فوری ۲. فوراً
Umgehung, die; -, -en ۱. انحراف ۲. طفره، گریز، اجتناب
Umgehungsstraße, die; -, -n جادهٔ فرعی
umgekehrt *Adj.* ۱. وارونه، معکوس، واژگون، برعکس ۲. در جهت مخالف
umgestalten *Vt.* تغییر شکل دادن؛ تجدید سازمان کردن
umgießen *Vt.* ۱. از ظرفی به ظرف دیگر ریختن ۲. از نو در قالب ریختن، شکل (چیزی) را تغییر دادن
umglänzen *Vt.* درخشان کردن، نورانی کردن
umgliedern *Vt.* تجدید سازمان کردن، دوباره سازمان دادن
umgraben *Vt.* کندن، حفر کردن، در (جایی) کاوش کردن

umgrenzen *Vt.* محدود کردن، محصور کردن، در (جایی) حصار کشیدن
umgründen *Vt.* تجدید سازمان کردن، دوباره سازمان دادن
umgruppieren *Vt.* از نو گروه‌بندی کردن، تجدید سازمان کردن
Umgruppierung, die; -, -en ۱. گروه‌بندی تازه ۲. تجدید سازمان
umgucken *Vr.* به اطراف نگریستن
umgürten *Vt.* کمربند بستن، کمر بستن
umhaben *Vt.* در بر داشتن، برتن داشتن
umhacken *Vt.* قطع کردن، بریدن، انداختن (درخت)
umhalsen *Vt.* در آغوش کشیدن، بغل کردن
Umhalsung, die; -, -en هم‌آغوشی
Umhang, der; -(e)s, ⸚e شنل؛ عبا
umhängen *Vt.* آویزان کردن، آویختن (لباس و غیره)
Umhängetasche, die; -, -n کیف رو دوشی
umhauen *Vt.* قطع کردن، بریدن، انداختن (درخت)
umher *Adv.* در اطراف، پیرامون، حوالی، دور و بر، دور تا دور
umherblicken *Vi.* به اطراف نگریستن
umherbummeln *Vi.* پرسه زدن، ول گشتن
umherfahren *Vi.* بی‌هدف رانندگی کردن
umherfliegen *Vi.* بی‌هدف پرواز کردن
umhergehen *Vi.* پرسه زدن، ول گشتن
umherirren *Vi.* سرگردان شدن، گم شدن
umherjagen *Vi., Vt.* ۱. سریع و با عجله به این طرف و آن طرف رفتن ۲. بیکار نگذاشتن و به این طرف و آن طرف فرستادن
umherlaufen *Vi.* این طرف و آن طرف دویدن
umherreisen *Vi.* به اطراف سفر کردن
umherschauen *Vi.* به اطراف نگریستن
umherschweifen *Vi.* در اطراف پرسه زدن، در دور و بر سیر و سیاحت کردن
umherspähen *Vi.* اطراف را زیرنظر گرفتن
umherstreichen *Vi.* در اطراف پرسه زدن، در دور و بر سیر و سیاحت کردن
umherstreifen *Vi.* در اطراف پرسه زدن، در دور و بر سیر و سیاحت کردن
umhertasten *Vi.* کورمال کورمال به این طرف و آن طرف رفتن
umherwandern *Vi.* ول گشتن، پرسه زدن
umherwimmeln *Vi.* در شلوغی و ازدحام این طرف و آن طرف رفتن
umherziehen *Vi.* در اطراف پرسه زدن، در دور و بر سیر و سیاحت کردن
umhin *Adv.* در اطراف، پیرامون، حوالی، دور و بر
umhören *Vr.* از این و آن پرسیدن، جویا شدن، سراغ گرفتن
umhüllen *Vt.* پیچیدن، پوشاندن، در لفاف گذاشتن
Umhüllung, die; -, -en پوشش، پیچش، لفاف‌گذاری
uminterpretieren *Vt.* به‌صورتی دیگر تفسیر کردن
umkämpfen *Vt.* سر (چیزی) مبارزه کردن
Umkehr, der; -s, - ۱. بازگشت، مراجعت ۲. دگرگونی، تغییر (ناگهانی)
umkehrbar *Adj.* قابل برگشت، قابل عودت
umkehren *Vi., Vt.* ۱. برگشتن، مراجعت کردن ۲. وارونه کردن، برگرداندن
Umkehrkopie, die; -, -n عکس‌برگردان
Umkehrtaste, die; -, -n دنده عقب (اتومبیل)
Umkehrung, die; -, -en ۱. برگشت، مراجعت ۲. وارونه‌سازی
umkippen *Vi., Vt.* ۱. افتادن، واژگون شدن، سقوط کردن ۲. انداختن، واژگون کردن، چپه کردن ۳. ضعف کردن و به زمین افتادن
umklammern *Vt.* ۱. در آغوش گرفتن، بغل کردن ۲. (بوکس) گلاویز شدن ۳. در لفاف گذاشتن ۴. در داخل پرانتز قرار دادن
Umklammerung, die; -, -en ۱. هم‌آغوشی ۲. گلاویزی (بوکس) ۳. لفاف، پوشش
umklappbar *Adj.* تاشدنی، قابل تا شدن
umklappen *Vt., Vi.* ۱. تا کردن، تا زدن، پیچیدن ۲. بیهوش شدن
Umkleide, die; -, -n اتاق رخت‌کن
umkleiden *Vt.* ۱. تغییر دادن، عوض کردن (لباس) ۲. (با پارچه) اطراف (چیزی) را پوشاندن
Umkleidekabine, die; -, -n اتاق رخت‌کن
Umkleideraum, der; -(e)s, -räume اتاق رخت‌کن
Umkleidung, die; -, -en تغییر لباس، تعویض لباس
umknicken *Vt., Vi.* ۱. خم کردن، کج کردن، دولا کردن ۲. رگ به رگ شدن (پا)
umkommen *Vi.* ۱. مردن، هلاک شدن، تلف شدن ۲. خراب شدن، فاسد شدن (مواد غذایی)
Umkreis, der; -es ۱. محیط دایره، پیرامون دایره ۲. نزدیکی، مجاورت، حوالی
umkreisen *Vt.* دور (چیزی) را گرفتن، به دور (چیزی) گشتن
das ganze Haus umkreisen تمام خانه را زیر و رو کردن

Umkreisung 832

Umkreisung, die; -, -en دوران، گردش
umkrempeln *Vt.* ۱. بالا زدن (آستین) ۲. پشت و رو کردن (لباس) ۳. تغییر بنیادین دادن
umladen *Vt.* ۱. دوباره پر کردن (تفنگ) ۲. (از یک وسیلهٔ نقلیه به وسیلهٔ نقلیه دیگر) انتقال دادن
Umladung, die; -, -en ۱. پر کردن مجدد (تفنگ) ۲. انتقال بار (از یک وسیلهٔ نقلیه به وسیلهٔ نقلیه دیگر)
Umlage, die; -, -n هزینهٔ اضافی (آپارتمان)
umlagern *Vt.* ۱. محاصره کردن، احاطه کردن، دور (چیزی) را گرفتن ۲. جای دیگری انبار کردن
Umland, das; -(e)s, - حوالی شهر
Umlauf, der; -(e)s, -läufe گردش، جریان، دور
Umlaufbahn, die; -, -en مدار، مسیر؛ حوزهٔ فعالیت
umlaufen *Vi.* ۱. چرخیدن، دور زدن ۲. در گردش بودن، در جریان بودن ۳. بیراهه رفتن
umlaufend *Adj.* گردنده، چرخنده
Umlaufmotor, der; -s, -en موتور چرخنده، موتور دوار
Umlaufschreiben, das; -s, - بخشنامه
Umlaufskapital, das; -(e)s, -e/-ien سرمایهٔ در گردش
Umlaufzeit, die; -, -en مدت زمان دَوَران
Umlaut, der; -(e)s ۱. (علامت) اوملات (دو نقطه که برای تغییر صوت سه حرف صدادار *a, o, u* روی آن قرار می‌گیرد) ۲. حرف با دو نقطه، حرف با اوملات
umlauten *Vi., Vt.* تغییر صدا دادن (به وسیله دو نقطه که روی سه حرف صدادار *a, o, u* قرار می‌گیرد)
Umlegekragen, der; -s, - یقهٔ برگشته
umlegen *Vt.* ۱. دور گردن/بدن انداختن ۲. خواباندن (دکل) ۳. برگرداندن (یقه) ۴. محل (چیزی) را تغییر دادن ۵. کشتن، به قتل رساندن ۶. عوض کردن (مسیر) ۷. تقسیم کردن (مخارج) ۸. به زمین زدن، انداختن
jemanden **umlegen** (در کشتی) کسی را به زمین زدن
Umlegung, die; -, -en ۱. پوشش (لباس) ۲. تغییر محل ۳. قتل ۴. تغییر مسیر ۵. تقسیم (مخارج)
umleiten *Vt.* تغییر مسیر دادن، از مسیر اصلی منحرف کردن (ترافیک)
Umleitung, die; -, -en تغییر مسیر، مسیر موقت، انحراف (ترافیک)
umlenken *Vt., Vi.* ۱. برگرداندن (اتومبیل) ۲. برگشتن، دور زدن
umlernen *Vi.* از نو آموختن، طور دیگری یاد گرفتن
umliegend *Adj.* دور و بر، حوالی، حومه
ummanteln *Vt.* پوشاندن، جلد کردن، روکش کردن
Ummantelung, die; -, -en پوشش، جلد، روکش، لفاف
ummauern *Vt.* دور (جایی) را دیوار کشیدن
ummelden *Vt.* به پلیس اطلاع دادن (تغییر منزل)
ummodeln *Vt.* تغییر دادن، تبدیل کردن
umnachten *Vt.* تاریک کردن
umnachtet *Adj.* آشفته، مختل، درهم و برهم
Umnachtung, die; -, -en آشفتگی ذهنی، اختلال
umnähen *Vt.* برگرداندن و دوباره دوختن
umnebeln *Vt.* با مه پوشاندن، مه‌آلود کردن
umnehmen *Vt.* پوشیدن (لباس)
umordnen *Vt.* سر و سامان تازه دادن
umorganisieren *Vt.* دوباره تشکیلات دادن، دوباره سازمان دادن
umpacken *Vt.* دوباره بسته‌بندی کردن
umpflanzen *Vt.* ۱. نشا کردن (گیاه)، عوض کردن (جای گیاه) ۲. دور (جایی) را با گیاه پوشاندن
umpflügen *Vt.* شخم کردن، شخم زدن
umpolen *Vt.* دو قطبی کردن، عوض کردن (قطب مثبت و منفی)
Umpolung, die; -, -en تغییر قطب الکتریکی، تغییر مسیر جریان برق
umprägen *Vt.* تغییر دادن (ضرب سکه)
Umprägung, die; -, -en تغییر ضرب سکه
umprogrammieren *Vt.* از نو تهیه کردن (برنامه)، فراهم کردن (دستور کار تازه)
umquartieren *Vt.* نقل مکان دادن (به مکان دیگری)
Umquartierung, die; -, -en نقل مکان (به محل دیگری)
umrahmen *Vt.* ۱. قاب گرفتن ۲. احاطه کردن، دور (چیزی) را گرفتن
umranden *Vt.* ۱. حاشیه‌دار کردن، سجاف کردن، برای (چیزی) لبه گذاشتن ۲. دور (چیزی) را خط کشیدن
Umrandung, die; -, -en حاشیه، سجاف، لبه
umranken *Vi.* پیچیدن، بالا رفتن، شاخه دواندن (گیاه)
umräumen *Vt.* به جای دیگری انتقال دادن، جا به جا کردن
umrechnen *Vt.* تسعیر کردن، تبدیل کردن، به یک واحد دیگر حساب کردن (ارز)
Umrechnung, die; -, -en تسعیر، تبدیل (ارز)
Umrechnungskurs, der; -es, -e نرخ مبادله، مظنهٔ صرافی
Umrechnungstabelle, die; -, -n جدول مبادله (ارز)

umschiffen *Vt.* ۱. دور تا دور (جایی) کشتی‌رانی کردن ۲. به کشتی دیگری انتقال دادن
Umschiffung, die; -, -en کشتی‌رانی دور جایی
Umschlag, der; -(e)s, ⸚e ۱. تغییر ناگهانی، دگرگونی شدید ۲. پاکت ۳. جلد، رویه، لفاف، پوشش (کتاب) ۴. سر آستین ۵. کمپرس، ضماد ۶. بارانـدازی، بارگیری (کشتی) ۷. لب برگردان پاچهٔ شلوار
Umschlagbild, das; -es, -er عکس روی جلد
umschlagen *Vt., Vi.* ۱. لبه (چیزی) را برگرداندن (یقه / آستین) ۲. به زمین انداختن (درخت) ۳. انتقال دادن (کالا از یک وسیلهٔ نقلیه به وسیلهٔ نقلیه دیگر) ۴. ورق زدن، برگرداندن (صفحهٔ کتاب) ۵. واژگون شدن، چپه شدن ۶. شدیداً دگرگون شدن، تغییر ناگهانی یافتن
Umschlag(e)tuch, das; -(e)s, -e / ⸚er شال گردن
Umschlaghafen, der; -s, ⸚ بندر ترانزیت (محل انتقال بار به کشتی / وسیلهٔ نقلیه)
Umschlagplatz, der; -(e)s, ⸚e محل بارگیری مجدد
umschleiern *Vt.* پوشاندن، پنهان کردن، مستور کردن
umschließen *Vt.* ۱. احاطه کردن، دربرگرفتن، محاصره کردن ۲. شامل (چیزی) شدن
umschlingen *Vt.* ۱. در آغوش گرفتن، بغل کردن ۲. دور (چیزی) پیچیدن
Umschlingung, die; -, -en در آغوش‌گیری، هم‌آغوشی
umschmeißen *Vt.* واژگون کردن، سرنگون کردن، انداختن
umschmelzen *Vt.* با ذوب کردن به فرم تازه‌ای درآوردن، ذوب کردن و فرم دادن
umschnallen *Vt.* با کمربند بستن، سگک انداختن
umschnüren *Vt.* دور (چیزی) را با نخ بستن
umschreiben *Vt.* ۱. از نو نوشتن، به شیوهٔ دیگری نوشتن ۲. سربسته بیان کردن (مطلب) ۳. به اختصار شرح دادن (رئوس مطالب)
Umschreibung, die; -, -en ۱. بازنویسی، تغییر نگارش ۲. مطلب سربسته ۳. شرح رئوس مطالب
Umschrift, die; -, -en ۱. نوشتهٔ روی سکه، نوشتهٔ روی مدال ۲. رونویسی، استنساخ، سوادبرداری
umschulen *Vt.* ۱. به مدرسهٔ دیگر فرستادن، مدرسهٔ (کسی) را عوض کردن ۲. به (کسی) شغل دیگری را آموزش دادن، به (کسی) حرفهٔ دیگری را آموزش دادن
Umschulung, die; -, -en تغییر مدرسه
Umschulungskurs, der; -es, -e دورهٔ کارآموزی
umschütteln *Vt.* تکان دادن

Umrechnungswert, der; -(e)s, -e ارزش مبادله (ارز)
umreisen *Vt.* سیاحت کردن، جهانگردی کردن
umreißen *Vt.* ۱. خراب کردن، منهدم کردن ۲. به زمین پرت کردن ۳. (با چند جمله) تشریح کردن (مطلب مفصل)
umrennen *Vt.* در هنگام دویدن (کسی) را به زمین انداختن
umringen *Vt.* دور (چیزی) حلقه زدن، احاطه کردن، محصور کردن
Umriß, der; -risses, -risse ۱. خط متمایزکنندهٔ یک جسم از اطراف آن ۲. خطوط پیرامون یک شکل
Umrißzeichnung, die; -, -en طراحی، انگاره (نقاشی)
umrühren *Vt.* هم زدن، قاتی کردن، آمیختن، مخلوط کردن
ums = *um + das* اطراف، در اطراف، دور، گرد، در حدود، مقارن
ums Haus gehen دور خانه گشتن
umsatteln *Vi.* ۱. زین عوض کردن ۲. شغل عوض کردن ۳. تغییر رشته (تحصیلی) دادن
Umsatz, das; -es, ⸚e فروش، عایدی، درآمد
umsatzlos *Adj.* بدون عایدی
Umsatzsteuer, die; -, -n مالیات بردرآمد
umsäumen *Vt.* لبه‌دار کردن، حاشیه‌دار کردن
umschaffen *Vt.* تجدید سازمان کردن
umschalten *Vt., Vi.* ۱. زدن (کلید برق) ۲. دنده عوض کردن ۳. (خود) را با چیز دیگری وفق دادن
nach den Ferien wieder auf den Alltag umschaltten
بعد از تعطیلات دوباره وارد زندگی روزمره شدن
Umschalter, der; -s, - ۱. کلید اتومبیل ۲. سویچ برق
Umschalttaste, die; -, -n کلید مخصوص تغییر ردیف (حروف ماشین تحریر)
Umschaltung, die; -, -en ۱. تعویض دنده ۲. تغییر برق (به‌وسیلهٔ کلید)
umschatten *Vt.* روی (چیزی) سایه انداختن
Umschau, die; - بررسی دور و بر، تماشای مناظر اطراف
umschauen *Vr.* به اطراف نگریستن، اطراف را پاییدن
umschichten *Vt.* طور دیگر روی هم قرار دادن، ترتیب (چیزی) را عوض کردن
umschichtig *Adj.* به نوبت، به ترتیب
Umschichtung, die; -, -en نوبت کار، نوبت‌گذاری (خدمت)

umschütten 834

umschütten *Vt.* ۱. در ظرف دیگری ریختن (مایعات) ۲. اشتباهی ریختن
umschwärmen *Vt.* ۱. دور هم جمع شدن، اجتماع کردن ۲. به‌صورت گروهی دور (کسی / چیزی) پرواز کردن ۳. پروانه‌وار به دور (کسی) گشتن
Sie war von Vielen umschwärmt.
او علاقمندان زیادی داشت.
Umschweife, die / *Pl.* مطالب زائد، انحراف از موضوع، پرت‌شدگی از موضوع
Mach keine Umschweife! حاشیه نرو!
برو سر اصل مطلب!
umschweifig *Adj.* منحرف (از موضوع)
umschwenken *Vi.* تغییر عقیده دادن، نیت (خود) را عوض کردن
Umschwung, der; -(e)s, -e ۱. (در بارفیکس) چرخش کامل ۲. تغییر عقیده ۳. تغییر اساسی، تحول اساسی، انقلاب
umsegeln *Vt.* دور (جایی) کشتی‌رانی کردن
umsehen *Vr.* ۱. به اطراف نگاه کردن، اطراف را پاییدن ۲. روی (خود) را برگرداندن
umsein *Vi.* سپری شدن، به‌سر آمدن، تمام شدن
Die Zeit ist um. وقت تمام شده است.
umseitig *Adj.* در صفحهٔ بعدی، در پشت صفحه
umseits *Adv.* در صفحهٔ بعدی، در پشت صفحه
umsetzbar *Adj.* ۱. قابل انتقال ۲. قابل فروش ۳. قابل تعویض
umsetzen *Vt.* ۱. تغییر مکان دادن، به جای دیگری منتقل کردن ۲. فروختن (کالا) ۳. تغییر دادن، تبدیل کردن، عوض کردن
Umsetzung, die; -, -en ۱. تغییرمکان ۲. تبدیل، تعویض
Umsichgreifen, das; -s, - بسط، توسعه، گسترش
Umsicht, die; - احتیاط، تدبیر، مآل‌اندیشی، هوشیاری
umsichtig *Adj.* با احتیاط، با تدبیر، ملاحظه‌کار، مآل‌اندیش، هوشیار
umsiedeln *Vt., Vi.* ۱. نقل مکان دادن ۲. محل اقامت را تغییر دادن
Umsiedler, der; -s, - کسی که محل اقامت خود را تغییر می‌دهد
Umsiedlung, die; -, -en تغییر محل اقامت
umsinken *Vi.* فرو افتادن، آهسته افتادن
umsonst *Adv.* ۱. رایگان، مفت، مجانی ۲. بیهوده، بی‌نتیجه، بی‌فایده
Alles war umsonst! همه‌اش بی‌نتیجه بود!
Nicht umsonst hat er gemacht.
او بی‌جهت این کار را نکرده است.
umsorgen *Vt.* مراقب (کسی) بودن، از (کسی) مواظبت کردن
umspannen *Vt.* ۱. عوض کردن (اسب)، تغییر مرکوب دادن ۲. تغییر دادن (جریان برق) ۳. دستِ به دور (چیزی) انداختن
Umspanner, der; -s, - ترانسفورماتور
Umspannung, die; -, -en تعویض اسب‌ها
umspielen *Vt.* (ورزش) دریبل کردن، از حریف رد کردن (توپ)
umspinnen *Vt.* ۱. پوشاندن ۲. تنیدن (تار)، ریسیدن؛ بافتن
umspringen *Vi., Vt.* ۱. تغییر جهت دادن (باد) ۲. با دیگران رفتار نامناسب داشتن ۳. جست و خیزکنان دور (چیزی) گشتن
umspülen *Vt.* کاملاً شستن
umspulen *Vt.* عوض کردن، برگرداندن (فیلم / نوار)
Umstand, der; -(e)s, ⸚e ۱. حالت، وضع، موقعیت، موضع، وضعیت ۲. مزاحمت، ناراحتی، اسباب زحمت
unter keinen Umständen به هیچ‌وجه
unter allen Umständen در هر صورت، تحت هر شرایطی
Machen Sie keine Umstände!
به خودتان زحمت ندهید!
in anderen Umständen sein حامله بودن
umständehalber *Adv.* به علت شرایط خاص
umständlich *Adj.* ۱. تشریفاتی، مفصل، رسمی، پرزحمت، پیچیده ۲. بی‌دست و پا، ندانم‌کار ۳. غیرضروری
Sei doch nicht so umständlich! سخت نگیر!
Umständlichkeit, die; -, -en تشریفات، رسمیت، پیچیدگی
Umstandskleid, das; -(e)s, -er لباس آبستنی، لباس بارداری، لباس حاملگی
Umstandskrämer, der; -s, - آدم ایرادگیر
Umstandswort, das; -(e)s, -e / ⸚er (دستور زبان) قید
umstechen *Vt.* کندن، حفر کردن
umstehen *Vt.* دور تا دور (کسی / چیزی) ایستادن
umstehend *Adj.* در صفحهٔ بعد
Umsteige(fahr)karte, die; -, -n بلیتی که با آن می‌توان از چند وسیلهٔ نقلیه مختلف استفاده کرد
umsteigen *Vi.* عوض کردن (وسیلهٔ نقلیه)
umstellen *Vt.* ۱. جا به جا کردن، تغییر مکان دادن ۲. وفق دادن، هم‌ساز کردن، تطبیق دادن ۳. تغییر سازمان دادن ۴. احاطه کردن، محاصره کردن

umwälzend *Adj.* شورش‌طلب، طرفدار انقلاب
Umwälzung, die; -, -en شورش، انقلاب، حرکت انقلابی
umwandelbar *Adj.* تغییرپذیر
umwandeln *Vt., Vr.* ۱. تغییر دادن، تبدیل کردن، دگرگون کردن، به‌صورت دیگری درآوردن ۲. تبدیل شدن
Umwandlung, die; -, -en تغییر، دگرگونی، تبدیل
umwechseln *Vt.* تبدیل کردن، عوض کردن (پول)
Umwechselung, die; -, -en تبدیل، تعویض (پول)
umwehen *Vt.* (به وسیلهٔ باد) به زمین انداختن
Umweg, der; -(e)s, -e بیراهه، راه انحرافی، راه دورتر از راه مستقیم
Wir haben einen Umweg gemacht.
ما راه خود را دور کرده‌ایم.
Umwelt, die; -, -en محیط زیست
Umweltamt, das; -(e)s, ⸚er ادارهٔ محیط زیست
umweltbedingt *Adj.* ناشی از محیط زیست
umweltfeindlich *Adj.* آلوده‌کنندهٔ محیط زیست
Umweltforschung, die; - اکولوژی، زیست‌شناسی
umweltfreundlich *Adj.* مفید برای محیط زیست
Umweltschutz, der; -es حفاظت از محیط زیست
Umweltschützer, der; -s, - محیط‌گرا، طرفدار حفظ منابع طبیعی
Umweltverschmutzung, die; -, -en آلوده‌سازی محیط زیست
umwenden *Vt., Vi.* ۱. ورق زدن، برگرداندن (کتاب) ۲. به‌عقب برگشتن ۳. (با وسیلهٔ نقلیه) دور زدن
umwerben *Vt.* اظهار عشق کردن
umwerfen *Vt., Vi.* ۱. واژگون کردن، سرنگون کردن، انداختن ۲. واژگون شدن، سرنگون شدن، افتادن
Die Nachricht wirft ihn um.
این خبر او را تکان می‌دهد.
umwerfend *Adj.* ساختگی، جعلی
umwerten *Vt.* به نحو دیگری ارزیابی کردن
Umwertung, die; -, -en ارزیابی مجدد
umwickeln *Vt.* پوشاندن، جلد کردن، پیچیدن
umwinden *Vt.* به هم پیچاندن، پیچ دادن
umwittern *Vt.* احاطه کردن، دور (چیزی) را گرفتن
umwohnend *Adj.* همسایه، هم‌جوار
Umwohner, der; -s, - همسایه
umwölken *Vr.* ۱. تاریک شدن، تیره شدن ۲. ابری شدن، از ابر پوشیده شدن
umzäunen *Vt.* در (جایی) حصار کشیدن، در (جایی) نرده کشیدن

Umstellung, die; -, -en ۱. تغییر مکان، تعویض جا ۲. انطباق ۳. تغییر سازمان ۴. احاطه، محصور
umsteuern *Vt.* وارونه کردن، پشت و رو کردن
umstimmen *Vt.* ۱. باعث تغییر عقیدهٔ (کسی) شدن، عقیدهٔ (کسی) را عوض کردن ۲. از نو کوک کردن، تغییر لحن دادن
Umstimmung, die; -, -en ۱. تغییر عقیده ۲. تغییر لحن
umstoßen *Vt.* ۱. نقض کردن، لغو کردن، فسخ کردن، باطل کردن ۲. با هل به زمین انداختن
einen Plan umstoßen برنامه‌ای را تغییر دادن
umstrahlen *Vt.* منور کردن، نور افکندن
umstricken *Vt.* به دام انداختن، اسیر کردن
umstritten *Adj.* نامشخص، مورد اختلاف؛ قطعی نشده؛ نامعین
umstrukturieren *Vt.* تشکیلات تازه دادن
umstülpen *Vt.* وارونه کردن، برگرداندن
Umsturz, der; -es, ⸚e تغییر اساسی، کودتا، حرکت انقلابی، سرنگونی، سقوط، انقلاب، براندازی
umstürzen *Vt., Vi.* ۱. برگرداندن، واژگون کردن (میز / ظرف) ۲. سرنگون کردن، واژگون کردن؛ در (جایی) کودتا کردن ۳. فرو ریختن (دیوار) ۴. سرنگون شدن، واژگون شدن، سقوط کردن
Umstürzler, der; -s, - انقلابی، شورشی
Umstürzlerin, die; -, -nen انقلابی، شورشی (زن)
umstürzlerisch *Adj.* شورشی، انقلابی
Umstürzung, die; -, -en شورش، انقلاب، کودتا
umtanzen *Vt.* دور (کسی / چیزی) رقصیدن
umtaufen *Vt.* ۱. غسل تعمید دادن، با غسل تعمید تغییر آئین / نام دادن ۲. برای (کسی) نام دیگری گذاشتن
Umtausch, der; -(e)s, -e مبادله، تعویض، تبدیل (پول)
umtauschbar *Adj.* قابل مبادله، قابل تعویض
umtauschen *Vt.* مبادله کردن، عوض کردن، تبدیل کردن (پول / کالا)
umtopfen *Vt.* عوض کردن (خاک / گلدان گیاه)
umtreiben *Vi., Vt.* ۱. ول گشتن، پرسه زدن ۲. آزردن؛ به ستوه آوردن؛ اسباب زحمت (کسی) شدن
Umtrieb, der; -(e)s, -e ۱. دسیسه، فتنه، تحریک، توطئه ۲. پرسه‌زنی، ولگردی
umtun *Vt., Vr.* ۱. به کار گماردن ۲. دور (کسی) پیچیدن ۳. دور (خود) پیچیدن ۴. جویا شدن، سراغ گرفتن
umwachsen *Vt.* دور (چیزی) روییدن
umwälzen *Vt.* ۱. غلتاندن، غلت دادن ۲. شورش کردن، انقلاب کردن

Umzäunung 836

Umzäunung, die; -, -en حصار، نرده
umziehen *Vi., Vr.* ۱. تغییر مسکن دادن، خانه عوض کردن ۲. لباس عوض کردن ۳. ابری شدن، از ابر پوشیده شدن
umzingeln *Vt.* احاطه کردن، محاصره کردن، محصور کردن، راه فرار را به روی (کسی) بستن
Umzingelung, die; -, -en احاطه، محاصره
Umzug, der; -(e)s, ⸚e ۱. راهپیمایی، تظاهرات، حرکت دسته‌جمعی، رژه ۲. تغییر منزل، اسباب‌کشی
unabänderlich *Adj.* غیرقابل تغییر، تغییرناپذیر
unabdingbar *Adj.* غیرقابل تغییر، واجب، تغییرناپذیر، لازم، ضروری
unabdinglich *Adj.* غیر قابل تغییر، تغییرناپذیر؛ لازم، واجب، ضروری
unabhängig *Adj.* مستقل، خودمختار
Unabhängige, der; -n, -n مستقل، خودمختار
Unabhängigkeit, die; - استقلال، آزادی، آزادگی، عدم وابستگی
unabkömmlich *Adj.* واجب، لازم، ضروری؛ حتمی
Ich bin augenblicklich unabkömmlich.
حضور من فعلاً در این جا ضروری است.
unablässig *Adj.* پیوسته، دائم، مدام، لاینقطع، بدون وقفه
unablösbar *Adj.* غیر قابل خریداری
unablöslich *Adj.* غیر قابل خریداری
unabsehbar *Adj.* ۱. وسیع، بی‌کران، بی‌انتها، نامحدود، خیلی دور ۲. غیر قابل پیش‌بینی
unabsetzbar *Adj.* غیر قابل عزل
unabsichtlich *Adj.* غیر عمد، تصادفی، اتفاقی
unabweisbar *Adj.* حتمی، ضروری، قطعی، بی‌چون و چرا
unabweislich *Adj.* حتمی، ضروری، قطعی، بی‌چون و چرا
unabwendbar *Adj.* بدیهی، مسلم، غیرقابل اجتناب
unachtsam *Adj.* بی‌دقت، بی‌توجه، بی‌مبالات
Unachtsamkeit, die; -, -en بی‌دقتی، بی‌توجهی، بی‌مبالاتی
unähnlich *Adj.* بی‌شباهت
Unähnlichkeit, die; -, -en بی‌شباهتی، عدم شباهت
unanfechtbar *Adj.* بی‌چون و چرا، مسلم، غیرقابل بحث
unangebaut *Adj.* ۱. غیرمزروع، کشت نشده ۲. بی‌تربیت
unangebracht *Adj.* نامناسب، ناجور، نابه‌جا
unangefochten *Adj.* بی‌چون و چرا، بی‌گفت وگو
unangemeldet *Adj.* بی‌خبر، بدون اطلاع قبلی
unangemessen *Adj.* ناشایست، نامناسب، ناجور، ناپسندیده
unangenehm *Adj.* ناخوشایند، نامطبوع، ناگوار، نامطلوب
unangetastet *Adj.* دست‌نخورده
unangreifbar *Adj.* محکم، غیرقابل نفوذ، غیرقابل تسخیر
unannehmbar *Adj.* غیرقابل قبول، ناپذیرفتنی
Unannehmlichkeit, die; -, -en ناراحتی، دردسر، ناخشنودی، ناگواری، اوقات تلخی
unansehlich *Adj.* ۱. بی‌اهمیت، ناچیز، جزئی ۲. کثیف و نامرتب
unanständig *Adj., Adv.* ۱. بی‌ادب، گستاخ، بی‌شرم، بی‌حیا، نانجیب ۲. بی‌ادبانه، خلاف نزاکت
Unanständigkeit, die; -, -en بی‌ادبی، گستاخی، بی‌شرمی، بی‌حیایی
unantastbar *Adj.* غیر قابل سرزنش، بری از اتهام
unappetitlich *Adj.* اشتهابر؛ ناگوار، نامطبوع، بی‌مزه، بدطعم
Unart, die; -, -en ۱. بی‌ادبی، خشونت، شیطنت، بدخویی ۲. رفتار بد و ناهنجار، بی‌تربیتی
unartig *Adj.* ۱. بی‌ادب؛ خشن؛ شیطان ۲. بدخو، بداخلاق، بی‌تربیت، گستاخ
unartikuliert *Adj.* ناواضح، ناشمرده، غیر ملفوظ
unästhetisch *Adj.* زشت، نازیبا، کریه
unauffällig *Adj.* غیر محسوس، نامعلوم، نامرئی، پنهانی
unauffindbar *Adj.* غیرقابل کشف، نیافتنی، آشکارنشدنی، پیدا نکردنی، پنهان
unaufgefordert *Adj.* داوطلبانه، بی‌اختیار، از طرف خود، با طیب خاطر، خودبه‌خود
unaufgeklärt *Adj.* ۱. روشن نشده، آگاه نشده ۲. نامشخص، مبهم
unaufhaltbar *Adj.* غیرقابل توقف، توقف‌ناپذیر
unaufhaltsam *Adj.* غیرقابل توقف، توقف‌ناپذیر
unaufhörlich *Adj.* پیوسته، لاینقطع، پی‌درپی، ممتد
unauflösbar *Adj.* حل‌نشدنی، تجزیه‌ناپذیر، غیرقابل حل؛ ثابت
unauflöslich *Adj.* حل‌نشدنی، تجزیه‌ناپذیر، غیرقابل حل؛ ثابت
unaufmerksam *Adj.* بی‌توجه، بی‌اعتنا، بی‌دقت؛ بی‌علاقه

unbehelligt

Unaufmerksamkeit, die; -	بی‌توجهی، بی‌اعتنایی، بی‌دقتی، بی‌علاقگی
unaufrichtig Adj.	دورو، ریاکار، بی‌صداقت
Unaufrichtigkeit, die; -, -en	دورویی، ریاکاری، بی‌صداقتی
unaufschiebbar Adj.	غیرقابل تعویق
unaufschieblich Adj.	غیرقابل تعویق
unausbleiblich Adj.	بدیهی، مسلم، غیرقابل اجتناب
unausführbar Adj.	غیر عملی، غیر قابل اجرا، اجراناپذیر، نشدنی
unausgebildet Adj.	تعلیم ندیده، آموزش ندیده، پیشرفت نکرده، عقب‌افتاده
unausgefüllt Adj.	۱. پر نشده، ننوشته ۲. [زندگی] بی‌محتوا
unausgeglichen Adj.	نامتعادل، بوالهوس، دمدمی مزاج
Unausgeglichenheit, die; -	عدم تعادل
unausgesetzt Adj.	پیوسته، مداوم، متوالی، غیرمنقطع، مدام
unausgesprochen Adj.	گفته نشده، فاش نشده، به زبان نیامده، ادا نشده
unauslöschlich Adj.	پاک‌نشدنی، محونشدنی، ماندگار، فراموش‌نشدنی
unausrottbar Adj.	ریشه‌کن نشدنی، قلع و قمع‌ناپذیر
unaussprechbar Adj.	غیر قابل تلفظ
unaussprechlich Adj., Adv.	۱. ناگفتنی، غیرقابل بیان، وصف‌ناپذیر، غیرقابل وصف ۲. بسیار، خیلی زیاد
unaussprechlich glücklich sein	بی‌نهایت خوشبخت بودن
unausstehlich Adj.	تحمل‌ناپذیر، غیرقابل تحمل
unausweichlich Adj.	بدیهی، غیرقابل اجتناب، اجتناب‌ناپذیر
unbändig Adj., Adv.	۱. سرکش، متمرد، کنترل‌ناپذیر، غیرقابل کنترل ۲. ترسناک، مهیب، شگرف ۳. بسیار، خیلی زیاد
unbar Adj.	غیرنقدی
unbarmherzig Adj.	۱. بی‌رحم، سنگدل، قسی‌القلب ۲. بی‌رحمانه، ددمنشانه، وحشیانه
Unbarmherzigkeit, die; -	بی‌رحمی، سنگدلی، قساوت قلب
unbeabsichtigt Adj.	بی‌منظور، بدون قصد، بدون نیت قبلی
unbeachtlich Adj.	غیر قابل توجه
unbeachtet Adj.	بی‌اعتنا، بی‌توجه
unbeanstandet Adj.	بدون عیب و نقص
unbeantwortet Adj.	بی‌جواب، بدون پاسخ
unbearbeitet Adj.	خام، نارس، کال، نپخته، ناقص، ناتمام
unbebaut Adj.	۱. کشت نشده، غیرقابل کشت، لم‌یزرع ۲. ساخته نشده، آباد نشده
unbedacht(sam) Adj.	بی‌فکر، نسنجیده، بی‌ملاحظه، عجولانه، بدون تفکر
unbedarft Adj.	بی‌تجربه، ناوارد، ناآگاه
unbedeckt Adj.	سرباز، روباز، بدون حجاب
unbedenklich Adj.	بی‌درنگ، بی‌تأمل، بی‌تردید
unbedeutend Adj.	بی‌اهمیت، جزئی، ناچیز، اندک
unbedingt Adj., Adv.	۱. بی‌چون و چرا، بلاشرط، بدون قید و شرط ۲. حتماً، قطعاً، مطلقاً، به هر صورت، در هر حال
unbeeinflußt Adj.	تحت تأثیر قرار نگرفته
unbefahrbar Adj.	غیرقابل عبور
unbefangen Adj.	۱. بی‌طرف، بی‌غرض، بی‌تکلف ۲. بدون خجالت و رودربایستی
Unbefangenheit, die; -	۱. بی‌طرفی، بی‌غرضی، بی‌تکلفی ۲. بی‌رودربایستی
unbefleckt Adj.	۱. تمیز، بدون لکه ۲. پاک، بی‌عیب، بی‌آلایش
unbefriedigend Adj.	نامطلوب، ناموافق
unbefriedigt Adj.	ناراضی، ناخشنود
unbefristet Adj.	نامحدود، نامشخص، نامعین
unbefugt Adj.	غیرمجاز، سرخود، بدون اجازه
Unbefugte, der/die; -n, -n	متخلف، خلاف‌کار، تجاوزکار
Zutritt für Unbefugte verboten!	ورود افراد متفرقه ممنوع است!
unbegabt Adj.	بی‌استعداد، بی‌ذوق
unbegreiflich Adj.	غیرقابل تصور، غیرقابل درک، باورنکردنی
Unbegreiflichkeit, die; -, -en	امر غیرقابل تصور، امر باورنکردنی
unbegrenzt Adj.	نامحدود، نامشخص، نامعلوم
unbegründet Adj.	بی‌اساس، بی‌پایه، بی‌اصل، بی‌دلیل
unbehaart Adj.	بی‌مو، تاس، کچل
Unbehagen, das; -s, -	ناراحتی، اضطراب، تشویش
unbehaglich Adj.	ناراحت، مضطرب، مشوش
unbehauen Adj.	[سنگ] نتراشیده، بریده نشده
unbehaust Adj.	بی‌خانمان
unbehelligt Adj.	بی‌آزار، بدون مزاحمت؛ در امان

unbeherrscht *Adj.* تندمزاج، تندخو، بدون تسلط بر خویشتن
Unbeherrschtheit, die; -, -en تندمزاجی، تندخویی
unbehindert *Adj.* آزادانه، بدون ممانعت، بدون مانع
unbeholfen *Adj.* ۱. ناشی، تازه‌کار ۲. درمانده، بیچاره، خام‌دست، بی‌دست و پا
Unbeholfenheit, die; - ناشی‌گری، تازه‌کاری، خام‌دستی
unbeirrbar *Adj.* خونسرد، آرام؛ ثابت‌قدم
unbeirrt *Adj.* بدون اضطراب، بدون آشفتگی، بدون هراس
unbekannt *Adj.* ناشناس، گمنام، مجهول، بیگانه
Unbekannte, der/die; -n, -n غریبه، ناشناس، بیگانه
unbekannterweise *Adv.* علی‌رغم عدم شناخت
unbekehrbar *Adj.* تغییرناپذیر
unbekleidet *Adj.* برهنه، لخت، عریان
unbekümmert *Adj.* فارغ‌البال، بدون نگرانی، بی‌خیال
unbelastet *Adj.* ۱. بی‌خیال، فارغ‌البال ۲. ناسازگار، غیرقابل انعطاف
unbelebt *Adj.* ۱. بی‌جان، بی‌روح ۲. [خیابان] بی‌رفت و آمد
unbelehrbar *Adj.* کله‌شق، لجوج، سرسخت، خودرأی
unbelesen *Adj.* بی‌سواد، درس‌نخوانده
Unbelesenheit, die; - بی‌سوادی
unbelichtet *Adj.* (عکاسی) بی‌نور
unbeliebt *Adj.* نامحبوب، منفور، دوست‌نداشتنی
Unbeliebtheit, die; - عدم محبوبیت، نفرت
unbelohnt *Adj.* بی‌اجر، بدون پاداش
unbemannt *Adj.* [موشک/قایق] بدون سرنشین
unbemerkbar *Adj.* نامرئی، دیده‌نشدنی، غیرقابل رؤیت
unbemerkt *Adj.* بدون جلب توجه
unbemittelt *Adj.* بی‌پول، تهیدست، بی‌بضاعت، مستمند
unbenannt *Adj.* ۱. بی‌نام، بی‌اسم ۲. مطلق، صریح
unbenutzbar *Adj.* غیرمفید، به‌دردنخور، غیرقابل استفاده
unbenutzt *Adj.* مصرف نشده، استفاده نشده
unbeobachtet *Adj.* نادیده، مشاهده نشده، بدون جلب توجه دیگران
unbequem *Adj.* ۱. [مبل] ناراحت ۲. [شخص] نامطلوب، مزاحم
Unbequemlichkeit, die; -, -en ناراحتی
unberechenbar *Adj.* ۱. بی‌حساب، غیرقابل شمارش ۲. غیرقابل پیش‌بینی
unberechtigt *Adj.* غیرمجاز، بی‌اساس، نادرست، نابه‌جا، به‌ناحق
unberücksichtigt *Adj.* بی‌اعتنا، بی‌توجه، بی‌ملاحظه، بی‌قید
unberufen *Adj.* غیرمجاز، بدون اجازه، سرخود
unberühmt *Adj.* مبهم، نامفهوم
unberührt *Adj.* ۱. بکر، دست‌نخورده ۲. باکره ۳. تحت‌تأثیر قرار نگرفته
unbeschadet *Präp.* بدون لطمه به
unbeschädigt *Adj.* دست‌نخورده، بی‌عیب، سالم، صدمه ندیده
unbeschäftigt *Adj.* بیکار، بی‌مصرف، عاطل، بیهوده
unbescheiden *Adj.* از خودراضی، جسور، پررو، گستاخ، بی‌شرم
Unbescheidenheit, die; -, -en بی‌شرمی، بی‌حیائی، گستاخی، جسارت
unbescholten *Adj.* پاکدامن، نجیب، بی‌گناه
Unbescholtenheit, die; - بی‌گناهی، پاکدامنی، نجابت
unbeschrankt *Adj.* (در تقاطع جاده/راه‌آهن) بدون میله/چوب راه‌بندان
unbeschränkt *Adj.* نامحدود، کامل، مطلق، غیرمشروط، نامتناهی
unbeschreiblich *Adj.* ۱. وصف‌ناپذیر، غیرقابل توصیف، توصیف‌ناپذیر
unbeschrieben *Adj.* ننوشته، [ورقه] سفید، نوشته نشده
unbeschwert *Adj.* بی‌خیال، آسوده‌خاطر، فارغ‌البال، شاد، خوشحال
Unbeschwertheit, die; - بی‌خیالی، شادی، خوشحالی، خوشدلی
unbeseelt *Adj.* بی‌جان، بی‌روح، فاقد حیات، جامد
unbesehen *Adj.* ۱. نادیده، مشاهده نشده، غیرقابل رؤیت ۲. بدون نگرانی خاطر، بدون تأمل و تفکر
unbesetzt *Adj.* ۱. خالی، اشغال‌نشده، بدون مستأجر ۲. [شغل] بلاتصدی
unbesiegbar *Adj.* شکست‌ناپذیر، غیرقابل تسخیر، مغلوب‌نشدنی
Unbesiegbarkeit, die; - شکست‌ناپذیری
unbesiegt *Adj.* غیرمغلوب
unbesoldet *Adj.* حقوق‌نگیر، بی‌حقوق

unbesonnen Adj.	بی‌فکر، بی‌ملاحظه، لاقید، بی‌پروا، بی‌احتیاط
Unbesonnenheit, die; -, -en	بی‌فکری، بی‌ملاحظگی، لاقیدی، بی‌پروایی
unbesorgt Adj.	با خیال راحت، مطمئن، آسوده‌خاطر
Unbestand, der; -(e)s, ̈e	عدم ثبات، ناپایداری، تغییرپذیری، بی‌ثباتی
unbeständig Adj.	۱. بی‌ثبات، ناپایدار، تغییرپذیر، متغیر، عوض‌شدنی ۲. دمدمی‌مزاج
Unbeständigkeit, die; -, -en	عدم ثبات، ناپایداری، تغییرپذیری، بی‌ثباتی
unbestätigt Adj.	تأیید نشده، تصدیق نشده، تثبیت نشده
unbestechlich Adj.	فسادناپذیر، غیرقابل لغزش، درستکار، رشوه‌نگیر
Unbestechlichkeit, die; -, -en	فسادناپذیری
unbestellbar Adj.	غیرقابل تحویل، تحویل‌ناپذیر
unbestimmt Adj.	۱. نامشخص، نامعین، نامعلوم، مبهم؛ نامحدود ۲. (دستور زبان) نامعین
Unbestimmtheit, die; -	نامشخصی، نامعینی، نامعلومی، مبهمی؛ نامحدودی
unbestraft Adj.	بدون کیفر، بدون مجازات
unbestreitbar Adj.	بی‌چون و چرا، غیرقابل تردید، بحث‌ناپذیر، غیرقابل اعتراض، مسلم
unbestritten Adj., Adv.	۱. مسلم، قطعی ۲. بی‌گفت‌وگو، به‌طور مسلم، مسلماً، بدون شک
unbeteiligt Adj.	بی‌علاقه، خونسرد، بی‌طرف، بی‌تعصب
unbetont Adj.	بی‌تکیه، تأکید نشده، تکیه نشده
unbeträchtlich Adj.	ناچیز، جزئی، بی‌اهمیت، غیرقابل ملاحظه
unbetreten Adj.	پانگذاشته، قدم نگذاشته
unbeugsam Adj.	ثابت، غیرقابل انعطاف، پایدار
unbewacht Adj.	بی‌نگهبان، بدون مستحفظ، بدون نگهبان و مراقب
unbewaffnet Adj.	غیر مسلح، بی‌اسلحه
unbewandert Adj.	ناآزموده، بی‌تجربه، خام، ناپخته
unbeweglich Adj.	۱. بی‌جنبش، بی‌حرکت، ثابت، استوار، غیرمتحرک ۲. متحجر، کند فهم
Unbeweglichkeit, die; -	بی‌جنبشی، بی‌حرکتی، ثبات، استواری
unbewegt Adj.	بدون تحرک
unbeweibt Adj.	عزب، مجرد، غیرمتأهل، عروسی نکرده
unbeweint Adj.	گریه نکرده، غیرمحزون، اشک نریخته
unbeweisbar Adj.	غیرقابل اثبات
unbewiesen Adj.	اثبات نشده، ثابت نشده
unbewohnbar Adj.	غیرقابل سکنی، غیرقابل سکونت
unbewohnt Adj.	غیرمسکونی، خالی، بدون مستأجر
unbewußt Adj.	ناخودآگاه، ناآگاه، غیرعمدی، ندانسته، به‌طور غریزی
unbezahlbar Adj.	بی‌قیمت، بسیار گران‌بها، غیرقابل پرداخت
unbezahlt Adj.	۱. بی‌مزد، بی‌مواجب ۲. [صورت‌حساب] پرداخت نشده
unbezähmbar Adj.	۱. رام‌نشدنی، سرکش، تسلیم‌نشدنی ۲. بسیار بزرگ و قوی، سخت
unbezweifelbar Adj.	بدون شک، بی‌تردید
unbezwingbar Adj.	شکست‌ناپذیر، تسخیرناپذیر، مغلوب‌نشدنی
unbiegsam Adj.	ثابت، غیرقابل انعطاف، غیرقابل انحنا
Unbilden, die / Pl.	ناراحتی‌های ناشی از عوامل جوّی
Unbildung, die; -	بی‌سوادی
Unbill, die; -	بی‌عدالتی، اجحاف
unbillig Adj.	غیرعادلانه، غیرمنصفانه، نادرست
Unbilligkeit, die; -, -en	بی‌عدالتی، اجحاف
unblutig Adj.	بدون خونریزی
unbotmäßig Adj.	نافرمان، گردنکش، متمرد، یاغی
Unbotmäßigkeit, die; -, -en	نافرمانی، گردنکشی، تمرد، یاغی‌گری
unbrauchbar Adj.	بی‌فایده، بیهوده، بی‌مصرف، غیرقابل استفاده
Unbrauchbarkeit, die; -	بی‌فایدگی، بیهودگی، بی‌مصرفی
unbußfertig Adj.	بدون توبه
unchristlich Adj.	غیر مسیحی
und Konj.	(حرف ربط) و
und so weiter	و غیره، جز این‌ها، الی آخر
Und wie!	چه جور هم!
Undank, der; -(e)s	ناسپاسی، ناشکری، حق‌ناشناسی، نمک‌نشناسی، کفران نعمت
undankbar Adj.	۱. ناسپاس، ناشکر، حق‌ناشناس، نمک‌نشناس، به‌چشم و رو ۲. بی‌فایده، بی‌نتیجه، بیهوده
Undankbarkeit, die; -, -en	ناشکری، حق‌ناشناسی، نمک‌نشناسی، کفران نعمت ۲. بی‌فایدگی، بی‌نتیجه‌گی، بیهودگی
undatiert Adj.	فاقد تاریخ، بی‌تاریخ

undefinierbar *Adj.*	غیرقابل توصیف، توصیف‌نشدنی، غیرقابل تعریف
undeklinierbar *Adj.*	(دستور زبان) صرف‌نشدنی
undenkbar *Adj.*	غیرقابل تصور، غیرقابل تفکر، تصورناپذیر
undenklich *Adj.*	بسیار قدیم، خیلی پیش، دیرین
Understatement, das; -s, -s	شکسته‌نفسی
undeutlich *Adj.*	۱. غیرواضح، غیرمشخص، مبهم ۲. ناشمرده ۳. [خط] ناخوانا
Undeutlichkeit, die; -, -en	نامعلومی، ناروشنی، مبهمی، عدم وضوح، ابهام
undeutsch *Adj.*	غیرآلمانی
undicht *Adj.*	۱. شل، گشاد ۲. سوراخ‌دار، رخنه‌دار، نشت‌کننده، قابل نفوذ
Unding, das; -(e)s	کار نامعقول، کار ناپسند، حرف نامربوط
undiszipliniert *Adj.*	بی‌انضباط
Undulation, die; -, -en	(فیزیک) حرکت موجی
unduldsam *Adj.*	زیر بار نرو، متعصب؛ ناشکیبا؛ بی‌گذشت، سخت‌گیر، بدون اغماض
Unduldsamkeit, die; -	عدم تحمل؛ تعصب؛ سخت‌گیری، عدم اغماض
undulieren *Vi.*	موج‌دار بودن، نوسان داشتن
undurchdringlich *Adj.*	۱. نفوذناپذیر، غیرقابل نفوذ، راه‌نیافتنی ۲. [وضع روحی و غیره] غیرقابل تشخیص
Undurchdringlichkeit, die; -	سرایت‌ناپذیری، نفوذناپذیری
undurchführbar *Adj.*	غیرعملی، اجرانشدنی، غیرقابل اجرا
undurchlässig *Adj.*	غیرقابل نفوذ
undurchsichtig *Adj.*	غیرشفاف، مات، کدر، تار
Undurchsichtigkeit, die; -	کدری، تاری، ماتی
uneben *Adj.*	ناهموار، ناصاف؛ ناجور؛ متغیر
Unebenheit, die; -, -en	ناهمواری، ناصافی؛ ناجوری
unecht *Adj.*	ساختگی، جعلی، غیرحقیقی، بدلی، مصنوعی، تقلبی
unehelich *Adj.*	حرامزاده، نامشروع
Unehelichkeit, die; -	حرامزادگی
Unehre, die; -	رسوایی، بی‌حرمتی، بی‌احترامی، بی‌شرفی، بی‌آبرویی
unehrenhaft *Adj.*	پست، بی‌آبرو، ناشایسته
unehrerbietig *Adj.*	بی‌احترام، بی‌حرمت
Unehrerbietigkeit, die; -	بی‌احترامی، بی‌حرمتی
unehrlich *Adj.*	نادرست، متقلب
Unehrlichkeit, die; -, -en	نادرستی، تقلب
uneigennützig *Adj.*	بی‌علاقه، بی‌غرض، بی‌طرف، بدون نفع شخصی
uneigentlich *Adj., Adv.*	نامناسب، نامربوط
uneingedenk *Adj.*	بی‌فکر، غافل، بی‌ملاحظه
uneingeladen *Adj.*	ناخوانده، دعوت نشده، نطلبیده
uneingelöst *Adj.*	انجام نشده، جبران نشده
uneingeschränkt *Adj.*	نامحدود، بدون محدودیت، نامشخص، نامعین، بی‌حد و حصر
uneingeweiht *Adj.*	غیرمبتدی، باسابقه
Uneingeweihte, der/die; -n, -n	۱. بیگانه، خارجی ۲. سابقه‌دار
uneinheitlich *Adj.*	غیر یک شکل، غیریکنواخت، غیرمتحد
uneinig *Adj.*	مخالف، ناسازگار، ناموافق، دارای اختلاف عقیده
Uneinigkeit, die; -, -en	عدم اتحاد، نفاق، مخالفت، ناسازگاری، اختلاف عقیده
uneinnehmbar *Adj.*	غیرقابل نفوذ، تسخیرنشدنی
uneins *Adj.*	مخالف، ناسازگار، ناموافق
unempfänglich *Adj.*	نامستعد، بی‌عاطفه، تأثیرناپذیر، غیر حساس، آسیب‌ناپذیر
unempfindlich *Adj.*	بی‌حس، بی‌عاطفه، غیرمحسوس، بی‌روح
Unempfindlichkeit, die; -	بی‌حسی، بی‌عاطفگی، بی‌احساسی
unendlich *Adj., Adv.*	۱. بی‌کران، نامحدود، بی‌انتها، بی‌شمار، بی‌اندازه، بی‌پایان ۲. (ریاضی) بی‌نهایت ۳. بسیار، خیلی
Unendlichkeit, die; -, -en	نامحدودی، بی‌نهایت، ابدیت
unenglisch *Adj.*	ترجمه شده به زبانی غیر از انگلیسی
unentbehrlich *Adj.*	لازم، ضروری، واجب، حتمی، چاره‌ناپذیر، ناگزیر
Unentbehrlichkeit, die; -	لزوم، ضرورت، ناگزیری، چاره‌ناپذیری
unentdeckt *Adj.*	کشف نشده
unentgeltlich *Adj.*	۱. رایگان، مفت، مجانی، بدون پاداش، بلاعوض ۲. مجاناً
unenthaltsam *Adj.*	افراطی، زیاده‌رو، بی‌اعتدال
Unenthaltsamkeit, die; -	افراط، زیاده‌روی، بی‌اعتدالی

unentrinnbar *Adj.*	گریزناپذیر، چاره‌ناپذیر، غیرقابل اجتناب، مسلم، حتمی
unentschieden *Adj.*	۱. نامشخص، دودل، مردد، بی‌تصمیم؛ مشکوک، نامعلوم ۲. [مسابقه] بی‌نتیجه، مساوی
	Das Spiel endete unentschieden. بازی با نتیجهٔ مساوی پایان یافت.
Unentschieden, *das;* –	بازی مساوی، نتیجهٔ مساوی
Unentschiedenheit, *die;* –	دودلی، تردید، بی‌عزمی، عدم تصمیم
unentschlossen *Adj.*	دودل، مردد، بی‌تصمیم؛ مشکوک، نامعلوم
Unentschlossenheit, *die;* –, *-en*	دودلی، تردید، بی‌عزمی، عدم تصمیم
unentschuldbar *Adj.*	عذرناپذیر، بدون بهانه، نبخشیدنی، غیر معذور
unentwegt *Adj., Adv.*	۱. ثابت قدم، پایدار، استوار، پابرجا، قوی، بی‌باک ۲. پیوسته، همیشه، دائماً، مداوم ۳. خستگی‌ناپذیر
Unentwegte, *der;* –*n*, *-n*	۱. جان سخت، پراستقامت ۲. محافظه‌کار، مخالف تغییر
Unentwegtheit, *die;* –, *-en*	ثبات، استواری
unentwickelt *Adj.*	کم‌پیشرفته، رشد کافی نیافته، عقب‌افتاده، تکامل نیافته
unentwirrbar *Adj.*	نگشودنی، بازنکردنی، لاینحل
unerachtet *Präp.*	بدون توجه به
unerbittlich *Adj.*	نرم‌نشدنی، پابرجا، استوار، تسلیم‌نشدنی، سخت
Unerbittlichkeit, *die;* –	سختی، پابرجایی، استواری
unerfahren *Adj.*	ناآزموده، بی‌تجربه، خام، نایخته، ناشی، نامجرب
unerfindlich *Adj.*	معماگونه، ناواضح، غیرقابل فهم
unerforschlich *Adj.*	غیرقابل کشف، غیرقابل درک، پوشیده، مبهم
unerforscht *Adj.*	کاوش نشده، کشف نشده، پژوهش نشده، تحقیق نشده
unerfreulich *Adj.*	نامطبوع، ناگوار، ناخوشایند، ناپسند
unerfüllbar *Adj.*	عملی‌نشدنی، انجام‌نشدنی، اجرا‌ناپذیر، تحقق‌ناپذیر
unerfüllt *Adj.*	انجام نشده، برآورده نشده
unergiebig *Adj.*	بی‌حاصل، بی ثمر
unergründlich *Adj.*	غیرقابل توضیح، غیرقابل فهم
unerheblich *Adj.*	کم‌اهمیت، اندک، ناچیز، جزئی، غیرقابل ملاحظه
Unerheblichkeit, *die;* –	بی‌فکری، بی‌پروایی، بی‌احتیاطی
unerhört *Adj., Adv.*	۱. بی‌نتیجه، پذیرفته نشده ۲. باور نکردنی ۳. عصبانی‌کننده ۴. فوق‌العاده، عظیم
	Die Bitte blieb unerhört. به این تقاضا ترتیب اثر داده نشد.
unerkannt *Adj.*	شناخته نشده، ناشناس، ناشناخته
unerkennbar *Adj.*	شناخته‌نشدنی، نامشخص
unerklärbar *Adj.*	غیرقابل توضیح، گنگ
unerklärlich *Adj.*	غیرقابل توضیح
unerläßlich *Adj.*	واجب، حتمی، ضروری
unerlaubt *Adj.*	بدون اجازه، غیرمجاز، سرخود، ممنوع
unerledigt *Adj.*	تسویه‌نشده، مختل، مغشوش، انجام‌نشده
unerlöst *Adj.*	انجام‌نشده، از گرو درنیامده
unermeßlich *Adj., Adv.*	۱. بی‌قیاس، نامحدود، بی‌کران، پهناور ۲. فوق‌العاده، زیاد
Unermeßlichkeit, *die;* –	پهناوری، وسعت، نامحدودی، عظمت، بزرگی
unermüdlich *Adj.*	خستگی‌ناپذیر، پایدار، ماندنی، مُصر در کار، با پشتکار، کوشا
Unermüdlichkeit, *die;* –	خستگی‌ناپذیری، پایداری
unernst *Adj.*	غیرجدی، سبک‌سر
Unernst, *der;* –*(e)s*	رفتار غیرجدی
unerörtert *Adj.*	بحث نشده، طرح نشده
unerprobt *Adj.*	ناآزموده، امتحان نشده، آزمایش نشده
unerquicklich *Adj.*	نامطبوع، ناگوار، ناخوشایند
unerreichbar *Adj.*	نائل‌نشدنی، دور از دسترس، غیرقابل وصول، غیرقابل دسترسی، دست‌نیافتنی
unerreicht *Adj.*	دسترسی نیافته، به‌دست نیامده
unersättlich *Adj.*	۱. سیری‌ناپذیر، ارضا نشدنی، تسکین‌ناپذیر ۲. بی‌اندازه زیاد
Unersättlichkeit, *die;* –	سیری‌ناپذیری، تسکین‌ناپذیری
unerschlossen *Adj.*	توسعه نیافته، پیشرفت نکرده
unerschöpflich *Adj.*	پایان‌ناپذیر، تمام‌نشدنی، فوق‌العاده زیاد
unerschrocken *Adj.*	شجاع، بی‌باک، دلیر، متهور، شجاعانه
Unerschrockenheit, *die;* –	شجاعت، بی‌باکی، دلیری، تهور
unerschütterlich *Adj.*	مانع، تزلزل‌ناپذیر؛ آرام، خونسرد

unerschwinglich *Adj., Adv.*	۱. غیرقابل حصول، واصل‌نشدنی ۲. گزاف، خیلی زیاد، بیش از حد
unersetzbar *Adj.*	غیرقابل جبران، غیرقابل تعویض
unersetzlich *Adj.*	غیرقابل تعویض، غیرقابل جبران
unersprießlich *Adj.*	۱. بیهوده، غیر مفید، بی‌فایده ۲. بی‌سود، غیر انتفاعی
unerträglich *Adj.*	غیرقابل تحمل، تحمل‌ناپذیر، دشوار، سخت، طاقت‌فرسا
unerwähnt *Adj.*	نگفتنی، ذکر نشده، غیرقابل ذکر
unerwartet *Adj.*	غیرمنتظره، غیرمترقبه، ناآگاه، سرزده، ناگهانی
unerweislich *Adj.*	غیرقابل اثبات، غیرقابل شرح، اثبات‌ناپذیر
unerwidert *Adj.*	بی‌جواب، بدون پاسخ
unerwünscht *Adj.*	ناخواسته، نامطلوب
unerzogen *Adj.*	تربیت نشده، بی‌ادب
UNESCO, *die;* -	سازمان یونسکو
unfähig *Adj.*	۱. ناتوان، عاجز، از کار افتاده ۲. نالایق، بی‌لیاقت، بی‌عرضه، بی‌استعداد، بی‌قابلیت
Unfähigkeit, *die;* -	۱. ناتوانی، عجز، درماندگی ۲. بی‌لیاقتی، نالایقی، ناشایستگی
unfahrplanmäßig *Adj., Adv.*	نامنظم، نامرتب، مخالف برنامه
unfair *Adj.*	غیرشرافتمندانه، ناجوانمردانه، غیرعادلانه، غیرمنصفانه
Unfall, *der;* -(e)s, ¨-e	حادثه، سانحه، مصیبت ناگهانی، عارضه، آفت؛ تصادم اتومبیل
einen Unfall haben	تصادم کردن
ein schwerer Unfall	یک تصادم سنگین
bei einem Unfall	در یک سانحه
Unfallarzt, *der;* -es, ¨-e	پزشک سوانح و تصادمات
Unfallbeteiligte, *der/die;* -n, -n	تصادم‌کننده
Unfallchirurgie, *die;* -, -n	جراحی تصادمات اتومبیل
Unfallentschädigung, *die;* -, -en	جبران خسارت تصادم
Unfallflucht, *die;* -, -en	فرار بعد از تصادم، فرار از محل تصادم
unfallfrei *Adj.*	[اتومبیل] بدون تصادم
Unfallgefahr, *die;* -, -en	خطر تصادم (اتومبیل)
Unfallkommando, *das;* -s, -s	آمبولانس؛ گروه کمک‌های اولیه
Unfallquote, *die;* -, -n	آمار تصادمات
Unfallstation, *die;* -, -en	مرکز کمک‌های اولیه
Unfallstelle, *die;* -, -n	محل تصادم
Unfalltod, *der;* -(e)s, -e	مرگ بر اثر تصادم
Unfallverhütung, *die;* -, -en	پیشگیری از سانحه، پیشگیری از تصادم اتومبیل
Unfallversicherung, *die;* -, -en	بیمهٔ تصادم (اتومبیل)، بیمهٔ سوانح
Unfallwagen, *der;* -s, -	۱. آمبولانس ۲. اتومبیل خسارت‌دیده
unfaßbar *Adj.*	نامفهوم، دور از فهم، غیرقابل ادراک، تصورناپذیر
unfehlbar *Adj., Adv.*	۱. لغزش‌ناپذیر، مصون از خطا، منزه از گناه ۲. تمام‌نشدنی، پایدار ۳. ناچار، ناگزیر، حتمی ۴. حتماً، قطعاً
Unfehlbarkeit, *die;* -	۱. لغزش‌ناپذیری، مصونیت از خطا ۲. قطعیت
unfein *Adj.*	خشن، بی‌ادب، بی‌تربیت، بی‌ظرافت
unfern *Präp.*	نزدیکِ، نزدیک به
unfern des Dorfes	نزدیکِ ده
unfertig *Adj.*	ناتمام، ناقص، آماده نشده، تمام نشده
Unflat, *der;* -(e)s	چرک، کثافت، پلیدی، آلودگی
unflätig *Adj.*	بی‌ادبانه، خارج از نزاکت
unfolgsam *Adj.*	نافرمان، سرکش، حرف‌نشنو، متمرد
Unfolgsamkeit, *die;* -	نافرمانی، سرکشی، تمرد، حرف‌نشنوی
unförmig *Adj.*	۱. بدشکل، خارج از شکل طبیعی ۲. تغییر شکل یافته
Unförmigkeit, *die;* -	بی‌شکلی
unförmlich *Adj.*	غیررسمی، خصوصی، خودمانی، بی‌تکلف، بی‌تشریفات
unfrankiert *Adj.*	تمبرنزده، بدون تمبر
unfrei *Adj.*	۱. غیرآزاد، دربند، گرفتار، آزادنشده ۲. از خود راضی، خودنما، خودآگاه
Unfreiheit, *die;* -	بندگی، بردگی، اسارت؛ اجبار، الزام
unfreiwillig *Adj.*	۱. بی‌اختیار، غیرارادی، غیرعمدی، بدون اراده ۲. بدون فکر، زورکی، اجباری
unfreundlich *Adj.*	۱. غیردوستانه، نامهربان، خصمانه ۲. [هوا] نامساعد، شدید، طوفانی
Unfreundlichkeit, *die;* -, -en	۱. رفتار غیردوستانه، نامهربانی ۲. سختی، شدت، بی‌اعتدالی (هوا)
Unfriede, *der;* -ns	ناسازگاری، اختلاف، دعوا، نزاع، نفاق، مشاجره
Unfrieden, *der;* -s, -	ناسازگاری، اختلاف، دعوا، نزاع، نفاق، مشاجره

unfruchtbar *Adj.* ۱. نازا، عقیم ۲. [زمین] بی‌ثمر، بی‌حاصل، لم‌یزرع ۳. بی‌فایده، بی‌نتیجه

Unfruchtbarkeit, die; - ۱. نازایی، عقیمی ۲. بی‌حاصلی، بی‌ثمری ۳. بی‌فایدگی

Unfug, der; -(e)s ۱. کار زشت، عمل بد ۲. حرف احمقانه، مزخرف، چرت و پرت

unfügsam *Adj.* خودسر، لجوج، خیره‌سر، متمرد، ستیزه‌جو

unfühlbar *Adj.* لمس‌ناپذیر، غیرقابل لمس، غیرمحسوس

ungangbar *Adj.* گذرنکردنی، غیرقابل عبور، صعب‌العبور

Ungar, der; -n, -n مجار، مجارستانی

Ungarin, die; -, -nen مجار، مجارستانی (زن)

ungarisch *Adj.* مجارستانی، مجاری

Ungarn, das مجارستان

ungastlich *Adj.* درِ خانه بسته، نامهربان

ungeachtet *Präp., Konj.* ۱. بدون توجه به ۲. با، با همه، باوجود، با این همه

ungeahndet *Adj.* کیفر داده نشده، مجازات نشده، بی‌کیفر

ungeahnt *Adj.* غیرمنتظره، بیش از حد انتظار، غیرمترقبه، بدون فکر قبلی، نیاندیشیده

ungebahnt *Adj.* شکست‌نخورده، مغلوب نشده

ungebärdig *Adj.* سرکش، متمرد، وحشی، یاغی، رام‌نشده، افسارگسیخته

ungebeten *Adj.* ناخوانده، دعوت نشده؛ نطلبیده، ناخواسته؛ غیرمنتظره

ungebetene Gäste مهمانان ناخوانده

ungebildet *Adj.* ۱. تحصیل‌نکرده، بی‌سواد ۲. بی‌تمدن؛ بی‌تربیت؛ بی‌فرهنگ

ungeboren *Adj.* متولد نشده، زاده نشده

ungebräuchlich *Adj.* غیرمعمول، غیرمتداول، غریب، مخالف عادت، غیرمرسوم

ungebracht *Adj.* به‌کار نبرده، استعمال نشده، مصرف نشده

ungebrochen *Adj.* استوار، پایدار

Ungebühr, die; - ناشایستگی، کار زشت، کار ناشایسته

ungebührlich *Adj.* ۱. نامناسب، ناهنجار، بی‌نزاکت، ناشایست ۲. بی‌خود، بی‌جهت؛ ناحق، ناروا

Ungebührlichkeit, die; -, -en ناشایستگی، کار زشت، کار ناشایسته

ungebunden *Adj.* ۱. مقید نشده، غیرمقید، آزاد، مطلق، نامحدود ۲. صحافی‌نشده ۳. مجرد، ازدواج نکرده

Ungebundenheit, die; - آزادی، استقلال

ungedeckt *Adj.* ۱. [چک] تضمین نشده، بدون محل، بدون اعتبار ۲. بدون حجاب، سرباز، بدون روپوش ۳. [خانه] بدون سقف

ungedruckt *Adj.* چاپ نشده

Ungeduld, die; - ناشکیبایی، بی‌صبری، بی‌حوصلگی، بی‌طاقتی، بی‌تابی

ungeduldig *Adj.* ناشکیبا، بی‌صبر، بی‌حوصله، بی‌طاقت، بی‌تاب، با بی‌صبری، بی‌صبرانه

ungeeignet *Adj.* ناجور، نامناسب، ناموافق

ungefähr *Adj., Adv.* ۱. تقریبی، اجمالی ۲. تقریباً

ungefähr eine Woche تقریباً یک هفته

ungefährdet *Adj.* ایمن، سالم، بی‌خطر، امن، محفوظ

ungefährlich *Adj.* بی‌خطر، بی‌ضرر، مطمئن، ایمن

ungefällig *Adj.* نامهربان، بی‌مهر، بی‌محبت، بی‌عاطفه

Ungefälligkeit, die; -, -en نامهربانی، بی‌مهری، بی‌محبتی، بی‌عاطفگی

ungefärbt *Adj.* غیرفانی، پایدار، فناناپذیر، ابدی

ungefragt *Adj.* سؤال نشده، پرسیده نشده، مطالبه نشده، خواسته نشده

ungefrühstückt *Adj.* صبحانه نخورده

ungefüge *Adj.* سنگین، گنده، بدهیکل، بدقواره

ungefügig *Adj.* سرکش، گردنکش، سخت

ungegerbt *Adj.* دباغی نشده

ungegessen *Adj.* غذا نخورده

ungehalten *Adj.* عصبانی، آزرده، رنجیده‌خاطر، رنجور

Ungehaltenheit, die; - رنجش، آزردگی، اذیت، آزار

ungeheilt *Adj.* شفا نیافته، معالجه نشده، بهبودی نیافته

ungeheißen *Adj.* ناخوانده، دعوت نشده

ungeheizt *Adj.* سرد، گرم نشده

ungehemmt *Adj.* ۱. آزادانه، بدون ممانعت، بدون جلوگیری ۲. با بی‌پروایی

ungeheuchelt *Adj.* غیرواقعی، غیرحقیقی

ungeheuer *Adj., Adv.* ۱. عظیم، بی‌کران، پهناور، وسیع ۲. خیلی زیاد، بسیار

Ungeheuer, das; -s, - عفریت، هیولا

ungeheuerlich *Adj.* عصبانی‌کننده، خشم‌برانگیز

Ungeheuerlichkeit, die; -, -en عصبانیت، خشم

ungehindert *Adj.* بی‌مانع، بدون ممانعت

ungehobelt *Adj.* ۱. بی‌ادب، بی‌تربیت، خشن ۲. [چوب] رنده نشده

ungehörig

ungehörig *Adj.*	ناروا، بی‌مورد، نامناسب، ناشایسته، نادرست
Ungehörigkeit, die; -, -en	نادرستی، کار ناشایست، سخن نامناسب
ungehorsam *Adj.*	نافرمان، سرکش، گردنکش، متمرد، غیرمطیع، حرف‌نشنو
Ungehorsam, der; -(e)s	نافرمانی، عدم اطاعت، سرکشی، سرپیچی
ungehört *Adj.*	نشنیده، ناشنیده، به گوش نخورده، غیرمسموع
ungekämmt *Adj.*	[مو] شانه نشده
ungeklärt *Adj.*	درهم و برهم، آشفته، مختل، ناروشن، نامعلوم
ungekocht *Adj.*	نجوشیده
ungekünstelt *Adj.*	بی‌پیرایه، ساده، طبیعی، بی‌تکلف
ungekürzt *Adj.*	مشروح، مختصر نشده، خلاصه نشده، کامل
ungeladen *Adj.*	۱. ناخوانده، دعوت نشده، نطلبیده، طفیلی ۲. [اسلحه] پر نشده
ungelegen *Adj.*	نابه‌هنگام، بی‌جا، بی‌موقع، نامناسب، بی‌مورد
Ungelegenheit, die; -, -en	آزار؛ زحمت؛ ناراحتی، دردسر، مزاحمت، ناجوری، نامناسبی
ungelehrig *Adj.*	تعلیم‌ناپذیر، غیرقابل آموزش
ungelehrt *Adj.*	بی‌سواد، نادان، عامی، درس‌نخوانده
ungelenk *Adj.*	ناآزموده، غیراستادانه، خام‌دست، سرهم‌بند، ناشی
ungelernt *Adj.*	غیرماهر، بی‌تخصص، ساده، بدون مهارت، آموزش ندیده
ungelernter Arbeiter	کارگر غیر متخصص
ungelesen *Adj.*	نخوانده، خوانده نشده
ungelogen *Adv.*	بی‌اغراق، بدون دروغ
ungelöscht *Adj.*	فروکش نکرده، کاهش نیافته، تخفیف نیافته
Ungemach, das; -(e)s	سختی، مشقت، آزار، زحمت
ungemein *Adj., Adv.*	۱. غیرعادی، غیرمتداول، غیرمعمول؛ فوق‌العاده ۲. بسیار بزرگ، شدید، خیلی
ungemischt *Adj.*	یکدست، خالص
ungemütlich *Adj.*	۱. ناراحت، دشوار؛ [هوا] نامطبوع، نامساعد ۲. ناراحت‌کننده، غیردوستانه
ungenannt *Adj.*	بی‌نام، بدون ذکر نام، بدون اسم، مجهول‌الهویه
ungenau *Adj.*	نادرست، ناصحیح؛ غیردقیق، تقریبی
Ungenauigkeit, die; -, -en	نادرستی، عدم صحت، اشتباه
ungeniert *Adj.*	۱. با پررویی، بدون خجالت ۲. دور از آداب اجتماعی
Ungeniertheit, die; -, -en	سهل‌انگاری، بی‌قیدی، سستی، اهمال
ungenießbar *Adj.*	۱. ناخوشایند، نامطبوع، ناپسند ۲. بدمزه، غیرقابل خوردن، غیرقابل نوشیدن ۳. بداخلاق، ترشرو ۴. غیرقابل تحمل
ungenügend *Adj.*	ناکافی، کم
ungenügsam *Adj.*	سیری‌ناپذیر، سیرنشدنی، تسکین‌ناپذیر، قانع‌نشدنی
Ungenügsamkeit, die; -	سیری‌ناپذیری، تسکین‌ناپذیری، اقناع نشدن
ungenutzt *Adj.*	بلااستفاده، به کار نبرده، استفاده نشده
ungenützt *Adj.*	به کار نبرده، استفاده نشده، بلااستفاده
ungeordnet *Adj.*	نامنظم، آشفته، درهم و برهم، مختل
ungepflegt *Adj.*	نامرتب، ژولیده، درهم
ungerade *Adj.*	[عدد] تک، تاق، فرد
ungeraten *Adj.*	۱. ضایع، فاسد ۲. [کودک] لوس، بی‌ادب، بی‌تربیت
ungerechnet *Adj.*	به‌حساب نیامده، به غیر از مبلغ
ungerecht *Adj.*	غیرعادلانه، ناحق، غیرمنصفانه، ناروا، ناصحیح
ungerechtfertigt *Adj.*	اثبات‌نشده، به اثبات نرسیده، غیرمحق
Ungerechtfertigkeit, die; -, -en	بی‌عدالتی، بی‌انصافی، ناحقی، ظلم، ستم
Ungerechtigkeit, die; -, -en	ناحقی، بی‌عدالتی
ungeregelt *Adj.*	بی‌قاعده
ungereimt *Adj.*	۱. غیرمنظوم، بی‌قافیه ۲. بی‌معنی، مزخرف، پوچ، ناپسند
Ungereimtheit, die; -, -en	بیهودگی، حرف بی‌معنی، سخن ناپسند
ungern *Adv.*	از روی بی‌میلی، برخلاف میل، با اکراه، بی‌رغبت
ungeröstet *Adj.*	کباب نشده، بریان نشده
ungerührt *Adj.*	تحت تأثیر قرار نگرفته، خونسرد، بی‌تفاوت
ungesagt *Adj.*	ناگفته، نگفتنی
ungesalzen *Adj.*	بی‌نمک
ungesattelt *Adj.*	[اسب] بدون زین و برگ
ungesättigt *Adj.*	۱. سیر نشده، گرسنه ۲. (شیمی) اشباع نشده

Ungezogenheit

ungesäuert *Adj.*	[نان] ورنیامده، فطیر
ungesäumt *Adj., Adv.*	۱. یکپارچه، بدون درز ۲. فوری، آنی، سریع، بی‌معطلی
ungeschält *Adj.*	پوست نشده، با پوست
ungeschehen *Adj.*	ناکرده، ناتمام، انجام نشده
ungescheut *Adj.*	بدون خجالت، بدون شرم و حیا
ungeschichtlich *Adj.*	غیر تاریخی، فاقد ارزش تاریخی
Ungeschick, das; -(e)s	خام‌دستی، ناآزمودگی، بی‌مهارتی، ناشیگری؛ بی‌عرضگی
Ungeschicklichkeit, die; -, -en	خام‌دستی، ناآزمودگی، بی‌مهارتی، ناشیگری؛ بی‌عرضگی
ungeschickt *Adj.*	بی‌عرضه، بی‌دست و پا، خام‌دست، سرهم‌بند، ناشی، تازه‌کار، ناآزموده
ungeschlacht *Adj.*	خشن؛ درشت، گنده، بزرگ، حجیم، زمخت
ungeschlagen *Adj.*	شکست نخورده، مغلوب نشده
ungeschlechtig *Adj.*	بدون خاصیت جنسی، فاقد عمل جنسی، غیر جنسی
ungeschlechtlich *Adj.*	بدون خاصیت جنسی، فاقد عمل جنسی، غیر جنسی
ungeschliffen *Adj.*	۱. [الماس] پرداخت نشده، تراشیده نشده، بریده نشده، صیقل نیافته ۲. بی‌ادب، بی‌تربیت
Ungeschmack, der; -s, -	بیمزگی
ungeschmälert *Adj.*	کاهش‌ناپذیر، تقلیل نیافته، کوتاه نشده
ungeschminkt *Adj.*	بدون آرایش، بی‌رنگ، ساده
ungeschoren *Adj.*	بی‌آزار، بی‌تعرض
ungeschrieben *Adj.*	نوشته نشده، تحریر نشده
ungeschult *Adj.*	مدرسه نرفته، تعلیم نگرفته، کارآموزی نکرده، آموزش نیافته
ungeschützt *Adj.*	غیرمحفوظ
ungeschwächt *Adj.*	بدون سستی و ضعف
ungesehen *Adj.*	نادیده
ungesellig *Adj.*	۱. غیراجتماعی، گوشه‌گیر، مردم‌گریز، غیرمعاشرتی ۲. [حیوان] تک‌زیست
ungesetzlich *Adj.*	غیرقانونی، غیرمجاز، نامشروع، مخالف قانون
Ungesetzlichkeit, die; -, -en	بی‌قانونی، کار خلاف قانون، کار نامشروع
ungesittet *Adj.*	بی‌تمدن، بی‌ادب، خشن
ungestalt(et) *Adj.*	ناقص‌الخلقه، هیولا، بدشکل، مهیب
ungestempelt *Adj.*	مهرنشده
ungestillt *Adj.*	۱. [درد] تسکین نیافته، ساکت نشده ۲. [گرسنگی] رفع‌نشده
ungestört *Adj.*	۱. آسوده، آرام، راحت، بی‌اضطراب ۲. با آرامش خاطر، با خیال راحت
ungestraft *Adj.*	بدون مجازات، معاف از مجازات، بدون کیفر
ungestüm *Adj.*	تهورآمیز، بی‌پروا، تند، شدید
Ungestüm, das; -(e)s	تهور، بی‌پروایی، تندی، حرارت، شدت
ungesucht *Adj.*	مطالعه نشده، بررسی نشده، کوشش نشده
ungesund *Adj.*	ناخوش، ناسالم، نادرست، مضر
ungetan *Adj.*	ناکرده، ناتمام، انجام نشده
ungeteilt *Adj.*	تقسیم نشده، کامل
ungetrübt *Adj.*	صاف، ناآلوده، بی‌ابر
Ungetüm, das; -(e)s, -e	هیولا، عفریت
ungeübt *Adj.*	کارآموزی نشده، تربیت نشده، تعلیم نیافته، دوره آموزشی ندیده، بی‌تمرین
ungewandt *Adj.*	بی‌تجربه، بی‌مهارت، غیرماهر، ساده، خام‌دست، ناشی
ungewaschen *Adj.*	نشسته، شسته نشده، کثیف
ungewiß *Adj.*	نامعلوم، مشکوک، نامشخص، نامطمئن، مبهم
Ungewißheit, die; -, -en	نامعلومی، شک، تردید، ابهام، شبهه
Ungewitter, das; -s, -	طوفان؛ رعد و برق
ungewöhnlich *Adj., Adv.*	۱. غیرعادی، غیرمعمول، غریب، عجیب ۲. خارق‌العاده، فوق‌العاده ۳. بسیار، خیلی
ungewohnt *Adj.*	۱. عادت نکرده، خو نگرفته ۲. غیرمتداول، غیرمعقول
Ungewohntheit, die; -, -en	غرابت، بیگانگی
ungewollt *Adj.*	غیرعمدی، غیرارادی، بدون قصد، بدون اراده، ناخواسته
ungezählt *Adj., Adv.*	۱. بی‌شمار، بی‌حساب، فراوان، ناشمردنی، غیرقابل شمارش ۲. نشمرده، بدون شمارش
ungezähmt *Adj.*	غیراهلی، وحشی، رام‌نشده، سرکش
Ungeziefer, das; -s, -	۱. حشرۀ موذی ۲. جانور موذی ۳. آدم پست و موذی
ungeziemend *Adj.*	ناشایست، نامناسب، نادرست
ungezogen *Adj.*	بی‌تربیت، بی‌ادب، گستاخ، خشن؛ پررو
Ungezogenheit, die; -, -en	بی‌تربیتی، بی‌ادبی، گستاخی؛ خشونت

ungezügelt 846

ungezügelt *Adj.* خودسر، ول، لجام گسیخته، افسار گسیخته، بی‌بند و بار
ungezwungen *Adj.* بی‌پیرایه، ساده، بی‌تکلف، بدون اجبار، خودمانی
Ungezwungenheit, die; - آسانی، سادگی، سهولت، بی‌پیرایگی، بی‌تکلفی
ungiftig *Adj.* غیرسمّی
Unglaube, der; -ns بی‌اعتقادی، بی‌ایمانی
unglaubhaft *Adj.* غیرقابل باور، باورنکردنی
ungläubig *Adj.* ۱. کافر، بی‌دین، بی‌ایمان، بی‌اعتقاد، لامذهب ۲. ناباور، ناباورانه
Ungläubige, der/die; -n, -n کافر، بی‌دین، بی‌ایمان
Ungläubigkeit, die; - بی‌دینی، بی‌ایمانی، بی‌اعتقادی
unglaublich *Adj.* ۱. باورنکردنی، غیرقابل قبول، نپذیرفتنی ۲. خیلی زیاد
unglaubwürdig *Adj.* ۱. باورنکردنی، غیرقابل قبول، نپذیرفتنی ۲. غیرقابل اعتماد
ungleich *Adj., Adv.* ۱. نابرابر، نامساوی، غیرمتعادل؛ مختلف ۲. [عدد] تاق، تک، فرد ۳. بسیار زیاد
ungleichartig *Adj.* مختلف، متعدد، گوناگون، متغیر، نامشابه، نامتجانس
Ungleichflügel, der; -s, - ساس
ungleichförmig *Adj.* نابرابر، نامساوی، غیرمتعادل؛ مختلف
Ungleichheit, die; -, -en نابرابری، عدم تساوی، عدم تناسب؛ اختلاف
ungleichmäßig *Adj.* غیرمتجانس، غیرمتقارن، بی‌تناسب؛ نامرتب، نامنظم
Unglimpf, der; -(e)s ۱. خشونت، شدت عمل ۲. توهین، فحش، بی‌احترامی
unglimpflich *Adj.* خشن، تند، زننده، نامطلوب
Unglück, das; -(e)s, -e ۱. بدبختی، بیچارگی، مصیبت، فاجعه، بلا، حادثه ۲. بدبیاری، بدشانسی
unglücklich *Adj.* ۱. بدبخت، بیچاره، تیره‌بخت، سیه‌روز ۲. نامساعد، شوم، بد
unglücklicherweise *Adv.* بدبختانه، متأسفانه، از بدشانسی
Unglücksbotschaft, die; -, -en خبر ناگوار، پیام بد
Unglücksbringer, der; -s, - شخص بدقدم؛ آدم بدبیار
unglückselig *Adj.* ۱. بدبخت، بیچاره، غمگین، مغبون، تیره‌بخت، سیه‌روز ۲. شوم، نامساعد
Unglücksfall, der; -(e)s, ⸚e رویداد ناگوار، حادثه، مصیبت ناگهانی، سانحه
Unglücksgefährte, der; -n, -n ستم‌دیده، رنجور، محنت‌زده
Unglücksmensch, der; -en, -en ۱. آدم بدبیار ۲. شخص بدقدم
Unglücksrabe, der; -n, -n ۱. آدم بدبیار ۲. شخص بدقدم
Unglückstag, der; -(e)s, -e روز سیاه، روز شوم
Unglücksvogel, der; -s, ⸚ ۱. آدم بدبیار ۲. شخص بدقدم
Unglückszahl, die; -, -en عدد نحس
Ungnade, die; - رسوایی، خفت، ننگ، سیه‌رویی
ungnädig *Adj.* ۱. نامهربان، بی‌عاطفه، بی‌مهر، غیرصمیمی ۲. عصبانی، خشمگین
ungrade *Adj.* [عدد] طاق، تک، فرد
ungültig *Adj.* بی‌اعتبار، نامعتبر، پوچ، باطل، بی‌ارزش
Ungültigkeit, die; - بی‌اعتباری، پوچی، بی‌اثری، بطلان
Ungunst, die; - وضع نامساعد
ungünstig *Adj.* نامناسب، نامساعد، نامطلوب، ناجور
ungut *Adj.* ۱. بد، زشت؛ نامساعد؛ مضر، زیان‌آور ۲. ناخوشایند، نامطلوب
Nichts für ungut! به دل نگیرید!
unhaltbar *Adj.* ۱. غیرقابل نگهداری، غیرقابل دوام، بی‌ثبات، نااستوار ۲. (فوتبال) غیرقابل دفاع ۳. غیرمعتبر، از درجهٔ اعتبار ساقط شده
Unhaltbarkeit, die; - بدون مقاومت، بی‌دوام، بی‌استحکام
unhandlich *Adj.* (به‌خاطر وزن، سایز یا شکل چیزی) غیرقابل نگهداری در دست، غیرعملی
unharmonisch *Adj.* ناموزون، ناهماهنگ، بدون هماهنگی
Unheil, das; -(e)s بلا، فلاکت، بدبختی، مصیبت، فاجعه، حادثهٔ بد
unheilbar *Adj.* [بیماری] علاج‌ناپذیر، بی‌درمان، شفاناپذیر، غیرقابل علاج
unheilbringend *Adj.* بدیمن، بدشگون، شوم
Unheilstifter, der; -s, - دوبه‌هم‌زن
Unheilstifterin, die; -, -nen دوبه‌هم‌زن (زن)
unheilverkündend *Adj.* بدیمن، بدشگون، بدفرجام، شوم
unheilvoll *Adj.* شوم، فلاکت‌بار، فاجعه‌آمیز
unheimlich *Adj., Adv.* ۱. غیرطبیعی، غریب، خارق‌العاده ۲. ترسناک، مخوف، هولناک، هراس‌انگیز، موحش ۳. بسیار بزرگ، شدید

unhöflich *Adj.* بی‌ادب، بی‌تربیت، بی‌نزاکت
Unhöflichkeit, die; -, -en بی‌ادبی، بی‌تربیتی، بی‌نزاکتی
unhold *Adj.* بدنیت، بدخواه، نامهربان
Unhold, der; -(e)s, -e عفریت، هیولا، حیوان صفت
unhörbar *Adj.* غیرمسموع، غیرقابل شنیدن، ناشنیدنی، بی‌صدا
unhygienisch *Adj.* غیربهداشتی
uni *Adj.* یکرنگ
Uni = *Universität*, die, -, -s دانشگاه
unifizieren *Vt.* متحد کردن، یکپارچه کردن، یکی کردن
Unifizierung, die; -, -en یکی‌سازی، متحدسازی
Uniform, die; -, -en یونیفورم، لباس متحدالشکل
uniform *Adj.* یک شکل، متحدالشکل
uniformieren *Vt.* به (کسی) لباس متحدالشکل پوشاندن
uniformiert *Adj.* یک شکل، متحدالشکل
Uniformität, die; - یک شکلی، متحدالشکلی، یکسانی، یکنواختی
Unikum, das; -s, -s/-ka ۱. شیءِ منحصر به فرد ۲. آدم بذله‌گو ۳. کتابی که فقط یک بار چاپ شده
uninteressant *Adj.* بی‌اهمیت، مبتذل، غیرجالب
uninteressiert *Adj.* بی‌علاقه، بدون توجه، لاقید، سهل‌انگار
Uninteressiertheit, die; - بی‌علاقگی، بی‌توجهی، لاقیدی، سهل‌انگاری
Union, die; -, -en ۱. اتحاد، یگانگی، وحدت ۲. اتحادیه، حزب
Unionist, der; -en, -en عضو حزب، عضو اتحادیه
unipolar *Adj.* یک‌قطبی، دارای یک قطب، هم‌قطب
unirdisch *Adj.* غیرزمینی، آسمانی
unisono *Adv.* یک‌صدا، هم‌آوا، هماهنگ، هم‌صدا
universal *Adj.* ۱. عمومی، کلی، همگانی، جامع ۲. جهانی، کیهانی
Universalerbe, der; -n, -n تنها وارث، وارث جامع
Universalerbin, die; -, -nen تنها وارث، وارث جامع (زن)
Universalgenie, das; -s, -s صاحب هوش و قریحهٔ فوق‌العاده، نابغهٔ جهانی
Universalmittel, das; -s, - نوشدارو، داروی تمام امراض
Universalmotor, der; -s, -en موتور اصلی
Universalschraubenschlüssel, der; -s, - آچار فرانسه
Universalwerkzeug, das; -(e)s, -e ابزار کلی کار
universell *Adj.* عمومی، کلی، همگانی، جامع
Universität, die; -, -en دانشگاه
Universitätsbibliothek, die; -, -en کتابخانهٔ دانشگاه
Universitätsprofessor, der; -s, -en استاد دانشگاه
Universitätsstudium, das; -s, -dien تحصیلات دانشگاهی
Universitätszeit, die; -, -en دورهٔ دانشگاه
Universum, das; -s, - عالم، گیتی، جهان، کیهان، کائنات
Unke, die; -, -n ۱. (نوعی) قورباغه ۲. پیشگیری حوادث شوم
unken *Vi.* ۱. مثل قورباغه صدا کردن ۲. حوادث شوم را پیشگویی کردن
unkenntlich *Adj.* غیرقابل شناسایی، غیرقابل تشخیص
Unkenntlichkeit, die; - عدم شناسایی
Unkenntnis, die; - جهل، بی‌خبری، ناآگاهی، عدم آگاهی
unkeusch *Adj.* بی‌عفت، آلوده دامن
Unkeuschheit, die; - بی‌عفتی، آلودگی دامن
unkindlich *Adj.* ۱. غیربچگانه ۲. زودرس، پیش‌رس، رسیده، پخته
unklar *Adj.* ۱. غیرواضح، ناروشن ۲. مبهم، نامشخص، نامعلوم ۳. تیره؛ گل‌آلود
Unklarheit, die; -, -en ۱. عدم وضوح، ناروشنی، ابهام ۲. تیرگی، ناصافی
unkleidsam *Adj.* ناشایسته، نازیبا، ناخوشایند
unklug *Adj.* ۱. نادان، جاهل، کم‌عقل ۲. ابلهانه، احمقانه
Unklugheit, die; -, -en نادانی، جهل، کم‌عقلی، جهالت
unkollegial *Adj.* بدون تعاون، بدون تشریک مساعی
unkompliziert *Adj.* آسان، ساده؛ روراست، صریح
unkontrollierbar *Adj.* غیرقابل کنترل
unkontrolliert *Adj.* کنترل نشده
unkörperlich *Adj.* غیرمادی، غیرمحسوس، معنوی
unkorrekt *Adj.* نادرست، ناصحیح، غلط
Unkorrektheit, die; -, -en نادرستی، عدم صحت، اشتباه
Unkosten, die / *Pl.* مخارج (پیش‌بینی نشده)، هزینه‌ها
sich in Unkosten stürzen خود را به خرج انداختن
Unkostenberechnung, die; -, -en محاسبهٔ مخارج

Unkostenbeteiligung , die; -, -en شرکت در پرداخت مخارج
Unkostenverteilung , die; - تقسیم هزینه
Unkraut, das; -(e)s, -räuter علف هرز
unkritisch *Adj.* ۱. غیرانتقادی ۲. غیربحرانی
unkultuviert *Adj.* ۱. بی‌فرهنگ، بی‌تمدن ۲. کشت نشده، غیرمزروع
unkündbar *Adj.* [اجاره‌نامه] غیرقابل فسخ
unkundig *Adj.* نادان، جاهل
unlängst *Adv.* اخیراً، به‌تازگی
unlauter *Adj.* ۱. مزورانه ۲. نامشروع، غیرمجاز ۳. غیرمنصفانه
unleidlich *Adj.* اوقات تلخ، عصبانی
unlenksam *Adj.* سرکش، متمرد، شرور
unlesbar *Adj.* ناخوانا
unleserlich *Adj.* ناخوانا
Unleserlichkeit, die; - ناخوانایی
unleugbar *Adj.* غیرقابل انکار، غیرقابل تکذیب، انکارنکردنی
unlieb *Adj.* ناگوار، ناپسند، نامطبوع
unliebenswürdig *Adj.* نامهربان، بی‌مهر، بی‌عاطفه
unliebsam *Adj.* ناگوار، ناپسند، نامطبوع، ناخوشایند
unliniert *Adj.* [کاغذ] بی‌خط
unlogisch *Adj.* غیرمنطقی
unlösbar *Adj.* ۱. (شیمی) حل‌نشدنی، غیرقابل حل، لاینحل ۲. بسیار مشکل و پیچیده
unlöslich *Adj.* (شیمی) حل‌نشدنی، غیرقابل حل، لاینحل
Unlust, die; - بی‌رغبتی، بی‌میلی، بی‌علاقگی، بی‌حوصلگی
Unlustgefühl, das; -(e)s, -e احساس بی‌حوصلگی، احساس بی‌میلی
unlustig *Adj.* بی‌رغبت، بی‌میل، بی‌علاقه
unmagnetisch *Adj.* (فیزیک) غیرمغناطیسی
unmanierlich *Adj.* بی‌ادب، خشن
unmännlich *Adj.* بی‌غیرت، نامرد
Unmännlichkeit, die; - بی‌غیرتی، نامردی
Unmaß, das; -es, - بی‌اندازه، بیش از حد
Unmasse, die; -, -n مقدار زیاد، اندازهٔ بیش از حد، مقدار معتنابه
unmaßgeblich *Adj.* ناتوان، ضعیف، ناقص
unmäßig *Adj.* ۱. افراطی، بی‌اعتدال، زیاده‌رو ۲. بی‌اندازه، بیش از حد
Unmäßigkeit, die; -, -en افراط، بی‌اعتدالی، زیاده‌روی

unmelodisch *Adj.* ناموزون، غیرآهنگین
Unmenge, die; -, -n مقدار بسیار زیاد، اندازهٔ بیش از حد، مقدار معتنابه
Unmensch, der; -en, -en عفریت، غیرانسان، هیولا، حیوان‌صفت، بی‌رحم، سنگدل
kein Unmensch sein گوش شنوا داشتن؛ تفاهم داشتن
unmenschlich *Adj.* ۱. ضد بشری، غیرانسانی ۲. وحشیانه، بی‌رحمانه ۳. بسیار زیاد
Unmenschlichkeit, die; -, -en وحشی‌گری، جانورخویی؛ نامردمی
unmerkbar *Adj.* نامحسوس، درک‌نکردنی، ملتفت‌نشدنی
unmerklich *Adj.* نامحسوس، درک‌نکردنی، ملتفت‌نشدنی
unmeßbar *Adj.* نامحدود، بی‌کران، غیرقابل اندازه‌گیری
unmethodisch *Adj.* برخلاف متد، برخلاف روش
unmilitärisch *Adj.* شخصی، غیرنظامی؛ برخلاف مقررات نظامی
unmißverständlich *Adj.* واضح، آشکار، پوست‌کنده، صریح
unmittelbar *Adj.* ۱. بلاواسطه، مستقیم، بی‌درنگ ۲. فوراً، مستقیماً
Unmittelbarkeit, die; - فوریت
unmöbliert *Adj.* بدون اثاثیه، غیرمفروش
unmodern *Adj.* از مد افتاده، خارج از مد، دِمده
unmodisch *Adj.* از مد افتاده، خارج از مد، دِمده
unmöglich *Adj., Adv.* ۱. غیرممکن، نشدنی، محال ۲. به هیچ‌وجه، تحت هیچ شرایطی
jemanden unmöglich machen آبروی کسی را نزد دیگران بردن
Unmöglichkeit, die; -, -en عدم امکان، امکان‌ناپذیری
Unmoral, die; - رفتار خلاف اخلاق
unmoralisch *Adj.* خلاف اخلاق، غیر اخلاقی
unmotiviert *Adj.* بدون انگیزه، بدون غرض، بی‌دلیل
unmündig *Adj.* نابالغ، کم‌سال، خردسال
Unmündige, der/die; -n, -n کودک خردسال، بچهٔ نابالغ
Unmündigkeit, die; - خردسالی، کم‌سالی
unmusikalisch *Adj.* غیرموسیقیایی، بدون موزیک
Unmut, der; -(e)s رنجش، رنجیدگی، ناخشنودی، نارضایتی، کدورت
unmutig *Adj.* رنجش‌آور، ناخشنود، پردردسر، پرزحمت

unnachahmlich *Adj.* ۱. تقلیدنکردنی، غیرقابل تقلید ۲. غیرقابل مقایسه، منحصر به فرد، غیرقابل قیاس
unnachgiebig *Adj.* سرکش، خودسر، گردنکش، انعطاف‌ناپذیر
unnachsichtig *Adj.* سخت‌گیر، یک‌دنده، بی‌گذشت، بی‌ملاحظه
unnahbar *Adj.* گوشه‌گیر، منزوی
Unnahbarkeit, die; - گوشه‌گیری، انزوا
Unnatur, die; - حالت غیرطبیعی
unnatürlich *Adj.* غیرطبیعی، غیرعادی؛ مصنوعی، ساختگی
Unnatürlichkeit, die; - حالت غیرطبیعی
unnennbar *Adj.* غیرقابل بیان، غیرقابل اظهار، ناگفتنی
unnormal *Adj.* غیرعادی، اَنُرمال
unnötig *Adj.* غیرلازم، زائد، غیرضروری
unnötigerweise *Adv.* بیش از حد لزوم
unnütz *Adj.* غیرقابل استفاده، بی‌فایده، بیهوده، به درد نخور
unnützlich *Adj.* غیرقابل استفاده، بی‌فایده، بیهوده، به درد نخور
UNO, die; - سازمان ملل متحد
unoperierbar *Adj.* غیرقابل بهره‌برداری، عمل‌نکردنی
unordentlich *Adj.* بی‌نظم، نامرتب، نامنظم، لاابالی
Unordentlichkeit, die; - بی‌نظمی، نامرتبی، نامنظمی
Unordnung, die; - بی‌نظمی، اختلال، آشفتگی، لاابالی‌گری، هرج و مرج
unorganisch *Adj.* غیرآلی، معدنی، جامد
unpaar(ig) *Adj.* [کفش] تاق، تک، فرد، لنگه
unpädagogisch *Adj.* غیرآموزشی، مخالف تعلیم
unparlamentarisch *Adj.* غیرپارلمانی، برخلاف اصول پارلمانی
unparteiisch *Adj.* ۱. بی‌طرف، بی‌نظر، منصف ۲. غیرحزبی
Unparteilichkeit, die; - بی‌طرفی، بی‌نظری
unpaß *Adj.* نامناسب
unpassend *Adj.* نامناسب، ناجور، نادرست
unpassierbar *Adj.* غیرقابل عبور، صعب‌العبور، غیرقابل گذر
unpäßlich *Adj.* ناخوش، ناتوان، کسل
Unpäßlichkeit, die; -, -en ناخوشی، ناتوانی، کسالت
unpatriotisch *Adj.* بی‌علاقه به وطن، فاقد حس میهن‌پرستی
unpersönlich *Adj.* غیرشخصی
unpfändbar *Adj.* معاف از ضبط، غیرقابل توقیف
unpoetisch *Adj.* غیرشاعرانه؛ خالی از لطف، کسل‌کننده
unpolitisch *Adj.* غیرسیاسی، بی‌سیاست
unpopulär *Adj.* غیرمردمی
unpraktisch *Adj.* غیرعملی، نامناسب
unpräzis(e) *Adj.* غیردقیق، ناصحیح
unproduktiv *Adj.* بی‌حاصل
unproportioniert *Adj.* نامتناسب، بی‌تناسب
unpünktlich *Adj.* وقت‌نشناس
Unpünktlichkeit, die; - وقت‌نشناسی
unqualifizierbar *Adj.* غیرقابل توصیف، غیرقابل ذکر
unqualifiziert *Adj.* ۱. فاقد صلاحیت، فاقد شرایط لازم ۲. غیر متخصص، بدون داشتن تخصص
unrasiert *Adj.* ریش نتراشیده، اصلاح نکرده
Unrast, die; - نگرانی، ناآرامی درونی، تشویش خاطر، اضطراب
Unrat, der; -(e)s آشغال، زباله، کثافت
unrationell *Adj.* بیهوده، بی‌فایده، بی‌اثر، غیرمؤثر
unrätlich *Adj.* خلاف مصلحت، غیرقابل توصیه
unratsam *Adj.* خلاف مصلحت، غیرقابل توصیه
unreal *Adj.* غیرحقیقی، غیرواقعی
Unrecht, das; -(e)s بی‌عدالتی، ظلم، ستم، تقصیر، ناحقی، حق‌کشی، عمل خلاف قانون
unrecht *Adj.* ۱. نادرست، ناصحیح، اشتباه ۲. ناشایست، نامناسب ۳. غیرعادلانه، غیر منصفانه
unrechtmäßig *Adj.* نامشروع، خلاف شرع، غیر مجاز، غیر قانونی
Unrechtmäßigkeit, die; -, -en کار نامشروع، کار خلاف شرع، بی‌قانونی
unredlich *Adj.* نادرست، دغل، متقلب، ریاکار، دروغگو
Unredlichkeit, die; -, -en نادرستی، تقلب، دغل‌بازی
unreell *Adj.* نادرست، نامناسب، نامساعد
unreflektiert *Adj.* بدون تعمق، بدون تفکر
unregelmäßig *Adj.* بی‌قاعده، بی‌رویه، نامرتب، نامنظم
Unregelmäßigkeit, die; -, -en بی‌قاعدگی، نامرتبی، بی‌ترتیبی، نامنظمی

unreif *Adj.* ۱. نارس، کال، نرسیده ۲. نابالغ ۳. خام
Unreife, die; - ۱. نارسی، کالی، نرسیدگی ۲. عدم بلوغ ۳. خامی
unrein *Adj.* ناپاک، چرک، کثیف، آلوده، نجس
Unreinheit, die; -, -en ناپاکی، چرکینی، کثافت، آلودگی
unreinlich *Adj.* از روی ناپاکی
Unreinlichkeit, die; -, -en ناپاکی، چرکینی، کثافت، آلودگی
unrentabel *Adj.* بی‌فایده، بی‌ثمر، غیرقابل استفاده، غیرانتفاعی
unrettbar *Adj.* غیرقابل جبران، اصلاح‌ناپذیر، وصول‌نشدنی
unrichtig *Adj.* نادرست، غلط، ناصحیح
Unrichtigkeit, die; -, -en نادرستی، اشتباه
Unruh, die; -, -en تراز، موازنه، میزان (ساعت)
Unruhe, die; -, -n ۱. دلواپسی، نگرانی، اضطراب، ناراحتی، تشویش‌خاطر ۲. آشوب، اغتشاش، ناآرامی، تشنج ۳. هیاهو، سر و صدا
unruhig *Adj.* ۱. بی‌قرار، ناراحت، نگران، متشنج، مضطرب، پریشان ۲. ناآرام، پرسر و صدا، شلوغ
unrühmlich *Adj.* شرم‌آور، ننگین
Unruhstifter, der; -s, - آشوبگر، مفسده‌جو، محرک ناآرامی
uns *Pron.* (ضمیر انعکاسی / شخصی برای اول شخص جمع) ما را، به ما، نسبت به ما، برای خودمان، به خودمان
unsachgemäß *Adj.* ناشایست، نامناسب، نادرست، بی‌جا
unsachlich *Adj.* بی‌ربط، نامربوط، خارج از موضوع، شخصی، فردی
Unsachlichkeit, die; -, -en بی‌ربطی، نامربوطی
unsagbar *Adj.* ناگفتنی، بیان نکردنی، غیرقابل توصیف، وصف‌ناپذیر
unsäglich *Adj.* ناگفتنی، بیان نکردنی، غیرقابل توصیف
unsanft *Adj.* خشن، ناملایم، ناگوار، سخت
unsauber *Adj.* ناپاک، نجس، آلوده، کثیف، چرکین
Unsauberkeit, die; -, -en ناپاکی، نجاست، آلودگی، کثافت
unschädlich *Adj.* بی‌ضرر، بی‌زیان، بی‌اذیت، بی‌آسیب
unscharf *Adj.* ۱. کند ۲. غیرواضح، [عکس] تار
unschätzbar *Adj.* ۱. غیرقابل تخمین، نشمردنی؛ گرانبها؛ تخمین‌ناپذیر ۲. فوق‌العاده، زیاد
unscheinbar *Adj.* مبهم، جزئی، غیرمحسوس، غیرمشخص، غیرقابل مشاهده؛ بی‌اهمیت، پیش‌پا افتاده

unschicklich *Adj.* نامناسب، ناشایست، نادرست
Unschicklichkeit, die; -, -en نامناسبی، ناشایستگی، نادرستی
unschlüssig *Adj.* (در اخذ تصمیم) دودل، بی‌تصمیم، بی‌عزم، مردد، متحیر، ناتوان
Unschlüssigkeit, die; - تردید، دودلی، بی‌تصمیمی، بی‌عزمی
unschmackhaft *Adj.* بی‌مزه؛ بدطعم؛ بدمزه؛ بدبو
unschön *Adj.* ۱. زشت، نازیبا ۲. ناگوار، نامساعد
Unschuld, die; - ۱. بی‌گناهی، معصومیت، پاکی، برائت، بی‌تقصیری ۲. بکارت، دوشیزگی
unschuldig *Adj.* ۱. بی‌گناه، پاک، بی‌تقصیر ۲. عفیف، پاکدامن، معصوم
unschwer *Adv.* سهل، آسان، بدون زحمت
Unsegen, der; - بدبختی، فلاکت، بلا، مصیبت
unselbständig *Adj.* وابسته، متکی، تابع، غیرمستقل
Unselbständigkeit, die; - وابستگی، تابعیت، پیروی، عدم استقلال
unselig *Adj.* مصیبت‌آمیز، مهلک، کشنده، فلاکت‌بار
unser *Pron.* (ضمیر شخصی / ملکی اول شخص جمع) مال ما، از ما، از آن ما، متعلق به ما، مربوط به ما
unsereiner *Pron.* کسی مثل ما
unsereins *Pron.* کسی مثل ما
unser(er)seits *Adv.* از طرف ما، از جانب ما
unseresgleichen *Pron.* همانند ما، مانند ما، شبیه ما
unseresteils *Adv.* از طرف ما، از جانب ما
unserthalben *Adv.* برای خاطر ما، به‌خاطر ما
unsertwegen *Adv.* برای خاطر ما، به‌خاطر ما
unsicher *Adj.* ۱. نامطمئن، ناپایدار، بی‌ثبات، متزلزل، دودل ۲. ناامن، خطرناک ۳. نامعین، نامعلوم
Unsicherheit, die; -, -en ناامنی، عدم اطمینان، ناپایداری، بی‌ثباتی، تزلزل
unsichtbar *Adj.* نامرئی، دیده‌نشدنی، نامعلوم، مخفی، پنهان
Unsichtbarkeit, die; - ناپیدایی، ناپدیدی، نامعلومی
unsichtig *Adj.* کدر، ناصاف
Unsinn, der; -(e)s حرف پوچ، مهمل، مزخرف، بی‌معنی، یاوه، چرند، پرت و پلا، حرف مفت
Unsinn reden مزخرف گفتن
Mach keinen Unsinn! دیوانگی نکن!
unsinnig *Adj., Adv.* ۱. مزخرف، چرند، ابلهانه، پوچ، بی‌معنی، بی‌محتوا، بی‌هدف ۲. بسیار شدید
Unsitte, die; -, -n عادت بد؛ بدرفتاری؛ بدزبانی؛ تعدی، تجاوز؛ بی‌عفتی

unsittlich *Adj.* بداخلاق، زشت رفتار، شریر، بی‌ادب
Unsittlichkeit, die; -, -en بداخلاقی؛ فساد اخلاق، زشت رفتاری؛ شرارت
unsolid(e) *Adj.* شل، سست، لق
unsozial *Adj.* غیراجتماعی، مردم‌گریز
unsportlich *Adj.* غیرورزشی
unsr(ig)e *Pron.* مال ما، از آن ما، متعلق به ما، (مربوط به) ما
unstabil *Adj.* سست، بی‌ثبات، نااستوار
unstarr *Adj.* شل، سست، لق
unstarrhaft *Adj.* ناروا، غیرمجاز، غیرجایز، غیرقابل قبول، نپذیرفتنی
unsterblich *Adj., Adv* ۱. فناناپذیر، ابدی، لایزال ۲. جاویدان، ماندگار ۳. بسیار، خیلی
Unsterblichkeit, die; - فناناپذیری، جاودانی، لایزالی، ماندگاری، بقا؛ زندگی پس از مرگ
Unstern, der; -(e)s بدبختی، بداقبالی، بدشانسی
unstet *Adj.* ۱. نااستوار، سست، بی‌ثبات، ناپایدار ۲. ناآرام، عصبانی
unstetig *Adj.* ناپیوسته
Unstetigkeit, die; -, -en ۱. نااستواری، سستی، بی‌ثباتی، ناپایداری، تردید، دودلی ۲. ناآرامی، عصبانیت
unstillbar *Adj.* استمالت‌ناپذیر، سیرنشدنی؛ تسکین‌نیافتنی؛ اقناع‌نشدنی، راضی‌نشدنی
Unstimmigkeit, die; -, -en تناقض، عدم تطابق، تباین، ناسازگاری، ناجوری
unstreitig *Adj.* بی‌چون و چرا، به‌طور قطع، بی‌گفت و گو، به‌طور مسلم، بدون شک
Unsumme, die; -, -n مبلغ هنگفت، پول گزاف
eine Unsumme Geldes یک مبلغ هنگفت
unsymmetrisch *Adj.* نامتقارن، بی‌تناسب، بی‌تقارن
unsympathisch *Adj.* ۱. نامطبوع، ناگوار، ناخوشایند، ناپسند ۲. نامهربان
Er ist mir unsympathisch. او از نظر من دوست‌داشتنی نیست.
unsystematisch *Adj.* غیرسیستماتیک، نامنظم، غیراصولی
untadelhaft *Adj.* ۱. بی‌عیب، بی‌تقصیر ۲. غیرقابل سرزنش
untadelig *Adj.* ۱. بی‌عیب، بی‌تقصیر، بی‌نقص، کامل ۲. غیرقابل سرزنش
Untat, die; -, -en تبهکاری، جنایت، جرم، گناه، عمل ناپسندیده
untätig *Adj.* بی‌کار، تنبل، تن‌پرور، عاطل؛ بی‌تفاوت
Untätigkeit, die; - بی‌کاری؛ بی‌تفاوتی؛ تنبلی، تن‌پروری، بطالت
untauglich *Adj.* نامناسب، ناشایست، نالایق، ناصالح، بی‌عرضه
Untauglichkeit, die; - نامناسبی، ناشایستگی، نالایقی، بی‌عرضگی
unteilbar *Adj.* غیرقابل تقسیم، تقسیم‌ناپذیر، بخش‌ناپذیر، غیر قابل تفکیک
Unteilbarkeit, die; - بخش‌ناپذیری، تقسیم‌ناپذیری، عدم قابلیت تقسیم
unten *Adv.* زیر، پایین
da unten آن زیر، آن پایین
hier unten این پایین، این زیر
unten auf der Seite در پایین صفحه
Er war von oben bis unten naß. سر تا پا خیس بود.
untenan *Adv.* در پائین‌ترین سطح
untenaus *Adv.* تا به پایین
untenerwähnt *Adj.* نام‌برده در زیر، ذیلاً نام‌برده شده
untengenannt *Adj.* نام‌برده در زیر، ذیلاً نام‌برده شده
untenher *Adv.* از پایین
untenhin *Adv.* به پایین
Unter, der; -s, - (بازی ورق) سرباز
unter *Präp., Adj.* ۱. زیر، پایین ۲. به‌موجبِ، برطبقِ، تحتِ ۳. در پایین، در زیر ۴. در میان، از میان ۵. کمتر از، پایین‌تر از ۶. در طول، در مدت
unter Null زیر صفر
unter diesen Bedingungen تحت این شرایط
Das bleibt unter uns. بین خودمان بماند.
unter keinen Umständen به هیچ‌وجه
Er saß unter den Zuschauern. او در میان تماشاچیان نشست.
Unter der Woche hat er keine Zeit. در طول هفته او وقت ندارد.
Unterabsatz, der; -es, ⸚e پاراگراف فرعی، بند پایینی
Unterabschnitt, der; -(e)s, -e قسمت فرعی، بخش فرعی
Unterabteilung, die; -, -en بخش فرعی
Unterarm, der; -(e)s, -e آرنج؛ ساعد
Unterart, die; -, -en نوع فرعی
Unterarzt, der; -(e)s, ⸚e پزشکیار، دستیار پزشک
Unterausschuß, der; -schusses, -schüsse سوکمیسیون، کمیسیون فرعی

Unterbau 852

Unterbau, der; -(e)s, -ten زیربنا، پی‌ریزی (ساختمان)
Unterbeamte, der; -n, -n کارمند جزء
Unterbekleidung, die; -, -en لباس زیر، زیرپوش
unterbelichten *Vt.* (عکاسی) کمتر از حد لزوم در معرض نور قرار دادن
Unterbelichtung, die; -, -en (عکاسی) نور کم
unterbesetzt *Adj.* کم عضو، کم کارمند
unterbewerten *Vt.* ۱. کمتر از ارزش واقعی تخمین زدن، کم ارزیابی کردن ۲. دست‌کم گرفتن
unterbewußt *Adj.* ناخودآگاه، ندانسته
Unterbewußtsein, das; -s, - ناخودآگاهی، حالت نیمه هوشیاری
unterbieten *Vt.* ۱. (در مناقصه) کمتر پیشنهاد دادن ۲. به (کسی) تخفیف کلی دادن، ارزان فروختن ۳. پایین آوردن (رکورد)
Unterbietung, die; -, -en نرخ‌گذاری کمتر، تخفیف قیمت
Unterbilanz, die; -, -en کسر درآمد، کمبود بودجه
unterbinden *Vt.* ۱. زیر (چیزی) را گره زدن ۲. مانع انجام (کاری) شدن
unterbleiben *Vi.* اجرا نشدن، موقوف شدن، انجام نشدن، ناتمام ماندن، قطع شدن
unterbrechen *Vt.* ۱. موقتاً قطع کردن ۲. به‌هم زدن، متوقف کردن (سفر) ۳. قطع کردن (برق) ۴. با (کسی) قطع رابطه کردن ۵. کلام (کسی) را قطع کردن
Darf ich Sie unterbrechen?
اجازه هست صحبتتان را قطع کنم؟
Unterbrecher, der; -s, - قطع‌کننده (برق)
Unterbrechung, die; -, -en ۱. قطع، وقفه، تعطیل موقت ۲. مزاحمت (هنگام کار)
unterbreiten *Vt.* ۱. ارائه کردن، تقدیم داشتن، تسلیم کردن ۲. زیر (چیزی) گستردن، پهن کردن
einen Vorschlag unterbreiten
پیشنهادی را ارائه کردن
Unterbreitung, die; -, -en ارائه، تقدیم، تسلیم
unterbringen *Vt.* ۱. جا دادن، برای (کسی) تأمین مسکن کردن، منزل دادن، مسکن دادن ۲. برای (کسی) شغل پیدا کردن
Unterbringung, die; -, -en تهیهٔ جا، اسکان
Unterbringungsmöglichkeit, die; -, -en امکان تهیهٔ جا
Unterdeck, das; -(e)s, -s عرشهٔ زیرین کشتی
unterderhand *Adv.* محرمانه، مخفیانه، در خفا، پنهانی، یواشکی
unterdes *Adv.* ضمناً، در ضمن، در این ضمن، در این بین
unterdessen *Adv.* ضمناً، در ضمن، در این ضمن، در این بین
Unterdominante, die; -, -n (موسیقی) زیرنمایان (نت یا درجهٔ چهارم گام دیاتونیک)
Unterdruck, der; -(e)s, ⸚e (فیزیک) کم‌فشار، فشار ضعیف
unterdrücken *Vt.* تحت فشار قرار دادن، به (کسی) ظلم کردن، به (کسی) ستم کردن، سرکوب کردن
das Gähnen unterdrücken جلوی خمیازه را گرفتن
Unterdrücker, der; -s, - ستمگر، ظالم، جبار
Unterdrückung, die; -, -en ظلم، ستم، زور
untereinander *Adv.* ۱. با یکدیگر، بین یکدیگر، متقابلاً ۲. زیر یکدیگر
unterentwickelt *Adj.* ۱. کم پیشرفته، توسعه‌نیافته ۲. رشد کافی نکرده، عقب‌افتاده
unterernährt *Adj.* کم غذا خورده، به‌قدر کافی تغذیه نشده، گرسنگی کشیده
Unterernährung, die; - سوءتغذیه
unterfangen *Vr.* ۱. تقبل کردن، عهده‌دار شدن، اقدام کردن ۲. قصد کردن
Unterfangen, das; -s, - ۱. تقبل، عهده‌داری، اقدام ۲. قصد ۳. کار دشوار و خطرناک
unterfassen *Vt.* زیر بازوی (کسی) را گرفتن، بازو در بازوی (کسی) انداختن
unterfertigen *Vt.* امضا کردن
Unterfertigte, der/die; -n, -n امضا کننده
unterführen *Vt.* در (جایی) راه زیرزمینی کندن
Unterführung, die; -, -en راه زیرزمینی
Unterfunktion, die; -, -en عملکرد ناکافی
Untergang, der; -(e)s, ⸚e ۱. زوال، نابودی، انهدام، انحطاط، سقوط، انقراض ۲. کشتی شکستگی ۳. غروب
Untergattung, die; -, -en زیرگونه، قسم فرعی
untergeben *Adj.* زیردست، مادون
Untergebene, der/die; -n, -n عضو زیردست، عضو مادون، مرئوس
untergehen *Vi.* ۱. زوال یافتن، نابود شدن، منهدم شدن، سقوط کردن ۲. غروب کردن (خورشید) ۳. غرق شدن (کشتی)
Die Sonne ist untergegangen.
خورشید غروب کرده است.
untergeordnet *Adj.* ۱. زیردست، مادون ۲. کم‌اهمیت، ناچیز

Untergeordnete, der/die; -n, -n عضو زیردست، عضو مادون، مرئوس
Untergeschoß, das; -schosses, -schosse طبقهٔ زیرین ساختمان
Untergestell, das; -(e)s, -e قالب فلزی اتومبیل
Untergewicht, das; -(e)s کم‌وزنی
untergliedern Vt. به قسمت‌های کوچک‌تر تقسیم کردن
Untergliederung, die; -, -en تقسیم‌بندی به قسمت‌های کوچک‌تر
untergraben Vt. ۱. نقب زدن، از زیر خراب کردن ۲. به‌تدریج از بین بردن
Untergrund, der; -(e)s, ≔e ۱. زیرزمین، قشر زیرین (سطح زمین) ۲. تشکیلات محرمانه (زیرزمینی) ۳. رنگ زمینه، رنگ زیرین/اصلی (تابلوی نقاشی)
Untergrundbahn, die; -, -en مترو، راه‌آهن زیرزمینی
Untergrundbewegung, die; -, -en جنبش زیرزمینی، جنبش مخفیانه
Untergruppe, die; -, -n دستهٔ جزء
unterhalb Präp., Adv. ۱. در زیر، در پایینِ ۲. زیر، پایین
Unterhalt, der; -(e)s ۱. معاش، معیشت، بودجه، اعتبار مالی ۲. نگهداری ۳. درددل؛ صحبت ۴. سرگرمی، مشغولیت
unterhalten Vt., Vr. ۱. زیر (چیزی) نگه داشتن ۲. تأمین معاش (کسی) را کردن ۳. نگهداری کردن (تأسیسات/ساختمان) ۴. روابط خوبی داشتن ۵. سرگرم کردن، مشغول کردن ۶. گفت‌وشنود کردن، صحبت کردن، درددل کردن
   die Familie unterhalten مخارج خانواده را تأمین کردن
   sich unterhalten صحبت کردن، گپ زدن
   Haben Sie sich gut unterhalten? خوش گذشت؟
unterhaltend Adj. سرگرم‌کننده، مشغول‌کننده، جالب
Unterhalter, der; -s, - خوش‌صحبت، پرگو
unterhaltsam Adj. سرگرم‌کننده، مشغول‌کننده، جالب
Unterhaltsanspruch, der; -(e)s, ≔e ادعای نفقه، مطالبهٔ نفقه
Unterhaltsbeihilfe, die; -, -n مدد معاش، خرجی
Unterhaltsbeitrag, der; -(e)s, ≔e نفقه
unterhaltsberechtigt Adj. نیازمند به مدد معاش
Unterhaltsberechtigte, der/die; -n, -n کسی که به مدد معاش نیاز دارد
Unterhaltsklage, die; -, -n ادعای نفقه، مطالبهٔ نفقه

Unterhaltskosten, die/Pl. مخارج معیشت، خرجی
Unterhaltspflicht, die; -, -en وظیفهٔ تأمین معیشت
unterhaltspflichtig Adj. مشمول تأمین معیشت
Unterhaltung, die; -, -en ۱. نگهداری (تأسیسات ساختمان) ۲. خرجی ۳. سرگرمی، تفریح، وقت‌گذرانی ۴. گفت‌وشنود، صحبت، درددل
Unterhaltungselektronik, die; - سرگرمی الکترونیکی
Unterhaltungsfilm, der; -s, -e فیلم سرگرم‌کننده
Unterhaltungsindustrie, die; -, -n صنعت تولید وسایل سرگرمی
Unterhaltungskosten, die/Pl. مخارج معیشت، خرجی
Unterhaltungslektüre, die; - خواندنی‌های سرگرم‌کننده، رمان
Unterhaltungsliteratur, die; -, -en خواندنی‌های سرگرم‌کننده، رمان
Unterhaltungsmusik, die; - موسیقی سرگرم‌کننده، موسیقی سبک، موسیقی شاد
Unterhaltungsprogramm, das; -s, -e برنامهٔ سرگرم‌کننده
unterhandeln Vi. گفت‌وگو کردن، مذاکره کردن
Unterhändler, der; -s, - واسطه، دلال
Unterhandlung, die; -, -en ۱. داد و ستد ۲. مذاکره، گفتگو
Unterhaus, das; -es, -häuser مجلس عوام انگلیس
Unterhaut, die; -, -häute پوستِ درونی، هیپودرم
Unterhemd, das; -es, -en زیرپیراهنی (مردانه)
unterhöhlen Vt. نقب زدن، از زیر خراب کردن
Unterholz, das; -es زیر بوته (جوانه‌هایی که خودبه‌خود رشد می‌کنند)، شاخهٔ پایین درختان کهن
Unterhose, die; -, -n زیرشلواری
unterirdisch Adj. ۱. زیرزمینی، تحت‌الارضی ۲. پنهانی، مخفیانه، سری
Unterjacke, die; -, -n جلیقه
unterjochen Vt. تحت فشار قرار دادن، مطیع کردن، مقهور ساختن، زیر سلطه (خود) درآوردن
Unterjochung, die; -, -en تحت فشار، تحت تسلط، مطیع‌سازی
unterkellern Vt. زیر ساختمان زیرزمین زدن
Unterkiefer, der; -s, - فک زیرین، آروارهٔ پایین
Unterklasse, die; -, -n طبقهٔ عوام

Unterkleid — 854

Unterkleid, das; -es, -er — لباس زیر، زیرپوش، زیرجامه
Unterkleidung, die; -, -en — لباس زیر، زیرپوش، زیرجامه
unterkommen Vi. — ۱. جا پیدا کردن، پناهگاه یافتن ۲. شغل پیدا کردن ۳. پیش آمدن، رخ دادن
Unterkommen, das; -s, - — جا، مسکن، پناهگاه
Unterkörper, der; -s, - — پایین تنه
unterkriegen Vt. — مجبور کردن، مطیع کردن
Er läßt sich nicht unterkriegen. — مطیع کسی نمی‌شود.
unterkühlen Vt. — حرارت را پایین آوردن
Unterkühlung, die; -, -en — تقلیل حرارت
Unterkunft, die; -, ⸚e — مسکن، اقامتگاه، قرارگاه، منزل، سرپناه (موقتی)
Unterkunftshaus, das; -es, -häuser — محل سکونت، اقامتگاه
Unterkunftshütte, die; -, -n — محل سکونت، اقامتگاه
Unterlage, die; -, -n — ۱. زیربنا، شالوده، اساس ۲. زیردستی ۳. سند و مدرک
Unterlagen, die / Pl. — اسناد، مدارک
Unterlagscheibe, die; -, -n — واشر (حلقه فلزی/لاستیکی که بین پیچ و مهره می‌گذارند)
Unterland, das; -(e)s, ⸚er — زمین پست، کشوری که زمینش پایین‌تر از سطح دریاست
Unterlaß, der; -lasses — وقفه، فترت
unterlassen Vt. — ۱. از (چیزی) خودداری کردن، از (چیزی) فروگذار کـردن، در (کـاری) اهـمال کـردن، انجام ندادن، از (کاری) منصرف شدن، از (کاری) دست برداشتن، از (کاری) اجتناب کردن ۲. ترک کردن (عادت)
Unterlassung, die; -, -en — خودداری، فروگذاری، اهمال، عدم انجام
Unterlassungssünde, die; -, -n — تقصیر خدمت، گناه فروگذاری از انجام کاری
Unterlassungsurteil, das; -s, -e — خودداری از اجرای حکم
Unterlauf, der; -(e)s, -läufe — قسمت پایین رودخانه
unterlaufen Vt., Vi. — ۱. اشتباه کردن، سهو کردن ۲. (فوتبال) جا خالی کردن
Ihm ist ein großer Irrtum unterlaufen. — او مرتکب اشتباه بزرگی شد.
Mir ist ein Fehler unterlaufen. — مرتکب اشتباهی شدم.
Ein Fehler unterläuft. — اشتباهی رخ می‌دهد.
Unterleder, das; -s, - — تخت چرمی کفش
unterlegen Vt. — ۱. پایین گذاشتن، زیر (چیزی) قرار دادن ۲. برای (چیزی) شعر سرودن، برای آهنگی (چیزی) سرودن ۳. سخنان (کسی) را به نحو دیگری تعبیر کردن
unterlegen Adj. — ضعیف، ناتوان
Unterlegene, der / die; -n, -n — ضعیف؛ بازنده
Unterlegenheit, die; -, -en — ضعف، ناتوانی
Unterlegscheibe, die; -, -n — واشر (حلقه فلزی/لاستیکی که بین پیچ و مهره می‌گذارند)
Unterleib, der; -(e)s, -er — زیر شکم، پایین تنه
Unterleibskrebs, der; -es, -e — سرطان رحم
Unterleutnant, der; -s, -s / -e — ستوان سوم
Unterlied, das; -(e)s, -er — پلک پایین
Unterlieferant, der; -en, -en — کنتراتچی دست دوم، مقاطعه‌کار فرعی
unterliegen Vi. — ۱. مغلوب شدن، شکست خوردن، از پای درآمدن ۲. مکلف بودن، موظف بودن، تـابع بـودن، تبعیت کردن
Unterlippe, die; -, -n — لب پایین، لب زیرین
Unterlizenz, die; -, -en — مدرک زیر لیسانس
unterm = unter + dem — زیر، پایین
untermalen Vt. — ۱. بتونه‌کاری کردن، بوم‌سازی کردن ۲. همراه با موسیقی خواندن (متن)
Untermalung, die; -, -en — ۱. بتونه‌کاری، بوم‌سازی ۲. (موسیقی) همراهی
untermauern Vt. — ۱. پی‌بندی کردن، پی‌ریزی کردن، زمینه‌کاری کردن ۲. استدلال کردن
Untermauerung, die; -, -en — ۱. پی‌بندی، پی‌ریزی، زمینه‌کاری ۲. تقویت
untermeerisch Adj. — زیر دریا
untermengen Vt. — آمیختن، مخلوط کردن
Untermensch, der; -en, -en — مادون انسان (کسی که صفات بشری در او به‌صورت پست‌تری موجود است)
Untermiete, die; -, -n — اجاره در اجاره، اجاره از مستأجر
Untermieter, der; -s, - — مستأجر دست دوم، مستأجر ثانوی، مستأجر جزء
Untermieterin, die; -, -nen — مستأجر دست دوم، مستأجر ثانوی، مستأجر جزء (زن)
unterminieren Vt. — ۱. در (جایی) مین کاشتن ۲. از بین بردن، نابود کردن
untermischen Vt. — آمیختن، مخلوط کردن
untern = unter + den — زیر، پایین
unternehmen Vt. — ۱. اقدام به (کاری) کردن، دست به (کاری) زدن، انجام دادن، به عهده گرفتن ۲. زیر بازوی (کسی) را گرفتن

eine Reise unternehmen	اقدام به سفر کردن
Unternehmen, das; -s, -	۱. اقدام، انجام
	۲. مقاطعه‌کاری، شرکت، کارگاه، مؤسسه
unternehmend *Adj.*	متهور، بی‌باک، شجاع
Unternehmensberater, der; -s, -	مشاور شرکت
Unternehmensberaterin, die; -, -nen	مشاور شرکت (زن)
Unternehmer, der; -s, -	۱. مؤسس شرکت
	۲. صاحب کارخانه، کارخانه‌دار ۳. مقاطعه‌کار، پیمانکار
unternehmerisch *Adj.*	پیشقدم در تأسیس شرکت
Unternehmertum, das; -s, -	تأسیس شرکت، ایجاد کارخانه
Unternehmerverband, der; -(e)s, ¨e	اتحادیهٔ کارفرمایان
Unternehmerung, die; -, -en	سرمایه‌گذاری، مقاطعه‌کاری
Unternehmerungsgeist, der; -es, -er	پیشقدمی، ابتکار، نخستین قدم
unternehmerungslustig *Adj.*	پرماجرا، پرحادثه، مخاطره‌آمیز
Unternehmung, die; -, -en	۱. اقدام، عمل
	۲. مقاطعه‌کاری، شرکت، کارگاه، مؤسسه
unternormal *Adj.*	غیرعادی، غیرطبیعی
Unteroffizier, der; -(e)s, -e	(ارتش) درجه‌دار، استوار
Unteroffiziersmesse, die; -, -n	(در کشتی) سالن غذاخوری درجه‌داران
unterordnen *Vt.*	تابع قرار دادن، زیردست شمردن، پایین آوردن، در مرتبهٔ پایین قرار دادن
Unterordnung, die; -, -en	تابعیت، تبعیت، وابستگی، فرمانبرداری
Unterorganisation, die; -, -en	شرکت فرعی، شرکت تابعه
Unterpacht, die; -, -en	اجاره در اجاره، اجاره از مستأجر
Unterpächter, der; -s, -	مستأجر دست دوم، مستأجر ثانوی، مستأجر جزء
Unterpfand, das; -(e)s, ¨er	گواه، دلیل، مدرک
unterpflügen *Vt.*	شخم زدن، شیار کردن
Unterprima, die; -, -men	کلاس هشتم، کلاس ماقبل دورهٔ نظری (دبیرستان)
Unterprimaner, der; -s, -	کلاس هشتمی، دانش‌آموز کلاس هشتم
unterprivilegiert *Adj.*	تنگدست، در مضیقه؛ محروم از مزایای اجتماعی و اقتصادی
Unterproduktion, die; -, -en	فراوردهٔ کم، تولید اندک
unterreden *Vr.*	گفت‌وگو کردن، مذاکره کردن، مشورت کردن، مباحثه کردن
Unterredung, die; -, -en	گفت‌وگو، مذاکره، مشورت، مباحثه
Unterricht, der; -(e)s	درس، آموزش، تعلیم، تدریس
Unterricht haben	درس داشتن
Unterricht geben	تدریس کردن
Unterricht nehmen	یاد گرفتن، آموختن
unterrichten *Vt., Vi.*	۱. درس دادن به (کسی) آموختن، تدریس کردن، تعلیم دادن ۲. مطلع ساختن، خبر دادن ۳. کسب اطلاع کردن
Unterrichtsbriefe, die / *Pl.*	تدریس مکاتبه‌ای
Unterrichtsfach, das; -(e)s, ¨er	رشتهٔ تدریس، موضوع تدریس
Unterrichtsfilm, der; -s, -e	فیلم آموزشی
Unterrichtsgegenstand, der; -(e)s, ¨e	موضوع تدریس
Unterrichtsmethode, die; -, -n	روش تدریس
Unterrichtsplan, der; -(e)s, ¨e	برنامهٔ تحصیلی
Unterrichtsraum, der; -(e)s, -räume	کلاس درس
Unterrichtsstoff, der; -(e)s, -e	موضوع درس
Unterrichtsstunde, die; -, -n	ساعت درس
Unterrichtswesen, das; -s, -	تعلیمات اجباری
Unterrichtung, die; -, -en	آموزش، تعلیم
Unterrock, der; -(e)s, ¨e	زیردامنی؛ لباس زیر، زیرپوش زنانه
unters = *unter* + *das*	زیر، پایین
untersagen *Vt.*	منع کردن، بازداشتن، قدغن کردن، ممنوع کردن، از (چیزی) جلوگیری کردن، اجازهٔ (چیزی) را ندادن
Das Rauchen ist untersagt!	سیگار کشیدن ممنوع است!
Untersagung, die; -, -en	منع، نهی، ممانعت، جلوگیری
Untersatz, der; -es, ¨e	چیزی که زیر شیءِ دیگر قرار داده می‌شود (مثل نعلبکی، زیرگلدانی)
unterschall *Adj.*	مادون سرعت صوت
unterschätzen *Vt.*	دست‌کم گرفتن، جدی نگرفتن، کم تخمین زدن
Unterschätzung, die; -, -en	ناچیزشماری، سهل‌گیری، سبک‌گیری، تخمین کم
unterscheidbar *Adj.*	قابل تشخیص، فرق‌داشتنی، آشکار، قابل تمیز، تشخیص‌پذیر

unterscheiden

unterscheiden *Vt., Vr., Vi.* ۱. تمیز دادن، تشخیص دادن، تفکیک کردن ۲. فرق داشتن، تفاوت داشتن ۳. فرق گذاشتن، تفاوت قائل شدن
sich unterscheiden (von) فرق داشتن (با)

unterscheidend *Adj.* مشخص، مختص، مجزا، متمایز

Unterscheidung, die; -, -en ۱. فرق، تفاوت ۲. امتیاز، برتری ۳. تشخیص، تمیز؛ ترجیح

Unterscheidungsfähigkeit, die; -, -en روشنی، وضوح

Unterscheidungsmerkmal, das; -(e)s, -e علامت اختصاری، صفت ممیزه، مشخصات، نشانۀ مشخص

Unterscheidungsvermögen, das; -s, - قوۀ تمیز، قوۀ ممیزه

Unterschenkel, der; -s, -e ساق پا

Unterschicht, die; -, -en ۱. لایۀ زیر، زیرلایه، طبقۀ زیر ۲. مردم طبقۀ پایین، عوام

unterschieben *Vt.* ۱. تعویض کردن، جابه‌جا کردن ۲. هل دادن، به پیش راندن ۳. نسبت دادن، اِسناد کردن

Unterschiebung, die; -, -en تعویض، جابه‌جایی، جانشینی

Unterschied, der; -(e)s, -e ۱. اختلاف، فرق، تفاوت ۲. امتیاز، برتری، رجحان
ein großer Unterschied تفاوتی بزرگ، اختلافی فاحش
ohne Unterschied یکسان، بدون تمایز
ein Unterschied wie Tag und Nacht تفاوت بسیار زیاد
Der Unterschied liegt darin, daß... فرقش در این است که...

unterschiedlich *Adj.* متفاوت، متمایز، متغیر، گوناگون

unterschiedslos *Adj.* ناشی از عدم تشخیص، خالی از تبعیض، بدون استثنا

unterschlagen *Vt., Vi.* ۱. کتمان کردن، پنهان نگه داشتن، متذکر نشدن ۲. اختلاس کردن، دستبرد زدن، حیف و میل کردن

Unterschlagung, die; -, -en ۱. اختلاس، دستبرد، حیف و میل ۲. کتمان، پنهان‌کاری

Unterschleif, der; -(e)s, -e حیف و میل، سوءاستفاده، کلاهبرداری، اختلاس

Unterschlupf, der; -(e)s, ¨-e پناهگاه، جان‌پناه، مخفیگاه

unterschlupfen *Vi.* پنهان شدن، مخفی شدن؛ به داخل خزیدن

unterschlüpfen *Vi.* پنهان شدن، مخفی شدن؛ به داخل خزیدن

unterschreiben *Vt.* ۱. امضا کردن، صحه گذاشتن ۲. امضا گرفتن؛ امضا دادن

unterschreiten *Vt.* پایین آمدن، کم شدن (قیمت)

Unterschrift, die; -, -en امضا، دستینه، صحه، توشیح

Unterschriftenmappe, die; -, -n پوشۀ مخصوص نامه‌هایی که نیاز به امضا دارد

Unterschriftsbeglaubigung, die; -, -en تصدیق امضا، گواهی امضا

unterschriftsberechtigt *Adj.* مجاز به امضا

Unterschriftsprobe, die; -, -e نمونۀ امضا

Unterschriftstempel, der; -s, - مهر امضا

Unterschuß, der; -schusses, -schüsse کسر، نقصان، کمبود

unterschwellig *Adj.* نامعلوم، مکتوم

Unterseeboot, das; -(e)s, -e زیردریایی

Unterseebootbunker, der; -s, - سنگر/ پناهگاه (مخصوص) زیردریایی

Unterseebootfalle, die; -, -n توری ضد زیردریایی، تلۀ ضد زیردریایی

Unterseebootjäger, der; -s, - هواپیمای شکاری ضد زیردریایی

Unterseebootkrieg, der; -(e)s, -e جنگ زیردریایی

Unterseekabel, das; -s, - کابل زیردریایی

Unterseite, die; -, -n طرف زیرین، سطح پایینی

unterseits *Adv.* به سمت زیر، به طرف پایین

untersetzen *Vt.* زیر (جایی) گذاردن، جای دادن، قرار دادن

Untersetzer, der; -s, - چیزی که زیر شیءِ دیگر قرار داده می‌شود (مثل زیرگلدانی)

untersetzt *Adj.* کوتاه؛ کلفت، تنومند، قطور؛ چاق و چله

Untersetzung, die; -, -en چرخ‌دندۀ کاهش‌دهندۀ سرعت

Untersetzungsgetriebe, das; -s, - چرخ‌دندۀ کاهش‌دهندۀ سرعت

untersinken *Vi.* پایین رفتن، ته رفتن، ته نشستن

Unterspannung, die; - فشار ضعیف (برق)

unterspielen *Vt.* (در نمایش) خوب اجرا نکردن (نقش)

unterspülen *Vt.* ۱. شستن و بردن ۲. از زیر خالی کردن

unterst *Adj.* پایین‌ترین، زیرترین، فروترین، پست‌ترین
Unterstaatssekretär, der; -s, -e معاون وزیر
Understand, der; -(e)s, ⸚e پناهگاه؛ سنگر
unterstehen *Vi., Vr.* ۱. پناه بردن، پناه جستن
۲. مطیع بودن، تابع شدن ۳. جرأت کردن؛ کار مخاطره‌آمیز کردن؛ قد علم کردن، جسارت کردن
jemandem **unterstehen** زیردست کسی بودن
unterstellen *Vt., Vr.* ۱. پارک کردن، در گاراژ گذاشتن (اتومبیل) ۲. به (کسی/جایی) پناه بردن، در (جایی) پناهنده شدن، در (جایی) پناه گرفتن ۳. نسبت دادن، استناد کردن ۴. اقامه کردن؛ دلیل آوردن ۵. به عهده گرفتن، تقبل کردن؛ پذیرفتن ۶. در زیر گذاشتن، در زیر جا دادن، در جای امن قرار دادن
Unterstellung, die; -, -en ۱. استناد؛ اتهام ۲. اقامهٔ دلیل ۳. تعهد، قبول
unterstreichen *Vt.* ۱. زیر (چیزی) را خط کشیدن ۲. تأیید کردن، به (چیزی) اهمیت دادن، بر (چیزی) تأکید کردن، بر (چیزی) تکیه کردن
Unterströmung, die; -, -en جریان برق کمتر از مقدار موردنظر
Unterstufe, die; -, -n ۱. درجهٔ پایین ۲. دورهٔ اول دبیرستان
unterstützen *Vt.* از (کسی) پشتیبانی کردن، از (کسی) حمایت کردن، کمک کردن، مساعدت کردن، یاری کردن
jemanden bei seiner Arbeit **unterstützen** به کسی در کارش کمک کردن
Unterstützung, die; -, -en پشتیبانی، حمایت، کمک، مساعدت، یاری
unterstützungsbedürftig *Adj.* محتاج پشتیبانی، نیازمند حمایت
unterstützungsberechtigt *Adj.* تنگدست، فقیر، بی‌چیز، تهیدست، نیازمند
Unterstützungsempfänger, der; -s, - دریافت‌کنندهٔ کمک، نیازمند، مستمند، تهیدست
Unterstützungsempfängerin, die; -, -nen دریافت‌کنندهٔ کمک، نیازمند، مستمند، تهیدست (زن)
Unterstützungsfonds, der; - صندوق کمک و پشتیبانی (از نیازمندان)
Unterstützungsgeld, das; -(e)s, -er حمایت مالی
Unterstützungskasse, die; -, -n صندوق کمک و پشتیبانی (از نیازمندان)
Unterstützungssumme, die; -, -n مقدار کمک
untersuchen *Vt.* ۱. در مورد (چیزی) تحقیق کردن،

به (چیزی) رسیدگی کردن، بررسی کردن، تفتیش کردن، بازجویی کردن، استنطاق کردن ۲. معاینه کردن (بیمار)
einen Kranken **untersuchen** بیماری را معاینه کردن
Untersuchung, die; -, -en ۱. تحقیق، رسیدگی، بررسی، تفتیش، بازجویی، استنطاق ۲. معاینه (بیمار)
eine ärztliche **Untersuchung** معاینه پزشکی
Untersuchungsausschuß, der; -schusses, -schüsse کمیسیون تحقیق
Untersuchungsbefund, der; -(e)s, -e تصمیم دادگاه، تصمیم هیئت منصفه
Untersuchungsergebnis, das; -nisses, -nisse نتیجهٔ آزمایش
Untersuchungsgefangene, der/die; -n, -n زندانی تحت دادرسی
Untersuchungsgefängnis, das; -nisses, -nisse زندان موقت
Untersuchungsgericht, das; -(e)s, -e دادگاه تحقیق
Untersuchungshaft, die; - توقیف، بازداشت (موقت)
Untersuchungsrichter, der; -s, - رئیس دادگاه بخش، دادرس، بازپرس
Untertag(e)bau, der; -(e)s, -e معدن‌کاری، استخراج معدن
Untertag(e)arbeit, die; -, -en کار در معدن
Untertagearbeiter, der; -s, - کارگر زیرزمینی، کارگر معدن
Untertan, der; -en/-s, -en تبعه، تابع؛ تحت تسلط، زیردست، رعیت؛ شهروند
untertan *Adj.* فروتن، افتاده، متواضع، مطیع؛ حلیم
untertänig *Adj.* فروتن، افتاده، متواضع، مطیع؛ حلیم
Untertänigkeit, die; - فروتنی، افتادگی، تواضع، شکسته نفسی، فرمانبرداری؛ حلم
Untertasse, die; -, -n نعلبکی
fliegende **Untertasse** بشقاب پرنده
untertauchen *Vi., Vt.* ۱. زیر آب رفتن، غوطه‌ور شدن، در آب فرو رفتن ۲. ناپدید شدن ۳. در مایع فرو کردن، غوطه‌ور ساختن، غوطه دادن
Unterteil, der/das; -(e)s, -e بخش زیرین، قسمت پایین
unterteilen *Vt.* به قسمت‌های جزء تقسیم کردن، طبقه‌بندی کردن، دسته‌بندی کردن
Unterteilung, die; -, -en تقسیم به جزء، طبقه‌بندی، دسته‌بندی، وسیلهٔ تفکیک، اسباب تفکیک

Untertemperatur 858

Untertemperatur, die; -, -en درجه حرارت کم
Unterton, der; -(e)s, ⸚e ۱. ته صدا ۲. ته‌رنگ، رنگ کمرنگ
untertreiben *Vt.* دست‌کم گرفتن، در (چیزی) شکسته‌نفسی کردن؛ اظهار نکردن (حقیقت)؛ بـه (چیزی) کم‌بها دادن
Untertreibung, die; -, -en کتمان حقیقت؛ دست‌کم‌گیری؛ شکسته‌نفسی
untertreten *Vi.* پناه بردن، پناه جستن
untertunneln *Vt.* نقب زدن، تونل زدن
Unterverkauf, der; -(e)s, ⸚e حراج
untervermieten *Vt.* به شخص ثالثی اجاره دادن، توسط شخص ثالثی اجاره دادن، به وسیلهٔ مستأجر اجـاره دادن
Untervermieter, der; -s, - مستأجر دست دوم، مستأجر جزء
Untervermieterin, die; -, -nen مستأجر دست دوم، مستأجر جزء (زن)
unterverpachten *Vt.* به مستأجر دیگری اجاره دادن، به شخص ثالثی اجاره دادن، به وسیلهٔ مستأجر اجاره دادن
unterversichern *Vt.* بیمه کردن، ضمانت کردن
unterwandern *Vt.* به‌تدریج تحت تأثیر قرار دادن، در (چیزی/کسی) آهسته نفوذ کردن
Unterwanderung, die; -, -en نفوذ آهسته، نفوذ تدریجی
unterwärts *Adv.* پایین، رو به پایین، متمایل به پایین، به طرف پایین
Unterwäsche, die; -, -n زیرجامه، زیرپوش، لباس زیر
unterwaschen *Vt.* شستن و بردن (سیل)
Unterwasser, das; -s, - آب زیرزمینی
Unterwasserbombe, die; -, -n بمب زیر آب
Unterwassergymnastik, die; - ورزش در آب
Unterwasserkamera, die; -, -s دوربین فیلم‌برداری در زیر آب
Unterwassermassage, die; -, -n ماساژ زیر آب
unterwegs *Adv.* در بین راه، سر راه، توی راه
unterweisen *Vt.* تعلیم دادن، آموزش دادن؛ آگاهی دادن
Unterweisung, die; -, -en تعلیم، آموزش؛ آگاهی
Unterwelt, die; - ۱. جهان زیرین، دنیای مردگان ۲. دنیای دزدان حرفه‌ای، دنیای جنایتکاران
unterwerfen *Vt., Vr.* ۱. مطیع کردن، مقهور کردن، رام کردن، مغلوب کردن ۲. تسلیم شدن، مطیع شدن، تن در دادن، مغلوب شدن
einem Verhör unterwerfen تحت بازجویی قرار دادن
Unterwerfung, die; -, -en اطاعت، انقیاد، پیروی، تبعیت
unterwertig *Adj.* کم‌ارزش، کم‌اهمیت
unterwühlen *Vt.* نقب زدن، از زیر خراب کردن
unterwürfig *Adj.* فرمانبردار، مطیع
Unterwürfigkeit, die; - فرمانبرداری، اطاعت
unterzeichnen *Vt.* امضا کردن، بر (چیزی) صحه گذاشتن، تأئید کردن
Unterzeichner, der; -s, - امضاکننده، صاحب امضا، تأئیدکننده
Unterzeichnete, der/die; -n, -n امضاکننده، صاحب امضا
Unterzeichnerstaat, der; -en, -en دولت امضاکننده
Unterzeichnung, die; -, -en امضا، دستینه، صحه؛ توشیح، تأئید
Unterzeug, das; -(e)s زیرجامه، زیرپوش، لباس زیر
unterziehen *Vt., Vr.* ۱. زیر (چیزی) لباس پوشیدن ۲. تحت عمل قرار دادن ۳. زحمت (کاری) را متقبل شدن
sich einer Operation unterziehen تحت عمل جراحی قرار گرفتن
jemanden **einem Verhör unterziehen** از کسی بازجویی کردن
untief *Adj.* کم‌عمق، پایاب، سطحی
Untiefe, die; -, -n ۱. جای کم عمق ۲. محل بسیار عمیق (در آب)
Untier, das; -(e)s, -e عفریت، هیولا؛ جانور وحشی
untilgbar *Adj.* ۱. غیرقابل خریداری، بازخرید نشدنی ۲. پاک‌نشدنی، محونشدنی، ماندگار
untragbar *Adj.* ۱. تحمل‌ناپذیر، بسیار ناگوار، غیرقابل تحمل ۲. بازدارنده، مانع‌شونده ۳. غیرقابل حل
untrennbar *Adj.* جدانشدنی، سوانکردنی، تجزیه‌ناپذیر، لاینفک، غیرقابل تفکیک
untreu *Adj.* بی‌وفا، عهدشکن، بدقول، پیمان‌شکن
Untreue, die; - بی‌وفایی، ناپایداری، بدقولی، نادرستی، پیمان‌شکنی
untröstlich *Adj.* تسلی‌ناپذیر، دلشکسته
untrüglich *Adj.* لغزش‌ناپذیر، مصون از خطا، خالی از اشتباه، خطاناپذیر؛ مطمئن
Untrüglichkeit, die; - لغزش‌ناپذیری، مصونیت از خطا، خطاناپذیری

untüchtig *Adj.*	بی‌کفایت، بی‌لیاقت، بی‌عرضه، ناتوان، عاجز، ناشایست، نالایق
Untüchtigkeit, *die;-*	بی‌کفایتی، بی‌لیاقتی، بی‌عرضگی، ناتوانی، عجز، ناشایستگی، نالایقی
Untugend, *die;-,-en*	قصور، کوتاهی؛ عجز، ناتوانی؛ نقص، بدی، عیب
untypisch *Adj.*	غیرمعمولی، غیرواقعی؛ بی‌قاعده
unüberbrückbar *Adj.*	غیرقابل عبور؛ غیرقابل تفوق؛ غیرقابل پر کردن (خلاء)
unüberlegt *Adj.*	بی‌فکر، نسنجیده، بدون تأمل، فکر نکرده، بررسی نکرده
unübersehbar *Adj., Adv.*	۱. بی‌اندازه، گزاف، بی‌کران، بی‌حساب، ناشمردنی، غیرقابل تخمین ۲. چشمگیر، واضح، هویدا، آشکار ۳. بسیار، خیلی زیاد
unübersetzbar *Adj.*	غیرقابل ترجمه
unübersichtlich *Adj.*	۱. شکسته، منقطع ۲. نامرتب؛ پیچیده، بغرنج؛ ناروشن، ناواضح
unübersteigbar *Adj.*	غیرقابل نفوذ، نفوذنیافتنی، شکست‌ناپذیر
unübertragbar *Adj.*	غیرقابل انتقال، غیرقابل داد و ستد، انتقال‌ناپذیر
unübertrefflich *Adj.*	بی‌همتا، بی‌مانند، بی‌نظیر، عـالی
unübertroffen *Adj.*	بی‌همتا، بی‌نظیر، بی‌سابقه
unüberwindlich *Adj.*	غیرقابل نفوذ، نفوذنیافتنی، شکست‌ناپذیر، تسخیرنشدنی، غیر قابل تسخیر
unumgänglich *Adj.*	اجتناب‌ناپذیر، چاره‌ناپذیر، ناگزیر؛ حتمی، ضروری
unumschränkt *Adj.*	نامحدود، نامشخص، نامعین؛ مستقل؛ مطلق
unumstößlich *Adj.*	تکذیب‌ناپذیر، غیرقابل انکار، غیرقابل تردید؛ غیرقابل فسخ؛ غیرقابل تغییر
unumstritten *Adj.*	بی‌چون و چرا، بی‌گفت و گو، بدون بحث
unumwunden *Adj., Adv.*	رک، بی‌پرده، صریح
ununterbrochen *Adj.*	پیوسته، دائم، مدام، متوالی، پی در پی، لاینقطع
ununterscheidbar *Adj.*	غیر قابل تشخیص
unveränderbar *Adj.*	تغییرناپذیر، پایدار، پابرجا، ثابت، نامتغیر، استوار
unveränderlich *Adj.*	تغییرناپذیر، پایدار، پابرجا، ثابت، نامتغیر، استوار
unverändert *Adj.*	تغییرناپذیر، پایدار، ثابت، نامتغیر، استوار
unverantwortlich *Adj.*	وظیفه‌نشناس، غیرمسئول، بدون احساس مسئولیت
Unverantwortlichkeit, *die;-*	وظیفه‌نشناسی، عدم مسئولیت
unverarbeitet *Adj.*	۱. ناتمام، بی‌پایان ۲. خام، نارس ۳. نقد نشده
unveräußerlich *Adj.*	۱. انتقال‌ناپذیر، غیرقابل انتقال، واگذارنکردنی ۲. غیر قابل فروش
unverbesserlich *Adj.*	اصلاح‌ناپذیر، اصلاح‌نشدنی، غیرقابل اصلاح، بهبودی‌ناپذیر
unverbildet *Adj.*	۱. ساده، خالص، اصیل ۲. (فلسفه) غیر سوفسطایی
unverbindlich *Adj., Adv.*	۱. غیراجباری، اختیاری، بدون قبول تعهد ۲. نامهربان ۳. خصوصی، بدون تشریفات
Unverbindlichkeit, *die;-,-en*	۱. عدم اجبار، عدم الزام ۲. نامهربانی ۳. عدم رسمیت، بدون تشریفات
unverblümt *Adj.*	رک، ساده، بی‌پرده، بی‌واسطه، صریح
unverbraucht *Adj.*	به کار نبرده، استعمال‌نشده، غیرمستعمل، تر و تازه؛ خالص
unverbrennbar *Adj.*	نسوختنی، نسوز، غیر قابل احتراق
unverbrüchlich *Adj.*	ثابت‌قدم، استوار، پابرجا
unverbürgt *Adj.*	تصدیق نشده، تأئید نشده
unverdächtig *Adj.*	بدون سوءظن، غیرمظنون
unverdaulich *Adj.*	۱. [غذا] غیرقابل هضم، دیر هضم ۲. [نوشته] ثقیل، سنگین
Unverdaulichkeit, *die;-*	۱. دیرهضمی، ناگوارایی ۲. سنگینی، ثقل (نوشته)
unverdaut *Adj.*	۱. [غذا] هضم نشده ۲. [نوشته] درک نکرده، نفهمیده
unverderblich *Adj.*	نابود نشدنی؛ فاسد نشدنی، ضایع نشدنی
unverderbt *Adj.*	فاسد نشده، ضایع نشده، خراب نشده، سالم، تازه
unverdient *Adj., Adv.*	۱. غیرمستحق، غیرشایسته، فاقد شایستگی ۲. بدون این که شایستگی داشته باشد
unverdientermaßen *Adv.*	غیرمستحقانه، از روی عدم شایستگی
unverdorben *Adj.*	فاسد نشده، ضایع نشده، خراب نشده، سالم، تازه
unverdrossen *Adj.*	خستگی‌ناپذیر، شکیبا، بردبار
Unverdrossenheit, *die;-*	خستگی‌ناپذیری، استقامت، پشتکار

unverdünnt 860

unverdünnt *Adj.* [مشروب] غیررقیق، غیرآبکی، ناب، خالص
unverehelicht *Adj.* عروسی نکرده، عزب، مجرد، غیرمتأهل
unvereidigt *Adj.* سوگندنخورده، قسم یاد نکرده
unvereinbar *Adj.* ناسازگار، ناموافق، ناجور، متناقض، ناهماهنگ
Unvereinbarkeit, die; -, -en ناسازگاری، ناجوری، عدم توافق، ناهماهنگی
unverfälscht *Adj.* اصیل، پاک، واقعی، غیرتقلبی
Unverfälschtheit, die; - اصالت، پاکی، درستی، صداقت
unverfänglich *Adj.* بدون سوءظن و عدم اعتماد
unverfroren *Adj.* بی‌شرم، بی‌حیا، گستاخ، جسور، پر رو
Unverfrorenheit, die; -, -en بی‌شرمی، بی‌حیایی، گستاخی، جسارت، پررویی
unvergänglich *Adj.* فناناپذیر، جاوید، ماندگار، ازلی، دائم، همیشگی
Unvergänglichkeit, die; -, -en فناناپذیری، جاودانی، ماندگاری
unvergessen *Adj.* فراموش نشده
unvergeßlich *Adj.* فراموش‌نشدنی، از یاد نرفتنی، خاطره‌انگیز
unvergleichbar *Adj.* مقایسه‌ناپذیر، غیرقابل مقایسه
unvergleichlich *Adj., Adv.* ۱. بی‌مانند، بی‌نظیر، بی‌همتا، بی‌سابقه، منحصر به فرد ۲. غیر قابل مقایسه ۳. بسیار، خیلی
unverhältnismäßig *Adj.* بی‌تناسب، نامناسب، غیرمتجانس، غیرمعقول
unverheiratat *Adj.* عروسی نکرده، عزب، مجرد، غیرمتأهل
unverhofft *Adj.* غیرمنتظره، غیرمترقبه، پیش‌بینی‌نشده
Unverhofft kommt oft. حادثه همیشه پیش می‌آید.
unverholen *Adj.* آشکار، صریح
unverhüllt *Adj.* ساده، بی‌پرده، بدون حجاب
unverjährbar *Adj.* [مال / حقوق] از دست‌نرفتنی، باطل‌نشدنی، اسقاط‌نشدنی
unverkäuflich *Adj.* غیرقابل فروش، غیرفروشی، نفروختنی
Diese Bilder sind unverkäuflich.
این تابلوها فروشی نیستند.
unverkauft *Adj.* فروخته نشده، به فروش نرفته
unverkennbar *Adj.* ۱. خالی از اشتباه و سوءتفاهم ۲. واضح، آشکار، مشهور، معلوم، بدیهی، مشخص
unverkürzt *Adj.* مشروح، کامل، مختصرنشده، کوتاه نشده
unverlangt *Adj.* ناخواسته، مطالبه نکرده
unverläßlich *Adj.* غیرقابل اعتماد، غیرقابل اطمینان
unverletzbar *Adj.* [قانون] غیر قابل نقض
Unverletzbarkeit, die; - تخلف‌ناپذیری
unverletzlich *Adj.* [قانون] غیر قابل نقض
unverletzt *Adj.* ۱. [شخص] سالم، غیر مجروح ۲. [قفل] آسیب‌ندیده، نشکسته
unverlierbar *Adj.* گم‌نشدنی، از دست‌نرفتنی، از دست‌ندادنی
unvermählt *Adj.* عزب، مجرد، غیرمتأهل
unvermeidbar *Adj.* غیرقابل اجتناب، اجتناب‌ناپذیر، ناگزیر، بدیهی، ضروری، لازم
unvermeidlich *Adj.* غیرقابل اجتناب، اجتناب‌ناپذیر، ناگزیر، بدیهی، ضروری، لازم
unvermerkt *Adv.* بدون توجه
unvermindert *Adj.* کم‌نشده؛ کوچک نشده؛ تقلیل نیافته
unvermischt *Adj.* یکدست، خالص، غیرمخلوط
unvermittelt *Adj., Adv.* ۱. ناگهان، ناگهانی ۲. بلافاصله، تند، فوری، بی‌مقدمه، بی‌خبر
Unvermögen, das; -s, - ناتوانی، فروماندگی، ناشایستگی، عجز، ضعف، بی‌لیاقتی
unvermögend *Adj.* تنگدست، فقیر
unvermutet *Adj.* غیرمنتظره، غیرمترقبه، پیش‌بینی نشده
unvernehmlich *Adj.* غیرقابل شنیدن، نارسا، غیرمسموع
Unvernunft, die; - ابلهی، حماقت، بی‌عقلی، نادانی، دیوانگی، نابخردی
unvernünftig *Adj.* ابله، احمق، بی‌عقل، نابخرد، دیوانه، بی‌شعور
unveröffentlicht *Adj.* منتشر نشده، انتشار نیافته
unverpackt *Adj.* بسته‌بندی نشده
unverrichtet *Adj.* انجام نیافته، به اتمام نرسیده، اجرانشده
unverrichteterdinge *Adv.* دست از پا درازتر، بدون انجام هیچ‌گونه کاری
unverrichtetersache *Adv.* دست از پا درازتر، بدون انجام هیچ‌گونه کاری
unverschämt *Adj.* گستاخ، جسور، بی‌شرم، بی‌حیا، پررو، وقیح، بی‌چشم و رو
Unverschämtheit, die; -, -en گستاخی، جسارت، بی‌شرمی، بی‌حیایی، پررویی، وقاحت

unverschlossen *Adj.* ۱. [نامه] باز، سرگشاده
۲. بی‌مهر، غیر ممهور، مهر نشده
unverschuldet *Adj.* بی‌گناه، بدون تقصیر
unversehens *Adv.* به‌طور غیر منتظره،
به‌طور استثنایی، به‌طور بی‌سابقه، ناگهان
unversehrt *Adj.* دست‌نخورده، سالم، صدمه‌ندیده
unversichert *Adj.* بیمه نشده
unversiegbar *Adj.* خستگی‌ناپذیر، پایان‌ناپذیر،
تمام‌نشدنی، پایدار
unversiegelt *Adj.* مهر نشده، غیرممهور، بی‌مهر
unversieglich *Adj.* خستگی‌ناپذیر، پایان‌ناپذیر،
تمام‌نشدنی، پایدار
unversöhnlich *Adj.* (در سیاست) آشتی‌ناپذیر،
نرم‌نشدنی، اصلاح‌ناپذیر، ناسازگار؛ سخت‌گیر، تسکین‌ناپذیر
Unversöhnlichkeit, die; - (در سیاست)
آشتی‌ناپذیری، تسکین‌ناپذیری، ناسازگاری، سخت‌گیری
unversorgt *Adj.* بی‌سرپرست؛ بدون پرستار
Unverstand, der; -(e)s بی‌خردی، بی‌فکری،
بی‌عقلی، بی‌تدبیری، بی‌احتیاطی؛ حماقت
unverstanden *Adj.* غیرقابل فهم، درک نشده
unverständig *Adj.* غیرعاقلانه، بی‌خردانه، بی‌خرد،
بی‌عقل، احمق، نفهم
unverständlich *Adj.* غیرمفهوم، پیچیده، غامض،
نامفهوم، دور از تصور، مبهم، غیر قابل درک
Unverständlichkeit, die; -, -en پیچیدگی،
غامضی، نامفهومی، تصورنکردنی
Unverständnis, das; -nisses عدم تفاهم
unverstellbar *Adj.* ثابت، ماندنی، غیرقابل تعدیل
unverstellt *Adj.* غیرواقعی، غیرحقیقی
unversteuert *Adj.* مالیات نداده، مشمول مالیات
unversucht *Adj.* امتحان نشده، آزمایش نشده،
ناآزموده
unverteidigt *Adj.* بلادفاع، بی‌پناه، دفاع نشده
unverträglich *Adj.* ۱. نزاع‌طلب، ستیزه‌جو، فتنه‌جو،
جنگجو، ناسازگار، ناموافق، ناهماهنگ ۲. [غذا] دیرهضم،
سنگین ۳. [رفتار] غیرقابل تحمل
Unverträglichkeit, die; - نزاع‌طلبی، ستیزه‌جویی،
فتنه‌جویی، جنگجویی، ناموافقی، ناهماهنگی
unverwandt *Adj.* [نگاه] ثابت، ماندنی
unverwechselbar *Adj.* مسلم، مشخص،
مخصوص به خود
unverweilt *Adj.* فوری، آنی، بی‌درنگ، بلافاصله
unverwelklich *Adj.* بادوام، بی‌زوال، نابودنشدنی،
ماندگار، لایزال

unverwendbar *Adj.* غیرقابل استفاده، غیرقابل مصرف
unverweslich *Adj.* فاسد نشدنی، فسادناپذیر،
غیرقابل فساد
unverwirklicht *Adj.* به واقعیت نرسیده، تحقق نیافته،
جامهٔ عمل نپوشیده
unverwischbar *Adj.* پاک‌نشدنی، محونشدنی
unverwundbar *Adj.* آسیب‌ناپذیر، شکست‌ناپذیر،
مغلوب‌نشدنی
unverwüstlich *Adj.* از میان نرفتنی، معدوم نشدنی،
خراب نشدنی، محکم و بادوام
unverzagt *Adj.* دلیر، شجاع، متهور، بی‌باک، نترس،
بی‌پروا
unverzeihbar *Adj.* نابخشودنی، عفونکردنی،
غیرقابل بخشش، غیرقابل عفو، بخشش‌ناپذیر
unverzeihlich *Adj.* نابخشودنی، عفونکردنی،
غیر قابل بخشش، غیر قابل عفو، بخشش‌ناپذیر
unverzinslich *Adj.* [پول] بدون سود، بی‌بهره
unverzollt *Adj.* معاف از پرداخت عوارض گمرکی
unverzüglich *Adj., Adv.* ۱. فوری، آنی، بی‌درنگ،
بلافاصله ۲. فوراً، نقداً، فی‌المجلس
unvollendet *Adj.* ناتمام، ناقص
unvollkommen *Adj.* ناقص، معیوب، ناتمام، ناکامل
Unvollkommenheit, die; -, -en نقص، عیب،
ناتمامی
unvollständig *Adj.* ناقص، معیوب، ناتمام،
تکمیل نشده، ناکامل
Unvollständigkeit, die; - نقص، عیب، ناتمامی،
تکمیل نشدگی
unvollzählig *Adj.* ناتمام، ناقص، تکمیل‌نشده، معیوب
unvorbereitet *Adj.* حاضر و آماده نشده،
مهیا نشده، بدون آمادگی قبلی
unvordenklich *Adj.* از زمان خیلی قدیم
unvoreingenommen *Adj.* بی‌غرض، بی‌تعصب،
بی‌طرف، منصف، بی‌طرفانه
unvorhergesehen *Adj.* به‌طور غیرمنتظره، ناگهان،
پیش‌بینی نشده، غیر مترقبه
unvorsätzlich *Adj.* بدون مقصود؛ بی‌خیال؛
غیرمصمم
unvorschriftsmäßig *Adj.* ناشایست، نامناسب،
بی‌جا، بی‌رویه، غیرعادی
unvorsichtig *Adj.* بی‌احتیاط، بی‌مبالات، ندانم‌کار،
بی‌پروا، غیرمحتاط، سهل‌انگار
Unvorsichtigkeit, die; -, -en بی‌احتیاطی،
بی‌مبالاتی، ندانم‌کاری، بی‌پروایی، سهل‌انگاری

unvorstellbar *Adj.* باورنکردنی، غیرقابل قبول، تصورنکردنی، غیرقابل تصور

unvorteilhaft *Adj.* نامطلوب، نازیبا، ناخوشایند، ناجور، بی‌قواره

unwägbar *Adj.* بی‌وزن، سبک، سنجش‌ناپذیر

Unwägbarkeit, die; -, -en بی‌وزنی، سبکی، سنجش‌ناپذیری

unwahr *Adj.* نادرست، غیر واقعی، دروغ، ساختگی، خلاف واقع

unwahrhaftig *Adj.* کذب، ناراستی، خلاف حقیقت

Unwahrheit, die; -, -en دروغ، کذب، ناراستی، سخن دروغ، خلاف واقعیت

unwahrscheinlich *Adj.* ۱. دور، بعید، غیراحتمالی، باورنکردنی، غیرقابل قبول، نپذیرفتنی ۲. بسیار، خیلی

Unwahrscheinlichkeit, die; -, -en دوری، بُعد؛ عدم احتمال، حادثه / امر غیر محتمل

unwandelbar *Adj.* ثابت، استوار، تغییرناپذیر

unwegsam *Adj.* گذرنکردنی، غیرقابل عبور، صعب‌العبور، بی‌جاده، بی‌راه

unweiblich *Adj.* بدون خصوصیات زنانگی، فاقد اخلاق زنانه

unweigerlich *Adj.* ۱. ناچار، ناگزیر، بدیهی، مسلم، قطعی ۲. به‌ناچار، حتماً

unweise *Adj.* نادان، جاهل، غیرعاقلانه

unweit *Präp., Adv.* ۱. نزدیکِ، در نزدیکیِ ۲. نزدیک، نه‌چندان دور

Unwert der; -(e)s ناشایستگی، نالایقی

unwert *Adj.* ناشایسته، نالایق

Unwesen das; -s, - ۱. آزار، اذیت، اضطراب، مایهٔ رنجش ۲. فعالیت، کار، عمل

unwesentlich *Adj.* ۱. غیربنیادی، غیرضروری، غیراساسی، فرعی، بی‌اهمیت ۲. ناچیز، جزئی، کم

Unwetter, das; -s, - هوای بد، هوای طوفانی

unwichtig *Adj.* غیرمهم، بی‌اهمیت، جزئی، ناقابل، ناچیز

Unwichtigkeit, die; -, -en ناچیزی، ناقابلی، بی‌اهمیتی

unwiderlegbar *Adj.* غیرقابل تکذیب، غیرقابل انکار، قطعی

Unwiderlegbarkeit, die; - انکارناپذیری، تکذیب‌ناپذیری

unwiderleglich *Adj.* انکارناپذیر، غیرقابل تکذیب، غیرقابل انکار، قطعی

unwiderruflich *Adj.* ۱. غیرقابل فسخ، فسخ‌ناپذیر ۲. غیرقابل برگشت، به‌طور قطعی، تغییرناپذیر

Unwiderruflichkeit, die; - ۱. فسخ‌ناپذیری ۲. تغییرناپذیری

unwidersprechlich *Adj.* غیرقابل بحث

unwidersprochen *Adj.* غیرقابل بحث

unwiderstehlich *Adj.* مقاومت‌ناپذیر، سخت، غیرمقاوم

Unwiderstehlichkeit, die; - مقاومت‌ناپذیری، سختی

unwiderbringlich *Adj.* جبران‌ناپذیر، چاره‌ناپذیر؛ غیرقابل استرداد؛ برنگشتنی، از دست رفته

Unwille(n), der; -(n)s, - خشم، غضب، رنجش، رنجیدگی؛ نارضایتی؛ عصبانیت، اوقات تلخی

unwillig *Adj.* خشمگین، غضبناک؛ رنجیده، ناخشنود، ناراضی؛ اوقات تلخ

unwillkommen *Adj.* ناخوشایند، غیرمقبول، غیرمطلوب

unwillkürlich *Adj.* ۱. بی‌میل، بدون اراده، بدون قصد، غیرارادی ۲. خودبه‌خود، بی‌اختیار، ناچار

unwirklich *Adj.* غیرواقعی، خیالی، تصوری، واهی، وهمی

unwirksam *Adj.* بی‌اثر، بی‌نتیجه، بیهوده، بی‌فایده، غیرمؤثر، غیرعملی، غیرفعال، بی‌تأثیر

Unwirksamkeit, die; - بی‌اثری، بی‌نتیجگی؛ بیهودگی، بی‌فایدگی، بی‌کفایتی؛ پوچی؛ عدم فعالیت

unwirsch *Adj.* اخمو؛ قهرآلود؛ غیردوستانه؛ کج‌خلق

unwirtlich *Adj.* ۱. دَرِ خانه بسته، نامهربان ۲. [هوا] بارانی و سرد

unwirtschaftlich *Adj.* غیراقتصادی، غیرصرفه‌جو

unwissend *Adj.* نادان، جاهل؛ بی‌اطلاع، غافل، بی‌خبر، بی‌شعور

Unwissenheit, die; - نادانی، بی‌خبری، بی‌شعوری، جهالت، جهل

unwissenschaftlich *Adj.* غیرعلمی، خلاف موازین علمی

unwissentlich *Adj.* ۱. بی‌خبر، بی‌اطلاع، بی‌توجه ۲. از روی بی‌خبری

unwohl *Adv.* بدحال، ناخوش، مریض، بیمار، کسل

Unwohlsein, das; -s, - ۱. اختلال مزاج، کسالت، ناخوشی، بی‌میلی ۲. عادت ماهانه

unwohnlich *Adj.* غیرقابل سکونت

Unwucht, die; -, -en عدم توازن، اختلال مشاعر

unwürdig *Adj.* ۱. ناشایسته، نالایق ۲. خفت‌آور، ننگین

Unwürdigkeit, die; - ناشایستگی

Unzahl, die; - تعداد بسیار زیاد
unzählbar *Adj.* بی‌شمار، بی‌حساب، غیرقابل شمارش، به تعداد بسیار زیاد
unzählig *Adj.* بی‌شمار، بی‌حساب، غیرقابل شمارش، به تعداد بسیار زیاد
unzähmbar *Adj.* [حیوان] رام‌نشدنی
unzart *Adj.* خشن، درشت، زمخت، بی‌ظرافت
Unzartheit, die; - خشونت، درشتی، زمختی، بی‌ظرافتی
Unze, die; -, -n اونس (مقدار وزنی برابر با ۲۸/۳۵ گرم)
Unzeit, die; - بی‌موقع، بی‌وقت، وقت نامناسب
Er kommt immer zur Unzeit. او همیشه بی‌موقع می‌آید.
unzeitgemäß *Adj.* ۱. از مد افتاده ۲. بی‌جا، بی‌مورد، بی‌موقع، نابهنگام
unzeitig *Adj.* ۱. خارج از وقت، غیرفصل، خارج از موقع، بی‌موقع ۲. [میوه] کال، نرسیده
unzensiert *Adj.* سانسور نشده
unzerbrechlich *Adj.* نشکستنی، غیرقابل شکستن، نشکن
unzerkaut *Adj.* نجویده، جویده نشده
unzerlegbar *Adj.* تجزیه‌ناپذیر، غیرقابل تفکیک، تقسیم‌نشدنی، بخش‌ناپذیر
unzerreißbar *Adj.* پاره‌نشدنی، غیرقابل گسیختن
unzerstörbar *Adj.* فناناپذیر، از میان نرفتنی، معدوم‌نشدنی
unzertrennlich *Adj.* جدانشدنی، تجزیه‌ناپذیر، غیرقابل تفکیک
Unziale, die; -, -n حروف نسبتاً گرد و درشت لاتین که در کتاب‌های خطی قدیم به‌کار می‌بردند و شبیه حروف چاپی درشت امروزی بود
Unzialschrift, die; - حروف نسبتاً گرد و درشت لاتین که در کتاب‌های خطی قدیم به‌کار می‌بردند و شبیه حروف چاپی درشت امروزی بود
unziemend *Adj.* زشت، ناشایست
unziemlich *Adj.* زشت، ناشایست
unzivilisiert *Adj.* بی‌تمدن، وحشی، بی‌تربیت، بی‌فرهنگ
Unzucht, die; - گناه، فسق و فجور، فساد اخلاق، فحشا، بی‌عفتی، هرزگی، عمل منافی عفت
unzüchtig *Adj.* زشت، ناپسند، موهن؛ هرزه
unzufrieden *Adj.* ناراضی، ناخشنود
Unzufriedene, der / die; -n, -n ناراضی، متمرد، سرکش
Unzufriedenheit, die; - نارضایتی، ناخشنودی، عدم رضایت
unzugänglich *Adj.* ۱. غیرقابل عبور ۲. از خودراضی، خودرأی
unzukömmlich *Adj.* غیرکافی، اندک
unzulänglich *Adj.* کم، غیرکافی؛ نامناسب؛ نارسا، ناقص
Unzulänglichkeit, die; -, -en کمی، نقصان، کمبود، کاستی؛ نامناسبی؛ نقص
unzulässig *Adj.* ناروا، ناپسندیده، نامشروع، ناحق، غیرمجاز، ممنوع، غیرقانونی
unzumutbar *Adj.* غیرقابل قبول، نامعقول، بی‌دلیل، بی‌معنی، غیرمنطقی
unzurechnungsfähig *Adj.* غیرمسئول، بی‌مسئولیت، فاقد صلاحیت؛ آزاد، فارغ
Unzurechnungsfähigkeit, die; - عدم مسئولیت، آزادی فراغت
unzureichend *Adj.* ناکافی، کم، غیرمکفی، نارسا
unzusammenhängend *Adj.* جدا، سوا، بریده، منفصل، بی‌ربط، بی‌ارتباط
unzuständig *Adj.* ناشایست، بی‌کفایت، بی‌لیاقت، نالایق، فاقد صلاحیت
Unzuständigkeit, die; - ناشایستگی، بی‌کفایتی، بی‌لیاقتی، عدم صلاحیت
unzuträglich *Adj.* ناگوار، ناسالم، مضر
Unzuträglichkeit, die; -, -en ناگوارایی، ناسالمی، ناپاکی
unzutreffend *Adj.* نادرست، غلط؛ غیرعملی؛ معیوب، نامناسب، غیرقابل استعمال؛ نامربوط
unzuverlässig *Adj.* غیرقابل اطمینان، غیرقابل اعتماد
Unzuverlässigkeit, die; -, -en عدم قابلیت اعتماد
unzweckmäßig *Adj.* نامناسب، ناشایست، بی‌جا، غیرمقتضی
Unzweckmäßigkeit, die; -, -en ناشایستگی، عدم اقتضا، عدم مناسبت
unzweideutig *Adj.* روشن، غیرمبهم، صریح، آشکار، واضح
unzweifelhaft *Adj., Adv* ۱. بدون شک، بدون تردید، بی‌چون و چرا ۲. مسلماً، محققاً، مطمئناً
üppig *Adj.* ۱. خوشگذران، شهوتران، عیاش ۲. فراوان، انبوه ۳. چاق و چله
Üppigkeit, die; -, -en ۱. خوش‌گذرانی، شهوت‌رانی، عیاشی ۲. فراوانی، وفور ۳. توانگری
Ur, der; -(e)s, -e گاو وحشی اروپایی
Urabstimmung, die; -, -en رأی‌گیری مستقیم

Urahn   864

Urahn, der; -(e)s, -en	جد، نیا
Urahne, die; -, -n	جده
Urahnen, die/ Pl.	اجداد، نیاکان
uralt Adj.	بسیار پیر؛ خیلی قدیمی؛ خیلی کهنه
Uran, das; -s, -	اورانیم
Uranbrenner, der; -s, -	پیل اورانیم
Uranmeiler, der; -s, -	پیل اورانیم
Uranfang, der; -(e)s, ⸚e	اصل، منبع، سرچشمه، منشا
uranfänglich Adj.	پیشین، اولیه؛ بسیار کهن، باستانی
uranhaltig Adj.	اورانیم‌دار
Uranpechblende, die; -, -n	اورانیت
Uranpecherz, das; -es, -e	اورانیت
uraufführen Vt.	برای اولین بار اجرا کردن (اثر)
Uraufführung, die; -, -en	(در نمایش) اولین اجرا
urban Adj.	مؤدب؛ مؤدبانه
urbanisieren Vt.	تربیت کردن، باادب کردن
Urbanität, die; -	ادب؛ مدنیت
urbar Adj.	قابل کشت و زرع، قابل کشت‌کاری، حاصل‌خیز
(Boden) urbar machen	(زمین را) قابل کشت کردن
Urbarmachung, die; -, -en	کشت و زرع، کشت‌کاری، زراعت
Urbedeutung, die; -, -en	مفهوم اصلی، معنی اولیه
Urbeginn, der; -(e)s	اصل، منبع، منشا، سرچشمه
Urbestandteil, der; -(e)s, -e	جزء اصلی، بخش اصلی
Urbevölkerung, die; -, -en	سکنهٔ اصلی، جمعیت ابتدایی
Urbewohner, der; -s, -	ساکن اصلی، بومی، ساکن ابتدایی
Urbild, das; -(e)s, -er	صورت نخستین، نمونهٔ اولیه، تصویر اصلی
Urdu, das; -(s), -	زبان اردو
Urea, die; -	اوره
Ureinwohner, der; -s, -	ساکن اصلی، بومی
Ureltern, die/ Pl.	۱. اجداد، اسلاف، پیشینیان، جد و جده ۲. آدم و حوا
Urenkel, der; -s, -	نتیجه (پسر نوه)
Urenkelin, die; -, -nen	نتیجه (دختر نوه)
Ureter, der; -s, -en	میزنای، حالب
Urethra, die; -, -s	میزراه، پیشاب‌راه، مجرای ادرار
urewig Adj.	مدت‌ها پیش از این
Urfehde, die; -, -n	آتش‌بس، قرارداد متارکهٔ موقتِ جنگ

Urform, die; -, -en	طرح اصلی، شکل اصلی، فرم ابتدایی، نمونهٔ اولیه
Urgebirge, das; -(e)s, -	صخره‌های ابتدایی، کوه‌های اصلی
urgemütlich Adj.	بسیار راحت
Urgeschichte, die; -	ماقبل تاریخ
Urgeschichtler, der; -s, -	محقق تاریخ باستان، باستان‌شناس
urgeschichtlich Adj.	ماقبل تاریخی، (وابسته به) ماقبل تاریخ
Urgestalt, die; -, -en	طرح اصلی، شکلی اصلی، فرم ابتدایی، نمونهٔ اولیه
Urgestein, das; -s, -e	صخره‌های ابتدایی
Urgewalt, die; -, -en	نیروی اولیه
Urgroßeltern, die/ Pl.	اجداد، نیاکان
Urgroßmutter, die; -, ⸚	جده
Urgroßvater, der; -s, ⸚	جد، نیا
Urheber, der; -s, -	مصنف؛ مؤسس؛ مبتکر؛ بانی؛ عامل، بنیانگذار
Urheberin, die; -, -nen	مصنف؛ مؤسس؛ مبتکر؛ بانی، عامل، بنیانگذار (زن)
Urheberrecht, das; -(e)s, -e	حق انحصاری، حق مؤلف، حق تألیف
urheberrechtlich Adj.	(مربوط به) حق انحصاری، (مربوط به) حق مؤلف
Urheberschaft, die; -	ابداع، احداث، ایجاد، تصنیف
Urheberschutz, der; -es	حمایت، پناه؛ حکم تأمین، تأمین‌نامه
Urheimat, die; -, -en	وطن، میهن، کشور آبا و اجدادی
urig Adj.	۱. اصلی، بکر، بدیع، بی‌سابقه ۲. آغازی، ابتدایی، بومی
Urin, der; -s, -e	پیشاب، ادرار، بول، شاش، زهرآب
Urinbecken, das; -s, -	ظرف پیشاب، گلدان ادرار، شاشدان
Urinflasche, die; -, -n	ظرف پیشاب، گلدان ادرار، شاشدان
urinieren Vi.	ادرار کردن، شاشیدن، پیشاب کردن
Urinprobe, die; -, -n	۱. نمونهٔ ادرار ۲. نمونه‌برداری ادرار
urintreibend Adj.	[دارو] پیشاب‌آور، مُدر
Urinuntersuchung, die; -, -en	تجزیهٔ شیمیایی ادرار
Urknall, der; -(e)s, -e	صدای بلند و گوش‌خراش
urkomisch Adj.	بسیار مضحک، بسیار خنده‌دار

Urkraft, die; -, ⁻e نیروی اولیه
Urkunde, die; -, -n سند، مدرک، قباله، گواهینامه؛ وثیقه
Urkundenbeweis, der; -es, -e سند کتبی برای اثبات امری
Urkundendolmetscher, der; -s, - مترجم قسم‌خورده
Urkundenfälscher, der; -s, - جاعل اسناد
Urkundenfälschung, die; -, -en جعل سند؛ امضاسازی
Urkundenrolle, die; -, -n دفتر ثبت اسناد؛ دفتر ثبت آمار
urkundlich Adj. سندی، مدرکی، مستند، بامدرک
Urkundsbeamte, der; -n, -n کارمند دفتری، دفتردار، بایگان، کارمند ثبت
Urlaub, der; -(e)s, -e مرخصی، تعطیلی، فراغت از کار
   im Urlaub در مرخصی
   Urlaub haben مرخصی داشتن، تعطیلی داشتن
   auf Urlaub fahren به مرخصی رفتن
Urlauber, der; -s, - کسی که به مرخصی می‌رود، شخصی که تعطیلات خود را می‌گذراند، استفاده‌کننده از مرخصی
Urlauberin, die; -, -nen کسی که به مرخصی می‌رود، شخصی که تعطیلات خود را می‌گذراند، استفاده‌کننده از مرخصی (زن)
Urlaubsanspruch, der; -(e)s, ⁻e حق استفاده از مرخصی
Urlaubsdauer, die; -, -n مدت مرخصی
Urlaubsgeld, das; -(e)s, -er مخارج مرخصی
Urlaubsgesuch, das; -(e)s, -e درخواست مرخصی
Urlaubsreise, die; -, -n سفر به‌منظور استفاده از مرخصی
Urlaubsreisende, der/die; -n, -n کسی که به مرخصی می‌رود، شخصی که تعطیلات خود را می‌گذراند
Urlaubsschein, der; -es, -e برگهٔ مرخصی، برگهٔ ترخیص (سرباز)
Urlaubszeit, die; -, -en زمان استفاده از مرخصی
Urmensch, der; -en, -en انسان اولیه، انسان ابتدایی
Urmutter, die; -, ⁻ ۱. جده ۲. حضرت حوا
Urne, die; -, -n ۱. ظرف محتوی خاکستر مرده ۲. ظرف مخصوص قرعه‌کشی ۳. (در انتخابات) صندوق آرا
urogenital Adj. (وابسته به) مجاری ادرار
Urogenitalsystem, das; -s, -e دستگاه دفع ادرار

Urologe, der; -n, -n اورولوگ (پزشک متخصص بیماری‌های مجاری ادرار)
Urologie, die; - اورولوژی، میزه‌شناسی (شاخه‌ای از دانش پزشکی که به شناختن و درمان بیماری‌های مجرای ادرار مربوط می‌شود)
urplötzlich Adj., Adv. ۱. ناگهان، ناگهانی، بی‌مقدمه، فوری ۲. غفلتاً، غیرمنتظره
Urprodukt, das; -(e)s, -e مادهٔ خام
Urquell, der; -(e)s, -e سرچشمه، منبع چشمه
Ursache, die; -, -n سبب، علت، موجب، انگیزه
   Keine Ursache! خواهش می‌کنم! اختیار دارید!
Ursachenzusammenhang, der; -(e)s, ⁻e رابطهٔ بین علت و معلول، علیت
ursächlich Adj. سببی، علتی، علیتی
Ursächlichkeit, die; -, -en علیت، رابطهٔ بین علت و معلول
Urschrift, die; -, -en متن اصلی، نسخهٔ اصلی
urschriftlich Adj. نوشته شده با دست خود مصنف
Ursprache, die; -, -n زبان ابتدایی، زبان ساده و قدیمی
Ursprung, der; -(e)s, ⁻e اصل، منشا، منبع، سرچشمه، مبدأ
ursprünglich Adj. ۱. در آغاز، ابتدایی، مقدماتی، در ابتدا ۲. در اصل، اصلی، اساسی
Ursprünglichkeit, die; - ۱. اصالت، اساس، ۲. تازگی، ابتکار
ursprungs Adv. در اصل، در آغاز، در ابتدا
Ursprungsland, das; -(e)s, ⁻er کشور تولیدکننده (کالا)
Ursprungszeugnis, das; -nisses, -nisse سند کالاهای خارجی
Urstoff, der; -(e)s, -e مادهٔ خام، مادهٔ اولیه
Urteil, das; -s, -e ۱. حکم (دادگاه) ۲. داوری، قضاوت، رأی، اظهارنظر، قرار
urteilen Vi. ۱. حکم کردن، رأی صادر کردن، فتوا دادن؛ قضاوت کردن ۲. داوری کردن ۳. اظهار عقیده کردن
   Urteilen Sie selbst! خودتان قضاوت کنید!
Urteilsaufhebung, die; -, -en نقض حکم دادگاه، فسخ حکم
Urteilsbegründung, die; -, -en دلیل محکومیت، استدلال حکم، استدلال قرار
Urteilseröffnung, die; -, -en اعلان حکم دادگاه
urteilsfähig Adj. آمادهٔ صدور حکم

Urteilsforderung 866

Urteilsforderung, die; -, -en مطالبهٔ حکم دادگاه
Urteilsgläubiger, der; -s, - محکوم، دادخواسته
Urteilskraft, die; - نیروی قضاوت، قوهٔ تمیز
Urteilsschuldner, der; -s, - محکوم علیه، دادباخته
Urteilsspruch, der; -(e)s, ⸚e قضاوت، دادرسی، رأی دادگاه، صدور حکم
Urteilsverkündung, die; -, -en ابلاغ رأی دادگاه، صدور حکم
Urteilsvollstreckung, die; - اجرای رأی دادگاه
Urtext, der; -es, -e متن اصلی، متن اولیه
Urtierchen, das; -s, - موجود تک‌یاخته آغازی
Urtrieb, der; -(e)s, -e شعور حیوانی، غریزهٔ طبیعی
urtümlich *Adj.* ۱. اصلی، بکر؛ بومی، بدیع؛ بی‌سابقه ۲. آغازی، ابتدایی
Urtypus, der; -, -typen نمونهٔ اصلی، نمونهٔ اولیه
Ururenkel, der; -s, - نبیره (پسری)
Ururenkelin, die; -, -nen نبیره (دختری)
Ururgroßmutter, die; -, ⸚ مادربزرگ مادربزرگ؛ مادربزرگ پدربزرگ
Ururgroßvater, der; -s, ⸚ پدربزرگ پدربزرگ؛ پدربزرگ مادربزرگ
Urvater, der; -s, ⸚ ۱. جد، نیا ۲. حضرت آدم
Urväterzeit, die; -, -en زمان پیش، درگذشته، در زمانی بسیار دور
urverwandt *Adj.* هم‌ریشه، هم‌اصل، هم‌جنس، وابسته به هم
Urvolk, das; -(e)s, ⸚er جامعهٔ ابتدایی، سکنهٔ اولیه
Urwahl, die; -, -en انتخاب اولیه، گزینش مقدماتی
Urwald, der; -es, ⸚er جنگل بکر، جنگل انبوه، جنگل طبیعی، جنگل دست‌نخورده
Urwelt, die; -, -en دنیای باستانی
urweltlich *Adj.* (وابسته به) اوایل تاریخ بشر، (وابسته به) روزگار نخست، (مربوط به) دوران بشر اولیه
urwüchsig *Adj.* ۱. اصلی، بکر؛ بدیع، بی‌سابقه ۲. طبیعی، اصیل
Urzeit, die; -, -en روزگار نخست، دورهٔ ماقبل تاریخ
urzeitlich *Adj.* (مربوط به) دورهٔ ماقبل تاریخ
Urzelle, die; -, -n سلول تک‌یاخته
Urzustand, der; -es, ⸚e حالت اصلی، حالت اولیه

USA, die / *Pl* ایالات متحدهٔ امریکا
Usance, die; -, -n عادت، رسم، عرف، سنت
Usbeke, der; -n, -n ازبک، اهل ازبکستان
usbekisch *Adj.* ازبکی، (مربوط به) ازبکستان
Usbekistan, das ازبکستان
Uso, der; -s, -s عادت، رسم، عرف، سنت
Usowechsel, der; -s, - قبض سررسید
usuell *Adj.* همیشگی، معمولی، عادی، مرسوم، متداول
Usurpation, die; -, -en غصب، تصرف عدوانی
Usurpator, der; -s, -en غاصب؛ رباینده؛ غصب‌کننده
usurpatorisch *Adj.* غصبی، (مبنی بر) تصرف عدوانی
usurpieren *Vt.* غصب کردن، به زور گرفتن، ربودن، به‌ناحق تصرف کردن
Usus, der; - عادت، رسم، عرف، سنت
Das ist bei uns so Usus. نزد ما رسم چنین است.
usw = *und so weiter* و غیره، الی آخر
Utensilien, die / *Pl.* لوازم، وسایل، اسباب، ابزار
uterin *Adj.* (مربوط به) رحم
Uterus, der; -, -ri زهدان، بچه‌دان، رحم
Utilitarier, der; -s, - سودگرا
Utilitarismus, der; - سودگرایی
utilitaristisch *Adj.* مبنی بر سودمندی، ناشی از عقیدهٔ رجحان
Utopia, das; -s ناکجا آباد، جامعهٔ آرمانی، مدینهٔ فاضله
Utopie, die; -, -n خواب و خیال، رویا، خیال واهی، آرزوی محال، وهم
Utopien, das; -s ناکجا آباد، جامعهٔ آرمانی، مدینهٔ فاضله
utopisch *Adj.* رویایی، تخیلی، آرمانی، خواب و خیالی
Utopist, der; -en, -en خیال‌پرست، خیال‌باف، رویاگرا
Utopistin, die; -, -nen خیال‌پرست، خیال‌باف، رویاگرا (زن)
Utopismus, der; -, -men رویاگرایی، رویاپردازی
UV-Strahlen, die / *Pl.* اشعهٔ ماورای‌بنفش
Uz, der; -es, -e اذیت و آزار
uzen *Vt.* اذیت کردن، آزردن، به‌ستوه آوردن، سر به سر (کسی) گذاشتن

V

V, das; -, - فاو (حرف بیست‌ودوم الفبای آلمانی)
v. a. = *vor allem* قبل از هر چیز، در درجهٔ اول
Vagabondage, die; -, -n ولگردی، خانه به دوشی، آوارگی
Vagabund, der; -en, -en ولگرد، آواره، خانه به دوش، در به در
vagabundieren *Vi.* ولگردی کردن، خانه به دوش بودن، آواره بودن
vage *Adj.* نامعلوم، غیرمشخص، مبهم
Vagina, die; -, -nen آلت تناسلی زن، مهبل
vaginal *Adj.* (مربوط به) آلت تناسلی زن، مهبلی
vakant *Adj.* خالی، اشغال نشده، بلاتصدی، آزاد
Vakanz, die; -, -en محل خالی، پست بلاتصدی
Vakuum, das; -s, -kua خلاء، فضای تهی
Vakuumbremse, die; -, -n ترمز بادی
Vakuumpumpe, die; -, -n تلمبهٔ تخلیهٔ هوا
Vakzin, das; -s, -e واکسن، مایهٔ تلقیح
Vakzination, die; -, -en واکسیناسیون، تزریق واکسن، مایه کوبی، تلقیح
Vakzine, die; -, -n واکسن، مایهٔ تلقیح
vakzinieren *Vt.* واکسن زدن، مایه کوبی کردن، تلقیح کردن
Vakzinierung, die; -, -en تزریق واکسن، مایه کوبی، تلقیح
Valenz, die; -, -en ۱. (شیمی) ظرفیت ۲. (دستور زبان) ظرفیت
Valenzelektronen, die / *Pl.* (شیمی) الکترون‌های ظرفیت
valieren *Vi.* ارزش داشتن، معتبر بودن
Valuta, die; -, -ten ۱. (در بورس) ارزش، بها، قیمت، ارزش پولی ۲. ارز
valutieren *Vt.* بها گذاردن، قیمت کردن، ارزیابی کردن
Vamp, der; -s, -s زن عشوه‌گر؛ زن حسابگر
Vampir, der; -s, -e دراکولا (روح تبهکاران و جادوگران که شب‌هنگام از قبر بیرون می‌آید و خون اشخاص جوان را می‌مکد)
vampirisch *Adj.* خون‌آشام، خونخوار
Vandale, der; -n, -n مخرب
vandalisch *Adj.* تخریبی
Vandalismus, der; - تخریب‌گرایی
Vanille, die; -, -n وانیل، گیاه وانیل
variabel *Adj.* متغیر، تغییرپذیر، بی‌ثبات
Variabilität, die; -, -en تغییرپذیری
Variable, die; -n, -n (ریاضی) مقدار متغیر
Variante, die; -, -n تغییر جزئی، شکل تغییریافته، نوع دیگر
Variation, die; -, -en ۱. تغییر، اختلاف، دگرگونی ۲. واریاسیون (فرمی در موسیقی که از تنوع بخشیدن چندباره به یک تم نتیجه می‌شود)
Varietät, die; -, -en تنوع، گوناگونی؛ اختلاف
Varieté, das; -s, -s واریته (نمایشی مرکب از برنامه‌های متنوع رقص و آواز)
Varietétheater, das; -s, - نمایشی مرکب از چند بخش متنوع
Variétevorstellung, die; -, -en نمایشی مرکب از چند بخش متنوع
variieren *Vt., Vi.* ۱. تغییر دادن، متنوع کردن، مختلف ساختن، ۲. متنوع بودن، مختلف بودن، تفاوت داشتن، فرق داشتن
Vasall, der; -en, -en رعیت، زیردست
Vasallenstaat, der; -es, -en دولت وابسته، دولت اقماری
Vase, die; -, -n گلدان
Vaselin, das; -s وازلین
Vaseline, die; - وازلین
Vater, der; -s, ⸚ پدر
Vaterhaus, das; -es, -häuser خانهٔ پدری
Vaterherrschaft, die; -, -en پدرسالاری
Vaterland, das; -(e)s, ⸚er سرزمین پدری، میهن، وطن
vaterlandisch *Adj.* وطنی، (مربوط به) سرزمین پدری
Vaterlandsliebe, die; - عشق وطن
väterlich *Adj.* پدرانه، پدرگونه، (مربوط به) پدر
väterlicherseits *Adv.* از طرف پدر
Vaterliebe, die; - دوستی پدرانه
vaterlos *Adj.* بی‌پدر، یتیم

Vatermord, der; -(e)s, -e پدرکشی، قتل پدر
Vatermörder, der; -s, - پدرکش، قاتل پدر
Vaterschaft, die; -, -en پدری
Vatersklage, die; -, -n تعیین نسب، تعیین پدر بچه حرامزاده
Vaterstadt, die; -, ⸚e سرزمین پدری، وطن
Vaterunser, das; -s, - اسم دعای مسیحیان که با این کلمه شروع می‌شود
Vati, der; -s, -s بابا
Vatikan, der; -s, - واتیکان (مقر رسمی پاپ در شهر رم)
Vegetarier, der; -s, - گیاه‌خوار
vegetarisch *Adj.* گیاهی
Vegetation, die; -, -en زندگی گیاهی، رویش گیاهی
vegetativ *Adj.* ۱. رستنی، گیاهی ۲. ناخودآگاه، غیرارادی
vegetieren *Vi.* با غذای ناچیز و کم زندگی کردن
vehement *Adj.* ۱. شدید، سخت ۲. بانشاط، با حرارت
Vehikel, das; -s, - ۱. وسیلهٔ نقلیه ۲. (داروسازی) مایعی که دارو با آن مخلوط می‌شود
Veilchen, das; -s, - بنفشه
veilchenblau *Adj.* به رنگ بنفشه آبی
Veitstanz, der; -es, - (نوعی) بیماری عصبی
Vektor, der; -s, -en (فیزیک) بردار
Velours, der; - ۱. پارچهٔ مخمل ۲. جیر
Vene, die; -, -n سیاهرگ
Venenentzündung, die; -, -en ورم سیاهرگ
venerisch *Adj.* مقاربتی، جنسی، آمیزشی
Venezianer, der; -s, - ونیزی
Venezianerin, die; -, -nen ونیزی (زن)
venezianisch *Adj.* ونیزی، (مربوط به) ونیز
venös *Adj.* وریدی، سیاهرگی
Ventil, das; -s, -e ۱. دریچهٔ تنظیم، شیر (آب / گاز) ۲. سوپاپ، سرپوش
Ventilation, die; -, -en تهویه
Ventilator, der; -s, -en دستگاه تهویه، هواکش؛ پنکه، بادبزن برقی
ventilieren *Vt.* تهویه کردن
ventral *Adj.* (پزشکی) (مربوط به) شکم، شکمی
Venus, die; - ۱. (ستاره) ناهید، زهره ۲. (در رم باستان) ونوس، الهه زیبایی
verabfolgen *Vt.* ۱. تسلیم کردن، تحویل دادن ۲. تهیه دیدن، تدارک دیدن ۳. اداره کردن
Verabfolgung, die; -, -en ۱. تسلیم، تحویل ۲. تهیه، تدارک ۳. اداره

verabreden *Vt., Vr.* ۱. با (کسی) قرار گذاشتن، با (کسی) توافق کردن ۲. با (کسی) قرار ملاقات گذاشتن
sich mit jemandem **verabreden** با کسی قرار ملاقات گذاشتن
verabredetermaßen *Adv.* طبق قرار
Verabredung, die; -, -en ۱. قرار ۲. قرار ملاقات
verabreichen *Vt.* دادن
verabsäumen *Vt.* در (چیزی) غفلت کردن؛ فروگذار کردن، از قلم انداختن
verabscheuen *Vt.* نفرت داشتن، اکراه داشتن، بیزار بودن، تنفر داشتن، منزجر بودن
Verabscheuung, die; -, -en نفرت، اکراه، بیزاری
verabschieden *Vt., Vr.* ۱. مرخص کردن ۲. اخراج کردن ۳. تصویب کردن ۴. به خدمت (کسی) پایان دادن ۵. تودیع کردن ۶. جدا شدن
Verabschiedung, die; -, -en ۱. مرخصی ۲. اخراج ۳. تصویب (قانون) ۴. خداحافظی
verachten *Vt.* تحقیر کردن، حقیر شمردن، خوار داشتن، کوچک شمردن
Verächter, der; -s, - تحقیرکننده، خوار شمارنده
Verächterin, die; -, -nen تحقیرکننده، خوار شمارنده (زن)
verächtlich *Adj.* تحقیرآمیز، سزاوار تحقیر، توهین‌آمیز
Verachtung, die; - تحقیر، حقارت
veralbern *Vt.* مسخره کردن، دست انداختن
Veralberung, die; -, -en مسخره، مضحکه
verallgemeinern *Vt.* تعمیم دادن، عمومیت دادن، تحت قانون کلی درآوردن
Verallgemeinerung, die; -, -en تعمیم
veralten *Vi.* قدیمی شدن، فرسوده شدن، کهنه شدن
veraltet *Adj.* قدیمی، فرسوده، کهنه، از مد افتاده
Veranda, die; -, -den ایوان؛ بالکن
veränderbar *Adj.* قابل تغییر، تغییرپذیر، متغیر
veränderlich *Adj.* قابل تغییر، تغییرپذیر، متغیر
Veränderlichkeit, die; -, -en قابلیت تغییر، تغییرپذیری
verändern *Vt., Vr.* ۱. تغییر دادن، عوض کردن، دگرگون کردن ۲. تغییر کردن، عوض شدن، دگرگون شدن
Er hat sich sehr verändert. او خیلی تغیر کرده است.
Veränderung, die; -, -en تغییر، دگرگونی
verängstigen *Vt.* ترساندن، به وحشت انداختن
verängstigt *Adj.* ترسیده، وحشت کرده، هول کرده
verankern *Vt.* ۱. لنگر (چیزی) را انداختن، با لنگر مهار کردن ۲. محکم کردن

Verankerung, die; -, -en لنگراندازی
veranlagen *Vt.* ۱. مستعد (چیزی) بودن
۲. تخمین زدن، تعیین کردن، برآورد کردن؛ بستن (مالیات)
veranlagt *Adj.* ۱. مستعد، قادر، دارای قریحه و ذوق
۲. قابل تخمین، قابل ارزیابی
Veranlagung, die; -, -en ۱. قابلیت، استعداد، توانایی ۲. تخمین، تعیین، برآورد، ارزیابی (مالیات)
veranlassen *Vt.* ۱. باعث (چیزی) شدن، موجب (چیزی) شدن، سبب (چیزی) شدن ۲. ترتیب دادن، مقرر داشتن
Veranlassung, die; -, -en باعث، موجب، سبب، انگیزه
veranschaulichen *Vt.* ۱. نمایش دادن، مجسم کردن (تصویر) ۲. (با مثال) روشن کردن، آشکار کردن، مجسم کردن
Veranschaulichung, die; -, -en نمایش، تجسم
veranschlagen *Vt.* تخمین زدن، برآورد کردن (قیمت)
Veranschlagung, die; -, -en تخمین، برآورد (قیمت)
veranstalten *Vt.* برگزار کردن، برپا کردن، ترتیب دادن، تدارک دیدن
eine Ausstellung veranstalten نمایشگاهی ترتیب دادن
eine Tagung veranstalten جلسه‌ای ترتیب دادن
Veranstalter, der; -s, - برگزارکننده، ترتیب‌دهنده
Veranstalterin, die; -, -nen برگزارکننده، ترتیب‌دهنده (زن)
Veranstaltung, die; -, -en برگزاری (جشن / گردهمایی / نمایش)
Veranstaltungskalender, der; -s, - تقویم جشن‌ها و مراسم
verantworten *Vt., Vr.* ۱. مسئول (چیزی) بودن، جوابگو (چیزی) بودن، مسئولیت (چیزی) را به‌عهده گرفتن ۲. از خود دفاع کردن
verantwortlich *Adj.* مسئول، جوابگو
Verantwortlichkeit, die; -, -en مسئولیت
Verantwortung, die; -, -en مسئولیت
verantwortungsbewußt *Adj.* مسئول، عهده‌دار، جوابگو
Verantwortungsbewußtsein, das; -s حس مسئولیت
Verantwortungsgefühl, das; -(e)s احساس مسئولیت
verantwortungslos *Adj.* بدون مسئولیت
verantwortungsvoll *Adj.* مسئول، عهده‌دار، جوابگو
veräppeln *Vt.* مسخره کردن، دست انداختن
verarbeiten *Vt.* ۱. ساختن، تولید کردن ۲. دربارهٔ (موضوعی) به تفکر پرداختن ۳. هضم کردن (غذا)
Verarbeitung, die; -, -en ۱. ساخت، تولید ۲. هضم (غذا)
verargen *Vt.* سرزنش کردن، ملامت کردن، به (کسی) ایراد گرفتن، از (کسی) عیب‌جویی کردن
verärgern *Vt.* خشمگین کردن، عصبانی کردن، اوقات (کسی) را تلخ کردن
verarmen *Vi.* فقیر شدن، نیازمند شدن
verarmt *Adj.* فقیر، بینوا، نیازمند
Verarmung, die; -, -en فقر، بینوایی
verarzten *Vt.* برای (کسی) طبابت کردن، درمان کردن
Verarztung, die; -, -en طبابت، درمان
verästeln *Vr.* منشعب شدن، شاخه‌شاخه شدن
Verästlung, die; -, -en انشعاب، شاخه‌بندی
verausgaben *Vt., Vr.* ۱. خرج کردن (پول) ۲. تمام نیروی (خود) را مصرف کردن
verauslagen *Vt.* مساعده دادن؛ به‌صورت قرض پرداختن
veräußerlich *Adj.* ۱. قابل انتقال، انتقالی ۲. قابل فروش
veräußern *Vt.* ۱. واگذار کردن، انتقال دادن ۲. فروختن
Veräußerung, die; -, -en ۱. واگذاری، انتقال ۲. فروش
Veräußerungserlös, der; -es, -e حاصل فروش؛ دخل
Verb, das; -s, -en (دستور زبان) فعل
verbal *Adj.* فعلی، (مربوط به) فعل
verbalisieren *Vt.* به صورت فعل درآوردن
verballhornen *Vt.* تغییر شکل دادن؛ مسخ کردن؛ تحریف کردن
Verbalnote, die; -, -n یادداشت اعتراض‌آمیز (از یک دولت به دولتی دیگر)
Verband, der; -(e)s, ⸗e ۱. نوار زخم‌بندی ۲. اتحاد؛ ارتباط ۳. اتحادیه، تشکیلات
Verbandkasten, der; -s, ⸗ جعبهٔ کمک‌های اولیه
Verbandstoff, der; -(e)s, -e نوار زخم‌بندی
Verbandvorsitzende, der/die; -n, -n رئیس اتحادیه

Verbandzeug

Verbandzeug, das; -(e)s, -e	لوازم زخم‌بندی
verbannen Vt.	تبعید کردن
Verbannte, der/die; -n, -n	تبعیدی
Verbannung, die; -, -en	تبعید
Verbannungsort, der; -(e)s, -e	تبعیدگاه
verbarrikadieren Vt., Vr.	۱. سنگربندی کردن ۲. پشت (چیزی) سنگر گرفتن
verbauen Vt., Vr.	۱. (به‌وسیلهٔ ساختمان‌سازی) مسدود کردن (راه) ۲. (برای ساختمان‌سازی) به مصرف رساندن ۳. غلط ساختن، نادرست ساختن
verbauern Vi.	دهاتی شدن
verbeißen Vt., Vr.	۱. محکم گاز گرفتن ۲. فرو نشاندن، مانع شدن، جلوگیری کردن
sich das Lachen **verbeißen**	جلوی خنده خود را گرفتن
verbellen Vt.	با پارس کردن به (چیزی) اشاره کردن
verbergen Vt.	مخفی کردن، پنهان کردن
verbessern Vt.	۱. اصلاح کردن ۲. تصحیح کردن، غلط‌گیری کردن ۲. تکمیل کردن ۴. بهبود بخشیدن، بهتر کردن
Verbesserung, die; -, -en	۱. اصلاح ۲. تصحیح، غلط‌گیری ۳. تکمیل ۴. بهبود
verbesserungsfähig Adj.	اصلاح‌پذیر، قابل اصلاح
Verbesserungsvorschlag, der; -(e)s, ⸚e	پیشنهاد اصلاح
verbeugen Vr.	تعظیم کردن، کرنش کردن
Verbeugung, die; -, -en	تعظیم، کرنش
verbeulen Vt.	(با ضربه) از شکل انداختن
verbiegen Vt.	خم کردن، کج کردن
sich **verbiegen**	خم شدن، کج شدن
verbieten Vt.	منع کردن، قدغن کردن، از (چیزی) جلوگیری کردن
Betreten **verboten**!	ورود ممنوع!
Rauchen **verboten**!	سیگار کشیدن ممنوع!
verbilligen Vt.	ارزان کردن، قیمت (چیزی) را کاهش دادن
Verbilligung, die; -, -en	ارزانی، کاهش قیمت
verbinden Vt., Vr.	۱. وصل کردن، مربوط کردن، پیوند دادن، ربط دادن ۲. دور (چیزی) نوار بستن ۳. ازدواج کردن ۴. ترکیب شدن، مخلوط شدن ۵. متحد شدن، اتحاد برقرار کردن
eine Wunde **verbinden**	زخمی را پانسمان کردن
jemandem **verbunden** sein	از کسی سپاسگزار بودن
Ich bin Ihnen sehr **verbunden**.	بسیار مرهون مراحم شما هستم.
verbindlich Adj.	۱. صمیمانه، دوستانه ۲. الزامی، الزام‌آور، لازم، واجب
Verbindlichkeit, die; -, -en	۱. صمیمیت، دوستی ۲. التزام، محظور، وظیفه، تعهد
Verbindung, die; -, -en	۱. ارتباط، رابطه، اتصال، تماس ۲. بستگی، علاقه ۳. (شیمی) ترکیب
mit jemandem in **Verbindung** bleiben	باکسی در تماس بودن
sich mit jemandem in **Verbindung** setzen	باکسی ارتباط برقرار کردن
Verbindungsgang, der; -(e)s, ⸚e	راهرو ارتباطی
Verbindungslinie, die; -, -n	خط تماس، خط ارتباط
Verbindungsmann, der; -(e)s, ⸚er/-leute	رابط
Verbindungsoffizier, der; -s, -e	افسر رابط
Verbindungsrohr, das; -(e)s, -e	لولهٔ رابط
Verbindungsschlauch, der; -(e)s, -schläuche	لولهٔ لاستیکی رابط
Verbindungsstelle, die; -, -n	نقطهٔ اتصال
Verbindungsstraße, die; -, -n	خیابان رابط، خیابان فرعی
Verbindungsstück, das; -(e)s, -e	قطعهٔ رابط
Verbindungstür, die; -, -en	درِ رابط
Verbindungswort, das; -(e)s, -e/⸚er	(دستور زبان) حرف ربط
verbissen Adj.	۱. سرسخت، یکدنده، لجوج ۲. ترشرو ۳. سرسختانه، مصرانه ۴. تنگ‌نظر، خرده‌بین
Verbissenheit, die; -	۱. سرسختی، لجاجت ۲. ترشرویی ۳. خرده‌بینی، تنگ‌نظری
verbitten Vr.	رد کردن، نپذیرفتن، اجازهٔ (چیزی) را ندادن، منع کردن، قدغن کردن
Das **verbitte** ich mir.	به خود اجازه (این کار را) نمی‌دهم.
verbittern Vt.	۱. تلخ کردن، ناگوار کردن ۲. از (چیزی) اظهار نارضایتی کردن، بابت (چیزی) اوقات تلخی کردن
verbittert Adj.	شدیداً ناراحت
Verbitterung, die; -, -en	۱. تلخی، ناگواری ۲. اظهار نارضایتی، اوقات تلخی
verblassen Vi.	۱. بی‌رنگ شدن، رنگ‌پریده شدن، رنگ باختن ۲. از یاد رفتن، فراموش شدن
verbläuen Vt.	به رنگ آبی در آوردن
Verbleib, der; -(e)s, -	محل اقامت
verbleiben Vi.	باقی ماندن، ماندن
verbleichen Vi.	۱. بی‌رنگ شدن ۲. مردن

871 **Verbrennungsmaschine**

verblenden *Vt.* ۱. جلوی دید (کسی) را گرفتن ۲. روکش کردن
Verblendung, die; -, -n ۱. شیفتگی، شیدایی ۲. روکش
verbleuen *Vt.* کتک زدن
verblichen *Adj.* کمرنگ، بی‌نور
Verblichene, der/die; -, -n مرده، مرحوم
verblöden *Vi.* ۱. احمق شدن ۲. دیوانه شدن
verblüffen *Vt.* متحیر کردن، مبهوت کردن، سردرگم کردن، گیج کردن، به تعجب واداشتن
Ich war völlig verblüfft, als ich das hörte. وقتی این خبر را شنیدم، ماتم برد.
verblüffend *Adj.* متحیرکننده، حیران‌کننده، گیج‌کننده
Verblüffung, die; -, -en حیرت، بهت، سردرگمی، گیجی
verblühen *Vi.* پژمردن، پژمرده شدن
verblümt *Adj.* سربسته، محتاطانه
verbluten *Vi.* بر اثر خونریزی مردن
Verblutung, die; -, -en مرگ بر اثر خونریزی شدید
verbocken *Vt.* سرهم‌بندی کردن، سنبل کردن
verbohren *Vr.* مصر بودن، لج‌بازی کردن
verbohrt *Adj.* کله‌شق، سرسخت
verborgen [1] *Vt.* قرض دادن، وام دادن
verborgen [2] *Adj.* مخفی، پوشیده، مستور، پنهانی، در خفا، دور از انظار
Verborgenheit, die; - پوشیدگی؛ اختفا؛ پنهان‌کاری
Verbot, das; -(e)s, -e منع، ممانعت، تحریم، جلوگیری، قدغن
verbot *P.* صیغهٔ فعل گذشتهٔ مطلق از مصدر verbieten
verboten *Adj.* ممنوع، غیرمجاز، قدغن
verbotenerweise *Adv.* علی‌رغم ممنوعیت
Verbotsschild, das; -(e)s, -er (در راهنمایی و رانندگی) تابلوی ممنوع
Verbotszeichen, das; -s, - (در راهنمایی و رانندگی) علامت ممنوعیت
verbrämen *Vt.* زینت دادن، پیراستن، نقش و نگار کردن، حاشیه دادن (به لباس)
verbrannt *PP.* صیغهٔ فعل گذشتهٔ نقلی از مصدر verbrennen
Verbrauch, der; -(e)s, - استعمال، مصرف، استفاده
verbrauchbar *Adj.* قابل استعمال، قابل مصرف
verbrauchen *Vt., Vr.* ۱. استعمال کردن، مصرف کردن، به‌کار بردن ۲. تمام قوای (خود) را صرف کردن
Verbraucher, der; -s, - مصرف‌کننده
Verbraucherin, die; -, -nen مصرف‌کننده (زن)
Verbrauchermarkt, der; -(e)s, ¨-e بازار مصرف‌کنندگان
Verbraucherumfrage, die; -, -n پرسش همگانی از مصرف‌کنندگان
Verbraucherverband, der; -(e)s, ¨-e اتحادیهٔ مصرف‌کنندگان
Verbraucherverhalten, das; -s, - رفتار مصرف‌کنندگان
Verbraucherwaren, die/*Pl.* کالای مصرفی
Verbrauchsgüter, die/*Pl.* کالای مصرفی
Verbrauch(s)steuer, die; -, -n مالیات بر مصرف
verbraucht *Adj.* مصرف شده، استعمال شده، کهنه، مستعمل
verbrechen *Vt.* مرتکب شدن (جنایت)
Was hat er verbrochen? چه گناهی از او سر زده؟
Verbrecher, der; -s, - تبهکار، جانی، مجرم، جنایتکار
Verbrecheralbum, das; -s, -ben آلبوم (عکس) مجرمان
Verbrecherin, die; -, -nen تبهکار، جانی، مجرم، جنایتکار (زن)
verbrecherisch *Adj.* ۱. جنایت‌آمیز، جنایی ۲. جنایتکارانه
Verbrechertum, das; - جنایتکاری، مجرمیت
Verbrechervisage, die; -, -n چهرهٔ جنایتکار
Verbrecherwelt, die; - دنیای تبهکاران
verbreiten *Vt., Vr.* ۱. انتشار دادن، اشاعه دادن، پخش کردن، شیوع دادن، توسعه دادن، منتشر کردن ۲. پخش شدن، منتشر شدن، اشاعه یافتن
verbreitern *Vt., Vr.* ۱. پهن کردن، وسیع کردن، عریض کردن، گشاد کردن ۲. پهن شدن، عریض شدن، گشاد شدن
verbreitet *Adj.* پخش شده، گسترده، شایع
Verbreitung, die; -, -en پخش، شیوع، انتشار، توسعه، رواج
verbrennbar *Adj.* احتراق‌پذیر، سوختنی، قابل سوختن
verbrennen *Vi., Vt.* ۱. سوختن ۲. سوزاندن
sich die Finger verbrennen به دردسر افتادن
Verbrennung, die; -, -en سوزش، سوختگی، احتراق، اشتعال
Verbrennungsmaschine, die; -, -n ماشین قابل احتراق، ماشین انفجاری

Verbrennungsmotor, der; -s, -en
موتور قابل احتراق، موتور انفجاری
Verbrennungsofen, der; -s, ¨- کورهٔ قابل احتراق، کورهٔ انفجاری
verbriefen *Vt.* کتباً تأئید کردن، با مدرک تصدیق کردن، ضمانت کتبی کردن
verbringen *Vt.* گذراندن، سپری کردن (وقت)
die Zeit mit Sport verbringen
وقت را با ورزش گذراندن
verbrochen *PP.* صیغهٔ فعل گذشتهٔ نقلی از مصدر verbrechen
verbrüdern *Vr.* برادری کردن
Verbrüderung, die; -, -en برادری
verbrühen *Vt.* با آب گرم سوزاندن
Verbrühung, die; -, -en سوختگی (با آب گرم)
verbuchen *Vt.* ثبت کردن، بایگانی کردن
Verbuchung, die; -, -en ثبت، بایگانی
Verbum, das; -s, -ben (دستور زبان) فعل
verbummeln *Vt.* ۱. تلف کردن (پول)
۲. وقت (خود) را به بطالت گذراندن؛ ول گشتن، پرسه زدن
Verbund, der; -(e)s, -e ۱. ترکیب، آمیختگی
۲. همدستی، اتحاد، ائتلاف
Verbundbauweise, die; -, -n ترکیب مرکب
verbunden *PP.* صیغهٔ فعل گذشتهٔ نقلی از مصدر verbinden
verbünden *Vr.* متحد شدن، متفق شدن، پیمان اتحاد بستن
Verbundenheit, die; - اتحاد، همبستگی، اتفاق
Verbündete, der/die; -n, -n متحد، متفق، هم‌پیمان
verbürgen *Vt.* تضمین کردن، ضمانت (کسی) را کردن، کفالت (کسی) را کردن، کفیل (کسی) شدن
sich für jemanden **verbürgen** ضمانت کسی را کردن
verbürgert *Adj.* ساکن، مقیم
verbüßen *Vt.* کشیدن، تحمل کردن (مجازات)
verbuttern *Vt.* کره درست کردن
Geld verbuttern پول هدر دادن
verchromen *Vt.* آب ورشو دادن، آب کرم دادن
verchromt *Adj.* آب ورشو، آب کرم
Verchromung, die; -, -en آب ورشو، آب کرم
Verdacht, der; -(e)s, -e/¨-e ظن، گمان، سوءظن، بدگمانی
Ich habe den Verdacht, daß... به گمانم که...
verdächtig *Adj.* سوءظن برانگیز، مظنون، مشکوک، بدگمان
Die Sache kommt mir verdächtig vor.
موضوع به نظرم مشکوک می‌آید.
Verdächtige, der/die; -n, -n شخص مظنون (به ارتکاب جرم)
verdächtigen *Vt.* به (کسی/چیزی) بدگمان بودن، به (کسی/چیزی) سوءظن داشتن، به (کسی/چیزی) مظنون بودن، به (کسی/چیزی) شک داشتن
jemanden **verdächtigen** به کسی سوءظن داشتن
Verdächtigung, die; -, -en سوءظن، بدگمانی
Verdächtigperson, die; -, -en بدگمان، ظنین
verdammen *Vt.* ۱. نفرین کردن، لعنت کردن ۲. سرزنش کردن ۳. محکوم کردن
verdammenwert *Adj.* سزاوار سرزنش
verdammlich *Adj.* لعنتی، ملعون
Verdammnis, die; -, -nisse ۱. نفرین، لعن، لعنت ۲. محکومیت
verdammt *Adj., Adv.* ۱. لعنتی، ملعون، لعنت شده ۲. بسیار، خیلی
verdammt gut بسیار خوب
Verdammung, die; -, -en نفرین، لعنت
verdampfen *Vi., Vt.* ۱. بخار شدن، تبخیر شدن ۲. بخار کردن، تبخیر کردن
Verdampfung, die; -, -en بخارشدگی، تبخیر
verdanken *Vt.* ۱. ممنون (کسی) بودن، از (کسی) تشکر کردن ۲. مدیون (کسی) بودن
verdarb *PP.* صیغهٔ فعل گذشتهٔ مطلق از مصدر verderben
verdattert *Adj.* دستپاچه، آشفته، درهم و برهم
verdauen *Vt., Vi.* ۱. هضم کردن ۲. درک کردن
verdaulich *Adj.* قابل هضم، گوارا، هضم‌پذیر
Verdaulichkeit, die; - قابلیت هضم، گوارایی، هضم‌پذیری
Verdauung, die; - هضم، گوارش
Verdauungsapparat, der; -(e)s, -e
دستگاه هاضمه، دستگاه گوارش
Verdauungsorgan, das; -s, -e دستگاه هاضمه، اندام گوارشی
Verdauungsspaziergang, der; -es, ¨-e
(برای هضم غذا) گردش بعد از صرف غذا
Verdauungsstörung, die; -, -en
ناراحتی گوارشی
Verdeck, das; -(e)s, -e ۱. سرپوش ۲. سقف (اتومبیل) ۳. عرشهٔ بالای کشتی
verdecken *Vt.* پوشاندن، سقف زدن

verdenken *Vt.* سرزنش کردن، ملامت کردن، از (کسی) عیب‌جویی کردن

Verderb, der; -(e)s, - فساد، خرابی، ویرانی

verderben *Vi., Vt.* ۱. فاسد شدن، خراب شدن، ضایع شدن ۲. فاسد کردن، خراب کردن، ضایع کردن

jemandem **die Freude verderben** خوشی را بر کسی حرام کردن

Verderben, das; -s فساد، خرابی، ویرانی

Verderber, der; -s, - فاسدکننده، ضایع‌کننده

verderblich *Adj.* فاسدشدنی، خراب‌شدنی

Verderblichkeit, die; -, -en فسادپذیری، فناپذیری

Verderbnis, die; -, -nisse فساد، خرابی، ویرانی

verderbt *Adj.* فاسد، ضایع

Verderbtheit, die; - فساد، خرابی، ویرانی

verdeutlichen *Vt.* آشکار ساختن، روشن کردن، واضح کردن

Verdeutlichung, die; -, -en روشنی، وضوح

verdeutschen *Vt.* به آلمانی ترجمه کردن

Verdeutschung, die; -, -en ترجمه به آلمانی

verdichten *Vt., Vr.* ۱. متراکم کردن ۲. متراکم شدن

Verdichter, der; -s, - کمپرسور، متراکم‌کننده

Verdichtung, die; - تراکم

verdicken *Vt., Vr.* ۱. کلفت کردن، ضخیم کردن ۲. کلفت شدن، ضخیم شدن؛ ورم کردن

Verdickung, die; -, -en ورم؛ کلفتی، ضخامت

verdienen *Vt.* ۱. درآمد داشتن، پول درآوردن ۲. سزاوار بودن، شایسته بودن، مستحق بودن

Verdiener, der; -s, - نان‌آور، دستمزد بگیر

Verdienst[1]**,** der; -es, -e درآمد، مزد، سود، مواجب، عایدی

Verdienst[2]**,** das; -es, -e شایستگی، لیاقت، استحقاق

Verdienstausfall, der; -(e)s, ⸚e فقدان درآمد

verdienstlich *Adj.* شایسته، لایق، مستحق، سزاوار

verdienstvoll *Adj.* شایسته، لایق، مستحق، سزاوار

verdient *Adj.* شایسته، لایق، مستحق، سزاوار

verdientermaßen *Adv.* از روی استحقاق، به شایستگی

verdingen *Vt., Vr.* ۱. به (کاری) گماردن ۲. سرگرم (کاری) شدن، به (کاری) اشتغال داشتن

verdolmetschen *Vt.* ترجمه (شفاهی) کردن

Verdolmetschung, die; -, -en ترجمه (شفاهی)

verdonnern *Vt.* ۱. محکوم کردن ۲. به (کاری) واداشتن

verdoppeln *Vr., Vt.* ۱. دو برابر شدن ۲. دو برابر کردن

Verdoppelung, die; -, -en دو برابر شدن

verdorben[1] *PP.* صیغهٔ فعل گذشتهٔ نقلی از مصدر verderben

verdorben[2] *Adj.* گندیده، فاسد، خراب

Verdorbenheit, die; - فساد، خرابی

verdorren *Vi.* خشکیدن، خشک شدن

verdrahten *Vt.* سیم‌کشی کردن

verdrängen *Vt.* ۱. پس زدن، دفع کردن ۲. بیرون راندن، از میدان به در کردن ۳. جای (چیزی) را عوض کردن ۴. از ذهن بیرون کردن (فکر ناراحت‌کننده)

Verdrängung, die; -, -en ۱. پس‌زنی، دفع ۲. جابه‌جا شدگی

verdrehen *Vt.* ۱. تحریف کردن، طور دیگری تعبیر کردن، عوضی جلوه دادن ۲. (از حالت عادی) برگرداندن، چرخاندن

Verdreher, der; -s, - تحریف‌کننده

verdreht *Adj.* ۱. تحریف شده ۲. دیوانه

Verdrehtheit, die; -, -en دیوانگی

Verdrehung, die; -, -en ۱. تحریف، تعبیر ناجور ۲. چرخش (از حالت عادی)

verdreifachen *Vt.* سه برابر کردن

verdreschen *Vt.* ۱. خرمن‌کوبی کردن ۲. کتک زدن

verdrießen *Vt.* خشمگین کردن، آزردن، رنجاندن، ناراحت کردن

verdrießlich *Adj.* رنجیده، آزرده، خشمگین، ناراحت، اوقات تلخ

Verdrießlichkeit, die; -, -en رنجش، آزردگی، خشم

verdroß *P.* صیغهٔ فعل گذشتهٔ مطلق از مصدر verdrießen

verdrossen[1] *PP.* صیغه فعل گذشتهٔ نقلی از مصدر verdrießen

verdrossen[2] *Adj.* زودرنج؛ دلخور، ترشرو، عبوس، اخم‌آلود، اوقات‌تلخ، بدخلق

verdrucken *Vt.* غلط چاپی کردن

verdrücken *Vt., Vr.* ۱. از روی پرخوری خوردن، بلعیدن ۲. از نظر رفتن، ناپدید شدن، جیم شدن، در رفتن

Verdruß, der; -drusses, -drusse خشم، غیظ، غضب؛ اوقات تلخی، ترشرویی

verduften *Vi.* عطر خود را از دست دادن

verdummen *Vt., Vi.* ۱. احمق بار آوردن ۲. احمق بودن

verdunkeln *Vt., Vr.* ۱. تاریک کردن، تیره کردن ۲. مبهم کردن ۳. تاریک شدن، تیره شدن

Verdunkelung, die; -, -en ۱. تاریکی، تیرگی ۲. ابهام

verdünnen *Vt., Vr.* ۱. رقیق کردن، کمرنگ کردن ۲. رقیق شدن، کمرنگ شدن

Verdünner, der; -s, - مادهٔ رقیق‌کننده

Verdünnung, die; -, -en رقیق‌سازی، کمرنگ سازی

verdunsten *Vi.* تبخیر شدن، بخار شدن

Verdunstung, die; -, -en تبخیرشدگی

verdursten *Vi.* ۱. از تشنگی مردن ۲. از بی‌آبی خشک شدن

verdusseln *Vt.* فراموش کردن

verdüstern *Vr.* تاریک شدن

verdutzen *Vt.* مات و مبهوت کردن

verdutzt *Adj.* مات و مبهوت

verebben *Vi.* فروکش کردن، افول کردن

veredeln *Vt., Vr.* ۱. از (کسی) تجلیل کردن، به (کسی) شرافت دادن ۲. پالودن، بهتر کردن، تذهیب کردن، اصلاح کردن ۳. پیشرفت تدریجی و مداوم کردن

Veredelung, die; -, -en ۱. تجلیل ۲. پالودگی، تهذیب ۳. پیشرفت تدریجی و مداوم

verehelichen *Vr.* ازدواج کردن، عروسی کردن

verehren *Vt.* ۱. به (کسی / چیزی) احترام گذاشتن، گرامی داشتن، ستایش کردن، مقدس شمردن ۲. به (کسی) هدیه دادن ۳. پرستش کردن، پرستیدن

Verehrer, der; -s, - ستایشگر، دوستدار

Verehrerin, die; -, -nen ستایشگر، دوستدار (زن)

verehrlich *Adj.* محترم، شایان تعریف، ستوده

verehrt *Adj.* محترم، شایان تعریف، ستوده

Verehrung, die; - احترام، تجلیل، ستایش، حرمت، بزرگداشت

verehrungswürdig *Adj.* شایستهٔ احترام

vereiden *Vt.* قسم دادن، سوگند دادن

vereidigen *Vt.* قسم دادن، سوگند دادن

vereidigt *Adj.* سوگند یاد کرده، قسم خورده

Vereidigung, die; -, -en قسم، سوگند

Verein, der; -(e)s, -e انجمن، اتحادیه، باشگاه

vereinbar *Adj.* موافق، سازگار

vereinbaren *Vt.* ۱. با (کسی) موافقت کردن، با (کسی) توافق کردن ۲. قرار (چیزی) را گذاشتن ۳. ترتیب (چیزی) را دادن

einen Termin vereinbaren مهلت تعین کردن

Vereinbarkeit, die; - سازگاری، موافقت

Vereinbarung, die; -, -en ۱. قول و قرار، توافق، موافقت ۲. ترتیب ۳. قرارداد، پیمان، توافق‌نامه

eine Vereinbarung treffen قرارگذاشتن

vereinbarungsgemäß *Adv.* بر طبق قرار

vereinen *Vt., Vr.* ۱. متحد کردن، متشکل کردن، متفق کردن ۲. متحد شدن، متفق شدن، یکی شدن

mit vereinten kräften با تمام قوا

vereinfachen *Vt.* ساده کردن، آسان کردن

Vereinfachung, die; -, -en ساده‌سازی

vereinheitlichen *Vt.* یک شکل کردن، یکسان کردن، یکپارچه کردن

Vereinheitlichung, die; -, -en یک‌شکلی، یکسانی، یکپارچگی

vereinigen *Vt., Vr.* ۱. متحد کردن، یکی کردن، متفق کردن ۲. متحد شدن، توافق کردن، یکی شدن

die vereinigten Staaten (von Amerika) ایالات متحده (امریکا)

Vereinigung, die; -, -en ۱. اتحاد، اتفاق ۲. اتحادیه، انجمن، باشگاه

vereinnahmen *Vt.* دریافت کردن، وصول کردن

Vereinnahmung, die; -, -en دریافت، وصول

vereinsamen *Vi.* تنها شدن، منفرد شدن، منزوی شدن، گوشه‌گیر شدن

Vereinsmitglied, das; -(e)s, -er عضو اتحادیه، عضو انجمن

Vereinswesen, das; -s, - اتحادیه، انجمن

Vereinte Nationen, die / *Pl.* ملل متحد

vereinzeln *Vi.* مجزا شدن؛ کم شدن

vereinzelt *Adj.* تک‌تک، جداگانه، به‌طور پراکنده

vereisen *Vi., Vt.* ۱. یخ بستن، منجمد شدن ۲. منجمد کردن

vereist *Adj.* یخ‌بسته، یخ‌زده

Vereisung, die; -, -en یخ‌زدگی، انجماد

vereiteln *Vi.* مانع شدن، جلوگیری کردن، خنثی کردن؛ عقیم گذاشتن

Vereitelung, die; -, -en منع، جلوگیری، خنثی‌سازی؛ عقیم‌گذاری

vereitern *Vi.* چرکی شدن، چرک کردن

Vereiterung, die; -, -en تولید چرک

verekeln *Vt.* از (کسی / چیزی) نفرت داشتن، از (کسی / چیزی) تنفر داشتن

verelenden *Vi.* گدایی کردن

Verelendung, die; -, -en گدایی، بینوایی

verenden *Vi.* مردن، هلاک شدن، تلف شدن

verengen *Vt., Vr.* ۱. تنگ کردن، باریک کردن (خیابان) ۲. تنگ شدن، باریک شدن

Verengung, die; -, -en تنگ‌سازی، باریک‌سازی

verfetten

verengern *Vt., Vr.*	۱. تنگ کردن، باریک کردن
	۲. تنگ شدن، باریک شدن
Verengerung, die; -, -en	تنگ‌سازی، باریک‌سازی
vererben *Vt., Vr.*	۱. به ارث گذاردن، انتقال دادن
	۲. به ارث گذاشته شدن
jemandem etwas vererben	
	چیزی را برای کسی به ارث گذاشتن
vererblich *Adj.*	ارثی، موروثی
vererbt *Adj.*	ارثی، موروثی
Vererbung, die; -, -en	میراث، وراثت
Vererbungsgesetz, das; -es, -e	قانون وراثت
Vererbungslehre, die; -, -n	علم وراثت، ژنتیک
verewigen *Vt.*	ابدی کردن، جاودانی کردن
verewigt *Adj.*	جاودانی، ابدی
verfahren¹ *Vi., Vt., Vr.*	۱. عمل کردن، رفتار کردن
	۲. (در مسافرت) زیادی خرج کردن ۳. راه را عوضی رفتن
verfahren² *Adj.*	خام دست، سر هم بند
Verfahren, das; -s, -	۱. روش، طرز اجرا، روند
	۲. رسیدگی، تحقیق
Verfahrenstechnik, die; -, -en	روش محاکمه
Verfahrensweise, die; -, -n	اصول محاکمه، دعوا
Verfall, der; -(e)s, -	۱. انحطاط، زوال، خرابی، انهدام، سقوط، ویرانی تدریجی ۲. تحلیل قوای جسمانی ۳. پایان مدت اعتبار
verfallen¹ *Vi.*	۱. زوال یافتن، سقوط کردن، رو به خرابی نهادن ۲. به‌تدریج ضعیف شدن (قوای جسمانی) ۳. از درجهٔ اعتبار ساقط شدن ۴. دچار حالت خاص روحی شدن
einem Irrtum verfallen	دچار اشتباه شدن
auf einen Gedanken verfallen	
	به فکر خاص و معینی افتادن
verfallen² *Adj.*	مخروبه، ویران؛ پوسیده
Verfallsdatum, das; -s, -ten / -ta	
	تاریخ پایان مدت اعتبار
Verfall(s)tag, der; -(e)s, -e	روز پایان مدت اعتبار
Verfall(s)zeit, die; -, -en	موعد پرداخت (پول)
verfälschen *Vt.*	در (چیزی) تقلب کردن، در (چیزی) تزویر کردن، جعل کردن، تحریف کردن
Verfälscher, der; -s, -	متقلب، تزویرکننده، جعل‌کننده
Verfälschung, die; -, -en	تقلب، تزویر، جعل
verfangen *Vi., Vr.*	۱. اثر داشتن، تأثیر گذاشتن
	۲. گرفتار شدن، گیر افتادن
verfänglich *Adj.*	۱. [سؤال] پیچیده، مشکل
	۲. [وضعیت] پرمخاطره، پردردسر

verfärben *Vt., Vr.*	۱. بد رنگ کردن ۲. رنگ پس دادن ۳. تغییر رنگ دادن، رنگ عوض کردن
Verfärbung, die; -, -en	تغییر رنگ
verfassen *Vt.*	تألیف کردن، تصنیف کردن، نوشتن، به رشتهٔ تحریر درآوردن
Verfasser, der; -s, -	مؤلف، مصنف، نویسنده
Verfasserin, die; -, -nen	مؤلف، مصنف، نویسنده (زن)
Verfassung, die; -, -en	۱. قانون اساسی
	۲. وضع جسمانی؛ وضع روحی
Verfassungsänderung, die; -, -en	
	تغییر قانون اساسی
Verfassungsfeind, der; -(e)s, -e	
	مخالف قانون اساسی
verfassungsfeindlich *Adj.*	مخالفت با قانون اساسی
Verfassungsgericht, das; -(e)s, -e	دادگاه رسمی
verfassungsmäßig *Adj.*	مطابق قانون اساسی
Verfassungsrecht, das; -(e)s, -e	حقوق اساسی
verfassungsrechtlich *Adj.*	مطابق قانون اساسی
Verfassungsschutz, der; -en, -en	
	حراست از قانون اساسی
verfassungswidrig *Adj.*	مغایر قانون اساسی، غیر قانونی
verfaulen *Vi.*	پوسیدن، فاسد شدن، گندیدن
verfechten *Vt.*	با (کسی / چیزی) مبارزه کردن؛ از (کسی / چیزی) دفاع کردن
Verfechter, der; -s, -	مبارز، مدافع
verfehlen *Vt.*	در (چیزی) خطا کردن، در (چیزی) اشتباه کردن، در (چیزی) موفق نشدن، در (چیزی) به هدف نرسیدن
verfehlt *Adj.*	نامناسب، بی‌فایده، بی‌ثمر، نادرست
Verfehlung, die; -, -en	خطا، اشتباه، عدم توفیق، تخلف
verfeinden *Vr.*	دشمن شدن، خصومت ورزیدن
verfeindet *Adj.*	خصومت‌آمیز؛ متخاصم
verfeinern *Vt., Vr.*	۱. بهتر کردن؛ خالص کردن؛ تصحیح کردن، بهبود بخشیدن ۲. بهتر شدن، مرغوب‌تر شدن
Verfeinerung, die; -, -en	تهذیب، تزکیه، پالودگی
verfemen *Vt.*	غیرقانونی اعلام کردن، ممنوع ساختن
verfertigen *Vt.*	تولید کردن، ساختن
Verfertiger, der; -s, -	تولیدکننده، سازنده
Verfertigung, die; -, -en	تولید، ساخت
verfestigen *Vt., Vr.*	۱. سفت کردن ۲. سفت شدن
verfetten *Vi.*	چربی گرفتن، چاق شدن

Verfettung, die; -, -en ۱. چربی ۲. فربهی، چاقی
verfeuern *Vt.* ۱. در بخاری سوزاندن (هیزم) ۲. آتش کردن (اسلحه)
verfilmen *Vt.* فیلم (چیزی) را ساختن، به صورت فیلم درآوردن
Verfilmung, die; -, -en فیلم‌سازی
verfilzen *Vi.* به هم ریختن، در هم و برهم شدن
verfinstern *Vt., Vr.* ۱. تاریک کردن، تیره کردن ۲. تاریک شدن، تیره شدن
verflachen *Vt., Vi.* ۱. پهن کردن؛ هموار کردن، مسطح کردن ۲. پهن شدن؛ مسطح شدن، هموار شدن
verflechten *Vt.* به هم پیچیدن، درهم آمیختن؛ درهم بافتن؛ محکم به هم بستن
Verflechtung, die; -, -en درهم پیچیدگی، درهم آمیختگی
verfliegen *Vi., Vr.* ۱. ناپدید شدن، غیب شدن ۲. (به سرعت) سپری شدن ۳. هنگام پرواز راه (خود) را گم کردن، (در پرواز) از مسیر اصلی منحرف شدن
verfließen *Vi.* ۱. در یکدیگر تداخل کردن ۲. گذشتن، منقضی شدن، سپری شدن (وقت)
verflixt *Adj., Adv.* ۱. لعنتی، لعنت شده ۲. بسیار، خیلی
verflossen *Adj.* پیش، گذشته، ماقبل
verfluchen *Vt.* نفرین کردن، لعنت کردن
verflucht *Adj., Adv.* ۱. لعنتی ۲. شدیداً، به شدت
verflüchtigen *Vt., Vr.* ۱. به شکل گاز درآوردن ۲. به شکل گاز درآمدن ۳. ناپدید شدن ۴. حجیم شدن
verflüssigen *Vt., Vr.* ۱. به مایع تبدیل‌کردن ۲. به مایع تبدیل شدن
Verfolg, der; -(e)s, - ادامه، جریان
verfolgen *Vt.* ۱. تعقیب کردن، دنبال کردن ۲. پیگیری کردن

seinen Weg verfolgen به راه خود رفتن

ein Ziel verfolgen هدفی را دنبال کردن

Verfolger, der; -s, - تعقیب‌کننده، دنبال‌کننده
Verfolgerin, die; -, -nen تعقیب‌کننده، دنبال‌کننده (زن)
Verfolgte, der/die; -n, -n (سیاسی) شخص مورد تعقیب
Verfolgung, die; -, -en تعقیب، دنباله گیری، پیگیری
Verfolgungswahn, der; -(e)s, - جنون قتل
verformen *Vt.* تغییرشکل دادن، از شکل افتادن
Verformung, die; -, -en تغییر شکل، از شکل افتادگی
verfrachten *Vt.* دربست اجاره دادن، کرایه دادن (کشتی)
Verfrachter, der; -s, - کشتی باری
Verfrachtung, die; -, -en اجارهٔ دربست
verfranzen *Vr.* (در پرواز) از مسیر اصلی منحرف شدن
verfremden *Vt.* بیگانه ساختن
Verfremdung, die; -, -en بیگانگی
verfressen *Vt.* صرف خوراک کردن
Verfresser, der; -s, - خوش‌خوراک، شکمو
verfroren *Adj.* حساسیت به سرما
verfrühen *Vr.* زودتر از موقع مقرر آمدن
verfrüht *Adj.* پیشرس، قبل از موقع
verfügbar *Adj.* در دسترس، در اختیار، فراهم، موجود، قابل استفاده
Verfügbarkeit, die; - قابلیت استفاده، دسترسی
verfügen *Vt., Vi.* ۱. حکم (چیزی) کردن ۲. وضع کردن (قانون) ۳. تعیین کردن ۴. به جایی رفتن ۵. در اختیار داشتن ۶. تصرف کردن
Verfügung, die; -, -en ۱. حکم، فرمان، امر ۲. تصرف

Ich stehe Ihnen gern zu Verfügung.
در خدمتگزاری حاضرم.

Verfügungsfreiheit, die; -, -en اختیار، اجازه
Verfügungsgewalt, die; -, -en حق تصرف
Verfügungsrecht, das; -(e)s, - حق تصرف
verführen *Vt.* گمراه کردن، منحرف کردن، فریفتن، از راه به در کردن
Verführer, der; -s, - فریب‌دهنده، گمراه کننده
Verführerin, die; -, -nen فریب‌دهنده، گمراه کننده (زن)
verführerisch *Adj.* ۱. فریب‌دهنده، گمراه کننده، فریبنده ۲. دلربا، جذاب، فتان
Verführung, die; -, -en گمراهی، انحراف، فریب، اغوا
verfünffachen *Vt.* پنج برابر کردن
verfüttern *Vt.* خوراک دادن
Vergabe, die; -, -n توزیع، پخش، انتقال (کار و غیره)
vergaben *Vt.* (از طریق وصیت‌نامه) انتقال دادن
vergaffen *Vr.* عاشق شدن
vergällen *Vt.* ۱. خراب کردن، ضایع کردن ۲. ماهیت (چیزی) را عوض کردن
vergammeln *Vi.* ۱. فاسد شدن، کهنه شدن ۲. بیهوده وقت گذراندن، اتلاف وقت کردن
vergangen[1] *PP.* صیغهٔ فعل گذشتهٔ نقلی از مصدر vergehen
vergangen[2] *Adj.* گذشته، طی شده
Vergangenheit, die; -, -en ۱. دوران گذشته ۲. (دستور زبان) زمان گذشته

Lassen wir die Vergangenheit ruhen! گذشته‌ها گذشته!

Vergangenheitsbewältigung, die; - سازگاری با گذشته

vergänglich *Adj.* زودگذر، فانی، از بین رفتنی، ناپایدار

Vergänglichkeit, die; -, -en زودگذری، ناپایداری، فنا

vergären *Vt.* تخمیر کردن

Vergärung, die; -, -en تخمیر

vergasen *Vt.* ۱. تبدیل به گاز کردن ۲. با گاز کشتن

Vergaser, der; -s, - (در اتومبیل) کاربوراتور

Vergasung, die; -, -en ۱. عمل تبدیل به گاز ۲. عمل ترکیب با زغال

vergaß *P.* صیغهٔ فعل گذشتهٔ مطلق از مصدر vergessen

vergeben *Vt.* ۱. توزیع کردن، بخشیدن، دادن، پخش کردن ۲. از دست دادن (آبرو / اعتبار) ۳. عفو کردن، آمرزیدن، بخشودن

Du vergibst dir nichts, wenn du das tust. اگر این کار را بکنی، آبرویت نخواهد ریخت.

vergebens *Adv.* بیهوده، بی‌فایده، به عبث، بی‌نتیجه، بیخود

vergeblich *Adj.* بیهوده، بی‌فایده، بیخود، بی‌نتیجه

Vergeblichkeit, die; - بیهودگی، بی‌فایدگی، بی‌نتیجه بودن، بیخودی

Vergebung, die; -, -en عفو، آمرزش، بخشش

vergegenwärtigen *Vt.* در نظر آوردن، به خاطر آوردن، به یاد آوردن

vergehen *Vi., Vr.* ۱. سپری شدن، گذشتن ۲. از بین رفتن (میل) ۳. مردن، فنا شدن ۴. خلاف کردن، خطا کردن؛ بی‌حرمت ساختن

Der Appetit ist mir vergangen. اشتهایم کور شده است.

Die Lust dazu ist mir vergangen. رغبتم را نسبت به آن از دست داده‌ام.

sich gegen das Gesetz vergehen بر خلاف قانون رفتار کردن

Vergehen, das; -s, - تقصیر، جرم، جنحه، خطا، عمل خلاف قانون

vergeistigen *Vt.* روحانی کردن، به (چیزی) جنبهٔ روحانی دادن

Vergeistigung, die; -, -en روحانیت، معنویت

vergelten *Vt.* تلافی کردن، جبران کردن

Vergelt's Gott! خدا عوضت بدهد!

Vergeltung, die; -, -en تلافی، جبران

Vergeltungsmaßnahme, die; -, -n اقدام تلافی‌جویانه

Vergeltungsschlag, der; -(e)s, ⸚e ضربهٔ تلافی

vergesellschaften *Vt.* ۱. اجتماعی کردن، جامعه‌پذیر کردن ۲. سوسیالیستی کردن

Vergesellschaftung, die; -, -en ۱. جامعه‌پذیری ۲. سوسیالیستی

vergessen[1] *Vt., Vr.* ۱. فراموش کردن، از یاد بردن ۲. بی‌تأمل بودن، کنترل (خود) را از دست دادن

sich vergessen خود را از یاد بردن

vergessen[2] *PP.* صیغهٔ فعل گذشتهٔ نقلی از مصدر vergessen

Vergessenheit, die; - فراموشی، نسیان

vergeßlich *Adj.* فراموشکار، کم‌حافظه

Vergeßlichkeit, die; -, -en فراموشکاری

vergeuden *Vt.* اسراف کردن، تلف کردن، حیف و میل کردن، به هدر دادن، بی‌رویه مصرف کردن

Vergeuder, der; -s, - ولخرج، اسراف‌کننده

Vergeuderin, die; -, -nen ولخرج، اسراف‌کننده (زن)

Vergeudung, die; -, -en اسراف، اتلاف، حیف و میل

vergewaltigen *Vt.* ۱. تجاوز جنسی کردن، تجاوز به عنف کردن، هتک ناموس کردن ۲. (به زور بر) ملتی حکومت کردن ۳. تحمیل کردن

Vergewaltigung, die; -, -en تجاوز جنسی، هتک ناموس

vergewissern *Vr.* یقین کردن، اطمینان حاصل کردن

vergießen *Vt.* ۱. ریختن (مایعات) ۲. جاری ساختن

Blut vergießen کشتار کردن، خون ریختن

vergiften *Vt.* ۱. زهر دادن، زهرآلود کردن، مسموم کردن ۲. با زهر کشتن

sich vergiften زهر خوردن، مسموم شدن

Vergiftung, die; -, -en مسمومیت

vergilben *Vi.* (به مرور زمان) زرد و کهنه شدن

vergilbt *Adj.* [کاغذ] زرد شده

Vergißmeinnicht, das; -(es), -(e) گلِ فراموشم نکن

vergittern *Vt.* نرده کشیدن

verglasen *Vi., Vt.* ۱. شیشه‌دار شدن ۲. شیشه انداختن

Vergleich, der; -(e)s, -e ۱. مقایسه، مقابله ۲. صلح و سازش

im Vergleich mit zu در مقایسه با

vergleichbar *Adj.* قابل مقایسه

vergleichen *Vt., Vr.* ۱. مقایسه کردن؛ مقابله کردن ۲. صلح کردن؛ سازش کردن

Vergleiche Seite 12. با صفحهٔ ۱۲ مقایسه کنید.

Vergleichsmaßstab 878

Vergleichsmaßstab, der; -(e)s, -e مقیاس سنجش، استانده مقایسه

Vergleichsstufe, die; -, -n (صفت) تفضیلی

vergleichsweise *Adv.* در مقایسه (با دیگران)

Vergleichung, die; -, -en مقایسه

verglich *P.* صیغهٔ فعل گذشتهٔ مطلق از مصدر vergleichen

verglichen *PP.* صیغهٔ فعل گذشتهٔ نقلی از مصدر vergleichen

verglimmen *Vi.* سست شدن، بی‌حال شدن، ضعیف شدن

vergnügen *Vr.* لذت بردن، خوش گذراندن، تفریح کردن، کیف کردن

sich mit Ballspielen vergnügen خود را با بازی‌های توپی سرگرم کردن

Vergnügen, das; -s, - خوشی، لذت، تفریح، کیف

Mit Vergnügen! باکمال میل!

Viel Vergnügen! خوش بگذرد!

vergnüglich *Adj.* مطبوع، پسندیده، دلپذیر

vergnügt *Adj.* ۱. شادی‌آور، لذت‌بخش ۲. خوشحال، خوش، شاد

Vergnügung, die; -, -en لذت، تفریح، خوشی

Vergnügungspark, der; -(e)s, -s پارک تفریحی

Vergnügungsreise, die; -, -n مسافرت تفریحی

Vergnügungsreisende, der/die; -n, -n جهانگرد، گردشگر، سیاح

Vergnügungssteuer, die; -, -n مالیات سرگرمی و تفریح

Vergnügungssucht, die; - خوش‌گذرانی، عیش، عشرت‌طلبی، عیاشی

vergnügungssüchtig *Adj.* خوش‌گذران، عیاش، عشرت‌طلب

Vergnügungsviertel, das; -s, - محلهٔ خوش‌گذرانی

vergolden *Vt.* طلاکاری کردن، مطلا کردن

Vergolder, der; -s, - طلاکار

Vergoldung, die; -, -en طلاکاری، مطلاکاری

vergönnen *Vt.* اجازه دادن، اختیار دادن

vergöttern *Vt.* به حد پرستش دوست داشتن، تجلیل کردن، گرامی داشتن

Vergötterung, die; -, -en دوستی و محبت

vergraben *Vt.* ۱. دفن کردن، زیر خاک کردن ۲. (خود) را عمیقاً با (کاری) مشغول کردن

vergrämen *Vt.* ۱. به وحشت انداختن، ترساندن (شکار) ۲. دلخور کردن، رنجور کردن، رنجاندن

vergrämt *Adj.* غمگین، اندوهگین، گرفته، مغموم

vergrätzen *Vt.* خشمگین کردن، عصبانی کردن

vergraulen *Vt.* آزردن و راندن

vergreifen *Vr.* اشتباه کردن، تخلف کردن

vergreisen *Vi.* پیر شدن

Vergreisung, die; - پیری

vergriffen *Adj.* [کتاب، کالا] نایاب، کمیاب

vergrößern *Vt., Vr.* ۱. بزرگ کردن؛ تکثیر کردن؛ توسعه دادن ۲. بزرگ شدن؛ تکثیر شدن؛ توسعه یافتن؛ افزایش یافتن

Vergrößerung, die; -, -en ۱. بزرگ‌سازی، تکثیر، توسعه ۲. عکس بزرگ شده

Vergrößerungsapparat, der; -(e)s, -e (عکاسی) دستگاه بزرگ‌کننده

Vergrößerungsglas, das; -es, ¨-er ذره‌بین

vergünstigen *Vt.* به (کسی) تخفیف دادن، برای (کسی) تخفیف قائل شدن

Vergünstigung, die; -, -en امتیاز، مزیت

vergüten *Vt.* ۱. پاداش دادن، جبران کردن، عوض دادن، تلافی کردن ۲. پرداخت کردن، مزد دادن

Vergütung, die; -, -en پاداش، جبران، تلافی

verhaften *Vt.* توقیف کردن، دستگیر کردن، بازداشت کردن

Verhaftung, die; -, -en توقیف، دستگیری، بازداشت

verhallen *Vi.* کم شدن، کاهش یافتن (صدا)

verhalten[1] *Vt., Vr.* ۱. نگه داشتن (نفس/ادرار) ۲. مانع (چیزی) شدن ۳. با طناب بستن (اسب) ۴. رفتار کردن، عمل کردن ۵. معامله کردن

Wie verhält es sich eigentlich mit seiner Pünktlichkeit? او از نظر وقت‌شناسی چه‌جور آدمی است؟

verhalten *PP.* صیغهٔ فعل گذشتهٔ نقلی از مصدر verhalten

Verhalten, das; -s, - ۱. رفتار، سلوک ۲. معامله

Verhaltensforschung, die; -, -en رفتار پژوهی

verhaltensgestört *Adj.* ناسازگار

Verhaltenspsychologie, die; -, -n روانشناسی رفتار

Verhältnis, das; -nisses, -nisse ۱. رابطه، مناسبات ۲. نسبت، تناسب

im Verhältnis zu به نسبت، در مقایسه با

ein Verhältnis mit jemandem **haben** باکسی رابطهٔ عاشقانه داشتن

verhältnismäßig *Adj., Adv.* ۱. نسبی، به نسبت، بالنسبه ۲. نسبتاً

Verhältniswahl, die; -, -en انتخاب نسبی

verhältniswidrig *Adj.*	بی‌تناسب، غیر متجانس
Verhältniswort, das; -(e)s, ⸚er	(دستور زبان) حرف اضافه
Verhaltung, die; -, -en	۱. رفتار، سلوک
	۲. جلوگیری (از ادرار)
Verhaltungsmaßregeln, die/Pl.	دستور، امر
verhandeln *Vi., Vt.*	۱. مذاکره کردن، گفت‌وگو کردن
	۲. رسیدگی کردن ۳. محاکمه کردن ۴. فروختن
Verhandlung, die; -, -en	۱. مذاکره، گفت‌وگو
	۲. رسیدگی ۳. محاکمه ۴. فروش
in Verhandlungen treten	وارد مذاکره شدن
Verhandlungspartner, der; -s, -	طرف مذاکره
Verhandlungsrunde, die; -, -n	دور مذاکره
Verhandlungstisch, der; -es, -e	میز مذاکره
Verhandlungsunfähigkeit, die; -, -en	
	عدم صلاحیت محاکمه، عدم صلاحیت رسیدگی
verhängen *Vt.*	۱. جلوی (چیزی) را با پرده پوشاندن
	۲. تعیین کردن (نوع مجازات)
eine Strafe verhängen	مجازاتی تعیین کردن
Verhängnis, das; -nisses, -nisse	بلا، مصیبت، فاجعه
verhängnisvoll *Adj.*	مصیبت‌بار، فلاکت‌بار، فاجعه‌آمیز
Verhängung, die; -, -en	۱. تحمیل ۲. تعیین (نوع مجازات)
verharmlosen *Vt.*	از سادگی (کسی) سوءاستفاده کردن
verhärmt *Adj.*	رنج‌دیده، غم‌زده
verharren *Vi.*	مصر بودن، استقامت به خرج دادن، پافشاری کردن
verhärten *Vt., Vr.*	۱. سخت کردن، سفت کردن، مقاوم کردن، آبدیده کردن ۲. سخت شدن، سفت شدن
Verhärtung, die; -, -en	۱. سختی، سفتی
	۲. محل سفت شده
verhaspeln *Vr.*	(در صحبت) دستپاچه شدن
verhaßt *Adj.*	منفور، مکروه، مورد تنفر، مورد انزجار
verhätscheln *Vt.*	با ناز پروردن، نازپرورده کردن
Verhau, der/das; -(e)s, -e	سد درختی
verhauen *Vt., Vr.*	۱. کتک زدن، تنبیه کردن
	۲. سخت دچار اشتباه شدن
jemanden verhauen	کسی را کتک زدن
Den Aufsatz habe ich verhauen.	انشایم را بد نوشتم.
verheddern *Vr.*	۱. (در صحبت) دستپاچه شدن
	۲. گیر کردن، گیر افتادن
verheeren *Vt.*	ویران کردن، خراب کردن
verheerend *Adj.*	۱. ویران‌کننده، خراب‌کننده
	۲. فاجعه‌آمیز، نابودکننده
Verheerung, die; -, -en	خرابی، انهدام
verhehlen *Vt.*	پنهان کردن، کتمان کردن، مخفی کردن
Verhehlung, die; -, -en	پنهان‌کاری، کتمان، اخفا
verheilen *Vi., Vt.*	۱. مداوا شدن، درمان شدن، خوب شدن، بهبود یافتن ۲. عقیم کردن (حیوان)
verheimlichen *Vt.*	پنهان کردن، کتمان کردن، مخفی کردن
Verheimlichung, die; -, -en	پنهان‌سازی، کتمان، اخفا
verheiraten *Vt., Vr.*	۱. عقد کردن، به عقد (کسی) درآوردن ۲. ازدواج کردن
verheiratet *Adj.*	متأهل
Verheiratete, der/die; -n, -n	متأهل
Verheiratung, die; -, -en	ازدواج، تأهل
verheißen *Vt.*	قول دادن، وعده دادن، نوید دادن
Verheißung, die; -, -en	قول، وعده، نوید
verheißungsvoll *Adj.*	نویدبخش، امیدبخش، امیدوارکننده
verheizen *Vt.*	۱. به مصرف سوخت رساندن
	۲. قربانی کردن
verhelfen *Vi.*	کمک کردن، یاری دادن
jemandem zu etwas verhelfen	به کسی در کاری کمک کردن
verherrlichen *Vt.*	تجلیل کردن، تکریم کردن، بزرگ داشتن
Verherrlichung, die; -, -en	تجلیل، تکریم، بزرگداشت
verhetzen *Vt.*	برانگیختن، تحریک کردن، وادار کردن
Verhetzung, die; -, -en	برانگیزی، تحریک، اغوا
verheult *Adj.*	[چشم] پف کرده
verhexen *Vt.*	افسون کردن، جادو کردن، فریفتن، مسحور کردن
verhimmeln *Vt.*	پرستش کردن، عبادت کردن، ستایش کردن
verhindern *Vt.*	مانع (چیزی) شدن، از (چیزی) جلوگیری کردن، از (چیزی) ممانعت کردن
Verhinderung, die; -, -en	ممانعت، جلوگیری
verhöhnen *Vt.*	تمسخر کردن، استهزا کردن، به (کسی) طعنه زدن، دست انداختن
Verhöhnung, die; -, -en	تمسخر، استهزا، طعنه
verhökern *Vt.*	فروختن، تبدیل به پول کردن
verholzen *Vi.*	تبدیل به چوب شدن

Verhör, das; -(e)s, -e استنطاق، بازپرسی، بازجویی
verhören *Vt., Vr.* ۱. از (کسی) بازپرسی کردن، استنطاق کردن، بازجویی کردن ۲. درست نشنیدن، عوضی شنیدن
verhüllen *Vt.* پوشاندن، مخفی کردن، پنهان کردن، مستور کردن
verhüllt *Adj.* پوشیده، پنهان، مستور
Verhüllung, die; -, -en حجاب؛ پرده؛ نقاب
verhundertfachen *Vt.* صد برابر کردن
verhungern *Vi.* ۱. از گرسنگی مردن ۲. خیلی گرسنه بودن
verhungert *Adj.* لاغر و مردنی، گرسنگی کشیده، قحطی زده
verhunzen *Vt.* ۱. خراب کردن، فاسد کردن ۲. ناقص کردن، از شکل انداختن (زبان)
verhüten *Vt.* از (چیزی) جلوگیری کردن، پیشگیری کردن، مانع (چیزی) شدن، از (چیزی) ممانعت کردن
eine Krankheit verhüten از یک بیماری جلوگیری کردن
verhütten *Vt.* گداختن؛ تصفیه کردن
Verhüttung, die; -, -en تصفیه
Verhütung, die; -, -en جلوگیری، ممانعت، منع
Verhütungsmaßnahme, die; -, -n عمل پیشگیری، عمل پیشگیرانه
Verhütungsmittel, das; -s, - داروی ضد حاملگی
verhutzelt *Adj.* [صورت] چروکیده، چین‌خورده
Verifikation, die; -, -en تأئید، تصدیق
verifizierbar *Adj.* تأئیدشدنی، قابل تصدیق
verifizieren *Vt.* تأئید کردن، تصدیق کردن
verinnerlichen *Vt.* ۱. روحانی کردن، به (چیزی) جنبه روحانی دادن ۲. بین‌المللی کردن
Verinnerlichung, die; -, -en ۱. روحانیت، جنبهٔ روحانی ۲. بین‌المللی‌سازی
verirren *Vr.* گمراه شدن، راه را پیدا نکردن، منحرف شدن، (در راه) سرگردان شدن
verirrt *Adj.* گمراه، منحرف، سرگردان
Verirrung, die; -, -en گمراهی، انحراف، سرگردانی
verjagen *Vt.* ۱. دور کردن، طرد کردن ۲. ترساندن، رم دادن، راندن
verjährbar *Adj.* مشمول مرور زمان
verjähren *Vi.* مشمول مرور زمان شدن
verjährt *Adj.* مشمول مرور زمان
Verjährung, die; -, -en مشمول مرور زمان
Verjährungsfrist, die; -, -en مهلت مرور زمان
verjubeln *Vt.* ولخرجی کردن، بر باد دادن، تلف کردن (پول / وقت)
verjüngen *Vt., Vr.* ۱. جوان کردن، جوان‌تر ساختن ۲. به سمت بالا نازک‌تر شدن
Verjüngung, die; -, -en تجدید جوانی
Verjüngungskur, die; -, -en دورهٔ معالجه جهت تجدید جوانی
Verjüngungsmittel, das; -s, - وسیلهٔ تجدید جوانی
verkalken *Vi.* آهکی شدن، آهک بستن
verkalkulieren *Vr.* اشتباه حساب کردن
Verkalkung, die; -, -en تبدیل به آهک
verkappen *Vt.* قیافهٔ (کسی) را تغییر دادن؛ لباس (کسی) را تغییر دادن
verkappt *Adj.* تغییر قیافه؛ تغییر لباس
verkapseln *Vr.* در کیسه / تخمدان قرار گرفتن، در کپسول جا گرفتن
Verkapselung, die; -, -en عمل کیسه‌سازی، حالت کیسه‌ای
verkäsen *Vt., Vi.* ۱. درست کردن (پنیر)، زدن (پنیر) ۲. به پنیر تبدیل شدن
Verkauf, der; -(e)s, -käufe فروش
zum Verkauf anbieten برای فروش عرضه کردن
verkaufen *Vt., Vr.* ۱. فروختن، به فروش رساندن ۲. به فروش رفتن، به فروش رسیدن، فروخته شدن
zu verkaufen برای فروش، فروشی
teuer verkaufen گران فروختن
jemanden **für dumm verkaufen** کسی را احمق به حساب آوردن
sich an den Gegner verkaufen خود را به دشمن فروختن
Verkäufer, der; -s, - فروشنده
Verkäuferin, die; -, -nen فروشنده (زن)
verkäuflich *Adj.* فروشی، قابل فروش
Verkäuflichkeit, die; - قابلیت فروش
Verkaufsabteilung, die; -, -en بخش فروش
Verkaufsautomat, der; -en, -en دستگاه خودکار فروش اجناس
Verkaufsbedingungen, die *Pl.* شرایط فروش
Verkaufsförderung, die; -, -en تقاضای فروش
Verkaufsleiter, der; -s, - مدیر فروش
Verkaufsorganisation, die; -, -en سازمان فروش
Verkaufspersonal, das; -s, - کارکنان بخش فروش
Verkaufspreis, der; -es, -e قیمت فروش

Verkaufsschlager, der; -s, - کالای پرفروش
Verkaufsständer, der; -s, - بساط فروش
Verkehr, der; -(e)s, -(e) ۱. رفت و آمد، عبور و مرور، ترافیک ۲. معاشرت، مراوده، رابطه ۳. رابطهٔ جنسی، آمیزش جنسی
fließender Verkehr ترافیک روان، ترافیک در حال حرکت
verkehren *Vi., Vt.* ۱. رفت و آمد کردن، عبور و مرور کردن ۲. رابطه داشتن، معاشرت کردن ۳. رابطهٔ جنسی داشتن ۴. از این رو به آن رو کردن
mit jemandem **verkehren** با کسی رابطه (جنسی) داشتن
Verkehrsader, die; -n, -n شاهراه، راه پر رفت و آمد
Verkehrsampel, die; -, -n چراغ راهنما
Verkehrsamt, das; -(e)s, ¨-er ادارهٔ راهنمایی
Verkehrsandrang, der; -(e)s, - رفت و آمد زیاد (وسیلهٔ نقلیه)
Verkehrsaufkommen, das; -s, - حجم ترافیک
Verkehrsbehinderung, die; -, -en جلوگیری از تردد وسیلهٔ نقلیه
Verkehrsbetrieb, der; -(e)s, -e فعالیت وسیلهٔ نقلیه
Verkehrsbüro, das; -s, -s اتحادیهٔ حمل و نقل
Verkehrsdichte, die; -, (-n) تراکم رفت و آمد
Verkehrsdisziplin, die; - نظم و ترتیب عبور و مرور
Verkehrsflugzeug, das; -es, -e هواپیمای مسافربری
verkehrsfrei *Adj.* بدون ترافیک
Verkehrshindernis, das; -nisses, -nisse مانع رفت و آمد
Verkehrsinsel, die; -, -n بلندی وسط خیابان (برای حفظ عابرین از خطر وسیلهٔ نقلیه)
Verkehrsknotenpunkt, der; -(e)s, -e محل تقاطع وسیلهٔ نقلیه
Verkehrskontrolle, die; -, -n کنترل عبور و مرور
Verkehrslärm, der; -s, - سر و صدای ترافیک
Verkehrsmeldungen, die / *Pl.* گزارش رفت و آمد
Verkehrsminister, der; -s, - وزیر راه و ترابری
Verkehrsministerium, das; -s, -rien وزارت راه و ترابری
Verkehrsmittel, das; -s, - وسیلهٔ نقلیه (عمومی)
Verkehrsnetz, das; -es, -e شبکهٔ عبور و مرور
Verkehrsopfer, das; -s, - قربانی تصادف، تلفات وسیلهٔ نقلیه
Verkehrsordnung, die; - آئین‌نامه عبور و مرور
Verkehrspolizei, die; -, -en پلیس راهنمایی
Verkehrspolizist, der; -en, -en مأمور راهنمایی، پلیس راهنمایی
Verkehrsregelung, die; -, -en مقررات راهنمایی و رانندگی
verkehrsreich *Adj.* پُرترافیک، شلوغ
Verkehrsschild, das; -(e)s, -er تابلو راهنمایی و رانندگی
Verkehrsschutzmann, der; -(e)s, ¨-er پلیس راهنمایی و رانندگی
verkehrsschwach *Adj.* کم‌ترافیک، خلوت
verkehrssicher *Adj.* مناسب برای عبور وسیلهٔ نقلیه
Verkehrssicherheit, die; - امنیت عبور و مرور وسیلهٔ نقلیه
verkehrsstark *Adj.* پُرترافیک، شلوغ
Verkehrsstauung, die; -, -en تراکم وسیلهٔ نقلیه
Verkehrsstockung, die; -, -en تراکم وسیلهٔ نقلیه
Verkehrsstörung, die; -, -en اختلال ترافیک
Verkehrsstraße, die; -, -n خیابان پرترافیک
Verkehrssünder, der; -s, - ناقض قانون راهنمایی و رانندگی
Verkehrstafel, die; -, -n تابلوی وسیلهٔ نقلیه
Verkehrsteilnehmer, der; -s, - استفاده‌کننده از وسیلهٔ نقلیه
Verkehrsüberwachung, die; -, -en کنترل وسیلهٔ نقلیه
Verkehrsunfall, der; -(e)s, ¨-e تصادم رانندگی، سانحهٔ رانندگی
Verkehrsunternehmen, das; -s, - شرکت حمل و نقل، شرکت مسافرتی
Verkehrsverein, der; -(e)s, -e اتحادیهٔ حمل و نقل
Verkehrsverhältnisse, die / *Pl.* وضع عبور و مرور وسیلهٔ نقلیه
Verkehrsvorschrift, die; -, -en مقررات راهنمایی و رانندگی
Verkehrswert, der; -(e)s, -e قیمت فروش روز
Verkehrswesen, das; -s, - امور مربوط به عبور و مرور
verkehrswidrig *Adj.* مخالف قوانین راهنمایی و رانندگی
Verkehrszählung, die; -, -en آمار وسیلهٔ نقلیه
Verkehrszeichen, das; -s, - علامت راهنمایی و رانندگی
verkehrt *Adj.* ۱. برعکس، معکوس، پشت و رو، وارونه، عوضی ۲. غلط، اشتباهی

Verkehrtheit 882

Kaffee verkehrt شیرقهوه (پرشیر)

Verkehrtheit, die; -, -en ۱. بیهودگی، بی‌خودی، حماقت ۲. اشتباهی، غلطی

verkennen *Vt.* ۱. در مورد (چیزی) بد قضاوت کردن، در مورد (چیزی) بد داوری کردن ۲. دست‌کم گرفتن، کم تخمین زدن ۳. تشخیص غلط دادن، از (چیزی) شناخت غلط داشتن

Verkennung, die; -, -en قضاوت نادرست، داوری غلط

verketten *Vt.* به هم پیوستن، با زنجیر بستن

Verkettung, die; -, -en به هم پیوستگی، تسلسل

verkitten *Vt.* بتونه کردن، سمنت کردن

verklagen *Vt.* شکایت کردن، علیه (کسی) عارض شدن، علیه (کسی) عرض حال دادن، علیه (کسی) دادخواست دادن

verklammen *Vi.* از سرما یخ زدن

verklaren *Vt.* توضیح دادن

verklären *Vt.* تجلی کردن، نورانی کردن

Verklärung, die; -, -en تجلی

verklatschen *Vt.* لو دادن

verklausulieren *Vt.* حفظ کردن، از (چیزی) حراست کردن

verkleben *Vt., Vi.* ۱. چسباندن ۲. چسبیده بودن

verkleiben *Vt.* چسباندن

verkleiden *Vt., Vr.* ۱. آستر کردن، روکش دادن، پوشاندن ۲. جامهٔ مبدل پوشیدن

Verkleidung, die; -, -en ۱. آسترکاری، روکش، پوشش ۲. جامهٔ مبدل

verkleinern *Vt., Vr.* ۱. کوچک کردن، از (چیزی) کاستن، کاهش دادن ۲. کوچک شدن، کاهش یافتن

Verkleinerung, die; -, -en کاهش، تصغیر، نزول

Verkleinerungsform, die; -, -en (دستور زبان) شکل تصغیر شده

Verkleinerungssilbe, die; -, -n (دستور زبان) علامت تصغیر

Verkleinerungswort, das; -(e)s, -e/¨-er (دستور زبان) کلمهٔ تصغیر شده

verkleistern *Vt.* چسباندن

verklemmen *Vr.* سفت شدن، جدا نشدن، باز و بسته نشدن

verklemmt *Adj.* کمرو، خجالتی

verklingen *Vi.* از صدا افتادن، کم‌طنین شدن، محو شدن، خاموش شدن

verklumpen *Vi.* دلمه شدن، لخته شدن

verknacken *Vt.* محکوم کردن

verknacksen *Vt.* رگ به رگ شدن، از جا دررفتن، جابه‌جا شدن، پیچ خوردن

verknallen *Vi.* سخت عاشق شدن

sich jemanden **verknallen** عاشق کسی شدن

verknappen *Vt., Vr.* ۱. کوتاه کردن، خلاصه کردن ۲. کوتاه شدن، خلاصه شدن

Verknappung, die; -, -en کوتاهی، خلاصه

verkneifen *Vr.* ۱. جلوگیری کردن، مانع شدن ۲. صرف‌نظر کردن

sich das Lachen verkneifen جلوی خنده خود راگرفتن

verknöchern *Vi.* ۱. استخوانی شدن ۲. فسیل شدن

Verknöcherung, die; -, -en ۱. تشکیل استخوان، استخوان‌سازی ۲. تشکیل فسیل

verknoten *Vt.* گره زدن، به هم پیوستن

verknüpfen *Vt., Vr.* ۱. گره زدن، بستن ۲. با یک تیر دو نشان زدن ۳. به هم مربوط کردن

verknüpft *Adj.* پیچیده، بغرنج، مبهم

Verknüpfung, die; -, -en اتصال، پیوستگی

verkochen *Vi., Vt.* ۱. جوشیدن و تبخیر شدن ۲. (در اثر جوشاندن) تبخیر کردن

verkohlen *Vt., Vi.* ۱. به زغال تبدیل کردن ۲. به زغال تبدیل شدن

verkommen[1] *Vi.* ۱. فاسد شدن، پوسیدن، ضایع شدن، خراب شدن ۲. بی‌بند و بار شدن؛ منحط شدن

verkommen[2] *Adj.* پوسیده، خراب، فاسد، ضایع

Verkommenheit, die; - ۱. آلودگی، خرابی، فساد، تباهی ۲. بی‌بند و باری؛ انحطاط

Verkommnis, das; -nisses, -nisse قرارداد، پیمان

verkoppeln *Vt.* به هم وصل کردن، با هم مربوط کردن

verkorken *Vt., Vi.* ۱. چوب پنبه گذاشتن ۲. با چوب پنبه بستن

verkorksen *Vi.* حال به هم خوردن، منقلب شدن

sich den Magen verkorksen امتلای معده پیدا کردن

verkörpern *Vt.* ۱. جسم دادن، مجسم کردن، شخصیت دادن ۲. در نقش (کسی) بازی کردن (نمایش)

Verkörperung, die; -, -en تجسم (شخصیت)

verkosten *Vt.* چشیدن

verköstigen *Vt.* خوراک دادن، غذا دادن، خوراندن

verkrachen *Vi., Vr.* دعوا کردن

verkraften *Vt.* چیره شدن، از عهده (چیزی) برآمدن

verkrampfen *Vr.* دچار انقباض عضلانی شدن

verkrampft *Adj.* [رفتار] پیچیده، غیرطبیعی

verkriechen *Vr.* ۱. در حال خزیدن (خود) را پنهان کردن (حیوان) ۲. (خود) را منزوی کردن
verkrümmen *Vt., Vr.* ۱. خم کردن، کج کردن ۲. خم شدن، کج شدن
verkrümmt *Adj.* کج، خم
Verkrümmung, die; -, -en خمی، کجی
verkrüppeln *Vi.* فلج شدن، معیوب شدن
verkrusten *Vi.* سخت شدن، (با پوسته / قشر) پوشیده شدن
verkühlen *Vr.* سرما خوردن
verkümmern *Vi.* از رشد افتادن، پژمردن
verkümmert *Adj.* از رشد افتاده
verkünd(ig)en *Vt.* اعلام کردن، به اطلاع رساندن، ابلاغ کردن، خبر (چیزی) را دادن
Verkünd(ig)ung, die; -, -en اعلام، ابلاغ، اطلاع، خبر
verkupfern *Vt.* با مس اندودن، به کار بردن (مس / ترکیبات مس)
verkuppeln *Vt.* ۱. جاکشی کردن ۲. جفت کردن، به هم پیوستن
verkürzen *Vt., Vr.* ۱. کوتاه کردن، خلاصه کردن، مختصر کردن، از (چیزی) کاستن ۲. کوچک‌تر شدن، کوتاه شدن، مختصر شدن، خلاصه شدن
Verkürzung, die; -, -en کوتاهی، اختصار، خلاصه، مجمل
verlachen *Vt.* تمسخر کردن، به (کسی) خندیدن، مورد استهزا قرار دادن
Verladebahnhof, der; -(e)s, ⸚e ایستگاه بارگیری
Verladekran, der; -(e)s / -en, -e جرثقیل بارگیری
verladen *Vt.* بار کردن (کامیون / کشتی / هواپیما)
Verladerampe, die; -, -n سکوی بارگیری
Verladung, die; -, -en بارگیری
Verlag, der; -(e)s, -e بنگاه انتشاراتی
verlagern *Vt., Vr.* ۱. انتقال دادن، تغییر مکان دادن، منتقل کردن، جا به جا کردن ۲. تغییر مکان یافتن، جا به جا شدن
Verlagerung, die; -, -en انتقال، جا به جایی
Verlagsanstalt, die; -, -en مؤسسهٔ انتشاراتی
Verlagsbuchhandel, der; -s, ⸚ انتشاراتی
Verlagsbuchhändler, der; -s, - ناشر، انتشاردهنده
Verlagsbuchhandlung, die; -, -en مؤسسهٔ انتشاراتی
Verlagshaus, das; -es, -häuser مؤسسهٔ انتشاراتی
Verlagskatalog, der; -s, -e فهرست کتابهای منتشر شده
Verlagsleiter, der; -s, - ناشر، انتشاردهنده
Verlagsleiterin, die; -, -nen ناشر، انتشاردهنده (زن)
Verlagsrecht, das; -(e)s, -e حق طبع و نشر، حق چاپ (انحصاری)
Verlagswerk, das; -(e)s, -e طبع و نشر، انتشار، اشاعه
verlanden *Vi.* به تدریج به خشکی گراییدن (دریا / رودخانه)
verlangen *Vt., Vi.* ۱. خواستن، درخواست کردن، توقع داشتن، مطالبه کردن، طلب کردن ۲. آرزو داشتن، میل داشتن، راغب بودن، مشتاق بودن
Was verlangen Sie von ihm? از او چه می‌خواهید؟
Sie wurden am Telefon verlangt. شما را پای تلفن می‌خواهند.
nach etwas **verlangen** آرزوی چیزی را کردن
Verlangen, das; -s ۱. خواست، مطالبه، طلب ۲. آرزو، میل، اشتیاق
Ich habe kein Verlangen (nach). تمایلی احساس نمی‌کنم.
auf Verlangen در صورت درخواست، عندالمطالبه
verlängern *Vt., Vr.* ۱. تمدید کردن ۲. طویل‌تر کردن ۳. تمدید شدن ۴. طویل‌تر شدن
Verlängerung, die; -, -en تمدید
Verlängerungskabel, das; -s, - سیم رابط، کابل
Verlängerungsschnur, die; -, ⸚e سیم رابط، کابل رابط
verlangsamen *Vt., Vr.* ۱. آهسته کردن، کند کردن، از سرعت (چیزی) کاستن ۲. آهسته شدن، کند شدن
Verlaß, der; -lasses اعتماد، اطمینان
Es ist kein Verlaß auf ihn. به او اعتماد ندارم.
verlassen[1] *Vt., Vr.* ۱. ترک کردن، تنها گذاشتن ۲. اعتماد کردن، اطمینان کردن
Verlassen Sie sich darauf! خاطرجمع باشید!
Ich verlasse mich auf dich! امیدم به توست!
verlassen[2] *Adj.* متروک، خالی، غیر مسکونی، دورافتاده
Verlassenheit, die; - ترک، تنهایی، کناره‌گیری، انزوا
verläßlich *Adj.* قابل اعتماد، مطمئن، قابل اطمینان، معتبر
verlästern *Vt.* به (کسی) تهمت زدن
Verlaub, der; -(e)s, - اجازه، اذن، رخصت
Verlauf, der; -(e)s, -läufe ۱. مرور، گذشت (زمان) ۲. جریان، مسیر
nach Verlauf von fünf Tagen بعد از گذشت پنج روز
im Verlauf در طول، در مدت

verlaufen 884

verlaufen[1] *Vi., Vr.* ۱. سپری شدن، منقضی شدن ۲. جریان داشتن، به جریان افتادن ۳. به تدریج دور شدن، از مسیر اصلی دور شدن، راه (خود) را گم کردن

verlaufen[2] *Adj.* ۱. [حیوان] ولگرد، بی‌صاحب ۲. [کودک] گم شده، مفقود

verlaust *Adj.* شپشو، کثیف، چرکین

verlautbaren *Vt., Vi.* ۱. فاش کردن، باز کردن، آشکار کردن، ۲. فاش شدن، آشکار شدن

verlauten *Vi.* انتشار یافتن، شهرت یافتن

verleben *Vt.* گذراندن، سپری کردن

verlebendiegen *Vt.* زندگی بخشیدن، زنده کردن

verlebt *Adj.* ضعیف، مردنی، ناتوان، از کار افتاده

verlegen[1] *Vt.* ۱. تغییر مکان دادن ۲. منتشر کردن ۳. عقب انداختن، به تأخیر انداختن (زمان) ۴. پهن کردن، فرش کردن ۵. در جایی گذاشتن و فراموش کردن ۶. نصب کردن

sein Wohnsitz nach Berlin verlegen محل اقامت خود را به برلین انتقال دادن

verlegen[2] *Adj.* ۱. شرمسار، شرمنده، خجالت‌زده ۲. دستپاچه، هاج و واج ۳. وضع ناگوار

Verlegenheit, die; -, -en ۱. شرمندگی، خجالت‌زدگی ۲. دستپاچگی ۳. وضع ناگوار

jemanden **in Verlegenheit bringen** کسی را دستپاچه کردن

Verleger, der; -s, - ناشر

verlegerisch *Adj.* قابل انتشار، قابل چاپ

Verlegung, die; -, -en ۱. تغییر مکان ۲. انتشار ۳. تأخر ۴. نصب

verleiden *Vt.* خوشی (چیزی) را از دماغ (کسی) درآوردن، حال (کسی) را گرفتن، لذت (چیزی) را از (کسی) گرفتن

Verleih, der; -(e)s, -e ۱. قرض، عاریت ۲. بخشش، اعطا

verleihen *Vt.* ۱. قرض دادن، عاریت دادن ۲. بخشیدن، اعطا کردن

Mut verleihen جرأت بخشیدن

Verleiher, der; -s, - قرض‌دهنده

Verleiherin, die; -, -nen قرض‌دهنده (زن)

Verleihung, die; -, -en ۱. قرض، عاریت ۲. بخشش، اعطا

Verleihungsurkunde, die; -, -n سند قرض

verleimen *Vt.* به هم چسباندن

verleiten *Vt.* گمراه کردن، فریب دادن، اغوا کردن، منحرف کردن

Verleitung, die; -, -en گمراهی، فریب، اغوا، انحراف

verlernen *Vt.* از یاد بردن، فراموش کردن

verlesen *Vt., Vr.* ۱. قرائت کردن، تلاوت کردن، بلند خواندن ۲. غلط خواندن

verletzbar *Adj.* زودرنج، حساس، آسیب‌پذیر

verletzen *Vt.* ۱. مجروح کردن، زخمی کردن ۲. به (کسی) اهانت کردن ۳. نقض کردن (قانون)

verletzt sein مجروح بودن، زخمی بودن

verletzend *Adj.* اهانت‌آمیز، موهن

verletzlich *Adj.* زودرنج، حساس، آسیب‌پذیر

Verletzte, der/die; -n, -n مجروح

Verletzung, die; -, -en ۱. جراحت، زخم ۲. اهانت ۳. نقض (قانون)

verleugnen *Vt.* انکار کردن، حاشا کردن، منکر (چیزی) شدن

Verleugnung, die; -, -en انکار، حاشا

verleumden *Vt.* به (کسی) افترا زدن، از (کسی) بدگویی کردن، به (کسی) بهتان زدن، به (کسی) تهمت زدن

Verleumder, der; -s, - افترا زننده

Verleumderin, die; -, -nen افترا زننده (زن)

verleumderisch *Adj.* تهمت‌آمیز

Verleumdung, die; -, -en افترا، بهتان، تهمت

verlieben *Vr.* عاشق شدن، دلباختن

verliebt *Adj.* عاشق، خاطرخواه، دلباخته

Verliebte, der/die; -n, -n عاشق، دلباخته

Verliebtheit, die; -, -en عاشقی، شیفتگی

verlieren *Vt., Vr., Vi.* ۱. گم کردن ۲. از دست دادن ۳. باختن (بازی) ۴. گم شدن، ناپدید شدن ۵. از دست رفتن ۶. از قیافه افتادن

seine Zeit verlieren وقت خود را تلف کردن

den Faden verlieren رشتهٔ سخن را از دست دادن

die Ruhe verlieren آرامش را از دست دادن

Verlierer, der; -s, - ۱. بازنده ۲. از دست‌دهنده ۳. گم‌کننده

Verliererseite, die; -, -n طرف بازنده

Verlies, das; -es, -e محبس، زندان، سیاهچال

verloben *Vt., Vr.* ۱. نامزد کردن ۲. نامزد شدن

Verlöbnis, das; -nisses, -nisse نامزدی

Verlobte, der/die; -n, -n نامزد

Verlobung, die; -, -en نامزدی

Verlobungsanzeige, die; -, -n اعلان نامزدی

Verlobungsring, der; -(e)s, -e حلقهٔ نامزدی، انگشتر نامزدی

verlocken *Vt.* اغوا کردن، فریفتن، جلب کردن، به دام انداختن؛ تحریک کردن
verlockend *Adj.* اغواکننده، فریبا
Verlockung, die; -, -en اغوا، فریب
verlogen *Adj.* ۱. دروغگو، کاذب ۲. ریاکارانه
Verlogenheit, die; -, -en ۱. دروغگویی، کذب ۲. ریاکاری
verlohnen *Vr., Vt.* ۱. ارزش داشتن، (به زحمتش) ارزیدن ۲. ارزش (چیزی) را داشتن
verlor *P.* صیغهٔ گذشتهٔ مطلق از مصدر verlieren
verloren[1] *PP.* صیغهٔ گذشتهٔ نقلی از مصدر verlieren
verloren[2] *Adj.* ۱. از دست رفته، گم شده ۲. درمانده، سرگردان ۳. بیهوده، بی‌فایده
verlorengehen *Vi.* گم شدن، از دست رفتن، ناپدید شدن

An ihm ist ein Maler verlorengegangen. او می‌بایست نقاش می‌شد.

verlöschen *Vi.* خاموش شدن
verlosen *Vt.* قرعه‌کشی کردن
Verlosung, die; -, -en قرعه‌کشی
verlöten *Vt.* لحیم کردن
verlottern *Vt., Vi.* ۱. خراب کردن ۲. خراب شدن، فاسد شدن
verlottert *Adj.* هرزه، فاسد؛ بداخلاق؛ عیاش
verlumpen *Vi., Vt.* ۱. خراب شدن، فاسد شدن ۲. به هدر دادن
Verlust, der; -(e)s, -e ۱. زیان، ضرر، خسارت ۲. صدمه، ضایعه ۳. کاهش ۴. تلف، فقدان ۵. شکست، باخت

einen Verlust erleiden خسارت دیدن
ein schwerer Verlust ضرری بزرگ

Verlustanzeige, die; -, -n اعلان خسارت
verlustbringend *Adj.* زیان‌آور
verlustieren *Vr.* لذت بردن، تفریح کردن، خوش گذراندن
verlustig *Adj.* زیان‌آور
Verlustliste, die; -, -n لیست تلفات و خسارات
vermachen *Vt.* وقف کردن، تخصیص دادن، از راه وصیت‌نامه به (کسی) دادن، به ارث گذاشتن
Vermächtnis, das; -nisses, -nisse ۱. وصیت ۲. میراث
vermählen *Vr., Vt.* ۱. عروسی کردن، ازدواج کردن ۲. به عقد (کسی) درآوردن
Vermählung, die; -, -en عروسی، ازدواج
vermahnen *Vt.* گوشزد کردن
Vermahnung, die; -, -en گوشزد، یادآوری
vermännlichen *Vt.* به شکل مرد درآوردن
vermarkten *Vt.* ۱. به‌صورت تجارتی درآوردن، به (چیزی) جنبه تجارتی دادن ۲. از (چیزی) سود بردن، از (چیزی) بهره‌برداری کردن
Vermarktung, die; -, -en ۱. تجارتی ۲. سودبری
vermasseln *Vt.* فاسد کردن، خراب کردن، ضایع کردن
vermauern *Vt.* دیوار کشیدن، با دیوار محصور کردن
vermehren *Vt., Vr.* ۱. اضافه کردن، بیشتر کردن، افزودن، زیادتر کردن ۲. اضافه شدن، بیشتر شدن، زیادتر شدن
vermehrt *Adj.* به مقدار بیشتر، بیشتر شده
Vermehrung, die; -, -en تکثیر، افزایش
vermeidbar *Adj.* اجتناب‌پذیر
vermeiden *Vt.* دوری کردن، اجتناب کردن، احتراز کردن

Es läßt sich nicht vermeiden. اجتناب‌ناپذیر است.

vermeidlich *Adj.* اجتناب‌پذیر
Vermeidung, die; -, -en دوری، اجتناب، احتراز
vermeinen *Vi.* اندیشهٔ باطل کردن، پنداشتن، تصور کردن
vermeintlich *Adj.* [غلط] فرضی، احتمالی
vermelden *Vt.* گزارش دادن؛ اعلان کردن
vermengen *Vt., Vr.* ۱. مخلوط کردن، آمیختن ۲. مخلوط شدن
vermenschlichen *Vt.* انسانی کردن
Vermerk, der; -(e)s, -e یادداشت
vermerken *Vt.* یادداشت کردن
vermessen[1] *Vt., Vr.* ۱. مساحی کردن، (دقیقاً) اندازه گرفتن، نقشه‌برداری کردن ۲. غلط اندازه گرفتن ۳. جرأت کردن
vermessen[2] *Adj.* ۱. شجاع، بی‌باک، جسور ۲. گستاخ، متکبر
Vermessenheit, die; -, -en ۱. شجاعت، بی‌باکی، جسارت ۲. گستاخی، تکبر
Vermessung, die; -, -en ۱. اندازه‌گیری ۲. مساحی، نقشه‌برداری
Vermessungsamt, das; -(e)s, ⸚er ادارهٔ نقشه‌برداری
Vermessungskunde, die; -, -n علم مساحی، علم نقشه‌برداری
Vermessungsingenieur, der; -s, - مهندس نقشه‌برداری
vermietbar *Adj.* قابل اجاره، آمادهٔ اجاره
vermieten *Vt.* اجاره دادن، کرایه دادن

Vermieter, der; -s, - ۱. صاحبخانه، موجر ۲. اجاره‌دهنده
Vermieterin, die; -, -en ۱. صاحبخانه، موجر (زن) ۲. اجاره‌دهنده (زن)
Vermietung, die; -, -en اجاره، کرایه
vermindern *Vt., Vr.* ۱. کم کردن، کاستن، کاهش دادن ۲. کاسته شدن، کم شدن، کاهش یافتن
Verminderung, die; -, -en کاهش، کاستی
verminen *Vt.* مین کاشتن
vermischen *Vt., Vr.* ۱. مخلوط کردن، قاطی کردن ۲. مخلوط شدن، قاطی شدن
Vermischung, die; -, -en مخلوط، قاطی، ترکیب
vermissen *Vt.* احساس کمبود (کسی / چیزی) را کردن، فقدان (کسی / چیزی) را احساس کردن
vermißt *Adj.* گمشده، مفقودالاثر
Vermißte, der / die; -n, -n گمشده، مفقود، ناپیدا
Vermißtenanzeige, die; -, -n آگهی گمشدگان
vermitteln *Vt., Vi.* ۱. میانجی‌گری کردن، وساطت کردن، دلالی کردن ۲. میانجی شدن، واسطه شدن
vermittels *Präp.* به وسیلهٔ، به واسطهٔ
Vermittler, der; -s, - دلال، میانجی، واسطه
Vermittlerin, die; -, -nen دلال، میانجی، واسطه (زن)
Vermittlung, die; -, -en ۱. وساطت، میانجی‌گری ۲. مرکز تلفن
Vermittlungsamt, das; -(e)s, =er ادارهٔ تلفن
Vermittlungsgebühr, die; -, -en حق دلالی
vermöbeln *Vt.* کتک زدن
vermodern *Vi.* پوسیدن، فاسد شدن؛ ضایع شدن
vermöge *Präp.* بر اثرِ، برحسبِ، مطابقِ، به موجبِ
vermögen *Vt.* توانستن، قادر بودن
Vermögen, das; -s, - ۱. ثروت، دارایی، مال، سرمایه، مکنت ۲. استعداد، قابلیت
ein Vermögen verdienen ثروتی به هم زدن
vermögend *Adj.* ثروتمند، توانگر، دارا، غنی
Vermögensabgabe, die; -, -n مالیات سرمایه
Vermögensanlage, die; -, -n سرمایه‌گذاری
Vermögensbildung, die; -, -en تشکیل سرمایه
vermögenslos *Adj.* بی‌سرمایه، بدون دارایی
vermögensrechtlich *Adj.* اختصاصی، انحصاری
Vermögenssteuer, die; -, -n مالیات بر دارایی
Vermögensverhältnisse, die / *Pl.* روابط مالی
Vermögenswerte, die / *Pl.* ارزش‌های مالی
vermöglisch *Adj.* ثروتمند، توانگر، غنی، دارا
vermorschen *Vi.* گندیدن، فاسد شدن

vermummen *Vt., Vr.* ۱. روکش دادن، پوشاندن ۲. تغییر قیافه دادن، جامه مبدل پوشیدن
Vermummung, die; -, -en تغییر قیافه، جامه مبدل
vermuten *Vt.* حدس زدن، احتمال دادن، گمان کردن، فرض کردن، انگاشتن
vermutlich *Adj., Adv.* ۱. احتمالی، حدسی، فرضی، محتمل ۲. احتمالاً، فرضاً، شاید
Er kommt vermutlich. احتمالاً می‌آید.
Vermutung, die; -, -en احتمال، حدس، گمان، فرض، انگار
vernachlässigen *Vt.* در (کاری) اهمال کردن، در (کاری) غفلت کردن؛ از (چیزی) صرف‌نظر کردن؛ در (چیزی) مسامحه کردن، به (چیزی) بی‌توجهی کردن
Vernachlässigung, die; -, -en اهمال، مسامحه، بی‌توجهی؛ صرف‌نظر
vernageln *Vt.* ۱. با میخ (چوبی) محکم کردن ۲. میخ زدن
vernagelt *Adj.* مبهوت، متحیر
Er war wie vernagelt. از حیرت خشکش زده بود.
vernähen *Vt.* دوختن، بخیه زدن
vernarben *Vi.* ۱. جای زخم باقی گذاردن، اثر زخم داشتن ۲. جوش خوردن، التیام یافتن (جای زخم)
vernarren *Vr.* ۱. شیفته شدن، شیدا شدن ۲. دیوانه‌وار علاقمند بودن
vernarrt *Adj.* شیفته، شیدا، علاقمند
vernaschen *Vt.* دَلگی کردن
vernebeln *Vt.* ۱. تاریک کردن، تیره کردن ۲. پنهان کردن، مخفی کردن
Vernebelung, die; -, -en ۱. پردهٔ دود ۲. تیرگی، تاریکی
vernehmbar *Adj.* شنیدنی، قابل شنیدن
vernehmen *Vt.* ۱. استنطاق کردن، بازجویی کردن ۲. شنیدن، از (چیزی) باخبر شدن
Vernehmen, das; -s استنطاق، بازجویی
Vernehmer, der; -s, - بازپرس، بازجو، مستنطق
vernehmlich *Adj.* شنیدنی، قابل شنیدن
Vernehmung, die; -, -en استنطاق، بازجویی
verneigen *Vr.* تعظیم کردن، کرنش کردن
Verneigung, die; -, -en تعظیم، کرنش
verneinen *Vt.* انکار کردن، نفی کردن؛ به (کسی / چیزی) پاسخ رد دادن، به (کسی / چیزی) جواب منفی دادن
verneinend *Adj.* منفی، منکر
Verneinung, die; -, -en انکار، نفی

vernichten *Vt.* نابود کردن، قلع و قمع کردن، از بین بردن، محو کردن
vernichtend *Adj.* [نگاه] سوزان
Vernichtung, die; -, -en نابودی، محو، انهدام، قلع و قمع
Vernichtungslager, das; -s, -/ ¨ اردوگاه انهدام، اردوگاه مرگ
Vernichtungskrieg, der; -(e)s, -e جنگ انهدامی
Vernichtungswaffe, die; -, -n سلاح مخرب
vernickeln *Vt.* آب نیکل دادن
vernieten *Vt.* پرچ کردن، (با میخ پرچ) محکم کردن
Vernunft, die; - عقل، شعور، فهم، ادراک
jemanden zu Vernunft bringen کسی را بر سر عقل آوردن
wieder zur Vernunft kommen دوباره بر سر عقل آمدن
Vernunftehe, die; -, -n ازدواج عاقلانه
Vernunftheirat, die; -, -en ازدواج عاقلانه
vernünftig *Adj.* ۱. عاقل، باشعور، فهمیده ۲. عاقلانه، خوب، پسندیده
vernünftig reden معقول صحبت کردن
vernunftlos *Adj.* احمق، بی‌شعور، نفهم
vernunftmäßig *Adj.* نامعقول، غیر منطقی، بی‌معنی
vernunftwidrig *Adj.* نامعقول، غیر منطقی، بی‌معنی
veröden *Vt., Vi.* ۱. ویران کردن، خراب کردن ۲. ویران شدن، خراب شدن
Verödung, die; -, -en ویرانی، خرابی
veröffentlichen *Vt.* ۱. منتشر کردن، انتشار دادن ۲. اشاعه دادن
Veröffentlichung, die; -, -en ۱. نشر، انتشار ۲. اشاعه
verordnen *Vt.* ۱. تجویز کردن (دارو) ۲. امر کردن، دستور دادن، حکم کردن، مقرر داشتن
Verordnung, die; -, -en ۱. تجویز ۲. امر، دستور، حکم
verpachten *Vt.* اجاره دادن، واگذار کردن (زمین)
Verpächter, der; -s, - اجاره‌دهنده، موجر
Verpächterin, die; -, -nen اجاره‌دهنده، موجر (زن)
Verpachtung, die; -, -en اجاره، واگذاری
verpacken *Vt.* بسته‌بندی کردن
Verpackung, die; -, -en بسته‌بندی
Verpackungskosten, die / *Pl.* مخارج بسته‌بندی
Verpackungsmaterial, das; -s, -lien جنس بسته‌بندی
verpassen *Vt.* ۱. از دست دادن (فرصت مناسب / قطار) ۲. کتک زدن
Ich habe den Zug verpaßt. قطار را از دست دادم.
verpatzen *Vt., Vi.* ۱. خراب کردن، ضایع کردن ۲. خراب شدن، ضایع شدن
verpesten *Vt.* آلوده کردن، آلودن (هوا)
verpetzen *Vt.* لو دادن
verpfänden *Vt.* گرو گذاشتن
Verpfändung, die; -, -en گروگذاری
verpfeifen *Vt.* فاش کردن، لو دادن
verpflanzen *Vt.* ۱. نشا کردن، در جای دیگری نشاندن (گیاه) ۲. پیوند زدن (عضو)
Verpflanzung, die; -, -en ۱. نشاکاری، جابه‌جاسازی (گیاه) ۲. پیوند (عضو)
verpflegen *Vt.* غذا و خوراک (کسی) را تأمین کردن
Verpflegung, die; -, -en تأمین خوراک و غذا
verpflichten *Vt., Vr.* ۱. موظف کردن، ملزم ساختن ۲. موظف شدن، متعهد شدن، تعهدی را قبول کردن
sich verpflichten تعهد کردن، برعهده گرفتن
zu Dank verpflichtet مدیون، مرهون
Verpflichtung, die; -, -en وظیفه، التزام، تعهد، مسئولیت
verpfuschen *Vt.* ۱. خراب کردن، از شکل انداختن ۲. فنا کردن (زندگی)
verplanen *Vt.* به غلط نقشه کشیدن، طرح اشتباه ریختن
verplappern *Vr.* با یاوه‌گویی (خود) را لو دادن
verplaudern *Vt.* با یاوه‌گویی وقت را گذراندن
verplempern *Vt., Vr.* ۱. تلف کردن، بر باد دادن، هدر کردن ۲. آیندهٔ (خود) را تباه کردن
verpönt *Adj.* ناخواسته، نامطلوب
verprassen *Vt.* اسراف کردن، تلف کردن، حیف و میل کردن، به هدر دادن
verproviantieren *Vr.* توشه و آذوقه تهیه کردن، خواربار تهیه کردن
verprügeln *Vt.* کتک زدن
verpuffen *Vi.* منفجر شدن، محترق شدن، ترکیدن
verpulvern *Vt.* به هدر دادن، دور ریختن (پول)
sein Geld verpulvern پول خود را به هدر دادن
verpumpen *Vt.* قرض دادن
verpuppen *Vr.* به پیله تبدیل شدن (لارو حشره)
Verpuppung, die; -, -en تبدیل لارو حشره به پیله
verpusten *Vi., Vr.* رفع خستگی کردن
Verputz, der; -es, (-e) اندود، گچ‌کاری
verputzen *Vt.* ۱. گچ‌کاری کردن ۲. به هدر دادن، حیف و میل کردن، تا ته خوردن
verqualmen *Vt.* پر از دود کردن

verquält 888

verquält *Adj.* رنج‌دیده، غم‌زده
verquasen *Vt.* به هدر دادن، تلف کردن
verquatschen *Vt., Vr.* ۱. با یاوه‌گویی (وقت) را به بطالت گذراندن ۲. با یاوه‌گویی (خود) را لو دادن
verquer *Adv.* ۱. اریب، مایل، کج ۲. غلط
verquicken *Vt., Vr.* آمیختن، مخلوط کردن
verquisten *Vt.* به هدر دادن، تلف کردن
verquollen *Adj.* ۱. [صورت] پف کرده ۲. [چوب] پرپیچ و تاب
verrammeln *Vt.* بستن، مسدود کردن
verramschen *Vt.* ارزان فروختن، پایین‌تر از ارزش واقعی فروختن
Verrat, der; -(e)s, - خیانت، فاش‌سازی، افشا
verraten *Vt.* ۱. به (کسی/چیزی) خیانت کردن، لو دادن، فاش ساختن ۲. نشان دادن، هویدا ساختن
Verräter, der; -s, - خائن، خیانتکار
Verräterei, die; -, -en خیانت
Verräterin, die; -, -nen خائن، خیانتکار (زن)
verräterisch *Adj.* خائنانه، خیانت‌آمیز
verrauchen *Vi., Vt.* ۱. از دود پُر شدن ۲. دود کردن (دارایی)
verräuchern *Vt.* از دود پر کردن
verräuchert *Adj.* از دود پر شده
verrechnen *Vt., Vr.* ۱. محاسبه کردن؛ با (کسی) تسویه‌حساب کردن ۲. در حساب منظور کردن ۳. دربارهٔ (کسی) اشتباه کردن
Verrechnung, die; -, -en تسویه‌حساب؛ محاسبه
Verrechnungsscheck, der; -en, -en چک واریزی (غیرقابل دریافت)
Verrechnungsstelle, die; -, -n مؤسسهٔ تهاتری
Verrechnungsverkehr, der; -(e)s, - بازرگانی تهاتری، تجارت پایاپای
verrecken *Vi.* سقط شدن، مردن (جانوران)
verregnen *Vi.* (در اثر باران زیاد) فاسد شدن؛ به‌هم خوردن، خراب شدن
verreiben *Vt.* روغن‌مالی کردن
verreisen *Vi.* مسافرت کردن، به سفر رفتن
verreißen *Vt.* ۱. پاره‌پاره شدن (لباس کهنه) ۲. از (کسی) انتقاد شدید کردن
verrenken *Vt.* پیچ دادن، رگ به رگ کردن
Verrenkung, die; -, -en پیچ‌خوردگی، دررفتگی، رگ به رگ شدگی
verrennen *Vr.* (در عقیده‌ای) مصر بودن، سرسختی کردن، پافشاری کردن
verrichten *Vt.* عمل کردن، انجام دادن، اجرا کردن
Verrichtung, die; -, -en عمل، کار، فعالیت
Verrichtungsgehilfe, der; -n, -n دستیار کار
verriegeln *Vt.* کلون کردن، چفت کردن (در)
verringern *Vt., Vr.* ۱. کم کردن، از (چیزی) کاستن، تقلیل دادن، محدود کردن ۲. کم‌شدن، کاسته شدن، تقلیل یافتن
Verringerung, die; -, -en تقلیل، کاهش، تحدید
verrinnen *Vi.* ۱. گریختن ۲. گذشتن، منقضی شدن، سپری شدن
Verriß, der; -risses, -risse انتقاد بسیار شدید
einen Verriß über ein Buch schreiben از کتابی انتقاد شدید کردن
verrohen *Vi.* وحشی شدن، بی‌رحم شدن
Verrohung, die; -, -en وحشی‌گری، بی‌رحمی
verrollen *Vi., Vt.* ۱. به پایان رسیدن (رعد) ۲. کتک زدن
verrosten *Vi.* زنگ زدن (فلز)، اکسیده شدن
verrotten *Vi.* پوسیدن، گندیدن، فاسد شدن
Verrottung, die; - فساد، گندیدگی
verrucht *Adj.* پست، شریر، نابکار، تبهکار
Verruchtheit, die; -, -en پستی، شرارت، نابکاری، تبهکاری
verrücken *Vt.* جابه‌جا کردن
verrückt *Adj.* دیوانه، مجنون، خل
nach jemandem **verrückt sein** دیوانهٔ کسی بودن
Verrückte, der/die; -n, -n دیوانه، مجنون
Verrücktheit, die; -, -en دیوانگی، جنون
Verruf, der; -(e)s رسوایی، بدنامی
verrufen[1] *Vt.* رسوا کردن، بدنام کردن
verrufen[2] *Adj.* رسوا، بدنام
verrutschen *Vi.* لیز خوردن
Vers, der; -es, -e ۱. (در شعر) مصرع، نیم‌بیت ۲. آیه
sich auf etwas **keinen Vers machen können** از چیزی سر در نیاوردن
versachlichen *Vt.* از هیجان خالی کردن
versagen *Vt., Vi., Vr.* ۱. از (چیزی) امتناع کردن، در (کاری) کوتاهی کردن، از (چیزی) مضایقه کردن ۲. مردود شدن، موفق نشدن، از عهده برنیامدن ۳. از کار افتادن
den Wunsch versagen خواهشی را رد کردن
Versagen, das; -s شکست، ناکامی، عدم موفقیت، ناکارایی
Versager, der; -s, - ۱. وامانده، عاجز، ناتوان، بی‌عرضه ۲. نقص، عیب، خرابی
Versagung, die; -, -en امتناع، کوتاهی، مضایقه

Versal, der; -s, -lien حرف بزرگ (الفبا)

versalzen *Vt.* ۱. شور کردن، پر نمک کردن ۲. خراب کردن، خوشی (کسی) را برهم زدن

versammeln *Vt., Vr.* ۱. جمع کردن، گرد آوردن ۲. جمع شدن، گرد هم آمدن، اجتماع کردن

sich versammeln جمع شدن، اجتماع کردن

Versammlung, die; -, -en ۱. اجتماع، تجمع ۲. مجمع، انجمن، جلسه، گردهمایی

eine Versammlung besuchen در اجتماعی شرکت کردن

Versammlungsfreiheit, die; - آزادی تجمع

Versammlungslokal, das; -s, -e محل تجمع، محل تشکیل جلسه

Versammlungsort, der; -(e)s, -e محل تجمع، محل تشکیل جلسه

Versand, der; -(e)s, - ۱. ارسال، اعزام، صدور؛ حمل (کالا) ۲. قسمت حمل کالا (در مؤسسه)

Versandabteilung, die; -, -en بخش ارسال (کالا)

Versandanweisungen, die / *Pl.* دستور ارسال (کالا)

Versandanzeige, die; -, -n آگهی ارسال (کالا)

versandbereit *Adj.* آمادهٔ حمل

Versandbuchhandel, der; -s, - دفتردار ارسال (کالا)

versanden *Vi.* ۱. پر از شن شدن ۲. بی‌نتیجه ماندن

versandfertig *Adj.* [کالا] آمادهٔ ارسال

Versandgeschäft, das; -(e)s, -e شرکت حمل و نقل

Versandgut, das; -(e)s, ¨-er کالای ارسالی

Versandhaus, das; -es, -häuser شرکت حمل و نقل

Versandhauskatalog, der; -s, -e کاتالوگ شرکت حمل و نقل

Versandkosten, die / *Pl.* مخارج حمل (کالا)

Versandpapiere, die / *Pl.* بارنامه

versauen *Vt.* ۱. کثیف کردن ۲. خراب کردن، ضایع کردن

versauern *Vi.* ۱. از رشد افتادن؛ پژمردن ۲. ترش شدن (مشروب)

versaufen *Vt., Vi.* ۱. به حد افراط نوشیدن (مشروب الکلی)، حسابی خوردن ۲. می‌پرستی کردن، بدمستی کردن ۳. غرق شدن

versäumen *Vt.* ۱. در (کاری) اهمال کردن، در (کاری) مسامحه کردن، در (کاری) غفلت ورزیدن ۲. از دست دادن (ترن / موقعیت) ۳. (در مدرسه) حضور نداشتن

Versäumnis, die; -, -nisse ۱. اهمال، مسامحه، غفلت ۲. از دست دادگی (ترن / موقعیت) ۳. عدم حضور (در مدرسه)

Versäumnisurteil, das; -s, -e حکم غیابی

Versbau, der; -(e)s, -e شاعری، قافیه‌پردازی

verschachern *Vt.* فروختن، معاوضه کردن

verschaffen *Vt.* تهیه کردن، فراهم کردن، تأمین کردن، تدارک دیدن

Gewißheit verschaffen اطمینان حاصل کردن

verschalen *Vt.* تخته‌پوش کردن، تخته‌بندی کردن

Verschalung, die; -, -en تخته‌پوشی، تخته‌بندی

verschämt *Adj.* کمرو، خجول؛ محجوب

Verschämtheit, die; - کمرویی، خجالت؛ حجب

verschandeln *Vt.* از شکل انداختن، بدشکل کردن، بدریخت کردن، خراب کردن

verschanzen *Vt.* دارای استحکامات کردن، سنگربندی کردن

Verschanzung, die; -, -en سنگربندی

verschärfen *Vt.* افزودن، تشدید کردن، تکثیر کردن، بیشتر کردن

Verschärfung, die; -, -en افزایش، تشدید، تکثیر

verscharren *Vt.* ۱. از نظر پوشاندن، پنهان کردن ۲. زیر خاک دفن کردن

verschätzen *Vr.* غلط ارزیابی کردن، نادرست تخمین زدن

verscheiden *Vi.* مردن، درگذشتن، فوت کردن

Verscheiden, das; -s مرگ، درگذشت، فوت

verschenken *Vt.* بخشیدن؛ پیشکش کردن، هدیه دادن، کادو دادن

verscherbeln *Vt.* با قیمت ارزان فروختن، زیر قیمت فروختن

verscherzen *Vr.* هدر دادن، (به خاطر مسامحه‌کاری) از دست دادن

verscheuchen *Vt.* ۱. کیش کردن ۲. رم دادن

verscheuern *Vt.* با قیمت ارزان فروختن، زیر قیمت فروختن

verschicken *Vt.* ۱. روانه کردن، فرستادن، ارسال داشتن ۲. تبعید کردن

Verschickung, die; -, -en ۱. روانه‌سازی ۲. تبعید

Verschiebebahnhof, der; -(e)s, ¨-e ایستگاه تعویض (قطار)

verschieben *Vt., Vr* ۱. جا به جا کردن، تغییر مکان دادن، پس و پیش کردن ۲. به تعویق انداختن، به تأخیر انداختن ۳. به تعویق افتادن، عقب افتادن ۴. جا به جا شدن

Verschiebung, die; -, -en ۱. جا به جایی، تغییر مکان، انتقال، جا به جاشدگی ۲. تعویق

verschieden 890

verschieden *Adj., Adv.* ۱. متفاوت، مختلف، گوناگون، جورواجور ۲. چندتایی، چندین، برخی، بعضی
verschieden sein تفاوت داشتن
verschiedenemal به دفعات، به کرات
verschiedenartig *Adj.* گوناگون، جورواجور، به انواع مختلف، متفاوت
verschiedenerlei *Adj.* گوناگون، جورواجور، به انواع مختلف، متفاوت
verschiedenfarbig *Adj.* به رنگ‌های مختلف، چندرنگه
verschiedengestaltig *Adj.* به اشکال گوناگون، به اشکال مختلف
Verschiedenheit, die; -, -en تفاوت، اختلاف، گوناگونی، جورواجوری
verschiedentlich *Adv.* پی‌درپی، مکرر
verschießen *Vt., Vi., Vr.* ۱. استعمال کردن، مصرف کردن ۲. کمرنگ شدن
verschiffen *Vt.* با کشتی حمل کردن، با کشتی فرستادن
Verschiffung, die; -, -en حمل با کشتی، ارسال با کشتی
verschimmeln *Vi.* کپک زدن
verschlacken *Vi.* تبدیل به تفاله شدن
verschlafen[1] *Vi., Vt.* ۱. در خواب بودن ۲. خواب ماندن ۳. زیاد خوابیدن ۴. از دست دادن (فرصت)
verschlafen[2] *Adj.* خواب‌آلود
Verschlafenheit, die; - خواب‌آلودگی
Verschlag, der; -(e)s, ⸚e کلبهٔ کوچک محقر
verschlagen[1] *Vt., Vi.* ۱. تیغه کشیدن، تخته‌کوب کردن، با تخته جدا کردن ۲. نخوانده اشتباهی ورق زدن (صفحه کتاب) ۳. از بین بردن (احساس / توان) ۴. اشتباهی زدن (توپ) ۵. مفید بودن
den Atem verschlagen از نفس افتادن
Die Arznei verschlägt bei ihm nicht.
این دارو برای او مفید نیست.
verschlagen[2] *Adj.* حیله‌گر، محیل، مکار، موذی
Verschlagenheit, die; - حیله‌گری، مکاری، موذی‌گری
verschlammen *Vi.* گل‌آلود شدن
verschlampen *Vt., Vi.* ۱. (از روی بی‌توجهی) از دست دادن ۲. فراموش کردن ۳. نامرتب شدن
verschlechtern *Vt., Vr.* ۱. بدتر کردن، وخیم‌تر کردن، از کیفیت (چیزی) کاستن ۲. بدتر شدن، بی‌کیفیت شدن، وخیم‌تر شدن

Verschlechterung, die; -, -en بدتری، وخامت، زوال
verschleiern *Vt., Vr.* ۱. پوشاندن، پنهان کردن، مستور کردن ۲. حجاب زدن، نقاب زدن
Verschleierung, die; -, -en ۱. پوشش ۲. حجاب، نقاب
verschleimen *Vt.* با خلط سینه پر کردن
Verschleiß, der; -es, -e فرسودگی، استهلاک، کهنگی، فرسایش
verschleißen *Vt., Vi.* ۱. فرسوده کردن، کهنه کردن ۲. فرسوده شدن، کهنه شدن
verschleißfest *Adj.* بادوام
verschleppen *Vt.* ۱. با زحمت حمل کردن ۲. تبعید کردن ۳. آدم‌ربایی کردن ۴. تغییر مکان دادن ۵. پخش کردن، گستردن ۶. (بیماری) طول کشیدن
Verschleppte, der/die; -n, -n تبعیدی
Verschleppung, die; -, -en ۱. حمل ۲. تبعید ۳. آدم‌ربایی ۴. تغییر مکان ۵. گسترش
Verschleppungstaktik, die; -, -en اشکال‌تراشی، خرابکاری
verschleudern *Vt.* ۱. ارزان فروختن ۲. اسراف کردن، ولخرجی کردن
verschließbar *Adj.* قفل‌شدنی
verschließen *Vt.* ۱. بستن، قفل کردن ۲. درجای قفل شده قرار دادن ۳. افشا نکردن (راز)
verschlimmern *Vt., Vr.* ۱. بدتر کردن، وخیم‌تر کردن ۲. بدتر شدن، وخیم شدن
Verschlimmerung, die; -, -en وخامت، بدترشدگی
verschlingen *Vt.* ۱. با ولع خوردن، بلعیدن، حریصانه خوردن ۲. به هم پیچیدن، در هم بافتن
ein Buch verschlingen کتابی را با حرص و ولع خواندن
verschlossen *Adj.* ساکت، کم‌حرف
Verschlossenheit, die; - خاموشی، سکوت، کم‌حرفی
verschlucken *Vt., Vr.* ۱. بلعیدن، قورت دادن، فرو بردن ۲. حذف کردن، جا انداختن ۳. ناشمرده تلفظ کردن ۴. در گلو گیر کردن (غذا)
Ich habe mich beim Essen verschluckt.
موقع صرف غذا، غذا به گلویم جست.
Verschluß, der; -schlusses, -schlüsse ۱. سرپوش، در بطری ۲. قفل
Verschlußlaut, der; -(e)s, -e مادهٔ قابل انفجار
verschlüsseln *Vt.* به رمز درآوردن
Verschlüsselung, die; -, -en حرف رمز

verschmachten *Vi.*	۱. بیمار عشق شدن ۲. از تشنگی مردن
verschmähen *Vt.*	به علت حقیر شمردن رد کردن
verschmausen *Vt.*	با اشتها خوردن، با میل و رغبت خوردن
verschmelzen *Vt., Vi.*	۱. پس از ذوب شدن با هم مخلوط کردن (فلزات مختلف) ۲. پس از ذوب شدن مخلوط شدن (فلزات مختلف)
Verschmelzung, die; -, -en	ترکیب، امتزاج، ائتلاف
verschmerzen *Vt.*	۱. بهبود یافتن ۲. تفوق یافتن
verschmieren *Vt.*	۱. روغن‌کاری کردن ۲. آلوده کردن، کثیف کردن
verschmitzt *Adj.*	مکار، حقه‌باز، ناقلا
Verschmitzheit, die; -	مکر، حقه‌بازی، ناقلایی
verschmutzen *Vt., Vi.*	۱. آلوده کردن، کثیف کردن ۲. کثیف شدن، آلوده شدن
Verschmutzung, die; -, -en	کثافت، آلودگی، ناپاکی
verschnappen *Vr.*	(با مسامحه‌کاری) (خود) را لو دادن
verschnaufen *Vi., Vr.*	با مکث نفس کشیدن؛ نفس تازه کردن
Verschnaufpause, die; -, -n	مکث کوتاه جهت تنفس
verschneiden *Vt.*	۱. سرشاخهٔ (چیزی) را زدن ۲. عوضی بریدن ۳. ختنه کردن ۴. اخته کردن (جانوران)
verschneien *Vi.*	از برف پوشیده شدن
verschneit *Adj.*	پوشیده از برف
verschnörkeln *Vt.*	مزین کردن؛ تذهیب کردن (خط)
verschnörkelt *Adj.*	آراسته، مزین، تزئین شده؛ تذهیب شده
verschnupfen *Vt.*	۱. برانگیختن، تحریک کردن ۲. زکام کردن
jemanden verschnupfen	کسی را تحریک کردن، کسی را ناراحت کردن
verschnupft sein	سرما خوردن، زکام شدن
verschnüren *Vt.*	با بند بستن، محکم کردن (پاکت)
verschollen *Adj.*	غایب، گم شده، مفقودالاثر، ناپدید شده
verschonen *Vt.*	ملاحظه (کسی) را کردن، در حق (کسی) لطف کردن
verschöne(r)n *Vt.*	آراستن، پیراستن، زینت دادن، قشنگ کردن
Verschönerung, die; -, -en	آرایش، پیرایش، زینت
verschossen *Adj.*	۱. کمرنگ ۲. اسیر عشق، عاشق

verschränken *Vt.*	به صورت صلیب روی هم قرار دادن (دست)
verschrauben *Vt.*	پیچ دادن، پیچاندن
verschreiben *Vt., Vr.*	۱. نسخه (چیزی) را نوشتن، تجویز کردن ۲. تماماً نوشتن ۳. (خود) را وقف (کاری) کردن ۴. انتقال دادن (ملک) ۵. غلط نوشتن
Verschreibung, die; -, -en	۱. تجویز، نسخه‌نویسی ۲. غلط‌نویسی
verschreibungspflichtig *Adj.*	[دارو] نیازمند به نسخه
verschreien *Vt.*	بدنام کردن، رسوا کردن
verschrien *Adj.*	بدنام، رسوا، انگشت‌نما
verschroben *Adj.*	۱. عجیب و غریب، غیرعادی ۲. عوضی پیچ‌شده
Verschrobenheit, die; -, -en	غرابت
verschrotten *Vt.*	اوراق کردن
verschrumpfen *Vt., Vi.*	۱. چروک کردن ۲. چروک شدن
verschrumpeln *Vi., Vt.*	۱. چروک کردن ۲. چروک شدن
verschüchtern *Vt.*	ترساندن، مرعوب کردن
verschulden *Vi., Vt.*	۱. مقصر بودن، مرتکب جرم شدن ۲. بدهکار بودن، مقروض شدن، زیر بار قرض رفتن
Verschulden, das; -s	جرم، تقصیر، بزه؛ نقص
verschuldet *Adj.*	بدهکار، مقروض، مدیون
Verschuldung, die; -, -en	بدهکاری، قرض
verschütten *Vt.*	۱. اشتباهی ریختن ۲. سد کردن ۳. پوشاندن
verschüttgehen *Vi.*	۱. گم شدن، ناپدید شدن ۲. دستگیر شدن، توقیف شدن
verschwägern *Vr.*	(در اثر ازدواج) قوم و خویش شدن
verschwägert *Adj.*	(بر اثر ازدواج) قوم و خویش، منسوب، وابسته
verschweigen *Vt.*	کتمان کردن، پنهان کردن، مخفی نگاه داشتن؛ در مورد (چیزی) سکوت کردن
Verschweigen, das; -s	پنهانی، سری
Verschweigung, die; -	پنهانی، سری
verschweißen *Vt.*	(از طریق جوشکاری) بهم وصل کردن
verschwenden *Vt.*	در (چیزی) اسراف کردن، حیف و میل کردن
Verschwender, der; -s, -	ولخرج، اسراف‌کننده
Verschwenderin, die; -, -nen	ولخرج، اسراف‌کننده (زن)

verschwenderisch *Adj.* ولخرج، توأم با ولخرجی
Verschwendung, die; -, -en اسراف، حیف و میل، ولخرجی
Verschwendungssucht, die; - ولخرجی، اسراف
verschwendungssüchtig *Adj.* ولخرج، اسراف‌کننده
verschwiegen *Adj.* ۱. رازدار، راز نگه‌دار ۲. [مکان] ساکت، آرام
Verschwiegenheit, die; - پنهانی، نهانی؛ رازداری
verschwimmen *Vi.* نامشخص شدن، نامعلوم شدن، غیر واضح شدن
verschwinden *Vi.* ۱. ناپدید شدن، محو شدن، زایل شدن ۲. دزدیده شدن، به سرقت رفتن
Verschwinde! بروگم شو!
Verschwinden, das; -s ناپدیدی، محو
verschwistern *Vt.* متحد کردن، متفق کردن، پیوند دادن
verschwistert *Adj.* متحد، متفق، پیوسته
verschwitzen *Vt.* ۱. (در اثر عرق) لکه‌دار کردن ۲. فراموش کردن
etwas **verschwitzen** چیزی را فراموش کردن
verschwollen *Adj.* ورم کرده، آماس کرده
verschwommen *Adj.* نامشخص، مبهم، غیرواضح، غیردقیق
Verschwommenheit, die; -, -en نامشخصی، مبهمی، عدم وضوح
verschwören *Vr., Vt.* ۱. توطئه چیدن، دسیسه کردن ۲. از (چیزی) توبه کردن، ترک کردن
Verschwörer, der; -s, - توطئه‌گر، دسیسه‌جو
Verschwörerin, die; -, -nen توطئه‌گر، دسیسه‌جو (زن)
Verschwörung, die; -, -en توطئه، دسیسه
versehen *Vt., Vr.* ۱. انجام دادن، اجرا کردن (وظیفه) ۲. اشتباه کردن، خطا کردن، سهو کردن ۳. مجهز کردن
Versehen, das; -s, - اشتباه، خطا، سهو
etwas **aus Versehen tun** کاری را اشتباهاً انجام دادن
versehentlich *Adv.* اشتباهاً، سهواً، اشتباهی
versehren *Vt.* ناتوان کردن، عاجز کردن، از کار انداختن
Versehrte, der/die; -n, -n عاجز، ناتوان، از کار افتاده
verseifen *Vt., Vi.* ۱. به‌صورت صابون درآوردن ۲. به صورت صابون درآمدن
Verseifung, die; -, -en تبدیل به صابون
verselbständigen *Vt., Vr.* ۱. مستقل کردن ۲. مستقل شدن
versenden *Vt.* فرستادن، اعزام داشتن، ارسال کردن

Versendung, die; -, -en ارسال، اعزام، گسیل
versengen *Vt.* سطحی سوزاندن
versenken *Vt., Vr.* ۱. غرق کردن، به قعر دریا فرستادن (کشتی) ۲. فرو بردن ۳. غرق شدن، (در فکر و خیال) فرو رفتن
Versenkung, die; -, -en غرق
versessen *Adj.* شیفته، مشتاق
auf etwas **versessen sein** مشتاق چیزی بودن
versetzen *Vt.* ۱. جا به جا کردن، منتقل کردن ۲. گرو گذاشتن ۳. پاسخ (کسی/چیزی) را دادن ۴. محل کار (کسی) را تغییر دادن ۵. ترفیع دادن، ارتقا دادن، به کلاس بالاتر بردن ۶. منتظر گذاشتن، علاف کردن ۷. نشا کردن (گیاه) ۸. مخلوط کردن
Der Junge ist nicht versetzt worden!
این پسر قبول نشده است!
Versetze dich doch in seiner Lage.
خودت را جای او بگذار.
in Erstaunen versetzen در شگفتی فرو بردن
einen Ton versetzen (موسیقی) صدایی را (نیم‌پرده) بالا/پایین بردن
Versetzung, die; -, -en ۱. جا به جایی، انتقال ۲. ترفیع، ارتقا ۳. نشا (گیاه)
Versetzungszeichen, das; -s, - (موسیقی) علامت تغییردهنده (دیز/بمل)
Versetzungszeugnis, das; -nisses, -nisse کارنامهٔ قبولی
verseuchen *Vt.* ۱. آلوده کردن، مبتلا کردن ۲. سرایت دادن (بیماری)
Verseuchung, die; -, -en آلودگی، ابتلا، سرایت (بیماری)
Versfuß, der; -es, ¨-e هجای شعری، مبحث بحر و وزن شعر
Versicherer, der; -s, - بیمه‌گر، بیمه‌کننده
versichern *Vt., Vr.* ۱. بیمه کردن ۲. به (کسی) اطمینان دادن، تضمین کردن ۳. اطمینان حاصل کردن ۴. (خود) را بیمه کردن
Versicherte, der/die; -n, -n بیمه شده
Versicherung, die; -, -en ۱. بیمه ۲. اطمینان، تعهد، تضمین
Versicherungsanstalt, die; -, -en شرکت بیمه
Versicherungsbeitrag, der; -(e)s, -e پول بیمه، حق بیمه
Versicherungsbetrug, der; -(e)s, - کلاهبرداری از بیمه

Versicherungsgeber, der; -s, - بیمه کننده، بیمه گر

Versicherungsgesellschaft, die; -, -en شرکت بیمه

Versicherungsnehmer, der; -s, - بیمه گذار

Versicherungspflicht, die; -, -en بیمهٔ اجباری

Versicherungspolice, die; -, -n بیمه‌نامه، ورقهٔ بیمه

Versicherungsprämie, die; -, -n پول بیمه، حق بیمه

Versicherungsschein, der; -(e)s, -e ورقهٔ بیمه

Versicherungsschutz, der; -es, - حمایت بیمه

Versicherungssumme, die; -, -n مبلغ بیمه

Versicherungsträger, der; -s, - بیمه گر، بیمه کننده

versickern *Vi.* جریان یافتن؛ تراوش کردن، آب پس دادن

versieben *Vt.* (از روی بی‌توجهی) فراموش کردن

versiegeln *Vt.* مهر و موم کردن

versiegen *Vi.* از جریان باز ایستادن

versiert *Adj.* متبحر، زبردست، مجرب، کارآزموده

versilbern *Vt.* آب نقره دادن، نقره‌کاری کردن

versinken *Vi.* ۱. (در خیالات) غرق شدن ۲. (در آب) فرو رفتن

in Gedanken versinken غرق در افکار شدن

versinnbildlichen *Vt.* نماد (چیزی) بودن، حاکی از (چیزی) بودن

Versinnbildlichung, die; -, -en نمادپردازی

Version, die; -, -en تفسیر، روایت، تعبیر

versippen *Vr.* از طریق ازدواج فامیل شدن

versippt *Adj.* منسوب، وابسته

versitzen *Vt.* ۱. با نشستن زیاد وقت گذراندن ۲. با نشستن زیاد چروک کردن

versklaven *Vt.* بنده کردن، غلام کردن

Verskunst, die; - شاعری، قافیه‌پردازی

Versmaß, das; -es, -e وزن شعر

Verso, das; -s, -s پشت صفحه، روی دیگر صفحه

versoffen *Adj.* مست، الکلی

versohlen *Vt.* با (کسی) کتک‌کاری کردن

jemanden **versohlen** کسی را کتک زدن

versöhnen *Vt., Vr.* ۱. با (کسی) آشتی کردن، صلح کردن ۲. آشتی دادن، صلح دادن

versöhnlich *Adj.* ۱. آشتی‌پذیر، صلح‌جو، مصالحه‌آمیز، صلح‌جویانه ۲. امیدوارکننده، نویدبخش

Versöhnung, die; -, -en آشتی، مصالحه

versonnen *Adj.* افسرده، محزون، اندیشناک

versorgen *Vt.* ۱. تأمین کردن، تدارک دیدن ۲. سرپرستی کردن، از (کسی) پرستاری کردن، از (کسی) مراقبت کردن

Versorger, der; -s, - تأمین‌کننده، تدارک‌دهنده

Versorgerin, die; -, -nen تأمین‌کننده، تدارک‌دهنده (زن)

Versorgung, die; -, -en ۱. تأمین، تدارک ۲. پرستاری، سرپرستی، نگهداری

Versorgungsbetrieb, der; -(e)s, -e ادارهٔ تدارکات، ادارهٔ ملزومات

Versorgungsempfänger, der; -s, - مستمری بگیر

Versorgungsempfängerin, die; -, -nen مستمری بگیر (زن)

Versorgungsgüter, die / *Pl.* تدارکات، ملزومات

Versorgungshaus, das; -es, ¨-er خانهٔ سالمندان

Versorgungsleitung, die; -, -en ادارهٔ تدارکات، ادارهٔ تأمین آذوقه

Versorgungsnetz, das; -es, -e شبکهٔ تدارکاتی

Versorgungsschwierigkeiten, die / *Pl.* مشکلات تدارکاتی

verspakt *Adj.* ۱. [چوب] پوسیده، شکننده ۲. [هوا] خفه‌کننده، کثیف

verspäten *Vr.* تأخیر داشتن، تأخیر کردن، دیر کردن

verspätet *Adj.* دیر شده، از موقع گذشته

Verspätung, die; -, -en تأخیر، دیرکرد

verspeisen *Vt.* کاملاً خوردن، خوردن و تمام کردن

verspekulieren *Vt., Vr.* ۱. بد احتکار کردن ۲. بر اثر سفته‌بازی از دست دادن

versperren *Vt.* ۱. بستن، سد کردن، مسدود کردن، مانع (چیزی) شدن ۲. قفل کردن

verspielen *Vt., Vi.* ۱. (بر اثر سهل‌انگاری) از دست دادن ۲. در قمار باختن ۳. بد بازی کردن ۴. (موسیقی) بد نواختن

verspielt *Adj.* بازیگوش، سر به هوا

verspinnen *Vt.* ریسیدن

versponnen *Adj.* متفکر، فکور

verspotten *Vt.* دست انداختن، ریشخند کردن، مسخره کردن، به (کسی) طعنه زدن، به باد استهزا گرفتن

Verspottung, die; -, -en استهزا، ریشخند، سخره، طعنه

versprechen *Vt., Vr.* ۱. قول دادن، عهد کردن، وعده دادن ۲. اشتباه گفتن، اشتباهاً تلفظ کردن

Versprechen 894

Versprechen, das; -s, - قول، وعده، عهد، میثاق
sein Versprechen halten به قول خود وفا کردن
Versprechung, die; -, -en قول، وعده
versprengen *Vt.* پراکنده کردن، از هم جدا کردن، متفرق کردن
verspritzen *Vt.* افشاندن، پاشیدن (آب)
versprochenermaßen *Adv.* طبق قول
versprühen *Vt.* افشاندن، پاشیدن (آب)
verspüren *Vt.* ۱. درک کردن، حس کردن، دریافتن، پی بردن ۲. احساس (به‌خصوصی) داشتن
verstaatlichen *Vt.* دولتی کردن، ملی کردن
Verstaatlichung, die; -, -en دولتی‌سازی، ملی‌سازی
verstädtern *Vt., Vi.* ۱. شهری کردن، مدنی کردن ۲. شهری شدن، مدنی شدن
Verstädterung, die; -, -en شهرسازی، اسکان در شهر
verstadtlichen *Vt.* در اختیار شهرداری گذاشتن
Verstand, der; -(e)s, - فهم، شعور، عقل
den Verstand verlieren عقل خود را از دست دادن
der gesunde Menschenverstand عقل سلیم
verstanden *PP.* صیغهٔ فعل گذشتهٔ نقلی از مصدر verstehen
Verstandeskraft, die; -, ¨-e قوهٔ ذهنی، استعداد فکری
verstandesmäßig *Adj.* مستدل، معقول، منطقی
Verstandesmensch, der; -en, -en انسان واقع‌بین
Verstandesschärfe, die; - تیزهوشی، فراست
verständig *Adj.* فهمیده، باشعور، فهیم
verständigen *Vt., Vr.* ۱. مطلع ساختن، آگاه ساختن، باخبر کردن ۲. فهماندن، تفهیم کردن ۳. توافق کردن
Verständigung, die; -, -en ۱. آگاهی، اطلاع، خبر ۲. تفاهم ۳. توافق
Verständigungsschwierigkeiten, die / *Pl.* مشکلات تفاهم
verständlich *Adj.* قابل فهم، قابل درک، واضح، روشن، مفهوم
Verständnis, das; -nisses, -nisse درک، فهم
verständnisinnig *Adj.* فهمیده؛ کاردان؛ باهوش، زیرک
verständnislos *Adj.* غیرقابل فهم، ناواضح، ناروشن، نامفهوم
Verständnislosigkeit, die; - ناواضحی، ناروشنی، نامفهومی
verständnisvoll *Adj.* آگاه، مطلع، چیزفهم
verstärken *Vt., Vr.* ۱. افزایش دادن، تقویت کردن، تکثیر کردن، تشدید کردن، افزودن ۲. تقویت شدن، رشد کردن، افزایش یافتن
Verstärker, der; -s, - آمپلی فایر، تقویت‌کننده
Verstärkerröhre, die; -, -en لولهٔ آمپلی فایر
Verstärkung, die; -, -en تقویت؛ تکثیر؛ تشدید؛ افزایش
verstauben *Vi.* گردآلود شدن
verstaubt *Adj.* گردآلود، خاکی
verstauchen *Vt.* رگ به رگ کردن، دچار دررفتگی استخوان مفصل کردن
sich verstauchen رگ به رگ شدن، دررفتن
Verstauchung, die; -, -en رگ به رگ شدگی، از جا دررفتگی
verstauen *Vt.* (در کشتی/اتومبیل) جای دادن (بار زیاد)
Versteck, das; -(e)s, -e مخفی‌گاه، محل اختفا
Versteck spielen قایم‌موشک بازی کردن
verstecken *Vt., Vr.* ۱. پنهان کردن، مخفی کردن ۲. پنهان شدن، مخفی شدن
sich verstecken مخفی شدن، پنهان شدن
Verstecken, das; -s قایم‌موشک بازی
Versteckspiel, das; -s قایم‌موشک بازی
versteckt *Adj.* مخفی، پنهانی
verstehbar *Adj.* قابل درک، قابل فهم، واضح، روشن، مفهوم
verstehen *Vt., Vr.* ۱. فهمیدن، درک کردن، متوجه (چیزی) شدن، ملتفت شدن ۲. روشن بودن، واضح بودن ۳. تفاهم داشتن ۴. وقت را با ایستادن گذراندن
Das versteht sich. پیداست. معلوم است.
Die beiden verstehen sich gut.
این دو نفر همدیگر را خوب می‌فهمند.
Bitte verstehen Sie mich nicht falsch!
خواهش می‌کنم منظور مرا بد تعبیر نکنید!
versteifen *Vt., Vr.* ۱. سخت کردن؛ سیخ کردن، شق کردن ۲. سخت شدن؛ سیخ شدن، شق شدن
versteigen *Vr.* ۱. در کوه‌نوردی راه را گم کردن ۲. در موقع صعود از بیراهه رفتن
versteigern *Vt.* حراج کردن، به مزایده گذاشتن
Versteigerung, die; -, -en حراج، مزایده
versteinern *Vi.* فسیل شدن، به صورت سنگ درآمدن، سنگ شدن
Versteinerung, die; -, -en سنگواره، فسیل، تولید سنگواره

verstellbar *Adj.* قابل تنظیم، تغییرپذیر
verstellen *Vt., Vr.* ۱. محل (چیزی) را تغییر دادن، جابه‌جا کردن ۲. میزان کردن، تنظیم کردن ۳. در جای عوضی گذاشتن ۴. سد کردن ۵. تغییر دادن (قیافه / صدا) ۶. وانمود کردن، تظاهر کردن
Verstellung, die; -, -en ۱. تغییر محل، جابه‌جایی ۲. میزان، تنظیم ۳. پنهان‌سازی ۴. وانمود، تظاهر، ظاهرسازی
versterben *Vi.* فوت کردن، مردن
versteuern *Vt.* مالیات (چیزی) را دادن
Versteuerung, die; -, -en پرداخت مالیات
verstiegen *Adj.* مبالغه‌آمیز؛ غیرعادی؛ غریب
Verstiegenheit, die; -, -en غرابت
verstimmen *Vt.* ۱. بدخلق کردن، خشمگین کردن، اوقات (کسی) را تلخ کردن ۲. از کوک خارج کردن (ساز)
Das Klavier ist verstimmt. پیانو کوک نیست.
verstimmt *Adj.* ۱. بدخلق، خشمگین، اوقات‌تلخ ۲. از کوک افتاده، ناکوک
Verstimmung, die; -, -en بدخلقی، خشم، اوقات‌تلخی
verstocken *Vr.* لجبازی کردن، سرسخت بودن
verstockt *Adj.* لجوج، یکدنده، سرسخت
Verstocktheit, die; - لجاجت، یکدندگی
verstohlen *Adj.* پنهانی، دزدکی، یواشکی
verstopfen *Vt.* ۱. بستن، پر کردن (سوراخ)، بند آوردن، مسدود کردن ۲. یبوست آوردن
verstopft *Adj.* گرفته، مسدود، بسته
Verstopfung, die; -, -en ۱. گرفتگی (لوله) ۲. یبوست مزاج
verstorben *Adj.* متوفی، مرحوم
Verstorbene, der/die; -n, -n مرده، مرحوم، فوت شده
verstören *Vt.* پریشان کردن، آشفته‌خاطر ساختن؛ مختل کردن
verstört *Adj.* آشفته؛ مختل؛ پریشان‌خاطر
Verstörtheit, die; -, -en پریشانی، آشفتگی؛ اختلال
Verstoß, der; -es, ⸚e نقض (قانون)، تخلف (از مقررات)
verstoßen *Vt., Vi.* ۱. در (چیزی) خلاف کردن، در (چیزی) تخلف کردن، نقض کردن ۲. راندن، بیرون کردن، دفع کردن، طرد کردن
gegen eine Vorschrift verstoßen از یک قانون تخلف کردن
Verstoßung, die; -, -en ۱. نقض (قانون)، تخلف (از مقررات) ۲. طرد، اخراج
verstreben *Vt.* به (چیزی) بست زدن، سفت کردن، جفت کردن، محکم کردن؛ شمع زدن (دیوار)
Verstrebung, die; -, -en بست، شمع‌زنی (دیوار)
verstreichen *Vi., Vt.* ۱. گذشتن، سپری شدن (زمان) ۲. تلف کردن (وقت) ۳. سرآمدن (مهلت) ۴. بندکشی کردن، بستن (درز) ۵. پخش کردن، مالیدن (کره)
verstreuen *Vt.* ۱. پراکندن، پاشیدن (دانه) ۲. پخش کردن ۳. اشتباهی ریختن (نمک / شکر)
verstricken *Vt.* ۱. مصرف کردن (نخ) ۲. گرفتار کردن، گیر انداختن
verstümmeln *Vt.* ۱. ناقص کردن، معیوب کردن ۲. قطع کردن، بریدن (اندام)
Verstümmelung, die; -, -en ۱. نقص، عیب ۲. قطع اندام
verstummen *Vi.* لال شدن، سکوت کردن، ساکت شدن
Versuch, der; -(e)s, -e ۱. سعی، کوشش، تلاش ۲. آزمایش، تجربه، آزمون
Es kommt auf den Versuch an. باید مورد آزمایش قرار بگیرد.
versuchen *Vt.* ۱. سعی کردن، کوشیدن ۲. آزمایش کردن، امتحان کردن
den Wein versuchen شراب را امتحان کردن
Versucher, der; -s, - وسوسه‌گر، شیطان
Versuchsanlage, die; -, -n تأسیسات آزمایشی
Versuchsanstalt, die; -, -n مؤسسهٔ آزمایشی
Versuchsballon, der; -s, -s/-e بالون آزمایشی
Versuchsbohrung, die; -, -en حفرهٔ آزمایشی
Versuchsgelände, das; -s, - زمین آزمایش
Versuchsingenieur, der; -s, -e مهندس آزمایشگاه
Versuchskaninchen, das; -s, - موش آزمایشگاهی
Versuchsperson, die; -, -nen شخص مورد آزمایش
Versuchsprojekt, das; -(e)s, -e پروژهٔ آزمایشی
Versuchsreihe, die; -, -n آزمایشات متعدد
Versuchsstation, die; -, -en ایستگاه آزمایشی
Versuchstier, das; -(e)s, -e موش آزمایشگاهی
versuchsweise *Adv.* بطور آزمایشی
Versuchszwecke, die/*Pl.* هدف‌های آزمایشی
Versuchung, die; -, -en ۱. آزمایش، امتحان ۲. اغوا، وسوسه
versumpfen *Vi.* باتلاقی شدن
versumpft *Adj.* باتلاقی، لجن‌زار
versumsen *Vt.* به هدر دادن، تلف کردن (پول)
versündigen *Vr.* ۱. گناه کردن، خطا کردن ۲. در حق (کسی) گناه کردن
Versündigung, die; -, -en گناه، خطا

versunken *Adj.* مجذوب
Versunkenheit, die; - جذب
versüßen *Vt.* ۱. شیرین کردن ۲. مطبوع کردن، دلپذیر کردن
vertagen *Vt.* (به وقت دیگر) موکول کردن، به تعویق انداختن
Vertagung, die; -, -en موکول (به وقت دیگر)، به تعویق‌اندازی
vertändeln *Vt.* ۱. بیهوده خرج کردن (پول) ۲. (خود) را با (چیزهای جزئی) سرگرم کردن، به بطالت گذراندن (وقت)
vertäuen *Vt.* لنگر (چیزی) را انداختن
vertauschbar *Adj.* قابل تعویض
vertauschen *Vt.* ۱. عوض کردن، مبادله کردن ۲. عوضی گرفتن
Vertauschung, die; -, -en معاوضه، مبادله
verteidigen *Vt.* از (کسی/چیزی) دفاع کردن، از (کسی/چیزی) پشتیبانی کردن، از (کسی/چیزی) حمایت کردن
Verteidiger, der; -s, - ۱. وکیل مدافع ۲. بازیکن خط دفاع
Verteidigerin, die; -, -nen ۱. وکیل مدافع (زن) ۲. بازیکن خط دفاع (زن)
Verteidigung, die; -, -en دفاع، پشتیبانی، حمایت
Verteidigungsausgaben, die / *Pl.* مخارج دفاعی، بودجهٔ دفاعی
Verteidigungsbündnis, das; -nisses, -nisse پیمان دفاعی
Verteidigungsfall, der; -(e)s, =e حالت دفاعی
Verteidigungskrieg, der; -(e)s, -e جنگ تدافعی
Verteidigungsminister, der; -s, - وزیر دفاع
Verteidigungsministerium, das; -s, -rien وزارت دفاع
Verteidigungspolitik, die; -, -en سیاست دفاعی
Verteidigungsrede, die; -, -n نطق دفاعی
Verteidigungsschrift, die; -, -en دفاعیه
verteilen *Vt., Vr.* ۱. تقسیم کردن، توزیع کردن، پخش کردن ۲. تقسیم شدن، پخش شدن
Die Demonstranten verteilen sich. تظاهرکنندگان متفرق شدند.
Verteiler, der; -s, - ۱. مقسم، تقسیم‌کننده ۲. (در اتومبیل) دلکو
Verteilerkasten, der; -s, = جعبهٔ تقسیم برق
Verteilung, die; -, -en تقسیم، توزیع، پخش

verteuern *Vt., Vr.* ۱. گران کردن، بالا بردن (قیمت) ۲. گران شدن
Verteuerung, die; -, -en گرانی، افزایش قیمت
verteufeln *Vt.* ۱. دیوآسا کردن، به شکل دیو درآوردن ۲. بد نام کردن، به (کسی) تهمت زدن
verteufelt *Adj., Adv.* ۱. دیوآسا، نفرین شده، لعنتی ۲. بدنام ۳. بسیار، خیلی
vertiefen *Vt., Vr.* ۱. عمیق کردن، گود کردن ۲. افزایش دادن، تشدید کردن ۳. عمیق شدن، گود شدن ۴. افزایش یافتن، تشدید شدن
Vertiefung, die; -, -en عمق، گودی، فرورفتگی
vertieren *Vt., Vi.* ۱. ورق زدن، برگرداندن (صفحه) ۲. ترجمه کردن ۳. صفات حیوانی به خود گرفتن ۴. وحشی شدن
vertiert *Adj.* حیوانی، ددمنش، پست
vertikal *Adj.* عمودی، قائم
Vertikale, die; -, -n سطح عمودی، خط عمود
Vertikalebene, die; -, -n سطح عمودی
vertilgen *Vt.* ۱. از بین بردن، به‌کلی نابودکردن، قلع و قمع‌کردن
Vertilgung, die; -, -en نابودی، قلع و قمع، انهدام
vertippen *Vt., Vr.* اشتباه تایپ کردن، در ماشین‌نویسی اشتباه کردن
vertobacken *Vt.* کتک زدن
vertonen *Vt.* به آهنگ درآوردن، برای (چیزی) آهنگ ساختن
Vertonung, die; -, -en آهنگسازی
vertrackt *Adj.* پیچیده، مشکل
Vertrag, der; -(e)s, =e قرارداد، پیمان، معاهده، میثاق، عهدنامه
vertragen *Vt., Vr.* ۱. تحمل کردن، تاب آوردن، با (کسی/چیزی) سازش کردن، در برابر (چیزی) مقاوم بودن ۲. سازگار بودن، جور بودن، هماهنگ بودن
Er verträgt keinen Alkohol. او در مقابل مشروبات الکلی اصلاً مقاوم نیست. تحمل مشروبات الکلی را ندارد.
vertraglich *Adj.* قراردادی، طبق قرارداد
verträglich *Adj.* ۱. خوش‌رفتار، سازگار، معاشرتی ۲. خوش‌خوراک
Verträglichkeit, die; -, -en خوش‌رفتاری، معاشرتی
vertraglos *Adv.* بدون قرارداد
Vertragsabschluß, der; -schlusses, -schlüsse عقد قرارداد
Vertragsbedingungen, die / *Pl.* شرایط قرارداد
Vertragsbruch, der; -(e)s, =e نقض قرارداد

vertragsbrüchig *Adj.* ناقض قرارداد
vertragsschließend *Adj.* عاقد قرارداد
Vertragsdauer, die; - مدت قرارداد
Vertragsentwurf, der; -(e)s, ⸚e طرح قرارداد
Vertragsgegenstand, der; -(e)s, ⸚e موضوع قرارداد
vertragsgemäß *Adj.* طبق قرارداد
Vertragshändler, der; -s, - تاجر طرف قرارداد
Vertragskundigung, die; -, -en فسخ قرارداد
vertragsmäßig *Adj.* طبق قرارداد
Vertragspartei, die; -, -en هم‌پیمان
Vertragspartner, der; -s, - هم‌پیمان
Vertragsspieler, der; -s, - بازیکن طرف قرارداد
Vertragsstrafe, die; -, -n کیفر نقض قرارداد
Vertragsverletzung, die; -, -en نقض قرارداد
vertragswidrig *Adj.* مغایر قرارداد، برخلاف قرارداد
vertrauen *Vt., Vi.* ۱. به (کسی) اعتماد کردن، به (کسی) اطمینان کردن ۲. اعتماد داشتن، اطمینان داشتن، ایمان داشتن

fest auf Gott vertrauen به خداوند ایمان استوار داشتن

Vertrauen, das; -s اعتماد، اطمینان، ایمان

zu jemandem **Vertrauen haben** به کسی اعتماد داشتن

vertrauenerweckend *Adj.* قابل اعتماد
Vertrauensbasis, die; - اساس اعتماد
Vertrauensbruch, der; -(e)s, ⸚e سلب اعتماد، پیمان‌شکنی
Vertrauensfrage, die; -, -n (در مجلس) تقاضای رأی اعتماد
Vertrauensmann, der; -(e)s, ⸚er / -leute سخنگو
Vertrauensperson, die; -, -en شخص قابل اعتماد
Vertrauenssache, die; -, -n موضوع محرمانه
vertrauensselig *Adj.* زود باور
Vertrauensseligkeit, die; - زود باوری
Vertrauensstellung, die; -, -en حالت اعتماد
vertrauensvoll *Adj.* معتمد، مطمئن
Vertrauensvotum, das; -s, -ten / -ta رأی اعتماد
vertrauenswürdig *Adj.* قابل اعتماد، معتمد، راز نگهدار
vertrauern *Vt.* سوگواری کردن، ماتم گرفتن
vertraulich *Adj.* ۱. محرمانه، سری ۲. خصوصی، خودمانی، مأنوس، صمیمی

Was ich Ihnen jetzt sage, ist streng vertraulich.
مطلبی را که الان به شما می‌گویم، کاملاً سرّی است.

Vertraulichkeit, die; -, -en ۱. سرّ ۲. خصوصیت، انس

verträumen *Vt.* در رویا بودن، با خواب و خیال به سر بردن
verträumt *Adj.* رویایی، خیال برانگیز
vertraut *Adj.* محرم، نزدیک، صمیمی، آشنا
Vertraute, der / die; -n, -n رازدار، محرم اسرار، شخص مورد اعتماد
Vertrautheit, die; -, -en محرمیت، نزدیکی، صمیمیت
vertreiben *Vt.* ۱. اخراج کردن، بیرون کردن، طرد کردن، بیرون راندن ۲. کیش‌کردن ۳. به صورت عمده فروختن (کالا)
Vertreibung, die; -, -en اخراج، طرد
vertretbar *Adj.* قابل وکالت، قابل دفاع، قابل توجیه
vertreten *Vt.* ۱. نمایندهٔ (کسی) بودن، جانشین (کسی) شدن ۲. از (چیزی) جانبداری کردن

eine Meinung vertreten از عقیده‌ای جانبداری کردن

Vertreter, der; -s, - نماینده، وکیل، قائم‌مقام، جانشین (موقت)
Vertreterin, die; -, -nen نماینده، وکیل، جانشین (موقت)، قائم‌مقام (زن)
Vertretung, die; -, -en ۱. نمایندگی، نیابت، وکالت، جانشینی ۲. محل، ساختمان (نمایندگی)
Vertrieb, der; -(e)s, - ۱. توزیع، پخش، فروش (کالا) ۲. سازمان فروش / پخش (کالا)
Vertriebene, der / die; -n, -n توزیع‌کننده
Vertriebsabteilung, die; -, -en بخش فروش، بخش توزیع
Vertriebskosten, die / *Pl.* مخارج بازاریابی
Vertriebsleiter, der; -s, - مدیر فروش
Vertriebsleiterin, die; -, -nen مدیر فروش (زن)
Vertriebsorganisation, die; -, -en سازمان بازاریابی
Vertriebsrecht, das; -(e)s, -e حق بازاریابی
vertrinken *Vt.* ۱. تمام پول (خود) را صرف (مشروب) کردن ۲. اسراف کردن، حیف و میل کردن

sein Geld vertrinken
پول خود را صرف مشروبات الکلی کردن

vertrocknen *Vi.* خشکیدن، خشک شدن
vertrödeln *Vt.* بیهوده گذراندن، اتلاف کردن (وقت)

die Zeit vertrödeln وقت را بیهوده تلف کردن

vertrölen *Vt.* بیهوده گذراندن، اتلاف کردن (وقت)
vertrösten *Vt.* به (کسی) امید دادن، به آینده امیدوار کردن، دلگرم ساختن
Vertröstung, die; -, -en امیدواری، تسلی (به آینده)
vertun *Vt., Vr.* ۱. بیهوده مصرف کردن ۲. به هدر دادن (وقت / پول) ۳. اشتباه کردن

vertuschen *Vt.* پنهان کردن، مخفی نگاه داشتن، کتمان کردن
etwas **vertuschen** چیزی را پرده‌پوشی کردن
Vertuschung, die; -, -en پنهان‌کاری
Vertuschungsmanöver, das; -s, - عملیات نظامی پنهانی
verübeln *Vt.* از (کسی / چیزی) دلگیر شدن، از (کسی / چیزی) مکدر شدن، از (کسی / چیزی) گله‌مند شدن، از (کسی / چیزی) دلخور شدن
verüben *Vt.* مرتکب شدن، انجام دادن
einen Mord verüben مرتکب جنایت شدن
Verübung, die; - ارتکاب، انجام
verulken *Vt.* تمسخر کردن، دست انداختن، استهزا کردن، به (کسی) طعنه زدن
veruneinigen *Vt., Vr.* ۱. تفرقه انداختن، جدا کردن ۲. از یکدیگر جدا شدن، میانهٔ (خود) را با (کسی) به هم زدن
verunfallen *Vi.* دچار سانحه شدن
verunglimpfen *Vt.* بدنام کردن، به (کسی) افترا زدن، به (کسی) بهتان زدن، رسوا کردن
Verunglimpfung ,die; -, -en بدنامی، افترا، بهتان، رسوایی
verunglücken *Vi.* دچار سانحه شدن، بر اثر سانحه مردن
Verunglückte, der/die; -n, -n سانحه‌دیده
verunmöglichen *Vt.* غیرممکن ساختن، از (چیزی) جلوگیری کردن، از (چیزی) ممانعت کردن
verunreinigen *Vt.* آلودن، کثیف کردن
Verunreinigung, die; -, -en آلودگی، کثافت
verunsichern *Vt.* مردد کردن، دودل کردن
verunstalten *Vt.* از شکل انداختن، بدشکل کردن
Verunstaltung, die; -, -en بدشکلی، از شکل افتادگی
veruntreuen *Vt.* اختلاس کردن، دزدیدن، حیف و میل کردن
Veruntreuung, die; -, -en اختلاس، دزدی
verunzieren *Vt.* از شکل انداختن، بدشکل کردن، زشت کردن
verursachen *Vt.* سبب (چیزی) شدن، باعث (چیزی) شدن، موجب (چیزی) شدن
verurteilen *Vt.* محکوم کردن
verurteilt *Adj.* محکوم
Verurteilte, der/die; -n, -n محکوم
Verurteilung, die; -, -en محکومیت
vervielfachen *Vt.* ۱. چند برابر کردن، تکثیر کردن ۲. (ریاضی) ضرب کردن

Vervielfachung, die; -, -en تکثیر، افزایش
vervielfältigen *Vt.* تکثیر کردن، افزایش دادن
Vervielfältigung, die; -, -en تکثیر، افزایش
Vervielfältigungsapparat, der; -(e)s, -e دستگاه پلی‌کپی
vervollkommen *Vt.* تکمیل کردن، کامل کردن
Vervollkommung, die; -, -en تکمیل
vervollständigen *Vt.* تکمیل کردن، کامل کردن
Vervollständigung, die; -, -en تکمیل
verwachsen [1] *Vt., Vr., Vi.* ۱. رشد کردن، بزرگ شدن ۲. به هم پیوستن، به هم جوش خوردن (استخوان) ۳. خوب شدن (زخم)
verwachsen [2] *Adj.* بدشکل، کج و معوج؛ قوزی؛ ناقص
verwackeln *Vt.* عکس تار گرفتن
jemanden **verwackeln** کسی را کتک زدن
verwählen *Vr.* شمارهٔ اشتباهی گرفتن (تلفن)
verwahren *Vt., Vr.* ۱. حفظ کردن، نگهداری کردن، محفوظ داشتن ۲. اعتراض کردن
verwahrlosen *Vi.* ۱. بر اثر غفلت فاسد شدن ۲. بر اثر اهمال‌کاری خراب شدن ۳. ازنظر اخلاقی فاسد شدن (بچه)
Die Kinder verwahrlosen immer mehr.
وضع اخلاقی بچه‌ها روز به روز بدتر می‌شود.
verwahrlost *Adj.* غافل، اهمال‌کار
Verwahrlosung, die; - غفلت، اهمال‌کاری
Verwahrung, die; -, -en ۱. نگهداری، حفاظت، امانت ۲. اعتراض
Verwahrungsbruch, der; -(e)s, ¨-e نقض امانت
verwaisen *Vi.* یتیم شدن، والدین (خود) را از دست دادن
verwalten *Vt.* اداره کردن
Verwalter, der; -s, - مدیر، اداره‌کننده، مباشر
Verwalterin, die; -, -nen مدیر، اداره‌کننده، مباشر (زن)
Verwaltung, die; -, -en ۱. اداره ۲. قسمت اداری (مؤسسه)
Verwaltungsapparat, der; -(e)s, -e دستگاه اداری
Verwaltungsbeamte, der; -n, -n کارمند اداره
Verwaltungsbehörde, die; -, -n اولیای اداره
Verwaltungsbezirk, der; -(e)s, -e حوزهٔ اداری
Verwaltungsdienst, der; -es, - خدمت اداری
Verwaltungskosten, die/*Pl.* مخارج اداری
Verwaltungspersonal, das; -s, - کارکنان اداره
Verwaltungsrat, der; -(e)s, ¨-e هیئت اداری

Verwaltungsrecht, das; -(e)s, - قانون اداری
Verwaltungsverfahren, das; -s, - قضیهٔ اداری
Verwaltungsvermögen, die/*Pl.* اموال دولتی، اموال اداری
Verwaltungsverordnung, die; -, -en آئین‌نامهٔ اداری
Verwaltungsvorschrift, die; -, -en دستور اداری، آئین‌نامهٔ اداری
Verwaltungswissenschaft, die; -, -en علم اداری
Verwaltungszweig, der; -(e)s, -e شعبهٔ اداره
verwamsen *Vt.* کتک زدن
verwandelbar *Adj.* قابل تغییر، قابل دگرگونی
verwandeln *Vt., Vr.* ۱. تغییر دادن، دگرگون ساختن، تبدیل کردن ۲. تبدیل شدن، دگرگون شدن
Verwandlung, die; -, -en تغییر، تبدیل، دگرگونی
verwandt *Adj.* ۱. خویشاوند، خویش، فامیل، منسوب ۲. شبیه، نزدیک به هم
Wir sind verwandt. با هم خویشاوندیم.
Verwandte, der/die; -n, -n فامیل، خویشاوند، خویش، منسوب
Verwandtenbesuch, der; -(e)s, -e صلهٔ رحم، دیدار خویشان
Verwandtenehe, die; -, -n ازدواج فامیلی
Verwandtenkreis, der; -es, -e جمع خانواده، جمع خویشان
Verwandtschaft, die; -, -en ۱. نسبت، خویشاوندی، قرابت ۲. شباهت معنوی
verwandtschaftlich *Adj.* خویشاوندی، خویشی، فامیلی
Verwandtschaftsgrad, der; -(e)s, - نسبت خویشاوندی، درجهٔ قرابت
verwanzt *Adj.* حشره‌دار
verwarnen *Vt.* به (کسی) اخطار کردن، به (کسی) گوشزد کردن، به (کسی) هشدار دادن
Verwarnung, die; -, -en اخطار، گوشزد، هشدار
Verwarnungsgeld, das; -(e)s, -er جریمهٔ نقدی
verwaschen[1] *Vt.* بر اثر زیاد شستن ضایع کردن
verwaschen[2] *Adj.* ۱. رنگ رفته، بی‌رنگ ۲. غیردقیق، نامشخص
verwässern *Vt.* با آب رقیق کردن
verweben *Vr., Vt.* ۱. از تار عنکبوت پوشیده شدن ۲. به همدیگر مرتبط ساختن
verwechseln *Vt.* عوضی گرفتن، به اشتباه گرفتن
Verwechslung, die; -, -en عوضی گرفتن، اشتباه گرفتن
verwegen *Adj.* متهور، بی‌باک، شجاع، جسور
Verwegenheit, die; -, -en تهور، بی‌باکی، شجاعت، جسارت
verwehen *Vt., Vi.* ۱. (توسط باد) پراکنده کردن ۲. (توسط باد) پراکنده شدن
verwehren *Vt.* ممنوع کردن، بازداشتن
verweht *Adj.* بر باد رفته
Verwehung, die; -, -en پراکندگی (توسط باد)
verweichlichen *Vt., Vi.* ۱. به ناز پروردن، نازپرورده کردن، بد عادت کردن ۲. بدعادت شدن، نازک نارنجی بار آمدن
verweichlicht *Adj.* نازپرورده
verweigern *Vt.* ۱. از (چیزی) امتناع کردن، رد کردن، نپذیرفتن، از (چیزی) سرپیچی کردن ۲. دریغ داشتن
Verweigerung, die; -, -en ۱. امتناع، رد، عدم پذیرش، سرپیچی ۲. دریغ
verweilen *Vt., Vr.* ماندن، به سر بردن، توقف کردن، درنگ کردن
verweint *Adj.* گریان، اشک‌بار
Verweis, der; -es, -e ۱. سرزنش، توبیخ، گوشزد، هشدار ۲. راهنمایی، مراجعه، اشاره، رجوع
verweisen *Vt.* ۱. سرزنش کردن، توبیخ کردن، به (کسی) هشدار دادن ۲. راهنمایی کردن، به (کسی) اشاره کردن، به (کسی) رجوع کردن ۳. اخراج کردن، بیرون کردن
Verweisung, die; -, -en ۱. سرزنش، توبیخ، گوشزد، هشدار ۲. راهنمایی، مراجعه، اشاره، رجوع ۳. اخراج
Verweisungszeichen, das; -s, - علامت مراجعه، دستور راهنمایی
verwelken *Vi.* افسردن، پژمردن، پلاسیدن، پژمرده شدن
verweltlichen *Vi., Vt.* ۱. دنیوی شدن، غیرروحانی شدن ۲. دنیوی کردن، غیرروحانی کردن
Verweltlichung, die; -, -en دنیاپرستی، مادیت
verwendbar *Adj.* قابل استعمال
Verwendbarkeit, die; - قابلیت استعمال
verwenden *Vt.* به کار بردن، استعمال کردن، استفاده کردن
viel Mühe verwenden زحمت زیاد کشیدن
viel Zeit verwenden وقت زیاد صرف کردن
Verwendung, die; -, -en استعمال، کاربرد، استفاده
verwendungsfähig *Adj.* قابل استعمال
Verwendungszweck, der; -(e)s, -e قصد استعمال

verwerfen 900

verwerfen *Vt., Vi., Vr.* ۱. انکار کردن، نپذیرفتن، رد کردن ۲. سقط‌جنین کردن (جانوران) ۳. خم شدن، کج شدن
verwerflich *Adj.* (از لحاظ اخلاقی) مردود
Verwerfung, die; -, -en ۱. انکار ۲. خم‌شدگی ۳. (در جانوران) سقط جنین
verwertbar *Adj.* قابل استفاده
verwerten *Vt.* استعمال کردن، استفاده کردن، به‌کار بردن، به مصرف رساندن (مواد بلااستفاده)
Verwertung, die; -, -en استعمال، استفاده، به‌کاربری، مصرف
verwesen *Vi., Vt.* ۱. پوسیدن، گندیدن، فاسد شدن، متعفن شدن ۲. اداره کردن
Verweser, der; -s, - مدیر، رئیس
verweslich *Adj.* فسادپذیر، عفونت‌آور، گندیده
Verwesung, die; - ۱. پوسیدگی، فساد، تعفن ۲. تجزیهٔ مواد آلی
verwetten *Vt.* شرط‌بندی کردن و باختن
verwichen *Adj.* گذشته، پیشین، قبلی
verwickeln *Vt., Vr.* ۱. گرفتار کردن، گیر انداختن، درگیر کردن ۲. گرفتار شدن، درگیر شدن ۳. گره خوردن (نخ)
verwickelt *Adj.* بغرنج، پیچیده
Verwick(e)lung, die; -, -en گرفتاری، درگیری، دردسر
verwildern *Vi.* ۱. رو به زوال گذاشتن، فاسد شدن ۲. سبع و درنده‌خو شدن ۳. بی‌نظم شدن
verwinden *Vt.* از سر (خود) رفع کردن
Verwindung, die; -, -en کجی؛ تحریف؛ پیچیدگی
verwirken *Vt.* از دست دادن، در (چیزی) زیان کردن
verwirklichen *Vt., Vr.* ۱. تحقق بخشیدن، عملی کردن، انجام دادن، از قوه به فعل درآوردن ۲. تحقق یافتن، عملی شدن، صورت گرفتن، جامه عمل به خود پوشیدن
seine Pläne verwirklichen نقشه‌های خود را عملی کردن
Verwirklichung, die; -, -en تحقق
Verwirkung, die; -, -en زیان، از دست‌دادگی
verwirren *Vt., Vr.* ۱. آشفته کردن، دستپاچه کردن؛ مختل کردن؛ مغشوش کردن؛ گیج کردن ۲. آشفته شدن، دستپاچه شدن؛ مختل شدن؛ مغشوش شدن؛ گیج شدن
verwirrt *Adj.* آشفته، دستپاچه؛ مختل؛ مغشوش
Verwirrung, die; -, -en آشفتگی، دستپاچگی؛ اختلال؛ اغتشاش؛ گیجی
verwirtschafen *Vt.* بر باد دادن، تلف کردن، اسراف کردن

verwischen *Vt., Vr.* ۱. پاک کردن، محو کردن؛ مخدوش کردن ۲. مخدوش شدن، ناواضح شدن
verwittern *Vi.* (بر اثر مرور زمان) خرد شدن، خراب شدن
verwittert *Adj.* (بر اثر عوامل جوی) خرد شده، خراب شده
Verwitterung, die; -, -en (بر اثر عوامل جوی) تخریب
verwitwet *Adj.* بیوه‌زن؛ بیوه‌مرد
verwohnen *Vt.* (پس از اقامت طولانی) فرسوده و کهنه کردن (مکان)
verwöhnen *Vt.* بدعادت کردن، لوس کردن، در ناز پروردن
verwöhnt *Adj.* بدعادت، لوس، نازپرورده
Verwöhnung, die; -, -en بدعادتی، لوسی، نازپروردگی
verworfen *Adj.* تباه، فاسد، هرزه
Verworfenheit, die; - تباهی، فساد، هرزگی
verworren *Adj.* مغشوش؛ دستپاچه؛ درهم و برهم، ناواضح، نامرتب، نامنظم، آشفته
Verworrenheit, die; - اغتشاش، دستپاچگی، درهم و برهمی
verwundbar *Adj.* آسیب‌پذیر، زخم‌پذیر
verwunden *Vt.* زخمی کردن، مجروح کردن
verwunderlich *Adj.* تعجب‌آور، شگفت‌انگیز
verwundern *Vt., Vr.* ۱. به تعجب واداشتن ۲. باعث تعجب (کسی) شدن
Verwunderung, die; -, -en تعجب، حیرت
verwundet *Adj.* مجروح، زخمی
Verwundete, der/die; -n, -n مجروح، زخمی
Verwundung, die; -, -en جرح، جراحت
verwunschen *Adj.* افسون شده، جادو شده، مفتون شده
verwünschen *Vt.* ۱. افسون کردن، جادو کردن ۲. نفرین کردن، لعن کردن، به (کسی / چیزی) لعنت فرستادن
verwünscht *Adj.* لعنتی، ملعون، نفرین شده
Verwünschung, die; -, -en ۱. افسون، جادو ۲. نفرین، لعن
verwurs(ch)teln *Vt.* شلوغ‌کاری کردن، آشفته کردن
verwurzelt *Adj.* ریشه‌دار
verwurzeln *Vi.* ریشه گرفتن، جاگیر شدن
verwürzeln *Vt.* زیادی چاشنی زدن، به اشتباه چاشنی زدن
verwüsten *Vt.* خراب کردن، نابود کردن، ویران کردن، منهدم کردن

Verwüstung, die; -, -en	خرابی، ویرانی، انهدام
verzagen Vi.	مأیوس شدن، دلسرد شدن، قطع امید کردن
verzagt Adj.	محزون، غمگین
Verzagtheit, die; -	حزن، غم
verzählen Vr., Vt.	۱. اشتباه شمردن، غلط شمردن ۲. تعریف کردن، توضیح دادن
verzahnen Vt., Vr.	۱. دندانه‌دار کردن، مضرّس کردن ۲. جفت شدن، درهم گیر کردن
verzanken Vr.	پس از دعوا قهر کردن
verzapfen Vt.	۱. زبانه‌دار کردن، با زبانه محکم کردن ۲. جرعه جرعه نوشیدن
Was hast du schon wieder verzapft?	باز چه دسته گلی به آب دادی؟
verzärteln Vt.	نازپرورده کردن، به‌ناز پروردن
Verzärtelung, die; -, -en	نازپروردگی
verzaubern Vt.	مفتون کردن، جادو کردن، افسون کردن
verzehnfachen Vt.	ده برابر کردن
Verzehr, der; -(e)s, -	مصرف (مواد غذایی)
verzehren Vt., Vr.	۱. مصرف کردن (مواد غذایی)، خوردن و نوشیدن ۲. مصرف کردن و از بین بردن (قوای جسمانی و روحی) ۳. اشتیاق داشتن، مشتاق بودن
Er hat im Monat 800 DM zu verzehren.	۸۰۰ مارک حقوق بازنشستگی دریافت می‌کند.
verzeichnen Vt., Vr.	۱. غلط کشیدن ۲. غلط معرفی کردن ۳. ثبت کردن، فهرست کردن، وارد دفتر کردن ۴. نشان دادن، مشاهده کردن
Fortschritte verzeichnen	پیشرفت نشان دادن
verzeichnet Adj.	ثبت شده، فهرست شده، وارد دفتر شده
Verzeichnis, das; -nisses, -nisse	فهرست، صورت، لیست
verzeihen Vt.	بخشیدن، عفو کردن، گذشت کردن، بخشودن
jemandem verzeihen	کسی را بخشیدن
Verzeihen Sie!	ببخشید! عذر می‌خواهم!
verzeihlich Adj.	بخشودنی، قابل عفو، قابل بخشش
Verzeihung, die; -, -en	عذرخواهی، بخشش، عفو، گذشت
Ich bitte um Verzeihung.	معذرت می‌خواهم.
verzerren Vt.	۱. تحریف کردن ۲. کج کردن بدشکل کردن
Verzerrung, die; -, -en	۱. تحریف ۲. بدشکلی، تغییر شکل طبیعی
verzetteln Vt.	۱. به فهرست درآوردن، دارای فهرست کردن ۲. برگه‌نویسی کردن، در روی ورقه نوشتن ۳. بیهوده به مصرف رساندن
Verzicht, der; -(e)s, -e	انصراف؛ اغماض، گذشت، چشم‌پوشی
verzichtbar Adj.	قابل چشم‌پوشی، قابل اغماض
verzichten Vi.	اغماض کردن، گذشت کردن، چشم‌پوشی کردن، صرف‌نظر کردن
Verzichtsurteil, das; -s, -e	حکم اغماض، حکم چشم‌پوشی
verziehen Vt., Vr., Vi.	۱. بی‌ریخت کردن، از قواره انداختن، از شکل اصلی خارج کردن ۲. بد تربیت کردن (کودک) ۳. از ریخت افتادن، بد قواره شدن، از شکل اصلی خارج شدن ۴. کج شدن، خم شدن (چوب) ۵. محو شدن، ناپدید شدن (طوفان/ابر) ۶. جیم شدن، یواشکی رفتن ۷. از بین رفتن (درد) ۸. نقل مکان کردن، تغییر محل دادن
verzieren Vt.	زینت دادن، آراستن، تزئین کردن، پیراستن
Verzierung, die; -, -en	زینت، آرایش، تزئین، پیرایش
verzinken Vt.	با روی ترکیب کردن، با روی سفید کردن، با ورقه‌ای از روی پوشاندن
verzinnen Vt.	۱. با قلع سفید کردن ۲. با قلع یا حلبی پوشاندن
verzinsbar Adj.	بهره‌پذیر
verzinsen Vt., Vr.	۱. تنزیل دادن، بهره پرداختن ۲. بهره آوردن
verzinslich Adj.	بهره‌پذیر
Verzinsung, die; -, -en	تنزیل، بهرهٔ بانکی
verzögern Vt., Vr.	۱. آهسته کردن، کند کردن؛ به تعویق انداختن ۲. کند شدن؛ به تعویق افتادن
Verzögerung, die; -, -en	تأخیر، درنگ، تعویق؛ کندی
verzollen Vt.	پرداختن، دادن (حقوق گمرکی)
Haben Sie etwas zu verzollen?	چیزی که گمرک به آن تعلق می‌گیرد دارید؟
Verzollung, die; -, -en	پرداخت حقوق گمرکی، پرداخت گمرک
verzücken Vt.	به وجد درآوردن، به حالت خلسه درآوردن، از خود بی‌خود کردن
verzuckern Vt.	شیرین کردن، به قند تبدیل کردن
verzückt Adj.	به وجد درآمده، نشئه شده، از خود بی‌خود شده
Verzückung, die; -, -en	وجد، خلسه، از خود بی‌خود شدگی

Verzug, der; -(e)s, ⸚e ۱. تأخیر، تعویق، تأمل ۲. (بچه) عزیز دردانه
Verzugstage, die / *Pl.* روزهای تأخیر
Verzugszinsen, die / *Pl.* بهره به خاطر تأخیر (در پرداخت)
verzweifeln *Vi.* ناامید شدن، مأیوس شدن، دلسرد شدن
verzweifelt *Adj.* ناامید، مأیوس، دلسرد
Er war ganz verzweifelt. کاملاً مأیوس بود.
Verzweiflung, die; -, -en ناامیدی، یأس
verzweiflungsvoll *Adj.* کاملاً ناامید، مأیوس
verzweigen *Vr.* منشعب شدن، شاخه شاخه شدن
Verzweigung, die; -, -en انشعاب
Verzweigungspunkt, der; -(e)s, -e نقطهٔ انشعاب
verzwickt *Adj.* پیچیده، مشکل، بغرنج
eine verzwickte Angelegenheit یک موضوع پیچیده و بغرنج
Vesper, die; -, -n ۱. نماز مغرب، عبادت شامگاهی ۲. خوراک سرپایی، خوراک مختصر
Vesperbrot, das; -(e)s, -e خوراک مختصر، خوراک سرپایی
vespern *Vi.* سرپایی خوراک خوردن
Vestibül, das; -s, - راهرو، دهلیز، هشتی
Veteran, der; -en, -en ۱. سرباز سابق، کهنه سرباز ۲. عضو سالخوردهٔ باشگاه، عضو باسابقهٔ باشگاه
Veteranin, die; -, -nen عضو سالخوردهٔ باشگاه، عضو باسابقهٔ باشگاه (زن)
Veterinär, der; -s, -e دامپزشک
veterinär *Adj.* (مربوط به) دامپزشکی
Veterinärklinik, die; -, -en کلینیک دامپزشکی
Veterinärmedizin, die; -, -en دامپزشکی
Veterinärmediziner, der; -s, - دامپزشک
Veto, das; -s, -s ۱. وتو، اعتراض، رأی مخالف ۲. حق اعتراض
Vetorecht, das; -(e)s, -e حق اعتراض، حق وتو
Vettel, die; -, -n عجوزه، ساحره
Vetter, der; -s, -n پسرعمو؛ پسردایی؛ پسرخاله؛ پسرعمه
Vetternwirtschaft, die; -, -en پارتی‌بازی
Vexierbild, das; -es, -er بازی پازل؛ بازی با جدول معما
vexieren *Vt.* آزردن، آزار کردن، رنجه کردن، سر درگم کردن
Vexierspiegel, der; -s, - آینهٔ بدنما

via *Präp.* از طریقِ، از راهِ
Viadukt, der; -(e)s, -e پل هوایی راه‌آهن، پل روی دره
Vibration, die; -, -en لرزش، ارتعاش
Vibrator, der; -s, -en ارتعاش‌گر، نوسان‌گر، ویبراتور
vibrieren *Vi.* ارتعاش داشتن، مرتعش شدن، لرزیدن، لرزش داشتن
Video, das; -s, - ویدئو
Videoaufnahme, die; -, -n ضبط ویدئو
Videoband, das; -(e)s, ⸚er نوار ویدئو
Videofilm, der; -s, -e فیلم ویدئویی
Videogerät, das; -(e)s, -e دستگاه ویدئو
Videokamera, die; -, -s دوربین فیلم‌برداری ویدئو
Videokassette, die; -, -n نوار ویدئو
Videorecorder, der; -s, - دستگاه ضبط و پخش ویدئو
Videospiel, das; -(e)s, -e اجرای ویدئویی
Videosystem, das; -s, -e سیستم ویدئویی
Videotext, der; -es, -e متن ویدئویی
Videothek, die; -, -en ۱. مجموعه‌ای از کاست‌های ویدئو ۲. ویدئو کلوپ (محل فروش و کرایهٔ نوارهای ویدئو)
Videoüberwachung, die; -, -en کنترل ویدئو
Vieh, das; -(e)s, - حیوان اهلی؛ چهارپا؛ حشم
Viehausstellung, die; -, -en نمایشگاه چهارپایان اهلی
Viehbestand, der; -(e)s, ⸚e چهارپایان اهلی، مواشی، احشام
Viehbremse, die; -, -n ۱. خرمگس ۲. مردم آزار
Viehfutter, der; -s, - علوفه، علیق
Viehhändler, der; -s, - دلال چهارپایان اهلی، فروشندهٔ احشام، فروشندهٔ مواشی
Viehhof, der; -(e)s, ⸚e محوطهٔ دامداری
viehisch *Adj.* حیوانی، حیوان صفت، وحشی
Viehmarkt, der; -(e)s, ⸚e محل داد و ستد چهارپایان اهلی
Viehseuche, die; -, -n آفت حیوانی، طاعون حیوانی
Viehwagen, der; -s, - واگن حمل چهارپایان اهلی
Viehweide, die; -, -n چراگاه، مرتع
Viehzucht, die; - دامپروری
Viehzüchter, der; -s, - دامپرور
viel *Adj.* فراوان، زیاد، بسیار، خیلی، مقدار زیادی
sehr viel خیلی زیاد
Das ist viel zu viel. خیلی‌خیلی زیاد است.
so viele Bücher این همه کتاب
Das ist viel schlechter. این خیلی بدتر است.

Viel Vergnügen! خوش بگذرد!
Viel Glück! موفق باشی!
vielbeschäftigt *Adj.* پرمشغله
vieldeutig *Adj.* دارای چند معنی، پرمعنی
Vieleck, das; -(e)s, -e کثیرالاضلاع، چندضلعی
vieleckig *Adj.* چندضلعی
Vielehe, die; -, -n چند همسری، چند همسر گزینی، تعدد زوجات
vielenorts *Adv.* در جاهای مختلف
vielerlei *Adj.* انواع و اقسام، مختلف، گوناگون
vielerorts *Adv.* در جاهای مختلف
vielfach *Adj., Adv.* ۱. چندین‌بار، مکرر ۲. غالباً، کراراً، به دفعات
einen Faden vielfach nehmen نخی را چندلا گرفتن
Vielfalt, die; - گوناگونی، تنوع
vielfältig *Adj.* گوناگون، متعدد، متنوع
Vielfältigkeit, die; - گوناگونی، تنوع
vielfarbig *Adj.* رنگارنگ
Vielfraß, der; -es, -e شکم‌پرست، پرخور
vielgekauft *Adj.* پرمشتری، پرخریدار
vielgelesen *Adj.* پر خواننده
vielgeliebt *Adj.* مورد علاقهٔ زیاد، محبوب
vielgeprüft *Adj.* کاملاً آزموده، در محک آزمایش قرار گرفته
vielgereist *Adj.* زیاد سفر کرده
Vielgereiste, der / die; -n, -n جهان‌دیده
vielgestaltig *Adj.* چند شکلی
Vielgötterei, die; - چند خداپرستی
Vielheit, die; - کثرت، تعدد، گوناگونی
vielhundertmal *Zahlw.* صدها بار
vieljährig *Adj.* چند ساله
vielleicht *Adv.* ۱. شاید، ممکن است ۲. احتمالاً، تقریباً، تخمیناً
viellieb *Adj.* بسیار عزیز
vielmalig *Adj.* مکرر
vielmals *Adv.* بارها، غالباً، دفعات زیاد
Danke vielmals! خیلی متشکرم! بسیار ممنونم!
vielmehr *Adv., Konj.* بهتر بگوییم، در عوض، بلکه برعکس
vielsagend *Adj.* پرمعنی
ein vielsagender Blick نگاه پرمعنی
vielseitig *Adj.* چندجانبه، همه فن حریف
Seine Ausbildung war sehr vielseitig.
دورهٔ آموزش او چند جانبه بود.

vielsilbig *Adj.* چند هجایی
vielstimmig *Adj.* چند صدایی
vielteilig *Adj.* چند بخشی
vielverheißend *Adj.* پروعده، امیدبخش، امیددهنده
vielversprechend *Adj.* پروعده، امیدبخش، امیددهنده
vielvölker *Adj.* چند نژاده
Vielweiberei, die; - تعدد زوجات
Vielzahl, die; - جمعیت کثیر، گروه
Vier, die; -, -en عدد چهار
vier *Zahlw.* چهار
mit jemandem **unter vier Augen sprechen**
با کسی به طور خصوصی صحبت کردن
in seinen vier Wänden bleiben
در چهار دیواری خانهٔ خود ماندن
vierbeinig *Adj.* چهارپا، چارپا
vierblätt(e)rig *Adj.* چهار ورقی
vierdimensional *Adj.* چهار بعدی
Viereck, das; -(e)s, -e چهارگوش، مربع، چهارپهلو، چهار ضلعی
viereckig *Adj.* چهارضلعی، چهارگوش، چهارپهلو
Vierer, der; -s, - ۱. قایق‌رانی چهار نفری، قایق‌رانی با چهار پارو ۲. نمرهٔ چهار، نمرهٔ قبولی (معادل نمرهٔ ۱۰ در ایران)
Vierergruppe, die; -, -n گروه چهار نفری
viererlei *Adj.* از چهار نوع مختلف
Viererspiel, das; -(e)s, -e بازی چهار نفره
vierfach *Adj.* چهار برابر
vierfältig *Adj.* چهار برابر
vierfüßig *Adj.* چهارپا
Vierfüß(l)er, der; -s, - چهارپا
Viergangetriebe, das; -s, - چرخ دنده
vierhändig *Adj.* چهاردستی
vierhundert *Zahlw.* چهارصد
vierjährig *Adj.* چهارساله
vierkantig *Adj.* چهار لبه
Vierlinge, die / *Pl.* چهارقلو
viermal *Adv.* چهار مرتبه، چهار بار
viermalig *Adj.* چهار مرتبه‌ای
viermotorig *Adj.* چهار موتوره
vierräd(e)rig *Adj.* چهارچرخه
vierschrötig *Adj.* چهارشانه؛ کلفت، قطور؛ تنومند، ستبر
vierseitig *Adj.* چهارضلعی، چهارگوش

viersilbig 904

viersilbig *Adj.* چهار هجایی
Viersitzer, der; -s, - اتومبیل چهارنفره
viersitzig *Adj.* [اتومبیل] چهار نفره
Vierspänner, der; -s, - موتور چهار اسبه
vierspännig *Adj.* چهار اسبه
vierspurig *Adj.* [خیابان] چهار خطه، چهار بانده
vierstellig *Adj.* چهار رقمه
vierstimmig *Adj.* (موسیقی) چهار صدایی
vierstöckig *Adj.* چهار طبقه
viertägig *Adj.* چهار روزه
Viertaktmotor, der; -s, -en موتور چهار دنده، موتور چهار زمانه
viert- *Adj.* چهارم، چهارمین
vierteilen *Vt.* به چهار قسمت مساوی تقسیم کردن
Viertel, das; -s, - ۱. یک چهارم، ربع ۲. محله، ناحیه
eine Viertelstunde یک ربع ساعت
ein Vierteljahr سه ماه، یک فصل
Wir wohnen in einem ruhigen Viertel.
ما در محلهٔ آرامی زندگی می‌کنیم.
Vierteldrehung, die; -, -en چرخش ۹۰ درجه
Viertelfinale, das; -s, - (در مسابقات حذفی) دور یک‌چهارم نهایی
Vierteljahr, das; -(e)s, -e سه ماه، فصل
Vierteljahrhundert, das; -(e)s, - یک ربع قرن
vierteljährig *Adj.* سه ماهه
vierteljährlich *Adj.* در هر سه ماه
vierteln *Vt.* به چهار قسمت مساوی تقسیم کردن
Viertelnote, die; -, -n (موسیقی) نت چنگ
Viertelpause, die; -, -n (موسیقی) سکوت چنگ
Viertelpfund, das; -(e)s, -e یک چهارم پوند، یک هشتم کیلو
Viertelstunde, die; -, -n یک ربع ساعت، پانزده دقیقه
viertelstündig *Adj.* یک ربعی، پانزده دقیقه‌ای
viertelstündlich *Adj.* هر یک ربع، هر پانزده دقیقه
Viertelton, der; -(e)s, ⸚e (موسیقی) یک چهارم پرده، ربع پرده
viertens *Adv.* چهارم، چهارمین
viertürig *Adj.* [اتومبیل] چهار در
Vierviertelтakt, der; -(e)s, -e (موسیقی) ضرب چهارچهارم، میزان چهارضربی
vierwertig *Adj.* (شیمی) چهار ظرفیتی
vierzehn *Zahlw.* چهارده
vierzehntägig *Adj.* چهارده روزه
vierzehntäglich *Adv.* هر چهارده روز
vierzehnt- *Adj.* چهاردهم، چهاردهمین
Vierzehntel, das; -s, - یک چهاردهم
Vierzeiler, der; -s, - رباعی، شعر چهاربند
vierzig *Zahlw.* چهل
Vierziger, der; -s, - چهل ساله
Vierzigerin, die; -, -nen چهل ساله (زن)
vierzigst- *Adj.* چهلم، چهلمین
Vierzylindermotor, der; -s, -en موتور چهار سیلندر
vierzylindrig *Adj.* چهار سیلندری
Vietnam, das ویتنام
Vietnamese, der; -n, -n ویتنامی، اهل ویتنام
vietnamesisch *Adj.* ویتنامی، (مربوط به) ویتنام
Vignette, die; -, -n ۱. عنوان مصور کتاب ۲. صفحه‌های آغازین و پایانی کتاب
Vikar, der; -s, -e معاون کشیش بخش
Viktoria, die; -, -s/-ien پیروزی
Viktualien, die/*Pl.* مواد غذایی
Villa, die; -, Villen ویلا، خانهٔ ییلاقی
Villenviertel, das; -s, - محلهٔ خانه‌های ییلاقی، محلهٔ ویلایی
Viola, die; -, -len (موسیقی) ویولا، ویلن اکتو
violett *Adj.* بنفش
Violine, die; -, -n ویلن
Violinist, der; -s, - نوازندهٔ ویلن
Violinistin, die; -, -nen نوازندهٔ ویلن (زن)
Violinschlüssel, der; -s, - (موسیقی) کلید سل
Violoncell(o), das; -s, -s/-lli ویلنسل
Viper, die; -, -n افعی
Virginität, die; - بکارت، دخترگی، دوشیزگی
viril *Adj.* مردانه، دارای صفات مردانه
Virologie, die; - ویروس‌شناسی
Virtualität, die; -, -en معنویت
virtuell *Adj.* معنوی
virtuos *Adj.* خوش قریحه، دارای ذوق هنری، ماهرانه، استادانه
Virtuose, der; -n, -n (در نوازندگی) هنرمند چیره‌دست
Virtuosin, die; -, -nen هنرمند چیره‌دست (زن)
Virtuosität, die; - (در نوازندگی) چیره‌دستی هنری
virulent *Adj.* زهراگین، سمی
Virus, das/der; -, -ern ویروس (عامل انتقال بیماری)
Virusinfektion, die; -, -en سرایت مرض
Viruskrankheit, die; -, -en بیماری ویروسی
Visage, die; -, -n صورت، چهره، قیافه

Visier, das; -s, -e ۱. (در تفنگ) مگسک ۲. تلق (کلاه کاسکت)
visieren *Vi., Vt.* ۱. نشانه گرفتن، هدف گرفتن، میزان کردن ۲. ویزا گرفتن ۳. سنجیدن
Visierkimme, die; -, -n (جهت نشانه‌گیری) بریدگی مگسک
Visierlinie, die; -, -n خط نشانه‌روی
Vision, die; -, -en ۱. دید، بینایی ۲. رویا، خیال، وهم
visionär *Adj.* رویایی، خیالی، خیال‌پرور
Visitation, die; -, -en سرکشی، عیادت، دیدار، معاینه
Visite, die; -, -n ویزیت، عیادت (بیمار)، (به قصد معاینه) ملاقات، دیدار
Visitenkarte, die; -, -n کارت ویزیت
visitieren *Vt.* ۱. معاینه کردن ۲. بازرسی کردن، تفتیش کردن
viskos *Adj.* غلیظ؛ لزج، چسبناک
Viskose, die; - ابریشم مصنوعی
Viskosimeter, das; -s, - غلظت‌سنج
Viskosität, die; - درجهٔ غلظت
visuell *Adj.* (وابسته به) دید، بصری
Visum, das; -s, Visa / Visen ویزا، روادید
Vita, die; -, Viten / Vitae زندگی‌نامه، شرح حال
vital *Adj.* ۱. حیاتی، مهم ۲. سرزنده، پرتحرک
Vitalität, die; - نیروی حیاتی، نیروی زندگی
Vitamin, das; -s, -e ویتامین
vitaminarm *Adj.* کم‌ویتامین
vitaminhaltig *Adj.* ویتامین‌دار، دارای ویتامین
vitaminisieren *Vt.* ویتامینه کردن
Vitaminmangel, der; -s کمبود ویتامین
vitaminreich *Adj.* پر ویتامین
Vitrine, die; -, -n ویترین، جعبه آینه
Vitriol, das / der; -s, - زاج، نمک جوهر گوگرد
Vize, der; -s, -s جانشین، نماینده
Vizeadmiral, der; -s, -e دریابان
Vizekanzler, der; -s, - معاون نخست‌وزیر
Vizekönig, der; -(e)s, -e نایب‌السلطنه
Vizekonsul, der; -s, -n معاون کنسول
Vizemeister, der; -s, - نایب قهرمان
Vizepräsident, der; -en, -en معاون رئیس‌جمهور
Vlies, das; -es, -e لحاف پشم گوسفند
Vogel, der; -s, ⸚ ۱. پرنده، مرغ ۲. آدم بامزه، آدم شوخ‌طبع
einen Vogel haben دیوانه بودن، عقل درست و حسابی نداشتن

Vogelbauer, das; -s, - قفس پرندگان
Vogelbeerbaum, der; -(e)s, -bäume بوتهٔ سماق کوهی
Vogelbeere, die; -, -n میوهٔ سماق کوهی
Vogelei, das; -(e)s, -er تخم پرنده
Vogelfänger, der; -s, - گیرندهٔ پرندگان، شکارکنندهٔ پرندگان
Vogelflinte, die; -, -n تفنگ شکاری، تفنگ ساچمه‌ای
vogelfrei *Adj.* رانده شده، تبعیدی
Vogelfutter, das; -s, - دانهٔ پرندگان
Vogelhändler, der; -s, - پرنده‌فروش
Vogelhaus, das; -es, -häuser آشیانه، مرغدانی
Vogelkunde, die; - پرنده‌شناسی
Vogelmist, der; -es, -e کود پرندگان، مدفوع پرندگان
vögeln *Vt., Vi.* ۱. گاییدن ۲. جفت‌گیری کردن (پرندگان)
Vogelnest, das; -es, -er آشیانهٔ پرندگان
Vogelperspektive, die; -, -n چشم‌انداز هوایی
Vogelschau, die; -, -en چشم‌انداز هوایی
Vogelscheuche, die; -, -n مترسک، لولوی سر خرمن
Vogelschutzgebiet, das; -(e)s, -e منطقهٔ حفاظت شده (پرندگان)
Vogelsteller, der; -s, - صیاد پرندگان، شکارکنندهٔ پرندگان
Vogel-Strauß-Politik, die; - سیاست شترمرغی
Vogelwarte, die; -, -n مرکز پرنده‌شناسی
Vogelzug, der; -es, ⸚e مهاجرت پرندگان
Vögelein, das; -s, - پرندهٔ کوچک
Vogt, der; -(e)s, ⸚e مباشر، ناظر، پیشکار
Vokabel, die; -, -n واژه، لغت
Vokabelheft, das; -(e)s, -e کتاب لغت
Vokabular, das; -s, -e لغتنامه، مجموعهٔ لغت
Vokal, der; -s, -e (دستور زبان) حرف صدادار
Vokalisation, die; -, -en ۱. تولید صوت ۲. اعراب‌گذاری
vokalisieren *Vt.* ۱. صوت تولید کردن ۲. اعراب‌گذاری کردن
Vokalzeichen, das; -s, - علامت حرف صدادار، اعراب
vokativ *Adj.* (دستور زبان) ندایی، خطابی
Volant, der; -s, -s نوار چین‌دار روی لباس؛ چین لباس
Volk, das; -(e)s, ⸚er خلق، ملت، مردم
Völkerbund, der; -(e)s, - مجمع اتفاق ملل

Völkerfreundschaft, die; - دوستی ملل
Völkerkunde, die; - مردم‌شناسی
Völkerkundler, der; -s, - مردم‌شناس
Völkermord, der; -(e)s, -e کشتار دسته‌جمعی، قتل عام
Völkerrecht, das; -(e)s, - حقوق ملل
völkerrechtlich *Adj.* (مربوط به) حقوق ملل
Völkerschaft, die; -, -en مردم، خلق، قوم
Völkerschlacht, die; -, -en جنگ ملل
Völkerverständigung, die; -, -en تفاهم اقوام
Völkerwanderung, die; -, -en مهاجرت دسته‌جمعی
volkreich *Adj.* پرجمعیت
Volksabstimmung, die; -, -en رفراندوم، همه‌پرسی
Volksarmee, die; -, -n ارتش خلق
Volksaufstand, der; -(e)s, ¨-e شورش اهالی
Volksausgabe, die; -, -n نشریات عمومی
Volksbegehren, das; -s, - ارادهٔ مردم
Volksbibliothek, die; -, -en کتابخانهٔ ملی
Volksbildung, die; -, -en آموزش اهالی
Volkscharakter, der; -s, -e خصوصیات قومی
Volksdeutsche, der/die; -n, -n اقوام آلمانی
Volksdichter, der; -s, - شاعر مردمی
Volksentscheid, der; -(e)s, -e آرای عمومی، تصمیم مردم
Volksfeind, der; -(e)s, -e ضد خلق
volksfeindlich *Adj.* ضد خلقی
Volksfest, das; -(e)s, -e جشن ملی
Volksgunst, die; - معروفیت ملی، محبوبیت همگانی
Volkshaufe(n), der; -s, -(n) تودهٔ مردم
Volksherrschaft, die; -, -en حکومت ملی
Volkshochschule, die; -, -n مدرسهٔ عالی دولتی
Volksjustiz, die; - عدالت اجتماعی
Volkskammer, die; -, -n اتحادیهٔ ملی
Volkskunde, die; -, -n آداب و رسوم قومی و اجدادی
Volkslied, das; -(e)s, -er ترانهٔ ملی، ترانهٔ محلی
Volksmärchen, das; -s, - افسانهٔ ملی
Volksmasse, die; -, -n تودهٔ مردم، انبوه جمعیت
Volksmeinung, die; -, -en نظر تودهٔ مردم
Volksmenge, die; -, -n تودهٔ مردم
Volksmusik, die; - موسیقی محلی
Volkspartei, die; -, -en حزب ملی
Volksredner, der; -s, - سخنگوی ملت، زبان ملت
Volksrepublik, die; -, -en جمهوری خلق، جمهوری مردم
Volkssage, die; -, -n افسانهٔ ملی
Volksschicht, die; -, -en طبقهٔ مردم
Volksschule, die; -, -n دبستان، مدرسهٔ ابتدایی
Volksschullehrer, der; -s, - معلم دبستان
Volkssitte, die; -, -n رسوم و سنت ملی
Volkssprache, die; -, -n زبان محلی
Volksstamm, der; -(e)s, ¨-e قبیله، طایفه، ایل
Volksstimme, die; -, -n صدای خلق
Volksstück, das; -(e)s, -e نمایش ملی
Volkstanz, der; -es, ¨-e رقص ملی، رقص محلی
Volkstracht, die; -, -en لباس ملی
Volkstum, das; -s, ¨-er ملیت
volkstümlich *Adj.* ملی، خلقی، مردمی، عوام‌پسند
Volkstümlichkeit, die; -, -en ملیت، خلقیت، عوام پسندی
Volksversammlung, die; -, -en مجمع عمومی
Volksvertreter, der; -s, - نمایندهٔ مردم
Volksvertretung, die; -, -en نمایندگی مردم
Volkswahl, die; -, -en انتخابات (بلاواسطه) ملی
Volkswirt, der; -(e)s, -e متخصص اقتصاد (ملی)
Volkswirtschaft, die; -, -en اقتصاد ملی
Volkswirtschaftslehre, die; -, -n علم اقتصاد ملی
Volkszählung, die; -, -en سرشماری
voll *Adj.* ۱. پر، مملو، سرشار ۲. کامل، تمام ۳. مست، لول ۴. چاق، گوشتالو

halb voll نیمه پر
Ich habe alle Hände voll zu tun. سرم خیلی شلوغ است.
voll besetzt پر (از جمعیت)، اشغال
ein Herz voll Liebe قلبی سرشار از عشق
Mit vollem Mund spricht man nicht. با دهان پر صحبت نمی‌کنند.

Vollast, die; -, -en تمام بار
vollauf *Adv.* ۱. کامل، تمام ۲. فراوان، وافر
vollaufen *Vi.* (از مایعات) پر شدن، لبریز شدن
vollautomatisch *Adj.* تمام اتوماتیک، تمام خودکار
Vollbad, das; -(e)s, ¨-er وان بزرگ (حمام)
Vollbart, der; -(e)s, ¨-e ریش کامل، ریش یکسره، ریش توپی
vollberechtigt *Adj.* دارای صلاحیت کامل
vollbeschäftigt *Adj.* شاغل
Vollbeschäftigung, die; - کار تمام وقت
vollbesetzt *Adj.* کاملاً پر
Vollbesitz, der; -es, -e مالکیت کامل

907 **Vollversammlung**

Vollbild, das; -es, -er عکس تمام قد
Vollblut, das; -(e)s, - نژاد اصیل (اسب)
vollblütig *Adj.* ۱. خون‌آلود ۲. اصیل
Vollblutpferd, das; -(e)s, -e اسب اصیل
vollbringen *Vt.* انجام دادن، اجرا کردن، عمل کردن
Vollbringung, die; -, -en انجام، اجرا
vollbusig *Adj.* دارای پستان‌های برجسته
Volldampf, der; -es ۱. بخار زیاد ۲. سرعت زیاد
Völle, die; - پُری، پُر بودن
vollelektronisch *Adj.* تمام اتوماتیک
vollenden *Vt.* به اتمام رساندن، به پایان رساندن، کامل کردن، تکمیل کردن (بدون عیب و نقص)
vollendet *Adj.* به اتمام رسیده، کامل شده، تکمیل شده
vollends *Adv.* تماماً، کاملاً، تمام و کمال، به طور کامل
Vollendung, die; -, -en پایان، اتمام، انجام
Völlerei, die; -, -en شکم‌پرستی، پرخوری
vollessen *Vr.* سیر خوردن، پرخوردن
Volleyball, der; -(e)s, - (ورزش) والیبال
vollfett *Adj.* پرچربی
vollführen *Vt.* ۱. به وجود آوردن، باعث (چیزی) شدن ۲. انجام دادن، اجرا کردن
Lärm vollführen سر و صدا کردن
vollfülen *Vt.* پر کردن، سیر کردن، لبریز کردن، مملو ساختن
Vollgas, das; -es, - (در رانندگی) پرگاز، گاز زیاد
Vollgefühl, das; -(e)s, -e هوشیار، آگاه
Vollgenuß, der; -nusses, -nüsse لذت وافر، خوشی زیاد
vollgießen *Vt.* تا ته ریختن، (در مایعات) پر کردن
vollgültig *Adj.* معتبر، دارای اعتبار زیاد
Vollgummi, der/das; -s, - تمام لاستیک، لاستیکی
Vollidiot, der; -en, -en دیوانهٔ محض
völlig *Adj.* ۱. تمام، کامل، تام ۲. کاملاً، تماماً، به کلی
volljährig *Adj.* بالغ، بزرگسال، به سن قانونی رسیده
Volljährigkeit, die; - بلوغ (سنی)
Vollkaskoversicherung, die; -, -en بیمهٔ کامل
vollkommen *Adj., Adv* ۱. کامل، بی‌نقص ۲. کاملاً
Ich verstehe vollkommen. خیلی خوب می‌فهمم.
Du hast vollkommen recht. تو کاملاً حق داری.
Vollkommenheit, die; - کمال، تمام، تکمیل
Vollkorn, das; -(e)s, - میزان کردن مگسک با شکاف هدف‌گیری
Vollkornbrot, das; -(e)s, -e نان ساخته شده از دانهٔ غلات پوسته‌دار

Vollkraft, die; -, ⸚e نیروی زیاد
vollmachen *Vt.* ۱. پر کردن، مملو کردن، کامل کردن، تکمیل کردن ۲. کثیف کردن
Vollmacht, die; -, ⸚e ۱. وکالت، اختیار تام ۲. وکالت‌نامه
Vollmachtgeber, der; -s, - موکل
Vollmatrose, der; -n, -n ملوان نیرومند
Vollmilch, die; - شیر خالص، شیر خامه نگرفته
Vollmond, der; -(e)s, -e بدر، ماه شب چهارده
vollmundig *Adj.* با دهان پر
Vollnarkose, die; -, -n بیهوشی کامل
vollpacken *Vt.* پر کردن، چپاندن، انباشتن
Vollpension, die; -, -n پانسیون کامل، پانسیون با سه وعده غذا
vollpropfen *Vt.* پر کردن، چپاندن، انباشتن
vollschenken *Vt.* پر کردن (لیوان مشروب)
vollschlank *Adj.* کمی چاق
vollschmieren *Vt.* کثیف کردن، آلودن، آلوده کردن
Vollsitzung, die; -, -en نشست کامل، جلسهٔ تمام وقت
vollspurig *Adj.* [فاصله دو خط آهن از هم] به اندازهٔ رسمی
vollständig *Adj.* کامل، جامع، تمام، تام
Vollständigkeit, die; - تمامیت
vollstopfen *Vt.* پر کردن، چپاندن، انباشتن
vollstreckbar *Adj.* قابل اجرا
Vollstreckbarkeit, die; - قابلیت اجرا
vollstrecken *Vt.* اجرا کردن، انجام دادن، به مرحلهٔ عمل درآوردن
ein Todesurteil vollstrecken حکم اعدام را اجرا کردن
Vollstrecker, der; -s, - مجری، عمل‌کننده
Vollstreckerin, die; -, -nen مجری، عمل‌کننده (زن)
Vollstreckung, die; - اجرا، انجام
Vollstreckungsbeamte, der; -n, -n مأمور اجرا
Vollstreckungsbefehl, der; -s, -e حکم اجرا
vollsynthetisch *Adj.* ترکیبی، مرکب از مواد مصنوعی
volltanken *Vi., Vt.* باک بنزین را پر کردن
Volltreffer, der; -s, - ۱. تیری که به هدف اصابت کند ۲. (ورزش) توپی که گل بشود ۳. موفقیت بزرگ، موفقیت چشمگیر
volltrunken *Adj.* کاملاً مست
Volltrunkenheit, die; - مستی کامل
Vollurteil, das; -s, -e رأی نهایی
Vollversammlung, die; -, -en مجمع عمومی

Vollwaise, die; -, -n یتیم، بی‌پدر و مادر
vollwertig *Adj.* پرارزش
vollzählig *Adj.* کامل، تمام
Vollzähligkeit, die; - تمامیت، کاملیت
Vollzeitarbeitskraft, die; -, ⸚e
نیروی کار تمام وقت
vollziehbar *Adj.* قابل اجرا
Vollziehbarkeit, die; - قابلیت اجرا
vollziehen *Vt.* اجرا کردن، انجام دادن،
به مرحلهٔ اجرا درآوردن
die Vereidigung vollziehen مراسم سوگند را برگزار کردن
Vollziehung, die; -, -en اجرا، انجام
Vollzug, der; -es, - ۱. اجرا، انجام ۲. اجرای حکم
Vollzugsanstalt, die; -, -en دایرهٔ اجرای حکم
Volontär, der; -s, -e کارآموز، مبتدی
Volontärin, die; -, -nen کارآموز، مبتدی (زن)
volontieren *Vi.* کارآموزی کردن
Volt, das; - / -(e)s, - ولت (برق)
Volt(a)meter, das; -s, - ولت‌متر، ولت‌سنج
Voltzahl, die; -, -en ولتاژ (نیروی برق برحسب ولت)
Volumen, das; -s, - / -mina ۱. حجم، گنجایش
۲. سنجش شیمیایی
Volumeneinheit, die; -, -en واحد حجم
voluminös *Adj.* حجیم
vom = *von + dem*
von *Präp.* ۱. از، از طرفِ ۲. به قلمِ، تألیفِ ۳. توسطِ،
به وسیلهٔ ۴. متعلق به، مالِ ۵. فُن / عنوان اشرافی
Von mir aus! از طرف من (مانعی ندارد)!
von Zeit zu Zeit گاه گاهی
Was sind Sie von Beruf? شغل شما چیست؟
von heute an از امروز
voneinander *Adv.* از یکدیگر
vonnöten *Adj.* لازم، واجب، ضروری
vonstatten *Adv.* به پیش، به طرف جلو
vor *Präp., Adv.* ۱. پیشِ، جلوی، در مقابلِ، در حضورِ
۲. قبل از، پیش از ۳. از فرطِ، به علتِ ۴. مثل سابق،
کمافی‌السابق
vor kurzem چندی پیش، این اواخر
vor allem قبل از هر چیز
vor langer Zeit مدتها پیش
sich vor der Kälte schützen
خود را در مقابل سرما حفظ کردن
Er zitterte vor Angst. او از فرط ترس می‌لرزید.
vorab *Adv.* ابتدا

Vorabend, der; -s, -e شب قبل
vorahnen *Vt.* از قبل دانستن، پیش‌آگاهی داشتن
Vorahnung, die; -, -en پیش‌آگاهی
voran *Adv.* به پیش، در جلو، در رأس
vorangeben *Vt.* در ابتدا قرار دادن، در آغاز گنجاندن
vorangehen *Vi.* ۱. پیش رفتن، در جلو رفتن،
پیشاپیش رفتن ۲. پیشرفت کردن، ترقی کردن
vorankommen *Vi.* جلو آمدن، پیشروی کردن
Vorankündigung, die; -, -en آگهی، اعلان
Voranmeldung, die; -, -en اطلاع قبلی، اعلان قبلی
Voranschlag, der; -(e)s, - تخمین، ارزیابی
voranstellen *Vt.* در ابتدا قرار دادن، در آغاز گنجاندن
vorantreiben *Vt.* سرعت بخشیدن
Voranzeige, die; -, -n اعلان قبلی، آگهی قبلی
Vorarbeit, die; -, -en کارهای مقدماتی، آماده‌سازی
vorarbeiten *Vt.* ۱. آماده ساختن، مهیا کردن
۲. از پیش انجام دادن
Vorarbeiter, der; -s, - سرکارگر، سرعمله
Vorarbeiterin, die; -, -nen سرکارگر (زن)
vorauf *Adv.* به پیش، در جلو، در رأس
voraufgehen *Vi.* جلو رفتن، پیش رفتن،
پیشاپیش رفتن
voraus *Adv.* ۱. از پیش، از جلو، جلوتر ۲. بهتر، برتر
im voraus از پیش، پیشاپیش
Geh voraus! تو جلو برو!
Vorausabteilung, die; -, -en واحد مقدم،
پیش‌قراول
vorausahnen *Vt.* از قبل حس کردن (واقعه)
vorausbedingen *Vt.* از پیش شرط کردن
vorausberechnen *Vt.* از پیش حساب کردن
vorausbestellen *Vt.* از قبل سفارش دادن
vorausbestimmen *Vt.* از پیش تعیین کردن،
قبلاً معلوم کردن
vorausbezahlen *Vt.* از پیش پرداخت کردن
Vorausbezahlung, die; -, -en پیش پرداخت
vorausblicken *Vt.* پیش‌بینی کردن
vorausdenken *Vi., Vt.* پیش‌بینی کردن
vorauseilen *Vi.* عجله کردن، شتافتن
Vorausexemplar, das; -s, -e
نسخه از پیش تهیه شده
vorausfahren *Vi.* از پیش رفتن، در جلو رفتن،
پیشاپیش رفتن (سواره)
vorausgehen *Vi.* از پیش رفتن، جلو رفتن،
پیشاپیش رفتن

vorausgesetzt *Konj.* مشروط (بر اینکه)، به شرطی که
voraushaben *Vt.* بر (کسی / چیزی) مزیت داشتن، بر (کسی / چیزی) برتری داشتن
vorauslaufen *Vi.* جلوی همه دویدن، پیش از همه دویدن، پیشاپیش دویدن
Vorausplanung, die; -, -en طرح‌ریزی آینده
Voraussage, die; -, -n پیشگویی، پیش‌بینی
voraussagen *Vt.* پیشگویی کردن، پیش‌بینی کردن
Voraussagung, die; -, -en پیشگویی، پیش‌بینی
Vorausschau, die; -, -en پیش‌بینی وضع هوا، پیش‌بینی حوادث
vorausschauen *Vi.* دوراندیشی کردن، عاقبت‌بینی کردن
vorausschauend *Adj.* دوراندیش، عاقبت‌بین
vorausschicken *Vt.* ۱. پیشاپیش فرستادن ۲. از پیش گفتن، از قبل در میان گذاشتن
voraussehbar *Adj.* قابل پیش‌بینی
voraussehen *Vt.* پیش‌بینی کردن، از پیش دانستن، از پیش دیدن
voraussetzen *Vt.* ۱. از پیش فرض کردن، گمان کردن ۲. ایجاب کردن
Voraussetzung, die; -, -en ۱. حدس، فرض، شرط ۲. موجبات، مقدمات
Voraussicht, die; - احتمال، پیش‌بینی
voraussichtlich *Adj.* ۱. محتمل، احتمالی، قابل پیش‌بینی ۲. احتمالاً
vorauswissen *Vt.* از پیش دانستن، پیشاپیش دانستن
vorauszahlen *Vt.* از پیش پرداختن، پیش پرداخت کردن
Vorauszahlung, die; -, -en پیش‌پرداخت
Vorbau, der; -(e)s, -ten ۱. ایوان، هشتی ۲. پستان برجسته
vorbauen *Vt., Vi.* ۱. ساختن (ایوان) ۲. پیشگیری کردن، پیش‌بینی لازم را کردن
Vorbedacht, der; -(e)s, - عاقبت‌اندیشی
vorbedenken *Vt.* عاقبت‌اندیشی کردن
vorbedeuten *Vt.* پیشگویی کردن
Vorbedeutung, die; -, -en پیشگویی
vorbedingen *Vt.* برای (چیزی) شرط قبلی گذاشتن، از پیش شرط کردن
Vorbedingung, die; -, -en شرط قبلی
Vorbehalt, der; -(e)s, -e شرط، قید

ohne Vorbehalt بدون قید و شرط
vorbehalten *Vt., Vr.* ۱. برای (چیزی) شرط قائل شدن، از پیش شرط کردن ۲. برای (خود) محفوظ داشتن، به (خود) اختصاص دادن
vorbehaltlich *Präp.* به شرطِ، مشروط به
vorbehaltlich der Genehmigung des Chefs به شرط اجازهٔ رئیس
vorbehaltlos *Adj.* بی‌قید و شرط
vorbehandeln *Vt.* مداوای موقت کردن
Vorbehandlung, die; -, -en مداوای موقت
vorbei *Adv.* ۱. گذشته، سپری شده ۲. از کنار (کسی / چیزی) رفته
Der Sommer ist vorbei. تابستان سپری شده است.
vorbeifahren *Vi.* با وسیلهٔ نقلیه از کنار (کسی / چیزی) عبور کردن
vorbeigehen *Vi.* ۱. عبور کردن، رد شدن، گذشتن ۲. سپری شدن
Er ging an mir vorbei. از کنارم گذشت.
Der Schmerz wird bald vorbeigehen. درد به زودی برطرف خواهد شد.
vorbeigelingen *Vi.* کامیاب نشدن، موفق نشدن، شکست خوردن
vorbeikommen *Vi.* ۱. عبور کردن، رد شدن، گذشتن ۲. به (کسی) سر زدن
bei jemandem **vorbeikommen** به دیدن کسی رفتن
vorbeilassen *Vt.* به (کسی) اجازهٔ عبور دادن
Vorbeimarsch, der; -es, ¨-e عبور با حرکت نظامی، رژه در برابر کسی
vorbeimarschieren *Vi.* رژه رفتن
vorbeimüssen *Vi.* به اجبار عبور کردن
vorbeireden *Vi.* بی سر و ته صحبت کردن
vorbeischießen *Vi.* در تیراندازی خطا کردن
vorbeitreffen *Vt.* در تیراندازی خطا کردن، به هدف نزدن (تیر)
vorbeiziehen *Vi.* ۱. رژه رفتن ۲. سپری شدن (سال)
Vorbemerkung, die; -, -en ۱. یادآوری ۲. مقدمهٔ کوتاه، پیشگفتار
vorbenannt *Adj.* فوق‌الذکر
vorbereiten *Vt.* ۱. آماده کردن، تهیه کردن، تدارک دیدن ۲. آماده شده، حاضر شدن
einen Kranken für die Operation vorbereiten بیماری را آمادهٔ عمل جراحی کردن
vorbereitend *Adj.* آماده شده، تهیه شده
Vorbereitung, die; -, -en آمادگی، تهیه، تدارک

Vorbereitungsdienst, der; -es, -e بخش تدارکات
Vorbereitungskurs, der; -es, -e کلاس آمادگی
Vorbericht, der; -(e)s, -e گزارش مقدماتی
vorberuflich *Adj.* پیش از حرفه
Vorbesitzer, der; -s, - صاحب قبلی، مالک سابق
Vorbesprechung, die; -, -en گفت‌وگوی آغازی
vorbestellen *Vt.* از پیش سفارش دادن، رزرو کردن
Vorbestellung, die; -, -en سفارش قبلی
vorbestraft *Adj.* دارای سوء پیشینه، دارای سابقهٔ محکومیت، سابقه‌دار
vorbeten *Vt.* در جلوی (دیگران) نماز خواندن، پیش‌نماز (جایی) بودن
Vorbeter, der; -s, - پیش‌نماز
vorbeugen *Vi., Vr.* ۱. پیشگیری کردن، جلوگیری کردن ۲. به جلو خم شدن؛ پیش‌نماز بودن
vorbeugend *Adj.* پیشگیرانه
Vorbeugung, die; -, -en پیشگیری، جلوگیری
Vorbeugungsmaßnahme, die; -, -n اقدام پیشگیرانه
Vorbeugungsmittel, das; -s, - وسیلهٔ پیشگیری
Vorbild, das; -(e)s, -er سرمشق، نمونه، الگو
vorbilden *Vt.* سرمشق قرار دادن، الگو قرار دادن
vorbildlich *Adj.* به عنوان سرمشق، به صورت نمونه، سرمشق‌گونه
Vorbildung, die; -, -en آموزش مقدماتی
Vorbote, der; -n, -n پیشرو، طلایه، جلودار؛ قاصد
vorbringen *Vt.* ۱. به جلو آوردن ۲. ارائه دادن، عرضه کردن (مدارک) ۳. اعلان کردن، اظهار داشتن، بیان کردن، مطرح کردن
eine Klage vorbringen شکایتی را مطرح کردن
vorbuchstabieren *Vt.* هجی کردن
Vorbühne, die; -, -n قسمت جلوی صحنه
vorchristlich *Adj.* قبل از میلاد مسیح
vordatieren *Vt.* پیش از تاریخ حقیقی تاریخ گذاشتن
vordem *Adv.* پیشتر، قبلاً، سابقاً
Vordenker, der; -s, - تئوریسین، متفکر
Vordenkerin, die; -, -nen تئوریسین، متفکر (زن)
vorder *Adj.* جلویی
Vorderachse, die; -, -n محور جلویی
Vorderansicht, die; -, -en نمای رو به رو، نمای جلو، چشم‌انداز جلو
Vorderarm, der; -(e)s, -e ساعد، بازو
Vorderasien, das; -s خاور نزدیک
Vorderbein, das; -s, -e پای جلویی
Vorderdeck, das; -(e)s, -e/-s قسمت جلوی عرشهٔ کشتی
Vorderfuß, der; -es, ⸚e پای جلویی
Vordergebäude, das; -s, - عمارت جلویی
Vordergrund, der; -(e)s, ⸚e ۱. پیش‌نما ۲. زمین جلو عمارت ۳. منظرهٔ جلو عکس
vordergründig *Adj.* سطحی، کم‌اهمیت
vorderhand *Adv.* عجالتاً، فعلاً
Vorderhand die; -, ⸚e (در اسب و غیره) دست جلویی
Vorderhaus, das; -es, -häuser خانهٔ جلویی
Vorderlader, der; -s, - تفنگ سر پر
Vorderlauf, der; -(e)s, -läufe (در جانوران) پای جلویی
Vordermann, der; -(e)s, ⸚er مرد جلویی
Vorderrad, das; -(e)s, ⸚er چرخ جلویی
Vorderradantrieb, der; -(e)s, -e محرک چرخ جلویی
Vorderradbremse, die; -, -n ترمز چرخ جلویی
Vorderreihe, die; -, -n ردیف جلویی (نمایش)
Vorderschinken, der; -s, - ژامبون گوشت شانه (خوک)
Vorderseite, die; -, -n ۱. طرف جلو، روی جلد صفحهٔ رویی (کتاب) ۲. نمای عمارت
Vordersitz, der; -es, -e صندلی جلویی (اتومبیل)
vorderst *Adj.* جلوترین، پیش‌ترین
vorderste Linie خط مقدم
Vordersteven, der; -s, - قسمت جلوی کشتی
Vorderteil, der; -(e)s, -e قسمت جلویی
Vordertür, die; -, -en دَرِ جلویی
Vorderzahn, der; -(e)s, ⸚e دندان جلویی
vordrängen *Vr.* ۱. از دیگران جلو افتادن ۲. جلب‌توجه دیگران را کردن
vordringen *Vi.* ۱. جلو بردن، هل دادن، پیش بردن ۲. راه یافتن، نفوذ کردن
vordringlich *Adj.* ضروری، مهم، در اولویت
Vordruck, der; -(e)s, -e پرسشنامه، فرم چاپی، نمونهٔ چاپی
vorehelich *Adj.* قبل از عروسی
voreilig *Adj.* عجولانه، شتاب‌زده، بی‌درنگ، سراسیمه، سریع
Voreiligkeit, die; -, -en عجله، شتاب، سرعت
voreinander *Adv.* جلوی یکدیگر، از یکدیگر
voreingenommen *Adj.* غرض‌آمیز، آمیخته با پیشداوری

Voreingenommenheit, die; -	غرض
Voreltern, die/Pl.	اجداد، نیاکان، پیشینیان
vorenthalten Vt.	مضایقه کردن، دریغ داشتن، منع کردن، محروم کردن
Vorenthaltung, die; -, -en	مضایقه، دریغ، منع، تحریم
Vorentscheidung, die; -, -en	تصمیم موقت
vorerst Adv.	ابتدا، در وهلهٔ اول، موقتاً، فعلاً
vorerwähnt Adj.	فوق‌الذکر
vorerzählen Vt.	برخلاف واقع برای (کسی) نقل کردن
Vorexamen, das; -s, -	امتحان مقدماتی
Vorfahr, der; -en, -en	نیا، جد
vorfahren Vi.	پیش راندن، از جلو راندن، جلوتر از دیگران راندن
Vorfahrt, die; -, -en	(در رانندگی) تقدم
Vorfahrtrecht, das; -es, -e	(در رانندگی) حق تقدم
Vorfahrtsschild, das; -(e)s, -er	(در رانندگی) تابلوی حق تقدم
Vorfahrtsstraße, die; -, -n	(از نظر تقدم در رانندگی) خیابان اصلی
Vorfahrtszeichen, das; -s, -	(در رانندگی) علامت تقدم
Vorfall, der; -(e)s, ⸚e	اتفاق، حادثه، سانحه، واقعه، ماجرا، رویداد
vorfallen Vi.	روی دادن، رخ دادن، اتفاق افتادن، پیش آمدن
Vorfeier, die; -, -n	جشن مقدماتی
Vorfeld, das; -es, -er	۱. قسمت جلو مزرعه ۲. خط مقدم جبهه
vorfertigen Vt.	قبل از مونتاژ ساختن
Vorfertigung, die; -, -en	پیش‌سازی (قبل از مونتاژ)
Vorfilm, der; -s, -e	(در سینما) فیلم ما قبل اصلی
vorfinden Vt.	پیشِ رو یافتن
Vorfrage, die; -, -n	پرسش مقدماتی
Vorfreude, die; -, -n	خوشحالی نسبت به اتفاقی که در آینده رخ خواهد داد، خوشی غیرمنتظره
Vorfriede, der; -ns, -n	صلح موقت
Vorfrühling, der; -s, -e	بهار پیشرس
vorfühlen Vt.	مزه دهان (کسی) را فهمیدن، (از قبل) به نظر (کسی) پی بردن
Vorführdame, die; -, -n	مانکن
vorführen Vt.	۱. به معرض نمایش گذاردن، ۲. به جلو هدایت کردن
Vorführer, der; -s, -	نشان‌دهنده، نمایش‌دهنده (فیلم)
Vorführraum, der; -(e)s, -räume	محل نمایش، کابین نمایش فیلم
Vorführung, die; -, -en	۱. معرفی نمایش ۲. هدایت به جلو
Vorführwagen, der; -s, -	اتومبیل نمایشی
Vorgabe, die; -, -n	(ورزش) امتیاز
Vorgang, der; -(e)s, ⸚e	۱. رویداد، واقعه، حادثه، پیشامد، اتفاق، ماجرا، جریان ۲. سوابق امر
Vorgänger, der; -s, -	متصدی قبلی، شخص پیشین
Vorgängerin, die; -, -nen	متصدی قبلی، شخص پیشین (زن)
vorgängig Adj.	پیشین، قبلی، سابق
Vorgarten, der; -s, ⸚	باغچهٔ جلوی خانه
vorgaukeln Vt.	خلاف واقع برای (کسی) نقل کردن
vorgeben Vt., Vi.	۱. در مورد (چیزی) ادعای دروغ کردن، برای (چیزی) دلیل بیهوده آوردن، برای (چیزی) بهانه آوردن ۲. (ورزش) به (کسی) امتیاز دادن
Vorgeben, das; -s	بهانه، عذر
Vorgebirge, das; -s, -	دامنهٔ کوه
vorgeblich Adj.	به قولی، بنابه گفتهٔ بعضی
vorgefaßt Adj.	مبتنی بر پیشداوری، از پیش تعیین شده
Vorgefühl, das; -(e)s, -e	احساس وقوع امری از پیش
Vorgegenwart, die; -	(دستور زبان) ماضی نقلی
vorgehen Vi.	۱. جلوتر رفتن، پیشاپیش رفتن ۲. روی دادن، رخ دادن ۳. از اولویت برخوردار بودن، ارجحیت داشتن، در اولویت قرار داشتن ۴. پیشروی کردن، تعرض کردن، هجوم آوردن ۵. تند کار کردن (ساعت) ۶. عمل کردن، اقدام کردن
	در این‌جا چه می‌گذرد؟ Was geht hier vor?
Vorgehen, das; -s	۱. پیشامد، اتفاق، رویداد، ماجرا، جریان، واقعه، حادثه ۲. سوابق
vorgenannt Adj.	فوق‌الذکر
Vorgericht, das; -(e)s, -e	پیش غذا
Vorgeschichte, die; -, -n	ماقبل تاریخ
vorgeschichtlich Adj.	(مربوط به) ماقبل تاریخ
Vorgeschmack, der; -(e)s, ⸚e	احساس وقوع امری از پیش
vorgeschritten PP.	صیغهٔ گذشتهٔ نقلی از مصدر vorschreiten
Vorgesetzte, der/die; -n, -n	رئیس، مافوق
Vorgespräche, die/Pl.	مذاکرات اولیه
vorgestern Adv.	پریروز
vorgestrig Adj.	پریروزی

vorgreifen *Vi.* ۱. پیشدستی کردن، پیشی گرفتن، سبقت جستن ۲. پیشداوری کردن
Vorgriff, der; -(e)s, -e ۱. پیشدستی، سبقت، ۲. پیشداوری
vorgucken *Vi.* ۱. جلو را نگاه کردن ۲. از زیر لباس رو دیده شدن (زیر جامه)
vorhaben *Vt.* قصد (چیزی) را داشتن، عزم (چیزی) را کردن، تصمیم به (کاری) داشتن، اراده به (کاری) کردن، درصدد (کاری) بودن، در پیش داشتن
Vorhaben, das; -s, - قصد، عزم، تصمیم
Vorhalle, die; -, -n راهرو، دالان، سرسرا
Vorhalt, der; -(e)s, -e ۱. (موسیقی) ایست، توقف، وقفه ۲. نمایش
vorhalten *Vt., Vr.* ۱. جلوی (کسی) را گرفتن ۲. سرزنش کردن، ملامت کردن ۳. موجود بودن
Vorhaltung, die; -, -en سرزنش، نکوهش، ملامت
Vorhand, die; - ۱. (بازی ورق) دست اول ۲. (تنیس) فورهند، ضربهٔ رو
vorhanden *Adj.* موجود، حاضر
vorhanden sein موجود بودن
Vorhandensein, das; -s, - وجود، حضور
Vorhandschlag, der; -(e)s, ⸚e (تنیس) فورهند، ضربه فورهند
Vorhang, der; -(e)s, ⸚e پرده
den Vorhang aufziehen پرده را کنار زدن
den Vorhang zuziehen پرده را کشیدن
vorhängen *Vt.* جلوی (چیزی) آویزان کردن
Vorhängeschloß, das; -schlosses, -schlösser قفل آویخته
Vorhangstange, die; -, -n چوب پرده
Vorhaut, die; -, -häute پوست ختنه گاه
vorher *Adv.* از پیش، قبلاً
am Tag vorher روز قبل (از آن)
vorherbestimmen *Vt.* تقدیر کردن، مقدر ساختن
Vorherbestimmung, die; - تقدیر، مقدرسازی
vorhergehen *Vi.* جلوتر رفتن، مقدم بودن
vorhergehend *Adj.* مقدم، فوق‌الذکر
vorherig *Adj.* قبلی، پیشین
Vorherrschaft, die; - ۱. ریاست، رهبری ۲. برتری، تسلط، غلبه، تفوق، حکم‌فرمایی
vorherrschen *Vi.* برتری داشتن، برتر بودن، تسلط داشتن، حکم‌فرمایی کردن
vorherrschend *Adj.* مسلط، غالب، حکم‌فرما
Vorhersage, die; -, -n پیشگویی
vorhersagen *Vt.* پیشگویی کردن
Vorhersagung, die; - پیشگویی
vorhersehen *Vt.* پیش‌بینی کردن
vorherwissen *Vt.* از پیش دانستن
vorhin *Adv.* کمی پیش، چند لحظه قبل، همین حالا، پیش از این
Vorhof, der; -(e)s, ⸚e دهلیز، هشتی، راهرو
Vorhut, die; -, -en جلودار، پیش‌قراول، پیش‌لشکر، پیشتاز
vorig *Adj.* قبلی، پیشین، گذشته
voriges Jahr سال قبل
vorige Woche هفتهٔ پیش
vorindustriell *Adj.* قبل از صنعت
Vorjahr, das; -(e)s, -e سال قبل، پارسال
vorjährig *Adj.* پارسالی، (مربوط به) سال گذشته
Vorkammer, die; -, -n دهلیز قلب
Vorkämpfer, der; -s, - خط شکن، پیش رزمنده، مبارز در صف مقدم
Vorkämpferin, die; -, -nen خط شکن، پیش رزمنده، مبارز در صف مقدم (زن)
vorkauen *Vt.* ۱. در مورد (چیزی) توضیح کافی دادن ۲. جویدن و در دهان بچه گذاشتن
jemandem etwas **vorkauen** چیزی را به کسی توضیح دادن
Vorkauf, der; -(e)s, -käufe تقدم در خرید؛ تقدم در تصرف مالی
Vorkaufsrecht, das; -(e)s, -e حق تقدم در خرید؛ حق تقدم در تصرف مالی
vorkehren *Vt.* ۱. در معرض نمایش گذاشتن ۲. در مورد (چیزی) دوراندیشی کردن، در مورد (چیزی) احتیاط کردن
Vorkehrung, die; -, -en اقدام احتیاطی، دوراندیشی
Vorkenntnis, die; -, -nisse معلومات قبلی
vorknöpfen *Vt.* از (کسی) بازخواست کردن، مورد مؤاخذه قرار دادن
sich jemanden **vorknöpfen** کسی را سرزنش کردن
vorkommen *Vi.* ۱. اتفاق افتادن، پیش آمدن، رخ دادن، وقوع یافتن ۲. موجود بودن، وجود داشتن ۳. جلو آمدن ۴. به نظر رسیدن
Er kommt mir bekannt vor. به نظرم آشنا می‌آید.
Vorkommen, das; -s, - وجود، موجودیت
vorkommendenfalls *Adv.* در صورت وقوع
Vorkommnis, das; -nisses, -nisse اتفاق، پیشامد، رویداد، واقعه، حادثه
Vorkosten, die / *Pl.* مخارج اولیه

Vorkriegszeit, die; -, -en زمان قبل از جنگ
vorladen *Vt.* احضار کردن
Vorladung, die; -, -en احضاریه، احضارنامه
Vorlage, die; -, -n ۱. طرح، نمونه، سرمشق، الگو ۲. لایحه ۳. بشر (نوعی ظرف آزمایشگاهی) ۴. پادری، پاتختی ۵. (فوتبال) پاس رو به دروازه
vorlassen *Vt.* راه دادن، به (کسی) اجازهٔ دخول دادن، پذیرفتن
Vorlassung, die; - اجازهٔ ورود، پذیرش، قبول
Vorlauf, der; -(e)s, -läufe (ورزش) مسابقهٔ دو مقدماتی
vorlaufen *Vi.* ۱. به طرف جلو دویدن ۲. پیشاپیش دویدن
Vorläufer, der; -s, - پیشرو، منادی، پیشگام
Vorläuferin, die; -, -nen پیشرو، منادی، پیشگام (زن)
vorläufig *Adj., Adv.* ۱. موقت، فعلی، به طور موقت ۲. موقتاً، فعلاً، در حال حاضر
vorläufige Festnahme بازداشت موقت
vorlaut *Adj.* [کودک] گستاخ، پررو، جسور، بی‌ادب
vorleben *Vt.* نمونهٔ (چیزی) بودن، سرمشق (چیزی) بودن
Er hat ein ehrenhaftes Leben geführt, so wie sein Vater es ihm vorgelebt hat. او زندگی آبرومندی داشت، همان‌گونه که پدرش زندگی کرده بود.
Vorleben, das; -s زندگی پیشین
Vorlegebesteck, das; -(e)s, -e کارد و چنگال گوشت‌بری
Vorlegegabel, die; -, -n سرویس چنگال گوشت‌بری
Vorlegemesser, das; -s, - سرویس کارد گوشت‌بری
vorlegen *Vt., Vr.* ۱. ارائه دادن، عرضه داشتن، تقدیم کردن ۲. پیشنهاد دادن ۳. ادامه دادن ۴. کشیدن، در بشقاب گذاشتن (غذا) ۵. موقتاً پولی به (کسی) پرداخت کردن ۶. (فوتبال) پاس رو به دروازه دادن ۷. به جلو خم شدن
jemandem **eine Frage vorlegen** پرسشی را برای کسی مطرح کردن
Vorleger, der; -s, - قالیچهٔ پای تختخواب، پاتختی
Vorlegeschloß, das; -schlosses, -schlösser قفل آویخته
vorlesen *Vt.* با صدای بلند خواندن
Vorleser, der; -s, - سخنران
Vorleserin, die; -, -nen سخنران (زن)
Vorlesung, die; -, -en درس نظری (دانشگاه)
Vorlesungsverzeichnis, das; -nisses, -nisse فهرست دروس نظری (دانشگاه)

vorletzt *Adj.* ماقبل آخر
Vorliebe, die; -, -n علاقه، شوق، میل، اشتیاق
vorliebnehmen *Vi.* راضی بودن
vorliegen *Vi.* ۱. موجود بودن، در اختیار بودن، در دست بودن ۲. در جلو قرار گرفتن
vorliegend *Adj.* حاضر، موجود
vorlügen *Vt.* به (کسی) دروغ گفتن
vorm = *vor + dem*
vormachen *Vt.* ۱. به طور دیگر جلوه دادن، گول زدن، وانمود کردن ۲. به (کسی) نشان دادن (طرز انجام کاری)
Wir wollen uns nichts vormachen. قصد نداریم سر هم کلاه بگذاریم.
Vormacht(stellung), die; - برتری، تفوق، تسلط
vormalig *Adj.* سابق، پیشین، قبلی
vormals *Adv.* سابق، قبلاً، زمانی، یک وقتی
Vormann, der; -(e)s, ⸚er ۱. سر کارگر ۲. متصدی قبلی ۳. مالک قبلی
Vormarsch, der; -(e)s, ⸚e پیشروی
vormerken *Vt.* یادداشت کردن
Vormieter, der; -s, - مستأجر سابق، کرایه‌نشین قبلی
Vormieterin, die; -, -nen مستأجر سابق، کرایه‌نشین قبلی (زن)
Vormilch, die; - شیر ماک، آغوز
vormilitärisch *Adj.* (مربوط به) آموزش قبل از خدمت سربازی
Vormittag, der; -(e)s, -e پیش از ظهر
am Vormittag پیش از ظهر
heute Vormittag امروز پیش‌ازظهر
vormittägig *Adj.* پیش از ظهری
vormittäglich *Adj.* هر پیش از ظهر
vormittags *Adv.* پیش از ظهر، قبل از ظهر
Vormund, der; -(e)s, -e/⸚er قیم، ولی، وصی
Vormundschaft, die; -, -en قیمومت، وصایت
vormundschaftlich *Adj.* قیمومتی
Vormundschaftsgericht, das; -(e)s, -e دادگاه قیمومت، محکمهٔ وصایت
vorn *Adv.* پیش، جلو، در جلو
von vorn از نو، از اول
nach vorn به جلو، به طرف جلو
von vorn bis hinten از سر تا پا، تماماً، کاملاً
Vornahme, die; -, -n تعهد، تقبل، به عهده گیری
Vorname, der; -ns, -n اسم کوچک
vorne *Adv.* جلو، قسمت جلو

vornehm 914

vornehm *Adj.* ۱. [شخص] اصیل، شریف، محترم ۲. [منزل] تزئین شده ۳. [لباس] شیک
vornehmen *Vt.* ۱. پوشیدن (پیش‌بند) ۲. تعهد کردن، به عهده گرفتن، عهده‌دار شدن ۳. به (چیزی) رفتار کردن، عمل کردن، اجرا کردن ۴. تصمیم به (چیزی) داشتن، اراده به (چیزی) کردن ۵. مورد مؤاخذه قرار دادن
Vornehmheit, die; - ۱. فرق، امتیاز ۲. تهذیب، تزکیه ۳. بزرگ‌منشی
vornehmlich *Adv.* به‌خصوص، به‌ویژه، مخصوصاً
vorneigen *Vr.* به طرف جلو خم شدن
vornherein *Adv.* از اول، از آغاز، از ابتدا
vornnotieren *Vt.* از پیش سفارش دادن، رزرو کردن
vornüber *Adv.* به جلو، به پیش
Vorort, der; -(e)s, -e حومه، اطراف شهر، برون شهر
Vorortbahn, die; -, -en ۱. برون شهری، اهل حومهٔ شهر ۲. ترن محلی
Vorortzug, der; -(e)s, ⸚e قطار برون شهری، قطار حومهٔ شهر
Vorposten, der; -s, - پاسگاه دورافتاده
vorprogrammieren *Vt.* برنامه‌ریزی قبلی کردن
Vorprüfung, die; -, -en امتحان مقدماتی، آزمایش ورودی
vorragen *Vi.* سر برافراشتن، سر درآوردن، بیرون آمدن
Vorrang, der; -(e)s, - تقدم، برتری، پیشی، اولویت
vorrangig *Adj.* تقدم‌دار، دارای برتری
Vorrat, der; -(e)s, ⸚e ذخیره، اندوخته
vorrätig *Adj.* موجود (به صورت ذخیره)
Vorratskammer, die; -, -n انبار (منزل)
Vorraum, der; -es, -räume راهرو؛ سرسرا؛ اتاق کفش‌کن
vorrechnen *Vt.* حساب (چیزی) را پس دادن، محاسبه کردن
Vorrecht, das; -(e)s, -e امتیاز، برتری، حق اولویت
Vorrede, die; -, -n پیشگفتار، مقدمه، دیباچه
vorreden *Vi.* چاخان کردن؛ حرف مفت زدن
Vorredner, der; -s, - سخنران قبلی، گویندهٔ قبلی
vorrichten *Vt.* آماده کردن، مهیا ساختن، حاضر کردن
Vorrichtung, die; -, -en ۱. وسیله، دستگاه ۲. آمادگی، تدارک
vorrücken *Vt., Vi.* ۱. جلو کشیدن، پیش راندن ۲. پیشروی کردن، پیش رفتن، جلوتر آمدن
vorrufen *Vt.* ندا دادن، نامیدن، صدا زدن
Vorrunde, die; -, -n (ورزش) دور مقدماتی
vors = *vor + das*
Vorsaal, der; -(e)s, -säle راهرو؛ سرسرا
vorsagen *Vt.* ۱. (چیزی) به (کسی) گفتن ۲. پیش (خود) تکرار کردن ۳. جواب سؤالهای امتحانی را پنهانی به (کسی) گفتن
Vorsaison, die; -s/-en قبل از فصل، پیش از موسم
Vorsänger, der; -s, - سوفلور
Vorsängerin, die; -, -nen سوفلور (زن)
Vorsatz, der; -es, ⸚e عمد، عزم، قصد، نیت
Vorsatzblatt, das; -(e)s, ⸚er صفحهٔ سفید اول و آخر کتاب
vorsätzlich *Adj., Adv.* ۱. عمدی ۲. عمداً، به عمد
Vorsatzlinse, die; -, -n (در دوربین) عدسی اضافی
Vorschau, die; -, -en ۱. پیش‌بینی (هوا) ۲. پیش‌پرده (نمایش) ۳. اعلام برنامه (تلویزیون)
Vorschein, der
zum Vorschein bringen در معرض دید قرار دادن
zum Vorschein kommen در معرض دید قرارگرفتن
vorschieben *Vt.* ۱. جلو بردن، پیش بردن ۲. بهانه آوردن، عذر آوردن ۳. جلو انداختن (برای نفع شخصی)
vorschießen *Vi., Vt.* ۱. به طرف جلو تیراندازی کردن ۲. مساعده دادن (حقوق)
Vorschlag, der; -(e)s, ⸚e پیشنهاد، توصیه
jemandem **einen Vorschlag machen** به کسی پیشنهادی دادن
auf einen Vorschlag eingehen پیشنهادی را پذیرفتن
vorschlagen *Vt.* پیشنهاد کردن، توصیه کردن
Vorschlaghammer, der; -s, ⸚ پتک آهنگری
Vorschlußrunde, die; -, -n (ورزش) دور نیمه نهایی
Vorschneidemesser, das; -s, - چاقوی گوشت‌بری
vorschneiden *Vt.* قطعه‌قطعه کردن، (از پیش) بریدن
vorschnell *Adj.* شتاب‌زده، دستپاچه، عجولانه
vorschreiben *Vt.* دستور دادن، امر کردن، مقرر داشتن
vorschreiten *Vi.* پیش رفتن، جلو رفتن؛ ترقی یافتن
Vorschrift, die; -, -en دستور، مقررات، آئین‌نامه، قانون
vorschriftsmäßig *Adj.* طبق دستور، مطابق مقررات، بر طبق قانون
vorschriftswidrig *Adj.* مخالف دستور، مخالف مقررات
Vorschub, der; -(e)s, ⸚e کمک، یاری، مساعدت
Vorschulalter, das; -s, - سن تحصیل در دبستان
Vorschule, die; -, -n دورهٔ آمادگی

Vorschulerziehung, die; -, -en
آموزش قبل از دبستان

Vorschullehrer, der; -s, - آموزگار (دورهٔ آمادگی)، معلّم پیش دبستانی

Vorschuß, der; -schusses, -schüsse مساعده، پیش پرداخت (حقوق)

vorschützen *Vt.* در مورد (چیزی) ادعای بی‌مورد کردن؛ برای (چیزی) دلیل بیهوده آوردن، برای (چیزی) بهانه آوردن

vorschweben *Vi.* در فکر داشتن

vorschwindeln *Vt.* فریب دادن، گول زدن

vorsehen *Vr., Vt.* ۱. مواظب بودن، احتیاط کردن ۲. پیش‌بینی کردن ۳. در نظر داشتن

Vorsehung, die; - حکمت خداوندی

vorsetzen *Vt.* ۱. جلو بردن (پا) ۲. جلوی کلاس نشاندن (دانش‌آموز) ۳. در جلوی (چیزی/کسی) قرار دادن

Vorsicht, die; - احتیاط، عزم، دقت، توجه

Vorsicht! مواظب باش! احتیاط کن! بپا!

Vorsicht ist die Mutter der Weisheit. احتیاط شرط عقل است.

vorsichtig *Adj.* ۱. با احتیاط ۲. محتاط؛ متوجه

Sei vorsichtig! مواظب باش! احتیاط کن! بپا!

vorsichtshalber *Adv.* از روی احتیاط، احتیاطاً

Vorsichtsmaßnahme, die; -, -n اقدام احتیاطی

Vorsichtsmaßregel, die; -, -n اقدام احتیاطی

Vorsilbe, die; -, -n (دستور زبان) پیشوند

vorsingen *Vt., Vi.* ۱. در حضور (کسی) خواندن ۲. آواز خواندن

vorsintflutlich *Adj.* ۱. (مربوط به) پیش از طوفان نوح ۲. کهنه، از مد افتاده

Vorsitz, der; -es, - ریاست

vorsitzen *Vi.* ریاست داشتن

Vorsitzende, der/die; -n, -n رئیس، سرپرست

Vorsorge, die; -, -n پیشگیری، تدارک، تهیه، دوراندیشی

vorsorgen *Vi.* پیشگیری کردن، تدارک دیدن، تهیه کردن، تأمین کردن

Vorsorgeuntersuchung, die; -, -en
معاینهٔ پیشگیرانه (برای تشخیص به موقع بیماری)

vorsorglich *Adj., Adv.* احتیاطاً، پیشگیرانه

Vorspann, der; -(e)s, -e ۱. اعلان و معرفی فیلم ۲. (در مطبوعات) مقدمه، دیباچه

vorspannen *Vt.* ۱. پروار کردن (اسب) ۲. برای (چیزی) تدارک احتیاطی دیدن

Vorspeise, die; -, -n پیش غذا

vorspiegeln *Vt.* فریفتن، گول زدن، اغفال کردن

Vorspiegelung, die; -, -en فریب، گول‌زنی، اغفال

Vorspiel, das; -(e)s, -e ۱. (موسیقی) پیش‌درآمد، پیش‌پرده ۲. بازی مقدمات

vorspielen *Vt.* ۱. در حضور (کسی) نواختن ۲. در حضور (کسی) نمایش دادن

vorsprechen *Vt.* ۱. (برای یادگیری) ادا کردن (مطلب) ۲. در حضور (کسی) خواندن (متن) ۳. به خاطر (کاری) از (کسی) دیدن کردن

vorspringen *Vi.* ۱. به جلو جستن، بیرون جهیدن ۲. پیش افتادن (عقربهٔ ساعت) ۳. برجسته بودن

vorspringend *Adj.* بیرون آمده، بیرون زده، برجسته

Vorsprung, der; -(e)s, ⸚e ۱. پیش آمدگی، برآمدگی، برجستگی ۲. امتیاز، برتری، تفوق

Vorstadt, der; -(e)s, ⸚e حومه، اطراف شهر

Vorstädter, der; -s, - ساکن حومه، حومه‌نشین

Vorstädterin, die; -, -nen ساکن حومه، حومه‌نشین (زن)

vorstädtisch *Adj.* (مربوط به) حومهٔ شهر

Vorstand, der; -(e)s, ⸚e ۱. ریاست، مدیریت، مدیر ۲. هیئت مدیره ۳. عضو هیئت مدیره

Er ist Vorstand geworden. او عضو هیئت مدیره شده است.

Vorstandstage, die; -, -n طبقهٔ مدیریت

Vorstandsmitglied, das; -(e)s, -er
عضو هیئت رئیسه

vorstecken *Vt.* ۱. فرو کردن ۲. به جلو نصب کردن

vorstehen *Vi.* ۱. جلوتر قرار گرفتن ۲. اداره کردن، نظارت کردن

Vorsteher, der; -s, - رئیس، ناظر

Vorsteherdrüse, die; -, -n غدهٔ پروستات

Vorsteherin, die; -, -nen رئیس، ناظر (زن)

Vorstehhund, der; -(e)s, -e سگ شکاری، تولهٔ شکار

vorstellbar *Adj.* قابل تصور

vorstellen *Vt., Vr.* ۱. در جلو قرار دادن، جلو کشیدن ۲. معرفی کردن، آشنا کردن ۳. تصور کردن، تصور خاص از (چیزی) داشتن

Kannst du dir das vorstellen? می‌توانی تصورش را بکنی؟

Ich stelle Ihnen hier Herrn X vor. آقای X را به شما معرفی می‌کنم.

vorstellig *Adj.* شاکی، عارض

Vorstellung, die; -, -en ۱. نمایش (فیلم) ۲. تصور، فکر، نظر ۳. معرفی
Beginn der Vorstellung شروع نمایش
Vorstellungsgespräch, das; -(e)s, -e مصاحبه
Vorstellungskraft, die; - قوهٔ تجسم
Vorstellungsvermögen, das; -s, - قوهٔ تجسم
Vorstoß, der; -es, ⸚e ۱. تعرض ۲. (ورزش) حمله، هجوم
vorstoßen *Vt., Vi.* ۱. به (کسی / چیزی) تعرض کردن ۲. (ورزش) حمله کردن، هجوم بردن
Vorstrafe, die; -, -n سوء پیشینه، سوء سابقه، محکومیت قبلی
Vorstrafenregister, die / *Pl.* پروندهٔ سوء سابقه
vorstrecken *Vt.* ۱. پیش کشیدن ۲. دراز کردن ۳. جلو بردن، پیش راندن
jemandem **Geld vorstrecken**
به کسی مبلغ هنگفتی پول قرض دادن
Vorstufe, die; -, -n ۱. پلهٔ اول ۲. (در تحصیل) دورهٔ مقدماتی
vorstürmen *Vi.* هجوم سریع بردن
Vortag, der; -(e)s, -e روز قبل
vortanzen *Vt., Vi.* جلوی (کسی) رقصیدن
vortasten *Vr.* در تاریکی پی (چیزی) گشتن، کورمال کورمال پیدا کردن
vortäuschen *Vt.* وانمود کردن، تظاهر کردن
Vortäuschung, die; -, -en وانمود، تظاهر
Vorteil, der; -(e)s, -e فایده، مزیت، سود، نفع
Vorteil haben نفع بردن
vorteilhaft *Adj.* سودمند، مفید، مناسب
Vortrag, der; -(e)s, ⸚e نطق، سخنرانی، خطابه
einen Vortrag halten سخنرانی کردن
vortragen *Vt.* ۱. نطق کردن، سخنرانی کردن ۲. به اطلاع رساندن (تقاضا) ۳. به جلو حمل کردن ۴. (به عنوان هنرپیشه) اجرا کردن (اثر هنری)
Vortragende, der / die; -n, -n سخنران
Vortragskunst, der; -, ⸚e هنر سخنوری، فصاحت
Vortragskünstler, der; -s, - سخنور
Vortragskünstlerin, die; -, -nen سخنور (زن)
Vortragsreihe, die; -, -n مجموعهٔ چند سخنرانی
Vortragsreise, die; -, -n سفر به منظور سخنرانی
vortrefflich *Adj.* سرآمد، عالی، ممتاز، درخشان
Vortrefflichkeit, die; - مزیت، برتری، تفوق
vortreten *Vi.* جلو آمدن، قدم به جلو گذاشتن
Vortritt, der; -(e)s, - تقدم، پیشدستی

vorüber *Adv.* ۱. گذشته، تمام شده، سپری شده ۲. رفته
vorübergehen *Vi.* گذشتن، سپری شدن، خاتمه یافتن
vorübergehend *Adj.* موقت، کوتاه‌مدت، گذرا
Vorübergehende, der; -, -n عابر، رهگذر
vorüberziehen *Vi.* از (جایی) عبور کردن، از پهلوی (کسی) رد شدن
Vorübung, die; -, -en تمرین مقدماتی
Voruntersuchung, die; -, -en تحقیق مقدماتی، رسیدگی مقدماتی، بازجویی مقدماتی
Vorurteil, das; -(e)s, -e پیشداوری
vorurteilsfrei *Adj.* بدون پیشداوری
vorurteilslos *Adj.* بدون پیشداوری
Vorväter, die / *Pl.* نیاکان، اجداد
Vorverfahren, das; -s, - اصول محاکمهٔ مقدماتی
Vorvergangenheit, die; -, -en
(دستور زبان) ماضی بعید
Vorverkauf, der; -(e)s, -käufe پیش‌فروش
Vorverkaufskasse, die; -, -n
باجهٔ پیش‌فروش (بلیت)
Vorverkaufsstelle, die; -, -n
محل پیش‌فروش (بلیت)
vorverlegen *Vt.* به وقت زودتری موکول کردن
Vorverstärker, der; -s, - (در رادیو / گرامافون) بلندگو
Vorversuch, der; -(e)s, -e آزمایش مقدماتی
vorvorgestern *Adv.* سه روز پیش، پس پریروز
vorvorig *Adj.* یکی به آخر مانده
vorvoriges Jahr پیرارسال
Vorwahl, die; -, -en ۱. انتخابات مقدماتی، رأی‌گیری مقدماتی ۲. (در تلفن) شمارهٔ کد شهر
vorwählen *Vt.* (در تلفن) گرفتن (شماره کد)
Vorwählnummer, die; -, -n (در تلفن) شمارهٔ کد
vorwalten *Vi.* تأثیر بسیار داشتن، نفوذ داشتن
vorwaltend *Adj.* مؤثر، نافذ؛ شایع؛ حکم‌فرما
Vorwand, der; -(e)s, ⸚e بهانه، عذر
vorwärmen *Vt.* قبلاً حرارت دادن، قبلاً گرم کردن
vorwarnen *Vt.* هشدار دادن، تذکر دادن، (از قبل) اخطار کردن
Vorwarnung, die; -, -en هشدار، تذکر، اخطار (قبلی)
vorwärts *Adv.* به طرف جلو، به پیش
Vorwärts! راه بیفت! به پیش!
vorwärtsbringen *Vt.* از (کسی) حمایت کردن، از (کسی) پشتیبانی کردن، موجب پیشرفت (کسی) شدن

vorwärtsdrängen *Vi.*	به جلو هل دادن، به جلو فشار آوردن
Vorwärtsgang, der; -(e)s, ⸚e	دندهٔ جلو (اتومبیل)
vorwärtsgehen *Vi.*	۱. به پیش رفتن ۲. بهتر شدن، بهبود یافتن
vorwärtskommen *Vi.*	پیشرفت کردن، ترقی کردن، پیش رفتن
vorwärtsschreiten *Vi.*	بهتر شدن، بهبود یافتن
Vorwäsche, die; -, -n	(در ماشین لباسشویی) مرحلهٔ قبل از شستشو
vorweg *Adv.*	قبلاً
Vorwegnahme, die; -	پیش‌بینی
vorwegnehmen *Vt.*	۱. پیش‌بینی کردن ۲. زودتر انجام دادن، در (کاری) پیشدستی کردن
Vorweihnachtszeit, die; -, -en	قبل از کریسمس
vorweisen *Vt.*	ارائه دادن، نشان دادن، به نمایش گذاشتن
Vorwelt, die; -, -en	جهان ماقبل تاریخ
vorwerfen *Vt.*	۱. سرزنش کردن، ملامت کردن، توبیخ کردن ۲. جلوی حیوان انداختن (غذا) ۳. به جلو انداختن
vorwiegen *Vi.*	استیلا یافتن، تسلط یافتن، غالب شدن، غلبه کردن
vorwiegend *Adj., Adv.*	۱. غالب، مستولی ۲. به‌خصوص، به‌ویژه ۳. اکثراً، غالباً
Vorwissen, das; -s	دانش مقدماتی
Vorwitz, der; -es	کنجکاوی، فضولی، گستاخی
vorwitzig *Adj.*	کنجکاو، فضول، گستاخ
Vorwoche, die; -, -n	هفتهٔ گذشته، هفتهٔ پیش
Vorwort, das; -(e)s, -e	مقدمه، دیباچه، پیشگفتار
Vorwurf, der; -(e)s, ⸚e	توبیخ، سرزنش، ملامت، ایراد
vorwurfsfrei *Adj.*	بی‌گناه، بی‌ایراد، غیرقابل سرزنش
vorwurfsvoll *Adj.*	ملامت بار، سرزنش بار
vorzählen *Vt.*	به (کسی) حساب پس دادن
Vorzeichen, das; -s, -	۱. (جلوی اعداد) علامت مثبت، علامت منفی ۲. (موسیقی) علامت دیز، علامت بمل
vorzeichnen *Vt.*	ترسیم کردن، نقاشی کردن
vorzeigbar *Adj.*	قابل ارائه
vorzeigen *Vt.*	نشان دادن، ارائه دادن
Vorzeigung, die; -, -en	ارائه
Vorzeit, die; -, -en	ماقبل تاریخ
vorzeiten *Adv.*	در روزگاران پیشین
vorzeitig *Adj.*	قبل از موعد، پیش از وقت، زودتر
Vorzensur, die; -, -en	سانسور اولیه (فیلم/مطبوعات)
vorziehen *Vt., Vi.*	۱. ترجیح دادن ۲. به‌جلو کشیدن ۳. جلوی (چیزی) کشیدن (پرده)
Vorzimmer, das; -s, -	اتاق انتظار
Vorzimmerdame, die; -, -n	متصدی اتاق انتظار؛ متصدی دفتر (زن)
Vorzug, der; -(e)s, ⸚e	امتیاز، رجحان، برتری، مزیت
vorzüglich *Adj.*	عالی، ممتاز، طراز اول
Vorzüglichkeit, die; -, -en	برتری، خوبی، تفوق، رجحان
Vorzugsaktien, die / Pl.	سهام ممتاز
Vorzugspreis, der; -es, -e	قیمت ویژه
Vorzugsrecht, das; -(e)s, -e	حق امتیاز
vorzugsweise *Adv.*	در درجهٔ اول، عمدتاً
Vorzugszoll, der; -(e)s, ⸚e	گمرک ترجیحی
votieren *Vi.*	۱. رأی دادن ۲. نذر کردن
Votivbild, das; -es, -er	عکس مقدس
Votivtafel, die; -, -n	غذای نذری
Votum, das; -s, -ten / -ta	رأی، اخذ رأی
vulgär *Adj.*	مبتذل، رکیک، زشت
Vulkan, der; -s, -e	کوه آتشفشان
Vulkanausbruch, der; -(e)s, ⸚e	انفجار آتشفشان، فوران آتشفشان
Vulkanisation, die; -, -en	(شیمی) ولکانش
vulkanisch *Adj.*	آتشفشانی
vulkanisieren *Vt.*	(شیمی) ولکانیدن (لاستیک)
Vulkanismus, der; -	فوران مواد مذاب آتشفشانی
Vulkanit, der; -(e)s, -e	مواد مذاب
Vulva, die; -, -ven	آلت تناسلی زن

W

W, das; -, - وِ (حرف بیست و سوم الفبای آلمانی)
Waage, die; -, -n ترازو
auf die Waage legen روی ترازو گذاشتن
Waagebalken, der; -s, - شاهین ترازو
waag(e)recht *Adj.* افقی
Waagschale, die; -, -n کفهٔ ترازو
wabbelig *Adj.* سست، نرم، شل و ول؛ لرزان
wabbeln *Vi.* شل و ول بودن، لرزان بودن
Wabe, die; -, -n شانهٔ عسل، کندوی عسل
Wabenhonig, der; -s, - کندو، عسل شانه
wach *Adj.* بیدار، گوش به زنگ، هوشیار
wach bleiben بیدار ماندن
wach werden بیدار شدن
Wachdienst, der; -es, -e پاسداری، نگهبانی
Wache, die; -, -n ۱. کشیک، قراول، نگهبان ۲. پاسداری، حفاظت، حراست، نگهبانی ۳. محل نگـهبانی، پُست نگهبانی
Wache halten نگهبانی دادن، کشیک دادن
wachen *Vi.* ۱. بیدار بودن، به خواب نرفتن ۲. حراست کردن، مراقب بودن، کشیک دادن، نگهبانی کردن
Wachhabende, der; -n, -n رئیس پاسگاه
wachhalten *Vt.* زنده نگه داشتن، پا برجا نگه داشتن (خاطره و غیره)
Wachhaus, das; -es, -häuser پاسدارخانه
Wachheit, die; -, -en هوشیاری، بیداری
Wachhund, der; -(e)s, -e سگ نگهبان
Wachlokal, das; -(e)s, -e محل پاسداری، اتاق کشیک
Wachmannschaft, die; -, -en گروه نگهبانان
Wacholder, der; -s, - (گیاه) سرو کوهی
Wacholderbeere, die; -, -n میوهٔ سرو کوهی
Wacholderbranntwein, der; -s, -e عرق سرو کوهی
Wachposten, der; -s, - پست نگهبانی
wachrufen *Vt.* دوباره به یاد آوردن، زنده کردن (خاطرات و غیره)
eine Erinnerung in jemandem **wachrufen** خاطره‌ای را در کسی زنده کردن
wachrütteln *Vt.* تکان دادن و به خود آوردن
jemandes **Gewissen wachrütteln** وجدان کسی را بیدار کردن
Wachs, das; -es, -e موم
Wachsabdruck, der; -(e)s, ⸚e اثر موم، نمونهٔ مومی
wachsam *Adj.* مراقب، هوشیار، مواظب
Wachsamkeit, die; - مراقبت، هوشیاری، مواظبت
Wachschiff, das; -(e)s, -e کشتی نگهبان
wachsen *Vi., Vt.* ۱. رشد کردن، روییدن، نمو کردن ۲. افزایش یافتن، زیاد شدن، بزرگ شدن، گسترش یافتن ۳. موم مالیدن
sich einen Bart wachsen lassen ریش گذاشتن
wächsern *Adj.* مومی، مومیایی، از موم ساخته شده
Wachsfigur, die; -, -en مجسمهٔ مومی
Wachsfigurenkabinett, das; -(e)s, -e نمایشگاه مجسمه‌های مومی (از شخصیت‌های برجسته)
Wachskerze, die; -, -n شمع مومی
Wachsleinwand, die; - پارچهٔ مشمع
Wachslicht, das; -(e)s, -er شمع مومی
Wachsmatrize, die; -, -n مادگی قالب مومی
Wachspuppe, die; -, -n عروسک مومی
Wachsstreichholz, das; -es, ⸚er کبریت مومی
Wachstuch, das; -(e)s, -e/⸚er مشمع
Wachstum, das; -(e)s, - رشد، نمو، رویش
wachstumshemmend *Adj.* کم رشد
Wachstumshormon, das; -s, -e هورمون رشد
Wachstumsindustrie, die; -, -n صنعت در حال رشد
Wachstumspotential, das; -s, -e توانایی رشد
Wachstumsrate, die; -, -n سرعت رشد (اقتصادی)
Wachstumsstörung, die; -, -en اختلال در رشد
Wacht, die; -, -en پاسداری، حفاظت، حراست، نگهبانی
Wachtel, die; -, -n بلدرچین
Wachtelhund, der; -(e)s, -e (نوعی) سگ پشمالو و آویخته گوش، سگ شکاری پشمالو
Wächter, der; -s, - نگهبان، پاسدار، محافظ
Wächterin, die; -, -nen نگهبان، پاسـدار، محافظ (زن)

Wachtmeister, der; -s, - سر پاسبان، گروهبان، سر نگهبان
Wachtraum, der; -(e)s, -räume اتاق نگهبانی، اتاق کشیک
Wachturm, der; -(e)s, ⸚e برج نگهبانی، برج دیده‌بانی؛ برج مراقبت
wack(e)lig *Adj.* سست، ناپایدار، متزلزل، لرزان
Wackelkontakt, der; -(e)s, -e اتصال ناقص، اتصال ناپایدار (برق)
wackeln *Vi.* سست بودن، لرزیدن، ناپایدار بودن، متزلزل بودن، تلوتلو خوردن
wacker *Adj., Adv.* ۱. شرافتمند، درستکار، امین، صادق ۲. شجاع، دلیر ۳. محکم، با قدرت، با شدت
Wade, die; -, -n ماهیچهٔ ساق پا
Wadenkrampf, der; -(e)s, -e گرفتگی عضلات، انقباض ماهیچهٔ پا
Wadenstrumpf, der; -(e)s, ⸚e جوراب زیر زانو
Waffe, die; -, -n اسلحه، سلاح، جنگ‌افزار
zur Waffe greifen دست به اسلحه بردن
Waffel, die; -, -n (شیرینی) وافل، (نوعی) نان نازک شیرینی، نان بستنی
Waffeleisen, das; -s, - قالب (مخصوص) پختن نان بستنی
Waffenappell, der; -s, -e بازرسی اسلحه
Waffenarsenal, das; -s, -e قورخانه، زرادخانه، اسلحه‌خانه
Waffenbruder, der; -s, ⸚ هم‌رزم
Waffenbrüderschaft, die; -, -en هم‌رزمی
Waffendienst, der; -es, - خدمت نظام
Waffenfabrik, die; -, -en کارخانهٔ اسلحه‌سازی
Waffenfabrikant, der; -en, -en تولیدکنندهٔ اسلحه، اسلحه‌ساز
waffenfähig *Adj.* قادر به استفاده از اسلحه
Waffengang, der; -(e)s, ⸚e جنگ، مرحله‌ای از جنگ
Waffengattung, die; -, -en شاخهٔ نظامی
Waffengefährte, der; -n, -n هم‌رزم
Waffengewalt, die; - زور اسلحه، قدرت اسلحه
Waffenhandel, der; -s, ⸚ تجارت اسلحه
Waffenkammer, die; -, -n اسلحه‌خانه، زرادخانه، قورخانه
Waffenlager, das; -s, -/⸚ انبار اسلحه، مخزن مهمات
Waffenlieferungen, die / *Pl.* تحویل اسلحه
waffenlos *Adj.* بدون اسلحه، بی‌سلاح
Waffenmeister, der; -s, - اسلحه‌ساز
Waffenrock, der; -(e)s, ⸚e نیم‌تنهٔ نظامی
Waffenruhe, die; - متارکهٔ جنگی
Waffenschein, der; -(e)s, - جواز اسلحه، پروانهٔ اسلحه
Waffenschmied, der; -(e)s, -e اسلحه‌ساز
Waffenschmiede, die; -, -n کارخانهٔ اسلحه‌سازی
Waffenschmuggel, der; -s, - قاچاق اسلحه
Waffenstillstand, der; -(e)s, ⸚e آتش‌بس
Waffenstillstandslinie, die; -, -n خط آتش‌بس
Waffensystem, das; -s, -e سیستم تسلیحاتی
Waffenübung, die; -, -en آموزش نظامی
waffnen *Vt.* مسلح کردن
wägbar *Adj.* قابل سنجش، سنجش‌پذیر، وزن کردنی
Wagehals, der; -es, ⸚e تهور، بی‌پروایی
wagehalsig *Adj.* بی‌پروا، متهور
Wagehalsigkeit, die; - بی‌پروایی، تهور
Wagemut, der; -(e)s, - جرأت، جسارت
wagemutig *Adj.* ۱. متهور، بی‌باک، پردل ۲. متهورانه
wagen *Vt.* جرأت (کاری) را کردن، جسارت (کاری) را داشتن، ریسک کردن، به خطر انداختن
Wer nicht wagt, der nicht gewinnt.
بدون جسارت کار از پیش نمی‌رود.
Wagen, der; -s, - ۱. اتومبیل ۲. خودرو؛ ارابه؛ وسیلهٔ نقلیه ۳. واگن (قطار)
mit dem Wagen fahren با اتومبیل رفتن
wägen *Vt.* وزن کردن، سنجیدن
Wagenabteil, das; -(e)s, -e کوپه (قطار)
Wagenheber, der; -s, - جک (اتومبیل)
Wagenkolonne, die; -, -n ردیف اتومبیل‌ها، ستون خودروها
Wagenladung, die; -, -en بار اتومبیل
Wagenpark, der; -(e)s, -e پارک اتومبیل
Wagenpflege, die; -, -n مراقبت از اتومبیل
Wagenrad, das; -(e)s, ⸚er چرخ اتومبیل
Wagenrunge, die; -, -n تیر علائم راهنمایی و رانندگی
Wagenschlag, der; -(e)s, ⸚e در کالسکه، در وسیلهٔ نقلیه
Wagenschmiere, die; -, -n روغن‌کاری اتومبیل
Wagenspur, die; -, -en اثر چرخ اتومبیل
Wagenwinde, die; -, -n بالابر اتومبیل
Waggon, der; -s, -s/-e واگن (قطار)
waghalsig *Adj.* متهور، بی‌باک، پردل
Wagnis, das; -nisses, -nisse جرأت، جسارت
Wahl, die; -, -en ۱. انتخاب ۲. انتخابات

Wahlakt 920

Ich habe keine andere Wahl. چارهٔ دیگری ندارم.
eine Wahl treffen انتخاب کردن
Wahlakt, der; -(e)s, -e اخذ رأی
Wahlalter, das; -s, - حداقل سن شرکت در انتخابات
Wahlausschuß, der; -schusses, -schüsse کمیتهٔ انتخابات
wählbar *Adj.* قابل انتخاب، واجد شرایط
Wählbarkeit, die; - قابلیت انتخاب، شایستگی انتخاب
wahlberechtigt *Adj.* واجد شرایط، قابل انتخاب
Wahlbericht, der; -(e)s, -e گزارش انتخابات
Wahlbeteiligung, die; -, -en شرکت در انتخابات
Wahlbezirk, der; -(e)s, -e حوزهٔ انتخاباتی
wählen *Vt., Vi.* ۱. انتخاب کردن، برگزیدن ۲. شماره گرفتن (تلفن) ۳. در انتخابات شرکت کردن
eine Nummer wählen شماره‌ای را گرفتن
Wähler, der; -s, - ۱. انتخاب‌کننده ۲. رأی‌دهنده
Wahlerfolg, der; -(e)s, -e موفقیت در انتخابات، توفیق در انتخابات
Wahlergebnis, das; -nisses, -nisse نتیجهٔ انتخابات
Wählerin, die; -, -nen ۱. انتخاب‌کننده (زن) ۲. رأی‌دهنده (زن)
Wählerinitiative, die; -, -n مبارزهٔ انتخاباتی، تلاش برخی از رأی‌دهندگان جهت تشویق اشخاص نسبت به انتخاب حزب یا شخص معین
wählerisch *Adj.* مشکل‌پسند، سخت‌گیر؛ پُرمدعا
Wählerliste, die; -, -n فهرست انتخاب شوندگان
Wählerschaft, die; -, -en هیئت برگزارکنندگان انتخابات
Wählerscheibe, die; -, -n صفحهٔ تلفن
Wahlfach, das; -(e)s, ¨-er رشتهٔ انتخابی
wahlfähig *Adj.* واجد شرایط، قابل انتخاب، شایستهٔ انتخاب
Wahlfähigkeit, die; -, -en قابلیت انتخاب
Wahlfälschung, die; -, -en انتخابات قلابی
Wahlfeldzug, der; -es, ¨-e مبارزهٔ انتخاباتی
Wahlfreiheit, die; -, -en آزادی انتخابات
Wahlgang, der; -(e)s, ¨-e ۱. ورقهٔ رأی؛ مهرهٔ رأی ۲. انتخابات
Wahlgeschenk, das; -(e)s, -e وعدهٔ قبل از انتخابات
Wahlgesetz, das; -es, -e قانون انتخابات
Wahlhandlung, die; -, -en اخذ رأی
Wahlheimat, die; -, -en وطن دوم، میهن انتخابی
Wahlhelfer, der; -s, - دستیار انتخابات
Wahlhelferin, die; -, -nen دستیار انتخابات (زن)
Wahljahr, das; -(e)s, -e سال انتخابات
Wahlkabine, die; -, -n محل رأی‌گیری
Wahlkampf, der; -(e)s, ¨-e مبارزهٔ انتخاباتی
Wahlkind, das; -es, -er فرزند خوانده
Wahlkreis, der; -es, -e حوزهٔ انتخاباتی
Wahlleiter, der; -s, - مسئول انتخابات
Wahllokal, das; -(e)s, -e محل اخذ رأی
wahllos *Adj.* بی‌هدف؛ بدون دقت
Wahlmann, der; -(e)s, ¨-er انتخاب‌کننده
Wahlniederlage, die; - شکست در انتخابات
Wahlperiode, die; -, -n دوران انتخابات
Wahlplakat, das; -(e)s, -e اعلان انتخابات
Wahlpropaganda, die; - تبلیغات انتخاباتی
Wahlprüfer, der; -s, - بازرس انتخابات
Wahlprüfung, die; -, -en بررسی انتخابات
Wahlrecht, das; -(e)s, - حق انتخاب، حق رأی
Wahlrede, die; -, -n سخنرانی انتخاباتی
Wählscheibe, die; -, -n صفحهٔ شماره‌گیر (تلفن)
Wahlschlacht, die; -, -en مبارزهٔ انتخاباتی
Wahlsieg, der; -(e)s, -e پیروزی انتخاباتی
Wahlspruch, der; -(e)s, ¨-e شعار، کلمهٔ قصار
Wahlstimme, die; -, -n اخذ رأی
Wahltag, der; -(e)s, -e روز انتخابات
Wahlurne, die; -, -n صندوق رأی
Wahlversammlung, die; -, -en اجتماع انتخاباتی
Wahlversprechen, das; -s, - وعدهٔ قبل از انتخابات
Wahlverwandtschaft, die; -, -en خویشاوندی سببی
Wahlvorschlag, der; -(e)s, ¨-e پیشنهاد انتخابات
wahlweise *Adv.* به‌طور انتخابی، برحسب انتخاب
Wahlzelle, die; -, -n محل اخذ رأی
Wahlzettel, der; -s, - ورقه رأی
Wahn, der; -(e)s, - تخیل، وهم، پنداشت، خیال باطل
Wahnbild, das; -es, -er خیال واهی
wähnen *Vi.* تصور واهی کردن، بی‌اساس پنداشتن، خیال باطل کردن
Wahnsinn, der; -s, - جنون، دیوانگی
wahnsinnig *Adj., Adv.* ۱. مجنون، دیوانه ۲. جنون‌آسا، دیوانه‌وار ۳. خیلی، زیاد، بیش از معمول
Wahnsinnige, der/die; -n, -n دیوانه، مجنون
Wahnvorstellung, die; -, -en توهم؛ مالیخولیا
Wahnwitz, der; -es, - جنون، دیوانگی، حماقت محض
wahnwitzig *Adj.* مجنون، دیوانه

wahr *Adj.* حقیقی، راست، واقعی، درست، صحیح
Nicht wahr? این‌طور نیست؟
wahr machen تحقق بخشیدن
sein wahres Gesicht zeigen
چهرهٔ واقعی خود را نشان دادن
wahren *Vt.* محافظت کردن، نگهداری کردن، حفظ کردن، مواظبت کردن، رعایت کردن
währen *Vi.* دوام آوردن، طول کشیدن
während *Präp., Konj.* ۱. در طولِ، در حینِ، در هنگامِ، در خلالِ ۲. هنگامی که، در حالی که، در صورتی که
währenddem *Konj.* در آن هنگام، در آن زمان
währenddessen *Konj.* در آن هنگام، در آن زمان
wahrhaben *Vt.* پذیرفتن، با (چیزی) موافقت کردن
wahrhaft *Adj., Adv.* ۱. واقعی، حقیقی ۲. واقعاً، حقیقتاً
wahrhaftig *Adj., Adv.* ۱. درست، راست ۲. واقعی، حقیقی ۳. واقعاً، حقیقتاً
Wahrhaftigkeit, die; - ۱. درستی، راستی ۲. واقعیت، حقیقت
Wahrheit, die; -, -en حقیقت، راستی، واقعیت
in Wahrheit در حقیقت
die Wahrheit sagen حقیقت را گفتن
Wahrheitsbeweis, der; -es, -e اثبات حقیقت
wahrheitsgemäß *Adj.* راستگو، صادق؛ راست
wahrheitsgetreu *Adj.* راستگو، صادق؛ راست
Wahrheitsliebe, die; -, -n راستگویی؛ صداقت، راستی
wahrheitsliebend *Adj.* راستگو، صادق؛ راست
Wahrheitspflicht, die; -, -en وظیفهٔ حقیقت‌گویی
wahrheitswidrig *Adj.* مغایر حقیقت
wahrlich *Adv.* به درستی، به راستی
wahrnehmbar *Adj.* قابل درک، قابل لمس، قابل رویت، محسوس
wahrnehmen *Vt.* ۱. درک کردن، حس کردن؛ رویت کردن، لمس کردن ۲. رعایت کردن، ملاحظهٔ (چیزی) را کردن
Wahrnehmung, die; -, -en ادراک، احساس، دریافت، مشاهده
Wahrnehmungsvermögen, das; -s قوهٔ ادراک
wahrsagen *Vt., Vi.* ۱. پیشگویی کردن ۲. فال گرفتن؛ کف‌بینی کردن
Wahrsager, der; -s, - ۱. پیشگو ۲. فال‌گیر، فال‌بین؛ کف‌بین
Wahrsagerei, die; -, -en پیشگویی
Wahrsagerin, die; -, -nen ۱. پیشگو (زن) ۲. فال‌گیر، فال‌بین؛ کف‌بین (زن)

wahrscheinlich *Adj., Adv.* ۱. احتمالی، محتمل ۲. احتمالاً، محتملاً
Wahrscheinlichkeit, die; -, -en احتمال
Wahrscheinlichkeitsgrad, der; -(e)s, -e درجهٔ احتمالات
Wahrscheinlichkeitsrechnung, die; -, -en (ریاضی) حساب احتمالات
Wahrspruch, der; -(e)s, ⸚e رأی، نظر، قضاوت، رأی نهایی هیئت منصفه
Wahrung, die; - ۱. حفظ، نگهداری، بقا ۲. ادعا
Währung, die; -, -en (واحد) پول، پول رایج
Währungsbank, die; -, -en بانک ارزی
Währungseinheit, die; -, -en واحد ارزی
Währungsfonds, der; - سرمایهٔ ارزی
Währungskrise, die; -, -n سرمایهٔ ارزی
Währungspolitik, die; -, -en سیاست مالی
Währungsreform, die; -, -en اصلاح سیستم ارزی
Währungssystem, das; -s, -e نظام پولی، سیستم ارزی
Wahrzeichen, das; -s, - علامت مشخصه (شهر)
Waidmann, der; -(e)s, ⸚er ۱. شکارچی، صیاد ۲. ورزشکار
Waise, die; -, -n یتیم
Waisenhaus, das; -es, -häuser پرورشگاه یتیمان، یتیم‌خانه
Waisenkind, das; -(e)s, -er بچه یتیم
Waisenknabe, der; -n, -n بچه یتیم
Er ist ein Waisenknabe gegen dich!
او انگشت کوچیکهٔ تو هم نیست!
Wal, der; -(e)s, -e نهنگ، وال
Wald, der; -(e)s, ⸚er جنگل
Er sieht den Wald vor lauter Bäumen nicht.
او بسیاری از جزئیات را می‌بیند ولی به اصل مطلب توجهی ندارد.
waldarm *Adj.* کم درخت
Waldbestand, der; -(e)s, ⸚e ثبات جنگل
Waldbrand, der; -es, ⸚e آتش‌سوزی جنگل
Walderdbeere, die; -, -n توت‌فرنگی جنگلی
Waldfrevel, der; -s, - تجاوز به جنگل
Waldgebirge, das; -(e)s, - کوهستان پوشیده از جنگل
Waldgegend, die; -, -en منطقهٔ جنگلی
Waldhorn, das; -(e)s, ⸚er شیپور جنگلی، شیپور شکار

Waldhüter, der; -s, - جنگلبان
waldig *Adj.* جنگل‌دار، پوشیده از جنگل
Waldland, das; -(e)s, - جنگل، زمین جنگلی
Waldlauf, der; -(e)s, -läufe مسابقهٔ دو صحرانوردی
Waldmeister, der; -s, - گیاه معطر جنگلی
Waldnymphe, die; -, -n ۱. الههٔ جنگل ۲. (نوعی) پروانه سفید
Waldrand, der; -es, ⸚er حاشیهٔ جنگل
waldreich *Adj.* پُرجنگل
Waldsterben, das; -s, - نابودی جنگل، از بین رفتن جنگل
Waldtier, das; -(e)s, -e حیوان جنگلی
Waldung, die; -, -en زمین پوشیده از جنگل
Waldweg, der; -(e)s, -e جادهٔ جنگلی
Waldwiese, die; -, -n سبزهٔ میان جنگل
Walfänger, der; -s, - ۱. قایق صید نهنگ ۲. شکارچی نهنگ
Walfisch, der; -es, -e وال، نهنگ
walken *Vt.* ۱. کوبیدن ۲. خمیر کردن ۳. آسیاب کردن ۴. نم زدن و لکه‌گیری کردن (پارچه)
Walker, der; -s, - نم‌زنی و لکه‌گیری (پارچه)
Walkman, der; -s, -men واکمن
Wall, der; -(e)s, ⸚e حصار، بارو؛ سد، خاکریز، بند
Wallach, der; -(e)s, -e(n) اسب اخته
wallen *Vi.* ۱. موج زدن ۲. به جوش آمدن (خون) ۳. قل‌قل زدن (آب جوش) ۴. به زیارت رفتن
wallfahren *Vi.* به زیارت رفتن
Wallfahrer, der; -s, - زائر
Wallfahrerin, die; -, -nen زائر (زن)
Wallfahrt, die; -, -en سفر زیارتی
Wallfahrtsort, der; -(e)s, -e شهر زیارتی
Wallung, die; -, -en ۱. جوش، غلیان ۲. جمع شدن خون ۳. چهرهٔ گلگون (از گرما)
Walnuß, die; -, -nüsse گردو
Walnußbaum, der; -(e)s, -bäume درخت گردو
Walöl, das; -(e)s, -e روغن نهنگ
Walroß, das; -rosses, -rosse شیرماهی، فیل‌ماهی
Walstatt, die; -, -stätten میدان جنگ، رزمگاه
walten *Vi., Vt.* ۱. حکومت کردن، حکمفرما بودن ۲. اداره کردن
Walten, das; -s حکم، قانون، فرمانروایی
Waltran, der; -(e)s, -e روغن نهنگ
Walzblech, das; -(e)s, -e ورقهٔ فلزی که به وسیلهٔ دستگاه نورد تولید شده
Walze, die; -, -n غلتک، نورد
walzen *Vt., Vi.* ۱. غلتاندن، غلت دادن، غلتک زدن ۲. والس رقصیدن
wälzen *Vt.* ۱. غلتاندن ۲. غلت خوردن، غلت زدن ۳. (در گل و لای) غوطه خوردن
ein Problem wälzen به‌طور جدی در مورد مسئله‌ای بحث کردن
wälzenförmig *Adj.* استوانه‌ای شکل
Walzer, der; -s, - رقص والس
Wälzer, der; -s, - کتاب قطور
Wälzlager, das; -s, - / ⸚er بلبرینگ دستگاه نورد
Walzstraße, die; -, -n غلتک استوانه‌ای
Walzwerk, das; -(e)s, -e دستگاه نورد
Wamme, die; -, -n ۱. غبغب گاو ۲. شکم، شکمبه
Wampe, die; -, -n ۱. شکم (گنده) ۲. معده
Wams, das; -(e)s, ⸚er (نوعی) نیم‌تنه، نیم‌تنهٔ چسبان
wand *P.* صیغهٔ فعل گذشتهٔ مطلق از مصدر winden
Wand, die; -, ⸚e دیوار
in seinen vier Wänden در چهار دیواری (خانه) خود
jemanden **an die Wand stellen** کسی را تیرباران کردن
Wandalismus, der; - جنون انهدام، جنون تخریب کورکورانه
Wandarm, der; -(e)s, -e تاقچهٔ دیوارکوب
Wandbehang, der; -(e)s, ⸚e آویز دیواری (مثل قالیچهٔ دیواری و غیره)
Wandel, der; -s, - ۱. تبدیل، تغییر، تحول، دگرگونی ۲. طرز زندگی ۳. رفتار
wandelbar *Adj.* تغییرپذیر، بی‌ثبات
Wandelbarkeit, die; - تغییرپذیری، بی‌ثباتی
Wandelgang, der; -(e)s, ⸚e سالن انتظار
Wandelhalle, die; -, -n سالن انتظار
wandeln *Vi., Vt.* ۱. قدم زدن، آرام‌آرام راه رفتن ۲. دگرگون شدن، عوض شدن ۳. سفر کردن ۴. عوض کردن، تبدیل کردن
Wandelobligation, die; -, -en ضرورت تغییر، ضرورت تبدیل
Wanderausstellung, die; -, -en نمایشگاه سیار
Wanderbühne, die; -, -n تئاتر سیار
Wanderbursche, der; -n, -n صنعتگر دوره‌گرد
Wanderdüne, die; -, -n ریگ روان
Wanderer, der; -s, - سیاح
Wandergewerbe, das; -(e)s, -e شغل سیار
Wanderheuschrecke, die; -, -n ملخ مهاجر
Wanderin, die; -, -nen سیاح (زن)

Wanderjahre, die / *Pl.* سال‌های آموزش صنعتگر دوره‌گرد
Wanderkarte, die; -, -n نقشهٔ سفر
Wanderleben, das; -s, - زندگی دربه‌دری و آوارگی
wandern *Vi.* ۱. سیاحت کردن، سیر کردن، کوچ کردن، گشتن، راه‌پیمایی کردن، مهاجرت کردن ۲. روانه شدن
Wanderniere, die; -, -n (پزشکی) کلیهٔ متحرک
Wanderpokal, der; -s, -e جام مسابقات رقابتی که بین برندگان هر دوره دست به دست می‌شود
Wanderprediger, der; -s, - واعظ سیار، موعظه کنندهٔ دوره‌گرد
Wanderpreis, der; -es, -e جایزهٔ غیرنقدی که بین برندگان مسابقات هر دوره دست به دست می‌شود
Wanderratte, die; -, -n موش‌خرما
Wanderschaft, die; -, -en سیاحت؛ کوچ؛ راهپیمایی
Wanderschuh, der; -(e)s, -e کفش راهپیمایی
Wandersmann, der; -(e)s, ⸚er سیاح
Wanderstab, der; -(e)s, ⸚e عصای راهپیمایی
Wandertrieb, der; -(e)s, - ۱. (در پرندگان) غریزهٔ مهاجرت ۲. انگیزهٔ مهاجرت؛ (در مورد بیماران روحی) انگیزهٔ بیمارگونه برای فرار
Wandertruppe, die; -, -n تئاتر سیار؛ گروه هنرمندان سیار
Wanderung, die; -, -en ۱. سیاحت؛ مهاجرت، کوچ؛ راهپیمایی؛ گردش ۲. آوارگی، سرگردانی
Wanderverein, der; -(e)s, -e باشگاه راهپیمایی
Wandervogel, der; -s, ⸚ ۱. پرندهٔ مهاجر ۲. اتحادیهٔ جوانان (قبل از جنگ جهانی دوم) ۳. عضو اتحادیهٔ جوانان
Wanderzirkus, der; -, - / -se سیرک سیار
Wandgemälde, das; -s, - نقاشی دیواری
Wandhalter, der; -s, - تاقچهٔ دیوارکوب، تاقچهٔ سر بخاری
Wandkalender, der; -s, - تقویم دیواری
Wandkarte, die; -, -n نقشهٔ دیواری
Wandleuchter, der; -s, - چراغ دیواری
Wandlung, die; -, -en تغییر، تبدیل، دگرگونی
wandlungsfähig *Adj.* تغییرپذیر، قابل تبدیل
Wandmalerei, die; -, -en نقاشی دیواری
Wandpfeiler, der; -s, - دیوار ستون‌نما، جرز دیوار
Wandrer, der; -s, - سیّاح
Wandschirm, der; -(e)s, -e تجیر، دیوار پرده‌ای
Wandschrank, der; -(e)s, ⸚e قفسهٔ دیواری
Wandspiegel, der; -s, - آینهٔ دیواری، آینهٔ قدی
Wandtafel, die; -, -n تابلوی دیواری، تخته سیاه
wandte *P.* صیغهٔ فعل گذشتهٔ مطلق از مصدر wenden
Wandteppich, der; -s, -e قالیچهٔ دیواری
Wanduhr, die; -, -en ساعت دیواری
Wandung, die; -, -en دیوار؛ بدنه
Wandzeitung, die; -, -en روزنامه دیواری
Wange, die; -, -n گونه، لپ
Wangenbein, das; -s, -e استخوان گونه
wangig *Adj.* گونه‌ای، لپی
Wankelmotor, der; -s, -en موتور نامیزان؛ موتور دوّار
Wankelmut, der; -(e)s, - دمدمی مزاجی، بوالهوسی
wankelmütig *Adj.* دمدمی مزاج، بوالهوس
wanken *Vi.* ۱. تلوتلو خوردن، متزلزل شدن ۲. مردد بودن، دو دل بودن
wann *Adv., Konj.* ۱. کی، چه‌وقت ۲. هر وقت که
dann und wann گاه و بیگاه
Bis wann? تا کی؟
Seit wann? از کی؟
Wann kommst du? کی می‌آیی؟
Wanne, die; -, -n وان (حمام)
Wannenbad, das; -(e)s, ⸚er حمام وان
Wanst, der; -es, ⸚e شکم (گنده)
Want, die; -, -en طناب اتصال بادبان (به نوک عرشهٔ کشتی)
Wanze, die; -, -n ۱. ساس ۲. دستگاه (بسیار کوچک) استراق سمع
wanzig *Adj.* حشره‌دار
Wappen, das; -s, - نشان، علامت، آرم
Wappenbild, das; -es, -er علامت، آرم، نشان
Wappenkunde, die; - نشان نجابت خانوادگی
Wappenschild, der; -(e)s, -e سپر آرم‌دار (سپری که دارای نشان‌های نجابت خانوادگی باشد)
Wappenspruch, der; -(e)s, ⸚e سخن برگزیده‌ای که بر روی نشان نقش شده باشد، شعار
wappnen *Vt.* مسلح کردن
sich gegen etwas **wappnen** خود را برای کاری آماده کردن
war *P.* صیغهٔ فعل گذشتهٔ مطلق از مصدر sein
warb *P.* صیغهٔ فعل گذشتهٔ مطلق از مصدر werben
Ware, die; -, -n کالا، جنس، متاع
wäre صیغهٔ وجه شرطی از مصدر sein
Warenangebot, das; -(e)s, -e عرضهٔ جنس
Warenaufzug, der; -s, ⸚e آسانسور (مخصوص) حمل کالا

Warenausfuhr, die; -, -en صادرات کالا
Warenaustausch, der; -(e)s, - مبادلهٔ کالا
Warenautomat, der; -en, -en دستگاه اتوماتیک فروش کالا
Warenbestand, der; -(e)s, ¨-e کالای موجود، متاع موجود
Warenbörse, die; -, -n بورس کالا
Wareneinfuhr, die; -, -en واردات کالا
Warenexport, der; -(e)s, -e صادرات کالا
Warenhandel, der; -s, ¨ تجارت کالا
Warenhaus, das; -es, -häuser فروشگاه
Warenkonto, das; -s, -ten صورت‌حساب کالا
Warenkredit, der; -(e)s, -e اعتبار کالا
Warenlager, das; -s, - / ¨ انبار کالا
Warenmuster, das; -s, - نمونهٔ کالا
Warenprobe, die; -, -n نمونهٔ کالا
Warenrechnung, die; -, -en صورت‌حساب کالا، محاسبهٔ کالا
Warensendung, die; -, -en ارسال کالا
Warenumsatz, der; -es, ¨-e خرید و فروش کالا
Warenzeichen, das; -s, - علامت مشخصهٔ کالا، علامت تجاری، مارک
warf *P.* صیغهٔ فعل گذشتهٔ مطلق از مصدر werfen
warm *Adj.* ۱. گرم ۲. صمیمانه
Es ist warm. (هوا) گرم است.
Mir ist warm. گرمم است.
warm halten گرم نگاه داشتن
mit jemandem **warm werden** با کسی گرم گرفتن
Warmbad, das; -(e)s, ¨-er حمام آب گرم
Warmblüter, der; -s, - جانور خونگرم
warmblütig *Adj.* خونگرم
Wärme, die; - ۱. حرارت، گرما ۲. دوستی، محبت، صمیمیت
Wärmebehandlung, die; -, -en درمان به وسیلهٔ حرارت
wärmebeständig *Adj.* مقاوم در برابر حرارت
Wärmedämmung, die; - عایق‌بندی
Wärmeeinheit, die; -, -en کالری (واحد سنجش گرما)
Wärmeenergie, die; -, -n انرژی گرمایی، انرژی حرارتی
Wärmegrad, der; -(e)s, -e درجه حرارت
Wärmekapazität, die; -, -en ظرفیت گرمایی
Wärmekraftwerk, das; -(e)s, -e نیروگاه حرارتی
Wärmelehre, die; -, -n (فیزیک) تئوری حرارت
Wärmeleiter, der; -s, - هادی حرارت
Wärmemesser, der; -s, - گرماسنج، حرارت‌سنج
wärmen *Vt., Vi.* گرم کردن
Wärmepumpe, die; -, -n تلمبهٔ حرارتی
Wärmeregler, der; -s, - ترموستات
Wärmeschutz, der; -es, - عایق‌بندی
Wärmestrahl, der; -(e)s, -en اشعهٔ گرمایی
Wärmetechnik, die; -, -en تکنیک حرارتی
Wärmeverlust, der; -(e)s, -e کاهش حرارت
Wärmeflasche, die; -, -n کیسهٔ آب جوش، بطری آب گرم
warmhalten *Vt.* برای روز مبادا نگه داشتن
Warmhalteplatte, die; -, -n صفحهٔ اجاق برقی
Warmhaus, das; -es, ¨-er گلخانه
warmherzig *Adj.* صمیمی، دلسوز
warmlaufen *Vi.* (جهت گرم شدن) به کار افتادن، گرم شدن (موتور)
Warmluft, die; -, ¨-e هوای گرم
Warmmiete, die; -, -n اجارهٔ (منزل) با شوفاژ
Warmwasser, das; -s, - آب گرم
Warmwasserbereriter, der; -s, - آبگرمکن، دستگاه تهیهٔ آب گرم
Warmwasserheizung, die; -, -en شوفاژ آب گرم
Warmwasserspeicher, der; -s, - منبع آب گرم، محل ذخیرهٔ آب گرم
Warmwasserversorgung, die; -, -en تأمین آب گرم
Warnblinkanlage, die; -, -n جفت راهنما، فلاشر (اتومبیل)
Warndreieck, das; -(e)s, -e (در موقع خرابی وسیلهٔ نقلیه) تابلوی خطر، مثلث خطر
warnen *Vt.* اخطار کردن، گوشزد کردن، به (کسی) هشدار دادن
Warner, der; -s, - اخطارکننده، هشداردهنده
Warnlampe, die; -, -n لامپ چشمک‌زن
Warnschild, das; -(e)s, -er تابلو احتیاط، تابلو اخطار
Warnschuß, der; -schusses, -schüsse تیراندازی به منظور اخطار
Warnsignal, das; -s, -e علامت خطر
Warnstreik, der; -(e)s, -s اعتصاب موقت (برای اخطار به کارفرما)
Warnsystem, das; -s, -e سیستم هشداردهنده
Warntafel, die; -, -n تابلوی اخطار، لوح خطر

925 Waschseide

Warnung, die; -, -en اخطار، گوشزد، آگاهی
Wart, der; -es, -e نگهبان؛ ناظر؛ مسئول
Warte, die; -, -n برج دیده‌بانی
Wartefrau, die; -, -en پرستار؛ نگهبان؛ مراقب (زن)
Wartegeld, das; -(e)s, -er پول بازنشستگی موقت
Warteliste, die; -, -n لیست انتظار
warten *Vi., Vt.* ۱. صبر کردن، انتظار کشیدن، منتظر بودن ۲. از (کسی / چیزی) مراقبت کردن، از (کسی / چیزی) نگهداری کردن، از (کسی / چیزی) مواظبت کردن
auf jemanden **warten** منتظر کسی بودن
auf sich warten lassen طول کشیدن
Wärter, der; -s, - نگهبان؛ مراقب، پرستار
Warteraum, der; -(e)s, -räume اتاق انتظار
Wärterin, die; -, -nen نگهبان؛ مراقب، پرستار (زن)
Wartesaal, der; -(e)s, -säle سالن انتظار
Wartezeit, die; -, -en زمان انتظار
Wartezimmer, das; -s, - اتاق انتظار
Wartung, die; -, -en رسیدگی؛ مراقبت؛ نگهبانی؛ پرستاری
wartungsarm *Adj.* کم مراقبت، نیاز به رسیدگی اندک
wartungsfrei *Adj.* بی‌نیاز از رسیدگی
warum *Adv.* چرا، برای چه، به چه علت، که چرا
Warum nicht? چرا (که) نه؟
Warze, die; -, -n ۱. نوک پستان ۲. زگیل
Warzenschwein, das; -(e)s, -e گراز افریقایی
warzig *Adj.* زگیل‌دار، دارای زگیل
was *Pron.* چه، چه چیز، چه چیز را
Was gibt es Neues? تازه چه خبر؟
Was weiß ich? من از کجا بدانم؟
Was hast du? چه؟ مشکلت چیست؟
Waschanlage, die; -, -n کارواش، کارگاه ماشین‌شویی
Waschautomat, der; -en, -en ماشین لباس‌شویی
waschbar *Adj.* قابل شستشو
Waschbär, der; -en, -en (حیوان) راکون
Waschbecken, das; -s, - دستشویی
Waschbeutel, der; -s, - لیف، اسفنج حمام، کیسهٔ حمام
Waschblau, das; -s, - رنگ آبی روشن
Waschbrett, das; -(e)s, -er تختهٔ لباس‌شویی
Wäsche, die; -, -n ۱. لباس زیر ۲. لباس شستنی، رخت چرک ۳. شستشو
Wäschebeutel, der; -s, - کیسهٔ حاوی لباس شستنی، کیسهٔ رختِ چرک
waschecht *Adj.* [رنگ] ثابت
Wäschegeschäft, das; -(e)s, -e لباس‌شویی
Wäscheklammer, die; -, -n گیرهٔ لباس
Wäschekorb, der; -(e)s, ⸚e سبد لباس
Wäscheleine, die; -, -n بند رخت
waschen *Vt., Vi.* ۱. شستن، شستشو کردن ۲. (چیزی) برای شستشو داشتن
sich waschen شستشو کردن
Ich wasche mir die Hände. دست‌هایم را می‌شویم.
Wäschepuff, der; -es, -e/⸚e سبد لباس
Wäscher, der; -s, - ۱. رخت‌شوی، لباس‌شوی، کارگر لباس‌شویی ۲. ظرف‌شوی
Wäscherei, die; -, -en ۱. لباس‌شویی ۲. شستشو
Wäscherin, die; -, -nen ۱. رخت‌شوی، لباس‌شوی، کارگر لباس‌شویی (زن) ۲. ظرف‌شوی (زن)
Wäscheschleuder, die; -, -n آبگیر (ماشین لباس‌شویی)
Wäscheschrank, der; -(e)s, ⸚e قفسهٔ لباس زیر
Wäscheständer, der; -s, - چهارچوب پایه‌دار (مخصوص آویزان کردن لباس تر)
Wäschetinte, die; -, -n مرکب ضد آب (برای نوشتن روی لباس)
Wäschetrockner, der; -s, - ماشین لباس خشک‌کنی
Wäschezeichen, das; -s, - مارک لباس زیر
Waschfrau, die; -, -en زن رخت‌شوی
Waschgelegenheit, die; -, -en امکان شستشو
Waschkessel, der; -s, - دیگ رخت‌شویی
Waschkorb, der; -(e)s, ⸚e سبد لباس
Waschküche, die; -, -n رخت‌شوی خانه
Waschlappen, der; -s, - ۱. لیف ۲. پارچهٔ ظرف خشک‌کنی ۳. حوله ۴. مرد ترسو، (مرد) بی‌عرضه
Waschlauge, die; -, -n آب صابون، آب قلیایی (جهت لباس‌شویی)
Waschleder, das; -s, - چرم (بسیار) نازک
waschledern *Adj.* از چرم (بسیار) نازک
Waschmaschine, die; -, -n ماشین لباس‌شویی
waschmaschinenfest *Adj.* قابل شستشو در ماشین لباس‌شویی
Waschmittel, das; -s, - پودر رخت‌شویی
Waschpulver, das; -s, - پودر رخت‌شویی
Waschraum, der; -(e)s, -räume اتاق شستشو
Waschshüssel, die; -, -n طشت رخت‌شویی
Waschseide, die; -, -n ابریشم قابل شستشو

Waschseife, die; -, -n	صابون شستشو
Waschtag, der; -(e)s, -e	روز رختشویی
Waschtisch, der; -es, -e	میز رختشویی
Waschtoilette, die; -, -n	دستشویی
Waschtrog, der; -(e)s, ̈-e	تغار رختشویی
Waschung, die; -, -en	شستشو، غسل
Waschwasser, das; -s	آب شستشو
Waschweib, das; -(e)s, -er	۱. زن رختشو
	۲. شایعات بی‌اساس، اراجیف
Waschzettel, der; -s, -	اعلان مبالغه‌آمیز
Wasser, das; -s, -/ ̈	آب
ein Glas Wasser	یک لیوان آب
Mir läuft das Wasser im Munde zusammen.	
	آب از لب و لوچه‌ام جاری است.
Ihm steht das Wasser bis zum Halse.	
	تا خرخره زیر قرض است.
Das Wasser kocht.	آب می‌جوشد.
wasserabstoßend *Adj.*	دافع آب، ضد آب
wasserabweisend *Adj.*	ضد آب، دافع آب
Wasserarm, der; -s, -e	کانال
wasserarm *Adj.*	کم‌آب، خشک، بایر
Wasserball, der; -(e)s, ̈-e	۱. واترپلو ۲. توپ واترپلو
Wasserballspiel, das; -(e)s, -e	(ورزش) واترپلو
Wasserbau, der; -(e)s, -	علم مهندسی آب
Wasserbehälter, der; -s, -	مخزن آب، آب‌انبار
Wasserbehandlung, die; -, -en	آب درمانی
Wasserbett, das; -es, -en	کیسۀ لاستیکی پرآب
	(برای زیر سر بیماران)
Wasserblase, die; -, -n	تاول آبدار
wasserblau *Adj.*	آبی روشن
Wasserbombe, die; -, -n	بمب آبی
Wasserbruch, der; -(e)s, ̈-e	ورم بیضه
Wässerchen, das; -s, -	مجرای آبی کوچک،
	جوی آب کوچک
Wasserdampf, der; -es, ̈-e	بخار آب
wasserdicht *Adj.*	۱. دافع آب، ضد آب
	۲. بی‌چون و چرا، مسلم
Wasserdruck, der; -(e)s, ̈-e/- e	فشار آب
Wassereimer, der; -s, -	سطل، دلو
Wasserenthälter, der; -s, -	
	نرم‌کنندۀ نمک‌های معدنی محلول در آب
Wasserfahrzeug, das; -(e)s, -e	وسیلۀ نقلیه آبی
Wasserfall, der; -(e)s, ̈-e	آبشار
wie ein Wasserfall reden	یک‌ریز حرف زدن

Wasserfarbe, die; -, -n	آبرنگ
wasserfest *Adj.*	واترپروف، ضد آب
Wasserfläche, die; -, -n	سطح آب
Wasserflasche, die; -, -n	بطری آب
Wasserfloh, der; -(e)s, ̈-e	حشرۀ آبی
Wasserflugzeug, das; -(e)s, -e	هواپیمای آبی
Wasserflut, die; -, -en	سیل، طغیان آب
Wasserfracht, die; -, -en	باربری آبی
Wasserglas, das; -es, ̈-er	ظرف آب؛ لیوان آب
Wassergraben, der; -s, ̈	خندق، زه‌کش،
	آبگذر
Wasserhahn, der; -(e)s, ̈-e	شیر آب
wasserhaltig *Adj.*	محتوی آب، آبدار
Wasserhaushalt, der; -(e)s, -e	
	نسبت میان آب دریافتی و آب مصرفی یک موجود زنده
Wasserheilkunde, die; -, -n	آب درمانی
Wasserhose, die; -, -n	گرداب
Wasserhuhn, das; -(e)s, ̈-er	(پرنده) چنگر
wässerig *Adj.*	آبدار، پرآب، آبکی
Wasserkasten, der; -s, ̈	مخزن آب
Wasserkessel, der; -s, -	کتری آب
Wasserklosett, das; -(e)s, -e	مستراح (فرنگی)،
	دستشویی
Wasserkopf, der; -(e)s, ̈-e	ورم پرده‌های مغز
Wasserkraft, die; -, ̈-e	نیروی آب
Wasserkraftwerk, das; -(e)s, -e	نیروگاه آبی
Wasserkrug, der; -(e)s, ̈-e	کوزۀ آب
Wasserkühlung, die; -, -en	۱. خنک‌کنندۀ آبی
	۲. رادیاتور (اتومبیل)
Wasserkunst, die; -, ̈-e	فواره (آبشار/چشمه)
Wasserkur, die; -, -en	آب درمانی
Wasserlauf, der; -(e)s, -läufe	مجرای آب
wasserlebend *Adj.*	آبزی
Wasserleiche, die; -, -n	جسد غرق شده (در آب)
Wasserleitung, die; -, -en	لولۀ آب، مجرای آب،
	تنبوشه
Wasserleitungsrohr, das; -(e)s, -e	لولۀ آب
Wasserlilie, die; -, -n	نیلوفر آبی
Wasserlinie, die; -, -n	خط برخورد آب با کشتی،
	خط بارگیری کشتی
wasserlöslich *Adj.*	قابل حل در آب، محلول در آب
Wassermangel, der; -s, ̈	کمبود آب، کمیابی آب
Wassermann, der; -(e)s, ̈-er	سقا
	(حمل‌کنندۀ آب آشامیدنی)

Wassermelone, die; -, -n هندوانه
Wassermesser, der; -s, - وسیلهٔ اندازه‌گیری عمق آب
Wassermühle, die; -, -n آسیاب آبی
wassern *Vi.* ۱. روی آب فرود آمدن (هواپیما) ۲. بر سطح آب نشستن (پرندگان)
wässern *Vt., Vi.* ۱. در آب گذاشتن ۲. آبیاری کردن، آب دادن ۳. پر از آب شدن
Wassernymphe, die; -, -n پری دریایی
Wasserpfeife, die; -, -n قلیان
Wasserpflanze, die; -, -n گیاه آبی
Wasserpistole, die; -, -n تپانچهٔ آبی، هفت‌تیر آبی
Wasserpocken, die / *Pl.* آبله‌مرغان
Wasserpolizei, die; -, -en پلیس دریایی
Wasserrad, das; -(e)s, ⸚er چرخ چاه
Wasserratte, die; -, -n موش آبی
wasserreich *Adj.* پرآب
Wasserreservoir, das; -s, -e مخزن آب
Wasserrohr, das; -(e)s, -e لولهٔ آب
Wasserrutschbahn, die; -, -en سرسرهٔ آبی
Wassersäule, die; -, -n ۱. خطی که بعد از عبور کشتی بر روی آب ایجاد می‌شود ۲. واحد اندازه‌گیری فشار آب
Wasserschaden, der; -s, - خسارت آب، زیان آب
Wasserscheide, die; -, -n (جغرافیا) آب پخشان، تقسیم و پخش آب رودخانه
wasserscheu *Adj.* گریز از آب، گریزان از آب
Wasserscheu, die; -, -n آب گریزی، ترس از آب
Wasserschi, der; -s, -er اسکی روی آب
Wasserschlange, die; -, -n مار آبی
Wasserschlauch, der; -(e)s, -schläuche شلنگ آب
Wasserschutzpolizei, die; -, -n پلیس دریایی
Wasserspeier, der; -s, - ناودان
Wasserspiegel, der; -s, - سطح آب، تراز آب
Wassersport, der; -(e)s, - ورزش آبی
Wasserspülung, die; -, -en آبکشی
Wasserstand, der; -(e)s, ⸚e تراز آب، سطح آب
Wasserstandsanzeiger, der; -s, - وسیلهٔ اندازه‌گیری عمق آب
Wasserstiefel, die / *Pl.* چکمهٔ مخصوص آب
Wasserstoff, der; -(e)s, - هیدروژن
Wasserstoffbombe, die; -, -n بمب هیدروژنی
wasserstoffhaltig *Adj.* هیدروژنی
Wasserstoffsuperoxyd, das; -(e)s, -e اکسید هیدروژن
Wasserstrahl, der; -(e)s, -en فوران آب
Wasserstraße, die; -, -n راه آبی، مسیر دریایی
Wassersucht, die; - بیماری استسقا
wassersüchtig *Adj.* استسقایی؛ متورم
Wassersuppe, die; -, -n سوپ آردجو
Wassertank, der; -(e)s, -e / -s مخزن آب
Wassertier, der; -(e)s, -e جانور دریایی
Wasserturbine, die; - توربین آبی
Wasserturm, der; -(e)s, ⸚e برج دریایی
Wasseruhr, die; -, -en ۱. کنتور آب ۲. ساعت آبی
Wässerung, die; -, -en ۱. وسیلهٔ آبیاری ۲. شستشو، غسل
Wasserverbrauch, der; -(e)s, - مصرف آب
Wasserverdrängung, die; -, -en پس‌زنی آب
Wasserverschmutzung, die; - آلودگی آب
Wasserversorgung, die; -, -en تأمین آب، آب‌رسانی
Wasservogel, der; -s, ⸚ مرغ آبی
Wasserwaage, die; -, -n تراز (آبی)
Wasserweg, der; -(e)s, -e راه آبی، مسیر دریایی
Wasserwelle, die; -, -n فر مو
Wasserwerfer, der; -s, - ماشین آب پاش (پلیس ضد تظاهرات)
Wasserwerk, das; -(e)s, -e دستگاه آب‌رسان
Wasserzähler, der; -s, - کنتور آب
Wasserzeichen, das; -s, - داغ آب (علامتی که ارتفاع آب را نشان می‌دهد)
wäßrig *Adj.* آب‌دار، پرآب، آبکی
waten *Vi.* در آب رفتن، به آب زدن
Watsche, die; -, -n سیلی، درگوشی، کشیده، چَک
watschelig *Adj.* تلوتلو خوران
watscheln *Vi.* ۱. اردک‌وار راه رفتن ۲. تلوتلو خوردن
watschen *Vi.* سیلی زدن، کشیده زدن، در گوشی زدن
Watt[1], das; -(e)s, -en ساحل شنی
Watt[2], das; -s, - (فیزیک) وات
Watte, die; -, -n پنبه (طبی)
Wattebausch, der; -es, - کلاف پنبه
Wattepfropf, der; -(e)s, -e کلاف پنبه
wattieren *Vt.* لفاف کردن، لایی گذاشتن، با لایهٔ نرم پوشاندن، با پنبه پوشاندن
Wattleistung, die; -, -en مقدار وات (برق)
Watvogel, der; -s, ⸚ پرندهٔ آب‌چر

wau, wau *Interj.* عوعو، واق‌واق (سگ)
Wauwau, der; -s, -s هاپو، سگ
WC, das; -s, -s مستراح (فرنگی)، دستشویی
WC-Reiniger, der; -s, - مستراح پاک‌کن
weben *Vt., Vi.* ۱. بافتن ۲. ظاهر کردن، نمایان کردن ۳. در حرکت بودن، در جنبش بودن ۴. بافندگی کردن
Weber, der; -s, - بافنده، نساج
Weberbaum, der; -(e)s, -bäume دوک بافندگی
Weberei, die; -, -en ۱. بافندگی، نساجی ۲. کارخانهٔ نساجی
Weberin, die; -, -nen بافنده، نساج (زن)
Weberknecht, der; -(e)s, -e (نوعی) عنکبوت
Weberschiffchen, das; -s, - ماکو
Webfehler, der; -s, - عیبِ بافتنی
Webkante, die; -, -n حاشیهٔ بافته شده (پارچه)
Webstuhl, der; -(e)s, ⸚e دستگاه بافندگی
Webwaren, die / *Pl.* منسوجات، فراورده‌های بافندگی
Wechsel, der; -s, - ۱. تعویض، تبدیل، تغییر ۲. پول خرد ۳. ارز ۴. سفته، برات
Wechselagio, das; -s, - نزول برات، تنزیل سفته، تخفیف
Wechselakzept, das; -(e)s, -e پذیرش سفته، پذیرش برات
Wechselaussteller, der; -s, - برات‌کش
Wechselbad, das; -(e)s, ⸚er حمام/دوشی که آب آن به‌سرعت سرد و گرم می‌شود
Wechselbalg, der; -(e)s, ⸚e بچهٔ جن‌زده
Wechselbank, die; -, -en بانک ارزی
Wechselbeziehung, die; -, -en ارتباط متقابل، ارتباط دوجانبه
Wechselbrief, der; -(e)s, -e برات، سفته
Wechselbürgschaft, die; -, -en ضمانت برات، ضمانت سفته
Wechselfälle, die / *Pl.* نوسانات، تغییرات
Wechselfieber, das; -s, - تب مالاریا، تب نوبه
Wechselfolge, die; -, -n تناوب، دَوَران، چرخش
Wechselfrist, die; -, -en سررسید برات، موعد سفته
Wechselgeber, der; -s, - برات‌کش
Wechselgeld, das; -(e)s, -er پول خرد
Wechselgesang, der; -(e)s, ⸚e آواز متغیر، آواز متناوب توسط دو یا چند خواننده، آواز به صورت پرسش و پاسخ
Wechselgespräch, das; -(e)s, -e گفت و شنود، مکالمهٔ دو نفری
Wechselgetriebe, das; -s, - تعویض دنده
Wechselgläubiger, der; -s, - دارندهٔ برات، صاحب سفته
wechselhaft *Adj.* تغییرپذیر، ناپایدار، متغیر
Wechselinhaber, der; -s, - دارندهٔ برات، صاحب سفته
Wechseljahre, die / *Pl.* سال‌های یائسگی
Wechselkurs, der; -es, -e نرخ تسعیر
wechseln *Vt., Vi.* ۱. تعویض کردن، عوض کردن، تبدیل کردن، مبادله کردن ۲. تبدیل شدن، تعویض شدن، دگرگون شدن، عوض شدن
Geld wechseln پول عوض کردن
wechselnd *Adj.* متغیر
Wechselnehmer, der; -s, - برات‌گیر
Wechselprotest, der; -es, -e واخواست برات
Wechselrecht, das; -(e)s, -e قانون سفته، حقوق صرافی
Wechselschuld, die; -, -en بدهی برات
wechselseitig *Adj.* متقابل، دوجانبه، دوطرفه
Wechselseitigkeit, die; - عمل متقابل
Wechselstrom, der; -(e)s, ⸚e جریان برق متناوب
Wechselstube, die; -, -n صرافی
wechselvoll *Adj.* ۱. تغییرپذیر، ناپایدار ۲. پرحادثه
Wechselwähler, der; -s, - رأی دهنده ناپایدار (رأی دهنده‌ای که هر بار به کاندیدای حزب دیگری رأی می‌دهد)
wechselweise *Adv.* متناوباً
Wechselwinkel, die / *Pl.* گوشه‌های متبادل، زوایای متبادله
Wechselwirkung, die; -, -en اثر متقابل، فعل و انفعال، تأثیر دوجانبه
Wechsler, der; -s, - صراف
Weck, der; -(e)s, -e نان آرد گندم
Wecke, die; -, -n نان آرد گندم
wecken *Vt.* بیدار کردن، برانگیختن
den Widerstand wecken مقاومت را برانگیختن
ein Gefühl wecken احساسی را بیدار کردن
Wecken, der; -s, - نان آرد گندم
Wecker, der; -s, - ساعت شماطه‌دار، ساعت زنگ‌دار
Weckruf, der; -(e)s, -e طبل بیدارباش؛ شیپور بیدارباش
Weckuhr, die; -, -en ساعت شماطه‌دار، ساعت زنگ‌دار
Wedel, der; -s, - ۱. بادبزن ۲. گردگیر

wedeln *Vi., Vt.*	۱. باد زدن ۲. جنباندن، تکان دادن (دم) ۳. به این طرف و آن طرف تاب دادن (اسکی) ۴. جنبیدن، تکان خوردن
weder *Konj.*	نه این Er hat weder geschrieben noch angerufen. نه نامه نوشت و نه تلفن کرد.
Weekend, das; -(s), -s	آخر هفته، پایان هفته
Weg, der; -(e)s, -e	راه، جاده، طریق، مسیر
nach dem Weg fragen	راه را پرسیدن
sich auf dem Weg machen	به راه افتادن
Stehe ich dir im Wege?	مزاحم هستم؟
weg *Adv.*	۱. دور، بیرون ۲. رفته، غایب، مفقود
Er ist weg!	او رفته است!
Hände weg!	دست درازی موقوف!
Er ist ganz weg.	او از خود بی‌خود شده است.
wegbekommen *Vt.*	۱. از بین بردن (لکه) ۲. فهمیدن، درک کردن
Wegbereiter, der; -s, -	پیشگام، پیشقدم، پیشرو
wegblasen *Vt.*	(بر اثر وزش باد) راندن، با فوت دور کردن
wegbleiben *Vi.*	حاضر نبودن، ظاهر نشدن، نیامدن، غیبت داشتن
wegblicken *Vi.*	رو برگرداندن، چشم برگرداندن
wegbrennen *Vi.*	سوختن
wegbringen *Vt.*	انتقال دادن؛ بردن؛ دور کردن
Wegelagerer, der; -s, -	راهزن
Wegemeister, der; -s, -	نقشه‌بردار، مساح، زمین‌پیما
wegen *Präp.*	به خاطرِ، به دلیلِ، از جهتِ، به علتِ Von wegen! فکر می‌کنی (که حق با تو است)!
Wegerecht, das; -(e)s, -	حق راه، حق استفاده از جاده
Wegerich, der; -s, -e	(گیاه) بارهنگ
wegessen *Vt.*	غذای (کسی) را خوردن
wegfahren *Vi.*	(سواره) به سفر رفتن
Wegfall, der; -(e)s, -	از قلم افتادگی، حذف، فقدان in Wegfall kommen از قلم افتادن، حذف شدن
wegfallen *Vi.*	۱. از قلم افتادن، حذف شدن، مورد استفاده قرار نگرفتن ۲. دور افتادن، ازبین رفتن
wegfangen *Vt.*	ربودن، قاپیدن، بردن؛ گرفتن
wegfegen *Vt.*	زدودن، پاک کردن، برطرف کردن
wegfischen *Vt.*	ربودن، قاپیدن، بردن؛ گرفتن
wegfliegen *Vi.*	پروازکنان دور شدن
wegführen *Vt.*	جمع کردن؛ انتقال دادن
Weggang, der; -(e)s, -	حرکت، عزیمت؛ کوچ
weggeben *Vt.*	بخشیدن، بذل کردن
weggehen *Vi.*	۱. رفتن، دور شدن، بیرون رفتن، به جای دیگری رفتن، ترک کردن ۲. ناپدید شدن، از بین رفتن
weghaben *Vt.*	۱. متوجه شدن، فهمیدن ۲. تسلط داشتن
weghalten *Vt.*	از (خود) دور نگه داشتن
weghängen *Vt.*	در جای دیگری آویزان کردن
wegheben *Vr.*	دور شدن، فاصله گرفتن
weghelfen *Vi.*	کمک به رفتن (کسی) کردن
wegholen *Vt.*	۱. رفتن و آوردن ۲. واگرفتن (بیماری)
wegjagen *Vt.*	راندن، طرد کردن، دور کردن، تاراندن (جانوران)؛ بیرون راندن (افراد)
wegkommen *Vi.*	۱. دور شدن ۲. گم شدن
wegkriegen *Vt.*	دور کردن؛ از بین بردن (لکه)
weglassen *Vt.*	حذف کردن، کنار گذاشتن
Weglassung, die; -	حذف، کنارگذاری
weglaufen *Vi.*	فرار کردن، در رفتن
weglegen *Vt.*	کنار گذاشتن
wegmachen *Vt.*	دور کردن، از بین بردن (لکه)
wegmüssen *Vi.*	مجبور به رفتن بودن
Wegnahme, die; -	تصاحب، تصرف، مصادره، ربایش
wegnehmen *Vt.*	۱. برداشتن، گرفتن، ضبط کردن ۲. ربودن، دزدیدن، تصاحب کردن Der Vorhang nimmt viel Licht weg. این پرده خیلی جلوی نور را می‌گیرد.
wegpacken *Vt.*	فرستادن، گسیل داشتن
wegputzen *Vt.*	۱. پاک کردن، زدودن، زائل کردن ۲. درآوردن، کندن
wegradieren *Vt.*	پاک کردن (با مداد پاک‌کن)
wegraffen *Vt.*	به مسافتی دور بردن، از دسترس دیگران دورکردن
wegräumen *Vt.*	جمع و جور کردن، جمع کردن، برچیدن
wegreisen *Vi.*	رهسپار شدن، عازم شدن، حرکت کردن
wegreißen *Vt.*	۱. پاره‌پاره کردن، دریدن ۲. ویران کردن ۳. نابود کردن ۴. از (کسی) قاپیدن
wegrücken *Vt., Vi.*	۱. نقل مکان دادن ۲. نقل مکان کردن
wegrufen *Vt.*	با فریاد (کسی) را از کاری بازداشتن
wegschaffen *Vt.*	انتقال دادن، بردن، دور کردن
wegscheren *Vr.*	به چاک زدن، گور (خود) را گم کردن
wegschicken *Vt.*	فرستادن، اعزام داشتن
wegschleichen *Vi.*	یواشکی جیم شدن
wegschleppen *Vt.*	کشیدن، به زور کشیدن، سخت کشیدن، خِرکش کردن
wegschließen *Vt.*	در جایی نهادن و قفل کردن

wegschmeißen *Vt.* دور انداختن
wegschnappen *Vt.* ربودن، قاپیدن، چنگ زدن و بردن
Wegschnecke, die; -, -n (نوعی) حلزون
wegschütten *Vt.* دور ریختن (مایعات)
wegsehen *Vi.* نادیده گرفتن، چشم‌پوشی کردن
wegsein *Vi.* مات و مبهوت بودن
wegsetzen *Vt., Vi.* ۱. کنار گذاردن ۲. جا عوض کردن
wegsterben *Vi.* از دنیا رفتن، مردن
wegstreben *Vi.* به تلاش ادامه دادن، دست از کوشش برنداشتن
Wegstrecke, die; -, -n مسافت، فاصله
wegstreichen *Vt.* باطل کردن، لغو کردن، فسخ کردن
wegtreten *Vi.* دور شدن، کناره‌گیری کردن
wegtun *Vt.* کنار گذاشتن، جمع و جور کردن
wegwaschen *Vt.* با شستشو از بین بردن (لکه)
Wegweiser, der; -s, - تابلوی راهنمای جاده / راه
wegwenden *Vt.* ۱. اجتناب کردن، کنار رفتن ۲. روی (خود) را برگرداندن
wegwerfen *Vt.* دور انداختن
wegwerfend *Adj.* تحقیرآمیز، اهانت‌آمیز
Wegwerfflasche, die; -, -n بطری به درد نخور، بطری بی‌ارزش
Wegwerfgesellschaft, die; -, -en جامعهٔ مصرفی
Wegwerfpackung, die; -, -en چیز دورانداختنی، چیز بی‌مصرف
wegwischen *Vt.* پاک کردن، محو کردن
wegzaubern *Vt.* از نظر روانی معالجه کردن، درمان روحی کردن
Wegzehrung, die; -, -en توشه، تدارکات (سفر)
wegziehen *Vt., Vi.* ۱. بیرون کشیدن ۲. کنار کشیدن (پرده) ۳. عقب‌نشینی کردن ۴. تغییر محل دادن، نقل‌مکان کردن، اسباب‌کشی کردن
Wegzug, der; -es, - نقل‌مکان، اسباب‌کشی
weh *Adj., Adv.* ۱. دردآور، دردناک ۲. درد، رنج
Es tut mir weh. دردم می‌آید.
Wo tut es Ihnen weh? کجایتان درد می‌کند؟
Der Kopf tut mir weh. سرم درد می‌کند.
Habe ich dir weh getan? دردت آوردم؟
weh *Interj.* افسوس، حیف، وای، آه
O weh! ای وای!
Weh, das; -(e)s, -e درد، رنج، الم
Wehe, die; -, -n ۱. تودهٔ باد آورده (برف) ۲. درد زایمان
wehen *Vi., Vt.* ۱. وزیدن، دمیدن ۲. در اهتزاز بودن، تکان خوردن ۳. (بر اثر وزش باد) به حرکت درآوردن، تکان دادن
Der Wind weht. باد می‌وزد.
Wehgefühl, das; -(e)s, -e احساس درد (روحی)
Wehgeschrei, das; -(e)s, -e فریاد درد
Wehklage, die; -, -n گریه و زاری، آه و ناله
wehklagen *Vi.* زاری کردن، ناله کردن، ندبه کردن
wehleidig *Adj.* احساساتی، دل‌نازک، زودرنج
Wehmut, die; - اندوه، غم، دلتنگی
wehmütig *Adj.* اندوهگین، غمگین، دلتنگ
Wehr[1]**,** die; -, -en دفاع، مقاومت، مقابله
Wehr[2]**,** das; -s, -e بند، سد (آب)
Wehrbeauftragte, der; -n, -n بازرس دولتی مأمور نظارت در ادارهٔ نظام وظیفه
Wehrbereich, der; -(e)s, -e حوزهٔ نظامی
Wehrbereichskommando, das; -s, -s فرماندهی حوزهٔ نظامی
Wehrdienst, der; -es, - خدمت سربازی
Wehrdienstbeschädigung, die; -, -en ناتوانی از انجام خدمت سربازی
wehrdiensttauglich *Adj.* مناسب برای خدمت سربازی
wehrdienstuntauglich *Adj.* نامناسب برای خدمت سربازی
Wehrdienstverweigerer, der; -s, - امتناع‌کننده از انجام خدمت سربازی
wehren *Vt., Vr.* ۱. مانع (چیزی) شدن؛ منع کردن، از (چیزی) جلوگیری کردن ۲. دفاع کردن، مقاومت کردن؛ مقابله کردن
Wehrersatzdienst, der; -es, -e خدمت غیرنظامی
wehrfähig *Adj.* قادر به دفاع
wehrlos *Adj.* بی‌دفاع
Wehrlosigkeit, die; - بی‌دفاعی
Wehrpflicht, die; - خدمت اجباری، نظام‌وظیفه
wehrpflichtig *Adj.* مشمول نظام‌وظیفه
Wehrrecht, das; -(e)s, -e حق دفاع
Wehrsold, der; -(e)s, -e دستمزد سربازی
Wehrstammrolle, die; -, -n نقش اصلی دفاع
Wehrtechnik, die; -, -en تکنولوژی دفاعی، فنون دفاعی
Weib, das; -(e)s, -er ۱. زن، همسر ۲. زن بی‌فرهنگ، زنیکه
ein Weib nehmen همسری اختیار کردن

Weibchen, das; -s, - ۱. زن محبوب ۲. جانور ماده
Weiberart, die; -, -en رفتار زنانه
Weiberfeind, der; -(e)s, -e دشمنِ زن، گریزان از زن
Weibergeschwätz, das; -es, -e یاوه‌سرایی زنانه، سخن‌چینی زنانه
Weiberheld, der; -en, -en مرد زیبا و مورد پسند زنان
Weiberherrschaft, die; -, -en حکومت زنان، تسلط زنان
Weiberregiment, das; -(e)s, -e ارتش زنان
Weibervolk, der; -(e)s زنان
weibisch *Adj.* زنانه، زن صفت
weiblich *Adj.* زنانه، مؤنث، ماده
Weiblichkeit, die; - زنانگی، صفت زنانه
Weibsbild, das; -es, -er جنس زن، مؤنث
weich *Adj.* ۱. نرم، لطیف ۲. ملایم، رئوف، نازک‌طبع ۳. ضعیف
Weichbild, das; -es, -er محدودهٔ شهری
Weiche, die; -, -n ۱. سوزن دوراهی (راه‌آهن) ۲. نرمی ۳. ملایمت ۴. پهلو، جناح
weichen *Vi., Vt.* ۱. ثمر دادن، بازده دادن ۲. عقب‌نشینی کردن؛ دور شدن ۳. تنزل کردن (قیمت) ۴. کنار رفتن، (خود) را کنار کشیدن، جا خالی کردن ۵. نرم شدن ۶. نرم کردن
Weichensteller, der; -s, - سوزنبان راه‌آهن
weichgekocht *Adj.* [تخم‌مرغ] نیم‌بند، عسلی
Weichheit, die; - ۱. نرمی، لطافت ۲. ملایمت ۳. ضعف
weichherzig *Adj.* دل‌نازک، رئوف، خوش‌قلب
Weichherzigkeit, die; -, -en دل‌نازکی، مهربانی، خوش‌قلبی
weichlich *Adj.* ۱. نرم، لطیف، نازک ۲. ضعیف، سست‌عنصر، سست‌اراده
Weichlichkeit, die; - ۱. نرمی، لطافت، نازکی ۲. ضعف، سستی
Weichling, der; -s, -e ضعیف، ناتوان، سست‌عنصر
weichmachen *Vt.* نرم کردن
Weichmacher, der; -s, - نرم‌کننده، نرم‌کن
Weichselkirsche, die; -, -n آلبالو
Weichselrohr, das; -(e)s, -e چوب درخت آلبالو
Weichspüler, der; -s, - مایع نرم‌کننده (مو/لباس)
Weichteile, die / *Pl.* اندام‌های نرم و بی‌استخوان بدن
Weichtier, das; -(e)s, -e نرم‌تنان، جانور نرم‌تن
Weide, die; -, -n ۱. درخت بید ۲. چراگاه، مرتع، مرغزار
Weideland, das; -(e)s, ⸚er چراگاه، مرتع، مرغزار
weiden *Vi., Vt., Vr.* ۱. چریدن ۲. چراندن، به چرا بردن ۳. خوش‌گذرانی کردن، لذت بردن
Weidenbaum, der; -(e)s, -bäume درخت بید
Weidenkätzchen, das; -s, - شکوفهٔ بید، شکوفهٔ بیدمشک
Weidenkorb, der; -(e)s, ⸚e بید سبدی
Weideplatz, der; -es, ⸚e چراگاه، مرتع
weidgerecht *Adj.* جوانمرد، عادل
weidlich *Adv.* کاملاً، تماماً، به طور کامل
Weidmann, der; -(e)s, ⸚er شکارچی
weidmännisch *Adj.* جوانمردانه، مردانه
Weidmannsheil, das; -(e)s, - آرزوی شکار خوب، سلام شکارچیان
Weidwerk, das; -(e)s, -e شکار
weigern *Vr., Vt.* ۱. اظهار امتناع کردن، امتناع (خود) را به زبان آوردن ۲. از (چیزی) امتناع کردن، از (چیزی) خودداری کردن، از (چیزی) سرپیچی کردن
Weigerung, die; -, -en امتناع، خودداری، سرپیچی
Weih, der; -en/es, -en (پرنده) غلیواژ، غلیواج، زغن
Weihbischof, der; -(e)s, ⸚e دستیار اسقف
Weihe, die; -, -n ۱. تقدس، تبرک ۲. وقف ۳. افتتاح، گشایش ۴. انتصاب
weihen *Vt.* ۱. تقدیس کردن ۲. وقف کردن ۳. انتصاب کردن
Weiher, der; -s, - برکهٔ کوچک
weihevoll *Adj.* رسمی، جدی، موقر
Weihnacht, die; - کریسمس، میلاد مسیح
weihnachten *Vi.* کریسمش شدن
Weihnachten, das; -, - کریسمس، میلاد مسیح
weihnachtlich *Adj.* (مربوط به) کریسمس، (مربوط به) میلاد مسیح
Weihnachtsabend, der; -s, -e شب میلاد مسیح
Weihnachtsbaum, der; -(e)s, -bäume درخت کریسمس
Weihnachtsbescherung, die; -, -en هدیهٔ کریسمس
Weihnachtsfeiertag, der; -(e)s, -e تعطیلات کریسمس
Weihnachtsfest, das; -(e)s, -e جشن کریسمس
Weihnachtsgeld, das; -(e)s, -er پرداخت اضافی کریسمس؛ عیدی کریسمس
Weihnachtsgeschäft, das; -(e)s, -e کاسبی کریسمس

Weihnachtsgeschenk, das; -(e)s, -e هديهٔ كريسمس

Weihnachtsgratifikation, die; -, -en حقوق اضافى كريسمس

Weihnachtslied, das; -(e)s, -er ترانهٔ مذهبى (مربوط به) كريسمس، سرود كريسمس

Weihnachtsmann, der; -(e)s, ⸚er بابانوئل

Weihnachtsmarkt, der; -(e)s, ⸚e بازار مكارهٔ كريسمس

Weihnachtszeit, die; -, -en ايام كريسمس

Weihrauch, der; -s, - بخور، كُندر

Weihrauchfaß, das; -fasses, -fässer بخور سوز

Weihwasser, das; -s, -/⸚ آب مقدس

Weihwasserbecken, das; -s, - ظرف نگهدارى آب مقدس

weil Konj. زيرا، چون كه، براى اين كه

weiland Adv. پيشتر، قبلاً

Weilchen, das; -s, - لحظهٔ كوتاه، مدت كوتاه

Weile, die; -, -n لحظه، آن، مدت كوتاه

   eine Weile مدتى كوتاه

   Kannst du eine Weile warten? مى توانى لحظه‌اى صبر كنى؟

   Bleib noch eine Weile! كمى ديگر بمان!

weilen Vi. ماندن، صبر كردن؛ به سر بردن

Weiler, der; -s, - دهكدهٔ كوچك

Wein, der; -s, -e ۱. شراب، مى، باده ۲. درخت مو، تاك، رز ۳. انگور

   ein Glas Wein يك ليوان شراب

   den Wein kosten شراب را چشيدن

   jemandem klaren Wein einschenken آب پاكى روى دست كسى ريختن

Weinbau, der; -(e)s, - صنعت شراب‌سازى

Weinbauer, der; -s/-n, -n كشتكار انگور، تاكستان‌دار؛ شراب‌ساز

Weinbaugebiet, das; -(e)s, -e منطقهٔ شراب‌سازى

Weinbeere, die; -, -n انگور

Weinberg, der; -(e)s, -e تاكستان

Weinbergschnecke, die; -, -n حلزون تاكستان

Weinblatt, das; -(e)s, ⸚er برگ مو

Weinbrand, der; -es, ⸚e كنياك

weinen Vi., Vt. ۱. گريه كردن، گريستن ۲. ريختن (اشك)

   um jemanden weinen به حال كسى گريستن

weinerlich Adj. گريان، گريه‌آلود

Weinernte, die; -, -n محصول انگور

Weinessig, der; -s, -e سركهٔ انگور

Weinfaß, das; -fasses, -fässer خمرهٔ شراب

Weinflasche, die; -, -n بطرى شراب

Weingarten, der; -s, ⸚ تاكستان، موستان، رزستان

Weingärtner, der; -s, - باغبان تاكستان

Weingeist, der; -es الكل اتيليك، اتانول

Weinglas, das; -es, ⸚er ليوان شراب‌خورى

Weingut, das; -(e)s, ⸚er تاكستان

Weinhändler, der; -s, - تاجر شراب، شراب‌فروش

Weinhandlung, die; -, -en تجارت شراب

weinig Adj. ۱. مشروب‌دار ۲. (مربوط به) شراب

Weinjahr, das; -(e)s, -e سال شراب

Weinkarte, die; -, -n صورت (انواع) شراب

Weinkeller, der; -s, - ۱. انبار شراب ۲. ميخانه

Weinkellerei, die; -, -en كارخانهٔ شراب‌سازى

Weinkelter, die; -, -n چرخشت، ماشين آب انگورگيرى

Weinkenner, der; -s, - شراب‌شناس

Weinkrampf, der; -(e)s, ⸚e گريهٔ شديد توأم با تشنج

Weinkrug, der; -(e)s, ⸚er كوزهٔ شراب

Weinlaub, das; -(e)s, - برگ مو

Weinlaube, die; -, -n تاكستان

Weinlese, die; -, -n انگورچينى، خوشه‌چينى

Weinleser, der; -s, - انگورچين، خوشه‌چين

Weinleserin, die; -, -nen انگورچين، خوشه‌چين (زن)

Weinmost, der; -(e)s, -e شيرهٔ انگور

Weinpresse, die; -, -n ماشين آب انگورگيرى

Weinprobe, die; -, -n آزمايش شراب

Weinrebe, die; -, -n درخت مو، تاك

weinrot Adj. (رنگ) قرمز شرابى

Weinsäure, die; -, -n (شيمى) اسيد تارتاريك

Weinschenke, die; -, -n شرابخانه، ميخانه

Weinsorte, die; -, -n انواع شراب

Weinstein, der; -(e)s, -e رسوب شراب، لاى شراب

Weinstock, der; -(e)s, ⸚e تاك، مو

Weinstube, die; -, -n شرابخانه، ميخانه

Weintraube, die; -, -n انگور

Weintrester, die / Pl. تفالهٔ انگور

weise Adj. ۱. عاقل، خردمند، حكيم ۲. هوشيارانه، عاقلانه

Weise[1], der; -n, -n عاقل، خردمند، حكيم

Weise[2], die; -, -n ۱. نحوه، طريقه، طرز، شيوه، روش، چگونگى ۲. آهنگ، ملودى

Auf welche Weise? به چه نحو؟ از چه راه؟
auf diese Weise به‌این‌ترتیب، از این راه
in keiner Weise به هیچ وجه
weisen *Vt., Vi.* ۱. راهنمایی کردن، هدایت کردن ۲. اشاره کردن، نشان دادن ۳. بیرون کردن، اخراج کردن
jemanden **aus dem Hause weisen** کسی را از خانه بیرون کردن
Weiser, der; -s, - اشاره کننده، نشان‌دهنده
Weisheit, die; -, -en حکمت، دانش، خرد
Weisheitszahn, der; -(e)s, ⸚e دندان عقل
weislich *Adv.* محتاطانه، از روی احتیاط
weismachen *Vt.* ۱. گول زدن، سر (کسی) کلاه گذاشتن ۲. متقاعد کردن
Weiß, das; -(es), - رنگ سفید
weiß *Adj.* ۱. سفید، سپید ۲. [چهره] رنگ پریده
schwarz auf weiß کتبی
weissagen *Vt.* پیشگویی کردن، پیش‌بینی کردن
Weissager, der; -s, - پیشگو، فالگیر
Weissagerin, die; -, -nen پیشگو، فالگیر (زن)
Weissagung, die; -, -en پیشگویی
weißbärtig *Adj.* ریش‌سفید
Weißbier, das; -(e)s, -e (نوعی) آبجو
Weißblech, das; -(e)s, -e ورق حلبی
Weißbrot, das; -(e)s, -e نان سفید
Weißbuch, das; -(e)s, ⸚er کتاب سفید
Weißbuche, die; -, -n آلش سفید
Weißdorn, der; -(e)s, -e خفجه، زالزالک
Weiße, der; -n, -n سفید پوست
weißen *Vt.* سفید کردن، سفید کاری کردن
Weißfisch, der; -es, -e ماهی سفید
weißgelb *Adj.* زرد مایل به سفید
Weißgerber, der; -s, - دباغ
weißglühend *Adj.* [فلز] برافروخته، ملتهب
Weißglut, die; - درجه حرارت زیاد
Weißgold, das; -(e)s, - طلای سفید
weißhaarig *Adj.* مو سفید
Weißkäse, der; -s, - کوارک (نوعی پنیر)
Weißkohl, der; -(e)s, - کلم سفید
weißlich *Adj.* مایل به سفید، نزدیک به سفید
Weißmacher, der; -s, - سفیدکننده (لباس)
Weißmetall, das; -s, -e فلز سفید رنگ
Weißnäherei, die; -, -en رفوکاری، دوزندگی لباس‌های ساده
Weißnäherin, die; -, -nen دوزنده ساده کار (زن)

Weißtanne, die; -, -n صنوبر سفید
Weißwaren, die / *Pl.* کالای کتانی سفید
weißwaschen *Vt.* ۱. تبرئه کردن، بی‌گناهی (کسی/خود) را اثبات کردن
Weißwein, der; -s, -e شراب سفید
Weißzeug, das; -(e)s, -e شیء سفید، کالای کتانی سفید
Weisung, die; -, -en امر، فرمان، حکم، دستور
Weisungsbefugnis, die; -, -nisse اجرای فرمان
weisungsgebunden *Adj.* موظف به اجرای فرمان
weisungsgemäß *Adj.* مطابق دستور، بر طبق فرمان
weit *Adj., Adv.* ۱. گشاد، پهن، فراخ ۲. وسیع، گسترده ۳. دور
weit und breit اطراف و اکناف، تا چشم کار می‌کند
Ich bin so weit. من حاضرم.
Das geht zu weit! داره از حد و اندازه می‌گذره!
weit weg خیلی دور
Er ist weit von hier. از این‌جا دور است.
weitab *Adv.* دور از
weitaus *Adv.* به مراتب، خیلی زیاد
Weitblick, der; -(e)s, - دوراندیشی، مآل‌اندیشی، آینده‌نگری
weitblickend *Adj.* دوراندیش، مآل‌اندیش، آینده‌نگر
Weite, die; -, -n ۱. دوری، بعد؛ گشادی، فراخی ۲. پهنا، عرض ۳. وسعت، گستردگی
weiten *Vt., Vr.* ۱. گشاد کردن ۲. گشاد شدن
weiter *Adj., Adv.* ۱. گشادتر، پهن‌تر، وسیع‌تر ۲. دورتر ۳. علاوه بر این، باز هم، وانگهی، به جز این
und so weiter و غیره، الی آخر
bis auf weiteres تا اطلاع ثانوی
weiterarbeiten *Vi.* به کار ادامه دادن
weiterbefördern *Vt.* بدون وقفه به مقصد رساندن
weiterbeschäftigen *Vt.* به استخدام (کسی) ادامه دادن
Weiterbeschäftigung, die; -, -en ادامهٔ استخدام
Weiterbestand, der; -(e)s, ⸚e دوام، بقا
weiterbestehen *Vi.* دوام داشتن، باقی بودن
weiterbilden *Vt.* توسعه دادن، بسط دادن؛ به پرورش ادامه دادن
weiterbringen *Vt.* پیش بردن، جلو بردن
weiterdenken *Vt.* به تفکر ادامه دادن
weiterentwickeln *Vt., Vr.* ۱. به پیشرفت ادامه دادن ۲. هم‌چنان پیشرفت کردن

weitererzählen *Vt.* برای (کسی) تعریف کردن
weiterfahren *Vi.* سواره به راه (خود) ادامه دادن
weiterfliegen *Vi.* به پرواز ادامه دادن
weiterführen *Vt.* ادامه دادن، پیش بردن
weitergeben *Vt.* به دیگری دادن، دست به دست دادن، انتقال دادن
weitergehen *Vi.* به رفتن ادامه دادن، پیش رفتن
weiterhelfen *Vi.* به کمک ادامه دادن
weiterhin *Adv.* ۱. گذشته از این، علاوه بر این ۲. در آینده ۳. کماکان، همچنان
weiterkommen *Vi.* پیشرفت کردن، ترقی کردن، پیش رفتن
weiterkönnen *Vi.* قادر به ادامه (راه/کاری) بودن
weiterlaufen *Vi.* ادامه داشتن، جریان داشتن
weiterleben *Vi.* زنده ماندن
weiterleiten *Vt.* به (کسی/جایی) انتقال دادن
weiterlesen *Vi., Vt.* به خواندن ادامه دادن
weitermachen *Vt.* به (کاری) ادامه دادن
weiterreden *Vi.* به صحبت ادامه دادن
weiterreisen *Vi.* به سفر ادامه دادن
weitersagen *Vt.* برای (کسی) تعریف کردن
Weiterungen, die / *Pl.* ۱. (در بیماری) عوارض، عواقب ۲. پیچیدگی، گرفتاری
Weiterverarbeitung, die; -, -en ادامهٔ کار، پیشرفت تدریجی و مداوم
weiterverbreiten *Vt.* بسط و توسعه دادن، گسترش دادن
weiterverkaufen *Vt.* دوباره فروختن
weitervermitteln *Vt.* به شخص ثالثی اجاره دادن، به وسیلهٔ مستأجر اجاره دادن
weiterwollen *Vi.* خواستار ادامه بودن
weitgehend *Adj., Adv.* ۱. وسیع، زیاد، جامع ۲. تا حد ممکن، به مراتب
weither *Adv.* از دور، دورادور
weitherzig *Adj.* دست و دل‌باز، سخاوتمند، بلندنظر
weithin *Adv.* ۱. تا دورها، تا دوردست ۲. تا حد زیادی، به طور کلی
weitläufig *Adj.* ۱. مفصل، مطول، وسیع، مشروح ۲. [خویشاوند] دور
Weitläufigkeit, die; -, -en تفصیل، اطاله، وسعت، شرح
weitmaschig *Adj.* با شبکهٔ بزرگ بافته شده، درشت‌باف
weitreichend *Adj.* وسیع، گسترده، دوررس
weitschweifig *Adj.* مفصل، مطول، وسیع، مشروح
Weitschweifigkeit, die; -, -en تفصیل، اطاله، وسعت، شرح
weitsichtig *Adj.* آینده‌نگر، دوراندیش
Weitsichtigkeit, die; - آینده‌نگری، دوراندیشی
Weitsprung, der; -(e)s, ⸚e پرش طول
weittragend *Adj.* دوررس، دور برد؛ (مربوط به) آیندهٔ دور
Weitung, die; -, -en گشادی، وسعت
weitverbreitet *Adj.* رایج، شایع، متداول
weitverzweigt *Adj.* شاخه شاخه
Weitwinkelobjektiv, das; -s, -e عدسی با زاویهٔ باز (دارای فاصلهٔ کانونی کم)
Weizen, der; -s, - گندم
Weizenbrot, das; -(e)s, -e نان گندم
Weizenmehl, das; -(e)s, - آرد گندم
welch *Pron.* ۱. کدام، چه ۲. مقداری، چندتایی
Aus welchem Grund? به چه دلیل؟
An welchem Tag? در چه روزی؟
welcherlei *Adj.* از هر نوع (که باشد)
welk *Adj.* ۱. پژمرده، پلاسیده ۲. چروکیده
welken *Vi.* پژمرده شدن، پلاسیدن
Wellblech, das; -(e)s, -e ورقهٔ آهن موج‌دار، کرکره
Wellblechbaracke, die; -, -n کلبهٔ حلبی
Welle, die; -, -n ۱. موج ۲. فر، جعد (مو) ۳. میله (انتقال‌دهنده حرکت دورانی) ۴. (ژیمناستیک) آفتاب و مهتاب
wellen *Vt., Vi., Vr.* ۱. موج‌دار کردن، مجعد کردن (مو) ۲. آب‌پز کردن (گوشت) ۳. جوشیدن (آب) ۴. موج زدن، موج‌دار شدن
Wellenband, das; -(e)s, -e صفحه موج (رادیو)
Wellenbereich, der; -(e)s, -e برد موج، حوزهٔ موج (رادیو)
Wellenberg, der; -(e)s, -e نقطهٔ اوج موج
Wellenbewegung, die; -, -en حرکت موجی، تموج، نوسان
Wellenbrecher, der; -s, - موج‌شکن
wellenförmig *Adj.* موجی شکل، مواج، موج‌دار
Wellengang, der; -(e)s, - حرکت موج، امواج (دریا)
Wellenlänge, die; -, -n طول موج
Wellenlinie, die; -, -n خط موج، خط موجی شکل
Wellenmesser, der; -s, - موج‌سنج
Wellenreiten, das; -s, - (ورزش) موج‌سواری
Wellenschlag, der; -(e)s, ⸚e ضربهٔ موج
Wellensittich, der; -(e)s, -e پرندهٔ عشق
Wellental, das; -(e)s, ⸚er ژرفای موج

Wellentheorie, die; -, -n (فیزیک) تئوری موجی
Weller, der; -s, - (ورزش) موج‌سوار
wellig *Adj.* ۱. موج‌دار ۲. فرفری
Wellpappe, die; -, -n مقوای موج‌دار؛ کارتن
Welpe, der; -n, -n توله (سگ)
Welt, die; -, -en جهان، دنیا، عالم، گیتی
auf die Welt kommen به دنیا آمدن
ein Kind zur Welt bringen بچه به دنیا آوردن
die ganze Welt تمام دنیا
weltabgeschieden *Adj.* ۱. منزوی، دورافتاده ۲. گوشه‌گیر، تارک دنیا
weltabgewandt *Adj.* بی‌علاقه به دنیا
Weltall, das; -s کائنات، کیهان، فضای لایتناهی
Weltalter, das; -s, - عمر جهان
weltanschaulich *Adj.* (مربوط به) جهان‌بینی
Weltanschauung, die; -, -en جهان‌بینی
Weltatlas, der; - نقشهٔ جهان
Weltausstellung, die; -, -en نمایشگاه جهانی
Weltbank, die; - بانک جهانی
weltbekannt *Adj.* شهرهٔ آفاق
weltberühmt *Adj.* شهرهٔ آفاق
weltbest *Adj.* بهترین در دنیا
weltbewegend *Adj.* مؤثر در جهان
Weltbild, das; -es, -er تصویر دنیا، نگرش کلی، جهان‌بینی
Weltbürger, der; -s, - مردم دنیا
Weltenbummler, der; -s, - جهانگرد، سیاح
Weltende, das; -s, -n آخرت، پایان جهان
weltenfern *Adj.* بسیار دور
Weltenraum, der; -(e)s, -räume کائنات، فضا، کیهان
Weltereignis, das; -nisses, -nisse واقعهٔ مهم جهانی
welterfahren *Adj.* کارآزموده در مسائل جهانی
Welterfahrung, die; -, -en تجربه در مسائل جهانی
Welterfolg, der; -(e)s, -e موفقیت جهانی
Weltergewicht, das; -(e)s, -e (کشتی، بوکس) سبک وزن
Weltergewichtler, der; -s, - ورزشکار سبک وزن
welterschütternd *Adj.* تکان‌دهنده، مهم، اساسی
Weltfirma, die; -, -men تجارتخانهٔ بین‌المللی
weltfremd *Adj.* غیر واقعی، خیالی، تصوری
Weltfriede(n), der; -s, - صلح جهانی
Weltgefüge, das; -s, - منظومهٔ کیهانی، نظام کیهانی
Weltgeltung, die; -, -en اعتبار جهانی
Weltgericht, das; -(e)s, - روز جزا، روز قیامت، روز رستاخیز
Weltgeschichte, die; - تاریخ دنیا
Weltgewerkschaftsbund, der; -(e)s, ⸚e اتحادیهٔ کارگران جهان
Welthandel, der; -s, - تجارت جهانی، تجارت بین‌المللی
Weltherrschaft, die; - تسلط جهان، قلمرو جهان
Weltkarte, die; -, -n نقشهٔ دنیا، نقشهٔ جهان‌نما
Weltkenntnis, die; - معلومات عمومی
Weltkind, das; -(e)s, -e آدم دنیاپرست، شخص مادی
weltklug *Adj.* کارآزموده در مسائل جهانی
Weltklugheit, die; -, -en کارآزمودگی در مسائل جهانی
Weltkrieg, der; -(e)s, -e جنگ جهانی
Weltkugel, die; -, -n کرهٔ زمین
Weltlage, die; - موقعیت جهانی
Weltlauf, der; -(e)s, -läufe جریان دنیا
weltlich *Adj.* دنیوی، جهانی
Weltliteratur, die; -, -en ادبیات جهانی
Weltmacht, die; -, ⸚e قدرت جهانی
Weltmachtpolitik, die; -, -en سیاست استعمارطلبی
Weltmann, der; -(e)s, ⸚er (آدم) ورزیده، مجرب، لایق، ماهر
weltmännisch *Adj.* ورزیده، مجرب، لایق، ماهر
Weltmarkt, der; -(e)s, ⸚e بازار جهانی
Weltmeer, das; -(e)s, -e اقیانوس
Weltmeister, der; -s, - قهرمان جهان
Weltmeisterin, die; -, -nen قهرمان جهان (زن)
Weltmeisterschaft, die; -, -en ۱. جام جهانی، مسابقهٔ جهانی ۲. قهرمانی جهان
Weltöffentlichkeit, die; - افکار عمومی دنیا
Weltordnung, die; -, -en نظم جهان
Weltpolitik, die; -, -en سیاست جهان
Weltpostverein, der; -(e)s, -e اتحادیهٔ پست بین‌المللی
Weltraum, der; -(e)s, - کائنات، فضا، کیهان
Weltraumfahrt, die; -, -en فضانوردی
Weltraumfahrzeug, das; -(e)s, -e سفینهٔ فضایی، فضاپیما
Weltreich, das; -(e)s, -e قلمرو جهان
Weltreise, die; -, -n مسافرت به دور دنیا
Weltreisende, der/die; -n, -n مسافر دور دنیا
Weltrekord, der; -(e)s, -e رکورد جهانی

Weltrekordler

Weltrekordler, der; -s, -	رکوردار جهان
Weltrekordmann, der; -(e)s, ¨er	رکورددار جهان
Weltruf, der; -(e)s, -	شهرت جهانی، معروفیت جهانی
Weltruhm, der; -(e)s, -	شهرت جهانی، معروفیت جهانی
Weltschmerz, der; -es, -	غم جهانی، درد همهٔ عالم
Weltsicherheitsrat, der; -(e)s, ¨e	سازمان ملل
Weltsprache, die; -, -n	زبان بین‌المللی
Weltstadt, die; -, ¨e	شهر اصلی، شهر مهم (با بیش از یک میلیون نفر جمعیت)
Weltteil, der; -(e)s, -e	قاره، بخشی از دنیا
weltumfassend Adj.	جهانی، در سر تاسر جهان
Weltumsegler, der; -s, -	جهان‌پیما (با کشتی)
weltumspannend Adj.	جهانی، در سر تاسر جهان
Weltuntergang, der; -(e)s, ¨e	آخرالزمان، زوال دنیا
Weltweise, der; -n, -n	فیلسوف
Weltweisheit, die; -	فلسفه
weltweit Adj.	جهانی، در سر تاسر جهان
Weltwirtschaft, die; -, -en	اقتصاد جهانی
Weltwirtschaftskrise, die; -	بحران اقتصاد جهانی
Weltwunder, das; -s, -	عجایب جهان
wem Pron.	به کی، برای کی، برای چه کسی
Wemfall, der; -(e)s, ¨e	(دستور زبان) مفعول باواسطه
wen Pron.	که را، چه کسی را
Wende, die; -, -n	برگشت، عطف
Wendekreis, der; -es, -e	منطقهٔ استوایی، منطقهٔ حاره
Wendel, die; -s, -	جسم مارپیچ، منحنی حلزونی
Wendeltreppe, die; -, -n	پلکان مارپیچ
wenden Vt., Vi.	۱. برگرداندن، از این رو به آن رو کردن ۲. ورق زدن ۳. رجوع کردن، عطف کردن، مراجعه کردن ۴. برگشتن ۵. دور زدن، تغییر مسیر دادن
Bitte wenden!	لطفاً ورق بزنید!
sich wenden an	به کسی مراجعه کردن
Wendepunkt, der; -(e)s, -e	نقطهٔ عطف
wendig Adj.	۱. چست و چالاک، فرز ۲. نرم، انعطاف‌پذیر، قابل تغییر
Wendung, die; -, -en	۱. گردش، دور، چرخش، تغییر جهت ۲. جمله‌پردازی، عبارت‌پردازی
Wenfall, der; -(e)s, ¨e	(دستور زبان) مفعول بی‌واسطه
wenig Adj., Adv.	کم، اندک، قلیل، مختصر، معدود
mehr oder weniger	کمابیش
ein wenig Geduld	کمی حوصله
Wenigkeit, die; -, -en	کمی، اندکی، قلت
wenigstens Adv.	دست‌کم، حداقل

wenn Konj.	اگر، وقتی که، در صورتی که، هنگامی که، زمانی که، موقعی که
wenn auch	اگرچه، با وجود این که
als wenn	انگار که
Wenn, das; -s, -	شرط، قید
Hier gibt es kein Wenn und Aber!	اگر بی اگر!
wenngleich Konj.	هرچند، گرچه، اگرچه، با وجودی که
wennschon Konj.	هرچند، گرچه، اگرچه، با وجودی که
Wennschon, dennschon!	یا رومی روم، یا زنگی زنگ!
wer Pron.	چه کسی، چه شخصی، کی، که، هر که
Wer ist da?	کی آنجاست؟ کیه؟
Wer weiß!	کسی چه می‌داند!
Werbeabteilung, die; -, -en	بخش آگهی
Werbeagentur, die; -, -en	دفتر نمایندگی آگهی؛ آژانس تبلیغاتی
Werbeaktion, die; -, -en	اقدام تبلیغاتی
Werbeassistent, der; -en, -en	دستیار تبلیغاتی
Werbeassistentin, die; -, -nen	دستیار تبلیغاتی (زن)
Werbeberater, der; -s, -	مشاور تبلیغاتی
Werbebüro, das; -s, -s	دفتر تبلیغاتی
Werbeetat, der; -s, -s	هزینهٔ تبلیغات
Werbefachmann, der; -(e)s, ¨er	متخصص امور تبلیغاتی
Werbefeldzug, der; -es, ¨e	اقدام تبلیغاتی
Werbefernsehen, das; -s, -	تلویزیون تبلیغاتی
Werbefilm, der; -s, -e	فیلم تبلیغاتی
Werbefunk, der; -(e)s, -	فرستندهٔ تبلیغاتی
Werbegraphik, die; -, -en	فن تبلیغ
Werbegraphiker, der; -s, -	متخصص امور تبلیغاتی
Werbekampagne, die; -, -n	اقدام تبلیغاتی
Werbekosten, die / Pl.	مخارج تبلیغاتی
Werbeleiter, der; -s, -	مدیر تبلیغات
Werbemittel, das; -s, -	وسیلهٔ تبلیغات
werben Vt., Vi.	۱. آگهی کردن، تبلیغ کردن ۲. خواستگاری کردن
Werber, der; -s, -	آگهی‌کننده، تبلیغ‌کننده
werberisch Adj.	تبلیغاتی، (مربوط به) تبلیغات
Werbeschrift, die; -, -en	جزوهٔ تبلیغاتی
Werbespruch, der; -(e)s, ¨e	شعار تبلیغاتی
Werbetext, der; -es, -e	متن تبلیغاتی
Werbetexter, der; -s, -	نویسندهٔ متن تبلیغاتی
Werbetrommel, die; -, -n	سر و صدای تبلیغاتی
die Werbetrommel rühren	برای چیزی تبلیغ کردن

werbewirksam *Adj.* تبلیغات مؤثر

Werbung, die; -, -en ۱. آگهی، تبلیغ ۲. خواستگاری

Werbungskosten, die / *Pl.* مخارج تبلیغاتی

Werdegang, der; -(e)s, - سیر تکاملی، روند توسعه

werden *Vi.* ۱. شدن (فعل کمکی برای ساختن زمان‌های مجهول و آینده) ۲. به وجود آمدن

Es wird kalt. دارد سرد می‌شود.

Ich werde kommen. من خواهم آمد.

Werden, das; -s پیدایش، بروز

Werfall, der; -(e)s, ⸚e (دستور زبان) حالت فاعلیت

werfen *Vt., Vi., Vr.* ۱. انداختن، پرت کردن، افکندن ۲. بچه‌دار شدن، زاییدن (حیوانات) ۳. خم شدن، از شکل اصلی خارج شدن (چوب)

sich auf eine Tätigkeit werfen سرگرم کاری شدن

Er hat Weltrekord geworfen. او در پرتاب وزنه رکورد جهان را شکست.

Werfer, der; -s, - پرتاب‌کننده

Werft, die; -, -en کارخانهٔ کشتی‌سازی

Werftarbeiter, der; -s, - کارگر کارخانهٔ کشتی‌سازی

Werg, das; -(e)s پس‌ماندهٔ الیاف کتان؛ پس‌ماندهٔ الیاف شاهدانه

Werk, das; -(e)s, -e ۱. کار ۲. کارخانه، مجتمع صنعتی ۳. اثر، دستاورد (هنری)

sich ans Werk machen دست به کار شدن

Es war sein Werk. ساختهٔ او بود.

Werkbank, die; -, ⸚e میز کار

Werkdruck, der; -es, ⸚e چاپ کتاب و مجله

werkeln *Vi.* (خود) را سرگرم کردن، سرگرم شدن

werken *Vi.* کار کردن، فعالیت داشتن

Werkmeister, der; -s, - استادکار

Werkschutz, der; -es, - امنیت محل کار، محافظت محیط کار

Werkspionage, die; -, -n جاسوسی در کارخانه

Werkstatt, die; -, ⸚en کارگاه

Werkstätte, die; -, -n کارگاه

Werkstoff, der; -(e)s, -e مادهٔ اولیهٔ کار

Werkstück, das; -(e)s, -e دستاورد

Werkstudent, der; -en, -en دانشجوی کارگر

Werkswohnung, die; -, -en آپارتمان متعلق به کارخانه

Werktag, der; -(e)s, -e روز کار

werktags *Adv.* در ایام هفته، در روزهای کار

werktätig *Adj.* شاغل، دارای شغل

Werktisch, der; -es, -e میز کار

Werkunterricht, der; -(e)s, - درس کارآموزی، درس حرفه و فن

Werkvertrag, der; -(e)s, ⸚e قرارداد کار

Werkzeichnung, die; -, -en طراحی کار

Werkzeug, das; -(e)s, -e ابزار، وسیلهٔ کار

Werkzeugkasten, der; -s, ⸚ جعبه‌ابزار

Werkzeugmacher, der; -s, - ابزارساز

Werkzeugmaschine, die; -, -n ابزار ماشینی

Werkzeugtasche, die; -, -n کیف ابزار

Wermut, der; -(e)s, -e ورموت (نوعی شراب شیرین)

wert *Adj.* با ارزش، قیمتی

Das ist nicht der Rede wert. قابل ذکر نیست. اهمیتی ندارد.

Das ist nicht viel wert. ارزش چندانی ندارد.

wert sein ارزش داشتن

Wie war bitte Ihr werter Name? اسم شریف سرکار چه بود؟

Wert, der; -(e)s, -e ارزش، قیمت، بها

Wert auf etwas **legen** برای چیزی اهمیت قائل شدن

Wertangabe, die; -, -n تعیین ارزش، ارزیابی

Wertarbeit, die; -, -en کار پر ارزش

wertbeständig *Adj.* (از نظر ارزش) ثابت

Wertbeständigkeit, die; - ثبات قیمت

Wertbrief, der; -(e)s, -e نامهٔ سفارشی

werten *Vt.* بها دادن، ارزش گذاشتن

Wertgegenstand, der; -(e)s, ⸚e شیء قیمتی، شیء بهادار

wertgeschätzt *Adj.* ارزیابی شده، معتبر

werthalten *Vt.* برای (چیزی) ارزش قائل شدن، به (چیزی) بها دادن

wertig *Adj.* دارای ظرفیت

Wertigkeit, die; -, -en (شیمی) ظرفیت

wertlos *Adj.* بی‌ارزش

Wertmarke, die; -, -n ژتون، کوپن

Wertmaßstab, der; -(e)s, ⸚e معیار ارزش

Wertmesser, der; -s, - معیار ارزش

Wertminderung, die; -, -en تقلیل ارزش، کاهش بها

Wertobjekt, das; -(e)s, -e شیء باارزش

Wertpaket, das; -es, -e بستهٔ بیمه شده

Wertpapiere, die / *Pl.* اوراق بهادار؛ اسکناس

Wertsachen, die / *Pl.* اشیای قیمتی، اشیای بهادار

wertschätzen *Vt.* برای (چیزی) ارزش قائل بودن، برای (چیزی) ارزش گذاشتن

Wertschätzung, die; -, -en	ارزش‌گذاری، ارزیابی
Wertsteigerung, die; -, -en	افزایش قیمت
Wertung, die; -, -en	ارزیابی، تقویم
Werturteil, das; -s, -e	داوری ارزش
Wertverlust, der; -(e)s, -e	کاهش قیمت
Wertverringerung, die; -, -en	تنزل قیمت
wertvoll Adj.	گرانبها، بهادار، پُرارزش، ارزشمند
Wertzeichen, das; -s, -	تمبر پست
Wertzuwachs, der; -es, -	افزایش قیمت
Wertzuwachssteuer, die; -, -n	مالیات افزایش قیمت
wes Pron.	۱. مال کی، مال چه کسی ۲. مال کسی که
Wesen, das; -s, -	۱. روحیه ۲. ماهیت، ذات، جوهر، هستی، وجود، نهاد ۳. موجود ۴. آدم، مخلوق، بندهٔ خدا
Wesenheit, die; -, -en	حقیقت، واقعیت، اساس
wesenlos Adj.	غیرواقعی، واهی، تصوری، خیالی
Wesensart, die; -, -en	خاصیت؛ سرشت، ماهیت، ذات
wesensgleich Adj.	دارای ماهیت یکسان
Wesenszug, der; -es, -e	نشان ویژه، صفت ممیزه
wesentlich Adj.	۱. اساسی، عمده، اصلی، بسیار مهم ۲. به مراتب
Es geht mir heute wesentlich besser.	حالم امروز به مراتب بهتر است.
Wesfall, der; -(e)s, ⸚e	(دستور زبان) حالت اضافه، حالت مضاف‌الیه؛ حالت مالکیت
weshalb Adv.	چرا، به چه علت، برای چه، به چه دلیل
Wesir, der; -(e)s, -e	وزیر
Wespe, die; -, -n	زنبور (طلایی)
Wespennest, das; -es, -er	لانهٔ زنبور
Wespenstich, der; -(e)s, -e	نیش زنبور
wessen Pron.	مال کی
West¹, der; -(e)s, -e	باد غربی، باد مغرب
West², der; -(e)s, -	غرب، مغرب، باختر
Weste, die; -, -n	جلیقه
Westen, der; -s, -	غرب، مغرب، باختر
im Westen	در غرب
Westentasche, die; -, -n	جیب جلیقه
Er kennt die Stadt wie seine Westentasche.	او شهر را مثل کف دستش می‌شناسد.
Western, der; -(e)s, -	فیلم وسترن
Westeuropa, das	اروپای غربی
westeuropäisch Adj.	(مربوط به) اروپای غربی
westlich Adj.	غربی، باختری، در غرب
Westmächte, die / Pl.	نیروهای غربی
Westmark, die; -, -en	مارک (واحد پول آلمان غربی سابق)
westwärts Adv.	به طرف مغرب، به سوی باختر
Westwind, der; -(e)s, -e	باد غربی، باد مغرب
weswegen Adv.	چرا، به چه علت، برای چه، به چه دلیل
wett Adj.	یکسان، همانند، هم‌پایه، برابر، هم‌اندازه
Wettbewerb, der; -(e)s, -e	۱. رقابت ۲. مسابقه
Wettbewerber, der; -s, -	۱. رقیب ۲. مسابقه‌دهنده
Wettbewerberin, die; -, -nen	۱. رقیب (زن) ۲. مسابقه‌دهنده (زن)
Wettbewerbsbeschränkung, die; -, -en	تحدید رقابت
wettbewerbsfähig Adj.	قابل رقابت
Wettbewerbsrecht, das; -(e)s, -e	حق رقابت
Wettbüro, das; -s, -s	دفتر شرط‌بندی
Wette, die; -, -n	شرط، شرط‌بندی
Ich gehe jede Wette ein, daß es stimmt, was ich sage.	سر هر چیزی شرط می‌بندم چیزی که می‌گویم درست است.
Wetteifer, der; -s, -	رقابت، چشم و هم‌چشمی
wetteifern Vi.	رقابت کردن، چشم و هم‌چشمی کردن
wetten Vi.	شرط بستن، شرط‌بندی کردن
Wettende, der / die; -n, -n	شرط‌کننده
Wetter¹, das; -s, -	هوا، آب و هوا
Wie ist heute das Wetter?	امروز هوا چطور است؟
bei solchem Wetter	در چنین هوایی
Wetter², der; -s, -	شرط‌کننده
Wetteraussichten, die / Pl.	پیش‌بینی هوا
Wetterbedingungen, die / Pl.	چگونگی هوا
Wetterbeobachtung, die; -, -en	مطالعات هواشناسی
Wetterbericht, der; -(e)s, -e	گزارش وضع هوا
wetterbeständig Adj.	محفوظ از اثر هوا
Wetterdienst, der; -es, -e	سرویس هواشناسی، خدمات هواشناسی
Wetterfahne, die; -, -n	بادنما
wetterfest Adj.	محفوظ از اثر هوا
Wetterfrosch, der; -es, ⸚e	هواشناس
wetterfühlig Adj.	حساس در برابر تغییر هوا
Wetterhahn, der; -(e)s, ⸚e	بادنما
wetterhart Adj.	(بر اثر هوا) فاسد؛ باد خورده؛ آفتاب‌زده

Wetterhäuschen, das; -s, - دستگاه اندازه‌گیری رطوبت هوا
Wetterin, die; -, -nen شرط کننده (زن)
Wetterkarte, die; -, -n نقشهٔ هواشناسی
Wetterkunde, die; - هواشناسی
Wetterlage, die; -, -n وضع هوا
Wetterleuchten, das; -s, - آذرخش، برق
wetterleuchten *Vi.* برق زدن، آذرخش زدن
Wettermantel, der; -s, ⸚ بارانی
Wettermeldung, die; -, -en گزارش وضع هوا
wettern *Vi.* ۱. طوفانی شدن ۲. لعنت فرستادن؛ (با صدای بلند) ناسزا گفتن
Wetterprognose, die; - پیش‌بینی وضع هوا
Wetterprophet, der; -en, -en پیش‌بینی‌کنندهٔ وضع هوا
Wettersatellit, der; -en, -en ماهوارهٔ هواشناسی
Wetterschacht, der; -(e)s, -e/⸚e بادکش
Wetterschaden, der; -s, -(s) خسارت ناشی از طوفان
Wetterseite, die; -, -n جبههٔ هوا
Wetterstation, die; -, -en ایستگاه هواشناسی
Wettersturz, der; -es, ⸚e کاهش ناگهانی درجهٔ هوا
Wetterverhältnisse, die / *Pl.* شرایط هوا
Wettervoraussage, die; -, -n پیش‌بینی وضع هوا
Wettervorhersage, die; -, -n پیش‌بینی وضع هوا
Wetterwarte, die; -, -n ایستگاه هواشناسی
Wetterwechsel, der; -s, - تغییر هوا
wetterwendisch *Adj.* ۱. بی‌ثبات، ناپایدار، تغییرپذیر ۲. بوالهوس، دمدمی مزاج
Wetterwolke, die; -, -en ابر سیاه، ابر زاینده
Wettfahrt, die; -, -n مسابقه (اتومبیل‌رانی / موتورسواری / دوچرخه‌سواری)
Wettfliegen, das; -s, - مسابقهٔ پرواز
Wettflug, der; -(e)s, ⸚e مسابقهٔ پرواز
Wettgesang, der; -(e)s, ⸚e مسابقهٔ آواز
Wettkampf, der; -(e)s, ⸚e مسابقه
Wettkämpfer, der; -s, - مسابقه دهنده
Wettkämpferin, die; -, -nen مسابقه دهنده (زن)
Wettlauf, der; -(e)s, -läufe مسابقهٔ دو
wettlaufen *Vi.* مسابقهٔ دو دادن
Wettläufer, der; -s, - دونده، شرکت‌کننده در مسابقهٔ دو
Wettläuferin, die; -, -nen دونده، شرکت‌کننده در مسابقه دو (زن)
wettmachen *Vt.* جبران کردن (اشتباه)
wettrennen *Vi.* مسابقهٔ دو دادن
Wettrennen, das; -s مسابقهٔ دو
wettrudern *Vi.* مسابقه قایق‌رانی دادن (پارویی)
Wettrudern, das; -s مسابقه قایق‌رانی (پارویی)
Wettrüsten, das; -s, - مسابقهٔ تسلیحاتی
Wettschießen, das; -s, - مسابقهٔ تیراندازی
Wettschwimmen, das; -s, - مسابقهٔ شنا
Wettsegeln, das; -s, - مسابقهٔ کرجی‌رانی
Wettspiel, das; -(e)s, -e رقابت
Wettstreit, der; -(e)s, -e رقابت
wettstreiten *Vi.* رقابت کردن
Wettzettel, der; -s, - بلیت بخت آزمایی
wetzen *Vt., Vi.* ۱. تیز کردن ۲. با سرعت دویدن
Wetzstahl, der; -(e)s, -e/⸚e چاقو تیزکن
Wetzstein, der; -(e)s, -e سنگ چاقو تیزکن
Whisky, der; -s, -s ویسکی
wich *P.* صیغهٔ فعل گذشتهٔ مطلق از مصدر weichen
Wichs, der; -es, -e لباس رسمی، لباس مهمانی
Wichsbürste, die; -, -n ماهوت پاک‌کن
Wichse, die; -, -n ۱. واکس ۲. کتک‌کاری
wichsen *Vt.* ۱. واکس زدن ۲. با (کسی) کتک‌کاری کردن
jemandem **eine wichsen** به کسی سیلی زدن
Wicht, der; -(e)s, -e ۱. کوتوله ۲. جن
Wichtel, der; -s, - ۱. جن ۲. کوتوله ۳. جغد شکاری
Wichtelmännchen, das; -s, - ۱. جن ۲. کوتوله
wichtig *Adj.* مهم، با اهمیت، اساسی
Es ist für mich sehr wichtig. برای من خیلی مهم است.
sich wichtig machen پز دادن، لاف زدن
Wichtigkeit, die; -, -en اهمیت
Das ist von großer Wichtigkeit. خیلی پراهمیت است.
Wichtigtuer, der; -s, - آدم مطنطن، افاده‌ای
Wichtigtuerei, die; -, -en لاف‌زنی، پُزدهی
Wicke, die; -, -n ماش
Wickel, der; -s, - ۱. نورد، غلتک ۲. بسته، بقچه ۳. دستگاه فرزنی؛ بیگودی ۴. قنداق ۵. کمپرس، حولهٔ تر
Wickelgamasche, die; -, -n پاپیچ، مچ پیچ
Wickelkind, das; -(e)s, -er بچهٔ قنداقی
Wickelkommode, die; -, -n کمد لباس نوزاد
wickeln *Vt.* ۱. پیچیدن ۲. فر دادن (مو) ۳. قنداق کردن ۴. باندپیچی کردن، پانسمان کردن
Wickelrock, der; -(e)s, ⸚e لفاف دور دامن
Wick(e)lung, die; -, -en ۱. سیم‌پیچ (برق) ۲. باندپیچی

Wickler, der; -s, - بیگودی
Widder, der; -s, - ۱. قوچ، گوسفند نر ۲. فروردین، برج حمل
wider *Präp.* ضدِ، مخالفِ، مغایرِ، برخلافِ
widerborstig *Adj.* سمج، خودسر، لجباز، لجوج، کله‌شق
widereinander *Adv.* مخالف یکدیگر، ضد هم
widerfahren *Vi.* اتفاق افتادن
widerhaarig *Adj.* سرکش، گردنکش، سرسخت
Widerhaken, der; -s, - قلاب سرکج
Widerhall, der; -(e)s, -e اکو، انعکاس صدا، پژواک
widerhallen *Vi.* منعکس شدن (صدا)
Widerlager, das; -s, -/⸚ دیوار پناه، پشت‌بند دیوار، پایه جناحی
widerlagbar *Adj.* رد کردنی، تکذیب‌پذیر
widerlegen *Vt.* رد کردن، تکذیب کردن، اشتباه (کسی) را اثبات کردن
Widerlegung, die; -, -en رد، تکذیب، اثبات اشتباه کسی از راه استدلال
widerlich *Adj.* زشت، تنفرانگیز، کریه
Widerlichkeit, die; -, -en زشتی، تنفر، کراهت
widernatürlich *Adj.* غیر طبیعی، غیر عادی
Widerpart, der; -(e)s, -e حریف، خصم
widerraten *Vt.* منصرف کردن، دلسرد کردن، از (کاری) بازداشتن
widerrechtlich *Adj.* مخالف قانون، غیرقانونی
Widerrede, die; -, -n مخالفت، تناقض، خلاف‌گویی
Widerruf, der; -(e)s, -e فسخ، لغو، منع، ابطال
widerrufen *Vt.* فسخ کردن، لغو کردن، باطل کردن، پس گرفتن
widerruflich *Adj.* فسخ‌پذیر، فسخ بردار، قابل فسخ، پس گرفتنی
Widersacher, der; -s, - دشمن، خصم، رقیب، مدعی، متخاصم
Widersacherin, die; -, -nen دشمن، خصم، رقیب، مدعی، متخاصم (زن)
widerschallen *Vi.* منعکس شدن (صدا)
Widerschein, der; -(e)s, -e انعکاس، بازتاب
widerscheinen *Vi.* منعکس شدن (صدا)
widersetzen *Vr.* ضدیت کردن، مخالفت کردن، مقاومت کردن
widersetzlich *Adj.* ۱. حرف نشنو، لجباز، خیره‌سر ۲. مخالف، مغایر
Widersetzlichkeit, die; -, -en لجبازی، خیره‌سری، حرف نشنوی
Widersinn, der; -(e)s, - حرف پوچ، سخن یاوه
widersinnig *Adj.* پوچ، مزخرف، ناپسند، نامعقول، غیر منطقی
widerspenstig *Adj.* سرکش، گردنکش، لجباز، ستیزه‌جو
Widerspenstigkeit, die; -, -en سرکشی، گردنکشی، لجبازی، ستیزه‌جویی
widerspiegeln *Vt., Vr.* ۱. منعکس کردن ۲. منعکس شدن
Widerspiegelung, die; -, -en انعکاس، بازتاب
widersprechen *Vi.* ۱. تناقض داشتن، مغایر بودن، مخالف بودن ۲. اعتراض کردن، مخالفت کردن
widersprechend *Adj.* متناقض، متضاد، متباین
Widerspruch, der; -(e)s, ⸚e ۱. تناقض، تضاد، مغایرت ۲. مخالفت، اعتراض
Sein Widerspruch war berechtigt. مخالفت او بجا بود.
widersprüchlich *Adj.* ضد و نقیض، متضاد، متناقض
Widerspruchsgeist, der; -es, -er ۱. روح مخالفت ۲. آدم همیشه مخالف
widerspruchslos *Adj.* بدون اعتراض، بدون مخالفت
widerspruchsvoll *Adj.* ضد و نقیض، متضاد، متناقض
Widerstand, der; -(e)s, ⸚e ۱. مقاومت، ایستادگی، پایداری ۲. وسیلهٔ مقاوم (در برابر برق)
Widerstand leisten مقاومت کردن
den Widerstand aufgeben از مقاومت دست کشیدن
Widerstandsbewegung, die; -, -en حرکت مقاومت، نیروی مقاومت
widerstandsfähig *Adj.* مقاومت‌پذیر، مقاوم، دارای استقامت
Widerstandsfähigkeit, die; - توانایی مقاومت
Widerstandskämpfer, der; -s, - مبارز
Widerstandskraft, die; -, ⸚e نیروی مقاومت
widerstandslos *Adj.* بدون مقاومت
Widerstandsmesser, der; -s, - اهم‌متر (وسیلهٔ اندازه‌گیری مقاومت)
widerstehen *Vi.* ۱. مقاومت کردن، پایداری کردن، ایستادگی کردن ۲. حال (کسی) را به هم زدن
Dieses Fett widersteht mir. این چربی حال مرا به هم می‌زند.
widerstreben *Vi.* ۱. اکراه داشتن، متنفر بودن ۲. مخالفت کردن
Widerstreben, das; -s مخالفت، اکراه، تنفر
widerstrebend *Adv.* از روی بی‌میلی، برخلاف میل

941 **Wiedereinschiffung**

Widerstreit, der; -(e)s, - تضاد، مقابله، ستیزه، نبرد؛ ناسازگاری
widerstreiten *Vi.* ناسازگار بودن، مخالف بودن
widerwärtig *Adj.* ناخوشایند؛ کریه، تنفرانگیز، بسیار زشت
Widerwärtigkeit, die; -, -en ناخوشایندی؛ کراهت
Widerwille, der; -ns, -n اکراه، انزجار، تنفر، کراهت
widerwillig *Adj., Adv.* ۱. بی‌میل، بی‌رغبت ۲. با بی‌میلی، با اکراه
widmen *Vt., Vr.* ۱. اهدا کردن، تقدیم کردن، هدیه کردن، بخشیدن ۲. وقف کردن، صرف کردن
sein Leben der Kunst widmen زندگی خود را وقف هنر کردن
Widmung, die; -, -en اهدا، تقدیم، هدیه، بخشش
Widmungsexemplar, das; -s, -e نسخهٔ اهدایی
widrig *Adj.* مغایر، مزاحم، مخالف، مانع
widrige Winde بادهای مخالف
widrigenfalls *Adv.* در صورت مغایرت
Widrigkeit, die; -, -en ۱. مغایرت ۲. تضاد، اختلاف
wie *Konj., Adv.* ۱. چطور، چه جور، چگونه، به چه طریق ۲. آن‌طور که، بدان‌گونه که ۳. مانند، مثل
Wie bitte? چی فرمودید؟
Wie schade! حیف!
Wie schön! چه خوب!
nach wie vor مثل همیشه
Wie, das; - چگونگی، نحوه
Wiedehopf, der; -(e)s, -e هدهد، شانه به سر، مرغ سلیمان
wieder *Adv.* دوباره، مجدداً، باز، بار دیگر
immer wieder بارها و بارها، به‌کرات، مکرراً
Wiederabdruck, der; -(e)s, ⸚e چاپ تازه
Wiederanfang, der; -(e)s, ⸚e شروع مجدد، افتتاح مجدد، تشکیل مجدد
wiederanknüpfen *Vt.* تجدید کردن، نو کردن، احیا کردن، زنده کردن
wiederanstellen *Vt.* دوباره گماشتن، دوباره منصوب کردن
Wiederanstellung, die; -, -en نصب مجدد
Wiederaufbau, der; -(e)s, - تجدیدبنا، بازسازی، نوسازی
wiederaufbauen *Vt.* تجدید بنا کردن، بازسازی کردن، نوسازی کردن، دوباره ساختن
wiederaufblühen *Vi.* زنده شدن، احیا شدن، جان تازه بخشیدن
wiederauferstehen *Vi.* دوباره به زندگی بازگرداندن، حیات دوباره یافتن، رستاخیز کردن
Wiederauferstehung, die; - بازگشت به حیات، تجدید حیات، رستاخیز
Wiederaufführung, die; -, -en اجرای دوباره، نمایش مجدد
wiederaufkommen *Vi.* ۱. به هوش آمدن (بیمار) ۲. دایر شدن، رواج پیدا کردن (مد)
Wiederaufkommen, das; -s, - به هوش آمدن مجدد
wiederaufleben *Vi.* زنده شدن، احیا شدن، جان تازه بخشیدن
Wiederaufnahme, die; -, -n ۱. شروع مجدد ۲. استیناف
Wiederaufnahmeverfahren, das; -s, - روش استیناف، تجدیدنظر
wiederaufnehmen *Vt.* از سر گرفتن، دوباره به دست آوردن، از نو دنبال کردن
Wiederaufrüstung, die; - تجدید تسلیحات
Wiederauftreten, das; -s, - ظهور مجدد
Wiederbeginn, der; -(e)s, - شروع مجدد، افتتاح مجدد، تشکیل مجدد
wiederbekommen *Vt.* دوباره دریافت کردن، پس گرفتن
wiederbeleben *Vt.* دوباره زنده کردن، احیا کردن، نیروی تازه دادن، حیات مجدد بخشیدن
Wiederbelebung, die; -, -en تجدید حیات، احیا
Wiederbelebungsversuch, der; -(e)s, -e سعی در تجدید حیات
wiederbewaffnen *Vt.* تجدید تسلیحات کردن، دوباره مسلح کردن
wiederbringen *Vt.* باز آوردن، پس دادن
wiedereinbringen *Vt.* دوباره به دست آوردن
wiedereinfinden *Vr.* دوباره ظاهر شدن، مجدداً حضور یافتن
wiedereinführen *Vt.* دوباره وارد کردن (کالا)
Wiedereinführung, die; - ورود مجدد (کالا)
wiedereinlösen *Vt.* باز خریدن، از گرو در آوردن
Wiedereinlösung, die; - بازخرید، خریداری و آزاد سازی
Wiedereinnahme, die; -, -n پس‌گیری
wiedereinnehmen *Vt.* پس گرفتن، دوباره به دست آوردن
Wiedereinschiffung, die; -, -en مسافرت مجدد با کشتی

wiedereinsetzen 942

wiedereinsetzen *Vt.* ارجاع کردن؛ دوباره برقرار کردن
Wiedereinsetzung, die; -, -en ارجاع؛ استقرار مجدد
wiedereinstellen *Vt.* استخدام مجدد کردن
Wiedereinstellung, die; -, -en استخدام مجدد
Wiedereintritt, der; -s, -e ورود مجدد
wiederergreifen *Vt.* پس گرفتن؛ دوباره تسخیر کردن
Wiederergreifung, die; -, -en پس‌گیری؛ تسخیر مجدد
wiedererhalten *Vt.* دوباره دریافت کردن، پس گرفتن
wiedererkennen *Vt.* بازشناختن، دوباره شناختن، دوباره تشخیص دادن
Wiedererkennung, die; -, -en بازشناسی، تشخیص مجدد
wiedererlangen *Vt.* دوباره به‌دست آوردن، بازیافتن
Wiedererlangung, die; - بازیافت، حصول
wiedereröffnen *Vt.* دوباره افتتاح کردن، مجدداً باز کردن
Wiedereröffnung, die; -, -en بازگشایی، افتتاح مجدد
wiedererstatten *Vt.* پس دادن، جبران کردن، بازگرداندن
Wiedererstattung, die; -, -en بازگردانی، جبران
wiedererstehen *Vt.* ۱. باز برخاستن ۲. باز ساختن ۳. دوباره احیا کردن
wiedererzählen *Vt.* دوباره گفتن، دوباره نقل کردن
wiederfinden *Vt.* دوباره یافتن، بازیافتن، دوباره به‌دست آوردن، دوباره پیدا کردن
Wiedergabe, die; -, -n ۱. استرداد، ارائه، بازگردانی، اعاده ۲. نمایش (هنری) ۳. تقلید (از اثر هنری)
Wiedergabequalität, die; -, -en کیفیت بازگردانی
wiedergeben *Vt.* ۱. باز پس دادن، اعاده دادن ۲. ترجمه کردن، بازگو کردن ۳. توصیف کردن، عرضه کردن، نمایش دادن
einem Gefangenen seine Freiheit wiedergeben آزادی یک زندانی را به وی بازگرداندن
Wiedergeburt, die; -, -en رستاخیز، تولد مجدد
wiedergensen *Vi.* دوباره به دست آوردن، بازیافتن، پس گرفتن
Wiedergensung, die; - بازیافت، حصول مجدد
wiedergewinnen *Vt.* دوباره به دست آوردن، بازگرفتن، پس گرفتن
wiedergrüßen *Vt.* جواب سلام (کسی) را دادن

wiedergutmachen *Vt.* تلافی کردن، جبران کردن، رفع خسارت کردن، جبران خسارت کردن
Wiedergutmachung, die; -, -en تلافی، جبران
wiederhaben *Vt.* باز در اختیار داشتن، مجدداً داشتن
wiederherstellen *Vt.* ۱. باز ساختن، مرمت کردن، نوسازی کردن ۲. شفا دادن (بیماران)
Wiederherstellung, die; -, -en ۱. بازسازی، ترمیم ۲. شفا، بهبودی (بیماران)
wiederholbar *Adj.* تکرارپذیر، قابل تکرار
wiederholen *Vt.* ۱. تکرار کردن، تجدید کردن ۲. دوباره برگرداندن، بازپس آوردن
wiederholt *Adj.* مکرر
Wiederholung, die; -, -en تکرار، تجدید
Wiederholungsfall, der; -(e)s, ⸚e حالت تکرار؛ برگشت، عودت؛ دورزنی
Wiederholungsspiel, das; -(e)s, -e (ورزش) تکرارِ بازی
wiederhören *Vt.* دوباره شنیدن
Wiederhören, das; -s شنیدن مجدد
auf Wiederhören (در تلفن) به امید دیدار، خداحافظ
wiederinstandsetzen *Vt.* ۱. دوباره دایر کردن ۲. مرمت کردن
Wiederinstandsetzung, die; - ۱. تأسیس مجدد ۲. مرمت
wiederkäuen *Vi., Vt.* ۱. نشخوار کردن ۲. تکرار مکرر کردن، چندین بار تکرار کردن (مطلب)
Wiederkäuer, der; -s, - نشخوارکننده
Wiederkauf, der; -(e)s, -käufe خرید مجدد
Wiederkehr, die; -, -en مراجعت، بازگشت
wiederkehren *Vi.* ۱. مراجعت کردن، برگشتن، دوباره آمدن ۲. تکرار شدن
wiederkehrend *Adj.* بازگشت‌کننده
wiederkommen *Vi.* دوباره آمدن، برگشتن، باز آمدن، بازگشتن
wiederkrigen *Vt.* دوباره دریافت کردن، پس گرفتن
Wiederkunft, die; -, ⸚e بازگشت، مراجعت
wiederlieben *Vt.* به عشق (کسی) پاسخ گفتن، متقابلاً دوست داشتن
wiedersagen *Vt.* دوباره گفتن
Wiederschauen, das; -s, - دیدار مجدد
Auf Wiederschauen! خداحافظ! به امید دیدار!
wiedersehen *Vt.* دوباره دیدن، دوباره ملاقات کردن
Wiedersehen, das; -s, - دیدار مجدد، تجدید دیدار
Auf Wiedersehen! به امید دیدار! خداحافظ!

Wiedertaufe, die; -, -n	(در آیین مسیحی) غسل تعمید مجدد، نام‌گذاری مجدد
Wiedertäufer, der; -s, -	کسی که برای بار دوم غسل تعمید می‌کند
wiedertun Vt.	تکرار کردن، دوباره انجام دادن؛ دوباره ساختن
wiederum Adv.	باز هم، از طرف دیگر، دوباره
wiederumkehren Vi.	دوباره برگشتن، دوباره مراجعه کردن
wiedervereinigen Vt.	دوباره اتحاد کردن، دوباره به هم پیوستن، دوباره متحد کردن
Wiedervereinigung, die; -, -en	اتحاد مجدد، پیوستگی مجدد
wiedervergelten Vt.	دوباره تلافی کردن
Wiedervergeltung, die; -, -en	تلافی مجدد
wiederverheiraten Vr.	دوباره ازدواج کردن
Wiederverheiratung, die; -, -en	ازدواج مجدد
wiederverkaufen Vt.	مجدداً به فروش رساندن، دوباره فروختن (چیز خریده شده)
Wiederverkäufer, der; -s, -	۱. فروشندهٔ دست دوم ۲. خرده‌فروش، جزئی‌فروش
Wiederverkaufspreis, der; -es, -e	قیمت تجاری، قیمت تمام شده
wiederverwendbar Adj.	قابل استفادهٔ مجدد
wiederverwenden Vt.	دوباره مورد استفاده قرار دادن
Wiederverwendung, die; -, -en	استفادهٔ مجدد
Wiederverwertung, die; -, -en	مصرف مجدد
Wiederwahl, die; -, -en	تجدید انتخاب
wiederwählbar Adj.	واجد شرایط انتخاب مجدد
wiederwählen Vt.	مجدداً انتخاب کردن
wiederzulassen Vt.	به (کسی) دوباره اجازه دادن
Wiederzulassung, die; -, -en	اجازهٔ مجدد
wiederzustellen Vt.	پس دادن، عودت دادن، برگرداندن
Wiederzustellung, die; -, -en	عودت
Wiege, die; -, -n	گهواره، گاهواره
wiegen Vt., Vi.	۱. وزن کردن، با ترازو کشیدن ۲. جنباندن، تکان دادن (در گهواره) ۳. وزن داشتن، سنگین بودن
Wieviel wiegst du?	وزنت چقدر است؟
Wiegenfest, das; -(e)s, -e	جشن تولد
Wiegenlied, das; -(e)s, -er	لالایی
wiehern Vi.	۱. شیهه کشیدن (اسب) ۲. قهقهه زدن، قاه قاه خندیدن
Wiehern, das; -s	شیهه (اسب)
Wien, das; -s	وین
Wiener, der; -s, -	وینی، اهل وین
Wienerin, die; -, -nen	وینی، اهل وین (زن)
wienerisch Adj.	وینی
wies P.	صیغهٔ فعل گذشتهٔ مطلق از مصدر weisen
Wiese, die; -, -n	چمن، مرغزار، چمنزار، مرتع
Wiesel, das; -s, -	(جانور) خز
Wiesenland, das; -(e)s, ¨er	مرغزار، چمنزار، چمن
wieso Adv.	چرا، به چه علت، چطور
wieviel Adv.	چقدر، چندتا، چه مقدار، چه اندازه
Den wievielten haben wir heute?	امروز چندم ماه است؟
wievielmal Adv.	چندبار
wieweit Adv.	تا چه حد، تا چه اندازه
wiewohl Konj.	گرچه، اگرچه، هر چند
wild Adj.	۱. وحشی، غیرمتمدن ۲. [کودک] بانشاط، پرتحرک ۳. خشمناک، عصبانی
wilde Tiere	جانوران وحشی
jemanden wild machen	کسی را عصبانی کردن
Wild, das; -(e)s, -	شکار، حیوان شکاری
Wildbach, der; -(e)s, ¨e	سیل، جریان شدید (آب)
Wildbad, das -(e)s, ¨er	حمام بخار
Wildbahn, die; -, -en	شکارگاه
Wildbraten, der; -s, -	کباب آهو
Wildbret, das; -s, -	گوشت شکار
Wilddieb, der; -(e)s, -e	شکارچی غیرمجاز، شکارچی دزدکی، شکار دزد
Wilddieberei, die; -, -en	شکار دزدکی
Wilde, der/die; -n, -n	۱. جانور وحشی ۲. (آدم) وحشی، (آدم) بی‌تمدن
Wildente, die; -, -n	مرغابی وحشی
Wilderer, der; -s, -	شکارچی دزدکی، شکار دزد، شکارچی غیرمجاز
wildern Vi.	دزدکی شکار کردن، بر خلاف مقررات شکار کردن
Wildfang, der; -(e)s, ¨e	۱. صید شکار ۲. بچهٔ شیطان، بچهٔ پرتحرک
wildfremd Adj.	کاملاً بیگانه، ناآشنا، غریب
Wildheit, die; -, -en	توحش
Wildhüter, der; -s, -	شکاربان
Wildkatze, die; -, -n	گربهٔ وحشی
Wildleder, das; -s, -	جیر
wildledern Adj.	از جیر، جیری
Wildlederschuhe, die/ Pl.	کفش جیر

Wildling 944

Wildling, der; -s, -e ۱. صید شکار ۲. بچهٔ شیطان، بچهٔ پرتحرک
Wildnis, die; -, -nisse بیابان بی‌آب و علف، زمین لم‌یزرع
Wildpark, der; -(e)s, -s پارک وحش
Wildpferd, das; -es, - اسب وحشی
Wildsau, die; -, -säue/-en ماده خوک وحشی
Wildschaden, der; -s, ¨ خسارت ناشی از حیوانات وحشی
Wildschütz, der; -en, -en شکارچی غیرمجاز، شکار دزد، شکارچی دزدکی
Wildschwein, das; -(e)s, -e گراز، خوک وحشی
Wildstand, der; -(e)s, ¨e موقعیت شکار
wildwachsend *Adj.* [گیاه] خودرو
Wildwasser, das; -s, -/¨ سیل، جریان شدید (آب)
Wildwestfilm, der; -s, -e فیلم وسترن
Wille, der; -ns, -n عزم، اراده، نیت، قصد، خواست، اختیار، میل
Willen, der; -s عزم، اراده، نیت، قصد، خواست، اختیار، میل
Er hat einen starken Willen. او دارای اراده‌ای قوی است.
willen *Präp.* به خاطرِ
um meines Vaters willen به خاطر پدرم
willenlos *Adj.* بدون اراده، بی‌اراده
Willenlosigkeit, die; - بی‌ارادگی
Willensakt, der; -(e)s, -e عمل ارادی
Willenserklärung, die; -, -en اعلان اختیار، بیان اراده
Willensfreiheit, die; - آزادی اراده
Willenskraft, die; - نیروی اراده
Willensmangel, der; -s, ¨ کم‌ارادگی
willensschwach *Adj.* ضعیف‌النفس، بی‌اراده
Willensschwäche, die; - ضعف اراده
willensstark *Adj.* بااراده، دارای ارادهٔ قوی
Willensstärke, die; - قدرت اراده
willentlich *Adj., Adv.* ۱. عمدی ۲. عمداً، از قصد
willfahren *Vi.* موافقت کردن؛ اجابت کردن، برآوردن
willfährig *Adj.* موافق؛ اجابت‌کننده؛ مطیع
Willfährigkeit, die; -, -en موافقت؛ اجابت؛ اطاعت
willig *Adj.* آمادهٔ خدمت، راغب، آماده
Willigkeit, die; - آمادگی خدمت
Willkomm, der; -s, -e ۱. خیرمقدم، خوشامدگویی ۲. (برای خوشامدگویی) جام نوش

Willkommen, das/der; -s, - ۱. خیرمقدم، خوشامدگویی ۲. (برای خوشامدگویی) جام نوش
willkommen *Adj.* مطلوب، مقبول، مطبوع، خوشایند
jemanden willkommen heißen به کسی خیرمقدم گفتن
Willkür, die; - اختیار، خودکامگی، استبداد رأی، خودسری، خودرأیی
Willkürakt, der; -(e)s, -e عمل اختیاری
Willkürherrschaft, die; -, -en حکومت خودکام
willkürlich *Adj.* دلخواه، اختیاری، ارادی، آگاهانه
Willkürlichkeit, die; - اختیار، خودکامگی، خودسری، خودرأیی
wimmeln *Vi.* ازدحام کردن
wimmern *Vi.* ناله کردن، نالیدن
Wimpel, der; -s, - پرچم سه گوش
Wimper, die; -, -n مژه
Wimperntusche, die; -, -n ریمل
Wind, der; -(e)s, -e باد
Wind machen لاف زدن، مبالغه کردن
den Mantel nach dem Wind hängen نان را به نرخ روز خوردن
Windbeutel, der; -s, - ۱. نان خامه‌ای ۲. آدم غیرقابل اعتماد
Winde, die; -, -n ۱. وسیلهٔ بلند کردن بار سنگین ۲. چرخ جراثقال ۳. (گیاه) پیچک ۴. چرخ چاه
Windei, das; -(e)s, -er تخم‌مرغ شل که هنوز پوسته آهکی آن بسته نشده
Windel, die; -, -n پوشک، کهنهٔ بچه
windeln *Vt.* پوشک گذاشتن (بچه)
windelweich *Adj.* بسیار نرم
jemanden windelweich schlagen کسی را به طرز وحشتناکی کتک زدن
winden *Vt., Vr.* ۱. پیچ دادن، پیچاندن، چرخاندن ۲. رد شکار را گرفتن ۳. باد وزیدن، در معرض باد قرار گرفتن ۴. پرپیچ و خم بودن (رودخانه) ۵. (از درد) (به خود) پیچیدن ۶. پیچ خوردن (گیاه) ۷. (از دادن پاسخ) طفره رفتن
Windeseile, die; - سرعت برق
Windfahne, die; -, -n بادنما
windgeschützt *Adj.* حفاظت در برابر باد
Windharfe, die; -, -n (موسیقی) (نوعی) هارپ
Windhose, die; -, -n گردباد
Windhund, der; -(e)s, -e سگ تازی
windig *Adj.* بادی، طوفانی، توأم با باد
Windjacke, die; -, -n بادگیر، کاپشن

Windjammer, der; -s, - کشتی بادبانی
Windkanal, der; -(e)s, -e (در ارگ) کانال باد
Windmesser, der; -s, - بادسنج
Windmühle, die; -, -n آسیاب بادی
Windpocken, die / *Pl.* (بیماری) آبله‌مرغان
Windrichtung, die; -, -en جهتِ باد
Windröschen, das; -s, - (گل) شقایق نعمان، لاله نعمان
Windrose, die; -, -n (در قطب‌نما) عقربهٔ نشان‌دهندهٔ جهت باد
windschief *Adj.* کج، اریب؛ نامتوازن
windschlüpfig *Adj.* تعدیل‌کنندهٔ مقاومت هوا
windschnittig *Adj.* تعدیل‌کنندهٔ مقاومت هوا
Windschutzscheibe, die; -, -n شیشهٔ جلوی اتومبیل
Windspiel, das; -(e)s, -e سگ تازی
Windstärke, die; -, -n شدت باد
windstill *Adj.* آرام، ساکت، بی سر و صدا، بدون باد
Windstille, die; - آرامش، بی سر و صدایی
Windstoß, der; -es, ⸚e باد ناگهانی
Windung, die; -, -en انحنا، خمیدگی، پیچ و خم
Wink, der; -(e)s, -e ایما، اشاره، هشدار
Winkel, der; -s, - ۱. زاویه ۲. گوشه، کنج
rechter Winkel زاویهٔ قائمه
Winkeladvokat, der; -en, -en وکیل مغلطه کار، وکیل حیله‌باز
Winkeleisen, das; -s, - آهن زاویه‌دار
winkelförmig *Adj.* گوشه‌دار، گوشه‌ای، زاویه‌ای
Winkelhaken, der; -s, - قلاب گوشه‌دار
wink(e)lig *Adj.* زاویه‌دار، گوشه‌دار
Winkelmaß, das; -es, -e ۱. درجه ۲. گونیا
Winkelmesser, der; -s, - نقاله، زاویه‌سنج
Winkelzug, der; -es, ⸚e گریز، طفره، طفره‌زنی
winken *Vi., Vt.* ۱. (با چشم، سر، دست) اشاره کردن، دست تکان دادن، علامت دادن ۲. با پرچم مخابره کردن ۳. با علامت به طرف (خود) خواندن، با علامت صدا کردن
Winker, der; -s, - ۱. متصدی علائم، دیده‌بان، راهنما ۲. پرچم‌دار، مخابره کننده با پرچم
Winkspruch, der; -(e)s, ⸚e مخابره به وسیلهٔ پرچم
winseln *Vi.* ۱. نالیدن، ناله کردن ۲. زوزه کشیدن (سگ)
Winter, der; -s, - زمستان
im Winter در زمستان
Winteranzug, der; -s, ⸚e لباس زمستانی
winterfest *Adj.* مناسب زمستان، زمستانی
Winterfrucht, die; -, ⸚e میوهٔ زمستانی
Wintergarten, der; -s, ⸚ گلخانه
Wintergetreide, das; -s, - غلهٔ زمستانی
Winterhalbjahr, das; -(e)s, -e نیمهٔ زمستان
Winterkleid, das; -(e)s, -er لباس زمستانی
Winterkorn, das; -(e)s, ⸚er غلهٔ زمستانی
winterlich *Adj.* زمستانی
Wintermantel, der; -s, ⸚ پالتو زمستانی
Wintermonat, der; -s, - ماه زمستانی
wintern *Vi.* زمستان شدن، فرا رسیدن (زمستان)
Winterolympiade, die; -, -n المپیک زمستانی
Winterreifen, die / *Pl.* لاستیک یخ‌شکن، تایر زمستانی
winters *Adv.* در زمستان
wintersaat, die; -, -en تخم‌افشانی زمستانی
Wintersanfang, der; -(e)s, ⸚e آغاز زمستان
Winterschlaf, der; -(e)s, - خواب زمستانی
Winterschlußverkauf, der; -(e)s, -käufe حراج زمستانی
Winterspiele, die / *Pl.* بازی‌های زمستانی
Wintersport, der; -(e)s, - ورزش زمستانی
Wintersportort, der; -(e)s, -e محل بازی‌های زمستانی
wintertauglich *Adj.* مناسب زمستان، زمستانی
Wintervorrat, der; -(e)s, ⸚e ذخیرهٔ زمستان
Winterzeit, die; - فصل زمستان
Winzer, der; -s, - ۱. باغبان تاکستان، موکار ۲. انگورچین، مأمور جمع‌آوری انگور
winzig *Adj.* خیلی کوچک، ناچیز
Wipfel, der; -s, - سرِ درخت، نوکِ درخت
Wippchen, das; -s, - شوخی، مزاح
Wippe, die; -, -n الاکلنگ
wippen *Vi.* الاکلنگ بازی کردن
wir *Pron.* ما (ضمیر شخصی اول شخص جمع)
Wirbel, der; -s, - ۱. چرخش تند، گردش سریع ۲. مهره (ستون فقرات) ۳. فرق (سر) ۴. وسیلهٔ کوکِ ساز ۵. گرداب
Im Wirbel der Ereignisse habe ich das vergessen. در گرداب حوادث این مطلب را فراموش کردم.
wirbelig *Adj.* چرخان، گردان
Wirbelknochen, der; -s, - مهرهٔ استخوان
wirbellos *Adj.* بی‌مهره
wirbeln *Vt., Vi.* ۱. چرخ زدن، گردیدن، چرخیدن ۲. گیج خوردن ۳. گیج بودن ۴. طبل زدن
Mir wirbelt der Kopf. سرم گیج می‌رود.

Wirbelsäule

Wirbelsäule, die; -, -n	ستون فقرات
Wirbelsturm, der; -(e)s, ¨e	گردباد
Wirbeltier, das; -(e)s, -e	مهره‌داران، جانور مهره‌دار
Wirbelwind, der; -(e)s, -e	گردباد
wirken *Vi., Vt.*	۱. فعال بودن، فعالیت داشتن، کار کردن ۲. اثر داشتن، مؤثر بودن ۳. تولید کردن ۴. بافتن، بافندگی کردن ۵. انجام دادن، کردن
Das Mittel wirkt.	دارو مؤثر است.
Wirken, das; -s	۱. کار، فعالیت ۲. اثر ۳. تولید ۴. بافندگی
wirklich *Adj., Adv.*	۱. واقعی، حقیقی ۲. واقعاً، حقیقتاً
Wirklichkeit, die; -, -en	واقعیت، حقیقت
in Wirklichkeit	در واقع
wirklichkeitsfern *Adj.*	دور از واقعیت
Wirklichkeitsform, die; -, -en	(دستور زبان) وجه اخباری
wirklichkeitsfremd *Adj.*	غیرواقعی، خیالی، واهی
wirklichkeitsgetreu *Adj.*	واقع‌گرا
wirklichkeitsnah *Adj.*	نزدیک به واقعیت
wirksam *Adj.*	مؤثر، اثربخش، کاری، نافع، سودمند
Wirksamkeit, die; -	اثر، تأثیر
Wirkstoff, der; -(e)s, -e	مجموعهٔ هورمون‌ها و آنزیم‌ها و ویتامین‌ها؛ داروی اثربخش
Wirkung, die; -, -en	تأثیر، اثر
eine Wirkung haben	اثری داشتن
Wirkungsbereich, der; -(e)s, -e	حوزهٔ تأثیر
Wirkungsdauer, die; -	مدت تأثیر
Wirkungsgrad, der; -(e)s, -e	میزان کارآیی، درجهٔ تأثیر
Wirkungskraft, die; -, ¨e	نیروی کارآیی
Wirkungskreis, der; -es, -e	دایرهٔ تأثیر، حوزهٔ فعالیت
wirkungslos *Adj.*	بی‌اثر، بدون تأثیر
Wirkungslosigkeit, die; -	بی‌اثری، بی‌تأثیری
wirkungsvoll *Adj.*	مؤثر، کاری، اثربخش
Wirkungsweise, die; -, -n	طرز کار
Wirkwaren, die / *Pl.*	کالای کشباف، اجناس تریکو
wirr *Adj.*	۱. درهم، نامنظم ۲. مبهم و پیچیده
Wirren, die / *Pl.*	ناآرامی، اغتشاش، درهم و برهمی، آشوب
Wirrkopf, der; -(e)s, ¨e	(آدم) پریشان‌فکر
Wirrnis, die; -, -nisse	آشوب، درهم و برهمی، بی‌نظمی، هرج و مرج
Wirrsal, das; -(e)s, -e	آشوب، درهم و برهمی، بی‌نظمی، هرج و مرج
Wirrwarr, der; -s, -	هرج و مرج، بی‌نظمی، آشفتگی، آشوب
Wirsing, der; -s, -e	کلم‌پیچ
Wirsingkohl, der; -(e)s, -	کلم‌پیچ
Wirt, der; -(e)s, -e	۱. صاحب رستوران ۲. صاحب‌خانه ۳. صاحب کافه
Wirtin, die; -, -nen	۱. صاحب رستوران ۲. صاحب خانه ۳. صاحب کافه (زن)
wirtlich *Adj.*	مهمان‌نواز
Wirtschaft, die; -, -en	۱. اقتصاد ۲. خانه‌داری ۳. رستوران کوچک ساده ۴. بی‌نظمی
freie Wirtschaft	اقتصاد آزاد
wirtschaften *Vi.*	۱. صرفه‌جویی کردن، رعایت اقتصاد را کردن ۲. اداره کردن
Wirtschafter, der; -s, -	اقتصاددان، عالم اقتصاد
Wirtschafterin, die; -, -nen	زن خانه‌دار
Wirtschaftler, der; -s, -	اقتصاددان، عالم اقتصاد
Wirtschaftlerin, die; -, -nen	اقتصاددان، عالم اقتصاد (زن)
wirtschaftlich *Adj.*	۱. مقرون به صرفه، اقتصادی ۲. صرفه‌جو، مقتصد ۳. مقتصدانه
Wirtschaftlichkeit, die; -	صرفه‌جویی؛ اقتصاد
Wirtschaftsabkommen, das; -s, -	پیمان اقتصادی، معاهدهٔ اقتصادی
Wirtschaftsberater, der; -s, -	مشاور اقتصادی
Wirtschaftsbeziehungen, die / *Pl.*	روابط اقتصادی
Wirtschaftsembargo, das; -s, -s	تحریم اقتصادی
Wirtschaftsgebäude, die / *Pl.*	ساختمان‌های کارمندی
Wirtschaftsgeld, das; -(e)s, -er	هزینهٔ خانه‌داری
Wirtschaftsgemeinschaft, die; -, -en	جامعهٔ اقتصادی، بازار مشترک
Wirtschaftsgeographie, die; -	جغرافیای اقتصادی
Wirtschaftsgipfel, der; -s, -	کنفرانس اقتصادی
Wirtschaftsgymnasium, das; -s, -sien	دبیرستان اقتصاد
Wirtschaftshilfe, die; -, -n	کمک اقتصادی، کمک مالی
Wirtschaftsjahr, das; -(e)s, -e	سال مالی
Wirtschaftskrieg, der; -(e)s, -e	مبارزه اقتصادی، جنگ اقتصادی
Wirtschaftskriminalität, die; -	جرم اقتصادی
Wirtschaftskrise, die; -, -n	بحران اقتصادی
Wirtschaftslage, die; -, -n	موقعیت اقتصادی

Wirtschaftsminister, der; -s, - وزیر اقتصاد
Wirtschaftsministerium, das; -s, -rien وزارت اقتصاد
Wirtschaftspolitik, die; -, -en سیاست اقتصادی
wirtschaftspolitisch *Adj.* (وابسته به) سیاست اقتصادی
Wirtschaftsprüfer, der; -s, - حسابدار، محاسب
Wirtschaftsverband, der; -(e)s, ⸚e اتحادیهٔ اقتصادی
Wirtschaftswachstum, das; -(e)s, - رشد اقتصادی
Wirtschaftswissenschaft, die; -, -en علم اقتصاد
Wirtschaftswissenschaft(l)er, der; -s, - اقتصاددان، عالم اقتصاد
Wirtschaftswunder, das; -s, - معجزهٔ اقتصادی
Wirtschaftszweig, der; -(e)s, -e شعبهٔ امور اقتصادی
Wirtshaus, das; -es, -häuser رستوران کوچک و ساده
Wirtsleute, die / *Pl.* اداره‌کنندگان رستوران کوچک
Wisch, der; -es, -e ۱. کاغذ پاره ۲. نوشتهٔ بی‌ارزش
wischen *Vt., Vi.* ۱. پاک کردن، زدودن، نظافت کردن، (با کهنه) تمیز کردن ۲. به‌سرعت حرکت کردن، به سرعت جنبیدن
Staub wischen گردگیری کردن
Wischer, der; -s, - ۱. پاک‌کننده ۲. دستمال نظافت
der Scheibenwischer برف پاک‌کن (اتومبیل)
Wischerblatt, das; -(e)s, ⸚er تیغهٔ برف پاک‌کن
Wischlappen, der; -s, - دستمال نظافت، دستمال گردگیری
Wischtuch, das; -(e)s, -e دستمال گردگیری، دستمال نظافت
Wisent, der; -(e)s, -e گاومیش کوهان‌دار امریکایی
wispeln *Vi., Vt.* ۱. نجوا کردن، پچ‌پچ کردن، آهسته صحبت کردن، در گوشی صحبت کردن ۲. نجوا کردن، آهسته گفتن
wispern *Vi., Vt.* ۱. نجوا کردن، پچ‌پچ کردن، آهسته صحبت کردن، در گوشی صحبت کردن ۲. نجوا کردن، آهسته گفتن
Wißbegierde, die; -, -n علاقه به دانستن، عطش دانش، دانش‌طلبی
wißbegierig *Adj.* مشتاق دانش
wissen *Vt.* دانستن، از (چیزی) اطلاع داشتن، از (چیزی) آگاهی داشتن
Wer weiß! کسی چه می‌داند!
Das weiß der Himmel! خدا می‌داند!
Ich möchte wissen. دلم می‌خواهد بدانم.
Soviel ich weiß. تا جایی که من می‌دانم.
Wissen, das; -s, - ۱. علم، دانش ۲. آگاهی، اطلاع، معرفت
Meines Wissens. تا آنجا که من می‌دانم.
Wissenschaft, die; -, -en علم، دانش، معرفت
Wissenschaft(l)er, der; -s, - عالم، دانشمند
Wissenschaft(l)erin, die; -, -nen عالم، دانشمند (زن)
wissenschaftlich *Adj.* علمی
Wissenschaftsfreiheit, die; - آزادی علمی
Wissensdrang, der; -(e)s, - عطش دانش، دانش‌طلبی
Wissensdurst, der; -(e)s, - عطش دانش، دانش‌طلبی
Wissensgebiet, das; -(e)s, -e حوزهٔ دانش
Wissensschatz, der; -es, ⸚e گنجینهٔ دانش
Wissenstrieb, der; -(e)s, -e عطش دانش، دانش‌طلبی
wissenswert *Adj.* دانستنی، جالب
Wissenszweig, der; -(e)s, -e شاخهٔ علم و دانش
wissentlich *Adj., Adv* ۱. عمدی، قصدی، دانسته، آگاه ۲. عمداً، از قصد
wittern *Vt.* ۱. بو کشیدن، بو کردن ۲. احساس کردن (خطر)، شمّ (چیزی) داشتن
Witterung, die; -, -en ۱. شرایط جوی، هوا، جو ۲. بو، حس بویایی
witterungsbeständig *Adj.* مقاوم در برابر هوا
Witterungseinflüsse, die / *Pl.* تأثیر هوا
Witterungsumschlag, der; -(e)s, ⸚e تغییر ناگهانی هوا
Witterungsverhältnisse, die / *Pl.* شرایط جوی
Witwe, die; -, -n بیوه، زن شوهر مرده
Witwengeld, das; -(e)s, -er مدد معاش بیوه
Witwenkleidung, die; -, -en جامهٔ عزای بیوه
Witwenrente, die; -, -n بازنشستگی بیوه
Witwenstand, der; -(e)s, ⸚e بیوگی
Witwer, der; -s, - (مرد) بیوه، مرد زن مرده
Witz, der; -es, -e شوخی، لطیفه، بذله‌گویی
Mach keine Witze! شوخی نکن!
Witzblatt, das; -(e)s, ⸚er نشریهٔ فکاهی
Witzbold, der; -(e)s, -e آدم بذله‌گو و شوخ

Witzelei, die; -, -en بذله‌گویی، شوخی، لطیفه‌گویی
witzeln *Vi.* طعنه زدن، شوخی کردن، حرف کنایه‌دار زدن، دست انداختن
Witzfigur, die; -, -en تصویر مضحک و خنده‌دار
witzig *Adj.* ۱. بذله‌گو، لطیفه‌گو، شوخ؛ حاضرجواب ۲. بامزه، جالب
Witzigkeit, die; - بذله‌گویی، لطیفه‌گویی، شوخی
Witzling, der; -s, -e آدم بذله‌گو و شوخ
wo *Adv., Konj.* ۱. کجا، در کجا، در کدام محل ۲. جایی که ۳. اگر، زمانی‌که، وقتی‌که
woanders *Adv.* یک جای دیگر، جایی دیگر
woandershin *Adv.* به جایی دیگر، به مکانی دیگر
wob *P.* صیغهٔ فعل گذشتهٔ مطلق از مصدر weben
wobei *Adv.* ۱. کجا ۲. در حالی که ۳. به چه وسیله
Wobei bist du gerade? داری چه کار می‌کنی؟
Woche, die; -, -n هفته
einmal in der Woche یک‌بار در هفته
Wochenarbeitszeit, die; -, -en ساعات کار در هفته
Wochenbett, das; -es, -en بستر زایمان
Wochenblatt, das; -(e)s, ¨-er مجلهٔ هفتگی
Wochenende, das; -s, -n آخر هفته، پایان هفته
Wochenkarte, die; -, -n بلیت هفتگی
wochenlang *Adj.* هفته‌های متمادی
Wochenlohn, der; -(e)s, ¨-e اجرت هفتگی، مزد هفتگی
Wochenmarkt, der; -(e)s, ¨-e بازار هفته
Wochenschau, die; -, -en اخبار هفته
Wochenschrift, die; -, -en نشریهٔ هفتگی، مجلهٔ هفتگی
Wochentag, der; -(e)s, -e هر روز هفته (غیر از روز تعطیل)
wochentags *Adv.* روزهای هفته
wöchentlich *Adj.* هفتگی، هر هفته
wochenweise *Adv.* در هفته
Wochenzeitung, die; -, -en روزنامهٔ هفتگی
Wöchnerin, die; -, -nen زائو
Wöchnerinnenabteilung, die; -, -en بخش زایمان
Wöchnerinnenheim, das; -(e)s, -e زایشگاه
Wodka, der; -s, - ودکا (نوعی نوشابهٔ الکلی)
wodurch *Adv.* ۱. چگونه، به چه وسیله، به چه علت ۲. که به آن وسیله، که بدان طریق
wofern *Konj.* در صورتی که، اگر
wofür *Adv.* ۱. برای چه، برای چه منظوری ۲. که به آن خاطر، که به آن جهت
wog *P.* صیغهٔ فعل گذشتهٔ مطلق از مصدر wiegen
Woge, die; -, -n موج بزرگ، موج خروشان
wogegen *Adv.* ۱. ضد چی، مخالف چی، علیه چی ۲. که بر ضد آن، که بر خلاف آن
wogen *Vi., Vr.* موج‌دار بودن، متلاطم بودن، تلاطم داشتن، موج زدن
woher *Adv.* از کجا
Woher kommt er? از کجا می‌آید؟ اهل کجاست؟
wohin *Adv.* به کجا
Ich weiß nicht, wohin damit! نمی‌دانم کجا بگذارمش!
wohinaus *Adv.* به کجا
wohingegen *Konj.* در حالی که
wohl *Adv., Konj.* ۱. خوب، سالم، مطبوع ۲. یقیناً؛ محتملاً، لابد، به خوبی، به درستی ۳. اگرچه، با وجودی که
Wohl oder übel muß er es tun. او خواهی نخواهی باید این کار را انجام دهد.
sich wohl fühlen سالم بودن، سر حال بودن
Leben Sie wohl! خدانگهدارا! به‌سلامت!
Wohl, das; -(e)s سلامتی، رفاه، راحتی، آسایش، سعادت، نجات، یاری، فایده
Auf Ihr Wohl! به سلامتی شما!
Zum Wohl! به سلامتی!
wohlan *Adv.* خوب، بسیار خوب
wohlangebracht *Adj.* مستعد، مناسب، درخور
wohlanständig *Adj.* محجوب، نجیب
wohlauf *Adj.* با سلامت کامل، سالم، تندرست
wohlbedacht *Adj.* قابل توجه، قابل سنجش
Wohlbefinden, das; -s, - تندرستی، سلامتی، صحت
wohlbegründet *Adj.* دارای زیربنای محکم
Wohlbehagen, das; -s, - لذت، آسایش، خوشی، تفریح
wohlbehalten *Adj.* آسیب ندیده، دست نخورده، سالم
wohlbekannt *Adj.* معروف، مشهور
wohlbeleibt *Adj.* فربه، تنومند، چاق
Wohlergehen, das; -s, - خوشی، سعادت، آسایش، رفاه
wohlerwogen *Adj.* قابل ملاحظه، قابل توجه، مهم
wohlerzogen *Adj.* [کودک] باتربیت، با ادب
Wohlfahrt, die; - ۱. آسایش، رفاه، آسودگی ۲. انجمن خیریه
Wohlfahrtsamt, das; -(e)s, ¨-er ادارهٔ رفاه، مرکز رفاه

Wohlfahrtseinrichtung, die; -, -en	مؤسسۀ رفاهی
Wohlfahrtspflege, die; -	رفاه اجتماعی، بهزیستی عمومی
Wohlfahrtsstaat, der; -es, -en	دولت رفاه اجتماعی، دولت رفاهی
Wohlfahrtsunterstützung, die; -, -en	حمایت برای رفاه، حمایت برای بهبود
wohlfeil Adj.	[بها] ارزان، مناسب
Wohlgefallen, das; -s, -	خوشایندی، میل، رضایت، رضامندی، لذت، خوشی
wohlgefällig Adj., Adv.	۱. دلپذیر، مطبوع، پسندیده، خوشایند ۲. با رضا و رغبت
Wohlgefühl, das; -(e)s, -	احساس دلپذیر
wohlgemeint Adj.	خوش نیت، با حسن نیت
wohlgemerkt Adv.	همان‌طور که گفته شده، همان‌طور که تأکید شده
wohlgemut Adj.	بشاش، خوشرو
wohlgenährt Adj.	خوب تغذیه شده
wohlgeordnet Adj.	خوب و مرتب، مرتب و منظم
wohlgeraten Adj.	موفق، خوب
Wohlgeruch, der; -(e)s, ⸚e	عطر، رایحه، بوی خوش
Wohlgeschmack, der; -(e)s, -	خوش‌طعم، خوشمزه
wohlgesinnt Adj.	خوش‌نیت، خوش‌رفتار
wohlgesittet Adj.	مؤدب، خوش‌اخلاق، دارای رفتار خوب
Wohlgestalt, die; -	خوش‌هیکلی، خوش‌ترکیبی
wohlgestaltet Adj.	خوش‌ترکیب، شکیل
wohlhabend Adj.	مرفه، غنی، دارا، ثروتمند
Wohlhabenheit, die; -	رفاه، سعادت، توانگری
Wohlklang, der; -(e)s, ⸚e	طنین خوش، صدای گوش‌نواز
wohlklingend Adj.	خوش‌آهنگ، خوش‌لحن، خوش صدا
Wohllaut, der; -(e)s, -e	طنین خوش، صدای گوش‌نواز
wohllautend Adj.	خوش‌آهنگ، خوش‌لحن، خوش‌صدا
Wohlleben, das; -s, -	زندگی دلپذیر
wohlmeinend Adj.	خوش‌نیت
wohlriechend Adj.	خوشبو، معطر
wohlschmeckend Adj.	خوش‌طعم، خوشمزه، لذیذ
Wohlsein, das; -s, -	تندرستی، سلامتی
Wohlstand, der; -(e)s, -	رفاه، سعادت
Wohlstandsgesellschaft, die; -, -en	اجتماع مرفه
Wohltat, die; -, -en	نیکوکاری، احسان، کار خیر
Wohltäter, der; -s, -	نیکوکار
Wohltäterin, die; -, -nen	نیکوکار (زن)
wohltätig Adj.	نیکوکار، نیکوکارانه، خیرخواهانه
Wohltätigkeit, die; -, -en	نیکوکاری، احسان
Wohltätigkeitsbasar, der; -(e)s, -e	بازار خیریه
Wohltätigkeitsveranstaltung, die; -, -en	نمایش خیریه
Wohltätigkeitsverein, der; -(e)s, -e	اتحادیۀ نیکوکاری، انجمن خیریه
wohltuend Adj.	مطبوع، ملایم، خوشایند
wohltun Vi.	تسلی دادن؛ احسان کردن، تسکین دادن؛ خوبی کردن
wohlüberlegt Adj.	درست سنجیده
wohlunterrichtet Adj.	مطلع، مستحضر، بااطلاع
wohlverdient Adj.	مستوجب، سزاوار، مستحق
wohlverstanden = wohlgemerkt	
wohlweislich Adv.	دوراندیشانه، بااحتیاط
Wohlwollen, das; -s, -	لطف، مرحمت، حسن‌نیت، خیرخواهی، مهربانی، عطوفت
wohlwollend Adj.	خیراندیش، نیک‌خواه، مهربان
Wohnanhänger, der; -s, -	اتومبیل مسکونی، کاراوان
Wohnanlage, die; -, -n	ساختمان مسکونی
Wohnbau, der; -(e)s, -ten	ساختمان مسکونی
Wohnberechtigung, die; -, -en	اجازۀ سکونت
Wohnbezirk, der; -(e)s, -e	منطقۀ مسکونی
Wohnblock, der; -(e)s, ⸚e	مجتمع مسکونی
Wohneinheit, die; -, -en	واحد مسکونی
wohnen Vi.	سکونت داشتن، اقامت داشتن، زندگی کردن، ساکن بودن، منزل کردن، مقیم بودن
in der Stadt wohnen	در شهر زندگی کردن
auf dem Lande wohnen	در ده زندگی کردن
Wohnfläche, die; -, -n	مساحت ساختمان
Wohngebäude, das; -s, -	ساختمان مسکونی
Wohngebiet, das; -(e)s, -e	منطقۀ مسکونی
Wohngegend, die; -, -en	منطقۀ مسکونی
Wohngeld, das; -(e)s, -er	کمک هزینۀ ساختمان
Wohngelegenheit, die; -, -en	وسایل آسایش در منزل
Wohngemeinschaft, die; -, -en	سکونت اشتراکی، سکونت گروهی
wohnhaft Adj.	ساکن، مقیم
Wohnhaus, das; -es, -häuser	ساختمان مسکونی، خانۀ مسکونی
Wohnheim, das; -(e)s, -e	خوابگاه (دانشجویی)
Wohnküche, die; -, -n	آشپزخانۀ مسکونی

wohnlich *Adj.* راحت، دنج
Wohnmobil, das; -s, -e محل سکونت سیار، کاراوان
Wohnort, der; -(e)s, -e محل سکونت، اقامتگاه
Wohnraum, der; -(e)s, -räume اتاق مسکونی، محل سکونت
Wohnrecht, das; -(e)s, -e حق مسکن
Wohnschlafzimmer, das; -s, - اتاق خواب مسکونی، استودیو
Wohnsitz, der; -es, -e محل سکونت، اقامتگاه
Wohnstube, die; -, -n اتاق نشیمن
Wohnung, die, -, -en ۱. منزل، خانه، مسکن، اقامتگاه ۲. آپارتمان
Wohnungsamt, das; -(e)s, ¨-er ادارهٔ مسکن
Wohnungsbau, der; -(e)s, - خانه‌سازی
Wohnungsbauprojekt, das; -(e)s, -e طرح خانه‌سازی
Wohnungsinhaber, der; -s, - صاحب خانه، مالک خانه
wohnungslos *Adj.* بی‌خانمان
Wohnungsmangel, der; -s, ¨- کمبود مسکن
Wohnungsmiete, die; -, -n اجاره‌خانه
Wohnungsnot, die; - کمبود مسکن
Wohnungsrecht, das; -(e)s, -e حق سکونت
Wohnungssuche, die; - جستجوی مسکن
Wohnungstür, die; -, -en در منزل، درِ خانه
Wohnungswechsel, der; -s, - تغییر منزل
Wohnviertel, das; -s, - منطقهٔ مسکونی
Wohnwagen, der; -s, - اتومبیل مسکونی
Wohnzimmer, das; -s, - اتاق نشیمن
wölben *Vt., Vr.* ۱. تاق زدن، تاق بستن، به شکل قوس/تاق درآوردن ۲. انحنا پیدا کردن
Wölbung, die; -, -en ۱. تاق، قوس، هلال ۲. انحنا، خمیدگی
Wolf, der; -(e)s, ¨-e ۱. گرگ ۲. چرخ گوشت
mit den Wölfen heulen هم‌رنگ جماعت شدن
wölfen *Vi., Vt.* توله زاییدن (سگ/گرگ)
Wölfin, die; -, -nen گرگ ماده
Wolfram, das; -s, - (شیمی) تنگستن
Wolfshund, der; -(e)s, -e سگ گرگ
Wolfshunger, der; -s, - گرسنگی زیاد
Wolfsmilch, die; - (گیاه) فرفیون
Wolke, die; -, -n ابر
Er schwebt immer in der Wolken. او همیشه در خواب و خیال به سر می‌برد.

Wolkenbruch, der; -(e)s, ¨-e رگبار، باران شدید
Wolkendecke, die; -, -n تودهٔ ابر
Wolkenhimmel, der; -s, - آسمان ابری
Wolkenkratzer, der; -s, - آسمان‌خراش
Wolkenkuckucksheim, das; -(e)s, - سرزمین رویایی، سرزمین ایده‌آل
wolkenlos *Adj.* صاف، بی‌ابر
Wolkenmasse, die; -, -n تودهٔ ابر
Wolkenschicht, die; -, -en لایهٔ ابر
wolkenverhangen *Adj.* ابری، تیره، پوشیده
wolkig *Adj.* ابری، ابرآلود، گرفته
Wolldecke, die; -, -n پتو
Wolle, die; -, -n ۱. پشم ۲. نخ کاموا
jemanden **in die Wolle bringen** کسی را سخت عصبانی کردن
wollen[1] *Adj.* پشمی
wollen[2] *Vi., Vt.* خواستن، اراده کردن، قصد داشتن
Zu wem wollen Sie? با کی کار دارید؟
Ganz wie Sie wollen. هر طور شما بخواهید.
Wollen, das; -s خواست، اراده
Wollfett, das; -(e)s, -e روغن پشم (مادهٔ چربی که از پشم گوسفند می‌گیرند)
Wollgarn, das; -(e)s, -e نخ پشم
Wollhandel, der; -s, ¨- تجارت پشم
Wollhändler, der; -s, - تاجر پشم
wollig *Adj.* پشمی
Wolljacke, die; -, -n ژاکت پشمی
Wollkleid, das; -(e)s, -er لباس پشمی
Wollschur, die; -, -en پشم چینی
Wollspinnerei, die; -, -en پشم ریسی
Wollstoff, der; -(e)s, -e پارچهٔ پشمی
Wollust, die; -, Wollüste شهوت
wollüstig *Adj.* شهوتی، شهوانی
Wollüstling, der; -s, -e (آدم) هرزه، شهوتران
Wollwaren, die / *Pl.* کالای پشمی
womit *Adv.* ۱. با چه، با چه چیز، به چه وسیله، با کدام چیز ۲. با چیزی که
Womit kann ich dir helfen? چگونه می‌توانم به تو کمک کنم؟
womöglich *Adv.* ۱. اگر بشود، در صورت امکان ۲. شاید، احتمالاً
wonach *Adv.* ۱. دربارهٔ چه، در مورد چی ۲. دنبال چه چیز ۳. که در آن مورد
Wonach hat er dich gefragt? دربارهٔ چی از تو سؤال کرد؟

Wonne, die; -, -n لذت، شادی، حظ، کیف
Wonnemonat, der; -(e)s, -e (ماه) مه، ماه لذت و شادی (ماه دوم بهار)
Wonnemond, der; -(e)s, -e (ماه) مه، ماه لذت و شادی
wonnetrunken *Adj.* خوش، سعادتمند
wonnig *Adj.* لذت‌بخش، شاد
woran *Adv.* ۱. به چه، به چه چیز، با چه، به چه وسیله ۲. که به آن چیز
Woran denkst du? به چه چیز فکر می‌کنی؟
worauf *Adv.* ۱. روی چه، روی چه چیز ۲. که روی آن ۳. که در آن مورد
Worauf freust du dich? برای چه خوشحالی؟
woraus *Adv.* ۱. از چه، از کدام چیز ۲. که از آن
Woraus ist das gemacht? از چه چیز ساخته شده؟
worein *Adv.* به کجا، در چه چیز، در داخل چه چیز
worfeln *Vt.* غربال کردن، باد افشان کردن، باد دادن
worin *Adv.* ۱. در چه، در چه چیز، در کجا، در کدام چیز ۲. که در آن
Wort, das; -(e)s, -e / ⸚er ۱. لغت، واژه، کلمه ۲. قول، عهد ۳. سخن، حرف، کلام، گفتار ۴. عبارت، لفظ
kein Wort sprechen حرفی نزدن، کلمه‌ای نگفتن
sein Wort brechen زیر قول خود زدن
nicht zu Worte kommen فرصت حرف زدن پیدا نکردن
mit anderen Worten به عبارت دیگر
jemandem **ins Wort fallen** وسط حرف کسی دویدن
das letzte Wort haben حرف آخر را زدن
Wortakzent, der; -(e)s, -e تکیه کلام
wortarm *Adj.* کم لغت
Wortarmut, die; - فقر لغت
Wortart, die; -, -en نحوهٔ کلام
Wortbedeutungslehre, die; -, -n علم لغات و معانی، علم معانی
Wortbildung, die; -, -en ساختمان جمله، لغت‌سازی
Wortbruch, der; -(e)s, ⸚e نقض قول، بدقولی
wortbrüchig *Adj.* بدقول، پیمان‌شکن
Wortmacher, der; -s, - پرحرف، پرچانه
Wortmacherin, die; -, -nen پرحرف، پرچانه (زن)
Wörterbuch, das; -(e)s, ⸚er فرهنگ لغت، لغتنامه، واژه‌نامه، کتاب لغت
Wörterverzeichnis, das; -nisses, -nisse فهرست کلمات
Wortfolge, die; -, -n ترتیب واژه‌ها، جمله‌بندی
Wortfügung, die; -, -en لغت‌سازی
Wortfügungslehre, die; -, -n علم نحو
Wortführer, der; -s, - متکلم، سخنران، ناطق
Wortführerin, die; -, -nen متکلم، سخنران، ناطق (زن)
Wortfülle, die; - پرگویی، اطناب
Wortgefecht, das; -es, -e جدل، مشاجرهٔ لفظی
wortgetreu *Adj.* تحت‌اللفظی
wortgewandt *Adj.* فصیح، روان، سلیس
wortkarg *Adj.* فصیح، روان، سلیس
Wortkargheit, die; -, -en سکوت، کم‌حرفی، خاموشی
Wortklasse, die; -, -n نحوهٔ کلام
Wortklauber, der; -s, - زبان‌باز، چاخان
Wortklauberei, die; -, -en زبان‌بازی
Wortlaut, der; -(e)s, -e متن، مفاد، فحوا
wörtlich *Adj.* کلمه به کلمه، لفظی، لغوی
wortlos *Adj.* ساکت؛ گنگ
Wortmacherei, die; -, -en پرچانگی، پرحرفی
wortreich *Adj.* پر لغت
Wortschatz, der; -es, ⸚e گنجینهٔ لغات
Wortschwall, der; -(e)s, -e درازگویی، اطناب، لفاظی
Wortsinn, der; -(e)s, -e مفهوم لغوی، مفاد ادبی
Wortspiel, das; -(e)s, -e بازی با کلمات
Wortstamm, der; -(e)s, ⸚e ریشهٔ لغت
Wortstellung, die; -, -en ترتیب کلمه
Wortstreit, der; -(e)s, -e مشاجرهٔ لفظی
Wortverbindung, die; -, -en ارتباط کلمات
Wortverdreher, der; -s, - تحریف‌کنندهٔ کلام
Wortverdreherin, die; -, -nen تحریف‌کنندهٔ کلام (زن)
Wortverdrehung, die; -, -en تحریف کلام
Wortwechsel, der; -s, - مشاجرهٔ لفظی
wortwörtlich *Adj.* کلمه به کلمه
worüber *Adv.* ۱. دربارهٔ چه، دربارهٔ چه چیز ۲. دربارهٔ آن چیز
worum *Adv.* ۱. دربارهٔ چه‌چیز، راجع به چه‌چیز ۲. که راجع به آن، که دربارهٔ آن
worunter *Adv.* ۱. زیر چه‌چیز ۲. تحت چه‌چیز ۳. که تحت آن، که از آن
woselbst *Adv.* کجا، در کجا
wovon *Adv.* ۱. از چه، از چه چیز ۲. که از آن
wovor *Adv.* ۱. جلوی چه، جلوی چه چیز ۲. که از آن
wozu *Adv.* ۱. برای چه، به خاطر چه، به چه منظور ۲. که به آن، که برای آن

Wrack, das; -(e)s, -e لاشهٔ کشتی، لاشهٔ هواپیما
Wrackgut, das; -(e)s, -̈er لاشهٔ کشتی، لاشهٔ هواپیما
wrang *P.* صیغهٔ فعل گذشتهٔ مطلق از مصدر wringen
wringen *Vt.* فشردن، چلاندن (پارچه)
Wucher, der; -s, - رباخواری، نزول‌خواری
Wucherer, der; -s, - رباخوار، نزول‌خور
Wucherin, die; -, -nen رباخوار، نزول‌خور (زن)
wucherhaft *Adj.* رباخوارانه
wucherisch *Adj.* رباخوارانه
Wucherhandel, der; -s, -̈ رباخواری، نزول‌خواری
Wuchermiete, die; -, -n اجارهٔ گزاف، اجارهٔ سنگین
wuchern *Vi.* ۱. رباخواری کردن، نزول خوردن ۲. به سرعت رشد کردن، نمو زیاد کردن، انبوه شدن (گیاه)
Wucherung, die; -, -en (پزشکی) رشد، نمو، تکثیر، رویش
Wucherzinsen, die / *Pl.* ربا، تنزیل
Wuchs, der; -es, -̈e ۱. رشد، نمو ۲. اندام، قامت، قد ۳. اولاد
wuchs *P.* صیغهٔ فعل گذشتهٔ مطلق از مصدر wachsen
Wucht, die; -, -en ۱. سنگینی، وزن ۲. فشار، قوت، نیرو ۳. سرعت، رشد
wuchten *Vi., Vt.* ۱.با سعی و تلاش بسیار کار کردن ۲. بلند کردن (وزنهٔ سنگین)
wuchtig *Adj.* ۱. سنگین ۲. قوی، نیرومند ۳. سریع، شدید
Wühlarbeit, die; -, -en فعالیت خرابکارانه
wühlen *Vi.* ۱. کاوش کردن، حفر کردن ۲. نقب زدن ۳. غریدن (جانوران) ۴. زیر و رو کردن ۵. تحریک کردن ۶. در گل و لای غوطه خوردن
Wühler, der; -s, - آشوبگر، خرابکار
wühlerisch *Adj.* آشوبگرانه، خرابکارانه
Wühlmaus, die; -, -mäuse موش صحرایی
Wulst, der; -es, -̈e ورم، آماس، برآمدگی
wulstig *Adj.* ورم کرده، برآمده، قلمبه
wund *Adj.* زخمی، مجروح
Wundbrand, der; -es قانقاریا، فساد عضو
Wunde, die; -, -n زخم، جراحت
Die Zeit heilt alle Wunden. زمان همه زخم‌ها را درمان می‌کند.
Wunder, das; -s, - معجزه
Es ist ein Wunder geschehen. معجزه‌ای روی داده است.
Kein Wunder, daß... تعجبی ندارد که...
wunderbar *Adj.* ۱. حیرت‌انگیز، شگفت‌آور، تعجب‌آور ۲. عالی، بسیار خوب ۳. معجزه‌آسا

Wunderbild, das; -es, -er تصویر شگفت‌انگیز
Wunderblume, die; -, -n گل لاله عباسی
Wunderding, das; -(e)s, -e چیز غیرعادی، شیء شگفت‌آور
Wunderdoktor, der; -s, -en پزشک حاذق
Wunderdroge, die; -, -n داروی مؤثر
wundereweise *Adv.* به نحو معجزه‌آسا
Wunderglaube, der; -ns اعتقاد به معجزه
wunderglaubig *Adj.* معتقد به معجزه
wunderhübsch *Adj.* بسیار زیبا
Wunderkind, das; -(e)s, -er کودک نابغه
Wunderknabe, der; -n, -n پسربچهٔ نابغه
Wunderkur, die; -, -en شفای معجزه‌آسا
Wunderland, das; -(e)s, -̈er سرزمین رویایی
wunderlich *Adj.* عجیب، غریب؛ نادر؛ تعجب‌آور
Wunderlichkeit, die; -, -en غرابت، ندرت
wundern *Vt., Vr.* ۱. متحیر کردن، متعجب ساختن، غافلگیر کردن، تعجب (کسی) را برانگیختن، باعث تعجب (کسی) شدن ۲. تعجب کردن، متعجب شدن، متحیر بودن
sich über jemanden **wundern** از کسی تعجب کردن
Das wundert mich. برایم تعجب‌آور است.
wundernehmen *Vt.* متعجب ساختن، متحیر کردن، غافلگیر کردن
wundersam *Adj.* شگفت‌انگیز، حیرت‌آور
wunderschön *Adj.* خیلی قشنگ، بسیار زیبا
Wundertat, die; -, -en معجزه، اعجاز، واقعهٔ شگفت‌انگیز
Wundertäter, der; -s, - معجزه‌گر
Wundertäterin, die; -, -nen معجزه‌گر (زن)
wundertätig *Adj.* معجزه‌آسا
Wundertier, das; -(e)s, -e عفریت، هیولا
wundervoll *Adj.* فوق‌العاده، عالی، بسیار خوب
Wunderwelt, die; -, -en دنیای عجایب
Wunderwerk, das; -(e)s, -e معجزه، اعجاز
Wunderzeichen, das; -s, - علائم معجزه
Wundfieber, das; -s, - تب ناشی از جراحت
Wundfläche, die; -, -n محل زخم
Wundinfektion, die; -, -en چرکِ زخم
wundlaufen *Vt.* بر اثر راه رفتن پاهای زخمی پیدا کردن
wundliegen *Vr.* بر اثر دراز کشیدن (زیاد) مجروح شدن، زخم بستر گرفتن، دچار زخم بستر شدن
Wundmal, das; -(e)s, -e جای زخم
Wundsalbe, die; -, -n مرهم زخم، پماد زخم

Wundstarrkrampf, der; -(e)s, - کزاز

Wunsch, der; -es, ⸚e ۱. میل، تمایل، تمنا ۲. آرزو، آرمان، مراد

Haben Sie noch einen Wunsch? فرمایش دیگری دارید؟

Mit den besten Wünschen! با صمیمانه‌ترین آرزوها!

wünschbar *Adj.* دلخواه، مورد علاقه، مطلوب

Wunschbild, das; -es, -er کمال مطلوب، آرمان، ایده‌آل

Wunschdenken, das; -s, - کام‌اندیشی، تفکر آرزومندانه

Wünschelrute, die; -, -n آب‌یاب، عصای آب‌یاب، عصای مخصوص کشف آب در زمین

Wünschelrutengänger, der; -s, - شخص آب‌یاب

wünschen *Vt., Vi.* ۱. آرزو کردن، آرزو داشتن ۲. میل داشتن، مایل بودن

Was wünschen Sie? چه فرمایشی دارید؟

Wünschen Sie noch etwas? چیز دیگری هم می‌خواهید؟

wünschenswert *Adj.* دلخواه، خواستنی، مورد علاقه، مطلوب

wunschgemäß *Adj.* مطابق میل

Wunschkind, das; -(e)s, -er کودک طلبیده، کودک مورد انتظار

Wunschkonzert, das; -(e)s, -e کنسرت مورد تقاضا

wunschlos *Adj.* بی‌آرمان، بی‌آرزو

Wunschsatz, der; -es, ⸚e (دستور زبان) جملهٔ آرزویی

Wunschtraum, der; -(e)s, -träume امید واهی

Wunschzettel, der; -s, - صورت خواسته‌ها، صورت چیزهای مورد نیاز

wurde *P.* صیغهٔ فعل گذشتهٔ مطلق از مصدر werden

Würde, die; -, -n ۱. شأن، منزلت، ارج ۲. وقار، متانت ۳. رتبه، مقام، پایه (اداری)

würdelos *Adj.* بی‌منزلت، بی‌وقار

Würdenträger, der; -s, - شخص بلند مرتبه، عالی‌مقام

würdenvoll *Adj.* ارجمند، باوقار، بلندمرتبه، معزز، بزرگ

würdig *Adj.* ۱. لایق، شایسته، برازنده، سزاوار، قابل ۲. باوقار، سنگین

würdigen *Vt.* ۱. لایق دانستن، ارج نهادن، شایسته دانستن، گرامی داشتن ۲. بها دادن

Würdigkeit, die; - لیاقت، شایستگی، قابلیت

Würdigung, die; -, -en ۱. لایق، شایسته، سزاوار ۲. ارزیابی، برآورد، تخمین

Wurf, der; -(e)s, -e ۱. پرتاب ۲. حیوانی که طعمهٔ گرگ شده ۳. زایمان (سگ/گربه) ۴. کار پر موفقیت

Der Roman war sein großer Wurf.

آن رمان کار بسیار برجستهٔ او بود.

Würfel, der; -s, - ۱. تاس (بازی) ۲. مکعب

Die Würfel sind gefallen. تصمیم نهایی گرفته شده است.

Würfelbecher, der; -s, - ظرف (مخصوص) ریختن تاس

würfelförmig *Adj.* مکعبی شکل

würfelig *Adj.* مکعبی

würfeln *Vi., Vt.* ۱. تاس انداختن، تاس ریختن، تاس بازی کردن ۲. به شکل مکعب خرد کردن (مواد خوراکی جامد)

Würfelspiel, das; -(e)s, -e بازی با تاس

Würfelzucker, der; -s, - قند حبه‌ای

Wurfgeschoß, das; -schosses, -schosse پرانه، اسلحهٔ پرتاب کردنی (مثل نارنجک، سنگ)

Wurfkreis, der; -es, -e دایرهٔ پرتاب وزنه؛ دایرهٔ پرتاب نیزه

Wurfpfeil, der; -(e)s, -e نیزه، زوبین، تیر

Wurfring, der; -(e)s, -e دایرهٔ پرتاب وزنه؛ دایرهٔ پرتاب نیزه

Wurfscheibe, die; -, -n دیسک

Wurfspeer, der; -(e)s, -e پرتاب نیزه

Wurfspieß, der; -es, -e پرتاب نیزه

Wurftaube, die; -, -n (تیراندازی) هدفِ متحرک، هدفِ پرنده

würgen *Vt., Vi.* ۱. خفه کردن ۲. خفه شدن ۳. بالا آوردن، استفراغ کردن ۴. به‌زحمت قورت دادن

Würgenengel, der; -s, - فرشتهٔ ویرانگر

Würger, der; -s, - ۱. (پرنده) سنگ‌چشم ۲. مرگ

Wurm, der; -(e)s, ⸚er/⸚e کرم

Da ist der Wurm drin! اشکالی در کار است!

Würmchen, das; -s, - کرم کوچک

wurmen *Vt.* آزردن، رنجاندن، رنجه کردن؛ خشمگین کردن

wurmförmig *Adj.* کرمی شکل، به شکل کرم

Wurmfortsatz, der; -es, ⸚e (پزشکی) آپاندیس

Wurmfraß, der; -es, -e کرم خوردگی

wurmig *Adj.* کرم خورده، کرمو

Wurmloch, das; -(e)s, ⸚er کرم خوردگی

Wurmmittel, das; -s, - داروی ضد کرم

Wurmstich, der; -(e)s, -e کرم خوردگی

wurmstichig *Adj.* کرم خورده، کرمو

Wurst, die; -, ¨-e کالباس
Wurstblatt, das; -(e)s, ¨-er نشریهٔ بی‌ارزش
Würstchen, das; -s, - سوسیس
Würstchenbude, die; -, -n (دکهٔ) سوسیس‌فروشی
Wurstelei, die; -, -en اهمال‌کاری، بی‌تفاوتی، سرهم‌بندی
wursteln *Vi.* اهمال کردن، با بی‌تفاوتی کار کردن، سرهم بندی کردن
wurstig *Adj.* بی‌تفاوت، اهمال‌کار، سرهم‌بند
Wurstvergiftung, die; -, -en مسمومیت کالباس
Wurstwaren, die / *Pl.* (انواع) کالباس؛ (انواع) سوسیس
Würze, die; -, -n ادویه، چاشنی (غذا)
In der Geschichte ist keine Würze. داستان کسل‌کننده‌ای است.
Wurzel, die; -, -n ۱. ریشه ۲. (ریاضی) جذر
Wurzel schlagen ریشه کردن
die Wurzel aus einer Zahl ziehen از عددی جذر گرفتن
Wurzelbehandlung, die; -, -en مداوای ریشهٔ دندان
Wurzelgröße, die; -, -n (ریاضی) مقدار جذر، کمیت جذر
Wurzelknolle, die; -, -n هر نوع برآمدگی زگیل مانند
wurzellos *Adj.* بدون ریشه
wurzeln *Vi.* ریشه کردن، ریشه دواندن، ریشه گرفتن
wurzelnd *Adj.* ریشه‌دار
Wurzelschößling, der; -s, -e شاخه‌ای که از ساقهٔ زیرزمینی یا از ریشه جوانه زند
Wurzelstock, der; -(e)s, ¨-e ساقهٔ زیرزمینی
Wurzelwerk, das; -(e)s ریشه، ریشه‌گیری
Wurzelwort, das; -(e)s, ¨-er لغت بنیادی، لغت ریشه‌دار
Wurzelzeichen, das; -s, - (ریاضی) رادیکال، علامت جذر
Wurzelziehen, das; -s, - (ریاضی) جذرگیری
würzen *Vt.* ادویه زدن، چاشنی زدن
würzig *Adj.* ادویه‌دار، معطر، خوش‌طعم
wurzlig *Adj.* ریشه‌دار
Würzmischung, die; -, -en ادویهٔ مخلوط
wusch *P.* صیغهٔ فعل گذشتهٔ مطلق از مصدر waschen
Wuschelhaar, das; -(e)s, -e موی وزوزی
wuschelig *Adj.* [مو] وزوزی
wuselig *Adj.* سرزنده، چالاک
wußte *P.* صیغهٔ فعل گذشتهٔ مطلق از مصدر wissen
Wust, der; -(e)s پس‌مانده، چیز غیرضروری و بی‌ارزش، آشغال
wüst *Adj.* ۱. بایر، لم‌یزرع، غیرمسکونی ۲. وحشی، افسار گسیخته
Wüste, die; -, -n بیابان، کویر
Wüstenei, die; -, -en بیابان، کویر
Wüstenklima, das; -s, -s آب و هوای کویری
Wüstensand, der; -(e)s, - ریگ بیابان
Wüstling, der; -s, -e هرزه، عیاش، شهوتران
Wut, die; - خشم، غضب، عصبانیت
jemanden **in Wut bringen** کسی را عصبانی کردن
Wut auf jemanden **haben** از کسی عصبانی بودن
Wutanfall, der; -(e)s, ¨-e بروز ناگهانی خشم
Wutausbruch, der; -(e)s, ¨-e بروز ناگهانی خشم
wüten *Vi.* خشمگین بودن، غضبناک بودن
wütend *Adj.* عصبانی، خشمگین، غضبناک، خشمناک
wütend sein عصبانی بودن، غضبناک بودن
wütend werden عصبانی شدن
Er ist wütend auf mich. او از دست من عصبانی است.
wutentbrannt *Adj.* خشمگین، عصبانی
wütig *Adj.* عصبانی، خشمگین
wutschäumend *Adj.* پرجوش و خروش
wutschnaubend *Adj.* متلاطم؛ عصبانی، آتشی

X

X, das; -, - ۱. ایکس (حرف بیست و چهارم الفبای آلمانی) ۲. مقدار مجهول، مقدار نامشخص، مقدار نامعین ۳. شخص مجهول ۴. (عدد رومی) ده

jemandem ein X für ein U vormachen
کلاه سر کسی گذاشتن

X-Achse, die; -, -n (ریاضی) محور X، محور طولی

Xanthippe, die; -, -n ۱. زن سقراط ۲. زن ستیزه‌جو، زن سلیطه، زن شریر

X-Beine, die / Pl. ساق پای منحنی؛ زانوی کج، زانوی پیچ خورده

X-beinig Adj. دارای زانوی کج؛ دارای ساق پای منحنی

x-beliebig Adj. [شخص، شیء] دلخواه

X-Chromosom, das; -s, -e کروموزوم X

Xenie, die; -, -n شعر هجوآمیز

Xenion, das; -s, -nien شعر هجوآمیز

Xenokratie, die; -, -n حکومت بیگانه

Xerodermie, die; -, -n خشکی پوست

x-fach Adj. چندین برابر، چندین بار

X-Haken, der; -s, - قلاب تابلو

x-mal Adv. چندین بار، چندین مرتبه، به دفعات زیاد

X-Strahlen, die / Pl. اشعهٔ ایکس

x-t- Zahlw. (برای) چندمین دفعه

zum x-ten Male (برای) چندمین بار

Xylograph, der; -en, -en منبت‌کار، کنده‌کار

Xylographie, die; -, -n منبت‌کاری، کنده‌کاری

xylographisch Adj. (مربوط به) منبت‌کاری، (مربوط به) کنده‌کاری

Xylophon, das; -s, -e (ساز) سیلوفون

Y

Y, das; -,- ۱. اوپسیلُن (حرف بیست و پنجم الفبای آلمانی) ۲. مقدار مجهول، مقدار نامشخص، مقدار نامعین ۳. شخص مجهول

Y-Achse, die; -,-n (ریاضی) محور Y، محور عرضی

Yacht, die; -,-en کشتی کوچک تفریحی

Yankee, der; -s,-s یانکی (سرباز ایالات شمالی در جنگ‌های داخلی امریکا)

Yard, das; -s,-s یارد (واحد اندازه‌گیری طول در انگلیس)

Yawl, die; -,-e کشتی کوچک بادبانی

Y-Chromosom, das; -s,-e کروموزوم Y

yd. = *Yard*

Yen, das; -,-s ین (واحد پول ژاپن)

Yeti, der; -s,-s انسان برفی در هیمالایا

Yoga, der/das; -s یوگا

Yoghurt, der/das; -s,-s ماست

Yogi, der; -s,-s ریاضت‌کش، مرتاض، جوکی

Youngster, der; -s,- ورزشکار جوان

Yo-Yo, das; -s,-s یویو (نوعی اسباب‌بازی)

Ypsilon, das; -,-s حرف Y (حرف بیست و پنجم الفبای آلمانی)

Ysop, der; -s,-e زوفا؛ اشنان دارو (نوعی گیاه که در قدیم یهودیان برای بخور مقدس به کار می‌بردند)

Yuan, der; -(s),-(s) یوان (واحد پول چین)

Yucca, die; -,-s یوکا (نوعی درخت امریکایی)

Z

Z, das; -, - تست (حرف بیست و ششم الفبای آلمانی)
von A bis Z از اول تا آخر، تماماً
Z = *Zahl; Zeile*
Zacke, die; -, -n دندانه، کنگره
Zacken, der; -s, - دندانه، کنگره
zacken *Vt.* کنگره‌دار کردن، دندانه دندانه کردن
zackig *Adj.* دندانه‌دار، کنگره‌دار، مضرّس
zag *Adj.* ترسو، خجول، مردد، بی‌جرأت؛ نامطمئن
Er kam mit zagen Schritten näher.
او با قدم‌های نامطمئن نزدیک شد.
Zagel, der; -s, - ۱. دم، دنباله ۲. کاکل مو
zagen *Vi.* ترسیدن، از میدان دررفتن؛ تردید کردن،
Zagen, das; -s ترس؛ تردید
zaghaft *Adj.* ترسو، خجول، مردد، بی‌جرأت، دودل
Zaghaftigkeit, die; - ترسویی، کمرویی
zäh *Adj.* ۱. [مایع] غلیظ، سفت ۲. استوار، محکم، مقاوم ۳. سمج ۴. [چرم] نرم و سخت
zähflüssig *Adj.* [مایع] غلیظ، سفت
Zähigkeit, die; - ۱. غلظت، سفتی ۲. استواری، مقاوم، محکمی
Zahl, die; -, -en ۱. عدد، رقم، شماره ۲. تعداد
in großer Zahl به تعداد زیاد
ganze Zahl (ریاضی) عدد صحیح
gebrochene Zahl (ریاضی) عدد کسری
gerade Zahl (ریاضی) عدد زوج
ungerade Zahl (ریاضی) عدد فرد
zahlbar *Adj.* قابل پرداخت، پرداختنی
zählbar *Adj.* قابل شمارش، شمارش‌پذیر، شمردنی
zählebig *Adj.* زندگی طلب
zahlen *Vt., Vi.* ۱. واریز کردن، پرداخت کردن، دادن (پول) ۲. پرداختن، پول دادن
Zahlen bitte! (در رستوران) صورت‌حساب لطفاً!
zählen *Vt., Vi.* ۱. شمردن، شمارش کردن ۲. به حساب آوردن ۳. به (کسی) اتکا کردن ۴. معتبر بودن، اهمیت داشتن
Das zählt nicht. این حساب نیست.
Ich zähle auf dich. اتکای من به توست.
Seine Tage sind gezählt. روزهای آخر عمرش است.
Er zählt 30 Jahre. او ۳۰ سال دارد.
Zahlenlotterie, die; -, -n بلیت بخت‌آزمایی لوتو
Zahlenlotto, das; -s, -s بلیت بخت‌آزمایی لوتو
zahlenmäßig *Adj.* عددی، شماره‌ای، رقمی
Zahlenmaterial, das; -s, -ien (در کامپیوتر) داده‌های عددی
Zahlenreihe, die; -, -n سری اعداد
Zahlenschloß, das; -schlosses, -schlösse قفل رمزی، قفل عددی
Zahlensystem, das; -s, -e سیستم عددی، نظام اعداد
Zahlenverhältnis, das; -nisses, -nisse نسبت عددی
Zahler, der; -s, - پرداخت‌کننده
Zähler, der; -s, - ۱. شمارشگر، بَرخه‌شمار ۲. صورت کسر ۳. کنتور (آب / برق)
Zählerablesung, die; - قرائت شماره کنتور
Zählerin, die; -, -nen شمارشگر، بَرخه‌شمار (زن)
Zahlgrenze, die; -, -n حداکثر اعتبار بلیت (از نظر مسافت)
Zahlkarte, die; -, -n ورقهٔ حواله پستی، فرم چاپی برای حوالهٔ پول (از طریق پست)
zahllos *Adj.* بی‌شمار
Zahlmeister, der; -s, - حسابدار، صندوقدار
zahlreich *Adj.* متعدد، زیاد، فراوان
Zahlstelle, die; -, -n محل پرداخت
Zahltag, der; -(e)s, -e روز پرداخت
Zahlung, die; -, -en پرداخت، تأدیه
Zählung, die; -, -en شمارش
Zahlungsabkommen, das; -s, - قرارداد پرداخت
Zahlungsanweisung, die; -, -en حوالهٔ پرداخت
Zahlungsaufforderung, die; -, -en درخواست پرداخت
Zahlungsaufschub, der; -(e)s, ¨-e تأخیر پرداخت؛ مهلت پرداخت
Zahlungsauftrag, der; -(e)s, ¨-e سفارش پرداخت
Zahlungsbedingungen, die / *Pl.* شرایط پرداخت
Zahlungsbefehl, der; -s, -e حکم پرداخت
Zahlungsbilanz, die; -, -en جمع‌بندی پرداخت

Zahlungseinstellung, die; -, -en خاتمهٔ پرداخت، قطع پرداخت
Zahlungsempfänger, der; -s, - گیرندهٔ وجه
Zahlungserleichterung, die; -, -en تسهیل در پرداخت
zahlungsfähig *Adj.* قادر به پرداخت
Zahlungsfähigkeit, die; - توانایی پرداخت
Zahlungsfrist, die; -, -en مهلت پرداخت، تأخیر پرداخت
Zahlungsmittel, das; -s, - وسیلهٔ پرداخت، وسیلهٔ داد و ستد
Zahlungsort, der; -(e)s, -e محل پرداخت
Zahlungsschwierigkeiten, die / *Pl.* مشکلات پرداخت
Zahlungstermin, der; -s, -e موعد پرداخت
zahlungsunfähig *Adj.* ناتوان از پرداخت
Zahlungsunfähigkeit, die; -, -en عدم قابلیت پرداخت، ناتوان در پرداخت
zahlungswillig *Adj.* آماده برای پرداخت
Zählwerk, das; -(e)s, -e کنتور
Zahlwort, das; -(e)s, ¨-er (دستور زبان) عدد
Zahlzeichen, das; -s, - رقم، عدد
zahm *Adj.* اهلی، رام، دست‌آموز
zähmbar *Adj.* رام شدنی، اهلی شدنی
zähmen *Vt.* رام کردن، اهلی کردن، دست‌آموز کردن
Zahmheit, die; - انس، آموختگی، دست‌آموزی
Zähmung, die; -, -en رام‌سازی
Zahn, der; -(e)s, ¨-e ۱. دندان ۲. دندانه
sich die Zähne putzen دندان‌ها را مسواک زدن
die Zähne zusammenbeißen دندان روی جگر گذاشتن
bis an die Zähne bewaffnet تا بُن دندان مسلح
sich einen Zahn ziehen lassen دندان کشیدن
Zahnarzt, der; -es, ¨-e دندانپزشک
zum Zahnarzt gehen پیش دندانپزشک رفتن
Zahnärztin, die; -, -nen دندانپزشک (زن)
zahnärztlich *Adj.* (مربوط به) دندانپزشکی
Zahnbehandlung, die; -, -en مداوای دندان
Zahnbelag, der; -(e)s, ¨-e روکش دندان
Zahnbürste, die; -, -n مسواک
Zahncreme, die; -, -s خمیردندان
Zähneklappern, das; -s, - صدای به هم خوردن دندان
Zähneknirschen, das; -s, - دندان قروچه
zähneknirschend *Adj., Adv.* ۱. دندان قروچه‌ای؛ عصبانی، خشمگین ۲. با دندان‌قروچه؛ با خشم، با عصبانیت

zahnen *Vi.* دندان درآوردن
zähnen *Vt.* دندانه‌دار کردن، مضرّس کردن
Zahnersatz, der; -es دندان مصنوعی
Zahnfäule, die; - پوسیدگی دندان
Zahnfieber, das; -s, - تبی که هنگام درآوردنِ اولین دندان عارض می‌شود
Zahnfistel, die; -, -n شکافتگی دندان
Zahnfleisch, das; -es لثه
Zahnfleischbluten, das; -s, - خونریزی لثه
Zahnfleischentzündung, die; -, -en التهاب لثه
Zahnfüllung, die; -, -en پرسازی دندان
Zahngeschwür, das; -(e)s, -e جراحت دندان، زخم دندان
Zahnheilkunde, die; -, -n دندان‌سازی
Zahnkrone, die; -, -n تاج (دندان)
Zahnlabor, das; -s, -s آزمایشگاه دندان
Zahnlaut, der; -(e)s, -e حرف دندانی
zahnlos *Adj.* بی‌دندان
Zahnlücke, die; -, -n درز دندان، فاصلهٔ بین دو دندان
Zahnmedizin, die; -, -en دندان پزشکی
Zahnnerv, der; -s / -en, -en عصب دندان
Zahnpasta, die; -, -ten خمیردندان
Zahnpflege, die; -, -n مراقبت از دندان
Zahnprothese, die; -, -n دندان مصنوعی
Zahnpulver, das; -s, - مادهٔ تمیز کنندهٔ دندان
Zahnrad, das; -(e)s, ¨-er چرخ دنده، چرخ دندانه‌دار، چرخ مضرّس
Zahnradantrieb, der; -(e)s, -e محرک چرخ دنده
Zahnradbahn, die; -, -en خط آهن چنگک‌دار
Zahnradgetriebe, das; -s, - چرخ دندانه‌دار
Zahnschmelz, der; -es مینای دندان
Zahnschmerz, der; -es, -en دندان‌درد
Zahnschmerzen haben دندان‌درد داشتن
Zahnseide, die; -, -n نخ دندان
Zahnstein, der; -(e)s, - سنگ دندان
Zahnstocher, der; -s, - خلال دندان
Zahntechnik, die; - دندان‌سازی
Zahntechniker, der; -s, - دندان‌ساز
Zahnwechsel, der; -(e)s, - رویش مجدد دندان
Zahnweh, das; -(e)s دندان‌درد
Zahnwerk, das; -(e)s, -e میلهٔ دندانه‌دار (که دنده‌های چرخ در آن قرار گیرد)
Zahnwurzel, die; -, -n ریشهٔ دندان
Zahnzange, die; -, -n کلبتین، دندان کن

Zähre, die; -, -n اشک، سرشک
Zander, der; -s, - (نوعی) ماهی خاردار
Zange, die; -, -n ۱. انبر ۲. گازانبر ۳. سیم‌چین
Zangengeburt, die; -, -en انبرکِ قابلگی، فورسپس
Zank, der; -(e)s دعوا، مشاجره، نزاع، مناقشه
Zankapfel, der; -s, ⸚ موضوع مشاجره، موضوع مورد اختلاف
zanken *Vr., Vi.* ۱. سرزنش کردن، ملامت کردن ۲. دعوا کردن، نزاع کردن، مشاجره کردن
Zänker, der; -s, - ستیزه‌جو، نزاع‌طلب، تندخو، فتنه‌جو
zankhaft *Adj.* ستیزه‌جو، فتنه‌جو، نزاع‌طلب، تندخو
zänkisch *Adj.* ستیزه‌جو، تندخو، فتنه‌جو، نزاع‌طلب
Zanksucht, die; -, ⸚e ستیزه‌جویی، فتنه‌جویی، نزاع‌طلبی، تندخویی
zanksüchtig *Adj.* ستیزه‌جو، فتنه‌جو، نزاع‌طلب، تندخو
Zäpfchen, das; -s, - شیاف
Zapfen, der; -s, - ۱. توپی؛ سربطری؛ سوراخ‌گیر ۲. زبانهٔ چوبی ۳. میوهٔ کاج
zapfen *Vt.* ۱. از بشکه ریختن (مایعات) ۲. توپی گذاشتن، بستن (سر بطری) ۳. امتحان شفاهی کردن
Zapfenbohrer, der; -s, - سر بطری بازکن
Zapfenlager, das; -s, -/⸚ محور زبانه
Zapfenloch, das; -(e)s, ⸚er جای زبانه، کام
Zapfhahn, der; -(e)s, ⸚e شیر بشکه
Zapfpistole, die; -, -n سر لوله، دهانه
Zapfsäule, die; -, -n پمپ بنزین
zappelig *Adj.* بی‌قرار، ناآرام، ناراحت
zappeln *Vi., Vr.* بی‌قرار بودن، ناراحت بودن
Zappelphilipp, der; -s, -e/-s کودک بی‌قرار، کودک ناآرام
zappenduster *Adj.* قیرگون، تاریک
Zar, der; -en, -en تزار (امپراتور روسیه)
Zarge, die; -, -n ۱. لبه، حاشیه ۲. قالب
Zarin, die; -, -nen تزارین (امپراتریس روسیه)
zart *Adj.* ۱. ظریف ۲. نرم، لطیف ۳. ملایم، آرام ۴. ترد، شکننده، آسیب‌پذیر
zartbesaitet *Adj.* حساس، زودرنج
zartfühlend *Adj.* ظریف، لطیف، نازک
Zartgefühl, das; -(e)s حس لطیف، نازکی احساسات
Zartheit, die; -, -en ظرافت، لطافت، نازکی
zärtlich *Adj.* ۱. لطیف ۲. مهربان ۳. نوازش‌گونه، ملاطفت‌آمیز
Zärtlichkeit, die; -, -en ۱. لطافت ۲. مهربانی ۳. نوازش

Zaster, der; -s, - پول
Zauber, der; -s, - ۱. افسون، جادو، سحر ۲. شعبده‌بازی، چشم‌بندی
Zauberei, die; -, -en ۱. افسونگری، جادوگری ۲. شعبده‌بازی، چشم‌بندی
Zauberer, der; -s, - جادوگر، افسونگر، ساحر
Zauberflöte, die; -, -n نی سحرآمیز (نام اپرایی از موتسارت)
Zauberformel, die; -, -n ورد، فرمول جادویی
zauberhaft *Adj.* جادویی، سحرانگیز؛ جذاب، مسحورکننده
Zauberin, die; -, -nen جادوگر، افسونگر، ساحر (زن)
zauberisch *Adj.* جادویی، سحرانگیز؛ جذاب
Zauberkraft, der; -, ⸚e نیروی جادویی
Zauberkunst, die; -, ⸚e جادوگری، ساحری
Zauberkünstler, der; -s, - ۱. جادوگر، ساحر ۲. شعبده‌باز
Zauberkunststück, das; -(e)s, -e شعبده‌بازی
Zauberland, das; -(e)s, ⸚er سرزمین پریان
zaubern *Vi., Vt.* ۱. جادو کردن، افسون کردن، سحر کردن ۲. شعبده‌بازی کردن، چشم‌بندی کردن ۳. خلق کردن (اثر هنری)
Ich kann doch nicht zaubern. معجزه که نمی‌توانم بکنم.
Zauberspiegel, der; -s, - آینهٔ دورنما، آینهٔ غیب‌نما
Zauberspruch, der; -(e)s, ⸚e افسون، طلسم، ورد جادویی
Zauberstab, der; -(e)s, ⸚e عصای جادویی
Zaubertrank, der; -(e)s, ⸚e شربت سحرآمیز، مهردارو، جرعهٔ عشق
Zauberwort, das; -(e)s, -e/⸚er واژهٔ جادویی، افسون، ورد
Zauderer, der; -s, - ۱. درنگ‌کننده، تأخیرکننده ۲. تردیدکننده
zaudern *Vi.* ۱. درنگ کردن، تأخیر کردن ۲. دودل بودن، مردد بودن، شک و تردید داشتن
Zaudern, das; -s ۱. درنگ، تأخیر ۲. تردید
Zaum, der; -(e)s, Zäume افسار، دهنه، عنان، لگام
zäumen *Vt.* افسار کردن، دهنه زدن
Zaumzeug, das; -(e)s, -e افسار، دهنه، عنان، لگام
Zaun, der; -(e)s, Zäune پرچین، حصار، نرده
zaundürr *Adj.* لاغر مردنی
Zaungast, der; -(e)s, ⸚e مسافر مجانی؛ تماشاگر مفت

Zaunkönig 960

Zaunkönig, der; -(e)s, -e (پرنده) سسک، الیکایی
Zaunpfahl, der; -es, ⸚e ستون پرچین، ستون حصار، ستون نرده
Zaupe, die; -, -n ۱. ماده سگ ۲. زن شلخته
zausen *Vt.* محکم کشیدن
z.B = *zum Beispiel* مثلاً، به طور مثال
ZDF = *Zweites Deutsches Fernsehen* شبکهٔ دوم تلویزیونی آلمان
Zebra, das; -s, -s گورخر
Zebrastreifen, der; -s, - محل خط‌کشی شدهٔ خیابان (جهت عبور پیاده)
Zechbruder, der; -s, ⸚ میگسار، باده‌خوار، دائم‌الخمر
Zeche, die; -, -n ۱. مخارج میگساری ۲. معدن، کان
zechen *Vi.* میگساری کردن، می نوشیدن
Zecher, der; -s, - میگسار، باده‌خوار، دائم‌الخمر
Zechgelage, das; -s, - میگساری، عیاشی
Zechkumpan, der; -s, -e اهل کیف، اهل لذت
Zechpreller, der; -s, - (در رستوران) کسی که از پرداخت حساب طفره می‌رود، مشتری مجانی
Zechprellerei, die; -, -en (در رستوران) طفره‌روی از پرداخت حساب
Zecke, die; -, -n کنه
Zeder, die; -, -n سرو، سرو آزاد
zedieren *Vt.* واگذار کردن، انتقال دادن، منتقل کردن
Zeh, der; -(e)s / -en, -en انگشت پا؛ پنجهٔ پا
Zehe, die; -, -n انگشت پا؛ پنجهٔ پا
Zehennagel, der; -s, ⸚ ناخن انگشت پا
Zehenspitze, die; -, -n نوک انگشت پا؛ پنجهٔ پا
Zehn, die; -, -en (عدد) ده
zehn *Zahlw.* ده
Zehneck, das; -(e)s, -e ده‌گوش، ده گوشه
Zehner, der; -s, - دهگان، عدد بین ده و نوزده
Zehnerbruch, der; -(e)s, ⸚e کسر اعشاری دهگان
zehnerlei *Adj.* ده نوع، ده‌گانه
Zehnerpackung, die; -, -en بسته‌بندی ده‌تایی
zehnfach *Adj.* ده برابر
zehnfältig *Adj.* ده برابر
Zehnfingersystem, das; -s ماشین‌نویسی با ده انگشت
zehnjährig *Adj.* ده‌ساله
Zehnkampf, der; -(e)s, ⸚e (در دو میدانی) ورزش‌های ده‌گانه
zehnmal *Adv.* ده بار
zehnmalig *Adj.* ده باره، برای ده بار

Zehnmarkschein, der; -(e)s, -e اسکناس ده مارکی
zehntägig *Adj.* ده روزه
zehnt- *Adj.* دهم، دهمین
zehntausend *Zahlw.* ده هزار
Zehnte, der; -n, -n ده‌یک، عشر
Zehntel, das; -s, - یک‌دهم
zehntens *Adv.* دهم آن که
zehren *Vi.* ۱. لاغر کردن ۲. تضعیف کردن ۳. با قناعت زندگی کردن ۴. با خاطرات خوش گذشته دلخوش بودن
zehrend *Adj.* تمام‌کننده، تکمیل‌کننده
Zehrung, die; -, -en آذوقه، سورسات
Zeichen, das -s, - علامت، نشانه، نشان؛ اشاره
ein Zeichen geben علامت دادن
das Verkehrszeichen علامت رانندگی
Zeichenblock, der; -s, ⸚e دفتر رسم
Zeichenbrett, das; -(e)s, -er تختهٔ رسم، تختهٔ نقشه‌کشی
Zeichendreieck, das; -(e)s, -e گونیا
Zeichenerklärung, die; -, -en توضیح نشانه، توضیح نشانه‌ها
Zeichenfeder, die; -, -n قلم رسم، قلم نقاشی
Zeichenheft, das; -(e)s, -e کتابچهٔ رسم
Zeichenkunst, die; -, ⸚e هنر رسم، هنر طراحی
Zeichenlehrer, der; -s, - هنرآموز رسم، هنرآموز نقاشی
Zeichenpapier, das; -s, -e کاغذ رسم، کاغذ نقاشی
Zeichensaal, der; -(e)s, -säle سالن تعلیم هنرهای تزئینی
Zeichenschule, die; -, -n مدرسهٔ هنرهای تزئینی
Zeichensetzung, die; - نشانه گذاری، نقطه گذاری
Zeichensprache, die; -, -n زبان علائم
Zeichenstift, der; -(e)s, -e ۱. مداد رنگی ۲. گچ نقاشی
Zeichentisch, der; -es, -e میز نقشه‌کشی، میز رسم
Zeichentrickfilm, der; -s, -e فیلم کارتون
Zeichenunterricht, der; -(e)s تعلیم رسم، تعلیم نقاشی
zeichnen *Vi., Vt.* ۱. رسم کردن، طراحی کردن ۲. نقاشی کردن ۳. نشانه گذاری کردن
Zeichner, der; -s, - ۱. رسام، طراح ۲. نقاش
Zeichnerin, die; -, -nen ۱. رسام، طراح ۲. نقاش (زن)
zeichnerisch *Adj.* (مربوط به) رسم، (مربوط به) نقاشی

Zeichnung, die; -, -en ۱. رسم، طرح ۲. نقاشی
zeichnungsberechtigt *Adj.* آمادهٔ امضا
Zeigefinger, der; -s, - انگشت اشاره، انگشت سبابه
zeigen *Vt., Vi., Vr.* ۱. نشان دادن ۲. اشاره کردن ۳. ظاهر شدن، متجلی شدن
Das wird sich zeigen. خواهیم دید. (که حق با کیست)
die Papiere zeigen مدارک خود را نشان دادن
mit dem Finger auf jemanden **zeigen** با انگشت کسی را نشان دادن
Zeiger, der; -s, - عقربه (ساعت / دستگاه‌های اندازه‌گیری)
Zeigestock, der; -(e)s, ⸚e (جهت نشان دادن نقطه‌ای در روی نقشه) چوب‌دستی بلند
zeihen *Vt.* متهم کردن، به (کسی) تهمت زدن
Zeile, die; -, -n سطر
Zeilenabstand, der; -(e)s, ⸚e فاصلهٔ بین دو سطر
Zeilenhonorar, das; -s, -e حق‌الزحمهٔ سطری
Zeilenschalter, der; -s, - (در ماشین تحریر) اهرم فاصلهٔ بین دو خط
zeilenweise *Adv.* سطر به سطر
Zeisig, der; -(e)s, -e سهره
zeit *Präp.* در زمانِ
zeit meines Lebens در تمام عمرم
Zeit, die; -, -en وقت، زمان، موقع، مدت
zur Zeit در حال حاضر، فعلاً
im Laufe der Zeit رفته رفته، به تدریج، به مرور زمان
Die Zeit ist um. وقت تمام شده است.
Zeit ist Geld. وقت طلاست.
Zeitablauf, der; -(e)s, -läufe انقضای مدت
Zeitabschnitt, der; -(e)s, -e دوره، مدت، فاصلهٔ زمانی
Zeitabstand, der; -(e)s, ⸚e فاصله
Zeitadverb, das; -s, -ien قید زمان
Zeitalter, das; -s, - عصر، دوران
Zeitangabe, die; -, -n تعیین وقت
Zeitansage, die; -, -n اعلان وقت
Zeitarbeit, die; -, -en کار محدود، کار ساعتی
Zeitaufnahme, die; -, -n عکس‌برداری غیر فوری
zeitbedingt *Adj.* محدود به زمان معین
Zeitbestimmung, die; -, -en تعیین مدت
Zeitbombe, die; -, -n بمب ساعتی
Zeitdauer, die; - فاصلهٔ زمانی
Zeiteinheit, die; -, -en واحد زمان
Zeitenfolge, die; -, -n توالی زمانی جمله

Zeitfaktor, der; -s, - عامل زمان
Zeitfolge, die; -, -n (دستور زبان) ترتیب زمانی
Zeitform, die; -, -en (دستور زبان) زمان
Zeitfrage, die; -, -n مسئلهٔ زمان
Es ist nur eine Zeitfrage. فقط بستگی به زمان دارد.
Zeitgeist, der; -es روح حاکم بر زمان، روح زندگی
zeitgemäß *Adj.* امروزی، رایج، مطابق زمان
Zeitgenosse, der; -n, -n معاصر، هم‌عصر، هم‌زمان
Zeitgenossin, die; -, -nen معاصر، هم‌عصر، هم‌زمان (زن)
zeitgenössisch *Adj.* معاصر، هم‌عصر، هم‌زمان
zeitgerecht *Adv.* به‌موقع، به‌جا، به‌هنگام
Zeitgeschichte, die; - تاریخ معاصر
zeitgeschichtlich *Adj.* معاصر، (مربوط به) تاریخ معاصر
Zeitgesetz, das; -es, -e قانون زمانی، قانون برای مدتی معین
Zeitgewinn, das; -(e)s زمان به دست آمده، زمان صرفه‌جویی شده
Zeitguthaben, das; -s, - اعتبار زمانی
zeitig *Adj.* زود، به‌موقع، سروقت
zeitig aufstehen زود بیدار شدن
zeitigen *Vt.* موجب شدن (نتیجه)
Zeitkarte, die; -, -n بلیت زمان‌دار
zeitkritisch *Adj.* موضعی، محلی
Zeitlang, die; - ۱. مدتی، مدت زمانی ۲. تمایل، اشتیاق
Zeitlauf, der; -(e)s, -läufe دوره، روزگار
zeitlebens *Adv.* در تمام زندگی، در تمام عمر
Er hat zeitlebens schwer gearbeitet. در تمام زندگیش سخت کار کرده است.
zeitlich *Adj.* ۱. از لحاظ زمانی ۲. دنیوی، زمانی، فانی، گذرا، ناپایدار
Zeitlichkeit, die; - دنیای مادی
zeitlos *Adj.* مناسب برای هر زمان، بدون وابستگی به مد روز
Zeitlupe, die; - حرکت آهستهٔ فیلم
Zeitlupenaufnahme, die; -, -n فیلم‌برداری آهسته
Zeitlupentempo, das
im Zeitlupentempo کند، آهسته، مثل مورچه
Zeitmangel, der; -s کمبود وقت
Zeitmaß, das; -es, -e (بین ضربه‌ها، ریتم‌ها و غیره) فاصلهٔ زمانی یکسان و پیاپی
Zeitmesser, der; -s, - کرونومتر، زمان‌سنج

zeitnah *Adj.* امروزی، شایع، متداول
Zeitnehmer, der; -s, - (ورزش) وقت‌نگهدار، وقت‌بین
Zeitnot, die; - تنگنای وقت، محدودیت زمانی
Zeitplan, der; -(e)s, ¨-e برنامهٔ ساعات (کار)
Zeitpunkt, der; -(e)s, -e لحظه، دم، آن
Zeitraffer, der; -s, - حرکت سریع (فیلم)
Zeitrafferaufnahme, die; -, -n فیلمبرداری سریع
zeitraubend *Adj.* زمان‌گیر، وقت‌گیر
Zeitraum, der; -(e)s, -räume فاصلهٔ زمانی، مدت، دوره
Zeitrechnung, die; -, -en گاه‌شماری، تاریخ شماری
Zeitschalter, der; -s, - کلید قطع و وصل زمانی (برق)
Zeitschrift, die; -, -en مجله
Zeitspanne, die; -, -n فاصلهٔ زمانی، مدت، دوره
zeitsparend *Adj.* صرفه‌جویی در وقت
Zeitstudie, die; -, -n بررسی زمانی (کار)
Zeittafel, die; -, -n جدول زمانی، جدولی که به ترتیب تاریخ و زمان تنظیم شده
Zeitumstände, die / *Pl.* مقتضیات زمانی
Zeitung, die; -, -en روزنامه، نشریه
In der Zeitung steht, daß... در روزنامه نوشته شده است که...
Zeitungsabonnement, das; -s, -s اشتراک روزنامه
Zeitungsanzeige, die; -, -n آگهی روزنامه
Zeitungsartikel, der; -s, - مقالهٔ روزنامه
Zeitungsausschnitt, der; -(e)s, -e بریدهٔ روزنامه
Zeitungsausträger, der; -s, - روزنامه پخش‌کن
Zeitungsbeilage, die; -, -n متمم روزنامه
Zeitungsente, die; -, -n (در روزنامه) خبر دروغ، شایعه
Zeitungsfrau, die; -, -en روزنامه پخش‌کن (زن)
Zeitungshändler, der; -s, - روزنامه‌فروش
Zeitungsinserat, das; -(e)s, -e آگهی روزنامه
Zeitungsjunge, der; -n, -n پسربچهٔ روزنامه‌فروش
Zeitungskiosk, das; -es, -e کیوسک روزنامه‌فروشی
Zeitungskorrespondent, der; -en, -en خبرنگار روزنامه
Zeitungsleser, der; -s, - خوانندهٔ روزنامه
Zeitungsmeldung, die; -, -en گزارش روزنامه
Zeitungsnotiz, die; -, -en یادداشت روزنامه
Zeitungspapier, das; -s, -e کاغذ روزنامه
Zeitungsredakteur, der; -s, -e ناشر روزنامه
Zeitungsschreiber, der; -s, - روزنامه‌نویس
Zeitungsschreiberin, die; -, -nen روزنامه‌نویس (زن)
Zeitungssprache, die; -, -n زبان مطبوعاتی
Zeitungsstand, der; -(e)s, ¨-e جایگاه فروش روزنامه
Zeitungsstil, der; -(e)s, -e سبک روزنامه‌ای
Zeitungsträger, der; -s, - روزنامه پخش‌کن
Zeitungsverkäufer, der; -s, - روزنامه‌فروش
Zeitungsverkäuferin, die; -, -nen روزنامه‌فروش (زن)
Zeitungsverlag, der; -(e)s, -e بنگاه نشر روزنامه
Zeitungsverleger, der; -s, - ناشر روزنامه
Zeitungswesen, das; -s, - روزنامه‌نگاری
Zeitungswissenschaft, die; -, -en روزنامه‌نگاری
Zeitverlust, der; -(e)s, - اتلاف وقت
Zeitverschiebung, die; -, -en تعویق وقت
Zeitverschwendung, die; -, -en اتلاف وقت
Zeitvertrieb, der; -(e)s, -e وقت‌کشی، وقت‌گذرانی
zeitweilig *Adj., Adv.* ۱. موقت، زودگذر، گذرا ۲. گاهی، بعضی اوقات
zeitweise *Adv.* برای مدتی، گاهی، بعضی وقت‌ها
Zeitwort, das; -(e)s, ¨-er (دستور زبان) فعل
zeitwörtlich *Adj.* (دستور زبان) فعلی
Zeitzeichen, das; -s, - اعلان وقت
Zeitzünder, der; -s, - وقت‌کش، وقت‌سوز
zelebrieren *Vt.* ۱. رسمیت دادن ۲. به صورت تشریفاتی درآوردن
Zelebrität, die; -, -en ۱. شهرت، معروفیت ۲. تشریفات
Zelge, die; -, -n زمین قابل کشت
Zelle, die; -, -n ۱. سلول، یاخته (بدن) ۲. سلول (زندان) ۳. اتاقک
die Telephonzelle اتاقک تلفن، کیوسک تلفن
zellenförmig *Adj.* سلول‌وار، سلولی‌شکل
Zellgewebe, das; -s, - بافت سلول
Zellglas, das; -es سلوفان
zellig *Adj.* سلول‌وار، سلولی
Zellkern, der; -(e)s, -e هسته
Zellophan, das; -s سلوفان
Zellstoff, der; -(e)s, -e ۱. سلولز ۲. خمیر (کاغذ سازی)
zellstoffhaltig *Adj.* سلولزدار

Zellteilung, die; -, -en تقسیم سلول
Zelluloid, das; -(e)s سلولوئید
(نوعی مادهٔ مصنوعی عاج‌مانند که از سلولز می‌سازند)
Zellulose, die; - سلولز
Zellwolle, die; - پشمِ رشته
Zelt, das; -(e)s, -e چادر، خیمه
Zeltbahn, die; -, -en چادر چهارگوش
Zeltdach, das; -s, ⸚er سقف چادر
zelten *Vi.* در چادر به سر بردن
Zelthering, der; -s, -e میخ چادر
Zeltlager, das; -s, -/⸚ اردوگاه، خیمه گاه
Zeltleine, die; - طناب چادر
Zeltmast, der; -es, -en/-e دیرک چادر
Zeltpflock, der; -(e)s, ⸚e میخ چادر، میخ چوبی چادر
Zeltplatz, der; -es, ⸚e خیمه گاه
Zeltstadt, die; -, ⸚e شهرک خیمه‌ای
Zeltstange, die; -, -n دیرک چادر
Zement, der; -(e)s, -e سیمان
Zementboden, der; -s, - زمین سیمانی
zementen *Adj.* سیمانی
zementieren *Vt.* سیمان‌کاری کردن
Zementierung, die; -, -en سیمان‌کاری
Zen, das; -(s) ذن، تمرکز فکر
Zenit, der; -(e)s ۱. خط‌الرأس ۲. نقطهٔ اوج
zensieren *Vt., Vi.* ۱. سانسور کردن ۲. نمره دادن
Zensierung, die; -, -en ۱. سانسور ۲. نمره (درس)
Zensor, der; -s, -en بازرس، ممیز، ناظر
Zensur, die; -, -en ۱. سانسور ۲. نمره (درس)
zentern *Vt.* (فوتبال) سانتر کردن (توپ)
Zentigramm, das; -s, -e سانتی‌گرم
Zentimeter, das/der; -s, - سانتی‌متر
Zentner, der; -s, - وزنهٔ پنجاه کیلویی
Zentnerlast, die; -, -en بار سنگین
zentnerschwer *Adj.* بسیار سنگین
zentral *Adj.* مرکزی، اصلی
Zentralbank, die; -, -en بانک مرکزی
Zentralbehörde, die; -, -n ادارهٔ مرکزی
Zentrale, die; -, -n ۱. مرکز، ادارهٔ مرکزی
۲. تلفن مرکزی
Zentralheizung, die; -, -en حرارت مرکزی، شوفاژ
Zentralisation, die; -, -en تمرکز، مرکزیت
zentralisieren *Vt.* مرکزیت دادن، تمرکز دادن
Zentralisierung, die; -, -en مرکزیت، تمرکز، استقرار

Zentralnervensystem, das; -s, -e دستگاه عصبی
Zentralverriegelung, die; - سیستم قفل مرکزی
zentrieren *Vt.* در مرکز قرار دادن، متمرکز کردن
zentrifugal *Adj.* مرکز گریز، گریزنده از مرکز
Zentrifugalkraft, der; -, ⸚e قوهٔ گریز از مرکز
Zentrifuge, die; -, -n سانتریفوژ
(دستگاه تفکیک مواد شیمیایی به وسیلهٔ حرکت دورانی)
zentrifugieren *Vt.* سانتریفوژ کردن،
با کمک دستگاه سانتریفوژ از هم تفکیک کردن (مواد شیمیایی)
zentripetal *Adj.* مایل به مرکز
zentrisch *Adj.* میانی، مرکزی
Zentrum, das; -s, -ren ۱. مرکز، وسط، کانون
۲. مرکز (شهر)
Zeppelin, der; -s, -e (در جنگ جهانی اول)
کشتی هوایی آلمانی‌ها، زپلین
Zepter, das; -s, - عصای سلطنتی
zerbeißen *Vt.* (با دندان) خرد کردن، جویدن
zerbersten *Vi.* دو نیم کردن؛ به زور باز کردن؛
شکافتن
zerbomben *Vt.* با بمب نابود کردن
zerbombt *Adj.* [بمب] منفجر شده
zerbrechen *Vt., Vi.* ۱. شکاندن، خرد کردن
۲. شکستن، خرد شدن
zerbrechlich *Adj.* شکستنی، قابل شکستن، ترد
Vorsicht, zerbrechlich! احتیاط، شکستنی!
Zerbrechlichkeit, die; - تردی
zerbröckeln *Vt., Vi.* ۱. ریزریز کردن، خرد کردن
۲. خرد شدن
zerdrücken *Vt.* له کردن
Zeremonie, die; -, -n تشریفات، آئین
zeremoniell *Adj.* تشریفاتی، آئینی
Zeremoniell, das; -s, -e آداب، مراسم
Zeremonienmeister, der; -s, - رئیس تشریفات
zeremoniös *Adj.* پایبند تشریفات
zerfahren[1] *Vt.* ویران کردن، خراب کردن، نابود کردن
zerfahren[2] *Adj.* ۱. پریشان‌خاطر، حواس‌پرت
۲. [جاده] فرسوده، خراب
Zerfahrenheit, die; -, -en پریشان‌خاطری،
حواس پرتی
Zerfall, der; -es, ⸚e تجزیه، انحلال، فروپاشی
zerfallen *Vi.* ۱. تجزیه شدن، از هم پاشیدن،
فرو ریختن ۲. منهدم شدن، مضمحل شدن ۳. طبقه‌بندی شدن،
تقسیم شدن

Zerfallsprodukt, das; -(e)s, -e فراوردهٔ تجزیه‌شدنی
zerfetzen *Vt.* پاره کردن، دریدن، تکه تکه کردن
zerfleischen *Vt.* پاره کردن، دریدن، تکه تکه کردن
in Stücke zerfleischen قطعه قطعه کردن، پاره پاره کردن
zerfließen *Vi.* آب شدن، ذوب شدن، مایع شدن
zerfressen *Vt.* کم‌کم خوردن، تحلیل بردن، کم‌کم فاسد کردن، پوساندن
zergehen *Vi.* آب شدن، حل شدن، ذوب شدن؛ تجزیه شدن
Das Eis zergeht in der Sonne. یخ در آفتاب آب می‌شود.
zergliedern *Vt.* ۱. تشریح کردن، کالبدشکافی کردن، بریدن (اندام) ۲. تجزیه کردن
Zergliederung, die; -, -en ۱. تشریح، کالبدشکافی، برش اندام ۲. تجزیه
zerhacken *Vt.* قطعه‌قطعه کردن، ریز ریز کردن
zerhauen *Vt.* شکستن، دونیم کردن
zerkauen *Vt.* جویدن و ریز ریز کردن
zerkleinern *Vt.* ریز ریز کردن، خرد کردن، قطعه قطعه کردن، به قطعات کوچک تقسیم کردن
Zerkleinerung, die; -, -en ریزریزسازی، خرد سازی
zerklüftet *Adj.* [کوهستان] دارای بریدگی، دارای دره‌های تیز و پرشیب و عمیق
zerknautschen *Vt.* تا کردن، چین دادن، چروک‌دار کردن
zerknirscht *Adj.* پشیمان، توبه‌کار، نادم
Zerknirschung, die; - پشیمانی، توبه، ندامت
zerknittern *Vt.* چین دادن، تا کردن، چروک‌دار کردن
zerknüllen *Vt.* مچاله کردن، تا کردن، چروک‌دار کردن
zerkochen *Vt., Vi.* زیاد پختن، له شدن (غذا)
zerkratzen *Vt.* خراش دادن، خراشیدن
zerkrümeln *Vt.* ریز ریز کردن، خرد کردن
zerlassen *Vt.* گداختن، آب کردن، ذوب کردن
zerlaufen *Vi.* ذوب شدن، آب شدن
zerlegbar *Adj.* قابل تجزیه، تجزیه‌پذیر، تجزیه‌شدنی
zerlegen *Vt.* ۱. از هم جدا کردن، تفکیک کردن ۲. (دستور زبان) تجزیه کردن
Zerlegung, die; -, -en ۱. تفکیک ۲. (دستور زبان) تجزیه
zerlesen *Adj.* [کتاب] ساییده، فرسوده، چروک شده
zerlumpt *Adj.* ژنده، پاره، کهنه
zermahlen *Vt.* آسیاب کردن، نرم کردن، خرد کردن
zermalmen *Vt.* له کردن، خرد کردن؛ لگدمال کردن
zermartern *Vr.* عذاب دادن، زجر دادن، زحمت دادن
sich den Kopf zermartern بیهوده به موضوعی فکر کردن
zermürben *Vt.* تحت سلطه درآوردن، به انقیاد درآوردن
zermürbend *Adj.* خسته کننده، فرساینده
Zermürbung, die; -, -en ساییدگی
Zermürbungskrieg, der; -(e)s, -e جنگ فرسایشی
zernagen *Vt.* خردخرد جویدن
zernichten *Vt.* نابود کردن
Zero, die/das; -s, -s (عدد) صفر
zerpflücken *Vt.* از هم سوا کردن، از هم جدا کردن
zerplatzen *Vi.* ترکیدن، منفجر شدن
zerquetschen *Vt.* له کردن، خرد کردن
Zerrbild, das; -es, -er تصویر مسخره‌آمیز، تصویر فکاهی، کاریکاتور
zerreden *Vt.* دربارهٔ (چیزی) زیادی صحبت کردن، از اهمیت انداختن
zerreiben *Vt.* ساییدن، نرم کردن، آسیاب کردن
zerreißbar *Adj.* پاره‌شدنی
zerreißen *Vt., Vi.* ۱. پاره کردن، دریدن ۲. پاره شدن، دریده شدن
in Stücke zerreißen پاره‌پاره کردن
Zerreißfestigkeit, die; -, -en مقاومت در برابر پارگی
Zerreißprobe, die; -, -n آزمایش دوام و استحکام
Zerreißung, die; -, -en پارگی، دریدگی؛ کهنگی
zerren *Vt.* کشیدن، محکم کشیدن، به زور کشیدن
zerrinnen *Vi.* آب شدن، حل شدن، تجزیه شدن، (به آرامی) ذوب شدن
zerrissen *Adj.* پاره، دریده
Zerrissenheit, die; - پارگی، دریدگی
Zerrspiegel, der; -s, - آینهٔ کج‌نما، آینهٔ بدنما
Zerrung, die; -, -en ۱. کشش، فشار، زور، تقلا ۲. پارگی (عضله)
zerrütten *Vt.* ۱. آشفتن، مختل کردن، بی‌نظم کردن ۲. تشکیلات (چیزی) را به‌هم زدن
zerrüttet *Adj.* آشفته، مختل، از هم پاشیده
Zerrüttung, die; -, -en ۱. آشفتگی، اختلال، بی‌نظمی ۲. از هم پاشیدگی
zersägen *Vt.* با اره تقسیم کردن
zerschellen *Vi.* تکه‌تکه شدن، خرد شدن
zerschießen *Vt.* ۱. (با تیراندازی) خرد کردن، داغان کردن ۲. (با تیراندازی) مجروح کردن
zerschlagen[1] *Vt., Vr.* ۱. خرد کردن، شکستن ۲. متلاشی‌کردن، ویران‌کردن ۳. خسته کردن ۴. به نتیجه نرسیدن، انجام نشدن

Die Verlobung hat sich zerschlagen. نامزدی به هم خورده است.

den Feind zerschlagen دشمن را نابود کردن

zerschlagen[2] *Adj.* خسته، کوفته، از پا افتاده

Zerschlagenheit, die; - خستگی، کوفتگی

Zerschlagung, die; -, -en انهدام، ویرانی، تخریب، نابودی

zerschmeißen *Vt.* خرد کردن، شکستن

zerschmelzen *Vi.* آب شدن، ذوب شدن

zerschmettern *Vt.* خرد کردن، درهم شکستن

zerschneiden *Vt.* بریدن، قطعه‌قطعه کردن

zerschrammen *Vt.* خراشیدن، پنجه انداختن، پنجول زدن

zersetzen *Vt., Vr.* ۱. تجزیه کردن، حل کردن، متلاشی کردن ۲. تجزیه شدن، حل شدن، متلاشی شدن

Zersetzung, die; -, -en تجزیه، حل

zerspalten *Vt.* شکافتن، از هم جدا کردن

zerspanen *Vt.* بریدن، چیدن، کوتاه کردن، زدن

zersplittern *Vt., Vi.* ۱. شکستن، خرد کردن ۲. شکستن، خرد شدن

zersprengen *Vt.* منفجر کردن

zerspringen *Vi.* ۱. ترکیدن، منفجر شدن ۲. شکستن، خرد شدن

zerstampfen *Vt.* له کردن، خرد کردن

zerstäuben *Vt.* افشاندن، پاشیدن

Zerstäuber, der; -s, - ۱. عطرپاش ۲. گردپاش

zerstechen *Vt.* نیش زدن، گزیدن؛ سوراخ کردن

zerstieben *Vi.* پراکنده شدن، متفرق شدن، تار و مار شدن

zerstörbar *Adj.* خراب شدنی، منهدم شدنی، از بین رفتنی

zerstören *Vt.* متلاشی کردن، ویران کردن، از بین بردن، منهدم کردن، خراب کردن، نابود کردن

Zerstörer, der; -s, - ۱. خراب‌کننده، منهدم‌کننده، نابودکننده ۲. (در جنگ جهانی دوم) هواپیمای شکاری سنگین

Zerstörung, die; -, -en خرابی، انهدام، ویرانی

Zerstörungstrieb, der; -(e)s صاعقهٔ تخریب، صاعقهٔ ویرانگری

Zerstörungswerk, das; -es, -e کار تخریبی، عمل انهدامی

Zerstörungswut, die; - ویرانگری

zerstoßen *Vt.* خرد کردن، له کردن، شکستن

zerstreiten *Vr.* پس از دعوا از هم قهر کردن

zerstreuen *Vt., Vr.* ۱. پراکندن، پخش کردن، متفرق کردن ۲. پراکنده شدن، متفرق شدن، پخش شدن

zerstreut *Adj.* ۱. حواس‌پرت، کم حافظه، فراموش‌کار، پریشان‌فکر ۲. پراکنده، متفرق

Zerstreutheit, die; -, -en ۱. حواس پرتی، کم‌حافظگی، فراموش‌کاری، پریشان‌فکری ۲. پراکندگی

Zerstreuung, die; -, -en ۱. پراکندگی، تفرق، تفرقه ۲. سرگرمی

zerstückeln *Vt.* ۱. قطعه قطعه کردن، جزءجزء کردن ۲. بریدن (اندام)

Zerstückelung, die; -, -en ۱. تجزیه، تقسیم ۲. برش اندام

zerteilen *Vt., Vr.* ۱. تقسیم کردن ۲. پراکندن، متفرق کردن ۳. تقسیم شدن

Zerteilung, die; -, -en ۱. تقسیم ۲. پراکندگی، تفرق

Zertifikat, das; -es, -e تصدیق، گواهینامه

zertifizieren *Vt.* رسماً گواهی کردن

zertrampeln *Vt.* له کردن، پایمال کردن، خرد کردن

zertrennen *Vt.* از هم جدا کردن

zertreten *Vt.* پایمال کردن، له کردن، لگد کردن

zertrümmern *Vt.* نابود کردن، ویران کردن، منهدم کردن، تخریب کردن

Zertrümmerung, die; -, -en نابودی، ویرانی، انهدام، تخریب

Zervelatwurst, die; -, ⸚e (نوعی) کالباس

zerwühlen *Vt.* ۱. از ریشه درآوردن، ریشه‌کن کردن ۲. ژولیده کردن، پریشان کردن (مو) ۳. مچاله کردن، چروک‌دار کردن؛ تا زدن

Zerwürfnis, das; -nisses, -nisse نفاق، اختلاف، دودستگی، تفرقه

zerzausen *Vt.* نامرتب کردن، ژولیده کردن (مو)

zerzaust *Adj.* [مو] درهم و برهم، پریشان، ژولیده

Zession, die; -, -en واگذاری، نقل و انتقال

Zeter, das; -s, - فریاد، فغان، داد

Zetergeschrei, das; -(e)s, -e جیغ و داد، هیاهو، غریو

Zetermordio, das; -s, - جیغ و داد، هیاهو، غریو

zetern *Vi.* فریاد زدن، جیغ کشیدن، داد زدن، غریو برآوردن

Zettel, der; -s, - ۱. ورقه، یادداشت ۲. تار (پارچه)

Zettelkasten, der; -s, ⸚ فهرست برگه‌ها، برگه‌دان

Zettelkatalog, der; -s, -e فهرست برگه‌ها، برگه‌دان

Zeug, das; -(e)s, -e ۱. شیء، چیز (بی‌ارزش) ۲. پوشاک شخصی

dummes Zeug reden پرت و پلا گفتن

Zeuge, der; -n, -n شاهد، گواه
zeugen *Vt., Vi.* ۱. درست کردن (بچه)، باردار ساختن (زن) ۲. شهادت دادن
Zeugenaussage, die; -, -n شهادت، گواه، استشهاد
Zeugenbank, der; -, ¨-e جایگاه شهود
Zeugenbeweis, der; -es, -e مدرک
Zeugeneid, der; -(e)s سوگند شهادت
Zeugenstand, der; -(e)s, - جایگاه شهود
Zeugenverhör, das; -(e)s, -e بازپرسی از شاهد
Zeugenvernehmung, die; -, -en بازپرسی از شاهد
Zeughaus, das; -es, -häuser قورخانه، زرادخانه
Zeugin, die; -, -nen شاهد، گواه (زن)
Zeugnis, das; -nisses, -nisse ۱. گواهینامه، کارنامه ۲. گواهی، شهادت
Zeugung, die; -, -en ۱. گواهی، شهادت ۲. تولید مثل، زاد و ولد
Zeugungsakt, der; -(e)s, -e عمل تولیدمثل
zeugungsfähig *Adj.* قادر به تولیدمثل
Zeugungsfähigkeit, die; -, -en قدرت تولیدمثل
Zeugungskraft, die; -, ¨-e نیروی تولیدمثل
Zeugungsorgane, die / *Pl.* اندام تولیدمثل، اندام جنسی
zeugungsunfähig *Adj.* نازا، عقیم، سترون
Zichorie, die; -, -n (گیاه) کاسنی
Zicke, die; -, -n ۱. بز ماده ۲. زنیکه
Zicken machen حماقت کردن
Zickel, das; -s, -n بزغاله
zickeln *Vi.* بزغاله زاییدن
zickig *Adj.* مسخره، لوس، احمق
Zicklein, das; -s, - بزغاله
Zickzack, der; -(e)s, -e زیگزاگ
zickzacken *Vi.* به صورت زیگزاگ رفتن
Zickzackkurs, der; -es, -e مسیر منکسر
Zickzackschere, die; -, -n قیچی پشم‌زنی
Zider, der; -s, - مشروب میوه
Zieder, der; -s, - مشروب میوه
ziefern *Vi.* ۱. احساساتی بودن، زودرنج بودن ۲. لرزیدن
Ziege, die; -, -n بز
Ziegel, der; -s, - ۱. آجر ۲. سفال
Ziegelbrennerei, die; -, -en کورهٔ آجرپزی، کارخانهٔ آجرپزی
Ziegeldach, das; -s, ¨-e سقف سفالی
Ziegelei, die; -, -en آجرپزی
Ziegelofen, der; -s, ¨- کورهٔ آجرپزی
ziegelrot *Adj.* قرمز آجری
Ziegelstein, der; -(e)s, -e آجر
Ziegenbart, der; -(e)s, ¨-e ریش بزی
Ziegenbock, der; -(e)s, ¨-e بز نر
Ziegenfell, das; -(e)s, -e پوست بز
Ziegenhirt, der; -en, -en بزچران
Ziegenkäse, der; -s, - پنیر بز
Ziegenleder, das; -s, - چرم بز
Ziegenmilch, die; - شیر بز
Ziegenpeter, der; -s, - ورم غدهٔ بناگوش
zieh *P.* صیغهٔ فعل گذشتهٔ مطلق از مصدر zeihen
Ziehbank, der; -, ¨-e دستگاه سیم‌کشی
Ziehbrunnen, der; -s, - چاه طناب‌خور
ziehen *Vt., Vi., Vr.* ۱. کشیدن ۲. پرورش دادن ۳. کشیده شدن، امتداد یافتن ۴. کوران بودن ۵. به طور جمعی حرکت کردن ۶. نقل مکان کردن، اسباب‌کشی کردن ۷. به طول انجامیدن
jemandem **an Ohr ziehen** گوش کسی را کشیدن
ein Los ziehen قرعه کشیدن
Der Tee muß fünf Minuten ziehen. چای باید پنج دقیقه دم بکشد.
Das Pferd hat den Wagen gezogen. اسب ارابه را (به دنبال خود) کشیده است.
Hier zieht es. اینجا کوران است.
Meine Familie ist in andere Stadt gezogen. خانواده من به شهر دیگری نقل مکان کرده است.
Ziehen, das; -s طرح، رسم، نقشه‌کشی
Ziehharmonika, die; -, -ken / -s آکاردئون
Ziehkind, das; -(e)s, -er فرزند رضاعی
Ziehmutter, die; -, ¨- مادر رضاعی
Ziehung, die; -, -en قرعه‌کشی
Ziehvater, der; -s, ¨- پدر رضاعی
Ziel, das; -(e)s, -e ۱. هدف، مقصد ۲. مقصود، منظور ۳. خط پایان (مسابقه)
das Ziel treffen به هدف زدن
das Ziel erreichen به هدف رسیدن
Zielband, das; -(e)s, ¨-er (ورزش) نوار پایان مسابقه
zielbewußt *Adj.* مصمم، با اراده، با عزم
zielen *Vi.* ۱. نشانه گرفتن، هدف گرفتن، هدف قرار دادن ۲. متوجهٔ هدف خاصی بودن
Zielgerade, die; - آخرین مسافت مستقیم (قبل از خط پایان مسابقه)
Zielgruppe, die; -, -n گروه ضربتی

Zielkamera, die; -, -s
(ورزش) دوربین نقطهٔ پایانی مسابقه
Ziellinie, die; -, -n (ورزش) خط پایان مسابقه
ziellos *Adj.* بی‌هدف
Ziellosigkeit, die; - بی‌هدفی
Zielpunkt, der; -(e)s, -e هدف
Zielrichter, der; -s, - (ورزش) داور مسابقه
Zielscheibe, die; -, -n نشانه، هدف
Zielsetzung, die; - نشانه، هدف
zielsicher *Adj.* درست، بی‌خطا، لغزش‌ناپذیر
Zielsprache, die; -, -n زبان بیگانه، زبان غیرمادری
zielstrebig *Adj.* مصمم، بااراده، با عزم
Zielstrebigkeit, die; - تصمیم، اراده، عزم
ziemen *Vi., Vr.* شایسته بودن، مناسب بودن
Ziemer, der; -s, - ۱. شلاق ۲. گوشت گردهٔ آهو
ziemlich *Adj., Adv.* ۱. درخور، شایسته، مناسب
۲. نسبتاً، تقریباً
ziemlich viel نسبتاً زیاد
ziemlich gut نسبتاً خوب
Zier, die; - زینت، پیرایش، زیور، آذین
Zierat, der; -(e)s, -e زینت، پیرایش، زیور، آذین
Zierde, die; -, -n زینت، پیرایش، زیور، آذین
zieren *Vt., Vr.* ۱. آراستن، پیراستن، زینت دادن
۲. تعارف کردن، ناز کردن
Ziererei, die; -, -en ۱. آرایش، پیرایش، تزئین
۲. تظاهر، خودنمایی
Zierfisch, der; -es, -e ماهی آکواریوم
Ziergarten, der; -s, ¨- گلزار، گلستان، باغ گل‌های زینتی
Zierleiste, die; -, -n ۱. گچ‌بُری ۲. قالب‌ریزی
zierlich *Adj.* لطیف، ظریف
Zierlichkeit, die; -, -en لطافت، ظرافت
Zierpflanze, die; -, -n گیاه آرایشی، گیاه تزئینی،
گیاه زینتی
Ziffer, die; -, -n رقم، عدد، شماره
Zifferblatt, das; -(e)s, ¨-er صفحهٔ ساعت
(درجه‌بندی شده)
zig *Zahlw.* بسیار زیاد، تعداد زیاد
Zigarette, die; -, -n سیگار
eine Zigarette rauchen سیگار کشیدن
eine Zigarette anzünden سیگار آتش زدن
Zigarettenanzünder, der; -s, - فندک
Zigarettenasche, die; -, -n خاکستر سیگار
Zigarettenautomat, der; -en, -en
دستگاه اتوماتیک فروش سیگار

Zigarettenetui, das; -s, -s قوطی سیگار
Zigarettenpapier, das; -s, - کاغذ سیگار
Zigarettenpause, die; -, -n استراحت کوتاه
(برای کشیدن سیگار)
Zigarettenraucher, der; -s, - (آدم) سیگاری
Zigarettenschachtel, die; -, -n جعبه سیگار
Zigarettenspitze, die; -, -n چوب سیگار
Zigarettenstummel, der; -s, - ته سیگار
Zigarettentabak, der; -(e)s, -e توتون سیگار
Zigarillo, der; -s, -s
(نوعی) سیگار برگ نازک و کوچک
Zigarre, die; -, -n سیگار برگ
Zigarrenabschneider, der; -s, - سیگار بُر
Zigarrenhändler, der; -s, - سیگارفروش
Zigarrenkiste, die; -, -n قوطی سیگار
Zigarrenladen, der; -s, ¨- سیگارفروشی
Zigarrenspitze, die; -, -n فیلتر سیگار
Zigarrenstummel, der; -s, - ته سیگار
Zigeuner, der; -s, - کولی
Zigeunerin, die; -, -nen کولی (زن)
Zigeunerleben, das; -s, - زندگی کولی‌وار
Zigeunermusik, die; - موسیقی کولی‌ها
Zikade, die; -, -n زنجره، جیرجیرک
Zimmer, das; -s, - اتاق
Zimmer zu vermieten اتاق برای اجاره
Haben Sie ein Zimmer frei? اتاق خالی دارید؟
Zimmerantenne, die; -, -n آنتن سرخود
Zimmereinrichtung, die; -, -en مبلمان اتاق
Zimmerflucht, die; -, -en واحد چند اتاقی
Zimmergenosse, der; -n, -n هم‌اتاق
Zimmerhandwerk, das; -(e)s, -e نجاری،
چوب‌بری، درودگری
zimmerig *Adj.* (مربوط به) اتاق
Zimmermädchen, das; -s, - (در هتل)
نظافتچی اتاق، کلفت
Zimmermann, der; -(e)s, -leute نجار،
نجار شیروانی‌ساز، توفال‌کوب
Zimmermeister, der; -s, - استاد نجار
zimmern *Vt., Vi.* ۱. ساختن، درست کردن (قفسه)
۲. نجاری کردن
Zimmerpflanze, die; -, -n گیاه آپارتمانی،
گیاه قابل نگهداری در اتاق
Zimmerreservierung, die; - رزرو کردن اتاق
Zimmerservice, der; - (در هتل) سرویس اتاق

Zimmertemperatur, die; -, -en درجه حرارت معمولی اتاق
Zimmertheater, das; -s, - تماشاخانهٔ کوچک
Zimmervermittlung, die; -, -en دلالی اتاق
zimperlich *Adj.* ۱. نازک نارنجی ۲. خجالتی، محجوب
Zimperlichkeit, die; -, -en ۱. نازک نارنجی ۲. خجالت، حجب
Zimt, der; -(e)s, -e دارچین
Zink, das; -(e)s (فلز) روی
Zinkblech, das; -(e)s, -e ورقهٔ حلبی، ورقهٔ روی
Zinke, die; -, -n دندانه، کنگره، زبانه
Zinken, der; -s, - بینی پهن و بزرگ
zinkig *Adj.* دندانه‌دار
Zinklegierung, die; -, -en آلیاژ فلز
Zinn, das; -(e)s, - قلع
Zinne, die; -, -n کنگره، برج، بارو
zinne(r)n *Adj.* حلبی، قلعی، ساخته شده از قلع
Zinnfolie, die; -, -n ورقهٔ نازک قلع
Zinngeschirr, das; -(e)s, -e ظرف مفرغی
Zinnober, der; -s, - شنگرف، شنجرف، سنگ معدن جیوه
zinnrot *Adj.* قرمز شنگرف گون
Zins, der; -es, -en بهره، تنزیل، ربح، نزول (پول)
zinsbar *Adj.* بهره‌آور، بهره‌دار
zinsbringend *Adj.* بهره‌آور، بهره‌دار
zinsen *Vi.* بهره دادن
Zinserhöhung, die; -, -en افزایش بهره
Zinsenszins, der; -es, -en ربح مرکب، بهرهٔ مرکب
zinsfrei *Adj.* بدون نزول
Zinsfuß, der; -es, ⸚e نرخ بهره
zinslos *Adj.* بدون بهره
zinspflichtig *Adj.* موظف به پرداخت بهره، مشمول ربح
Zinsrechnung, die; -, -en محاسبهٔ بهره
Zinssatz, der; -es, ⸚e نرخ بهره
Zinsschein, der; -(e)s, -e ۱. کوپن ۲. حوالهٔ پرداخت سود سهام
Zinssenkung, die; -, -en تنزیل بهره
Zionismus, der; - صهیونیسم
Zionist, der; -en, -en صهیونیست
Zionistin, die; -, -nen صهیونیست (زن)
zionistisch *Adj.* صهیونیستی
Zipfel, der; -s, - لبه، سر، حاشیه، نوک
zipfelig *Adj.* لبه‌دار، نوک‌دار، حاشیه‌دار
Zipfelmütze, die; -, -n کلاه نوک‌تیز
zirka *Adv.* تقریباً، حدوداً، در حدودِ
Zirkapreis, der; -es, -e قیمت تقریبی
Zirkel, der; -s, - ۱. دایره ۲. پرگار ۳. انجمن، محفل
Zirkelkasten, der; -s, ⸚ جعبهٔ پرگار
zirkeln *Vt.* با پرگار اندازه گرفتن
zirkular *Adj.* گرد، دایره‌ای
zirkulär *Adj.* گرد، دایره‌ای
Zirkular, das; -s, -e بخشنامه
Zirkulation, die; -, -en ۱. جریان، گردش ۲. انتشار
zirkulieren *Vi.* ۱. در جریان بودن، در گردش بودن ۲. منتشر شدن
Zirkumflex, der; -es, -e ۱. کج، خم، خمیده ۲. علامت سیرکُن فلکس (علامتی که در خط فرانسه بالای برخی حروف مصوت می‌گذارند)
Zirkus, der; -, -se سیرک
Zirkusreiter, der; -s, - سوارکار سیرک
Zirkusreiterin, die; -, -nen سوارکار سیرک (زن)
Zirpe, die; -, -n جیرجیرک
zirpen *Vi.* جیک‌جیک کردن، جیرجیر کردن
zischeln *Vi.* نجوا کردن، پچ‌پچ کردن
Zischeln, das; -s نجوا، پچ‌پچ
zischen *Vi., Vt.* ۱. فیس کردن (صدای آب که بر آتش بریزد) ۲. فش کردن (صدای مار) ۳. صدای سین درآوردن ۴. مشروب خوردن
Zischlaut, der; -(e)s, -e ۱. فیس (صدای آب که بر آتش بریزد) ۲. فش (صدای مار) ۳. صدای سین
Ziselierarbeit, die; -, -en قلم‌زنی، حکاکی
ziselieren *Vt., Vi.* قلم زدن، حکاکی کردن
Zisterne, die; -, -n آب انبار، منبع، مخزن
Zitadelle, die; -, -n ارگ، دژ، قلعه، حصار
Zitat, das; -(e)s, -e ذکر، نقل قول
Zither, die; -, -n زیتر (سازی شبیه قانون)
zitieren *Vt.* ۱. نقل قول کردن، ذکر کردن ۲. احضار کردن
Zitronat, das; -(e)s, -e لیموناد
Zitrone, die; -, -n لیموترش
Zitronenfalter, der; -s, - (نوعی) پروانه
zitronenfarbig *Adj.* [رنگ] لیمویی
zitronengelb *Adj.* زرد لیمویی
Zitronenlimonade, die; -, -n لیموناد، شربت لیمو
Zitronenpresse, die; -, -n آب لیموگیر
Zitronensaft, der; -(e)s, ⸚e آب لیمو، لیموناد

Zitronensäure, die; -, -n (شیمی) جوهر لیمو، اسید سیتریک
Zitronenschale, die; -, -n خلال پوست لیمو
Zitronenwasser, das; -s, - لیموناد، شربت لیمو
Zitrusfrüchte, die / *Pl.* مرکبات
zitt(e)rig *Adj.* لرزان، مرتعش
zittern *Vi.* لرزیدن، مرتعش شدن
Zitterpappel, die; -, -n درخت سپیدار، کبوده
Zitze, die; -, -n نوک پستان، سر پستان
zivil *Adj.* ۱. غیرنظامی، شخصی؛ مدنی؛ کشوری ۲. [بها] مناسب
Zivil, das; -s, - لباس غیرنظامی
Zivilanzug, der; -(e)s, ⸚e لباس غیرنظامی، لباس شخصی
Zivilbeamte, der; -n, -n کارمند کشوری
Zivilbevölkerung, die; -, -en غیرنظامی
Zivilcourage, die; - شجاعت فکری، شهامت ادبی
Zivildienst, der; -es خدمت کشوری، خدمت غیرنظامی
Zivilehe, die; -, -n ازدواج رسمی، ازدواج محضری
Zivilfahnder, der; -s, - پلیس با لباس غیرنظامی
Zivilgericht, das; -(e)s, -e دادگاه مدنی
Zivilisation, die; -, -en تمدن، مدنیت
zivilisatorisch *Adj.* مدنی، متمدن
zivilisieren *Vt.* متمدن کردن
zivilisiert *Adj.* متمدن
Zivilist, der; -en, -en غیرنظامی، کشوری
Zivilkleidung, die; -, -en لباس غیرنظامی، لباس شخصی
Zivilluftfahrt, die; -, -en هواپیمای کشوری
Zivilprozeß, der; -zess, -zesse دادرسی مدنی
Zivilprozeßordnung, die; -, -en قانون دادرسی مدنی
Zivilrecht, das; -(e)s حقوق مدنی
zivilrechtlich *Adj.* (مربوط به) حقوق مدنی
Zivilregierung, die; -, -en حکومت غیرنظامی
Zivilsache, die; -, -n امور مدنی
Zivilstandregister, das; -s, - دفتر ثبت احوال
Ziviltrauung, die; -, -en ازدواج رسمی، ازدواج محضری
Zivilverwaltung, die; -, -en ادارهٔ امور کشوری
Zobel, der; -s, - سمور
Zobelfell, das; -(e)s, -e پوست سمور
Zobelpelz, der; -es, -e خز سمور
Zofe, die; -, -n ندیمه

zog *P.* صیغهٔ فعل گذشتهٔ مطلق از مصدر ziehen
zögern *Vi.* ۱. مکث کردن، درنگ کردن، تردید کردن ۲. مردد بودن، دودل بودن
Zögern, das; -s مکث، تردید، تأمل، درنگ
zögernd *Adj.* مردد، دودل
Zögerung, die; -, -en مکث، تردید، تأمل، درنگ
Zögling, der; -s, -e شاگرد، دانش‌آموز (شبانه‌روزی)
Zölibat, der / das; -(e)s تجرد، عزبیت، بی‌جفتی
Zoll[1]**,** der; -(e)s, ⸚e گمرک، حق گمرکی
Zoll[2]**,** der; -(e)s, - واحد قدیمی طول
Zollabfertigung, die; -, -en انجام امور گمرکی
Zollamt, das; -(e)s, ⸚er ادارهٔ گمرک
zollbar *Adj.* مشمول گمرک
Zollbeamte, der; -n, -n کارمند گمرک
Zollbehörde, die; -, -n ادارهٔ گمرک
zollen *Vt.* گمرک (چیزی) را دادن
Zollerklärung, die; -, -en بیان‌نامه گمرکی
Zollfahnder, der; -s, - کارمند گمرک، مأمور تحقیق گمرک
Zollfahnderin, die; -, -nen کارمند گمرک، مأمور تحقیق گمرک (زن)
zollfrei *Adj.* بدون گمرک، معاف از حقوق گمرکی
Zollgebühren, die / *Pl.* عوارض گمرکی
Zollgrenzbezirk, der; -(e)s, -e منطقهٔ زیر نفوذ گمرک
Zollgrenze, die; -, -n سرحد گمرکی
Zollhaus, das; -es, -häuser ادارهٔ گمرک
Zollhinterziehung, die; -, -en فرار از پرداخت عوارض گمرکی
zöllig *Adj.* خردخرد، اینچ اینچ
Zollkontrolle, die; -, -n بازرسی گمرک
Zollkrieg, der; -(e)s, -e جنگ تعرفهٔ گمرکی
Zöllner, der; -s, - مأمور گمرک، بازرس گمرک
zollpflichtig *Adj.* مشمول گمرک
Zollplombe, die; -, -n مهر و موم گمرک
Zollschein, der; -(e)s, -e قبض رسید گمرک
Zollschranke, die; -, -n بازرسی گمرک
Zollspeicher, der; -s, - انبار گمرک
Zollstock, der; -(e)s, ⸚e میز تاشو (چوبی)
Zollstrafe, die; -, -n جریمهٔ گمرکی
Zolltarif, der; -s, -e تعرفهٔ گمرکی
Zollunion, die; -, -en اتحادیهٔ گمرکی
Zollverschluß, der; -schlusses, -schlüsse مهر و موم گمرک
Zollvorschriften, die / *Pl.* مقررات گمرک

Zone, die; -, -n منطقه، ناحیه
Zonengrenze, die; -, -n منطقهٔ مرزی
Zoo, der; -(s), -s باغ‌وحش
Zoologe, der; -n, -n جانورشناس
Zoologie, die; - جانورشناسی
zoologisch *Adj.* (مربوط به) جانورشناسی
zoophag *Adj.* گوشتخوار
Zoophage, der; -n, -n موجود گوشتخوار
Zopf, der; -(e)s, ⸚e گیسوی بافته
zopfig *Adj.* [گیسو] بافته
Zopfmuster, das; -s, - (در بافتنی) طرح مارپیچ
Zorn, der; -(e)s خشم، غضب، عصبانیت؛ قهر
Der Zorn packte ihn. خشم بر او مستولی شد.
zornentbrannt *Adj.* خشمگین، غضبناک، عصبانی
zornig *Adj.* خشمگین، غضبناک، عصبانی
Zote, die; -, -n لطیفهٔ زشت، لطیفهٔ بی‌ادبانه
zoten *Vi.* لطیفهٔ زشت تعریف کردن، لطیفهٔ بی‌ادبانه تعریف کردن
zotenhaft *Adj.* زشت، وقیح، شرم‌آور
zotig *Adj.* زشت، وقیح، شرم‌آور
Zotenreißer, der; -s, - کسی که لطیفه زشت و بی‌ادبانه تعریف می‌کند
Zotte, die; -, -n دسته، طره (گیسو)
Zottel, die; -, -n دسته، طره (گیسو)
zotteln *Vi.* آرام و بی‌توجه قدم زدن
zottig *Adj.* مودار، پرمو، پشمالو
zu *Präp., Konj., Adv.* ۱. (از لحاظ مکانی) به، به طرف، به سوی، در ۲. (از لحاظ زمانی) در، در هنگام ۳. (در تبدیل شدن) به ۴. (نشانگر قصد/هدف) برای، به خاطرِ ۵. (نشانگر دلیل) به سبب، برای ۶. (نشانگر حالت) با وسیلهٔ ۷. (نشانگر نتیجه) طبق، از روی ۸. (در مورد ارقام و نسبت‌ها) به ۹. با، همراه ۱۰. چون که، زیرا ۱۱. بسته ۱۲. خیلی، زیادی، بیش از حد
Ich gehe zu Bett. می‌روم بخوابم.
von Tag zu Tag روز به روز
Er ist zum Dieb geworden. او دزد شده است.
Er hat es zu meiner vollen Zufriedenheit erledigt. او این کار را به خاطر جلب رضایت کامل من انجام داده است.
zu seinem Geburtstag برای جشن تولدش
zu Fuß gehen پیاده رفتن
Zu Befehl! طبق دستور!
Der Verein hat 3 zu 2 gewonnen. باشگاه بازی را ۳ بر ۲ برده است.
Brot zum Fleisch essen نان را با گوشت خوردن
Tür zu! در را ببندید!
zu viel خیلی زیاد
Ich komme, um dir zu helfen. می‌آیم که بهت کمک کنم.
zuallererst *Adv.* پیش از هر کار
zuallerletzt *Adv.* بعد از هر کار
zuballern *Vt.* محکم بستن (در)
zubauen *Vt.* ساختن، درست کردن، بنا کردن
Zubehör, das / der; -(e)s, -e ادوات ضمیمه، لوازم ضمیمه، متعلقات، لوازم یدکی
ein Haus mit allem Zubehör خانه‌ای با تمام متعلقاتش
Zubehörteil, das; -(e)s, -e بخش اضافی
zubeißen *Vi.* گاز گرفتن
zubekommen *Vt.* قادر به بستن (چیزی) بودن، به زحمت بستن
Zuber, der; -s, - تغار چوبی، تغار رختشویی
zubereiten *Vt.* ۱. آماده کردن، حاضر کردن، مهیا ساختن (غذا) ۲. درست کردن (دارو)
Zubereitung, die; -, -en تدارک، تهیه، مهیاسازی
zubilligen *Vt.* ۱. اجازه دادن ۲. اعطا کردن، دادن
zubinden *Vt.* بستن، نوارپیچ کردن
zubleiben *Vi.* بسته ماندن
zublinzeln *Vi.* چشمک زدن
zubringen *Vt.* ۱. گذراندن، سپری کردن، صرف کردن (وقت) ۲. قادر به بستن (چیزی) بودن، به زحمت بستن ۳. پنهانی در میان گذاشتن
Zubringer, der; -s, - ۱. سوخت‌رسان؛ مایه‌رسان ۲. مسافربر (اتومبیل)
Zubringerstraße, die; -, -n خیابان فرعی؛ جادهٔ اختصاصی
Zucchino, der; -s, -ni کدو
Zucht, die; -, -en ۱. پرورش (گیاه) ۲. تربیت (جانوران) ۳. نژاد ۴. انضباط، دیسیپلین
Zuchtbuch, das; -(e)s, ⸚er ۱. کتاب گیاه‌شناسی ۲. کتاب جانورشناسی
Zuchtbulle, der; -n, -n جانور تخم‌کشی، جانور مخصوص تولید مثل
züchten *Vt.* ۱. پرورش دادن، پروراندن ۲. تربیت کردن
Züchter, der; -s, - پرورش‌دهنده، پرورانندە (حیوان، گیاه)
Züchterin, die; -, -nen پرورش‌دهنده، پرورانندە (زن)
Zuchthaus, das; -es, -häuser زندان (با اعمال شاقه)، دارالتأدیب
Zuchthäusler, der; -s, - محکوم، مقصر، مجرم

971 Zufahrtsstraße

Zuchthausstrafe, die; -, -n مجازات زندان (با اعمال شاقه)
Zuchthengst, der; -es, -e اسب تخمی، نریان
züchtig *Adj.* باادب، فروتن، متواضع
züchtigen *Vt.* تنبیه کردن، تأدیب کردن
Züchtigkeit, die; - ادب، فروتنی، تواضع
Züchtigung, die; -, -en تنبیه بدنی، تأدیب
zuchtlos *Adj.* ۱. تربیت نشده ۲. بی‌نظم، بی‌انضباط
Zuchtlosigkeit, die; -, -en بی‌نظمی، بی‌انضباطی
Zuchtmeister, der; -s, - کارفرما
Zuchtmittel, das; -s, - تدابیر انضباطی، تدابیر تربیتی
Zuchtperle, die; -, -n مروارید پرورشی
Zuchtrute, die; -, -n چوب تأدیب
Zuchtschaf, das; -(e)s, -e گوسفند تخمی، گوسفند تخم‌کشی
Zuchtstier, der; -(e)s, -e جانور تخم‌کشی، جانور مخصوص تولید مثل
Zuchtstute, die; -, -n مادیان تخمی، مادیان تخم‌کشی
Züchtung, die; -, -en پرورش (گیاه / جانور)
Zuchtvieh, das; -(e)s جانور تخم‌کشی، جانور مخصوص تولیدمثل
Zuchtwahl, die; -, -en انتخاب، گزینش
Zuck, der; -(e)s, -e حرکت سریع
Zuck! سریع!
zucken *Vi.* ۱. تکان ناگهانی خوردن، تکان غیرارادی خوردن، یکه خوردن ۲. (به علامت بی‌تفاوتی) شانه‌ها را تکان دادن
zücken *Vt.* ۱. از غلاف کشیدن (شمشیر) ۲. به سرعت آماده کردن
Zucker, der; -s, - شکر، قند
Zuckerbäcker, der; -s, - قناد
Zuckerbrot, das; -(e)s, -e نان قندی
Zuckerbüchse, die; -, -n شکردان، قندان
Zuckerdose, die; -, -n شکردان، قندان
Zuckererbse, die; -, -n (نوعی) نخود شیرین
Zuckerfabrik, die; -, -en کارخانه قند
Zuckerguß, der; -gusses, -güsse شکرپوش (خاک قندی که روی شیرینی می‌ریزند)
Zuckerhut, der; -(e)s, ⸚e کله‌قند
zuck(e)rig *Adj.* شیرین
zuckerkrank *Adj.* (مبتلا به) بیماری قند
Zuckerkranke, der / die; -n, -n (مبتلا به) بیماری قند
Zuckerkrankheit, die; -, -en بیماری قند، دیابت
Zuckerl, das; -s, -n آب نبات
Zuckermelone, die; -, -n خربزه
zuckern *Vt.* شیرین کردن
Zuckerraffinerie, die; -, -n کارخانهٔ قند
Zuckerrohr, das; -(e)s, -e نیشکر
Zuckerrübe, die; -, -n چغندر قند
Zuckerschale, die; -, -n شکردان، قندان
Zuckersirup, der; -s, -e شیرهٔ قند
zuckersüß *Adj.* شیرین
Zuckerwasser, das; -s, - آب قند، شکر آب
Zuckerwatte, die; -, -n پشمک
Zuckerwerk, das; -(e)s, - شیرینی‌جات
Zuckerwürfel, der; -s, - قند کلوخه، حبه قند
Zuckerzange, die; -, -n قندگیر
Zuckung, die; -, -en انقباض شدید ماهیچه
zudämmen *Vt.* بستن، سد کردن
zudecken *Vt.* پوشاندن
zudem *Adv.* گذشته از، گذشته از این، وانگهی، علاوه بر این
zudenken *Vt.* در نظر گرفتن، در نظر داشتن
zudiktieren *Vt.* تحمیل کردن، به گردن (کسی) گذاشتن
Zudrang, der; -(e)s ۱. ازدحام ۲. هجوم، یورش
zudrehen *Vt.* ۱. با چرخاندن بستن (شیر آب) ۲. روی گرداندن، پشت کردن
zudringlich *Adj.* سمج، مزاحم، فضول، مخل آسایش
Zudringlichkeit, die; -, -en سماجت، مزاحمت، فضولی
zudrücken *Vt., Vi.* ۱. با فشار بستن ۲. فشار وارد آوردن
zueignen *Vt.* اهدا کردن، تقدیم کردن، پیشکش کردن
Zueignung, die; -, -en اهدا، تقدیم، پیشکش
zueilen *Vi., Vr.* (به طرف کسی / چیزی) شتاب کردن، عجله کردن
zueinander *Adv.* به‌هم، به یکدیگر، به‌طرف هم
zuerkennen *Vt.* واگذار کردن، بخشیدن، دادن
Zuerkennung, die; -, -en واگذاری، بخشش، اعطا
zuerst *Adv.* در ابتدا، در اول، نخست، در آغاز
Wer zuerst kommt, mahlt zuerst. سحرخیز باش تا کامروا شوی.
zuerteilen *Vt.* تقسیم کردن
zufahren *Vi.* (به طرف کسی / چیزی) راندن، سواره رفتن، با وسیلهٔ نقلیه رفتن
Zufahrt, die; -, -en مدخل، راه ورود
Zufahrtsstraße, die; -, -n مدخل خیابان

Zufall, der; -(e)s, ⸚e تصادف، اتفاق، پیشامد
durch Zufall تصادفی، اتفاقی
zufallen *Vi.* ۱. بسته شدن، با صدا بسته شدن (در) ۲. نصیب شدن، رسیدن
zufällig *Adj.* ۱. تصادفی، اتفاقی ۲. تصادفاً، اتفاقاً
zufällig etwas **tun** به طور اتفاقی کاری را انجام دادن
zufälligerweise *Adv.* برحسب اتفاق، اتفاقی
Zufälligkeit, die; -, -en پیشامد احتمالی
Zufallsbekanntschaft, die; -, -en آشنایی تصادفی
Zufallstreffer, der; -s, - ۱. (در بیلیارد) اصابت اتفاقی ۲. (ورزش) گل تصادفی
zufassen *Vi.* ۱. ربودن، قاپیدن، گرفتن، چنگ زدن ۲. کمک کردن
Bitte fassen Sie zu! لطفاً میل بفرمایید!
zufliegen *Vi.* ۱. پرواز کردن، به‌پرواز درآمدن ۲. با صدا بسته شدن (در)
zufließen *Vi.* (به طرفی) جاری شدن
Zuflucht, die; -, -en پناه، نجات، ملجأ، مأمن، کمک، گریز
Er ist meine Zuflucht. او ملجأ و مأمن من است.
Zufluchtnahme, die; - توسل
Zufluchtsort, der; -(e)s, -e پناهگاه
Zufluchtsstätte, die; -, -n پناهگاه
Zufluß, der; -flusses, -flüsse جریان
zuflüstern *Vt.* در گوشی حرف زدن
zufolge *Präp.* براساسِ، به دنبالِ، برحسبِ، به علتِ، مطابقِ، در نتیجهٔ
zufrieden *Adj.* راضی، قانع؛ ممنون، خشنود
zufrieden sein راضی بودن، قانع بودن؛
zufriedengeben *Vr.* راضی بودن، قانع بودن، ممنون بودن، خشنود بودن
Zufriedenheit, die; - رضایت، خشنودی
zufriedenlassen *Vt.* به حال خود گذاشتن، راحت گذاشتن
zufriedenstellen *Vt.* راضی کردن، خشنود کردن، خرسند کردن، ممنون کردن
zufriedenstellend *Adj.* رضایت‌بخش
Zufriedenstellung, die; -, -en راضی، خرسند، ممنون
zufrieren *Vi.* یخ بستن؛ مستور شدن
zufügen *Vt.* ۱. اضافه کردن، افزودن ۲. زیان رساندن، لطمه وارد آوردن
Zufuhr, die; -, -en ۱. ورود ۲. تهیه، تدارک

zuführen *Vt., Vi.* ۱. وارد کردن ۲. همراهی کردن، همراه (کسی) رفتن ۳. تهیه کردن، تدارک دیدن ۴. به (جایی) منتهی شدن، رسیدن ۵. منجر شدن
Zuführung, die; -, -en ۱. تهیه، تدارک ۲. همراهی
zufüllen *Vt.* ۱. اضافه کردن، افزودن ۲. پر کردن، تکمیل کردن
Zug, der; -es, ⸚e ۱. ترن، قطار ۲. کوران ۳. پک (سیگار) ۴. حرکت دسته‌جمعی ۵. حرکت مهرهٔ شطرنج ۶. صف
mit dem Zug با قطار
mit dem Zug fahren با قطار رفتن
der Schnellzug قطار سریع‌السیر
der Personenzug ترن مسافربری
Zugabe, die; -, -n ۱. انعام، هدیه، پاداش ۲. اضافه، تکرار
Zugabe! (در کنسرت) دوباره! دوباره!
Der Sänger sang als Zugabe zwei Lieder von Schubert.
خواننده علاوه بر برنامهٔ پیش‌بینی شده دو ترانه از شوبرت خواند.
Zugang, der; -(e)s, ⸚e ۱. دسترسی ۲. راه، مدخل ۳. قدرت درک
Er hat keinen Zugang zur modernen Malerei.
او قدرت درک نقاشی مدرن را ندارد.
zugängig *Adj.* [کالا/کتاب] تازه رسیده، تازه دریافت کرده
zugänglich *Adj.* در دسترس، قابل وصول، دست‌یافتنی
Zugbrücke, die; -, -n پل متحرک
zugeben *Vt.* ۱. بیشتر دادن، بیشتر عرضه کردن (کالا) ۲. دوباره اجرا کردن (اثر موسیقی) ۳. به (چیزی) اقرار کردن، به (چیزی) اعتراف کردن ۴. قبول کردن، تصدیق کردن ۵. اضافه کردن، افزودن ۶. با (چیزی) موافقت کردن
zugedenken *Vt.* قصد دادن هدیه به (کسی) را داشتن
Dieses Buch habe ich ihr zugedacht.
قصد دارم این کتاب را به او هدیه کنم.
zugegen *Adj.* حاضر، موجود
zugehen *Vi.* ۱. بسته شدن ۲. نزدیک شدن، نزدیک رفتن ۳. فرستاده شدن ۴. رخ دادن، جریان یافتن، اتفاق افتادن
auf jemanden **zugehen** به کسی نزدیک شدن
Mir ist ein Brief der Firma X zugegangen.
به من نامه‌ای از شرکت X رسیده است.
zugehören *Vi.* تعلق داشتن، متعلق بودن
zugehörig *Adj.* متعلق، مربوط، وابسته
Zugehörigkeit, die; - تعلق، وابستگی
zugeknöpft *Adj.* گوشه‌گیر، منزوی

Zügel, der; -s, - افسار، عنان، لجام، دهنه
dem Pferd die Zügel anlegen به اسب لگام بستن
zügellos *Adj.* افسار گسیخته، لجام گسیخته، عنان گسیخته
Zügellosigkeit, die; -, -en افسار گسیختگی، لجام گسیختگی
zügeln *Vt., Vi.* ۱. افسار کشیدن (اسب) ۲. مسلط شدن ۳. نقل مکان کردن
zugesellen *Vt., Vr.* ۱. پیوستن، متصل کردن، وصل کردن ۲. متصل شدن، وصل شدن
Zugeständnis, das; -nisses, -nisse ۱. گذشت، بخشش ۲. اجازه، رخصت
zugestehen *Vt.* ۱. اعطا کردن، واگذار کردن، بخشیدن ۲. اجازه دادن ۳. تصدیق کردن، قبول کردن
zugetan *Adj.* مربوط به،وابسته به، متعلق به، مایل به، مختص
zugfest *Adj.* (در مقابل کشش) مقاوم
Zugfestigkeit, die; -, -en قابلیت کشش
Zugführer, der; -s, - رانندهٔ قطار
zugießen *Vt.* افزودن، اضافه کردن، زیاد کردن (مایعات)
zugig *Adj.* دارای جریان هوا، کوران هوا
zügig *Adj.* تند، باشتاب، فرز، سریع
Zugkraft, die; -, ⸚e نیروی کشش
zugkräftig *Adj.* کشنده، جاذب، پرجاذبه، جالب
zugleich *Adv.* در عین حال، در یک آن، با هم، هم‌زمان، در همان لحظه
Er ist zugleich Gitarist und Komponist.
او هم نوازندهٔ گیتار و هم آهنگساز است.
Zugluft, die; - جریان هوا، کوران
Zugmaschine, die; -, -n یدک‌کش (وسیلهٔ نقلیه)
Zugmittel, das; -s, - تله کابین، وسیلهٔ کِشنده
Zugnummer, die; -, -n شمارهٔ قطار
Zugpersonal, das; -s, - کارکنان قطار
Zugpferd, das; -(e)s, -e اسب بارکش، یابو
Zugpflaster, das; -s, - ضماد تاول
zugreifen *Vi.* ۱. برداشتن ۲. کمک کردن
Bitte, greifen Sie zu! بفرمایید، میل‌کنید!
Zugriff, der; -(e)s, -e گیر؛ گیره، قبضه
zugrunde *Adv.* در رابطه با
zugrunde gehen نابود شدن، هلاک شدن
zugrunde richten نابود کردن، هلاک کردن
Zugschaffner, der; -s, - بلیت‌فروش قطار
Zugschalter, der; -s, - کلید قطع و وصل کشش
Zugseil, das; -(e)s, -e طناب کشش
Zugstück, das; -(e)s, -e نمایشنامهٔ جذاب
Zugtier, das; -(e)s, -e حیوان بارکش
zugucken *Vi.* تماشا کردن
Zugunglück, das; -(e)s, -e سانحهٔ قطار، حادثهٔ ترن
zugunsten *Präp.* به نفعِ، به خاطرِ
zugute *Adv.* به نفع، به خاطر
zuguterletzt *Adv.* در آخر، در پایان، سرانجام
Zugverbindung, die; -, -en ارتباط قطار (بین دو محل)
Zugverkehr, der; -(e)s وسیلهٔ نقلیهٔ ریل‌دار
Zugvieh, das; -(e)s جانور بارکش
Zugvogel, der; -s, ⸚ پرندهٔ مهاجر
Zugwind, der; -(e)s, -e جریان باد
Zugzwang, der; -(e)s, - (در شطرنج) حرکت اجباری
zuhaben *Vi.* بسته بودن
zuhalten *Vt.* ۱. بسته نگه داشتن ۲. (با دست) مسدود کردن ۳. در (مسیر معین) حرکت کردن
Zuhälter, der; -s, - دلال محبت، جاکش
Zuhälterei, die; - دلالی محبت، جاکشی
zuhängen *Vt.* با پرده پوشاندن
zuhauen *Vi., Vt.* ۱. زدن ۲. بر اثر ضربه زدن به (شکل خاصی) درآوردن
zuhauf *Adv.* به تعداد زیاد
Zuhause, das; -s خانه، منزل، وطن
zuheften *Vt.* بخیه زدن؛ دوختن؛ تعمیر کردن
zuheilen *Vi.* خوب شدن، شفا یافتن، بهبود یافتن
Zuhilfenahme, die; - کمک، مساعدت
zuhinterst *Adv.* کاملاً پشت
zuhöchst *Adv.* کاملاً بالا
zuhören *Vi.* سخنان (کسی) راگوش کردن، گوش دادن، استماع کردن
Hör zu! گوش کن!
Zuhörer, der; -s, - شنونده، مستمع
Zuhörerin, die; -, -nen شنونده، مستمع (زن)
Zuhörerraum, der; -(e)s, -räume اتاق کنفرانس
Zuhörerschaft, die; - شنوندگان، مستمعان
zuinnerst *Adv.* کاملاً داخل
zujauchzen *Vi.* ابراز احساسات کردن، تشویق کردن، هورا کشیدن
zujubeln *Vi.* ابراز احساسات کردن، تشویق کردن، هورا کشیدن
zukaufen *Vt.* اضافی خریدن
zukehren *Vt.* ۱. برگرداندن ۲. به (کسی/چیزی) پشت کردن
jemandem **den Rücken zukehren** به کسی پشت کردن

zukitten *Vt.* بتونه زدن، با بتونه پوشاندن

zuklappen *Vt.* با گیره بستن، با قزن قفلی بستن

zukleben *Vt.* با چسب بستن

zuklinken *Vt.* قفل کردن، چفت کردن (در)

zuknallen *Vt., Vi.* ۱. با صدا بستن، محکم به‌هم زدن (در) ۲. با صدا بسته شدن (در)

zuknöpfen *Vt.* با دکمه بستن

zuknüpfen *Vt.* بستن، گره زدن (کراوات)

zukommen *Vi.* ۱. نزدیک شدن، پیش (کسی) رفتن، به (کسی) برخوردن ۲. عاید شدن، نصیب شدن ۳. خبر رسیدن ۴. حق بودن، شایسته بودن

auf jemanden **zukommen** به‌کسی نزدیک شدن

jemandem eine Botschaft zukommen lassen برای کسی پیغام فرستادن

Ihm ist eine Erbschaft zugekommen. به او ارث رسیده است.

zukorken *Vt.* چوب‌پنبه گذاشتن، با چوب‌پنبه بستن

Zukunft, die; -, ⸚e آینده، آتیه

in Zukunft در آینده

zukünftig *Adj.* (مربوط به) آینده

Zukunftsforscher, der; -s, - آینده‌شناس

Zukunftsforschung, die; - آینده‌شناسی

Zukunftsmusik, die; - موسیقی خیالی، موسیقی آرمانی

Zukunftspläne, die / *Pl.* برنامه‌های آینده

zukunftsreich *Adj.* (مربوط به) قلمرو آینده

Zukunftsroman, der; -s, -e رمان علمی، رمان تخیلی دربارهٔ آینده

zulächeln *Vi.* لبخندزنان نگاه کردن

zulachen *Vi.* خندان نگاه کردن

Zulage, die; -, -n اضافه پرداخت، کمک معاش، مزایا

zulande *Adv.* در خانه، در وطن

zulangen *Vi.* کفایت کردن

zulänglich *Adj.* کافی

Zulänglichkeit, die; -, -en کفایت

zulassen *Vt.* ۱. اجازه دادن، رخصت دادن ۲. پذیرفتن ۳. بسته باقی گذاردن، باز نکردن

das Fenster zulassen پنجره را به حال بسته گذاردن

Ich kann leider keine Ausnahmen zulassen. متأسفانه نمی‌توانم استثنایی قائل بشوم.

zulässig *Adj.* جایز، مجاز، مباح، قابل قبول

die zulässige Geschwindigkeit سرعت مجاز

Zulässigkeit, die; - قابلیت قبول

Zulassung, die; -, -en ۱. اجازه، رخصت ۲. پذیرش

Zulassungsnummer, die; -, -n شمارهٔ ثبت (موتور)

Zulassungspapiere, die / *Pl.* مدارک ثبت

Zulassungsprüfung, die; -, -en (در دانشگاه) امتحان پذیرش

Zulauf, der; -(e)s ۱. ازدحام، هجوم، یورش ۲. مشتری، مراجعه کننده

zulaufen *Vi.* ۱. دویدن ۲. به دویدن ادامه دادن ۳. دنبال دویدن ۴. به (شکل خاصی) بودن (نوک شیء) ۵. (به مایع موجود) اضافه شدن ۶. جریان داشتن، امتداد داشتن

Lauf zu, sonst ist der Zug weg. عجله کن، وگرنه قطار می‌رود.

zulegen *Vt., Vr.* ۱. اضافه کردن، افزودن ۲. خریدن ۳. برای (خود) گذاردن

Er hat sich einen Bart zugelegt. او ریش گذاشته است.

sich ein neues Kleid zulegen برای خود لباس تازه‌ای خریدن

zuleide *Adv.* زیان‌آور

jemandem etwas **zuleide tun** به‌کسی صدمه زدن

Er tut keiner Fliege etwas zuleide. آزارش به مورچه هم نمی‌رسد.

zuleiten *Vt.* ۱. انتقال دادن، عبور دادن، رساندن ۲. ارسال داشتن، فرستادن

Zuleitung, die; -, -en ۱. انتقال، عبور ۲. ارسال

Zuleitungsrohr, das; -(e)s, -e لولهٔ انتقال

zulernen *Vt.* بیشتر آموختن، چیزی اضافه‌تر فراگرفتن

zuletzt *Adv.* ۱. در آخر، در پایان ۲. عاقبت، بالاخره ۳. آخرین بار

Er kam zuletzt. او آخر از همه آمد.

zuliebe *Adv.* به خاطر، برای رضایت

Zulieferant, der; -n, -n تهیه کننده، کارپرداز، متصدی ملزومات

Zulieferer, der; -s, - تهیه کننده، کارپرداز، متصدی ملزومات

zulöten *Vt.* لحیم کردن، جوش دادن

zum = *zu + dem*

zum Beispiel به عنوان مثال

Zum Wohl! به سلامتی!

zum Glück خوشبختانه

zumachen *Vt.* ۱. بستن ۲. تعطیل کردن

Die Läden machen um 18 Uhr zu. مغازه‌ها ساعت ۶ بعدازظهر تعطیل می‌کنند.

zumal *Konj., Adv.* ۱. به ویژه، به‌خصوص، قبل از هر چیز ۲. هم‌زمان، با هم

zumauern *Vt.* دیوار کشیدن، محصور کردن
zumeist *Adv.* اغلب، غالباً، بیشتر
zumessen *Vt.* مشخص کردن، معین کردن
zumindest *Adv.* حداقل، دست‌کم، لااقل
zumute *Adv.* حال، حوصله، خُلق
Mir ist nicht danach zumute.
حوصلهٔ انجام این کار را ندارم.
zumuten *Vt.* انتظار بیجا داشتن، توقع زیادی داشتن
Zumutung, die; -, -en انتظار بیجا، توقع زیادی
zunächst *Adv., Präp.* ۱. در ابتدا، در بدو امر، در آغاز، نخست ۲. در این لحظه ۳. در نزدیکیِ
zunageln *Vt.* میخ زدن، با میخ بستن
zunähen *Vt.* دوختن و بستن، با دوختن بستن
Zunahme, die; -, -n افزایش، رشد، ازدیاد
Zuname, der; -ns, -n نام خانوادگی، شهرت، نام فامیلی
Zündanlage, die; -, -n تأسیسات گرم‌سازی
zünden *Vi., Vt.* ۱. آتش گرفتن، مشتعل شدن ۲. مورد استقبال قرار گرفتن، به هیجان آمدن ۳. روشن کردن؛ آتش زدن؛ منفجر کردن
Dieser Vorschlag zündete sofort.
این پیشنهاد فوراً مورد استقبال قرار گرفت.
Hat es bei dir endlich gezündet? بالاخره حالیت شد؟
Zunder, der; -s, - آتش‌زنه
Zünder, der; -s, - ۱. کبریت، آتش‌زنه ۲. فتیله (دینامیت)، چاشنی (فشنگ)
Zündholz, das; -es, ⸚er چوب کبریت
Zündhölzchen, das; -s, - چوب کبریت
Zündhütchen, das; -s, - چاشنی (تفنگ)
Zündkaspel, die; -, -n چاشنی (تفنگ)
Zündkerze, die; -, -n شمع (اتومبیل)
Zündpunkt, der; -(e)s, -e نقطهٔ اشتعال، نقطهٔ احتراق
Zündsatz, der; -es, ⸚e چاشنی (تفنگ)
Zündschlüssel, der; -s, - سویچ (اتومبیل)
Zündschnur, die; -, ⸚e فتیلهٔ مادهٔ محترقه
Zündstein, der; -(e)s, -e سنگ آتش‌زنه
Zündstoff, der; -(e)s, -e مادّهٔ محترقه
Zündung, die; -, -en ۱. اشتعال، احتراق ۲. چاشنی
zunehmen *Vt., Vi.* ۱. بزرگ شدن، افزایش یافتن، رشد کردن ۲. چاق شدن
zunehmend *Adv.* افزایش یافته، رشد کرده
zuneigen *Vr., Vi.* تمایل داشتن، میل داشتن
Zuneigung, die; -, -en تمایل، میل، علاقهٔ قلبی

Zunft, die; -, ⸚e جرگه، زمره، صنف، اتحادیه
zünftig *Adj.* ۱. صنفی ۲. درست و حسابی
Zunge, die; -, -n ۱. (عضو بدن) زبان ۲. زبانه ۳. شاهین ترازو
Es lag mir auf der Zunge. نوک‌زبانم بود.
Seine Zunge ist belegt! زبانش بار دارد!
sich auf die Zunge beißen جلوی زبان خود را گرفتن
Zeige deine Zunge! زبانت را نشان بده!
züngeln *Vi.* ۱. مثل مار حرکت دادن (زبان) ۲. زبانه کشیدن (شعلهٔ آتش)
zungenfertig *Adj.* حاضر جواب
Zungenfertigkeit, die; - حاضر جوابی
zungenförmig *Adj.* به شکل زبان
Zungenkuß, der; -kusses, -küsse بوسهٔ زبان، زبان بوسی
Zungenlaut, der; -(e)s, -e حرف زبانی
Zungenspitze, die; -, -n نوک زبان
Zünglein, das; -s, - زبان کوچک
zunichte *Adv.* ویران، نابود
etwas **zunichte machen** چیزی را نابود کردن، چیزی را ویران کردن
zunicken *Vi.* سر تکان دادن، با سر اشاره کردن
zuniederst *Adv.* زیر همه، پایین‌ترین
zunutze *Adv.* استفاده، بهره
sich etwas **zunutze machen** از چیزی استفاده کردن
zuoberst *Adv.* در بالاترین، بالای بالا، روی همه
zuordnen *Vt.* دسته‌بندی کردن، طبقه‌بندی کردن
zupacken *Vi.* محکم گرفتن
zupaß *Adv.* ۱. سر وقت، سر موقع ۲. به خوبی
jemandem **zupaß kommen** سر موقع به دست کسی رسیدن، درست به موقع به کسی رسیدن، برای کسی کاملاً به موقع بودن
zupfen *Vt.* ۱. زدن، نواختن، به صدا درآوردن (ساز زهی) ۲. به (چیزی) دست کشیدن
Zupfeninstrument, das; -(e)s, -e ساز زهی
zupfropfen *Vt.* چوب‌پنبه گذاشتن، با چوب‌پنبه گرفتن (سربطری)
zupressen *Vt.* با فشار بستن
zur = *zu + der*
zuraten *Vi.* توصیه کردن، پند دادن
Er riet mir zu, hinzugehen.
به من توصیه کرد که (به آن‌جا) بروم.
zurechnen *Vt.* ۱. افزودن، اضافه کردن ۲. نسبت دادن، اسناد کردن ۳. دسته‌بندی کردن، طبقه‌بندی کردن

Zurechnung 976

Zurechnung, die; -, -en مسئولیت، عهده‌داری
zurechnungsfähig *Adj.* ۱. مسئول، مسئولیت‌دار ۲. دارای عقل سلیم، متعادل
Zurechnungsfähigkeit, die; - ۱. عهده‌داری، مسئولیت ۲. عقل سلیم
zurecht *Adv.* درست، مطابق میل، به‌طور دلخواه
zurechtbasteln *Vt.* حاضر کردن، تهیه کردن؛ سرهم کردن
zurechtbiegen *Vt.* با خم کردن شکل دادن
zurechtbringen *Vt.* درست کردن، مرتب کردن
zurechtfinden *Vr.* ۱. راه پیدا کردن ۲. سر درآوردن
zurechtkommen *Vi.* ۱. از عهده برآمدن ۲. کنار آمدن ۳. به موقع رسیدن
zurechtlegen *Vt.* ۱. منظم کردن، مرتب کردن ۲. درنظر گرفتن، آماده کردن
zurechtmachen *Vt.* ۱. آماده کردن، حاضر کردن، مهیا ساختن ۲. آراستن، آرایش کردن
zurechtrücken *Vt.* با هُل دادن در جای مناسبی قرار دادن
zurechtsetzen *Vt.* درست کردن، منظم کردن، مرتب کردن
zurechtstellen *Vt.* سر جای خود گذاشتن
zurechtstutzen *Vt.* آماده کردن، دوختن (لباس)
zurechtweisen *Vt.* سرزنش کردن، ملامت کردن، نکوهش کردن
Zurechtweisung, die; -, -en سرزنش، ملامت، نکوهش
zureden *Vi.* وادار کردن؛ قانع کردن، (با حرف زدن) متقاعد کردن
Zureden, das; -s متقاعدسازی
zureichen *Vt., Vi.* ۱. دادن، تحویل دادن ۲. کافی بودن
zureiten *Vt., Vi.* ۱. رام کردن، آموخته کردن (اسب) ۲. سواره رفتن
Zureiter, der; -s, - رام‌کننده (اسب)
zurichten *Vt.* ۱. آماده کردن، درست کردن ۲. به وضع بدی درآوردن ۳. (بر اثر ضربه) مجروح کردن
zuriegeln *Vt.* بستن (چفت / کلون در)
zürnen *Vi.* خشمگین شدن، غضبناک شدن؛ ناراحت بودن
zurollen *Vt., Vi.* ۱. به طرف (کسی) غلتاندن ۲. غلتیدن
Zurschaustellung, die; -, -en نمایش، سان
zurück *Adv.* پس، عقب، پشت، به عقب، به جای قبلی
Zurück! برو عقب!
Er ist noch nicht zurück. او هنوز برنگشته است.

Zurück, das; -(s) بازگشت
Es gibt für uns kein Zurück mehr. راه بازگشتی نداریم.
zurückbegeben *Vr.* بازگشتن، مراجعت کردن
zurückbegleiten *Vt.* پس فرستادن
zurückbehalten *Vt.* نگه داشتن، پس ندادن
zurückbekommen *Vt.* پس گرفتن، (مجدداً) دریافت کردن
zurückberufen *Vt.* بازخواندن، دوباره صدا کردن، احضار کردن، فرا خواندن
zurückbeugen *Vt.* بـه پشت خم کردن، دوباره برگرداندن
zurückbezahlen *Vt.* پس دادن، برگرداندن؛ تصفیه (حساب) کردن
zurückbilden *Vr.* پسروی کردن، (به حال اولیه) بازگشتن
zurückbleiben *Vi.* عقب افتادن، عقب ماندن، جا ماندن
zurückblicken *Vi.* ۱. به عقب نگاه کردن، پشت سر (خود) را نگاه کردن ۲. بـه گـذشته فکـر کـردن، تجدید خاطره کردن
zurückbringen *Vt.* پس آوردن، برگرداندن
zurückdatieren *Vi.* ۱. تاریخ پیش را گذاشتن ۲. به تاریخ گذشته مربوط شدن
zurückdenken *Vi.* به گذشته فکر کردن، گذشته را به خاطر آوردن
zurückdrängen *Vt.* پس راندن، عقب راندن، بازداشتن
zurückdrehen *Vt.* به عقب برگرداندن
zurückdürfen *Vi.* اجازهٔ مراجعت داشتن
zurückeilen *Vi.* شتابان بازگشتن
zurückerbitten *Vt.* تقاضای بازگشت (کسی / چیزی) را کردن
Zurückerbittung, die; -, -en تقاضای بازگشت
zurückerhalten *Vt.* پس گرفتن، (مجدداً) دریافت کردن
zurückerinnern *Vr.* به گذشته فکر کردن، گذشته را به یاد آوردن
zurückerlangen *Vt.* پس گرفتن، (مجدداً) دریافت کردن
zurückerobern *Vt.* دوباره پس گرفتن، دوباره تسخیر کردن
Zurückeroberung, die; -, -en بازپس‌گیری
zurückerstatten *Vt.* بازگرداندن، پس دادن
zurückfahren *Vi., Vt.* ۱. (با وسیلهٔ نقلیه) برگشتن، مراجعت کردن ۲. برگرداندن، ۳. (بـر اثـر تـرس و وحشت ناگهانی) به عقب پریدن، پس زدن

zurückfallen *Vi.* ۱. به سمت عقب افتادن
۲. عقب‌نشینی کردن، عقب نشستن ۳. به حال اول برگشتن (بیمار)

zurückfinden *Vi., Vr.* ۱. راه را دوباره پیدا کردن
۲. دوباره بازگشتن، مراجعت کردن

zurückfliegen *Vi.* (با هواپیما) برگشتن، مراجعت کردن

zurückfordern *Vt.* مطالبه کردن

Zurückforderung, die; - مطالبه

zurückführen *Vt.* ۱. رجعت دادن، مراجعت دادن، (به محل اولیه) بازگرداندن ۲. پیامد (چیزی) دانستن

Zurückgabe, die; - استرداد، پس‌دهی

zurückgeben *Vt.* ۱. پس دادن، برگرداندن، مسترد کردن ۲. جواب دادن، پاسخ دادن

zurückgehen *Vi.* ۱. مراجعت کردن، برگشتن
۲. پایین رفتن، کاهش یافتن (تب) ۳. ریشه داشتن

zurückgeleiten *Vt.* همراهی کردن، مشایعت کردن

zurückgewinnen *Vt.* دوباره به دست آوردن

zurückgezogen *Adj.* گوشه‌گیر، منزوی

Zurückgezogenheit, die; - انزوا، گوشه‌گیری

zurückgreifen *Vi.* ۱. مراجعه کردن
۲. به عقب برگشتن، به گذشته برگشتن

zurückhaben *Vt.* مسترد داشتن، پس گرفتن

zurückhalten *Vt., Vi.* ۱. بازداشتن، نگه داشتن، از رفتن جلوگیری کردن ۲. خودداری کردن ۳. جلوی (کسی / چیزی) را گرفتن ۴. پنهان کردن، کتمان کردن

zurückhaltend *Adj.* محتاط، معتدل؛ متواضع

Zurückhaltung, die; - نگهداری، بازداری

zurückholen *Vt.* پس آوردن

zurückkämmen *Vt.* به عقب شانه کردن (مو)

zurückkaufen *Vt.* پس گرفتن (کالا)

zurückkehren *Vi.* برگشتن، بازگشتن، مراجعت کردن

zurückkommen *Vi.* ۱. برگشتن، بازگشتن، مراجعت کردن ۲. دوباره مطرح کردن

zurückkönnen *Vi.* قادر به بازگشت بودن

Zurückkunft, die; - بازگشت، مراجعت

zurücklassen *Vt.* ۱. جا گذاشتن، باقی گذاشتن
۲. از (کسی / چیزی) سبقت گرفتن، پشت سر گذاشتن

Er hat seine Konkurenten weit zurückgelassen.
او از رقبای خود پیشی گرفته است.

zurücklaufen *Vi.* به عقب دویدن

zurücklegen *Vt.* ۱. کنار گذاشتن ۲. ذخیره کردن، پس‌انداز کردن ۳. پشت سر گذاردن، طی کردن ۴. سر جای خود گذاردن

zurücklehnen *Vr.* به پشت تکیه دادن

zurückliegen *Vi.* ۱. به گذشته برگشتن، به گذشته تعلق داشتن ۲. (ورزش) عقب افتادن

Der Läufer liegt zurück. دونده عقب افتاده است.

zurückmelden *Vt., Vr.* ۱. مجدداً خبر دادن
۲. به اطلاع رساندن

zurückmüssen *Vi.* مجبور به بازگشت بودن

Das Buch muß zurück. کتاب باید (به کتابخانه) پس داده شود.

Zurücknahme, die; - استرداد، پس‌گیری

zurücknehmen *Vt.* ۱. پس گرفتن ۲. عقب کشیدن

zurückprallen *Vi.* ۱. به جای اول برگشتن
۲. (از ترس) پس نشستن

Er prallte von dem entsetzlichen Anblick zurück.
از دیدن آن منظرهٔ وحشتناک پس نشست.

zurückrechnen *Vt.* دوباره حساب کردن

zurückreisen *Vi.* از سفر بازگشتن

zurückrufen *Vt., Vi.* ۱. احضار کردن، فراخواندن
۲. دوباره تلفن زدن

zurückschaffen *Vt.* پس آوردن، برگرداندن

zurückschallen *Vi.* منعکس شدن، انعکاس یافتن (صدا)

zurückschaudern *Vi.* بیزار شدن، مشمئز شدن

zurückschauen *Vi.* ۱. به عقب نگاه کردن
۲. به گذشته فکر کردن

zurückscheuen *Vi.* بیزار شدن، مشمئز شدن

zurückschicken *Vt.* پس فرستادن

zurückschieben *Vt.* به جای اول هل دادن، به عقب هل دادن

zurückschlagen *Vt., Vi.* ۱. دفع کردن، پس زدن، عقب نشاندن (حمله) ۲. برگرداندن (توپ تنیس) ۳. کنار زدن (پرده) ۴. متقابلاً ضربه زدن (پاندول ساعت)

zurückschrecken *Vt., Vi.* ۱. ترساندن، مرعوب کردن ۲. ترسیدن، مرعوب شدن

zurückschreiben *Vt.* دوباره نوشتن، جواب دادن (نامه)

zurückschwimmen *Vi.* به جای اول شنا کردن، شناکنان برگشتن

zurücksehen *Vi., Vr.* به عقب نگاه کردن، اشتیاق دیدن (چیزی / کسی) را داشتن

zurücksein *Vi.* بازگشتن

zurücksenden *Vt.* به جای اول فرستادن، بازپس فرستادن

zurücksetzen *Vt.* ۱. عقب نشاندن، عقب گذاشتن
۲. تنزل دادن، کاستن (قیمت) ۳. کنار کشیدن ۴. به جای اول خود گذاشتن ۵. برای (کسی) تبعیض قائل شدن

Zurücksetzung 978

Zurücksetzung, die; - ۱. اهمال، اهمال‌کاری ۲. تنزل، تخفیف ۳. تبعیض
zurückspringen *Vi.* به جای اول پریدن، به عقب پریدن
zurückspulen *Vt.* (عقب) برگرداندن (نوار ضبط/نوار فیلم)
zurückstecken *Vt., Vi.* ۱. در جای خود گذاشتن ۲. قانع‌تر شدن
zurückstehen *Vi.* ۱. عقب‌تر ایستادن ۲. از ارزش کمی برخوردار بودن
zurückstellen *Vt.* ۱. عقب کشاندن، عقب کشیدن، عقب بردن (عقربهٔ ساعت) ۲. (در جای قبلی) قرار دادن ۳. کنار گذاشتن (کالا) ۴. به تعویق انداختن، به بعد موکول کردن
Zurückstellung, die; -, -en عقب‌بری، عقب‌کشی (عقربهٔ ساعت)
zurückstoßen *Vt.* عقب زدن، پس زدن
zurückstrahlen *Vt.* منعکس کردن (اشعه)
zurückstreifen *Vt.* بالا زدن (آستین)
zurückstufen *Vt.* تنزل دادن
Zurückstufung, die; -, -en تنزل
zurücktreiben *Vt.* به عقب راندن، به جای اول راندن
zurücktreten *Vi.* ۱. کناره‌گیری کردن، استعفا کردن ۲. به‌عقب رفتن، قدم به عقب گذاشتن
zurücktun *Vt.* در جای اول گذاشتن
zurückübersetzen *Vt.* دوباره به زبان اصلی ترجمه کردن
zurückverfolgen *Vt.* در گذشتهٔ (کسی) تفحص کردن، از روی ردپای (کسی) تعقیب کردن
zurückverlangen *Vi., Vt.* ۱. تقاضای مراجعت کردن ۲. اشتیاق دیدن (کسی/چیزی) را داشتن
zurückversetzen *Vt., Vi.* ۱. به سمت قبلی برگرداندن ۲. تجدید خاطره کردن، به گذشته فکر کردن
zurückverwandeln *Vt.* تغییر شکل دوباره دادن
zurückverweisen *Vt.* به مرجع اول حواله کردن
Zurückverweisung, die; -, -en حواله به مرجع اول
zurückweichen *Vi.* عقب‌نشینی کردن، پس نشستن
zurückweisen *Vt.* رد کردن، از (چیزی) امتناع کردن، پس زدن
Zurückweisung, die; -, -en رد، امتناع، پس‌زنی
zurückwerfen *Vt.* ۱. دور انداختن ۲. دفع کردن، پس‌زدن (دشمن) ۳. دوباره پرتاب کردن ۴. به عقب پرتاب کردن ۵. منعکس کردن

zurückwirken *Vi.* ۱. واکنش داشتن ۲. عمل معکوس کردن
zurückwollen *Vi.* خواهان بازگشت بودن
zurückwünschen *Vt.* آرزوی مجدد (چیزی) را داشتن
zurückzahlen *Vt.* پرداختن، بازپرداختن، پس دادن (قرض)
Zurückzahlung, die; -, -en پرداخت، بازپرداخت، پس‌دهی
zurückziehen *Vt., Vi., Vr.* ۱. به عقب کشیدن، کنار کشیدن، کنار زدن (پرده) ۲. فسخ کردن، لغو کردن، باز پس گرفتن (قول، پیشنهاد) ۳. عقب کشیدن، عقب خواندن (نیروی نظامی) ۴. عقب نشستن، کناره‌گیری کردن ۵. منزوی شدن
Zurückziehung, die; - عقب‌نشینی، کناره‌گیری، پس‌گیری
Zuruf, der; -(e)s, -e بانگ، فریاد، غریو، ندا
zurufen *Vt.* ندا دادن، جار زدن
zurüsten *Vt.* آماده کردن، حاضر کردن، مهیا کردن
Zurüstung, die; -, -en آمادگی، آماده‌سازی
zurzeit *Adv.* در حال حاضر، فعلاً
Zusage, die; -, -en تصویب، قبول، موافقت، جواب مثبت
zusagen *Vt., Vi.* ۱. به (کسی) قول دادن، به (کسی) اطمینان دادن ۲. پذیرفتن، قبول کردن، به (کسی/چیزی) جواب مثبت دادن ۳. مورد پسند واقع شدن
Er hat mir Hilfe zugesagt. او به من قول کمک داده است.
zusammen *Adv.* ۱. با هم، با یکدیگر، به اتفاق ۲. روی‌هم رفته، جمعاً
Wir werden das Buch zusammen lesen.
کتاب را با هم خواهیم خواند.
Unsere Ausgaben betrugen zusammen nicht mehr als 200 Mark. مخارجمان روی هم رفته بیشتر از ۲۰۰ مارک نشد.
Zusammenarbeit, die; - همکاری، تشریک مساعی، کار گروهی
zusammenarbeiten *Vi.* با هم کار کردن، همکاری کردن، تشریک مساعی کردن
zusammenbacken *Vi., Vt.* سفت و محکم شدن، به هم چسبیدن
zusammenballen *Vt., Vi.* ۱. مچاله کردن، گلوله کردن ۲. گرد هم جمع شدن، ازدحام کردن
Zusammenballung, die; -, -en مچاله‌شدگی، گلوله‌شدگی
Zusammenbau, der; -(e)s, -e سرهم‌بندی، مونتاژ

zusammenbauen *Vt.*	سوار کردن، سرهم‌بندی کردن، مونتاژ کردن (قطعات مجزا)
zusammenbeißen *Vt.*	به هم فشردن (دندان)
zusammenbekommen *Vt.*	فراهم آوردن، جمع کردن
zusammenberufen *Vt.*	جمع کردن، احضار کردن
zusammenbinden *Vt.*	به هم بستن
zusammenbleiben *Vi.*	با یکدیگر ماندن، از هم جدا نشدن
zusammenbrauen *Vt., Vr.*	۱. (در مورد نوشیدنی) سرهم کردن ۲. بهوجود آوردن (وضعیت نامساعد)
zusammenbrechen *Vi.*	فرو ریختن، درهم شکستن، از هم پاشیدن، منهدم شدن
zusammenbringen *Vt.*	۱. جمع کردن، گردآوردن (پول) ۲. با هم آشنا کردن
Zusammenbruch, der; -(e)s, ⸚e	۱. فروپاشی، از هم پاشیدگی، انهدام، خرابی ۲. وضعیت جسمانی ناگوار
zusammendrängen *Vt., Vr.*	۱. متراکم کردن، فشار آوردن ۲. جمع شدن، ازدحام کردن
zusammendrücken *Vt.*	به هم فشردن
zusammenfahren *Vi.*	۱. تصادم کردن، به هم خوردن (وسیلۀ نقلیه) ۲. از ترس یکه خوردن
Zusammenfall, der; -es	تطابق، هم‌زمانی
zusammenfallen *Vi.*	۱. خراب شدن ۲. منطبق شدن، هم‌زمان واقع شدن ۳. لاغر شدن، نحیف شدن
zusammenfalten *Vt.*	تا کردن، تا زدن
zusammenfassen *Vt.*	۱. خلاصه کردن، مختصر کردن، جمع‌بندی کردن ۲. زیر نظر یک سازمان بزرگ‌تر درآوردن (چندین گروه)
Zusammenfassung, die; -, -en	خلاصه، جمع‌بندی، چکیده
zusammenfinden *Vt., Vr.*	۱. متحد کردن ۲. به هم پیوستن
zusammenflicken *Vt.*	تعمیر کردن، وصله کردن (کفش)
zusammenfließen *Vi.*	با هم جاری شدن
Zusammenfluß, der; -flusses, -flüsse	جریان کلی
zusammenfügen *Vt., Vr.*	۱. به هم وصل کردن ۲. با هم جور شدن
zusammenführen *Vt.*	با یکدیگر آشنا کردن
zusammengeben *Vt.*	با یکدیگر متفق کردن، با یکدیگر یکی کردن
zusammengehen *Vi.*	۱. باهم رفتن ۲. یکی شدن، دو خط، روی هم افتادن (دو خط) ۳. آب رفتن (پارچه)
Er ist recht zusammengegangen.	او پیر و لاغر و فرتوت شده است.
zusammengehören *Vi.*	به هم متعلق بودن، به هم وابسته بودن
zusammengehörig *Adj.*	متعلق به هم، وابسته به هم، مربوط به هم
Zusammengehörigkeit, die; -	یگانگی، پیوستگی، اتحاد، وحدت
Zusammengehörigkeitsgefühl, das; -(e)s, -	احساس به هم پیوستگی؛ حس مسئولیت مشترک
zusammengeraten *Vi.*	برخورد کردن، به هم خوردن
zusammengesetzt *Adj.*	مرکب، چند جزئی
zusammengewürfelt *Adj.*	آمیخته، مختلط
zusammengießen *Vt.*	در یک جا ریختن (مایعات)
Zusammenhalt, der; -(e)s, -	همبستگی درونی، روح همکاری
zusammenhalten *Vt., Vi.*	۱. باهم نگه داشتن، در کنار یکدیگر نگه داشتن ۲. در کنار هم قرار دادن و مقایسه کردن ۳. محکم به هم چسبیده بودن، محکم به هم متصل بودن ۴. کنار هم قرار داشتن؛ تشریک مساعی کردن
Zusammenhang, der; -(e)s, ⸚e	تشریک مساعی، ارتباط، اتحاد
im Zusammenhang mit	در ارتباط با
zusammenhängen *Vi., Vt.*	۱. متصل بودن، مربوط بودن، به هم پیوستن ۲. متصل کردن
zusammenhängend *Adj.*	متصل، پیوسته، مربوط
zusammenhang(s)los *Adj.*	بی‌ربط
zusammenhauen *Vt.*	خرد کردن، له کردن
zusammenhäufen *Vt., Vr.*	اندوختن، جمع کردن، روی هم انباشتن
zusammenheften *Vt.*	۱. ضمیمۀ پرونده کردن ۲. به هم دوختن (صفحه‌های کاغذ)
zusammenheilen *Vi.*	شفا یافتن، بهبود یافتن
zusammenholen *Vt.*	از همه‌جا گرد آوردن
zusammenkaufen *Vt.*	از همه‌جا خریدن
zusammenketten *Vt.*	به همدیگر متصل کردن، مرتبط ساختن
zusammenkitten *Vt.*	با سمنت اندودن، سمنت کردن
Zusammenklang, der; -(e)s, ⸚e	(موسیقی) هارمونی، آکورد، هماهنگی
zusammenklappen *Vt., Vi.*	۱. تا کردن، دولا کردن ۲. بیهوش شدن، مدهوش شدن، از حال رفتن
zusammenkleben *Vt., Vi.*	۱. به هم چسباندن ۲. به هم چسبیده بودن

zusammenkneifen 980

zusammenkneifen *Vt.* به هم فشردن، به هم فشار دادن
zusammenknüllen *Vt.* مچاله کردن
zusammenkommen *Vi.* همدیگر را ملاقات کردن، گرد هم آمدن، دور هم جمع شدن
zusammenkratzen *Vt.* با زحمت فراهم کردن (پول)
Zusammenkunft, die; -, ¨-e ملاقات گروهی، گردهمایی، اجتماع، مجمع
zusammenläppern *Vr.* (از مقادیر اندک) جمع شدن
zusammenlaufen *Vi.* ۱. در یک نقطه جمع شدن، گردهم آمدن ۲. (در یک نقطه) تلاقی کردن ۳. درهم دویدن (رنگ) ۴. آب رفتن (پارچه)
zusammenleben *Vi., Vr.* ۱. با هم زندگی کردن ۲. (با زندگی) تطبیق دادن
Zusammenleben, das; -s زندگی مشترک
zusammenlegen *Vt., Vr.* ۱. یکی کردن، متحد کردن ۲. روی هم جمع کردن، روی هم گذاشتن ۳. درهم ادغام کردن ۴. به (خود) مسلط شدن، (خود) را کنترل کردن
Zusammenlegung, die; -, -en وحدت، یکی شدن
zusammenliegen *Vi.* در کنار یکدیگر قرار داشتن
zusammennähen *Vt.* به یکدیگر دوختن
zusammennehmen *Vt., Vr.* ۱. جمع کردن، گرد آوردن ۲. به (خود) مسلط شدن، (خود) را کنترل کردن
zusammenpacken *Vt.* با هم بسته‌بندی کردن، یک‌جا بسته‌بندی کردن
zusammenpassen *Vi.* ۱. متناسب بودن، هماهنگ بودن ۲. تفاهم داشتن، همدیگر را درک کردن
zusammenpferchen *Vt.* در فضای کوچکی گرد هم آوردن
Zusammenprall, der; -(e)s, -e برخورد، تصادف، تصادم
zusammenprallen *Vi.* برخورد کردن، تصادف کردن، تصادم کردن
zusammenpressen *Vt.* به هم فشردن، به همدیگر فشار آوردن
zusammenraffen *Vt., Vr.* ۱. بالا نگه داشتن، درهم جمع کردن (لباس/پرده) ۲. حریصانه مال اندوزی کردن ۳. بر (خود) مسلط بودن
zusammenrechnen *Vt.* جمع کردن، روی هم حساب کردن، جمع زدن
zusammenreimen *Vt.* فهمیدن، سر درآوردن، دریافتن
zusammenreißen *Vr.* بر (خود) مسلط بودن
Reiß dich zusammen! به خود بیا!

zusammenringeln *Vr.* به‌طور مارپیچ حلقه زدن
zusammenrollen *Vt., Vr.* ۱. لوله کردن، حلقه کردن، پیچیدن ۲. به‌طور مارپیچ حلقه زدن
zusammenrotten *Vr.* تجمع کردن، شلوغ کردن، بلوا کردن
Zusammenrottung, die; -, -en تجمع، شلوغی، بلوا
zusammenrücken *Vt., Vi.* ۱. پهلوی هم قرار دادن ۲. پهلوی هم قرار گرفتن
zusammenrufen *Vt.* احضار کردن، دور هم جمع کردن
zusammenscharen *Vr.* جمع شدن، گرد آمدن
Seine Anhänger hatten sich zusammengeschart.
طرفداران او اجتماع کردند.
zusammenschießen *Vt., Vi.*
۱. (با توپ) داغان کردن، کوبیدن ۲. تیر زدن، تیراندازی کردن (و کشتن) ۳. یکی شدن، متفق شدن
zusammenschlagen *Vt., Vi.* ۱. خراب کردن، تا کردن (روزنامه) ۲. زمین زدن ۳. به یکدیگر برخوردن و (چیزی/کسی) را زیر خود مدفون ساختن ۴. به همدیگر زدن
zusammenschließen *Vr.* ۱. به هم بستن ۲. به هم پیوستن، با هم متحد شدن
Zusammenschluß, der; -schlusses, -schlüsse
اتحاد، به هم پیوستگی
zusammenschmelzen *Vt., Vi.* ۱. ذوب کردن، گداختن، آب کردن ۲. ذوب شدن، آب شدن ۳. کم شدن، کاهش یافتن
zusammenschnüren *Vt.* با نخ بستن
zusammenschrauben *Vt.* به یکدیگر پیچ کردن
zusammenschreiben *Vt.* ۱. گرد آوردن، تألیف کردن ۲. خلاصهٔ (چیزی) را نوشتن
zusammenschrumpfen *Vi.* چروک شدن، جمع شدن، کوچک شدن
zusammenschütten *Vt.* در یک جا ریختن
zusammenschweißen *Vt.* به هم جوش دادن
Zusammensein, das; -s ۱. گردهمایی، جلسه ۲. زندگی مشترک
zusammensetzen *Vt., Vr.* ۱. متصل کردن، ترکیب کردن، به هم پیوستن ۲. سوار کردن (قطعات مجزا) ۳. جمع شدن، ترکیب شدن ۴. دور هم جمع شدن
Zusammensetzung, die; - ترکیب، به هم پیوستگی
zusammensinken *Vi.* فرو رفتن، نشست کردن

zusammensitzen *Vi.* در کنار یکدیگر نشستن

zusammensparen *Vt.* پس‌انداز کردن، اندوختن، جمع کردن

Zusammenspiel, das; -(e)s, - بازی گروهی، کار گروهی

Die Mannschaft bot ein hervorragendes Zusammenspiel. تیم کار گروهی فوق‌العاده‌ای ارائه داد.

zusammenstecken *Vt., Vi.* ۱. (به وسیلهٔ سنجاق) متصل کردن، به هم پیوستن، یکی کردن ۲. پیش هم گذاشتن ۳. (پنهانی) با همدیگر بودن

zusammenstehen *Vi.* ۱. در کنار یکدیگر قرار داشتن ۲. اجتماع کردن ۳. نسبت به‌هم وفادار ماندن

zusammenstellen *Vt.* ۱. کنار یکدیگر قرار دادن ۲. ترکیب کردن؛ تنظیم کردن

Zusammenstellung, die; -, -en ترکیب؛ تنظیم، دسته‌بندی

zusammenstimmen *Vi.* ۱. با هم هماهنگ بودن، با هم هم‌صدا بودن ۲. با یکدیگر تطابق داشتن

Die beiden Instrumente stimmen zusammen. این دو ساز با هم هماهنگ هستند.

zusammenstoppeln *Vt.* تعمیر کردن، وصله کردن

Zusammenstoß, der; -es, ⸚e ۱. برخورد، تصادف، تصادم ۲. درگیری، نزاع، دعوا

zusammenstoßen *Vi.* ۱. برخورد کردن، تصادف کردن، تصادم کردن ۲. با هم نزاع کردن

zusammenstreichen *Vt.* کم کردن، از (چیزی) کاستن، حذف کردن

zusammenströmen *Vi.* با هم جاری شدن

zusammenstürzen *Vi.* فرو ریختن، درهم شکستن، از هم پاشیدن، منهدم شدن

zusammensuchen *Vt.* (پس از جستجو) جمع کردن، گرد آوردن، فراهم کردن

zusammentragen *Vt.* جمع‌آوری کردن، روی هم انباشتن

zusammentreffen *Vi.* ۱. با هم ملاقات کردن، با یکدیگر برخورد کردن ۲. هم‌زمان واقع شدن

Zusammentreffen, das; -s ملاقات، برخورد

zusammentreiben *Vt.* به یک جا راندن (حیوانات)

zusammentreten *Vt.* ۱. لگدمال کردن، زیر پا له کردن ۲. گرد هم آمدن، انجمن کردن، جمع شدن، تشکیل جلسه دادن

Zusammentritt, der; -(e)s, - تجمع

zusammentrommeln *Vt.* (به منظور خاصی) جمع کردن، فرا خواندن

zusammentun *Vt., Vr.* ۱. یکی کردن، مخلوط کردن ۲. یکی شدن، هم‌دست شدن

zusammenwachsen *Vi.* ۱. بر اثر رشد کردن به‌هم متصل شدن ۲. جوش خوردن (استخوان)

zusammenwerfen *Vt.* ۱. به (جایی) پرتاب کردن ۲. با پرتاب انداختن

zusammenwirken *Vi.* مشترکاً تأثیر گذاشتن

Zusammenwirken, das; -s تأثیر مشترک

zusammenzählen *Vt.* با هم جمع زدن، با هم حساب کردن

zusammenziehen *Vt., Vr.* ۱. جمع کردن، کوتاه کردن، منقبض کردن، تنگ کردن ۲. به یکدیگر مرتبط ساختن، متصل کردن ۳. (ریاضی) جمع کردن ۴. جمع شدن، کوتاه شدن؛ تنگ شدن، منقبض شدن ۵. مشترکاً به (جایی) اسباب‌کشی کردن

die Augenbrauen zusammenziehen ابروها را درهم کشیدن

Zusammenziehung, die; -, -en جمع‌شدگی، انقباض

zusammenzucken *Vi.* از ترس یکه خوردن، از صدای بلند یکه خوردن

zusamt *Präp.* با

Zusatz, der; -es, ⸚e اضافه، ضمیمه، مکمل، متمم، افزایش

Zusatzantrag, der; -(e)s, ⸚e (در مجلس) درخواست اضافی

Zusatzausbildung, die; -, -en آموزش اضافی

Zusatzfrage, die; -, -n پرسش اضافی

Zusatzgerät, das; -(e)s, -e دستگاه تکمیلی

zusätzlich *Adj.* اضافی، مکمل، متمم

Zusatzvereinbarung, die; -, -en قرارداد متمم

Zusatzversicherung, die; -, -en بیمهٔ اضافی، بیمهٔ تکمیلی

zuschanden *Adv.* باطل، بیهوده، بی‌نتیجه، عقیم

zuschanzen *Vt.* دست و پا کردن (شغل، موقعیت)

Er hat ihm diese Stellung zugeschanzt. او این شغل را برایش دست و پا کرده است.

zuscharren *Vt.* لبریز کردن، پر کردن، پوشاندن

zuschauen *Vi.* تماشا کردن

Zuschauer, der; -s, - تماشاچی، تماشاگر، بیننده

Zuschauerin, die; -, -nen تماشاچی، تماشاگر، بیننده (زن)

Zuschauerraum, der; -(e)s, -räume سالن (نمایش)

Zuschauertribüne, die; -, -n کرسی خطابه، تریبون

zuschicken *Vt.* فرستادن، ارسال داشتن

zuschieben *Vt.* ۱. با هل دادن بستن ۲. با هل دادن به سوی (کسی) پیش راندن ۳. به گردن (کسی) انداختن (مسئولیت)

zuschießen *Vt., Vi.* ۱. به عنوان کمک پرداختن ۲. شوت کردن (توپ) ۳. با سرعت به طرف (کسی) رفتن ۴. (به طرف کسی / چیزی) تیراندازی کردن

Zuschlag, der; -(e)s, ⸚e ۱. مبلغ اضافی، کرایهٔ اضافی ۲. (در حراج) ضربهٔ نهایی

zuschlagen *Vi., Vt.* ۱. با شدت بسته شدن (در) ۲. با شدت بستن (در / پنجره) ۳. میخ کردن، با میخ بستن ۴. اضافه پرداختن (مبلغ) ۵. به (کسی) ضربه وارد آوردن

Die Tür ist zugeschlagen. در با شدت بسته شده است.

zuschlag(s)frei *Adj.* بدون اضافه بها

Zuschlag(s)karte, die; -, -n بلیت اضافه بها

zuschließen *Vt.* قفل کردن، (با کلید) بستن

zuschmeißen *Vt.* محکم بستن، با صدا بستن (در)

zuschmieren *Vt.* روغن مالیدن، گریس‌کاری کردن

zuschnallen *Vt.* با سگک بستن، با بند بستن، با تسمه بستن

zuschnappen *Vi.* ۱. با صدا بسته شدن (در) ۲. حمله کردن

Plötzlich schnappte der Hund zu.

ناگهان سگ حمله‌ور شد.

zuschneiden *Vr.* بریدن، برش کردن (پارچه)

Zuschneider, der; -s, - (خیاطی) برش‌کار

Zuschneiderin, die; -, -nen (خیاطی) برش‌کار (زن)

zuschneien *Vi.* از برف پوشیده شدن، زیر برف قرار گرفتن

Zuschnitt, der; -es, - ۱. برش (پارچه) ۲. روش، نحوه

zuschnüren *Vt.* با طناب بستن، با نخ بستن

zuschrauben *Vt.* بستن، با پیچ بستن

zuschreiben *Vt.* به حساب گذاشتن، به حساب (کسی) نوشتن

zuschreien *Vt., Vi.* داد زدن، جیغ زدن، فریاد کشیدن

Zuschrift, die; -, -en نامه، نوشته، رساله، مکتوب

Zuschuß, der; -schusses, -schüsse کمک خرج، کمک مالی

Zuschußbetrieb, der; -(e)s, -e مؤسسه‌ای که بدون کمک مالی مؤسسات دیگر قادر به کار نیست

zuschütten *Vt.* ۱. اضافه کردن ۲. پر کردن، انباشتن

zusehen *Vi.* ۱. مشاهده کردن، ملاحظه کردن، برانداز کردن ۲. دقت کردن، مواظب بودن

Sieh zu, daß du nicht fällst! مواظب باش که نیفتی!

zusehends *Adv.* به طور آشکار، به‌طور مرئی، قابل ملاحظه، معلوم و مشهود

zusein *Vi.* ۱. بسته بودن ۲. مست بودن

zusenden *Vt.* فرستادن، ارسال کردن

zusetzen *Vt., Vi.* ۱. اضافه کردن، افزودن؛ آمیختن ۲. خرج کردن (پول زیادی) ۳. وادار به (کاری) کردن ۴. آزار دادن، آزردن

zusichern *Vt.* وعده دادن، قول دادن، اطمینان دادن، ضمانت کردن

Zusicherung, die; -, -en وعده، قول، ضمانت

zusiegeln *Vt.* درز گرفتن، بتونه زدن

Zuspätkommende, der/die; -, -n متأخر، تأخیردار

Zuspiel, das; -es, - پاس (توپ)

zuspielen *Vt.* ۱. پاس دادن (توپ) ۲. به (کسی) رساندن (به طور پنهانی)

zuspitzen *Vt., Vr.* ۱. نوک (چیزی) را تیز کردن ۲. تشدید یافتن، بحرانی شدن، وخیم شدن

Zuspitzung, die; -, -en ۱. بحران، وخامت، تشدید ۲. تیزسازی

zusprechen *Vt., Vi.* ۱. تسلی دادن، دلداری دادن ۲. (از سوی دادگاه) مقرر داشتن، تعیین کردن ۳. زیاد خوردن، زیاد آشامیدن

Zusprechung, die; -, -en تعیین، (حکم دادگاه) صدور

zuspringen *Vi.* ۱. جستن، پریدن ۲. حمله کردن، یورش بردن

Zuspruch, der; -es, - ۱. نصیحت، دلداری، تسلی ۲. مراجعه کننده ۳. محبوبیت

Zustand, der; -es, ⸚e حال، حالت، وضع، کیفیت

in gutem Zustand در وضع خوب

zustande *Adv.* به انجام

zustande bringen به انجام رساندن

zustande kommen به انجام رسیدن

Zustandekommen, das; -s, - تحقق، حصول

zuständig *Adj.* صلاحیت‌دار، مسئول، مجاز، ذیصلاح

Zuständigkeit, die; -, -en صلاحیت، اهلیت (قضایی)

Zuständigkeitsbereich, der; -(e)s, -e حوزهٔ صلاحیت

zustatten *Adv.* فایده‌بخش، مفید، نافع، سودمند

zustatten kommen مفید بودن، به درد خوردن

zustecken *Vt.* ۱. درز (چیزی) را گرفتن (با سوزن) ۲. مخفیانه در دست (کسی) گذاشتن، مخفیانه در جیب (کسی) گذاشتن

zustehen *Vi.* تعلق داشتن، متعلق بودن
Es steht mir zu. حق من است.
zustellen *Vt.* ۱. مسدود کردن ۲. (به وسیله پست) تسلیم کردن، دادن، فرستادن، تحویل دادن ۳. رسماً به منزل (کسی) رساندن (اخطاریه، نامه)
Zusteller, der; -s, - مأمور ابلاغ
Zustellerin, die; -, -nen مأمور ابلاغ (زن)
Zustellgebühr, die; -, -en مخارج تحویل (کالا)
Zustellung, die; -, -en ۱. تسلیم، تحویل، ارسال ۲. ابلاغ (حکم) ۳. اخطاریه (دادگاه)
Zustellungsgebühr, die; -, -en هزینه تحویل (جنس)
zusteuern *Vt., Vi.* ۱. به (کسی) کمک مالی کردن ۲. حرکت کردن
zustimmen *Vi.* موافقت کردن، موافق بودن، رضایت دادن
zustimmend *Adj.* مثبت، مورد موافقت
Zustimmung, die; -, -en قبولی، موافقت، رضایت
zustopfen *Vt.* ۱. بستن، پر کردن ۲. رفو کردن، وصله کردن
zustöpseln *Vt.* گذاشتن (سر بطری)
zustoßen *Vt., Vi.* ۱. به (کسی) ضربه زدن ۲. با ضربه بستن (در) ۳. اتفاق افتادن، رخ دادن، روی دادن
Ihm ist ein Unfall zugestoßen. او تصادم کرد.
zustreben *Vi.* ۱. (برای رسیدن به هدفی) تلاش کردن ۲. به طرف (جایی/کسی) رفتن
Zustrom, der; -es, - ۱. جماعت، گروه، جمعیت ۲. جریان
zuströmen *Vi.* ۱. هجوم آوردن، ازدحام کردن ۲. جریان داشتن
zustürmen *Vi.* هجوم آوردن، حمله کردن
zustürzen *Vi.* با شتاب به طرف (کسی/چیزی) نزدیک شدن
zustutzen *Vt.* آراستن، پیراستن
zutage *Adv.* آشکار، واضح، نمایان
etwas zutage bringen آشکار کردن، نمایان کردن
zutage tretten آشکار شدن، نمایان شدن
Zutat, die; -, -en (غذا، شخصیت و غیره) مادهٔ سازنده، جزء سازنده
zuteilen *Vt.* ۱. تقسیم کردن، پخش کردن، توزیع کردن ۲. انتقال دادن، واگذار کردن
Zuteilung, die; -, -en ۱. تقسیم، پخش، توزیع ۲. قسمت، جیره ۳. واگذاری، انتقال
zutiefst *Adv.* عمیقاً، شدیداً، بسیار
zutragen *Vt., Vr.* ۱. پنهانی گزارش دادن ۲. اتفاق افتادن، وقوع یافتن، روی دادن
Zuträger, der; -s, - سخن‌چین، خبربر
Zuträgerin, die; -, -nen سخن‌چین، خبربر (زن)
Zuträgerei, die; -, -en سخن‌چینی، خبربری
zuträglich *Adj.* ۱. سازگار ۲. گوارا، خوشایند
Zuträglichkeit, die; -, -en ۱. سازگاری ۲. گوارایی، خوشایندی
zutrauen *Vt.* اعتماد داشتن، باور داشتن، ایمان داشتن، اعتقاد داشتن
Ich traue ihm nicht zu, daß er lügt. باور ندارم که او دروغ بگوید.
Zutrauen, das; -s اعتماد، ایمان، اعتقاد، باور
zutraulich *Adj.* با اعتماد، بااطمینان
Zutraulichkeit, die; -, -en اعتماد، ایمان، اعتقاد
zutreffen *Vi.* درست بودن، صحیح بودن، صحت داشتن، صادق بودن
zutreffend *Adj.* درست، صحیح، راست؛ مناسب
zutreffendenfalls *Adv.* مورد صحیح
zutreiben *Vi.* ۱. (به طرف کسی) راندن ۲. (به طرف جایی) در جریان بودن
zutrinken *Vi.* بـه سلامتی آشامیدن، نوشیدن، سر کشیدن
Zutritt, der; -(e)s ۱. ورود، دخول ۲. اجازه ورود
Zutritt verboten! ورود ممنوع!
zutun *Vt.* ۱. بستن ۲. اضافه کردن
Zutun, das; -s کمک، مساعدت
ohne jemandes **Zutun** بدون مساعدت کسی
zuungunsten *Präp.* به زیانِ، به ضررِ
zuunterst *Adv.* پایین‌ترین، زیر همه
zuverlässig *Adj.* ۱. [شخص] امین، درستکار، قابل اطمینان، مطمئن ۲. [خبر] موثق ۳. [ساعت] دقیق
Er ist ein zuverlässiger Arbeiter. او کارگر قابل اعتمادی است.
Zuverlässigkeit, die; - ۱. امانت، درستکاری، اطمینان ۲. دقت (ساعت)
Zuverlässigkeitsprüfung, die; -, -en آزمایش امانت و درستکاری
Zuverlässigkeitsüberprüfung, die; -, -en کنترل امانت
Zuversicht, die; - اطمینان، اعتماد؛ اعتقاد، ایمان؛ امید
zuversichtlich *Adj.* امیدوار؛ مطمئن؛ معتقد؛ خوش‌بین

Zuversichtlichkeit 984

Zuversichtlichkeit, die; - امیدواری، اطمینان، دلگرمی، خاطرجمعی
zuviel *Pron.* زیاد، بیش از حد، خارج از اندازه، خیلی زیاد
viel zuviel خیلی‌خیلی زیاد
Zuviel, das; -s افزونی، زیادتی
zuvor *Adv.* قبلاً، پیش از این
zuvorderst *Adv.* کاملاً جلو
zuvorkommen *Vi.* پیش افتادن، سبقت گرفتن
zuvorkommend *Adj.* مؤدب، مهربان، یاری دهنده، مددکار
Zuvorkommenheit, die; - ادب، مهربانی
zuvortun *Vi.* پیش افتادن، پیشی جستن، جلوتر بودن
Zuwachs, der; -es, ¨-e رشد، تکثیر، ازدیاد، فزونی
zuwachsen *Vi.* ۱. (به طرف چیزی) رشد کردن ۲. التیام یافتن، جوش خوردن (زخم)
Zuwachsrate, die; -, -n نرخ افزایش
Zuwanderer, der; -s, - مهاجر
zuwandern *Vi.* مهاجرت کردن
Zuwanderung, die; -, -en مهاجرت
zuwarten *Vi.* انتظار کشیدن، صبر کردن، چشم به راه بودن
zuwege *Adv.* آماده، حاضر
mit etwas zuwege kommen کاری را به اتمام رساندن
zuwehen *Vt., Vi.* ۱. به طرف (کسی/جایی) وزیدن ۲. از شن/برف پوشیده شدن (بر اثر وزش باد)
zuweilen *Adv.* گاهی، بعضی اوقات
zuweisen *Vt.* حواله کردن، ارجاع کردن، اختصاص دادن، واگذار کردن
Zuweisung, die; -, -en حواله، اختصاص، واگذاری
zuwenden *Vt.* ۱. گرداندن، برگرداندن ۲. بخشیدن، پیشکش کردن، دادن ۳. وقف کردن؛ اختصاص دادن ۴. عطف کردن، معطوف داشتن
Zuwendung, die; -, -en ۱. بخشش، هبه، اعطا، کمک مالی ۲. توجه، التفات
zuwenig *Pron.* خیلی کم
Zuwenig, das; -s نقصان، کمبود
zuwerfen *Vt.* ۱. پر کردن، لبریز کردن (گودال) ۲. با صدا بستن (در) ۳. انداختن (نگاه) ۴. پرتاب کردن (توپ)
zuwider *Präp., Adv.* ۱. مخالفِ، مغایرِ، منافیِ ۲. غیر مطلوب
Er ist mir zuwider. از او خوشم نمی‌آید.
zuwiderhandeln *Vi.* ۱. مخالفت کردن ۲. برخلاف مقررات عمل کردن
Zuwiderhandelnde, der/die; -n, -n متخلف، تخلف‌کننده
Zuwiderhandlung, die; - تخلف، مخالفت؛ تجاوز؛ نقض
zuwiderlaufen *Vi.* مخالف بودن
zuwinken *Vi.* دست تکان دادن، با دست اشاره کردن
zuzahlen *Vt.* اضافی پرداختن، زیادی پرداخت کردن
zuzählen *Vt.* اضافی شمردن
Zuzahlung, die; -, -en پرداخت اضافی
zuzeiten *Adv.* گاه‌گاهی، بعضی وقت‌ها
zuziehen *Vt., Vi., Vr.* ۱. کشیدن (پرده) ۲. مشاوره کردن ۳. نقل‌مکان کردن، کوچ کردن ۴. دچار شدن
Zuziehung, die; -, -en مشورت، رایزنی، کنکاش
Zuzug, der; -es, ¨-e نقل مکان
zuzüglich *Präp.* به اضافهٔ، به علاوهٔ، اضافه بر
Zuzugsgenehmigung, die; -, -en اجازهٔ اقامت
Zwang, der; -(e)s, Zwänge (از نظر روحی و روانی) اجبار، الزام، جبر، زور، فشار
Es besteht kein Zwang das zutun. هیچ اجباری در انجام این کار نیست.
zwang *P.* zwingen صیغهٔ فعل گذشتهٔ مطلق از مصدر
zwängen *Vt.* فشار آوردن، با فشار جا دادن
zwanglos *Adj.* ۱. بدون اجبار، اختیاری ۲. غیر منظم
Zwanglosigkeit, die; - عدم اجبار، عدم اختیار
Zwangsanleihe, die; -, -n وام اجباری
Zwangsarbeit, die; - کار اجباری، بیگاری
Zwangsaufenthalt, der; -(e)s, -e اقامت اجباری
zwangsbewirtschaftet *Adj.* زیر کنترل اقتصادی
Zwangsenteignung, die; -, -en سلب مصادره، مالکیت اجباری
zwangsernähren *Vt.* تغذیهٔ اجباری کردن
Zwangsernährung, die; -, -en تغذیهٔ اجباری
Zwangsgeld, das; -(e)s, -er جریمهٔ نقدی اجباری
zwangshaft *Adj.* اجباری، ضروری
Zwangshandlung, die; -, -en عمل اجباری
Zwangsherrschaft, die; -, -en استبداد
Zwangsidee, die; -, -n تصور اجباری
Zwangsjacke, die; -, -n (روان‌پزشکی) جلیقهٔ مهارکننده، کتِ مهارکننده
Zwangslage, die; -, -n حالت اضطراری
zwangsläufig *Adj., Adv.* به زور، اجباراً، از روی اجبار
zwangsmäßig *Adj.* اجباری، زورکی
Zwangsmaßnahme, die; -, -n تدبیر اجباری، اقدام اجباری

Zwangsmittel, das; -s, - وسیلهٔ قهری
Zwangsneurose, die; -, -n روان‌پریشی وسواسی
Zwangsräumung, die; -, -en تخلیهٔ اجباری
Zwangsstrafe, die; -, -n مجازات اجباری
Zwangsverkauf, der; -(e)s, -käufe فروش اجباری
zwangsverpflichtet *Adj.* موظف به اعمال زور
Zwangsversicherung, die; -, -en بیمهٔ اجباری
Zwangsversteigerung, die; -, -en مزایدهٔ اجباری
Zwangsverwaltung, die; -, -en حراست قضایی
Zwangsvollstreckung, die; - اجرای جبر، اجرای توأم با زور
Zwangsvorstellung, die; -, -en تصور زور
zwangsweise *Adj., Adv.* ۱. جبری، قهری، الزامی ۲. جبراً، قهراً، الزاماً
Zwangswirtschaft, die; - اقتصاد موجه
Zwanzig, die; -, -en عدد بیست
Sie ist Mitte der Zwanzig. او نزدیک به ۲۵ سال دارد.
zwanzig *Zahlw.* بیست
Zwanziger, der; -s, - ۱. مرد بیست تا سی ساله ۲. دهه بیست
zwanziger *Adj.* (مربوط به) دههٔ بیست
zwanzigerlei *Adj.* از بیست نوع
zwanzigfach *Adj.* بیست برابر
zwanzigfältig *Adj.* بیست برابر
zwanzigst- *Adj.* بیستم، بیستمین
Zwanzigstel, das; - یک‌بیستم
zwanzigstens *Adv.* در جای بیستم
zwar *Adv.* ۱. اگرچه، البته، در واقع، یقیناً ۲. دقیق‌تر بگویم
und zwar... و دقیق‌تر بگویم...
Zweck, der; -(e)s, -e مقصود، منظور، هدف
Das hat keinen Zweck. فایده‌ای ندارد.
zu diesem Zweck به این منظور
Zweckbau, der; -(e)s, - ساختمان مورد نظر
zweckdienlich *Adj.* (برای منظور خاصی) مفید، مناسب، سودمند
Zweckdienlichkeit, die; - (برای منظور خاصی) سودمندی، مفید بودن
Zwecke, die; -, -n پونز
zwecken *Vt.* با پونز وصل کردن
zweckentfremdet *Adj.* از هدف دور شده
zweckentsprechend *Adj.* (برای منظور خاصی) مناسب، درخور، درست
zweckgebunden *Adj.* مختص هدف، بسته به هدف
zwecklos *Adj.* بی‌فایده، بیهوده، بی‌نتیجه
Zwecklosigkeit, die; - بی‌فایدگی، بیهودگی، بی‌نتیجگی
zweckmäßig *Adj.* (برای منظور خاصی) مناسب، مقتضی، مفید، سودمند
Zweckmäßigkeit, die; - صلاح، صواب
Zweckpessimismus, der; - بدبینی سنجیده
zwecks *Präp.* به‌منظورِ، به‌قصدِ، به‌نیتِ، به‌خاطرِ
zweckwidrig *Adj.* نامناسب
Zwei, die; -, -en عدد دو
zwei *Zahlw.* دو
Er hat zwei Gesichter. او آدم دورویی است.
zweiarmig *Adj.* دو بازو
zweiatomig *Adj.* دو اتمی
zweibändig *Adj.* [کتاب] دو جلدی
Zweibeiner, der; -s, - موجود دوپا، انسان
zweibeinig *Adj.* دو پایه
zweibettig *Adj.* دو تخته
Zweibettzimmer, das; -s, - اتاق دو تخته
Zweidecker, der; -s, - هواپیمای دو باله
zweideutig *Adj.* مبهم، دوپهلو
Zweideutigkeit, die; -, -en ابهام، دوپهلویی
zweidimensional *Adj.* دو بعدی
Zweidrittelmehrheit, die; -, -en اکثریت دو سوم
zweieiig *Adj.* دو تخمه
Zweier, der; -s, - جفت، زوج
zweierlei *Adj.* دوجور، دو نوع
zweifach *Adj.* دو برابر
zweifältig *Adj.* دو برابر
Zweifamilienhaus, das; -es, -häuser خانهٔ دو خانواده‌ای
zweifarbig *Adj.* دو رنگ
Zweifel, der; -s, - شک، تردید، دودلی
Ohne Zweifel! بدون شک! بی‌تردید!
zweifelhaft *Adj.* مشکوک، مبهم، مردد
zweifellos *Adv.* بدون شک، بی‌تردید، بی‌گمان
zweifeln *Vi.* شک داشتن، تردید داشتن، مشکوک بودن
Zweifelsfall, der; -(e)s, ¨-e مورد مشکوک
zweifelsohne *Adv.* بدون شک، بی‌تردید، بی‌گمان
Zweifelsucht, die; - شک؛ شک‌گرایی
Zweifler, der; -s, - شکاک، تردیدکننده
Zweiflerin, die; -, -nen شکاک، تردیدکننده (زن)
zweiflerisch *Adj.* مشکوک، مورد تردید
Zweig, der; -(e)s, -e ۱. شاخه ۲. شعبه، رشته
Zweigbahn, die; -, -en خط آهن فرعی

zweigeschlechtig *Adj.* دو جنسی
Zweigespann, das; -(e)s, -e درشکهٔ دواسبه
zweigeteilt *Adj.* تقسیم شده
Zweiggeschäft, das; -(e)s, -e شعبه
zweigleisig *Adj.* دو خطه
Zweigniederlassung, die; - تأسیس شعبه
Zweigstelle, die; -, -n شعبه (مؤسسه)
zweihändig *Adj.* دو دسته
Zweihufer, der; -s, - جانور سُم شکافته
zweihundert *Zahlw.* دویست
zweijährig *Adj.* دوساله
zweijährlich *Adj.* دو سال یک‌بار
Zweikampf, der; -(e)s, ⸚e ۱. جنگ تن به تن، دوئل ۲. رقابت ورزشی (بین دو ورزشکار)
zweimal *Adv.* دوبار، دو دفعه
zweimalig *Adj.* دوباره
Zweimarkstück, das; -es, -e سکهٔ دو مارکی
Zweimaster, der; -s, - کشتی دو بادبانی
zweimotorig *Adj.* [هواپیما] دوموتوره
Zweiparteisystem, das; -s, -e نظام دو حزبی
Zweipunkt-Sicherheitsgurt, der; -es, -e کمربندهای ایمنی جلوی اتومبیل
Zweirad, das; -(e)s, ⸚er دوچرخه
zweiräd(e)rig *Adj.* دوچرخه، دارای دو چرخ
zweireihig *Adj.* دو ردیفه
zweischläf(e)rig *Adj.* [تختخواب] دو نفره
zweischneidig *Adj.* [سلاح سرد] دارای دو لبهٔ تیز
zweiseitig *Adj.* دورو، دو طرفه
zweisilbig *Adj.* دو سیلابی
Zweisitzer, der; -s, - (وسیلهٔ نقلیه) دو نفره
zweisitzig *Adj.* دو نفره
zweispaltig *Adj.* دو ستونی، متشکل از دو ستون
Zweispänner, der; -s, - درشکهٔ دواسبه
zweisprachig *Adj.* دو زبانی، به دو زبان
Zweistärkenbrille, die; -, -n عینک ذره‌بینی (نمرهٔ دو)
zweistellig *Adj.* [عدد] دو رقمی
zweistimmig *Adj.* [آواز] دو صدایی
zweistöckig *Adj.* دو طبقه
zweistrahlig *Adj.* دو شعله
zweistufig *Adj.* دو مرحله‌ای
zweistündig *Adj.* دو ساعته
zweistündlich *Adj.* هر دو ساعت
zweit *Adj.* دو نفری
Wir sind zu zweit. ما دو نفریم.
zweitägig *Adj.* دو روزه
Zweitaktmotor, der; -s, - موتور دو دور
zweitälteste *Adj.* یکی از مسن‌ترین
zweitausend *Zahlw.* دو هزار
Zweitausfertigung, die; -, -en نسخهٔ دوم
zweitbest *Adj.* یکی از بهترین
zweit- *Adj.* دوم، دومین
zweiteilig *Adj.* [لباس] دو تکه
zweitens *Adv.* ثانیاً
zweitgrößt *Adj.* یکی از بزرگ‌ترین
zweitjüngst *Adj.* یکی از جوان‌ترین
zweitklassig *Adj.* [هتل] درجه دو
zweitletzt *Adj.* یکی به آخر
zweitrangig *Adj.* درجه دو، ردیف دو
Zweitschrift, die; -, -en نسخهٔ دوم
Zweitwagen, der; -s, - اتومبیل دوم
Zweitwohnung, die; -, -en منزل دوم
Zweiunddreißigstelnote, die; -, -n (موسیقی) نت چهار لاچنگ
Zweivierteltakt, der; -(e)s, -e (موسیقی) ضرب دو چهارم
zweiwöchentlich *Adj.* هفته‌ای دوبار
zweizackig *Adj.* دندانه‌دار، دارای دو دندانه
Zweizeiler, der; -s, - بیت، دارای دو مصرع
zweizeilig *Adj.* دو خطه، دارای دو خط
Zweizimmerwohnung, die; -, -en آپارتمان دو اتاقه
Zweizylinder, der; -s, - موتور دو سیلندری
Zwerchfell, das; -(e)s, -e پردهٔ دل، حجاب حاجز
Zwerg, der; -(e)s, -e کوتوله
zwergenhaft *Adj.* کوتاه قد، کوتوله
Zwerghuhn, das; -(e)s, ⸚er مرغ بسیار کوچک رنگارنگ
Zwergin, die; -, -nen کوتوله (زن)
Zwergkiefer, die; -, -n (نوعی) درخت کاج کوتاه
Zwergmensch, der; -en, -en کوتوله
Zwergschule, die; -, -n مدرسهٔ کوچک، مدرسهٔ کم‌کلاس
Zwergstaat, der; -es, -en کشور کوچک
Zwetsch(g)e, die; -, -n آلو
Zwicke, die; -, -n گازانبر
Zwickel, der; -s, - خشتک (شلوار)
zwicken *Vt.* ۱. نیشگون گرفتن ۲. سوراخ کردن (بلیت)

Zwicker, der; -s, - عینک رو دماغی
Zwickmühle, die; - دو شق نامطلوب (یک قضیه)
Zwieback, der; -(e)s, -e/⸚e نان سوخاری
Zwiebel, die; -, -n پیاز
zwiebelförmig *Adj.* پیازی شکل
Zwiebelgewächs, das; -es, -e گیاه پیازدار
Zwiebelhaube, die; -, -n سر پیاز
Zwiebelkuchen, der; -s, - شیرینی پیاز
zwiebeln *Vt.* خشمگین کردن، برانگیختن
Zwiebelschale, die; -, -n پوست پیاز
Zwiebelturm, der; -(e)s, ⸚e برج با نوک پیازی شکل
zwiefach *Adj.* دو برابر، دولا
zwiefältig *Adj.* دو برابر، دولا
Zwiegespräch, das; -(e)s, -e مکالمهٔ دو نفره، گفت و شنود
Zwielicht, das; -(e)s ۱. شفق، گرگ و میش، تاریک و روشن ۲. نور حاصل از اختلاف نور طبیعی با نور مصنوعی
zwielichtig *Adj.* ۱. مرموز، مشکوک ۲. تیره، تاریک، سایه‌دار
zwieseln *Vr.* تقسیم شدن، منشعب شدن
Zwiespalt, der; -(e)s, -e/⸚e ناسازگاری، اختلاف، دودستگی، ستیزه
zwiespältig *Adj.* ناسازگار، مخالف، مردد
Zwiesprache, die; -, -n مکالمهٔ دو نفره، گفت و شنود
Zwietracht, die; - نفاق، اختلاف، دعوا، نزاع، ستیزه
zwieträchtig *Adj.* مخالف، مغایر، ناموافق
Zwil(li)ch, der; -(e)s, -e رویهٔ تشک
Zwilling, der; -s, -e دوقلو
Zwillingsbruder, der; -s, ⸚ برادر دوقلو
Zwillingspaar, das; -(e)s, -e یک جفت دوقلو، تعدادی دوقلو
Zwillingsschwester, die; -, -n خواهر دوقلو
Zwingburg, die; -, -en قلعهٔ محکم
Zwinge, die; -, -n ۱. حلقهٔ فلزی در ته عصا ۲. پیچ گیره (برای بستن به جایی)
zwingen *Vt.* مجبور کردن، وادار کردن، ناگزیر کردن، با تهدید به (کاری) واداشتن
zwingend *Adj.* [دلیل] قاطع؛ ناگزیر
Zwinger, der; -s, - ۱. لانهٔ سگ ۲. قسمت خارجی قلعه (تا دیوار برج) ۳. بنگاه مجاز پرورش سگ‌های اصیل
Zwingherr, der; -n/-en, -en حاکم مستبد
Zwingherrschaft, die; -, -en حکومت استبدادی
zwinkern *Vi.* چشمک زدن
zwirbeln *Vt.* بین انگشتان چرخاندن (ریش/نخ)
Zwirn, der; -(e)s, -e ریسمان، قیطان، نخ دولا
zwirnen[1] *Adj.* نخی
zwirnen[2] *Vt.* تابیدن، پیچیدن (نخ)
Zwirnsfaden, der; -s, - ریسمان چندلا
zwischen *Präp.* بین، میانِ
Zwischenakt, der; -(e)s, -e میان پرده، بین دو پرده (نمایش)
Zwischenbemerkung, die; -, -en تذکر، یادآوری
Zwischenbescheid, der; -(e)s, -e اخبار موقت
Zwischenbilanz, die; -, -en بیلان موقت
Zwischendeck, das; -(e)s, -e/-s وسط عرشهٔ کشتی
Zwischending, das; -(e)s, -e واسطه، میانجی
zwischendurch *Adv.* در این بین، در این فاصلهٔ زمانی
Zwischenergebnis, das; -nisses, -nisse (ورزش) نتیجهٔ موقت
Zwischenerzeugnis, das; -nisses, -nisse مقدار متوسط فراورده
Zwischenfall, der; -(e)s, ⸚e پیشامد، اتفاق، رویداد، حادثه (غیرمنتظره)
Zwischenfrage, die; -, -n پرسش بینابین
Zwischengericht, das; -(e)s, -e خوراک مختصر (بین دو غذای اصلی)
Zwischenhandel, der; -s, ⸚ تجارت با کمک واسطه
Zwischenhändler, der; -s, - دلال، واسطه، میانجی
Zwischenhandlung, die; -, -en حادثهٔ ضمنی، داستان فرعی
Zwischenkredit, der; -(e)s, -e اعتبار موقت
Zwischenlandung, die; -, -en فرود/توقف هواپیما در بین راه
zwischenliegend *Adj.* میانه، متوسط
Zwischenlösung, die; -, -en راه‌حل موقت
Zwischenpause, die; -, -n استراحت کوتاه
Zwischenprodukt, das; -(e)s, -e محصول نیمه‌تمام
Zwischenprüfung, die; -, -en آزمون میانه
Zwischenraum, der; -(e)s, -räume فضای خالی (بین دو چیز)
Zwischenraumtaste, die; -, -n (در ماشین تحریر) فاصله‌زن
Zwischenruf, der; -(e)s, -e هوکشی
Zwischenrufer, der; -s, - هوکش
Zwischenrunde, die; -, -n (ورزش) دور یک چهارم نهایی

Zwischensatz, der; -es, ⸚e ۱. (دستور زبان) جملهٔ معترضه ۲. (موسیقی) قطعهٔ کوتاه (بین دو قطعه)
Zwischenspiel, das; -(e)s, -e میان پرده؛ موسیقی میان دو پرده
zwischenstaatlich *Adj.* واقع در میان کشورها
Zwischenstadium, das; -s, -dien مرحلهٔ میانجی
Zwischenstation, die; -, -en ایستگاه بین راه
Zwischenstecker, der; -s, - پریز
Zwischenstock, der; -(e)s, ⸚e طبقهٔ بین همکف و طبقهٔ اول ساختمان
Zwischenstück, das; -(e)s, -e برنامهٔ میان دو پرده
Zwischenstufe, die; -, -n پلکان بین دو طبقه
Zwischenstunde, die; -, -n (مابین دو کلاس درس) زمان استراحت
Zwischenträger, der; -s, - سخن‌چین، خبرچین
Zwischenträgerin, die; -, -nen سخن‌چین، خبرچین (زن)
Zwischenurteil, das; -s, -e حکم موقت
Zwischenverkauf, der; -(e)s, -käufe فروش مجدد
Zwischenvorhang, der; -(e)s, ⸚e پردهٔ میانی، پردهٔ جلوی صحنهٔ نمایش
Zwischenwand, die; -, ⸚e دیوار میانی
Zwischenzeit, die; -, -en زمان بین دو جریان، فاصلهٔ زمانی بین دو واقعه
zwischenzeitlich *Adv.* در ضمن، ضمناً، در این بین
Zwist, der; -(e)s, -e اختلاف، جدال، نفاق، دعوا، نزاع
zwistig *Adj.* مخالف، مغایر، ناموافق
Zwistigkeit, die; -, -en اختلاف، جدال، نفاق، دعوا، نزاع
zwitschern *Vi.* چهچه زدن (پرندگان)، جیرجیر کردن
Zwitter, der; -s, - گیاه پیوندی
zwitterhaft *Adj.* پیوندی
zwo *Zahlw.* دو
zwölf *Zahlw.* دوازده
Zwölf, die; -, -en عدد دوازده

Zwölfeck, das; -(e)s, -e دوازده گوشه، دوازده ضلع
zwölfeckig *Adj.* دوازده ضلعی، دوازده گوشه‌ای
zwölferlei *Adj.* دوازده جور، دوازده نوع
zwölffach *Adj.* دوازده برابر
Zwölffingerdarm, der; -(e)s, ⸚e دوازدهه، اثنی‌عشر
zwölfjährig *Adj.* دوازده ساله
zwölfstündig *Adj.* دوازده ساعته
zwölft- *Adj.* دوازدهمین
zwölftägig *Adj.* دوازده روزه
Zwölftel, das; -s, - قسمت دوازدهم
zwölftens *Adv.* دوازدهم، دوازدهمین
Zwölftonmusik, die; - موسیقی دوازده تن
zyklisch *Adj.* حلقه‌ای، دوری، چرخی
Zyklon, der; -s, -e گردباد، تندباد
Zyklone, die; -, -n گردباد، تندباد
Zyklop, der; -en, -en غول یک چشم، غول
zyklopisch *Adj.* غول‌آسا
Zyklotron, das; -s, -s/-e اتم شکن
Zyklus, der; -, -len دایره؛ گردش دورانی
Zylinder, der; -s, - ۱. استوانه ۲. (کلاه) سیلندر ۳. سیلندر (موتور)
Zylinderblock, der; -(e)s, ⸚e قالب کلاه سیلندر
Zylinderbohrung, die; -, -en سوراخ سیلندر
Zylinderkopf, der; -(e)s, ⸚e سر سیلندر (اتومبیل)
Zylinderkopfdichtung, die; -, -en درپوش سرسیلندر
zylindrisch *Adj.* استوانه‌ای
Zyniker, der; -s, - ۱. کَلبی ۲. بدبین
zynisch *Adj.* ۱. کَلبی ۲. کج‌بین ۳. تمسخرآمیز، تحقیرکننده
Zynismus, der; -, -men ۱. کلبی‌گرایی، آئین کلبی ۲. کج بینی ۳. تمسخر، استهزا
Zypresse, die; -, -n درخت سرو، سروناز
Zyste, die; -, -n کیسه؛ کیست

Unregelmäßige Verben
افعال بی‌قاعده

مصدر	زمان حال	گذشته مطلق	اسم مفعول
backen	backe, bäckst, bäckt	backte, buk, buk(e)st	gebacken
befehlen	befehle, befiehlst, befiehlt	befahl	befohlen
beginnen	beginne, beginnst, beginnt	begann	begonnen
beißen	beiße, beiß(es)t, beißt	biß, bissest	gebissen
bergen	berge, birgst, birgt	barg	geborgen
bersten	berste, birst(berstest), birst (berstet)	barst(borst, berstete)	geborsten
bewegen	bewege, bewegst, bewegt	bewegte(bewog)	bewegt(bewogen)
biegen	biege, biegst, biegt	bog	gebogen
bieten	biete, biet(e)st, bietet	bot, bot(e)st	geboten
binden	binde, bindest, bindet	band, band(e)st	gebunden
bitten	bitte, bittest, bittet	bat, bat(e)st	gebeten
blasen	blase, bläs(es)t, bläst	blies, bliesest	geblasen
bleiben	bleibe, bleibst, bleibt	blieb, blieb(e)st	geblieben
braten	brate, brätst, brät	briet, briet(e)st	gebraten
brechen	breche, brichst, bricht	brach	gebrochen
brennen	brenne, brennst, brennt	brannte	gebrannt
bringen	bringe, bringst, bringt	brachte	gebracht
denken	denke, denkst, denkt	dachte	gedacht

مصدر	زمان حال	گذشته مطلق	اسم مفعول
dingen	dinge, dingst, dingt	dang(dingte)	gedungen(gedingt)
dreschen	dresche, drisch(e)st, drischt	drosch(drasch), drosch(e)st	gedroschen
dringen	dringe, dringst, dringt	drang, drang(e)st	gedrungen
dürfen	darf, darfst, darf	durfte	gedurft
empfehlen	empfehle, empfiehlst, empfiehlt	empfahl	empfohlen
erbleichen	erbleiche, erbleichst, erbleicht	erbleichte(erblich)	erbleicht (erblichen)
erlöschen	erlösche, erlisch(e)st, erlischt	erlosch, erloschest	erloschen
essen	esse, issest(ißt), ißt	aß, aßest	gegessen
fahren	fahre, fährst, fährt	fuhr, fuhr(e)st	gefahren
fallen	falle, fällst, fällt	fiel	gefallen
fangen	fange, fängst, fängt	fing	gefangen
fechten	fechte, fichtst, ficht	focht, focht(e)st	gefochten
finden	finde, findest, findet	fand, fand(e)st	gefunden
flechten	flechte, flichtst, flicht	flocht, flochtest	geflochten
fliegen	fliege, fliegst, fliegt	flog, flog(e)st	geflogen
fliehen	fliehe, fliehst, flieht	floh, floh(e)st	geflohen
fließen	fließe, fließ(es)t, fließt	floß, flossest	geflossen
fressen	fresse, frissest(frißt), frißt	fraß, fraßest	gefressen
frieren	friere, frierst, friert	fror	gefroren
gären	gäre, gärst, gärt	gor(gärte)	gegoren(gegärt)
gebären	gebäre, gebierst, gebiert	gebar	geboren
geben	gebe, gibst, gibt	gab	gegeben
gedeihen	gedeihe, gedeihst, gedeiht	gedieh	gediehen
gehen	gehe, gehst, geht	ging	gegangen
gelingen	es gelingt	es gelang	gelungen
gelten	gelte, giltst, gilt	galt, galt(e)st	gegolten
genesen	genese, genes(es)t, genest	genas, genasest	genesen
genießen	genieße, genieß(es)t, genießt	genoß, genossest	genossen

مصدر	زمان حال	گذشته مطلق	اسم مفعول
geschehen	es geschieht	es geschah	geschehen
gewinnen	gewinne, gewinnst, gewinnt	gewann, gewann(e)st	gewonnen
gießen	gieße, gieß(es)t, gießt	goß, gossest	gegossen
gleichen	gleiche, gleich(e)st, gleicht	glich, glich(e)st	geglichen
gleiten	gleite, gleitest, gleitet	glitt, glitt(e)st	geglitten
glimmen	glimme, glimmst, glimmt	glomm(glimmte)	geglommen (geglimmt)
graben	grabe, gräbst, gräbt	grub, grub(e)st	gegraben
greifen	greife, greifst, greift	griff, griff(e)st	gegriffen
haben	habe, hast, hat	hatte	gehabt
halten	halte, hältst, hält	hielt, hielt(e)st	gehalten
hängen (hangen)	hänge(hange), hängst, hängt	hing, hing(e)st	gehangen
hauen	haue, haust, haut	hieb(haute), hiebst	gehauen
heben	hebe, hebst, hebt	hob(hub), hob(e)st	gehoben
heißen	heiße, heiß(es)t, heißt	hieß, hießest	geheißen
helfen	helfe, hilfst, hilft	half, half(e)st	geholfen
kennen	kenne, kennst, kennt	kannte	gekannt
klimmen	klimme, klimmst, klimmt	klomm, klomm(e)st	geklommen
klingen	klinge, klingst, klingt	klang, klang(e)st	geklungen
kneifen	kneife, kneifst, kneift	kniff	gekniffen
kommen	komme, kommst, kommt	kam	gekommen
können	kann, kannst, kann	konnte	gekonnt
kriechen	krieche, kriechst, kriecht	kroch	gekrochen
laden	lade, ladest(lädst), ladet(lädt)	lud(ladete), lud(e)st	geladen
lassen	lasse, lässest(läßt), läßt	ließ, ließest	gelassen
laufen	laufe, läufst, läuft	lief, lief(e)st	gelaufen
leiden	leide, leidest, leidet	litt, litt(e)st	gelitten
leihen	leihe, leihst, leiht	lieh, lieh(e)st	geliehen
lesen	lese, lies(es)t, liest	las, lasest	gelesen

مصدر	زمان حال	گذشته مطلق	اسم مفعول
liegen	liege, liegst, liegt	lag	gelegen
lügen	lüge, lügst, lügt	log, log(e)st	gelogen
meiden	meide, meidest, meidet	mied, mied(e)st	gemieden
melken	melke, melkst(milkst), melkt(milkt)	melkte(molk)	gemelkt(gemolken)
messen	messe, missest(mißt), mißt	maß, maßest	gemessen
mißlingen	es mißlingt	es mißlang	mißlungen
mögen	mag, magst, mag	mochte	gemocht
müssen	muß, mußt, muß	mußte	gemußt
nehmen	nehme, nimmst, nimmt	nahm, nahm(e)st	genommen
nennen	nenne, nennst, nennt	nannte	genannt
pfeifen	pfeife, pfeifst, pfeift	pfiff, pfiff(e)st	gepfiffen
pflegen	pflege, pflegst, pflegt	pflegte(pflog), pflegst	gepflegt(gepflogen)
preisen	preise, preis(es)t, preist	pries, priesest	gepriesen
quellen	quelle, quillst(quellst), quillt(quellt)	quoll(quellte)	gequollen(gequellt)
raten	rate, rätst, rät	riet, riet(e)st	geraten
reiben	reibe, reibst, reibt	rieb, rieb(e)st	gerieben
reißen	reiße, reiß(es)t, reißt	riß, rissest	gerissen
reiten	reite, reitest, reitet	ritt, ritt(e)st	geritten
rennen	renne, rennst, rennt	rannte	gerannt
riechen	rieche, riechst, riecht	roch	gerochen
ringen	ringe, ringst, ringt	rang	gerungen
rinnen	rinne, rinnst, rinnt	rann, rann(e)st	geronnen
rufen	rufe, rufst, ruft	rief, rief(e)st	gerufen
saufen	saufe, säufst, säuft	soff, soff(e)st	gesoffen
saugen	sauge, saugst, saugt	sog(saugte), sog(e)st	gesogen(gesaugt)
schaffen	schaffe, schaffst, schafft	schuf, schuf(e)st	geschaffen
schallen	schalle, schallst, schallt	schallte(scholl)	geschallt geschollen

مصدر	زمان حال	گذشته مطلق	اسم مفعول
scheiden	scheide, scheidest, scheidet	schied, schied(e)st	geschieden
scheinen	scheine, scheinst, scheint	schien, schien(e)st	geschienen
scheißen	scheiße, scheiß(es)t, scheißt	schiß, schissest	geschissen
schelten	schelte, schiltst, schilt	schalt, schalt(e)st	gescholten
scheren	schere, schierst(scherst), schiert(schert)	schor(scherte)	geschoren
schieben	schiebe, schiebst, schiebt	schob, schob(e)st	geschoben
schießen	schieße, schieß(es)t, schießt	schoß, schossest	geschossen
schinden	schinde, schindest, schindet	schund, schund(e)st	geschunden
schlafen	schlafe, schläfst, schläft	schlief, schlief(e)st	geschlafen
schlagen	schlage, schlägst, schlägt	schlug, schlug(e)st	geschlagen
schleichen	schleiche, schleichst, schleicht	schlich, schlich(e)st	geschlichen
schleifen	schleife, schleifst, schleift	schilff, schliff(e)st	geschliffen
schleißen	schleiße, schleiß(es)t, schleißt	schliß(schleißte), schlissest	geschlissen
schließen	schließe, schließ(es)t, schließt	schloß, schlossest	geschlossen
schlingen	schlinge, schlingst, schlingt	schlang, schlang(e)st	geschlungen
schmeißen	schmeiße, schmeiß(es)t, schmeißt	schmiß, schmissest	geschmissen
schmelzen	schmelze, schmilz(es)t, schmilzt	schmolz, schmolzest (schmelzte)	geschmolzen (geschmelzt)
schnauben	schnaube, schnaubst, schnaubt	schnaubte(schnob)	geschnaubt (geschnoben)
schneiden	schneide, schneidest, schneidet	schnitt, schnitt(e)st	geschnitten
schrecken	schrecke, schrickst(schreckst), schrickt(schreckt)	schrak, schrak(e)st (schreckte)	geschrocken, (geschreckt)
schreiben	schreibe, schreibst, schreibt	schrieb, schrieb(e)st	geschrieben
schreien	schreie, schreist, schreit	schrie	geschrie(e)n
schreiten	schreite, schreitest, schreitet	schritt, schritt(e)st	geschritten
schweigen	schweige, schweigst, schweigt	schwieg, schwieg(e)st	geschwiegen

مصدر	زمان حال	گذشته مطلق	اسم مفعول
schwellen	schwelle, schwillst(schwellst), schwillt(schwellt)	schwoll, schwoll(e)st (schwellte)	geschwollen (geschwellt)
schwimmen	schwimme, schwimmst, schwimmt	schwamm, schwamm(e)st	geschwommen
schwinden	schwinde, schwindest, schwindet	schwand, schwand(e)st	geschwunden
schwingen	schwinge, schwingst, schwingt	schwang, schwang(e)st	geschwungen
schwören	schwöre, schwörst, schwört	schwur(schwor) schwur(e)st	geschworen
sehen	sehe, siehst, sieht	sah, sahst	gesehen
sein	bin, bist, ist	war, warst	gewesen
senden	sende, sendest, sendet	sandte(sendete), sandtest	gesandt(gesendet)
sieden	siede, siedest, siedet	sott(siedete)	gesotten(gesiedet)
singen	singe, singst, singt	sang, sang(e)st	gesungen
sinken	sinke, sink(e)st, sinkt	sank, sank(e)st	gesunken
sinnen	sinne, sinnst, sinnt	sann, sann(e)st	gesonnen
sitzen	sitze, sitz(e)st, sitzt	saß, saßest	gesessen
sollen	soll, sollst, soll	sollte	gesollt
speien	speie, speist, speit	spie	gespie(e)n
spinnen	spinne, spinnst, spinnt	spann, spann(e)st	gesponnen
sprechen	spreche, sprichst, spricht	sprach, sprach(e)st	gesprochen
sprießen	sprieße, sprieß(es)t, sprießt	sproß, sprossest	gesprossen
springen	springe, springst, springt	sprang, sprang(e)st	gesprungen
stechen	steche, stichst, sticht	stach, stach(e)st	gestochen
stecken	stecke, steckst, steckt	stak	gesteckt
stehen	stehe, stehst, steht	stand, stand(e)st	gestanden
stehlen	stehle, stiehlst, stiehlt	stahl	gestohlen
steigen	steige, steigst, steigt	stieg, stieg(e)st	gestiegen

مصدر	زمان حال	گذشته مطلق	اسم مفعول
sterben	sterbe, stirbst, stirbt	starb	gestorben
stieben	stiebe, stiebst, stiebt	stob, stob(e)st	gestoben
stinken	stinke, stinkst, stinkt	stank, stank(e)st	gestunken
stoßen	stoße, stöß(es)t, stößt	stieß, stießest	gestoßen
streichen	streiche, streichst, streicht	strich, strich(e)st	gestrichen
streiten	streite, streitest, streitet	stritt, stritt(e)st	gestritten
tragen	trage, trägst, trägt	trug	getragen
treffen	treffe, triffst, trifft	traf, traf(e)st	getroffen
treiben	treibe, treibst, treibt	trieb	getrieben
treten	trete, trittst, tritt	trat, trat(e)st	getreten
triefen	triefe, triefst, trieft	troff(triefte), troff(e)st	getroffen(getrieft)
trinken	trinke, trinkst, trinkt	trank, trank(e)st	getrunken
trügen	trüge, trügst, trügt	trog, trog(e)st	getrogen
tun	tue, tust, tut	tat, tat(e)st	getan
verderben	verderbe, verdirbst, verdirbt	verdarb	verdorben (verderbt)
verdrießen	verdrieße, verdrieß(es)t, verdrießt	verdroß, verdrossest	verdrossen
vergessen	vergesse, vergissest(vergißt), vergißt	vergaß, vergaßest	vergessen
verlieren	verliere, verlierst, verliert	verlor	verloren
wachsen	wachse, wächs(es)t, wächst	wuchs, wuchsest	gewachsen
wägen	wäge, wägst, wägt	wog(wägte)	gewogen(gewägt)
waschen	wasche, wäsch(e)st, wäscht	wusch, wusch(e)st	gewaschen
weben	webe, webst, webt	webte(wob, wobest)	gewebt(gewoben)
weichen	weiche, weichst, weicht	wich, wichest	gewichen
weisen	weise, weis(es)t, weist	wies, wiesest	gewiesen
wenden	wende, wendest, wendet	wandte(wendete)	gewandt (gewendet)

مصدر	زمان حال	گذشته مطلق	اسم مفعول
werben	*werbe, wirbst, wirbt*	*warb*	*geworben*
werden	*werde, wirst, wird*	*wurde(ward)*	*geworden*
werfen	*werfe, wirfst, wirft*	*warf, warf(e)st*	*geworfen*
wiegen	*wiege, wiegst, wiegt*	*wog*	*gewogen*
winden	*winde, windest, windet*	*wand, wandest*	*gewunden*
wissen	*weiß, weißt, weiß*	*wußte*	*gewußt*
wollen	*will, willst, will*	*wollte*	*gewollt*
zeihen	*zeihe, zeihst, zeiht*	*zieh, zieh(e)st*	*geziehen*
ziehen	*ziehe, ziehst, zieht*	*zog, zog(e)st*	*gezogen*
zwingen	*zwinge, zwingst, zwingt*	*zwang, zwang(e)st*	*gezwungen*

یادداشت :

یادداشت :

یادداشت :

یادداشت :

یادداشت :

یادداشت :

یادداشت :

یادداشت:

یادداشت :

یادداشت :

یادداشت :

به کار رفته است. در این حال اول اسم و بعد صفت آورده می‌شود. مثال:

کله شق (شخص)   Dickkopf, der

کله شق   dickköpfig Adj.

۱۶. معانی متفاوت واژه با عدد و معانی مترادف با ویرگول (،) از هـم جـدا می‌شوند. مثال:

۱. دسته، گروه، جمعیت ۲. باند راهزنان   Bande, die

۱۷. در مورد واژه‌هایی که نیازمند توضیح‌اند، توضیح بلافاصله در کنار واژه و در داخل پرانتز قرار می‌گیرد. مثال:

هم‌قسم، هم‌پیمان (عنوان شهروندان سویس)   Eidgenosse

۷. بعضی از اسم‌ها در جمع Umlaut (دو نقطه‌ای که برای تغییر صوت روی یکی از حروف صدادار a, o, u واقع می‌شود) می‌گیرند و در این حالت به صورت ¨ نوشته می‌شوند. مثال:

Korb, der; -(e)s, ¨e

۸. در موردی که واژه‌ای بیش از یک حالت ملکی یا صیغه جـمع داشتـه بـاشد، حالت‌های ملکی و صیغه‌های جمع را در پی یکدیگر ذکر مـی‌کنیم و بـرای تفکیک آن‌ها از علامت u. (به نشانه حرف ربط «و») استفاده می‌کنیم. مثال:

Balkon, der; -s, -e u. -s

۹. در مورد جمع اسم، علامت Pl. بعد از حرف تعریف مفرد واژه ذکر می‌شود. مثال: **Schuhe,** der/Pl.

۱۰. مثال‌های مربوط به هر واژه با حروف «ایتالیک» در زیر واژه نوشته می‌شوند.

مثال: **Sache,** die; -, -n
so steht die Sache

۱۱. بعد از هر فعل نوع آن ذکر شده است:

v/t., v/i., v/r.   فعل متعدی، فعل لازم، فعل انعکاسی

۱۲. مشخصات دستوری سایر واژه‌ها هم در جلوی آنان ذکر می‌شود. مثال:

Adj., Adv., Prp.

۱۳. در مورد اسم‌هایی که دارای دو صورت مذکر و مؤنث هستند، صورت مؤنث در بخش فارسی با کلمه «زن» مشخص می‌شود. مثال:

Lehrer, der; -s, -   معلم، مربی، آموختار

Lehrerin, die; -, -nen   معلم، مربی، آموختار (زن)

۱۴. اگر واژهٔ آلمانی در فعل و اسم و یا صفت یکسان بود، اول فعل، بعد اسم و بعد صفت را ذکر می‌کنیم. مثال:

{ **erwachsen** v/i.   { **ertragen** v/t.
{ **erwachsen** Adj.   { **Ertragen,** das; -s, -

۱۵. گاهی در برابر برخی از اسم‌ها و صفت‌های آلمـانی، واژه فـارسی یگـانه‌ای

راهنمای استفاده از فرهنگ

لطفاً قبل از استفاده از فرهنگ به نکات زیر توجه نمایید:

۱. واژه‌های اصلی آلمانی فرهنگ با حروف سیاه چاپ شده‌اند.

۲. حرف تعریف هر اسم بلافاصله بعد از آن اسم نوشته می‌شود. میان اسم و حرف تعریف آن یک ویرگول قرار می‌گیرد. مثال:

Beruf, der

۳. حالت ملکی و صیغه جمع هر اسم به ترتیب بعد از حرف تعریف ذکر می‌شوند. مثال:

Beruf, der; -(e)s, -e

۴. در موردی که اسمی بیش از یک حرف تعریف داشته باشد، حرف‌های تعریف را دنبال هم ذکر می‌کنیم و حالات ملکی و صیغه‌های جمع آن اسم را به وسیلهٔ یک خط مایل از هم جدا می‌کنیم. مثال:

Grüne, die u. der; -/-n, -n

۵. اگر حالت ملکی یا صیغه جمع یک واژه با خود آن واژه تفاوتی نداشته باشد، به جای هر یک خطی کوتاه کشیده می‌شود. مثال:

Brille, die; -, -n

Brillenmacher, der; -s, -

۶. در موردی که حالت ملکی یا صیغه جمع واژه با آن واژه تفاوت داشته باشد، علاوه بر خط، تفاوت‌ها هم ذکر می‌شود. مثال:

Beton, der; -s, -s

پیشگفتار

در اردیبهشت ۱۳۷۰ فرهنگ فارسی-آلمانی با بیش از شصت هزار واژه به زیور طبع آراسته شد. این فرهنگ که حاصل شش سال کار شبانه‌روزی من و همکارانم بود، خوشبختانه مورد استقبال گرم علاقه‌مندان زبان و ادبیات آلمانی قرار گرفت.

در تهیهٔ این فرهنگ از همکاری بسیاری از دانش‌پژوهان، از جمله آقای دکتر هادی مرتضوی و همسرشان خانم دکتر آساسنگ، دخترم سمیرا آریان‌پور و به‌خصوص برادر دانشمندم آقای دکتر امیرحسین آریان‌پور، بهره‌مند شدم.

چون فرهنگ بزرگتری مورد نیاز اهل کتاب بود، در سه سال گذشته با همکاری چهار تن از فرهیختگان زبان و ادبیات آلمانی ــ خانم سمیرا آریان‌پور، خانم حمیده جعفری، آقای مهران سماواتی، آقای محمد عبدالمحمدزاده ــ تدارک آن را وجههٔ همّت ساختم و اینک این فرهنگ را با اخلاص تمام به جامعه کتابخوان ایران، تقدیم می‌کنم.

در تهیهٔ این فرهنگ از کتابهای متعدد بهره‌گیری شده است، از آن جمله‌اند:

Duden, Deutsches Universal Wörterbuch, Mannheim, 1983

Der Sprach Brockhaus, Wiesbaden, 1972

Deutsches Wörterbuch, Köln, 1985

Wahrig, Wörterbuch der deutschen Sprache, München, 1991 (12.Auflage)

بی‌گمان راهنماییها و یادآوریهای آلمانی‌دانان فرهنگ‌پرور برای اصلاح این فرهنگ، سودرسان، و موجب امتنان خواهد بود.

امیراشرف آریان‌پور

تهران، تابستان ۱۳۸۲

تقدیم به برادر گرامی
آقای مهندس هوشنگ آریان‌پور،
شیفته راستین ایران

کتاب فُرس: وابسته به فرهنگ معاصر

فرهنگ دانشگاهی آلمانی به فارسی
(چاپ جدید با اصلاحات)
تألیف: دکتر امیراشرف آریان‌پور
با همکاری: سمیرا آریان‌پور، حمیده جعفری،
مهران سماواتی، محمد عبدالمحمدزاده
حروف‌نگاری، طراحی و چاپ:
واحد کامپیوتر و چاپ فرهنگ معاصر
چاپ چهارم: ۱۳۸۶
حق چاپ محفوظ است

فرهنگ دانشگاهی
آلمانی ـ فارسی

(چاپ جدید با اصلاحات)

تألیف :

دکتر امیراشرف آریان‌پور

با همکاری

سمیرا آریان‌پور، حمیده جعفری

مهران سماواتی، محمد عبدالمحمدزاده

کتاب فرس

41-6